宋史

（上）

上海古籍出版社
上海書店

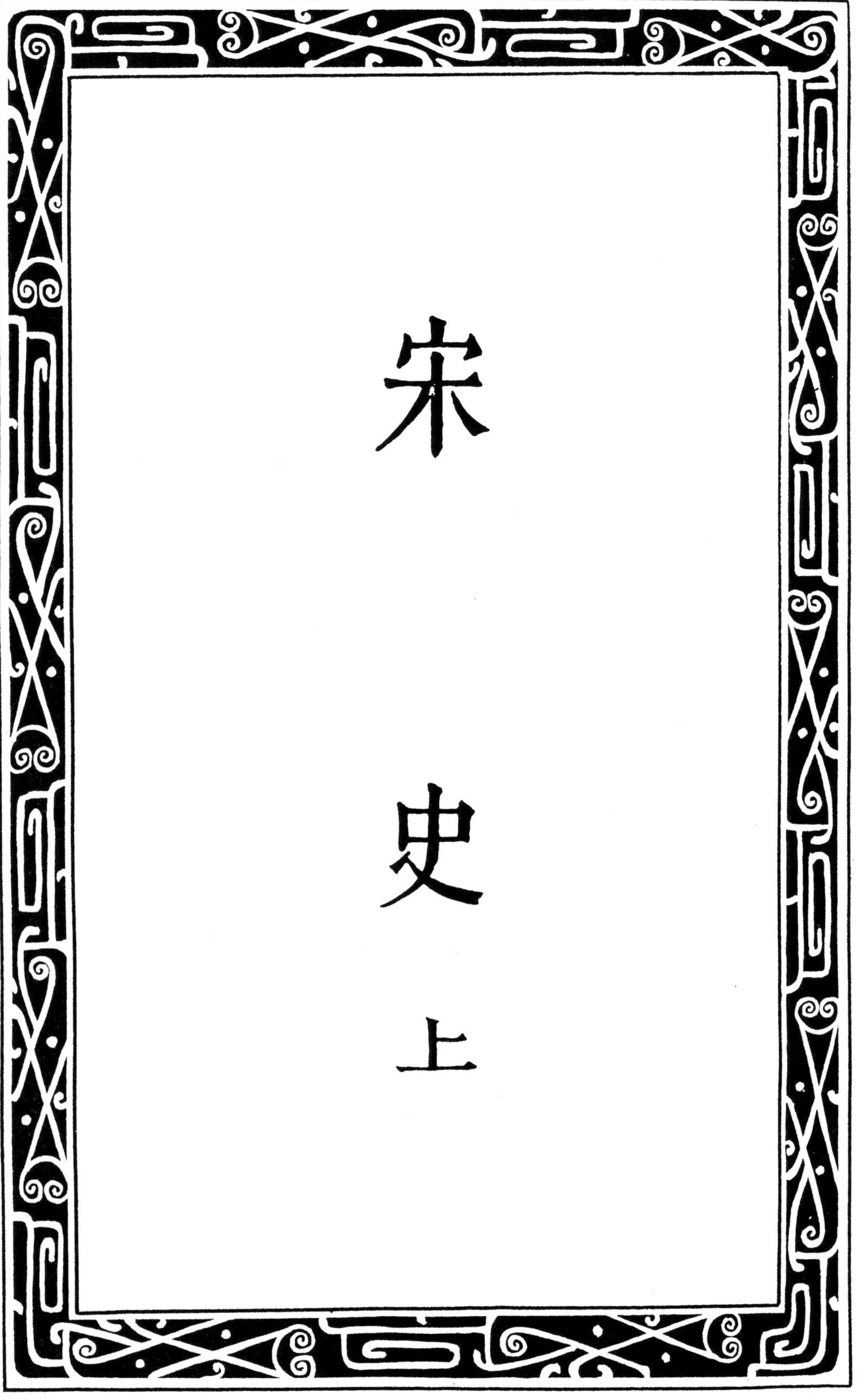
宋
史
上

宋史目錄上

元　中書右丞相總裁脫脫等　修

本紀四十七
志一百六十二
表三十二
列傳二百五十五　凡四百九十六卷

本紀
宋史卷一
本紀第一
太祖一
宋史卷二
本紀第二
太祖二
宋史卷三
本紀第三
太祖三
宋史卷四
本紀第四
太宗一
宋史卷五
本紀第五
太宗二
宋史卷六
本紀第六
眞宗一
宋史卷七
本紀第七
眞宗二
宋史卷八
本紀第八
眞宗三
宋史卷九
本紀第九
仁宗一
宋史卷十
本紀第十
仁宗二
宋史卷十一
本紀第十一
仁宗三
宋史卷十二
本紀第十二
仁宗四
宋史卷十三
本紀第十三
英宗
宋史卷十四
本紀第十四
神宗一
宋史卷十五
本紀第十五
神宗二
宋史卷十六
本紀第十六
神宗三
宋史卷十七
本紀第十七
哲宗一
宋史卷十八
本紀第十八
哲宗二
宋史卷十九
本紀第十九
徽宗一
宋史卷二十
本紀第二十
徽宗二
宋史卷二十一
本紀第二十一
徽宗三
宋史卷二十二
本紀第二十二
徽宗四
宋史卷二十三
本紀第二十三
欽宗
宋史卷二十四
本紀第二十四
高宗一
宋史卷二十五
本紀第二十五
高宗二
宋史卷二十六
本紀第二十六
高宗三
宋史卷二十七
本紀第二十七
高宗四
宋史卷二十八
本紀第二十八
高宗五
宋史卷二十九
本紀第二十九
高宗六
宋史卷三十
本紀第三十
高宗七
宋史卷三十一
本紀第三十一
高宗八
宋史卷三十二
本紀第三十二
高宗九
宋史卷三十三
本紀第三十三
孝宗一
宋史卷三十四
本紀第三十四
孝宗二
宋史卷三十五
本紀第三十五
孝宗三
宋史卷三十六
本紀第三十六
光宗
宋史卷三十七
本紀第三十七
寧宗一
宋史卷三十八
本紀第三十八
寧宗二
宋史卷三十九
本紀第三十九
寧宗三
宋史卷四十
本紀第四十
寧宗四
宋史卷四十一
本紀第四十一
理宗一
宋史卷四十二
本紀第四十二
理宗二
宋史卷四十三
本紀第四十三
理宗三
宋史卷四十四
本紀第四十四
理宗四
宋史卷四十五
本紀第四十五
理宗五
宋史卷四十六
本紀第四十六
度宗
宋史卷四十七
本紀第四十七
瀛國公　二王附

志
宋史卷四十八
志第一
天文一
宋史卷四十九
志第二
天文二
宋史卷五十
志第三
天文三
宋史卷五十一
志第四

天文四
宋史卷五十二
志第五
天文五
宋史卷五十三
志第六
天文六
宋史卷五十四
志第七
天文七
宋史卷五十五
志第八
天文八
宋史卷五十六
志第九
天文九
宋史卷五十七
志第十
天文十
宋史卷五十八
志第十一
天文十一
宋史卷五十九
志第十二
天文十二
宋史卷六十
志第十三
天文十三
宋史卷六十一
志第十四
五行一上
宋史卷六十二
志第十五
五行一下
宋史卷六十三
志第十六
五行二上
宋史卷六十四
志第十七
五行二下
宋史卷六十五
志第十八
五行三
宋史卷六十六
志第十九
五行四
宋史卷六十七
志第二十
五行五
宋史卷六十八
志第二十一
律曆一
宋史卷六十九
志第二十二
律曆二
宋史卷七十
志第二十三
律曆三
宋史卷七十一
志第二十四
律曆四
宋史卷七十二
志第二十五
律曆五
宋史卷七十三
志第二十六
律曆六
宋史卷七十四
志第二十七
律曆七
宋史卷七十五
志第二十八
律曆八
宋史卷七十六
志第二十九
律曆九
宋史卷七十七
志第三十
律曆十
宋史卷七十八
志第三十一
律曆十一
宋史卷七十九
志第三十二
律曆十二
宋史卷八十
志第三十三
律曆十三
宋史卷八十一
志第三十四
律曆十四
宋史卷八十二
志第三十五
律曆十五
宋史卷八十三
志第三十六
律曆十六
宋史卷八十四
志第三十七
律曆十七
宋史卷八十五
志第三十八
地理一
宋史卷八十六
志第三十九
地理二
宋史卷八十七
志第四十
地理三
宋史卷八十八
志第四十一
地理四
宋史卷八十九
志第四十二
地理五
宋史卷九十
志第四十三
地理六
宋史卷九十一
志第四十四
河渠一
宋史卷九十二
志第四十五
河渠二
宋史卷九十三
志第四十六
河渠三
宋史卷九十四
志第四十七
河渠四
宋史卷九十五
志第四十八
河渠五
宋史卷九十六
志第四十九
河渠六
宋史卷九十七
志第五十
河渠七
宋史卷九十八
志第五十一
禮一 吉禮一
宋史卷九十九
志第五十二
禮二 吉禮二
宋史卷一百
志第五十三
禮三 吉禮三
宋史卷一百一
志第五十四
禮四 吉禮四
宋史卷一百二
志第五十五
禮五 吉禮五
宋史卷一百三
志第五十六
禮六 吉禮六
宋史卷一百四
志第五十七
禮七 吉禮七

宋史卷一百五
志第五十八
禮八 吉禮八
宋史卷一百六
志第五十九
禮九 吉禮九
宋史卷一百七
志第六十
禮十 吉禮十
宋史卷一百八
志第六十一
禮十一 吉禮十一
宋史卷一百九
志第六十二
禮十二 吉禮十二
宋史卷一百十
志第六十三
禮十三 嘉禮一
宋史卷一百十一
志第六十四
禮十四 嘉禮二
宋史卷一百十二
志第六十五
禮十五 嘉禮三
宋史卷一百十三
志第六十六
禮十六 嘉禮四
宋史卷一百十四
志第六十七
禮十七 嘉禮五
宋史卷一百十五
志第六十八
禮十八 嘉禮六
宋史卷一百十六
志第六十九
禮十九 賓禮一
宋史卷一百十七
志第七十
禮二十 賓禮二
宋史卷一百十八
志第七十一
禮二十一 賓禮三
宋史卷一百十九
志第七十二
禮二十二 賓禮四
宋史卷一百二十
志第七十三
禮二十三 賓禮五
宋史卷一百二十一
志第七十四
禮二十四 軍禮
宋史卷一百二十二
志第七十五
禮二十五 凶禮一
宋史卷一百二十三
志第七十六
禮二十六 凶禮二
宋史卷一百二十四
志第七十七
禮二十七 凶禮三
宋史卷一百二十五
志第七十八
禮二十八 凶禮四
宋史卷一百二十六
志第七十九
樂一
宋史卷一百二十七
志第八十
樂二
宋史卷一百二十八
志第八十一
樂三
宋史卷一百二十九
志第八十二
樂四
宋史卷一百三十
志第八十三
樂五
宋史卷一百三十一
志第八十四
樂六
宋史卷一百三十二
志第八十五
樂七
宋史卷一百三十三
志第八十六
樂八
宋史卷一百三十四
志第八十七
樂九
宋史卷一百三十五
志第八十八
樂十
宋史卷一百三十六
志第八十九
樂十一
宋史卷一百三十七
志第九十
樂十二
宋史卷一百三十八
志第九十一
樂十三
宋史卷一百三十九
志第九十二
樂十四
宋史卷一百四十
志第九十三
樂十五
宋史卷一百四十一
志第九十四
樂十六
宋史卷一百四十二
志第九十五
樂十七
宋史卷一百四十三
志第九十六
儀衛一
宋史卷一百四十四
志第九十七
儀衛二
宋史卷一百四十五
志第九十八
儀衛三
宋史卷一百四十六
志第九十九
儀衛四
宋史卷一百四十七
志第一百
儀衛五
宋史卷一百四十八
志第一百一
儀衛六
宋史卷一百四十九
志第一百二
輿服一
宋史卷一百五十
志第一百三
輿服二
宋史卷一百五十一
志第一百四
輿服三
宋史卷一百五十二
志第一百五
輿服四
宋史卷一百五十三
志第一百六
輿服五
宋史卷一百五十四
志第一百七
輿服六
宋史卷一百五十五
志第一百八
選舉一
宋史卷一百五十六
志第一百九
選舉二
宋史卷一百五十七
志第一百十
選舉三
宋史卷一百五十八

志第一百十一
選舉四
宋史卷一百五十九
志第一百十二
選舉五
宋史卷一百六十
志第一百十三
選舉六
宋史卷一百六十一
志第一百十四
職官一
宋史卷一百六十二
志第一百十五
職官二
宋史卷一百六十三
志第一百十六
職官三
宋史卷一百六十四
志第一百十七
職官四
宋史卷一百六十五
志第一百十八
職官五
宋史卷一百六十六
志第一百十九
職官六
宋史卷一百六十七
志第一百二十
職官七
宋史卷一百六十八
志第一百二十一
職官八
宋史卷一百六十九
志第一百二十二
職官九
宋史卷一百七十
志第一百二十三
職官十
宋史卷一百七十一
志第一百二十四
職官十一
宋史卷一百七十二
志第一百二十五
職官十二
宋史卷一百七十三
志第一百二十六
食貨上一
宋史卷一百七十四
志第一百二十七
食貨上二
宋史卷一百七十五
志第一百二十八
食貨上三
宋史卷一百七十六
志第一百二十九
食貨上四
宋史卷一百七十七
志第一百三十
食貨上五
宋史卷一百七十八
志第一百三十一
食貨上六
宋史卷一百七十九
志第一百三十二
食貨下一
宋史卷一百八十
志第一百三十三
食貨下二
宋史卷一百八十一
志第一百三十四
食貨下三
宋史卷一百八十二
志第一百三十五
食貨下四
宋史卷一百八十三
志第一百三十六
食貨下五
宋史卷一百八十四
志第一百三十七
食貨下六
宋史卷一百八十五
志第一百三十八
食貨下七
宋史卷一百八十六
志第一百三十九
食貨下八
宋史卷一百八十七
志第一百四十
兵一
宋史卷一百八十八
志第一百四十一
兵二
宋史卷一百八十九
志第一百四十二
兵三
宋史卷一百九十
志第一百四十三
兵四
宋史卷一百九十一
志第一百四十四
兵五
宋史卷一百九十二
志第一百四十五
兵六
宋史卷一百九十三
志第一百四十六
兵七
宋史卷一百九十四
志第一百四十七
兵八
宋史卷一百九十五
志第一百四十八
兵九
宋史卷一百九十六
志第一百四十九
兵十
宋史卷一百九十七
志第一百五十
兵十一
宋史卷一百九十八
志第一百五十一
兵十二
宋史卷一百九十九
志第一百五十二
刑法一
宋史卷二百
志第一百五十三
刑法二
宋史卷二百一
志第一百五十四
刑法三
宋史卷二百二
志第一百五十五
藝文一
宋史卷二百三
志第一百五十六
藝文二
宋史卷二百四
志第一百五十七
藝文三
宋史卷二百五
志第一百五十八
藝文四
宋史卷二百六
志第一百五十九
藝文五
宋史卷二百七
志第一百六十
藝文六
宋史卷二百八
志第一百六十一
藝文七
宋史卷二百九
志第一百六十二
藝文八
表
宋史卷二百十
表第一
宰輔一
宋史卷二百十一

表第二
宰輔二
宋史卷二百十二
表第三
宰輔三
宋史卷二百十三
表第四
宰輔四
宋史卷二百十四
表第五
宰輔五
宋史卷二百十五
表第六
宗室世系一
宋史卷二百十六
表第七
宗室世系二
宋史卷二百十七
表第八
宗室世系三
宋史卷二百十八
表第九
宗室世系四
宋史卷二百十九
表第十
宗室世系五
宋史卷二百二十
表第十一
宗室世系六
宋史卷二百二十一
表第十二
宗室世系七
宋史卷二百二十二
表第十三
宗室世系八
宋史卷二百二十三
表第十四
宗室世系九
宋史卷二百二十四
表第十五
宗室世系十
宋史卷二百二十五
表第十六
宗室世系十一
宋史卷二百二十六
表第十七
宗室世系十二
宋史卷二百二十七
表第十八
宗室世系十三
宋史卷二百二十八
表第十九
宗室世系十四
宋史卷二百二十九
表第二十
宗室世系十五
宋史卷二百三十
表第二十一
宗室世系十六
宋史卷二百三十一
表第二十二
宗室世系十七
宋史卷二百三十二
表第二十三
宗室世系十八
宋史卷二百三十三
表第二十四
宗室世系十九
宋史卷二百三十四
表第二十五
宗室世系二十
宋史卷二百三十五
表第二十六
宗室世系二十一
宋史卷二百三十六
表第二十七
宗室世系二十二
宋史卷二百三十七
表第二十八
宗室世系二十三
宋史卷二百三十八
表第二十九
宗室世系二十四
宋史卷二百三十九
表第三十
宗室世系二十五
宋史卷二百四十
表第三十一
宗室世系二十六
宋史卷二百四十一
表第三十二
宗室世系二十七

宋史目錄中

列傳
宋史卷二百四十二
列傳第一
后妃上
太祖母昭憲杜太后
太祖孝惠賀太后
孝明王皇后　孝章宋皇后
太宗淑德尹皇后　懿德符皇后
明德李皇后　元德李皇后
眞宗章懷潘皇后　章穆郭皇后
章獻明肅劉皇后　李宸妃
楊淑妃　沈貴妃
仁宗郭皇后　慈聖光獻曹皇后
張貴妃　苗貴妃
周貴妃　楊德妃
馮賢妃
英宗宣仁聖烈高皇后
宋史卷二百四十三
列傳第二
后妃下
神宗欽聖獻肅向皇后　欽成朱皇后
欽慈陳皇后　林賢妃
武賢妃
哲宗昭慈孟皇后　昭懷劉皇后
徽宗顯恭王皇后　鄭皇后
王貴妃　韋賢妃
喬貴妃　劉貴妃
欽宗朱皇后
高宗憲節邢皇后　憲聖慈烈吳皇后
潘賢妃　張賢妃
劉貴妃　劉婉儀
張貴妃
孝宗成穆郭皇后　成恭夏皇后
成肅謝皇后　蔡貴妃
李賢妃
光宗慈懿李皇后　黃貴妃
寧宗恭淑韓皇后　恭聖仁烈楊皇后
理宗謝皇后
度宗全皇后　楊淑妃
宋史卷二百四十四
列傳第三
宗室一
魏王廷美　燕王德昭
秦王德芳秀王子偁附
宋史卷二百四十五
列傳第四
宗室二
漢王元佐　昭成太子元僖
商王元份　越王元傑
鎭王元偓　楚王元偁
周王元儼　悼獻太子
濮王允讓
宋史卷二百四十六
列傳第五
宗室三
吳王顥　益王頵
吳王佖　燕王俁
楚王似　獻愍太子茂
鄆王楷　肅王樞

景王杞 濟王栩
徐王棣 沂王㮙
和王栻 信王榛
太子諶弟訓 元懿太子旉
信王璩 莊文太子愭
魏王愷 景獻太子詢
鎮王竑
宋史卷二百四十七
列傳第六
宗室四
子淔 子崧
子櫟 子砥
子畫 子潚
師巽 希言
希懌 士晤
士僾 士晇
士晴 不羣
不棄 不尤
不恆 善俊
善譽 汝述
叔近 叔向
彥倓 彥橚
彥逾
宋史卷二百四十八
列傳第七
公主
秦國大長公主 太祖六女
太宗七女 眞宗二女
仁宗十三女 英宗四女
神宗十女 哲宗四女
徽宗三十四女 孝宗二女
光宗三女 魏惠獻王一女
寧宗一女 理宗一女
宋史卷二百四十九
列傳第八
范質子旻兄子杲 王溥父祚
魏仁浦子咸信孫昭亮
宋史卷二百五十
列傳第九
石守信子保興保吉孫元孫 王審琦子承衍承衍孫克臣等

高懷德 韓重贇子崇訓崇業
張令鐸 羅彥瓌
王彥昇
宋史卷二百五十一
列傳第十
韓令坤父倫 慕容延釗子德豐從子德琛
符彥卿子昭愿昭壽
宋史卷二百五十二
列傳第十一
王景子廷義 王晏
郭從義曾孫承祐 李洪信弟洪義
武行德 楊承信
侯章
宋史卷二百五十三
列傳第十二
折德扆子御勳御卿曾孫克行 馮繼業
王承美 李繼周
孫行友子全照
宋史卷二百五十四
列傳第十三
侯益子仁矩仁寶孫延廣 張從恩
扈彥珂 薛懷讓
趙贊 李繼勳
藥元福 趙晁子延溥
宋史卷二百五十五
列傳第十四
郭崇 楊廷璋
宋偓 向拱
王彥超 張永德
王全斌 康延澤王繼濤高彥暉附
宋史卷二百五十六
列傳第十五
趙普弟安易
宋史卷二百五十七
列傳第十六
吳延祚子元輔元載元扆 李崇矩子繼昌
王仁贍 楚昭輔
李處耘子繼隆繼和
宋史卷二百五十八
列傳第十七

曹彬子璨瑋琮 潘美李超附
宋史卷二百五十九
列傳第十八
張美 郭守文
尹崇珂 劉廷讓
袁繼忠 崔彥進
張廷翰 皇甫繼明
張瓊
宋史卷二百六十
列傳第十九
曹翰 楊信弟嗣贇
党進 李漢瓊
劉遇 李懷忠
米信 田重進
劉廷翰 崔翰
宋史卷二百六十一
列傳第二十
李瓊 郭瓊
陳承昭 李萬超
白重贊 王仁鎬
陳思讓孫若拙 焦繼勳子守節
劉重進 袁彥
祁廷訓 張鐸
李萬全田景咸王暉附
宋史卷二百六十二
列傳第二十一
李穀 昝居潤
竇貞固 李濤弟澣孫仲容
王易簡 趙上交子曮
張錫 張鑄
邊歸讜 劉溫叟子燁孫几
劉濤 邊光範
劉載 程羽
宋史卷二百六十三
列傳第二十二
張昭 竇儀弟儼偁
呂餘慶 劉熙古子蒙正蒙叟
石熙載子中立 李穆弟肅
宋史卷二百六十四
列傳第二十三

薛居正子惟吉 沈倫子繼宗
盧多遜父億 宋琪宋雄
宋史卷二百六十五
列傳第二十四
李昉子宗訥宗諤孫昭遘等 呂蒙正
張齊賢子宗誨 賈黃中
宋史卷二百六十六
列傳第二十五
錢若水從弟若中 蘇易簡
郭贄 李至
辛仲甫 王沔
溫仲舒 王化基子舉正舉元孫詔
宋史卷二百六十七
列傳第二十六
張宏 趙昌言
陳恕魏羽劉式附 劉昌言
張洎 李惟清
宋史卷二百六十八
列傳第二十七
柴禹錫 張遜
楊守一 趙鎔
周瑩 王繼英
王顯
宋史卷二百六十九
列傳第二十八
陶穀 扈蒙
王著 王祐子旭孫質
楊昭儉 魚崇諒
張澹 高錫從子晃
宋史卷二百七十
列傳第二十九
顏衎 劇可久
趙逢 蘇曉
高防 馮瓚
邊珝 王明
許仲宣 楊克讓
段思恭 侯陟
李符 魏丕
董樞
宋史卷二百七十一

列傳第三十
馬令琮　杜漢徽
張廷翰　吳虔裕
蔡審廷　周廣
張勳　石曦
張藏英　陸萬友
解暉　李韜
王晉卿　郭廷謂子延濬從子延澤
趙延進　輔超
宋史卷二百七十二
列傳第三十一
楊業子延昭等及王貴附　荆罕儒從孫嗣
曹光實從子克明　張暉
司超
宋史卷二百七十三
列傳第三十二
李進卿子延渥　楊美
何繼筠子承矩　李漢超子守恩
郭進牛思進附　李謙溥子允正
姚內斌　董遵誨
賀惟忠　馬仁瑀
宋史卷二百七十四
列傳第三十三
王贊　張保續
趙玭　盧懷忠
王繼勳　丁德裕
張延通　梁迥
史珪　田欽祚
侯贇　王文寶
翟守素　王侁
劉審瓊
宋史卷二百七十五
列傳第三十四
劉福　安守忠
孔守正　譚延美
元達　常思德
尹繼倫　薛超丁罕趙瑫附
郭密傅思讓李斌附　田仁朗
劉謙
宋史卷二百七十六
列傳第三十五
劉保勳　滕中正
劉蟠　孔承恭
宋璫　袁廓
樊知古郭載附　臧丙
徐休復　張觀
陳從信　張平子從吉
王繼升子昭遠　尹憲
王賓　安忠
宋史卷二百七十七
列傳第三十六
張鑑　姚坦
索湘　宋太初
盧之翰　鄭文寶
王子輿　劉綜
卞袞　許驤
裴莊　牛冕張適附
樂崇吉　袁逢吉
韓國華　何蒙
慎知禮子從吉
宋史卷二百七十八
列傳第三十七
馬全義子知節　雷德驤子有終孫孝先簡夫
王超子德用
宋史卷二百七十九
列傳第三十八
王繼忠　傅潛張昭允附
戴興　王漢忠
王能　張凝
魏能　陳興
許均　張進
李重貴　呼延贊
劉用　耿全斌
周仁美
宋史卷二百八十
列傳第三十九
田紹斌　王榮
楊瓊　錢守俊
徐興　王杲
李重誨　白守素
張思鈞　李琪
王延範
宋史卷二百八十一
列傳第四十
呂端　畢士安子仲衍仲
寇準
宋史卷二百八十二
列傳第四十一
李沆弟維　王旦
向敏中
宋史卷二百八十三
列傳第四十二
王欽若林特附　丁謂
夏竦子安期
宋史卷二百八十四
列傳第四十三
陳堯佐兄堯叟弟堯咨從子漸
宋庠弟祁
宋史卷二百八十五
列傳第四十四
陳執中　劉沆
馮拯子行己伸己　賈昌朝弟昌衡從子炎伯融父琰
梁適孫子美
宋史卷二百八十六
列傳第四十五
魯宗道　薛奎
王曙子益柔　蔡齊從子延慶
宋史卷二百八十七
列傳第四十六
楊礪　宋湜
王嗣宗　李昌齡從子紘
趙安仁父孚子良規孫君錫　陳彭年
宋史卷二百八十八
列傳第四十七
任中正弟中師　周起
程琳　姜遵
范雍孫子奇曾孫坦　趙稹
任布　高若訥
孫沔
宋史卷二百八十九
列傳第四十八
高瓊子繼勳繼宣　范廷召
葛霸子懷敏
宋史卷二百九十
列傳第四十九
曹利用子繼鄰附　張耆子希一等
楊崇勳　夏守恩弟守贇子隨
狄青張玉孫節附　郭逵
宋史卷二百九十一
列傳第五十
吳育　宋綬子敏求從子昌言
李若谷子淑孫壽明復圭　王博文
王疇
宋史卷二百九十二
列傳第五十一
李諮　程戡
夏侯嶠　盛度
丁度　張觀
鄭戩　明鎬
王堯臣　孫抃
田況
宋史卷二百九十三
列傳第五十二
田錫　王禹偁
張詠
宋史卷二百九十四
列傳第五十三
掌禹錫　蘇紳
王洙子欽臣　胥偃
柳植　聶冠卿
馮元　趙師民
張錫　張揆
楊安國
宋史卷二百九十五
列傳第五十四
尹洙　孫甫
謝絳子景溫　葉清臣
楊察
宋史卷二百九十六
列傳第五十五

韓丕　師頏
張茂直　梁灝子固
楊徽之楊澈　呂文仲
王著　呂祐之
潘愼修　杜鎬
查道從兄陶
宋史卷二百九十七
列傳第五十六
孔道輔子宗翰　鞠詠
劉隨　曹修古
郭勸　段少連
宋史卷二百九十八
列傳第五十七
彭乘　嵇穎
梅摯　司馬池子旦從子里曾孫朴
李及　燕肅子度孫瑛
蔣堂　劉夔
馬亮　陳希亮
宋史卷二百九十九
列傳第五十八
狄棐子遵度　郎簡
孫祖德　張若谷
石揚休　祖士衡
李垂　張洞
李士衡　李溥
胡則　薛顏
許元　鍾離瑾
孫沖　崔嶧
田瑜　施昌言
宋史卷三百
列傳第五十九
楊偕　王沿子鼎
杜杞　楊畋
周湛　徐的
姚仲孫　陳太素馬尋杜曾附
李虛己　張傳
俞獻卿　陳從易
楊大雅
宋史卷三百一
列傳第六十
邊肅　梅詢
馬元方　薛田
寇瑊　楊日嚴
李行簡　章頻
陳琰　李宥
張秉　張擇行
鄭向　郭稹
趙賀　高覿
袁抗　徐起
張旨　齊廓
鄭驤
宋史卷三百二
列傳第六十一
王臻　魚周詢
賈黯　李京吳鼎臣附
呂景初　吳及
范師道　李絢
何中立　沈邈
宋史卷三百三
列傳第六十二
張昷之　魏瓘弟琰
滕宗諒　李防
趙湘　唐肅子詢
張述　黃震
胡順之　陳貫子安石
范祥子育　田京
宋史卷三百四
列傳第六十三
周渭　梁鼎
范正辭子諷　劉師道
王濟　方偕
曹穎叔　劉元瑜
楊告　趙及
劉湜　王彬
仲簡
宋史卷三百五
列傳第六十四
楊億弟偉從子紘　晁迥子宗愨
劉筠　薛映
宋史卷三百六
列傳第六十五
謝泌　孫何弟僅
朱台符　戚綸
張去華子師德　樂黃目
柴成務
宋史卷三百七
列傳第六十六
喬維岳王陟附　張雍
董儼　魏廷式
盧琰　宋摶
凌策　楊覃
陳世卿　李若拙子綽
陳知微
宋史卷三百八
列傳第六十七
上官正　盧斌
周審玉　裴濟
李繼宣　張旦
張煦　張佶
宋史卷三百九
列傳第六十八
王延德　常延信
程德玄　王延德
魏震　張質
楊允恭　秦羲
謝德權　閻日新
靳懷德
宋史卷三百十
列傳第六十九
李迪子柬之肅之承之及之孫孝基孝壽孝稱
王曾弟子融　張知白
杜衍
宋史卷三百十一
列傳第七十
晏殊　龐籍
王隨　章得象
呂夷簡子公綽公弼公孺　張士遜
宋史卷三百十二
列傳第七十一
韓琦子忠彥　曾公亮子孝寬孝廣孝蘊
陳升之　吳充
王珪從父罕從兄琪
宋史卷三百十三
列傳第七十二
富弼子紹庭　文彥博
宋史卷三百十四
列傳第七十三
范仲淹子純祐純禮純粹　范純仁子正平
宋史卷三百十五
列傳第七十四
韓億子綜　韓絳子宗師
韓維　韓縝子宗武
宋史卷三百十六
列傳第七十五
包拯　吳奎
趙抃子屼　唐介子淑問義問孫恕
宋史卷三百十七
列傳第七十六
邵亢從父必　馮京
錢惟演從弟易易子彥遠明逸諸孫景諶勰即
宋史卷三百十八
列傳第七十七
張方平　王拱辰
張昇
胡宿子宗炎從子宗愈宗回
宋史卷三百十九
列傳第七十八
歐陽修子發棐　劉敞弟攽子奉世
曾鞏弟肇
宋史卷三百二十
列傳第七十九
蔡襄　呂溱
王素從子靖孫震　余靖
彭思永　張存
宋史卷三百二十一
列傳第八十
鄭獬　陳襄
錢公輔　孫洙
豐稷　呂誨
劉述　劉琦

錢顗　鄭俠
宋史卷三百二十二
列傳第八十一
何郯　吳中復從孫擇仁
陳薦　王獵
孫思恭　周孟陽
齊恢　楊繪
劉庠　朱京
宋史卷三百二十三
列傳第八十二
蔚昭敏　高化
周美　閻守恭
孟元　劉謙
趙振　張忠
范恪　馬懷德
安俊　向寶
宋史卷三百二十四
列傳第八十三
石普　張孜
許懷德　李允則
張亢兄奎　劉文質子渙 遵
趙滋
宋史卷三百二十五
列傳第八十四
劉平弟兼濟 郭遵附　任福王珪 武英 桑懌 耿傅 王仲寶附
宋史卷三百二十六
列傳第八十五
景泰　王信
蔣偕　張忠
郭恩　張岊
張君平　史方
盧鑑　李渭
王果　郭諮
田敏　侍其曙
康德輿　張昭遠
宋史卷三百二十七
列傳第八十六
王安石子雱 唐坰附　王安禮
王安國
宋史卷三百二十八
列傳第八十七
李清臣　安燾
張璪　蒲宗孟
黃履　蔡挺兄抗
王韶　薛向子嗣昌
章楶
宋史卷三百二十九
列傳第八十八
常秩　鄧綰子洵武
李定　舒亶
蹇周輔　徐鐸
王廣淵　王陶
王子韶　何正臣
陳繹
宋史卷三百三十
列傳第八十九
任顓　李參
郭申錫　傅求
張景憲　竇卞
張瓌　孫瑜
許遵　盧士宗
錢象先　韓璹
杜純弟紘　杜常
謝麟　王宗望
王吉甫
宋史卷三百三十一
列傳第九十
孫長卿　周沆
李中師　羅拯
馬仲甫　王居卿
孫構　張詵
蘇寀　馬從先
沈遘弟遼 從弟括　李大臨
呂夏卿　祖無擇
程師孟　張問陳舜俞 樂京 劉蒙附
苗時中　韓贄
楚建中　張頡
盧革子秉
宋史卷三百三十二
列傳第九十一
滕元發　李師中
陸詵子師閔　趙卨
孫路　游師雄
穆衍
宋史卷三百三十三
列傳第九十二
楊佐　李兌從弟先
沈立　張掞
張燾　俞充
劉瑾　閻詢
葛宮　張田
榮諲　李載
姚渙　朱景子光庭
李琮　朱壽隆
盧士宏　單煦
楊仲元　余良肱
潘夙
宋史卷三百三十四
列傳第九十三
徐禧李稷附　高永能
沈起　劉彝
熊本　蕭注
陶弼　林廣
宋史卷三百三十五
列傳第九十四
种世衡子古 諤 誼 孫 朴 師道 師中
宋史卷三百三十六
列傳第九十五
司馬光子康　呂公著子希哲 希純
宋史卷三百三十七
列傳第九十六
范鎮從子百祿 從孫祖禹
宋史卷三百三十八
列傳第九十七
蘇軾子過
宋史卷三百三十九
列傳第九十八
蘇轍族孫元老
宋史卷三百四十
列傳第九十九
呂大防兄大忠 弟大鈞 大臨　劉摯
蘇頌
宋史卷三百四十一
列傳第一百
王存　孫固
趙瞻　傅堯俞
宋史卷三百四十二
列傳第一百一
梁燾　王巖叟
鄭雍　孫永
宋史卷三百四十三
列傳第一百二
元絳　許將
鄧潤甫　林希弟旦
蔣之奇　陸佃
吳居厚　溫益
宋史卷三百四十四
列傳第一百三
孫覺弟覽　李常
孔文仲弟武仲 平仲　李周
鮮于侁　顧臨
李之純從弟之儀　王覿子俊義
馬默
宋史卷三百四十五
列傳第一百四
劉安世　鄒浩田晝 王回 曾誕附
陳瓘　任伯雨
宋史卷三百四十六
列傳第一百五
陳次升　陳師錫
彭汝礪弟汝霖 汝方　吳陶
張庭堅　龔夬
孫諤　陳軒
江公望　陳祐
常安民
宋史卷三百四十七
列傳第一百六
孫鼛　吳時
李昭玘　吳師禮
王漢之弟渙之　黃廉

朱服　張舜民
盛陶　章衡
顔復　孫升
韓川　龔鼎臣
鄭穆　席旦
喬執中
宋史卷三百四十八
列傳第一百七
傅楫　沈畸　蕭服附
徐勣　張汝明
黄葆光　石公弼　張克公附
毛注　洪彥升
鍾傳　陶節夫
毛漸　王祖道
張莊　趙遹
宋史卷三百四十九
列傳第一百八
郝質　賈逵
竇舜卿　劉昌祚
盧政　燕達
姚兕　弟麟　子雄　古　楊燧
劉舜卿　宋守約　子球
宋史卷三百五十
列傳第一百九
苗授　子履　王君萬　子贍
張守約　王文郁
周永清　劉紹能
王光祖　李浩
和斌　子詵　劉仲武
曲珍　劉闃
郭成　賈嵓
張整　張蘊
王恩　楊應詢
趙隆
宋史卷三百五十一
列傳第一百十
趙挺之　張商英　兄唐英
劉正夫　何執中
鄭居中　張康國
朱諤　劉逵
林攄　管師仁
侯蒙
宋史卷三百五十二
列傳第一百十一
唐恪　李邦彥
余深　薛昂
吳敏　王安中
王襄　趙野
曹輔　耿南仲　王寓附
宋史卷三百五十三
列傳第一百十二
何㮚　孫傅
陳過庭　張叔夜
聶昌　張閣
張近　鄭僅
宇文昌齡　子常　許幾
程之邵　龔原
崔公度　蒲卣
宋史卷三百五十四
列傳第一百十三
沈銖　弟錫　路昌衡
謝文瓘　陸蘊
黄寔　姚祐
樓异　沈積中
李伯宗　汪澥
何常　葉祖洽
時彥　霍端友
俞㮚　蔡薿
宋史卷三百五十五
列傳第一百十四
賈易　董敦逸
上官均　來之邵
葉濤　楊畏
崔台符　楊汲
呂嘉問　李南公
董必　虞策　弟奕
郭知章
宋史卷三百五十六
列傳第一百十五
錢拯　錢遹　石豫　左膚附
許敦仁　吳執中
吳材　劉昺
宋喬年　子昇　強淵明
蔡居厚　劉嗣明
蔣靜　賈偉節
崔鶠　張根　弟樸
任諒　周常
宋史卷三百五十七
列傳第一百十六
何灌　李熙靖
王雲　譚世勣
梅執禮　程振
劉延慶

宋史目録下
列傳
宋史卷三百五十八
列傳第一百十七
李綱上
宋史卷三百五十九
列傳第一百十八
李綱下
宋史卷三百六十
列傳第一百十九
宗澤　趙鼎
宋史卷三百六十一
列傳第一百二十
張浚　子栻
宋史卷三百六十二
列傳第一百二十一
朱勝非　呂頤浩
范宗尹　范致虛
呂好問
宋史卷三百六十三
列傳第一百二十二
李光　子孟傳　許翰
許景衡　張愨
張所　陳禾
蔣猷
宋史卷三百六十四
列傳第一百二十三
韓世忠　子彥直
宋史卷三百六十五
列傳第一百二十四
岳飛　子雲
宋史卷三百六十六
列傳第一百二十五
劉錡　吳玠
吳璘　子挺
宋史卷三百六十七
列傳第一百二十六
李顯忠　楊存中
郭浩　楊政
宋史卷三百六十八
列傳第一百二十七
王德　王彥
魏勝　張憲
楊再興　牛皋
胡閎休
宋史卷三百六十九
列傳第一百二十八
張俊　從子子蓋　張宗顔
劉光世　王淵
解元　曲端
宋史卷三百七十
列傳第一百二十九
王友直　李寶
成閔　趙密
劉子羽　呂祉
胡世將　鄭剛中
宋史卷三百七十一
列傳第一百三十
白時中　徐處仁
馮澥　王倫

宇文虛中　湯思退
宋史卷三百七十二
列傳第一百三十一
朱倬　王綸
尹穡　王之望
徐俯　沈與求
翟汝文　王庶
辛炳
宋史卷三百七十三
列傳第一百三十二
朱弁　鄭望之
張邵　洪皓子适 遵 邁
宋史卷三百七十四
列傳第一百三十三
張九成　胡銓
廖剛　李迨
趙開
宋史卷三百七十五
列傳第一百三十四
鄧肅　李邴
滕康　張守
富直柔　馮康國
宋史卷三百七十六
列傳第一百三十五
常同　張致遠
薛徽言　陳淵
魏矼　潘良貴
呂本中
宋史卷三百七十七
列傳第一百三十六
向子諲　陳規
季陵　盧知原弟法原
陳禾　李璆
李朴　王庠
王衣
宋史卷三百七十八
列傳第一百三十七
衛膚敏　劉珏
胡舜陟　沈晦
劉一止弟寧止　胡交修
綦崇禮
宋史卷三百七十九
列傳第一百三十八
章誼　韓肖胄
陳公輔　張嵲
胡松年　曹勛
李植　韓公裔
宋史卷三百八十
列傳第一百三十九
何鑄　王次翁
范同　楊愿
樓炤　勾龍如淵
薛弼　羅汝楫子願附
蕭振
宋史卷三百八十一
列傳第一百四十
范如圭　吳表臣
王居正　晏敦復
黃龜年　程瑀
張闡　洪擬
趙逵
宋史卷三百八十二
列傳第一百四十一
張燾　黃中
孫道夫　曾幾兄開
勾濤　李彌遜弟彌大
宋史卷三百八十三
列傳第一百四十二
陳俊卿　虞允文
辛次膺
宋史卷三百八十四
列傳第一百四十三
陳康伯　梁克家
汪澈　葉義問
蔣芾　葉顒
葉衡
宋史卷三百八十五
列傳第一百四十四
葛邲　錢端禮
魏杞　周葵
施師點　蕭燧
龔茂良
宋史卷三百八十六
列傳第一百四十五
劉珙　王藺
黃祖舜　王大寶
金安節　王剛中
李彥穎　范成大
宋史卷三百八十七
列傳第一百四十六
黃洽　王應辰
王十朋　吳芾
陳良翰　杜莘老
宋史卷三百八十八
列傳第一百四十七
周執羔　王希呂
陳良祐　李浩
陳橐　胡沂
唐文若　李燾
宋史卷三百八十九
列傳第一百四十八
尤袤　謝諤
顏師魯　袁樞
李椿　劉儀鳳
張孝祥
宋史卷三百九十
列傳第一百四十九
李衡　王自中
家愿楊愉附　張綱
張大經　蔡洸
莫濛　周淙
劉章　沈作賓
宋史卷三百九十一
列傳第一百五十
周必大　留正
胡晉臣
宋史卷三百九十二
列傳第一百五十一
趙汝愚子崇憲
宋史卷三百九十三
列傳第一百五十二
彭龜年　黃裳
羅點　黃度周南附
林大中　陳騤
黃黼　詹體仁
宋史卷三百九十四
列傳第一百五十三
胡紘　何澹
林栗　高文虎
陳自強　鄭丙
京鏜　謝深甫
許及之　梁汝嘉
宋史卷三百九十五
列傳第一百五十四
樓鑰　李大性
任希夷　徐應龍
莊夏　王阮
王質　陸游
方信孺　王柟
宋史卷三百九十六
列傳第一百五十五
史浩　王淮
趙雄　權邦彥
程松　陳謙
張巖
宋史卷三百九十七
列傳第一百五十六
徐誼　吳獵
項安世　薛叔似
劉甲　楊輔
劉光祖
宋史卷三百九十八
列傳第一百五十七
余端禮　李璧
丘崈　倪思
宇文紹節　李蘩
宋史卷三百九十九
列傳第一百五十八
鄭瑴王庭秀附　仇悆
高登　婁寅亮

宋汝爲
宋史卷四百
列傳第一百五十九
王信 汪大猷
袁燮 吳柔勝
游仲鴻 李祥
王介 宋德之
楊大全
宋史卷四百一
列傳第一百六十
辛棄疾 何異
劉宰 劉爚
柴中行 李孟傳
宋史卷四百二
列傳第一百六十一
陳敏 張詔
畢再遇 安丙
楊巨源 李好義
宋史卷四百三
列傳第一百六十二
趙方 賈涉
扈再興 孟宗政
張威
宋史卷四百四
列傳第一百六十三
汪若海 張運
柳約 李舜臣
孫逢吉 章穎
商飛卿 劉穎
徐邦憲
宋史卷四百五
列傳第一百六十四
李宗勉 袁甫
劉黻 王居安
宋史卷四百六
列傳第一百六十五
崔與之 洪咨夔
許奕 陳居仁子卓
劉漢弼
宋史卷四百七
列傳第一百六十六
杜範 楊簡錢時附
張虙 呂午子沆
宋史卷四百八
列傳第一百六十七
吳昌裔 汪綱
陳宓 王霆
宋史卷四百九
列傳第一百六十八
高定子 高斯得
張忠恕 唐璘
宋史卷四百十
列傳第一百六十九
婁機 沈煥舒璘附
曹彥約 范應鈴
徐經孫
宋史卷四百十一
列傳第一百七十
湯璹 蔣重珍
牟子才 朱貔孫
歐陽守道
宋史卷四百十二
列傳第一百七十一
孟珙 杜杲子庶
王登 楊掞
張惟孝 陳咸
宋史卷四百十三
列傳第一百七十二
趙汝談 趙汝讜
趙希錧 趙彥吶
趙善湘 趙與懽
趙必愿
宋史卷四百十四
列傳第一百七十三
史彌遠 鄭清之
史嵩之 董槐
葉夢鼎 馬廷鸞
宋史卷四百十五
列傳第一百七十四
傅伯成 葛洪
曾三復 黃疇若
袁韶 危稹
程公許 羅必元
王遂
宋史卷四百十六
列傳第一百七十五
吳淵 余玠
汪立信 向士璧
胡穎 冷應澂
曹叔遠從子豳 王萬
馬光祖
宋史卷四百十七
列傳第一百七十六
喬行簡 范鍾
游似 趙葵兄范
謝方叔
宋史卷四百十八
列傳第一百七十七
吳潛 程元鳳
江萬里 王爚
章鑑 陳宜中
文天祥
宋史卷四百十九
列傳第一百七十八
宣繒 薛極
陳貴誼 曾從龍
鄭性之 李鳴復
鄒應龍 余天錫
許應龍 林略
徐榮叟 别之傑
劉伯正 金淵
李性傳 陳韡崔福附
宋史卷四百二十
列傳第一百七十九
王伯大 鄭寀
應傑 徐清叟
李曾伯 王埜
蔡抗 張磻
馬天驥 朱熠
饒虎臣 戴慶炣
皮龍榮
宋史卷四百二十一
列傳第一百八十
楊棟 姚希得
包恢 常挺
陳宗禮 常楙
家鉉翁 李庭芝
宋史卷四百二十二
列傳第一百八十一
林勳 劉才邵
許忻 應孟明
曾三聘 徐僑
度正 程珌
牛大年 陳仲微
梁成大 李知孝
宋史卷四百二十三
列傳第一百八十二
吳泳 徐範
李韶 王邁
史彌鞏 陳塤子蒙
趙與𥲅 李大同
黃畱 楊大異
宋史卷四百二十四
列傳第一百八十三
陸持之 徐鹿卿
趙逢龍 趙汝騰
孫夢觀 洪天錫
黃師雍 徐元杰
孫子秀 李伯玉
宋史卷四百二十五
列傳第一百八十四
劉應龍 潘牥
洪芹 趙景緯
馮去非 徐霖
徐宗仁 危昭德
陳塏 楊文仲
謝枋得
宋史卷四百二十六
列傳第一百八十五
循吏

陳靖　張綸
邵曄　崔立
魯有開　張逸
吳遵路　趙尚寬
高賦　程師孟
韓晉卿　葉康直

宋史卷四百二十七
列傳第一百八十六
道學一
周敦頤　程顥
程頤　張載 弟戩
邵雍

宋史卷四百二十八
列傳第一百八十七
道學二
劉絢　李籲
謝良佐　游酢
張繹　蘇昞
尹焞　楊時
羅從彥　李侗

宋史卷四百二十九
列傳第一百八十八
道學三
朱熹　張栻

宋史卷四百三十
列傳第一百八十九
道學四 朱氏門人
黃榦　李燔
張洽　陳淳
李方子　黃灝

宋史卷四百三十一
列傳第一百九十
儒林一
聶崇義　邢昺
孫奭　王昭素
孔維　孔宜
崔頌　尹拙
田敏　辛文悅
李覺　崔頤正
李之才

宋史卷四百三十二
列傳第一百九十一
儒林二
胡旦　賈同
劉顏　高弁
孫復　石介
胡瑗　劉羲叟
林槩　李覯
何涉　王回 弟向
周堯卿　王當
陳暘

宋史卷四百三十三
列傳第一百九十二
儒林三
邵伯溫　喻樗
洪興祖　高閌
程大昌　林之奇
林光朝　楊萬里

宋史卷四百三十四
列傳第一百九十三
儒林四
劉子翬　呂祖謙
蔡元定 子沉　陸九齡 弟九韶
陸九淵　薛季宣
陳傅良　葉適
戴溪　蔡幼學
楊泰之

宋史卷四百三十五
列傳第一百九十四
儒林五
范沖　朱震
胡安國 子寅 宏 寧

宋史卷四百三十六
列傳第一百九十五
儒林六
陳亮　鄭樵 林霆附
李道傳

宋史卷四百三十七
列傳第一百九十六
儒林七
程迥　劉清之
眞德秀　魏了翁
廖德明

宋史卷四百三十八
列傳第一百九十七
儒林八
湯漢　何基
王柏　徐夢莘
李心傳　葉味道 弟得之從子大麟附
王應麟　黃震

宋史卷四百三十九
列傳第一百九十八
文苑一
宋白　梁周翰 何承裕附
朱昂　趙鄰幾
鄭起 郭裕馬應附　和峴 弟㠓附
馮吉

宋史卷四百四十
列傳第一百九十九
文苑二
高頔　李度
韓溥　鞠常
宋準　柳開
夏侯嘉正　羅處約
安德裕　錢熙

宋史卷四百四十一
列傳第二百
文苑三
陳充　吳淑 舒雅附
黃夷簡 盧稹 謝炎 許洞附　徐鉉
句中正　曾致堯
刁衎　姚鉉
李建中　洪湛
路振　崔遵度
陳越

宋史卷四百四十二
列傳第二百一
文苑四
穆脩　石延年 劉潛附
蕭貫　蘇舜欽
尹源　黃亢
黃鑑　楊蟠
顏太初　郭忠恕

宋史卷四百四十三
列傳第二百二
文苑五
梅堯臣　江休復
蘇洵　章望之
王逢　孫唐卿 黃庠 楊寘附
唐庚 兄伯虎附　文同
楊傑　賀鑄
劉涇　鮑由
黃伯思

宋史卷四百四十四
列傳第二百三
文苑六
黃庭堅　晁補之 弟詠之
秦觀　張耒
陳師道　李廌
劉恕　王無咎
蔡肇　李格非
呂南公　郭祥正
米芾　劉詵
倪濤　李公麟
周邦彥　朱長文
劉弇

宋史卷四百四十五
列傳第二百四
文苑七
陳與義　汪藻
葉夢得　程俱
張嵲　韓駒
朱敦儒　葛勝仲
熊克　張即之 趙蕃附

宋史卷四百四十六
列傳第二百五
忠義一
康保裔　馬遂
董元亨　曹覲 孔宗旦 趙師旦附
蘇緘　秦傳序

詹良臣 江仲明附 李若水
劉韐 傅察
楊震 父宗閔 張克戩
張確 朱昭
史抗 孫益
宋史卷四百四十七
列傳第二百六
忠義二
霍安國 李涓
李邈 劉翊附 徐揆
陳遘 趙不試
趙令㞞 唐重 郭忠孝程迪附
徐徽言 向子韶
楊邦乂
宋史卷四百四十八
列傳第二百七
忠義三
曾怘 弟悟 劉汲
鄭驤 呂由誠
郭永 韓浩 朱庭傑王允功王藹周中周辛附
歐陽珣 張忠輔
李彥仙 邵雲呂圓登宋炎附 趙立 王復鄭褒附
王忠植 唐琦
李震 陳求道
宋史卷四百四十九
列傳第二百八
忠義四
崔縱 吳安國附 林冲之 子郁從子震霆附
滕茂實 魏行可 郭元邁附
閻進 趙師檟
易青 胡斌
范旺 馬俊
楊震仲 史次秦郭靖附 高稼
曾友聞 陳寅 賈子坤劉銳蹇彝何充附
許彪孫 陳隆之 史季儉附
王翊 李誠之 秦鉅附
宋史卷四百五十
列傳第二百九
忠義五
陳元桂 張順 張貴附
范天順 牛富
邊居誼 陳炤 王安節附
尹玉 李芾
尹穀 楊霆附 趙卯發
唐震 趙與檡 方洪趙孟錦附
趙淮
宋史卷四百五十一
列傳第二百十
忠義六
趙良淳 徐道隆附 姜才
馬塈 密祐
張世傑 陸秀夫 劉鼎孫附
徐應鑣 陳文龍
鄧得遇 張珏
宋史卷四百五十二
列傳第二百十一
忠義七
高敏 張吉附 景思忠 弟思立
王奇 蔣興祖
郭滸 吳革
李興 阮駿附 趙士隆 士醫士眞士道士駿陳仁叔皎叔憑
訓之事之壘之劉玠 陳淬
黃友 郝仲連
劉惟輔 高子儒韓青附 牛皓 高萬任安泰元薛琪張享附
魏彥明 劉仕英 王稟附
翟興 弟進附 朱蹕 朱良方允武附
龔楫 蔣子春附 李亘 孫安道附
凌唐佐 楊粹中
彊霓 康傑李伸附 郭僎 郭贊王逬吳從龍附
司馬夢求 林空齋
黃介 孫益 顏緒顏琦附
王仙 吳楚材
李成大 陶居仁
宋史卷四百五十三
列傳第二百十二
忠義八
高永年 鞠嗣復 宋旅丁仲修項德附
孫昭遠 曾孝序
趙伯振 王士言 祝公明附
薛慶 孫暉 李靚楊照丁元附
宋昌祚 李政
姜綬 劉宣
屈堅 王琦韋牙壽附 鄭覃
姚興 張玘
陳亨祖 王拱
劉泰 孫逢 趙俊附
劉化源 胡唐老
王儔 朱嗣孟附 劉晏
鄭振 孟彥卿
高談 連萬夫 謝皋附
王大壽 薛良顯
唐敏求 王師道
宋史卷四百五十四
列傳第二百十三
忠義九
趙時賞 趙希洎附 劉子薦 黃文政附
呂文信 鍾季玉 潘方
耿世安 丁黼
米立 楊壽孫附 侯畐
王孝忠 高應松 張山翁
黃申 陳奎
蕭雷龍 宋應龍
鄒渢 劉子俊劉沐孫㮚彭震龍蕭燾夫陳繼周陳龍復張鏜張雲張汴呂武鞏信蕭明哲
杜滸林琦蕭資徐臻金應附 何時 陳子敬附
劉士昭 王士敏趙孟壘趙孟桀
宋史卷四百五十五
列傳第二百十四
忠義十
陳東 歐陽澈
馬伸 呂祖儉
呂祖泰 楊宏中
華岳 鄧若水
僧眞寶 徐道明
莫謙之
宋史卷四百五十六
列傳第二百十五
孝義
李璘 甄婆兒 徐承珪
劉孝忠 呂昇 王翰附
羅居通 黃德輿附 齊得一
李罕澄 邢神留 沈正附
許祚 李琳等附 胡仲堯 弟仲容附
陳兢 洪文撫
易延慶 董道明
郭琮 畢贊附 顧忻 李瓊附
朱泰 成象
陳思道 方綱
龐天祐 劉斌
樊景溫 樊恕晏附 初暐
何保之 李玭
侯義 王光濟 李祚周善敏附
江白 裘承詢 孫浦等附
常眞 子晏王洤等附 杜誼
姚宗明 鄧中和
毛安輿 李訪
朱壽昌 侯可
申積中 郝戭
支漸 鄧宗古
沈宣 蘇慶文 臺亨附
仰忻 趙伯深
彭瑜 毛洵 李籌楊芾附
楊慶 陳宗
郭義 申世寧
苟與齡 王珠
顏詡 張伯威
蔡定 鄭綺 鮑宗巖附
宋史卷四百五十七
列傳第二百十六
隱逸上
戚同文 陳摶
种放 萬適
李瀆 魏野
邢敦 林逋
高懌 徐復
孔旼 何羣
宋史卷四百五十八
列傳第二百十七
隱逸中
王樵 張愈
黃晞 周啓明

代淵 陳烈
孫倖 劉易
姜潛 連庶
章詧 俞汝尚
陽孝本 鄧孝甫
宇文之邵 吳瑛
松江漁翁 杜生
順昌山人 南安翁
張𢘍
宋史卷四百五十九
列傳第二百十八
隱逸下
徐中行 蘇雲卿
譙定 王忠民
劉勉之 胡憲
郭雍 劉愚
魏掞之 安世通
卓行
劉庭式 巢谷
徐積 曾叔卿
劉永一
宋史卷四百六十
列傳第二百十九
列女
朱娥 張氏
彭列女 郝節娥
朱氏 崔氏
趙氏 丁氏
項氏 王氏二婦
徐氏 榮氏
何氏 董氏
譚氏 劉氏
張氏 師氏
陳堂前 節婦廖氏
劉當可母 曾氏婦
王袤妻 涂端友妻
詹氏女 劉生妻
謝泌妻 謝枋得妻
王貞婦 趙淮妾
譚氏婦 吳中孚妻
呂仲洙女 林老女
童氏女 韓氏女
王氏婦 劉仝子妻 毛惜惜附
宋史卷四百六十一
列傳第二百二十
方技上
趙修己 王處訥 子熙元
苗訓 子守信 馬韶
楚芝蘭 韓顯符
史序 周克明
劉翰 王懷隱
趙自化 馮文智
沙門洪蘊 蘇澄隱
丁少微 趙自然
宋史卷四百六十二
列傳第二百二十一
方技下
賀蘭棲真 柴通玄
甄棲真 楚衍
僧志言 僧懷丙
許希 龐安時
錢乙 僧智緣
郭天信 魏漢津
王老志 王仔昔
林靈素 皇甫坦
王克明 莎衣道人
孫守榮
宋史卷四百六十三
列傳第二百二十二
外戚上
杜審琦 弟審瓊審肇審進從子彥圭彥鈞孫守元曾孫惟序
賀令圖 楊重進附 王繼勳
劉知信 子承宗 劉文裕
劉美 子從德從廣孫永年馬季良附 郭崇仁
楊景宗 符惟忠
柴宗慶 張堯佐
宋史卷四百六十四
列傳第二百二十三
外戚中
王貽永 李昭亮
李用和 子璋瑋珣 李遵勗 子端懿端愿端愨端愿子評
曹佾 從弟僖子評誘 高遵裕 弟遵惠從姪士林士林子公紀公紀
子世則 向傳範 從姪經綜經子宗回宗良
張敦禮 任澤
宋史卷四百六十五
列傳第二百二十四
外戚下
孟忠厚 韋淵
錢忱 邢煥
潘永思 吳益 弟蓋
李道 鄭興裔
楊次山
宋史卷四百六十六
列傳第二百二十五
宦者一
竇神寶 王仁睿
王繼恩 李神福 弟神祐
劉承規 閻承翰
秦翰 周懷政
張崇貴 張繼能
衛紹欽 石知顒 孫全彬
鄧守恩
宋史卷四百六十七
列傳第二百二十六
宦者二
楊守珍 韓守英
藍繼宗 張惟吉
甘昭吉 盧守懃
王守規 李憲
張茂則 宋用臣
王中正 李舜舉
石得一 梁從吉
劉惟簡
宋史卷四百六十八
列傳第二百二十七
宦者三
李祥 陳衍
馮世寧 李繼和
高居簡 程昉
蘇利涉 雷允恭
閻文應 任守忠
童貫 方臘附 深師成
楊戩
宋史卷四百六十九
列傳第二百二十八
宦者四
邵成章 藍珪 康履附
馮成益 張去爲
陳源 甘昪
王德謙 關禮
董宋臣
宋史卷四百七十
列傳第二百二十九
佞倖
弭德超 侯莫陳利用
趙贊 王黼
朱勔 王繼先
曾覿 龍大淵附 張說
王抃 姜特立 譙熙載附
宋史卷四百七十一
列傳第二百三十
姦臣一
蔡確 吳處厚附 邢恕
呂惠卿 章惇
曾布 安惇
宋史卷四百七十二
列傳第二百三十一
姦臣二
蔡京 弟卞子攸修 趙良嗣 張覺郭藥師附
宋史卷四百七十三
列傳第二百三十二
姦臣三
黃潛善 汪伯彥
秦檜
宋史卷四百七十四
列傳第二百三十三
姦臣四
万俟卨 韓侂胄
丁大全 賈似道
宋史卷四百七十五

列傳第二百三十四
叛臣上
張邦昌 劉豫
苗傅劉正彥附 杜充
吳曦
宋史卷四百七十六
列傳第二百三十五
叛臣中
李全上
宋史卷四百七十七
列傳第二百三十六
叛臣下
李全下
宋史卷四百七十八
列傳第二百三十七
世家一
南唐李氏
宋史卷四百七十九
列傳第二百三十八
世家二
西蜀孟氏
宋史卷四百八十
列傳第二百三十九
世家三
吳越錢氏
宋史卷四百八十一
列傳第二百四十
世家四
南漢劉氏
宋史卷四百八十二
列傳第二百四十一
世家五
北漢劉氏
宋史卷四百八十三
列傳第二百四十二
世家六
湖南周氏 荊南高氏
漳泉留氏 陳氏
宋史卷四百八十四
列傳第二百四十三
周三臣
韓通 李筠
李重進
宋史卷四百八十五
列傳第二百四十四
外國一
夏國上
宋史卷四百八十六
列傳第二百四十五
外國二
夏國下
宋史卷四百八十七
列傳第二百四十六
外國三
高麗
宋史卷四百八十八
列傳第二百四十七
外國四
交阯 大理
宋史卷四百八十九
列傳第二百四十八
外國五
占城 眞臘
蒲甘 邈黎
三佛齊 闍婆南毗附
勃泥 注輦
丹眉流
宋史卷四百九十
列傳第二百四十九
外國六
天竺 于闐
高昌 回鶻
大食 層檀
龜茲 沙州
拂林
宋史卷四百九十一
列傳第二百五十
外國七
流求國 定安國
渤海國 日本國
党項
宋史卷四百九十二
列傳第二百五十一
外國八
吐蕃唃厮囉 董氈 阿里骨 瞎征 趙思忠
宋史卷四百九十三
列傳第二百五十二
蠻夷一
西南溪峒諸蠻上
宋史卷四百九十四
列傳第二百五十三
蠻夷二
西南溪洞諸蠻下 梅山峒
誠徽州 南丹州
宋史卷四百九十五
列傳第二百五十四
蠻夷三
撫水州 廣源州
黎洞 環州
宋史卷四百九十六
列傳第二百五十五
蠻夷四
西南諸夷 黎州諸蠻
敍州三路蠻 威茂渝州蠻
黔涪施高徼外諸蠻
瀘州蠻

宋史卷一

元中書右丞相總裁脫脫等修

本紀第一

太祖一

太祖啓運立極英武睿文神德聖功至明大孝皇帝諱匡胤姓趙氏涿郡人也高祖脁是爲僖祖仕唐歷永清文安幽都令脁生珽是爲順祖歷藩鎭從事累官兼御史中丞珽生敬是爲翼祖歷營薊涿三州刺史敬生弘殷是爲宣祖周顯德中宣祖貴贈敬左驍騎衛上將軍宣祖少驍勇善騎射事趙王王鎔爲鎔將五百騎援唐莊宗于河上有功莊宗愛其勇留典禁軍漢乾祐中討王景於鳳翔會蜀兵來援戰于陳倉始合矢集左目氣彌盛奮擊大敗之以功遷護聖都指揮使周廣順末改鐵騎第一軍都指揮使轉右廂都指揮領岳州防禦使從征淮南前軍却吳人來乘宣祖邀擊敗之顯德三年督軍平揚州與世宗會壽春壽春賣餅家餅薄小世宗怒執十餘輩將誅之宣祖固諫得釋累官檢校司徒天水縣男與太祖分典禁兵一時榮之卒贈武清軍節度使太尉太祖宣祖仲子也母杜氏後唐天成二年生於洛陽夾馬營赤光繞室異香經宿不散體有金色三日不變既長容貌雄偉器度豁如識者知其非常人學騎射輒出人上嘗試惡馬不施銜勒馬逸上城斜道額觸門楣墜地人以爲首必碎太祖徐起更追馬騰上一無所傷又嘗與韓令坤博土室中雀鬭戶外因競起掩雀而室隨壞漢初漫遊無所遇舍襄陽僧寺有老僧善術數顧曰吾厚贐汝北往則有遇矣會周祖以樞密使征李守貞應募居帳下廣順初補東西班行首拜滑州副指揮世宗尹京轉開封府馬直軍使世宗卽位復典禁兵北漢來寇世宗率師禦之戰于高平將合指揮樊愛能等先遁軍危太祖麾同列馳馬衝其鋒漢兵大潰乘勝攻河東城焚其門左臂中流矢世宗止之還拜殿前都虞候領嚴州刺史三年春從征淮南首敗萬衆于渦口斬兵馬何延錫等南唐節度皇甫暉姚鳳衆號十五萬塞清流關擊走之追至城下暉曰人各爲其主願成列以決勝負太祖笑而許之暉整陣出太祖擁馬項直入手刃暉中腦幷姚鳳禽之宣祖率兵夜半至城下傳呼開門太祖曰父子固親啓閉王事也詰旦乃得入韓令坤平揚州南唐來援令坤議退世宗命太祖率兵二千趨六合太祖下令曰揚州兵敢有過六合者斷其足令坤始固守太祖尋敗齊王景達于六合東斬首萬餘級還拜殿前都指揮使尋拜定國軍節度使四年春從征壽春拔連珠砦遂下壽州還拜義成軍節度檢校太保仍殿前都指揮使冬從征濠泗爲前鋒時南唐砦于十八里灘世宗方議以橐駝濟師而太祖獨躍馬截流先渡麾下騎隨之遂破其砦因其戰艦乘勝攻泗州下之南唐屯清口太祖從世宗翼淮東下夜追至山陽俘唐節度使陳承詔以獻遂拔楚州進破唐人于瀊江口直抵南岸焚其營柵又破之于瓜步淮南平唐主畏太祖威名用間於世宗遣使遺太祖書餽白金三千兩太祖悉輸之內府間乃不行五年改忠武軍節度使六年

世宗北征爲水陸都部署及莫州先至瓦橋關降其守將姚內斌戰却數千騎關南平世宗在道閱四方文書得韋囊中有木三尺餘題云點檢作天子異之時張永德爲點檢世宗不豫還京師拜太祖檢校太傅殿前都點檢以代永德恭帝卽位改歸德軍節度檢校太尉七年春北漢結契丹入寇命出師禦之次陳橋驛軍中知星者苗訓引門吏楚昭輔視日下復有一日黑光摩盪者久之夜五鼓軍士集驛門宣言策點檢爲天子或止之衆不聽遲明逼寢所太宗入白太祖起諸校露刃列于庭曰諸軍無主願策太尉爲天子未及對有以黃衣加太祖身衆皆羅拜呼萬歲卽掖太祖乘馬太祖攬轡謂諸將曰我有號令爾能從乎皆下馬曰唯命太祖曰太后主上吾皆北面事之汝輩不得驚犯大臣皆我比肩不得侵凌朝廷府庫士庶之家不得侵掠用令有重賞違卽孥戮汝諸將皆載拜肅隊以入副都指揮使韓通謀禦之王彥昇遽殺通於其第太祖進登明德門令甲士歸營乃退居公署有頃諸將擁宰相范質等至太祖見之嗚咽流涕曰違負天地今至于此質等未及對列校羅彥瓌按劒厲聲謂質等曰我輩無主今日須得天子質等相顧計無從出乃降階列拜召文武百僚至晡班定翰林承旨陶穀出周恭帝禪位制書于袖中宣徽使引太祖就庭北面拜受已乃掖太祖升崇元殿服袞冕卽皇帝位遷恭帝及符后于西宮易其帝號曰鄭王而尊符后爲周太后

建隆元年春正月乙巳大赦改元定有天下之號曰宋賜內外百官軍士爵賞貶降者敍復流配者釋放父母該恩者封贈遣使偏告郡國丙午詔諭諸鎭將帥戊申賜書南唐贈韓通中書令以禮收葬己酉遣官告祭天地社稷復安州華州兗州爲節度辛亥論翊戴功以周義成軍節度使殿前都指揮使石守信爲歸德軍節度使侍衞親軍馬步軍副都指揮使江寧軍節度使侍衞親軍馬軍都指揮使高懷德爲義成軍節度使殿前副都點檢武信軍節度使侍衞親軍步軍都指揮使張令鐸爲鎭安軍節度使侍衞親軍馬步軍都虞候殿前都虞候王審琦爲泰寧軍節度使殿前都指揮使虎捷右廂都虞候張光翰爲江寧軍節度使侍衞親軍馬軍都指揮使龍捷右廂都指揮使趙彥徽爲武信軍節度使其餘領軍者並進爵壬子賜宰相樞密諸軍校襲衣犀玉帶鞍馬有差癸丑放南唐降將周成等歸國乙卯遣使分振諸州丁巳命周宗正郭玘祀周陵廟仍以時祭享己未宰相表請以二月十六日爲長春節癸亥以周天雄軍節度使魏王符彥卿守太師雄武軍節度使王景守太保太原郡王定難軍節度使守太傅西平王李彝殷守太尉荆南節度使高保融守太傅餘領節鎭者並進爵甲子賜皇弟殿前都虞候匡義名光義己巳立太廟鎭州郭崇報契丹與北漢軍皆遁二月乙亥尊母南陽郡夫人杜氏爲皇太后以周宰相范質依前守司徒兼侍中王溥守司空兼門下侍郎同中書門下平章事魏仁浦爲尚書右僕射兼中書侍郎同中書門下平章事樞密使吳廷祚同中書門下二品丙戌長春節賜羣臣衣各一襲三月乙巳改天下郡縣之犯御名廟諱者丙辰南唐王李景吳越王錢俶遣使以御服錦綺金帛來賀宿州火遣使恤災壬戌定國運以火德王色尚赤臘用戌癸亥命武勝軍節度使宋延渥等率舟師巡江徼是春均房商洛鼠食苗夏四月癸酉竇儼上二舞十二樂曲名樂章乙酉幸玉津園遣使分詣京城門賜饑民粥丙戌浚蔡河癸巳昭義軍節度使李筠叛遣歸德軍節度使石守信討之五月己亥朔日有食之庚子遣昭化軍節度使慕容延釗彰德軍節度使王全斌將兵出東道與守信會討李筠壬寅竇儼上太廟舞曲名癸卯石守信敗李筠于長平甲辰命諸道進討丙午幸魏仁浦第視疾己酉西京作周六廟成遣官奉遷丁巳詔親征以樞密使吳廷祚留守上都都虞候光義爲大內都點檢命天平軍節度使韓令坤屯兵河陽己未發京師丁卯石守信高懷德破筠衆于澤州禽僞節度范守圖殺北漢援兵之降者數千人筠遁入澤州戊辰王師圍之六月癸酉有星赤色出心辛未拔澤州筠赴火死命埋胔骼釋河東相魏融禁剽掠甲申免澤州今年租有星赤色出太微垣歷上相乙酉伐上黨丁亥筠子守節以城降赦之上如潞辛卯大赦減死罪免附潞三十里今年租錄陣歿將校子孫丁夫給復三年甲午永安軍節度使折德扆破北漢沙谷砦秋七月戊申上至自潞壬子幸范質第視疾甲子遣工部侍郎艾穎拜嵩慶陵乙丑南唐進白金賀平澤潞丁卯南唐進乘輿御服物八月戊辰朔御崇元殿行入閤儀辛未遣郭玘饗周廟壬申復貝州爲永清軍節度甲戌命宰相禱雨辛巳以周武勝軍節度使侯章爲太子太師壬午以光義領泰寧軍節度使依前殿前都虞候甲申立琅邪郡夫人王氏爲皇后戊子南唐進賀平澤潞金銀器羅綺以千計九月壬寅昭義軍節度使李繼勳焚北漢平遙縣癸卯三佛齊國遣使貢方物丙午奉玉冊謚高祖曰文獻皇帝廟號僖祖高祖妣崔氏曰文懿皇后曾祖曰惠元皇帝廟號順祖曾祖妣桑氏曰惠明皇后祖曰簡恭皇帝廟號翼祖祖妣劉氏曰簡穆皇后皇考曰武昭皇帝廟號宣祖己酉幸宜春苑中書舍人趙行逢坐從征避難貶房州司戶參軍己未淮南節度李重進以揚州叛遣石守信等討之甲子歸太原俘冬十月丁卯朔賜內外文武官冬衣有差壬申定縣爲望緊上中下令三年一注壬午河決厭次乙酉晉州兵馬鈐轄荆罕儒襲北漢汾州死之龍捷指揮石進二十九人坐不救棄市丁亥詔親征揚州以都虞候光義爲大內都部署樞密使吳廷祚權上都留守戊子詔諸道長貳有異政衆舉留請立碑者委參軍驗實以聞庚寅發京師十一月丁未師傅揚州城拔之重進盡室自焚戊申誅重進黨揚州平命諸軍習戰艦于迎鑾南唐主懼甚其臣杜著薛良因詭迹來奔帝疾其不忠斬著下蜀市配良廬州牙校己酉振揚州城中民人米一斛十歲以下者半之脅隸爲軍者賜衣履遣還庚戌給攻城役夫死者人絹三匹復三年乙卯南唐主遣使來犒師庚申遣其子從鎰來朝十二月己巳駕還丁亥上至自揚辛卯泉州節度使留從效稱藩

二年春正月丙申朔上詣太后宮門稱慶庚子占城國王遣使來朝壬寅幸造船務觀習水戰戊申以揚州行宮爲建隆寺太僕少卿王承哲坐舉官失實責授殿中丞壬子商州鼠食苗詔免賦謂宰臣曰比命使度田多邀功弊民當愼其選以見朕意丁巳導蔡水入潁己未遣郭玘饗周廟靈武節度使馮繼業獻馬五百槖駞百野馬十甲子澤州刺史張崇詁坐黨李重進棄市二月丙寅幸飛山閱礮車壬申疏五丈河癸酉有司奏進士合格者十一人荆南高保勗進黃金什器甲戌幸城南觀修水匱丁丑南唐進長春節御衣金帶及金銀器己卯賜天雄軍節度符彥卿粟禁春夏捕魚射鳥己丑定竊盜律三月丙申內酒坊火酒工死者三十餘人乘火爲盜者五十人擒斬三十八人餘以宰臣諫獲免酒坊使左承規副使田處巖以酒工爲盜坐棄市閏月己巳幸玉津園謂侍臣曰沉湎非令儀朕宴偶醉恒悔之壬辰南唐進謝賜生辰金器羅綺丁丑金商房三州饑振之癸未幸迎春苑宴射夏四月癸巳朔日有食之壬寅詔郡國置前代帝王賢臣陵冢戶己酉無棣男子趙遇詐稱皇弟伏誅己未商河縣令李瑤坐贓杖死左贊善大夫申文緯坐失覺察除籍庚申班私鍊貨易鹽及貨造酒麴律五月癸亥朔以皇太后疾赦雜犯死罪已下乙丑天狗墮西南丙寅三佛齊國來獻方物丁丑以安邑解兩池鹽給徐宿鄆濟庚寅供奉官李繼昭坐盜賣官船棄市詔諸道郵傳以軍卒遞六月甲午皇太后崩于滋德殿己亥羣臣請聽政從之庚子以太后喪權停時享辛丑見百官於紫宸殿門壬子祈雨庚申釋服秋七月壬戌以皇太后殯不受朝辛未晉州神山縣谷水泛出鐵方圓二丈三尺重七千斤壬申以光義爲開封府尹光美行興元尹己卯隴州進黃鸚鵡八月壬辰朔不視朝壬寅詔諸大辟送所屬州軍決判甲辰南唐主李景死子煜嗣遣使請追尊帝號從之己酉執易定節度使同平章事孫行友削官勒歸私第辛亥幸崇夏寺觀脩三門女直國遣使來朝獻大名府永濟主簿郭顗坐贓棄市庚申周世宗實錄成九月壬戌朔不御殿南唐遣使來進金銀繒綵甲子契丹解利來降荆南節度使高保勗遣其弟保寅來朝戊子遣使南唐賻祭冬十月癸巳南唐遣其臣韓熙載田霖來會皇太后葬丙申遣樞密承旨王仁贍賜南唐禮物戊戌禁邊民盜塞外馬辛丑丹州大雨雹丙午葬明憲皇太后于安陵十一月辛酉朔不視朝甲子太后祔廟己巳幸相國寺遂幸國子監癸酉沙州節度使曹元忠瓜州團練使曹延繼等遣使獻玉鞍勒馬十二月壬申回鶻可汗景瓊遣使來獻方物乙未李繼勳敗北漢軍俘遼州刺史傅廷彥弟勳來獻辛丑幸新修河倉庚戌畋于近郊癸丑遣使賜南唐吳越馬牛槖駞有差

三年春正月庚申朔以喪不受朝賀己巳淮南饑振之庚午幸迎春苑宴射甲戌廣皇城詔郡國長吏勸民播種丙子瓜沙歸義節度使曹元忠獻馬庚辰女直國遣使只骨來獻詔郡國不得役道路居民癸未幸國子監二月丙辰復幸國子監遂如迎春苑宴從官庚寅詔文班官舉堪爲賓佐令錄者各一人不當者比事連坐甲午詔自今百官朝對須陳時政利病無以觸諱爲懼乙未滑州節度使張建豐坐失火免官己亥更定竊盜律壬午上謂侍臣曰朕欲武臣盡讀書以通治道何如左右不知所對甲寅北漢寇潞晉守將擊走之三月戊午朔厭次霣霜殺桑壬戌三佛齊國遣使來獻癸亥禱雨丁卯幸太清觀遂幸開封尹後園宴射己巳大雨詔申律文諭郡國犯大辟者刑部審覆乙亥遣使賜南唐主生辰禮物丁丑女直國遣使來獻丁亥命從北漢降人

于邢洺夏四月乙未延州大雨雪趙衛二州旱丙申寧州大雨雪溝洫冰戊戌幸太清觀庚子回鶻阿督等來獻方物壬寅丹州雪二尺乙巳贈兄光濟爲邕王弟光贊爲夔王追冊夫人賀氏爲皇后五月甲子幸相國寺禱雨遂幸迎春苑宴射乙亥海州火開太行運路癸未命使檢諸州旱甲申詔均戶役敢蔽占者有罪復幸相國寺禱雨乙酉廣大內齊博德相霸五州自春不雨以旱減膳徹樂六月辛卯振宿州饑癸巳吳延祚以雄武軍節度使罷乙未賜酒國子監丁酉幸太清觀己亥減京畿河北死罪以下壬寅京師雨壬子蕃部尚波于等爭採造務以兵犯渭北知秦州高防擊走之乙卯幸迎春苑宴射黃陂縣有象自南來食稼秋七月庚申南唐遣其臣翟如璧謝賜生辰禮貢金銀錦綺千萬壬戌放南唐降卒弱者數千人歸國乙丑免舒州菰蒲新稅丁卯潞州大雨雹索內外軍不律者配沙門島己卯北漢捉生指揮使路貴等來降辛巳遣從臣十人檢河北旱癸未兗濟德磁洺五州蝝八月癸巳蔡河務綱官王訓等四人坐以糠土雜軍糧磔于市乙未用知制誥高錫言諸行賂獲薦者許告訐奴婢鄰親能告者賞詔注諸道司法參軍皆以律疏試判詔尚書吏部舉書判拔萃科九月庚午吐蕃尚波于等歸伏羌縣地壬申修武成王廟丙子占城國來獻禁伐桑棗冬十月乙酉朔賜百官冬服有差丙戌幸太清觀遂幸造船務觀習水戰己亥幸岳臺命諸軍習騎射復幸玉津園辛丑以樞密副使趙普爲樞密使辛亥畋近郊十一月癸亥禁奉使請托縣令考課以戶口增減爲黜陟丙寅南唐遣其臣顧彝來朝丙子三佛齊國遣使李麗林等來獻高麗國遣李興祐等來朝己卯畋于近郊壬午賜南唐建隆四年曆十二月丙戌詔縣置尉一員理盜訟置弓手視縣戶爲差戊戌蒲晉慈隰相衛六州饑振之庚子班捕盜令甲辰衡州刺史張文表叛是歲周鄭王出居房州

乾德元年春正月甲寅朔不御殿乙卯發關西鄉兵赴慶州丁巳修畿內河隄己未遣使賜南唐吳越馬橐駝羊有差庚申遣山南東道節度使慕容延釗率十州兵以討張文表乙丑幸造船務觀造戰船甲戌詔荆南發水卒三千應延釗于潭己卯女直國遣使來獻三月壬辰周保權將楊師璠梟文表于朗陵市甲午慕容延釗入荆南高繼沖請歸朝得州三縣十七乙未克潭州辛亥澶滑衛魏晉絳蒲孟八州饑命發廩振之三月辛未幸金鳳園習射七發皆中符彥卿等進馬稱賀乃徧賜從臣名馬銀器有差壬申高繼沖籍其錢帛芻粟來上癸酉班新定律戊寅慕容延釗破三江口下岳州克復朗州湖南平得州十四監一縣六十六夏四月旱甲申徧禱京城祠廟夕雨減荆南朗州潭州管內死罪一等鹵掠者給主乙酉遣使祭南岳丁亥幸國子監遂幸武成王廟宴射玉津園庚寅出內錢募諸軍子弟鑿習戰池辛卯建隆應天曆成御製序壬辰賞湖南立功將士癸巳幸玉津園丙申兵部郎中曹匪躬棄市海陵鹽城屯田副使張藹除名並坐不法庚子荆南節度使高繼沖進助宴金銀羅紈柱衣屏風等物癸卯辰錦敘等州歸順甲辰詔疏鑿三門禁涇原邠慶等州補蕃人爲邊鎮將夏西平王李彝興獻犛牛一乙巳幸玉津園閱諸軍騎射丙午免湖南茶稅禁陝州鹽井辛亥貸澶州民種食五月壬子朔禱雨京城甲寅遣使禱雨嶽瀆乙丑廣大內庚午給荆南管內符印癸酉幸玉津園六月乙酉免潭州諸縣無名配斂壬辰暑罷營造賜工匠衫屨乙未詔荆南兵願歸農者聽丙申詔歷代帝王二年一饗立漢光武唐太宗廟己亥澶濮曹絳蝗命以牢祭庚子百官三上表請舉樂從之減左右仗千牛員丙午雨詔蜡祀廟社皆用戌臘一日己酉命習水戰于新池秋七月辛亥朔定州縣所置雜職承符廳子等名數甲寅以湖湘歿王事斬彥朗男承勳等三十人補殿直丙寅幸新池賜役夫錢遂幸玉津園丁巳安國軍節度使王全斌等率兵入太原境以俘來獻給錢米以釋之己未詔民有疾而親屬遺去者罪之癸亥湖南疫賜行營將校藥丁卯幸武成王廟遂幸新池觀習水戰己巳朗州賊將汪端寇州城都監尹重睿擊走之詔免荆南管內夏稅之半甲戌釋周保權罪乙亥詔繕朗州城免其管內夏稅丁丑分命近臣禱雨己卯班重定刑統等書八月壬午殿前都虞候張瓊以陵侮軍校史珪石漢卿等爲所誣譖下吏瓊自殺丙戌遣給事中劉載朝拜安陵丁亥王全斌攻北漢樂平縣降之辛卯以樂平縣爲平晉軍降卒千八百人爲效順軍人賜錢帛壬辰詔九經舉人下第者再試癸巳女直國遣使獻名馬蠲登州沙門島民稅令專治船渡馬丙申北漢靜陽十八砦首領來降泉州陳洪進遣使來朝貢齊州河決京師雨己亥契丹幽州岐溝關使柴廷翰等來降癸卯宰相質率百官上尊號不允九月甲寅三上表請從之丙寅宴廣政殿始用樂丁卯責宣徽南院使兼樞密副使李處耘爲淄州刺史戊辰女直國遣使獻海東青名鷹丙子禁朝臣公薦貢舉人賜南唐羊萬口磔汪端于朗州戊寅北漢引契丹兵攻平晉遣洛州防禦使郭進等救之冬十月庚辰詔州縣徵科置簿籍己亥畋近郊丁未吳越國王進郊祀禮金銀珠器犀象香藥皆萬計十一月乙卯荆南節度使高繼沖進郊祀銀萬兩甲子有事南郊大赦改元乾德百官奉玉冊上尊號曰應天廣運仁聖文武至德皇帝丙寅南唐進賀南郊尊號銀絹萬計丁卯賜近臣襲衣金帶器幣鞍馬有差乙亥畋近郊十二月庚辰殿前祗候李璘以父讐殺員僚陳友璘自首義而釋之辛巳開封府尹光義與元尹光美各益食邑賜功臣號宰相質溥仁浦並特進易封益食邑樞密使普加光祿大夫易功臣號文武臣僚各進階勳爵邑甲申皇后王氏崩辛卯罷登州都督己亥泉州陳洪進遣使貢白金千兩乳香茶藥皆萬計己巳南唐主上表乞呼名詔不允閏月己酉朔校醫官黜其藝不精者二十二人甲寅命近臣祈雪丁卯覆試拔萃科田可封宋白譚利用等稱旨賜與有差辛未卜安陵于鞏縣乙亥折德扆敗北漢軍于城下禽其將楊璘以太常議奉赤帝爲感生帝

二年春正月辛巳諭郡國長吏勸農耕作有象入南陽虞人殺之以齒革來獻京師雨雪雷癸未幸迎春苑宴射甲申詔著四時聽選式回鶻遣使獻方物戊子質以太子太傅溥以太子太保仁浦仍尚書左僕射罷庚寅以趙普爲門下侍郎同中書門下平章事李崇矩樞密使壬辰詔親試制舉三科不限官庶許直詣閤門進狀甲辰詔諸道獄詞令大理刑部檢詳或淹留差失致中書門下改正者重其罪乙巳幸玉津園宴射丁未詔縣令簿尉非公事毋至村落令錄簿尉諸職官有耄耋篤疾者舉劾之二月戊申朔北漢遼州刺史杜延韜以城來降癸丑遣使振陝州饑導湨水入京丁巳治安陵隧壞役兵壓死者二百人命有司瘞恤庚午府州俘北漢衛州刺史闕楊璘來獻甲戌南唐進改葬安陵銀綾絹各萬計浚汴河三月辛巳幸教船池賜水軍將士衣有差還幸玉津園宴射乙未北漢耀州團練使周審玉等來降丁酉遣使祈雨于五嶽禁臣僚往來假官軍部送辛丑遣攝太尉光義奉冊寶上明憲皇太后諡曰昭憲皇后賀氏諡曰孝惠王氏諡曰孝明夏四月丁未朔策賢良方正直言極諫科博州判官穎贇中第戊申振河中饑己酉免諸道今年夏稅之無苗者乙卯葬昭憲皇太后孝明皇后于安陵乙丑始置參知政事以兵部侍郎薛居正呂餘慶爲之己巳靈武饑轉涇粟以饟壬申祔二后于別廟徙永州諸縣民之畜蠱者三百二十六家于縣之僻處不得復齒於鄉五月己卯知制誥高錫坐受藩鎮賂貶萊州司馬辛巳宗正卿趙礪坐贓杖除籍癸未幸玉津園宴射六月己酉以光義爲中書令光美同中書門下平章事子德昭貴州防禦使庚申幸相國寺遂幸教船池玉津園辛未河南北及秦諸州蝗惟趙州不食稼秋七月乙亥春州暴水溺民庚辰郃陽雨雹辛巳幸玉津園還幸新池觀習水戰辛卯詔翰林學士陶穀竇儀等舉堪爲藩郡通判者各一人不當者連坐九月甲戌朔周易博士奚嶼責乾州司戶庫部員外王貽孫責左贊善大夫並坐試任子不公戊子延州雨雹乙未幸北郊觀稼辛丑太子太傅質薨壬寅潘美等克郴州冬十月戊申周紀王熙謹薨輟視朝十一月甲戌命忠武軍節度使王全斌爲西川行營前軍兵馬都部署武信軍節度崔彥進副之將步騎三萬出鳳州道江寧軍節度使劉光義爲西川行營前軍兵馬都部署樞密承旨曹彬副之將步騎二萬出歸州道以伐蜀乙亥宴西川行營將校于崇德殿示川峽地圖授攻取方畧賜金玉帶衣物各有差壬辰畋近郊十二月乙巳釋廣南郴州都監陳珝等二百人戊申劉光義拔夔州蜀節度高彥儔自焚丁巳蠲歸峽秋稅辛酉王全斌克萬仞燕子二砦下興州連拔石圖等二十餘砦甲子光義拔巫山等砦斬蜀將南光海等八千級禽其戰櫂都指揮袁德宏等千二百人全斌先鋒史進德敗蜀人于三泉砦禽其節度使韓保正李進等南唐進銀二萬兩金銀器皿數百事庚午詔招復山林聚匿辛未畋北郊

宋史卷一考證

太祖紀一建隆三年六月乙未賜酒國子監○臣人龍按宋會要建隆中凡三幸國子監謁文宣王廟

宋史卷二

元　中　書　右　丞　相　總　裁　脫　脫　等　修

本紀第二

太祖二

三年春正月癸酉朔，以出師不御殿。甲戌，王全斌克劍門，斬首萬餘級，禽蜀樞密使王昭遠、澤州節度趙崇韜。乙亥，詔瘞征蜀戰死士卒，被傷者給繒帛。壬午，全斌取利州。乙酉，蜀王孟昶降，得州四十五、縣一百九十八、戶五十三萬四千三十有九。高麗國王遣使來朝獻。戊子，吏部郎中鄧守中坐試吏不當，責本曹員外郎。癸巳，劉光義取萬施開忠四州，遂州守臣陳愈降。乙未，詔撫西川將吏百姓，丙申，赦蜀，歸俘獲，除管內逋賦，免夏稅及沿徵物色之半。二月癸卯，南唐、吳越進長春節御衣、金銀器、錦綺以千計。甲辰，遣皇城使竇思儼迎勞孟昶。丁未，全州大水。庚申，王全斌殺蜀降兵二萬七千人於成都。三月癸酉，詔置義倉。是月，兩川賊羣起，先鋒都指揮使高彥暉死之，詔所在攻討。夏四月乙巳，回鶻遣使獻方物。癸丑，職方員外郎李岳坐贓棄市。南唐進賀收蜀銀絹以萬計。戊午，遣中使給蜀臣鞍馬車乘于江陵。癸亥，募諸軍子弟導五丈河通皇城爲池。五月辛未朔，詔還諸道幕職令錄經引對者，以涉途遠近差減其選。壬申，幸迎春苑宴射。乙亥，遣開封尹光義勞孟昶於玉津園。丙戌，見孟昶於崇元殿，宴昶等於大明殿。丁亥，賜將士衣服錢帛。戊子，大赦，減死罪一等。壬辰，宴孟昶及其子弟於大明殿。六月甲辰，以孟昶爲中書令、秦國公，昶子弟諸臣錫爵有差。庚戌，孟昶薨。秋七月，珍州刺史田景遷內附。壬辰，追封孟昶爲楚王。丁酉，幸教船池，遂幸玉津園宴射。八月戊戌朔，詔籍郡國驍勇兵送闕下。癸卯，河決陽武縣。庚戌，詔王全斌等廩蜀亡命兵士家。乙卯，河溢河陽，壞民居。戊午，殿直成德鈞坐贓棄市。己未，鄆州河水溢，沒田。辛酉，壽星見。九月己巳，閱諸道兵，以騎軍爲驍雄，步軍爲雄武，並隸親軍。壬申，詔蜀諸郡各置克寧軍五百人。辛巳，河決澶州。戊子，幸西水磑。十月丁酉朔，大霧。己未，太子中舍王治坐受贓殺人棄市。丙寅，濟水溢鄒平。十一月丙子，甘州回鶻可汗遣僧獻佛牙、寶器。乙未，劍州刺史張仁謙坐殺降貶宋州教練。十二月丁酉朔，詔婦爲舅姑喪者齊斬。己亥，詔西川管內監軍巡檢毋預州縣事。戊午，甘州回鶻可汗、于闐國王等遣使來朝，進馬千匹、橐駝五百頭、玉五百團、琥珀五百斤。

四年春正月丙子，遣使分詣江陵、鳳翔，賜蜀羣臣家錢帛。丁亥，命丁德裕等率兵巡撫西川。己丑，幸迎春苑宴射。二月癸卯，視皇城役。丙辰，于闐國王遣其子德從來獻。安國軍節度使羅彥瓌等敗北漢於靜陽，禽其將鹿英。辛酉，試下第舉人。甲子，免西川今年夏稅及諸徵之半，田不得耕者盡除之。岳州火。三月癸酉，罷義倉。甲戌，占城國遣使來獻。癸未，僧行勤等一百五十七人各賜錢三萬，游西域。夏四月丁酉，占城遣使來獻。丙午，潭州火。壬子，罷光州貢鷹鷂。丁巳，契丹天德軍節度使于延超與其子來降。進士李藹坐毀釋氏，辭不遜，黥杖配沙門島。庚申，幸燕國長公主第視疾。五月，南唐賀文明殿成，進銀萬兩。甲戌，光祿少卿郭玘坐贓棄市。乙亥，閱蜀法物圖書。丁丑，詔蜀郡敢有不省父母疾者罪之。辛巳，潭州火。壬午，澶州進麥兩岐至六岐者百六十五本。辛卯，熒惑犯軒轅。六月甲午，東阿河溢。甲辰，河決觀城。月犯心前星。丙午，澧州刺史白全紹坐縱紀綱規財部內免官。詔人臣家不得私養宦者，內侍年三十以上方許養一子，士庶敢有閹童男者不赦。己酉，果州貢禾一莖十三穗。秋七月丙寅，詔蜀官將吏及姻屬疾者所在給醫藥錢帛。戊辰，西南夷首領董暠等內附。己巳，幸造船務，又幸開封尹北園宴射。癸酉，賜西川行營將士錢帛有差。庚辰，罷劍南蜀米麥征。華州旱，免今年租，給州縣官奉戶。八月丁酉，詔除蜀倍息。庚子，水壞高苑縣城。壬寅，詔憲臣及吏刑部官三周歲滿日，即轉授加恩。庚戌，樞密直學士馮瓚、綾錦副使李美、殿中侍御史李楲爲宰相趙普陷以贓，論死，會赦，流沙門島，逢恩不還。辛亥，幸玉津園宴射。京兆府貢野蠶繭。壬子，衡州火。乙卯，錄囚。丙辰，河決滑州，壞靈河大隄。普州兔食稼。閏月乙丑，河溢入南華縣。己巳，衡州火。乙亥，詔民能樹藝、開墾者不加征，令佐能勸來者受賞。九月壬辰朔，水虎捷指揮使孫進、龍衛指揮使吳瓌等二十七人坐黨呂翰亂，伏誅，夷進族。庚子，占城獻馴象。乙巳，幸教船池，遂幸玉津園，觀衛士騎射。丙午，詔吳越立禹廟于會稽。冬十月辛酉朔，命太常復二舞。癸亥，詔諸郡立古帝王陵廟，置戶有差。己巳，禁吏卒以巡察擾民。十二月庚辰，妖人張龍兒等二十四人伏誅，夷龍兒、李士、楊密、聶贇族。

五年春正月戊戌，治河隄。丁未，合州漢初縣上青櫞木，中有文曰「大連宋」。甲寅，王全斌等坐伐蜀黷貨殺降，全斌責崇義軍節度使，崔彥進責昭化軍節度使，王仁贍責右衛大將軍。丙辰，詔伐蜀將校有受蜀人錢物者並即還主。丁巳，賞伐蜀功，曹彬、劉光義等進爵有差。二月庚申朔，幸造船務，遂幸城西，觀衛士騎射。甲子，薛居正、呂餘慶並爲吏部侍郎，依前參知政事。己丑，幸教船池。三月甲辰，詔翰林學士、常參官於幕職、州縣及京官內各舉堪任常參官者一人，不當者連坐。乙巳，詔諸道舉部內官吏才德優異者。丙午，以普爲尚書左僕射兼門下侍郎、同中書門下平章事，崇矩檢校太傅。是日，幸教船池，又幸玉津園宴射。丙辰，北漢石盆砦招收指揮使閻章以砦來降。五星聚奎。夏五月乙巳，賜京城貧民衣。北漢鴻唐砦招收指揮使樊暉以砦來降。甲寅，王溥爲太子太傅。六月戊午朔，日有食之。辛巳，幸建隆觀，遂幸飛龍院。丁亥，牂牁順化王子等來獻方物。七月丁酉，禁毀銅佛像。己酉，免水旱災戶今年租。八月甲申，河溢入衛州城，民溺死者數百。九月壬辰，倉部員外郎陳鄘坐贓棄市。甲午，西南蕃順化王子部才等遣使獻方物。己酉，畋近郊。十一月乙酉朔，工部侍郎毋守素坐居喪娶妾免。供奉官武仁海坐枉殺人棄市。十二月丙辰，禁新小鐵鑞等錢，疎惡布帛入粉藥者。癸酉，升麟州爲建寧軍節度。趙普以母憂去位，丙子起復。

開寶元年春正月甲午，增治京城。陝之集津、絳之垣曲、懷之武陟饑，振之。己亥，北漢偏城砦招收指揮使任恩等來降。三月庚寅，班縣令尉捕盜令。癸巳，幸玉津園。乙巳，有馴象自至京師。夏四月乙卯，幸節度使趙彥徽第視疾。五月丁未，賜南唐米麥十萬斛。六月癸丑朔，詔民田爲霖雨、河水壞者，免今年夏稅及沿徵物。癸亥，詔荊蜀民祖父母、父母在者，子孫不得別財異居。丁丑，太白晝見。戊寅，復見。辛巳，龍出單父民家井中，大風雨，漂民舍四百區，死者數十人。秋七月丙申，幸鐵騎營，賜軍錢羊酒有差。北漢潁州砦主胡遇等來降。丙午，幸鐵騎營，遂幸玉津園。戊申，坊州刺史李懷節坐强市部民物，責左衛率府率。北漢主劉鈞卒，養子繼恩立。八月乙卯，按鶻于近郊，還幸相國寺。戊午，又按鶻于北郊，還幸飛龍院。丙寅，遣客省使盧懷忠等二十二人率禁軍會潞州。戊辰，命昭化軍節度使李繼勳等征北漢。九月辛巳朔，禁錢出塞。癸未，監察御史楊士達坐鞫獄濫殺，棄市。庚子，李繼勳敗北漢於銅溫河。己酉，北漢供奉官侯霸榮弒其主繼恩，繼元立。冬十月己未，畋近郊，還幸飛龍院。丙子，吳越王遣其子惟濬來朝貢。十一月癸卯，日南至，有事南郊，改元開寶，大赦，十惡、殺人、官吏受贓者不原。宰相普等奉玉冊寶，上尊號曰應天廣運大聖神武明道至德仁孝皇帝。十二月甲子，行慶，自開封、興元尹、宰相、樞密使及諸道藩侯，並加勳爵有差。乙丑，大食國遣使獻方物。

二年春正月己卯朔，以出師不御殿。二月乙卯，命昭化軍節度使李繼勳爲河東行營前軍都部署，侍衛步軍指揮使党進副之，宣徽南院使曹彬爲都監，棣州防禦使何繼筠爲石嶺關部署，建雄軍節度使趙贊爲汾州路部署，以伐北漢。宴長春殿，命彰德軍節度使韓仲贇爲北面都部署，彰義軍節度使郭延義副之，以防契丹。戊午，詔親征。己酉，以開封尹光義爲上都留守，樞密副使沈義倫爲大內部署，判留司三司事。甲子，發京師。乙亥，雨，駐潞州。三月壬辰，發潞州。乙未，李繼勳敗北漢軍於太原城下。戊戌，駕傅城下。庚子，觀兵城南，築長連城。辛丑，幸汾河，作新橋，發太原諸縣丁數萬集城下。癸卯，北漢史昭文以憲州來降。乙巳，臨城南，謂汾水可以灌其城，命築長隄壅之，決晉祠水注之，遂砦城四面，繼勳軍於南，贊軍於西，彬軍於北，進軍於東，乃北引汾水灌城。辛亥，遣海州刺史孫方進率兵圍汾州。四月戊申，幸城東，觀築隄。壬子，復幸城東。己未，何繼筠敗契丹於陽曲，斬首數千級，俘武州刺史王彥符以獻，命陳示所獲首級、鎧甲于城下。壬戌，幸汾河觀造船。戊辰，幸城西，上生院。丙子，復幸城西。五月癸未，韓仲贇敗契丹於定州北。自戊子至庚寅，命水軍載弩環攻。橫州團練使王庭義、殿前都虞候石漢卿死之。甲午，北漢趙文度以嵐州來降。甲辰，都虞候趙廷翰奏諸軍欲登城以死攻，上愍之，不允。閏月戊申，堆圯，水注城中，上遽登隄觀。己酉，右僕射魏仁浦薨。壬子，以太常博士李光贊言，議班師。己未，命兵士遷河東民萬戶于山東。庚申，分命使臣率兵赴鎮、潞。壬戌，駕還，戊辰，駐蹕於鎮州。六月丙子朔，發鎮州。癸巳，至自太原，曲赦京城囚。秋七月丁巳，幸封禪寺。詔鎮、深、趙、邢、洺五州管內鎮砦縣悉城之。甲子，大宴，賜宰相、樞密使、翰林學士、節度觀察使襲衣、金帶。戊辰，西南夷順化王子武才等來獻方物。癸酉，幸新水磑。汴決下邑。乙亥，壽星見。八月丁亥，詔川峽諸州察民有父母在而別籍異財者，論死。九月乙巳朔，幸武成王廟。壬戌，幸玉津園宴射。冬十月戊子，畋近郊。庚寅，散指揮都知杜廷進等謀反，伏誅，夷其族。詔相、深、趙三州丁夫死太原城下者，復其家。庚子，以王溥爲太子太師，武衡德爲太子太傅。癸卯，西川兵馬都監張延通、內臣張嶼引進副使王珏爲丁德裕所譖，延通坐不遜誅，嶼、珏並杖配十一月丙午幸鎮寧軍節度使張令鐸第視疾甲寅畋近郊還幸金鳳園庚申回鶻于闐遣使來獻方物十二月癸未幸中書視宰相趙普疾己亥右贊善大夫王昭坐監大盈倉其子與倉吏爲姦贓奪兩任配隸汝州丁德裕誣奏西川轉運使李鉉指斥事旣直猶坐酒失責授右贊善大夫

三年春正月癸卯朔雨雪不御殿癸丑增河堤辛酉詔民五千戶舉孝弟彰聞德行純茂者一人奇才異行不拘此限里閭郡國遞審連署以聞仍爲治裝詣闕二月庚寅幸西茶庫遂幸建隆觀三月庚戌詔閱進士十五舉以上司馬浦等百六人並賜本科出身辛亥賜處士王昭素國子博士致仕丙辰殿中丞張顒坐先知穎州政不平免官己未幸宰相趙普第視疾夏四月辛未朔日有食之丁亥幸寺觀禱雨辛卯雨甲午幸教船池己亥罷河北諸州鹽禁詔郡國非其土產者勿貢五月丁未禁京城民畜兵器癸丑幸城北觀水磑癸亥賜諸班營舍爲雨壞者錢有差六月乙未禁諸州長吏親隨人掌廂鎮局務秋七月乙巳立報水旱期式壬子詔蜀州縣官以戶口差第省員加祿等詔諸路亦如之戊辰幸教船池又幸玉津園宴射八月戊子幸教船池又幸玉津園九月己亥朔命潭州防禦使潘美爲貴州道兵馬行營都部署朗州團練使尹崇珂副之遣使發十州兵會賀州以伐南漢甲辰詔西京鳳翔雄耀等州周文成康三王秦始皇漢高文景武元成哀七帝後魏孝文西魏文帝後周太祖唐高祖太宗中宗肅宗代宗德順文武宣懿僖昭諸帝凡二十七陵嘗被盜發者有司備法服常服各一襲具棺槨重葬所在長吏致祭己酉幸開寶寺觀新鐘丙辰女眞國遣使齋定安國王烈萬華表獻方物丁卯潘美等敗南漢軍萬衆於富州下之十月庚辰克賀州十一月壬寅下昭桂二州乙巳減桂陽歲貢白金額癸丑右領軍衞將軍石延祚坐監倉與吏爲姦贓棄市癸亥定州駐泊都監田欽祚敗契丹於遂城丙寅以曹州舉德行孔蟾爲章丘主簿十二月壬申潘美等下連州辛卯大敗南漢軍萬餘於韶州下之癸巳增河隄

四年春正月戊戌朔以出師不視朝丙午罷諸道州縣攝官丁未右千牛衞大將軍桑進興坐贓棄市癸丑潘美等取英州雄州二月丁亥南漢劉鋹遣其左僕射蕭漼等以表來上己丑潘美克廣州俘劉鋹廣南平得州六十縣二百十四戶十七萬二百六十三辛卯大赦廣南免二稅僞署官仍舊三月乙未幸飛龍院賜從臣馬丙申詔廣南有買人男女爲奴婢轉傭利者並放免僞政有害于民者具以聞除之增前代帝王守陵戶二夏四月丙寅朔前左監門衞將軍趙玭訴宰相趙普坐誣毀大臣汝州安置丁卯三佛齊國遣使獻方物己巳詔禁嶺南商稅鹽麴如荆湖法辛未幸永興軍節度使吳廷祚第視疾癸未幸開寶寺辛卯南唐遣其弟從諫來朝貢發廂軍千人修前代陵寢之在秦者壬辰監察御史閻丘舜卿坐前任盜用官錢棄市五月乙未朔御明德門受劉鋹俘釋之斬其柄臣龔澄樞李托薛崇譽大宴於大明殿鋹預焉丁酉賞伐廣南功潘美尹崇珂等進爵有差六月癸酉遣使祀南海丁丑命翰林試南漢官取書判稍優者授令錄簿尉壬午以孝子羅居通爲延州主簿封劉鋹爲恩赦侯乙酉罷賀州銀場賜劉鋹月奉外錢五萬米麥五千斛河決原武汴決穀熟秋七月戊戌賜開封尹光義門戟十四庚子幸新脩水磑賜役人錢帛有差戊午復著內侍養子令癸亥幸建武軍節度使何繼筠第視疾汴決宋城八月壬申文武百官上尊號不允辛卯景星見冬十月癸亥朔日有食之己巳詔僞作黃金者棄市庚午太子洗馬王元吉坐贓棄市辛巳除廣南舊無名配斂甲申詔十月後犯強竊盜者郊赦不原丙戌放廣南民毆充軍者十一月癸巳朔南唐遣其弟從善吳越國王遣其子惟濬以郊祀來朝貢南唐主煜表乞去國號呼名從之庚戌詔諸道所罷攝官三任無遺闕者以聞河決澶州通判姚恕坐不卽上聞棄市己未日南至有事南郊大赦十惡故劫殺官吏受贓者不原詔置諸州幕職官奉戶壬戌蜀班內殿直四十人援御馬直例乞賞遂擿登聞鼓命各杖二十翌日悉斬于營都指揮單斌等皆杖降十二月癸亥朔賜南郊執事官器幣有差丁卯行慶開封尹光義興元尹光美貴州防禦使德昭宰相趙普並益食邑己巳內外文武官遞進勳爵辛未賜九經李符本科出身壬午畋近郊

宋史卷三

元中書右丞相總裁脫脫等修

本紀第三

太祖三

五年春正月壬辰朔雨雪不御殿禁鐵鑄浮屠及佛像庚子前盧縣尉鄄陵許永年七十有五自言父瓊年九十九兩兄皆八十餘乞一官以便養因召瓊厚賜之授永鄄陵令壬寅省州縣小吏及直力人乙巳罷襄州歲貢魚二月丙子詔沿河十七州各置河隄判官一員庚辰以鳳州七房銀冶爲開寶監庚寅以兵部侍郎劉熙古參知政事閏月壬辰禮部試進士安守亮等諸科共三十八人召對講武殿始放榜庚戌升密州爲安化軍節度三月庚午賜穎州龍騎指揮使仇興及兵士錢辛未占城國王波美稅遣使來獻方物壬申幸教船池習戰乙酉殿中侍御史張穆坐贓棄市夏四月庚寅朔三佛齊國主釋利鳥耶遣使來獻方物丙午遣使檢視水災田丙寅遣使諸州捕虎五月庚申賜恩赦侯劉鋹錢一百五十萬乙丑命近臣祈晴併廣南州十三縣三十九丙寅罷嶺南採珠媚川都卒爲靜江軍辛未河決濮陽命穎州團練使曹翰往塞之甲戌以霖雨出後宮五十餘人賜予以遣之丁亥河南北霖雨澶滑濟鄆曹濮六州大水六月己丑河決陽武汴決穀熟丁酉詔霖雨河決沿河民田有爲水害者有司具聞除租戊申修陽武隄秋七月己未朔右拾遺張恂坐贓棄市癸未邕容等州獠人作亂庚寅高麗國王王昭遣使獻方物八月己亥廣州行營都監朱憲大破獠賊於容州癸卯升宿州爲保靜軍節度罷密州仍爲防禦九月丁巳朔日有食之癸酉李崇矩以鎮國軍節度使罷冬十月庚子幸河陽節度使張仁超第視疾甲辰試道流不才者勒歸俗十一月己未李繼明藥繼清大破獠賊於英州癸亥禁僧道習天文地理己巳禁舉人寄應庚辰命參知政事薛居正呂餘慶兼淮湖嶺蜀轉運使十二月乙酉朔祈雪己亥畋近郊開封尹光義暴疾遂如其第視之甲寅內班董延諤坐監務盜芻粟杖殺之詔合入令錄者引見後方注乙卯大雨雪是歲大饑

六年春正月丙辰朔不御殿置蜀水陸轉運計度使癸酉修魏縣河二月丙戌朔棣州兵馬殿直傅延翰謀反伏誅丙申曹州饑漕太倉米二萬石振之己亥吳越國進銀裝花段金香師子三月乙卯朔周鄭王殂于房州上素服發哀輟朝十日謚曰恭帝命還葬慶陵之側陵曰順陵己未復密州爲安化軍節度庚申覆試進士於講武殿賜宋準及下第徐士廉等諸科百二十七人及第乙亥賜宋準等宴錢二十萬大食國遣使來獻翰林學士知貢舉李昉坐試人失當責授太常少卿試朝臣死王事者子陸坦等賜進士出身丙子幸相國寺觀新脩塔夏四月丁亥召開封尹光義太平軍節度使石守信等賞花習射於苑中辛丑遣盧多遜爲江南國信使甲辰占城國王悉利陀盤印茶遣使來獻方物丙午黎州保塞蠻來歸戊申詔修五代史五月庚申劉熙古以戶部尚書致仕詔中書吏擅權多姦贓兼用流內州縣官己巳交州丁璉遣使貢方物幸玉津園觀刈麥辛巳殺右拾遺馬適六月辛卯閱在京百司吏黜爲農者四百人癸巳占城國遣使獻方物隰州巡檢使李謙溥拔北漢七砦癸卯雷有鄰告宰相趙普黨堂吏胡贊等不法贊及李可度並批籍沒庚戌詔參知政事與宰相趙普分知印押班奏事秋七月壬子朔詔諸州府置司寇參軍以進士明經者爲之丙辰減廣南無名率錢八月乙酉罷成都府僞蜀嫁裝稅辛卯賜布衣王澤方同學究出身丁酉泗州推官侯濟坐試判假手杖除名甲辰趙普罷爲河陽三城節度使同平章事辛酉幸都亭驛九月丁卯餘慶以尚書左丞罷己巳封光義爲晉王兼侍中德昭同中書門下平章事薛居正爲門下侍郎同平章政事戶部侍郎樞密副使沈義倫爲中書侍郎同平章事石守信兼侍中盧多遜中書舍人參知政事壬申詔晉王光義班宰相上冬十月甲申葬周恭帝不視朝丁亥幸玉津園觀稼戊子流星出文昌北斗甲辰特赦諸官吏姦贓十一月癸丑詔常參官進士及第者各舉文學一人十二月壬午命近臣祈雪丙午前中書舍人參知政事多遜起復視事行開寶通禮限度僧法諸州僧帳及百八歲許度一人

七年春正月庚戌不御殿庚申占城國王波美稅遣使獻方物齊州野蠶成繭癸亥左拾遺秦亶太子中允呂鵠並坐贓宥死杖除名二月庚辰朔日有食之丙戌日有二黑子癸卯命近臣祈雨詔詩書易三經學究依三經三傳資敘入官乙巳太子中舍胡德沖坐隱官錢棄市三月乙丑三佛齊國王遣使獻方物夏四月丙午遣使檢嶺南民田五月戊申朔殿中侍御史李瑩坐受南唐傀遺責受左贊善大夫甲寅以布衣齊得一爲章丘主簿乙丑詔市二價者以枉法論丙寅幸講武池觀習水戰丙子又幸講武池遂幸玉津園六月丙申河中府

饑發粟三萬石振之己亥淮渦入泗州城壬寅安陽河溢皆壞民居秋七月壬子幸講武池觀習水戰遂幸玉津園丙辰南丹州溪洞酋帥莫洪燕內附詔減成都府鹽錢庚午太子中允李仁友坐不法棄市八月戊寅吳越國王遣使來朝貢丁亥諭吳越伐江南戊子陳州貢芝草一本四十九莖己丑幸講武池賜習水戰軍士錢戊戌殿中丞趙象坐擅稅除名甲辰幸講武池觀習水戰遂幸玉津園九月癸亥命宣徽南院使義成軍節度使曹彬爲西南路行營馬步軍戰櫂都部署山南東道節度使潘美爲都監潁州團練使曹翰爲先鋒都指揮使將兵十萬出荆南以伐江南將行召曹彬潘美戒之曰城陷之日愼無殺戮設若困鬬則李煜一門不可加害丁卯以知制誥李穆爲江南國信使冬十月甲申幸迎春苑登汴隄觀戰艦東下丙戌又幸迎春苑登汴隄觀諸軍習戰遂幸東水門發戰櫂東下江南進絹數萬御衣金帶器用數百事壬辰曹彬等將舟師步騎發江陵水陸並進丁酉命吳越王錢俶爲昇州東南行營招撫制置使己亥曹彬收下峽口獲指揮使王仁震王宴錢興閏月己酉克池州丁巳敗江南軍于銅陵庚申命宰相參知政事更知日曆壬戌彬等拔蕪湖當塗兩縣駐軍采石癸亥詔減湖南新製茶甲子薛居正等上新編五代史賜器幣有差丁卯彬敗江南軍于采石擒兵馬部署楊收都監蔡震等千人爲浮梁以濟十一月癸未黥李從善部下及江南水軍一千三百九十八人爲歸化軍甲申詔省劍南山南等道屬縣主簿丁亥秦晉旱免蒲陝晉絳同解六州逋賦關西諸州免其半己丑知漢陽軍李恕敗江南水軍于鄂甲午曹彬敗江南軍於新竹岩辛丑命知雄州孫全興荅涿州修好書壬寅大食國遣使獻方物十二月己酉彬敗江南軍於白鷺洲辛亥命近臣祈雪甲子吳越王帥兵圍常州獲其人馬尋拔利城砦丙寅彬敗江南軍於新林港己巳左拾遺劉祺坐受賂黥面杖配沙門島庚午北漢寇晉州守臣武守琦敗之於洪洞壬申吳越王敗江南軍於常州北界

八年春正月甲戌朔以出師不御殿丙子知池州樊若水敗江南軍於州界田欽祚敗江南軍於溧水斬其都統使李雄乙酉御長春殿謂宰相曰朕觀爲臣者比多不能有終豈忠孝薄而無以享厚福邪宰相居正等頓首謝庚寅曹彬拔昇州城南水砦二月癸丑彬敗江南軍於白鷺洲乙卯拔昇州關城丁巳太子中允徐昭文坐抑人售物除籍甲子知揚州侯陟敗江南軍於宣化鎮戊辰覆試進士於講武殿賜王嗣宗等三十一人諸科紀自成等三十四人及第三月乙酉賜王嗣宗等宴錢二十萬己丑命祈雨庚寅彬敗江南軍於江北己亥契丹遣使克沙骨愼思以書來講和知潞州藥繼能拔北漢鷹鸍堡辛丑召契丹使於講殿觀習射壬寅遣內侍王繼恩領兵赴昇州大食國遣使來朝獻夏四月乙巳幸東水磑癸丑幸都亭驛閱新戰船丁巳吳越王拔常州壬戌彬等敗江南軍於秦淮北戊辰幸玉津園觀種稻遂幸講武池觀習水戰庚午詔嶺南盜贓滿十貫以上者死幸西水磑五月壬申朔以吳越國王錢俶守太師尚書令益食邑知桂陽監張侃發前官隱沒羨銀追罪兵部郎中董樞右贊善大夫孔璘殺之太子洗馬趙瑜杖配海島侃受賞遷屯田員外郞辛巳祈晴甲申江南寧遠軍及沿江砦並降乙酉詔武岡長沙等十縣民爲賊鹵掠者蠲其逋租仍給復一年甲午安南都護丁璉遣使來貢六月壬寅曹彬等遣使言敗江南軍於其城下辛丑河決濮州丁未宋州觀察判官崔絢錄事參軍馬德休並坐贓棄市辛亥河決澶州頓丘甲子彗出柳長四丈辰見東方秋七月辛未朔日有食之庚辰遣閤門使郝崇信太常丞呂端使契丹癸未西天東印土王子穰結說囉來朝獻甲申詔吳越王班師己亥山後兩林鬼主懷化將軍勿尼等來朝獻八月乙卯幸東水磑觀魚遂幸北園辛酉詔權停今年貢舉壬戌契丹遣左衛大將軍耶律霸德等致御衣玉帶名馬西南蕃順化王子若廢等來獻名馬癸亥丁德裕敗潤州兵於城下九月壬申狩近郊逐兎馬蹶墜地因引佩刀刺馬殺之既而悔之曰吾爲天下主輕事畋獵又何罪馬哉自是遂不復獵戊寅潤州降冬十月己亥朔江南主遣徐鉉周惟簡來乞緩師辛亥詔郡國令佐察民有孝悌力田奇材異行或文武可用者遣詣闕丁巳修西京宮闕江南主貢銀五萬兩絹五萬匹乞緩師戊午改潤州鎭江軍節度爲鎭海軍節度幸晉王北園己未曹彬遣都虞候劉遇破江南軍於皖口擒其將朱令贇王暉十一月辛未江南主遣徐鉉等再奉表乞緩師不報甲申曹彬夜敗江南軍於城下丙戌以校書郞宋準殿直邢文慶充賀契丹正旦使乙未曹彬克昇州俘其國主煜江南平凡得州十九軍三縣一百八十戸六十五萬五千六十臨視新龍興寺十二月庚子幸惠民河觀築堰辛丑赦江南復一歲兵戈所經二歲戊申三佛齊遣使來獻方物己酉幸龍興寺辛亥免開封府諸縣今年秋租十之三己未以恩赦侯劉鋹爲彭城郡公甲子契丹遣使耶律烏正來賀正旦丁卯吳越國王乞以長春節朝觀從之

九年春正月辛未御明德門見李煜于樓下不用獻俘儀壬申大赦減死罪一等乙亥封李煜爲違命侯子弟臣僚班爵有差己卯江南昭武軍節度使留後盧絳焚掠州縣庚辰詔郊西京癸巳晉王率文武上尊號不允二月癸卯三上表不允庚戌以曹彬爲樞密使辛亥命德昭迎勞吳越國王錢俶於宋州契丹遣使耶律延顯以御衣玉帶名馬散馬白鶻來賀長春節乙卯吳越王奏內客省使丁德裕貪狠貶房州刺史丁巳觀禮賢宅戊午以盧多遜爲吏部侍郞仍參知政事己未吳越國王錢俶偕子惟濬等朝於崇德殿進銀絹以萬計賜俶衣帶鞍馬遂以禮賢宅居之宴於長安殿壬戌錢俶進賀平昇州銀絹乳香吳綾紬綿錢茶犀象香藥皆億萬計甲子召晉王吳越國王并其子等射於苑中俶進御衣壽星通犀帶及金器丁卯幸禮賢宅賜俶金器及銀絹倍萬三月己巳俶進助南郊銀絹乳香以萬計庚午賜俶劒履上殿詔書不名癸酉以皇子德芳爲檢校太保貴州防禦使中書侍郞同平章事沈義倫爲大內都部署右衛大將軍王仁贍權判留司三司兼知開封府事丙子幸西京己卯次鞏縣拜安陵號慟隕絕者久之庚辰賜河南府民今年田租之半奉陵戸復一年辛巳至洛陽庚寅大雨分命近臣詣諸祠廟祈晴辛卯幸廣化寺開無畏三藏塔夏四月己亥雨霽庚子有事圜丘迴御五鳳樓大赦十惡故殺者不原貶降責免者量移敘用諸流配及逋欠悉放諸官未贈恩者悉覃賞壬寅大宴賜親王近臣列校襲衣金帶鞍馬器幣有差丙午駕還辛亥上至自洛丁巳曹翰拔江州屠之擒牙校宋德明胡則等詔益晉王食邑光美德昭並加開府儀同三司德芳益食邑薛居正沈義倫加光祿大夫樞密使曹彬宣徽北院使潘美加特進吳越國王錢俶益食邑內外文武臣僚咸進階封己未著令旬假爲休沐丙寅大食國王珂黎拂遣使蒲希密來獻方物五月己巳幸東水磑遂幸飛龍院觀漁金水河甲戌遣司勳員外郞和峴往江南路採訪殺盧絳庚辰幸講武池遂幸玉津園觀稼宋州大風壞城樓官民舍幾五千間甲申以閤門副使田守奇等充賀契丹生辰使晉州以北漢嵐石憲三州巡檢使王洪武等來獻六月庚子步至晉王邸命作機輪輓金水河注邸中爲池癸卯吳越王進銀絹綿以倍萬計乙卯熒惑入南斗秋七月戊辰幸晉王第觀新池丙子幸京兆尹光美第視疾戊寅再幸光美第泉州節度使陳洪進乞朝覲丙戌命近臣祈晴丁亥命修先代帝王及五嶽四瀆祠廟庚寅幸光美第八月乙未朔吳越國王進射火箭軍士己亥幸新龍興寺辛丑太子中允郭思齊坐贓棄市乙巳幸等覺院遂幸東染院賜工人錢又幸控鶴營觀習射賜帛有差又幸開寶寺觀藏經丁未遣侍衛馬軍都指揮使党進宣徽北院使潘美伐北漢丙辰遣使率兵分五道入太原九月甲子幸綾錦院庚午權高麗國事王伷遣使來朝獻党進敗北漢軍於太原城北辛巳命忻代行營都監郭進遷山後諸州民庚寅幸城南池亭遂幸禮賢宅又幸晉王第冬十月甲午朔旦賜文武百官衣有差丁酉兵馬監押馬繼恩率兵入河東界焚蕩四十餘砦己亥幸西敎場庚子鎭州巡檢郭進焚壽陽縣俘九千人辛丑晉隰巡檢穆彥璋入河東俘二千餘人党進敗北漢軍於太原城北己酉吳越王獻馴象癸丑夕帝崩於萬歲殿年五十殯于殿西階謚曰英武聖文神德皇帝廟號太祖太平興國二年四月乙卯葬永昌陵大中祥符元年加上尊謚曰啓運立極英武睿文神德聖功至明大孝皇帝帝性孝友節儉質任自然不事矯飾受禪之初頗好微行或諫其輕出曰帝王之興自有天命周世宗見諸將方面大耳者皆殺之我終日侍側不能害也既而微行愈數有諫輒語之曰有天命者任自爲之不汝禁也一日罷朝坐便殿不樂者久之左右請其故曰爾謂爲天子容易耶早作乘快誤決一事故不樂耳汴京新宮成御正殿坐令洞開諸門謂左右曰此如我心少有邪曲人皆見之吳越錢俶來朝自宰相以下咸請留俶而取其地帝不聽遣俶歸國及辭取羣臣留俶章疏數十軸封識遺俶戒以塗中密觀俶屆途啓視皆留己不遣之章也俶自是感懼江南平遂乞納土南漢劉鋹在其國好置酖以毒臣下既歸朝從幸講武池帝酌卮酒賜鋹鋹疑有毒捧杯泣曰臣罪在不赦陛下既待臣以不死願爲大梁布衣觀太平之盛未敢飲此酒帝笑而謂之曰朕推赤心於人腹中寧肯爾耶卽取鋹酒自飲別酌以賜鋹王彥昇擅殺韓通雖預佐命終身不與節鉞王全斌入蜀貪恣殺降雖有大功卽加貶絀宮中葦簾緣用青布常服之衣澣濯至再魏國長公主襦飾翠羽戒勿復用又敎之曰汝生長富貴當念惜福見孟昶寶

裴濶器擀而碎之曰汝以七寶飾此當以何器貯食所爲如是不亡何待晚好讀書嘗讀二典歎曰堯舜之罪四凶止從投竄何近代法網之密乎謂宰相曰五代諸侯跋扈有枉法殺人者朝廷置而不問人命至重姑息藩鎮當若是耶自今諸州決大辟錄案聞奏付刑部覆視之遂著爲令乾德改元先諭宰相曰年號須擇前代所未有者三年蜀平蜀宮人入內帝見其鏡背有志乾德四年鑄者召竇儀等詰之儀對曰此必蜀物蜀主嘗有此號乃大喜曰作相須讀書人由是大重儒者受命杜太后傳位太宗太宗嘗病亟帝往視之親爲灼艾太宗覺痛帝亦取艾自灸每對近臣言太宗龍行虎步生時有異他日必爲太平天子福德吾所不及云

贊曰昔者堯舜以禪代湯武以征伐皆南面而有天下四聖人者往世道升降否泰推移當斯民塗炭之秋皇天眷求民主亦惟責其濟斯世而已使其必得四聖人之才而後以其行事畀之則生民平治之期殆無日也五季亂極宋太祖起介胄之中踐九五之位原其得國視晉漢周亦豈甚相絕哉及其發號施令名藩大將俯首聽命四方列國次第削平此非人力所易致也建隆以來釋藩鎮兵權繩贓吏重法以塞濁亂之源州郡司牧下至令錄幕職躬自引對務農興學慎罰薄斂與世休息迄於丕平治定功成制禮作樂在位十有七年之間而三百餘載之基傳之子孫世有典則遂使三代而降考論聲明文物之治道德仁義之風宋於漢唐蓋無讓焉烏虖創業垂統之君規模若是亦可謂遠也已矣

宋史卷三考證

太祖紀三開寶六年三月庚申覆試進士於講武殿賜宋準及下第徐士廉等諸科百二十七人及第〇臣謹按錦繡萬花谷開寶六年因徐士廉伐鼓訟不公帝御講武殿覆試御試自此始

宋史卷四

元　中書右丞相總裁脫脫等修

本紀第四

太宗一

太宗神功聖德文武皇帝諱炅初名匡乂改賜光義即位之二年改今諱宣祖第三子也母曰昭憲皇后杜氏初后夢神人捧日以授已而有娠遂生帝於浚儀官舍是夜赤光上騰如火閭巷聞有異香時晉天福四年十月十七日甲辰也帝幼不羣與他兒戲皆畏服及長隆準龍顏望之知爲大人儼如也性嗜學宣祖總兵淮南破州縣財物悉不取第求古書遺帝恒飭厲之帝由是工文業多藝能仕周至供奉官都知太祖即位以帝爲殿前都虞候領睦州防禦使親征澤潞帝以大內點檢留鎮尋領泰寧軍節度使征李重進爲大內都部署加同平章事行開封尹再加兼中書令征太原改東都留守別賜門戟封晉王序班宰相上開寶九年冬十月癸丑太祖崩帝遂即皇帝位乙卯大赦常赦所不原者咸除之丙辰羣臣表請聽政不許丁巳宰相薛居正等固請乃許即日移御長春殿庚申以弟廷美爲開封尹兼中書令封齊王先帝子德昭爲永興軍節度使兼侍中封武功郡王德芳爲山南西道節度使興元尹同平章事薛居正加左僕射沈倫加右僕射盧多遜爲中書侍郎曹彬仍樞密使並同平章事楚昭輔爲樞密使潘美爲宣徽南院使內外官進秩有差詔茶鹽榷酤用開寶八年額十一月癸亥朔帝不視朝甲子追冊故尹氏爲淑德皇后越國夫人符氏爲懿德皇后戊辰罷州縣奉戶庚午詔諸道轉運使察州縣官吏能否第爲三等歲終以聞命諸州大索知天文術數人送闕下匿者論死乙亥命權知高麗國事王伷爲高麗國王癸未幸相國寺己丑遣著作郎馮正佐郎張玘使契丹告哀詔文武官由譴累不齒者有司毋得更論前過十二月己亥置直舍人院甲寅御乾元殿受朝樂縣而不作大赦改是歲爲太平興國元年命太祖子及齊王廷美子並稱皇子女並稱皇女丁巳置三司副使戊午契丹遣使來賻己未幸講武池遂幸玉津園庚申節度使趙普向拱張永德高懷德馮繼業張美劉廷讓來朝

二年春正月壬戌以大行殯不視朝丙寅禁居官出使者行商賈事戊辰親試禮部舉人甲戌上大行皇帝謚曰英武聖文神德廟號太祖丙子幸相國寺還御東華門觀燈庚辰閱禮部貢士十舉至十五舉者百二十人並賜出身戊子命邕州廣源州酋長坦坦綽儂民富爲檢校司空御史大夫上柱國辛卯幸講武池置江南榷茶場二月甲午契丹遣使來賀即位及正旦吳越國遣使來貢罷南唐鐵錢庚子帝改名炅壬寅大宴崇德殿不作樂乙巳幸新鑿池遂幸講武池宴射玉津園丁未占城國遣使來貢己酉令江南諸州鹽先通商處悉禁之戊午幸太平興國寺遂幸造船務還幸建隆觀三月壬戌朔始立試官銜選限己卯以河陽節度使趙普爲太子少保己丑幸開寶寺置威勝軍禁江南諸州銅許契丹互市夏四月辛卯大食國遣使來貢丁酉契丹遣使來會葬乙卯葬太祖于永昌陵五月壬戌河南法曹叅軍高丕伊闕縣主簿翟嶙鄭州滎澤令申廷溫坐不勤事並免癸亥向拱張永德張美劉廷讓皆罷節鎮爲諸衞上將軍乙丑幸新水磑遂幸玉津園宴射丙寅詔繼母殺子及婦者同殺人論庚午宴崇德殿不作樂遣辛仲甫使契丹甲戌以十月七日爲乾明節己卯祔太祖神主于廟以孝明皇后王氏配又以懿德皇后符氏淑德皇后尹氏祔別廟庚辰詔作北帝宮于終南山癸未幸新水磑遂宴射玉津園六月辛卯朔白龍見邠州要冊池中乙卯幸開寶寺遂幸飛龍院賜從官馬是月磁州保安等縣墨蟲生食桑葉殆盡潁州大水秋七月庚午詔諸庫藏敢變權衡以取羨餘者死癸未鉅鹿沙河步屈食桑多河決滎澤頓丘白馬溫縣閏月己亥幸白鶻橋臨金水河己酉河溢開封等八縣害稼甲寅詔發潭州兵擊梅山洞賊丁巳有司上閏年輿地版籍之圖令支郡得專奏事八月癸亥黎州兩林蠻來貢乙丑平海軍節度使陳洪進來朝癸酉以觀燈遂幸相國寺戊寅詔作崇聖殿是月陝澶道忠壽諸州大水鉅鹿步蝻生景城縣雹九月乙未幸弓箭院遂幸新修三館壬寅幸新水磑遂幸西御園宴射丁未渤尼國遣使來貢山後兩林蠻來獻馬辛亥幸講武臺大閱容州初貢珠乙卯鎮海鎮東軍節度使錢惟濬來朝丙辰狩近郊丁巳吳越王遣使乞呼名不允是月興州江水溢濮州大水汴水溢冬十月戊午朔賜百官及在外將校長吏冬服辛酉契丹來賀乾明節己巳幸京城西北觀衞士與契丹使騎射遂宴苑中己巳羣臣請舉樂表二上從之丙子詔禁天文卜相等書私習者斬辛巳畋近郊初榷酒酤十一月丁亥朔日有食之既庚寅日南至帝始受朝甲午遣李濆等賀契丹正旦丁酉禁江南諸州新小錢私鑄者棄市癸丑幸御龍弓箭直營賜軍士錢帛有差十二月丁巳朔試諸州所送天文術士隸司天臺無取者黥配海島庚午畋近郊癸酉詔定晉州礬法私煮及私販易者罪有差辛巳幸新水磑高麗國王使其子元輔來賀即位

三年春正月丙戌朔不受朝羣臣詣閤賀庚寅殿直霍瓊坐募兵劫民財腰斬甲午浚汾河雅州西山野川路蠻來朝戊戌開襄漢漕渠渠成而水不上卒廢己亥光祿丞李之才坐擅入酒邀同列飲殿中除名庚子罷陳州蔡河舟算辛丑浚廣濟惠民及蔡三河治黃河隄乙巳浚汴口己酉命修太祖實錄辛亥命羣臣禱雨癸丑京畿雨足二月丙辰幸鄭國公主第以三館新修書院爲崇文院丁巳詔班諸州錄事縣令簿尉曆子合書式甲子罷昌州七井虛額監丙寅泗州錄事參軍徐壁坐監倉受賄出虛券棄市辛未幸西綾錦院命近臣觀織室機杼還幸崇文院觀書詔鑿金明池甲申禁沿邊諸郡闌出銅錢製西京新修殿名三月乙酉朔貝州清河民田祚十世同居詔旌其門閭復其家辛丑監海門戍殿直武裕坐姦贓棄市壬寅秦州言戎酋王泥猪寇八狼戍巡檢劉崇讓擊敗之梟其首以狥己酉吳越國王錢俶來朝壬子幸開寶寺是月壽州甘露降夏四月乙卯朔命羣臣禱雨召華山道士丁少微丙辰禁民自春及秋毋捕獵庚午幸建龍觀遂幸西築院又幸造船務乙亥置諸道轉運判官己卯陳洪進獻漳泉二州凡得縣十四戶十五萬一千九百七十八兵萬八千七百二十七庚辰幸城南觀麥遂幸玉津園宴射辛巳侍御史趙承嗣坐監市征隱官錢棄市癸未以陳洪進爲武寧軍節度使同平章事錢俶乞罷所封吳越國王及解天下兵馬大元帥并寢書詔不名之命歸其兵甲求還不許是月河決獲嘉縣五月乙酉赦漳泉仍給復一年錢俶獻其兩浙諸州凡得州十三軍一縣八十六戶五十五萬六百八十兵一十一萬五千三十六丁亥封錢俶爲淮海國王其子惟濬徙淮南軍節度使惟治徙鎮國軍節度使戊子赦兩浙給復如漳泉癸巳遣李從吉等使契丹乙未占城國遣使獻方物壬寅定難軍節度使李克叡卒子繼筠立乙巳以繼筠襲定難軍節度使幸殿前都指揮使楊信第視疾戊申以秦州節度判官李若愚子飛雄矯制乘驛至清水縣縛都巡檢周承瑨及劉文裕馬知節等七人將劫守卒據城爲叛文裕覺其詐擒縛飛雄按之盡得其狀詔誅飛雄及其父母妻子同產而哀若愚宗黨無主申戒中外臣庶自今子弟有

素懷凶險屢戒不悛者尊長聞諸州縣錮送闕下配隸遠處隱不以聞坐及期功以上六月戊午復給乘驛銀牌壬午秦州清水監軍田仁朗擊破西羌斬獲甚衆癸未詔太平興國元年十月乙卯以來諸職官以贓致罪者雖會赦不得敘永爲定制是月泗州大水汴水決寧陵縣秋七月乙酉大雨震電西窰務藁聚災壬辰右千牛衞上將軍李煜卒追封吳王戊戌金鄉縣民李光襲十世同居詔旌其門庚戌改明德門爲丹鳳門壬子中書令史李知古坐受賕擅改刑部所定法杖殺之八月癸丑幸南造船務遂幸玉津園宴射滑州黃河清丙辰詔兩浙發淮海王緦麻以上親及管內官吏赴闕辛未夷州蠻任朗政來貢癸酉詹事丞徐選坐贓杖殺之甲戌羣臣請上尊號曰應運統天聖明文武皇帝許之九月甲申親試禮部舉人壬子以布衣張遜爲襄邑縣主簿張文旦濮陽縣主簿冬十月癸丑朔契丹遣使來賀乾明節高麗國王遣使來貢庚申幸武功郡王德昭邸遂幸齊王邸賜齊王銀萬兩絹萬匹德昭德芳有差辛酉復兗州曲阜縣襲封文宣公家庚午畋近郊是月河決靈河縣十一月丙申祀天地于圜丘大赦御乾元殿受尊號庚子幸齊王邸丙午以郊祀中外文武加恩十二月乙丑幸講武臺觀機石連弩庚午畋近郊戊寅契丹遣使來賀正旦己卯置三司推官巡官

四年春正月丁亥命太子中允張洎著作佐郎句中正使高麗告以北伐遣官分督諸州軍儲輸太原行營庚寅以宣徽南院使潘美爲北路都招討制置使分命節度使河陽崔彥進彰德李漢瓊彰信劉遇桂州觀察使曹翰副以衞府將直四面進討侍衞馬軍都虞候米信步軍都虞候田重進並爲行營指揮使將其軍以從西上閤門使郭守文順州團練使梁迥監護之辛卯命雲州觀察使郭進爲太原石嶺關都部署以斷燕薊援師癸巳置簽署樞密院事以石熙載爲之乙未宴潘美等于長春殿賜以襲衣金帶鞍馬癸卯新渾儀成二月壬子幸國子監遂幸玉津園宴射甲寅以齊王廷美子德恭爲貴州防禦使丙辰以中書侍郎尚書右僕射同平章事沈倫爲東京留守兼判開封府事宣徽北院使王仁贍爲大內都部署樞密承旨陳從信副之癸亥賜扈從近臣鞍馬衣服金玉帶有差甲子帝發京師戊寅次澶州觀魚于河三月庚辰朔次鎭州丁亥郭進破北漢西龍門砦禽獲甚衆乙未郭進大破契丹于關南庚子左飛龍使史業破北漢鷹揚軍俘百人來獻乙巳夏州李繼筠乞師所部助討北漢詔泉州發兵護送陳洪進親屬赴闕夏四月己酉朔嵐州行營與北漢軍戰破之庚戌盂縣降以石熙載爲樞密副使辛酉以孟玄喆劉廷翰爲兵馬都鈐轄崔翰總馬步軍並注泊鎭州壬戌帝發鎭州折御卿克岢嵐軍獲其軍使折令圖乙丑克隆州獲其招討使李詢等六人己巳折御卿克嵐州殺其憲州刺史郭翊獲嬀州節度使馬延忠庚午次太原駐蹕汾東行營辛未幸太原城詔諭北漢主劉繼元使降壬申夜帝幸城西督諸將發機石攻城甲戌幸諸砦乙亥幸連城視攻城諸洞五月己卯朔攻城西南遂陷羊馬城獲其宣徽使范超斬纛下辛巳攻城西北壬午其騎帥郭萬超來降遂移幸城南手詔賜繼元癸未進攻將士盡奮若將屠之是夜繼元遣使納欵甲申繼元降北漢平凡得州十縣四十戶三萬五千二百二十命祠部郞中劉保勛知太原府乙酉赦河東常赦所不原者命錄死事將校子孫瘞戰士戊子以榆次縣爲新并州優賞歸順將校盡括僧道隸西京寺觀官吏及高貲戶授田河南北漢節度使蔚進盧遂以汾州降己丑以繼元爲右衞上將軍彭城郡公帝作平晉詩令從臣和辛卯繼元獻官妓百餘以賜將校乙未築新城送劉繼元緦麻以上親赴闕丙申幸城北御沙河門樓盡徙餘民于新城遣使督之既出卽命縱火丁酉以行宮爲平晉寺帝作平晉記刻寺中廢隆州隳其城庚子發太原丁未次鎭州六月甲寅以將伐幽薊遣發京東河北諸州軍儲赴北面行營庚申帝復自將伐契丹丙寅次金臺頓募民爲鄉導者百人丁卯次東易州刺史劉宇以城降留兵千人守之戊辰次涿州判官劉厚德以城降己巳次鹽溝頓民得近界馬來獻賜以束帛庚午次幽州城南駐蹕寶光寺契丹軍城北帝率衆擊走之壬申命節度使定國宋偓河陽崔彥進彰信劉遇定武孟玄喆四面分兵攻城以潘美知幽州行府事契丹鐵林廂主李札盧存以所部來降癸酉移幸城北督諸將進兵獲馬三百幽州神武廳直并鄉兵四百人來降乙亥范陽民以牛酒犒師丁丑帝乘輦督攻城秋七月庚辰契丹建雄軍節度使知順州劉廷素來降壬午知薊州劉守恩來降癸未帝督諸軍及契丹大戰于高粱河敗績甲申班師庚寅命孟玄喆屯定州崔彥進屯關南乙巳帝至自范陽八月壬子西京留守石守信坐從征失律貶崇信軍節度使甲寅彰信軍節度使劉遇貶宿州觀察使癸亥命潘美屯河東三交口甲戌汴水決宋城縣武功郡王德昭自殺詔作太清樓是月秦州大水九月己卯河決汲縣丁亥置皇子侍讀己亥幸新城觀鐵林軍人射強弩庚子華山道士丁少微詣闕獻金丹及巨勝南芝玄芝癸卯山後兩林蠻以名馬來獻丙午鎭州都鈐轄劉廷翰及契丹戰于遂城西大敗之斬首萬三百級獲三將馬萬匹冬十月乙亥以平北漢功齊王廷美進封秦王薛居正加司空沈倫加左僕射盧多遜兼兵部尚書曹彬兼侍中白進超崔翰劉廷翰田重進米信並領諸軍節度使楚昭輔崔彥進李漢瓊並加檢校太尉潘美加檢校太師王仁贍加檢校太傅石熙載加刑部侍郞文武從臣進秩有差十一月庚辰放道士丁少微歸華山己丑畋近郊辛卯忻州言與契丹戰破之關南言破契丹斬首萬餘級十二月丁未占城國遣使來貢丁卯畋近郊置諸州司理判官

五年春正月庚辰詔宣慰河東諸州壬午新作天駟左右監以左右飛龍使爲左右天廐使閑廐使爲崇儀使庚寅改端明殿學士爲文明殿學士二月戊辰斬徐州妖賊李緒等七人廢順化軍三月戊子會親王宰相淮海國王及從臣蹴鞠大明殿己丑左監門衞上將軍劉鋹卒追封南越王癸巳代州言宣徽南院使潘美敗契丹之師于鴈門殺其駙馬侍中蕭咄李獲都指揮使李重誨閏三月丙午幸水磑因觀魚甲寅親試禮部舉人丁巳親試諸科舉人庚午幸講武池觀習樓船辛未甘沙州回鶻遣使以橐駞名馬來獻夏四月癸未親試應百篇舉趙昌國賜及第壅汾河晉祠水灌太原隳其故城是月壽州風雹寇氏縣雨雹五月癸卯朔大霖雨辛酉命宰相祈晴六月壬午高麗國王遣使來貢是月潁州大水徐州白溝溢入城秋七月丁未討交州黎桓命蘭州團練使孫全興八作使張濬左監門衞將軍崔亮寧州刺史劉澄軍器庫副使賈湜閤門祗候王僎並爲部署全興濬亮由邕州澄湜僎由廉州各以其衆致討庚申北海虸蚄生八月甲申西南蕃主龍瓊琚使其子羅若從并諸州蠻來貢九月癸卯黎桓遣使爲丁璿上表求襲位甲辰史館上太祖實錄壬戌畋近郊冬十月戊寅大發兵屯關南及鎭定州己丑發京師至雄州民治道甲午命侍衞馬軍都指揮使米信護定州屯兵十一月庚子朔安南靜海軍節度行軍司馬權知州事丁璿上表求襲位不報丙午以秦王廷美爲東京留守王仁贍爲大內都部署陳從信副之己酉帝伐契丹壬子發京師癸丑次長垣縣關南與契丹戰大破之以河陽三城節度使崔彥進爲關南都部署戊午駐蹕大名府諸軍及契丹大戰于莫州敗績十二月甲戌大閱遂宴幄殿衞士有盜獲鑾者當坐詔特釋之戊寅以保靜軍節度使劉遇威塞軍節度使曹翰爲幽州東西路部署庚辰發大名府因校獵乙酉帝至自大名府交州行營與賊戰大破之

六年春正月癸卯置平塞靜戎二軍辛亥易州破契丹數千衆丙寅改靜戎軍爲安靜軍二月己卯命宰臣禱雨三月己酉興元尹德芳薨追封岐王癸丑詔令諸路轉運使察官吏賢否以聞丙辰置破虜平戎二軍丁巳高昌國遣使來貢壬戌交州行營破賊于白藤江口獲戰艦二百艘知邕州侯仁寶死之會炎瘴軍士多死者轉運使許仲宣驛聞詔班師詔斬劉澄賈湜于軍中徵孫全興下獄令諸州長吏五日一慮囚夏四月辛未幸太平興國寺禱雨丙戌高麗國遣使來貢禁西川諸州白衣巫師罷湖州織羅放女工五月己未雨降死罪囚流以下釋之平塞軍與契丹戰破之六月甲戌司空平章事薛居正薨七月丙午詔渤海琰府王助討契丹是月延州鄜寧河中大水宋州蝗九月乙未朔日有食之甲辰左拾遺田錫上疏極諫詔嘉獎之丙午置京朝官差遣院初令中書舍人郭贄等考校課績辛亥以趙普爲司徒石熙載爲樞密使壬子詔求直言丙辰易州言破契丹斬綿州妖賊王禧等十八冬十月癸酉羣臣三奉表上尊號曰應運統天睿文英武大聖至明廣孝皇帝許之甲申以河陽三城節度使崔彥進爲關南都部署侍衞馬軍都指揮使米信爲定州都部署丙戌校歷代醫書甲午詔作蘇州太一宮成十一月丁酉監察御史張白坐知蔡州日假官錢糴糶棄市甲辰改武德司爲皇城司女眞遣使來貢辛亥祀天地于圜丘大赦御乾元殿受尊號內外文武加恩壬子令諸州監臨官有所聞見傳聞須面陳者候報丁巳交州行營部署孫全興棄市辛酉以樞密使楚昭輔爲左驍衞上將軍十二月癸酉購求醫書己卯畋近郊己丑諸道節度州置觀察支使奉料同掌書記仍不得並置辛卯禁民私市近界部落馬

七年春正月甲午朔不受朝羣臣詣閤稱賀壬戌定輿服等差及婚取喪葬儀制二月甲申改關南爲高陽關徙井州治唐明鎭乙酉特貰廬州管內逋米萬七千二百四十石三月癸巳朔日有食之乙未以秦王廷美爲西京留守乙巳以旱分遣中黃門徧禱方岳交州以王

師致討遣使來謝壬子賜秦王襲衣通犀帶錢十萬是月舒州上玄石有白文曰丙子年出趙號二十一帝宣州雪霜殺桑害稼北陽縣蝗飛鳥數萬食之盡夏四月甲子以樞密直學士竇偁中書舍人郭贄並參知政事如京使柴禹錫爲宣徽北院使兼樞密副使戊辰中書侍郎兼兵部尚書平章事盧多遜罷爲兵部尚書丁丑西京留守秦王廷美罷歸第復其子德恭德隆名皇姪女韓氏婦落皇女雲陽公主之號盧多遜褫職流崖州并徙其家朞周以上親悉配遠裔庚辰左僕射平章事沈倫罷爲工部尚書禁河南諸州私鑄鉛錫惡錢及輕小錢是月閬州大水五月辛丑崔彥進敗契丹于唐興戊申慮囚己酉夏州留後李繼捧獻其銀夏綏宥四州辛亥三交行營言潘美敗契丹之師于鴈門破其壘三十六丙辰秦王廷美降封涪陵縣公房州安置以崇化副使閻彥進知房州監察御史袁廓通判軍州事各賜白金三百兩己未府州破契丹于新澤砦獲其將校以下百人是月陝州蝗蕪湖縣雨雹六月乙亥遣使發李繼捧緦麻已上親赴闕其弟繼遷奔地斤澤丙子置譯經院是月河決臨濟縣漢陽軍大水秋七月甲午以子德崇爲檢校太保同平章事封衞王德明爲檢校太保同平章事封廣平郡王乙卯工部尚書沈倫以左僕射致仕是月河決范濟口淮水漢水易水皆溢陽穀縣蝗關陝諸州大水八月庚申朔太子太師王溥薨己卯詔川峽諸州官織錦綺鹿胎透背六銖欹正龜殼等悉罷之民間勿禁九月己丑朔西京諸道係籍沙彌令祠部給牒甲寅貴妃孫氏薨邠州蝗冬十月癸亥詔河南吏民不得闌出邊關侵撓略奪違者論罪有得羊馬生口者還之戊辰幸金明池御龍舟觀習水戰河決武德縣蠲臨河民租己卯左諫議大夫參知政事竇偁卒癸卯乾元曆成是月岳州田鼠食稼十一月己酉以李繼捧爲彰德軍節度使禁民喪葬作樂十二月戊午朔日有食之庚午蠲兩浙諸州太平興國六年以前逋租戊寅高麗國王伷卒其弟治遣使求襲位詔立治爲高麗國王閏月戊子朔豐州與契丹戰破之獲其天德軍節度使蕭太占城國獻馴象丙申狩近郊辛亥詔赦銀夏等州常赦所不原者諸州置農師

八年春正月己卯以東上閤門使王顯爲宣徽南院使酒坊使弭德超爲北院使並兼樞密副使癸未詔令州縣長吏延問高年耆德二月戊子朔日有食之丁酉禁內屬部落私市女口三月庚申以右諫議大夫宋琪爲參知政事豐州破契丹兵降三千餘帳癸亥分三司各置使癸酉幸金明池觀習水戰丙子親試禮部舉人甲申除福建諸州鹽禁夏四月壬寅班外官戒諭辭壬子流樞密副使弭德超于瓊州并徙其家乙卯幸樞密使石熙載第視疾五月丁卯詔作太一宮于都城南黎桓自稱三使留後遣使來貢并上丁璿讓表詔諭桓送璿母子赴闕不聽丁亥流威塞軍節度使曹翰于登州乙亥詔長吏誘致關隴流亡是月河決滑州過澶濮曹濟東南入于淮相州風雹六月己亥以王顯爲樞密使柴禹錫爲宣徽南院使兼樞密副使己酉兗州泰山父老及瑕丘等七縣民詣闕請封禪是月穀洛瀍澗溢壞官民舍萬餘區溺死者以萬計鞏縣壞殆盡秋七月辛未參知政事郭贄罷爲祕書少監庚辰加宋琪刑部尚書以工部尚書李昉參知政事是月河江漢滹沱及祁之資滄之胡盧雄之易惡池水皆溢爲患八月壬辰以大水故釋死罪以下丁酉山後兩林蠻來貢溪錦敘富四州蠻來附庚戌以樞密使石熙載爲右僕射辛亥增論法詔軍國政要令參知政事李昉及樞密院副使一人錄送史館九月癸丑朔占城國獻馴象初置水陸路發運于京師是月睢溢浸田六十里冬十月戊戌改衞王德崇名元佐廣平郡王德明名元祐德昌名元休德嚴名元儁德和名元傑己酉進元佐爲楚王元祐陳王封元休韓王元儁冀王元傑益王並檢校太保同平章事司徒兼侍中趙普罷爲武勝軍節度使十一月壬子朔以參知政事宋琪李昉並平章事癸丑除川峽民祖父母父母在別籍異財棄市律己未太一宮成壬申以翰林學士李穆呂蒙正李至並參知政事樞密直學士張齊賢王沔並同簽署樞密院事庚辰置侍讀官十二月壬午朔詔綏銀夏等州官吏招誘沒界外民歸業仍給復三年丁亥賜河北河東緣邊戍卒襦京城諸軍米淮海國王錢俶三上表乞解兵馬大元帥國王尚書中書令太師等官罷元帥名餘不許西人寇宥州巡檢使李謁擊走之是月醴泉縣水中草變爲稻滑州河決

雍熙元年春正月壬子朔不受朝羣臣詣閤拜表稱賀戊午右僕射石熙載薨壬戌購逸書丁卯涪陵縣公廷美薨追封涪陵王壬申蠲諸州民去年官所貸粟癸酉左諫議大夫參知政事李穆卒三月丁巳滑州河決既塞帝作平河歌賜近臣蠲水所及州縣今年租癸未以涪陵王子德恭德隆爲刺史壻韓崇業爲靜難軍司馬是月甘露降太一宮庭夏四月乙酉泰山父老詣闕請封禪戊子羣臣表請凡三上許之甲午幸金明池觀習水戰因幸講武臺觀射賜武士帛五月庚戌朔除江南鹽禁辛亥幸城南觀麥賜刈者錢帛罷諸州農師壬子西州回鶻與波斯外道來貢丁丑乾元文明二殿災己卯以京官充堂後官六月丁亥詔求直言己丑遣使按察兩浙淮南西川廣南獄訟鎭安軍節度使守中書令石守信薨庚子令諸州長吏十日一慮囚壬寅詔罷封泰山甲辰禁邊臣境外種蒔秋七月壬子改乾元殿爲朝元殿文明殿爲文德殿丹鳳門爲乾元門改匭院爲登聞鼓院東延恩匭爲崇仁檢院南招諫匭爲思諫檢院西申寃匭爲申明檢院北通玄匭爲招賢檢院八月丁酉親祠太一宮壬寅河水溢是月淄州大水九月壬戌羣臣表三上尊號曰應運統天睿文英武大聖至仁明德廣孝皇帝不許宰相叩頭固請終不許丙寅幸並河新倉冬十月甲申賜華山隱士陳摶號希夷先生夏州言掩擊李繼遷獲其母妻俘千四百餘帳繼遷走壬辰禁布帛不中度者癸巳嵐州獻牝獸一角并瑞物六十三種圖付史館戊戌忠州錄事參軍卜元幹坐受賕枉法杖殺之十一月壬子高麗國王遣使來貢丁巳祀天地于圜丘大赦改元中外文武官進秩有差癸酉以浦城童子楊億爲祕書省正字十二月庚辰淮海國王錢俶徙封漢南國王癸未賜京畿高年帛丁亥罷嶺南採珠場壬辰立德妃李氏爲皇后丙申御乾元門賜京師大酺三日戊戌大雨雪

宋史卷五

元中書右丞相總裁脫脫等修

本紀第五

太宗二

二年春正月丙辰以德恭爲左武衞大將軍判濟州封定安侯德隆爲右武衞大將軍判沂州封長靈侯右補闕劉蒙叟通判濟州起居舍人韓儉通判沂州乙丑賜德恭德隆常奉外支錢三百萬二月戊寅權交州留後黎桓遣使來貢乙未夏州李繼遷誘殺汝州團練使曹光實己亥占城遣使來貢三月己未親試禮部舉人江南民饑許渡江自占夏四月乙亥朔遣使行江南諸州振饑民及察官吏能否戊寅遣忠武軍節度使潘美復屯三交口己卯詔以帝所生官舍作啓聖院己丑殿前承旨王著坐監資州兵爲姦贓棄市庚子甘露降後苑辛丑夏州行營破西蕃息利族斬其代州刺史折羅遇并弟埋乞又破保洗兩族降五十餘族五月甲子幸城南觀麥賜田夫布帛天長軍蝝生六月甲戌朔河西行營言獲岌羅賦等十四族焚千餘帳戊子復禁鹽榷酤秋七月庚申詔諸道轉運使及長吏宜乘豐儲廩以防水旱八月癸酉朔遣使按問兩浙荆湖福建江南東西路淮南諸州刑獄仍察官吏勤惰以聞癸巳西南蕃化王子以慈來貢是月瀛莫二州大水九月丙午以歲無兵凶除十惡官吏犯贓謀故劫殺外死罪減降流以下釋之及蠲江浙諸州民逋租庚戌重九賜近臣飲于李昉第召諸王節度使宴射苑中是夕楚王宮火辛亥廢楚王元佐爲庶人均州安置丁巳羣臣請留元佐養疾京師許之己未西南蕃王遣使來貢己巳禁海賈閏月癸未太白入南斗甲申幸天駟監賜從臣馬乙未禁邕管殺人祭鬼及僧人置妻孥己亥均州獻一角獸冬十月辛丑朔慮囚丙午以天竺僧天息災施護法天並爲朝請大夫試鴻臚少卿己酉汴河主糧胥吏坐奪漕軍口糧斷腕徇于河畔三日斬之甲寅黎卭部蠻王子來貢十一月壬午狩于近郊以所獲獻太廟著爲令戊子禱雪辛卯詔在官丁父母憂者並放離任十二月庚子朔日有食之癸卯南康軍言雪降三尺大江冰合可勝重載丁未遣中使賜緣邊戍卒襦袴丙辰門下侍郎兼刑部尚書平章事宋琪罷守本官

三年春正月辛未右武衞大將軍長寧侯德隆薨以其弟德彝嗣侯仍知沂州庚辰夜漏一刻北方有赤氣如城至明不散己丑知雄州賀令圖等請伐契丹取燕薊故地庚寅北伐以天平軍節度使曹彬爲幽州道行營前軍馬步水陸都部署河陽三城節度使崔彥進副之侍衞馬軍都指揮使彰化軍節度使米信爲西北道都部署沙州觀察使杜彥圭副之以其衆出雄州侍衞步軍都指揮使靜難軍節度使田重進爲定州路都部署出飛狐戊戌參知政事李至罷爲禮部侍郎二月壬子以檢校太師忠武軍節度使潘美爲雲應朔等州都部署雲州觀察使楊業副之出鴈門三月癸酉曹彬與契丹兵戰固安南克其城丁丑田重進戰飛狐北又破之潘美自西陘入與契丹兵遇追至寰州執其刺史趙彥

辛辛以城降辛巳曹彬克涿州潘美圍朔州其節度副使趙希贊以城降癸未田重進戰飛狐北獲其西南面招安使大鵬翼康州刺史馬頵馬軍指揮使何萬通乙酉曹彬敗契丹于涿州南殺其相賀斯丁亥潘美師至應州其節度副使艾正觀察判官宋雄以城降司門員外郎王延範與祕書丞陸坦戎城縣主簿田辯術士劉昂坐謀不軌棄市庚寅武寧軍節度使同平章事岐國公陳洪進卒辛卯田重進攻飛狐其守將呂行德張繼從劉知進等舉城降以其縣爲飛狐軍占城國遣使來貢丙申進圍靈丘其守將穆超以城降夏四月辛丑潘美克雲州田重進戰飛狐北破其衆壬寅曹彬米信戰新城東北又破之己酉田重進再戰飛狐北再破之殺二將乙卯重進至蔚州其牙校李存璋許彥欽殺大將蕭啜理執其監城使同州節度使耿紹忠以城降五月庚午曹彬之師大敗于岐溝關收衆夜渡拒馬河退屯易州知幽州行府事劉保勳死之丙子召曹彬崔彥進米信歸闕命田重進屯定州潘美還代州徙雲應寰朔吏民及吐渾部族分置河東京西會契丹十萬衆復陷寰州楊業護送遷民遇之苦戰力盡爲所禽守節而死六月戊戌朔日有食之甲辰以御史中丞辛仲甫爲參知政事秋七月庚午貶曹彬爲右驍衛上將軍崔彥進爲右武衛上將軍米信爲右屯衛上將軍杜彥圭爲均州團練使應羣臣列校死事及陷敵者錄其子孫壬午徙山後降民至河南府許汝等州丁亥以簽署樞密院事張齊賢爲給事中知代州癸巳階州福津縣有大山飛來自龍帝峽壅江水逆流壞民田數百里甲午詔改陳王元祐爲元僖韓王元休爲元侃冀王元儁爲元份八月丁酉朔以王沔張宏並爲樞密副使丁未大雨遣使禱岳瀆至夕雨止劒州民饑遣使振之因督捕諸州盜賊辛亥降潘美爲檢校太保贈楊業太尉大同軍節度使九月丙寅朔減兩京諸州繫囚流以下一等杖罪釋之賜所徙寰應蔚等州民米昇宣等十四州雍熙二年官所振貸並蠲之戊寅賜北征軍士陣亡者家三月糧冬十月甲辰以陳王元僖爲開封尹壬子高麗國王遣使來貢庚申詔以權靜海軍留後黎桓爲本軍節度十一月丙戌幸建隆觀相國寺祈雪十二月乙未朔大雨雪宴羣臣玉華殿己亥定州田重進入契丹界攻下岐溝關壬寅契丹敗劉廷讓軍於君子館執先鋒將賀令圖高陽關部署楊重進死之壬子建房州爲保康軍以右衛上將軍劉繼元爲節度使代州副部署盧漢贇敗契丹于土磴堡斬獲甚衆殺監軍舍利二人是歲壽州大水濮州蝗

四年春正月甲子朔不受朝羣臣詣閤拜表稱賀己卯遣使按問西川嶺南江浙等路刑獄丙戌詔應行營將士戰敗潰散者並釋不問緣邊城堡備禦有勞可紀者所在以聞瘞暴骸死事者廩給其家錄死事文武官子孫蠲河北雍熙三年以前逋租敵所蹂踐者給復三年軍所過二年餘一年二月丙申以漢南國王錢俶爲武勝軍節度使徙封南陽國王丁酉繕治河北諸州軍城隍甲寅錢俶改封許王三月庚辰詔申嚴考績夏四月癸巳朔以御史中丞趙昌言爲右諫議大夫樞密副使乙未詔諸州郡暑月五日一滌囹圄給飲漿病者令醫治小罪卽決之丁未幸金明池觀水嬉遂習射瓊林苑登樓擲金錢繒綵於樓下縱民取之併水陸發運爲一司五月丙寅遣使市諸道民馬庚辰改殿前司日騎爲捧日驍猛爲拱辰雄勇爲神勇上鐵林爲殿前司虎翼腰弩爲神射侍衛步軍司鐵林爲侍衛司虎翼丁亥詔諸州送醫術人校業太醫署賜諸將陣圖六月丁酉以右驍衛上將軍劉廷讓爲雄州都部署戊戌以彰國軍節度使駙馬都尉王承衍爲貝冀都部署郭守文及鄚州團練使田欽祚並爲北面排陣使庚子定國軍節度使崔翰復爲高陽關兵馬都部署是月鄜州獻馬前足如牛秋七月丙寅幸講武池觀魚是月置三班院八月庚子免諸州吏所逋京倉米二十六萬七千石九月癸亥校醫術人優者爲翰林學生冬十月丙午流雄州都部署劉廷讓于商州壬子左僕射致仕沈倫薨十一月庚辰詔以實數給百官奉十二月壬寅幸建隆觀相國寺祈雪庚戌畋近郊丁巳大雨雪

端拱元年春正月己未朔不受朝羣臣詣閤拜表稱賀乙亥親耕籍田還御丹鳳樓大赦改元除十惡官吏犯贓至殺人者不赦外民年七十以上賜爵一級癸未幸玉津園習射乙酉禁用酷刑是月澶州黃河清二月乙未改左右補闕爲左右司諫左右拾遺爲左右正言丙申禁諸州獻珍禽奇獸己亥詔瀛州民爲敵所侵暴者賜三年租復其役五年庚子以籍田開封尹陳王元僖進封許王元侃襄王元份越王錢俶鄧王中書門下平章事李昉爲尚書右僕射參知政事呂蒙正同中書門下平章事樞密使王顯加檢校太傅給事中許國公趙普守太保兼侍中參知政事辛仲甫加戶部侍郎樞密副使趙昌言加工部侍郎樞密副使王沔爲參知政事御史中丞張宏爲樞密副使餘內外並加恩甲辰升建州爲建寧軍節度庚戌以子元偓爲左衛上將軍徐國公元偁爲右衛上將軍涇國公三月甲戌貶樞密副使趙昌言爲崇信軍行軍司馬乙亥鄭州團練使侯莫陳利用坐不法配商州禁錮尋賜死癸未幸玉津園習射廢水陸發運司夏四月丁亥賜京城高年帛己丑加高麗國王治靜海軍節度使黎桓並檢校太尉五月辛酉置祕閣于崇文院辛未感德軍節度使李繼捧賜姓趙氏名保忠壬申以保忠爲定難軍節度使閏五月辛卯以洺州防禦使劉福爲高陽關兵馬都部署濮州防禦使楊贊爲貝州兵馬都部署乙未賜諸州高年爵公士丁酉交州黎桓遣使來貢壬寅親試禮部進士及下第舉人六月丙辰朔右領軍衛大將軍陳廷山謀反伏誅丁丑改湖南節度爲武安軍節度親試進士諸科舉人秋七月丙午除西川諸州鹽禁辛亥忠武軍節度使潘美知鎭州八月乙卯壽星見丙地甲子以宣徽南院使郭守文爲鎭州路都部署戊寅太師鄧王錢俶薨追封秦國王謚忠懿庚辰幸太學命博士李覺講易賜帛遂幸玉津園習射是月鳳凰集廣州清遠縣廨合歡樹下生芝三莖九月乙酉朔以侍衛馬軍都指揮使李繼隆爲定州都部署冬十月壬午以侍衛步軍都指揮使戴興爲澶州都部署癸未詔罷游獵五方所畜鷹犬並放之諸州毋以爲獻十一月甲申朔高麗王遣使來貢己丑郭守文破契丹于唐河十二月辛未以夏州蕃落使李繼遷爲銀州刺史充洛苑使

二年春正月癸未朔不受朝羣臣詣閤拜表稱賀壬辰以涪州觀察使柴禹錫爲澶州兵馬部署癸巳詔議北伐二月壬子朔令河北東西路招置營田癸丑詔錄將校官吏功及死事使臣官吏子孫士卒廩給其家三月平塞天威平定威虜靜戎保塞寧邊等軍祁易保定鎭邢趙等州民除雍熙四年正月丙戌詔給復外更給復二年霸代洺雄莫深等州平虜岢嵐軍更給復一年戊午罷乘傳銀牌復給樞密院牒以太倉粟貸京畿饑民癸亥作方田戊辰以國子監爲國子學三月辛卯命高瓊爲并代都部署壬寅親試禮部舉人夏四月丁巳置富順監辛未幸趙普第視疾五月戊戌以旱慮囚遣使決諸道獄是夕雨秋七月甲申以知代州張齊賢爲刑部侍郎樞密副使鹽鐵使張遜爲宣徽北院使簽署樞密院事戊子有彗出東井上避正殿減常膳辛丑契丹犯威虜軍崇儀使尹繼倫擊破之殺其相皮室大將于越遁去八月丙辰大赦是夕彗不見癸亥詔作開寶寺舍利塔成九月壬午邛部川山後百蠻來貢冬十月辛未以定難軍節度使趙保忠同平章事以歲旱彗星謫見詔曰朕以身爲犧牲焚於烈火亦未足以荅謝天譴當與卿等審刑政之闕失稼穡之艱難恤物安人以祈玄祐十二月辛亥置三司都磨勘官丙辰大雨雪庚申詔令四方所上表秖稱皇帝羣臣請復尊號不許辛酉上法天崇道文武皇帝詔去文武二字餘許之三佛齊國遣使來貢

淳化元年春正月戊寅朔減京畿繫囚流罪以下一等改元內外文武官並加勳階爵邑中書舍人大將軍以上各賜一子官賜鰥寡孤獨錢除逋負受尊號改乾明節爲壽寧節戊子詔作清心殿二月丁未朔除江南兩浙淮西嶺南諸州漁禁己酉改大明殿爲含光殿三月丙子朔乙未幸西京留守趙普第視疾夏四月庚戌遣中使詣五嶽禱雨慮囚遣使分決諸道獄甲寅詔尚書省四品兩省五品以上舉轉運使及知州通判五溪蠻田漢權來附戊午建婺州爲保寧軍節度丙寅命殿前副都指揮使戴興爲鎭州都部署五月甲午給致仕官半奉辛卯置詳覆推勘官六月丙午罷中元下元張燈庚午太白晝見秋七月丁丑太白復見是月吉洪江蘄河陽隴城大水開封陳留封丘酸棗鄢陵旱賜今年田租之半開封特給復一年京師貴糴遣使開廩減價分糶八月乙巳毀左藏庫金銀器皿己巳禁川峽嶺南湖南殺人祀鬼州縣察捕募告者賞之庚午西南蕃主使其子龍漢興來貢是月京兆長安八縣旱賜今年租十之六蠲舒州宿松等三處魚池稅九月辛巳熒惑入太微垣大宴崇政殿禁川峽民父母在出爲贅壻是月蠲滄單汝三州今年租十之六冬十月甲辰交州黎桓遣使來貢乙巳熒惑陵左執法乙丑知白州蔣元振知須城縣姓益恭並以清幹聞下詔褒諭賜粟帛是月以乾鄭二州河南壽安等十四縣旱州蠲今年租十之四縣蠲其稅十一月戊戌太白晝見是月蠲大名府管內今年租十之七十二月乙巳占城遣使來貢乙卯高麗國遣使來貢辛酉詔中外所上書疏及面奏制可者並下中書樞密三司中覆頒行是歲洪吉江蘄諸州水河陽大水曹單二州有蝗不爲災開封大名管內及許滄單汝乾鄭等州壽安長安天興等二十七縣旱深冀二州文登牟平兩縣饑

二年春正月壬申朔不受朝羣臣詣閤拜表稱賀丙子

遣商州團練使翟守素帥兵援趙保忠于夏州乙酉置內殿崇班左右侍禁改殿前承旨爲三班奉職丙戌禁戢犯房己丑詔陝西諸州長吏設法招誘流亡復業者計口貸粟仍給復二年二月癸丑盡易宮殿彩繪以赭堊監察御史祖吉坐知晉州日爲姦贓棄市乙丑斬夔州亂卒謝榮等百餘人於市閏月辛未朔日有食之戊寅禱雨丁亥詔內外諸軍除木槍弓弩矢外不得蓄他兵器己丑詔京城蒲博者開封府捕之犯者斬命近臣兼差遣院流內銓是月河水溢鄆城縣蝗汴河決三月乙卯幸金明池御龍舟遂幸瓊林苑宴射己巳以歲蝗旱禱雨弗應手詔宰相呂蒙正等朕將自焚以荅天譴翌日而雨蝗盡死夏四月庚午罷端州貢硯辛巳以張齊賢陳恕並參知政事張遜兼樞密副使溫仲舒寇準並爲樞密副使是月河水溢虞鄉等七縣民饑五月己亥朔詔減兩京諸州繫囚流以下一等杖罪釋之庚子置諸路提點刑獄官丙辰左正言謝泌以敢言擢右司諫賜金紫錢三十萬六月甲戌忠武軍節度使同平章事潘美卒命張永德爲幷代都部署乙酉以汴水決浚儀縣帝親督衛士塞之庚寅禁陝西緣邊諸州闌出生口是月楚丘鄄城淄川三縣蝗河水汴水溢秋七月己亥詔陝西緣邊諸州饑民鬻男女入近界部落者官贖之李繼遷奉表請降以爲銀州觀察使賜國姓改名保吉是月乾寧軍蝗許雄嘉三州大水八月己卯置審刑院己丑雅州言登遼山崩九月丁酉朔戶部侍郎參知政事王沔給事中參知政事陳恕並罷守本官己亥中書侍郎兼戶部尚書平章事呂蒙正罷爲吏部尚書以右僕射李昉參知政事張齊賢並平章事翰林學士賈黃中李沆並爲給事中參知政事帝飛白書玉堂之署四字以賜翰林承旨蘇易簡壬寅卭部川蠻來貢癸卯罷樞密使王顯爲崇信軍節度使甲辰以張遜知樞密院事溫仲舒寇準同知院事十一月丙申朔復百官次對乙巳罷京城內外力役土功己酉幸建隆觀相國寺祈雪十二月丙寅朔行入閤儀乙亥賜秦州童子譚孺卿本科出身癸未保康軍節度使劉繼元卒追封彭城郡王大雨無冰是歲女眞表請伐契丹詔不許自是遂屬契丹大名河中絳濮陝曹濟同淄單德徐晉輝磁博汝兗虢汾鄭亳慶許齊濱棣沂貝衛青霸等州旱

三年春正月癸卯大雨雪乙巳詔常參官舉可任升朝官者丙午詔宰相侍從舉可任轉運使者二月乙丑朔日有食之三月乙未朔以趙普爲太師封魏國公戊戌親試禮部舉人辛丑親試諸科舉人戊午以高麗賓貢進士四十人並爲祕書省祕書郎遣還庚申帝幸金明池觀水戲縱京城觀者賜高年白金器皿夏四月丁丑詔江南兩浙荊湖吏民之配嶺南者還本郡禁錮癸未上作刑政稼穡詩賜近臣五月甲午朔御文德殿百官入閤壬寅詔御史府所斷徒罪以上獄具令尚書丞郎兩省給舍一人慮問丁未戶部郎中田錫通判殿中丞郭渭坐稽留刑獄並責州團練副使不簽署州事戊申詔太醫署良醫視京城病者賜錢五十萬具藥中黃門一人按視之己酉以旱遣使分行諸路決獄是夕雨辛亥置理檢司甲寅詔作祕閣六月丁丑大風晝晦京師疫解戊寅慮囚甲申飛蝗自東北來蔽天經西南而去是夕大雨蝗盡死庚寅以殿前都虞候王昭遠爲幷代兵馬都部署辛卯置常平倉秋七月己酉太師魏國公趙普薨追封眞定王是月許汝兗單滄蔡齊貝八州蝗洛水溢八月戊辰以祕閣成賜近臣宴壬申召終南山隱士种放不至庚辰闍婆國遣使來貢丁丑釋嶺南東西路罰作荷校者九月丙申遣官祈晴京城諸寺觀甲寅幸天駟監賜從臣馬乙卯羣臣上尊號曰法天崇道明聖仁孝文武皇帝凡五表終不許冬十月辛酉朔折御卿進白花鷹放之詔勿復獻戊寅始置京朝幕職州縣官考課幷校三班殿最戊子高麗西南蕃皆遣使來貢十一月己亥許王元僖薨甲申慮囚降徒流以下一等釋杖罪趙保忠貢鶻號海東青還之己未禁兩浙諸州巫師置三司主轄收支官是月蔡州建安大火十二月丁卯大雨雪己卯占城國王楊陀排遣使來貢是月雄州言大火是歲潤州丹徒縣饑死者三百戶

四年春正月庚寅朔享太室羣臣詣齊宮拜表稱賀辛卯祀天地于圜丘以宣祖太祖配大赦乙未大雨雪高麗國遣使來貢乙巳藏才西族首領羅妹以良馬來獻二月己未朔日有食之壬戌召賜京城高年帛百歲者一人加賜塗金帶是日雨雪大寒再遣中使賜孤老貧窮人千錢米炭置昭宣使癸亥廢沿江榷貨八務乙丑加高麗國王王治檢校太師靜海軍節度使黎桓封交阯郡王己卯詔以江浙淮陝饑遣使巡撫詔分遣近臣巡撫諸道有可惠民者得便宜行事吏罷軟苛刻者上之詔令有未便者附傳以聞丙戌置審官院考課院永康軍青城縣民王小波聚徒爲寇殺眉州彭山縣令齊元振是月商州大雨雪三月壬子詔權停貢舉四月己卯諸司奉行公事不得輒稱聖旨五月戊申罷鹽鐵戶部度支等使置三司使六月戊午朔詔中丞已下皆親臨鞫獄丙寅吏部侍郎平章事張齊賢罷爲尚書左丞壬申宣徽北院使知樞密院事張遜貶右領軍衛將軍右諫議大夫同知院事寇準罷守本官以涪州觀察使柴禹錫爲宣徽北院使知樞密院事樞密直學士呂端參知政事劉昌言同知樞密院事戊寅初復給事中封駁七月丁酉大雨戊戌復沿江務置諸路茶鹽制置使八月丙辰朔日有食之癸酉以向敏中張詠始同知銀臺通進司視章奏案牘以稽出入九月丙申詔諸雜除禁錮人州縣有闕得次補以責効能自新勤幹者具聞再敘乙巳以給事中封駁隸銀臺通進司丙午命侍從舉任才堪五千戶以上縣令者二人自七月雨至是不止是月河水溢壞澶州江溢陷涪州詔溺死者給斂具澶人千錢涪人鐵錢三千仍發廩以振冬十月壬戌罷諸路提點刑獄司庚午始分天下州縣爲十道兩京爲左右計各署判官領之置三司使二員辛未右僕射平章事李昉給事中參知政事賈黃中李沆左諫議大夫知樞密院事溫仲舒並罷守本官以吏部尚書呂蒙正平章事翰林學士蘇易簡爲給事中參知政事樞密都承旨趙鎔爲宣徽北院使樞密直學士向敏中爲右諫議大夫並同知樞密院事丁丑以右諫議大夫趙昌言爲給事中參知政事辛巳遣使按行畿縣民田被水者蠲其租是月河決澶州西北流入御河閏月辛卯幸水磑觀魚己酉置三司總計度使十一月丁巳萬安州獻六眸龜癸酉還隴西州所獻白鷹十二月辛丑大雨雪戊申西川都巡檢使張玘與王小波戰江原縣死之小波中流矢死衆推其黨李順爲帥

五年春正月甲寅朔不受朝羣臣詣閤拜表稱賀戊午李順陷漢州己未陷彭州乙丑慮囚流罪以下釋之己巳李順陷成都知府郭載奔梓州順入據之賊兵四出攻劫州縣遣使振宋亳陳潁州饑民別遣決諸路刑獄應因饑劫藏粟誅爲首者餘減死癸酉以侍衛馬軍都指揮使李繼隆爲河西行營都部署討李繼遷甲戌命昭宣使王繼恩爲兩川招安使討李順詔諸州能出粟貸饑民者賜爵辛巳詔除兩京諸州淳化二年逋負二月乙未李順分攻劍州都監西京作坊副使上官正成都監軍供奉官宿翰合擊大破之斬馘殆盡丙午幸南御莊觀稼己酉以益王元傑爲淮南鎭江等軍節度使徙封吳王辛亥詔除劍南東西川峽路諸州主吏民卒淳化五年以前逋負三月乙亥趙保忠爲趙保吉所襲奔還夏州指揮使趙光嗣執之以獻李繼隆帥師入夏州交阯郡王黎桓遣使來貢夏四月壬午朔詔除天下主吏逋負甲申削趙保吉所賜姓名丙戌置起居院初復起居注以國子學復爲國子監辛卯慮囚大食國王遣使來貢戊戌赦諸州除十惡故劫殺官吏犯正贓外降死罪以下囚己亥王繼恩帥師過綿州賊潰走追殺及溺死者甚衆庚子復綿州內殿崇班曹習破賊于老溪復閬州綿州巡檢使胡正遠帥兵進擊復巴州壬寅西川行營擊賊于研口砦破之復劍州癸卯大雨五月丁巳西川行營破賊十萬衆斬首三萬級復成都獲賊李順其黨張餘復攻陷嘉戎瀘渝涪忠萬開八州開州監軍秦傳序死之丙寅河西行營送趙保忠至闕下釋其罪授右千牛衛上將軍封宥罪侯己巳以知梓州張雍都巡檢使盧斌嘗堅守郤賊斌進擊解閬州圍遂平蓬州雍加給事中斌領成州刺史以少府監雷有終爲諫議大夫知成都府庚午賊攻夔州峽路都大巡檢白繼贇夔州巡檢使解守顒大敗其衆于西津口斬首二萬級獲舟千餘艘辛未降成都府爲益州壬申右僕射李昉以司空致仕甲戌詔利州興元府洋州西縣民並給復一年丙子磔李順黨八人于鳳翔市庚辰初伏帝親書綾扇賜近臣六月辛卯詔赦李順脅從詿誤是月都城大疫分遣醫官齎藥給病者賊攻施州指揮使黃希遜擊走之戊戌陝路行營破賊于廣安軍又破賊張罕二萬衆于嘉陵江口又破于合州西方溪俘斬甚衆戊申以侍衛步軍都指揮使高瓊爲鎭州都部署賊攻陵州知州張旦擊破之高麗遣使以契丹來侵乞師秋七月辛亥朔賊攻眉州知州李簡等堅守踰月賊引去癸亥置江淮兩浙發運使丙寅除兩浙諸州民錢俶日逋負甲戌置威塞軍乙亥李繼遷遣使來貢八月甲申詔有司講求大射儀注癸巳以內班爲黃門甲午置宣政使以宦者昭宣使王繼恩爲之乙未詔釋劍南峽路諸州亡命戊戌以通遠軍復爲環州置淸遠軍庚子大雨貝州言驍捷卒劫庫兵爲亂推都虞候趙咸雍爲帥轉運使王嗣宗率屯兵擊敗之擒咸雍磔于市辛丑詔遣知益州張詠赴部得便宜從事癸卯以參知政事趙昌言爲西川峽路招安馬步軍都部署尋詔昌言駐鳳翔遣內侍押班衛紹欽往行營指揮軍事峽路行營破賊帥張餘復雲安軍李繼遷使其弟奉表待罪九月庚戌朔戶部尚書辛仲甫以太子少保致仕甲寅賜三司錢百萬蘇能言司事之利便者量事賞之盡則再給以

備賞己未罷諸州榷酤改黃門院爲內侍省以黃門班院爲內侍省內侍班院入內黃門班院爲內侍省入內侍班院辛酉遣使分行宋亳陳潁泗壽鄧蔡等州按行民田被水及種蒔不及者並蠲其租壬申以襄王元侃爲開封尹改封壽王大赦除十惡故謀劫鬬殺官吏犯正贓外諸官先犯贓罪配隷禁錮者放還乙亥以左諫議大夫寇準參知政事丁丑以蜀部漸平下詔罪己戊寅西川行營言衞紹欽破賊于學射山別將楊瓊復蜀州曹習等又破賊于安國鎭誅其帥馬太保冬十月庚辰詔釋殿前司逃軍親屬之禁錮者西川行營指揮使張嶙殺其將王文壽以叛遣使招撫其衆遂共斬嶙首以降乙未楊瓊等復邛州乙巳改靑州平盧軍爲鎭海軍杭州鎭海軍爲寧海軍十一月庚戌遣使諭李繼遷賜以器幣茶藥衣服丙辰賜近臣飛白書庚申詔江南西路及荊湖南北路嶺南溪洞接連及蕃商外國使誘子女出境者捕之癸亥賊攻眉州崇儀使宿翰等擊敗之斬其僞中書令吳蘊丙寅幸國子監賜直講孫奭緋魚因幸武成王廟復幸國子監令奭講尚書賜以束帛大寒賜禁衞諸軍緡錢有差十二月戊寅朔日當食雲陰不見辛巳命樞密直學士張鑑西京作坊副使馮守規安撫西川丙戌命諸王畋近郊弛忠靖二州刑徒庚寅宿翰等引兵趨嘉州僞知州王文操以城降乙未祕書丞張樞坐知榮州降賊棄市辛丑以三司兩京十道復歸三部各置使一員每部置判官推官都監分勾院爲三

至道元年正月戊申朔改元赦京畿繫囚流罪以下遞降一等杖罪釋之蠲諸州逋租蠲陝西諸州去年秋稅之半丙辰詔作上淸宮成丁巳涼州吐蕃當專以良馬來獻戊午占城國王楊陀排遣使來貢辛酉上御乾元門觀燈癸亥契丹大將韓德威誘党項勒浪嵬族自振武犯邊永安節度使折御卿邀擊敗之于子河汊勒浪等乘亂反擊德威遂殺其將突厥大尉司徒舍利等獲吐渾首領一人德威僅以身免戊辰以翰林學士錢若水爲右諫議大夫同知樞密院事樞密副使劉昌言罷爲給事中以宣祖舊第作洞眞宮成甲戌李繼遷遣使以良馬橐駝來貢二月甲申命宰相禱雨令川峽諸州瘞暴骸戊戌以旱慮囚減流罪以下丙午雨嘉州函賊帥張餘首送西川行營餘黨悉平蠲襄唐均汝隨鄧歸峽等州去年逋租振亳州房州光化軍饑遣使貸之三月庚申詔求直言辛酉以會州觀察使知淸遠軍田紹斌爲靈州兵馬都部署己巳廢邵武軍歸化縣金坑夏四月癸未吏部尚書平章事呂蒙正罷爲右僕射以參知政事呂端爲戶部侍郎平章事宣徽北院使知樞密院事柴禹錫罷爲鎭寧軍節度使參知政事蘇易簡爲禮部侍郎以翰林學士張洎爲給事中參知政事甲申以宣徽北院使同知樞密院事趙鎔知樞密院事乙酉契丹犯雄州知州何承矩擊敗之斬其鐵林大將一人辛丑遣使分決諸路刑獄劫賊止誅首惡降流罪以下一等壬寅慮囚甲辰大雨雷電開寶皇后宋氏崩六月乙酉購求圖書丙戌遣使諭李繼遷授以鄜州節度使繼遷不奉詔丁亥以銀州左都押衙張浦爲銀靑光祿大夫檢校工部尚書鄭州刺史兼御史大夫充本州團練使己亥許士庶工商服紫是月大熱民有暍死者秋七月丙寅除陳許等九州及光化軍今年夏稅八月壬辰詔立壽王元侃爲皇太子改名恒兼判開封府大赦文武常參官子爲父後見任官者賜勳一轉癸巳以尚書左丞李至禮部侍郎李沆並兼太子賓客癸卯禁西北緣邊諸州民與內屬戎人昏娶九月丙午西南蕃牂牁諸蠻來貢詔封西南蕃主龍漢璿爲歸化王丁卯御朝元殿冊皇太子庚午淸遠軍言李繼遷入寇率兵擊走之冬十月甲戌朔皇太子讓宮僚稱臣許之乙丑陝西轉運使鄭文寶坐撓邊責授藍田縣令十一月己未閱武便殿是月以峯州團練使上官正右諫議大夫雷有終並爲西川招安使召王繼恩歸闕十二月甲戌羣臣奉表加上尊號曰法天崇道上聖至仁皇帝凡五上不許契丹犯邊折御卿率兵禦之卒于師斬馬步軍都軍頭孫贇于軍中庚辰新渾儀成

二年春正月辛亥祀天地于圜丘大赦中外文武加恩丁卯廢諸州司理判官二月壬申朔司空致仕李昉薨戊寅以越王元份爲杭州大都督兼領越州吳王元傑爲揚州大都督兼領壽州己卯以徐國公元偓爲洪州都督鎭南軍節度使涇國公元偁爲鄂州都督武淸軍節度使庚辰以御史中丞李昌齡爲給事中參知政事辛巳以呂蒙正爲左僕射宋琪爲右僕射乙未定任子官制三月丙寅以京師旱遣中使禱雨戊辰命宰臣祀郊廟社稷禱雨夏四月甲戌命侍衞馬軍都指揮使李繼隆爲環慶等州都部署殿前都虞候范廷召副之討李繼遷癸未雨五月癸卯李繼遷寇靈州六月戊戌黔州言蠻寇鹽井巡檢使王惟節戰死是月亳州蝗秋七月己亥朔命殿前都指揮使王超爲夏綏麟府州都部署庚子詔作壽寧觀成丙寅給事中參知政事寇準罷守本官戊辰蠲峽路諸州民去年逋租是月汴水決穀熟縣許宿齊三州蝗抱草死閏月庚寅詔江浙福建民貿人錢沒入男女者還其家敢匿者有罪八月辛丑密州言蝗不爲災九月戊寅右僕射宋琪薨詔川峽諸州民家先藏兵器者限百日悉送官匿不以聞者斬己卯夏州延州行營言破李繼遷於烏白池獲未幕軍主吃囉指揮使等二十七人繼遷遁甲申會州觀察使環慶副都部署田紹斌貶右監門衞率府副率虢州安置丙戌奏晉諸州地晝夜十二震丙申詔廢衢州治冬十月己未詔以池州新鑄錢監爲永豐監十一月丁卯朔增司天新曆爲一百二十甲子戊寅置簽署提點樞密宣徽院諸房公事辛卯許州羣盜劫郾城縣居民巡檢李昌習鬬死都巡檢使王正襲擊之獲賊首宋斌及餘黨皆斬于市甲午禁淮南通行鹽稅十二月命宰相以下百官詣諸寺觀禱雪甲寅雨雪大有年是歲處州稻再熟

三年春正月丙子以戶部侍郎溫仲舒禮部侍郎王化基並參知政事給事中李惟淸同知樞密院事參知政事張洎罷爲刑部侍郎乙酉孝章皇后陪葬永昌陵辛卯以侍衞馬步軍都虞候傅潛爲延州路都部署殿前都虞候王昭遠爲靈州路都部署二月丙申朔靈州行營破李繼遷辛丑帝不豫甲辰降京畿死罪囚流以下釋之壬戌大食賓同隴國並來貢三月丁卯占城國來貢壬辰不視朝癸巳退班于萬歲殿宣詔令皇太子柩前卽位是日崩年五十九在位二十二年殯于殿之西階羣臣上尊謚曰神功聖德文武皇帝廟號太宗十月己酉葬永熙陵

贊曰帝沈謀英斷慨然有削平天下之志旣卽大位陳洪進錢俶相繼納土未幾取太原伐契丹繼有交州西夏之役干戈不息天災方行俘馘日至而民不知兵水旱螟蝗殆偏天下而民不思亂其故何也帝以慈儉爲寶服澣濯之衣毀奇巧之器却女樂之獻悟畋遊之非絕遠物抑符瑞閔農事考治功講學以求多聞不罪狂悖以勸諫士哀矜惻怛勤以自勵日晏忘食至於欲自焚以答天譴欲盡除天下之賦以紓民力卒有五兵不試禾稼荐登之效是以靑齊耆耋之叟願率子弟治道請登禪者接踵而至君子曰得乎丘民而爲天子帝之謂乎故帝之功德炳煥史牒號稱賢君若夫太祖之崩不踰年而改元涪陵縣公之貶死武功王之自殺宋后之不成喪則後世不能無議焉

宋史卷五考證

太宗紀二淳化二年十一月丙申朔復百官次對○臣其睿按玉海待制候對唐制也後唐天成中廢淳化二年詔復百官次對每起居日常參官二人次對閤門受其章

宋史卷六

元中書右丞相總裁脫脫等修

本紀第六

眞宗一

眞宗應符稽古神功讓德文明武定章聖元孝皇帝諱恒太宗第三子也母曰元德皇后李氏初乾德五年五星從鎭星聚奎明年正月后夢以裾承日有娠十二月二日生於開封府第赤光照室左足指有文成天字幼英睿姿表特異與諸王嬉戲好作戰陣之狀自稱元帥太祖愛之育於宮中嘗登萬歲殿升御榻坐太祖大奇之撫而問曰天子好作否對曰由天命耳比就學受經一覽成誦初名德昌太平興國八年授檢校太保同中書門下平章事封韓王改名元休端拱元年封襄王改元侃淳化五年九月進封壽王加檢校太傅開封尹至道元年八月立爲皇太子改今諱仍判府事故事殿廬幄次在宰相上宮僚稱臣皆推讓弗受見賓客李至李沆必先拜迎送降階及門開封政務填委帝留心獄訟裁決輕重靡不稱愜故京獄屢空太宗屢詔嘉美三年二月太宗崩奉遺制卽皇帝位於柩前夏四月乙未尊皇后爲皇太后赦天下常赦所不原者咸除之丙申羣臣請聽政表三上從之戊戌始見羣臣於崇政殿西序尊賜器幣癸卯門下侍郎兼兵部尚書平章事呂端加右僕射弟越王元份進封雍王吳王元傑進封兗王並兼中書令徐國公元偓進封彭城郡王涇國公元偁進封安定郡王並同平章事元儼封曹國公姪閬州觀察使惟吉爲武信軍節度使侍衞馬步軍都虞候傅潛殿前都指揮使王超侍衞馬軍都指揮使李繼隆侍衞步軍都指揮使高瓊並領諸軍節度駙馬都尉王承衍石保吉魏咸信並爲諸軍節度使甲辰宣徽北院使知樞密院事趙鎔加南院使左丞李至禮部侍郎李沆並參

知政事丁未中外羣臣進秩一等罷鹽鐵度支戶部副使癸丑置鎭戎軍乙卯靜海軍節度使交阯郡王黎桓加兼侍中進封南平王五月丁卯詔求直言庚午命兩制議豐盈之術以閏甲戌戶部侍郎參知政事李昌齡責授忠武行軍司馬甲申放宮人給事歲久者丙戌以鎭安軍節度使李繼隆同平章事封姊秦國晉國二公主並爲長公主齊國公主改許國長公主妹宣慈賢懿壽昌萬壽四公主並爲長公主丁亥立秦國夫人郭氏爲皇后六月乙未以太宗墨蹟賜天下名山戊戌追復涪王廷美西京留守兼中書令秦王贈兄魏王德昭太傅岐王德芳太保己亥上大行皇帝謚曰神功聖德文武皇帝廟號太宗辛丑詔罷獻祥瑞甲辰復封兄元佐爲楚王乙巳追冊莒國夫人潘氏爲皇后謚莊懷以工部侍郎同知樞密院事錢若水爲集賢院學士贈弟元億爲代國公秋七月乙丑詔轉運使更迭赴闕訪以民事癸酉詔訪孔子嫡孫乙亥以殿前都虞候范廷召領河西軍節度使葛霸保順軍節度使王漢忠威塞軍節度使康保裔彰國軍節度使王昭遠保靜軍節度使甲申以范廷召葛霸爲定州鎭州駐泊都部署王漢忠爲高陽關行營都部署康保裔爲并代州都部署八月丙申罷鹽井役己亥以鎭海軍節度使曹彬爲樞密使知樞密院事趙鎔爲壽州觀察使同知樞密院事李惟清爲御史中丞戶部侍郎向敏中給事中夏侯嶠並爲樞密副使庚子命以十二月二日爲承天節戊申太白犯太微己酉封乳母齊國夫人劉氏爲秦國延壽保聖夫人先是帝以漢唐封乳母爲夫人縣君故事付中書已乃有是命戊午熒惑入東井庚申西川廣武卒劉旴逐巡檢使韓景祐掠蜀漢等州招安使上官正鈐轄馬知節討平之九月丁丑二星隕西南戊寅以孔子四十五世孫延世爲曲阜縣令襲封文宣公冬十月夏人寇靈州合河都部署楊瓊擊走之己酉葬太宗於永熙陵丁巳賜山陵使而下銀帛有差歲星入氐十一月甲子祔太宗神主於太廟以懿德皇后配祔莊懷皇后於別廟丙寅詔兩京死罪以下遞減一等緣山陵役民賜租有差己巳詔工部侍郎錢若水修太宗實錄己卯賜帛西鄙餫餉士卒閱騎射擢精銳者十八遷職乙酉廢理檢院十二月癸巳承天節羣臣上壽於崇德殿丙申追尊母賢妃李氏爲皇太后辛丑詔諸路轉運使申飭令長勸農甲辰以銀州觀察使趙保吉爲定難軍節度使

咸平元年春正月辛酉詔改元丙寅上皇太后李氏謚曰元德丁丑召學官崔頤正講書因命宰臣選明經術者以聞戊寅閱御龍直辛巳僧你尾尼等自西天來朝稱七年始達甲申彗出營室北二月癸巳呂端等言彗出之應當在齊魯分帝曰朕以天下爲憂豈直一方耶甲午詔求直言避殿減膳乙未慮囚老幼疾病流以下聽贖杖以下釋之丁酉彗滅三月己巳置太平州壬申賜進士孫僅等宴瓊林辛巳以趙保吉歸順遣使諭陝西緣邊流民還鄉家給米一斛夏四月旱壬辰禱白鹿山壬寅趙保吉遣弟繼瑗入謝己酉遣使按天下吏民逋負悉除之五月戊午朔日有食之甲子幸大相國寺祈雨升殿而雨六月辛卯詔近臣舉常參官才堪轉運使者丙辰以旱免開封二十五州軍田租秋七月甲子詔民供億山陵者賜租什二己巳詔沿淮諸州藏瘞遺骸八月癸卯禁新小錢己酉幸諸王宮九月己巳詔呂端錢若水重修太祖實錄壬申賜終南隱士种放粟帛緡錢己卯以左衞上將軍張永德爲太子太師冬十月丙戌朔日有食之戊子呂端爲太子太保戶部尚書張齊賢參知政事李沆並平章事李至爲武勝軍節度使己丑參知政事溫仲舒罷爲禮部尚書樞密副使夏侯嶠罷爲戶部侍郎翰林侍讀學士以樞密副使向敏中爲兵部侍郎參知政事翰林學士楊礪宋湜並爲樞密副使丙午許羣臣著述詣閣獻令兩制詮簡十一月丙辰龍鉢貢馬二千騎甲子詔葺歷代帝王陵廟十二月庚寅幸許國長公主第視疾癸卯令三司判官舉才堪知州者各一人是歲溪峒吐蕃諸族勒浪十六府大首領甘州回鶻西南蕃黎州山後蠻來貢定州雹傷稼遣使振恤除是年租

二年春正月甲子詔尚書丞郎給舍舉升朝官可守大郡者各一人丙子定諸司使以下至三班使臣有罪比品聽贖二月丙申以趙普配饗太祖廟庭詔羣臣迎養父母蠲天下逋負釋繫囚己酉戒百官比周奔競有弗率者御史臺糾之三月丙辰江浙發廩振饑戊辰置荆湖南路轉運使壬申王漢忠爲涇原邠寧靈環都部署閏月丁亥以久不雨帝諭宰相曰凡政有闕失宜相規以道毋惜直言詔天下繫囚非十惡枉法及已殺人者死以下減一等幸許國長公主第視疾又幸北宅視德愿疾詔兩京諸路收瘞暴骸營塞破塚戊子幸太一宮天清寺祈雨己丑上皇太后宮名曰萬安庚寅罷有司營繕之不急者詔中外臣直言極諫從弟德愿卒壬辰雨辛丑江南轉運使言宣歙竹生米民採食之丙午詔江浙饑民入城池漁採勿禁夏四月丙寅許國長公主薨五月丁亥嚴服用之制乙巳幸曹彬第視疾六月丁巳宰臣進重修太祖實錄戊午曹彬薨庚辰大食國遣使來貢七月甲申以傅潛爲鎭定高陽關行營都部署張昭允爲鈐轄給外任官職田己丑以橫海軍節度使王顯爲樞密使壬寅製聖敎序賜傳法院甲辰幸國子監召學官崔偓佺講尚書大禹謨還幸崇文院賜秘書監祭酒以下器幣丙午置翰林侍讀學士以兵部侍郎楊徽之等爲之置翰林侍講學士以國子祭酒邢昺爲之八月辛亥御文德殿文武百官入閤乙卯羣臣上尊號曰崇文廣武聖明仁孝皇帝丁巳大宴崇德殿始作樂戊午社宴近臣於中書丙寅大閱於東北郊癸酉楊礪卒乙亥以太師贈濟陽郡王曹彬配饗太祖廟庭司空贈太尉中書令薛居正忠武軍節度使贈中書令潘美右僕射贈侍中石熙載配饗太宗廟庭九月庚辰朔日有食之戊子召宗室宴射後苑甲午奉安太宗聖容於啓聖院新殿帝拜而慟左右皆掩泣賜修殿內侍緡錢癸卯幸騏驥院賜從官馬還宴射後苑鎭定都部署言敗契丹兵於廉良路殺獲甚衆冬十月壬子宜州執溪峒蠻酋三十餘人詣闕詔釋其罪遣還癸丑放澧州蠻界歸業民租戊午置福建路惠民倉十一月壬午召親王領大都府節鎭者弗兼長史乙酉饗太廟丙戌祀天地於圜丘以太祖太宗配大赦天下錄功臣子孫之無祿者御朝元殿受尊號冊丁亥賜羣臣帶服鞍馬器幣有差庚寅大宴含光殿壬辰張齊賢加門下侍郎李沆加中書侍郎中外臣悉加恩甲午以左神武軍大將軍德恭爲左衞大將軍左衞大將軍德彝爲左神武軍大將軍乙未詔幸河北所次頓舍給用毋乏及州縣以周瑩爲駕前軍都部署石保吉爲行營先鋒都部署己亥狩近郊辛丑賜京城父老衣帛戊午以魏咸信爲貝冀行營都部署己酉以李沆爲京東留守十二月辛亥賜近臣戎服廐馬甲寅駕發京師次陳橋王昭遠卒戊午駐蹕澶州冀州言敗契丹兵於城南殺千餘人奪馬百餘匹辛酉宴從臣於行宮以王超等督先鋒仍示以陣圖俾識部分壬戌賜近臣甲胄弓劍幸浮橋登臨河亭賜澶州父老錦袍茶帛甲子次大名躬御鎧甲於中軍契丹攻威虜軍本軍擊敗之殺其酋帥府州言官軍入契丹五合州拔黃太尉砦殲其衆焚其車帳獲馬牛萬計丁卯召見大名府父老勞賜之是歲沙州蕃族首領邛部川蠻西南蕃占城大食國來貢江浙廣南荆湖旱嵐州春霜害稼分使發粟振之

三年春正月己卯朔駐蹕大名府詔并代都部署高瓊等分屯冀州邢州辛巳臨視樞密副使宋湜疾癸未以葛霸爲貝冀高陽關前軍行營都部署萊州防禦使田紹斌凡十人以功進秩契丹犯河間高陽關都部署康保裔死之乙酉流忠武軍節度使傅潛於房州都鈐轄張昭允於通州並削奪官爵丁亥幸紫極宮還登子城閱騎射高陽關貝冀路都部署范廷召等追契丹至莫州斬首萬餘級庚寅赦河北及淄齊州罪人非持杖劫盜謀故殺枉法贓十惡至死者並釋之錄將吏死事者子孫民被焚掠者復其租罷緣邊二十三州軍榷酤令諸州舉吏民有武藝及材力過人者壬辰宋湜卒甲午發大名府益州軍變害鈐轄符昭壽逐知州牛冕等推都虞候王均爲首作亂詔戶部使雷有終爲廬州觀察使帥師會李惠等討之均閉城門固守庚子至自大名府戊申幸呂端第視疾二月庚申宴含光殿辛酉詔近臣并知雜御史尚書省五品及帶館閣三司職者各舉升朝官有武幹堪邊任一人癸亥以周瑩爲宣徽南院使王繼英爲北院使並知樞密院事王旦爲給事中同知樞密院事乙丑以王顯爲定州路行營都部署王超爲鎭州路行營都部署丁卯益州王均開城僞遁雷有終等入城爲所敗退保漢州李惠死之戊辰京畿旱慮囚癸酉大雨甲戌置靜樂軍丙子賞花苑中召從臣宴射三月戊寅朔日有食之甲午御崇政殿試禮部貢舉人夏四月戊申朔賜進士陳堯咨等袍笏庚戌呂端薨甲寅閱河北防城舉人康克勤等擊射乙卯葬元德皇太后丁巳以葛霸爲邠寧環慶都部署壬申前知益州牛冕西川轉運使張適並削籍冕流儋州適爲連州參軍五月丁卯詔天下死罪減一等流以下釋之十惡至死謀故劫殺坐贓枉法者論如律幸玉津園觀刈麥己丑幸金明池觀水嬉遂幸瓊林苑宴射壬寅御試河北舉人河決鄆州詔從州城六月己未太白晝見丁卯以向敏中爲河北河東宣撫使按巡郡國存慰士民秋七月己亥以翰林侍讀學士夏侯嶠侍講邢昺爲江浙巡撫使八月辛亥京東水災遣使安撫庚辰賜契丹降人蕭肯頭名懷忠爲右領軍衞將軍嚴州刺史招鶻名從化爲右監門衞將軍虫哥名從順爲千牛衞將軍九月壬辰幸大相國寺遂宴射玉津園壬寅衞國公張永德薨冬十月甲辰雷有終大敗賊黨復益州殺三千餘人壬子綿漢都巡檢澄州刺史張思鈞削籍流封州乙卯

幸元份宮視疾令諸州兼牧己未濱州防禦使王榮削籍流均州己丑雷有終追斬王均於富順監禽其黨六千餘人詔原川峽路繫囚雜犯死罪以下雷有終等以功進秩有差丙寅以翰林學士王欽若知制誥梁顥分爲川峽安撫使延州言破大盧小盧等十族獲人畜二十萬十一月甲戌環慶副部署徐興削籍配郢州乙亥靈州副部署孫進責授復州團練副使鄆州決河塞戊寅均畿內田稅壬午詔羣臣盡言無諱常參官轉對如故事未預次對者聽封事以聞辛卯日南至御朝元殿受朝丙申張齊賢罷爲兵部尚書十二月戊申狩近郊以親獲禽獻太廟甲寅大宴含光殿乙卯幸元份宮視疾丁巳閱武藝遂宴射苑中庚申罷京畿均田稅育吾蕃部貢犛牛甲子契丹稅木監使黃顥等率屬內附賜冠帶丙寅開封府奏獄空詔嘉之丁卯詔河東北緣邊吏民斬邊寇首一級支錢五千禽者倍之獲馬者給帛二十四是歲高麗大食國高州蠻來貢畿內江南荊湖旱果閬州水並振之

四年春正月甲戌朔詔天下繫囚死罪已下減一等杖罪釋之辛巳幸范廷召第視疾甲申命樞密直學士馮拯陳堯叟詳中外封事詔應益州軍民因城亂殺傷劫盜除官吏外皆釋不問乙酉命收瘞西川遺骸丁亥幸開寶寺還御乾天門觀燈庚子謁啓聖院太宗神御殿二月丁未祈雨戊申交州黎桓貢馴犀象癸丑決天下獄丁巳幸大相國寺上清宮祈雨戊午雨帝方臨軒決事霑服不御蓋壬戌詔羣臣子弟奏補京官者試一經甲子釋逋負官物者二千六百餘人蠲逋負物二百六十餘萬已納而非理者以內府錢還之沒者給其家丙寅詔學士兩省御史臺五品尚書省諸司四品以上舉賢良方正直言敢諫一人己巳置永利監三月甲戌撫水州蠻酋蒙瑛等來納兵器毒藥箭誓不復犯邊乙亥詔史館韓瑗等舉御史臺推勘官丁丑風雪帝謂宰相曰霾曀頗甚卿等思闕政以佐予治李沆等乞免官不許辛巳分川峽轉運使爲益利梓夔四路召終南隱士种放辭疾不至庚寅左僕射呂蒙正兵部侍郎向敏中並平章事中書侍郎平章事李沆加門下侍郎高瓊爲殿前都指揮使葛霸爲侍衞馬軍都指揮使王漢忠爲殿前副都指揮使並領節度司天監進儀天曆辛卯以參知政事王化基爲工部尚書同知樞密院事王旦爲工部侍郎參知政事樞密直學士馮拯陳堯叟並爲右諫議大夫同知樞密院事夏四月丙午葛霸爲幷代行營都部署壬子詔親老無兼侍者特與近任回鶻可汗祿勝貢玉勒鞍名馬寶器願以兵助討繼遷丙辰審官院引對京朝官閱殿最而黜陟之己未以王欽若爲左諫議大夫參知政事庚申幸元份宮視疾遂幸諸王宮辛未御試制科舉人五月壬申朔御乾元殿受朝京畿繫囚罪流以下遞減一等杖罪釋之癸酉以元儼爲平海軍節度使甲申工部侍郎致仕朱昂對便殿賜器幣戊子亳州貢白兔還之乙未大同軍留後桑贊爲侍衞步軍副都指揮使領河西軍節度六月癸卯有司言減天下冗吏凡十九萬五千餘人丁巳詔東川民田先爲江水所害者除其租丁卯詔州縣學校及聚徒講誦之所並賜九經戊申出陣圖示宰相命督將練士以備北邊秋七月庚午以河朔饋運勞民詔轉運使減徭役存恤己卯邊臣言契丹謀入寇以王顯爲鎭定高陽關三路都部署王超爲副都部署王漢忠爲都排陣使八月辛丑張齊賢爲涇原等路安撫經畧使戊申出環慶至靈州地圖險要示宰相議戰守方畧己酉御試制科舉人壬子幸開寶寺又幸御龍營閱武藝賜緡錢有差遂觀稼北郊宴射於含方園丁卯遣使巴蜀廉察風俗官吏能否戊辰社宴宰相於中書九月慶州地震李繼遷陷清遠軍冬十月曹璨以蕃兵邀李繼遷輜重於唐龍鎭己未張斌破契丹於長城口十一月壬申知階州賣玭獻白鷹還之王顯奏破契丹戮二萬人獲統軍鐵林等癸未京城民獲金牌有趙爲君萬年字庚寅畋近郊甲午龜茲國來貢十二月丁未詔蜀賊王均旣平除追捕亡命餘詿誤之民並釋不問訛言動衆者有司斬以聞丙寅太白晝見南斗丁卯詔罷三路都部署兼河北轉運使閏月己巳幸大相國寺丁丑邠寧副都部署楊瓊等七將流嶺南戊寅李繼遷蕃族訛遇等歸順己卯以兵部尚書張齊賢爲右僕射壬午靈州言河外砦主李瓊等以城降西夏上念其力屈就禽特釋其親屬乙酉李繼遷部族訛豬等率屬來附庚寅河北饑蠲賦減役發廩振之是歲龜茲丹眉流宜高上溪撫水州蠻來貢梓州水遣使振恤

五年春正月壬寅李繼遷部將臥浪已等內附給田宅壬戌環慶部署張凝襲諸蕃焚族帳二百餘斬首五千級降九百餘人二月乙酉詔邊士疾病戰沒者冬春衣聽給其家己丑幸上清宮以王漢忠爲邠寧環慶路都部署三月丁酉李繼遷陷靈州知州裴濟死之庚戌北部員外郎洪湛削籍流儋州工部尚書趙昌言責授安遠軍司馬知雜御史范正辭滁州團練副使己未御試禮部舉人夏四月壬申詔陝西民輓送緣邊芻糧者賜租之半壬午命三司歲較戶口丙戌賜深霸九州民租有差癸巳復雄州榷場五月庚子減河北冗官壬寅知榮州褚德臻坐盜取官銀棄市癸卯置憲州代州進士李光輔善擊劍詣闕帝曰若奬用之民悉好劍矣遣還甲辰詔申明內侍養一子制乙巳蠲天下逋負丙午以王顯爲河陽三城節度使六月癸酉繼遷圍麟州曹璨請濟師詔發幷代石隰州兵援之乙亥以侍衞馬軍都虞候王超爲定州路駐泊行營都部署己卯以宣徽南院使知樞密院事周瑩爲永清軍節度使己酉詔益兵八千分屯環慶涇原知麟州衞居實言繼遷以衆二萬來攻城兵出擊走之殺傷過半是月都城大雨壞廬舍民有壓死者振恤其家秋七月甲午朔日有食之戊戌幸啓聖院太平興國寺上清宮致禱雨霽遂幸龍衞營視所壞垣室勞賜有差乙巳召終南隱士种放疏丁岡河癸丑詔許高州蠻田彥伊子承寶等入朝賜器帛冠帶乙卯募河北丁壯壬戌契丹大林砦使王昭敏等來降戎人寇洪德砦守將擊走之癸亥增川峽官奉錢八月羣臣三表上尊號不允丙子沙州曹宗壽遣使入貢以宗壽爲歸義軍節度使乙酉石隰部署言河西蕃族拽浪南山等四百人來歸九月戊申种放對於便殿授左司諫直昭文館乙卯賜种放第宅冬十月己巳遣使賷藥賜鎭戎軍將士戊寅詔河西戎人歸順者給內地閑田處之又詔諸州長吏與佐職官同錄問大辟罪人辛巳涇原部署繫內屬蕃族數叛者九十一人請誅之詔釋其罪丁亥平章事向敏中罷爲戶部侍郎右僕射張齊賢爲太常卿庚寅修豐州城十一月壬辰詔麟州給復一年甲午六谷首領潘羅支等貢馬第給其直辛丑享太廟壬寅祀天地於圜丘大赦丁未白州民黃受百餘歲賜粟帛己酉封子玄祐爲信國公庚戌呂蒙正加司空李沆加右僕射楚王元佐爲右羽林軍上將軍雍王元份守太傅兗王元傑守太保曹國公元儼同平章事十二月壬午賜京城百歲老人祝道嵓爵一級癸未遷麟州內屬人於樓煩是歲河北鄭曹滑州饑振之

宋史卷七

元　中書右丞相總裁脫脫等修

本紀第七

真宗二

六年春二月戊寅幸飛山雄武營觀發機石連弩遂宴射潛龍園己卯以京東西淮南水災遣使振恤貧民平決獄訟幸北宅視德潤疾庚辰以西涼府六谷首領潘羅支爲朔方軍節度靈州西面都巡檢使甲申封賢懿長公主爲鄭國長公主蕃部葉市族囉埋等內附己丑德潤卒庚寅屯田員外郎盛梁坐受賕枉法流崖州三月辛卯朔欽州言交州八州使黃慶集等來歸石隰都巡檢使言綏州東山蕃部軍使拽臼等內屬己酉餞种放還山乙卯幸惟吉第視疾戊午幸元份宮視疾四月李繼遷寇洪德砦蕃官慶香乣嵬慶等擊走之以慶香等領刺史契丹來侵戰望都縣副都部署王繼忠陷於敵發河東廣銳兵赴援辛巳信國公玄祐薨五月甲午太白晝見辛亥錄望都戰沒將士子孫癸丑鎭州副都部署李福坐望都之戰臨陣退衂削籍流封州京城疫分遣內臣賜藥六月丁卯詔命官流竄沒嶺南者給緡錢歸葬豐州瓦窰沒剺如羅昧克等族以兵濟河擊李繼遷敗之丁丑隴山西首領禿遁等貢馬願附大兵擊賊丁亥寇準爲三司使復鹽鐵度支戶部副使秋七月癸丑兗王元傑薨八月庚午太白晝見辛未原渭等州言西蕃八部二十五族納質來歸丙子詔環慶秋田經寇踐傷者頃賜粟十五斛民被掠者口賜米一斛蠲棣州民租十之三九月己丑蒲端國獻紅鸚鵡丙申出內府繒帛市穀實邊甲辰以呂蒙正爲太子太師萊國公十月丁丑狐出皇城角樓獲之戊寅給軍中傳信牌十一月癸巳慮囚雜犯死罪以下遞減一等杖釋之苦寒令諸路休役兵己亥閱捧日軍士教三陣於崇政殿壬寅幸大相國寺庚戌雨木冰甲寅有星孛於井鬼十二月庚申遣使西北勞賜將士甲子詔求直言西面部署言李繼遷攻西涼知府丁惟清沒焉庚午以李繼隆爲山南東道節度使甲戌萬安太后不豫詔求良醫戊寅赦天下死罪減一等流以下釋之是歲西涼府暨龍野馬族三佛齊大食國來貢河北興元府遂郢州大熟

景德元年春正月丙戌朔大赦改元丁亥麟府路言契丹言涅族拔黃三百餘帳內屬癸巳幸天駟監賜從官馬丙申京師地震辛丑詔民間天象器物讖候禁書並納所司焚之匿不言者死石隰州言河西蕃部四十五

族首領率屬內附京師地再震乙巳廢高州丁未京師地復震壬子開定州河通漕二月環慶部署言西涼府潘羅支集六谷蕃部合擊李繼遷敗之繼遷中流矢死羅支使來獻捷戊寅太常卿張齊賢爲兵部尚書冀益黎雅州地震三月威虜軍守將破契丹於長城口追北過陽山斬獲甚衆柳谷川蕃部入寇麟府擊敗之擒千餘人己亥皇太后崩辛丑羣臣三上表請聽政不允乙巳李沆等詣宮門見帝毀瘠過甚退上五表求見言西北軍事方殷力請聽政從之麟府路言敗西人於神堆破其砦柵己酉帝始於崇政殿西廡哀服慟哭見羣臣夏四月甲寅上大行皇太后謚曰明德羣臣三請御正殿從之丙辰邢州地震不止以溪蠻寧息民多復業蠲澧州石門縣租二年丁卯以隆暑休北邊役兵瀛州地震五月甲申邢州地連震不止賜民租之半蒲端國遣使來貢丁巳詔諸路轉運使代還日在任興除利害升黜能否凡所經畫事悉條上以聞六月己未幸北宅視德欽疾洪德砦言繼遷部將都尾等率屬歸附甲子詔罷川陝閩廣州軍貢承天節自今三千里外者罷之鎮戎軍言敗戎人於石門川庚午德欽卒洪德砦言蕃部羅泥天王本族諸首領各率屬歸附趙保忠卒壬午暑甚罷京城工役遣使賜暍者藥秋七月癸未班用兵誅賞格丙戌李沆薨庚寅以翰林學士畢士安爲吏部侍郎參知政事庚子益都民李仁美國凝母皆百餘歲詔賜粟帛八月涇原部署言擊萬子軍主族帳斬首二百餘級己未以畢士安寇準並平章事宣徽南院使王繼英爲樞密使同知樞密院事馮拯陳堯叟並僉署樞密院事壬申詔常參官二人共舉州縣官可任幕職者一人丙子以保平軍節度石保吉爲武寧軍節度同平章事庚辰遣使廣南東西路疏決繫囚犒勞軍校父老訪民間便宜九月癸未罷北面齋御劍內臣以劍屬主將丙戌令諸路轉運使考察官吏能否己丑詔翰林學士承旨宋白等舉文武官可任藩郡者各一人丁酉召宰相議親征契丹耶律吳欲來降宋州汴水決乙巳置祈州河決澶州遣使具舟濟民給以糧餉閏月乙卯詔河北吏民殺契丹者所至援之仍頒賞格壬申江南旱遣使決獄訪民疾苦祠境內山川癸酉明德皇太后殯沙臺北平砦威虜軍合兵大破契丹乙亥參知政事王欽若判天雄軍府兼都部署契丹統軍撻覽率衆攻威虜順安軍三路都部署擊敗之斬偏將獲其輜重又攻北平砦及保州復爲州砦兵所敗撻覽與契丹主及其母并衆攻定州宋兵拒於唐河擊其游騎契丹駐陽城淀因王繼忠致書於莫州石普以講和丙子以天雄軍都部署周瑩爲駕前貝冀路都部署侍衛馬軍都指揮使葛霸爲駕前邢洺路都部署己卯高繼祖率兵擊敗契丹數萬騎於岢嵐軍冬十月壬午詔修葺歷代聖賢陵墓癸未麟府路率部兵入朔州破大狼水砦乙酉命漕運所經州軍長吏兼董運事戊子祔明德皇后於太廟庚寅命張齊賢兼青淄濰安撫使丁謂兼鄆齊濮安撫使癸巳幸故鄭國長公主第乙未詔王超等率兵赴行在丁酉詔魏能張凝田敏屯定州癸卯以廝鐸督爲朔方軍節度靈州西面巡檢西涼府六谷大首領保莫州威虜岢嵐軍及北平砦皆擊敗契丹旣而王繼忠上言契丹請和命閤門祗候曹利用往答之丁未以雍王元份爲東京留守己酉置龍圖閣待制十一月辛亥太白晝見乙卯遣使撫河北契丹攻瀛州知府李延渥率兵敗之殺傷十餘萬衆遁去官吏進秩賜物有差己未遣使安撫河東諸州契丹逼冀州知州王嶼擊走之甲子校獵近郊丙寅遣使安集河北流民戊辰以山南東道節度同平章事李建隆爲駕前東面排陣使武寧軍節度同平章事石保吉爲駕前西面排陣使石州地震庚午車駕北巡司天言日抱珥黃氣充塞宜不戰而却癸酉駐蹕韋城縣甲戌寒甚左右進貂帽毳裘却之曰臣下皆苦寒朕安用此王繼忠數馳奏請和帝謂宰相曰繼忠言契丹請和雖許之然河冰已合且其情多詐不可不爲之備契丹兵至澶州北直犯前軍西陣其大帥撻覽耀兵出陣俄中伏弩死丙子帝次澶州渡河幸北砦御城北樓召諸將撫慰鄆州得契丹諜者斬之戊寅曹利用使契丹還十二月庚辰朔日有食之契丹使韓杞來講和辛巳遣使安撫河北京東壬午幸城南臨河亭賜鑿凌軍綿襦癸未幸北砦又幸李繼隆營命從官將校飲犒賜諸軍有差詔諭兩京以將班師甲申契丹使姚東之來獻御衣食物乙酉御行營南樓觀河遂宴從官及契丹使丙戌遣使撫諭懷孟澤潞鄭滑等州放强壯歸農遣監西京左藏庫李繼昌使契丹定和戒諸將勿出兵邀其歸路丁亥遣使安集河北流民瘞暴骸以閤門祗候曹利用爲東上閤門使忠州刺史戊子幸北砦勞軍召李繼隆石保吉宴射行宮西亭壬辰赦河北諸州死罪以下民經蹂踐者給復二年死事官吏追錄子孫癸巳雍王元份疾命參知政事王旦權東京留守甲午車駕發澶州大寒賜道傍貧民襦袴乙未契丹使丁振以誓書來丁酉契丹兵出塞戊戌至自澶州己亥幸雍王元份宮視疾辛丑錄契丹誓書頒河北河東諸州癸卯遣使撫問河北東西路官吏將卒訪察功狀甲辰改威虜諸軍名戊申詔恤河北傷殘是歲交州西涼州西高昌甘沙州占城大食蒲端龜茲國來貢江南東西路饑陝濱棣州蝗害稼命使振之

二年春正月庚戌朔以契丹講和大赦天下非故鬬殺放火强盜僞造符印犯贓官典十惡至死者悉除之壬子放河北諸州强壯歸農令有司市耕牛給之癸丑罷諸路行營合鎭定兩路都部署爲一乙卯罷北面部署鈐轄都監使臣二百九十餘員振河北饑遣監察御史朱搏赴德淸軍收瘞戰沒遺骸致祭罷江淮荆浙增榷酤錢丙辰幸雍王元份宮視疾甲子詔淮南以上供軍儲振饑民戊辰以天平軍節度使王超爲崇信軍節度省河北戍兵十之五緣邊三之一所在量軍儲饋給勿調民飛輓癸酉幸李繼隆第視疾京西民轉送軍儲者賜租十二丁丑詔河北轉運使察官屬不任職者以名聞戊寅取淮楚間踏犂式頒之河朔二月嘉邛州鑄大鐵錢置霸州安肅軍榷場癸未李繼隆卒甲申定入粟實邊授官等級乙酉遣使安撫交州甲午詔緣邊得契丹馬牛悉縱還之沒蕃漢口歸業者給資糧弛邊民鐵禁環州言戎人入寇擊走之俘其軍主癸卯遣太子中允孫僅等使契丹丁未呂蒙正對便殿三月甲寅御試禮部貢舉人戊午鄜州防禦使魏能坐歸師不整責授右羽林將軍庚申禁邊民入外境掠奪夏四月賜進士李迪等瓊林宴丁酉樞密直學士劉師道責授忠武軍行軍司馬右正言知制誥陳堯咨單州團練使俱坐考試不公己亥葺河北城池癸卯置資政殿學士以王欽若爲之馮拯爲參知政事甲辰以寧國軍留後駙馬都尉吳元扆爲武勝軍節度戎人寇環州擊敗之執其酋慶都請戮之詔釋其罪配淮南五月戊申幸國子監丁巳司天少監史序上乾元寶典己未幸元份宮視疾庚申御試河北舉人丁卯宴近臣于資政殿餞种放游嵩山癸酉詔天下榷利勿增羨爲額六月丁丑詔勸學幸諸王宮己卯命法直官用士人己丑曹州民趙諫趙諤以恐喝贓巨萬伏誅辛卯以趙德明歸款諭河西諸蕃各守疆界高瓊求板本經史詔給之秋七月庚戌劉質進兵要論召試中書甲子詔復賢良方正能直言極諫等六科八月戊寅雍王元份薨丙戌有司上新定權衡法遣內臣奉安太祖聖容於揚州建隆寺丁亥翰林學士晁迥先爲鄆王元份留守官屬坐輔導無狀責授右司郎中辛丑幸南宮及恭孝太子宮有星孛於紫微九月丁未以向敏中爲鄜延路都部署庚戌淮南旱詔轉運使疏理繫囚癸亥三司上新編敕羣臣三表上尊號不允庚午幸興國寺傳法院觀新譯經辛未命近臣慮開封府繫囚壬申詔荆湖溪峒民爲蠻人所掠而歸者勿限年月給還舊產冬十月庚辰丁謂上景德農田編敕乙酉畢士安薨丙戌遣職方郎中韓國華等使契丹十一月戊申詔翰林侍講學士邢昺等舉堪爲學官者十人丙辰享太廟丁巳祀天地于圜丘大赦庚申大宴含光殿癸亥寇準加中書侍郎兼工部尚書楚王元佐爲右衞上將軍彭城郡王元偓進封寧王安定郡王元偁進封舒王曹國公元儼進封廣陵郡王安定郡公惟吉加同平章事癸酉契丹使來賀承天節十二月辛巳置資政殿大學士以王欽若爲之癸未以高瓊爲忠武軍節度葛霸爲昭德軍節度對京畿父老於長春殿賜帛有差契丹遣使賀明年正旦是歲夏州西涼府邛部川蠻來貢淮南兩浙荆湖北路饑京東蝻生閩颶風不害稼遣使分振

三年春正月丁巳親釋逋負繫囚振畿縣貧民收瘞遺骸丁卯詔緣邊歸業民給復三年辛未置常平倉二月甲戌幸北宅省德恭疾乙亥詔京東西淮南河北振乏食客戶己卯謁明德皇后攢宮賜守奉人緡帛甲申禁民開近陵域地以宋州爲應天府丁亥王繼英卒戊戌以中書侍郎兼工部尚書平章事寇準爲刑部尚書左丞參知政事王旦爲工部尚書平章事己亥王欽若陳堯叟並知樞密院事翰林學士趙安仁參知政事樞密都承旨韓崇訓馬知節並僉署樞密院事三月乙巳客星出東南辛亥免隨州光化民貸糧己未詔儆諫臣悉心獻替夏四月癸酉幸秦國長公主第丙子幸開寶寺遂幸御龍直班院觀教閱弓刀又幸左麒驥院賜從官馬羣牧使等器幣還幸崇文院觀圖籍賜編修官金帛有差己卯置淸平宣化二軍乙酉置河北緣邊安撫使副都監于雄州壬辰命使巡撫益利梓夔福建諸路決獄及犒設將吏父老乙未种放賜告歸終南山己亥遣使巡撫江浙路五月壬寅日當食不虧周伯星見辛亥置京東五路巡檢丁巳幸北宅視德恭疾己未德恭卒西涼府廝鐸督部落多疾賜以藥物渭川妙娥族三千餘帳內附復置高州六月丙子羣臣固請聽樂從之詔三班考較使臣以七年爲限知廣州凌策請發兵定交

阯亂帝以黎桓素修職貢不欲代喪命遵前詔安撫戎寅罷兩川稅課金二分乙未汴水暴漲賜役兵錢丙申遣使振應天府水災及壓溺死者秋七月壬寅減鄜延戍兵乙巳太白晝見庚戌詔渭州鎮戎軍收獲蕃部牛送給內地耕民壬子賜廣南聖惠方歲給錢五萬市藥療病者邵曄上邕州至交阯水陸路及控制宜州山川等圖帝曰祖宗闢土廣大唯當慎守不必貪無用地苦勞兵力甲子大宴於含光殿始用樂丙寅大風遣中使視稼八月甲戌閱太常新集雅樂丁丑幸寶相院戊寅詔川陝戍兵二年者代之庚辰工部侍郎董儼坐躁競傾狡責授山南東道行軍司馬九月甲寅宴射含芳園丙辰御試賢良方正直言極諫科壬戌幸元偓宮視疾甲子置諸陵齋宮乙丑放西州納質人夏州趙德明奉表歸款冬十月庚午以趙德明爲定難軍節度兼侍中封西平王甲午兩浙轉運使姚鉉坐不法除名爲連州文學丁酉葬明德皇后十一月壬寅周伯星再見十二月癸酉太白晝見戊寅高瓊卒乙酉狩近郊以親獲兔付有司薦廟戊子詔牛羊司畜有孳乳者放牧勿殺辛卯朝陵緣路禁樂壬辰幸秦國長公主第又幸北宅視德鈞疾是歲西涼府龕谷十族高溪州風琶溪洞諸蠻酋來貢京東西河北陝西饑振之博州蝝不爲災

四年春正月己亥朔御朝元殿受朝詔京畿繫囚流以下減一等甲辰以陳堯叟爲東京留守德鈞卒乙巳契丹使辭歸國以丁謂爲隨駕三司使己未車駕發京師庚申次中牟縣除逋負釋繫囚賜父老衣幣所過如之王顯卒丙寅次永安鎮丁卯帝素服詣諸陵減西京及諸路繫囚罪己亥詔置永安縣及三陵副使都監二月己巳幸西京經漢將軍紀信塚司徒魯恭廟贈信太尉恭太師命吏部尚書張齊賢祭周六廟詔從官先塋在洛者賜告祭拜癸酉詔西京建太祖神御殿置國子監武成王廟甲戌幸上淸宮詔賜酺三日辛巳錄唐白居易孫利用爲河南府助教壬午幸呂蒙正第甲申御五鳳樓觀酺召父老五百人賜飲樓下丁亥幸元偓宮戊子葺周六廟加號列子增封唐孝子潘良瑗及其子季通墓仍禁樵採庚寅詔河南府置五代漢高祖廟辛卯車駕發西京甲午次鄭州遣使祀中嶽及周嵩懿二陵丁酉賜隱士楊璞繒帛三月己亥至自西京甲辰謁啟聖院太宗神御殿癸丑趙德明遣使來謝廩給因貢馳馬優賜答之丁巳詔天下收瘞遺骸致祭庚申蠲河南府倉庫吏逋負芻糧緡帛四十五萬夏四月癸酉詔嶺南官除赴以時以避炎瘴辛巳皇后郭氏崩甲午詔權酤不得增課五月丙申朔日有食之辛亥有司上大行皇后謚曰莊穆減并代戍兵屯河東以省饋運戊午幸元偓宮視疾兗州增二千戶守孔子墳閏月戊辰減劍隴等二十九州軍歲貢物夔賀等二十七州軍悉罷之己巳幸秦國長公主第省疾壬申御試制科舉人丙戌詔張齊賢等各舉供奉官侍禁殿直有謀畧武幹知邊事者二人癸巳詔開封府斷獄雖被旨仍覆奏六月盛暑減京城役工日課之半丁未命翰林講讀樞密直學士各舉常參官一人充御史司天監言五星聚而伏於鶉火乙卯葬莊穆皇后秋七月丁卯莊穆皇后祔別廟庚午置靈臺令壬申增置開封府判官推官各一員甲戌宜州兵亂軍校陳進殺知州劉永規等劫判官盧成均爲首詔閤門使曹利用等討之乙亥交州來貢賜黎龍廷九經及佛氏書辛巳以龍廷爲靜海軍節度交阯郡王賜名至忠癸巳復置諸路提點刑獄八月壬寅幸大相國寺遂幸崇文院觀書賜修書官器幣又幸內藏庫丁未中書門下言莊穆皇后祥除已久秋宴請舉樂不允己酉頒宜州立功將士賞格益州地震辛亥賜文宣王四十六世孫聖佑同學究出身壬子邢昺加工部尚書中書門下再表請秋宴聽樂又不允丙辰涇原路言尾亭砦地震丁巳詔王旦楊億等修太祖太宗史置龍圖閣直學士以右諫議大夫杜鎬爲之丁謂上景德會計錄九月己巳賜交阯郡王印及安南旌節壬申賜畿縣聖惠方丁亥幸舒王宮視疾辛卯賜監修國史王旦宴壬辰日上有五色雲冬十月甲午朔日當食雲陰不見曹利用破賊於象州擒盧成均斬陳進優賜將士利用等進秩賜物有差乙巳頒考試進士新格祠祭置監祭使二員以御史充詔翰林學士晁迥等舉常參官可知大藩者二人丁未升象州爲防禦甲寅詔宜柳象州懷遠軍死罪以下非十惡謀故鬬殺官吏犯枉法贓者並原之廣南東西路雜犯死罪以下遞減一等脅從受署者勿理蠲宜柳象州懷遠軍丁錢及夏秋租桂昭州秋租乙卯毀諸道官司非法訊囚之具十一月戊辰日南至御朝元殿受朝曹利用等言招安賊黨其饋賊食物者請追捕減死論詔釋不問十二月己亥賜近臣契丹錦綺綾縠等物癸卯廢兗州鐵冶己未甘州僧翟大秦等獻馬給其直是歲河西六谷夏州沙州大食占城蒲端國西南蕃溪峒蠻來貢雄州安肅廣信饑宛邱東阿須成縣蝗不爲災諸路豐稔淮蔡間麥斗十錢粳米斛二百

大中祥符元年春正月乙丑有黃帛曳左承天門南鴟尾上守門卒塗榮告有司以聞上召羣臣拜迎於朝元殿啟封號稱天書丁卯紫雲見如龍鳳覆宮殿戊辰大赦改元羣臣加恩賜京師酺幽州旱求市麥種夏州饑請易粟並許之己巳詔黎雅維茂四州官以瘴地二年一代甲戌大雪停汴口蔡河夫役戊寅蠲畿內貸糧己卯詔以天書之應申儆在位乙酉制加交阯郡王黎至忠功臣食邑二月壬辰御乾元門觀酺賜父老千五百人衣服茶綵丁酉分遣中使六人錫邊臣宴丙午申明非命服勿服銷金及不許以金銀爲箔之制三月甲戌兗州父老千二百人詣闕請封禪丁卯兗州并諸路進士等八百四十人詣闕請封禪壬午文武官將校蠻夷耆壽僧道二萬四千三百七十餘人詣闕請封禪不允自是表凡五上夏四月甲午詔以十月有事於泰山遣官告天地宗廟嶽瀆諸祠乙未以知樞密院事王欽若參知政事趙安仁爲泰山封禪經度制置使丙申以王旦爲封禪大禮使馮拯陳堯叟分掌禮儀使庚子幸元偓宮視疾壬寅御試禮部貢舉人丙午作昭應宮戊申幸秦國長公主第省疾又幸晉國魯國長公主第並賜白金千兩綵二千匹曹濟州廣濟軍耆老二千二百人詣闕請臨幸五月壬戌王欽若言泰山醴泉出錫山蒼龍見丙子詔瘞汴蔡廣濟河流尸暴骸仍致祭丁丑幸南宮視惟能疾壬午詔緣路行宮舊屋止加塗壁毋別剏癸未置天書儀衛使副扶侍使都監夾侍凡有大禮即命之詔離京至封禪以前不舉樂所經州縣勿以聲伎來迓甲申放後宮一百二十人戊子詔除乘輿供帳存於禮文者如舊自今宮禁中外進奉物勿以銷金文繡爲飾六月乙未天書再降於泰山醴泉北丁酉詔宮苑皇親臣庶第宅飾以五綵及用羅製幡勝繒帛爲假花者並禁之壬寅迎泰山天書於含芳園雲五色見俄黃氣如鳳駐殿上庚戌曲赦兗州繫囚流罪以下辛亥羣臣表上尊號曰崇文廣武儀天尊道寶應章感聖明仁孝皇帝秋七月庚申太白晝見丙寅詔諸州市上供物非土地所宜者罷之八月己丑上太祖尊謚曰啟運立極英武聖文神德玄功大孝皇帝太宗曰至仁應道神功聖德文武大明廣孝皇帝庚寅詔東封道路軍馬毋犯民稼開封府毋治道役民庚子置河東緣邊安撫司乙巳黔州言磨嵯洛浦蠻首領龔行滿等率族二千三百人內附己酉王欽若獻芝草八千餘本九月戊午令有司勿奏大辟案岳州進三脊茅庚申以向敏中權東京留守甲子奉天書告太廟悉陳諸州所上芝草嘉禾瑞木於仗內戊辰幸元偓宮視疾壬申知晉州齊化基坐貪暴削籍流崖州乙亥幸潛龍園宴射丁丑幸惟吉宮視疾戊寅西京諸州民以車駕東巡貢獻召對勞賜之己卯以馬知節爲行營都部署庚辰趙安仁獻五色金玉丹紫芝八千七百餘本乙酉親習封禪儀於崇德殿冬十月戊子上御蔬食庚寅以巡幸置考制度使副凡巡幸則命之是夕五星順行同色辛卯車駕發京師扶侍使奉天書先道丙申次澶州宴周瑩於行宮戊戌許鄆齊等州長吏赴泰山陪位辛丑駐蹕鄆州神光起昊天玉冊上甲辰詔扈從人毋壞民舍什器樹木丁未法駕入乾符縣奉高宮戊申王欽若等獻泰山芝草三萬八千餘本己酉五色雲起嶽頂庚戌法駕臨山門黃雲覆輦道經險峻降輦步進先夕大風至是頓息辛亥享昊天上帝於圜臺陳天書於左以太祖太宗配帝衮冕奠獻慶雲繞壇月有黃光命羣臣享五方帝諸神於山下封祀壇上下傳呼萬歲振動山谷降谷口日有冠戴黃氣紛郁壬子禪社首如封祀儀紫氣下覆黃光如星繞天書匣縱四方所獻珍禽奇獸還奉高宮日重輪五色雲見作會眞宮癸丑御朝覲壇之壽昌殿受羣臣朝賀大赦天下常赦所不原者咸赦除之文武並進秩賜致仕官本品全奉一季京朝官衣緋綠十五年者改賜服色令開封府及所過州軍考送服勤詞學經明行修舉人其懷材抱器淪於下位及高年不仕德行可稱者所在以聞三班使臣經五年者與考課兩浙錢氏泉州陳氏近親蜀孟氏湖南馬氏荊南高氏廣南河東劉氏子孫未食祿者聽敘用賜天下酺三日改乾封縣爲奉符縣泰山七里內禁樵採大宴穆淸殿又宴近臣泰山父老於殿門賜父老時服茶帛甲寅復常膳次太平驛賜從官辟寒丸花茸袍丙辰次兗州以州爲大都督府十一月戊午幸曲阜縣詣文宣王廟韡袍再拜幸叔梁紇堂近臣分奠七十二弟子遂幸孔林加謚孔子曰玄聖文宣王遣官祭以太牢給近便十戶奉塋廟賜其家錢三十萬帛三百匹以四十六世孫聖佑爲奉禮郎近屬授官賜出身者六人追謚齊太公曰昭烈武成王令青州立廟周文公曰文憲王曲阜縣立廟辛酉賜諸蕃使袍笏壬戌次東都縣幸廣相寺癸亥次鄆州幸開元寺丁卯賜曲阜孔子廟經史辛未幸河瀆廟加封癸酉曲宴永淸軍節度使周瑩賜兵士緡錢丁丑帝至

自泰山奉天書還宮壬午詔以正月三日爲天慶節甲申命王旦奉上太祖太宗謚冊親享太廟乙酉大宴含光殿十二月辛卯御乾元殿受尊號庚子葛霸卒辛丑王旦加中書侍郎兼刑部尚書楚王元佐加太傅寧王元偓爲護國軍節度舒王元偁爲平江鎮江軍節度並兼侍中廣陵郡王元儼進封榮王安定郡公惟吉爲威德軍節度餘進秩有差癸卯幸上清宮景德開寶寺王欽若加禮部尚書甲辰張齊賢爲右僕射溫仲舒寇準並爲戶部尚書王化基邢昺郭贄並爲禮部尚書詔天下宮觀陵廟名在地志功及生民者並加崇飾戊申以德雍德文德存惟正惟忠惟敘惟和惟憲並領諸州刺史允升允言允成允寧允中並爲各衛將軍庚戌幸元偁宮視疾又幸元偓宮辛亥交阯郡王黎至忠加同平章事壬子幸元偁宮契丹使上將軍蕭智可等來賀是歲西涼府甘州三佛齊大食國西南番等來貢封禪諸路言歲稔米斗七八錢

二年春正月癸亥以封禪慶成賜宗室輔臣襲衣金帶器幣乙丑置內殿承制戊辰詔誘人子弟析家產或潛舉息錢輒壞墳域者令所在擒捕流配庚午詔讀非聖之書及屬辭浮靡者皆嚴譴之已鏤板文集令轉運司擇官看詳可者錄奏乙酉以陝西民饑遣使巡撫二月己丑改定入內內侍省內侍名職壬辰詔立曲阜縣孔子廟學舍乙未賜撫州高年黃泰粟帛甲辰蠲同華民租乙巳幸大相國等寺上清宮祈雨戊申遣使祠太乙祀玄冥己酉雨癸丑禁毀金寶塑浮屠像甲寅以丁謂爲三司使三月丙辰日當食陰晦不見辛未賜京城酺己卯左屯衛將軍允言坐稱疾不朝降太子左衛率夏四月戊子昇州火遣御史訪民疾苦蠲被火屋稅己丑餞种放還山乙未河北旱遣使祠北岳己亥以丁謂爲修昭應宮使壬寅詔禁中外羣臣非休假無得羣飲廢職詔醫官院處方并藥賜河北避疫邊民丙午試服勤詞學經明行修國監生丁未振陝西民饑五月丁卯追封孔子弟子七十二人罷韶州獻頻婆菓丁卯遣使陝西決獄流罪以下減一等死罪情可憫者上請庚辰陝西旱遣使禱太平宮后土西嶽河瀆諸祠代州地震六月乙酉頒幕職州縣官招集戶口賞條甲午幸昭應宮賜修宮使器幣辛卯保州增屯田務兵三百人戊戌麟府言社慶族依唐龍鎮爲援數擾別部請出兵襲之帝曰均吾民也不許壬寅詔量留五坊鷹鶻備諸王從時展禮餘悉縱之罷邕宜州歲貢藥箭庚戌御試東封路服勤詞學經明行修貢舉梁固等九十二人秋七月甲寅詔張齊賢等各舉才堪御史者一人丁巳置糾察在京刑獄司辛酉復以萬安宮爲滋福殿己巳幸惟吉宮視疾辛未以昭應宮爲玉清昭應宮乙亥蠲京東徐濟七州水災田租戊寅詔孔子廟配享魯史左丘明等十九人加封爵庚辰蠲天下封禪赦前逋負千二百六十六萬緡八月丙戌京東惠民河溢居民避水所過津渡戒有司勿算甲辰西南蕃龍漢璁來貢賀東封加漢璁寧德大將軍九月戊午賜秦州被水民粟人一斛壬戌合鎮定部署爲一甲子浚汴口命工部侍郎馮起爲契丹國信使乙丑幸潛龍園宴射甲戌遣使賜戎瀘軍民辟瘴藥乙亥無爲軍言大風拔木壞城門營壘民舍壓溺者千餘人詔內臣恤視蠲來年租收瘞死者家賜米一斛丁丑發官廩振鳳州水災冬十月癸未優賞寧朔軍士戊子詔江浙運糧兵卒經冬停役兩月甲午詔天下置天慶觀甲辰兗州霖雨害稼振恤其民十一月丙戌作文武七條戒官吏甲子詔諸路官吏蠹政害民轉運使提點刑獄官不舉察者坐之癸酉蕃部阿黎等來朝貢授阿黎懷化司戈十二月辛巳詔晉國大長公主喪罷承天節上壽及明年元旦朝會交州黎至忠貢馴犀乙未幸惟吉宮視疾辛丑丁謂上封禪朝覲祥瑞圖劉承珪上天書儀仗圖甲辰幸惟吉宮視疾契丹國母蕭氏卒輟視朝是歲于闐西涼府西南蕃羅岊州蠻來貢雄州蟲食苗即死遣使振恤

三年春正月丁巳賜建安軍父老江禹錫粟帛二月乙酉丁謂請承天節禁屠宰刑罰從之癸巳交州黎至忠卒大校李公蘊自稱留後己亥禁方春射獵每歲春夏所在長吏申明之辛丑以張齊賢判河陽閏月辛亥帝御文德殿羣臣入閤甲寅冬官正韓顯符上新造銅候儀乙卯詔轉運司貸恤黎州夷人丁卯幸開封府射堂宴射賜開封府將吏器幣戊辰詔東京畿內死罪以下遞減一等將吏遠事太宗藩府者並賜予赤縣父老本府宴犒年九十者授攝官賜粟帛終身八十者爵一級甲戌以射堂爲繼照堂丁丑召宰臣於宜聖殿謁太宗聖容玉皇像戊寅幸韓國長公主第視疾三月壬辰以權靜海軍留後李公蘊爲靜海軍節度封交阯郡王賜衣帶器幣丙申幸石保吉第視疾辛丑詔戎瀘州給復一年糶食者振之夏四月辛亥左屯衛將軍允言坐狂率責授太子左衛副率壬子石保吉卒乙卯陝西民疫遣使齋藥賜之丁巳詔中書以五月一日進中外文武升朝官及奉使歲舉官名籍辛酉賜泰山隱士秦辨號貞素先生放還山甲子契丹國母葬廢朝禁邊城樂甲戌加王旦兵部尚書知樞密院事王欽若戶部尚書陳堯叟工部尚書五月己卯幸惟吉宮視疾壬午以西涼府覓諾族瘴疫賜藥丙戌惟吉卒辛丑京師大雨平地數尺壞廬舍民有壓死者賜布帛六月庚戌邊臣言契丹饑來市糴詔雄州糴粟二萬石振之河中府父老千餘人請祀后土不許丙辰頒天下釋奠先聖廟儀并祭器圖詔前歲陝西民飢有鬻子者官爲購贖還其家壬戌幸邢昺第視疾賜金帛乙丑幸元偁宮視疾秋七月丙申溫仲舒卒己亥以右丞向敏中爲工部尚書資政殿大學士置龍圖閣學士以直學士杜鎬爲之詔南宮北宅大將軍以下各勤講肄諸子十歲以上並受經學書勿令廢惰辛丑文武官將校等三上表請祠汾陰后土八月丁未朔詔明年春有事於汾陰州府長吏勿以修貢助祭煩民戊申陳堯叟爲祀汾陰經度制置使己酉王旦爲祀汾陰大禮使王欽若爲禮儀使庚戌詔汾陰路禁弋獵不得侵占民田如東封之制辛亥以江南旱詔轉運使決獄壬子幸元偁宮視疾昇洪潤州屢火遣使存撫祠境內山川戊午賜占城國主馬及器甲庚申幸天駟監賜從官馬解州池鹽不種自生辛酉給鄆州牧馬草地還民甲子罷江淮和糴所在繫囚遞減一等盜穀食者量行論決丁卯羣臣五表上尊號不許戊辰詔昇洪楊廬州長吏兼安撫使甲戌以澄州團練使朱能爲左龍武軍大將軍乙亥河中府父老千七百人來迎上勞問之賜以緡帛九月癸未賜錢三十萬給故盧多遜子葬其父母丁亥作宗室座右銘賜諸王華州言父老二千餘人請幸西嶽癸巳杖殺入內高品江守恩於鄭州知州俞獻卿坐論救削一任乙未幸崇眞資聖院視吳國長公主疾甲辰內出綏撫十六條頒江淮南安撫使冬十月辛亥契丹使耶律寧告征高麗河中民獲靈寶眞文庚申丁謂等上大中祥符封禪記十一月庚寅遣內臣奉安宣祖太祖聖容於二陵乙未甘州回鶻來貢己亥幸太乙宮陝州黃河清十二月陝州黃河再清庚戌集賢校理晏殊獻河清頌癸丑詔天下貧民及漁採者過津度勿算乙卯告太廟詔自今謁廟入東偏門以資政殿大學士向敏中權東京留守丁巳翰林學士李宗諤等上諸道圖經辛酉謁玉清昭應宮丙寅詔沙門島流人特給口糧己巳作奉天庇民述示宰相禁扈從人燔道路草木辛未以太宗御書賜交州李公蘊是歲龜茲占城交州來貢陝西饑江淮南旱

宋史卷八

元中書右丞相總裁脫脫等修

本紀第八

真宗三

四年春正月辛巳詔執事汾陰懈怠者罪勿原乙酉習祀后土儀丁亥將祀汾陰謁啟聖院太宗神御殿普安院元德皇后聖容丙申詔以六月六日天書再降日爲天貺節丁酉奉天書發京師日上有黃氣如匹素五色雲如蓋紫氣翼仗庚子右僕射判河陽張齊賢見於汜水頓陳堯叟獻白鹿辛丑陳幄殿於訾村望拜諸陵甲辰至慈澗頓賜道傍耕民茶荈二月戊申賜扈駕諸軍緡錢華州獻芝草東京獄空壬子出潼關渡渭河遣近臣祠西嶽癸丑次河中府丁巳黃雲隨天書輦次寶鼎縣奉祇宮戊午登後圃延慶亭己未瀵泉湧有光如燭辛酉祀后土地祇是夜月重輪還奉祇宮紫氣四塞幸開元寺作大寧宮壬戌甘州回鶻蒲端三麻蘭勿巡蒲婆大食國吐蕃諸族來貢大赦天下常赦不原者咸赦除之文武官並遷秩該敘封欲回授祖父母者聽四品以上追事太祖太宗潛藩或嘗更邊任家無食祿者錄其子孫建寶鼎縣爲慶成軍建隆佐命及公主將相丘冢所在致祭給西京分司官實奉三分之一令法官慎刑名有情輕法重者以聞賜天下酺三日大宴羣臣於穆清殿賜父老酒食衣幣作汾陰配饗銘河瀆四海贊召草澤李瀆劉巽瀆以疾辭授巽大理評事乙丑觀酺加號西嶽詔葺夷齊祠丁卯賜寧王元偓服帶鞍馬有加乙巳次華州幸雲臺觀庚午宴宣澤亭紫雲如龍起嶽上召見隱士鄭隱李寧賜茶果束帛辛未次閿鄉縣召見道士柴又玄問以無爲之要壬申宴虢州父老於湖城行宮三月甲戌次陝州召草澤魏野辭疾不至乙亥賜運船卒時服己卯次西京庚辰罷河北緣邊工役

壬午，幸上清宮。甲申，幸崇法院，移幸呂蒙正第，賜服御金幣。丙戌，大宴大明殿。丁亥，詔葺所經歷代帝王祠廟。己丑，御五鳳樓觀酺。壬辰，詔朝陵自西京至鞏縣不舉樂。癸巳，禁扈從人踐田稼。甲午，發西京。丙申，謁安陵、永昌諸陵。壬寅，幸列子廟，表潘孝子墓。夏四月甲辰朔，上至自汾陰。壬子，幸元偁宮視疾。駙馬都尉李遵勗責授均州團練副使。峽路鈐轄孰爲亂夷人王羣體等，帝憫其異俗，免死配隸。丙辰，大宴含光殿。己未，餞种放歸終南。甲子，王旦加右僕射，元佐爲太尉，元偓進封相王。乙丑，幸元偓宮視疾。葺尚書省。加王欽若吏部尚書，陳堯叟戶部尚書，馮拯工部尚書。丙寅，以張齊賢爲左僕射。丁卯，許國公呂蒙正薨。五月丙子，加交阯郡王李公蘊同平章事。癸未，廬、宿、泗等州麥自生。辛卯，幸北宅視德存疾。京兆旱，詔振之。癸巳，詔州城置孔子廟。乙未，加上五嶽帝號，作奉神述。丁酉，慮囚，死罪流徒降等，杖以下釋之。辛丑，視德存疾。六月丙午，太白晝見。亳州二龍見禹祠。德存卒。丙寅，遣使安撫江、淮南水災，許便宜從事。詔授交、甘等州、大食、蒲端、三麻蘭、勿巡國奉使官。秋七月壬申朔，除閩、浙、荆湖、廣南歲丁錢四十五萬。壬午，韓國、吳國、隋國長主公進封衞國、楚國、越國長公主。鎮、眉、昌等州地震。己丑，詔先蠲濱、棣州水災田租十之三，今所輸七分更除其半。丙申，江、洪、筠、袁江漲，沒民田。八月乙巳，太白晝見。丙午，幸南宮視惟敍疾。詔除畬田租。庚戌，曲宴諸王宰相。癸丑，賜青州孤老惸獨民帛。惟敍卒。丙辰，錄唐長孫無忌、段秀實等孫授官。丁巳，詔文武官有言刑政得失、邊防機事者，並賜對。癸亥，甘州回紇可汗夜落紇奉表請關。乙丑，刻御製大中祥符頌於大承天祥符門。決通利軍合御河，壞州城及傷田廬，遣使發粟振之。九月丁丑，涇原鈐轄曹瑋言籠竿川熟戶蕃部以閑田輸官，請於要害地募兵以居，從之。戊子，幸太乙宮祈晴。辛卯，向敏中等爲五嶽奉冊使。癸巳，御乾元殿觀酺。冬十月戊申，御朝元殿發五嶽冊。丁巳，定江、淮鹽酒價，有司慮失歲課，帝曰：「苟便於民，何顧歲入也。」十一月庚午，占城國貢獅子。丙子，御試服勤詞學、經明行修貢舉人。十二月乙巳，詔楚、泰州潮害稼，復租，沒溺人賜千錢、粟一斛。是歲，西涼府、夏、豐、交州、甘州、諸溪峒蠻來貢。畿內蝗，河北、陝西、劒南饑，吉州、臨江軍江水溢害民田舍，兗州虸蚄蟲不爲災。

五年正月乙亥，賜處州處士周啟明粟帛。戊寅，雨木冰。壬午，幸元偁宮視疾。河決棣州。二月庚戌，詔貢舉人公罪聽贖。丙寅，詔官吏安撫濱、棣被水農民。三月己丑，御試禮部舉人。丁未，峒酋田仕瓊等貢溪布。庚戌，王旦等並加特進功臣。丁未，免濱、棣民物入城市者稅一年。夏四月戊申，以向敏中爲平章事。有司請違法販茶者許同居首告，帝謂以利敗俗，非國體，不許。壬子，除通、泰、楚州鹽亭戶積負丁額課鹽。乙丑，樞密直學士邊肅責授岳州團練副使。五月辛未，江、淮、兩浙旱，給占城稻種，敎民種之。戊寅，修儀劉氏進封德妃。丁亥，免棣州租十之三。戊子，賜近臣金華殿所種麥。六月庚申，賜杭州草澤林逋粟帛。壬戌，詔常參官舉幕職州縣官充京官。癸亥，賜邵武軍被水者錢粟。秋七月戊辰，作保康門。八月丙申朔，日有食之。丁酉，禁周太祖葬冠劒地樵採。戊戌，張齊賢爲司空致仕。甲辰，詔樞密直學士限置六員。庚戌，淮南旱，減運河水灌民田，仍寬租限，州縣不能存恤致民流亾者罪之。己未，作五嶽觀。九月辛未，張齊賢入對。壬申，觀新作延安橋，幸大相國寺、上清宮，射於宜春苑。癸酉，從澄海三指揮屯嶺北州郡。戊子，王欽若、陳堯叟並爲樞密使、同平章事，丁謂爲戶部侍郎、參知政事。庚寅，幸故鄆王、兗王宮。冬十月戊午，延恩殿道場，帝瞻九天司命天尊降。己未，大赦天下，賜致仕官全奉。辛酉，作崇儒術論，刻石國學。閏月己巳，上聖祖尊號。辛未，謝太廟。壬申，立先天降聖節，五日休沐輟刑。乙亥，詔上聖祖母懿號，加太廟六室尊謚。丙子，羣臣上尊號曰崇文廣武感天尊道應眞佑德上聖欽明仁孝皇帝。丁丑，出舒州所獲瑞石，文曰「誌公記」。戊寅，建景靈宮、太極觀於壽邱。辛巳，建安軍鑄聖像，龍見雲中。戊子，御製配享樂章并二舞名，文曰發祥流慶，武曰降眞觀德。十一月丙申，親祀玉皇於朝元殿。甲辰，加王旦門下侍郎，向敏中中書侍郎，楚王元佐太師，相王元偓太傅，舒王元偁太保，內外官加恩。置玉清昭應宮使，以王旦爲之。丁未，作汴水發願文。庚戌，詔允言朝參。乙卯，罷獻珍禽異獸。十二月甲子，置景福殿使。戊辰，作景靈宮。京師大寒，鬻官炭四十萬，減市直之半以濟貧民。壬申，改謚玄聖文宣王曰至聖文宣王。戊寅，溪峒張文喬等八百人來朝。己卯，知天雄軍寇準獄空，詔獎之。乙酉，振泗州饑。丙戌，詔天慶等節日民犯罪情輕者釋之。丁亥，立德妃劉氏爲皇后。是歲，交州、甘州、西涼府、溪峒蠻來貢。京城、河北、淮南饑，減直鬻穀以濟流民。

六年春正月癸巳朔，上御朝元殿受朝。司天監言五星同色。庚子，詔減配隸法十二條。戊申，禁內臣出使預民政。己酉，賜京師酺五日。辛亥，進封衞國、楚國、越國長公主三人爲徐國、邠國、宿國。庚申，置淑儀、淑容、順儀、順容、婉儀、婉容，在昭儀上；置司宮令，在尚書上。以婕妤楊氏爲婉儀，貴人戴氏爲修儀，美人曹氏爲婕妤。辛酉，詔宗正寺以帝籍爲玉牒。二月戊辰，觀酺。己亥，泰州言海陵草中生聖米，可濟饑。三月丁未，詔沙門島流人罪輕者徙近地。乙卯，建安軍鑄玉皇、聖祖、太祖、太宗尊像成，以丁謂爲迎奉使。夏四月庚辰，詔淮南給饑民粥，麥登乃止。壬午，太白晝見。癸未，幸元偁宮視疾。丙戌，詔諸州死罪可疑者詳審以聞。五月壬辰，詔伎術官未升朝特賜緋紫者勿佩魚。甲辰，聖像至。丙午，詔聖像所經郡邑減繫囚死罪，流以下釋之。升建安軍爲眞州。乙卯，謁聖像，奉安於玉清宮。丁巳，遣使奏告諸陵。六月壬戌，惟和卒。趙州黑龍見。丁卯，壽州獻紫莖金芝。癸酉，保安軍雨，河溢，兵民溺死，遣使振之。丙子，詔翰林學士陳彭年等刪定三司編敕。丁丑，崇飾諸州黃帝祠廟。秋七月癸巳，上清宮道場獲龍於香合中。己亥，中書門下表請元德皇后祔廟。庚子，行配祔禮。癸卯，詔天下勿稅農器。己酉，亳州官吏父老三千三百人詣闕請謁太清宮。八月庚申，詔來春親謁亳州太清宮。辛酉，以丁謂爲奉祀經度制置使。丙寅，禁太清宮五里內樵採。庚午，加號太上老君混元上德皇帝。置禮儀院。九月庚寅，幸元偁宮視疾。丁酉，出玉宸殿種占城稻示百官。冬十月辛酉，元德皇后祔廟。甲子，亳州太清宮枯檜再生，眞源縣菽麥再實。癸酉，謁玉清昭應宮。己卯，作步虛詞付道門。壬午，降聖節賜會如先天節儀。十一月辛亥，幸元偁宮視疾。癸丑，賜御史臺九經、諸史。甲寅，判亳州丁謂獻芝草三萬七千本。乙卯，龜茲遣使來貢。十二月戊午朔，日有食之。庚申，涇原鈐轄曹瑋言發兵討原州界撥藏族違命者，捕獲甚衆。回鶻遣使來貢。己巳，天書扶侍使趙安仁等上奉天書車輅鼓吹儀仗。壬申，獻天書於朝元殿，遂告玉清昭應宮及太廟。乙亥，幸開寶寺、上清宮。己卯，幸太一宮。戎、瀘蠻寇平。是歲，西蕃、高州蠻、龜茲來貢。

七年春正月辛丑，慮囚。壬寅，車駕奉天書發京師。丙午，次奉元宮，判亳州丁謂獻白鹿一、芝九萬五千本。戊申，王旦上混元上德皇帝冊寶。己酉，朝謁太清宮，天書升輅，雨雪倏霽，法駕繼進，佳氣彌望。是夜，月重輪。幸先天觀、廣靈洞霄宮。曲赦亳州及車駕所經流以下罪。升亳州爲集慶軍節度，減歲賦十之二，改奉元宮爲明道宮。太史言含譽星見。庚戌，御均慶樓，賜酺三日。壬子，詔所過頓遞侵民田者給復二年。丙辰，建南京歸德殿，赦境內及京畿車駕所過流以下罪。追贈太祖幕府元勳僚舊，錄常參官逮事者並進秩，欲授子孫者聽。作鴻慶宮。二月戊午，次襄邑縣，皇子來朝。庚申，夏州趙德明遣使詣行闕朝貢。辛酉，至自亳州。丙寅，詔天地壇非執事輒臨者斬。辛未，饗太廟。壬申，恭謝天地，大赦天下。乙亥，益州鑄大鐵錢。三月，城淯井監。癸巳，雄州甲仗庫火。甲午，制加宰相王旦、向敏中、楚王元佐、相王元偓、舒王元偁、榮王元儼、樞密使同平章事。乙未，宴翔鸞閣。辛丑，發粟振儀州饑。復諸州觀察使兼刺史。甲辰，幸元偁宮視疾。丁未，封皇子慶國公。青州民趙嵩百一十歲，詔存問之。夏四月丁巳，西涼府厮鐸督遣使來貢。己未，賜淮南諸州民租十之二。癸亥，河南府獄空，有鳩巢其戶，生二雛。甲子，以歸義軍留後曹賢順爲歸義軍節度使。丙子，舒王元偁薨。五月壬辰，王旦爲兗州景靈宮朝修使，乙未，又爲天書刻玉使。涇原言葉施族大首領艷般率族歸順。六月乙卯，禁文字斥用黃帝名號故事。丙辰，眉州通判董榮受賕鬻獄，長安知縣王文龜酗酒濫刑，並投荒裔。戊午，戒州縣官吏決罪逾法。壬申，封婉儀楊氏爲淑妃。乙亥，樞密使王欽若罷爲吏部尚書，陳堯叟爲戶部尚書；以寇準爲樞密使、同平章事。丙子，詔棣州經水流民歸業者給復三年。秋七月辛丑，交州李公蘊敗鶴柘蠻獻捷。癸卯，太白晝見。甲辰，以同州觀察使王嗣宗、內客省使曹利用並爲樞密副使。八月甲寅，置景靈宮使，以向敏中爲之。乙卯，除江、淮、兩浙被災民租。丁巳，楊光習坐擅領兵出砦，又誣軍中謀殺司馬張從吉，配隸鄧州。乙丑，給河東沿邊將士皮裘氈襪。甲戌，河決澶州。丁丑，命內臣奉安太祖、太宗聖像於鴻慶宮。辛巳，詔嶺南戍兵代還日人給裝錢五百。九月丙戌，含譽星再見。辛卯，尊上玉皇聖號曰太上開天執符御歷含眞體道玉皇大天帝。戊戌，御試服勤詞學、經明行修舉人。辛丑，幸五嶽觀。冬十一月乙酉，濱州河溢。玉清昭應宮成，詔減諸路繫囚罪流以下一等。己丑，加王旦司空、修宮使。壬辰，御乾元門觀酺。十二月癸丑朔，日當食不虧。丙辰，詔王欽若等五人各舉京朝幕職州縣官詳練刑典、曉將務、任邊寄者二人。丁巳，詔川峽、閩廣轉運、提點刑獄官察屬吏貪墨慘刻者。己未，作元符觀。庚申，契丹使蕭延寧等辭歸國。辛酉，加楚王元佐尚書令，相王元偓太尉，榮王元儼兼中書令，忠武軍節度使魏咸信同平章事，餘並進秩。涇原路請築籠竿城。是歲，夏州、西涼府、高麗

女真來貢淮南江浙饑除其租天下戶九百五萬五千七百二十九口二千一百九十七萬六千九百六十五

八年春正月壬午朔謁玉清昭應宮奉表告尊上玉皇大天帝聖號奉安刻玉天書于寶符閣還御崇德殿受賀赦天下非十惡枉法贓及已殺人者咸除之文武官滿三歲者有司考課以聞乙酉詔環州緣邊卒人賜薪冰錢庚寅置清衞二指揮奉宮觀乙未皇女入道戊戌徙棣州城庚戌詔王欽若等舉供奉官至殿直有武幹者一人二月泗州周憲百五歲詔賜束帛甲寅宗正寺火丙辰唃廝囉立遵貢名馬丙寅以元佐爲天策上將軍興元牧賜劍履上殿詔書不名丁卯遣使巡撫淮浙路癸酉祈雨丙子詔進士六舉諸科九舉者許奏名庚辰大雨三月乙酉幸元偓宮視疾戊戌宴宗室射于苑中壬寅御試禮部貢舉人夏四月辛酉賜宰相五臣論壬戌以寇準爲武勝軍節度使同平章事王欽若陳堯叟並爲樞密使同平章事戊辰德彝卒壬申榮王元儼宮火延及殿閣內庫癸酉詔求直言命丁謂爲大內修葺使戊寅王膺坐應詔言事乖謬貶五月壬午榮王元儼罷武信軍節度使降封端王庚寅熒惑犯軒轅壬辰廢內侍省黃門禁金飾服器庚子放宮人一百八十四人六月己酉朔日有食之辛未詔諸州以御製七條刻石乙亥惟忠卒閏月己卯赦天下庚辰王欽若上彤管懿範七月丙辰以諸州牛疫免牛稅一年戊午王嗣宗爲大同軍節度使丙寅幸相王元偓新宮以宮城火詔諸王從宮于外丙子幸瑞聖園觀稼宴射於水心殿八月己卯大理少卿閻允恭開封判官韓允坐枉獄除名戊戌詔京兆河中府陝同華虢等州貸貧民麥種九月注輦國貢土物珍珠衫帽甲寅唃廝囉聚衆數十萬請討平夏人以自效丁卯宴宗室射於後苑己巳賜注輦使袍服牲酒冬十月乙巳王欽若上聖祖先天紀戊申回鶻阿羅等來貢十一月辛酉相王元偓加兼中書令端王元儼進封彭王癸亥高麗使同東女眞來貢十二月戊寅皇子冠丁亥侍禁楊承吉使西蕃還以地理圖進辛卯太子慶國公封壽春郡王是歲占城宗哥族及西蕃首領來貢坊州大雨河溢陝西饑

九年春正月丙辰置會靈觀使以丁謂爲之加刑部尚書壬申以張士遜崔遵度爲壽春郡王友二月丁亥王旦等上兩朝國史戊子加旦守司徒修史官以下進秩賜物有差甲午詔以皇子就學之所名資善堂延州蕃部饑貸以邊穀三月丙午除雷州無名商稅錢秦州曹瑋撫捍蕃境得宜詔嘉之己酉王欽若上寶文統錄辛酉以西蕃宗哥族李立遵爲保順軍節度使壬寅詔舉官必擇廉能癸亥置修玉牒官乙丑著作佐郎高清以贓賄杖脊配沙門島夏四月庚辰周伯星見丙申賜天下酺振延州蕃族饑庚子幸陳堯叟第視疾壬寅以唐相元稹七世孫爲台州司馬五月乙巳邠寧環慶部署王守斌言夏州蕃騎千五百來寇慶州內屬蕃部擊走之癸丑幸南宮視惟憲疾甲寅惟憲卒乙卯毛尸等三族蕃官馮移埋率屬來歸詔撫之丙辰詔天下繫囚死罪減等流以下釋之丁巳向敏中爲宮觀慶成使甲子左天廐草場火庚午太白晝見六月戊寅幸會靈觀宴視禧殿癸未京畿蝗秋七月撫水蠻寇宜州廣南西路請便宜掩擊許之丁未增築京師新城丙辰開封府祥符縣蝗附草死者數里戊午停京城工役癸亥以畿內蝗下詔戒郡縣甲子詔京城禁樂一月丁卯幸太乙宮天清寺八月壬申知秦州曹瑋言伏羌砦蕃部廝雞波與宗哥族連結爲亂以兵夷其族帳丙子令江淮發運司留上供米五十萬以備饑年磁華瀛博等州蝗不爲災丙戌製玉皇聖號冊文以陳堯叟爲右僕射戊子以旱罷秋宴壬辰羣臣請受尊號冊寶表五上從之九月癸卯雄霸河溢甲辰以丁謂爲平江軍節度使丙午陳彭年王曾張知白並參知政事丁謂曹瑋言宗哥唃廝囉蕃部馬波叱臘魚角蟬等寇羌伏砦擊敗之斬首千餘級庚戌以不雨罷重陽宴利州水漂棧閣甲寅雨督諸路捕蝗丁巳詔以旱蝗得雨宜務稼省事及罷諸營造戊午禁諸路貢瑞物戊辰青州飛蝗赴海死積海岸百餘里己巳詔民有出私廩振貧乏者三千石至八千石第授助教文學上佐之秩冬十月己卯王欽若表上翊聖保德眞君傳壬申詔馮拯等各舉殿直以上武幹者一人壬辰置直龍圖閣十一月會靈觀甘露降乙巳詔河陝諸路州簡禁軍五百人丁未河西節度使石普坐妄言災異除名流賀州丁卯以唐裴度孫坦爲鄭州助教是歲西蕃宗哥族邛部山後蠻夏州甘州來貢諸州有隕霜害稼及水災者遣使振卹除其租

天禧元年春正月辛丑朔改元詣玉清昭應宮薦獻上玉皇大天帝寶冊袞服壬寅上聖祖寶冊己酉上太廟謚冊庚戌享六室辛亥謝天地於南郊大赦御天安殿受冊號乙卯宰相讀天書於天安殿遂幸玉清昭應宮作欽承寶訓述示羣臣壬戌詔以四月旦日爲天祥節丙寅命王旦爲兗州太極觀奉上冊寶使二月庚午詔振災發州郡常平倉壬申御正陽門觀酺丁丑置諫官御史各六員每月一員奏事有急務聽非時入對戊寅王旦加太保中書侍郎平章事向敏中加吏部尚書楚王元佐領雍州牧相王元偓加尚書令兼中書令進封徐王彭王元儼加太保壽春郡王禎兼中書令王欽若加右僕射趙德明加太傅中外官並加恩辛巳考課京朝官改秩及考者壬午定宗室子授官之制庚寅進封李公蘊爲南平郡王秦州神武軍破宗哥族馬波叱臘等於野吳谷多獲人馬己亥陳彭年卒三月辛丑以不雨禱於四海壬寅不雨罷上巳宴庚申免潮州逋鹽三百七十萬有奇辛酉令作淖糜濟懷衞流民夏四月庚辰陳堯叟卒戊子邵州野竹生實以食饑五月戊戌詔所在安卹流民戊申以王旦爲太尉侍中五日一入中書旦懇辭不拜己酉熒惑犯太微乙卯縱歲獻鷹犬己未奉太祖聖容於西京應天院向敏中爲禮儀使諸路蝗食苗詔遣內臣分捕仍命使安撫六月壬申赦西京繫囚死罪減一等流以下釋之父老年八十者賜茶帛除其課役戊寅除昇州後湖租錢五十餘萬聽民溉田陝西江淮南蝗並言自死庚辰盜發後漢高祖陵論如律并劾守土官吏遣內侍王克讓以禮治葬知制誥劉筠祭告因詔州縣申前代帝王陵寢樵採之禁乙酉免大食國蕃客稅之半龜茲國使張復延等貢玉勒鞍馬令給其直己丑王旦對於崇政殿秋七月丁未霖雨放朝己未幸魏咸信第視疾甲子魏咸信卒八月庚午以王欽若爲左僕射兼中書侍郎平章事壬申向敏中加右僕射兼門下侍郎王旦對於便殿丙子詔京城禁圍草地聽民耕牧丁丑禁採狨戊寅免牛稅一年九月癸卯以參知政事王曾爲禮部侍郎李廸爲參知政事馬知節知樞密院事曹利用任中正周起並爲知樞密院事丙午幸王旦第視疾戊申以蝗罷秋宴己酉王旦薨甲寅詔能拯救汴渠覆溺者給賞或溺者貧者以官錢給之丁未教衞士騎射冬十月辛未詔閤門自今審官三班院流內銓後殿日引公事勿過兩司壬申諭諸州非時災沴不以聞者論罪己卯罷京東上貢物辛卯賜壽春郡王及王友張士遜等詩十一月己亥詔曲宴日輟後殿視事辛丑曹瑋平鬼留家族壬寅詔淮浙荊湖治放生池禁漁採乙卯幸太一宮大雪帝謂宰相曰雪固豐稔之兆第民力未充慮失播種卿等其務振勸毋遺地利壬戌契丹使耶律準來賀承天節高麗使徐訥率女眞首領入對崇政殿獻方物十二月丙寅京城雪寒給貧民粥并瘞死者乙亥罷京城工役丙子嚴寒放朝丁丑放逋負釋繫囚己卯女眞國人歸給裝錢高麗使徐訥賜射瑞聖園辛卯詔陝西緣邊鬻穀者勿算壬辰遣使緣汴河收瘞流尸是歲三佛齊龜茲國來貢諸路蝗民飢鎭戎軍風雹害稼詔發廩振之蠲租賦貸其種糧

二年春正月乙未眞遊殿芝草生壬寅振河北京東飢辛亥賜壽春郡王卹民歌戊午王欽若等上天禧大禮記四十卷己未遣使諭京東官吏安撫飢民又命諸路振以淖糜二月丙寅甘州來貢丁卯壽春郡王加太保進封昇王詔近臣舉常參官堪任御史者庚午右正言劉燁請自今言事許升殿從之庚辰振京西饑乙酉幸徐王元偓宮視疾三月辛丑修京城丙辰先貸貧民糧種止勿收夏四月戊子幸飛山雄武教場宴賜從臣將士庚寅赦天下死罪減一等流以下釋之閏月辰州討下溪州蠻斬首六十餘級降千餘人己亥詔戶部尚書馮拯等舉幕職令錄堪充京官者各二人癸卯馬知節爲彰德軍留後丁未靈泉出京師飲者愈疾作祥源觀壬子幸徐王元偓宮視疾五月壬戌詔長吏卹孝弟力田者甲子徐王元偓薨丁卯釋下溪州蠻彭儒猛罪丙戌西京訛言妖如帽夜蜚民甚恐六月壬辰詔三班使臣經七年者考課遷秩己亥詔諸州上佐文學參軍謫降十年者聽還鄉乙巳訛言帽妖至京師民夜叫譟達曙詔捕嘗爲邪法人耿槩等棄市辛亥彗出北斗魁秋七月壬申以星變赦天下流以下罪減等左降官羈管十年以上者放還京師京朝官丁憂七年未改秩者以聞丁亥彗沒八月庚寅羣臣請立皇太子從之壬寅下溪州彭儒猛納所掠漢生口器甲等詔賜袍帶甲辰立皇子昇王爲皇太子大赦天下宗室加恩羣臣賜勛一轉戊申黎州山後兩林百蠻都王李阿善遣使來貢壬子彭王元儼進封通王以李廸兼太子賓客癸丑作元良箴賜皇太子甲寅楚王元佐加興元牧徐國長公主進封福國邠國長公主進封建國宿國長公主進封鄂國乙卯詔畎索河水入金水河丙辰以德雍德文惟政並爲諸州防禦使允成允升允寧並爲諸州團練使九月丁卯冊皇太子庚午詔全給外戍諸軍物庚辰御乾元門觀酺冬十月庚子御玉宸殿召近臣觀刈占城稻遂宴安福殿十二月辛丑以張旻爲武寧軍節度使同平章事是歲占城國甘州溪峒黎州山後蠻來貢陝西旱振之江陰軍蝻不爲災

三年春正月癸亥貢舉人郭稹等見崇政殿稹冒喪赴舉命典謁詰之即引咎殿三舉二月乙未河南府地震三月戊午朔日有食之遣呂夷簡體訪陝亳民訛言丙寅御試禮部貢舉人癸未翰林學士工部尚書錢惟演等坐知舉失實降一官甲申穎州石隕出泉飲之愈疾夏四月甲午西上閤門使高繼勛坐市馬虧直削官五月丁巳大食國來貢乙丑左諫議大夫戚綸坐訕上貶岳州副使辛未慮囚六月癸未浚淮南漕渠廢三堰甲午王欽若爲太子太保河決滑州戊戌以寇準爲中書侍郎兼吏部尚書平章事丁謂爲吏部尚書參知政事滑州決河泛澶濮鄆齊徐境遣使救被溺者卹其家秋七月壬申曹璨卒羣臣表上尊號曰體元御極感天尊道應眞寶運文德武功上聖欽明仁孝皇帝八月丁亥大赦天下普度道釋童行滑州龍見河決辛卯太白晝見己亥慶州亾去熟戶委乞等來歸庚戌遣使撫卹京東西河北水災九月乙丑慶州骨咩大門等族歸附辛巳遣中官存問高麗貢使之被溺者冬十一月己巳謁景靈宮庚午饗太廟辛未祀天地於圜丘大赦天下選兩任五考無責罰者試身言書判丁丑御天安殿受尊號冊十二月丙戌富州蠻酋向光澤表納土詔邦之辛卯向敏中加左僕射中書侍郎兼禮部尚書平章事寇準加右僕射通王元儼進封涇王曹利用丁謂並爲樞密使百官加恩癸巳以任中正周起並爲樞密副使是歲高麗女眞來貢江浙及利州路飢詔振之

四年春正月乙丑以華州觀察使曹瑋爲鎮國軍留後僉樞密院事丙寅開揚州運河己巳幸元符觀庚午贈處士魏野著作郎賜其家粟帛二月帝不豫癸未遣使安撫淮南江浙利州飢民滑州決河塞辛丑發唐鄧八州常平倉振貧民三月戊午以淄州民飢貸牛糧甲子振蕃部粟庚子詔川陝致仕官聽還本貫癸酉川廣舉人勿拘定額己亥振益梓民飢己卯向敏中薨夏四月丁亥大風晝晦庚寅分江南轉運使爲東西路丙申杖殺前定陶縣尉麻士瑤於青州五月丁巳發粟振秦隴六月丙申以寇準爲太子太傅萊國公河決滑州壬寅御試禮部奏名舉人九十三人秋七月丁巳太白晝見辛酉京城大雨水壞廬舍大半丙寅以李迪爲吏部侍郎兼太子少傅平章事馮拯爲樞密使吏部尚書同平章事以霖雨壞營舍賜諸軍緡錢庚午以丁謂爲平章事曹利用同平章事癸酉入內副都知周懷政伏誅丁丑太子太傅寇準降授太常卿翰林學士盛度樞密直學士王曙並罷職八月永興軍都巡檢使朱能殺中使叛乙酉以任中正王曾並參知政事詔利夔路置常平倉丙戌朱能自殺壬寅寇準貶道州司馬甲辰賜諸軍器幣入內押班鄭志誠坐交朱能削兩任配隸房州九月己酉分遣近臣張知白晁迥樂黃目等各舉常參官諸路轉運及勸農使各舉堪京官知縣者二人知制誥知雜御史直龍圖閣各舉堪御史者一人丙辰始御崇德殿視事治朱能黨死流者數十人己未久雨放朝壬戌給事中朱巽工部郎中梅詢坐不察朱能姦譎官丁卯赦天下己巳遣使安撫永興軍壬戌賜京城酺冬十月戊寅命依唐制雙日不視事壬午幸正陽門觀酺帝自不豫浸少臨行至是人情大悅壬辰以王欽若爲資政殿大學士甲辰減水災州縣秋租丙午召皇子宗室近臣玉宸殿觀稻賜宴十一月戊午召近臣於龍圖閣觀御製文詞帝曰朕聽覽之暇以翰墨自娛雖不足垂範亦平生游心於此宰臣丁謂請鏤板宣布庚申內出御製七百二十二卷付宰臣丙寅丁謂加門下侍郎兼太子太傅李迪加中書侍郎兼尚書左丞依前少傅迪謂忿爭於帝前戊辰罷謂爲戶部尚書迪爲戶部侍郎任中正王曾錢惟演並兼太子賓客張士遜林特並兼太子詹事晏殊爲太子左庶子己巳詔謂赴中書視事如故甲午詔自今除軍國大事仍舊親決餘皆委皇太子同宰相樞密使等參議行之太子上表陳讓不允以丁謂兼太子少師馮拯兼少傅曹利用兼少保辛未詔自今羣臣五日於長春殿起居餘隻日視朝於承明殿甲戌丁謂等請作天章閣奉安御集十二月乙酉皇太子親政詔內臣傳旨須覆奏丁亥龜茲甘州回鶻遣使來貢己丑王欽若加司空庚寅議事資善堂命張景宗侍皇太子丁酉以王欽若爲山南東道節度使同平章事閏月丁卯以喃廝囉爲邊患詔陳堯叟等巡撫庚午京城穀貴減直發常平倉乙亥帝不豫力疾御承明殿賜手書宰相諭以輔導儲貳之意是歲京西陝西江淮荊湖諸州稔

五年春正月己丑帝疾愈出幸啟聖院癸巳詔天下死罪降流以下釋之乙未遣使撫京東水災丁酉以張士遜爲樞密副使己亥宴近臣承明殿二月甲寅審刑院言天下無斷獄丙寅賜天下酺庚午以孔子四十七世孫聖祐襲封文宣公三月辛巳御正陽門觀酺辛丑京東西水災賜民租十之五壬寅丁謂加司空馮拯加左僕射曹利用加右僕射任中正工部尚書夏四月丙辰客星出軒轅五月乙亥慮囚降天下死罪六月丙午太白晝見秋七月甲戌朔日有食之戊寅新作景靈宮萬壽殿八月壬戌熒惑犯南斗九月戊寅喃廝囉請降冬十月癸卯蠲京東西淮浙被災民租壬子依漢唐故事五日一受朝遇慶會皇太子押班十一月戊子王欽若以山南東道節度使坐擅赴闕降司農卿分司南京是歲高麗遣使來貢京東河北兩川荊湖稔

乾興元年春正月辛未朔改元丁亥御東華門觀燈戊戌蠲秀州水災民租二月庚子大赦天下癸卯上尊號曰應天尊道欽明仁孝皇帝詔蘇湖秀州民飢貸以廩粟甲辰制封丁謂爲晉國公馮拯爲魏國公曹利用爲韓國公庚戌詔徐州振貧民甲寅對宰相於寢殿帝不豫增劇禱於山川神祇戊午帝大漸遺詔皇太子於柩前即皇帝位尊皇后爲皇太后權處分軍國事淑妃爲皇太妃帝是日崩於延慶殿年五十五在位二十六年十月己酉葬永定陵己未祔太廟天聖二年十一月上尊謚曰文明武定章聖元孝皇帝廟號眞宗慶曆七年加謚膺符稽古神功讓德文明武定章聖元孝皇帝

贊曰眞宗英悟之主其初踐位相臣李沆慮其聰明必多作爲數奏災異以杜其侈心蓋有所見也及澶淵旣盟封禪事作祥瑞沓臻天書屢降導迎奠安一國君臣如病狂然吁可怪也他日修遼史見契丹故俗而後推求宋史之微言焉宋自太祖幽州之敗惡言兵矣契丹其主稱天其后稱地一歲祭天不知其幾獵而手接飛鴈鴇自投地皆稱爲天賜祭告而誇耀之意者宋之諸臣因知契丹之習又見其君有厭兵之意遂進神道設教之言欲假是以動敵人之聽聞庶幾足以潛消其窺覦之志歟然不思修本以制敵又效尤焉計亦末矣仁宗以天書殉葬山陵嗚呼賢哉

宋史卷九

元　中書右丞相總裁脫脫等修

本紀第九

仁宗一

仁宗體天法道極功全德神文聖武睿哲明孝皇帝諱禎初名受益眞宗第六子母李宸妃也大中祥符三年四月十四日生章獻皇后無子取爲己子養之天性仁孝寬裕喜慍不形於色七年封慶國公八年封壽春郡王講學於資善堂天禧元年兼中書令明年進封昇王九月丁卯冊爲皇太子以參知政事李迪兼太子賓客癸酉謁太廟四年詔五日一開資善堂太子秉笏南鄉立聽輔臣參決諸司事乾興元年二月戊午眞宗崩遺詔太子即皇帝位尊皇后爲皇太后權處分軍國事遣使告哀契丹己未大赦除常赦所不原者百官進官一等優賞諸軍山陵諸費毋賦於民庚申命丁謂爲山陵使出遺留物賜近臣宗室主兵官甲子聽政於崇政殿西廡乙丑以生日爲乾元節丙寅遣使以先帝遺留物遺契丹進封涇王元儼爲定王賜贊拜不名以丁謂爲司徒兼侍中尚書左僕射馮拯爲司空兼侍中樞密使尚書右僕射曹利用爲尚書左僕射兼侍中戊辰貶道州司馬寇準爲雷州司戶參軍尚書戶部侍郎李迪爲衡州團練副使宣徽南院使曹瑋爲左衛大將軍三月乙酉作受命寶庚寅初御崇德殿太后設幄次於承明殿垂簾以見輔臣夏四月壬子遣使以即位告契丹丙寅交州來貢五月乙亥錄繫囚雜犯死罪遞降一等杖以下釋之六月己酉命參知政事王曾按視山陵皇堂丁巳契丹使來祭奠弔慰庚申入內內侍省押班雷允恭坐擅移皇堂伏誅丁謂罷爲太子少保分司西京甲子改命馮拯爲山陵使丙寅降參知政事任中正爲太子賓客秋七月辛未馮拯加昭文館大學士王曾爲中書侍郎同中書門下平章事集賢殿大學士呂夷簡魯宗道參知政事乙亥遣使報謝契丹丙子樞密副使錢惟演爲樞密使戊寅改翼祖定陵爲靖陵辛卯貶丁謂爲崖州司戶參軍八月壬寅遣使賀契丹主及其妻生日正旦乙巳皇太后同御承明殿垂簾決事九月壬申告大行皇帝謚于天地宗廟社稷癸酉上謚冊於延慶殿己卯命以天書從葬冬十月壬寅契丹使來賀即位己酉葬眞宗皇帝於永定陵詔中外避皇太后父諱己未祔眞宗神主於太廟廟樂曰大明之舞以莊穆皇后配辛酉降東西京囚罪一等杖以下釋之蠲山陵役戶及靈駕所過民田租十一月丁卯朔錢惟演罷甲戌喃廝囉立遵求內附乙亥以皇太后生日爲長寧節辛巳初御崇政殿西閤講筵命侍講孫奭馮元講論語壬午以張知白爲樞密副使十二月壬戌契丹使來賀明年正旦是歲蘇州水滄州海潮溢詔振卹被水及溺死之家南平王李公蘊遣使進貢

天聖元年春正月丙寅朔改元庚午契丹使初來賀長寧節癸未命三司節浮費遂立計置司戊子以京東淮南水災遣使安撫辛卯發卒增築京城二月戊戌許喃廝囉歲一入貢丁巳奉安太祖太宗御容於南京鴻慶

宮壬戌減諸節齋醮道場三月甲戌奉安眞宗御容於西京應天院丙子詔減西京囚罪一等徒以下釋之賜城中民八十以上者茶帛仍復其家甲申詔自今營造三司度實給用辛卯司天監上崇天曆行淮南十三山場貼射茶法夏四月辛丑罷禮儀院丁未乾元節百官及契丹使初上壽於崇德殿癸丑詔文武官奏蔭親屬從本資丁巳詔近臣舉諫官御史各一人五月甲子行陝西河北入中芻糧見錢法庚午詔禮部貢舉辛未錄繫囚甲戌命魯宗道按視滑州決河庚寅議皇太后儀衞制同乘輿六月甲辰罷江寧府溧水縣采丹砂乙卯禁毁錢鑄鐘秋七月壬申除戎瀘州虛估稅錢詔職田遇水旱蠲租如例辛巳蠲天下逋負八月乙未募民輸芻塞滑州決河丙申下德音減天下囚罪一等杖以下釋之廢鄆州東平馬監以牧地賦民甲寅芝生天安殿柱九月丙寅馮拯罷以王欽若爲門下侍郎同中書門下平章事昭文館大學士辛巳詔凡舉官未改轉而坐贓者舉主免劾庚寅宴崇德殿閏月甲午詔裁造院女工及營婦配南北作坊者竝釋之戊戌寇準卒於雷州己亥馮拯卒丁未禁彭州九隴縣采金丁巳禁伎術官求輔臣宗室薦舉冬十月辛酉朔徙陝西緣邊軍馬屯內地十一月丁酉詔諸州配囚錄具獄與地里上尚書刑部詳覆禁兩浙江南荊湖福建廣南路巫覡挾邪術害人者戊午置益州交子務是歲甘沙州來貢涇原咩逋卞杏家族納質內附

二年春二月庚午遣內臣收瘞汴口流屍仍祭奠之三月丁酉奉安眞宗御容于景靈宮奉眞殿癸卯王欽若上眞宗實錄是月賜禮部奏名進士諸科及第出身四百八十五人夏四月辛酉詔三司歲市紬絹非土產者罷之乙酉錄晉石氏後五月乙未錄繫囚六月壬申罷天慶天祺天貺先天降聖節宮觀然燈秋七月癸丑奉安眞宗御容於玉清昭應宮安聖殿八月丙辰朔宴崇德殿初用樂之半詔舉官已遷改而貪汙者舉主以狀聞聞而不以實者坐之己卯幸國子監謁孔子遂幸武成王廟甲申太白入太微垣九月辛卯祠太一宮賜道左耕者茶帛冬十月丙辰奉安眞宗御容於洪福院十一月甲午加上眞宗謚乙未朝饗玉清昭應景靈宮丙申饗太廟丁酉祠天地於圜丘大赦百官上尊號曰聖文睿武仁明孝德皇帝上皇太后尊號曰應元崇德仁壽慈聖皇太后賜百官諸軍加等乙巳立皇后郭氏辛亥加恩百官十二月庚午詔開封府每歲正旦冬至禁刑三日是歲龜茲甘肅來貢

三年春正月辛卯長寧節近臣及契丹使初上皇太后壽於崇政殿二月戊寅詔陝西災傷州軍盜廩穀傷主者刺配隣州牢城徒減一等夏四月丁丑詔三館繕書藏太清樓五月庚寅錄繫囚癸巳幸御莊觀刈麥聞民舍機杼聲賜織婦茶帛己亥賜隱士林逋粟帛己酉禁臣僚奏薦無服子弟六月壬戌太白晝見癸酉環原州屬羌叛寇邊環慶都監趙士隆等死之遣使者安撫陝西秋七月戊子詔諸路轉運使察舉知州通判不任事者丙午詔邊戶爲羌所擾者蠲租復役二年八月戊午以忠州鹽井歲增課夔州奉節巫山縣舊籍民爲營田萬州戶有稅者歲糴其穀皆爲民害詔悉除之辛未蠲陝西州軍旱災租賦九月乙巳詔司天監奏災異據占書以聞冬十月乙未太白犯南斗辛酉晏殊爲樞密副使十一月己卯朔罷貼射茶法辛卯以襄州水蠲民租晉絳陝解州饑發粟振之戊申王欽若卒十二月癸丑王曾爲門下侍郎昭文館大學士張知白同中書門下平章事集賢殿大學士乙丑張旻爲樞密使戊寅太白晝見是歲龜茲甘州于闐來貢環慶蕃部嵬逋等內附補涇原降羌首領潘征爲大將軍主

四年春正月己亥命張得象與流內銓同試百司人吏子涇原兵破康奴族二月甲寅詔吏犯贓至流按察官失舉者併劾之庚午置西界和市場三月甲申詔轉運使提點刑獄罷勸農司己亥鄜延蕃部首領曹守貴等內附夏四月壬子詔京東西河北淮南平穀價五月己卯詔禮部貢舉壬午詔大辟疑者奏讞有司毋輒舉駁戊子錄繫囚己亥詔士有文而行不副者州郡毋得薦送閏月戊申減江淮歲漕米五十萬石除舒州太湖等九茶場民逋錢十三萬緡己酉詔補太廟室長齋郎辛亥復陝西永豐渠以通解鹽六月丁亥建劍邵武等州軍大水詔賜被災家米二石溺死者官瘞之庚寅大雨震電京師平地水數尺辛卯避正殿減常膳丁酉降天下囚罪一等徒以下釋之畿內京東西淮南河北被水民田蠲其租癸卯詔官物漂失主典免償流徙者所在撫存之秋七月戊申御長春殿復常膳辛未減兩川歲輸錦綺易綾紗爲紬以給邊費壬申詔諸路轉運使舉所部官通經術者八月丁亥築泰州捍海堰己丑詔施州溪峒首領三年一至京師九月乙卯詔孫奭馮元舉京朝官通經術者庚申詔禮部貢院諸科通三經者薦擢之錄周世宗從孫柴元亨爲三班奉職辛未廢襄唐州營田務以田賦民冬十月甲戌朔日有食之壬辰詔郞中以上致仕賜一子官甲午昏霧四塞丙申奉安眞宗御容於鴻慶宮十二月丁丑發米六十萬斛貸畿內饑丁亥帝白太后欲元日先上太后壽乃受朝太后不可王曾奏曰陛下以孝奉母儀太后以謙全國體請如太后令

五年春正月壬寅朔初率百官上皇太后壽於會慶殿遂御天安殿受朝己未晏殊罷戊辰以夏竦爲樞密副使二月癸酉命呂夷簡夏竦修先朝國史王曾提舉丙子詔振京東流民丁丑西域僧法吉祥等來獻梵書三月戊申賜禮部奏名進士諸科及第出身一千七十六人秦州地震罷瓊州歲貢瑇瑁龜皮紫貝夏四月壬辰壽寧觀火五月庚子朔詔武臣子孫習文藝者聽奏文資壬寅太白晝見丙午閱諸班騎射辛亥錄繫囚辛酉命呂夷簡等詳定編敕癸亥楚王元佐薨是月京畿旱磁州蟲食桑六月甲戌禱雨於玉清昭應宮開寶寺丙子詔決畿內繫囚丁丑雨癸未罷諸營造之不急者秋七月己亥朔振泰州水災賜被溺家錢米丙辰發丁夫三萬八千卒二萬一千緡錢五十萬塞滑州決河詔察京東被災縣吏不職者以聞九月庚戌閱龍衞神勇軍習戰冬十月辛未罷陝西青苗錢癸酉奉安眞宗御容於慈孝寺崇眞殿己丑頒新定五服敕甲午同皇太后幸御書院觀太宗眞宗御書乙未詔西州廣南在官物故者遣人護送其家屬還鄉官爲給食丙申滑州言河平十一月丁酉朔以陝西旱蝗減其民租賦庚子遣使河北體量安撫壬寅復作指南車辛亥朝饗景靈宮壬子饗太廟癸丑祀天地於圜丘大赦賀皇太后於會慶殿丁巳恭謝玉清昭應宮十二月辛未加恩百官甲戌詔輔臣南郊恩例外更改一子官丁亥詔百官宗室受賂冒爲親屬奏官者毋赦是歲甘州及南平國王李公蘊遣人來貢京兆府邢洺州蝗華州旱蚄蟲食苗

六年春正月己酉罷兩川乾元節歲貢織佛戊午罷提點刑獄二月庚辰大風晝晦壬午張知白薨三月丙申朔日有食之壬子以張士遜同中書門下平章事集賢殿大學士癸丑以姜遵爲樞密副使己未以范雍爲樞密副使壬戌作西太一宮夏四月戊辰詔審官三班院吏部流內銓軍頭司各引對所理公事自帝爲皇太子輔臣參決諸司事於資善堂至是始還有司丁丑貸河北流民復業者種食復是年租賦癸未命官減三司歲調上供物甲申旦有星大如斗月北流至西南光燭地有聲如雷庚寅下德音以星變齋居不視事五月降畿內囚死罪流以下釋之罷諸土木工振河北流民過京師者五月乙未朔交阯寇邊六月丙寅罷戎瀘諸州穀稅錢秋七月壬子江寧府揚眞潤州江水溢壞官民廬舍遣使安撫振郵八月乙丑詔免河北水災州軍秋稅乙亥河決澶州王楚埽丙戌錄唐張九齡後九月己亥詔令京朝官任內五人同罪奏舉者減一任癸卯祠西太一宮甲辰詔河北災傷民質桑土與人者悉歸之候歲豐償所貸乙巳遣使修諸路兵械冬十月甲申除福州民逋官莊錢十二萬八千緡十一月戊午京西言穀斗十錢十二月癸亥祠西太一宮是歲甘州三佛齊來貢

七年春正月癸卯曹利用罷丙辰降利用爲左千牛衞上將軍二月庚申朔魯宗道卒甲子詔文臣歷邊有材勇武臣之子有節義者與換官三路任使丙辰張士遜罷以呂夷簡同中書門下平章事集賢殿大學士丁卯以夏竦薛奎參知政事陳堯佐爲樞密副使癸酉貶曹利用爲崇信軍節度副使房州安置未至自殺乙酉以河北水災委轉運使察官吏不任職者易之癸巳募民入粟以振河北閏月戊申禁京城剏造寺觀壬子復制舉六科增高蹈丘園沉淪草澤茂才異等科置書判拔萃科及試武舉癸酉置理檢使以御史中丞爲之三月乙丑詔吏胥受賕毋用蔭辛巳詔契丹饑民所過給米分送唐鄧等州以閒田處之癸未詔百官轉對極言時政闕失在外者實封以聞夏四月庚寅赦天下免河北被水民租賦辛卯南平王李公蘊卒其子德政遣人來告以爲交阯郡王五月乙未朔詔禮部貢舉庚申詔戒文弊己巳頒新令庚午詔先朝文武官自刺史少卿監以上並錄其後癸酉錄繫囚庚辰御承明殿臣僚請對者十九人日昃乃罷六月壬辰置益梓廣南路轉運判官丁未大雷雨玉清昭應宮災甲寅王曾罷秋七月癸亥以玉清昭應宮災遣官告諸陵詔天下不復繕修乙亥詔殿直以上毋得換文資乙酉罷諸宮觀使八月丁亥朔日有食之詔罷天下職田官收其入以所直均給之己丑以呂夷簡爲昭文館大學士辛卯夏竦復爲樞密副使陳堯佐王曙並參知政事己亥詔命官犯正入贓毋使親民冬十月壬寅閱虎翼武騎卒習戰丙午京師地震詔知州軍歲舉判司簿尉可縣令者一人十一月癸亥冬至率百官上皇太后壽于會慶殿遂御天安殿受朝庚午詔天下孤獨疾病者致醫藥存視詔周世

宗後凡經郊祀錄其子孫一人是歲河北水遣使決囚振貧瘞溺死者給其家緡錢察官吏貪暴不恤民者竄茲下溪州黔州蠻來貢

八年春正月甲戌曹瑋卒辛巳作會聖宮於西京永安縣二月戊子詔五代時官三品以上告身存者子孫聽用蔭三月壬申幸後苑遂宴太清樓乙亥禁以財冒士族娶宗室女者詔河北被水州縣毋稅牛是月賜禮部奏名進士諸科及第出身八百二十二人五月甲寅賜信州龍虎山張乾曜號澄素先生丙辰大雨雹辛酉錄繫囚六月癸巳呂夷簡上新修國史己亥詔御史臺獄勿關糾察司乙巳親試書判拔萃科及武舉人秋七月丙子策制舉人八月丙戌詔詳定鹽法丁亥詔近臣宗室觀祖宗御書於龍圖天章閣又觀瑞穀於元眞殿遂宴蕊珠殿戊子詔流配人道死者其妻子給食送還鄉里九月癸丑復置諸路提點刑獄官丙辰罷轉對乙丑姜遵卒己巳以趙稹爲樞密副使冬十月壬辰奉安太祖御容於太平興國寺開先殿丙申弛三京河中府潁許汝鄭鄆濟衞晉絳虢亳宿等二十八州軍鹽禁壬寅置天章閣待制十一月丙寅朝饗景靈宮丁卯饗太廟戊辰祀天地於圜丘大赦賀皇太后於會慶殿十二月癸未加恩百官辛丑西平王趙德明交阯王李德政並加賜功臣是歲高麗占城邛部川都蠻來貢

九年春正月辛亥詔諸路轉運判官員外郎以上遇郊聽任子弟丙辰長寧節百官初上皇太后壽於會慶殿辛未減畿內民租二月癸巳詔復郡縣職田三月甲寅奉安太祖太宗眞宗御容於會聖宮夏四月戊寅詔以隴州論平民五人爲劫盜抵死主者雖更赦並從重罰乙巳閱大樂五月乙丑錄繫囚六月庚辰宋綬上皇太后儀制秋七月丙午朔契丹使來告其主隆緒殂遣使祭奠弔慰及賀宗眞立九月癸亥祠西太一宮賜道左耕者茶帛冬十月丙戌詔公卿大夫勵名節乙未詔常參官已授外任毋得奏舉選人辛丑罷益梓廣南路轉運判官閏月戊辰翰林侍讀學士孫奭請老命知兗州曲宴太清樓送之十一月丁亥弛兩川礬禁己丑祈雪於會靈觀丁酉出知雜御史曹修古御史郭勸楊偕推直官段少連十二月甲寅詔吏部銓選人父母年八十以上者權注近官辛酉大風三日是歲契丹主及其國母遣使來致遺留物及謝弔祭南平王李德政遣人謝加恩龜茲沙州來貢女眞晏端等百八十四人內附

宋史卷十

元　中　書　右　丞　相　總　裁　脫　脫　等　修

本紀第十

仁宗二

明道元年春二月癸卯呂夷簡上三朝寶訓丙午詔仕廣南者毋過兩任以防貪黷庚戌以張士遜同中書門下平章事集賢殿大學士戊午錄故宰臣孫並試將作監主簿甲子詔員外郎以上致仕者錄其子校書郎三丞以上齋郎丁卯以眞宗順容李氏爲宸妃是日妃薨三月戊子頒天聖編敕戊戌以江淮旱遣使與長吏錄繫囚流以下減一等杖笞釋之己亥除婺秀州丁身錢夏四月丙午錄繫囚戊午知棣州王涉坐冒請官地爲職田配廣南牢城五月癸酉遣使點檢河北城池器甲密訪官吏能否壬午廢杭秀二州鹽場秋七月丙申詔諸路轉運使舉國子監講官丁酉王曙罷太白晝見彌月乃滅八月辛丑以晏殊爲樞密副使丙午晏殊參知政事甲寅以楊崇勳爲樞密副使辛酉授唃厮囉爲寧遠大將軍愛州團練使壬戌大內火延八殿癸亥移御延福宮甲子以呂夷簡爲修內使乙丑詔羣臣直言闕失丁卯大赦九月庚寅重作受命寶丙申皇太后出金銀器易左藏緡錢二十萬以助修內冬十月庚子黃白氣五貫紫微垣丁巳詔漢陽軍發廩粟以振飢民十一月甲戌以修內成恭謝天地於大安殿謁太廟大赦改元百官進秩優賞諸軍是日還宮己卯冬至率百官賀皇太后於文德殿御大安殿受朝壬辰延州言夏王趙德明卒癸巳以德明子元昊爲定難軍節度使西平王十二月壬寅以楊崇勳爲樞密使戊午詔獲劫盜者奏裁毋擅殺壬戌西北有蒼白氣亘天是歲京東淮南江東饑

二年春正月己卯詔發運使以上供米百萬斛振江淮饑民遣使督視二月戊戌含譽星見東北方庚子詔江淮民饑死者官爲之葬祭乙巳皇太后服袞衣儀天冠饗太廟皇太妃亞獻皇后終獻是日上皇太后尊號曰應元齊聖顯功崇德慈仁保壽皇太后丁未祀先農於東郊躬耕藉田大赦百官上尊號曰睿聖文武體天法道仁明孝德皇帝三月庚午加恩百官丁亥祈雨於會靈觀上淸宮景德開寶寺庚寅以皇太后不豫大赦除常赦所不原者乾興以來貶死者復官謫者內徙甲午皇太后崩遺誥尊皇太妃爲皇太后呂夷簡爲山陵使夏四月丙申朔出大行皇太后遺留物賜近臣壬寅追尊宸妃李氏爲皇太后至是帝始知爲宸妃所生甲辰以大行皇太后五使竝兼追尊皇太后園陵使戊申聽政於崇政殿西廡己酉罷乾元節上壽壬子詔臣僚宗戚命婦毋得以進獻祈恩澤及緣親戚通表章罷創修寺觀帝始親政裁抑僥倖中外大悅癸丑召還宋綬范仲淹丙辰內侍江德明等竝坐交通請謁黜己未呂夷簡張耆夏竦陳堯佐范雍趙稹晏殊皆罷以張士遜爲昭文館大學士李迪同中書門下平章事集賢殿大學士王隨參知政事李諮爲樞密副使王德用僉書樞密院事壬戌御紫宸殿以張士遜爲山陵使兼園陵使癸亥上大行太后謚曰莊獻明肅追尊宸妃李氏爲皇太后謚曰莊懿五月戊辰詔禮部貢舉癸酉詔中外勿輒言皇太后垂簾日事乙亥罷羣牧制置使丙子命宰臣張士遜撰謝太廟及躬耕藉田記檢討宋祁言皇太后謁廟非後世法乃止撰藉田記戊寅錄繫囚六月甲午朔日有食之壬寅錄周世宗及高季興李煜孟昶劉繼元劉鋹後癸卯命審刑大理詳定配隸刑名戊午減天下歲貢物秋七月丁丑詔知耀州富平縣事張龜年增秩再任以其治行風告天下戊子詔以蝗旱去尊號睿聖文武四字以告天地宗廟仍令中外直言闕政八月甲午朔契丹使來弔慰祭奠壬寅作奉慈廟甲辰詔中外毋避莊獻明肅太后父諱丁巳置端明殿學士九月甲戌幸法福院臨莊懿太后梓宮丙子壬午臨如之冬十月癸巳朔太白犯南斗甲午禁登州民采金丁酉祔葬莊獻明肅皇太后莊懿皇太后於永定陵甲辰詔以兩川歲貢綾錦羅綺紗以三之二易爲紬絹供軍須己酉祔莊獻明肅太后莊懿太后神主於奉慈廟癸丑下德音降東西京囚罪一等徒以下釋之緣二太后陵應奉民戶免租賦科役有差丙辰贈周王祐爲皇太子戊午張士遜楊崇勳罷以呂夷簡爲門下侍郎同中書門下平章事昭文館大學士王曙爲樞密使王德用爲樞密副使宋綬參知政事蔡齊爲樞密副使十一月癸亥朔薛奎罷詔增宗室奉太白犯南斗乙丑追冊美人張氏爲皇后甲戌贈寇準爲中書令十二月丙申復置提點刑獄丁酉詔諸路轉運使副歲徧歷所部仍令州軍具所至月日以聞甲辰以京東饑出內藏絹二十萬代其民歲輸乙巳詔修周廟丁未詔臺官非中丞知雜保薦者勿任戊申出宮人二百乙卯廢皇后郭氏爲淨妃玉京沖妙仙師居長寧宮御史中丞孔道輔率諫官御史大呼殿門請對詔宰相告以皇后當廢狀丙辰出道輔及諫官范仲淹仍詔臺諫自今毋相率請對丁巳詔明年改元禁邊臣增置堡砦是歲畿內京東西河北河東陝西蝗淮南江東兩川饑遣使安撫除民租注輦國來貢

景祐元年春正月甲子發江淮漕米振京東饑民丙寅詔開封府界諸縣作糜粥以濟饑民諸災傷州軍亦如之戊辰詔三司鑄景祐元寶錢甲戌詔執政大臣議兵農可更制者以聞詔募民掘蝗種給菽米癸未詔禮部所試舉人十取其二進士三舉諸科五舉嘗經殿試進士五舉年五十諸科六舉年六十及嘗經先朝御試者皆以名聞甲申淮南饑出內藏絹二十萬代其民歲輸丁亥置崇政殿說書庚寅詔停淮南上供一年二月乙未罷書判拔萃科辛丑詔禮部貢院諸科舉人七舉者不限年並許特奏名甲辰權減江淮漕米二百萬石戊申詔麟府州振蕃漢饑民三月壬午免諸路災傷州軍今年夏稅癸未詔解州畦戸逋鹽蠲其半是月賜禮部奏名進士諸科及第出身七百八十三人夏四月丁酉開封府判官龐籍言尙美人遣內侍稱敎旨免工人市租帝爲杖內侍仍詔有司自今宮中傳命毋得輒受癸丑詔置殿中侍御史監察御史裏行五月辛酉出布十萬端易錢糴河北軍儲丁卯禁民間織錦刺繡爲服飾西川歲織錦上供亦罷之癸酉詔臺諫未曾歷郡守者與郡壬午錄繫囚是月契丹主宗眞之母還政於子出居慶陵六月壬辰交州民六百餘人內附庚子免畿內被災民稅之半己酉策制舉武舉人乙卯詔州縣官非理科決罪人至死者竝奏聽裁閏月甲子泗州淮汴溢己巳常州無錫縣大風發屋乙亥毁天下無額寺院壬午罷造玳瑁龜筒器秋七月丙申賜壽州下蔡縣被溺之家錢有差己亥樞密使王曙加同平章事辛丑詔文武提刑毋得互相薦論壬子詔轉運使與長吏舉所部官專領常平倉粟甲寅河決澶州橫隴埽八月庚申薛奎卒壬戌有星孛於張翼癸亥王曙卒甲子月犯南斗戊辰帝不豫庚子以王曾爲樞密使辛未以星變大赦避正殿減常膳輔臣奏事延和殿閏壬辰詔淨妃郭氏出居於外美人尙氏入道楊氏安置別宅九月壬辰百官請隻日御前殿如先帝故事詔可丁酉帝康復御正殿復常膳甲辰詔立皇后曹氏丙午熒惑犯南斗冬十月庚申罷淮南江浙荆湖制置發運使詔淮南轉運兼發運事乙亥作郊廟景安興安祐安之曲十一月己丑冊曹氏爲皇后癸丑作大安之曲以饗聖祖十二月癸

酉賜西平王趙元昊佛經是歲南平王李德政獻馴象二詔還之開封府淄州蝗

二年春正月癸丑置邇英延義二閣寫尚書無逸篇於屏二月戊午御延福宮觀大樂癸亥舊給事資善堂者皆推恩戊辰李迪罷以王曾爲門下侍郎同中書門下平章事集賢殿大學士王隨李諮知樞密院事蔡齊盛度參知政事王德用韓億同知樞密院事三月戊申出內庫珠賜三司以助經費夏四月庚午詔天下有知樂者所在薦聞五月甲午猺獠寇雷化州詔桂廣會兵討之丙申錄繫囚庚子議太祖太宗眞宗廟並萬世不遷南郊升侑上帝以太祖定配二宗迭配丙午降天下繫囚罪一等杖以下釋之丁未廣西言鎭寧州蠻入寇六月丁巳詔募職官初任未成考毋薦乙亥頒一司一務及在京敕鎭寧蠻請降秋七月戊申廢西京採柴務以山林賦民官取十之一八月壬子朔詔輕强盜法甲寅宴紫宸殿初用樂甲戌幸安肅門砲場閱習戰己卯置提點刑獄鑄錢官九月壬寅按新樂己酉作睦親宅命中丞杜衍等汰三司胥吏宋綬上中書總例冬十月辛亥朔復置朝集院癸亥復羣牧制置使丁卯詔諸路歲輸緡錢福建二廣易以銀江東以帛庚午熒惑犯左執法十一月戊子廢后郭氏薨癸巳朝饗景靈宮甲午饗太廟奉慈廟乙未祀天地於圜丘大赦錄五代及諸國後宗室任諸司使以下至殿直者換西班官百官上尊號曰景祐體天法道欽文聰武聖神孝德皇帝丁未加恩百官十二月壬子加唃廝囉爲保順軍留後丙子詔長吏能導民修水利闢荒田者賞之是歲以鎭戎軍荐饑貸弓箭手粟麥六萬石

三年春正月壬辰追復郭氏爲皇后丁酉葬皇后郭氏二月丙辰命官較太常鐘律壬戌詔兩制禮官詳定京師士民服用居室之制甲子以廣南兵民苦瘴毒爲置醫藥丁卯修陝西三白渠三月癸巳復商賈以見錢算請官茶法乙未觀新定鐘律戊戌詔兩省卿監刺史閤門以上致仕給奉如分司官長吏歲時勞賜之改維州爲威州夏五月庚辰購求館閣逸書丙申錄繫囚丙戌天章閣待制范仲淹坐譏刺大臣落職知饒州集賢校理余靖館閣校勘尹洙歐陽修並落職補外詔戒百官越職言事六月壬申虔吉州水溢壞城郭廬舍賜被溺家錢有差秋七月丁亥禁民間私寫編敕刑書乙未置大宗正司庚子大雨震電太平興國寺災辛丑降三京罪囚一等徒以下釋之八月己酉班民間冠服居室車馬器用犯制之禁乙卯月犯南斗九月庚辰幸睦親宅宴宗室癸巳熒惑犯南斗是月定中心喪解官法冬十月丁未命章得象等考課諸路提刑甲寅作朝集院十一月戊寅保慶皇太后楊氏崩辛卯上保慶太后謚曰莊惠十二月丙寅李諮卒丁卯王德用知樞密院事章得象同知樞密院事是歲南平王李德政西南蕃來貢南丹州莫淮戟內附

四年春正月壬午詔均諸州解額二月己酉葬莊惠皇后於永定陵己未祔神主於奉慈廟庚申德音降東西京及靈駕所過州縣囚罪一等徒以下釋之乙丑置赤帝像於宮中祈嗣三月甲戌置天章閣侍講戊寅詔禮部貢舉夏四月乙巳呂夷簡上景祐法寶新錄甲子呂夷簡王曾宋綬蔡齊罷以王隨爲門下侍郎同中書門下平章事昭文館大學士陳堯佐同中書門下平章事集賢殿大學士盛度知樞密院事韓億程琳石中立參知政事王鬷同知樞密院事五月庚戌皇子生錄繫囚降死罪一等流以下釋之是日皇子薨乙卯以旱遣使決三京繫囚丙寅芝生化成殿楹六月乙亥杭州江潮壞隄遣使致祭戊子出神武秘畧賜邊臣己丑奉安太祖御容於揚州建隆寺秋七月丁未詔河東河北州郡密嚴邊備戊申有星數百西南流至壁東大者其光燭地黑氣長丈餘出畢宿下八月甲戌越州水賜被溺民家錢有差甲午詔三司轉運司毋借常平錢穀冬十一月癸亥罷登萊買金場十二月甲申并代忻州並言地震吏民壓死者三萬二千三百六人傷五千六百人畜擾死者五萬餘遣使撫存其民賜死傷之家錢有差是歲滑州民蠶成被長二丈五尺唃廝囉邈茲沙州來貢

寶元元年春正月甲辰雷丙辰以地震及雷發不時詔轉運使提舉刑獄按所部官吏除并代忻州壓死民家去年秋糧二月壬申詔復日御前殿甲午安化蠻寇宜融州三月戊戌朔王隨陳堯佐韓億石中立罷以張士遜爲門下侍郎同中書門下平章事昭文館大學士章得象同中書門下平章事集賢殿大學士王鬷李若谷並參知政事王博文陳執中同知樞密院事己亥發邵澧潭三州駐泊兵討安化州蠻是月賜禮部奏名進士諸科及第出身七百二十四人夏四月癸酉王博文卒乙亥以張觀同知樞密院事壬辰除宜融州夏稅五月乙巳錄繫囚六月戊寅罷舉童子己卯建州大水壞民廬舍賜死傷家錢有差其無主者官葬祭之甲申詔天下諸州月上雨雪狀秋七月壬戌策制舉人癸亥策武舉人八月丁卯復淮南江浙荆湖制置發運使庚辰熒惑犯南斗九月戊申詔應祀事已受誓戒而失虔恭者毋以赦原賜宜融州討蠻兵緡錢冬十月丙寅詔戒百官朋黨十一月甲辰詔廣西鈐轄進兵討安化蠻乙巳詔宜融州民嘗從軍役者免今夏稅運糧者免其半戊申朝饗景靈宮己酉饗太廟及奉慈廟庚戌祀天地於圜丘大赦改元百官上尊號曰寶元體天法道欽文聰武聖神孝德皇帝乙卯復奏舉縣令法王曾薨十二月癸亥朔加恩百官甲子京師地震丙寅鄜延路言趙元昊反甲戌禁邊人與元昊互市己卯奉寧軍節度使知永興軍夏竦兼涇原秦鳳路安撫使振武軍節度使知延州范雍兼鄜延環慶路安撫使是歲達州大水黎州蠻來貢

二年春正月己酉王隨卒辛亥安化蠻平癸丑趙元昊表請稱帝改元三月丁未鑄皇宋通寶錢乙卯閱試衞士戊午賜陝西緣邊軍士緡錢夏四月癸亥授唃廝囉二子瞎氈磨角氈團練使乙丑放宮女二百七十人壬申免昭州運糧死蠻寇者家徭二年賦租一年丁亥募河東陝西民入粟實邊五月癸巳詔近臣舉方畧材武之士各二人己亥禁皇族及諸命婦女冠尼等非時入內癸卯命近臣同三司議節省浮費丙午遣使體量安撫陝西河東己酉錄繫囚壬子王德用罷以夏守贇知樞密院事六月壬戌詔省浮費自乘輿服御及宮掖所須宜從簡約若吏兵祿賜毋槩行裁減戊辰詔諸致仕官嘗犯贓者毋推恩子孫丁丑益州火焚廬舍三千餘區壬午削趙元昊官爵除屬籍秋七月丁巳詔宗室遇南郊及乾元節恩許官一子餘五歲授官戊午以夏竦知涇州兼涇原秦鳳路沿邊經畧安撫使涇原路馬步軍都總管范雍兼鄜延環慶路沿邊經畧安撫使鄜延路馬步軍都總管八月丁卯以簞築城唃廝波補本族軍主甲戌皇子生丙子降三京囚罪一等徒以下釋之辛巳命輔臣報祠高禖九月壬寅詔河北轉運使兼都大制置營田屯田事乙卯出內庫銀四萬兩易粟振益梓利夔路饑民十月庚午賜麟府州及川陝軍士緡錢甲申詔兩川饑民出劒門關者勿禁十一月戊子朔出內庫珠易緡錢三十萬糴邊儲丁酉盛度程琳罷出御史中丞孔道輔壬寅以王鬷知樞密院事宋庠參知政事十二月庚申詔審刑院大理寺刑部毋通賓客壬申詔御史闕員朕自擇舉是歲曹濮單州蝗

康定元年春正月丙辰朔日有食之壬戌賜國子監學田五十頃是月元昊寇延州執鄜延環慶兩路副都總管劉平鄜延副都總管石元孫詔陝西運使明鎬募强壯備邊二月丁亥以夏守贇爲宣徽南院使陝西馬步軍都總管經畧安撫使詔潼關設備辛卯月太白俱犯昴壬辰夏守贇兼沿邊招討使出內藏緡錢十萬賜戍邊禁兵之家知制誥韓琦安撫陝西白氣如繩貫日甲午括畿內京東西淮南陝西馬丙申詔諸路轉運使提刑訪知邊事者以聞丁酉詔樞密院同宰臣議邊事辛丑出內藏緡錢八十萬陝西市糴軍儲丙午德音釋延州保安軍流以下罪寇所攻掠地除今夏稅戍兵及戰死者賜其家緡錢是日改元去尊號寶元字許中外臣庶上封章言事丁未詔陝西量民力蠲所科芻糧癸丑降范雍爲尚書吏部侍郎知安州甲寅出內庫珠償民馬直三月丙辰詔大臣條陝西攻守策癸亥命韓琦治陝西城池乙丑閱虎翼軍習戰辛未詔延州錄戰沒軍士子孫月給糧丙子大風晝暝是夜有黑氣長數丈見東南丁丑罷大宴詔中外言闕政戊寅王鬷陳執中張觀罷以晏殊宋綬知樞密院事王貽永同知樞密院事詔按察官舉才堪將帥者庚辰詔參知政事同議邊事辛巳德音降天下四罪一等徒以下釋之賜京師河北陝西河東諸軍緡錢蠲陝西夏稅十之二減河東所科粟夏四月丙戌省陝西沿邊堡砦癸巳詔諸戍邊軍月遣內侍存問其家病致醫藥死爲斂葬之甲午遣使籍陝西强壯軍乙未契丹國母復遣使來賀乾元節乙巳增補河北强壯軍丙午鄜延路兵馬都監黃德和坐棄軍要斬丁未贈劉平石元孫官錄其子孫辛亥築延州金明栲栳砦五月甲寅朔詔前殿奏事毋過五班餘對後殿命大官賜食壬戌張士遜致事呂夷簡爲門下侍郎同中書門下平章事昭文館大學士癸酉詔夏守贇進屯鄜州戊寅以夏竦爲陝西馬步軍都總管兼招討使是月元昊陷塞門砦兵馬監押王繼元死之又陷安遠砦六月丙戌詔假日御崇政殿視事如前殿丁亥以夏守贇同知樞密院事甲午降三京囚罪一等徒以下釋之乙未南京鴻慶宮神御殿火壬寅遣使體量安撫京東西甲辰增置陝西河北河東京東西弓手秋七月乙丑遣使以討元昊告契丹庚午閱諸軍習戰戊寅皇子昕爲忠正軍節度使封壽國公八月戊戌禁以金箔飾佛像癸卯遣尚書屯田員外郎劉渙使邈川戊申夏守贇罷以杜衍同知樞密院事辛亥詔范仲淹葛懷敏領兵驅逐塞門等砦蕃騎出境仍募弓箭手給地居之

九月甲寅滑州河溢戊午李若谷罷以宋綬晁宗慤參知政事鄭戩同知樞密院事戊辰以晏殊爲樞密使王貽永杜衍鄭戩並樞密副使甲戌詔使臣諸班諸軍有武藝者自陳辛巳閱諸軍習戰是月元昊寇三川砦都巡檢楊保吉死之又圍師子定川堡戰士死者五千餘人遂陷乾溝乾河趙福三堡環慶路兵馬副都總管任福破白豹城冬十月乙未製銅木契傳信牌甲辰錄方畧士六十一人授官有差十一月壬戌有大星流西南聲如雷者三十二月癸未出內藏庫紬一百萬助糴軍儲詔南京祠大火丙戌詔以常平緡錢助糴軍儲癸卯宋綬卒戊申鑄當十錢權助邊費

宋史卷十一

元　中　書　右　丞　相　總　裁　脫　脫　等　修

本紀第十一

仁宗三

慶歷元年春正月辛亥朔御大慶殿受朝己未加唃厮囉河西節度使壬申詔歲以春分祠高禖是月元昊請和二月己亥壽國公昕薨辛亥罷大宴京東西淮浙江南荊湖置宣毅軍甲辰詔臣僚受外任者毋得因臨遣祈恩丙午京師雨藥是月元昊寇渭州環慶路馬步軍副總管任福敗於好水川福及將佐軍士死者六千餘人三月庚戌朔修金隄乙卯詔止郡國舉人勿以邊機爲名希求恩澤夏四月甲申以資政殿學士陳執中同陝西馬步軍都總管兼經畧安撫沿邊招討等使知永興軍詔夏竦仍判永興軍乙巳下德音降陝西囚死罪一等流以下釋之特支軍士緡錢振撫邊民被鈔畧者親屬五月丁巳錄繫囚甲子出內藏緡錢一百萬助軍費乙丑追封皇長子爲褒王賜名昉丁卯罷陝西經畧安撫沿邊招討都監辛未宋庠鄭戩罷以王舉正參知政事任中師任布爲樞密副使詔夏竦屯軍鄜州陳執中屯軍涇州癸酉閱試衞士六月壬辰詔陝西諸路總管司嚴邊備毋輒入賊界賊至則禦之乙巳詔近臣舉河北陝西河東知州通判縣令秋七月丙辰月掩心後星戊午月掩南斗壬戌置萬勝軍凡二十指揮是月元昊寇麟府州八月戊寅詔鄜延部署以兵援麟府甲申河北置場括市戰馬緣邊七州軍免括乙未毀潼關新置樓櫓庚子月掩歲星乙巳募民間材勇者補神捷指揮是月元昊寇金明砦破寧遠砦砦主王世亶兵馬監押王顯死之陷豐州知州王餘慶兵馬監押孫吉死之九月壬子命河東鑄大鐵錢乙亥復置義倉冬十月甲午詔罷都部署分四路置使置陝西營田務己亥罷銅符木契是月修河北城池十一月壬子置涇原路强壯弓箭手丙辰發廩粟減價以濟京城民甲子朝饗景靈宮乙丑饗太廟奉慈廟丙寅祀天地於圜丘大赦改元蠲陝西來年夏稅十之二及麟府民二年賦租臣僚許立家廟功臣不限品數賜戟增天下解額弛京東八州鹽禁是月令江饒池三州鑄鐵錢十二月丙子加恩百官丁丑司天監上崇天萬年曆戊寅詔陝西四路總管及轉運使兼營田甲午置陝西護塞軍是歲湖南洞蠻知徽州楊通漢貢方物

二年春三月丁巳復京師榷鹽法壬戌詔以京西閑田處內附蕃族無親屬者遣使河北募兵及萬人者賞之癸亥詔磨勘院考提點刑獄功罪爲三等以待黜陟二月乙未詔河北强壯刺手背爲義勇軍三月甲辰朔詔殿前指揮使兩省都知舉武臣才堪爲將者丁巳杜衍宣撫河東辛酉晁宗慤罷己巳契丹遣蕭英劉六符來致書求割地是月賜禮部奏名進士諸科及第出身八百三十九人夏四月戊寅令御史中丞諫官同較三司用度罷其不急者庚辰知制誥富弼報使契丹五月辛亥錄繫囚壬子減皇后及宗室婦郊賜之半甲寅詔三館臣僚上封事及聽請對丙辰詔醫官毋得換右職戊午建大名府爲北京降河北州軍繫囚罪一等杖笞以下釋之乙酉罷左藏庫月進錢戊辰禁銷金爲服飾是月契丹集兵幽州聲言來侵河北京東皆爲邊備六月甲戌出內藏銀紬絹三百萬助邊費癸未以特奏名武藝人補三班丙戌置北平軍丙申閱蕃落將士騎射戊戌詔減省南郊臣僚賜與秋七月丙午任布罷丁未詔軍校戰沒無子孫者賜其家緡錢戊午大雨雹以呂夷簡兼判樞密院事章得象兼樞密使晏殊加平章事癸亥富弼再使契丹詔京官告病者一年方聽朝參八月丁丑策制舉人戊寅策武舉人試騎射甲申白氣貫北斗戊子出內藏庫緡錢十萬修北京行宮己亥遣使安撫京東督捕盜賊九月丙午呂夷簡改兼樞密使乙丑契丹遣耶律仁起劉六符持誓書來閏月戊戌罷河北民間科徭是月元昊寇定川砦涇原路馬步軍副都總管葛懷敏戰沒諸將死者十四人元昊大掠渭州而去冬十月庚戌赦陝西保捷軍甲寅遣使安撫涇原路丙辰知制誥梁適報使契丹戊午發定州禁軍二萬二千人屯涇原庚申詔恤將校陣亾其妻女無依者養之宮中丙寅契丹遣使來再致誓書報徹兵十一月壬申黑氣貫北斗柄辛巳復都部署兼招討等使命韓琦范仲淹龎籍分領之甲申以泰山處士孫復爲國子監直講是歲占城獻馴象三

三年春正月庚午朔封皇子曦爲鄂王辛未曦薨丙子減陝西歲市木三之一辛巳詔輔臣議蠲減天下賦役戊子詔錄將校死王事而無子孫者親屬辛卯置德順軍壬辰錄唐狄仁傑後癸巳元昊自名曩霄遣人來納欵稱夏國二月丙午賜陝西招討韓琦范仲淹龎籍錢各百萬辛酉立四門學三月壬申閱衞士武技戊子呂夷簡罷爲司徒監修國史與議軍國大事以章得象爲昭文館大學士晏殊爲集賢殿大學士並兼樞密使夏竦爲樞密使賈昌朝參知政事夏四月戊戌朔幸瓊林苑閱騎士癸卯遣保安軍判官邵良佐使元昊許封册爲夏國主歲賜絹十萬匹茶三萬斤甲辰以韓琦范仲淹爲樞密副使乙酉詔夏竦還本鎭以杜衍爲樞密使丙辰以春夏不雨遣使祠禱於嶽瀆甲子呂夷簡罷議軍國大事五月丁卯朔日有食之庚午錄繫囚戊寅詔諸路轉運使並兼按察使歲具官吏能否以聞庚辰祈雨於相國寺會靈觀癸未置御史六員罷推直官丁亥置武學戊子雨己丑謝雨辛卯築欽天壇於禁中乙未近臣薦試方畧者六人授官有差是月忻州地大震虎翼卒王倫叛於忻州六月甲辰詔諸路漕臣令所部官吏條茶鹽礬及坑冶利害以聞秋七月辛未詔許二府不限奏事常制得敷陳留對丙子王舉正罷壬午罷陝西管內營田甲申命任中師宣撫河東范仲淹宣撫陝西乙酉獲王倫八月乙未朔命官詳定編敕戊戌詔諫官日赴內朝丁未以范仲淹參知政事富弼爲樞密副使壬子白氣貫北斗魁癸丑韓琦代范仲淹宣撫陝西甲寅太白晝見戊午罷武學九月丁卯詔輔臣對天章閣戊辰呂夷簡以太尉致仕乙亥任中師罷丁丑詔執政大臣非假休不許私第受謁是月桂陽洞蠻寇邊湖南提刑募兵討平之冬十月丙午詔中書樞密同選諸路轉運使丁未詔縣令佐能根括編戶隱僞以增賦入者量其數賞之戊申詔二府同選諸路提刑甲寅復諸路轉運判官乙卯詔修兵書壬戌詔二府須新定磨勘式甲子築水洛城是月光化軍亂討平之十一月丙寅上清宮火癸未詔館職有闕以兩府兩省保舉然後召試補用丁亥更蔭補法壬辰限職田是月五星皆在東方十二月乙巳桂陽監徭賊復寇邊丁巳大雨雪水冰河北雨赤雪交阯獻馴象五安化州蠻來貢

四年春正月庚午京城雪寒詔三司減價出薪米以濟之壬申西蕃磨氈角入貢乙亥荊王元儼薨辛卯太常禮儀院上新修禮書及慶曆祀儀二月丙辰出奉宸庫銀三萬兩振陝西饑民己酉白虹貫日甲寅罷陝西四路馬步軍都總管經畧安撫招討使復置隨路都總管經畧安撫招討使三月癸亥朔以旱遣內侍祈雨辛未省廣濟河歲漕軍儲二十萬石乙亥詔天下州縣立學更定科舉法語在選舉志己卯出御書治道三十五事賜講讀官庚辰錄唐郭子儀後甲申免衡道州桂陽監民經徭賊刦畧者賦役一年夏四月丙申詔湖南民誤爲征徭軍所殺者賜帛存撫其家丁酉宜州蠻歐希範叛詔廣西轉運鈐轄司發兵討捕壬子以錫慶院爲太學五月庚午錄繫囚壬申幸國子監謁孔子有司言舊儀止肅揖帝特再拜賜直講孫復五品服遂幸武成王廟又幸玉津園觀種稻乙亥撫州獻生金山丙子詔西川知州軍監罷任未出界而卒者錄其子孫一人戊寅招募人納粟振淮南饑乙酉忻州言地震有聲如雷丙戌曩霄遣人來復稱臣六月壬子降天下繫囚流徒罪一等杖笞釋之范仲淹宣撫陝西河東癸丑詔諸軍因戰傷廢停不能自存及死事之家孤老月給米人三斗秋七月戊寅封宗室德文等十人爲郡王國公壬午月犯熒惑癸未契丹遣使來告伐夏國甲申夷人寇三江砦淯井監官兵擊走之丙戌詔諸路轉運提刑察舉守令有治狀者八月辛卯命賈昌朝領天下農田范仲淹領刑法事甲午富弼宣撫河北戊戌命右正言余靖報使契丹保州雲翼軍殺官吏據城叛庚子命右正言田況度視保州仍聽便宜行事丙午進宗室官有差戊午詔輔臣所薦官毋以爲諫官御史九月辛酉保州平壬戌詔保州官吏死亂兵而無親屬者官爲殯歛兵官被害及戰沒並優賜其家民田遭蹂踐者蠲其租癸亥以眞宗賢妃沈氏爲德妃婉儀杜氏爲賢妃戊辰呂夷簡

薨。庚午，晏殊罷。乙亥，遣使安撫湖南。甲申，以杜衍同中書門下平章事兼樞密使，集賢殿大學士賈昌朝爲樞密使，陳執中參知政事。丁亥，宴宗室太淸樓，射於苑中。冬十月庚寅，賜曩霄誓詔，歲賜銀絹茶綵凡二十五萬五千。陳堯佐薨。丙申，命范仲淹提舉三館祕閣繕校書籍。癸丑，桂陽蠻降，授蠻酋三人奉職。十一月壬戌，以西界內附香布爲團練使。己巳，詔戒朋黨相訐及按察恣爲苛刻、文人肆言行怪者。己卯，改上莊穆皇后謚曰章穆，莊獻明肅皇太后曰章獻明肅，莊懿皇太后曰章懿，莊懷皇后曰章懷，莊惠皇太后曰章惠。庚辰，朝饗景靈宮。辛巳，饗太廟、奉慈廟。壬午，冬至，祀天地於圜丘，大赦。十二月壬辰，加恩百官。乙未，封曩霄爲夏國主。丁酉，詔州縣以先帝所賜七條相誨敕。辛亥，置保安、鎭戎軍榷場。是歲，黎州邛部川山前山後百蠻都鬼主牟黑來貢。

五年春正月甲戌，罷河東、陝西諸路招討使。乙亥，復置言事御史。丙子，契丹遣使來告伐夏國還。庚辰，命知制誥余靖報使契丹。癸未，詔京朝官因被彈奏，雖不會責罰，但有改移差遣，竝四周年磨勘。乙酉，范仲淹、富弼罷。丙戌，杜衍罷，以賈昌朝同中書門下平章事兼樞密使，集賢殿大學士王貽永爲樞密使，宋庠參知政事，吳育、龐籍竝爲樞密副使。二月辛卯，詔罷京朝官用保任敍遷法，又罷蔭補限年法。壬辰，曩霄初遣人來賀正旦。癸卯，以久旱，詔州縣毋得淹繫刑獄。辛亥，祈雨於相國天淸寺、會靈祥源觀。癸丑，桂陽監言唐和等復內寇。乙卯，謝雨。三月己未，詔大宗正勵諸宗子授經務學。辛酉，韓琦罷。癸亥，詔禮部貢舉。甲子，宜州蠻賊歐希範平。庚午，東方有黃氣如虹貫月。甲戌，詔監司按察屬吏毋得差官體量。甲申，詔陝西以曩霄稱臣，降繫囚罪一等，笞釋之，邊兵第賜緡錢，民去年逋負皆勿責，蠲其租稅之半，麟府州嘗爲羌所掠，除逋負租稅如之。丙戌，罷入粟補官。夏四月丁亥朔，司天言日當食，陰晦不見。錄繫囚，遣官錄三京囚。辛卯，曩霄初遣人來賀乾元節。戊申，章得象罷，以賈昌朝爲昭文館大學士，陳執中同中書門下平章事、集賢殿大學士兼樞密使。庚戌，以吳育參知政事，丁度爲樞密副使。五月己巳，罷諸路轉運判官。閏月丙午，曩霄遣人來謝冊命。六月丁卯，減益梓州上供絹歲三之一，紅錦鹿胎半之。秋七月戊申，以廣州地震。八月庚午，荆南府、岳州地震。九月庚寅，詔文武官已致仕而舉官犯罪當連坐者除之。辛卯，以重陽曲宴近臣宗室於太淸樓，遂射苑中。冬十月乙卯，契丹遣使來獻九龍車及所獲夏國羊馬。辛酉，祔章獻明肅皇后、章懿皇后神主於太廟，大赦，罷轉運使兼按察。庚午，幸瓊林苑，遂畋楊村，遣使以所獲馳薦太廟，召父老賜以飲食茶帛。辛未，頒曆於夏國。庚辰，罷宰臣兼樞密使。十一月丁亥，冬至，宴宗室於崇政殿。己酉，詔河北長吏擧殿直、供奉官有武才者。是歲，施州溪洞蠻、西南夷龍以特來貢。

六年春正月戊申，徙廣南戍兵善地以避瘴毒。二月戊寅，青州地震。詔陝西經略安撫及轉運司議裁節諸費及所置官員無用者以聞。三月辛巳朔，日有食之。錄繫囚。庚寅，登州地震，岠嵎山摧，自是屢震，輒海底有聲如雷。甲午，月犯歲星。是月，賜禮部奏名進士、諸科及第出身八百五十三人。夏四月甲寅，遣使賜湖南戍兵方藥。五月甲申，京師雨雹，地震。丙戌，錄繫囚。戊子，減邛州鹽井歲課緡錢一百萬。丙申，詔陝西市蕃部馬。丁酉，京東人劉丕、劉沔、胡信謀反，伏誅。六月庚戌朔，詔夏竦與河北監司察帥臣長吏之不職者。丁巳，有流星出營室南，其光燭地，隱然有聲。丙寅，以久旱民多暍死，命京城增鑿井三百九十。丁丑，詔制科隨禮部貢擧。秋七月丁亥，月犯南斗。庚寅，河東經略司言雨壞忻代等州城壁。八月癸亥，策試賢良方正能直言極諫，并試武擧人。癸酉，以吳育爲樞密副使，丁度參知政事。九月甲辰，登州言有巨木三千餘浮海而出。冬十月辛未，詔發兵討湖南猺賊。十一月己卯，遣官議夏國公封界。癸未，湖南猺賊寇英韶州界。辛丑，畋東韓村，乘輿所過及圍內田蠲其租一年。是歲，邈川首領唃厮囉、西蕃瞎氊磨氊角、安化州蠻蒙光速等來貢。交阯獻馴象十。道州部瀧酋李石壁等降。

七年春正月丙子朔，御大慶殿受朝。丁亥，詔河北所括馬死者限二年償之。己亥，頒慶曆編敕。壬寅，詔減連州民被猺害者來年夏租。二月己酉，詔取益州交子三十萬於秦州，募人入中糧。丙辰，令內侍二人提擧月給軍糧。三月壬午，錄繫囚。癸未，詔天下有能言寬恤民力之事者，有司驛置以聞，以其副上之轉運司，詳其可行者輒行之。毀後苑龍船。丁亥，以旱罷大宴。癸巳，詔避正殿，減常膳，許中外臣僚實封條上三事。乙未，賈昌朝罷，以陳執中爲昭文館大學士，夏竦同中書門下平章事、集賢殿大學士，吳育爲給事中歸班，文彥博爲樞密副使。罷出獄。丁酉，以夏竦爲樞密使，文彥博參知政事，高若訥爲樞密副使。辛丑，祈雨於西太一宮，及還，遂雨。壬寅，陳執中、宋庠、丁度以旱降官一等。夏四月丁未，謝雨。己酉，詔前京東轉運使薛紳專任文吏伺察郡縣細過，江東轉運使楊紘、判官王綽、提點刑獄王鼎苛刻相尚，竝削職知州，自今毋復用爲部使者。壬子，御正殿，復常膳。乙卯，復執中、庠、度官。己巳，詔諫官非公事毋得私謁。五月戊寅，詔武臣非歷知州軍無過者，毋授同提點刑獄。己丑，補降猺唐和等爲峒主。己亥，命翰林學士楊察蠲放天下逋負。辛丑，詔西北二邊有大事，二府與兩制以上雜議之。六月乙巳，詔禁畜猛獸害人者。辛酉，詔天下知縣非鞫獄毋得差遣。壬戌，詔臣僚朝見者留京毋過十日。秋七月癸未，奉安太祖、太宗、眞宗御容於南京鴻慶宮。甲申，德音降南京畿內囚罪一等，徒以下釋之，賜民夏租之半，除災傷倚閣稅及欠折官物非侵盜者。辛丑，禁貢餘物餽近臣。八月乙丑，析河北爲四路，各置都總管。九月丁酉，詔刪定一州一縣敕。冬十月壬子，李迪薨。甲子，幸廣親宅，謁太祖、太宗神御殿，宴宗室，賜器幣有差。乙丑，河陽、許州地震。十一月乙未，加上眞宗謚。丙申，朝饗景靈宮。丁酉，饗太廟、奉慈廟。戊戌，冬至，祀天地於圜丘，大赦。貝州宣毅卒王則據城反。十二月戊申，加恩百官。庚戌，樞密直學士明鎬體量安撫河北。癸丑，詔貝州有能引致官兵獲賊者，授諸衞上將軍。甲寅，遣內侍以敕榜招安貝賊。是歲，西蕃磨氊角來貢。

八年春正月丁丑，文彥博宣撫河北，明鎬副之。壬午，江寧府火。乙未，日赤無光。閏月辛丑，貝州平。甲辰，曲赦河北，賜平貝州將士緡錢，戰沒者官爲葬祭，兵所蹊民田蠲其稅，改貝州爲恩州。戊申，文彥博同中書門下平章事、集賢殿大學士，官吏將士有功者遷擢有差。辛酉，親從官顏秀等四人夜入禁中謀爲變，宿衞兵捕殺之。丙寅，磔王則於都市。丁卯，知貝州張得一坐降賊伏誅。二月癸酉，頒慶曆善救方。夏國來告曩霄卒。己卯，賜瀛莫恩冀州緡錢二萬，贖還饑民鬻子。丁酉，奉安宣祖、太祖、太宗御容於睦親宅。三月甲辰，詔禮部貢擧。辛亥，遣使體量安撫陝西。甲寅，幸龍圖、天章閣，詔輔臣曰：「西陲備禦，兵冗賞濫，罔知所從，卿等各以所見條奏。」又詔翰林學士、三司使、知開封府、御史中丞曰：「朕躬闕失，左右朋邪，中外險詐，州郡暴虐，法令有不便於民者，朕欲聞之，其悉以陳。」壬戌，以霖雨錄繫囚。癸亥，以朝政得失、兵農要務、邊防備豫、將帥能否、財賦利害、錢法是非，與夫讒人害政、姦盜亂俗及防微杜漸之策，召知制誥、諫官、御史等諭之，使悉對於篇。夏四月己巳朔，封曩霄子諒祚爲夏國主。壬申，丁度罷，明鎬參知政事。五月辛酉，夏竦罷，宋庠爲樞密使，龐籍參知政事。六月戊辰朔，詔近臣擧文武官材堪將帥者。丙子，河決澶州商胡埽。壬辰，以久雨齋禱。甲午，明鎬卒。乙未，詔館閣官須親民一任，方許入省府及轉運、提點刑獄差遣。丙申，章得象薨。秋七月戊戌，以河北水，令州縣募饑民爲軍。辛丑，罷鑄鐵錢。八月己丑，以河北、京東西水災，罷秋宴。九月戊午，詔三司以今年江淮漕米轉給河北州軍。冬十一月己亥，作皇帝欽崇國祀之寶。壬戌，出廩米減價以濟畿內貧民。十二月乙丑朔，以霖雨爲災，頒德音，改明年元，減天下囚罪一等，徒以下釋之。出內藏錢帛賜三司貿粟，以濟河北流民，所過官爲舍止之，所貲物毋收算。丁卯，冊美人張氏爲貴妃。戊子，遣使體量安撫利州路。是歲，廬州合肥縣稻再實。交州來貢。

皇祐元年春正月甲戌朔，日有食之。以河北水災，罷上元張燈，停作樂。庚戌，張士遜薨。己未，詔以緡錢二十萬市穀種，分給河北貧民。辛酉，詔臺諫非朝廷得失、民間利病，毋風聞彈奏。二月戊辰，以河北疫，遣使頒藥。辛未，發禁軍十指揮赴京東西路備盜。三月丁巳，錄繫囚。己未，契丹遣使來告伐夏國。庚申，翰林院學士錢明逸報使契丹。是月，賜禮部奏名進士、諸科及第出身千三百九人。四月癸未，梓州轉運司言淯井監夷人平。六月甲子，蠲河北復業民租賦二年。甲戌，始置觀文殿大學士。戊寅，詔中書、樞密非聚議毋通賓客。戊子，詔轉運使、提點刑獄所部官吏受贓失覺察者降黜。秋七月丁酉，詔臣僚毋得保薦要近內臣。己未，詔諸州歲市藥以療民疾。八月壬戌，陳執中罷，以文彥博爲昭文館大學士，宋庠同中書門下平章事、集賢殿大學士，龐籍爲樞密使，高若訥參知政事，梁適爲樞密副使。甲申，策制擧、武擧人。九月乙巳，廣源州蠻儂智高寇邕州，詔江南、福建等路發兵以備。戊午，太白犯南斗。己未，罷武擧。冬十一月丙申，詔河北被災民八十以上及篤疾不能自存者，人賜米一石、酒一斗。辛丑，詔民有冤貧不能詣闕者，聽訴於監司以聞。十二月甲子，遣入內供奉高懷政督捕邕州盜賊。是歲，大留國來貢。

宋史卷十二

元中書右丞相總裁脫脫等修

本紀第十二

仁宗四

二年春正月癸卯以歲饑罷上元觀燈壬子命近臣同三司較天下財賦出入之數二月甲申出內庫䌷五十萬下河北陝西河東路以備軍賞三月戊子朔詔季秋有事於明堂己丑以大慶殿為明堂甲午遣官祈雨丁酉月犯軒轅大星戊戌詔明堂禮成羣臣毋上尊號庚子契丹遣使以伐夏師還來告丙午雨己酉詔兩浙流民聽人收養翰林學士趙槩報使契丹夏五月丁亥朔新作明堂禮神玉己亥旌定州義民李能六月己未出新製明堂樂八曲丁卯以自製黃鍾五音五曲並肄於太常庚午定選舉縣令法壬申月犯填星癸未錄繫囚熒惑入輿鬼犯積尸癸亥出內藏緡百萬市糴軍儲壬申深州大雨壞廬舍九月丁亥閱雅樂己酉朝饗景靈宮庚戌饗太廟辛亥大饗天地於明堂以太祖太宗真宗配如圜丘大赦百官進秩一等詔自今內降指揮百司執奏毋輒行敢因緣干請者諫官御史察舉之冬十月庚午熒惑犯太微上將乙亥宴京畿父老於錫慶院閏十一月己未詔后妃之家毋得除二府職任丙寅秀州地震有聲如雷丁卯詔中書門下省兩制及太常官詳定大樂河北水詔蠲民租出內藏錢四十萬緡絹四十萬匹付本路使措置是歲芻糧十二月甲申定三品以上家廟制唃廝囉西蕃瞎氈西南蕃龍光澁占城沙州來貢涇原路生戶都首領那龍男阿日丁內附

三年春正月乙丑幸魏國大長公主第視疾二月丙戌宰臣文彥博等進皇祐大饗明堂記己亥復行河北沿邊州軍入中糧草見錢法三月庚申宋庠罷以劉沆參知政事癸酉儂智高表獻馴象及金銀卻之夏四月癸未詔河北流民相屬吏不加恤而乃飾廚傳交賂使客以取名譽自今非犒設兵校其一切禁之丙申太白晝見五月庚戌以恩冀州旱詔長吏決繫囚壬申置河渠司乙亥頒簡要濟衆方命州縣長吏按方劑以救民疾丁丑錄繫囚六月丁亥無為軍獻芝草帝命姑免知軍茹孝標罪戒州郡自今勿復獻秋七月癸丑詔少卿監以下年七十不任釐務者御史臺審官院以聞當任館閣臺諫及提刑者中書裁處待制以上能自引年則優加恩禮丙辰以孔氏子孫復知仙源縣事丁巳兩制禮官上大樂名曰太安辛酉河決大名府郭固口乙丑罷徙州縣長吏不任事者十有六人丙子減郴永州桂陽監丁身米歲十萬餘石八月丙戌遣使安撫京東淮南兩浙荊湖江南饑民辛卯詔諸路監司具所部長吏治狀能否以聞是月汴河絕流冬十月庚子文彥博罷以龐籍同中書門下平章事昭文館大學士高若訥為樞密使梁適參知政事王堯臣為樞密副使十一月辛亥詔文武官七十以上未致仕者更不考課遷官甲辰罷減漳州泉州興化軍丁米十二月庚辰新作渾儀庚子災傷州軍貢物是歲涇原樊家族密廝歌內附

四年春正月己巳詔諸路貸民種乙亥塞大名府決河二月庚子蠲湖州民所貸官米三月己酉詔禮部貢舉丙辰蠲江南路民所貸種數十萬斛辛酉錄繫囚辛未詔官禁市物給實直非所闕者毋市夏四月庚辰詔修河兵夫逃亾死傷會其數以議官吏之罰廣源州蠻儂智高反五月乙巳朔智高陷邕州遂陷橫貴等八州圍廣州壬申命知桂州陳曙率兵討智高六月乙亥起前衞尉卿余靖為秘書監湖南安撫使知潭州前尚書屯田員外郎直史館楊畋體量安撫廣南提舉經制盜賊事庚辰改余靖為廣西安撫使知桂州命同提點廣東刑獄李樞與陳曙討智高廣東轉運鈐轄司發兵援之丁亥以狄青為樞密副使秋七月乙巳出內藏錢絹助河北軍儲丙午命余靖經制廣南盜賊事丁巳大風拔木壬戌智高引衆去廣州廣東兵馬鈐轄張忠知英州蘇緘邀擊於白田忠戰沒甲子廣東兵馬鈐轄蔣偕又敗於路田八月癸未詔開封府比大風雨民廬摧圮壓死者官為祭斂之辛卯命樞密直學士孫沔安撫湖南江西內侍押班石全斌副之九月丁巳命余靖提舉廣南兵甲經制賊盜事庚申廣西兵馬鈐轄王正倫討智高於昭州館門驛戰沒智高入昭州庚午以狄青為宣徽南院使宣撫荊湖路提舉廣南經制賊盜事是月智高襲殺蔣偕於太平場冬十月丙子太白犯南斗詔鄜延環慶涇原路擇蕃落廣銳軍各五十人赴廣南行營丁丑智高入賓州甲申復入邕州丁亥以諸路饑疫并征徭科調之煩令轉運使提點刑獄親民官條陳救恤之術以聞十一月壬寅朔日有食之戊午詔免江西湖南廣南民供軍須者今年秋租十之三十二月壬申朔廣西兵馬鈐轄陳曙討智高兵戰於金城驛壬辰觀新樂乙未錄唐顏真卿後是歲河北路及鄜州水蠲河北民積年逋負鄜州民稅役

五年春正月壬寅朔御大慶殿受朝庚戌以廣南用兵罷上元張燈白虹貫日丁巳會靈觀火戊午狄青敗智高於邕州斬首五千餘級智高遁去甲子遣使撫問廣南將校賜軍士緡錢二月癸未狄青復為樞密副使甲申赦廣南凡戰沒者給槥櫝護送還家無主者葬祭之賊所過郡縣免其田租一年死事家科徭二年貢舉人免解至禮部不預奏名者亦以名聞丙戌詔廣西都監蕭注等追捕智高丁亥下德音減江西湖南繫囚罪一等徒以下釋之丁壯饋運廣南軍須者減夏稅之半仍免差徭一年戊子詔百官遇南郊奏薦無子孫者聽奏期親一人乙未詔宗室通經者大宗正司以聞三月癸亥遣使奉安太祖御容於滁州太宗御容於并州真宗御容於澶州是月賜禮部奏名進士諸科及第出身千四十二人夏四月甲午命劉沆梁適監議大樂五月乙巳詔輔臣凡有大政許復對後殿高若訥罷以狄青為樞密使丁未孫沔為樞密副使戊申詔轉運使毋取羨餘以助三司庚戌詔智高所至州無城壘若兵力不敵而棄城者奏裁壬子錄繫囚丁巳詔轉運司振邕州貧民戶貸米一石甲子詔諫官御史毋挾私以中善良及臣僚言機密事毋得漏泄六月乙亥御紫宸殿按太安樂觀宗廟祭器丙戌作集禧觀成乙未詔河北荐饑轉運使察州縣長吏能招輯勞來者上其狀不稱職者舉劾之秋七月乙巳詔荊湖北路民因災傷所貸常平倉米免償己酉詔薦舉非其人者令御史臺彈奏見任監司以上弗許薦論戊午詔太常定謚毋為溢美閏月戊辰詔廣南民逃未還者限一年歸業其復三歲壬申龐籍罷以陳執中同中書門下平章事昭文館大學士梁適同中書門下平章事集賢殿大學士乙亥詔武臣知州軍須與僚屬參議公事毋專決庚辰秦鳳路言總管劉渙等破蕃部斬首二千餘級八月丁酉朔詔民訴災傷而監司不受者聽州軍以狀聞辛酉策制舉武舉人壬戌詔南郊以太祖太宗真宗並配九月乙酉觀新樂冬十月丙申朔日有食之壬子作鎮國神寶丁巳詔以蝗旱令監司諭親民官上民間利害十一月丁卯朝饗景靈宮戊辰饗太廟奉慈廟己巳祀天地於圜丘大赦丁丑加恩百官戊子放天下逋負十二月戊午詔轉運官毋得進羨餘壬戌以曹陳許鄭滑州為輔郡隸畿內置京畿轉運使是歲占城國來貢

至和元年春正月辛未詔京師大寒民多凍餒死者有司其瘞埋之壬申碎通天犀和藥以療民疫癸酉貴妃張氏薨輟視朝七日禁京城樂一月丁丑追冊為皇后賜謚溫成辛卯錄繫囚減三京輔郡雜犯死罪一等徒以下釋之二月庚子詔治河堤民有疫死者蠲戶稅一年無戶稅者給其家錢三千壬戌孫沔罷以田況為樞密副使三月己巳王貽永罷以王德用為樞密使辛未命曾公亮等同試入內醫官壬申賜邊臣攻守圖置京畿提點刑獄乙亥太史言日當食四月朔庚辰下德音改元減死罪一等流以下釋之癸未易服避正殿減常膳乙酉詔京西民饑宜令所在勸富人納粟以振之夏四月庚午朔日有食之用牲於社辛丑御正殿復常膳祥源觀火五月戊寅以河北流民稍復遣使安撫壬辰太白晝見秋七月丁卯以程戡參知政事立溫成園戊辰梁適罷己巳出御史馬遵呂景初吳中復八月丁酉詔前代帝王後嘗仕本朝官八品以下其祖父母妻子犯流以下罪聽贖未仕而嘗受朝廷賜者所犯非兇惡亦聽贖丙午以劉沆同中書門下平章事集賢殿大學士命修起居注官侍經筵九月乙亥契丹遣使來告夏國平辛巳遣三司使王拱辰報使契丹己丑太白晝見冬十月辛卯朔太白晝見壬辰詔士庶家毋得以常傭顧之人為姻違者離之丁酉葬溫成皇后丙午溫成皇后神主入廟戊午幸城北砲場觀發砲宴從臣賜衞士緡錢十一月甲子出太廟禘祫時饗及溫成皇后樂章肄於太常十二月丙午詔司天監天文算術官毋得出入臣僚家癸丑詔內侍傳宣令都知司劄報被旨者覆奏是歲融州大丘洞楊光朝內附

二年春正月丁卯奉安真宗御容於萬壽觀減畿內輔郡囚罪一等徒以下釋之賜諸軍緡錢戊辰邕州言蘇茂州蠻內寇詔廣西發兵討之丁亥晏殊薨二月壬辰汾州團練推官郭固上車戰法既試之授衞尉丞三月丁卯詔修起居注立於講讀官之次丙子封孔子後為衍聖公是月以旱除畿內民逋芻及去年秋逋稅罷營繕諸役夏四月己亥契丹遣使賀乾元節以其主之命持本國三世畫像來求御容辛亥定差衙前法乙卯出米京城門下其價以濟流民五月己未錄繫囚辛酉詔中書公事並用祖宗故事戊寅詔戒百官務飭官守六月戊戌陳執中罷以文彥博同中書門下平章事昭文館大學士劉沆監修國史富弼同中書門下平章事集賢殿大學士乙巳儂智高母儂氏弟智光子繼宗繼封伏誅秋八月戊子減畿內輔郡囚罪一等徒以下釋之乙未置臺諫章奏簿壬子詔中書樞密院第宗姓服屬自明堂覃恩後及十年者咸與進官九月戊午契丹使

來告其國主宗眞殂帝爲發哀成服於內東門幕次遣使祭奠弔慰及賀其子洪基立戊辰詔試醫官須引醫經本草以對每試十道以六通爲合格辛巳罷輔臣宣徽節度使乾元節任子恩冬十月丙戌錄唐長孫無忌後己丑詔京畿毋領輔郡罷京畿轉運使提點刑獄癸丑下溪州蠻彭仕羲內寇詔湖北路發兵捕之十一月乙卯交阯來告李德政卒其子日尊上德政遺貢物及馴象己未行竝邊見錢和糴法十二月丁亥修六塔河丁酉詔武臣有贓濫者毋得轉横行其立戰功者許之庚子契丹遣使致其主宗眞遺留物及謝弔祭庚戌太白晝見壬子作醴泉觀成是歲西界阿訛等內附詔遣還龍賜州彭師黨以其族來歸大食國西蕃安化州蠻來貢

嘉祐元年春正月甲寅朔御大慶殿受朝是日不豫辛酉輔臣禱祠於大慶殿齊宿殿廡近臣禱於寺觀及遣諸州長吏禱於嶽瀆諸祠壬戌御崇政殿癸亥賜在京諸軍緡錢甲子赦天下蠲被災田租及倚閣稅戊辰罷上元張燈辛未命輔臣禱天地宗廟社稷是月大雨雪木冰二月甲辰帝疾愈御延和殿三月丁巳詔禮部貢舉辛未司天監言自至和元年五月客星晨出東方守天關至是沒壬申遣官謝天地宗廟社稷寺觀諸祠癸酉契丹遣使來謝閏月癸未朔以王堯臣參知政事程戡爲樞密副使詔前後殿間日視事夏四月壬子朔六塔河復決丙辰裁定補蔭選舉法甲戌錄繫囚是月大雨水注安上門門關折壞官私廬舍數萬區諸路言江河決溢河北尤甚六月辛亥朔詔雙日不御殿伏終如舊辛未免畿內京東西河北被水民賦租乙亥雨壞太社太稷壇戊寅遣使安撫河北己卯詔羣臣實封言時政闕失秋七月乙酉命京東西湖北監司分行水災州軍振饑蠲租丙戌賜河北流民米壓溺死者賜其家錢有差己丑出內藏銀絹三十萬振貸河北月入南斗乙巳貸被水災民麥種是月彗出紫微垣長丈餘環州小遇族叛知州張揆破降之八月庚戌朔日有食之癸亥狄青罷以韓琦爲樞密使是夕彗滅甲子出恭謝樂章肄於太常乙亥朝謁景靈宮減京城繫囚徒罪一等杖笞釋之戊寅詔湖北招安彭仕羲九月庚寅命宰臣攝事於太廟辛卯恭謝天地於大慶殿大赦改元丁酉加恩百官庚子賜致仕卿監以上及曾任近侍之臣粟帛酒饌癸卯舉行御史遷次格自京至泗州置汴河木岸十一月辛巳王德用罷賈昌朝爲樞密使十二月壬子劉沆罷以曾公亮參知政事甲子白虹貫日是歲西蕃磨氊角占城大食國來貢融桂州蠻楊克端等內附

二年春二月己酉梓夔路三里村夷人寇淯井監庚戌錄繫囚降罪一等徒以下釋之遣使錄三京輔郡繫囚壬戌杜衍薨澧州羅城洞蠻內寇發兵擊走之癸酉王德用卒是月雄霸州地震三月戊寅振河北被災民乙未契丹使耶律防陳覬來求御容戊戌淮水溢遣張昪報使契丹癸卯狄青卒是月賜禮部奏名進士諸科及第出身八百七十七人親試舉人免黜落始此夏四月丁未以河北地數震遣使安撫丙寅幽州地大震壞城郭覆壓死者數萬人己巳邕州火峒蠻儂宗旦入寇癸酉以彭仕羲未降遣官安撫湖北五月庚辰管勾麟府軍馬公事郭恩爲夏人所襲歿於斷道塢己亥詔舉行磨勘法六月戊午夏國主諒祚遣人來謝使弔祭戊辰以淑妃苗氏爲賢妃秋七月辛巳詔河北諸道總管分遣兵官敎閱所部軍辛卯命孫抃張昪磨勘轉運使及提點刑獄課績丁酉詔陝西河北諸路經畧安撫舉文武官材堪將領者各一人八月己酉詔每歲賜諸道節鎭諸州錢有差命長吏選官和藥以救民疾壬子命富弼等詳定編敕庚申錄繫囚降罪一等徒以下釋之癸亥策制舉人丁卯置廣惠倉九月庚子契丹再使蕭扈吳湛來求御容冬十月乙巳遣胡宿報使契丹丙午班祿令十一月丙申詔三司使體量判官才否以聞十二月戊申詔自今間歲貢舉天下進士諸科解舊額之半置明經科罷說書舉人辛亥立內降闕白二府法是歲西蕃瞎氊幷諸族西平州黔南道王石自品西南蕃鵝州來貢

三年春正月戊戌鑿永通河二月癸卯契丹使來告其祖母哀輟視朝七日遣使祭奠弔慰癸丑錄繫囚降罪一等徒以下釋之三月甲戌詔禮部貢舉夏四月甲子吳育卒乙丑罷睦親宅祖宗神御殿丙辰詔守令或貪忞耄昏以弛爲寬以苛爲察以增賦斂爲勞以出入刑罰爲能而部使者莫之舉劾自今其各思率職毋撓權倖毋縱有罪以稱朕意五月壬申增國子監生員甲午契丹遣使致其祖母遺留物六月丙午文彥博賈昌朝罷以富弼爲昭文館大學士韓琦同中書門下平章事集賢殿大學士宋庠田況爲樞密使張昪爲樞密副使甲寅詔學士院編國朝制誥丁卯交阯貢異獸秋七月丙子詔廣濟河溢原武縣河決遣官行視民田振恤被水害者癸巳以夔州路旱遣使安撫八月己亥朔日有食之己未王堯臣卒庚申彭仕羲率衆降九月癸酉議罷榷茶法己丑契丹遣使來謝冬十月癸亥除河北坊郭客戶乾食鹽錢十一月癸酉議減冗費己丑置都水監罷三司河渠司十二月己巳詔三司歲上天下稅賦之數三歲一會虧羸以聞閏月丁卯朔詔吏人及伎術官職毋得任知州軍提點刑獄自軍班出至正任者方得知邊要州軍丁丑詔裁定制科及進士高第人恩數庚辰詔明年正旦日食其自丁亥避正殿減常膳宴契丹使毋作樂壬午錄繫囚降三京囚罪一等徒以下釋之是歲安化上中下州北遐鎭蠻人來貢

四年春正月丙申朔日有食之用牲於社辛丑御正殿復常膳以自冬雨雪不止遣官分行京城賜孤窮老疾錢畿縣委令佐爲糜粥濟饑壬寅賜在京諸軍班緡錢頒嘉祐驛令二月己巳罷榷茶庚午廣南言交阯寇欽州乙亥以廣惠倉隸司農寺戊子白虹貫日三月戊戌命近臣同三司減定民間科率是月賜進士諸科及第出身三百三十九人夏四月丁卯詔孟冬大祫於太廟癸酉封柴氏後爲崇義公給田千頃奉周室祀丙子復銀臺司封駁制癸未陳執中薨辛卯詔中外臣庶居室器用冠服妾媵有違常制必罰毋貸壬辰錄繫囚降罪一等徒以下釋之大震電雨雹五月戊戌詔兩制臣僚舊制不許謁執政私第所舉薦不得用爲御史今除其法庚子詔內臣員多權罷進養子入內壬子遣官經界河北牧地餘募民種藝六月己巳羣臣請加尊號曰大仁至治表五上不許癸酉詔諸路經畧安撫轉運使提點刑獄各舉本部官有行實政事者三人以備升擢嘗任兩府者許舉內外官丁丑詔轉運司凡鄰州饑而輒閉糴者以違制論辛卯放宮女二百十四人秋七月丁未放宮女二百三十六人八月乙亥策制舉人冬十月壬申朝饗景靈宮癸酉大祫於太廟大赦詔諸路監司察士有學行爲鄉里所推者同長吏以聞民父母年八十以上復其一丁復益州爲成都府幷州爲太原府戊寅加恩百官十一月庚子汝南郡王允讓薨十二月丁丑白虹貫日是歲喃厮囉來貢

五年春正月辛卯朔白虹貫日太白犯歲星己亥錄劉繼元後二月壬戌錄繫囚三月壬辰詔禮部貢舉癸巳劉沆薨乙未歲星晝見壬子詔以蝗澇相仍敕轉運使提點刑獄督州縣振濟仍察不稱職者夏四月癸未程戡罷以孫抃爲樞密副使丙戌命近臣同三司議均稅五月戊子朔京師民疫選醫給藥以療之己丑京師地震丁酉詔三司置寬恤民力司己酉王安石召入爲三司度支判官丁巳錄繫囚降罪一等徒以下釋之六月乙丑詔戒上封告訐人罪或言赦前事及言事官彈劾小過不關政體者乙亥遣官分行天下訪寬恤民力事秋七月癸巳邕州言交阯與甲峒蠻合兵寇邊都巡檢宋士堯拒戰死之詔發諸州兵討捕丙申詔待制臺諫官正刺史以上各舉諸司使至三班使臣堪將領及行陣戰鬬者二人戊戌翰林學士歐陽修上新修唐書庚戌詔中書門下采端實之士明進諸朝辨激巧僞者放黜之八月壬申詔求逸書庚辰置陝西估馬司乙酉罷諸路同提點刑獄使臣丙戌置江湖閩廣四川十一路轉運判官九月己丑太白晝見冬十月乙酉深州言野蠶成繭被於原野十一月辛卯罷內臣寄遷法辛丑宋庠罷以曾公亮爲樞密使張昪孫抃爲參知政事歐陽修陳升之趙槩爲樞密副使十二月己卯蘇茂州蠻寇邕州辛巳補諸州父老百歲以上者十二人爲州助教是歲大食國來貢

六年春正月乙未許兩制與臺諫相見二月丁巳詔宗室賜名授官者須年及十五方許轉官乙丑詔良民子弟或爲人誘隸軍籍自今兩月內父母訴官者還之丙寅錄繫囚降罪一等徒以下釋之三月己亥富弼以母喪去位庚子以富弼母喪罷大宴戊申給西京周廟祭享器服是月賜進士諸科及第同出身二百九十五人夏四月辛酉詔嶺南官吏死於儂賊而其家流落未能自歸者所在給食護送還鄉庚辰陳升之罷以包拯爲樞密副使出諫官唐介趙抃御史范師道呂誨五月丙戌官諸路敦遣行義文學之士七人庚戌錄繫囚降罪一等徒以下釋之分命官錄三京繫囚六月壬子朔日有食之乙丑太白晝見壬申歲星晝見丙子以司馬光知諫院入對戊寅以王安石知制誥秋七月乙酉泗州淮水溢丙戌詔淮南江浙水災差官體量蠲稅戊子錄昭憲皇太后孝明孝惠孝章淑德皇后家子孫進秩授官者十有九人癸巳詔臺諫爲耳目之官乃聽險陂之人興造飛語中傷善良非忠孝之行也中書門下其申儆百工務敦行實循而弗改者紬之八月乙亥策制舉人丁丑詔諸路剌舉之官未有以考其賢否比令有司詳定厥制其各務祇新書以稱朕意仍令考校轉運提刑課績院以新定條目施行戊寅詔州縣長吏有清白不擾而實惠及民者令本路監司保薦再任政績尤異當加奬擢閏月乙酉復以成都府爲劍南西川節度庚

子以韓琦爲昭文館大學士曾公亮同中書門下平章事集賢殿大學士張昇爲樞密使辛丑以胡宿爲樞密副使冬十月壬午定內侍磨勘法丙戌詔京西淮浙荆湖增置都同巡檢壬辰起復皇姪前右衞大將軍岳州團練使宗實爲秦州防禦使知宗正寺辭以喪不拜十一月己巳許夏國用漢衣冠癸酉賜昭憲皇太后家信陵坊第戊寅許康州刺史李樞以己官封贈父母十二月丙戌復豐州庚寅命諸路總管集隨軍功過簿以備遷補是歲冬無冰占城國獻馴象安化州蠻來貢

七年春正月辛未復命皇姪宗實爲秦州防禦使知宗正寺乙亥詔南郊以太祖配爲定制改溫成皇后廟爲祠殿二月己卯朔更江西鹽法詔開封府市地於四郊給錢瘞民之不能葬者癸酉錄繫囚命官錄被水諸州繫囚三月辛亥詔禮部貢舉乙卯孫抃罷以趙槩參知政事吳奎爲樞密副使甲子以旱罷大宴乙丑祈雨於西太一宮庚午謝雨壬申徐州彭城濠州鍾離地生麪十餘頃民皆取食夏四月壬午頒嘉祐編敕己丑夏國主諒祚進馬求賜書詔賜九經還其馬五月戊午太白晝見庚午包拯卒六月丙子朔歲星晝見秋七月戊申太白經天壬子詔季秋有事於明堂八月乙亥朔出明堂樂章肄於太常己卯詔以宗實爲皇子癸未賜名曙丁亥奉安眞宗御容於壽星觀庚子以立皇子告天地宗廟諸陵九月乙巳朔以皇子爲齊州防禦使進封鉅鹿郡公己酉朝饗景靈宮庚戌饗太廟辛亥大饗明堂奉眞宗配大赦己未加恩百官冬十月乙亥皇子表辭所除官賜詔不允丙戌白虹貫日乙未太白晝見丙申詔內藏庫三司共出緡錢一百萬助糴天下常平倉十二月甲午德妃沈氏爲貴妃賢妃苗氏爲德妃丙申幸龍圖天章閣召羣臣宗室觀祖宗御書又幸寶文閣爲飛白書分賜從臣作觀書詩命韓琦等屬和遂宴羣玉殿庚子再召從臣於天章閣觀瑞物復宴羣玉殿是歲冬無冰占城來貢

八年春正月辛亥交阯貢馴象九二月癸未帝不豫甲申下德音減天下囚罪一等徒以下釋之丙戌中書樞密奏事於福寧殿之西閣三月戊申罷籍蕘癸亥御內東門幄殿優賜諸軍緡錢甲子御延和殿賜進士諸科及第同出身三百四十一人辛未帝崩於福寧殿遺制皇子卽皇帝位皇后爲皇太后喪服以日易月山陵制度務從儉約謚曰神文聖武明孝皇帝廟號仁宗十月甲午葬永昭陵

贊曰仁宗恭儉仁恕出於天性一遇水旱或密禱禁庭或跣立殿下有司請以玉清舊地爲御苑帝曰吾奉先帝苑囿猶以爲廣何以是爲燕私常服澣濯帷帟衾裯多用繒絁宮中夜饑思膳燒羊戒勿宣索恐膳夫自此戕賊物命以備不時之須大辟疑者皆令上讞歲常活千餘吏部選人一坐失入死罪皆終身不遷每諭輔臣曰朕未嘗詈人以死況敢濫用辟乎至於夏人犯邊禦之出境契丹渝盟增以歲幣在位四十二年之間吏治若媮惰而任事蔑殘刻之人刑法似縱弛而決獄多平允之士國未嘗無嬖倖而不足以累治世之體朝未嘗無小人而不足以勝善類之氣君臣上下惻怛之心忠厚之政有以培壅宋三百餘年之基子孫一矯其所爲馴至於亂傳曰爲人君止於仁帝誠無愧焉

宋史卷十二考證

仁宗紀四嘉祐二年九月庚子契丹再使蕭扈吳湛來求御容冬十月乙巳遣胡宿報使契丹○臣宗楷按邵氏聞見錄契丹求仁宗御容議者慮有厭勝之術帝曰吾待契丹厚必不然遣御史中丞張昇遺之據此則使契丹者張昇本紀則云胡宿彼此互異

四年五月戊戌詔兩制臣僚舊制不許謁執政私第所舉薦不得用爲御史今除其法○宋通鑑陳執中爲相兩制不許至執政私第執政所薦士不得充臺官執中卒並除之

宋史卷十三

元 中書右丞相總裁脫脫等修

本紀第十三

英宗

英宗體乾應歷隆功盛德憲文肅武睿聖宣孝皇帝諱曙濮安懿王允讓第十三子母曰仙遊縣君任氏明道元年正月三日生於宣平坊第初王夢兩龍與日並墮以衣承之及帝生赤光滿室或見黃龍游光中四歲仁宗養於內寶元二年豫王生乃歸濮邸帝天性篤孝好讀書不爲燕嬉褻慢服御儉素如儒者每以朝服見教授曰師也敢弗爲禮時吳王宮教吳克進宗室六箴仁宗付宗正帝書之屛風以自戒景祐三年賜名宗實授左監門衞率府副率累遷右羽林軍大將軍宜州刺史皇祐二年爲右衞大將軍岳州團練使嘉祐中宰相韓琦等請建儲仁宗曰宗子已有賢知可付者卿等其勿憂時帝方服濮王喪六年十月辛卯起爲秦州防禦使知宗正寺帝以終喪辭奏四上乃聽喪終復授前命又辭七年八月許罷宗正復爲岳州團練使戊寅立爲皇子癸未改今名帝聞詔稱疾益堅辭詔同判大宗正事安國公從古等往諭旨卽臥內起帝以入甲辰見淸居殿自是日再朝或入侍禁中九月遷齊州防禦使鉅鹿郡公八年仁宗崩夏四月壬申朔皇后傳遺詔命帝嗣皇帝位百官入哭盡哀韓琦宣遺制帝御東楹見百官癸酉大赦賜百官爵一等優賞諸軍如乾興故事遣王道恭告哀于契丹帝欲亮陰三年命韓琦攝冢宰宰臣不可乃止乙亥帝不豫遣韓贄等告卽位于契丹丙子尊皇后曰皇太后己卯詔請皇太后同聽政壬午皇太后御小殿垂簾宰臣覆奏事乙酉作受命寶丁亥以皇子右千牛衞將軍仲鍼爲安州觀察使光國公熒惑自七年八月庚辰不見命宰臣祈禳至是月己丑見于東方庚子立京兆郡君高氏爲皇后五月戊午以富弼爲樞密使戊辰初御延和殿以疾未平命宰臣祈福于天地宗廟社稷及寺觀又禱于岳瀆名山六月辛卯契丹遣蕭福延等來祭弔秋七月壬子初御紫宸殿帝自六月癸酉不御殿至是始見百官癸亥歲星晝見乙丑星大小數百西流戊辰百官請大行皇帝謚于南郊八月癸巳以生日爲壽聖節九月辛亥以光國公仲鍼爲忠武軍節度使同中書門下平章事淮陽郡王改名頊戊午上仁宗謚冊于福寧殿冬十月甲午葬仁宗于永昭陵十一月丙午祔于太廟大風霾己酉減東西二京罪囚一等免山陵役戶及靈駕所過民租辛亥契丹遣蕭素等來賀卽位十二月己巳初御邇英閣召侍臣講讀經史乙亥淮陽郡王頊出閣是歲于闐西南蕃來貢

治平元年春正月丁酉朔改元戊戌太白晝見己亥壽聖節百官及契丹使初上壽于紫宸殿甲寅賞知唐州趙尙寬修溝堰增戶口進一官賜錢二十萬三月壬寅命脩秦悼王冢置守護官戊午錄囚辛酉雨土夏四月癸未放宮女百三十五人甲午祈雨于相國天淸寺醴泉觀賜諸軍錢有差五月己亥濬二股河戊申皇太后還政庚戌初日御前後殿壬子詔皇太后稱聖旨出入儀衞如章獻太后故事其有所須內侍錄聖旨付有司覆奏卽行丙辰上皇太后宮殿名曰慈壽己未熒惑犯太微上將壬戌以病愈命宰臣謝天地宗廟社稷及宮觀閏月戊辰輔臣進爵一等六月己亥以淮陽郡王頊爲潁王祁國公顥爲保寧軍節度使同中書門下平章事東陽郡王鄆國公顏爲左衞上將軍增宗室教授丁未增同知大宗正事一員辛亥作睦親廣親宅辛酉太白晝見壬戌歲星晝見八月甲辰錄周世宗後甲寅太白入太微垣乙卯遣兵部員外郎呂誨等四人充賀契丹太后生辰正旦使刑部郎中章岷等四人充賀契丹主生辰正旦使丙辰內侍都知任守忠坐不法貶保信軍節度副使蘄州安置丁巳以上供米三萬石振宿亳二州水災戶九月丁卯復武舉庚午詔夏國精擇使人戒勵毋紊彝章冬十月丙申詔中外近臣監司舉治行素著可備升擢者二人十一月乙亥科陝西戶三丁之一刺以爲義勇軍凡十三萬八千四百六十五人各賜錢二千諫官司馬光累上疏諫之不允戊寅復內侍養子令十二月乙巳雨土丙辰契丹遣耶律烈等來賀壽聖節蕭禧等來賀明年正旦是歲畿內宋亳陳許汝蔡唐潁曹濮濟單濠泗廬壽楚杭宣洪鄂施渝州光化高郵軍大水遣使行視疏治振恤蠲其賦租西蕃瞎氈子瞎欺米征內附

二年春正月甲戌振蔡州二月甲辰大風晝暝丁未錄囚是月賜禮部奏名進士明經諸科及第出身三百六十一人三月己巳班明天曆夏四月戊戌詔議崇奉濮安懿王典禮辛丑詔監司知州歲薦吏毋徒充數丙午奉安仁宗御容于景靈宮丁未白氣起西方五月癸亥詔以綜核名實勵臣下丙子詔自今皇子及宗室屬卑者勿授以檢校師傅官乙酉詔宗室封王者子孫襲爵六月壬辰錄囚己酉詔尚書集三省御史臺議奉濮安懿王典禮甲寅罷尚書省集議令有司博求典故務在合經詔遣官與契丹定疆界秋七月癸亥富弼罷丙寅詔減乘輿服御丙子放宮女百八十人丁丑太白晝見己卯羣臣五上尊號不允庚辰張昇罷以文彥博爲樞密使八月庚寅京師大雨水癸巳賜被水諸軍米遣官視軍民水死者千五百八十人賜其家緡錢葬祭其無主者乙未以雨災詔責躬乞言初學士草詔曰執政大臣其惕思天變帝書其後曰雨災專以戒朕不德可更曰協德交脩己亥以水災罷開樂宴壬子以工部郎中蔡抗等充賀契丹生辰使侍御史趙鼎等充賀契丹正

旦使乙卯減衮冕制度丙辰陝西置壯城兵九月壬戌雨罷大宴己巳以災異風俗策制舉人壬午太白犯南斗乙酉以久雨遣使祈于岳瀆名山大川冬十月乙巳雨木冰十一月庚午朝饗景靈宮辛未饗太廟壬申有事南郊大赦上皇太后册册皇后以齊州爲興德軍節度辛巳加恩百官十二月辛亥太白晝見是歲蔣波織雲龍賜等州來貢

三年春正月丙辰朔契丹遣使耶律仲達等來賀正旦戊午契丹遣使蕭惟輔等來賀壽聖節丙寅幸降聖院謁神御殿癸酉契丹改國號爲遼己卯溫州火燒民屋萬四千間死者五千人丁丑皇太后下書中書門下封濮安懿王宜如前代故事王夫人王氏韓氏任氏皇帝可稱親尊濮安懿王爲皇夫人爲后詔遵慈訓以塋爲園置守衞吏卽園立廟俾王子孫主祠事如皇太后旨辛巳詔臣民避濮安懿王諱以王子宗懿爲濮國公壬午黜御史呂誨范純仁呂大防二月乙酉朔白虹貫日三月庚申彗星晨見于室辛酉黜諫官傅堯俞御史趙鼎趙瞻戊辰上親錄囚庚午以彗避正殿減膳辛未以黜呂誨等詔內外癸酉以災異責躬詔轉運使察獄訟調役利病大者以聞辛巳彗晨見于昴如太白長丈有五尺壬午孛于畢如月夏四月丙午詔有司察所部左道淫祀及賊殺善良不奉令者罪毋赦五月甲子罷知雜御史觀察使以上歲舉人乙丑彗至張而沒戊辰詔宰相曰朕欲與公等日論治道中書常務有定制者付有司行之六月己酉錄囚秋七月乙丑進濮王子孫及魯王孫爵一等八月庚午遣傅卞等賀遼主生辰張師顏等賀正旦九月壬子朔日有食之癸亥定待制諫官朝官少卿郎中遷選歲月補員格庚辰禁妃嬪公主以下薦服親之夫冬十月壬午朔以仙遊縣君任氏墳域爲園乙酉詔兩日一御邇英閣丁亥詔禮部三歲一貢舉甲午詔宰臣參知政事舉才行士可試館職者各五人十一月戊午帝不豫禱于大慶殿己未宰相始奏事辛酉降天下囚死罪一等流以下釋之十二月乙未宰相祈于天地宗廟社稷壬寅立潁王頊爲皇太子癸卯大赦賜文武官子爲父後者勳一轉遼遣蕭靖等來賀正旦壽聖節是歲遣使以違約數寇責夏國諒祚獻方物謝罪

四年春正月庚戌朔羣臣上尊號曰體乾膺歷文武聖孝皇帝降天下囚罪一等徒以下釋之大風霾辛亥蠲京師逋麴錢丁巳帝崩于福寧殿壽三十六諡曰憲文肅武宣孝皇帝廟號英宗帝自居睦親宅孝德著聞濮安懿王薨以所服玩物分諸子帝所得悉以與王府舊人既葬而辭去者宗室有假金帶而以銅帶歸主吏以告帝曰眞吾帶也受之命殿侍鬻犀帶直錢三十萬亡之帝亦不問初辭皇子請潭王宮教授周孟陽作奏孟陽有所勸戒卽謝而拜之奏十餘不允始就名戒舍人曰謹守吾舍上有適嗣吾歸矣既爲皇子愼靜恭默無所猷爲而天下陰知其有聖德卽位每命近臣必以官而不以名大臣從容以爲言帝曰朕雖宮中命小臣亦未嘗以名也一日語神宗曰國家舊制士大夫之子有尙帝女皆升行以避舅姑之尊義甚無謂朕嘗思此寤寐不平豈可以富貴之故屈人倫長幼之序也可詔有司革之會疾不果神宗述其事焉

贊曰昔人有言天之所命人不能違信哉英宗以明哲之資膺纘統之命執心固讓若將終身而卒踐帝位豈非天命乎及其臨政臣下有奏必問朝廷故事與古治所宜每有裁決皆出羣臣意表雖以疾疢不克大有所爲然使百世之下欽仰高風詠歎至德何其盛也彼隋晉王廣唐魏王泰窺覦神器矯揉奪嫡遂啟禍原誠何心哉誠何心哉

宋史卷十四

元 中書右丞相總裁脫脫等 修

本紀第十四

神宗一

神宗紹天法古運德建功英文烈武欽仁聖孝皇帝諱頊英宗長子母曰宣仁聖烈皇后高氏慶曆八年四月戊寅生于濮王宮祥光照室羣鼠吐五色氣成雲八月賜名仲鍼授率府副率三遷至右千牛衞將軍嘉祐八年侍英宗入居慶寧宮嘗夢神人捧之登天英宗卽位授安州觀察使封安國公是年五月壬戌受經于東宮帝隆準龍顏動止皆有常度而天性好學請問至日昃忘食英宗常遣內侍止之帝正衣冠拱手雖大暑未嘗用扇侍講王陶入侍帝率弟顥拜之九月加忠武軍節度使同中書門下平章事封淮陽郡王改今諱治平元年六月進封潁王三年三月納故相向敏中孫女爲夫人十月英宗不豫帝引仁宗故事請兩日一御邇英閣講讀以安人心十二月壬寅立爲皇太子四年正月丁巳英宗崩帝卽皇帝位戊午赦天下常赦所不原者遣馮行己告哀于遼己未尊皇太后曰太皇太后皇后曰皇太后命宰相韓琦爲山陵使辛酉遣孫坦等告卽位于遼以大行皇帝詔賜夏國主及西蕃唃厮囉丙寅羣臣表三上始御迎陽門幄殿聽政內醫侍先帝疾者皆坐不謹貶之詔東平郡王允弼襄陽郡王允良朝朔望以吳奎終喪復授樞密副使戊辰以韓琦守司空兼侍中曾公亮行門下侍郎兼吏部尙書進封英國公文彥博行尙書左僕射檢校司徒兼中書令富弼改武寧軍節度使進封鄭國公曹佾改昭慶軍節度使檢校太傅張昪改河陽三城節度使宗諤同中書門下平章事改集慶軍節度使檢校尙書左僕射歐陽脩趙槩並加尙書左丞仍參知政事陳升之爲戶部侍郎呂公弼爲刑部侍郎允弼允良並加守太保弟東陽郡王顥進封昌王鄠國公頵進封樂安郡王羣臣進秩有差二月乙酉初御紫宸殿立向氏爲皇后丁亥詔入內內侍省皇城司合覆奏事並執條覆奏戊子進封交阯郡王李日尊爲南平王加邈川首領董氈檢校太保詔山陵所須應委三司轉運司計置毋輒擾民詔提舉醫官院試堪診御脈者六人庚寅以四月十日爲同天節辛卯白虹貫日壬辰詔公主下嫁者行見舅姑禮甲辰西蕃首領拽羅鉢鳩令結二人誘蕃部三百餘帳投夏國捕獲斬之以狥三月壬子曹佾加檢校太尉兼侍中賜禮部進士及第出身四百六十一人甲寅陝西宣撫使郭逵討蕃部党令征等平之賜昌王顥公使錢歲萬緡半給之丙辰昌王顥樂安郡王頵乞解官行服不許癸亥詔入內內侍省官已經壽聖節任子者同天節權罷奏薦壬申歐陽脩知亳州癸酉吳奎參知政事罷乙亥允良薨閏月癸未太白晝見甲申夏國主諒祚遣使謝罪辛卯詔齊密登華須耀鄜絳潤婺海宿饒歙吉建汀潮等十八州知州慶渭秦延四州通判其選並從中書毋以恩例奏授乙未張昪以太子太師致仕庚子詔求直言御史中丞王陶乞許舉知縣資序人爲御史裏行從之癸卯王安石出知江寧府甲辰詔諸路帥臣及副總管或有移易依慶歷故事乙巳詔以孟夏農勞之時令監司戒飭州縣省事勸民力田民有艱食者振之夏四月庚戌請大行皇帝諡于南郊辛酉詔內外所上封事令張方平司馬光詳定以聞丙寅錄囚御史中丞王陶侍御史吳申呂景以過毀大臣陶出陳州申景各罰銅二十斤吳奎罷知青州遣使循行陝西河北京東京西路體量安撫壬申奎復位罷州郡歲貢飲食果藥癸酉詔陝西河東經略轉運司察主兵臣僚怯懦老病者以聞五月辛巳以久旱命宰臣禱雨乙巳寶文閣成置學士直學士待制官六月己酉遼遣蕭餘慶等來弔祭己未振河北流民辛未詔天下官吏有能知徭役利病可議寬減者以聞乙亥詔中書樞密細務歸之有司秋七月庚辰詔察富民與妃嬪家婚姻夤緣得官者甲申石蕃來貢己丑命尙書戶部郎中趙抃刑部郎中陳薦同詳定中外封事辛卯告英宗憲文肅武宣孝皇帝諡于天地宗廟社稷壬辰上寶册于福寧殿丙午文州曲水縣令宇文之邵上書指陳得失八月丁未朔太白晝見戊午復西夏和市己巳京師地震癸酉葬英宗于永厚陵九月丁丑詔減諸路逃田稅額壬午祧僖祖及文懿皇后乙酉祔英宗神主于太廟樂曰大英之舞戊子減兩京畿內鄭孟州囚罪一等民役山陵者蠲其賦辛卯徙封顥爲岐王頵爲高密郡王富弼爲尙書左僕射遣孫思恭等報謝于遼且賀生辰正旦壬辰錄周世宗從曾孫貽廓爲三班奉職甲午遼遣耶律好謀等來賀卽位戊戌以王安石爲翰林學士辛丑韓琦罷爲司徒鎭安武勝軍節度使判相州吳奎陳升之罷樞密副使呂公弼爲樞密使張方平趙抃並參知政事邵亢爲樞密副使壬寅以曾公亮爲尙書左僕射文彥博爲司空潮州地震癸卯以權御史中丞司馬光爲翰林學士冬十月丙午漳泉諸州地震丁未富弼罷判河陽戊申建州邵武興化軍地震己酉初御邇英閣召侍臣講讀經史以右諫議大夫權御史中丞滕甫考諸路監司課績張方平以父憂去位庚戌給陝西轉運司度僧牒令糴穀振霜旱州縣癸丑詔翰林學士御史中丞侍御史知雜事舉材堪御史者各二人詔將作監主簿常秩赴闕甲寅製資治通鑑序賜司馬光癸酉知青澗城种諤復綏州十一月丁丑詔近臣各舉才行可任使者一人戊寅詔求直言丙戌詔二府各舉所知丁亥令考課院詳定諸州所上縣令治狀戊子分命宰臣祈雪置馬監于河東交城縣庚寅詔近臣以舉官不當經三劾者中書別奏取旨乙未詔令內外文武官各舉有材德行能者十二月丙辰西南龍蕃來貢辛酉以來歲日食正旦自乙丑避殿減膳罷朝賀壬戌詔起居日增轉對官二人丙寅詔州縣吏並緣爲姦致獄多瘐死歲終會死者多寡以制其罪著爲令己巳遼遣蕭傑等來賀正旦

熙寧元年春正月甲戌朔日有食之詔改元丁丑以旱減天下囚罪一等杖以下釋之壬午令州縣掩暴骸丁亥命宰臣曾公亮等極言闕失庚寅御殿復膳壬辰幸寺觀祈雨丙申趙槩罷知徐州三司使唐介參知政事

丁酉，詔脩英宗實錄壬寅增太學生百人二月辛亥命諸路每季上雨雪乙卯孔若蒙襲封衍聖公壬戌貸河東飢民粟三月庚辰夏主諒祚卒遣使來告哀丙戌詔恤刑戊子作太皇太后慶壽宮皇太后寶慈宮丁酉簡州木連理潭州雨毛夏四月乙巳詔翰林學士王安石越次入對戊申命宰臣禱雨以樞密直學士李參爲尚書右丞判西京留守司御史臺辛亥同天節羣臣及遼使初上壽于紫宸殿五月甲戌募饑民補廂軍庚辰詔兩制及國子監舉諸王宮學官戊戌廢慶成軍六月癸卯錄唐魏徵狄仁傑後丁未占城來貢辛亥詔諸路興水利乙亥河決棗彊縣丙寅命司馬光滕甫裁定國用秋七月癸酉詔謀殺已傷案問欲舉自首者從謀殺減二等乙亥名秦州新築大甘谷口砦曰甘谷城丁丑詔諸路帥臣監司及兩制知雜御史已上各舉武勇謀畧三班使臣二名賜布衣王安國進士及第己卯羣臣三表請上奉元憲道文武仁孝之號不許陳升之知樞密院事給濮州雷澤縣堯陵守戶壬午以恩冀州河決賜水死家緡錢及下戶粟甲申京師地震乙酉又震大雨辛卯以河朔地大震命沿邊安撫司及雄州刺史候遼人動息以聞賜壓死者緡錢京師地再震壬辰遣御史中丞滕甫知制誥吳充安撫河北癸巳疏深州溢水甲午減河北路囚罪一等丁酉賜河北安撫司空名誥敕募民入粟己亥回鶻來貢八月壬寅詔京東西路存恤河北流民京師地震甲辰又震乙卯賜河東及鄜延路轉運司空名誥敕募民入粟實邊甲子詔中書門下考屬近行尊者一人王之丙寅罷宗諤平章事丁卯遣張宗益等賀遼主生辰正旦九月辛未太祖曾孫舒國公從式進封安定郡王丁亥減后妃臣僚薦奏推恩戊子莫州地震有聲如雷丁酉詔三司裁定宗室月料嫁娶生日郊禮給賜冬十月辛丑給天下繫囚衣食薪炭乙卯出奉宸庫珠付河北買馬戊辰禁銷金服飾十一月癸酉太白晝見癸未命宰臣禱雪丙戌朝饗太廟遂齋于郊宮廢青城後苑丁亥祀天地于圜丘大赦羣臣進秩有差乙未京師及莫州地震十二月己亥朔命宰臣禱雪癸卯瀛州地大震庚戌賜夏國主秉常詔許納塞門安遠二砦歸其綏州辛亥錄唐段秀實後癸丑禱雪于郊廟社稷庚申以判汝州富弼爲集禧觀使詔乘驛赴闕壬戌雪甲子遼遣耶律公質等來賀正旦

二年春正月丙午奉安英宗神御于景靈宮英德殿二月己亥以富弼同中書門下平章事庚子以王安石參知政事命翰林學士呂公著修英宗實錄乙巳帝以災變避正殿減膳徹樂甲子陳升之王安石創置三司條例議行新法三月乙酉詔漕運鹽鐵等官各具財用利害以聞丙戌命宰臣禱雨戊子秉常上誓表納塞門安遠二砦乞綏州詔許之乙未以旱慮囚四月丁酉朔羣臣再上尊號不許戊戌省內外土木工壬寅遼遣耶律昌等來賀同天節丁未唐介薨臨其喪戊申宰臣富弼曾公亮以旱上表待罪詔不允癸丑命曾公亮爲西京奉安仁宗英宗御容禮儀使丁巳遣使諸路察農田水利賦役戊午外任大使臣年七十以上令監司體量直除致仕者更不與子孫推恩甲子御殿復膳免河北歸業流民夏稅五月辛未宴紫宸殿初用樂己卯賜河北役兵特支錢癸未翰林學士鄭獬罷知杭州宣徽北院使王拱辰罷判應天府知制誥錢公輔罷知江寧府丁亥奉安仁宗英宗御容于會聖宮及應天院甲午減西京囚罪一等台州民延贊等九人年各百歲以上並授本州助敎六月丁巳右諫議大夫御史中丞呂誨以論王安石罷知鄧州以翰林學士呂公著爲御史中丞命龍圖閣直學士張掞兼編排錄用勳臣子孫壬戌太白晝見秋七月乙丑朔日當食雲陰不見庚午詔御史中丞舉推直官及可兼權御史者甲戌東平郡王允弼薨辛巳立淮浙江湖六路均輸法壬午振恤被水州軍仍蠲竹木稅及酒課癸未詔自今文臣換右職者須實有謀勇曾著績効卽得取旨甲申日下有五色雲己丑韓琦上仁宗實錄曾公亮上英宗實錄八月癸卯侍御史劉琦貶監處州鹽酒務御史裏行錢顗貶監衢州鹽稅亦以論安石故乙巳殿中侍御史孫昌齡以論新法貶通判蘄州丙午同修起居注范純仁以言事忤安石罷同知諫院戊申河徙東行夏國請從舊蕃儀詔許之己酉范純仁知河中府甲寅朝神御殿辛酉以秘書省著作佐郎程顥王子韶並爲太子中允權監察御史裏行壬戌侍御史知雜事劉述同判刑部丁諷坐受刑名敕不卽下述貶知江州諷貶通判復州審刑院詳議官王師元坐言許遵所議刑名不當貶監安州稅九月甲子朔交州來貢乙丑以古勿峒効順首領儂智會爲右千牛衛大將軍丁卯立常平給斂法戊辰出內庫緡錢百萬糴河北常平粟丁丑遣孫固等賀遼主生辰正旦辛卯廢奉慈殿壬辰以秘書省著作佐郎呂惠卿爲太子中允崇政殿說書冬十月丙申富弼罷爲武寧軍節度使判亳州曾公亮陳升之並同中書門下平章事城綏州命郭逵選將置守具逵遣趙卨交夏人所納安遠塞門二砦就定地界夏人渝初盟卨請城綏州不以易二砦因改名綏德城戊戌以蕃官禮賓使折繼世爲忠州刺史左監門衞將軍嵬名山爲供備庫使仍賜姓名趙懷順丙辰詔御史請對並許直由閤門上殿戊午宗諤復平章事己未夏人來謝封冊辛酉錄楊承信曾孫立田重進曾孫章爲三班借職十一月乙丑命韓絳制置三司條例甲戌詔祖宗之後世襲補外官非袒免親罷賜名授官丙子罷諸路提刑武臣須農田水利約束壬午御邇英閣聽講賜汴口役兵錢己丑減天下囚罪一等徒以下釋之閏月庚子濬御河壬子置交子務是月差官提舉諸路常平廣惠倉兼管勾農田水利差役事十二月癸亥朔復減后妃公主及臣僚推恩癸酉增失入死罪法丙戌增三京留司御史臺國子監及宮觀官以處卿監監司知州之老者戊子遼遣蕭惟禧來賀正旦是歲交州來貢

宋史卷十五

元 中 書 右 丞 相 總 裁 脫 脫 等 修

本紀第十五

神宗二

三年春正月癸丑錄唐李氏周柴氏後乙卯詔諸路散青苗錢禁抑配戊午判尚書省張方平罷知陳州二月壬申以翰林學士司馬光爲樞密副使凡九辭詔收還敕誥甲戌以河州刺史瞎欺丁木征爲金紫光祿大夫檢校刑部尚書乙酉韓琦罷河北安撫使爲大名府路安撫使三月丙申孫覺呂公著張戩程顥李常上疏極言新法不聽己亥始策進士罷詩賦論三題戊申李常言青苗斂散不實有旨具析翰林學士兼知通進銀臺司范鎭封還詔書以爲不當坐罷職守本官壬子賜禮部奏名進士明經及第八百二十九人乙卯詔諸路毋有留獄丙辰立試刑法及詳刑官右正言孫覺以奉詔反覆貶知廣德軍夏四月癸亥幸金明池觀水嬉宴射瓊林苑丙寅遼遣耶律寬來賀同天節丁卯給兩浙轉運司度僧牒募民入粟戊辰御史中丞呂公著貶知潁州己卯趙抃罷知杭州以韓絳參知政事監察御史裏行程顥罷爲京西路同提點刑獄壬午右正言李常貶通判滑州監察御史裏行張戩貶知公安縣王子韶貶知上元縣癸未侍御史知雜事陳襄罷爲同修起居注程顥簽書鎭寧軍節度判官公事前秀州軍事判官李定爲太子中允監察御史裏行五月癸巳詔並邊州郡毋給青苗錢太白晝見壬寅詔令司馬光詳定轉對封事甲辰詔罷制置三司條例歸中書辛亥賜進士蘇丕號安退處士壬子罷入閤儀丁巳詔以審官院爲東院別置西院六月癸酉日有五色雲丁丑封宗室秦魯蔡魏燕陳越七王後爲公戊寅詔修武成王廟丙戌知諫院胡宗愈貶通判眞州秋七月辛卯歐陽修徙知蔡州壬辰呂公弼罷樞密使以知太原府馮京爲樞密副使置潞州交子務戊戌雨雹癸丑詳定宗室襲封制度甲寅置三班院主簿八月戊午罷看詳銀臺司文字所丙寅以旱慮囚死罪以下遞減一等杖笞者釋之以衞州旱令轉運司振恤仍蠲租賦戊寅詔川陝福建廣南七路官令轉運司立格就注具爲令遣張景憲等賀遼主生辰正旦己卯夏人犯大順城知慶州李復圭以方略授環慶路鈐轄李信慶州東路都巡檢劉甫監押种詠出戰兵少取敗復圭誣信等違其節制斬信及劉甫种詠死於獄是月慶州巡檢姚兕敗夏人於荔原堡鈐轄郭慶都監高敏死之九月戊子朔中書置檢正官乙未韓絳罷爲陝西宣撫使己亥始試法官庚子曾公亮罷爲司空兼侍中河陽三城節度使辛丑以馮京參知政事翰林學士吳充爲樞密副使乙巳親策賢良方正及武舉壬子太白晝見癸丑作東西府以居執政司馬光罷知永興軍詔環慶陣亡義勇餘丁當刺者悉免之冬十月辛酉詔延州毋納夏使甲子雨木冰壬申朝謁神御殿丙子知慶州李復圭擅興兵敗績誣裨將李信劉甫种詠以死御史劾之貶保靜軍節度副使戊寅陳升之以母憂去位乙酉詔罷諸場務內侍監當十一月戊子振河北饑民徙京西者己丑官節行之士二十一人壬辰蠲陝西蕃部貸糧癸卯授布衣王存下班殿侍三班差使宣撫司指揮使甲辰夏人寇大順城都監燕達等擊走之庚戌詔升朝官除南郊赦封贈父母外不得以加恩轉官乙卯以韓絳兼河東宣撫使梓州路轉運使韓璹等以能興利除害賜帛有差十二月己未詔立諸路更戍法舊以他路兵雜戍者遣還乙丑立保甲法丁卯以韓絳王安石並同中書門下平章事王珪參知政事賜布衣陳知彥進士出身知縣王輔同進士出身庚午夏人寇鎭戎軍三川砦巡檢趙普伏兵邀擊敗之

丁丑增廣南攝官奉戊寅初行免役法賜西蕃董氈詔幷衣帶鞍馬庚辰命王安石提舉編修三司令式壬午遼遣蕭遵道等來賀正旦癸未命宋敏求詳定命官使臣過犯是歲振河北陝西旱饑除民租交阯入貢廣源下溪州蠻來附

四年春正月丁亥朔不視朝己丑种諤襲夏兵于囉兀北大敗之遂城囉兀自是夏人日聚兵爲報復計言者以諤爲稔邊患不便壬辰王安石請鬻天下廣惠倉田爲三路及京東常平倉本從之乙未渝州夷賊李光吉叛巡檢李宗閔等戰死命夔州路轉運使孫構討平之詔詳定大辟覆讞法丁酉朝謁太祖太宗神御殿庚子幸集禧觀宴從臣又幸大相國寺御宣德門觀燈韓絳等言种諤領兵入西界斬獲甚衆詔遣使撫問乙巳停括牧地丁未立京東河北賊盜重法庚戌罷永興軍買鹽鈔場甲寅定文德殿朔望視朝儀二月丁巳朔罷詩賦及明經諸科以經義論策試進士置京東西陝西河東河北路學官使之教導辛酉詔治吏沮青苗法者戊辰詔振河北民之食者賻恤西界戰死軍人庚午于闐國來貢壬申進封高密郡王頵爲嘉王癸酉詔審官院所定人赴中書察堪任者引見甲戌賜討渝州夷賊兵特支錢丁丑禱雨詔增漳河等役兵三月丁亥夏人陷撫寧堡戊子慶州廣銳卒叛尋討平之庚寅詔給諸路學田增教官員辛卯遣使察奉行新法不職者癸卯減河東陝西路囚罪一等徒以下釋之民緣軍事科役者蠲其租賦丙午种諤坐陷撫寧堡責授汝州團練使潭州安置丁未韓絳坐興師敗衂罷以本官知鄧州辛亥錄唐李氏後夏四月丙辰朔恤刑辛酉遼遣蕭廣等來賀同天節壬戌遣環慶都鈐轄幷贇以兵屯邠涇河中以備西夏癸亥罷陝西交子法癸酉司馬光權判西京留臺种諤再貶賀州別駕甲戌詔司農寺月進諸路所上雨雪狀丙子遣使按視宿亳等州災傷仍令修飭武備壬午定進士考轉官五月甲午右諫議大夫呂誨卒壬寅詔許富弼養疾西京丙午高麗國來貢辛亥詔宗室率府副率以上遭父母喪及嫡孫承重並解官行服壬子詔恩冀等州災傷遣使振恤蠲其稅六月丁巳河北饑民爲盜者減死刺配庚申羣臣三上尊號曰紹天法古文武仁孝皇帝不許甲子歐陽修以太子少師致仕丙寅慮囚甲戌富弼坐格青苗法徙判汝州秋七月戊子層檀國來貢甲午振恤兩浙水災乙未錄死事將校崔達子遇爲三班奉職丁酉監察御史裏行劉摯罷監衡州鹽倉御史中丞楊繪貶知鄭州庚子詔宗室不得祀祖宗神御丁未詔唐鄧給流民田八月癸丑朔高麗來貢遣官體量陝西差役新法及民間利害甲寅詔郡縣保甲與賊鬭死傷者給錢有差庚申復春秋三傳明經取士癸酉遣楚建中等賀遼主生辰正旦置洮河安撫司命王韶主之九月丙戌河決鄆州辛卯大饗明堂以英宗配赦天下內外官進秩有差庚子夏人入貢癸卯增選人奉冬十月壬子朔罷差役法使民出錢募役立選人及任子出官試法丙辰置樞密院檢詳官戊辰立太學生內外上舍法丙子詔罪人配流遇冬者至中春乃遣十一月壬午朔詔凡賞功罰罪事可懲勸者月頒之天下甲申詔蠲逋租丁亥作中太一宮壬寅開洪澤河達于淮十二月辛亥朔詔增賜國子監錢四千緡戊午歸夏俘己未安定郡王從式薨甲子封越國公世清爲會稽郡王丙寅省諸路廂軍乙亥崇義公柴詠致仕子若訥襲封丙子遼遣耶律紀等來賀正旦

五年春正月己丑詔聽降羌歸國己亥詔太廟時饗以宗室使相已上攝事置京城邏卒察謗議時政者收罪之二月壬子龜茲來貢以兩浙水賜穀十萬石振之仍募民興水利壬戌詔罷陝西遞運銅錫癸亥太白晝見丙寅以知鄭州呂公弼爲宣徽南院使判秦州龍圖閣直學士蔡挺爲樞密副使三月甲午李日尊卒子乾德嗣遣使弔贈戊戌富弼以司空致仕進封韓國公立文武換官法丙午以內藏庫錢置市易務夏四月庚戌朔立殿前馬步軍春秋校試殿最法乙卯遼遣耶律適等來賀同天節己未括閑田置弓箭手辛未塞北京決河五月辛巳詔以古渭砦爲安遠軍命王韶兼知軍行教閱法宗室非袒免親者許應舉庚寅以青唐大首領俞龍珂爲西頭供奉官賜姓名包順壬辰以趙尙寬等前守唐州辟田疏水有功增秩以勸天下丙午太白晝見行保馬法六月壬子曾公亮以太傅致仕癸亥詔以四場試進士丙寅作京城門銅魚符乙亥置武學秋七月壬寅初以文臣兼樞密都承旨閏月庚戌遣中書檢正官章惇察訪荆湖北路詔入內供奉官以下已有養子更養次子爲內侍者斬八月甲申太子少師致仕歐陽修薨秦鳳路沿邊安撫王韶復武勝軍丁亥詔求歐陽修所撰五代史壬辰以武勝軍爲鎭洮軍癸巳遣崔台符等賀遼主生辰正旦乙未詔侍從及諸路監司各舉有才行者一人甲辰王韶破木征于鞏令城須方田均稅法九月癸丑許宗室試換文資癸亥始御便殿旬校諸軍武技丙寅少華山崩詔壓死者賜錢貧者官爲葬祭淮南分東西路冬十月戊戌升鎭洮軍爲熙州鎭洮軍節度置熙河路減秦鳳囚罪一等十一月癸丑河州首領瞎藥等來降以爲內殿崇班賜姓名包約丁卯貶權監察御史裏行張英監荆南稅壬申分陝西爲永興秦鳳路仍置六路經略司章惇開梅山置安化縣十二月丙子赦亡命荆湖溪洞者丁丑詔太原置弓箭手戊寅詔寺觀奉聖祖及祖宗陵寢神御者免役錢改溫成廟爲祠壬午陳升之爲樞密使癸未雨土乙未築熙州南北關及諸堡砦己亥遼遣蕭瑜等來賀正旦

六年春正月辛亥復禧祖爲太廟始祖以配感生帝祧順祖于夾室二月辛卯夏人寇秦州都巡檢使劉惟吉敗之丙申永昌陵上宮東門火王韶復河州獲木征妻子壬寅以韓絳知大名府三月己酉詔贈熙河死事將田瓊禮賓使錄其子三人孫一人庚戌親策進士置經局命王安石提舉辛亥試明經諸科丙辰以四月朔日當食自丁巳避殿減膳降天下囚罪一等流以下釋之己未置諸路學官壬戌賜奏名進士諸科及第出身五百九十六人甲子交州來貢丁卯宰相上表請復膳不許詔進士諸科並試明法注官戊辰置刑獄檢法官庚午封李日尊子乾德爲交阯郡王夏四月甲戌朔日食不見乙亥御殿復膳西南龍蕃諸夷來貢置律學丁丑遼遣耶律寧等來賀同天節甲午定齊徐等州保甲戊戌裁定在京吏祿五月癸卯朔播州楊貴遷遣子光震來貢以光震爲三班奉職戊申禱雨乙丑詔京東路察士人有行義者以聞遣中書檢正官熊本措置瀘夷西京左藏庫副使景思忠等攻燒遂州夷囤戰歿錄其子昌符等七人軍士死者賜其家錢帛有差辛未西南龍蕃來貢六月己亥置軍器監秋七月乙巳詔京西淮南兩浙江西荆湖等六路各置鑄錢監丙午大食陀婆離來貢己酉禱雨甲寅錄在京四死罪以下降一等杖罪釋之丁巳詔沿邊吏殺熟戶以邀賞者戮之乙丑分河北爲東西路丙寅夜西北有聲如磑八月壬申朔遣賈昌衡等賀遼主生辰正旦甲申罷簡州歲貢綿紬甲午賜熙河涇原軍士特支錢戊戌復比閭族黨之法九月壬寅置兩浙和糴倉立斂散法戊申詔興水利辛亥策武舉戊午岷州首領木令征以其城降王韶入岷州丙寅太白犯斗戊辰詔禱雨決獄冬十月辛未章惇平懿洽州蠻辛巳以復熙河洮岷疊宕等州御紫宸殿受羣臣賀解所服玉帶賜安石甲申朝獻景靈宮丙戌振兩浙江淮饑壬辰行折二錢丁酉遣使瘞熙河戰骨十一月癸丑中太一宮成減天下囚罪一等流以下釋之乙卯親祀太一宮丙寅大雪詔京畿收養老弱凍餒者十二月戊子詔決開封府囚丙申遼遣耶律洞等來賀正旦

七年春正月辛亥賞復岷洮等州功西京左藏庫使桑湜等遷官有差壬子幸中太一宮宴從臣又幸大相國寺御宣德門觀燈乙卯封皇子俊爲永國公甲子熊本平瀘夷二月辛未于闐來貢發常平米振河陽饑民癸未詔三司歲會天下財用出入之數以聞己丑禱雨辛卯置客省引進四方館閤門使副等員乙未知河州景思立等與青宜結鬼章戰于踏白城敗死廢遼州三月壬寅木征鬼章寇岷州高遵裕遣包順等擊走之慮囚減死罪一等杖以下釋之癸卯以旱避殿減膳乙巳白虹貫日丙午遣使分行諸路募武士赴熙河庚戌詔熙河死事者家給錢有差罷兩浙增額預置紬絹令諸路監司察留獄癸丑羣臣表請復膳不許丙辰遼遣林牙蕭禧來言河東疆界命太常少卿劉忱議之己未行方田法甲子遣使報聘于遼乙丑詔以災異求直言夏四月癸酉以旱罷方田是日雨遼遣耶律永寧等來賀同天節乙亥王韶破西蕃於結河川丙子御殿復膳己卯以高遵裕爲岷州團練使甲申詔邊兵死事無子孫者廩其親屬終身乙酉王韶進築珂諾城與蕃兵連戰破之斬首七千餘級焚二萬餘帳木征率酋長八十餘人詣軍門降雨雹丙戌王安石罷知江寧府以韓絳同中書門下平章事監修國史翰林學士呂惠卿參知政事置沅州丁酉詔王韶發木征及其家赴闕遼遣樞密副使蕭素議疆界于代州境上五月戊戌朔減熙河路囚罪一等流以下釋之辛丑詔河州瘞蕃部暴骸壬寅雨雹癸卯大雨雹辛亥罷賢良方正等科乙丑大雨水壞陝平陸二縣六月戊寅賜討洮州將士特支錢丁亥作渾儀浮漏廣州鳳皇見以木征爲榮州團練使賜姓名趙思忠秋七月癸卯羣臣四上尊號曰紹天憲古文武仁孝皇帝不許癸亥詔河北兩路捕蝗又詔開封淮南提點提舉司檢覆蝗旱以米十五萬石振河北西路災傷八月丁丑賜環慶安撫司度僧牒以募粟振漢蕃饑民遣張芻等賀遼主生辰正旦辛卯詔免淮南開封府來年春夫除放邢洺等州秋稅癸巳置場於南薰安上門給流民米集賢院學士宋敏求上編修閤門儀制九月戊戌以畤雨降詔河北京西陝西淮南等路勸民趨

耕有因事拘繫者釋之壬子三司火癸丑置京畿河北京東西路三十七將甲寅詔樞密院議邊防冬十月壬申詔韓琦富弼文彥博曾公亮條代北事宜以聞戊寅詔浙西路提舉司出米振常潤州饑庚辰置三司會計司以韓絳提舉辛巳以河北災傷減州軍文武官員癸巳以常平米於淮南西路易饑民所掘蝗種又振河北東路流民十一月己未祀天地于圜丘赦天下十二月丙寅省熙河岷三州官百四十一員丁卯文武官加恩己丑遼遣耶律寧等來賀正旦是歲高麗入貢淯井長寧夷十郡及武都夷內附

八年春正月庚子蔡挺罷判南京留司御史臺馮京罷知亳州丙午分京東爲東西路輟江南東路上供米均給災傷州軍丁未御宣德門觀燈乙卯詔出使廷臣所至采吏治能否以聞雨木冰戊午詔所在流民願歸業者州縣齎遣之己未洮西安撫司以歲旱請爲粥以食羌戶飢者二月甲子增陝西錢監改鑄大錢癸酉以王安石同中書門下平章事戊寅詔樞密副都承旨張誠一等以李靖營陣法教殿前馬步軍乙酉初行河北戶馬法丙戌停京畿土功七年三月丁酉振潤州饑戊戌知河州鮮于師中乞置蕃學教蕃酋子弟賜田十頃歲給錢千緡增解進士二人從之庚子遼蕭禧再來遣韓縝往河東會議癸丑知制誥沈括報聘復振常潤饑民戊午太白晝見夏四月乙丑詔減將作監冗官丁卯遼遣耶律景熙等來賀同天節乙亥正禧祖禘祫東嚮位戊寅以吳充爲樞密使壬午湖南江水溢閏月乙未陳升之罷爲鎭江軍節度使判揚州廣源州劉紀寇邕州歸化州儂智會敗之壬寅沈括上奉元歷癸卯以宣徽北院使張方平判永興軍分秦鳳路兵爲四將壬子沂州民朱唐告前餘姚縣主簿李逢謀反辭連右羽林大將軍世居及河中府觀察推官徐革命御史中丞鄧綰知諫院范百祿御史徐禧雜治之獄具世居賜死逢革等伏誅甲寅錄趙普後乙卯詔西南蕃五姓蠻五年一入貢五月辛酉朔慮囚降死罪一等杖以下釋之甲子分環慶兵爲四將丁丑雨土及黃毛甲申熙河路蕃官殿直頓埋謀叛伏誅己丑遣使振鄜延環慶饑六月乙未日上有五色雲丙午釃汴水入蔡河以通漕己酉頒王安石詩書周禮義于學官辛亥以安石爲尙書左僕射兼門下侍郎戊午太師魏國公韓琦薨己未以琦配饗英宗廟庭秋七月甲子處州江水溢戊寅太白晝見戊子分涇原兵爲五將命韓縝如河東割地八月庚寅朔日當食雲陰不見癸巳募民捕蝗易粟苗損者償之仍復其賦丙申遣謝景溫等賀遼主生辰正旦減官戶役錢之半詔發運司體實淮南江東兩浙米價州縣所存上供米毋過百萬石減直予民斗錢勿過八十庚戌韓絳罷發河北京東兵及監牧卒修都城丁巳大閱九月庚申朔王安石兼修國史立武舉絕倫法冬十月庚寅呂惠卿罷知陳州乙未彗出軫己亥詔以災異數見不御前殿減常膳求直言壬寅赦天下罷手實法丁未彗不見丙辰御殿復膳十一月戊寅交阯陷欽州壬午立陝西蕃丁法甲申交阯陷廉州丙戌渝州改南平軍十二月丙申濬河壬寅以翰林學士元絳參知政事龍圖閣直學士曾孝寬簽書樞密院事辛亥天章閣待制趙卨爲安南道招討使嘉州防禦使李憲副之以討交阯癸丑遼遣耶律世通等來賀正旦甲寅熙河路木宗域首領結彪謀叛熟羌日脚族青厮扒斬其首來獻補下班殿侍

九年春正月乙丑雨木冰戊辰交阯陷邕州知州蘇緘死之己卯下溪州刺史彭師晏及天賜州降庚辰遣使祭南嶽南海告以南伐辛巳贈蘇緘奉國軍節度使諡忠勇以其子子元爲西頭供奉官閤門祗候二月戊子宣徽南院使郭逵爲安南道招討使罷李憲以趙卨副之詔占城占臘合擊交阯己丑宗哥首領鬼章寇五牟谷蕃官藺氊訥支等邀擊大破之己亥以出師罷春宴乙卯雨雹二月丙辰朔進仁宗婉容周氏爲妃辛酉御集英殿策進士恤欽廉邕三州死事家瘞戰亡士賊所蹂踐除其田征甲戌賜進士諸科及第出身五百九十六人丁丑以廣西進士徐伯祥爲右侍禁欽廉白州巡檢宗哥首領鬼章寇五牟谷熙河鈐轄韓存寶敗之庚辰以种諤知岷州夏四月辛卯遼遣耶律庶幾等來賀同天節乙未以遼主母喪罷同天節上壽戊戌復廣濟河漕癸卯詔廣南亡沒士卒及百姓爲賊殘破者轉運安撫司具實并議振恤以聞甲辰給空名告身付安南以招降賞功詔諸路募武勇赴廣西贈廣西死事將士官有差丙午遣王苑臣等弔慰于遼辛亥茂州夷寇邊遣內副押班王中正經制甲寅遼遣耶律孝淳以國母喪來告帝發哀成服輟視朝七日五月丙辰朔詔邕州沿邊州峒首領來降者周惠之癸亥試諸醫學生丙寅分兩浙爲東西路丁卯城茂州壬申詔安南諸軍過嶺有疾者所至護治丙子大理國來貢庚辰靜州下首領董整白等來降六月丁亥詔安南將吏視軍士有疾者月以數聞己丑綿州都監王慶崔昭用劉珪左侍禁張乂援戰茂州死之詔慶等子與借職女出嫁夫與奉職白丁王禹錫等二人賜錢其家辛卯詔濱海富民得養蜑戶毋致爲外夷所誘己亥慮囚降死罪一等杖以下釋之癸卯以水源等洞蠻主儂賀等七人爲定遠寧遠將軍秋七月丙辰朱崖軍黎賊黃婴入寇詔廣南西路嚴兵備之庚申關以西蝗蝻蝦蛄生壬戌築下溪州改名會溪城癸亥靜州將楊文緒結蕃部謀叛王中正斬之以徇詔廣西死事官無子孫者許立後乙丑詔自今遇大禮推恩官昭憲太后族一人是月安南行營次桂州郭逵遣鈐轄和斌等督水軍涉海自廣東入諸軍自廣南入八月甲申朔齊州監務左班殿直孫紀死賊錄其一子爲三班借職戊子以文彥博守太保兼侍中行太原尹己丑遣程師孟等賀遼主生辰正旦罷鬻祠廟錢丁酉禁北邊民闌出糴粟庚子占城來貢九月戊午濬汴河丙寅詔罷都大制置河北河防水利司己卯遼遣使回謝詔恤嶺南死事家表將士墓冬十月乙酉太白晝見乙未詔東南諸路教閱新軍丙午王安石罷判江寧府以吳充監修國史王珪爲集賢殿大學士並同中書門下平章事資政殿學士馮京知樞密院辛亥除放沅州歸明人戶去年倚閣秋稅十一月乙卯賜廣南東路空名告敕募入錢助軍辛酉錄唐相魏徵後同州司士參軍道嚴流內銓特免試注官乙亥以安南行營將士疾疫遣同知太常禮院王存禱南嶽遣中使建祈福道場己卯洮東安撫司言包順等破鬼章兵於多移谷壬午鬼章寇岷州知州种諤等敗之鐵城十二月丙戌安南僞觀察使劉紀降置司農丞庚寅子傭生丁酉詔岷州界經鬼章兵發者賜錢脅從來歸者釋其罪癸卯郭逵敗交阯於富良江獲其僞太子洪眞李乾德遣人奉表詣軍門降逵遂班師丁未遼遣耶律運等來賀正旦庚戌詔有得鬼章冷雞朴首者賞之置威戎軍

十年春正月乙丑御宣德門觀燈戊辰仙韶院火不視朝己巳白虹貫日二月甲申以崇信軍節度使宗旦同中書門下平章事戊子以鬼章敗种諤等賞官有差辛卯日中有黑子甲子詔宗室使相雖及十年更不取旨磨勘丁酉詔諸州歲以十一月給老疾貧乏者粟盡三月乃止己亥以王韶知洪州丙午以復廣源蘇茂等州羣臣表賀赦廣州囚罪一等徒以下釋之賜行營諸軍錢民緣征役者恤其家以廣源州爲順州赦李乾德罪以郭逵判潭州趙卨知桂州己酉以交阯降赦廣南東路荆湖南路繫囚餘各降一等徒以下釋之三月辛未慮囚降死罪一等杖以下釋之壬申詔州縣捕蝗夏四月辛巳復置憲州乙酉遼遣蕭儀等賀同天節癸巳文州蕃賊寇邊州兵擊走之丁酉賜熙河路兵特支錢戰死者賜帛免夏秋稅五月戊午詔修仁宗英宗史甲戌太白晝見六月壬午注輦國朝貢癸巳王安石以使相爲集禧觀使丁未置泯州鐵城堡秋七月甲寅禱雨丁巳令諸路歲上縣令課績辛酉羣臣五上尊號曰奉天憲古文武仁孝皇帝不許乙亥郭逵以安南失律貶爲左衞將軍丙子河決澶州曹村埽八月壬寅詔潭州置將及增武臣一員遣蘇頌等賀遼主生辰正旦甲辰詔侍從臺諫監司各舉文臣有才行者一人九月庚戌詔河決害民田所屬州縣疏瀹仍蠲其稅老幼疾病者振之乙卯詔諸傳宣內批面論事無法守並從中書樞密覆奏其祈恩澤規免罪者劾之辛酉詔鎭戎德順軍各置都監一員癸酉立義倉甲戌宗樸兼侍中封濮陽郡王冬十月戊寅朔宗樸薨癸巳昭化軍節度使宗誼封濮國公詔濮王子以次襲封奉祀戊戌太子太師張昪卒十一月庚午以西蕃邈川首領董氊都首領青宜結鬼章爲廓州刺史阿令骨爲松州刺史甲戌祀天地于圜丘赦天下十二月丁丑朔占城國獻馴象壬午詔改明年爲元豐甲申以郊祀文武官加恩丁亥封子傭爲均國公辛丑遼遣耶律孝淳等來賀正旦

元豐元年春正月乙卯以王安石爲尙書左僕射舒國公集禧觀使戊午命詳定郊廟禮儀詔減陳留捧日天武等軍剩員庚申御宣德門召從臣觀燈乙丑以太皇太后疾驛召天下醫者閏月辛巳以翰林侍讀學士寶文閣學士提點中太一宮呂公著兼端明殿學士己丑詔贈尙書令韓琦依趙普故事壬辰樞密直學士孫固同知樞密院事己亥太傅兼侍中曾公亮薨庚子日中有黑子癸卯以公亮配饗英宗廟庭二月庚戌濮國公宗誼薨甲寅以邕州觀察使宗暉爲淮康軍節度使封濮國公戊辰詔赦安南戰棹都監楊從先等仍論功行賞三月辛巳慮囚降死罪一等杖以下釋之御邇英閣沈季長進講周禮八法癸未詔內外文武官各舉堪應武舉一人廣南西路經略司乞敎閱峒丁從之乙未御崇政殿閱諸軍辰沅猺賊寇邊州兵擊走之夏四月己酉遼遣耶律永寧等來賀同天節丙辰詔增置兩浙路提舉官庚申詔除九經外餘書不得出界癸亥太白晝見乙丑封號國公宗誨爲豫章郡王戊辰塞曹村決河

名其埽曰靈平五月甲戌朔賜塞河役死家錢乙亥詔試中刑法官以次推恩六月癸卯朔日有食之乙巳詔以靈平功遷太常博士苗師中等各一官秋七月癸酉朔命西上閤門使忠州團練使韓存寶經制瀘州納溪夷己亥詔齊州預備水災辛丑夔州言甘露降八月癸卯西邊將訥兒溫祿尊謀反伏誅丁未詔河北被水者蠲其租甲寅遣黃履等賀遼主生辰正旦戊午以韓絳爲建雄軍節度使己巳詔濱棣滄三州被水民以常平糧貸之庚午詔青齊淄三州給流民食九月癸酉交阯來貢癸未李乾德表乞還廣源等州詔不許乙酉以端明殿學士呂公著樞密直學士薛向並同知樞密院事詔祀天地及配帝並用特牲是月武康軍嘉禾生河中府甘露降冬十月庚戌定秋試諸軍賞格侍禁件全死事錄其弟宜爲三班借職辛亥韓存寶破瀘夷後城十有三囤癸亥于闐來貢十一月己丑命龍圖閣直學士宋敏求等詳定正旦御殿儀注癸巳辰州猺賊叛詔沅州兵討之己亥罷文武功臣號是月梁縣嘉禾生十二月丙午日中有黑子凡十二日辛亥錄囚降死罪一等杖以下釋之丙辰詔青州民王贇以復父讐免死刺配鄰州戊午置大理寺獄己未詔罷都大提舉在京諸司庫務司甲子以婉容邢氏爲賢妃詔罷三司推勘公事官減軍器監勾當公事審官東院流內銓及將作監三班院主簿左右軍巡判官丙寅遼遣耶律隆等來賀正旦

二年春正月乙亥罷岢嵐火山軍市馬丙子詔立高麗交易法壬午以容州管內觀察使上柱國南陽郡開國公楊遂爲寧遠軍節度使癸未詔知沅州謝麟督捕猺賊甲申御宣德門觀燈丁亥詔以經義論試宗室甲午京兆府學教授蔣夔乞以十哲從祀孔子從之詔辰州敘浦縣置龍潭堡是月潁州壽州甘露降二月甲寅詔瘞漢州暴骸日中有黑子乙卯以瀘州夷乞弟犯邊詔王光祖等討之丙辰詔定解鹽歲額乙丑滄州饑發倉粟振之三月庚午朔董氈遣使來貢辛未詔給地葬畿內寄菆之喪無所歸者官瘞之庚辰親試禮部進士壬午試特奏名進士及武舉癸未試諸科明法賜董氈緡錢銀帛對衣金帶等物丙戌詔雄州兩輸戶南徙者諭令復業庚寅疏汴洛夏四月辛丑幸金明池觀水嬉宴射瓊林苑甲辰遼遣蕭晟等來賀同天節丁巳陳升之以檢校太尉依前同中書門下平章事鎮江軍節度使上柱國秀國公致仕己未陳升之卒癸亥定正旦御殿儀甲子詔增審刑院詳議詳斷官罷刑部校法官是月南康軍甘露降眉州生瑞竹五月丙子順州蠻叛峒兵討平之庚辰詔以濮安懿王三夫人並稱王夫人祔濮園辛巳太子太師致仕趙槩上所集諫林甲申元絳罷知亳州乙酉詔安南軍死事孤寡廩給之戊子御史中丞蔡確參知政事六月甲辰廣西捕斬儂智春執其妻子以獻戊申命蔡確參定編修傳法寶錄癸丑詔五路帥臣副總管軍臣僚各舉任將領及大使臣者二人甲寅清汴成辛酉詔鎮寧軍節度使魏國公宗懿追封舒王是月南康軍甘露降忠州雨豆秋七月甲戌張方平以太子少師致仕戊寅詳定朝會儀己卯命中書句考四方詔獄庚辰以淮康軍節度使宗暉同中書門下平章事丁亥詳定郊廟禮儀是月陳州芝草生南賓縣雨豆瓊州甘露降八月丙申朔夏人寇綏德城都監李浦敗之辛丑分涇原路兵爲十一將壬寅復入作司爲東西兩司各置監官文臣一員武臣二員遣李清臣等賀遼主生辰正旦甲寅詔增太學生舍爲八十齋齋三十人外舍生二千人內舍生三百人月一私試歲一公試補內舍生間歲一舍試補上舍生以潁州爲順昌軍節度是月曹州生瑞穀河陽生芝草九月癸未降順昌軍囚罪一等徒以下釋之甲申西南龍蕃來貢丁亥大宴集英殿己丑進婕妤朱氏爲昭容壬辰出馬步射格鬭法頒諸軍甲午西南羅蕃方蕃來貢冬十月丙申西南石蕃來貢癸卯置耤田令詔立水居船戶五戶至十戶爲一甲戊申交阯歸所掠民詔以順州賜之己酉太皇太后疾上不視事庚戌罷朝謁景靈宮命輔臣禱于天地宗廟社稷減天下囚死罪一等流以下釋之乙卯太皇太后崩戊午詔易太皇太后園陵曰山陵辛酉以羣臣七上表始聽政命王珪爲山陵使十一月癸未始御崇政殿丁亥雨土十二月乙巳御史中丞李定上國子監敕式令幷學令凡百四十條丙午復置御史六察庚申遼遣蕭寧等來賀正旦是月全州芝草生桂州甘露降

宋史卷十六

元 中 書 右 丞 相 總 裁 脫 脫 等 修

本紀第十六

神宗三

三年春正月乙丑朔以大行太皇太后在殯不視朝癸酉陞許州爲潁昌府丙子降潁昌囚罪一等徒以下釋之戊寅上太皇太后謚曰慈聖光獻戊子詔審刑院刑部斷議官失入者歲具數罰之己丑高麗國遣使來貢白虹貫日辛卯于闐國大首領阿令顛顙溫等來貢癸巳白虹貫日二月丙午以翰林學士章惇參知政事丙辰始御崇政殿視朝丁巳命輔臣禱雨三月乙丑工部侍郎同平章事吳充罷爲觀文殿大學士西太一宮使癸酉葬慈聖光獻皇后于永昭陵丙子南丹州入貢以刺史印賜之乙酉祔慈聖光獻皇后神主于太廟戊子降兩京河陽囚罪一等民緣山陵役者蠲其賦己丑以慈聖光獻皇后弟昭德軍節度使曹佾爲司徒兼中書令改護國軍節度使餘親屬加恩有差夏四月乙未觀文殿大學士吳充薨丁酉封宗暉爲濮陽郡王濮安懿王子孫皆進官一等己亥遼遣耶律永芳等來賀同天節乙巳以瀘州夷乞弟侵擾詔邊將討之戊申乞弟寇戎州兵官王宣等戰歿甲寅罷羣牧行司復置提舉買馬監牧司乙卯令御史分案諸路監司庚申詔御史臺六察以糾劾多寡爲殿最任滿取旨升黜辛酉增國子監歲賜錢六千緡五月乙丑詔自今三伏內五日一御前殿辛巳以潁昌進士劉堂上制策十策授徐州蕭縣尉甲申復命韓存寶經制瀘夷詔改都大提舉導洛通汴司爲都提舉汴河堤岸司是月青州臨朐益都石化爲麪六月甲午日有五色雲戊戌詔省宗室教授存十三員丙午詔中書詳定官制罷兵部勾當公事官詔河北河東陝西路各選文武官一員提舉義勇保甲壬子詔罷中書門下省主判官歸其事於中書是月安州臨江軍產芝及連理麥秋七月庚午河決澶州甲戌詔自今遇大禮罷上尊號癸未彗出太微垣丙戌避殿減膳詔求直言丁亥罷羣神從祀明堂戊子太白晝見八月乙巳罷省寺監官領空名者癸丑遣王存等賀遼主生辰正旦戊午彗不見九月壬戌增宣祖定州東安墳地二十頃及守園戶丙寅御殿復膳乙亥正官名以開府儀同三司易中書令侍中同平章事特進易左右僕射自是以下至承務郎易秘書省校書郎正字將作監主簿有差檢校僕射以下及階散憲銜並罷詳在職官志辛巳大饗明堂以英宗配赦天下癸未薛向孫固並爲樞密副使乙酉詔即景靈宮作十一殿以時王禮祀祖宗以王安石爲特進改封荆國公丙戌進封岐王顥爲雍王嘉王頵爲曹王並爲司空文彥博爲太尉封曹佾爲濟陽郡王宗旦爲華陰郡王馮京爲樞密使薛向罷知潁州丁亥以呂公著爲樞密副使閏九月乙卯加文彥博河東永興軍節度使以富弼爲司徒十一月己丑朔日當食雲陰不見十二月甲辰遼遣蕭偉等來賀正旦

四年春正月乙未命步軍都虞候林廣代韓存寶經制瀘夷庚子詔試進士加律義辛亥于闐來貢馮京罷知河陽孫固知樞密院龍圖閣直學士韓縝同知樞密院事二月辛未置秦州鑄錢監己卯分東南團結諸軍爲十三將三月乙未詔在京官毋舉辟執政有服親癸卯章惇罷知蔡州甲辰以翰林學士張璪參知政事乙巳命官閱九軍營陳法於京城南戊申大閱丙辰董氈遣使來貢夏四月癸亥遼遣耶律祐等來賀同天節御延和殿閱試保甲己巳詔罷南郊合祭天地自今親祀北郊如南郊儀有故不行則以上公攝事壬申慮囚山陰縣主簿余行之謀反伏誅乙酉河決澶州小吳埽五月丁酉詔河東路提點刑獄劉定專振被水民戊申封晉程嬰爲成信侯公孫杵臼爲忠智侯立廟于絳州六月戊午河北諸郡蝗生癸未命提點開封府界諸縣公事楊景略提舉開封府界常平等事王得臣督諸縣捕蝗秋七月己丑太白晝見庚寅西邊守臣言夏人囚其主秉常詔陝西河東路討之甲午鄜延涇原環慶熙河麟府路各賜金銀帶綿襖銀器鞍轡象笏甲辰韓存寶坐逗遛無功伏誅丁未大軍進攻米脂砦己酉詔曾鞏充史館修撰專典史事詔內外官司舉官悉罷令大理卿崔台符同尙書吏部審官東西三班院議選格八月乙卯朔罷中書堂選悉歸有司丙辰詔蠲河北東路災傷州軍今年夏料役錢辛酉夏人寇臨州堡詔董氈會兵伐之以金州刺史燕達爲武康軍節度使己巳復置滑州丁丑熙河經制李憲敗夏人于西市新城獲酋首三人首領二十餘人庚辰又襲破于女遮谷斬獲甚衆辛巳司馬光趙彥若上所修百官公卿年表十卷宗室世表三卷九月乙酉董氈遣使來貢且言已遣首領洛施軍篤喬阿公等將兵三萬會擊夏國李憲復蘭州古城戊子蘭州新順首領巴令謁等三族率所部兵攻夏人撒捕宗城敗之己亥王珪上國朝會要壬寅閱河北保

甲子崇政殿官其優者三十六人甲辰詳定郊廟奉祀禮儀丙午詔論夏主左右幷嵬名部族諸郡首領並許自歸戊申太白犯斗庚戌夏兵救米脂砦鄜延經略副使种諤率衆擊破之辛亥种諤又敗夏人于無定川十月丁巳米脂砦降己未㘈菻國來貢庚申熙河兵至女遮谷與夏人遇戰敗之乙丑涇原兵至磨哆隘遇夏人與其統軍梁大王戰敗之追奔二十里斬大首領沒囉臥沙監軍使梁格嵬等十五級獲首領統軍姪訖多埋等二十二人己巳入銀州庚午環慶行營經略使高遵裕復通遠軍种諤遣曲珍等領兵通黑水安定堡路遇夏人與戰破之斬獲甚衆癸酉復韋州乙亥李憲敗夏人于屈吳山丁丑曲珍與夏人戰于蒲桃山敗之戊寅种諤入貢州詔諸將存撫降人辛巳史館修撰曾鞏乞收采名臣高士事迹遺文詔從之涇原節制王中正入宥州十一月癸未朔日有食之丁亥諸軍合攻靈州种諤敗夏人于黑水己丑李憲敗夏人于囉逋川辛卯种諤降橫河平人戶破石堡城斬獲甚衆辛丑師還癸卯种諤至夏州索家平兵衆三萬人以無食而潰丙午高遵裕以師還夏人來追遂潰十二月辛未林廣破乞弟于納江乙亥慈聖光獻皇后禫祭宰臣王珪等上表請聽樂不許自是五表乃從之戊寅遼遣蕭福全等來賀正旦

五年春正月癸未朔不受朝丙申御宣德門觀燈己亥白虹貫日庚子責授高遵裕郢州團練副使本州安置乙巳作新渾儀浮漏辛亥詔再議西討以熙河經制李憲爲涇原熙河蘭會安撫制置使李浩權安撫副使二月癸丑朔頒三省樞密六曹條制詔鄜延軍士病不能歸者賜其家絹十匹丙辰以乞弟平班師辛酉詔董氊首領結隣死者朝辭物給其子董訥支蘭氊增賜絹百匹癸亥華陰郡王宗旦薨丁卯封武昌軍節度觀察留後宗惠爲江夏郡王癸酉以出師赦梓州路減囚罪一等民緣軍事役者蠲其賦封董氊爲武威郡王丙子渤泥來貢三月壬辰親策進士甲午策武舉己亥以日當食避殿減膳赦天下降死罪一等流以下原之詔杭州歲脩吳越王墳廟壬寅鄜延路副總管曲珍敗夏人于金湯乙巳賜進士諸科出身千四百二十八人丙午雨土夏四月壬子朔日食不見甲寅御殿復膳丁巳遼遣耶律永端等來賀同天節己未沈括奏遣曲珍將兵綏德城應援討葭蘆寨左右見聚羌落詔從之乙丑以直龍圖閣徐禧知制誥權御史中丞癸酉官制成以王珪爲尚書左僕射兼門下侍郎蔡確爲尚書右僕射兼中書侍郎甲戌太中大夫章惇爲門下侍郎張璪爲中書侍郎翰林學士蒲宗孟爲尚書左丞翰林學士王安禮爲尚書右丞錄唐段秀實後復其家丁丑同知樞密院呂公著罷知定州五月辛巳朔行官制丁亥賞平蠻將士有差癸巳豐州卒張世矩等作亂伏誅其黨王安以母老詔特原之作尚書省戊戌詔兩省官人舉可任御史者各二人甲辰遣給事中徐禧治鄜延邊事六月辛亥朔環慶經略司遣將與夏人戰破之斬其統軍嵬名妹精嵬副統軍訛勃遇甲寅王珪上兩朝史戊午詔修兩朝寶訓詔以成都路供給瀘州邊事曲赦免二稅甲子改翰林醫官院爲醫官局壬申交阯獻馴犀二癸酉豫章郡王宗諤薨戊寅曲珍等敗夏人于明堂川作天源河秋七月辛巳廣西經略司言知宜州王奇與賊戰敗績壬午詔罷大理寺官赴中書省讞案戊子詔御史中丞舒亶舉任言事或察官十人辛卯詔尚書考功員外郎蔡京編手詔庚子以蔡京爲起居郎仍同詳定官制丁未垂拱殿宴修史官己酉始建雩壇祀上帝以太宗配八月庚戌朔封御侍武氏爲才人壬子進封均國公傭爲延安郡王以昭容朱氏爲賢妃庚申帝有疾詔歲以四孟月朝獻景靈宮辛未遣韓忠彥等賀遼主生辰正旦鳳州團練使种諤以行軍迂道降授文州刺史壬申詔罷增減幕職州縣官奉甲戌城永樂戊寅河決原武九月丁亥夏人三十萬衆寇永樂曲珍戰不利裨將寇偉等死之夏人遂圍城己丑帝以疾愈降京畿囚罪一等徒以下釋之壬辰遣使行視畿縣民被水患者乙未詔張世矩等將兵救永樂砦戊戌永樂陷給事中徐禧內侍李舜舉陝西轉運判官李稷死之己亥詔客省引進四方館東西上閤門各置使副等職庚子安化蠻寇宜州知州王奇死之詔贈忠州防禦使辛丑賞董氊將士有差癸卯滑州河水溢冬十月辛亥洛口廣武大河溢甲寅知延州沈括以措置乖方責授均州團練副使隨州安置鄜延路副都總管曲珍以城陷敗走降授皇城使丙辰修定景靈宮儀乙丑詔贈永樂死事臣徐禧金紫光祿大夫吏部尚書李舜舉昭化軍節度使並賜謚忠愍李稷朝奉大夫工部侍郎入內高品張禹勤皇城使各推恩賜賻有差癸酉貶知太原府資政殿大學士呂惠卿知單州十一月戊寅朔罷御史察諸路壬午景靈宮成告遷祖宗神御癸未初行酌獻禮乙酉以奉安神御赦天下官與享大臣子若孫一人庚寅紫宸殿宴侍祠官十二月丁巳新樂成以賢妃周氏爲德妃辛酉塞原武決河丙寅休日御延和殿引進對官十人辛未西南龍蕃來貢壬申遼遣耶律儀等來賀正旦丙子錄永樂死事將皇城使寇偉等十三人及東上閤門副使景思誼等九十人賻賜有差

六年春正月丁丑朔御大慶殿受朝始用新樂儀鸞司徹幕屋壞毀玉輅甲申白虹貫日丁亥朝獻景靈宮己丑曆檀入貢庚寅御宣德門觀燈癸巳詔御史六察罷上下半年更易法乙未詔修周漢以來陵廟乙巳御崇政殿閱武士丙午封楚三閭大夫屈平爲忠潔侯二月丁未夏人數十萬衆攻蘭州鈐轄王文郁率死士七百餘人擊走之丙辰以夏人犯蘭州貶熙河經略使李憲爲經略安撫都總管以王文郁爲西上閤門使知蘭州副使李浩爲四方館使甲子詔供備庫使高遵治西京左藏庫副使張壽各降一官三月辛卯夏人寇蘭州副總管李浩以衞城有功復隴州團練使乙未休日御延和殿引進對官八人丙申河東將薛義敗夏人于葭蘆西嶺戊戌以檢校太尉上柱國太原郡開國公王拱辰爲武安軍節度使麟府州將郭忠紹等敗夏人于乜離抑部詔行賞有差己亥河東將高永翼敗夏人于眞卿流部夏四月己酉朝獻景靈宮辛亥遼遣蕭固等來賀同天節甲子禮部郎中林希上兩朝寶訓李浩敗夏人于巴義谿辛未雨土壬申御邇英閣蔡卞進講周禮五月丙子朔于闐入貢甲申以時暑趣決開封大理獄庚寅以旱慮囚甲午夏人寇蘭州右侍禁韋定死之癸卯詔賜資州孝子支漸粟帛是月夏人寇麟州知州訾虎敗之六月乙巳朔詔御史臺六察各置御史一員癸丑詔御史中丞兩省官各舉可任言事或監察御史五人閏月乙亥朔夏主秉常請修貢許之戊寅詔陝西河東毋輒出兵丙戌詔內外文武各舉應武舉一人汴水溢丙申太師守司徒韓國公富弼薨謚文忠秋七月乙卯祔孝惠孝章淑德章懷皇后于廟丙辰以四后祔廟降京畿囚罪一等流以下原之孫固罷知河陽以同知樞密院韓縝知樞密院戶部尚書安燾同知樞密院戊午朝獻景靈宮八月丙子賜升祔陪祠官宴于尚書省己卯太白晝見乙酉遣蔡京等賀遼主生辰正旦辛卯蒲宗孟罷王安禮爲尚書左丞吏部尚書李清臣爲尚書右丞九月癸卯朔日有食之冬十月癸酉朔秉常遣使上表請復修職貢乞還舊疆戊子封孟軻爲鄒國公癸巳會稽郡王世清薨庚子尚書省成辛丑封馬援爲忠顯王十二月癸卯加上仁宗謚曰體天法道極功全德神文聖武睿哲明孝皇帝英宗曰體乾應歷隆功盛德憲文肅武睿神宣孝皇帝甲辰朝獻景靈宮乙巳朝享太廟丙午祀昊天上帝于圜丘赦天下甲寅文彥博以太師致仕乙卯以觀文殿大學士韓絳爲建雄軍節度使庚申幸尚書省官執政五服內未仕者一人進尚書以下官一等

七年春正月丙午封洺州防禦使世準爲安定郡王癸丑夏人寇蘭州李憲等擊走之甲寅以賢妃朱氏爲德妃二月甲戌太師文彥博入覲置酒垂拱殿癸未進封濮陽郡王宗暉爲嗣濮王封宗晟爲高密郡王宗綽爲建安郡王宗隱爲安康郡王宗瑗爲漢東郡王宗愈爲華原郡王三月辛丑賜文彥博宴于瓊林苑帝製詩以賜之庚申御崇政殿大閱壬戌詔賜鬼章寫經紙還其所獻馬癸亥白虹貫日夏四月辛未大食國來貢乙亥遼遣蕭浹等來賀同天節丁丑賜饒州童子朱天錫五經出身丙戌景靈宮天元殿門生芝草六本壬辰朝獻景靈宮癸巳夏人寇延州安塞堡將官呂眞敗之五月壬子慮囚降死罪一等杖以下釋之辛酉白虹貫日壬戌以孟軻配食文宣王封荀況揚雄韓愈爲伯並從祀詔諸路帥臣監司等舉大使臣爲將領六月丙子夏人寇德順軍巡檢王友死之辛卯江夏郡王宗惠薨秋七月甲辰伊洛溢河決元城丙午遣使振恤賜溺死者家錢壬子朝獻景靈宮甲寅王安禮罷八月庚午詔王光祖遣人招諭乞弟許出降免罪補官是歲乞弟死辛巳遣陳睦等賀遼主生辰正旦九月壬寅西南龍蕃來貢乙巳三佛齊來貢乙丑夏人圍定西城熙河將秦貴敗之冬十月乙亥夏人寇熙河庚辰饒州童子朱天申對于睿思殿賜五經出身辛巳朝獻景靈宮戊子詔分畫交阯界以六縣二峒賜之乙未夏人寇靜邊砦涇原將彭孫敗之十一月丁酉朔寇清遠砦隊將白玉李貴死之甲辰夏國主秉常遣使來貢乙卯太白晝見十二月戊辰端明殿學士司馬光上資治通鑑以光爲資政殿學士降詔獎諭庚寅詔門下中書外省官同舉言事御史辛卯遼遣耶律襄等來賀正旦是歲河東饑河北水壞洺州廬舍蠲其稅

八年春正月戊戌帝不豫甲辰赦天下乙巳命輔臣代禱景靈宮乙卯分遣羣臣禱于天地宗廟社稷二月辛巳開寶寺貢院火丁亥命禮部鎖試別所癸巳上疾甚遷御福寧殿三省樞密院入見請立皇太子及請皇太

后權同聽政許之三月甲午朔立延安郡王傭爲皇太子賜名煦皇太后權同處分軍國事乙未赦天下遣官告于天地宗廟社稷諸陵丁酉皇太后命吏部尚書曾孝寬爲冊立皇太子禮儀使戊戌上崩于福寧殿年三十有八皇太子卽皇帝位尊皇太后爲太皇太后皇后爲皇太后德妃朱氏爲皇太妃太皇太后權同處分軍國事九月己亥上大行皇帝謚曰英文烈武聖孝皇帝廟號神宗十月乙酉葬于永裕陵

贊曰帝天性孝友其入事兩宮必侍立終日雖寒暑不變嘗與岐嘉二王讀書東宮侍講王陶講論經史輒相率拜之由是中外翕然稱賢其卽位也小心謙抑敬畏輔相求直言察民隱恤孤獨養老振匱之不治宮室不事遊幸厲精圖治將大有爲未幾王安石入相安石爲人悻悻自信知祖宗志吞幽薊靈武而數敗兵帝奮然將雪數世之恥未有所當遂以偏見曲學起而乘之青苗保甲均輸市易水利之法旣立而天下洶洶騷動慟哭流涕者接踵而至帝終不覺悟方斷然廢逐元老擯斥諫士行之不疑卒致祖宗之良法美意變壞幾盡自是邪佞日進人心日離禍亂日起惜哉

宋史卷十七

元　中書右丞相總裁脫脫等修

本紀第十七

哲宗一

哲宗憲元繼道顯德定功欽文睿武齊聖昭孝皇帝諱煦神宗第六子也母曰欽聖皇后朱氏熙寧九年十二月七日己丑生于宮中赤光照室初名傭授檢校太尉天平軍節度使封均國公元豐五年遷開府儀同三司彰武軍節度使進封延平郡王七年三月神宗宴羣臣于集英殿王侍立天表粹溫進止中度宰相而下再拜賀八年二月神宗寢疾宰相王珪乞早建儲爲宗廟社稷計又奏請皇太后權同聽政神宗首肯三月甲午朔皇太后垂簾于福寧殿諭珪等曰皇子性莊重從學穎悟自皇帝服藥手寫佛書爲帝祈福因出以示珪等所書字極端謹珪等稱賀遂奉制立爲皇太子初太子宮中常有赤光至是光益熾如火戊戌神宗崩太子卽皇帝位己亥大赦天下常赦所不原者羣臣進秩賜賚諸軍遣使告哀于遼白虹貫日庚子尊皇太后曰太皇太后皇后曰皇太后德妃朱氏曰皇太妃命宰臣王珪爲山陵使甲寅以羣臣固請始同太皇太后聽政己未賜叔雍王顥曹王頵贊拜不名令中外避太皇太后父遵甫名詔邊事稍重者樞密院與三省同議以進庚申尚書左僕射鄆國公王珪進封岐國公顥進封揚王頵爲荆王並加太保弟寧國公佶爲遂寧郡王儀國公佖爲大寧郡王成國公俁爲咸寧郡王和國公似爲普寧郡王高密郡王宗晟漢東郡王宗瑗華原郡王宗愈安康郡王宗隱建安郡王宗綽並爲開府儀同三司太師潞國公文彥博爲司徒濟陽郡王曹佾爲太保特進王安石爲司空餘進秩賜致仕服帶銀帛有差辛酉詔顏子孟子配享孔子廟庭夏四月丙寅初御紫宸殿辛未蠲元豐六年以前逋賦甲戌加李乾德同中書門下平章事董氈檢校太尉詔曰先皇帝臨御十有九年建立政事以澤天下而有司奉行失當幾於煩擾或苟且文具不能布宣實惠其申諭中外協心奉令以稱先帝惠安元元之意乙亥詔以太皇太后生日爲坤成節丁丑召呂公著侍讀論樞密中書通議事都堂詔遵先帝制遣官察舉諸路監司之法庚辰呂惠卿遣兵入西界破六砦斬首六百餘級辛巳遣使以先帝遺留物遺遼國及告卽位甲申水部員外郎王諤非職言事坐罰金丙戌以蕃官高福戰死錄其子孫丁亥復蠲舊年逋賦五月丙申詔百官言朝政闕失資政殿學士司馬光過闕入見丁酉羣臣請以十二月七日爲興龍節壬寅城熙蘭通遠軍賜李憲趙濟銀帛有差甲辰作受命寶丙午京師地震復置遼州庚戌王珪薨改命蔡確爲山陵使丙辰賜禮部奏名進士諸科及第出身四百六十一人戊午以蔡確爲尚書左僕射兼門下侍郎韓縝爲尚書右僕射兼中書侍郎章惇知樞密院司馬光爲門下侍郎六月庚午賜楚州孝子徐積絹米丁亥詔中外臣庶許直言朝政闕失民間疾苦秋七月戊戌以資政殿大學士呂公著爲尚書左丞詔府界三路保甲罷團教丙午遼人來弔祭丙辰白虹貫日吏部侍郎熊本奏歸化儂知會異同坐罰金罷沅州增脩堡砦八月乙丑詔按察官所至有才能顯著者以名聞己巳鎮江軍節度使韓絳進開府儀同三司癸酉遣使賀遼主生辰正旦乙亥以供奉王英戰死葭蘆錄其子九月戊戌以神宗英文烈武聖孝皇帝之謚告于天地宗廟社稷己亥上寶冊于福寧殿己酉遣使報謝于遼冬十月甲子夏國遣使進助山陵馬癸酉詔倣唐六典置諫官丁丑令侍從各舉諫官二人詔監察御史兼言事殿中侍御史兼察事罷義倉己卯詔均寬民力有司或致廢格者監司御史糾劾之河決大名乙酉葬神宗皇帝于永裕陵丙戌罷方田以夏國主母卒遣使弔祭十一月癸巳詔按問強盜欲舉自首者毋減丁酉祧翼祖祔神宗于太廟廟樂曰大明之舞辛丑減兩京河陽囚罪一等杖已下釋之民緣山陵役者蠲其賦己酉遼遣使賀卽位十二月壬戌于闐進獅子詔却之開經筵講魯論讀三朝寶訓罷太學保任同罪法丙寅夏人以其母遺留物馬白駝來獻辛未左僕射蔡確右僕射韓縝並遷秩加食邑揚王顥荆王頵並爲太傅壬申章惇司馬光等進秩有差甲戌罷後苑西作院乙亥詔執政侍臣講讀戊寅罷增置鑄錢監十有四乙酉遼遣蕭睦等來賀正旦是歲日有五色雲者六高麗大食入貢

元祐元年春正月庚寅朔改元丙子錄在京囚減死罪以下一等杖罪者釋之丁未詔回賜高麗王鞍馬服帶器幣有加罷陝西河東元豐四年後凡緣軍興添置官局丙辰久旱幸相國寺祈雨立神宗原廟戊午甘露降二月辛酉以河決大名壞民田民艱食者衆詔安撫使韓絳振之乙丑修神宗實錄丁卯詔左右侍從各舉堪任監司者二人舉非其人有罰庚午禁邊民與夏人爲市辛未董氈卒以其子阿里骨襲河西軍節度使邈川首領庚辰夏人入貢辛巳刑部侍郎蹇周輔坐變鹽法落職閏月庚寅蔡確罷以司馬光爲尚書左僕射門下侍郎詔韓維呂大防孫永范純仁詳定役法壬辰以呂公著爲門下侍郎丙午守尚書右丞李淸臣爲尚書左丞試吏部尚書呂大防爲尚書右丞白虹貫日丁未羣臣上太皇太后宮名曰崇慶殿曰崇慶壽康皇太后宮曰隆祐殿曰隆祐慈徽庚戌賜于闐國王服帶器幣辛亥章惇罷甲寅詔侍從御史國子司業各舉經明行修可爲學官者二人乙卯以吏部尚書范純仁同知樞密院事丙辰掩京城暴骸罷諸州常平管勾官三月辛未詔毋以堂差衝在選已注官置訴理所許熙寧以來得罪者自言命太學公試司業博士主之如春秋補試法癸酉置開封府界提點刑獄一員乙亥罷熙河蘭會路經制財用司己卯復廣濟河輦運辛巳詔民間疾苦當議寬恤者監司具聞以程頤爲崇政殿說書乙酉許職事官帶職夏四月己丑韓縝罷辛卯詔諸路旱傷蠲其租壬辰以旱慮囚癸巳王安石薨辛丑詔執政大臣各舉可充館閣者二人壬寅以呂公著爲尚書右僕射兼中書侍郎文彥博平章軍國重事乙巳詔戶部裁冗費著爲令李憲等以用兵失利爲劉摯所劾貶秩奉祠辛亥揚王顥荆王頵並特授太尉詔遇科舉令升朝官各舉經明行修之士一人俟登第日與升甲罷諷禁之制知誠州周士隆撫納溪洞民一千三百餘戶賜士隆銀帛癸丑定六曹郎官員數五月丁巳朔以資政殿大學士韓維爲門下侍郎罷諸路重祿復熙寧前舊制庚申夏人來賀卽位壬戌詔侍從臺官監司各舉縣令一人戊辰命程頤同修立國子監條制己巳幸揚王荆王第官其子九人癸酉復左右天廄坊壬午詔文彥博班宰相之上六月甲辰置春秋博士呂惠卿落職分司南京蘇州居住戊申以富弼配享神宗廟庭庚戌太白晝見甲寅詔正風俗修紀綱勿理隱疵細故復置通利軍程頤上疏論輔養君德秋七月丁巳置檢法官辛酉設十科舉士法劉恕同修資治通鑑未沾恩而卒詔官其子乙丑夏國主秉常卒庚午夏國遣使賀坤成節八月辛卯詔常平依舊法罷青苗錢壬辰封弟偲爲祁國公甲午占城國遣使入貢壬子日傍有五色雲磁州穀異隴同穗九月丙辰朔司馬光薨己未朝獻景靈宮辛酉大享明堂以神宗配赦天下丁卯試中書舍人蘇軾爲翰林學士知制誥己卯張璪罷冬十月丙戌改衍聖公爲奉聖公庚寅太白晝見壬辰夏人來告哀庚子遣使弔祭十一月戊午以尚書左丞呂大防爲中書侍郎御史中丞劉摯爲尚書右丞乙亥于闐國遣使入貢庚辰蠲鹽井官溪錢十二月庚寅詔將來服除依元豐三年故事羣臣勿上尊號戊戌華州鄭縣小數谷山崩戊申詔以冬溫無雪決繫囚是歲河北楚海諸州水

二年春正月乙丑封秉常子乾順爲夏國主戊辰詔舉人程試主司毋得於老莊列子書命題辛巳詔蘇轍劉攽編次神宗御製白虹貫日二月丁亥遣左司諫朱光庭使河北振民被災者詔施黔戎瀘等州保甲監司免歲閱丁酉加賜于闐國金帶錦袍器幣己亥命吏部選人改官歲以百人爲額辛丑詔陝西河東行策應牽制法是月代州地震三月壬戌太皇太后手詔止就崇政殿受冊戊辰詔中外侍從歲舉郡各一人令御史臺察民俗奢僭者夏人遣使入謝癸酉奉安神宗神御于景靈宮宣光殿庚辰詔內侍省供奉官以下百人爲額夏四月丙戌交阯入貢丁亥鬼章子結齷齪寇洮東戊子慮囚己丑詔太師文彥博十日一議事都堂辛卯詔冬夏旱暵海內被災者廣避殿減膳責躬思過以圖消復丁酉以四方牒訴上尚書者或寃抑不得直令御史分察之己亥太皇太后以旱權罷受冊禮癸卯雨乙丑以

徐州布衣陳師道爲亳州司戶參軍。丁未復制科戊申御殿復膳李清臣罷五月癸丑夏人圍南川砦丁卯以劉摯爲尚書左丞兵部尚書王存爲尚書右丞壬申于闐入貢丁丑詔御史官闕中丞御史翰林學士兩省諫議大夫以上雜舉六月辛丑以安燾知樞密院事壬寅有星如瓜出文昌丙午邈川首領結藥來降授三班奉職秋七月辛亥詔戶部修會計錄韓絳以司空致仕夏人寇鎮戎軍詔府界三路教閱保甲復課利場務虧額科罰丙辰罷諸州數外歲貢戊午以遼蕭德崇等賀坤成節曲宴垂拱殿始用樂庚申進封李乾德爲南平王辛酉改誠州爲渠陽軍辛未韓維罷八月辛巳程頤罷經筵權同管勾西京國子監癸未以西蕃寇洮河民被害者給錢粟死者賜帛其家詔復進納人改官舊法乙酉命呂大防爲西京安奉神宗御容禮儀使庚寅西南蕃遣人入貢癸巳以夏國政亂主幼强臣乙逋等擅權逆命詔諸路帥臣嚴兵備之庚子授西蕃首領心牟欽氈銀州團練使溫溪心瓜州團練使辛丑涇原言夏人寇三川諸砦官軍敗之丁未岷州行營將种誼復洮州執蕃酋鬼章青宜結九月乙卯發太皇太后冊寶于大慶殿丙辰發皇太后皇太妃冊寶于文德殿己未夏人寇鎮戎軍丁卯禁私造金箔冬十月壬午奉安神宗御容于會聖宮及應天院癸未日有五色雲戊子恭謝景靈宮辛卯減西京囚罪一等杖已下釋之己亥西南龍張蕃遣人入貢庚子論復洮州功种誼等遷秩賜銀絹有差十一月丙辰復置漣水軍庚申獻鬼章于崇政殿以罪當死聽招其子及部屬歸以自贖乙亥大雪甚民凍多死詔加振恤死無親屬者官瘞之罷內殿承制試換文資格丙子決囚十二月乙酉賜諸軍及貧民錢丙戌興龍節初上壽于紫宸殿己丑大寒罷集英殿宴壬辰兀征聲延部族老幼萬人渡河南遣使麋食之仍諭聲延勿失河北地乙未白虹貫日壬寅頒元祐勅令式是冬始閉汴口

三年春正月己酉朔不受朝庚戌復廣惠倉己未朝獻景靈宮庚申雪寒發京西穀五十餘萬石損其直以糶民辛酉詔廣南西路朱崖軍開示恩信許生黎悔過自新壬戌罷上元遊幸壬申阿里骨奉表詣闕謝罪令邊將無出兵仍罷招納甲戌決囚二月甲申罷修金明池橋殿乙酉德音減囚罪一等徒以下釋之工役權放一年流民飢貧量與應副丙戌詔河東苦寒量度存恤戍兵癸巳罷春宴乙未白虹貫日辛丑太白晝見乙巳廣東兵馬監童政坐擅殺無辜伏誅三月丙辰韓絳薨丁巳御集英殿策進士戊午策武舉己巳賜禮部奏名進士諸科及第出身一千一百二十二人乙亥夏人寇德靜砦將官張誠等敗之夏四月戊寅令諸路郡邑具役法利害以聞辛巳以呂公著爲司空同平章軍國事呂大防爲尚書左僕射兼門下侍郎范純仁爲尚書右僕射兼中書侍郎壬午以觀文殿學士孫固爲門下侍郎劉摯爲中書侍郎王存爲尚書左丞御史中丞胡宗愈爲尚書右丞戶部侍郎趙瞻簽書樞密院事癸巳詔定職事官歲舉升陟人數丁酉阿里骨來貢庚子詔天下郡城以地里置壯城兵額禁勿他役五月癸亥漢東郡王宗瑗薨六月癸未詔司諫正言殿中監察御史倣故事以升朝官通判資序歷一年者爲之辛丑夏人寇塞門砦甲辰五色雲見秋七月戊申荆王頵薨戊辰夜東北方明如晝俄成赤氣中有白氣經天辛未太白晝見癸酉忠州言臨江塗井鎮雨黑黍八月戊寅阿里骨入貢己卯進封揚王顥爲徐王辛巳復置荆門軍丙戌罷吏試斷刑法丁酉渠陽蠻入寇辛丑降繫囚罪一等杖以下釋之九月庚申禁宗室聯姻內臣家乙丑阿里骨復還職加封邑詔觀察使以上給永業田丁卯御集英殿策賢良方正能直言極諫科十月丙戌詔罷新創諸堡砦廢渠陽軍戊戌復南北宣徽院十一月甲辰遣吏部侍郎范百祿等行河丁卯大食麻囉拔國入貢詔歲以十月給巡城兵衣裘十二月丁酉渝州獠人寇小溪壬寅白虹貫日閏月癸卯朔頒元祐式甲辰范鎮定鑄律度量鐘磬等以進令禮部太常參定戊申減宰執賜予庚申置六曹尚書權官丙寅詔吏部詳定六曹重複利害以聞是歲三佛齊于闐西南蕃入貢天下上戶部主戶二百一十三萬四千七百三十三丁二千八百五十三萬三千九百三十四客戶六百一十五萬四千六百五十二丁三百六十二萬九千八十三斷大辟二千九百一十五人

四年春正月壬申朔不受朝羣臣及遼使詣東上閤門內東門拜表賀丙子宴遼使于紫宸殿甲申以夏人通好詔邊將毋生事二月甲辰呂公著薨庚戌白虹貫日乙卯夏人來謝封冊三月己卯作渾天儀胡宗愈罷丁亥以不雨罷春宴己丑詔自今大禮毋上尊號辛卯晝有流星出東方癸巳錄囚乙未罷幸瓊林苑金明池夏四月乙巳呂大防等以久旱求罷不允丁未曹佾薨戊申罷大禮使及奏告執政加賜戊午立試進士四場法壬戌弛在京牧地與民五月癸酉詔自今侍讀以三人爲額中丞李常侍御史盛陶坐不論蔡確改官辛巳貶觀文殿學士蔡確爲光祿卿丁亥復貶確爲英州別駕安置新州丁酉于闐國來貢六月甲辰范純仁王存罷丙午以趙瞻同知樞密院事戶部尚書韓忠彥爲尚書左丞翰林學士許將爲尚書右丞丁未夏國來貢癸丑邈黎國般次泠移四林栗迷等齎于闐國黑汗王及其國蕃王表章來貢秋七月丙子詔復外都水使者丁丑遼國使蕭寅等來賀坤成節曲宴垂拱殿庚辰安燾以母憂去位八月壬寅勅郡守貳以四善三最課縣令吏部歲上監司考察知州狀辛酉太皇太后詔今後明堂大禮毋令百官拜表稱賀九月戊寅致齋垂拱殿己卯朝獻景靈宮辛巳大饗明堂赦天下百官加恩賜賚士庶高年九十以上者乙酉加賜韓縝范純仁器幣有差乙未檢舉先朝文武七條戒諭百官遵守冬十月辛丑西南程蕃入貢丁未龍蕃入貢戊申翰林學士蘇轍上神宗御集藏寶文閣癸丑御邇英殿講官進講三朝寶訓十一月庚午勅朝請大夫以下進士爲左餘爲右溪洞彭儒武等進溪洞布癸未以孫固知樞密院事劉摯爲門下侍郎吏部尚書傅堯俞爲中書侍郎乙酉有星色赤黃尾跡燭地己丑太皇太后却元日賀禮令百官拜表庚寅張惇買田不法降官辛卯改發運轉運提刑預妓樂宴會徒二年法十二月庚子遼使耶律等賀興龍節曲宴垂拱殿癸丑更定朝儀二舞曰威加四海化成天下甲寅減鄜延等路戍兵歸營戊午以御史闕令中丞兩省各舉二人是歲夏國邈黎大食麻囉拔國入貢

五年春正月丁卯朔御大慶殿視朝丁丑朝獻景靈宮二月丁酉罷諸州軍通判奏舉改官己亥夏人歸永樂所掠吏士百四十九人庚子加溪洞人田忠進等九十二人檢校官有差辛丑以旱罷修黃河癸卯禱雨嶽瀆罷浚京城壕丁未減天下囚罪杖以下釋之庚戌文彥博以太師充護國軍山南西道節度等使致仕令所司備禮冊命壬子彥博乞免冊禮從之甲子宴餞文彥博于玉津園三月丙寅朔趙瞻薨丁卯詔賜故孫覺家緡錢令給喪事壬申以韓忠彥同知樞密院事翰林學士承旨蘇頌爲尚書左丞癸未罷春宴壬辰罷幸金明池瓊林苑夏四月癸卯詔鄭穆王巖叟等同舉監察御史二月甲辰呂大防等以旱求退不允丙午孫固薨癸丑詔講讀官御經筵退留二員奏對邇英閣丁巳詔以旱避殿減膳罷五月朔日文德殿視朝辛酉以保寧軍節度使馮京爲檢校司空五月壬申詔差役法有未備者令王巖叟等具利害以聞乙亥雨己卯御殿復膳六月辛丑錄囚癸亥晝有五色雲七月壬申涇原路經略司言諸人違制典買蕃部田土許以免罪自二頃五十畝以下責其出刺弓箭手及買馬備邊用各有差乙酉夏人來議分畫疆界九月丁丑詔復置集賢院學士冬十月癸巳罷提舉修河司丁酉詔定州韓琦祠載祀典十二月辛卯朔許將罷安康郡王宗隱薨丙辰禁軍大閱賜以銀楪匹帛罷轉賚是歲東北旱浙西水災賜宗室子授官者四十四人斷大辟四千二百六十有一高麗于闐龍蕃三佛齊阿里骨入貢

六年春正月辛酉朔不受朝羣臣及遼使詣東上閤門內東門拜表賀癸酉詔祠祭游幸毋用羔二月辛卯以劉摯爲尚書右僕射兼中書侍郎龍圖閣待制王巖叟簽書樞密院事癸巳以蘇轍爲尚書右丞宗室士俔追封魏國公庚子拂箖國來貢丁丑授阿里骨男溪邦彪籛爲化外庭州團練使三月癸亥呂大防上神宗實錄己巳御集英殿策進士庚午策武舉癸酉詔御史中丞舉殿中侍御史二人翰林學士至諫議大夫同舉監察御史二人丙子呂大防特授右正議大夫壬午賜禮部奏名進士諸科及第出身九百五十七人丁亥罷幸金明池瓊林苑夏四月乙未復置通禮科丙申詔恤刑辛丑詔大臣堂除差遣非行能卓異者不可輕授仍搜訪遺材以備擢任夏人寇熙河蘭岷鄜延路壬寅太白晝見壬子賜南平王李乾德袍帶金帛鞍馬五月己未朔日有食之罷文德殿視朝庚辰詔娶宗室女得官者毋過朝散大夫皇城使丁亥從省上元酺勅令格六月壬辰錄囚甲辰置國史院修撰官乙卯詔以田思利爲銀青光祿大夫充溪洞都巡檢秋七月癸亥復張方平宣徽南院使致仕乙丑復制置解監使己卯振兩浙水災八月己丑三省進納后六禮儀制辛卯詔御史臺臣僚親亡十年不葬許依條彈奏及令吏部檢察己亥改宗正屬籍曰宗藩慶系錄令文武臣出入京城門書職位差遣姓名及所往己酉修神宗寶訓癸丑詔鄜延路都監李儀等以違旨夜出兵入界與夏人戰死不贈官餘官降等乙卯夏人寇懷遠砦閏月壬戌嚴飭陝西河東諸路邊備甲子太白晝見庚午詔御史中丞舉殿中侍御史二人翰林學士中書舍人給事中舉監察御史四人壬申太子太保致事張方平辭免宣徽使不允甲申

刑部侍郎彭汝礪與執政爭獄事自乞貶逐詔改禮部侍郎九月丁亥夏人寇麟府二州壬辰詔州民為寇所掠廬舍焚蕩者給錢帛踐稼者振之失牛者官貸市之癸巳御集英殿策賢良方正能直言極諫科丁酉御試方正王普等遷官有差歲出內庫緡錢五十萬以備邊費甲辰幸上清儲祥宮壬子宮成減天下囚罪一等杖以下釋之癸丑以執政官行謁禁法非便詔有利害陳述勿禁冬十月丁卯有流星晝出東北庚午朝獻景靈宮還幸國子監賜祭酒豐稷三品服監學官賜帛有差庚辰令諸宮院建小學貴妃苗氏薨癸未編修神宗御製官轉秩加賞詔京西提刑司歲給錢物二十萬緡以奉陵寢十一月乙酉朔劉摯罷壬辰作元祐觀天歷尙書右丞蘇轍罷知絳州辛丑傳堯俞薨十二月戊辰開封府火壬申范純仁以前禦敵失策降官是歲兩浙水定州野蠶成繭高麗交阯三佛齊入貢

七年春正月甲辰以遼使耶律迪卒輟朝一日乙巳張誠一以穿父墓取犀帶責授左武衛將軍提舉亳州明道宮二月丁卯詔陝西河東邊要進築守禦城砦三月己亥錄囚夏四月己未立皇后孟氏甲子命呂大防為皇后六禮使甲戌立考察縣令課績法五月戊戌御文德殿冊皇后庚子罷侍從官轉對丙午王巖叟罷知鄭州大食進火浣布六月辛酉以呂大防為右光祿大夫蘇頌為尚書右僕射兼中書侍郎韓忠彥知樞密院事蘇轍為門下侍郎翰林學士范百祿為中書侍郎翰林學士梁燾為尚書左丞御史中丞鄭雍為尚書右丞戶部尚書劉奉世簽書樞密院事甲子置廣文館解額戊辰渾天儀像成甲戌日旁五色雲見七月癸巳詔修神宗史復翰林侍講學士己酉詔諸路安撫鈐轄司及西京南京各賜資治通鑑一部庚戌宗室緦麻以上者禁析居八月丙辰罷監酒稅務增剩給賞法己未詔西邊諸將嚴備毋輕出兵乙亥戒邊將毋掊克軍士前陷交阯將吏蘇佐等十七人自拔來歸九月戊戌詔冬至日南郊宜依故事設皇地祇禮畢別議方澤之儀以聞己酉永興軍蘭州鎮戎軍地震冬十月庚戌朔環州地震丁巳陝西有前代帝王陵廟處給民五家充守陵戶丁卯夏人寇環州十一月辛巳太白晝見甲申詔大中大夫以上許占永業田丙戌于闐入貢庚寅帝齋大慶殿辛卯朝獻景靈宮壬辰饗太廟癸巳祀天地于圜丘赦天下羣臣中外加恩罷南京榷酒民糴親喪者戶以差等與免徭辛丑賜徐王劍履上殿十二月辛亥阿里骨李乾德加食邑實封甲子罷飲福宴庚午祈雪是歲兗州僊源縣生瑞穀高麗占城西南蕃龍氏羅氏入貢

八年春正月己卯朔不受朝甲申蔡確卒丁亥御邇英閣召宰臣讀寶訓庚寅詔復范純仁大中大夫壬辰幸太乙宮庚子詔頒高麗所獻黃帝鍼經于天下二月己酉詔西南蕃龍氏遷秩補官辛亥禮部尚書蘇軾言高麗使乞買歷代史及策府元龜等書宜却其請不許省臣許之軾又疏陳五害極論其不可有旨書籍曾經買者聽壬子詔刑部不得分禁繫人數瘐死數多者申尙書省癸丑詔太寧郡王以下出就外學三月甲申蘇頌罷辛卯范百祿罷庚子詔御試舉人復試賦詩論三題夏四月丁未朔夏人來謝罪願以蘭州易塞門砦不許癸丑詔恤刑甲寅令范祖禹依先朝故事止兼侍講丁巳詔南郊合祭天地罷禮部集官詳議五月癸未置蘄州羅田縣丁亥罷二廣鑄折二錢己丑錄囚辛卯監察御史董敦逸黃慶基以論蘇軾蘇轍罷為湖北福建轉運判官己亥祁國公偲為開府儀同三司六月戊午梁燾罷壬戌中書後從省上元祐在京通用條貫秋七月丙子朔以觀文殿大學士范純仁為尚書右僕射兼中書侍郎戊寅令陝西沿邊鐵錢銅錢悉還近地八月丁未久雨禱山川辛酉以太皇太后疾帝不視事壬戌遣使按視京東西河南北淮南水災癸亥減京師囚罪一等徒以下釋之丁卯禱于嶽瀆宮觀祠廟戊辰赦天下庚午詔陝西復鑄小銅錢辛未禱于天地宗廟社稷乙亥禱于諸陵九月戊寅太皇太后崩己卯詔以太皇太后園陵為山陵庚辰遣使告哀于遼甲申命呂大防為山陵使壬辰詔山陵修奉從約諸道毋妄有進助冬十月戊申羣臣七上表請聽政戊辰徐王顥乞解官給喪詔不允庚午復內侍劉瑗等六人十一月丙子始御垂拱殿乙未以雪寒振京城民飢壬寅賜勞修奉山陵兵士十二月乙巳范純仁乞罷不允甲寅做唐六典修官制丁巳遼人遣使來弔祭出錢粟十萬振流民己巳上太皇太后謚曰宣仁聖烈皇后是歲河入德清軍決內黃口

宋史卷十八

元中書右丞相總裁脫脫等修

本紀第十八

哲宗二

紹聖元年春正月癸酉朔羣臣詣西上閤門進名奉慰丙申夏人來貢辛丑遣中書舍人呂希純等行河罷河東大鐵錢二月丁未以戶部尚書李清臣為中書侍郎兵部尚書鄧潤甫為尚書右丞己酉葬宣仁聖烈皇后于永厚陵己未祔神主于太廟癸亥減兩京河陽鄭州囚罪一等民緣山陵役者蠲其賦甲子詔依章獻明肅皇后故事罷避高遵惠諱三月壬申朔日有食之乙亥呂大防罷庚辰詔大學合格上舍生推恩免省試附科場春榜乙酉御集英殿策進士丁亥策武舉戊子以徐王顥為太師徙封冀王癸巳詔振京東河北流民貸以穀麥種論使還業蠲是年租稅丁酉賜禮部奏名進士諸科及第出身九百七十五人蘇轍罷夏四月乙巳朔阿里骨進獅子丙午以旱詔恤刑己酉詔中外決獄庚戌詔有司具醫藥治京師民疾壬子蘇軾坐前掌制命語涉譏訕落職知英州癸丑改元白虹貫日甲寅以王安石配饗神宗廟庭蔡確追復右正議大夫戊午復新城兩廂庚申減四京囚罪一等杖以下釋之壬戌以資政殿學士章惇為尚書左僕射兼門下侍郎范純仁罷丙寅罷五路經律通禮科丁卯詔諸路復元豐免役法戊辰同修國史蔡卞請重修神宗實錄閏月壬申復提舉常平官癸酉罷十科舉士法甲申以觀文殿學士安燾為門下侍郎丙戌復義倉丁亥詔神宗隨龍人趙世長等遷秩賜賚有差戊子詔在京諸司所受傳宣中批並候朝廷覆奏以行乙未西南張蕃遣人入貢丙申命左僕射章惇提舉修神宗國史丁酉詔添差徐州兵馬都監五月壬寅罷修官制局甲辰罷進士習試詩賦令專二經立宏詞科己酉修國史曾布請以王安石日錄載之神宗實錄太白晝見辛亥劉奉世罷癸丑詔中外學官非制科進士上舍生入官者並罷編類元祐羣臣章疏及更改事條甲寅右正言張商英言先帝謂天地合祭非古詔禮部太常詳議以聞乙丑鄧潤甫卒丁卯嗣濮王宗暉薨六月甲戌來之邵等疏蘇軾誣斥先朝詔謫惠州丙子罷置制解鹽使壬午封高密郡王宗晟為嗣濮王癸未以翰林學士承旨曾布同知樞密院事甲申除進士引用王安石字說之禁秋七月丁巳以御史黃履周秩諫官張商英言奪司馬光呂公著贈謚王巖叟贈官貶呂大防為秘書監劉摯為光祿卿蘇轍為少府監並分司南京梁燾提舉舒州靈仙觀戊午詔大臣朋黨司馬光以下各輕重議罰布告天下餘悉不問議者亦勿復言八月丙戌召輔臣觀稼後苑日有五色雲壬辰應制科趙天啟以累上書狂妄黜九月癸卯遣御史劉拯按河北水災振饑民丙午御集英殿策賢良方正能直言極諫科庚戌罷制科罷廣惠倉癸丑令監司歲察守臣課績優者以聞甲寅知廣州唐義問坐棄渠陽砦責授舒州團練副使庚申太白晝見丁卯詔京東西河北振恤流民戊辰流星出紫微垣冬十月丙申三佛齊遣使入貢丁酉河北流十一月己亥朔復八路差官法壬子以冬溫無雪決繫囚蔡確特追復觀文殿大學士甲寅開封男子呂安斥乘輿當斬貸之丁巳詔河北振饑諸路恤流亡官吏有善狀才能顯著者以聞十二月辛未申嚴銅錢出外界法庚辰命諸路祈雪丙戌滑州浮橋火己丑漳河決溢浸洺磁等州令計置埽塞甲午范祖禹趙彥若黃庭堅坐史事責授散官永澧黔州安置是歲京師疫洛水溢太原地震河北水發京都粟振之

二年春正月甲辰詔國史院增補先帝御集丙午立宏詞科己未遷奉太平興國寺三朝御容于天章閣乙丑殿前司奏獄空詔賜緡錢二月乙亥呂大防以監修史事貶秩分司南京安州居住辛巳出內庫錢帛二十萬助河北振饑甲午罷廣文館解額三月己亥宗晟薨己未試宏詞黃符等五人各循一資夏四月戊辰詔職事官罷帶職朝請大夫以下勿分左右易集賢院學士為集賢殿修撰直集賢院為直秘閣集賢校理為秘閣校理壬申封華容郡王宗愈為嗣濮王詔許將等七人不限資格各舉才行堪備任使者二人丁亥詔依元豐條置律學博士二員五月乙巳命蔡卞詳定國子監三學及外州州學制乙卯上皇太妃宮名曰聖瑞六月壬辰禁京城士人輿轎秋七月丙辰詔大理寺復置右治獄仍依元豐例添置官屬八月壬申命彰信軍節度使宗景為開府儀同三司封濟陰郡王甲申宗愈薨乙酉錄趙普後希莊為閤門祗候九月甲午以安定郡王宗綽為嗣濮王壬寅告遷神宗神御于景靈宮顯承殿癸卯詣景靈宮行奉安禮戊申加上神宗謚曰紹天法古運德建功英文烈武欽仁聖孝皇帝己酉朝獻景靈宮庚戌朝饗太廟辛亥大饗明堂赦天下冬十月甲子鄭雍罷癸酉告遷宣仁聖烈皇后神御于景靈宮徽音殿甲

戌詔宮行奉安禮以吏部尚書許將爲尚書左丞翰林學士蔡卞爲尚書右丞辛巳進封冀王顥爲楚王辛卯河南府地震十一月乙未安燾罷知河南府丙申太白晝見戊戌范鍔自轉運使入對言有捕盜功乞賜章服帝曰捕盜常職也何足言功黜知壽州甲寅梁惟簡除名全州安置丙辰贈蔡確爲太師賜謚忠懷十二月乙丑復置監察御史三人分領六察不言事令翰林學士蔡京御史中丞黃履各舉御史二人壬申白虹貫月戊子詔如元豐例孟月朝獻景靈宮是歲蘇州夏秋地震桂陽監慶雲見出宮女九十一人交阯三佛齊韋蕃阿里骨入貢

三年春正月庚子韓忠彥罷知眞定府甲辰朝獻景靈宮遍詣諸殿如元豐禮庚戌引見蕃官包順包誠等賜賚有差詔鞫獄非本章所指而蔓求他罪者論如律乙卯詔戶部尚書勿領右曹戊午詔罷合祭問因大禮之歲夏至日躬祭地祇於北郊二月癸亥出元豐庫緡錢四百萬于陝西河東糴邊儲辛未復元豐恤孤幼令癸酉罷富弼配饗神宗廟庭癸未詔封濮王子未王者三人宗楚爲南陽郡王宗祐爲景城郡王並開府儀同三司宗漢爲東陽郡王乙酉宗綽薨丙戌詔三歲一取旨遣郎官御史按察監司職事丁亥夏人寇義合砦三月壬辰以禁中屢火罷春宴及幸池苑不御垂拱殿三日癸巳夏人圍塞門砦丁酉尚書省火戊午劍南東川地震己亥封宗楚爲嗣濮王辛亥封大寧郡王佖爲申王遂寧郡王佶爲端王丁巳幸申王端王府夏四月辛酉罷宣徽使丙子詔自今景靈宮四孟朝獻分爲二日五月壬子太白晝見丙辰錄囚六月癸亥令眞定立趙普廟乙酉立北郊齋宮於端聖園秋七月庚戌依元豐職事官以行守試三等定祿秩罷元祐所增聚義錢甲寅令熙河立王韶廟八月辛酉夏人寇寧順砦壬戌日上有五色暈下有五色氣己卯復置檢法官庚辰以范祖禹劉安世在元祐中構造誣謗祖禹責授昭州別駕賀州安置安世新州別駕英州安置九月己亥邈川首領阿里骨卒己酉滁沂二州地震壬子楚王顥薨乙卯廢皇后孟氏爲華陽敎主玉淸妙靜仙師賜名沖眞冬十月丁巳朔以楚王薨罷文德殿視朝壬戌夏人寇鄜延陷金明砦戊辰詔被邊諸路相度城砦要害增嚴守備辛未西南方雷聲雨雹癸酉鍾傳言築汝遮詔以爲安西城十一月丁未章惇上神宗實錄庚戌宴修實錄官十二月辛酉宗景坐以立妾罔上罷開府儀同三司判大宗正司事癸酉置施州鑄錢廣積監甲戌蔡京上新修大學敕令式詳定重修敕令遺棄饑貧小兒三歲以下聽收養爲眞子孫是歲于闐大食龜茲師王國西南蕃龍氏羅氏入貢宗室子授官者四十六人

四年春正月丙戌朔不受朝羣臣及遼使詣東上閤門拜表賀班內外學制庚寅以阿里骨子瞎征襲河西軍節度使邈川首領甲午涇原路鈐轄王文振敗夏人于沒煙峽庚戌李清臣罷二月己未以三省言追貶呂公著爲建武軍節度副使司馬光爲清遠軍節度副使王巖叟爲雷州別駕奪趙瞻傅堯俞贈謚追韓維到任及孫固范百祿胡宗愈遺表恩詔江淮巡檢依舊法招置土兵癸亥于闐來貢黑汗王攻夏人三州遣其子以聞丙寅夏人寇綏德城庚午詔國信使毋得以非例之物遺人使仍著條禁癸酉詔申王佖端王佶歲賜錢各六千五百緡丙子進神宗婉儀宋氏爲賢妃己卯復元豐榷茶法庚辰罷春秋科癸未以三省言追貶呂大防爲舒州團練使劉摯爲鼎州團練副使蘇轍爲化州別駕梁燾爲雷州別駕范純仁爲安武軍節度副使安置于循新雷化永五州劉奉世爲光祿少卿分司南京黜韓維以下三十人輕重有差甲申降文彥博爲太子少保閏月丙戌朔張天說坐上書詆訕先朝處死壬寅以曾布知樞密院事許將爲中書侍郎蔡卞爲尚書左丞吏部尚書黃履爲尚書右丞翰林學士林希同知樞密院事癸卯大雨雹甲辰蘇軾責授瓊州別駕移昌化軍安置范祖禹移賓州安置劉安世移高州安置己酉御集英殿策進士庚戌策武舉三月壬戌夏人犯麟州神堂堡出兵討之及進築胡山砦癸亥賜禮部奏名進士諸科及第出身六百九人甲子詔武舉謝師古等以遠人賜帛李惟岳以高年賜帛丁卯詔瀘南安撫司南平軍毋擅誘楊光榮獻納播州疆土庚午夏人大至葭蘆城下知石州張構等擊走之甲戌幸金明池丙子尅胡山新砦成賜名平羌砦辛巳西上閤門使折克行破夏人于長波川斬首二千餘級獲牛馬倍之壬午命官編類司馬光等改廢法度論奏事狀夏四月丁亥命諸獄置氣樓涼窗設漿飲薦席枷械五日一浣繫囚以時沐浴遇寒給薪炭甲午熙河築金城關丙申詔發解省試添策一道丁酉進編臣僚章疏一百四十三帙己亥呂大防卒于虔州庚子知保安軍李沂伐夏國破洪州壬寅環慶鈐轄張存入鹽州俘戮甚衆及還夏人追襲之復多亡失甲辰置克戎砦平夏城置靈平砦丁丑以西邊板築有勞曲赦陝西河東路追貶王珪爲萬安軍司戶參軍己酉復文德殿侍從轉對五月丁巳文彥博薨辛酉以皇太妃服藥及亢旱決四京囚壬戌詔陝西添置蕃落馬軍十指揮丁卯廢衞州淇水第二馬監穎昌府單鎭馬監辛未韓縝薨丁丑貶韓維爲崇信軍節度副使六月癸未朔日有食之丁亥太白犯太微垣戊子宗楚薨丙申詔翰林學士吏部尚書各舉監察御史二人丁酉環慶路安疆砦成詔防托蕃漢官賜帛有差甲辰熙河進築青石峽畢工賜名西平乙巳保寧軍觀察留後宗漢爲開府儀同三司徙封安康郡王己酉太原地震太白晝見秋七月壬子朔太白晝見八月乙酉封湖州觀察使世開爲安定郡王丙戌鄜延將王愍復宥州戊戌封宗祐爲嗣濮王築威戎城己酉彗出西方九月壬子以星變避殿減膳罷秋宴詔公卿悉心修政以輔不逮求中外直言乙卯赦天下出元豐庫緡錢四百萬付陝西廣糴詔歸明人未給田者舍以官舍戊辰彗滅癸酉謁中太一宮爲民祈福丙子御殿復膳命宗景爲開府儀同三司己卯封婉儀劉氏爲賢妃冬十月戊戌宗景薨壬寅廢安國安陽淇水監及洛陽原武監十一月丁卯詔諫議大夫以上各舉監察御史一人癸酉貶劉奉世爲隰州團練副使柳州安置丁丑詔放歸田里程頤涪州編管十二月癸未劉摯卒甲申曲宴遼使于垂拱殿乙酉侍御史董敦逸坐奏對不實貶秩知興國軍是歲兩浙旱饑詔行荒政移粟賑貸出宮女二十四人宣城民妻一產四男子于闐西南蕃羅氏入貢播州夷楊光榮等內附戶部主戶一千三百六萬八千七百四十一丁三千三十四萬四千二百七十四客戶六百三十六萬六千八百二十九丁三百六萬七千三百三十二大辟三千一百九十二人

元符元年春正月庚戌朔不視朝丙寅咸陽民段義得玉印一紐甲戌幸瑞聖園觀北郊齋宮二月丙戌白虹貫日庚寅詔建五王外第壬辰復罷翰林侍讀侍講學士丁酉宗祐薨戊申知蘭州王舜臣討夏人于塞外築興平城三月壬子令三省樞密吏三歲一試刑法甲寅開楚州通漣河丙辰米脂砦成丁巳五王外第成賜名懿親宅戊午封宗漢爲嗣濮王殺朱崖流人陳衍壬戌申王佖端王佶並爲司空令太常寺與閤門修定刈麥儀乙丑詔翰林學士承旨蔡京等辯驗段義所獻玉璽定議以聞戊辰吏部郎中方澤等坐私謁后族宴聚罰金補外庚午幸申王府辛未幸端王府甲戌進封咸寧郡王俁爲莘王普寧郡王似爲簡王祁國公偲爲永寧郡王丙子築熙河通會關夏四月庚辰世開薨甲申幸睿成宮及莘王簡王府丙戌章惇等進神宗帝紀梁燾卒于化州壬辰林希罷丙申建顯謨閣藏神宗御集庚子幸睿成宮壬寅學士院上寶璽靈光翔鶴樂章癸卯詔學官增習兩經丁未曾布上刪修軍馬敕例五月戊申朔御大慶殿受天授傳國受命寶行朝會禮己酉班德音于天下減囚罪一等徒以下釋之癸丑受寶恭謝景靈宮戊午宴紫宸殿庚申詔獻寶人段義爲右班殿直賜絹二百匹六月戊寅朔改元丙戌遣官分詣鄜延涇原河東熙河按驗所築城砦甲午蔡京等上常平免役敕令秋七月乙卯詔增置大府丞一員乙丑赦大禮五使自今並差執政官定爲令丁卯令學官試三經庚午詔范祖禹移化州安置劉安世梅州安置王巖叟朱光庭諸子並勒停不敘壬申京師地震八月丙子朔熙河蘭岷路復爲熙河蘭會路庚辰詔自今三省樞密院進擬在京文臣開封推判官武臣橫班使副及諸路監司帥守並取旨召對丁亥詔侍從中書舍人以上各舉所知二人權侍郎以上舉一人仍指言所堪職任九月丁未以霖雨罷秋宴庚戌秦觀除名移雷州編管癸亥賜王安石第于京師冬十月乙未詔武官試換文資丁酉以河北京東河溢遣官振恤己亥夏人寇平夏城癸卯駙馬都尉張敦禮坐元祐初上疏譽司馬光奪留後授環衞官十一月壬戌朝獻景靈宮癸亥朝饗太廟甲子祀昊天上帝于圜丘赦天下是歲澶州河溢振恤河北京東被水者眞定府祁州野蠶成繭涇原路禽夏國統軍嵬名阿埋等高麗瞎征西南蕃張氏羅氏程氏入貢西蕃首領李訛哆巴詘支呂承信等內附

二年春正月甲辰朔御大慶殿以雪罷朝羣臣及遼使詣東上閤門拜表賀羣臣又詣內東門賀如儀丁卯出內金帛二百萬備陝西邊儲二月甲戌朔令監司舉本路學行優異者各二人韋蕃入貢己卯詔許高麗國王遣士賓貢辛巳增置神臂弓詔自今應被旨舉官所舉不當具舉主姓名以聞甲申夏人以國母卒遣使告哀且謝罪却其使不納戊子鄜延鈐轄劉安敗夏人于神堆甲午大食入貢乙未詔吏部守令課績從御史臺考察黜其不實者三月丙辰遼人遣簽書樞密院事蕭德崇來爲夏人請緩師仍獻玉帶築環慶路定邊城丁巳秦鳳經略司言吳名革率部族孳畜歸順詔名革補內殿承制首領李哆補右侍禁及賜錢帛有差庚申知府

州折克行獲夏國鈐轄令王皆保乙丑祈雨己巳莘王俁爲司空夏四月庚辰幸莘王府令廣西提點刑獄司兼領鹽事丙戌築鄜延河東路暖泉烏龍砦丁亥以旱減四京囚罪一等杖以下釋之辛卯詔鞫獄徒以上須結案及審錄審奏然後斷遣不如令者坐之癸巳封永嘉郡王偲爲睦王遣中書舍人郭知章報聘于遼丁酉築威羌城五月甲辰太白晝見庚戌築鄜延路金湯城癸亥奉遷眞宗神御于萬壽觀延聖殿曲赦陝西河東路減囚罪一等流以下釋之建西安州及天都等砦乙丑進章惇官五等曾布三等許將蔡卞黃履皆二等辛未詔莘王俁睦王偲母進封婕妤六月庚辰賜蘭會州新砦名會川城甲午賜環慶路之字平曰清平關戊戌築定邊白豹城訖工閤門使張存等轉官賜金帛有差秋七月乙巳盛暑中外決繫囚丁未放在京工役庚戌河北河漲沒民田廬遣官振之甲子知環州种朴獲夏國監軍訛勃囉丙寅洮西安撫使王贍復邈川城西蕃首領欽彪阿成以城降八月癸酉章惇等進新修敕令式惇讀於帝前其間有元豐所無而用元祐敕令修立者帝曰元祐亦有可取乎惇等對曰取其善者甲戌太原地震戊寅皇太子生辛巳降德音于諸路減囚罪一等流以下釋之乙酉賜熙河路緡錢百萬撫納部族丁亥復修會州癸巳太白晝見瞎征降甲午建葭蘆戍爲晉寧軍丙申保寧軍節度呂惠卿特授檢校司空九月庚子朔夏人來謝罪癸卯命御史黜檢三省樞密院並依元豐舊制甲辰幸儲祥宮乙巳幸醴泉觀丁未立賢妃劉氏爲皇后己未青唐酋隴拶以城降壬戌雨罷秋宴甲子右正言鄒浩論劉氏不當立特除名勒停新州羈管丙寅御文德殿冊皇后閏月癸酉置律學博士員詔詳議廟制以青唐爲鄯州隴右節度邈川爲湟州宗哥城爲龍支城俱隸隴右戊寅以鄜州爲寧砦城丙戌果州團練使仲忽進古方鼎誌曰魯公作文王尊彝甲午熒惑犯太微垣左執法己未越王茂薨冬十月壬子詔河北大名二十二州軍置馬步軍指揮以廣威保捷爲名甲寅日有食之既十一月丁亥詔綏德城爲綏德軍壬辰詔河北黃河退灘地聽民耕墾免租稅三年乙未詔諸州置教授者依太學三舍法考選生徒升補是月河中猗氏縣民妻一產四男子

三年春正月辛未帝有疾不視朝丁丑奉安太宗皇帝御容于景靈宮大定殿戊寅大赦天下蠲民租己卯帝崩皇太后諭遺制立弟端王卽位于柩前皇太后權同處分軍國事四月己未上謚曰欽文睿武昭孝皇帝廟號曰哲宗七月丁卯以謚號冊寶奏告天地宗廟社稷八月壬寅葬于永泰陵癸亥祔太廟崇寧三年七月加謚曰憲元繼道世德揚功欽文睿武齊聖昭孝皇帝政和三年改謚憲元繼道顯德定功欽文睿武齊聖昭孝皇帝

贊曰哲宗以冲幼踐阼宣仁同政初年召用馬呂諸賢罷青苗復常平登俊良闢言路天下人心翕然向治而元祐之政庶幾仁宗奈何熙豐舊姦枿去未盡已而媒蘖復用卒假紹述之言務反前政報復善良馴致黨籍禍興君子盡斥而宋政益敝矣吁可惜哉

宋史卷十九

元中書右丞相總裁脫脫等修

本紀第十九

徽宗一

徽宗體神合道駿烈遜功聖文仁德憲慈顯孝皇帝諱佶神宗第十一子也母曰欽慈皇后陳氏元豐五年十月丁巳生於宮中明年正月賜名十月授鎮寧軍節度使封寧國公哲宗卽位封遂寧郡王紹聖三年以平江鎭江軍節度使封端王出就傅五年加司空改昭德彰信軍節度元符三年正月己卯哲宗崩皇太后垂簾哭謂宰臣曰家國不幸大行皇帝無子天下事須早定章惇厲聲對曰在禮律當立母弟簡王皇太后曰神宗諸子申王長而有目疾次則端王當立惇又曰以年則申王長以禮律則同母之弟簡王當立皇太后曰皆神宗子莫難如此分別於次端王當立知樞密院曾布曰章惇未嘗與臣等商議如皇太后聖諭極當尙書左丞蔡卞中書門下侍郎許將相繼曰合依聖旨皇太后又曰先帝嘗言端王有福壽且仁孝不同諸王於是惇爲之默然乃召端王入卽皇帝位皇太后權同處分軍國事庚辰赦天下常赦所不原者百官進秩一等賞諸軍遣宋淵告哀于遼辛巳尊先帝后爲元符皇后癸未追尊母貴儀陳氏爲皇太妃甲申命章惇爲山陵使乙酉出先帝遺留物賜近臣丙戌以申王佖爲太傅進封陳王賜贊拜不名丁亥進仁宗淑妃周氏神宗淑妃邢氏並爲貴妃賢妃宋氏爲德妃戊子以章惇爲特進封申國公己丑進封莘王俁爲衞王守太保簡王似爲蔡王睦王偲爲定王並守司徒罷增八廂邏卒二月己亥始聽政尊先帝妃朱氏爲聖瑞皇太妃壬寅以南平王李乾德爲檢校太師丁未立順國夫人王氏爲皇后庚戌向宗回宗良遷節度使太后弟姪未任者俱授以官癸未初御紫宸殿庚申以吏部尙書韓忠彥爲門下侍郎資政殿大學士黃履爲尙書右丞辛酉名懿親宅潛邸曰龍德宮甲子毀承極殿丙寅遣吳安憲朱孝孫以遺留物遺遼國主三月戊辰朔詔宰臣執政侍從官各舉可任臺諫者庚午遣韓治曹譜告卽位于遼辛未詔追封祖宗諸子光濟等三十三人爲王女四十八人爲公主甲申以西蕃王隴拶爲河西軍節度使尋賜姓名曰趙懷德邈川首領瞎征爲懷遠軍節度使己丑以日當食降德音于四京減囚罪一等流以下釋之庚寅錄趙普後辛卯詔求直言癸巳以寧遠軍節度觀察留後世雄爲崇信軍節度使封安定郡王乙未郤永興民王懷所進玉器夏四月丁酉朔日有食之己亥令監司分部決獄甲辰以韓忠彥爲尙書右僕射兼中書侍郎禮部尙書李淸臣爲門下侍郎翰林學士蔣之奇同知樞密院事乙巳錄曹佾後丁未以帝生日爲天寧節己酉長子亶生辛亥大赦天下應元符二年已前係官逋負悉蠲之癸丑鹿敏求等以應詔上書遷秩乙卯請大行皇帝謚于南郊丁巳詔范純仁等復官宮觀蘇軾等徙內郡居住癸亥罷編類臣僚章疏局乙丑賜禮部奏名進士及第出身五百十八人五月丁卯朔罷理官失出之罰丙子詔復廢后孟氏爲元祐皇后乙酉蔡卞罷己丑詔追復文彥博王珪司馬光呂公著呂大防劉摯等三十三人官辛卯還司馬光等致仕遺表恩癸巳河北河東陝西饑詔帥臣計度振恤六月丙申朔遼主遣蕭進忠蕭安世等來弔祭秋七月丙寅朔奉皇太后詔罷同聽政丁卯告哲宗欽文睿武昭孝皇帝謚于天地宗廟社稷戊辰上寶冊于福寧殿癸酉皇太后還政減天下囚罪一等流以下釋之癸未遣陸佃李嗣徽報謝于遼罷管勾陝西京川路坑冶及江西廣東湖北夔梓成都路管勾措置鹽事官辛卯封子亶爲韓國公八月戊戌詔諸路遇民有疾委官監醫往視疾給藥庚子作景靈西宮奉安神宗神御建哲宗神御殿於其西辛丑出內庫金帛二百萬糴陝西軍儲壬寅葬哲宗皇帝于永泰陵丙午遣董敦逸賀遼主生辰呂仲甫賀正旦戊申高麗王王熙遣使奉表來慰庚戌詔以仁宗神宗廟永世不祧戊午以蔡王似爲太保癸亥祔哲宗神主于太廟樂曰大成之舞九月甲子詔修哲宗實錄丙寅遼遣蕭穆來賀卽位丁卯減兩京河陽鄭州囚罪一等民緣山陵役者蠲其賦己巳幸龍德宮辛未章惇罷丙子以陳王佖爲太尉丁丑詔修神宗史己丑復均給職田十月乙未夏國入貢丙申蔡京出知永興軍貶章惇爲武昌軍節度副使丁酉以韓忠彥爲尙書左僕射兼門下侍郎壬寅以曾布爲尙書右僕射兼中書侍郎乙卯升端州爲興慶軍己未詔禁曲學偏見妄意改作以害國事者辛酉罷平準務十一月丁卯詔修六朝寶訓降德音于端州減囚罪一等徒以下釋之庚午詔改明年元戊寅以觀文殿學士安燾知樞密院事庚辰黃履罷己丑置春秋博士辛卯令陝西兼行銅鐵錢以禮部尙書范純禮爲尙書左丞十二月甲午以皇太后不豫禱于宮觀祠廟嶽瀆戊戌出糶粟減價以濟民辛丑慮囚甲辰詔修國朝會要戊申降德音于諸路減囚罪一等流以下釋之戊午遼人來賀正旦是歲出宮女六十九人

建中靖國元年春正月壬戌朔有赤氣起東北亙西南中函白氣將散復有黑祲在旁癸亥有星自西南入尾其光燭地癸酉范純仁薨甲戌皇太后崩遺詔追尊皇太妃陳氏爲皇太后丁丑易大行皇太后園陵爲山陵命曾布爲山陵使己卯令河陝募人入粟免試注官二月丙申雨雹己亥汰秦鳳路二兵甲辰始聽政乙巳出內庫及諸路常平錢各百萬備河北邊儲丁巳貶章惇爲雷州司戶參軍三月甲子始御紫宸殿乙丑遼使蕭恭來告其主洪基殂遣謝文瓘上官均等往弔祭黃寔賀其子延禧立丁丑詔以河西軍節度使趙懷德知湟州壬午以日當食避殿減膳降天下囚罪一等流以下釋之夏四月辛卯朔日食不見甲午上大行皇太后謚曰欽聖憲肅乙未上追尊皇太后謚曰欽慈丁酉御殿復膳壬寅詔諸路疑獄當奏而不奏者科罪不當奏而輒奏者勿坐著爲令五月辛酉朔大雨雹詔三省減吏員節冗費丙寅葬欽聖憲肅皇后欽慈皇后于永裕陵庚辰蘇頌薨丙戌祔欽聖憲肅皇后欽慈皇后神主于太廟戊子減兩京河陽鄭州囚罪一等民緣山陵役者

蠲其賦。六月庚寅朔，以韓國公亶爲開府儀同三司，封京兆郡王；戊申，封向宗回爲永陽郡王，向宗良爲永嘉郡王。甲寅，封吳王顥子孝騫爲廣陵郡王，頵子孝參爲信都郡王。戊午，范純禮罷。己未，詔班鬭殺情理輕重格。秋七月辛巳，內郡置添差宗室闕。丙戌，安燾罷。丁亥，以蔣之奇知樞密院事，吏部尚書陸佃爲尚書右丞，端明殿學士章楶同知樞密院事。九月己巳，詔諸路轉運提舉司及諸州軍有遺利可以講求及冗員浮費當裁損者，詳議以聞。丙戌，子檉薨。冬十月乙未，李清臣罷。丁酉，天寧節，羣臣及遼使初上壽于垂拱殿。十一月庚申，以陸佃爲尚書左丞，吏部尚書溫益爲尚書右丞。壬戌，以西蕃賒羅撒爲西平軍節度使、邈川首領。辛未，出御製南郊親祀樂章。戊寅，朝獻景靈宮。己卯，饗太廟。庚辰，祀天地于圜丘，赦天下，改彰信軍爲興仁軍，昭德軍爲隆德軍，改明年元。十二月壬辰，賜陳王佖詔書不名。癸卯，進神宗昭儀武氏爲賢妃。丙午，奉安神宗神御于景靈西宮大明殿。丁未，詣宮行禮。己酉，降德音于西京，減囚罪一等，徒以下釋之。是歲，遼人來獻遺留物。河東地震，京畿蝗，江淮、兩浙、湖南、福建旱。

崇寧元年春正月丁丑，太原等十一郡地震，詔死者家賜錢有差。二月丙戌朔，以聖瑞皇太妃疾，慮囚。甲午，子亶改名烜，以蔡確配饗哲宗廟庭。戊戌，詔士有懷抱道德久沉下僚及學行兼備可厲風俗者，待制以上各舉所知二人。奉議郎趙諗謀反，伏誅。庚子，封子煥爲魏國公。辛丑，聖瑞皇太妃薨，追尊爲皇太后。庚戌，追封孔鯉爲泗水侯，孔伋爲沂水侯。三月丁巳，奉安哲宗神御于景靈西宮寶慶殿。戊午，詣宮行禮。壬戌，以定王偲爲太保。壬申，幸定王第。夏四月己亥，上皇太后謚曰欽成。五月丁巳，熒惑入斗。庚申，韓忠彥罷。己巳，瞎征卒。庚午，降復太子太保司馬光爲正議大夫，太保文彥博爲太子太保，餘各以差奪官。辛未，詔待制以上舉能吏各二人。乙亥，黜後苑內侍請以箔金飾宮殿者。丙子，詔元祐諸臣各以削秩，自今無所復問，言者亦勿輒言。戊寅，葬欽成皇后于永裕陵。己卯，陸佃罷。庚辰，以許將爲門下侍郎，溫益爲中書侍郎，翰林學士承旨蔡京爲尚書左丞，吏部尚書趙挺之爲尚書右丞。六月己丑，祔欽成皇后神主于太廟。壬辰，減西京、河陽、鄭州囚罪一等，民緣山陵役者蠲其賦。癸卯，詔六曹尚書有事奏陳，許獨員上殿。己酉，太白晝見。壬子，改渝州爲恭州。癸丑，詔倣唐六典修神宗所定官制。封伯夷爲清惠侯，叔齊爲仁惠侯。閏月甲寅朔，更名哲宗神御殿曰重光。辛酉，慮囚。壬戌，曾布罷。甲子，詔諸路州縣官有治績最著者，許監司、帥臣各舉一人。壬午，追貶李清臣爲武安軍節度副使。癸未，詔監司、帥臣於本路小使臣以上及親民官內有智謀勇果可備將帥者各舉一人。秋七月甲申朔，建長生宮以祠熒惑。丙戌，詔省臺寺監及監司、郡守並以三年成任。戊子，以蔡京爲尚書右僕射兼中書侍郎。己丑，焚元祐法。甲午，詔於都省置講議司。詔杭州、明州置市舶司。庚子，章楶罷。甲辰，以雨水壞民廬舍，詔開封府振恤壓溺者。辛亥，罷春秋博士。八月乙卯，子烜改名桓，煥改名楷。乙丑，罷權侍郎官。辛未，置安濟坊養民之貧病者，仍令諸郡縣並置。甲戌，詔天下興學貢士，建外學于國南。丙子，詔司馬光等二十一人子弟毋得官京師。己卯，以趙挺之爲尚書左丞，翰林學士張商英爲尚書右丞。九月戊子，京師置居養院，以處鰥寡孤獨，仍以戶絕財產給養。乙未，詔中書籍元符三年臣僚章疏姓名爲正上、正中、正下三等，邪上、邪中、邪下三等。丁酉，治臣僚議復元祐皇后及謀廢元符皇后者罪，降韓忠彥、曾布官，追貶李清臣爲雷州司戶參軍，黃履爲祁州團練副使，竄曾肇以下十七人。己亥，籍元祐及元符末宰相文彥博等、侍從蘇軾等、餘官秦觀等、內臣張士良等、武臣王獻可等凡百有二十人，御書刻石端禮門。庚子，以元符末上書人鍾世美以下四十一人爲正等，悉加旌擢；范柔中以下五百餘人爲邪等，降責有差。時世美已卒，詔贈官，仍官其子一人。壬寅，貶曾布爲武泰軍節度副使。甲辰，詔元符三年建中靖國元年責降臣僚已經牽復者，其元責告命並繳納尚書省。冬十月癸亥，蔣之奇罷。戊辰，詔責降宮觀人不得同一州居住。甲戌，以御史錢遹、石豫、左膚及輔臣蔡京、許將、溫益、趙挺之、張商英等言，罷元祐皇后之號，復居瑤華宮。丙子，劉奉世等二十七人坐元符末黨與變法，並罷祠祿。戊寅，以資政殿學士蔡卞知樞密院事。十一月乙酉，邵州言知溪洞徽州楊光銜內附。戊子，以婉儀鄭氏爲賢妃。辛卯，置河北安濟坊。癸巳，置西南兩京宗正司及敦宗院。戊戌，置顯謨閣學士、待制官。戊申，子楷爲開府儀同三司，封高密郡王。己酉，立卿監郎官三歲黜陟法。十二月癸丑，論棄湟州罪，貶韓忠彥爲崇信軍節度副使，曾布爲賀州別駕，安燾爲寧國軍節度副使，范純禮分司南京。庚申，鑄當五錢。辛酉，贈哲宗子鄧王茂爲皇太子，謚獻愍。丁丑，詔諸邪說詖行非先聖賢之書及元祐學術政事並勿施用。是歲，京畿、京東、河北、淮南蝗，江、浙、熙河、漳、泉、潭、衡、郴州、興化軍旱。辰、沅州徭入寇。出宮女七十六人。

二年春正月辛巳朔，乙酉，竄任伯雨、陳瓘、龔夬、鄒浩于嶺南，馬涓等九人分貶諸州。知荊南舒亶平辰、沅州徭賊，復誠、徽州，改誠州爲靖州，徽州爲蒔竹縣。壬辰，溫益卒。乙巳，以復荊湖疆土，曲赦兩路。丙午，以冱寒，令監司分部決獄。丁未，以蔡京爲尚書左僕射兼門下侍郎。二月辛亥，安化蠻入寇廣西，經略使程節敗之。壬子，遣官相度湖南北徭地，取其材植入供在京營造。甲寅，進元符皇后爲太后，宮名崇恩。辛酉，置殿中監。癸酉，奉安哲宗御容于西京會聖宮及應天院。丙子，置諸路茶場。三月壬午，進仁宗充儀張氏爲賢妃。乙酉，減西京囚罪一等。詔黨人子弟毋得擅到闕下，其應緣趨附黨人罷任在外指射差遣及得罪停替臣僚亦如之。丁亥，御集英殿策進士。癸卯，賜禮部奏名進士及第、出身五百三十八人。其嘗上書在正等者升甲，邪等者黜之。夏四月甲寅，詔侍從官各舉所知二人。乙卯，于闐入貢。丁卯，詔毀呂公著、司馬光、呂大防、范純仁、劉摯、范百祿、梁燾、王巖叟景靈西京繪像。己巳，以初謁景靈宮，赦天下。乙亥，詔毀刊行唐鑑并三蘇、秦、黃等文集。戊寅，以趙挺之爲中書侍郎，張商英爲尚書左丞，戶部尚書吳居厚爲尚書右丞，兵部尚書安惇同知樞密院事。奪王珪贈謚，追毀程頤出身文字，其所著書令監司覺察。五月辛巳，以賢妃鄭氏爲淑妃。癸巳，以陳王佖爲太師。丙戌，貶曾布爲廉州司戶參軍。己亥，封子楫爲楚國公。丙午，冊元符皇后劉氏爲太后。六月壬子，冊王氏爲皇后。庚申，詔元符末上書進士類多詆訕，令州郡遣入新學，依大學自訟齋法，候及一年能革心自新者許將來應舉，其不變者當屏之遠方。壬戌，慮囚。是月，中太一宮火。復湟州。秋七月己卯，學士院火。辛巳，以復湟州，進蔡京官三等，蔡卞以下二等。壬午，白虹貫日。甲申，降德音于熙河蘭會路，減囚罪一等，流以下釋之。庚寅，曾肇責授濮州團練副使。辛卯，詔上書進士見充三舍生者罷歸。丁酉，詔自今戚里宗屬勿復爲執政官，著爲令。乙巳，詔責降人子弟毋得任在京及府界差遣。八月丁未朔，再論棄湟州罪，貶韓忠彥爲磁州團練副使，安燾爲祁州團練副使，范純禮爲靜江軍節度副使，削蔣之奇秩三等。戊申，張商英罷。辛酉，詔張商英入元祐黨籍。九月辛巳，詔宗室不得與元祐姦黨子孫爲婚姻。庚寅，封子樞爲吳國公。詔上書邪等人知縣以上資序並與外祠，選人不得改官及爲縣令。壬辰，置醫學。癸巳，令天下郡皆建崇寧寺。辛丑，改吏部選人自承直郎至將仕郎七階。令天下監司長吏廳各立元祐姦黨碑。甲辰，詔郡縣謹祀社稷。冬十一月庚辰，以元祐學術政事聚徒傳授者，委監司舉察，必罰無赦。十二月癸亥，祧宣祖皇帝、昭憲皇后。丙寅，詔六曹長貳歲考郎官治狀，分三等以聞。是歲，諸路蝗。纂府蠻楊晟銅、融州楊晟天、邵州黃聰內附。

三年春正月己卯，安化蠻降。辛巳，詔上書邪等人毋得至京師。戊子，鑄當十大錢。壬辰，增縣學弟子員。甲午，賜蔡京子攸進士出身。癸卯，太白晝見。甲辰，鑄九鼎。二月丙午，以淑妃鄭氏爲貴妃。以刊定元豐役法不當，黜錢遹以下九人。丁未，置漏澤園。己酉，詔王珪、章惇別爲一籍，如元祐黨。詔自今御後殿，許起居郎、舍人侍立。壬子，以楚國公楫爲開府儀同三司，封南陽郡王。庚申，令天下坑冶金銀復盡輸內藏。辛未，雨雹。三月辛巳，置文繡院。丁亥，作圜土以居強盜貸死者。甲午，躋欽成皇后神主於欽慈皇后之上。辛丑，大內災。夏四月乙巳，以火災降德音于四京，減囚罪一等，流以下原之。乙卯，復鄯州。建爲隴右都護府。辛酉，徙封楫爲樂安郡王。復廓州。乙丑，罷講議司。己巳，曲赦陝西。壬申，楫薨。五月戊寅，罷開封權知府，置牧尹、少尹，改定六曹以吏、戶、儀、兵、刑、工爲序，增其員數，倣唐六典易胥吏之稱。己卯，以復鄯、廓，蔡京爲守司空，封嘉國公。庚辰，許將、趙挺之、吳居厚、安惇、蔡卞各轉三官。甲申，改鄯州爲西寧州，仍爲隴右節度。辛丑，詔黜守臣進金助修宮庭者。六月壬寅朔，圖熙寧、元豐功臣於顯謨閣。癸酉，以王安石配饗孔子廟。丙午，增諸州學未立者。壬子，置書畫算學。占城入貢。戊午，詔重定元祐、元符黨人及上書邪等者合爲一籍，通三百九人，刻石朝堂，餘並出籍，自今毋得復彈奏。辛酉，復置太醫局。癸亥，慮囚。乙丑，詔內外官毋得越職論事，僥倖奔競，違者御史臺彈奏。七月癸酉，以婉儀王氏爲德妃。庚辰，詔自今大禮不受尊號。羣臣毋上表。辛卯，行方田法。八月庚子，詔諸路知州通判增入主管學事四字。壬寅，大雨，壞民廬舍，令收瘞死者。甲辰，蔡京上神宗史。丙午，許將罷。九月乙亥，以趙挺之爲門下侍郎，吳居厚爲中書侍郎，翰林學士承旨張康國爲尚書左丞，刑部尚書鄧洵武爲尚書右丞。壬辰，詔諸路州學別置齋舍，以養材武之士。冬十月辛丑朔，大雨雹。丁未，賢妃張氏薨。丙辰，命官編類六朝勳臣。戊午，夏人入涇原，圍平夏城，寇鎮戎軍。庚申，熙河蘭會路經略安撫使王厚言，河西軍節度使趙懷德等出降己巳立九廟復翼祖宣祖庚午貴妃邢氏薨十一月甲戌幸太學官論定之士十六人遂幸辟雍賜國子司業吳絪蔣靜四品服學官推恩有差丙戌封子杞爲冀國公丁亥詔取士並繇學校罷發解及省試法科場如故事癸巳更上神宗謚曰體元顯道帝德王功英文烈武欽仁聖孝皇帝加上哲宗謚曰憲元繼道顯德定功欽文睿武齊聖昭孝皇帝甲午朝獻景靈宮乙未饗太廟丙申祀昊天上帝于圜丘赦天下升興仁隆德軍爲府還彰信昭德舊節十二月乙巳升通遠軍爲鞏州戊午賜陳王佖入朝不趨是歲諸路蝗出宮女六十二人廣西黎洞楊晟免等內附

宋史卷二十

元 中書右丞相總裁脫脫等修

本紀第二十

徽宗二

四年春正月庚午朔改熙河蘭會路爲熙河蘭湟路丙戌築溪哥城壬辰詔察諸路監司貪虐者論其罪丙申詔京畿路改置轉運使提點刑獄官蔡卞罷立武學法丁酉秦鳳蕃落獻邦潘疊三州以內侍童貫爲熙河蘭湟秦鳳路經略安撫置制使二月乙巳築御謀城己酉置親衞勳衞翊衞郎中郎等官以勳戚近臣之兄弟子孫有官者試充甲寅以張康國知樞密院事兵部尚書劉逵同知樞密院事吏部尚書何執中爲尚書左丞乙卯班方田法庚申詔西邊用兵法能招納羌人者與斬級同賞壬戌升趙州爲慶源軍甲子雨雹乙丑改三衞郎爲侍郎閏月壬申復元豐銓試斷按法令州縣倣尚書六曹分六案甲申置陝西河東河北京西監鑄當二夾錫鐵錢己丑御端門受趙懷德降授感德軍節度使封安化郡王壬辰曲赦熙河蘭湟路三月壬寅置淸海馬監甲辰以趙挺之爲尚書右僕射兼中書侍郎丙午詔建古王砦爲懷遠軍庚戌令呂惠卿致仕戊午復銀州乙丑詔州縣屬鄉聚徒教授者非經書子史毋習丁卯牂牁夜郎首領以地降是月夏人攻塞門砦夏四月辛未遼遣蕭艮來爲夏人求還侵地及退兵戊寅夏人攻臨宗砦辛巳詔諸路走馬承受毋得預軍政及邊事己丑夏人寇順寧砦鄜延第二副將劉延慶擊破之復攻湟州北蕃市城知州辛叔獻等擊却之五月戊申除黨人父兄子弟之禁壬子遣林攄報聘于遼賜張繼先號虛靜先生癸丑罷轉運司檢察鈞考法辛酉命官分部決獄六月丙子復解池鹽占城入貢丁丑慮囚辛巳罷陝西河東力役甲申曲赦熙河陝西河東京西路戊子趙挺之罷秋七月丙申朔罷三京國子監官各置司業一員辛丑置熒惑壇置四輔郡以潁昌府爲南輔襄邑縣爲東輔鄭州爲西輔澶州爲北輔甲寅詔奪元祐輔臣墳寺丁巳還上書流人戶部尚書曾孝廣坐錢帛皆闕出知杭州八月戊辰以德妃王氏爲淑妃庚午以王江古州歸順置提舉溪洞官二員改懷遠軍爲平州丙子以東輔爲拱州甲申奠九鼎于九成宮乙酉詣宮酌獻辛卯賜新樂名大晟置府建官壬辰遣劉正夫使遼九月己亥赦天下乙巳詔元祐人貶謫者以次徙近地惟不得至畿輔詔京畿三路保甲並於農隙時教閱乙卯賜上舍生三十五人及第丙辰詔自今非宰臣毋得除特進冬十月自七月雨至是月不止甲申以左右司所編紹聖元符以來申明斷例班天下刑名例班刑部大理司丁亥升武岡縣爲軍戊子詔上書進士未獲者限百日自陳免罪壬辰日中有黑子十一月戊戌安定郡王世雍薨丙辰置諸路提舉學事官己未章惇卒十二月癸酉升拱州爲保慶軍甲申分平州置允州格州是歲蘇湖秀三州水賜乏食者粟泰州禾生稆

五年春正月戊戌彗出西方其長竟天庚子復置江湖淮浙常平都倉甲辰以吳居厚爲門下侍郎劉逵爲中書侍郎乙巳以星變避殿損膳詔求直言闕失毀元祐黨人碑復謫者仕籍自今言者勿復彈糾丁未太白晝見赦天下除黨人一切之禁權罷方田戊申詔侍從官奏封事己酉罷諸州歲貢供奉物庚戌詔崇寧以來左降者各以存歿稍復其官盡還諸徙者辛亥御殿復膳壬子罷圜土法丁巳罷書畫筭醫四學壬戌復書畫筭學二月甲子朔詔監司條奏民間疾苦丙寅蔡京罷爲開府儀同三司中太一宮使以觀文殿大學士趙挺之爲特進尚書右僕射兼中書侍郎庚午詔翰林學士兩省官及館閣自今並除進士出身人壬申省內外冗官罷醫官兼宮觀者蒲甘國入貢丁丑以前後所降御筆手詔模印成冊班之中外州縣不遵奉者監司按劾監司推行不盡者諸司互察之三月丙申詔星變已消罷求直言辛丑改威德軍爲石堡砦封眉州防禦使世福爲安定郡王癸卯御集英殿策進士丁未罷諸州武學乙卯廢銀州爲銀川城丙辰蔡王似薨己未賜禮部奏名進士及第出身六百七十一人夏四月丁丑停免兩浙水災州郡夏稅五月丁未班紀元歷辛亥封子栩爲魯國公乙卯罷辟舉盡復元豐選法六月癸亥立諸路監司互察法庇匿不舉者罪之仍令御史臺糾劾改格州爲從州甲子詔求隱逸之士令監司審覈保奏其緣私者御史察之丁卯詔輔臣條具東南守備策壬申慮囚秋七月庚寅朔日當食不虧壬寅詔改明年元九月辛丑河南府嘉禾與芝草同本生冬十月己卯升澶州爲開德府庚辰降德音于開德府減罪一等徒以下釋之十一月辛卯陳王佖薨乙巳詔立武士貢法辛亥併京畿提刑入轉運司十二月戊午朔日當食不虧羣臣稱賀己未劉逵罷壬戌詔臣僚休日請對特御便殿己巳詔監司按事有懷姦挾情不盡實者流竄不赦是歲廣西黎洞韋晏鬧等內附

大觀元年春正月戊子朔赦天下甲午以蔡京爲尚書左僕射兼門下侍郎戊戌幸興德禪院復廢官庚子置儀禮局於尚書省甘露降于帝鼐內羣臣稱賀壬寅吳居厚罷戊申進封衞王俁爲魏王定王偲爲鄧王壬子以何執中爲中書侍郎鄧洵武爲尚書左丞戶部尚書梁子美爲尚書右丞乙卯封仲損爲南康郡王仲御爲汝南郡王二月壬戌以向宗回爲開府儀同三司徙封安康郡王甲子以黎洞納土曲赦廣西乙亥復醫學己卯復行方田丙戌以平昌郡君韋氏爲才人三月丁酉趙挺之罷以何執中爲門下侍郎鄧洵武爲中書侍郎梁子美爲尚書左丞吏部尚書朱諤爲右丞甲辰立八行取士科癸丑趙挺之卒夏四月乙丑以淑妃王氏爲貴妃五月己丑封子棫爲楊國公朝散郎吳儲承議郎吳侔坐與妖人張懷素謀反伏誅貶呂惠卿爲祁州團練副使庚寅鄧洵武罷甲午詔班新樂于天下癸卯詔自今凡總一路及監司之任勿以元祐學術及異意人充選以安化蠻犯邊益兵赴廣西討之乙巳子構生六月己未以梁子美爲中書侍郎壬戌詔景靈宮建僖祖殿室甲子以黎人地爲庭孚二州癸酉賜上舍生二十九人及第乙亥朱諤卒丁丑慮囚甲申以才人韋氏爲婕妤秋七月乙酉朔伊洛溢戊子詔括天下漏丁壬寅班祭服于州郡乙巳賢妃武氏薨八月乙卯曾布卒丁巳封子構爲蜀國公庚申以戶部尚書徐處仁爲尚書右丞吏部尚書林攄同知樞密院事己巳降德音于淮海吳楚二十六州減四罪一等流以下釋之九月庚寅建顯烈觀于陳橋己酉加上僖祖謚曰立道肇基積德起功懿文憲武睿和至孝皇帝朝獻景靈宮庚戌饗太廟辛亥饗明堂赦天下升永興軍爲大都督府章縱坐冒法竄海島李景直等四人以上書觀望罪並編管嶺南冬十月己未詔士有才武絕倫者歲貢準文士上舍上等法辛酉蘇州地震乙丑貶張商英爲安化軍節度副使己巳大雨雹閏月丙戌以林攄爲尚書左丞資政殿學士鄭居中同知樞密院事乙未詔守令以戶口爲殿最升桂州爲大都督府鎭州爲靖海軍節度壬申禁用翡翠乙巳升太原府鄧州並爲大都督府十一月壬子朔日有食之蔡京等以不及所當食分率羣臣稱賀乙丑置符寶郎己巳升瀛州爲河間府瀛海軍節度戊寅南丹州刺史莫公佞降徐處仁以母憂去位十二月庚寅以蔡京爲太尉進何執中以下官二等癸巳以江寧荆南揚杭越洪福潭廣桂並爲帥府置黔南路丁酉置開封府府學己亥以婉容喬氏爲賢妃開淇河是歲秦鳳旱京東水河溢遣官振濟貸被水戶租廬州雨豆汀懷二州慶雲見乾寧軍同州黃河淸于闐夏國入貢涪州夷駱世華駱文貴內附

二年春正月壬子朔受八寶于大慶殿赦天下文武進位一等蔡京表賀符瑞乙卯以婉儀劉氏爲德妃己未蔡京進太師加童貫節度使仍宣撫庚申進封魏王俁爲燕王鄧王偲爲越王並爲太尉京兆郡王桓爲定王高密郡王楷爲嘉王並爲司空吳國公樞爲建安郡王冀國公杞爲文安郡王楚國公栩爲安康郡王楊國公棫爲濟陽郡王蜀國公構爲廣平郡王並爲開府儀同三司甲子以神宗德妃宋氏劉氏爲淑妃賢妃喬氏爲德妃庚午徙封仲損爲齊安郡王仲御爲華陽郡王孝騫爲晉康郡王孝參爲豫章郡王並開府儀同三司封仲增爲信安郡王仲忽爲普安郡王仲癸爲咸安郡王仲僕爲同安郡王仲糜爲淮安郡王戊寅徙封向宗回爲漢東郡王向宗良爲開府儀同三司仲損薨河東北盜起二月甲申置諸路曹掾官甲午詔建徽猷閣藏哲宗御集置學士直學士待制官己亥以安德軍節度使錢景臻爲開府儀同三司庚戌以婕妤韋氏爲修容三

月庚申班金籙靈寶道場儀範于天下甲子封子材爲魏國公乙亥封子模爲鎮國公戊寅賜上舍生十三人及第升乾寧軍爲清州詔監司歲舉所部郡守二人縣令四人赴三省審察夏四月甲辰復洮州五月庚戌朔日有食之辛亥慮囚以復洮州功賜蔡京玉帶加童貫檢校司空仍宣撫甲寅復諸路歲貢供奉物壬戌溪哥王子臧征撲哥降復積石軍戊辰詔官蔡京子孫一人進執政官一等六月乙酉以涪夷地爲珍州甲午以平夏城爲懷德軍乙未以殿中六尚算學大官局翰林儀鸞司皆隸六察秋七月庚戌罷建僖祖殿室乙卯以婉容王氏爲賢妃八月辛巳邢州河水溢壞民廬舍復被水者家丙申中書侍郎梁子美罷知鄆州己亥置保州敦宗院九月辛亥以林攄爲中書侍郎吏部尚書余深爲尚書左丞壬戌貶向宗回爲太子少保致仕壬申封子植爲吳國公癸酉皇后王氏崩削向宗回官爵丙子曲赦熙河蘭湟秦鳳永興軍路冬十一月丁未朔太白晝見乙丑上大行皇后謚曰靖和十二月壬寅陪葬靖和皇后于永裕陵是歲同州黃河清出宮女七十有七人于闐夏國入貢涪夷任應舉楊文貴湖南猺楊再光內附

三年春正月乙卯祔靖和皇后神主于別廟己未減兩京河陽鄭州囚罪一等民緣園陵役者蠲其賦丁卯以涪夷地爲承州甲戌升湟州爲嚮德軍節度二月丙子朔播州楊文貴納土以其地置遵義軍丁丑韓忠彥致仕三月丙午立海商越界法庚戌御集英殿策進士辛酉詔四川郡守並選內地人任之壬戌併黔南入廣西路乙丑賜禮部奏名進士及第出身六百八十五人壬申張康國卒夏四月戊寅林攄罷戊子以淑妃劉氏爲貴妃癸巳以鄭居中知樞密院事吏部尚書管師仁同知樞密院事癸卯以余深爲中書侍郎兵部尚書薛昂爲尚書左丞工部尚書劉正夫爲尚書右丞五月乙巳朔孟翊獻所畫卦象謂宋將中微宜更年號改官名變庶事以厭之帝不樂詔竄遠方丙辰令辟雍宴用雅樂丁巳慮囚戊辰大雨雹辛未以德妃喬氏爲貴妃六月甲戌朔詔修樂書管師仁罷丁丑蔡京罷辛巳以何執中爲特進尚書左僕射兼門下侍郎以瀘夷地爲純滋二州庚寅冀州河水溢秋七月丁未詔謫籍人除元祐姦黨及得罪宗廟外餘並錄用丙辰詔罷都提舉茶事司在京令戶部在外令轉運司主之八月乙酉封子朴爲雍國公己丑嗣濮王宗漢薨甲午以仲增爲開府儀同三司封嗣濮王丙申升融州爲清遠軍節度己亥韓忠彥薨九月癸丑封子㮚爲徐國公己未賜天下州學藏書閣名稽古冬十月癸丑減六尚局供奉物十一月丁未詔算學以黃帝爲先師風后等八人配饗巫咸等七十人從祀己巳蔡京進封楚國公致仕仍提舉哲宗實錄朝朔望十二月己亥罷東南鑄夾錫錢是歲江淮荊浙福建旱秦鳳階成饑發粟賑之蠲其賦陝州同州黃河清闍婆占城夏國入貢瀘州夷王募弱內附

四年春正月癸卯罷改鑄當十錢辛酉詔士庶拜僧者論以大不恭丁卯夏國入貢二月庚午朔禁然頂煉臂刺血斷指庚辰罷京西錢監甲申詔自今以賞進秩者毋過中奉大夫己丑以余深爲門下侍郎資政殿學士張商英爲中書侍郎戶部尚書侯蒙同知樞密院事壬辰罷河東河北京東鑄夾錫鐵錢三月庚子募饑民補禁卒詔醫學生併入太醫局筭入太史局書入翰林書藝局畫入翰林畫圖局學官等並罷甲寅赦所在振恤流民癸亥詔罪廢人稍加甄敘能安分守者不俟滿歲各與敘進以責來效丙寅賜上舍生十五人及第戊辰詔上書邪下等人可依無過人例今後改官升任並免檢舉夏四月己卯班樂尺于天下癸未蔡京上哲宗實錄丙申立感生帝壇丁酉詔修哲宗史五月壬寅停僧牒三年丁未彗出奎婁甲寅立詞學兼茂科丙辰詔以彗見避殿減膳令侍從官直言指陳闕失戊午赦天下壬戌改廣西黔南路爲廣南西路癸亥治廣西妄言拓地罪追貶帥臣王祖道爲昭信軍節度副使甲子貶蔡京爲太子少保丙寅余深罷六月庚午御殿復膳乙亥以張商英爲尚書右僕射兼中書侍郎壬辰復向宗回爲開府儀同三司漢東郡王乙未慮囚丙申薛昂罷秋七月辛丑復罷方田戊申封子楞爲冀國公八月乙亥以劉正夫爲中書侍郎侯蒙爲尚書左丞翰林學士承旨鄧洵仁爲尚書右丞戊寅省內外冗官庚辰以資政殿學士吳居厚爲門下侍郎丁亥行內外學官選試法閏月辛丑詔諸路事有不便於民者監司條奏之癸卯改陵井監爲仙井監辛酉詔戒朋黨以張閣知杭州兼領花石綱九月丙寅朔日有食之冬十月丁酉立貴妃鄭氏爲皇后鄭居中罷戊戌太白晝見以吳居厚知樞密院事十一月乙丑朔朝景靈宮丙寅饗太廟丁卯祀昊天上帝于圜丘赦天下改明年元丙戌罷拱州爲襄邑縣十二月庚戌改謚靖和皇后爲惠恭是歲夔州江水溢海水清出宮女四百八十六人南丹州首領莫公晟內附

政和元年春正月己巳以賢妃王氏爲德妃壬申毀京師淫祠一千三十八區戊寅封子栱爲定國公丙戌廢白龔二州壬辰詔百官厲名節二月壬寅冊皇后乙巳詔陝西河東復鑄夾錫錢丙午以太子少師鄭紳爲開府儀同三司三月己巳詔監司督州縣長吏勸民增植桑柘課其多寡爲賞罰癸酉以吏部尚書王襄同知樞密院事夏四月乙卯罷陝西河東鑄夾錫錢丙辰慮囚立守令勸農黜陟法丁巳以淮南旱降囚罪一等徒以下釋之五月癸亥詔四川羨餘錢物歸左藏庫戊辰改當十錢爲當三己卯東南有星晝隕丁亥解池生紅鹽六月甲寅復蔡京爲太子少師秋七月壬申以疾愈赦天下癸未廢平從二州爲砦八月乙未復蔡京爲太子太師丁巳張商英罷戊午詔監司部內官吏一歲中有犯罪至三人以上雖不及三人而或有曾薦舉者罪及監司九月戊寅王襄罷丁亥封子栻爲黃國公是月鄭允中童貫使遼以李良嗣來良嗣獻取燕之策詔賜姓趙冬十月辛卯以用事之臣多險躁朋比下詔申儆庚戌封昭化軍節度使宗粹爲信安郡王辛亥貶張商英爲崇信軍節度副使十一月壬戌以上書邪等及曾經入籍人並不許試學官丙子封子榛爲福國公十二月己酉詔臺諫以直道覈是非毋憚大吏毋比近習辛亥廢鎮州升瓊州爲靖海軍是歲虔州芝草生蔡州瑞麥連野河南府嘉禾生野蠶成繭出宮女八十人交阯夏國入貢

宋史卷二十一

元中書右丞相總裁脫脫等修

本紀第二十一

徽宗三

二年春正月甲子制上書邪等人並不除監司二月戊子朔蔡京復太師致仕賜第京師庚子以婉容崔氏爲賢妃三月戊午朔定國公栱薨己巳御集英殿策進士己卯賜禮部奏名進士及第出身七百十三人夏四月己丑詔縣令以十二事勸農於境內躬行阡陌程督勤惰辛卯復行方田日中有黑子甲午宴蔡京等于太清樓乙巳以定國軍節度使仲忽爲開府儀同三司庚戌以何執中爲司空壬子賜張商英自便五月癸亥慮囚丁卯封子椿爲慶國公己巳蔡京落致仕三日一至都堂議事六月己丑以資政殿學士余深爲門下侍郎乙卯白虹貫日秋七月壬申訪天下遺書丙子置禮制局九月壬午改太尉以冠武階癸未正三公三孤官改侍中爲左輔中書令爲右弼左右僕射爲太宰少宰罷尚書令冬十月乙巳得玉圭於民間十一月己未置知客省引進四方館東西上閤門事戊寅日南至受元圭于大慶殿赦天下辛巳蔡京進封魯國公以何執中爲少傅太宰兼門下侍郎執政皆進秩十二月甲申行給地牧馬法乙酉以鄭居中爲特進丙戌以武信軍節度使童貫爲太尉乙巳定命婦名爲九等丙午燕輔臣于延福宮辛亥封子樞爲衛國公是歲成都府蘇州火出宮女三百八十三人高麗入貢成都路夷人董舜咨董彥博內附置祺亭二州

三年春正月己未以定王桓嘉王楷並爲太保庚申以廣平郡王構爲檢校太保甲子詔以天賜元圭遣官冊告永裕永泰陵丙寅以燕王俁爲太傅癸酉追封王安石爲舒王子雱爲臨川伯配饗文宣王廟丁丑吳居厚罷以觀文殿學士鄭居中知樞密院事己卯以越王偲爲太傅封子楗爲韓國公二月甲申以德妃王氏爲淑妃庚寅罷文臣勳官辛卯崇恩太后暴崩甲午以遼女眞相持詔河北沿邊防丁酉詔百官奉祠祿者並以三年爲任乙巳增定六朝勳臣一百一十六人三月壬子朔日有食之戊辰進神宗淑妃宋氏爲貴妃升永安縣爲永安軍癸酉賜上舍生十九人及第夏四月戊子作保和殿庚寅以復溱播等州降德音于梓夔路癸巳鄧洵仁罷乙巳以福寧殿東建玉清和陽宮丙午升定州爲中山府己酉以資政殿學士薛昂爲尚書右丞庚戌班五禮新儀閏月丙辰改公主爲帝姬戊午復置醫學辛酉上崇恩太后謚曰昭懷庚午慶國公椿薨五月乙酉慮囚丙申升蘇州爲平江府庚子大盈倉火壬寅以築溱播進執政官一等丙午葬昭懷皇后于永泰陵丁未詔尚書內省分六司以掌外省六曹所上之事置內宰副宰內史治中等官及都事以下吏員己酉班新燕樂六月癸亥祔昭懷皇后神主于太廟戊辰降兩京河陽鄭州囚罪一等民緣園陵役者蠲其賦秋七月癸未升趙城縣爲慶祚軍甲申還王珪孫固贈謚追復韓忠彥曾布安燾李清臣黃履等官職庚子貴妃劉氏薨壬

寅復置白州八月甲戌以燕樂成進執政官一等丙子以何執中爲少師丁丑升潤州爲鎮江府戊寅封四鎮山爲王九月庚寅詔大理寺開封府不得奏獄空其推恩支賜並罷戊戌追冊貴妃劉氏爲皇后謚曰明達冬十月乙丑閱新樂器于崇政殿出古器以示百官戊辰詔冬祀大禮及朝景靈宮並以道士百人執威儀前導冬十一月辛巳朝獻景靈宮壬午饗太廟加上神宗謚曰體元顯道法古立憲帝德王功英文烈武欽仁聖孝皇帝改上哲宗謚曰憲元繼道世德揚功欽文睿武齊聖昭孝皇帝癸未祀昊天上帝于圜丘大赦天下升端州爲興慶府乙酉以天神降詔告在位作天眞降臨示現記己丑以賢妃崔氏爲德妃壬辰築祥州己亥詔有官人許舉八行十二月癸丑詔天下訪求道教仙經乙卯詔天下貢醫士辛酉太白晝見是歲江東旱溫封滋三州火出宮女二百七十有九人

四年春正月戊寅朔置道階凡二十六等辛丑追封濮王子宗誼爲祁王宗詠爲萊王宗師爲溫王宗輔爲楚王宗博爲蕭王宗沔爲霍王宗蓋爲建王宗勝爲袁王二月丁巳賜上舍生十七人及第癸亥改淯井監爲長寧軍癸酉長子桓冠三月丙子朔以淑妃王氏爲貴妃夏四月庚戌幸尚書省以手詔訓誡蔡京何執中各官遷秩吏賜帛有差癸丑闕太學辟雍諸生雅樂甲子改戎州爲敍州五月丙戌始祭地于方澤以太祖配降德音于天下子機薨六月戊午慮囚壬申以廣西溪洞地置隆兌二州秋七月丁丑置保壽粹和館以養宮人有疾者戊寅焚苑東門所儲毒藥可以殺人者仍禁勿得復貢甲午祔明達皇后神主于別廟八月乙巳改端明殿學士爲延康殿學士樞密直學士爲述古殿直學士癸亥定武臣橫班以五十員爲額九月己卯以安靜軍節度使王憲爲開府儀同三司己亥詔諸路兵應役京師者並以十月朔遣歸冬十月乙巳復置拱州十一月丁丑封子梴爲相國公十二月己酉以禁中神御殿成減天下囚罪一等癸丑定朝儀奉直大夫以八十員爲額己未詔廣南市舶司歲貢眞珠犀角象齒是歲相州野蠶成繭出宮女六十八人

五年春正月庚辰瀘南晏州夷反尋詔梓州路轉運使趙遹等督兵討平之己丑令諸州縣置醫學立貢額甲午改龍州爲政州二月乙巳立定王桓爲皇太子甲寅冊皇太子赦天下庚午以童貫領六路邊事三月辛未朔太白晝見己卯御集英殿策進士甲申追論至和嘉祐定策功封韓琦爲魏郡王復文彥博官丁亥詔以立皇太子見責降文武臣僚並與牽復甄敍凡千五百人壬辰升舒州爲德慶軍癸巳賜禮部奏名進士出身六百七十人夏四月甲辰作葆眞宮丁未詣景靈宮還幸祕書省進館職官一等庚戌改集英殿爲右文殿癸亥置宣和殿學士詔東宮講讀官罷讀史五月壬辰慮囚六月癸丑以修三山河橋降德音于河北京東京西路秋七月戊辰朔日有食之乙亥升汝州爲陸海軍丁丑詔建明堂于寢殿之南甲申昭慶軍節度使蔡卞爲開府儀同三司丁亥封子樾爲瀛國公八月己酉以祕書省地爲明堂辛亥升通利軍爲濬州平川軍節度嗣濮王仲增薨九月己卯封仲御爲嗣濮王丙戌封子楧爲惠國公冬十月癸卯以嵩山道人王仔昔爲沖隱處士戊午夏國入貢十一月癸酉錄昭憲皇后杜氏之裔庚寅高麗遣子弟入學十二月己亥升遂州爲遂寧府庚申以平晏夷曲赦四川癸亥置緣邊安撫司于瀘州是歲平江府常湖秀州水出宮女五十人

六年春正月戊子以瀘南獻捷轉宰執一官以童貫宣撫陝西河北閏月壬寅升潁州爲順昌府丁未置道學二月丁亥詔增廣天下學舍庚寅詔廣京城三月癸丑賜上舍生十一人及第夏四月乙丑會道士于上清寶籙宮辛未以何執中爲太傅致仕朝朔望丁丑詔天寧諸節及壬戌日杖已下罪聽贖丙戌郤監司守臣進獻庚寅詔蔡京三日一朝正公相位總治三省事五月丁酉廢錫錢庚子以鄭居中爲少保太宰兼門下侍郞劉正夫爲特進少宰兼中書侍郞壬寅以保大軍節度使鄧洵武知樞密院事六月丙寅班中書官制格庚午慮囚甲戌詔堂吏遷官至奉直大夫止癸未皇太子納妃朱氏秋七月壬辰朔以震武城爲震武軍甲午以德妃崔氏爲貴妃辛亥以河陽三城節度使王薦爲開府儀同三司諸盜晏州卜漏（闕一字）沅州黃安俊定邊軍李吡哆伏誅詔函首于甲庫壬子曲赦湖北己未解池生紅鹽辛酉改走馬承受公事爲廉訪使者八月壬戌朔戒北邊帥臣毋生事壬午詔天下監司郡守搜訪巖谷之士雖恢詭譎怪自晦者悉以名聞丁亥幸蔡京第己丑升晉州爲平陽壽州爲壽春齊州爲濟南府九月辛卯朔詣玉清和陽宮上太上開天執符御歷含眞體道昊天玉皇上帝徽號寶冊丙申赦天下令洞天福地脩建宮觀塑造聖像以西內成曲赦京西己未以童貫爲開府儀同三司冬十月乙丑太白晝見十一月丁酉朝獻景靈宮戊戌饗太廟己亥祀昊天上帝于圜丘赦天下庚子以禮部尚書白時中爲尚書右丞辛丑魏公材薨戊申以侯蒙爲中書侍郞薛昂爲尚書左丞己未徙封衞國公楃爲鄆國公增橫班爲十三階十二月己巳以婉儀劉氏爲賢妃戊寅以熙河進築功成進執政一官乙酉奠九鼎于圓像徽調閤劉正夫爲開府儀同三司致仕戊子以宗粹爲開府儀同三司是歲冀州三山黃河清出宮女六百人高麗占城大食眞臘大理夏國入貢茂州夷王永壽內附

七年春正月丁酉于闐入貢庚子以殿前都指揮使高俅爲太尉二月癸亥以大理國主段和譽爲雲南節度使大理國王甲子會道士二千餘人于上清寶籙宮詔通眞先生林靈素諭以帝君降臨事丁卯御集英殿策高麗進士辛未改天寧萬壽觀爲神霄玉清萬壽宮乙亥幸上清寶籙宮命林靈素講道經三月庚寅賜高麗祭器高麗進士權適等四人賜上舍及第乙未以童貫權領樞密院丙申升鼎州爲常德軍夏四月庚申帝諷道籙院上章冊己爲教主道君皇帝止於教門章疏內用辛酉升溫州爲應道軍五月戊子朔升慶州爲慶陽軍渭州爲平涼軍己丑如玉清和陽宮上承天效法厚德光大后土皇地祇徽號寶冊辛卯命蔡攸提舉祕書省幷左右街道籙院乙未詔權罷宮室修造辛丑祭地于方澤降德音于諸路以監司州縣共爲姦贓令廉訪使者察奏仍許民徑赴尚書省陳訴癸卯改玉清和陽宮爲玉清神霄宮六月戊午朔以明堂成進封蔡京爲陳魯國公戊辰以嘉王楷爲太傅改節度觀察留後爲承宣使己巳蔡京辭兩國不拜詔官其親屬二人壬午詔禁巫覡丙戌貴妃宋氏薨秋七月壬辰熙河環慶涇原地震庚子詔八寶增定命寶八月癸亥詔明堂幷祠五帝鄭居中以母憂去位九月戊子詔湖北民力未舒胡耳西道可罷進築辛卯大饗明堂赦天下乙未劉正夫卒丁酉西蕃王子益麻党征降見于紫宸殿壬寅進宰執官一等甲辰以薛昂爲特進癸丑貴妃王氏薨冬十月乙卯朔初御明堂班朔布政戊寅侯蒙罷十一月庚寅命蔡京五日一赴都堂治事辛卯鄭居中起復以余深爲特進少宰兼中書侍郞白時中爲中書侍郞壬辰復置醴州丙申何執中卒升石泉縣爲軍十二月戊申朔有星如月丁巳以薛昂爲門下侍郞戊辰詔天神降于坤寧殿刻石以紀之庚午以童貫領樞密院命戶部侍郞孟揆作萬歲山是歲三山河水淸出宮女六十八人

重和元年春正月甲申朔受定命寶于大慶殿戊子封孫諶爲崇國公己丑赦天下應元符末上書邪中等人依無過人例乙巳封姪有奕爲和義郡王庚戌以翰林學士承旨王黼爲尚書左丞二月戊辰增諸路酒價庚子遣武義大夫馬政由海道使女眞約夾攻遼甲戌升六安縣爲六安軍丁丑詔監司輒以禁錢買物爲苞苴饋獻論以大不恭三月丙戌詔監司郡守自今須滿三歲乃得代仍毋得通理癸巳令嘉王楷赴廷對丙申以茂州蕃族平曲赦四川丁酉知建昌陳并等改建神霄宮不虔及科決道士詔並勒停戊戌御集英殿策進士戊申賜禮部奏名進士及第出身七百八十三人有司以嘉王楷第一帝不欲楷先多士遂以王昂爲榜首夏四月癸丑朔築靖夏城制戎城錄呂餘慶後癸亥減掖刑己卯詔每歲以季秋親祀明堂如孟月朝獻禮以太上混元上德皇帝二月十五日生辰爲貞元節五月壬午朔日有食之乙酉詔諸路選漕臣一員提舉本路神霄宮丁亥以林靈素爲通眞達靈元妙先生張虛白爲通元沖妙先生壬辰班御製聖濟經以青華帝君八月九日生辰爲元成節庚戌手敕兩浙漕司以權添酒錢盡給御前工作六月乙卯以賢妃劉氏爲淑妃己巳以淮西盜平曲赦庚子慮囚甲戌以西邊獻捷曲赦陝西河東路秋七月壬午以西師有功加蔡京恩官其一子鄭居中爲少傅余深爲少保鄧洵武爲特進進執政官一等己酉遣廉訪使者六人振濟東南諸路水災八月甲寅以童貫爲太保辛酉詔班御註道德經壬申詔執政非入謝及丐去毋得獨留奏事癸酉封子棆爲嘉國公乙亥升兗州爲襲慶府九月辛巳大饗明堂壬午詔罷拘白地禁榷貨增方田稅添酒價取醋息河北加折耗米東南水災強糴等事丙戌詔太學辟雍各置內經道德經莊子列子博士二員己丑以歲當戊月當壬爲元命降德音于天下庚寅薛昂罷以白時中爲門下侍郞王黼爲中書侍郞翰林學士承旨馮熙載爲尚書左丞刑部尚書范致虛爲尚書右丞壬辰禁州郡遏糴及邊將殺降以倖功賞者癸巳禁羣臣朋黨丁酉用蔡京言集古今道教事爲紀志賜名道史辛丑鄭居中罷乞持餘服詔從之詔察縣令治行諸路監司能改正州縣事者較爲殿最詔視中大夫林靈素視中奉大夫張虛白並特授本品眞官閏月庚申詔江淮荊浙閩廣監司督責州縣還集流民丁卯進封楷爲鄆王丙子詔周柴

氏後已封崇義公復立恭帝後以爲宣義郎監周陵廟世世爲國三恪冬十月己卯朔太白晝見己亥改興慶軍爲肇慶府甲辰置道官二十六等道職八等十一月己酉朔改元大赦天下辛亥日中有黑子丙辰以婉容王氏爲賢妃辛酉補上書人安堯臣官己巳升梓州爲潼川府十二月戊寅朔復京西錢監己丑置裕民局是歲江淮荊浙梓州水出宮女百七十八人黃巖民妻一產四男子于闐高麗入貢

宋史卷二十二

元中書右丞相總裁脫脫等修

本紀第二十二

徽宗四

宣和元年春正月戊申朔日下有五色雲壬子進建安郡王樞爲肅王文安郡王杞爲景王並爲太保乙卯詔佛改號大覺金僊餘爲僊人大士僧爲德士易服飾稱姓氏寺爲宮院爲觀改女冠爲女道尼爲女德丁巳金人使李善慶來遣趙有開報聘至登州而還戊午以余深爲太宰兼門下侍郎王黼爲特進少宰兼中書侍郎乙丑改湟州爲樂州癸酉封子棟爲溫國公姪有恭爲永寧郡王乙亥躬耕籍田罷裕民局二月庚辰改元易宣和殿爲保和殿戊戌以鄧洵武爲少保三月庚戌蔡京等進安州所得商六鼎己未以馮熙載爲中書侍郎范致虛爲尚書左丞翰林學士張邦昌爲尚書右丞詔天下知宮觀道士與監司郡縣官以客禮相見童貫遣知熙州劉法出師攻統安城夏人伏兵擊之法敗歿震武軍受圍甲子知登州宗澤坐建神霄宮不虔除名編管辛未賜上舍生五十四人及第甲戌皇后親蠶夏四月丙子朔日有食之庚寅童貫以鄜延環慶兵大破夏人平其三城己亥曲赦陝西河東路辛丑進輔臣官一等五月丙午朔有物如龍形見京師民家丁未詔德士並許入道學依道士法丙辰敗夏人于震武壬申班御製九星二十八宿朝元冠服圖甲戌慮囚是月大水犯都城西北有赤氣亘天六月壬午詔西邊武臣爲經略使者改用文臣甲申詔封莊周爲微妙元通眞君列禦寇爲致虛觀妙眞君仍行冊命配享混元皇帝己亥夏國遣使納款詔六路罷兵秋七月甲寅以童貫爲太傅八月戊寅詔諸路未方田處並令方量均定租課丁酉以神霄宮成降德音于天下范致虛以母憂去位九月甲辰朔燕蔡京於保和新殿辛酉大饗明堂癸亥幸道德院觀金芝遂幸蔡京第丁卯以淮康軍節度使蔡攸爲開府儀同三司冬十月甲戌以紹述熙豐政事書布告天下十一月癸丑朝獻景靈宮甲寅饗太廟乙卯祀昊天上帝于圜丘赦天下甲子詔東南諸路水災令監司郡守悉心振救戊辰以淮甸旱饑民失業遣監察御史察訪張邦昌爲尚書左丞翰林學士王安中爲尚書右丞時朱勔以花石綱媚上東南騷動太學生鄧肅進詩諷諫詔放歸田里十二月甲戌詔京東東路盜賊竊發令東西路提刑督捕之辛卯大雨雹丙申帝數微行正字曹輔上書極論之編管郴州是歲京西饑淮東大旱遣官振濟嵐州黃河清升邢州爲信德陳州爲淮寧襄州爲襄陽慶州爲慶陽安州爲德安鄆州爲東平趙州爲慶元府瀘州爲瀘川睦州爲建德岳州爲岳陽寧州爲興寧宜州爲慶遠光州爲光山均州爲武當軍

二年春正月癸亥追封蔡確爲汝南郡王甲子罷道學二月乙亥遣趙良嗣使金國唐恪罷庚辰以寧遠軍節度使梁子美爲開府儀同三司戊子令所在贍給淮南流民諭還之甲午詔別修哲宗史三月壬寅賜上舍生二十一人及第乙卯改熙河蘭湟路爲熙河蘭廓路夏四月丙子詔江西廣東兩界羣盜嘯聚添置武臣提刑路分都監各一員五月庚子朔以淑妃劉氏爲貴妃己酉日中有黑子丁巳祭地于方澤降德音于諸路布衣朱夢說上書論宦寺權太重編管池州戊辰詔宗室有文行才術者令大宗正司以聞六月癸酉詔開封府賑濟饑民丁丑太白晝見戊寅蔡京致仕仍朝朔望辛巳詔自今動改元豐法制論以大不恭丙戌詔三省樞密院額外吏職並從裁汰及有妄言惑衆稽違詔令者重論之詔諸司總轄提點之類非元豐法並罷丁亥復寺院額甲午罷禮制局并修書五十八所秋七月壬子罷文臣起復己未罷醫算學丙寅封子穗爲英國公八月庚辰詔減定醫官額乙未詔監司所舉守令非其人或廢法不舉令廉訪使者劾之九月壬寅金人遣勃堇等來乙巳復德士爲僧辛亥大饗明堂丙辰遣馬政使金國癸亥余深加少傅幸童貫第冬十月戊辰朔日有食之以河東節度使梁師成爲太尉建德軍清溪妖賊方臘反命譚稹討之十一月己亥余深罷仍少傅授鎭西軍節度使知福州庚戌以王黼爲少保太宰兼門下侍郎己未兩浙都監蔡遵顏坦擊方臘死之十二月丁亥改譚稹爲兩浙制置使以童貫爲江淮荊浙宣撫使討方臘己丑以少傅鄭居中權領樞密院庚寅詔訪兩浙民疾苦是月方臘陷建德又陷歙州東南將郭師中戰死陷杭州知州趙霆遁廉訪使者趙約詬賊死是歲淮南旱夏國眞臘入貢

三年春正月壬寅鄧洵武卒戊午以安康郡王楙爲太保進封濟王鎭國公模爲開府儀同三司進封樂安郡王己未詔淮南江東福建各權添置武臣提刑一員辛酉罷蘇杭州造作局及御前綱運乙丑罷西北兵更戍罷木石彩色等場務是月方臘陷婺州又陷衢州守臣彭汝方死之二月庚午趙霆坐棄杭州貶吉陽軍罷方田甲戌降詔招撫方臘乙酉罷天下三舍及宗學辟雍諸路提舉學事官癸巳赦天下是月方臘陷處州淮南盜宋江等犯淮陽軍遣將討捕又犯京東江北入楚海州界命知州張叔夜招降之三月丁未御集英殿策進士庚申賜禮部奏名進士及第出身六百三十人夏四月丙寅貴妃劉氏薨甲戌清溪令陳光以賊發縣內棄城伏誅庚寅忠州防禦使辛興宗擒方臘于清溪詔兩浙江東被賊州縣給復三年癸巳汝州牛生麒麟五月戊戌以鄭居中領樞密院己亥詔杭越江寧守臣並帶安撫使甲辰追冊貴妃劉氏爲皇后謚曰明節改睦州建德軍爲嚴州遂安軍歙州爲徽州丙午金人再遣曷魯等來戊申以興寧軍節度使劉宗元爲開府儀同三司癸亥詔三省覺察臺諫罔上背公者取旨譴責陳過庭張汝霖以乞罷御前使喚及歲進花果爲王黼所劾並竄貶閏月丙寅減諸州曹掾官辛未立醫官額甲戌復應奉司命王黼及內侍梁師成領之戊寅慮囚六月河決恩州清河埽秋七月丁卯振溫處等八州丁亥廢純滋等十二州戊子童貫等俘方臘以獻是月洛陽京畿訛言有黑眚如人或如犬夜出掠小兒食之二歲乃息八月甲辰曲赦兩浙江東福建淮南路乙巳以童貫爲太師譚稹加節度丁未祔明節皇后神主于別廟丙辰方臘伏誅九月丙寅以王黼爲少傅鄭居中爲少師庚午進執政官一等辛未大饗明堂冬十月甲寅詔自今贓吏獄具論決勿貸童貫復領陝西兩河宣撫十一月丁丑馮熙載罷以張邦昌爲中書侍郎王安中爲尚書左丞翰林學士承旨李邦彥爲尚書右丞辛巳封子桐爲儀國公壬午張商英卒十二月辛卯朔日中有黑子壬子進封廣平郡王構爲康王樂安郡王模爲祁王並爲太保是歲諸路蝗

四年春正月丁卯以蔡攸爲少保梁師成爲開府儀同三司癸酉金人破遼中京遼主北走二月丙申以旱禱于廣聖宮卽日雨癸卯雨雹丙午以吳國公椅爲開府儀同三司進封信都郡王三月辛酉幸祕書省遂幸太學賜祕書少監翁彥深王時雍國子祭酒韋壽隆司業權邦彥章服館職學官諸生恩錫有差丙子遼人立燕王淳爲帝金人來約夾攻命童貫爲河北河東路宣撫使屯兵于邊以應之且招諭幽燕夏四月丙午詔置補完校正文籍局錄三館書置宣和殿及太清樓祕閣又令郡縣訪遺書五月壬戌以高俅爲開府儀同三司丁卯封子柄爲昌國公甲戌嗣濮王仲御薨乙亥以蔡攸爲河北河東宣撫副使庚辰以常德軍節度使譚稹爲太尉童貫至雄州令都統制种師道等分道進兵癸未遼人擊敗前軍統制楊可世于蘭溝甸乙酉封開府儀同三司江夏郡王仲爰爲嗣濮王丙戌慮囚楊可世與遼將蕭幹戰于白溝敗績丁亥辛興宗敗于范村六月己丑种師道退保雄州遼人追擊至城下帝聞兵敗懼甚遂詔班師壬寅以王黼爲少師是月遼燕王淳死蕭幹等立其妻蕭氏秋七月己未廢貴妃崔氏爲庶人壬午王黼以耶律淳死復命童貫蔡攸治兵以河陽三城節度使劉延慶爲都統制甲申种師道責授右衞將軍致仕和詵散官安置九月戊午朝散郎宋昭上書諫北伐王黼大惡之詔除名勒停廣南編管己未金人遣徒孤且烏歇等來議師期辛酉大饗明堂己巳高麗國王王俁薨遣路允迪弔祭甲戌遣趙良嗣報聘于金國己卯遼將郭藥師等以涿易二州來降冬十月庚寅改燕京爲燕山府涿易八州並賜名癸巳劉延慶與郭藥師等統兵出雄州戊戌曲赦所復州縣己亥耶律淳妻蕭氏上表稱臣納款甲辰師次涿州己酉郭藥師與高世宣楊可世等襲燕蕭幹以兵入援戰于城中藥師等屢敗皆棄馬縋城而出死傷過半癸丑以蔡攸爲少傅判燕山府甲寅劉延慶自盧溝河燒營夜遁衆軍遂潰蕭幹追至涿水上乃還十一月丙辰朔行新璽戊辰朝獻景靈宮己巳饗太廟庚午祀昊天上帝于圜丘赦天下東南官吏昨緣寇盜貶責者並次第移放上書邪上等人特與磨勘戊寅金人遣李靖等來許山前六州以彰德軍節度使鄭詳爲太尉十二月丁亥郭藥師敗蕭幹于永清縣戊子遣趙良嗣報聘于金國庚寅以郭藥師爲武泰軍節度使辛卯金人入燕蕭氏出奔壬辰使來獻捷乙未詔監司未經陛對毋得之任丙申貶劉延慶爲率府率安置筠州壬寅進封植爲莘王

五年春正月戊午金人遣李靖來議所許六州代租錢己未遣趙良嗣報聘求西京等州辛酉以王安中爲慶遠軍節度使河北河東燕山府路宣撫使知燕山府甲申錄富弼後二月乙酉朔以李邦彥爲尚書左丞翰林學士趙野爲尚書右丞丙戌金人以議未合斷橋梁焚次舍丁酉進封雍國公朴爲華原郡王徐國公棣爲高平郡王並爲開府儀同三司三月乙卯金人再遣寧朮割等來己未遣盧益報聘皆如其約夏四月癸巳金人遣楊璞以誓書及燕京涿易檀順景薊州來歸庚子童貫蔡攸入燕時燕之職官富民金帛子女先爲金人盡掠而去乙巳童貫表奏撫定燕城庚戌曲赦河北河東燕雲路是日班師五月己未以收復燕雲賜王黼玉帶庚申以王黼爲太傅鄭居中爲太保進宰執官二等辛酉王黼總治三省事癸亥童貫落節鉞進封徐豫國公蔡攸爲少師乙丑詔正位三公立本班帶節鉞若領他職者仍舊班著爲令癸酉祭地于方澤是月金人許朔武蔚三州金主阿骨打殂弟吳乞買立六月乙酉郭藥師加檢校少傅丙戌遼人張覺以平州來附己丑仲爰薨乙未詔今後內外宗室並不稱姓丁酉以安國軍節度使仲理爲開府儀同三司進封嗣濮王己亥慮囚戊申鄭居中卒辛亥以蔡攸領樞密院秋七月戊午以梁師成爲少保己未童貫致仕起復譚稹爲河北河東燕山府路宣撫使庚午太傅楚國公王黼等上尊號曰繼天興道敷文成武睿明皇帝不允禁元祐學術八月辛巳朔日當食不見辛丑命王安中作復燕雲碑壬寅太白晝見是月蕭幹破景州薊州寇掠燕山郭藥師敗之幹奔爲其下所殺傳首京師九月辛酉大饗明堂冬十月乙酉雨木冰壬寅罷諸路提舉常平之不職者十一月乙卯以鄭紳爲太師丙寅幸王黼第觀芝諸路漕臣坐上供錢物不足貶秩者二十二人丁卯王安中譚稹並加檢校少傅郭藥師爲太尉華原郡王朴薨壬申王黼子弟親屬推恩有差是月金人取平州張覺走燕山金人索之甚急命王安中縊殺函其首送之十一月乙巳金人遣高居慶等來賀正旦戊申以高平郡王棣爲太保進封徐王是歲秦鳳旱河北京東淮南饑遣官賑濟

六年春正月乙卯爲金主輟朝戊午置書藝所癸亥藏蕭幹首于太社戊寅遣連南夫弔祭金國二月丁亥以冀國公楞爲開府儀同三司進封河間郡王韶州防禦使令盪爲婺州觀察使封安定郡王己亥躬耕籍田丙午詔自今非歷臺閣寺監監司郡守開封府曹官者不得爲郎官卿監著爲令李邦彥以父憂去位三月己酉朔以錢景臻爲少師金人來匄糧不與閏月辛巳皇后親蠶庚子御集英殿策進士夏四月癸丑賜禮部奏名進士及第出身八百五人丁巳李邦彥起復五月壬寅慮囚癸卯金人遣使來告嗣位六月壬子詔以收復燕雲以來京東兩河之民困於調度令京西淮浙江湖四川閩廣並納免夫錢期以兩月納足違者從軍法秋七月戊子遣許亢宗賀金國嗣位丁酉詔應係御筆斷罪不許詣尚書省陳訴改正壬寅詔宗室后妃戚里宰執之家槩敷免夫錢甲辰置璣衡所八月乙卯譚稹落太尉罷宣撫使童貫落致仕領樞密院代之丁巳以溢機堡爲安羌城壬戌以復燕雲赦天下九月乙亥以白時中爲特進太宰兼門下侍郎李邦彥爲少宰兼中書侍郎蔡攸落節鉞辛巳大饗明堂丁亥以趙野爲尚書左丞翰林學士承旨宇文粹中爲尚書右丞開封尹蔡懋同知樞密院庚寅以金芝產于艮嶽萬壽峰改名壽岳庚子金人遣富謨弼等以遺留物來獻冬十月庚午詔有收藏習用蘇黃之文者並令焚毀犯者以大不恭論癸酉詔內外官並以三年爲任治績著聞者再任永爲式十一月丙子王黼致仕太白晝見乙酉罷應奉司丙戌令尚書省置講議局壬辰詔監司擇縣令有治績者保奏召赴都堂審察錄用毋過三人十二月甲辰朔蔡京領講議司詔百官遵行元豐法制丁未詔內外侍從以上各舉所知二人癸亥蔡京落致仕領三省事是歲河北山東盜起命內侍梁方平討之京師河東陝西地大震兩河京東西浙西水環慶邠寧涇原流徙令所在振恤夏國高麗于闐羅殿入貢

七年春正月癸酉朔詔赦兩河京西流民爲盜者仍給復一年癸巳詔罷諸路提舉常平官屬有罪當黜者以名聞仍令三省修已廢之法二月甲辰復置鑄錢監詔御史察贓吏己酉雨木冰庚戌詔京師運米五十萬斛至燕山令工部侍郎孟揆親往措置己巳進封廣國公栻爲南康郡王福國公榛爲平陽郡王並開府儀同三司壬申京東轉運副使李孝昌言招安羣盜張萬仙等五萬餘人詔補官犒賜有差三月癸酉朔雨雹甲申知海州錢伯言奏招降山東寇賈進等十萬人詔補官有差丙戌以惠國公橅爲開府儀同三司進封建安郡王夏四月丙辰降德音于京東河北路庚申蔡京復致仕復州縣免行錢戊辰詔行元豐官制復尚書令之名虛而勿授三公但爲階官毋領三省事五月壬午封子樅爲潤國公丁亥詔諸路帥臣舉將校有才略者監司舉守令有政績者歲各三人六月辛丑朔詔宗室復著姓丙午封童貫爲廣陽郡王戊申詔臣僚輒與內侍來往者論罪辛亥慮囚己未以蔡攸爲太保癸亥詔吏職雜流出身人毋得陳請改換乙丑罷減六尚歲貢物秋七月庚午朔詔士庶毋以天王君聖爲名字及以壬戌日輔臣焚香甲戌以河間郡王楞爲太保進封沂王是月河東義勝軍叛熙河河東路地震九月辛巳大饗明堂壬辰金人以擒遼主遣李孝和等來告慶是月河東言粘罕至雲中詔童貫復宣撫有狐升御榻而坐冬十月辛亥賜曾布謚曰文肅戊午罷京畿和糴十一月庚午詔無出身待制以上年及三十通歷任滿十歲乃許任子乙亥遣使回慶金國甲申朝獻景靈宮乙酉饗太廟丙戌祀昊天上帝于圜丘赦天下庚寅以保靜軍節度使种師道爲河東河北路制置使十二月乙巳童貫自太原遁歸京師己酉中山奏金人斡離不粘罕分兩道入攻郭藥師以燕山叛北邊諸郡皆陷又陷忻代等州圍太原府太常少卿傅察奉使不屈死之丙辰罷浙江諸路花石綱延福宮西城租課及內外製造局金兵犯中山府詹度禦之戊午皇太子桓爲開封牧罷修蕃衍北宅令諸王子分居十位己未下詔罪己令中外直言極諫郡邑率師勤王募草澤異才有能出奇計及使疆外者罷道官罷大晟府行幸局西城及諸局所管緡錢盡付有司以保和殿大學士宇文虛中爲河北東路宣諭使庚申詔內禪皇太子卽皇帝位尊帝爲教主道君太上皇帝居于龍德宮尊皇后爲太上皇后靖康元年正月己巳詣亳州太清宮行恭謝禮遂幸鎮江府四月己亥還京師明年二月丁卯金人脅帝北行紹興五年四月甲子崩于五國城年五十有四七年九月甲子凶問至江南遙上尊謚曰聖文仁德顯孝皇帝廟號徽宗十二年八月乙酉梓宮還臨安十月丙寅權攢于永祐陵十二月丁卯祔太廟第十一室十二年正月己亥加上尊號曰體神合道駿烈遜功聖文仁德憲慈顯孝皇帝

贊曰宋中葉之禍章蔡首惡趙良嗣厲階然哲宗之崩徽宗未立惇謂其輕佻不可以君天下遼天祚之亡張覺舉平州來歸良嗣以爲納之失信於金必啓外侮使二人之計行宋不立徽宗不納張覺金雖強何釁以伐宋哉以是知事變之來雖小人亦能知之而君子有所不能制也跡徽宗失國之由非若晉惠之愚孫皓之暴亦非有曹馬之篡奪特恃其私知小慧用心一偏疏斥正士狎近姦諛於是蔡京以猥薄巧佞之資濟其驕奢淫佚之志溺信虛無崇飾遊觀困竭民力君臣逸豫相爲誕謾怠棄國政日行無稽及童貫用事又佳兵勤遠稔禍速亂他日國破身辱遂與石晉重貴同科豈得諉諸數哉昔西周新造之邦召公猶告武王以不作無益害有益不貴異物賤用物況宣政之爲宋承熙豐紹聖椓喪之餘而徽宗又躬蹈二事之弊乎自古人君玩物而喪志縱欲而敗度鮮不亡者徽宗甚焉故特著以爲戒

宋史卷二十二考證

徽宗紀四宣和五年六月丙戌遼人張覺以平州來附○臣蒲封按日知錄宋史胡廷與金約滅遼止求石晉賂契丹故地而不思營平灤三州非晉賂乃劉仁恭獻契丹以求援者既而王黼悔欲併得之遣趙良嗣往請之再三金人不與此史家之誤考通鑑初幽州北七百里有渝關下有渝水通海自關東北循海有道道狹處纔數尺傍皆亂山高峻不可越北至牛口舊置八防禦軍募土兵守之田租皆供軍食不入於薊幽州歲致繒纊以供戰士衣每歲早穫清野堅壁以待契丹契丹至輒閉壁不戰俟其去選驍勇據隘擊之契丹常失利土兵皆自爲田園力戰有功則賜勳加賞由是契丹不敢輕入寇周德威爲盧龍節度使恃勇不修備遂失渝關之險契丹遂芻牧於營平之間又按遼史太祖天贊二年正月丙申大元帥堯骨克平州獲刺史趙思溫裨將張崇二月如平州甲子以平州盧龍軍置節度使遼之天贊二年乃後唐莊宗同光元年是營平二州契丹自以兵力取之於唐而不於劉仁恭又非賂以求援也遼太祖以俘戶置灤州當劉仁恭時尚未有此州尤爲無據遼史於灤州下云石晉割地在平州之境亦誤也金史張覺傳平州自入契丹別爲一軍其明證矣從來考平灤二州者多仍宋史之誤今特引日知錄於是條之下以正之

宋史卷二十三

元　中　書　右　丞　相　總　裁　脫　脫　等　修

本紀第二十三

欽宗

欽宗恭文順德仁孝皇帝諱桓徽宗皇帝長子母曰恭顯皇后王氏元符三年四月己酉生于坤寧殿初名亶封韓國公明年六月進封京兆郡王崇寧元年二月甲午更名烜十一月丁亥又改今名大觀二年正月進封定王政和元年三月講學于資善堂三年正月加太保四年二月癸酉冠于文德殿五年二月乙巳立爲皇太子大赦天下丁巳謁太廟詔乘金輅設鹵簿如至道天禧故事及宮僚參謁並稱臣皆辭之六年六月癸未納妃朱氏宣和七年十二月戊午除開封牧庚申徽宗詔皇太子嗣位自稱曰道君皇帝趣太子入禁中被以御服泣涕固辭因得疾又固辭不許辛酉卽皇帝位御垂拱殿見羣臣是日日有五色暈挾赤黃珥重日相蕩摩久之乃引道君皇帝出居龍德宮皇帝出居擷景園以少宰李邦彥爲龍德宮使太保領樞密院事蔡攸門下侍郎吳敏副之是時金人已分道犯境壬戌赦大逆反叛以下罪進百官秩一等賞諸軍立妃朱氏爲皇后以太子詹事耿南仲簽書樞密院事癸亥詔太傅燕王越王入朝不趨贊拜不名詔非三省樞密院所得旨有司勿行甲子斡離不陷信德府粘罕圍太原詔京東淮西浙募兵入衞太學生陳東等上書數蔡京童貫王黼梁師成李彥朱勔罪謂之六賊請誅之丙寅上道君皇帝尊號曰教主道君太上皇帝皇后曰道君太上皇后詔改元

靖康元年春正月丁卯朔受羣臣朝賀退詣龍德宮賀道君皇帝詔中外臣庶實封言得失金人破相州戊辰破濬州威武軍節度使梁方平師潰河北河東路制置副使何灌退保滑州己巳灌奔還金人濟河詔親征道君皇帝東巡以領樞密院事蔡攸爲行宮使尚書左丞宇文粹中副之詔自今除授黜陟及恩數等事並參酌祖宗舊制罷內外官司局所一百五處止留後苑以奉龍德宮以門下侍郎吳敏知樞密院事吏部尚書李梲同知樞密院事貶太傅致仕王黼爲崇信軍節度副使安置永州賜翊衞大夫安德軍承宣使李彥死並籍其家放寧遠軍節度使朱勔歸田里帝欲親征以李綱爲留守以李梲爲副給事中王寓諫親征罷之庚午道君皇帝如亳州百姓多潛遁宰相欲奉帝出襄鄧李綱諫止之以綱爲尚書右丞辛未以李綱爲親征行營使侍衞親軍馬軍都指揮使曹曚副之太宰兼門下侍郎白時中罷李邦彥爲太宰兼門下侍郎守中書侍郎張邦昌爲少宰兼中書侍郎尚書左丞趙野爲門下侍郎翰林學士承旨王孝迪爲中書侍郎同知樞密院事蔡懋爲尚書左丞壬申金人渡河遣使督諸道兵入援癸酉詔兩省樞密院官制一遵元豐故事金人犯京師命尚書駕部員外郎鄭望之親衞大夫康州防禦使高世則使其軍詔從官舉文武臣僚堪充將帥有膽勇者是夜金人攻宣澤門李綱禦之斬獲百餘人至旦始退甲戌金人遣吳孝民來議和命李梲使金軍金人又使蕭三寶奴耶律忠張願恭來以吏部尚書唐恪同知樞密院事乙亥金人攻通津景陽等門李綱督戰自卯至酉斬首數千級何灌戰死李梲與蕭三寶奴耶律忠王汭來索金帛數千萬且求割太原中山河間三鎭并宰相親王爲質乃退師丙子避正殿減常膳括借金銀籍倡優家財庚辰命張邦昌副康王構使金軍詔稱金國加大字辛巳道君皇帝幸鎭江以兵部尚書路允迪簽書樞密院事金人陷陽武知縣事蔣興祖死之壬午大風走石竟日乃止封子諶爲大寧郡王甲申省廉訪使者官罷鈔旁定貼錢及諸州免行錢以諸路贍學戶絕田產歸常平司統制官馬忠以京西募兵至擊金人于順天門外敗之乙酉路允迪使粘罕軍于河東平陽府將劉嗣初以城叛丁亥靖難軍節度使河北河東路制置使种師道督涇原秦鳳兵入援以師道同知樞密院事爲京畿河北河東宣撫使統四方勤王兵及前後軍庚寅盜殺王黼于雍丘癸巳大霧四塞乙未貶少保淮南節度使梁師成爲彰化軍節度副使行及八角鎭賜死二月丁酉朔命都統制姚平仲將兵夜襲金人軍不克而奔戊戌罷李綱以謝金人廢親征行營司金人復來議和庚子命駙馬都尉曹晟使金軍辛丑又命資政殿大學士宇文虛中知東上閤門事王俅使之許割三鎭地太學諸生陳東等及都民數萬人伏闕上書請復用李綱及种師道且言李邦彥等疾綱恐其成功罷綱正墮金人之計會邦彥入朝衆數其罪而罵吳敏傳宣衆不退遂撾登聞鼓山呼動地殿帥王宗濋恐生變奏上勉從之遣耿南仲號於衆曰已得旨宣綱矣內侍朱拱之宣綱後期衆臠而磔之并殺內侍數十人乃復綱右丞充京城防禦使壬寅追封范仲淹魏國公贈司馬光太師張商英太保除元祐黨籍學術之禁詔誅士民殺內侍爲首者禁伏闕上書廢苑囿宮觀可以與民者金人使王汭來癸卯命肅王樞使金軍以觀文殿學士大名尹徐處仁爲中書侍郞宇文虛中簽書樞密院事蔡懋罷乙巳宇文虛中王俅復使金軍康王至自金軍金人遣韓光裔來告辭遂退師京師解嚴丙午康王構爲太傅靜江奉寧軍節度使省明堂班朔布政官丁未日有兩珥戊申赦天下詔諭士民自今庶事並遵用祖宗舊制凡蠹國害民之事一切寢罷己酉罷宰執兼神霄玉淸萬壽宮使及殿中監符寶郎詔用祖宗故事擇武臣得軍心者爲同知簽書樞密院邊將有威望者爲三衙以金人請和詔官民昔嘗附金而復歸本朝者各還其鄕國庚戌李邦彥罷以張邦昌爲太宰兼門下侍郎吳敏爲少宰兼中書侍郎李綱知樞密院事耿南仲爲尚書左丞李梲爲尚書右丞辛亥詔監察御史言事如祖宗法宇文粹中罷知江寧府癸丑种師道罷爲中太一宮使贈右正言陳瓘爲右諫議大夫甲寅貶太師致仕蔡京爲祕書監分司南京太師廣陽郡王童貫爲左衞上將軍太保領樞密院事蔡攸爲太中大夫提舉亳州明道宮先是粘罕遣人來求賂大臣以勤王兵大集拘其使人且結約余覩以圖之至是粘罕怒及攻太原不克分兵趣京師過南北關權威勝軍李植以城降乙卯陷隆德府知府張確通判趙伯臻司錄張彥遹死之丙辰有二流星一出張宿入濁沒一出北河入軫己未詔遙郡承宣使有功應除正任者自今除正任刺史辛酉梁方平坐棄河津伏誅王孝迪罷命給事中王雲侍衞親軍馬軍都指揮使曹曚使金國鎭洮軍節度使中太乙宮使种師道爲河南河東路宣諭使保靜軍節度使前副都指揮使姚古爲制置使乙丑御殿復膳丙寅下哀痛之詔于陝西河東是月金人犯澤州之高平知州高世由往犒之乃去三月丁卯朔遣徽猷閣待制宋煥奉表道君皇帝行宮詔侍從言事詔非三省樞密院所奉旨諸司不許奉行罷川路歲所遣使募人掩軍民遺骸遣使分就四郊致祭戊辰李梲罷爲鴻慶宮使己巳張邦昌罷爲中太一宮使徐處仁爲太宰兼門下侍郎唐恪爲中書侍郎翰林學士何㮚爲尚書右丞御史中丞許翰同知樞密院事庚午宇文虛中罷知青州癸酉詣景靈東宮行恭謝禮命趙野爲道君皇帝行宮奉迎使甲戌恭謝景靈西宮及建隆觀乙亥詣陽德觀凝祥池中太乙宮佑神觀相國寺丙子改擷景園爲寧德宮錄司馬光後己卯燕王俁越王偲爲太師壬午詔金人叛盟深入其元主和議李邦彥奉使許地李梲李鄴鄭望之悉行罷黜又詔种師道姚古种師中往援三鎭保塞陵寢所在誓當固守癸未遣李綱迎道君皇帝于南京以徐處仁爲禮儀使殿中侍御史李擢左司諫李會罷乙酉迎道君皇帝于宜春苑太后入居寧德宮丙戌知中山府詹度爲資政殿大學士知太原府張孝純知河間府陳遘並爲資政殿學士知澤州高世由直龍圖閣賞城守之勞也丁亥朝于寧德宮詔扈從行宮官吏候還京日優加賞典除有罪之人迫於公議已行遣外餘令臺諫勿復用前事糾言庚寅肅王樞爲太傅姚古復隆德府辛卯復威勝軍壬辰太保景王杞濟王栩爲太傅有流星出紫微垣甲午康王構爲集慶建雄軍節度使尚書戶部侍郎錢蓋爲陝西制置使命陳東初品官賜同進士出身辭不拜籍朱勔家乙未詔金歸朝官民未發遣者止之丙申貶蔡京爲崇信軍節度副使是春夏人取天德雲內武州及河東八館夏四月戊戌夏人陷鎭威城攝知城事朱昭死之己亥迎太上皇帝入都門壬寅朝于龍德宮癸卯立子諶爲皇太子耿南仲爲門下侍郎乙巳置春秋博士戊申置詳議司於尚書省討論祖宗法己酉乾龍節羣臣上壽于紫宸殿庚戌趙野罷壬子金人使賈霆冉企弓來癸丑封太師沂國公鄭紳爲樂平郡王貶童貫爲昭化軍節度副使安置郴州減宰執俸給三之一及支賜之半詔開經筵令吏部稽考庶官凡由楊戩李彥之公田王黼朱勔之應奉童貫西北之師孟昌齡河防之役夔蜀湖南之開疆關陝河東之改幣及近習所引獻頌可采特赴殿試之流所得爵賞悉奪之甲寅种師道加太尉同知樞密院事河北河東路宣撫使乙卯詔自今假日特坐百司毋得休務以平涼軍節度使范訥爲右金吾衞上將軍丙辰詔有告姦人妄言金人復至以恐動居民者賞之戊午進封南康郡王杕爲和王平陽郡王榛爲信王己未復以詩賦取士禁用莊老及王安石字說壬戌詔親擢臺諫官宰執勿得薦舉著爲令追政和以來道官處士先生封贈奏補等勅書甲子令在京監察御史在外監司郡守及路分鈐轄已上舉曾經邊任或有武勇可以統衆出戰者人二員東兵正將占流與金人戰于交城縣死之乙丑詔三衙并諸路帥司各舉諳練邊事智勇過人并豪俊奇傑衆所推服堪充統制將領者各五名貶蔡攸節度副使安置朱勔于循州五月丙寅朔朝于龍德宮令提舉官日具太上皇帝起居平安以聞丁卯詔

天下有能以財穀佐軍者有司以名聞推恩有差以少傅鎮西軍節度余深爲特進觀文殿大學士戊辰罷王安石配享孔子廟庭庚午少傅安武軍節度使錢景臻鎮安軍節度使開府儀同三司劉宗元並爲左金吾衞上將軍保信軍節度使劉敷武成軍節度使劉敏嚮德軍節度使張楙岳陽軍節度使王舜臣應道軍節度使朱孝孫瀘川軍節度使錢忱並爲右金吾衞上將軍是日寒辛未申錮禁詔無出身待制已上年及三十而通歷任實及十年者乃得任子監察御史余應求坐言事迎合大臣罷知衞州甲戌曲赦河北路乙亥申銷金禁丁丑詔以儉約先天下澄冗汰貪爲民除害授監司郡縣奉行所未及者凡十有六事姚古將兵至威勝聞粘罕將至衆驚潰河東大振河北河東路制置副使种師中與金人戰于榆次死之己卯借外任官職田一年開府儀同三司高俅卒辛巳損太官日進膳追削高俅官甲申罷詳議司己丑以河東經畧安撫使張孝純爲檢校少保武當軍節度使壬辰詔天下舉習武藝兵書者乙未詔姚古援太原六月丙申朔以道君皇帝還朝御紫宸殿受羣臣朝賀詔諫官極論闕失戊戌令中外舉文武官才堪將帥者時太原圍急羣臣欲割三鎮地李綱沮之乃以李綱代种師道爲宣撫使援太原辛丑以資政殿學士劉韐爲宣撫副使陝西制置司都統制解潛爲制置副使太白犯歲星壬寅封鄆國公楃爲安康郡王韓國公椲爲廣平郡王并開府儀同三司詔今日政令惟遵奉上皇詔書修復祖宗故事羣臣庶士亦當講孔孟之正道察安石舊說之不當者羽翼朕志以濟中興癸卯以侍衞親軍馬軍副都指揮使鎮西軍承宣使王稟爲建武軍節度使錄堅守太原之功也甲辰路允迪罷爲醴泉觀使乙巳左司諫陳公輔以言事責監合州酒務壬子天狗墜地有聲如雷癸丑慮囚丙辰太白熒惑歲鎮四星合於張辛酉罷都水將作監承授內侍官熙河都統制焦安節坐不法李綱斬之壬戌姚古坐擁兵逗遛貶爲節度副使安置廣州彗出紫微垣秋七月乙丑朔除元符上書邪等之禁宋昭政和中上書諫攻遼貶連州庚午詔赴都堂乙亥安置蔡京于儋州攸雷州童貫吉陽軍己卯免借河北河東陝西路職田乙酉詔蔡京子孫二十三人已分竄遠地遇赦不許量移是日京死于潭州丁亥令侍從官共議改修宣仁聖烈皇后謗史辛卯遣監察御史張澂誅童貫廣西轉運副使李昇之誅趙良嗣並竄其子孫于海南壬辰侍御史李光遠坐言事貶監當是月解潛與金人戰于南關敗績劉韐自遼州引兵與金人戰敗績八月甲午朔錄陳瓘後丙申復命种師道以宣撫使巡邊召李綱還庚子詔以彗星避殿減膳令從臣具民間疾苦以聞河東察訪使張灝與金人戰于文水敗績辛丑詔求民之疾苦者十七事悉除之丁未斡離不復攻廣信軍保州不克遂犯眞定戊申都統制張思正等夜襲金人于文水縣敗之己酉復戰師潰死者數萬人思正奔汾州都統制折可求師潰于子夏山威勝隆德汾晉澤絳民皆渡河南奔州縣皆空金人乘勝攻太原錄張庭堅後乙卯遣徽猷閣待制王雲閤門宣贊舍人馬識遠使于金國秘書著作佐郎劉岑太常博士李若水分使其軍議和戊午許翰罷知亳州己未太宰徐處仁罷知東平少宰吳敏罷知揚州以唐恪爲少宰兼中書侍郎何㮚爲中書侍郎禮部尚書陳過庭爲尚書右丞開封尹聶昌同知樞密院事御史中丞李回簽書樞密院事庚申遣王雲使金軍許以三鎮賦稅是月福州軍亂殺其知州事柳庭俊九月丙寅金人陷太原執安撫使張孝純副都總管王稟通判方笈皆死之辛未貶吳敏爲崇信軍節度副使安置涪州移蔡攸于萬安軍尋與弟翛及朱勔皆賜死乙亥詔編修勅令所取靖康以前蔡京所乞御筆手詔參祖宗法及今所行者删修成書丁丑禮部尚書王寓爲尚書左丞戊寅有赤氣隨日出李綱罷知揚州壬午梟童貫首于都市癸未賜布衣尹焞爲和靖處士甲申日有兩珥背氣丙戌建三京及鄧州爲都總管府分總四道兵庚寅以知大名府趙野爲北道都總管知河南府王襄爲西道都總管知鄧州張叔夜爲南道都總管知應天府胡直孺爲東道都總管又罷李綱提舉洞霄宮辛卯遣給事中黃鍔由海道使金國議和是月夏人陷西安州冬十月癸巳朔御殿復膳貶李綱爲保靜軍節度副使安置建昌軍丁酉金人陷眞定都鈐轄劉竧死之有流星如杯戊戌金人使楊天吉王汭來庚子日有青赤黃戴氣金人陷汾州知州張克戩兵馬都監賈亶死之又攻平定軍辛丑下哀痛詔命河北河東都路帥臣傳檄所部得便宜行事壬寅天寧節率羣臣詣龍德宮上壽甲辰詔用蔡京王黼童貫所薦人丙午集從官于尚書省議割三鎮召种師道還丁未以禮部尚書馮澥知樞密院事己酉閱砲飛山營庚戌以范訥爲寧武軍節度使河北河東路宣撫使遼故將小鞠祿攻陷麟州建寧砦知砦楊震死之壬子詔太常禮官集議金主尊號命尚書左丞王寓副康王使斡離不軍寓辭乙卯雨木冰丙辰金人陷平陽府又陷威勝隆德澤州丁巳高麗入貢令明州遞表以進遣其使還戊午貶王寓爲單州團練副使命馮澥代行庚申日有兩珥及背氣侍御史胡舜陟請援中山不省辛酉种師道薨十一月丙寅夏人陷懷德軍知軍事劉銓通判杜翊世死之籍譚稹家戊辰康王未至金軍而還馮澥罷己巳集百官議三鎮棄守庚午詔河北河東京畿淸野令流民得占官舍寺觀以居辛未有流星如杯壬申禁京師民以浮言相動者癸酉右諫議大夫范宗尹以首議棄地罷金人至河外宣撫副使折彥質領師十二萬拒之甲戌師潰金人濟河知河陽燕瑛西京留守王襄棄城遁乙亥命刑部尚書王雲副康王使斡離不軍許割三鎮奉袞冕車輅尊其主爲皇叔且上尊號丙子金人度河折彥質兵盡潰提刑許高兵潰于洛口金人來言欲盡得河北地京師戒嚴遣資政殿學士馮澥及李若水使粘罕軍丁丑何㮚罷以尚書左丞陳過庭爲尚書侍郎兵部尚書孫傅爲尚書右丞命成忠郎郭京領選六甲正兵所簽書樞密院事李回以萬騎防河衆潰而歸是日塞京城門戊寅進龍德宮婉容韋氏爲賢妃康王構爲安國安武軍節度使罷淸野辛巳以知懷州霍安國爲徽猷閣待制通判林淵直徽猷閣賞守禦之功也壬午斡離不使楊天吉王汭勃菫撒離栂來命耿南仲使斡離不軍聶昌使粘罕軍許畫河爲界康王至磁州州人殺王雲止王勿行王復還相州甲申以尚書右丞孫傅同知樞密院事御史中丞曹輔簽書樞密院事以京兆府路安撫使范致虛爲陝西五路宣撫使令督勤王兵入援乙酉斡離不軍至城下遣蠟書間行出關召兵又約康王及河北守將來援多爲邏兵所獲丁亥大風發屋折木李回罷戊子金人攻通津門范瓊出兵焚其砦己丑南道總管張叔夜將兵勤王至玉津園以叔夜爲延康殿學士斡離不遣劉晏來庚寅幸東壁勞軍詔三省長官名悉依元豐舊制領開封府何㮚爲門下侍郎閏月壬辰朔金人攻善利門統制姚仲友禦之奇兵作亂殺使臣王宗濋斬數十人乃定唐恪出都人欲擊之因求去罷爲中太一宮使以門下侍郎何㮚爲尚書左僕射兼中書侍郎劉韐坐棄軍降五官予祠癸巳京師苦寒用日者言借土牛迎春朱伯友坐棄鄭州降三官罷西道總管王襄棄西京去知澤州高世由以城降于金燕瑛欲棄河陽爲亂兵所殺河東諸郡或降或破殆盡都民殺東壁統制官辛亢宗罷民乘城代以保甲粘罕軍至城下甲午時雨雪交作帝被甲登城以御膳賜士卒易火飯以進人皆感激流涕金人攻通津門數百人縋城禦之焚其砲架五鷲車二驛召李綱爲資政殿大學士領開封府金人陷懷州霍安國林淵及其鈐轄張彭年都監趙士詝張諶皆死之乙未金人入靑城攻朝陽門馮澥與金人蕭慶楊眞誥來丙申帝幸宣化門以障泥乘馬行泥淖中民皆感泣張叔夜數戰有功帝如安上門召見拜資政殿學士金人執胡直孺又陷拱州丁酉赤氣亘天以馮澥爲尚書左丞戊戌殿前副都指揮使王宗濋與金人戰于城下統制官高師旦死之庚子以資政殿學士張叔夜簽書樞密院事金人攻宣化門姚仲友禦之辛丑金人攻南壁殺傷相當壬寅詔河北守臣盡起軍民兵倍道入援癸卯金人攻南壁張叔夜范瓊分兵襲之遙見金兵奔還自相蹈藉溺隍死者以千數甲辰大雨雪金人陷亳州遣間使召諸道兵勤王乙巳大寒士卒噤戰不能執兵有僵仆者帝在禁中徒跣祈晴時勤王兵不至城中兵可用者惟衞士三萬然亦十失五六金人攻城急丙午雨木冰丁未始避正殿己酉遣馮澥曹輔與宗室仲溫士諤使金軍請和命康王爲天下兵馬大元帥速領兵入衞辛亥金人來議和要親王出盟壬子金人攻通津宣化門范瓊以千人出戰渡河冰裂沒者五百餘人自是士氣益挫甲寅大風自北起俄大雨雪連日夜不止乙卯金人復使劉晏來趣親王宰相出盟丙辰妖人郭京用六甲法盡令守禦人下城大啓宣化門出攻金人兵大敗京託言下城作法引餘兵遁去金兵登城衆皆披靡金人焚南薰諸門姚仲友死于亂兵宦者黃經自赴火死統制官何慶言陳克禮中書舍人高振力戰與其家人皆被害秦元領保甲斬關遁京城陷衞士入都亭驛執劉晏殺之丁巳奉道君皇帝寧德皇后入居延福宮命何㮚及濟王栩使金軍戊午何㮚入言金人邀上皇出郊帝曰上皇驚憂而疾必欲之出朕當親往自乙卯雪不止是日霽夜有白氣出太微彗星見庚申日赤如火無光辛酉帝如靑城十二月壬戌朔帝在靑城蕭慶入居尚書省是日康王開大元帥府于相州癸亥帝至自靑城甲子大索金帛丙寅遣陳過庭劉韐使兩河割地辛未定京師米價勸糴以振民癸酉斬行門指揮使蔣宣李福乙未康王如北京丙子尚書省火庚辰雨雹癸未大雪寒縱民伐紫筠館花木爲薪庚寅康王如東平

二年春正月辛卯朔命濟王栩景王杞出賀金軍金人亦遣使入賀壬辰金人趣召康王還遣聶昌耿南仲陳過庭出割兩河地民堅守不奉詔凡累月止得石州甲午詔兩河民開門出降乙未有大星出建星西南流入于濁没丁酉雨木氷己亥陰曀風迅發夜西北陰雲中有如火光庚子金人索金銀急何㮚李若水勸帝親至軍中從之以太子監國而行乙巳籍梁師成家丙午劉韐自經于金軍太學生徐揆上書乞守門請帝還闕金人取至軍中揆抗論爲所殺至夜金人劫神衛營丁未大霧四塞金人下含輝門剽掠焚五岳觀二月辛酉朔帝在青城自如金軍都人出迎駕丙寅金人塹南薰門路人心大恐已而金人令推立異姓孫傅方號慟乞立趙氏不允丁卯金人要上皇如青城以内侍鄧述所具諸王孫名盡取入軍中辛未金人偪上皇召皇后皇太子入青城庚辰康王如濟州癸未觀文殿大學士唐恪仰藥自殺乙酉金人以括金未足殺戶部尚書梅執禮侍郎陳知質刑部侍郎程振給事中安扶三月辛卯朔帝在青城丁酉金人立張邦昌爲楚帝庚子金人來取宗室開封尹徐秉哲令民結保毋藏匿丁巳金人脅上皇北行夏四月庚申朔大風吹石折木金人以帝及皇后皇太子北歸凡法駕鹵簿皇后以下車輅鹵簿冠服禮器法物大樂敎坊樂器祭器八寶九鼎圭璧渾天儀銅人刻漏古器景靈宮供器太清樓秘閣三館書天下州府圖及官吏內人內侍技藝工匠娼優府庫畜積爲之一空辛酉北風大起苦寒五月庚寅朔康王卽位于南京遙上尊號曰孝慈淵聖皇帝紹興三十一年五月辛卯帝崩問至七月己丑上尊謚曰恭文順德仁孝皇帝廟號欽宗三十二年閏二月戊寅祔于太廟

贊曰帝在東宮不見失德及其踐阼聲技音樂一無所好靖康初政能正王黼朱勔等罪而竄殛之故金人聞帝內禪將有卷甲北旆之意矣惜其亂勢已成不可救藥君臣相視又不能同力協謀以濟斯難惴惴然講和之不暇卒致父子淪胥社稷蕪茀帝至於是蓋亦巽懦而不知義者歟享國日淺而受禍至深考其所自眞可悼也夫眞可悼也夫

宋史卷二十四

元　中　書　右　丞　相　總　裁　脫　脫　等　修

本紀第二十四

高宗一

高宗受命中興全功至德聖神武文昭仁憲孝皇帝諱構字德基徽宗第九子母曰顯仁皇后韋氏大觀元年五月乙巳生東京之大內赤光照室八月丁丑賜名授定武軍節度使檢校太尉封蜀國公二年正月庚申封廣平郡王宣和三年十二月壬子進封康王資性朗悟博學彊記讀書日誦千餘言挽弓至一石五斗宣和四年始冠出就外第靖康元年春正月金人犯京師軍于城西北遣使入城邀親王宰臣議和軍中朝廷方遣同知樞密院事李梲等使金議割太原中山河間三鎭遣宰臣授地親王送大軍過河欽宗召帝諭指帝慷慨請行遂命少宰張邦昌爲計議使與帝俱金帥斡離不留之軍中旬日帝意氣閒暇二月會京畿宣撫司都統制姚平仲夜襲金人砦不克金人見責邦昌恐懼涕泣帝不爲動斡離不異之更請肅王癸卯肅王至軍中許割三鎭地進邦昌爲太宰留質軍中帝始得還金兵退復遣給事中王雲使金以租賦贖三鎭地又以蠟書結遼降將耶律余覩爲金人所得八月金帥黏罕復引兵深入陷太原斡離不破眞定冬十月王雲從吏自金先還言金人須帝再至乃議和雲歸言金人堅欲得地不然進兵取汴都十一月詔帝使河北奉衮冕玉輅尊金主爲伯上尊號十八字被命卽發京師以門下侍郎耿南仲主和議請與俱乃以其子中書舍人延禧爲參議官偕行帝由滑濬至磁州守臣宗澤請曰肅王去不返金兵已迫復去何益請留磁磁人以雲將挾帝入金遂殺雲時黏罕斡離不已率兵渡河相繼圍京師從者以磁不可留知相州汪伯彥亦以蠟書請帝還相州閏月耿南仲馳至相見帝致辭以面受欽宗之旨盡起河北兵入衛帝乃同南仲募兵勤王初朝廷聞金兵渡河欲拜帝爲元帥至是殿中侍御史胡唐老復申元帥之議尚書右僕射何㮚擬詔書以進欽宗遣閤門祇候秦仔持蠟詔至相拜帝爲河北兵馬大元帥知中山府陳亨伯爲元帥汪伯彥宗澤爲副元帥仔於頂髮中出詔帝讀之嗚咽兵民感動十二月壬戌朔帝開大元帥府有兵萬人分爲五軍命武顯大夫陳淬都統制軍馬閤門祇候侯章齋蠟書至自京師詔帝盡發河北兵命守臣自將帝乃下令諸郡守與諸將議引兵渡河乙亥帝率兵離相州丙子履氷渡河丁丑次大名府宗澤以二千人先諸軍至知信德府梁揚祖以三千人繼至張俊苗傅楊沂中田師中皆在麾下兵威稍振會簽書樞密院事曹輔齎蠟詔至云金人登城不下方議和好可屯兵近甸毋輕動汪伯彥等皆信和議惟宗澤請直趨澶淵爲壁次第解京城之圍伯彥南仲請移軍東平帝遂遣澤以萬人進屯澶淵揚言帝在軍中自是澤不復預府中謀議帝決意趨東平庚寅帝發大名

建炎元年春正月癸巳帝至東平初帝軍在相州京城圍久中外莫知帝處及是陳請四集取決帥府壬寅高陽關路安撫使黃潛善總管楊惟忠亦部兵數千至東平命潛善進屯興仁留惟忠爲元帥都統制金人聞帝在澶淵遣甲士及中書舍人張澂來召宗澤命壯士射之澂乃遁伯彥等請帝如濟州二月庚辰發東平癸未次濟州時帥府官軍及羣盜來歸者號百萬人分屯濟濮諸州府而諸路勤王兵不得進二帝已在金人軍中三月丁酉金人立張邦昌爲帝稱大楚黃潛善以告帝慟哭僚屬欲奉帝駐軍宿州謀渡江左帝聞三軍籍籍遂輒承制以宗澤爲徽猷閣待制丁巳斡離不退師徽宗北遷戊午承制以汪彥伯爲顯謨閣待制充元帥潛善爲徽猷閣待制充副元帥夏四月黏罕退師欽宗北遷癸亥邦昌尊元祐皇后爲宋太后遣人至濟州訪帝又遣吏部尚書謝克家來迎耿南仲率幕僚勸進帝避席流涕遜辭不受伯彥等引天命人心爲請且謂靖康紀元爲十二月立康之兆帝曰當更思之以知淮寧府趙子崧爲寶文閣學士元帥府參議官東南道總管統東南勤王兵邦昌遣閤門宣贊舍人蔣師愈等持書詣帝自言從權濟事及將歸寶避位之意帝亦貽諸帥書以未得至京已至者毋輒入間資政殿大學士領開封府事李綱在湖北遣劉默持書訪之又諭宗澤等以受僞命之人義當誅討然慮事出權宜未可輕動澤復書謂邦昌篡亂蹤跡已無可疑宜早正天位興復社稷不可不斷門下侍郎呂好問亦以蠟書來言帝不自立恐有不當立而立者丁卯謝克家以大宋受命之寶至濟州帝慟哭跪受命克家還京師趣辦儀物戊辰濟州父老詣軍門言州四旁望見城中火光屬天請帝卽位于濟會宗澤來言南京乃藝祖興王之地取四方中漕運尤易遂決意趨應天是夕邦昌手書上延福宮太后尊號曰元祐皇后入居禁中以尚書左丞馮澥爲奉迎使皇后又遣兄子衞尉少卿孟忠厚持手書遺帝皇后垂簾聽政邦昌權尚書左僕射率在京百官上表勸進不許甲戌皇后手書告中外俾帝嗣統乙亥百官再上表又不許丁丑馮澥等至濟州百官三上表許以權聽國事戊寅命宗澤先勸兵分駐長垣韋城等縣以備非常東道副總管朱勝非至濟州宣撫司統制官韓世忠以兵來會庚辰帝發濟州鄜延副總管劉光世自陝州來會以光世爲五軍都提舉辛巳次單州壬午次虞城縣西道都統管王襄自襄陽來會癸未至應天府皇后詔有司備法駕儀仗乙酉張邦昌至伏地慟哭請死帝慰撫之承制以汪伯彥爲顯謨閣直學士黃潛善爲徽猷閣直學士權吏部尚書王時雍等奉乘輿服御至羣臣勸進者益衆命有司築壇府門之左五月庚寅朔帝登壇受命禮畢慟哭遙謝二帝卽位于府治改元建炎大赦常赦所不原者咸赦除之張邦昌及應于供奉金國之人一切不問命西京留守司修奉祖宗陵寢罷天下神霄宮住散青苗錢應死節及歿于王事者並推恩奉使未還者祿其家一年應選人並循資已係承直郎者改次等京官臣僚因亂去官者限一月還任潰兵羣盜咸許自新免係官欠負蠲南京及元帥府常駐軍一月以上州縣夏稅應天府特奏名舉人並與同進士出身免解人與免省諸路特奏名三舉以上及宗室嘗預貢者並推恩應募兵勤王人以兵付州縣主兵官聽赴行在中外臣庶許言民間疾苦雖詆訐亦不加罪命官犯罪更不取特旨裁斷蔡京童貫朱勔李彥孟昌齡梁師成譚稹及其子孫更不收叙內外大臣限十日各舉布衣有材畧者一人餘如故事以黃潛善爲中書侍郎汪伯彥同知樞密院事元祐皇后在東京是日徹簾辛卯遙尊靖康皇帝爲孝慈淵聖皇帝元祐皇后爲元祐太后詔史官辨宣仁聖烈皇后誣謗築景靈宮于江寧府壬辰以張邦昌爲太保奉國軍節度使同安郡王五日一赴都堂參決大事以河東北宣撫使范訥爲京城留守癸巳遙尊帝母韋賢妃爲宣和皇后遙立嘉國夫人邢氏爲皇后耿南仲罷甲午以李綱爲尚書右僕射兼中書侍郎趣赴行在楊惟忠爲建武軍節度使主管殿前司公事罷諸盜及民兵之爲統制者簡其士馬隸五軍乙未以生辰爲天申節馮澥罷以兵部尚書呂好問爲尚書右丞命中軍統制馬忠後軍統制張渙率兵萬人趣河間府追襲金人丙申以呂好問兼門下侍郎丁酉以黃潛善兼御營使汪伯彥副之眞定府路副總管王淵爲都統制鄜延路副總管劉光世提舉一行事務

王時雍黃州安置命統制官薛廣張瓊率兵六千人會河北山水砦義兵共復磁相戊午以資政殿學士路允迪爲京城撫諭使龍圖閣學士耿延禧副之贈吏部侍郎李若水觀文殿學士謚忠愍己亥召太學生陳東赴行在李綱至江寧誅叛卒周德等庚子詔以靖康大臣主和誤國責李邦彥爲建寧軍節度副使潯州安置從吳敏柳州蔡懋英州李梲宇文虛中鄭望之李鄴皆以使金請割地責廣南諸州並安置辛丑詔張邦昌知幾達變勳在社稷如文彥博例月兩赴都堂壬寅封後宮潘氏爲賢妃以江淮發運使梁揚祖提領東南茶鹽事癸卯天申節罷百官上壽乙巳賜諸路勤王兵還營者錢人三千丙午以誣謗宣仁聖烈皇后追貶蔡確蔡卞邢恕蔡懋官以保靜軍節度使姚古知河南府金人陷河中府權府事郝仲連死之丁未徽宗至燕山府庚戌以宗澤爲龍圖閣學士知襄陽府壬子進張邦昌太傅丙辰罷監察御史張所爲責江州安置丁巳詔成都京兆襄陽荊南江寧府鄧揚二州儲資糧修城壘以備巡幸以簽書樞密院事張叔夜嘗援京城力戰從徽宗北行遙命爲觀文殿大學士醴泉觀使戊午右諫議大夫范宗尹罷遣太常少卿周望使河北軍前通問二帝西道總管王襄北道總管趙野坐勤王稽緩並分司襄陽府青州居住責襄永州野邵州並安置六月己未朔李綱入見上十議曰國是巡幸赦令僭逆僞命戰守本政責成修德以前殿前副都指揮使王宗濋引衞兵遁逃致都城失守責官邵州安置徽猷閣直學士徐秉哲假資政殿學士爲大金通問使秉哲辭庚申封靖康軍節度使仲湜嗣濮王黏罕還屯雲中辛酉命新任郎官未經上殿者並引對御史中丞顏岐罷徐秉哲責官梅州安置詔河北京陝淮湖江浙州軍縣鎭募人修築城壁壬戌置登聞檢鼓院癸亥以黃潛善爲門下侍郎兼權中書侍郎張邦昌坐僭逆責降昭化軍節度副使潭州安置及受僞命臣僚王時雍高州吳幵永州莫儔全州李擢柳州孫覿歸州並安置顏博文王紹以下論罪有差以知懷州霍安國河東宣撫使劉鞈死節贈安國延康殿學士鞈資政殿大學士甲子命李綱兼御營使乙丑以龍神衞四廂都指揮使馬忠爲河北經制使措置民兵洪芻罷左諫議大夫下臺獄丁卯以祠部員外郎喻汝礪爲四川撫諭督漕計美緡及常平錢物罷開封諸州軍府司錄曹掾官州軍通判二員者省其一權減宰執奉賜三之一省諸路提舉常平司兩浙福建提舉市舶司賊李孝忠寇襄陽守臣黃叔敖棄城遁立格買馬辛未以子旉生大赦籍天下神霄宮錢穀充經費拘天下職田錢隸提刑司還元祐黨籍及上書人恩數癸酉詔陝西山東諸路帥臣團結軍民互相應援乙亥增諸縣弓手置武尉領之宗室叔向以所募勤王兵屯京師或言爲變命劉光世捕誅之戊寅以汪伯彥知樞密院事遣宣義郎傅雱使河東軍前通問二帝己卯置沿河沿淮沿江帥府十有九要郡三十九次要郡三十八帥守兼都總管守臣兼鈐轄都監總置軍九十六萬七千五百人別置水軍七十七將造舟江淮諸路置三省樞密院賞功司東京留守范訥落節鉞淄州居住庚辰以二帝未還禁州縣用樂辛巳置沿河巡察六使壬午以戶部尚書張慤同知樞密院事兼提舉措置戶部財用癸未呂好問罷甲申併尚書戶部右曹所掌歸左曹命尚書總領乙酉以宗澤爲東京留守杜充爲北京留守罷監司州郡職田丙戌詔陝西河北京東西路募兵合十萬人更番入衞行在命京東西路造戰車丁亥以張所爲河北西路招撫使括買官民馬勸出財助國戊子以錢蓋爲陝西經制使封趙懷恩爲安化郡王因召五路兵赴行在秋七月己丑朔以樞密副都承旨王𤫊爲河東經制使庚寅詔王淵劉光世統制官張俊喬仲福韓世忠分討陳州軍賊杜用京東賊李昱及黎驛魚臺潰兵皆平之辛卯籍東南諸州神霄宮及贍學錢助國用敘右監門衞大將軍貴州團練使士珸以磁洺義兵復洺州乙未以溫州觀察使范瓊爲定武軍承宣使御營司同都統制丙申賜諸路彊壯巡社名爲忠義巡社專隸安撫司戊戌欽宗至燕山府以忻州觀察使張渙爲河北制置使東都宣武卒杜林謀據成都叛伏誅己亥詔臺省寺監繁簡相兼學官館職減舊制之半辛丑復議吳幵莫儔等十一人罪並廣南江湖諸州安置餘遞貶有差壬寅詔奉元祐太后如東南六宮及衞士家屬從行朕當獨留中原與金人決戰以延康殿學士許翰爲尚書右丞甲辰以右諫議大夫宋齊愈當金人謀立異姓書張邦昌姓名斬于都市乙巳手詔京師未可往當巡幸東南丙午詔定議巡幸南陽以觀文殿學士范致虛知鄧州修城池繕宮室輸錢穀以實之丁未遣官詣京師迎奉太廟神主赴行在己酉罷四道都總管以尚書虞部員外郎張浚爲殿中侍御史庚戌徽諸道兵期八日會行在丙辰徽宗自燕山密遣閤門宣贊舍人曹勛至賜帝絹半臂書其領曰便可即眞來援父母帝泣以示輔臣張所傳亮軍發行在是月關中賊史斌犯興州僭號稱帝八月戊午朔洪芻等坐圍城日括金銀自盜及私納宮人芻及余大均陳沖貸死流沙門島餘五人罪有差勝捷軍校陳通作亂于杭州執帥臣葉夢得殺漕臣吳昉己未元祐太后發京師庚申以劉光世爲奉國軍節度使韓世忠張俊皆進一官辛酉右司諫潘良貴罷壬戌以李綱爲尚書左僕射兼門下侍郎黃潛善爲右僕射兼中書侍郎張慤兼御營副使癸亥命御營使副大閱五軍庚午更號元祐太后爲隆祐太后辛未罷傅亮經制副使召赴行在壬申召布衣譙定赴行在命御營統制辛道宗討陳通是夕東北方有赤氣癸酉以耿南仲主和誤國南雄州安置乙亥用張浚言罷李綱左僕射丙子隆祐太后發南京命侍衞馬軍都指揮使郭仲荀護衞如江寧兼節制江淮荊浙閩廣諸州制置東南盜賊丁丑以龍圖閣直學士錢伯言知杭州節制兩浙淮東將兵及福建槍杖手討陳通庚辰降膀招諭杭州亂兵壬午用黃潛善議殺上書太學生陳東崇仁布衣歐陽澈乙酉遣兵部員外郎江端友等撫諭閩浙湖廣江淮京東西諸路及體訪官吏貪廉軍民利病許翰罷丁亥博州卒宮儀作亂犯萊州九月己丑建州軍校張員等作亂執守臣張動轉運副使毛奎爲所殺判官曹仔嬰城自守范瓊捕斬李孝忠于復州壬辰以金人犯河陽汜水軍詔擇日巡幸淮甸鑄建炎通寶錢命淮浙沿海諸州增修城壁招訓民兵以備海道甲午命揚州守臣呂頤浩繕修城池宗澤往河北視師七月還是夜辛道宗兵潰于嘉興縣丁酉詔荊襄關陝江淮皆備巡幸戊戌罷買馬己亥以子旉爲檢校少保集慶軍節度使封魏國公詔內外官司參用嘉祐元豐勑以俟新書庚子二帝徙居霫郡辛丑陳通刼提點刑獄周格營殺格執提點刑獄高士曈壬寅遣徽猷閣待制孟忠厚迎奉太廟神主赴揚州以直秘閣王圭爲招撫判官代張所尋責所廣南安置乙巳宗澤表請車駕還闕戊申河北招撫司都統制王彥渡河擊金人破之復新興縣己酉以諜報金人欲犯江浙詔暫駐淮甸捍禦稍定即還京闕募民入貲授官軍賊趙萬入常州執守臣何袞罷諸路經制招撫使庚戌始通當三大錢于淮浙荊湖諸路壬子命湖南撫諭官馬伸持詔賜張邦昌死于潭州并誅王時雍癸丑詔有敢妄議惑衆沮巡幸者許告而罪之不告者斬乙卯王彥及金人戰敗績奔太行山聚衆其裨將岳飛引其部曲自爲一軍趙萬陷鎭江府守臣趙子崧棄城渡江保瓜洲是秋金人分兵據兩河州縣惟中山慶源府保莫邢洺冀磁絳相州久之乃陷冬十月丁巳朔帝登舟幸淮甸戊午太后至揚州己未罷諸路勸誘獻納錢物庚申罷諸路召募潰兵忠義等人及寄居官擅集勤王兵者癸亥募羣盜能併滅賊衆者官之甲子以張浚論李綱不已落綱觀文殿大學士止奉宮祠知秀州兼權浙西提點刑獄趙叔近入杭州招撫陳通乙丑罷帥府要郡次要郡及新軍水軍丁卯以王淵爲杭州制置盜賊使統制官張俊從行庚午次泗州幸普照寺甲戌太白晝見己卯次楚州寶應縣後軍將孫琦等作亂逼左正言盧臣中墮水死庚辰命劉光世討鎭江叛兵辛巳以光世爲滁和濠州江寧府界招捉盜賊制置使御營統制官苗傅爲使司都統制朝請郎李棫提舉廣西左右兩江峒丁公事癸未至揚州禁內侍統兵官相見丙戌王淵張俊誘趙萬等悉誅之十一月戊子李綱鄂州居住眞定軍賊張遇入池州守臣滕祐棄城遁己丑詔雜犯死罪有疑及情理可憫者撫諭官同提刑司酌情減降先斷後聞壬辰遣王倫等爲金國通問使乙未以張慤爲尚書左丞工部尚書顏岐同知樞密院事丙申曲赦應天府亳宿揚泗楚州高郵軍丙午以張慤爲中書侍郎戊申以顏岐爲尚書左丞兼權門下侍郎御史中丞許景衡爲右丞刑部尚書郭三益同知樞密院事權密州趙野棄城遁軍校杜彥據州追野殺之辛亥命福建路增招弓手金人陷河間府是月軍賊丁進圍壽春府守臣康允之拒却之十二月丙辰朔命從臣四員充講讀官就內殿講讀丁巳詔諸路提刑司選官即轉運司所在州類省試進士以待親策辛酉王淵入杭州執陳通等誅之壬戌青州敗將王定以兵作亂殺帥臣曾孝序癸亥黏罕犯汜水關西京留守孫昭遠遣將拒之戰歿昭遠引兵南遁尋命部將王仔奉啓運宮神御赴行在甲子改授后父徽猷閣待制邢煥爲光州觀察使乙丑詔凡刑賞大政並經三省其干請墨勅行下者罪之丙寅張遇犯江州戊辰金人圍棣州守臣姜剛之固守金兵解去甲戌金人陷同州守臣鄭驤死之張遇犯黃州己卯金人陷汝州入西京庚辰金人陷華州辛巳破潼關河東經制使王𤫊自同州引兵遁入蜀丁進詣宗澤降乙酉增置廣西弓手以備邊以戶部尚書黃潛厚爲延康殿學士同提舉措置財用

宋史卷二十五

元　中書右丞相總裁脫脫等修

本紀第二十五

高宗二

二年春正月丙戌朔，帝在揚州丁亥錄兩河流亡吏士沿河給流民官田牛種戊子金人陷鄧州委撫劉汲死之辛卯罷行在榷貨務壬辰金人犯東京宗澤遣將擊郤之癸巳復明法新科甲午詣壽寧寺謁祖宗神主乙未金人破永興軍前河東經制副使傅亮以兵降經略使唐重副總管楊宗閔提舉軍馬陳迪轉運副使桑景詢判官曾謂提點刑獄郭忠孝經略司主管機宜文字王尚及其子建中俱死之東平府兵馬鈐轄孔彥舟叛渡淮犯黃州守臣趙令㡿拒之丙申詔自今犯枉法自盜贓者中書籍其姓名罪至徒者永不錄用金人陷均州守臣楊彥明遁去丁酉金人陷房州己亥張遇焚真州祕閣修撰孫昭遠爲亂兵所害庚子遣主客員外郎謝亮爲陝西撫諭使兼宣諭使持詔賜夏國張遇陷鎮江府守臣錢伯言棄城走辛丑內侍邵成章坐輒言人臣除名雄州編管金人陷鄭州通判趙伯振死之癸卯金帥窩里嗢陷濰州又陷青州尋棄去丁未詔諭流民潰兵之爲盜賊者釋其罪己酉禁諸將引潰兵入蜀置大散關使以審驗之庚戌遣考功員外郎傅雱爲淮東京東西撫諭使辛亥王淵招降張遇以所部萬人隸韓世忠改授顯謨閣直學士孟忠厚爲常德軍承宣使詔凢后族毋任侍從官著爲令金人焚鄧州是月以中奉大夫劉豫知濟南府金人陷潁昌府守臣孫默爲所殺經制司僚屬王擇仁復永興軍金人陷秦州經略使李復降又犯熙河經略使張深遣兵馬都監劉惟輔與戰于新店敗之斬其帥黑鋒二月丙辰金人再犯東京宗澤遣統制閻中立等拒之中立戰死戊午移耿南仲于臨江軍金人陷唐州壬戌安化軍節度副使宇文虛中應詔使絕域復中大夫召赴行在癸亥罷市易務甲子金人犯滑州宗澤遣張撝救之戰死乙丑澤遣判官范世延等表請帝還闕河北賊楊進等詣澤降丁卯復延康述古殿直學士爲端明樞密直學士辛未詔自今犯枉法自盜贓罪至死者籍其貲壬申赦福州叛卒張員等癸酉金人陷蔡州執守臣閻孝忠丙子金人陷淮寧府守臣向子韶死之丁丑遣王貺等克金國軍前通問使戊寅責降知鎮江府趙子崧爲單州團練副使南雄州安置己卯奪祕書正字胡珵官送梧州編管朝奉大夫劉正彥應詔使絕域授武德大夫威州刺史尋爲御營右軍副統制庚申以王淵爲寧德軍節度使辛巳武功大夫和州防禦使馬擴奔真定五馬山砦聚兵得皇弟信王榛于民間奉之總制諸砦壬午詔京畿京東西河北淮南路置振華軍八萬人是月成都守臣盧法原修城成三月辛卯金人陷中山府壬辰詔諸路安撫使許便宜節制官吏丁酉初立大小使臣呈試弓馬出官格先閱試然後奏補黏罕焚西京去庚子河南統制官翟進復西京宗澤奏進爲京西北路安撫制置使丙午遙授尚書右僕射何㮚爲觀文殿大學士中書侍郎陳過庭爲資政殿大學士同知樞密院事聶昌爲資政殿大學士並主管宮觀時㮚已卒于金昌爲人所殺朝廷未之知過庭亦在金軍中丁未罷內外權局官之不應法者遣楊應誠爲大金高麗國信使己酉張員等復作亂擁衆突城出命本路提點刑獄李苪討捕之辛亥以范瓊權同主管侍衛步軍司公事屯眞州是月金人陷鳳翔府守臣劉清臣棄城去又犯涇原經略使曲端遣將拒戰敗之金兵走同華石濠尉李彥仙舉兵復陝州夏四月丙辰詔文臣從官至牧守武臣管軍至遙郡各舉所知二人戊午禁州縣責鄰保代輸逃戶稅役宗澤遣將趙世興復滑州乙丑翟進以兵襲金帥兀室于河南兵敗其子亮死之進又率御營統制韓世忠京城都巡檢使丁進等兵戰于文家寺又敗世忠收餘兵南歸兀室復入西京尋棄去隴右都護張嚴及金人戰于五里坡敗績死之丁卯金人入洛州壬辰軍賊孫琦焚隨州癸未入唐州信王榛遣馬擴來奏事是月以榛爲河外兵馬都元帥擴爲元帥府馬步軍都總管五月乙酉許景衡罷孫琦犯德安府丙戌命參酌元祐科舉條制立詩賦經義分試法戊子以翰林學士朱勝非爲尚書右丞辛卯以金兵渡河遣韓世忠宗澤等逆戰甲午曲赦河北陝西京東路福建轉運判官謝如意執張員等六人誅之丙申復命宇文虛中爲資政殿大學士克金國祈請使賊靳賽寇光山縣戊戌河北制置使王彥部兵渡河屯滑州之沙店癸卯張慤薨甲辰金帥婁宿陷絳州丁未復置兩浙福建提舉市舶司己酉秀州卒徐明等作亂執守臣朱芾迎前守趙叔近復領州事命御營中軍統制張俊討之癸丑罷借諸路職田六月乙卯邛州鑄錢增印錢引癸亥建州卒葉濃等作亂寇福州甲子親慮囚乙丑張俊至秀州殺趙叔近執徐明斬之甲戌葉濃陷福州丁丑詔江浙沿流州軍練水軍造戰艦京畿淮甸蝗是月以知延安府王庶節制陝西六路軍馬涇原經略使曲端爲節制司都統制永興軍經略使郭琰逐王擇仁擇仁奔興元秋七月甲申葉濃入寧德縣復還建州命張俊同兩浙提點刑獄趙哲率兵討之丙戌詔吏部審量京官非政和以後進書頌及直赴殿試人乃聽參選宗澤薨丁亥詔百官坐蔡京王黼擬授而廢者許自新復用戊子禁軍中抉目刳心之刑壬辰選江浙州軍正兵土兵六之一赴行在乙未以郭仲荀爲京城副留守戊戌錄內外諸軍將士功辛丑以春霖夏旱蝗詔監司郡守條上闕政州郡災甚者蠲田賦甲辰以降授北京留守杜充復樞密直學士爲開封尹東京留守八月甲寅初鑄御寶三甲戌御集英殿策試禮部進士罷殿中侍御史馬伸尋責濮州河北京東捉殺使李成叛辛巳犯宿州是月二帝徙居韓州九月甲申丁進叛復寇淮西庚寅賜禮部進士李易以下四百五十一人及第出身特奏名進士皆許調官壬辰召侍從所舉諸宗講等二十一人驛赴行在癸巳金人陷冀州將官李政死之甲午金人再犯永興軍經略使郭琰棄城退保義谷辛丑陝西節制司兵官賀師範及金人戰于八公原敗績死之丙午復所減京官奉丁未東京留守統制官薛廣及金人戰于相州敗死己酉郭三益薨是秋窩里嗢撻懶破五馬山砦信王榛不知所終馬擴軍敗于北京之清平冬十月甲寅命揚州濬隍修城閱江淮州郡水軍楊應誠還自高麗戊午遣劉光世討李成壬戌禁江浙閉糴癸亥黏罕圍濮州遣韓世忠范瓊領兵至東平開德府分道拒戰又命馬擴援之甲子命孟忠厚奉隆祐太后幸杭州楊進復叛攻汝洛命翟進擊于鳴皐山翟進戰死丙子罷吏部審量崇寧大觀以來濫賞止令自陳是月劉正彥擊丁進降之十一月辛巳朔提舉嵩山崇福宮李綱責授單州團練副使萬安軍安置劉光世及李成戰于新息縣成敗走高麗國王王楷遣其臣尹彥頤入見金人圍陝州守臣李彥仙拒戰郤之壬辰金人陷延安府權知府劉選總管馬忠皆遁通判府事魏彥明死之癸巳趙哲大破葉濃于建州城下濃遁而降復謀爲變張俊禽斬之乙未金人陷濮州執守臣楊粹中又陷開德府守臣王棣死之以魏行可克金國軍前通問使庚子詣壽寧寺朝饗祖宗神主壬寅冬至祀昊天上帝于圜丘以太祖配大赦金人陷相州守臣趙不試死之甲辰陷德州兵馬都監趙叔皈死之庚戌立士庶子弟習射補官法是月節制陝西軍馬王庶爲都統制曲端所拘奪其印四川茶馬趙開罷官買賣茶給引通商如政和法金人犯晉寧軍守臣徐徽言拒郤之知府州折可求以城降金人陷淄州涇原兵馬都監吳玠襲斬史斌濵州賊葛進陷棣州守臣姜剛之死之京東賊李民詣行在請降王淵殲其衆留民爲將十二月乙卯太后至杭州扈從統制苗傅以其軍八千人駐奉國寺庚申金人犯東平府京西路制置使權邦彥棄城去又犯濟南府守臣劉豫以城降甲子金人陷大名府提點刑獄郭永罵敵不屈死之轉運判官裴億降又陷襲慶府乙丑陷虢州丙寅初命修國史己巳以黃潛善爲尚書左僕射兼門下侍郎汪伯彥右僕射兼中書侍郎顏岐門下侍郎朱勝非中書侍郎兵部尚書盧益同知樞密院事辛未金人犯青州丁丑特進致仕余深金紫光祿大夫致仕薛昂並分司進昌軍徽州居住耿南仲再責單州別駕唐恪追落觀文殿大學士戊寅以禮部侍郎張浚兼御營參贊軍事敎習長兵是冬杜充決黃河自泗入淮以阻金兵

三年春正月庚辰朔帝在揚州以京西北路兵馬鈐轄翟興爲河南尹京西北路安撫制置兼招討使京西賊貴仲正陷岳州甲申以資政殿學士路允迪簽書樞密院事丁亥金人再陷青州又陷濰州焚城而去京東安撫劉洪道入青州守之己丑奉安西京會聖宮累朝御容于壽寧寺占城國入貢趣大金通問使李鄴周望宋彥通吳德休等往軍前辛卯陝州都統邵興及金人戰于潼關敗之復虢州乙未杜充遣岳飛桑仲討其叛將張用于城南其徒王善救之官軍敗績庚子張用王善寇淮寧府守臣馮長寧却之詔百官聞警遣家屬避兵致物情動搖者流丙午黏罕陷徐州守臣王復及子倚死之軍校趙立結鄉兵爲興復計御營平寇左將軍韓世忠軍潰于沭陽其將張遇死世忠奔鹽城金兵執淮陽守臣李寬殺轉運副使李跋以騎兵三千取彭城間道趣淮甸戊申至泗州二月庚戌朔始聽士民從便避兵命劉正彥部兵衞皇子六宮如杭州江淮制置使劉光世阻淮拒金人敵未至自潰金人犯楚州守臣朱琳降辛亥金人陷天長軍壬子內侍鄺詢報金兵至帝被甲馳幸鎮江府是日金兵過楊子橋癸丑游騎至瓜洲太常少卿季陵奉太廟神主行金兵追之失太祖神主王淵請幸杭州命留朱勝非守鎮江以吏部尚書呂頤浩爲資政殿大學士江淮制置使都巡檢使劉光世爲殿前都指揮使克行在五軍制置使駐鎮江府控扼江

口主管馬軍司楊惟忠節制江東軍馬駐江寧府是夕發鎭江次呂城鎭金人入眞州甲寅次常州御營統制王亦謀據江寧不克而遁御營平寇前將軍范瓊自東平引兵至壽春其部兵殺守臣鄧紹密丙辰次平江府丁巳金人犯泰州守臣曾班以城降丁進縱兵剽掠王淵誘誅之戊午次吳江縣命朱勝非節制平江府秀州控扼軍馬禮部侍郎張浚副之又命勝非兼御營副使留王淵守平江以忠訓郎劉俊民爲閤門祗候齎書使金軍詔錄用張邦昌親屬仍命俊民持邦昌貽金人約和書稾以行金人陷滄州守臣劉錫棄城走己未次秀州命呂頤浩往來經制長江以龍圖閣待制知江州陳彥文爲沿江措置使庚申次崇德縣呂頤浩從行郎拜同簽書樞密院事江淮兩浙制置使以兵二千還屯京口又命御營中軍統制張俊以兵八千守吳江吏部員外郎鄭資之爲沿江防托監察御史林之平爲沿海防托募海舟守隘壬戌駐蹕杭州金人陷晉寧軍守臣徐徽言死之癸亥下詔罪己求直言令有司具舟常潤迎濟衣冠軍民家屬省儀物膳羞出宮人之無職掌者乙丑降德音赦雜犯死罪以下囚放還士大夫被竄斥者惟李綱罪在不赦更不放還蓋用黃潛善計罪綱以謝金人置江寧府榷貨務都茶場丁卯百官入見應迪功郎以上並赴朝參戊辰出米十萬斛卽杭秀常湖州平江府損直以糶濟東北流寓之人金人焚揚州己巳用御史中丞張澂言罷黃潛善汪伯彥以戶部尚書葉夢得爲尚書左丞澂爲右丞庚午詔平江鎭江府常湖杭越州具寓居京朝官己上姓名以備簡拔分命浙西監司等官募土豪守千秋垂脚襄陽諸嶺以扼宣常諸州險要金人去揚州辛未詔御營使司唯掌行在五軍凡遊防經制並歸三省樞密金人過高郵軍守臣趙士瑗棄城走潰兵宋進犯泰州守臣曾班遁壬申罷軍期司掊斂民財者呂頤浩遣將陳彥渡江襲金餘兵復揚州癸酉靳賽犯通州韓世忠小校李在叛據高郵甲戌黃潛善汪伯彥並落職乙亥召朱勝非赴行在留張浚駐平江贈陳東歐陽澈承事郎官有服親一人恤其家召馬伸赴行在卒贈直龍圖閣丙子詔士民直言時政得失是月以王庶爲陝西節制使知京兆府節制司都統制曲端爲鄜延經略使知延安府張用據確山號張莽蕩三月己卯朔日中有黑子庚辰以朱勝非爲尚書右僕射兼中書侍郎辛巳葉夢得罷以盧益爲尚書左丞未拜復罷爲資政殿學士御營都統制王淵同簽書樞密院事呂頤浩爲江南東路安撫制置使知江寧府壬午詔王淵免進呈書押本院文字扈從統制苗傅忿王淵驟得君劉正彥怨招降劇盜而賞薄帝在揚州閹宦用事恣橫諸將多疾之癸未傅正彥等叛勒兵向闕殺王淵及內侍康履以下百餘人帝登樓以傅爲慶遠軍承宣使御營使司都統制正彥渭州觀察使副都統制傅等迫帝遜位于皇子魏國公請隆祐太后垂簾同聽政是夕帝移御顯寧寺甲申尊帝爲睿聖仁孝皇帝以顯寧寺爲睿聖宮大赦以張澂兼中書侍郎韓世忠爲御營使司提舉一行事務前軍統制張俊爲秦鳳副總管分其衆隸諸軍丁亥以東京留守杜充爲資政殿大學士節制京東西路殿前副都指揮使東京副留守郭仲荀進昭化軍節度使分竄內侍藍珪高逸張去爲張旦曾擇陳永錫于嶺南諸州擇已行傅追還殺之呂頤浩至江寧戊子以端明殿學士王孝迪爲中書侍郎盧益爲尚書左丞張俊部衆八千至平江張浚諭以決策起兵問罪約呂頤浩劉光世招韓世忠來會己丑改元明受張浚奏乞睿聖皇帝親總要務庚寅百官始朝睿聖宮以苗傅爲武當軍節度使劉正彥爲武成軍節度使劉光世爲太尉淮南制置使范瓊爲慶遠軍節度湖北制置使楊惟忠加少保張浚爲禮部尚書及呂頤浩並赴行在傅等以御營中軍統制吳湛主管步軍司黃潛善汪伯彥並分司衡永州居住王孝迪盧益爲大金國信使進士黃太本吳時敏爲先期告請使置行在都茶場呂頤浩奏請睿聖皇帝復大位金人陷鄜州癸巳張浚命節制司參議官辛道宗措置海船遣布衣馮轓持書說傅正彥甲午有司請尊太后爲太皇太后不許呂頤浩率勤王兵萬人發江寧乙未再貶黃潛善鎭東軍節度副使英州安置劉光世部兵會呂頤浩于丹陽丙申韓世忠自鹽城收散卒至平江張俊假兵二千戊戌赴行在辛丑傅等以世忠爲定國軍節度使張俊爲武寧軍節度使知鳳翔府張浚責黃州團練副使郴州安置俊等皆不受傅等遣軍駐臨平拒勤王兵壬寅日中黑子沒盧益罷呂頤浩至平江水賊邵青入泗州癸卯太后詔睿聖皇帝宜稱皇太弟天下兵馬大元帥康王皇帝稱皇太姪監國賜傅正彥鐵券呂頤浩張浚傳檄中外討傅正彥執黃太本下獄乙巳太后降旨睿聖皇帝處分兵馬重事張俊率兵發平江劉光世繼之丙午張浚同知樞密院事翰林學士李邴御史中丞鄭瑴並同簽書樞密院事呂頤浩張浚發平江丁未次吳江奏乞建炎皇帝還卽尊位朱勝非召傅正彥至都堂議復辟傅等遂朝睿聖宮金人陷京東諸郡劉洪道棄靑州去撻懶以劉豫知東平府節制河南州郡趙立復徐州夏四月戊申朔太后下詔還政皇帝復大位帝還宮與太后御前殿垂簾詔尊太后爲隆祐皇太后己酉詔訪求太祖神主以苗傅爲淮西制置使劉正彥副之庚戌復紀年建炎命張浚知樞密院事苗傅劉正彥並檢校少保呂頤浩張浚軍次臨平苗翊馬柔吉拒戰不勝傅正彥引兵二千夜遁辛亥皇太后撤簾呂頤浩等入見傅犯富陽新城二縣遣統制王德喬仲福追擊之癸丑朱勝非顏岐王孝迪張澂路允迪俱罷以呂頤浩爲尚書右僕射兼中書侍郎李邴尚書右丞鄭瑴簽書樞密院事甲寅以劉光世爲太尉御營副使韓世忠爲武勝軍節度使御前左軍都統制張俊爲鎭西軍節度使御前右軍都統制勤王所僚屬將佐進官有差主管殿前司王元左言並責官英賀州安置樞密都承旨馬瑗停官永州居住吏部員外郎范仲熊浙西安撫司主管機宜文字時希孟並除名柳州吉陽軍編管斬中軍統制吳湛工部侍郎王世修于市贈王淵開府儀同三司乙卯大赦舉行仁宗法度應嘉祐條制與今不同者自官制役法外賞格從重條約從寬罷上供不急之物元祐石刻黨人官職恩數追復未盡者令其家自陳許中外直言丁巳禁內侍交通主兵官及饋遺假貸借役禁兵干預朝政庚申詔尚書左右僕射並帶同中書門下平章事改門下中書侍郎爲參知政事省尚書左右丞以李邴參知政事詔行在職事官各舉所知併省館學寺監等官苗傅犯衢州癸亥以給事中周望爲江浙制置使丁卯帝發杭州留鄭瑴衞皇太后以韓世忠爲江浙制置使及劉光世追討傅正彥己巳詔傅正彥苗瑀苗翊張逵不赦餘黨並原壬申立子魏國公旉爲皇太子赦傅黨王鈞甫馬柔吉罪許其自歸丙子范瓊自光蘄引兵屯洪州是月劉文舜寇濠州西北賊薛慶襲據高郵軍五月戊寅朔帝次常州以張浚爲宣撫處置使以川陝京西湖南北路隸之聽便宜黜陟庚辰苗傅統領官張翼斬王鈞甫馬柔吉降辛巳次鎭江府遣祭張愨陳東墓詔恤其家癸未以翰林學士滕康同簽書樞密院事乙酉至江寧府駐蹕神霄宮改府名建康起復朝散郎洪皓爲大金通問使丁亥以徽猷閣直學士陳彥文提領水軍措置江浙防托召藍珪等逮還朝己丑韓世忠追討傅正彥于浦城縣獲正彥傅遁走張浚撫諭薛慶于高郵爲慶所留乙未浚罷以御營前軍統制王𤫊爲淮南招撫使己亥復置中書門下省檢正官省左右司郎中二員苗傅裨將江池殺苗翊降于周望傅走建陽縣土豪詹標執之以獻辛丑張浚還自高郵復命知樞密院事是月翟興擊殺楊進餘黨復推其徒劉可拒官軍六月戊申朔以東京留守杜充引兵赴行在命兼宣撫處置副使節制淮南京東西路己酉以久雨召郎官已上言闕政呂頤浩請令實封以聞遂用司勳員外郎趙鼎言罷王安石配享神宗廟庭以司馬光配王善攻淮寧府不克轉寇宿州統領王冠戰敗之甲寅罷賞功司乙卯命恤死事者家且錄其後升浙西安撫使康允之爲制置使丙辰劉光世招安苗傅將韓雋戊午命江浙淮南引塘濼開畎澮以阻金兵庚申皇太后至建康府辛酉以久陰下詔以四失罪己一曰昧經邦之大略二曰昧戡難之遠圖三曰無綏人之德四曰失馭臣之柄仍榜朝堂徧諭天下使知朕悔過之意以帶御器械李質權同主管殿前司乙丑以建康府路安撫使連南夫兼建康府宣徽太平等州制置使丁卯右司諫袁植請誅黃潛善及失守者權邦彥等九人詔朕方念咎責己豈可盡以過失歸於臣下遂罷植知池州以趙鼎爲右司諫癸酉置樞密院檢詳官以右司郎中劉寧止爲沿江措置副使甲戌移御行宮乙亥詔諭中外以迫近防秋請太后率宗室迎奉神主如江表百司庶府非軍旅之事者並令從行朕與輔臣宿將備禦寇敵應援中原官吏民士家屬南去者有司毋禁金人陷磁州是夜賊貴仲正降秋七月戊寅贈王復爲資政殿學士己卯親慮囚辛巳苗傅劉正彥伏誅癸未進韓世忠檢校少保武勝昭慶軍節度使御營使司都統制范瓊自洪州入朝以瓊爲御營使司提舉一行事務後軍統制辛企宗爲都統制命學士院草夏國書大金國表本付張浚甲申詔以苗劉之變當軸大臣不能身衞社稷朱勝非顏岐路允迪並落職張澂衡州居住以知廬州胡舜陟爲淮西制置使知江州權邦彥兼本路制置使金人犯山東安撫使劉洪道棄濰州遁萊州守將張成舉城降丁亥以范瓊跋扈無狀收下大理獄分其兵隸神武五軍皇太子薨諡元懿戊子鄭瑴薨己丑以資政殿大學士王綯參知政事兵部尚書周望同簽書樞密院事庚寅仙井監鄉貢進士李時雨上書乞選立宗子係屬人心帝怒斥還鄉里辛卯升杭州爲臨安府壬辰言者又論范瓊逼遷徽宗及迎立張邦昌瓊辭伏賜死

子弟皆流嶺南劉洪道復青州執金守向大猷乙未遣謝亮使夏國丁酉遣崔縱使金軍前庚子張浚發行在辛丑王𤫊與靳賽遇合戰敗績壬寅命李邴滕康權知三省樞密院事扈從太后如洪州楊惟忠將兵萬人以衞以杜充同知樞密院事兼宣撫處置副使乙巳詔江西閩廣荆湖諸路團教峒丁槍杖手山東賊郭仲威陷淮陽軍翟興引兵入汝州與賊王俊戰敗之八月己酉移浙江安撫司于鎮江府庚戌李邴罷壬子以吏部尚書劉珏爲端明殿學士權同知三省樞密院事甲寅王庶罷以徽猷閣直學士知慶陽府王似爲陝西節制使劉文舜入舒州己未太后發建康丁卯遣杜時亮使金軍前閏八月丁丑朔以胡舜陟爲沿江都制置使集英殿修撰王羲叔副之丁亥輔逵掠漣水軍殺軍使郝璘率衆降于王𤫊己丑以呂頤浩守尚書左僕射杜充守右僕射並同中書門下平章事庚寅起居郎胡寅上書言二十事呂頤浩不悅罷之辛卯命杜充兼江淮宣撫使守建康前軍統制王𤫊隸之韓世忠爲浙西制置使守鎮江劉光世爲江東宣撫使守太平池州並受充節制丁酉太后至洪州己亥減福建廣南歲上供銀三之一詔制置使唯用兵聽便宜餘事悉禁壬寅帝發建康復還浙西張俊辛企宗以其軍從甲辰次鎮江府賜陳東家金張浚次襄陽招官軍義兵分屯襄鄧唐郢以程千秋李允文節制是月知濟南府宮儀及金人數戰于密州兵潰儀及劉洪道俱奔淮南守將李逵以密州降金靳賽詣劉世光降九月丙午朔日有食之諜報金人治舟師將由海道窺江浙遣韓世忠控守圌山福山辛亥次平江府壬子金人陷單州興仁府遂陷南京執守臣凌唐佐降之癸丑以周望爲兩浙荆湖等路宣撫使總兵守平江翰林學士張守同簽書樞密院事命劉光世移屯江州丙辰遣張邵等充金國軍前通問使金人陷沂州邳高麗入貢使張浚承制罷知渭州辛炳起復直龍圖閣向子諲代之丁巳蠲諸路靑苗積欠錢辛酉知鼎州邢倞坐結耶律余覩再責汝州團練副使英州安置癸亥賜宿泗州都大提舉使李成軍絹二萬匹成尋復叛己巳以胡舜陟爲宣撫司參謀官知鎮江府陳邦光爲沿江都制置使庚午以工部侍郎湯東野知平江府兼浙西制置使辛未追復鄒浩龍圖閣待制壬申夜潭州禁卒作亂謀竄不果向子諲招安之甲戌金帥婁宿犯長安經略使郭琰棄城遁河北賊酈瓊圍光州冬十月丙子朔詔按察官歲上所發摘贓吏姓名以爲殿最庚辰禁諸軍擅入川陝癸未帝至杭州復如浙東庚寅渡浙江郭仲威詣周望降望以仲威爲本司統制辛卯李成陷滁州殺守臣向子伋壬辰帝至越州癸巳命提舉廣西峒丁李棫市馬邕州置牧養務戊戌初命東南八路歲收經制五項錢輸行在張浚治兵于興元府金人陷壽春府庚子陷黃州守臣趙令峸死之辛丑張浚以同主管川峽茶馬趙開爲隨軍轉運使專總四川財賦金人自黃州濟江劉光世引軍遁知江州韓梠棄城去金人自大冶縣趨洪州是月京西賊劉滿陷信陽軍殺守臣趙士負盜入宿州殺通判盛修己十一月乙巳朔金人犯廬州守臣李會以城降王善叛降金金人執之丁未詔降雜犯死罪釋流以下四聽李綱自便追復宋齊愈官貴仲正犯荆南兵馬鈐轄渠成與戰斬之戊申金帥兀朮犯和州守臣李儔以城降通判唐璟死之己酉張浚出行關陝兀朮陷無爲軍守臣李知幾棄城走壬子太后退保虔州江西制置使王子獻棄洪州走丁巳金人陷臨江軍守臣吳將之遁戊午遣孫悟等充金國軍前致書使金人陷洪州權知州事李積中以城降撫袁二州守臣王仲山王仲嶷皆降淮賊劉忠犯蘄州韓世清逆戰破之忠入舒州殺通判孫知微庚申金人陷眞州守臣向子忞棄城去辛酉太后至吉州壬戌金人犯建康府陷溧水縣尉潘振死之癸亥金人陷太平州主管步軍司閭勍自西京奉累朝御容至行在詔奉安于天慶觀尋命勍節制淮西軍馬以拒金人甲子杜充遣都統制陳淬岳飛等及金人戰于馬家渡王𤫊以軍先遁淬敗績死之乙丑以檢正諸房公事傅崧卿爲浙東防遏使太后發吉州次太和縣護衞統制杜彥及後軍楊世雄率衆叛犯永豐縣知縣事趙訓之死之金人至太和縣太后自萬安陸行如虔州丁卯十詔回浙西迎敵金人犯吉州守臣楊淵棄城走又陷六安軍己巳帝發越州次錢淸鎮庚午復還越州以周望同知樞密院事仍兼兩浙宣撫使守平江殿前都指揮使郭仲荀爲副使守越州右軍都統制張俊爲浙東制置使從行御史中丞范宗尹參知政事辛未兀朮入建康府守臣陳邦光戶部尚書李梲迎拜通判楊邦乂拒之癸酉帝如明州金人犯建昌軍兵馬監押蔡延世擊卻之甲戌兀朮殺楊邦乂韓世忠自鎮江引兵之江陰軍江淮宣撫司潰卒李選攻陷鎮江淮西兵馬都監王宗望以濠州降于金是月張浚至秦州桑仲自唐州犯襄陽京西制置使程千秋敗走仲遂據襄陽十二月乙亥朔張浚承制廢積石軍丙子帝至明州丁丑江淮宣撫司準備將戚方擁衆叛犯鎮江府殺守臣胡唐老辛巳金人陷常州守臣周杞遣赤心隊官劉晏擊走之陷廣德軍殺守臣周烈劉光世引兵趨南康軍壬午定議航海避兵禁卒張寶等憚行謀亂命呂頤浩等伏兵執寶等十七人斬之甲申張浚承制拜涇原經略使曲端爲威武大將軍宣撫處置使司都統制乙酉兀朮犯臨安府守臣康允之棄城走錢塘縣令朱蹕死之己丑帝乘樓船次定海縣給行在諸軍雪寒錢辛卯留范宗尹趙鼎于明州以候金使癸巳帝次昌國縣乙未杜彥犯潭州殺通判孟彥卿趙民彥金人屠洪州戊戌金人犯越州安撫使李鄴以城降衞士唐琦袖巨石要擊金帥琶八不克死之郭仲荀棄軍奔溫州庚子移幸溫台癸卯黃潛善卒于英州李成自滁州引兵之淮西

宋史卷二十五考證

高宗紀二建炎三年壬子內侍鄺詢報金兵至帝被甲馳幸鎮江府○臣宗楷按揮麈錄金人舉國南寇太上駐蹕淮揚相距甚邇有招信尉以所部百餘人拒敵是日塵氛蔽日探騎得疾走乘輿百僚僅得南渡尉之姓名不傳於世或云姓孫

壬戌駐蹕杭州○臣宗楷按錢塘遺事宋太祖次陳橋從仁和門入高宗過杭問縣名仁和喜曰此京師門名也遂駐蹕於此

宋史卷二十六

元 中 書 右 丞 相 總 裁 脫 脫 等 修

本紀第二十六

高宗三

四年春正月甲辰朔御舟碇海中乙巳金人犯明州張俊及守臣劉洪道擊卻之丙午帝次台州章安鎮己酉遣小校自海道如處州問安太后庚戌金人再犯明州張俊引兵去浙東副總管張思政及劉洪道繼遁癸丑貶郭仲荀汝州團練副使廣州安置丙辰詔原兩浙州郡降金官吏丁巳婁宿陷陝州守臣李彥仙死之己未金人陷明州夜大雨震電乘勝破定海以舟師來襲御舟張公裕以大船擊退之辛酉發章安鎮壬戌雷雨又作甲子泊溫州港口乙丑以中書舍人李正民爲兩浙湖南江西撫諭使詣太后問安丁卯台州守臣晁公爲棄城遁處州衞兵及鄉兵相殺縱火肆掠三日劉可轉寇京西屢爲桑仲所敗至是爲其黨所殺復推劉超據荆門軍戊辰滕康劉珏罷仍奪職己巳換給僧道度牒人輸錢十千辛未命臣僚條具兵退之後措置之策駐蹕之所是月金人攻楚州守臣趙立拒之金人犯邠州曲端遣涇原路副總管吳玠拒戰敗之于彭原又陷同州張浚遣謝亮使夏國至則其主乾順已稱制遂還二月甲戌朔酈瓊率衆降于劉光世叛將傅選詣處州乞降乙亥奉安祖宗神御于福州詔復以盧益爲資政殿學士李回端明殿學士並權知三省樞密院事金人陷潭州將吏王暕劉价趙聿之戰死向子諲率兵奪門亡去金兵大掠屠其城丙子金人自明州引兵還臨安癸未虔州鄉兵首領陳新率衆數萬圍城叛將胡友亦犯虔州與新戰破之新乃去甲申禁迯卒投刺別軍丙戌金人自臨安退兵命劉光世率兵追之丁亥金人陷汴京權留守上官悟出奔爲盜所殺庚寅帝次溫州浙東防遏使傅崧卿入越州辛卯金人陷秀州甲午知蔡州程昌寓棄城南歸鼎州民鍾相作亂自稱楚王乙未杜充罷丙申以金兵退肆赦張浚承制以陝西制置使王似知成都府罷諸路武臣提點刑獄李成入舒州金游騎至平江周望奔太湖守臣湯東野亦遁茶陵縣軍賊二千餘人犯郴州永興縣戊戌金人入平江縱兵焚掠辛丑白虹貫日鍾相陷澧州殺守臣黃宗權湖北制置使傅雱招諭孔彥舟彥舟聽命因以爲湖南北捉殺使荆南守臣唐慤棄城去金人陷醴州守臣王淑棄城去是月張浚自秦州引兵入援三月癸卯朔孔彥舟入鼎州金人去平江統制陳思恭以舟師邀敗其後軍于太湖呂頤浩請幸浙西丙午趙鼎言金兵去未遠遂緩其行丁未命發運司說諭兩浙富民助米以備巡幸辛亥遣兵部員外郎馮康國等撫諭荆湖南北廣南諸路壬子金人入常州守臣周杞棄城去甲寅遣盧益及御營都統制辛企宗奉迎太后東還丙辰金人犯終南縣經略使鄭恩戰敗死之丁巳金人至鎮江府韓世忠屯焦山寺邀擊之詔侍從官各舉可充監司者一二人辛酉御舟發溫州宣撫司節制軍馬李允文部兵至鄂州御營前軍將楊勍叛甲子張浚請便宜辟官不許動改戊

辰孔彥舟擊敗鍾相擒相及其子子昂檻送行在己巳戚方陷廣德軍殺權通判王儔夏四月癸酉蠲江西州縣兵盜殘破民家夏稅戊寅吳玠及金人戰于邠州彭原店敗績部將楊晟死之己卯以觀文殿學士朱勝非爲江西湖南北宣撫使是日張浚引兵至房州知金兵退乃還癸未帝駐越州甲申下詔親征巡幸浙西韓世忠駐軍揚子江要金人歸路屢敗之兀朮引軍走建康乙酉以御史中丞趙鼎爲翰林學士鼎固辭不拜戚方圍宣州劉光世遣統制王德誘誅劉文舜于饒州丙申用趙鼎劾奏呂頤浩罷爲鎮南軍節度使醴泉觀使命三省樞密院同班奏事韓世忠及兀朮再戰江中金人乘風縱火世忠敗績兀朮渡江屯六合縣丁酉復以趙鼎爲御史中丞戊戌振明州被兵民家己亥以張浚爲浙西江東制置使辛丑王德破妖賊王宗石于信州貴溪縣執其渠帥諸縣悉平是月金人犯江西者自荆門軍北歸留守司同統制牛皐潛軍寶豐擊敗之五月甲辰以范宗尹爲尚書右僕射兼御營使辛亥統領赤心隊軍馬劉晏及戚方戰于宣州敗死壬子金人焚建康府執李梲陳邦光而去淮南宣撫司統制岳飛邀擊于靜安鎮敗之是月紫微垣內有赤雲亘天白氣貫其中癸丑詔臺諫等官各舉所知二人以張守參知政事趙鼎簽書樞密院事以白金三萬兩賜韓世忠軍贍戰歿將孫世詢嚴永吉張淵等官甲寅金人陷定遠縣執閤勍去勍不屈死之巨師古擊戚方于宣州數敗之方引去乙卯王綯罷丁巳命劉光世移軍捕戚方楊勍犯婺州戊午復置權尚書六部侍郎癸亥詔中原淮南流寓士人聽所在州郡附試甲子周望罷尋分司衡州居住置京畿淮南湖北京東西路鎮撫使乙丑升高郵軍爲承州以翟興孟汝趙立劉位趙霖李成吳翊李彥先薛慶並爲鎮撫使與河南府汝唐州立楚泗州漣水軍位滁濠州霖和州無爲軍成舒蘄州光黃州彥先海州淮陽軍慶承州天長軍丁卯慶及金人戰于承州城下累敗之戊辰命江浙州縣祭戰死兵民分江東西爲鄂州江州池州三路置安撫使罷諸路帥臣兼制置使諸州守臣兼管內安撫使是月劉超據荆南分兵犯峽州又合叛將彭筠犯復州淮西敗將崔增陷焦湖水砦河東北經制使王俊舉兵及金人戰于襄城縣敗之復潁昌府張浚承制以金房州隸利路六月辛未朔蠲紹興府三縣湖田米詔侍從臺諫諸將集議駐蹕事宜楊勍犯處州癸酉遣統制陳思恭討勍合江南兩路轉運爲都轉運使再貶周望昭化軍節度副使連州安置甲戌罷御營司以范宗尹兼知樞密院事乙亥王𤫊遣統領林閶等追襲楊勍于東陽縣軍敗裨將李在死之丁丑以劉光世部兵爲御前巡衞軍光世爲都統制楊勍等焚建州戚方犯湖州安吉縣詔張俊捕之戊寅更御前五軍爲神武軍御營五軍爲神武副軍以知建康府權邦彥爲淮南等路制置發運使滁濠鎮撫使劉位爲賊張文孝所殺命其子綱襲職庚辰置鎮撫使六人陳規德安府復州漢陽軍解潛荆南府歸峽州荆門公安軍程昌寓鼎澧州陳求道襄陽府鄧隨郢州范之才金均房州馮長寧淮寧順昌府蔡州辛巳慮囚申命有司討論釐正崇寧以來濫賞罷諸州添差通判職官癸未詔劉光世赴行在甲申岳飛破戚方于廣德軍乙酉鍾相僞將胡源引兵入慈利縣執其黨陳誠來降丙戌以呂頤浩爲建康路安撫大使劉光世爲兩浙路安撫大使朱勝非爲江州路安撫大使郭仲威爲眞揚州鎮撫使戚方詣張俊降庚寅召韓世忠率兵赴行在辛卯妖賊王宗石等伏誅壬辰權密州都巡檢徐文率部兵泛海來歸甲午置樞密院幹辦官四員乙未郭仲威犯鎮江府遣岳飛擊之是月兀朮聞張浚在秦州將舉兵北伐自六合引兵趨陝西秋七月癸卯劉光世援宣撫使例乞便宜行事不許詔軍興以來諸州得便宜指揮者並罷乙巳馮長寧復順昌府張浚罷曲端都統制丁未以劉光世爲集慶軍節度使開府儀同三司戊申以孔彥舟爲辰沅靖州鎮撫使張浚獻黃金萬兩助軍用宣撫司遣統制官呂世存王俊復鄜州其餘州縣多迎降後軍將王闢叛陷歸州鈐轄田祐恭擊敗之己酉王闢犯房州守臣章知幾棄城走庚戌楊勍受劉光世招安尋復叛去迫泉州癸丑崔增犯太平州守臣郭偉拒却之乙卯金人徙二帝自韓州之五國城劉光世乞移司平江不許丙辰張俊合諸將戚方等兵萬餘赴行在丁巳申命元祐黨人子孫于州郡自陳盡還當得恩數韓世忠張俊並罷己未禁閩廣淮浙海船商販山東慮爲金人鄉導詔江浙福建州縣諭豪右募民兵據險立柵防遏外寇庚申以岳飛爲通泰州鎮撫使辛酉建州民范汝爲作亂命統制李捧捕之乙酉復李邦彥以下十九人官職聽自便復李綱銀青光祿大夫許翰顏岐端明殿學士張浚貶曲端階州居住丁卯金人立劉豫爲帝國號齊戊辰罷提領措置茶鹽司己巳詔王𤫊部兵屯信州程昌寓遣將杜湛禽李合戎于松滋縣是月張用據漢陽軍沿江措置副使李允文招降之以便宜徙鄂州路副總管以右軍統制馬友知漢陽軍八月辛未朔以禮部尚書謝克家參知政事壬申李成請降于江州詔撫納之張浚停程千秋官文州編管癸酉選神武中軍親兵六百人番直禁中甲戌詔侍從官日一員輪直進故事關治體者丁丑以韓世忠爲檢校少師武成感德軍節度使張俊檢校少保寧武昭慶軍節度使贈監察御史常安民爲左司諫江公望左諫議大夫錄其後二人庚辰太后至自虔州薛慶及金人戰于揚州城下死之郭仲威奔興化縣辛巳侍御史沈與求戶部侍郎李陵以論宰相范宗尹皆黜宗尹復視事癸未盧益罷張浚復永興軍再貶曲端海州團練使萬州安置甲申陳萬信餘黨雷進作亂乙酉焚慈利石門二縣以御營司參議官王擇仁權河東制置使山砦首領韋忠佺爲都統制宋用臣馮賽同都統制丙戌命李成吳翊捍禦上流翊棄城去以成爲四州鎮撫使命李捧便道過信州招捕斬賽戊子以饒信妖賊平赦二州徒以下囚蠲民今年役錢貶滕康永州劉珏衡州並居住己丑詔岳飛救楚州仍命劉光世遣兵往援辛卯杜湛渡江討羣賊復石首等五縣壬辰盜入梅州殺守臣沈同之大掠而去癸巳命福建安撫使程邁會兵討范汝爲甲午知虢州邵興遣統制閻興及金人戰于解州東屢破之金人陷承州命陳思恭屯兵明州以防海道劉光世遣王德酈瓊以輕兵渡江乙未遇金游騎于召伯埭敗之戊戌以桑仲爲襄陽鄧隨郢州鎮撫使是月罷提舉廣西峒丁孔彥舟入潭州宣撫司參議官王以寧率兵拒之以寧敗遁去宣撫司主管機宜文字傅雱在彥舟軍中承制以彥舟權湖南副總管劉綱以乏食率兵奔溧陽九月辛丑呂頤浩入見請益兵命王𤫊巨師古顏孝恭兵隸之分屯境內壬寅詔諸路決囚甲辰徽宗皇后鄭氏崩于五國城戊申命秦鳳將關師古領兵赴行在劉豫僭位于北京庚戌禁宣撫司僚屬便宜行事及京西湖南北路勿隸川陝宣撫司節制癸丑涇原同統制李彥琦及金人戰于洛河車渡敗之乙卯罷中書門下省檢正官桑仲陷均房州進犯白土關丙辰復增左右司郎官爲四員金人攻楚州趙立死之丁巳趙霖復和州李成遣馬進犯興國軍戊午荆襄賊趙延壽犯德安府陳規拒却之己未金均房安撫使王彥及桑仲戰于平麗縣敗之王闢詣彥降辛酉李捧擊范汝爲于建州官軍皆潰捧遁去金人犯揚州統制靳賽逆戰于港河敗之金人陷延安府執呂世存又陷保安軍癸亥張浚遣都統制劉錫統五路兵及金將婁宿戰于富平縣浚駐邠州督戰官軍敗績丙寅給劉光世犒軍銀二萬兩絹二萬匹戊辰趙延壽焚郢州金人陷楚州鎮撫使李彥先求救兵敗死之冬十月庚午朔張浚斬環慶經略使趙哲于邠州貶劉錫合州安置命諸將各領兵歸本路浚退保秦州陝西大震辛未秦檜自楚州金將撻懶軍中歸于漣水軍丁禩水砦壬申命楊惟忠王𤫊討李成丙子以孔彥舟爲鼎澧辰沅靖州鎮撫使戊寅鍾相餘黨楊華舉兵圍桃源縣己卯馬進犯江州癸未程昌寓入鼎州擊楊華破之甲申趣劉光世救楚州丁亥以李回同知樞密院事庚寅遣前御史臺檢法官謝嚮招范汝爲召張浚以兵入援追復李邦彥觀文殿大學士辛卯虔州賊李敦仁及弟世雄舉兵破虔州石城縣甲午命楊惟忠率兵屯江州乙未岳飛破金人于承州丙申詔劉光世節制諸鎮守禦通泰州伺便襲金人過淮是月馮長寧棄城去尋以淮寧附劉豫江東賊張琪犯建康府劉洪道招降之環慶路統制慕洧叛附于夏國涇原統制張中彥經略司幹辦趙彬叛降金人劉忠據岳州平江縣白面山王善餘黨祝友擁衆爲亂屯滁州龔家城十一月癸卯慕洧遂引金人圍環州呂頤浩復南康軍甲辰趙鼎罷乙巳秦檜入見丙午岳飛棄泰州渡江丁未金人犯泰州飛退保江陰軍沙上以御史中丞富直柔簽書樞密院事秦檜爲禮部尚書李允文殺岳州守臣袁植呂頤浩會楊惟忠與馬進戰南康軍不利戊申頤浩遣巨師古救江州爲進所敗師古奔洪州金人陷涇原經略使劉錡退屯瓦亭己酉以孔彥舟爲湖南副總管部兵屯潭州庚戌命神武副軍都統制辛企宗討范汝爲壬子日南至率百官遙拜二帝乙卯改樞密院幹辦官爲計議官丙辰金人陷泰州丁巳通州守臣呂伸棄城去王彥攻桑仲于黃水破之房州平張浚以彥爲金均房州鎮撫使崔增犯池州劉洪道遣統制李貴擊走之增以兵萬餘詣呂頤浩降甲子詔諸路守臣節制管內軍馬丙寅金房州賊郭希犯歸州田祐恭擊卻之命王𤫊部兵萬人速援呂頤浩祝友渡江大掠是月張浚退軍興州秦鳳副總管吳玠收餘兵保大散關東和尚原詔諸路轉運司括借寺觀田租蘆場三年十二月庚午安南請入貢卻之辛未遣度支員外郎韓球括饒信諸州錢糧凡江湖川廣上供皆拘之壬申命孔彥舟援江州丙子禁節制軍馬守臣便宜行事丁丑馬

進分兵犯洪州乙丑李敦仁犯撫州崇仁縣命李山張中彥討之壬辰金人犯熙州總管劉惟輔戰敗之殺五千餘人甲午再犯熙州惟輔軍潰被執死之乙未以張俊爲江南招討使討李成丁酉范汝爲降詔補民兵統領是月張俊承制復海州團練副使曲端左武大夫興州居住是歲宣撫處置司始令四川民歲輸激賞絹三十三萬匹有奇

紹興元年春正月己亥朔帝在越州帥百官遥拜二帝不受朝賀下詔改元釋流以下囚復賢良方正直言極諫科蠲兩浙夏稅和買紬絹絲綿減閩中上供銀三分之一戊申改命張俊爲江淮路招討使復江池路爲江東西路分荆湖江南諸州爲荆湖東西路置安撫司治池江鄂鼎州江南東西路各置轉運司荆湖東西路轉運司通掌兩路財賦以呂頤浩爲江東路安撫大使朱勝非江西路安撫大使馬進陷江州守臣姚舜明棄城走端明殿學士王易簡等二百人皆遇害己酉岳飛引兵之洪州金人犯揚州謝嚮率范汝爲討平建陽賊劉時舉金人犯秦州吳玠擊敗之庚戌又犯西寧州守臣俱重迎降辛亥詔克家罷壬子詔京官知縣並堂除內外侍從各舉可任縣令者二人犯贓連坐自今不歷縣令者勿除監司郎官不歷外任者勿除侍從著爲令張中孚以原州叛降于金癸丑李敦仁圍建昌軍蔡延世率鄉兵擊退之賊曹成入漢陽軍李允文招之成入鄂州復趨江西丁巳呂頤浩遣王𤫊崔增擊賊于湖口大敗之頤浩及楊惟忠引兵趨江州辛酉詔太祖創業垂統德被萬世神宗詔封子孫一人爲安定郡王世世勿絕自宣和末至今未舉有司其上應襲封人名依故事舉行金人再圍瓌州是月張浚復曲端榮州刺史提舉江州太平觀閬州居住尋移恭州二月戊辰朔宜章縣民李冬至二作亂犯英連韶郴諸州祝友降劉光世分其軍以友知楚州庚午改行宮禁衛所爲行在皇城司李成黨邵友犯筠州守臣王庭秀棄城去辛未犯臨江軍守臣康倬遁壬申初定歲祀天地社稷如奏告之禮癸酉桑仲自棗陽引兵還襄陽丁丑鄜延將李永琦叛犯慶陽府戊寅禁州郡統兵官擅招安亂軍盜賊己卯日中有黑子四日乃沒以辛企宗爲福建制置使辛巳以秦檜參知政事壬午水賊張榮入通州癸未詔辛企宗及謝嚮罷遣范汝爲兵汝爲不聽命甲申詔王𤫊張俊犄角討捕馬進等賊丙戌復置祕書省己丑命孔彥舟呂頤浩張俊會兵討李成壬辰雨雹癸巳邵青寇宣州丙申詔諸路提刑司以八月類省試張浚亦以便宜合川陝舉人即置司類省試丁酉宣教郎范壽坐誣訟孟忠厚且及太后除名潮州編管是月李敦仁犯汀州馬友遣其黨犯鄂州總管張用拒卻之李允文以友權湖南招捉公事友大掠漢陽而去過岳州守臣吳錫遁友據之三月戊戌朔以嚴衢二州守臣柳約李處勱有治効各進職一等呂頤浩遣崔增王𤫊合兵擊李成于湖口大敗之庚子張浚以富平之敗上疏待罪詔免壬寅禁諸路遏糴丙午張俊楊沂中岳飛渡江擊馬進大敗之孔彥舟焚掠潭州趨衡州己酉李成犯饒州庚戌張俊楊沂中復擊馬進于筠河敗之復筠州進奔江州男子崔紹祖詐稱越王中子受上皇詔爲天下兵馬大元帥趙霖以聞辛亥詔赴行在命劉光世兼淮南京東路宣撫使治揚州經畫屯田光世迄不行甲寅罷諸州免行錢乙卯金人破階州庚申劉超犯澧州統制杜湛率兵拒之甲子始下詔罪李成募人禽斬赦脅從者張俊追馬進至江州進戰敗遁去乙丑進復江州楊沂中趙密引兵追擊進又大敗之成奔蘄州振淮南京東西流民荆湖東路安撫使向子諲說降馬友與共討李冬至二平之是月金人攻張榮縮頭湖水砦榮擊敗之來告提劉光世以榮知泰州金人迫興州張浚退保閬州以端明殿學士張深爲四川制置使及參議軍事劉子羽趨益昌參謀官王庶爲龍圖閣待制知興元府兼利夔兩路制置使節制陝西諸路桑仲以其黨李道知隨州夏四月己巳張浚承制分利閬劍文政五州爲利州路置經略安撫使庚午張琪復叛犯當塗縣金將撻懶渡淮屯宿遷縣馬樂湖壬申太白晝見乙亥劉光世復楚州階州統領杜肇復階州馬友引兵入潭州戊寅杜琪棄澧州劉超入據之己卯金涇原帥趙彬犯耀州守臣趙澄擊走之淮賊寇宏犯濠州庚辰隆祐皇太后崩癸未桑仲陷鄧州守將譚兗棄城走河東招捉使王俊引兵來援仲執斬之以其黨李橫知州事乙酉爲太后制朞年服辛卯羣臣三上表始聽政癸巳命向子諲發兵及廣西安撫許中同扼險要防孔彥舟入廣仍許脅從自新以招諭之是月京西賊李忠陷商州守臣楊伯孫棄城走呂頤浩遣統制閻皐通判建昌軍蔡延世襲擊李敦仁禽其弟世雄世臣五月丙辰朔蠲江西路被賊州縣賦稅丁酉詔呂頤浩朱勝非劉光世並兼淮南諸州宣撫使始奪李成官戊戌以張用爲舒蘄鎮撫使癸卯作大宋中興寶成金人犯和尚原吳玠擊敗之丙午初復召試館職之制劉光世遣統制王德襲揚州執郭仲威以獻伏誅辛亥水軍統制邵青叛圍太平州趙彬及金人合兵圍慶陽府守臣楊可昇擊敗之甲寅命知南外宗正事令廣選年幼宗子將育于宮中詔收耆戶長役錢己未詔州縣因軍期徵取民財物者立式榜示禁過數催擾庚申孔彥舟引衆過潭州馬友迎擊大敗之彥舟趨岳州犯鄂州李允文以彥舟爲湖東副總管屯漢陽辛酉以直秘閣宗綱爲荆南鎮撫使措置營田官樊賓爲副壬戌劉光世招降邵青趙延壽據分寧縣呂頤浩招降之是月張俊及李成戰于黃梅縣殺馬進成敗遁歸劉豫李忠譚兗各率兵歸張浚浚命王庶分其兵張用復叛寇江西岳飛招降之湖州進士吳木上書論宰執送徽州編管六月己巳始鬻承直修武郎以下官壬申冊諡皇太后曰昭慈獻烈甲戌張琪犯餘杭州又犯宣州乙亥月犯心庚辰湖賊楊華楊廣犯鼎州程昌寓拒卻之上虞縣丞婁寅亮上書請選立繼嗣壬午權欑昭慈獻烈皇后于越州張琪犯徽州守臣郭東棄城去琪入據之癸未張浚引大兵至瑞昌縣之丁家洲李允文自鄂部兵歸浚浚并其兵護允文赴行在邵青率舟師至鎮江甲申復叛去丁亥崇安民廖公昭合范汝爲餘黨熊志寧作亂衆既散志寧復與建陽民丁朝佐合兵陷二縣戊子慮囚己丑邵青犯江陰軍之福山遣海州鎮撫使李進彥中軍統制耿進率舟師會劉光世討之南安賊吳忠宋破壇劉洞天作亂庚寅江西提刑司遣官討之破壇洞天皆伏誅忠遁去癸巳熙河統制關師古洮東安撫郭玠同討熙州叛兵連敗之甲午廣賊鄧慶龔富圍南雄州守臣鄭成之率兵民以拒蠲建劍汀州邵武軍租是月知虢州邵興屯盧氏縣爲河南統制董先所破走興元先遂取商虢二州張浚承制以吳玠爲陝西諸路都統制時關隴六路盡陷止餘階成岷鳳洮五郡鳳翔之和尚原隴州之方山原黏罕既得陝西地悉與僞齊秋七月乙未朔以馬友權荆湖東路副總管趣討孔彥舟統制潘逵後軍將胡江等叛破玉山弋陽永豐三縣遣樞密院準備將領徐文討之戊戌吳錫復入邵州庚子以岳飛爲神武右副軍統制留軍洪州彈壓盜賊辛丑封伯右武衛大將軍令話爲安定郡王壬寅虔州賊陳顒作亂命趣捕之甲辰詔秘書省長貳通修日曆丙午劉光世遣將喬仲福擊邵青于常熟爲所敗撻懶自宿遷北歸戊申韓世清追襲張琪復祈門縣庚戌張俊執傅雱赴行在張浚以曲端屬吏以武臣康隨提點夔路刑獄與王庶雜治之辛酉召呂頤浩赴行在張琪犯饒州頤浩遣閻皐擊敗之琪黨姚興降琪走徽州癸亥范宗尹罷是月珍州守臣李玠棄城去王彥數擊敗李忠趙彬來歸張浚承制以彬爲陝西轉運使又以涇原兵馬都監李彥琪爲本路副總管彥琪尋叛去八月丙寅以孔彥舟爲蘄黃鎮撫使丁卯以知潭州吳敏爲荆湖東西廣南路宣撫使張浚殺曲端于恭州獄張用部兵至瑞昌歸張浚浚以用爲本軍統制戊辰張守等上紹興重修勑令格式癸酉復以汪伯彥爲江東安撫大使乙亥呂頤浩遣將李鑄復舒州丁丑祔昭慈獻烈皇后神主于溫州太廟戊寅張守罷以李回參知政事富直柔同知樞密院事庚辰杜湛及劉超戰于彭山爲所敗辛巳超及楊華楊廣合兵復寇鼎州程昌寓遣湛率舟師擊敗之遣辛企宗移軍福州討熊志寧胡江等諸賊韓世清及張琪戰世清敗琪復入祈門縣壬午命張俊遣兵捕之鑄紹興錢癸未詔許邵青張琪脅從徒黨自新乙酉以李成在順昌恐復謀亂遣使齎蠟書諭淮寧蔡州將士立賞格募人禽斬成丁亥以秦檜爲尚書右僕射同中書門下平章事兼知樞密院事庚寅復李綱資政殿大學士募人往京東河南伺察金齊動止仍齋詔慰撫忠義保聚之人蔡州鎮撫使范福棄城去以土豪李祐代之辛卯蠲徽州被賊民家夏稅壬辰置三省樞密院賞功房是月知鄂州曹成掠湖西犯沅州與知復州李宏合屯瀏陽既而攻宏宏奔潭州九月甲午朔張琪黨李捧犯宣州守臣李彥卿及韓世清擊卻之詔江東西路安撫使復治建康府洪州以王𤫊知池州楊惟忠知江州並兼管內安撫使率部兵赴官丙申斬李世臣己亥以資政殿學士葉夢得爲江南東路安撫大使兼壽春等六州宣撫使庚子張琪復陷宣州己乃遁去辛丑命王𤫊討琪丁未詔歲再遣使省謁諸陵因撫問河南將士命馬友移屯鄂州庚戌命宗室右監門衛大將軍士芑朝饗溫州太廟辛亥合祭天地于明堂太祖太宗並配大赦罷諸州守臣節制軍馬錄用元符末上書人子孫癸丑復以呂頤浩爲尚書左僕射同中書門下平章事兼知樞密院事丁巳王彥破李忠于秦郊店忠奔歸劉豫戊午禁福建轉運司抑民出助軍錢落范宗尹觀文殿學士己未初措置河南諸鎮屯田以戶部尚書孟庾爲江東西湖東等路宣諭制置使辛酉詔四方有建策能還兩宮者實封以聞有効者賞以王爵壬戌遣御史胡世將督捕

福建盜賊。是月，長星見。冬十月乙丑，詔蔡京、王黼門人實有才能者公舉叙擢。李回罷。丙寅，朱勝非分司江州居住。丁卯，以李允文恣睢專殺，賜死大理獄。己巳，王德招邵青降之。庚午，以孟庾參知政事，徽猷閣直學士湯東野爲江淮發運使。劉洪道招降李捧、董旺。壬申，置行在大宗正司。癸酉，兀术攻和尚原，吳玠及弟璘力戰，大敗之，兀术僅以身免。丁丑，增置諸路武尉。戊寅，以張俊爲太尉，移屯婺州。壬午，初置見錢關子，招人入中，以給軍食。范汝爲復叛，入建州，守臣王浚明棄城走。辛企宗退屯福州。甲申，劉超請降，以超守光州。戊子，崔紹祖伏誅。詔邵青以舟師赴行在。己丑，升越州爲紹興府。李成軍正李秀伏誅。知承州王林禽張琪于楚州，檻送行在。壬辰，錄程頤孫易爲分寧令。癸巳，范汝爲犯邵武軍，守臣吳必明、統制李山率兵拒之，衆潰，退保光澤縣。關師古復秦州，獲郭振。是月，劉豫遣將王世沖寇廬州，守臣王亨大破之，斬世沖。曹成及馬友戰于潭州，成敗還攸縣。王才遣將丁順圍濠州，劉光世遣兵攻橫澗山，順解圍去。十一月乙未，葉夢得至建康，以詔招王才，降之。丙申，遣內侍撫問孔彥舟、桑仲。丁酉，榜諭福建、江東羣盜，赦其脅從者。戊戌，詔移蹕臨安。以孟庾爲福建、江西、荆湖宣撫使，神武左軍都統制韓世忠副之，仍命械謝嚮、陸棠赴行在。己亥，以婁寅亮爲監察御史。范汝爲犯光澤縣，李山走信州。辛丑，續編紹興太常因革禮。桑仲請正劉豫惡逆之罪，詔進幸荆南。乙巳，以右司諫韓璜黨富直柔，責監潯州稅。張琪伏誅。庚戌，富直柔罷。荆湖廣西宣撫使吳敏始受命，置司柳州。辛亥，升康州爲德慶府。壬子，詔內外侍從各舉所知三人。丙辰，程昌寓遣杜湛擊楊華，敗之。命張浚遣使持詔招曹成，以所部赴行在。己未，楊華請降。辛酉，命吏部侍郎李光節制臨安府內外諸軍。壬戌，曹成犯安仁縣，執安撫使向子諲，進攻道州。是月，前知鄜州李惟德以岷州來歸。吳玠始遣人通書夏國。十二月乙丑，吳敏罷。丙寅，復置樞密院都承旨。范汝爲遣葉濈寇南劍州，守臣張觷拒戰，大破之。己巳，遣吏部侍郎傅崧卿爲淮東宣諭使。甲戌，遣江東安撫司統制郝晸、顏孝恭討建昌軍賊。乙亥，辛企宗罷，仍追三官，率兵赴軍前自效。丁丑，蠲諸路在官積欠。詔官戶名田過制者與民均科。以岳飛爲神武副軍都統制，部兵屯洪州。曹成陷道州，守臣向子忞棄城走。戊寅，以彗出求直言。增行在職事官職錢。遣駕部員外郎李愿撫諭川陝。己卯，詔兩浙分東西路置提點刑獄。庚辰，桑仲遣兵寇復州，守臣祖滴棄城去。辛巳，復置廣西提舉茶鹽司。知海州薛安靖殺僞都巡檢使王企中，率軍民以城來歸。增諸路酒錢以備軍費。甲申，知龍州范綜、統制雷仲舉兵復永洛城。己丑，起復陝西都統制吳玠爲鎮西軍節度使。詔江西安撫司趣兵討捕吳忠。是月，劉豫遣將王彥充攻壽春府。桑仲遣李橫復寇金州，王彥拒戰于馬郎嶺，大破之，均州平。蔡州褒信縣弓手許約叛據光州。隋州安撫孫注復洮州。龔富等圍南劍州。

宋史卷二十七

元　中　書　右　丞　相　總　裁　脫　脫　等　修

本紀第二十七

高宗四

二年春正月癸巳朔，帝在紹興府，率百官遙拜二帝，不受朝賀。甲午，詔復置賢良方正直言極諫科。丙申，賜楊邦乂謚曰忠襄。韓世忠圍建州。丁酉，蠲諸路元年逋稅。庚子，陝西叛將白常圍岷州，關師古率兵破之。辛丑，韓世忠拔建州，范汝爲自焚死，斬其二弟，餘黨悉平。壬寅，帝發紹興。曹成釋向子諲。丙午，帝至臨安府。壬子，遣韓世清捕石陂賊。癸丑，以張俊檢校少保、定國軍節度使。劉豫遣兵犯伊陽縣，翟興及其將李恭合擊敗之。曹成犯郴州永興縣。己未，修臨安城。辛酉，遣內侍任源撫問張浚。江西副總管楊惟忠以楊勍難就招安，復謀作亂，誘誅之。二月甲子，楊華復叛，擾鼎、澧、潭三州，詔立賞禽捕首領，赦貸脅從。丙寅，命劉光世將銳卒萬人屯揚州，經理淮東。庚午，以李綱爲觀文殿學士、湖廣宣撫使，仍命岳飛率馬友、李宏、韓京、吳錫等共討曹成諸盜。甲戌，以吏部尚書李光爲淮西招撫使，王瓊副之。乙亥，雨雹。丙子，以施逵、謝嚮、陸棠黨范汝爲，逵除名，婺州編管，嚮、棠械赴行在，俱道死。丁丑，分崔增、李捧、邵青、趙延壽、李振、單德忠、徐文所部兵爲七將，名御前忠銳軍，隸步軍司，非樞密奉旨不許調遣。減淮南營田歲租三之二，候三年復舊。己卯，劉光世入見，同執政對內殿，諭以進屯揚州，光世迄不行。庚辰，詔監司避本貫。壬午，程昌寓遣杜湛募兵攻賊周倫，破之。甲申，以工部員外郎滕茂實死節于代州，贈龍圖閣直學士。丙戌，初置著作官二員修日歷。己丑，復荆湖東西爲荆湖南北路，南路治潭，北路仍治鄂。申禁福建路私有私造兵器。是月，知商州董先叛入劉豫。金人陷慶陽府，執楊可昇，降之。三月壬辰朔，命襄鄧鎮撫使桑仲收復陷沒諸郡，仍命諸鎮撫使互相應援。再貶徐秉哲惠州，吳幵南雄州，莫儔韶州，並居住。水賊翟進襲漢陽軍，殺守臣趙令戣。李光執韓世清于宣州以歸。虔化縣賊李敦仁及其徒皆授官，隸諸軍。乙未，復置江陰軍。罷福建路武尉。戊戌，葉夢得罷，以李光爲江東安撫大使兼滁濠等六州宣撫使。罷江淮發運司。桑仲如郢州調兵，守將霍明以仲將謀逆，殺之，以其事聞。庚子，金人攻方山原，陝西統制楊政援之，金兵引去。辛丑，又犯隴安縣，吳璘等擊走之。淮南營田副使王寔括閑田三萬頃給六軍耕種。丙午，復置中書門下省檢正官，省樞密院檢詳官。己酉，以神武右軍中部統制楊沂中爲神武中軍統制。癸丑，河南鎮撫使翟興爲部將楊偉所殺。甲寅，金人復自水洛城來攻，楊政等又敗之。庚申，曹成寇賀州，清水砦守臣劉全棄城去。是月，知壽春府陳卞及鈐轄陳寶等舉兵復順昌府，尋引兵歸，爲僞齊所逐，幷壽春失之。夏四月甲子，曹成陷賀州。陳顒圍循州，焚龍川縣，命江西安撫司遣將捕之。丙寅，賜禮部進士張九成以下二百五十九人及第、出身。庚午，以翰林學士承旨翟汝文參知政事。壬申，釋福建諸州雜犯死罪以下囚。江西軍賊趙進寇瑞昌縣，楊惟忠討降之。戊寅，僞齊統領王資率兵來歸。富順監男子李勃僞稱徐王，召赴行在。壬午，詔內外侍從、監司、守臣各舉中原流寓士大夫三二人，以備任使。癸未，詔曰：「朕登庸二相，倚遇惟均，其所薦用之人，不得偏私離間，朋比害政。」謚孫傅曰忠定。乙酉，李綱始拜命，置司福州。是夜，太平州軍士陸德據城叛，囚守臣張錞，殺當塗縣令鍾大猷。戊子，命呂頤浩都督江淮荆浙諸軍事。庚寅，劉豫徙居汴京。是月，王彥大破董先于馬嶺關，復商州。閏月癸巳，高麗遣使入貢。乙未，知池州王進討陸德，誅之。丙申，岳飛擊破曹成于賀州。置都督府隨軍轉運司。丁酉，左朝奉郎孫覿坐前知臨安府贓污，貸死除名，象州羈管。罷後苑工作。辛丑，韓世清以狂悖伏誅。丙午，岳飛敗曹成于桂嶺縣，成走連州，遣統制張憲追擊，破之，又走郴州，入邵州。丁未，賜福建宣撫司賞軍錢十萬緡。聽朱勝非自便。乙卯，詔諸鎮撫使非奉朝旨毋擅出兵。劉光世聞父喪去官，特命起復。己未，詔自今明堂專祀昊天上帝，以太宗配。是月，張浚命利夔制置使王庶與知成都府王似兩易其職。襄鄧副都統制李橫、同副都統制李道合兵圍郢州，霍明遁去。五月辛酉，以兵部尚書權邦彥簽書樞密院事。以樞密將領趙琦所部兵爲忠銳第八將。癸亥，呂頤浩出師，以神武後軍及忠銳兩將從行，百官班送。甲子，以霍明權襄鄧隨郢州鎮撫使。詔觀察使已上各薦可備將帥者二人。丁卯，罷兩浙轉運司回易庫。己巳，廢紹興府餘姚、上虞縣湖田爲湖，溉民田。庚午，詔修建康行宮。辛未，選宗室子偁之子伯琮育于禁中。丙子，呂頤浩總師至常州，前軍將趙延壽兵叛于呂城鎮。丁丑，延壽犯金壇縣，殺知縣胡思忠。頤浩稱疾不進。戊寅，海州賊王山犯漣水軍，總領蘇復、副統制劉靖會兵擊敗之。庚辰，臨安府火。癸未，置御前軍器所。甲申，親慮囚，自是歲如之。罷行在權官。乙酉，劉光世遣王德追趙延壽叛兵至建平縣，悉誅之。丙戌，置脩政局，命秦檜提舉。詔侍從、臺省、寺監官、監司、守令條具省費裕國、彊兵息民之策。丁亥，以中書門下省檢正官仇悆爲沿海制置使。戊子，手詔用建隆故事，命百官日輪一人轉對。兩浙轉運副使徐康國獻銷金屏障，詔有司毀之，奪康國二官。蠲太平州被賊之家夏稅。是月，張浚以參贊軍事劉子羽知興元府，黜王庶，復以王似知成都府。韓世忠至洪州，遣董旼招曹成，成聽命赴行在。六月庚寅朔，李宏引兵入潭州，執馬友，殺之。甲午，李綱領兵三千發福州。戊戌，詔孟庾、韓世忠班師，岳飛屯駐江州。庚子，以劉光世爲寧武寧國軍節度使，韓世忠爲太尉，移屯建康府。辛丑，以李橫爲襄鄧鎮撫使，李道鄧隨鎮撫使。壬寅，翟汝文罷。孔彥舟叛降僞齊。乙巳，以權邦彥兼權參知政事。戊申，仇悆兼制置福建路。辛亥，免臺諫官輪對。甲寅，召呂頤浩赴行在，令參謀官傅崧卿權主管都督府事。詔兩浙、江淮守臣令存撫東北流寓人。乙卯，韓世忠遣統制解元、巨振入潭州，執李宏以歸。秋七月辛酉，悉蠲福建諸州被兵之家田稅。壬戌，復置湖北提舉茶鹽司。甲子，罷福建提舉市舶司。己巳，起復翟琮爲河南府孟汝唐州鎮撫使。甲戌，罷淮東路提點刑獄司。丙子，馬友黨郝通率兵五萬歸宣撫司。戊寅，知廬州王亨復安豐、壽春縣。己卯，呂頤浩入見。庚辰，韓世忠討劉忠，駐兵于岳州之長樂渡，大破之，忠走淮西。丁亥，詔編次建炎以來譜牒。八月壬辰，以孟庾兼權同都督江淮荆浙諸軍事。癸巳，順昌縣賊余勝等作亂，通判南劍州王元鼎捕殺之。甲午，安定郡王令譮薨。丙申，詔郡守除罷赴闕皆得引對。臨安府火。以知江州劉紹先爲沿淮防遏使。戊戌，命朱勝非提舉醴泉觀兼侍讀，日赴朝堂議事。沿海州縣籍民海船，每歲一更，守海道險要。振福建饑民。己亥，停傅雱官，英州羈管。庚子，詔孟庾、韓世忠總大兵至建康進赴行在戊申給事中胡安國以論朱勝非罷宰執臺諫上疏留之皆不報江西統制傅樞討平南雄賊張忠鄧慶劉軍一等己酉賜吳玠田甲寅秦檜罷給事中程瑀等坐論駁朱勝非疑其黨檜並落職主宮觀彗出胃乙卯減膳戒輔臣脩闕政罷脩建康行宮九月戊午朔落秦檜職己未罷修政局辛酉以彗出大赦許中外臣民直言時政陝西諸叛將許令自新壬戌王倫自金國使還入見遣潘致堯等爲金國軍前通問使附茶藥金幣進兩宮甲子以直徽猷閣郭偉爲淮西巡撫使乙丑復以朱勝非爲尚書右僕射同中書門下平章事兼知樞密院事戊辰司空山賊李通出降以爲都督府親軍統領癸酉以右朝請大夫呂源爲浙東福建沿海制置使治定海縣知建昌軍朱芾擊石陂賊余照禽斬之甲戌彗沒丙子復以郭仲荀爲武泰軍節度使詔墨勅有不當者許三省樞密院奏禀給事中中書舍人繳駁臺諫論列有司申審庚辰命福建提舉茶鹽官兼領市舶司辛巳以韓世忠爲江南東西路宣撫使他帥臣稱宣撫使者並罷壬午遣監察御史明橐等五人宣諭江浙湖廣福建諸路仍降詔諭官吏以遣使按察勸懲誅賞之意癸未新作行宮南門成甲申提轄榷貨務張純浚立淮浙鹽法增其算總領四川財賦趙開初變四川鹽法盡榷之乙酉太白晝見丙戌以知興元府王似爲川陝宣撫處置副使丁亥封右監門衛大將軍榮州防禦使令時爲安定郡王是月韓世忠遣統制解元襲擊劉忠于蘄陽大破之忠奔劉豫冬十月戊子朔置牧馬監于饒州庚寅李勃伏誅丙申初置江浙荊湖廣南福建路都轉運使甲辰潘致堯至楚州通判州事劉晏劫其禮幣奔劉豫守臣柴春戰死戊申以知平江府趙鼎爲江東安撫大使丙辰禁溫台二州民結集社會班度量權衡于諸路禁私造者是月顏孝恭招降石陂餘賊李寶等十一月辛酉陳顒陷汀州武平縣犯梅循二州乙丑初榷明州鹵田鹽辛未議將撫師江上召侍從官條具利害甲戌命李綱劉洪道程昌寓解潛會兵捕討胡寇楊太戊寅范汝爲餘黨范忠掠龍泉縣庚辰詔宣諭五使所至州縣建炎以前已蠲稅籍癸未臨安大火是月關師古敗僞齊兵于抹邦山馬友黨步諒詣李綱降綱入潭州其黨郝晸降王進吳錫禽王浚湖南盜賊悉平十二月丁亥朔命神武前軍統領申世景等討捕范忠己丑僞稱榮德帝姬易氏伏誅范忠犯處州巨師古引兵入廬州執王亨送行在甲午李綱罷臨安府火丙申振被火家罷浙東沿海制置司丁酉岳飛遣統領徐慶王貴討禽萍鄉賊高聚己亥以胡舜陟爲廬壽等州鎮撫使金人侵熙秦關師古擊敗之庚子遣駕部員外郎李愿撫諭川陝江西兵馬副鈐轄張中彥坐縱暴不法斬于潭州辛丑程昌寓遣杜湛討楊欽等敗之殺三千餘人癸卯川陝宣撫司類試陝西發解進士得周謨等十三人以便宜賜進士出身甲辰罷張浚宣撫處置使仍知樞密院以知夔州盧法原爲川陝宣撫處置副使及王似同治司事己酉遣司封員外郎周隨亨同撫諭川陝庚戌孟庾自建康來朝辛亥金人犯商州守將邵隆退屯上津李橫敗僞齊兵復汝州甲寅命孟庾同都督江淮荊浙諸軍事詔都督府總治江東西湖北浙西帥臣經畫屯田張浚承制以歸州隸夔州路是冬金人犯和尚原將士乏食自潰吳璘拔砦棄去虔賊謝達犯惠州

三年春正月丁巳朔帝在臨安率百官遙拜二帝不受朝賀江西將李宗諒誘戍兵叛寇筠州統領趙進擊卻之翟琮入西京禽僞齊留守孟邦雄命諸路憲臣兼提舉常平司庚申金人犯上津李橫破穎順軍僞齊知軍蘭和降壬戌金人犯金州洵陽縣以仇悆爲福建兩浙淮東路沿海制置使癸亥陳顒圍潮州不下引兵趨江西甲子李橫復穎昌府乙丑詔中外刑官各務仁平臺憲檢察月具所平反以聞歲終考察殿最金人陷金州鎮撫使王彥焚積聚退保西鄉庚午罷行在宗正司命嗣濮王仲湜兼判大宗正事辛未震電雨雹造渾天儀李通爲其徒王全所殺壬申命西外宗正移司福州癸酉復祭大火以湯東野爲淮東安撫使乙亥以李橫爲襄陽府鄧隨郢州鎮撫使丁丑登萊山砦統制范溫率部兵泛海來歸庚辰詔春秋望祭諸陵張浚論奏王似不可爲副因引罪求罷不報癸未詔民復業者視墾田多寡定租額賦役乙酉減淮浙蠶鹽錢二月丁亥朔升桂州爲靜江府己丑權邦彥薨浙東賊彭友犯龍泉縣辛卯李通餘黨劉德圍舒州吳玠遇金人于饒風關王彥自西鄉來會金人分兵攻關統制郭仲敗走丁酉饒風關破玠趣西縣彥奔達州四川大震張浚被罷職之命以諸軍方潰因秘不行復具奏審己亥金帥撒離曷入興元府經畧使劉子羽焚其城走三泉縣吳玠退屯仙人關庚子以宗子伯琮爲和州防禦使賜名瑗尋改貴州辛丑蠲廣東諸州被賊民家稅壬寅鄭州兵馬鈐轄牛皐彭玘率兵與李橫會橫以便宜命皐爲蔡唐州鎮撫使玘知汝州乙巳翟琮遣統制李吉敗僞齊兵于伊陽又殲其將梁進之衆丁未王似始受宣撫副使之命戊申虔賊周十隆犯循梅汀州詔統制趙祥等合兵捕之庚戌以李橫爲神武左軍副統制京西招撫使改胡舜陟爲淮西安撫使辛亥以工部尚書席益參知政事翰林學士徐俯簽書樞密院事壬子王全犯廬州甲寅詔守臣至官半年具上民間利害或邊防五事李橫遣人奏穎昌之捷詔許橫便宜行事乙卯劉光世遣酈瓊等屯兵泗州爲李橫聲援是月張浚復以王庶爲參謀官往巴州措置時金兵深入至金牛鎮疑有伏由褒斜谷引兵還興元吳玠劉子羽追擊其後殺獲甚衆三月己未詔岳飛捕虔賊壬戌申命統制巨師古部兵萬人屯揚州胡舜陟至廬州王全降甲子以趙鼎爲江西安撫大使李橫傳檄諸軍收復東京己巳金人遣兵援劉豫李橫敗走穎昌復陷壬午以韓世忠爲淮南東路宣撫使李綱遣兵擊降李宗諒詔戮于市夏四月丁亥朱勝非以母喪去位僞齊知虢州董震及其統制董先來歸以震權商虢陝州鎮撫使己丑詔江東西湖北浙西募民佃荒田蠲三年租辛卯以劉光世爲檢校太傅江南東路宣撫使金人去興元壬辰徙都督府于鎮江岳飛軍次虔州甲午僞齊知唐州胡安中來歸丙申僞齊李成攻陷虢州董先牛皐犇襄陽己亥改謚昭慈獻烈皇后爲昭慈聖獻復舉五帝日月之祀庚子增文武小官奉辛丑荊南統制羅廣率兵至鼎州楊太衆益盛自號大聖天王立鍾相少子子義爲太子廣等不克討而還丁未岳飛遣統領張憲王貴擊彭友禽斬之劉忠爲部下王林所殺傳首行在戊申以浙西兵馬鈐轄史康民所部兵爲忠銳第九將己酉張浚奏王庶王似盧法原威望素輕乞命劉子羽吳玠並爲判官不報辛亥徐文叛奔僞齊五月丙辰以翟琮爲河南府孟汝鄭州鎮撫使董先爲副使丁巳遣樞密計議官任直清撫諭襄陽商虢河南諸鎮己未命楊沂中招捕嚴州盜賊辛酉建睦親宅以董先爲商虢陝州鎮撫使徵河南布衣王忠民爲宣教郎至行在辭不受壬戌潘致堯還言金人欲重臣通使以取信遂寢出師之議乙丑罷諸州在任守臣所辟通判丁卯以韓肖胄等充金國軍前通問使安化蠻犯邊廣西經畧使許中發兵擊之戊辰楊沂中招降嚴州賊繆羅等捕斬其徒百人魔賊平庚午以岳州數被兵免今年稅役壬申詔守令尉佐境內妖民聚集不能覺察致亂者並坐罪知建昌軍朱芾討南豐縣賊禽誅其魁黃琛乙亥以方與金國議和禁邊兵犯齊境丙子王彥復金州金兵棄均房去韓世忠請以大軍還鎮江己卯詔淮南統制解元戍泗州餘屯江北周隨亨李愿宣押王似盧法原至閬州張浚始解使事時已論金牛之功以吳玠爲利州路階成鳳州制置使劉子羽爲寶文閣直學士王彥爲保大軍承宣使僚屬將帥第賞有差庚辰浚及子羽王庶劉錫等赴行在詔李橫等收軍還鎮辛巳罷宣撫司便宜黜陟六月甲申朔統制巨師古坐違韓世忠節制除名廣州編管丙戌復置六部架閣庫丁亥禁諸路招納淮北人及中原軍來歸者戊子復元祐宰相呂大防官職贈謚庚寅詔降川陝死罪囚釋流以下賞吳玠關師古將士壬辰張浚至綿州復奏王似不可任甲午命王𤫊率諸軍討楊太己亥罷沿海制置司丁未置國子監及博士弟子員戊申以王林所部兵爲忠銳第十將己酉岳飛自虔州班師辛亥發兵屯駐虔廣二州彈壓盜賊各三千人是月金人圍方山原王似命吳玠發兵救之秋七月己未復置博學宏詞科初許任子就試甲子以久旱償州縣和市民物之直丁卯詔訪求累朝勳臣曹彬等三百人子孫以備錄用戊辰王𤫊以舟師發行在己巳詔減膳禁屠弛工役罷苛嬈命兩浙及諸路憲臣親按部錄囚辛未蠲紹興二年和市紬帛癸酉呂頤浩等以旱乞罷政帝賜詔曰與其去位曷若同寅協恭交修不逮思所以克厭天心者頤浩等乃復視事乙亥朱勝非起復丙子泉州水溢壞城丁丑遣中使逆趣張浚于道是月四川霖雨地震八月己丑詔岳飛赴行在留精兵萬人戍江州翟琮率兵突圍犇襄陽詔屯駐其地癸卯罷諸路輸禁軍闕額錢甲辰以雨暘不時蘇湖地震求直言乙巳復置史館修撰直館檢討官命郎官兼領著作郎及佐郎戊申罷都轉運司己酉詔湖南丁米三分之二均取于民田其一取之丁口辛亥孟庾自軍中來朝九月戊午呂頤浩罷詔凡遇水旱災異監司郡守即具奏毋隱庚申岳飛自江州來朝川陝統領官吳勝敗僞齊兵于黃堆砦丙寅以趙鼎爲江西安撫制置大使壬申詔中書舍人給事中凡制勅非軍期機速必先書押而後報行甲戌僞齊王彥先寇徐宿二州乙亥以劉光世爲江東淮西宣撫使置司池州韓世忠爲鎮江建康府淮南東路宣撫使置司鎮江府王𤫊爲荊南府岳鄂潭鼎澧黃州漢陽軍制置使置司鄂州岳飛爲江南西路舒蘄州制置使置司江州主管殿前司郭仲荀知明州兼沿

海制置使神武中軍統制楊沂中兼權殿前司己卯吳勝克蓮花城冬十月癸未朱勝非上重修吏部七司勅令格式庚寅加吳玠檢校少保壬辰趣王𤫉進兵詔寬私鹽重法甲午卻大理國入貢丁酉𤫉破州縣視戶口增損立守令考課法己亥禁州縣擅增置稅場僞齊李成陷鄧州辛丑南丹蠻莫公晟圍觀州焚寶積監殺知監陳烈壬寅僞齊兵逼襄陽李橫以糧盡棄城奔荆南知隨州李道亦棄城去甲辰王𤫉討湖賊戰于鼎口不利僞齊陷郢州守臣李簡棄城去申禁私役戰士丁未命三省除銓曹姦弊戊辰罷諸路類省試統制石世達及杜湛合兵大破湖賊黃誠于龍陽洲庚戌復置宗正少卿及寺監諸丞是月王彥先引兵至北壽春將渡淮劉光世駐軍建康扼馬家渡又遣酈瓊駐無爲軍爲廬濠聲援賊乃還十一月己未以右文殿修撰王倫爲都督府參議官癸亥詔監司帥守察內外宗子病民害政者以聞崔增吳全遇湖賊于陽武口死之甲子韓肖胄等使還乙丑禁沿淮諸砦兵擅侵齊境庚午臨安府火甲戌禁掠賣生口入蠻夷峽峒及以銅錢出中國乙亥復元祐十科舉士法丁丑命賓橫宜觀四州市戰馬戊寅王𤫉自鼎州引兵還鄂留統領王渥等四軍聽程昌寓節制己卯蠲南劒州所負民間獻納錢十六萬緡省淮南州縣文武官十二月辛巳朔降勅書撫諭吳玠及川陝將士乙酉臨安府火戊子又火朱勝非以屢火求罷不允丙申王似承制廢通遠軍己酉金國元帥府遣李永壽王翊來見是歲海寇黎盛犯湖州焚民居毀城去

四年春正月辛亥朔帝在臨安率百官遙拜二帝乙卯增淮浙路鹽鈔貼納錢遣章誼等爲金國通問使己未程昌寓遣杜湛王渥攻楊太皮眞砦破之己巳詔諭王似盧法原吳玠使之協和金人犯宕昌臨江砦及花石峽關師古遣統領劉戩分兵拒却之庚午詔諸路將帥毋以兩國通使輒弛邊備淮南州郡津渡尤愼譏察甲戌罷州縣新置弓手乙亥蠲循梅潮惠四州被兵家租賦丙子申勅三省樞密院除官並遵舊制毋相侵紊除拜罷免皆明示黜陟之由戊寅金人犯神坌砦沿北嶺至大散關臨安府火己卯韓肖胄罷二月壬午詔贓罪至死者仍籍其貲癸未作建康府行宮席益罷乙酉以徐俯兼參知政事丙戌禁川陝諸將招納北軍湖北軍賊檀成犯長陽縣解潛遣統領胡勉捕斬之羣盜田政自襄陽犯陝州己丑解潛遣統制王恪擊政斬之庚寅金人犯兩當縣乙未詔孟庾赴行在己亥詔三衙管軍及將帥觀察使以上舉忠勇智略可自代者一人辛丑金人犯仙人關癸卯詔權以射殿爲景靈宮四時設位朝獻丙午張浚入見三月辛亥朔吳玠率楊政吳璘田晟王喜諸將與兀朮戰于仙人關大敗之兀朮遁去戊午雨雹以趙鼎參知政事壬戌孟庾至行在罷都督府以其兵屬張俊乙丑張浚以資政殿大學士罷尋落職奉祠福州居住己巳蠲淮南州縣民租一年辛未日有青赤黃氣編次建炎以來詔旨頒諸路癸酉蠲興元府洋州被兵家稅役二年丙子以王似爲資政殿學士川陝宣撫使盧法原爲端明殿學士與吳玠並充副使關師古爲熙河蘭廓路安撫制置使夏四月庚辰朔命趙開再任總領四川財賦詔諭川陝官吏兵民以張浚失措當示遠竄猶嘉其所用吳玠等能禦大敵許國一心止從薄責仍令宣撫司講求諮訪凡擾民咈衆之事速蠲革之癸未劉子羽白州安置乙酉詔明堂用皇祐典禮兼祀天皇大帝神州地祇以下諸神丙戌吳玠敗金兵復鳳秦隴州詔特旨處死情法不相當者許大理奏審蠲淮南州軍上供錢一年庚寅置孳生牧馬監于臨安府甲午罷廣西提舉茶鹽司關師古叛以洮岷二州降僞齊吳玠併將師古軍乙未詔諸路歲上戶口丁酉罷諸州回易庫庚子命劉光世遣兵巡邊辛丑保靜州夷人入貢丙午徐俯罷是月王似承制廢符陽軍知壽春府羅興叛降僞齊五月庚戌朔以岳飛兼黃復二州漢陽軍德安府制置使癸丑以范沖爲宗正少卿兼直史館重脩神宗哲宗正史實錄甲寅詔淮南帥臣兼營田使守令以下兼管營田岳飛復郢州斬僞齊守荆超甲子以孟庾兼權樞密院事乙丑賜李橫軍絹萬匹丙寅李成棄襄陽去岳飛復取之金人攻金州鎮撫使王彥遣統制許靑等與戰于漢陰敗之罷諸縣武尉壬申裁省三省樞密細務責六曹長貳專決癸酉以國史日曆所爲史館僞齊收李成餘衆益兵駐新野岳飛與別將王萬夾擊復大敗之乙亥王彥數敗金兵于洵陽縣丙子復選宗室子彥之子伯玖育于禁中六月壬申復命川陝類試乙未太白晝見經天戊戌詔神武軍神武副軍統制統領官並隸樞密院庚子以霖雨罷不急之役壬寅詔三省樞密院凡奉千請墨勅許執奏不行置史館校勘官作明堂行禮殿于教場甲辰禁諸軍彊刺平人爲兵已刺者皆釋之吳玠乞宮觀不允是月熒惑犯南斗岳飛將牛皐復隨州執僞齊守王嵩磔之秋七月戊申朔曲赦虔州以吏部尚書胡從年簽書樞密院事庚戌以湖南安撫席益爲安撫制置大使建昌軍軍卒修達等作亂殺守臣劉滂江西制置使胡世將遣參謀侯懿統制丘贇討之壬子命吳玠通信夏國癸丑湖賊楊欽等破社木砦官軍敗卻小將許筌戰歿丙辰賞仙人關之功以吳玠爲檢校少師奉寧保靜軍節度使吳璘楊政以下論賞有差丁巳命左右司歲考郎官功過治狀以爲賞罰庚申復曲端趙哲官壬戌岳飛遣統制王貴張憲擊敗李成及金兵于鄧州之西復鄧州禽其將高仲丙寅侯懿引兵入建昌軍執修達等十三人斬之罷建州蠟茶綱詔江東安撫司招水軍千五百人己巳湖賊萬餘人詣鼎澧二州降劉光世來朝庚午王貴張憲破金齊兵復唐州及信陽軍襄漢悉平辛未章誼孫近使還入見粘罕致書約淮南毋得屯兵八月庚辰以趙鼎知樞密院事充川陝宣撫處置使湖賊夏誠等犯枝江縣解潛遣將蔣定舟與戰敗之辛巳吳玠遣統領姚仲攻隴城縣克之壬午王𤫉以討賊無功降光州觀察使戊子改命趙鼎都督川陝荆襄諸軍事乙未遣魏良臣等充金國通問使丙申毀王安石舒王誥己亥周十隆出降爲官軍所掠復遁去犯汀循州壬寅王似罷以岳飛爲淸遠軍節度使湖北荆襄潭州制置使代王𤫉討湖賊癸卯以襄陽府隨郢唐鄧州信陽軍六郡爲襄陽府路九月戊申減淮浙路鹽鈔所增貼納錢壬子夏誠遣將李全功犯公安軍解潛遣統制林聞等擊斬之安定郡王令畤薨辛酉合祭天地于明堂大赦蠲襄陽等六郡三年租稅庚午朱勝非罷金齊合兵自淮陽分道來犯壬申渡淮楚州守臣樊叙棄城去韓世忠自承州退保鎮江府癸酉以趙鼎爲尚書右僕射同中書門下平章事兼知樞密院事吏部尚書沈與求參知政事冬十月丙子朔與趙鼎定策親征命張浚以軍援淮東劉光世移軍建康車駕擇日進發丁丑以孟庾爲行宮留守留統制王進一軍及神武中軍五百人隸之百司不豫軍旅之務者聽從便避兵己卯韓世忠自鎮江率兵復如揚州金人犯滁州以張浚爲浙西江東宣撫使金人圍亳州席益遣統制吳錫率兵討傜賊楊再興大破之壬午僞齊兵犯安豐縣癸未復以張浚爲資政殿學士提舉萬壽觀兼侍讀甲申復以王𤫉爲建武軍承宣使江西沿江制置使丙戌命胡松年詣江上會諸將議進兵戊子韓世忠邀擊金人于大儀鎮敗之又遣將董旼敗之于天長縣鴉口橋己丑金人攻承州韓世忠遣將成閔解元合兵擊于北門敗之金人圍濠州甲午遣秘書正字楊晨持詔撫諭四川遣侍御史魏矼監察御史田如鼇詣劉光世張浚軍中計事光世始移軍太平州丙申命後宮自溫州泛海如泉州金人陷濠州守臣寇宏棄城走丁酉詔州縣團教弓手土兵戊戌帝御舟發臨安劉錫楊沂中以禁兵扈從己亥韓世忠捷奏至命收瘞戰死將士仍令胡松年致祭庚子張浚率兵發鎮江如建康壬寅帝次平江加贈陳東歐陽澈祕閣修撰官其子孫二人各賜田一頃且追咎汪伯彥落觀文殿學士黃潛善更不追復命韓世忠楊沂中分兵控扼沿海要地癸卯焚決淮東閘堰賜扈從諸軍錢乙巳仇悆遣將孫暉擊金人于壽春敗之復霍丘安豐二縣是月借江浙坊場錢一界以備軍費十一月戊申太白晝見庚戌賞承州水砦首領徐康等要擊金兵之功轉官有差仍蠲承楚泰州水砦民兵賦役十年罷沿江烽火放浙東諸郡防城丁夫壬子始下詔聲劉豫逆罪諭親討之旨以厲六師吳玠遣統制楊從儀等率兵敗金人于臘家城癸丑玠乞納節贖劉子羽罪遂聽子羽自便金人入光州甲寅僞齊知光州許約破石額山砦遂據之乙卯韓世忠遣兵夜劫金人營于承州破之金人犯六合縣丙辰掠全椒縣三城湖丁巳戒諸路大小臣僚借貸催科縱吏姦擾民及務絕盜賊之伺隙者命董收趙康直總領淮東水砦戊午以胡松年兼權參知政事金人陷滁州劉光世移軍建康韓世忠移軍鎮江張浚移軍常州己未復命張浚知樞密院事以其盡忠竭節詔諭中外庚申宴犒守江將士癸亥劉光世遣統制王德擊金人于滁州之桑根敗之揭黃榜招諭湖賊甲子命滁和諸州移治保聚乙丑金人犯滁口己巳劉光世遣統制王師晟等率兵夜入南壽春府襲金人敗之執僞齊知府王靖廣賊區稠圍韶州樂昌縣鈐轄韓京遣兵擊斬之詔張浚視師江上十二月乙亥朔魏良臣王繪還自泗州軍前入見戊寅命都督府右軍統制李貴部兵屯扼福山鎮辛巳命中軍統制王進屯兵泰州防拓通泰壬午以樞密都承旨馬擴爲江西沿江制置副使丙戌吳倫遣兵攻臘家城破之丁亥聽兩淮避兵民耕種所在閒田壬辰金齊兵逼廬州仇悆嬰城固守岳飛所遣統制徐慶牛皐援兵適至敗走之劉光世亦遣統制靳賽戰于愼縣張浚遣統制張宗顏擊敗金人于六合詔江浙荆湖十四郡各募水軍五百人名橫江軍兩浙十郡沿江海州縣招捕巡檢土軍甲午

程昌寓遣杜湛彭筠合擊楊欽破之己亥以來年正旦日食下詔修闕政求直言庚子金人退師辛丑詔葬祭浙西江東二軍之死事者壬寅省淮南轉運司遣胡松年往常熟縣江陰軍沿江計議軍事癸卯金人去滁州

宋史卷二十七考證

高宗紀四紹興三年秋七月丁卯詔訪求累朝勳臣曹彬等三百人子孫以備錄用○臣蕭封按續文獻通考徽猷閣待制宋伯友入對言功臣子孫凋喪殆盡乞訪其後量才錄用故有是詔其後得趙普趙安仁范質錢若水諸孫皆官之

宋史卷二十八

元中書右丞相總裁脫脫等修

本紀第二十八

高宗五

五年春正月乙巳朔日有食之帝在平江府金人去濠州丁未戒諸軍戰陳毋殺中原民籍充金兵者命粥官田宅輸錢專充軍費戊申進廬泰二州守禦官屬各一官己酉詔前宰執呂頤浩等十九人及行在職事官各條上攻戰備禦措置綏懷之策免淮南官吏去職之罪仍令還任承州水砦統領仲諒復入楚州庚戌張浚遣統領楊忠閔王進夾擊金人于淮南岸敗之降其將程師回張延壽辛亥淮東統制崔德明襲敗金兵于盱眙召張浚赴行在乙卯浚入見賞沿江監司帥臣供億之勞各進官一等戊午趣修建康行宮己未詔減淮南諸州雜犯死罪釋流以下囚庚申置諸州軍教場選兵專習弓弩立格按試辛酉贈殿中侍御史馬伸左諫議大夫韓世忠劉光世張俊入見壬戌以世忠爲少保淮東宣撫使駐鎭江光世少保淮西宣撫使駐太平俊開府儀同三司江東宣撫使駐建康甲子鄜瓊復光州降其守許約乙丑罷淮南茶鹽提刑司置提點兩路公事官一員兼領刑獄茶鹽漕運市易事淮西要會州軍並置市易務戊辰詔川陝宣撫司招諭陷賊官民庚午命王進合江西廣東諸將兵討周十隆海賊朱聰犯廣州又犯泉州壬申劉光世韓世忠張俊入辭命升殿以光世世忠有隙賜酒諭釋之皆感激奉詔癸酉僞齊知亳州馬泰犯光州權州事王萃率兵拒之是月金主晟殂旻之孫亶立岳飛自池州入朝二月丙子以飛爲鎭寧崇信軍節度使命常州布衣陳得一造新歷丁丑帝發平江戊子遣權太常少卿張銖奉迎太廟神主于溫州壬午帝至臨安進扈從官吏秩一等丙戌以趙鼎爲左僕射張浚右僕射並同中書門下平章事兼知樞密院事都督諸路軍馬岳飛爲荆湖南北襄陽府路制置使將兵平湖賊楊太丁亥吳璘楊政攻拔秦州執僞齊守胡宣金帥撒離曷來援政復擊敗之己丑詔建太廟壬辰命張浚詣江上措置邊防詔諭諸路宣撫制置司示以專任之旨以右司諫趙霈論奏得體賜三品服丁酉進執政官秩一等以賞防秋之功戊戌詔淮南宣撫司撫存淮北來歸官吏軍民己亥直史館范沖上神宗實錄考異庚子詔翰林學士孫近胡交修類編臣僚條具利害章疏以聞甲辰錮湖南路上供三年是月僞齊商元寇信陽軍守臣舒繼明被禽死之閏月乙巳朔雨雹丁未胡松年罷戊申雪己酉留四川上供銀帛就充軍費乙卯以孟庾沈與求並兼權樞密院事丙辰併諸路提舉常平入茶鹽司罷福建鑄錢令轉運坑冶司辦集丁巳撒離曷欲犯泰州吳玠遣部將牛皓伺之遇于瓦五谷戰死癸亥海賊陳感犯雷州官軍屢敗丁卯王𤫊罷命戶部尚書章誼措置財用孟庾提領號總制司命川陝宣撫司幕僚攝司事仍權節制軍馬戊辰置路分總管以處閑退武臣辛未復置宗正丞掌修屬籍再蠲荆南府歸峽二州荆門公安二軍歲貢上供二年三月甲戌朔以王𤫊貪縱不武敗師誤國責授濠州團練使丙子遣樞密計議官呂用中等分使兩浙江東西路檢察經總制司財用丁丑詔侍從至監察御史館職已上在內館職在外侍從官監司帥守各舉所知充監司守令尋命館職專舉縣令己卯以韓世忠兼鎭江府宣撫使劉光世兼太平州宣撫使壬午以都督府參議軍事邵溥兼權川陝宣撫副使罷御前軍器所提舉官併隸工部壬辰命廣東福建路招捕朱聰乙未初榷鉛錫張浚親討湖賊丁酉復移浙西安撫司于臨安府庚子罷饒州牧馬監夏四月丙午貴池縣丞黃大本坐枉法贓杖脊刺配南雄州丁未遣司農丞蓋諒持詔撫諭川陝召解潛赴行在王彥知荆南府諸鎭撫使至是盡罷戊申太廟神主至自溫州己酉以審量濫賞追左銀青光祿大夫王序八官及職名仍改正出身庚戌詔內侍遇特恩轉官止武功郎壬子訪得周後柴叔夏襲封崇義公戊午奉安太廟神主己未更免役保正長法甲子太上皇帝崩于五國城丙寅帝即射殿行朝獻景靈宮之禮始以惠恭皇后祔祭募民耕營田官給牛種庚午省四川添差官辛未以諸路稅賦畸零增收錢專充上供是月龍圖閣直學士致仕楊時卒五月乙亥初謁太廟庚辰命邵溥吳玠裁省四川冗官浮費辛巳名行宮新作書院爲資善堂遣何蘚等奉使金國通問二帝中書舍人胡寅言國家與金世讎無通使之義張浚奏使事兵家機權役將關地復土終歸於和未可遽絕乃遣行丁亥立殘破州縣守令勸民墾田及拋荒殿最格己丑以孟庾知樞密院事壬辰召張浚還行在丁酉詔浚提舉詳定一司勑令戊戌以貴州防禦使瑗爲保慶軍節度使封建國公徽猷閣待制范冲兼資善堂翊善起居郎朱震兼讚讀以盛暑命監司行部慮囚己亥岳飛軍次鼎州庚子周十隆降辛丑命川陝訪求元祐黨人子孫六月甲辰封武經大夫令詪爲安定郡王湖賊楊欽全綜劉詵相繼率衆詣岳飛降乙巳名新歷曰統元丁未併饒州鑄錢司于虔州己酉命建國公瑗出就資善堂聽讀拜范冲朱震出內帑錢賜宗室貧者壬子復省淮南州縣冗官癸丑以久旱減膳祈禱禁諸路科率自租稅和市軍須外皆罷岳飛急攻湖賊水砦賊將陳瑫降楊太赴水死餘黨劉衡等皆降飛急擊夏誠斬之丁巳湖賊黃誠斬楊太首挾鍾子儀周倫詣都督府降湖湘悉平得戶二萬七千悉遣歸業戊午減福建貢茶歲額之半庚申以旱罷諸路檢察財用官丁卯以賊平免沿湖民前二年逋租己巳罷福建諸州槍仗手秋七月壬申朔以仇悆爲沿海制置使甲戌免蘄州上供及租稅三年戊寅獎諭岳飛撫勞將士趣張浚還朝己卯孟庾罷以沈與求兼權樞密院事及措置財用壬午以金軍房州隸襄陽府路僞齊兵寇湖陽縣執唐州守臣高青復釋之丁亥賜宇文虛中家福建田十頃甲午詔殘破州縣親民官計到罷之日戶口考殿最韓世忠復鎭淮軍禽僞齊守王拱丙申蠲湖南路上供米三年及秋租之半丁酉置高峯王口二砦都巡檢使益兵戍之八月壬寅朔罷荆南營田司令安撫司措置官兵耕種甲辰定館職額爲十八員壬子詔淮南山水砦都巡檢各聽守令節制癸丑蠲福建州軍借撥常平錢米己未下詔示章惇蔡卞詆誣宣仁聖烈皇后之罪追貶惇昭化軍節度副使卞單州團練副使子孫不許在朝命廣宮學敎內外宗子辛酉詔淮南襄陽府等路團結民社丙寅以諸盜平減湖廣江西二十二州雜犯死罪釋徒杖以下囚海賊朱聰降命補水軍統領是月僞齊陷光州九月辛未朔罷總制司所增收頭子等諸色錢乙亥賜禮部進士汪洋以下二百二十人及第出身唱名始遵故典令館職侍立殿上壬午加岳飛檢校少保僞齊兵寇固始縣統領華旺拒戰却之尋復光州甲申命沿海州軍籍海船分守要害乙酉趙鼎上重修神宗實錄壬辰詔元符上書邪等范柔中等二十七人各官一子以解潛部兵三千隸馬軍司甲午周十隆復叛犯汀州戊戌遣統領王進李貴討之冬十月庚戌張浚入見乙卯以席益爲四川制置大使位宣撫副使上州軍兵馬並隸大使司邊防重事仍令宣撫司處置李綱爲浙西制置大使呂頤浩爲湖南制置大使戊午詔川陝類試合格第一人依殿試第三人例推恩餘並同賜進士出身特奏名進士命宣撫選官試時務策澧州賊雷德進降乙丑僞齊兵寇漣水軍韓世忠遣統制呼延通等逆擊敗之十一月庚午朔初置節度使以下金字牙符命都督府掌之給將帥立戰功者命州縣賣戶帖以助軍費癸酉詔守臣死節昭著者毋限品秩並賜謚乙亥徵和靖處士尹焞于涪州命爲崇政殿說書戊寅郊辛巳復置淮南提舉鹽事官壬午出宮女三千人甲申權減宰執及行在官吏奉乙酉以趙開爲四川都轉運使丙戌命張浚視師荆襄川陝戊子知衡州裴廩坐調夫築城凍死二千餘人除名嶺南高州編管乙未出內帑綿絹賜宗室丁酉罷催稅戶長十二月己亥朔以岳飛爲荆湖南北襄陽府路蘄黃州招討使楊沂中權主管殿前司併統神武中軍庚子改神武四軍及巡衛軍號行營五護軍辛丑以都督府兵隸三衙命左右司樞密院檢詳官參考中興已行條例修爲定法乙巳禁服用翠羽己酉免侍從官輪對庚戌汰橫江水軍三之一癸丑命兩淮川陝荆襄荆南諸帥府參謀官各一員提點屯田癸亥禁川陝州縣官悉用川陝人丙寅都督府遣參議軍事劉子羽主管機宜文字熊彥詩撫諭川陝且察邊備虞實戊辰夜雨雹

六年春正月辛未蠲貧民戶帖錢之半無物產者悉除

之癸酉命給事中中書舍人甄別元祐黨籍乙亥以內重外輕命省臺寺監及監司守令居職及二年者許更迭出入除擢丁丑詔凡入粟補官者毋授親民刑法之職壬午賜宗子伯玖名璩爲和州防禦使罷綿州宣撫副使命吳玠專治兵事罷御史平反刑獄賞丙戌張浚視師荊襄入辭己丑安定郡王令𢩦薨庚寅還預借坊場錢辛卯詔監司帥臣慢令失職者令張浚黜陟以聞甲午振江湖福建浙東饑民命監司帥臣分選僚屬及提舉常平官躬行檢察戊戌命鬻通直郎閤門宣贊舍人以下官二月庚子以諸路宣撫制置大使並兼營田大使宣撫副使招討安撫使並兼營田使壬寅雨雪改江淮屯田爲營田甲辰置行在交子務印交子錢引給諸路令公私同見錢行用戊申岳飛入見復以襄陽府路爲京西南路辛亥詔張浚暫赴行在奏事甲寅以兵部尚書都督府參謀折彥質簽書樞密院事乙卯韓世忠引兵攻宿遷縣統制呼延通與金兵戰敗之禽其將孛堇牙合澧州賊徒伍俊殺雷德進持其首詣鼎州降丙辰韓世忠圍淮陽軍復置諸路市易務戊午命楊沂中以兵萬人聽都督行府調遣己未遣戶部侍郎劉寧止如鎭江府總領三宣撫司錢糧辛酉兀朮救淮揚韓世忠引兵歸楚州壬戌以折彥質兼權參知政事癸亥沈與求罷李綱入見是月張浚至江上會諸將議事命張俊進屯盱眙三月戊辰朔初收官告綾紙錢名均房州民兵曰保勝又命招刺三千人賜名必勝軍己巳以韓世忠爲京東淮東路宣撫處置使岳飛爲京西湖北路宣撫副使辛未蠲旱傷州縣民積欠錢帛租稅己卯趣岳飛如鄂州措置軍事辛巳以樞密副都承旨馬擴爲沿海制置副使壬午金齊兵犯漣水軍韓世忠擊敗之壬辰寬四川災傷州縣戶帖錢之半夏四月戊戌朔湖南賊黃旺犯桂陽監甲辰僞齊兵陷唐州團練判官扈舉臣推官張從之等皆死岳飛以母喪去官丙午詔飛起復己酉詔文武臣僚能決勝彊敵恢復境土者賜功臣號庚戌始訓諸宗子名甲寅賞淮陽功呼延通等進官有差餘受賞者凡萬七千人劉光世遣副統制王師晟酈瓊襲僞齊兵于劉龍城破之禽其統制華知剛己未命福建安撫司發水軍討海賊鄭慶辛酉禁四川伐並邊山林甲子以韓世忠爲橫海武寧安化軍節度使號揚武翊運功臣除商旅絹錢稅丙寅復行在官吏奉蠲東京民渡淮南商販之稅五月戊戌朔禁以鹿胎爲冠癸酉詔未經上殿臣僚先令三省審察然後引對戊寅以四川監司地遠玩法應有違戾令制置大使按劾壬午詔大理寺議獄不合卽詣刑部關決刑部不能定同赴都堂稟議賜吳玠四川戶帖錢十萬緡犒軍癸未禁淮南州縣收額外雜色租乙酉改交子爲關子罷交子務庚寅以劉光世爲保靜寧武寧國軍節度使壬辰以張俊進屯盱眙改崇信奉寧軍節度使甲午禁銷錢及私鑄銅器丙申詔監司慮囚不能徧及者聽遣官耆爲令六月乙巳朔夜地震己酉求直言甲寅張浚渡江撫淮上諸屯命劉光世自當塗進屯廬州岳飛自九江進屯襄陽楊沂中屯泗州戊午詔兩淮沿江守臣並以兩三年爲任辛酉封集英殿修撰令廣爲安定郡王秋七月壬申以司農少卿樊賓提領營田公事癸未詔張浚暫赴行在癸巳罷川陝便宜差遣監司守貳以金州隸川陝路均房二州隸京西南路郭浩爲永興軍路經畧安撫使兼知金州閤門宣贊舍人邵隆知商州聽浩節制經理商虢是月劉光世復壽春府八月己亥范宗尹薨庚子賜左司諫陳公輔三品服癸卯以徽猷閣直學士李迨爲四川都轉運使甲辰詔諭將士將親征岳飛遣統制牛皐破僞齊鎭汝軍禽其守薛亨乙巳命權殿前司解潛等帥精兵扈從主管步軍司邊順留兵守臨安知臨安府梁汝嘉爲巡幸隨軍都轉運使丁未以秦檜爲醴泉觀使兼侍讀行宮留守孟庾提舉萬壽觀兼侍讀同留守戊申岳飛遣將楊再興復西京長水縣己酉命秦檜孟庾權參決尚書省樞密院事庚戌蠲虔州殘破諸縣逋負梅州夏秋兩稅聽廣東經畧安撫司便宜措置盜賊辛亥奉神主發臨安丁巳權罷經筵進講己未預借江浙民來年夏稅絁帛折米輸官庚申增給職事官米月三斛是月張浚城盱眙進屯泗州岳飛及僞齊李成孔彥舟連戰至蔡州克之僞守劉永壽舉城降九月丙寅朔帝發臨安岳飛遣統制王貴郝晸董先復虢州盧氏縣癸酉帝次平江戊寅命職事官日一員輪對壬午岳飛以孤軍無援復還鄂州癸未權奉安神主于平江能仁寺戊子以戶部郎官霍蠡總領岳飛軍錢糧庚寅張浚入奏復如鎭江辛卯立賊徒相招首罪賞格賞鎭淮軍功進統制王德等官是月劉豫聞親征告急于金主亶求援亶不許豫自起兵三十萬命子麟趣合肥姪猊出渦口引兵分道入寇冬十月丙申招西北流寓人補闕額禁軍丁酉裁定淮南路租額劉麟寇淮西張浚遣楊沂中張宗顏等分兵禦之戊戌沂中至濠州劉光世已棄廬州而南浚遣人督還光世不得已駐兵應沂中遣統制王德酈瓊及賊將崔皐賈澤王遇戰皆敗之賊兵攻壽春府芍陂砦守臣孫暉拒戰又敗之辛丑罷四川監酒官百餘員壬寅以梁汝嘉兼浙西淮東沿海制置使前護副軍都統制王彥副之癸卯趙鼎請降勑諭張浚令光世沂中及張俊全軍引還爲防江之計甲辰又詔浚督將士僇力破賊皆未達劉猊犯定遠縣沂中進戰大敗之于藕塘猊挺身遁麟在順昌聞之拔砦去劉光世遣王德及沂中追麟至南壽春而還孔彥舟亦解光州圍而去戊申命解潛遣兵千人守靑龍港口癸丑張俊楊沂中引兵攻壽春府不克而還乙卯詔諸軍所俘人民給錢米遣歸丁巳惠州軍賊曾袞作亂庚申摧鋒軍統制韓京募敢死士夜襲破之袞尋出降壬戌日中有黑子沒十二月甲午朔詔降廬光濠等州死罪釋流以下囚召秦檜赴行在張浚入見請幸建康趙鼎請還臨安戊戌韓世忠攻淮陽軍及金人戰敗之辛丑城南壽春府壬寅趙鼎罷遣右司員外郎范直方宣諭川陝撫問吳玠將士甲辰命都督府參議軍事呂祉如建康措置移蹕丙午折彥質罷丁未賞淮西功加張俊少保改鎭洮崇信奉寧軍節度使楊沂中保成軍節度使殿前都虞候戊申命秦檜赴講筵供職孟庾爲行宮留守辛亥以資政殿學士張守參知政事兼權樞密院事丙辰以呂頤浩爲浙西安撫制置大使判臨安府丁巳以劉光世爲護國鎭安保靜軍節度使戊午詔凡因民事被罪者不許親民己未命辰沅靖澧四州以閒田募刀弩手三千五百人爲額右司諫陳公輔乞禁程氏學詔士大夫之學宜以孔孟爲師庶幾言行相稱可濟時用庚申以安化郡王王稟死節太原賜其家田十頃辛酉以山陰諸暨等四十縣爲大邑並命堂除

七年春正月癸亥朔帝在平江下詔移蹕建康蠲無爲軍稅役一年置建康御前軍器局丁卯賞張浚以破敵功遷特進己巳發米萬石濟京東陝西來歸之民張浚入見甲戌罷都督府諸州市易官丁丑解潛罷以劉錡權主管馬軍司并殿前步軍司公事庚辰築采石宣化渡二城癸未以翰林學士陳與義參知政事資政殿學士沈與求同知樞密院事詔廣西帥臣訓練土丁保丁乙酉復置樞密使副知院以下仍舊張浚改兼樞密使丙戌禁諸軍互納亡卒西蕃三十八族首領趙繼忠等來歸丁亥以秦檜爲樞密使何蘚范寧之至自金國始聞上皇及寧德皇后崩己丑帝成服下詔降徒囚釋杖以下辛卯夜東北有赤氣如火二月癸巳朔日有食之百官七上表請遵以日易月之制徽猷閣待制知嚴州胡寅請服喪三年衣墨臨戎以化天下帝欲遂終服而張浚連疏論喪服不可卽戎遂詔外朝勉從所請宮中仍行三年之喪丙申太平州火丁酉鎭江府火庚子遣王倫等使金國迎奉梓宮岳飛入見辛丑以日食求直言以久旱命諸州慮囚乙巳詔凡辟舉官犯贓罪罪及所舉官丙午吳玠置銀會于河池丁未詔席益募陝西河東河北兵三千部送行在充扈衞癸丑雨雹丙辰始御便殿果州守臣宇文彬等進禾登九穗圖俱奪一官罷之丁巳以岳飛爲太尉湖北京西宣撫使己未帝發平江三月癸亥朔次丹陽韓世忠入見命世忠扈從岳飛次之甲子次鎭江楊沂中入見命沂中總領彈壓巡幸事務乙丑蠲駐蹕及經從州縣積年逋賦丁卯以吏部侍郎呂祉爲兵部尚書都督府參謀軍事辛未帝至建康壬申詔尚書省常程事從參知政事分治癸酉減建康流罪以下囚蠲建康府太平宣州逋賦及下戶今年身丁錢岳飛乞併統淮西兵以復京畿陝右許之命飛盡護王德等諸將軍既而秦檜等以合兵爲疑事遂寢戊寅手詔撫勞將士進沈與求知樞密院事己卯尊宣和皇后爲皇太后庚辰以王彥兵隸侍衞馬軍司呂頤浩爲少保兼行宮留守孟庾罷甲申以劉光世爲少師萬壽觀使以其兵隸都督府張俊因分爲六軍命呂祉節制乙酉賜光世第于建康府丁亥命虔吉南安軍諸縣各募土兵百人責知縣訓練防禦盜賊是春廣西大饑李實變爲桃夏四月癸巳築太廟于建康以臨安府太廟爲聖祖殿戊戌修濬建康城池丁未岳飛乞解官持餘服遂棄軍去詔不許戊申日中有黑子庚戌以張浚累陳岳飛積慮專在併兵奏牘求去意在要君遂命兵部侍郎兼都督府參議軍事張宗元權湖北京西宣撫判官實監其軍壬子張浚如太平州淮西視師庚申以信陽軍隸京西路罷淮南提點司東西兩路各置轉運兼提點刑獄提舉茶鹽常平事五月丁卯詔李綱趣捕虔吉諸盜壬申命禮官舉文宣王武成王熒惑壽星嶽鎭海瀆農蠶風雷雨師之祀甲戌以胡安國提舉萬壽觀兼侍讀趣赴行在未至而罷癸未以酈瓊爲行營左護軍副都統制甲申初試樞密院都督府効士乙酉命侍從官通舉材堪知縣者二十人丙戌僞齊陷隨州己丑禁四川增印錢引六月辛卯朔改上惠恭皇后謚曰顯恭皇后岳飛入見壬辰命歲辰戊月祀大火

配以閼伯乙未罷江淮營田司令諸路安撫轉運司兼領其事丙申以重脩神宗實錄去取未當命史館復加考訂丁酉岳飛引過自劾詔放罪慰諭之戊戌命劉錡兼都督府咨議軍事率兵戍廬州乙巳沈與求薨召王德以所部兵赴行在遣呂祉如淮西撫諭諸軍丙辰詔吳玠李迨共議四川經費贍軍恤民岳飛復職秋七月戊辰詔侍從各舉可任監司郡守者一二人癸酉以旱禱於天地宗廟社稷甲戌嗣濮王仲湜薨癸未以久旱命中外臣庶實封言事甲申蠲諸路民積年逋租以建康疫盛遣醫行視貧民給錢葬其死者命疎決滯獄乙酉詔卽建康權正社稷之位戊子詔戶部長貳迭出巡按諸路考究財賦利病違者劾之己丑詔諸路歸業民墾田及八年始輸全稅八月乙未以張俊爲淮西宣撫使駐盱眙楊沂中爲淮西制置使主管侍衞馬軍司劉錡副之並駐廬州命酈瓊率兵赴行在戊戌瓊叛殺中軍統制張景等執呂祉及趙康直趙不羣以兵四萬人奔劉豫辛丑手詔赦廬州屯駐行營左護軍壬寅酈瓊引兵至淮殺祉及康直釋不羣使還劉錡吳錫至廬州以兵追之不及命張宗元往招之張浚乞去位甲辰以趙鼎爲萬壽觀使兼侍讀甲寅詔命官犯贓刑部不得擅黥配聽朝廷裁斷乙卯賜岳飛軍錢十萬緡招歸正復業人耕湖北京西閒田九月甲子上太上皇帝謚曰聖文仁德顯孝皇帝廟號徽宗皇后曰顯肅皇后丁卯韓世忠張俊入見乃命俊自盱眙移屯廬州壬申張浚罷癸酉命參知政事輪日當筆權三省事更不分治常程罷都督府甲戌以臺諫累疏落張浚觀文殿大學士仍領宮祠丙子復以趙鼎爲尚書左僕射同中書門下平章事兼樞密使戊寅以廬州壽春府民遭酈瓊虜掠蠲租稅一年己卯朝獻聖祖于常朝殿庚辰朝饗太廟辛巳合祭天地于明堂大赦召劉光世赴行在戊子禁諸路進羨餘以劉錡知廬州兼淮西制置副使冬十月庚寅朔詔仍舊開經筵辛卯命從省官看詳上書有可采者條上行之丁酉夜勑張浚安置嶺表戊戌趙鼎累請浚母老改永州居住僞齊犯泗州守臣劉綱擊走之丙午命戶部郎官薛弼霍蠡同總領江西湖廣五路財賦壬子統制呼延通王權等襲擊金人于淮陽軍敗之丁巳詔六參日輪行在百官一員轉對閏月癸亥贈趙康直徽猷閣待制乙丑蠲江東路月樁錢萬緡發米二萬石振京西湖北饑民丙寅尹焞入見命爲秘書郎兼崇政殿說書甲戌始作徽宗皇帝顯肅皇后神主庚辰韓世忠引兵渡淮逆擊金人于劉冷莊敗之辛巳李綱罷癸未復漢陽軍是月張俊棄盱眙引兵還建康十一月丙申賜吳玠犒軍錢百五十萬緡丁酉以知溫州李光爲江西安撫制置大使丁未金帥撻懶兀朮入汴京執僞齊劉豫廢爲蜀王癸丑詔來春復幸浙西是月僞齊知臨汝軍崔虎詣岳飛降十二月庚辰復置都大提舉四川茶馬監牧官丁卯祔徽宗皇帝顯肅皇后神主于太廟庚午以解潛權主管馬步軍司命韓世忠留屯楚州屏蔽江淮己卯詔內外大將及侍從官舉武臣智畧器局堪帥守謀議官者癸未王倫等使還入見言金國許還梓宮及皇太后又許還河南諸州甲申城泗州丁亥復遣王倫等奉迎梓宮是冬吳玠遣裨將馬希仲攻熙州鄭宗李進攻鞏州不克宗死于城下希仲遁還玠斬以狥

宋史卷二十九

元 中 書 右 丞 相 總 裁 脫 脫 等 修

本紀第二十九

高宗六

八年春正月戊子朔帝在建康丙申減臨安府夏稅折輸錢戊戌張守罷辛丑僞齊知壽州宋超率兵民來歸蔡州提轄白安時殺金將兀魯執其守劉永壽來降詔以方議和好禁沿海州郡遣人過淮招納丁未大閱張俊軍戊申以兵部侍郎胡世將爲四川安撫制置使二月戊午劉錡入見減建康府夏稅折輸錢蠲民戶逋租和市科調庚申日中有黑子以呂頤浩爲江東安撫制置大使兼行宮留守壬戌岳飛乞增兵不許癸亥帝發建康丙寅以胡安國春秋傳成書進寶文閣直學士戊寅帝至臨安己卯以戶部尚書章誼爲江東安撫制置大使兼行宮留守呂頤浩爲醴泉觀使甲申減紹興府和市絹萬匹三月己丑以知南外宗正事仲儡嗣濮王庚寅以禮部尚書劉大中參知政事兵部尚書王庶爲樞密副使壬辰復以秦檜爲尚書右僕射同中書門下平章事兼樞密使甲午陳與義罷戊戌增夔州路路分都監一員脩治關隘練義兵己亥蠲農器及牛稅以李天祚爲靜海軍節度使交趾郡王壬寅定以故相韓忠彥配享徽宗廟廷丁未蠲所過州縣民積欠稅賦戊申蠲江西湖南諸州月樁錢各萬緡己酉命考覈川陝宣撫司便宜所授官冒濫尤甚者悉與裁減夏四月庚申初置戶部和糴場于臨安壬戌遣王庶巡視江淮邊防丁丑復置六路發運司癸未詔三衙管軍輪宿禁中五月庚戌詔鎮江府募橫江軍千人竄內侍羅亶于海島庚子禁貧民不舉子其不能育者給錢養之壬寅貶劉子羽爲單州團練副使漳州安置丁未金國使烏陵思謀石慶克與王倫等偕來戊申以資政殿學士葉夢得爲江東安撫制置大使己酉王庶至淮南檄張宗顏將兵七千屯廬州巨師古三千屯太五州分韓世忠軍屯泗州及天長縣六月壬戌賜衍聖公孔玠衢州田五頃奉先聖祠事癸亥趙鼎上重修哲宗實錄壬申賜禮部進士黃公度以下三百九十五人及第出身王庶自淮南還入見乙亥以中護軍統制張宗顏知廬州命劉錡率兵移屯鎮江府丁丑烏陵思謀石慶克入見秋七月乙酉朔復命王倫及藍公佐奉迎梓宮錄司馬光曾孫伋補承務郎辛亥彗出東方八月戊午詔日者遣使報聘鄰國期還梓宮向慮邊臣未諭遂弛戎備以疑衆心其各嚴飭屬城明告部曲臨事必戒無忘捍禦甲子蠲江東路月樁錢萬三千緡有奇丁丑彗滅遣監察御史李寀宣諭江西措置盜賊冬十月丁巳劉大中罷甲戌趙鼎罷乙亥日中有黑子丁丑金國使張通古蕭哲與王倫偕來韓世忠乞奏事行在不許戊寅樞密副使王庶乞免簽書和議文字累疏求去不許十一月甲申以翰林學士承旨孫近參知政事丙戌遣大理寺丞薛倞朱斐詣廣南路決滯獄戊戌王倫入見己亥復以倫爲國信計議使中書舍人蘇符副之符辭以疾庚子以孫近兼權同知樞密院事辛丑詔金國遣使入境欲朕屈己就和命侍從臺諫詳思條奏從官張燾晏敦復魏矼曾開李彌遜尹焞梁汝嘉樓炤蘇符薛徽言御史方廷實皆言不可甲辰王庶罷辛亥以樞密院編修官胡銓上書直諫斥和議除名昭州編管壬子改差監廣州都鹽倉十二月甲寅以趙鼎爲醴泉觀使乙卯以宗正少卿馮檝爲國信計議副使己未以吏部尚書李光參知政事戊辰王倫言金使稱詔諭江南其名不正秦檜以未見國書疑爲封冊帝曰朕嗣守祖宗基業豈受金人封冊癸酉館職胡珵朱松張擴凌景夏常明范如圭上書極論不可和甲戌以端明殿學士韓肖胄簽書樞密院事乙亥命肖胄等爲金國奉表報謝使丙子張通古蕭哲至行在言先歸河南地徐議餘事以監察御史施廷臣爲侍御史權吏部尚書張燾侍郎晏敦復以廷臣主和議而升用執奏不行御史中丞勾龍如淵右諫議大夫李誼殿中侍御史鄭剛中凡再至都堂及宰執議取國書丁丑詔金國使來盡割河南陝西故地通好于我許還梓宮及母兄親族餘無需索令尚書省榜諭庚辰帝不御殿以方居諒陰難行吉禮命秦檜攝冢宰受書以進是月虛恨蠻犯嘉州忠鎮砦是歲始定都于杭

九年春正月壬午朔帝在臨安丙戌以金國通和大赦河南新復州軍宮吏並不易置蠲其民租稅三年徭役五年以王倫同簽書樞密院事充奉護梓宮迎請皇太后交割地界使戊子遣判大宗正事士㒟兵部侍郎張燾詣河南修奉陵寢庚寅賜劉光世號和衆輔國功臣張俊加少傅安民靖難功臣韓世忠爲少師張浚復左宣奉大夫辛卯以尹焞爲徽猷閣待制提舉萬壽觀兼侍讀焞力辭不拜壬辰加岳飛吳玠並開府儀同三司楊沂中太尉癸巳建皇太后宮甲午金宿州守臣趙榮來歸丙申金主詔諭河南諸州以割地歸我之意改發運經制司爲經制司命戶部長貳一人領使仍置副或判官戊戌以王倫爲東京留守郭仲荀爲副戶部侍郎梁汝嘉兼江淮荊浙閩廣路經制使司農卿霍蠡爲判官己亥以吳玠爲四川宣撫使二月癸丑以徽猷閣待制周聿爲陝西宣諭使監察御史方廷實宣諭三京淮北丁巳以郭仲荀爲太尉東京同留守慕洧寇環州戊午以知金州郭浩爲陝西宣撫判官壬戌以李剛爲湖南路安撫大使張浚知福州尋復資政殿大學士爲福建路安撫大使命周聿方廷實蒐訪隱士甲子均定諸州縣月樁錢己巳以郭浩爲陝西宣諭使壬申命修徽宗實錄癸酉詔盜賊已經招安而復嘯聚者發兵加誅毋赦是月日中有黑子月餘乃沒江西統制官李貴以其軍歸楊沂中三月丁亥以和州防禦使璩爲保大軍節度使封崇國公丙申王倫受地于金得東西南三京壽春宿亳曹單州及陝西京西之地兀朮還祁州己亥分河南爲三路廢拱州辛丑以翰林學士樓炤簽書樞密院事甲辰僞齊知開封府鄭億年上表待罪召赴行在丁未正僞齊所改州縣名是春夏人陷府州夏四月庚戌朔呂頤浩薨辛亥命樓炤宣諭陝西諸路壬午金鄜延路經畧使關師古上表待罪命知延安府癸丑落趙鼎奉國軍節度使爲特進仍知泉州金陝西諸路節

制使張中孚上表待罪命爲檢校少保寧國軍節度使知永興軍節制陝西諸路軍馬甲子以觀文殿學士孟庾爲西京留守資政殿學士路允迪南京留守丙寅金泰鳳經略使張中彥上表待罪命知渭州以孫近兼權同知樞密院事壬申移壽春府治淮北舊城癸酉詔新復諸路監司帥臣按劾官吏之殘民者韓世忠張俊入見五月庚寅奉迎東京欽先孝思殿累朝御容赴臨安辛卯復命江淮守臣二年爲任乙未復置淮東提舉茶鹽司癸卯復召募耆長法丙午鄜延副將李世輔部兵三千自鳳翔來歸賜名顯忠六月庚戌皇后邢氏崩于五國城辛亥夏國主乾順卒壬子樓炤以東京見卒四千四百人爲忠銳三將庚申盜入邵武軍壬戌以新復州縣官吏懷不自安降詔開諭己巳吳玠薨壬申樓炤承制以李顯忠爲護國軍承宣使樞密行府前軍都統制率部兵及夏國招撫使王樞赴行在癸酉澧州軍事推官韓紃坐上書論講和非計送循州編管乙亥以孟庾兼東京留守王倫自東京赴金國議事樓炤承制以楊政爲熙河經略使吳璘爲秦鳳經略使仍並聽四川宣撫司節制郭浩爲鄜延經略使同節制陝西軍馬丙子分宣撫司兵四萬人出屯熙秦六千人隸郭浩留吳玠精兵二萬人屯興元府興洋二州戊寅置錢引務于永興軍是月撫州鈐轄伍俊謀據桃源復叛湖北安撫薛弼召誅之秋七月甲申以文臣爲新復諸縣令丙戌東京耆老李茂松寇璋等二百人奉表稱賀皆引見補官遣還復置都水南北丞各一員丁亥金人拘王倫于中山丙申命詳驗劉豫僞官换給告身乙巳給還僞齊所没民間資產以胡世將兼權主管四川宣撫司八月己酉復淮南諸州學官庚戌賜陝西諸軍冬衣絹十五萬匹命前川陝宣撫司便宜所補官限一年自陳换給告身丙辰金國以撻懶主和割地疑其二心殺之壬戌蠲成都潼川路歲輸對糴等米五十四萬石水運錢七十九萬緡乙丑給新法度牒紫衣師號錢二百萬緡付陝西市軍儲己巳命陝西復行鐵錢庚午遣蘇符等使金賀正旦乙亥遣前知宿州趙榮知壽州王威俱還金國以關師古爲行營中護軍前軍統制九月己卯命鄜延秦鳳熙河路招納蕃部熟戶及陷没夏國軍民丙戌封叔士㒟爲齊安郡王庚寅罷經制司令提刑兼領常平事甲午名皇太后殿曰慈寧丙申以威州防禦使溫濟告韓世忠陰事勒停南建州編管世忠又奏欲殺之詔移萬安軍己亥郭仲荀率東京兵五千至鎮江冬十月辛亥詔侍從官各舉所知二人王倫見金主于御林子被拘于河間遣其副藍公佐先歸甲寅王樞入見併其俘百九十人皆縱遣還夏國己未蠲階成岷鳳四州民稅之半戊辰慈寧宮成甲戌日中有黑子丙子賜李顯忠軍錢十萬緡是月岳飛入見十一月戊寅朔賜吳玠家錢三萬緡以其弟璘爲龍神衛四廂都指揮使申命刑部大理官編次刑名斷例癸未嗣濮王仲偘薨己丑詔三省官屬詳覆在京通用令追復張所爲直龍圖閣十二月甲寅命續編紹興因革禮甲子李光罷戊辰命續修元豐會要兀术留蘇符等于東京謀復取河南

十年春正月丙戌遣莫將等充迎護梓宮奉迎兩宮使辛卯李綱薨甲辰以顯謨閣直學士提舉醴泉觀鄭億年復資政殿學士奉朝請二月戊申命陝西復募蕃漢弓箭手詔贓吏罪抵死情犯甚者奏取旨辛亥雨雹以劉錡爲東京副留守李顯忠南京副留守壬子命兩宗正官各舉所知宗室二人癸丑展省試期一年壬戌詔新復州軍蒐舉隱逸諸路經理屯田丁卯罷史館以日曆歸祕書省置監修國史官以孟庾知開封府爲東京留守仇悆知河南府西京留守癸酉罷吏部審量宣和濫賞三月甲申封闕伯爲商丘宣明王戊子增印錢引五百萬緡付宣撫司市軍儲川陝宣撫副使胡世將屢言金人必渝盟宜爲備己丑罷諸路增置稅場韓世忠張俊入見始罷內教復營建康行宮丙申蘇符自東京還丁酉命川陝宣撫司軍事不及待報者聽隨宜措置己亥以郭浩知永興軍兼節制陝西諸路軍馬楊政徙知興元府是月命胡世將與夏人議入貢夏人不報夏四月丙午訪求亡逸歷書及精於星歷者辛酉以張中孚爲醴泉觀使中彥提舉祐聖觀趙彬爲兵部侍郎癸亥命部使者歲舉廉吏一人庚午復四川諸州學官壬申韓肖胄罷五月己卯金人叛盟兀术等分四道來攻甲申名徽宗御制閣曰敷文乙酉兀术入東京留守孟庾以城降知興仁府李師雄知淮寧府李正民及河南諸州繼降丙戌金人陷拱州守臣王慥死之撒离曷自河中趨永興軍陝西州縣官皆降丁亥金人陷南京留守路允迪降劉錡引兵至順昌府己丑金人陷西京留守李利用副總管孫暉皆棄城走鈐轄李興率兵拒戰不克辛卯胡世將自河池遣涇原經略使田晟以兵三千人迎敵金人京湖宣撫司忠義統領李寶敗金人于興仁府境上癸巳知亳州王彥先叛降于金金人陷永興軍趨鳳翔丁酉命胡世將移陝西之石護軍還屯蜀口以福建廣東盜起命兩路監司出境共討己亥命劉光世爲三京招撫處置使以援劉錡庚子以吳璘同節制陝西諸路軍馬聽胡世將便宜黜陟處置軍事辛丑金人犯鳳翔府之石壁砦吳璘遣統制姚仲等拒郤之金人圍耀州郭浩遣兵救之金兵解去壬寅金人圍順昌府三路都統葛王褒以大軍繼至劉錡力戰敗之六月甲辰朔以韓世忠太保張俊少師岳飛少保並兼河南北諸路招討使乙巳劉錡遣將閻克戰敗金人于順昌之李村丙午命兩浙江東福建諸州團結弓弩手以仇悆爲沿海制置使詔將佐士卒能立奇功者賞以使相節鉞官告臨軍給受丁未罷建康府行宮營繕戊申以劉錡爲沿海制置使己酉吳璘遣統制李師顏等戰敗金人于扶風拔之壬子兀术及宋叛將孔彥舟酈瓊趙榮等帥衆十餘萬攻順昌府劉錡率將士殊死戰大敗之初秦檜奏命錡擇利班師錡不奉詔戰益力遂能以寡勝衆乙卯順昌圍解兀术還以知平江府梁汝嘉兼浙西沿海制置使丙辰岳飛將牛皐及金人戰于京西敗之己未劉光世進軍和州郭浩遣統制鄭建克攻破金人于醴州復其城壬戌詔諸司錢物量留經費外悉發以贍軍樓炤以父喪去位甲子撒离曷攻青谿嶺鄜延經略使王彥率兵戰敗之撒离曷還屯鳳翔命士㒟主奉濮王祠事張俊遣左護軍都統制王德援劉錡德暫至順昌值圍已解復還廬州遣司農少卿李若虛詣岳飛軍諭指班師飛不聽丙寅下詔撫諭順昌府官吏兵民庚午以劉錡爲武泰軍節度使侍衛馬軍都虞候韓世忠遣統制王勝背嵬將成閔率兵至淮陽軍南與金人遇擊敗之是月金人圍慶陽府權守臣宋萬年固守金人不能下岳飛領兵援劉錡與金人戰于蔡州敗之復蔡州閏月癸酉朔張俊遣統制宋超敗金人于永城縣朱家村甲戌追孟庾路允迪官徙家屬遠郡丙子詔三衙管軍及觀察使已上各舉智略勇猛材堪將帥者二人金人犯涇州守臣曲汲棄城去經略使田晟率兵來救金人敗走甲申晟及金人再戰于涇州敗之金人引歸鳳翔乙酉降陝西雜犯死罪釋流以下囚丙戌以胡世將爲端明殿學士吳璘爲鎮西節度使楊政武當節度使郭浩奉國節度使王德攻金人于宿州夜破之降其守馬秦丁亥詔釋順昌府流以下囚再復租稅二年守禦官吏進官一等己丑永興軍鈐轄傅忠信等與金人戰于華陰縣敗之壬辰岳飛遣統制張憲擊金將韓常于潁昌府敗之復潁昌丙申張憲復淮寧府丁酉趙鼎分司興化軍居住岳飛遣統制郝晸等與金人戰于鄭州北復鄭州李興復汝州與金人戰于河清縣敗之復伊陽等八縣李成遁去韓世忠遣統制王勝王權攻海州克之執其守王山戊戌張俊率統制宋紹等及王德兵會于城父縣酈瓊及葛王褒遁去遂復亳州己亥金人救海州王權等逆戰敗之復懷二縣庚子張俊棄亳州引軍還壽春再貶趙鼎漳州居住又貶清遠軍節度副使潮州安置秋七月癸卯岳飛遣將張應韓清入西京會李興復永安軍丙午以御史中丞王次翁參知政事己酉岳飛及兀术戰于郾城縣敗之庚戌曲赦海州永興軍統領辛鎮及金人戰于長安城下敗之癸丑以楊沂中爲淮北宣撫副使劉錡爲判官甲寅岳飛遣統制楊再興王蘭等擊金人于小商橋皆戰死乙卯金人攻潁昌岳飛遣將王貴姚政合兵力戰敗之壬戌飛以累奉詔班師遂自郾城還軍皆潰金人追之不及潁昌蔡鄭諸州皆復爲金有甲子以釋奠文宣王爲大祀乙丑增收州縣頭子錢爲激賞費金人圍淮寧府趙秉淵棄城南歸辛未金人犯盩厔縣王俊逆戰于東洛谷郤之八月壬申朔以張九成喻樗陳剛中凌景夏樊光遠毛叔度元盥等七人嘗不主和議皆降黜之乙亥韓世忠圍淮陽軍不克庚辰金人及酈瓊合兵駐于千秋湖陵韓世忠遣統制劉寶等夜襲破之壬午李成犯西京李興擊郤之楊沂中軍于宿州丙戌以郭浩知夔州丁亥楊沂中自宿州夜襲柳子鎮軍潰遂自壽春府渡淮歸金人屠宿州甲午川陝宣撫司統領王喜等遇金人于汧陽縣敗之九月壬寅朔遣起居舍人李易諭韓世忠罷兵時秦檜專主和議諸大帥皆還鎮丁未楊政遣統制楊從儀夜襲金人于鳳翔府敗之戊申金人復入西京李興棄城去庚戌合祀天地于明堂大赦辛酉臨安火戊辰以郭浩知金州節制陝西河東軍馬兼措置河東忠義軍是秋知代州王忠植舉兵復石代等十一州冬十月癸酉復張浚觀文殿大學士甲戌以王忠植爲建寧軍承宣使河東路經略安撫使戊寅秦檜上重修紹興在京通用敕令格式庚辰金人犯慶陽府守臣宋萬年以城降辛卯金人犯陝州吳琦率兵迎擊敗之庚子金人襲洮州攻鐵城堡統制孔文清惠逢擊敗之是月劉錡入見胡世將命王忠植救慶陽叛將趙惟清執之降于金忠植不屈而死十一月丁未金將合喜復犯陝州吳琦擊郤之又犯寶雞縣統制楊從儀敗之壬子以令廌爲保寧軍節度使是月宜章洞民

駱科叛犯桂陽郴道連賀諸州命發大兵討之十二月壬午上皇太后冊寶于慈寧殿丁亥贈王忠植奉國軍節度使謚義節辛卯起諸路耆長役錢隸總制司專給軍用是月楊沂中引兵還行在

十一年春正月癸卯鳳翔統制楊從儀敗金人于渭南庚戌張浚入見乙卯金人犯壽春府守臣孫暉統制雷仲合兵拒之丁巳壽春陷暉仲棄城去己未劉錡自太平州率兵二萬援淮西庚申金人渡淮辛酉雨雹乙丑劉錡至廬州還丙寅兀朮陷廬州戊辰金人陷商州守臣邵隆棄城去己巳命楊沂中引兵赴淮西岳飛進兵江州二月癸酉張俊遣王德渡江屯和州金人退屯昭關邵隆破金人于洪門復南商乙亥金人復來爭和州張俊敗之命韓世忠以兵援淮西丙子趣岳飛會兵蘄黃王德等敗金人于含山縣東己卯統制關師古李橫擊敗金人于巢縣復之庚辰岳飛發鄂州辛巳知泰州王㬇兼通泰二州制置使癸未王德田師中等擊破金人復含山縣奪昭關劉錡自東關擊敗金人于青谿甲申金人復犯昭關王德等又敗之李顯忠遣統領崔皐擊敗金人于舒城縣丁亥楊沂中劉錡等大敗兀朮軍于柘皐己丑兀朮親率兵逆戰于店步沂中等又敗之乘勝逐北遂復廬州是月虔吉州盜賊悉平三月庚子朔張俊進營田及賣度牒錢六十三萬緡助軍用壬寅韓世忠引兵趨壽春癸卯復張俊特進金人圍濠州岳飛發舒州甲辰張俊楊沂中劉錡議班師乙巳沂中錡先行俊以輕兵留後丙午詔釋淮西雜犯死罪以下囚丁未金人陷濠州執守臣王進夷其城鈐轄邵青死之戊申張俊遣楊沂中王德入濠州遇金伏兵敗還己酉韓世忠至濠州不利而退辛亥岳飛次定遠縣聞金兵退還屯舒州楊沂中歸行在壬子金人渡淮北歸癸丑張浚歸建康府丁巳劉錡歸太平州甲子行營統制張彥及金人遇于汧陽之劉坊砦第八將張宏戰沒夏四月丙子復收免行錢己卯孫近罷辛巳以王次翁兼權同知樞密院事韓世忠張浚岳飛相繼入覲壬辰以世忠俊並為樞密使飛樞密副使命三省樞密院官復分班奏事乙未張浚請以所部兵隸御前罷三宣撫司改統制官為御前統制官各屯駐舊所丙申以廣西經略使胡舜陟節制廣東湖南兵趣討駱科慕洧破新泉砦又攻會州將官朱勇破之五月辛丑置兩淮江東西湖廣京西三道總領軍馬錢糧官仍掌報發御前軍馬文字癸卯賻恤戰沒將士丁未遣張俊岳飛于楚州巡視邊防召劉光世赴行在甲寅命樞密行府置司鎮江合偏行巡歷措置庚申加楊沂中檢校少保開府儀同三司六月乙亥造尅敵弓加秦檜特進進尚書左僕射同中書門下平章事兼樞密使癸未張俊岳飛至楚州俊以海州城不可守毀之遷其民統韓世忠軍還鎮江惟背嵬一軍赴行在甲申知河南府李興部兵至鄂州以興為左軍統制乙丑明州僧王法恩等謀反伏誅壬辰劉光世罷為萬壽觀使秋七月戊戌秦檜上徽宗實錄進修撰以下各一官庚子以翰林學士范同參知政事以旱減膳祈禱遣官決滯獄出繫囚丁未加秦檜少保甲寅罷劉錡兵命知荆南府乙卯詔優獎永興鳳翔秦隴等州縣官到任半年減磨勘任滿遷一官己未加張俊太傅癸亥大雨是月命張俊復如鎮江措置軍務留岳飛行在八月戊辰立祚德廟于臨安祀韓厥甲戌罷岳飛乙亥命諸王後各推年長一人權主祀事癸巳胡世將起復九月癸卯命軍器少監鮑琚如鄂州根括宣撫司錢穀鄂州前軍副統制王俊告副都統制張憲謀據襄陽為變張俊收憲屬吏以聞丁未坐監司不按贓吏罪辛亥吳璘拔秦州州將武誼降壬子璘率姚仲及金人戰于丁劉圈敗之楊政克隴州破岐下諸屯郭浩復華州入陝州甲寅建康大火丙申遣劉光遠等充金國通問使吳璘及金人戰于剡家灣大敗之遂圍臘家城癸亥璘自臘家城受詔班師楊政郭浩皆引軍還乙丑邵隆復虢州郝晸討禽駱科斬之冬十月丙寅朔金人陷泗州遂陷楚州丁卯命樞密都承旨鄭剛中宣諭川陝戊辰楊政及金人戰于寶雞縣敗之禽通檢孛堇乙亥兀朮遣劉光遠等還戊寅詔修玉牒下岳飛張憲大理獄命御史中丞何鑄大理卿周三畏鞫之壬午遣魏良臣王公亮為金國禀議使乙酉虛恨蠻主歷階詣嘉州降癸巳韓世忠罷為醴泉觀使封福國公是月金人陷濠州邵隆復陝州十一月己亥范同罷責降李光為建寧軍節度副使滕州安置辛丑兀朮遣審議使蕭毅邢具瞻與魏良臣等偕來丁未范同分司筠州居住罷判大宗正事士㒟同知宗正事士㩦申嚴戚里宗室謁禁己酉雷壬子蕭毅等入見始定議和盟誓乙卯以何鑄簽書樞密院事充金國報謝進誓表使庚申命宰執及議誓撰文官告祭天地宗廟社稷辛酉以張浚為檢校少傅崇信軍節度使萬壽觀使是月與金國和議成立盟書約以淮水中流畫疆割唐鄧二州畀之歲奉銀二十五萬兩絹二十五萬匹休兵息民各守境土詔川陝宣撫司毋出兵生事招納叛亡駱科餘黨歐幼四等復叛桂陽藍山犯平陽縣遣江西兵馬都監程師回討平之十二月丁卯責降徽猷閣待制劉洪道為濠州團練副使柳州安置癸酉命尚書省置籍勾考諸路滯獄甲戌罷川陝宣撫司便宜行事乙亥兀朮遣何鑄等如會寧見金主且趣割陝西餘地遂命周聿莫將鄭剛中分畫京西唐鄧陝西地界壬午命州縣三歲一置產業部籍民貲財田宅以定賦役禁受賕虧隱舊額丁亥立議察海舶條法癸巳賜岳飛死于大理寺斬其子雲及張憲于市家屬徙廣南官屬于鵬等論罪有差

宋史卷三十

元中書右丞相總裁脫脫等修

本紀第三十

高宗七

十二年春正月癸卯罷樞密行府庚申孫近分司漳州居住二月丁丑加建國公瑗為檢校少保進封普安郡王己卯賜楊沂中名存中丙戌詔諸州修學宮辛卯蠲廣南東西路駱科殘擾州縣今年租鎮江太平池州蕪湖大火癸巳金主許歸梓宮及皇太后遣何鑄等還三月丙申臨安府火壬寅命普安郡王出就第朝朔望辛亥以士㒟嘗營護岳飛為朋比責建州居住丙辰胡世將卒夏四月甲子朔遣孟忠厚為迎護梓宮禮儀使王次翁為奉迎兩宮禮儀使丁卯皇太后偕梓宮發五國城金遣完顏宗賢劉裪護送梓宮高居安護送皇太后庚午賜禮部進士陳誠之以下二百五十四人及第出身戊寅封韋淵平樂郡王辛巳皇后邢氏崩訃初至甲申增修臨安府學為太學五月甲午以鄭剛中為川陝宣撫副使乙未遣審詔遠等賀金主生辰置淮西京西陝西諸路榷場丙午增築慈寧殿停給度僧牒乙卯復試教官法六月甲子命侍從臺諫禮官雜議權奉攢宮戊辰以万俟卨為攢宮按行使辛未責降王庶為嚮德軍節度副使道州安置壬午金國歸孟庾李正民甲申以吳璘為檢校少師階成岷鳳四州經略使秋七月壬辰朔福州簽判胡銓除名新州編管丁酉上皇后謚曰懿節祔神主于別廟己亥以何鑄兼權參知政事己酉始製常行儀仗及造玉輅乙卯蠲廣南湖北沿邊州軍免行錢八月辛酉朔兀朮使來求商州及和尚方山二原丙寅何鑄罷甲戌以万俟卨參知政事充金國報謝使壬午皇太后至入居慈寧宮己丑帝易緦服奉迎徽宗及顯肅懿節二后梓宮至奉安于龍德別宮是月鄭剛中分畫陝西地界割商秦之半畀金國存上津豐陽天水三縣及隴西成紀餘地棄和尚方山二原以大散關為界九月乙未以孟忠厚為樞密使充攢宮總護使壬寅大赦乙巳加秦檜太師封魏國公丙午金使劉筈完顏宗表等九人入見戊申以王次翁等充金國報謝使藏金國誓書于內侍省辛亥加張中孚開府儀同三司中彥靖海軍節度使甲寅校殺偽福國長公主李善靜以金州郭浩為金房開達四州經略安撫使始遣楊愿使金賀正旦冬十月乙丑始聽中外用樂丙寅權攢徽宗皇帝及顯肅皇后于會稽永固陵懿節皇后祔乙亥以翰林學士陳克俊簽書樞密院事權參知政事丁丑以皇太后回鑾推恩進封秦檜為秦魏兩國公辭不拜庚辰以何鑄黨援岳飛不主和議責授祕書少監徽州居住甲申皇太后生辰上壽于慈寧宮丁亥置福建路提舉茶司事十一月癸巳樞密使張浚罷進封清河郡王以左司郎中李椿年為兩淮轉運副使專治經界乙未加楊存中少保己亥禁貶謫人私至行在庚子作崇政垂拱二殿辛丑劉光世薨壬寅曾祖姑秦魯國大長公主薨丙午尹焞卒庚戌孟忠厚罷左承事郎張戒坐黨趙鼎岳飛停官辛亥遣張中孚中彥還金國十二月甲子詔侍從監察御史已上監司郡守各舉所知宗室丙寅幸秦魯國大長公主第臨奠又幸劉光世第臨奠庚午命太學弟子員以三百人為額壬申秦檜上六曹寺監通用敕令格式癸酉以李顯忠為保信軍節度使御前選鋒軍統制王進為御前諸軍都統制是歲斷大辟二十四人

十三年春正月戊戌加上徽宗謚曰體神合道駿烈遜功聖文仁德憲慈顯孝皇帝己亥親饗太廟奉上冊寶癸卯增建國子監太學乙巳復兼試進士經義詩賦二月壬戌初御前殿特引四參官起居甲子製郊廟社稷祭器乙丑更永固陵曰永祐丙寅封韓世忠咸安郡王乙亥蠲雷化等十州免行錢丙子造金象革木四輅庚辰立太學及科舉試法辛巳祕書少監秦熺修建炎以來日歷成乙酉建景靈宮奉安累朝神御三月己亥造鹵簿儀仗乙巳建社稷壇丙午築圜丘振淮南饑民仍禁遏糴夏四月癸亥頒鄉飲酒儀于郡國甲戌毀獄吏訊囚非法之具閏月己丑立貴妃吳氏為皇后戊申命史館編靖康建炎忠義錄庚戌楊政入見加檢校少保賜田五十頃壬子蠲諸路無名月樁錢乙卯王次翁罷五月甲子張九成坐黨趙鼎南安軍居住壬申置國子

博士正鋒乙亥命諸路置放生池丁丑天申節始上壽錫宴如故事六月壬戌禁三衙及諸軍市易月增將官供給錢有差壬寅程克俊罷以万俟卨兼權簽書樞密院事戊申詔諸路提刑歲舉部內廉明平恕獄官庚戌金遣洪皓張邵朱弁來歸秋七月甲子詔求遺書罷捕賊補官格丙寅處州兵士楊興等謀作亂事覺伏誅戊辰置諸州鋼作務壬申雨雹蠲浙西貧民逋負丁鹽錢八月丙戌遣吏部侍郎江邈奉迎累朝神御于溫州丁亥命諸路有出身監司一員提舉學事戊戌洪皓至自金國入見己亥遣鄭朴等使金賀正旦王師心等賀金主生辰鄭剛中獻黃金萬兩辛丑廢昌化萬安吉陽軍知階州田晟將所部三千人赴行在丁未以晟主管侍衞馬軍司公事其衆隸焉己酉加錢愐太尉庚戌詔監司守臣講求恤民事宜九月丁巳宗室子偁卒于秀州甲子洪皓出知饒州戊辰命諸路置敦宗院己巳詔淮東京西監司歲終上州縣所增戶口爲守令殿最庚午以兵部侍郎司馬朴死節贈兵部尚書賜其家銀絹癸酉詔諸州守貳提舉學事縣令佐主管學事戊寅蠲淮南逋欠坊場錢及上供帛冬十月己丑秦檜上監學敕令格式庚寅製渾天儀乙未奉安累朝帝后神御于景靈宮十一月庚申日南至合祀天地于圜丘太祖太宗並配大赦十二月癸未朔日食雲陰不見辛卯毀私鑄毛錢癸巳建秘書省丁酉增太學弟子員二百己亥郭浩入見丁未命行在宗子入宮學己酉金遣完顏曄等來賀明年正旦是月始頒來歲歷于諸路監司守臣是歲闕外初行營甲

十四年春正月丁巳遣羅汝楫等報謝金國甲子臨安府火戊寅命普安郡王爲子偁解官持服二月丁亥復置靖州新民學癸巳蠲江浙諸路逋欠錢帛戊戌初命四川都轉運司歲撥總制司錢百七十三萬緡市紬絹綿輸于鄂州總領所丙午罷万俟卨定宗學生額爲百員己酉以資政殿學士樓炤簽書樞密院事兼權參知政事加郭浩檢校少保三月乙卯蠲江浙京湖積欠上供錢米丁卯避金太祖嫌名改岷州爲西和州川陝宣撫司爲四川宣撫司己巳幸太學蠲汀漳泉建四州經賊殘蹂民戶賦役一年壬申解潛坐黨趙鼎責授濠州團練副使南安軍安置己卯詔舉賢良夏四月甲申詔刑部及監司決絕滯訟丁亥初禁野史虔州民析其屋朽柱中有文曰天下太平年甲午金人來求淮北人之在南者詔願者聽還遣馬軍司統領張守忠討海賊朱明五月丙辰詔階成西和鳳四州募兵赴行在甲子樓炤罷乙丑以御史中丞李文會簽書樞密院事兼權參知政事丙寅婺州大水己巳金始遣烏延和等來賀天申節辛未楚州鹽城縣海水清是月嚴信衢建四州水六月甲申蠲江浙州縣酒稅坊場綱運倉庫積年逋負孫近再奪三官移南安軍居住丁亥加高世則少保戊子安南國入貢癸巳宣州涇縣妖賊俞一作亂守臣捕滅之乙未振江浙福建被水之民丙申內侍白鄂坐誹謗及其客張伯綸俱黥配吉陽軍特贈子偁太子少師官給葬事庚子奪万俟卨三官歸州居住乙巳置國子監小學秋七月戊午金人殺王倫于河間府丙寅立明法科兼經法丙子幸秘書省八月癸未撫州獻瑞禾庚寅以李椿年權戶部侍郎仍治經界乙未遣林保使金賀正旦宋之才賀金主生辰九月辛酉分利州爲東西路以吳璘爲利州西路安撫使楊政利州東路安撫使甲子命郡守終更入見各舉所部縣令一人壬申趙鼎移吉陽軍安置癸酉命臨安府索蔡京子孫逮赴貶所遇赦永不量移冬十月甲午從右正言何若言請戒內外師儒之官黜伊川程氏之學乙未加韋淵少師己亥以永道郴三州桂陽監及茶陵縣民多不舉子永蠲其身丁錢絹米麥十一月甲子復內教郎禁中閱試三衙將士癸酉李光移瓊州安置乙亥朱勝非薨十二月丁丑朔潼川府路轉運判官宋蒼舒獻嘉禾一莖九穗己卯命諸郡收養老疾貧乏之民復置漏澤園葬死而無歸者丁酉李文會罷尋責筠州居住庚子以御史中丞楊愿簽書樞密院事兼權參知政事癸卯金遣李散溫等來賀明年正旦是月汀賊華齊寇漳州長泰縣安撫司遣兵捕之爲所敗將佐趙成等死之是歲四川宣撫司始取民戶稱提錢歲四十萬緡以備軍費

十五年春正月丁未朔御大慶殿初行大朝會禮戊申瀘南安撫使馮楫獻嘉禾己未分經義詩賦爲兩科取士辛酉初置籍田丁卯減成都府路對糴米三之一宣撫司激賞錢三十萬緡戊辰命戶部侍郎王鈇措置兩浙經界辛未初命僧道納免丁錢二月戊寅增太學弟子員百人乙未詔州縣科折之數第三等戶毋或均配己亥封崇國公璩爲恩平郡王出就第三月甲子遣敷文閣待制周襟馬官國史愿諸將程師回馬欽白常皆還金國夏四月丙子朔賜秦檜第一區戊寅彗星出東方癸未避殿減膳命監司郡守條上便民事宜提刑巡行決獄賜禮部進士劉章以下三百人及第出身丁亥以彗出大赦癸巳彗沒甲午遣後軍統制張淵討捕福建盜賊庚子罷四川都轉運司五月丙辰客星見戊午命貧民產子賜義倉米一斛甲子金遣完顏宗尹等來賀天申節六月乙亥朔日有食之丁丑幸秦檜第乙酉加檜妻婦子孫官封丁亥客星沒秋七月戊申復置利州鑄錢監戊午命監司審察縣令治狀顯著及老懦不職者上其名以爲黜陟蠲廬光二州上供錢米一年丁卯免汀漳二州秋稅及處州三縣被水民家紬絹鄂州舊額絹各一年己巳蠲四川轉運司積貸常平錢十三萬緡八月甲戌朔禁收折帛合零錢止輸實數乙亥蠲京西路請佃田租及州縣場務稅錢二年己亥改諸路提舉茶鹽官爲提舉常平茶鹽公事川廣以憲臣兼領辛丑復增太學弟子員二百九月辛酉遣錢周林使金賀正旦嚴抑賀金主生辰冬十月乙亥帝書一德格天之閣賜秦檜仍就第賜宴丙子楊愿罷癸未以樞密都承旨李若谷簽書樞密院事兼權參知政事武岡軍徭人楊再興降庚寅以翰林學士承旨秦熺爲資政殿學士提舉萬壽觀兼侍讀恩數視執政辛卯夜雷癸巳蠲安豐軍上供錢米二年甲午以汪勃言折彥質黨趙鼎柳州安置庚子置四川宣撫司總領錢糧官辛丑命秦熺班簽書樞密之下十一月甲辰加錢忱少保錢愐開府儀同三司丙辰郭浩卒丙寅全給秦檜歲賜公使錢萬緡閏月己卯罷明法新科十二月戊午置江陰軍市舶務甲子命右司員外郎李朝正同措置經界丁卯金遣蒲察說等來賀明年正旦

十六年春正月戊子增太學外舍生額至千人壬辰親饗先農于東郊行籍田禮執耒耜九推詔告郡縣二月辛丑割金州豐陽縣洋州乾祐縣畀金人壬寅毀諸路淫祠癸丑建秦檜家廟三月庚午朔建武學置弟子員百人辛卯造秦檜家廟祭器乙未增建太廟己亥立淮東江東兩浙湖北州縣歲較營田賞罰格夏四月壬子禁州縣預借民稅及和買錢戊午定選試武士弓馬去留格五月壬申濬運河命諸路漕臣兼提舉學事癸未初作太廟祏室丙戌作景鐘丁亥金遣烏古論海等來賀天申節六月安南獻馴象十秋七月壬申以張浚上疏論時事落節鉞連州居住壬辰立秘書省獻書賞格丙申復何鑄爲端明殿學士兼侍讀八月辛丑築高禖壇壬子遣邊知白使金賀正旦周執羔賀金主生辰九月甲戌命何鑄等爲金國祈請使請國族甲午賞統制張淵韓京等討捕福建廣東諸盜功各進官有差冬十月戊戌帝觀新作禮器于射殿撞景鐘奏新樂十一月丙子合祀天地于圜丘大赦庚辰罷州縣新擲稅場癸未復置御書院己丑加潘正夫少保十二月戊戌彗見西南方乙巳滅辛酉金遣盧彥倫等來賀明年正旦

十七年春正月己巳命諸路收試中原流寓士人己卯禁監司郡守進羨餘辛卯以舉人多冒貫命州縣每三歲行鄉飲酒禮以貢士壬辰以李若谷參知政事御史中丞何若簽書樞密院事癸巳進秦熺爲資政殿大學士二月乙巳親祠高禖辛酉李若谷罷三月乙亥何若罷己卯以翰林學士段拂參知政事乙酉改封秦檜爲益國公戊子改命張俊爲靜江寧武靖海軍節度使韓世忠鎭南武安寧國軍節度使落李若谷資政殿學士江州居住夏四月丙申蠲諸路免行錢三之一己亥以御史中丞汪勃簽書樞密院事己未詔趙鼎遇赦永不檢舉以前貶所潮州錄事參軍石恮待遇鼎厚除名濤州編管五月甲子詔舉賢良乙丑雨雹己巳洪皓責濠州團練副使英州安置辛巳金遣完顏卞等來賀天申節六月乙卯禁招安盜賊戊午改命普安郡王瑗爲常德軍節度使恩平郡王璩武康軍節度使秋七月庚辰召鄭剛中赴行在辛巳太白晝見以徽猷閣待制知成都府李璆權四川宣撫使癸未命李璆同總領四川財賦符行中參酌減放四川重斂戊子以吳璘充御前諸軍都統制兼知興州八月庚子罷建州措置賣鹽坊癸卯趙鼎薨于吉陽軍戊申遣沈該使金賀正旦詹大方賀金主生辰丁巳以諸路羨餘錢充月椿之數加邢孝楊太尉九月己巳減四川科率虛額錢歲二百八十五萬緡癸酉詔以四川宣撫司降賜庫米一百萬石均減對糴乙亥蠲江南東西道諸州月椿錢丙子鄭剛中罷丙戌減江浙諸州折帛錢冬十月辛卯朔日有食之癸卯建太一宮丁未命太常歲以春秋二仲薦獻攢宮季秋遣御史按視己酉進楊存中爲少傅己未臨安府甘露降十一月丙寅秦檜上重修免役敕令格式丁卯復賜進士聞喜宴十二月辛卯朔禁諸州擅釋放流配命官及事干邊防切要之人甲寅鄭剛中落職桂陽監居住丙辰金遣完顏宗藩等來賀明年正旦

十八年春正月己巳幸天竺寺遂幸玉津園二月乙未段拂罷尋落職興國軍居住以汪勃兼權參知政事辛亥聽趙鼎歸葬三月丁丑命楊政吳璘招關陝流民補殿前軍戊寅罷汀州諸縣上供銀蠲茶鉛本錢之半庚辰幸新太一宮壬午以秦熺知樞密院事乙酉禁民私

渡淮及招納叛亡夏四月戊子朔日有食之庚子秦熺乞避父子共政以爲觀文殿學士提舉萬壽觀兼侍讀提舉秘書省壬寅命熺恩禮視宰臣班次亞右僕射甲辰賜禮部進士王佐以下三百三十人及第出身丙辰加士㒟開府儀同三司五月戊辰加吳益太尉乙亥裁損奉使賞給丙子金遣蕭秉溫等來賀天申節癸未以李顯忠私取故妻于金降爲平海軍承宣使台州居住甲申罷四川宣撫司以李璆爲四川安撫制置使是月徽州慶雲見六月甲辰築九宮貴神壇于東郊戊申士民曹溥等上尊號不許是月遣太府丞宋仲堪詣江州置獄鞫鄭剛中欺隱官錢福州侯官縣有竹實如米饑民採食之是夏浙東西淮南江東旱八月丙申汪勃罷丁酉以工部尚書詹大方簽書樞密院事兼權參知政事禁州縣士民飾詞舉留官吏閏月庚申免江浙湖南今歲和糴甲子命臨安平江二府淮東西湖北三總領所歲糴米百二十萬石以廣儲蓄壬申遣王墨卿使金賀正旦陳誠之賀金主生辰甲申辛道宗降官房州羈管乙酉禁奉使三節人出境博易福建諸州賊平以所招奇兵爲殿前司左翼軍九月丙午詹大方薨冬十月丙辰以御史中丞余堯弼簽書樞密院事兼權參知政事十一月乙酉朔升感生帝爲上祀己亥胡銓移吉陽軍編管壬寅鄭剛中責濠州團練副使復州安置戊申禁四川買馬官吏私市蠻馬辛亥振紹興府饑十二月乙卯朔振明越秀潤徽婺饒信諸州流民丙寅借給被災農民春耕費丁卯命利路三都統措置營田以其租充減免對糴之數戊辰蠲被災下戶積欠租稅庚辰金遣召守忠等來賀明年正旦

十九年春正月甲申朔以皇太后年七十帝詣慈寧殿行慶壽禮甲午罷國信所回易北貨癸卯幸天竺寺遂幸玉津園二月丁丑禁湖北溪洞用人祭鬼及造蠱毒犯者保甲同坐三月癸未朔日有食之甲辰鄭剛中移封州安置子良嗣等亦除名編管夏四月丁巳立孳生牧馬監賞罰格丙寅秘閣修撰張邵上秦檜在金國代徽宗與粘罕書某詔付史館以邵爲徽猷閣待制戊寅湖廣江西路建康府並甘露降五月壬午朔汀漳泉三州民田被賊蹂踐蠲其二稅戊戌賞平福建羣盜功以選鋒軍統制劉寶爲武泰軍承宣使餘將士遷秩有差庚子金遣唐括德溫等來賀天申節丁未滅連英循惠新恩六州免行錢六月丁巳茶陵縣丞王庭珪作詩送胡銓坐謗訕停官辰州編管戊午秦檜上吏部續降七司通用法秋七月壬寅頒諸農書于郡邑八月辛未刺浙東諸州强盜當配者充沿海諸軍九月戊申命繪秦檜像仍作贊賜之冬十月己未湖南副總管辛永宗停官肇慶府編管十一月壬辰合祀天地于圜丘大赦辛丑李椿年以經界不均罷丁未立州縣墾田增虧賞罰格是月命復蜡祭十二月丁巳金岐王亮弒其主亶自立己未詔無子女戶得解舉入太學生之獨居者並免役己巳命四川制置司歲募廂衞三百人赴行在丁丑金遣完顏允等來賀明年正旦

二十年春正月丁亥秦檜入朝殿前司軍士施全道刺之不中壬辰磔全于市癸卯趣諸路轉運司及守臣畢經界事丙午兩浙轉運副使曹泳言李孟堅誦其父光所撰私史語涉譏謗詔送大理寺二月戊申朔立守貳令尉營田增虧賞罰格庚戌禁民春月捕鳥獸蠲靜江府昭州上供折布錢三之一壬子罷經界所覆實官吏庚申免海外四州及瀘叙二州長寧軍經界三月庚辰金遣完顏思恭等來報即位癸未以余堯弼參知政事給事中巫伋簽書樞密院事丙戌遣堯弼等賀金主即位戊子以秦熺爲觀文殿大學士萬壽觀使丙申李孟堅獄具詔李光遇赦永不檢舉孟堅除名峽州編管胡寅程瑀潘良貴張燾等八人緣坐黜降有差戊戌詔改正經界法之厲民者庚子以巫伋兼權參知政事壬寅胡寅責果州團練副使新州安置夏四月壬子以沒入官田悉歸常平司禁募民佃種癸酉置力田科募江浙福建民耕兩淮閑田是月信州妖賊黃曾等作亂陷貴溪縣江西兵馬鈐轄李橫等討平之五月庚辰申禁諸軍差承接文字使臣伺察朝政癸未秦檜上中興聖統甲午金遣完顏思恭等來賀天申節六月癸亥加秦熺少保詔大理寺鞫前太常主簿吳元美譏謗獄丙寅禁民結集經社是月建州民張大一作亂秋七月丙子罷招刺禁軍庚寅罷泉漳汀三州經界八月甲辰朔量移張浚永州孫近虔州万俟卨沅州李若谷饒州李文會江州段拂南康軍並居住雷州守臣王趯坐交通趙鼎李光停官戊申改建大理寺辛酉遣陳誠之使金賀正旦王曮賀金主生辰九月甲申以吳元美譏毀大臣除名容州編管丙申侍御史曹筠以附下罔上罷冬十月戊辰右廸功郎安誠坐文字謗訕送惠州編管秦檜有疾庚午命執政赴檜第議事十一月甲子檜始朝命肩輿入宮門二孫扶掖升殿不拜己巳金遣蕭頤等來賀明年正旦

二十一年春正月癸未以兩淮民復業未久寬其租稅庚子蠲平江府折帛錢三年二月甲寅夜雨雹乙卯詔諸州置惠民局官給醫書壬戌遣巫伋等爲金國祈請使請歸淵聖皇帝及皇族增加帝號等事癸亥以余堯弼兼簽書樞密院事三月丁丑雨雹丁亥蠲江浙荆湖等路中戶以下積年逋負夏閏四月己卯禁三衙掊剋諸軍丁亥賜禮部進士趙逵以下四百四人及第出身五月辛亥罷利州路選刺義士戊午金遣劉長言等來賀天申節以吳璘楊政田師中並爲太尉六月甲戌括淮南佃田所隱頃畝以理租稅辛巳命歲給大理寺三衙及州縣錢和藥劑療病囚秋七月壬寅以集英殿修撰知衢州曹筠爲四川安撫制置使辛亥罷柴米稅癸亥詔州縣官嘗被科率害民重罪者不得任守令親民官八月辛未秦檜上重修諸路茶鹽法壬申韓世忠薨詔進太師致仕癸酉追封通義郡王禁郡守特斷乙亥加岳陽軍節度使士㒟開府儀同三司克萬壽觀使甲申遣陳夔使金賀正旦陳相賀金主生辰九月戊戌朔籍寺觀絕産以贍學乙巳均科處州丁鹽錢丁巳增築景靈宮是月巫伋使還所請皆不許冬十月甲戌幸張俊第壬午進俊爲太師升從子子蓋爲安德軍節度使甲申夜有赤氣十一月庚戌余堯弼罷乙卯命提舉常平官修復陂湖丁巳進義副尉劉允中坐指斥謗訕棄市十二月壬申雷癸巳金遣兀术魯定方等來賀明年正旦

二十二年春正月丁未加韋淵太保三月丁酉以王庶二子之奇之荀謗毀朝政並除名之奇梅州之荀容州編管甲辰以直龍圖閣葉三省監都作院王遠通書趙鼎王庶力詆和議言涉謗訕三省落職筠州居住遠除名高州編管丁巳遣司農丞鍾世明詣福建路籍寺觀絕産田宅入官其後歲入錢三十四萬緡夏四月丙子巫伋罷辛巳以御史中丞章夏簽書樞密院事兼權參知政事五月癸丑金遣田秀穎等來賀天申節是月襄陽大水容州野蠶成繭秋七月甲午朔加封程嬰公孫杵臼韓厥爲公升中祀丁巳虔州軍卒齊述殺殿前司統制吳進江西同統領馬晟據州叛八月己卯遣鄂州都統制田師中發兵同江西安撫使張澄殿前司遊奕軍統制李耕討述九月乙未又遣左翼軍統制陳敏相繼討之癸丑章夏罷冬十月甲戌以御史中丞宋樸簽書樞密院事兼權參知政事就命李耕知虔州庚辰以黃巖縣令楊煒誹謗除名萬安軍編管知台州蕭振落職池州居住十一月戊申合祀天地于圜丘大赦丁巳立薦舉受財刑名李耕入虔州盡誅叛兵虔州平十二月辛酉朔減夔州路及蒲江清井兩監鹽錢歲八萬二千緡有奇戊子金遣張利用等來賀明年正旦

宋史卷三十一

元中書右丞相總裁脫脫等修

本紀第三十一

高宗八

二十三年春正月癸卯進韋淵太傅己酉復以李顯忠爲寧國軍節度使二月癸亥幸玉津園遂幸延祥觀庚午斬虔州軍賊黃明等八人于都市辛未改虔州爲贛州壬申申嚴冒貫請舉法癸未賞平贛盜功以李耕爲金州觀察使將士進秩給賞有差三月丙午齊安郡王士㒟薨于建州追封循王詔凡民認復軍莊營田者償開耕錢丁未禁州縣都監巡尉擅置刑獄戊申以前太府丞范彥輝謗訕除名荆門軍編管是春金主亮徙都燕京夏四月辛巳詔諸州編管羈管人遵舊法長吏月一驗視不許囚禁乙酉減利州歲鑄錢爲九萬緡五月庚寅禁州縣以私意籍罪人貲產乙巳復以蕭振爲四川制置使辛亥金遣紇石烈大雅等來賀天申節乙卯立淮南諸州舉人解額六月己卯潼川大水秋七月壬辰寬理平江府湖秀二州被水民夏稅戊戌從秦檜所請命合州取綦崇濃草檜罷相制所受墨勅庚戌禁諸軍瀕太湖擅作壩田八月乙丑士撙薨追封韶王丙寅左宣教郎王孝廉謀據成都叛事覺伏誅己卯賜秦檜建康府永豐圩田乙酉命勑令所編輯中興以後寬恤詔令九月甲午振潼川被水州縣仍蠲其賦庚子禁採鹿胎冬十月丁巳詔郡守年七十者聽自陳命主宮觀戊午遣吳臯使金賀正旦施鉅賀金主生辰戊辰宋樸罷壬申以右諫議大夫史才簽書樞密院事兼權參知政事丁丑遣戶部郎官鍾世明修築宣州太平州圩田是月命大理鞫妖人孫士道獄十一月壬寅詔立張叔夜廟于信州甲辰班太宗正司條令乙丑以經筵終帙賜宰執講讀等官宴于秘書省爲故事十二月丁巳詔

州縣稅額少者罷其監官癸亥韋淵薨癸未禁民車服踰制閏月丙申命檢正都司官詳定郡守所上利病以聞辛丑命諸軍保任統制官在職十年無過者進秩庚戌金遣蔡松年等來賀明年正旦是歲減池州青陽縣田租萬七千石

二十四年春正月辛未幸延祥觀癸酉初詔郡國同以八月十五日試舉人丙子封婉容劉氏爲貴妃戊寅地震二月丁亥前左從政郎楊炬坐其弟煜嘗上書誹謗送邕州編管丙午加吳益太尉三月壬申楊再興復寇邊前軍統制李道討平之禽再興及其子正脩正拱檻送行在乙亥賜禮部進士張孝祥以下三百五十六人及第出身庚辰秦檜以私憾捃摭知建康府王循友詔大理鞫之是春始榷夔州路茶夏四月丙戌詔諸路招補三衙諸軍期三年課其殿最辛丑西南小張蕃貢方物己酉羅殿國貢名馬五月癸丑朔日有食之衢州民俞八作亂圍州城通判州事汪召錫拒卻之遂掠嚴州壽昌縣遣殿前司正將辛立討平之辛未金遣耶律安禮等來賀天申節六月癸巳史才罷甲午以御史中丞魏師遜簽書樞密院事兼權參知政事辛丑王循友貸死藤州安置癸卯詔嘗命四川州縣減免財物以寬民力尚慮未周令制置司總領所司共措置務在不妨軍食可以裕民尋遣鍾世明如四川同議以主管侍衞馬軍司成閔爲慶遠軍節度使秋七月癸丑張俊薨勒停人王趯坐交通李光下大理獄乙卯響猺人楊正脩正拱于市己未復置邛雅二州博易場三所壬戌詔捐四川茶馬司羨餘錢給軍費以寬民力甲子復落蕭振職池州居住乙丑以總領財賦符行中爲四川制置使乙亥南丹州莫公晟及宜州界外諸蠻納土內附戊寅幸張俊第臨奠八月壬辰禁百官避免輪對甲午罷溫州市黃柑福州貢荔枝丙午追封張俊爲循王以湘潭縣丞鄭杞主簿賈子展嘲毀朝政除名杞容州子展德慶府編管九月辛亥朔李道如納州措置盜賊丁巳賞平衡賊功升辛立領忠州團練使將士遷職給錢有差冬十月壬午蠲旱傷州縣租賦戊子遣沈虛中使金賀正旦張士襄賀金主生辰十一月乙丑魏師遜罷丁卯以權吏部侍郎施鉅參知政事鄭仲熊簽書樞密院事戊辰進秦熺少傅封嘉國公是月以通判武岡軍方疇通書胡銓及他罪除名永州編管十二月丙戌以故龍圖閣學士程瑀有論語講解秦檜疑其譏己知饒州洪興祖嘗爲序京西轉運副使魏安行鏤版至是命毀之興祖昭州安行欽州編管瑀子孫亦論罪丁亥王趯除名辰州編管丁酉知鄞縣程緯爲其丞王肇所告慢上無人臣禮除名貴州編管籍其貲壬寅刺諸路編管人充廂軍乙巳金遣白彥恭等來賀明年正旦

二十五年春正月辛未賞討楊再興功保寧軍承宣使李道落階官加龍神衞四廂都指揮使將士進官賜錢有差二月乙酉以鎮江都統制劉寶爲安慶軍節度使建康都統制王權爲淸遠軍節度使壬寅以通判常州沈長卿仁和縣尉芮燁作詩譏訕除名長卿化州燁武岡軍編管三月己酉右司郎中張士襄自金國使還坐奉使不肅罷官壬申地震夏四月乙酉施鉅罷以鄭仲熊兼權參知政事戊子命四川制置司許就類省試院校試刑法己亥減廣西路折米錢五月丁未朔日有食之太廟仁宗室柱生芝九莖戊申罷諸路免行錢歲百八萬緡癸丑以前知泉州宗室令衿譏訕秦檜遂坐交結罪人汀州居住乙丑金遣李通等來賀天申節壬申賜劉錡湖南田百頃六月庚辰鄭仲熊罷辛巳以禮部侍郎湯思退簽書樞密院事兼權參知政事癸卯以言者追讚岳飛改岳州爲純州岳陽軍爲華容軍是月安南入貢秋七月丙辰減四川絹估稅斛鹽酒等錢歲百六十餘萬緡蠲州縣積欠二百九十餘萬緡詔四川營田有占民田者常平司按驗給還甲戌封李天作爲南平王八月丁丑申嚴誣告加等法辛巳命大理鞫趙汾反令衿交通獄丙戌以吏部侍郎董德元參知政事蠲諸路身丁免丁錢一年壬辰建執政府九月丁巳秦檜上紹興寬恤詔令冬十月庚辰復置鴻臚寺壬午遣王岷使金賀正旦鄭枏賀金主生辰乙酉命大理鞫張祁附麗胡寅獄乙未幸秦檜第問疾夜檜諷右司員外郎林一飛臺諫徐嘉張扶等請拜熺爲相丙申進封檜建康郡王熺爲少師並致仕命湯思退兼權參知政事是夕檜薨丁酉檜姻黨戶部侍郎兼知臨安府曹泳停官新州安置朱敦儒薛仲邕王彥傅杜思旦皆罷命有司具上執政侍從官居外任及主宮觀與在謫籍者職位姓名辛丑徙殿中侍御史徐嘉右政言張扶皆出爲他官十一月乙巳朔追封檜申王謚忠獻賜神道碑額爲決策元功精忠全德戊申奪趙汾二官壬子以敷文閣直學士魏良臣參知政事癸亥合祀天地于圜丘大赦甲子幸秦檜第臨奠乙丑復洪皓官釋張祁獄丁卯罷大理寺官旬白庚午詔監司郡守事無巨細皆須奏聞裁決毋得止上尚書省臣僚薦舉人才必三人以上同薦封叔和州防禦使右監門衞大將軍士俴爲崇慶軍節度使嗣濮王福建路提刑令詪爲利州觀察使安定郡王辛未知建康府王會及列郡守臣王晌王鑄鄭僑年鄭震方滋俱以諂附貪冒罷眞臘羅斛國貢馴象十二月甲戌朔詔曰臺諫風憲之地比用非其人黨於大臣濟其喜怒殊非耳目之寄朕今親除公正之士以革前弊繼此者宜盡心乃職毋合黨締交敗亂成法當謹茲戒毋自貽咎詔張浚折彥質万俟禼段拂聽自便量移李光郴州安置乙亥復以禼爲資政殿學士提舉萬壽觀兼侍讀戊寅鄭億年責建武軍節度副使南安軍安置壬午詔監司守臣禁羨餘罷權攝戢苞苴節宴飲詔前後告訐者莫汲汪召錫陸升之等九人除名廣南諸州編管甲申召孟忠厚奉朝請命胡寅張九成等二十八人並令自便仍復其官乙酉董德元罷丙戌以劉錡知潭州辛卯命三省六部條具續降敕旨來上審詳施行甲午以敷文閣待制沈該參知政事乙未以王會侍權貪橫停官循州編管丙申復以蕭振爲四川制置使復張浚折彥質趙汾葉三省王趯劉岑官移胡銓衡州丁酉禁閩浙川廣貢眞珠文犀戒州縣加收耗糧己亥金遣耶律歸一等來賀明年正旦

二十六年春正月壬子省諸州稅場以寬商賈甲子追復趙鼎孫近鄭剛中汪藻舊職乙丑詔選擇監司須七品以上淸望官或經朝擢及治郡著績者丙寅曹泳吉陽軍編管封伯令衿明州觀察使安定郡王以其從弟令詪讓也戊辰除民事律蠲諸路積負及黃河竹索錢二月乙亥命四川州縣凡預借民賦稅分限理析己卯定諸州流寓士人解額庚辰罷進奏院定本朝報乙酉進士林東追詣秦檜上書狂妄英州編管右朝奉郎林一飛坐指使林東責監高州鹽稅庚寅三佛齊國入貢辛卯魏良臣罷庚子以左朝散大夫王曮爲秦檜親黨直徽猷閣呂愿中貪虐附檜曮建昌軍居住愿中責果州團練副使封州安置三月甲寅以邊事已定罷宰相兼領樞密使丁巳詔兩淮邊民未復業者復其租十年己未以万俟禼參知政事癸亥加吳璘開府儀同三司乙丑以東平府進士梁勛伏闕上書言北事送千里外州軍編管丙寅詔曰講和之策斷自朕志秦檜但能贊朕而已豈以其存亡而渝定議耶近者無知之輩鼓倡浮言以惑衆聽至有僞撰詔命召用舊臣抗章公車妄議邊事朕甚駭之自今有此當重寘典憲丁卯蠲閩浙諸州歲供軍器所物料三之一減諸州工匠千人己巳募四川民佃淮南京西閑田並邊復租稅十年次邊五年夏四月戊子增溫台等十六州解額命湖北路以增戶墾田爲守令殿最庚寅遣陳誠之等賀金主尊號禮成癸巳置武學官及弟子員百人甲午禁州郡進祥瑞戊戌立六科以舉士加韋謙太尉詔大辟情犯無可矜憫者禁刑寺妄引例奏裁貸減罷鄉飲酒舉士法詔淮南京西占射官田踰二年未盡墾者募人更佃五月壬寅以沈該爲尚書左僕射万俟禼爲右僕射並同中書門下平章事湯思退知樞密院事丁未詔州軍教授毋兼他職丙辰蠲楚州盱眙軍民租十年己未金遣敬嗣暉等來賀天申節六月辛未朔罷諸路鬻戶絕田丁丑以端明殿學士程克俊參知政事戊寅復權要親族中第覆試法乙酉詔取士毋拘程頤王安石一家之說丁亥流星晝隕辛卯以秦檜既死命史館重修日歷秋七月辛丑詔三衙主帥舉武臣堪知州者壬寅蠲諸路丁絹一年爲二十四萬匹丙午右奉議郎薛仲邕連州編管丁未彗出井避殿減膳辛亥詔諸州守貳考各縣丁籍依年格收除民間市物官戶勢家與編氓均科丙辰彗滅詔進士因事送諸州軍聽讀特放逐便仍許取應辛酉雨水銀八月戊寅班元豐崇寧學制于諸路革正前舉登第秦塤曹冠等九人出身以淮南提舉常平朱冠卿言秦檜挾私廢法塤等皆其子孫親戚門下憸人於是有官應試者所授階官易左爲右白身者駁放占用省額復還後科庚辰裁州縣吏額己丑蠲建康府積欠內帑錢帛庚寅安南國遣使入貢辛卯程克俊罷甲子以吏部侍郎張綱參知政事九月乙巳以翰林學士陳誠之同知樞密院事丙午立互易薦舉坐罪法壬子詔成都潼川兩路漕臣同制置總領茶馬司審度四川財賦利害其實惠得以及民調度可以經久者條具以聞甲寅以天聖紹興眞決贓吏指揮班示諸路丙寅增大理寺吏祿戊辰命吏刑二部修條例爲成法冬十月己巳朔詔許秦檜在位之日無辜被罪者自陳釐正罷浙東常平司平準務乙亥詔四川監司帥臣制置總領茶馬司各舉可守郡者甲午蠲郴道永三州桂陽軍民身丁米乙未王會移瓊州編管以宋旣黨附秦檜責梅州安置丁酉以張浚上書論用兵依舊永州居住辛丑遣李琳使金賀正旦葛立方賀金主生辰閏月丙午罷廉州貢珠縱蜑丁自便己酉命離軍人願歸農者人給江淮湖廣荒田百畝復其租稅十年乙卯初置臨安府左右廂官分掌訟牒十一月甲戌命吏部侍郎陳康伯

戶部侍郎王俁稽考國用歲中出納之數丙戌裁定六曹寺監百司吏額十二月辛丑命三省錄臺諫所言事報樞密院癸丑万俟卨上重修貢舉勅令格式甲寅罷諸路鑄錢司庚申賞應詔論事切當者壬戌三佛齊國入貢甲子金遣梁球等來賀明年正旦

二十七年春正月乙酉幸延祥觀戊子命侍從各薦宗室京朝官才識治行者二人二月丁酉朔復兼習經義詩賦法庚子楊政卒壬寅太廟仁宗英宗兩室柱芝草生戊午以御史中丞湯鵬舉參知政事庚申更定福建路鹽法癸亥加劉錡太尉三月己巳命京局改官人先除知縣乙酉赤氣出紫微垣丙戌賜禮部進士王十朋以下四百二十六人及第出身丁亥詔焚交趾所貢翠羽于通衢仍禁宮人服用銷金翠羽己丑減三川對糴米歲十六萬九千石夔路激賞絹五萬匹兩川絹估錢二十八萬緡及茶司引息虛額錢歲九十五萬緡辛卯万俟卨卒壬辰以符行中前在蜀恣橫南雄州安置甲午除耕牛稅五月癸未金遣耶律守素等來賀天申節辛卯復以五帝神州地祇等十三祭爲大祀六月甲辰命臣僚轉對盡忠開陳毋摭細微以應故事戊申以湯思退爲尚書右僕射同中書門下平章事庚戌復余深黃潛善並觀文殿大學士乙卯裁定離軍將士諸州添差數戊午初命太廟冬饗祭功臣臘饗祭七祀祫饗兼之己未進錢忱少傅增命官捕獲私茶鹽賞典秋七月己巳復饒贛韶三州鑄錢監癸酉戒監司郡守舉劾守令觀望徇私乙亥以龍圖閣學士李文會爲四川安撫制置使丙子詔凡出命令先經兩省書讀如舊制八月乙未以湯鵬舉知樞密院事庚申復置提領諸路鑄錢司于行在以戶部侍郎榮薿領之九月癸酉張綱罷戊寅以吏部尚書陳康伯參知政事錮淮南京西湖北積欠內藏錢帛丁亥校書郎葉謙亨言祀典散逸隆殺不當名稱或舛請勅禮官祕書酌景德故事取祭祀之式定爲一書名曰紹興正祠錄以爲恒制詔從之冬十月壬寅有赤氣隨日入癸卯築通泰楚三州捍海堰辛酉詔四州諸司察旱傷州縣捐其稅振其饑民十一月癸亥朔減福建鹽鈔錢歲八萬緡乙丑遣孫道夫使金賀正旦辛巳遣劉章賀金主生辰丁亥湯鵬舉罷戊子蠲廬州二稅及上供錢米一年十二月甲午詔廣南經略市舶司察蕃商假託入貢丙辰初命州縣置禁曆戊午金遣高思廉等來賀明年正旦

二十八年春正月己巳申禁三衙彊刺平民爲兵己卯幸延祥觀遂幸玉津園壬午禁諸路二稅折納增價癸未遣戶部郎中莫濛等檢視淮南浙西江東沙田蘆場甲申命臺諫侍從三人以上公薦監司治狀二月癸巳命史館重修徽宗大觀以前實錄丙申以陳誠之知樞密院戊戌禁沿海州軍博買乙巳以工部侍郎王綸同知樞密院事己酉命六曹長貳詳定差役舊法癸丑加楊存中少師謚張俊曰忠烈三月辛酉朔日有食之丙寅雪丁丑加田師中開府儀同三司戊寅詔自今用人選帥臣監司曾任郎官已上者爲侍從監司郡守有政績者爲卿監郎官朝官二年乃遷卿監郎官未歷監司者更迭補外戊子責秦檜黨宋樸徽州居住沈虛中筠州居住夏四月丙申復詔文武官非犯贓罪並許以致仕恩任子辛亥雨雹嚴州遂安賊江大明寇衢州官軍捕斬之五月金遣蕭恭等來賀天申節六月壬辰太白晝見癸巳流星晝隕甲寅增浙西江東淮東沙田蘆場租課置提領官田所掌之秋七月庚申立江西上供米綱賞格戊辰詔監司按發官吏不得送置司州軍推鞫所犯涉重即以奏聞命鄰路監司選官就鞫己卯命取公私銅器悉付鑄錢司民間不輸者罪之庚辰親製郊廟樂章乙酉復鬻沒官田八月戊子朔置國史院修神哲徽三朝正史己丑檢放風水災傷州縣苗稅仍振貸饑民乙未增四川十七州舉人解額戊戌湯思退等上徽宗實錄壬寅命戶部侍郎令詪提領諸路鑄錢甲寅地震九月辛未定銅錢出界罪賞甲戌詔以吏部七司舊制與續降參訂異同立爲定法丁丑置殿前司虎翼水軍千人庚辰以中書舍人王剛中爲四川安撫制置使辛巳封叔建州觀察使士輵爲昭化軍節度使嗣濮王癸未蠲平江紹興湖州被水民逋賦冬十月丁亥朔遣沈介使金賀正旦黃中賀金主生辰辛丑禁監司帥守私役軍匠十一月己卯合祀天地于圜丘大赦壬午復命檢舉諸人因赦移放者告訐得罪者不預十二月庚寅安定郡王令衿薨辛丑修睦親宅建宮學丁未復李光官放自便戊申蠲楚州歸附民賦役五年壬子金遣蘇保衡等來賀明年正旦是歲興元都統制姚仲復籍興元府等五州義士得二萬餘人

二十九年春二月丙辰朔以皇太后年八十詣慈寧殿行慶壽禮庚申濬平江二十六浦以泄水庚午振湖秀諸州饑民癸酉幸延祥觀遂幸玉津園庚辰禁諸州科買倉鹽癸未蠲沙田蘆場爲風水所侵者租之半是月金國罷沿邊榷場惟泗州如舊二月丙戌朔亦罷沿邊榷場存其在盱眙者加吳璘少保己丑禁海商假託風潮私往北界壬辰除臨安府歲供修的司錢三萬六千緡丁酉蠲四川折估糴本積欠錢三百四十萬緡戊戌大雪雨雹己亥禁貿易廣南羈縻州物貨命廣西教閱峒丁庚戌罷諸路斥候遞卒甲寅取具貶死臣僚姓名議加恩典三月丙子除州縣積欠錢三百九十七萬緡有奇及中下戶所欠入官錢物丁丑詔侍從臺諫帥臣監司歲舉可任將帥者二人限命官子孫制田減父祖之半然其詭名寄產者格外田畝同編戶科役己卯除湖州平江紹興流民公私逋負夏四月壬辰國子司業黃中自金國使還言金人將徙居汴京以見逼望早飭邊備宰相怒不聽己亥修三省法庚子增置帶御器械四員丙午禁內外將佐營造回易掊斂軍士辛亥命縣令有政績者諸司同薦不次升擢以風厲之五月甲寅朔罷鬻福建閔生沙田丁巳詔殿前司選統制官部兵千人戍江州彈壓盜賊每歲一易己未椿頓江浙四路折帛錢于三總領所及浙西提刑司以備軍用辛酉禁權要豪民舉錢軍中取息丁卯命印給三總領所見錢公據關子許商人入納己巳立監司守臣舉劾八條金遣王可道等來賀天申節六月甲辰朔遣王綸等爲金國奉表稱謝使丁亥禁江淮私渡北人丙申陳誠之罷禁積錢民戶過萬緡官戶過二萬緡滿二年不易他物者沒入之丁酉申禁包苴請託己亥以陳康伯兼權樞密院事辛丑李光卒壬寅以主管步軍司趙密爲太尉己酉沈該以貪冒罷閏月甲寅益荆南戍卒千人守臣劉錡亦募效用三千人丁巳命江湖浙西五漕司增價糴米二百二十萬石赴沿江十郡自荆至常州以備振貸庚午罷成都府路隔槽酒務監官七十一員令民承買己未罷江浙淮東沙田蘆場所增租課甲子落沈該觀文殿大學士致仕罷福建安撫司官賣鹽戊辰大省淮西冗官辛未復置江淮荆浙福建廣南路提點坑冶鑄錢官秋七月丁亥以權吏部尚書賀允中參知政事癸巳封權戶部侍郎令詪爲安定郡王戊戌福州大水己酉禁諸路抑買官田庚戌以四川經總制及田晟錢糧錢共百三十四萬緡克增招軍校費八月甲子募化人輸米行在諸倉願以茶鹽礬鈔等償直者聽丁卯除南雄英連三州經界復丁米舊額甲戌併史館歸祕書省玉牒所歸宗正寺九月甲申詔建炎以來使未還而後嗣無祿者與一子官乙酉王綸使還入見言金國和好無他丙戌湯思退等稱賀甲午以湯思退爲尚書左僕射陳康伯爲右僕射並同中書門下平章事乙未以皇太后不豫大赦不視朝丙申爲太后祈福蠲中下戶所欠稅賦及江浙蝗潦州縣租丁酉減僧道免丁錢己亥蠲見監贓罰賞錢庚子皇太后韋氏崩癸卯遣周麟之等爲金國奉表哀謝使冬十月甲寅以羣臣五上表始聽政命保康軍節度使吳益爲攢宮總護使乙亥立諸路和糴募民運米賞格戊寅冊謚皇太后曰顯仁十一月丁亥遣賀允中等爲金國遺留國信使丙午權攢顯仁皇后于永祐陵十二月甲寅諜言北界禁民妄傳起兵帝諭大臣常自治爲安邊息民之計甲子祔顯仁皇后神主于太廟辛未以王綸知樞密院事壬申減三省樞密院激賞庫及諸書局歲用錢二十萬緡鼎州程昌寓所增蔡州官兵衣糧錢四之一西和州官賣鹽直之半蔣州上供經總制司無額錢如之丙子金遣施宜生等來賀明年正旦

三十年春正月戊子給劉錡軍費錢六十萬緡丙申以吏部侍郎葉義問同知樞密院事廢御書院丁酉罷鈞容班樂工及甲庫酒局壬寅募人墾淮南荒田甲辰定御輦院三營兵額爲九百人二月甲寅罷夔州路榷茶乙卯金遣大懷忠等來弔祭戊午遣葉義問爲金國報謝使癸酉詔立普安郡王瑗爲皇子更名瑋丙子進封建王三月辛巳復館職召試然後除擢免湖北京西宣撫司諸庫未輸錢八十九萬緡癸未以淮東茶鹽司錢十萬緡克募民墾田費乙酉加吳益少保趙密開府儀同三司以賞攢宮之勞丁酉初置金州御前諸軍都統制以知金州王彥爲之癸卯賜禮部進士梁克家以下四百一十二人及第出身甲辰置牧馬監于潮惠二州丙午加恩平郡王璩開府儀同三司判大宗正事始稱皇姪夏四月己酉朔以孫愭爲蘄州防禦使愷貴州團練使惇榮州刺史丙辰以賀允中兼權同知樞密院事五月辛巳刺海賊罪不至死者爲龍猛龍騎軍初置荆南府御前諸軍都統制以劉錡兼領之乙酉初置江州御前諸軍都統制以步軍司前軍都統制戚方爲之詔諸路刺強盜貸死少壯者爲兵丙戌定鑄錢司歲鑄五十萬緡辛卯臨安於潛安吉三縣大水海賊陳演添作亂掠當雷二州境上南恩州民林觀禽殺之命觀以官丙申金遣蕭榮等來賀天申節壬寅落沈該致仕復觀文殿大學士知明州丙午加吳益太尉六月庚戌復出諸軍見錢關子三百萬緡聽商賈以錢銀請買庚午王綸罷辛未以江西廣東湖南折帛經總制錢合六十萬

緡江西米六萬石充江州軍費後益以四州利路經總制江西茶引合二十萬緡秋七月戊寅遣明州水軍三百戍崑山黃魚垛巡捕槽船之爲盜者甲申詔諸路帥司春秋教閱禁兵弓弩手戊戌以葉義問知樞密院翰林學士周麟之同知院事御史中丞朱倬參知政事八月丙子朔日有食之壬子賀允中使還言金人必叛盟宜爲之備癸丑允中致仕甲寅復以四川經總制錢五十萬緡給總領所增招兵士壬申淮東總管許世安奏金主亮至汴京起重兵五十餘萬屯宿泗州謀來攻九月庚寅以帶御器械李寶爲浙西副總管提督海船駐平江丙申命劉寶招制勝軍千人丁酉罷內侍省冬十月丙午罷內侍官承受諸軍奏報文字丁未遣虞允文使金賀正旦徐度賀金主生辰庚戌雷辛酉鎭江都統制劉寶以專悍貪橫罷壬戌以劉錡爲鎭江都統制荊南右軍統制李道爲都統制癸亥日中無雲而雷癸酉蠲舒和蘄黃四州民附種田租十一月庚辰禁諸路折輸職田錢癸巳夜有白氣出入危昴間十二月乙巳朔湯思退罷初行會子于東南戊申夜白氣亘天海南黎賊王文滿平己酉罷招剌三衙及江上諸軍庚戌禁掠賣生口入溪峒癸丑命戶部立經總制錢十年中數爲定額丁卯金遣僕散權等來賀明年正旦

宋史卷三十二

元　中　書　右　丞　相　總　裁　脫　脫　等　修

本紀第三十二

高宗九

三十一年春正月甲戌朔以日食不受朝丁丑雷丁亥免湖州增丁所輸絹夜風雷雨雪交作辛卯詔江浙官民戶均輸和市絁帛壬辰劉寶落節鉞福建路居住丙申大雨雪給三衙衞士行在貧民錢及薪炭命常平振給輔郡細民諸路監司決獄己亥放張浚胡銓自便庚子禁淮南拘籍戶馬二月戊申復置邛州惠民監癸丑以趙密領殿前都指揮使甲寅罷楊存中殿前都指揮使進太傅爲醴泉觀使封同安郡王丙辰置行在會子務乙丑復鬻僧道度牒詔分經義詩賦爲兩科丙寅詔通進司承受內降文字並囊封送三省樞密院辛未秦熺卒贈太傅三月甲戌朔命破敵軍統制陳敏部兵屯太平州己卯官勳臣魏仁浦馬知節余靖寇瑊諸孫各一人選文臣宗室主西南外兩宗司庚辰禁兩淮抑民附種以利州西路御前諸軍都統制吳拱知襄陽府部兵三千戍之壬午以兵部尚書楊椿參知政事丁亥奪秦熺贈官及遺表恩賞庚寅以陳康伯爲尚書左僕射朱倬右僕射並同中書門下平章事辛卯復李光左中大夫官其子孫二人壬辰地震庚子以前徽猷閣待制張宇發死節贈四官錄其子孫夏四月丁巳以久雨傷蠶麥盜賊間發命侍從臺諫條上弭災除盜之策出天申節銀十萬兩加充戶部糴本辛未遣周麟之使金賀遷都壬申權減荊南上供錢銀絹絲米之半用招塡禁軍是月金主亮率文武羣臣如汝洛五月癸酉朔給兩淮民兵荒田乙亥增築禁城戊寅詔吳拱視緩急退守荊南己丑命沿淮州郡毋納北人辛卯金遣高景山王全來賀天申節全揚言無禮致其主亮語求淮漢地及指取將相近臣計事且以欽宗皇帝訃聞壬辰選兩浙江東福建諸州禁軍弓弩手之半部送樞密院按試甲午宰執召同安郡王楊存中及三衙帥趙密等至都堂議舉兵詔以王全語諭諸路統制帥守監司隨宜應變毋失機會是日爲欽宗皇帝發喪特詔持斬衰三年乙未以吳璘爲四川宣撫使仍命制置使王剛中同處置軍事丙申命主管馬軍司成閔部兵三萬人戍鄂州庚子命兩浙江湖福建諸州起禁軍弓弩手部送明州平江府江池太平三州荊南府軍前殿中侍御史陳俊卿言內侍張去爲竊權撓政乞斬之以作士氣六月乙巳以羣臣三上表始聽政丙午劉錡乞即日移軍渡江詔錡進發騎兵屯揚州丁未出宮女三百九十人蠲臨安府禁軍闕額錢五年己酉以御史中丞汪澈爲湖北京西宣諭使辛亥金主亮遣大懷正至盱眙語送伴使呂廣問云將以六月還汴京令其歸奏癸丑罷教坊併敕令所歸刑部乙卯以劉錡爲淮南江東西浙西制置使戊午命帶御器械劉炎同提舉措置沿淮盜賊庚申彗出角遣步軍司都統制戚方提總江上諸軍策應軍馬聽劉錡節制諭吳拱嚴備襄陽視緩急合田師中成閔兵以援之甲子始御正殿乙丑放女樂二百餘人丙寅聽淮南諸州移治清野戊辰以周麟之辭使北命樞密都承旨徐嘉代行淮北民兵崔唯夫董臻等率衆萬餘來歸秋七月丙子命兩浙江東濱海諸州預備敵兵詔諸路帥臣教閱士兵弓手戊寅命雷州守臣節制高容廉化四州軍馬時雷州軍賊凌鐵作亂東南第十二將高居弁會五州巡尉官兵討平之戊子周麟之分司筠州居住辛卯振給淮南歸正人壬辰徐嘉等至盱眙金主亮以非所指取之人諭遣亟還癸巳詔四川財賦自當專任總領所如遇警急調發不及申奏則令宣制司隨宜措置先舉後聞乙未行新造會子于淮浙湖北京西諸州是月金主亮徙都汴京命其臣劉蕚由唐鄧瞰荊襄張中彥王彥章據秦鳳窺巴蜀蘇保衡完顏鄭家奴由海道趨兩浙八月辛丑朔忠義人魏勝復海州李寶承制以勝知州事丙午蠲諸路逋欠經總制錢江浙等路上供米丁未以婉容劉氏妄預國政廢于家蠲淮南京西湖北民秋稅之半辛亥以劉婉容事連坐昭慶軍承宣使王繼先福州居住停子孫官籍其貲甲寅李寶率舟師三千發江陰大風退泊明州關澳聚兵復進乙卯劉錡引兵屯揚州遣統制王剛以兵五千屯寶應丁巳召田師中赴行在尋以吳拱爲鄂州諸軍都統制壬戌復用資政殿學士張燾落致仕知建康府癸亥分處歸正人於淮南諸州能自存者從便願爲兵者籍之乙丑詔便宜選補戰功人後勿遞減丙寅出內帑錢七萬緡犒戍兵之家仍悉除軍債己巳起復成閔爲湖北京西制置使節制兩路軍馬九月庚午朔命大臣朝饗太廟辛未宗祀徽宗于明堂以配上帝大赦甲戌金人犯黃牛堡守將李彥堅拒却之金兵遂扼大散關吳璘駐青野原遣將高松等援之庚辰以給事中黃祖舜同知樞密院事壬午流星晝隕乙酉詔劉錡王權李顯忠戚方嚴備清河潁河渦河口丁亥成閔渡江屯應城縣遣吳拱戍郢州博州民王友直聚兵大名自稱河北安撫制置使以其徒王任爲副遣軍師馮穀入朝奏事吳璘遣將彭青至寶雞渭河夜劫金人橋頭砦破之庚寅成閔遣統制趙撙部兵五千駐德安辛卯金國趣使臣書至楚州守臣以聞其辭多悖慢壬辰盱眙軍淮河渡夏俊復泗州癸巳金人犯通化軍守將張超拒卻之甲午冊諡大行皇帝曰恭文順德仁孝皇帝廟號欽宗吳璘遣將劉海復秦州金守將蕭濟降乙未金人犯信陽軍丙申吳璘遣將曹沐復洮州戊戌劉錡發揚州詔以金人背盟降敕榜招諭中原軍民己亥蘭州漢軍千戶王宏殺其刺史溫敦烏乜來降吳璘遣將潘青復隴州是月金主亮以尚書右丞李通爲大都督造浮梁于淮水之上遂自將來攻兵號百萬遠近大震冬十月庚子朔詔將親征魏勝攻沂州敗還海州金人圍之李寶以舟師至東海縣金人解圍去寶遂入海州辛丑金人自渦口渡淮癸卯以吳璘兼陝西河東招討使劉錡兼京東河北東路招討使成閔兼京西河北西路招討使金人陷蔣州李顯忠遣統制孔福與金人戰于大人洲敗之乙巳金人復犯海州魏勝李寶擊却之劉錡引兵次淮陰金人將自清河口入淮錡列兵于運河岸以扼之丁未命宣撫制置司傳檄契丹西夏高麗渤海諸國及河北河東陝西京東河南諸路諭出師共討金人是日金人立其東京留守葛王褒爲皇帝改元大定戊申王權聞金兵大至自廬州引兵遁屯昭關己酉知筠州武鉅招納北界杜海等二萬人來歸庚戌復置機速房知廬州龔濤聞金兵將至棄城走辛亥金將蕭琦陷滁州守臣陸廉棄城走壬子改建王瑋爲鎭南軍節度使劉錡遣統制王剛等擊敗金人于清河口金人復來戰剛失利吳拱遣將侯俊郝敦書復唐州癸丑借江浙荊湖等路坊場淨利錢三百八十萬緡以備賞軍金人圍廬州都監權州事楊椿率兵突陣出守水砦金人又攻海州李寶力戰敗之解圍去甲寅金人攻樊城吳拱遣守將翟貴王進與戰貴進俱戰死金兵亦退劉錡遣兵渡淮及金人戰死者十七八金主亮以大軍至廬州城北之五里築土城以居戚方遣將張寶復蔣州乙卯以金人渝盟告于天地宗廟社稷命州縣諭富民損貲助國劉錡聞王權遁自淮陰引兵歸揚州丙辰金主亮入廬州王權自昭關遁金人追至尉子橋破敵軍統制姚興戰死權退保和州金州都統制王彥遣統制任天錫出洵陽復豐陽縣丁巳帝聞王權敗召楊存中同宰執議于內殿陳康伯贊帝定議親征武鉅遣將荀琛復鄧州戊午任天錫復商洛縣命吳璘趣出兵漢中葉義問督視江淮軍馬中書舍人虞允文參謀軍事金人犯眞州步軍司統制邵宏淵迎戰于胥浦橋兵敗眞州陷金人不入城遂犯揚州己未任天錫復商州執其守完顏守能趙撙引兵渡淮庚申以楊存中爲御營宿衞使趙撙復褒信縣王權自和州遁歸屯于東采石辛酉復湯思退觀文殿大學士充醴泉觀使兼侍讀分行在官吏三之一扈從餘留行遣常事金人陷和州壬戌以將士勞於征討避殿減膳劉錡退軍瓜州鎭金人陷揚州淮

東安撫使劉澤棄城奔泰州以戶部侍郎劉岑爲御營隨軍都轉運使李顯忠爲御營先鋒都統制屯蕪湖主管步軍司李捧爲前軍都統制趙撙復新蔡縣癸亥募諸州豪民招槍仗弓箭手赴行在金人入揚州王權自采石夜還建康尋復如采石甲子復張浚觀文殿大學士判潭州吳璘遣統制吳挺向起等及金人戰于德順軍之治平砦敗之趙撙復平輿縣乙丑金人趨瓜州劉錡遣統領員琦拒之于皁角林大敗之斬其統軍高景山丙寅李寶遇金舟師于膠西縣陳家島大敗之斬完顏鄭家奴等五人劉錡還鎮江府趙撙復蔡州斬其總管揚寓分御營宿衞爲五軍金人攻泰州向起吳挺擊却之丁卯葉義問至鎮江詔起江浙福建諸州彊丁赴江上諸軍武鉅復虢州盧氏縣任天錫復朱陽縣戊辰殿中侍御史杜莘老劾內侍張去爲帝不悅去爲致仕出莘老知遂寧府十一月己巳朔邵宏淵遣統領崔皐及金人戰于定山敗之任天錫復虢州守將蕭信遁去庚午通州守將蕭邦弼棄城去辛未成閔引兵發應城縣援淮西遣權吏部侍郎汪應辰詣浙東措置海道壬申以張浚判建康府召王權赴行在以李顯忠代將邵宏淵爲池州都統制金人犯瓜州鎮江中軍統制劉汜戰敗走權都統制李橫亦遁金人鐵騎奄至江上統制魏俊王方死之葉義問惶怖欲退走復趨建康金人游騎至無爲軍守臣韓髦棄城走癸酉淮寧府民陳亨祖執同知完顏耶魯以其城來歸趙撙引兵去蔡州復陷甲戌池州統制官崔定等復入無爲軍乙亥金主亮臨江築壇刑馬祭天期以翌日南渡丙子虞允文督建康諸軍統制官張振王琪時俊戴皐等以舟師拒金主亮于東采石戰勝却之崔定復巢縣任天錫復上津商洛二縣丁丑虞允文遣水軍統制盛新以舟師擊金人于楊林河口又敗之金主亮焚其舟而去戊寅王彥遣將楊堅復欒川縣己卯以湯思退爲行宮留守虛恨蠻犯嘉州籠蓬堡官軍大敗副將鄭祥等爲所殺庚辰金主亮引軍趨淮東癸未吳璘病自仙人原還興州留姚仲節制軍事虞允文自采石率李捧一軍及戈船如鎮江備敵甲申贈姚興魏俊王方官金主亮至揚州乙酉貸劉汜死英州編管江州統制李貴忠義首領孟俊復順昌府金州將邢進復華州丙戌賜戰士帛給其家薪炭任天錫復陝州丁亥劉錡以疾罷以御營宿衞中軍統制劉銳權鎮江都統制成閔自京西還建康遂如鎮江戊子吳璘復力疾上仙人原己丑王權貸死瓊州編管李寶泛海南歸金人復攻陝州任天錫破走之復犯襄陽統制官李勝等拒却之復通化軍王彥遣將楊堅党清至西京長水縣及金人戰敗之庚寅復長水縣癸巳以成閔爲鎮江都統制淮東制置使京東西路河北東路淮北泗宿州招討使李顯忠爲淮西制置使京畿河北西路淮北壽亳州招討使吳拱爲湖北京西制置使京西北路招討使甲午武鉅遣鄉兵總轄杜隱等復嵩州乙未金人陷泰州是日金人弒其主亮于揚州龜山寺戊戌金都督府遣人持檄詣鎮江軍中議和十二月己亥朔趙樽夜襲蔡州復入其城王彥遣兵復福昌縣庚子楊存中及虞允文渡江至瓜州察金兵金人犯漢南之茨湖鄂州軍士史俊登其舟獲一將諸軍繼進遂擊却之楊椿夜攻金人殺其帥高定山復廬州辛丑以李寶爲靖海軍節度使浙西通泰海州沿海制置使京東東路招討使金統軍劉蕚聞茨湖敗亦退師王彥遣將閻玘復澠池縣壬寅天有白氣以趙密爲行宮在城都總管成閔渡江之揚州癸卯命諸路招討司率兵進討互相應援沿江諸大帥條陳伏復事宜復岳州舊名右軍統領沙世堅入泰州甲辰虞允文自鎮江入見均州統領曾朝復鄧州乙巳張浚至慈湖命李顯忠引兵渡江丙午淮東統制王選復楚州丁未杜隱等入河南府吳拱遣統領牛宏入汝州戊申帝發臨安建王從行庚戌金人渡淮北去壬子次平江罷督視府虞允文還至鎮江癸丑淮東統制劉銳陳敏引兵入泗州鄂州統制楊欽以舟師追敗金人于洪澤鎮乙卯江北金兵盡去李顯忠復入和州吳璘遣將復永洛城金人復破汝州牛宏敗走戊午次鎮江府庚申吳璘遣將拔金人治平砦壬戌曲赦新復州軍甲子降淮南京西湖北雜犯死罪以下囚賞采石功進統制張振時俊等官金棄壽二州巡檢高顯以壽春府來降丁卯命諸道籍鄉兵初王友直王任聚兵嘗命友直爲天雄軍節度使任爲天平軍節度使金主褎旣立下令散其衆友直等自壽春來歸是月金主知亮已死遂趨燕京

三十二年春正月戊辰朔日有食之帝在鎮江己巳金人犯壽春府忠義將劉泰戰死金兵引去庚午發鎮江府壬申至建康府張浚入見丙子祧翼祖主于夾室己卯李顯忠引兵還建康庚辰罷郡守年七十者壬午金人復犯蔡州趙撙力戰却之乙酉權知東平府耿京遣其將賈瑞掌書記辛棄疾來奏事己丑金主遣其臣高忠建等來告嗣位以耿京爲天平軍節度使知東平府庚寅詔新復州縣搜訪仗節死義之士丙申以楊存中爲江淮荊襄路宣撫使虞允文副之給事金安節中書舍人劉珙繳奏再上乃改命存中措置兩淮二月戊戌朔罷借兩浙江淮坊場淨利錢以虞允文爲兵部尚書川陝宣諭使措置招軍市馬及與吳璘議事庚子興州統領惠逢等復河州振兩淮饑民壬寅金人犯汝州守將王宣逆戰敗之癸卯帝發建康惠逢復積石軍又克來羌城丁未劉錡薨己酉王宣及金人再戰于汝州庚戌金人全師來攻宣敗績棄去辛亥金人復犯順昌府孟新拒却之尋亦棄去壬子賞蔡州功趙撙等進官有差乙卯至臨安府興元都統制姚仲攻鞏州不下退守甘谷城遂引兵圍德順軍丙辰金人犯蔡州趙撙擊却之戊午復引兵來攻撙又敗之金兵遁去王彥遣將馬貴斷河中南橋金兵來攻貴戰敗之壬戌詔軍士戰死者祿其家一年傷重而死於營者半之乙丑王宣及右軍副將汲靖敗金人于蔡州確山縣趙撙棄蔡州丙寅金人復取之姚仲遣副將趙銓攻下鎮戎軍金同知渭州秦弼及其子嵩來歸王彥遣兵救陝州遇金人于虢州東敗之金兵引去丁卯吳珙遣將復永安軍永寧福昌長水三縣閏月癸酉金人破河州屠其城乙亥命楊存中李顯忠固守新復州軍量度進討丙子姚仲遣將復原州戊寅祔欽宗主于太廟癸未振淮南歸正人金人犯虢州吳璘遣楊從儀等攻拔大散關分兵據和尚原金人走寶雞丙戌給張浚錢十九萬緡造沿江諸軍戰艦庚寅王剛破金人于海州辛卯楊椿罷壬辰姚仲攻順德軍敗金人于瓦亭砦新店是月張安國等攻殺耿京李寶將王世隆攻破安國執之以獻三月壬寅更定金使入境接伴館伴舊儀癸卯成閔遣統制杜彥救淮寧擊敗金人于項城縣甲辰罷扈從官吏賞典乙巳錄商虢之功加吳璘少傅王彥爲保平軍節度使戊申吳璘復德順軍又遣將嚴忠取環州辛亥命兵部侍郎陳俊卿工部侍郎許尹經畫兩淮堡砦屯田癸丑金人圍淮寧府守臣陳亨祖死之甲寅吳璘自德順軍復還河池金人犯鎮戎軍丁巳遣洪邁等賀金主卽位戊午忠義軍統制知蘭州王宏拔會州金人陷淮寧府統領戴規戰死成閔歸自淮東辛酉金人攻原州丙寅詔舉賢良夏四月丁卯朔姚仲遣兵救原州己巳命侍從臺諫條上防秋足食足民策遣左武大夫都飛虎結約河東壬申賞御營宿衞將士四萬餘人進官有差癸酉蠲淮東殘破州軍上供銀絹米麥及經總制錢一年蒙縣民倪震率丁口數千來歸甲戌募民耕淮東荒田蠲其傜役及租稅七年戊寅以御史中丞汪澈參知政事金人圍海州戊子洪邁等辭行報聘書用敵國禮是月大雨淮水暴溢數百里漂沒廬舍人畜死者甚衆五月戊戌吳璘自河池如鳳翔巡邊姚仲遣兵救原州數敗金人庚子復置提舉秦州買馬監命四川總領官兼權其職壬寅姚仲及金人戰于原州北嶺敗績戊申復以楊存中爲醴泉觀使奉朝請罷御營宿衞司辛亥鎮江都統制張子蓋救海州遇金人于石湫堰大敗之金人解去甲寅命張浚專一措置兩淮事務兼節制淮東西沿江州郡軍馬乙卯知順昌軍孟昭率部曲來歸己未吳璘遣將復熙州壬戌禁諸軍互招逃亡加鄭藻太尉振東北流民命張浚置御前萬弩營募淮民爲之甲子詔立建王瑋爲皇太子更名眘加成閔太尉主管殿前司李顯忠爲太尉主管馬軍司籍諸州歸正人願爲農者給官田復租十年願爲兵者赴軍中六月丙寅朔吳璘次大幽嶺檄召姚仲至軍前下河池獄命夔路安撫使李師顏代將其兵戊辰名新宮曰德壽庚午以吳珙主管步軍司罷三招討司甲戌加贈兄子偁爲太師中書令追封秀王謚安僖妻張氏封王夫人乙亥朱倬罷丙子詔皇太子卽皇帝位帝稱太上皇帝退處德壽宮皇后稱太上皇后孝宗卽位累上尊號曰光堯壽聖憲天體道性仁誠德經武緯文紹業興統明謨盛烈太上皇帝淳熙十四年十月乙亥崩于德壽殿年八十一謚曰聖神武文憲孝皇帝廟號高宗十六年三月丙寅攢于會稽之永思陵光宗紹熙二年加謚受命中興全功至德聖神武文昭仁憲孝皇帝

贊曰昔夏后氏傳五世而后羿簒少康復立而祀夏周傳九世而厲王死于彘宣王復立而繼周漢傳十有一世而新莽竊位光武復立而與漢晉傳四世有懷愍之戹元帝正位於建鄴唐傳六世有安史之難肅宗卽位于靈武宋傳九世而徽欽陷于金高宗纘圖于南京六君者史皆稱爲中興而有異同焉夏經羿浞周歷共和漢間新室更始晉唐宋則歲月相續者也蕭王琅琊皆出疏屬少康宣王肅宗高宗則父子相承者也至於克復舊物則晉元與宋高宗視四君者有餘責焉高宗恭儉仁厚以之繼體守文則有餘以之撥亂反正則非其才也況時危勢逼兵弱財匱而事之難處又有甚於數君者乎君子於此蓋亦有憫高宗之心而重傷其所遭之不幸也然當其初立因四方勤王之師內相李綱外

任宗澤天下之事宜無不可爲者顧乃播遷窮僻重以苗劉羣盜之亂權宜立國确虖艱哉其始惑於汪黃其終制於姦檜恬墮猥懦坐失事機甚而趙鼎張浚相繼竄斥岳飛父子竟死於大功垂成之秋一時有志之士爲之扼腕切齒帝方偷安忍耻匿怨忘親卒不免於來世之誚悲夫

宋史卷三十三

元中書右丞相總裁脫脫等修

本紀第三十三

孝宗一

孝宗紹統同道冠德昭功哲文神武明聖成孝皇帝諱昚字元永太祖七世孫也初太祖少子秦王德芳生英國公惟憲惟憲生新興侯從郁從郁生華陰侯世將世將生慶國公令譮令譮生子偁是爲秀王王夫人張氏夢人擁一羊遺之曰以此爲識已而有娠以建炎元年十月戊寅生帝于秀州青杉牐之官舍紅光滿室如日正中少長命名伯琮及元懿太子薨高宗未有後而昭慈聖獻皇后亦自江西還行在后嘗感異夢密爲高宗言之高宗大寤會右僕射范宗尹亦造膝以請高宗曰太祖以神武定天下子孫不得享之遭時多艱零落可憫朕若不法仁宗爲天下計何以慰在天之靈於是詔選太祖之後同知樞密院事李回曰藝祖不以大位私其子發於至誠陛下爲天下遠慮合於藝祖可以昭格天命參知政事張守曰藝祖諸子不聞失德而傳位太宗過堯舜遠甚高宗曰此事不難行朕於伯字行中選擇庶幾昭穆順序而上虞丞婁寅亮亦上書言昌陵之後寂寥無聞僅同民庶藝祖在上莫肯顧歆此金人所以未悔禍也望陛下於伯字行內選太祖諸孫有賢德者高宗讀之大感歎紹興二年五月選帝育于禁中三年二月除和州防禦使賜名瑗壬寅改貴州五年五月用左僕射趙鼎議立書院宮中教之旣成遂以爲資善堂帝讀書彊記天資特異己亥制授保慶軍節度使封建國公六月己酉聽讀資善堂以徽猷閣待制范沖兼翊善起居郎朱震兼贊讀高宗命帝見沖震皆拜十二年正月丁酉加檢校少保封普安郡王三月壬寅出閤就外第十三年九月秀王殁于秀州十四年正月庚辰用廷臣議聽解官行服十六年四月乙巳免喪還舊官十七年六月戊午改常德軍節度使二十四年衡州盜起秦檜遣殿前司將官辛立將千人捕之不以聞帝入侍言之高宗大驚明日以問檜檜謂不足煩聖慮故不敢聞俟朝夕盜平則奏矣檜退知爲帝言忌之及檜疾篤其家秘不以聞謀以子熺代相帝又密啓高宗破其奸三十年二月癸酉立爲皇子更名瑋甲戌詔下丙子制授寧國軍節度使開府儀同三司進封建王制出中外大悅四月賜字元瓌三十一年十月壬子以明堂恩改鎭南軍節度使先是金人犯邊高宗下詔親征而兩淮失守朝臣多陳退避之計帝不勝其憤請率師爲前驅直講史浩以疾在告聞之亟入爲帝言太子不宜將兵乃爲草奏因中宮以進請衞從以共子職高宗因亦欲帝徧識諸將十二月遂扈蹕如金陵三十二年五月甲子立爲皇太子改名昚初高宗久有禪位之意嘗以諭帝帝流涕固辭會有邊事不果及歸自金陵陳康伯求去高宗復以倦勤諭之中書舍人唐文若聞而請對言不宜急遽故先下建儲之詔賜名煒監察御史周必大密與康伯言與唐昭宗名同音不可詔別擬進乃定今名旣又命學士承旨洪遵爲太子擇字遵擬四字以進皆不稱旨甲戌御筆賜字元永乙亥內降御札皇太子可卽皇帝位朕稱太上皇帝退處德壽宮皇后稱太上皇后丙子遣中使召帝入禁中面諭之帝又推遜不受卽趨側殿門欲還東宮高宗勉諭再三乃止於是高宗出御紫宸殿輔臣奏事畢高宗還宮百官移班殿門外拜詔畢復入班殿庭頃之內侍掖帝至御榻前側立不坐內侍扶掖至七八乃略就坐宰相率百僚稱賀帝遽興輔臣升殿固請帝愀然曰君父之命出於獨斷然此大位懼不克當班退太上皇帝卽駕之德壽宮帝服袍履步出祥曦殿門冒雨掖輦以行及宮門弗止上皇麾謝再三且令左右扶掖以還顧曰吾付托得人吾無憾矣左右皆呼萬歲是日詔有司議太上皇帝太上皇后尊號以聞在內諸司日輪官吏應奉德壽宮增置德壽宮提點幹辦等官德壽宮宿衞依皇城及宮門法丁丑朝德壽宮戊寅大赦詔宰相率百官月兩朝德壽宮己卯以卽位告于天地宗廟社稷庚辰詔五日一朝德壽宮以左武大夫龍大淵爲樞密副都承旨武翼郎曾覿帶御器械癸未始御後殿甲申詔中外士庶陳時政闕失丙戌詔進宰執官二等丁亥詔以太上皇不許五日一朝自今月四朝復除名勒停人胡銓官知饒州己丑詔有司月奉德壽宮緡錢十萬辛卯詔罷四川市馬壬辰詔百官日一人入對癸巳蝗甲午上太上皇帝尊號曰光堯壽聖太上皇帝太上皇后曰壽聖太上皇后乙未晦金人屠原州秋七月戊戌興州中軍統制吳挺復鞏州庚子判建康府張浚入見以雨水飛蝗令侍從臺諫條上民間利害壬寅詔戒飭諸郡守臣癸卯以張浚爲少傅江淮宣撫使封魏國公甲辰以參知政事汪澈視師湖北京西遣劉珙等使金告卽位戊申以四川宣撫使吳璘兼陝西河東路宣撫招討使追復岳飛元官以禮改葬是夜地震大風拔木己酉有事于太廟別廟癸丑馬軍司中軍統制趙撙忠義軍統領皇甫倜復光州甲寅朝獻景靈宮詔淮南諸州存恤淮北來歸之民權免稅役丙辰以少保保康軍節度使吳益爲少傅太尉寧武軍節度使吳蓋爲開府儀同三司丁巳罷李寶措置海道戊午恩平郡王璩入見庚申以御前軍器所仍隸工部辛酉詔後省看詳中外上書有可采者以聞壬戌以黃祖舜兼權參知政事罷諸路聖節進奉詔李顯忠軍馬聽張浚節制癸亥增將士戰傷死者推恩格詔蠲四川積年逋負八月乙丑朔四川馬軍統制高師中與金人戰于攤沙敗死丙寅吳璘與金人戰于德順軍己巳以翰林學士史浩爲參知政事戊寅率羣臣詣德壽宮奉上太上皇帝太上皇后尊號冊寶丁亥班寬恤事十八條起居舍人洪邁知閤門事張掄坐奉使辱命罷甲申吳璘敗金人于北山戊子追復李光資政殿學士趙鼎范沖並還合得恩數庚寅以生日爲會慶節追冊故妃郭氏爲皇后九月甲午以子愭爲少保永興軍節度使進封鄧王愷爲雄武軍節度使開府儀同三司進封慶王惇爲鎭洮軍節度使開府儀同三司進封恭王甲午金人攻德順軍東山堡中軍將李庠戰死丁酉詔開講日召輔臣觀講川陝宣諭使虞允文以論邊事不合罷己亥詔侍從臺諫舉知四川利害可爲都轉運使者庚子以金人來索舊禮詔宰執侍從臺諫各陳應敵定論以聞辛丑詔吳璘審度措置保全川蜀乙巳詔纂錄勳臣名次丙午轉補朱震范沖子孫官庚戌謚皇后郭氏曰恭懷辛亥振淮東義兵及歸正人以總領四川財賦軍馬錢糧王之望爲戶部侍郎川陝宣諭使仍命將調兵同防守興州川口乙卯詔虞允文赴吳璘軍議事辛酉以吳璘爲少師冬十月丙寅詔朝臣舉堪監司郡守者戊辰以岳陽軍節度使居廣開府儀同三司史浩兼權知樞密院事己巳葉義問罷詔登聞鼓院毋沮抑進狀庚午以恩平郡王璩爲少保詔會慶節權免上壽戊寅詔張浚陳俊卿覆實諸將所陳功賞改謚皇后郭氏曰安穆壬午官岳飛孫六人甲申契丹招討蕭鷓巴來奔金人攻德順城吳璘擊走之復遣兵追襲遂爲所敗乙酉升建州爲建寧府戊子以資政殿學士張燾同知樞密院事己丑安南都護南平王李天祚闍婆國王悉里地茶蘭固野占城國王鄒時巴蘭並加食邑實封十一月庚子以蕭鷓巴爲忠州團練使乙巳金人攻水洛城丙午賜忠義軍統制皇甫倜軍帛五千匹綿萬兩戊申詔改明年爲隆興元年辛亥免楊存中所獻酒坊逋負錢四十萬緡甲寅定內侍官額辛酉史浩免權知樞密院事裁定文武臣宮觀嶽廟員數立措置京西營田司十二月乙丑詔宰臣復兼樞密使金人攻隴城縣官軍拒却之丙寅詔帥臣監司具部內知州治行臧否以聞詔棄德順城徙兵民于秦州以裏屯住丁卯以陳康伯兼樞密使令江淮宣撫司增招武勇效用軍戊辰詔侍從臺諫集議當今弊事仍命盡率其屬使極言無隱辛未劉珙張說還自盱眙戊寅蠲四川救前登帶白契稅錢丙戌詔觀察使已上各舉所知三人三省樞密院詳議立格以聞庚寅罷建康鎭江營田官兵辛卯廣西賊王宣破藤州守臣廖顒棄城遁是歲諸路斷大辟四十一人

隆興元年春正月壬辰朔羣臣朝于文德殿帝朝德壽宮立武臣薦舉格甲午四川宣撫司奏詔班師庚子以史浩爲尙書右僕射同中書門下平章事兼樞密使張浚進樞密使都督江淮東西路軍馬丙午誅殿前司後軍謀變者戊申詔禮部貢院試額增一百人丁巳詔吳璘軍進退可從便宜璘已棄德順道爲金人所邀將士死者數萬計二月壬戌朔用史浩策以布衣李信爲兵部員外郎齎蠟書間道往中原招豪傑之據有州郡者許以封王世襲安慶軍節度使士籛乞減奉賜之半以助軍用自是諸宗室有請悉從之戊辰宰執陳康伯等乞再減奉止存舊格之半許之己卯振兩淮流民及山東歸正忠義軍癸未黃祖舜罷庚寅逐秦檜黨人仍禁輒至行在三月壬辰朔金右副元帥紇石烈志寧以書取侵地癸巳以張燾爲參知政事御史中丞辛次膺同知樞密院事葉義問落端明殿學士饒州居住丙申雨雹丁酉詔戶部措置局議節浮費己亥楊存中等乞減半奉如宰執例許之庚子以龍大淵知閤門事曾覿同知閤門事壬寅陳康伯上欽宗陵名曰永獻乙巳詔求遺

逸丁未詔修太上皇帝聖政罷龍大淵別與差遣曾覿復帶御器械召張浚己酉張燾罷立選人減舉主法甲寅復以龍大淵知閤門事曾覿同知閤門事給事中中書舍人留黃不行乙卯詔飭郡縣吏庚申以久雨命有司振災傷察刑禁夏四月乙丑定選人改官歲額戊辰張浚入見議出師渡淮三省樞密院不預聞壬申賜禮部進士李待問以下五百三十八人及第出身乙亥王之望罷壬午詔戶部臺諫議節浮費癸未詔以白金二十五萬兩給江淮都督府軍費戊子張浚命邵宏淵師師次盱眙乙丑又命李顯忠師師次定遠是月金人拔環州守臣強霓及其弟震死之五月壬申申嚴鋪翠銷金及神祠僭擬之禁丁酉李顯忠復靈壁縣邵宏淵次虹縣金人拒之戊戌顯忠東趨虹縣庚子復虹縣金知泗州蒲察徒穆及同知泗州大周仁降辛丑命左右史日更立前殿壬寅張浚渡江視師癸卯金右翼軍都統蕭琦降于李顯忠甲辰顯忠及宏淵敗金人于宿州乙巳史浩罷追復司馬康右諫議大夫丙午復宿州戮金兵數千人建康前軍統領官王琪巷戰死之丁未以辛次膺爲參知政事翰林學士承旨洪遵同知樞密院事督諸路開營田辛亥詣德壽宮賀天申節金紇石烈志寧自睢陽引兵至宿州李顯忠擊卻之壬子欽宗大祥帝服衰服詣几筵易祥服行祥祭禮顯忠與金人戰于宿州邵宏淵不援顯忠失利是夜建康中軍統制周宏及邵宏淵之子世雄殿前司統制官左士淵逃歸癸丑進李顯忠開府儀同三司淮南京畿京東河北招討使邵宏淵檢校少保寧遠軍節度使招討副使金人攻宿州城顯忠大敗之殿前司統制官張訓通等七人統領官十二人以二將不叶而遁甲寅李顯忠邵宏淵軍大潰于符離乙卯下詔親征丙辰召汪澈以張浚兼都督荊襄軍馬李顯忠邵宏淵至濠州張浚以劉寶爲鎮江諸軍都統制丁巳以蒲察徒穆大周仁蕭琦並爲節度使徒穆大同軍周仁彰國軍琦威塞軍遣御前忠勇軍赴都督府是月成都地震三六月庚申朔日有食之遣內侍趣上淮東將士功賞癸亥汪澈罷張浚乞致仕且請通好皆不許丁卯以觀文殿大學士湯思退爲醴泉觀使兼侍讀戊辰召虞允文以兵部侍郎周葵爲參知政事汪澈落資政殿學士台州居住庚午張浚自盱眙還揚州辛未李顯忠罷軍職壬申以太傅同安郡王楊存中爲御營使節制殿前司軍馬癸酉下詔罪己張浚降授特進仍前樞密使江淮東西路宣撫使官屬各奪二官邵宏淵降武義大夫職仍舊詔楊存中先詣建康措置營砦檢視沿江守備戊寅詔展巡幸之期辛次膺罷己卯李顯忠責授清遠軍節度副使筠州安置辛巳命浙西副都總管李寶兼御營統制官措置浙西海道甲申右諫議大夫王大寶入對論移蹕以敷文閣學士虞允文爲兵部尚書兼湖北京西宣諭使戊子放宮人三十人以蕭琦爲檢校少保河北招撫使秋七月庚寅朔以虞允文爲湖北京西制置使癸巳以湯思退爲尚書右僕射同中書門下平章事兼樞密使李顯忠再責授果州團練副使潭州安置乙未詔宿州棄軍將佐奪官貶竄有差丙申太白晝見經天罷江淮宣撫司便宜行事乙巳以旱蝗星變詔侍從臺諫兩省官條上時政闕失丁未詔徵李顯忠侵欺官錢金銀免籍其家乙卯裁減省部寺監官吏戊午給還岳飛田宅八月丙寅張浚復都督江淮軍馬庚午以劉寶兼淮東招撫使丙子以飛蝗風水爲災避殿減膳罷借諸路職田之令戊寅金紇石烈志寧又以書求海泗唐鄧四州地及歲幣癸未復以龍大淵知閤門事曾覿同知閤門事丙戌遣淮西安撫司幹辦公事盧仲賢等齎書至金帥府戒勿許四州差減歲幣仍命諸將毋遣兵入出境九月己酉楊存中罷冬十月戊午朔大臣奏金帥書言四事帝曰四州地歲幣可與名分歸正人不可從辛酉御殿復膳己巳遣護聖軍戍江南丙子詔太上皇后教旨改稱聖旨立賢妃夏氏爲皇后丁丑地震辛巳升洪州爲隆興府詔江淮軍馬調發應援從都督府取旨餘事悉以聞十一月己丑盧仲賢自宿州以金都元帥僕散忠義遺三省樞密院書來庚子遣王之望等爲金國通問使辛丑詔侍從臺諫於後省集議講和遣使禮數土貢四事仍各薦可備小使者丙午盧仲賢擅許四州下大理寺奪三官召張浚癸丑以胡昉楊由義爲使金通問國信所審議官十二月己未陳康伯罷乙丑張浚入見丁丑以湯思退爲尚書左僕射張浚爲右僕射並同中書門下平章事兼樞密使浚仍都督江淮東西路軍馬壬午西南方有白氣是歲以兩浙大水旱蝗江東大水悉蠲其租

二年春正月辛卯詔增德壽宮車輦儀衛壬辰御文德殿冊皇后癸巳修三省法乙未及皇后朝德壽宮丙申命虞允文調兵討廣西諸盜庚子罷諸州招軍丙午金僕散忠義復以書來庚戌申嚴鄉監郎官更出迭入之制壬子振歸正人甲寅白氣亘天是月福建諸州地震二月辛未蠲秀州貧民逋租壬申容州妖賊李雲作亂癸酉復王權武義大夫命權廣西路都鈐轄專一措置盜賊丙子詔飭將帥減文武官及百司吏郊賜之半罷兩浙福建江西湖南夔州路參議官丁丑雨雹及雪獲李雲其黨悉平乙酉胡昉自宿州還初金帥以昉等不許四郡械繫之昉等不屈金主命歸之三月丙戌朔詔張浚視師于淮又詔王之望等以幣還丁亥詔荊襄川陜帥臣嚴邊備毋先事妄舉盧仲賢除名械送郴州編管壬寅詔知光州皇甫倜毋招納歸正人丙午王宣等降詔三衙戍兵歸司建康鎮江大軍更番歸砦庚戌芝生德壽宮以戶部侍郎錢端禮爲淮東宣諭使吏部侍郎王之望爲淮西宣諭使詔撫諭兩淮軍民壬子以廣西賊平詔減高藤雷容四州雜犯死罪囚釋杖以下蠲夏秋稅賦以忠勇軍隸步軍司神勁右軍隸鎮江都統司癸丑以王彥爲建康諸軍都統制兼淮西招撫使夏四月庚申召張浚還朝甲子以李顯忠侵欺官錢給還諸軍丁卯以建康歸正人爲忠毅軍鎮江爲忠順軍命蕭琦蕭鷓巴分領之戊辰罷江淮都督府高麗入貢丁丑張浚罷癸未言者論宰相執政狥欺之弊命書寘政事堂五月壬辰復置環衛官丙申詔吳璘毋招納歸正人辛丑詔劉寶量度泗州輕重取舍事宜以聞江西總管邵宏淵責授靖州團練副使南安軍安置仍徵其盜用庫錢乙巳率群臣詣德壽宮賀天申節始用樂丁未蝗詔內外贓私不法官吏尚書省置籍檢勘庚戌罷招神勁效用軍辛亥蠲兩淮所招戶馬六月甲寅朔日有食之辛酉以淫雨詔州縣理滯囚戊辰太白晝見壬申命虞允文棄唐鄧允文不奉詔丁丑賑江東兩淮被水貧民秋七月乙酉召虞允文以戶部尚書韓仲通爲湖北京西制置使丁亥洪遵罷己丑以周葵兼權知樞密院事遣主管馬軍司公事張守忠以兵詣淮西措置邊備庚子太白經天詔內外文武官年七十不請致仕者遇郊毋得蔭補己巳命海泗州徹戍丁未雨雹戊申蠲淮東內庫坊場錢一年庚戌洪遵落端明殿學士癸丑以江東浙西大水詔侍從臺諫卿監郎官館職陳闕失及當今急務是月罷內侍押班梁珂爲在外宮觀移廣西提刑司于容州八月甲寅朔以災異避殿減膳戊午南丹州莫延廩爲諸蠻所逐來歸詔補修武郎命江東浙西守臣措置開決圍田甲子秦國大長公主薨以久雨決繫囚庚辰以資政殿大學士賀允中爲知樞密院事兼參知政事辛巳詔振淮東被水州縣張浚薨壬午遣魏杞等爲金國通問使九月甲申罷內侍李珂賜諡甲午詔江東浙西監司守臣講明措置田事乙未交阯入貢丁酉嚴贓吏法辛丑以王之望爲參知政事權刑部侍郎吳芾爲給事中兼淮西宣諭使金人犯邊以久雨出內庫白金四十萬兩糴米賑貧民壬寅王彥帥師濟江軍昭關癸卯命湯思退都督江淮東西路軍馬辭不行乙巳復命楊存中爲同都督錢端禮吳芾並爲都督府參贊軍事罷宣諭司仍易國書以付魏杞少保崇信軍節度使趙密落致仕權領殿前司職事冬十月甲寅魏杞至盱眙金帥以國書未如式弗受欲得商秦地及俘獲人且邀歲幣三十萬杞未得進丁卯賀允中罷爲資政殿大學士致仕己巳以周葵兼權知樞密院事王之望兼同知樞密院事庚午詔輔臣夕對便殿丙子大風庚辰蠲京西湖北運糧所經州縣秋稅之半以靖海軍節度使李寶爲沿海駐劄御前水軍都統制辛巳金人分道渡淮劉寶棄楚州遁十一月乙酉知楚州魏勝與金人戰死之州遂陷濠州亦陷王彥棄昭關遁滁州又陷丙戌詔諭沿邊將士丁亥詔魏杞等以所賚禮幣犒軍杞弗從命留鎮江候旨復命王之望督視江淮軍馬戊子以金人侵擾詔郊祀改用明年又詔諭歸正官民軍士命王之望同都督江淮軍馬湯思退罷都督召陳康伯己丑王之望罷同都督庚寅命楊存中都督江淮軍馬辛卯湯思退罷尋以尹穡晁公武論之落觀文殿大學士永州居住未至而卒甲午以黃榜禁太學生伏闕是日太學生張觀等七十二人上書請斬湯思退王之望尹穡竄其黨洪适晁公武而用陳康伯胡銓等以濟大計丙申遣國信所大通事王抃持周葵書如金帥府請正皇帝號爲叔姪之國易歲貢爲歲幣減十萬割商秦地歸被俘人惟叛亡者不與誓目大略與紹興同以金人犯淮南詔避殿減膳丁酉詔擇日視師戊戌以少保觀文殿大學士陳康伯爲尚書左僕射同中書門下平章事兼樞密使庚子遣兵部侍郎胡銓右諫議大夫尹穡分詣兩浙措置海道贈魏勝寧國軍節度使諡忠壯辛丑兵部尚書錢端禮賜出身簽書樞密院事兼提領德壽宮壬寅詔侍從兩省官日一至都堂議事有關臺諫者亦聽會議以顯謨閣學士虞允文同簽書樞密院事癸卯遣王之望勞師江上甲辰金人犯六合縣步軍司統制崔皋擊却之乙巳以錢端禮兼權參知政事丁未以顯謨閣直學士沈介爲沿江制置使命沿江諸州調保甲分守渡口己酉劉寶落節鉞爲武泰

軍承宣使王彥落龍神衞四廂都指揮使。閏月甲寅，陳康伯入見，詔康伯間日一朝，肩輿至殿門，給扶升殿。丙辰，周葵罷。王抃見金二帥，皆得其報書以歸。戊午，蕭琦卒。壬戌，詔罷胡銓、尹穡。丙寅，召韓仲通。以沈介爲兵部尙書、湖北京西制置使。戊辰，以金人且退，詔督府擇利擊之，王之望執不可。乙亥，之望罷。丙子，以王抃爲奉使金國通問國信所參議官，持陳康伯報書以行。丁丑，金遣張恭愈來迓使者。詔臺諫、侍從、兩省官舉楚、廬、滁、濠四州守臣。十二月甲申，罷陝西路轉運司。戊子，魏杞始渡淮。詔郊祀大禮遵至道典故，改用來年正月一日上辛。辛卯，以錢端禮爲參知政事兼知樞密院事，虞允文同知樞密院事兼權參知政事，禮部尙書王剛中簽書樞密院事。丙申，制曰：「比遣王抃遠抵潁濱，得其要約，尋澶淵盟誓之信，倣大遼書題之儀，正皇帝之稱，爲叔姪之國，歲幣減十萬之數，地界如紹興之時，憐彼此之無辜，約叛亡之不遣，可使歸正之士咸起寧居之心。重念數州之民罹此一時之難，老稚有蕩析之哉，丁壯有係累之苦，宜推蕩滌之宥，少慰彫殘之情。應沿邊被兵州軍，除逃逋官吏不赦外，雜犯死罪情輕者減一等，餘並放遣。」遣洪适等賀金主生辰。詔吳挺市馬赴行在。己亥，雨雹。壬寅，罷三衙江上荆襄諸軍招軍。甲辰，遣沿海水軍還屯。己酉，朝獻景靈宮。庚戌，朝饗太廟。

乾道元年春正月辛亥朔，合祀天地于圜丘，大赦，改元。丁巳，淮西安撫韓璡勒停，賀州編管。庚申，以錢端禮兼德壽宮使。辛酉，召楊存中。通問使魏杞至燕山。丁卯，以王抃使金有勞，進五官。庚午，西北方有白氣。詔館職吏迭補外。辛未，立兩淮守令勸民種桑賞。壬申，詔兩浙振流民。以紹興流民多死，罷守臣徐嘉及兩縣令。癸酉，蠲沿邊殘破州軍官賦一年。甲戌，劉寶責果州團練副使，瓊州安置。乙亥，罷兩淮招撫司及陝西、河東宣撫招討司。丙子，淮西守將孔福以遇敵棄城伏誅，頓遇奪官，刺面配吉陽軍牢城。二月庚辰朔，朝德壽宮，從太上皇、太上皇后幸四聖觀。乙酉，罷江淮都督府，遣官檢察兩淮州縣，振濟饑民。庚寅，雨雹。癸巳，移濠州戍兵于藕塘。庚子，以楊存中爲寧遠昭慶軍節度使。甲辰，以久雨避殿減膳，蠲兩淮災傷州縣身丁錢絹，決繫囚。丁未，陳康伯薨，謚文恭。三月甲寅，太白晝見。己未，御殿復膳。庚申，以虞允文爲參知政事兼同知樞密院事，王剛中同知樞密院事。命淮西、湖北、荆襄帥臣措置屯田，復置榷場。癸亥，黃祖舜薨。戊辰，白氣亘天。己巳，罷諸軍額外制領將佐。乙亥，太白經天。是春，湖南盜起，入廣東，焚掠州縣，官軍討平之。夏四月庚子，金報問使完顏仲等入見。乙巳，吳璘入見。五月庚戌，以璘爲太傅，封新安郡王。丙辰，詔有司治皇后家廟。壬戌，詔監司帥守講究弊事以聞。合廣南東西路監事爲一司。癸亥，詔總領、帥漕臣、諸軍都統制並兼提領措置屯田，沿邊守臣兼管屯田事。丁卯，詔吳璘措置馬綱水路。壬申，蠲四川州縣虛額錢。吳璘改判興元府。乙亥，詔未銓試人毋得堂除。丙子，遣李若川等使金賀上尊號。增置諸路鈐轄、都監。郴州盜李金等復作亂，遣兵討捕之。六月癸未，王剛中薨。乙酉，詔恭王府直講王淮傾邪不正，有違禮經，可與外任。丙戌，以翰林學士洪适簽書樞密院事。戊子，步軍司統制官崔皐坐奏功冒濫，奪所遷觀察使，止進橫行三官，令本軍自效。辛卯，以武經郎令德爲安定郡王。壬辰，以淮南轉運判官姚岳言境內飛蝗自死，奪一官，罷之。丙申，以兩淮守令勞徠安集無效，下詔戒飭之，仍以詔置守令治所。壬寅，蠲廣東殘破郡縣稅賦。甲辰，罷湖北京西制置司。秋七月辛亥，詔知州年七十以上者與宮觀。癸丑，輔臣晚對選德殿，御坐後有大屛，記注諸道監司、郡守姓名，因令都堂視此書之。甲寅，借職田租二年以裨經費。己未，鑄當二錢。己巳，蠲關外四州民今年租稅及湖南賊蹂郡縣夏稅。八月己卯，以永豐圩田賜建康都統司。癸未，獲李金。乙酉，詔立子愭爲皇太子。丁亥，虞允文罷。戊子，大赦。己丑，以洪适爲參知政事兼權知樞密院事，吏部侍郎葉顒簽書樞密院事兼權參知政事。庚寅，立知州軍、諸路總管、鈐轄、都監辭見法。癸巳，錢端禮以避東宮親嫌，罷爲資政殿大學士、提舉萬壽觀。戊戌，吏部侍郎章服以論虞允文阿附，罷謫居汀州。九月乙卯，立廣國夫人錢氏爲皇太子妃。丁巳，申嚴百司官出入局之制。丁卯，升鼎州爲常德府。甲戌，以端明殿學士汪澈知樞密院事，洪适兼同知樞密院事。乙亥，置沿淮諸州都巡檢。冬十月己卯，遣方慈等使金賀正旦。戊子，增頭子錢。歸正人右通直郎劉蘊古坐以軍器法式送北境，伏誅。壬辰，御大慶殿，冊皇太子。癸巳，詣德壽宮稱謝。乙未，詔侍從各舉所知宗室一二人。丁酉，金遣高衎等來賀會慶節。乙巳，淮北紅巾賊踰淮刼掠，立賞討捕之，已而知楚州胡明遣巡尉擊殺其首蕭榮。十一月辛亥，招收兩淮流散忠義人。丙寅，白氣亘天。辛未，遣龍大淵撫諭兩淮，措置屯田，督捕盜賊。十二月戊寅，以洪适爲尙書右僕射、同中書門下平章事兼樞密使，汪澈爲樞密使，命廣東提刑司招安李金餘黨。癸未，遣王曮等賀金主生辰。庚寅，以葉顒爲參知政事兼同知樞密院事。辛卯，詔侍從、臺諫、兩省舉堪監司、郡守者各一人，三衙、知閤舉材武可守邊者一人。庚子，罷兩淮諸州權攝官。壬寅，金遣烏古論忠弼等來賀明年正旦。癸卯，詔樞密院文書依三省式，經中書門下畫黃書讀至正。

二年春正月辛酉，省六合戍兵，以所墾田給還復業之民。辛未，命湖南監司存恤寇盜殘破郡縣。二月丁丑，罷盱眙屯田。振兩浙、江東饑。戊寅，幸玉津園宴射，遂幸龍井。三月乙巳，禁京西、利州路科役保勝義士。壬子，詔戒飭刑獄官。戊午，殿中侍御史王伯庠請裁定奏薦，詔三省、臺諫集議具條式以聞。詔縣令非兩任毋除監察御史，非任守臣毋除郎官，著爲令。丁卯，賜禮部進士蕭國梁以下四百九十有三人及第、出身。戊辰，再增諸州軍離軍添差員闕。辛未，罷洪适右僕射。癸酉，以給事中權吏部尙書魏杞同知樞密院事兼權參知政事。丁丑，罷和糴。夏四月戊寅，以久雨命侍從、臺諫議刑政所宜以聞。減大理、三衙、臨安府及浙西州縣雜犯死罪以下囚一等，釋杖以下。庚辰，詔兩浙漕臣王炎開平江、湖、秀圍田。辛巳，避殿減膳。甲申，太白晝見。癸巳，御殿復膳。乙未，汪澈罷。丁酉，以知荆南府李道憑恃戚里妄作，罷之。五月戊申，張壽薨。己酉，罷權借職田。庚戌，葉顒罷。以魏杞爲參知政事，右諫議大夫林安宅同知樞密院事兼權參知政事，中書舍人蔣芾簽書樞密院事。癸丑，太白晝見經天。禁浙西修築圍田。罷修建康行宮。丁卯，命監司、守臣預備水旱。六月甲戌，罷兩浙路提舉市舶司。詔諸路監司、帥臣各察守令臧否以聞。丙子，刑部上乾道新編特旨斷例。戊寅，詔制科權罷注疏出題，守臣、監司亦許解送。庚辰，封孫挺爲福州觀察使、榮國公，攄爲左千牛衞大將軍。癸未，詔使相毋奏補文資，七色補官人毋任子，堂吏遷朝議大夫以五員爲額。乙酉，申嚴內外牒式法，裁其額。丙戌，廢永豐圩。戊戌，詔改官人實歷知縣一任方許關升，著爲定式。秋七月己酉，調泉州左翼軍二千人屯許浦鎭。甲寅，以鎭江都統制戚方爲武當軍節度使。八月辛未朔，詔兩淮行鐵錢，銅錢毋過江北。癸酉，以武鋒軍隷步軍司。甲戌，罷任子年三十得免試參選之令。丁丑，蠲淮南放歸萬弩手差役二年。壬午，詔諸州守臣兼訓練禁軍。癸未，降會子、交子于鎭江、建康務場，令江淮之人對換。丙戌，林安宅劾葉顒之子受金，失實，罷之。丁亥，詔安宅筠州居住。溫州大水。戊子，以魏杞兼同知樞密院事，蔣芾權參知政事。召葉顒。庚寅，少保、新興郡王吳蓋薨。甲午，立中興以來十三處戰功格目。乙未，詔吳璘復判興州。丙申，升宣州爲寧國府。罷戶部諸路歲糴一年。九月甲辰，知上元縣李允升犯贓，貸死，杖脊刺面，配惠州牢城，籍其貲。丙午，建康守臣王佐坐縱允升去官，奪三官，勒停，建昌軍居住，餘失按官吏及薦舉官奪官有差。辛亥，遣官按視溫州水災，振貧民，決繫囚。乙卯，詔改造大曆。辛酉，追封子愭爲鄧王，謚曰悼肅。甲子，詔監司各舉部內知縣、縣令二三人，守臣各舉屬縣一二人。己巳，魏杞等上神宗、哲宗、徽宗三朝帝紀、太上皇聖政。太白晝見。是月，詔舉將帥，置章奏簿。冬十月癸酉，上太上皇聖政于德壽宮。乙亥，遣薛良朋等使金賀正旦。己卯，減饒州歲貢金三之一。蠲諸路酒坊逋賦。戊子，知峽州呂令問坐縱贓吏、知夷陵縣韓贄冐去官，奪二官，鄂州居住。辛卯，雨雹。金遣魏子平等來賀會慶節。十一月丙午，楊存中薨。己酉，盡出內藏及南庫銀以易會子，官司並以錢銀支遣，民間從便。兩淮總領所許自造會子，犒諸路營田。壬子，詔修祥曦殿記注。乙卯，密詔四川制置使汪應辰，如吳璘不起，收其宣撫使牌印，權行主管職事。甲子，大閱。戊辰，築郢州城。是月，詔汰冗兵。十二月庚午朔，白氣亘天。癸酉，詔三省、侍從、臺諫、兩淮漕臣、郡守條具兩淮鐵錢交子利害以聞。乙亥，遣梁克家等賀金主生辰。己卯，以資政殿學士葉顒知樞密院事。辛巳，詔免進呈欽宗日曆，送國史院修纂實錄。壬午，追封楊存中爲和王。甲申，以葉顒爲尙書左僕射，魏杞右僕射，並同中書門下平章事兼樞密使，蔣芾參知政事，吏部尙書陳俊卿同知樞密院事兼權參知政事。庚寅，詔宰相領兼制國用使，參知政事同知國用事。癸巳，詔監司、守臣舉廉吏。丙申，金遣烏古論元忠等來賀明年正旦。以江東兵馬鈐轄王抃爲帶御器械。是歲，裁定內外軍額。

宋史卷三十四

元 中 書 右 丞 相 總 裁 脫 脫 等 修

本紀第三十四

孝宗二

三年春正月甲辰詔廷尉大理官毋以獄情白宰執探刺旨意爲輕重庚戌置三省戶房國用司初以國用匱乏之罷江州屯駐軍馬至是復留之癸亥罷銅錢過江之禁裁定利州西路諸軍額二月壬申詔國用司月上宮禁及百司官吏三衙將士請給之數癸酉出龍大淵爲江東總管曾覿爲淮西總管甲戌大淵改浙東覿改福建乙亥罷成都潼州路轉運司輪年銓試以其事付制置司辛巳以端明殿學士虞允文知樞密院事癸未雨雹甲申爲知陳州陳亨祖立廟于光州賜名愍忠丙戌以武經龜鑑孫子賜鎮江都統戚方建康都統劉源癸巳措置淮東山水砦丙申從太上皇太上皇后幸玉津園戊戌直秘閣前廣東提刑石敦義犯贓刺面配柳州籍其家正月甲辰從太上皇太上皇后幸聚景園辛亥詣德壽宮恭請裁定醫官員額丁巳詔四川宣撫司創招千人置司所在屯駐壬戌伯母秀王夫人張氏薨夏四月辛未蠲諸路州軍逋負癸酉爲秀王王夫人成服于後苑百官進名奉慰丁丑合利州東西路爲一戊寅以吳璘知興元府充利州路安撫使四川宣撫使五月癸卯葉顒等上三祖下仙源積慶圖及太宗眞宗玉牒哲宗寶訓甲寅吳璘薨庚申命四川制置使汪應辰主管宣撫司事移司利州修揚州城壬戌大減三衙官屬六月己巳命汪應辰權節制利州路屯駐御前軍馬辛未復分利州東西路爲二甲戌以虞允文爲資政殿大學士四川宣撫使乙亥金遣使來取被俘人詔實俘在民間者還之軍中人及叛亡者不預戊寅復以虞允文爲知樞密院事充宣撫使帝親書九事戒之罷淮西江東總領所營田募人耕佃壯丁各還本屯癃老存留戚年請給甲申詔鎮江都統制戚方武鋒軍都統制陳敏各上清河口戰守之策追封吳璘爲信王丁亥詔後省參致理檢院典故辛卯皇后夏氏崩振泉州水災秋七月己亥立薦舉改官額壬寅以皇太子疾減雜犯死罪四釋流以下乙巳皇太子薨謚曰莊文己酉東宮醫官杜揖除名昭州編管尋改瓊州閏月辛未詔諸軍復置副都統制文字與都統制連書軍馬調發從都統制違者奏劾戚方罷癸酉權攢安恭皇后于臨安修吉寺丁亥戚方落節鉞信州居住八月丁酉內侍陳瑜李宗回坐交結戚方受賂瑜除名決杖黥面配循州宗回除名筠州編管方責授果州團練副使潭州安置籍所盜庫金以犒軍甲寅以久雨命臨安府決繫囚丁巳葉顒等請罷不許蠲光濠盧三州壽春府賦一年戊午遣官分決滯獄壬戌以知建康府史正志兼沿江水軍制置使自鹽官至鄂州沿江南北及沿海十五州水軍悉隸之癸亥詔給舍討論考課舊法四川旱賜制置司度牒四百備振濟九月戊子太白晝見冬十月乙未朔占城入貢丁酉遣唐瑑等使金賀正旦戊戌修眞州城以嗣濮王士輵爲開府儀同三司庚子定內外薦舉改官人歲額癸卯詔歸正借補官資人充樞密院効士於指定州軍以官庫酒息贍之者毋罷其給乙卯金遣蒲察莎魯窩等來賀會慶節十一月丙寅合祀天地于圜丘大赦戊辰雷己巳詔戒飭武臣及百官癸酉以郊祀雷葉顒魏杞並罷命陳俊卿爲參知政事翰林學士劉珙同知樞密院事甲戌蔣芾陳俊卿請罷不許丁丑以雷發非時詔臺諫侍從兩省官指陳闕失辛巳詔侍從兩省臺諫卿監郎官舉堪郎官寺監丞監司郡守者癸巳罷川路馬船十二月丙申增修六合城己亥遣王瀹賀金主生辰乙巳置豐儲倉增印會子辛亥以吳益爲太傅庚申金遣徒單忠衛等來賀明年正旦是歲兩浙水四川旱江東西湖南北路蝗振之

四年春正月戊辰籍荊南義勇民兵增給衣甲遇農隙日番教壬午奪秦熺秦堪郊恩蔭補癸未雨雹甲申幸天竺寺遂幸玉津園辛卯罷吳益郊恩蔭補壬辰葉顒薨二月甲午朔罷福建路賣鈔鹽蠲轉運司歲發鈔鹽錢十五萬緡詔四川宣撫使虞允文集四路漕臣會計財賦所入對立兵額丁酉命湖北安撫司給田募辰沅靖三州刀弩手戊戌置和州鑄錢監己亥以蔣芾爲尙書右僕射同中書門下平章事兼樞密使兼制國用使觀文殿大學士史浩爲四川制置使浩辭不行庚子詔蔣芾常朝贊拜不名芾辭許之乙巳賜王炎出身簽書樞密院事癸丑五星皆見乙卯雪雨雹三月庚午以敷文閣待制晁公武爲四川安撫制置使戊寅詔贈果州團練使韓崇岳立廟賜名忠勇宣州觀察使朱勇立廟賜名忠節己丑四方霧下若塵庚寅蠲楚州壯丁社民稅役謚陳亨祖曰愍節夏四月乙未置漢陽軍收發馬監詔官吏非犯公罪毋得引用併計案問發己亥置郢州轉般倉癸卯遣使撫卭蜀二州饑民爲亂者己酉追封韓世忠爲蘄王甲寅蔣芾等上欽宗帝紀實錄丙辰禮部員外郎李燾上所著續通鑑長編自建隆至治平一百八卷丁巳詔大使局參用新舊歷戊午詔販牛過淮者論如興販軍須之罪是月振綿漢等州饑五月癸亥出度牒千道續減四川科調乙丑太白晝見以卭州安仁縣荒旱失于蠲放致饑民擾亂守貳縣令降罷追停有差甲申謚趙鼎曰忠簡丙戌行乾道新歷丁亥以饒信二州建寧府饑民嘯聚遣官措置振濟是月西夏任敬德遣使至四川宣撫司約發兵攻西番六月辛卯朔太白晝見經天甲午詔罷廣西鈔鹽復官般官賣法歲減轉運司鈔錢十九萬緡其秋苗毋得科折戊戌蠲諸路逋負乾道元年二月和市折帛雜色錢辛丑龍大淵卒詔以爲寧武軍節度使致仕五星皆見癸卯詔四川宣撫司增印錢引一百萬對償民間預借錢蠲卭蜀二州夏稅丁巳召興化軍布衣林彖赴行在戊午蔣芾以母喪去位秋七月壬戌以劉珙兼參知政事召建寧府布衣魏掞之赴行在申禁異服異樂癸亥徽州大水己巳罷沿江水軍制置司辛未衢州大水戊寅知衢州王悅以盛暑禱雨蔬食減膳憂勤致疾而死贈直龍圖閣丁亥以經總制餘剩錢二十一萬緡樁留卭蜀州以備振濟己丑以久雨御延和殿慮四減臨安府三衙死罪以下四釋杖以下是月西夏遣間使來八月乙未班祈雨雪之法于諸路己亥五星皆見丁未主管殿前司公事王琪傳旨不實擅興工役降三官放罷庚戌劉珙罷辛亥陳俊卿請罷政不許九月庚申立內外將佐升差審察法庚午從太上皇幸天竺寺限品官子孫名田是秋罷關外四州營田官兵募民耕佃冬十月壬辰遣鄭聞等使金賀正旦甲午禁歸正人藏匿金人者乙未臣僚言天下之事必歷而後知試而後見爲縣令者必爲丞簿爲郡守者必爲通判爲監司者必爲郡守皆有等差自今職事官吏局務官必任滿方許求外未歷親民任使郎未得擬州郡且授通判詔從之庚子蔣芾起復尙書左僕射陳俊卿右僕射並同中書門下平章事兼樞密使兼制國用使甲辰大閱己酉金遣移剌神獨幹等來賀會慶節庚戌大風十一月壬戌遣知無爲軍徐子寅措置楚州官田招集歸正忠義人以耕甲戌嚴盜賊法乙亥詔峽州布衣郭雍赴行在壬申兩淮歸正忠義有田產者蠲役五年癸未岳陽軍節度使居廣封永陽郡王十二月丙申遣胡元質等賀金主生辰甲辰賜魏掞之同進士出身爲太學錄蔣芾辭起復許之減兩浙江東西路明年夏稅和市之半甲寅金遣完顏仲仁等來賀明年正旦

五年春正月甲戌措置兩淮屯田二月己丑詔申嚴太廟季點法乙未命楚州兵馬鈐轄羊滋專一措置沿淮海盜賊先是海州人時旺聚衆數千來請命旺尋爲金人所獲其徒渡淮而南者甚衆故命滋彈壓之戊戌贈張浚太師謚忠獻壬寅以給事中梁克家簽書樞密院事癸卯大風甲辰以王炎參知政事兼同知樞密院事丙午雨雹辛亥詔自今詔令未經兩省書讀者毋輒行給舍駁正毋連銜同奏三月丁巳朔詔趣修廬和二州城己巳蠲成都府路民戶歲輸對糴米脚錢三十五萬緡乙亥以王炎爲四川宣撫使仍參知政事召虞允文赴行在丙子賜禮部進士鄭僑以下三百九十有二人及第出身壬午賜郭雍號沖晦處士癸未罷利州路諸州營田官兵募民耕佃詔侍從監司帥臣管軍薦武舉出身人可將佐者夏四月己丑復置將作軍器少監壬辰以梁克家兼參知政事辛丑詔福建路貧民生子官給錢米庚戌修襄陽府城辛亥振恤衢婺饒信四州流民五月己巳帝以射弩弦斷傷目不視朝金牒取俘獲人王抃議盡遣時旺餘黨陳俊卿持不可帝然之六月庚寅太白晝見戊戌始視朝己酉以虞允文爲樞密使秋七月乙丑召曾覿入見陳俊卿及虞允文請罷之不許覿至行在俊卿允文復言其不可留詔以覿爲浙東總管八月甲申朔日有食之己丑以陳俊卿爲尙書左僕射虞允文爲尙書右僕射並同中書門下平章事兼樞密使兼制國用使辛亥命淮西路鑄小鐵錢九月己未罷淮東屯田官兵募民耕佃辛酉詔淮東諸州農隙教閱民丁甲子詔侍從臺諫集議欽宗配饗功臣壬申大風命淮西安撫司參議官許子中措置淮西山水砦招集歸正忠義人耕墾官田冬十月乙酉遣汪大猷等使金賀正旦戊子振溫台二州被水貧民以守臣監司失職降責有差戊戌大風己亥命饒信二州歲各留上供米三萬石以備振糴癸卯金遣高德基等來賀會慶節十一月癸丑朔復置淮東萬弩手名神勁軍庚申增置廣東水軍乙丑以孫濵爲右千牛衛大將軍以明州定海縣水軍爲御前水軍丙寅爲岳飛立廟于鄂州己巳太白晝見辛未詔侍從臺諫兩省官各舉歲朝官以上才堪監司郡守者三人壬申復成閔慶遠軍節度使鎮江諸軍都統制十二月己丑遣司馬伋等賀金主生辰辛卯大風丁酉置應城縣馬監復李顯忠威武軍節度使乙巳復置成都府廣惠倉戊申金遣完顏毅等來

賀明年正旦

六年春正月癸丑雅州沙平蠻寇邊焚碉門砦四川制置使晁公武調兵討之失利乙卯修楚州城丁巳復强盜舊法其四年十一月指揮勿行癸亥初降金字牌下四川宣撫司備邊奏己丑增築豐儲倉庚午以奉國軍承宣使知廬州郭振爲武泰軍節度使二月乙酉詔戶部侍郎二人分領諸路財賦丁亥復置舒州同安監鑄鐵錢辛卯王炎遣人約沙平蠻歸部稍捐邊稅與之丙申廣西路復行鈔鹽法仍增收通貨錢四十萬緡以備漕計壬寅詔諭大臣均役法嚴限田抑游手務農桑己酉置應城縣孳生監庚戌以曾覿爲福州觀察使遣司農寺丞許子忠詣淮西措置鐵錢三月癸丑用三省官兩淮守帥宜久其任二年俟察其能否以行賞罰乙卯裁減樞密院吏額一百十有四人丁巳詔步軍司權以三萬五千人爲額以王抃僉知閤門事專一措置三衙揀選官兵贈彰國軍節度使大周仁爲太尉庚申從太上皇太上皇后幸聚景園乙丑以晁公武王炎不協罷四川制置司歸宣撫司辛未從太上皇太上皇后幸聚景園甲戌裁減三省吏額七十八人戊寅以知紹興府史浩爲檢校少傅保寧軍節度使己卯詔兩淮州縣官以繁簡易其任復置江浙荆湖兩廣福建等路都大發運使以新知成都府史正志爲之夏四月辛巳朔罷鑄錢司歸發運司併淮東總領所歸淮西總領所以敷文閣直學士張震知成都府充本路安撫使乙未賜發運使史正志緡錢二百萬爲均輸和糴之用吏部尚書汪應辰三上疏論發運司戊戌以應辰知平江府五月甲寅裁減六部吏額百五十八人其餘百司三衙以是爲差己未陳俊卿虞允文等上神宗哲宗徽宗欽宗四朝會要太上皇玉牒己巳陳俊卿以議遣使不合罷爲觀文殿太學士知福州罷行在至鎮江征稅所比近者十有三甲戌詔誡飭百官丁丑知潮州曾造犯贓貸命南雄州編管籍其家戊寅詔給舍臺諫言事閏月壬午詔監司帥臣舉守令贓否失實依舉清要官法定罪甲申卽給諸州上供綱目季申而歲校之以爲殿最戊子遣范成大等使金求陵寢地且請更定受書禮辛卯吏部侍郎陳良祐論祈請使不當遣恐生邊釁詔以良祐妄興異論不忠不孝放罷送筠州居住癸巳增環衞官奉以梁克家爲參知政事兼同知樞密院事壬寅以江東漕臣黃石不親按行水災州郡降二官甲辰辛次膺薨戊申復置武臣提刑六月壬子申嚴卿監郎官更迭補外之制壬申增武學生爲百人癸酉置蘄州蘄春監黃州齊安監鑄鐵錢是月榮國公挺自東宮出居外第秋七月癸未詔以沙田蘆場歲收租稅六十餘萬緡入左藏南庫丙戌詔川廣監司郡守任滿奏事訖方調己丑置興國軍興國監甲午詔除郎官並引對畢供職辛丑復置御前弓馬子弟所命吳挺兼提舉賜岳飛廟曰忠烈八月庚戌虞允文請蚤建太子癸丑復置詳定一司勑令所丙寅置閤門舍人十員是月虞允文上乾道勑令格式九月壬辰賜蘇軾謚曰文忠辛丑沅州猺人相讐殺守臣孫叔傑出兵擊之失利猺人進迫州城安撫司諭解之叔傑尋抵罪是月范成大至自金金許以遷奉及歸欽廟梓宮而不易受書禮冬十月己酉以孫攄爲左千牛衞大將軍丙辰詔發運使置司行在諡司馬朴曰忠潔辛酉遣呂正己等使金賀正旦丁卯金遣耶律子敬等來賀會慶節甲戌起居舍人趙雄請置局議恢復詔以雄爲中書舍人十一月丁丑朔復置軍器監一員壬午合祀天地于圜丘大赦乙未復置神武中軍以吳挺爲都統制召曾覿提舉佑神觀丁酉加上光堯壽聖太上皇帝尊號曰光堯壽聖憲天體道太上皇帝壽聖太上皇后尊號曰壽聖明慈太上皇后是月遣趙雄等賀金主生辰別函書請更受書之禮置左藏南上庫十二月戊申大閱甲子置江州廣寧監臨江軍豐餘監撫州裕國監鑄鐵錢壬申金遣蒲察愿等來賀明年正旦癸酉罷發運司以史正志奏課不實責爲楚州團練副使永州安置是歲兩浙江東西福建水旱

七年春正月丙子率羣臣奉上太上皇太上皇后冊寶于德壽宮庚辰虞允文復請建太子帝命允文擬詔以進壬寅命三省旬錄宣諭聖語及時政記同進是月復鑄錢司二月癸丑詔立子惇爲皇太子大赦以慶王愷爲雄武保寧軍節度使判寧國府進封魏王丁巳增置皇太子宮講讀官庚申罷會子庫仍賜戶部內藏南庫緡錢二百萬銀九十萬兩以增給官兵之奉甲子詔寺觀毋免稅役丁卯太傅大寧郡王吳益薨壬申大風三月乙亥朔趙雄至金金拒其請詔訓習水軍丙子立恭王夫人李氏爲皇太子妃戊寅徙侍衞馬軍司戍建康己卯起復劉珙同知樞密院事以明州觀察使知閤門事兼樞密都承旨張說簽書樞密院事左司員外郎兼侍講張栻言說不宜執政乙酉立沿海州軍私齎銅錢下海船法丙戌復置將作監殿中侍御史李處全乞遣張說按行邊戍以息衆論中書舍人范成大乞不草詞戊子說罷爲安慶軍節度使提舉萬壽觀庚寅遣使覈兩淮種麥丙申御大慶殿冊皇太子禮部侍郎鄭聞工部侍郎胡銓樞密院檢詳文字李衡秘書丞潘慈明並罷虞允文乞留銓乃以爲寶文閣待制兼侍講己亥皇太子謝于紫宸殿宰相率百官赴東宮賀夏四月戊申以曾覿爲安德軍承宣使庚申詔諸路增收無額錢物並輸南上庫壬戌從太上皇太上皇后幸聚景園甲子詔皇太子判臨安府己巳詔侍從臺諫兩省官舉任刑獄錢穀及有智略吏能者各二人辛未詔皇太子領臨安尹五月戊寅復置淮東總領所丁亥劉珙起復同知樞密院事爲荆襄宣撫使珙辭不拜庚寅金人葬欽宗于鞏原丁酉詔廣西帥臣措置南丹州市馬是月遣知閤門事王抃點閱荆襄軍馬六月丙午復主管馬軍司公事李顯忠爲太尉己巳賜吳璘謚曰武順壬申詔兩淮墾田毋創增稅賦秋七月庚子以王炎爲樞密使四川宣撫使八月丙辰詔兩淮民丁克民兵者本名丁錢勿輸辛酉復修襄陽城九月壬申朔以江西湖南旱命募民爲兵甲申從太上皇太上皇后幸東園戊子安定郡王令德薨冬十月丁未罷紹興宗正行司改恩平郡王璩判西外宗正己酉遣莫濛等使金賀正旦壬戌金遣烏林答天錫等來賀會慶節天錫要帝降榻問金主起居虞允文請帝還內僉知閤門事王抃諭天錫以明日見天錫沮退癸亥會慶節金使隨班入見十一月甲戌御集英殿策試應賢良方正能直言極諫科李垕戊寅錫垕制科出身十二月丁未遣翟紱等賀金主生辰庚申詔閤門舍人依文臣館閣以次輪對癸亥罷太醫局丙寅金遣完顏宗寧等來賀明年正旦是歲湖南江東西路旱振之

八年春正月庚午朔班乾道勑令格式丁酉朝獻景靈宮遂幸天竺寺玉津園二月乙巳詔改尚書左右僕射同中書門下平章事爲左右丞相丙午詔六察分隸事有違戾許監察御史隨事具實狀糾劾以聞戊申遣姚憲等使金賀上尊號附請受書之事辛亥以虞允文爲左丞相梁克家爲右丞相並兼樞密使癸丑以安慶軍節度使張說吏部侍郎王之奇並簽書樞密院事侍御史李衡右正言王希呂交章論說不可爲執政不報禮部侍郎兼直學士院周必大不草答詔權給事中莫濟封還錄黃詔並與在外宮觀丙辰詔罷王希呂與遠小監當尋詔與宮觀丁巳李衡罷爲起居郎丙寅戶部尚書曾懷賜出身參知政事三月戊子詔省侍中中書尙書令員以左右丞相充其位夏四月庚子賜禮部進士黃定以下三百八十有九人及第出身己酉殿中侍御史蕭之敏劾虞允文擅權不公允文請罷政許之翼日復留出之敏提點江東刑獄甲子措置兩淮官田徐子寅等坐授田歸正人逃亡奪官有差乙丑詔再蠲兩淮二稅一年五月戊子福建鹽行鈔法丙申立宗室銓試法六月庚子以武德郎令擡爲金州觀察使封安定郡王壬寅蠲兩淮歸正人撮收課子淮東巡尉有縱逸歸正戶口過淮者奪官有差壬子省監司薦舉員秋七月辛巳罷淮西屯田官兵募歸正人耕佃姚憲曾覿至自金金人拒其請癸未以覿爲武泰軍節度使壬辰雨雹九月戊辰定江西四監鐵錢額乙亥詔王炎赴都堂治事戊寅以虞允文爲少保武安軍節度使四川宣撫使封雍國公己丑賜允文家廟祭器壬辰允文入辭帝諭以決策親征令允文治兵俟報冬十月丁未遣馮樽等使金賀正旦丙辰金遣夾谷清臣等來賀會慶節罷借諸路職田十一月辛未遣官鬻江浙福建二廣湖南八路官田辛巳復四川諸州教授庚寅進檢校少傅知福州史浩開府儀同三司十二月戊戌蠲兩淮明年租賦甲辰詔京西招集歸正人授田如兩淮甲寅四川試武舉丙辰追封劉光世爲安成郡王丁巳遣韓元吉等賀金主生辰庚申復置鑄錢司提點官二員辛酉金遣曹望之等來賀明年正旦是歲隆興府江筠州臨江興國軍大旱四川水

九年春正月辛未王之奇罷爲淮南安撫使王炎罷爲觀文殿大學士提舉洞霄宮乙亥以張說同知樞密院事戶部侍郎沈夏簽書樞密院事戊寅遣官鬻兩浙營田及沒官田次及江東西四川如之以刑部尚書鄭聞簽書樞密院事乙酉福建鹽復官賣法是月以措置兩淮荆襄十六事勑安撫轉運司督諸州守臣月具所行事奏仍審擇臧否以議黜陟閏月戊申以久雨命大理三衙臨安府及兩浙州縣決繫囚減雜犯死罪以下一等釋杖以下乙卯修廬州城辛酉大風幸天竺寺玉津園二月壬申蠲江西旱傷五州逋負米乙亥青羌奴兒結寇安靜砦黎州推官黎商老戰死乙酉孫榮國公挺薨追封豫國公丁亥特贈蘇軾爲太師三月甲午禁北界博易銀絹戊申從太上皇太上皇后幸聚景園癸丑復以進奏院隸門下後省丙辰復分淮南安撫司爲東西路夏四月丁丑裁定武鋒軍軍額己丑皇太子解臨安尹事五月壬辰朔日有食之己未以迪功郎朱熹屢

詔不起特改宣教郎主管台州崇道觀六月甲戌禁兩淮荆襄四川諸州籍民戶馬己丑戒飭監司守令勸農秋七月壬寅青羌奴兒結降辛亥吐蕃彌羌畜列陷安靜砦引兵深入黎州守臣誘邛部川蠻擊却之八月丙子詔興修水利癸未合荆鄂二軍爲一以吳挺充都統制九月丙申梁克家等上中興會要太上皇及皇帝玉牒庚子命盱眙軍以受書禮移牒泗州示金生辰使金使不從冬十月甲子遣留正等使金賀正旦右丞相梁克家與同知樞密院張說議使事不合乃求去辛未克家罷爲觀文殿大學士知建寧府壬申裔雲見甲戌以曾懷爲右丞相張說知樞密院事鄭聞參知政事沈夏同知樞密院事庚辰金遣完顏襄等來賀會慶節丁亥襄等入辭別函申議受書之禮仍示虞允文速爲邊備十一月辛卯詔樞密院除授及財賦事關中書門下省其邊機軍政更不錄送戊戌合祀天地于圜丘大赦改明年爲淳熙元年十二月己未朔戒勅沿邊諸軍毋輒遣間探招納叛亡甲子沈夏罷乙丑以御史中丞姚憲簽書樞密院事遣韓彥直等賀金主生辰辛未交阯入貢癸酉罷廣西客鈔鹽復官般官賣法甲戌遣使措置宜州市馬乙亥以嗣濮王士輵永陽郡王居廣並爲少保乙酉金遣完顏璋等來賀明年正旦以議受書禮不合詔俟改日以太上皇有旨姑聽仍舊丁亥璋等入見是歲浙東江東西湖北旱

淳熙元年春正月乙未禁淮西諸關採伐林木戊戌罷坐倉糴米賞庚子罷兩淮將帥權攝官丙午禁兩淮耕牛出境以交阯入貢詔賜國名安南封南平王李天祚爲安南國王二月癸酉虞允文薨辛巳爲郭浩立廟于金州三月戊子朔詔寄祿官及選人並去左右字丙申以鄭聞爲資政殿大學士四川宣撫使戊申幸玉津園癸丑金遣梁肅等來計事夏四月戊辰從太上皇幸聚景園壬申許桂陽軍谿洞子弟入州學聽讀乙亥詔四川宣撫司教閱諸州將兵戊寅遣張子顏等使金報聘己卯以姚憲參知政事戶部尚書葉衡簽書樞密院事五月壬寅班鄭興裔所創檢驗格目六月丙辰朔詔禮官討論別建四祖廟正太祖東嚮位戊午以興州都統制吳挺爲定江軍節度使癸酉改江陵府爲荆南府戊寅曾懷罷癸未姚憲罷甲申落憲端明殿學士罷宮觀以葉衡參知政事秋七月丁亥以鄭聞參知政事罷四川宣撫司以成都府路安撫使薛良朋爲四川安撫制置使戊子詔舉廉吏壬辰以曾懷爲右丞相己酉姚憲南康軍居住八月己未張說罷爲太尉提舉隆興府玉隆觀以徽猷閣學士楊倓爲昭慶軍節度使簽書樞密院事九月乙酉朔以曾覿開府儀同三司壬寅幸玉津園宴射乙巳罷宜州市馬冬十月辛酉立金銀出界罪賞壬戌遣蔡洸使金賀正旦癸亥以積雨命中外決繫囚丙寅鄭聞薨乙亥金遣完顏讓等來賀會慶節戊寅占城入貢辛巳再蠲林安府民身丁錢三年壬午以魏王愷判明州蠲郴州桂陽軍借貸常平米十一月甲申朔日有食之戊戌以禮部侍郎龔茂良參知政事楊倓罷以葉衡兼權知樞密院事丙午曾懷罷戊申以葉衡爲右丞相兼樞密使十二月丁巳以吏部尚書李彥穎簽書樞密院事壬戌遣吳琚等賀金主生辰丙辰罷鐵錢改鑄銅錢庚午詔禮官論復魏悼王襄封壬申葉衡等上眞宗玉牒金遣劉仲誨等來賀明年正旦以資政殿學士知江陵府沈夏升大學士爲四川宣撫使仍命升差從主帥場務還軍中新四川制置使范成大改管內制置使

二年春正月癸巳前宰相梁克家曾懷坐擅改堂除克家落觀文殿學士懷降爲觀文殿學士甲午廢同安蘄春監丁未以兩淮諸莊歸正人安業徐子寅等行賞有差庚戌詔籍諸軍子弟爲背嵬軍三月丙申以太上皇壽七十詔禮官討論慶壽典禮乙巳詔武舉第一人補秉義郎堂除諸軍計議官夏四月乙卯賜禮部進士詹騤以下四百二十有六人及第出身己巳幸玉津園是月茶寇賴文政起湖北轉入湖南江西官軍數爲所敗命江州都統皇甫倜招之五月辛卯諭宰相以朝政闕失士民皆得獻言庚子命鄂州都統李川調兵捕茶寇乙巳詔知縣三年爲任六月庚戌朔詔自今宰執侍從以下除外任非有功績者不除職名外任人非有勞效亦不除職以沈夏同知樞密院事辛酉罷四川宣撫司以倉部郎中辛棄疾爲江西提刑節制諸軍討捕茶寇丁卯用左司諫湯邦彥言落蔣芾王炎觀文殿大學士張說落節度使芾建昌軍炎袁州說撫州並居住戊辰振濟湖南江西被寇州縣是月茶寇自湖南犯廣東秋七月辛丑有星孛于西方八月丙辰江西總管賈和仲以捕茶寇失律除名賀州編管甲子賜安南國王印丁卯蠲湖南江西被寇州縣租稅丁丑遣左司諫湯邦彥等使金申議九月乙卯朔湯邦彥請分揚廬州荆南襄陽府金州興元府興州爲七路每路文臣一人充安撫使以治民武臣一人充都總管以治兵三載視其成以議誅賞從之乙酉振恤淮南水旱州縣乙未葉衡罷丁未沈夏罷贈趙鼎爲太傅還其爵邑追封豐國公閏月丁巳以李彥穎參知政事翰林學士王淮簽書樞密院事甲子詔武臣從軍毋帶內職是月辛棄疾誘賴文政殺之茶寇平冬十月戊寅朔賞平茶寇功湖南江西廣東監帥黜陟有差庚辰大風壬午詣德壽宮加上光堯壽聖憲天體道太上皇帝尊號曰光堯壽聖憲天體道性仁誠德經武緯文太上皇帝壽聖明慈太上皇后尊號曰壽聖齊明廣慈太上皇后乙酉遣謝廓然等使金賀正旦戊戌金遣完顏禧等來賀會慶節十一月戊申朔奉上太上皇太上皇后冊寶于德壽宮庚戌麗正門內火癸丑大風戊午提點坑冶王揖進羨餘十萬緡詔却之十二月辛巳班淳熙吏部七司法遣張宗元等賀金主生辰甲午朝德壽宮行慶壽禮大赦文武官封父母賞諸軍議放天下苗稅三之一大臣言國用不足迺止丙申更定强盜贓法甲辰金遣完顏迨等來賀明年正旦

三年春正月甲寅以常州旱寬其逋負之半刪犯贓蔭補法振淮東饑仍命貸貧民種乙丑振恤歸正人二月壬午蠲兩淮教閱民兵夏稅癸未以伯圭爲安德軍節度使甲申詔四川監司帥守聞命之官毋候告勅賜韓世忠謚曰忠武是月罷諸路鬻沒官田三月丙午朔日有食之霧雲不見辛亥上太上皇日歷于德壽宮己未置六部編勅司癸亥幸報恩寺遂幸聚景園己巳併左藏四庫爲二辛未詔四川制置司歲擇梁洋義士材武者二人遣赴樞密院壬申立任子參選覆試法夏四月戊寅詔侍從臺諫兩省官歲舉監司郡守各五人辛巳靖州猺人寇邊遣兵討捕之丁亥雨雹己丑責授葉衡安德軍節度副使郴州安置丁酉湯邦彥陳雷奉使無狀除名邦彥新州雷永州編管己亥詔諸路提刑歲五月理四五月癸丑合利州東西路爲一安南國王李天祚卒戊午遣使弔祭壬申太白晝見六月乙酉減四川酒課四十七萬餘緡甲午以朱熹屢詔不起特命爲祕書郎熹不就秋七月乙丑禁浙西圍田八月乙亥以王淮同知樞密院事禮部尚書趙雄簽書樞密院事詔六察官糾察庶務臺綱益振各進二官庚辰太上皇詔立貴妃謝氏爲皇后壬午以久雨命中外決繫囚戊戌靖州猺寇平九月癸亥詔自今犯公罪至死者其蔭補具所犯奏裁著爲令冬十月甲戌以久雨命中外決繫囚丙子御文德殿冊皇后丁丑命臨安守臣嚴禁踰侈庚辰詔自今非歉歲不許鬻爵癸未遣閻蒼舒等使金賀正旦壬辰金遣蒲察通等來賀會慶節十一月癸丑合祀天地于圜丘大赦庚午遣張子正等賀金主生辰十二月己丑黎州蠻寇邊官軍失利蠻亦遁去甲午詔職事官補外者復除職如故事追封吳玠爲涪王丁酉定鑄錢司歲鑄額爲十五萬緡戊戌金遣劉玘等來賀明年正旦是歲京西湖北諸州興元府金洋州旱紹興府台婺州水並振之

四年春正月戊申詔自今內外諸軍歲一閱試庚申詔沿江諸軍歲再習水戰丙寅雨雹丁卯班淳熙歷二月乙亥幸太學祗謁先聖退御敦化堂命國子祭酒林光朝講中庸下詔遂幸武學謁武成王廟監學官進秩一等諸生推恩賜帛有差己卯詔諸軍毋以未補官人任軍職戊子立邊人逃入溪洞及告捕法癸巳立武臣授環衞官法戊戌以新知荆南府胡元質爲四川安撫制置使兼知成都府三月乙巳以史浩爲少保觀文殿大學士醴泉觀使兼侍讀進封永國公己酉龔茂良等上仁宗玉牒徽宗實錄皇帝玉牒庚戌幸玉津園宴射壬子貸隨郢二州饑民米詔李龍翰襲封安南國王甲寅修部州城丙寅幸聚景園夏四月甲戌以魏王愷爲荆南集慶軍節度使行江陵尹判明州如故乙亥參知政事龔茂良以曾覿從騎不避道杖之戊寅上奏乞罷政不許甲午給歸正官子孫田屋五月庚子朔幸佑聖觀罷四川和糴六月丁丑龔茂良罷己卯以王淮參知政事辛巳班幸學詔癸未升蜀州爲崇慶府甲申詔自今宰執朝殿得旨事須覆奏乃行秋七月辛丑禁江上諸軍盜易戰馬振襄陽饑民壬寅立待補太學試法戊申班御史臺彈奏格乙酉罷臨川伯王雱從祀癸丑龔茂良責授寧遠軍節度副使英州安置甲寅申嚴四川入蕃茶禁甲子班淳熙重修勅令格式八月辛巳禁耕牛過淮九月丁酉朔日有食之己亥命修築海潮所壞塘岸辛丑免宰執以下會慶節進奉庚戌命禮官定開寶政和祀禮戊午閱蹴踘于選德殿冬十月丙子以久陰命中外決繫囚遣錢良臣等使金賀正旦丁丑詔監司守臣歲舉武臣堪知縣者各二人己卯詔將士智勇傑出者躐等升差丁亥金遣完顏忠等來賀會慶節十一月丁酉詔兩淮歸正人爲强勇軍庚子以趙雄同知樞密院事壬戌太白晝見癸亥遣趙思等賀金主生辰十二月丁卯試四川所上義士二人官而遣之己巳詔行薦舉事實格法乙亥大閱辛巳蠲太平州民貸常平錢

米壬辰金遣完顏炳等來賀明年正旦是歲福州建寧府南劍州水並振之

宋史卷三十四考證

孝宗紀二壽聖太上皇后尊號曰壽聖明慈太上皇后○臣蒲抴按玉堂雜記初議太上皇后加慈明二字議者謂天聖二年賜太宗女申國大長公主謚曰慈明當避於是改用明慈二字

宋史卷三十五

元 中 書 右 丞 相 總 裁 脫 脫 等 修

本紀第三十五

孝宗三

五年春正月辛丑侍御史謝廓然乞戒有司毋以程頤王安石之說取士從之癸卯罷特旨免臣僚及寺觀科徭庚戌大風己未詔侍從臺諫兩省官集議考課法二月己巳置州縣丁稅司辛未申嚴武臣呈試法詔二廣毋以攝官人治獄丁丑禁解鹽入京西界甲申雨土庚寅威州蠻寇邊討降之三月丁未李彥穎罷給辰沅澧靖四州刀弩手田壬子以史浩為右丞相丁巳幸玉津園己未以王淮知樞密院事趙雄參知政事是春黎州蠻出降夏四月乙丑朔詔葉衡任便居住丙寅以禮部尚書范成大參知政事辛未知紹興府張津進羨餘四十萬緡詔以代民輸和買身丁之半賜禮部進士姚穎以下四百十有七人及第出身丁丑雨土己卯以起居奉使不如禮罷起居舍人仍降二官丁亥命後省擇中外所言利病不戾成法者以聞五月庚子置武學國子員丁未脩臨安府城禁諸路州軍責屬縣進羨餘六月庚午飭百官及諸監司毋得請托乙亥范成大罷癸未詔京西湖北商人以牛馬負茶出境者罪死甲申詔翰林學士諫議大夫給事中中書舍人侍御史各舉堪御史者二人以給事中錢良臣簽書樞密院事己丑罷諸州私置稅場減四川茶課十五萬餘緡庚寅蠲大理寺贓錢三萬九千餘緡閏月丙申贈强霓强震官立廟西和州賜名旌忠丁酉限四川總領會子額戊戌罷興州都統司營田官兵募民耕佃己亥復分利州東西路為二壬寅置鎮江建康府轉般倉龔茂良卒于英州乙巳以魏王愷為永興成德軍節度使雍州牧判明州如故庚戌蠲秀州民折帛錢秋七月甲子太尉提舉萬壽觀李顯忠薨癸未禁砂毛錢丁亥以歲豐命沿江糴米百六十萬石以廣邊儲八月甲午詔諸路監司戒所部民稅毋以重價强折輸錢復制科舊法丁酉詔關外四州增募民兵為忠勇軍戊午增銓試為五場呈試為四場九月甲子定廣西賣鹽賞罰壬申幸祕書省戊寅賜岳飛謚曰武穆冬十月戊戌史浩等上三祖下第六世仙源類譜仁宗玉牒庚子遣宇文价等使金賀正旦辛亥金遣張九思等來賀會慶節乙卯奉國軍節度使殿前都指揮使王友直以募兵擾民降為武寧軍承宣使罷軍職統制以下奪官有差軍民讙呶者執送大理寺鞫之戊午以孫右千牛衞大將軍擴為明州觀察使封英國公十一月丙寅詔軍民喧鬨者並從軍法史浩言民不宜律以軍法不聽王友直再降為宜州觀察使信州居住浩請罷政甲戌浩罷為少傅還舊節充醴泉觀使兼侍讀乙亥以錢良臣參知政事丁丑以趙雄為右丞相王淮為樞密使戊寅以兩川禁卒千人為成都府雄邊軍庚辰復監司互察法十二月庚寅朔班新定薦舉式辛卯遣錢沖之等賀金主生辰丁酉罷興元都統司營田官兵募民耕佃辛丑復同安蘄春監丙午禁兩淮銅錢復行鐵錢丙辰金遣烏延察等來賀明年正旦是歲階福建興化軍水通泰楚州高郵軍田鼠傷禾三佛齊國入貢

六年春正月戊辰振淮東饑民庚午復置內侍省合同憑由司壬申蠲夔州路上供金銀丁丑雨雹辛巳復置光州中渡榷場二月己丑朔幸佑聖觀召史浩會觀賜酒壬辰錢良臣以失舉贓吏奪三官丙申詔前宰執侍從有已見利便聽不時以聞辛丑立武臣關升蔭補法丙午詔逃軍犯强盜者毋擬貸癸丑命州縣毋撓義役乙卯詔自今歸正官親赴部授官以革冒濫丁巳裁特奏名試法三月庚申幸聚景園丙寅錄趙鼎岳飛子孫賜以京秩己巳郴州賊陳峒等破連道州桂陽軍諸縣命湖南帥臣討捕之置廣西義倉辛未再振淮東饑民壬申雨雹丁丑詔戒厲諸道轉運使庚辰幸玉津園夏五月壬戌裁宗室換官法庚午蠲四川鹽課十萬緡乙亥郴寇平癸未給襄陽歸正忠義人田六月甲午建豐儲倉丙申詔特奏名毋授知縣縣令戊戌蠲郴州運糧丁夫今年役錢之半辛亥廣西妖賊李接破鬱林州守臣李端卿棄城遁遂圍化州命經略司討捕之端卿除名勒停梅州編管秋七月癸亥籍郴州降寇隸荆鄂軍戊辰班隆興以來寬恤詔令于諸路趙雄等上會要乙亥詔諸軍五口以上增給緡錢癸未太白晝見經天八月庚寅罷諸路監司帥守便宜行事壬寅以知楚州翟畋過淮生事奪五官筠州居住九月辛未合祭天地于明堂大赦癸未詔福建二廣賣鹽毋擅增舊額冬十月乙酉朔蠲連州被寇民租稅辛卯遣陳峴等使金賀正旦丙申詔太學兩優釋褐與殿試第二人恩例庚子四川行當三大錢再蠲四川鹽課十七萬餘緡辛丑除紹興府民逋賦五萬餘緡乙巳金遣蒲察鼎壽等來賀會慶節戊申廣西妖賊平十一月乙卯朔帝著論數百言深原用人之弊因及誅賞之法命宰執示從臣于都堂辛酉裁宗子試法戊寅罷金州管內安撫司壬午詔宗室有出身人得考試及注教授官癸未遣傅淇等賀金主生辰十二月丙戌班重脩淳熙勑令格式丙申脩百司省記法己亥詔自今鞫贓吏後雖原貸者毋以失入坐獄官庚戌金遣耶律慥等來賀明年正旦辛亥蠲臨安府征稅一年是歲溫台州水和州旱

七年春正月甲子減廣西諸州歲賣鹽數乙丑劉焞以平李接功擢集英殿脩撰將佐幕屬吏士進官減磨勘年有差己卯詔京西州軍並用鐵錢及會子民戶銅錢以鐵錢或會子償之滿二月不輸官許告賞庚辰蠲淮東民貸常平錢米二月癸未朔初置廣南煙瘴諸州醫官丙戌復置皇太子宮小學教授辛卯魏王愷薨乙未詔撥廣西兵校五百人隸提刑司戊戌罷瓜洲孳生馬監己亥出湖南樁積米十萬石振糶永邵郴三州甲辰命利州路守貳縣令兼領營田乙巳限改官員歲毋過八十人封子棟為宜州觀察使安定郡王三月壬戌詔舉賢良方正能直言極諫者庚午迎太上皇太上皇后宴翠寒堂乙亥減內外官薦舉員丁丑再蠲臨安府民身丁錢三年詔諸州招補軍籍之闕自今歲以為常夏四月甲申幸聚景園丙戌趙雄等上仁宗哲宗玉牒戊子除明州積欠諸司錢十五萬緡辛卯再免沿邊歸正人請占官田賦役三年甲辰黎州五部落犯盤陀砦兵馬都監高晃以綿潼大軍三千人與戰敗走蠻人深入大掠而去己酉命詹補武舉宗室小使臣行三年喪五月戊辰以吏部尚書周必大參知政事刑部尚書謝廓然簽書樞密院事袁州分宜縣大水捐其稅戊寅詔舒蘄二州鑄錢歲以四十五萬貫為額己卯申飭書坊擅刻書籍之禁庚辰詔特奏名年六十人毋注縣尉六月丙戌以特進觀文殿大學士判建康府陳俊卿為少保壬辰五部落再犯黎州制置司鈐轄成光延戰敗官軍死者甚衆提點刑獄權州事折知常棄城遁甲午制置司益兵遣都大提舉茶馬吳總往平之壬寅詔試刑法官增試經義秋七月癸丑詔二廣帥臣監司察所部守臣臧否以聞丁卯以旱決繫囚分命羣臣禱雨于山川壬申移廣西提刑司于鬱林州八月癸未禁黎州官吏市蕃商物甲申以禱雨未應諭輔臣欲令職事官以上各實封言事是夕雨丁酉置湖南飛虎軍戊戌雨甲辰五部落犯黎州塞興州左軍統領王去惡拒却之折知常重賂蠻使之納款九月癸亥詔自今常朝毋稱丞相名甲子命樞密使亦如之乙丑詔宰執使相給使減年恩數身役三年者毋收使丙寅詔知縣成資始聽監司薦舉壬申禁諸路遏糴癸酉名省記法為淳熙重脩百司法冬十月丙戌詔限田太寬民役煩重其令臺諫給舍同戶部長貳詳議以聞戊子遣葉宏等使金賀正旦乙未黎州五部落進馬乞降詔却獻馬許其互市庚子金遣李佾等來賀會慶節十一月癸丑詔邊吏存恤江西過淮饑民丁巳禁淮南諸司州郡抑配民酒辛酉蠲兩淮州軍二稅一年癸亥黎州戍軍伍進等作亂折知常遁去王去惡誘進等誅之壬申南康軍旱詔出檢放所餘苗米萬石充軍糧癸酉遣蓋經等賀金主生辰十二月庚寅趙雄等上神宗哲宗徽宗欽宗四朝國史志壬辰以四川制置使胡元質不備蕃部致其猖獗奪兩官罷之丙申嗣濮王士輵薨戊戌以新除成都府路提點刑獄豫東之權四川制置司應庫錢貼進禁潭道等州官賣鹽甲辰立宗室命繼法夏四月癸丑脩湖南諸州城丙辰以臨安疫分命醫官診視軍民庚申復以强盜配隸諸軍重役丁卯安定郡王子棟薨癸酉立郴州宜章桂陽軍臨武縣學以教養峒民子弟五月戊寅詔監司守令勸課農桑以奉行勤怠為賞罰壬午詔諸路轉運司趣民間補葺經界簿籍辛卯以久雨減京畿及兩浙四罪一等釋杖以下貸貧民稻種錢壬寅以史浩為少師六月己酉詔放殿前司平江府牧馬草場二萬畝聽民漁採戊午除淳熙七年諸路旱傷檢放米一百三十七萬石錢二千六萬緡辛酉罷諸路坊場監官聽民承買戊辰史浩薦薛叔似楊簡陸九淵陳謙葉適袁燮越善譽等十六人詔並赴都堂審察七月癸未復以許浦水軍隸殿前司永陽郡王居廣薨追封永王辛未賞監司守臣脩舉荒政者十六人以不雨決繫囚壬辰紹興大水出秀婺州平江府米振糶丁酉嚴州水詔被災之家蠲其和買三等以上戶減半辛丑錄范質後八

月丙午，以旱罷招軍庚戌趙雄罷壬子詔紹興府諸縣夏稅和市折帛身丁錢絹之類不以名色截日並令住催癸丑以王淮爲右丞相兼樞密使措置營砦檢視沿江守備戊寅詔展巡幸之期辛亥曆罷己卯李顯忠責授清遠軍節度副使筠州安置辛巳命浙西副都總管李寶兼御營統制官措置浙西海道甲申右諫議大夫王大寶入對論移蹕以敷文閣學士虞允文爲兵部尚書兼湖北京西宣諭使戊子放宮人三十人以蕭琦爲檢校少保河北招撫使秋七月庚寅朔以虞允文爲湖北京西制置使癸巳以湯思退爲尚書右僕射同中書門下平章事兼樞密使李顯忠再責授果州團練副使潭州安置乙未詔宿州棄軍將佐奪官貶竄有差丙申太白晝見經天罷江淮宣撫司便宜行事乙巳以旱蝗星變詔侍從臺諫兩省官條上時政闕失丁未詔徵李顯忠侵欺官錢金銀免籍其家乙卯裁減省部寺監官吏戊午給還岳飛田宅八月丙寅張浚復都督江淮軍馬庚午以劉寶兼淮東招撫使丙子以飛蝗風水爲災避殿減膳罷借諸路職田之令戊寅金紇石烈志寧又以書求海泗唐鄧四州地及歲幣癸未復以龍大淵知閤門事曾覿同知閤門事丙戌遣淮西安撫司幹辦公事盧仲賢等齎書至金帥府戒勿許四州差減歲幣仍命諸將毋遣兵人出境九月己酉地震甲寅以謝廓然同知樞密院事丙辰更後殿幄次爲延和殿己未以觀文殿大學士新四川制置使趙雄知瀘州戊辰言者請自今歉歲蠲減經費有虧令戶部據實以聞毋得督趣已蠲閣之數從之罷諸路補葺經界簿籍九月庚辰命諸路提舉司貸民麥種辛巳錢良臣罷庚寅以謝廓然兼權參知政事冬十月己酉遣施師點等使金賀正旦辛酉錄黎州戰歿將士四百三人甲子金遣完顏實等來賀會慶節詔災傷州縣諭民振糶十一月甲戌以旱傷罷喜雪宴戊寅蠲富陽新城錢塘夏稅庚寅前池州守趙粹中諜斬遞卒汪青落職仍詔給青家衣糧十五年辛卯詔兩省侍從臺諫各舉所知浚行在至鎮江府運河丁酉遣燕世良賀金主生辰己亥振臨安府及嚴州饑民庚子再詔臨安府爲粥食饑民辛丑以淳熙元年減半推賞法募民振糶十二月癸卯朔以徽饒二州民流者衆罷守臣官出南庫錢三十萬緡付新浙東提舉常平朱熹振糶丁未禁諸州營造戊申謚劉安世曰忠定辛亥蠲諸路旱傷州軍明年身丁錢物甲寅雨雹以度僧牒募閩廣民入米丙辰詔縣令有能舉荒政者監司郡守以名聞甲子下朱熹社倉法于諸路戊辰金遣魏貞吉等來賀明年正旦以爭執進書儀帝還內遣王抃往諭旨己巳貞吉奉書入見是月廣東安撫鞏湘誘潮賊沈師出降誅之是歲江浙兩淮京西湖北潼川夔州等路水旱相繼發廩蠲租遣使按視民有流入江北者命所在振業之

九年春正月甲戌詔四孟朝獻分用三日如在京故事丁丑命兩淮戍兵歲一更癸未罷樞密都承旨王抃爲在外宮觀因罷諸軍承受復密院文書關錄兩省舊法以文臣爲都承旨戊子糴廣南米赴行在庚寅詔江浙兩淮旱傷州縣貸民稻種計度不足者貸以樁積錢二月庚戌遣使訪問二廣鹽法利害戊辰四川制置司言獲敘州賊大波浪三月辛未朔幸佑聖觀詔振濟忠萬恭涪四州癸未振濟鎮江壬辰遣使按視淮南江浙振濟甲午罷諸路寄招軍兵三年就揀軍子弟補其闕夏四月甲辰詔自今盜發所在親臨帥守監司論罰平定有勞者議賞乙卯詔諸路提刑文武臣通置一員癸亥帝覽陸贄奏議諭講讀官曰今日之政恐有如德宗之弊者卿等條陳來上無有所隱五月癸酉以孫柄爲右千牛衛大將軍丙子詔輔臣擇監司郡守必先才行六月壬寅詔侍從臺諫各舉操脩端亮風力彊明可充監司者一二人甲寅蠲犒賞庫酒課二十二萬餘緡汀漳二州民爲沈師蹂踐者除其賦丁巳給臨安府貧民棺瘞錢戊午謝廓然薨庚申太白晝見臨安府蝗詔守臣亟加焚瘞甲子太白晝見經天秋七月甲戌以江西常平義倉及樁管米四十萬石付諸司預備振糶辛巳出南庫錢三十萬緡付浙東提舉朱熹以備振糶壬辰以資政殿學士李彥穎參知政事詔發所儲和糴米百四十萬石補淳熙八年振濟之數于沿江屯駐諸州樁管八月己亥朔詔紹興民戶去歲已納夏稅應減者三十萬緡理爲今年之數庚子減皇后內命婦蔭補數立文武臣遇郊奏薦員限致仕遺表恩澤視舊法損三之一淮東浙西蝗壬子定諸州官捕蝗之罰乙卯復賞脩舉荒政監司守臣九月己巳朔罷諸路科買軍器物料三年庚午以王淮爲左丞相梁克家爲右丞相丙子以子形爲容州觀察使封安定郡王辛巳大享明堂大赦乙酉以錢引十萬緡賜瀘州備振糶辛卯封伯圭爲榮陽郡王以旱減恭合渠昌州今年酒課癸巳太白晝見乙未禁蕃舶販易金銀著爲令十月戊戌朔遣王蘭等使金賀正旦丙午罷軍器所招軍辛亥塞四川沿邊支徑戊午金遣完顏宗回等來賀會慶節甲子蠲諸路旱傷州軍淳熙七年八年逋賦出縣官緡錢以償戶部十一月戊辰朔禁臣庶之家婦飾僭擬庚午振夔路饑乙酉進奏院火丙戌遣賈選等賀金主生辰戊子大風十二月己亥更二廣官賣鹽法復行客鈔仍出緡錢四十萬以備漕計之闕癸亥金遣李术魯正等來賀明年正旦

十年春正月丁丑以給事中施師點簽書樞密院事命州縣掘蝗甲申李彥穎罷乙酉命二廣提舉鹽事互措置鹽事丙戌以施師點兼權參知政事丁亥詔終身任宮觀人毋得奏子己丑詔罷廣南官鬻鹽法壬辰罷江東浙西寄招鎮江諸軍三年二月癸卯提舉德壽宮陳源有罪竄建寧府尋移郴州仍籍其家貲進納德壽宮三月戊辰李燾上續資治通鑑長編六百八十七卷辛未有司請造第七界會子辛巳免四川和糴三年癸未幸玉津園戊子詔四川類試自今十六人取一人己丑除詐稱災傷籍產法癸巳復銓試舊法罷試雜文夏四月丙申再蠲臨安府民丁身錢三年己亥命湖南廣西堙塞溪洞徑路五月丙寅增皇太子宮小學教授一員甲戌以潭州飛虎軍隸江陵都統司戊寅幸聚景園辛卯詔疏襄陽水渠以渠傍地爲屯田尋詔民間侵耕者就給之廢舒州宿松監六月戊戌監察御史陳賈請禁僞學乙巳罷昭州歲貢金己未詔諸路監司帥臣歲舉廉吏庚申嚴贓吏禁秋七月乙丑以不雨決繫囚丙寅幸明慶寺禱雨甲戌以夏秋旱暵避殿減膳令侍從臺諫兩省卿監郎官館職各陳朝政闕失分命羣臣禱雨于天地宗廟社稷山川左丞相王淮等以旱乞罷不許丁丑詔除災傷州縣淳熙八年欠稅甲申雨己丑御殿復膳八月戊申以施師點參知政事兼同知樞密院事御史中丞黃洽參知政事庚戌以史浩爲太保魏國公致仕庚申以左藏南庫隸戶部九月乙丑長溪寧德縣大水丙寅嚴盜販解鹽法丁丑幸佑聖觀壬午蠲諸州逋負內藏庫錢六十萬緡乙酉遣余端禮等使金賀正旦丁亥禁內郡行鐵錢冬十月乙未詔兩浙義役從民便壬子金遣完顏方等來賀會慶節十一月壬戌朔日有食之乙丑降會子收兩淮銅錢甲戌幸龍山大閱遂幸玉津園閏月壬寅詔却安南獻象丁巳遣陳居仁等賀金主生辰十二月丙子朝德壽宮行太上皇后慶壽禮推恩如太上皇故事丁亥金遣完顏婆盧火等來賀明年正旦是歲福漳台信吉州水京西金澧州南平荆門興國廣德軍江陵建康鎮江紹興寧國府旱

十一年春正月辛卯朔雨土辛丑安化蠻蒙光漸等犯宜州思立砦廣西兵馬鈐轄沙世堅出兵討之獲光漸丙午詔江東西路諸監司義役差役從民便甲寅雨土二月甲申詔兩淮京西湖北萬弩手今在家閱習每州許歲上材武者一二人試授以官如四川義士之制三月辛卯詔刑部御史臺每季以仲月錄囚徒癸巳命利路三都統吳挺郭鈞彭杲密陳出師進取利害以備金人復金州管內安撫司甲午以上津潮陽旱蠲其稅辛丑罷秀州御馬院莊歸其侵地于民丁未禁淮民招温處州戶口除職田官田八年逋租庚戌詔御試策有及軍民利害者考官哀類以聞辛亥史浩入謝賜宴于內殿夏四月甲子以興元義勝軍移戍襄陽戊辰賜禮部進士衛涇以下三百九十四人及第出身癸未重班紹興申明刑統五月戊子朔蠲崇德等十六縣小民淳熙十年欠稅十四萬緡癸卯命刑部大理寺議減刺配法甲寅出緡錢三十萬犒給四川久戍將士乙卯太白晝見六月戊午朔詔諸道總領舉偏裨可將帥者庚申以周必大爲樞密使壬戌詔在內尚書侍郎兩省諫議大夫以上御史中丞學士待制在外守臣監司不限科舉年分各舉賢良方正能直言極諫一人己卯詔諸州歲買稻種備農民之闕秋七月癸卯蠲減浙東敗闕坊場酒課癸丑以浙西江東水禁諸州遏糴甲寅築黎州要衝城八月庚申遣章森使金賀正旦九月丁亥詔諸路添差官自今毋創置乙巳詔殿前軍子弟許權收刺一次甲寅再減四川酒課六十八萬餘緡冬十月甲子初命舉改官人犯贓者舉主降二官乙丑遣王信等賀金主生辰庚午禁諸州增收稅錢丙子金遣張大節等來賀會慶節盱眙軍言得金人牒以上京地寒來歲正旦生辰人使權止一年壬午詔諸以忠義立廟者兩淮漕臣繕治之十一月壬寅禁福建民私有兵器癸卯助廣西諸州歲計十萬緡甲寅令峽州歲時存問處士郭雍十二月丁巳脩湖南府城己卯詔戒監司州縣毋得於常賦外追取於民是歲江東浙西諸州水福建廣東吉贛州建昌軍興元府金洋西和州旱

十二年春正月己丑禁交阯鹽入省地壬辰四川制置使留正遣人誘青羌奴兒結殺之戊戌日中有黑子戊申賜任伯雨謚曰忠敏庚戌日中復有黑子二月辛酉雨雹乙亥罷諸軍額外制領將佐庚辰置黎州防邊義勇三月乙酉進孫擴爲安慶軍節度使封平陽郡王辛卯禁習渤海樂辛亥命侍從臺諫兩省總領管軍官各

舉堪都副統制者一二人癸丑除稅場高等累賞法夏四月甲子幸聚景園戊辰班淳熙寬恤詔令丙子諜言故遼大石林牙假道夏人以伐金密詔吳挺與留正議之己卯幸玉津園五月庚寅地震辛卯福州地震詔帥臣趙汝愚察守令擇兵官防盜賊六月乙卯立淮東覆勇軍效用効士法壬戌除諸軍逋欠營運錢丁丑詔浙東帥臣監司不以時上諸州臧否奪一官戊寅太白晝見秋七月丁酉太白晝見經天壬寅詔二廣試攝官如銓試例取其半甲辰以淮西屯田鹵莽總領軍帥漕臣守臣奪官有差八月癸亥詔太上皇壽八十令有司議慶壽禮乙丑詔戶部給舍臺諫詳議官民戶役法以聞九月甲申復二廣監司以下到罷酬賞法丙戌詔恤潮州台州被水之家庚寅遣王信等使金賀正旦丁丑詔諸路總領軍帥漕臣守臣歲上屯田所收之數冬十月辛亥加上太上皇尊號曰光堯壽聖憲天體道性仁誠德經武緯文紹業興統明謨盛烈太上皇帝太上皇后曰聖壽齊明廣慈備德太上皇后甲寅蠲施黔州經制無額錢命侍從各舉宗室二三人癸亥詔諸路臧否以三月終四川二廣以五月終來上十一月丁亥鄂州大火戊子雷壬辰遣章森等賀金主生辰辛丑合祀天地于圜丘大赦十二月庚戌朔帥羣臣奉上太上皇太上皇后冊寶于德壽宮推恩如紹興三十三年故事甲子以知福州趙汝愚爲四川制置使丙子金遣僕散守忠等來賀明年正旦

十三年春正月庚辰朔率羣臣詣德壽宮行慶壽禮大赦文武臣僚並理三年磨勘免貧民丁身錢之半爲一百一十餘萬緡內外諸軍犒賜共一百六十萬緡癸巳以史浩罷太傅陳俊卿爲少師嗣濮王士歆爲少保庚子以昭慶軍節度使士峴爲開府儀同三司二月甲寅詔强盜兩次以上雖爲從論死庚申詔舉歸正添差任滿人才藝堪從軍者三月丁酉詔職事官改官許在歲額八十員之外合提舉廣南東西鹽事司爲一甲辰幸玉津園夏四月辛亥詔吳挺結約夏人戊辰再蠲四川和糴軍糧三年辛未幸聚景園五月癸未日中有黑子甲申詔非泛補官及七色補官人非曾任在朝侍從者品秩雖高毋得免役丙申賜沖晦處士郭雍號曰頤正先生仍遣官就問雍所欲言備錄來上秋七月壬辰詔內外諸軍主帥各舉堪統制者二三人壬寅謚胡銓曰忠簡閏月丙午朔雨雹戊申以敷文閣學士留正簽書樞密院事己酉施師點乞免兼同知樞密院事許之己未五星皆伏八月乙亥朔日月五星聚于軫丙子以故相曾懷薨奏補恩追落觀文殿大學士壬午新築江陵城成九月乙巳詔僞造會子凡經行用並處死是月遣李獻等使金賀正旦冬十月甲戌朔福州火甲午金遣完顏老等來賀會慶節十一月戊午詔四川制置司通知馬政量收水渠民包占荒田租庚申遣張叔椿等賀金主生辰甲子王淮等上仁宗英宗玉牒神宗哲宗徽宗欽宗四朝國史列傳皇帝會要丙寅梁克家罷爲觀文殿大學士醴泉觀使兼侍讀辛未裁定百司吏額十二月丙子思州田氏獻納所買黔州民省地詔償其直辛巳減汀州鹽價歲萬緡甲午陳俊卿薨乙未振臨安府城內外貧乏老疾之民戊戌大理寺獄空己亥金遣耶律子元等來賀明年正旦辛丑再賜軍士雪寒錢是歲利州路饑江西諸州旱

十四年春正月癸亥出四川樁積米貸濟金洋州及關外四州饑民二月丁亥以周必大爲右丞相戊子以施師點知樞密院事三月甲子幸玉津園夏四月己卯置籍考諸路上供殿最以爲賞罰戊子賜禮部進士王容以下四百三十五人及第出身五月乙巳成都火己酉遣官措置汀州經界六月戊寅以久旱班畫龍祈雨法甲申幸太一宮明慶寺禱雨丁亥梁克家薨庚寅臨安府火辛卯太白晝見癸巳王淮等以旱求罷不許詔衛州葺炎帝陵廟己亥減兩浙路囚罪一等釋杖以下秋七月辛丑罷戶部上供殿最丙午詔羣臣陳時政闕失及當今急務丁未以旱罷汀州經界己酉詔監司條上州縣弊事民間疾苦辛亥避殿減膳徹樂癸丑命檢正都司看詳羣臣封事有可行者以聞詔省部漕臣催理已蠲逋欠者令臺諫覺察權減秀州經總制糴本錢半年丙辰命臨安府捕蝗募民輸米振濟除紹興新科下戶今年和市布帛二萬八千匹辛酉江西湖南饑給度僧牒鬻以糴米備振糶戊辰雨命給舍看詳監司所條弊事八月辛未賜度牒一百道米四萬五千石備振紹興府饑甲戌御殿復膳癸未以留正參知政事兼同知樞密院事丙戌復夔路酬賞法九月癸卯太上皇不豫乙巳詣德壽宮問疾丙午遣萬鍾等使金賀正旦己未詣德壽宮問疾乙丑罷增收水渠民田租丙寅除官軍私負冬十月辛未以太上皇不豫赦壬申詣德壽宮問疾癸酉分遣羣臣禱于天地宗廟社稷甲戌以太上皇未御常膳自來日不視朝宰執奏事內殿乙亥詣德壽宮侍疾太上皇崩于德壽殿遺誥太上皇后改稱皇太后奉皇太后旨以奉國軍承宣使甘昇主管太上皇喪事丙子以韋璞等爲金告哀使戊寅以榮陽郡王伯圭爲攢宮總護使翰林學士洪邁言大行皇帝廟號當稱祖詔有司集議以聞己卯詔尊皇太后辛巳詔曰大行太上皇帝奄棄至養朕當衰服三年羣臣自遵易月之令可令有司討論儀制以聞甲申用禮官顏師魯等言大行太上皇帝上繼徽宗正統廟號稱宗乙酉百官五上表請帝還內聽政丙戌詔俟過小祥勉從所請戊子帝衰絰御素輦還內以顏師魯等充金國遺留國信使己丑金遣田彥皐等來賀會慶節詔免入見却其書幣甲午詣德壽宮自是七日皆如之十一月戊戌朔詣德壽宮自是朔望皆如之己亥大行太上皇帝大祥自是帝以白布巾袍御延和殿詣德壽宮衰絰而杖如初詔皇太子惇參決庶務庚子皇太子三辭參決庶務不許辛丑詣德壽宮禫祭百官釋服甲辰羣臣三上表請御殿聽政詔俟過祔廟戊申遣胡晉臣等賀金主生辰辛亥冬至詣德壽宮甲寅西南方有赤氣隨日入乙卯雷戊午詔皇太子參決庶務于議事堂在內寺監在外守臣以下與宰執同除授訖乃奏己未詔三日一朝德壽宮十二月庚午大理寺獄空壬午東北方有赤氣隨日出癸巳金遣完顏崇安等來賀明年正旦見于垂拱殿之東楹素幄詔禮物毋入殿付之有司是歲兩浙江西淮西福建旱振之

十五年春正月丁酉朔詣德壽宮几筵行禮戊戌皇太子初決庶務于議事堂辛丑復置左右補闕拾遺乙巳詔免諸州軍會慶節進奉二年詔自今御內殿令皇太子侍立庚申施師點罷甲子以黃洽知樞密院事吏部尚書蕭燧參知政事二月丁亥金遣滿察克忠等來弔祭行禮于德壽殿次見帝于東楹之素幄癸巳遣京鏜等使金報謝三月庚子王淮等上大行太上皇謚曰聖神武文憲孝皇帝廟號高宗乙巳上高宗謚冊寶于德壽殿又上懿節皇后改謚憲節冊寶于別廟本室丁未右丞相周必大攝太傅持節導梓宮癸丑用洪邁議以呂頤浩趙鼎韓世忠張俊配饗高宗廟庭吏部侍郎章森乞用張浚岳飛祕書少監楊萬里乞用浚皆不報丙寅權攢高宗于永思陵夏四月壬申帝親行奉迎虞主之禮自是七虞八虞九虞卒哭奉辭皆如之乙亥詔洪邁楊萬里並予郡甲申用禮官尤袤請詔羣臣再集議配享臣僚丙戌祔高宗神主于太廟詔曰朕比下令欲衰絰三年羣臣屢請御殿易服故以布素視事內殿雖詔俟過祔廟勉從所請然稽諸典禮心實未安行之終制乃爲近古宜體至意勿復有請己丑詔減臨安紹興府囚罪一等釋杖以下民緣攢宮役者蠲其賦庚寅用御史冷世光言罷再議配享皇太后有旨車駕一月四詣德壽宮如舊禮五月己亥王淮罷乙巳帝旣用薛叔似言罷王淮詔諭叔似等曰卿等官以拾遺補闕爲名不任糾劾今所奏乃類彈擊甚非設官命名之意宜思自警丁巳詔脩高宗實錄己未祈門縣大水壬戌始御後殿詔歲出錢五萬六千餘緡減廣東十二州折納米價錢六月丁卯雨雹戊辰罷勅令所己巳以伯圭爲少傅帶御器械夏執中爲奉國軍節度使癸酉以新江西提點刑獄朱熹爲兵部郎官熹以疾未就職侍郎林栗劾熹慢命熹乞奉祠太常博士葉適論栗襲王淮鄭丙陳賈之說爲道學之目妄廢正人詔熹仍赴江西熹力辭不赴庚寅熒惑犯太微秋七月戊戌上高宗廟樂曰大勳舞曰大德己未出兵部侍郎林栗壬戌恩平郡王璩薨追封信王八月甲子朔日有食之九月庚子夜南方有赤黃氣覆大內辛丑大饗明堂以太祖太宗配大赦癸卯更試補醫官法己酉遣鄭僑等使金賀正旦甲寅上皇太后宮名慈福冬十月癸未金遣王克溫等來賀會慶節見于垂拱殿東楹甲申會慶節詔北使百官詣東上閤門拜表起居免入賀己丑再罷諸州科買軍器物料三年十一月庚子建煥章閣藏高宗御集遣何澹賀金主生辰甲辰詔百官輪對毋過三奏十二月丙寅追復龔茂良資政殿學士壬午命朱熹主管西太一宮兼崇政殿說書辭不至戊子金遣田彥皐等來賀明年正旦是歲江西湖北兩淮建寧府徽州水

十六年春正月癸巳金主雍殂孫璟立甲午封孫柄爲嘉國公丙申黃洽罷己亥以周必大爲左丞相留正爲右丞相蕭燧兼權知樞密院事禮部尚書王藺參知政事刑部尚書葛邲同知樞密院事乙巳蕭燧罷丙午皇太后移御慈福宮戊申以昭慶軍承宣使郭師禹爲保大軍節度使辛亥罷淮西屯田是日帝始諭二府以旬日當內禪命周必大留身呈詔草丙辰罷拘催錢物所復二廣官般官賣鹽法己未更德壽宮爲重華宮謚李綱曰忠定二月辛酉朔日有食之壬戌下詔傳位皇太子是日皇太子卽皇帝位帝素服駕之重華宮辛未上尊號曰至尊壽皇聖帝皇后曰壽成皇后紹熙五年五月壬戌壽皇聖帝不豫六月戊戌崩于重華殿年六十有八十月丙辰謚曰哲文神武成孝皇帝廟號孝宗十

一月乙卯權攢于永阜陵十二月甲戌祔于太廟慶元三年十一月辛丑加謚紹統同道冠德昭功哲文神武明聖成孝皇帝

贊曰高宗以公天下之心擇太祖之後而立之乃得孝宗之賢聰明英毅卓然爲南渡諸帝之稱首可謂難矣哉即位之初銳志恢復符離邂逅失利重違高宗之命不輕出師又值金世宗之立金國平治無釁可乘然易表稱書改臣稱姪減去歲幣以定鄰好金人易宋之心至是亦寖異於前日矣故世宗每戒羣臣積錢穀謹邊備必曰吾恐宋人之和終不可恃蓋亦忌帝之將有爲也天厭南北之兵欲休民生故帝用兵之意弗遂而終爲然自古人君起自外藩入繼大統而能盡宮庭之孝未有若帝其間父子怡愉同享高壽亦無有及之者終喪三年又能却羣臣之請而力行之宋之廟號若仁宗之爲仁孝宗之爲孝其無愧焉其無愧焉

宋史卷三十六

元 中 書 右 丞 相 總 裁 脫 脫 等 修

本紀第三十六

光宗

光宗循道憲仁明功茂德溫文順武聖哲慈孝皇帝諱惇孝宗第三子也母曰成穆皇后郭氏紹興十七年九月乙丑生于藩邸二十年賜今名授右監門衞率府副率轉榮州刺史孝宗即位拜鎭洮軍節度使開府儀同三司封恭王及莊文太子薨孝宗以帝英武類己欲立爲太子而以其非次遲之乾道六年七月太史奏木火合宿主冊太子當有赦是時虞允文相因請蚤建儲貳孝宗曰朕久有此意事亦素定但恐儲位既正人性易驕即自縱逸不勤於學浸有失德朕所以未建者更欲其練歷庶務通知古今庶無後悔爾七年正月丙子朔孝宗上兩宮尊號冊寶禮成丞相允文復以請孝宗曰朕既立太子即令親王出鎭外藩卿宜討論前代典禮允文尋以聞二月癸丑乃立帝爲皇太子慶王愷爲雄武保寧軍節度使判寧國府進封魏王三月丁酉受皇太子冊四月甲子命判臨安府尋領尹事帝之爲恭王與講官商較前代時出意表講官自以爲不及逮尹臨安究心民政周知情僞孝宗數稱之且語丞相趙雄曰太子資質甚美每遣人來問安朕必戒以留意問學淳熙十四年十月乙亥高宗崩十一月己亥百官大祥畢孝宗手詔皇太子可令參決庶務以內東門司爲議事堂十五年二月戊戌帝始赴議事堂自是間日與輔臣公裳繫鞋相見內外除擢自館職部刺史以上乃以聞九月乙巳又詔每遇朝殿令皇太子侍立十一月丞相周必大乞去孝宗諭曰朕比年病倦欲傳位太子卿須少留會陳康伯家以紹興傳位御劄來上十二月壬申孝宗遣中使密持賜必大因令討論典禮既又密以禪意諭參知政事留正十六年正月辛亥兩府奏事孝宗諭以倦勤欲禪位皇太子退就休養以畢高宗三年之制因令必大進呈詔草二月壬戌孝宗吉服御紫宸殿行內禪禮應奉官以次稱賀內侍固請帝坐帝固辭內侍扶掖至七八乃微坐復興次丞相率百僚稱賀禮畢樞密院官升殿奏事帝立聽班退孝宗反喪服御後殿帝侍立尋登輦同詣重華宮帝還內即上尊號曰至尊壽皇聖帝皇后曰壽成皇后壽皇聖帝詔立帝元妃李氏爲皇后甲子帝率羣臣朝重華宮大赦百官進秩一級優賞諸軍蠲公私逋負及郡縣淳熙十四年以前稅役丙寅帝率羣臣詣重華宮上尊號冊寶以閤門舍人譙熙載姜特立並知閤門事庚午詔五日一朝重華宮辛未尊皇太后曰壽聖皇太后壬申詔內外臣僚陳時政闕失四方獻歌頌者勿受遣羅點等使金告即位癸酉詔戒敕將帥賜前宰執從官詔訪以得失乙亥詔兩省官詳定內外封章其要切者以聞遣諸葛廷瑞等使金弔祭丙子詔戒敕官吏己卯詔官吏贓罪顯著者重罰毋貸辛巳以生日爲重明節丁亥詔百官輪對己丑詔編壽皇聖政庚寅詔中書舍人羅點具可爲臺諫者點以葉適吳鎰孫逢吉張體仁馮震武鄭湜劉崇之沈清臣八人上之二月壬辰以周必大爲少保留正轉正奉大夫丙申遣沈揆等使金賀即位詔侍從兩省臺諫各舉可任湖廣及四川總領者一人己亥子擴進封嘉王癸卯金遣王元德等來告哀戊申以壽皇却五日之朝詔自今月四朝重華宮甲寅以史浩爲太師伯圭爲少師少保士歆爲少傅昭慶軍節度使士岏爲少保戊午金遣張萬公等來致遺留物己未以左補闕薛叔似爲將作監右拾遺許及之爲軍器監拾遺補闕官自此罷詔東宮書籍並賜嘉王夏四月丙寅有事于太廟丁卯四川應起經總制錢存留三年代輸鹽酒重額癸酉姪柄進封許國公乙亥以兩浙犒賞酒庫隸諸州歲入六十五萬尋減三十萬戊寅金遣徒單鎰等來告即位以權兵部侍郎何澹爲右諫議大夫丙戌有事于景靈宮五月甲午以王藺知樞密院事兼參知政事丙申周必大罷爲觀文殿大學士判潭州常德府辰沅靖州大水入其郛丁酉詔丞相以下月一朝重華宮戊戌罷周必大判潭州之命許以舊官爲醴泉觀使戊申以和義郡夫人黃氏爲貴妃右丞相留正論知閤門事姜特立罷之閏月庚申朔詔內侍陳源許在外任便居住免郡縣淳熙十四年以前私負十五年以後輸息及本者亦蠲之壬戌以趙雄爲寧武軍節度使開府儀同三司進封衞國公仍判江陵府庚午詔罷賣浙西常平官田癸酉詔季秋有事于明堂以高宗配丙子趙雄疾甚改判資州戊寅蠲郡縣第五等戶身丁錢及臨安第五等戶和買絹各一年仍出錢二十三萬緡振臨安貧民己卯階州大水入其郛壬午大理獄空乙酉御後殿慮囚六月庚寅鎭江大水入其郛癸卯詔自今臣僚奏請事涉改法者三省樞密院詳具以聞秋七月辛酉儒林郎倪恕等以封事可采遷官免文解有差戊辰遣謝深甫等賀金主生辰庚辰下詔恤刑八月甲午升恭州爲重慶府丙申減兩浙月椿等錢歲二十五萬五千緡己亥王淮薨癸丑金遣溫迪罕肅等來賀即位九月癸亥金遣完顏守眞等來賀重明節減紹興和買絹歲額四萬四千餘匹乙丑戒執政侍從臺諫毋移書以薦舉請託南劍州火降其守臣一官仍令優加振濟戊辰詔侍從各舉公正彊敏之士嘗任守令及職事官材堪御史者一人甲戌詔監司帥守秩滿到闕薦所部廉吏一二人遣郭德麟等使金賀正旦冬十月庚子罷樞密院審察諸軍之制壬寅蠲楚州高郵盱眙軍民負常平米一萬四千餘石甲寅大閱十一月庚午詔改明年爲紹熙元年復置嘉王府翊善以秘書郎黃裳爲之乙亥詔陳源毋得輒入國門丁丑減江浙月椿錢額十六萬五千餘緡十二月壬子金遣裴滿餘慶等來賀明年正旦

紹熙元年春正月丙辰朔帝率羣臣詣重華宮奉上壽聖皇太后至尊壽皇聖帝壽成皇后冊寶壬申再蠲臨安府民身丁錢三年壬午何澹請置紹熙會計錄詔何澹同戶部長貳檢正都司稽考財賦出入之數以聞二月丁酉雨雹辛亥殿中侍御史劉光祖言道學非程氏私言乞定是非別邪正從之三月丁卯詔秀王襲封置園廟班安僖王諱鎡趙普後一人庚午以久雨釋杖以下四夏四月乙酉詔兩淮措置流民己丑以伯圭爲太保嗣秀王丁未殿中侍御史劉光祖以論帶御器械吳端罷戊申賜禮部進士余復以下五百三十有七人及第出身五月乙卯趙雄坐所舉以賄敗降封益川郡公削食邑一千戶己未出吳端爲浙西馬步軍副總管丙寅脩楚州城丙子太白晝見六月丁亥遣丘崈等賀金主生辰丙申以上供等錢償廣州放免身丁錢數甲午御後殿慮囚秋七月癸丑詔秀王諸孫並授南班甲寅以葛邲參知政事給事中胡晉臣簽書樞密院事乙卯以留正爲左丞相王藺樞密院使癸酉建秀王祠堂于行在八月辛卯立任子中銓人吏部簾試法己亥帝率羣臣上壽皇聖帝玉牒日歷于重華宮己酉詔造新歷九月丁巳金遣王脩等來賀重明節己未升劍州爲隆慶府辛酉雷庚午遣蘇山等使金賀正旦冬十月丁酉詔內外諸軍自今毋置額外制領以下官丙午詔內外軍帥各薦所部有將才者庚戌詔諭郡縣吏奉法愛民十一月甲寅安南入貢壬戌潼川轉運判官王溉撙節漕計代輸井戶重額錢十六萬緡詔獎之十二月辛巳朔贈左千牛衞大將軍挺爲保寧軍節度使壬午賜王倫謚曰節愍丙戌罷王藺樞密使戊子以葛邲知樞密院事胡晉臣參知政事兼同知樞密院事癸卯詔歲減廣東官賣鹽丙午金遣把德固等來賀明年正旦戊申浦城盜張海作亂詔提點刑獄豐誼捕之

二年春正月庚戌朔命兩淮行義倉法壬子詔尊高宗爲萬世不祧之廟庚申修六合城辛酉金主母徒單氏殂戊寅雷雨雹二月庚辰朔大雨雪壬午遣宋之瑞等使金弔祭癸未名新歷曰會元甲申福建安撫使趙汝愚等以盜發所部與守臣監司各降秩一等縣令追停乙酉詔以陰陽失時雷雪交作令侍從臺諫兩省卿監郎官館職各具時政闕失以聞出米五萬石賑京城貧民權罷修皇后家廟辛卯布衣余古上書極諫帝怒詔送筠州學聽讀丁未金遣完顏亶等來告哀三月丙辰詔監司郡守互送以贓論丁巳詔自今邊事令宰相與樞密院議仍同簽書丙寅詔福建提點刑獄陳公亮知漳州朱熹同措置漳泉汀三州經界丁卯增廣州摧鋒軍三百人癸酉建寧府雨雹大如桃李壞民居五千餘家溫州大風雨雷電田苗桑果蕩盡丙子出右司諫鄧驛夏四月乙酉從壽皇聖帝壽成皇后幸聚景園丙申詔侍從兩省臺諫及在外侍從之臣各舉所知嘗任監司郡守可克郎官卿監及資歷未深可克諸職事官

者各三人辛丑徽州火二日乃滅五月己酉朔福州水辛亥詔六院官許輪對仍入雜壓庚申詔侍從經筵翰苑官自今並不時宣對庶廣咨詢以補治道戊辰金州大火己巳潼川崇慶二府大安石泉淮安三軍興利果合綿漢六州大水六月戊寅詔監司到任半年條上裕民事如郡守庚辰遣趙癰等賀金主生辰丁亥以伯圭判大宗正事癸巳詔宰臣執政自今不時內殿宣引奏事秋七月丁未朔詔故容州編管人高登追復元官仍贈承務郎己未出會子百萬緡收兩淮私鑄鐵錢乙丑復置太醫局己巳興州大水漂沒數千家八月戊寅何澹以本生繼母喪去官甲申寬兩浙榷鐵之禁九月壬子金遣完顏兗等來賀重明節召知福州趙汝愚爲吏部尚書壬戌禁職田折變癸亥遣黃申等使金賀正旦乙丑以久雨命大理三衙臨安府及兩浙決繫囚釋杖以下己巳詔侍從於嘗任卿監郎官內選堪斷刑長貳一二人以聞冬十月丙子朔詔罷經界丁丑築福州外城庚辰減百官大禮賜物三之一甲申復吳端帶御器械辛卯詔守令毋征斂病民庚子下詔撫諭四川被水州軍十一月戊申安定郡王子彤薨己巳冊加高宗徽號曰受命中興全功至德聖神武文昭仁憲孝皇帝辛未有事于太廟皇后李氏殺皇貴妃以暴卒聞壬申合祭天地于圜丘以太祖太宗配大風雨不成禮而罷帝既聞貴妃薨又值此變震懼感疾罷稱賀肆赦不御樓壽皇聖帝及壽成皇后來視疾帝自是不視朝十二月庚辰築荊門軍城丁亥帝始對輔臣于內殿乙未增楚州更戍兵一千五百人庚子復出會子百萬緡收兩淮鐵錢辛丑金遣完顏宗璧等來賀明年正旦壬寅資簡普榮四州及富順監旱甲辰詔慶遠軍承宣使內侍省都知楊皓懷姦兇恣刺面杖脊配吉州和州防禦使內侍省押班黃邁私相朋附決杖編管撫州尋送皓撫州邁常州居住是歲建寧府汀州水階成西和鳳四州及淮東旱振之

三年春正月乙巳朔帝有疾不視朝庚戌蠲秀州上供米四萬四千石歲蠲四川鹽酒重額錢九十萬緡出度僧牒二百收淮東鐵錢丁巳命夔路轉運使通融漕計糴米以備凶荒壬戌罷文州民雜役詔輔臣代行恭謝之禮二月甲戌朔復以兩浙犒賞酒庫隸戶部丁酉申嚴錢銀過淮之禁閏月丙午禁郡縣新作寺觀甲寅以王藺爲端明殿學士四川安撫制置使藺辭不行壬戌詔州縣未斷之訟監司毋得移獄違者許執奏甲子成都府路轉運判官王溉以代民輸激賞等絹錢三十三萬緡詔進一官仍令再任詔賣郡縣沒官田屋及營田三月甲戌修天長縣城辛巳帝疾稍愈始御延和殿聽政以子擴爲安定郡王甲申罷雅州稅場五築峽州城乙酉留正乞去位不許庚寅宜州蠻寇邊改知鬱州沙世堅知宜州以討之辛卯復監司列薦法丁酉罷廣東增收鹽斤錢己亥詔技藝補授之人毋得奏補著爲令庚子監察御史郭德麟以察事失體出爲湖北提舉常平茶鹽夏四月癸卯補童子吳鋼官甲寅振四川旱傷郡縣乙卯以戶部侍郎丘崈爲煥章閣直學士四川安撫制置使戊午帝朝重華宮丁卯蠲臨安民元年二年逋賦五月帝有疾不視朝乙未命漢陽荊門軍復州行鐵錢己亥蠲四川水旱郡縣租賦仍以兩浙犒賞酒庫隸諸州令戶部郎官提領歲以四十五萬緡爲額庚子晦常德府大水入其郛六月辛丑朔下詔戒飭風俗禁民奢侈與士爲文浮靡吏苟且飾僞者以權禮部尚書陳騤同知樞密院事甲辰遣錢之望等賀金主生辰丁未罷四川諸軍歲起西兵廢光州定城監壬子慮囚戊午以伯圭爲太師甲子增捕獲私鑄銅錢賞格丙寅以太尉郭師禹爲少保秋七月己巳刺沿邊盜萬人爲諸州禁軍壬申監文思院常良孫坐贓配海外益國公周必大坐繆舉良孫降滎陽郡公省廣西郡縣官甲戌合州水壬子瀘州騎射卒張信等作亂殺其帥臣張孝芳甲申軍士卞進張昌擊殺信增嘉王府講讀官二員壬辰修揚州城八月甲寅詔兩淮行鐵錢交子戊午總領西川財賦楊輔奏已蠲東西兩川畸零絹錢四十七萬緡激賞絹六萬六千匹詔獎之自是歲以爲例九月甲戌修安德府外城乙亥金遣僕散端等來賀重明節戊子遣鄭汝諧等使金賀正旦丙申勸兩淮民種桑冬十月壬寅修大禹陵廟丙午修潭州城辛亥帝詣重華宮進香庚申會慶節丞相率百官詣重華宮拜表稱賀十一月壬申振襄陽府被水貧民癸酉減蘄州歲鑄錢二十萬緡丙戌日南至丞相率百官詣重華宮拜表稱賀兵部尚書羅點給事中尤袤中書舍人黃裳皆上疏請帝朝重華宮吏部尚書趙汝愚亦因面對以請帝開納辛卯帝朝重華宮皇后繼至都人大悅癸巳蠲湖南北京西江西郡縣月樁經總制錢歲二十三萬餘緡戊戌詔李純乃皇后親姪可特除閤門宣贊舍人十二月癸卯帝率羣臣上壽皇聖帝玉牒聖政會要于重華宮丙午蠲歸正人賦役三年辛亥以留正爲少保乙丑金遣溫敦忠等來賀明年正旦是歲江東京西湖北水

四年春正月己巳朔帝朝重華宮辛卯蠲臨安府民身丁錢三年二月戊戌朔詔陳源特與在京宮觀丙寅貸淮西民市牛錢出米七萬石振江陵饑民甲戌皇孫生三月丙子帝朝重華宮皇后從辛巳以葛邲爲右丞相胡晉臣知樞密院事陳騤參知政事趙汝愚同知樞密院事甲申監察御史汪義端奏汝愚執政非祖宗故事請罷之疏三上不報辛卯義端罷癸巳帝從壽皇聖帝壽成皇后幸聚景園乙未修巢縣城夏四月己酉罷括賣四川沿邊郡縣官田五月丙寅朔復永州義保己巳賜禮部進士陳亮以下三百九十有六人及第出身進士李僑年五十四調成都司戶參軍自以祿不及養乞以一官回贈父母帝嘉其志特詔以本官致仕父母皆與初品官封丙子淮西大水丙戌紹興大水召浙東總管姜特立丞相留正以論特立不行乞罷相不報壬辰太尉利州安撫使吳挺卒四川制置使丘崈承制以總領財賦楊輔權安撫使命統制官李世廣權管其軍六月丙申朔留正出城待罪振江浙兩淮荊湖被水貧民戊戌秘書省著作郎沈有開著作佐郎李唐卿秘書郎范黼彭龜年校書郎王奭正字蔡幼學顏棫吳獵項安世上疏乞寢姜特立召命己亥遣許及之等賀金主生辰壬寅詔市淮馬克沿江諸軍戰騎戊申胡晉臣薨己酉御後殿慮囚癸丑蠲臨安增民稅錢八萬餘緡甲寅太白晝見甲子雨雹秋七月乙丑朔太白晝見丙寅大雨雹己巳留正復論姜特立繳納出身以來文字待罪于范村丙子以不雨命諸路提刑審斷滯獄戊寅命臨安府及三衙決繫囚釋杖以下壬午以趙汝愚知樞密院事吏部尚書余端禮同知樞密院事陳源爲內侍省押班癸未禁邕州左右兩江販鬻生口乙酉敘州夷賊没該落無等寇邊遣兵討平之八月丙申蠲紹興丁鹽茶租錢八萬二千餘緡丁酉罷郡縣賣沒官田癸丑詔三省議振恤郡縣水旱丁巳贈吳挺少保其子曦落階官起復濠州團練使帶御器械戊午振江東浙西淮西旱傷貧民九月己巳金遣董師中等來賀重明節庚午重明節百官上壽侍從兩省請帝朝重華宮不聽己卯上壽聖皇太后尊號曰壽聖隆慈備福皇太后壬午遣倪思等使金賀正旦甲申帝將朝重華宮皇后止帝中書舍人陳傅良引裾力諫不聽戊子著作郎沈有開祕書郎彭龜年禮部侍郎倪思等咸上疏請朝重華宮冬十月丙午內教三衙諸軍己酉朝獻于景靈宮夜地震庚戌朝獻于景靈宮夜地又震壬子秘書省官請朝重華宮疏三上不報甲寅雨土工部尚書趙彥逾等上疏重華宮乞會慶聖節勿降旨免朝壽皇曰朕自秋涼以來思與皇帝相見卿等奏疏已令進御前矣明日會慶節帝以疾不果朝丞相葛邲率百官賀于重華宮侍從上章居家待罪詔不許嘉王府翊善黃裳上疏請誅內侍楊舜卿臺諫張叔椿章穎上疏乞罷黜戊午太學生汪安仁等二百一十八人上書請朝重華皆不報己未丞相以下奏事重華宮庚申帝將朝重華宮復以疾不果丞相以下上疏自劾請罷政彭龜年請逐陳源以謝天下皆不報十一月辛未日中有黑子壬申侍從兩省趙彥逾等十一人同班奏事癸酉太白晝見地生毛夜有赤雲白氣戊寅帝朝重華宮都人大悅遣右司郎官徐誼召留正于城外庚辰正始入朝復赴都堂視事命姜特立還故官日中黑子滅癸未帝率羣臣奉上皇太后冊寶于慈福宮十二月戊戌帝朝重華宮壬寅右司諫章穎以地震請罷葛邲疏十餘上不報甲辰命沿邊守臣三年爲任己酉詔監司帥守毋獨員薦士庚戌趙雄薨甲寅復四川鹽合同場舊法丁巳振江浙流民己未金遣完顏弼等來賀明年正旦

五年春正月癸亥朔帝御大慶殿受羣臣朝遂朝重華宮次詣慈福宮行慶壽禮推恩如淳熙十年故事癸酉壽皇聖帝不豫丙子大理獄空癸未葛邲罷丙戌寬紹興民租稅二月乙未趙汝愚余端禮以奏除西帥不行居家待罪戊戌荊鄂諸軍都統制張詔爲成州團練使興州諸軍都統制庚戌禁湖南江西遏糴三月癸亥合利州東西爲一路己巳壽成皇后生辰免過宮上壽夏四月甲午帝幸玉津園皇后及後宮皆從乙未壽皇聖帝幸東園丙申史浩薨己亥朝獻于景靈宮壬寅以不雨命大理三衙臨安府及兩浙決繫囚釋杖以下癸卯雨土甲辰侍從入對請朝重華宮己酉太學生程肖說等以帝未朝移書大臣事聞帝將以癸丑日朝至期丞相以下入宮門以俟日昃帝復以疾不果出侍從館學官上疏乞罷黜居家待罪職事官請去待罪者百餘人詔不許丙辰侍講黃裳秘書少監孫逢吉等再上疏以請丁巳起居郎兼權中書舍人陳傅良請以親王執政或近上宗戚一人充重華宮使臺諫交章劾內侍陳源楊舜卿林億年離間兩宮請罷逐之五月辛酉朔辰州徭賊寇邊甲子侍從入對未得見宰執詣重華宮問疾不及引陳傅良繳上告敕出城待罪丁卯以壽皇聖帝

疾棘命丞相以下分禱天地宗廟社稷戊辰丞相留正等請帝侍疾正引裾隨帝至福寧殿久之乃泣而出辛未丞相以下以所請不從求退帝命皆退於是丞相以下遂出城待罪知閤門事韓侂胄請宣押入城許之追封史浩爲會稽郡王乙亥帝將朝重華宮復不果戊寅以壽皇聖帝疾赦權刑部尚書京鏜入對請朝重華宮庚辰丞相以下詣重華宮問疾癸未起居舍人彭龜年叩頭請奏事詔令上殿乃請朝重華宮甲申從官列奏以請嘉王府翊善黃裳講讀官沈有開彭龜年奏乞令嘉王詣重華宮問疾許之王至重華宮壽皇爲之感動丙戌權戶部侍郎袁說友入對請朝重華宮六月遣梁總等賀金主生辰戊戌夜壽皇聖帝崩遺誥改重華宮爲慈福宮建壽成皇后殿於宮後以便定省以重華宮錢銀一百萬緡賜內外軍先是丞相留正知樞密院事趙汝愚參知政事陳騤同知樞密院事余端禮聞壽皇聖帝大漸見帝于後殿力請帝朝重華宮皇子嘉王亦泣以請不聽至是丞相正等聞壽皇聖帝崩乃率百官聽遺誥于重華宮己亥丞相以下上疏請詣重華成禮庚子遣薛叔似等使金告哀辛丑丞相率百官拜表稱就喪次成服壬寅壽皇大斂皇子嘉王復入奏事詔俟疾愈過宮行禮丞相以下請皇太后垂簾聽政不許請代行祭奠禮許之仍有旨皇帝有疾聽就內中成服夜白氣亘天乙巳尊壽聖隆慈備福皇太后爲太皇太后壽成皇后爲皇太后己酉白氣亘天乙卯遣林湜等使金致遺留物秋七月辛酉丞相留正稱疾乞罷政遂逃歸初正等屢請立嘉王爲皇太子帝許之正擬指以進奉御筆歷事歲久念欲退閑正得之大懼乃謀退焉甲子太皇太后以皇帝疾未能執喪命皇子嘉王即皇帝位于重華宮之素幄尊皇帝爲太上皇帝皇后爲壽仁太上皇后移御泰安宮慶元元年十一月戊戌上尊號曰聖安壽仁太上皇帝六年八月庚寅太上皇帝不豫辛卯崩于壽康宮年五十有四十一月丙寅謚曰憲仁聖哲慈孝皇帝廟號光宗嘉泰三年十一月壬申加謚循道憲仁明功茂德溫文順武聖哲慈孝皇帝

贊曰光宗幼有令聞嚮用儒雅逮其即位總權綱屏嬖幸薄賦緩刑見於紹熙初政宜若可取及夫宮闈妒悍內不能制驚憂致疾自是政治日昏孝養日怠而乾淳之業衰焉

宋史卷三十七

元　中書右丞相總裁脫脫等修

本紀第三十七

寧宗一

寧宗法天備道純德茂功仁文哲武聖睿恭孝皇帝諱擴光宗第二子也母曰慈懿皇后李氏光宗爲恭王慈懿夢日墜于庭以手承之已而有娠乾道四年十月丙午生于王邸五年五月賜今名十一月乙丑授右千牛衞大將軍七年光宗爲皇太子淳熙五年十月戊午遷明州觀察使封英國公七年二月初就傅九年正月始冠十年九月己巳始預朝參十一年當出閤兩宮愛之不欲令居外乃建第東宮之側以十月甲戌遷焉十二年三月乙酉遷安慶軍節度使封平陽郡王八月辛酉納夫人韓氏十六年二月壬戌光宗受禪三月己亥拜少保武寧軍節度使進封嘉王帝自弱齡尊師重傅至是始置翊善以沈清臣爲之紹熙元年春宰相留正請立帝爲儲嗣五年六月戊戌孝宗崩光宗以疾不能出壬寅宰臣請太皇太后垂簾聽政不許請代行祭奠之禮從之丁未宰臣奏云皇子嘉王仁孝夙成宜正儲位以安人心越六日奏三上從之明日遂擬旨以進是夕御批付丞相云歷事歲久念欲退閑七月辛酉留正以疾辭去知樞密院事趙汝愚見正去乃遣韓侂胄因內侍張宗尹以禪位嘉王之意請于太皇太后不獲遇提舉重華宮關禮侂胄因其問告之禮繼入內泣請于太皇太后太皇太后乃悟令諭侂胄曰好爲之侂胄出告汝愚命殿帥郭杲夜分兵衞南北翼日禫祭汝愚率百官詣大行柩前太皇太后垂簾汝愚率同列再拜奏皇帝疾不能執喪臣等乞立皇子嘉王爲太子以安人心乃奉御批八字以奏太皇太后曰既有御筆卿當奉行汝愚曰內禪事重須議一指揮太皇太后允諾汝愚袖出所擬以進云皇帝以疾未能執喪曾有御筆欲自退閑皇子嘉王擴可即皇帝位尊帝爲太上皇皇后爲太上皇后太皇太后覽畢曰甚善汝愚出以旨諭帝帝固辭曰恐負不孝名汝愚曰天子當以安社稷定國家爲孝今中外憂亂萬一變生置太上皇何地衆扶入素幄披黃袍方却立未坐汝愚率同列再拜帝詣几筵殿哭盡哀須臾立仗訖催百官班帝衮服出就重華殿東廡素幄立內侍扶掖乃坐百官起居訖乃入行禫祭禮詔建泰安宮以奉太上皇太上皇后汝愚即喪次請召還留正乙丑太皇太后命立崇國夫人韓氏爲皇后丙寅大赦百官進秩一級賞諸軍詔車駕五日一朝泰安宮百官月兩朝以即位告于天地宗廟社稷丁卯侍御史張叔椿劾留正擅去相位詔以叔椿爲吏部侍郎戊辰詔求直言遣鄭湜使金告禪位己巳以趙汝愚兼參知政事庚午召秘閣修撰知潭州朱熹詣行在壬申建泰安宮乙亥以趙汝愚爲右丞相參知政事陳騤知樞密院事余端禮參知政事仍兼同知樞密院事汝愚辭不拜賜前宰執侍從詔訪以得失丙子大風戊寅詔秋暑太上皇帝未須移御即以寢殿爲泰安宮以殿前都指揮使郭杲爲武康軍節度使庚辰率羣臣拜表于泰安宮辛巳以趙汝愚爲樞密使保大軍節度使郭師禹爲攢宮總護使壬午侍御史章穎等劾內侍林億年陳源楊舜卿詔億年源與在外宮觀舜卿在京宮觀韓侂胄落階官爲汝州防禦使癸未余端禮辭兼同知樞密院事甲申以兵部尚書羅點簽書樞密院事詔兩省官詳定應詔封事具要切者以聞戊子詔百官輪對罷楊舜卿在京宮觀林億年常州居住陳源撫州居住八月己丑朔安定郡王子濤薨辛卯初御行宮便殿聽政癸巳以朱熹爲煥章閣待制兼侍講甲午增置講讀官以給事中黃裳中書舍人陳傅良彭龜年等爲之丁酉以生日爲天祐節己亥率羣臣朝泰安宮辛丑詔諸道舉廉吏糾污吏壬寅詔經筵官開陳經旨救正闕失進封弟許國公抦爲徐國公癸卯加嗣濮王士歆少師郭師禹少傅夏執中少保乙巳詔晚講官坐講丁未復罷經筵坐講命三省議振恤諸路郡縣水旱乙卯加安南國王李龍翰思忠功臣詔歲減廣西鹽額十萬緡丙辰留正罷以觀文殿大學士判建康府以趙汝愚爲右丞相丁巳詔侍從兩省臺諫各舉通亮公清不植黨與曾任知縣者二人九月己巳命趙汝愚朝獻景靈宮庚子命嗣秀王伯圭朝饗太廟是日羅點薨辛未合祭天地于明堂大赦壬申以刑部尚書京鏜簽書樞密院事甲戌下詔撫諭諸將改天祐節爲瑞慶節冬十月己丑右諫議大夫張叔椿再劾留正擅去相位詔落正觀文殿大學士庚寅更泰安宮爲壽康宮辛卯命四川制置司銓量諸州守臣癸巳雷乙未詔以陰陽謬盭雷電非時令臺諫侍從各疏朝政闕失以聞戊戌復許武舉人試換文資庚子以久雨命大理三衙臨安府兩浙州縣決繫囚釋杖以下辛丑減兩浙江東西路和市折帛錢蠲兩浙路丁鹽身丁錢一年雅州蠻寇邊土丁拒退之壽出降甲辰以朱熹言趣後省看詳應詔封事乙巳上大行至尊壽皇聖帝謚曰哲文神武成孝皇帝廟號孝宗丙午復以朱熹奏請郤瑞慶節賀表庚戌改上安穆皇后謚曰成穆皇后安恭皇后謚曰成恭皇后壬子遣曾三復使金賀正旦丙辰上孝宗皇帝冊寶于重華殿成穆皇后成恭皇后冊寶于本室是月建福寧殿閏月庚申以吏部尚書鄭僑等奏請祧僖宣二祖正太祖東嚮之位壽立僖祖別廟以藏順翼宣三祖之主乙丑遣林季友使金報謝戊辰金遣使來弔祭戊寅侍講朱熹以上疏忤韓侂胄罷趙汝愚力諫不聽臺諫給舍交章請留朱熹亦不聽詔兩省臺諫侍從各舉宗室有文學器識者二人壬午詔改明年爲慶元元年十一月甲午復加安南國王李龍翰濟美功臣丙午帝自重華宮還大內庚戌以宜州觀察使韓侂胄兼樞密都承旨辛亥雨木冰詔行孝宗三年喪制命禮官條具典禮以聞升明州爲慶元府乙卯權櫕孝宗皇帝于永阜陵十二月丁巳朔禁民間妄言宮禁事乙丑吏部侍郎彭龜年上疏言韓侂胄假託聲勢竊弄威福乞黜之以解天下之疑詔罷龜年進侂胄一官與在京宮觀趙汝愚請留龜年不聽御史中丞謝深甫劾陳傅良罷之戊辰以陳康伯配饗孝宗廟庭己巳陳騤罷庚午以余端禮知樞密院事京鏜參知政事鄭僑同知樞密院事辛未監察御史劉德秀劾起居舍人劉光祖罷之癸酉金遣使來賀登位上孝宗廟樂曰大倫之舞甲戌祔孝宗神主于太廟丁丑減臨安紹興二府死罪以下囚釋杖以下蠲民緣攢宮役者賦戊寅加郭師禹少師進封永寧郡王癸未金遣使來賀明年正旦是歲兩浙淮南江東西路水旱振之仍蠲其賦

慶元元年春正月丁巳朔蠲兩淮租稅壬寅黎州蠻寇邊官軍戰却之乙巳蠲台嚴湖三州貧民身丁折帛錢一年詔兩浙淮南江東路荒歉諸州收養遺棄小兒辛亥以久雨振給臨安貧民丙辰白虹貫日二月丁巳朔詔兩淮諸州勸民墾闢荒田壬戌詔嗣秀王伯圭贊拜不名癸亥以久雨釋大理三衙臨安府兩浙路杖以下囚丁卯詔帥臣監司歲終考察郡守臧否以聞戊寅以右正言李沐言罷趙汝愚爲觀文殿大學士知福州己卯雨土以余端禮兼參知政事庚辰兵部侍郎章穎以黨趙汝愚罷甲申謝深甫等再劾汝愚詔與宮觀三月丙戌朔日有食之庚寅太白經天辛亥詔四川歲發西兵詣行在如舊制癸丑命侍從臺諫兩省集議江南沿江諸州行鐵錢利害甲寅國子祭酒李祥博士楊簡以

黨趙汝愚罷。夏四月丁巳，太府寺丞呂祖儉坐上疏留趙汝愚及論不當黜朱熹彭龜年等忤韓侂胄送韶州安置己未以余端禮爲右丞相京鏜知樞密院事鄭僑參知政事謝深甫簽書樞密院事庚申太學生楊宏中等六人以上書留趙汝愚章穎李祥楊簡請黜李沐詔宏中等各送五百里外編管中書舍人鄧驛上疏救之不聽戊辰臨安大疫出內帑錢爲貧民醫藥棺斂費及賜諸軍疫死者家五月戊子呂祖儉改送吉州安置戊戌詔戒百官朋比丙午詔諸路提舉司置廣惠倉脩胎養令辛亥減大理三衙臨安府雜犯死罪以下囚釋杖以下六月丁巳復留正觀文殿大學士克醴泉觀使右正言劉德秀請考核眞僞以辨邪正己未遣汪義瑞賀金主生辰庚午詔三衙江上諸軍主帥將佐初除舉自代一人歲薦所知二人癸酉以韓侂胄爲保寧軍節度使提舉萬壽觀秋七月壬辰加周必大少傅丁酉落趙汝愚觀文殿大學士罷宮觀己亥太白晝見八月己巳詔內外諸軍主帥條奏武備邊防之策以聞九月壬午朔蠲臨安府水災貧民賦乙酉以久雨決繫囚丙戌熒惑入太微甲辰遣黃艾使金賀正旦己酉蠲台嚴湖三州被災民丁絹冬十月己卯詔三省樞密院條上合敎諸軍例乙丑升秀州爲嘉興府舒州爲安慶府嘉州爲嘉定府英州爲英德府戊辰金遣吳鼎樞來賀瑞慶節壬申封子恭爲安定郡王十一月己丑雨土庚寅以弟徐國公柄爲昭慶軍節度使戊戌加上壽聖隆慈備福太皇太后尊號曰壽聖隆慈備福光佑太皇太后壽成皇太后曰壽成惠慈皇太后太上皇曰聖安壽仁太上皇太上皇后曰壽仁太上皇后丙午以監察御史胡紘言責授趙汝愚寧遠軍節度副使永州安置丁未命宰執大閱十二月癸亥置楚州弩手効用軍丙子命朱熹爲煥章閣待制辭丁丑金遣紇石烈正來賀明年正旦

二年春正月庚寅以余端禮爲左丞相京鏜爲右丞相鄭僑知樞密院事謝深甫參知政事御史中丞何澹同知樞密院事庚子趙汝愚卒于永州甲辰右諫議大夫劉德秀劾留正引用僞學之黨詔落正觀文殿大學士罷宮觀二月辛酉詔追復趙汝愚官許歸葬以中書舍人吳宗旦言罷之辛未再蠲臨安府民身丁錢三年三月丙申命諸軍射鐵簾己亥進封弟柄爲吳興郡王丙午有司上慶元會計錄夏四月甲子余端禮罷壬申以何澹參知政事吏部尚書葉翥簽書樞密院事乙亥增置監察御史一員五月辛巳以旱禱于天地宗廟社稷詔大理三衙臨安府兩浙州縣決繫囚乙酉申嚴獄四瘐死之罰辛卯賜禮部進士鄒應龍以下四百九十有九人及第出身甲午減諸路和市折帛錢三年建華文閣以藏孝宗御集甲辰更慈福宮爲壽慈宮六月庚戌遣吳宗旦賀金主生辰乙丑命監司帥守臧否縣令分三等丙子子埈生秋七月癸未饗于太廟丙戌減諸路死罪囚釋流以下戊子量徙流人呂祖儉等于內郡詔檢正都司考覈諸路守臣便民五事以聞戊戌以韓侂胄爲開府儀同三司萬壽觀使八月癸丑奉安孝宗皇帝成穆皇后成恭皇后神御于景靈宮丙辰以太常少卿胡紘請權住進擬僞學之黨壬戌子埈薨追封兗王謚沖惠九月丁亥復分利州爲東西路癸巳嗣濮王士歆薨追封韶王甲午流星晝隕丁酉遣張貴謨使金賀正旦冬十月戊申率羣臣奉上壽聖隆慈備福光佑太皇太后壽成惠慈皇太后聖安壽仁太上皇壽仁太上皇后冊寶于慈福壽康宮辛亥冊皇后壬戌金遣張嗣來賀瑞慶節甲戌大閱十一月庚寅詣壽康宮上太上皇帝寬恤詔令壬辰京鏜等上孝宗皇帝寬恤詔令癸卯賞宜州捕降峒寇功十二月辛未金遣完顏崇道來賀明年正旦是月監察御史沈繼祖劾朱熹詔落熹秘閣脩撰罷宮觀竄處士蔡元定于道州

三年春正月壬寅鄭僑罷癸卯以謝深甫兼知樞密院事二月己酉京鏜等上神宗玉牒高宗實錄丁巳以大理司直邵裦然請詔大臣自今權臣僞學之黨勿除在內差遣詔下其章三月乙未建東華門庚子禁浙西州軍圍田壬寅詔自今有司奏讞死罪不當者論如律夏四月丙午雨土命不秝爲嗣濮王壬子以旱禱于天地宗廟社稷乙丑雨雹六月戊辰頒淳熙寬恤詔令閏月甲戌內出銅器付尚書省毀之命申嚴私鑄銅器之禁乙亥遣衛涇賀金主生辰甲午詔留正分司西京邵州居住是夏廣東提舉茶鹽徐安國遣人捕私鹽于大奚山島民遂作亂秋七月庚午監察御史沈繼祖錄淹囚四百餘條來上詔進二官八月戊子復置嚴州神泉監辛卯知廣州錢之望遣兵入大奚山盡殺島民甲午均諸路戰田九月壬寅以四川旱詔蠲民賦辛酉遣曾炎使金賀正旦乙丑申嚴帥臣監司臧否郡守之制是月詔監司帥守薦舉改官勿用僞學之人冬十月癸酉雷丙戌金遣完顏愈來賀瑞慶節丙申以太皇太后違豫赦十一月辛丑加孝宗皇帝謚曰紹統同道冠德昭功哲文神武明聖成孝皇帝太皇太后吳氏崩壬寅朝獻于景靈宮癸卯朝饗于太廟甲辰祀天地于圜丘大赦乙巳詔爲大行太皇太后服期丁未遣趙介使金告哀十二月丙子始御正殿丁丑以大行太皇太后攢宮蠲紹興府貧民明年身丁折帛綿絹庚辰罷文武官納官告綾紙錢甲申雷雨土乙未金遣奧屯忠孝來賀明年正旦丁酉以知綿州王沇請詔省部籍僞學姓名

四年春正月己卯上欽宗皇后謚曰仁懷皇后丙寅以葉翥同知樞密院事丁卯詔有司寬恤兩淛江淮荆湖四川流民二月辛未詔兩省侍從臺諫各舉所知一二人毋薦宰執親黨丙子上大行太皇太后謚曰憲聖慈烈皇后三月甲子權攢憲聖慈烈皇后于永思陵乙丑金遣烏林荅天益來弔祭夏四月丙戌祔仁懷皇后神主慈烈皇后神主于太廟己丑蠲臨安紹興二府租稅有差丙申始御正殿是月右諫議大夫張金請下詔禁僞學遣湯碩使金報謝五月己亥加韓侂胄少傅賜玉帶己酉詔禁僞學六月己巳遣楊王休賀金主生辰癸酉以弟吳興郡王柄爲開府儀同三司秋七月辛酉葉翥罷八月丁卯朔以久雨決繫囚丙子以謝深甫知樞密院事兼參知政事吏部尚書許及之同知樞密院事庚辰白氣亘天丙戌詔以太上皇聖躬清復率羣臣上壽壽不克行九月壬寅太白晝見癸卯太白經天丁未頒慶元重脩敕令格式庚申遣馬覺使金賀正旦是月詔造新歷冬十月戊子金遣孫鐸來賀瑞慶節十二月丙戌再蠲臨安府民身丁錢三年己丑金遣楊庭筠來賀明年正旦

五年春正月庚子樞密院直省官蔡璉訴趙汝愚定策時有異謀詔下大理捕鞫彭龜年曾三聘等以實其事中書舍人范仲藝力爭之于韓侂胄事遂寢張釜等復請窮治詔停龜年三聘官壬戌建玉堂二月癸酉白氣亘天乙酉張釜劾劉光祖附和僞學詔房州居住三月甲午罷監司臧否郡守之制夏五月壬辰朔新歷成賜名曰統天戊戌賜禮部進士曾從龍以下四百十有一人及第出身戊申以久雨民多疫命臨安府振恤之壬子詔諸路州學置武士齋選官按其武藝六月癸亥遣李大性賀金主生辰秋七月甲寅禁高麗日本商人博易銅錢八月乙亥白氣亘天辛巳太祖廟楹生芝率羣臣詣壽康宮上壽始見太上皇成禮而還甲申以過宮上壽禮成中外奉表稱賀丙戌詔減諸路流囚釋杖以下推恩如慶壽故事丁亥進京鏜等官一級戊子立沿邊諸州武舉取士法九月庚寅朔加韓侂胄少師封平原郡王丙辰遣朱致知使金賀正旦冬十月庚申朔封郭師禹爲廣陵郡王丙子金遣僕散琦來賀瑞慶節十一月己丑朔詔復右司一員十二月辛酉嗣濮王不秝薨庚午命廣東水土惡弱諸州建安仁宅惠濟倉庫給士大夫死不能歸者己亥奉安仁懷皇后憲聖慈烈皇后神御于景靈宮甲申金遣范楫來賀明年正旦是歲饒信江撫嚴衢台七州建昌興國軍廣東諸州皆水振之

六年春正月己亥子坦生二月戊辰減諸路雜犯死罪囚釋徒以下己巳雨土己卯率羣臣奉上聖安壽仁太上皇玉牒聖政日曆會要于壽康宮甲申封婕妤楊氏爲貴妃閏月庚寅以京鏜爲左丞相謝深甫爲右丞相何澹知樞密院事兼參知政事乙巳復留正少保觀文殿大學士致仕丁未雨土辛亥以殿前副都指揮使吳曦爲昭信軍節度使三月甲子朱熹卒辛未從壽成惠慈皇太后幸聚景園己卯安定郡王子恭薨夏四月己酉命不壘爲嗣濮王五月丙辰以旱決中外繫囚除茶鹽賞錢有司上慶元寬恤詔令役法撮要癸亥避正殿減膳丙寅詔大理三衙臨安府及諸路闕雨州縣釋杖以下囚戊辰詔侍從臺諫兩省卿監郎官館職疏陳闕失及當今急務辛未以久不雨詔中外陳朝廷過失及時政利害壬申雨丁丑詔三省樞密院擇臣僚封事可行者以聞六月乙酉朔日有食之丁亥以太上皇后違豫赦戊子太上皇后李氏崩壬辰遣趙善義賀金主生辰吳琚使金告哀戊申許及之以母憂去位秋七月己未初御後殿丁卯以御史中丞陳自強簽書樞密院事八月庚寅以太上皇違豫赦辛卯太上皇崩甲午遣李寅仲使金告哀乙未日中有黑子丙申上大行太上皇后謚曰慈懿皇后丁酉京鏜薨壬寅子坦薨追封邠王謚沖溫癸卯權攢慈懿皇后于臨安府南山之脩吉寺九月乙卯祔慈懿皇后神主于太廟甲子婺州布衣呂祖泰上書請誅韓侂胄蘇師旦逐陳自強等以周必大代之詔杖祖泰配欽州牢城己巳命謝深甫朝獻景靈宮庚午命嗣濮王不壘朝獻太廟辛未合祭天地于明堂大赦丙子遣丁常任爲金國遺留國信使冬十月丙戌加韓侂胄太傅戊子遣林桷使金賀正旦庚子復加安南國王李龍翰保節功臣辛丑雨土十一月癸丑朔詔宗子與愿更名曮爲福州觀察使己未皇后韓氏崩癸亥子增生丙寅東北地震上大行太上皇謚曰憲仁聖哲慈孝皇帝廟號光宗乙亥上大行皇后謚曰恭淑

皇后十二月癸未朔子增甍追封郢王諡沖英乙酉日中有黑子辛卯雨土權攢憲仁聖哲慈孝皇帝于永崇陵己亥金遣烏古論誼來弔祭壬寅權攢恭淑皇后于臨安府南山之廣教寺癸卯祔光宗皇帝神主于太廟遣虞儔使金報謝詔改明年爲嘉泰元年乙巳日中黑子滅蠲臨安紹興二府民緣攢宮役者賦戊申金遣紇石烈忠定來賀明年正旦己酉加吳曦太尉庚戌祔恭淑皇后神主于太廟詔罷四川總領所所增關外四州營田租是歲建寧府徽嚴衢婺饒信南劒七州水建康府常潤楊楚通泰和七州江陰軍旱振之

宋史卷三十八

元中書右丞相總裁脫脫等修

本紀第三十八

寧宗二

嘉泰元年春正月戊午申嚴福建科鹽之禁壬戌謝深甫等薦士三十有五人詔籍名中書以待選擢丁卯命路鈐按閱諸州兵士毋受饋遺及擅招軍違者寘諸法庚午以葛邲配饗光宗廟庭丙子金遣完顏充來弔祭二月戊子詔求明歷之士壬辰開資善堂遣俞烈使金報謝癸巳監察御史施康年劾少傅觀文殿大學士致仕周必大首倡僞學私植黨與詔降爲少保脩光宗實錄乙未續脩吏部七司法己亥初置教官試于四川辛丑雨土三月丙寅雨雹戊辰復雨雹頒慶元寬恤詔令役法撮要己巳雨雹戊寅臨安大火四日乃滅夏四月辛巳詔有司振恤被災居民死者給錢瘞之壬午下詔自責詔樞密院嚴禁衞班直及諸軍營柵焚燬之數癸未避正殿減膳甲申命臨安府察姦民縱火者治以軍法內降錢十六萬緡米六萬五千餘石振被災死亡之家辛卯龍州蕃部寇邊遣官軍討之詔以風俗侈靡災後官軍營造務遵法制內出銷金鋪翠焚之通衢禁民無或服用丁酉御正殿復膳戊戌以潛邸爲開元宮丙午詔文武臣無寓居州任釐務官著爲令五月戊午以旱禱于天地宗廟社稷詔大理三衙臨安府兩浙州縣決繫囚癸亥釋諸路杖以下囚除茶鹽賞錢丁卯命有司舉行寬恤之政十有六條乙亥監太平惠民局夏允中請用文彥博故事以韓侂胄平章軍國重事韓侂胄上疏請致仕不許免允中官丙子雨丁丑雨雹六月辛巳遣陳宗召賀金主生辰丙午太白經天秋七月乙卯何澹罷丁巳以旱復禱于天地宗廟社稷壬戌釋大理三衙臨安府及諸路闕雨州縣杖以下囚癸亥雨雹甲子以陳自強參知政事兼同知樞密院事張釜簽書樞密院事丁卯復振被火貧民己巳以吳曦爲興州都統制兼知興州八月己卯減奏薦恩甲申張釜罷以陳自強兼知樞密院事給事中張巖參知政事右諫議大夫程松同知樞密院事丙戌復詔侍從臺諫兩省集議沿江八州行鐵錢利害九月辛亥遣朝臣二人決浙西圍田己未雨土辛未遣李景和使金賀正旦甲戌命禮官纂集孝宗一朝典禮冬十月甲申詔免瑞慶節諸道入貢丙戌起居郎王容請以韓侂胄定策事迹付史館從之甲午金遣徒單懷忠來賀瑞慶節甲辰編光宗御集十一月庚申蠲潭州民舊輸黃河鐵纜錢丙寅太白晝見十二月己卯太白經天庚寅復免臨安府民身丁錢三年辛丑雨土癸卯金遣紇石烈眞來賀明年正旦是歲浙西江東兩淮利州路旱振之仍蠲其賦眞里富國獻馴象二

二年春正月癸亥以知閤門事蘇師旦兼樞密都承旨丁卯陳自強等上高宗實錄二月甲申追復趙汝愚資政殿學士丁亥修高宗正史實訓戊子頒治縣十二事以風厲縣令癸巳禁行私史三月辛亥詔宰執各舉可守邊郡者二三人己未初命諸路提刑以五月按部理囚己巳詔諸路帥臣總領監司舉任將帥者與本軍主帥列上之夏四月庚寅雨雹五月甲辰朔日有食之己巳賜禮部進士傅行簡以下四百九十有七人及第出身六月丙子遣趙不艱賀金主生辰己卯臨安火壬午濬浙西運河辛卯禁都民以火詭相驚者庚子大雨雹秋七月辛亥封子覬爲安定郡王癸亥以旱釋諸路杖以下囚己巳命有司奉行寬恤之政七條庚午禱于天地宗廟社稷復行寬恤四事八月丙子以吏部尚書袁說友同知樞密院事癸未建寶謨閣以藏光宗御集己丑詔作壽慈宮請太皇太后還內甲午謝深甫等上慶元條法事類九月己酉朝壽慈宮甲寅脩皇帝會要壬戌奉安光宗皇帝慈懿皇后神御于景靈宮萬壽觀丙寅嗣秀王伯圭甍追封崇王諡曰憲靖庚午臨安府野蠶成繭冬十月乙亥上壽成惠慈太皇太后尊號曰壽成惠聖慈祐太皇太后戊子金遣完顏瑭來賀瑞慶節乙未遣魯誼使金賀正旦是月追復朱熹煥章閣待制致仕十一月甲辰始御正殿乙巳重脩吏部七司法庚戌以陳自強知樞密院事前同知樞密院事許及之參知政事丁巳右文殿楹生芝十二月甲戌日中有黑子率羣臣奉上壽成惠聖慈祐太皇太后冊寶于壽慈宮甲申立貴妃楊氏爲皇后加韓侂胄太師庚寅大閱閏月丁未詔講官有當開釋者隨事開陳乙卯以福州觀察使曮爲威武軍節度使封衞國公丁卯金遣徒單公弼來賀明年正旦是月復周必大少傅觀文殿大學士是冬子坰生未踰月甍追封華王諡沖穆是歲建寧府福汀南劒瀘四州水邵州旱振之

三年春正月庚辰謝深甫罷壬午置湖南谿洞總首戊子龍州蕃部復寇邊遣官軍討之甲午張巖罷丙申以陳自強兼知政事戊戌幸大學謁大成殿御化原堂命國子祭酒李寅仲講尚書周官篇遂幸武學謁武成殿監學官進秩一級諸生推恩賜帛有差以袁說友參知政事權翰林學士知制誥傅伯壽簽書樞密院事伯壽辭不拜二月乙巳御文德殿冊皇后以吏部尚書費士寅簽書樞密院事三月丁丑以久雨詔大理三衙臨安府決繫囚乙酉幸聚景園夏四月己亥朔日有食之壬寅福州瑞麥生丙午出封樁庫兩淮交子一百萬命轉運司收民間鐵錢乙卯陳自強等上徽宗玉牒孝宗光宗實錄辛酉詔宰執臺諫子孫毋就試五月戊寅以陳自強爲右丞相許及之知樞密院事仍兼參知政事庚辰以旱詔大理三衙臨安府釋杖以下囚癸未命有司搜訪舊聞脩三朝正史以書來上者賞之是月以蘇師旦爲定江軍承宣使六月壬寅遣劉甲賀金主生辰己酉減大理三衙臨安府四罪一等釋杖以下癸亥太白經天秋七月辛未頒慶元條法事類命殿前司造戰艦壬午權罷同安漢陽蘄春三監鑄錢白虹貫日癸未禁江浙州縣抑納逃賦乙未加光宗皇帝諡曰循道憲仁明功茂德溫文順武聖哲慈孝皇帝八月壬寅增置襄陽騎軍戊申置四川提舉茶馬一員分治茶馬事丙辰陳自強等上皇帝會要甲子詔刑部歲終比較諸路瘐死之數以爲殿最九月庚午袁說友罷壬申以宗子希琪爲莊文太子嗣更名搢授右千牛衞將軍癸酉命阬冶鐵冶司毀私錢改鑄己丑詔南郊加祀感生帝太子庶子星宋星遣張孝曾使金賀正旦冬十月庚子詔宥呂祖泰癸卯以費士寅參知政事華文閣學士知鎭江府張孝伯同知樞密院事丙午命兩淮諸州以仲冬敎閱民兵萬弩手丁未大風戊申龍州蕃部出降壬子金遣完顏奕來賀瑞慶節十一月壬申上光宗冊寶于太廟癸酉朝獻于景靈宮甲戌朝饗于太廟乙亥祀天地于圜丘大赦癸未大風己丑安定郡王子覬甍更定選人薦舉改官法庚寅復置福田居養院命諸路提舉常平司主之十二月丙辰命四川提舉茶馬通治茶馬事辛酉下詔戒敕將帥掊克金遣獨吉思忠來賀明年正旦是冬金國多難懼朝廷乘其隙沿邊聚糧增戍且禁襄陽榷場邊釁之開蓋自此始

四年春正月乙亥大風濬天長縣濠癸未日中有黑子壬辰雨雹瓊州西浮洞逃軍作亂寇掠文昌縣遣兵討平之二月丁酉置莊文太子府小學教授辛亥命內外諸軍射鐵帖轉資壬子蠲臨安府逋負酒稅己未立試刑法避親格庚申夜有赤氣亘天三月丁卯臨安大火迫太廟權奉神主于景靈宮己巳避正殿庚午命臨安府振焚室辛未詔脩太廟甲戌下詔罪己乙亥詔百官疏陳時政闕失庚寅復御正殿夏四月甲午朔立韓世忠廟于鎭江府命內外諸軍詳度純隊法甲辰許及之罷振恤江西水旱州縣乙巳以費士寅兼知樞密院事張孝伯參知政事吏部尚書錢象祖賜出身同知樞密院事丙辰詔革選舉之弊五月乙亥詔諸軍主帥各舉部內將材三人不如所舉者坐之癸未追封岳飛爲鄂王六月癸巳遣張嗣古賀金主生辰丙申置諸軍帳前雄校以軍官子孫補之壬寅詔侍從臺諫兩省集議裁抑濫賞壬子詔諸路監司覈實諸州樁積錢米沿江四川軍帥簡練軍實丁巳增廬州強勇軍爲千人秋七月甲子以旱詔大理三衙臨安府兩浙及諸路決繫囚戊辰禱于天地宗廟社稷己巳命諸路提刑從宜斷疑獄蠲內外諸軍逋負營運息錢辛未蠲兩浙闕雨州縣逋租戊子命諸路提刑提舉司措置保伍法八月己亥陳自強等上皇帝玉牒癸丑詔自今以恩賞進秩歲毋過二官蠲紹興府攢宮所在民身丁錢絹綿鹽丙辰除靜江府昭州折布錢戊午張孝伯罷九月乙丑得四圭有邸玉一詔藏于太常壬午遣鄧友龍使金賀正旦丙戌戒飭兩淮州縣遵守寬恤舊法冬十月庚子以資政殿大學士淮東安撫使張巖參知政事壬寅金遣完顏昌來賀瑞慶節十一月乙未朔詔兩淮荆襄諸州值荒歉奏請不及者聽先發廩以聞庚午封伯栩爲安定郡王壬申白氣亘天庚辰脩六合縣城十二月癸巳詔總覈內外財賦以陳自強兼國用使費士寅張巖同知國用事己亥詔改明年爲開禧元年壬寅禁州縣挾私籍沒民產甲辰再蠲臨安府民身丁錢三年乙卯金遣烏林答毅來賀明年正旦

開禧元年春正月癸酉初置澉浦水軍壬午雨霾二月癸巳奪徐安國三官癸卯詔國用司立考覈財賦之法

丙午，蠲臨安府逋負酒稅三月庚申太白晝見辛未申嚴民間生子棄殺之禁仍令有司月給錢米收養辛巳以淮西安撫司所招軍爲強勇軍癸未費士寅罷夏四月戊子朔以錢象祖參知政事兼同知樞密院事吏部尚書劉德秀簽書樞密院事辛卯以江陵副都統李奕爲鎭江都統皇甫斌爲江陵副都統兼知襄陽府戊戌脩憲聖慈烈皇后聖德事迹辛丑日中有黑子甲寅武學生華岳上書諫朝廷不宜用兵恐啓邊釁以忤韓侂冑送建寧府編管乙卯大風五月己巳賜禮部進士毛自知以下四百三十有三人及第出身復淳熙薦舉改官法乙亥詔以衞國公曮爲皇子進封榮王甲申鎭江都統戚拱遣忠義人朱裕結弓手李全焚漣水縣是月金國以邊民侵掠及增邊戍來責渝盟六月戊子罷廣東稅場八十一墟辛卯詔內外諸軍密爲行軍之計戊戌命諸路安撫司教閱禁軍己亥遣李壁賀金主生辰庚子進程松資政殿大學士爲四川制置使辛丑淮東安撫鄭挺坐擅納北人牛眞及劫漣水軍事敗奪二官罷壬寅天鳴有聲復同安漢陽蘄春三監己巳熒惑犯太微右執法陳自強等上新脩淳熙以後吏部七司法壬子陳自強及侍御史鄧友龍等請用本朝故事以韓侂冑平章軍國事減大理三衙臨安府四罪一等釋杖以下秋七月庚申詔韓侂冑平章軍國事立班丞相上三日一朝赴都堂治事命興元都統司增招戰兵丙寅以蘇師旦爲安遠軍節度使領閤門事丁卯詔侍從兩省臺諫在外待制學士已上及內外文武官各舉將帥邊守一二人戊辰贈趙汝愚少保己卯韓侂冑等上高宗御集壬午詔諸路提刑提舉司措置保甲癸未以韓侂冑兼國用使以旱詔大理三衙臨安府兩浙州縣及諸路決繫囚八月丙戌朔蠲兩浙闕雨州縣贓賞錢丁亥命湖北安撫司增招神勁軍癸巳雨乙巳以殿前副都指揮使郭倪爲鎭江都統兼知揚州是月贈宇文虛中少保追封劉光世爲鄜王閏月戊寅韓侂冑等上欽宗玉牒憲聖慈烈皇后聖德事迹九月丁亥劉德秀罷庚子詔官吏犯贓追還所受如舊法丁未遣陳景俊使金賀正旦庚戌大風冬十月甲子江州守臣陳鑄以歲旱圖獻瑞禾詔奪一官丙寅升嘉定府爲嘉慶軍庚午金遣紇石烈子仁來賀瑞慶節復置和州馬監十一月乙酉置殿前司神武軍五千人屯揚州乙未申嚴告訐之禁十二月癸丑朔脩孝宗光宗御集庚午詔兩淮京西監司帥守講行寬恤之政增刺馬軍司弩手癸酉詔丞除兩浙身丁錢絹戊寅金遣趙之傑來賀明年正旦入見禮甚倨韓侂冑請帝還內詔使人更以正旦朝見著作郎朱質上書請斬金使不報是歲眞里富國獻瑞象江浙福建二廣諸州旱兩淮京西湖北諸州水振之

二年春正月癸未朔蠲兩浙路身丁紬綿癸巳再給軍士雪寒錢發米糧給貧民以金使悖慢館伴使副以下奪官有差乙未增太學內舍生爲百二十人辛丑更名國用司曰國用參計所己酉雷雨雹辛亥詔坑戶毀錢爲銅者不赦仍籍其家著爲令是月雅州蠻高吟師寇邊遣官軍討之二月癸丑壽慈宮火甲寅太皇太后移居大內車駕月四朝乙卯以火災避正殿徹樂丁巳以久雨詔大理三衙臨安府及諸路決繫囚己卯復御正殿三月癸巳以程松爲四川宣撫使吳曦爲宣撫副使甲午頒開禧重脩七司法丁酉詔諸路監司歲十一月按部理囚如五月之制己亥從太皇太后幸聚景園乙巳錢象祖罷以張巖兼知樞密院事丙午以錢象祖懷姦避事奪二官信州居住己酉知處州徐邦憲入見請立太子因以肆赦弭兵侍御史徐柟劾罷之夏四月己未雅州蠻作亂焚碉門砦官軍失利庚申四川宣撫司復調御前大軍往討之甲子以薛叔似爲兵部尚書湖北京西宣撫使鄧友龍爲御史中丞兩淮宣撫使下納粟補官之令戊辰以吳曦兼陜西河東路招撫使己巳調三衙兵增戍淮東庚午追奪秦檜王爵命禮官改謚乙亥以郭倪兼山東京東路招撫使鄂州都統趙淳兼京西北路招撫使皇甫斌兼京西北路招撫副使丁丑吳曦遣其客姚淮源獻關外四州于金求封蜀王鎭江都統制陳孝慶復泗州江州統制許進復新息縣戊寅光州忠義人孫成復褒信縣五月辛巳朔陳孝慶復虹縣吳興郡王抦薨追封沂王謚曰靖惠癸未禁邊郡官吏擅離職守丙戌江州都統王大節引兵攻蔡州不克軍大潰丁亥下詔伐金癸巳以伐金告于天地宗廟社稷皇甫斌引兵攻唐州敗績興元都統秦世輔出師至城固縣軍大亂甲午賜宗室希瞿子名均命爲沂王抦後補千牛衞將軍以池州副都統郭倬主管馬軍行司公事李汝翼會兵攻宿州敗績壬寅太白晝見簡荆襄兩淮田卒以備戰兵癸卯郭倬等還至蘄縣金人追而圍之倬執馬軍司總制田俊邁以與金人乃得免六月壬子王大節除名袁州安置尋徙封州癸丑建康都統李爽攻壽州敗績甲寅鄧友龍罷以江南東路安撫使丘崈爲刑部尚書兩淮宣撫使乙卯雅州蠻高吟師出降官軍殺之丁巳減大理三衙臨安府四罪一等釋杖以下奪郭倬李汝翼二官辛酉奪皇甫斌三官甲子李爽罷丁卯曲赦泗州減雜犯死罪囚餘皆除之蠲其租稅三年建康副都統田琳復壽春府戊辰雅州蠻復寇邊甲戌奪李爽三官汀州居住再奪皇甫斌五官南安軍安置丙子奪鄧友龍三官興化軍居住戊寅蘇師旦罷是月命丘崈至揚州部署諸將悉三衙江上軍分守江淮要害金人封吳曦爲蜀王秋七月辛巳復紹興邊郡賞奪蘇師旦三官衡州居住仍籍其家罷旱傷州軍比較祖賦一年詔侍從臺諫兩省卿監郎官監司郡守前宰執侍從各舉人材二三人壬午雅州蠻出降庚子蘇師旦除名韶州安置癸卯以張巖知樞密院事禮部尚書李壁參知政事乙巳置沂王府小學教授八月丙寅有司上開禧刑名斷例斬郭倬于鎭江戊辰再奪李爽三官南雄州安置辛未詔諸州無證佐之獄毋奏裁壬申以淮東安撫司所招軍爲御前強勇軍九月壬午金兵攻和尚原己丑朝獻于景靈宮庚寅朝饗于太廟辛卯合祭天地于明堂大赦乙巳賞復泗州功冬十月戊申朔詔內外軍帥各舉智勇可將帥者二人辛酉以將士暴露罷瑞慶節宴丙子金人自淸河口渡淮遂圍楚州十一月庚辰命主管殿前司公事郭杲領兵駐眞州以援兩淮辛巳金人破棗陽軍甲申以丘崈簽書樞密院事督視江淮軍馬金人犯神馬坡江陵副都統魏友諒突圍趨襄陽乙酉趙淳焚樊城戊子金人犯廬州田琳拒退之癸巳以金人犯淮告于天地宗廟社稷乙未避正殿減膳以湖廣總領陳謙爲湖北京西宣撫副使丙申金人去廬州丁酉金人犯舊岷州守將王喜遁去戊戌金人圍和州守將周虎拒之金人破信陽軍辛丑金人圍襄陽壬寅金人破隨州癸丑太皇太后賜錢一百萬緡犒賞軍士詔諸路招塡禁軍以待調遣甲辰金人犯眞州乙巳金人破西和州是月濠州安豐軍及邊屯皆爲金人所破十二月戊申金人圍德安府守將李師尹拒之庚戌金人破成州守臣辛楫之遁去吳曦焚河池縣退屯靑野原辛亥釋大理三衙臨安府杖以下囚癸丑金人去和州甲寅金人攻六合縣郭倪遣前軍統制郭僎救之遇于胥浦橋大敗倪棄揚州走丁巳金人破大散關戊午熒惑守太微癸亥魏友諒軍潰于花泉走江陵丁卯金人犯七方關興州中軍正將李好義拒郤之戊辰吳曦還興州金人自淮南退師留一軍據濠州己巳罷郭倪奪三官責授果州團練副使南康軍安置庚午薛叔似陳謙罷以京湖北路安撫使吳獵爲湖北京西宣撫使復兩浙圍田募兩淮流民耕種癸酉吳曦始自稱蜀王甲戌以鎭江副都統畢再遇爲鎭江都統權山東京東路招撫司公事乙亥四川宣撫使程松遁

三年春正月丁丑朔丘崈罷己卯命知樞密院事張巖督視江淮軍馬庚辰以陳自強兼樞密使癸未金人破階州丁亥子圻生庚寅詔建康府給淮民裝錢遣歸業辛卯吳曦招通判興元府權大安軍事楊震仲震仲不屈死之癸巳命兩淮帥守監司招集流民甲午吳曦僭位于興州甲辰奪沔州都統陳孝慶三官罷二月壬子以金師退御正殿復膳甲寅削奪福建路總管兼延祥水軍統制商榮官爵柳州安置己未罷程松四川宣撫使以成都府路安撫使楊輔爲四川制置使沿江制置使葉適兼江淮制置使庚申以旱詔大理三衙臨安府決繫囚癸亥子圻薨追封順王謚沖懷甲子振給旱傷州縣貧民命諸路提刑司從宜斷疑獄丁卯罷江浙荆湖福建招軍戊辰子墌生庚午金人去襄陽辛未以旱禱于天地宗廟社稷命有司舉行寬恤之政八條蠲兩淮被兵諸州今年租賦乙亥釋兩浙路杖以下囚四川宣撫副使司隨軍轉運安丙及興州中軍正將李好義監四川總領所興州合江倉楊巨源等共誅吳曦傳首詣行在獻于廟社梟三日四川平併誅曦妻子家屬徙嶺南奪其父挺官遷吳璘子孫出蜀存其廟祀玠子孫免連坐三月丙子朔蠲兩淮被兵州郡役錢丁丑斬僞四川都轉運使徐景望于利州壬辰興州將劉昌國引兵至階州金人退去癸巳李好義復西和州丁酉金人去成州庚子詔以楊輔爲四川宣撫使安丙爲端明殿學士四川宣撫副使起居舍人許奕爲四川宣諭使落程松資政殿大學士奪六官筠州安置忠義統領張翼復鳳州辛丑曲赦四川減雜犯死罪囚釋杖以下壬寅責授程松順昌軍節度副使澧州安置夏四月戊申以吳獵兼四川宣諭使子墌薨追封申王謚沖懿癸丑赦兩淮湖北京西被兵諸州減雜犯死罪囚釋流以下蠲湖北京西諸郡今年租賦四川忠義人復大散關己未奉使金國通謝國信所參議官方信孺發行在庚申以兵部尚書宇文紹節知江陵府權湖北京西宣撫使壬戌詔吳獵與宣撫司議分興州都統司軍之半屯利州丁卯召楊輔詣行在以吳獵爲四川制置使戊辰以資政殿學士錢象祖參知政事己巳改興州爲沔州庚午

贈楊震仲官仍官其子一人癸酉金人復破大散關甲戌赦西和階成鳳四州五月丁丑賞誅吳曦功戊寅用四川宣撫司奏吳曦黨人張伸之等一十六人除名編配兩廣及湖南諸州己丑以旱禱于天地宗廟社稷辛卯以太皇太后謝氏有疾赦是日崩四川宣撫副使司參贊軍事楊巨源與金人戰于長橋敗績戊戌詔四川宣撫置制司分治兵民庚子復置沔州副都統制以李好義爲之辛丑李好義襲秦州敗還六月甲寅賞守襄陽功己未李好義遇毒死癸亥以林拱辰爲金國通謝使遣富琯使金告哀劉彌正賀金主生辰癸酉安丙殺其參議官楊巨源秋七月己卯命不儔爲嗣濮王乙酉以災傷下詔罪己八月己巳上大行太皇太后謚曰成肅皇后九月丁丑詔諸路帥臣申儆邊備辛巳召張巖詣行在壬午方信孺以忤韓侂胄坐用私覿物擅作大臣饋遺金將奪三官臨江軍居住甲申減極邊官吏舉主員乙酉權攢成肅皇后于阜陵丙戌命淮西轉運司措置雄淮軍辛卯以趙淳爲殿前副都指揮使兼江淮制置使乙未張巖罷辛丑遣王柟持書赴金國都副元帥府壬寅祔成肅皇后神主于太廟冬十月乙巳減臨安紹興二府囚罪一等蠲民緣攢宮役者賦丙午更殿前司純隊法乙卯復珍州遵義軍丙辰詔以邊事論軍民十一月甲戌詔韓侂胄輕啓兵端罷平章軍國事陳自强阿附充位罷右丞相乙亥禮部侍郎史彌遠等以密旨命權主管殿前司公事夏震誅韓侂胄于玉津園以錢象祖兼知樞密院事李壁兼同知樞密院事以誅韓侂胄詔天下丁丑以夏震爲福州觀察使主管殿前司公事將士行賞有差奪陳自强三官永州居住戊寅責授蘇師旦武泰軍節度副使韶州安置己卯斬之詔姦臣竄殛當首開言路以來忠讜中外臣僚各具所見以聞辛巳再奪鄧友龍五官南雄州安置尋除名徙循州乙酉罷御前忠銳軍丙戌以御史中丞衞涇簽書樞密院事兼參知政事丁亥詔立皇子榮王曮爲皇太子更名幬戊子郭倪除名梅州安置郭僎除名連州安置仍籍其家奪李壁三官撫州居住癸巳奪張巖二官徽州居住己亥以立皇太子大赦十二月癸卯以丘崈爲江淮制置大使罷山東京東招撫司以許奕爲金國通問使乙巳太白晝見丁未罷京西北路招撫司己酉落葉適寶文閣待制蠲兩淮州軍稅一年庚戌奪許及之二官泉州居住奪薛叔似二官福州居住再奪皇甫斌五官英德府安置癸丑金人復破隨州辛酉以錢象祖爲右丞相兼樞密使衞涇及給事中雷孝友並參知政事吏部尚書林大中簽書樞密院事乙丑以禮部尚書史彌遠同知樞密院事丙寅贈呂祖儉朝奉郎直祕閣官其子一人丁卯詔改明年爲嘉定元年是歲浙西旱蝗沿江諸州水

宋史卷三十九

元中書右丞相總裁脫脫等修

本紀第三十九

寧宗二

嘉定元年春正月戊寅右諫議大夫葉時等請梟韓侂胄首于兩淮以謝天下不報辛巳下詔求言壬午王柟還自河南持金人牒求韓侂胄首丙戌葉時等復請梟侂胄首于兩淮戊子安定郡王伯栩薨壬辰以史彌遠知樞密院事以許奕爲金國通謝使二月戊申追復趙汝愚觀文殿大學士謚忠定詔史官改紹熙以來韓侂胄事迹壬子詔臨安府振給流民戊午責授程松果州團練副使賓州安置是月郴州黑風峒寇羅世傳作亂招降之三月癸酉以毛自知首論用兵奪進士第一人恩例戊子下詔戒飭內外羣臣復秦檜王爵贈謚己丑王柟自軍前再還行在議以韓侂胄函首易淮陝侵地辛卯詔梟侂胄首于兩淮是春子垍生夏四月丙辰詔後省科別羣臣奏疏可行者以聞贈彭龜年寶謨閣直學士落李沐寶文閣學士戊午再責授陳自强復州團練副使雷州安置仍籍其家閏月辛未置拘榷安邊錢物所壬申雨雹癸未子垍薨追封肅王謚沖靖詔大理三衙臨安府及諸路闕雨州縣決繫囚釋杖以下甲申詔自今視事令皇太子侍立乙酉以錢象祖兼太子少傅衞涇雷孝友林大中並兼太子賓客辛卯以旱禱于天地宗廟社稷癸巳減常膳乙未蠲兩浙闕雨州縣貧民逋賦命大理三衙臨安府兩浙州縣決繫囚丙申幸太乙宮明慶寺禱雨丁酉以旱詔求言五月辛酉賜禮部進士鄭自成以下四百二十有六人及第出身甲子太白經天乙丑以飛蝗爲災減常膳丁卯詔侍從臺諫疏奏闕政監司守令條上民間利害六月庚午金人歸大散關辛未金人歸濠州乙亥衞涇罷丙子遣鄒應龍賀金主生辰甲申林大中薨乙酉以蝗禱于天地社稷丙戌詔侍從兩省臺諫舉沿邊守臣辛卯以史彌遠兼參知政事秋七月辛丑詔呂祖泰特補上州文學癸丑以丘崈同知樞密院事壬戌以飛蝗爲災詔三省疏奏寬恤未盡之事八月戊辰朔發米振貧民辛未丘崈卒甲戌命侍從臺諫兩省詳議會子折閱利害辛巳以禮部尚書婁機同知樞密院事吏部尚書樓鑰簽書樞密院事丙戌詔禮部侍郎許奕起居舍人曾從龍攷訂監司守令所陳民間利害擇可行者以聞其未上者趣之甲午發米三十萬振糶江淮流民九月辛丑金使完顏侃喬宇入見壬子出安邊所錢一百萬緡命江淮制置大使司糴米振饑民己未詔以和議成論天下甲子遣曾從龍使金賀正旦乙丑大風赦沿邊諸州冬十月丙子以錢象祖爲左丞相史彌遠爲右丞相雷孝友知樞密院事仍兼參知政事婁機參知政事樓鑰同知樞密院事己卯褒錄慶元上書楊宏中等六人庚辰封伯柷爲安定郡王辛巳蔡璉除名配贛州牢城癸未金遣使來賀瑞慶節十一月丙辰金主璟殂戊午史彌遠以母憂去位十二月戊辰錢象祖罷庚午四川初行當五大錢升嘉興府爲嘉興軍再奪李沐三官信州居住戊寅攺命曾從龍使金弔祭己卯黎州蠻畜卜寇邊己丑遣宇文紹彭使金賀即位辛卯蠲兩淮州軍二稅一年是歲江淮制置司汰雄淮軍歸農淮東揀刺八千餘人以補鎭江大軍及武鋒軍之闕淮西揀刺二萬六千餘人以爲御前定武軍

二年春正月庚子詔內外有司疏陳節用之事辛丑金遣裴滿正來告哀丁巳以樓鑰參知政事御史中丞章良能同知樞密院事吏部尚書宇文紹節簽書樞密院事庚申金遣蒲察知剛來獻遺留物詔侍從兩省臺諫各舉監司郡守治行尤異者二三人二月己巳金遣使來告即位庚午黎州蠻寇邊壬午以會子折閱日甚詔侍從兩省以下各疏奏所見丁亥罷法科試經義復六場舊法戊子大風三月丙申雨雹己酉詔民以減會子之直籍沒家財者有司立還之戊午禁兩淮官吏私買民田庚申命浙西及沿江諸州給流民病者藥辛酉罷漳泉福三州興化軍賣廢寺田壬戌出內庫錢十萬緡爲臨安貧民棺櫝費夏四月乙丑詔諸路監司督州縣捕蝗戊辰江淮制置司言放廬濠二州忠義軍歸農甲申賜臨安諸軍死者棺錢戊子賜楊震仲謚曰節愍五月丙申史彌遠起復丁酉以旱詔諸路監司決繫囚劾守令之貪殘者戊戌借補武訓郎羅日愿謀爲變伏誅庚子詔侍從兩省臺諫各舉監司郡守有政績才望者二人以補郎官之闕辛丑申命州縣捕蝗癸卯詔兩淮荆襄守令以戶口多寡爲殿最乙卯釋大理三衙臨安府兩浙州縣杖以下囚除茶鹽賞錢己未以旱詔羣臣上封事庚申禱于天地宗廟社稷六月癸亥朔命浙西諸州諭民種麻豆毋督其租詔臺省及諸路監司速決滯獄戊辰奉安成肅皇后神御于景靈宮己巳遣俞應符賀金主生辰乙酉復禱雨于天地宗廟社稷己丑命江西福建二廣豐稔諸州糴運以給臨安仍償其費辛卯京湖制置司言放諸州新軍及忠義人歸農秋七月癸巳命有司舉行寬恤之政五條乙未詔荒歉州縣七歲以下男女聽異姓收養著爲令己亥蠲信陽荊門漢陽軍民賦壬寅命兩淮轉運司給諸州民麥種癸卯募民以振饑免役八月甲子聽兩淮諸州民行鐵錢于沿江八州乙丑以安丙爲四川制置大使罷宣撫司甲戌冊皇太子丁丑皇太子謁于太廟戊寅詔皇太子更名詢己卯黎州蠻復寇邊丙戌發米十萬石振兩淮饑民九月己亥朝獻于景靈宮庚子朝享于太廟辛丑合祭天地于明堂大赦丙午增太學內舍生十員癸丑命吏部郎官劉爚等審定中外所陳會子利害上于朝己未遣費培使金賀正旦冬十月丁卯命京湖制置司募逃卒及放散忠義以補廂禁軍闕丁丑金遣使來賀瑞慶節己丑命兩淮轉運司給諸路民稻種減公私房廊白地錢什之三十一月辛卯朔沔州統制張林等謀作亂事覺貸死除名廣南羈管甲午詔浙西監司募饑民修水利乙未以歲饑罷雪宴是月郴州黑風峒寇李元礪作亂衆數萬連破吉郴諸縣詔遣荆鄂江池四州軍討之十二月甲子四川制置大使司調官軍討黎州蠻敗績己巳賜朱熹謚曰文乙亥詔諸州毋糴職田租丙戌金遣使來賀明年正旦是歲諸路旱蝗楊楚衡郴吉五州南安軍盜起

三年春正月甲辰下詔招諭羣盜又詔戒飭監司郡守丙午雨土二月辛酉黎州蠻復寇邊庚午詔楚州武鋒軍歲給累重錢如大軍例壬午以工部侍郎王居安知隆興府督捕峒寇三月丁酉蠲都城及荒歉諸州民間逋負己亥以湖南轉運判官曹彥約知潭州督捕峒寇庚子賜彭龜年謚曰忠肅甲寅誅楚州渠賊胡海丙辰以久雨釋兩浙州縣繫囚夏四月癸亥李元礪犯南雄州官軍大敗乙丑決臨安繫囚釋杖以下丙寅詔監司

守臣安集泰吉二州民經賊蹂踐者戊辰出內庫錢二十三萬緡賜臨安軍民己巳詔臨安府給細民病死者棺櫬五月乙未淮東賊悉平詔寬恤殘破州縣甲辰以去歲旱蝗百官應詔封事命兩省擇可行者以聞乙巳命沿海諸州督捕海寇戊申經理兩淮屯田庚戌以江陵忠勇軍爲御前忠勇軍癸丑以久雨發米振貧民六月丁巳朔日有食之壬戌命有司舉行寬恤之政十有九條癸亥遣黃中賀金主生辰己卯加楊次山少保封永陽郡王詔三衙江上四川諸軍主帥核實軍籍欺冒者以贓論是月池州副都統許俊江州副都統劉元鼎與李元礪戰于江西皆不利知潭州曹彥約又與賊戰亦爲所敗賊勢愈熾秋七月辛卯申嚴圍田增廣之禁癸卯定南班爲三十員八月乙亥大風拔木是月臨安府蝗九月丙戌朔詔三衙江上諸軍升差將校必以材藝年勞其徇私者臺諫及制置總領劾之癸丑遣錢仲彪使金賀正旦冬十月壬申雷金遣使來賀瑞慶節丁丑推南雄州戰歿將士恩十一月癸巳賞楚州平賊功乙巳遣朝臣二人往兩浙路與提舉官議收浮鹽是月李元礪迫贛州南安軍詔以重賞募人討之十二月丙辰詔江淮諸司嚴飭守令安集流民戊午婁機罷丙寅湖南賊羅世傳縛李元礪以降峒寇悉平辛巳金遣使來賀明年正旦黎州蠻請降是歲臨安紹興二府嚴衢二州大水振之仍蠲其賦

四年春正月己丑敘州蠻攻嘉定府利店砦陷之甲辰以四川鹽櫓錢對減激賞絹一年丙午詔湖南江西諸州經賊蹂踐者監司守臣攷縣令安集之實第其能否以聞二月乙卯李元礪伏誅壬戌羅世傳補官尋復叛辛巳罷廣西諸州牛稅閏月丁未大風辛亥詔諸路帥臣監司守令格朝廷振恤之令及盜發不即捕者重罪之三月己未臨安府振給病民死者賜棺錢丙子沔州將劉世雄等謀據仙人原作亂伏誅夏四月甲申禁兩浙福建州縣科折鹽酒己丑以吳曦沒官田租代輸關外四州旱傷秋稅丙午賜黑風峒名曰效忠戊申出內庫錢瘞疫死者貧民是月四川制置大使司置安邊司以經制蠻事命成都路提刑李𡌴潼川路安撫許奕共領之五月乙亥賜禮部進士趙建大以下四百六十有五人及第出身六月丁亥遣余嶸賀金主生辰會金國有難不至而還減京畿囚罪一等釋杖以下辛丑更定四川諸軍軍額秋七月壬戌太白晝見丙寅詔四川官吏嘗受僞命者自今毋得敘用丁丑詔軍興以來爵賞冒濫者聽自陳除其罪九月辛酉敘州蠻寇邊乙亥羅世傳爲其黨所殺丁丑遣程卓使金賀正旦詔附會開邊得罪之人自今毋得敘用冬十月甲辰以金國有難命江淮京湖四川制置司謹邊備十一月乙酉朔日有食之癸丑賞平峒寇功甲戌申嚴諸軍升差之制十二月辛巳奉議郎張鎡坐扇搖國本除名象州羈管癸未以會子折閱不行遣官體訪江浙諸州乙巳金遣使來賀明年正旦是歲金國有難賀生辰使不至

三年春正月己巳詔諸路通行兩浙倍役法著爲令壬申賜李好義謚曰忠壯二月壬午罷兩淮軍興以來借補官三月庚戌四川制置司遣兵分道討敘州蠻其酋米在請降戊辰以久雨詔大理三衙臨安府兩浙州縣決繫囚甲戌以廣東湖南京西盜平監司帥臣進職有差夏五月癸酉安南國王李龍翰卒以其子昊旵爲安南國王詔州縣見役人毋納免役錢役滿復輸六月癸未遣傅誠賀金主生辰乙酉禁銅錢過江秋七月庚申賞降敘州蠻功戊辰以雷雨毀太廟屋避正殿減膳八月甲戌朔御後殿復膳九月丙午太白晝見己酉有司上續編中興禮書庚戌遵義砦夷楊煥來獻馬辛未罷沿海諸州海船錢遣應武使金賀正旦冬十月辛巳詔諸路總領官歲舉堪將帥者二三人安撫提刑舉可備將材者各二人戊子金遣使來賀瑞慶節戊戌雷遣使弔祭安南十一月庚申朝獻于景靈宮辛酉朝享于太廟壬戌祀天地于圜丘大赦十二月丁丑再蠲濠州租稅一年壬午詔蠲州縣橫增稅額己亥金遣使來賀明年正旦

五年春正月庚申宇文紹節卒詔侍從臺諫兩省官帥守監司各舉實材二三人二月丁丑太白晝見丙戌有司上嘉定編修吏部條法總類乙未詔宗室毋與胥吏通姻著爲令三月癸亥樓鑰罷夏四月丙子以章良能參知政事甲午復法科試經義法雜流進納人不預五月丁卯以旱命大理三衙臨安府決繫囚戊辰脩慶元六年以來寬恤詔令六月乙亥詔刑部歲終上諸州未決之獄于尚書省擇其最久者罪之丁丑遣董居義賀金主生辰會金國亂不至而還丁亥復監司臧否守令及監司郡守舉廉吏所知法丙申詔三衙江上諸軍主帥各舉堪將帥者二三人八月己巳朔詔諸路監司帥臣舉所部官吏之才行卓絕績用章著者庚午知思州田宗範謀作亂夔州路安撫司遣兵討平之是月金人弒其主允濟九月甲辰蠲京湖諸州逋負二十八萬餘緡閏月戊辰朔詔御史臺置考課監司簿丙戌以金主新立命四川謹邊備己丑詔湖北監司守令振恤旱傷癸巳雷甲午史彌遠等上三祖下七世仙源類譜高宗寶訓皇帝玉牒會要乙未大雷丙申以雷發非時下罪己詔冬十月丁酉朔申嚴互送之禁戊申遣眞德秀賀金主即位會金國亂不至而還庚戌遣李𡌴使金賀正旦亦不至而還甲子金遣使來告即位十一月癸未盧恨蠻寇嘉定府之中鎮砦十二月壬寅蠲瓊州丁鹽錢癸亥金遣使來賀明年正旦是歲兩浙諸州大水振之

七年春正月丁卯朔四川制置司遣提舉皂郊博馬務何九齡率諸將及金人戰于秦州城下敗還丁丑章良能罷壬午沔州都統王大才斬何九齡梟首境上以其事聞三月丁卯以安丙同知樞密院事成都府路安撫使董居誼爲四川制置使庚辰金國來督二年歲幣戊子金人來止賀正旦使夏四月癸卯蠲福建沿海諸州貧民納鹽五月丁丑太白經天乙酉賜禮部進士袁甫以下五百四人及第出身六月辛丑以旱命諸路州軍禱雨甲辰詔諸路監司守臣速決滯訟丙午蠲兩浙路諸州贓賞錢壬子釋大理三衙及兩浙路杖以下囚丁巳置嘉定府邊丁二千人以備蠻秋七月甲子朔以左諫議大夫鄭昭先簽書樞密院事兼權參知政事戊辰詔省吏毋授參議官乙亥金人來告遷于南京庚寅以起居舍人眞德秀奏罷金國歲幣是月夏人以書來四川議夾攻金人不報八月癸巳朔罷關外四州所增方田稅乙未罷四川宣制司所補官癸卯復建宗學置博士諭各一人弟子員百人金國復來督歲幣乙巳太白經天禁州縣沮壞義役戊申詔以安丙爲觀文殿學士知潭州九月壬戌朔日有食之太白晝見乙丑史彌遠等上高宗中興經武要略戊寅調殿前司兵增戍天長縣丙戌以久雨釋大理三衙臨安府杖以下囚庚寅釋兩浙路杖以下囚除茶鹽賞錢冬十月壬辰朔出內帑錢振臨安府貧民十一月辛丑朔遣聶子述使金賀正旦刑部侍郎劉鑰等及太學諸生上章言其不可不報丙戌命浙東監司發常平米振災傷州縣罷四川制置大使司所開鹽井十二月甲午復罷同安監鑄錢丁巳金遣使來賀明年正旦是歲黎州蠻畜卜始降

八年春正月辛未命師禹嗣秀王詔侍從兩省臺諫各舉將材三人己卯遣丁焴賀金主生辰戊子申嚴銷金鋪翠之禁二月丙午雷孝友罷壬子蠲平江等五郡逋負米釋其繫囚己未雨土三月辛丑詔大郡歲舉廉吏二人小郡一人乙亥以旱命諸路州縣禱雨丙子蠲臨安府茶鹽賞錢釋兩浙諸州繫囚辛巳應賢良方正能直言極諫科何致坐妄造事端熒惑衆聽配廣西牢城癸未安定郡王伯柷薨丙戌釋江淮閩兩州縣杖以下囚夏四月乙未幸太一宮明慶寺禱雨辛丑避正殿減膳壬寅禱雨于天地宗廟社稷癸卯詔中外臣民直言時政得失乙巳減臨安及諸路雜犯死罪以下囚釋杖以下五月辛未雨己卯命利州路安撫司招刺忠義人辛巳御正殿復膳癸未復命有司禱雨甲申詔贓吏毋得減年參選著爲令乙酉發米振糶臨安府貧民六月丙辰詔兩浙江淮路諭民雜種粟麥麻豆有司毋收其賦田主毋責其租秋七月辛酉以鄭昭先參知政事禮部尚書曾從龍簽書樞密院事壬戌詔四川立楊巨源廟名曰褒忠戊辰蠲兩淮諸州今年秋稅併極邊五州明年夏稅癸酉蠲臨安紹興二府貧民夏稅丙子發米三十萬石振糶江東饑民庚辰詔弟揩更名思正姪均更名貴和甲申詔職田蠲放如民田違者坐之八月己丑賜張栻謚曰宣庚子申嚴宗子訓名法丁未權罷旱傷州縣比較賞罰己酉禁州縣遏糴是月蘭州盜程彥暉求內附四川制置使董居誼却之九月己巳朝獻于景靈宮庚午朝饗于太廟辛未合祭天地于明堂大赦乙亥申嚴兩浙圍田之禁甲申罷四川法科試冬十月乙未命六部各類赦書寬恤事下諸路監司推行壬寅金遣使來賀瑞慶節十一月丙辰朔封伯澤爲安定郡王癸亥遣施累使金賀正旦十二月己丑詔楊巨源李好義子孫各進一官辛亥金遣使來賀明年正旦是歲兩浙江東西路旱蝗

九年春正月乙丑賜呂祖謙謚曰成置馬軍司水軍乙亥遣留筠賀金主生辰丙子命諸州招塡軍籍辛巳罷諸路旱蝗州縣和糴及四川關外科糴二月甲申朔日有食之辛亥東西兩川地大震三月乙卯又震甲子又震馬湖夷界山崩八十里江水不通丁卯又震壬申又震丁丑詔侍從臺諫兩省舉堪監司者各二人夏四月戊戌秦州人唐進與其徒何進等引衆十萬來歸四川制置使董居誼拒却之五月癸酉太白晝見六月辛卯西川地震壬辰又震乙未又震黎州山崩戊申振恤浙西被水州縣寬其租稅秋七月戊辰詔邊縣擇才不拘常法其餘並遵三年之制九月甲申詔兩浙江東監司覈州縣被水最甚者蠲其租冬十月癸亥西川地震甲子又震丙寅金遣使來賀瑞慶節十一月庚寅遣陳伯

震使金賀正旦癸卯以程彥暉攻圍鞏州迫及川界命利州副都統劉昌祖移駐西和州以備之十二月丁巳再給諸軍雪寒錢乙亥金遣使來賀明年正旦

宋史卷四十

元中書右丞相總裁脫脫等修

本紀第四十

寧宗四

十年春正月癸巳雨土乙未大風庚子遣錢撫賀金主生辰二月庚申地震夏四月丁未朔金人犯光州中渡鎮執榷場官盛允升殺之遂分兵犯樊城戊申鄂州江陵府副都統王守中引兵拒之金人遂分兵圍棗陽光化軍丙辰詔江淮制置使李珏京湖制置使趙方措置調遣仍聽便宜行事丁巳命四川制置使董居誼酌量緩急便宜行事辛酉盧州鈐轄王辛敗金人于光山縣之安昌砦殺其統軍完顏掩壬戌金兵遁去徐州光化皆以捷聞丁卯詔出戍官兵金給其家五月辛巳以久雨釋大理三衙臨安府杖以下囚蠲茶鹽賞錢甲申賜禮部進士吳潛以下五百二十有三人及第出身癸卯趙方請下詔伐金遂傳檄招諭中原官吏軍民六月庚戌太白晝見戊午詔厲將士募京西忠義人進討辛未東川大水癸酉太白經天秋七月丙子朔日有食之戊午以旱釋諸路杖以下囚甲申雅州蠻寇邊焚碉門砦遣兵討之丁亥嗣濮王不儔薨庚子詔諸軍將佐有罪者送屯駐州鞫之罷軍士涇刑八月乙丑詔監司郡守各舉威勇材畧可將帥者二人冬十月乙巳朔以久雨釋大理三衙臨安府及兩浙諸州杖以下囚癸酉蠲三衙江上諸軍公私逋負錢十一月丁丑大風庚辰太白晝見甲申詔浙東提舉司發米十萬石振給貧民戊戌太白經天十二月戊申以軍興募民納粟補官乙卯詔武舉人毋復應文舉癸亥金鳳翔副都統軍完顏贇以步騎萬人犯四川戊辰迫湫池堡己巳破天水軍守臣黃炎孫遁金人攻白環堡破之庚午迫黃牛堡統制劉雄棄大散關遁金人據之

十一年春正月壬午京東路忠義李全率衆來歸詔以全爲京東路總管戊子金人圍皂郊堡壬辰利州將麻仲率忠義人焚秦州永寧砦乙未以度僧牒千給四川軍費丁酉詔四川忠義人立功賞視官軍金人犯隔芽關興元都統李貴遁官軍大潰二月甲辰金人焚大散關而去乙巳沔州都統王大才馬蹶死于河池丙午金人破皂郊死者五萬人丁未金人破湫池堡戊申金人圍隨州棗陽軍游騎至漢上均州守臣應謙之棄城走丙辰白虹貫日楚州鈐轄梁昭祖焚金人糧舟于大清河京東忠義副都統沈鐸遣兵助之三月丁丑金人焚湫池堡而去戊子利州統制王逸等率忠義人復皂郊金副統軍完顏贇包長壽遁去沔州軍郭雄追斬贇首長壽僅以身免己丑沔州都統劉昌祖至皂郊辛卯忠義人十萬餘出攻秦州官軍繼進至赤谷口王逸傳昌祖之命退師且放散忠義人軍大潰癸巳包長壽合長安鳳翔之衆復攻皂郊遂趨西和州是日鎮江忠義統制彭惟誠等敗于泗州丙申劉昌祖焚西和州遁守臣楊克家棄城去戊戌金人破西和州夏四月甲辰劉昌祖焚成州遁守臣羅仲甲棄城去是日金人去西和州戊申命四川增印錢引五百萬以給軍費階州守臣侯頤棄城去是日金人去成州戊午金人復犯大散關守將王立遁己未金人犯黃牛堡興元都統吳政拒退之癸亥政至大散關執王立斬之五月乙亥命四川制置司招進忠義人癸未蚩尤旗見其長竟天丁亥詔侍從臺諫兩省官集議平戎禦戎和戎三策壬辰申嚴試法官七等之制六月辛酉詔湖州振恤被水貧民秋七月癸酉奪知天水軍黃炎孫三官辰州居住乙酉修孝宗寶訓辛卯蠲四川關外諸州稅役甲午蠲光州民兵戰死之家稅役九月己卯朝獻于景靈宮庚辰朝享于大廟辛巳合祭天地于明堂大赦辛卯安定郡王伯渾薨丙申興元都統吳政利州副都統張威各進三官劉昌祖奪五官韶州安置冬十月丙午羅仲甲楊克家侯頤並奪三官仲甲常德府克家道州頤撫州居住戊午大風壬戌脩盱眙軍城十一月壬申金人攻安豐軍之黃口灘是月陝西人張羽來歸

十二年春正月戊辰朔召董居誼詣行在以新利州路安撫使聶子述爲四川制置使庚辰金人犯湫池堡守將石宣拒退之甲申金人攻白環堡守將董炤拒退之戊子金人犯成州沔州都統張威自西和州退守仙人原庚寅金人犯隨州棗陽軍又破信陽軍之二砦京西諸將引兵拒之辛卯金人犯西和州守將趙彥吶設伏以待之殲其衆乃還金人犯安豐軍建康都統許俊遣將却之金人焚成州犯河池守將張斌遁去癸巳金人圍安豐軍及光州攻光化軍破鄖山縣進逼均州甲午破鳳州守臣雷雲棄城去金人夷其城乙未興元都統吳政及金人戰于黃牛堡死之金人乘勝攻武休關二月戊戌朔金人破光山縣太白晝見壬寅金人圍棗陽軍京湖制置使趙方遣統制扈再興救之不克進而還癸卯金人破武休關興元都統李貴遁還利州路提刑權興元府事趙希昔棄城去丁未金人破興元府戊申金人攻棗陽軍己酉遣殿前司軍八千人防捍江面庚戌以曾從龍同知樞密院事兼江淮宣撫使權吏部尚書任希夷簽書樞密院事辛亥金人破大安軍守臣李文子棄城去金人犯洋州守臣蔡晉卿遣兵拒之不克洋州破壬子四川制置使董居誼自利州遁沔州都統張威遣統制石宣等邀擊金人于大安軍大破之獲其將巴土魯安金人遂去興元府丙辰金人去洋州丁巳京湖制置使趙方遣統制扈再興等引兵三萬餘人出攻唐鄧二州隨州忠義統領劉世興等引兵攻唐州甲子金人去棗陽軍乙丑夏人復以書來四川議夾攻金人利州路安撫丁焴許之三月己巳以鄭昭先知樞密院事曾從龍參知政事癸酉金人復入洋州焚其城而去乙亥興元軍士權興等作亂犯巴州守臣秦季槱棄城去鄂州統制劉世榮會兵攻唐州丁亥太白晝見權興等降癸巳雨土甲午金人自盱眙退師閏月己未追雷雲三官梅州安置辛酉贈吳政爲右武大夫忠州刺史壬戌詔撫諭四川官軍忠義人癸亥興元軍士張福莫簡等作亂以紅巾爲號是春金人圍安豐軍滁濠光三州江淮制置使李珏命池州都統武師道忠義軍統制陳孝忠救之皆不克進金人遂分兵自光州犯黃州之麻城自濠州犯和州之石磧自盱眙軍犯滁州之全椒來安及揚州之天長眞州之六合淮南流民渡江避亂諸城悉閉金人游騎數百至東采石楊林渡建康大震京東總管李全自楚州忠義總轄李先自漣水軍各引兵來援金人乃解去全追擊敗之于曹家莊獲其貴將夏四月庚午張福入利州四川制置使聶子述遁殺總領財賦楊九鼎丁丑張福掠閬州丁亥掠果州癸巳曾從龍罷以鄭昭先兼參知政事崇信軍節度使開府儀同三司萬壽觀使安丙爲四川宣撫使董居誼落職奪三官五月乙未朔召聶子述詣行在張福薄遂寧府潼川府路轉運判官權府事程遇孫棄城遁丁酉減兩淮荆襄湖北利州路沿邊諸州雜犯死罪囚釋流以下仍蠲今年租稅己亥太學生何處恬等伏闕上書以工部尚書胡榘欲和金人請誅之以謝天下張福入遂寧府焚其城甲寅四川宣撫司命沔州都統張威引兵捕福戊午福入普州守臣張已之棄城遁癸亥詔侍從兩省臺諫各舉文武可用之才二三人六月戊辰張福屯普州之茗山庚午張威引兵至丙子太白晝見辛巳西川地震太白晝見癸未張福請降乙酉張威執之歸于宣撫司丁亥嗣濮王不嫖薨金國招諭李全等不聽辛卯太白經天癸巳丁焴復以書約夏國攻金人秋七月丙申張福伏誅復奪董居誼二官永州居住庚子張威捕賊衆一千三百餘人誅之莫簡自殺紅巾賊悉平癸亥李全引兵至齊州知州王贇以城降八月戊辰復合利州東西路爲一九月丙午罷江淮制置司置沿江淮東西制置司以寶文閣待制李大東爲沿江制置使淮南轉運判官趙善湘爲主管淮西制置司公事淮東提刑賈涉爲主管淮東制置司公事兼節制京東河北路軍馬十一月辛亥進封楊次山爲會稽郡王十二月壬申京東節制司言復京東河北二府九州四十縣乙亥築興元府城丁丑雅州蠻入盧山縣己卯四川宣撫司遣兵取洮州召諸將議出師招諭中原豪傑辛巳蠻焚碉門砦邊丁大敗乙酉金人犯鳳州之長橋丁亥四川宣撫司命罷洮州之師己丑京湖制置司遣統制扈再興等引兵六萬人分二道出境庚寅賞茗山捕賊功

十三年春正月丁酉扈再興引兵攻鄧州鄂州都統許國攻唐州不克而還金人追之遂攻樊城趙方督諸將拒退之己亥雅州蠻復掠盧山縣遣兵討之己酉命不凌爲嗣濮王戊午夏人復以書來四川議夾攻金人三月辛卯朔雨土丁巳黎州土丁叛遣兵討之夏四月庚申朔淮東制置賈涉招諭山東兩河豪傑五月庚寅朔雅州蠻降戊戌史彌遠等上玉牒及三祖下第七世宗藩慶系錄六月癸酉賜禮部進士劉渭以下四百七十有五人及第出身加安丙少保丙子以李全爲左武衞大將軍壬午以季先爲果州團練使漣水軍忠義副都統命赴樞密院議事未至殺之秋七月戊戌以京東河北諸州守臣空名官告付京東河北節制司以待豪傑之來歸者丙午以任希夷兼參知政事丙辰四川宣撫司招黎人土丁降之八月癸亥皇太子詢薨謚曰景獻壬申安丙遺夏人書定議夾攻金人癸未四川宣撫司

命利州統制王仕信引兵赴熙鞏州會夏人遂傳檄招諭陝西五路官吏軍民甲申復海州以將作監丞徐晞稷知州事盱眙將石珪叛入漣水軍詔以珪爲漣水忠義軍統轄九月辛卯夏人引兵圍鞏州且來趣師甲午太白晝見王仕信引兵發宕昌乙未四川宣撫司統制質俊李寔引兵發下城戊戌四川宣撫司命諸將分道進兵沔州都統張威出天水利州副都統程信出長道興元副都統陳立出大散關興元統制田冑爲宣撫司帳前都統出子午谷金州副都統陳昱出上津己亥張威下令所部諸將毋得擅進兵庚子質俊等克來遠鎭辛丑王仕信克鹽川鎭壬寅質俊等自來遠鎭進攻定邊城金人來救俊等擊破之乙巳程信王仕信引兵與夏人會于鞏州城下丁未攻城不克庚戌金人犯皂郊堡沔州統制董炤等與戰大敗壬子程信及夏人攻鞏州不克信引兵趨秦州丙辰夏人自安遠砦退師冬十月丁巳朔程信邀夏人共攻秦州夏人不從信遂自伏羌城引軍還諸將皆罷兵戊寅程信以四川宣撫司之命斬王仕信于西和州四川宣撫司以張威不進兵罷其軍職十一月庚戌大風壬子臨安府火十二月戊午大風壬申漣水忠義軍統轄石珪叛癸未鎭江副都統翟朝宗以皇帝恭膺天命之寶來獻

十四年春正月丙戌朔以雪寒釋大理三衙臨安兩浙諸州杖以下囚乙未地震以李全還自山東賜緡錢六萬庚子立四川運米賞格二月戊辰金人圍光州己巳金人犯五關壬申金人治舟于團風弗克濟遂圍黃州分兵破諸縣又遣別將犯漢陽軍丁丑李全棄泗州遁還甲申詔淮東京湖諸路應援淮西沿江制置司防守江面權殿前司職事馮榯將兵駐鄂州京東忠義都統李全將兵救蘄黃榯不果行三月丙戌朔鄂州副都統扈再興引兵攻唐州丁亥金人破黃州淮西提刑知州事何大節棄城遁死庚寅長星見李全自楚州引兵援淮西癸巳扈再興引所部趨蘄州甲午太白晝見乙未詔京湖制置司趣援蘄黃己亥金人陷蘄州知州事李誠之及其家人官屬皆死之癸丑金人退師扈再興邀擊敗之于天長鎭甲寅晦又敗之夏四月乙卯復置諸王宮大小學教授乙丑命任子簾試于御史臺戊辰金人渡淮而北李全遣兵追擊敗之五月甲申朔日有食之壬辰史彌遠等上孝宗寶訓皇帝會要丙申西川地震乙巳頒慶元寬恤詔令六月甲寅朔初置沿江制置副使司于鄂州丙寅詔以姪福州觀察使貴和爲皇子更名竑進封祁國公丁卯以立皇子告于天地宗廟社稷乙亥以太祖十世孫與莒補秉義郎丙子減京畿囚罪一等釋杖以下辛巳大風秋七月辛丑以趙方爲京湖制置大使賈涉爲淮東制置使兼京東河北路節制使丁未修光宗寶訓八月乙卯賜史彌遠家廟任希夷罷壬戌以兵部尚書宣繒同知樞密院事給事中俞應符簽書樞密院事甲子以秉義郎與莒爲右監門衞大將軍賜名貴誠乙丑追封史浩爲越王改謚忠定配享孝宗廟庭戊寅以姪右監門衞大將軍貴誠爲果州團練使九月癸未立貴誠爲沂靖惠王後己丑朝獻于景靈宮庚寅朝饗于太廟辛卯合祭天地于明堂大赦冬十月癸丑京東河北節制司言復滄州詔以趙澤句爲河北東路鈐轄知州事甲寅復以齊州爲濟南府兗州爲襲慶府丙寅夏人復以書來四川趣會兵庚午雷十一月己亥安丙薨是月京東安撫張林叛十二月庚申鄭昭先罷閏月辛巳朔以宣繒兼參知政事俞應符兼權參知政事戊申以殿前司同正將華岳等謀爲變殺之是歲浙東江西福建諸路旱沔成階利四州水振之

十五年春正月庚戌朔御大慶殿受恭膺天命之寶癸丑立李誠之廟于蘄州甲寅褒贈蘄州死事官吏錄其子孫有差丁巳詔撫諭山東河北軍民將帥官吏己未以受寶大赦文武官各進秩一級大犒諸軍二月庚子罷御史臺簾試任子法三月丁巳詔江西提舉司振恤旱傷州縣夏四月壬午詔蠲蘄州今年租賦五月庚戌太白晝見甲寅詔監司慮囚察州縣匿囚者劾之丁巳進封子祁國公竑爲濟國公己未以姪果州團練使貴誠爲邵州防禦使壬戌知濟南府种贇等攻張林于青州林遁去己巳脩孝宗經武要略六月辛卯俞應符薨秋七月甲子詔江淮荊襄四川制置監司條畫營田來上八月己卯命戶部詳議義役辛卯詔文武官毋得歸宗著爲令甲午有彗星出于氐九月辛亥以宣繒參知政事給事中程卓同知樞密院事吏部尚書薛極賜出身簽書樞密院事癸丑雷大雨雹丁巳復以隨州三關隸德安府置關使壬戌彗星沒辛未太白晝見冬十月丙子以收復京東州軍犒賞忠義有差十一月戊午赦京東河北路十二月乙亥朔發米振給臨安府貧民丙子以雪寒釋京畿及兩浙諸州杖以下囚丁亥以李全爲保寧軍節度使右金吾衞上將軍京東路鎭撫副使

十六年春正月戊申詔命官犯贓毋免約法己酉子坻生辛酉命淮東制置司振給山東流民二月戊子雨土己丑嗣秀王師禹薨追封和王戊戌子坻薨追封邳王謚沖美三月戊申張林所部邢德來歸詔進二官復以爲京東東路副總管丁卯以道州民饑詔發米振之夏五月甲辰詔右選試注官如左選之制戊申賜禮部進士蔣重珍以下五百四十有九人及第出身戊辰詔復潭州稅酒法六月丁酉程卓薨秋八月辛巳詔州縣經界毋增紹興稅額癸未申嚴舶船銅錢之禁九月庚子朔日有食之乙巳詔江淮諸司振恤被水貧民乙卯雷冬十一月辛亥以太平州大水詔振恤之十二月辛巳命淮東西總領及沿江被水州募江西湖南民入米補官癸未嗣濮王不夌薨壬辰雷

十七年春正月戊戌朔詔補先聖裔孔元用爲通直郎錄程頤後癸亥命淮東西湖北路轉運司提督營屯田二月癸巳蠲台州逋賦十萬餘緡甲午命臨安府振糶貧民三月癸丑雪是月金人迫西和州尋引兵還夏四月辛卯詔廬州振糶饑民乙未賜李全彭義斌錢三十萬緡爲犒賞戰士費五月戊戌詔覈實兩淮京湖四川江上諸軍之數六月丁卯朔太白經天晝見癸酉知和州尚震午坐金兵至棄遁奪三官岳州居住壬辰大名府蘇椿等舉城來歸詔悉補官即以其州授之秋七月丁酉朔命福建路監司振恤被水貧民辛亥命師嵒嗣秀王八月乙亥罷通州天賜鹽場丙戌帝不豫閏八月乙未朔申嚴兩浙諸州輸苗過取之禁丁酉皇帝崩于福寧殿年五十七史彌遠傳遺詔立姪貴誠爲皇子更名昀即皇帝位尊皇后爲皇太后垂簾聽政進封皇子竑爲濟陽郡王出居湖州寶慶元年正月乙丑謚曰仁文哲武恭孝皇帝廟號寧宗三月癸酉葬于會稽之永茂陵三年九月加謚法天備道純德茂功仁文哲武聖睿恭孝皇帝

贊曰宋世內禪者四寧宗之禪獨當事勢之難能不失禮節焉斯可謂善處矣初年以舊學輔導之功召用宿儒引拔善類一時守文繼體之政燁然可觀中更侂冑用事內蓄羣姦至指正人爲邪正學爲僞外挑强鄰流毒淮甸頻歲兵敗乃函侂冑之首行成于金國體虧矣旣而彌遠擅權幸帝耄荒竊弄威福至於皇儲國統乘機伺間亦得遂其廢立之私他可知也雖然宋東都至于仁宗四傳而享國百年邵雍稱爲前代所無南渡至寧宗亦四傳而享國九十有八年是亦豈偶然哉惜乎神器授受之際寧理之視仁英其跡雖同其情相去遠矣

宋史卷四十一

元 中書右丞相總裁脫脫等修

本紀第四十一

理宗一

理宗建道備德大功復興烈文仁武聖明安孝皇帝諱昀太祖十世孫父希瓐追封榮王家于紹興府山陰縣母全氏以開禧元年正月癸亥生于邑中虹橋里第前一夕榮王夢一紫衣金帽人來謁比寤夜漏未盡十刻室中五采爛然赤光屬天如日正中旣誕三日家人聞戶外車馬聲亟出無所睹幼嘗晝寢人忽見身隱隱如龍鱗是時寧宗弟沂靖惠王薨無嗣以宗室希瞿子賜名均爲沂王後尋改賜名貴和嘉定十三年八月景獻太子薨寧宗以國本未立選太祖十世孫年十五以上者教育如高宗擇普安恩平故事遂以十四年六月丙寅立貴和爲皇子改賜名竑而以帝嗣沂王六月乙亥補秉義郎八月甲子授右監門衞大將軍賜名貴誠十五年五月丁巳以竑爲檢校少保進封濟國公己未以帝爲邵州防禦使帝性凝重寡言潔修好學每朝參待漏或多笑語帝獨儼然出入殿庭矩度有常見者斂容會濟國公竑與丞相史彌遠有違言彌遠日謀媒櫱其失於寧宗屬意於帝而未遂十七年八月丙戌寧宗違豫自是不視朝壬辰疾篤彌遠稱詔以貴誠爲皇子改賜名昀授武泰軍節度使封成國公閏月丙申寧宗疾甚丁酉崩于福寧殿彌遠使楊谷楊石入白楊皇后稱遺旨以皇子竑開府儀同三司進封濟陽郡王判寧國府命子昀嗣皇帝位大赦尊楊皇后曰皇太后同聽政封竑爲濟王賜第湖州以醴泉觀使就第癸亥詔宮中自服三年喪九月乙亥詔褒表老儒以傅伯成爲顯謨閣學士楊簡寶謨閣直學士並提舉南京鴻慶宮柴中行敍復元職授右文殿脩撰主管南京鴻慶宮戊寅詔兄濟王妻衞國夫人吳氏封許國夫人己卯皇太后皇帝御便殿垂簾詔以先聖四十九代孫行可爲迪功郎授判司簿尉以禮部侍郎程珌吏部侍郎朱著中書舍人眞德秀兼侍讀工部侍郎葛洪起居郎喬行簡宗正少卿陳貴誼軍器監王塈兼侍講壬午葛洪權工部尚書升兼侍讀辛卯祀明堂大赦冬十月戊戌詔諸路提點刑獄以十一月按理囚徒己亥嗣秀王師嵒薨壬子詔百官奉按月給十一月甲子右正言莫澤請承順東朝繼志述事壹以孝宗爲法而新政之切者曰畏天悅親講學仁民上嘉納焉癸未以五月十六日爲皇太后

壽慶節丁亥詔改明年爲寶慶元年戊子以葛洪爲端明殿學士同簽書樞院事己丑詔以生日爲天基節十二月甲午雪寒免京城官私房賃地門稅等錢自是祥慶災異寒暑皆免癸丑開經筵詔輔臣觀講詔太后所居殿號曰慈明辛酉請大行皇帝謚號于南郊謚曰仁文哲武恭孝皇帝廟號曰寧宗

寶慶元年春正月壬戌朔詔舉賢良庚午湖州盜潘壬潘丙潘甫謀立濟王竑竑聞變匿水竇中盜得之擁至州治以黃袍加其身守臣謝周卿率官屬入賀初壬等僞稱李全以精兵二十萬助討史彌遠擅廢立之罪比明視之皆太湖漁人及巡尉兵卒竑乃遣王元春告于朝而率州兵誅賊彌遠奏遣殿司將彭任討之至則盜平又遣其客秦天錫托宣醫治竑疾諭旨逼竑死尋詔貶爲巴陵郡公辛未詔保寧軍節度使師彌爲檢校少保詔以皇太后弟奉國軍節度使楊谷保寧節度楊石並開府儀同三司丙戌濟王竑訃聞特輟視朝己丑上寧宗謚冊寶二月甲午詔故太師武勝定國軍節度使鄂王岳飛謚忠武丙申詔師彌檢校少師嗣秀王丙辰楚州火戊午發廩振在京細民給犒馬步軍皇城司守衞軍有差三月癸酉葬寧宗于會稽永茂陵夏四月辛卯朔寧宗祔廟壬辰詔皇兄竑贈少師保靜鎭潼軍節度使直舍人院王塈等繳奏命遂寢丁酉皇太后手書多病自今免垂簾聽政壬寅帝再請皇太后垂簾不允辛亥發廩振在京細民五月甲子詔內外文武大小之臣於國政有所見聞封章來上毋或有隱丙寅詔不熄爲保康軍承宣使嗣濮王六月辛卯太白晝見丁未詔史彌遠爲太師依前右丞相兼樞密使進封魏國公彌遠辭免太師秋七月丁丑滁州大水詔振恤之乙酉詔行大宋元寶錢八月壬寅以司農丞姚子才封事切直詔進一秩授祕書郎癸卯詔知袁州趙篯夫直祕閣福建提點刑獄以旌廉吏丙午詔侍從給諫卿監郎官并在外前執政侍從帥臣監司各舉廉吏三人戊申詔侍從兩省臺諫三衙知閤御帶環衞官在外前執政侍從帥臣監司都副都統制及屯戍主將其各舉堪充將帥三人己酉地震壬子張九成贈太師追封崇國公謚文忠甲寅以程頤四世孫源爲籍田令乙卯莫澤言眞德秀舛論綱常簡節上語曲爲濟王地詔德秀煥章閣待制提舉玉隆萬壽宮丁巳詔戒貪吏九月丙寅著作佐郎陶崇上保業愼獨謹微持久四事帝嘉納之冬十一月癸巳有流星大如太白甲寅詔會稽攢宮所在稅賦盡免折科山陰縣權免三年十一月癸亥宣繒兼同知樞密院事薛極參知政事葛洪簽書樞密院事詔邵州潛藩可升爲寶慶府筠州與御名音相近改爲瑞州壬午雪寒在京諸軍給緡錢有差出戍之家倍之自是祥慶災異霆雨雪寒咸給甲申朱端常言魏了翁封章謗訕眞德秀奏劄誣詆詔魏了翁落職奪三秩靖州居住眞德秀落職罷祠十二月甲辰詔刪脩敕令是歲兩浙路戶一百九十七萬五千九百九十六口二百八十二萬二千三十二福建路戶一百七十萬四千一百八十六口二百五十五萬三千七十九

二年春正月癸亥詔贈沈煥陸九齡官煥謚端憲九齡謚文達錄張九成呂祖謙張栻陸九淵子孫官各有差癸酉召布衣李心傳赴闕戊寅熒惑入氐壬午太白歲星塡星合于女二月辛卯監察御史梁成大言眞德秀有大惡五僅褫職罷祠罰輕詔削二秩三月癸酉以久雨詔大理寺三衙兩浙運司臨安府諸屬縣權酒所凡贓賞等錢罪已決者一切勿徵毋錮留妻子自是霖潦寒暑皆免戊寅詔太常寺建功臣閣以昭勳崇德爲名己卯蘄州火夏四月己丑詔輔臣奉薄其以隆興格爲制辛亥有流星大如太白六月丙申御後殿賜進士王會龍以下九百八十九人及第出身有差壬寅詔以孔子五十二代孫萬春襲封衍聖公秋七月戊辰雷電雨晝晦大風遂安休寧兩縣界山裂洪水壞公宇民居田疇八月乙巳濟王竑追降巴陵縣公辛亥衞涇薨九月庚申雷冬十月甲申詔寧宗御集閣以寶章爲名仍置學士待制員辛丑又雷辛亥熒惑歲星塡星合于女熒惑犯塡星改湖州爲安吉州十一月甲寅脩祚德廟以嚴程嬰公孫杵臼之祀丙辰始御紫宸殿辛酉熒惑犯歲星丙子日南至上詣慈明殿十二月癸卯親享太廟

三年春正月辛亥朔上壽明皇太后尊號冊寶于慈明殿壬子史彌遠追二秩辛酉以楊谷楊石並爲少傅知楚州姚翀朝辭奏淮楚忠義軍事上曰南北皆吾赤子何分彼此卿其爲朕撫定之己巳詔朕觀朱熹集註大學論語孟子中庸發揮聖賢蘊奧有補治道朕勵志講學緬懷典刑可特贈熹太師追封信國公三月庚戌朔詔郡縣長吏勸農桑抑末作戒苛擾工部侍郎朱在進對奏人主學問之要上曰先卿中庸序言之甚詳朕讀之不釋手恨不與同時辛亥以皇太后尊號冊寶禮成姪孫楊鳳孫以下推恩有差夏四月戊戌宣引前丞相謝深甫孫女謝氏詣慈明殿進見五月壬子詔岳珂戶部侍郎依前淮東總領兼制置使閏月己卯朔詔郡縣繫囚于實書歷未經結錄守臣輒行特判憲司其詳覆所部獄案歲月淹延者重寘于憲六月戊申朔日有食之秋七月乙酉太陰犯心丁酉詔振贍被水郡縣其竹木等稅勿復丙午史彌遠乞歸田里詔不允八月庚戌詔謝氏特封通義郡夫人癸亥詔凡試邑兩經罷黜更勿授知縣縣令甲戌太白熒惑合于翼丙子城太平州詔知州綦奎進中奉大夫餘推恩有差九月癸未故觀文殿大學士魏國公贈太師留正謚忠宣丙午追上寧宗徽號曰法天備道純德茂功仁文哲武聖睿恭孝皇帝冬十月甲子右監門衞大將軍與貢改賜名貴謙授宜州觀察使繼沂王後右千牛衞將軍孟杓改賜名乃裕授荊州防禦使繼景獻太子後甲戌趙范江東提刑兼知池州節制防江水步軍池州都統司軍馬十一月戊寅奉上寧宗徽號冊寶于太廟辛巳日南至郊大赦改明年爲紹定元年十二月己酉日旁有氣如珥壬申發廩振贍京城細民大元兵破關外諸隘四川制置鄭損棄三關

紹定元年春正月丙子朔上壽明慈睿皇太后尊號冊寶于慈明殿楊谷楊石並升少師六月壬寅朔日有食之己酉流星晝隕秋七月戊戌熒惑犯南斗冬十月戊申熒惑犯壁壘陣星丁巳熒惑塡星合于危甲子熒惑犯塡星十一月癸酉熒惑入羽林庚辰雷丁酉詔申嚴皇城司給符之制照闌入法十二月辛亥以薛極知樞密院事兼參知政事葛洪參知政事袁韶同知樞密院事鄭清之端明殿學士簽書樞密院事

二年春正月庚辰大理司直張衍上檢驗推鞫四事詔刑獄人命所關其令有司究行之丁亥熒惑歲星合于婁二月庚戌詔歲舉廉吏或犯姦贓保任同坐監司守臣其申嚴覺察三月辛卯詔郡縣繫囚多瘐死獄中憲司其具獄官姓名以聞黜罷之夏四月庚申詔郡縣官闕毋令藝術人豪民罷吏借補權攝五月詔成都潼川路歲旱民歉制司監司其亟振恤仍察郡縣奉令勤惰以聞辛巳賜進士黃朴以下五百五十七人及第出身有差詔戶絕者許立嗣毋妄籍沒六月丁巳詔通義郡夫人謝氏進封美人九月丁卯台州大水壬辰有流星大如太白冬十月壬戌詔台州水災除民田租及茶鹽酒酤諸雜稅郡縣抑納者監司察之十一月己丑熒惑入氐

三年春正月甲申詔故皇子緝贈保信奉國軍節度使開府儀同三司追封永王謚沖安壬辰知棗陽軍史嵩之刱置屯田以勞賞官兩轉二月丙申日有背氣戊戌詔汀贛吉建昌蠻獠竊發經擾郡縣復賦稅一年庚戌詔趙范起復依前知鎭江府節制防江水步并本州在砦軍馬趙葵起復依前知滁州節制本州屯戍軍馬壬子詔故皇子繹賜忠正保寧軍節度使開府儀同三司追封昭王謚沖純閏月癸酉逃卒穆椿夜竊入皇城燒毀甲仗衞士捕得之詔磔于市乙酉太白歲星合于畢三月丁酉雨土戊申奉國軍節度使不佟薨贈少傅追封樂平郡王夏四月己卯漳州連城盜起知龍巖縣莊夢說尉鍾自強不能效死守土詔各削二秩罷五月甲寅檢校少保李全授彰化保康軍節度使開府儀同三司京東鎭撫使依舊京東忠義諸軍都統制戊午李全左右金吾衞上將軍職任仍舊六月乙酉歲星入井秋七月丁酉汀州寧化縣曾氏寡婦晏給軍糧禦漳寇有功又全活鄉民數萬人詔封恭人賜冠帔官其子承信郎九月辛丑祀明堂大赦丙午美人謝氏進封貴妃冬十月己巳熒惑塡星合于室十一月丁酉有星孛于天市垣丁未流星晝隕十二月庚申詔錄用孔子四十九代孫燦補官李全叛壬戌淮東官兵王青力戰死之贈右武大夫蘄州防禦使甲子詔逆賊李全反形日著今乃肆爲不道已敕江淮制臣率兵進討有能擒斬全以降者加以不次之賞乙丑詔免明年元會禮以鄭清之參知政事兼簽書樞密院事喬行簡端明殿學士同簽書樞密院事詔史彌遠敷奏精敏氣體向安朕未欲勞以朝謁可十日一赴都堂治事丁卯冊命貴妃謝氏爲皇后己卯慈明殿出緡錢百五十萬犒諸軍振贍在京細民癸未上壽明仁福慈睿皇太后尊號冊寶

四年春正月戊子皇太后年七十有五上詣慈明殿行慶壽禮大赦史彌遠以下進秩有差賜李心傳同進士出身壬寅趙范趙葵等誅李全於新塘詔各進兩秩餘推恩有差二月戊午朔詔雄邊軍統制總轄范勝谷汝礪等誅逆著勞各官五轉將士立功者趣具等第姓名來上丙子詔起復孟珙從義郎京西路分棗陽軍駐劄夏四月戊辰趙范趙葵並進中大夫右文殿脩撰賜紫章服金帶丁丑以鄭清之兼同知樞密院事喬行簡簽書樞密院事趙善湘兵部尚書江淮制置大使知建康府依舊安撫使趙范權兵部侍郎淮東安撫副使知揚州兼江淮制司參謀官趙葵換福州觀察使右驍騎衞大將軍淮東提刑知滁州兼大使司參議官五月丙午

宗室司正檢校少傅安德軍節度使天水郡公加食邑五百戶貴謙承宣使乃裕觀察使六月己未詔魏了翁眞德秀尤焴尤爚並敘復元官職祠祿七月己丑日生承氣丁酉賈涉女侍後宮詔封文安郡夫人庚戌葛洪資政殿學士知紹興府有流星大如太白八月己未大元兵破武休入興元攻仙人關辛酉洪咨夔敘復元官祠祿辛未文安郡夫人賈氏封才人九月丙戌夜臨安火延及太廟統制徐儀統領馬振遠坐救焚不力貶削有差上素服眂朝減膳徹樂庚子建昌軍火甲辰流星晝隕冬十月戊午太常少卿度正國史院編脩官李心傳各疏言宗廟之制未合於古茲緣災異宜舉行之詔兩省侍從臺諫集議以聞甲子以余天錫爲戶部侍郎兼知臨安府浙西安撫使癸酉大元兵破蜀口諸郡御前中軍統制張宣戰靑野原有功詔授沔州都統戊寅以李𡌴爲煥章閣直學士四川制置使知成都府趙彥吶直龍圖閣四川安撫制置副使知興元府利路安撫使安癸仲戶部郎中總領四川財賦十一月乙酉詔忠義總管田遂力戰而歿贈武節大夫忠州刺史加封立廟十二月乙亥以史嵩之爲大理少卿兼京湖制置副使

五年春正月己丑以孟珙爲京西路兵馬鈐轄棗陽軍駐劄庚寅詔李全之叛淮東提刑司檢法吳澄等出奔州城謁賊各追官勒停其不出見賊者高夢月劉賓雲循升二資罵賊而死者海陵簿吳嘉特贈朝奉郎官其一子將仕郎壬辰史嵩之進大理卿權刑部侍郎京湖安撫制置使知襄陽府壬寅新作太廟成二月癸丑帝謁太廟三月乙酉詔京城內外免征商三月丁酉日生抱氣承氣夏四月癸亥以寶章閣直學士桂如淵領帥蜀日北兵攻城不能合謀死守而迫致軍民罹殃反以捷聞詔褫職罷祠丁卯起魏了翁以集英殿脩撰知遂寧府五月己丑詔昨鬱攸爲災延及太室罪在朕躬而二三執政引咎去職今宗廟崇成神御妥安薛極鄭淸之喬行簡並復元官辛卯臣僚言積陰霖霪歷夏徂秋疑必有致咎之徵比聞蘄州進士馮杰本儒家都大坑冶司抑爲鑪戶誅求日增杰妻以憂死其女繼之弟大聲因赴愬死于道路杰知不免毒其二子一妾舉火自經而死民冤至此豈不上干陰陽之和詔都大坑冶魏峴罷職癸巳太白經天晝見戊戌詔今後齊民有罪監司守臣毋輒籍沒其家必具聞俟命六月乙丑熒惑塡星合于婁熒惑順行犯塡星丙子詔諸獄官不理他務秋七月甲申詔近歲北兵再入利閬迫近順慶承奉郎胡元琰攝郡事能收散卒定居民諭叛將以全閬郡以功特轉官三資太白入井丙戌監楚州大軍倉富起宗軍變死難詔贈宣教郎官一子文林郎張煥同時被創害及其家詔轉官一資丁酉以吳潛爲太府少卿總領淮西財賦陳貴誼端明殿學士同簽書樞密院事八月乙卯起眞德秀爲徽猷閣待制知泉州丁巳泗州路分劉虎副都統董琳焚斷盱泗橋遏金兵己未魏了翁以寶章閣待制潼川安撫使知瀘州乙丑賜進士徐元杰等四百九十三人及第出身有差壬申太白歲星合于張甲戌新作玉牒殿奉安累朝玉牒九月乙巳雨雹雷閏月己酉有流星大如太白庚戌彗星出于角戊辰史彌遠乞歸田里詔不允冬十月戊子以星變大赦金將以盱眙軍來降赦盱眙改爲招信軍十一月己巳喬行簡累疏乞歸田詔不允十二月丙子朔進封才人賈氏爲貴妃辛巳皇太后不豫壬午大赦皇太后崩癸卯羣臣凡七表請聽政從之詔外朝大典不敢輕改宮中自服三年喪時宋與大元兵合圍汴京金主奔歸德府尋奔蔡州大元再遣使議攻金史嵩之以鄒伸之報謝

六年春正月己酉以少傅保寧軍節度使嗣秀王師彌判大宗正事趙善湘光祿大夫江淮制置大使兼知建康府行宮留守加食邑四百戶戊辰史彌遠加食邑千戶二月丁丑上大行皇太后謚曰恭聖仁烈皇后以趙范爲工部侍郎兼中書門下省檢正公事趙葵祕書監兼侍講余天錫禮部侍郎兼侍讀癸卯熒惑犯東井三月丙辰大雨雹夏四月壬寅葬恭聖仁烈皇后于永茂陵五月庚戌太白熒惑合于柳鄧州移剌以城來降六月丁酉史嵩之刑部侍郎兼京湖安撫制置使兼知襄陽府秋七月敗武仙于淅江八月拔唐州九月壬寅朔日有食之辛亥祀明堂大赦辛酉經筵官請以御製敬天法祖事親齊家四十八條及緝熙殿榜殿記宣付史館冬十月江海領襄軍從大元兵合圍金主於蔡州甲申史宅之太府少卿史宇之將作少監並賜同進士出身丙戌史彌遠進太師左丞相兼樞密使魯國公加食邑一千戶鄭淸之光祿大夫右丞相兼樞密使加食邑一千戶丁亥史彌遠保寧昭信軍節度使充醴泉觀使進封會稽郡王仍奉朝請加食邑封以薛極爲樞密使喬行簡參知政事兼同知樞密院事陳貴誼參知政事兼簽書樞密院事詔史彌遠有定策大功勤勞王室今以疾解政宜加優禮長子宅之權戶部侍郎兼崇政殿說書次子宇之直華文閣樞密院副都承旨長孫同卿直寶章閣次孫紹卿良卿會卿晉卿並承事郎女夫趙汝禖軍器少監孫女夫趙崇梓官一轉己丑詔崔與之李𡌴鄭性之赴闕庚寅以顯謨閣待制知福州眞德秀兼福建安撫使乙未史彌遠薨贈中書令追封衛王謚忠獻詔戒貪吏十一月乙巳給事中莫澤等言差提舉千秋鴻禧觀梁成大暴很貪婪苟賤無恥詔奪成大祠祿丙午詔改明年爲端平元年己未以魏了翁爲華文閣待制知瀘州潼川安撫使賜金帶癸亥進趙葵兵部侍郎淮東制置使兼知揚州甲子臺臣劾刑部尚書莫澤貪淫忮害罷之丙寅權二部尚書趙范言宣和海上之盟厥初甚美迄以取禍其事不可不鑑帝嘉納之丁卯詔趙葵任責防禦戊辰禮部郎中洪咨夔進對今日急務進君子退小人如眞德秀魏了翁當聚之于朝帝是其言命咨夔洎王遂同爲監察御史己巳趙葵入見帝問以金事對曰今國家兵力未贍姑從和議俟根本既壯雪二帝之恥以復中原十二月戊寅史宅之繳納賜第詔給賜本家仍奉家廟庚辰以許極爲觀文殿大學士知紹興府兼浙東安撫使甲申吳潛太府卿仍淮西總領財賦暫兼沿江制置知建康府戊申洪咨夔言資政殿學士提舉洞霄宮袁韶佻視善類諂附彌遠險忮傾危詔袁韶奪職罷祠祿壬辰臺臣言趙善湘陳晐鄭損納賂彌遠怙勢肆姦失江淮荆襄蜀漢人心罪狀顯著詔趙善湘有討李全功特寢免陳晐與祠鄭損落職與祠

端平元年春正月庚子朔詔求直言侍從卿監郎官在外執政從官舉堪爲監司守令者各二人三衙統帥知閤御帶環衛官在外總管軍帥舉堪爲將帥者各二人鍾震陳公益李性傳張慮並兼侍讀徐淸叟黃朴李大同葉味道並兼崇政殿說書辛丑趙范依前沿江制置副使權移司知黃州史嵩之權京湖安撫制置使兼知襄陽府陳韡華文閣待制仍知隆興府江西安撫使詔德安三關使彭哲去年十月北兵至棄關遁削二秩勒停乙巳賜故少傅權參知政事任希夷謚宣憲丙午詔趙范兼淮西制置副使任責防禦太白熒惑合在斗戊申金主完顏守緒傳位于宗室承麟己酉城破守緒自經死承麟爲亂兵所殺執其參知政事張天綱丙寅詔太師中書令榮王已進王爵宜封三代曾祖子奭贈太師吳國公祖伯旿贈太師益國公父師意贈太師越國公戊辰以樞密院言詔京西忠順統制江海棗陽同統制郭勝向因所部兵行劫坐不發覺除名廣州拘管遇赦還軍前自効有功並敘復元受軍職史嵩之露布告金亡謹遣郭春按循故壤詣奉先縣汎埽祖宗諸陵還師屯信陽命王旻守隨州王安國守棗陽蔣成守光化楊恢守均並益兵飭備經理唐鄧屯田二月辛未監察御史洪咨夔言上親政之始斥逐李知孝梁成大其諂事權姦黨私罔上倡淫黷貨罪大罰輕詔李知孝削一秩罷祠梁成大削兩秩壬申以趙彥吶爲四川安撫制置使兼知興元府丁亥詔端平元年正月以前諸命官貶竄物故者許令歸葬三月己酉以賈涉子似道爲籍田令辛酉詔遣太常寺主簿朱楊祖閤門祗候林拓詣洛陽省謁八陵四月辛未詔遣朱復之詣八陵相度脩奉丁丑詔比年宗親貧窶或致失所甚非國家睦族之意大宗正司南外西外宗正司其申嚴州郡以時贍給違者有刑監察御史王遂言史嵩之本不知兵矜功自侈謀身詭秘欺君誤國留之襄陽一日則有一日之憂不報戊寅歲星守太微垣上相星壬午監察御史洪咨夔言今殘金雖滅鄰國方彊益嚴守備尤恐不逮豈可動色相賀渙然解體以重方來之憂上嘉納甲申日生赤暈丙戌以滅金獲其主完顏守緒遺骨告太廟其玉寶法物并俘囚張天綱完顏好海等命有司審實以聞庚寅詔授孟珙帶御器械京襄部押官屬陳一薦江海官兩轉餘論功行賞金降人夾谷奴婢改姓同名鼎王閏顯呼延實來伯友石大瑞白華各授官有差丁酉臣僚言江淮荆襄諸路都大提點坑冶吳淵侍才貪虐籍人家貲以數百萬計掩爲己有其弟潛違道干譽任用非類詔吳淵落右文殿脩撰吳潛落祕閣脩撰並放罷五月庚子極卒贈少師戊申太平州蝗己酉太陰入氐乙卯詔李知孝瑞州居住梁成大潮州居住吳澤南康軍居住並再降授官尋盡追爵秩詔魏了翁赴闕丙辰以趙范爲兩淮制置使節州軍馬兼沿江制置副使壬戌以崔與之爲端明殿學士提舉西京嵩山崇福宮陳韡權工部尚書知隆興府江西安撫使丙寅詔黃榦李燔李道傳陳宓樓昉徐宣胡夢昱皆阨於權姦而各行其志沒齒無怨其賜謚復官優贈存恤仍各錄用其子以旌忠義戴埜其復元資以勵士風建陽縣盜發衆數千人焚劫邵武廝沙長平六月戊辰朔鄭淸之等進奏選德殿柱有金書六字曰毋不敬思無邪上曰此坐右銘也庚午熒惑塡星合于胃壬申詔漳泉興化三州丁米錢丙子以李鳴復爲侍御史兼侍講戊寅以喬行

簡知樞密院事曾從龍參知政事鄭性之簽書樞密院事陳貴誼兼同知樞密院事己卯詔故巴陵縣公竑可盡復本身官爵有司其檢視墓域以時致祭妻吳昨自請爲尼特賜慧淨法空大師紹興府月給衣資緡錢詔殿司選精銳千人命統制婁拱統領楊辛討捕建陽縣盜辛巳詔故端明殿學士開府儀同三司史彌遠贈資政殿大學士諡忠宣熒惑犯塡星丙戌有流星大如太白戊子日暈不匝生格氣癸巳史嵩之進兵部尚書禁毁銅錢作器用并貿易下海秋七月乙巳詔嘉興縣王臨年百二歲補迪功郎致仕八月癸酉詔河南新復郡縣久廢播種民甚艱食江淮制司其發米麥百萬石往濟歸附軍民仍牓諭開封應天河南三京甲戌朱揚祖林拓朝謁八陵回以圖進上問諸陵相去幾何及陵前澗水新復楊祖悉以對上忍涕太息乙亥以趙范爲京河關陝宣撫使知開封府東京留守趙葵京河制置使知應天府南京留守全子才關陝制置使知河南府西京留守甲午權邵武軍王埜以平建陽寇有功官兩轉餘推賞有差九月庚子趙范依舊京西湖北安撫制置大使知襄陽府辛丑熒惑入井壬寅趙范言趙葵全子才輕遣偏師復西京趙楷劉子澄參贊失計師退無律致後陣敗覆詔趙葵削一秩措置河南京東營田邊備全子才削一秩措置唐鄧息營田邊備劉子澄趙楷並削三秩放罷又言楊義一軍之敗皆由徐敏子范用吉怠於赴援致不能支詔范用吉降武翼郎徐敏子削三秩放罷楊義削四秩勒停自效己酉眞德秀言權臣罔上講筵官亦傅會其言今承其弊有當慮者五事并及泉漳寇盜鹽法之弊帝嘉納之詔進士何霆編類朱熹解注文字有補經筵授上文學冬十月己卯眞德秀進太學衍義辛卯陳貴誼薨贈少保十一月壬子京湖制司剏鎮北軍詔以襄陽府駐劄御前忠衞軍爲名壬戌太白經天十二月己卯大元遣王檝來戊子王檝辭于後殿辛卯遣鄒伸之李復禮喬仕安劉溥報謝各進二秩

宋史卷四十二

元　中　書　右　丞　相　總　裁　脫　脫　等　修

本紀第四十二

理宗二

端平二年正月丁酉太陰行犯太白甲寅詔議胡瑗孫明復邵雍歐陽修周敦頤司馬光蘇軾張載程顥程頤等十人從祀孔子廟庭升孔伋十哲丙辰詔主管侍衞馬軍孟珙黃州駐劄措置邊防丁巳孟珙入見辛酉以御前寧淮軍統制借和州防禦使程芾爲大元通好使從義郎王全副之尋以武功郎杜顯爲添差通好副使二月甲子朔日當虧不虧癸酉歲星守氐壬午太白塡星合於胃三月乙未詔太學生陳均編宋長編綱目進士陳文蔚著尚書解並補迪功郎丁酉楊谷楊石並升太師尋辭免乙巳曾從龍兼同知樞密院事眞德秀參知政事兼給事中兼侍讀陳卓同簽書樞密院事夏四月甲子詔前四川制置鄭損城池失守且盜陝西五路府庫財鉅萬削官二秩謫居温州簿錄其家丁卯都城火丁亥太白晝見戊子大閱有流星大如太白五月乙未雨雹軍民交鬨御前諸軍都統制趙勝削三秩罷命韓昱代之丙申大雨雹甲辰眞德秀薨贈銀青光祿大夫諡文忠庚戌以喬行簡兼參知政事六月壬申太陰入氐戊寅以鄭清之爲特進左丞相兼樞密使喬行簡金紫光祿大夫右丞相兼樞密使己卯葛洪資政殿大學士予祠庚辰流星晝隕祈雨壬午以曾從龍知樞密院事兼參知政事崔與之參知政事鄭性之同知樞密院事陳卓簽書樞密院事賜進士吳叔告以下四百五十四人及第出身有差己丑熒惑入太微垣庚寅詔鄭損更削兩秩竄南劍州秋七月丁酉有流星大如太白戊戌太白經天辛丑流星晝隕丙午太白入東井庚申禮部尚書魏了翁上十事不報閏七月戊寅詔錄開禧蜀難死事之臣大安知軍楊震仲孫忠孫補下州文學利州路常平幹官劉當可母王氏義不降賊投江而死追贈和義郡夫人當可與升官差除乙酉賜少師特進銀青光祿大夫趙方諡忠肅丙戌故保寧軍節度使魯國公安丙諡忠定丁亥全子才劉子澄坐唐州之役棄兵宵遁子才削二秩謫居衡州子澄削二秩謫居瑞州八月癸巳歲星入氐乙卯以太師趙汝愚配享寧宗廟庭仍圖像於昭勳崇德之閣丁巳太白犯太微垣右執法九月癸未崇國公主薨冬十月辛卯有流星大如太白己未塡星犯畢歲星太白合於心十一月乙丑以曾從龍爲樞密使督視江淮軍馬魏了翁同簽書樞密院事督視京湖軍馬鄭性之兼權參知政事戊辰詔兩督府各給金千兩銀五萬兩度牒千緡錢五百萬爲隨軍資臺臣李鳴復論曾從龍魏了翁督府事不允戊子安南國貢方物十二月庚寅曾從龍六疏乞寢樞密使命依舊知樞密院事督視江淮軍馬詔許辭樞密使以魏了翁兼督視江淮軍馬癸巳四川制置司遣將斬叛軍首賊蒲世興於萬州己亥塡星守天街星庚子詔官告院製修武郎以下告身給督視府太陰入井壬寅魏了翁陛辭詔事干機速許便宜行之吳潛樞密都承旨督府參謀官趙善瀚馬光祖督府參議官甲辰曾從龍薨贈少師余嶸同簽書樞密院事庚戌故參知政事李壁諡文懿辛亥雷

三年春正月己未朔以星行失度雷發非時罷天基節宴詔勸農桑賜安南國王封爵襲衣金帶丁卯塡星犯畢壬申大元兵連攻洪山張順翁大成等以兵捍禦之二月甲午詔以大元兵攻江陵統制李復明奮勇戰沒其贈三秩仍官其二子死傷士卒趣具姓名來上壬寅詔侍從臺諫給舍條具邊防事宜甲辰起居郎吳泳上疏論淮蜀京襄捍禦十事不報詔魏了翁依舊端明殿學士簽書樞密院事其速赴闕詔史嵩之淮西制置使兼副使辛亥日暈周匝甲寅左曹郎官趙以夫上備邊十策三月乙亥吳潛赴闕是月襄陽北軍主將王旻李伯淵焚城郭倉庫相繼降北時城中官民兵四萬七千有奇其財粟三十萬軍器二十四庫皆亡金銀鹽鈔不與焉南軍主將李虎乘火縱掠襄陽爲空制置使趙范坐失撫御致南北軍交爭造亂詔削官三秩落龍圖閣學士姑仍制置職任階岷疊宕十八族降有諜者以檄招曹友聞軍降友聞斬之以聞夏四月丙申太陰入太微垣己酉魏了翁乞歸田里詔不允以資政殿學士知潭州癸丑詔悔開邊責己其京湖與沔州軍縣鎮見繫囚情理輕者釋之五月戊寅提舉萬壽觀洪咨夔依舊兼侍讀己卯有流星出心大如太白辛巳太陰入畢甲申趙葵華文閣直學士淮東安撫制置使兼知揚州六月丁亥流星夕隕己亥洪咨夔卒詔與執政恩例贈二秩諡忠文癸卯熒惑塡星合於畢丙午熒惑犯塡星庚戌大雨雹秋七月丁巳祈晴詔權徐州國安用力戰而殁已贈順昌軍節度使仍官其子國興承節郎庚申以趙范失襄城罪重罰輕詔罷職奉祠辛酉太陰入氐丁卯以鄭性之參知政事李鳴復簽書樞密院事戊辰監察御史杜範吳昌裔以言事不報上疏乞罷官詔改授範太常少卿昌裔太常卿庚午熒惑入井戊寅太陰入東井甲申雨血八月丙戌詔趙范更削兩秩謫居建寧府李虎削三秩落刺史罷御器械各令任責捍禦自效癸卯詔前龍圖閣學士光祿大夫贈開府儀同三司傅伯成諡忠簡九月庚申太白歲星合於尾庚午雷辛未祀明堂大赦雷雨乙亥左丞相兼樞密使鄭清之罷爲觀文殿大學士醴泉觀使兼侍讀右丞相兼樞密使喬行簡罷爲觀文殿大學士醴泉觀使兼侍讀以崔與之爲右丞相兼樞密使壬午驍衞大將軍利州駐劄御前諸軍統制曹友聞與大元兵大戰於大安軍陽平關兵敗死之詔贈龍圖閣學士大中大夫諡毅節立廟曰褒忠官其二子承務郎冬十月乙酉詔殿前司將胡斌孁死邵武之寇贈武節大夫有司爲立後受官因舊廟賜額宗室師櫝死尤溪之戰贈武節郎官其一子進義校尉立廟林嶺甲午詔沿江制置使陳韡應援淮東援淮西制置使兼沿江制置副使史嵩之應援江陵陝州江面上流壬寅大元兵破固始縣淮西將呂文信杜林率潰兵數萬叛六安霍丘皆爲羣盜所據丙午安南國貢方物詔授金紫光祿大夫靜海軍節度觀察等使賜襲衣金銀帶大元太子濶端兵離成都大元兵破文州守臣劉銳通判趙汝[illegible]死之十一月戊午詔嗣秀王師彌授少師丙寅以喬行簡爲特進左丞相兼樞密使封肅國公大元兵圍光州詔史嵩之援光趙葵援合肥陳韡遏和州爲淮西聲援戊辰魏了翁依舊資政殿學士知紹興府浙東安撫使吳潛袁甫徐清叟赴闕壬申詔侍從兩省臺諫卿監宰掾樞屬郎官鈐轄各陳防邊方略甲戌太陰入太微垣戊寅復成都府十二月戊戌以吳淵戶部侍郎淮東總領財賦兼知鎮江府壬寅詔改明年爲嘉熙元年癸卯鄭清之辭免觀文殿大學士醴泉觀使兼侍讀詔仍舊觀文殿大學士提舉洞霄宮丁未宣繒薨以定策功贈太師諡忠靖甲寅池州都統趙邦永以援滁州功詔邦永轉左武大夫其餘立功將士具等第姓名推賞

嘉熙元年春正月乙卯以魏了翁知福州兼福建安撫使丁巳詔京西兵馬都監隨州駐劄程再遇官三轉帶行閤門宣贊舍人京西鈐轄兼知隨州賞其洪山戰功餘有功將士趣以名上辛酉以李𡌴同知樞密院事四川宣撫使甲子詔兩淮荆襄之民避地江南沿江州縣間有招集振卹倘慮恩惠不周流離失所江陰鎭江建

寧太平池江興國鄂岳江陵境內流民其計口給米期十日竣事以聞癸酉熒惑守鬼宿壬午流星大如太白二月癸未朔以鄭性之知樞密院事兼參知政事鄒應龍端明殿學士簽書樞密院事李宗勉同簽書樞密院事李鳴復罷以資政殿學士知紹興府乙酉葛洪薨壬寅雨雹丙申詔忠義選鋒張順屈伸等以舟師戰公安縣之巴芒有功各官一轉餘推恩有差癸卯詔以朱熹通鑑綱目下國子監幷進經筵己酉太白晝見日暈周匝三月癸亥日生背氣己巳詔陳韡史嵩之趙葵各官兩轉乙亥魏了翁薨贈少師賜謚文靖以孟珙爲忠州團練使知江陵府京西湖北安撫副使別之傑寶章閣待制知太平州夏四月壬午朔以李𡌴同知樞密院事四川宣撫使知成都府壬辰弟貴謙保康軍節度使仍奉朝請進封天水郡開國侯加食邑與芮武康軍節度使提舉萬壽觀仍奉朝請進封開國子丙申詔兩淮策應軍戰宣化兩軍殁傷相當陣亡將校李仙王海李雄廖雷各贈武翼大夫餘贈官有差庚子熒惑犯權星丙午詔沔州諸鎭將帥昨以大元兵壓境皆棄官遁夔路鈐轄知恩州田興隆獨自大安德勝堡至潼川逆戰數合雖兵寡不敵而忠節可尙特與官一轉五月丙辰袁韶薨太陰犯熒惑壬申京城大火丙子熒惑犯將星六月壬辰詔賞蘄州都統制萬文勝知州徐㮚守城之功將士在行間者論功補官有差癸巳以鄒應龍爲資政殿學士知慶元府沿海制置使乙未太白塡星合於井甲辰祈雨丙午以吳潛爲工部侍郞知慶元府兼沿海制置使知黃州兼淮西安撫使本路提刑李壽朋被命三月不即便途之官遂還私舍詔削三秩送建昌軍居住詔建內小學擇宗子十歲以下資質美者二三人置師教之秋七月壬子湖北提舉董槐朝辭奏楮幣物價重輕之弊己未樞密院言大元兵自光州信陽抵合淝制司參議官李曾伯廬州守臣趙勝都統王福戰守俱有勞效詔曾伯等十一人各官一轉辛酉太陰犯歲星塡星入井庚午歲星守建星壬申日生背氣癸酉太陰入井八月甲申太師秦國公汝愚追封福王乙酉塡星犯井癸巳以李鳴復參知政事李宗勉簽書樞密院事甲辰詔蜀鷄冠隘都統王宣戰殁其總管吳桂棄所守走又縱部伍剽劫削三官勒停九月壬子塡星留於井癸丑有流星出七公西星至濁沒丁巳雷冬十月戊戌有流星大如桃十一月戊辰詔陳韡史嵩之趙葵於沿江淮漢州軍備舟師戰具防遏衝要堡隘辛未太史言十二月朔日食將旣日與金木水火四星俱纏於斗詔損膳避朝庶圖消弭其令有司檢會故實以聞十二月戊寅朔日有食之

二年春正月戊申朔詔令侍從臺諫卿監郞官帥臣監司前宰執侍從舉曉暢兵財各二人三衙諸軍統制舉將材二人己未詔史嵩之趙葵應援黃州安豐其立功將士等第亟具名以聞光州信陽二城共圖剋復辛酉詔史嵩之進端明殿學士視執政恩數趙葵刑部尙書制置並如舊余玠知招信軍兼淮東制置司參議官進三秩孟珙寧遠軍承宣使依舊帶御器械史嵩之端明殿學士依舊京湖安撫制置使兼沿江制置副使兼知鄂州召赴闕甲子兩浙轉運判官王埜察訪江面還進對劾吳潛知平江府不法厲民數事詔埜直華文閣知建寧府二月甲申大理少卿朱揚祖克押伴使借章服金魚庚寅詔史嵩之以參知政事督視京西荆湖南北路江西軍馬置司鄂州癸巳大宗正丞賈似道奏言北使將至地界名稱歲例宜有成說又奏裕財之道莫急於去贓吏藝祖治贓吏杖殺朝堂孝宗眞決刺面今日行之則財自裕戊戌詔近覽李𡌴奏知蜀漸次收復然創殘之餘綏撫爲急宜施蕩宥之澤淮西被兵恩澤亦如之其降德音諭朕軫恤之意大元再遣王檝來辛丑檝還以朱揚祖克送伴使癸卯以孟珙爲京湖安撫制置副使置司松滋縣三月己丑命將作監周次說爲大元通好使壬子以李心傳爲秘書少監史館修撰修高宗孝宗光宗寧宗四朝國史實錄癸丑以高定子爲中書舍人京湖江西督視參贊軍事庚申詔史嵩之兼督視光蘄黃夔施州軍馬戊辰發行都會子二百萬兼湖廣九百萬下都督參政行府犒師乙亥詔四川被兵州軍府縣鎭幷轉輸勞役之所見禁囚人情理輕者釋之詔四川帥臣招集流民復業給種與牛優與振贍夏四月癸未以李𡌴同簽書樞密院事督視江淮京湖軍馬己酉雨土太陰入太微垣閏月丁未太陰入井甲子有流星大如太白壬申賜禮部進士周坦以下四百二十二人及第出身有差五月辛巳太白晝見癸未以李鳴復知樞密院事李宗勉參知政事余天錫簽書樞密院事甲申喬行簡請以兵事委李鳴復財用委李宗勉楮幣委余天錫當會議者臣則參酌行之詔允所請詔嚴州布衣錢時成忠郞吳如愚以隱居著書並選爲秘閣校勘丙戌詔崔與之提舉洞霄宮任便居住李鳴復復參知政事壬寅歲星犯壁壘陣六月甲辰朔流星晝隕戊申吳淵知太平州措置采石江防以吳潛爲淮東總領財賦知鎭江府丙寅李𡌴薨特贈資政殿大學士秋七月壬午以霖雨不止烈風大作詔避殿減膳徹樂令中外之臣極言闕失辛卯有流星大如太白壬寅熒惑犯鬼積尸氣八月辛酉太白晝見經天癸亥流星晝隕九月壬午熒惑犯權星子維生甲申封宮人謝氏爲永寧郡夫人乙未有流星大如太白冬十月庚戌雷丁卯吳潛言宗子趙時㬅集眞滁豐濠四郡流民十餘萬團結十七砦其强壯二萬可籍爲兵近調五百援合肥宜補時㬅官又沙上蘆場田可得二十餘萬畝賣之以贍流民以佐砦兵從之熒惑入太微垣戊辰太白入於氐己巳日生黑子辛未復光州十一月甲申子維薨追封祁王謚冲昭十二月丙午光州守臣董堯臣伏誅司戶柳臣舉配雷州乙卯詔四川諸州縣鹽酒榷額自明年始更減免三年其四路合發總所綱運者亦免戊辰詔諸路和糴給時直平槪量毋科抑申嚴收租苛取之禁己巳出祠牒會子共七百萬紙給四川制司爲三年生券

三年春正月癸酉以喬行簡爲少傅平章軍國重事封益國公李宗勉爲左丞相兼樞密使史嵩之右丞相兼樞密使督視兩淮四川京湖軍馬余天錫參知政事游佀同簽書樞密院事二月丙午詔史嵩之依舊兼都督江西湖南軍馬丁卯又命嵩之都督江淮京湖四川軍馬己巳竄趙邦永坐救滁不進兵三月辛未朔以吳潛爲敷文閣直學士沿海制置使兼知慶元府甲戌以別之傑權兵部尙書依舊沿江制置安撫使兼都督行府參贊軍事李曾伯兼都督行府參議官孟珙兼都督行府參謀官流星晝隕辛卯雨土夏四月壬寅祈雨癸卯以吳淵權工部尙書沿江制置副使知江州五月辛未熒惑犯太微垣執法星戊寅以吳潛爲兵部尙書浙西制置使知鎭江府辛卯喬行簡五疏乞罷機政詔不允秋七月庚午以董槐知江州兼都督行府參議官甲申以吳淵兼都督行府參贊軍事八月戊戌朔以浙江潮患告天地宗廟社稷以游佀參知政事許應龍簽書樞密院事林略同簽書樞密院事己亥熒惑入氐辛丑太陰入氐有流星大如太白丁亥熒惑犯房宿九月辛巳祀明堂大赦壬午淮西敢勇將官陸旺李威特與官三轉同出戰二百人官兩轉以賞廬州磨店北之功其陣沒者優與撫恤冬十月丁未故太師魯王謝深甫賜謚惠正己未出祠牒百給濟處州秉義郞李艮守鄂州長壽縣沒於戰陣詔贈官三轉癸亥熒惑太白合於斗乙丑虹見十一月丙子以范鍾簽書樞密院事十二月己未觀文殿大學士崔與之薨贈少師謚清獻辛酉太白晝見甲子復夔州錄荆鄂都統張順孟璋等將士戰功

四年春正月辛未彗星出營室庚辰以星變下詔罪己辛巳有流星大如太白甲午彗星犯王良第二星二月丙申朔日生背氣戊戌大赦辛丑流星晝隕白虹貫日丁未太白晝見癸丑以孟珙爲四川宣撫使兼知夔州節制歸峽鼎澧州軍馬丙辰白氣亘天三月辛未詔四川安撫制置副使彭大雅削三秩彗星消伏乙酉流星晝隕夏四月壬寅前潼川運判吳申進對因論蜀事爲上言鄭損棄邊郡不守桂如淵啓潰卒爲亂趙彥吶忌忠勇不救彭大雅險譎變詐殊費關防宜進孟珙於夔門夔事力固乏東南能功之則夔足以自立又言張祥有保全趙彥吶楊恢兩制置之功敵人憚其果毅宜見錄用上嘉納之乙巳詔史嵩之進三秩依前右丞相兼樞密使即日徹都督局五月庚午太陰入太微垣歲星太白合於婁甲戌太陰入氐乙亥子壽國公薨戊子命吳潛兼侍讀李性傳兼侍講六月甲午朔江浙福建大旱蝗乙未祈雨己亥太白犯畢辛丑追封閬州簽廳陳承己妻彭氏爲恭人賜廟閬州以强寇入奉國縣市承己爲賊所劫彭罵賊死之辛亥追贈儒林郞王鞏爲通直郞官其一子爲文學以丙申蜀破鞏闔門死於兵癸丑太白犯天關星戊午有流星大如太白秋七月乙丑詔令夏六月恒陽飛蝗爲孽朕德未修民瘼尤甚中外臣僚其直言闕失毋隱又詔有司振災恤刑太白入井甲戌太白熒惑合於井己丑熒惑太白合於鬼八月己酉熒惑塡星合於柳太白犯權星大星癸丑熒惑犯塡星九月乙丑詔余玠進三秩直華文閣淮東提刑節制招信軍屯戍軍馬以玠昨帥舟師渡淮入河抵汴所向有功全師而還至是論功定賞是役將士趣以名上所司議推恩冬十月癸巳詔改明年爲淳祐元年丁巳命余玠兼節制應天府泗宿永海邳徐漣水屯戍軍馬十一月甲子熒惑入太微垣己巳熒惑犯太微垣左執法星癸酉詔武功大夫荆鄂都統制張順以私錢招襄漢潰卒創忠義虎翼兩軍及援安慶池州有功特與官兩轉丙子與芮妻錢氏封安康郡夫人辛巳熒惑犯太微上相垣十二月甲辰奉國軍節度使提舉萬壽觀多謨薨丙辰地震己未詔求直言閏十二月丙寅李宗勉薨贈少師賜謚文清以游佀知樞密院事兼參知政事范

鍾參知政事徐榮叟簽書樞密院事庚午詔繫囚情理輕者釋之乙亥詔民間賦輸仍用錢會中半其會半以十八界直納半以十七界紐納戊寅以吳潛爲福建安撫使史宅之爲浙東安撫使

淳祐元年春正月庚寅朔詔舉文武才庚子雷甲辰詔朕惟孔子之道自孟軻後不得其傳至我朝周惇頤張載程顥程頤眞見實踐深探聖域千載絕學始有指歸中興以來又得朱熹精思明辨表裏渾融使大學論孟中庸之書本末洞徹孔子之道益以大明於世朕每觀五臣論著啓沃良多今視學有日其令學官列諸從祀以示崇奬之意壽以王安石謂天命不足畏祖宗不足法人言不足恤爲萬世罪人豈宜從祀孔子廟庭黜之丙午封周惇頤爲汝南伯張載郿伯程顥河南伯程頤伊陽伯丁未太陰入氐戊申幸太學謁孔子遂御崇化堂命祭酒曹豳講禮記大學篇監學官各進一秩諸生推恩錫帛有差製道統十三贊就賜國子監宣示諸生二月戊寅日生暈壬午喬行簡薨謚文惠夏四月丁丑詔以與芮爲開府儀同三司萬壽觀使嗣榮王貴謙開府儀同三司嗣沂王辛巳以賈似道爲太府少卿湖廣總領財賦五月庚寅以少師保寧軍節度使判大宗正事嗣秀王師彌爲太子少保奉國軍節度使充萬壽觀使師貢爲少師己亥詔沿江淮西制置使別之傑任責邊防戊申賜禮部進士徐儼夫以下三百六十七人及第出身有差六月庚申太白晝見螟癸酉有流星大如太白己卯流星晝隕丙戌熒惑入氐秋七月壬辰祈雨八月辛巳楊石薨贈太師冬十月庚辰太白入氐十一月戊戌太白晝見己亥淮東提刑余玠以舟師解安豐之圍己巳太白經天晝見十二月丁卯余天錫薨贈太師賜謚忠惠丁丑侍御史金淵言彭大雅貪贓殘忍蜀人銜怨罪重罰輕乞更竄責詔除名贛州居住

二年春正月甲申朔詔作新吏治戊戌右丞相史嵩之等進玉牒及中興四朝國史孝宗經武要略寧宗玉牒日歷會要實錄二月甲戌以游佀知紹興府浙東安撫使請祠祿詔提舉洞霄宮范鍾知樞密院事兼參知政事徐榮叟參知政事趙葵賜進士出身同知樞密院事別之傑簽書樞密院事三月戊子詔和州無爲軍安慶府並聽沿江制置司節制詔今後州縣官有罪諸帥司毋輒加杖責夏四月甲寅白氣亘天壬申雨雹五月己亥淮東制置副使余玠進對戊申臺臣言知建寧府吳潛有三罪詔奪職罷新任己酉以趙葵爲湖南安撫使知潭州六月壬子朔徐榮叟乞歸田里從之丁巳詔以余玠爲四川宣諭使事干機速許同制臣共議措置先行後奏仍給金字符黃榜各十以備招撫丙寅以別之傑同知樞密院事兼權參知政事高定子簽書樞密院事杜範同簽書樞密院事是月盛夏積雨浙右大水丁丑歲星犯井秋七月辛巳朔常潤建康大水兩淮尤甚八月丁卯詔淮東先鋒馬軍鄧淳李海等揚州撻扒店之戰宜勞居多各官兩轉餘推恩有差九月庚辰朔日有食之己丑雷辛卯祀明堂大赦癸巳詔淮東忠勇軍統領王溫等二十四人戰天長縣東衆寡不敵皆沒於陣贈溫武翼大夫吉州刺史其子興國補保義郎更官其一子承信郎厚賜其家餘人恤典有差冬十月甲寅史嵩之進封永國公乙丑大元兵大入通州十一月辛卯詔諭兩淮節制李曾伯毋以通州被兵之故不安厥職其督屬諸將勉圖後功己亥日南至雷電交作詔避殿減膳求直言癸卯詔決中外繫囚十二月己未詔通州守臣杜霆兵至棄城弗守載其私帑度江以遁遂致民被屠戮雖已奪三秩厥罰猶輕其追毀出身以來文字竄南雄州壬戌太白晝見癸亥大元兵連攻敘州帳前都統楊大全等水陸並進自卯至午戰十數合歿於行伍詔贈武節大夫眉州防禦使官其二子承節郎丙寅以孟珙爲檢校少保依舊寧武軍節度使京湖安撫制置大使夔路策應大使余玠權資政殿學士湖南安撫大使兼知潭州趙葵資政殿大學士福建安撫使知福州

三年春正月戊寅朔以高定子兼參知政事庚辰熒惑入氐乙未以李曾伯爲華文閣待制依舊淮東西制置使知揚州杜杲敷文閣學士依舊沿江制置使知建康府董槐祕閣修撰依舊沿江制置副使知江州主管江西安撫司事辛丑詔安南國王陳日煚元賜功臣號特贈守義二字二月乙丑以呂文德爲福州觀察使侍衞馬軍副都指揮使總統兩淮出戰軍馬捍禦邊陲庚午以郢州推官黃從龍死節詔贈通直郎一子補下州文學三月丁丑朔日有食之夏四月癸丑左武衞中郎將濠州措置捍禦王烈閤門宣贊淮西路鈐王杰閤門祗候江東路鈐李季實往馬帥王鑑軍前議事遇大元兵戰死贈官仍各官其二子乙卯嘉定守臣程立之固守詔官一轉丙辰安豐軍統領陳友直以王家堈戰功與官兩轉壬申布衣王與之進所著周禮訂議補下州文學五月庚子詔施州創築郡城及關隘六十餘所本州將士及忠州戍卒執役三年者各補轉一官六月甲戌有流星大如太白出於氐秋七月丁亥詔海州屯駐借補保義郎申政寄州之役先登陷陣後以戰沒特贈保義郎官其子進勇副尉太白入井壬辰四川制司言大元兵破大安軍忠義副總管楊世威堅守魚孔隘孤壘不降有特立之操可任責邊防詔以世威就知大安軍甲午日生格氣己亥太白經天晝見八月乙卯流星晝隕癸亥詔福州延祥荻蘆兩砦併置武濟水軍摘本州廂禁習水者克千五百人爲額閏月丁丑四川總領余玠言知巴州向佺鈐轄譚淵白土坪等戰有功詔佺等十八人各官三轉餘轉官有差其中創人各給緡錢百陣沒者趣上姓名贈恤其家太白犯權星壬寅太白塡星合於翼九月壬申詔蠲高郵民耕荒田租冬十月丙戌太白入於氐十二月己丑史嵩之五請祠不允

宋史卷四十三

元　中　書　右　丞　相　總　裁　脫　脫　等　修

本紀第四十三

理宗三

四年春正月壬寅朔詔邊將毋擅興暴掠虐殺無辜以慰中原遺黎之望帝製訓廉謹刑二銘戒飭中外以李鳴復參知政事杜範同知樞密院事劉伯正簽書樞密院事余玠華文閣待制依舊四川安撫制置使知重慶府兼四川總領財賦李曾伯寶章閣直學士依舊淮東安撫制置使知揚州兼淮西制置使戊午樞密院言四川帥臣余玠大小三十六戰多有勞效宜第功行賞詔玠趣上立功將士姓名等第卽與推恩庚申以余玠兼四川屯田使二月癸酉出封椿庫緡錢各十萬命兩淮京湖四川制司收瘗頻年交兵遺骸立爲義塚夏四月丁丑有流星大如太白出於尾癸未塡星守太微垣乙未祈雨五月庚戌余玠言利閬城大獲山蓬州城營山渠州城大良平嘉定城舊治瀘州城神臂山諸城工役次第就緒神臂山城成知瀘州曹致大厥功可嘉乞推賞以勵其餘詔致大帶行遙郡刺史丁巳武功大夫雄威軍都統制楊价世守南邊進年調戍播州捍禦勤瘁詔价轉右武大夫文州刺史戊午大元兵圍壽春府呂文德節制水陸諸軍解圍有功詔赴樞密院稟議發緡錢百萬詣兩淮制司犒師庚申守閣進勇副尉桂虎進義副尉楚富吐渾將虞候鄭蔡捍禦壽春俱有勞效詔各官資兩轉給緡錢千乙丑前簽書樞密院事鄒應龍薨贈少保監察御史胡淸獻劾淮西提刑徐敏子三罪詔削兩秩送江州居住六月庚午朔呂文德依舊侍衞馬軍副都指揮使兼淮西招撫使知濠州乙亥賜禮部進士留夢炎以下四百二十四人及第出身有差壬午詔安豐軍策應解壽春圍將士補轉官資有差詔壽春一軍先涉大海擣山東膠密諸州有功今大元兵圍城能守城不隳其立功將士皆補轉有差乙未有流星大如太白出於畢丙申吳潛提舉隆興府玉隆萬壽宮任便居住秋七月己亥朔祈雨乙卯招收淞淮失業壯丁爲武勝軍以五千人爲額辛酉盜發永州東安縣飛虎軍正將吳龍統制鄭存等討捕有功詔補轉官資有差甲子詔故直龍圖閣項安世正學直節先朝名儒可特贈集英殿修撰八月壬辰太白晝見九月癸卯右丞相史嵩之以父病謁告許之詔范鍾劉伯正暫領相事甲辰史彌忠卒贈少師封鄭國公賜謚文靖詔史嵩之起復右丞相兼樞密使癸丑熒惑塡星合於軫甲寅京湖制司言諸將李福等破申州蔡州西平縣城壁及馬家等砦詔將士各補官推賞有差己未將作監徐元杰上疏論史嵩之起復宜許其舉執政自代帝不允遂求去帝曰經筵賴卿規益何事引去耶癸亥太白犯斗宿距星乙丑雷丁卯雷臺臣言嚴州及紹興蕭山等縣征商煩苛詔亟罷之冬十月甲戌詔慶元府守臣敦諭史嵩之赴闕嵩之控辭不允壬辰杜範游佀提舉萬壽觀兼侍講十一月辛丑詔趣游佀杜範赴闕戊申雷庚戌詔陳韡李性傳赴闕十二月庚午以范鍾爲左丞相兼樞密使杜範爲右丞相兼樞密使游佀知樞密院事劉伯正參知政事兼簽書樞密院事詔戒飭百官許右丞相史嵩之終喪甲戌以趙葵同知樞密院事乙亥鄭淸之授少保依舊觀文殿大學士醴泉觀使兼侍讀仍奉朝請進封衞國公

五年春正月丁酉朔詔更新庶政綏撫中原遺民丙午杜範辭免右丞相不允己酉雷乙卯以李性傳簽書樞密院事兼權參知政事二月丙寅朔雨土甲戌復五河詔呂文德進三秩羊洪進二秩餘有戰功者推賞其陣沒人具姓名贈恤丁丑范鍾等上玉牒日歷及孝宗光

宗御集經武要略寧宗實錄壬辰太白晝見經天三月庚子詔嚴贓吏法仍命有司舉行彭大雅程以升吳淇徐敏子納賄之罪準淳熙故事戒吏貪虐預借抑配重催取羸以緡錢百萬犒淮東師夏四月甲申塡星犯上相星丙戌杜範薨贈少傅諡清獻戊子余玠言權巴州何震之守城死於兵詔進贈官三秩一子與下州文學京湖制司言鈐轄王雲等襲鄧州鎭平縣靈山戰順陽鐵撅峪皆有勞效野戰數十合雲等六人被重創死路鈐於江一軍力戰詔王雲贈三秩仍官其二子爲承信郎王寬王立田秀董亮董玉各加贈恤於江等各轉一官賚詔李曾伯余玠董槐孟珙王鑑職事修舉曾伯玠升閣職槐珙鑑轉官並因其任五月丁酉呂文福夏貴上戰功詔貴官兩轉文福帶行閤職丁未詔沿江湖南江西湖廣兩浙制帥漕司及許浦水軍司共造輕捷戰船千艘置遊擊軍壯士三萬人分備捍禦戊申日生赤黃背氣辛亥詔董槐赴闕丁巳淮東制置使李曾伯辭免煥章閣學士從之六月甲申祈雨丙戌工部侍郎徐元杰暴卒贈四秩置詔獄秋七月癸巳朔日有食之旱辛丑鎭江常州亢旱詔監司守臣及沿江諸郡安集流民甲辰祈雨乙卯詔給徐元杰劉漢弼官田五百畝緡錢五千恤其家丁巳京湖制司言總制亢國用師衆戰滁州拐河戰壘山戰大神山皆有勞效詔國用官兩轉李山等四十七人官一轉呂文德言與大元兵戰五河隘口又戰於濠州大元兵還詔文德屯駐諸軍戰守將士推恩有差八月庚辰范鍾再乞歸田不允九月甲辰京湖制置司言劉整等率精銳以雲梯四面登鎭平縣城入城巷戰焚城中倉庫糗糧器甲路將武勝等四人死之略廣陽焚列屯砦柵廬舍凡二十餘所還抵靈山又力戰有功詔整官兩轉同行蔡貴等二百二十人各官一轉辛亥祀明堂奉太祖太宗寧宗並侑大赦冬十一月乙未鄭清之乞歸田不允丙申詔師彌典司屬籍職事修舉授太傅加食邑依前判大宗正事嗣秀王壬子詔大元兵入蜀權成都府馮有碩權漢州王驤權成都縣楊兌權資州劉永權潼川府魏禹死於官守其各贈官三轉仍官其一子癸丑詔將領關貴統制白傳才率衆復洋州還遇大元兵交戰將士百五十三人皆陣沒已祔饗閔忠廟贈恤其家關貴白傳才各贈承節郎官其一子進勇副尉十二月甲戌詔壽春守臣劉雄飛等以大元兵圍城捍禦有功雄飛及呂文福林子密等十一人各官三轉劉用等補轉官賚有差己卯以游侶爲右丞相兼樞密使鄭清之爲少師奉國軍節度使依前醴泉觀使兼侍讀仍奉朝請賜玉帶及賜第行在兒與權換授安德軍節度使開府儀同三司萬壽觀使仍奉朝請弟嗣沂王貴謙嗣榮王與芮並加授少保以趙葵知樞密院事兼參知政事李性傳同知樞密院事陳韡兼參知政事壬午太史奏來歲正旦日當食詔以是月二十一日避殿減膳命百司講行闕政凡可以消弭災變者直言毋隱

六年春正月辛卯朔日有食之罷國用所命趙與𥲅爲提領官二月戊辰范鍾再乞歸田詔官三轉觀文殿大學士醴泉觀使兼侍讀己巳范鍾再辭詔提舉洞霄宮任便居住庚午以劉雄飛知壽春府節制屯田軍馬三月癸巳日暈周匝珥氣夏四月辛酉太白晝見壬戌太陰犯太白甲戌以丘岳兼兩淮屯田副使賈似道兼蘄黃屯田副使丁丑日暈周匝戊寅詔朱熹門人胡安定呂燾蔡模並迪功郎本州州學教授給札錄其著述幷條具所欲言者以聞閏四月辛卯李曾伯以臺諫論詔落職予祠尋罷祠祿戊戌呂文德言今春北兵攻兩淮統制汪懷忠等逆戰趙家園拔還俘獲人民路鈐夏貴知州王成倪政等帥舟師援安豐軍所至數戰將士陣亡者衆詔倪政贈官三轉官一子承信郎許通夏珪孫才江德仙各贈官兩轉官其一子下班祗應給緡錢恤其家餘立功將士恩賞有差辛丑月暈五重癸卯余玠言北兵分四道入蜀將士捍禦有功者輒以便宜推賞具立功等第補轉官資以聞詔從之五月庚申詔賈似道措置淮西山砦城築壬戌太白犯權星己卯詔諸鎭募兵造舟置馬帥臣其務獎激將士以嚴邊防六月甲午保信軍節度使希丞薨丙午祈雨壬子以陳韡參知政事兼同知樞密院事乙卯臺臣言李鳴復劉伯正進則害善類退則蠹州里詔鳴復落職罷宮觀伯正削一秩秋七月壬戌泉州歲饑其民謝應瑞非因有司勸分自出私鈔四十餘萬糴米以振鄉井所全活甚衆詔補進義校尉丁卯太陰犯斗己巳呂文德言北兵圍壽春城州師至黃家穴總管孫琦呂文信夏貴等戰龍堰有功詔文德官一轉餘依等第轉補其陣沒董先等二十二人傷者四百三十七人贈恤恩賞有差癸酉有流星出自室大如太白八月辛卯太陰犯房己酉賜文士劉克莊進士出身以爲秘書少監兼國史院編修官實錄院檢討官壬子太白晝見癸丑以劉克莊兼崇政殿說書樞密院言前知普州何叔丁簽書判官楊仁舉淳祐元年冬北兵攻城兩家二十餘人死於難叔丁孫嗣祖仁舉㓜子肖翁被俘逃歸詔叔丁等贈官恤後有差九月甲子有流星出於斗大如太白戊辰以賈似道爲敷文閣直學士京湖制置使知江陵府兼夔路策應使太白晝見癸酉孟珙薨贈少師冬十月己丑少保嗣榮王與芮之子賜名孟啓授貴州刺史乙未塡星歲星熒惑合於亢己酉太白入氐十一月癸亥歲星入氐甲戌右丞相游侶五請歸田里詔不允辛巳詔北兵入蜀前四川制置使陳隆之闔家數百口罹害死不易節其特賜徽猷閣待制官其二子賜謚立廟死事史季儉楊戩子各賜官兩轉官一子十二月乙未詔史嵩之依所乞守金紫光祿大夫觀文殿大學士永國公致仕臺諫論史嵩之無父無君醜聲穢行律以無將之法罪有餘誅乞寢宮祠削官遠竄

七年春正月乙卯朔詔間者紬繹非才收名衆正史嵩之已令致事示不復用咨爾二三大臣其一乃心務塈實政以輯寧我邦家若辭浮於實玩愒歲月朕何賴焉建資善堂授孟啓宜州觀察使就內小學二月庚寅詔淮安主簿周子鎔久俘於北數遣蠟書諜報邊事今遂生還可改朝奉郎優與升擢己亥貴妃賈氏薨戊申日暈周匝壬子詔改潛邸爲龍翔宮三月庚午祈雨夏四月丁亥塡星犯亢庚子以王伯大簽書樞密院事吳潛同簽書樞密院事辛丑以鄭清之爲太傅右丞相兼樞密院使封越國公游侶罷爲觀文殿大學士醴泉觀使兼侍讀趙葵爲樞密使兼參知政事督視江淮京西湖北軍馬陳韡知樞密院事湖南安撫大使知潭州甲辰趙葵兼知建康府行宮留守江東安撫使應軍行調度並聽便宜行事趙希塈禮部尚書督視行府參贊軍事庚戌出緡錢千萬銀十五萬兩祠牒千絹萬并戶部銀五千萬兩付督視行府趙葵調用五月甲寅寧淮軍統制張忠戌浮山手搏北將俱溺水死贈武略大夫官一子承信郎緡錢五千給其家祈雨壬申以吳潛兼權參知政事乙亥御集英殿策士詔求直言弭旱六月癸巳賜禮部進士張淵微以下五百二十七人及第出身有差丙申以旱避殿減膳詔中外臣僚士民直陳過失毋有所諱戊申詔旱勢未釋兩淮襄蜀及江閩內地曾經兵州縣遺骼暴露感傷和氣所屬有司收瘞之秋七月己未太陰犯心乙丑吳潛罷丁卯以別之傑參知政事鄭寀同簽書樞密院事己卯吳潛依舊端明殿學士知福州福建安撫使八月甲申鄭寀罷辛卯雨辛丑前彭州守臣宇文景訥死事詔贈官進三秩官一子下州文學壬寅詔監司守臣議荒政以振乏絕租稅合蠲減者具實來上甲辰高定子薨贈少保丙午蔡抗進其父沉尙書解九月丙辰有流星出於室癸酉雷冬十月辛巳太白晝見己酉臺臣言添差攝局須入奏辟改任薦舉借補職匿過十弊十一月丁巳詔茶陵知縣事黃端卿爲郴寇所害進官三秩官一子將仕郎立廟衡州十二月辛巳李鳴復卒壬辰詔太學生程九萬自北脫身來歸且條上邊事賜迪功郎

八年春二月丁亥趙葵言呂文德泊諸將解泗州之圍有功詔補轉推賞有差戊子太陰生黃白暈癸巳雨雹乙未福州福安縣民羅母年過百歲特封孺人復其家敕有司歲時存問以厚風化辛丑趙葵表掐泗斷橋將士用命兵退陳奕譚涓玉王成等戰渦河龜山有勞聞其步兵多山東人遂調史用政等襲膠州復襲高密縣以牽制侵淮之師詔趣上立功將士等第姓名推賞乙丑雨雹甲戌詔先鋒軍統制田智潤泗州潮河堤之戰父子俱死於兵贈智潤修武郎子承節郎更官一子承信郎給緡錢五千恤其家夏四月庚辰詔淮東制置司於泗州立廟祠夏皐及張忠田智潤父子賜額以旌忠節丁亥贈朝奉郎程克己妻王氏同沒王事進贈安人五月癸丑趙葵進三秩六月乙酉日生赤黃暈周匝戊戌以徐鹿卿爲樞密使兼參知政事兼侍講甲辰有流星出河鼓大如太白秋七月戊申太白入井辛亥以王伯大參知政事應繇同知樞密院事謝方叔簽書樞密院事史宅之同簽書樞密院事趙與𥲅資政殿學士依舊知臨安府浙西安撫使癸酉王伯大罷爲資政殿學士知建寧府九月辛酉祀明堂大赦雷冬十月甲戌朔別之傑三疏乞歸田里詔以資政殿大學士知紹興府乙亥應繇謝方叔並兼參知政事己卯余玠言都統制張實等以戰功承制便宜與官三轉給刺史彖符金銀器二百兩銀三百兩緡錢一萬餘將士依等第轉官給金銀符錢帛有差詔命詞給告身付之

九年春正月乙巳孟啓授慶遠軍節度使進封益國公庚申詔周世宗八世孫柴彥頴補承務郎襲封崇義公辛酉詔兩淮京湖沿江曠土軍民從便耕種秋成日官不分收制帥嚴勸諭覺察癸亥詔給官田五百畝命臨安府創慈幼局收養道路遺棄初生嬰兒仍置藥局療貧民疾病乙丑雨雹丁卯許應龍薨己巳范鍾薨贈少保謚文肅辛未詔以官田三百畝給表忠觀旌錢氏功

德仍禁樵採閏二月甲辰以鄭清之爲太師左丞相兼樞密使進封魏國公趙葵爲右丞相兼樞密使應䌛謝方叔並參知政事史宅之同知樞密院事乙卯鄭清之五辭免太師許之三月癸未以賈似道爲寶文閣學士京湖安撫制置大使乙酉程元鳳江淮等路都大提點坑冶鑄錢公事兼知饒州丁亥詔以四月朔日食自二十日避殿減膳徹樂夏四月壬寅朔日有食之庚戌趙葵四辭免右丞相兼樞密使詔不允五月己丑趙葵乞歸田里又不允甲午鄭寀薨六月壬戌晝南方有星急流至濁沒大如太白丙寅詔邊郡各立廟一賜額曰褒忠凡沒於王事忠節顯著者並祠焉守臣春秋致祀秋七月壬辰詔知吉州李義山更削三秩監贓錢銀納安邊所癸酉太白犯進賢星八月己酉以吳潛爲資政殿學士知紹興府浙東安撫使辛亥詔趣趙葵治事命吳淵宣諭赴闕九月丙子詔趙與𥲅提領戶部財用置新倉積貯百二十萬名淳祐倉許辟官四人乙未冊命婉容閻氏爲貴妃冬十月辛丑太白入氐丁卯諫臣周坦言知建寧府楊棟任成都制幕時盡載激賞庫珍寶先遁陷丁黼於死致全蜀生靈塗炭詔褫棟閣職罷新任十一月辛未太白入氐壬申有流星出自織女星丙子趙與𥲅資政殿學士提領國用浙西安撫使癸未應䌛乞歸田里詔以資政殿學士知平江府十二月己亥以董槐兼侍讀乙巳以吳潛同知樞密院事兼參知政事徐清叟簽書樞密院事戊申太白晝見戊午史宅之薨贈少師

十年春正月甲午應䌛三乞歸田里與祠祿二月乙卯雨土三月癸未趙葵辭以爲觀文殿大學士醴泉觀使兼侍讀奉朝請庚寅以賈似道爲端明殿學士兩淮制置大使淮東安撫使知揚州余玠龍圖閣學士職任依舊李曾伯徽猷閣學士京湖安撫制置使知江陵府丙申有流星夕殞夏四月己酉幸龍翔宮五月丙寅朔以福州觀察使提舉佑神觀善珊爲保康軍節度使提舉萬壽觀嗣濮王吳淵資政殿學士依舊職任與執政恩數癸未賈似道言王登浚築江陵城濠有勞詔登初官選人減舉主三員八月甲寅台州大水九月甲子朔賈似道兼淮西安撫使己巳賜禮部進士方夢魁以下五百一十三人及第出身有差甲戌進士第一名方夢魁改賜名逢辰戊寅以嚴州水復民田租冬十月丁酉詔郡邑間有水患其被災細民隨處發義倉振之辛酉詔諸主兵官今後行罰毋杖脊以傷人命十一月壬申趙葵授特進依舊觀文殿大學士判潭州湖南安撫大使壬午雷癸未以雷震非時自二十四日避殿減膳詔公卿大夫百執事各揚乃職裨朕不逮參知政事謝方叔吳潛簽書樞密院事徐清叟並乞解機政詔不允十二月壬辰朔鄭清之乞歸田里詔不允戊戌太白歲星合於危丁巳虹見

十一年春正月丁卯詔孟啓改賜名孜依前慶遠軍節度使進封建安郡王己丑詔沿海沿江州郡申嚴水軍之制監察御史程元鳳言資善堂宜選用重厚篤實之士上嘉納之二月乙未左丞相鄭清之等上玉牒日曆會要及光宗寧宗寶訓寧宗經武要略丁酉詔清之等各進秩有差庚子游侶乞致仕詔依舊觀文殿大學士進二秩甲寅太白犯昴乙卯太白晝見三月丁卯少保保寧軍節度使嗣濮王不𢝋薨贈少師追封新興郡王乙亥雨土戊寅以謝方叔知樞密院參知政事吳潛參知政事徐清叟同知樞密院事辛巳城寶應詔移一軍成守李庭芝進一秩將士推恩有差俞興升成都安撫副使知嘉定府任責威茂黎雅邊防夏四月戊戌潭州民林符三世孝行一門義居福州陳氏笄年守志壽逾九袠詔皆旌表其門丁未進淳祐條法事類凡四百三十篇鄭清之等各進二秩六月甲午四川余玠奏進北馬五百詔立功將士趣上姓名推恩丙申高達帶行遙郡刺史權知襄陽府管內安撫節制屯戍軍馬乙巳詔求遺書并山林之士有著述者許上進秋七月癸亥太白晝見丙寅太陰入氐壬申太白入井丁丑有流星出於畢大如太白庚辰前簽書樞密院事陳韡薨贈少師八月己丑朔流星夕隕癸巳太陰入氐丁酉熒惑入井丁未命呂文福廬州駐劄御前諸軍都統制庚戌詔以故直龍圖閣樓昉所著中興小傳百篇宋十朝綱目并撮要二書付史館謄寫昉追贈龍圖閣待制辛亥詔比覽林光世易範明易推星配象演義有司其以禮津遣赴闕九月辛未祀明堂大赦閏十月癸丑太白入氐癸酉吳潛五疏乞罷機政不允十一月丙申京湖制司表都統高達等復襄樊詔立功將士三萬二千七百有二人各官一轉以緡錢三百五十萬犒師甲辰鄭清之乞解機政詔依前太傅保寧軍節度使充醴泉觀使封齊國公仍奉朝請己酉詔承信郎陳忠獻書籍賜官一轉庚戌太師鄭清之薨贈尚書令追封魏郡王謚忠定甲寅以謝方叔爲左丞相吳潛爲右丞相乙卯以徐清叟參知政事兼同知樞密院事董槐端明殿學士簽書樞密院事十二月戊辰詔以八事訓飭在廷曰肅紀綱用正人救楮幣固邊陲清吏道淑士氣定軍制結人心己卯游侶薨贈少師謚清獻

十二年春正月癸巳武功大夫王堅以復興元功轉遙郡團練使辛丑太學錄楊懋卿以孝行卓異詔表其門以其事宣付史館癸丑詔宰執議立方田開溝澮自近圻始創置遊擊軍水步各半二月乙卯朔日有食之己未詔陳顯伯資善堂翊善蔡抗資善堂贊讀翁甫資善堂直講壬午詔襄郢新復州縣賦稅復三年大元兵數萬攻隨郢安復京西馬步軍副總管馬榮率將士戰嚴寶山癸未再戰銅冶坪三月丁亥又戰子陵大春山詔榮兵不滿千能禦大難賞官兩轉進州鈐帶行閤門祗候賜金帶諸將王成楊進各官兩轉升遷餘推恩有差丁未守三汊口諸將焚北屯積蓄斷其浮梁夏四月庚申有流星出自角亢大如太白戊辰詔襄郢新復州郡耕屯爲急以緡錢百萬命京閫措置給種與牛壬申熒惑犯權星乙亥蔡抗兼侍立修注官丙子置池州遊擊水軍五月甲申朔祈雨壬辰詔申儆江防每歲以葺戰艦練舟師勤惰爲殿最賞罰乙巳盜起信州玉山縣罷諸郡經界戊申太陰犯畢六月癸亥發米三萬石振衢信饒玉山寇平丙寅嚴衢婺台處上饒建寧南劍邵武大水遣使分行振恤存問除今年田租秋七月庚寅太白熒惑合於軫八月己未詔來年省試仍舊用二月一日殿試用四月十五日以前庶免滯留遠方士子己巳詔以緡錢四十萬振恤在京軍民丁丑詔行會天曆辛巳詔改明年爲寶祐元年九月丁亥少師保康軍節度使嗣沂王貴謙薨贈太傅追封申王戊戌太白塡星合於箕丙午太白犯斗冬十月癸丑以徐清叟參知政事董槐同知樞密院事嗣濮王善珝薨贈少師追封咸寧郡王戊午濮安懿王長孫善奐授福州觀察使提舉佑神觀嗣濮王壬申詔襄樊已復其務措置屯田修渠堰十一月庚寅吳潛罷丙申夜臨安火丁酉夜火乃熄戊戌詔避殿減膳壬寅詔求直言十二月乙卯以吳潛爲觀文殿大學士提舉江州太平興國宮己未詔追錄彭大雅剏城渝州功復承議郎官其子癸亥詔海神爲大祀春秋遣從臣奉命往祠奉常其條具典禮來上壬申太陰入氐丁丑立春雷

寶祐元年春正月庚寅朔詔以藝祖嫡系十一世孫嗣榮王與芮之子建安郡王孜爲皇子改賜名禥授崇慶軍節度使進封永嘉郡王製資善堂記賜皇子戊戌日生戴氣癸卯大元兵渡漢江屯萬州入西柳關高達調將士扼河關上山大戰至鰲坑石碑港而還詔高達程大元李和各官兩轉餘恩賞有差二月己酉朔日有食之戊辰陳垓貪贓不法竄潮州辛未罷尚書省剏置呈白房三月戊子與芮授少師加食邑七百戶希邅檢校少傅加食邑五百戶與權授少保加食邑七百戶乃裕保康軍節度使加食邑五百戶丙申別之傑薨贈少師夏四月丁巳有流星大如太白五月甲午詔余玠赴闕乙未詔侍從臺諫給舍制司各舉帥才二人丁酉熒惑歲星合在昴己亥賜禮部進士姚勉以下及第出身有差六月戊申朔江湖閩廣旱庚戌四川制司言余玠疾革詔玠資政殿學士與執政恩數辛亥以賈似道爲資政殿大學士李曾伯端明殿學士職任依舊庚申以余晦爲司農卿四川宣諭使祈雨秋七月壬午王伯大薨丙戌蔡抗兼資善堂翊善施退翁兼資善堂直講庚寅溫台處三郡大水詔發豐儲倉米并各州義廩振之癸巳詔余玠以興元歸附之兵分隸本路諸州都統務撫存之仍各給良田制司濟以錢粟甲午余玠卒贈官五轉庚子以董槐兼參知政事癸卯詔撫諭四川官吏軍民八月丁未朔以馬光祖爲司農卿淮西總領財賦甲寅起居郎蕭泰來出知隆興府先是起居舍人牟子才與泰來並除子才四疏辭極陳泰來姦險汙穢恥與泰來伍泰來不得已請祠遂予郡丙辰以余晦權刑部侍郎四川安撫制置使知重慶府兼四川總領財賦乙丑行皇宋元寶錢九月壬午程元鳳升兼侍讀牟子才升兼侍講壬辰城夔門太陰入畢冬十月丙午朔詔出緡錢二百萬振恤京城軍民十一月丙子朔詔獎諭襄陽守臣高達己丑賈似道獻所獲良馬賜詔褒嘉其將士增秩賞賚有差十二月乙卯冊瑞國公主庚申劉伯正薨贈五秩

宋史卷四十四

元　中　書　右　丞　相　總　裁　脫　脫　等　修

本紀第四十四

理宗四

二年春正月乙亥朔大元城利州閬州詔湘潭縣民陳克艮孝行表其門二月甲辰朔詔太常釐正秦檜謚因諭輔臣曰謚繆很可也熒惑犯權星乙巳詔利州統制呂達戰沒贈官四轉官一子承信郎一子下班祗應己酉余晦兼四川屯田使庚申詔饒州布衣饒魯不事科舉一意經學補迪功郎饒州教授辛酉日暈周匝戊辰

故直華文閣李燔先儒朱熹門人賜謚文定三月壬午王善使大元留七年來歸戊子雪詔蠲江淮今年二稅己丑詔錄襄城功高達帶行環衞官遙郡團練使職任依舊王登行軍器監丞制司參議官程大元李和以下將士六千六百一十三人補轉官資有差甲午城東海賈似道以圖來上夏四月辛亥詔邊兵貧困可閔閒田甚多擇其近便者分給耕種制司守臣治之乙丑以徐清叟知樞密院兼參知政事董槐參知政事六月壬寅謝罷臨安府臨平鎮稅場甲辰四川制司言合州廣安軍北兵入境王堅曹世雄等戰禦有功詔堅官兩轉餘各補轉官資甲寅侍御史吳燧等論故蜀帥余玠聚斂罔利七罪玠死其子如孫盡竊帑庾之積以歸詔簿錄玠家財以李曾伯爲資政殿學士依舊節制四川丙辰利州王佐堅守孤壘降將南永忠以兵薄城下佐罵之永忠流涕而退初隆慶教授鄭炳孫不從南永忠降先縊死其妻女亦朝服自縊詔獎諭佐進官一秩炳孫贈朝奉郎直祕閣仍訪其子官以文資王伯大乞致仕詔進一秩允所請丁巳以賈似道同知樞密院事職任依舊庚午詔余晦赴闕閏六月壬申董槐疏蜀事孔棘願假臣宣撫之名置司夔門以通荊蜀上優詔答曰士大夫以事功自勉者鮮卿請帥蜀足見忠壯然經理西事當在廟堂宜竭謀猷以副委任詔蒲擇之暫權四川制置司事甲戌錄嘉定戰功先是大元兵圍城五旬帥守俞興元用等夜開關力戰而圍解詔俞興等十六人各官五轉將士補轉有差以包恢提點浙西刑獄招捕荻浦鹽寇乙亥台州海寇積年民罹其害路分董橚洎進士周自中等擒獲詔橚官一轉餘推賞有差壬午以李曾伯爲四川宣撫使兼京湖制置大使進司夔路詔賜曾伯同進士出身罷江灣浮鹽局戊戌大元使離揚州北歸秋七月己酉詔前蜀帥余玠鎮撫無狀兵苦於征戍民困於徵求茲俾其家輸所取蜀財犒師振民並邊諸郡田租其復三年詔思播兩州連年捍禦其守臣田應庚楊文各官一轉餘推恩詔賈似道開閫以樞密行府爲名庚戌有流星大如太白甲寅故光祿大夫賈涉謚忠肅壬戌復安西堡己巳荻浦海寇平包恢進直龍圖閣劉達授橫行帶遙郡李性傳赴闕以王堅爲興元都統兼知合州八月己亥詔以前知閬州兼利西安撫王惟忠付大理獄尋命臺臣監鞫辛巳徐清叟乞罷機務詔不允癸巳謝方叔等上玉牒日歷會要及七朝經武要略中興四朝志傳詔方叔徐清叟董槐等各進秩戊戌籍王惟忠家財九月辛亥祀明堂大赦辛酉詔諸西太一宮爲國祈祥起居郎牟子才再疏諫而止丙寅詔戒外戚毋干請詔山陰蕭山諸暨會稽四縣水其除今年田租丁卯太白晝見冬十月庚午朔謝方叔等進寶祐編吏部七司續降條令癸酉皇子禥進封忠王甲午斬王惟忠於都市丁酉追削余玠資政殿學士奪其子晦刑部侍郎告身戊戌段元鑑上隆慶堡戰功十一月壬寅日南至忠王冠丁未大元城光化舊治十二月庚午排保甲行自實法癸未雷四川苦竹隘捷至甲午隆慶部兵周榮被獲歸北密約段元鑑入隘解圍事覺就禽不屈而死馬嶺白端戰歿詔四川宣撫司爲之立廟安西堡受攻五月將士力戰解圍居民以資糧助軍實詔四川宣撫司具名推恩在城人並賞一資復租賦五年余玠男如孫徼所認錢三千萬將足詔如孫削三秩勒停

三年春正月己未迅雷巴州捷至庚申城均州龍山起居郎牟子才上疏言元夜張燈侈靡倡優下賤奇技獻笑媟汚清禁上累聖德今因震霆示威臣願聖明覺悟天意可回帝納其言壬戌詔宗正寺所擬宗子名以用宜季次紹五字續大由友嗣甫之下二月乙亥詔右千牛衞上將軍乃猷授蘄州防禦使奉沂靖惠王祠事兼給事中王埜言國家與大元本無深仇而兵連禍結皆原於入洛之師輕啓兵端二三狂妄如趙楷全子才劉子澄輩輕而無謀遂致隻輪不返全子才誕妄慘毒今乃援劉子澄例自陳改正乞寢二人之命罷其祠祿以爲喪師誤國之戒從之己卯復廣陵堡城賈似道以圖來上壬午詔發緡錢二百萬給四川調度乙酉詔以告身祠牒新會香鹽命臨安府守臣馬光祖收換兩界舊敝會子三月己酉詔沿邊耕屯課入登美管屯田官推賞荆襄兩淮及山砦如之庚戌邵武寇平癸丑詔自實法宜寬期限監司守臣其嚴戢吏姦毋煩擾民以吳淵爲觀文殿學士京湖制置使知江陵府己未雨土夏四月乙酉以江萬里知福州福建安撫使五月久雨丁未以監司郡辟書冗濫詔申嚴禁止己酉李性傳薨辛酉太陰入畢嘉定大雨雹與敘南同日地震浙西大水六月辛未大風甲戌太陰入氐丙戌李全子松壽葺舊海城窺海道賈似道調兵敗之勅書獎諭趣上立功等第姓名推賞戊子洪天錫劾內官盧允叔董宋臣疏不報竟去詔遷太常少卿辛卯王埜以御史胡大昌言罷給事中依舊端明殿學士提舉洞霄宮秋七月辛丑太陰入氐癸丑以呂文德知鄂州節制鼎澧辰沅靖五州丙辰謝方叔徐清叟以御史朱應元言罷辛酉有流星大如太白詔二省樞府機政令董槐程元鳳輪日判事取旨壬戌以謝方叔爲觀文殿大學士提舉臨安府洞霄宮八月乙丑朔以董槐爲右丞相兼樞密使程元鳳簽書樞密院事權參知政事蔡抗爲端明殿學士同簽書樞密院事徐清叟資政殿學士提舉玉隆萬壽宮任便居住丁卯歲星熒惑在柳己巳太陰在氐馬光祖兼節制和州無爲安慶三郡屯田使丙子鄭性之薨庚寅福建安撫江萬里以臺臣李衢言罷新命提舉武夷山沖佑觀辛卯應繇薨九月甲午朔雷丙午以徐清叟爲資政殿學士提舉洞霄宮丙辰陳顯伯兼資善堂翊善皮龍榮兼資善堂贊讀壬戌權中書舍人陳大方言劉子澄端平入洛之師賈勇贊決北兵方入唐州界子澄已率先遁逃一敗塗地二十年來爲國家患者皆原於此宜投之四裔詔罷子澄祠祿冬十月甲戌太白晝見丁丑有流星出自畢十一月丁丑熒惑犯太微垣上相星十二月乙丑嗣濮王善奭薨丙子少傅節度使與懽薨贈少師追封奉化郡王

四年春正月乙未詔謝方叔奪職罷祠謝修削三秩勒停乙巳太陰犯歲星己酉太陰犯熒惑辛亥以吳淵爲京湖制置使兼夔路策應使軍馬急切便宜行事庚申蜀閫奏捷辛酉詔史嵩之觀文殿大學士依前金紫光祿大夫永國公致仕二月戊辰雨雹丙子詔襲封衍聖公孫孔洙添差通判吉州不釐務三月壬寅以少師嗣榮王與芮爲太傅乙卯日暈周匝丙辰帝製字民訓賜改秩親民官夏四月庚午月暈周匝癸未以程元鳳參知政事蔡抗同知樞密院事賈似道參知政事職任依舊李曾伯資政殿大學士福建安撫使吳淵進二秩職任依舊吳潛沿海制置使判慶元府馬光祖煥章閣直學士職任依舊五月甲午孫夢觀兼資善堂贊讀章鑑兼資善堂直講先聖五十代孫孔元龍賜迪功郎授初品官甲辰羅氏鬼國遣報思播言大元兵屯大理國取道西南將大入邊詔以銀萬兩使思播結約羅鬼爲援徐清叟奪資政殿大學士罷祠祿王埜奪端明殿學士罷祠仍褫執政恩數丁未太白晝見詔申嚴老鼠隘防戍襄樊閫臣奏捷甲寅賜禮部進士文天祥以下六百一人及第出身有差六月甲戌朱禩孫太府寺簿知瀘州兼潼川路安撫任責瀘叙長寧邊防浙江堤成癸未董槐罷臺臣丁大全既累疏擊之辭極詆毀且以臺牒役隅兵夜半迫槐出關物論殊駭三學生屢上書以爲言詔以槐爲觀文殿大學士提舉臨安府洞霄宮詔程元鳳蔡抗可輪日判事軍國重務取旨丁亥太白入井秋七月甲寅知敍州史俊調舟師與大元兵戰凡十三合詔俊官三轉仍帶閤門行宣贊舍人乙卯以程元鳳爲右丞相兼樞密使蔡抗參知政事張磻端明殿學士簽書樞密院事八月甲子程元鳳上疏言正心待臣進賢愛民備邊守法謹微審令八事九月壬辰西南蕃呂告蠻目寧名天兄弟慕義與烏蘇蠻合力爲國禦難詔各補承信郎丙申知邕州程芾以貪暴詔削二秩罷之甲寅監察御史先熠言境土蹙而賦斂日繁官吏增而調度日廣景德慶歷時以三百二十餘郡之財賦供一萬餘員之奉祿今日以一百餘郡之事力贍二萬四千餘員之冗官邊郡則有科降支移內地則欠經常納解欲寬民力必汰冗員帝納焉冬十月壬戌太陰犯斗十一月戊子朔荆襄閫臣以功狀來上詔推賞將士戊戌京湖繼上戰功詔蜀罹兵革吾民重困所當勞來撫摩使之樂業比聞官吏乃肆誅求殊失培植邦本之意自今四川制司戒飭屬郡違者罪無赦御史臺其嚴覺察乙巳以監察御史吳衍翁應弼劾太學武學生劉黻等八人不率詔拘管江西湖南州軍宗學生與伯等七人並削籍拘管外宗正司癸丑以張磻同知樞密院事丁大全端明殿學士簽書樞密院事馬天驥端明殿學士同簽書樞密院事詔戒羣臣洗心飭行毋縱於貨賄其或不悛舉行淳熙成法又開國以來勳臣之裔有能世濟其美而不世其祿者所在州郡以聞參知政事蔡抗輒擅去國勉留不返詔授職予祠尋以林存言寢其命十二月戊午朔熒惑犯填星庚申大元城棗陽乙丑以張磻兼參知政事甲戌獎諭荆閫吳淵其有功將士趣上姓名等第推賞

五年春正月丁亥朔以趙葵爲少保寧遠軍節度使京湖宣撫使判江陵府兼夔路策應大使進封衞國公賈似道進知樞密院事職任依舊吳淵參知政事李曾伯荆湖南路安撫使兼知潭州吳潛趙與𥲅各官一轉乙巳雷丙午禁姦民作白衣會監司郡縣官等失覺察者坐罪辛亥吳淵薨贈少師謚莊敏二月戊午四川嘉定上戰功以賈似道爲兩淮安撫使辛酉命趙葵兼湖廣總領財賦余晦淮西總領財賦壬戌築思州三隘丁丑布衣余一飛高杞陳襄陽備禦策詔命趙葵行之夏四月丁卯詔襄陽安撫高達以白河戰功轉行右武大夫

帶遙郡防禦使王登以沮河督戰官一轉升直祕閣並職任依舊己卯大元兵攻苦竹隘詔京湖調兵應援閏四月己丑程元鳳等進玉牒日歷會要經武要略及中興四朝志傳甲午詔徐敏子嚴防邕宜己酉以呂文德知靖州職任依舊祈雨五月庚申雨丁卯城荊山置懷遠軍荊山縣詔賈似道官兩轉戊寅詔京湖沿江海道嚴備舟師防遏辛巳復劒門壘賞蒲擇之官兩轉朱禩孫蒲黼楊大淵韓勇各官四轉壬午夏貴正任吉州刺史帶御器械鎮江駐劄都統制知懷遠軍六月丙戌太白歲星合於翼辛卯太陰入氐丁酉祈雨馬天驥以臺臣言罷詔依舊端明殿學士提舉臨安洞霄宮秋七月丙辰祈雨戊午雨己未太白晝見丁卯有流星大如桃丙子太陰入井八月丙戌光化軍奏捷台州火癸巳詔謝方叔仍舊職蔡抗以資政殿學士並領祠在京甲午給事中郜澤等言謝方叔罪狀詔寢祠命丙申京城火庚子以張磻參知政事丁大全同知樞密院事兼權參知政事己酉史嵩之薨贈少師謚莊肅九月壬子朔詔今後臺臣遷他職輒出關以違制論仍著爲令辛酉祀明堂大赦冬十月庚寅張磻薨贈少師癸巳雷甲午虹見丁酉以林存簽書樞密院事庚子詔皇子忠王禥授鎮南遂安軍節度使皇女進封昇國公主十一月丙辰李曾伯兼節制廣南任責邊防乙丑獎諭安南國賜金器幣香茗乙亥詔京湖帥臣黃平清浪平溪分置屯戍庚辰詔二邊郡縣官毋擅離職守諸制帥臣其嚴糾察十二月壬午李曾伯依舊資政殿學士湖南安撫使兼廣南制置使移司靜江府丁未熒惑入氐

六年春正月辛亥朔以丁大全參知政事兼同知樞密院事林存兼權參知政事癸亥詔出封樁庫銀萬兩付蜀閫辛未詔授成穆皇后弟太師郭師禹孫善庸承務郎仍免銓注差癸酉罷李曾伯廣西經略以廣南制置大使兼知靜江府其經略司官屬改充制司官屬甲戌詔樞密院編修官呂逢年詣蜀閫趣辦關隘屯柵糧餉相度黃平思播諸處險要緩急事宜具工役以聞戊寅雷二月辛巳朔以馬光祖爲端明殿學士京湖制置使知江陵府兼夔路策應湖廣總領財賦幷屯田事壬辰雨土三月辛亥朔祈雨丙辰馬光祖請以呂文德王鑑王登汪立信等充制司參議官及辟制司準備差使等官詔光祖開閫之初姑從所請戊辰以馬光祖兼荊湖北路安撫使庚午熒惑退入氐甲戌詔湖北提點刑獄文復之移司江陵兼京湖制司參議官夏四月庚辰朔詔自冬徂春天久不雨民失東作自四月一日始避殿減膳仰答譴告癸未程元鳳等以久旱乞解機務詔不允甲申大雨丙申羣臣三表請御正殿從之丁酉詔田應己思州駐劄御前忠勝軍副都統制往播州共築關隘防禦己亥臺臣朱熠劾沿江制置副使呂好問黃州之役貪酷僨事詔褫職乙巳程元鳳罷以觀文殿學士判福州尋提舉洞霄宮丙午趙葵三辭免福建安撫使詔授醴泉觀使兼侍讀丁未以丁大全爲右丞相兼樞密使林存同知樞密院事兼權參知政事朱熠端明殿學士簽書樞密院事五月庚戌朔詔襄樊解圍高達程大元應援李和城守皆有勞績將士用命深可嘉尙其亟議行賞激癸丑詔懷遠漣水相繼奏功夏貴官兩轉兼河南安撫使毛興轉右武大夫並依舊任丁巳李曾伯言廣西多荒田民憚增賦不耕乞許耕者復三年租後兩年減其租之半守令勸墾闢多者賞之奏可丙寅命嗣榮王與芮判大宗正事丁卯嗣秀王師彌薨六月癸巳臺臣戴慶炣劾淮東總領趙與訔奪職鐫秩秋七月庚戌城陵霄山詔朱禩孫進一秩易士英帶行閤門宣贊餘轉官有差癸丑熒惑犯房宿戊午趙葵四辭免醴泉觀使兼侍讀乞外祠從之戊辰蜀郡劉整上捷詔推恩賞癸酉知平江府余晦以臺臣戴慶炣言曩敗績於蜀誤國欺君詔奪寶章閣待制罷任追冒支官錢甲戌詔前福建漕臣高斯得己奪職鐫官其贓百餘萬嚴限徵償以懲貪吏乙亥呂文德入播州詔京湖給銀萬兩八月癸未太陰行犯熒惑戊戌詔上流鎖江防禦癸卯詔申嚴倭船入界之禁九月壬子詔蜀廣海道申嚴防遏甲寅詔安南情狀叵測申飭邊防戊辰安豐上戰功有流星透霞冬十月丙子朔詔蜀中將帥雖未克復成都而暴露日久戰功亦多宜與序升其亟條具以聞丁丑以俞興爲四川制置副使知嘉定府兼成都安撫副使乙酉詔知隆慶府楊禮守安西堡有功官兩轉戊子大元兵攻通泰州庚寅廣南劉雄飛奏橫山之功詔雄飛官三轉部兵將校官兩轉辛卯詔常州江陰鎮江發米振贍淮民十一月己酉林存罷以資政殿學士知建寧府癸丑賴州上戰功詔亟推賞以示激厲詔追復余玠官職甲寅築黃平賜名鎮遠州呂逢年進一秩詔撫諭沿邊將士丙辰給事中張鎮言徐敏子曩帥廣右嗜殺黷貨流毒桂府詔仍舊覊管隆興府丁巳葉夢鼎依舊職知隆興府壬子以朱熠同知樞密院事兼權參知政事饒虎臣端明殿學士同簽書樞密院事賈似道樞密使兩淮宣撫使甲子太陰犯權星丁卯東海失守賈似道抗章引咎詔令以功自贖特與放罪甲戌淮東帥臣奏大元兵退塡星熒惑在危十二月戊寅詔改來年爲開慶元年庚辰大元兵渡馬湖入蜀詔馬光祖時暫移司峽州六郡鎮撫向士壁移司紹慶府以便策應癸未房州上戰功丙戌詔置橫山屯丁亥向士壁不俟朝命進師歸州捐貲百萬以供軍費馬光祖不待奏請招兵萬人捐奉銀萬兩以募壯士遂有房州之功詔士壁光祖各進一秩辛丑詔李曾伯城築關隘訓練民兵峒丁申嚴防遏塡星太白熒惑合於室

開慶元年春正月乙巳朔詔飭中外奉公法圖實政馬光祖與執政恩數李曾伯進觀文殿學士己酉大元兵攻忠涪漸薄夔境詔蒲擇之馬光祖戰守調遣便宜行事辛亥詔戍蜀將士頻年戰禦暴露可閔今申命蒲擇之從優犒師春防畢日即與更戍其輒逃歸者從軍令癸丑詔呂文德城黃平深入蠻地撫輯有方與官三轉庚申詔知賓州呂振龍知象州奚必勝兵至聞風先遁兵退乃返並追毀出身文字竄遠郡橫州守臣劉清卿設隘堅守與官一轉壬戌監察御史章士元言謝方叔帥蜀誤國詔方叔更與鐫秩其子修竄廣南癸亥左司諫沈炎言余晦壞蜀幕屬李卓王克己濟惡斂怨詔晦卓克己各奪兩官丙寅印應飛依舊職知鄂州兼湖北轉運使丁卯賈似道以樞密使爲京西湖南北四川宣撫大使都大提舉兩淮兵甲湖廣總領知江陵府蜀帥蒲擇之以重兵攻成都不克大元兵破利州隆慶順慶諸郡閬蓬廣安守將相繼納降又造浮梁於涪州之藺市戊辰以李庭芝權知揚州二月乙亥朔詔京西提刑王登提兵援蜀功未及成齎志以歿贈官五轉致仕恩外仍官一子庚辰以趙與𥲅爲觀文殿學士兩淮安撫制置使兼知揚州乙酉出內庫緡錢三千萬助邊用丙戌以馬光祖爲資政殿學士沿江制置使江東安撫知建康府行宮留守己丑詔蠲建康太平寧國池州廣德等處沙田租壬辰詔蠲漣水軍制司所收屯田租乙未發平糶倉米三萬減直振在京民辛丑涪州報大元兵退三月庚戌詔印應雷黃夢桂赴都堂稟議命有司縣重賞募將士毀藺市浮梁癸丑詔蜀死節臣雲頂山諸處將士咸褒錄其後丁巳以呂文德爲保康軍節度使四川制置副使兼知重慶府庚申馬光祖奏大元兵自烏江還北辛酉雨土夏四月甲戌朔以段元鑑楊禮堅守城堡歿於王事詔各贈奉國軍節度使封二字侯立廟賜額致仕恩外更官一子成忠郎丁丑以向士壁爲湖北安撫副使知峽州兼歸峽施珍南平軍紹慶府鎮撫使甲申詔守合州王堅嬰城固守百戰彌厲節義爲蜀列城之冠詔賞典加厚乙酉知施州謝昌元自備緡錢百萬米麥千石築郡城有功詔官一轉乙未詔賜夏貴溧陽田三十頃丙申以呂文德兼四川總領財賦五月甲辰朔城金州開州辛亥雨雹乙卯達州上呂文德等戰功詔遷補有功將士丁巳詔湖北諸郡去年旱潦饑疫令江陵常澧岳壽諸州發義米振糶仍嚴戢吏弊務令惠及細民乙丑行開慶通寶錢辛未賜禮部進士周應炎以下四百四十二人及第出身有差婺州大水發義倉米振之六月甲戌呂文德兵入重慶詔諭四川軍民共奮忠勇效死勿去有功行賞靡間邇遐有能效順來歸悉當宥過加卹仍獎呂文德斷橋通道之功命兼領馬軍行司辛巳以朱熠參知政事饒虎臣同知樞密院事丙戌南平來報戰功戊戌詔申嚴海道防禦己亥詔獎諭賈似道壬寅以李廷芝直寶謨閣湖北安撫副使兼知峽州太白晝見秋七月辛亥太白入井癸亥蔡抗薨贈少保謚文肅以知播州楊文知思州田應庚守禦勤勞詔各官一轉八月甲申以濠州統制張斌柘塘之戰歿於王事贈官三轉仍與一子下班祗應乙酉降人來言大元憲宗皇帝崩於軍中戊子詔吳潛開閫海道勤勞三年屢疏求退依舊觀文殿大學士判寧國府特進崇國公辛卯命呂文德兼湖北安撫使庚子太白犯權星熒惑九月壬子賈似道表言大元兵自黃州沙武口渡江中外震動己未嗣濮王善騰薨庚申以吳潛兼侍讀奉朝請戴慶炣端明殿學士簽書樞密院事下詔責己勉諭諸閫進兵壬戌詔出內府緡錢千萬銀五萬兩帛五萬疋給宣司緡錢五百萬銀三萬兩帛三萬疋給沿江副司犒師詔己命御史陳寅趣淮東調兵五萬應援上流癸亥趙葵特進觀文殿大學士封衞國公判慶元府沿海制置使命侍御史沈炎往沿江制置副司趣兵援鄂渚再出內庫緡錢五百萬銀二萬兩帛二萬疋給兩淮制司緡錢三百萬銀萬兩帛萬疋給沿江制司以備軍賞戊辰太白犯熒惑己巳詔賈似道兼節制江西二廣人馬通融應援上流庚午合州解圍詔王堅寧遠軍節度使依前左領軍衞上將軍興元府駐劄御前諸軍都統制兼知合州節制軍馬進封清水縣開國伯冬十月辛未朔丁大全罷以觀文殿大學士判鎮江府壬申以吳潛爲左丞相兼樞密使進封相國公

賈似道爲右丞相兼樞密使進封茂國公宣撫大使等如舊癸酉命趙葵爲江東宣撫使馬光祖移司江州應援鄂州史巖沿江制置副使移司壽昌軍應援鄂州丙子改封吳潛爲慶國公丁丑詔給還浙西提舉常平司歲收上亭戶沙地租二百萬永勿復徵庚辰詔合州圍解宣閫制臣及二三大將之功宜加優賞呂文德授檢校少師李遇龍進三秩權刑部侍郎各賜金幣將佐以下進秩賜金有差詔自今月十一日始避殿減膳徹樂又詔比者蜀道稍寧然干戈之餘瘡痍未復流離蕩析生聚何賚咨爾旬宣之寄牧守之臣輕徭薄賦一意撫摩恤軍勞民庶底興復其被兵百姓遷入城郭無以自存者三省下各郡以財粟振之壬午御史陳寅言知江州袁玠貪贓不悛殘賊州邑詔削玠五秩竄南雄州癸未丁大全落職罷新任乙酉雷丙戌以趙葵爲沿江江東宣撫使置司建康任責捍禦癸巳向士璧權兵部侍郎湖南安撫使兼知潭州任責廣西邊防十一月壬寅以朱熠權知樞密院事饒虎臣戴慶炣並權參知政事癸卯呂文福帶遙郡防禦使河南招撫使知淮安軍詔追毀袁玠出身以來文字除名不叙移萬安軍戊申詔求直言辛亥舟師戰滸黃洲乙卯詔趙葵授少保觀文殿大學士江東西宣撫使進封益國公其饒信袁臨撫吉隆興官軍民兵並聽節制調遣諮訪罷行黜陟皆得便宜行事以緡錢五百萬銀五萬兩給其用丙辰詔選精銳招信泗州千人揚州拱衞軍千人安豐濠州各千五百人赴京聽調遣庚申夏貴入見帝撫勞甚至閏十一月甲戌詔出內帑緡錢五千萬犒內外諸軍丁丑以向士璧爲湖南制置副使餘職仍舊賜金帶己卯熒惑入氐癸未諸將陶林文通進兵有功詔林帶行遙郡刺史文通轉武功大夫賜銀有差甲申以印應雷爲軍器監淮西總領財賦兼江東轉運判官呂文德檢校少保京西湖北安撫使兼制置使知鄂州兼侍衞馬軍都指揮使己丑皮龍榮兼資善堂翊善庚寅陶林奏沿山寺戰功癸巳向士璧連以功狀來上乙未詔降周震炎第四甲出身丙申賈似道表大戰數合皆有功十二月己亥朔賈似道言鄂州圍解詔論功行賞丁未熒惑犯房宿鉤鈐星辛亥詔改來年爲景定元年壬子改封吳潛爲許國公賈似道爲肅國公

宋史卷四十五

本紀第四十五

理宗五

元　中　書　右　丞　相　總　裁　脫　脫　等　修

景定元年春正月丙子詔獎賈似道功庚辰歲星熒惑合在尾壬辰詔知涪州趙𢦟聚糧不運餉兵士遂爲北有已削一秩罰輕再削兩秩乙未潼川城仙侶山賈似道言高達守鄂州城凡三月大元師北還二月丙午詔賈似道以緡錢三千萬犒師并示賞功之典己酉以高達爲寧江軍承宣使右金吾衞上將軍賜緡錢五十萬呂文德賜緡錢百萬浙西良田百頃鄂州戰守將士賜緡錢三千萬王鑑孫虎臣蘇劉義等各官十轉高達遷湖北安撫副使知江陵府兼夔路策應使陳奕阮思聰並正任防禦使江西湖南帥司言大元兵破瑞州臨江軍城興國壽昌洪撫全永衡諸郡民皆被兵存者奔竄乇所甲寅詔臨江守臣陳元桂死節官五轉贈寶章閣待制與一子京官一子選人恩澤給緡錢十萬治葬立廟死所謚曰正節瑞州守臣陳昌世治郡雖有善政兵至民擁之以逃以棄城失守削三秩勒停乙卯詔孫虎臣和州防禦使張世傑以下十三人各官五轉立功將士並補兩官賚賜銀絹庚申雨雹辛酉大元遣偏師自大理由廣南抵衡州向士璧會合劉雄飛逆戰於道俘民獲還者甚衆詔雄飛升保康軍承宣使餘轉官賜銀錢賈似道賜金器千兩幣千匹命國子監主簿劉錫趣名赴闕向士璧還兵部侍郎職任依舊呂文德高達陳奕等各賜金幣有差丙寅大元軍過分寧武寧二縣河湖砦都監權巡檢張興宗死之詔贈武翼郎官一子承信郎以緡錢三萬給其家湖南諸將溫和轉左武大夫帶行遙郡刺史李虎官三轉帶行閤門宣贊鄧進帶行復州團練使各賜銀絹旌其守禦之功三月戊辰朔日有食之庚午命夏貴兼黃壽策應使總舟師癸酉以橫山之戰將士效節多死行陣總管張世雄沈彥雄陳喜秦安李孝信鄭俊李安國各贈一官賚賜緡錢萬恤其家甲戌賞夏貴鴻宿州白鹿磯戰功還福州觀察使職任仍舊將士推賞乙亥詔全岳永衡柳象瑞興國南康隆興江州臨江潭州諸縣經兵農民失業應開慶元年以前二稅盡除之癸未賈似道奏蘄草坪大戰進至黃州乙酉詔范文虎轉左武大夫環衞官黃州武定諸軍都統制張世傑環衞官職任依舊鄂州統制張勝死於漢陽戰陣贈官五轉官其子煥進武校尉丙戌賈似道言自鄂趨黃與北朝回軍相遇諸將用命捍禦詔孫虎臣范文虎張世傑以下各賜金帛夏四月戊戌朔侍御史沈炎疏吳潛過失以忠王之立人心所屬潛獨不然章汝鈞對館職策乞爲濟邸立後潛樂聞其論授汝鈞正字奸謀叵測請速詔賈似道正位鼎軸詔朱熠戴慶炣輪日判事大政則共議以聞己亥賈似道表言夏貴等戰新生州進至白鹿磯皆身自督戰有功詔赴闕庚子以王堅爲侍衞步軍司都指揮使戊申以劉整知瀘州兼潼川安撫副使己酉揚州大火吳潛以觀文殿大學士提舉臨安府洞霄宮癸丑進賈似道少師依前右丞相兼樞密使進封衞國公朱熠知樞密院事兼參知政事饒虎臣參知政事戴慶炣同知樞密院事兼參知政事皮龍榮端明殿學士簽書樞密院使己未以夏貴爲保康軍承宣使左金吾上將軍知淮安州兼淮東安撫副使京東招撫使賜金器幣溧陽田三十頃壬戌進馬光祖資政殿大學士職任依舊癸亥以呂文德兼夔路策應使丙寅命馬光祖兼淮西總領財賦五月戊辰朔詔趙葵依舊少保兩淮宣撫使判揚州進封魯國公徐清叟觀文殿大學士知建寧府饒虎臣罷壬申李曾伯史岩之並落職解官曾伯坐嶺南閉城自守不能備禦岩之坐鄂州圍解大元兵已渡江北還然後出兵又命程芾任事以致敗績甲戌詔贈呂文信寧遠軍承宣使立廟賜額子師憲帶行閤職更與兩子承信郎輔周和州防禦使錄其白鹿磯死事乙亥詔李虎馭軍無律貸命追奪竄鬱林州丁丑賜賈似道玉帶庚辰戴慶炣卒贈資政殿大學士壬午熒惑犯斗癸未以皮龍榮兼權參知政事沈炎端明殿學士同簽書樞密院事馬埜鄂州都統制駐劄江陵府甲申祈雨戊子詔饒虎臣以資政殿學士提舉臨安府洞霄宮任便居住楊棟名赴闕壬辰以姚希得爲敷文閣待制知慶元府兼沿海制置使乙未詔李庭芝起復秘閣修撰主管兩淮安撫制置司公事兼知揚州六月丁酉朔夏貴奏淮安戰功庚子竄丁大全於南康軍壬寅詔立皇子忠王禥爲皇太子賜字長源戊申王埜卒壬子賜李遇龍金帶陳奕帶御器械依舊鎮江駐劄御前諸軍都統制賜田三十頃詔升巢縣爲鎮巢軍甲寅楊棟葉夢鼎並太子詹事乙卯陳韡進一秩福建安撫使知福州徐清叟觀文殿學士知泉州秋七月丁卯朔皇太子入東宮行冊禮大赦壬申貴妃閻氏薨賜謚惠昭東南有星如太白丁亥命皇太子昕朝侍立戊子上謂宰執曰北朝使來事體當議賈似道奏和出彼謀豈容一切輕徇儻以交鄰國之道來當令入見乙丑侍御史何夢然劾丁大全吳潛欺君無君之罪庚寅賈似道兼太子少師朱熠皮龍榮沈炎並兼賓客辛卯詔丁大全削三秩謫居南安軍吳潛奪觀文殿大學士罷祠削二秩謫居建昌軍癸巳詔舉孝廉八月壬寅以程元鳳爲淮浙發運使判平江府己酉太陰犯塡星詔皇太子受冊畢賈似道朱熠皮龍榮沈炎各進一秩東宮官吏諸軍兵等官一轉餘皆推恩壬子與芮薨贈少師謚忠憲太白犯房壬戌李曾伯史岩之各削二秩甲子饒虎臣削二秩奪資政殿學士罷祠九月癸酉守瀘州劉整以功來上丁丑知漳州節制屯戍軍馬洪天錫言援例辟幹官一員報行軍機密文字奏可辛巳祀明堂大赦丙戌熒惑犯壁戊子李松壽犯淮安冬十月乙未朔詔申嚴邊防甲辰詔黨丁大全吳潛者臺諫其嚴覺察舉劾以聞當寘於罪以爲同惡相濟者之戒時似道專政臺諫何夢然孫附鳳桂錫孫劉應龍承順風指凡爲似道所惡者無賢否皆斥帝弗悟其奸爲下是詔戊申李松壽修南城詔趣淮閫調兵毀之壬子破李松壽兵於漣水城下夷南城舊址乙卯有星自東北急流向太陰壬戌竄吳潛於潮州十一月丙寅詔內侍何時修削二秩永罷不叙洪燾知臨安府兼浙西安撫使壬午以中軍統制知簡州馬千權興州都統兼知合州戊子熒惑與塡星順行太陰犯房十二月甲午朔詔華亭奉宸莊隸外廷助軍餉包恢敍復元官職知常州辛丑建陽縣嘉禾生一本十五穗詔改建陽爲嘉禾縣甲寅呂文德上夔路戰功乙卯少師廬陵郡王思正薨謚簡惠印應雷直徽猷閣知江州主管江西安撫司公事節制蘄黃興國三郡庚申以監察御史桂錫孫言追寢全子才敘復之命

二年春正月癸亥朔詔監司率半歲具劾去贓吏之數來上視多寡爲殿最行賞罰守臣助監司所不及以一歲爲殿最定賞罰本路州無所劾而臺諫論列則監司守臣皆以殿定罰有治狀廉聲者摭實以聞乙丑城安慶詔馬光祖進二秩丁丑命皇太子謁拜孔子於太學乙卯福建安撫使陳韡累疏請老詔進一秩守觀文殿學士致仕以董槐判福州福建安撫使乙酉詔封張栻爲華陽伯呂祖謙開封伯從祀孔子廟庭二月丙申孫虎臣戰邳州全師而歸癸卯詔諸路監司申嚴僞會賞罰之令甲寅進封周國公主二月壬戌朔日有食之乙亥故寧遠軍承宣使張祥都統制閻忠進以援蜀之功

祥贈節度使忠進贈復州團練除恩澤外各更官一子承信郎賜緡錢二萬戊寅賈似道等上玉牒日曆會要經武要略及孝宗光宗寧宗實錄詔似道皮龍榮朱熠沈炎各進三秩夏四月癸巳朔余思忠追毀出身文字除名勒停竄新州乙未以皮龍榮參知政事沈炎同知樞密院事兼權參知政事何夢然簽書樞密院事俞興保康軍承宣使四川安撫制置使丙申呂文德超授太尉京湖安撫制置屯田使夔路策應使兼知鄂州李庭芝右文殿修撰樞密都承旨兩淮安撫制置副使知揚州己亥詔申嚴江防壬寅呂文德兼湖廣總領財賦乙巳馬天驥資政殿學士知福州福建安撫使呂文福帶御器械淮西安撫副使兼知廬州官一轉戊申馬光祖進觀文殿學士職任依舊乙卯竄吳潛於循州丙辰竄丁大全於貴州追削二秩丁巳楊鎭授左領軍衞將軍駙馬都尉高達知廬州淮西安撫副使五月癸亥賈似道請祠祿詔不允庚午謝方叔敘復觀文殿大學士致仕戊寅以劉雄飛知夔州夔路安撫使乙酉王堅遷左金吾衞上將軍湖北安撫使兼知江陵府六月乙未詔霖雨爲沴避殿減膳徹樂乙巳詔近畿水災安吉爲甚亟講行荒政辛亥以范文虎爲左領軍衞大將軍主管侍衞步軍司兼馬軍司秋七月甲子蜀帥俞興奏守瀘州劉整率所部兵北降由興構隙致變也至是興移檄討整辛未制置使蒲擇之坐密通蠟書叛賊羅顯詔竄萬安軍太陰犯斗乙亥以厲文翁爲資政殿學士沿海制置使知慶元府戊寅王惟忠家訟冤詔奪謝方叔合得恩數丁大全責授新州團練使貴州安置臺臣吳燧奪職罷祠陳大方胡大昌皆鐫官壬午陳韡卒贈少師謚忠肅丙戌吳潛責授化州團練使循州安置八月壬辰命韓宣兼常德辰沅澧靖五郡鎭撫使呂文德兼四川宣撫使范文虎以白鹿磯之功賞七官以五官轉行遙郡防禦使餘官給憑丁酉詔奪向士璧從官恩數窮竟侵盜掩匿之罪時以兵退遣官會計邊費似道忌功欲以汚衊一時閫臣士璧及趙葵史岩之杜庶皆責徵償信州謝枋得以趙葵檄給錢粟募民兵守禦至是自償萬緡壬寅築周國公主館於安濟橋乙巳以江萬里爲端明殿學士同簽書樞密院事依執政恩數九月辛酉詔湖秀二郡水災守令其亟勸分監司申嚴荒政乙亥李庭芝言李松壽已遁大元使郝經久留眞州帝趣與錫賚經之留謀出賈似道帝惑其言不悟蓋似道在郢時值我世祖皇帝歸正大位撤兵似道自詭有再造之功諱言歲幣及講和之事故不使經入見冬十月癸巳呂文德言已復瀘州外堡擬卽對江壘石爲城以示持久之計從之戊戌雷電甲申詔申獎賈似道鄂州之功丙午以何夢然同知樞密院事兼參知政事癸丑程元鳳授特進觀文殿大學士醴泉觀使兼侍讀甲寅皇太子擇配帝詔其母族全昭孫之女擇日入見寶祐中昭孫沒於王事全氏見上上曰爾父死可念對曰臣妾父固可念淮湖百姓尤可念上曰卽此語可母天下迨開慶丁大全用事以京尹顧嵒女爲議大全敗故有是命丙辰沈炎資政殿學士提舉臨安府洞霄宮任便居住十一月己未朔劉雄飛和州防禦使樞密副都承旨四川安撫制置副使兼知重慶府四川總領夔路轉運使庚申周國公主館成詔董宋臣李忠輔各官一轉甲戌資政殿學士致仕汝騰卒贈官四轉謚忠清安南國貢象二丁丑馬光祖提領戶部財用兼知臨安府浙西安撫使下嫁周國公主於楊鎭己卯以鎭爲宜州觀察使賜玉帶尋升慶遠軍承宣使詔駙馬都尉楊鎭家合有賞典楊蕃孫官兩轉楊鐸楊鑑官一轉並直祕閣餘轉官進封有差癸未封全氏永嘉郡夫人十二月庚寅改竄蒲擇之於南康軍辛卯宰臣奏太子語臣等言近奉聖訓夫婦之道王化之基男女正位天地大義平日所講修身齊家之道當眞履實踐勿爲口耳之學請宣付史館永爲世程法從之甲午以皮龍榮兼權知樞密院事何夢然參知政事兼太子賓客馬光祖同知樞密院事兼太子賓客知臨安府己亥太陰犯五車壬寅江萬里依舊端明殿學士提舉臨安府洞霄宮任便居住癸卯冊永嘉郡夫人全氏爲皇太子妃

三年春正月戊子朔詔申飭百官盡言詔量移丁大全吳潛黨人並永不錄用壬戌詔陳塏等耆年奉祠宜示崇獎陳塏端明殿學士林彬之寶章閣待制史季溫直華文閣丁仁直寶謨閣仍並予祠祿甲子福建路安撫使馬天驥進資政殿大學士職任依舊乙丑詔諭西蜀郡縣等官已授遇闕毋遙受虛批月日違期不赴丁卯以善諸嗣濮王戊辰周國公主進封周漢國公主庚午賜賈似道第宅於集芳園給緡錢百萬就建家廟甲戌詔權知梁山軍李鑑守城有功帶行閤門宣贊舍人就知梁山軍復瀘州改爲江安軍呂文德進開府儀同三司二月丁亥朔臨安安吉嘉興屬邑水民溺死者衆詔守臣給櫬瘞之詔獎諭制置司其立功參贊將士進秩升職犒給有差乃裕授檢校少保以皮龍榮爲資政殿大學士知潭州湖南安撫使乙巳太陰入氐戊申詔省試中選士人覆試於御史臺爲定制庚戌李璮以漣海三城叛大元來歸獻山東郡縣詔改漣水爲安東州授璮保信寧武軍節度使督視京東河北等路軍馬齊郡王復其父李全官爵璮卽松壽三月乙丑以孫附鳳爲端明殿學士簽書樞密院事兼太子賓客辛未詔升海州東海縣爲東海軍丁丑汪立信升直華文閣知江州主管江西安撫司公事節制蘄黃興國三郡軍馬庚辰呂文福依舊職差知濠州兼淮西招撫使夏四月庚寅太白晝見庚子熒惑與歲星合在危甲辰有流星大如杯五月壬戌熒惑犯壁壘陣丙寅雨雹己巳詔廣西靜江屯田小試有效其邕欽宜融柳象潯諸州守臣任責措置經略安撫以課殿最仍條具來上辛未馬光祖以病請祠詔知福州兼福建安撫使丁丑賜禮部進士方山京以下六百三十七人及第出身庚辰夏貴上蘄縣戰功六月戊子詔李璮受圍給銀五萬兩下益都府犒師遣青陽夢炎率師援之庚寅以孫附鳳兼權參知政事楊棟端明殿學士同簽書樞密院事兼太子賓客壬辰吳潛沒於循州詔許歸葬己亥董槐乞致仕詔授特進戊申詔青陽夢炎援李璮不俟解圍輒提援兵南歸諭制置司劾之己酉有流星大如熒惑庚戌安南國王日煚上表乞世襲詔授檢校太師安南國王加食邑男威晃授靜海軍節度觀察處置使檢校太尉兼御史大夫上柱國安南國王劾忠順化功臣仍賜金帶器幣鞍馬癸丑詔應謫臣僚終於貶所者許令歸葬秋七月丙辰詔州縣官廩祿不時給者御史臺覺察或以他物折支計贓論罪壬戌董槐薨贈少師謚文清庚午周漢國公主薨賜謚端孝壬申江州都統聶世興調遣入蜀託疾憚行詔奪二秩押往京湖制司自效戊寅侍御史范純父言前四川制置使俞興妬功啓釁罷任鐫秩罰輕乙更褫奪以紓衆怒奏可辛巳詔重修吏部七司條法癸未詔申嚴諸路郡縣苛取苗米之禁甲申夜有白氣亘天八月甲午海州石湫堰成詔知州張漢英帶行遙郡刺史馬步軍副總管帶行環衞官丁酉築蘄州城知州王益落階官正任高州刺史制置使汪立信上新城圖詔獎諭戊戌李璮兵敗爲大元所誅事聞詔沿邊諸郡嚴邊防汪立信升直敷文閣主管沿江制置司公事知江州主管江西安撫司公事癸卯太陰犯昴乙巳沿江制置使姚希得進寶章閣學士職任依舊九月壬申召陳奕赴樞密院稟議丙子有流星大如太白丁丑溫州布衣李元老讀書安貧不事科舉今已百四歲詔補迪功郎致仕本郡給奉閏九月甲申朔太白晝見丙戌流星透霞大如太白戊戌詔刑部長貳大理卿少卿歲終無評事可舉卽舉在京三獄官庚子有流星大如太白丙午詔應知縣罪罷雖經赦毋注縣望闕著爲令戊申詔紹興府火給貸居民錢今及二載民貧可憫悉除勿徵冬十月乙卯詔蠲四川制總州縣鹽酒榷額己未太陰犯歲星甲子以楊棟簽書樞密院事兼權參知政事兼太子賓客葉夢鼎端明殿學士同簽書樞密院事兼太子賓客丁卯呂文德言遣將校禦敵多逗遛不進且奏功失實具姓名上聞詔呂文煥王達趙眞削兩秩馬塈王甫削一秩餘貶降有差太陰犯五車星庚午太白入氐甲戌歸化州岑從毅納土輸賦獻丁壯爲王臣詔改歸化爲來安州從毅進秩修武郎知州事令世襲丙子詔安豐六安縣升軍使十一月壬辰丁大全竄貴州招游手立將校置弓矢舟楫縱僕隸淫虐軍民詔奪大全貴州團練使移置新州癸巳馬光祖乞祠祿詔提舉臨安府洞霄宮任便居住丙申徐清叟薨贈少師謚忠簡丁酉資陽砦主萬戶小哥及其子衆家奴叛來降詔小哥賜姓王名永堅補武翼大夫夔路副總管重慶府駐劄戊戌以夏貴知廬州淮西安撫副使丁未皇孫容州觀察使封資國公焯薨贈保靜軍節度使廣國公熒惑塡星合在婁十二月辛巳呂文德累疏辭兼四川宣撫詔仍兼四川策應使

四年春正月壬午朔詔侍從臺諫給舍卿監郎官以上及制總監司各舉所知不拘員限不如所舉行連坐法戊子林希逸言莆陽布衣林亦之陳藻有道之士林公遇幼承父澤奉親不仕詔林亦之陳藻賜迪功郎林公遇元官上進贈一官詔董宋臣同提舉奉安符寶所仍奉祠祿己亥嚴州火丙午詔革詞訴改送之弊二月癸丑詔吳潛丁大全黨人遷謫已久遠者量移近者還本貫並不復用丁大全溺死滕州詔許歸葬詔俞興往歲失陷瀘城更削一秩丁巳置官田所以劉良貴爲提領陳訔爲檢閱戊午日暈周匝乙亥呂文德浚築鄂州常澧城池訖事詔獎之守臣韓宣轉遙郡承宣使蘇劉義吉州刺史三月丁亥以呂文德爲寧武保康軍節度使職任依舊劉雄飛樞密都承旨四川安撫制置使兼知重慶府四川總領財賦夔路轉運使加授姚希得刑部尚書李庭芝兵部侍郎朱禩孫太府卿汪立信太府少卿並依舊任壬辰太陽赤黃暈丁酉以王堅知和州兼

管內安撫使呂思望知濠州兼淮西招撫使庚子以何夢然兼權知樞密院事丁未詔知寧國府趙汝楳推行經界不擾而辦職事修舉升直華文閣依舊任戊申忠州防禦使貴傑授福州觀察使夏四月乙卯太陰犯權星丙寅官田所言知嘉興縣段浚知宜興縣葉哲佐買公田不遵元制詔罷之戊辰太陽赤黃暈不匝五月庚寅太陰入氐丁酉婺州布衣何基建寧府布衣徐幾皆得理學之傳詔各補迪功郎何基婺州教授兼麗澤書院山長徐幾建寧府教授兼建安書院山長戊戌四川制司言二月甲寅大兵攻嘉定城馬堃出戰禦之詔馬堃援夔遷延削一秩令以所轉四官理作敘復流星出自角宿距星六月壬子祈雨乙卯京城火丙辰詔饒虎臣敘復元官依舊提舉太平興國宮庚申詔平江江陰安吉嘉興常州鎮江六郡已買公田三百五十餘萬畝今秋成在邇其荆湖江西諸道仍舊和糴丙寅詔公田竣事劉良貴官兩轉陳訔廖邦傑洎六郡官進秩有差丁卯流星出自河鼓庚午宰執進玉牒日歷會要經武要略及徽宗長編寧宗實錄詔賈似道以下官兩轉秋七月壬辰敕令所進寧宗以來寬恤詔令戊戌以董宋臣爲入內內侍省押班八月甲寅董宋臣以病乞收回恩命請祠詔賜告五月乙卯流星出自天倉星九月甲申詔趙汝楳爲太府少卿淮東總領財賦辛卯祀明堂大赦甲午以何夢然知樞密院事兼參知政事楊棟同知樞密院事兼權參知政事葉夢鼎簽書樞密院事冬十月己未詔發緡錢百四十萬命浙西六郡置公田莊甲子命張珏與元府駐劄御前諸軍都統制兼知合州十一月己亥福州火十二月丁未朔詔皇太子宮講官詹事以下日輪一員辰入酉出專講讀備咨問以稱輔導之實己未詔在京置窠栅私繫囚并非法獄具臺憲其嚴禁戢違者有刑辛未太白歲星順行

五年春正月丁丑朔詔崇經術考德行癸巳出奉宸庫珠香象犀等貨下務場貨易助收幣楮庚子太子右諭德湯漢三乞休致授秘閣修撰知福州福建安撫使二月壬戌流星出自畢甲子太陰犯房丁卯太陰犯斗辛未雨土三月辛巳王堅卒賜謚忠壯馬光祖依舊觀文殿學士沿江制置使知建康府江東安撫使行宮留守己丑日暈周匝夏四月丙午詔管景模妻拏陷没效忠愈堅平時所得奉入率以撫恤將士遂至空乏特賜緡錢三十萬壽賜金帶丁未以夏貴爲樞密都承旨四川安撫制置使兼知重慶府四川總領夔路轉運使辛亥詔郡邑行鄉飲酒禮癸丑太陰入太微垣乙卯信陽軍將領余元友等提兵防護春耕有功補轉兩官資戊午太白晝見乙丑何夢然馬天驥以臺臣劾罷己巳江萬里以資政殿學士知建寧府李曾伯以觀文殿學士知慶元府沿海制置使庚午太白歲星合於婁五月庚辰何夢然以資政殿大學士知建寧府辛卯以楊棟參知政事葉夢鼎同知樞密院事兼權參知政事姚希得端明殿學士同簽書樞密院事馬天驥提舉洞霄宮甲午流星出自河鼓大如太白乙未安南國奉表謝恩進方物詔却之仍賜金帛以獎恭順己亥太白經天晝見六月甲辰朔知衢州謝暨因寇焚掠常山縣棄城遁詔削三秩褫職不敘臺臣言衢州詹沔之變乃謝暨任都吏徐信苛取激之暨罪重罰輕詔斬信籍其家暨再削兩秩勒停丁未詔饒虎臣敘復資政殿學士依前通奉大夫差遣如故甲寅加授李庭芝寶章閣直學士依舊任朱禩孫右文殿修撰知靜江府廣西經略使汪立信秘閣修撰樞密副都承旨沿江制置副使兼知江州江西安撫使詔呂文德職事修舉與官一轉太陰犯心戊午祈雨太白犯天關星乙丑命董宋臣兼主管御前馬院御前酒庫戊辰熒惑歲星並行己巳太白太陰並行入井庚午太陽赤黃暈秋七月甲戌彗星出柳丁丑詔避殿減膳應中外臣僚許直言朝政闕失己卯流星出自右攝提星彗星退於鬼辛巳彗星退於井甲戌京城大火癸巳謝奕昌卒贈少保追封臨海郡王謚莊憲甲午填星守畢乙未馬天驥以臺臣劾其貪贓奪職罷祠其子時棶削一秩罷新任丙申知嘉定府洪濤言新繁縣御容殿前枯木再榮殿有畫太祖像又順化人楊嗣光等奉太宗眞宗仁宗英宗神宗像來歸令櫝藏府中天府觀詔本府選差武臣迎奉赴行在所嗣光補武階兩資祈雨臺臣言太子賓客楊棟指彗爲蚩尤旗欺天罔君詔棟罷職予祠戊戌彗星退於參八月壬寅朔熒惑與填星合丙午以楊棟知建寧府戊午彗星消伏甲子彗星復見於參辛未彗星化爲霞氣九月己丑日生格氣癸巳內侍李忠輔以臺臣劾其貪肆欺罔削兩秩放罷乙未建寧府教授謝枋得校文宣城及建康漕闈發策十餘問言權奸誤國趙氏必亡左司諫舒有開劾其怨望騰謗大不敬竄興國軍冬十月丙午太陰犯斗辛亥詔十七界會浸輕並以十八界會易之限一月止乙丑詔行關子銅錢法每百作七十七文足以一準十八界會之三帝有疾不視朝丙寅大赦丁卯帝崩遺詔皇太子禥即皇帝位咸淳元年三月甲申葬於會稽之永穆陵二年十二月丙戌謚曰建道備德大功復興烈文仁武聖明安孝皇帝廟號理宗

贊曰理宗享國久長與仁宗同然仁宗之世賢相相繼理宗四十年之間若李宗勉崔與之吳潛之賢皆弗究於用而史彌遠丁大全賈似道竊弄威福與相始終治效之不及慶歷嘉祐宜也蔡州之役幸依大朝以定夾攻之策及函守緒遺骨俘宰臣天綱歸獻廟社亦可以刷會稽之耻復齊襄之讐矣顧乃貪地棄盟入洛之師事釁隨起兵連禍結境土日蹙郝經來使似道諱言其納幣請和蒙蔽抑塞拘留不報自速滅亡吁可惜哉由其中年嗜慾既多怠於政事權移奸臣經筵性命之講徒資虛談固無益也雖然宋嘉定以來正邪貿亂國是靡定自帝繼統首黜王安石孔廟從祀升濂洛九儒表章朱熹四書丕變士習視前朝奸黨之碑僞學之禁豈不大有徑庭也哉身當季運弗獲大效後世有以理學復古帝王之治者考論匡直輔翼之功實自帝始焉廟號曰理其殆庶乎

宋史卷四十六

元 中 書 右 丞 相 總 裁 脫 脫 等 修

本紀第四十六

度宗

度宗端文明武景孝皇帝諱禥太祖十一世孫父嗣榮王與芮理宗母弟也嘉熙四年四月九日生於紹興府榮邸初榮文恭王夫人全氏夢神言帝命汝孫然非汝家所有嗣榮王夫人錢氏夢日光照東室是夕齊國夫人黃氏亦夢神人采衣擁一龍納懷中已而有娠及生室有赤光資識內慧七歲始言言必合度理宗奇之及在位歲久無子乃屬意託神器焉淳祐六年十月己丑賜名孟啓以皇姪授貴州刺史入內小學七年正月乙卯授宜州觀察使就王邸訓習九年正月乙巳授慶遠軍節度使封益國公十一年正月壬戌改賜名孜進封建安郡王寶祐元年正月庚辰詔立爲皇太子改賜今名癸未授崇慶軍節度使開府儀同三司進封永嘉郡王二年七月以宗正少卿蔡抗兼翊善特資善堂初建理宗制堂記書以賜王十月癸酉進封忠王十一月壬寅加元服賜字邦壽五年十月庚子授鎮南遂安軍節度使景定元年六月壬寅立爲皇太子賜字長源命楊棟葉夢鼎爲太子詹事七月丁卯太子入東宮癸未行冊禮時理宗家教甚嚴雞初鳴問安再鳴回宮三鳴往會議所參決庶事退入講堂講官講經次講史終日手不釋卷將晡復至榻前起居率爲常理宗問今日講何經荅之是則賜坐賜茶否則爲之反覆剖析又不通則繼以怒明日須更覆講二年正月丁丑謁孔子於太學請以張栻呂祖謙列從祀十二月癸卯冊永嘉郡夫人全氏爲皇太子妃五年十月丁卯理宗崩受遺詔太子即皇帝位戊辰尊皇后謝氏曰皇太后生日爲壽崇節庚午宰執文武百官詣祥曦殿表請聽政不允辛未大赦十一月壬申宰執以下日表請視朝不允丁丑凡七表始從丙戌帝初聽政御後殿命馬廷鸞留夢炎兼侍讀李伯玉陳宗禮范東叟兼侍講何基徐幾兼崇政殿說書詔求直言又詔先朝舊臣趙葵謝方叔程元鳳馬光祖李曾伯各上言以匡不逮召江萬里王爚洪天錫湯漢等赴闕詔躬行三年喪復濟王竑元贈少師節度使追封鎮王謚昭肅有司討論墳制增修之加封嗣榮王與芮武康寧江軍節度使依前太師判宗正事詔撫勞邊防將士監察御史劾宦官李忠輔何舜卿等贓罪並竄遠方戊戌詔儒臣日侍經筵輔臣觀講乙未命洪天錫以侍御史兼侍讀十二月辛丑詔改明年爲咸淳元年行銅錢關子率貫以七百七十文足壬寅戒贓吏絕貢美餘甲辰詔以生日爲乾會節初開經筵講殿以熙明爲名禮部尚書馬廷鸞進讀大學衍義序陳心法之要是歲兩浙江東西湖南北廣東西福建成都京西潼川夔利路戶五百六十九萬六千九百八十九口一千三百二萬六千五百三十二大理寺奏大辟三十二人

咸淳元年春正月辛未朔日有食之丞相賈似道請爲總護山陵使不允尋下詔獎諭癸酉直學士院留夢炎疏留似道甲戌諫議大夫朱貔孫等亦請改命不報詔臨安免征商三月丙子京湖制置使呂文德辭免不允二月庚申置籍中書記諫官御史言事歲終以考成績三月癸酉似道乞解機政不允壬午京湖制司剏招鎮邊軍甲申葬理宗於永穆陵夏四月壬寅賞四川都統昝萬壽雲頂山金堂峽之功及其將士丁未壽崇節免徵臨安官私房僦地錢戊申乾會節如上免徵再免在京征商三月自是祥慶災異寒暑皆免戊午賈似道特授太師己未幸景靈宮發米八萬石賑京城民夔路都統王勝以李市沙平之戰獲功轉官兩資將士効力者

上其名推賞五月己巳追命史彌遠爲公忠翊運定策元勳閏月乙巳久雨京城減直糶米三萬石自是米價高卽發廩平糶以爲常丁未發錢二十萬贍在京小民錢二十萬賜殿步馬司軍人錢二萬三千賜宿衞自是行慶恤災或遇霖雨雪寒咸賜如上數以江萬里參知政事王爚同知樞密院事權參知政事馬廷鸞端明殿學士簽書樞密院事丁巳以錢三十萬命臨安府通變平物賈丁卯故成都馬步軍總管張順歿於王事詔特贈官五轉其子與八官恩澤六月乙酉名理宗御製之閣曰顯文置學士直學士待制直閣等官戊子沿海制置使葉夢鼎三辭免不允己丑名理宗原廟殿曰章熙秋七月丁酉太白晝見初命迪功郎鄧道爲韶州相江書院山長主祀先儒周惇頤壬寅參知政事江萬里乞歸田里不允戊申夔路安撫徐宗武城開達石城乞推恩從之壬戌督州縣嚴錢法禁民間用牌帖癸亥以諒陰命宰執類試阮登炳以下依廷試例出身禁在京置窠柵私繫囚八月庚辰命陳奕沿江按閱軍防賜錢二十萬給用丁亥詔有司收民田租或掊克無藝監司其嚴禁戢違禁者有刑甲午大元元帥阿朮帥大軍至廬州及安慶諸路統制范勝統領張林正將高興副將孟興逆戰没於陣詔勝等各官其一子進勇副尉九月己酉以洪天錫爲工部侍郎兼侍讀壬子命宰執訪司馬光蘇軾朱熹後人賢者能者各上其名錄用癸丑呂文德言京湖制師策應三司官屬乞推恩詔各進一秩庚申吏部侍郎李常上七事曰崇廉恥嚴鄉舉擇守令黜貪汚讞疑獄任儒師修役法冬十月壬申減四川州縣鹽酒課始自景定四年正月一日再免徵三年乙亥減田契稅錢什四庚辰江安州潼川安撫司以攻懷簡小富砦戰圖來上詔優荅以賞十一月乙未兄少保保寧軍節度使致仕乃裕薨贈少傅追封臨川郡王

二年春正月癸丑江萬里四請歸田乞祠祿不允以爲湖南安撫使兼知潭州二月乙巳侍講范東叟奏正心之要有三曰進德曰立政曰事天上嘉納焉戊寅詔免湖南漕司積年運上峽米耗折遺直辛卯詔左右史循舊制立侍御坐前三月庚子賞夔路總管張喜等防護開達軍功將士進官有差乙巳詔郡守兩年爲任方別授官戊申賜敕書獎諭呂文德夏四月乙丑洪天錫三請祠不允以顯文閣待制知潭州兼湖南安撫使甲申侍御史程元岳上言帝王致壽之道在修德後世怵邪說以求之往轍可鑒修德之目有三曰清心曰寡欲曰崇儉皆致壽之原上嘉納之丁亥授信州布衣徐直方史館編校五月癸丑詔諸節制將帥討軍實節浮費毋占役兵士致妨訓練六月丁丑給羅鬼國化州印壬午以衢州饑命守令勸分諸藩邸發廩助之秋七月壬辰祈雨詔以來年正月一日郊壬寅禮部侍郎李伯玉言人材貴乎善養不貴速成請罷童子科息奔競以保幼稚良心詔自咸淳三年爲始罷之八月甲申安南國遣使賀登位獻方物九月丙辰浙西安撫使李芾以臺臣黃萬石等言削兩秩免冬十一月辛丑兩淮制置使李庭芝立城屯駐武銳一軍以工役費用及圖來上詔獎勞之乙卯少師致仕趙葵薨贈太傅賜謚忠靖丁巳利東安撫使知合州張珏調統制史炤監軍王世昌等復廣安大梁城詔推爵賞有差十二月丁丑申嚴戢貪之令甲申以請先帝謚祭告天地宗廟社稷丙戌奉冊寶請於南郊上謚曰建道備德大功復興烈文仁武聖明安孝皇帝廟號理宗大理寺奏歲終大辟三十五人

三年春正月己丑朔郊大赦丁酉奉皇太后寶上尊號曰壽和辛丑壽和太后冊寶禮成謝堂等二十七人各進一秩高平郡夫人謝氏等二十二人各進封特封有差癸卯冊命妃全氏爲皇后戊申帝詣太學謁孔子行舍菜禮以顏淵曾參孔伋孟軻配享顓孫師升十哲邵雍司馬光升列從祀雍封新安伯禮部尙書陳宗禮國子祭酒陳宜中進讀中庸己酉執經官宗禮講經官宜中各進一秩宜中賜紫章服太學武學宗學國子學宗正等官若醫官監書庫門庖等各進一秩諸齋長諭及起居學生推恩有差乙卯壽和太后親屬謝奕修郭自中黃興在等二十八人各升補一秩二月己未克復廣安軍詔改爲寧西軍庚申馬光祖再乞致仕不允乙丑詔賈似道太師平章軍國重事一月三赴經筵三日一朝治事都堂丙子樞密院言知夔州夔路安撫徐宗武剏立臥龍山堡固詔宗武帶行遙郡團練使以旌其勞三月癸卯知房州李鑑及將校杜汝隆夏熹以戰龍光砦有功優與旌賞夏四月庚申壽和太后兩大冊寶族兄弟謝奕實等十五人族姪謝在達等四十七人族姪孫謝鏞等十四人各錫銀十兩帛十疋詔大中大夫全清夫儒科發身懇陳換班靖退可尙特授清遠軍承宣使提舉佑神觀仍奉朝請乙酉張珏護合州春耕戰欵龍溪以狀言功詔趣上立功將士姓名五月丁亥朔日有食之戊申詔曰比常命有司按月給百官奉惟官愈卑去民愈親仍聞過朞弗予是吏奉吾命不虔也諸路監司其嚴糾劾六月壬戌加授呂文德少傅馬光祖參知政事李庭芝兵部尙書並職任仍舊皇后受冊推恩弟全清夫以下十五人官一轉全必櫄以下十七人補承信郎癸酉美人楊氏進封淑妃戊寅詔榮王族姻與萊等三十四人各轉官有差秋七月丁亥張珏授正任團練使帶行左領軍衞大將軍賜金帶壬辰樞密院言右武大夫權鄂州都統汪政鄂城戰禦又焚光化城外積聚及攻眞陽城皆有功該轉十二官詔轉橫行遙郡甲午四川都統昝萬壽調統制趙寶楊立等率舟師護糧達渠城以功推賞己酉權黎州張午招諭大靑羌主歸義乞用兩林西蕃瑜林仍賜予加優從之八月辛酉遣步帥陳奕率馬軍舟師巡邏江防壬戌邊報警急詔諭呂文德等申嚴防遏乙丑太師武康寧江軍節度使判大宗正事嗣榮王與芮進封福王主榮王祀事壬申久雨命在京三獄赤縣道司僉廳擇官審決獄訟毋滯九月乙未詔郡縣折收民田租毋厚直取贏違者論罪癸卯知邕州總統譚淵李旺周勝等縣特磨行大理界率兵攻建水州禽其知州阿孱以下三百餘人獲馬二百餘焚穀米器甲廬舍師還論功各轉官三資軍校補轉有差冬十月庚申復開州賜四川策應司錢百萬勞軍甲戌大雷電十一月丙申故左丞相吳潛追復光祿大夫壬寅賞知房州李鑑調遣路將夏喜統領馮興等均州武陽埧戰功十二月丙辰呂文煥依舊帶行御器械改知襄陽府兼京西安撫副使丁卯臺臣言叙復元官觀文殿學士提舉洞霄宮皮龍榮貪私傾險害朋附丁大全乞寢新命詔予祠祿

四年春正月癸未賜呂師夔紫章服金帶己丑呂文德言知襄陽府兼京西安撫副使呂文煥荆鄂都統制唐永堅蟻書報白河口萬山鹿門山北師興築城堡檄知郢州翟貴兩淮都統張世傑申嚴備禦癸巳故守合州王堅賜廟額曰報忠癸卯沔州駐劄潼川安撫副使昝萬壽特升右武大夫帶行左驍衞大將軍賜金帶己酉印應雷改知慶元府兼沿海制置使庚戌詔曰邇年近臣無謂引去以爲高勉留再三弗近益遠往往相尙不知其非義也亦由一二大臣嘗勇去以爲衆望相踵至今孟子於齊王不遇故去是未嘗有君臣之情也然猶三宿出晝庶幾改之儒者家法無亦取此乎朕於諸賢允謂無負其弗高尙使人疑於負朕閏月庚午賜夏貴金帶夏四月壬午湯漢三辭免刑部侍郎福建安撫使庚寅乾會節帝御紫宸殿羣臣稱賀上曰謝方叔託名進香擅進金器諸物且以先帝手澤每繫之跋率多包藏至以先帝行事爲己功殊失大臣體宜鐫一秩於是盧鉞等相繼論列方叔昨蜀廣敗事誤國殄民今又違制擅進削一秩罰輕詔削四秩奪觀文殿大學士惠國公罷宰臣恩數仍追寶奎錄并繫跋眞本來上丙申右正言黃鏞言今守邊急務非兵農合一不可一曰屯田二曰民兵川蜀屯田爲先民兵次之淮襄民兵爲先屯田次之此足食足兵良策也不報丁酉詔故修武郎姚濟死節立廟賜額曰忠壯五月辛酉樞密都承旨高達再辭侍衞都虞候乞歸田里命孫虎臣代之壬申賜陳文龍以下六百六十四人進士及第出身丙子賈似道乞骸骨不允六月辛巳葉夢鼎再乞歸田里不允詔罷浙西諸州公田莊官募民自耕輸租減什三毋私相易田違制以盜賣官田論秋七月戊午有星出氐宿西北急流入騎官星沒己未淑妃楊氏親屬楊幼節以下百三十四人推恩進秩八月壬寅奉安寧宗實錄理宗實錄御集日歷會要玉牒經武要略咸淳日歷玉牒賈似道葉夢鼎馬廷鸞各補轉兩官諸局官若吏推恩有差九月癸未太白晝見大元兵築白河城始圍襄樊冬十月戊寅朔日有食之子憲生參知政事常挺六乞歸田里詔予郡己亥已減四川州縣鹽酒課詔自咸淳四年始再免徵三年十一月癸丑樞密院言南平紹慶六郡鎭撫使韓宣城渝嘉開達常武諸州有勞縣峽州至江陵水陸措置盡瘁以死宜視没於王事加恩詔宣守本官致仕任一子承節郎仍贈正任承宣使丁巳詔知江陵府陳奕裨將周全王德等戰西山南谷口田家山有功各以等第推賞戊午子鍠生丙寅福建安撫使湯漢再辭免乞祠祿詔別授職辛未以文武官在選困於部吏隆寒旅瑣可閔詔吏部長貳郎官日趣銓注小有未備特與放行違者有刑自是隆寒盛暑申嚴誡飭常挺卒贈少保壬申行義役法十二月辛卯以夏貴爲沿江制置副使兼知黃州癸巳史館狀理宗實錄接續起修張九成孫象先力學飭行不墜家聲其免一解示表厲命建康府建南軒書院祠先儒張栻戊戌汪立信知潭州兼湖南安撫使職任依舊乙巳詔賞京湖總管張喜趙萬等石門坂堰戰功

五年春正月丁未以李庭芝爲兩淮安撫制置大使兼知揚州壬子京湖策應司參謀呼延德領諸將張喜等遇北兵戰於蠻河癸亥葉夢鼎累章請老留之固辭依前少保判福州福建安撫使封信國公以馬廷鸞參知

政事兼同知樞密院事甲戌以江萬里參知政事二月戊子江萬里辭免參知政事不允三月丙午北帥阿术自白河以兵圍樊城甲寅葉夢鼎辭免判福州福建安撫使詔不允乙卯皇后歸寧族姻推恩保信軍節度使全清夫以下五十六人各進一秩咸安郡夫人全氏以下三十二人各特封有差大元兵城鹿門己未詔浙西六郡公田設官督租有差辛酉京湖都統張世傑率馬步舟師援襄樊戰於赤灘圃戊辰以江萬里爲左丞相馬廷鸞爲右丞相兼樞密使己巳以馬光祖知樞密院事兼參知政事吳革沿江制置使夏四月丙子賞張世傑戰功辛巳江萬里馬廷鸞辭免詔不允壬午知渠州張資上蓬州界白土神山蒲渡等處今年春戰功丙戌以安西都統張朝寶利東路安撫張珏領兵護餞糧餉寧西軍還至木磁頭戰有功詔推賞己丑劉雄飛依舊樞密都承旨知沅州兼常德澧辰沅靖五郡鎮撫使癸巳李庭芝特進一秩高郵縣夏世賢七世義居詔署其門五月己酉馬光祖依舊觀文殿學士提舉洞霄宮乙卯程元鳳薨贈少師庚申有星自斗宿距星東北急流向牛宿至濁没壬戌詔信陽諸將婁安邦朱興戰千石坂呂文煥呼延德戰福山湯青李忠戰石淑俱有勞效推賞有差壬申京湖制司言故夔路安撫徐宗武没於王事乞優加贈恤詔致仕恩外特官其一子承節郎六月庚辰以呂文福爲復州團練使知濠州兼淮西安撫副使甲申皇子昰生辛卯家鉉翁辭免新命詔別授職庚子李庭芝辭免兼淮東提舉不允秋七月己酉觀文殿學士馬光祖乞守本官致仕詔允所請庚申祈雨壬戌東南有星自河鼓距星西北急流至濁没八月戊寅詔郡縣收民田租毋巧計取贏毋厚直折納轉運司申嚴按劾詔襄樊將士戰禦宜力以錢二百萬犒師趣上其立功姓名補轉官資九月丙午祈晴辛酉祀明堂大赦丙寅明堂禮成加上壽和聖福皇太后尊號册寶太師判大宗正事福王主榮王祀事與芮加食邑一千戶冬十月甲申子憲授檢校太尉武安軍節度使封益國公己丑呂文德進封崇國公加食邑七百戶以湯漢爲顯文閣直學士提舉玉隆萬壽宮兼象山書院山長十一月戊辰少傅文德乞致仕詔特授少師進封衞國公依所請致仕十二月癸酉文德卒贈太傅賜謚武忠己卯以范文虎爲殿前副都指揮使壽和聖福皇太后尊號册寶禮成姪謝堂姪孫光孫等二十八人各轉一官餘姻推恩有差甲申以錢二百萬命京湖帥臣給犒襄郢等處水陸戍士戊子詔安南國王父陳日煚國王陳威晃並加食邑一千戶大元兵築南新城

六年春正月壬寅以李庭芝爲京湖安撫制置使兼夔路策應使印應雷兩淮安撫制置使己酉以錢二百萬賜夔路策應司備禦賞給庚戌以高達爲湖北安撫使知鄂州孫虎臣起復淮東安撫副使知淮安州辛酉行成天歷丁卯上製字民牧民二訓以戒百官戊辰以江萬里爲福建安撫使二月辛未檢校少保安德軍節度使與莱加食邑五百戶丁亥陳宜中經筵進講春秋終篇賜象簡金御仙花帶鞍馬丁酉以呂文福爲淮西安撫副使兼知廬州己亥朱禩孫權兵部尚書仍四川安撫制置總領夔路轉運知重慶府三月庚子朔日有食之癸丑詔曰吏以廉稱自古有之今絕不聞豈不自章顯而壅於上聞歟其令侍從卿監郎官各舉廉吏將顯擢焉癸亥詔贛吉南安境數被寇雖有砦卒寇出没無時莫能相救宜飭要衝立四砦屯兵百使地勢聯絡禦寇爲便從三郡擇將官領之夏四月戊寅以文天祥兼崇政殿說書五月辛丑以吳革爲沿江制置宣撫使六月庚午詔太極圖說西銘易傳序春秋傳序天下士子宜肄其文戊寅賈似道託疾辭退疏十數上上留益堅禮異之曰師相而不名馬廷鸞泊省部臺諫學館諸司連章請留似道庚辰子憲薨庚寅詔以襄郢水陸屯戍將士隆暑露處出錢二百萬命京湖制司給賜秋七月復開州己亥更鑄印給之八月甲申瑞安府樂清縣嘉禾生詔薦士增四名壬辰詔郡縣行推排法虛加寡弱戶田租害民爲甚其令各路監司詢訪亟除其弊詔精擇監司守令監司察郡守郡守察縣令置籍考覈歲終第其治狀來上癸巳以夏貴能舉職事進一秩詔似道十日一朝九月庚戌以黃萬石爲沿海制置使壬子台州大水冬十月丁丑遣范文虎總統殿司兩淮諸軍往襄樊會合備禦賜錢百五十萬犒師己卯詔台州發義倉米四千石并發豐儲倉米三萬石振遭水家甲申以陳宗禮趙順孫兼權參知政事依舊同提舉編修敕令經武要略閏十月己酉安吉州水免公田租四萬四千八十石戊午詔殿步馬諸軍貧乏陣没孤遺者多方此隆寒其賜錢二十萬米萬石振之十一月丁丑嘉興華亭兩縣水免公田租五萬一千石民田租四千八百一十石庚辰詔襄郢屯戍將士隆寒可閔其賜錢二百萬犒師己丑都統張世傑領兵江防乙未詔陳宗禮進一秩爲資政殿學士依所請守兼參知政事致仕十二月戊戌陳宗禮卒贈七秩己亥詔唐全張興祖等齎蠟書入襄陽往復甚艱各補轉三官賜錢二千緡大元兵築萬山城

七年春正月乙丑子昰授左衞上將軍進封建國公詔湯漢洪天錫赴闕詔戒貪吏辛未紹興府諸暨縣湖田水免租二千八百石有奇三月戊寅發屯田租穀十萬石振和州無爲鎮巢安慶諸州饑辛巳日暈赤黃周匝乙酉平江府饑發官倉米六萬石吉州饑發和糴米十萬石皆減直振糶丙戌詔減内外百司吏額戊子發米一萬石往建德府濟糶詔臨江軍宣聖四十七代孫延之子孫與放國子監試夏四月辛亥免廣東提舉司鹽籮銀三萬兩甲寅禮部侍郎陳宜中再乞補外以顯文閣待制出知福州兼福建路安撫使五月乙酉賜禮部進士張鎮孫以下五百二人及第出身壬辰發米二萬石詣衢州振糶六月癸巳以錢百萬銀五千兩命知嘉定府昝萬壽修城浚壕繕甲兵備禦遏以韓震帶行御器械知江安州兼潼川東路安撫副使馬堃帶行御器械知咸淳府節制涪萬州臺臣劾朱善孫督綱運受贓四萬五千詔特貸死配三千里禁錮不赦乙未詔以蜀閫調度浩繁賜錢二百萬給用丙申諸暨縣大雨暴風雷電發米振遭水家瑞州民及流徙者飢乏食發義倉米一萬八千石減直振糶己亥詔以陸九淵孫溥補上州文學己酉鎮江府轉輸米十萬石於五河新城積貯癸丑以隆暑給錢二百萬賜襄郢屯戍將士丙辰撫州黃震言本州振荒勸分前穀城縣尉饒立積米二百萬斛不發廩雖嘗監貸宜正遏糴之罪詔饒立削兩秩武岡軍居住洪天錫三辭召命詔守臣勉諭赴闕戊午紹興府饑振糧萬石己未兩淮五河築城具完賜名安淮軍大元會兵圍襄陽秋七月辛未樞密院言吳信周旺齎蠟書入襄城往復効勞詔各補官三轉丁丑湖南轉運司訪求先儒張栻後人義倫以聞詔補將仕郎壬午四川制置使朱禩孫言夏五以來江水凡三泛溢自嘉而渝漂蕩城壁樓櫓圮壞又嘉定地震者再被災害爲甚乞賜黜罷上答天譴詔不允癸未詔城五河淮東制置印應雷具有勞績進一秩宜勞官屬將士皆推恩八月壬辰朔日有食之甲午以錢三百萬遣京湖制置李庭芝詣郢州調遣犒師丁未命沿江制置副使夏貴會合策應以錢二百萬隨軍給用九月乙亥顯文閣直學士湯漢顯文閣直學士洪天錫各五辭召命詔並升華文閣學士仍予祠祿己丑子㬎生冬十月丙申少傅嗣秀王與澤薨詔贈少師追封臨海郡王癸丑從政郎朱墨孫進羣經要略己未詔殿步馬諸軍貧乏陣没孤遺者方此隆寒其賜錢二十萬米萬石振之十一月癸亥詔民有以孝弟聞於鄉者守令其具名上聞將旌異勞賜焉己巳詔湯漢官一轉端明殿學士依所請致仕十二月甲午詔諸路監司循按刑獄傔從擾民御史臺申嚴覺察丙午以錢三十萬命四川制司下渠洋開州寧西鎮撫使張朝寶犒師己亥淮東統領兼知鎮江府趙溍乞祠祿不允謝方叔特叙復元官職惠國公致仕辛亥初置士籍戊午詔舉廉能材堪縣令者侍從臺諫給舍各舉十人卿監郎官各舉五人制帥監司各舉六人知州軍監各舉二人

八年春正月庚申詔朕惟崇儉必自宮禁始自今宮禁敢以珠翠銷金爲首飾服用必罰無貸臣庶之家咸宜體悉工匠犯者亦如景祐制必從重典又詔有虞之世三載考績三考黜陟幽明漢之爲吏者長子孫則其遺意也比年吏習媮薄人懷一切計日待遷事未克究又望而之他吏胥狎玩竊弄官政吾民奚賴焉繼自今內之郎曹外之牧守以上更不數易其有治狀昭著自宜褒異辛未子㬎生己丑湯漢卒賜謚文清二月癸巳謝方叔卒贈少師前知台州趙子寅殁無所歸特贈直秘閣給没官宅一區田三百畝養其孤遺以旌廉吏丙午以錢二百萬給犒襄郢水陸戰戍將士三月丙子同知樞密院事兼權參知政事趙順孫授中大夫夏四月戊子知合州利路安撫張珏剏築宜勝山城五月己巳王爚除觀文殿學士提舉萬壽觀兼侍讀大元兵久圍襄樊援兵阨關險不克進詔荆襄將帥移駐新郢遣部轄張順張貴將死士三千人自上流夜半輕舟轉戰比明達襄城收軍閱視失張順六月丙申皮龍榮徙衡州丁酉以章鑑爲端明殿學士同簽書樞密院事同提舉經武要略以錢千萬命京湖制司糴米百萬石轉輸襄陽府積貯乙巳以家鉉翁兼權知紹興府浙東安撫提舉司事以唐震爲浙西提點刑獄王爚乞寢新命不允勉諭赴闕辛亥臺臣言江西推排由結局已久舊設都官團長等虛名尚在占恡常役爲害無窮又言廣東運司銀場病民詔俱罷之癸丑以錢五百萬緡命四川制司詣湖北糴運上峽入夔米五十萬石秋七月辛未知靜江府廣西經略安撫使兼計度轉運使胡穎乞祠祿詔勳一轉依所乞宮觀八月丙戌朔日有食之辛丑詔家鉉翁赴闕丁未紹興府六邑水發米振遭水家壬子王

掄辭免明堂大禮陪祠乙卯詔福建安撫陳宜中克舉厥職升寶謨閣待制九月丁卯詔洪天錫轉端明殿學士允所請致仕辛未明堂禮成祀景靈宮還遇大雨改乘逍遙輦入和寧門肆赦庚辰詔以朱禩孫兼四川屯田使乙酉洪天錫卒贈五官謚文毅冬十月己亥紹興府言八月一日會稽餘姚上虞諸暨蕭山五縣大水詔減田租有差丁未以章鑑兼權參知政事右丞相馬廷鸞十疏乞骸骨詔不允庚戌以秋雨水溢詔減錢塘仁和兩縣民田租什二會稽湖田租什三諸暨湖田租盡除之辛亥陳宜中兼給事中十一月乙卯右丞相馬廷鸞累疏乞骸骨授觀文殿學士知饒州詔以隆寒殿步馬司諸軍貧窶并陣沒孤遺者振以錢粟丙辰陳奕以殿前都指揮使攝侍衞步軍司馬軍司己未馬廷鸞辭免知饒州乞祠祿詔允所請以觀文殿大學士鄱陽郡公提舉洞霄宮壬戌命阮思聰赴樞密院稟議己巳詔明堂禮成安南國王陳日煚陳威晃各加食邑一千戶賜鞍轡馬等物十二月甲寅以葉夢鼎爲少傅右丞相兼樞密使

九年春正月乙丑樊城破范天順牛富死之癸未詔定安豐統制金文彪朱文廣王文顯盛全湠河古河泉河坻河等處戰功行賞二月甲申詔鄂州左水軍統制張順沒身戰陣贈寧遠軍承宣使官其二子承信郎立廟京湖賜額曰忠顯甲午朱禩孫撫綏備禦義不辭難赦書奬諭丁未以夏貴檢校少保庚戌呂文煥以襄陽府歸大元癸丑以朱潤寺戰功推賞來歸人馬宣沿江都統王喜等將士千五百七十餘人三月庚申賈似道言邊遽日聞請身督師以勵將帥詔不允四川制司言近出師成都劉整故吏羅鑑自北復還上整書槀一帙有取江南二策其一曰先取全蜀蜀平江南可定其二曰清口桃源河淮要衝宜先城其地屯山東軍以圖進取帝覽奏亟詔淮東制司往淸口擇利城築以備之葉夢鼎辭免右丞相詔不允庚午遣金吾衞上將軍阮思聰出平江鎮江及黃州行視城池凡合繕修增易者亟條奏丙子來歸人方德秀補成忠郎栗勇楊林胡巨川補保義郎劉全補承信郎戊寅賈似道始奏李庭芝表言襄帥呂文煥以城降大元己卯加昝萬壽寧遠軍承宣使職任仍舊庚辰夏貴辭免檢校少保不允壬午詔建機速房以革樞密院漏泄兵事稽違邊報之弊賈似道累疏請身督師詔勉留夏四月詔褒襄城死節右領衞將軍范天順贈靜江軍承宣使右武大夫馬司統制牛富贈金州觀察使各官其二子承信郎賜土田金幣恤其家甲申汪立信權兵部尚書京湖安撫制置使知江陵府夔路策應使湖廣總領不許辭免以錢二百萬給立信開閫犒師葉夢鼎乞致仕遣官勉諭赴都堂治事辛卯以趙溍爲淮西總領兼沿江制置建康留守詔黃萬石赴闕壬辰詔襄陽六年之守一旦而失軍民離散痛切朕心今年乾會節其免集英殿宴以錢六十萬給沿江制置趙溍江防捍禦癸巳知招信軍陳巖乞祠祿詔曰迺者邊吏弗戒致有襄難將士頻歲暴露邊方蕩析離居盡傷朕心爾閫臣專征方面宜身率諸將宣揚國威以賞戮用命不用命爾守臣有土有民宜申儆國人保固封守爾諸將尚迪果毅一乃心力各以其兵敵王所愾今朕多誥爾其悉聽明訓毋懈毋傾習於故常功多有厚賞爾不克用勸罰固不得私也又如中外小大臣僚有材識超卓明控御之宜懷攻守之略者密具以聞一如端拱二年制書朕當虛心以聽李庭芝乞解罷詔赴闕壬寅詔復置樞密院都統制副都統制各一員丁未以高達爲寧江軍節度使湖北安撫使知峽州詔忠州潛藩已升咸淳府刺史王達改授高州刺史李庭芝辭召赴闕詔與祠己酉詔南歸人復有戰功者予優賞楊春薛聚成陳君謨周海周輿各補成忠郎蕭成侯喜丁甫劉鑄鄭歸各補承信郎以夏貴兼侍衞馬軍都指揮使庚戌詔汪立信賞罰調用悉聽便宜行事辛亥呂師夔言比賈似道得李庭芝書報臣叔父文煥以襄城降臣聞之隕越無地不能頊刻自安請以經畧安撫轉運靜江府印委次官護之席槀俟命容臣歸省偏親誓當趨事赴功毀家紓難以贖門戶之愆以報君父之造詔不允五月乙卯以黃萬石權戶部尚書兼知臨安府浙西安撫使四川制司朱禩孫言所部諸縣除正辟文臣外諸郡屬邑許令本司不拘外縣一體選辟文臣以幸蜀之士民奏可丙辰知廬州呂文福言從兄文煥以襄陽降爲其玷辱何顏以任邊寄乞放罷歸田里詔不允呂師夔五疏乞罷任詔赴闕丁卯申禁奸民妄立經會私剏菴舍以避征徭保伍容庇不覺察坐之辛未劉雄飛乞致仕戊寅孝感縣丞關應庚上書言邊防二十事詔授武當軍節度推官兼司法京湖制司量材任使庚辰馬軍司統制王仙昔在襄樊緣戰陷陣今復來歸特與官五轉克殿前司正額統制賜錢一萬布衣林椿年等上書言邊防十數事詔諸人上書凡言請以丞相似道督視者不允餘付機速房六月刑部尚書兼給事中陳宜中言樊城之潰牛富死節尤著以職卑贈恤下范天順一階未愜輿情詔加贈富寧遠軍承宣使仍賜土田金幣恤其家前四川宣撫司參議官張夢發詣賈似道上書陳危急三策曰鎮漢江口岸曰城荆門軍當陽界之玉泉山曰峽州宜都而下聯置堡砦以保聚流民且守且耕并圖上城築形勢賈似道不以上聞下京湖制司審度可否事竟不行成都安撫使昝萬壽去冬調將士攻毀成都大城今春戰碉門五月遣統制楊國寶領兵至雅州統領趙忠領兵至眉州兩路捍禦有勞詔具將士宣力等第姓名以聞呂文福言文煥爲人扶擁以襄陽降非由己心詔與李庭芝元陳異同其審覈以聞庭芝表向在京湖來歸人吳旺等備言文煥父子降狀先納莞鑰旋獻襄城且陳策攻郢州請自爲先鋒言人人同制司案辭可徵非敢加誣人罪詔文福勉力捍禦毋墜家聲京湖制司言去年冬間探司總管劉儀盛聰總制趙鐸領精銳至均州文龍崖立砦呂文煥既降均城受敵知郡劉懋借劉儀等扞禦宣勞詔懋升右武大夫帶行左衞大將軍仍舊職儀添差荆湖北路兵馬鈐轄聰添差鄂州兵馬鈐轄各官三轉將士官兩轉左藏東庫蹇材望上書言邊事大可憂者七急當爲者五不報丙戌劉雄飛卒特贈一官戊子京湖制司請給器械詔內軍器庫選犀利者賜之仍贈錢百萬備修繕四川制置朱禩孫言月奉銀計萬兩願以犒師向後月免請詔常祿勿辭己丑給事中陳宜中言乞正范文虎不力援襄之罰詔文虎降一官依舊知安慶府安南國進方物特賜金五百兩帛百疋癸卯汪立信言臣奉命分閫延見吏民皆痛哭流涕而言襄樊之禍皆由范文虎及俞興父子文虎以三衙長門難怯戰僅從薄罰猶子天順守節不屈猶或可以少贖其愆興奴僕庸材器量褊淺務復私讐激成劉整之禍流毒至今其子大忠挾多貲爲父行賄且自希榮進今雖寸斬未足以快天下之忿乞寘重典則人心興起事功可圖詔俞大忠追毀出身文字除名循州拘管又言守闕進義副尉童明襄陽破拔身來歸且嘗立功開州乞補轉四官詔特與官兩轉閏月辛亥命殿前指揮使陳奕總統舟師備鄂州黃州江防癸丑來歸人郭珍補成忠郎張進張春張德林向德成王全婁德王興各補承信郎丙辰朝散郎師顯行進注皇朝文鑑前臨安府司法梁炎午陳攻守之要五事不報命大理寺丞鍾蜚英點視沿江堡隘兵船戊辰知敘州郭漢傑言馬湖蠻王汝作鹿巫蠻王沭丘帥蠻兵五百餘助官軍民義阻險馬湖捍禦有功詔賞汝作沭丘金帛及其部兵有差敘州總管曹順一軍凡在戰陣者趣具立功等第來上秋七月丁亥權紹興府節制紫城軍義文榮鼎及將校趙居敬丁福孟青蒲祥白貴史用羅宜王繁等九人成都之役沒於兵各追贈官秩仍官其子癸巳知達州趙章知開州鮮汝忠知渠州張資等復洋州戊戌張珏等復馬騣山八月癸丑權知均州徐鼎總管盛聰戰房州胡餉峪板倉乙卯知房州李鑑調權竹山縣王國材統制熊權總轄馬宗明戰落馬坪白羊山詔有司各以勞效論賞九月辛巳以章鑑簽書樞密院事兼參知政事陳宜中同簽書樞密院事成都安撫使昝萬壽城嘉定烏尤山乙未以洪燾爲浙東安撫使丙申以黃萬石爲湖南安撫使冬十月己酉來歸人汪福許文政各官五轉癸丑鎭巢軍和州太平州諸將查文李文用孟浩等十一人以射湖岡萬歲嶺後港及焦湖北岸戰功咸賜爵賞癸亥雷四川制司言何焱向失洋州調知達州趙章等率諸部軍義復之七月又復洋州吳勝堡兩城權徼統轄謝益知洋州總制趙桂楫知巴州俾任責吳勝堡戰守之事至是以功來上且以二州攝事守臣請命於朝詔與正授丁丑兩淮制置使印應雷告老進二秩致仕李庭芝兩淮安撫制置使賜錢二百萬激犒備禦十一月壬午子㬎授左衞上將軍封嘉國公戊子知泰州龔棐遣其將王大顯等捍禦水砦有功又獲俘民以還詔水步兩軍將校凡用命者賞激有差甲午以夏貴爲淮西制置使兼知廬州陳奕沿江制置使兼知黃州呂文福知閤門事詔從李庭芝請分淮東西制置爲兩司就命庭芝交割淮東仍兼淮西策應使乙未以夏貴爲淮西安撫制置使賜錢百萬激犒備禦李庭芝辭免淮西策應使不允知安豐軍陳萬以舟師自城西大澗口抵正陽城遇北兵力戰詔旌其勞十二月甲子以馬廷鸞爲浙東安撫使知紹興府丙寅權參知政事章鑑再乞解機政不允丁丑沿江制置使所轄四郡夏秋旱澇免屯田租二十五萬石

十年春正月壬午城鄂州漢口堡權總制施忠部將熊伯明知泰州龔棐以天長縣東橫山秦潼湖青蒲口等處戰功推賞戊子江萬里以疾辭職任詔依舊觀文殿大學士提舉洞霄宮乙丑以留夢炎知潭州兼湖南安撫使庚寅城鄂州沌口西岸堡京湖制司言襄陽勇信中軍鈐轄吳信隨呂文煥北往今并妻子冒險來歸詔

吳信赴闕，制司仍存恤其家。丙申，江東沙圩租米以咸淳九年水災詔減什四。乙巳，雨土。二月己酉，以趙順孫爲福建安撫使。辛酉，詔諸制閫就任升除恩數，其告命衣帶鞍馬，閤門勿差人給賜，往要厚賂，以失優寵制臣之意，違者有刑。三月己卯，免郡縣侵貸義倉米七十四萬八千餘石。夏四月乙卯，子昺授左衞上將軍，進封永國公。詔賞沿江都統王達、黃侯戰黃連寺之功。戊午，以呂文福爲常德辰沅澧靖五郡鎭撫使、知沅州。辛酉，詔賞光州守陳岩、路分李全、許彥德、總管何成、路鈐仰子虎等牛市畈、丁家莊戰功。烏蘇蠻王詣雲南軍前納欵大元。五月丁亥，以高世傑爲湖北安撫副使兼知岳州，總統出戍軍馬。辛丑，馬廷鸞辭免觀文殿大學士、知紹興府、浙東安撫使，詔不允。壬寅，張珏表請城馬騣、虎頭兩山，或先築其一以據險要。六月戊午，以銀二萬兩命壽春府措置邊防。秋七月壬午，汪立信乞致仕，不允。癸未，帝崩於福寧殿，遺詔太子㬎卽皇帝位。甲申，臺臣劾內醫蔡幼習，詔奪五秩，送五百里州軍居住，二子並罷閤門職。八月己酉，上大行皇帝謚曰端文明武景孝皇帝，廟號度宗。德祐元年正月壬午，葬於永紹陵。

贊曰：宋至理宗，疆宇日蹙，賈似道執國命。度宗繼統，雖無大失德，而拱手權奸，衰敝寖甚。考其當時事勢，非有雄才睿略之主，豈能振起其墜緒哉。歷數有歸，宋祚尋訖，亡國不於其身，幸矣。

宋史卷四十七

元 中 書 右 丞 相 總 裁 脫 脫 等 修

本紀第四十七

瀛國公 二王附

瀛國公名㬎，度宗皇帝子也，母曰全皇后。咸淳六年九月己丑，生於臨安府之大內。九年十一月，授左衞上將軍，封嘉國公。十年七月癸未，度宗崩，奉遺詔卽皇帝位於柩前，年四歲。謝太后臨朝稱詔。甲申，兄昰保康軍節度使、開府儀同三司，進封吉王，加食邑一千戶；弟昺保寧軍節度使、開府儀同三司，進封信王，加食邑一千戶。命平章賈似道依文彥博故事獨班起居。丙戌，上皇太后尊號曰壽和聖福太皇太后，皇后曰皇太后。又詔以生日爲天瑞節。戊子，命臨安府振贍細民。辛卯，以朱禩孫爲京湖四川宣撫使兼知江陵府。壬寅，詔撫三邊將士，命州郡舉遺逸，除浙西安撫司、兩浙轉運司、臨安府見進贓賞錢，詔求言。八月甲辰，詔乞言於老臣江萬里、葉夢鼎、馬廷鸞、留夢炎、趙順孫、王爚。李庭芝築清河城，以圖來上，詔庭芝進一秩，宣勞將士，具名推賞。加知鄂州李雷應守軍器監，知太平州孟之縉尙書兵部員外郎，知江州錢眞孫直寶章閣，知鎭江軍洪起畏直敷文閣。癸丑，大霖雨，天目山崩，水涌流，安吉、臨安、餘杭民溺死者亡筭。甲寅，太皇太后以老不能御正衙，命暫以慈元殿爲後殿。辛酉，作度宗廟。戊辰，以全淸夫爲昭信軍節度使，謝堂檢校少保，謝垕保康軍節度使。馬廷鸞乞骸骨歸田里，詔趣之任。九月丁丑，資政殿大學士、光祿大夫王爚乞致仕，詔不允。戊寅，發米振餘杭、臨安兩縣水災，餘杭災甚，再給米二千石。己卯，似道乞免答拜，從之。辛巳，覆試文武舉士人。壬午，覆試文武舉士人。癸未，大元兵大會於襄陽。丙戌，丞相伯顏將一軍趣郢州，元帥唆都將一軍入淮，翟招討將一軍徇荆南。丁亥，大元軍薄郢州。戊子，免被水州縣今年田租。甲午，初開經筵。丁酉，天瑞節，免徵臨安府公私房賃錢十日。以金符十三、銀符百給夏貴激賞奇功。己亥，試正奏名進士，賜王龍澤以下出身有差。壬寅，有星見西方，委曲如蚓。復州副將翟國榮遇大元兵，戰爛泥湖，死之。閩中旱。冬十月丙午，知達州趙章復洋州，加右驍騎尉、中郎將。大元兵破渠州禮義城，知州張資自殺。丁未，饒州布衣董聲應進諸史纂約、兵鑑、刑鑑，詔克史館編校文字。癸丑，上度宗謚。廣西經略司權參議官邢友龍擊潮州、漳州寇，破之。乙卯，令州縣行義田、義役。丁巳，友龍以下諸將各轉官有差。大元兵及郢州，都統制張世傑力戰禦之，遂去，由藤湖入漢。戊午，郢州副都統趙文義追戰全子湖，死，恤其家。庚申，贈翟國榮復州團練使，官其二子，立廟復州。壬戌，以錢百萬給郢城屯戍將士。甲子，詔以明年爲德祐元年。乙丑，以章鑑同知樞密院事兼權參知政事，陳宜中簽書樞密院事兼權參知政事。大元兵徇沙洋城，京湖宣撫司遣總管王虎臣援之。丙寅，城破，虎臣與守隘官王大用皆被執。熒惑犯鎭星。大元兵至新城。戊辰，總制黃順出降。己巳，副總制仁寧出降，都統制邊居義力戰，城破，赴火死。知復州翟貴以城降。閩中地震。十一月癸酉，以朱禩孫爲京湖四川宣撫使。丁丑，命沿江制置使趙溍巡江策應，賜錢百萬激賞戰功。戊寅，馬廷鸞力辭浙東安撫使、知紹興府，詔依舊觀文殿大學士、提舉洞霄宮。贈趙文義淸遠軍節度使，與其兄威武軍節度使文亮共立廟揚州，賜名傳忠。庚辰，以陸秀夫爲淮東安撫制置司參議官。壬午，削諸班直溢額人。癸未至乙酉，覆試特奏名士人。丙戌，以王爚爲左丞相，章鑑爲右丞相，並兼樞密使。似道自九月乞命左右丞相，至是從之。以張晏然兼京湖四川宣撫司參議官。乙丑至庚寅，覆試特奏名士人。壬辰至癸巳，如上覆試。甲午，括邸第、戚畹及御前寺觀田，令輸租。丁酉，加安南國王陳日煚寧遠功臣，其子威晃奉正功臣。十二月癸卯朔，命建康府、太平州、池州振避兵淮民，以隆寒勞賜京湖及沿江戍守將士。甲辰，詔淮西四郡水旱，去年屯田未輸之租其勿徵。丁未，提舉興國宮呂師夔請募兵江州，詔知州錢眞孫同募，尙書省以錢米給之。癸丑，大元兵攻陽邏堡，夏貴以兵力守。武定軍都統制王達戰死。乙卯，大元兵夜以偏師乘雪渡靑山磯。丙辰，都統程鵬飛鏖戰，被重創，歸鄂州。都統高邦憲屯馬家渡，棄舟走，被執。大元兵復攻夏貴於陽邏堡，都統制劉成以定海水軍戰死。貴敗，沿江縱兵大掠，歸廬州。朱禩孫將兵至鄂州，聞鄂兵敗，夜奔江陵府。己未，權知漢陽軍王儀以城降。呂文煥以北兵攻鄂州。庚申，程鵬飛及權守張晏然以城降，幕僚張山翁不屈，諸將欲殺之，丞相伯顏曰：「義士也。」釋之。詔錢塘、仁和兩縣民年七十至九十已上者，賜帛及酒米。癸亥，詔似道都督諸路軍馬，以步軍指揮使孫虎臣總統諸軍，所辟官屬皆先命後奏。詔天下勤王。甲子，起李芾爲湖南提刑。乙丑，以高達爲湖北制置使兼安撫、知江陵府。詔邊費浩繁，吾民重困，貴戚釋道田連阡陌，安居暇食，有司嚴其租稅收之。贈王達淸遠軍承宣使。庚午，度宗梓宮發引，至浙江上，峽湖漲絕，江潮失期，日晡不至。程鵬飛以北兵徇黃州，知州陳奕遣人請降於壽昌軍。李庭芝以兵勤王。辛未，命州郡節制駐戍經從兵。

德祐元年春正月癸酉朔，大元兵入黃州。甲戌，陳奕遣人下蘄州，并招其子嚴於安東州。丁丑，知蘄州管景模遣人請降於黃州。戊寅，詔浙東邸第出米減價糶民。壬午，葬度宗於永紹陵。大元兵入蘄州。癸未，似道以呂師夔權刑部尙書、都督府參贊軍事，任中流調遣。乙酉，以陳宜中同知樞密院事兼參知政事。呂師夔、錢眞孫遣人請降於蘄州。丙戌，大元兵徇江州，知安東州陳巖夜遁，邳州降。知壽昌軍胡夢麟寓治於江州，丁亥，自殺。戊子，知南康軍葉閶遣人請降於江州。似道出師。知德安府來興國以城降。夔路安撫張起巖與其將代德攻開州，復取之。己丑，知安慶府范文虎遣人以酒饌如江州迎師。乙未，祔度宗神主於新宮。以孫虎臣爲寧武軍節度使。戊戌，赦京畿罪。池州都統張林遣人請降於江州。大元兵入安慶，范文虎降，通判夏椅仰藥死。是月，知達州鮮汝忠以城降。二月癸卯，似道以宋京爲都督府計議官，使大元軍中。甲辰，以黃萬石爲江南西路制置使。加湖北制置副使高達檢校少保。庚戌，大元兵入池州，權守趙卯發自經死。宋京如軍中請稱臣奉歲幣，不得請而還。辛亥，贈劉成淸遠軍承宣使。乙卯，五郡鎭撫呂文福遣所部淮兵入衞，降詔褒之。丙辰，詔勞賈似道，命都督府歲舉改官如史嵩之故事。己未，加張起巖福州觀察使，弋德以下各轉五官。庚申，虎臣與大元兵戰於丁家洲，敗績，奔魯港。夏貴不戰而去。似道、虎臣以單舸奔揚州，諸軍盡潰。翁應龍以都督府印奔臨安。壬戌，大元兵徇饒州，知州唐震死之，故相江萬里赴水死，通判萬道同以城降。沿江制置大使趙溍、知鎭江府洪起畏、知寧國府趙與可、知隆興府吳益皆棄城遁。知和州王喜以城降。建康都統翁福出迎大元兵。甲子，大元兵至臨江，軍民盡去，知軍鮑廉死之。似道上書請遷都。乙丑，下公卿雜議，王爚言己不能與大計，遂去。張世傑將兵入衞臨安，道饒州，復取之，其將謝元、王海、李旺、袁恩、呂再興皆戰死。江西提刑文天祥起兵勤王。丙寅，以天祥爲江西安撫副使、知贛州，趣入衞。詔募兵。以謝堂爲兩浙鎭撫使，謝至保寧軍節度使，全永堅、謝垕並檢校少保。戊辰，徵兩浙、福建諸郡廂禁兵之半入衞。湖南提刑李芾以兵勤王。知江陰軍鄭端棄城遁，知無爲軍劉權、知太平州孟之縉皆以城降。己巳，大元兵攻嘉定九頂山，都統侯興戰死。以陳宜中知樞密院事兼參知政事，曾淵子同知樞密院事、兩浙安撫制置大使兼知臨安府，文及翁簽書樞密院事，倪普同簽書樞密院事。召王爚爲浙西江東宣撫招撫大使，使居京師以備咨訪。遣大元國信使郝經等歸。庚午，加夏貴開府儀同三司，令以所部兵入衞。令長吏給經過兵民錢米，一切勿征稅。應編配拘鎭人，除僞造關會、彊刼盜、放火者，餘悉縱之。放免浙西公田逋米及諸處見監贓。諸文武官在謫籍者，並放自便，與叙復、改正、放參、親民。加張珏寧遠軍節度使昝萬壽保康軍節度使張世傑和州防禦使令將兵入衞陳宜中乞誅似道詔罷似道平章都督予祠趙與可除名令臨安府捕案之招似道潰兵辛未右丞相章鑑遁三月壬申朔詔復茶鹽市舶法似道諸不恤民之政次第除之以公田給佃主令率其租戶爲兵殿前指揮使韓震請遷都陳宜中殺之震所部兵叛攻嘉會門射火箭至大內急發兵捕之皆散走癸酉都統徐旺榮迎大元兵入建康府鎭江統制石祖忠請降於建康命浙西提刑司準備差遣劉經戍吳江兩浙轉運司準備差遣羅林浙西安撫司參議官張濡戍獨松關山陰縣丞徐玹正將郁天興戍四安鎭起趙淮爲大府寺丞戍銀樹東壩湖北安撫司計議官吳繼明攻通城縣復取之執縣令以歸遣使召章鑑還朝甲戌以似道爲醴泉觀使大元兵至無錫縣知縣阮應得出戰一軍皆没應得赴水死詔發兵戍吳江乙亥發兵戍獨松嶺銅嶺詔諭呂文煥陳奕范文虎使通和議息兵以王爚爲左丞相兼樞密使閩中地復大震丙子下詔罪己以陳宜中爲特進右丞相兼樞密使罷章鑑官予祠侍御史陳過請竄賈似道倂治其黨人翁應龍等不俟報而去監察御史潘文卿季可乞從過所請乃命捕應龍下臨安府獄罷廖瑩中王庭劉良貴游汶朱浚陳伯大董樸貴洪起畏鎭江自效丁丑知滁州王應龍以城降己卯杖翁應龍刺配吉陽軍命王爚陳宜中並都督諸路軍馬加呂文福福州觀察使庚申贈唐震華文閣待制削萬道同三官罷之壬午復吳潛向士璧官知常州趙與鑒聞兵至遁常民錢訔以城降甲申大元兵至西海州知西海州安撫丁順降乙酉知東海州施居文乞降於西海州知平江府潛說友通判胡玉林鎡以城降加張世傑保康軍承宣使總都督府諸軍丙戌知廣德軍令狐槩以城降徙浙西提點刑獄司於平江府張世傑遣其將閻順李存進軍廣德謝洪永進軍平江李山進軍常州丁亥張德以下各轉官有差謝元等贈十官有星二鬭於中天頃之一星隕己丑滁人執王應龍歸於揚州殺之加呂文福保康軍承宣使趣入衞文福至饒州殺使者入江州降大元庚寅左司諫潘文卿右正言季可同知樞密院曾淵子兩浙轉運副使許自浙東安撫王霖龍相繼皆遁簽書樞密院文及翁同簽書樞密院倪普諷臺臣劾己章未上亟出關遁知安東州孫嗣武以城降雨土辛卯命在京文武官並轉兩官其畔官而遁者令御史臺覺察以聞閻順戰安吉縣復取鳳平張濡部曲害大元行人嚴忠範於獨松關執廉希賢至臨安重創死壬辰岳州安撫高世傑軍洞庭中大元兵攻之世傑降癸巳攻岳州總制孟之紹以城降甲午詔褒諭張世傑閻順諸將各轉官有差乙未免安吉縣今年夏田租有戰没者縣令丞恤之丙申顧順攻廣德軍復取之以陳合同簽書樞密院事丁酉贈邊居義利州觀察使戊戌赦邊城降將罪能自拔而歸者錄之復一州者予知州復一縣者予知縣所部僚吏將卒及土豪立功者同賞罷章鑑祠官并奪宰輔恩數曾淵子削兩官奪執政恩數陳過陳堅徐卿孫各削兩官奪侍從恩數趙與鑒追兩官罷之遇赦永不收敘罷許自王霖龍令淮東制置司用標由庚子徙淮東總領所於江陰軍加吳繼明閤門宣贊舍人四月壬寅朔贈趙卯發華文閣待制貶陳過平江府雄江軍統制洪福率衆復鎭巢軍甲辰贈江萬里太師謚文忠輟視朝二日乙巳大元兵入廣德縣知縣王汝翼與寓居官趙時晦率義兵戰斗山路分孟唐老與其二子皆死汝翼被執至建康死之王大用贈三官王虎臣贈兩官官其二子丙午大元兵破沙市城都統孟紀死之監鎭司馬夢求自經死戊申京湖宣撫朱禩孫湖北制置副使高達以江陵降京湖北路相繼皆下張起巖提兵保飛山己酉命劉師勇戍平江府辛亥顧順諸將各轉三官孟唐老贈三官壬子以高斯得簽書樞密院事兼權參知政事總統張敏與大元兵戰豐城死之癸丑贈五官官其一子阮應得贈十官乙卯以福王與芮爲武康寧江軍節度使判紹興府丙辰王爚來令如文彥博故事自朝參起居外並免拜以樞密副使召夏貴提兵入衞丁巳總制霍祖勝攻溧陽縣復取之戊午贈張資眉州防禦使侯興復州團練使乙未文及翁倪普並削一官奪執政恩數潛說友削三官奪侍從恩數庚申令狐槩除名配鬱林州牢城籍其家知金壇縣李成大率義局官含山縣尉胡傳心陽春主簿潘大同濠梁主簿潘大畣進士潘文孫潘應奎攻金壇縣取之鎭江統制侯岩縣尉趙嗣濱復助大元兵來戰成大二子及大同等皆死執成大以歸壬戌大元兵攻眞州知州苗再成宗子趙孟錦率兵大戰於老鸛觜癸亥加知思州田謹賢知播州楊邦憲並復州團練使趣兵入衞有大星自心東北流入濁没乙丑熒惑犯天江提舉太平興國宮常楙請立濟王後丁卯加李庭芝參知政事戊辰詔宜興溧陽民兵助戰有功特免今年田租江陰民被兵其租亦勿收責庚午大元兵至楊子橋揚州都撥發官雷大震出戰死是月常德鼎澧皆降五月辛未朔命宰執日赴朝堂治事旌德縣城守有功免其民今年田租癸酉大元兵至寧國縣知縣趙與禱出戰死甲戌淮安總制李宗榮知慶遠府仇子眞將兵來勤王乙亥加苗再成濠州團練使趙孟錦揚州都統司計議官以洪福知鎭巢軍丁丑詔趙溍統軍民船屯江陰劉師勇攻常州復取之執安撫戴之泰司戶趙必佁總管陸春戰死戊寅淮東兵馬鈐轄阮克己將兵來勤王加左驍騎中郎將己卯加婺州處士何基謚文定王柏承事郎加張珏檢校少保四川制置副使知重慶府庚辰贈雷大震保康軍節度使辛巳加劉師勇濠州團練使其將劉圭以下各轉官有差戊子贈潘大同等官餘有功人並轉兩官辛卯貶潛說友南安軍吳益汀州並籍其家罷李珏送婺州籍呂文煥孟之縉陳奕范文虎家甲午饒信州饑令民入粟補官罷市舶分司令通判任舶事淮東西官民兵各轉一官丙申詔張世傑張彥阮克己仇子眞四道出兵遣使告天地宗廟社稷諸陵宮觀己亥勞軍吳繼明復蒲圻通城崇陽三縣加帶行帶御器械權知鄂州令擇險爲寓治贈鮑廉直華文閣官其一子趙與禱直華文閣六月庚子朔日有食之既晝晦如夜昝萬壽以嘉定及三龜九頂紫雲城降知敘州李演將兵援嘉定府遂解歸戰羊雅江兵敗被執辛丑太皇太后詔削尊號聖福字以應天戒復魏克愚官太學生蕭規唐棣並補承信郎知嘉興府余安裕坐聞兵求去貽書朝中語涉不道削一官送徽州徐卿孫削一官貶吉州命侍從官已上各舉才堪文武者五人餘廷臣各舉三人雖在謫籍亦聽舉之丙午王應麟言開慶之禍始於丁大全請凡大全之黨在謫籍者皆勿宥從之己酉免廣德軍今年田租及諸郡縣未納綱解王應麟繳還章鑑曾淵子錄黃言韓震爲逆二人實芘之且淵子芘翁應龍致有逸罰又嘗竊府庫金以遁庚戌命削鑑一官放歸田里淵子再削一官徙吉州誅翁應龍籍其家辛亥銓試甲寅留夢炎入朝王爚請相夢炎乞以經筵備顧問陳宜中請相夢炎乞祠詔二相毋藉此求閒以爚爲平章軍國重事一月兩赴經筵五日一朝宜中左丞相兼樞密使都督諸路兵夢炎左丞相兼樞密使都督諸路兵乙卯詔求言知敘州郭漢傑以城降丙辰疏决在京罪人免引見戊午知瀘州梅應春以城降己未以李庭芝知樞密院事兼參知政事庚申知富順監王宗義以城降王應麟復繳還曾淵子貶吉州錄黃癸亥貶韶州丙寅吳繼明諸將各轉官有差丁卯朱禩孫除名籍其家秋七月庚午朔江西制置黃萬石移治撫州詔還隆興府辛未張世傑諸軍戰焦山下敗績甲戌徙似道居婺州廖瑩中除名貶昭州王庭除名貶梅州徙曾淵子雷州寧國吏楊義忠率義兵出戰死乙亥贈武功大夫丁丑徙似道建寧府太白入東井庚申加知高郵軍褚一正閤門宣贊舍人知懷遠軍金之才帶御器械知安淮軍高福閤門祗候知泗州譚興閤門宣贊舍人知濠州孫立右衞大將軍賞守邊功壬午太白晝見詔饒州被兵令免今年田租路鈐劉用調兵入靖州知州康玉刼之通判張起岩入殺玉復靖州癸未拘內司局錢餉兵丙戌令權罷公田今年租每石以錢十貫給佃主十貫給種戶其鎭江常州江陰被兵者勿糴庚寅謫似道爲高州團練使貶循州籍其家羅浙西邸第寺觀田米十之三追復皮龍榮官監司郡守避事不即到官者令御史臺覺察以聞辛卯王爚子嗾京學生劉九皐等伏闕上書言宜中擅權黨似道芘趙溍潛說友使門客子弟交通闕節其誤國將甚於似道宜中去遣使四輩名之皆不至謝堂乞罷兩浙鎭撫司不從張世傑乞濟師不報壬辰下劉九皐等臨安獄罷王爚爲醴泉觀使癸巳以夏貴知揚州朱煥知廬州甲午遣使召宜中還朝乙未以陳文龍同簽書樞密院事兼權參知政事通判婺州張鎭孫聞兵遁罷其官貶胡玉連州林鎡韶州並除名沿江招討大使汪立信卒丙申削李珏兩官貶潮州以開慶兵禍追罪史嵩之奪其謚戊戌遣使召宜中還朝八月己亥朔總制毛獻忠將衞州兵入衞辛丑疏決臨安府罪人壬寅右正言徐直方遁加夏貴樞密副使兩淮宣撫大使李芾湖南鎭撫大使總制戴虎破大南砦轉三官加張起巖太府寺丞知靖州劉用以下立功人各轉官有差大元兵駐巴陵縣黃沙乙巳吳繼明復平江縣戊申試太學上舍生己酉拘閻貴妃集慶寺賈貴妃演福寺田還安邊所庚戌劉師勇攻呂城破之癸丑復嘉定七司法丁巳遣使召宜中還朝加張世傑神龍衞四廂都指揮使總都督府諸兵戊午加劉師勇和州防禦使熒惑犯南斗趙淇除大理少卿王應麟封還錄黃言昔內外以寶玉獻似道淇兄弟爲甚己未遂罷之甲子以文天祥爲浙西江東制置使兼知平江府乙丑揚州文武官轉兩官加吳繼明湖北招討使朱旺諸將各轉三官九月己巳陳宜中授觀文殿大學士醴泉觀使兼侍讀左司諫陳景行請令

講官坐講陪宿直從之辛未加田謹賢福州觀察使楊邦憲利州觀察使趣入衞己卯陳宜中乞任海防不允辛巳有事於明堂赦李成大被執不屈死壬午贈五官丙戌命文天祥爲都督府參贊官總三路兵會稽縣尉鄭虎臣部送似道之貶所至漳州殺之大元兵至泰州和州孫虎臣自殺庚寅贈太尉免靖州今年田租辛卯徙李珏梧州乙未劉良貴再削兩官貶信州張彥與大兵戰敗被執以城降冬十月己亥加張世傑沿江招討使劉師勇福州觀察使總統出戍兵壬寅宜中來癸卯玉牒殿災丁未以夢炎爲左丞相宜中爲右丞相並兼樞密使都督城臨安辛亥以張世傑爲沿江制置副使兼知江陰軍兼浙西策應使丁巳太白會填星戊午領戶部材用常楙中書舍人王應麟請立濟王後贈夏椅直秘閣徽紹興府處士陸應月爲史館編校文字壬戌大元兵發建康參政阿剌罕四萬戶總管奧魯赤將右軍出四安鎭趣獨松關參政董文炳范文虎將左軍出江入江陰軍丞相伯顏將中軍入常州熒惑犯壘壁陣癸亥張全尹玉麻士龍援常州士龍戰虞橋死全奔五牧朱煥至廬州貴不內煥歸復以爲淮東制置副使陳合坐匿廖瑩中家貲奪執政恩數甲子尹玉戰五牧死之張全不戰遁丙寅趣趙溍趙與可鄭熇所募兵詣中外官有習兵略者各以書來上是月李世修以江陰降十一月丁卯朔銅關將貝寶胡岩起攻溧水死贈寶武翼郎岩起朝奉郎庚午以陳文龍同知樞密院事兼權參知政事黃鏞同簽書樞密院命諸制司各舉才堪將帥者十人不限偏裨士卒如不隸軍中者許投匭自薦辛未起居舍人曾唯辭官不允去癸酉贈尹玉濠州團練使麻士龍高州刺史免張全朱華臨陳退師罪丁丑詔被俘將士能率衆來歸者以人數補官能立功者予節鉞諸閫以下官以所招人多寡行賞戊寅大元兵破廣德軍己卯破四安鎭正將胡明等死之召文天祥入衞辛巳曾唯削一官免太白犯房壬午大元兵至隆興府黃萬石棄撫州遁轉運判官劉槃以隆興降癸未大元兵破興化縣知縣胡拱辰自殺甲申中書舍人王應麟辭免兼給事中不允大元兵至常州招降不聽攻二日破之屠其城知州姚訔通判陳炤都統王安節皆死劉師勇潰圍奔平江乙酉改宜興縣爲南興軍禮部侍郎陳景行辭官不允去丙戌贈濟王太師尚書令進封鎭王謚昭肅令福王與芮擇後奉祀賜田萬畝丁亥獨松關告急趣文天祥入衞戊子調民兵出守餘杭錢塘

己丑獨松關破馮驥死之張濡遁鄰邑望風皆遁通判平江府鄭曉遁庚寅通判王矩之都統制王邦傑遣人迎降於常州辛卯大元兵趣撫州都統密佑逆戰於璧邪兵敗死之癸巳以張世傑爲浙西制置副使兼知平江府甲午權禮部尚書王應麟遁黃萬石提兵走建昌軍乙未左丞相夢炎遁丙申遣使召夢炎還朝賜餘杭武康長興縣民錢并免今年田租鄭曉降一官罷通判撫州施至道以城降十二月丁酉朔詔許似道歸葬以其祖田廬還之戊戌復趙與可爲都督府參議官放李珏自便己亥贈王汝翼朝奉郎庚子以吳堅簽書樞密院事黃鏞兼權參知政事遣柳岳奉書詣大元軍中稱盇殺廉尚書乞班師修好癸卯以陳文龍爲參知政事兼權知樞密院事賜謝堂同進士出身同知樞密院事甲辰贈姚訔龍圖閣待制其父希得贈太師陳炤直寶章閣馮驥集英殿修撰嘉興府告急給封樁庫錢爲兵備命趙與俍戍縉雲縣復季可官令如龍泉縣募兵乙巳以陳景行爲浙東安撫副使戍處州起方逢辰戍淳安縣丙午追封呂文德和義郡王丁未出安邊封樁庫金付浙東諸郡爲兵備大元兵入平江府起吳君擢爲太府少卿提點臨平民兵遣使召夢炎應麟皆不至戊申張世傑入衞加檢校少保降詔獎諭王爚薨輟視朝二日乙酉括臨安府州縣馬庚戌柳岳還癸丑遣宗正少卿陸秀夫刑部尚書夏士林兵部侍郎呂師孟使軍前詔呂文煥趙孟桂通好己未方興丁廣趙文禮兵皆敗歸庚申以柳岳爲工部侍郎洪儒震爲右正言使燕祈請大元兵破大洪山知隨州朱端履降權吏部尚書丁應奎左侍郎徐宗仁遁癸亥遣使召夢炎不至

德祐二年春正月丁丑朔大元兵自元年十月圍潭州湖南安撫兼知州李芾拒守三月大小戰數十合力盡將破芾闔門死郡人知衡州尹穀亦舉家自焚帥司參議楊霆及幕屬陳億孫顏應焱等皆從芾死守將吳繼明劉孝忠以城降寶慶降通判曾如驥死之陸秀夫等至大元軍中求稱姪納幣不從稱姪孫不從戊辰還太皇太后命用臣禮己巳嘉興守劉漢傑以城降庚午同簽書樞密院事黃鏞參知政事陳文龍遁以謝堂爲兩浙鎭撫大使文天祥知臨安府金永堅浙東撫諭使辛未命吳堅爲左丞相兼樞密使常楙參知政事日午宣麻慈元殿文班止六人諸關兵盡潰遣監察御史劉岊奉表稱臣上大元皇帝尊號曰仁明神武皇帝歲奉銀絹二十五萬乞存境土以奉蒸嘗癸酉左司諫陳孟虎監察御史孔應得遁熒惑犯木星甲戌大元兵至瑞州知州姚岩棄城去乙亥以賈餘慶知臨安府丙子命吉王昰信王昺出鎭丁丑以夏士林簽書樞密院事己卯加全永堅太尉參知政事常楙遁三學生誓死不去特與放釋褐出身以楊亮節爲福州觀察使提舉吉王府行事俞如珪爲環衞官提舉信王府行事大元兵入安吉州知州趙良淳自經死月暈東井庚辰簽書樞密院夏士林遁辛巳祀太乙宮癸未升封吉王昰爲益王判福州福建安撫大使信王昺爲廣王判泉州兼判南外宗正事以留夢炎爲江東西湖南北宣撫大使甲申大元兵至皋亭山遣監察御史楊應奎上傳國璽降其表曰宋國主臣㬎謹百拜奉表言臣眇然幼沖遭家多難權奸似道背盟誤國至勤興師問罪臣非不能遷避以求苟全今天命有歸臣將焉往謹奉太皇太后命削去帝號以兩浙福建江東西湖南二廣兩淮四川見存州郡悉上聖朝爲宗社生靈祈哀請命伏望聖慈垂念不忍臣三百餘年宗祀遽至隕絕曲賜存全則趙氏子孫世世有賴不敢弭忘是夜丞相陳宜中遁張世傑蘇劉義劉師勇各以所部兵去乙酉以文天祥爲右丞相兼樞密使都督丙戌命天祥同吳堅使大元軍賜家鉉翁進士出身簽書樞密院事賈餘慶同簽書樞密院事知臨安府戊子知建德軍方回知婺州劉怡知處州梁椅知合州楊必大皆降是月知臨江軍滕岩瞻遁二月丁酉朔日中有黑子相盪如鵝卵辛丑率百官拜表祥曦殿詔諭郡縣使降大元使者入臨安府封府庫收史館禮寺圖書及百司符印告敕罷官府及侍衞軍壬寅猶遣賈餘慶吳堅謝堂劉岊家鉉翁充祈請使是日大元軍軍錢塘江沙上潮三日不至三月丁丑入朝五月丙申朝於上都降封開府儀同三司瀛國公是月陳宜中等立昰於福州後二年四月昰殂於碙洲陸秀夫等復立衞王昺後二年始平之

贊曰司馬遷論秦趙世系同出伯益夫稷契伯益其子孫皆有天下至於運祚短長亦係其功德之厚薄焉趙宋雖起於用武功成治定之後以仁傳家視秦宜有間矣然仁之敝失於弱卽文之敝失於僿也中世有欲自強以革其敝用乖其方馴致棼擾建炎而後土宇分裂猶能六主百五十年而後亡豈非禮義足以維持君子之志恩惠足以固結黎庶之心歟瀛國四歲卽位而天兵渡江六歲而羣臣奉之入朝漢劉向言孔子論詩至殷士膚敏祼將於京喟然嘆曰大哉天命善不可不傳於後嗣是以富貴無常至哉言乎我皇元之平宋也吳越之民市不易肆世祖皇帝命征南之帥輒以宋祖戒曹彬勿殺之言訓之書曰大哉王言一哉王心我元一天下之本其在於茲

二王者度宗庶子也長建國公昰母淑妃楊氏季永國公昺母修容俞氏度宗崩謝太后召賈似道等入宮議所立衆以爲昰長當立似道主立嫡乃立㬎而封昰爲吉王昺信王德祐二年正月文天祥尹臨安請以二王鎭閩廣不從始命二王出閤大元兵迫臨安宗親復以請乃徙封昰爲益王判福州福建安撫大使昺爲廣王判泉州兼判南外宗正以駙馬都尉楊鎭及楊亮節俞如珪爲提舉大元兵至皋亭山鎭等奉之走婺州丞相伯顏入臨安遣范文虎將兵趣婺召鎭以王還鎭得報卽去曰我將就死於彼以緩追兵亮節等遂負王徒步匿山中七日其將張全以兵數十人始追及之遂同走溫州陸秀夫蘇劉義繼追及於道遣人召陳宜中於清澳宜中來謁復召張世傑於定海世傑亦以所部兵來溫之江心寺高宗南奔時嘗至是有御座在寺中衆相率哭座下奉昰爲天下兵馬都元帥昺副之乃發兵除吏以秀王與擇爲福建察訪使兼安撫知西外宗正趙吉甫知南外宗正兼福建同提刑先入閩中撫吏民諭同姓太皇太后壽遣二宦者以兵八人召王於溫宜中等沉其兵江中遂入閩時汀建諸州方欲從黃萬石降聞是將至卽閉城卻使者萬石將劉俊宋彰周文英輩亦多來歸五月乙未朔宜中等乃立昰於福州以爲宋主改元景炎冊楊淑妃爲太后同聽政封信王昺爲衞王宜中爲左丞相兼都督李庭芝爲右丞相陳文龍劉黻爲參知政事張世傑爲樞密副使陸秀夫爲簽書樞密院事命吳浚趙溍傅卓李珏翟國秀等分道出兵改福州爲福安府溫州爲瑞安府郊赦是日黎明有大聲出府中衆皆驚仆文天祥自鎭江亡歸庚辰以爲右丞相兼知樞密院事遣其將呂武入江淮招豪傑杜滸如溫州募兵廣東經略使徐直諒遣梁雄飛請降於隆興帥府乃假雄飛招討使使徇廣州既而直諒聞昰立命權通判李性道摧鋒軍將黃俊等拒雄飛於石門性道不戰俊戰敗奔廣州直諒棄城遁六月丙子雄飛入廣州諸降將皆授以官俊獨不受遂爲衆所殺吳浚聚兵于廣昌取南豐宜黃寧都三縣翟國秀取秀山傅卓至衢信諸縣民多應之者命文天祥爲同都督七月丁酉進兵南劍州欲取江西是月吳浚兵敗於南豐翟國秀

聞兵至遂引還傳卓兵敗詣江西元帥府降平章阿里海牙破嚴關馬曁退保靜江府八月漳州亂命陳文龍爲閩廣宣撫使以討之甲戌秀王與擇圍婺州丙子聞大兵至遂解歸以王積翁爲福建提刑招捕使知南劍州備禦上三郡黃惶爲同提刑招捕使知漳州備禦下三郡張世傑遣兵助吳浚與元帥李恒戰兜零兵敗奔寧都興化石手軍亂九月復以陳文龍知興化軍東莞人熊飛爲黃世傑守潮惠二州聞趙溍至卽以兵應之攻雄飛於廣州壬寅雄飛遁熊飛遂復韶州新會令曾逢龍亦帥兵至廣州李性道出迎謁飛與逢龍執而殺之衢州守將魏福興出戰福星橋死壬子趙溍入廣州是月招討也的迷失會東省兵於福州元帥呂師夔張榮實將兵入梅嶺十月壬戌朔文天祥入汀州趙溍遣曾逢龍就熊飛禦大軍於南雄逢龍戰死熊飛奔韶州大軍圍韶州守將劉自立以城降飛率兵巷戰兵敗赴水死十有一月參政阿剌罕董文炳將兵至處州李珏以城降甲辰秀王與擇逆戰於瑞安觀察使李世達死之與擇及其弟與慮子孟備監軍趙由璐察訪使林溫被執皆死阿剌罕兵至建寧府執守臣趙崇鐵知邵武軍趙時賞知南劍州王積翁皆棄城去乙巳昰入海癸丑大軍至福安州知州王剛中以城降昰欲入泉州招撫蒲壽庚有異志初壽庚提舉泉州舶司擅蕃舶利者三十年昰舟至泉壽庚來謁請駐蹕張世傑不可或勸世傑留壽庚則凡海舶不令自隨世傑不從縱之歸繼而舟不足乃掠其舟并沒其貲壽庚乃怒殺諸宗室及士大夫與淮兵之在泉者昰移潮州是月福興化皆降英德守臣淩彌堅徐夢得等亦降十二月辛酉朔趙溍棄廣州遁乙丑制置方興亦遁吳浚退走入瑞金戊辰蒲壽庚及知泉州田眞子以城降知興化軍陳文龍嬰城不下乙酉通判曹澄孫以城降文龍被執不屈死昰次甲子門至元十四年正月大軍破汀關癸巳知循州劉興降壬寅吳浚棄瑞金遁鎭撫孔遵入瑞金文天祥走漳州浚尋還汀州降戊申知潮州馬發及其通判戚繼祖降癸丑復來歸丁巳權知梅州錢榮之以城降二月大軍至廣州縣人趙若岡以城降廣東諸郡皆降三月文天祥取梅州陳文龍從子瓚舉兵殺守將林華據興化軍四月文天祥取興國縣廣東制置使張鎭孫襲廣州取之梁雄飛等棄城走韶州五月張世傑將兵取潮州文天祥提兵自梅州出江西入會昌縣淮民張德興亦起兵殺大湖縣丞王德顒據司空山攻下黃州壽昌軍丁巳遇宣慰鄭鼎戰樊口鼎墜水死六月辛酉文天祥取雩都己卯入興國縣七月遣兵取吉贛諸縣圍贛州衡山人趙璠撫州人何時皆起兵應之乙巳張世傑圍泉州遣將高日新復邵武淮兵在福州者欲殺王積翁以應世傑皆爲積翁所戮江西宣慰李恒遣兵援贛州而自將兵入興國八月文天祥諸將兵皆敗乃引兵卽鄒渢於永豐渢兵亦潰己巳熒惑掩月天色赤壬申文天祥兵敗於興國己卯大軍破司空山張德興敗亡走甲申天祥至空坑兵盡潰遂挺身走循州諸將皆被執九月元帥唆都援泉州戊申張世傑歸淺灣左丞塔出將兵入大庾嶺參政也的迷失將兵復取邵武入福州十月甲辰唆都破興化軍陳瓚死之進攻潮州馬發拒之乃去攻惠州十月塔出圍廣州庚寅張鎭孫以城降元帥劉深以舟師攻昰於淺灣昰走秀山陳宜中入占城遂不反十二月丙子昰至井澳颶風壞舟幾溺死遂成疾旬餘諸兵士始稍稍來集死者十四五丁丑劉深追昰至七州洋執俞如珪以歸十五年正月大軍夷廣州城張世傑遣兵攻雷州不克己酉大軍克涪州執守將王明二月大軍破潮州馬發死之三月文天祥取惠州廣州都統凌震轉運判官王道夫取廣州昰欲往居占城不果遂駐碙州遣兵取雷州曾淵子自雷州來以爲參知政事廣西宣諭使四月戊辰昰殂於碙洲其臣號之曰端宗庚午衆又立衞王昺爲主以陸秀夫爲左丞相是月有黃龍見海中五月癸未朔改元祥興乙酉升碙洲爲翔龍縣遣張應科王用取雷州應科三戰皆不利用因降六月丁巳應科再戰雷州遂死之知高州李象祖降己未昺徙居厓山升廣州爲翔龍府己巳有大星東南流墜海中小星千餘隨之聲如雷數刻乃已己卯都元帥張弘範李恒征厓山七月趙與珞與謝明謝富守瓊州阿里海牙遣馬成旺招之與珞率兵拒於白沙口十一月癸巳州民執與珞以降閏月庚戌王道夫棄廣州遁壬戌凌震遁癸亥大軍入廣州十二月壬午王道夫攻廣州兵敗被執凌震兵繼至亦敗文天祥走海豐壬寅被執於五坡嶺震兵又敗於茭塘大軍破南安縣守將李梓發死之十六年正月壬戌張弘範兵至厓山庚午李恒兵亦來會世傑以舟師碇海中棊結巨艦千餘艘中艫外舳貫以大索四周起樓棚如城堞居昺其中大軍攻之艦堅不動又以舟載茅沃以膏脂乘風縱火焚之艦皆塗泥縛長木以拒火舟火不能爇二月戊寅朔世傑部將陳寶降己卯都統張達以夜襲大軍營亡失甚衆癸未有黑氣出山西李恒乘早潮退攻其北世傑以淮兵殊死戰至午潮上張弘範攻其南南北受敵兵士皆疲不能戰俄有一舟檣旗仆諸舟之檣旗遂皆仆世傑知事去乃抽精兵入中軍諸軍潰翟國秀及團練使劉俊等解甲降大軍至中軍會暮且風雨昏霧四塞咫尺不相辨世傑乃與蘇劉義斷維以十餘舟奪港而去陸秀夫走衞王舟王舟大且諸舟環結度不得出走乃負昺投海中後宮及諸臣多從死者七日浮尸出於海十餘萬人楊太后聞昺死撫膺大慟曰我忍死艱關至此者正爲趙氏一塊肉爾今無望矣遂赴海死世傑葬之海濱已而世傑亦自溺死宋遂亡

贊曰宋之亡徵已非一日歷數有歸眞主御世而宋之遺臣區區奉二王爲海上之謀可謂不知天命也已然人臣忠於所事而至於斯其亦可悲也夫

宋史卷四十七考證

瀛國公紀○宋史新編陳宜中等立益王昰於福州進

上帝尊號曰孝恭懿聖皇帝

宋史卷四十八

元　中　書　右　丞　相　總　裁　脫　脫　等　修

天文志第一

天文一　儀象　極度　黃赤道　中星　土圭

夫不言而信天之道也天於人君有告戒之道焉示之以象而已故自上古以來天文有世掌之官唐虞羲和夏昆吾商巫咸周史佚甘德石申之流居是官者專察天象之常變而述天心告戒之意進言於其君以致交脩之儆焉易曰天垂象見吉凶聖人則之又曰觀乎天文以察時變是也然考堯典中星不過正人時以興民事夏仲康之世胤征之篇乃季秋月朔辰弗集于房然後日食之變昉見於書觀其數羲和以俶擾天紀昏迷天象之罪而討之則知先王克謹天戒所以責成於司天之官者豈輕任哉箕子洪範論休咎之徵曰王省惟歲卿士惟月師尹惟日庶民惟星星有好風星有好雨禮記言體信達順之效則以天降膏露先之至於周詩屢言天變所謂旻天疾威敷于下土又所謂雨無其極傷我稼穡正月繁霜我心憂傷以及彼月而微此日而微爗爗震電不寧不令孔子刪詩而存之以示戒也他日約魯史而作春秋則日食星變屢書而不爲煩聖人以天道戒謹後世之旨昭然可觀矣於是司馬遷史記而下歷代皆志天文第以羲和既遠官之世掌賴世以有專門之學焉然其說三家曰周髀曰宣夜曰渾天宣夜先絕周髀多差渾天之學遭秦而滅洛下閎耿壽昌曉出始物色得之故自魏晉以至隋唐精天文之學者犖犖名世豈非難得其人歟宋之初興近臣如楚昭輔文臣如竇儀號知天文太宗之世召天下伎術有能明天文者試隸司天臺匿不以聞者罪論死既而張思訓韓顯符輩以推步進其後學士大夫如沈括之議蘇頌之作亦皆底於幻眇靖康之變測驗之器盡歸金人高宗南渡至紹興十三年始因祕書丞嚴抑之請命太史局重創渾儀自是厥後窺測占候蓋不廢焉爾寧宗慶元四年九月太史言月食於晝草澤上書言食于夜及驗視如草澤言乃更造統天曆命祕書正字馮履參定以是推之民間天文之學蓋有精於太史者則太宗召試之法亦豈徒哉今東都舊史所書天文禎祥日月薄蝕五緯凌犯彗孛飛流暈珥虹霓精祲雲氣等事其言時日災祥之應分野休咎之別視南渡後史有詳略焉蓋東都之日海內爲一人君遇變脩德無或他諉南渡土宇分裂太史所上必謹星野之書且君臣恐懼脩省之餘故於天文休咎之應有不容不縷述而申言之者是亦時勢使然未可以言星翁日官之術有精粗敬怠之不同也今合累朝史臣所錄爲一志而取歐陽脩新唐書五代史記爲法凡徵驗之說有涉於傳會咸削而不書歸於傳信而已矣

儀象

曆象以授四時璣衡以齊七政二者本相因而成故璣衡之設史謂起於帝嚳或謂作於宓犧又云璿璣玉衡乃羲和舊器非舜創爲也漢馬融有云上天之體不可得知測天之事見於經者惟有璣衡一事璣衡者卽今之渾儀也宋王蕃之論亦云渾儀之制置天梁地平以定天體爲四游儀以綴赤道者此謂璣也置望筩橫簫於游儀中以窺七曜之行而知其躔離之次者此謂衡也若六合儀三辰儀與四游儀並列爲三重者唐李淳風所作而黃道儀者一行所增也如張衡祖洛下閎耿壽昌之法別爲渾象置諸密室以漏水轉之以合璿璣所加星度則渾象本別爲一器唐李淳風梁令瓚祖之始與渾儀並用太平興國四年正月巴中人張思訓創作以獻太宗召工造於禁中踰年而成詔置於文明殿東鼓樓下其制起樓高丈餘機隱於內規天矩地下設

地輪地足又爲横輪側輪斜輪定身關中關小關天柱七直神左搖鈴右扣鐘中擊鼓以定刻數每一晝夜周而復始又以木爲十二神各直一時至其時則自執辰牌循環而出隨刻數以定晝夜短長上有天頂天牙天關天指天抱天束天條布三百六十五度爲日月五星紫微宮列宿斗建黃赤道以日行度定寒暑進退開元遺法運轉以水至冬中凝凍遲澁遂爲疎略寒暑無準今以水銀代之則無差失冬至之日日在黃道表去北極最遠爲小寒晝短夜長夏至之日日在赤道表去北極最近爲小暑晝長夜短春秋二分日在兩交春和秋涼晝夜平分寒暑進退皆由於此并著日月象皆取仰視按舊法日月晝夜行度皆人所運行新制成於自然尤爲精妙以思訓爲司天渾儀丞銅候儀司天冬官正韓顯符所造其要本淳風及僧一行之遺法顯符自著經十卷上之書府銅儀之制有九一曰雙規皆徑六尺一寸三分圍一丈八尺三寸九分廣四寸五分上刻周天三百六十五度南北並立置水臬以爲準得出地三十五度乃北極出地之度也以釭貫之四面皆七十二度屬紫微宮星凡三十七坐一百七十有五星四時常見謂之上規中一百一十度四面二百二十度屬黃赤道內外官星二百四十六坐一千二百八十九星近日而隱遠而見謂之中規置臬之下繞南極七十二度除老人星外四時常隱謂之下規二曰游規徑五尺二寸圍一丈五尺六寸廣一寸二分厚四分上亦刻周天以釭貫於雙規巔軸之上令得左右運轉凡置管測驗之法衆星遠近隨天周徧三曰直規二各長四尺八寸闊一寸二分厚四分於兩極之用夾窺管中置關軸令其游規運四曰窺管一長四尺八寸廣一寸二分關軸在直規中五曰平準輪在水臬之上徑六尺一寸三分圍一丈八尺三寸九分上刻八卦十干十二辰二十四氣七十二候於其中定四維日辰正晝夜百刻六曰黃道南北各去赤道二十四度東西交於卯酉以爲日行盈縮月行九道之限凡冬至日行南極去北極一百一十五度故景長而寒夏至日在赤道北二十四度去北極六十七度故景短而暑月有九道之行歲匝十二辰正交出入黃道遠不過六度五星順留伏逆行度之常數也七曰赤道與黃道等帶天之紘以隔黃道去兩極各九十一度强黃道之交也按經東交闕角宿五度少西交奎宿一十四度强日出於赤道外遠不過二十四度冬至之日行斗宿日入於黃道內亦不過二十四度夏至之日行井宿及晝夜分炎涼等日月五星陰陽進退盈縮之常數也八曰龍柱四各高五尺五寸立於平準輪下九曰水臬十字爲之其水平滿北辰正以置四隅各長七尺五寸高三寸半深一寸四隅水平則天地準

唐貞觀初李淳風於浚儀縣古岳臺測北極出地高三十四度八分差陽城九今測定北極高三十五度以爲常準熙寧七年七月沈括上渾儀浮漏景表三議渾儀議曰五星之行有疾舒日月之交有見匿求其次舍經劘之會其法一寓於日冬至之日日之端南者也日行周天而復集於表銳凡三百六十有五日四分日之幾一而謂之歲周天之體日別之謂之度度之離其數有二日行則舒則疾會而均別之曰赤道之度日行自南而北升降四十有八度而迤別之曰黃道之度度不可見其可見者星也日月五星之所由有星焉當度之晝者凡二十有八而謂之舍舍所以絜度度所以生數也度在天者也爲之璣衡則度在器度在器則日月五星可搏乎器中而天無所豫也天無所豫則在天者不爲難知也自漢以前爲曆者必有璣衡以自驗跡其後雖有璣衡而不爲曆作爲曆者亦不復以器自考氣朔星緯皆莫能知其必當之數至唐僧一行改大衍曆法始復用渾儀參實故其術所得比諸家爲多臣嘗歷考古今儀象之法虞書所謂璿璣玉衡唯鄭康成粗記其法至洛下閎製圓儀賈逵又加黃道其詳皆不存于書其後張衡爲銅儀於密室中以水轉之蓋所謂渾象非古之璣衡也吳孫氏時王蕃陸績皆嘗爲儀及象其說以謂舊以二分爲一度而患星辰稠概張衡改用四分而復堆重難運故蕃以三分爲度周丈有九寸五分寸之三而具黃赤道焉績之說以天形如鳥卵小橢而黃赤道短長相害不能應法至劉曜時南陽孔定製銅儀有雙規規正距子午以象天有横規判儀之中以象地有特規斜絡天腹以候赤道南北植幹以法二極其中乃爲游規窺管劉曜太史令晁崇斛蘭皆嘗爲鐵儀其規有六四常定以象地一象赤道其二象二極乃是定所謂雙規者也其制與定法大同唯南北柱曲抱雙規下有縱衡水平以銀錯星度小變舊法而皆不言有黃道疑其失傳也唐李淳風爲圓儀三重其外曰六合有天經雙規金渾緯規金常規次曰三辰轉於六合之內圓徑八尺有璿璣規月游規所謂璿璣者黃赤道屬焉又次曰四游南北爲天樞中爲游筩可以升降游轉别爲月道傍列二百四十九交以攜月游一行以爲難用而其法亦亡其後率府兵曹梁令瓚更以木爲游儀因淳風之法而稍附新意詔與一行雜校得失改鑄銅儀古今稱其詳確至道中初鑄渾天儀于承天監多因斛蘭晁崇之法皇祐中改鑄銅儀于天文院姑用令瓚一行之論而去取交有失得臣今輯古今之說以求數象有不合者十有三事其一舊說以謂今中國於地爲東南當令西北望極星置天極不當中北又曰天常傾西北極星不得居中臣謂以中國規觀之天常北倚可也謂極星偏西則不然所謂東西南北者何從而得之豈不以日之所出者爲東日之所入者爲西乎臣觀古之候天者自安南都護府至浚儀太岳臺纔六千里而北極之差凡十五度稍北不已庸詎知極星之不直人上也臣嘗讀黃帝素書立於午而面子立於子而面午至於自卯而望酉自酉而望卯皆曰北面立於卯而負酉立於酉而負卯至於自午而望南自子而望北則皆曰南面臣始不論其理逮今思之乃常以天中爲北也常以天中爲北則蓋以極星常居中天也素問尤爲善言天者今南北纔五百里則北極輒差一度以上而東西南北數千里間日分之時候之日未嘗不出於卯半而入於酉半則又知天樞既中則日之所出者定爲東日之所入者定爲西天樞則常爲北無疑矣以衡窺之日分之時以渾儀抵極星以候日之出没則常在卯酉之半少北此殆放乎四海而同者何從而知中國之爲東南也彼徒見中國東南皆際海而爲是說也臣以謂極星之果中果非中皆無足論者彼北極之出地六千里之間所差者已如是又安知其茫昧幾千萬里之外邪今直當擬建邦之地人目之所及者裁以爲法不足爲法者宜置而勿議可也其二曰紘平設以象地體今渾儀置于崇臺之上下瞰日月之所出則紘不與地際相當者臣詳此說雖粗有理然天地之廣大不爲一臺之高下有所推遷蓋渾儀考天地之體有實數有準數所謂實者此數即彼數也此移赤彼亦移赤之謂也所謂準者以此準彼此之一分則準彼之幾千里之謂也今臺之高下乃所謂實數一臺之高不過數丈彼之所差者亦不過此天地之大豈數丈足累其高下若衡之低昂則所謂準數者也衡移一分則彼不知其幾千里則衡之低昂當審而臺之高下非所當邮也其三曰月行之道過交則入黃道六度而稍却復交則出於黃道之南亦如之月行周於黃道如繩之繞木故月交而行日之陰則日爲之虧入蝕法而不虧者行日之陽也每月退交二百四十九周有奇然後復會今月道既不能環繞黃道又退交之漸當每日差池今必候月終而頓移亦終不能符會天度當省去月環其候月之出入專以曆法步之其四衡上下二端皆徑一度有半用日之徑也若衡端不能全容日月之體則無由審日月定次欲日月正滿上衡之端不可動移此其所以用一度有半爲法也下端亦一度有半則不然若人目迫下端之東以窺上端之西則差幾三度凡求星之法必令所求之星正當穿之中心今兩端既等則人目游動無因知其正中今以鉤股法求之下徑三分上徑一度有半則兩竅相覆大小略等人目不搖則所察自正其五前世皆以極星爲天中自祖暅以璣衡窺考天極不動處乃在極星之末猶一度有餘今銅儀天樞內徑一度有半乃謬以衡端之度爲率若璣衡端平則極星常游天樞之外璣衡小偏則極星乍出乍入令瓚舊法天樞乃徑二度有半蓋欲使極星游於樞中也臣考驗極星更三月而後知天中不動處遠極星乃三度有餘則祖暅窺考猶爲未審今當爲天樞徑七度使人目切南樞望之星正循北極樞裏周常見不隱天體方正其六令瓚以辰刻十干八卦皆刻於紘然紘平正而黃道斜運常子午之間則日徑度而道促卯酉之際則日迤行而道舒如此辰刻不能無謬新銅儀則移刻於緯四游均平辰刻不失然令瓚天中單環直中國人項之上而新銅儀緯斜絡南北極之中與赤道相直舊法設之無用新儀移之爲是然當側窺如車輪之牙而不當衡規如鼓陶其旁迫狹難賦辰刻而又蔽映星度其七司天銅儀黃赤道與紘合鑄不可轉移雖與天運不符至於窺測之時先以距度星考定三辰所舍復運游儀抵本宿度乃求出入黃道與去極度所得無以異於令瓚之術其法本於晁崇斛蘭之舊制雖不甚精縟而頗爲簡易李淳風嘗謂斛蘭所作鐵儀赤道不動乃如膠柱以考月行差或至十七度少不減十度此正謂直以赤道候月行其差如此今黃赤道度再運游儀抵所舍宿度求之而月行則以月曆每日去極度算率之不可謂之膠也新法定宿而變黃道此定黃道而變宿但可賦三百六十五度而不能具餘分此其爲略也其八令瓚舊法黃道設於月道之上赤道又次月道而璣最處其下每月移一交則黃赤道輒變今當省去月道徙璣於赤道之上而黃道居赤道之下則二道與衡端相迫而星度易審其九舊法規環一面刻周天度一面加銀丁所以施銀丁者

夜候天晦不可目察則以手切之也古之人以璿爲之璿者珠之屬也今司天監三辰儀設齒于環皆不與橫簫會當移列兩旁以便參察其十舊法重機皆廣四寸厚四分其他規軸椎重撲拙不可旋運今小損其制使之輕利其十一古之人知黃道歲易不知赤道之因變也黃道之度與赤道之度相偶者也黃道徙而西則赤道不得獨膠今當變赤道與黃道同法其十二舊法黃赤道平設正當天度掩蔽人目不可占察其後乃別加鑽孔尤爲拙謬今當側置少偏使天度出北際之外自不凌蔽其十三舊法地紘正絡天經之半凡候三辰出入則地際正爲地紘所伏今當徙紘稍下使地際與紘之上際相直候三辰伏見專以紘際爲率自當默與天合又言渾儀製器渾儀之爲器其屬有二相因爲用其在外者曰體以立四方上下之定位其次曰象以法天之運行常與天隨其在內璣衡璣以察緯衡以察經求天地端極三明匿見者體爲之用察黃道降陟辰刻運徙者象爲之用四方上下無所不屬者璣衡爲之用體之爲器爲圓規者四其規之別一曰經經之規二並峙正抵子午若車輪之植二規相距四寸夾規爲齒以別去極之度北極出紘之上三十有四度十分度之八强南極下紘亦如之對銜二釭聯二規以爲一釭中容樞二曰緯緯之規一與經交於二極之中若車輪之倚南北距極皆九十一度强夾規爲齒以別周天之度三曰紘紘之規一上際當經之半若車輪之仆以考地際周賦十二辰以定八方紘之下有趺從一衡一刻溝受水以爲平中溝爲地以受注水四末建趺爲升龍四以負紘凡渾儀之屬皆屬焉龍吭爲綱維之四揵以爲固象之爲器爲圓規者四其規之別一曰璣璣之規二並峙相距如經之度夾規爲齒對銜二釭釭中容樞皆如經之率設之亦如經其異者經膠而璣可旋二曰赤道赤道之規一刻璣十分寸之三以銜赤道赤道設之如緯其異者緯膠於經而赤道銜於璣有時而移度穿一竅以移歲差三曰黃道黃道之規一刻赤道十分寸之二以銜黃道其南出赤道之北際二十有四度其北入赤道亦如之交於奎角度穿一竅以銅編屬於赤道歲差盈度則并赤道徙而西黃赤道夾規爲齒以別均迤之度璣衡之爲器爲圓規二曰璣對峙相距如象璣之度夾規爲齒皆如象璣其異者象璣對銜二釭而璣對銜二樞貫于象璣天經之釭中三物相重而不相膠爲間十分寸之三無使相切所以利旋也爲橫簫二兩端夾樞屬于璣其中挾衡爲橫一棲於橫簫之間中衡爲鞬以貫橫簫兩末入于璣之罅而可旋璣可以左右以察四方之祥衡可以低昂以察上下之祥浮漏議曰播水之壺三而受水之壺一曰求壺廢壺方中皆圓尺有八寸尺有四寸五分以深其食二斛爲積分四百六十六萬六千四百六十曰復壺如求壺之度中離以爲二元一斛介八斗而中有達曰建壺方尺植三尺有五寸其食斛有半求壺之水復壺之所求也壺盈則水馳壺虛則水凝復壺之脇爲枝渠以爲水節求壺進水暴則流怒以搖復以壺又折以爲介復爲枝渠達其濫溢枝渠之委所謂廢壺也以受廢水三壺皆所以播水爲水制也自復壺之介以玉權釃于建壺建壺所以受水爲刻者也建壺一易箭則發上室以瀉之求復建壺之泄皆欲迫下水所趣也玉權下水之槩寸矯而上之然後發則水撓而不躁也復壺之達半求壺之注玉權半復壺之達枝渠博皆分高如其博平方如砥以爲水槩壺皆爲之冪無使穢遊則水道不慧求壺之冪龍紐以其出水不窮也復壺士紐士所以生法者復壺制法之器也廢壺鯢紐止水之潘鯢所伏也銅史令刻執漏政也冬設熅燎以澤凝也注水以龍噣直頸附于壺體直則易浚附于壺體則難敗復壺玉爲之喙銜于龍噣謂之權所以權其盈虛也建壺之執窒旗塗而彌之以重帛窒則不吐也管之善利者水所洩也非玉則不能堅良以久權之所出高則源輕源輕則其委不悍而洩物不利箭不效於璣衡則易權洗箭而改畫覆以璣衡謂之常不弊之術今之下漏者始嘗甚密久復先大者管泐也管泐而器皆弊者無權也弊而不可復壽者術固也察日之晷以璣衡而制箭以日之晷跡一刻之度以賦餘刻刻有不均者建壺有眚也贅者磨之釖者補之百刻一度其壺乃善晝夜已復而箭有餘才者權鄙也晝夜未復而壺吐者權沃也如是則調其權此制器之法也下漏必用甘泉惡其垽之爲壺眚也必用一源泉之冽者權之而重重則敏於行而爲箭之情慓泉之鹵者權之而輕輕則椎於行而爲箭之情驁一井不可他汲數汲則泉濁陳水不可再注再注則行利此下漏之法也箭一如建壺之長廣寸有五分三分去二以爲之厚其陽爲百刻爲十二辰博牘二十有一如箭之長廣五分去半以爲之後陽爲五更爲二十有五籌陰刻消長之衰三分箭之廣其中刻契以容牘夜算差一刻則因箭而易牘鎩匏箭舟也其虛五升重一鎰有半鍛而赤柔者金之美者也然後漬而不墨墨者其久必蝕銀之有銅則墨銅之有錫則屑特銅久濟則腹敗而飲皆工之所不材也景表議曰步景之法惟定南北爲難古法置槷爲規識日出之景與日入之景晝參諸日中之景夜考之極星極星不當天中而候景之法取晨夕景之最長者規之兩表相去中折以參驗最短之景爲日中然測景之地百里之間地之高下東西不能無偏其間又有邑屋山林之蔽倘在人目之外則與濁氛相雜莫能知其所蔽而濁氛又繫其日之明晦風雨人間烟氣塵坌變作不常臣在本局候景入濁出濁之節日日不同此又不足以考見出沒之實則晨夕景之短長未能得其極數參考舊聞別立新術候景之表三其崇八尺博三寸三分殺一以爲厚者圭首剡其南使偏鋭其趺方厚各二尺環趺刻渠受水以爲準以銅爲之表四方志墨以爲中刻之綴四繩垂以銅丸各當一方之墨先約定四方以三表南北相重令趺相切表別相去二尺各使端直四繩皆附墨三表相去左右上下以度量之令相重如一自日初出則量西景三表相去之度又量三表之端景之所至各別記之至日欲闕入候東景亦如之長短同相去之疎密又同則以東西景端隨表景規之半所以求最短之景五者皆合則半折最短之景爲北表南墨之下爲南東西景端爲東西五候一有不合未足以爲正既得四方則惟設一表方首表下爲石席以水平之植表于席之南端席廣三尺長如九服冬至之景自表趺刻以爲分分積爲寸寸積爲尺爲密室以棲表當極爲霤以下午景使當表端副表并趺崇四寸趺博二寸厚五分方首剡其南以銅爲之凡景表景薄不可辨即以小表副之則景墨而易度元祐間蘇頌更作者上寘渾儀中設渾象旁設昏曉更籌激水以運之三器一機腸合躔度最爲奇巧宣和間又嘗更作之而此五儀者悉歸于金中興更謀制作紹興三年正月工部員外郎袁正功獻渾儀木樣太史局令丁師仁始請募工鑄造且言東京舊儀用銅二萬餘請折半用八千斤有奇已而不就蓋在廷諸臣罕通其制度者乃召蘇頌子攜取頌遺書考質舊法而攜亦不能通也至十四年闕乃命宰臣秦檜提舉鑄渾儀而以內侍邵諤專領其事久而儀成三十二年始出其二寘太史局而高宗先自爲一儀寘諸宮中以測天象其制差小而邵諤所鑄蓋祖是焉後在鐘鼓院者是也清臺之儀後其一在祕書省按儀制度表裏凡三重其第一重曰六合儀陽經徑四尺九寸六分闊三寸二分厚五分南北正位兩面各列周天度數南北極出入地皆三十一度少度闊三分陰緯單環大小如陽經闊三寸二分厚一寸八分上置水平池闊九分深四分沿環通流亦如舊制內外八幹十二枝畫艮巽坤乾卦於四維第二重曰三辰儀徑四尺三分闊二寸二分厚五分釭釧刻畫如陽經赤道單環徑四尺一寸四分闊一寸徑二分厚五分上列二十八宿均天度數闊二分七釐黃道單環徑四尺一寸四分闊一寸二分厚五分上列七十二候均分卦策與赤道相交出入各二十四度弱百刻單環徑四尺五寸六分闊一寸二分厚五分上列晝夜刻數第三重曰四游儀徑三尺九寸闊一寸九分厚五分釭釧刻畫如璿璣度闊二分半望筩長三尺六寸五分內圓外方中通孔竅四面闊一寸四分七釐竅眼闊三分夾竅徑五尺三分鼇雲以負龍柱龍柱各高五尺二寸十字平水臺高一尺一寸七分長五尺七寸闊五寸二分水槽闊七分深一寸二分若水運之法與夫渾象則不復設其後朱熹家有渾儀頗考水運制度卒不可得蘇頌之書雖在大抵於渾象以爲詳而其尺寸多不載是以難遽復云舊制有白道儀以考月行在望筩之旁自熙寧沈括以爲無益而去之南渡更造亦不復設焉

極度

極度極星之在紫垣爲七曜三垣二十八宿衆星所拱是謂北極爲天之正中而自唐以來曆家以儀象考測則中國南北極之正實去極星之北一度有半此蓋中原地勢之度數也中興更造渾儀而太史令丁師仁乃言臨安府地勢向南於北極高下當量行移易局官吕璨言渾天無量行更易之制若用於臨安與天參合移之他往必有差忒遂罷議後十餘年邵諤鑄儀則果用臨安北極高下爲之以清臺儀校之實去極星四度有奇也

黃赤道

黃赤道占天之法以二十八宿爲綱維分列四方南北去極各九十有一度有奇南低而北昂去地各三十有六度一定不易者名之曰赤道以日躔半在赤道內半在赤道外出入內外極遠者皆二十有四度以其行赤道之中者名之曰黃道凡五緯皆隨日由黃道行惟月之行有九道四時交會歸於黃道而轉變焉故有青黑白赤四者之異名夫赤道終古不移則星舍宜無盈縮矣然自唐一行作大衍曆以儀揆測之得畢觜參鬼四

宿分度與古不同皇祐初日官周琮以新儀測候與唐一行尤異紹聖二年清臺以赤道度數有差復命考正惟牛室尾柳四宿與舊法合其他二十四宿躔度或多或寡蓋天度之不齊古人特紀其大綱後世漸極於精密也若夫黃道橫絡天體列宿躔度自隨歲差而增減中興以來用統元紀元及乾道淳熙開禧統天會元每一曆更一黃道其多寡之異有不可勝載者而步占家亦隨各曆之躔度焉

中星

中星四時中星見於堯典蓋聖人南面而治天下卽日行而定四時虛鳥火昴之度在天夷隩析因之候在人故書首載之以見授時爲政之大也而後世考驗冬至之日堯時躔虛至於三代則躔于女春秋時在牛至後漢永元已在斗矣大畧六十餘年輒差一度開禧占測已在箕宿校之堯時幾退四十餘度蓋自漢太初至今已差一氣有餘而太陽之躔十二次大約中氣前後乃得本月宮次蓋太陽日行一度近歲紀元曆定歲差約退一分四十餘秒蓋太陽日行一度而微遲緩一年周天而微差積累分秒而躔度見焉曆家考之萬五千年之後所差半周天寒暑將易位世未有知其說者焉

土圭

土圭周官大司徒以土圭之法正日景以求地中而馮相氏春夏致日秋冬致月以辨四時之敘漢之造曆必先定東西立晷儀唐詔太史測天下之晷蓋校定日景推驗氣節必先乎此也宋朝測景在浚儀之岳臺崇寧間姚舜輔造紀元曆求岳臺晷景冬至後初限六十二日二十二分蓋立八尺之表俟圭尺上正八尺之景去冬至多寡日辰立爲初限用減二至得一百二十日四十二分爲夏至後初限以爲後法蓋冬至之景長短實與歲差相應而地里遠近古今亦不同焉中興後清臺亦立晷圭如汴京之制冬至必測驗焉統天曆開禧曆亦皆以六十二日數分爲冬至初限而議者謂臨安之晷景當與岳臺異或謂當立八尺之表俟圭景上八尺之景在四十九日有奇當用四十九日五分爲臨安冬至後初限用減二至限得一百三十三日有奇爲夏至後初限參合天道其法爲密焉然土圭之法本以致日景求地中而表景不應災祥繫焉占家知之而亦不能知其所以然也

宋史卷四十八考證

天文志一宋王蕃之論亦云○臣召南按宋字係吳字之訛王蕃是孫吳中常侍其言渾天儀卽羲和之舊謂之璣衡屢見前史志中

七日赤道與黃道等帶天之紭○紭當作紘

東交角宿五度少○交字下旁注闕字臣召南按文義此句正對下句西交奎宿一十四強無闕文也舊本每於無闕文處作闕文何也

當度之晝者凡二十有八○臣召南按晝字係畫字之訛每宿有距度之星卽畫也刊本相沿脫一筆耳

然當側窺如車輪之牙○側窺當作側規玩下文可見

宋史卷四十九

元 中書右丞相總裁脫脫等修

天文志第二

天文二 紫微垣 太微垣 天市垣

紫微垣

紫微垣東蕃八星西蕃七星在北斗北左右環列翊衛之象也一曰大帝之坐天子之常居也主命主度也東蕃近閶闔門第一星爲左樞第二星爲上宰第三星曰少宰四星曰上弼一曰上輔五星爲少弼一曰少輔六星爲上衛七星爲少衛八星爲少丞或曰上丞其西蕃近閶闔門第一星爲右樞第二星爲少尉第三星爲上輔第四星爲少輔第五星爲上衛第六星爲少衛第七星爲上丞其占欲均明大小有常則內輔盛垣直天子自將出征門開兵起宮垣兩蕃正南開如門曰閶闔有流星自門出四野者當有中使銜命視其所往分野論之不依門出入者外蕃國使也太陰歲星犯紫微垣有喪太白辰星犯之改世熒惑守宮君失位客星守有不臣國易政國皇星兵彗星犯有異王立流星犯之爲兵喪水旱不調使星入北方兵起石氏云東西兩蕃總十六星西蕃亦八星一右樞二上尉三少尉四上輔五少輔六上衛七少衛八少丞上宰一星上輔二星三公也少宰一星少輔二星三孤也此三公三孤在朝者也左右樞上少丞疑丞輔弼四鄰之謂也尉二星衛四星六軍大副尉四衛將軍也

北極五星在紫微宮中北辰最尊者也其紐星爲天樞天運無窮三光迭耀而極星不移故曰居其所而衆星共之樞心在天心四方去極各九十一度賈逵張衡蔡邕王蕃陸績皆以北極紐星之樞是不動處在紐星末猶一度有餘今清臺則去極四度半第一星主月太子也二星主日帝王也亦太一之坐謂最赤明者也第三星主五行庶子也乾象新書曰第三星主五行第四星主諸王第五星爲後宮闕云北極五星初一曰帝次二曰后次三曰妃次四曰太子次五曰庶子四曰太子者最赤明者也後四星勾曲以抱之者帝星也太公望以爲北辰以爲耀魄寶以爲帝極者是也或以勾陳口中一星爲耀魄寶者非是北極中星不明主不用事右星不明太子憂左星不明庶子憂明大動搖主好出游色青微者凶客星入爲兵喪彗星入爲易位流星入兵起地動

北斗七星在太微北杓攜龍角衡殷南斗魁枕參首是爲帝車運於中央臨制四海以建四時均五行移節度定諸紀乃七政之樞機陰陽之元本也魁第一星曰天樞正星主天又曰樞爲天主陽德天子象其分爲秦漢志主徐州天象占曰天子不恭宗廟不敬鬼神則不明變色二曰璇法星主地又曰璇爲地主陰刑女主象其分爲楚漢志主益州天象占曰若廣營宮室妄鑿山陵則不明變色三曰璣爲人主火爲令星主中禍其分爲梁漢志主冀州若王者不恤民驟征役則不明變色四曰權爲時主水爲伐星主天理伐無道其分爲吳漢志主荊州若號令不順四時則不明變色五曰玉衡爲音主土爲殺星主中央助四方殺有罪其分爲燕漢志主兗州若廢正樂務淫聲則不明變色六曰闓陽爲律主木爲危星主天倉五穀其分爲趙漢志主揚州若不勸農桑峻刑法退賢能則不明變色七曰搖光爲星主金爲部星爲應星主兵其分爲齊漢志主豫州王者聚金寶不修德則不明變色又曰一至四爲魁魁爲璇璣五至七爲杓杓爲玉衡是爲七政星明其國昌第八曰弼星在第七星右不見漢志主幽州第九曰輔星在第六星左常見漢志主并州晉志輔星傅乎闓陽所以佐斗成功丞相之象也其色在春青黃在夏赤黃在秋爲白黃冬爲黑黃變常則國有兵殃明則臣強斗旁欲多星則安斗中星少則人恐太陰犯之爲兵喪大赦白暈貫三星王者惡之星孛于北斗主危彗星犯爲易主流星犯主客兵客星犯爲兵五星犯之國亂易主

按北斗與輔星爲八而漢志云九星武密及楊維德皆采用之史記索隱云北斗星間相去各九千里其二陰星不見者相去八千里而丹元子步天歌亦云九星漢書必有所本矣

勾陳六星在紫宮中五帝之後宮也太帝之正妃也大帝之帝居也樂緯曰主後宮巫咸曰主天子護軍荊州占主大司馬或曰主六軍將軍或曰主三公三師爲萬物之母六星比陳象六宮之化其端大星曰元始餘星乘之曰庶妾在北極配六輔甘氏曰勾陳在辰極左是爲鈞陳衛六軍將軍或以爲後宮非是勾陳口中一星爲陽德天皇大帝內坐或卽以爲天皇大帝非是其占色不欲甚明明卽女主惡之星盛則輔強主不用諫佞人在側則不見客星入之色蒼白將有憂白爲立將赤黑將死客星出而色赤戰有功守之後宮有使女欲謀彗星犯之后宮有謀近臣憂流星入爲迫主青氣入大將憂

天皇大帝一星在勾陳口中其神曰耀魄寶主御羣靈執萬神圖大人之象也客星犯之爲除舊布新彗孛犯大臣叛流星犯國有憂雲氣入之潤澤吉黃白氣入連大帝坐臣獻美女出天皇上者改立王

四輔四星又名四弼在極星側是曰帝之四鄰所以輔佐北極而出度授政也去極星各四度闕云四輔一名中斗或以爲後宮非是武密曰光浮而動凶明小吉暗則不理客星犯之大臣憂彗孛犯權臣死流星犯大臣黜黃白氣入四輔有喜白氣入相失位

五帝內坐五星在華蓋下設敘順帝所居也色正吉變色爲災客星犯紫宮中坐占爲大臣犯主彗孛犯之民饑大臣憂三年有兵起流星犯爲兵起臣叛出爲有誅戮雲氣入色黃太子卽位期六十日赤黃人君有異

六甲六星在華蓋杠旁主分陰陽配節候故在帝旁所以布政教授農時也明則陰陽和不明則寒暑易節星亡水旱不時客星犯之色赤爲旱黑爲水白則人多疫彗孛犯女主出政令流星犯爲水旱術士誅雲氣犯色黃術士興蒼白史官受爵

柱史一星在北極東主記過左右史之象一云在天柱前司上帝之言動星明爲史官得人不明反是客星犯之史官有黜者彗孛犯太子憂或百官黜流星犯君有咎雲氣犯色黃史有爵祿蒼白氣入左右史死

女史一星在柱史北婦人之微者主傳漏

天柱五星在東垣下一云在五帝左稍前主建政教一曰法五行主晦朔晝夜之職明正則吉人安陰陽調不然則司歷過客星犯之國中有賊彗孛犯宗廟不安君憂一曰三公當之雲氣赤黃君喜黑三公死

女御四星在大帝北一云在勾陳腹一云在帝坐東北御妻之象也星明多內寵客星犯之後宮有誅一云自戮孛彗犯後宮有誅流星犯後宮有　出者一云外國進美女雲氣化黃爲後宮有子喜蒼白多病

尚書五星在紫微東蕃內大理東北晉志在東南維一云在天柱右稍前主納言夙夜咨謀龍作納言之象彗孛犯之官有叛或太子憂流星若出則尚書出使犯之諫官黜八坐憂雲氣入黃爲喜黃而赤尚書出鎮黑尚書有坐罪者

大理二星在宮門左一云在尚書前主平刑斷獄明則刑憲平不明則獄有寃酷客星犯之貴臣下獄色黃赦

白受戮，赤黃無罪，守之則刑獄寃滯或刑官有黜，彗犯獄官憂，流星占同，雲氣入黃白爲赦，黑法官黜。

陰德二星巫咸圖有之，在尚書西，甘氏云陰德外坐在尚書右，陽德外坐在陰德右，太陰太陽入垣翊衛也。天官書則以前列直斗口三星隨北耑銳若見若不見曰陰德，謂施德不欲人知也。主周急振撫，明則立太子或女主治天下，客星犯之爲旱饑，守之發粟振給，彗孛犯後宮有逆謀，流星犯君令不行，雲氣入黃爲喜，青黑爲憂。

天牀六星在紫微垣南門外，主寢舍解息燕休，一曰在二樞之間，備幸之所也。陶隱居云傾則天王失位，客星入宮中有刺客或內侍憂，彗孛犯之主憂大臣失位，流星犯后妃叛，女主立或人君易位，雲氣入色黃天子得美女後宮喜有子，蒼白主不安，青黑憂，白凶。

華蓋七星杠九星如蓋有柄下垂以覆大帝之坐也，在紫微宮臨勾陳之上，正吉傾則凶，客星犯之王室有憂兵起，彗孛犯兵起國易政，流星犯兵起宮內以赦解之，貫華蓋三公災，雲氣入黃白主喜，赤黃侯王喜。

傳舍九星在華蓋上近河，賓客之館，主北使入中國，客星犯邦有憂，一曰客星守之備姦使，亦曰北地兵起，彗孛犯守之亦爲北兵，黑雲氣入北兵侵中國。

八穀八星在華蓋西五車北，一曰在諸王西，武密曰主候歲豐儉，一稻二黍三大麥四小麥五大豆六小豆七粟八麻，甘氏曰八穀在宮北門之右，司親耕司候歲司尚食，星明吉，一星亡一穀不登，八星不見大饑，客星入穀貴，彗星入爲水，黑雲氣犯之八穀不收。

內階六星在文昌東北，天皇之階也，一曰上帝幸文館之內階也，明吉，傾動憂，彗孛客流星犯之人君遜避之象。

文昌六星在北斗魁前紫微垣西，天之六府也，主集計天道，一曰上將大將軍建威武，二曰次將尚書正左右，三曰貴相大常理文緒，四曰司祿司中司隸賞功進，五曰司命司怪太史主滅咎，六曰司寇大理佐理寶，所謂一者起北斗魁前近內階者也。明潤色黃大小齊天瑞臻四海安，青黑微細則多所殘害，動搖三公黜，月暈其宿大赦，歲星守之兵起，熒惑守之將凶，太白守入兵與，塡星守國安，客星守大臣叛，彗孛犯大亂，流星犯宮內亂。

三公三星在北斗杓南及魁第一星西，一云在斗柄東，爲太尉司徒司空之象，在魁西者名三師，占與三公同，皆主宣德化調七政和陰陽之官也。移徙不吉，居常則安，一星亡天下危，二星亡天下亂，三星不見天下不治，客星犯三公憂，彗孛及流星犯之三公死。

天牢六星在北斗魁下，貴人之牢也，主繩愆禁暴，甘氏云賤人之牢也。月暈入多盜，熒惑犯之民相食國有敗兵，太白歲星守國多犯法，客星彗星犯之三公下獄或將相憂，流星犯之有赦宥之令。

勢四星在太陽守西北，一曰在璣星北，勢腐刑人也，主助宣王命，內常侍官也，以不明爲吉，明則閹人擅權。

天理四星在北斗魁中，貴人之牢也，星不欲明，其中有星則貴人下獄，客星犯多獄，彗孛犯之國危，赤雲氣犯之兵大起將相行兵。

相一星在北斗第四星南，總百司集衆事掌邦典以佐帝王，一曰在中斗文昌之南，在朝少師行大宰者，明吉暗凶，亡則相黜。

太陽守一星在相星西北斗第三星西南，大將大臣之象，主設武備以戒不虞，一曰在下臺北，太尉官也，在朝少傅行大司馬者，明吉暗凶，客彗孛犯之爲易政，將相憂兵亂，雲氣入黃爲喜，蒼將死，赤大臣憂。

內廚二星在紫微垣西南外，主六宮之內飲食及后妃夫人與太子燕飲，彗孛或流星犯之飲食有毒。

天廚六星在扶筐北，一曰在東北維外，主盛饌，今光祿廚也，星亡則饑，不見爲凶，客星流星犯之亦爲饑。

天一一星在紫微宮門右星南，天帝之神也，主戰鬬知吉凶，明則陰陽和萬物盛人君吉，亡則天下亂，客星犯五穀貴，彗孛犯之臣叛，流星犯兵起民流，雲氣犯黃君臣和，黑宰相黜。

大一一星在天一南相近一度，亦天帝神也，主使十六神知風雨水旱兵革饑饉疾疫災害所在之國也，明吉暗凶，離位有水旱，客星犯兵起民流火災水旱饑饉，彗孛犯兵喪，流星犯宰相史官黜，雲氣犯黃白百官受賜，赤爲兵旱，蒼白民多疫。

天槍三星在北斗杓東，一曰天鉞，天之武備也，故在紫微宮左右，所以禦難也，明吉，暗小兵敗，芒角動兵起，客星彗星流星犯皆爲兵饑。

天棓五星在女牀北，天子先驅也，主分爭與刑罰藏兵，亦所以禦難備非常也，一星不具其國兵起，明有憂，細微吉，客星入兵喪，彗星守兵起，流星犯諸侯多爭，雲氣犯蒼白黑爲凶。

天戈一星又名玄戈，在招搖北，主北方，芒角動搖則北兵起，客星守之北兵敗，彗孛流星犯之占同，雲氣犯黑爲北兵退，蒼白北人病。

太尊一星在中臺北，貴戚也，不見爲憂，客彗流星犯之並爲貴戚將敗之徵。

按步天歌載中宮紫微垣經星常宿可名者三十五坐，積數一百六十有四，而晉志所載太尊天戈天槍天棓皆屬太微垣，八穀八星在天市垣，與步天歌不同。

太微垣

太微垣十星，志曰南宮朱鳥權衡，晉志曰天子庭也，五帝之坐也，十二諸侯之府也，其外蕃九卿也，一曰太微爲衡，衡主平也，又爲天庭，理法平辭，監升授德，列宿受符，諸神考節，舒情稽疑也。南蕃中二星間曰端門，東曰左執法，廷尉之象，西曰右執法，御史大夫之象，執法所以舉刺凶邪。左執法東左掖門也，右執法西右掖門也。東蕃四星，南第一曰上相，其北東太陽門也，第二曰次相，其北中華東門也，第三曰次將，其北東太陰門也，第四曰上將，所謂四輔也。西蕃四星，南第一曰上將，其北西太陽門也，第二曰次將，其北中華西門也，第三曰次相，其北西太陰門也，第四曰上相，亦曰四輔也。漢志環衞十二星，蕃臣西將東相，南四星執法中端門左右掖門。乾象新書十星東西各五在翼軫北，其西蕃北星爲上相，南門右星爲右執法，東西蕃有芒及動搖者諸侯謀上，執法移刑罰尤急，月五星入太微軌道吉，其所犯中坐成刑。月犯太微垣輔臣惡之，又君弱臣強四方兵不制，犯執法，海中占云將相有免者，期三年，月入東西門左右掖門而南出端門有叛臣君憂，入西門出東門君憂大臣假主威，月中犯乘守四輔爲臣失禮輔臣有誅，月暈天子以兵自衞，一月三暈太微有赦，月食太微大臣憂王者惡之。歲星入有赦，犯之執法臣有憂，入東門天下有急兵，守之將相執法憲臣死，入端門守天庭大禍至，入南門出東門旱，入南門逆出西門國有喪，逆行入東門出西門國破亡。塡星熒惑犯之逆行入爲兵喪，犯上將上將憂，守端門國闕亡或三公謀上有戮臣，犯西上將天子戰于野上相死，入大微色白無芒天下饑，退行不正有大獄，犯太微門左右將死，入天庭在屏星南出左掖門左將死，右掖門右將死，直出端門無咎，入太微凌犯留止爲兵，入二十日廷尉當之，留天庭十日有赦，犯太微東南陬歲饑執法大臣憂，犯上相大臣死。塡星犯入太微有德令，女主執政，若逆行執法守之有憂，守太微國破，守西蕃王者憂。太白犯入太微爲兵大臣相殺，留守有兵喪，與塡星犯太微中王者惡之，入右掖門從端門出貴人奪勢，晝見太微國有兵喪，月掩太白于端門外國受兵。辰星犯太微天子當之有內亂，入天庭後宮憂大水，守左右執法入兵起有赦，入西門後宮災大水，入西門出東門爲兵喪水災。客星犯入太微色黃白天子喜，出入端門國有憂，左掖門旱，右掖門國亂，出天庭有苛令兵起，入太微三十日有赦，犯四輔輔臣凶。彗星犯太微天下易，出太微宮中憂火災，犯執法執法者黜，犯天庭王者有立，孛于翼近太微上將爲兵喪，孛于西蕃主革命，孛五帝亡國殺君。流星出太微大臣有外事，出南門甚衆貴人有死者，縱橫太微宮主弱臣強，由端門入翼光照地有聲有立主。雲氣出入色微青君失位，青白黑雲氣入左右掖爲喪，出無咎，赤氣入東掖門內起兵，黃白雲氣入太微垣人主喜年壽長，入左右掖門天子有德令，黑及蒼白氣入天子憂，出則無咎，黑氣如蛇入垣門有喪。

內五帝坐五星內一星在太微中，黃帝坐，含樞紐之神也，天子動得天度，止得地意，從容中道則明以光，不明則人主當求賢以輔法，不則奪勢。四帝星夾黃帝坐，四方各去二度，東方蒼帝靈威仰之神也，南方赤帝赤熛怒之神也，西方白帝白招拒之神也，北方黑帝叶光紀之神也。黃帝坐明天子壽威令行，小則反是，勢在臣下，若亡大人當之。月出坐北禍大，出坐南禍小，出近之大臣誅或饑，犯黃帝坐有亂臣，抵帝坐有土功事，月暈帝坐有赦，海中占月犯帝坐人主惡之。五星守黃帝坐大人憂，熒惑太白入有強臣，歲星犯有非其主立，熒惑犯兵亂，入天庭至帝坐有赦，太白入之兵在宮中，塡逆行守黃帝坐亡君之戒，五星入色白爲亂。客星色黃白抵帝坐臣獻美女，彗星入宮亂，抵帝坐或如粉絮兵喪並起，流星犯之大臣憂，抵四帝坐輔臣憂人多死，蒼白氣抵帝坐天子有喪，青赤近臣欲謀其主，黃白天子有子孫喜。月犯四帝天下有喪諸侯有憂，五星犯四帝爲憂。

太子一星在帝坐北，帝儲也，儲有德則星明潤，雲氣入黃爲喜，黑爲憂，太白熒惑客星流星守犯皆爲憂，一云金火守之或入太子不廢則爲篡逆之事。

內五諸侯五星在九卿西，內侍天子不之國也，乾象新書在郎位南，辟雍禮得則星明，亡則諸侯黜。

從官一星在太子北，侍臣也，以不見爲安，一曰不見則帝不安，如常則吉。

幸臣一星在帝坐東北常侍太子以暗爲吉新書在太子東青赤氣入之近臣謀君不成

內屏四星在端門內近右執法屏者所以擁蔽帝庭也

左右執法各一星在端門兩旁左爲廷尉之象右爲御史大夫之象主舉刺凶姦君臣有禮則光明潤澤乾象新書在中台南明則法令平月五星及客星犯守則君臣失禮輔臣黜熒惑太白入爲兵流星犯之尚書憂

郞位十五星在帝坐東北一曰依烏郞府也周之元士漢之光祿中散諫議議郞郞中是其職主衞守也其星不具后妃災幸臣誅星明大或客星入之大臣爲亂元士憂彗孛犯郞官失勢彗星枉矢出其次郞佐謀叛熒惑守之兵喪赤氣入兵起黃白吉黑凶

郞將一星在郞位北主閱具以爲武備也若今之左右中郞將新書曰在太微垣東北明大臣叛客星犯守郞將誅黃白氣入則受賜流星犯將軍憂

常陳七星如畢狀在帝坐北天子宿衞虎賁之士以設强禦也星搖動天子自出將明則武兵用微則弱客星犯王者行誅

九卿三星在三公北主治萬事今九卿之象也乾象新書在內五諸侯南占與天紀同

三公三星在謁者東北內坐朝會之所居也乾象新書在九卿南其占與紫微垣三公同

謁者一星在左執法東北主贊賓客辨疑惑乾象新書在太微垣門內左執法北明盛則四夷朝貢

三台六星兩兩而居起文昌列抵太微一曰天柱三公之位也在人曰三公在天曰三台主開德宣符西近文昌二星曰上台爲司命主壽次二星曰中台爲司中主宗室東二星曰下台爲司祿主兵所以昭德塞違也又曰三台爲天階太一躡以上下一曰泰階上階上星爲天子下星爲　女主中階上星爲諸侯三公下星爲卿大夫下階上星爲士下星爲庶人所以和陰陽而理萬物也又曰上台上星主兗豫下星主荆揚中台上星主梁雍下星主冀下台上星主靑下星主徐人主好兵則上階上星疏而色赤修宮廣囿肆聲色則上階合而橫君弱則上階迫而色暗公侯皆叛率部動兵則中階上星赤外夷來侵邊國騷動則中階下星疏而橫色白卿大夫廢正向邪則中階下星疏而色赤民不從令犯刑爲盜則下階下星色黑去本就末奢侈相尚則下階上星闊而橫色白君臣有道賦省刑淸則上階爲之戚諸侯貢聘公卿盡忠則中階爲之比庶人奉化徭役有叙則下階爲之密若主奢欲數奪民時則上階爲之奪諸侯僭强公卿專貪則中階爲之疏士庶逐末豪傑相凌則下階爲之闊三階平則陰陽和風雨時穀豐世泰不平則反是三台不具天下失計色明齊等君臣和而政令行微細反是一曰天柱不見王者惡之司命星亡春不得耕司中不具夏不得耨司祿不具秋不得穫一曰三台色靑天下疾赤爲兵黃潤爲德白爲喪黑爲憂月入君憂臣亂公族叛月入而暈三公下獄客星入之貴臣賜爵邑出而色蒼臣奪爵守之大臣黜或貴臣多病彗星犯三公黜流星入天下兵將憂抵中台將相憂入主惡之雲氣入蒼白民多傷黃白潤澤民安君喜黃將相喜赤爲憂靑黑憂在三公蒼白三公黜

按上台二星在柳北其北星入柳六度中台二星其北入張二度下台二星在太微垣西蕃北其北星入翼二度武密書三台屬鬼又屬柳屬張乾象新書上台屬柳中台屬張下台屬翼

長垣四星在少微星南主界域及北方熒惑入之北人入中國太白入九卿謀邊將叛彗孛犯之北地不安流星入北方兵起將入中國

少微四星在太微西士大夫之位也一名處士亦天子副主或曰博士官一曰主衞掖門南第一星處士第二星議士第三星博士第四星大夫明大而黃則賢士舉月五星犯守之處士女主憂宰相易歲犯小人用忠臣危火犯賢德退土犯宰相易女主憂金犯大臣誅又曰以所居主占之客星孛星犯之王者憂姦臣衆彗星犯功臣有罪一曰法令臣誅流星出賢良進道術用雲氣入色蒼白賢士憂大臣黜

靈臺三星在明堂西神之　精明曰靈四方而高曰臺主觀雲物察符瑞候災變也武密曰與司怪占同

虎賁一星在下台星南一曰在太微西蕃北下名南靜室旄頭之騎官也明則臣順與車騎星同占

明堂三星在太微西南角外天子布政之宮明吉暗凶五星客星及彗犯之主不安其宮

右上元太微宮常星一十九坐積數七十有八而晉志所載少微長垣各四星屬天市垣與步天歌不同

天市垣

天市垣二十二星在氐房心尾箕斗內宮之內東蕃十一星南一曰宋二曰南海三曰燕四曰東海五曰徐六曰吳越七曰齊八曰中山九曰九河十曰趙十一曰魏西蕃十一星南一曰韓二曰楚三曰梁四曰巴五曰蜀六曰秦七曰周八曰鄭九曰晉十曰河間十一曰河中象天王在上諸侯朝王王出皐門大朝會西方諸侯在應門左東方諸侯在應門右其率諸侯幸都市也亦然一曰在房心東北主權衡主聚衆又曰天旗庭主斬戮事乾象新書曰市中星衆潤澤則歲實熒惑守之戮不忠之臣彗星掃之爲徙市易都客星入爲兵起出爲貴喪天文錄曰天子之市天下所會也星明大則市吏急商人無利小則反是忽然不明糴貴中多小星則民富月入天市易政更弊近臣有抵罪兵起月守其中女主憂大臣災五星入將相憂五官災守之主市驚更弊又曰五星入兵起熒惑守大饑火災或芒角色赤如血市臣叛填星守糴貴太白入起兵糴貴辰星守蠻夷君死客星守度量不平星色白市亂出天市有喪彗星守穀貴出天市豪傑起徙易市都掃帝坐出天市除舊布新流星入色蒼白物貴赤火災民疫一曰出天市爲外兵雲氣入色蒼白民多疾蒼黑物貴出物賤黃白物賤黑爲嗇夫死

帝坐一星在天市中天皇大帝外坐也光而潤澤主吉威令行微小大人憂月犯之人主憂五星犯臣謀主下有叛熒惑尤甚客星入色赤有兵守之大臣爲亂彗孛犯人民亂宮廟徙流星犯諸侯兵起臣謀主貴人更令

候一星在帝坐東北（候一作后）主伺陰陽也明大輔臣强細微國安亡則主失位移則不安居太陰犯之輔臣憂客彗守之輔臣黜孛犯臣謀叛

宦者四星在帝坐西南侍主刑餘之臣也星微吉失常宦者有憂

斗五星在宦者南主平量乾象新書在帝坐西覆則歲熟仰則荒客彗犯爲饑

斛四星在斗南主度量分銖算數其星不明凶亡則年饑一曰在市樓北名天斛

列肆二星在斛西北主貨金玉珠璣

屠肆二星在帛度東北主屠宰烹殺乾象新書在天市垣內十五度

車肆二星在天市門中主百貨星不明則車蓋盡行明則吉客星彗星守之天下兵車盡發乾象新書在天市垣南門偏東

宗正二星在帝坐東南宗大夫也武密曰主　司宗得失之官乾象新書在宗人西彗星守之若失色宗正有事客星守之更號令也犯之主不親宗廟星孛其分宗正黜

宗人四星在宗正東主錄親疏享祀宗族有序則星如綺文而明正動則天子親屬有變客星守之貴人死

宗星二星在候星東宗室之象帝輔血脉之臣乾象新書在宗人北客星守之宗支不和暗則宗支弱

帛度二星在宗星東北主度量買賣平貨易者乾象新書在屠肆南星明大尺量平商人不欺客星彗星守之絲綿大貴

市樓六星在天市中臨箕星之上市府也主市賈律度其陽爲金錢陰爲珠玉變見各以其所占之乾象新書主闤闠度律制令在天市中星明吉暗則市吏不理彗星客星守之市門多閉

七公七星在招搖東爲天相三公之象也主七政明則輔佐强大而動爲兵齊正則國法平戾則獄多囚連貫索則世亂入河中糴貴民饑太白守之天下亂兵起客星守歲饑主危流星出其分主將黜

貫索九星在七公星前賤人之牢也一曰連索一曰連營一曰天牢主法律禁强暴牢口一星爲門欲其開也星在天市垣北星皆明天下獄繁七星見小赦五星六星大赦動則斧鑕用中空改元石申曰一星亡則有賜爵三星亡大赦遠期八十日入河中爲饑中星衆則囚多辰星犯之主水米貴彗星出其分中外豪傑起客星入有枉死者色黃諸侯獻地靑爲憂赤爲兵白乃爲吉流星入女主憂或赦出則貴女死雲氣入色蒼白天子亡地靑兵起黑獄多枉死白天子喜

天紀九星在貫索東九卿之象萬事綱紀主獄訟星明則天下多訟亡則政理壞國紀亂散絕則地震山崩與女牀合則君失禮女謁行客星守之主危民饑客星犯諸侯舉兵彗孛犯之地震客星彗星合守天下獄訟不理

女牀三星在天紀北後宮御女侍從官也主女事明則宮人恣舒則妾代女主不動則吉不見女子多疾客星彗星守之宮人謀上客星入女子憂後宮恣動女謁行雲氣出色黃後宮有福白爲喪黑凶靑女多疾

右天市垣常星可名者一十七坐積數八十有八而市樓天斛列肆車肆斗帛度屠肆等星晉志皆不載隋志有之屬天市垣與步天歌合又貫索七公女牀天紀晉志屬太微垣按乾象新書天紀在天市垣北女牀屬箕宿貫索屬房宿七公屬氐宿武密以七公屬房又屬尾貫索屬房又屬氐屬心女牀屬於尾箕說皆不同

宋史卷四十九考證

天文志二賈逵張衡蔡邕王蕃陸績皆以北極紐星之樞是不動處在紐星末猶一度有餘○臣召南按在紐星末上有脫文猶一度有餘下有脫文隋志曰賈逵張衡蔡邕王蕃陸績皆以北極紐星爲樞是不動處也祖暅以儀準候不動處在紐星之末猶一度有餘又按本志前文引沈括渾儀議云前世皆以極星爲天中自祖暅以璣衡窺考天極不動處乃在極星之末猶一度有餘臣考驗極星更三月而後知天中不動處乃三度有餘則祖暅猶爲未審据此則本文在紐星末之上脫祖暅以儀準候不動處九字猶一度有餘之下又脫熙寧中沈括測去極三度有餘十二字也若如本文是賈逵諸人已測知極星之去天中尚遠矣豈事實乎南北二本並同存說於此

衡殷南斗○南字下空一格臣召南按此用天官書語無闕文也

主御羣靈執萬神圖○按隋志作執萬神圖此執字誤

華蓋七星○晉隋二志並作九星

太微垣十星志曰南宮朱鳥權衡○按志上當有漢字

左右執法各一星云云○臣召南按左右執法即太微垣十星中之二星也已序於前此又複出

宋史卷五十

元中書右丞相總裁脫脫等修

天文志第三

天文三　二十八舍上

二十八舍

東方角宿二星爲天關其間天門也其內天庭也故黃道經其中七曜之所行也左角爲天田爲理主刑其南爲太陽道右角爲將主兵其北爲太陰道蓋天之三門猶房之四表星明大吉王道大平賢者在朝動搖移徙王者行左角赤明獄平暗而微小王道失陶隱居曰左角天津右角天門中爲天關日食角宿王者惡之暈于角內有陰謀陰國用兵得地又主大赦月犯角大臣憂獄事法官憂黜又占憂在宮中月暈其分兵起右角右將災左亦然或曰主水色黃有大赦月暈三重入天門及兩角兵起將失利歲星犯爲饑熒惑犯之國衰兵敗犯左角有赦右角兵起守之讒臣進政事急居陽有喜塡星犯角爲喪一曰兵起太白犯角羣臣有異謀辰星犯爲小兵守之大水客星犯兵起五穀傷守左角色赤爲旱守右角大水彗星犯之色白爲兵赤所指破軍出角天下兵亂星孛于角白爲兵赤軍敗入天市兵喪流星犯之外國使來入犯左角兵起雲氣黃白入右角得地赤入左有兵入右戰勝黑白氣入于右兵將敗

按漢永元銅儀以角爲十二度而唐開元游儀角二星十二度舊經去極九十一度今測九十三度半距星正當赤道其黃道在赤道南不經角中今測角在赤道南二度半黃道復經角中卽與天象合景祐測驗角二星十二度距南星去極九十七度在赤道外六度與乾象新書合今從新書爲正

南門二星在庫樓南天之外門也主守兵禁星明則遠方來貢暗則夷叛中有小星兵動客彗守之兵起

庫樓十星六大星庫也南四星樓也在角宿南一曰天庫兵車之府也旁十五星三三而聚者柱也中央四小星衡也芒角兵起星亡臣下逆動則將行實爲吉虛乃凶歲星犯之主兵熒惑犯之爲兵旱月入庫樓爲兵彗孛入兵饑客星入夷兵起流星入兵盡出赤雲氣入內外不安天庫生角有兵

平星二星在庫樓北角南主平天下法獄廷尉之象正則獄訟平月暈獄官憂熒惑犯之兵起有赦彗星犯政不行執法者黜

平道二星在角　宿間主平道之官武密曰天子八達之衢主轍軾明正吉動搖法駕有虞歲星守之天下治熒惑太白守爲亂客星守車駕出行流星守去賢用姦

天田二星在角北主畿內封域武密曰天子籍田也歲星守之穀稔熒惑守之爲旱太白守穀傷辰星守爲水災客星守旱蝗

天門二星在平星北武密云在左角南朝聘待客之所星明萬方歸化暗則外兵至月暈其外兵起熒惑入關梁不通守之失禮太白守有伏兵客星犯有謀上者

進賢一星在平道西主卿相舉逸材明則賢人用暗則邪臣進太陰歲星犯之大臣死熒惑犯爲喪賢人隱太白犯之賢者退歲星太白塡星辰星合守之其占爲天子求賢黃白紫氣貫之草澤賢人出

周鼎三星在角宿上主流亡星明國安不見則運不昌動搖國將移乾象新書引郲鄗定鼎事以周衰奏無道鼎淪泗水其精上爲星李大異曰商巫咸星圖已有周鼎蓋在秦前數百年矣

按步天歌庫樓十星柱十五星衡四星平星平道天田天門各二星進賢一星周鼎三星俱屬角宿而晉志以左角爲天田別不載天田二星隋志有之平道進賢周鼎晉志皆屬太微垣庫樓并衡星柱星南門天門平星皆在二十八宿之外唐武密及景祐書乃與步天歌合

亢宿四星爲天子內朝總攝天下奏事聽訟理獄錄功一曰疏廟主疾疫星明大輔忠民安動則多疾爲天子正坐爲天符秋分不見則穀傷糴貴太陽犯之諸侯謀國君憂日暈其分大臣凶多雨民饑疫月犯之君憂或大臣當之左爲水右爲兵月暈其分先起兵者勝在冬大人憂歲星犯之有赦穀有成守之有兵人多病留三十日以上有赦又曰犯則逆臣爲亂熒惑犯居陽爲喜陰爲憂有芒角大人惡之守之久民憂多雨水又爲兵塡星犯穀傷民亡逆行女專政逆臣爲謀守之有兵太白犯之國亡民災逆行爲兵亂有芒角貴臣戮守之有水旱災或爲喪辰星犯之爲水又爲大兵守之米貴民疾歲旱盜起民相惡客星犯國不安色赤爲兵旱黃爲土功青黑使者憂守之穀傷一云有赦令黑民流彗犯國災出則有水兵疫臣叛白爲喪孛星犯國危爲水爲兵入則民流出則其國饑流星入外國使來穀熟出爲天子遣使赦令出李淳風曰流星入亢幸臣死雲氣犯之色蒼民疫白爲土功黑水赤兵一云白民虐疾黃土功

右亢宿四星漢永元銅儀十度唐開元游儀九度舊去極八十九度今九十一度半景祐測驗亢九度距南第二星去極九十五度

大角一星在攝提間天王坐也又爲天棟正經紀也光明潤澤爲吉青爲憂赤爲兵白爲喪黑爲疾色黃而靜民安動則人主好游月犯之大臣憂王者惡之月暈其分人主有服五星犯之臣謀主有兵太白守之爲兵彗星出其分主更政或爲兵天子失仁則守之孛星犯爲兵守之主憂客星犯守臣謀上出則人主受制流星入王者惡之犯之邊兵起雲氣青主憂白爲喪黃氣出有喜

折威七星在亢南主斬殺斷軍獄月犯之天子憂五星犯將軍叛彗孛犯邊將死雲氣犯蒼白兵亂赤臣叛主黃白爲和親出則有赦黑氣入人主惡之

攝提六星左右各三直斗杓南主建時節伺機祥其星爲楯以夾擁帝坐主九卿星明大三公恣主弱色溫不明天下安近大角近戚有謀太陰入主受制月食其分主惡之熒惑太白守起兵天下更主彗孛入主自將兵出主受制流星入有兵出有使者出犯之公卿不安雲氣入赤爲兵九卿憂色黃喜黑大臣戮

陽門二星在庫樓東北主守隘塞禦外寇五星入五兵藏彗星守之外夷犯塞兵起赤雲氣入主用兵

頓頑二星在折威東南主考囚情狀察詐僞也星明無咎暗則刑濫彗星犯之貴人下獄

按步天歌大角一星折威七星左右攝提總六星頓頑陽門各二星俱屬角宿而晉志以大角攝提屬太微垣折威頓頑在二十八宿之外陽門則見於隋志而晉史不載武密書以攝提折威陽門皆屬角亢乾象新書以右攝提屬角左攝提屬亢餘與武密書同景祐測驗乃以大角攝提頓頑陽門皆屬於亢其說不同

氐宿四星爲天子舍室后妃之府休解之房前二星適也後二星妾也又爲天根主疫後二星大則臣奉度主安小則臣失勢動則徭役起日食其分卿相有讒諛一曰王者后妃惡之大臣憂日暈女主恣一曰國有憂日下輿師月食其宿大臣凶后妃惡之一曰糴貴月暈大將凶人疫在冬爲水主危以赦解之月犯左右郎將有誅一曰有兵盜犯右星主水掩之有陰謀將軍當之歲星犯有赦或立后守之地動年豐逆行爲兵熒惑犯之臣僭上一云將軍憂守有赦塡星犯左右郎將有誅守之有赦色黃后喜或冊太子留舍天下有兵齊明赦太白犯之郎將誅入其分疾疫或云犯之拜將乘右星水災辰星犯貴臣暴憂守之爲水爲旱爲兵入守貴人有獄乘左星天子自將客星犯牛馬貴色黃白爲喜有赦或曰邊兵起後宮亂五十日不去有刺客彗星犯有大赦糴貴滅之大疫入有小兵一云主不安孛星犯糴貴出則有赦入爲小兵或云犯之臣干主流星犯祕閣官有事在冬夏爲水旱乙巳占後宮有喜色赤黑後宮不安雲氣入黃爲上功黑主水赤爲兵蒼白爲疾疫白後宮憂

按漢永元銅儀氐宿十六度去極九十四度景祐測驗與乾象新書皆九十八度

天乳一星在氐東北當赤道中明則甘露降彗客入天雨

將軍一星騎將也在騎官東南總領車騎軍將部陣行列色動搖兵外行太白熒惑客星犯之大兵出天下亂

招搖一星在梗河北主北兵芒角變動則兵大行明則兵起若與棟星梗河北斗相直則北方當來受命中國又占動則近臣恣離次則庫兵發色青爲憂白爲君怒赤爲兵黑爲軍破黃則天下安彗星犯北邊兵動出其分夷兵大起孛犯蠻夷亂客星出蠻夷來貢一云北地有兵喪流星出有兵雲氣犯色黃白相死赤爲內兵亂色黃兵罷白大人憂

帝席三星在大角北主宴獻酬酢星明王公災暗天下安星亡大人失位動搖主危彗犯主憂有亂兵客星犯主危

亢池六星在亢宿北亢舟也池水也主渡水往來送迎微細凶散則天下不通移徙不居其度中則宗廟有怪五星犯之川溢客星犯水蟲多死武密云主斷軍獄掌棄市殺戮與舊史異說

騎官二十七星在氐南天子虎賁也主宿衛星衆天下安稀則騎士叛不見兵起五星犯爲兵客星守之將出有憂士卒發流星入兵起色蒼白將死

梗河三星在帝席北天矛也一曰天鋒主北邊兵又主喪故其變動應以兵喪星亡國有兵謀彗星犯之北兵敗客星入兵出陰陽不和一云北兵侵中國流星出爲兵赤雲氣犯兵敗蒼白將死

車騎三星在騎官南總車騎將主部陣行列變色動搖則兵行太白熒惑客星犯之大兵出天下亂

陣車三星在氐南一云在騎官東北革車也太白熒惑守之主車騎滿野內兵無禁

天輻二星在房西斜列主乘輿若周官巾車官也近尾天下有福五星客彗犯之則輦轂有變一作天福

按步天歌已上諸星俱屬氐宿乾象新書以帝席屬角亢池屬亢武密與步天歌合皆屬氐而以梗河屬亢占天錄又以陣車屬於亢乾象新書屬氐餘皆與步天歌合

房宿四星爲明堂天子布政之宮也亦四輔也下第一星上將也次次將也次相也上星上相也南二星君位北二星夫人位又爲四表中爲天衢爲天關黃道之所經也南間曰陽環其南曰太陽北間曰陰環其北曰太陰七曜由乎天衢則天下和平由陽道則旱喪由陰道則水兵亦曰天駟爲天馬主車駕南星曰左驂次左服次右服次右驂亦曰天廐又主開閉爲畜藏之所由星明則王者明驂星大則兵起離則民流左驂服亡則東南方不可舉兵右亡則西北不可舉兵日食其分爲兵大臣專權日暈亦爲兵君臣失政女主憂月食其宿大臣憂又爲王者昏大臣專政月暈爲兵三宿主赦及五舍不出百日赦太陰犯陽道爲旱陰道爲雨中道歲稔又占上將誅當天門天駟穀熟歲星犯之更政令又爲兵爲饑民流守之大赦天下和平一云良馬出熒惑犯馬貴人主憂色青爲喪赤爲兵黑將相災白芒火災守之有赦令十日勾己者臣叛填星犯之女主憂勾己相有誅守之土功與一曰旱兵一曰有赦令太白犯四邊合從守之爲土功出入霜雨不時辰星犯有殃守之水災一云北兵起將軍爲亂客星犯歷陽道爲旱陰道爲水國空民饑色白有攻戰入爲糴貴彗星犯國危人亂其分惡之孛星犯有兵民饑國災流星犯之在春夏爲土功秋冬相憂入有喪乙巳占出其分天子恤民下德令雲氣入赤黃吉如人形后有子色赤宮亂蒼白氣出將相憂

按漢永元銅儀唐開元游儀房宿五度舊去極百八度今百十度半景祐測驗房距南第二星去極百十五度在赤道外二十三度乾象新書在赤道外二十四度

鍵閉一星在房東北主關籥明吉暗則宮門不禁月犯之大臣憂火災歲星守之王不宜出填星占同太白犯將相憂熒惑犯主憂彗星客星守之道路阻兵起一云兵滿野

鉤鈐二星在房北房之鈐鍵天之管籥王者至孝則明又曰明而近房天下同心房鉤鈐間有星及疎折則地動河清月犯之大人憂車駕行日食其分將軍死歲星守之爲饑去其宿三寸王失政近臣起亂熒惑守之有德令太白守喉舌憂填星守王失土彗星犯宮庭失業客星流星犯王有奔馬之敗

東咸西咸各四星東咸在心北西咸在房西北日月五星之道也爲房之戶以防淫泆也明則信吉東咸近鉤鈐有讒臣入西咸近上及動有知星者入月五星犯之有陰謀又爲女主失禮民饑熒惑犯之臣謀上與太白同犯兵起歲星填星犯之有陰謀流星犯后妃恣王有憂客星犯主失禮后妃恣

罰三星在東西咸正南主受金罰贖曲而斜列則刑罰不中彗星客星犯之國無政令憂多枉法

日一星在房宿南太陽之精主昭明令德明大則君有德令月犯之下謀上歲星守王得忠臣陰陽和四夷賓五穀豐太白熒惑犯之主有憂客星彗星犯之主失位

從官二星在房宿西南主疾病巫醫明大則巫者擅權彗孛犯之巫臣作亂雲氣犯黑爲巫臣戮黃則受爵

按步天歌以上諸星俱屬在房日一星晉隋志皆不載以他書考之雖在房宿南實入氐十二度半武密書及乾象新書惟以東咸屬心西咸屬房與步天歌不同餘皆脗合

心宿三星天王正位也中星曰明堂天子位爲大辰主天下之賞罰前星爲太子後星爲庶子星直則王失勢明大天下同心天下變動心星見祥搖動則兵離民流日食其分刑罰不中將相疑民饑兵喪日暈王者憂之月食其宿王者惡之三公憂下有喪月暈爲旱穀貴蝗生將凶與五星合大凶大陰犯之大臣憂犯中央及前後星主惡之出心大星北國旱出南君憂兵起歲星犯之有慶賀事穀豐華夷奉化色不明有喪旱熒惑犯之大臣憂貫心爲饑與太白俱守爲喪又曰熒惑居其陽爲喜陰爲憂又曰守之主易政犯爲民流大臣惡之守星南爲水守北爲旱逆行大臣亂填星犯之大臣喜穀豐守之有土功留舍三十日有赦居久人主賢中犯明堂火災逆行女主干政太白犯糴貴將軍憂有水災不出一年有大兵舍之色不明爲喪逆行環繞大人惡之辰星犯明堂則大臣當之在陽爲燕在陰爲塞北不則地動大雨守之爲水爲盜客星犯之爲旱守之爲火災舍之則糴貴民饑彗星犯之大臣相疑守之而出爲蝗饑又曰爲兵星孛其分有兵喪民流流星犯臣叛入之外國使來色青爲兵爲憂黃有土功黑爲凶雲氣入色黃子孫喜白亂臣在側黑太子有罪

按漢永元銅儀唐開元游儀心三星皆五度去極百八度景祐測驗心三星五度距西第一星去極百十四度

積卒十二星在房西南五營軍士之象主衛士掃除不祥星小爲吉明則有兵一星亡兵少出二星亡兵半出三星亡兵盡出五星守之兵起不則近臣誅彗星客星守之禁兵大出天子自將雲氣犯之青赤爲大臣持政欲論兵事

按步天歌積卒十二星屬心晉志在二十八宿之外唐武密書與步天歌合乾象新書乃以積卒屬房宿爲不同今兩存其說

尾宿九星爲天子後宮亦主后妃之位上第一星后也次三星夫人次星嬪妾也亦爲九子均明大小相承則後宮有序子孫蕃昌明則后有喜穀熟不明則后有憂穀荒日食其分將有疾在燕風沙兵喪後宮有憂人君戒出日暈女主喪將相憂日食其分貴臣犯刑後宮有憂月暈有疫大赦將相憂其分有水災后妃憂太陰犯之臣不和將有憂歲星犯穀貴人之妾爲嫡臣專政守之旱火災熒惑犯之有兵留二十日水災留三月客兵聚入之人相食又云宮內亂填星犯之色黃后妃喜入爲兵饑盜賊逆行妾爲女主守之而有芒角更姓易政太白犯入大臣起兵久留爲水災出入舍守糴貴兵起後宮憂失行軍破城亡辰星犯守爲水災民疾後宮有罪者兵起入則萬物不成民疫客星犯入宮人惡之守之賤女暴貴出則爲風爲水後宮惡之兵罷民饑多死彗星犯后惑主宮人出兵起宮門多土功出入貴臣誅有水災孛犯多土功大臣誅守之宮人出出爲大水民饑流星入犯色青舊臣歸在春夏後宮有口舌秋冬賢良用事出則後宮喜有子孫色白後宮妾死出入風雨時穀熟入后族進祿青黑則后妃喪雲氣入色青外國來降出則臣有亂赤氣入有使來言兵黑氣入有諸侯客來

按漢永元銅儀尾宿十八度唐開元游儀同舊去極百二十度一云百四十度今百二十四度景祐測驗亦十八度距西行從西第二星去極百二十八度在赤道外二十二度乾象新書二十七度

神宮一星在尾宿第三星旁解衣之內室也

天江四星在尾宿北主太陰明動爲水兵起星不具則津梁不通參差馬貴月犯爲兵爲臣彊河津不通熒惑犯大旱守之有立主太白犯暴水彗星犯爲大兵客星入河津不通流星犯爲水爲饑赤雲氣犯車騎出青爲多水黃白天子用事兵起入則兵罷

傳說一星在尾後河中主章祝官也一曰後宮女巫也司天王之內祭祀以祈子孫明大則吉王者多子孫輔佐出不明則天下多禱祠亡則社稷無主入尾下多祝詛左氏傳天策焞焞即此星也彗星客星守之天子不享宗廟赤雲氣入巫祝官有誅者

魚一星在尾後河中主陰事知雲雨之期明大則河海

水出不明則陰陽和多魚亡則魚少動搖則大水暴出出則河大魚多死月暈或犯之則旱魚死熒惑犯其陽爲旱陰爲水塡星守之爲旱赤雲氣犯出兵起將憂入兵罷黃白氣出兵起

龜五星在尾南主卜以占吉凶星明君臣和不明則上下乖熒惑犯爲旱守爲火客星入爲水憂流星出色赤黃爲兵靑黑爲水各以其國言之赤雲氣出卜祝官憂

按神宮傳說魚各一星天江四星龜五星步天歌與他書皆屬尾而晉志列天江於天市垣以傳說魚龜在二十八宿之外其說不同

箕宿四星爲後宮妃后之府亦曰天津一曰天鷄主八風又主口舌主蠻夷星明大穀熟不正爲兵離徙天下不安中星衆亦然糴貴凡日月宿在箕壁翼軫者皆爲風起舌動三日有大風日犯或食其宿將疾佞臣害忠良皇后憂大風沙日暈國有妖言月食爲風爲水旱爲饑后惡之月暈爲風穀貴大將易又王者納后月犯多風糴貴爲旱女主憂君將死后宮干政歲星入宮內口舌歲熟在箕南爲旱在北爲有年守之多惡風穀貴民饑死熒惑犯地動入爲旱出則有赦久守爲水逆行諸侯相謀人主惡之塡星犯女主憂久留有赦守之后喜有土功色黃光潤則太后喜又占守有水守九十日人流兵起蝗太白犯女主喜入則有赦出爲土功糴貴守之爲旱爲風民疾出入留箕五穀不登多蝗辰星犯有赦守則爲旱動搖色靑臣自戮又占爲水溢旱火災穀不成客星入犯有土功宮女不安民流守之爲饑色赤爲兵守其北小熟東大熟南小饑西大饑出其分民饑大臣有棄者一云守之秋冬水災彗星犯守東夷自滅出則爲旱爲兵北方亂孛犯爲外夷亂糴貴守之外夷災出爲穀貴民死流亡春夏犯之金玉貴秋冬土功興入則多風雨色黃外夷來貢雲氣出色蒼白國災除入則蠻夷來見出而色黃有使者出箕口歛爲雨開爲多風少雨

按漢永元銅儀箕宿十度唐開元游儀十一度舊去極百八十度今百二十度景祐測驗箕四星十度距西北第一星去極百二十三度

糠一星在箕舌前杵西北明則豐熟暗則民饑流亡

杵三星在箕南主給庖舂動則人失釜甑縱則豐橫則大饑亡則歲荒移徙則人失業熒惑守民流客星犯守歲饑彗孛犯天下有急兵

按晉志糠一星杵三星在二十八宿之外乾象新書與步天歌皆屬箕宿

北方南斗六星天之賞祿府主天子壽算爲宰相爵祿之位傳曰天廟也丞相太宰之位褒賢進士稟受爵祿又主兵一曰天機南二星魁天梁也中央二星天相也北二星天府廷也又謂南星者魁星也北星杓也第一星曰北亭一曰天開一曰鐵鑕石申曰魁第一主吳二會稽三丹陽四豫章五廬江六九江星明盛則王道和平帝王長齡將相同心不明則大小失次芒角動搖國失忠臣兵起民愁日食在斗將相憂兵起皇后災吳分有兵日暈宰相憂宗廟不安月食其分國饑小兵后夫人憂月暈大將死五穀不生月犯將臣黜風雨不時大臣誅一歲三入大赦又占入爲女主憂趙魏有兵色惡相死歲星犯有赦久守水災穀貴守及百日兵用大臣死熒惑犯有赦破軍殺將火災入二十日糴貴四十日有德令守之爲兵盜久守災甚出斗上行天下憂不行臣憂入內外有謀守七日太子疾塡星犯爲亂入則失地逆行地動出入留二十日有大喪守之大臣叛又占逆行先水後旱守之國多義士太白犯之有兵臣叛留守之破軍殺將與火俱入白爍臣子爲逆久則禍大辰星犯水穀不成有兵守之兵喪客星犯兵起國亂入則諸侯相攻多盜大旱宮廟火穀貴七日不去有赦彗星犯國主憂出則其分有謀又爲水災宮中火下謀上有亂兵入則爲火大臣叛孛犯入下謀上有亂兵出則爲兵爲疾國憂流星入蠻夷來貢犯之宰相憂在春天子壽夏爲水秋則相黜冬大臣逆色赤而出斗者大臣死雲氣入蒼白多風赤旱出有兵起宮廟火入有雨赤氣兵黑主病

按漢永元銅儀斗二十四度四分度之一唐開元游儀二十六度去極百十六度今百十九度景祐測驗亦二十六度距魁第四星去極百二十二度

鼈十四星在南斗南主水族不居漢中川有易者熒惑守之爲旱辰星守爲火客星守爲水流星出色靑黑爲水黃爲旱雲氣占同一曰有星守之白衣會主有水

天淵十星一曰天池一曰天泉一曰天海在鼈星東南九坎間又名太陰主灌溉溝渠五星守之大水河決熒惑入爲旱客星入海魚出彗星守之川溢傷人

狗二星在南斗魁前主吠守以不居常處爲災熒惑犯之爲旱客星入多土功北邊饑守之守禦之臣作亂

建六星在南斗魁東北臨黃道一曰天旗天之都關爲謀事爲天鼓爲天馬南二星天庫也中二星市也鐵鑕也上二星爲旗跗斗建之間三光道也主司七曜行度得失十一月甲子天正冬至大曆所起宿也星動人勞役月犯之臣更天子法掩之有降兵月食其分皇后娣姪當黜月暈大將死五穀不成蛟龍見牛馬疫月與五星犯之大臣相譖有謀亦爲關梁不通大水歲星守爲旱糴貴死者衆諸侯有謀入則有兵熒惑守之臣有黜者諸侯有謀糴貴入則關梁不通馬貴守旗跗三十日有兵塡星守之王者有謀太白守外國使來辰星守爲水災米貴多病彗孛客星犯之王失道忠臣黜客星守之道路不通多盜流星入下有謀色赤昌

天弁九星弁一作辨在建星北市官之長主列肆闤市籍之事以知市珍也明盛則萬物昌不明及彗客犯之糴貴久守之囚徒起兵

天鷄二星在牛西一在狗國北主異鳥一曰主候時熒惑舍之爲旱鷄多夜鳴太白熒惑犯之爲兵塡星犯之民流亡客星犯水旱失時入爲大水

狗國四星在建星東南主三韓鮮卑烏桓玁狁沃且之屬星不具天下有盜不明則安明則邊寇起月犯之烏桓鮮卑國亂熒惑守之外夷兵起太白守之鮮卑受攻客星守其王來中國

天籥八星在南斗杓第二星西主開閉門戶明則吉不備則關籥無禁客星彗星守之關梁閉塞

農丈人一星在南斗西南老農主稼穡者又主先農農正官星明歲豐暗則民失業移徙歲饑客星彗星守之民失耕歲荒

按步天歌已上諸星皆屬南斗晉志以狗國天鷄天弁天籥建星皆屬天市垣餘在二十八宿之外乾象新書以天籥農丈人屬箕武密又以天籥屬尾互有不同

牛宿六星天之關梁主犧牲事其北二星一曰即路一曰聚火又曰上一星主道路次二星主關梁次三星主南越明大則王道昌關梁通牛貴怒則馬貴動則牛災多死始出而色黃大豆賤赤則豆有蟲靑則大豆貴星直糴賤曲則貴日食其分兵起暈爲陰國憂兵起月食有兵暈爲水災女子貴五穀不成牛多暴死小兒多疾月暈在冬三月百四十日外有赦暈中央大星大將被戮月犯之有水牛多死其國有憂歲星入犯則諸侯失期留守則牛多疫五穀傷在牛東不利小兒西主風雪北爲民流逆行宮中有火居三十日至九十日天下和平道德明正熒惑犯之諸侯多疾臣謀主守則穀不成兵起入或出守斗南赦塡星犯之有土功守之雨雪民人牛馬病太白犯之諸侯不通守則國有兵起入則爲兵謀人多死辰星犯敗軍移將臣謀主客星犯守之牛馬貴越地起兵出牛多死地動馬貴彗星犯之吳分兵起出爲糴貴牛死孛犯改元易號糴貴牛多死吳越兵起下當有自立者流星犯之王欲改事春夏穀熟秋冬穀貴色黑牛馬昌關梁入貢雲氣蒼白橫貫有兵喪赤亦爲兵黃白氣入牛蕃息黑則牛死

按漢永元銅儀以牽牛爲七度唐開元游儀八度舊去極百六度今百四度景祐測驗牛六星八度距中央大星去極百十度半

天田九星在斗南一曰在牛東南天子畿內之田其占與角北天田同客星犯之天子憂彗孛犯守之農夫失業

河鼓三星在牽牛西北主天鼓蓋天子及將軍鼓也一曰三鼓主天子三軍中央大星爲大將軍左星爲左將軍右星爲右將軍左星南星也所以備關梁而拒難也設守險阻知謀徵也鼓欲正直而明色黃光澤將吉不正爲兵憂星怒則馬貴動則兵起曲則將失計奪勢有芒角將軍凶猛象也亂搖差度亂兵起月犯之軍敗亡五星犯之兵起彗星客星犯將軍被戮流星犯諸侯作亂黃白雲氣入之天子喜赤爲兵起出則戰勝黑爲將死靑氣入之將憂出則禍除

左旗九星在河鼓左旁右旗九星在牽牛北河鼓西南天之鼓旗旌表也主聲音設險知敵謀旗星明大將吉五星犯守兵起

織女三星在天市垣東北一曰在天紀東天女也主果蓏絲帛珍寶王者至孝神祇咸喜則星俱明天下和平星怒而角布帛貴陶隱居曰常以十月朔至六七日晨見東方色赤精明者女工善星亡兵起女子爲候織女足常向扶筐則吉不向則絲綿大貴月暈其分兵起熒惑守之公主憂絲帛貴兵起彗星犯后族憂星孛則有女喪客星入色靑爲饑赤爲兵黃爲旱白爲喪黑爲水流星入有水盜女主憂雲氣入蒼白女子憂赤則爲女子兵死色黃女有進者

漸臺四星在織女東南臨水之臺也主晷漏律呂事明則陰陽調而律呂和不明則常漏不定客星彗星犯之陰陽反戾

輦道五星在織女西主王者游嬉之道漢輦道通南北宮其象也太白熒惑守之御路兵起

九坎九星在牽牛南主溝渠導引泉源疏瀉盈溢又主水旱星明爲水災微小吉月暈爲水五星犯之水溢客星入天下憂雲氣入青爲旱黑爲水溢

羅堰三星在牽牛東拒馬也主隄塘壅蓄水源以灌溉也星明大則水泛溢

天桴四星在牽牛東北橫列一曰在左旗端鼓桴也主漏刻暗則刻漏失時武密曰主桴鼓之用動搖則軍鼓用前近河鼓若桴鼓相直皆爲桴鼓用太白熒惑守之兵鼓起客星犯之主刻漏失時

按步天歌已上諸星俱屬牛宿晉志以織女漸臺輦道皆屬太微垣以河鼓左旗右旗天桴屬天市垣餘在二十八宿之外武密以左旗屬箕屬斗右旗亦屬斗漸臺屬斗又屬牛餘與步天歌同乾象新書則又以左旗織女漸臺輦道九坎皆屬於斗

須女四星天之少府賤妾之稱婦職之卑者也主布帛裁製嫁娶星明天下豐女巧國富小而不明反是日食在女戒在巫祝后妃禱祠又占越分饑后妃疾日暈後宮及女主憂月食爲兵旱國有憂月暈有兵謀不成兩重三重女主死月犯之有女惑有兵不戰而降又曰將軍死歲星犯之后妃喜外國進女守之多水國饑喪糴貴民大災熒惑犯之大臣皇后憂布帛貴民大災守之土人不安五穀不熟民疾有女喪又爲兵入則糴貴逆行犯守大臣憂居陽喜陰爲憂塡星犯守有苛政山水出壞民舍女謁行后專政多妖女留五十日民流亡太白犯之布帛貴兵起天下多寡女留守有女喪軍發辰星犯國饑民疾守之天下水有赦南地火北地水又兵起布帛貴客星犯兵起女人爲亂守之宮人憂諸侯有兵江淮不通糴貴彗星犯兵起女爲亂出爲兵亂有水災米鹽貴星孛其分兵起女爲亂有奇女來進出入國有憂王者惡之流星犯天子納美女又曰有貴女下獄抵須女女主死乙巳占出入而色黃潤立妃后白爲後宮妾死雲氣入黃白有嫁女事白爲女多病黑爲女多死赤則婦人多兵死者

按漢永元銅儀以須女爲十一度景祐測驗十二度距西南星去極百五度在赤道外十四度

十二國十六星在牛女南近九坎各分土居列國之象九坎之東一星曰齊齊北二星曰趙趙北一星曰鄭鄭北一星曰越越東二星曰周周東南北列二星曰秦秦南二星曰代代西一星曰晉晉北一星曰韓韓北一星曰魏魏西一星曰楚楚南一星曰燕有變動各以其國占之陶隱居曰越星在婺女南鄭一星在越北趙二星在鄭南周二星在越東楚一星在魏西南燕一星在楚南韓一星在晉北晉一星在代北代二星在秦南齊一星在燕東

離珠五星在須女北須女之藏府女子之星也又曰主天子旒珠后夫人環珮去陽旱去陰潦客星犯之後宮有憂

奚仲四星在天津北主帝車之官凡太白熒惑守之爲兵祥

天津九星在虛宿北橫河中一曰天漢一曰天江主四瀆津梁所以度神通四方也一星不備津梁不通明則兵起參差馬貴大則水災移則水溢彗孛犯之津敗道路有賊客星犯橋梁不修守之水道不通船貴流星出必有使出隨分野占之赤雲氣入爲旱黃白天子有德令黑爲大水色蒼爲水爲憂出則禍除

敗瓜五星在匏瓜星南主修瓜果之職與匏瓜同占

匏瓜五星（一作瓠瓜）在離珠北天子果園也其西觜星主後宮不明則后失勢不具或動搖爲盜光明則歲豐暗則果實不登彗孛犯之近臣僭有戮死者客星守之魚鹽貴山谷多水犯之有游兵不戰蒼白雲氣入之果不可食青爲天子攻城邑黃則天子賜諸侯果黑爲天子食果而致疾

扶筐七星爲盛桑之器主勸蠶也一曰供奉后與夫人之親蠶明吉暗凶移徙則女工失業彗星犯將叛流星犯絲綿大貴

按步天歌已上諸星俱屬須女而十二國及奚仲匏瓜敗瓜等星晉志不載隋志有之晉志又以離珠天津屬天市垣扶筐屬太微垣乾象新書以周越齊趙屬牛秦代韓魏燕晉楚鄭屬女武密以離珠匏瓜屬牛又屬女以奚仲屬危乾象新書以離珠瓠瓜屬牛敗瓜屬斗又屬牛以天津西一星屬斗中屬牛東五星屬女

虛宿二星爲虛堂冢宰之官也主死喪哭泣又主北方邑居廟堂祭祀祝禱事宋均曰危上一星高旁兩星下似蓋屋也蓋屋之下中無人但空虛似乎殯宮主哭泣也明則天下安不明爲旱欹斜上下不正享祀不恭動將有喪日食其分其邦有喪日暈民饑后妃多喪月食主刀劍官有憂國有喪月暈有兵謀風起則不成又爲民饑月犯之宗廟兵動又國憂將死歲星犯民饑守之失色天王改服與塡星同守水旱不時熒惑犯之流血滿野守之爲旱民饑軍敗入爲火災功成見逐或勾已大人戰不利塡星犯之有急令行疾有客兵入則有赦穀不成人不安守之風雨不時爲旱米貴大人欲危宗廟有客兵太白犯下多孤寡兵喪出則政急守之臣叛君入則大臣下獄辰星犯春秋有水守之亦爲水災在東爲春水南爲夏水西爲秋水北冬有雷雨水客星犯糴貴守之兵起近期一年遠則二年有哭泣事出爲兵喪彗星犯之國凶有叛臣出爲野戰流血出入有兵起芒燄所指國必亡星孛其宿有哭泣事出則爲野戰流血國有叛臣流星犯光潤出入則冢宰受賞有赦令色黑大臣死入而色青有哭泣事黃白有受賜者出則貴人求醫藥雲氣黃入爲喜蒼爲哭赤火黑水白有幣客來

按漢永元銅儀以虛爲十度唐開元游儀同舊去極百四度今百一度景祐測驗距南星去極百三度在赤道外十二度

司命二星在虛北主舉過行罰滅不祥又主死亡逢星出司命王者憂疾一曰宜防祆惑

司祿二星在司命北主增年延德又主掌功賞食料官爵

司危二星在司祿北主嬌失正下又主樓閣臺榭死喪流亡

司非二星在司危北主司候內外察愆尤主過失乾象新書命祿危非八星主天子已下壽命爵祿安危是非之事明大爲災居常爲吉

哭二星在虛南主哭泣死喪月五星彗孛犯之爲喪

泣二星在哭星東與哭同占

天壘城一十三星在泣南圜如大錢形若貫索主鬼方北邊丁零類所以候興敗存亡熒惑入守夷人犯塞客星入北方侵赤雲氣掩之北方驚滅有疾疫

離瑜三星在十二國東乾象新書在天壘城南離圭衣也瑜玉飾皆婦人見舅姑衣服也微則後宮儉約明則婦人奢縱客星彗星入之後宮無禁

敗臼四星在虛危南兩兩相對主敗亡災害石臼一星不具民賣甑釜不見民去其鄉五星入除舊布新客星彗星犯之民饑流亡黑氣入主憂

按步天歌已上諸星俱屬虛宿司命司祿司危司非離瑜敗臼晉志不載隋志有之乾象新書以司命司祿司危司非屬須女泣星敗臼屬危武密書與步天歌合

危宿三星在天津東南爲天子宗廟祭祀又爲天子土功又主天府天市架屋受藏之事不明客有誅土功興動或暗營宮室有兵事日食陵廟摧有大喪有叛臣日暈有喪月食大臣憂有喪宮殿圮月暈有兵喪先用兵者敗月犯之宮殿陷臣叛主來歲糴貴有大喪歲星犯守爲兵役徭多土功有哭泣事又多盜熒惑犯之有赦守之人多疾兵動諸侯謀叛宮中火災守上星人民死中星諸侯死下星大臣死各期百日十日守三十日東兵起歲旱近臣叛入爲兵有變更之令塡星守之爲旱民疾土功興國大戰犯之皇后憂兵喪出入留舍國亡地有流血入則大亂賊臣起太白犯之爲兵一日無兵兵起有兵兵罷五穀不成多火災守之有憂又爲旱爲火舍之有急事辰星犯之大臣誅法官憂國多災守之臣下叛一云皇后疾兵喪起客星犯有哭泣一日多雨水穀不收入之有土功或三日有赦出則多雨水五穀不登守之國敗民饑彗星犯之下有叛臣兵起出則將軍出國易政大水民饑孛犯國有叛者兵起流星犯之春夏爲水災秋冬爲口舌入則下謀上抵危北地交兵乙巳占流星出入色黃潤人民安穀熟土功興色黑爲水大臣災雲氣入蒼白爲土功青爲國憂黑爲水赤爲喪赤爲火白爲憂爲兵黃出入爲喜

按漢永元銅儀以危爲十六度唐開元游儀十七度舊去極九十七度距南星去極九十八度在赤道外七度

虛梁四星在危宿南主園陵寢廟禱祝非人所處故曰虛梁一曰宮宅屋幃帳寢太白熒惑犯之爲兵彗孛犯兵起宗廟改易

天錢十星在北落師門西北主錢帛所聚爲軍府藏明則庫盈暗爲虛太白熒惑守之盜起彗孛犯之庫藏有賊

墳墓四星在危南主山陵悲慘死喪哭泣大曰墳小曰墓五星守犯爲人主哭泣之事

杵三星在人星東一云在臼星北主舂軍糧不具則民賣甑釜

臼四星在杵星下一云在危東杵臼不明則民饑星衆則歲樂疏爲饑動搖亦爲饑杵直下對臼則吉不相當則軍糧絕縱則吉橫則荒又曰星覆歲饑仰則歲熟彗星犯之民饑兵起天下急客星守之天下聚會米粟

蓋屋二星在危宿南九度主治宮室五星犯之兵起彗孛犯守兵災尤甚

造父五星在傳舍南一曰在螣蛇北御官也一曰司馬或曰伯樂主御營馬廄馬乘轡勒移處兵起馬貴星亡馬大貴彗客入之僕御謀主有斬死者一曰兵起守之兵動廄馬出

人五星在虛北車府東如人形一曰主萬民柔遠能邇又曰臥星主夜行以防淫人星亡則有詐作詔者又爲婦人之亂星不具王子有憂客彗守犯人多疾疫

車府七星在天津東近河東西列主車府之官又主賓客之館星光明潤澤必有外賓車駕華潔熒惑守之兵動彗客犯之兵車出

鉤九星在造父西河中如鉤狀星直則地動他星守占同一曰主輦輿服飾明則服飾正

按步天歌已上諸星俱屬危宿晉志不載人星車府隋志有之杵臼星晉隋志皆無造父鉤星晉志屬紫薇垣蓋屋虛梁天錢在二十八宿外乾象新書以車府西四星屬虛東三星屬危武密書以造父屬危又屬室餘皆與步天歌合按乾象新書又有天綱一星在危宿南入危八度去極百三十二度在赤道外四十一度晉隋志及諸家星書皆不載止載危室二宿間與北落師門相近者近世天文乃載此一星在鬼柳間與外廚天紀相近然新書兩天綱雖同在危度其說不同今姑附于此

營室二星天子之宮一曰玄宮一曰清廟又爲軍糧之府主土功事一曰室一星爲天子宮一星爲太廟爲王者三軍之廩故置羽林以衞又爲離宮閣道故有離宮六星在其側一曰定室詩曰定之方中也星明國昌不明而小祠祀鬼神不享動則有土功事不具憂子孫無芒不動天下安日食在室國君憂王者將兵一曰軍絕糧士卒亡日暈國憂女主憂黜月食其分有土功歲饑月暈爲水爲火爲風月犯之爲土功有哭泣事歲星犯之有急而爲兵入天子有赦爵祿及下舍室東民多死舍北民憂又曰守之宮中多火災主不安民疫熒惑犯歲不登守之有小災爲旱爲火糴貴逆行守之臣謀叛入則創改宮室成勾己者主失宮塡星犯爲兵守之天下不安人主徙宮后夫人憂闗梁不通貴人多死久守大人惡之以赦解吉逆行女主出入恣留六十日土功興太白犯五寸許天子政令不行守則兵大忌之以赦令解一曰太子后妃有謀若乘守勾己逆行往來主廢后妃有大喪宮人恣去室一尺威令不行留六十日將死入則有暴兵辰星犯之爲水入則后有憂諸侯發動於西北客星犯入天子有兵事軍饑將離外兵來出於室兵先起者敗彗星出占同或犯之則弱不能戰出入犯之則先起兵者勝一曰出室爲大水孛犯或出入先起兵者勝出有小災後宮亂武密曰孛出其分有兵喪道藏所載室專主兵流星犯軍乏糧在春夏將軍貶秋冬水溢乙巳占曰流星出入色黃潤軍糧豐五穀成國安民樂雲氣入黃爲土功蒼白大人惡之赤爲兵民疫黑則大人憂

按漢永元銅儀營室十八度唐開元游儀十六度舊去極八十五度景祐測驗室十六度距南星去極八十五度在赤道外六度

雷電六星在室南明動則雷電作

離宮六星兩兩相對爲一坐夾附室宿上星天子之別宮也主隱藏止息之所動搖爲土功不具天子憂太白熒惑入兵起犯或勾己環繞爲后妃咎彗星犯之有修除之事

壘壁陣十二星一作壁壘在羽林北羽林之垣壘主天軍營星明國安移動兵起不見兵盡出將死五星入犯皆主兵太白辰星尤甚客星入兵大起將吏憂流星入南色青后憂入北諸侯憂色赤黑入東后有謀入西太子憂黃白爲吉

螣蛇二十二星在室宿北主水蟲居河濱明而微國安移向南則旱向北大水彗星犯之水道不通客星犯水物不成

土功吏二星在壁宿南一曰在危東北主營造宮室起土之官動搖則版築事起

北落師門一星在羽林軍南北宿在北方落者天軍之番落也師門猶軍門長安城北門曰北落門象此也主非常以候兵星明大安微小芒角有大兵起歲星犯之吉營惑入兵弱不可用客星犯之光芒相及爲兵大將死守之邊人入塞流星出而色黃天子使出入則天子喜出而色赤或犯之皆爲兵起雲氣入蒼白爲疾疫赤爲兵黃白喜黑雲氣入邊將死

八魁九星在北落東南主捕張禽獸之官也客彗入多盜賊兵起太白熒惑入守占同

天綱一星在北落西南一曰在危南主武帳宮舍天子游獵所會客彗入爲兵起一云義兵

羽林軍四十五星三三而聚散出壘壁之南一曰在營室之南東西布列北第一行主天軍軍騎翼衞之象星衆則國安稀則兵動羽林中無星則兵盡出天下亂月犯之兵起歲星入諸侯悉發兵臣下謀叛必敗伏誅太白入兵起塡星入大水五星入爲兵熒惑太白經過天子以兵自守熒惑入而芒赤興兵者亡客星入色黃白爲喜赤爲臣叛流星入南色青后有疾入北諸侯憂入東而赤黑后有謀入西太子憂雲氣蒼白入南后有憂北諸侯憂黑太子諸侯忌之出則禍除黃白吉

斧鉞三星在北落師門東芟刈之具也主斬芻槀以飼牛馬明則牛馬肥腯動搖而暗或不見牛馬死隋志通志皆在八魁西北主行誅拒難斬伐姦謀明大用兵將憂暗則不用移動兵起月入大臣誅歲星犯相誅熒惑犯大臣戮塡星入大臣憂太白入將誅客彗犯斧鉞用又占客犯外兵被擒士卒死傷外國降色青憂赤兵黃白吉

按步天歌已上諸星皆屬營室雷電土功吏斧鉞晉志皆不載隋志有之壘壁陣北落師門天綱羽林軍晉志在二十八宿外螣蛇屬天市垣武密書以螣蛇屬營室又屬壁宿乾象新書以西十六星屬尾屬危東六星屬室羽林軍西六星屬危東三十九星屬室以天綱屬危斧鉞屬奎通占錄又以斧鉞屬壁屬奎說皆不同

壁宿二星主文章天下圖書之祕府明大則王者興道術行國多君子星失色大小不同王者好武經術不用圖書廢星動則有土功日食于壁陽消陰壞男女多傷國不用賢日暈名士憂月食其分大臣憂文章士廢民多疫月暈爲風水其分有憂月犯之國有憂爲饑衞地有兵歲星犯之水傷五穀久守或淩犯勾己有兵起熒惑犯之衞地憂守之國旱民饑賢不用一占王有大災塡星犯守圖書興國王壽天下豐國用賢一占物不成民多病逆行成勾己者有土功六十日天下立王太白犯之一二寸許則諸侯用命守之文武並用一曰有軍不戰一曰有兵喪一曰水災多風雨一曰犯之多火災辰星犯國有蓋藏保守之事王者刑法急守之近臣憂一曰其分有喪有兵姦臣有謀逆行守之橋梁不通客星犯之文章士死一曰有喪入爲土功有水守之歲多風雨舍則牛馬多死彗星犯之爲兵爲火一曰大水民流孛犯爲兵有火水災流星犯文章廢乙巳占曰若色黃白天下文章士用赤雲氣入之爲兵黑其下國破黃則外國貢獻一曰天下有烈士立

按漢永元銅儀東壁二星九度舊去極八十六度景祐測驗壁二星九度距南星去極八十五度

天廄十星在東壁之北主馬之官若今驛亭也主傳令置驛逐漏馳鶩謂其急疾與晷漏競馳也月犯之兵馬歸彗星入馬廄火客星入馬出行流星入天下有驚

霹靂五星在雲雨北一曰在雷電南一曰在土功西主陽氣大盛擊碎萬物與五星合有霹靂之應

雲雨四星在雷電東一云在霹靂南主雨澤成萬物星明則多雨水辰星守之有大水一占主陰謀殺事孳生萬物

鐵鑕五星在天倉西南刈具也主斬芻飼牛馬明則牛馬肥微暗則牛馬饑餓

按步天歌壁宿下有鐵鑕五星晉隋志皆不載隋志八魁西北三星曰鐵鑕又曰鐵鉞其占與步天歌室宿內斧鉞略同恐即是此誤重出之霹靂五星雲雨四星晉志無之隋志有之武密書以雲雨屬室宿天廄十星晉志屬天市垣其說皆不同

宋史卷五十考證

天文志三平道二星在角宿間○角下空一格按此無闕文也

以周衰奏無道鼎淪泗水○按奏字當作秦

由星明則王者明驂星大則兵起○臣召南按晉隋二志房星明則王者明此文由星係房星之誤

南二星魁天梁也○臣召南按此文直用晉志也隋志云北二星杓天府廷也南二星魁天梁也相對更爲明整此下文又云南星者魁星也北星杓也此句魁字宜節去史文未檢處也

中二星市也鐵鑕也○臣召南按晉志作鈇鑕是也因鈇訛鉄又因鉄訛鐵耳後文凡鈇鑕並訛又參宿一曰鈇鉞亦訛鐵鉞

又曰土一星主道路○土字係上字之訛

一日三鼓主天子三軍○三鼓晉志作三武

天軍之番落也○晉志作藩落是

宋史卷五十一

元中書右丞相總裁脫脫等修

天文志第四

天文四 二十八舍下

西方奎宿十六星天之武庫一曰天豕一曰封豕主以兵禁暴又主溝瀆西南大星曰大豕目亦曰大將明動則兵水大出日食魯國凶邊兵起及水旱日暈爲兵爲火月食聚斂之臣有憂月暈兵敗糴貴將戮人疾疫月犯之其分亂歲星犯之近臣爲逆守之蟲爲災人民饑盜起多獄訟久守北兵降色潤澤大熟守二十日以上兵起魯地逆行守之君好兵民流亡熒惑犯之環繞三十日以上將相凶大水民流守二十日以上魯地有兵動搖進退有赦舍歲大熟留臣下專權多獄訟守百日以上多盜塡星入犯吳越有兵一曰齊魯一曰兵喪守之有貴女執政出入水泉溢太白犯之大水有兵霜殺物入則外兵入國晝見將相死辰星犯之江河決有兵爲旱爲火守之王者憂兵旱客星犯之有溝瀆事守則王者有憂軍敗賊臣在側入之破軍殺將舍留不（闕）去人饑出則爲謀臣惑天子彗犯爲饑爲兵喪出則有水災星孛之其下兵出民饑國無繼嗣出則西北有兵起流星入犯之有溝瀆事破軍殺將乙巳占流星出入色黃白光潤文昌武偃赤如火光作聲爲弓弩用一曰入則有聚衆事赤雲氣入犯爲兵黃爲天子喜黑則大人有憂

按漢永元銅儀以奎爲十七度唐開元游儀十六度

舊去極七十六度景祐測驗同

天溷七星在外屏南爲天廁養豬之所一曰天之廁溷也暗則人不安移徙則憂

土司空一星在奎角一曰天倉主土事凡營城邑浚溝洫修隄防則議其利建其功四方小大功課歲盡則奏其殿最而行賞罰星大色黃則天下安五星犯之男女不得耕織彗客犯之水旱民流兵大起土功與客星守之有土功哭泣事黃雲氣入土功與移京邑

策一星在王良北天子僕也主執策御流星彗孛客星犯之皆爲大兵起天子自將于野近之下有謀亂者

附路一星（附一作傅）在閣道南旁別道也一曰在王良東主大僕主禦風雨芒角則車騎在野星亡有道路之變不具則兵起太白熒惑入兵起彗孛犯之道路不通客星入馬賤蒼白雲氣入太僕有憂赤爲太僕誅黃白太僕受賜黑爲大僕死

閣道六星在王良前飛道也從紫宮至河神所乘也一曰主輦閣之道天子游別宮之道也星不見則輦閣不通動搖則宮掖有兵彗孛客星犯之主不安國有喪白雲氣入有急事黑主有疾黃則天子有喜

王良五星在奎北居河中天子奉車御官也其四星曰天駟旁一星曰王良亦曰天馬星動則車騎滿野一曰爲天橋主禦風雨水道星不具或客星守之津梁不通與閣道近有江河之變星明馬賤暗則馬災太白熒惑入守爲兵彗客犯之爲兵喪天下橋梁不通流星犯大兵將出靑雲氣入犯之王良奉車憂墜車雲氣赤王良有斧鑕憂

外屏七星在奎南主障蔽臭穢

軍南門在天大將軍南天大將軍之南門也主誰何出入星不明外國叛動搖則兵起明則遠方來貢

按步天歌以上諸星俱屬奎宿以晉志考之王良附路閣道軍南門策星俱在天市垣別無外屏天溷土司空等星隋志有之而武密以王良外屏天溷皆屬于壁或以外屏又屬奎乾象新書以王良西一星屬壁東四星屬奎外屏西一星屬壁東六星屬奎與步天歌各有不合

婁三星爲天獄主苑牧犧牲供給郊祀亦爲興兵聚衆明大則賦斂以時星直則有主執命者就聚國不安日食于婁宰相大臣當之郊祀神不享日暈有兵大人多死月食其分后妃憂民饑月暈在春百八十日有赦又爲糴貴三日內雨解之月犯多畋獵其分憂將死民流一曰多寃獄歲星犯之牛多死米賤有赦守之國安一曰民多疫六畜貴有兵自罷熒惑犯守爲旱爲火穀貴又曰守二十日以上大臣死星動人多死若逆行入成勾己者國廪災塡星犯之天子戒邊境不可遠行將兵凶守之穀豐民樂若逆行女謁行留舍于婁外國兵來太白犯之有聚衆事守之期三十日有兵民饑辰星犯之刑罰急多水旱大臣憂王者以赦除之守而芒角動搖色赤黑者臣下起兵客星犯爲大兵守之五穀不成又曰臣惑主專政歲多獄訟環繞三日大赦彗星犯之民饑死出則先旱後水穀大貴六畜疾倉庫空又曰國有大兵星孛其分爲兵爲饑流星出犯之有法令淸獄靑赤雲氣入爲兵喪黑大水

按漢永元銅儀以婁爲十二度唐開元游儀十二度

舊去極八十度景祐測驗婁宿十二度距中央大星去極八十度在赤道內十一度

天倉六星在婁宿南倉穀所藏也待邦之用星近而數則歲熟粟聚遠而疏則反是月犯之主發粟五星犯兵起歲饑倉粟出熒惑太白合守軍破將死熒惑入軍轉粟千里近之天下旱太白犯之外國人相食兵起西北辰星守之大水客彗犯之五穀不成客星入歲饑糴貴流星入色赤爲兵犯之粟以兵出色黃白歲大稔蒼白雲氣入歲饑赤爲兵旱倉廪災黃白歲大熟

右更五星在婁西秦爵名主牧師官亦主禮義星不具天下道不通太白熒惑犯守三澤兵起

左更五星在婁東亦秦爵名山虞之官主山澤林藪竹木蔬菜之屬亦主仁智占同右更

天大將軍十一星在婁北主武兵中央大星天之大將也外小星吏士也動搖則兵起大將出小星動搖或不具亦爲兵旗直揚者隨所擊勝五星犯守大將憂客星守之大將不安軍吏以饑敗流星入大將憂蒼白雲氣犯之兵多疾赤爲兵出

天庾四星在天倉東南主露積占與天倉同

按晉志天倉天庾在二十八宿之外天大將軍屬天市垣左更右更惟隋志有之乾象新書以天倉屬奎武密亦以屬奎又屬婁步天歌皆屬婁宿

胃宿三星天之廚藏主倉廪五穀府也明則天下和平倉廪實民安動則輸運暗則倉空就聚則穀貴民流中星衆穀聚星小穀散芒則有兵日食大臣誅一曰乏食其分多疾穀不實又曰有委輸事日暈穀不熟月食后王有憂將亡亦爲饑郊祀有咎月暈兵先動者敗姙婦多死又曰國主死天多雨或山崩有破軍歲星在暈內天子有德令月暈在四孟之月有赦熒惑在暈中爲兵月犯之鄰國有暴兵天下饑外國憂穀不實民多疾變色將軍凶歲星犯之大人憂兵起守則國昌入則國令變更天下獄空若逆行五穀不成國無積蓄熒惑犯之兵亂倉粟出貴人憂守之旱饑民疫客軍大敗入則改法令牢獄空進退環繞勾己犯及百日以上天下倉庫並空兵起塡星犯之大臣爲亂守之無蓄積有德令歲穀大貴若逆行守勾己者有兵色赤兵起流血靑則有德令辰星犯其分不寧守之有兵國有立侯巫咸曰爲旱穀不成有急兵又逆行守之倉空水災客星犯之王者憂倉廪用退行入則有赦守之强臣夌國穀不熟乘之爲火舍而不去人饑出其分君有憂彗星犯之兵動臣叛有水災穀不登星孛其分兵起王者惡之流星犯之倉庫空色赤爲火災蒼白雲氣出入犯之以喪糴粟事黑爲倉穀散腐靑黑爲兵黃白倉實

按漢永元銅儀胃宿十五度景祐測驗十四度

天囷十三星如乙形在胃南倉廪之屬主給御廪粢盛星明則豐稔暗則饑月犯之有移粟事五星犯之倉庫空虛客彗入倉庫憂水火焚溺靑白雲氣入歲饑民流亡

大陵八星在胃北亦曰積京主大喪也中星繁諸侯喪民疫兵起月犯之爲兵爲水旱天下有喪月暈前足大赦五星入爲水旱兵喪熒惑守之天下有喪客彗入民疫流星出犯之其下有積尸蒼白雲氣犯之天下兵喪赤則人多戰死

積尸一星在大陵中明則有大喪死人如山月犯之有叛臣五星犯之天下大疾客彗犯有大喪蒼色雲氣入犯之人多死黑爲疫

天船九星在大陵北河之中天之船也主通濟利涉石申曰不在漢中津河不通明則天下安不明及移徙天下兵喪日犯之百川流溢津梁不通五星犯之水溢民移居彗星犯之爲大水客星犯爲水爲兵靑雲氣入天子憂不可御船赤爲兵船用黃白天子喜

天廪四星在昴宿南一曰天廥主蓄黍稷以供享祀春秋所謂御廪此之象也又主賞功掌九穀之要明則國實歲豐移則國虛黑而稀則粟腐敗月犯之穀貴五星犯之歲饑客星犯倉庫空虛流星入色靑爲憂赤爲旱爲火黃白天下熟靑雲氣入蝗饑民流赤爲旱黑爲水黃則歲稔

積水一星在天船中候水災也明動上行舟船用熒惑犯有水

按晉志大陵積尸天船積水俱屬天市垣天囷天廪在二十八宿之外武密以天囷大陵屬婁又屬胃天船屬胃又屬昴乾象新書天囷五星屬婁餘星屬胃大陵西三星屬婁東五星屬胃與步天歌互有不同

昴宿七星天之耳也主西方及獄事又爲旄頭北星也又主喪昴畢間爲天街天子出旄頭罕畢以前驅此其義也黃道所經明則天下牢獄平六星皆明與大星等爲太水七星皆黃兵大起一星亡爲兵喪搖動有大臣下獄及有白衣之會大而數盡動若跳躍者北兵大起一星獨跳躍而動北兵欲犯邊日食王者疾宗姓自立又占邊兵起日暈陰國失地北主憂趙地凶又云大饑月食大臣誅女主憂爲饑邊兵起將死北地叛月歲三暈弓弩貴民饑暈在正月上旬有赦犯之爲饑北主憂

天子破北兵變色民流國亡下有暴兵有赦出昴北天下有福乘之法令峻大水穀不登歲星犯之獄空乘之陰國有兵北主憂守之主急刑罰獄空一曰臣下獄有解者守其北有德令又曰水物不成久守大臣坐法民饑留守破軍殺將熒惑犯守爲兵爲旱饑守東齊楚越地有兵守南荆楚有兵西則兵起秦鄭北則兵起燕趙又爲貴人多死北地不寧入則有喜有赦天下無兵守而環繞勾己爲赦久守羅貴塡星犯或出入守之北地爲亂有土功五穀不成水火爲災民疫又爲女主失勢入則地動水溢宗廟壞留則大將出征太白入犯之大赦在東六畜傷在西六月有兵又曰守之北兵動將下獄晝見邊兵起出入留在舍南爲男喪北爲女喪辰星犯北主憂守之穀不成民饑久守爲水爲兵客星犯貴人有急北兵大敗讒人在內守之臣叛主兵起入則其分有喪彗星犯之大臣爲亂出則邊兵起有赦星孛其分臣下亂有邊兵大臣誅流星出入犯之夷兵起乙巳占流星入北方來朝出則天子有赦令恤民蒼赤雲氣犯之民疫黑則北主憂青爲水爲兵青白人多喪黃則有喜

按漢永元銅儀昴宿十二度唐開元游儀十一度舊去極七十四度景祐測驗昴宿十一度距西南星去極七十一度

芻藳六星在天苑西一曰在天囷南主積藳之屬一曰天積天子之藏府星明則芻藳貴星盛則百庫之藏存無星則百庫之藏散月犯之財寶出辰星熒惑犯之芻藳有焚溺之患赤雲氣犯之爲火黃爲喜

天陰五星主從天子弋獵之臣不明則爲吉明則禁言泄

天河一星一作大河在天廩星北晉志在天高星西主察山林妖變五星客彗犯之主妖言滿路

卷舌六星在昴北主樞機智謀一曰主口舌語以知讒佞曲而靜則賢人升直而動多讒人兵起天下有口舌之害徙出漢外則天下多妄說星繁人多死月犯之天下多喪五星犯佞人在側彗客犯之侍臣憂

天苑十六星在昴畢南如環狀天子養禽獸之苑明則禽獸牛馬盈不明則多瘠死不具有斬刈事五星犯之兵起客彗犯爲兵獸多死流星入色黑禽獸多死黃則蕃息雲氣占同

天讒一星在卷舌中主巫醫暗則爲吉明盛人君納佞言

月一星在昴宿東南蟾蜍也主日月之應女主臣下之象又主死喪之事明大則女主大專太白熒惑守之臣下起兵爲亂彗客犯之大臣黜女主憂

礪石四星在五車星西主百工磨礪鋒刃亦主候伺明則兵起常則吉熒惑入邊兵起守之諸侯發兵客星守之爲兵

按晉志天河卷舌天讒俱屬天市垣天苑在二十八宿之外芻藳天陰月礪石晉志不載隋史有之武密又以芻藳屬胃卷舌屬胃又屬昴乾象新書以芻藳屬婁卷舌西三星屬胃東三星屬昴天苑西八星屬胃南八星屬昴步天歌以上諸星皆屬昴宿互有不合

畢宿八星主邊兵弋獵其大星曰天高一曰邊將主四夷之尉也天官書曰畢爲罕車明大則遠人來朝天下安失色邊兵亂一星亡爲兵喪動搖則邊兵起移徙天下獄亂就聚則法令酷日食邊王死軍自殺其主遠國有謀亂日暈有邊兵下則北主憂又占有風雨月食有赦趙分有兵或趙君憂月暈兵亂饑喪暈三重邊有叛者七日內風雨解之又爲陰國有憂天下赦犯畢大星下犯上大將死陰國憂入畢口多雨穿畢歲饑盜起失行離于畢則雨居中女主憂又曰犯北則陰國憂南則陽國憂歲星犯之冬多風雨又曰爲水入畢口邊兵起民饑有赦守三十日客兵起出陽爲旱陰爲水熒惑犯右角大戰左角小戰入則邊兵憂守之爲饑有赦成勾己環繞大赦一曰入畢中有兵兵罷又曰守之有畋獵事北主憂天下道路不通入畢口有赦逆行至昴爲死喪已去還守貴臣憂舍畢口趙國憂塡星犯之兵起西北不戰守之兵有降軍有赦一曰土功徭役煩兵起入則地震水溢守畢口大人當之出入留舍其野兵起客軍死太白犯右角戰敗將死入畢口將相爲亂大赦國易政令諸侯起兵爲水五穀不成貫畢倉廩空四國兵起辰星犯之邊地災入畢口國易政守之水溢民病物不成邊兵起守畢口人爲亂客星犯之大人憂無兵兵起有兵兵罷入則多獄事守之爲饑邊兵起出爲車馬急行彗星犯之北地爲亂人民憂星孛其分土功興多徭役色蒼爲饑破軍黃則女爲亂白爲兵喪黑爲水流星犯之邊兵大戰赤色貫之戎兵大至入而復出爲赦入而黃白有光外人入貢蒼白雲氣入歲不收赤爲兵旱爲火黃白天子有喜

按漢永元銅儀畢十六度舊去極七十八度景祐測驗畢宿十七度距畢口北星去極七十七度

天節八星在畢附耳南主使臣持節宣威四方明大則使忠不明則奉使無狀熒惑守之臣有謀逆或使臣死太白守之大將出客彗犯之法令不行客星守持節臣有憂

九州殊口九星在天節南下曉方俗之官通重譯者也常以十一月候之亡一星一國憂二星以上天下亂兵起太白熒惑守之亦爲兵客星入民憂水負海國不安有兵

附耳一星在畢下主聽得失伺愆邪察不祥也星盛則中國微有盜賊邊候警外國反動搖則讒臣在君側歲星犯之有兵將相喪太白犯之佞臣在側

九游九星在玉井西南一曰在九州殊口東南北列主天下兵旗又曰天子之旗也太白熒惑犯之兵騎滿野客星犯諸侯兵起禽獸多疾

天街二星在昴畢間一曰在畢宿北爲陰陽之所分大象占近月星西街南爲華夏街北爲外邦又曰三光之道主伺候關梁中外之境明則王道正月犯天街中爲中平天下安寧街外爲漏泄讒夫當事民不得志不由天街主政令不行月暈其宿關梁不通熒惑守之道路絕久守國絕禮歲星居之色赤爲殃或大旱太白守之兵塞道路六夷旄頭滅一曰民饑

天高四星在坐旗西乾象新書在畢口東北臺榭之高主望八方雲霧氛氣今仰觀臺也不見爲主失禮守常則吉微暗陰陽不和月五星犯之則水旱不時乘之外臣誅月暈不出六月有喪熒惑入十日爲小赦留三十日大赦客彗守之大旱蒼白雲氣犯亦然

諸王六星在五車南主察諸侯存亡明則下附上不明則下叛不見宗廟危四方兵起熒惑入之諸王妃恣爲下所謀守之下不信上太白熒惑犯諸王當之一曰宗臣憂客彗守諸侯黜

五車五星三柱九星在畢宿北五帝坐也又五帝之車舍也主天子兵起又主五穀豐耗一車主蕡麻一車主麥一車主豆一車主黍一車主稻米西北大星曰天庫主太白秦分及雍州主豆東北一星曰天獄主辰星燕趙分及幽冀主稻東南一星曰天倉主歲星魯分徐州衛分并州主麻次東南一星曰司空主塡星楚分荆州主黍粟次西南一星曰卿主熒惑魏分益州主麥天文錄曰太白其神令尉辰星其神風伯歲星其神雨師熒惑其神豐隆塡星其神雷公此五車有變各以所主占之三柱一曰天淵一曰天休一曰天旂欲其均明濶狹有常星繁則兵大起石申曰天庫星中河而見天下多死人河津絕又曰天子得靈臺之禮則五車三柱均明有常天旂星不見則大風折木天休動則四國叛一柱出或不見兵半出三柱盡出及不見兵亦盡出柱外出一月穀貴三倍出二月三月以次倍貴外出不盡兩間主大水月犯天庫兵起道不通犯天淵貴人死臣踰主月暈女主惡之在正月爲赦暈一車赦小罪五車俱暈赦殊罪四七十月暈之爲水暈十一月十二月穀貴五星犯爲旱喪犯庫星爲兵起歲星入之羅貴熒惑入之爲火或與歲星占同塡星入天庫爲兵爲喪舍中央爲大旱燕代之地當之舍東北畜蕃帛賤舍西北天下安太白入之兵大起守五車中國兵所向懾伏舍西北爲疾疫牛馬死應酒泉分辰星入舍爲水犯之兵以水潦起客星犯則人勞庚寅日候近之爲金車主兵甲寅日候近之爲木車主樵增價戊寅日候近之爲土車主土功丙寅日候近之爲火車主旱壬寅日候近之爲水車主水溢入之色青爲憂赤爲兵守天淵有大水守天休左爲兵右爲喪黃爲吉彗孛犯之兵起民流流星入甲子日主粟丙午日主麥戊寅日主豆庚申日主蕡壬戌日主黍各以其日占之而粟麥等價增白雲氣入民不安赤爲兵起

天潢五星在五車中主河梁津渡星不見則津渡不通月入天潢兵起五星失度留守之皆爲兵熒惑塡星入之爲大旱爲火熒惑舍之牛馬疫爲兵辰星出天潢有赦客星入爲兵留守則有水害蒼白或黑雲氣入爲喪赤爲兵白則天子有喜

咸池三星在天潢南主陂澤池沼魚鼈鳧鴈明大則龍見虎狼爲害星不見河道不通月入爲暴兵五星入爲兵爲旱失忠臣君易政守之爲饑爲兵客星入天下大水流星入爲喪出則兵起雲氣入色蒼白魚多死赤爲旱白爲神魚見黑爲大水

參旗九星一曰天旗一曰天弓司弓弩候變禦難星如弓張則兵起明則邊寇動暗爲吉又曰天弓不具天下有兵五星犯之兵起熒惑守之下謀上諸侯起兵一曰有邊兵太白守之兵亂客星守天下憂流星入北地兵起雲氣犯之色青入自西北兵來期三年

天關一星在五車南亦曰天門日月之所行主邊方主關閉星芒角爲兵不與五車合大將出月歲三暈有赦犯之有亂臣更法五星守之貴人多死歲星熒惑守之

臣謀主爲水爲饑太白熒惑守之大赦關梁有兵太白入則大亂塡星守王者壅蔽犯之臣謀主太白失行兵起客星犯之民多疾關市不通又曰諸侯不通民相攻客星入多盜流星犯之天下有急關梁不通民憂多盜黃雲氣犯四方入貢

天園十三星在天苑南植菜果之處曲而鈎菜果熟白雲氣犯之兵起

按步天歌以上諸星皆屬畢宿武密書以天節屬昴參旗天關五車三柱皆屬觜與步天歌不同乾象新書以天節參旗皆屬畢天園西八星屬昴東五星亦屬畢五車北西南三大星屬畢東二星及三柱屬參說皆不同今皆存之

觜觿三星爲三軍之候行軍之藏府主葆旅收斂萬物明則軍糧足將得勢動則盜賊行葆旅起暗則不可用兵日食臣犯主戒在將臣暈及三重其下穀不登民疫五重大赦期六十日月食爲旱大將憂有叛主者正月月暈有赦外軍不勝大將憂偏裨有死者歲星犯之其分兵起守則農夫失業后有憂丁壯多暴死下有叛者民多疾疫入則多盜天時不和國君誅伐不當則逆行熒惑犯之其分有叛者爲旱爲火爲兵起爲糴貴與觜觿合趙分相憂入則其下有兵塡星入犯爲兵爲土功其分失地女主恣則塡星逆行而色黃太白犯之兵起守之其分易令大臣叛物不成民疫辰星犯之不可舉兵一曰趙地水有叛者守之趙分饑客星出入其宿青爲憂赤爲兵黑爲水白爲喪黃白爲吉彗星犯之兵起出入其分失地民流星孛之爲兵亂軍破其色與客星同占流星入犯之有叛者有破軍雲氣犯之赤爲兵蒼白爲兵憂黑趙地大人有憂色黃有神寶入

按漢永元銅儀唐開元游儀皆以觜觿爲三度舊去極八十四度景祐測驗觜宿三星一度距西南星去極八十四度在赤道內七度

坐旗九星在司怪西北君臣設位之表也星明則國有禮

司怪四星在井鉞星前主候天地日月星辰變異鳥獸草木之妖明王聞災修德保福星不成行列宮中及天下多怪

按步天歌坐旗司怪俱屬觜宿武密書及乾象新書皆屬于參

參宿十星一曰參伐一曰天市一曰大辰一曰鐵鉞主斬刈萬物以助陰氣又爲天獄主殺秉威行罰也又主權衡所以平理也又主邊城爲九譯故不欲其動參爲白獸之體其中三星橫列者三將也東北曰左肩主左將西北曰右肩主右將東南曰左足主後將軍西南曰右足主偏將軍參應七將中央三小星曰伐天之都尉主鮮卑外國不欲其明七將皆明大天下兵精王道鈌則芒角張伐星明與參等大臣有謀兵起失色軍散敗芒角動邊有急兵起有斬伐之事星移客伐主肩細微天下兵弱左足入玉井中兵起秦有大水有喪山石爲怪星差戾王臣貳左股星亡東南不可舉兵左股則主西北又曰參足移北爲進將出有功徙南爲退將軍失勢三星疏法令急日食大臣憂臣下相殘陰國强日暈有來和親者一曰大饑月食其度爲兵臣下有謀貴臣誅其分大饑外兵大將死天下更令月暈將死人殃亂戰不利月犯貴臣憂兵起民饑犯參伐偏將死歲星犯之水旱不時大疫爲饑守之兵起民疫入則天下更政熒惑犯之爲兵爲內亂秦燕地凶守之爲旱爲兵四方不寧逆行入則大饑塡星犯之有叛臣守之其下國亡姦臣謀逆一云有喪后夫人當之逆行留守兵起太白犯之天下發兵守之大人爲亂國易政邊民大戰辰星犯之爲水爲兵貴臣黜辰星與參出西方爲旱大臣誅逆守之兵起客星入犯之國內有斬刈事守之邊州失地環繞者邊將有斬刈事彗星犯之邊兵敗君亡遠期三年貫之色白爲兵喪星孛于參君臣俱憂國兵敗流星入犯之先起兵者亡乙巳占曰流星出而光潤邊安有赦獄空青雲氣入犯之天子起邊城蒼白爲臣亂赤爲內兵黃色潤澤大將受賜黑爲水災大臣憂白雲氣出貫之將死天子疾

按漢永元銅儀參八度舊去極九十四度景祐測驗

參宿十星十度右足入畢十三度

玉井四星在參左足下主水泉以給庖廚動搖爲憂客星入爲水爲喪國失地出則國得地一云將出流星入爲大水雲氣入而色青井水不可食

屏二星一作天屏在玉井南一云在參右足星不具人多疾不明大人寢疾星亡主多病月五星犯之爲水客星出于屏亦爲大人有疾彗星犯之水旱不時

軍井四星在玉井東南軍營之井主給師濟疲乏月犯芻槀財寶出熒惑入爲水兵多死太白入兵動民不安客星入憂水害

厠四星在屏星東一曰在參右脚南主溷色黃爲吉歲豐青黑人主腰下有疾星不具則貴人多病客星入爲穀貴彗孛入歲饑青雲氣入爲兵黑爲憂黃則天子有喜

天屎一星在天厠南色黃則年豐凡變色爲蝗爲水旱爲霜殺物常以秋分候之星亡不見天下荒星微民多流

按步天歌玉井軍井厠各四星屏二星天屎一星俱屬參宿晉志玉井在參左足武密書屬觜乾象新書屬畢軍井晉志在玉井南武密亦屬觜乾象新書亦屬畢唐開元游儀在玉井東南屏厠天屎晉志皆不載隋志屏在玉井南開元游儀在觜隋志厠在屏東屎在厠南乾象新書皆屬參與步天歌互有不合

南方東井八星天之南門黃道所經七曜常行其中爲天之亭候主水衡事法令所取平也武密占曰井中爲三光正道五緯留守若經之皆爲天下無道不欲明明則大水又占曰用法平井宿明鉞一星附井宿前主伺奢淫而斬之明大與井宿齊則用鉞於大臣月宿其分有風雨日食秦地旱民流有不臣者暈則多風雨有青赤氣在日爲冠天子立侯王月食有內亂大臣黜后不安五穀不登分有兵喪月暈爲旱爲兵爲民流國有憂一曰有赦陰陽不和則暈暈及三重在三月爲大水在十二月日壬癸爲大赦月犯之將死于兵水官黜刑不平犯井鉞大臣誅有水事歲星犯之主急法多獄訟水溢將軍惡之犯井鉞近臣爲亂兵起逆行入井川流壅塞熒惑犯之兵先起者殃又曰天子以水敗入守經旬下有兵貴人不安守三十日成勾己角動色赤黑貴人當之百川溢兵起塡星入犯之兵起東北大臣憂入井鉞王者惡之在觜而去東井其下亡地太白犯之咎在將久守其分君失政臣爲亂辰星犯之星進則兵進退則兵退刑法平又曰北兵起歲惡芒角動搖色赤黑爲水爲兵起客星犯之穀不登大臣誅有土功小兒妖言彗星犯之民譏言國失政一曰大臣誅其分兵災流星犯之在春夏則秦地謀叛在秋冬則宮中有憂乙巳占流星色黃潤國安赤黑秦分民流水災蒼黑雲氣入犯之民有疾疫黃白潤澤有客來言水澤事黑氣入爲大水常以正月朔日入時候之井宿上有雲歲多水潦

按漢永元銅儀井宿三十度唐開元游儀三十三度去極七十度景祐測驗亦三十三度距西北景去極六十九度

五諸侯五星在東井北主斷疑刺舉戒不虞理陰陽察得失亦曰主帝心一曰帝師二曰帝友三曰三公四曰博士五曰太史五者常爲帝定疑議星明大潤澤則天下治五禮備則光明不相侵陵暗則貴人謀上芒角禍在中歲星犯之兵起三年熒惑犯之大臣叛不成太白犯之諸侯興兵亡國經天晝見則諸侯受誅客星犯王室亂諸侯亡地秦國殃守之諸侯親屬失位彗孛犯之執法臣誅又曰貴臣當之期一年雲氣犯之色蒼白諸侯有喪不則臣有誅戮天下有大水

積水一星在北河西北所以供酒食之正也不見爲災歲星犯之水物不成魚鹽貴民饑熒惑犯之爲兵爲水辰星犯之爲水旱客星犯之兵起大水大臣憂期一年蒼白雲氣入犯之天下有水

積薪一星在積水東北供庖廚之正也星不明五穀不登熒惑犯之爲旱爲兵爲火災客星守之薪貴赤雲氣入犯之爲水災

南河三星與北河夾東井一曰天之關門也主關梁南河曰南戍一曰南宮一曰陽門一曰越門一曰權星主火兩河戍間日月五星之常道也河戍動搖中國兵起河星不具則路不通水泛溢月出入兩河間中道民安歲美無兵出中道之南君惡之大臣不附星明爲吉昏昧動搖則邊兵起遠人叛主憂月犯之爲中邦憂一曰爲兵爲喪爲旱爲疫行西南爲兵旱入南戍則民疫暈則爲土功乘之四方兵起經南戍南則爲刑罰失歲星犯之北主憂熒惑犯兩河爲兵守三十日以上川溢守南河穀不登女主憂守南戍西果不成在東則有攻戰塡星乘南河爲旱民憂守之爲兵道不通太白舍三十日川溢一曰有姦謀守兩河爲兵起客星守之爲旱爲疫彗孛出爲兵守爲旱流星出爲兵喪邊戍有憂蒼白雲氣入之河道不通出而色赤天子兵向諸侯黃氣入之有德令出爲災

北河亦三星北河曰北戍一曰北宮一曰陰門一曰胡門一曰衡星主水五星出入留守之爲兵起犯之爲女喪乘之爲北主憂歲星入北戍大臣誅熒惑從西入北戍六十日有喪從東入九十日有兵一曰出北戍北守之邊將有不請于上而用兵外國者勝塡星守之兵起六十日內有赦一曰有土功若守戍西五穀不實太白舍北戍三十日爲女喪有內謀守陰門不出百日天下兵悉起辰星守之外兵起邊臣有謀留止則兵起四方客星入犯之有喪於外姦入在中入自東兵起期九十日入自西有喪期六十日守之爲大水流星經兩河間天下有難入爲北兵入中國關梁不通雲氣蒼白入犯

之邊有兵疾疫又爲北主憂

四瀆四星在東井南垣之東江河淮濟之精也明大則百川決

水位四星在積薪東一日在東井東北主水衡歲星犯之爲大水一日出南爲旱熒惑守之田不治客星犯之水道不通伏兵在水中一日客星若水火守犯之百川流溢彗孛出爲大水爲兵穀不成流星入之天下有水穀敗民饑赤雲氣入爲旱饑

天罇三星在五諸侯南一日在東井北罇器也主盛饘粥以給貧餒明爲豐暗則歲惡

闕丘二星在南河南天子雙闕諸侯兩觀也太白熒惑守之兵戰闕下

軍市十三星狀如天錢天軍貿易之市有無相通也中星衆則軍餘糧小則軍饑月入爲兵起主不安五星守之軍糧絕客星入則刺客起將離卒亡流星出爲大將出

野鷄一星在軍市中主變恠出市外天下有兵守靜爲吉芒角爲凶

狼一星在東井東南爲野將主侵掠色有常不欲動也芒角動搖則兵起明盛兵器貴移位人相食色黃白爲凶赤爲兵月犯之有兵不戰一日有水事月食在狼外國有謀五星犯之兵大起多盜彗孛犯之盜起客星守之色黃潤爲喜黑則有憂赤雲氣入有兵

弧矢九星在狼星東南天弓也主行陰謀以備盜常屬矢以向狼武密曰天弓張則北兵起又曰天下盡兵動搖明大則多盜矢不直狼爲多盜引滿則天下盡爲盜月入弧矢臣逾主月暈其宿兵大起客星入南夷來降若舍其分秋雨雪穀不成守之外夷饑出入之爲兵出入流星入北兵起屠城殺將赤雲氣入之民驚一日北兵入中國

老人一星在弧矢南一名南極常以秋分之旦見于丙候之南郊春分之夕没于丁見則治平天子壽昌不見則兵起歲荒君憂客星入爲民疫一曰兵起老者憂流星犯之老人多疾一曰兵起白雲氣入之國當絕

丈人二星在軍市西南主壽考悼耄矜寡以哀窮人星亡人臣不得自通

子二星在丈人東主侍丈人側不見爲災

孫二星在子星東以天孫侍丈人側相扶而居以示孝慈不見爲災居常爲無咎

水府四星在東井西南水官也主隄塘道路梁溝以設隄防之備熒惑入之有謀臣辰星入爲水客星入天下大水流星入色青所主之邑大水赤爲旱

按步天歌自五諸侯至水府常星一十八坐俱屬東井武密書以丈人二星子孫各一星屬牛宿乾象新書以丈人與子屬參孫屬井又以水府四星亦屬參武密以水府屬井餘皆與步天歌合

輿鬼五星主觀察姦謀天目也東北星主積馬東南星主積兵西南星主積布帛西北星主積金玉隨變占之中央星爲積尸主死喪祠祀一曰鐵鑕主誅斬星明大穀不成不明民散鑕欲其忽忽不明明則兵起大臣誅動而光賦重役煩民懷嗟怨日食國不安有大喪貴人憂暈則其分有兵大臣有誅廢者月食貴臣皇后憂期一年暈爲旱爲赦月犯之秦分君憂一曰軍將死貴臣女主憂民疫歲星犯之穀傷民饑君不聽事犯鬼鑕執法臣誅熒惑犯之忠臣誅一曰兵起后失勢入則后及相憂一曰賊在君側有兵喪勾己國有赦留守十日諸侯當之二十日太子當之勾己環繞天子失廟塡星犯之大臣女主憂守之憂在後宮爲旱爲土功入鑕王者惡之犯積尸在陽爲君在陰爲后左爲太子右爲貴臣隨所守惡之太白入犯之爲兵亂臣在內一曰將有誅貫之而怒下有叛臣久守之下有兵爲旱爲火萬物不成辰星犯之五穀不登守爲有喪憂在貴人客星犯之國有自立者敗一曰多土功入之有詛盟祠鬼事彗星犯之兵起國不安星孛其下有喪兵起宜修德禳之流星犯鬼鑕有戮死者入則四國來貢白雲氣入有疾疫黑后有疾憂赤爲旱黃爲土功入犯積尸貴臣有憂靑爲病

按漢永元銅儀輿鬼四度舊去極六十八度景祐測驗輿鬼三度距西南星去極六十八度

爟四星在鬼宿西北一曰在軒轅西主烽火備邊亭之警急以不明爲安明大則邊有警赤雲氣入天下烽火皆動

天狗七星在狼星北主守財動移爲兵爲饑多寇盜有亂兵塡星守之人相食客彗守之則羣盜起

外厨六星爲天子之外厨主烹宰以供宗廟占與天厨同

積尸氣一星在鬼宿中孛孛然入鬼一度半去極六十九度在赤道內二十二度主死喪祠祀

天紀一星在外厨南主禽獸之齒太白熒惑守犯之禽獸死民不安客星守之則政弊

天社六星在弧矢南昔共工氏之勾龍能平水土故祀之以配社其精上爲星明則社稷安不明動搖則下謀上太白熒惑犯之社稷不安客星入有祀事于國內出則有祀事于國外

按晉志爟四星屬天市垣天狗七星在七星北武密以天狗屬牛宿又屬輿鬼乾象新書屬井外厨六星晉志在柳宿南武密書亦屬柳乾象新書與步天歌皆屬輿鬼天紀一星武密書及乾象新書皆屬柳惟步天歌屬鬼宿天社六星武密書屬井又屬鬼乾象新書以西一星屬井中一星屬鬼末一星屬柳今從步天歌以諸星俱屬輿鬼而備存衆說

柳宿八星天之厨宰也主尚食和滋味又主雷雨爾雅曰咮謂之柳柳鶉火也又主木功一曰天庫又爲鳥喙主草木明則大臣謹重國家厨食具開張則人饑死亡則都邑振動直則爲兵日食宮室不安王者惡之厨官橋道隄防有憂日暈飛鳥多死五穀不成三抱而戴者君有喜月食宮室不安大臣憂月暈林苑有兵天下有土功厨獄官憂又爲兵爲饑爲旱疫歲星犯之國多義兵熒惑犯之色赤大而芒角其下君死一曰宮中憂火災守之有兵逆臣在側逆行守之王不寧塡星犯守君臣和天下喜石申曰天子戒飲食之官出入留舍有急令太白犯之有急兵逆行勾己臣謀主晝見爲兵辰星犯之民相仇歲旱君戒在酒食客星犯之咎在周國守則布帛魚鹽貴色蒼白殺邊地諸侯彗星犯之大臣誅爲兵爲喪星孛于柳南夷叛甘德曰爲兵爲喪流星出犯之周分憂色黃爲喜入則王者內有火災乙巳占出則宗廟有喜賢人用入爲天厨官有憂木功廢赤雲氣入爲火黃爲赦黃白爲天子有喜起宮室

按漢永元銅儀以柳爲十四度唐開元游儀十五度舊去極七十七度景祐測驗柳八星一十五度距西頭第三星去極八十三度

酒旗三星在軒轅右角南酒官之旗也主宴享飲食星不具則天下有大喪帝王宴飲沉昏非禮以酒亡國明則宴樂謹五星守之天下大酺有酒肉賜宗室熒惑犯之飲食失度太白犯之三公九卿有謀客彗犯主以酒過爲相所害赤雲氣入君以酒失

按晉志酒旗在天市垣步天歌以酒旗屬柳宿以通占鏡考之亦屬柳又屬七星乾象新書亦屬七星與步天歌不同今並存之

七星七星一名天都主衣裳文繡又主急兵故星明王道昌暗則賢良去天下空動則兵起離則易政蓋天曰七星爲朱雀頸頸者文明之粹羽儀所承日食其宿主不安刑在門戶之神又曰文章士受誅其分兵起臣爲亂日暈周邦君憂青色抱而順在兵爲東軍吉月食后及大臣有憂又爲歲饑民流其國更政暈其地旱獄官凶歲星犯之主憂兵五穀多傷熒惑犯之橋梁不通逆行則地動爲火災出入留舍其國失地水決塡星犯守世治平王道興后夫人喜太白犯之兵暴起大臣爲亂經天防詐僞辰星犯之賊臣在側守則其分有憂萬物不成兵從中起貴臣有罪民疫流亡客星犯之爲兵荆州占云河水決民流彗犯有亂兵起貴臣戮武密曰彗星出七星狀如杵爲兵星孛于星有亂兵起宮殿貴臣戮大臣相譖流星犯之爲兵憂又曰入則有急使來乙巳占流星入庫宮有喜錦繡進女工用蒼白雲氣入貴人憂出則天子用急使赤入爲兵黑爲賢士死黃則遠人來貢白爲天子遣使賜諸侯帛

按景祐測驗七星七度距大星去極九十七度

軒轅十七星在七星北后妃之主士職也一曰東陵一曰權星主雷雨之神南大星女主也次北一星夫人也屛也上將也次北一星妃也次將也其次諸星皆次妃之屬也女主南小星女御也左一星少民后宗也右一星太民太后宗也欲其色黃小而明武密曰后妃後宮之象陰陽交合感爲雷激爲電和爲雨怒爲風亂爲霧凝爲霜散爲露聚爲雲氣立爲虹蜺離爲背璚分爲抱珥此二十四變皆權主之微細則皇后不安黑則憂在大人移徙則民流東西角大張而振后族敗月入之女主失勢或火災犯左右角大臣以罪免中犯乘守太民爲饑太后宗有罪守少民小有饑女主失勢守御女有憂月暈女主有喪月五星淩犯環繞乘守皆爲女主有禍月食女主憂歲星犯之女主失勢一曰大臣當之乘守太民爲大饑太后宗黜中犯乘守少民爲小饑後宮有黜者熒惑犯守勾己后妃離德犯御女天子僕妾憂犯太民少民憂在后宗守之宮中有戮者塡星行其中女主失勢有喪太白犯之星后失勢客星犯之近臣謀滅宗族彗孛犯女主爲寇一曰兵起流星入之後宮多讒亂乙巳占流星出之后有中使出一曰天子有子孫喜

天稷五星在七星南農正也取百穀之長以爲號明則歲豐暗或不具爲饑移徙天下荒歉客星入之有祠事于內出有祠事于國外

天相三星在七星北一曰在酒旗南丞相大臣之象武密曰占與相星同五星犯守之后妃將相憂彗客犯之大臣誅雲氣入黃爲大臣喜黑爲將憂

內平四星在三臺南一曰在中臺南執法平罪之官明則刑罰平

按軒轅十七星晉志在七星北而列于天市垣武密以軒轅屬七星又屬柳乾象新書以西八星屬柳中屬七星末屬張天稷五星晉志在七星南武密亦以天稷屬七星又屬柳乾象新書以西二星屬柳餘屬七星天相三星晉志在天市垣武密書屬七星乾象新書屬軫宿內平四星晉志在天市垣武密書屬柳乾象新書屬張步天歌屬七星諸說能不同今並存之

張宿六星主珍寶宗廟所用及衣服又主天廚飲食賞賚之事明則王行五禮得天下之中動則賞賚不明王者子孫多疾移徙則天下有逆就聚則有兵日食爲王者失禮掌御饌者憂甘德曰后失勢貴臣憂期七十日暈及有黃氣抱日主功臣効忠又曰財寶大臣黜將相憂月食其分饑臣失勢皇后有憂暈爲水災陳卓曰五穀魚鹽貴巫咸曰后妃惡之宮中疫月犯之將相死其國憂歲星入犯之天子有慶賀事守之國大豐君臣同心三十日不出天下安寧其國升平熒惑犯之功臣當封入則爲兵起又曰色如四時休王其分貴人安社稷無虞又曰熒惑春守諸侯叛逆行守之爲地動爲火災又曰將軍驚土功作又曰會則不可用兵填星犯之爲女主飲宴過度或宮女失禮入爲兵出則其分失地守之有土功太白犯之國憂守之其國兵謀不成石申曰國易政舍留其國兵起辰星犯守五穀不成兵起大水貴臣負國民疫多訟芒角臣傷其君入爲火災出則有叛臣客星犯之天子以酒爲憂守之周楚之國有隱士出入于張兵起國饑舍留不去前將軍有謀又曰利先起兵彗星犯之國用兵民亡守爲兵出爲旱又曰犯守軍欲移徙宮殿星孛于張爲民流爲兵大起乙巳占流星出入宗社昌有赦令下臣入賀蒼白雲氣入之庭中觴客有憂黃白天子因喜賜客黑爲其分水災色赤天子將用兵

按漢永元銅儀張宿十七度唐開元游儀十八度舊去極九十七度景祐測驗張十八度距西第二星去極一百三度

天廟十四星在張宿南天子祖廟也明則吉微細其所有兵軍食不通客星中犯之有白衣會兵起又曰祠官有憂武密曰與虛梁同占

按天廟十四星晉志雖列于二十八宿之外而亦曰在張宿南與隋志所載同兼與步天歌合

翼宿二十二星天之樂府主俳倡戲樂又主外夷遠客負海之賓星明大禮樂興四國賓動搖則蠻夷使來離徙天子將舉兵日食王者失禮忠臣見譖爲旱災暈爲樂官黜上有抱氣三敵心欲和月食亦爲忠臣見譖飛蟲多死北方有兵女主惡之石申曰大臣有謀月犯之國憂其分有兵大將亡女主惡之歲星犯五穀爲風所傷守之王道具將相忠文術用逆行入之君好畋獵熒惑犯之其分民饑臣下不從命邊兵起出入留舍爲兵守之佞臣爲亂填星犯之大臣憂守之主聖臣賢歲豐后有喜出入留舍兵起逆行則女主失政太白入或犯之皆爲兵起出入留舍大風水災其分君不安舍左爲旱守犯勾己夌突則大臣專君令辰星令抵下臣爲亂伏誅守之旱饑民流龍蛇見守其中兵大起同見西方大臣憂客星入犯之國有兵大臣憂一曰負海國有使來守之爲兵起彗星犯之大臣憂國有兵喪星孛于翼亦爲大臣憂其分失禮樂出則其地有謀下有兵喪芒所指有降人流星犯之亦爲憂在大臣出則其下有兵入爲貴臣囚繫乙巳占曰流星入天下賢士入見南夷來貢國有賢臣赤雲氣出入有暴兵黃而潤澤諸侯來貢黑爲國憂

按漢永元銅儀翼宿十九度唐開元游儀十八度舊去極九十七度景祐測驗翼宿一十八度距中行西第二星去極百四度

東甌五星在翼南蠻夷星也天文錄曰東甌東越也今永嘉郡永寧縣是也芒角動搖則蠻夷叛太白熒惑守之其地有兵

按東甌五星晉志在二十八宿之外乾象新書屬張宿武密書屬翼宿與步天歌合

軫宿四星主冢宰輔臣主車騎主載任有軍出入皆占于軫又主風占死喪明大則車駕備移徙天子有憂就聚則兵起轄二星傅軫兩旁主王侯左轄爲王者同姓右轄爲異姓星明兵大起遠軫凶轄舉南蠻侵車無轄國有憂日食憂在將相戒車駕之官一曰后不安暈而生背氣其下兵起城拔視背所向擊之勝又曰王者惡之月食后及大臣憂月暈有兵歲旱多大風歲星犯之爲火災爲民疫大臣憂主庫者有罪入則其國將死守之國有喪七日不移有赦又曰君有憂熒惑犯之有亂兵入軫將軍爲亂水傷稼民多妖言逆行爲火爲兵填星犯之爲兵爲土功入則兵敗逆行女主憂出入舍留六十日兵起大旱太白犯之爲兵起得地入爲兵守之亡地將憂起左角逆行至軫失地經天則兵滿野辰星犯之民疫大臣憂中國有貴喪守之大水入則天下以火爲憂一曰國有喪客星犯之爲兵爲喪入則有土功糴貴諸侯使來出則君使諸侯守之邊兵起民饑守轄軍吏憂彗星犯之爲兵爲喪色赤爲君失道又曰天子起兵王公廢黜星孛于軫亦爲兵喪又曰下謀上主憂流星犯之有兵起亦有喪不出一年庫藏空春夏犯之爲皮革用秋冬爲水旱不調

按漢永元銅儀以軫宿爲十八度舊去極九十八度景祐測驗亦十八度去極一百度

長沙一星在軫宿中入軫二度去極百五度主壽命明則君壽長子孫昌

青丘七星在軫東南蠻夷之國號星明則夷兵盛動搖夷兵爲亂守常則吉

軍門二星在青丘西一曰在土司空北天子六宮之門主營候設豹尾旗與南門同占星非其故及客星犯之皆爲道不通

器府三十二星在軫宿南樂器之府也明則八音和君臣平不明則反是客彗犯之樂官誅赤雲氣掩之天下音樂廢

土司空四星在青丘西主界域亦曰司徒均明則天下豐微暗則稼穡不登太白熒惑犯之男女廢耕桑客彗犯之爲兵起民流

按步天歌以左轄右轄二星長沙一星軍門二星土司空四星青丘七星器府三十二星俱屬軫宿晉志惟轄星長沙附于軫餘在二十八宿之外乾象新書以軍門器府土司空屬翼青丘屬軫武密書以軍門屬翼餘皆屬軫今從步天歌而附見諸家之說

宋史卷五十一考證

天文志四西南大星曰大冢目○臣召南按當作天冢目晉隋二志可証刊本誤缺一筆耳

星直則有主執命者○隋志作有執主之命者

天大將軍十一星○晉隋二志作十二星

又五帝之車舍也主天子兵起○臣召南按晉隋二志云主天子五兵是也此兵起字誤又東南一星曰天倉晉隋二志無南字

參爲白獸之體○臣召南按白獸應作白虎參爲白虎本天官書文晉隋二史成於唐臣之手故諱虎稱獸此志襲而未改何也

輿鬼五星○臣召南按此依晉志文也輿鬼實止四星而中有積尸氣似星非星又一曰鈇鑕誤作鐵鑕

昔共工氏之勾龍○按之下脫子字

明則王行五禮得天下之中○臣召南按晉隋二志云明則王者行五禮得天之中是也此文脫者字衍下字

宋史卷五十二

元中書右丞相總裁脫脫等修

天文志第五

天文五

七曜 景星 彗孛 客星
流星 妖星 星變 雲氣
日食 日變 日煇氣
月食 月變 月煇氣

七曜

日爲太陽之精君之象日行一度一年一周天日月行有道之國則光明君道至大則日色光明動不失時則日揚光至德之萌日月如連璧君臣有道則日含王字君亮天工則日備五色有聖人起則日再中人君有德日有四彗光芒四出日有二彗一年再赦周禮視祲掌十煇之法一曰祲陰陽五色之氣浸淫相侵二曰象雲氣成形象三曰鑴日旁氣刺日四曰監雲氣臨日上五曰闇謂蝕及日光脫六曰瞢不光明七曰彌白虹貫日八曰序謂氣若山而在日上及冠珥背璚重疊次序在於日旁九曰隮謂暈及虹也十曰想五色有形想凡黃氣環在日左右爲抱氣居日上爲戴氣爲冠氣居日下爲承氣爲履氣爲紐氣爲纓氣抱氣則輔臣忠餘皆爲喜爲得地吉一珥在日西則西軍勝在東則東軍勝南北亦然無兵亦有拜將兩珥氣圜而小在日左右主民壽考三珥色黃白女主喜純白爲喪赤爲兵青爲疾黑爲水四珥主立侯王有子孫喜日有黃芒君福昌多黃輝王政太平日無光爲兵喪又爲臣有陰謀日旁雲氣白如席兵衆戰死黑有叛臣如蛇貫之而青穀多傷白爲兵赤其下有叛黃臣下交兵黑爲水日始出黑雲氣貫之三日有暴雨青雲在上下可出兵有赤氣如死蛇爲饑爲疫雜氣刺日皆爲兵日暈七日內無風雨亦爲兵甲乙憂火丙丁臣下忠戊己后族盛庚辛將利壬癸臣專政半暈相有謀黃則吉黑爲災暈再重歲豐色青爲兵穀貴赤蝗爲災三重兵起四重臣叛

五重兵饑六重兵喪七重天下亡日並出諸侯有謀無道用兵者亡日鬭爲兵寇日隕下失政日中見飛燕下有廢主日中黑子臣蔽主明日晝昏臣蔽君之明有篡弑赤如血君喪臣叛日夜出兵起下陵上大水日光四散君失明白虹貫日近臣亂諸侯叛日赤如火君亡日生牙下有賊臣日食爲陰蔽陽食旣則大臣憂臣叛主兵起日食在正旦王者惡之日珥甲乙日有二珥四珥而食白雲中出主兵丙丁黑雲天下疫戊己青雲兵喪庚辛赤雲天下有少主壬癸黃雲有土功日食在甲乙日主四海之外不占丙丁江淮海岱也戊己中州河濟也庚辛華山以西壬癸常山以北各以其下所主當之寅卯辰木招謀者司徒也巳午未火招謀者太子也申酉戌金司馬也亥子丑水司空也

月爲太陰之精女主之象一月一周天君明則依度臣專則失道或大臣用事兵刑失理則乍南乍北或女主外戚專權則或進或退月變色爲殃青饑赤兵旱黃喜黑水晝明則姦邪作月旁瑞氣一珥五穀登兩珥外兵勝四珥及生戴氣君喜國安終歲不暈天下偃兵蝕而明見西方曰朏朔而明見東方曰仄朏匿則政緩仄匿則政急六日而弦臣專政七日而弦主勝客八日而弦天下安十日不弦將死戰不勝兩月並見兵起國亂水溢星入月中亡國破將白暈貫之下有廢主白虹貫之爲大兵起生齒則下有叛臣生足則后族專政月珥背璚暈而珥六十日兵起珥青憂赤兵白喪黑國亡黃喜有背璚臣下強縱欲相殘賊不和之氣暈三重兵起四重國亡五重女主憂六重國失政七重下易主八重亡國九重兵起亡地十重天下更始月食從上始則君失道從旁始爲相失令從下始爲將失法歲星犯之兵饑民流熒惑犯之大將死有叛臣民饑塡星犯之人臣弑主合國饑月食塡星民流一曰月犯塡女主憂民流太白犯出月右爲陰國有謀左爲陽國有謀出月下君死民流月戴太白起兵入月將死與太白會太子危辰星犯之天下水月食辰水饑辰入月臣叛主彗星入或犯之兵期十二年大饑貫月臣叛主流星犯之有兵入無光有亡國在月上下國將亂月犯列星其國受兵列星食月國相死星見月中主憂

凡月之行歷二十有九日五十三分而與日相會是謂合朔當朔日之交月行黃道而日爲月所揜則日食是爲陰勝陽其變重自古聖人畏之若日月同度於朔月行不入黃道則雖會而不食月之行在望與日對衡月入於闇虛之內則月爲之食是爲陽勝陰其變輕昔朱熹謂月食終亦爲災陰若退避則不至相敵而食所謂闇虛蓋日火外明其對必有闇氣大小與日體同此日月交會薄食之大略也日食修德月食修刑自昔人主遇災而懼側身修行者此也

歲星爲東方爲春爲木於人五常仁也五事貌也超舍而前爲贏退舍爲縮色光明潤君壽民富又主福主大司農主五穀石申曰歲星所在國不可伐如歲在卯不可東征甘德曰所去國凶所之國吉退行爲凶灾主泰山徐青兗及角亢氐房心尾箕君令不順則歲星退行入陰爲內事入陽爲外事行陰道爲水行陽道爲旱星大則喜小則牛馬多死人疾疫初見小而日益大所居國利初出大而日小國耗荊州占歲星色黑爲喪黃則歲豐白爲兵青多獄君暴則色赤熒惑相犯爲大戰相去方寸爲犯戰客勝食火國亡邊侵日食守之爲賊居之不去爲守觸火則國亂兩體俱動而直曰觸合鬭爲饑旱離復合合復離曰鬭塡星相犯退犯塡太子叛當東反西曰退與塡星合爲內亂民饑芒角相及同光曰合守塡星其下城敗太白相犯大臣黜女主喪觸太白則四邊來侵守太白爲四序不調合鬭則大將死辰星相犯太子憂觸辰主憂守憂賊合則君臣和晝見則臣強他星犯之主不安客星犯守主憂流星犯之色蒼黑大農死赤爲饑疫黃則歲豐抵之臣叛主

熒惑爲南方爲夏爲火於人五常禮也五事視也晉灼曰常以十月入太微受制而出行列宿司天道出入無常二歲一周天出則有兵入則兵散逆行一舍二舍爲不祥所舍國爲亂賊疾喪饑兵或環遶勾巳芒角動搖變色乍前乍後爲殃愈甚退行一舍天下有火災五舍大臣叛星經曰主霍山揚荊交州又輿鬼柳七星又主大鴻臚又曰主司空爲司馬主楚吳越以南司天下羣臣之過失東行則兵聚東方西行則兵聚西方天下安則行疾與歲星相犯主冊太子有赦觸歲星有子守之太子危塡星相犯兵大起入塡星將爲亂觸之有刀兵守之有內賊太子危與太白相犯主亡兵起守北太子憂南庶子憂環遶偏將死與辰星相犯兵敗與辰星相會爲旱秋爲兵冬爲喪守之太子憂有赦他星相犯兵起祆星犯之爲兵爲火

塡星爲中央爲季夏爲土於人五常信也五事思也常以甲辰元始之歲塡行一宿二十八歲而一周天四星皆失塡爲之動所居國吉女子有福不可伐去之失地天子失信則塡大動盈則超舍以德盈則加福刑盈則不復縮則退舍不及常德縮則迫蹙刑縮則不育星經曰主嵩山豫州又主東井行中道則陰陽和調退行一舍爲水二舍海溢河決經天退行天下更政地動巫咸曰光明歲熟大明主昌小暗主憂春青夏赤女主喜春色蒼歲大熟色赤饑有芒兵與歲星相犯相鬭爲內亂合則野有兵熒惑相犯爲兵喪合則爲兵爲內亂大人忌之太白相犯爲內兵有大戰一曰王者失地合於太微國有大兵一曰國亡辰星犯爲兵爲旱祆星犯下臣謀上流星犯則民多事與月相犯有兵

太白爲西方爲秋爲金於人五常義也五事言也常以正月甲寅與火晨出東方二百四十日而入入四十日又出西方二百四十日而入入三十五日而後出東方出以寅戌入以丑未也一年一周天日方南太白居其南日方北太白居其北爲贏侯王不寧用兵進吉退凶日方南太白居其北日方北太白居其南爲縮侯王有憂用兵退吉進凶星經曰主華陰山梁雍益州又主奎婁胃昴畢觜參出西方失行外國敗出東方失行中國敗若經天天下革民更主是謂亂紀人衆流亡晝見與日爭明強國弱女主昌又曰主大臣巫咸曰光明見影戰勝歲熟狀炎然而上兵起光如張蓋下有立王凡與歲星相犯兵敗失地犯熒惑客敗主勝犯塡星太子不安失地犯辰星主兵入月主死其下兵犯月角兵起在左則中國勝在右則外國勝當見不見失地破軍他星犯其事急祆星犯邊城有戰客星犯主兵將死凡太白至午位避日而伏若行至未卽爲經天其災異重也

辰星爲北方爲冬爲水於人五常智也五事聽也常以二月春分見奎婁五月夏至見東井八月秋分見角亢十一月冬至見牽牛出以辰戌入以丑未二旬而入晨候之東方夕候之西方也一年一周天出早爲月食晚爲彗星及天祆一時不出其時不和四時不出天下大饑星經曰主常山冀并幽州又主斗牛女虛危室壁又曰主燕趙代主廷尉以比宰相之象石申曰色黃五穀熟黑爲水蒼白爲喪凡與歲星相犯皇后有謀熒惑犯妨太子塡星犯兵敗太白亦然芒角相及同光曰合他星光耀相逮爲害客星太陰流星相犯主內患

凡五星歲星色青比參左肩熒惑色赤比心大星塡星色黃比參右肩太白色白比狼星歲星色黑比奎大星得其常色而應四時則吉變常爲凶木與土合爲內亂饑與水合爲變謀而更事與火合爲饑爲旱與金合爲白衣之會合鬭國有內亂野有破軍爲水太白在南歲星在北名曰牝牡年穀大熟太白在北歲星在南其年或有或無火與金合爲爍爲喪不可舉事用兵從軍爲軍憂離之軍却出太白陰分地出其陽偏將戰與土合爲憂主孽卿與水合爲北軍用兵舉事大敗一曰火與水合爲焠不可舉事用兵土與水合爲壅沮不可舉事用兵有覆軍一曰爲變謀更事必爲旱與金合爲疾爲白衣會爲內兵國亡地與木合國饑水與金合爲變謀爲兵憂木火土金與水鬭皆爲戰兵不在外皆爲內亂三星合是謂驚立絕行其國外內有兵與喪百姓饑乏改立侯王四星合是謂大陽其國兵喪並起君子憂小人流五星若合是謂易行有德受慶改立王者奄有四方子孫蕃昌亡德受殃離其國家滅其宗廟百姓離去被滿四方五星皆大其事亦大皆小事亦小五星俱見其年必惡凡五星與列宿相去方寸爲犯居之不去爲守兩體俱動而直曰觸離復合合復離曰鬭當東反西曰退芒角相及同舍曰合凡五星東行爲順西行曰逆順則疾逆則遲通而率之終於東行不東不西曰留與日相近而不見曰伏伏與日同度曰合凡金水二星行速而不經天自始與日合後行速而先日夕見西方去日前稍遠夕時欲近南方則漸遲遲極則留留而近日則逆行而合日在於日後晨見東方逆極則留留而後遲遲極去日稍遠旦時欲近南方則速行以追日晨伏於東方復與日合度此五星合見遲疾順逆流行之大端也

凡五星之行古法周天之數如歲星謂十二年一周天乃約數耳晉灼謂太歲在四仲則行三宿在四立四季則行二宿故十二年而行周二十八宿其說亦非夫二十八宿度有廣狹而歲星之行自有盈縮豈得以十二年一周無差忒乎唐一行始言歲星自商周迄春秋季年率百二十餘年而超一次因以爲常以春秋亂世則其行速時平則其行遲其說尤迂旣乃爲後率前率之術以求之則其說自悖矣今紹興曆法歲星每年行一百四十五分是每年行一次之外有餘一分積一百四十四年剩一次矣然則先儒之說安可信乎餘四星之行固無逆順中間亦豈無差忒一行不復詳言蓋亦知之矣

景星

景星德星也一曰瑞星如半月生於晦朔大而中空其

名各異曰周伯其色黃煌煌然所見之國大昌曰含譽光耀似彗喜則含譽射曰格澤狀如炎火下大上銳色黃白起地上見則不種而穫曰歸邪兩赤彗向上有蓋曰天保星有音如炬火下地野雞鳴皆五行沖和之氣所生也其王蓬芮玄保昭明昏昌旬始司危蒐昌地維臧光之類亦皆爲瑞星然前志以王蓬芮已下星爲妖星又奇星古無所考見於仁宗英宗之時故附於景星之末云

彗孛

彗星小者數寸長者或竟天見則兵起大水除舊布新之兆也其體無光傅日而爲光故夕見則東指晨見則西指光芒所及則爲災有五色各依五行本精所生孛星彗屬偏指曰彗芒氣四出曰孛孛者孛孛然非常惡氣之所生也主大亂主大兵災甚於彗旋頭星玉冊云亦彗屬也

客星

客星有五周伯老子王蓬絮國皇溫星是也周伯大而黃煌煌然所見之國兵喪饑饉民庶流亡老子明大純白出則爲饑爲凶爲善爲惡爲喜爲怒王蓬絮狀如粉絮拂拂然見則其國兵起有白衣之會國皇大而黃白有芒角主兵起水災人主惡之溫星色白狀如風動搖常出四隅皆主兵此五星錯出乎五緯之間其見無期其行無度各以其所在分野而占之又四隅各有三星東南曰盜星主大盜西南曰種陵出則穀貴西北曰天狗見則天下大饑東北曰女帛主有大喪

流星

流星天使也自上而降曰流東西橫行亦曰流流星有八曰天使曰天暉曰天鴈曰天保曰地鴈曰梁星曰營頭曰天狗流星之爲天使者有祥有妖爲天暉天鴈夜隕而爲天保則祥若夜隕而爲地鴈梁星晝隕而爲營頭則妖流星之大者爲奔星夜隕而爲天狗厭妖大自下而升曰飛飛星有五亦有妖祥之分飛星化而爲天刑則祥爲降石爲頓頑爲解銜爲大滑則爲妖

妖星

妖星五行乖戾之氣也五星之精散而爲妖星形狀不同爲殃則一各以其所見日期分野形色占爲兵饑水旱亂亡星長三尺至五尺期百日等而上之至一丈期一年三丈期三年五丈期五年十丈期七年十丈已上不出九年益妖星長大則期遠而殃深短小則期近而殃淺天棓乃歲星之精主奮爭天槍如彗出西方長二三尺名天槍主破國天猾主招亂天欃出西方長數丈主國亂蚩尤旗類彗而後曲主兵天衝狀如人蒼衣赤首不動主下謀上滅國國皇大而赤去地三丈如炬火主內寇及登主夷分主恣虐旦見則主弱昭明如太白光芒不行主兵喪司危天官書如太白有目去地可六丈大而白其下有兵主擊強五殘如辰星去地六七丈其下有兵主奔亡六賊去地六丈大而赤有光出非其方下有兵喪獄漢青中赤表下有三彗去地可六丈大而赤數動天奔主滅邪暴兵燭星主滅邪紬流主伏逃茀星昴孛星主災旬始出北斗旁如雄雞見則更主擊咎主大兵有反者大亂天杵主牂羊天柎主擊殃伏靈見則世亂天敗主鬬衡司姦主見怪天狗有毛旁有短彗下如狗形見則兵饑天殘主貪殘卒起有謀反主驚亡枉失色黑蛇行望之如有毛目長數匹者見則兵起破女君臣憂上下亂拂樞主制時滅寶主伐亂繞綎主亂孳驚理主相屠大奮祀主招邪天鋒彗象形似矛鋒見則兵起有亂臣招星有三彗兵出有大盜不成又主滅邪蓬星大如二斗器色白出東南方東北主旱或大水長庚星如一匹布著天見則兵起四塡大而赤可二丈爲兵地維臧光星如月始出大而赤去地二丈東南旱西北兵出東北大水老子星色白爲善爲惡爲饑爲凶爲喜爲怒營頭星有雲如壞山墜所墜下有覆軍流血積陵出西南長三丈主兵人饑昏昌出西北氣青赤色中赤外青主國易政莘星出西北狀如環大則諸侯失地白星如削瓜主男喪蒐昌色赤青環之主水天下改易濛星赤如牙旗長短四面西南最多亂之象長星出西方歲星之精化爲天棓天槍天猾天衝國皇及登蒼彗火星之精化爲昭旦蚩尤之旗昭明司危天欃赤彗土星之精化爲五殘六賊獄漢大賁昭星紬流茀星旬始蚩尤虹蜺擊咎黃彗太白之精化爲天杵天柎伏靈天敗司姦天狗天殘卒起白彗辰星之精化爲枉矢破女拂樞滅寶繞綎驚理大奮祀黑彗而月旁袄星赤各有所生天槍天荆眞若天猿天樓天垣歲星所生也見以甲寅日有兩青方在其旁天陰晉若官張天惑天雀赤若蚩尤熒惑所生也出在丙寅日有兩赤方在其旁天上天伐縱星天樞天翟天沸荆彗塡星所生也出在戊寅日有兩黃方在其旁若星箒星若彗竹彗牆星權星白雚太白所生也出在庚寅日有兩白方在其旁天美天毚天社天林天麻天蒿端下辰星所生也出以壬寅日有兩黑方在其旁見則爲水旱兵喪饑亂

雲氣

周禮保章氏以五雲之物辨吉凶水旱降豐荒之祲象故魯僖公日南至登觀臺以望漢明帝升靈臺以望元氣吹時律觀物變蓋古者分至啓閉必書雲物爲備故也迨乎後世其法寖備瑞氣則有慶雲昌光之屬妖氣則有虹蜺䍧雲之類以候天子之符應驗歲事之豐凶明賢者之出處占戰陣之勝負焉

日食

建隆元年五月己亥朔日有食之二年四月癸巳朔日有食之乾德三年二月壬寅朔日當食不食五年六月戊午朔日有食之開寶元年十二月己酉朔日有食之三年四月辛酉朔日有食之四年十月癸亥朔日有食之五年九月丁巳朔日有食之七年二月庚辰朔日有食之八年七月辛未朔日有食之太平興國二年十一月丁亥朔日有食之既六年九月乙未朔日有食之七年三月癸巳朔日有食之八年二月戊子朔日有食之雍熙二年十二月庚子朔日有食之三年六月戊戌朔日有食之淳化二年閏二月辛未朔日有食之三年二月乙丑朔日有食之四年二月己未朔日有食之八月丙辰朔日有食之五年十二月戊寅朔日有食之雲陰不見咸平元年五月戊午朔日有食之十月丙戌朔日有食之二年九月庚辰朔日有食之三年三月戊寅朔日有食之五年七月甲午朔日有食之景德元年十二月庚辰朔日有食之三年五月壬寅朔日有食之雲陰不見四年五月丙申朔日有食之陰雨不見大中祥符二年三月丙辰朔日有食之陰雨不見五年八月丙申朔日有食之六年十二月戊午朔日有食之七年十二月癸丑朔日當食不食八年六月己酉朔日有食之天禧三年三月戊午朔日有食之五年七月甲戌朔日有食之乾興元年七月甲子朔日食幾盡天聖二年五月丁亥朔日當食不食四年十月甲戌朔日有食之六年三月丙申朔日有食之七年八月丁亥朔日有食之明道二年六月甲午朔日有食之景祐三年四月己酉朔日當食不食寶元元年正月戊戌朔日有食之康定元年正月丙辰朔日有食之慶曆二年六月癸酉朔日有食之三年五月丁卯朔日有食之四年十一月戊午朔日當食不食五年四月丁亥朔日有食之雲陰不見六年三月辛巳朔日有食之皇祐元年正月甲午朔日有食之四年十一月壬寅朔日有食之五年十月丙申朔日有食之至和元年四月甲午朔日有食之嘉祐元年八月庚戌朔日有食之三年八月己亥朔日有食之四年正月丙申朔日有食之六年六月壬子朔日有食之雲陰不見熙寧元年正月甲戌朔日有食之二年七月乙丑朔日有食之雲陰不見六年四月甲戌朔日有食之雲陰不見八年八月庚寅朔日有食之雲陰不見元豐元年六月癸卯朔日當食不食三年十一月己丑朔日有食之四年十一月癸未朔日當食不食五年四月壬子朔日有食之雲陰不見六年九月癸卯朔日有食之元祐二年七月庚戌朔日有食之陰雨不見六年五月己未朔日有食之紹聖元年三月壬申朔日有食之二年二月丁卯朔日當食不食四年六月癸未朔日有食之雲陰不見元符三年四月丁酉朔日有食之建中靖國元年四月辛卯朔日有食之雲陰不見大觀元年十一月壬子朔日有食之二年五月庚戌朔日有食之四年九月丙寅朔日有食之政和三年三月壬子朔日有食之五年七月戊辰朔日有食之重和元年五月壬午朔日有食之宣和元年四月丙子朔日有食之五年八月辛巳朔日有食之陰雲不見建炎三年七月丙午朔日食於亢紹興五年正月乙巳朔日食於女七年三月癸巳朔日食於室是年當金之天會十五年金史不書日食八年至十二年日食多在夜史蒙蔽不書十三年十二月癸未朔日食於牛霧雲不見十五年六月乙亥朔日食於井十七年十月辛卯朔日食於氐是年乃金之皇統七年金史不書日食十八年四月戊子朔日有食之霧雲不見十九年三月癸未朔日有食之霧雲不見二十四年五月癸丑朔日有食之霧雲不見二十五年五月丁未朔日有食之霧雲不見二十八年三月辛酉朔日有食之霧雲不見三十年八月丙午朔日食於翼三十一年正月甲戌朔太史言日當食而不食三十二年正月戊辰朔日食於女隆興元年六月庚申朔日食於井二年六月甲寅朔日有食之霧雲不見乾道五年八月甲申朔日食在翼霧雲不見九年五月壬辰朔日食在井霧雲不見淳熙元年十一月甲申朔日食在尾霧雲不見三年三月丙午朔日有食之霧雲不見四年九月丁酉朔日有食之霧雲不見十年十一月壬戌朔日食於心十五年八月甲子朔日食於翼十六年二月辛酉朔日有食之霧雲不見慶元元年三月丙戌朔日食於婁四年正月己亥朔日有食之霧雲不見五年正月癸巳朔日有食之霧雲不見六年六月乙酉朔日有食之霧雲不見是年乃金承安五年金史不書日食嘉泰二年五月甲辰朔日食於畢三年四月己亥朔日

有食之金史不書開禧二年二月壬子朔日當食太史言不見虧分嘉定三年六月丁巳朔日有食之四年十一月乙酉朔日當食太史言不見虧分金史不書七年九月壬戌朔日食於角九年二月甲申朔日食於室十年七月丙子朔日食於張十一年七月庚午朔日有食之十四年五月甲申朔日食於畢十六年九月庚子朔日食於軫寶慶三年六月戊申朔日有食之紹定元年六月壬寅朔日有食之六年九月壬寅朔日有食之霧雲不見端平二年二月甲子朔日當食不虧嘉熙元年十二月戊寅朔日有食之淳祐二年九月庚辰朔日有食之三年三月丁丑朔日有食之五年七月癸巳朔日有食之六年正月辛卯朔日有食之九年四月壬寅朔日有食之十二年二月乙卯朔日有食之寶祐元年二月己酉朔日有食之景定元年三月戊辰朔日有食之二年三月壬戌朔日有食之咸淳元年正月辛未朔日有食之三年五月丁亥朔日有食之四年十月戊寅朔日有食之六年三月庚子朔日有食之七年八月壬辰朔日有食之八年八月丙戌朔日有食之德祐元年六月庚子朔日食既星見雞鶩皆歸明年宋亡

日變

周顯德七年正月癸卯日既出其下復有一日相掩黑光摩盪者久之開寶七年正月丙戌日中有黑子二景德元年十二月甲辰日有二影如三日狀三年九月戊申日赤如赭四年四月甲申日無光寶元二年十二月庚申日赤如朱踰二刻復慶曆八年正月乙未日赤無光熙寧十年二月辛卯日中有黑子如李至乙巳散元豐元年閏正月庚子日中有黑子如李至二月戊午散十二月丙午日中有黑子如李大至丁巳散二年二月甲寅日中有黑子如李至癸亥散崇寧二年五月癸卯日淡赤無光三年十月壬辰日中有黑子如棗大政和二年四月辛卯日中有黑子乍二乍三如栗大八年十一月辛亥日中有黑子如李大宣和二年正月己未日蒙蒙無光五月己酉日中有黑子如棗大三年十二月辛卯日中有黑子如李大四年二月癸巳日蒙蒙無光靖康元年閏十一月庚申日赤如火無光建炎三年三月己卯日中有黑子至壬寅始消紹興元年二月己卯日中有黑子如李大三日乃伏六年十月壬戌日中有黑子如李大至十一月丙寅始消七年二月庚子日中有黑子如李大旬日始消四月戊申日中有黑子至五月乃消八年二月辛酉日中有黑子十月乙亥日中有黑子十五年六月丙午日中有黑氣往來丁未日中有黑子日無光乾道五年正月甲申日色黃白昏霧四塞淳熙十二年正月癸巳日中生黑子大如棗戊戌至庚戌日中皆有黑子十三年五月庚辰日中生黑子大如棗紹熙四年十一月辛未日中有黑子至庚辰始消慶元六年八月乙未日中有黑子如棗大至庚子日消十二月乙酉又生至乙巳始消嘉泰二年十二月甲戌日中生黑子大如棗丙戌始消四年正月癸未開禧元年四月辛丑日中皆有黑子大如棗嘉熙二年十月己巳日中有黑子德祐二年二月丁酉朔日中有黑子如鵝卵相盪

日煇氣

建隆元年迄開寶末凡冠氣七珥百抱氣七承氣六赤黃氣三黃白氣三青氣二纓一暈一百五十六半暈四十五重暈五十九重半暈七交暈一十八背氣二百三十一紐氣戟氣三太平興國迄至道末凡冠氣一十八戴氣三抱氣一十三珥七十七承氣三赤黃氣璚氣一青氣三暈五十九半暈二十三重暈一十二交暈三背氣四十四紐氣三戟氣一直氣一十五咸平元年迄乾興末凡重輪二十四彗一五色氣一冠氣二百六十六珥四十一戴氣一百九十七抱氣五十七承氣一百八十四直氣七十七光氣一黃氣九赤黃氣四紫氣五赤黃交氣二赤黃綠碧氣二青赤氣二十一黃白氣一黑氣二白氣五纓三戟氣一紐氣二背氣二百九十九暈一千二百三十一半暈六百五十三重暈二十七交暈一十三天聖元年迄嘉祐末凡日黃曜有光一煇氣一十九龍鳳雲一慶雲二五色雲八紫黃雲五赤黃雲一紫雲二青黃紫暈八百五十五周暈二十六重暈一十六交暈五連環暈一珥八百四十七冠氣一百四十戴氣二百五十六承氣一百重承氣一抱氣一十八負氣一背氣一百七格氣二直氣五百虹貫日四白氣如繩貫日并暈一治平元年迄四年凡五色雲八煇氣一暈一百二十八周暈三重暈十二交暈二珥八十九冠氣一十一戴氣三十九承氣五背氣三十三白虹貫日一白虹貫珥一治平以後迄元豐末凡日暈一千三百五十六周暈二百七十七重暈七十四交暈四十九連環暈一珥八百八十二冠氣四十二戴氣二百七十一承氣五十抱氣二背氣二百四十六直氣二戟氣一纓氣五璚氣一白虹貫日九貫珥三五色雲二十六自元豐八年三月五日迄元符三年正月十二日暈五百二十八周暈二百五十七重暈六十八交暈六十七五色氣暈二珥五百五十六冠氣六十一戴氣一百五十承氣三十三背氣一百七十四直氣三戟氣四纓氣一格氣五白虹貫日一十六貫珥一五色雲十二自元符三年正月迄靖康五年四月凡日暈九暈戴三半暈一暈珥背一半暈重背一暈纓一珥背三珥十三暈珥七冠氣七暈背四戴氣六承氣二抱氣四背氣一十七五色氣暈一直氣四環氣戴氣二戟氣一履氣二半暈重履一半暈再重一建炎三年春明年二月辛丑白虹貫日四年十一月癸卯日生背氣紹興元年正月壬戌日生背氣二年四月壬申五月戊寅日皆生戴氣閏四月丙申日生背氣三年二月乙卯日生戴氣六月甲申朔日生背氣四年正月壬子日生承氣三月壬戌日暈于軫甲子又暈于婁辛未又暈于胃是日日生抱氣五月甲戌日生背氣六月壬辰日暈于井五年正月庚申日有戴氣六年二月丙寅日暈于婁二月戊寅日暈于張丁亥又暈于胃四月己亥日生戴氣庚子復生仍有承氣十一月庚寅日左右生珥并背氣癸巳日又生背氣七年二月辛丑氛氣翳日八年二月辛巳白虹貫日二十一年閏四月壬申日生赤黃暈周匝二十七年二月壬寅白虹貫日二十八年二月戊申日生赤黃暈周匝二十九年正月癸酉日連暈上生青赤黃色戴氣日左右生珥三十一年四月戊辰日生赤黃暈周匝六月辛酉日上暈外生赤黃色有背氣七月辛卯日上暈外生背氣隆興二年二月壬申日生赤黃色暈日左右生青赤黃珥癸未日生赤黃色暈周匝三月庚戌日生赤黃色暈周匝六月甲子日有戟氣七月甲申朔日生赤黃暈不匝上生重暈又生背氣及青珥丁亥日生重暈上生青赤黃色背氣癸卯日生赤黃暈不匝暈外生背氣赤黃兩頭向外曲乾道元年六月丁未日暈周匝下暈外生格氣橫在日下二年二月庚辰日左生赤黃色直氣長丈餘及半暈背氣三年三月丁巳日暈于婁外生赤黃承氣四月辛卯日暈赤黃色周匝五月戊戌朔日赤黃暈周匝甲辰日下暈外有青赤黃承氣六月丙子日赤黃暈周匝四年六月丁巳日赤黃暈周匝五年正月己巳日生黃色戴氣承氣六年三月丁丑日暈不匝下生承氣閏五月壬辰日半暈再重生戴氣承氣丁酉日左生珥八年六月辛丑日暈不匝左右生珥壬寅日暈周匝丁未日暈不匝外生承氣日下暈九年二月丙子日暈于奎淳熙元年三月辛丑日暈于胃二年七月甲辰日生背氣三年二月庚子日暈不匝外日半暈再重四年二月戊子日暈不匝日上連暈生戴氣日下暈外生承氣五年三月癸卯四月乙酉六月庚辰皆日暈周匝十二月乙未日生兩珥一戴氣六年二月癸丑日半暈再重六月己丑日暈周匝十二月辛亥日暈外生戴氣八年正月己酉日生戴氣後日左生青赤黃珥閏三月丙申日暈周匝七月己卯日半暈外生背氣十一年正月戊申日半暈再重十三年五月己卯日暈周匝十五年二月己卯日赤黃暈周匝六月丙申日上生青赤黃色背氣十六年三月壬寅日半暈再重紹熙元年五月庚辰日半暈再重六月甲申日生赤黃暈周匝二年二月壬寅日生戴氣青赤黃色三月辛未日生青赤黃暈周匝四月癸未日生戴氣七月庚申日暈外青背氣壬戌日有背氣四年二月癸亥日暈周匝十一月辛巳日暈外生背氣五年四月乙卯日暈周匝六月丙午日上暈外生背氣慶元元年正月丙辰白虹貫日二月辛巳日上暈外生青赤黃背氣四月己未日生赤黃色格氣二年五月己丑日生背氣其色青黃嘉泰元年六月辛卯日暈周匝嘉定四年七月己卯初刻日有赤黃暈不匝至酉初後日上暈外生青赤黃背氣六年四月己卯日赤黃暈周匝七年三月壬申日生赤黃暈外有青赤黃承氣後暈周匝十一年二月丙辰日有赤黃暈白虹貫日丙寅日有戴氣十五年二月己亥日暈于婁周匝有承氣十七年六月辛卯日生背氣寶慶三年十二月己酉日旁有氣如珥紹定三年二月丙申日有背氣四年七月己丑日生承氣五年三月丁酉日生抱氣承氣端平元年四月甲申日生赤暈六月戊子日生赤黃暈上下有格氣二年六月戊寅日有承氣三年二月辛亥日暈周匝嘉熙元年二月己酉日暈周匝三月癸亥七月壬申日有背氣四年二月丙申朔日生背氣辛丑白虹貫日淳祐元年二月戊寅午後日暈三年七月甲午日生格氣五年五月戊申日生赤黃暈外有背氣六月甲子日暈周匝六年三月癸巳日暈周匝生珥氣四月丁丑日暈周匝七年二月戊申日暈周匝八年六月己酉日暈于井赤黃周匝寶祐元年正月戊戌日生戴氣二年二月辛酉日暈周匝四年三月乙卯日暈周匝景定四年四月戊辰日生赤黃暈五年三月己丑日暈于婁周匝赤黃自午至申六月庚午日生赤黃暈九月己丑日生格氣咸淳元年六月壬午日生承氣七年春三月辛巳日暈赤黃周匝

月食

開寶元年十一月庚寅月食二年十月戊子月食三年四月乙酉月食五年八月壬寅月食七年八月庚寅月當食不食太平興國二年六月甲辰月食既十一月壬寅月食三年十月丙寅月食雲陰不見五年八月乙卯月食既雍熙元年正月丙寅月食二年七月戊午月當食不食四年五月丁丑月食端拱二年三月丁酉月當食不食淳化元年正月庚寅月食二年八月壬午月食既三年正月癸卯月食八月丙子月食雲陰不見五年六月乙未月食十二月癸巳月食既至道元年六月己丑月食雲陰不見十二月丁亥月食二年十月辛亥月食咸平元年十月庚子月食二年九月乙未月食三年二月壬戌月食八月庚申月食四年八月甲寅月食五年正月辛亥月食七月戊申月食六年正月甲辰月食七月壬寅月食景德元年十一月乙丑月食二年五月壬戌月食十月庚寅月食三年十一月癸丑月食四年五月辛亥月食雲陰不見九月戊寅月當食不食大中祥符元年九月癸酉月食二年九月丁卯月當食不食三年閏二月甲子月食五年正月甲申月食陰翳不見七月庚辰月食十二月丁丑月食八年十月辛卯月食九年四月己丑月食雲陰不見天禧元年四月壬午月食十月庚辰月食三年二月壬寅月食四年八月癸巳月食天聖二年五月壬寅月當食不食四年五月戊午月食慶曆二年六月丁亥月食五年四月庚子月食九月戊戌月食六年九月壬辰月食皇祐二年七月庚子月食四年十一月丙辰月食五年十月辛亥月食至和二年九月庚午月食嘉祐元年八月甲子月食既二年二月壬戌月食八月戊午月食三年閏十二月辛巳月食四年六月戊寅月食十二月乙亥月食既五年十二月己巳月食七年十月己丑月食八年十月癸未月食既治平元年四月庚辰月食四年二月甲午月食熙寧元年七月乙酉月食二年閏十一月丁未月食三年五月乙巳月當食雲陰不見四年五月己亥月食十一月丙戌月食六年三月戊午月食九月乙卯月食七年九月己酉月食既九年正月壬申月食雲陰不見十年正月丙寅月食七月癸亥月食雲陰不見元豐元年正月庚申月當食有雲障之六月戊午月食二年六月壬子月當食雲陰不見二年十月甲戌月食雲陰不見四年四月辛未月食既十月己巳月食五年十月癸亥月食六年八月丁亥月當食不食七年二月乙酉月食雲陰不見八月辛巳月食雲陰不見八年八月丙子月食既元祐元年十二月戊戌月當食雲陰不見三年六月庚寅月食既十二月丁亥月當食雲陰不見四年五月甲申月食雲陰不見五年五月戊寅月食雲陰不見六年四月癸卯月食雲陰不見七年三月戊戌月食既八年九月己丑月食雲陰不見紹聖三年七月癸卯月食雲陰不見四年正月庚子月食雲陰不見元符元年五月壬戌月當食不食二年五月丙辰月食既十月甲寅月食既三年十月戊申月食崇寧二年二月甲子月食既八月辛酉月食既三年二月己未月食八月丙辰月食四年十二月戊寅月食五年六月乙亥月食十二月壬申月食既大觀三年十月丙戌月食四年四月甲申月食既九月庚辰月食既政和元年三月戊寅月食九月甲戌月食三年二月丁酉月食十月甲午月食四年正月辛卯月食既六年十一月乙巳月食七年十一月己亥月食重和元年五月丙申月食宣和二年三月丙辰月食六年正月癸亥月食十二月戊午月食既建炎三年二月壬午月食于軫紹興元年八月己卯月當食雲陰不見二年二月丙子月未當闕而闕體如食色黃白七月甲戌月食于室既三年七月戊辰月食于危四年十二月庚寅月食于井五年十一月乙酉月食于井既六年五月辛巳月食于南斗十一月己卯月當食雲陰不見八年三月辛丑月當食雲陰不見九月丁酉月當食雲陰不見九年九月壬辰月食于胃既十二年七月丙午月食雲陰不見十二年六月庚子月食既十二月戊戌月當食雲陰不見十四年六月甲午月食于女十五年五月己未月當食陰雲不見十六年四月甲寅月食二十一年二月丙辰望月當食陰雲不見二十五年五月壬戌望月當食以山色遮映不見虧分二十七年九月丁丑月食三十年正月甲午望月當食陰雲蔽之隆興二年五月己亥月當食陰雲蔽之乾道元年四月甲午月當食陰雲蔽之四年二月丁未月食既五年二月辛丑月當食陰雲不見六年十一月辛酉月當食陰雲不見八年六月壬子月當食陰雲不見淳熙元年四月壬申月當食陰雲不見二年四月丙寅月食于房既九月癸亥月當食雲陰不見三年三月庚申月當食雲陰不見五年二月己卯月當食雲陰不見六年正月甲戌月食既八年十一月丁亥月食九年十一月辛巳月食十年五月己卯月食十二年三月戊戌月食九月乙未月當食雲陰不見十三年三月壬辰月當食陰雲不見八月庚寅月食既十四年八月甲申月當食陰雲不見十六年十二月辛丑月當食陰雲不見紹熙元年六月丁酉月當食陰雲不見十一月乙未月當食陰雲不見二年六月壬辰月當食陰雲不見三年四月乙巳月當食陰雲不見五年九月癸卯月當食陰雲不見慶元二年八月壬戌月食三年七月己未月食既四年七月庚戌月食六年五月庚午月當食陰雲不見嘉泰二年五月己未月當食陰雲不見三年三月癸未月當食陰雲不見開禧元年三月壬申月當食陰雲不見閏八月己巳月當食陰雲不見三年正月壬辰月食七月戊子月食嘉定元年二月丙戌月當食陰雨不見十二月庚辰月食二年六月丁丑月食三年十一月己亥月食五年十月戊子月食七年二月庚戌月食八月丁未月食八年八月辛丑月食既九年二月己亥月當食雲陰不見閏七月乙未月當食雲陰不見十年十二月戊午月食十二年六月乙卯月食十二月壬子月食既十二年五月庚戌月當食既雲陰不見十一月丙午月食十三年五月甲辰月當食雲陰不見十四年十月丙寅月食十五年三月癸亥月當食于氐既雲陰不見十六年三月丁巳月當食雲陰不見寶慶元年正月丁丑月食七月癸酉月食陰雨不見二年七月戊辰月食陰雨不見紹定元年十一月甲申月食二年十一月己卯月食四年四月庚午月食五年三月乙未月食六年二月庚寅月食端平二年十二月癸卯月食三年十二月丁酉月食嘉熙元年六月乙未月食三年四月甲寅月食四年四月戊申月食淳祐元年九月庚子月食四年十月癸丑月食五年七月戊申月食七年五月丁卯月食八年十月己丑月食十一年三月乙亥月食九月壬申月食十二年八月丙寅月食寶祐二年閏六月丙戌月食三年十二月丁丑月食五年十月丁酉月食六年四月癸巳月食十月辛卯月食開慶元年四月戊子月食十月乙酉月食景定二年七月甲戌月食咸淳二年六月丁丑月食十一月甲辰月食四年七月癸亥月食五年九月丁巳月食六年三月乙卯月食九月辛亥月食九年正月戊辰月食十二月壬戌月食

月變

天禧四年四月乙酉西南方兩月重見

月煇氣

建隆元年迄開寶末凡珥一十九煇氣一十三暈二十九重暈一半暈一十四交暈二紐氣二太平興國元年迄至道末凡冠氣一珥六煇氣五赤氣二抱氣一暈八半暈三背氣一咸平元年迄乾興末凡重輪三珥一百二十冠氣十二暈氣十二承氣八抱氣三戴氣九赤黃氣十七五色氣十一青赤氣二黃紅氣一暈三百九十四五色重暈二十背氣一天聖元年訖嘉祐末凡揚光一光芒氣一紅光煇氣一煇氣五五色煇氣一暈二百五十七周暈三十三交暈四連環暈一珥七十二冠氣五戴氣一十三承氣五背氣一白虹貫月一黃虹貫月二治平元年訖四年凡五色煇氣一五色暈氣一暈五十一珥一十五冠氣一戴氣四背氣二四年訖元豐末凡五色煇氣十一五色暈氣六暈四百二十三周暈二百四十七交暈二珥一百三十四冠氣七戴氣五十承氣五背氣一十白虹貫月五貫珥一自元豐八年三月五日至元符三年正月十二日凡五色暈氣九暈八十九周暈二百五十一重暈一交暈三珥一百三冠氣七戴氣一十七背氣八白虹貫月二貫珥一自元符三年正月迄靖康二年四月凡暈五暈珥二五色暈五珥二暈冠一交暈一重暈一白虹貫月一五色雲一建炎四年十月己卯暈生五色紹興二年四月壬申暈於軫五月乙亥暈生五色四年六月壬午暈生　五年正月戊午暈於東井乾道元年三月丁巳暈周匝著太微西扇星三年五月壬午生黃白暈左右珥四年三月壬寅生黃白暈周匝五年　月庚子黃白暈周匝嘉泰三年七月壬午白虹如半暈貫月中淳祐六年閏四月辛丑暈五年十月辛丑生珥八年二月戊子暈生黃白寶祐四年三月乙卯四月庚午景定三年十月甲子十二月辛酉四年二月戊午暈皆周匝德祐二年正月己卯暈東井

宋史卷五十二考證

天文志五朔而明見東方曰仄朏匿則政緩仄匿則政急○臣召南按漢志云朔而明見東方曰仄匿句朏則政緩句仄匿則政急句此文誤倒朏字於匿字上

熒惑又輿鬼柳七星○臣召南按五星各主其方之七宿惟南方不同者以塡星主東井故熒惑但主六宿也此志又字下脫主字輿鬼柳七星下脫張翼軫三字

太白出以寅戌入以丑未也○寅戌係辰戌之誤

唐一行始言歲星云云○臣召南按一行所言歲星行度古今之異至紹興歷法始知其差蓋五星自古平

行算術有未精耳

景星德星也一曰端星○臣召南按端星當作瑞星隋志可證若作端星則當入妖變矣

妖星國皇及登蒼彗○及登當作反登

宋史卷五十三

元　中　書　右　丞　相　總　裁　脫　脫　等　修

天文志第六

天文六　月犯五緯　月犯列舍

月犯五緯建隆二年十一月癸未月犯歲星三年二月乙巳又犯開寶三年九月乙卯犯塡星太平興國三年七月己亥掩熒惑八月甲戌與太白合八年七月辛巳凌歲星端拱元年二月戊申犯塡星辛亥犯歲星六月丁卯掩塡星淳化九年十一月丙申與熒惑合二年六月己丑犯歲星三年三月癸亥與太白合九月戊午掩熒惑十二月甲申與熒惑合四年十月癸未與辰星合五年二月己亥犯歲星至道元年三月乙卯又犯三年八月戊申犯塡星十二月癸丑犯歲星咸平元年三月乙丑犯熒惑五月己巳掩歲星七月甲子又犯十二年甲午犯塡星二年二月戊子犯太白十一月乙未犯熒惑三年二月壬子犯太白九月辛丑又犯四年十月辛酉掩熒惑十一月己丑又犯五年二月癸巳犯歲星六年十一月癸卯犯塡星十二月庚子又犯景德元年八月壬申犯塡星二年五月辛卯犯塡星十二月癸未犯歲星大中祥符二年十一月丙子犯歲星三年十月丙辰犯熒惑四年正月丁丑犯太白二月壬辰犯塡星八月丙寅犯太白五年三月癸未犯塡星六月乙巳又犯六年正月丙子犯塡星二月丙戌犯歲星四月辛巳又犯七月癸卯又犯十月甲申犯太白七年十二月丁丑犯塡星八年三月己亥犯塡星四月丙辰掩熒惑八月癸未犯塡星九年五月己巳犯歲星十月戊戌犯太白十二月丙戌犯熒惑天禧元年正月戊申犯歲星三年四月乙未犯熒惑五月癸亥又犯九月己卯犯歲星四年二月乙未又犯三月癸亥又犯七月辛亥犯太白八月庚子犯熒惑五年五月辛卯犯塡星九月己卯又犯天聖三年正月丁未犯熒惑五年七月己未犯歲星八月丁亥犯熒惑十一月戊申掩歲星六年九月己酉犯塡星明道元年九月戊子犯塡星景祐二年四月丁巳掩太白寶元元年三月己酉犯塡星四月庚寅犯歲星慶曆元年八月庚子掩歲星十月丙申犯塡星四年七月壬午犯熒惑六年三月丙申犯歲星七月乙酉又犯皇祐元年七月丙午犯歲星二年六月壬申犯塡星四年十月己丑犯歲星至和二年五月庚辰犯塡星十一月己酉犯歲星十二月辛丑犯塡星甲辰掩歲星嘉祐元年三月丙寅掩塡星閏三月癸巳掩歲星五月戊子犯塡星二年四月庚申犯熒惑六月戊申犯太白己卯犯熒惑四年五月丁酉犯太白十月甲戌犯熒惑十二月甲戌又犯庚午掩之五年三月甲午掩熒惑六年閏八月辛丑犯塡星十一月癸亥又犯八年七月壬戌掩歲星治平四年正月丁亥犯辰星八月辛未犯太白癸酉犯歲星九月壬寅犯太白十月戊辰掩塡星又犯熒惑熙寧元年二月丁巳犯塡星四月壬子犯歲星五年四月癸亥犯塡星閏七月庚申犯熒惑六年九月甲辰掩太白十年九月庚午犯歲星十二月壬辰犯歲星元豐七年十月甲午犯辰星八年八月戊寅犯塡星十一月戊戌犯歲星庚子犯塡星元祐三年七月庚午犯太白十月壬辰犯歲星四年三月丙子又犯七月辛卯犯塡星十月癸丑掩塡六年九月癸卯犯熒惑十二月甲戌掩歲星八年十二月丁巳犯熒惑紹聖元年六月甲戌犯太白九月辛酉犯塡星十二月癸未又犯二年正月庚戌又犯三月壬申又犯三年九月戊戌犯歲星四年七月丁丑犯熒惑元符二年八月壬辰犯歲星十一月辛巳十二月戊申皆犯三年六月癸卯犯熒惑建中靖國元年五月辛未犯塡星崇寧元年七月丁亥犯太白五年二月戊子犯熒惑大觀二年十二月戊子犯熒惑四年七月戊午犯歲星政和元年正月己巳犯歲星宣和元年正月乙卯犯塡星三年八月戊申犯熒惑四年八月庚戌犯塡星七年十一月乙酉犯熒惑建炎四年六月戊寅犯熒惑紹興元年九月己未犯太白六年五月壬午犯塡星十六年六月庚申掩塡星二十年二月己未犯歲星二十四年八月戊子犯歲星二十七年六月甲辰犯太白三十年六月壬子犯熒惑三十三年正月癸巳犯太白二月己亥犯歲星隆興元年三月丙申四月丙子七月戊戌皆犯塡星乾道元年十一月庚午犯熒惑四年十月庚子十一月戊申皆掩犯熒惑七年三月辛巳又犯淳熙三年五月庚午犯太白六年十一月己未犯歲星九年十一月癸巳犯太白慶元四年七月己亥宿于歲星嘉泰三年四月犯太白四年十月辛丑掩犯歲星十二月丙申又掩犯嘉定二年六月甲申掩食塡星不見乙丑掩食熒惑五年九月丁未犯歲星十二年八月甲申犯熒惑十三年十月辛酉犯太白十五年三月壬子掩食太白端平二年正月丁酉犯太白嘉熙元年四月丁亥犯熒惑五月丙辰又犯七月辛酉犯歲星塡星淳祐元年二月癸酉掩食熒惑六年四月壬戌犯太白寶祐四年正月乙巳掩歲星己酉犯熒惑六年八月癸未又犯景定元年八月己酉掩歲星三年十月己未犯歲星

月犯列舍

建隆三年四月壬辰月犯輿鬼庚子犯氐五月甲子犯左執法六月丙申犯房第一星十二月庚戌入南斗魁乾德四年二月癸卯犯五車五年正月壬子犯南斗魁七月丁未犯昴十月己巳掩昴開寶元年正月辛卯犯昴二年正月丙戌犯昴三年六月乙未犯東井十月癸未犯天關五年七月庚辰犯東井六年三月丁巳犯畢大星太平興國五年七月乙丑掩五諸侯七年三月丙子犯輿鬼三月丙申犯昴八年三月癸未入南斗魁八月戊寅犯昴壬午犯輿鬼庚寅犯角十月癸未犯東井乙巳犯心後星九年正月庚申掩五車東南甲戌入南斗魁二月壬辰犯七星丁巳犯五諸侯丙午犯輿鬼五月甲寅掩星第三星六月壬寅犯昴七月甲子又犯癸酉犯五諸侯第三星九月丁未犯南斗魁甲子犯昴己巳入輿鬼掩積尸十二月丙戌掩昴雍熙二年正月庚午入南斗魁二月丙戌犯輿鬼西北星三月戊申犯昴四月乙丑掩心後星五月丙辰犯房第二星閏九月丁亥掩昴十月辛酉犯軒轅掩御女端拱元年八月壬戌掩建第一星甲戌掩建星十二月乙亥犯房二年四月辛酉犯角左星淳化元年四月丙辰犯角大星七月甲午犯畢丙辰掩畢左股第二星九月辛巳犯牽牛十一月乙未犯角大星二年四月庚辰犯氐東南星六月乙亥入氐十二月乙亥犯畢丙戌入氐三年十一月癸卯入畢掩大星乙卯入氐四年九月癸巳掩牽牛閏十月丁未入太微端門五年正月丙寅犯軒轅大星五月丁未入畢十月庚子凌軒轅大星丙午入氐犯東北星至道元年六月辛巳入太微十一月乙卯犯畢大星甲子入太微三年九月癸未入軒轅咸平元年六月壬辰入太微二年八月戊午入南斗魁九月癸巳犯右執法辛巳犯軒轅十月癸亥犯昴庚午又犯太微屏星三年二月乙丑犯心中星五月壬午犯右執法戊子犯心中星丙申犯太微上相六月丁未與熒惑犯右執法辛未入畢九月庚子入太微十月己巳犯角右星十二月丙寅掩心四年正月戊子犯太微上將丁酉犯南斗魁四月丁未又犯六月癸丑掩房次相八月乙巳犯心後星丙寅犯軒轅大星九月乙亥犯南斗魁丁酉犯角大星十月乙丑犯五車十一月乙未犯心後星十二月庚戌犯五車乙未犯角壬戌犯心前星五年四月庚辰犯心後星五月戊申犯南斗魁七月壬寅掩箕甲寅犯昴八月庚午犯南斗魁辛丑掩昴丙戌犯五諸侯九月丙辰犯軒轅大星十月壬午犯軒轅小星甲申犯右執法十二月甲申掩心前星六年正月戊戌犯昴辛亥犯房上將次將心小星三月丁未犯心後星五月甲午犯軒轅大星七月甲寅犯五諸侯東南星八月甲申犯軒轅大星九月癸卯犯昴己巳犯五車十月庚申犯南斗魁丙子犯輿鬼十一月戊戌犯畢景德元年三月庚戌犯輿鬼四月辛未入南斗魁五月乙丑入太微端門犯屏星六月甲子掩心後星丙子掩昴戊寅犯五車東南星九月戊子犯南斗魁十二月辛丑犯房二年正月乙卯犯昴七月甲寅掩心中星庚午犯東井北轅十一月庚申犯輿鬼辛未犯心前星三年二月己卯犯昴十一月己酉又犯四年六月壬午掩南斗戊午犯天關七月庚午掩氐辛未犯房次相八月甲寅犯東井九月己巳犯建星十二月丙戌犯氐大中祥符元年六月壬寅犯建星八月丁未犯畢戊申犯天門己酉掩東井九月癸亥掩南斗杓十一月甲午犯牽牛十二月丁酉犯畢丙午掩魚左星己酉犯房上相二年八月丁亥在氐戊子犯房乙巳在東井九月壬申又入東井乙亥犯軒轅十月丙戌犯建星丁酉犯畢十一月丁卯入東井丙子入氐三年五月壬戌入東井丁卯在執法南庚午犯氐距星丙子犯牽牛二月丁亥犯畢閏二月辛未犯牽牛三月庚辰入太微端門甲申犯東井四月甲寅在軒轅西南五月丁亥在氐西北七月戊戌犯畢大星八月己丑犯畢戊辰犯東井十月庚申犯畢乙丑在軒轅西南戊辰犯左執法庚午入亢距星十一月丙申犯進賢十二月丁巳犯東井四年正月壬午犯畢三月乙酉入太微五月癸未在氐戊子犯牽牛六月庚戌入氐戊辰在東井七月戊寅犯西咸癸未犯牽牛癸巳掩畢大星八月乙巳在

氐己酉犯建庚戌犯牽牛十月乙卯犯畢辛酉犯軒轅御女十一月乙酉犯東井十二月戊午入太微掩左執法己未在進賢西南辛酉入氐五年二月戊申入東井壬子入太微癸丑犯執法三月庚辰入太微犯屏星五月甲戌犯太微上將壬午犯建癸未犯右執法六月壬寅又犯丙午入氐七月丁丑犯建星戊寅犯牽牛八月己酉犯建星乙卯犯畢九月乙酉入東井十月庚子犯牽牛庚戌犯畢戊午入太微閏十月丁丑犯畢丙戌入太微端門十一月丁未入東井丁巳入氐十二月庚辰入太微六年正月壬寅入東井二月己巳又入癸酉犯軒轅大星乙亥入太微三月壬寅又入四月甲子在東井戊辰犯軒轅大星庚午入太微犯右執法甲戌入氐五月丁未入太微甲辰昏度犯南斗七月己亥犯牽牛庚戌犯畢癸丑掩東井八月丙戌入太微端門九月丁未犯東井甲寅入太微十月辛未入畢庚申入太微乙酉入氐十一月己亥犯畢壬寅入東井甲辰犯輿鬼辛亥入氐十二月己巳犯東井七年二月甲子又入三月庚寅犯天關丁酉入太微四月己巳入氐六月庚申入太微甲子入氐丁卯犯南斗杓庚辰入東井七月丁未九月壬寅又入十一月癸卯入太微癸亥掩天關八年正月己丑犯畢二月己未掩東井乙丑入太微三月乙酉掩天關又入太微閏六月壬寅掩東井七月乙卯犯罰星壬申犯輿鬼八月辛巳入氐壬午犯鉞癸卯入太微十月壬辰入東井辛丑入氐十二月丁酉又入戊戌犯房上相九年正月甲寅在東井庚申犯太微右執法二月戊子在太微三月甲寅又入四月丙子在東井戊寅犯輿鬼癸未入太微己丑掩天江第二星五月甲寅在氐七月乙丑掩東井八月丙申犯軒轅第五星戊戌犯太微屏星九月丁未犯南斗十月戊子犯五諸侯壬辰犯太微十一月甲子在氐丁卯犯天江十二月丁亥入太微天禧元年三月丙午犯輿鬼戊午犯南斗杓四月丁丑入太微辛巳入氐五月甲辰犯太微六月丙子入氐七月庚子入太微犯上相九月庚申入太微十月甲申犯輿鬼戊子入太微端門十一月丙辰入太微上相十二月壬午犯右執法二年正月甲寅入氐戊午犯南斗距星二月丁丑犯太微屏星三月乙巳入太微六月壬辰入太微西垣己亥犯房八月乙卯入太微九月癸未入太微犯屏星十月庚戌入太微三年五月壬戌又入八月壬辰入南斗魁癸卯犯昴九月己卯入太微十月癸卯犯軒轅次星乙巳犯右執法丙午犯角大星

十一月癸酉入太微戊寅犯房四年正月庚辰掩昴二月壬寅犯箕癸卯犯南斗三月癸亥犯右執法乙丑掩角右星戊辰掩心後星庚午入南斗魁四月乙未掩房次將丙申犯天江丁酉犯箕戊戌掩南斗魁五月癸亥掩心後星乙丑入南斗魁六月丁亥犯角南星十一月庚申掩昴丁卯犯軒轅大星辛未掩角距星閏十二月庚申犯輿鬼戊辰犯房辛未犯南斗魁五年正月壬午掩昴甲申掩五車東南星壬辰犯房上相丙申掩心後星戊戌入南斗魁二月己未入太微端門三月丙午犯太微屏星癸巳犯南斗五月庚子犯五車東南星六月庚午犯五諸侯七月辛巳掩昴八月壬戌犯五車東南星九月戊子犯昴壬辰犯五諸侯乙未掩軒轅大星十月乙卯掩昴丁巳犯五車戊午掩東井乾興二年正月丁丑犯昴己卯又犯五車東南星辛卯犯房四月丙辰犯南斗魁第二星五月癸未犯南斗七月戊寅又犯辛卯犯東井癸巳犯輿鬼十一月己卯犯五車天聖元年正月壬申犯昴丁亥掩心大星五月丙子掩房六月丙午犯南斗魁閏九月乙巳犯昴二年二月丁卯犯鬼因掩積尸四月辛未掩房南星六月丁卯犯天江戊寅犯昴下三星八月己卯掩軒轅大民星十月庚午犯井鉞辛巳犯氐三年六月甲子犯建丙子犯東井七月戊子犯房八月丙子又犯九月丁亥犯建十二月辛酉犯東井四年正月戊子犯東井十月己丑犯東井十二月丁亥犯畢距星五年九月癸卯犯建丁巳犯東井十月壬申犯牽牛中星甲申犯東井辛卯掩角南星壬辰入氐十一月庚申犯氐六年正月癸丑犯角南星二月甲戌犯東井戊子犯牽牛六月壬申又犯氐七月丙辰犯畢己卯犯東井七年四月庚子犯氐六月庚戌掩畢九月壬申犯畢距星八年六月乙巳犯畢十月甲午掩畢柄第二星九月八月辛丑犯軒轅大星九月壬戌犯畢十月戊戌犯右執法十一月甲申掩畢大星丁酉犯氐明道元年二月丙午犯畢大星六月壬戌又犯七月壬辰犯東井九月癸巳入太微十月乙卯犯鬼西南星十一月戊子犯謁者二年二月辛丑入畢口八月己亥入氐九月戊子入太微十二月丁未犯積尸景祐元年閏六月丁卯掩東咸庚辰犯畢八月甲子犯南斗十一月庚戌犯房十二月壬申入太微二年二月丙寅又入四月己未犯鬼六月丙辰入太微九月乙巳又入三年六月己卯犯氐八月乙卯犯南斗四年六月壬午犯南斗魁寶元元年三月戊申入太微四月丁丑犯角庚辰犯心

前星六月乙亥犯心八月辛未犯箕二年五月癸卯犯心大星十月壬戌犯南斗康定元年四月辛卯犯軒轅大星七月癸亥犯南斗十一月己巳犯軒轅御女十二月己丑犯昴慶曆元年正月辛未犯房次將六月庚子犯昴癸卯犯東井七月丙辰掩心後星戊午掩南斗天相八月庚子犯積尸九月己巳犯軒轅御女二年二月甲申犯輿鬼四月戊子犯房次將三年七月戊子犯東井九月癸未入東井丙戌犯軒轅右角四年七月甲申犯東井八月癸丑十月丙午又犯五年十二月癸酉犯房上相六年七月壬午犯左角丁亥犯斗天府九月甲申犯牛十一月己丑犯畢距星辛卯犯東井庚子犯氐距星七年七月己卯犯氐八月壬戌犯畢大星乙丑犯東井八年二月癸酉犯畢六月己丑又犯十一月丙午掩畢皇祐元年二月戊辰又掩五月庚子犯太微上相癸卯入氐七月戊戌犯氐九月丙午犯畢十一月辛丑掩畢十二月戊辰犯畢二年三月丁酉犯軒轅大星八月庚申入氐壬申入東井十一月丙申犯畢己酉入氐十二月辛卯犯畢大星三年三月癸丑犯畢四月己丑入太微癸巳入氐六月壬寅犯畢九月甲子犯畢距星四年正月丙辰犯東井八月丙申犯輿鬼五年八月丁巳犯東井至和二年二月辛丑犯氐壬寅犯心前星閏三月癸巳犯太微左執法丙申犯氐五月壬辰掩心前星七月己丑犯南斗壬辰犯壁壘陣八月甲戌犯軒轅大星上第二星嘉祐元年十一月己丑犯昴庚子犯角左星癸巳犯心十二月犯房二年四月庚申犯心己卯又犯七月己卯犯角大星九月丁丑犯心後星己丑犯昴戊戌犯太微西垣上將三年正月庚寅犯左角二月癸卯入斗魁三月乙亥犯五車東南星四月乙巳犯五諸侯東星乙卯掩房距星五月乙酉掩南斗距星戊子掩壁壘陣七月庚辰入南斗魁辛卯犯五車東南星八月辛亥犯壁壘陣辛酉犯五諸侯壬戌犯輿鬼甲子犯軒轅大星九月甲戌掩箕己卯犯壁壘陣甲申犯昴丁亥犯東井十一月甲戌犯壁壘陣己卯犯昴癸未犯五諸侯丙戌掩軒轅大星十二月甲寅犯軒轅左角少民閏十二月己卯犯輿鬼四年正月戊申掩軒轅大星丙辰犯心後星二月庚午犯五車四月庚寅掩昴五月乙巳犯房距星戊申掩南斗魁辛亥犯壁壘陣六月癸酉掩心後星八月癸酉犯壁壘陣九月丁未犯昴十月丁丑犯東井己卯犯輿鬼辛巳犯軒轅御女十一月己酉犯軒轅左角少民十二月己巳掩昴甲戌掩輿鬼五年

正月癸卯犯軒轅御女辛亥犯心三月辛卯犯昴己巳犯心後星戊申犯南斗距星四月癸亥掩輿鬼西北星癸酉犯心五月庚子犯房距星六月戊辰犯心七月庚戌掩東井八月壬戌犯房距星乙丑犯南斗九月庚寅夜漏未上掩心中央大星壬寅掩昴十一月丁酉犯昴十二月丁卯犯東井己巳犯輿鬼戊寅犯房距星六年正月丙午掩心大星二月己未犯昴三月己丑犯東井七月庚寅掩心大星辛卯犯天江癸卯犯昴八月庚午掩昴癸酉掩東井九月乙丑犯昴十月乙未犯東井十一月庚申犯昴七年三月乙卯犯軒轅右角六月己亥犯天街八月己卯犯房距星九月丙辰犯軒轅右角十二月乙酉犯井鉞八年二月庚辰犯東井庚寅犯房三月丁未犯井鉞六月癸未犯建七月庚戌又犯八月甲戌犯房己卯犯牽牛辛卯犯東井九月乙未又犯十一月癸丑又犯治平元年正月丁未掩天關戊申犯東井三月庚戌犯角丁巳犯牽牛中星四月己巳犯天關庚午犯東井閏五月戊戌犯氐七月甲申掩畢八月甲寅入東井九月庚辰犯天關十月丙申犯牽牛中星丙午犯畢戊申犯東井二年三月戊寅犯左角二月丁未入氐辛亥犯建壬子犯牽牛三月丙寅犯東井四月癸巳入東井五月己巳掩氐距星甲申犯畢六月丁酉入氐甲寅入東井七月戊辰犯建壬午入東井八月丙午犯畢己酉入東井十月庚寅犯牽牛中星庚子犯畢壬寅犯東井十一月戊辰犯畢辛未入東井三年十一月癸亥掩畢右股丁丑犯罰十二月甲辰掩西咸四年正月庚申入東井甲子犯軒轅大民二月己酉犯畢西第二星戊子入東井癸巳犯靈臺丁酉犯亢癸卯犯牽牛三月乙卯入東井閏三月庚辰犯畢大星癸未入東井四月庚戌又入己未犯亢距星庚申入氐壬戌犯天江甲子犯建乙丑犯牽牛五月甲申犯左執法戊子入氐辛卯犯建辛丑犯畢北第四星甲辰入東井六月乙卯入氐己未掩建東第二星辛未入東井八月庚戌犯氐乙卯犯牽牛癸亥犯畢庚午犯軒轅御女辛未犯靈臺壬申犯右執法九月庚辰犯南斗西第一星辛巳犯建南第三星壬午又犯牽牛辛卯犯畢大星癸巳入東井十月戊午犯畢西第三星辛酉入東井甲子犯軒轅大民丙寅犯靈臺丁卯犯右執法戊辰犯上相庚午犯亢距星辛未入氐十一月己卯犯壁壘陣戊子入東井壬辰犯軒轅御女十二月乙卯犯東井西南第二星庚申犯軒轅少民辛酉入太微戊辰掩西咸第一星庚午犯建

星熙寧元年正月庚辰犯畢右股第二星二月丁巳入太微庚申入氐三月癸未入太微四月壬子犯東上相甲寅犯亢第三星乙卯入氐五月丙子犯軒轅御女癸未掩氐北第二星甲申犯罰南第一星六月乙巳犯西上相庚戌入氐丙寅入東井七月癸酉入太微垣軌道無所犯丙子犯亢距星甲午入東井八月乙巳掩氐東北星丙午犯罰北第二星辛酉入東井九月戊子入東井壬辰犯軒轅御女甲午入太微十月乙巳犯牽牛丙辰入東井庚申犯軒轅少民辛酉入太微十一月辛巳犯畢大星癸未犯東井西第二星己丑入太微十二月戊申犯畢甲寅犯軒轅御女丙辰入太微辛酉犯氐二年正月戊寅入東井癸未犯西上相戊子入氐二月己酉犯軒轅大星甲寅犯亢距星乙卯入氐三月丙子犯軒轅大星戊寅入太微癸未犯氐東北星四月庚子入東井庚戌入氐五月甲戌犯東上相壬辰掩畢大星六月乙巳入氐己未犯畢七月壬申入氐辛巳入羽林軍己丑入東井犯東南第二星八月甲寅犯畢大星丙辰入東井九月辛巳犯畢丁亥犯軒轅大星己丑入太微十月壬寅犯壁壘陣己亥犯東井東北第三星丙申入太微十一月己巳犯壁壘陣丙子犯畢戊寅入東井癸未犯靈臺北第一星甲申入太微閏十一月丙午入東井十二月辛未犯畢大星癸酉犯東井西北第二星戊寅入太微三年正月丙午又入庚戌入氐二月戊辰入東井甲戌入太微戊寅入氐壬午犯建三月癸巳犯畢庚子入太微四月戊辰又入壬申入氐五月乙未入太微甲辰犯建西第一星六月癸亥入太微丁卯入氐七月己亥犯建辛亥犯東井鉞星八月乙丑犯天籥己卯犯東井東第二星九月乙巳犯天關丙午犯東井距星戊申犯輿鬼東北星辛亥入太微十月丙寅犯羽林軍癸未入氐十一月癸巳入羽林軍辛丑入東井丙午入太微戊申入氐十二月癸酉犯西上將四年正月辛卯犯畢乙未犯天關辛丑入太微癸卯掩犯平道東星甲辰犯亢乙巳入氐二月辛酉犯畢距星北第二星癸亥掩犯東井距星戊辰入太微甲戌犯東咸二月甲午犯軒轅大星北一星庚子入氐四月丁卯又入庚午犯天江丙子入羽林軍五月庚寅入太微甲辰入羽林軍六月戊午入太微癸亥犯鍵閉七月丙戌入太微己丑入氐八月甲子犯壁壘陣第一星九月乙巳犯軒轅丁未入太微十月辛酉入羽林軍丁卯犯畢北第三星己巳犯東井甲戌入太微丁丑犯亢距星戊寅入氐十一月戊子入羽林軍壬寅入太微十二月壬戌犯畢距星甲子犯東井東北第一星丁卯犯軒轅大星北一星五年正月丁酉入太微庚子入氐二月壬戌犯軒轅大星北一星甲子入太微三月丙戌犯東井東北第一星甲午犯亢距星乙未入氐五月甲申掩軒轅大星丙戌入太微六月乙卯犯平道東星丙辰掩犯亢距星丁未入氐戊午犯房北第一星辛酉犯南斗距星七月癸巳犯羽林軍西一星閏七月甲寅犯天江東第三星辛酉入羽林軍八月癸卯入太微九月乙卯入羽林軍壬戌犯天街南星十月癸未入羽林軍甲申犯壁壘陣東第一星乙未掩軒轅大星北一星十一月庚戌入羽林軍己未犯東井東北一星甲子入太微丁卯犯亢距星戊辰入氐己巳犯鉤鈐東星六年正月壬子犯諸王西第一星庚申入太微癸亥入氐甲子犯東咸西南第二星乙丑犯天江西南第二星二月己卯犯天街西南星乙酉犯軒轅大星北一星庚寅入氐三月甲寅入太微戊午入氐四月辛巳入太微癸未犯進賢癸巳犯羽林軍五月己酉入太微六月辛巳犯東咸西一星七月甲辰入太微丁未入氐戊申犯房北第一星辛亥掩南斗西第五星八月癸未入羽林軍甲申犯壁壘陣東第二星戊戌入太微九月甲辰犯天江南第二星乙丑入太微十月辛巳犯外屏西第五星甲申犯月星癸巳入太微丙申入氐十一月丙午犯壁壘陣西北星壬子犯天街南星十二月己卯掩月星辛巳犯司怪北第二星丁亥入太微七年正月乙卯入太微二月壬午又入三月己酉又入辛亥犯進賢癸丑入氐乙卯犯天江南一星四月乙亥掩軒轅大星北一星五月甲辰入太微六月辛未又入己卯犯南斗西第五星己丑掩犯天陰北第一星庚寅犯天街北星七月甲辰犯心大星己酉犯壁壘陣西第一星丙辰犯天陰西南星八月己卯犯壁壘陣東第四星辛卯犯軒轅大星北一星九月戊申犯外屏西第三星辛亥犯天陰中央星十月戊寅犯天陰西南星己卯犯月星戊子入太微十一月丙辰犯左執法又入太微十二月癸酉掩犯天陰第三星八年正月癸卯犯司怪北一星乙巳犯五諸侯西第四星庚戌入太微二月戊辰犯昴距星丁丑入太微戊寅犯左執法甲申犯箕東北星四月壬申入太微丁丑犯心距星壬午犯壁壘陣閏四月己亥入太微辛亥入羽林軍壬子犯壁壘陣東北第一星丙辰犯天陰西南星五月丁卯犯右執法辛巳犯外屏西第二星六月甲午入太微己亥犯日星壬寅入南斗魁丙午入羽林軍七月庚午犯狗國西南星癸酉入羽林軍己卯犯昴西南第二星癸未犯五諸侯八月甲午犯心距星辛丑入羽林軍十月戊戌犯外屏西第三星庚子犯天陰西北星己酉犯長垣南一星庚戌犯西上將十一月丁丑犯靈臺北第一星庚辰犯角距星十二月庚戌犯日星九年正月辛未犯長垣南一星四月庚子犯心大星五月丁卯犯房距星壬午犯壁壘陣甲戌又犯六月乙未掩心東星庚子犯壁壘陣西第五星丙午犯天陰西北星七月甲戌犯昴東北星戊寅犯五諸侯東一星八月癸巳掩狗國西北星乙未犯壁壘陣西第五星癸卯犯五車西南星九月丁巳犯心東星壬戌犯壁壘陣西南星丙寅犯外屏西第二星辛未犯司怪北第一星丁丑犯靈臺南第二星十月辛卯犯壁壘陣西第八星庚子犯五諸侯西第四星十一月庚申犯外屏西第一星十二月乙未犯五諸侯東一星丙申犯輿鬼東北星戊戌犯軒轅大星己亥掩靈臺南第二星丙午犯心東星十年正月戊午犯昴西北一星乙亥犯箕東北星二月庚子犯房距星癸卯入南斗甲辰犯狗國東北星四月甲辰犯外屏西第一星六月庚寅犯心東星丙申犯壁壘陣西一星七月癸酉犯五諸侯東一星八月庚寅犯壁壘陣西第二星戊戌犯五車東南星九月辛酉犯外屏西第一星丙寅犯司怪北第一星十月乙酉犯壁壘陣西第四星己亥犯靈臺北第二星癸亥犯積薪十二月癸未犯外屏西一星丙戌犯昴西北星辛卯掩輿鬼西北星辛丑犯心東星元豐元年正月壬戌犯明堂東北星辛未掩南斗西第五星閏正月戊子犯軒轅少民乙未犯房距星次相二月壬子犯五諸侯東一星癸亥犯心大星三月癸巳入南斗掩東第二星四月丁巳犯房南第二星庚申入南斗庚午犯昴西北星五月乙酉犯心東星六月乙卯犯南斗東南第一星七月甲午犯司怪北第二星九月癸巳犯軒轅御女十月庚戌犯雲雨東北星丙辰犯司怪北一星丁巳犯東井東北第一星戊午犯積薪十一月壬戌犯輿鬼又犯積尸十二月乙酉犯昴西北星癸亥犯心星丙寅犯西星二年正月乙卯犯東井東北第一星辛巳犯輿鬼距星又入犯東南星并積尸甲申犯靈臺二月庚戌犯軒轅御女辛亥犯靈臺南一星三月辛未犯昴西北星壬午犯天門東星乙酉犯心大星四月乙卯犯南斗五月己卯犯日星犯房距星六月甲辰犯天門東星甲寅犯泣西星七月己卯犯羅堰癸未犯雲雨東北星壬辰犯輿鬼西南星八月辛酉犯軒轅御女九月庚午犯天江甲戌犯羅堰丙子犯泣西星壬午犯昴距星十月乙巳犯雲雨西南星庚戌犯天街東北星十一月丁丑犯昴距星己卯犯司怪庚辰入東井辛巳犯水位十二月戊申犯天罇東北星庚戌犯軒轅大民又犯酒旗三年正月壬申掩昴宿東北星甲戌犯司怪乙酉犯心距星二月壬寅入東井乙巳犯軒轅大民三月庚午犯天罇南星丁丑犯天門庚辰犯心大星壬午犯南斗四月丁未犯心距星壬子犯牽牛南星及羅堰五月己巳犯明堂西第二星甲戌犯日星又犯房己卯犯牽牛壬午犯虛梁西第一星六月己亥犯泣西星戊午犯東井距星七月己巳犯心距星戊寅入雲雨癸未犯昴八月丙申犯日星甲辰犯虛梁九月辛未犯泣西星戊寅犯天街東北星庚辰犯東井距星辛巳犯天罇南星閏九月丙申犯牽牛南星庚子犯雲雨西北星乙巳犯昴丁未犯司怪南第二星戊申入犯東井東北第三星辛未犯酒旗十月辛酉犯氐壬戌犯天陰西北星十一月乙未犯雲雨庚子犯昴庚戌犯天門十二月壬戌犯雲雨西北星庚午入東井癸酉犯軒轅右角乙亥犯明堂辛巳犯天江癸未犯建西第二星四年三月壬辰入東井五月辛亥犯月星六月己巳犯羅堰西第二星己卯犯諸王西第二星辛巳入東井七月戊申犯東井鉞星八月庚申犯天江西第三星壬戌犯建西南第三星癸酉犯月星己卯犯軒轅大民九月己丑犯建西第一星庚寅犯天鷄東南星辛卯犯羅堰北第二星十月辛酉掩犯虛梁西第三星壬戌犯雲雨西北星戊辰犯天街西南星庚午犯東井西北第三星十一月甲午犯天陰西南星乙未犯月星戊戌入東井癸卯犯明堂西第二星戊申犯東咸西南第二星己酉犯天江東北第二星十二月癸亥犯天街西南星乙丑犯東井西北第二星五年正月辛卯犯諸王東二星癸巳犯東井東南第二星二月庚申入東井辛酉犯水位星西第一星三月戊子入東井庚子犯建西第一星五月乙酉犯酒旗南第二星甲午犯天籥西北星己亥犯虛梁西第二星六月丙子入東井七月丁亥犯東咸西第二星辛卯犯牽牛距星甲午犯虛梁西第二星甲辰入東井八月甲寅犯鉤鈐西星甲子犯外屏西第一星辛未入東井九月戊戌又入十月壬子犯建西第五星癸丑犯牽牛距星丁巳犯雲雨西南星甲子犯諸王西第五星十一月癸未犯虛梁西第三星丙戌犯外屏西第一星癸巳入東

井甲午犯水位星西第一星十二月己未犯天關庚申入犯東井六年正月己卯犯雲雨西星乙酉犯畢距星丁亥犯司怪南第一星戊子入東井二月乙卯又入壬申犯虛梁西第三星三月癸未入東井四月庚戌又入己未犯氐距星五月乙未入雲雨七月丙辰犯虛梁西第一星八月丁丑犯鍵閉辛巳犯牽牛距星乙酉入犯雲雨東北星癸巳犯東井西北第二星九月辛亥犯虛梁西第二星戊午掩犯距星辛酉入東井甲子犯酒旗南第二星十月戊子入東井十一月乙卯又入乙丑入氐丙寅犯房北第一星十二月庚辰掩犯畢距第二星七年正月辛亥犯水位星西第一星丙辰犯明堂二月戊寅入東井丁亥入氐辛卯犯建三月壬寅犯畢距星乙巳入東井戊申犯酒旗四月戊寅犯明堂東北第一星壬午入氐丁亥犯羅堰壬辰犯外屏西第二星六月壬午犯羅堰南第二星七月辛酉入東井八月戊子入犯東井九月丙辰入犯東井東南第一星十月壬午犯司怪南第一星癸未入東井己丑犯明堂甲午犯心大星十一月庚戌入東井十二月辛未犯外屏西第二星乙亥入犯畢辛巳犯酒旗戊子入氐己丑犯罰八年正月壬寅犯畢西第二星乙巳入東井乙卯入昴二月壬申入東井甲申犯東咸東第一星三月庚戌入氐辛亥犯罰甲寅犯建星西第五星乙卯犯牛距星庚午犯畢四月丁卯入井五月己酉犯天鷄西北星六月壬申入氐丙子犯建星西第四星七月甲辰犯天鷄癸丑犯畢又行入畢丙辰入井八月丁卯入氐辛未犯建星西第四星壬申犯牛距星甲戌犯泣東星九月辛亥入井犯東南第一星十月丁卯犯羅堰北一星乙亥犯畢西第二星戊子入氐十一月甲午犯牛距星癸卯入畢又犯畢大星乙巳入井己酉犯軒轅御女癸丑犯進賢十二月丁卯犯外屏庚午掩畢距星

宋史卷五十三考證

天文志六月犯五緯慶元四年七月己亥宿於歲星○臣召南按宿於歲星卽掩食之別名也當時史官文其辭而編志者未改耳

十二月丙寅掩心○臣召南按心有中前後三星此文應云掩心某星刊本脫二字耳

乙巳在東井九月壬申又入東井○按在東井當作入東井

宋史卷五十四

元　中書右丞相總裁脫脫等修

天文志第七

天文七　月犯列舍下

天祐元年正月丁酉犯畢庚子入井乙巳犯靈臺丙午犯右執法己酉犯亢丁卯入東井戊辰犯水位甲戌犯左執法乙亥犯進賢戊寅犯氐閏二月壬辰掩畢乙未入東井乙巳入氐三月壬申又入戊辰犯右執法戊寅犯羅堰四月癸巳犯軒轅御女辛丑犯罰甲辰犯建五月癸亥入太微丁卯入氐辛巳犯畢六月庚寅入太微辛亥入井七月戊午入太微壬戌入氐八月癸卯入畢犯畢大星九月辛酉犯建星丁丑犯軒轅少民戊寅犯上將又入太微己卯入太微十月丁酉犯天廩戊戌犯畢入畢內庚子犯井乙巳犯靈臺丙午入太微垣犯右執法丁未犯太微垣東扇上相星十一月戊辰入井癸酉行入太微甲戌犯左執法戊寅入氐十二月癸巳犯天高又犯附耳乙巳犯井丙申犯水位己亥犯軒轅左角辛丑入太微壬寅犯太微東扇上相乙巳入氐二年正月壬戌犯井戊辰入太微癸酉入氐犯東北星甲戌犯罰二月庚寅入井乙未犯太微上將庚子入氐三月丁巳入井戊午犯水位辛酉犯軒轅左角乙丑犯平道丁卯入氐壬申犯建四月戊子犯軒轅大星掩御女己丑犯靈臺庚寅入太微甲午入氐丙申犯罰星五月戊辰犯羅堰辛未犯壁壘陣六月乙酉入太微乙丑入氐己亥犯壁壘陣甲辰犯附耳丙午入井七月丁巳犯氐庚午犯天廩辛未入犯畢癸酉犯井丁丑犯軒轅大星八月甲申入氐庚寅犯牛甲午犯壁壘陣乙丑犯天廩丙寅掩犯畢大星戊辰入井壬申犯軒轅左角少民癸酉犯上將甲戌入太微十月乙酉犯羅堰戊子犯壁壘陣辛丑入太微乙巳入氐十一月甲寅犯壁壘陣甲戌犯罰星十二月戊子犯畢乙未犯靈臺又犯上將入太微三年正月戊午入東井己未犯水位甲子入太微二月乙未入犯氐西北星三月壬子犯東井西扇北第二星丁巳犯靈臺南第三星庚申犯平道四月乙酉入太微犯內屏辛卯犯東咸甲午犯建丁酉犯壁壘陣五月壬子入太微垣辛酉犯建辛未犯天廩六月甲申入氐壬辰犯壁壘陣七月癸丑犯東咸己未犯壁壘陣庚寅犯天高己巳入東井庚午犯水位八月己卯入氐己丑犯壁壘陣庚寅犯天淵癸巳犯天廩甲午入畢乙未犯天關丙申犯東井北第二星戊戌犯鬼距星九月辛酉犯畢癸亥犯司怪甲子犯天罇十月甲申犯壁壘陣己丑犯天高己卯入東井犯東扇北第三星壬辰犯水位丙申入太微十一月戊午入東井犯西扇北第二星己未犯天罇西北星庚申入鬼犯積尸氣癸亥入太微十二月辛卯又入之閏十二月辛未入畢癸丑犯東井西扇北第二星甲寅犯天罇戊午入太微犯內屏己未犯太微三公庚申犯平道四年正月丙戌入太微庚寅犯氐辛卯犯罰二月戊申入井壬子犯長垣癸丑入太微犯內屏甲寅犯三公乙卯犯平道東星丁巳入氐三月丙子犯天罇丁丑入鬼犯積尸氣庚辰入太微乙丑入氐丁亥犯天江四月戊申入太微壬子入犯氐乙卯犯天籥壬戌犯壁壘陣五月乙亥入太微丁丑犯平道己卯入氐六月癸卯入太微丙午入氐己未犯外屏壬戌犯畢甲子犯井乙丑犯天罇七月甲戌入氐乙亥犯罰癸未入羽林軍甲申犯壁壘陣八月辛丑入氐乙未入井九月甲申犯畢丙戌入犯井戊子犯鬼辛卯入太微十月癸丑犯井鉞乙卯犯水位己未入太微十一月己卯犯畢辛巳入井丙戌入太微犯內屏十二月丙辰犯亢丁巳入氐五年正月丙子犯東井戊寅犯輿鬼辛巳入太微犯內屏乙酉入氐丙戌犯東咸丁亥犯天江二月癸卯犯鉞又犯東井戊申入太微辛亥犯亢癸丑犯鍵閉乙卯犯天籥三月己巳犯諸王庚午犯司怪丙子入太微犯內屏四月甲辰入太微犯三公乙巳犯平道庚戌犯天籥丙辰入羽林軍五月庚午入太微庚寅掩畢六月癸卯犯東咸乙巳犯南斗庚戌入犯羽林軍七月乙丑入太微丁巳犯平道己巳入氐犯壁壘陣丁亥入東井己丑犯輿鬼東北星八月丙申入氐癸卯犯壁壘陣壬子犯畢九月壬申犯羽林軍辛巳犯司怪丁亥入太微十月乙未犯南斗庚子入犯羽林軍辛丑犯壁壘陣己酉入東井庚戌犯五諸侯六年正月丙子入太微戊寅犯平道二月甲辰入太微犯內屏辛亥犯斗四月壬寅入氐五月丙寅入太微戊辰犯平道庚午入氐戊寅入羽林軍戊戌犯鍵閉乙巳入羽林軍七月戊辰犯斗癸酉入羽林軍甲戌犯壁壘陣八月庚子入羽林軍閏八月戊辰又入辛未犯外屏丙子犯司怪丁丑犯東井戊寅犯五諸侯壬午入太微九月甲午入羽林軍丙申犯壁壘陣戊戌犯外屏壬寅犯諸王庚戌入太微十月壬戌入羽林軍己巳犯天街乙亥犯軒轅大星丁丑入太微犯內屏庚辰犯亢辛巳入氐十一月己丑入犯羽林軍戊戌犯司怪庚子犯五諸侯甲辰犯太微次將丙午犯進賢戊申入氐十二月甲子犯諸王壬申入太微七年正月己亥入太微壬寅犯亢二月戊午犯月星壬戌犯五諸侯丁卯入太微戊辰犯進賢戊寅入羽林軍三月壬辰犯軒轅大星甲午入太微犯內屏乙未犯太微上相丁酉犯亢戊戌入氐四月壬戌入太微癸亥犯進賢乙丑犯氐距星癸酉入羽林軍內甲戌犯壁壘陣丙子犯外屏五月己丑入太微六月丙辰入太微犯內屏庚申入氐犯東南星壬戌犯天江戊辰入羽林軍甲戌犯月星七月辛卯入南斗壬寅犯諸王八月壬戌入羽林軍九月甲申犯天江戊子犯哭泣辛卯犯壁壘陣乙未犯天陰丙申犯月星戊戌犯司怪庚子犯五諸侯癸卯犯軒轅次北星乙巳入太微犯內屏十月丁巳入羽林軍甲子犯天街又犯諸王癸酉入太微丙子犯氐距星十一月甲申入羽林軍庚寅犯天陰癸巳犯司怪庚子入太微十二月癸丑犯壁壘陣戊午犯月星壬戌犯五諸侯乙丑犯軒轅次北星丁卯入太微犯內屏庚午犯亢壬申犯房八年正月甲午入太微丙申犯進賢己亥犯日星二月癸亥犯太微上相丁卯犯心大星三月甲申犯五諸侯丁亥犯軒轅大星北第一星己丑入太微犯內屏庚寅犯左執法乙未犯天江丙申犯箕辛丑入羽林軍壬寅犯壁壘陣東北星四月丙辰入太微五月丁亥犯亢甲午犯壁壘陣西南星六月乙酉犯軒轅甲子犯壁壘陣八月己卯入太微甲申犯心距星庚寅犯五諸侯西第三星九月壬午犯狗國庚寅犯天陰壬辰犯司怪乙未犯五諸侯庚子入太微十月辛亥犯壁壘陣乙卯犯外屏戊午犯天陰壬子入羽林軍壬戌犯五諸侯丁卯入太微犯上將十一月庚辰入羽林軍乙酉犯天陰己亥犯氐十二月壬子犯天陰乙卯犯司怪丁巳犯五諸侯壬戌入太微癸亥犯左執法紹聖元年正月丁亥犯長垣己丑犯太微上將二月庚戌犯坐旗庚申犯角距星甲子犯箕距星乙丑犯斗三月己卯犯五諸侯東第二星四月丙午犯五諸侯西第三星閏四月己丑入太微犯右執法甲申犯房距星丁亥入斗犯東第二星五月壬子犯心距星六月己卯犯房距星辛巳犯箕八月丙子犯箕東北星九月戊申入羽林軍丁巳犯五諸侯東第二星癸亥犯太微左執法十月甲戌入羽林軍壬辰犯角距星乙未犯房距星十一月壬寅入羽林軍乙巳犯外屏西第二星戊申犯昴西北星壬子犯五諸侯西第四星癸丑犯鬼東北星癸亥犯心大星十二月庚午入羽林軍己卯犯五諸侯西第

三星甲申犯太微上將二年正月乙巳犯坐旗南第一星辛亥犯靈臺甲寅犯角距星丁巳犯日星二月庚午犯昴己卯入太微犯右執法乙酉犯心東星三月乙卯入斗己未入羽林軍四月癸酉犯太微西扇上將乙亥犯角南星己卯犯房南第二星五月甲辰犯天門東星己酉犯箕東北星六月甲戌犯房距星辛巳入羽林戊子犯五車東南星七月壬寅犯心東星戊申入羽林軍犯壁壘陣西第六星丙辰犯坐旗南星八月辛未犯箕北第一星戊寅犯外屏西第一星丙戌犯鬼東北星九月癸卯入羽林軍甲辰犯壁壘陣西第八星十月庚午犯屏西第一星丙子犯昴西北星乙巳犯五車東南星丁未犯五諸侯西第五星戊申犯輿鬼東北星辛亥犯靈臺南第二星戊午掩心宿後星三年正月乙未犯外屏戊戌犯昴乙巳犯軒轅左右三月庚午犯鬼西北星壬申掩軒轅大星癸酉犯靈臺四月丁卯犯軒轅左角甲戌犯日星又犯房距星庚辰犯代星辛巳犯壁壘陣五月乙未犯靈臺壬寅犯心宿東星乙巳犯南斗六月壬午犯昴七月丙午犯外屏癸丑犯五諸侯八月丁卯入犯南斗戊寅犯五車辛巳犯輿鬼甲申犯靈臺九月甲午犯南斗辛丑犯外屏甲辰犯昴丙午犯司怪戊申犯水位壬子犯明堂十月壬戌犯狗星十一月己亥犯昴癸卯犯輿鬼壬子犯日星十二月壬戌入犯雲雨庚子犯五諸侯辛未入輿鬼掩積尸氣四年正月戊戌犯鬼西北星入鬼辛丑犯靈臺南第一星二月乙亥犯心東星閏二月辛卯犯井東扇北第一星壬辰犯五諸侯西第五星癸巳入鬼又犯輿鬼乙未犯軒轅左角己亥犯天門東星乙巳入斗犯斗西第四星三月癸亥犯靈臺南第一星己巳犯日星又犯房距星壬申犯斗距星戊辰掩雲雨西南星四月己丑犯軒轅御女星丁酉犯心東星庚子犯狗西星庚戌犯昴西北星五月丁卯掩斗西第四星癸酉入犯雲雨六月甲午入斗乙未犯狗東星庚子犯雲雨西南星七月壬戌犯狗西星壬申掩犯昴南北星乙亥犯司怪北第二星丙子犯積薪八月己丑犯斗西第四星癸巳犯哭泣東星乙未掩犯雲雨東北星甲辰入犯鬼及犯積尸氣九月丙辰犯北距星己未犯秦西星十月甲午犯昴西北星丁酉入井犯東扇北第一星戊戌犯積薪又犯水位東第一星庚子犯軒轅御女星壬寅犯明堂南第三星十一月丁巳入犯雲雨星十二月辛卯犯司怪北第二星壬辰犯井東扇北第一星乙未犯軒轅大民丙申犯靈臺南第一星丁酉犯明堂壬寅犯心距星癸卯犯天江南第一星元符元年正月庚申犯天罇辛酉入犯鬼己巳犯日星又犯房距星二月丁亥犯天罇辛卯犯靈臺甲辰犯哭泣三月癸丑犯司怪己巳犯羅堰又犯牛癸酉犯雲雨四月癸未犯鬼距星甲申犯酒旗甲午犯斗五月己未犯心距星庚申犯天江戊辰犯雲雨六月乙未又犯庚子犯昴西北星八月壬午犯天江九月丙辰犯虛梁壬戌犯昴甲子犯司怪乙丑入井十月戊寅犯斗癸未犯虛梁西第二星己丑犯天陰癸巳犯天罇甲午犯鬼距星庚子犯天門十一月戊申犯羅堰壬子犯雲雨丁巳犯昴距星庚申入井庚午犯心大星十二月戊寅犯虛梁丁亥入井戊子犯水位庚寅犯酒旗又犯軒轅右角壬辰犯明堂戊戌犯天江二年正月甲寅犯司怪北第三星丙辰犯水位西第三星壬戌犯天門東星甲子犯日星又犯房距星己巳掩牛南第一星二月己卯犯昴距星壬午入井乙酉犯酒旗南第三星又犯軒轅右角丁亥犯明堂西南第二星壬辰犯心距星癸巳犯天江西南第二星己亥犯虛梁西第一星三月乙酉犯井距星庚戌犯天罇南星丁巳犯天門東星庚申犯天江西南第一星甲子犯羅堰南星戊辰犯雲雨東北星四月丙子犯司怪北第三星丁丑入井又犯井東扇北第三星丁亥犯心距星辛卯犯牛南星甲午犯虛梁西第三星乙未犯雲雨西北星庚子犯天陰北星五月乙巳犯水位西第二星丙辰犯天籥下東星丁巳犯建星西第二星辛酉犯虛梁西南第一星六月辛巳犯日星丙戌犯牛南星又犯羅堰南第二星庚寅犯雲雨東北星丙寅犯天街東北星戊戌入井七月庚戌犯天江西南第四星壬子犯建星西第三星丙辰犯虛梁西第三星丁巳犯雲雨西北星壬戌犯天陰西北星乙丑犯司怪北第三星丙寅入井犯東扇北第三星八月癸未犯虛梁西第一星庚寅犯昴東南星辛巳犯諸王西第二星癸巳入井丙申犯酒旗南第三星九月丁巳犯天陰北星閏九月甲申犯天陰西北星辛卯犯軒轅右角十月辛丑犯建西第一星壬寅犯天雞東南星乙巳犯虛梁西第一星壬子犯月星癸丑犯諸王西第二星乙卯入犯井東扇北第二星丙辰犯水位西第二星戊午犯酒旗南第二星庚申犯明堂西第二星十一月壬午犯井鉞星又犯井距星又入井十二月庚子犯虛梁西第二星丙午犯天陰西北星丁未又犯月星庚戌入井犯東扇北第二星辛亥犯火位西第二星癸丑犯酒旗南第二星又犯軒轅右角大民乙卯犯明堂西第二星三年正月乙亥犯諸王西第一星丁丑入東井四月庚戌犯東咸西第三星五月辛卯犯昴七月乙酉犯天陰西南星九月癸未入東井十二月甲辰犯司怪北第二星丙辰入氐建中靖國元年正月己巳犯月星二月己亥犯井鉞癸卯犯軒轅右角大民四月乙巳犯罰星五月丙子犯牛大星六月己酉犯外屏西第二星七月己巳犯南斗八月丁酉犯建西第二星九月丁丑犯司怪北第四星十一月癸酉入東井十二月丁酉犯天街西南星崇寧元年正月丁卯入東井己巳犯水位西第一星二月癸卯入氐三月庚午犯角距星六月丁亥犯軒轅大星九月癸巳犯壁壘陣十月乙丑入畢口二年二月乙卯犯天高四月壬戌入氐五月己亥犯雲雨東北星七月戊子犯建星西二星九月丙戌犯哭泣十一月庚寅入井三年正月乙未入氐丙申犯鍵閉二月辛酉犯亢距星四月戊午犯房北第一星七月癸未犯建星西第二星甲申犯牛大星九月辛卯犯井西扇北第二星十一月己丑入太微四年正月戊寅犯諸王西第二星閏二月甲戌犯井距星癸卯犯水位五月乙巳犯亢距星丙午入氐七月丙辰入畢口八月癸酉犯建星西第三星十月庚辰入井十二月丁丑犯鬼東南星五年正月戊申入太微三月辛亥犯建距星五月辛丑入氐七月壬寅犯牛大星甲辰犯壁壘陣西五星九月戊申犯井距星十一月丁未犯長垣南一星戊申入太微大觀元年正月甲辰入太微五月甲午犯進賢六月甲子入氐八月乙亥入畢九月己丑犯天籥癸巳犯壁壘陣十二月丁未犯建二年正月庚申犯井鉞甲子犯軒轅二月癸巳入太微犯內屏四月庚子入羽林軍五月己未入氐六月癸巳犯壁壘陣九月壬申入太微十一月辛酉犯井三年正月辛酉犯太微西扇次將二月己丑入太微犯內屏三月癸亥犯南斗四月己卯犯五諸侯六月庚辰犯平道七月庚戌犯房八月甲午犯井九月壬子入羽林軍十月甲午犯太微西扇次將乙未犯謁者十二月壬辰掩亢四年正月戊申犯天街二月辛卯犯南斗三月甲寅犯亢六月乙亥犯進賢七月戊申犯南斗八月甲戌犯天江十一月己卯犯五諸侯政和元年二月乙卯犯南斗三月庚辰犯東咸六月乙酉入羽林軍七月壬申犯狗八月丙申犯心距星二年三月甲子犯五諸侯三年三月壬戌犯長垣甲子入太微四月丙戌犯五諸侯西第四星五月甲午入南斗丁酉犯壁壘陣七月庚寅犯狗國九月癸巳犯昴十月壬戌犯五車乙丑犯鬼己巳犯右執法四年二月庚戌犯昴五月己丑入南斗六月甲寅犯心東星八月癸亥犯司怪五年正月壬辰犯心大星三月丙戌犯房五月庚寅犯雲雨六月壬子犯狗九月甲申犯昴星十月丙辰入鬼星十二月甲寅犯心堂六年閏正月癸卯犯司怪二月辛巳犯房四月己卯犯南斗六月辛未犯心大星八月乙丑犯日星九月庚戌犯天罇十月乙丑犯羅堰七年正月己酉犯心甲戌犯天門四月辛未犯日星七月庚子犯哭泣八月乙丑犯牛十月壬申入井十一月丁酉犯天街重和元年二月乙丑犯酒旗六月己巳犯雲雨八月丙辰犯房宣和元年十一月己未犯鬼二年正月己酉犯畢七月辛亥犯牛九月丁巳入井十二月辛卯犯東咸三年二月壬申掩角五月丙午入氐十一月丙戌犯罰四年七月戊辰犯建十月壬寅入井十一月癸酉犯軒轅御女五年正月壬戌犯畢三月己巳入氐七月甲子犯牛六年正月己巳入氐六月辛酉犯壁壘陣十月丁巳犯畢七年正月甲申犯鬼六月丁巳入羽林軍十二月丙辰入太微靖康元年二月庚戌入太微甲寅入氐三月戊寅入太微庚辰入氐四月丁未犯平道己巳入氐辛亥犯天江五月己巳犯鬼壬申入太微六月己未犯畢七月戊辰入太微壬申入氐癸酉犯罰己卯入羽林軍己丑入井八月戊戌入氐丙午入羽林軍乙卯犯天關丙辰入東井九月癸未犯井鉞十月辛丑入羽林軍丙辰入太微十一月丁丑犯天關戊寅入井庚辰犯鬼積尸氣十二月癸酉入井乙亥犯鬼積尸氣二年三月乙未入井辛丑入太微四月壬戌犯天關建炎三年三月乙未入氐四年六月辛巳犯心七月辛亥入南斗魁中八月辛卯犯五諸侯十二月壬辰掩心大星紹興元年三月癸卯犯五諸侯西第五星四月癸酉犯軒轅大星辛巳犯心戊子入羽林軍六月丙子犯心癸未犯昴八月辛未犯心宿東星癸未犯昴九月辛丑入南斗乙巳入羽林軍辛巳犯五諸侯十一月己酉犯五諸侯東第一星十二月癸未犯角二年二月辛未犯五諸侯西第四星乙亥入太微三月己酉犯心大星五月戊寅入羽林軍六月乙巳七月癸酉又入辛丑入南斗魁中七月乙丑犯房距星八月戊申犯司怪三年四月辛丑入南斗魁中五月丙寅掩心第三星七月癸亥入南斗魁中九月戊午入南斗犯西第五星十月壬寅犯軒轅大星十一月丁巳犯壁壘陣西第六星乙丑犯五車丁卯犯

五諸侯西第四星己卯犯斗十二月辛卯犯昴丙申犯鬼丁酉犯軒轅御女甲辰掩心前星四年正月壬戌犯五諸侯東第一星癸亥犯鬼西北星三月乙卯犯司怪四月癸巳犯房八月癸巳犯心後星十二月丙戌犯昴西北星五年四月癸未犯房十月庚辰犯南斗壬戌入井十一月甲申又入甲午入氐六年正月己卯入井三月甲申犯心大星四月辛丑入井六月己未犯昴九月戊子犯軒轅右角大民十月辛亥犯司怪北第二星十二月丙午入井七年正月辛未犯天街二月辛丑入井三月戊辰犯井鉞六月丁巳犯井七月甲申又犯九月己卯又犯十月丁未閏十月甲戌十二月己巳皆犯井三月辛巳犯斗宿西第一星四月乙未犯司怪閏十月癸酉又犯之五月丁丑犯建八月己亥又犯丙午犯房北第二星八年三月癸亥犯井四月戊午七月丁未八月甲戌九月辛丑十月己巳十二月甲子皆犯井己亥犯房北第一星九年正月辛卯入犯東井四月癸丑六月乙亥八月己巳九月丙申十月甲子十二月己未皆入犯東井二月己巳入氐四月癸亥六月戊午八月癸丑皆入氐六月乙未犯建西第四星九月丙辰掩角距星壬戌犯天高十二月丁巳又犯十年正月丙戌犯入井三月辛巳四月戊申閏六月丁酉八月辛巳十月丁亥皆犯入井三月辛卯入氐六月癸丑七月戊申八月乙亥十二月辛卯皆入氐閏六月乙未犯畢九月丁巳犯畢距星十二月壬子又犯畢十一年正月戊午犯氐二月甲戌犯畢八月乙酉皆犯畢三月甲辰入井六月乙亥入氐十一月乙卯入太微垣犯左執法丙辰犯進賢己未犯氐東北星十二月乙亥入畢掩大星十二年正月壬寅犯畢距星四月辛未入太微十一月行犯權大星并掩御女十三年正月癸卯犯權星并御女八月己酉復掩權大星十四年正月庚申入畢掩大星六月丁亥犯亢距星十六年八月壬寅犯鉤鈐十七年二月己未入羽林軍是歲凡六三月己卯入氐五月甲戌六月壬寅十一月乙酉皆入氐七月癸酉入南斗十月乙未又入十一月甲戌犯司怪十八年三月乙丑犯五諸侯壬午入羽林軍是歲凡八四月壬寅入氐五月丙寅入太微犯東上相六月丁酉入氐七月乙丑犯房戊辰入南斗閏八月癸亥又入十九年正月辛丑犯亢二月甲戌入南斗丁丑入羽林軍是歲凡八六月庚申犯房癸亥入南斗八月戊午又入二十年四月丁巳犯角六月戊午入南斗是歲凡三壬戌入羽林軍是歲凡五七月己卯犯角距星壬午犯房八月癸亥犯昴距星十一月乙未犯角距星二十一年正月丙申入南斗二月辛酉犯心東星三月丙申入羽林軍是歲凡七閏四月己丑犯壁壘陣八月乙亥入南斗七月癸未犯壁壘陣十一月戊申犯昴二十二年正月丙辰犯心東星二月庚午犯昴是歲凡三乙亥犯鬼三月癸丑入南斗是歲凡四二十三年正月癸卯二月庚午犯輿鬼壬申犯權御女星三月戊申犯南斗七月乙未犯房距星十月癸酉犯司怪十一月辛丑入東井二十四年正月庚申犯昴六月丙午十二月庚寅皆犯司怪戊戌犯昴距星九月己巳十二月辛卯皆入東井二十五年四月庚辰七月己巳又入東井是歲凡六六月辛丑犯鉞十月庚寅犯天關十二月乙酉犯司怪二十六年正月壬子十月乙酉十一月庚辰皆犯司怪癸丑入東井是歲凡八八月丙子犯房十月乙亥犯牛二十七年正月甲戌犯天關庚寅犯建二月癸卯三月庚午皆入東井是歲凡七四月己酉犯房鉤鈐又犯鍵閉六月甲辰犯罰又犯東井七月庚午入氐丙子犯羅堰乙酉犯天關十一月乙丑犯牛十二月辛亥犯角宿距星二十八年正月辛未入東井是歲凡五二月甲寅犯牛三月庚辰犯建四月己酉犯羅堰五月丙子犯牛六月丁酉犯氐壬寅掩建八月丁酉又掩八月辛卯犯亢壬辰入氐丁未入畢口內犯大星九月甲戌掩犯畢十月癸巳掩牛宿距星癸丑犯氐距星十一月辛巳十二月戊申入氐丁未犯亢二十九年正月丙寅犯入東井是歲凡六乙亥犯氐距星二月癸卯入氐方口內是歲凡四甲辰犯西咸三月己未犯天高壬申犯東咸乙亥犯建星四月辛卯犯權右角大民甲辰犯羅堰五月甲子犯亢六月戊申犯附耳庚申入氐丙寅犯羅堰七月癸巳掩牛宿距星九月丁酉入畢口犯大星十一月壬辰犯畢十二月己巳犯亢距星壬申犯東咸三十年正月戊戌入氐二月己丑又入是歲凡五三月甲申入東井是歲凡三七月戊子犯牛八月乙卯又犯九月庚辰犯南斗十月庚申掩入畢十一月庚寅入犯東井三十一年正月甲申犯東井是歲凡五二月乙卯犯權星御女庚申入氐三月戊子又入是歲凡五四月辛亥犯太微垣西上將星辛巳犯平道星戊子犯牛距星戊戌犯畢距星七月丁丑犯西咸癸未犯牛癸巳入畢大星九月丙申犯太微東左執法星十一月壬午掩畢辛卯掩太微東上相星十二月壬子甲寅犯輿鬼掩積尸三十二年正月丁丑掩畢宿大星犯附耳庚辰犯東井是歲凡七戊子入氐是歲凡二己丑犯西咸二月庚戌犯酒旗壬子入太微西掩右執法星乙卯犯亢己亥犯太微西上將庚辰入太微辛巳犯進賢四月癸未犯牛五月庚午犯太微東上相星庚辰入羽林軍九月壬寅十一月十二月皆入戊子入畢掩犯大星及附耳七月甲辰掩建十月丙寅又掩九月庚戌入畢十二月壬申又入十月己卯犯司怪隆興元年二月己巳入東井是歲凡六癸酉犯權大星七月丙申十月壬子皆入氐壬寅犯畢壁壘陣勝星十月甲子又犯癸卯入羽林軍是歲凡三十月丙午犯權十二月丁卯掩天高戊辰犯天關二年正月戊子入羽林軍是歲凡六甲午掩入畢二月甲子入東井是歲凡五己巳犯長垣辛未入太微掩犯左執法井上相星三月辛卯犯東咸四月丙申入氐七月丁亥入太微犯內屏星八月乙丑犯壁壘陣十月丁卯犯畢庚辰入氐十一月丁亥入羽林軍丙辰掩司怪己亥犯輿鬼掩積尸丁未入氐戊申犯西咸閏十一月壬戌犯天高己巳犯長垣乾道元年二月甲申五月癸酉十月庚寅皆掩犯諸王星戊戌犯東咸庚申入太微犯內屏六月壬午又如之甲子入氐六月丙戌又入辛未入羽林軍是歲凡八五月辛酉掩天江七月丁巳犯南斗八月壬午掩犯鉤鈐十二月戊戌又掩甲申犯天籥乙酉掩南斗九月壬子又掩九月庚午入太微十月丁酉十二月壬辰皆入太微十月庚辰犯狗十一月丁巳犯天街掩諸王二年正月壬子犯諸王二月己卯又犯乙卯掩犯五諸侯二月乙酉犯權己亥入羽林軍五月辛酉又入五月甲寅犯鍵閉六月辛巳入氐八月丙子又入壬子犯房乙酉犯南斗入魁八月庚辰又入乙未犯月八月辛巳掩犯狗國九月庚戌犯哭十一月戊午犯權十二月壬辰入氐三年二月戊子掩犯東咸辛卯入南斗三月甲寅入氐四月辛巳又入四月壬申犯五諸侯九月癸未十一月戊寅皆犯五月乙巳入太微癸丑掩犯南斗丁丑犯房庚辰入南斗魁七月乙巳犯心大星閏七月丁丑犯周星戊寅犯哭又入羽林軍八月乙巳犯代九月庚辰犯月星十月戊午犯亢十二月壬寅犯昴甲寅入氐掩東南星四年正月辛未犯五車二月丁巳入羽林軍是歲凡九三月庚午犯權四月庚子犯左執法乙巳犯心前星五月乙亥入南斗十月壬辰又入六月丙申犯角七月壬午犯五車丙辰入太微八月丁未掩天陰十月乙未犯壁壘陣戊戌又犯丙午犯五諸侯庚午犯昴壬申犯司怪癸未犯心十二月乙巳入太微犯左執法丁未掩犯角五年正月癸酉入太微犯左執法戊寅掩心東星二月壬辰八月癸卯十一月乙丑皆犯昴乙亥犯長垣三月癸亥六月壬子九月甲戌十一月乙巳皆掩犯五諸侯戊辰犯左執法己卯入羽林軍是歲凡七四月庚子犯心五月甲子犯角距星庚午入南斗六月辛亥犯五車九月壬申又犯七月甲子犯箕十月丁亥入南斗魁又掩第五星六年正月庚申犯昴戊辰犯右執法癸酉犯心東星二月辛卯犯五諸侯癸酉入犯南斗丁未入羽林軍是歲凡三三月壬戌犯靈臺庚午入南斗魁五月己丑七月丁亥皆如之五月壬戌掩日星又犯房閏五月庚寅犯心東星七月戊戌犯昴庚子犯五車九月壬午犯狗十月壬戌犯五車東南星七年正月甲申犯五車三月甲申犯權星御女四月戊午犯心大星六月癸丑掩心東星乙卯掩犯南斗九月丁丑十二月丙寅皆如之十月乙卯犯昴十一月乙未犯房宿日星八年正月辛卯犯心距星三月丁丑犯鬼丙戌犯心大星四月癸丑犯房九月戊子犯鬼宿距星九年四月丙子犯心六月辛未掩犯心大星淳熙元年七月戊申入東井十一月戊戌十二月乙丑皆入八月乙亥犯井鉞十二月癸亥犯天街二年正月壬辰犯井鉞二月庚申入東井四月乙卯九月戊戌十月癸巳皆入六月癸亥犯南斗七月戊子犯房閏九月乙卯犯牛十月癸卯入氐三年正月乙丑七月己酉又入氐三月庚戌九月辛酉皆入東井四月乙酉犯角宿距星七月丁未犯角十二月甲寅犯畢四年正月庚申入氐三月戊寅入東井七月壬戌十月甲申十二月己卯皆入七月庚戌犯牛宿距星八月丁亥入畢宿方口內九月甲寅犯畢五年正月乙卯入氐閏六月己亥十二月皆如之三月辛丑入東井是歲凡四閏六月庚戌乙卯入畢宿方口內十一月壬申掩畢宿附耳星六年正月甲戌入太微右執法星二月甲午犯畢四月辛卯入東井是歲凡三五月丁卯入氐十月戊申犯左執法又行入太微垣乙亥又入十二月丁未犯壁壘陣西七星七年正月庚午入太微犯左執法癸酉入氐三月戊辰四月乙未六月庚寅十一月甲戌十二月辛丑皆如之四月壬辰入太微六月丁亥十二月丁酉皆如之六月乙巳掩畢大星七月乙亥入東井是歲凡三八月丙午犯權大星十一月戊辰又犯十月甲午犯畢十二月乙丑又犯十一月甲戌入氐八年正月乙未入東井是歲凡六二月丙申入氐四

月戊午六月癸丑皆入三月己未入太微閏三月丁亥八月庚午十月癸巳又入六月丁卯入畢八月壬戌九月己丑皆入九年六月壬戌又入八月己未入東井十二月己未入氐十年正月丙子入東井是歲凡二三月乙酉入太微三月丁丑六月庚子七月丙寅十一月壬午閏十一月庚戌皆入三月辛巳入氐六月癸卯七月辛未皆入九月癸酉入羽林軍十二月乙亥犯權大星十一年正月己酉入氐七月癸巳八月庚申皆如之二月甲子犯諸王七月丁酉犯南斗十一月辛卯入羽林軍十二年正月戊申入南斗八月癸酉犯五諸侯十三年四月己巳入羽林軍五月甲申入太微七月甲申犯心大星八月己卯亦如之丁亥犯南斗十四年三月犯心距星四月甲申戊申行犯房北第二星辛卯入羽林軍是歲凡二五月壬子行犯心大星六月庚寅行入斗七月丙午掩犯房九月乙丑掩犯角宿距星十五年正月庚申入南斗魁六月丁丑九月己亥十二月戊子皆如之二月乙酉掩心後星六月己丑犯昴丁巳犯五車東南星十月己卯又犯五車十六年三月庚戌入南斗魁紹熙元年六月乙未宿斗距星西北四年七月丁亥犯天關十月庚戌入東井十二月乙巳又入五年三月丁卯閏十月癸酉皆入十二月丁丑入氐慶元元年六月辛酉十二月壬申皆入己卯入東井三年二月辛亥入畢四年六月庚寅犯畢西第二星壬申入井壬寅入氐宿方口內九月乙巳犯壁壘陣西第八星甲寅入東井戊午行入太微垣內十月癸酉犯壁壘陣十一月己卯十二月壬午亦如之五年三月戊戌入東井七月甲寅十二月辛未亦如之四月壬申行入太微六年二月壬申又入嘉泰元年七月乙卯入氐二年四月甲申入太微戊子入氐九月己酉犯斗三年四月辛丑又犯丙午入太微十月癸卯入羽林軍辛酉入氐四年三月壬申犯權六月戊申入羽林軍七月丙子又入羽林軍十月壬子入太微癸丑犯天江開禧元年正月庚午犯五諸侯三月乙丑又犯三月己巳入太微四月戊申入羽林軍二年六月丙寅又入七月己丑入斗十月辛亥又入三年二月癸丑犯五車東南星乙丑犯心東星六月丁巳入南斗魁丁卯犯昴十二月癸丑犯五車嘉定元年二月丙午犯昴三月乙亥犯五車六月丁丑犯房二年十月乙丑犯斗三年九月庚寅犯心中星四年閏二月己丑入東井五年正月丁巳又入己酉犯南斗六年三月庚辰入東井十月辛亥犯畢庚申犯角宿距星七年六月辛丑入氐八年正月戊辰犯畢七月辛卯又犯辛未入東井十一月辛未又如之九年正月丙寅入東井乙亥入氐十一月戊子犯畢十年三月庚辰入畢五月丁亥入氐十二月丙寅又入十一月壬辰犯權大星十一年二月庚戌入東井九月戊子十二月庚戌皆如之四月辛亥入太微六月庚戌入氐九月丙戌入畢十二年四月癸酉入太微九月丙辰又如之八月癸未入東井十月庚午入羽林軍十三年正月戊戌犯畢九月甲辰又犯二月癸酉入太微九月癸巳犯南斗丙午入東井十四年正月乙巳入氐七月己丑又入三月丙申入太微四月辛未犯南斗八月丙寅入羽林軍十五年五月丁巳入氐八月癸未入南斗十六年六月辛巳犯心前星又犯中星十一月庚申入太微寶慶三年七月乙酉犯心後星端平元年五月己酉入氐二年六月壬申又入十二月庚子入井三年四月丙申入太微十一月甲戌又入五月辛巳入畢七月壬戌入氐宿戊寅入東井嘉熙元年七月癸酉入井二年四月乙酉入太微閏四月丁未入井三年八月辛丑入氐四年正月辛巳入太微五月庚午又入甲戌入氐宿方口內淳祐元年正月丁未入氐六年七月丁卯犯斗西第五星八月辛卯犯房宿距星七年七月己未犯心宿中央星十一年七月己丑入氐宿方口內八月癸巳又入十二年五月戊申犯畢宿大星十二月壬申入氐宿方口內寶祐元年九月壬辰入畢二年五月辛酉又入六月甲戌入氐七月辛丑八月己巳皆入四年十月壬戌犯斗五年六月辛卯入氐宿方口內七月丙子入井六年十一月甲子犯權景定元年十一月戊子犯房二年七月辛未犯斗三年二月乙巳入氐宿方口內六月乙未入氐八月癸卯犯昴宿距星十月丁卯犯五車四年四月乙卯犯權五月庚寅入氐宿方口內五年二月甲子犯房丁卯犯斗四月癸丑入太微六月甲寅犯心十月丙午犯斗咸淳十年二月壬子犯畢

宋史卷五十四考證

天文志七壬寅犯心宿東星○臣召南按東星即心後星也一篇中亦曰東星亦曰後星並未畫一

宋史卷五十五

元中書右丞相總裁脫脫等修

天文志第八

天文八

五緯犯列舍

歲星建隆二年四月乙巳犯左執法五月己丑犯東井十月乙巳犯亢太平興國八年七月丙寅入張雍熙元年正月辛巳犯靈臺第一星至道元年十一月庚戌犯右執法三年十月丁巳入氐咸平元年三月乙酉退行入氐七月庚戌入亢景德二年八月壬子入太微十二月壬辰犯天罇三年十月戊寅犯軒轅大星四年閏五月己巳犯軒轅大星九月乙亥入太微大中祥符元年正月甲子犯右執法四月丁未入太微七月己未又在太微二年十月庚戌入氐三年四月庚申退行入氐丙子守氐四年六月己巳犯天江五年三月丁丑犯牽牛六年四月乙丑犯壁壘陣九年五月辛未失度天禧三年九月壬戌入太微丙寅犯右執法十一月己丑犯右執法四年二月己酉犯右執法三月庚申犯輿鬼積薪又犯哭星五月乙丑七月乙卯犯右執法五年十二月丁未犯房乾興元年正月丁丑犯鍵閉二月庚午犯房天聖元年八月戊午犯天籥三年五月辛卯犯壁壘陣七月乙未又犯六年八月庚午犯鉞十月丙寅又犯七年八月己亥犯輿鬼九月己未犯積尸八年九月丁未犯軒轅九年十月戊戌犯左執法明道元年正月辛巳掩左執法五月戊戌犯太微左執法景祐元年正月己巳犯東咸四月丙申犯鉤鈐戊申犯房甲寅掩房上相七月戊子又犯房二年五月丁未犯天籥康定元年六月丁未犯井鉞七月戊午犯東井十月庚子又犯慶曆元年八月庚辰犯鬼丙戌犯積尸十一月癸酉退犯輿鬼二年四月乙酉犯輿鬼庚寅犯積尸三年九月庚寅犯左執法四年二月戊午犯左執法嘉祐二年八月乙巳犯氐三年五月乙酉退犯東咸第二星七月辛卯順行又犯四年正月丙申犯建五年七月己亥退犯十二諸國代星治平元年閏五月癸未入東井八月丁未犯天罇二年四月癸巳犯天罇七月丙辰犯輿鬼三年九月庚午犯靈臺十月甲午犯太微上將四年正月壬子犯西上將二月戊子犯靈臺四月甲子又犯五月丙申犯西上將六月乙丑入太微十月丁卯犯進賢熙寧元年七月壬申犯進賢十一月丙戌入氐二年七月辛巳犯氐丁亥入氐八年六月己未犯諸王八月庚戌又犯九年六月辛卯入東井七月丁丑犯天罇西星十月戊戌犯天罇東北星十年三月戊寅犯天罇西星元豐元年八月丁巳犯靈臺北第一星九月乙亥犯西上將十月戊申入太微二年正月己丑又犯三月辛未犯靈臺北星三年十月辛酉犯氐距星庚午入氐四年二月壬午退入氐五年九月癸未犯天江北第一星　七年四月壬午犯壁壘陣西第六星七月癸卯又犯西第五星十一月丙辰又犯十二月庚午犯天罇元祐四年二月壬子犯天罇五年五月壬辰犯軒轅大星十月癸巳入太微庚戌犯右執法七年十月庚申入氐八年四月癸亥退入氐十二月丁卯犯天江紹聖元年三月乙巳犯天籥三年三月丁未犯壁壘陣四月戊子入羽林軍七月辛丑又犯壁壘陣十一月甲辰又犯元符元年正月己未犯外屏二年六月甲申犯諸王東第一星十一月丁亥又犯建中靖國元年十二月己酉犯軒轅大星崇寧元年六月甲辰犯軒轅左角少民二年正月戊戌退行入端門三年八月乙卯犯亢距星四年正月辛巳犯房北第一星閏二月庚辰犯房鉤鈐五年十月辛未犯南斗西第二星大觀元年二月庚午犯斗二年十月庚辰犯壁壘陣三年十二月丙申犯外屏四年六月癸未犯天陰政和元年八月甲寅犯鉞二年三月乙亥犯司怪八月丁酉犯積薪九月丁卯犯鬼三年三月戊寅犯積薪閏四月壬戌犯鬼入犯積尸氣八月甲辰犯軒轅四年正月丁亥犯軒轅大星八月己巳入太微垣十月辛酉犯左執法五年正月丁丑又犯二月辛酉入太微六年閏正月己酉犯亢七月辛亥又犯十一月丙辰犯房七年三月丙辰又犯重和元年五月甲午犯斗宣和元年五月乙亥犯牛二年二月甲戌犯壁壘陣四年三月甲戌犯昴五年八月壬午犯井靖康元年十月癸卯犯左執法二年二月壬戌又犯丁卯入太微六月甲申犯諸王東第一星建炎三年五月丙午逆行犯房七月癸未犯鉤鈐紹興二年八月庚寅逆行犯壁壘陣五年四月壬子犯井鉞七月丁丑十月丙午十一月庚午朔至戊子逆行入井六年三月庚午入井壬辰復入留二十日七月壬辰犯鬼癸巳犯積尸氣十二月壬戌又如之十二月庚申逆行犯鬼東南星辛酉入鬼宿內七年正月癸亥三月壬午逆行入鬼犯積尸氣八年九月己丑犯太微垣東左執法十年正月戊子七月辛未入氐十一年七月戊午犯東咸西第二星十七年七月壬戌順行入東井不犯星十一月丙戌退行入井二十一年

十一月辛丑順行犯氐戊申又入氐二十二年七月辛亥入氐二十八年七月丁丑順行犯諸王二十九年六月己酉閏六月辛酉順行入犯東井七月戊戌順行犯天罇十二月己巳入犯東井三十二年正月戊寅退行入太微二月戊戌朔退行犯太微垣西上將星乙巳退行逆出太微西門五月庚子順行犯太微垣西上將星乙巳復順行犯太微乙酉順行犯右執法十月庚午順行犯進賢隆興元年十月戊子順行犯氐十一月庚寅又入氐二年二月己卯退行入氐六月壬申癸未犯氐乾道三年十月乙巳犯壁壘陣四年九月丙戌留守壁壘陣六年六月癸丑十一月丁丑犯諸王七年六月癸酉犯天罇十一月癸巳又如之八年三月丁丑犯天罇十一月癸未留守權大星九年五月乙卯犯權大星十月庚午十二月庚午犯太微右執法淳熙元年二月壬午犯太微垣西上將星二年四月庚申犯進賢十月丁亥入氐三年五月己未留守氐五年四月壬午留守牛六年五月癸亥留入羽林軍六月乙巳十一月壬戌犯壁壘陣西第六星八月丁未留守壁壘陣西第五星九年十一月庚申守諸王星十年七月己巳犯天罇十一年九月癸卯十月辛巳皆犯守權大星十二年十月辛亥犯太微右執法十五年正月壬子犯房北第一星二月己巳留守房五月癸亥留守氐十六年六月乙未留守天江紹熙五年八月壬辰犯司怪十一月庚戌犯諸王慶元二年八月乙亥犯權大星四年三月乙巳入太微犯右執法五年十二月己卯犯房六年三月丙寅犯房嘉泰二年八月丙戌留守牛三年七月戊午行入羽林軍開禧二年七月乙未犯井鉞八月庚戌犯東井三年九月甲戌順行入鬼在積尸氣鑕星西南嘉定元年閏四月壬申順行入鬼犯積尸氣鑕星七月辛酉順行犯權大星二年二月丙戌犯守權大星三年二月己巳退行入太微犯左執法四月乙亥留守太微四年十一月甲子犯房五年四月乙巳退行犯房宿七月丙辰順行犯房辛酉順行犯鉤鈐六年三月丙寅留守建星八年八月甲午犯壁壘陣入羽林軍十年七月壬寅留守畢十一年七月甲戌順行犯井鉞八月丙午順行入東井九月己丑留守東井十二年七月辛酉順行犯鬼十三年二月庚寅順行犯鬼十四年二月乙丑退行犯權左角少民星十五年三月甲子退行犯太微左執法十六年正月戊申留守氐距星紹定三年六月乙酉順行入井十一月丁未退行入井端平元年四月戊寅退守太微東上相二年二月癸酉留氐八月癸巳順行入氐宿嘉熙元年五月庚午朔留守建星二年五月壬寅退行壁壘陣淳祐二年六月丁丑順行犯井宿六年十一月癸亥入氐咸淳三年十月甲寅順行犯權大星

熒惑建隆元年十月癸酉犯進賢十一月乙卯犯氐二年八月戊申犯哭星九月乙酉犯壁壘陣三年十月甲辰犯氐十二月庚戌入天籥乾德三年九月乙亥犯司怪四年四月壬子入輿鬼犯積尸五月辛卯犯軒轅五年九月戊申犯輿鬼十二月戊辰犯五諸侯開寶元年五月壬子犯太微上將六月壬戌掩心大星二年七月乙亥犯輿鬼八月戊寅掩積尸三年八月壬辰犯房五年二月己卯退入太微犯上相七月甲子入氐太平興國八年七月癸亥入輿鬼雍熙元年七月乙卯入東井十二月辛巳逆犯軒轅第二星三年七月癸巳入輿鬼九月乙亥犯軒轅女星端拱元年六月己丑入輿鬼犯積尸八月戊午又犯軒轅大星九月甲申犯靈臺壬辰犯太微上將乙巳犯右執法十月癸亥又犯左執法十一月甲申犯進賢二年二月辛未退行犯亢六月壬申犯氐東南星八月丙寅犯天江十一月庚辰犯哭星十二月己巳犯房又犯鉤鈐淳化元年八月戊申犯軒轅大星壬申犯靈臺九月庚辰犯太微上將壬辰犯右執法癸巳犯左執法二年正月丙戌犯房第一星四月丁亥犯天江三年十月乙巳犯左執法十一月己亥入氐四年四月戊辰入羽林丙子犯氐五年三月甲戌犯東井西垣第一星十月己未入氐十一月癸丑犯房第一星至道二年正月丁卯守昴三月守東井閏七月丁亥犯畢北小星十月己未入太微甲子入氐十一月丁亥又入太微三年五月庚午入太微端門八月庚子掩南斗魁己未入東井咸平元年四月癸巳入輿鬼二年十一月戊申退行犯輿鬼三年二月癸酉又犯四月辛酉犯軒轅大星六月丁未犯右執法四年八月甲子犯輿鬼十月庚子犯軒轅十一月庚寅犯太微上將五年四月庚辰又犯甲申犯太微西垣壬辰犯右執法七月丁巳犯氐八月丙子犯房六年七月壬寅犯輿鬼八月庚申犯軒轅大星九月戊申犯靈臺十月己未入太微犯上將十一月庚寅犯左執法壬辰犯進賢甲辰犯太微上相十二月甲子又犯進賢景德元年三月丙申犯太微上將戊戌犯次相己酉犯執法七月乙丑犯氐閏九月庚戌犯南斗二年八月丁丑犯軒轅大星甲戌犯左執法十二月乙酉犯氐三年正月己巳犯房上相庚午犯次相二月甲戌犯鉤鈐丙寅犯房次相三月丁未守心乙丑犯鉤鈐丙寅又退行犯房次相七月丁酉犯天江四年八月丙申與歲星犯太微上將己酉犯右執法十一月丙寅犯氐丙戌犯西咸大中祥符元年九月戊辰犯壁壘陣二年十一月乙卯犯氐十二月庚寅犯東井三年四月辛卯犯右執法四年三月庚寅犯東井五月乙亥入輿鬼五年七月辛卯犯畢閏十月丁卯在諸王北六年正月己亥犯畢丁巳犯司怪二月甲戌掩犯東井三月己未犯輿鬼五月辛丑犯軒轅大星七年七月己酉犯井鉞又犯東井八月己卯犯天罇八年二月乙亥犯五諸侯三月辛丑犯輿鬼四月癸丑掩井鉞五月丁亥入太微庚寅犯軒轅大星辛丑犯太微上將丙子犯右執法九年七月丁巳犯天罇八月丙戌犯輿鬼己丑犯積尸十月丁丑犯軒轅大星十二月丁酉又犯軒轅天禧元年五月戊戌犯靈臺己酉掩太微上相丁酉犯右執法六月丙子犯左執法二年五月庚寅入東井七月癸酉犯輿鬼九月辛巳犯靈臺十月壬辰犯太微上將十一月丙寅犯左執法甲申又犯太微上將十二月壬辰又犯乙巳入太微己酉犯氐二年三月戊辰入太微四月己丑又入太微犯右執法四年九月丁卯犯靈臺庚午犯五諸侯十月辛巳入太微丁亥犯右執法辛丑犯左執法十一月丙寅掩進賢閏十二月辛未入氐五年三月辛卯退行犯亢六月甲寅入氐壬申犯房七月庚子犯天江八月庚戌掩南斗魁第二星壬戌犯南斗乾興元年七月甲午犯軒轅大星九月辛未入太微己丑出太微端門犯左執法十一月庚辰犯亢天聖元年正月丙寅犯房丁卯犯鉤鈐鍵閉癸酉犯罰二月庚申犯天籥四月戊午犯南斗魁八月癸巳又犯南斗距星閏九月乙巳犯壁壘陣二年十一月戊申犯房三年正月辛卯犯天籥三月庚戌又犯壁壘陣五月辛卯犯羽林六月壬戌又犯壁壘陣七月戊子又犯十一月乙巳犯外屏四年正月己亥犯天陰二月癸酉犯天高八月甲午犯東井九月壬申犯氐十二月戊寅犯天街六年三月甲辰犯東井七年七月壬午犯井鉞丙戌又犯井距八年正月乙卯犯東井九年九月犯輿鬼丁巳壬戌犯積尸明道元年正月庚子犯輿鬼東北星二月甲辰掩鬼二年八月癸卯犯積尸景祐元年四月辛亥犯太微上將五月壬申犯右執法丁亥犯左執法八月戊午犯房丁卯犯東咸甲申犯天江九月丙午犯南斗二年七月甲午入鬼九月丁亥犯牽牛甲午犯靈臺己亥入太微十月庚午犯左執法十二月辛亥犯平道戊辰犯太微上相三年正月壬辰犯亢三月己亥犯進賢七月甲辰犯房次將九月癸巳犯南斗寶元元年正月辛丑犯房三月丙午犯軒轅六月庚午犯心前星七月癸卯犯天江八月辛未犯南斗九月丙申犯天雞康定元年正月乙酉犯建星慶曆五年二月甲寅犯東井四月丙午犯鬼尸五月乙酉犯軒轅大星六年七月乙巳犯東井九月甲午犯輿鬼七年正月壬寅犯諸侯三月丁亥犯鬼積尸六月庚申犯左執法八年八月辛未犯鬼積尸皇祐元年五月甲辰犯右執法二年八月庚申入鬼犯積尸十月庚午犯太微上將閏十一月丙辰犯太微東上相三年四月丙戌犯左執法七月戊午犯氐八月辛丑犯天江四年十月乙酉犯太微左執法五年六月丙戌犯氐閏七月壬午犯天江八月乙巳犯南斗至和元年十一月犯亢丁丑犯氐距星二年九月甲申犯壁壘陣嘉祐元年十月甲子犯氐二年三月戊子犯壁壘陣五月戊子又犯壁壘陣東星三年三月庚子入東井十一月癸未犯鉤鈐十一月丁未犯天江四年二月丁酉犯羽林七月己酉犯畢距星九月戊午退犯天街十月癸酉犯月星五年二月丙戌犯東井四月庚午犯輿鬼癸酉掩積尸六月壬戌犯軒轅左角光相接六年八月丁巳犯司怪己巳入東井閏八月癸巳犯天罇十月乙亥退犯五諸侯東壁七年三月乙卯犯輿鬼西北星辛酉犯鬼積尸五月丙寅犯靈臺六月壬午入太微不犯八年六月癸酉犯諸王八月戊戌犯輿鬼辛丑犯積尸十二月甲申犯軒轅治平元年五月己未犯太微西垣上將閏五月癸酉犯右執法七月癸巳入氐二年七月辛丑入東井七月乙酉犯鬼鑕十月壬辰犯靈臺三年三月辛巳犯太微西上將四月己酉犯右執法七月壬午入氐四年六月辛酉犯積薪七月丁丑犯輿鬼又犯積尸八月辛亥犯軒轅大星癸亥又犯少民九月甲申犯西上將戊戌犯右執法十月壬子犯左執法壬戌犯上相十一月丙子犯進賢十二月乙卯犯亢熙寧元年六月丙寅犯氐東南星丁卯又入氐七月丙戌犯房北第二星乙未犯東咸南第一星八月丙寅犯天江南第二星二年九月甲戌犯西上將丙戌入太微閏十一月乙巳犯氐距星己酉入氐十二月戊寅犯房戊子犯壁三年正月癸巳犯東咸第二星二月辛卯入天籥五月癸巳正月乙巳犯罰八月戊午犯南斗十月戊午犯壁壘陣西北星四年三月乙未犯諸王西第二

星十月戊寅犯亢南第一星十一月辛卯犯氐距星乙未入氐十二月戊辰犯罰五年正月己丑犯天江東第一星癸卯入天籥五月丙午入羽林軍十二月戊午犯外屏西第二星六年正月庚戌犯天陰西南第一星庚午犯月星二月丁丑犯天街西南星甲申犯諸王西第二星三月戊辰入東井四月庚子犯積薪十月辛巳犯氐距星癸未入氐十一月戊申犯鉤鈐西第一星七年四月壬申犯壁壘陣西第八星十二月辛巳犯天陰西南第一星八年正月辛亥犯月星二月甲子犯諸王西第一星三月丁酉犯司怪北第二星丙辰入犯東井東北第一星四月己丑犯積薪閏四月辛丑入輿鬼九年七月壬戌犯諸王東第三星八月戊戌犯井鉞壬寅犯東井距星丁未入東井十月戊戌犯東井東北第一星十一月丁卯犯司怪十年正月丙寅犯司怪第二星四月丙戌又犯輿鬼東北星戊子入輿鬼元豐元年六月己巳犯司怪南二星七月庚辰入井戊戌犯天罇西北星八月戊午犯積薪九月壬申犯輿鬼西北星丁丑入輿鬼犯積尸二年二月壬戌入犯輿鬼東北星三年七月丁卯入東井甲申犯天罇西北星八月辛丑犯積薪乙卯犯輿鬼積尸閏九月丁巳犯長垣十月戊辰犯靈臺北星癸未入太微四年四月甲申犯右執法七月庚戌入氐五年七月辛丑犯輿鬼西北星乙巳入輿鬼十月癸丑犯西上將丁巳入太微十一月壬午犯左執法甲午犯西上將六年三月戊寅犯進賢己亥犯東上相閏六月戊戌入犯氐東南星七月丙辰犯房北第二星甲子犯東咸西第一星八月癸未犯天江南第二星七年八月己巳犯靈臺九月己亥犯西上相丁未入太微乙丑犯左執法十月己丑犯進賢十一月戊午犯亢距星十二月辛巳入氐八年正月戊午犯房北第一星二月乙丑犯鍵閉癸酉犯罰北第一星乙酉犯東咸三月壬戌犯壁壘陣七月己未犯天江十月戊寅犯秦星十一月丙午犯壁壘陣西第六星十二月壬戌順行犯壁壘陣元祐元年閏二月丙辰犯天街八月甲寅入太微十月丙午犯亢十一月己未犯氐距星入氐十二月丁亥犯房己丑犯鉤鈐辛卯犯鍵閉三年二月乙巳犯天街三月壬子犯諸王四月丙申入犯東井十月丁未犯亢南第一星十一月戊申犯氐距星己酉入氐十二月甲辰犯天江甲寅犯天籥四年二月丁未犯壁壘陣三月丁丑又犯壁壘陣六月甲寅犯外屏八月己未退行又犯外屏十二月己未犯天陰西南星五年二月戊戌犯諸王三月癸未入東井甲申犯之六年八月乙巳犯諸王七年二月戊辰犯東井四月乙卯犯輿鬼丙辰又入輿鬼五月辛亥犯長垣八年四月乙卯犯外屏八月庚戌入東井庚午犯天罇九月乙未犯積薪十月辛酉犯輿鬼紹聖元年二月丙寅犯五諸侯東第一星三月丁酉犯鬼西北星五月戊申犯靈臺北第一星二年七月乙未入井八月丙戌入鬼三年正月戊戌退犯軒轅五月癸巳犯靈臺辛丑犯太微上將丙辰犯太微右執法八月丁丑入氐四年六月丙戌入犯井己亥犯天罇西北星七月丁巳掩犯積薪丁卯犯鬼西北星庚午入鬼犯積尸氣八月丁未犯軒轅大星十月癸未犯太微西垣上將甲申入太微十一月甲戌犯太微東扇上相丁丑掩之元符元年正月壬戌犯太微東垣上相乙丑入太微垣行軌道四月丙午犯太微左執法六月丙午犯亢七月乙丑入氐己巳又犯之八月乙酉犯房南第三星辛卯犯東咸十一月壬戌犯代星十二月戊寅犯壁壘陣乙未又犯壁壘陣二年七月庚申入鬼犯積尸氣八月丙申犯軒轅大星九月丁卯犯太微西垣上相閏九月壬申入太微甲午犯太微左執法十月甲辰犯太微東垣上相己未犯進賢十一月庚寅犯亢距星十二月壬戌入氐三年正月辛未犯氐東南星四月壬寅退行犯亢南第一星八月丁巳犯南斗西第二星建中靖國元年九月己未入太微十月甲辰犯平道西第一星崇寧元年五月丁巳退行入南斗魁戊辰又犯南斗西第二星二年二月壬戌犯昴西南星丙子犯天街北星十月甲子犯亢南第一星三年四月壬子犯壁壘陣西五星四年三月壬寅犯井鉞甲寅犯井距星乙巳又入井五年八月乙卯犯天街南星十月乙丑犯昴東南星甲申犯天陰東北星大觀元年正月辛丑犯畢三月癸巳入井四月癸未犯鬼及犯積尸氣五月己酉犯酒旗六月壬戌犯軒轅大星七月乙酉犯靈臺二年六月辛卯犯天街七月癸酉犯司怪八月己丑入井三年正月庚午又犯井三月丙寅犯鬼六月癸未入太微七月己酉犯太微左執法己巳犯進賢四年六月庚午犯月星七月辛酉入井閏八月丙辰犯鬼又犯積尸氣政和元年五月乙酉犯右執法二年六月辛亥入井三年正月乙亥犯太微垣內屏四月丙午犯太微上將閏四月乙丑犯太微右執法七月癸巳入氐九月庚辰犯天江四年九月乙未犯上將十月甲子又犯左執法十一月庚寅犯進賢五年正月乙亥犯亢七月庚辰犯氐八月乙丑犯天江六年八月丁丑犯靈臺九月癸巳入太微庚戌又犯太微左執法十二月癸亥入氐七年正月丁酉犯鍵閉七月乙未犯天江重和元年正月丁亥犯外屏閏九月癸亥犯進賢十月戊申又入氐宣和元年九月癸亥犯壁壘陣二年十月庚辰犯亢三年正月戊申犯南斗丙辰又入南斗四年正月辛未犯天街五年六月乙未犯天陰九月己未犯司怪六年閏三月庚辰犯五諸侯七年九月壬辰犯鬼靖康元年正月乙酉又犯五諸侯丁亥又守五諸侯三月戊寅又入鬼己卯又犯鬼積尸氣建炎三年八月癸丑入鬼犯積尸甲子犯太微垣西上將星丙寅又入太微十月乙巳出太微垣東左掖門己酉犯垣東上相徘徊不去四年三月乙亥犯左執法七月戊辰犯房八月丁丑犯東咸乙未犯天江十一月乙卯入壁壘陣紹興元年正月己亥朔入羽林九月丙辰入太微十月丁丑犯左執法庚辰順行出太微垣內左掖門十一月辛丑犯進賢二年正月丙申入氐五月乙亥犯氐東南星七月乙丑犯天江八月戊戌犯斗西第二星三年九月壬子順行入太微甲寅犯右執法乙丑出端門丙寅犯左執法十月癸巳犯進賢十一月丁巳犯亢南第一星辛未犯氐甲戌入氐十二月辛丑犯房北第一星壬寅犯鉤鈐癸卯犯鍵閉四年正月辛亥朔犯東咸十月丙子犯壁壘陣戊戌又犯西第六星己亥入羽林軍五年四月甲辰入井十月乙丑入氐十一月丙戌犯房丁亥犯鉤鈐乙未犯東咸十二月乙卯犯天江六年五月戊寅犯壁壘陣七年二月己酉犯諸王西第二星四月甲午入井五月庚辰入鬼犯積尸九年四月己巳入鬼犯積尸十年十月庚子犯五諸侯十一年三月乙卯入鬼十二年七月乙未犯司怪丁未入井八月入鬼犯積尸十二月丙戌逆行犯權大星北第一星十四年八月庚辰犯積尸十五年九月辛酉犯天江南第一星十六年十月丙午犯左執法甲寅出太微左掖門十七年七月己卯順行犯房宿己丑順行犯東咸八月戊申順行犯天江十月乙酉順行犯壁壘陣庚寅晦順行入羽林軍十八年閏八月戊辰順行犯太微西上將九月癸巳犯太微左執法十一月甲辰順行入氐十二月壬申順行犯房十九年七月戊申犯南斗十月辛未順行犯壁壘陣入羽林二十年十一月丙戌順行犯氐二十一年四月戊辰入羽林庚午行犯壁壘陣二十二年二月壬申順行犯天街三月丙午順行犯司怪十一月癸卯順行犯房宿鉤鈐十二月癸酉順行犯天江二十三年三月戊午順行入羽林二十五年八月壬寅順行入東井十月壬寅退行犯東井十一月癸酉退行犯司怪二十六年二月丁亥順行犯東井鉤鈐六月甲午順行犯太微垣西上將七月庚申順行犯太微左執法二十七年六月癸亥順行犯司怪七月癸酉又入東井癸巳順行犯天罇九月乙丑順行犯輿鬼又犯積尸二十八年二月癸丑順行犯輿鬼乙卯又如之六月乙未順行犯太微垣西右執法二十九年六月壬子順行犯司怪閏六月壬戌順行入東井是月壬辰又如之庚辰順行犯天罇七月戊申順行犯輿鬼辛亥入鬼犯積尸氣十月辛未順行犯太微垣西上將十二月辛酉留太微垣內屏西南星十日三十一年四月庚申犯太微垣西上將八月戊申順行入氐九月庚寅犯天江十一月乙酉犯牛三十二年閏二月壬午退行犯進賢五月癸巳順行入犯氐隆興元年八月壬午犯長垣九月乙未犯太微垣西上將十月庚申入太微垣東犯左執法癸未犯進賢十二月甲戌入氐二年正月辛亥犯房甲寅犯鍵閉二月辛未順行犯東咸三月辛亥退行犯東咸四月戊寅退行犯房七月壬子犯天江己卯順行犯南斗十月乙丑順行犯周星己巳犯秦星乙亥犯代星十一月庚子犯壁壘陣癸卯順行入羽林軍乾道元年三月甲寅犯諸王星八月乙酉順行犯太微垣西上將星辛丑入太微九月庚戌犯太微垣左執法壬申犯進賢十一月丙辰順行入氐十二月癸未順行犯房又犯鉤鈐二年正月乙卯順行犯天江九月庚戌順行犯壁壘陣西勝星辛亥入壁壘陣丙辰入羽林軍甲子犯壁壘陣十月乙未犯壁壘陣西第八星三年二月壬辰犯月星四月乙亥犯司怪九月庚寅犯亢十月乙巳入氐十一月庚午犯鉤鈐十二月己亥犯天江四年三月甲子犯壁壘陣辛巳犯壁壘陣及入羽林軍七月丙戌留守天囷十二月乙卯犯天陰五年正月乙亥犯月星甲申犯天街三月丁丑犯東井十一月戊子犯天江六年二月甲申犯牛七月己亥犯諸王七年二月壬戌犯東井四月癸丑入鬼犯積尸五月己丑犯權大星八年八月丙午入東井癸亥犯天罇十月癸卯犯鬼辛亥又犯戊午犯積尸氣十一月己巳又犯鬼九年四月丁丑犯權五月庚戌犯太微垣西上將星六月癸亥犯太微垣西右執法淳熙元年七月辛卯入東井丙午入天罇八月乙亥犯鬼二年正月庚子犯權大星五月甲午犯太微西上將八月乙亥入氐三年十月乙亥犯

太微西上將十一月丙寅犯太微東上將四年正月己巳入太微七月庚申入氐辛酉犯氐八月己卯犯房五年九月乙亥犯太微右執法十月壬辰出左掖門十二月壬子入氐六年二月己酉入氐三月辛未犯氐宿距星四月丙午守亢六月丙申犯氐七月己未犯房八月己丑犯天江十一月乙亥入羽林軍丁丑犯壁壘陣西第七星七年九月乙丑入太微庚午出十二月壬午犯氐甲申又入八年五月己卯入南斗六月庚戌守箕癸酉犯南斗七月戊寅入南斗庚寅犯狗九月戊寅犯秦星壬辰犯壁壘陣十月辛酉入羽林軍九年十一月庚午犯氐距星辛未入氐十二月戊戌犯鈎鈐十年五月甲子入羽林軍六月庚子入壁壘陣八月癸丑又犯九月戊辰退入羽林軍十一年二月壬戌犯諸王星十二年三月丁未入羽林軍十三年四月丙子犯輿鬼十四年七月壬寅犯諸王星甲子犯司怪癸未入井十月庚辰留守五諸侯十五年六月庚寅犯右執法十六年閏五月丙戌犯諸王六月丙辰入東井八月乙巳犯輿鬼乙卯順行入鬼犯積尸氣紹熙元年五月丙辰犯靈臺二年七月丁未入東井庚寅入鬼犯積尸氣十一月庚戌入太微三年五月己酉入太微垣內留守三月乙未入太微垣西犯上將星四月丁巳犯太微右執法七月乙酉入氐八月丁未犯房北第二星四年十月丁酉入太微垣內徘徊內屏耆凡四閱月十一月己巳犯上相五年七月癸酉犯氐八月壬辰犯房十一月庚寅犯壁壘陣慶元元年九月丙戌入太微垣內戊申始出二年三月癸卯退犯天江五月甲辰守犯心大星十月戊戌犯氐宿距星四年五月庚子入羽林軍五年十一月癸巳入氐嘉泰元年五月丁丑細行不由黃道三年二月壬寅犯井宿開禧元年正月庚辰留守五諸侯西第四星四月丁巳犯權大星六月丙午犯太微西右執法甲戌入東井十一月甲辰入太微十二月戊午留守太微垣三年二月己未退留守權星嘉定元年九月辛酉入太微順行二年二月乙酉退行犯太微上相三月癸卯退行犯左執法己酉留守太微垣六月壬戌順行入房己丑順行犯天江九月己酉順行犯南斗三年十月己未入太微垣犯右執法四年正月辛卯入氐宿方口內二月丁丑犯房四月丙戌退行入氐五月丙寅犯氐六月乙巳犯東咸八月壬辰犯南斗十一月壬子犯壁壘陣五年八月癸卯入太微九月戊申又犯右執法十一月丙寅入氐六年閏九月庚午犯壁壘陣十月戊戌入羽林七年十月甲寅順行犯氐八年四月戊午入羽林軍十年九月丁亥留守天關十一月壬午退行犯月星辛卯留守昴宿月星十一年四月壬戌順行入鬼犯積尸氣十二年七月壬戌順行入井十四年七月己丑順行犯司怪十六年十月丁酉入太微十七年正月戊申留守太微垣東上相星寶慶二年正月戊寅入氐紹定元年七月戊戌犯南斗十月戊申犯壁壘陣十一月癸酉順行入羽林軍二年十一月己丑順行入氐三年七月丁巳退行入羽林軍六年二月癸卯犯東井端平元年九月辛丑入井十二月犯司怪二年六月己丑入太微三年七月庚午入井嘉熙元年正月癸酉守鬼宿四月庚子犯權五月丙子犯將星二年七月壬寅順行入鬼犯積尸氣九月壬午犯權大星十月丁卯入太微三年五月辛未犯太微垣執法星八月己亥入氐丁巳犯房四年八月乙巳犯太微垣左執法十一月辛巳犯太微垣東上相甲子順行入太微垣淳祐元年六月乙酉犯氐宿東南星丙戌入氐宿方口內三年正月庚辰順行入氐十一年八月丁酉順行入井十二年四月壬申犯權寶祐二年二月甲辰又犯三年十一月丁巳犯太微垣上相星五年十二月丁未入氐六年三月庚午退行入氐開慶元年閏十一月己卯入氐十二月丁未入房宿鈎鈐星景定元年五月壬午退行斗宿三年五月壬戌犯壁壘陣西方勝星德祐元年四月乙丑犯天江八月戊午犯南斗十月壬戌犯壁壘陣

塡星開寶五年七月乙丑犯東井端拱元年閏五月庚寅退行犯建星相去五寸許咸平二年七月辛巳犯畢四年六月丙申犯東井十月辛丑犯井鉞己未犯東井五年三月戊戌犯鉞六年九月戊戌守輿鬼景德二年十月丙子守軒轅三年五月癸亥犯軒轅九月戊辰犯靈臺四年八月辛亥入太微右掖乙卯又入太微大中祥符二年正月辛巳入太微十月癸巳犯進賢十一月乙卯犯平道三年三月辛卯犯進賢五月癸卯又犯十一月戊寅犯亢四年十二月壬寅入氐五年正月甲戌守氐九月戊辰入氐十月己巳又入六年四月癸未入氐十二月丙戌犯東井七年三月丁未犯罰五月乙酉犯鍵閉丙戌犯輿鬼六月辛酉犯房上將天禧元年二月癸酉犯建星三年五月丁卯犯牽牛天聖四年十月庚寅犯右更明道二年七月癸巳犯鬼十二月壬子又犯景祐元年正月丁卯犯南斗又犯鬼三月戊子又犯三年九月辛巳犯太微上相二年十月己卯犯左執法康定元年三月戊寅犯平道慶曆七年六月庚申犯建嘉祐三年六月丙寅犯畢九月庚辰犯畢五年六月己巳犯井鉞甲申犯東井十月甲申退犯東井距星六年七月己亥犯天罇七年八月己丑入鬼十一月乙巳退犯輿鬼距星治平元年七月壬辰犯軒轅大星二年九月戊辰犯靈臺四年九月癸卯犯東上相熙寧元年正月庚辰退犯上相二月乙巳入太微十月乙亥犯東上相二年十一月丙子犯亢距星三年正月丁巳犯亢十一月壬寅入氐五年五月丙午又入十一月己酉犯罰南星六年四月戊寅犯罰南第一星五月庚申又退犯鍵閉八月甲申犯罰七年正月丁未犯天江東北第一星八年八月丁巳犯天籥西北星九年正月壬午犯建西第二星元豐二年二月丙午犯十二國代東星三年七月丙寅犯壁壘陣西第五星十月丁亥又犯之七年六月乙未犯外屏元祐三年七月己未犯諸王五年六月乙巳入東井七月甲子十一月丁亥皆犯東井六年三月庚辰犯東井四月己亥入太微垣行軌道十一月癸巳犯水位七年七月己丑入輿鬼十二月丁丑犯輿鬼八年正月甲申犯輿鬼壬辰退入輿鬼丁酉入鬼犯積尸紹聖二年八月己丑入太微垣上將九月庚申入太微垣軌道三年二月己卯入太微犯上將是月庚戌四月庚辰五月丙申俱犯甲辰入太微垣行軌道九月乙巳又入太微十月甲戌犯太微左執法四年正月丁未又犯十月癸巳犯進賢元符元年正月丙辰又犯七月癸亥又犯建中靖國元年五月辛酉犯氐東南星崇寧元年四月庚戌犯房北第一星四年十二月己卯犯建西第二星五年六月戊辰又犯大觀元年閏八月丙午犯泣星政和七年十月丙辰犯畢重和元年二月甲戌犯天街宣和七年十月庚子入太微靖康二年正月丁巳犯上相建炎三年三月乙未犯亢紹興二年三月己未犯東咸第三星八月戊申復犯第三星五年閏二月庚戌三月癸卯五月丁丑皆犯建星七年六月己未犯牛宿南星十一年八月甲午入羽林軍十八年八月辛丑順行犯東井鉞星二十年正月辛卯退留守東井二十四年八月庚戌順行入太微二十五年三月戊午退行犯太微垣西上將二十六年十一月庚辰犯平道二十七年正月癸巳退行犯進賢三十年十一月辛巳順行犯房壬寅順行犯鍵閉三十一年三月己亥退行犯鍵閉八月庚戌順行犯房乾道元年七月丙寅留守建星二年二月甲午犯牛三月庚申留守牛宿五月己未掩狗國星三年七月乙丑犯周星四年八月乙卯守壁壘陣五年四月戊子入羽林軍五月丙辰留守羽林軍七月丙戌犯壁壘陣九月甲戌守壁壘陣六年六月戊午退入羽林軍九月庚寅又入守之七年八月丁卯退行犯壁壘陣東勝星十月乙卯十一月庚寅又犯守之淳熙三年十月己丑犯畢四年六月丁丑十月甲申犯天關五年正月壬戌留守諸王五月辛卯入井八月丙辰留守東井十一月辛巳又犯六年正月壬申留守井鉞星是月戊子二月戊申皆犯入東井九月庚午留守水位十二月戊戌犯天罇七年八月壬辰入鬼犯積尸氣戊申犯鬼十一月丙辰又如之八年四月戊午入鬼九年十一月己丑留守權左角十年三月辛巳留守權大星十月癸卯犯太微上將癸丑入太微十二月壬戌犯上將十一年九月甲辰入太微十一月己亥留守太微垣十一年四月庚午守太微垣右執法十三年三月壬午犯太微東上相星四月乙丑入太微乙巳留守太微垣十五年三月丁巳五月癸亥犯亢十月辛卯入氐十六年正月辛丑留守氐紹熙三年二月辛丑留守天江寶元四年七月乙丑犯壁壘陣西第五星嘉泰四年七月己卯留守天廩開禧元年八月甲辰留守畢二年八月壬子留守諸王三年七月辛卯犯井鉞九月甲戌留守井嘉定元年四月辛亥犯井二年正月癸亥犯守井六年三月壬戌留守權左角少民星閏九月己丑順行入太微十一月丙子留太微垣守右執法七年十二月戊戌留守太微垣東上相星十一年正月辛巳守氐距星六月辛亥留守亢十一月丙子入氐十二年四月壬申退行入氐五月乙卯留守氐十三年七月乙巳犯房端平二年十月己未退行犯畢宿距星十二月己亥留守天街三年正月丁卯順行犯畢距星嘉熙元年八月乙酉順行犯井東第二星淳祐四年四月癸未留守太微垣守右執法二年四月甲申退守上相七年四月丁亥犯亢景定元年正月庚辰入尾五年七月甲午留守于畢咸淳二年八月庚午入井

太白建隆二年九月丁丑犯南斗乾德三年八月庚申犯太微上將四年六月辛丑犯右執法五年八月辛酉又犯開寶元年十一月庚寅犯房四年四月己巳犯東井五年十一月己未犯哭星太平興國六年八月戊子入太微犯右執法雍熙元年二月壬辰犯昴八月壬寅掩軒轅第一星十一月戊戌入氐戊午又犯心前星己未又犯大星二年閏九月癸未入南斗魁四年十月癸

卯犯進賢端拱元年十月辛巳犯哭星癸未犯天壘二年五月己亥犯畢右股第一星六月乙卯犯天關七月壬申犯輿鬼東南星八月壬子犯軒轅大星九月庚辰犯左執法淳化元年六月庚申犯太微垣入端門三年九月辛丑犯右執法癸卯犯太微端門十月壬午入氐四年十月乙丑犯南斗魁第二星至道元年三月癸巳凌東井第一星五月壬戌犯軒轅大星相去一尺許十一月庚戌入氐三年八月戊申犯太微上將咸平元年七月癸酉犯角左星八月犯軒轅九月癸亥犯南斗魁庚辰犯太微次將十一月癸酉又入軒轅乙亥入太微二年正月己卯入南斗魁四月己未入太微犯次將守屏星甲子又入六月丁丑入東井三年二月甲寅犯昴八月己未犯軒轅大星九月壬午犯右執法四年九月乙亥犯房心十月丙午入南斗閏十二月丙戌犯角大星己酉犯房辛卯犯箕壬辰犯南斗魁五年正月丁巳犯心後星二月庚申掩昴壬申掩五車六年四月庚辰犯輿鬼五月乙巳犯軒轅九月戊申犯左執法十一月癸巳入氐景德元年閏九月丙寅犯南斗十月丙午犯哭二年五月己未掩心前星六月己丑犯南斗七月甲寅犯輿鬼積尸八月己丑犯太微上相三年十一月甲子犯西咸大中祥符元年七月丁卯犯水位庚辰犯輿鬼丁亥犯權八月辛丑犯軒轅大星丁未犯軒轅少民二年八月壬寅入氐九月戊午在心戊辰犯天江五年正月戊辰犯牽牛四年四月甲子犯輿鬼五月戊子犯軒轅大星丙申犯軒轅少民九月己丑犯右執法乙未犯左執法十月戊申在進賢西南十一月丁亥犯房上相十二月壬戌犯建星五年十月戊申犯箕十一月甲辰犯壁壘陣六年正月丁酉犯右更五月戊午犯天關六月乙丑犯罰星辛未犯東井己卯犯天罇七月乙未犯輿鬼甲寅犯軒轅大星八月犯建丁丑掩畢又犯右執法七年四月甲子犯東井六月甲子犯太微上將辛未犯執法七月丁酉犯角南星十一月戊子入氐九年二月己卯犯昴甲辰犯五車八月癸未犯軒轅大星己丑犯軒轅東南丙甲在靈臺南相去一尺九月丙午犯右執法壬子犯左執法天禧元年七月戊戌犯右執法八月甲午犯房次相十月己巳入南斗三年九月己巳犯左執法十月庚寅犯進賢甲辰犯亢十一月乙卯入氐四年七月丁巳掩房己未犯箕庚申入南斗魁辛未犯昴八月乙酉犯心後星丁亥入南斗魁戊戌犯昴庚子掩五車五年六月甲寅入東井七月戊寅犯輿鬼壬午犯五諸侯箕丙申犯軒轅大星八月壬子犯太微上相戊午犯左執法乾興元年五月庚午犯鬼及積尸七月己卯犯角天聖元年正月庚午犯建二年二月丙戌犯五車八月庚午犯軒轅東星甲申自右掖門行入太微辛巳犯太微上將九月戊子犯右執法甲午犯左執法三年六月己卯犯太微上將十月乙卯犯南斗五年九月辛丑犯靈臺乙巳犯明堂庚申犯左執法七年五月己巳犯畢距星八年四月辛亥犯輿鬼明道元年二月庚午犯五車六月乙丑犯東井八月壬子掩軒轅左角九月丙子犯左執法二年八月戊午犯房十月癸巳犯南斗十一月癸亥又犯嘉祐二年三月壬寅犯東井四月乙卯犯五諸侯己巳入鬼九月甲午犯右執法十一月甲申入氐四年六月癸酉犯東井七月辛丑犯鬼己未犯軒轅大星寶元元年四月己巳犯東井癸巳犯輿鬼七月甲辰犯角南星康定元年正月乙酉犯昴六月丁未犯東井慶曆三年五月己卯犯軒轅大星九月甲申犯左執法五年六月辛酉犯東井六年七月丙戌犯左執法八年閏正月丙寅犯昴二月丁酉犯五車東南星六月庚辰犯東井八月庚午犯軒轅大星皇祐元年九月戊戌犯斗天相四年十月丙子犯南斗五年六月癸酉犯畢乙未犯井鉞政和二年三月壬午犯五車四月辛巳犯畢七月癸巳犯輿鬼八月庚申犯軒轅大星九月庚辰犯太微左執法嘉祐元年十月丁巳入氐戊辰犯房二年九月庚子犯南斗四年八月甲子犯軒轅右角九月丁未犯太微左執法十月癸酉犯亢癸未入氐十月庚子犯罰南星癸卯犯東咸十二月辛未犯建五年九月庚寅犯房乙巳犯天江十一月戊戌犯壁壘陣丁未退犯井鉞六年六月乙卯犯畢距星七月甲申犯東井庚寅犯大罇甲辰犯輿鬼距星八月甲子犯軒轅大星戊午犯靈臺北星七年三月癸酉入東井十一月乙巳入氐己未犯西咸南星癸亥犯罰治平元年二月辛卯犯昴閏五月丙寅入畢不犯六月甲子犯東井七月壬申犯輿鬼癸巳犯軒轅大星八月己酉犯靈臺甲寅入太微丙寅犯右執法十月丙申入氐壬子犯心前星二年八月乙未犯氐己酉入太微庚戌犯右執法九月壬午犯斗距星十月庚寅入氐丙午犯心距星四年閏三月庚寅犯東井東第一星癸卯犯五諸侯東第一星四月丁巳犯輿鬼東北星八月丁未犯軒轅大民甲寅犯軒轅御女庚午犯靈臺九月辛巳犯右執法壬午掩之戊子入太微十月乙卯犯亢丙寅入氐十一月丁丑犯房己卯犯鍵閉丁酉犯天江熙寧元年八月己未入氐十一月辛巳犯壁壘陣西第二星二年六月辛亥犯天關庚申犯東井距星辛酉入東井七月辛未犯天罇犯輿鬼東南星八月丙午犯軒轅大星三年五月壬子犯靈臺六月乙丑犯右執法十月癸酉犯亢距星十一月庚寅入氐丁未犯罰四年十一月辛丑犯十二國代星庚戌犯壁壘陣西第五星五年二月甲戌犯昴東北第二星六月己酉犯畢距星七月丁亥入東井十月戊寅入氐十一月己酉犯罰六年六月癸未犯東上相丁酉犯左執法八月丁丑掩氐東南星九月甲辰犯天江南第二星丙寅犯南斗距星丁卯入南斗七年二月乙未犯壁壘陣西第七星八年二月庚寅犯天陰中星三月戊戌犯月星癸卯犯天街北星辛酉犯司怪北第二星閏四月戊戌犯輿鬼西北星八月丁酉犯軒轅御女九月癸亥犯右執法辛未犯左執法十月丁酉犯亢距星丙午入氐九年九月丁巳犯東咸西第一星辛巳犯南斗西第二星十月庚寅犯狗國西北星十一月辛酉犯壁壘陣西北星十年六月壬寅犯東距星癸卯入東井九月己酉入太微元豐元年十月丙辰犯亢距星庚午入氐十一月己丑犯罰南第二星十二月壬戌犯建西第二星二年十一月壬辰犯壁壘陣西第五星十二月戊戌犯壁壘陣三年正月甲戌又犯外屏西第二星二月甲寅犯昴距星六月癸巳犯畢距第二星乙未入畢口七月戊辰犯東井西北第二星己巳入東井戊子犯水位西第三星八月丙申犯輿鬼九月戊寅入太微乙酉犯左執法閏九月丙申犯進賢丁巳犯氐距星十月己未入氐四年八月甲戌犯心距星九月戊申犯南斗距星庚戌入南斗六年二月壬申犯天陰東北星三月癸未犯司怪北第二星四月丁卯犯五諸侯八月己卯犯軒轅御女九月乙巳犯右執法丁巳犯東上相甲子犯進賢十月戊寅犯亢距星戊子入氐七年十一月己酉犯壁壘陣西第五星十二月辛巳犯雲雨八年六月甲戌順行犯天關癸未順行犯井距星甲申順行入井七月乙未犯天罇八月甲戌犯軒轅少民辛巳犯靈臺元祐元年閏二月丙辰犯諸王十月戊戌犯亢壬子入氐二年十二月己丑犯壁壘陣三年二月己亥犯昴六月癸未犯天高七月辛亥入東井壬戌犯天罇庚午犯水位八月丁丑犯鬼戊戌犯軒轅大星九月甲寅犯太微垣上將庚申入太微犯右執法丁卯犯左執法十月丁未犯亢南第一星十一月甲辰入氐丁巳犯罰四年六月丙午犯太微垣西上將戊申入太微九月壬辰入斗五年正月丁亥犯羅堰十一月戊戌犯壁壘陣六年正月乙酉犯外屏二月甲寅犯天陰三月癸酉犯平道丁丑犯天江四月己酉犯五諸侯閏八月辛酉犯軒轅御女丁卯犯軒轅左角九月丁亥犯右執法己丑入太微十月庚午入氐十一月丙戌犯罰七年八月丙寅入氐己巳犯月星辛未犯司怪丁丑犯房又犯鉤鈐十月庚戌犯南斗十一月庚辰犯伐甲申犯壁壘陣十一月壬戌犯雲雨八年六月乙酉犯諸王東第二星丙辰犯天關丙寅入東井庚午犯東井八月庚戌犯軒轅大星甲戌入太微紹聖元年五月戊午犯靈臺北第一星十月甲午入氐十一月丙午犯西咸南第一星癸丑犯罰南第二星二年正月乙巳犯羅堰南第一星十一月辛亥二年犯壁壘陣西星庚申犯壁壘陣西第六星三年二月庚戌犯昴庚辰入昴五月戊午犯畢六月庚申又入戊辰入犯天高庚辰犯天關丙戌犯司怪七月壬辰犯東井癸巳入東井八月庚申犯輿鬼庚辰犯軒轅大星九月乙酉犯軒轅左角乙未犯太微上將己亥入太微垣行軌道己酉犯太微左執法甲寅犯太微上相癸未入氐十一月辛丑犯東咸四年四月壬寅犯五諸侯西第五星五月己卯犯長垣南第一星六月乙酉犯靈臺北第一星丁亥犯太微垣西上將星戊子入太微壬寅犯太微左執法八月壬午犯氐東南星壬辰犯房南第三星庚子犯心大星己酉犯天江南第一星十二月戊申入建元符元年正月庚戌犯建丙辰犯天鷄己巳犯羅堰二月乙未犯壁壘陣十二月乙亥犯代星己亥犯壁壘陣二年正月己酉犯壁壘陣東北星二月乙未犯天陰東南星三月甲辰犯月星庚戌犯諸王西第一星丁卯犯司怪北第二星四月辛卯犯五諸侯西第五星五月乙巳入犯鬼西北星九月癸卯犯軒轅御女丁巳犯靈臺南第二星戊辰入太微己巳犯太微右執法閏九月丙子犯左執法十月壬子入氐壬戌犯西咸南第一星戊辰犯罰星南第一星十二月乙亥犯建西第二星三年七月己巳犯角南星八月丙申犯亢南第一星九月丁亥犯南斗西第二星建中靖國元年四月丁酉犯外屏西第二星六月辛亥入東井崇寧元年三月壬申犯月星四月戊戌犯井鉞六月庚辰犯進賢十月甲戌犯亢距星二年正月乙巳犯壁壘陣西第五星八月丙子入氐九月戊子犯房鉤鈐三年二月癸亥犯昴距星七月戊戌犯積薪八月壬寅犯鬼積尸

氣四年五月甲寅犯軒轅大星八月庚辰犯罰十二月庚辰犯建西三星五年正月丁未犯靈臺犯牛東南星大觀元年正月丁未犯外屏二月丙戌犯月星庚寅三月犯天街壬辰犯畢四月戊午入井十月辛酉犯左執法丙子犯角大星閏十月丙戌犯亢丁未犯房十一月壬子犯心三年七月丁丑犯亢八月丙戌入氐庚子犯房鉤鈐三年二月癸卯犯壁壘陣五月辛亥犯天陰六月壬辰入井四年四月己卯犯井鉞庚辰犯井辛巳入井十月戊午入氐十一月庚寅犯天江政和元年十一月甲戌犯天江三年六月戊午入太微垣犯右執法四年十二月乙卯入羽林軍五年三月辛未犯天街四月乙卯犯五諸侯十一月壬辰犯罰六年九月庚戌犯南斗十一月庚寅犯壁壘陣七年八月癸酉入太微重和元年六月庚午犯上將十一月壬申犯天江宣和二年五月丁丑犯天陰三年八月己亥犯鉤鈐十月丁未入井四年二月辛丑犯壁壘陣五年五月甲寅犯鬼十一月庚午犯房六年七月庚子犯亢七年五月壬辰犯畢靖康元年四月丁未犯井東扇北第一星五月壬申入鬼犯積尸氣十一月庚午犯亢壬午入氐閏十一月戊戌犯鍵閉建炎三年七月辛巳入太微閏八月丙戌犯心前星四年正月癸亥犯建星紹興元年九月丁酉犯軒轅左角乙卯入太微丙辰犯右執法癸亥復犯十月戊辰入太微己丑犯亢南第二星十一月己亥入氐二年九月庚申犯天江三年六月甲午入井八月乙酉犯軒轅左角少民星四年四月庚辰犯司怪五月辛亥犯輿鬼十一月甲子入氐五年正月乙卯犯建十一月己丑犯壁壘陣庚寅入羽林六年五月辛卯犯畢六月辛酉入井七月己巳復犯井東北第二星己卯犯水位八月戊申犯軒轅九星九月戊辰順行入太微垣乙酉始出丁亥犯進賢十月辛丑入亢己酉入氐辛亥又如之七年五月辛巳犯鬼宿西北六月丙辰犯太微垣西上將八年十二月戊午入羽林軍乙亥經行壁壘陣入羽林軍九年二月壬申犯月星四月癸亥犯五諸侯西第五星五月甲申入鬼犯積尸氣九月乙巳入太微垣犯左執法丁未始出十年四月丙子入氐十一年六月乙亥犯井距星十二年五月甲午犯鬼西北星乙未犯積尸氣十七年四月丙午順行犯五諸侯九月己卯順行入太微垣庚辰順行犯右執法十一月乙丑順行入氐十九年六月乙卯犯井鉞丙辰犯東井丁巳入東井二十一年十一月己酉順行入羽林軍二十二年六月甲子犯東井乙酉入東井七月辛亥順行入鬼犯積尸氣九月壬辰順行入太微垣庚子犯左執法十月甲戌入氐二十三年八月辛酉順行犯亢二十五年四月戊子順行犯五諸侯八月癸卯順行犯權左角少民十月癸卯順行入氐二十六年七月壬戌順行犯太微左執法八月丁亥順行犯亢距星戊戌順行入氐九月乙丑順行犯天江十月甲申順行犯南斗閏十月辛酉順行犯壁壘陣二十六年六月丙申順行犯井鉞己亥甲辰皆入東井七月戊子順行犯權左角少民星二十八年三月甲申犯司怪十一月庚午順行入氐二十九年十一月癸未順行犯壁壘陣西勝星戊戌順行入羽林軍三十年六月丙辰順行犯天關壬申入東井八月癸亥順行犯權大星丁巳犯權左角少民星十月庚申順行入氐二十一年六月戊辰掩犯太微右執法七月壬辰順行犯角宿距星三十二年正月丁亥順行犯建二月己亥順行犯牛隆興元年六月丙子入東井八月乙酉犯權左角少民星九月辛丑入太微庚戌犯左執法入守垣內壬子始出十月辛酉順行犯進賢十一月戊戌犯房庚子犯鍵閉十二月庚申順行犯天籥辛未犯建二年八月庚辰順行入氐辛巳犯氐十月己卯犯天籥丙寅順行犯南斗己巳順行犯狗十一月甲申順行入天田甲辰順行犯壁壘陣乾道元年五月戊午順行犯諸王六月辛巳入東井丁未順行犯鬼八月癸未入太微十一月庚子順行入羽林軍二年三月己酉順行犯天街己亥順行入鬼九月己酉犯明堂十一月辛亥順行入氐十二月壬辰順行犯南斗三年十一月丁丑犯羽林軍四年五月己卯犯畢辛巳入畢口丙六月丁酉犯天關癸卯犯司怪辛亥入東井七月庚申犯天罇甲戌犯鬼八月己亥犯權丙辰入太微九月丙寅出十月丁酉入氐五年九月庚申犯心宿大星七年八月丁卯犯權左角少民星九月甲申犯右執法入太微垣甲午出十月丁卯入氐十一月己卯犯房丙戌犯東咸八年八月壬戌入氐甲子犯氐東南星九月癸酉犯房甲戌犯鉤鈐戊子犯天江十一月丁亥犯壁壘陣淳熙元年十一月甲午入氐辛亥犯罰十二月壬午犯建二年十一月丁卯入羽林軍三年五月癸亥犯畢六月己卯犯天關丁亥犯井鉞辛卯入東井八月戊戌入太微犯右執法四年七月乙卯犯角宿距星九月辛丑犯心前星六年六月乙未入東井八月癸卯犯權御女星十月戊申入氐七年八月己巳入氐八年五月甲辰入東井九年十一月乙亥入氐十年閏十一月己亥犯壁壘陣十一年七月壬申入東井八月丁巳犯權大星十二年六月癸酉犯大微右執法十四年六月甲戌入井九月丁未入太微戊申順行犯太微右執法丙寅犯進賢十五年九月丙申犯房十月辛未犯南斗魁十六年閏五月丙戌入井紹熙元年十一月戊午入氐三年七月己卯犯天江八月甲辰犯權左角少民星四年九月甲戌犯心東星慶元元年六月丁卯入東井九月戊子入太微戊戌始出嘉泰三年六月甲寅入井十月甲寅入氐四年六月乙未犯斗開禧元年六月壬子入井二年五月辛卯犯權大星十一月壬戌入氐三年十一月癸巳順行入壁壘陣嘉定元年六月甲戌犯井鉞四年六月庚子入井八月庚寅犯權大星七年十一月丙寅順行入氐十年七月乙酉犯角十二年六月庚辰順行入井八月壬申順行犯權星御女丁丑犯權左角少民星十三年十月丁巳順行犯南斗十五年十一月丙午順行入氐宿方口內紹定五年七月甲申順行入井端平二年七月丙午順行入井八月丁巳犯太微右執法嘉熙二年十月戊辰順行入氐四年六月己亥順行犯畢距星癸丑犯天關七月乙丑順行入井八月己酉順行犯權大星淳祐元年十月庚辰順行入氐三年閏八月丁丑順行犯權大星十月丙戌順行入氐四年九月癸亥順行犯斗六年五月壬戌順行犯權大星十月己酉順行入氐八年七月戊申入井九年七月癸酉犯進賢十月辛丑十一月辛未順行入氐十一年二月甲寅順行犯昴七月壬申順行入井閏十月癸亥順行入氐十二年九月丙午順行犯斗宿距星寶祐四年六月丁亥順行入井開慶元年七月辛亥順行入井八月庚子順行犯權景定元年八月壬子犯房三年十月庚午順行入氐五年六月戊午順行犯天關己巳與太陰並行入井咸淳四年七月庚午順行入斗德祐元年七月丙子入東井十一月辛巳犯房

辰星景德四年九月戊子見東方在亢大中祥符四年六月己巳犯軒轅大星六年十月壬戌入氐天聖八年四月壬寅犯鬼尸熙寧四年十一月丁亥犯罰南第一星五年九月癸酉入氐元豐八年十月癸未入氐元祐五年七月丁亥犯軒轅大星六年十月庚午犯鍵閉元符元年五月戊午入輿鬼犯積尸氣十月辛丑犯西咸二年閏九月壬辰入氐紹興二十一年十月庚午二十八年十月癸卯俱入氐隆興二年十月壬申入氐至戊寅出凡七日

宋史卷五十五考證

天文志八歲星四年二月己酉犯右執法三月庚申犯輿鬼積薪又犯哭星○臣召南按此文有誤積薪當作積尸木星行遲不能於一日間旣犯輿鬼復越數度而犯其西之積薪也至哭星在虛懸隔七次必無旣犯輿鬼而又犯對衝之理疑哭星當作鑽星

熒惑九月乙亥犯軒轅女星○臣召南按軒轅雖有御女星此係大星之訛

壬午犯井鉞丙戌又犯井距○按距下脫星字東井距度星也

四月丙午犯鬼尸○按尸上脫積字

十月乙亥退犯五諸侯東壁○臣召南按東壁去五諸侯相隔五次必無一時俱犯之理以上文推之熒惑自犯天罇退行犯五諸侯之東一星也一星字訛爲壁字耳

十一月甲戌犯太微東扇上相○按東扇應作東垣

嘉泰元年五月丁丑細行不由黃道○按細行應作失行

填星景祐元年正月丁卯犯南斗又犯鬼○臣召南按南斗輿鬼相去最遠土星之行最遲豈能一月連相犯耶必有訛字

辰星天聖八年四月壬寅犯鬼尸○尸上當有積字

宋史卷五十六

元中書右丞相總裁脫脫等修

天文志九

天文九

歲星晝見　太白晝見經天　彗星　五緯相犯　老人星　景星　客星

歲星晝見

嘉祐五年三月乙未歲星晝見六年六月壬申晝見七年六月丙子晝見八年七月癸亥晝見治平元年六月壬戌晝見元符二年八月癸未晝見

太白晝見經天

開寶元年六月丁丑大白晝見戊寅復見淳化元年六

月庚午七月丁丑十一月戊戌皆晝見咸平三年六月己未晝見四年十二月丙寅晝見在南斗六年五月甲午八月庚午皆晝見景德元年十一月辛亥晝見二年四月甲辰晝見三年七月乙巳晝見庚申又見十二月癸酉又見大中祥符元年七月庚申晝見四年六月丙午八月乙巳皆晝見六年四月壬午晝見七年七月癸卯晝見九年五月庚午晝見天禧三年六月辛卯復見四年七月丁巳晝見五年六月丙午晝見乾興元年十一月壬辰又見天聖三年六月壬戌十二月戊寅皆晝見五年五月壬寅晝見明道元年七月晝見三十日慶歷三年八月甲寅晝見皇祐三年四月丙午晝見至和元年五月壬辰九月己丑十月辛卯皆晝見三年四月己丑晝見嘉祐二年六月己未晝見四年正月庚寅晝見七月辛丑晝見五年九月庚寅晝見六年六月乙丑晝見七年五月戊午晝見七月己酉經天復見十月乙未晝見治平元年正月戊戌晝見六月辛酉晝見二年七月丁丑晝見十二月辛亥又見四年二月丁酉晝見閏三月癸未晝見五月辛巳晝見七月癸卯八月丁未晝見熙寧元年十一月癸酉晝見二年六月壬戌晝見三年五月癸巳九月壬子五年二月癸亥五月丙午八年三月戊午七月戊寅皆晝見九年十月乙酉晝見十年五月甲戌晝見元豐元年四月癸亥晝見三年七月戊子晝見四年七月己丑晝見六年八月己卯晝見七年十月乙卯晝見元祐元年六月庚戌晝見十月庚寅晝見十三年二月辛丑晝見七月辛未又見六年四月壬寅晝見閏八月乙丑又見七年十一月辛巳晝見八年四月己未晝見紹聖元年五月己酉晝見九月庚申又見二年十一月丙申晝見三年五月壬子晝見四年六月己酉晝見元符二年五月甲辰晝見八月癸巳又見崇寧元年六月己酉晝見三年正月癸卯晝見大觀二年十一月丁未晝見四年十月戊戌又見政和三年十二月辛酉晝見六年十月乙丑晝見七年三月辛未晝見重和元年十月己卯晝見宣和二年六月丁丑晝見六年十一月丙子晝見建炎元年十月甲戌紹興元年四月壬申晝見四年六月庚子十一月戊申晝見經天六年正月壬辰晝見經天十七年七月辛巳晝見二十八年六月壬辰晝見隆興元年七月丙申經天晝見二年六月戊辰晝見七月庚子經天晝見乾道元年三月甲寅晝見乙亥晝見經天二年四月甲申晝見五月甲寅經天晝見庚午晝見三年九月戊子四年五月乙丑晝見與日爭明六月辛卯經天五年六月庚寅晝見十一月甲子晝見庚午晝見淳熙三年五月癸酉經天晝見四年十一月壬戌又見六年七月乙丑晝見癸未經天九年六月庚申晝見甲子經天九月癸巳十一年五月乙卯十二年六月戊寅晝見七月丁酉經天晝見至八月壬申始滅十四年六月辛卯晝見七月辛丑經天紹熙元年五月丙子晝見與日爭明四年七月乙丑十一月甲戌晝見慶元元年三月庚寅經天晝見七月己亥晝見四年九月壬寅晝見癸卯經天嘉泰元年六月丙午經天晝見十一月己巳晝見十二月己卯經天晝見三年六月癸亥經天晝見開禧元年三月庚申二年五月壬寅三年十二月乙巳晝見與日爭明嘉定元年五月甲子四年七月壬戌五年九月丙午六年二月丁丑晝見七年五月丁丑八月乙巳九月壬戌晝見九年五月癸酉十年五月乙丑晝見癸酉經天十一月庚辰晝見戊戌經天十二年二月庚子晝見三月丁亥經天晝見六月辛未晝見辛亥經天晝見十三年九月甲午十四年三月甲午十五年五月庚戌九月辛未晝見十七年六月丁卯晝見經天寶慶元年六月辛卯晝見紹定五年四月丁丑晝見五月癸巳經天端平元年十一月壬戌經天二年四月丁亥七月戊戌晝見經天嘉熙元年二月己酉二年五月辛巳八月辛酉晝見經天三年十二月辛酉四年二月丁未淳祐元年六月庚寅晝見十月戊戌晝見乙巳經天二年十二月壬戌晝見三年七月己亥四年八月壬辰五年二月辛卯晝見經天六年四月辛酉八月壬子晝見九月戊辰晝見經天七年十月辛巳九年十二月戊申十一年二月乙卯七月癸亥寶祐二年九月丁卯三年十月甲戌四年五月丁未五年七月己未開慶元年六月壬寅景定三年四月庚寅閏九月甲申五年四月戊午晝見五月乙亥咸淳元年七月丁酉四年九月癸酉德祐元年七月丙子晝見

五緯相犯

建隆元年正月甲子太白犯熒惑于婁十月壬申又相犯于軫三年十一月甲戌熒惑犯歲星于房乾德四年六月甲辰太白犯熒惑于張開寶四年十月甲辰太白犯熒惑于牽牛太平興國八年三月乙巳熒惑犯歲星端拱二年正月丁亥辰星犯歲星于須女十一月壬辰熒惑犯歲星淳化二年三月癸丑太白犯歲星于婁五年六月丙午太白歲星相犯于柳十一月丙子太白犯辰星于虛至道元年五月戊午熒惑犯填星于奎咸平元年二月甲寅太白犯填星三年四月癸亥辰星掩太白六年正月庚戌太白犯填星景德二年六月己亥太白犯歲星三年七月戊辰辰星犯歲星己酉太白犯歲星四年七月癸巳熒惑犯歲星八月乙未熒惑又犯歲星大中祥符元年九月壬申太白犯填星二年十一月癸亥熒惑犯歲星四年十一月庚午太白犯填星辛未辰星犯填星五年正月壬午熒惑犯歲星七年三月乙巳熒惑犯歲星九年六月甲戌熒惑犯歲星天禧元年四月壬辰太白犯歲星二年六月戊午太白犯歲星七月癸酉辰星犯太白五年九月庚子太白犯歲星十月己巳熒惑犯填星天聖元年三月丁丑熒惑犯歲星二年九月戊申太白犯熒惑十一月壬子辰星犯太白三年五月癸未太白辰星相犯于井五年六月辛卯熒惑犯填星壬辰掩填星七年五月辛未太白犯填星在畢宿一度半八年六月乙酉太白犯熒惑景祐元年閏六月庚辰太白犯填星十一月甲寅又犯熒惑二年五月丁亥又犯填星九月辛巳熒惑犯填星在張六度四年七月己未太白犯熒惑九月辛亥熒惑犯填星在翼十五度康定元年九月壬申辰星犯填星慶歷三年九月甲申太白犯歲星皇祐三年十一月丁丑熒惑犯填星嘉祐元年九月乙巳太白犯歲星三年閏十二月甲戌熒惑犯歲星躔斗四度五年正月壬辰太白犯歲星六年三月癸巳熒惑犯歲星在營室七月己丑太白犯填星躔井十二度閏八月己亥太白犯辰星在軫四度七年正月庚申太白犯歲星在營室六月丁丑太白犯熒惑在翼一度半八年四月己丑太白犯歲星在胃是日熒惑晨見東方五月庚辰熒惑犯歲星在昴四度治平元年十一月庚午辰星犯太白在尾十六度二年四月丁巳太白犯歲星五月癸亥辰星犯太白戊子太白犯填星在張五度八月己亥熒惑犯歲星躔柳七度半十月丙申又犯填星在翼二度三年十二月癸卯太白犯熒惑躔危四度四年九月癸巳太白犯填星丙申犯歲星十月甲子熒惑犯填星十一月己卯又犯歲星十二月丁卯太白犯熒惑熙寧元年十一月己丑太白犯熒惑三年正月己未熒惑犯歲星十月乙酉太白犯填星八年三月庚寅太白犯填星十年七月癸酉太白犯歲星元豐二年五月庚寅熒惑犯歲星四年十月乙亥熒惑犯太白五年三月丙戌太白犯填星十二月丙寅辰星犯歲星七年十一月甲寅太白犯歲星元祐元年閏二月戊申太白犯熒惑八年四月乙卯太白犯熒惑紹聖元年閏四月庚午熒惑犯填星三年九月丙午太白犯填星元符元年十二月乙未太白犯熒惑二年閏九月癸未辰星犯填星十月乙巳太白犯填星十二月辛亥熒惑犯填星三年四月丙辰熒惑犯填星崇寧元年十一月壬寅太白犯填星三年十一月庚寅太白犯辰星大觀元年十二月乙酉太白犯熒惑二年正月甲寅太白犯歲星二月壬午熒惑犯歲星十月丁酉太白犯填星十一月壬申太白犯歲星三年三月辛未太白犯歲星四年二月辛未太白犯歲星五月甲辰熒惑犯歲星政和元年二月辛丑太白犯填星十二月乙未又犯三年七月乙丑熒惑犯太白四年十月甲子熒惑犯歲星七年正月癸卯熒惑犯歲星宣和二年十月己卯太白犯熒惑三年閏五月壬午熒惑犯歲星六年二月己卯熒惑犯歲星七年七月乙未太白犯歲星靖康元年六月辛丑太白犯歲星紹興十九年六月壬戌太白犯填星二十年九月戊子熒惑犯歲星二十一年閏四月甲午辰星犯填星二十六年七月癸亥太白犯熒惑二十七年四月壬寅太白犯歲星二十八年十月乙未辰星犯填星三十年七月己亥太白犯歲星隆興元年九月丁酉太白犯熒惑十二月甲子太白犯填星二年正月丁亥至己丑熒惑犯守歲星十一月甲午辰星犯歲星乾道三年十一月乙亥太白犯歲星四年三月丁卯熒惑犯填星六年七月乙巳熒惑犯歲星於畢八年五月癸巳太白犯歲星九年二月庚申熒惑犯歲星七月丁巳太白犯歲星淳熙二年閏九月丁巳太白犯熒惑八年七月丁丑太白犯填星十一年七月庚戌太白犯歲星十四年十月庚辰填星犯太白十六年五月乙未太白犯熒惑紹熙二年十二月戊子太白犯歲星慶元元年九月戊子太白犯熒惑四年十月壬午太白犯歲星五年十一月辛丑熒惑犯歲星十二月辛未太白犯填星六年四月癸巳熒惑犯填星嘉泰二年五月庚戌熒惑犯填星開禧二年六月甲寅熒惑犯歲星三年十月丁未太白犯熒惑嘉定十年七月戊子熒惑觸歲星寶慶二年十月辛亥熒惑犯填星十一月辛酉熒惑犯歲星紹定元年十月甲子五年六月乙丑端平元年六月辛巳三年六月丁未嘉熙四年八月癸丑寶祐四年十二月戊午熒惑俱犯填星開慶元年九月戊辰太白犯熒惑咸淳十年十月丙寅熒惑犯填星德祐二年正月癸酉熒惑犯歲星

五緯相合

歲星建隆三年十一月壬申與熒惑合于房開寶元年正月壬寅與塡星太白合于婁淳化五年六月丙午與太白合于柳至道元年五月庚戌與太白太陰同度不相犯景德四年九月戊子與塡星合于翼天禧二年八月癸丑與熒惑合于張紹興十六年三月乙丑與塡星太白合于昴十月戊戌與塡星合于畢十七年七月壬戌與太白合二十二年十二月乙丑與熒惑合于尾三十一年六月甲寅與太白合于張隆興元年十一月庚寅與太白合乾道元年十二月庚子與塡星合于南斗二年十一月丁巳與塡星合于牛六年五月戊寅與太白合于畢七年六月庚戌與太白合于井淳熙十四年四月癸未與塡星合于軫十月己丑與太白合于氐慶元元年四月辛酉與太白合于井開禧元年七月癸未與塡星合二年二月甲子與塡星合于昴端平二年十月己未與太白合于心嘉熙四年五月甲子與太白合于婁寶祐三年八月丁卯歲星熒惑在柳景定元年正月庚辰與熒惑行入尾

熒惑雍熙二年七月丙戌與歲星合于軫建炎四年六月戊子與塡星合于亢九月壬戌與歲星合于斗紹興二年六月丙午與塡星合于房十一月乙亥與歲星合于室三年八月戊子與太白合于張四年二月戊子與塡星合于箕五年閏二月丙午與歲星合于昴六年正月丁亥與塡星合于斗七年五月甲申與歲星太白合于柳閏十一月丁卯與辰星合于氐八年二月己未與塡星合于女十三年九月辛未與太白合于尾十五年八月庚寅與太白合于氐二十年三月甲午與太白合于畢九月戊子又合于軫十一月戊子與太白行入氐二十二年十月己卯與太白合于氐十一月壬子與歲星合于心二十六年七月庚申與塡星合于軫二十九年閏六月己未與歲星合于井三十年七月庚子與塡星合于氐三十一年十一月丁未與歲星合于翼三十二年八月辛未與塡星合于尾十一月壬戌與太白合于羽林軍隆興元年七月壬寅與辰星合于柳十二月壬申與歲星合于氐二年四月癸未與歲星合于氐八月癸酉與塡星合于箕乾道元年八月辛巳與太白合于翼二年二月乙酉與歲星合于斗三月癸酉與塡星合于牛四年二月庚申與塡星合五月壬戌與歲星合五年十一月甲子與太白合于房戊辰與辰星合于心辛巳又合于尾六年二月甲申與太白合辛卯合于女三月戊午合于危丁丑與塡星合于室七月辛巳與歲星合于土九月癸卯合于畢八年四月辛丑與塡星合于奎九年三月辛丑與歲星合于柳四月乙丑又合于星淳熙二年六月丙寅合于軫四年九月己亥合于尾六年十一月甲子合于危九年二月壬寅合于胃十一年三月甲寅合于井紹熙三年九月乙亥與塡星合于尾慶元四年五月庚子又合八月甲戌合于虛六年四月癸巳合于室嘉泰四年五月乙亥合于胃開禧三年十月丙辰與太白合于箕嘉定元年五月戊辰與塡星合于井八月庚寅與歲星合于張六年三月癸卯合于斗七年三月辛巳與太白合于參八年四月戊午與歲星合于室九年十月庚午與辰星合于房十年七月戊寅與歲星合于昴十五年五月丁丑合于軫寶慶二年十月辛亥與歲星塡星合于女紹定元年十月丁巳與塡星合于危二年正月丁亥與歲星合于婁三年十月己巳與塡星合于室五年六月乙丑與塡星合于婁端平元年六月庚午與塡星合于胃三年六月癸卯合于畢嘉熙三年八月癸亥與太白合于斗四年七月己丑與太白合于鬼八月己酉與塡星合于柳淳祐四年九月癸丑合于軫寶祐元年五月丁酉與歲星合于昴景定三年四月庚子合于危十一月丁未與塡星合于婁五年六月戊辰與歲星合八月壬寅與塡星合咸淳十年十月丙寅與塡星行在軫

塡星端拱二年九月乙巳與熒惑合于危淳化二年正月癸丑與太白合于須女至道元年五月乙卯與熒惑合于東壁紹興十年十二月戊子十一年三月庚子與太白合于室隆興二年十月辛巳合于斗乾道二年五月己未與歲星合于南斗淳熙五年閏六月己酉與熒惑合于井淳祐六年十月乙未與歲星熒惑合于亢寶祐六年十一月甲戌與熒惑順行在危十二月辛丑與太白熒惑合于室

太白乾德四年六月己亥與熒惑合于張開寶三年五月庚戌與塡星合于畢六月乙未與歲星合于東井五年十月甲辰與熒惑合于牽牛雍熙四年十二月丁巳與塡星歲星合于南斗魁淳化二年三月癸丑與歲星合于婁太白在南三年正月丙辰與熒惑合于婁歲星在胃至道元年五月丙辰與歲星合于七星不相犯大中祥符元年九月乙酉與歲星合于角亢建炎四年十一月辛丑與歲星合于南斗十二月壬午與熒惑合于危紹興元年九月丁酉與熒惑合于張十一月乙卯與塡星合于心二年十一月甲子與熒惑合于危癸未與歲星熒惑合于室三年四月戊子與歲星合于奎四年二月丁酉合于婁五年正月乙卯十月戊申與塡星合于斗六年七月癸酉與歲星合于井七年四月丁巳與熒惑合于東井五月乙亥與熒惑辰星合于井十一月癸巳與熒惑合于尾八年正月乙巳與塡星合于女十一月丙午合于虛九年三月癸卯與熒惑合于井十一月壬申與歲星合于角十年十一月丁未與塡星合于危十三年十二月乙巳合于奎十四年六月癸卯與熒惑合于井十七年二月庚戌與塡星合庚申與歲星合十二月庚戌與辰星合于南斗十九年六月戊午與塡星合于井七月丁未與歲星辰星合于張二十年三月戊寅與熒惑合于昴四月庚戌與塡星合于東井六月甲寅與歲星合于翼十月丙午與歲星熒惑合于軫己巳與熒惑合于角二十二年九月庚申與熒惑辰星合于角十月庚午與熒惑合于亢二十三年六月甲子與塡星合于張九月癸卯與歲星合于尾閏十二月癸卯合于南斗二十五年九月壬申與塡星合于軫十一月壬申與辰星合于尾二十六年七月丙辰與熒惑合壬戌與熒惑塡星合于軫二十七年三月辛卯與熒惑歲星合于奎二十八年二月丁未與歲星合于胃六月乙未與熒惑合十一月己未與塡星合于亢三十年七月丙申與歲星合于柳三十一年六月壬寅合于星九月庚午與塡星合于房十二月甲辰合于尾隆興元年八月庚辰與熒惑合于張十月丁丑與歲星合于亢十二月辛酉與塡星合于箕二年八月己卯與歲星合于氐十月丙辰與塡星合于箕乾道元年七月乙亥與熒惑合于張三年正月癸亥與塡星歲星合十一月壬申與歲星合五年四月乙巳與熒惑合于井十一月甲子合于房十二月癸巳合于尾六年正月甲子合于斗三月壬戌與塡星合五月乙丑與歲星合于昴七年二月丙寅與歲星合于畢三月甲午與熒惑合于井八年五月癸未與歲星合于井九年三月辛酉與塡星合于奎七月甲寅與歲星合于張淳熙元年正月丁未與塡星合于奎十月乙丑與歲星合于軫二年閏九月甲寅與熒惑合于尾三年二月庚辰與塡星合于胃五月乙丑合于畢六月癸巳與熒惑合于井四年九月壬子與熒惑歲星合于尾五年正月庚戌與歲星合于斗十一月壬戌合于牛六年三月丁丑六月丁酉與塡星皆合于井八年六月壬申合于柳九年二月丙寅與熒惑合于昴五月乙亥與塡星合于柳十一月乙亥又與熒惑合于氐十一年七月壬寅與歲星合于柳八月己卯與塡星合于翼九月乙卯與辰星熒惑合于亢十二年六月癸酉與塡星合于翼十五年六月丙子與塡星合于亢甲申與歲星合于氐紹熙元年十一月丁丑與塡星合五年十一月庚戌與熒惑合于危慶元元年三月庚寅與歲星合于參六月庚午合于井八月癸酉與熒惑合于張二年十一月丙子與塡星合于牛三年八月甲戌與熒惑歲星合于翼四年十月戊寅與歲星合于角五年十二月辛未與塡星合于危嘉泰元年五月戊午與熒惑合于柳二年正月丁巳與熒惑歲星合于南斗十二月癸酉與歲星合于女開禧二年二月壬申與塡星歲星合于昴嘉定元年六月戊寅與塡星熒惑合于井二年四月丁丑與塡星合于井四年八月乙酉與塡星合于室五年九月丁未與歲星合于心七年六月庚子與塡星合于翼十一月丁卯與熒惑合于氐九年九月庚寅與塡星合于角十二年閏三月甲寅七月壬寅與歲星合于井十三年八月丙戌與塡星合于房寶慶二年正月壬午與歲星塡星合于女三年八月甲申與熒惑合于星翼紹定三年閏二月乙酉與歲星合于畢五年八月壬申合于張六年五月庚戌與熒惑合在柳端平元年正月丁未合于斗二年二月壬午與塡星合于胃三年九月庚申與歲星合在尾嘉熙元年六月乙未與塡星合于井四年七月甲戌與熒惑合于井淳祐三年閏八月壬寅與塡星合于翼六年三月戊午與熒惑合于畢十年十二月戊戌與歲星合于危十二年七月庚寅與熒惑合于軫九月戊戌與塡星合于箕寶祐五年六月丙戌與歲星合于翼景定五年四月庚午與歲星合于婁咸熙三年七月己亥與塡星合于井德祐元年十月丁巳與塡星合

辰星景德三年七月己酉與歲星太白合于柳紹興四年三月乙亥與太白合于畢七年五月戊子與熒惑太白合于柳九年九月乙巳與歲星合于角十七年三月乙卯與塡星合二十一年閏四月壬辰與塡星合于東井二十三年四月丙寅與太白合于畢二十八年十月丙申與塡星合于亢隆興二年十一月庚寅與歲星合十二月丁亥與太白合乾道元年三月甲戌與熒惑合于畢四年二月壬子與太白合于胃五年六月庚寅與歲星合七年四月丙寅淳熙四年五月乙巳與太白合于井十五年六月庚寅與太白合于張十二月壬戌與

歲星合于尾紹熙四年三月辛巳與太白會于昴

五緯俱見

乾德五年三月五星如連珠聚於奎婁之次景德四年七月五星當聚鶉火而近太陽同時伏慶曆三年十一月壬辰五星皆見東方靖康元年六月丙辰塡星熒惑太白歲星聚乾道四年二月壬子六月辛丑八月己亥六年五月乙亥十月庚申八年十月癸卯五星俱見淳熙十三年閏七月戊午五星皆伏八月乙亥七曜俱聚於軫

老人星

乾德三年八月辛酉四年八月乙卯六年正月戊申開寶二年七月丁亥太平興國四年八月乙亥五年八月己卯六年八月己卯八年八月辛卯雍熙三年八月己酉四年八月辛亥端拱元年八月乙卯二年八月己亥淳化元年八月丁卯二年八月辛未三年八月戊寅四年九月己卯五年八月乙丑至道元年八月己亥二年閏七月己亥三年八月辛丑咸平元年八月癸丑二年八月癸亥三年八月丁卯四年八月甲子五年八月乙丑六年八月丙子景德元年八月癸酉二年八月庚辰三年八月庚寅四年二月己卯八月甲午大中祥符元年正月丁亥八月丙申二年二月壬辰八月乙巳三年二月辛巳八月己酉四年正月戊寅八月丙寅七年正月癸丑八月己巳八年七月癸酉九年正月甲寅八月壬午天禧元年八月癸巳二年正月丁巳八月辛卯三年八月己亥四年八月己亥五年二月丙午八月乙巳老人星皆出丙治平四年二月癸巳八月戊申熙寧元年正月乙未八月己卯二年二月乙卯八月壬戌三年正月甲寅八月癸酉四年二月己未八月丁丑五年二月己未閏七月己亥六年正月庚午八月丁酉七年二月甲申八月庚寅八年二月己丑八月庚戌九年二月丁酉八月庚子十年正月己卯九月戊申元豐元年二月乙酉八月丙午二年二月壬戌八月乙卯三年二月甲寅八月己未四年八月丁卯五年二月甲戌八月己巳六年二月己未八月丁丑七年二月辛巳八月己卯八年二月庚辰八月辛巳元祐元年二月戊寅八月庚子二年二月庚寅九月辛亥三年二月癸巳八月己亥四年二月壬子八月丁未五年正月甲午八月辛亥六年二月己亥閏八月壬戌七年正月壬子八月壬戌八年二月丙寅八月己巳九年二月乙丑紹聖元年八月丙子二年二月壬午八月丁丑三年二月庚午八月癸未四年二月甲申八月甲申五年二月庚辰元符元年八月辛卯二年二月乙未九月壬辰崇寧元年二月壬寅八月癸未二年二月甲寅八月庚戌三年二月戊午八月辛酉四年二月庚申八月丙寅五年二月戊辰八月甲戌大觀元年二月乙亥八月丁丑二年二月甲午八月壬午三年二月戊子八月癸巳四年二月乙未閏八月丁酉政和元年二月癸卯八月己亥一年二月乙巳八月己酉三年二月甲午八月己未四年二月己酉八月辛未五年二月庚申八月甲子六年閏正月壬戌八月丁卯七年正月戊午八月丙子重和元年二月壬申八月乙亥宣和元年二月癸未八月癸未二年二月辛巳八月己丑三年二月丙戌八月癸巳四年二月己亥八月辛丑五年二月庚子八月丙子六年二月戊申八月辛亥七年二月癸丑八月庚申建炎四年七月戊辰皆見於丙

景星

開寶四年八月癸卯景星見景德三年四月戊寅周伯星見出氐南騎官西一度狀如半月有芒角煌煌然可以鑒物歷庫樓東八月隨天輪入濁十一月復見在氐自是常以十一月辰見東方八月西南入濁大中祥符七年正月己酉含譽星見其年九月丙戌又見似彗有尾而不長天聖元年二月己亥奇星見二年八月丙子四年七月壬申又見明道二年二月戊戌含譽星見東北方其色黃白光芒長二尺許景祐二年正月己丑奇星又見政和三年二月辛卯八月己未嘉祐二年八月庚午三年八月丙辰四年正月庚戌八月癸未五年八月庚午六年正月癸丑八月壬辰七年正月辛亥八年正月辛酉治平元年二月己丑七月癸巳二年二月癸巳八月己亥三年正月庚辰八月庚戌奇星皆見

彗孛

彗星開寶八年六月甲子出柳長四丈辰見東方西南指歷輿鬼至東壁凡十一舍八十三日而滅端拱二年七月戊子又出東井積水西青白色光芒漸長辰見東北旬日夕見西北歷右攝提凡三十日至亢沒咸平元年正月甲申又出營室北光芒尺餘至丁酉凡十四日滅六年十一月辛亥旄頭犯輿鬼甲寅有彗孛于井鬼大如杯色青白光芒四尺餘歷五諸侯及五車入參凡三十餘日沒天禧三年六月辛亥彗出北斗魁第二星東北長三尺許與北斗第一星齊北行經天牢拂文昌長三尺餘歷紫微三台軒轅速行而西至七星凡三十七日沒景祐元年八月壬戌夜有星孛于張翼長七尺濶五寸十二日而沒十二月己未夜有星出外屏有芒氣皇祐元年二月丁卯彗出虛晨見東方西南指歷紫微至婁凡一百一十四日而沒嘉祐元年七月彗出紫微歷七星其色白長丈餘至八月癸亥滅治平三年三月己未彗出營室晨見東方長七尺許西南指危洎墳墓漸東速行近日而伏至辛巳夕見西南北有星無芒彗益東方別有白氣一濶三尺許貫紫微極星犴房宿首尾入濁益東行歷文昌北斗貫尾至壬午星復有芒彗長丈餘濶三尺餘東北指歷五車白氣爲岐橫天貫北河五諸侯軒轅太極五帝坐內五諸侯及角亢氐房宿癸未彗長丈五尺星有彗氣如一升器歷營宿至張凡一十四舍積六十七日星氣孛皆滅熙寧八年十月乙未星出軫度中如塡青白丙申西北生光芒長三尺斜指軫若彗丁酉光芒長五尺戊戌長七尺斜指左轄至丁未入濁不見元豐三年七月癸未彗出西北太微垣郎位南白氣長一丈斜指東南在軫度中丙戌向西北行在翼度中戊子長三尺斜穿郎位癸卯犯軒轅至丁酉入濁不見庚子晨復出於張度中至戊子凡三十有六日沒不見紹聖四年八月己酉彗出氐度中如塡有光色白氣長三丈斜指天市左星九月壬子光芒長五尺入天市垣己未犯天市垣宦者庚申犯天市垣帝坐戊辰沒不見崇寧五年正月戊戌彗出西方如杯口大光芒散出如碎星長六丈濶三尺斜指東北自奎宿貫婁胃昴畢後入濁不見大觀四年五月丁未彗出奎婁光芒長六尺北行入紫微垣至西北入濁不見靖康元年六月壬戌彗出紫微垣紹興元年九月彗星見十二月戊寅二年八月甲寅見于胃丙辰行犯土司空至九月甲戌始滅十五年四月戊寅彗星見東方丙申復見于參度五月丁巳化爲客星其色青白壬戌留守張至六月丁亥乃消十六年十一月庚寅彗星見西南危宿二十六年七月丙午彗星見東井約長一丈光芒二尺癸丑又犯五諸侯三十一年六月己巳彗星見北斗天權星東北太史妄稱爲含譽淳熙二年七月辛丑有星孛于西北方當紫微垣外七公之上小如熒惑森然蓬孛至丙午始消嘉定十五年八月甲午彗星見右攝提光芒三尺餘體類歲星凡兩月歷氐房心乃沒紹定三年十一月丁酉有星孛于天市垣屠肆星之下明年二月壬午乃消五年閏九月彗星見東方十月己未始消嘉熙四年正月辛未彗星見于室至三月辛未乃消景定五年七月甲戌彗星見于柳芒角燭天長十餘丈日高方斂凡月餘己卯退行見于輿見辛巳在井丙申見于參戊戌在參宿度內八月末光芒稍減凡四月乃滅

客星建隆二年十二月己酉出天市垣宗人星東微有芒彗三年正月辛未西南行入氐宿二月癸丑至七月沒太平興國八年二月甲辰出太微垣端門東近屏星北行端拱二年七月丁亥出北河星西北稍暗微有芒彗指西南淳化元年正月辛巳出軫宿逆至張七十日經四十度乃不見景德二年八月甲辰出紫微天棓側孛孛然如粉絮稍入垣內歷御女華蓋凡十一日沒三年三月乙巳出東南方大中祥符四年正月丁丑見南斗魁前天禧五年四月丙辰出軒轅前星西北大如桃速行經軒轅太星入太微垣掩右執法犯次將歷屏星西北凡七十五日入濁沒明道元年六月乙巳出東北方近濁有芒彗至丁巳凡十三日沒至和元年五月己丑出天關東南可數寸歲餘稍沒熙寧二年六月丙辰出箕度中至七月丁卯犯箕乃散三年十一月丁未出天囷元祐六年十一月辛亥出參度中犯掩側星壬子犯九游星十二月癸酉入奎至七年三月辛亥乃散紹興八年五月守婁胃分也九年二月壬申守亢陳分也乾道二年三月癸酉出太微垣內五帝坐太星西微小色青白淳熙八年六月己巳出奎宿犯傳舍星至明年正月癸酉凡一百八十五日始滅嘉泰三年六月乙卯出東南尾宿間色青白大如塡星甲子守尾嘉定十七年六月己丑犯尾宿嘉熙四年七月庚寅出尾宿

宋史卷五十六考證

天文志九熒惑四月乙丑又合于星○按又合于星四字係本文非旁注也此爲從來刊本之誤

彗星夕見西南北有星無芒彗益東方別有白氣一濶三尺許○臣召南按西南下衍北字益東下脫一東字言彗星之行益近於東而其東方別有白氣一濶三尺許也

凡月餘己卯退行見於輿見○下見字係鬼字之訛

客星速行經軒轅太星○太星係大星之訛又乾道二年三月癸未出太微垣內五帝坐大星亦誤作太星

宋史卷五十七

元　中書右丞相總裁脫脫等修

天文志第十

天文十　流隕一

流隕

建隆元年正月戊午有星出東北方青赤色北行初小後大尾跡斷續光燭地四月有星出天市垣六月癸酉有大星赤色出心大星甲申有星赤色出太微垣歷上相乙未有大星色赤流虛東北九月癸亥有星出昴甲子有星如缶出卯光明燭地十二月戊辰有星青赤色出參旗西南慢行而沒蒼光燭地三年六月丁酉有星出天市入南斗魁乾德元年二月丙午有星如桃色赤出弧矢東南沒有光明二年二月乙丑有星黃白色出太微五帝南速行至外廚沒其體散落光燭地三年六月丁巳有星如桃色黃赤出北斗魁經太微垣北過角宿西漸大行五尺餘沒尾跡凝天有光明十二月丁巳有星出天河青白色南行至天倉沒初小後大光燭地四年正月乙未有星出天社青白色速行尾跡三丈餘初小後大沒有光明四月甲寅有星出天乳青赤色東南行貫房沒光燭地閏八月己丑有星出天船青白色西北速行沒於文昌開寶元年七月戊子有星出大角青白色北行沒明燭地九月戊子有星出文昌赤黃色東北速行而沒二年六月己卯有星出河鼓慢行明燭地三年九月庚午廣州民見衆星皆北流四年八月辛卯有星出織女西北行尾跡三丈餘沒久有聲五年八月乙巳有星出王良西北行四丈餘有聲而散七年九月甲午有星出室西北行星體散落有聲明燭地太平興國三年十月甲寅有星出天船赤黃色至天棓星體散落明燭地八年三月丙寅有星晝出西南當未地青白色尾跡二丈餘沒于東南有光明七月辛巳有星如稱權沒于婁八月壬寅有星出紫微鈎陳東赤黃色向北速行近北極沒雍熙元年十月丁酉有星出昴赤色東南蛇行二丈餘沒二年正月壬戌有星出東井其大倍於金星入輿鬼沒四年六月庚戌酉初有星出西北色青白入濁當戌地有聲如雷八月乙亥有星出天闕東色赤黃尾貫月端拱元年四月辛亥有星出天津赤黃色蛇行有聲明燭地犯天津東北閏五月辛亥丑時有星出奎如半月北行而沒乙卯有星出紫微鈎陳西色青尾跡短赤光照地北行而沒九月癸丑有星出西南如太白有尾跡至中天旁出一小星行丈餘又出一小星相隨至五車沒二年四月辛亥戌時有星出東南色白墜于氐房間壬申有星出漸臺血色赤東南急行掩左旗過河鼓沒淳化元年九月辛巳有星出羽林色青南行光奪月十二月壬午流星出天關南行歷天井郎位攝提至大角東北墜於地光芒四照聲如隤牆二年正月丙申有星出水府西色赤黃經參旗分爲三星相從至天苑東沒光燭地七月癸酉有星出雲雨側色青白緩行三尺餘沒二年三月己酉未時西北方有星西北速行色青白有尾跡四月己卯有星出文昌西南速行至柳分爲二星而沒六月己丑有星出天市垣屠肆東色青白西北慢行丈餘分爲三星從而沒四年五月乙未平明有星東南出南斗色青白西北行而沒五年八月己酉常星未見有星出東方色青白東北慢行至濁沒大約出奎婁間九月庚午有星出昴北緩行過卷舌至礪石沒至道元年四月乙巳常星未見有星出心北色青赤急行而墜七月癸丑有星出危色青白入羽林沒二年五月辛丑有星出紫微北尾跡丈餘如彗而有聲墜于壁室間五月己未日未及地五尺間有星出中天色赤黃有尾跡東行速行二丈餘沒六月己卯有星出牽牛西歷狗國光芒丈餘墜東南及地無聲又有星出翼貫天廟墜于稷星東光燭地九月丁酉平明有星出北方東行三丈餘分爲三星從而沒三年九月丁丑有星二隕于西南一出南斗一出牽牛有光三丈許咸平五年三月丙午有星晝出心至南斗沒赤光丈餘八月辛巳有星出營室色白丙申有流星出東方西南行大如斗有聲若牛吼小星數十隨之而隕戊戌又有星十數入輿鬼至中台凡一大星偕小星數十隨之其間兩星一至狼星一至南斗沒丁未有星晝出紫微垣貫北斗沒壬子有星出中天尾跡數道如迸火西流至狼弧沒六年五月乙未有星出王良西又出北極稍東北至垣外沒有聲如雷六月庚午有星晝出東北方色黃白有尾跡七月壬辰有星出昴尾跡丈餘色白隱隱有聲至狼星沒十一月癸丑有星出畢至屏星北沒尾跡蛇行屈曲三丈餘久方沒十二月乙酉威虜軍有星歷城西北尾跡長數里光照地落蕃帳有聲如雷者三景德元年六月戊午有星晝出西南方赤黃有尾跡速流丈餘沒十月戊申天雄軍有星出北方隕于西北光丈餘十二月庚辰有星出文昌慢行西北分爲數星至紫微垣東北沒戊子有星出昴至參旗迸爲數星沒二年正月丙子日未沒有星速流西南二月己亥有星出太微上將光燭地四月癸卯有星北流入天倉尾跡丈餘十月戊寅有星出太微垣內屏北至翼分爲三星隨而沒尾跡青白色十一月壬子有星出南晝聲如雷光燭地三年五月乙卯有星出天津東北紫微垣北分爲四星隨而沒赤黃有尾跡六月乙亥有星出雲雨星北至羽林天軍南迸爲三星沒丁酉有星出胃北入天囷迸爲數星光燭地七月庚申有星出靈臺有炬彗聲如雷至南北沒赤光燭地十一月辛丑有星出中台東北速流有聲光燭地四年三月庚申有星晝出南方六月丙辰有星出北方慢流至八穀迸爲數星沒光燭地己未有星出天市分爲三星至尾沒七月辛卯有星出敗瓜南慢流歷河鼓入天市至宗人東北迸爲二星沒色赤黃有尾跡十二月癸巳有星出弧矢赤黃色尾跡丈餘光燭地速流入濁大中祥符元年二月戊申有星十餘急流入濁色赤黃有尾跡五月辛未有星如太白出天市垣宗人東南尾跡丈餘濶三寸向北慢流至女牀西分爲數星沒六月戊申有星出北斗魁內赤黃有尾跡稍北速行迸爲數星沒八月己丑有星晝出中天如太白有尾跡急流東南近日沒九月乙丑有星出天倉急流東南星體散落二年三月己未有星出天津南至離珠沒尾跡五丈餘照地明四月丙申有星出八穀有尾跡速流而西至五車東迸爲數星沒五月乙亥有星晝出東方如太白尾跡赤黃流至日北沒八月丙申有星出北斗杓西南急行至郎將西分爲數點九月乙丑有星出南河如桃色赤至中台沒三年三月丁未有星出天市宗人東北尾跡二丈至左旗迸爲數星沒光燭地五月丁亥有星出北斗魁如桃色青白尾跡二丈餘六月丁巳有星出文昌至上台沒乙卯有星出傳舍如桃色赤黃至紫微沒壬申有星出建星入南斗沒赤黃有尾跡七月庚辰有星出宗人西北流入濁光照地八月丁未有星出貫索至帝座沒尾跡光明壬戌有星出文昌至北極沒尾跡丈餘九月庚辰有星出軒轅左入太微垣沒十月庚戌有星出東方赤黃無尾跡分爲數星稍南沒四年二月辛亥有星出東方尾跡赤黃二丈餘四月乙丑有星出柳色赤黃至翼沒五月戊子有星出東方赤黃色六月壬戌有星出東觜北流入濁七月壬申有星出紫微宮速流至天皇沒戊寅有星自內階流經文昌至上台迸爲數星隨而沒十月戊午有星出東北入濁又星出七星南至天稷沒尾跡丈餘五年二月戊申有星出貫索經庫樓迸爲數星沒八月戊午有星大小二十餘皆有尾跡北流又一星光燭地出紫微垣外尾丈餘濶三寸許東北流至傳舍沒庚申星出天耗北尾跡十丈餘明燭地至文昌沒六年乙巳有星晝出南方赤光迸逸照地明十一月丁巳有星出太微郎位東色赤黃有尾跡至軫北迸爲數星沒十二月癸亥有星出西南色青白入東北沒七年三月丙戌有星出南河大如杯至玉井沒四月辛酉星出鈎陳尾跡赤黃七月丁未有星晝出東南方色黃急流而北九月辛亥有星出軍市至柳迸爲三星沒十一月癸未有星晝出日西南尾跡二丈餘濶三寸許青白色西流而沒己丑有星出南河至弧矢沒光燭地八年二月丁卯有星出郎將北迸爲三星四月癸丑有星出亢西至右攝提迸爲數星隨而沒五月乙酉有星青白色出八星至螣蛇沒光燭地丙申有星西南流迸爲數星沒明照地八月己亥有星出參南流入濁九年四月庚子有星晝出赤黃色急流西北沒天禧元年四月己巳有星出軫至器府北沒光照地六月有星出河鼓速流至天田迸爲數星沒十二月癸巳有星出東北尾跡赤黃急流西南沒二年八月乙卯有星二有尾跡赤黃一出五車一出狼北入濁戊午有星出酒旗至明堂沒光燭地九月戊子有星出西南至天園沒十一月辛酉有星出南河色赤黃至柳沒三年六月乙巳有星出昴急流至天倉沒十二月壬寅有星出軒轅尾跡黃慢流至太白垣久之有聲如雷四年正月丁丑有星出王良明照地至螣蛇沒五年四月丙辰有星出軒轅前星大如桃狀若枌絮犯次將入太微垣歷屏星凡七十五日入濁沒己未有星出南方如二升器色青赤北流入濁尾跡三丈許七月辛巳有星出文昌光明燭地十月乙巳有星出天津西乾興元年三月庚寅夜漏未上星出七星曳尾緩行至翼沒五月己巳星出天棓速行入紫微極星西沒癸酉星出張西北入濁壬午星出危赤黃有尾跡速行而東炸烈如迸火隨至羽林軍南沒明燭地己丑星出北河至軒轅沒九月己巳星出羽林流至蔚稾沒己丑星出天市垣旁緩行經天過天市垣至營室沒壬辰星出營室行至天倉沒十月丁酉星出右旗如太白西南速行至天弁沒明燭地十一月壬辰常星未見有星出五車南行至奎沒天聖元年正月丙戌星出北斗魁西至八穀沒三月戊辰星出貫索至五車沒六月戊戌星出天弁至建星沒己丑星出北斗星東北入濁沒庚寅星出五車至五諸侯沒閏九月癸巳星出五車至參沒丙

中星出東壁至天倉沒甲辰常星未見星出營室至外屏沒己酉星出翼南行入濁二年辛丑星出五車至畢沒六月丁卯晝漏上星出中天赤黃色有尾跡西南緩行入濁辛巳星出牽牛南入濁九月辛卯星出太微沒于右執法四年正月壬午星出亢東南流入濁丁巳星出靈臺至翼沒丙午星出北斗魁近文昌沒其夜又有星出箕南行入濁四月丙寅星出太微從官側南行入濁五月辛巳星出天市垣市樓側東北流入濁閏五月丙辰星出天船沒于紫微鉤陳側六月乙亥星出土司空東南入濁八月乙未星出天棓近天倉沒九月丁未星出王良西北入濁十一月丙辰星出東井沒于南河側十二月丁丑星出鉤陳沒于天棓側戊戌星出太微至文昌沒五年正月壬寅星出天社西南入濁九月癸卯星出天廚北流入濁丁未星出北辰沒于天牀側甲子有星出北河沒于東井六年四月甲申夜漏欲盡有星大如斗器自北方至於西南光照地有聲如雷曳尾跡長數丈久之散爲蒼白雲七年二月乙丑星出天乳貫天市入濁八年二月丁酉星出軒轅大星側如杯速行至器府沒明道元年三月癸巳星出中台貫北河入東井沒炸烈有聲明燭地食頃又有星出天市垣宗人側東流入濁四月乙巳星出貫索大如杯沒于鉤陳側光照地八月癸亥星出天船近鉤陳沒明燭地乙丑星出胃大如杯有尾跡西北緩行迸爲六七小星相隨沒于大陵明燭地丙寅星出營室西南速行至危沒良久又有星出天園至天社沒光燭地九月丙子星出婁沒于雲雨側尾跡久方散食頃又有星出天大將軍近奎沒尾跡久方散明燭地續又星出北辰西北速行至內階沒又有星出天苑沒于天園明燭地景祐元年八月己卯星出東井行至側星沒尾跡久方散明燭地乙酉星出北斗魁西北速行入紫微東南垣沒又有星出文昌西北速行至紫微鉤陳沒尾跡久方散明燭地九月丁亥星出天津如太白青色有尾跡沒于危良久星出五車沒天廩己丑星出東井如太白赤黃色有尾跡向東速行至柳沒光照地其夜星出婁至奎沒明燭地十一月乙卯星出軒轅大星側如太白赤黃向東速行入濁明照地二年八月庚申星出大陵如太白赤黃色東南緩行沒于昴尾跡久方散明燭地九月丙午常星未見星出婺女緩行近南斗沒十一月辛丑星出五車至觜觿沒明燭地四年閏四月癸未夜漏未上星出天津大如杯東北行入濁己亥星出上台至軒轅沒五月辛亥星出華蓋至北辰沒六月壬申星出天津入天市垣至宗人沒是夜星出王良如太白青白色有尾跡東南速行至婁沒明燭地己卯星出梗河沒于亢七月戊申有星數百皆西南流其最大者一星至東壁沒光燭地久之不散九月庚子星出南河東南速行近狼星沒青白色有尾跡如太白明燭地己酉星出牽牛如太白青白色西南入濁丁卯星出紫宮沒天棓有尾跡明燭地寶元元年正月戊戌星出左攝提如太白赤黃色至天市西垣沒明燭地二月甲午星出河鼓至七公沒三月辛丑星出東井沒參側庚戌星出大角至氐沒辛亥星出北斗魁如太白青白色有尾跡東北速行入濁光照地四月壬申有星出中台如太白青白色有尾跡向北速行入濁明燭地又星出天江如太白有尾跡西南速行至房沒八月壬申星出東井如太白東北速行沒輿鬼明燭地十月壬午星出天津至營室沒己丑星出東井如太白赤黃有尾跡至狼側沒明燭地十一月癸丑星出中台至軒轅沒二年正月庚申星出翼如太白行至角沒三月癸丑星出右旗赤黃有尾跡向南速行沒于建星明燭地五月庚戌星出房至積卒沒閏十二月甲寅星出文昌如太白有尾跡西北速行至五車沒明燭地康定元年三月戊寅有星出文昌如太白青白色北行入濁四月丁未有星出紫宮東垣上衞側至北辰沒癸丑星出北斗北行入濁六月庚戌星出天弁西北入濁明燭地九月戊寅星出天船東行入五車沒十月壬辰星出天津速行至紫宮西垣沒壬戌中天有星大如杯赤黃有尾跡西南速行沒于濁光照地良久有聲如雷十一月乙亥星出文昌北行明燭地入濁慶曆元年八月癸未星出天船如太白東北速行入濁青白色明燭地己亥星出奚仲大如杯色青白西南緩行沒于天津側明燭地辛丑有星經天廩東南緩行入濁乙巳夜漏未上星出營室如太白東行入濁青白色九月己酉星出奎如太白有尾跡西行沒于東壁明燭地丙辰星出畢如太白有尾跡西北速行至王良沒丁卯星出北辰如太白北行入濁明燭地戊辰星出壁壘陣如太白赤黃有尾跡西南入濁明燭地二年二月庚子星出房如太白赤黃有尾跡西南速行入濁沒明燭地三月戊寅星出鉤陳側如太白赤黃有尾跡西行緩行至天棓沒明燭地四月丁丑星出貫索大如醆青白色有尾跡東北慢行至閣道沒明燭地丙申星出貫索如太白赤黃色西北速行沒于中台側明燭地七月壬寅星出河鼓大如杯青白色西速行至牽牛沒明燭地己酉星出婺女如太白青白色有尾跡東南慢行入濁明燭地乙丑星出天津如太白赤黃向西速行至貫索沒尾跡久方散明燭地八月壬寅星出北斗杓如太白青白色西北行沒于濁乙亥夜漏未上星出箕南行入濁又有星出天倉如太白東南入濁沒壬午星出危東南行至濁沒九月辛亥星出天船如太白東行入濁青白色有尾跡庚申星出婁至東壁沒乙丑星出婁至天倉沒丁卯星出五車東北流沒于文昌側閏九月辛未星出羽林軍如太白赤黃色西南行入濁乙亥星出婁西行入濁十二月庚申有星出弧天南行入濁赤黃有尾跡燭地三年二月壬寅星出上台至軒轅沒有尾跡明燭地四月戊申夜漏未上中天星出大角如大白西行至軒轅沒辛亥星出女牀至天市西垣沒丙辰星出牽牛如太白西南緩行至天淵沒七月己卯星出北斗魁西北行入濁甲申星出貫索如太白速行至北斗柄沒甲寅星出閣道如太白東北速行入濁有尾跡明燭地十月戊申星出柳如太白西南速行至弧矢沒尾跡久方散五年五月辛巳星出紫宮鉤陳側北行入濁六月辛酉星出奎如太白西行至天倉沒有尾跡明燭地壬戌星出營室如太白赤黃色東南速行過危至虛沒有尾跡明燭地七月甲午星出建星如太白向南速行至濁沒乙巳星出牽牛如太白南行至濁沒八月甲寅星出八穀東北入濁少頃有星出天將軍如太白西北速行至王良沒有尾跡其色赤黃己卯星出文昌大如醆直北速行入濁有尾跡明燭地壬午星出北河至柳沒十月甲寅星出畢東南速行至天苑沒赤黃有尾跡丙辰星出張東南速行至濁沒丙寅星出天津大如杯東南速行至危沒赤黃有尾跡明燭地六年三月乙未星出大角如太白西南速行至濁沒庚戌星出文昌如太白向北速行入濁青白色有尾跡明燭地六月丁巳星出營室大如杯光燭地有聲北行至王良沒七月癸巳星出昴至參沒九月辛巳星出王良如太白東北速行入濁乙巳星出南河如太白東北速行沒于輿鬼側七年四月己酉星出營室東北速行入濁戊辰星出郎位如太白至梗河沒有尾跡明燭地六月己巳星出天田赤黃色有尾跡西南緩行至折威沒戊辰星出尾西南速行入濁九月乙亥星出河鼓入天市垣至宗人沒戊寅星出天苑如太白南行至天園沒有尾跡明燭地庚辰星出東井沒于狼丙戌星出北落師門西南緩行至濁沒十二月癸亥星出五車赤黃色西北速行至天船沒八年正月乙酉星出天厠側西南速行入濁有尾跡明燭地丁酉星出柳直南速行入濁二月乙酉星出文昌青白色東北速行至濁沒四月己巳星出奎如太白東北速行至婁沒五月壬寅星出氐如太白向西南速行入濁沒戊午星出房色赤黃東南入濁六月戊寅星出北落師門西南速行沒于濁己卯星出北斗至郎位沒有尾跡明燭地癸巳星出天津至紫宮西垣沒七月庚申星出七公如太白西北速行入濁沒八月乙亥星出天市西南速行入濁有尾跡色赤黃是夜星出東壁赤黃色東北速行至濁沒九月壬寅星出天倉如太白東北速行至胃沒甲子星出天苑西南速行入濁沒十月乙酉星出匏瓜如太白向東速行至天津沒十二月乙丑星出南河如太白東南行至弧矢沒己丑星出天市垣東南行至濁沒皇祐元年三月庚子星出軫西南速行沒于翼四月辛巳星出織女向南速行入天市垣至宗人沒明燭地甲申星出心如太白東南速行入濁六月丙寅星出紫宮鉤陳側如太白北行入濁己巳星出匏瓜赤黃有尾跡向南速行至建星沒丁丑星出造父如大白向西南速行至天棓沒有尾跡明燭地九月壬子星出閣道東南速行至婁沒有尾跡明燭地十一月癸巳星出文昌向東速行至五車沒有尾跡明燭地十二月乙丑星出亢赤黃色向東北緩行至天市垣西沒丁酉星出文昌向北速行沒于北辰側二年四月癸未星出氐赤黃色東南速行至心沒有尾跡明燭地五月乙巳星出貫索向東速行至女牀沒七月己丑星出奎赤黃色西南緩行沒于營室側九月辛卯星出織女如太白向西速行入濁沒十二月丁未星出庫樓如太白赤黃色至翼沒三年七月丙辰星出南斗赤黃色尾跡凝天向南緩行至濁沒八月庚辰星出奎如太白西北速行沒于濁九月癸丑星出上台東北入濁十月乙巳星出天槍如太白西北速行入濁四年三月庚申星出郎將東行至貫索沒壬申星出文昌沒于五車側四月辛巳星出天市垣市樓側至南斗沒癸卯星出東壁沒于天船側六月庚子星出危如太白東南速行入濁壬寅星出天船如太白東北入濁八月丁酉星出天倉如太白西南速行至濁沒戊戌星出參旗如太白西南速行至天苑沒九月丙午星出婁西南速行入濁戊申星出紫宮北辰側赤黃色西南速行至貫索沒尾跡凝天明燭地己酉星出營室如太白東南速行入濁是夜星出

參如太白東南速行入濁尾跡赤黃甲子有星出南河如太白東北入濁十月丁丑星出天棓西北速行入濁有尾跡明燭地丙申星出天倉如太白西南速行入濁十一月丙申星出北河没于北斗璇星側五年正月壬寅夜漏未上星出東井如太白東北速行至濁没有尾跡明燭地五月庚戌星出北斗魁側西北速行入濁尾跡赤黃庚申星出大角如太白西北行至中台没青白色有尾跡六月癸酉星出紫宮北辰側赤黃色北行至濁没七月癸卯星出王良至天津没甲辰星出奎如太白速行没于危是夜星出紫宮北辰側色赤黃西南速行至天市垣東没有尾跡明燭地乙巳星出王良速行至營室没戊午星出貫索西南速行入天市垣至宦者没八月丙戌星出紫宮北辰側至王良没是夜又星出危没婺女側癸亥星出大陵至營室没有尾跡明燭地九月乙亥星出參如太白西北速行至昴没有尾跡明燭地至和元年七月壬戌星出王良色赤黃向北速行至天船没有尾跡明燭地八月壬寅星出上台東北行入濁二年七月甲申星出牽牛如太白赤黃色南行入濁有尾跡明燭地九月己卯星出弧矢如太白西南速行至丈人没尾跡青白又有星出軒轅向北速行至中台没庚辰星出天廩東南緩行至天苑没十一月戊辰星出南河向南行至弧矢没辛酉星出弧矢色赤黃南行入濁十二月甲申星出大微東垣如太白赤黃色東南速行至軫没辛卯星出柳如太白赤黃色直北速行入濁嘉祐元年三月辛酉星出庫樓没於尾乙亥星出紫微北辰東如太白色赤黃西南速行至右攝提没壬午星出張至東甌没九月壬午星出東井如太白赤黃色向北速行至文昌没二年正月丁酉星出文昌如太白速行入紫宮北辰没辛丑星出華蓋緩行至北辰没甲辰星出螣蛇緩行至畢没二月甲子星出紫宮東垣大如杯東北行入濁七月乙亥星出北斗魁西如太白西北速行入濁丁丑星出王良如太白赤黃色西南緩行至亢没有尾跡明燭地九月丙子星出王良如太白赤黃色向西速行至騰蛇没有尾跡明燭地丁亥星出南河子星側戊午晝漏上中天有星出狼大如杯東南速行至濁没尾跡青白三年正月乙未星出參赤黃色向西速行至天廩没五月甲午星出河鼓如太白赤黃色東北緩行至虛没七月辛未星出天船東北行至濁没乙酉星出北河如太白赤黃色東南緩行散爲數道至狼没尾跡凝天丁酉有星出危西南速行入濁其夜又有星出天苑緩行入濁八月丙午星出天綱東南速行入濁尾跡赤黃戊申星出危西南速行入濁有尾跡明燭地己未星出牽牛西速行至牽牛北没癸亥星出王良向南速行至天津没夜漏盡有星出柳如太白赤黃色西北行至北斗没乙丑星出文昌向西速行至北極没九月庚午星出婁向南速行至土司空没甲申出天將軍如太白青白色向西速行至濁没庚寅星出五車如太白赤黃色東北速行至北河没有尾跡明燭地辛卯星出王良北行至鉤陳没四年二月己亥星出翼入濁夜漏盡又有星出營室没于鉤陳癸卯星出天槍至郎將没乙卯星出角西行至翼没五月辛丑星出右攝提西行入濁己酉星出大角至軫没癸丑星出營室大如杯赤黃色西南速行至羽林軍没炸烈有聲六月癸亥星出天倉至天苑没有尾跡明燭地甲子星出天津至北辰没辛未星出胃没于鉤陳又星出天船至王良没乙亥星出墳墓至北落師門没又有星出天船東南速行至昴没癸未星出氐宿西南行入濁己丑星出畢速行至五車没八月乙亥夜漏盡星出輿鬼速行至五車没又星出輿鬼速行至太微北落癸未星出軍市速行至弧矢没己丑星出天囷至天倉没九月己亥星出紫宮鉤陳側如大盌東北速行曳尾長五尺初直後曲流至北辰東没後尾跡凝結如盤食頃散又有星出太微西東北速行入濁辛丑星出天津速行至織女没癸丑星四皆如太白赤黃色有尾跡明燭地一出天棓西南速行至天市垣候星没一出危西南速行至女没一出畢南行没于天苑側一出五車北速行至鉤陳没十月乙丑晝漏上星出天大將軍西南行至濁没色青白尾跡凝天良久散其夜星出參至弧矢没丁卯星出婺女東南至濁没戊辰星出東井東行至柳没戊寅星出狼南行至濁没丁亥星出天倉乙未星出上台南速行至北河没十二月甲子星出貫索至女牀没五年正月辛卯星出畢大如盌赤黃色速行至天倉没明燭地尾跡炸烈而散有聲如雷四月辛未星出氐緩行東南入濁没癸酉星出婺女至羽林軍没庚辰夜漏盡星出大角西南行至濁没尾跡青白癸未星出女牀東行至河鼓没乙酉星出騎官西南行至濁没甲午星出天市東如太白向東速行至河鼓没尾跡赤黃丙申星出貫索東北行至北斗柄没辛亥星出天棓西南行入天市至宦者没六月己未星出婁東北行至濁没壬戌星出天倉東南行至濁没辛巳星出天津西南行至天市垣宦者没又有星出王良至土司空没癸酉星出南斗大如杯行入濁八月庚申星出東壁東行入濁丙寅夜漏未上星出虛大如杯東南入濁甲午星出五車至文昌没乙卯星出天苑南行入濁十月乙亥星出軒轅星北斗魁旁没尾跡赤黃十一月壬辰星出五車至畢没十二月壬申有星出北河至輿鬼没戊寅星出弧矢至南河没己卯夜漏未上星出軫至氐側没六年六月丁巳星出天市垣宦者側没于氐己巳星出天市垣車肆側西南行至尾没七月乙酉星出騰蛇至危没其夜又有星出婁大如杯赤黃色速行入羽林没丙戌星出天津至危没尾跡赤黃庚寅星出文昌北行至濁没八月丁巳星出婁東北速行至昴没戊辰星出鉤陳北行入濁己卯星出天市垣北東行入濁没丁卯星出狼大如杯至天社没明燭地尾跡凝天良久散九月甲寅星出營室西南行入濁癸亥星出柳東行至翼没十一月癸丑星出東北維去地五丈許大如盌向東北緩行入濁尾跡青白壬申星出參旗至濁没丙子星出狼大如杯而赤黃緩行至弧矢没有尾跡明燭地十二月辛丑星出貫索如太白東北速行入天市至候星没尾跡青白七年正月乙亥星出下台至上台没二月己卯星出北河大如杯色赤黃速行没于閣道側有尾跡明燭地壬辰星出東井如太白至畢没四月庚子星出太微郎位如太白西南緩行至張没尾跡赤黃六月丁丑星出北落師門南行入濁七月丁未星出牽牛至南斗没又有星出羽林軍至北落師門没己酉星出壁壘陣如太白向西速行至敗臼没尾跡赤黃辛酉星出天紀西北速行入濁八月己卯星出文昌至下台没乙未星出天苑南行入濁尾跡赤黃己亥星出天津西南入濁九月丙辰星出土司空東南入濁丁卯星出東壁大如杯西行至虛没有尾跡赤黃明燭地十月丙子星出昴如太白西北速行至天大將軍没尾跡赤黃丁丑星出大陵如太白南行至天倉没庚寅星出南河至天社没明燭地丁酉星出天廟南入濁己亥星出參如太白西南行至天園没尾跡青白八年正月辛酉星出軫赤黃色東南速行入庫樓没三月癸卯星出匏瓜東南至危没赤黃色有尾跡明燭地癸亥星出文昌北行入濁有尾跡明燭地又有星出傳舍速行至北辰没五月癸卯星出天市垣宗人側東南速行至鼈星没己亥星出招搖赤黃色行南向入氐没七月乙丑星數百縱橫西流八月庚寅星出閣道東南速行入濁没甲子星出上台大如杯赤黃色向東速行至下台没治平元年二月丁卯星出紫宮鉤陳側西北入濁没明燭地尾跡炸烈有聲六月辛酉夜漏未上星出河鼓東南速行至危没七月癸未星出危西南速行入天市垣没八月辛亥星出北辰大如杯速行至鉤陳没尾跡青黃丁巳星出奎大如盌速行至五車没壬戌夜漏盡星出奎西南行至濁没九月癸亥星出北斗魁大如醆東北速行至濁没尾跡赤黃十一月癸丑星出軍市東南速行至濁没二年二月丁酉星出太廟色青白西南入濁乙卯星出中台色赤黃西北慢行至內階没五月壬戌星出北斗魁如杯色青白北行至濁没六月己丑晝有星出中天大如盌西速行至濁没尾跡赤黃八月己未星出河鼓大如醆色赤黃速行至天市垣內宗星没丁巳星出危至濁没九月癸酉星出北斗魁東北速行至濁没三年四月癸巳星出房至濁没明燭地尾跡炸而散七月庚申晝漏未上星出紫宮西行曳尾長二丈没尾跡青白九月丁丑有星出參至天倉没十一月己卯星出王良西北速行至濁没尾跡青黃

宋史卷五十七考證

天文志十二年二月乙丑有星黃白色出太微五帝南○按五帝下脫坐字

八月乙亥有星出天闕東○天闕當作天關

十一月壬子有星出南晝○臣召南按晝字當在出字之上而南字下又脫方字也

五年四月丙辰有星出軒轅前星大如桃狀如粉絮犯大將入太微垣歷屏星凡七十五日入濁没○臣召南按此客星非流星也當入前卷客星條下史文不及詳檢遂誤入此卷中耳

宋史卷五十八

元　中書右丞相總裁脫脫等修

天文志第十一

天文十一　流隕二

熙寧元年正月辛卯星出張西南如太白速行入濁没赤黃乙未星出左攝提西如太白東南急行至庫樓北没赤黃有尾跡二月戊午星出常陳南如太白西慢行至軒轅東没赤黃有尾跡辛酉星出北斗魁東如太白南急行至軒轅大星南没赤黃有尾跡壬戌星出角東如太白西急行至翼没赤黃有尾跡戊辰星出大角南

如太白東南急行至氐没赤黄有尾跡己巳星出天市垣內宦者如太白西南急流至氐没青白有尾跡四月壬寅星出軒轅南如太白東南慢行至軫没赤黄有尾跡己酉星出天市垣內宦者西如太白西南慢流至織女没青白有尾跡壬戌星出天棓東如大白東北慢行至天津没赤黄有尾跡五月乙亥星出天棓如太白東北急行至天津没青白有尾跡照地明六月癸卯星出天槍南如太白西南速行至角没赤黄有尾跡又星出平星南如太白西南急行入濁没青白有尾跡乙巳星出軫東如太白緩行入濁没青白有尾跡照地明丁未星出牽牛西如太白東南速行入濁没赤黄戊申星出騎官北如太白南緩行入濁没青白有星出壘壁陣如太白東南速行至濁没戊午星出閣道北如歲星東北緩行入濁没青白庚申星透雲出天棓西如太白北急行至天市垣西牆没赤黄有尾跡壬戌星出王良南如歲星東北急行至天大將軍没赤黄有尾跡有星出紫微垣內至鉤陳没赤黄有尾跡又星出紫微垣內北極南如太白西北速行至西咸北没赤黄有尾跡甲子星出尾北如杯口西緩行至平星没赤黄有尾跡丙寅星出氐北如歲星西南急流入濁没赤黄有尾跡七月乙亥星出虛南如歲星西急行至天市垣西牆没赤黄色有尾跡丙子星出東壁東如太白東南急行入濁没赤黄有尾跡丙戌星出天大將軍北如歲星東北慢行入濁没青白乙未星出九坎北如太白西北緩行至牽牛分進而没赤黄又星出右旗如太白西緩行入濁没青白有尾跡照地明己亥星出天廩北如太白南急行至天苑没赤黄有尾跡照地明八月癸卯星出天棓東北太白北速行入濁没赤黄有尾跡照地明甲辰星透雲出虛北如歲星北緩行至奎没赤黄乙巳星出女牀東如杯口西北急流至天市垣牆河中北没赤黄有尾跡照地明又星出參北如太白東速行入濁没赤黄有尾跡照地明又星出王良南如太白西南急行至天津没赤黄有尾跡照地明丙午星出左攝提南如太白西北慢行至濁没赤黄有尾跡丁未星出牽牛如杯口東南緩行入濁没青白有尾跡癸亥星出壘壁陣如太白西南緩行至狗國没赤黄有尾跡照地明乙丑星出壘壁陣北如太白西南速行至十二國没赤黄有尾跡九月甲戌星出上台南如太白東北急行至內平星没赤黄有尾跡照地明庚辰星出北斗魁中如歲星西北緩行入濁没青白又星出弧矢西如太白西南急行至天社没青白有尾跡照地明辛巳星出紫微垣內北極星北如太白北急行入濁没赤黄有尾跡照地明癸未星出紫微垣南如太白北急行至北斗没赤黄有尾跡戊子星出畢南如太白東南慢行入濁没青白有尾跡照地明癸巳星出織女西如太白西南慢流入天市垣內没赤黄有尾跡照地明甲午星出中台北如太白東南急流至下台没青白照地明丙申星出天津北如歲星西北急流至女牀没赤黄丁酉星出軒轅如太白西北慢流至紫微垣內北極没赤黄有尾跡照地明十月庚子星出羽林軍東如太白東急行入濁没赤黄有尾跡照地明又星出壘壁陣西如杯口西南速行入濁没青白照地明壬寅星出鉤陳西如太白北急行至北斗没赤黄有尾跡又星出東井北如歲星東北急行至柳没赤黄有尾跡又星出扶筐如太白西北急行至濁没赤黄有尾跡照地明甲辰星出壘壁陣東如太白南急行入濁没赤黄有尾跡照地明又星出天津西如太白西北緩行入濁没青白照地明又星出昴南如太白西南緩行至天囷没赤黄有尾跡明燭地又星出郎位東如太白東北速行至右攝提没赤黄明燭地庚戌星出婁南如歲星西南速行至昴没青白有尾跡乙卯星出天市垣南牆西如太白西急行入濁没青白壬戌星出軒轅西如太白東南急行至張没赤黄有尾跡癸亥星出婁北如太白西急流至濁没赤黄有尾跡十一月庚午星出鉤陳東如太白東北急流至北斗魁没青白有尾跡照地明癸未星出營室東如太白西南急行至羽林軍没赤黄有尾跡十二月己亥星出王良北如太白東慢行至五車没赤黄有尾跡照地明庚子星出天倉東如太白東南急行至濁没青白有尾跡辛酉星出太微垣東牆如太白速行至柳没黄白有尾跡二年正月庚寅星透雲出紫微垣內鉤陳西如太白西慢行入濁没青白二月甲辰星出平星南如太白南急行入濁没赤黄有尾跡三月壬辰星出天市垣西牆東如太白北急行至天紀没赤黄有尾跡癸巳星出貫索南如太白東南慢行至濁没四月庚戌星出軒轅東如杯口北慢行至北斗没赤黄有尾跡辛酉星出閣道西如太白東南速行至東壁没青白有尾跡五月己丑星出太微垣內五帝坐如杯口東行至角宿没青白有尾跡照地明六月己亥星出心西如歲星西南急行至庫樓没赤黄有尾跡乙巳星出氐南如太白南緩行入濁没赤黄有尾跡壬子星出天津如太白西北速行至天槍没青白有尾跡辛酉晝有流星夕有星透雲出織女西南急行入濁没赤黄有尾跡癸亥星出大微垣東牆如太白西急行入濁没青白有尾跡甲子星出尾北如太白南急行入濁没青白七月丁卯星出危南如太白西南急行至壘壁陣没赤黄有尾跡辛未星出梗河東如太白西北速行至天槍没赤黄有尾跡丁亥星出天船西如太白東北速行入濁没赤黄有尾跡甲午星出天津西如太白西南緩行至心没赤黄有尾跡八月丁酉星透雲出鉤陳西如太白西南急行至天棓没赤黄有尾跡癸亥星出北斗魁北如太白北急流入濁没青白有尾跡九月甲子星出婁北如歲星西北急行至王良没青白有尾跡甲戌星出右旗如太白西南急行至天市垣西牆没青白有尾跡丁丑星出五車東如歲星東北速行至北河没青白有尾跡十月乙未星出天苑南如太白速行入濁没赤黄有尾跡甲辰星出畢東如太白南急行至濁没赤黄有尾跡癸丑星出胃東如太白東南急流至天苑没青白有尾跡甲寅星出卷舌西如歲星西南急行至婁没青白有尾跡十一月丙寅星出織女北如太白西南急行至河鼓没青白有尾跡照地明壬申星出羽林軍內如歲星西南急行至濁没青白己卯星透雲出大陵北如太白西南急行至東壁没青白有尾跡閏十一月辛酉星出天倉如歲星西南緩行至濁没青白三年正月丙申星出右攝提如太白東北速行入濁没赤黄有尾跡己未星出畢如杯西南緩行至濁没青白有尾跡二月丁卯星出七星南如太白西南急行至濁没青白己丑星出太微西扇上將南如盂西急行入濁没赤黄有尾跡明燭地又星出文昌中如杯西北急行入濁没赤黄有尾跡明燭地又星出北斗魁南如盂西北急行入濁没赤黄有尾跡明燭地庚寅星出紫微垣西牆東如杯北慢流至濁没赤黄有尾跡明燭地三月戊戌星出七公如杯速行入紫微垣中鉤陳没青白有尾跡明燭地壬寅星出天市垣西牆東如杯東南急流至騎官没青白有尾跡己未星出軫北如太白西北慢行至明堂没赤黄有尾跡四月壬戌星出紫微垣內帝星南如太白北急行至鉤陳没赤黄有尾跡癸未星出文昌南如杯西北慢行至濁没青白有尾跡照地明甲申星出軒轅東如太白東南慢行至太微垣左執法赤黄六月己巳星出牽牛東如太白東急流至濁没赤黄有尾跡壬申星出紫微垣西牆北如太白東北慢流至濁没赤黄庚辰星出羽林軍東如杯東南急流入濁没青白有尾跡七月庚子星透雲出紫微垣西牆如太白南慢行至天市垣西牆没青白有尾跡八月丙戌星出紫微垣西牆如杯北急行至濁没赤黄有尾跡九月己亥星出紫微垣西牆如太白西北慢流至濁没青白有尾跡丁未星透雲出天船如太白西慢流至內階没赤黄有尾跡庚戌星出紫微垣東牆如太白東北急流至鉤陳没青白有尾跡十月己未星出奎西如太白西慢行至天倉南没青白有尾跡戊辰星出天囷西如太白西南速行至土司空没赤黄有尾跡十一月戊戌星出五車如太白西南緩行入濁没赤黄有尾跡十二月甲子星出外屏如太白西南速行入濁没赤黄有尾跡四年正月丙午星出五車西如杯南速行入濁没赤黄照地明二月甲子星出昴西如杯西緩行入濁没青白三月癸巳星出天市垣內斗星西如太白西北速行至貫索西没赤黄有尾跡五月己亥星出左攝提如太白東北急行至濁没赤黄有尾跡六月丁丑星出營室西如太白西南急流至壘壁陣没赤黄有尾跡辛巳星出造父西如太白東南慢流至天棓没青白有尾跡七月戊申星出天津東如太白西慢流至天棓没赤黄有尾跡八月己未星出五諸侯西如太白東南慢流入濁没青白有尾跡照地明辛酉星出天市垣西牆西如太白西急行入濁没赤黄有尾跡癸亥星出北河西如太白西北急行至上台没赤黄乙丑星出南斗北如太白西南緩行入濁没赤黄九月甲午星出紫微垣西牆東如太白東北速行入濁没赤黄有尾跡乙巳星出天廩如太白南緩行至天苑没青白有尾跡照地明丙午星出北落師門南如太白南緩行入濁没青白有尾跡照地明又星出北落師門南如太白南緩行入濁没青白有尾跡十月壬子星出紫微垣內北極北如太白東北緩行至紫微垣西牆没青白有尾跡癸丑星出外屏北如太白東緩行至天囷没赤黄有尾跡甲寅星出文昌西如杯北速行至紫微垣右樞没青白有尾跡照地明乙卯星出牽牛如太白南速行入濁没赤黄有尾跡庚申星出天苑南如太白東南慢行至濁没赤黄有尾跡戊辰星出天囷東如杯東緩行至濁没青白有尾跡癸酉星出五車東如太白東北急行至濁没赤黄有尾跡照地明十一月壬辰星出天棓西如杯西北緩行至濁没赤黄有尾跡庚子星出太微垣左執法南如太白東南慢行至角没赤黄有尾跡五年七月己丑星出七公南如太白西南急行至天市垣西牆没赤黄癸巳星出太

微垣東如杯西急行入濁没青白有尾跡如鉤南行十月戊寅星出紫微垣内後宫東如杯北慢行入濁没赤黄照地明又星出文昌西如杯急行至卷舌没赤黄有尾跡照地明甲申星出天雞南如杯西慢行至濁没赤黄丁亥星出紫微垣東如杯北慢行至濁没青白戊子星出羽林軍如太白西南急行至濁没赤黄有尾跡乙巳星出婁南如杯西北急行至七公没赤黄有尾跡照地明十一月甲寅星出七星南如杯西慢行至參旗没青白有尾跡十二月辛卯星透雲出五車東如太白東北急行至文昌没赤黄有尾跡壬辰星出招摇東如太白西北急行至濁没青白丙申星出角南如太白南慢行至庫樓没赤黄有尾跡六年正月庚申星出天市垣東如杯東南急行至濁没青白三月庚午星出氐東如盂西慢行入濁没赤黄照地明四月丙子星出貫索西如杯北慢行至紫微垣墻上宰没青白照地明戊寅星出貫索西如太白西南急行至亢没赤黄有尾跡己卯星出柳北如太白西南急行至南河没赤黄有尾跡五月癸卯星出螣蛇西如杯西北慢行至濁没青白照地明六月辛未星出營室北如杯東南急行至壘壁陣没赤黄有尾跡照地明庚子星出天市垣吳越東如杯東南急行至牽牛没青白有尾跡照地明七月丙寅星出壘壁陣西如杯南緩行至濁没青白有尾跡戊辰星出天關如杯東南緩行至東井内没青白有尾跡照地明己巳星出天倉東如太白南速行至天囷没赤黄有尾跡照地明八月庚辰星出天市垣内宗正南如太白西南速行入濁没赤黄有尾跡壬辰星出羽林軍西如杯南緩行入濁没青白有尾跡分迸照地明乙未星出河鼓如杯南速行至建没青白有尾跡照地明九月甲辰星出鉤陳東如杯北速行至濁没赤黄有尾跡照地明丙午星出天苑南如杯南速行入濁没青白有尾跡照地明辛亥星出天船西如杯西速行穿北斗没赤黄有尾跡照地明辛酉星出鉤陳東如杯西南速行至天紀没赤黄有尾跡照地明丁卯星出文昌西如杯西北速行至王良没赤黄有尾跡照地明十一月甲辰出弧矢東如盂西南緩行至天社没青白有尾跡照地明辛酉出軒轅南如杯南緩行入濁没赤黄有尾跡照地明七年正月丁未出角南如太白東南速行至濁没青白丁巳出張南如杯西南緩行至濁没赤黄有尾跡二月壬申出天棓北如杯東北緩行至造父没青白有尾跡照地明辛卯出軫北如杯東慢行至角没青白有尾跡照地明三月甲子出西咸北如杯急南行至氐没赤黄有尾跡照地明四月壬申出軒轅西如太白西北慢行至五車没青白有尾跡又出漸臺南如杯東北急行至天津没青白有尾跡照地明丙戌星出天市垣蜀星西如杯東北慢行至候星没青白有尾跡照地明六月辛未星出輦道東如太白北急行至鉤陳没赤黄有尾跡又星出狗國南如太白東北慢行至天田南曲尺東行至天壘城没赤黄己卯星出天市垣内刻肆西如太白西南慢行入濁没赤黄色有尾跡庚辰星出華蓋北如杯東北慢行至天船没赤黄有尾跡乙酉星出壘壁陣北如太白東南急行入濁没赤黄有尾跡庚寅星出梗河西如太白西南急行至氐没赤黄有尾跡又星出五車北如太白東北急行至北河没青黄有尾跡照地明辛卯星出危西如太白西南急行至南斗没赤黄有尾跡壬辰星出紫微垣墻内鉤陳北如太白西北急行至北斗魁内没赤黄有尾跡照地明七月甲寅星出王良北如盂北慢行至文昌没赤黄有尾跡丁巳星出天津北如太白北急行至紫微垣墻内没赤黄有尾跡照地明戊午星出大陵北如太白東北慢行至濁没赤黄有尾跡壬戌星出羽林軍東如太白東南急行入濁没赤黄有尾跡癸亥星出天倉如杯南急行入濁没青白有尾跡八月戊寅星出北斗天樞南如太白東北慢行至文昌没青白有尾跡癸未星出羽林軍内如杯北慢行至大陵没赤黄有尾跡乙酉星出天紀西如太白東慢流至奚仲没赤黄有尾跡九月丁酉星出羽林軍南如太白南慢流至濁没赤黄有尾跡辛丑星出王良西如太白西北急流至濁没有尾跡丙午星出天囷東如太白東急流至九斿没青白有尾跡照地明戊申星出天倉北如杯東北慢流至濁没青黄甲子星透雲出營室東如太白西南急流至左旗没赤黄十月丙子星出天倉西如杯西南慢流至敗臼没赤黄尾跡分裂照地明又星出軫東如杯東南急流至濁没赤黄有尾跡照地明丙戌星出五車如杯東北慢流至濁没赤黄有尾跡照地明戊子星出天苑南如太白西南急流至濁没赤黄有尾跡又星出右樞星東如太白東北慢流至濁没青白八年正月壬子星出貫索西如杯東北急流至濁没赤黄有尾跡照地明二月乙亥星出七星如太白西緩行至弧矢没赤黄有尾跡三月丁酉星出積水東如太白西北速行至五車東没赤黄有尾跡戊戌星出貫索東如太白東北速行至織女没赤黄有尾跡四月癸亥星出北斗天樞北如杯北速行至鉤陳没赤黄閏四月癸巳未昏星出土司空南如太白西南速行至天廟没赤黄有尾跡照地明又星出心東如杯南速行至濁没赤黄照地明五月壬戌星出尾東如太白西南速行至濁没赤黄有尾跡戊寅星出文昌西如太白西北緩行至濁没赤黄六月癸巳星出天市垣西墻西如太白西南緩行入氐没赤黄戊戌星出天市垣齊星東如太白西南緩行至濁没赤黄有尾跡又星出齊星北如太白西南速行至天市垣内列肆没赤黄有尾跡又星出文昌東如太白北行至濁没赤黄有尾跡照地明乙巳星出北落師門南如太白南速行至濁没赤黄壬子星出北斗魁東如杯北緩行至濁没青白有尾跡照地明七月辛酉星出天津北如太白東北緩行至天船没赤黄有尾跡照地明庚午星出北斗搖光西如杯北速行至濁没赤黄癸未星出奎北如太白東北速行至大將軍没赤黄有尾跡甲申星出天市垣東如太白西南速行至濁没赤黄八月癸巳星出壘壁陣南如太白南緩行至濁没赤黄九月壬戌星出織女南如太白西南緩行至濁没赤黄乙丑星出織女南如太白西北速行至濁没赤黄有尾跡丙寅星透雲出河鼓北如太白東南緩行至危没赤黄又星出天倉南如太白西南速行至濁没赤黄有尾跡又星出中台東如太白東北速行至濁没青白有尾跡十月壬辰星出軍市西如太白西南速行至濁没赤黄有尾跡照地明乙未星出弧矢西北如杯東南緩行至濁没青白有尾跡照地明丙申星出大陵西如杯西北緩行至閣道没青白又星出五車西如太白北速行至天船没青白有尾跡九年正月丙子星出七公北如太白東北急行至濁没赤黄有尾跡己卯星出天船東如杯西北急行至天大將軍没赤黄有尾跡照地明三月甲子星透雲出天市垣内宗正西如太白西北慢行至太微垣内五帝坐没赤黄有尾跡又星透雲出紫微垣西如杯西北急行至濁没赤黄有尾跡照地明丙子星出卷舌東如太白南慢行至濁没赤黄有尾跡四月庚寅星出天市垣如杯北急行至紫微垣没青白有尾跡照地明辛亥星出心南如太白南急行入濁没赤黄有尾跡五月庚申星出天津如杯東南慢行入濁没赤黄有尾跡照地明丁丑星出尾北如太白東南急行入濁没赤黄有尾跡戊寅星出心南如太白南急行入濁没赤黄壬午星出天津北如太白西南急行至天江没赤黄有尾跡六月戊戌星出華蓋西如太白西北急行至濁没赤黄有尾跡戊子星出車府東如太白東南急行至濁没赤黄有尾跡壬辰星出牽牛東如太白南慢行至濁没赤黄有尾跡照地明甲辰星出閣道北如杯西南急行至鉤陳没赤黄有尾跡照地明乙巳星透雲出虚南如太白南急行入濁没赤黄有尾跡丙午星出東壁北如杯南急流至羽林軍没赤黄有尾跡己酉星出閣道南如太白西急行至車府没赤黄有尾跡辛亥星出天市垣内斛星南如太白東南急流至建没赤黄有尾跡又星出北斗内大理北如太白東北急行至濁没赤黄有尾跡又星出天槍南如太白西南急行至濁没赤黄有尾跡照地明癸丑星出天棓南如太白東南慢行至天津没赤黄有尾跡七月乙卯星出羽林軍西如太白西南急行至濁没赤黄有尾跡戊寅星出外屏西如太白東北急行至天囷没赤黄有尾跡壬午星出王良西如杯東北慢行至濁没青白有尾跡八月戊子星出大角東如太白南緩行至氐没赤黄有尾跡又星出王良北如太白西北急流至天津没青白有尾跡壬寅星出危北如杯西南急流至濁没赤黄有尾跡照地明甲辰星出梗河南如太白西急流至濁没青白有尾跡照地明戊申星出外屏北如太白南急流至土司空没赤黄有尾跡辛亥星出營室西如太白南急流至墳墓没赤黄壬子星出參西如太白東南急流至狼星没赤黄有尾跡照地明又星出紫微垣内後宫東如杯北急流至濁没赤黄有尾跡照地明癸丑星出天大將軍如太白急流至造父没赤黄有尾跡照地明九月丁巳星出昴北如杯東北急流至五車没赤黄有尾跡又星出紫微垣少輔東如杯西北急流至濁没赤黄有尾跡照地明戊午星出南河東如歲星東慢流至七星没赤黄有尾跡辛酉星出牽牛西如太白東慢流至危没赤黄有尾跡戊辰星出王良西如太白西北慢流至北斗没青白有尾跡丁丑星出危西如太白南慢流至牽牛没青白有尾跡庚辰星出紫微垣墻右樞北如太白北急流至濁没赤黄有尾跡照地明十月己酉星出天囷西如太白東南緩行至天苑没赤黄有尾跡己丑星出昴南如太白西北緩行至内階没赤黄有尾跡照地明庚子星出五車西如杯緩行至鉤陳没赤黄辛丑星出屏星如盂向東速行入濁没赤黄有尾跡照地明癸卯星出天倉北如太白東北緩行至天囷没赤黄有尾跡丁未星出柳東如太白東速行入濁没青白有尾跡十一月甲寅星出參旗西如太白南緩行至

天苑內沒赤黃有尾跡庚午星出弧矢東如太白東南緩行入濁沒赤黃有尾跡十二月癸未星出天苑東如太白西南緩行至濁沒赤黃有尾跡庚子星出婁東如杯西南緩行至濁沒青白有尾跡照地明甲辰星出軍井西如太白南緩行至天囷沒赤黃有尾跡十年正月丁丑星出紫微垣內相南如太白南緩行至太微垣右執法沒赤黃有尾跡辛巳星出參西如太白西南速行至天苑沒赤黃有尾跡二月丙戌星出五車大星西如太白赤黃色北急流至大陵沒有尾跡癸巳星透雲出北斗北如太白速行入濁沒青白有尾跡戊申星出天弁東南如杯東速行入濁沒赤黃有尾跡明燭地三月丁巳星出右樞東如太白東北速行至濁沒赤黃有尾跡四月甲申星出河鼓北如太白東速行至濁沒青白有尾跡甲辰星出郎位北如太白西急行至下台南沒赤黃明燭地己酉星出積卒北如杯南急流至濁沒青白有尾跡明燭地又星出太微垣內屏南如太白西南慢流至翼南沒赤黃有尾跡照地明五月甲戌星出庫樓北如太白西南慢流至濁沒赤黃乙亥星出五車西南如太白西北急流至文昌沒赤黃有尾跡丁丑星出天市垣內候北如太白東北急流至左旗沒赤黃有尾跡六月辛丑星出天市垣西如杯西北急流至右攝提沒赤黃有尾跡照地明乙巳星出王良東如太白西北急行至紫微垣內鉤陳沒赤黃有尾跡丙午星出天雞南如太白南慢流至濁沒青白有尾跡戊申星出南斗南如太白東南急流至濁沒赤黃有尾跡七月庚戌星透雲出北斗南如太白西南急流至氐宿沒赤黃有尾跡又星出天市垣內宗人東如太白南急流至尾沒赤黃有尾跡甲寅星透雲出氐如太白西北急流至濁沒赤黃有尾跡乙亥星出人星西南如太白西北急流至織女沒赤黃有尾跡八月己卯星出左攝提東如杯東慢流至天大將軍沒赤黃有尾跡照地明壬午星出鉤陳東如太白東北慢流至濁沒青白有尾跡照地明壬辰星出天船西如太白西慢流至紫微垣沒赤黃有尾跡甲辰星出軍市西如太白東南慢流至濁沒青白有尾跡照地明九月庚戌星出內階北如杯北慢流至文昌沒青白有尾跡照地明戊辰星透雲出織女如太白西北急流至紫微垣內北極沒赤黃有尾跡照地明又星出紫微垣內北極東如太白北急流至濁沒青白有尾跡己巳星出司怪西如太白東北急流至濁沒赤黃有尾跡照地明庚午星出天船北如太白西北急流至紫微垣內階沒青白有尾跡壬申星出紫微垣少尉東如杯北急流至濁沒青白有尾跡照地明丙子星出河鼓北如太白西急行至濁沒青白有尾跡十月己卯星出七星北如太白東急行至濁沒赤黃乙酉星出天紀北如杯西慢行至濁沒赤黃有尾跡照地明丁亥星出昴南如杯西急行至營室北沒赤黃有尾跡照地明又星出東井北如杯東急行至軒轅沒赤黃有尾跡照地明辛卯星出天棓北如太白北急流至濁沒赤黃有尾跡己亥星出霹靂北如太白西北急行至濁沒赤黃有尾跡照地明庚子星出紫微垣內如太白北急流至濁沒青白照地明辛丑星出軒轅西第三星北如杯東南慢流至天狗沒赤黃有尾跡照地明乙巳星出紫微垣內鉤陳東如太白東北慢行至濁沒青白十一月癸丑星出天廟西如太白西南急行至濁沒赤黃有尾跡照地明甲寅星出天廚北如杯西行至天棓沒赤黃又星出天船北如太白西北急行至騰蛇沒赤黃有尾跡照地明乙卯星出紫微垣內五帝坐南如太白東北急行至角沒青白有尾跡十二月甲申星出天廟東南如杯南急行至濁沒赤黃有尾跡

宋史卷五十八考證

天文志十一　癸未星出奎北如太白東北速行至大將軍沒○大將軍上脫天字

宋史卷五十九

元　中書右丞相總裁脫脫等修

天文志第十二

天文十二　流隕三

元豐元年正月丁卯星出天紀向南速行至天社北沒赤黃庚午星出天紀南如太白西南慢行至天社沒赤黃有尾跡閏正月壬寅星出紫微垣內鉤陳北如杯北慢行至濁沒青白有尾跡甲辰星出柳北如杯西急行至天廪沒赤黃有尾跡照地明二月己酉星出太微垣內如杯西南急行至翼沒有尾跡照地明癸亥星出角南如杯西南急行至土司空沒青白三月丁酉星出箕東如杯西南急行至濁沒赤黃有尾跡照地明四月丙寅星出閣道東如杯北急行至濁沒赤黃有尾跡照地明六月甲辰東南方光燭地有星如盂出瓠瓜至內階沒分裂有聲如雷己巳星出左攝提西如太白西南急行至太微垣內五諸侯沒赤黃有尾跡照地明辛未星出外屏北如太白東北慢行至濁沒青白有尾跡七月甲申夕星出大角南如太白北慢行至北斗沒赤黃有尾跡庚子星出天市垣內列肆東如杯西慢行至亢沒青白有尾跡八月己酉星出紫微垣內陰德南如杯北急行至濁沒赤黃有尾跡照地明乙卯星出營室北如盂西北慢行至濁沒赤黃有尾跡照地明丙辰星出貫索西北如太白西慢行至濁沒青白有尾跡甲子星隔雲照地明東北急行至濁沒九月庚辰星出鉤陳北如杯西北急行至濁沒赤黃有尾跡甲申星出七公北如太白西北慢行至濁沒青白有尾跡己亥星出天囷南如杯東南慢行至濁沒青白有尾跡照地明又星出東井西如杯東北急行至濁沒赤黃有尾跡照地明十月乙巳星出天津北如太白西北急行至天棓沒赤黃有尾跡照地明十二月丙子星出北河北如杯東南急行至弧矢沒赤黃有尾跡照地明二年三月戊子星出氐內如太白東北緩行至天市垣內候星沒赤黃有尾跡照地明五月戊辰星出軫中如太白西速行至濁沒赤黃有尾跡照地明庚午星出天廚東如太白東北速行至天津沒赤黃有尾跡照地明甲午星出氐南如太白南速行至濁沒青白丙申星出織女北如杯北速行至紫微垣內太子沒赤黃有尾跡照地明丁酉星出紫微垣上宰北如杯北速行至右樞沒青白照地明六月戊戌星出尾東如杯南速行至濁沒青白照地明庚子星出危東如杯東緩行至濁沒青白有尾跡照地明七月乙巳星出雷電北如太白東速行至霹靂赤黃有尾跡庚子星出氐北如杯西速行至濁沒青白照地明庚寅星出天津西如杯南急行至河鼓沒赤黃有尾跡照地明八月癸卯星出天囷西如太白東南速行至濁沒赤黃有尾跡九月戊辰星出天弁如太白西南速行至天市垣沒青白有尾跡照地明十月丁未星出天船北如太白西南速行至營室沒青白有尾跡乙卯星出北斗西如太白東北速行至濁沒赤黃有尾跡十二月壬子星出輿鬼東如太白東北速行至軒轅沒赤黃有尾跡照地明三年正月癸未星出右攝提西如太白青白色東北速行至濁沒有尾跡二月辛丑星出弧矢南如太白東南速行至濁沒青白有尾跡五月庚午星出尾南如太白南速行至濁沒青白有尾跡辛未星出中台北如太白東南緩行至天江沒赤黃丁丑星出織女西如杯東北速行至濁沒青白有尾跡六月己亥星出南斗南如杯南速行至鼈星沒青白有尾跡照地明壬子星出天津東如杯東速行至濁沒青白有尾跡照地明七月甲子星出天棓如杯北急行至濁沒赤黃有尾跡丙寅星出天棓北如杯西南急流至濁沒赤黃有尾跡照地明己丑星出北斗西如太白東北急流至濁沒赤黃有尾跡照地明八月乙卯星出天囷北如太白東南慢流至弧矢沒赤黃有尾跡照地明戊午星出紫微垣內大理西如太白北慢流至濁沒青白有尾跡閏九月辛卯星出輿鬼南如杯急流至軒轅沒赤黃有尾跡照地明庚戌星出紫微垣內鉤陳北如太白北急流至天棓沒青白照地明十月庚申星出狼東如太白東南急流至濁沒青白有尾跡照地明十一月丙辰星出廁星東如太白東南慢流至濁沒青白四年正月戊戌星出五車北如杯西南急流至天囷沒赤黃有尾跡分裂六月戊寅星出紫微垣內廚南如太白南慢流至大角沒赤黃有尾跡八月丁巳星出壁壘陣南如杯西南慢流至濁沒青白有尾跡照地明癸亥星出文昌北如太白東北慢流至濁沒青白有尾跡癸酉星出貫索南如太白東南至天市垣秦星沒赤黃色有尾跡照地明戊寅星出婁大如太白東急流至濁沒青白己卯星出文昌西如太白北慢流至紫微垣內鉤陳沒赤黃有尾跡九月己酉星出天街如杯北急行穿五車北沒赤黃有尾跡照地明庚戌星出天倉南如太白南急行至濁沒赤黃有尾跡照地明十一月乙丑星出紫微垣內六甲如太白東北慢行至濁沒赤黃有尾跡照地明乙未星出鉤陳北如太白東北慢行至濁沒赤黃有尾跡照地明五年四月庚申星出角東如太白東南急行至濁沒赤黃辛未星出紫微垣內鉤陳北如太白急行至濁沒青白五月己丑星出天津西如太白西北急行至紫微垣內鉤陳沒赤黃有尾跡六月丁卯星出天槍東如太白西急行至天鐏沒赤黃有尾跡照地明己卯星出郎位如太白東南急行至濁沒赤黃有尾跡照地明七月辛巳星出天市垣內列肆西北如杯西急行至濁沒赤黃有尾跡照地明十月庚戌星出參南如太白東南急行至濁沒青白辛亥星出參旗南如杯東急行至軍井沒青

白有尾跡甲寅星出騰蛇西如太白南速行入虛没赤黃有尾跡照地明甲子星出中台南如太白東北速行至濁没赤黃有尾跡十一月辛巳星出五車西南如太白西北速行入雲没赤黃有尾跡照地明甲申星出天津北如太白東北速行至紫微垣內鉤陳没赤黃有尾跡十二月庚申星出東壁西如太白西南速行至濁没赤黃有尾跡戊辰星出畢南如太白西南速行至濁没赤黃壬申星出中台北如太白東北速行至濁没赤黃六年四月辛酉星出軒轅西南如杯西緩行至天鐏没青白有尾跡照地明閏六月丙子星出貫索東北如杯西南急行至濁没青白有尾跡照地明戊寅星出貫索西如盂西緩行至濁没赤黃有尾跡照地明己卯星出天槍東如太白西南急行至濁没赤黃有尾跡癸卯星出壁壘陣西南如太白西南慢行至濁没青白有尾跡照地明八月癸巳星透雲出王良南如太白西南急行至室没青白有尾跡甲午星出騰蛇北如太白西北急行至濁没青白有尾跡丙申星出天船北如太白西北急流至文昌没赤黃有尾跡照地明九月癸卯星出五車東如杯北急行至濁没赤黃照地明己巳星出輿鬼東北如太白西北速行至紫微垣內文昌没赤黃有尾跡照地明庚申星出危北如太白西南急行至牽牛没赤黃有尾跡乙丑星出織女西南如太白西北急行至濁没青白有尾跡十月辛丑星出大角西如太白南慢行至角距星没青白有尾跡照地明七年四月辛未星出牛星東如杯西南慢行至濁没赤黃有尾跡丙子星出亢如太白西南急行至角没赤黃有尾跡照地明六月庚辰星出天棓南如太白西南急行入天市垣內候星没青白有尾跡癸巳星出紫微垣東如杯東北流行至濁没赤黃有尾跡戊子星出王良西如杯西北速行至女牀没赤黃有尾跡照地明丁酉星出鱉星南如太白東南急行至濁没赤黃有尾跡照地明七月丙午星出閣道北如杯北慢行至濁没青白已未星出胃東如太白東急行至濁没青白有尾跡八月辛未星出文昌東如太白西北速行至濁没青白有尾跡照地明癸巳星出天津東如太白西南急流至河皷没青白有尾跡十一月乙卯星出虛南如杯西南急行至濁没赤黃有尾跡照地明丁巳星出七星東如太白東南急行入濁没赤黃有尾跡照地明八年正月丙午透雲星出角南如杯東南速行至濁没赤黃有尾跡照地明二月丙寅星出婁南如太白西速行至濁没赤黃有尾跡庚辰星出太微垣左執法北如太白東南速行至濁没赤黃有尾跡癸巳星出紫微垣內鉤陳東如盂西北速行至濁没青白有尾跡照地明六月己丑星出右旗西如杯向南急流至濁没青白有尾跡明燭地七月庚申星出胃宿如杯急流至天囷没青白有尾跡明燭地十月壬申透雲星出王良西如太白急流至織女北没赤黃有尾跡明燭地丁丑透雲星出天囷南如太白東南慢流至濁没青白有尾跡戊子透雲星出奎東如太白西北急流至濁没赤黃有尾跡明燭地庚寅星出昴南如太白急流至濁没青白有尾跡明燭地十二月乙巳星出紫微垣鉤陳東如太白向北速行至太子没黃赤有尾跡明燭地元祐元年正月癸巳星出狼星南向東南急流至濁没赤黃有尾跡明燭地癸丑透雲星出近軫南如太白東南急流至濁没青白有尾跡明燭地二月丙戌透雲星出近紫微垣文昌西向西北急流至王良北没赤黃有尾跡明燭地又星出上台北向西北急流至王良南没赤黃有尾跡明燭地閏二月庚戌星出五車南向西北慢流至濁没青白五月壬申星出女北向東急流至虛東没青白有尾跡明燭地六月甲辰星出天津西如太白西南急流至尾北没赤黃有尾跡明燭地七月丁巳星出墳墓東如太白慢流至壁南没青白有尾跡明燭地九月庚申星出天苑南如太白向南急流入濁没赤黃有尾跡明燭地壬戌星出天津北如太白西北急流至濁没赤黃有尾跡十月庚寅星出羽林軍南如太白西南急流至濁没赤黃有尾跡辛丑透雲星出近五車西如太白西南急流至天囷北没青白有尾跡丙午星出室南如太白西南急流至濁没赤黃有尾跡明燭地戊申星出紫微垣北如太白西北急流至濁没青白有尾跡十二月庚寅星出天苑南如太白東北急流至濁没赤黃有尾跡二年正月癸酉星出柳南如杯東南急流至濁没赤黃有尾跡照地明辛巳星出軫南如杯向南急流至濁没赤黃有尾跡照地明壬子星出柱史西如盂西北急流至鉤陳東没赤黃有尾跡四月丙午星出天棓南如太白東北急流至天津没赤黃有尾跡照地明六月壬寅星出文昌東如杯向北急流至濁没赤黃有尾跡照地明九月甲寅星出天市垣中山北如太白向西急流至天紀西没赤黃有尾跡照地明丁丑星出雷電南如太白向西急流入天市垣內至宗正東没赤黃有尾跡照地明三年二月己酉星出亢南如杯向南慢行至濁没赤黃有尾跡照地明六月壬午晝酉時八刻後星出西南甲位如盂向東急流至卯位没青白有尾跡庚子星出壁南如杯東南急流入羽林軍內没赤黃有尾跡照地明甲辰星出天市垣魏星西如太白西北急流至梗河西没赤黃有尾跡又有星出霹靂南如杯東南急流至羽林軍東没赤黃有尾跡照地明八月癸巳夕有星出中天向東急流至濁没青白有尾跡照地明十一月戊申星出北斗天璇如杯流至南河没赤黃有尾跡照地明閏十二月甲子星出天廚北如太白向北急流至濁没赤黃有尾跡四年二月己酉星出五諸侯西如太白急流至五車北没赤黃有尾跡明燭地三月戊戌星透雲出織女東如太白速行至天津西没赤黃明燭地己亥星透雲出氐西如太白速行至濁没赤黃有尾跡明燭地四月壬寅星出車肆南如太白速行至濁没青白有尾跡明燭地五月癸巳星出天弁南如太白速行至尾北没赤黃有尾跡明燭地八月甲辰星出天津東如太白慢流至霹靂東没青白有尾跡九月己巳星出天津東南如大白速行至女牀西北没赤黃有尾跡明燭地壬午星透雲出天棓北如太白速行至濁没赤黃有尾跡十月丁巳星出天津東南如太白速行至濁没赤黃有尾跡明燭地十一月乙酉星出司怪西南如杯慢流至參旗没赤黃有尾跡五年正月己酉星出右攝提如杯西北緩行至濁没青白有尾跡明燭地四月癸丑星出天廚如太白急流北至濁没赤黃有尾跡明燭地又星出天棓如杯急流北至濁没青白有尾跡明燭地又星出天市垣斗星西北如杯急流至北斗西没青白有尾跡明燭地五月癸酉星出文昌如太白急流北至濁没赤黃有尾跡明燭地六月庚申星出室北如太白東北緩行至濁没青白有尾跡辛酉星出氐如太白西北急流至濁没青白有尾跡又星出紫微垣少尉如太白西北急流至濁没赤黃有尾跡明燭地七月辛未星出危如太白東南急流至濁没青白有尾跡明燭地癸未星出天市垣屠肆西如太白急流西至貫索南没赤黃有尾跡明燭地丁亥星出自天市垣市西如太白西南急流至心没赤黃有尾跡明燭地八月甲午星出房西如太白東南急流至心没赤黃有尾跡明燭地庚子星出內廚如太白急流至文昌北没赤黃有尾跡明燭地癸卯星出八穀西如太白東北急流至濁没青白有尾跡九月辛巳星出軍市西如太白東南急流至濁没赤黃有尾跡乙酉星出漸臺西如太白急流至濁没青白有尾跡辛卯星出羽林軍內如太白西南急流至濁没赤黃有尾跡明燭地十月甲午星出柳如杯緩北行至濁没有尾跡明燭地己未星出車府西如太白急流至北天津西南没青白有尾跡明燭地又星出紫微垣柱史南如杯西南緩行至天津東没赤黃有尾跡明燭地十一月壬戌星出紫微垣內極星北如太白急流北至濁没青白有尾跡十二月己亥星出柳如太白西北流至北河没赤黃有尾跡明燭地丙辰星出卷舌西如太白急流西至濁没青白有尾跡六年二月辛丑星出翼東如杯東南急流至濁没赤黃有尾跡明燭地丙辰星透雲出郎將西如太白東北速行至紫微垣內少尉没赤黃有尾跡明燭地五月乙酉星出天市垣內宗人南如杯西北急流至宋星南没赤黃有尾跡明燭地丁亥星出貫索東如太白東南急流至候東没赤黃有尾跡六月丙辰星透雲出太微垣內郎位北如太白西南急流至濁没赤黃有尾跡七月癸亥透雲星二昔如太白一出天槍東西南急流至亢東没一出奎東西南急流至壁壘陣東没赤黃有尾跡九月甲寅星出天津北如太白東北慢流至內階没赤黃有尾跡明燭地十月壬戌星出婁南如太白東南慢流至天苑没赤黃有尾跡明燭地丁卯星出東北方如杯急流至濁没赤黃有尾跡又星出王良南如太白東南急流至濁没赤黃有尾跡明燭地七年二月戊午星出敗瓜東南如太白急流至虛東没赤黃有尾跡明燭地甲戌星出平星西如太白急流至濁没赤黃有尾跡己卯星出紫微垣帝星西北如杯急流至濁没青白有尾跡明燭地癸未星出心東如太白急流至尾南没青白有尾跡明燭地三月辛亥星出北極天樞北如太白急流至濁没青白有尾跡明燭地四月癸亥星出輦道東如太白急流至濁没青白有尾跡明燭地甲子透雲星出天市垣燕星南如太白急流至濁没赤黃有尾跡辛巳星出牛西北如杯急流至壁壘陣西没青白有尾跡明燭地六月庚午星出騰蛇南如太白急流至瓠瓜東北没赤黃有尾跡明燭地乙亥星出閣道東如太白急流至天船北没赤黃有尾跡明燭地八月辛未星出奎距星南如太白急流至濁没青白有尾跡光明燭地九月甲辰星出參旗西如太白急流至參東南没青白有尾跡明燭地八年正月甲申星出天市垣內候南如杯東南急流至箕南没赤黃有尾跡明燭地三月庚寅透雲星出左攝提東南如太白東北慢流至濁没青白有尾跡又星出天市垣內如太白東北急流至漸臺

南没赤黄有尾跡明燭地五月辛丑星透雲出紫微垣天厨西如太白向北急流至濁没青白有尾跡明燭地六月庚申星出氐北如太白慢流至角西没赤黄有尾跡明燭地八月壬戌星出中天如太白東南急流至濁没青白有尾跡庚午星出五車北如太白東北急流至濁没赤黄有尾跡明燭地九月辛卯星出紫微垣如杯向南急流青白有尾跡明燭地至五車内没乙未透雲星出羽林軍南如太白東南急流至濁没赤黄有尾跡明燭地丁酉星出敗瓜西如太白西南急流至天弁北没赤黄有尾跡明燭地又星出壬艮北如太白向北急流至上輔西北没青白有尾跡己亥透雲星出天苑南如太白東南急流至濁没赤黄有尾跡明燭地癸卯星出天苑西南如太白西南急流至濁没赤黄有尾跡明燭地十月乙巳星出營室北如太白西南急流至左旗北没赤黄有尾跡明燭地戊申星出天棓東南如杯北流至濁没赤黄有尾跡明燭地又星出壁西如太白向南慢流至羽林軍没青白有尾跡明燭地紹聖元年正月壬午晝星出中天如太白西南急流入濁没赤黄丙戌星出鉤陳北如杯東北急流至北斗没赤黄有尾跡明燭地丁酉透雲星出北斗摇光西如太白西北速行至鉤陳没赤黄有尾跡明燭地二月丙午透雲星出壁東如杯西南慢流至濁没青白有尾跡庚午星出紫微垣内天槍西南如杯急流入濁没赤黄有尾跡明燭地四月辛酉星出北斗摇光南如太白向南急流至大角没赤黄有尾跡明燭地六月癸酉星出人星南如太白急流至牛没赤黄有尾跡明燭地丁丑晝有飛星出東南如太白西北急流至中天没青白有尾跡明燭地乙未星出牛東南如太白西南速行入濁没赤黄有尾跡明燭地丙申透雲星出室北如太白西南速行入天市垣至宗正西没赤黄有尾跡八月戊戌星出奎南如太白東南速行至天囷没赤黄有尾跡明燭地九月庚子星出天囷南如太白急流至九州殊口没赤黄有尾跡明燭地丁巳透雲星出羽林軍南如太白西南急流入濁没赤黄有尾跡明燭地辛酉星出天弁西如太白慢行至濁没赤黄有尾跡明燭地丙寅星出室東如太白急流至濁没青白戊辰星出紫微垣内鉤陳南如杯急流至濁没赤黄有尾跡明燭地十月己巳星出紫微垣内如太白慢行至濁没青白有尾跡癸酉星出軒轅如太白急流至濁没赤黄有尾跡明燭地甲申星出天倉内如太白慢行至上台没赤黄有尾跡明燭地辛卯星出鬼東如太白急流至濁没赤黄有尾跡明燭地十一月庚子星出北斗天樞西北如杯急流至濁没赤黄有尾跡明燭地壬戌星出星宿如太白急流至天稷西没赤黄有尾跡明燭地又星出天廟南如杯慢行至濁没青白照地明十二月辛未透雲星出柳西如太白東南速行至張没赤黄有尾跡明燭地壬申星出天厨如太白急流至濁没青白有尾跡二年三月丁未星出危西如杯西急流至敗瓜南没赤黄有尾跡明燭地丙辰星出天津東北如杯向東慢流至室北没青白有尾跡明燭地四月甲申透雲星出上台南如太白西北慢流至濁没赤黄有尾跡明燭地五月癸卯星出漸臺東如太白東北急流至人星南没赤黄有尾跡明燭地甲寅星出閣道東北如太白東北急流至濁没青白有尾跡明燭地辛酉透雲星出建西北如太白西南急流至箕宿南没赤黄有尾跡明燭地六月壬午透雲星出壁壘陣北如太白東南急流至濁没青白有尾跡明燭地七月辛丑星出九州殊口東如太白東南慢流至濁没赤黄有尾跡明燭地乙巳星出天棓北如杯東北急流至内階東没赤黄有尾跡明燭地庚申星出天槍西南如太白西南急流至濁没青白有尾跡明燭地九月乙未星出北斗天樞西南如太白東北急流至濁没青白有尾跡明燭地丁酉星出左史東如杯東北急流至上台西没赤黄有尾跡明燭地庚戌星出外厨西南如太白西北急流至濁没赤黄有尾跡明燭地十月癸亥星出厠星東如太白東南急流至濁没青白有尾跡明燭地甲子星出輦道東如太白西南慢流至漸臺南没赤黄有尾跡又星出螣蛇西北如太白西北急流至濁没青白有尾跡明燭地丙寅星出天倉南如太白向南急流至濁没赤黄有尾跡明燭地戊辰星出昴東南如太白向西急流至天陰西没青白有尾跡明燭地甲戌星出壁南如太白向東南急流至天倉南没赤黄有尾跡明燭地丙戌透雲星出參旗北如太白向東慢流至背北没赤黄有尾跡丁亥透雲星出婁東如杯向東急流至胃北没青白有尾跡明燭地庚寅透雲星出張南如太白東南急流至濁没赤黄有尾跡明燭地十一月癸巳星出外屏西如太白西南急流至羽林軍西没赤黄有尾跡明燭地庚申星出外屏西南如太白西北慢流至濁没赤黄有尾跡十二月甲子透雲星出中天如杯西南急流至濁没赤黄有尾跡明燭地戊辰透雲星出五車北如太白西北急流至濁没青白有尾跡明燭地三年二月丙子透雲星出太微垣如太白慢流至濁没赤黄有尾跡四月庚申星出貫索西南如太白急流至女牀東没赤黄有尾跡明燭地五月乙未星出平星西如杯急流至濁没青白有尾跡明燭地辛丑星出天棓南如太白急流至漸臺東南没赤黄有尾跡六月壬戌星出女牀南如太白急流至織女西没赤黄有尾跡明燭地七月癸丑星出室北如太白急流至天倉東北没赤黄有尾跡明燭地乙卯透雲星出危南如太白急流至濁没赤黄有尾跡明燭地丁巳星出左史東如太白慢流至背北没青白有尾跡明燭地八月癸亥星出天津南如太白急流至天棓北没赤黄有尾跡乙酉星出天倉南如太白慢流至濁没青白有尾跡明燭地九月乙未星出七公北如太白慢流至角北没青白有尾跡明燭地丁未星出五車西北如太白急流至文昌南没青白有尾跡明燭地辛亥星出右史西如太白急流至壁東没赤黄有尾跡明燭地壬子星出天倉南如太白急流至濁没赤黄有尾跡明燭地又星出昴南如杯慢流至諸王没青白癸丑星出北斗天璇東如太白慢流至輦道西南没赤黄有尾跡明燭地又星出閣道西北如太白急流至大將軍西没赤黄有尾跡明燭地甲寅星出柳西南如太白急流至屏星没赤黄有尾跡明燭地又星出文昌西北如杯急流至鉤陳西没赤黄有尾跡明燭地十月己未星出天市垣吳越星西如太白急流至濁没赤黄有尾跡明燭地丁丑透雲星出織女西南如太白急流至濁没青白有尾跡明燭地壬午星出亢池東南如太白急流至濁没青白有尾跡明燭地十一月癸巳星出五車東南如太白東北慢流至濁没青白有尾跡明燭地甲午星出太微垣郎位西北如太白急流至周鼎北没赤黄有尾跡明燭地戊戌星出柳北如太白急流至軒轅西没赤黄有尾跡明燭地壬子星出紫微垣太一西如太白慢流至鐵鑕南没赤黄有尾跡明燭地十二月丁巳星出南河北如太白急流至濁没赤黄有尾跡明燭地四年正月甲辰星出北斗開陽南如太白東北急流至鉤陳没青白有尾跡明燭地二月戊午星出井南如太白東南急流至弧矢西北没赤黄有尾跡明燭地丙子星出星宿北如太白向北急流至紫微垣右樞西没赤黄有尾跡明燭地三月己未晝星出東南丙位如太白西南急流至西南未位没赤黄有尾跡四月壬辰星出天淵東南如太白南慢流至濁没青白有尾跡明燭地五月甲戌星出人星東如太白向東急流至濁没青白有尾跡明燭地庚辰星出紫微垣鉤陳西南如太白向北慢流至濁没赤黄有尾跡明燭地六月甲申星出亢西南向西急流至濁没色赤黄又星出室西南急流至女西没色青黄皆如太白有尾跡明燭地乙未星出紫微垣少輔東如太白西北急流至北斗天權西没赤黄有尾跡明燭地丙午透雲星出壬良西北如太白東北急流至濁没青白有尾跡明燭地戊申星透雲出室西北如太白西北急流至紫微垣内鉤陳南没赤黄有尾跡明燭地七月丙辰星出天津北如太白東北急流至天棓西没色赤黄戊午透雲星出匏瓜南如太白向東急流至人星西南没赤黄有尾跡明燭地丙子星出匏瓜南如太白西南速行至牛西没赤黄有尾跡明燭地八月己酉星出天市垣南海向西南慢流至濁没色青白又星出天大將軍西西北急流至室東没色赤黄皆如太白有尾跡明燭地九月壬子星出女牀西北如太白西南急流至天市垣内斗星北没赤黄有尾跡明燭地乙卯星出河鼓西西南急流入天市垣東海西没色赤黄又星出天園東東南急流入濁没色青白皆如太白有尾跡明燭地戊午透雲星出牛西大如杯西南急流至建北没赤黄有尾跡明燭地丁卯星出天棓西如太白西北急流入濁没青白有尾跡明燭地十月丁酉星出天關東北如太白東南慢流至濁没青白有尾跡辛丑透雲星出文昌北如太白向北急流入紫微垣内鉤陳北没赤黄有尾跡明燭地十二月甲申星出太微垣内五諸侯西如太白西南急流至明堂南没赤黄有尾跡明燭地癸巳透雲星出天廟東如太白東南慢流至濁没青白有尾跡明燭地乙巳星出中台南如太白西南慢流至八穀北没赤黄有尾跡明燭地丁未星出天倉北西南急流至壁壘陣北没赤黄又星出天倉西北西南急流至濁没青白皆如太白有尾跡明燭地元符元年二月丁亥星出井北如太白急流至參没赤黄有尾跡明燭地戊申星出宗正東如太白急流至天江南没赤黄有尾跡明燭地三月甲戌星出明堂南急流至土司空西没又星出天乳北急流至角没皆如太白赤黄有尾跡明燭地四月乙酉透雲星出卷舌如杯慢流至濁没青白有尾跡戊子星出氐西如太白慢流至濁没赤黄有尾跡明燭地丙午星出文昌南慢行至濁没又星出平星東南急流至濁没皆如杯青白有尾跡五月庚戌星出斗宿南如太白急流至濁没赤黄有尾跡明燭地戊辰星出左旗東南如太

白急流至下台東没赤黄有尾跡明燭地癸酉星出文昌東如太白急流至濁没青白有尾跡明燭地六月癸巳星出天津東南如杯至室東没青白有尾跡又星出室如杯至壁東没青白有尾跡辛丑星出箕如太白急流至尾没赤黄有尾跡明燭地壬寅星出文昌西如太白慢行至濁没赤黄有尾跡明燭地七月丁未星出天津西北如太白急流至建東没赤黄有尾跡明燭地甲寅星出騰蛇東北如太白急流至閣道東没赤黄有尾跡明燭地乙卯星出太角東北如太白急流至濁没青白有尾跡丁巳戌時初刻星出東方如杯急流至濁没赤黄有尾跡癸亥星出鉤陳南如太白慢行至文昌北没赤黄有尾跡明燭地八月壬辰西南方有星自濁出如太白慢行經天至紫微垣北斗天樞西北没赤黄有尾跡明燭地九月癸亥星出天囷東南如太白急流至濁没青白有尾跡丙寅星出井西如太白急流至室西北没赤黄有尾跡明燭地十月丁酉星出壁南如太白急流至女西没赤黄有尾跡明燭地十一月辛未星出胃南如太白慢行至婁西南没赤黄有尾跡明燭地二年正月辛酉星出太陽守東南如太白急流至濁没青白有尾跡明燭地二月丙申星出鉤陳東如太白西北慢流至濁没青白壬寅星出天市垣趙星西南如太白急流至吳越星没赤黄有尾跡明燭地癸卯星出靈臺北如太白向西慢行至軒轅没赤黄有尾跡明燭地五月戊辰星出氐西南如太白西南速行至濁没青白有尾跡明燭地六月丁酉星出亢池東如太白西北急流至太微垣東扇上將没赤黄有尾跡明燭地戊戌透雲星出壘壁陣南如太白東南速行至羽林軍没赤黄有尾跡八月乙未透雲星出閣道東如太白東北急流至濁没赤黄有尾跡明燭地九月己巳星出昴東南如太白向南慢流至天苑没青白有尾跡明燭地閏九月乙亥星出河鼓西如太白西南急流入天市垣内没青白有尾跡明燭地又星出天苑東南如太白向南急流至濁没青黄有尾跡明燭地十月辛丑星出女西北如太白西南急流至牛西北没青白有尾跡明燭地癸卯星出上台東如太白西北急流至文昌没青白有尾跡明燭地壬戌星出壁南如太白向南急流入羽林軍没赤白有尾跡明燭地十一月丙子星出陰德東如太白東北慢行至北斗魁内大理西没赤黄有尾跡庚寅星出中台東如太白向北急流至濁没赤黄有尾跡明燭地三年五月癸巳星出織女如杯西北慢流至北斗搖光没青白有尾跡明燭地

宋史卷五十九考證

天文志十二九月庚子星出天囷南如太白急流至九州殊口没○臣召南按九州殊域九星與天囷相近此殊口當作殊域後文同

丁巳星出左史東○按左史當作左更此字形相似而誤也

慢流至鐵鑕南没○按鐵鑕當作鈇鑕

宋史卷六十

元中書右丞相總裁脫脫等修

天文志第十三

天文十三 流隕四

建中靖國元年正月癸亥星出西南如孟東北急流入尾距星没青黑無尾跡明燭地崇寧元年三月庚辰星出張如金星西南急流至濁没赤黄有尾跡明燭地五月丁卯星出尾如杯西南慢流入濁没青白有尾跡明濁地閏六月癸酉星出斗向西南慢流至建没青白有尾跡數小星從之八月己未星出羽林軍如杯急流至濁没青白有尾跡明燭地十月壬子星出天船如孟急流至五車没青黑有尾跡聲隆隆然十二月己卯星出婁如金星西南慢流至外屏没赤黄有尾跡明燭地二年正月戊申星出未位如金星急流至北河没青白有尾跡明燭地六月戊午星出亢如金星西南急流入濁没赤黄有尾跡明燭地九月辛巳星出牛如杯西南慢流至狗國没青白有尾跡明燭地十一月甲辰星出參如金星西南急流至濁没青白有尾跡明燭地十二月丁未星出大陵如金星至騰蛇没赤黄有尾跡明燭地三年四月戊申星出軫如杯西北慢流入太微垣内屏星没赤黄有尾跡明燭地又入太微又入屏星六月丙午星出氐如金星東北慢流入天市垣赤黄有尾跡明燭地八月己酉星出建如杯西南急流至鼈没青白有尾跡明燭地十二月甲子星出天大將軍如孟西北急流入王良没赤黄無尾跡明燭地四年正月甲申星出角如孟西南慢流入濁没青白無尾跡閏二月壬申星出井如金星西北急流入五車没青白有尾跡明燭地三月庚子星出紫微垣華蓋如杯至鉤陳大星没赤黄有尾跡明燭地五月庚申星出河鼓如孟西北急流入濁没青白無尾跡十二月甲午星出參如杯東南慢流入軍市没赤黄有尾跡明燭地五年六月庚午星出西咸如金星東北急流入天市垣内没青白有尾跡明燭地六月乙酉星出庫樓如杯向西急流入濁没赤黄有尾跡明燭地九月癸卯星出天船如杯慢流至諸王没青白有尾跡明燭地十二月壬戌星出奎向南急流入天倉没青白有尾跡及三丈明燭地聲散如裂帛大觀元年二月丁卯星出參如杯西南急流入濁没赤黄無尾跡明燭地四月辛未星出軫如孟向南慢流入濁没青白有尾跡明燭地六月乙亥星出尾西南如杯西南慢流入濁没青白有尾跡明燭地七月庚戌星出箕如杯西南急流入濁没赤黄無尾跡照地明二年十二月癸卯星出奎如孟西北急流入造父没青白有尾跡照地明有聲政和元年四月丙辰星出亢如孟西北急流至右攝提没赤黄有尾跡照地明五月辛巳日未中星隕東南二年九月乙卯星出斗如杯西南急流入濁没赤黄有尾跡照地明三年四月丙申星出心如孟西南急流至積卒没青白有尾跡照地明四年九月庚子星出墳墓如孟東南急流入羽林軍没青白有尾跡照地明七年十二月甲子星出胃東南如孟西北急流至天大將軍没赤黄有尾跡照地明重和元年九月庚辰星出斗魁南如孟東南急流至天淵没赤黄有尾跡照地明宣和元年三月丁卯星出柳如孟東北急流入太微垣赤黄有尾跡照地明十月戊子星出雲雨如孟西南慢流入羽林軍内没青白照地明二年六月庚寅星出氐南如太白東北急流入天市垣無尾跡十二月辛巳星出奎西南如杯西南慢流至北没赤黄有尾跡照地明三年七月癸未星出斗如太白東南急流入濁没青白有尾跡照地明四年十一月丙寅星出王良北如杯急流至紫微垣内上輔北没赤黄有尾跡照地明五年二月丙午星出北河東北如杯東南慢流至軫没赤黄有尾跡照地明六年七月丁酉星出太陽守如孟東北急流入濁没赤黄有尾跡照地明七年十一月戊子星出王良北如杯急流入紫微垣上輔北赤黄有尾跡照地明靖康元年二月丙辰星出張如太白東南急流至濁没青白有尾跡照地明又星出北河如太白東南慢流至軫東没赤黄有尾跡照地三月壬辰星出紫微垣内鉤陳東南如金星東北漫流至濁没赤黄有尾跡照地五月乙未星出權東北如桃西北急流至濁没青白有尾跡照地六月癸丑星流大如五斗器衆光隨之明照地起東南墜西北有聲如雷庚申星出紫微垣内華蓋東南如金星向北急流至左樞没二年正月乙未大星出建向西南急流至濁没赤黄有尾跡照地建炎四年六月乙酉星出紫微垣鉤陳十月辛未星出壁紹興元年四月甲戌星出東方晝隕七月乙未朔星出河鼓八月辛未星出羽林軍十一月庚戌星出婁宿西南丁巳星出天槍北十二月甲子朔星出大陵西北二年三月甲午星出紫微垣華蓋西南乙卯星出角丁巳星出紫微垣右樞星戊午星出軒轅大星西南閏四月乙巳星出太微垣西右執法北五月癸未星出河鼓五年十月壬戌星出室東南赤黄而大六年十月壬子星出壁西北七年八月壬寅星隕于外八年十一月乙巳星出天囷東北九年五月癸未星出房宿東南十七年八月己未星出危宿慢流至貫索没青白色有尾跡照地明大如太白一十六年六月乙亥星出東北方光明照地二十八年六月戊戌星晝隕有尾長三丈至西北没二十九年八月戊寅星出紫微垣西南約長三尺赤黄色西南急流至鉤陳大星東北没三十一年六月乙卯星出右攝提赤白色急流向東南没有尾跡大如歲星丁巳星出青白色自東北急流向東南没有尾跡大如盞口甲子星出氐赤黄色慢流至角宿天田没初小後大如太白後有小星隨之九月壬午星晝隕約長三丈隆興元年六月丁丑星出尾宿青白色向東南慢流没七月壬寅星出天市垣内赤色向西北慢流至右攝提西南没炸散小星二十餘顆有聲尾跡大如太白丙午又出天市垣慢流至氐宿没青白色微有尾跡小如塡星癸丑星出織女急流向貫索西北没青白色明大如土星照地丙辰星出輦道急流入天棓西南没赤黄色有尾跡小如土星八月庚申星出羽林軍赤黄色向東南急流至濁没戊辰星出虛宿赤黄色急流至牛宿西南没壬申星出天市垣赤青色慢流至西咸西北没癸酉星出壁宿赤黄色急流犯王良星没如太白丙子星出羽林軍門青白色慢流委曲行至東南濁没辛巳星出南斗赤黄色慢流入羽林軍没有尾跡大如金星次有星一赤黄色有尾跡亦如金星出雲雨星慢流向西南至女宿之下没戊子星出羽林軍門東南慢流至濁没青白色有尾跡大如土星又星一青白色出天倉向東南急流有尾跡小如木星至濁没九月庚戌星出紫微垣外坐赤黄色向西北急流抵紫微垣内坐尚書星没十一月庚寅星出軫宿急流向東南騎官星没赤黄色有尾跡大如木星丁未飛星出天船急流向紫微垣外

坐內廚西北没炸出二小星青白色有尾跡照地大如木星二年二月辛酉飛星出權星慢流至太微垣內五帝坐大星西南没青白色微有尾跡大如歲星六月丁丑星出王良青白色急流犯天津西南没乙卯飛星出造父急流入紫微垣內鉤陳大星東南没青白色大如填星辛亥星出天關急流貫入畢口西北没有尾跡照地明大如太白赤黃色十月丙辰星出趙國向西南慢流犯趙東星没有尾跡大如填星赤黃色十一月壬午朔星出卯位慢流至西南没有尾跡照地明大如太白青白色癸未星出犯弧矢急流至天廟東南没有尾跡大如太白青白色丁亥星出天苑向西南慢流至濁没微有尾跡大如太白色赤黃癸卯星出羽林軍慢流向西南濁没大如太白色赤黃辛亥星出南河向東南慢流至翼宿没微有尾跡大如太白色赤黃十二月壬午星出弧矢向東南至濁没有尾跡照地明大如太白色青白乾道元年三月丙辰星出周國急流至天雞没微有尾跡大如歲星色黃白甲子星出張宿慢流向西南至濁没有尾跡照地明大如太白色赤黃五月丁丑星出河鼓白色向東北慢流至濁没有尾跡照地明大如太白六月甲辰星出東北慢流向西南没有尾跡音聲大如太白色赤黃七月壬戌星出西南慢流至東南没大如歲星色赤黃庚午星出代國慢流至趙國没大如歲星色青白九月戊申星出王良慢流至尾宿没十月癸未星出權星東南急流至太微垣没有尾跡照地明如太白色青白二年二月庚子星出西北方急流至濁没明大如歲星色青白六月丙子星出角宿急流至軫宿没有尾跡大如太白色赤黃七月己巳星出織女急流至天市垣內宗星没有尾跡大如歲星青白色十一月己未星出急流東南蒼黑雲間没大如歲星色青白十二月星出天關急流至外屏星没有二小星隨之赤黃色微有尾跡大如歲星三年九月甲午星出卷舌急流至婁宿没有尾跡大如歲星黃白色又有星青白色出北斗急流至少宰西北没大如歲星五年七月甲子星出宗正赤色慢流至女宿没有尾跡照地明大如歲星九月丙辰星出赤黃色如蛇入天棓没六年九月辛巳星出狼星入弧矢至濁没微有尾跡大如填星赤黃色十月庚戌星出天囷急流至濁没有尾跡大如歲星赤黃色七年七月戊戌星大如拳急流向西北方至濁没有尾跡照地如雲九月甲午透雲星出急流向西南方至濁没高丈餘有尾跡照地明大如太白色青白淳熙三年正月辛未星出狼星急流至濁没尾跡照地明大如太白四月戊戌星出角宿青白色五年八月乙巳星出狼星急流向東南没微有尾跡大如太白青白色六年八月壬辰星出紫微垣鉤陳大星慢流至濁没有尾跡大如盞口青白色七年五月乙亥星出天市垣內東海星慢流炸作三小星有尾跡照地大如盞口青白色八月丁未星出貫索大星西北急流至濁没有尾跡照地明大如太白色青白十一年四月乙丑星出自中天慢流向東北方没微有尾跡炸作小星相從有聲明大如太白色青白十五年二月辛未星出天樽大如盞口急流至濁没色青白慶元二年九月甲午四年六月甲午星皆晝隕七月壬寅星出羽林軍下青白色大如桄九月丁巳星出奎宿向壁壘陣没赤白色大如太白五年六月丁丑星出東北慢流至西南方没大如歲星青白色九月壬子星出西南慢流向東北没大如太白青白色嘉泰二年四月辛巳星出西北急流東北至濁没色赤十月乙酉星出五車大如歲星四年十一月庚午星出天津急流入天市垣没開禧元年正月庚子星出中天赤色大如太白向濁没七月癸亥星出天津入斗宿東南没色赤大如太白二年六月癸丑星出招搖入庫樓色赤大如太白嘉定元年六月辛未星出天津東北慢流向天市垣没二年六月壬午星出織女東南慢流入天市垣没色赤有尾跡照地明大如太白庚寅星出中天急流向東北至濁没三年九月己酉星夕隕五年七月乙巳星出中天慢流向西南方至濁没六年五月癸亥星晝隕九月癸卯星夕隕丁巳星晝隕十月戊戌星出昴宿西南慢流向天囷東南没壬戌星出西南慢流至濁没青白色十二月壬寅星晝隕七年三月壬午星出軫宿距星東南慢流至濁没五月辛卯星出天津西南慢流向心宿西北没八年七月癸未星出室宿距星東北急流向天倉星西北没乙酉星出織女東南慢流向牛宿西北没有尾跡照地明大如太白青白色八月甲辰星出天津西南慢流向河鼓東北没十二月丙申星出五諸侯東北慢流向天關西南没有聲及尾跡明照地赤黃色九年六月乙巳星出牛宿距星東北慢流至濁没十年五月壬申星出尾宿距星西北慢流向牛宿距星東南没十一年六月乙卯星出河鼓距星西南急流向正西至濁没十二年十一月乙亥星出昴宿東南急流至濁没十三年十二月丁巳星出軫旗東北慢流至濁没赤黃色十三年二月壬午星出南河距星東南慢流向西南至濁没赤黃色八月戊午星出房宿距星急流至濁没有尾跡照地明大如太白赤黃色十一月甲申星出天倉距星西北慢流向東南方至濁没赤黃色十六年十一月壬戌星出五諸侯東北急流向西北至濁没色赤黃隆隆有聲及尾跡照地大如盞寶慶二年四月辛亥星出大如太白紹定元年六月己酉星晝隕二年正月庚辰九月壬辰星出大如太白三年十一月丁未星晝隕四年七月庚戌星出大如太白九月甲辰星晝隕五年八月甲寅星夕隕閏九月己酉星出大如太白端平元年六月丙戌星西南行大如太白有尾跡照地明二年四月戊子星出大如太白六月庚辰星晝隕七月丁酉星出大如太白辛丑星晝隕十月辛卯星出大如太白三年五月庚辰星出心宿大如太白六月癸巳星夕隕嘉熙元年正月壬午星出大如太白二月己丑星夕隕九月癸丑星出七公西至濁没十月戊戌星出大如桃二年四月甲子七月辛卯九月乙未星出大如太白六月甲辰八月癸亥星晝隕三年三月甲戌星晝隕八月辛丑星出大如太白四年正月辛巳六月戊午星出大如太白二月辛丑三月癸未星晝隕淳祐元年六月癸酉星出大如太白己卯星晝隕三年六月甲戌星出氐宿距星大如太白八月乙卯星晝隕四年四月丙子星出尾宿距星下大如太白六月乙未星出畢宿大如太白六年七月癸酉星出室宿大如太白九月甲子星出斗宿尾跡青白照地大如太白七年九月丙辰星出室宿八年六月甲辰星出河鼓大如太白十月丙辰星出角宿距星九年六月壬戌其日星自南方急流至濁没赤黃色大如太白十月壬申星出織女十年四月丁酉朔星夕隕十一年七月丁丑星出畢宿距星赤黃色大如太白八月己丑朔星夕隕十二年四月庚申星出角宿亢星大如太白八月癸丑星出角色赤照地寶祐元年四月丁巳星出大如太白二年七月庚戌星出大如太白三年七月辛酉星出大如太白十月丁丑星出畢宿距星五年七月丁卯星出大如桃六年九月戊辰透霞星出開慶元年六月己亥星出斗宿河鼓急流向東南至濁没赤黃色有音聲尾跡照地明大如太白景定元年七月丙子星出東南大如太白十月乙卯星出東北急流向太陰有音聲尾跡照地明大如桃三年四月甲辰星出大如盞六月己酉星出大如熒惑九月丙子星出大如太白閏九月丙戌透霞星出大如太白庚子星出大如太白四年五月戊戌星出角宿距星六月丁卯星出河鼓八月乙卯星出天倉五年二月壬戌星出畢宿五月甲午星出河鼓大星東南急流向西北至濁没赤黃有尾跡照地明大如太白七月己卯星出右攝提咸淳二年六月甲戌星出左攝提三年七月庚寅星出昴宿東南急流至濁没赤黃有尾跡照地明大如太白四年七月戊午星出氐宿距星西北急流入騎官星没赤黃有尾跡照地明大如桃五年五月庚申星出斗宿距星東北急流向牛至濁没六月庚寅星出斗宿七月壬戌星出東南河鼓距星西北急流至濁没德祐元年四月癸亥有大星自心東北急流入濁没

妖星

建隆二年五月己丑天狗墮西南紹興十七年正月乙亥妖星出東北方女宿內小如歲星光芒長五丈二月丙寅始消淳熙十三年九月辛亥星出大如太白色先赤後黃白尾跡約二尺委曲如蛇行類枉矢十四年五月有星出濁際大如日與日相摩盪而入嘉定十一年五月癸未蚩尤旗竟天端平二年春天狗墜懷安金堂縣聲如雷三州之人皆聞之化爲碎石其色紅咸淳十年九月壬寅有星見西方曲如蚓德祐元年二月丁亥有星二鬭於中天頃之一星墜

星變

紹興三十一年六月戊午大角星東北生角隆興二年九月戊戌大角光體搖動十月丙子弧矢九星內矢一星偏西不向狼星乾道元年八月乙巳大角光體搖動淳熙元年七月辛亥奎宿生芒

雲氣

乾德三年七月己卯夜西方起蒼白氣長五十丈貫天船五車亘井宿開寶元年十月乙未旦西北起蒼白氣三道長二十丈趨東散太平興國四年四月己巳夜西北有白氣歷北斗雍熙三年正月己未夜赤氣如城四年正月癸酉夜白氣起角亢經太微垣歷軒轅大星至月傍散端拱元年十月壬申遲明巽上有雲過中天連地濃潤前赤黃後黑蒼色先廣後大行勢如截十一月戊午夜西北方赤氣如日脚高二丈至道二年二月丙子夜西方蒼白色氣長短八道如彗掃稍經天漢參錯如交蛇咸平三年十月辛亥黑氣貫北斗十二月庚午黑氣長三丈餘貫心宿入天市垣抵帝坐久方散四年三月丙申白氣二亘天十月辛亥黑氣貫北斗五年正月白氣如虹貫日久而散七月戊戌白氣如陣貫東井

六年四月己巳白氣東西亘天丁丑白氣貫日五月辛亥白氣出昴至東壁没六月辛未赤氣出貫天丙子白氣出河鼓左右旗分爲數道没七月癸卯白氣如彗起西南景德元年三月白氣貫軒轅蒼白氣十餘如布亘天五月乙巳白氣數道如芒帚長七尺許七月辛亥黄氣出壁長五丈餘十一月癸丑黑氣十餘道衡日二年正月丙寅黄白氣貫月黑氣環之二月丁丑白氣五道貫北斗十月丙子白氣出閣東西孛孛有光三年三月丙辰北方赤氣亘天白氣貫月四月癸卯黄氣如柱貫月十月甲午黑氣貫北斗魁四年三月己未白氣東西亘天庚申白氣出南方長一丈許久而不散四月庚午白氣貫北斗長十丈庚寅白氣如布襲月三丈許甲午南方有黑氣貫心宿長五丈許十一月己巳中天有赤氣如掃長七尺在輿鬼南大中祥符九年正月癸亥朔黄氣出於艮丁丑白氣二東西亘天七月西北方白雲氣如彗箒三十餘條二年九月戊午黄氣如柱起東南方長五丈許三年四月丁巳中天黑氣東西亘天十二月癸亥青赤氣貫太微五年二月壬寅白氣長五丈出東井貫北斗魁及軒轅七年五月有氣出紫微爲宮闕狀光燭地天禧二年四月黄氣如柱貫月天聖七年二月己卯夜蒼黑雲長三十丈貫弧矢翼軫明道元年十月庚子夜黄白氣五貫紫微垣十二月壬戌西北有蒼白氣亘天景祐元年八月壬戌青黄白氣如彗長七尺餘出張翼之上凡三十三日不見四年七月戊申夜黑氣長丈餘出畢宿下寶元二年正月壬子夜蒼黑雲起西北方長三十尺漸東南行歷婁胃昴畢及火木相次中天而散三月甲寅夜細黑雲起西北方長三十丈貫王良及營室康定元年三月丙子夜東南方近濁黑色横亘數丈濶尺許良久散六月壬子黑氣起心宿西長五十丈首尾侵濁久之散慶曆元年八月庚辰夜東方有白氣長十尺許在星宿度中至十日長丈餘衝天相居星宿大星南九十餘日没壬午夜黑氣起西南長七丈貫危宿羽林入濁至天津良久散癸卯夜蒼白雲起西北濶二尺許首尾至濁良久没二年十一月壬申黑氣貫北斗柄八月甲申白雲貫北斗三年正月戊戌中天有白氣長二十丈向西南行貫日四月癸卯白氣二生西北隅上中天首尾至濁東南行良久散七月戊辰西南生黑氣長三丈許經天而散八月壬子夜白氣貫北斗魁四年五月甲子夜黑氣起東北方近濁長五丈許良久散九月辛巳夜中天有氣長二丈許貫卷舌南河東北少項散十一月甲子夜蒼白雲起南近濁久方散八年正月丁酉夜黑氣生首尾至濁漸東行久之乃散二月辛卯夜西方近濁生黑氣長三丈良久散皇祐四年十一月壬寅夜黑氣生東方南北至濁貫參宿軒轅辛酉夜白氣起北方近濁長五丈許歷北斗久之散治平元年六月戊午夜蒼白雲起東北方長一丈許貫畢二年二月乙未夜蒼黑雲起西北方長五丈許貫東井及北斗良久散四月癸巳夜蒼黑雲起西北方長三十尺西至軒轅大民北抵鈎陳丙午夜西北方有白氣漸東南行首尾至濁貫角宿移西北久方散九月庚申夜西北蒼黑雲長三丈許貫營室壘壁陣及天河三年六月丁未夜東方有蒼白雲長一丈許貫畢四年二月癸巳夜蒼白雲起南方長三丈濶尺貫南門星三月甲寅夜西南方起蒼白雲二長三丈濶尺相距二尺貫東井南河久之乃散閏三月辛巳夜蒼黑雲起南方兩首至濁濶尺貫尾箕斗牛庫樓騎官五月戊寅夜蒼黑雲起北方長三丈濶尺貫紫微垣王良壬寅夜蒼黑雲起北方長三丈濶尺貫紫微垣甲辰夜蒼黑雲起東方長丈濶尺貫天苑五車參旗六月癸亥夜白雲起東北方長五丈上濶下狹貫天船閣道傳舍紫微垣天棓戊辰夜黑雲起北方長三丈濶尺貫北斗紫微垣王良八月乙亥夜黑氣起西北方長丈濶尺貫北斗十月庚申長黄氣一上下貫月中十一月丙子夜蒼黑氣起南方長五丈濶二尺東至庫樓北至南河横貫翼十二月庚戌夜蒼黑雲起南方長三丈濶二尺貫五車東井五諸侯熙寧元年正月乙酉夜蒼白雲起西南方長四丈濶尺貫月及南河輿鬼軒轅六月己酉夜蒼黑雲起北方長二丈濶尺貫北斗魁東貫文昌十月庚申夜蒼黑雲起北方東西兩首至濁貫織女天棓紫微垣北斗魁二年四月甲辰夜蒼白雲起東南方長三丈濶尺貫天市垣六月辛酉夜蒼黑雲起西南方長四丈濶二尺貫大角左右攝提天市垣斗女牛七月甲申日下有五色雲十一月每夕有赤氣見西北隅如火至人定乃滅三年二月庚申夜蒼黑雲起西北方長三丈濶二尺貫王良扶箱天廚六月己未夜蒼黑雲起西北方長丈濶尺貫五車又起西北長丈餘貫北斗魁文昌五年七月丁亥夜白雲起南方長丈貫氐房心六月五年庚申夜蒼黑雲起東北方長五丈濶二尺貫雲雨閣道七年三月壬子蒼白雲起西南方長二丈濶尺貫日經中天過白氣如帶四月壬申夜蒼白雲起北方長五丈濶二尺貫北斗魁鈎陳王良閣道東至奎丙戌夜蒼白雲起西北方長三丈濶尺貫東井紫微垣鈎陳六月辛未夜蒼黑雲起天河中長五丈南北兩首至濁貫尾箕又蒼黑雲起東方長五丈貫羽林外屏甲戌蒼白雲起西方長三丈貫軫角太微丙戌夜蒼白雲起南方長二丈貫危室壁及八魁丁亥夜蒼白雲起東方長二丈貫月及畢奎婁外屏又起南方長二丈貫危室壁及八魁壬辰夜蒼白雲起西南方長二丈貫天棓紫微垣癸巳夜蒼黑雲起東方長五丈貫牛天倉歲太白卷舌七月庚戌夜蒼白雲起東方長丈餘貫參旗及參八年二月己巳夜蒼黑雲起西方長丈貫軫軒轅乙酉夜蒼黑雲起東方長三丈貫心天市垣列肆宗人五月壬戌夜蒼黑雲起西南方長二丈貫氐房心癸亥蒼黑雲起西方長三丈貫軒轅太微垣五帝坐十月庚子夜黑雲起西北方長三丈貫畢大陵鈎星九年四月庚寅夜白氣起東北方天棓入天市垣辛亥夜蒼黑雲起南方長二丈貫庫樓騎官積卒心尾六月乙未夜蒼白雲起東北方長四丈貫室壁閣道七月己亥夜蒼黑雲起南方長四丈貫軍市天園十月乙酉夜蒼黑雲起西北方長四丈貫北斗鈎車府十年六月癸未夜蒼黑雲起南方長三丈濶尺貫龜鼈天淵乙巳夜蒼白雲起東北方長三丈濶尺貫五車及畢七月丙子夜蒼黑雲起北方長丈貫北斗魁八月庚辰蒼黑雲起東北方長二丈貫參井北河五諸侯九月庚申夜蒼黑雲起北方由北斗魁杓貫紫微垣至天棓十月辛丑夜蒼黑雲起南方長二丈貫斧鉞鈇鑕元豐二年四月戊申夜白雲起南方長三丈貫庫樓積卒龍尾辛亥夜蒼白雲起南方長三丈貫房五年四月壬申夜蒼白雲起北方長二丈出太微垣貫五帝坐常陳八年十月庚申夜蒼黑雲生北方長三丈濶尺貫北斗文昌天槍元祐三年七月戊辰夜東北方近濁天明照地如月將出偏西北有白氣經天九月己酉夜赤氣起北方漸生白氣數道紹聖二年十一月桂陽監慶雲見元符二年九月戊辰夜赤氣起北方紫微垣北斗星東南次有白氣十道各長五尺崇寧元年十一月己酉赤氣隨日没二年五月戊子夜蒼白雲起東南方長三丈貫尾箕斗政和元年十一月甲戌夜蒼白氣起紫微垣貫四輔五年四月庚子有白雲自北直徹中天漸成五色如華蓋七年五月乙卯夜赤雲白氣起東北方宣和元年六月辛巳夜赤氣起北方半天如火七月戊午夜赤雲起東北方貫白氣三十餘道二年二月戊戌夜赤雲起東北漸向西北入紫微垣三年九月壬午夜蒼白氣長三丈貫月四年九月丁丑西方日下有赤氣七年四月壬子夜有赤雲入紫微垣靖康元年正月丁丑夜赤白氣起西方九月戊寅有赤氣隨日出九月乙未西方日下有赤氣十一月乙丑日下有赤氣閏十一月丁酉赤氣亘天二年正月己亥夜西北陰雲中有火光長二丈餘濶數尺時時見二月壬午夜白氣如虹自南亘北漸移西南至東北三月戊子夜白氣貫斗建炎元年八月壬申東北有赤氣四年五月壬子赤雲亘天中有白氣十餘道貫之如練起於紫微犯北斗及文昌由東南而散紹興元年二月己巳白氣亘天七年正月辛未夜東北赤氣如火出紫微宮二月癸卯又如之十一月癸卯有赤雲如火隨日入八年九月甲申朔夜有赤氣如火出紫微垣内十八年八月丁亥西北方赤氣如火二十七年二月乙酉赤氣出紫微垣十月壬寅赤氣隨日出三十年正月壬申東北方赤氣一帶五處如火影十一月甲午西南方白氣自尾歷壁婁昴宿十二月戊申其夜白氣出尾宿歷心房氐亢角入天市貫太微至郎位止有類天漢三十一年十二月辛丑其夜白氣出斗宿歷牛女危至婁止約廣六丈類天漢東西亘天隆興元年十二月壬午其夜白氣出危宿歷室壁奎胃婁至昴止二年十一月庚寅其日赤雲氣偏天隨日入乾道元年正月庚午其夜白氣出奎宿漸上經婁胃昴貫畢入參宿内止三月戊辰其夜白氣自參宿至角宿止與天漢相接約廣七丈四月丁酉其夜蒼白氣自西北漸上東北入天市垣辛丑入北斗魁中及入文昌星乙巳入紫微垣内至北極天樞中十月己丑蒼白雲氣長二丈穿入翼宿十一月丙寅白氣出女宿歷虚危室壁奎婁胃宿入昴宿止二年十二月庚子白氣亘天六年十月庚午赤氣隨日出十一月丁丑赤氣隨日入七年七月壬寅赤氣隨日入十月己未赤氣隨日出八年十月乙巳赤氣隨日入丙午隨日出九年十月壬申其日喬雲見淳熙元年十月戊寅東北方生曲虹三年八月丁酉赤氣隨日入戊戌隨日出五年十月丁巳生曲虹十年正月戊子西南有白氣如天漢而明南北廣六丈東西亘天十四年十一月甲寅赤氣隨日入紹興四年十一月甲戌夜赤雲白氣見五年六月壬寅白氣如帶亘天己酉又如之慶元四年八月庚辰白氣如帶亘天五年二月癸酉夜白氣如帶亘天八月癸亥又如之嘉泰四年二月庚申赤氣亘天十一月壬申其日白氣如帶

亘天癸酉虹見嘉定六年十月乙卯赤氣隨日出十一月辛卯隨日入嘉熙四年二月丙辰白氣亘天淳祐二年二月癸丑朔白氣亘天十年十一月丁丑虹見景定三年七月甲申夜白氣亘天如匹布

宋史卷六十考證

天文志十三三月星出張如金星○臣召南按前文俱云如太白此則依舊史本文未畫一耳後文數處同

建炎四年六月乙酉星出紫微垣鉤陳十月辛未星出壁○臣召南按此二條但記出而不言沒亦省文之一法後文數處亦然然與從前體例異矣且但言星出不又與客星無別乎

雲氣十月丙子白氣出閣東西○按閣下當有道字

宋史卷六十一

元　中書右丞相總裁脫脫等修

五行志第十四

五行一上 水上

天以陰陽五行化生萬物盈天地之間無非五行之妙用人得陰陽五行之氣以爲形形生神知而五性動五性動而萬事出萬事出而休咎生和氣致祥乖氣致異莫不於五行見之中庸至誠之道可以前知國家將興必有禎祥國家將亡必有妖孽見乎蓍龜動乎四體禍福將至善必先知之不善必先知之人之一身動作威儀猶見休咎人君以天地萬物爲體禎祥妖孽之致豈無所本乎故由漢以來作史者皆志五行所以示人君之戒深矣自宋儒周惇頤太極圖說行世儒者之言五行原於理而究於誠其於洪範五行五事之學雖非所取然班固范曄志五行已推本之及歐陽修唐志亦采其說且於庶徵惟述災眚而休祥闕焉亦豈無所見歟舊史自太祖而嘉禾端麥甘露醴泉芝草之屬不絕於書意者諸福畢至在治世爲宜祥符宣和之代人君方務以符瑞文飾一時而丁謂蔡京之姦相與傅會而爲欺其應果安在哉高宗渡南心知其非故宋史自建炎而後郡縣絕無以符瑞聞者而水旱札瘥一切咎徵前史所罕見皆屢書而無隱於是六主百五十年兢兢自保足以圖存易震之彖曰震來虩虩恐致福也人君致福之道有大於恐懼脩省者乎昔禹致羣臣於會稽黃龍負舟而執玉帛者萬國孔甲好鬼神二龍降自天而諸侯相繼畔夏桑穀共生於朝雉升鼎耳而雊而大戊武丁復修成湯之政穆王得白狼白鹿而文武之業衰焉徐偃得朱弓矢宋湣有雀生鸇二國以霸亦以之亡大槩徵之休咎猶卦之吉凶占者有德以勝之則凶可爲吉無德以當之則吉乃爲凶故德足勝妖則妖不足慮匪德致瑞則物之反常者皆足爲妖妖不自作人實興之哉今因先後史氏所紀休咎之徵彙而輯之作五行志

潤下水之性也水失其性則爲災沴舊說以恒寒鼓妖魚孽豕禍雷電霜雪雨雹黑眚黑祥皆屬之水今從之醴泉河清雖爲瑞應苟非其時未必不爲異故雜附於編他如甘露嘉禾芝草一切祥瑞之物見于後者因其事而考其時則休咎自見故亦各以類相從云

建隆元年十月棣州河決壞厭次商河二縣居民廬舍田疇二年宋州汴河溢孟州壞堤襄州漢水漲溢數丈四年八月齊州河決九月徐州水損田乾德二年四月廣陵揚子等縣潮水害民田七月泰山水壞民廬舍數百區牛畜死者甚衆三年二月全州大雨水七月蘄州大雨水壞民廬舍開封府河決溢陽武河中府孟州並河水漲孟州壞中潬軍營民舍數百區河壞隄岸石又溢於鄆州壞民田泰州潮水損鹽城縣民田淄州濟州並河溢害鄒平高苑縣民田四年東阿縣河溢損民田觀城縣河決壞居民廬舍注大名又靈河縣隄壞水東注衞南縣境及南華縣城七月榮澤縣河南北隄壞八月宿州汴水溢壞隄淄州清河水溢壞高苑縣城溺數百家及鄒平縣田舍泗洲淮溢衡州大雨水月餘五年衞州河溢毀州城沒溺者甚衆開寶元年六月州府二十三大雨水江河氾溢壞民田廬舍七月泰州潮水害稼八月集州霖雨河漲壞民廬舍及城壁公署二年七月下邑縣河決是歲青蔡宿州宋諸州水眞定澶滑博洺齊潁蔡陳亳宿許州水害秋苗三年鄭澶鄆淄濟虢蔡解徐岳州水災害民田四年六月汴水決宋州穀熟縣濟陽鎭又鄆州河及汶清河皆溢注東阿縣及陳空鎭壞倉庫民舍鄭州河決原武縣蔡州淮及白露舒汝廬潁五水並漲壞廬舍民田七月青齊州水傷田五年河決澶州濮陽絳和廬壽諸州大水六月河又決開封府陽武縣之小劉村宋州鄭州並汴水決忠州江水漲二百尺六年鄆州河決楊劉口懷州河決獲嘉縣潁川淮滻水溢渰民舍田疇甚衆七月歷亭縣御河決單州濮州並大雨水壞州廨倉庫軍營民舍是秋大名府宋亳淄青汝澶滑諸州並水傷田七年四月衞亳州水泗州淮水暴漲入城壞民舍五百家安陽縣河漲壞居民廬舍百區八年五月京師大雨水濮州河決郭龍村六月澶州河決頓丘縣沂州大雨水入城壞居舍田苗九年三月京師大雨水淄州水害田太平興國二年六月孟州河溢壞溫縣堤七十餘步鄭州壞滎澤縣寧王村堤三十餘步又漲于澶州壞英公村堤三十步開封府汴水溢壞大寧堤浸害民田忠州江漲二十五丈興州江漲毀棧道四百餘間管城縣焦肇水暴漲踰京水濮州大水害民田凡五千七百四十三頃潁州潁水漲壞城門軍營民舍七月復州蜀漢江漲壞城及民田廬舍集州江漲氾嘉川縣三年五月懷州河決獲嘉縣北注又汴水決宋州寧陵縣境六月泗州淮漲入南城汴水又漲一丈塞州北門十月滑州靈河已塞復決四年三月河南府水漲七尺壞民舍泰州雨水害稼宋州河決宋城縣衞州河決汲縣壞新場堤八月梓州江漲壞閣道營舍九月澶州河漲鄆州清汶二水漲壞東陽縣民田復州沔陽縣湖晶漲壞民舍田稼五年五月潁州潁水溢壞堤及民舍徐州白溝河溢入州城七月復州江水漲毀民舍堤塘皆壞六年河中府河漲陷連堤溢入城壞軍營七所民舍百餘區鄜延寧州並三河水漲溢入州城鄜州壞軍營建武指揮使李海及老幼六十三人溺死延州壞倉庫軍民廬舍千六百區寧州壞州城五百餘步諸軍營軍民舍五百二十區七年三月京兆府渭水漲壞浮梁溺死五十四人四月耀密博衞常潤諸州水害稼六月均州涢水均水漢江並漲壞民舍人畜死者甚衆又河決臨邑縣漢陽軍江水漲五丈七月大名府御河漲壞濟口南劍州江水漲壞居民舍一百四十餘區京兆府咸陽渭水漲壞浮梁工人溺死五十四人九月梧州江水漲三丈入城壞倉庫及民舍十月河決懷州武陟縣害民田八年五月河大決滑州房村徑澶濮曹濟諸州浸民田壞居民廬舍東南流入淮六月陝州河漲壞浮梁又永定澗水漲壞民舍軍營千餘區河南府澍雨洛水漲五丈餘壞鞏縣官署軍營民舍殆盡穀洛伊瀍四水暴漲壞京城官署軍營寺觀祠廟民舍萬餘區溺死者以萬計又壞河清縣豐饒務倉庫軍營民舍百餘區雄州易水漲壞民廬舍鄜州河水漲溢入城壞官寺民舍四百餘區荊門軍長林縣山水暴漲壞民舍五十一區溺死五十六人八月徐州清河漲丈七尺溢出塞州三面門以禦之九月宿州睢水漲氾民舍六十里是夏及秋開封浚儀酸棗陽武封丘長垣中牟尉氏襄邑雍丘等縣河水害民田九年七月嘉州江水暴漲壞官署民舍溺者千餘人八月延州南北兩河漲溢入東西兩城壞官寺民舍淄州霖雨孝婦河漲溢壞官寺民田孟州河漲壞浮梁損民田雅州江水漲九丈壞民廬舍新州江漲入南砦壞軍營雍熙二年七月朗江溢害稼八月瀛莫州大水損民田三年六月壽州大水端拱元年二月博州水害民田五月英州江水漲五丈壞民田及廬舍數百區七月磁州漳滏二水漲淳化元年六月吉州大雨江漲漂壞民田廬舍黃梅縣堀口湖水漲壞民田廬舍皆盡江水漲二丈八尺洪州漲壞州城三十堵民廬舍二千餘區漂二千餘戶孟州河漲二年四月京兆府河漲陝州河漲壞大堤及五龍祠六月乙酉汴水溢於浚儀縣壞連堤浸民田上親臨視督衞士塞之辛卯又決於宋城縣博州大霖雨河漲壞民廬舍八百七十區亳州河溢東流氾民田廬舍七月齊州明水漲壞黎濟砦城百餘堵許州沙河溢雄州塘水溢害民田殆盡嘉州江漲溢入州城毀民舍復州蜀漢二江水漲壞民田廬舍泗州招信縣大雨山河漲漂浸民田廬舍死者二十一人八月藤州江水漲十餘丈入州城壞官署民田九月邛州蒲江等縣山水暴漲壞民舍七十區死者七十九人是秋荊湖北路江水注溢浸田畝甚衆三年七月河南府洛水漲壞七里鎭國二橋又山水暴漲壞豐饒務官舍民廬死者二百四十人十月上津縣大雨河水溢壞民舍溺者三十七人四年六月隴城縣大雨牛頭河漲二十丈沒溺居人廬舍九月澶州河漲衝陷北城壞居人廬舍官署倉庫殆盡民溺死者甚衆梓州玄武縣涪河漲二丈五尺壅下流入州城壞官私廬舍萬餘區溺死者甚衆十月澶州河決水西北流入御河浸大名府城知府趙昌言壅城門禦之至道元年四月甲辰京師大雨雷電道上水數尺五月虔州江水漲二丈九尺壞城流入深八尺毀城門二年六月河南瀍澗洛三水漲壞鎭國橋七月建州溪水漲溢入州城壞倉庫民舍萬餘區鄆州河漲壞連堤四處宋州汴河決穀熟縣閏七月陝州河漲是月廣南諸州

並大雨水咸平元年七月侍禁閤門祇候王壽永使彭州回至鳳翔府境山水暴漲家屬八人溺死齊州清黃河泛溢壞田廬二年十月漳州山水泛溢壞民舍千餘區民黃拏等十家溺死三年三月梓州江水漲壞民田五月河決鄆州王陵埽七月洋州漢水溢民有溺死者四年七月同州洿谷水溢夏陽縣溺死者數十人五年二月雄霸瀛莫深滄諸州乾寧軍水壞民田六月京師大雨漂壞廬舍民有壓死者積潦浸道路自朱雀門東抵宣化門尤甚皆注惠民河河復漲溢軍營景德元年九月宋州汴水決浸民田壞廬舍河決澶州橫隴埽二年六月寧州山水泛溢壞民舍軍營多溺死者三年七月應天府汴水決南注亳州合浪宕渠東入於淮八月青州山水壞石橋四年六月鄭州索水漲高四丈許漂滎陽縣居民四十二戶有溺死者鄧州江水暴漲南劍州山水泛溢漂溺居人七月河溢澶州壞王八埽八月橫州江漲壞營舍大中祥符元年六月開封府尉氏縣惠民河決二年七月徐濟青淄大水八月鄜州大水漂溺民居十月京畿惠民河決壞民田三年六月吉州臨江軍並江水泛溢害民田九月河決河中府白浮梁村四年七月洪江筠袁州江漲害民田壞州城八月河決通利軍大名府御河溢合流壞府城害田人多溺死九月河溢於孟州溫縣蘇州吳江汎溢壞廬舍十一月楚泰州潮水害田人多溺者五年正月河決棣州聶家口七月慶州淮安鎮山泰漲漂溺居民六年六月保安軍積雨河溢浸城壘壞廬舍判官趙震溺死又兵民溺死凡六百五十人七年六月泗州水害民田河南府洛水漲秦州定西砦有溺死者八月河決澶州十月濱州河溢於定鎮八年七月坊州大雨河溢民有溺死者九年六月秦州獨孤谷水壞長道縣鹽官鎮城橋及官廨民舍二百九十五區溺死六十七人七月延州洎定平安塞門栲栳四砦山水泛溢壞堤城九月雄霸州界河泛溢利州水漂棧閣萬二千八百間天禧三年六月河決滑州城西南漂沒公私廬舍死者甚衆歷澶州濮鄆濟單至徐州與清河合浸城壁不沒者四板明年旣塞六月復決於西北隅乾興元年正月秀州水災民多艱食十月己酉夜滄州鹽山無棣二縣海潮溢壞公私廬舍溺死者甚衆是歲京東淮南路水災天聖初徐州仍歲水災三年十一月辛卯襄州漢水壞民田四年六月丁亥劍州邵武軍大水壞官私廬舍七千九百餘區溺死者百五十餘人是月河南府鄭州大水十月乙酉京山

縣山水暴漲漂死者衆縣令唐用之溺焉是歲汴水溢決陳留堤又決京城西賈陂入護龍河以殺其勢五年三月襄潁許汝等州水七月辛丑泰州鹽官鎮大水民多溺死六年七月壬子江寧府揚眞潤三州江水溢壞官私廬舍是月雄霸州大水八月甲戌臨潼縣山水暴漲民溺死者甚衆是月河決楚王埽七年六月河北大水壞澶州浮梁明道元年四月壬子大名府冠氏等八縣水浸民田景祐元年閏六月甲子泗州淮汴溢七月澶州河決橫隴埽八月庚午洪州分寧縣山水暴發漂溺居民二百餘家死者三百七十餘口三年六月虔吉諸州久雨江溢壞城廬人多溺死四年六月乙亥杭州大風雨江潮溢岸高六尺壞堤千餘丈八月甲戌越州大水漂溺居民寶元元年建州自正月雨至四月不止谿水大漲入州城壞民廬舍溺死者甚衆康定元年九月甲寅滑州大河泛溢壞民廬舍慶曆元年三月汴流不通八年六月乙亥河決澶州商胡埽是月恒雨七月癸丑衞州大雨水諸軍走避數日絕食是歲河北大水皇祐元年二月甲戌河北黃御二河決並注於乾寧軍河朔頻年水災二年鎮定復大水並邊尤被其害三年七月辛酉河決館陶縣郭固口八月汴河絕流四年八月鄜州大水壞軍民廬舍嘉祐二年六月開封府界及京東西河北水潦害民田自五月大雨不止水冒安上門門關折壞官私廬舍數萬區城中繫栰渡人七月京東西荆湖北路水災淮水自夏秋暴漲環浸泗州城是歲諸路江河溢決河北尤甚民多流亡三年七月京索廣濟河溢浸民田五年七月蘇湖二州水災六年七月乙酉泗州淮水溢七年六月代州大雨山水暴入城七月寶州山水壞城河決北京第五埽治平元年慶許蔡潁唐泗濠楚廬壽杭宣鄂洪施渝州光化軍水九月陳州水災二年八月庚寅大雨地上涌水壞官私廬舍漂人民畜產不可勝數是日御崇政殿宰相而下朝參者十數人而已詔開西華門以洩宮中積水水奔激殿侍班屋皆摧沒人畜多溺死官爲葬祭其無主者千五百八十人熙寧元年秋霸州山水漲溢保定軍大水害稼壞官私廬舍城壁漂溺居民河決恩冀州漂溺居民二年八月河決滄州饒安溺漂居民移縣治於張爲村泉州大風雨水與潮相衝泛溢損田稼漂官私廬舍四年八月金州大水毀城壞官私廬舍七年六月熙州大雨洮河泛溢八年四月潭衡邵道諸州江水溢壞官私廬舍九年七月太原府汾河夏秋霖雨水大漲十月海陽

潮陽二縣海潮溢壞廬舍溺居民十年七月河決曹村下埽澶淵絕流河南徙又東匯於梁山張澤濼凡壞郡縣四十五官亭民舍數萬田三十萬頃洺州漳河決注城大雨水二丈河陽河水湍漲壞南倉溺居民滄衞霖雨不止河濼暴漲敗廬舍損田苗元豐元年章丘河水溢壞公私廬舍城壁漂溺民居舒州山水暴漲浸官私廬舍損田稼溺居民四年四月澶州臨河縣小吳河溢北流漂溺居民五月淮水泛漲五年秋陽武原武二縣河決壞田廬七年六月青田縣大水損田稼七月河北東西路水北京館陶水河溢入府城壞官私廬舍八月趙邢洺磁相諸州河水汎溢壞城郭軍營是年相州漳河決溺臨漳縣居民懷州黃沁河泛溢大雨水損稼壞廬舍城壁磁州諸縣鎮夏秋漳滏河水泛溢臨漳縣斛律口決壞官私廬舍傷田稼損居民元祐四年夏秋霖雨河流泛漲八年自四月雨至八月晝夜不息畿內京東西淮南河北諸路大水詔開京師宮觀五日所在州令長吏祈禱宰臣呂大防等待罪紹聖元年七月京畿久雨曹濮陳蔡諸州水害稼元符元年河北京東等路大水二年六月久雨陜西京西河北大水河溢漂人民壞廬舍是歲兩浙蘇湖秀等州尤罹水患大觀元年夏京畿大水詔工部都水監疏導至於八角鎮河北京西河溢漂溺民戶十月蘇湖水災二年秋黃河決陷沒邢州鉅鹿縣三年七月階州久雨江溢四年夏鄧州大水漂沒順陽縣政和五年六月江寧州太平宣州水災八月蘇湖常秀諸郡水災七年瀛滄州河決滄州城不沒者三版民死者百餘萬重和元年夏江淮荆浙諸路大水民流移溺者衆分遣使者振濟發運使任諒坐不奏泗州壞官私廬舍等勒停宣和元年五月大雨水驟高十餘丈犯都城自西北牟駝岡連萬勝門外馬監居民盡沒前數日城中井皆渾宣和殿後井水溢蓋水信也至是詔都水使者決西城索河堤殺其勢城南居民冢墓俱被浸遂壞藉田親耕之稼水至溢猛直冒安上南薰門城守凡半月已而入汴汴渠將溢於是募人決下流由城北入五丈河下通梁山濼乃平十一月東南州縣水災四年十二月戊戌詔訪聞德州有京東西來流民不少本州振濟有方令保奏推恩餘路遇有流移不卽存恤按劾以聞六年秋京畿恒雨河北京東兩浙水災民多流移建炎二年春東南郡國水紹興二年閏月嶶嚴州水害稼三年七月丙子泉州水三日壞城郭廬舍五年秋西川郡國水六年冬饒州雨水壞城四百餘

丈十四年五月丙寅婺州水乙丑蘭溪縣水侵縣市丙寅中夜水暴至死者萬餘人十六年潼川府東南江溢水入城浸民廬十八年八月紹興府明婺州水二十二年淮甸水二十三年金堂縣大水潼川府江溢浸城內外民廬宣州大水其流泛溢至太平州七月光澤縣大雨溪流暴湧平地高十餘丈人避不及者皆溺半時卽平二十七年鎮江建康紹興府眞太平池江洪鄂州漢陽軍大水二十八年六月丙申興利二州及大安軍大雨水流民廬壞橋棧死者甚衆九月江東淮南數郡水浙東西沿江海郡縣大風水平江紹興府湖常秀潤爲甚二十九年七月戊戌福州水入城閩候官懷安三縣壞田廬官吏不以聞憲臣樊光遠坐黜三十年五月辛卯夜於潛臨安安吉三縣山水暴出壞民廬田桑溺死者甚衆三十一年八月建始縣大水流民廬死者甚衆三十二年四月淮溢數百里漂民田廬死者尤衆六月浙西郡縣山涌暴水漂民舍壞田覆舟隆興元年八月浙東西州縣大風水紹興平江府湖州及崇德縣爲甚二年七月平江鎮江建康寧國府湖常秀池太平廬和光州江陰廣德壽春無爲軍淮東郡皆大水浸城郭壞廬舍圩田軍壘操舟行市者累日人溺死甚衆越月積陰苦雨水患益甚淮東有流民乾道元年六月常湖州水壞圩田二年八月丁亥溫州大風海溢漂民廬鹽場龍朔寺覆舟溺死二萬餘人江濵胔骼尚七千餘三年六月廬舒蘄州水壞苗稼漂人畜七月己酉臨安府天目山涌暴水決臨安縣五鄉民廬二百八十餘家人多溺死八月湖秀州上虞縣水壞民田廬時積潦至於九月禾稼皆腐江東山水溢江西諸郡水隆興府四縣爲甚四年七月壬戌衢州大水敗城三百餘丈漂民廬孳牧壞禾稼諸暨縣大水害稼江寧建康府水是歲饒信亦水五年七月丁巳建寧府瑞應場大潦山棗等山暴水湧出漂民廬溺死甚衆是歲夏秋溫台州凡三大風水漂民廬壞田稼人畜溺死者甚衆黃巖縣爲甚郡守王之望陳巖省不以聞皆黜削六年五月平江建康寧國府溫湖秀太平州廣德軍及江西郡大水江東城市有深丈餘者漂民廬湮田稼潰圩隄人多流徙八年五月贛州南安軍山水暴出及隆興府吉筠州臨江軍皆大雨水漂民廬壞城郭潰田害稼六月壬寅四川郡縣大雨水嘉眉卭蜀州永康軍及金堂縣尤甚漂民廬決田畝九年五月戊午建康隆興府嚴吉饒信池太平州廣德軍水漂民居壞圩湮田分水縣沙塞四百餘畝采

石流民多渡江六月湖北郡縣水淳熙元年七月壬寅癸卯錢塘大風濤決臨安府江隄一千六百六十餘丈漂居民六百三十餘家仁和縣瀕江二鄉壞田圃三年八月辛巳台州大風雨至於壬午海濤溪流合激爲大水決江岸壞民廬溺死者甚衆癸未行都大雨水壞德勝江漲北新三橋及錢塘餘杭仁和縣田流入湖秀州害稼浙東西江東郡縣多水婺州會稽嵊廣德軍建平三縣尤甚四年五月庚子建寧府福南劍州大雨水至於壬寅漂民廬數千家己亥夜錢塘江濤大溢敗臨安府隄八十餘丈庚子又敗隄百餘丈明州瀕海大風海濤敗定海縣隄二千五百餘丈鄞縣隄五千一百餘丈漂沒民田九月丁酉戊戌大風雨駕海濤敗錢塘縣隄三百餘丈餘姚縣溺死四十餘人敗隄二千五百六十餘丈敗上虞縣隄及梁湖堰及運河岸定海縣敗隄二千五百餘丈鄞縣敗隄五千一百餘丈五年六月戊辰古田縣大水漂民廬圮縣治市橋閏月己亥階州水壞城郭乙巳興化軍及福清縣及海口鎮大水漂民廬官舍倉庫溺死者甚衆六年夏衢州水秋寧國府溫台湖秀太平州水壞圩田樂清縣溺死者百餘人七年五月戊戌分宜縣大水決田害稼八年五月壬辰嚴州大水漂浸民居萬九千五百四十餘家壘舍六百八十餘區紹興府大水五縣漂浸民居八萬三千餘家田稼盡腐漁浦敗隄五百餘丈新林敗隄通運河是歲徽江二州亦水十年五月辛巳信州大水入城沉廬舍市井襄陽府大水漂民廬蓋藏爲空江東浙東數郡亦水八月辛酉雷州大風激海濤沒瀕海民舍死者甚衆九月乙丑福漳州大風雨水暴至長溪寧德縣瀕溪聚落廬舍人舟皆漂入海漳城半沒浸八百九十餘家丁卯吉州龍泉縣大水漂民廬壞田畝溺死者衆十一年四月和州水湮民廬壞圩田五月丙申階州白江水溢決隄圮城浸民廬壘舍祠廟寺觀甚多建康府太平州水六月甲申處州龍泉縣大雨水浸民舍壞杠梁匯田害稼七月壬辰明州大風雨山水暴出浸民市圮民廬覆舟殺人十二年六月婺州及富陽縣皆水浸民廬害田稼八月戊寅安吉縣暴水發槖園村漂廬舍寺觀壞田稼殆盡溺死千餘人郡守劉藻不以聞坐黜是歲鄂州自夏徂冬水浸民廬九月台州水十四年三月辛未汀州水漂百餘家軍壘六十餘區十五年五月淮甸大雨水淮水溢廬濠楚州無爲安豐高郵盱眙軍皆漂廬舍田稼廬州城圮荊江溢鄂州大水漂軍民壘舍三千餘江陵常德德安府復岳澧州漢陽軍水戊午祈門縣羣山暴匯爲大水漂田禾廬舍冢墓桑麻人畜什六七浮胔甚衆餘害及浮梁縣六月建寧隆興府袁撫州臨江軍水圮民廬七月黃巖縣水敗田瀦番易湖溢番易縣漂民舍田稼有流徙者十六年四月甲戌紹興府新昌縣山水暴作害稼湮田漂民廬五月丙辰沅靖州山水暴溢至辰州常德府城沒一丈五尺漂民廬舍汀州大水浸民廬千五百餘家溺死三千人分宜縣水丁己階州白江水溢浸城市民廬六月庚寅鎮江府大雨水五日浸軍民壘舍三千餘辛卯潼川府東南二江溢決隄毀橋浸民廬涪城中江射洪通泉郪縣沒田廬紹熙二年三月寧化縣連水漂廬舍田畝溺死二十餘人五月戊申建寧州水己酉福州水浸附郭民廬懷安侯官縣漂千三百餘家古田閩清縣亦壞田廬庚午利州東江溢壞隄田廬舍辛未潼川府東南江溢六月戊寅又溢再壞隄橋水入城沒廬舍七百四十餘家郪涪射洪通泉縣匯田爲江者千餘畝七月癸亥嘉陵江暴溢興州圮城門郡獄官舍凡十七所漂民居三千四百九十餘潼川崇慶府綿果合金龍漢州懷安石泉大安軍魚關皆水時上流西蕃界古松州江水暴溢龍州敗橋閣五百餘區江油縣溺死者衆三年五月壬辰常德府大雨水浸民田廬乙未潼川府東南江溢後六日又溢浸城外民廬人徙於山己亥池州大雨水連夕青陽縣山水暴湧漂田廬殺人蓋藏無遺貴池縣亦水庚子涇縣大雨水敗隄圮縣治廬舍六月辛丑建平縣水敗隄入城漂浸民廬甲戌祈門縣水七月壬申天台仙居縣大水連夕漂浸民居五百六十餘壞田傷稼襄陽江陵府大雨水漢江溢敗隄防圮民廬沒田稼者逾旬復州荊門軍水亦如之鎮江府三縣水損下地之稼四年四月上高縣水浸二百餘家五月壬申癸酉奉新縣大雷雨水漂浸八百二十餘家五月辛未丙子鎮江府大雨水浸營壘六千餘區戊寅安豐軍大水平地三丈餘漂田廬絲麥皆空是月諸暨蕭山宣城寧國縣大水壞田稼廣德軍屬縣水害稼筠州水浸民廬戊寅進賢縣水圮百二十餘家六月丙申興國軍水池口鎮及大冶縣漂民廬有溺死者戊戌靖安縣水漂三百二十餘家是夏江贛州江陵府亦水七月乙酉豐城縣水壬午臨江軍水皆圮民廬丁亥新淦縣漂浸二千三百餘家八月辛丑隆興府水圮千二百七十餘家吉州水漂浸民廬及泰和縣官舍自夏及秋江西九州三十七縣皆水是歲興化軍大風激海濤漂沒田廬尤多五年五月辛未石埭貴池涇縣皆水圮民廬溺死者衆是月泰州大水七月壬申慈溪縣水漂民廬決田害稼人多溺死乙亥會稽山陰蕭山餘姚上虞縣大風駕海濤壞隄傷田稼八月辛丑錢塘臨安新城富陽於潛縣大雨水餘杭縣尤甚漂沒田廬死者無筭安吉縣水平地丈餘平江鎮江寧國府明台溫嚴常州江陰軍皆水是秋武陵縣江溢圮田廬甚衆慶元元年六月壬申台州及屬縣大風雨山洪海濤並作漂沒田廬無筭死者蔽川漂沉旬日至于七月甲寅黃巖縣水尤甚常平使者莫漳以緩於振恤坐免七月臨安府水二年秋浙東郡國大水三年九月紹興府屬縣二婺州屬縣二水害稼五年秋台溫衢婺水漂民廬人多溺死衢守張經以匿災慢振坐黜六年五月建寧府嚴衢婺饒信徽南劍州及江西郡縣皆大水自庚午至於甲戌漂民廬害稼嘉泰二年七月丙午上杭縣水圮田廬壞稼民多溺死建安縣漂軍民廬舍百二十餘山摧覆民廬七十七家溺壓死者六十餘丁未長溪縣漂民廬二百八十餘家古田縣漂官舍民廬甚衆溺死者二百七十劍浦縣圮二百五十餘家死者亦衆三年四月江南郡邑水害稼開禧元年九月丙戌漢淮水溢荊襄淮東郡國水楚州盱眙軍爲甚圮民廬害稼三年五月庚寅東陽縣大水山千七百三十餘所同夕崩洪漂聚落五百四十餘所湮田二萬餘畝溺死者甚衆三年江浙淮郡邑水鄂州漢陽軍尤甚嘉定二年五月己亥連州大水敗城郭百餘丈沒官舍郡庠民廬壞田畝聚落甚多六月辛酉西和州水沒長道縣治倉庫丙子昭化縣水沒縣治漂民廬成州水入城圮壘舍同谷縣及遂寧府閬州皆水七月壬辰台州大風雨激海濤漂圮二千二百八十餘家溺死尤衆三年四月甲子新城縣大水五月嚴衢婺徽州富陽餘杭鹽官新城諸暨淳安大雨水溺死者衆圮田廬市郭首種皆腐行都大水浸廬舍五千三百禁旅壘舍之在城外者半沒西湖溢四年七月辛酉慈溪縣大水圮田廬人多溺者八月山陰縣海敗堤漂民田數十里斥地十萬畝五年五月庚戌嚴州水六月丁丑台州及建德諸暨會稽縣水壞田廬六年六月丁丑淳安縣山涌暴水陷清泉寺漂五鄉田廬百八十里溺死者無筭巨木皆拔丁亥於潛縣大水戊子諸暨縣風雷大雨山涌暴作漂十鄉田廬溺死者尤多錢塘縣臨安餘杭於潛安吉縣皆水九年五月行都及紹興府嚴衢婺台處信饒福漳泉州興化軍大水漂田廬害稼十年冬、浙江濤溢圮廬舍覆舟溺死甚衆蜀漢二州江沒城郭十一年六月戊申武康吉安縣大水漂官舍民廬壞田稼人畜死者甚衆十二年鹽官縣海失故道潮汐衝平野二十餘里至是侵縣治廬州港瀆及上下管黃灣岡等鹽場皆圮蜀山淪入海中聚落田疇失其半壞四郡田後六年始平十四年建康府大水十五年七月蕭山縣大水時久雨衢婺徽嚴暴流與江濤合圮田廬害稼十六年五月江浙淮荊蜀郡縣水平江府湖常秀池鄂楚太平州廣德軍爲甚漂民廬害稼圮城郭隄防溺死者衆鄂州江湖合漲城市沉沒累月不泄是秋江溢圮民廬餘杭錢塘仁和縣大水福漳泉州興化軍水壞稼十五六十七年五月福建大水漂水口鎮民廬皆盡候官縣甘蔗砦漂數百家人多溺死建寧府沒平政橋入城南劍州圮郡治城樓郡獄官舍城壞民避水樓上者皆死乙卯建昌軍大水城不沒者三板漂民廬圮官舍城郭橋梁害稼紹定二年天台仙居縣大水四年沿江水災端平三年三月辛酉蘄州大雨水漂民居是年英德府昭州及襄漢江皆大水嘉熙元年饒信州水二年浙江溢淳祐二年紹興府處婺州水七年福建水十年嚴州水十一年八月甲辰汀州山水暴至漂人民九月江陵水是年江浙多水饒州亦水十二年六月建寧府嚴衢婺信台處南劍州邵武軍大水冒城郭漂室廬死者以萬數寶祐元年七月溫台處信饒州大水開慶元年五月己未婺州水漂民廬是歲滁嚴州水景定二年浙東水咸淳六年五月大雨水七年五月甲申諸暨縣大水漂廬舍是月重慶府江水泛溢者三漂城壁壞樓櫓十年三月廬州水四月紹興府大雨水八月臨安府安吉武康縣水

太平興國四年八月滑州黎陽縣河清端拱元年二月澶濮二州河清二百餘里大中祥符三年十一月丁酉陝西河清十二月乙巳河再清當汾水合流處清如汾水元豐四年十月環州河水變甘大觀元年八月乾寧軍河清二年十二月陝州河清同州韓城縣郃陽縣至清及百里涉春不變自是迄政和宣和諸路數奏河清輒遣郎官致祭宰臣等率百官拜表賀歲以爲常

大中祥符元年二月醴泉出蔡州汝陽鳳原鄉有疾者飲之皆愈八年十一月通州軍言醴泉出汶山下有疾者飲之皆愈熙寧元年五月京師開化坊醴泉出政和五年正月河陽臺觀醴泉出

宋史卷六十一考證

五行志一水上然班固范曄志五行已推本之○臣召南按蔚宗未嘗志五行也但修紀傳而已後志乃司馬彪所續而劉昭補之此史文未檢處

泗洲淮溢○洲字係州字之訛即泗州也

七月黃巖縣水敗田瀦番易湖溢○臣召南按瀦字係盧字之訛番易湖溢屬下句讀

同州韓城縣部陽縣至清及百里○臣召南按部陽當作郃陽與韓城縣並在黃河西岸刊本因郃部二字相近而訛也

宋史卷六十二

元 中 書 右 丞 相 總 裁 脫 脫 等 修

五行志第十五

五行一下 水下

建隆三年春延寧二州雪盈尺溝洫復冰草木不華丹州雪二尺太平興國七年三月宣州霜雪害桑稼雍熙二年冬南康軍大雨雪江水冰勝重載端拱元年閏五月鄆州風雪傷麥淳化三年九月京兆府大雪害苗稼四年二月商州大雪民多凍死咸平四年三月丁丑京師及近畿諸州雪損桑天禧元年十一月京師大雪苦寒人多凍死路有僵尸遣中使埋之四郊二年正月永州大雪六晝夜方止江陵溪魚皆凍死慶曆三年十二月丁巳大雨雪皇祐四年十二月己丑雪初帝以愆亢責躬減膳每見輔臣憂形於色龐籍等因言臣等不能燮理陰陽而上煩陛下責躬引咎願守散秩以避賢路帝曰是朕誠不能感天而惠不能及民非卿等之過也是夕乃得雪至和元年正月京師大雪貧弱之民凍死者甚衆嘉祐元年正月甲寅朔御大慶殿受朝前一夕殿庭設仗衞既具而大雨雪折宮架是日帝因感風眩促禮行而罷壬午大雨雪泥塗盡冰都民寒餓死者甚衆元祐二年冬京師大雪連月至春不止久陰恒寒罷上元節游幸降德音諸道八年十一月京師大雪多流民元符二年正月甲辰朔御大慶殿受朝賀以雪罷政和三年十一月大雨雪連十餘日不止平地八尺餘冰滑人馬不能行詔百官乘轎入朝飛鳥多死七年十二月大雪詔收養內外乞丐老幼靖康元年閏十一月大雪盈三尺不止天地晦冥或雪未下時陰雲中有雪絲長數寸墮地二年正月丁酉大雪天寒甚地冰如鏡行者不能定立是月乙卯車駕在青城大雪數尺人多凍死建炎三年六月寒紹興元年二月寒食日雪五年二月乙巳雨雪六年二月癸卯雪十三年三月癸丑雨雪十七年二月丙申雪十八年二月癸卯雪二十八年三月丙寅雨雪二十九年二月戊戌大雪三十一年正月戊子大雨雪至于己亥禁旅壘舍有壓者寒甚乾道元年二月大雪三月暴寒損苗稼二年春大雨寒至于三月損蠶麥二月丙申雪四年二月癸丑大雪五年二月戊子雪六年五月大風雨寒傷稼七年二月丙辰雨雪淳熙十二年淮水冰斷流是冬大雪自十二月至明年正月或雪或霰或雹或雨水冰沍尺餘連日不解台州雪深丈餘凍死者甚衆十六年四月戊子天水縣大雨雪傷麥紹熙元年三月留寒至立夏不退十二月建寧府大雪深數尺查源洞寇張海起民避入山者多凍死二年正月行都大雪積沍河冰厚尺餘寒甚是春雷雪相繼凍雨彌月四年二月己未雪慶元五年二月庚午雪六年二月乙酉雪五月亡暑氣凜如秋開禧三年二月戊申雪嘉定元年二月甲寅雪四年二月丙子雪六年二月丁亥雪六月亡暑夜寒九年二月乙酉丙申雪十年二月庚申壬戌雪十七年三月癸丑雪寶慶元年四月辛卯雪紹定四年二月己巳雨雪六年三月壬子雨雪端平元年二月癸酉雨雪二年三月乙未雨雪嘉熙二年二月乙未雨雪淳祐六年二月壬申雨雪寶祐元年二月壬子雨雪二年三月戊子雨雪六年二月雨雪開慶元年二月庚辰雨雪景定五年二月辛亥雨雪

建隆三年春厭次縣隕霜殺桑民不蠶淳化三年三月商州霜花皆死景德四年七月渭州瓦亭砦早霜傷稼大中祥符九年十二月大名澶相州並霜害稼至和二年河東自春隕霜殺桑紹興七年二月庚申霜殺桑稼淳熙十六年七月階城鳳泗和州霜殺稼幾盡紹熙三年九月丁未和州隕霜連三日殺稼是月淮西郡國稼皆傷嘉熙元年三月霜

建隆元年十月臨清縣雨雹傷稼二年七月義川雲岩二縣大雨雹四年七月海州風雹乾德二年四月陽武縣雨雹宋州寧陵縣風雨雹傷民田六月潞州風雹七月同州部陽縣雨雹害稼八月膚施縣風雹霜害民田三年四月尉氏扶溝二縣風雹害民田桑棗十損七八開寶二年風雹害夏苗太平興國二年六月景城縣雨雹七月永定縣大風雹害稼五年四月冠氏安豐二縣風雹七年五月蕪湖縣雨雹傷稼八年五月相州風雹害民田端拱元年三月霸州大雨雹殺麥苗閏五月潤州雨雹傷麥淳化元年六月許州大風雹壞軍營民舍千一百五十六區魚臺縣風雹害稼至道二年十一月代州風雹傷田稼咸平元年九月定州北平等縣風雹傷稼三年四月丁巳京師雨雹飛禽有隕者六年四月甲申京師暴雨雹如彈丸大中祥符三年丙申京師雨雹五年八月丙辰京師雨雹天禧元年九月鎮戎軍彭城砦風雹害民田八百餘畝天聖元年五月丙辰大雨雹二年七月壬午大雨雹六年京師雨雹嘉祐四年四月丙戌震雷雨雹熙寧元年秋鄜州雨雹三年七月七年四月五月京師雨雹八年夏鄜州涇州雨雹九年二月京師雨雹十年夏鄜州雨雹秦州大雨雹紹聖二年十月辛未西南方有雷聲次大雨雹四年閏二月癸卯京師雨雹自辰至申建中靖國元年二月丙申京師雨雹五月辛酉京師大雨雹崇寧三年十月辛丑京師雨雹大觀元年十月己巳三年五月戊申京師大雨雹政和七年六月京師大雨雹皆如拳或如一升器幾兩時而止宣和四年二月癸卯京師雨雹四年三月朔雨雹靖康元年十二月己卯庚辰京師雨雹建炎三年八月甲戌大雨雹紹興元年二月壬辰高宗在越州雨雹震雷二年二月丙子臨安府大雨雹三年正月雨雹震雷四年三月己未大雨雹傷稼五年閏月乙巳朔雨雹而雪十月丁未夜秀州華亭縣大風電雨雹大如荔枝實壞舟覆屋十二月戊辰雨雹七年二月癸丑雨雹先一夕雷後一日雪癸丑又雹八年六月丙辰大雨雹九年二月甲戌雨雹傷麥十二月辛未雨雹十年二月辛亥大雨雹十二月庚辰雨雹十一年正月辛酉雨雹十三年二月甲子雨雹傷麥五月戊午夜雹七月庚午壬申雹害稼十一月己未雨雹十七年正月庚辰雨雹五月丙寅又雹二十一年三月己卯雹傷禾麥二十八年四月辛亥雨雹二十九年二月戊戌雹損麥隆興元年三月丙申夜雨雹二年二月丁丑雹與霰俱四月庚午雹六月雨雹七月丁未雨雹十月辛卯雨雹十二月己亥雨雪而雹閏月雨雹乾道元年二月庚寅夜雹二年十月辛卯雨雹二年二月壬午雪癸未雹四年正月癸未夜雹有霰二月丁酉癸丑雨雹乙卯雹而雪五年二月丙午雹損麥六年二月壬午亦如之八年七月壬辰雨雹淳熙三年四月丁亥雨雹癸巳天台臨海二縣大風雹傷麥四年正月建康府雨雹五月丙寅雨雹五年建康府雨雹者再六年正月丁丑雹傷麥三月壬申夜大雨雹八年十二月甲寅雨雹十二年二月辛酉夜雨雹十三年閏月丙午雨雹十五年二月丁亥雨雪而雹六月丁卯雨雹十六年二月己卯雹而雨紹熙元年二月丙申雪丁酉雹二年正月戊寅大雨雹震雷電以雨至二月庚辰大雪連數日是月庚寅朔建寧府大風雨雹仆屋殺人三月癸酉大風雨雹大如桃李實平地盈尺壞廬舍五千餘家禾麻蔬果皆損瑞安縣亦如之壞屋殺人尤甚秋祐川縣大風雹壞粟麥慶元三年二月戊辰雪己巳雹四月乙丑雨雹大如桮破瓦殺燕爵嘉泰元年三月丙寅雨雹三日五月丁丑雨雹七月癸亥大雨而雹二年四月庚寅雨雹傷稼六月庚子大風雹而寒四年正月壬辰雪而雹開禧二年正月己酉雹而雷嘉定元年閏月壬申雨雹害稼二年三月乙未雨雹六年夏江浙郡縣多雨雹害稼十五年九月癸丑大震雨雹十六年秋雨雹紹定元年五月丁酉雨雹五年九月壬寅雨雹六年三月丙辰大雨雹端平二年五月乙未雹三年六月庚戌雨雹嘉熙元年二月壬辰雨雹淳祐二年四月壬申雨雹八年二月壬辰雨雹三月乙丑雨雹九年正月雨雹寶祐三年五月嘉定府大雨雹開慶元年五月辛亥雨雹景定元年二月庚申雨雹

建隆四年四月癸巳宿州晝日無雨雷霆暴作軍校傅韜震死是夜夜半雷起于京師開封縣署役夫劉延嗣萬進震死頃之復蘇有烟焰自牖入室因駭仆徧體焦灼乾德二年正月辛巳雷霆京師西南東行有電五月戊寅大名府大雨雷震焚藁聚四年七月海州雷震長吏廳傷刺史梁彥超開寶七年六月易州雷震死耀武軍士八人八年八月邛州延貴鎭震死民費貴及其子四人太平興國二年七月景城縣震死牛商馮異端拱二年八月興化軍民劉政震死有文在胸曰大不孝淳化三年七月泗州大風雨震僧伽塔柱至道元年三月甲戌雷未發聲召司天監寺趙昭問之答云按占書雷不發聲寬政之應也七月泗州大風雨雷震僧伽塔及壞鐘樓咸平元年正月戊寅京師西北有雷電十一月瀛州順安軍並東北有雷三年冬黃州西北雷震似盛夏時十二月眞定府東南雷四年十月乙巳京師西南雷電閏十二月大名府雷六年十一月甲午京師暴雷震司天言國家發號布德未及黎庶時議改元肆赦詔宰相增廣條目采民病悉除之景德三年九月丙寅夕京師大震雷大中祥符元年正月癸未京師西北方雷五年十二月己巳京師西北雷電九年五月殿中張信奉南海祝版乘驛至唐州震死嘉祐四年四月丙戌大震雷雨雹慶曆六年五月雷雹地震紹聖三年十月十

五日西南方有雷聲次雨雹大觀三年十月戊子大雷雹而雨建炎四年正月己未雷時御舟次溫州章安鎮高宗謂宰臣曰雷聲甚厲前史以爲君弱臣强四夷兵不制是夕金人破明州壬戌又雷紹興五年九月戊寅雷十月丁巳雷六年十月丙午雷九年九月甲午十月丁卯雷十一年十一月己酉雷十五年十月辛卯十二月甲寅雷十六年溫州大雷雹震死六人於龍翔寺十八年閏月甲戌雷十九年十月甲寅雷三十一年二月辛未南安軍大雷電大庾縣震死四人十一月辛未夜震雷十二月癸酉雷二十二年十二月戊寅己卯雷二十六年十二月甲子雷二十七年九月癸未雷三十一年正月丁丑雷乾道三年十一月丙寅雷雨不克郊戊辰日南至大震雷八年九月乙酉雷九年閏月癸卯雷淳熙九年九月壬午雷十二年十一月戊子雷十二月丁丑雷十三年正月己丑雷後三十五日雪十四年十一月乙卯雷十六年七月乙丑大雷震太室齋殿東鴟吻紹興元年九月辛酉雷十一月壬午日南至郊祀風雨大至帝震恐因致疾四年十一月己卯日南至辛巳雷五年十月癸巳大雷電慶元二年正月戊子雷十一月雷三年十月癸亥雷六年九月己未雷嘉泰二年正月己巳雷三年正月雷四年正月辛卯雷開禧二年正月雪雷九月雷三年十月辛未癸酉雷嘉定二年九月戊子雷三年正月雷十月壬申雷八月辛丑九月辛酉雷四年九月雷五年七月戊辰雷雨震太室之鴟吻十月丁酉雷六年閏月壬辰雷震電乙未昧爽洊雷七年九月癸亥雷八年九月丙寅雷十一年九月辛巳祀明堂肆赦震雷十四年十月庚午雷十五年九月癸丑雷十六年九月乙卯十二月壬辰雷十七年九月丁亥雷寶慶二年九月庚申十月辛丑雷紹定二年九月庚辰雷五年九月壬寅雷端平二年十二月辛亥雷三年九月庚午雷是月祀明堂大雨震雹十月戊戌雷嘉熙元年九月丁巳雷二年九月己酉十月庚戌雷淳祐元年十二月丙寅雷二年九月己丑雷三年三月丙辰雷十年十一月壬午雷十二年十二月丁丑雷寶祐三年九月雷開慶元年十月乙酉雷景定二年十月戊戌雷電己亥雷電咸淳四年閏月丁巳九月庚申雷九年十月癸亥十二月丙辰壬戌雷建炎七年五月汴京無雲而雷紹興三十年十月壬戌晝漏半無雲而雷癸亥日過中無雲而雷淳熙十四年六月甲申昧爽禱雨太乙宮乘輿未駕有大聲自內發及和寧門人馬辟易相踐有失巾履者

至道元年十二月廣州大魚擊海水而出魚死長六丈三尺高丈餘政和七年夏中有二魚落殿中省廳屋上宣和二年三月內出魚純赤色蔡京等乞付史館拜表賀紹興十八年漳浦縣崇照鹽場海岸連有巨魚高數丈割其肉數百車剜目乃覺轉鬣而傍艦皆覆又漁人獲魚長二丈餘重數千斤剖之腹藏人骼膚髮如生二十四年四月海鹽縣海洋有巨鰍群鰕從之聲若謳歌抵岸偃沙上猶揚鬣撥刺其高齊縣門乾道六年行都北關有鮎魚色黑腹下出人手於兩傍各具五指七年十一月丁亥洞庭湖巨黿走沙擁舟身廣長皆丈餘升舟以首足壓重艦沒水淳熙十三年二月庚申錢塘龍山江岸有大魚如象隨潮汐復逝十六年六月甲辰錢塘旁江居民得魚備五色鯽首鯉身民詭言夔得魚覺而在手猶躍事聞有司令縱之慶元三年二月饒州景德鎮漁人得魚頳尾鯉鱗而首異常魚鎮之老人言其不祥紹興二年嘗出後爲水災蓋是歲五月鎮果大水皆魚孽也嘉定十七年海壞畿縣鹽官地數十里先是有巨魚橫海岸民臠食之海患共六年而平

建隆元年七月澶州蝗二年五月范縣蝗三年七月深州蝻蟲生四年六月澶濮曹絳等州有蝗七月懷州蝗生乾德二年四月相州蝻蟲食桑五月昭慶縣有蝗東西四十里南北二十里是時河北河南陝西諸州有蝗三年七月諸路有蝗開寶二年八月冀磁二州蝗太平興國二年閏七月衞州蝻蟲生六年七月河南府宋州蝗七年四月北陽縣蝻蟲生有飛鳥食之盡滑州蝻蟲生是月大名府陝州陳州蝗七月陽穀縣蝻蟲生雍熙三年七月鄄城縣有蛾蝗自死淳化元年七月淄澶濮州乾寧軍有蝗滄州蝗蝻蟲食苗棣州飛蝗自北來害稼三年六月甲申京師有蝗起東北趣至西南蔽空如雲翳日七月眞許滄沂蔡汝商兗單等州淮陽軍平定彭城軍蝗蛾抱草自死至道二年六月亳州宿密州蝗生食苗七月長葛陽翟二縣有蝻蟲食苗歷城長清等縣有蝗三年七月單州蝻蟲生景德二年六月京東諸州蝻蟲生三年八月德博蝝生四年九月宛丘東阿須城三縣蝗大中祥符二年五月雄州蝻蟲食苗三年六月開封府尉氏縣蝻蟲生四年六月祥符縣蝗七月河南府及京東蝗生食苗葉八月開封府祥符咸平中牟陳留雍丘封丘六縣蝗九年六月京畿京東西河北路蝗蝻繼生彌覆郊野食民田殆盡入公私廬舍七月辛亥過京師群飛翳空延至江淮南趣河東及霜寒始斃天禧元年二月開封府京東西河北河東陝西兩浙荆湖百三十州軍蝗蝻復生多去歲蟄者和州蝗生卵如稻粒而細六月江淮大風多吹蝗入江海或抱草木僵死二年四月江陰軍蝻蟲生天聖五年七月丙午邢洺州蝗甲寅趙州蝗十一月丁酉朔京兆府旱蝗六年五月乙卯河北京東蝗景祐元年六月開封府淄州蝗諸路募民掘蝗種萬餘石寶元二年六月癸酉曹濮單三州蝗四年淮南旱蝗是歲京師飛蝗蔽天皇祐五年建康府蝗熙寧元年秀州蝗五年河北大蝗六年四月河北諸路蝗是歲江寧府飛蝗自江北來七年夏開封府界及河北路蝗七月咸平縣鸜鵒食蝗八年八月淮西蝗陳潁州蔽野九年夏開封府畿京東河北陝西蝗元豐四年六月河北蝗秋開封府界蝗五年夏又蝗六年夏又蝗五月沂州蝗元符元年八月高郵軍蝗抱草死崇寧元年夏開封府界京東河北淮南等路蝗二年諸路蝗令有司酺祭三年四年連歲大蝗其飛蔽日來自山東及府界河北尤甚宣和三年諸路蝗五年蝗建炎二年六月京師淮甸大蝗八月庚午令長吏脩酺祭紹興二十九年七月盱眙軍楚州金界三十里蝗爲風所墮風止復飛還淮北三十二年六月江東淮南北郡縣蝗飛入湖州境聲如風雨自癸巳至于七月丙申徧于畿縣餘杭仁和錢塘皆蝗丙午蝗入京城八月山東大蝗癸丑頒祭酺禮式隆興元年七月大蝗八月壬申癸酉飛蝗過都蔽天日徽宣湖三州及浙東郡縣害稼京東大蝗襄隨尤甚民爲乏食二年夏餘杭縣蝗乾道元年六月淮西蝗憲臣姚岳貢死蝗爲瑞以佞坐黜淳熙三年八月淮北飛蝗入楚州盱眙軍界如風雷者逾時遇大雨皆死稼用不害九年六月全椒歷陽烏江縣蝗乙卯飛蝗過都遇大雨墮仁和縣界七月淮甸大蝗眞揚泰州窖撲蝗五千斛餘郡或日捕數十車群飛絕江墮鎭江府皆害稼十年六月蝗遺種于淮浙害稼十四年七月仁和縣蝗紹熙二年七月高郵縣蝗至于泰州五年八月楚和州蝗嘉定二年浙西諸縣大蝗自丹陽入武進若煙霧蔽天其墮亘十餘里常之三縣捕八千餘石湖之長興捕數百石時浙東近郡亦蝗開禧三年夏秋久旱大蝗羣飛蔽天浙西豆粟皆旣于蝗嘉定元年五月浙江大蝗六月乙酉有事于圜丘方澤且祭酺七月又酺頒酺式于郡縣二年四月又蝗五月丁酉令諸郡修酺祀六月辛未飛蝗入畿縣三年臨安府蝗七年六月浙郡蝗八年四月飛蝗越淮而南江淮郡蝗食禾苗山林草木皆盡乙卯飛蝗入畿縣己亥祭酺令郡有蝗者如式以祭自夏徂秋諸道捕蝗者以千百石計饑民競捕官出粟易之九年五月浙東蝗丁巳令郡國酺祭是歲薦饑官以粟易蝗者千百斛十年四月楚州蝗紹定三年福建蝗端平元年五月當塗縣蝗嘉熙四年建康府蝗淳祐二年五月兩淮蝗景定三年八年兩浙蝗

紹興十年春有野豕入海州市民刺殺之時州已陷夏鎭江軍帥王勝攻取之明年以其郡屬金悉空其民乾道六年南雄州民家豕生數豚首各具他獸形有類人者慶元初樂平縣民家豕生豚與南雄同而更具他獸蹄三年四月餘干縣民家豕生八豚其二爲鹿古田縣豕食嬰兒淳化三年六月黑風晝晦景祐四年七月黑氣長丈餘出畢宿下康定元年黑風晝晦元豐末嘗有物大如席夜見寢殿上而神宗崩元符末又數見而哲宗崩至大觀間漸晝見政和元年以後大作每得人語聲則出先若列屋推倒之聲其形廑丈餘髣髴如龜金眼行動硜硜有聲黑氣蒙之下人了了氣之所及腥血四灑兵刃皆不能施又或變人形亦或爲驢自春歷夏晝夜出無時遇冬則罕見多在掖庭宮人所居之地亦嘗及內殿後習以爲常人亦不大怖宣和末寖少而亂遂作政和三年夏至宰臣何執中奉祀北郊有黑氣長數丈出自齋宮行一里許入壝壝繞祭所皆近人穿燈燭而過俄又及於壇禮將畢不見宣和中洛陽府畿間忽有物如人或蹲踞如犬其色正黑不辨眉目始夜則掠小兒食之後雖白晝入人家爲患所至喧然不安謂之黑漢有力者夜執槍棒自衞亦有託以作過者如此二歲乃息已而北征事起卒成金人之禍三年春日有眚忽青黑無光其中洶洶而動若鈺金而湧沸狀日旁有黑正如水波周廻旋繞將暮而稍止建炎三年二月甲寅日初出兩黑氣如人形夾日旁至巳時乃散乾道四年春舒州雨黑米堅如鐵破之米心通黑淳熙十一年二月臨安府新城縣深浦天雨黑水終夕十六年六月行都錢塘門啓黑風入揚沙石慶元元年徽州黃山民家古井風雨夜出黑氣波浪噴湧

咸平元年五月撫州王羲之墨池水色變黑如雲大中祥符元年五月丁丑泰山王母池水變紅紫色四年二月己未河中府寶鼎縣瀵泉有光如燭焰四五炬其聲如雷三年八月解州鹽池紫泉場也次二年里許不種

自生其味特嘉命屯田員外郎何敏中往祭池廟八月東池水自成鹽僅半池潔白成塊晶瑩異常祀汾陰經度制置使陳堯叟繼獻凡四千七百斤分賜近臣及諸列校紹興十四年樂平縣河衝里田隴數十百頃田中水類爲物所吸聚爲一直行高平地數尺不假隄防而水自行里南程氏家井水溢亦高數尺夭矯如長虹聲如雷穿墻毀樓二水鬭于杉墩且前且卻約十刻乃解各復故

天聖四年十月甲午昏霧四塞靖康元年正月丁未霧氣四塞對面不見建炎二年十一月甲子北京大霧四塞是夕城陷三年三月車駕發溫州航海乙丑次松門海中白霧晝晦六月久陰四年三月乙丑四方霧下如塵紹興二年自正月陰晦陽光不舒者四十餘日五年正月甲申霧氣昏塞七月劉豫毀明堂天地晦冥者累日七年氛氣翳日八年三月甲寅晝晦日無光陰霧四塞乙卯晝夜雲氣昧濁四月積雨方止氛霧四塞晝日無光隆興元年五月丙午朝霧四塞二年六月積陰彌月乾道二年十一月久陰五年正月甲申晝蒙六年五月連陰六月日青無光淳熙六年十二月乙丑晝蒙十三年正月丁亥亦如之慶元二年二月巳卯晝暝四方昏塞三年二月丁卯晝晦昏霧四塞六年十一月辛卯嘉定三年正月丙午十年正月乙未十三年三月壬辰皆晝蒙

建炎四年三月辛亥白虹貫日紹興八年三月辛巳白虹亘天二十七年二月壬寅白虹貫日三十年十二月辛酉曲虹見日之西乾道三年十月丙申虹見淳熙元年十月戊寅白虹見日東二年十月庚辰虹見五年十月丁巳曲虹見日東慶元元年正月丙辰白虹貫日嘉泰三年七月壬午亦如之四年十一月虹見嘉定十一年二月丙辰白虹貫日嘉熙三年十月乙丑虹見四年二月辛丑白虹貫日淳祐十年十二月丁巳虹見寶祐五年十月虹見

太祖從周世宗征淮南戰于江亭有龍自水中向太祖奮躍乾德五年夏京師雨有黑龍見尾于雲際自西北趨東南占主大水明年州府二十四水壞田廬開寶六年四月單父縣民王美家龍起井中暴雨飄廬舍失族屬及壞舊鎮廨舍三百五十餘區大木皆折七年六月棣州有火自空墮于城北門樓有物抱東柱龍形金色足三尺許其氣甚腥旦視之壁上有煙痕爪跡三十六大中祥符二年八月青蛇出無爲軍廨長數尺宣和元年夏雨晝夜凡數日及霽開封縣前茶肆中有異物如犬大蹲踞卧榻下細視之身僅六七尺色蒼黑其首類驢兩頰作魚頷而色正綠項有角生極長於其際始分兩岐聲如牛鳴與世所繪龍無異茶肆近軍器作坊兵卒來觀共殺食之已而京城大水訛言龍復讎云紹興初朱勝非出守江州過梁山龍入其舟纔長數寸赤背綠腹白尾黑爪甲目有光近龍孽也行都柴梁橋旌忠廟三蛇出没庭廡大者盈尺方鱗金色首脊有金錢遇霽或變化數百于蕉卉間廟徒而蛇孽亦絕十一年四月衡山縣淨居巖有蛇長二丈身圍數尺黑色而方文震死山水大至先是山氣遇夜輒昏昧蛇斃始明二十五年六月湖口縣赤龍橫水中如山寒風怒濤覆舟數十艘士卒溺者數十人三十年春宜黃縣大蛇見于丞治長二丈捕之縱數里外俄復至者數四乾道五年七月乙亥武寧縣龍鬭于復塘村大雷雨二龍奔逃珠墜大如車輪牧童得之自是連歲有水災

太平興國三年靈州獻官馬駒足有二距雍熙二年虔州吏李祚家馬生駒足有距四年鄜州直羅縣民高英家馬生前兩足如牛端拱二年夏州民程眞家馬生二駒大中祥符九年十二月大名監馬生駒赤色肉尾無鬉宣和五年馬生兩角長三寸四足皆生距時北方正用兵紹興八年廣西海壖有海獸如馬蹄鬣皆丹夜入民舍聚衆殺之明日海溢環村百餘家皆溺死近馬禍也五年廣西市馬金綱疫死淳熙六年十二月宕昌西馬金州馬皆大疫十二年黎雅州獻馬有角長二寸京房易傳曰臣易上政不順厥妖馬角茲謂賢士不足紹興元年二月丙申右丞相留正乘馬早朝入禁扉馬驚墮近馬禍也嘉定五年正月史彌遠入賀于東宮馬驚墮地衣幘皆敗其額微損事與上同

建隆元年雄州歸義軍民劉進妻產三男二年孟州民孟福定州民孟公禮等妻各產三男三年齊州晉州大旱民家多生尫龍岡縣民林嗣妻京師龍捷軍卒宜超妻產三男乾德三年江陵府民劉暉妻產三男四年安州驍健軍卒趙遠妻產三男五年光州民高與德州民趙嗣乾寧軍卒王進妻產三男開寶元年沂州民王政澶州民謝興妻產三男二年閬州民孫延廣開州民董遠妻產三男七年青城縣王宥妻產三男河南府民劉元妻產三男太平興國二年邢州招收軍卒李遇汝州歸化軍卒魚霸常州民謝祚妻產三男晉原縣民楊萬妻產三男七年澶州龍衛軍卒靳興晉州民鄭彥福妻產三男汾州民鄭訓妻產三女鴈門縣民劉習妻產四男滑州歸化軍卒安旺妻產二男一女八年揚州順化軍卒俞釗溫州民李遇榮州民李祚妻產三男九年揚子縣民妻生男毛被體半寸餘面長頂高烏眉眉毛麤密近鬢際有毛兩道軟長眉紫唇紅耳厚鼻大類西域僧至三歲晝圖以獻雍熙二年奉新縣民何靖妻產三男三年曾山縣民張美相州林慮縣民張欽妻產三男四年晉原縣民周承暉固始縣民楊昇妻產三男端拱元年祁州民馮遇妻產三男二年齊州民徐美并州民侯遠常州卒徐流妻產三男淳化元年正月河陽縣民王斌新息縣民李珪妻產三男八月汾州悉達院僧智嚴頭生角三寸二年晉陵縣民黃釗南充縣民彭公霸龍陽縣民周信王屋縣民李清臨清縣民國忠鄰水縣吏謝元昇奉化縣卒朱旺妻產三男瀛州民胡立邢州民高德妻產三男四年邯鄲縣民鄭安河間縣民王希贊安州民宋和妻產三男五年雍丘縣營卒盛泰妻產三男至道元年保州敵軍校李深宋城縣民王洽臨淮縣民賀用永清縣民董美鄄城縣民馬方妻產三男二年安豐縣民王構伊陽縣民張壽成都縣民彭操妻產三男三年汾州民趙演沂州民李嗣南劒州民劉相饒安縣民睦鸞衛州宣武軍卒李筠妻產三男咸平元年台州永安縣王旺澶州靜戎軍卒鄭穗妻產三男華縣民懷梁獲嘉縣民王貴永康縣民羅彥瑫溫縣民楊榮毗陵縣民魏吉妻產三男三年睢縣民朱進鄆州武威軍卒徐遷深州民彭遠妻產三男四年望都縣民郭瑩邕州澄海軍卒梁濟妻產三男五年夏津縣民趙替妻產三男六年石城縣民劉詵堂邑縣民戴玉妻產三男平鄉縣民郭讓妻產四男景德元年南昌縣民李總妻產三男二年奉新縣民魏勇妻產三男四年八作司匠趙榮南頓縣民任登老棗強縣民張緒妻各產三男大中祥符元年高郵軍民王言妻產四男二年嵉縣民張留清平軍民楊泉妻產三男三年獲嘉縣民馮可妻產三男宋城縣民李悔妻產二男一女四年河池縣民馮守欽妻產三男五年大名府宣勇軍卒徐璘贊皇縣民李釗妻產三男七年銅鞮縣民李謙宋城縣民白德霍丘縣民朱𤧫平涼縣民焦思順妻產三男八年河南府民宋再興眞陽縣民周元歷亭縣民田用侯言霍丘縣民王忠杜戢滎陽縣民衛志聰定州驍武軍卒張吉雍丘縣懷勇軍卒黃進妻產三男永嘉縣民張保妻產四男九年曹州雄勇軍卒聶德瀛州民劉元澧州民張貴廣州民劉吉妻產三男天禧元年連江縣民陳霸妻產三男三年錢塘縣民謝文信遂安縣民李承遇妻產三男四年孝感縣民杜明平恩縣民劉順妻產三男七月耒陽縣民張中妻產三男其額有白誌方寸餘上生白髮自天聖迄治平婦人生四男者二生三男者四十四生二男一女者一熙寧元年距元豐七年郡邑民家生三男者八十四而四男者一三男一女者一元豐八年至元符二年生三男者十八而四男者二三男一女者一元符三年至靖康生三男者十九而四男者一前志以爲人民蕃息之驗宣和六年都城有賣青果男子孕而生子蓐母不能收易七人始免而逃去豐樂樓酒保朱氏子之妻可四十餘楚州人忽生髭長僅六七寸疏秀而美宛然一男子特詔度爲女道士紹興三年建康府桐林灣婦產子肉角有齒是歲人多產鱗毛二十年八月眞符縣民家一產三男隆興元年建康民流寓行都而婦產子二首具羽毛之形乾道五年衡湘間人有化爲虎者餘杭縣婦產子青而毛二肉角又有二家婦產子亦如之皆連體兩面相鄉三家才相距一二里潮州城西婦孕過期產子如指大五體皆具者百餘蠕蠕能動淳熙十年番易南鄉婦產子肘各有二臂及長鬭則六臂並運十三年行都有人死十有四日復生十一月辛未鄧家巷婦產肉塊三其一直目而橫口十四年六月臨安府浦頭婦產子生而能言四日暴長四尺紹熙元年三月癸酉行都市人夜以殺相驚奔迸者亙久乃定是歲崑山縣工釆石而山壓三年六月它工釆石鄰山聞其聲呼相應答如平生其家鑿石出之見其妻喜曰久閉乍風肌膚如裂俄頃聲微噤不語化爲石人貌如生慶元元年樂平縣民婦產子有尾永州民產子首有角腋有肉翅二年七月進賢縣婦產子亦如之而面有三目嘉定四年四月鎮江府後軍妻生子一身二首而四臂

淳化五年六月京師疫遣太醫和藥救之至道二年江南頻年多疾疫大觀三年江東疫建炎元年三月金人圍汴京城中疫死者幾半紹興元年六月浙西大疫平江府以北流屍無算秋冬紹興府連年大疫官募人能服粥藥之勞者活及百人者度爲僧三年二月永州疫六年四川疫十六年夏行都疫二十六年夏行都又疫高宗出柴胡製藥活者甚衆隆興二年冬淮甸流民二三十萬避亂江南結草舍徧山谷暴露凍餒疫死者半僅有還者亦死是歲浙之饑民疫者尤衆乾道元年行

都及紹興府饑民大疫浙東西亦如之六年春民以冬燠疫作八年夏行都民疫及秋未息江西饑民大疫隆興府民疫遭水患多死淳熙四年眞州大疫八年行都大疫禁旅多死寧國府民疫死者尤衆十四年春都民禁旅大疫浙西郡國亦疫十六年潭州疫紹興二年春涪州疫死數千人三年資榮二州大疫慶元元年行都疫二年五月行都疫三年三月行都及淮浙郡縣疫嘉泰三年五月行都疫嘉定元年夏淮甸大疫官募掩骼及二百人者度爲僧是歲浙民亦疫二年夏都民疫死甚衆淮民流江南者饑與暑并多疫死三年四月都民多疫死四年二月亦如之十五年贛州疫十六年永道二州疫德祐元年六月庚子是日四城遷徙流民患疫而死者不可勝計天寧寺死者尤多二年閏三月數月間城中疫氣薰蒸人之病死者不可以數計

熙寧元年七月戊子夜西南雲間有聲鳴如風水相激浸閎四方主民勞兵革歲動六年七月丙寅夜西北雲間有聲如磨物主百姓勞七年七月庚子夜西北天鳴主驚憂之事紹興二十一年八月乙亥天有聲如雷水譖于東南四日乃止開禧元年六月壬寅天鳴有聲

天禧三年正月晦沇丘縣民駱新田間震頃之隕石入地七尺許淳熙十六年三月壬寅隕石于楚州寶應縣散如火甚臭腥慶元三年六月辛未黃巖縣大石自隕雷雨甚至山水瀵湧

宋史卷六十二考證

五行志一　水下淳熙十六年七月喈城鳳泗和州霜殺稼幾盡○按城當作成

七月同州郃陽縣雨雹害稼○部陽當作郃陽

建炎七年五月汴京無雲而雷○臣召南按此文應提行寫此序無雲而雷與前文敘震雷又異也

淳化三年六月黑風晝晦○臣召南按此文應提行寫前文叙豕禍此文以下叙黑氣也

黑氣蒙之下人了了○臣召南按下人二字無義當是不大二字之訛也言其形狀不甚分明

三年八月解州鹽池場也次○也次二字疑誤

宋史卷六十三

元　中書右丞相總裁脫脫等修

五行志第十六

五行二上　火

炎上，火之性也。火失其性則爲災眚舊說以恒燠草妖羽蟲之孽羊禍赤眚赤祥之類皆屬之火今從之建隆元年宿州火燔民舍萬餘區二年三月內酒坊火燔舍百八十區酒工死者三十餘人三年正月滑州甲仗庫火燔儀門及軍資庫一百九十區兵器錢帛並盡開封府通許鎭民家火燔廬舍三百四十餘區二月安州牙吏施延業家火燔民舍并顯義軍營六百餘區五月京師相國寺火燔舍數百區海州火燔數百家死者十八人乾德四年二月岳州衙署廩庫火燔市肆民舍殆盡官吏踰城僅免三月陳州火燔民舍數十區潭州火燔民舍五百餘區踰月民周澤家火又燔倉廩民舍數百區死者三十六人是春諸州言火者甚衆八月衡州火燔公署倉庫民舍僅千餘區五年京師建隆觀火開寶三年八月辰州廨火燔軍資庫五年七月忠州火倉庫殆盡七年九月永城縣火燔民舍一千八百餘區八年四月洋州火燔州廨民舍千七百區永城縣火燔軍營民舍千九百八十區死者九人太平興國七年八月益州西倉災雍熙元年五月丁丑乾元文明二殿災初夕陰雲雷震火起月華門翌日辰巳方止二年九月庚寅夜楚王元佐宮火燔舍數百區王自是以疾廢于家三年光化軍民郤勳家火延燔軍廨舍庫端拱元年二月雲安軍威棹營火二年三月衡州火燔州縣官舍倉庫軍營三百餘區又崇賢坊有鳥燔數十處七日不滅淳化三年十月蔡州懷慶軍營火燔汝河橋民居官舍三千餘區死者數人十二月建安軍城西火燔民舍官廨等殆盡四年二月永州保安津舍火飛焰過江燒州門及民屋三百餘家咸平二年四月池州倉火燔米八萬七千斛景德元年正月平虜軍營火焚民居廬舍甚衆四年十一月鄆州火燔倉庫僉盡大中祥符元年正月桂州甲仗庫災二年四月昇州火燔軍營民舍殆盡四年八月徐州草場火十月鎭州城樓戰棚火七月雄州甲仗庫火八年二月甲寅宗正寺火四月壬申夜榮王元儼宮火自三鼓北風甚癸酉亭午乃止延燔左承天祥符門內藏庫朝天殿乾元門崇文院祕閣天書法物內香藏庫九年五月甲子左天廄坊草場火天禧二年二月戊寅北宅蔡州團練使德雍火延燔數百區三年春京師多火六年永州軍營火延民舍數百餘區五年四月丁巳事材場火天聖三年二月丁卯蘄州榷貨務火五年四月壬辰壽寧觀火七年六月丁未玉清昭應宮災初大中祥符元年詔建宮以藏天書七年宮始成凡二千六百一十楹至是火發夜中大雷雨至曉而盡明道元年八月壬戌修文德殿成是夜禁中火延燔崇德長春滋福會慶崇徽天和承明八殿景祐三年七月庚子太平興國寺火起閣中延燔開先殿及寺舍數百楹是夕大雨雹十月己酉澶州橫龍水口西岸料物場火焚薪芻一百九十餘萬寶元二年六月丁丑益州火焚民廬舍二千餘區康定元年六月乙未南京鴻慶宮神御殿火慶曆元年五月癸亥慶州草場火延燔州城樓櫓三年十一月丙寅上清宮火四年三月丙戌夜代州五臺山寺火六月丁未開寶寺靈感塔災七月甲子燕王宮火六年七月辛丑洪福禪院火八年正月壬午江寧府火初李景江南大建宮室府寺其制多僭帝室至是一夕而焚唯燭殿獨存皇祐五年正月丁巳會靈觀火至和元年四月辛丑祥元觀火二年并州太宗神御殿火嘉祐三年正月溫州火燔屋萬四千間死者五十人治平四年十二月壬子夜睦親宮火焚九百餘間甲寅廣親宮又火熙寧六年二月丙申永昌陵上宮火燔東城門七年九月壬子三司火自巳至戌焚屋千八百楹案牘殆盡十一月洞眞宮火九年十月曾王濮王宮火十年正月仙韶院火撤屋二百五十楹三月丙子開封府火元豐元年八月邕州火焚官舍千三百四十六區諸軍衣萬餘襲穀帛軍器百五十萬四年六月衡州火燒官舍民居七千二百楹欽州大雷震火焚城屋五年二月洞眞宮火八年二月辛巳開寶寺火時寓禮部貢院於寺黜校試卷官翟曼陳之方馬希孟焚死吏卒死者十四人元祐元年三月宗室宮院火六年十二月開封府火紹聖三年三月七日內尚書省火尋撲滅上諭執政禁中屢火方醮禳已罷看宴仍不御垂拱殿三日四年七月甲子禁中火元符元年四月宗室宮院火建中靖國元年六月壬寅集禧觀火大雨中久而後滅崇寧二年六月中太乙宮火三年三月辛丑大內火政和三年四月蘇州火延燒公私屋一百七十餘間五月封州火延燒公私屋六百八十二間五月辛丑京師大盈倉火是歲成都府大慈寺溫州絳州皆火重和元年九月掖庭大火自甲夜達曉大雨如傾火益熾凡爇五千餘間後苑廣聖宮及宮人所居幾盡焚死者甚衆靖康元年十二月丙子夜尚書省火延燒禮祠工刑吏部折尚書省牌擲火中禳之乃息二年三月戊戌天漢橋火焚百餘家頃之都亭驛又火己酉康門火紹興元年十月乙酉臨安府越州大火民多露處十二月辛未越州火焚吏部文書乙酉移蹕錢塘二年正月丁巳宣州火燔民居幾半五月庚辰臨安府大火亘六七里燔萬數千家十二月甲午行都大火燔吏刑工部御史臺官府民居軍壘盡乙未旦乃熄三年九月庚申行都闕門外火多燔民居四年正月戊寅行都火燔數千家六年二月行都屢火燔千餘家十二月行都大火燔萬餘家人有死者時高宗親征劉豫都民之暴露者多凍死七年正月辛未平江府火二月辛丑鎭江府楚眞揚太平州火是歲臨安府火八年二月丁酉太平府大火宣撫司及官舍民居帑藏文書皆盡死者甚衆錄事參軍呂應中當塗縣丞李致虛死焉九年二月己卯行都火七月壬寅又火十年十月行都火燔民居延及省部十一月丁巳溫州大火燔州學酤征舶等務永嘉縣治及民居千餘十一年七月癸亥婺州大火燔州獄倉場寺觀暨民居幾半九月甲寅建康府火燔府治三十餘區民居三千餘家十二年二月辛巳鎭江府火燔倉米數萬石芻六萬束民居尤衆是月太平池州及蕪湖縣皆火三月丙申行都火四月行都又火十四年正月甲子行都火十五年大寧監火燔官舍帑藏文書九月丙子行都火經夕瀰近太室而滅十七年八月建康府火十二月辛亥靜江府火燔民舍甚衆二十年正月壬午行都火燔吏部文書皆盡二十五年汴京宮室悉焚二十六年潭州南嶽廟火二十九年四月鎭江府火焚軍壘民居十二月丙子夔州大火燔官舍民居寺觀人有死者乾道元年正月泰州火燔民舍幾盡是年春德安府應城縣廐驛火二年冬眞州六合縣武鋒軍壘火十二月婺州火自是火患不息人火之也三年五月泉州火五年十二月壬申太室東北垣外民舍火七年十一月丁亥禁垣外閽人私舍火延及民居九年九月台州火經夕至于翌日晝漏半燔州獄縣治酒務及居民七千餘家淳熙元年十二月丁巳泉州火燔城樓及五十餘家二年六月戊午潭州南嶽廟火八月嚴州火十一月癸亥麗正門內東廡災是歲瀘州火坐上焚民居不實守臣貶秩三年九月大內射殿災延及東宮門四年十一月辛酉鄂州南市火暴風通夕燔千餘家五年四月庚寅興州沙市火燔三百四十餘家有死者十一月和州牧營火燔一百六十區七年二月江陵府沙市大火燔數千家延及船艦死者甚衆八月溫州試士火作于貢闈八年正月揚州火九月乙亥行都火九年九月合州大火燔民居幾盡官舍僅有存者十一年二月辛酉興元府義勝軍壘舍火十二年八月溫州火燔城樓及四百餘家十月鄂州大火燔萬餘家江風暴作結廬隄上泊舟岸下者焚溺無遺十四年五月大內武庫災戎器不害六月庚寅行都寶蓮山民居火延燒七百餘家救焚將校有死者五月成都府市火燔萬餘家十六年九月南劒州大火民居存者無幾紹興元年八月壬寅處州火燔數百家十二月戊申建寧府浦城縣火時查洞寇張海作亂焚五百餘家二年四月行都傳法寺火延及民居言者以戚里土木爲孽火數起之應是月徽州大火夜燔州治譙樓官舍獄宇錢帑庫務凡十有九所五百二十餘區延燒千五百家自庚子至于壬寅乃熄五月己巳金州火燔州治官舍帑藏保勝軍器庫城內外民居甚衆三年正月己巳行都火通夕至于翌日闤闠焚者半十一月又火燔五百餘家十二月甲辰鄂州火至于翌日燔八百家慶元二年八月己酉永州火燔三百家三年閏月甲申金州都統司中軍壘舍火焚千三百餘區閏六月乙酉又火燔二千餘區是冬紹興府僧寺火延燒數百家六年八月戊戌徽州火燔州獄官舍延及八百餘家嘉定元年三月戊寅行都大火至于四月辛巳燔御史臺司農寺將作軍器監進奏文思御輦院大史局軍頭皇城司法物庫御厨班直諸軍壘延燒五萬八千九十七家城內外亘十餘里死者五十有九人踐死者不可計城中廬舍九燬其七百官多僦舟以居火作於寶蓮山御史臺胥楊浩家諫議大夫程松請戮浩以謝都民疏再上始黥配萬安軍猶免决自是民訛言相驚亡賴因縱火爲姦利二年六月己卯臨安府火三年正月丁酉襄陽府火作而風暴選鋒軍校于友直死於救焚止延燒六十餘家帥漕臣上其功賻二秩官其子二十一月甲午福州火燔四百餘家四年三月丁卯行都大火燔尚書中書省樞密院六部右丞相府制勑糧料院親兵營修內司延及學士院內酒庫內宮門廡夜召禁旅救撲太室撤廟廡遷神主并冊寶於壽慈宮翼日戊辰旦火及和寧門鴟吻禁卒張隆飛梯斧之門以不焚火作時分數道燔二千七十餘家又翌日己巳神主還太室時省部皆寓治驛寺四月丙申臨安府梵天寺火六月盱眙軍天長縣禁軍營火鎧械爲盡八月壬辰鄂州外南市火燔五百餘家開禧二年二月癸丑壽慈宮災四月壬子行都火燔數百家嘉定二年八月己巳信州火燔二百家九月丁酉吉州火燔五百餘家是歲瀘州火燔千餘家十一月丁亥建寧府政和縣火燔百餘家四年閏二月己卯紹興府嵊縣浦橋火燔百餘家三月滁州火燔民居甚多十月撫州火辛卯福州一夕再火燔城門僧寺延燒千餘家死者數人五年五月己未和州火燔二千家八年八月辛丑湖州火燔寺觀延燒三百家九年七月甲戌南劒州沙縣火燔縣門官舍及千一百餘家民有死者十一年二月行都火燔數百家九月己巳禁垣外萬松嶺民舍火燔四百八十餘家十三年二月庚寅安豐軍故步鎭火燔千餘家死者五十餘人八月庚午慶元府火燔官舍第宅寺觀民居甚衆十一月壬子行都火燔城內外數萬家禁壘百二十區十七年四月丁卯西和州焚軍壘及居民二千餘家人火之也守臣尚震午誤以爲金人至而遁六月丁亥岳州火燔岳陽樓州獄帑庫延及八十家己丑又火燔百餘家紹定元年三月行都火燔六百餘家嘉熙元年六月臨安府火燔三萬家淳祐元年徽州火十二年十一月丙申行都火至丁酉夜始熄景定四年紹興火臨安府大火德祐元年玉牒所災

乾德二年冬無雪五年冬無雪開寶元年冬京師無雪二年冬無雪淳化二年冬京師無冰至道元年冬無雪二年冬無雪大中祥符二年京師冬溫無冰天聖五年夏秋大暑毒氣中人嘉祐六年冬京師無冰治平四年冬無雪元豐八年冬無雪元祐元年冬無雪四年冬京師無雪五年冬無冰雪紹興五年五月大燠四十餘日草木焦槁山石灼人暍死者甚衆三十一年冬無雪乾道三年冬溫少雪無冰五年冬溫無雪六年冬溫無雪冰紹熙三年冬潼川路不雨氣燠如仲夏日月皆赤榮州尤甚慶元元年冬無雪二年冬無雪四年冬無雪越歲春燠而雷六年冬燠無雪桃李華蟲不蟄開禧三年冬少雪嘉定元年春燠如夏六年冬燠而雷無冰蟲不蟄八年夏五月大燠草木枯槁百泉皆竭行都斛水百錢江淮杯水數十錢暍死者甚衆九年冬無雪十三年冬無冰雪越歲春暴燠土燥泉竭

建隆二年九月亳州獻芝一株乾德四年閏八月黃岡縣民叚贇屋柱生紫芝一本二莖知州鄧守忠以獻十二月登州獻芝五莖開寶四年成都府民羅達家生芝六年正月知梓州趙延通獻芝一本河中府大明觀殿芝草生節度使陳思議以聞七年七月陳州節度党進獻控鶴營卒孫洪家芝二本八月又獻芝一本四十九莖九月麻城縣廨芝生柱上刺史王明以獻十月梓州獻芝草太平興國二年八月青城縣民家竹一本上分雙莖三年六月項城縣令王元正獻芝草七月廣州獻芝草八月功臣堂柱生芝二本知州范旻畫圖以獻四年八月廣州獻芝草九月華山道士丁少微獻白芝斸芝各一器五年五月眉山縣竹一莖十四節上分二枝長丈四尺九月眞定府行宮殿梁生芝如荷花知府趙賢進以圖來上十月龍水縣華嚴寺舊截竹爲筒引水忽生枝葉生二丈許知州姜宣以聞六年三月廣州獻黃芝一本九莖七月新津縣趙豐村竹一莖十二節上分兩岐知州崔憲以聞七年六月知黃州裴仁鳳獻芝草七月知羅江縣陳覃於羅瓊山獲芝四本以獻湘陰縣萬壽寺松根芝草二本生轉運副使趙昌獻之八月再生四本昌又獻潭州民歐陽進夏侯敏園中芝三本宜興縣民長孫裕家生芝紫莖黃葢十月雄州實信院竹叢生芝草僧致仁采之復生悉以上獻八年二月知福州何允昭獻芝二本五月漢州獻芝十月乙酉蜀州獻瑞竹一本十六節上分兩枝知連州史昭文獻芝二莖十一月婺源縣民王化於王陵山石上得紫芝一本叢生五莖金州監軍廨生芝三本九年十月金州獻芝三本永康軍獻芝九莖同日至闕下十一月知梓州沈護獲芝三莖雍熙二年七月靈州芝草生知州侯贇刻木爲其狀來獻三年三月殿前承旨張思能使楚泗獻所得芝草五本四月眉山縣獻異竹圖八月刑部尚書宋琪家牡丹三華端拱元年五月知襄州郝正獻芝五本八月廣州鳳集合歡樹下得芝三本二年七月彭山縣民家生異竹舒州芝草生知州趙孚以獻十月密州獻芝草淳化元年四月永州監軍廨芝草生知州克憲以聞八月黃州刺史魏丕獻芝草二年二月射洪縣安國寺竹二莖同本六月舒州竹連理知州樂史以聞十一月陵州民趙崇家慈竹二莖長六尺許其二別有根柢莖分十枝長丈餘又一本三莖竝聳三年十月朗州異竹生京師太平興國寺牡丹生華占云有喪是月恭孝太子薨四年正月知興化軍馮亮獻芝草十月彭門芝草生十二月榮州獻異竹圖五年正月密州獻芝草四本枝葉扶疎二月知溫州何士宗獻芝草五本十月又獻十本至道元年十一月潭州監軍廨生竹一本長二尺許枝葉萬餘尤爲殊異二年六月虔州龍泉縣合龍院一竿分兩枝河南縣民張知遠家芝草生判府呂蒙正表上之閏七月密州獻芝二本三年二月廣東轉運使康戩獻紫芝咸平元年十二月宣化縣保聖山瑞竹生一本二枝二年閏二月宣池歙杭越睦衢婺諸州箭竹生米如稻時民饑采之充食九月劒州驛廳梁上生芝草一枝三朵其色黃白知州李仁衡圖以獻四年正月濰州獻芝草一本如佛狀十二月知淮陽軍王礪獻芝草三本六年五月導江縣民潘矩田生芝三層黃紫色高五寸許九月相州牧龍坊生芝一莖色紫黃長尺餘分七枝枝如手五指狀其最上枝類鳳者知州張鑑以獻景德三年八月蔡州獻芝草四年十月知廣安軍王奇上芝草圖十二月蓬州上瑞竹圖大中祥符元年四月溫州獻瑞竹圖五月辛未以東封遣經度制置使王欽若祭文宣王廟於孔林得芝五株色黃紫如雲色及人戴冠冕之狀詔內侍楊懷玉祭謝復得芝四本輕黃如雲氣之狀癸未內侍江德明於白龍潭石上得紫黃芝一本以獻六月瑕丘縣民宋固於堯祠前得黃紫芝九本連理者四又縣民蔡珍得芝一本王欽若以獻欽若又於岱嶽及堯祠前再得芝二十二本連理者二及有貫草石者七月欽若親獲芝十一本又州長及民所得二十六本有重臺連理及外白內紫之狀且言泰山至日生芝草軍民競采請給緡帛從之兗州獄空司理參軍郭保讓掃除其間得芝四本八月須城縣民家芝草生乾封縣民家屋柱生芝滋長連袤色鮮潔如繪畫欽若獻芝草八千一百三十九本有貫草木附石連理及飾爲寶山者黃州獻異竹一本雙莖九月趙安仁來獻五色金玉丹紫芝八千七百十一本鞏縣柴務牡丹華十月泰山芝草再生者甚衆辛丑車駕次鄆州知州馬元方獻芝草五本甲辰欽若等又獻泰山芝草三萬八千五十本有竝五連三連理者五色重暈如寶葢下相連帶凡草木五穀如寶山靈禽瑞獸之象者六百四十二詔令封禪日列天書輦前又送諸路名山勝景及賜宰相是月復州獻芝草類神仙佛像河中府酒廚梁上生芝一本十二葉其色如玉安陽縣叚贇家紫芝連理長尺餘又民李釗屋柱生芝三本霍丘縣河亭及聖惠坊竝有紫芝生十二月福州懷安縣龍眼樹上紫芝連理溫州獻靈芝圖二年正月福州荔枝樹生連理芝二本二月饒州獻芝草四本七月遂州皇澤寺芝草生凡五十本九月榮州廨庭中生芝二本十月果州青居山獻金暈連理芝草十一月華山張超谷石上生

紫芝二本嵩岳生芝草五十本石首縣文宣王廟殿柱芝草生又龍葢山萬福里民宗永昌園藤上芝草生一本雙莖十二月漢州芝草生黔州芝草一莖十二枝若山鋒狀三年正月井研縣三惠寺生芝草十本二月昌州廨廳柱芝生四本閏二月饒州芝草生三月西充縣青蓮塔院太平觀並生芝草四月京師竹有華占云歲不登六月緜邵鄂州並芝草生七月虢州聖女觀生芝草三本八月潁縣民得田芝十二本蜀州生芝草一莖九葉江陵縣民張仲家竹自根上分幹其一幹又分三莖九月江陵府永泰寺竹出地七節分爲兩莖長丈餘知府陳堯咨以聞華州敷水民侯元則入華陽川石罅得芝一本知州顧端以獻十月內侍任文慶詣茅山設醮洞中獲芝草二十八本有如人手者十一月安鄉縣謝山獲芝二十二本其七狀如珊瑚而色紫十二月神泉縣獲芝四本四年正月知華州崔端獻芝草狀如仙人掌湏城縣民李道安於黃仙公洞臺上得芝草一本以獻二月崔端又獻芝草十本知益州任中正獻芝草二十二本知遂州母賓古獻芝草四月古田縣僧舍竹一本上分三莖端昌縣民李讓家筆竹一本去地五尺許分爲二莖知州范應辰以聞八月夔州芝草生廩舍中七月知亳州徐泌知江州王文震並獻芝草知郴州袁延慶獻芝草十本八月邕州雲封寺柘樹生芝五本知州劉知詁以獻西充縣廣川王廟生芝十本其三連理八月知信州李放獻瑞竹圖三本十一月河中府獻芝草眞源縣民王順慈司徒捷家生芝各一本岳州道州並獻芝草南嶽奉冊使薛映副使錢惟演過荊門軍神林石上獲芝草以獻十二月鉛山縣仁壽僧舍生芝草一本雙枝長尺八寸五年六月潯州六祖院法堂紫芝雙秀知州高志寧以聞八月亳州獻芝草十月澤州廳事梁上生白莖紫葢芝二十四本閏十月常州芝草生又蕭山縣芝生李樹上十一本十一月廣州獻芝草二百三十七本晉原縣僧舍芝草一本十二月隨州芝草生亳州獻鹿邑縣民所獲芝草四本侯官縣山上生芝草五十四本閩縣望泉寺生芝草十本寧德縣支提山石上生芝草十五本六年二月江州廬山崇聖院生芝九本知州王文震以獻四月饒州承天院東山生芝四本連葉六月壽丘縣獲紫莖金芝一本景陵縣管陽山林中獲芝三十本七月內侍石延福登兗州壽丘獲芝一本貫草而生又旁得三十本亳州團練使高漢英獻芝八本鼎州城門柱下生芝一本八月繼照堂生芝一本紫莖黃葢奉祀經度制置使丁謂至眞源縣太清宮道士瀨陽鄉民繼獲芝八十本以獻乙丑又獲二百五十本有一本三莖一莖如雲氣佛像者九月又得宋城縣民所獲芝五十本獻之十月丁謂來朝獻芝草三萬七千一百八本飾以仙人寶禽異獸之狀十一月又獻九萬五千一百本明年車駕至眞源民有詣行闕獻者又一萬八千本是冬兗州景靈宮芝草生慶成軍大寧廟聖製碑閣生金芝二本昭州龍嶽山資壽寺芝草生潯州廳廨柱芝生一本上分爲二其上又生二本凡三重無錫縣民曾詵家食案生芝赤黃有光長尺許又知南安軍章得一獻芝草七年正月明州獻茹侯山石上芝草一本四莖二月知信州歐陽陟獻芝草七本忠州獻芝五本四月福州獻芝草二本五月鄞縣西上石崖生紫芝十五本七月華州民入華山得白石上芝草雙莖連葢八月均州獻州獻芝千二百二十七本十月慶成軍大寧廟石雙莖芝生其上合幹明英二州芝草生十一月蜀州芝草二本生竹根八年二月青州武成王廟柱生芝一本知州張知白以圖獻三月榮州應靈縣彌陀佛舍生紫芝三本其一雙幹上如葢四月昌州有芝生石上一本四莖其色黃白四月彰明縣民家竹一根上分二本十三節又開元寺桃竹一莖上分十八節皆相對五月道州舜祠旁生芝二十一本六月盩厔縣民家芝草三莖共成一葉又石芝一本十月晉原縣民栢扆家生芝三根合爲一本九年七月知信州董溫獻芝十二本八月知廬州余獻卿獻芝二本九月涪城縣石壁生芝一本十一月武岡縣民何文化園竹生兩株同本上分四莖十一月晉原縣民李彥滔家竹一本雙莖對節知州王世昌圖以獻天禧元年三月新津縣平葢下玉皇案下芝草生鄂州天慶觀聖祖殿芝草生四月邵陽等縣竹生穗如米民饑食之又浮梁縣竹生穗如米七月漢陽軍太平興國寺異竹一本生二莖竹皆相對十二月庚午內出芝草如眞武像二年正月庚子內出眞遊崇徽二殿梁上芝草圖示宰相五月兗州景靈宮昭慶殿生金芝二本三年六月漢陽軍芝草生一百五十餘本七月嵩山崇福宮獲芝草一百本有重臺連理貫草者知河南府馮拯以獻四年四月梁山軍民王崇扆竹園生金暈紫芝五本十一月上饒縣民王壽園中生芝草三本皆金暈其二連理乾興元年六月蘇秀二州湖田生聖米居民取以食興州竹有實如大麥民取以食占曰大饑八月洋州民李永負土成母墳芝生墳上天聖元年五月興州竹有實如大麥民取以食之占曰竹有實大饑八月甲寅有芝生于天安殿柱召輔臣觀之九月戊午城西下木場芝草生三年七月梓州城門生芝二本四年正月梓州民家生芝四本九月榮州芝生明道元年七月榮州連州並芝生景祐二年九月嘉州芝草生四年五月丙寅有芝生于化成殿楹慶曆元年二月丙午京師雨藥二年八月梓州芝草生五年八月洪州章江禪院堂柱芝草生高一尺三寸葉二十一層色白黃有紫暈旁生小芝葉九層上有氣如煙皇祐元年七月福州生芝一十二本十月湖州芝草生三年六月丁亥無爲軍獻芝草凡三百五十本上曰朕以豐年爲上瑞賢臣爲寶至於草木魚蟲之異焉足尚哉五年閏七月榮州芝草生嘉祐三年十一月河南府芝草生六年正月清川縣漢光武祠生芝草一本三岐八月施州歌羅砦生芝四本十月汝州新砦巡檢廨舍生芝五本熙寧元年益陽縣雷震山裂出米可數十萬斛賫至京師信米也但色黑如炭八年七月鼎州產芝三本其一類珊瑚枝葉樛結鹽官縣自三月地產物如珠可食水產菜如菌可爲菹饑民賴之九年五月流江縣產芝一十一本元豐二年四月眉山生瑞竹六月忠州雨豆七月甲午南賓縣雨豆十一月全州芝生十二本三年六月安州芝生二十九本其一連理臨江軍芝生四十三本四年十月鄞縣天慶觀生瑞竹一本自第九節分莖雙起五年七月永康縣生紫芝九本十一月閬中縣生紫芝六金芝七永康縣生紫芝九六年八月吉州芝生三十三本十二月滕縣官舍生異草經月不腐七年四月景靈宮芝生六本於天元殿門五月開化縣芝生九本黃白紫色八月永安陵下宮芝生一本十月青州芝生二十一本元祐元年七月武安庫言前秘書省正字鄧忠臣母墳前生芝草一本紫莖黃葢三年六月臨江縣塗井鎭雨白黍七月又雨黑黍四年九月江津縣石上生芝草二本六莖五年二月晉原縣生芝草四十二本七年十一月滁州生芝二百餘本紹聖三年九月淄州縣生芝草有穀十科穿芝草生二枝十月河南府大內地生芝草元符二年正月處州民田生瑞竹二月瀘州生芝草一本同根駢幹至葢復合爲一又衡州郡廳生紫芝一根十六葉崇寧元年八月盤石縣芝草連理三年十月復州澤州芝草生四年正月戎州宿州芝草生七月瀘州芝草瑞竹生五年冬澶州安州芝草生大觀元年三月宣鄆湖潤州皆芝草生廬州雨大豆九月崇天臺及兗州孔林芝草生二年陳兗筠州廣德軍芝草生三年秋西京湖海會渠州南安軍芝草生政和元年正月萊州芝草生十一月虔州聖祖殿芝草生二年二月戊子河南府新安縣蟾蜍背生芝草自是而後祥瑞日聞玉芝產禁中殆無虛歲凡殿宇園苑及妃嬪位皆有之外則中書尙書二省太學醫學亦產紫芝四年八月建州境內竹生米數千萬石三年十一月癸酉越州承天寺瑞竹一竿七枝幹相似其葉圓細生花結實詔送秘書省仍拜表賀五年五月禁中芭蕉連理八月甲子蘄州進芝草一萬一千六百枝內一枝紫色九幹十二月己未汝州進六萬本其間連理雙枝者一千八百八十有司不勝其紀初猶表賀後以爲常不皆賀也時朱勝非爲京東提舉學事行部至密州界見縣令部數百夫入山採芝彌漫山谷皆芝之囿也或附木石或出平地有一本數千葉層疊高大衆色咸備郡守李文仲採及三十萬本每萬本作一綱入貢文仲尋進職授本道轉運使建炎二年九月癸卯權知密州杜彥獻芝草五葉如人指掌色赤而澤宰相黃潛善奏色符火德形像股肱之瑞高宗不欲視却之紹興元年七月乙未浙西安撫大使劉光世以枯桔生穗奏瑞高宗曰朕在潛邸梁間生芝草官僚皆欲上聞朕手碎之不欲寶此奇恠乃却之十六年正月辛未瀘州天雨豆近草妖也十六年梅州孔子廟生芝二十一年紹興府學御書下生芝番陽縣石門民家籬竹生重萼牡丹又民家竈鼎生金色蓮華房州治所綵山下生蕙萬州虔州放生池生蓮皆同蔕異萼二十三年六月汀州生蓮同蔕異萼者十有二二十五年五月太室楹生芝九莖秦檜帥百官觀之稱賀勾龍廉沈中立以獻頌遷擢周麟之請繪之鹵簿行旗檜孫禮部侍郎塤請以黎州甘露降草木道州連理木鎭江府瑞瓜嚴安軍瑞蓮嚴信州瑞芝悉圖之旗是冬檜薨高宗曰比年四方奏瑞文飾取悅若信州林機奏秦檜父祠堂生芝佞諛尤甚明年四月甲午詔郡國無獻瑞乾道元年七月池州竹生穗實如米饑民采之以食守臣魯訔爲野穀生竹圖以獻御史劾訔不以民食草木爲病坐佞免官慶元五年八月太室西比夾室楹生白芝四葉前史以白芝爲喪祥明年八月國連有大喪嘉泰二年十一月秘書省右文殿楹生芝二莖

宋史卷六十三考證

五行志二火上建隆元年宿州火○按應提行寫

諫議大夫程松○按諫議係諫議之訛

二年六月虔州龍泉縣合龍院一竿分兩枝○臣召南按一竿上脫竹生二字前後文可証也

宋史卷六十四

元中書右丞相總裁脫脫等修

五行志第十七

五行二下 火下

乾德二年十月眉州獻禾生九穗圖四年四月府州尉氏縣雲陽縣並有麥兩岐五月魚臺縣麥秀三岐六月南充縣民何約田禾二莖十三穗一莖十一穗七月又生一莖九穗開寶二年五月梓蜀二州六年四月東明縣八年五月鄭州梓州合州巴州縣並獻瑞麥太平興國元年九月隰州獻合穗禾長尺餘十月渝州獻九穗禾三年四月夏縣五月舒州六月閬州麥並秀兩岐四年七月洛州獻嘉禾卭資二州禾並九穗八月涇州民田並有嘉禾九月知溫州何士宗獻嘉禾九穗圖五年七月蓬萊縣民王明田穀隔隴合穗相去一尺許八月知慈州張愈獻合穗禾九月流溪縣六年五月汝陰縣九年五月施州麥並秀兩岐端拱元年五月陳州淳化元年四月魏城縣七月閬州二年四月蔡州五月陳州陵州仁壽縣四年五月達州五年四月永城縣並獻瑞麥至道元年六月嘉禾生眉山縣蕭德純田一本二十四穗七月金水縣胥羅翊田禾生九穗舒州監軍吳光謙廨粟畦兩本岐分十穗臨渙縣民侯正家二禾合成一穗八月綿竹縣禾生九穗夏州團練使趙光嗣獻嘉禾一函十月濠州獻瑞穀圖二年五月泗州獻瑞麥三年二月洋州嘉禾合穗知州施翊以聞四月唐州遂州盤石縣並獻瑞麥五月黃州建昌軍麥秀二三穟八月雅州禾一莖十四穗雄州嘉禾生九月知代州李允正獻嘉禾穗一匣咸平元年五月曲水縣麥秀二三穗七月嘉禾生後苑一莖二十四穗百丈縣民李文寶禾生一莖十七穗八月蘇州廨後園邠州民田並有生合穗平夷縣民王義田禾兩穗合爲一化城縣民張美田禾九穗二年五月華州麥秀二三穗七月資官縣吏董昭美禾一莖九穗者各一棣洺二州嘉禾合穗彭城縣民張福先田粟一莖分四穗八月鄞縣趙範粟一莖九穗玄武縣民李知進田粟一莖上分五苗成二十一穗榆次縣民周貴田禾三莖共穗三年五月鄞縣海陵縣並麥秀二三穗七月眞定府禾三莖一穗達州民李國清田禾一苗九穗八月辰州公田禾生一莖三穗者四隰州嘉禾合穗圖以獻四年八月舒州嘉禾生九月知河中府郭堯卿獻嘉禾合穗圖五年八月臨汾縣民吉遇洪洞縣民范思安田並禾生隔二隴上合爲一六年七月涉縣民連罕田隔四隴同穎銅梁縣民楊彥魯禾一莖九穗景德元年正月寧晉縣民耿待問田禾合穗者二本知州王用和圖以獻二年七月獲鹿縣禾合穗八月滎陽縣及相州嘉禾異畝同穎九月并州貢嘉禾圖三年八月大名府滄州並嘉禾生眞定府禾異畝同穎九月滎州禾一莖十八穗四年六月南雄州保昌民田禾一本九穗以圖來獻七月神泉縣民張篆田禾一苗九穗貝兗二州嘉禾合穗九月衞德二州廣安軍並上嘉禾圖大中祥符元年曲水縣南鄭縣並麥秀二三穗七月乾封縣奉高鄉民田禾異隴同穎判州王欽若以聞八月鄆州獻嘉禾淳化縣民賀行滿田禾隔四隴相去四尺許合爲一穗新平縣民尹遇田禾合穗者二本眞定府粟生二穗九月澧州嘉禾一莖十穗虢州團練使綦與獻合穗禾嘉州民潘德麟田禾二莖各九穗麟州嘉禾生二年六月簡州民集若寧家禾九穗七月黔州嘉禾異畝合穗八月嘉州廨有一莖十四穗生庭中岐山縣禾異畝同穎知州施護以聞三年四月同州麥秀二三穗七月冀淄昭三州嘉禾多穗異畝同穎八月寧化軍嘉禾合穗寶鼎縣民張知友田禾隔四隴相去二尺許合穗判府陳堯叟以聞樓煩縣民田禾異本同穎劒州嘉禾生一莖九穗四年三月辛巳帝至西京福昌縣民朱懿文嘉禾一本七穗昌元縣民舒元晃田禾一莖九穗知州柴德方以聞金水縣民田禾一莖三十六穗四月六安縣麥秀二三穗五月唐汝廬宿泗濠州麥自生八月蜀州禾一莖九穗長壽縣民常自天田禾合穗者二蒲縣禾異畝同穎九月知虢州李昭獻合穗禾五年四月遂州麥秀兩穗或三穗七月華州禾一莖兩穗眞定府四縣嘉禾合穗八月京兆府嘉禾生九月巴州禾一莖二十四穗一莖十七穗六年三月邕州麥秀兩穗或三穗七月益州嘉禾九穗至十穗朝邑縣民田禾八莖同穎己未召近臣觀嘉禾于後苑有七穗至四十八穗繪以示百官八月龍門縣永定軍博野縣民田並嘉禾生合穗瀛州嘉禾生知州馮守信以聞忻州秀容定襄二縣民田禾合穗保定軍公田大通監並嘉禾生九月京兆府獻長安縣嘉禾圖一枝雙穗七年通泉縣尉劉定辭官廨禾一本六穗邠鄆縣民馬文田禾隔隴合穗者二本滁州榷酒署內禾一莖三穗晉原平原二縣民田禾並一本十二穗三月鄜城縣麥秀兩穗三穗八月知亳州李迪獻禾一莖三穗至十穗府谷縣民劉善田禾隔三隴合成一穗嵐州牙吏燕青田禾一莖八穗一莖五穗遂州平城民田禾隔二隴合穗有十三本或二十一本合爲一者九月施州禾一莖九穗至十二穗眞定貝州並嘉禾合穗八年湖陽縣麥秀兩穗三穗四月旭川縣民任慶和田禾一莖九穗閏六月眉山縣民楊文繼卭州李義田禾並一莖九穗七月永靜軍禾隔隴合穗者二監軍使仲甫以聞八月桂陽監民何文勝田粟一本二穗九年四月建初縣麥秀兩穗或三穗八月判大名府魏咸信獻合穗禾永靜軍阜城縣民田穀隔三隴合穗者二本廣州嘉禾生安化縣民吳景延田禾穗長尺五寸九月知鳳翔府趙湘知汾州王守斌並獻嘉禾圖天禧元年七月流江縣禾一莖九穗二年九月河北安撫副使張昭遠獻穀穗三各長尺餘資州禾一莖九穗三年七月饒陽縣民楊宣田禾二隴相去二尺許合爲一穗益州嘉禾一莖九穗四年八月內出玉宸殿瑞穀圖示近臣每本有九穗十穗者九月鄞縣民岑貫田禾一莖九穗知州蘇維甫以聞五年四月河南府民田嘉禾合穗知府王欽若以聞七月導江縣民趙元賞青城縣民王偉田禾並一莖九穗乾興元年五月南劒州麥一本五穗緜州麥秀兩岐八月洋州嘉禾合穗十一月高陵縣嘉禾合穗天聖二年八月乙酉寧化軍嘉禾異畝同穎四年九月滎州禾一本九穗五年資州禾一本九穗六年忻州禾異本同穎五月乙未陳州瑞麥一莖二十穗六月陳州獻瑞麥圖七年七月河南府嘉禾合穗八年八月壬午召近臣觀瑞穀於元眞殿九年麕施縣禾異畝同穎景祐元年七月磁州嘉禾合穗八月大名府嘉禾合穗九月涇州磁州保德軍並嘉禾合穗十月孝感應城二縣稻再熟成德軍禾一本九穗三年五月榮州禾一莖九穗四年七月己巳臨清縣穀異畝同穎者六十本康定元年六月蜀州懷安軍並禾九穗慶曆二年壽安縣嘉禾合穗六年五月昭化縣禾一莖兩岐八月趙州懷州並嘉禾異畝同穎九月定襄縣嘉禾隔二隴合穗長江縣禾一莖十穗十二月石照諸縣野穀穭生七年九月汾州滎州德州並嘉禾合穗皇祐元年密州禾合穗者五本永康軍禾一莖九穗二年九月延州石州並嘉禾異畝合穗永康軍嘉禾一莖九穗十二月密州禾十莖合一穗石州四莖合一穗三年五月彭山縣上瑞麥圖凡一莖五穗者數本帝曰朕嘗禁四方獻瑞今得西川秀麥圖可謂眞瑞矣其賜田夫束帛以勸之是月滁州麥一莖五穗四年八月嘉州蜀州並嘉禾一莖九穗九月南劒州有禾一本雙莖二十穗五年三月資州嘉禾一莖九穗閏六月資州麥秀兩岐七月鄆州祁州禾異畝同穎九月成德軍嘉禾異畝同穎緜州禾一莖九穗至和元年十二月蜀州嘉禾一莖九穗二年五月亳州麥秀兩岐六月應天府貢大麥一本七十穗小麥一本二百穗八月卭州嘉禾一莖九穗嘉祐三年六月緜州麥一穗兩岐七月泰山上瑞麥圖凡五本五百一穗四年六月彰明縣有麥兩岐百餘本五年三月崇安縣嘉禾一本九十莖七年陵州禾一莖九穗九月平遙縣禾異畝合穗熙寧元年永興軍禾一莖四穗眉州禾一莖九穗四年乾寧軍禾二莖合穗成德軍晉州汾州禾異壟同穗六年南溪縣禾一苗九穗八年懷安軍瀘州渠州各麥秀兩岐安喜縣禾二本間五隴合穗平山縣禾合穗者二保塞縣禾七本間一隴或兩隴合穗路城縣禾合穗者二九年火山軍禾間五隴束鹿秀容二縣間四隴渤海縣皆異壟同穎流江縣禾一苗九穗譙縣麥一本三穗尉氏縣湖陽縣彭城縣麥一本兩穗渠州大麥一穗兩岐或三岐四岐者陽翟縣麥秀兩岐天興寶雞二縣皆麥秀兩岐仍一本有三四穗或六穗者石州安州麥秀兩岐十年磁州禾合穗眉州禾生九穗亳州禾生二穗元豐元年武康軍禾一莖十一穗汝州禾合穗寧江軍禾一莖十穗邢州麥秀兩岐夔州麥一本三穗二年簡州安德軍麥秀兩岐曹州生瑞禾北京安武軍懷州鎭戎軍禾合穗鎭戎軍懷州禾皆異畝同穎袁州禾一莖八穗至十一穗皆層出長者尺餘安州禾異畝同穗三年眉州禾一本九穗齊州禾一莖五穗趙州禾二本合穗安州麥一本三穗至五穗凡十四莖深州麥秀兩岐或三四穗凡四十畝眉州麥秀兩岐四年徐州麥一本百七十二穗代州禾合穗襄邑縣禾一本九穗五年高邑縣禾一莖五穗青州安肅軍憲州禾皆異畝同穎六年洪州

七縣稻已穫再生皆實威勝軍武鄉縣禾二本間五壟合穗歷城縣禾二本合穗趙州禾間三壟合穗唐州禾二穗者四瀘州禾九穗懷青濰三州禾皆異隴同穗府州陝州保平軍禾皆合穗七年蜀州禾生九穗青州禾異畝同穎者十一同州禾異畝同穎合州麥秀兩岐八年亳州麥一莖二穗一莖三穗一莖四穗鎮潼軍株禾苗異隴同穗岷州禾皆四穗泰寧軍禾異本同穎者三是歲秋冬保澤趙鄆隰滄濰密簡饒諸州威勝軍禾合穗或異畝同穎元祐元年簡州禾合穗石州禾異畝同穎二年忻隰磁濰懷州禾異畝同穎趙忻州禾合穗三年祁保彭州禾異畝同穎瀛磁代豐州安國軍禾合穗劍州安國軍麥秀兩岐夔州麥一本十二穗四年泰寧軍麥異畝同穎流江縣禾一本二穗榮德縣禾一本九穗青鄭齊趙州禾合穗及有一本三穗峨嵋縣禾異畝同穎又禾登一百五十三穗五年冀州安武軍大名府威德軍禾合穗永寧軍禾二本隔五隴合穗平定軍禾異畝同穗汀州禾生三十六穗劍州禾一本八穗普州麥一莖雙穗夔州麥秀五岐六年汝陽縣美原縣兗州鄒縣麥一莖數穗南劍州粟一本三十九穗瀛定懷汝晉昌州平定永康軍禾合穗七年均兗祁滄資華柳州禾合穗鄂州禾一本一枝兩穗三本三枝兩穗仙源縣禾異隴合穗耀州粟二莖隔兩隴合爲一穗梁山軍禾一莖九穗固始縣麥有雙穗定陶縣丹陽縣麥秀兩岐紹聖元年博野縣麥一本五穗漢陽軍麥秀兩岐樂壽縣麥一本兩穗或三穗懷安軍禾一本九穗二年青濰果冀德濱嵐濮達州禾合穗三年安武軍禾合穗嵐州禾兩根合穗者二晉相青齊嵐州永康軍禾異畝同穎合秀至九穗泉州粟二本五穗八穗瑕丘縣武陟縣陝城小溪四縣麥合穗良原縣沈丘縣長子縣麥秀兩岐四年河中府麥秀三穗虹縣雲安縣麥秀兩岐茂州一枝兩穗汶山縣一枝三穗至六穗西京鄆齊隰州禾合穗穎昌府禾一莖四穗至五穗元符元年慶州禾異本同穎青晉潞州荆南府永寧鎮戎軍等一十一處禾合穗邢州禾異隴合穗南劍州嘉州禾一莖九穗內鄉縣麥一莖兩穗符離靈壁臨渙蘄虹五縣麥秀兩穗兩當縣麥秀三穗安平縣生瑞麥二年連水軍麥合穗鄧岷州鎮戎軍禾合穗十一月岷州宕昌砦生瑞麥建中靖國元年沛縣晉州禾合穗崇寧元年淄州禾合穗二年晉寧軍忻州禾合穗五年河南府保德軍慶蘭潭冀府州岢嵐軍禾合穗淮西路民田旣刈復生實大觀元年蜀州粟一莖九穗二年肇州粟一莖六穗鎮潼軍隆德府保德軍慶蘭州禾合穗武信軍禾一莖九穗簡州麥秀兩岐三年武信軍瀘遂普州麥秀兩岐四年蔡州麥一莖兩岐至七八岐者九十畝九月尚書左僕射張商英表上袁州瑞禾圖及宋大雅獻修嘉禾十有三章賜詔褒答商英請并寫置中書省右僕射廳壁許之仍許三省樞密院同觀政和元年知河南府鄧洵武言秋禾大稔自雙穗至十穗以上嘉禾無雙榮州粟一莖九穗蔡州麥一莖兩岐或三五岐至八九畝近約十畝遠或連野二年知定州梁士野奏嘉禾合穗一科相隔五壟計六尺三寸生爲一穗並中間隴內一科三莖上生粟三穗五年鄧州仙井監嘉禾合穗是冬台州進寧海縣早禾一稃二米者凡三石時方脩明堂遂協成典禮詔許拜表賀自是史官多記奇祥異瑞謂麥禾爲常事不書惟宣和末郭藥師言嘉禾合穗以新收復書之

建隆三年七月南唐李景獻鳳卵雍熙四年十月知潤州程文慶獻鶴頸毛如垂緌端拱元年八月清遠縣廨舍有鳳集栢樹高六尺衆禽隨之東北去知州李昌齡圖以獻至道元年九月京師自旦至酉羣鳥百餘萬飛翔有聲識者云突厥雀景德元年五月庚寅午時白州有三鳳自東來入城中衆禽圍繞至萬歲寺棲百尺木上身長九尺高五尺文五色冠如金盃申時北向而去畫圖以聞大中祥符元年春昇州見黃雀羣飛蔽日有從空墜者占主民有役事是歲火實二年長舉縣有白鵲嘴腳紅不類常鵲治平四年五月太子右贊善大夫陳世脩獻白烏熙寧七年六月乙未增城縣鳳凰見元豐三年八月戊寅平棘縣獲白鵲九月丙午趙州獲白烏六年七月壬申丹州生白鵲至和三年九月大饗明堂有鶴回翔堂上明日又翔于上清宮是時所在言瑞鶴宰臣等表賀不可勝紀宣和元年九月戊午蔡京等表賀赤烏又賀白鵲政和後禁苑多爲村居野店又聚珍禽野獸麀鹿駕鵝禽鳥數百實其中至宣和間每秋風夜靜禽獸之音四徹宛若深山大澤陂野之間識者以爲不祥宣和末南郊禮畢御郊宮端拱殿天未明百辟方稱賀忽有鶉止鳴于殿屋若與贊拜聲相應和聞者駭之時已報女眞背盟未踰月內禪明年有陷城之難建炎三年高宗在揚州二月辛亥早朝有禽翠羽飛鳴行殿三匝一再止于宰臣汪伯彥朝冠冠尊服飛鳥踐之不祥翠羽又青祥也劉向以爲野鳥入宮宮室將空一曰敗亡之應是月金人入揚州有倉卒渡江之變未幾伯彥罷相尋坐貶四年正月丁巳金人圍陝州有鳶鴉數萬飛噪城上與戰聲相亂金將婁宿曰城當陷急攻之遂失守近羽孽也七年梟鳴于劉豫後苑又羣鳥鳴于內庭如曰休也豫惡之募人獲一梟者予錢五千是歲僞齊亡十七年二月有白烏六集于高禖壇上府尹沈該以瑞奏二十七年饒州番陽縣有妖鳥鳧身鷄尾長喙方足赤目止于民屋數日彈矢不能中乾道六年邵武軍泰寧縣有雀飛鳴立死于瑞寧佛刹香爐先是紹興初是邑有雀立死于丹霞佛刹香爐皆羽孽也而浮屠氏因謂之雀化慶元三年春池州銅陵縣鶯鶩雄化爲雌

紹興五年江東西羊大疫十七年汀州羊無角嘉定九年信州玉山縣羊生駢首

端拱元年十一月戊午夜西北方有赤氣如日腳高二丈咸平六年六月辛未赤氣出婁貫天廩占曰倉廩有火災景德三年三月丙辰北方赤氣亘天大中祥符三年十二月癸亥青赤氣貫紫微慶曆三年十二月二十六日天雄軍德博州天降紅雪晝血雨熙寧二年十一月每夕有赤氣見西北隅如火至人定乃滅元祐三年七月丁卯夜東北方明如晝俄成赤氣內有白氣經天建中靖國元年正月朔夕有赤氣起東北彌亘西方久之中出白氣二及赤氣將散復有黑氣在其傍宣和元年四月丙子夜西北赤氣數十道亘天犯紫宮北斗仰視星皆若隔絳紗拆裂有聲間以黑白二氣自西北俄入東北延及東南迨曉乃止靖康元年九月戊寅有赤氣隨日出建炎元年八月庚午東北方有赤氣占曰血祥四年五月洞庭湖夜赤光如火見東北亘天俄轉東南此血祥也壬子夜西北方有赤氣彌天貫以白氣如練者十數犯北斗文昌紫微由東南而散紹興七年正月乙酉夜北方有赤氣達旦辛卯斗牛間赤氣如火十一月癸卯南方有赤氣東北皆赤雲自日入至于甲夜八年九月甲申赤氣出紫微垣十八年八月丁亥九月甲寅皆有赤氣如火二十年十一月建昌軍新城縣永安村大風雪夜半若數百千人行聲語笑歌哭雜擾忽遽而凝寒陰塞咫尺莫辯明旦雪中有人畜鳥獸蹄迹流血汙染十餘里入山乃絕二十七年三月乙酉赤氣出紫微垣七月壬申赤氣隨日入十月壬寅赤氣如火三十年二月壬申亦如之三十二年春淮水溢中有赤氣如凝血隆興二年十一月庚寅日入後赤雲隨之乾道元年八月壬午赤氣中天自日入至于甲夜六年十月庚午赤氣隨日出十一月丁丑赤雲隨日入至于甲夜七年七月壬寅十月乙巳丙午淳熙三年八月丁酉戊戌皆有赤氣隨日入出十三年行都民家有血自地中出濺染汙人衣十四年十一月癸丑甲寅有赤氣隨日入出紹興三年春潼州路久旱日月星皆有赤氣四年十一月甲戌赤雲夜見白氣間之慶元六年十月赤氣夜發橫天嘉泰四年二月庚辰夜有赤雲間以白氣東北亘天後八日國有大火占者以爲火祥嘉定六年十月乙卯赤氣隨日出十一月辛卯赤氣隨日出端平三年七月甲申天雨血寶祐二年蜀雨血

開寶七年六月棣州有火自空墜于城北有物如龍端拱元年九月瀘州鹽井竭遣匠劉晩入視忽有聲如雷火焰突出晩被傷建炎元年正月辛卯夜西北陰雪中有如火光紹興二十二年建昌軍新城縣有巨室篋中時有火光燔衣帛過半而篋不焚近火孽也

宋史卷六十四考證

五行志二火下八月蘇州廨後圃邠州民田並有生合穗○按生上脫禾字

七月資官縣吏董昭美禾一莖九穗者各一○臣召南按有各一之文則者字上當有五七穗二三穗數句刊本脫耳

金將婁宿曰城當陷○臣召南按婁宿金史作婁室

有白鳥六集于高禖臺上○按白鳥當作白烏白烏瑞物也

宋史卷六十五

元　中　書　右　丞　相　總　裁　脫　脫　等　修

五行志第十八

五行三　木

曲直木之性也木失其性則爲妖祥舊說以狂咎木氷恒雨服妖龜孽鷄禍青眚青祥之類皆屬之木今從之

太平興國六年正月瑞安縣民張度解木五片皆有天下太平字至道六年修昭應宮有木斷之文如點漆貫徹上下體若梵書十一月襄州民劉士家生木有文如魚龍鳳鶴之狀七年五月撫州修天慶觀解木有文如

墨畫雲氣峰巒人物衣冠之狀七月彰明縣崇仙觀柱有文爲道士形及北斗七星象大中祥符八年晉州慶唐觀古栢中別生槐長丈餘天聖元年二月河楊柳二本連理六月河楊櫨棗各連理五年正月緜谷縣松栢同本異幹九年十月公井縣冬青木連理明道元年八月黃州橘木及柹木連枝康定元年十月始興縣枏兩本連理慶曆三年十二月澧州獻瑞木有文曰太平之道六年九月甲辰登州有巨木浮海而出者三千餘治平四年六月汀州進桐木板二有文曰天下太平熙寧元年三月簡州木連理是歲英州因雷震一山梓樹盡枯而爲龍鱗價爲之賤至京師一兩纔值錢一千四百二年建州民楊緯言元年三月大雷雨所居之西有黃龍見下獲一木如龍而形未具七月大雷雨復有龍飛其下及霽木龍尾翼足皆具歸合舊木宛然一體圖象以進十年八月乙巳惠州柚木有文曰王帝萬年天下太平元豐元年五月劒州木連理三年六月巳未饒州長山雨木子數畝狀類山芋子味香而辛土人以爲桂子又曰菩提子明道中嘗有之是歲大稔十二月泌陽縣甘棠木連理六年五月衛眞縣洞霄宮枯槐生枝葉元祐元年八月巳丑杭州民俞舉慶七世同居家園木連理五年四月德州木連理元符元年八月施州李木連理二年九月眉山縣楦木二株異根同幹木枝相附崇寧四年正月襄城縣李棃木連理大觀元年三月湟州欄木生葉八月瑞州永興軍並木連理二年十二月岢嵐軍園池生瑞木政和三年七月玉華殿萬年枝木連理南雄州楓木連理十月武義縣木根有萬宋年歲四字四年建州木連理六月沅陵縣江漲流出楠木二十七可爲明堂梁柱蔡京等拜表賀九月甲申彭城縣栢開華十二月辛丑元氏縣民王寘屋柱槐木再生枝葉高四十餘尺是歲邵州海棠木連理澤州台州槐木連理荆門軍紫薇木連理六年坊兗洪明夔徐新全隰太平州並木連理梅州枯木生枝宣和二年四月永州民劉思析薪有天下太平字紹興十四年四月虔州民毀欹屋析柱木裏有文曰天下太平時守臣薛弼上之方大亂近木妖也二十年八月福州冲虛觀皂莢木翠葉再實一十一年建德縣定林寺桑生李實栗生桃實占曰木生異實國主殃二十五年十月贛州獻太平木時秦檜擅朝喜飾太平郡國多上草木之妖以爲瑞紹興間漢陽軍有插榴枝於石罅秀茂成陰歲有花實者初郡獄有誣服孝婦殺姑婦不能自明屬行刑者插髻上華於石隙曰生則可以驗吾冤行刑者如其言後果生淳熙十六年三月揚州桑生瓜櫻桃生茄此草木互爲妖也七月晉陵縣民析薪中有木字曰紹熙五年如是者二是時紹熙猶未改元其後果止五年此近木妖也紹熙四年富陽縣栗生來禽實五年行都雨木與唐志貞元陳留雨木同占木生于下而自上隕者將有上下易位之象嘉定六年五月巳巳嚴州淳安遂安桐廬三縣大木自拔占曰木自拔國將亂景定四年五月成都太祖廟側大木仆忽起立生三芽德祐二年正月戊辰寶應縣民析薪中有天太下趙四字獻之制置使李庭芝賞之以錢五千

咸平六年十一月庚戌雨木冰太中祥符五年正月戊寅京師雨木冰天禧五年正月戊寅京師雨木冰慶曆三年十二月丁巳雪木冰占曰兵象也嘉祐元年正月雨木冰治平二年十月乙巳雨木冰熙寧三年十月八年正月九年正月京師雨木冰元祐八年二月京師大寒霰雪雨木冰宣和五年十月乙酉雨木冰靖康元年十月乙卯雨木冰二年正月丁酉雨木冰紹興五年十一月辛亥雨木冰宣和六年御樓觀燈時開封尹設次以彈壓於觀下帝從六宮於其上以觀天府之斷決者簾幕深密下無由知衆中忽有人躍出黑色布衣若寺僧童行狀以手畫簾出指斥語執于觀下帝怒甚令中使傳旨治之箠掠亂下又加炮烙詢其誰何畧不一語亦無痛楚之狀又斷其足筋俄施刃臠血肉狼籍帝大不悅爲罷一夕之懽竟不得其何人付獄盡之七年八月都城東門外鬻菜夫至宣德門下忽若迷罔釋荷檐向門戟手出悖罵語且曰太祖皇帝神宗皇帝使我來道尚宜速改也邏卒捕之下開封獄一夕方省則不知向者所爲者乃於獄中盡之建炎二年十一月高宗在揚州郊祀後數日有狂人具衣冠執香爐携絳囊拜于行宮門外自言天遣我爲官家兒書于囊紙刻於右臂皆是語鞠之不得姓名高宗以其狂釋不問明年二月金人犯維揚三月有明受之變紹興元年四月庚辰閩州有狂僧衰絰哭于郡譙門曰今日佛下世且言且哭實隆祐太后上仙日云閩距行都萬里踰月而遺詔至淳熙十四年正月紹興府有狂人突入恩平郡王第升堂踐王坐曰我太上皇孫來赴郡鞫訊終不語亦狂咎也是冬高宗崩明年八月王薨紹興二年十二月庚辰昧爽成都府有人衰服入帳門大呼閫帥京鏜姓名亦狂咎也

建隆元年十月蔡州大霖雨道路行舟開寶二年八月帝駐潞州積雨累日未止九月京師大雨霖五年京師雨連旬不止河南河北諸州皆大霖雨九年秋大霖雨太平興國二年道州春夏霖雨不止平地二丈餘五年五月京師連旬雨不止七年六月齊州逮捕臨邑尉王坦等六人繫獄未具一夕大風雨壞獄戶王坦等六人並壓死雍熙二年八月京師大霖雨淳化元年六月隴城縣大雨壞官私廬舍殆盡溺死者百三十七人三年九月京師霖雨四年七月京師大雨十晝夜不止朱雀崇明門外積水尤甚軍營廬舍多壞是秋陳潁宋亳許蔡徐濮澶博諸州霖雨秋稼多敗五年秋開封府宋亳陳潁泗壽鄧蔡潤諸州雨水害稼咸平元年五月昭州太霖雨害民田溺死者百五十七人景德三年八月青州大雨壞鼓角樓門壓死者四人大中祥符二年八月無爲軍大風霖雨折木壞城門軍營民舍壓溺千餘人十月兗州霖雨害稼三年四月昇州霖雨五月辛丑京師大雨平地數尺壞軍營民舍多壓者近畿積潦五年九月建安軍大霖雨害農事天禧四年七月京師連雨彌月甲子夜大雨流潦汎溢民舍軍營圮壞大半多壓死者自是頻雨及冬方止乾興元年二月蘇湖秀州雨壞民田天聖四年六月戊寅莫州大雨壞城壁七年自春涉夏雨不止明道二年六月癸丑京師雨壞軍營府庫景祐三年七月庚子大雨震電慶曆六年七月丁亥河東大雨壞忻代等州城壁皇祐二年八月深州大雨壞民廬舍四年八月癸未京城大風雨民廬摧圮至有壓死者嘉祐二年八月河東沿邊久雨瀕河之民多流移五月丁未晝夜大雨六月乙亥雨壞大社大稷壇三年八月霖雨害稼六年七月河北京西淮南兩浙江南東西淫雨爲災閏八月京師久雨是歲頻雨及冬方止治平元年京師自夏歷秋久雨不止摧眞宗及穆獻懿三后陵臺熙寧元年八月冀州大雨壞官私廬舍城壁七年六月陝州大雨漂溺陝平陸二縣元豐四年七月泰州海風駕大雨漂浸州城壞公私舍數千楹元祐二年七月丁卯以雨罷集英殿宴元符二年九月以久雨罷秋宴三年七月久雨哲宗大昇轝在道陷泥中建中靖國元年二月久雨時欽聖憲肅皇后欽慈皇后二陵方用工詔京西祈晴崇寧元年七月久雨壞京城廬舍民多壓溺而死者三年六月久雨四年五月京師久雨又自七月至九月所在霖雨傷稼十月始霽靖康元年四月京師大雨天氣清寒又自五月甲申至六月暴雨傷麥夏行秋令建炎二年春淫雨三年二月癸亥高宗初至杭州久霖雨占曰陰盛下有陰謀時苗傅劉正彥爲亂五月霖雨夏寒紹興元年行都雨壞城三百八十丈是歲婺州雨壞城三年雨自正月朔至于二月七月四川霖雨至于明年正月四年六月淫雨害稼蘇湖二州爲甚九月久雨時劉豫連金人入寇十月高宗親征而霽五年三月霖雨傷蠶麥行都雨甚九月雨至于明年正月六年五月久雨不止七年十月高宗如建康久雨八年三月積雨至于四月傷蠶麥害稼二十一年夏襄陽府大雨十餘日二十三年六月大雨壞軍壘民田三十年五月久雨傷蠶麥害稼八月施州大風雨三十二年六月浙西大霖雨隆興元年三月霖雨行都壞城三百三十餘丈二年六月陰雨七月浙西江東大雨害稼八月風雨踰月乾道元年二月行都及越湖常潤温台明處九郡寒敗首種損蠶麥二年正月淫雨至于四月夏寒江浙諸郡損稼蠶麥不登三年五月丙午泉州大雨晝夜不止者旬日八月淫雨江浙淮閩禾麻菽麥粟多腐四年四月陰雨彌月六年五月連雨六十餘日十一月連雨辛巳郊祀雲開于圜丘百步外有澍雨八年四月四川陰雨七十餘日六月壬寅大雨徹晝夜至于巳酉九年閏正月淫雨淳熙二年夏建康府霖雨壞城郭三年五月淮浙積雨損禾麥八月浙東西江東連雨癸未甲申行都大風雨九月久雨十月癸酉孝宗出手詔決獄援筆而風起開霽四年九月丁酉戊戌紹興府餘姚上虞二縣大風雨五年閏六月巳亥階州暴雨至于戊申乙巳興化軍福州福清縣暴風雨夜作六年四月衢州霖雨九月連雨巳巳將郊而霽八年四月雨腐禾麥五月久雨敗首種十年五月信州霖雨自甲戌至于辛巳八月福州大霖雨自乙未至于九月乙丑吉州亦如之十一年四月淫雨戊寅建康府大平州大霖雨六月甲申處州龍泉縣暴雨十二年五月六月皆霖雨十三年秋利州路霖雨敗禾稼穜稑金洋階成岷鳳六州亦如之十五年五月荆淮郡國連雨戊午祁門縣霖雨十六年四月西和州霖雨害禾麥五月浙西湖北福建淮東利西諸道霖雨紹熙元年春久陰連雨至于三月夏階成岷鳳四州霖雨傷麥二年二月贛州霖雨連春夏不止壞城四百九十丈圮城樓敵樓凡十五所四月福建路霖雨至于五月七月利路久雨傷種麥癸亥興州暴雨連日八月行都久雨三年五月江東河北路連雨常德府大雨徹晝夜自壬辰至于庚子寧國府

池州廣德軍自巳亥至于六月辛丑朔雨甚祁門縣至于庚戌七月壬申天台仙居二縣大雨連旬淮西路鎮江襄陽府皆害禾麥八月普州雨害稼四年四月霖雨至于五月浙東西江東湖北郡縣壞圩田害蠶麥蔬稑紹興寧國府尤甚鎮江府大雨自辛未至于丙子淮西郡縣自丙子至于戊寅五年八月霖雨畿縣浙東西皆害稼九月雨至于十月癸巳大雨三晝夜不止江東西福建郡縣皆苦雨慶元元年正月霖雨甲辰帝蔬食露禱丙午霽二月又雨至于三月傷麥五月霖雨七月雨至于八月二年六月壬申台州猋風暴雨連夕八月行都霖雨五十餘日三年七月雨連月四年八月久雨五年五月行都雨壞城夜壓附城民廬多死者六月浙東西霖雨至于八月六年五月庚午嚴州霖雨連五晝夜不止嘉泰二年六月福建路連雨至于七月丁未大風雨爲災三年八月久雨開禧元年七月利州郡縣霖雨害稼閏月盱眙軍陰雨至于九月敗禾稑十月行都淫雨至于明年春二年春淫雨至于三月嘉定二年五月戊戌連州大雨連晝夜六月利閬成西和四州霖雨七月壬辰台州大風雨夜作三年三月陰雨六十餘日五月淫雨至于六月首種多敗蠶麥不登四年八月霖雨至于九月五年春淫雨至于三月傷蠶麥十一月雨雪積陰至于明年春六年春淫雨至于二月丁亥雨雪集霰五月陰雨經日辛酉嚴州霖雨六月戊子紹興府大風雨浙東西雨至于七月七年九月陰雨至于十月害禾麥九年四月六月大霖雨浙東西郡縣尤甚十年三月連雨至于四月十月霖雨害稼十一年六月霖雨浙西郡縣尤甚十二年六月霖雨彌月十五年七月浙東西霖雨爲災十六年五月霖雨浙西湖北江東淮東尤甚八月大風雨害稼十七年八月霖雨

乾德四年二月長春節甘露降江寧府報恩院五年二月甘露降江寧府玉泉寺松樹開寶元年十二月甘露降蔡州僧院栢樹太平興國三年正月甘露降壽州廨四年五月甘露降河東縣廨叢竹凡三日七年四月丙戌知漢州安守亮獻栢葉上甘露一器九年三月丙子甘露降西京南太一宮新城雍熙三年四月庚子甘露降後院草木四年十二月甘露降興化軍羅漢峰前五松端拱二年二月甘露降壽州廨園栢及資聖寺檜淳化二年十二月資州廨及延壽觀德純寺甘露降松栢凡六日三年正月舒州二月衢州四月舒州四年六月舒州並甘露降至道二年四月蘄州三年五月泉州六月蘇州甘露降咸平元年四月甘露降平戎軍廨果樹凡九十餘本十一月甘露降亳州眞觀靈寶栢樹二年五月太平州潯州三年二月泉州十一月潯州四年二月龔州五年正月桂州十一月許州並甘露降景德元年義寧縣二年正月鬱林州二月晉州及神山縣三年正月梓州四月遂州十二月榮州懷安軍甘露降大中祥符元年十二月上饒縣信陽軍二年正月信陽軍陳鄂二州三月陵昇梓三州三年二月柳州懷安軍閏二月富順監五月澤耀晉益四州四年正月梓州三月澤州四月常州五年四月遂州五月無爲軍六月梓州七月眞定府十一月榮州開元寺六年三月梓州六月鄜州八月遂州九月信州十月亳州太淸宮十一月潯州十二月榮州南儀州七年二月鳳翔府天慶觀五月鄆州十月亳州太淸宮十二月彭州天慶觀八年正月中江縣二月果州十月衢州九年十一月玉淸昭應宮並甘露降天禧元年正月貴州天慶觀二月玉淸昭應宮三月後苑四月會靈觀五月盧州通判廳及后土祠十二月昭州天慶觀二年十二月榮州開元寺懷安軍天慶觀三年四月舒州五月益州四年三月邵武軍十二月平泉縣五年三月泉州十一月韶州並甘露降天聖元年正月柳州十一月河南府二年五月鳳州十月涇州四年榮州懷安軍六年太平州七年正月益州九年正月榮州並甘露降明道元年十一月韶州梓州甘露降景祐四年十一月成德軍慶曆四年正月桂州皇祐三年十二月吉州嘉祐七年三月眉州蓬州九月陵州並甘露降熙寧元年距元豐八年甘露降凡二十餘處元祐元年距元符三年亦如之大觀初甘露降于九成宮帝鼐室三年冬降于尚書省及六曹御製七言四韻詩賜執政已下其後內自禁中及宣和殿延福宮神霄宮下至三學開封府大理寺宰臣私第皆有之歲歲拜表稱賀

建隆初蜀孟昶末年婦女競治髮爲高髻號朝天髻未幾昶入朝京師江南李煜末年有衛士秦友登壽昌堂榻覆其鞵而坐訊之風狂不瘖識者云鞵履也李氏將覆於此地而爲秦所有乎履與李友與有同音趙與秦同祖也又煜宮中盛雨水染淺碧爲衣號天水碧未幾爲王師所克士女至京師猶有服之者天水國之姓望也淳化三年京師里巷婦人競剪黑光紙團靨又裝縷魚腮中骨號魚媚子以飾面黑北方色魚水族皆陰類也面爲六陽之首陰侵於陽將有水災明年京師秋冬積雨衢路水深數尺景德四年春京城小兒裂裳爲小兒旗繫竿首相對揮颭兵鬭之象也是歲宜州卒陳進爲亂出師討平之紹興二十一年行都豪貴競爲小靑蓋飾赤油火硃於蓋之項出都門外傳呼于道硃者乘輿服御飾升龍用爲臣庶以加于小蓋近服妖亦僭咎也二十三年士庶家競以胎鹿皮製婦人冠山民採捕胎鹿無遺時去宣和未遠婦人服飾猶集翠羽爲之近服妖也二十七年交趾貢翠羽數百命焚之通衢立法以禁紹熙元年里巷婦人以琉璃爲首飾唐志琉璃釵釧有流離之兆亦服妖也後連年有流徙之厄理宗朝宮妃繫前後掩裙而長窣地名趕上裙梳高髻於頂曰不走落束足纖直名快上馬粉點眼角名淚妝剃削童髮必留大錢許於頂左名偏頂或留之頂前束以綵繒宛若博焦之狀或曰鵓角咸淳五年都人以碾玉爲首飾有詩云京師禁珠翠天下盡琉璃

太平興國三年三月鑿金明池旣掘地有龜出殆踰萬數太中祥符二年四月有黑龜甚衆沿汴水而下至和元年二月信州貢綠毛龜大觀元年閏十月丙戌都水使者趙霆行河得兩首龜以爲瑞蔡京信之曰此齊小白所謂象罔見之而霸者也鄭居中曰首豈容有二而京主之意殆不可測帝命棄龜金明池政和四年瑞州進六目龜五年博州進白龜紹興八年五月汴京太康縣大雷雨下冰龜數十里隨大小皆龜形具手足卦文乾道五年舒州民獻龜駢生二首不能伸縮郡守張栻縱之潛山近龜孽也嘉定十四年春楚州境上龜大小死者蔽野

咸平三年八月黃州羣鷄夜鳴至冬不止紹興初陳州民家鷄忽人言近鷄禍也松陽縣民家鷄生三足縣治有鷄伏卵毛生殼外近鷄禍亦毛孽也乾道六年西安縣官塘有物鷄首人身高丈餘晝見于野慶元三年饒州軍營鷄卵出蛇近鷄孽亦蛇孽也婺源縣張村民家雌鷄化爲雄烹之形冠距而腹卵孕同里洪氏家雄鷄伏子中一雛三足咸淳五年常州鷄羽生距

建隆元年夏相金均房商五州鼠食苗二年五月商州鼠食苗乾德五年九月金州鼠食苗太平興國七年十月岳州鼠害稼紹興十六年淸遠翁源眞陽三縣鼠食稼千萬爲羣時廣東久旱凡羽鱗皆化爲鼠有獲鼠於田者腹猶蛇文漁者夜設網旦視皆鼠自夏徂秋爲患數月方息歲爲饑近鼠妖也乾道九年隆興府鼠千萬爲羣害稼淳熙五年八月淮東通泰楚高郵黑鼠食禾旣歲太饑時江陵府郭外羣鼠多至塞路其色黑白靑黃各異爲車馬踐死者不可勝計踰三月乃息紹熙四年饒州民家二小鼠食牛角三徙牛牢不免角穿肉潰以斃近鼠妖也慶元元年六月鄱陽縣民家一猫帶數十鼠行止食息皆同如母子相哺者民殺猫而鼠舐其血鼠象盜猫職捕而反相與同處司盜廢職之象也與唐龍朔洛州猫虎同占

紹興三年八月辛亥尚書省後樓無故自壞慶元元年夏建昌軍民居木柱有聲如牛鳴者三日乃止咸淳九年丞相賈似道起復之日在越上私第方拜家廟忽聞內有裂帛聲衆賓愕然密詢左右知家廟棟裂皆逡巡而退

宋史卷六十五考證

五行志三木天聖元年二月河楊柳二本連理六月河楊櫨棗各連理○臣召南按河楊當作河陽史記事必先著地名單言河字無此理也

荆開軍紫薇木連理○按荆開係荆門之訛

宣和六年御樓觀燈○按此文應提行寫前文言雨木冰此以下言狂人闌入宮禁也

宋史卷六十六

元　中　書　右　丞　相　總　裁　脫　脫　等　修

五行志第十九

五行四金

從革金性也金失其性則爲變怪舊說以僭咎恆陽詩妖民訛毛蟲之孽白眚白祥之類皆屬之金今從之

建隆二年七月晉州神山縣北谷中有鐵隨水流出方二丈三尺其重七千斤太平興國四年九月夾江縣民王詵得黑石二皆丹文其一云君王萬歲其二云趙二十一帝緘其石來獻至道二年二月桂陽監鍇銀自涌成山峰狀咸平四年十二月亳州太淸宮鍾自鳴乾興元年四月甲戌修奉山陵總管言皇堂隧道穿得銅錫有兩耳又於寢宮三門下穿得銅盂一鐵甕一鐵甲葉三天聖元年三月庚辰涪陵縣相思寺夜有光出阿育王塔之舊址發之得金銅像三百二十七五年七月壬寅遂山縣舊河漧地摧塔獲古錢一百四十六千五百四十三文明道元年五月壬午漢州江岸獲古鐘一慶曆四年五月乙亥金谿縣得生金山重三百二十四兩皇祐四年乾寧軍漁人得小鐘二於河濱五年二月已亥乾寧軍又進古鐘一至和二年四月甲午瀏陽縣得

古鐘一熙寧元年至元豐元年橫州共獲古銅鼓一十七元豐三年八月岳州永慶寺獲銅鐘一銅磬二六年南溪縣穿土得銅錢五萬四千有奇七年三月筠州獲古銅鐘一十一月賓州獲古銅鼓一八年昌元縣通鹽井得銅鍋九銅盆一銅盤一崇寧五年十月荆南獲古銅鼎政和二年玄圭始出晉州上一石綠色方三尺餘當中有文曰堯天正其字如掌大而端楷類手畫者堯字居右天正字級行于左都堂驗視礱石三分而字畫愈明又於堯字之下隱約出一瑞字位置始均蓋曰天正堯瑞云或謂晉陽堯都也方玄圭出乃有此瑞四年府畿汝蔡之間連山大小石皆變爲瑪瑙尚方取爲寶帶器玩甚富五年正月湖南提舉常平劉欽言蘆荻衡出生金重九斤八兩狀類靈芝之祥雲又淘得碎金四百七兩有奇十一月越州民拾生金湟州丁羊谷金坑僅千餘眼得鑛成金共四等計一百三十四兩有奇重和元年十二月孝感縣楚令尹子文廟獲周鼎六宣和四年後御府所藏往往復變爲石而色類白骨此與周寶圭占略同五年滎陽縣賈谷山麒麟谷采石修明堂得一石有文曰明百官表賀五年四月又獲觚鼎三崇寧四年三月鑄九鼎用金甚厚取九州水土內鼎中既奉安於九成宮車駕臨幸徧禮焉至北方之寶鼎忽漏水溢于外劉炳謬曰正北在燕山今寶鼎但取水土於雄州境宜不可用其後竟以北方致亂建炎元年南京留守朱勝非夜防城見南門外火光燭地掘之得銅印有文曰朱勝私印火鑠金金所畏也後拜相有明受之變辛坐貶三年吉州修城役夫得髑髏棄水中俄浮一鐘有銘五十六字大略云唐興元年吾子沒瘞廬陵西壘後當火德五九之際世衰道敗浙梁相繼喪亂章貢康昌之日吾亦復出是邦東平鳩工復使吾子同河伯聽命水官郡守命錄其辭錄畢而鐘自碎

紹興十一年三月庚申長安兵刃皆生火光二十六年鄂縣地出銅馬高三尺制作精好風雨夜嘶紹興中耕者得金甕重二十四鈞於秦檜別業乾道二年三月丙午夜福清縣石竹山大石自移聲如雷石方可九丈所過成蹊才四尺而山之木石如故

慶元二年十二月吳縣金鵝鄉銅錢百萬自飛

建隆二年京師夏旱冬又旱三年京師春夏旱河北大旱霸州苗皆焦仆又河南河中府孟津濮鄆齊濟滑延隰宿等州並春夏不雨四年京師夏秋旱又懷州旱乾德元年冬京師旱二年正月京師旱夏不雨是歲河南府陝虢麟博靈州旱河中府旱甚四年春夏京師不雨江陵府華州漣水軍旱五年正月京師旱秋復旱開寶二年夏至七月京師不雨三年春夏京師旱邠州夏旱五年春京師旱冬又旱六年冬京師旱七年京師春夏旱冬又旱河南府晉解州夏旱滑州秋旱八年春京師旱是歲關中饑旱甚太平興國二年正月京師旱三年春夏京師旱四年冬京師旱五年夏京師旱秋又旱六年春夏京師旱七年春京師旱孟虢絳密瀛衞曹淄州旱九年夏京師旱秋江南大旱雍熙二年冬京師旱三年冬京師旱四年冬京師旱端拱二年五月京師旱秋七月至十一月旱上憂形於色蔬食致禱是歲河南萊登深冀旱甚民多饑死詔發倉粟貸之淳化元年正月至四月不雨帝蔬食祈雨河南鳳翔大名京兆府許滄單汝乾鄭同等州旱二年春京師大旱三年春京師大旱冬復大旱是歲河南府京東西河北河東陝西及亳建淮陽等三十六州軍旱四年夏京師不雨河南府許汝亳滑商州旱五年六月京師大旱至道元年京師春旱二年春夏京師旱咸平元年春夏京畿旱又江浙淮南荆湖四十六軍州旱二年春京師旱甚又廣南西路江浙荆湖及曹單嵐州淮陽軍旱三年春京師旱江南頻年旱四年京畿正月至四月不雨景德元年京師夏旱人多渴死三年夏京師旱大中祥符二年春夏京師旱河南府及陝西路漳邢州旱三年夏京師旱江南諸路宿州潤州旱八年京師旱九年秋京師旱大名府澶州相州旱天禧元年京師春旱秋又旱夏陝西旱四年春利州路旱夏京師旱五年冬京師旱天聖二年春不雨五年夏秋大旱六年四月不雨明道元年五月畿縣久旱傷苗二年南方大旱景祐三年六月河北久旱遣使詣北嶽祈雨慶曆元年九月丁未朔遣官祈雨二年六月戊寅祈雨三年遣使詣嶽瀆祈雨四年三月丙寅遣內侍兩浙淮南江南祠廟祈雨五年二月詔天久不雨令州縣決淹獄又幸大相國寺會靈觀天清寺祥源觀祈雨六年四月壬申遣使祈雨七年正月京師不雨二月丙寅遣官嶽瀆祈雨三月辛丑西太乙宮祈雨皇祐元年五月丁未遣官祈雨三年恩冀諸州旱三月分遣朝臣詣天下名山大川祠廟祈雨至和二年四月甲午遣官祈雨嘉祐五年梓州路夏秋不雨七年三月甲子罷春燕以久旱故也辛丑西太乙宮祈雨治平元年春京師踰時不雨鄭滑蔡汝潁曹濮洺磁晉耀登等州河中府慶成軍旱二年春不雨熙寧二年三月旱甚三年諸路旱六月畿內旱八月衢州旱五年五月北京自春至夏不雨七年自春及夏河北河東陝西京東西淮南諸路久旱九月諸路復旱時新復洮河亦旱羌戶多殍死八年四月眞定府大旱八月淮南兩浙江南荆湖等路旱九年八月河北京東京西河東陝西旱十年春諸路旱元豐二年春河北陝西京東西諸郡旱三年春西北諸路旱五年亢旱六年夏畿內旱元祐元年春諸路旱正月帝及太皇太后車駕分日詣寺觀禱雨是冬復旱二年春旱三年秋諸路旱京西陝西尤甚四年春京師及東北旱罷春燕八年秋旱紹聖元年春旱疏決四京畿縣囚三年江東大旱溪河涸竭四年夏兩浙旱元符元年東南旱二年春京畿旱建中靖國元年衢信等州旱大觀二年淮南江東西諸路大旱自六月不雨至于十月政和元年淮南旱三年江東旱四年旱詔賑德州流民宣和元年二月詔汝潁陳蔡州饑民流移常平官勒停秋淮南旱四年東平府旱五年夏秦鳳路旱是歲燕山府路旱建炎二年夏旱紹興二年常州大旱帝問致旱之由中書舍人胡交修奏守臣周祀殘酷所致尋以屬吏坐贓及殺不辜竄嶺南三年四月旱至于七月帝蔬食露禱乃雨五年五月浙東西旱五十餘日六月江東湖南旱秋四川郡國旱甚六年夔潼成都郡縣及湖南衡州皆旱七年春旱七十餘日時帝將如建業隨所在分遣從臣有事于名山大川六月又旱江南尤甚八年冬不雨九年六月旱六十餘日有事于山川十一年七月旱戊申有事于嶽瀆乙卯禱雨于圜丘方澤宗廟十二年三月旱六十餘日秋京西淮東旱十二月陝西旱十八年浙東西旱紹興府大旱十九年常州鎭江府旱二十四年浙東西旱二十九年二月旱七十餘日秋江浙郡國旱三十年春階成鳳西和州旱秋江浙郡國旱浙東尤甚隆興元年江浙郡國旱京西大旱二年台州春旱興化軍漳福州大旱首種不入自春至于八月乾道三年春四川郡縣旱至于秋七月綿劍漢州石泉軍尤甚四年夏六月旱帝將徹蓋親禱于太乙宮而雨時襄陽隆興建寧亦旱八月詔須皇祐祀龍法于郡縣五年夏秋淮東旱盱眙淮陰爲甚六年夏浙東福建路旱溫台福漳建爲甚七年春江西東湖南北淮南浙婺秀州皆旱夏秋江洪筠潭饒州南康興國臨江軍尤甚首種不入冬不雨九年婺處溫台吉贛州臨江南諸軍江陵府皆久旱無麥苗淳熙元年浙東湖南郡國旱台處郴桂爲甚蜀關外四州旱二年秋江淮浙皆旱紹興鎭江寧國建康府常和滁眞揚州盱眙廣德軍爲甚三年夏常昭復隨郢金洋州江陵德安興元府荆門漢陽軍皆旱四年春襄陽府旱首種不入五年常綿州鎭江府及淮南江東西郡國旱有事于山川羣望六年衡永楚州高郵軍旱七年湖南春旱諸道自四月不雨行都自七月不雨皆至于九月紹興隆興建康江陵府台婺常潤江筠撫吉饒信徽池舒蘄黃和潯衡永州興國臨江南康無爲軍皆大旱江筠徽婺州廣德軍無錫縣尤甚禱雨于天地宗廟社稷山川羣望八年正月甲戌積旱始雨七月不雨至于十一月臨安鎭江建康江陵德安府越婺衢嚴湖常饒信徽楚鄂復昌州江陰南康廣德興國漢陽信陽荆門長寧軍及京西淮郡皆旱九年夏五月不雨至于秋七月江陵德安襄陽府潤婺溫處洪吉撫筠袁潭鄂復恭合昌普資渠利閬忠涪萬州臨江建昌漢陽荆門信陽南平廣安梁山軍江山定海象山上虞嵊縣皆旱十年冬月旱至于七月江淮建康府和州興國軍恭涪盧合金州南平軍旱十一年四月不雨至于八月興元府吉贛福泉汀漳潮梅循邕賓象金洋西和州建昌軍皆旱興元吉尤甚冬不雨至于明年二月十四年五月旱六月戊寅有事于山川羣望甲申帝親禱于太乙宮七月己酉大雩于圜丘望于北郊有事于嶽瀆海凡山川之神時臨安鎭江紹興隆興府嚴常湖秀衢婺處明台饒信江吉撫筠袁州臨江興國建昌軍皆旱越婺台處江州興國軍尤甚至于九月乃雨十五年舒州旱紹興元年重慶府蘄池州旱二年五月眞揚通泰楚滁和普隆涪渝遂高郵盱眙軍富順監皆旱簡資榮州大旱三年夏郢揚和州大旱秋簡資普榮敘隆富順監亦大旱四年綿州大旱亡麥簡資普渠合州廣安軍旱江浙自六月不雨至于八月鎭江江陵府婺台信州江東淮西旱五年春浙東西自去冬不雨至于夏秋鎭江府常秀州江陰軍大旱盧和濠楚州爲甚江西七郡亦旱慶元二年五月不雨三年潼利夔路十五郡旱自四月至于九月金遂普州大旱四月壬子禱于天地宗廟社稷六年四月旱五月辛未禱于郊丘宗社鎭江府常州大旱水竭淮郡自春無雨首種不入及京襄皆旱嘉泰元年五月旱丙辰禱于郊丘宗社戊辰大雩于圜丘浙西郡縣及蜀十五郡皆大旱二年春旱至于夏秋七月庚午大雩于圜丘祈于宗社浙西湖南江東旱鎭江建康府常秀潭永州爲甚四年五月不雨至于七月浙東西江西郡國旱開禧元年夏浙

東西不雨百餘日衢婺嚴越鼎澧忠涪州大旱二年南康軍江西湖南北郡縣旱三年二月不雨五月己丑禱于郊丘宗社嘉定元年夏旱閏月辛卯禱于郊丘宗社二年夏四月旱首種不入庚申禱于郊丘宗社六月乙酉又禱至于七月乃雨浙西大旱常潤爲甚淮東西江東湖北皆旱四年資普昌合州旱六年五月不雨至于七月江陵德安漢陽軍旱八年春旱首種不入四月乙未禱于太乙宮庚子命輔臣分禱郊丘宗社五月庚申大雩于圜丘有事于嶽瀆海至于八月乃雨江浙淮閩皆旱建康寧國府衢婺溫台明徽池眞太平州廣德興國南康盱眙安豐軍爲甚行都百泉皆竭淮甸亦然十年七月不雨帝日午曝立禱于宮中十一年秋不雨至于冬淮郡及鎭江建寧府常州江陰廣德軍旱十四年浙閩廣江西旱明台衢婺溫福贛吉州建昌軍爲甚十五年五月不雨岳州旱嘉熙元年夏建康府旱三年旱四年江浙福建旱淳祐七年旱十一年閩廣及饒州旱咸淳六年江南大旱十年廬州旱長樂福清二縣大旱

建隆中京師士庶及樂工少年競唱歌曰五來子自建隆開寶凡平荆湖川廣江西五國皆來朝時西川孟昶賦斂無度射利之家配卒尤甚旣乏緡錢唯仰在質物乃競書簡扎揭於門曰今召主收贖又每歲除日命翰林爲詞題桃符正旦置寢門左右末年學士幸寅遜撰詞昶以其非工自命筆題云新年納餘慶嘉節號長春昶以其年正月降王師即命呂餘慶知成都府而長春乃太祖誕聖節名也召與趙贖與蜀同音開寶初廣南劉鋹令民家置貯水桶號防火大桶又鋹末年童謠曰羊頭二四白天雨至後王師以辛未年二月四日擒鋹識者以爲國家以火德王房爲宋分羊未神也雨者王師如時雨之義也防與房桶與宋同音周廣順初江南伏龜山圮得石函長二尺廣八寸中有鐵銘云維天監十四年秋八月葬寶公于是銘有引曰寶公嘗爲偈大字書于版帛冪之人欲讀之者必施數錢乃得讀訖即冪之是時名士陸倕王鈞姚察而下皆莫知其旨或問之云在五百年後至卒乃歸其銘同葬焉銘曰莫問江南事江南自有馮乘雞登寶位跨犬出金陵子建司南位安仁秉夜燈東鄰家道闕隨虎遇明輿其字皆小篆體勢完具徐鉉徐鍇韓熙載皆不能解及煜歸朝好事者云煜丁酉年襲位即乘雞也開寶八年甲戌江南國滅是跨犬也當王師圍其城而曹彬營其南是子建司南位潘美營其北是安仁秉夜燭也其後太平興國三年淮海王錢俶舉國入覲即東鄰也家道闕意無錢也隨虎遇戊寅年也皇祐五年正月戊午狄青敗儂智高于歸仁鋪初謠言農家種糴家收至是智高果爲青所破建炎三年四月鼎州桃源洞大水巨石隨流而下有文曰無爲大道天知人情無爲窮寘神見人形心言意語鬼聞人聲犯禁滿盈地收人魂金石同類類金爲變恠者也紹興二年李綱帥長沙道過建寧僧宋本題邑治之壁曰東燒西燒日月七七後數日江西盜李仁入境焚其邑七月七日也淳熙中淮西競歌汪秀才曲曰騎驢渡江過江不得又爲傑舞以和之後舒城狂生汪格謀不軌州兵入其家縛之其子拒殺聚惡少數千爲亂聲言渡江事平格亦伏誅七年正月餘杭門外墻壁有詩其言頗涉恠後廉得主名杖遣之主管城北廂劉君暨以失察異言坐削秩其詩不錄十四年都城市井歌曰汝亦不來我家我亦不來汝家至紹熙二三年其事始應于兩宮紹定三年都城市井作歌詞末句皆曰東君去後花無主朝廷惡而禁之未幾太子詢薨慶元四年三月甲辰有鄞箭置詩達御前者詔宰臣究其詩不錄嘉泰四年越人盛歌鐵彈子白塔湖曲俄有盜金十一者自號鐵彈子繆傳其鬪死于白塔湖中後獲於諸暨縣

漢乾祐中荆南高從誨鑿池於山亭下得石匣長尺餘扃鐍甚固從誨神之屏左右焚香以啓匣中得石有文云此去遇龍即歇及建隆中從誨孫繼冲入朝改鎭徐州龍隆音相近太平興國中京師兒童以木雕合子中有竅藏掖下有聲號云腋底鬧後盧多遜投荒人以爲讖其在肘腋而司國典也天禧二年五月西京訛言有物如烏帽夜飛入人家又變爲犬狼狀人民多恐駭每夕重閉深處至持兵器驅逐者六月乙巳傳及京師云能食人里巷聚族環坐叫譟達曙軍營中尤甚而實無狀意其妖人所爲有詔嚴捕得數輩詢之皆非政和七年詔修神保觀俗所謂二郎神者京師人素畏之自春及夏傾城男女負土以獻揭榜通衢云某人獻土又有飾形作鬼使巡門催納土者或以爲不祥禁絕之後金人斡離不圍京師其國謂之二郎君云紹興元年十二月越州連火民訛言相驚月幾望當再火樞密院以軍法禁之乃定嘉定二年六月故循王張俊家火後旬日市井訛言相驚緋衣婦人爲火殃下墜都民徙避晝夜弗寧禁之後亦不火慶元六年十月瓊州訛言妖星流墮民郭七家聲如雷通判曾丰暨瓊山縣令移文驚擾後皆坐紬簽書樞蜜院事林存爲似道所擯道死于漳漳有富民蓄油鮎木甚佳林氏子弟求之價高不可得因撫其木曰收取收取待賈丞相用德祐元年似道謫死郡守與之經營竟得此木以殮宋初陳摶有紙錢使不行之說時天下惟用銅錢莫喻此旨其後用交子會子其後會價愈低故有使到十八九紙錢飛上天之謠似道惡十九界之名乃名關子然終爲十九界矣而關子價益低是紙錢使不行也宋以周顯德七年庚申得天下圖讖謂過唐不及漢一汴二杭三閩四廣又有寒在五更頭之謠故宮漏有六更按漢四百二十餘年唐二百八十九年開慶元年宋祚過唐十一年滿五庚申之數至德祐二年正月降附得三百一十七年而見六庚申如宮漏之數

建隆三年有象至黃陂縣匿林中食民苗稼又至安復襄唐州踐民田遣使捕之明年十二月於南陽縣獲之獻其齒革乾德二年五月有象至澧陽安鄉等縣又有象涉江入華容縣直過闔閭門又有象至澧州澧陽縣城北乾德四年八月普州兎食禾五年有象自至京師雍熙四年有犀自黔南入萬州民捕殺之獲其皮角開寶八年四月平陸縣驚獸傷人遣使捕之生獻十頭十月江陵府白晝虎入市傷二人太平興國三年果閬蓬集諸州虎爲害遣殿直張延鈞捕之獲百獸俄而七盤縣虎傷人延鈞又殺虎七以爲獻七年虎入蕭山縣民趙馴家害八口淳化元年十月桂州虎傷人詔遣使捕之至道元年六月梁泉縣虎傷人二年九月蘇州虎夜入福山砦食卒四人咸平二年十二月黃州長析村二虎夜鬪一死食之殆半占云守臣災明年知州王禹偁卒咸平六年十月乙酉有狐出皇城東北角樓歷軍器庫至夾道獲之大中祥符九年三月杭州浙江側晝有虎入稅場巡檢俞仁祐揮戈殺之天聖九年五月宿州獲白兎六月廬州獲白兎明道二年六月唐州獲白兎皇祐三年十二月泰州獲白兎嘉祐三年六月丁卯交阯貢異獸二初本國稱貢麒麟狀如牛身被肉甲鼻端有角食生芻果必先以杖擊其角然後食旣至而樞密使田況辨其非麟詔止稱異獸熙寧元年九月撫州獲白兎十二月嵐州獲白鹿四年九月廬州獲白兎政和五年十二月安化軍獲白兎六月泰州軍獲白兎七年二月達州獲白兎宣和元年十月淄州獲黑兎宣和七年秋有狐由艮岳直入禁中據御榻而坐詔毀狐王廟紹興十一年海州屬金悉空其民安江後十二年有二虎入城人射殺之虎亦搏人明年魏勝舉州來歸亦空其民漢龔遂曰野獸入宮室宮室將空虎豕皆毛孽也十三年南康縣雷雨羣狐震死于巖穴中巖石皆爲碎二十二年劉彭老家猫產數子皆三尺乾道七年潮州野象數百食稼農設穽田間象不得食率其羣圍行道車馬斂穀食之乃去淳熙二年江州馬當山羣狐掠人十年滁州有熊虎同入樵民舍夜自相搏死紹熙元年三月臨安府民家猫生子一有八足二尾四年鄂州武昌縣虎爲人患五年八月揚州獻白兎侍御史章潁劾守臣錢之望以孽爲端占曰國有憂白喪祥也是歲光宗崩慶元三年德興縣羣狐入民舍咸淳九年十一月辛卯黎明有虎出于揚州市毛色微黑都撥發官曹安國率良家子數十人射之制置使李庭芝占曰千日之內殺一大將於是臠其肉於城外而厭之紹興六年四月中京大雪雷震犬數十爭赴土河而死可救者才二三淳熙元年六月饒州大雷震犬于市之旅舍慶元二年撫州有犬若人坐于郡守之坐未幾郡守林廷彥卒于官德祐元年五月壬申揚州禁軍民毋得蓄犬城中殺犬數萬輸皮納官

乾德三年七月己卯夜西方起蒼白氣長五十尺貫天船五車亘井宿占曰主兵動六年十月己未旦西北起蒼白氣三道長二十尺趨東散占曰游兵之象太平興國四年四月己未夜西北有白氣壓北斗雍熙四年正月癸酉夜白氣起角亢經太微垣歷軒轅大星至月傍散至道二年二月丙子夜西方有蒼白氣長短八道如彗掃稍經天漢參錯如文蛇占曰所見之方主兵勝咸平四年三月丙申白氣二亘天五年正月白氣如虹貫日久而散七月戊戌白氣如陣貫東井六年四月己巳白氣東西亘天丁丑白氣貫日五月辛亥白氣出昴至壁沒六月丙子白氣出河鼓左右旗分爲數道沒七月癸卯白氣如彗起西南方占曰有兵喪景德元年五月白氣貫軒轅蒼白氣十餘如布亘天二年二月丁亥白氣五道貫北斗占爲大風幸臣憂十月丙子白氣出閣道西孛孛有光占曰宮中憂三年三月白氣貫月四年三月己未白氣東西亘天庚申白氣出南方長二丈許久而不散四月庚午白氣貫北斗長十丈占爲大風庚寅白氣如布襲月三丈許大中祥符元年正月丁丑白氣二東西亘天五年二月壬寅白氣長五丈出東井貫北斗魁及軒轅占爲兵爲雷雨明道元年十二月壬戌西北有蒼白氣亘天慶曆元年八月庚辰夜東方有白

氣長十尺許在星宿度中至十日長丈餘衝天九十餘日沒二年八月甲申白氣貫北斗三年正月戊戌中天有白氣長二十尺向西南行貫日占曰邊兵憂四月癸卯白氣二生西北隅上中天首尾至濁東南行艮久散占曰其下有兵寇八月壬子夜白氣貫北斗魁九月辛巳夜中有白氣長二丈許貫卷舌南河東北行少頃散占曰風雨之候皇祐四年十一月辛酉夜白氣起北方近濁長五丈許歷北斗久之散占曰多大風嘉祐元年三月彭城縣白鶴鄉地生麪占曰地生麪民將饑五月鍾離縣地生麪治平二年四月丙午夜西北方有白氣漸東南行首尾至濁貫角宿移西北久方散占曰有兵戰疾疫事熙寧九年四月庚寅夜白氣長丈起東北方天市垣元祐三年七月戊辰夜西北有白氣經天主兵宜防西北二鄙元符二年九月戊辰夜有白氣十道各長五尺主兵及大臣黜崇寧二年五月戊子夜蒼白氣起東南方長三丈貫尾箕斗主蠻夷入貢舊臣來歸宣和三年九月壬午夜蒼白氣長三丈貫月主其下有亂者靖康元年十二月丙辰白氣出太微垣二年二月壬午夜白氣如虹自南亘北須臾移西南至東北天明而沒三月戊子白氣貫斗建炎二年杜充爲北京留守天雨紙錢千營中厚盈寸明日與金人戰城下敗績紙白祥也三年三月白氣貫日四年五月壬子夜北方有白氣十餘道如練二十六年七月辛酉夜天雨水銀紹興元年潭州得白玉于州城蓮花池中孔彥舟以獻詔却之前史以爲玉變近白祥後彥舟爲劇盜二月巳巳夜東南有白氣十一年三月庚申金人居長安油酒皆變白色二十年十一月甲午夜西南有白氣出危入昴十二月戊申白氣出尾入軫貫天市垣三十一年十二月辛丑白氣如帶東西亘天出斗歷牛隆興元年十二月壬午夜白氣見西南方出危入昴二年正月甲寅夜西南有白氣亘天如帶乾道元年正月庚午白氣見西北方出奎入參三月戊辰白氣如帶自參及角東西亘天四月丁酉夜白氣見西北方入天市垣辛丑夜白氣入北斗乙巳夜白氣入紫微垣十月巳丑夜蒼白氣見東南方入翼十一月丙寅白氣如帶出女入昴東西亘天三年十二月庚午夜白氣如帶東西亘天出女入昴淳熙十年正月戊子夜西南有白氣如天漢而明南北廣可六丈東西亘天歷彥至畢紹熙五年六月壬寅夜白氣亘天自紫微至亢角巳酉日入後白氣亘天頃刻而散慶元四年八月庚辰白氣亘天五年二月癸酉夜東北方白氣如帶自角至參八月癸亥東北方有白氣如帶亘天嘉泰四年十一月辛未晝有白氣分數道亘天嘉熙四年二月丙辰白氣亘天淳祐二年二月甲寅白氣亘天景定三年七月甲申白氣如匹布亘天咸淳三年襄陽城中白氣自西而出

紹興二年宣州有鐵佛像坐高丈餘自動迭前迭卻若偃而就人者數日既而郡有火火氣盛金失其性而爲變怪也七月天雨錢或從石甓中流出有輪郭肉好不分明穿之碎若沙土二月溫州戒福寺銅佛像項珠自動光彩激射經日不少停數日火作寺焚淳熙九年春德興縣民家鏡自飛舞與日光相射慶元二年正月泰寧縣耕夫得鏡厚三寸徑尺有二寸照見水底與日爭輝病熱者對之心骨生寒後爲雷震而碎

宋史卷六十六考證

五行志四金舊說以僭咎恒陽○陽應作暘

紹興十一年海州屬金悉空其民○臣召南按此條前文已見而複出者也但不追叙十年有野豕入海州市民刺殺之則下文無根

乾德三年七月己卯夜西方起蒼白氣云云○按此段往往與天文志相參錯

宋史卷六十七

元　中　書　右　丞　相　總　裁　脫　脫　等　修

五行志第二十

五行五土

稼穡作甘土之性也土失其性則爲災因舊說以恒風脂夜之妖華孽臝蟲之孽牛禍黃眚黃祥皆屬之土今從之

建隆元年河南諸州乏食乾德元年齊隰等州饑二年州府二十二饑開寶四年州府六水一旱諸州民乏食五年大饑六年水民饑九年州府十二饑太平興國四年太平州饑淳化元年開封河南等九州饑五年京東西淮南陝西水潦民饑咸平五年河北及鄭曹滑饑景德元年江南東西路饑二年淮南兩浙荆湖北路饑三年京東西河北陝西饑大中祥符三年陝西饑四年河北陝西劍南饑五年河北淮南饑七年淮南江浙饑八年陝西州府五饑天禧元年饑三年江浙及利州路饑天聖三年晉絳陝解饑明道元年京東淮南江東饑二年淮南江東西川饑寶元二年益梓利夔路饑嘉祐三年夔州路旱饑熙寧三年河北陝西旱四年河北旱饑六年淮南江東劍南西川閏州饑七年京畿河北京東西淮西成都利州延常潤府州威勝保安軍饑八年兩河陝西江南淮浙饑九年雄州饑十年漳泉州興化軍饑元豐元年河北饑四年鳳翔府鳳階州饑七年河東饑元符二年饑崇寧元年江浙熙河饑大觀三年秦鳳階成饑重和元年京西饑五年河北京東淮南饑建炎元年汴京大饑米升錢三百一鼠直數百錢人食水藻椿槐葉道殣骼無餘胔三年山東郡國大饑人相食時金人陷京東諸郡民聚爲盜至車載乾尸爲糧紹興元年行在越州及東南諸路郡國饑淮南京東西民流常州平江府者多殍死二年春兩浙福建饑米斗千錢時餫饟繁急民益藉食三年吉郴道州桂陽監饑五年湖南大饑殍死流亡者衆夏潼川路饑米斗二千人食糟糠興元饑民流于果閬秋溫處州饑六年春浙東福建饑湖南江西大饑殍死甚衆民多流徙郡邑盜起夏蜀亦大饑米斗二千利路倍之道殣枕藉是歲果州守臣宇文彬獻禾稾九穗圖吏部侍郎晏敦復言果遂饑民未蘇不宜導諛坐黜爵七年夏欽廉邕州饑九年江東西浙東饑米斗千錢饒信州尤甚十年浙東江南荐饑人食草木十一年京西淮南饑十八年冬浙東江淮郡國多饑紹興尤甚民之仰哺于官者二十八萬六千人不給乃食糟糠草木殍死殆半十九年春夏紹興府大饑明婺州亦如之二十四年衢州饑二十八年平江府饑二十九年紹興府荐饑隆興元年紹興府大饑四川尤甚平江襄陽府隨泗州棗陽盱眙軍大饑隨棗間米斗六七千二年平江府常秀州饑華亭縣人食粃糠行都及鎮江府興化軍台徽州亦艱食淮民流徙江南者數十萬乾道元年春行都平江鎮江紹興府湖常秀州大饑殍徙者不可勝計是歲台明州江東諸郡皆饑夏亡麥二年夏亡麥三年九月不雨麥種不入四年春蜀卬綿劍漢州石泉軍大饑卬爲甚盜延八郡漢饑民至九萬餘五年夏饒信州荐饑民多流徙徽州大饑人食蕨葛台楚州盱眙軍亦饑秋冬不雨淮郡麥種不入六年冬寧國府廣德軍太平湖秀池徽和州皆饑七年秋江東西湖南十餘郡饑江筠州隆興府爲甚人食草實流徙淮甸詔出內帑收育棄孩淮郡亦荐饑金人運麥於淮北岸易南岸銅鑞斗錢八千江西饑流光濠安豐間皆效淮人私糴錢爲之耗荆南亦饑八年江西亡麥隆興府荐饑南昌新建縣饑民仰給者二萬八千餘九年春成都永康卬三州饑秋台州饑溫婺州亦饑淳熙元年浙東湖南廣西江西蜀關外皆饑台處郴桂昭賀尤甚二年淮東西江東饑滁真揚州盱眙軍建康府爲甚是歲鎮江寧國府常州廣德軍亦艱食詔獎建康留守劉珙振濟有方三年淮甸饑夏台州亡麥冬復旋饑郢州荆門軍襄陽江陵德安府大饑四年春尤饑六年冬和州饑通泰楚州高郵軍大饑人食草木七年鎮江府台州無爲廣德軍民大饑是歲江浙荆湘淮郡皆饑八年春江州饑人采葛而食詔罷守臣章騂冬行都寧國建康府嚴婺太平州廣德軍饑徽饒州大饑流淮郡者萬餘人浙東常平使者朱熹進對論荒政請蠲田賦身丁錢詔江浙淮湖北三十八郡並免之九年春大亡麥行都饑於潛昌化縣人食草木紹興府衢婺嚴明台湖州饑徽州大饑種稑亦絕湖北七郡荐饑蜀潼利夔三州郡國十八皆饑流徙者數千人十年合昌州荐饑民就振相蹂死者三千餘人十一年泉汀漳州興化軍亡禾邕賓象州饑十二年福建饑亡麥江西廣東西饑金州饑有流徙者十四年金洋階成鳳西和州人乏食七月秀州饑有流徙者臨安府九縣饑十六年夏成州亡麥冬階成鳳西和州荐饑紹熙二年蘄州饑夔路五郡饑渝涪爲甚階成鳳西和州亡麥三年資榮州亡麥會敘簡隆州富順監皆大饑亡麥殍死者衆民流成都府至千餘人威遠縣棄兒且六百人揚州亦多饑四年簡資普州饑綿州亡麥夏紹興府亡麥安豐軍大亡麥五年冬亡麥苗行都淮浙西東江東郡國皆饑常明州寧國鎮江府盧滁和州爲甚人食草木慶元元年春常州饑民之死徙者衆楚州饑人食糟粕淮浙民流行都三年浙東郡國亡麥台州大亡麥民饑多殍襄蜀亦饑四年秋浙東西荐饑多道殣六年冬常州大饑仰哺者六十萬人潤揚楚通泰州建康府江陰軍亦乏食嘉泰元年浙西郡國荐饑常州鎮江嘉興府爲甚二年四川饑廣安淮安軍潼川府大亡麥衡郴州武岡桂陽軍乏

食三年春邵永州大饑死徙者衆民多剽盜夏行都艱食四年春撫袁州隆興府臨江軍大饑殍死者不可勝瘞有舉家二十七人同赴水死者開禧二年紹興府衢婺州亡麥湖北京西淮東西郡國饑民聚爲剽盜南康軍忠涪州皆饑嘉定元年淮民大饑食草木流于江浙者百萬人先是淮郡罹兵農久失業米斗二千殍死者十三四炮人肉馬矢食之詔所至郡國振恤歸業時邦儲旣匱郡計不支去者多死亦有俘掠而北者是歲行都亦饑米斗千錢二年春兩淮荆襄建康府大饑米斗錢數千人食草木淮民刲道殣食盡發瘞胔繼之人相搤噬流於揚州者數千家度江者聚建康殍死日八九十人是秋諸路復大歉常潤尤甚冬行都大饑殍者橫市道多棄兒三年春建康府大饑人相食五月衢州饑頻聚爲剽盜七年台州大亡麥八年淮浙江東西饑都昌縣爲盜者三十六黨九年行都饑閭巷有殍十年台衢婺饒信州饑剽盜起台爲甚蜀石泉軍饑殍死殆萬餘人十一年淮浙江東饑殣亡麥苗十二年春潼川府饑而不害十三年春福州饑人食草根十六年春海州新附山東民饑京東河北路新附山西民亦饑湖南永道州大饑是歲行都江淮閩浙郡國皆亡麥禾十七年春餘杭錢塘仁和三縣饑鎭江府饑眞鄂州亦乏食嘉熙四年紹興府荐饑臨安府大饑嚴州饑咸淳七年江南大饑八年冬襄陽饑人相食德祐二年正月揚州饑三月揚州穀價騰踴民相食

乾德二年五月揚州暴風壞軍營舍僅百區三年六月揚州暴風壞軍營舍及城上敵棚開寶二年三月帝駐太原城下大風一夕而止八年十月廣州颶風起一晝夜雨水二丈餘海爲之漲飄失舟檝九年四月宋州大風壞甲仗庫城樓軍營凡四千五百九十六區太平興國二年六月曹州大風壞濟陰縣廨及軍營四年八月泗州大風浮梁竹笮鐵索斷華表石柱折六年九月高州大風雨壞廨宇及民舍五百區七年八月瓊州颶風壞城門州署民舍殆盡八年九月太平軍颶風拔木壞廨宇民舍千八十七區十月雷州颶風壞廨宇民舍七百區九年八月白州颶風壞廨宇民舍端拱二年京師暴風起東北塵沙曀日人不相辨淳化二年五月通利軍大風害稼三年六月丁丑黑風自西北起天地晦瞑雷震有頃乃止先是京師大熱疫死者衆及北風至疫疾乃止至道二年八月潮州颶風壞州廨營砦咸平元年八月涪州大風壞城舍四年八月丙子京師暴風景德二年六月甲午大風吹沙折木八月福州海上有颶風壞廬舍三年七月丙寅京師大風四年三月甲寅夕京師大風黃塵蔽天自大名歷京畿害桑稼唐州尤甚大中祥符二年四月乙未大風起京師西北連日不止五年八月京師大風七年三月戊辰京師大風揚沙礫是日百官習儀恭謝壇有陷仆者八年六月辛亥京師風起巳位吹沙揚塵天禧二年正月永州大風發屋拔木數日止三年五月徐州利國監大風起西南壞廬舍二百餘區壓死十二人四年四月丁亥大風起西北飛沙折木晝晦數刻五月乙卯暴風起西北有聲折木吹沙黃塵蔽天占並主陰謀姦邪是秋內侍周懷政坐妖亂伏誅天聖九年十二月辛酉大風三日止景祐元年六月己巳無錫縣大風發屋民被厭死者衆九月甲寅夜漏上風自丑起有聲撓木鳴條二年六月戊寅平明風自未來占者以爲百穀豐衍之候皇祐四年七月丁巳大風起西北方拔木嘉祐二年正月元日平旦有風從東北來徧天有蒼黑雲占云大熟多雨熙寧四年二月辛巳京東自濮州至河北旁邊大風異常百姓驚恐六年四月館陶縣黑風九年十一月海陽潮陽二縣颶風潮害民居田稼十年六月武城縣大風壞縣廨知縣李愈妻主簿寇宗奭妻之母壓死七月溫州大風雨漂城樓官舍元豐四年六月邕州颶風壞城樓官私廬舍七月甲午夜泰州海風作繼以大雨浸州城壞公私廬舍數千間靜海縣大風雨毀官私廬舍二千七百六十三楹丹陽縣大風雨溺民居毀廬舍丹徒縣大風潮飄蕩沿江廬舍損田稼六月邕州颶風壞城樓官私廬舍五年六月朱崖軍颶風毀廬舍元祐八年福建兩浙海風駕潮害民田紹聖元年秋蘇湖秀等州有風害民田靖康元年正月望夜大風起西北有聲吹沙走石盡明日乃止二月戊申大風起東北揚塵翳空三月己巳夜五更大風乍緩乍急聲如冉怒十一月丁亥大風發屋折木閏十一月甲寅大風起北方雪作盈數尺連夜不止二年正月己亥天氣昏曀狂風迅發竟日夜西北陰雲中如有火光長二丈餘濶數尺民時時見之庚戌大風雨二月乙酉大風折木晩尤甚三月己亥大風四月庚申朔大風吹石折木辛酉北風益甚苦寒建炎元年正月丁酉大風吹石折木十二月乙酉大風拔木紹興二十八年七月壬戌平江府大風雨駕潮漂溺數百里壞田廬三十二年七月戊申大風拔木溫州大風壞屋覆舟隆興元年浙東西郡國風水傷稼三年八月大風雨漂蕩田廬乾道二年八月丁亥溫州大風雨駕海潮殺人覆舟壞廬舍五年十月台州大風水壞田廬八年六月丙辰惠州颶風壞海艦三十餘時樞密院調廣東經畧司水軍四艦覆其三死者百三十餘人淳熙三年六月大風連日四年九月明州大風駕海潮壞定海鄞縣海岸七千六百餘丈及田廬軍壘六月乙巳夜福清縣興化軍大風雨壞官舍民居倉庫及海口鎭人多死者五年正月庚戌大風六年十一月鄂州大風覆舟溺人甚衆七年二月江陵府大風火及舟焚溺死者尤衆十年八月辛酉雷州颶風大作駕海潮傷人禾稼林木皆折紹熙二年三月癸酉瑞安縣大風壞屋拔木殺人四年七月興化軍海風害稼五年六月丙子大風七月乙亥行都大風拔木壞舟甚衆紹興府秀州大風駕潮害稼秋明州颶風駕海潮害稼十月戊戌行都大風拔木慶元二年六月壬申台州暴風雨駕海潮壞田廬六年三月甲子大風拔木嘉泰三年十月丁未暴風十一月癸未大風四年正月乙亥亦如之開禧元年四月乙卯九月庚戌大風嘉定元年九月乙丑大風二年二月戊子大風七月壬辰台州大風雨駕海潮壞屋殺人三年八月癸酉大風拔木折禾穗墮果實寧宗露禱至于丙子乃息後御史朝陵于紹興府歸奏風壞陵殿宮牆六十餘所陵木二千餘章四年閏月丁未大風六年十二月餘姚縣風潮壞海隄亘八鄉七年正月庚辰江州放鐙黑雲暴風忽作遊人相踐死者二十餘十年正月乙未大風拔木十一月丁丑大風十一年二月甲寅大風十月戊午大風十三年十一月庚戌壬子大風十二月戊午大風十四年六月辛巳大風十六年秋大風拔木害稼十七年秋福州颶風大作壞田損稼冬鄂州暴風壞戰艦二百餘壽昌軍壞戰艦六十餘江州興國亦如之嘉熙二年風雹三年風雹淳祐十一年泰州風景定四年十一月福州颶風咸淳四年閏月丁巳大風雷雨居民屋瓦皆動七年五月甲申紹興府大風十年四月紹興府大風拔木

端拱二年京師暴風起東北塵沙曀日人不相辨淳化三年六月丁丑黑風自西北起天地晦冥雷震有頃乃止大中祥符二年九月無爲軍城北暴風晝晦不可辨拔木壞城門營壘民舍天聖六年二月庚辰大風晝瞑康定元年三月丙子大風晝瞑經刻乃復嘉祐八年十一月丙午大風霾治平二年二月乙巳大風晝晦四年正月庚辰朔大風霾是日上尊號廷中仗衞皆不能整時帝已不豫後七日崩熙寧四年四月癸亥京師大風霾元祐八年二月京師風霾靖康二年正月己亥天氣昏曀風迅發竟日三月丁酉風霾建炎元年正月辛卯朔大風霾丁酉風霾日色薄而有暈二月丁酉汴京風霾日無光是日張邦昌僭位二年七月癸未風雨晝晦是日東京留守宗澤薨紹興十一年三月庚申金人居長安晝晦乾道五年正月甲申晝霾四塞淳熙五年四月丁丑塵霾晝晦日無光慶元九年十二月乙未天雨霾開禧元年正月壬午雨霾嘉定十年正月乙未晝霾二月癸巳日無光德祐元年六月庚子朔日有食之旣天地晦冥咫尺不辨人雞鶩歸棲自巳至申其明始復

至道二年秋九月環慶州梨生花占有兵明年契丹擾北邊景德元年二月保順軍城壕水陷起文爲桃李花雜樹人物之狀大中祥符九年正月壖州渠水有如華葩狀大觀二年十月乙巳龔丘縣檜生花蕚如蓮實紹興七年十二月中書門下省檢正官張宗元出撫淮西軍寓建康檠冰有文如畫佳卉茂木華葉相敷日易以冰變態奇出春暄乃止二十七年四月徽州祁門縣圃桃已實復華淳熙初秀州呂氏家冰瓦有文樓觀車馬人物芙蓉牡丹萱草藤蘿之屬經日不釋淳熙中興化軍仙遊縣九巫山古木末生花臭如蘭

建隆二年九月渭南縣虸蚄蟲傷稼三年七月兗州濟德磁洛蝝生乾德六年七月階州虸蚄蟲生太平興國二年六月磁州青黑蟲羣飛食桑夜出晝隱食葉殆盡七月邢州鉅鹿沙門二縣步屈蟲食桑麥殆盡五年七月濰州虸蚄蟲生食稼殆盡七年九月邠州虸蚄蟲生食稼九年七月泗州蠓蟲食桑雍熙二年四月天長軍蠓蟲食苗端拱二年七月施州虸蚄蟲生害稼淳化二年四月中都縣蝪蟲生七月單州蝪蟲生遇雨死景德元年八月陝賓棣州蟲蝝害稼大中祥符四年八月兗州虸蚄蟲生有蟲青色隨齧之化爲水六年九月陝西同華等州虸蚄蟲食苗天聖五年五月戊辰磁州蟲食桑景祐四年五月滑州靈河縣民黃慶家蠶自成被長二丈五尺濶四尺嘉祐五年深州野蠶成繭被于原野熙寧九年五月荆湖南路地生黑蟲化蛾飛去金州生黑蟲食苗黃雀來食之皆盡元祐六年閏八月定州七縣野蠶成繭七年五月北海縣蠶自織如絹成領帶元符元年七月藁城縣野蠶成繭八月行唐縣野蠶成繭九月深澤縣野蠶成繭織紝成萬匹二年六月房陵縣野蠶成繭政和元年九月河南府野蠶成繭四年相州

野蠶成繭五年南京野蠶成繭織紬五匹絹四十兩聖繭十五兩紹興二十九年秋浙東江東西郡縣螟三十年十月江浙郡國螟蝝隆興元年秋浙東西郡國螟害穀紹興府湖州爲甚三年台州螟乾道三年八月江東郡縣螟螣淮浙諸路多言青蟲食穀穗六年秋浙西江東螟爲害九年秋吉贛州臨江南安軍螟淳熙二年秋浙江淮郡縣螟四年秋昭州螟五年昭州荐有螟螣七年秋永州螟八年秋江州螟十二年八月平江府有蟲聚于禾穗油洒之卽墮一夕大雨盡滌之十四年秋江州興國軍螟十六年秋溫州螟慶元三年秋浙東蕭山山陰縣婺浙西富陽鹽官淳安與永興縣嘉興府皆螟四年秋鉛山縣蟲食穀無遺穗嘉定十四年明台溫婺衢螽螣爲災十五年秋贛州螟十六年永道州螟紹定三年福州螟端平元年五月當塗縣螟淳祐二年五月兩淮螟景定三年八月浙東西螟

乾德三年眉州民王進牛生二犢四年南充縣民馬全信及相如縣民彭秀等家牛生二犢開寶二年九隴縣民王達牛生二犢太平興國三年流溪縣民白延進牛生二犢五年溫江縣民趙進牛生二犢六年廣都縣趙全牛生二犢七年什邡縣民王信華陽縣民袁武等牛生二犢八年彭州民彭延閬州民陳則安樂縣民王公泰牛生二犢九年七月知乾州衞昇獻三角牛雍熙三年果州民李昭牛生二犢四年郪縣民鮮于志鮮于皐眉山縣海羅參仁壽縣民陰饒成都縣民李本成紀縣民王和敏牛生二犢端拱元年眉州民陳希簡晉原縣民張昭郁魏城縣民鮮于郜羅江縣民袁旅河陽縣民李美曲水縣民曾處梓潼縣民文光懿永泰縣民羅德綿竹縣民陳洪牛生二犢淳化元年綿竹縣民李昌遠薄逸閬州民和中惠州民王欽眉州民王圖九隴縣民楊皐玄武縣民羊邁達牛生二犢二年永州縣民梁行艮仁壽縣民梁仁超牛生二犢三年成都府民彭齊卿洪雅縣民程讓永昌縣民田昭巴州民杜文宥廬山縣民白閏牛生二犢四年成都府民任順曲水縣民張思方彭山縣民李承遠牛生二犢至道二年新都縣民蹇成美牛生二犢潁陽縣民馮延密牛生三犢其二額有白三年新津縣民文承富赤水縣民蘇福廣安軍吏胥仁廸牛生二犢咸平元年眉山縣民向瓊玖陳元寶丹陵縣民劉承鶚通泉縣民王居中曲水縣民楊漢成楊景歎王思讓眉山縣民陳彥宥牛生二犢二年濛陽縣民杜擧九隴縣民楊太眉山縣民蘇仁義洪雅縣吏陸文贇牛生二犢三年叙浦縣民戴昌蘊牛生二犢四年流溪縣民何承添晉原縣民頗全永昌縣民曾嗣犀浦縣民何福彰明縣民王玘牛生二犢六年渠江縣民王德進魏城縣民蒲諫王信石照縣民仲漢宗大足縣民劉武牛生二犢景德元年魏城縣民閻明彭州濛陽縣民郭琮牛生二犢二年三泉縣民李景順東海縣民時祐小溪縣民劉可赤水縣民羅永僉牛生二犢三年長江縣民于承琛牛生二犢四年相如縣民楊漢暉卬州安仁縣民羅垈九隴縣民白彥成渠江縣民王繼豐家及順安軍屯田務牛生二犢大中祥符元年龔丘縣民李起牛生四犢判州王欽若圖以獻二年立山縣民盧仁依銅山縣民勾熙正什邡縣民杜族南康縣民陳邢僉牛生二犢三年犍爲縣民陳知進牛生二犢四年東關縣民陳知進牛生二犢五年富順監些井塲官楊守忠曲水縣民向平蓬溪縣民蹇知密牛生二犢六年廣安軍依政縣民李福貴溪縣民徐志元牛生二犢七年雙流縣民姚彥信涪城縣民張禮嘉州龍游縣民張正夾江縣民郭昇天水縣民王吉牛生二犢八年仁壽縣民何志通泉縣民羅永泰成都縣民張進華陽縣民楊承珂牛生二犢九年平定軍平定縣民范訓臨卬縣民楊暉牛生二犢天禧元年開江縣民冉津及澧州石門縣層山縣牛生二犢二年臨卬縣民王道進臨溪縣民王勝西縣民韓光緒牛生二犢四年貴溪縣民葉政牛生二犢五年巴西縣民向知道牛生二犢自天聖迄治平牛生二犢者三十二生三犢者一自熙寧二年距元豐八年郡國言民家牛生二犢者三十有五生三角者一元祐元年距元符三年郡國言民家牛生二犢者十有五大觀元年閬州達州言牛生二犢四年三月帝謂起居舍人宇文粹中曰牛產二犢亦載之起居注中豈若野蠶成繭之類民賴其利乃爲瑞邪自是史官不復盡書政和五年七月安武軍言郡縣民范濟家牛生麒麟重和元年三月陝州言牛生麒麟宣和二年十月尚書省言歙州歙縣民鮑珙家牛生麒麟三年五月梁縣民邢喜家牛生麒麟紹興元年紹興府有牛戴刃突入城市觸馬裂腹出腸時衞卒多犯禁屠牛牛受刃而逸近牛禍也十六年靜江府城北二十里有奔犢以角觸人於壁腸胄出牛狂走兩日不可執卒以射死十八年五月依政縣牛生二犢二十一年七月遂寧府牛生二犢者三二十五年八月漢中牛生二犢淳熙十二年仁和縣艮渚有牛生二首七日而死餘杭縣有犢二首十六年三月池州池口鎭軍屯牛狂走觸人死慶元三年樂平縣田家牛生犢如馬一角鱗身肉尾農以不祥殺之或惜其爲麐同縣萬山牛生犢人首

淳化三年正月乙卯京師雨土占曰小人叛自後李順盜據益州景德元年七月辛亥黃氣出壁長五尺餘占曰兵出二年正月丙寅黃白氣環之大中祥符元年正月癸亥朔黃氣出於艮占曰主五穀熟二年九月戊午黃氣如柱起東南方長五丈許天禧五年襄州鳳林鎭道側地涌起高三尺潤八尺知州夏竦以聞明道元年十月庚子夜黃白氣五貫紫微垣景祐元年八月壬戌夜有黃白氣如彗長七尺餘出張翌之上凡三十有三日不見治平元年三月壬戌雨土十二月己亥雨黃土熙寧五年十二月癸未七年三月戊午僉雨黃土八年五月丁丑雨黃土兼細毛元豐二年十一月丁亥五年三月乙巳六年四月辛未雨土元祐七年正月戊午天雨塵土主民勞苦宣和元年三月庚午雨土著衣主不肖者食祿紹興十一年三月庚申涇州雨黃沙十八年十一月壬辰肆赦天有雲赤黃近黃祥也太史附秦檜旨奏瑞乾道四年三月己丑雨土若塵淳熙四年二月戊戌雨土五年二月壬午甲申四月丁丑六年十一月乙丑十一年正月辛卯甲寅十三年正月壬寅亦如之十五年九月庚子南方有赤黃氣紹熙四年十月甲寅雨土五年四月癸卯亦如之十月乙未天有黃赤色占曰是爲天變色先赤後黃近黃赤祥也十一月辛亥雨土慶元元年二月己卯十一月己丑天雨塵土三年正月丙子四月丙午十二月甲申天雨塵土六年正月己巳閏月丁未十月己丑雨土九月辛丑十一月辛卯天雨塵土嘉泰元年六月己卯九月己未十二月辛丑天雨塵土嘉定三年正月丙午天雨塵土八年二月己未五月辛未天雨塵土九年十二月癸巳天雨土十年二月癸巳雨土十二年二月癸巳天雨塵土十三年二月辛卯天雨塵土十六年二月戊子天雨塵土紹定三年三月丁酉雨土嘉熙二年四月甲申雨土三年三月辛卯天雨塵土淳祐五年二月丙寅朔天雨塵土十一年五月乙亥天雨塵寶祐三年三月己未雨土六年二月壬辰天雨塵土開慶元年三月辛酉雨土景定五年二月辛未雨土德祐元年三月辛巳終日黃沙蔽天或曰喪氛

乾德三年京師地震史失日月五年十一月許州開元觀老君像自動知州宋偓以聞六年正月簡州普通院毗盧佛像自動至道二年十月潼關西至靈州夏州環慶等州地震城郭廬舍多壞占云兵饑是時西夏寇靈州明年遣將率兵援糧以救之關西民饑咸平二年九月常州地震壞鼓角樓羅務軍民廬舍甚衆四年九月慶州地震者再六年正月益州地震景德元年正月丙申夜京師地震癸卯夜復震丁未夜又震屋皆動有聲移時方止癸丑冀州地震占云土工興有急令兵革興是時契丹犯塞二月益黎雅州地震三月邢州地震不止四月己卯夜瀛州地震五月邢州地復震不止十一月壬子日南至京師地震癸丑石州地震四年七月丙戌益州地震己丑渭州瓦亭砦地震者四大中祥符二年三月代州地震四年六月昌眉州僉地震七月眞定府地震壞城壘天聖五年三月泰州地震七年京師地震景祐四年十二月甲子京師地震甲申忻代并三州地震壞廬舍覆壓吏民忻州死者萬九千七百四十二人傷者五千六百五十五人畜擾死者五萬餘代州死者七百五十九人并州千八百九十人寶元元年正月庚申并忻代三州地震十二月甲子京師地震慶曆三年五月九日忻州地大震說者曰地道貴靜今數震搖兵興民勞之象也四年五月庚午忻州地震西北有聲如雷五年七月十四日廣州地震六年二月戊寅青州地震三月庚寅登州地震岠嵎山摧自是震不已每震則海底有聲如雷五月甲申京師地震七年十月乙丑河陽許州地震皇祐二年十一月丁酉夜秀州地震有聲自北起如雷嘉祐二年雄州北界幽州地大震大壞城郭覆壓者數萬人五年五月己丑京師地震治平四年秋漳泉建州邵武興化軍等處皆地震潮州尤甚折裂泉涌壓覆州郭及兩縣屋宇士民軍兵死者甚衆八月己巳京師地震熙寧元年七月甲申地震乙酉辛卯再震八月壬寅甲辰又震是月須城東阿二縣地震終日滄州清池莫州亦震壞官私廬舍城壁是時河北復大震或數刻不止有聲如雷樓櫓民居多摧覆壓死者甚衆九月戊子莫州地震有聲如雷十一月乙未京師及莫州地震十二月癸卯瀛州地大震丁巳冀州地震辛酉滄州地震湧出沙泥船板胡桃螺蚌之屬是月潮州地再震是歲數路地震有一日十數震有踰半年震不止者二年十月庚戌南郊東壝門內地陷有天寶十三年古墓元豐元年邕州佛像動搖初像動夏人入寇又動而州大火其後儂智高叛復動於是知州錢師孟投其像于江中八年二月甲戌賓州嶺方縣地陷五月丙午

京師地震元祐二年二月辛亥代州地震有聲四年春陝西河北地震七年九月己酉蘭州鎮戎軍永興軍地震十月庚戌朔環州地再震紹聖元年十一月丙戌太原府地震二年十月十一月河南府地震是歲蘇州自夏迄秋地震十三年三月戊戌夜劒南東川地震九月己酉滁州沂州地震四年六月己酉太原府地震有聲元符元年七月壬申夜雲霧蔽天地震良久二年正月壬申恩州地震八月甲戌太原府地震三年五月己巳太原府又震建中靖國元年十一月辛亥太原府潞晉隰代石嵐等州岢嵐威勝保化寧化軍地震彌旬晝夜不止壞城壁屋宇人畜多死自後有司方言祥瑞郡國地震多抑而不奏政和七年六月詔曰熙河環慶涇原路地震經旬城砦關堡城壁樓櫓官私廬舍並皆摧塌居民覆壓死傷甚衆而有司不以聞其遣官按視之宣和四年北方用兵雄州地大震玄武見於州之正寢有龜大如錢蛇若硃漆筋相逐而行宣撫使焚香再拜以銀奩貯二物俄俱死六年正月京師連日地震宮殿門皆動有聲七年七月己亥熙河路地震有裂數十丈者蘭州尤甚陷數百家倉庫俱沒河東諸郡或震裂建炎二年正月戊戌長安地大震金將婁宿圍城彌旬無外援乘地震而入城遂陷紹興三年八月甲申地震平江府湖州尤甚是歲劉豫陷鄧隨等州金人犯蜀四年四川地震五年五月行都地震六年六月乙巳夜地震自西北有聲如雷餘杭縣爲甚是冬劉麟猊犯順寇濠壽州七年地震二十四年正月戊寅地震二十五年三月壬申地震二十八年八月甲寅夜震三十一年三月壬辰地震三十二年七月戊申地震隆興元年十月丁丑地震六月甲寅又震乾道二年九月丙午地震自西北方四年十二月壬子石泉軍地震三日有聲如雷屋瓦皆落時綿竹有冤獄云淳熙元年十二月戊辰地震自東北方九年十二月壬寅夜地震十年十二月丙寅地震十二年五月庚寅地震慶元六年九月東北地震十一月甲子地震東北方嘉定六年四月行都地震六月丙子淳安縣地震九年二月辛亥東西川地大震四日十年二月庚申地震自東南十二年五月地震六月西川地震十四年正月乙未夜地震大雷五月丙申西川地震寶慶元年八月己酉地震嘉熙四年十二月丙辰地震淳祐元年十二月庚辰夜地震寶祐三年蜀地震咸淳七年嘉定府城震者三

雍熙三年階州福津縣常峽山圮壅白江水逆流高十丈許壞民田數百里淳化二年五月名山縣大風雨登遼山圮壅江水逆流入民田害稼咸平元年七月庚午寧化軍汾水漲壞北水門山石摧圮軍士有壓死者二年七月庚寅靈寶縣暴雨崖圮壓居民死者二十二戶三年三月辛丑夜大澤縣三陽砦大雨崖摧壓死者六十二人四年正月成紀縣山摧壓死者六十餘人景德四年七月成紀縣崖圮壓死居民天禧五年九月丙寅華州少華山前阜頭峯越八盤嶺及谷摧陷于石子坡東西五里南北十里潰散墳裂湧起堆阜各高數丈長若隄岸至陷居民六社凡數百戶林木廬舍亦無存者並山之民言數年以來峯上常有雲每遇風雨即隱隱有聲是夜初昏略無風雨山上忽霧起有聲漸大地遂震動不及食頃而山摧元祐元年十二月鄜縣界小數谷山摧傷居民紹興十二年十二月陝西不雨五穀焦枯涇渭灞滻皆竭時秦民以饑離散壯者爲北人所買郡邑遂空紹熙四年秋南嶽祝融峯山自摧劒門關山摧五年十二月臨安府南高峯山自摧慶元二年六月辛未台州黃巖縣大雨水有山自徙五十餘里其聲如雷草木冢墓皆不動而故址潰爲淵潭時臨海縣清潭山亦自移嘉泰二年七月丁未閩建安縣山摧民廬之壓者六十餘家嘉定六年六月丙子嚴州淳安縣長樂鄉山摧水湧九年黎州山崩咸淳十年天目山崩熙寧元年荆襄間天雨白氂如馬尾長者尺餘彌漫山谷三月丁酉潭州雨毛八年五月丁丑雨黃毛紹熙四年十一月癸酉地生毛咸淳九年江南平地產白毛臨安尤多

宋史卷六十七考證

五行志五土閭州饑○閭州應作潤州

端拱二年京師暴風起東北云云○臣召南按此條及淳化三年六月丁丑二條已備見於前文恒風條下矣此又複出史文之失於未加刊削者也

二年正月丙寅黃白氣環之○按環之上當有脫文其氣出何方或在何星也

宋史卷六十八

元　中書右丞相總裁脫脫等修

律曆志第二十一

律曆一 應天乾元儀天曆

古者帝王之治天下以律曆爲先儒者之通天人至律曆而止曆以數始數自律生故律曆既正寒暑以節歲功以成民事以序庶績以凝萬事根本由茲立焉古人自入小學知樂知數已曉其原後世老師宿儒猶或弗習律曆而律曆之家未必知道各師其師歧而二之雖有巧思豈能究造化之統會以識天人之蘊奧哉是以審律造曆更易不常卒無一定之說治效之不古若亦此之由而世豈察及是乎宋初承五代之季王朴制律曆作律準以宣其聲太祖以雅樂聲高詔有司考正和峴等以影表銅臬暨羊頭秬黍累尺制律而度量權衡因以取正然累代尺度與望臬殊黍有巨細縱橫容積諸儒異議卒無成說至崇寧中徽宗任蔡京信方士聲爲律身爲度之說始大盩乎古矣顯德欽天曆亦朴所制也宋初用之建隆二年以推驗稍疎詔王處訥等別造新曆四年曆成賜名應天未幾氣候漸差太平興國四年行乾元曆未幾氣候又差繼作者曰儀天曰崇天曰明天曰奉元曰觀天曰紀元迨靖康丙午百六十餘年而八改曆南渡之後曰統元曰乾道曰淳熙曰會元曰統天曰開禧曰會天曰成天至德祐丙子又百五十年復八改曆使其初而立法脗合天道則千歲日至可坐而致奚必數數更法以求幸合玄象哉蓋必有任其責者矣雖然天步惟艱古今通患天運日行左右既分不能無忒謂七十九年差一度雖視古差密亦僅得其槩耳又況黃赤道度有斜正闊狹之殊日月運行有盈縮朒朓表裏之異測北極者率以千里差三度有奇晷景稱是古今測驗止於岳臺而岳臺豈必天地之中餘杭則東南相距二千餘里華夏幅員東西萬里發斂晷刻豈能盡諧又造曆者追求曆元踰越曠古抑不知二帝授時齊政之法畢殫於是否乎是亦儒者所當討論之大者諉曰星翁曆生之責可哉至於儀象推測之具雖亦數改若熙寧沈括之議宣和璣衡之制其詳密精緻有出於淳風令瓚之表者蓋亦未始乏人也今其遺法具在方册惟奉元會天二法不存舊史以乾元儀天附應天今亦以乾道淳熙會元附統元開禧成天附統天大抵數異術同因仍增損以追合乾象俱無以大相過備載其法俾來者有考焉

昔黃帝作律呂以調陰陽之聲以候天地之氣堯則欽若曆象以授人時以成歲功用能綜三才之道極萬物之情以成其政化者也至司馬遷班固叙其指要著之簡策自漢至隋歷代祖述益加詳悉暨唐貞觀迄周顯德五代隆替踰三百年博達之士頗亦詳緝廢墜而律志皆闕宋初混一寓內能士畢舉國經王制悉復古道漢志有備數和聲審度嘉量權衡之目後代因之今亦用次序以志于篇曰備數周禮保氏教國子以六藝其六曰九數謂方田粟米差分少廣商功均輸方程贏朒旁要是爲九章其後又有海島孫子五曹張邱建夏侯陽周髀綴術緝古等法相因而起歷代傳習謂之小學唐試右千牛衞胄曹參軍陳從運著得一算經其術以因折而成取損益之道且變而通之皆合於數復有徐仁美者作增成玄一法設九十三問以立新術大則測於天地細則極於微妙雖粗述其事亦適用於時古者命官屬於太史漢魏之世皆在史官隋氏始置算學博士於國庠唐增其員宋因而不改曰和聲周禮典同掌六律六同之和凡爲樂器以十有二律爲之數度古之聖人推律以制器因器以宣聲和聲以成音比音而爲樂然則律呂之用其樂之本歟以其相生損益數極精微非聰明博達則罕能詳究故歷代而下其法或存或闕前史言之備矣周顯德中王朴始依周法以秬黍校正尺度長九寸虛徑三分爲黃鐘之管作律準以宣其聲宋乾德中太祖以雅樂聲高詔有司重加考正時判太常寺和峴上言曰古聖設法先立尺寸作爲律呂三分損益上下相生取合真音謂之形器但以尺寸長短非書可傳故累秬黍求爲準的後代試之或不符會西京銅望臬可校古法卽今司天臺影表銅臬下石尺是也及以朴所定尺比校短於石尺四分則聲樂之高蓋由於此況影表測於天地則管律可以準繩上乃令依古法以造新尺并黃鐘九寸之管命工人校其聲果下於朴所定管一律又內出上黨羊頭山秬黍累尺校律亦相符合遂下尚書省集官詳定衆議僉同由是重造十二律管自此雅音和暢曰審度者本起於黃鐘之律以秬黍中者度之九十黍爲黃鐘之長而分寸尺丈引之制生焉宋既平定四方凡新邦悉頒度量於其境其僞俗尺度踰於法制者去之乾德中又禁民間造者由是尺度之制盡復古焉曰嘉量周禮㮚氏爲量漢志云物有多少受以量本起於黃鐘之管容秬黍千二百而龠合升斗斛五量之法備矣太祖受禪詔有司精考古

式作爲嘉量以頒天下其後定西蜀平嶺南復江表泉浙納土幷汾歸命凡四方斗斛不中式者皆去之嘉量之器悉復升平之制焉曰權衡之用所以平物一民知輕重也權有五曰銖兩斤鈞石前史言之詳矣建隆元年八月詔有司按前代舊式作新權衡以頒天下禁私造者及平荆湖即頒量衡於其境淳化三年三月三日詔曰書云協時月正日同律度量衡所以建國經而立民極也國家萬邦咸乂九賦是均顧出納於有司繫權衡之定式如聞秬黍之制或差毫釐錘鈞爲姦害及黎庶宜令詳定稱法著爲通規事下有司監內藏庫崇儀使劉承珪言太府寺舊銅式自一錢至十斤凡五十一輕重無準外府歲受黃金必自毫釐計之式自錢始則傷於重遂尋究本末別制法物至景德中承珪重加參定而權衡之制益爲精備其法蓋取漢志子穀秬黍爲則廣十黍以爲寸從其大樂之尺（秬黍黑黍也樂尺自黃鐘之管而生也謂以秬黍中者爲分寸輕重之制）就成二術（二術謂以尺黍而求氂絫）因度尺而求氂（度者丈尺之總名焉因樂尺之源起於黍而成於寸析寸爲分析分爲氂析氂爲毫析毫爲絲析絲爲忽十忽爲絲十絲爲毫十毫爲氂十氂爲分）自積黍而取絫（從積黍而取絫則十黍爲絫十絫爲銖二十四銖爲兩錘皆以銅爲之）以氂絫造一錢半及一兩等二稱各懸三毫以星準之等一錢半者以取一稱之法其衡合樂尺一尺二寸重一錢錘重六分盤重五分初毫星準半錢至稍總一錢半析成十五分分列十氂（第一毫下等半錢當五十氂若十五斤稱等五斤也）中毫至稍一錢析成十分分列十氂末毫至稍半錢析成五分分列十氂等一兩者亦爲一稱之則其衡合樂分尺一尺四寸重一錢半錘重六錢盤重四錢初毫至稍布二十四銖下別出一星等五絫（每銖之下復出一星等五絫則四十八星等二百四十絫計二千四百絫爲十兩）中毫至稍五錢布十二銖列五星星等二絫（布十二銖爲五錢之數則一銖等十絫都等一百二十絫爲半兩）末毫至稍六銖銖列十星星等絫（每星等一絫都等六十絫爲二錢半）以御書眞草行三體淳化錢較定實重二銖四絫爲

一錢者以二千四百得十有五斤爲一稱之則其法初以積黍爲準然後以分而推忽爲定數之端故自忽絲毫氂黍絫銖各定一錢之則（謂皆定一錢之則然後制取等稱也）忽萬爲分（以一萬忽爲一分之則以十萬忽定爲一錢之則忽者吐絲爲忽分者始微而著言可分別也）絲則千（一千絲爲一分以一萬絲定爲一錢之則）毫則百（一百毫爲一分以一千毫定爲一錢之則毫者毫毛也自忽絲毫三者皆斷驥尾爲之）氂則十（一十氂爲一分以一百氂定爲一錢之則氂者氂牛尾毛也曳赤金成絲爲之也）轉以十倍倍之則爲一錢（轉以十倍謂自萬忽至十萬忽之類定爲則也）黍以二千四百枚爲一兩（一龠容千二百黍爲十二銖則以二千四百黍定爲一兩之則兩者以二龠爲兩）絫以二百四十（謂以二百四十絫定爲一兩之則）銖以二十四（轉相因成絫爲銖則以二百四十絫定成二十四銖爲一兩之則銖者言殊異）遂成其稱稱合黍數則一錢半者計三百六十黍之重列爲五分則每分計二十四黍又每分析爲一十氂則每氂計二黍十分黍之四（以十氂分二十四黍則每氂先得二黍都分成四十分則一氂又得四分是每氂得二黍十分黍之四）每四毫一絲六忽有差爲一黍則氂絫之數極矣一兩者合二十四銖爲二千四百黍之重每百黍爲銖二百四十黍爲絫二銖四絫爲錢二絫四黍爲分一絫二黍重五氂六黍重二氂五毫三黍重一氂二毫五絲則黍絫之數成矣其則用銅而鏤文以識其輕重新法既成詔以新式留禁中取太府舊稱四十舊式六十以新式校之乃見舊式所謂一斤而輕者有十謂五斤而重者有一式既若是權衡可知矣又比用大稱如百斤者皆懸鈞於架植鐶於衡鐶或偃手或抑按則輕重之際殊爲懸絕至是更鑄新式悉由黍絫而齊其斤石不可得而增損也又令每用大稱必懸以絲繩既置其物則却立以視不可得而抑按復鑄銅式以御書淳化三體錢二千四百暨新式三十有三銅牌二十授於太府又置新式於內府外府復頒于四方大都凡十有一副先是守藏吏受天下歲貢金帛而太府權衡舊式失準得因之爲姦故諸道主者坐逋負而破產者甚衆又守藏更代校計爭訟動必數載至是新

制既定奸弊無所指中外以爲便（度量權衡皆太府掌造以給內外官司及民間之用凡遇改元即差變法各以年號印而識之其印面有方印長印八角印明制度而防僞濫也）宋初用周顯德欽天曆建隆二年五月以其曆推驗稍疏乃詔司天少監王處訥等別造曆法四年四月新法成賜號應天曆太平興國間有上言應天曆氣候漸差詔處訥等重加詳定六年表上新曆詔付本監集官詳定會冬官正吳昭素徐瑩董昭吉等各獻新曆處訥所上曆遂不行詔以昭素瑩昭吉所獻新曆遣內臣沈元應集本監官屬學生參校測驗考其疎密秋官正史端等言昭吉曆差昭素瑩二曆以建隆癸亥以來二十四年氣朔驗之頗爲切準復對驗二曆唯昭素曆氣朔稍均可以行用又詔衛尉少卿元象宗與元應等再集明曆術吳昭素劉內眞苗守信徐瑩王熙元董昭吉魏序及在監官屬史端等精加詳定象宗等言昭素曆法考驗無差可以施之永久遂賜號爲乾元曆應天乾元二曆皆御製序焉眞宗嗣位命判官司天監史序等考驗前法研覈舊文取其樞要編爲新曆至咸平四年三月曆成來上賜號儀天曆凡天道運行皆有常度曆象之術古今所同蓋變法以從天隨時而推數故法有疎密數有繁簡雖條例稍殊而綱目一也今以三曆參相考校以應天爲本乾元儀天附而注之法同者不復重出法殊者備列于後

建隆應天曆

演紀上元木星甲子距建隆三年壬戌歲積四百八十二萬五千五百五十八（乾元上元甲子距太平興國六年辛巳積三千五十四萬三千九百七十七儀天自上元土星甲子至咸平四年辛丑積七十一萬六千四百九十七）

步氣朔元法一萬二（乾元元率九百四十儀天宗法一萬一百又總謂之日法）

歲盈二十六萬九千三百六十五（乾元歲周二十一萬四千七百六十四儀天歲周三十六萬八千八百九十七儀天有周天三百六十五餘二千四百七十約餘二千四百四十五歲餘五萬二千九百七十餘二千四百七十應天乾元無此法後皆倣此）

月率五萬九千七十三乾元不置此法儀天合率二十九萬八千二百五十九又儀天有歲閏一萬九千八百六十二月閏九千一百一十五秒六

會日二十九小餘五千三百七乾元朔策二十九小餘一千五百六十儀天會日二十九小餘五千三百五十七

弦策七小餘三千八百二十七秒六乾元小餘一千一百二十五儀天小餘三千八百六十四秒二十七策並同

望策十四小餘七千六百五十四秒一十二乾元小餘二千二百五十七儀天小餘七千七百二十七秒一十八策並同

氣策十五小餘二千一百八十五秒二十四乾元小餘六百四十二半儀天小餘二千二百七秒三策並同又儀天有氣盈四千四百一十四秒六

朔虛分四千六百九十五乾元一千三百八十儀天四千七百四十一

沒限七千八百一十六秒九乾元二千二百九十七半儀天七千八百九十二又儀天有紀實六十萬六千

秒法二十四乾元一百儀天秒毋三十六

紀法六十二曆同

推元積乾元儀天皆謂之求歲積分置所求年以歲盈展之爲元積

求天正所盈之日及分并冬至大小餘以八十四萬一百六十八去元積不盡者半而進位以元法收爲所盈日不滿爲小餘日滿六十去之不滿者命從甲子算外即冬至日辰大小餘也乾元以歲周乘積年爲歲積分以七萬五百六十去之不盡以五因滿元率收爲日不滿爲餘日儀天以歲周乘積年進一位爲歲積分盈宗法而一爲積日不滿爲餘日去命並同應天

求次氣以天正冬至大小餘徧加諸常數盈六十去之不盈者命如前即得諸氣日辰大小餘秒也乾元置中氣大小餘以氣策加之命以前即次氣日辰也儀天置冬至大小餘加氣及餘秒秒盈秒毋從小餘盈紀法去之皆命如前法各得次氣常日辰及餘秒

求天正十一月朔中日乾元謂之經朔儀天謂之天正合朔以月率去元積不盡者爲天正十一月通餘以通餘減七十三萬六百三十五餘半而進位以元法收爲日不滿爲分即得所求天正十一月朔中日及餘秒乾元以一萬七千三百六十四去歲積分不盡爲朔餘以歲積分爲朔積分又倍五萬二千九百二十除之餘以五因滿元率爲日不滿爲分儀天以合率去歲積分不盡爲閏餘滿宗法爲閏日不滿爲餘以閏日及餘減天正冬至大小餘爲天正合朔大小餘去命如前即得合朔日辰大小餘

求次朔望中日乾元謂之求弦望經朔儀天謂之求次朔置朔中日累加弦策餘秒即得弦望及次朔中日乾元以弦策加經朔大小餘即得次朔經日以弦策及餘秒加經朔得上弦再加得望三之得下弦

求望中月置朔中月加半交盈交正去之餘爲望中月二曆不立此法

求朔弦望入氣置朔望中日各以盈縮準去不盡者爲入氣日及分二曆不立此法

推沒日置有沒之氣小餘其小餘七千八百一十六秒九以上者求之也返減元法餘以八因之一千九十二秒一十九半除爲沒日命起氣初即得沒日辰其秒不足者退一分加二十四秒然後除之四分之三以上者進乾元置有沒之氣小餘在二千二百九十七半以上者以十五乘之用減四萬四千七百四十二半餘以六百四十二半除爲沒日儀天以秒毋通常氣小餘及秒而從之以減歲周餘滿五千二百九十七爲沒日去命如前

推滅日以冬至大小餘徧加朔日中爲上位有分爲下位在四千六百九十五以下者爲有滅之分也置有滅之分進位以一千五百六十五除爲滅日以滅日加上位命從甲子算外即得月內滅日乾元置有滅之分朔小餘在一千一百八十以下者以八因之滿三百六十八除爲滅日儀天經朔小餘在朔虛法以下者三因進位以朔虛分除爲滅日

求發斂

候策五小餘七百二十八秒二毋二十四乾元候數五小餘一百一十四秒十二秒毋七十二儀天候率五小餘七百三十五秒二十五秒毋三十六

卦策六小餘八百七十四秒六乾元卦位六小餘二百五十七秒毋六十儀天卦率六小餘八百八十三秒二十

土王策十二小餘一千七百四十八秒一十二乾元策三小餘一百二十八半秒毋一百一十儀天土王率三小餘四百四十秒五秒毋同上

辰數八百三十三半乾元辰法二百四十五辰率千五百二十廿

刻法一百乾元一百四十七儀天刻三百

求七十二候各因諸氣大小餘秒命之即初候日也各以候策加之得次候日又加之得末候日二曆同法

求六十四卦各置諸中氣大小餘秒命之即公卦用事日以卦策加之得次卦用事日又加之得終卦用事日十有二節之初皆諸侯外卦用事日二曆同法

求五行用事各因四立大小餘秒命之即春木夏火秋金冬水首用事日以土王策加四季之節大小餘秒命從甲子算外即其月土王用事日乾元以土王策減四季中氣大小餘儀天以土王率加四季大小餘

求二十四氣加時辰刻乾元謂之長刻儀天謂之求時刻各置小餘以辰數除之爲時數不滿百收爲刻分命起子正算外即所在乾元時數同其不盡以五因之以刻法除爲刻分儀天以三因小餘以辰率除之爲時數不盡者滿刻率除爲刻餘爲分

常氣月中節四正卦	初候	中候	末候	始卦	中卦	末卦
冬至十一月中坎初六	蚯蚓結	麋角解	水泉動	公中孚	辟復	侯屯內
小寒十二月節坎九二	鴈北鄉	鵲始巢	雉始雊	侯屯外	大夫謙	卿睽
大寒十二月中坎六三	鷄始乳	鷙鳥厲疾	水澤腹堅	公升	辟臨	侯小過內
立春正月節坎六四	東風解凍	蟄蟲始振	魚上氷	侯小過外	大夫蒙	卿益
雨水正月中坎九五	獺祭魚	鴻鴈來	草木萌動	公漸	辟泰	侯需內
驚蟄二月節坎上六	桃始華	倉庚鳴	鷹化爲鳩	侯需外	大夫隨	卿晉
春分二月中震初九	玄鳥至	雷乃發聲	始電	公解	辟大壯	侯豫內
清明三月節震六二	桐始華	田鼠化鴽	虹始見	侯豫外	大夫訟	卿蠱
穀雨三月中震六三	萍始生	鳴鳩拂羽	戴勝降桑	公革	辟夬	侯旅內
立夏四月節震九四	螻蟈鳴	蚯蚓出	王瓜生	侯旅外	大夫師	卿比
小滿四月中震六五	苦菜秀	靡草死	小暑至	公小畜	辟乾	侯大有內
芒種五月節震上六	螳螂生	鵙始鳴	反舌無聲	侯大有外	大夫家人	卿井
夏至五月中離初九	鹿角解	蜩始鳴	半夏生	公咸	辟姤	侯鼎內
小暑六月節離六二	溫風至	蟋蟀居壁	鷹乃學習	侯鼎外	大夫豐	卿渙
大暑六月中離九三	腐草爲螢	土潤溽暑	大雨時行	公履	辟遯	侯恒內

立秋七月節離九四	涼風至	白露降	寒蟬鳴	侯恒外	大夫節	卿同人
處暑七月中離六五	鷹乃祭鳥	天地始肅	禾乃登	公損	辟否	侯巽內
白露八月節離上九	鴻鴈來	玄鳥歸	羣鳥養羞	侯巽外	大夫萃	卿大畜
秋分八月中兌初九	雷乃收聲	蟄蟲坏戶	水始涸	公賁	辟觀	侯歸妹內
寒露九月節兌九二	鴻鴈來賓	雀入大水爲蛤	菊有黃花	侯歸妹外	大夫無妄	卿明夷
霜降九月中兌六三	豺乃祭獸	草木黃落	蟄蟲咸俯	公困	辟剝	侯艮內
立冬十月節兌九四	水始冰	地始凍	雉入大水爲蜃	侯艮外	大夫既濟	卿噬嗑
小雪十月中兌九五	虹藏不見	天氣上騰地氣下降	閉塞成冬	公大過	辟坤	侯未濟內
大雪十一月節兌上六	鶡鳥不鳴	虎始交	荔挺出	侯未濟外	大夫蹇	卿頤二曆同

求日躔

天總七十三萬六百五十八秒六十四。乾元軌率二十一萬四千七十七秒七千五百一十小分七十，儀天乾元數三百六十八萬九千八十八秒九十九。

天度三百六十五小餘二千五百六十三微八十八。乾元周天三百六十五度小餘二千五百六十三，儀天乾則三百六十五度小餘二千五百八十八秒九十九，應天諸法皆在天總數中。乾元、儀天各立其法：乾元周天策一百七萬三千八百五十三秒七千五百五十三半，會周一萬七千三百六十四，會餘二十一萬四千七百六十四，天中一百八十二六千二百八十一半；儀天歲差一百一十八秒九十九，一象度九十一餘三千一百四十二秒五十，盈初縮末限八十九萬七千六百九十九秒五十，限日八十八餘八千八百九十九秒五十，縮初盈末限分九十四萬六千七百八十五秒十五，限日九十三餘七千四百八十五秒五十，盈縮積二萬四千五百四十三，進退率一千八百三十六秒毌一百。

常氣盈縮準	常數	定日	損益準	先後積
冬至十四五千四百四十五秒五十	十五二千三百八十五秒五十	十四五千四百四十五秒五十	損六十四	後二十
小寒二十九二千二百八十六	三十四千三百七十一	十四六千二百三十六秒十五	損六十九	先五百二十九
大寒四十三八千七百五秒二十一	四十五六千五百五十六秒二十一	十四七千四百一十五秒五	損七十六	先九百七十五
立春五十八七千二百二十半	六十八千七百四十二半	十四八千六百一十六秒十五	損八十二	先一千三百三十五
雨水七十三七千三百六十三	七十六九百二十六	十五四十二秒十五	損八十九	先一千六百六
驚蟄八十八八千八百三十四太	九十一三千二百一十太	十五一千四百七十秒十五	損九十七	先一千七百七十一
春分一百四一千三百三十三九	一百六五千二百九十七秒九	十五二千八百九十九秒十五	益九十七	先一千八百二十九
清明一百一十九六千六十一空	一百二十一七千四百八十三空	十五四千三百二十八秒十五	益八十九	先一千七百八十
穀雨一百三十五二千八百一十五十五	一百三十六六千六百六十八秒十五	十五五千七百五十七秒五	益八十三	先一千六百五
立夏一百五十八千七百六十五六	一百五十二一千八百五十二秒六	十五六千九百四十七秒十五	益七十八	先一千三百五十
小滿一百六十六六千八百九十七二十二	一百六十七四千二十一秒二十	十五八千一百三十六秒十五	益七十二	先九百九十五
芒種一百八十一六千三百一十三半	一百八十二六千二百二十三半	十五九千三百七十二秒十五	益六十六	先五百四十一
夏至一百九十六五千五百四十九三	一百九十七八千四百九秒三	十五九千三百二十七秒十五	損六十五	先五
小暑二百一十一三千六百八十三十八	二百一十三五百九十三太	十五八千一百三十六秒十五	損七十二	後五百四十九
大暑二百二十六六百一十九九	二百二十八三千七百七十八秒九	十五八千一百三十六秒十五	損七十七	後九百八十五
立秋二百四十一六千三百八十六空	二百四十三四千九百一十空	十五五千七百五十六秒十五	損八十三	後一千三百四十六
處暑二百五十七七百一十二十五	二百五十八七千二百四十六秒十五	十五四千三百二十八秒十五	損八十九	後一千六百一十一
白露二百七十二三千六百一十二六	二百七十三七千一百四十九秒十五	十五四千三百二十六秒十五	損九十七	後一千七百八十
秋分二百八十七五千八百三十二	二百八十九七千五百二十八秒二十二	十五	益九十七	後一千八百二十一
寒露三百二五千二百二十六	三百四三千七百四半	十五四十二秒十五	益八十九	後一千七百八十六
霜降三百一十七三千四百七十一三	三百一十九五千八百九十秒二十	十四八千六百一十六秒二十	益八十二	後一千六百二十
立冬三百三十二一千六百八十四一十六	三百三十四八千七十五太	十四七千四百一十五秒十五	益七十五	後一千三百五十七
小雪三百四十七七千四百一十九	三百四十九三百九十九秒十五	十四六千二百三十六秒十五	益七十	後九百八十八
大雪三百六十二三千四百四十五	三百六十五三千四百四十五	十四五千四十五秒十五	益六十四	後五百五十

乾元二十四氣日躔陰陽度

	陰陽分	陰陽度	損益率	陰陽差
冬至	陽分二千二百七十六	陽度空	益一百七十	陽差空
小寒	陽分一千七百八十四	陽初度三千二百一十六	益一百三十三	陽差一百七十
大寒	陽分一千三百四十四	陽一度一千一百二十	益一百一	陽差三百三
立春	陽分九百五十六	陽一度三千四百五十四	益七十一	陽差四百四
雨水	陽分五百八十一	陽一度四百八十	益四十三	陽差四百七十五
驚蟄	陽分二百九十四	陽一度一千六十一	益十四	陽差五百一十八
春分	陽分一百九十四	陽一度三千二百五十五	損十四	陽差五百三十二
清明	陽分五百八十一	陽一度一千六十一	損四十三	陽差五百一十八
穀雨	陽分九百五十六	陽一度四百八十	損七十一	陽差四百七十五
立夏	陽分一千三百四十四	陽一度三千四百六十四	損一百一	陽差四百四
小滿	陽分一千七百八十四	陽一度一千一百二十	損一百三十三	陽差三百三
芒種	陽分二千二百七十六	陽初度三千二百一十六	損一百七十	陽差一百七十
夏至	陰分二千二百七十六	陰度空	益一百七十	陰差空
小暑	陰分一千七百八十四	陰度三千二百七十六	益一百三十三	陰差一百七十
大暑	陰分一千三百四十四	陰一度一千一百二十	益一百一	陰差三百三
立秋	陰分九百五十六	陰一度三千四百五十四	益七十一	陰差四百四
處暑	陰分五百八十一	陰一度四百八十	益四十三	陰差四百七十五
白露	陰分二百九十四	陰一度一千六十一	益十四	陰差五百一十八
秋分	陰分一百九十四	陰一度三千二百五十五	損十四	陰差五百三十二
寒露	陰分五百八十一	陰一度一千六十一	損四十三	陰差五百一十八
霜降	陰分九百五十六	陰一度四百八十	損七十一	陰差四百七十五
立冬	陰分一千三百四十四	陰一度三千四百六十四	損一百一	陰差四百四
小雪	陰分一千七百八十四	陰一度一千一百二十	損一百三十三	陰差三百三
大雪	陰分二千二百七十六	陰初度三千二百一十六	損一百七十	陰差一百七十

應天乾元二曆以常氣求其陰陽差，故有二十四氣立成。儀天以盈縮定分四限直求二十四氣陰陽差，乃更不制二十四氣差法。

求日躔損益盈縮度乾元謂之求每日陰陽差，儀天謂之求入盈縮分先後定數各置定日及分，以冬至常數相減，百收通爲分，自雨水後十六爲法，自霜降後十五爲法，除分爲氣中率；二相減爲合差，半之，加減率爲初末率；後多者減爲初，加爲末；後少者加爲初，減爲末。又法以除合差爲日差；後少者日損初率，後多者日益初率。爲每日日躔損益率，累積其數爲盈縮度分。乾元各置氣數以一百二十乘之，以一千八百二十六除之，所得爲平行率，相減爲合差，初末並如應天。儀天以宗法乘盈縮積，以其限分除之爲限率，分倍之爲末限平率，日分乘之，亦以限分除之爲日差，半之，加減初末限平率，在初者減初加末，在末者減末加初，爲末定率，乃以日差累加減限初定率，初限以減，末限以加，爲每日盈縮定分，各隨其限盈加縮減其下先後數，爲每日先後定數。冬至後積盈爲先，在縮減之；夏至後積縮爲後，在盈減之。其進退率昇平積準此求之，即各得其限每日進退率昇積也。

求日躔先後定數乾元謂之求入氣求弦望氣入求日躔陰陽差各以朔弦望入氣日及減本氣定日及分秒通之，下以損益率展，以元法爲分，損減益加次氣下先後積爲定數。乾元以其月氣節減經朔大小餘，即得入氣日及分；又以弦策累加天正朔日入氣大小餘，滿氣策去之，即得弦望經朔入氣日及分，以其日損益率乘入氣日餘分，所得用損益其日陰陽差，爲定數。儀天法見上。又儀天有求四正節定日，去冬夏二至盈縮之中，先後皆空，以常爲定。其春秋二分盈縮之極，以一百乘盈縮積，滿宗法爲日，先減後加，去命如前，各得定日。若求朔弦望盈縮限日，以天正閏日及餘減縮末限日及分，餘爲天正十一月經朔加時入

限日及餘以弦策累加之，卽得弦望及後朔初末限日。各置入限日及餘，以其日進退率乘之，如宗法而所得以進退其日下昇平，卽各爲定

赤道宿度

斗二十六　牛八　女十二　虛十及分

危十七　室十六　壁九同二曆

北方七宿九十八度，虛分二千五百六十三秒一十九乾元七千五百三十五秒二十五，儀天二千五百八十八秒九十九

奎十六　婁十二　胃十四　昴十一

畢十七　觜一　參十

西方七宿八十一度同二曆

井三十三　鬼三　柳十五　星七

張十八　翼十八　軫十七

南方七宿一百一十一度同二曆

角十二　亢九　氐十五　房五

心五　尾十八　箕十一

東方七宿七十五度同二曆

又儀天云：前皆赤道度，自古以來累依天儀測定，用爲常準。赤道者，天中紘帶，儀極攸憑，以格黃道也。

求赤道變黃道度乾元謂之求黃道度，儀天謂之推黃道度：準二至赤道日躔宿次前後五度爲限，初限十二，每限減半，終九限減盡，距二立之宿減一度少強，又從盡起限，每限增半，九限終於十二，距二分之宿皆乘限度，身外除一，餘滿百爲度，分命曰黃赤道差；二至前後各九限，以差爲減，二分前後各九限以差爲加，各加減赤道度，爲黃道度。有餘分就近收爲太、半、少之數。乾元初率九，每限減一，末率一；儀天初數一百七，每限減一十，末率二十七，其餘限數加減，並同應天

黃道宿度

斗二十三度半　牛七度半同二曆　女十一度太二曆並十一度半

虛十度小強二千五百六十三秒十九。乾元無分，儀天六十三分九十九秒　危十七度少乾元同，儀天十七度太

室十六度太　壁十度太乾元九度太，儀天同

北方七宿九十七度二千五百六十三秒十九。乾元九十六度半，儀天九十七度半，六十三秒九十九

奎十七度半同二曆　婁十二度太乾元十三度，儀天同　胃十四度少二曆並十四度太

昴十一度同二曆　畢十六度半乾元同，儀天十六度少　觜一度

參九度少並同二曆

西方七宿八十二度少乾元八十三度，儀天八十二度半

井三十度　鬼二度太並同二曆　柳十四度半乾元、儀天十四度少

星七度乾元、儀天並六度太　張十八度少乾元同，儀天十八度太　翼十九度少乾元十九度，儀天同

軫十八度太同二曆

南方七宿一百一十度半乾元一百九度太，儀天同

角十三度　亢九度半並同二曆　氐十六度少乾元、儀天並十五度半

房五度同二曆　心五度乾元同，儀天四度太　尾十七度少乾元同，儀天十七度

箕十度乾元十度太，儀天十度

東方七宿七十五度少乾元七十六度，儀天七十四度太

求赤道日度儀天謂之推日度：以天總除元積爲總數，不盡半而進位，又以一百收總數，從之以元法收爲度，不滿爲分秒，命起赤道虛宿四度分。乾元以軌率去歲積分，餘以五因之，滿軌率收爲度，不滿退除爲分，餘同儀天；儀天以乾數去歲積分，宗法收爲度，命起虛宿二度，餘同應天；又以一象度及餘秒累加之，滿赤道宿度卽去之，各得四正卽初日加時赤道日度也

求黃道日度：置冬至赤道日躔宿度，以所入限數乘之，所得身外除一，滿百爲度，不滿爲分，用減赤道日度，爲冬至加時黃道日度及分。乾元、儀天亦如其法，乾元卽以八十四，儀天以一百一除爲度，餘同應天

求朔望常日月乾元謂之求黃道平朔日度：置朔望日躔先後定數進一位，倍之，身外除之，以元法收爲度分，先加後減朔望中日月爲朔望中常日月度分，用加冬至黃道之宿命如前，卽得朔望常日月所在。乾元置會周一萬七千三百六十，以距十一月後來月數乘之，所得減去朔餘，加會餘而半之，以二百九十四收爲度，不盡退除爲分，儀天法在後。乾元又有求黃道加時朔日度，置平朔日以日躔陽加陰減之，又以冬至黃道日度加而命之，卽其朔加時黃道日度及分也。若求望日度者，以半朔策加之，卽得望日度及分也，用陽度卽依本術

每日加時黃道日度乾元謂之每日行分：以定朔望日所在相減，餘以距後日數除之，爲平行分；二行分相減，爲合差；半之加減平行分，爲初行分；後平行多，減爲初，後平行少，加爲初；以距後日數除合差，爲日差；後少者損，後多者益，爲每日行分；累加朔望日，卽得所求。乾元同，儀天不立此法。又儀天有求次正定日加時黃道日度：置歲差，以限數乘之，退一位，滿一百一爲差，秒及小分再折之，乃以加一象度所得，累加冬至黃道日，滿黃道宿次去之，各得四正卽加時黃道日度也。若求四正定日夜半黃道日度，置其定日小餘，副之，以其日盈縮分乘之，滿宗法而一，盈加縮減其副，乃以減其日加時，卽爲夜半黃道日度。又有求每日夜半日度，因四正初日夜半度，累加一策，以其日盈縮分盈加縮減，滿黃道宿次去之，卽得每日夜半日度。又有求定朔弦望加時日度，置定朔望小餘，副之，以其日盈縮分乘之，以宗法收之，爲分，盈加縮減其副，以加其日夜半度，各得其時加日躔所次，如朔望有進退者，此術不用

宋史卷六十八考證

律歷志一使其初而立法脗合天道○而當作時

日權衡之用○臣召南按：前後文勢，權衡上脫權衡二字

宋初用周顯德欽天歷云云○臣召南按：此一段爲下數卷總綱，應提行寫，而舊本誤接連前文也

北方七宿九十八度虛分二千五百六十三秒　一十九○臣召南按：虛分之上應空一格，而一十九三字當連上秒字爲句

宋史卷六十九

元中書右丞相總裁脫脫等修

律曆志第二十二

律曆二 應天 乾元 儀天曆

步月離入先後曆 乾元謂之月離 儀天謂之步月離

離總五萬五千一百二十秒一千二百四十二 乾元轉分一萬六千二百秒一千二百四 儀天曆終分二十七萬八千三百一秒一百六十五

轉日二十七五千五百四十六秒六千二百一十 乾元轉曆二十七一千六百三十秒六千二十 儀天曆周二十七五千六百一秒一百六十五

曆中日一十三七千七百七十四秒三千一百五 乾元不立此法 儀天曆中十三日七千八百五十秒五千八十二半 儀天有象限六日八千九百七十五秒三千五百四十一少

朔差日一九千七百六十二秒三千七百九十 乾元轉差日一三千八百六十九秒三千九百八十 儀天會差日一九千八百五十七秒九千八百三十五 儀天又有象差日空四千九百八十秒四千九百五十八六望一百八十二度六千三百四十四秒四千九百五十

度母一萬一百

秒法一萬 二曆同

求天正十一月朔入先後曆 乾元謂之求月離入曆求弦望入曆 儀天謂之推天正經朔入曆 以通餘減元積餘以離總去之爲總數不盡者半而進位以元法收爲日不滿爲分如曆中日以下爲入先曆以上者去之爲入後曆命日算外即得天正十一月朔入先後曆日分累加七日三千八百二十七分秒六盈曆中日及分秒去之各得次朔望入先後曆日分 乾元以朔餘減歲積分以轉分去之餘以五因之滿元率收之爲度以弦策加之即得弦望入曆及分 儀天以閏餘減歲積分餘以曆終分去之不滿以宗法除之爲日在象限以下爲初限以上去之餘爲末限各爲入遲疾曆初末限

先後 乾元謂之轉 離分 乾元謂之離度	積度 乾元謂之離差	損益率 乾元同	先後積 乾元謂之陰陽差
先一日千二百十 乾元十二度六分	初度 乾元三百五十五	損十二 乾元益三百八十七	後空 乾元陽差空
先二日千二百二十七 乾元十二度二十二	十二度一十 乾元三百六十一	損一百二十六 乾元益三百五十	先九百八十八 乾元陽差二百八十七
先三日千二百四十五 乾元十二度三十九	二十四度三十七 乾元三百六十四	損二百八十八 乾元益三百一十三	先千八百五十三 乾元陽差五百三十七
先四日千二百六十二 乾元十二度五十六	三十六度八十二 乾元三百六十九	損四百三十九 乾元益一百七十三	先二千五百四十 乾元陽差七百五十
先五日千二百八十一 乾元十二度七十七	四十九度四十四 乾元三百七十五	損五百九十九 乾元益一百三十四	先三千二百二十五 乾元陽差九百二十三
先六日千三百一 乾元十二度九十六	六十二度二十五 乾元三百八十一	損七百六十 乾元益九十三	先三千八百六十八 乾元陽差一千五十七
先七日千三百二十一 乾元十三度十七	七十五度二十六 乾元三百八十七	初損九百三十七 末益九百一十三 乾元初益四十六 末損六	先三千七百七十八 乾元陽差一千一百五十
先八日千三百四十五 乾元十三度四十	八十八度四十七 乾元三百九十四	益九百 乾元損六十二	先三千八百一十三 乾元陽差一千一百九十
先九日千三百六十九 乾元十三度六十六	一百一度九十二 乾元四百一	益七百五十三 乾元損一百二	先三千七百一十三 乾元陽差一千一百八十
先十日千三百九十 乾元十三度八十二	一百一十五度六十一 乾元四百七	益五百八十五 乾元損一百四十一	先三千四百六十三 乾元陽差一千二十六
先十一日千四百五 乾元十四度三	一百二十九度五十一 乾元四百一十三	益三百九十四 乾元損一百九十三	先三千三百 乾元陽差八百八十五
先十二日千四百二十五 乾元十四度二十	一百四十三度五十六 乾元四百一十七	益二百二十五 乾元損二百二十一	先二千四百一十四 乾元陽差七百一十二
先十三日千四百四十六 乾元十四度三十五	一百五十七度八十一 乾元四百二十一	益一百一十 乾元損一百五十六	先一千六百八十九 乾元陽差四百八十一
先十四日千四百十 乾元十四度五十九	一百七十二度二十七 乾元四百二十七	初益三百三十三 末損七百八十七 乾元初損三十五 末益六十三	先七百六十九 乾元陽差二百二十五
後一日 乾元十五日 千四百六十 乾元十四度六十四	一百八十六度三十七 乾元四百三十	損十二 乾元益三百八十	初先空 末後空 乾元陰差六十三
後二日 乾元十六日 千四百五十二 乾元十四度四十五	二百度九十七 乾元四百二十五	損一百二十六 乾元益二百四十二	後九百八十八 乾元陰差二百四十三
後三日 乾元十七日 千四百三十二 乾元十四度三十	二百一十五度四十九 乾元四百二十	損二百八十八 乾元益二百五	後千八百五十三 乾元陰差五百八十五
後四日 乾元十八日 千四百七 乾元十四度一十	二百二十九度八十一 乾元四百一十五	損四百四十八 乾元益一百六十五	後二千五百四十 乾元陰差七百五十
後五日 乾元十九日 千三百八十 乾元十三度九十一	二百四十三度八十八 乾元四百一十	損六百八 乾元益一百四十六	後三千二百二十六 乾元陰差九百九十五
後六日 乾元二十日 千三百五十八 乾元十三度七十四	二百五十七度六十八 乾元四百四	損七百六十八 乾元益八十四	後三千五百八 乾元陰差一千八十一
後七日 乾元二十一日 千三百三十七 乾元十三度五十一	二百七十一度二十六 乾元三百九十七	初損九百二十七 末益九百二十七 乾元初益三十五 末損十七	後三千七百四十 乾元陰差一千一百六十五
後八日 乾元二十二日 千三百一十五 乾元十三度二十八	二百八十四度六十三 乾元三百九十	益九百 乾元損七十一	後三千七百五十三 乾元陰差一千一百八十三
後九日 乾元二十三日 千二百九十四 乾元十三度七	二百九十七度七十八 乾元三百八十四	益七百二十二 乾元損一百一十二	後三千六百四十九 乾元陰差一千一百一十三
後十日 乾元二十四日 千二百七十四 乾元十二度八十九	三百一十度七十二 乾元三百七十八	益五百八十四 乾元損一百五十	後三千四百三十九 乾元陰差一千
後十一日 乾元二十五日 千二百五十六 乾元十二度七十七	三百二十三度四十六 乾元三百七十二	益四百四 乾元損一百九十一	後二千九百五十三 乾元陰差八百四十三
後十二日 乾元二十六日 千二百四十 乾元十二度五十二	三百三十六度二 乾元三百六十七	益二百五十二 乾元損二百二十九	後二千三百七 乾元陰差六百五十七
後十三日 乾元二十七日 千二百二十五 乾元十二度三十五	三百四十八度四十二 乾元三百六十三	益一百二十 乾元損二百六十六	後一千六百四十九 乾元陰差四百二十八
後十四日 乾元二十八日 千二百十 乾元十二度一十七	三百六十度六十七 乾元三百五十八	初益三百二十二 末損七百二十一 乾元損一百六十二	後七百八十九 乾元陰差二百六十一

七日初數八千八百八十八 乾元初二千六百一十二 末數一千一百一十四 末三百二十八

十四日初數七千七百七十四 乾元初二千二百八十五 末數二千二百二十八 末六百五十五 乾元又有二十一日初一千九百五十八 末九百八十二 二十八日初一千六百三十二 末一千三百九

又儀天法

遲疾限日	曆衰	曆定分	曆定度	曆積度	損益率	昇平積
疾初初日	疾十五	一千二百五	十二度三分	初度	益一千八十六	昇初
一日	疾十九	一千二百二十	十二度十八分	十二度三分	益九百一十六	昇一千八十六
二日	疾二十三	一千二百四十九	十二度三十七	二十四度二十三	益七百四十六	昇二千二
三日	疾二十三	一千二百七十二	十二度五十九	三十六度五十八	益五百七十六	昇二千七百四十八
四日	疾二十三	一千二百九十三	十二度八十一	四十九度一十六	益四百六	昇三千三百二十四
五日	疾二十三	一千三百一十五	十三度二分	六十一度九十七	益二百三十六	昇三千七百三十
六日	疾二十四	一千三百三十八	十三度二十五	七十四度九十九	益六十五	昇三千九百六十六
疾末初日	疾二十三	一千三百六十二	十三度四十九	八十八度二十三	損八十六	昇四千三十一
一日	疾二十三	一千三百八十五	十三度七十二	一百一度七十二	損三百五十六	昇三千九百四十六
二日	疾二十三	一千四百七	十三度九十四	一百一十五度四十三	損四百六	昇二千七百一十
三日	疾二十三	一千四百二十九	十四度一十五	一百二十九度五十六	損五百七十六	昇三千三百四十
四日	疾二十三	一千四百五十二	十四度三十七	一百四十三度五十一	損七百四十六	昇二千七百二十八
五日	疾十九	一千四百七十	十四度五十六	一百五十七度八十八	損七百二十六	昇一千九百八十二
六日	疾空	一千四百八十五	十四度七十一	一百七十二度四十三	損一千二	昇一千六十六
遲初初日	遲十五	一千四百八十五	十四度七十一	一百八十七度一十三	益一千八十六	平初
一日	遲十九	一千四百七十	十四度五十六	二百一度八十四	益九百一十六	平一千八十六
二日	遲二十三	一千四百五十二	十四度三十七	二百一十六度三十九	益七百四十六	平二千二
三日	遲二十三	一千四百二十九	十四度一十五	二百三十度七十六	益五百七十六	平二千七百四十八
四日	遲二十三	一千四百七	十三度九十四	二百四十四度九十一	益四百六	平三千三百一十四
五日	遲二十三	一千三百八十五	十三度七十二	二百五十八度八十五	益二百三十六	平三千七百三十
六日	遲二十四	一千三百六十二	十三度四十九	二百七十二度五十七	益六十五	平三千九百六十六
遲末初日	遲二十三	一千三百三十八	十三度二十五	二百八十六度三	損八十六	平四千三十一
一日	遲二十三	一千三百一十五	十三度二	二百九十九度二十八	損二百三十六	平三千九百四十六
二日	遲二十三	一千二百九十三	十二度八十一	三百一十二度三十	損四百六	平三千七百一十
三日	遲二十三	一千二百七十二	十二度六十	三百二十五度一十一	損五百七十六	平三千三百四十
四日	遲十九	一千二百四十九	十二度三十七	三百三十七度六十九	損七百四十六	平二千七百二十八
五日	遲十五	一千二百二十	十二度一十八	三百五十度五	損九百一十六	平一千九百八十二

六日遲　空　三百一十五十一度三　三百六十度三二十　損一千二　平一千六十六

月離先後度數乾元謂之月離陰陽差儀天謂之求朔弦望昇平定數以月朔弦望入曆先後分通減元法餘進位下以其日損益率展之以元法收爲分所得損益次日下先後積爲定數其七日十四日如初數以下者返減之以上者去之餘返減末數皆進位下以損益率展之各滿末數爲分損益次日下先後積爲定數乾元置入曆分以其日損益率乘之元率收爲分損益其下陰陽差爲定數四七術如初數己下者以初率乘之如初數而一以損益陰陽差爲定數若初數以上者以初數減之餘乘末率末數除之用減初率餘加陰陽差各爲定數

朔弦望定日以日躔月離先後定數先加後減朔弦望中日爲定日二曆法同

推定朔弦望日辰七直以天正所盈之日加定積視朔弦望中日如入大小雪氣卽加去年天正所盈之日分若入冬至氣者卽加今年天正所盈之日分日滿七十六去之不滿者命從金星甲子算外卽得定朔弦望日辰星直也視朔干名與後朔同者大不同者小其月無中氣者爲閏又視朔所入辰分皆與二分相減餘二收用減八分之六其朔定小餘如此以上者進一日朔或有交正見者其朔不進定望小餘在日出分以下者退一日若有虧初在辰分以下亦如之二曆法同

儀天又有求朔弦望加時月度置弦望加時日度其合朔加時月與太陽同度其日度便爲月離所次餘加弦望象度及餘秒滿黃道宿次去之卽定朔弦望加時日度也

九道宿度乾元儀天皆謂之月行九道凡合朔所交冬在陰曆夏在陽曆月行青道冬至夏至後青道半交在春分之宿出黃道東立夏立冬後青道半交在立春之宿出黃道東南至所衝之宿亦如之冬在陽曆夏在陰曆月行白道冬至夏至後白道半交在秋分之宿出黃道西立冬立夏後白道半交在立秋之宿出黃道西北至所衝之宿亦如之春在陽曆秋在陰曆月行朱道春分秋分後朱道半交在夏至之宿出黃道南立春立秋後朱道半交在立夏之宿出黃道西南至所衝之宿亦如之春在陰曆秋在陽曆月行黑道春分秋分後黑道半交在冬至之宿出黃道北立春立秋後黑道半交在立冬之宿出黃道東北至所衝之宿亦如之四序月離爲八節九道斜正不同所入七十二候皆與黃道相會各距交初黃道宿度每五度爲限初限十二每限減半終九限又減盡距二立之宿減一度少强卻從減盡起每限減半九限終十二而至半交乃去黃道六度又自十二每限減半終九限又減一度少强更從減盡起每限增半九限終十二復與日軌相會交初交中半交各以限數遇半倍使乘限度爲汎差其交中前後各九限以距二至之宿前後候數乘之半交前後各九限各以二分之宿前後候數乘之皆滿百而一爲黃道差在冬至之宿後交初前後各九限爲減交中前後各九限爲加夏至之宿後交初前後各九限爲加交中前後各九限爲減大凡月交後爲出黃道外交中後爲入黃道內半交前後各九限在春分之宿後出黃道外秋分之宿後入黃道內皆以差爲加在春分之宿後入黃道內秋分之宿後出黃道外皆以差爲減倍汎差退一位遇減身外除三遇加身外除一又以黃道差減爲赤道差交初交中前後各九限以差加半交前後各九限皆以差減以黃赤道差減黃道宿度爲九道宿度有餘分就近收爲太半少之數乾元初數九每限減一終於一限數並同卽八十四除之儀天初數一百一十七每限減一十終於二十七以一百一除二曆皆不身外爲法初中正交春秋二分冬夏二至前後各九限加減並同應天又儀天卽除法是九十乘黃道汎差一百一收爲度乃得月與黃赤道定差以上入交定月出入各六度相較之差黃道隨其日行所向斜正各異餘皆同應天儀天有求定朔望加時入遲疾曆初末限置經朔望入遲疾初末限日及餘秒如求定朔弦望法入之卽各得所求又求初中正交入曆置其朔望加時入遲疾曆初末限日及餘秒視其日月行入陰陽曆日及餘秒如近前交者卽加近後交者卽返減交中日餘乃如之各得初中正交入遲疾曆初末限日及餘秒也其加減滿或不足卽進退象限及餘秒各得所求又求朔望加時及初中正交入遲疾限日入曆積度各置小餘以其日曆定分乘之宗法收之爲分一百一除之爲度以加其日下曆積度各得所求又乾元儀天有求正交黃道月度乾元元率通定交度及分以一百二十七乘之滿九十五而一進一等復收爲入交度用減其朔加時日度卽朔前月離正交黃道宿度儀天置朔望及正交曆積度以少減多餘爲月行去交度及分乃視其朔望在交前者加交後者減朔望加時黃道月度爲初中正交黃道月度也

九道交初月度乾元謂之月離入交九道正交月度九道朔度儀天謂之求月離正交九道宿度置月離交初黃道宿度各以所入限數乘之遇半倍使如百而一爲汎差用求黃赤二道差依前法加減之卽月離交初九道宿度乾元以日躔陰陽差加陰減爲朔望常分又以所入限率乘正交黃道宿度相從之以求黃赤二道差如前加減爲月離正交九道宿度以入交定度加而命之卽朔月離宿度儀天置正交月離黃道以距度下月九道差宗法乘之以距度所入限數乘度餘從之爲總差半而退位一百一收之又計冬夏二至以求度數乘滿九十而一爲度差依前法加減爲正交月離九道

求九道朔月度百約月離先後定數後加先減四十二用減中盈而從朔日躔加交初九道宿次卽得所求乾元置九道正交之度及分以入交定度加之命以九道宿次卽其朔加時月離宿度及分也儀天法見下乾元又有定交度置月離陰陽定數以七十一乘之滿九百一除之爲分用陰減陽加常分爲度及分

求九道望月度儀天謂之求定朔望加時日月度以象積加朔九道月度命以其道卽得所求乾元置朔望加時日相距之度以天中度及分加之爲加時象積用加九道朔月度命以其道宿次去之卽望日月度及分也自望推朔亦如之儀天求定朔望加時九道日度以其朔望去交度交前者減之交後者加之滿九道宿度去之卽定朔望加時九道日度也求定朔望加時九道月度置其日加時九道日度其合朔者非正交卽日在黃道月在九道各入宿度多少不同考其去極若應繩準故云月與太陽同度也如求黃道月度法盈九道宿次去之各得其日加時九道宿度自此以後皆如求黃道月度法入之依九道宿度行之各得所求也

求晨昏月乾元謂之月離晨昏度儀天謂之求晨昏月度置後曆七日下離分與其日離分相比較取多者乘朔望定分取少者乘晨昏分皆滿元法爲分百除爲度分仍相減之朔望度多者爲後少者爲前各得晨昏前後度分前加後減朔望九道月度爲晨昏月乾元置其月離差在三百九十三以上者用乘朔望定分以下者只用三百九十三乘爲加時分元率除之進一位二百九十四收爲度又以離差乘晨昏分亦如前收之爲度與加時度相減之加時度多爲後少爲前卽得晨昏前度及分加減如應天儀天以晨昏分減定朔弦望小餘爲後不足者返減之爲前以乘入曆定分宗法除之一百一約之爲度乃以前加後減加時月度爲晨昏月度

晨昏象積儀天謂之求晨昏程積度置加時象積以前象前後度前減後加又以後象前後度前加後減卽得所求乾元法同儀天以所求朔弦望加時日度減後朔望加時日度餘加弦望度及餘爲加時程積以所求前後分返其加減又以後朔弦望前後度分依其加減各爲晨昏程積度及餘也

求每日晨昏月儀天謂之求每日入曆定度累計距後象離分百除爲度分用減晨昏象積爲加不足返減以距後象日數

除之爲日差，用加減每日離分，百除爲度分，累加晨昏月命以九道宿次，卽得所求。乾元法同。儀天從所求日累計距後曆每日曆度及分以減程積爲進，不足返減之餘爲退，以距後朔弦望日數均之，進加退減每日曆定度及分，各爲每日曆定度及分也。

步晷漏

二十四氣午中晷景乾元同	去極度	黃道乾元謂之距中度	晨分乾元同
冬至一丈二尺七寸一分乾元同	一百一十五	二十乾元八十二二十二	二千七百四十八乾元八百八
小寒一丈二尺三寸一分乾元一丈二尺三寸	一百一十四	五十八乾元八十二五十九	二千七百三十五乾元八百二
大寒一丈一尺二寸一分乾元同	一百一十二乾元	二十二乾元八十四八十四	二千六百八十八乾元七百八十六
立春九尺七寸一分乾元九尺七寸三分	一百八	六十七乾元八十七九十四	二千六百一十二乾元七百六十一
雨水八尺二寸一分乾元同	一百三	八十一乾元九十一六十七	二千五百八乾元七百三十二
驚蟄六尺七寸四分乾元六尺七寸三分	九十七	九十三乾元九十六一十四	二千三百八十八乾元六百九十九
春分五尺四寸三分乾元同	九十一	三十一乾元一百度二十四	二千二百五十乾元六百六十六
清明四尺二寸二分乾元同	八十四	七十七乾元一百五二十四	二千一百一十二乾元六百二十四
穀雨三尺二寸一分乾元三尺二寸	七十八	七十九乾元一百九五十六	一千九百九十二乾元五百八十九
立夏二尺五寸三分乾元二尺五寸	七十三	九十二乾元一百一十三二十九	一千八百八十八乾元五百五十八
小滿一尺九寸六分乾元一尺九寸三分	七十度	二十七乾元一百一十六一十五	一千八百一十二乾元五百三十四
芒種一尺六寸乾元同	六十八	二乾元一百一十八一十四	一千七百六十五乾元五百一十九
夏至一尺四寸八分乾元一尺四寸六分	六十七	三十九乾元一百一十八五十八	一千七百五十三乾元五百一十五
小暑一尺六寸乾元同	六十八	二乾元一百一十八十四	一千七百六十五乾元五百一十九
大暑一尺九寸二分乾元一尺九寸三分	七十度	二十七乾元一百一十六一十五	一千八百一十二乾元五百三十四
立秋二尺五寸三分乾元同	七十三	九十二乾元一百一十三三十	一千八百八十八乾元五百五十八
處暑三尺二寸一分乾元三尺二寸	七十八	七十九乾元一百九五十六	一千九百九十二乾元五百八十五
白露四尺二寸一分乾元同	八十四	七十七乾元一百五六九	二千一百一十二乾元六百二十四
秋分五尺四寸三分乾元同	九十一	三十一乾元一百度二十四	二千二百五十乾元六百六十六
寒露六尺七寸四分乾元六尺七寸三分	九十七	九十一乾元九十六十六	二千三百八十八乾元六百九十九
霜降八尺二寸一分乾元同	一百三	八十二乾元九十一六十九	二千五百八乾元六百三十二
立冬九尺七寸一分乾元九尺七寸三分	一百八	六十七乾元八十七九十五	二千六百一十二乾元七百六十二
小雪一丈一尺二寸一分乾元同	一百一十二	三十二乾元八十四八十四	二千六百八十八乾元七百八十六
大雪一丈二尺三寸一分乾元同	一百一十四	五十八乾元八十一五十九	二千七百三十五乾元八百二儀天晨分與乾元法

求每日晷景去極度晨分乾元謂之晷景距中度晨分，儀天別立法，具後。各以氣數相減爲分，自雨水後法十六，霜降後法十五，除分爲中率；二率相減爲合差，半之，加減中率爲初末率；前多者加爲初，減爲末；前少者減爲初，加爲末。又以法除合差爲日差，後多者累減初率，後少者累益初率，爲每日損益率。以其數累積之，各得諸氣初數也。乾元法同。

求昏分以晨分減元法爲昏分。乾元謂之元率，儀天謂之宗法。

求每日距中度乾元同，儀天謂之求每日距子度。以百乘晨分，如二千七百三十八爲度，不盡，退除爲距子度；用減半周天度，餘爲距中星度分。倍距子度分，五等除爲每更度分。乾元百約晨分，進一位，以三千六百五十三乘，如元率收爲度，餘同應天。儀天置晷漏母，五因，進一位，以一千三百八十二小分五十五微分三十五除爲度，不盡，以一千三百六十八小分八十六退除，皆爲距子度，餘同應天。

求每日昏明中星乾元謂之昏曉率星。置其日赤道日躔宿次，以距南度分加而命之，卽其日昏中星；以距子度分加之，爲夜半中星；又加之，爲曉中星。法同二歷。

求五更中星置昏中星爲初更中星，以每更度分加之，得二更初中星；又加之，得三更初中星；累加之，各得五更初中星所臨。法同二歷。

求日出入時刻乾元謂之求晝夜出入辰刻，儀天謂之求日出入晨刻及分。以二百五十加晨減昏，爲出入分；以八百三十三半除爲時，不滿，百除爲刻分，如前，卽得所求。乾元以七十三半加晨減昏，爲出入分，各以辰法除之爲辰數，不盡，以五因之，滿刻法爲刻，命辰數起子正，算外，卽日出入辰刻也。儀天置其日晷漏母，以加昏明餘，以三因，滿辰法除爲辰數，餘以刻法除爲刻，不滿爲分，辰數命子正，算外，卽日出辰刻及分；乃置日出辰刻及分，以加晝刻及分，滿辰法及分除爲辰數，不滿爲入時之刻及分；乃置其辰數命子正，算外，卽得日入辰刻及分。

晝夜分乾元謂之晝夜刻，儀天謂之求每日晝夜刻。倍日出分爲夜分，減元法爲晝分，百約爲晝夜分。乾元置日入分，以日出分減之爲晝分，以減元率爲夜分，以五因之，以刻法除爲晝夜刻分。儀天先求夜半定漏，置其日晷漏母，以刻法除之爲刻，不滿，三因爲分，爲夜半定漏及分；置夜半定漏刻及分，倍之，其分滿刻法爲刻，不滿爲分，卽得夜刻及分；以夜刻減一百刻，餘者爲晝刻及分；減晝五刻，加夜刻，爲日出沒刻之數。

更籌乾元謂之更點差分。倍晨分，以五收爲更差，又五收爲籌差。乾元法同，儀天不立此法。

步晷漏

冬至後初夏至後次象八十八日，小餘八千八百九十九半，約餘八千八百一十一分。

夏至後初冬至後次象九十三日，小餘七千四百八十五半，約餘七千四百一十二分。

前限一百八十八日，小餘六千二百八十五，約餘六千二百二十二太。

辰法八百四十一分三分之二。

刻法一百一分。

辰八刻三十三分三分之二。

昏明二百五十二分半。

冬至後上限五十九日，下限一百二十三日，小餘六千二百八十五，約餘六千二百二十二太。

中晷一丈二尺七寸一分半。

冬至後上差夏至後下差二千一百三十分。

昇法一十五萬六千四百二十八分。

冬至後下差夏至後上差四千八百一十二分。

平法一十七萬四千三分。

夏至後上限同冬至後下限，夏至後下限同冬至後上限。

中晷一尺四寸七分小分八十四。

儀天求每日陽城晷景常數置入冬夏二至後求日數及分，以所入象日數下盈縮分盈減縮加之，爲其日定積；又以減其象小餘，爲夜半定積及分，以隔位除一用。若夜半定積及分在二至上限以下者，爲入上限之數；以上者，以返減前限日及約餘，爲入下限日及分。若冬至後上限夏至後下限，以十四乘之，所得以減上下限差分爲定差法，以所入上下限日數再乘之，所得滿一百萬爲尺不滿爲寸及分以減冬至晷影餘爲其日中景常數也若夏至後上限冬至後下限以三十五乘之以上下差分爲定法以入上下限日數再乘之退一等滿一百萬爲尺不滿尺爲寸及分用加夏至晷景卽得其日中晷景常數

儀天求晷景每日損益差以其日晷景與次日晷景相減其日景長於次日晷影爲損短於次日晷景爲益

儀天求陽城中晷景定數置五千分以其日晷景定數損益差乘之所得以萬約之爲分冬至後用減夏至後用加冬至一日有減無加夏至一日有加無減

儀天求晷漏損益度入前後限數置入冬至後來日數在前限以下者爲損以上者減去前限餘爲入後限日數者爲益若算立成自冬至後一日日加滿初象卽加象下約餘爲一象之數

儀天求每日晷漏損益數置入前後限損益日數及分如初象以下爲在上限以上者返減前限餘爲下限皆自相乘之其分半以下乘半以上收之以一百通日內其分迺乘之所得在冬至後初象夏至後次象以昇法除之若冬至後次象夏至後初象以平法除之皆爲分不滿退除爲小分所得置於上位又別置五百五分於下以上減下以下乘上用在昇法者以二千八百五十除之用在平法者以五千五百五十二除之皆爲分不滿退除爲小分所得以加上位爲其日損益數

儀天求每日黃道去極度及赤道內外度分若春分後置損益差以五十乘之以一千五十二除之爲度不滿以一千四十二除之爲分以加六十七度三千八百四十五若秋分後置損益差以五十乘之以一千六十除之爲度不滿以一千五十退除爲分以減一百一十五度二千二百二十二分卽得黃道去極度置去極度分與九十一度三千八百四十五相減餘者爲赤道內外度分若黃道去極度分在九十一度三千八百四十五以下者爲內若在以上者爲外度及分

儀天求每日晷漏母各以其日損益差自春分初日以後加一千七百六十八自秋分初日以後減二千七百七十七各得其日晷漏母又曰晨分

儀天求每日昏分及距午分置日元分以其日晷漏母減之餘者爲昏分又以其日晷漏母減五千五十分餘者爲其日距午分

月離九道交會乾元謂之交會儀天謂之步交會

交總七十一萬七千八百一秒八十二

正交三百六十三度八千二百八十三秒七

半交一百八十一度九千一百四十二秒五十三半

少交九十度九千五百二十一秒二十六太

平朔一度四千六百三十二

平望空七千三百一十六

朔差二度八千八百四十一

望差二度一千五百二十五

初準一萬六千六百四十一

中準一萬八千一百九十一

末準一千五百五十

乾元交會

交率一萬六千秒七千八百九十一

交策二十七餘六百二十三秒九千四百五十五

朔準二九百三十六秒五百四十五

望準十四二千二百五十

初限三萬六千五百九十四

中限四萬二

末限三千四百八

儀天步交會

交終分二十七萬四千八百四十三秒二千二百七十九

交終日二十七餘二千一百四十三秒二千二百七十九

交中日一十三餘六千一百二十一秒六千一百二十一

交朔日二餘三千二百一十五秒七千七百二十一

交望日一十四餘七千七百二十九秒五千

前限日一十二餘四千五百一十三秒七千二百七十九

後限日一餘一千六百七秒八千八百六十半

交差四十五

交數五百七十二

秒母一萬

陰限七千二百八十六

交日空小餘六千一百四十六秒三百七十三

陽限三千一百七十四

月食既限二千五百八十二

月食分法九百一十二半

中盈度乾元謂之求平交朔日儀天謂之求天正朔入交以通餘減元積七十五展之以四百六十七除爲分滿交總去之爲總數不盡半而進位倍總數百收爲分用減之餘以元法收爲度不滿爲分命曰中盈度及分乾元置朔分以交率去之餘以五因之滿元率收爲日卽得平交朔日及分次朔望以朔望準加之卽得所求儀天置天正朔積分以交終分去之滿宗法爲日卽得所求

求次朔望中盈儀天謂之求次朔入交各置天正經朔中盈度分視十一月望十二月朔望中日如二十九日五千三百七以下者卽加朔望差度分秒餘月卽加平朔望度分秒卽得所求乾元法見上儀天置天正朔入交汎日餘秒如交朔及交望餘秒皆滿交終日及餘秒卽去之各得朔望入交汎日及餘秒

月離朔交初度分乾元謂之求朔望交分儀天謂之求入交常日置其朔中盈

度分常與其朔常日度分合之如正交以下者減半法以上者倍而加之加減訖爲定用減天正加時黃道宿度分餘命起天正之宿初算卽得所求乾元置平交朔望日及分以元率通之以日躔陰陽差陽加陰減爲朔望交分儀天以其日入盈朔限昇平定數昇加平減入交汎日卽爲其朔望入交常日也儀天又有求朔望入定交日置其日入遲疾限昇平定數以交差乘之如交數而一昇加平減入交常日卽爲入定交日

月入陰陽歷乾元謂之求朔望陰陽定分儀天謂之求月行陰陽歷以月離先後定數先加後減朔望中盈用加朔望常日月分分卽百除度卽百通如中準以下者爲月出黃道外以上者去之餘爲月入黃道內乾元以一百四十二乘陰陽差一千八百二除陽加陰減朔望交分爲度定分中限以上爲陽以下爲陰儀天視入交定日及餘秒在交中日以下爲陽以上者去之餘爲月入陰歷

求食甚定餘置朔定分如半法以下者返減半法餘爲午前分前以上者減去半法餘爲午後分以乘三百如半晝分而一爲差午後加之午前半而減之加減定朔分爲食定餘以差皆加午前後分爲距中分其望定分便爲食定餘乾元以半晝刻約刻法爲時差乃視定朔小餘在半法以下爲用減半法爲午前分以上者去之爲午後分以時差乘五因之如刻法而一午前減午後加又皆加午前後分爲距日分刻法而一爲距午刻分月只以定朔小餘爲食定餘儀天置月行去交黃赤道差視月道差如黃赤道交者依其加減不如黃赤道交者返其加減定朔望小餘爲食甚餘亦返其加減去交定分其日食則又以其日晝刻其三百五十四爲時差乃視食甚餘去如半法以下返減半法餘爲初率半法以上者半法去之餘爲末率滿一百一收之爲初率以減末率倍之以加食甚餘爲食定餘亦加減初末率爲距午退分置之皆如求發斂加時術入之卽日月食甚辰刻及分也

入食限置黃道內外分如初準已上末準已下爲入食限望入食限則月食朔入食限則日食月在黃道內則日食在外則不食望則無問內外皆食末準已下爲交後分初準以上者返減中準爲交前分乾元置陰陽定分在初限以上末限以下爲入食限餘同應天儀天置朔望入交月行陰陽歷日及餘秒如前限以上後限以下者爲入食限望入食限則月食朔入食限月入陰歷日食如後限以下爲交後限以上以減交中日及餘秒爲交前限各得所求

入盈縮歷乾元儀天不立此法置朔定積如一百八十二日六千二百二十三以下爲入盈日分以上者去之餘爲入縮日分

黃道差乾元謂之求暑差儀天謂之求黃道食差置其朔入歷盈縮日及分如四十五日以上一百三十七日以下皆以一千五百乘爲汎差如四十五日以下返減之餘爲初限日一百三十七日以上者減去之餘爲末限日及分以六十七乘半之用減汎差以乘距午分以元法收爲黃道定分入盈以定分午前內加外減午後內加外減入縮以定分午前內減外加午後內減外加乾元置入氣日以距冬至之氣以十五乘之以所入氣日通之以一百八十二日以下爲陽歷以上者去之爲入陰歷置入歷分在四十五日以下以三十七乘五除退一等爲汎差在四十五日以上一百三十七日以下只用三十三秒三十爲汎差一百三十七以上者去之餘以三十七乘五除退一位用減三十三秒三十爲汎差皆以距午分乘爲晷差儀天二至後日益差至立春立秋得一百一十三小分六十二半立夏立冬後每日損以宗法乘之冬至立冬後三氣用四十四萬二千三百八十四夏至立夏後各三氣用二十七萬九千八百五十八除爲食差以食甚距午正刻乘其日食差爲定差冬至後甚在午正東陰減陽加甚在午正西陰加陽減夏至後卽返此立冬初日後每氣益差二十秒四十四至冬至初日加六十二秒三十二自後每氣損差二十秒四十四終於大寒甚在午正西卽每刻累益其差陰歷加陽歷減

赤道差乾元謂之求離差儀天謂之求赤道食差置入盈縮歷日及分如九十一日以下返減之爲初限日以上者用減一百八十二日半餘爲末限日及分四因之用減三百七十四爲汎差以乘距中分如半晝分而一用減汎差爲赤道定分盈初縮末內減外加縮初盈末內加外減乾元計春秋二分後日加入氣日以十五乘在九十以下以九十一乘退汎差九十一以上去之餘以九十一乘退一等以減八百一十九爲汎差二分氣內置入氣日以九十一乘退爲汎差以半晝刻而一以乘距午分用加減汎差爲離差食甚在出沒以前者不用求離差只用汎差春分後陰加陽減秋分後陰減陽加儀天二分後益差至二至積差皆二千八百二十六自後累減至二分空冬至後日損三十一小分八十夏至後日益三十小分十五又以宗法乘積差各以盈縮初末限分除之爲日差乃以末限累增初限累損各爲每日食差又以半晝刻數約其日食差以乘食甚距午正刻所得以減食差餘爲定數餘同乾元

日食差依黃赤二差同名相從異名相消爲食差二歷法同

距交分乾元謂之去交分儀天謂之去交定分置交前後分以黃赤二差加減之爲距交分如月在內道不足減者返減入外道不食如月在外道不足減返減食差爲返減入內道卽有食乾元置陰陽歷去交前後分以食差合加減者依其加減所得爲去交前後定分月在陰歷去交前後分不足減者卽返減食差交前減之餘者爲得陽歷交後得減者卽返減食差交前定分並不入食限月在陽歷去交前後分不足減者亦返減食差交前減之餘者爲陰歷交後定分交後減之餘者爲陰歷交前定分並入食限儀天應食差同名相從異名相消餘同乾元法

日食分置距交分如四百二十以下者類同陽歷分以上者去之爲陰歷分又以食定餘減四分之三午前倍之午後半之皆退一等用減陰陽歷分爲食定分如不足減卽返減之餘進一位加陰歷分爲食定分陽以四十二除爲食之大分陰九百六十以下返減之如九十六而一爲食之大分命十爲限乾元置交前後分以食差加減之爲定交分在九百二十以下爲陽以上去之爲陰在陽以九十四在陰以二百一十三除爲大分餘同應天儀天置入限去交定分減七百二十入陽限以上爲陰歷食以陽限去之餘減陰限爲陰歷食分以下者爲陽歷食分亦減三百一十七如限除之皆進一位各命十爲限餘同應天

月食分置黃道內外前後分如食限三百四十以下者食既以上者返減末準餘以一百二十一除爲月食之大分其食五分以下在子正前後八刻內以二百四十二除爲食之大分命十爲限其前後分以九百以上入或食或不食之限乾元交定分在七百五十二以下食既以上返減末限以二百六十四除之爲大分儀天陽減陰加前後定分九百一十二半在既限以下食既以上以去交分減之以月食法除之爲大分

日月食虧初復末乾元謂之求定用刻儀天謂之求日月汎用分求虧初復末百通日月食之大小分以一千三百三十七乘之各如其日離分爲定用分加食定餘爲復末定分減之爲虧初定分其月食以食限減定用分用減食甚爲虧初定分如不足減者卽以食限分如望定餘爲食定分餘却依日食加減各得月食虧初復末定分也乾元月以五百八十八日以五百二十九秒二十乘所食分退一等半之爲定用刻儀天日以五百四十五秒四十月以六百六十六皆乘所食分其小分以本母除從之爲汎用分其食又視去交定分在一千七百二十六以下增半刻八百五十六以下又增半刻以一千三百五十乘以辰定分除爲定用用刻皆減定朔望小餘爲虧初加之爲復末

日食起虧儀天謂之求日食初起視距交分如四百二十以上者初起西北甚於正北復於東北如以下者初起西南甚於正南復於東南凡食八分以上者皆初起正西復於

正東儀天乾元日在陰歷初起西北在陽歷初起西南餘並同應天
月食起虧乾元謂之月食初定儀天謂之月食初起月在內道初起東南甚
於正南復於西南月在外道初起東北甚於正北復於
西北凡食八分以上者初起正東復於正西乾元儀天以內道爲陰歷外道爲陽歷餘皆同應天而儀天又法云此法據古經所載以究天體食在午中前後一辰之內其餘方若要的驗當視日月食時所在方位高下審詳黃道斜正月行所向起虧復滿皆可知也
帶食出入儀天謂之求帶食出入見食分數視其日出入分如在虧初
定分以上復末定分以下卽帶食出入食甚在出入分
以下以出入分減復末定分爲帶食差食甚在出入分
以上者以虧初定分減出入分爲帶食差以乘食定分
滿定用而一日陽以四十二陰以九十六月一百二十
一除之爲帶食之大分餘爲小分乾元各以食甚餘與其日晨昏分相減餘爲帶食差其帶食差在定用刻以下者卽帶食出入以上者卽不帶食出入也以帶食差乘所食之分滿定用刻而一所得以減所食之分卽帶食出入所見之分也其朔日食甚在晝者晨爲已食之分昏爲所殘之分若食甚在夜昏爲已食之分晨爲所殘之分其月食見此可以知之也儀天以食甚餘減晨昏分餘爲出入前分不足者返減食甚餘爲出入後分以乘所食之分其食分以本母通之從其小分滿定用分除之所得以本母約之不滿者半以上爲半強半以下爲半弱卽得帶食出入之分數也其日月食甚在出入前者爲所殘之分在出入後者爲已退之分
更點乾元儀天謂之月食入定點各置虧初食甚復末定分如晨分
以下者加晨分昏分以上者減去昏分皆以更分除爲
更數不盡以點分除之爲點數命初更算外卽得所求
乾元法同儀天倍其日晨分以五除之爲更分又以五除之爲點分乃視所求小餘如晨分以下加晨分昏分以上減去昏分求更點並同應天
日月食宿分乾元謂之日月食宿以天正冬至黃道日度加朔望
常日月度命起斗初算外卽日月食在宿分也乾元以距日沒辰至食甚辰之數約其日離差用加昏度儀天用加時定月度也

宋史卷六十九考證
律歷志二大寒一百一十二乾元○臣召南按此格不
應注乾元二字蓋誤衍也二十四氣日所在去極之
度乾元儀天與應天同不同者晷景尺寸及晨分耳
乾元交會○按交會上當有步字

宋史卷七十

元中書右丞相總裁脫脫等修

律曆志第二十三

律曆三應天乾元儀天曆

步五星
歲星總七十九萬七千九百三十一秒五乾元率二十三萬四千五百三十五秒五千七百二十五儀天木星周率四百二萬八千五百八十七秒七千五百六十
平合三百九十八日八千八百五十七秒二十八乾元餘二千五百五十五秒八千六百二十五約分八十七儀天餘八千七百八十七秒七千五百六十二曆平合皆謂之周日數同應天
變差空秒一十六乾元差二十八秒九千四百二十二半秒母一萬儀天歲差九十八秒九千五百上限二百五度下限一百六十度二十五分秒六十三
熒惑總一百五十六萬一百五十二秒三乾元率四十五萬八千五百九十二秒九千一百八十三十四儀天火星周率七百八十七萬六千一百九十一秒一千一百
平合七百七十九日九千二百二秒一十八乾元餘二千七百四秒五千九百一十七約分九十二儀天餘九千二百九十一秒一千一百二曆平合皆謂之周日數同應天
變差三秒空乾元差二十九秒一千一百三十五儀天歲差九十八餘三千八百上限一百九十六度八十下限一百六十八度四十五秒六十三
鎮星總七十五萬六千三百一十一秒八十五乾元率二十二萬二千三百一十一秒二千一百六十四二十儀天土星周率三百八十一萬八千六百八秒三千五百
平合三百七十八日八百六秒五十一乾元餘二百三十六秒八百三十一約分八儀天餘八百八秒三千五百二曆平合皆謂之周日數同應天
變差五秒七十九乾元差二十八秒九千五百三儀天歲差一百秒一千一百上限一百八十二度六十三分秒八十一下限同上限
太白總一百一十六萬八千二十二秒四十二乾元率三十四萬三千三百三十九秒一千五百四十七儀天金星周率五百八十九萬七千四百八十九秒五千四百
平合五百八十三日八千九百九十六秒一十乾元餘二千六百七十六秒一千七百三十五約分九十一儀天餘九千一百八十九秒五千四百二曆平合皆謂之周日數同應天
再合二百九十一日九千四百九十九秒五乾元儀天不立此法
變差三秒三十六乾元差二十九秒一千七百九十八儀天歲差一百二十餘八千三百九上限一百九十七度一十六下限一百六十八度秒六十三
辰星總二十三萬一千八百六秒四十二八十乾元率八萬八千一百三十七秒四千四百一十八八十儀天水星周率一百一十七萬三百八十七秒二千八百
平合一百一十五日八千八百二秒三十乾元餘二千五百八十七秒二千九十四約分八千八儀天餘八千八百八十七秒二千八百二曆平合皆謂之周日數同應天
再合五十七日九千四百二秒一十五乾元儀天不立此法
變差三秒七十八乾元差二十九秒一千一百三十八儀天歲差九十八秒三十上限一百八十三度六十二分下限一百八十二度六十二分秒六十三
求五星天正冬至後加時平合日度分秒乾元謂之五星平合變日儀天謂之常合中日中度各以星總除元積爲總數不盡者返減星
總餘半而進位又置總數木火三之土如其數皆百而
從之以元法收之爲天正冬至後平合日度及分乾元置歲積分各以星率去之不盡用減星率餘以五因之滿元率收爲日不滿退除爲分儀天各以其星周率去歲積分不滿者返減其周率餘以宗法收爲日不盡退除爲分
求平合入曆分乾元謂之入曆儀天謂之推五星常合入曆度分各以其星變
差展所求積年滿三百六十五萬三千二百九十三秒
一十九去之不盡以元法收爲度不滿爲分以減平合
日爲入曆度分乾元以積年乘星差以周天策去之不盡以元率收爲度不滿退除爲分用減平合變日爲入曆分儀天各置其星歲差以積年乘之滿三百六十八萬九千八百八秒九千九百去之不盡

以宗法收爲度，不滿退收爲分

求入陰陽變分：在陽末變分以下爲入陽曆，以上去之，餘爲入陰曆。置入陰陽曆分，以陰陽變數去之，不盡爲入陰陽數及變分。

乾元歲星前限二萬五百五，中限一萬二百四十八，後限一萬六千二十；熒惑前限一萬九千六百八十二，中限六千五百六十四，後限一萬六千八百四十四；鎮星前限一萬八千二百六十二，中限九千一百二十六，後限同前限；前後中皆半周天。大白前限一萬九千七百一十六，中限九千八百五十八，後限一萬六千八百九；辰星前中後與鎮星同。又歲星前法一千七百八，後法一千三百三十四；熒惑前法一千六百四十一，後法一千四百三；鎮星辰星前後法皆一千五百二十二；太白前法一千六百四十三，後法一千四百二。儀天各置常合入曆度分，如在上限末數以下者爲增數；以上者減去上限末數，下度分餘爲入下限減數。又各置所入上下限度分，以上下限度分相近者減之，餘爲入次限下限度及分。

歲星	陽變分	損益率	陽積	陰變分	損益率	陰積
初	一千七百九	損八十九	陽六	一千三百三十五	損九十三	陰一
二	二千四百七	損八十九	陽一百六十八	二千六百七十	損八十七	陰九十三
三	五千一百一十六	損九十二	陽三百七十六	四千六	損八十五	陰一百八十七
四	二千八百三十四	損九十一	陽五百一十三	五千三百四十二	損八十八	陰四百八十七
五	八千五百四十三	損九十六	陽六百八十七	六千六百八十六	損九十四	陰六百二十七
六	一萬二百五十二	損九十八	陽七百二十五	八千一十一	損九十四	陰七百七
七	一萬九百八十	益九十八	陽七百六十九	九千三百四十六	損九十九	陰七百五十四
八	一萬三千六百六十九	益九十一	陽七百二十五	一萬六百八十三	損九十九	陰七百六十七
九	一萬五千三百二十七	益九十五	陽五百八十一	一萬二千七	益八十九	陰七百八十
十	一萬七千八百一十六	益八十九	陽四百九十六	一萬三千三百四十三	益八十	陰六百八十七
十一	一萬八千七百五十四	益九十	陽三百八	一萬四千八百八十七	益八十一	陰五百
末	二萬五百三	益九十二	陽一百三十七	一萬六千二百二十二	益八十二	陰二百四十六

熒惑	陽變分	損益率	陽積	陰變分	損益率	陰積
初（變度）	一千五百一十二	損一十一	陽一	一千五百一十二	損七十三	陰一
二	三千四十四	損四十七	陽五百一	三千四十四	損七十三	陰四百四十四
三	四千五百八十六	損六十九	陽一千	四千五百八十六	損七十二	陰八百七
四	六千八十二	損八十五	陽二千四百七	六千八十七	損六十九	陰一千一百七
五	七千六百九	益九十八	陽二千八百九	七千六百九	損七十四	陰二千七百四
六	九千一百三十一	益八十一	陽二千九百六十八	九千一百三十一	損七十九	陰二千七百二十五
七	一萬六百五十三	益八十	陽二千四百八十六	一萬六百五十三	損八十六	陰二千四百三十九
八	一萬二千一百七十五	益八十四	陽二千二百八十	一萬二千一百七十五	損九十七	陰二千六百四十七
九	一萬三千六百九十七	益七十二	陽一千七百九十	一萬三千六百九十七	益八十九	陰一千七百
十	一萬五千二百一十九	益七十	陽一千五百六十	一萬五千二百一十九	益七十三	陰一千五百三十二
十一	一萬六千七百四十一	益七十一	陽九百二	一萬六千七百四十一	益五十一	陰一千一百六
末	一萬八千二百六十三	益六十九	陽四百六十五	一萬八千二百六十三	益十	陰一千三百八十

鎮星	陽變分	損益率	陽積	陰變分	損益率	陰積
初	一千五百二十二	損八十四	陽空	一千五百二十五	損八十六	陰一
二	三千四十四	損八十五	陽一百八十九	三千四十四	損八十七	陰一百一十三
三	四千五百六十六	損八十九	陽三百一十七	四千五百六十六	損九十	陰四百一十一
四	六千八十七	損九十三	陽六百八十四	六千八十七	損九十一	陰五百八十三
五	七千六百九	損九十七	陽七百九十一	七千六百九	損九十四	陰七百
六	九千一百三十一	益九十九	陽八百二十七	九千一百三十一	損九十七	陰七百九十一
七	一萬六百五十三	益九十七	陽八百五十三	一萬六百五十三	損九十九	陰八百二十七
八	一萬二千一百七十五	益九十四	陽八百六	一萬二千一百七十七	益九十七	陰八百五十三
九	一萬三千六百九十七	益九十三	陽七百一十五	一萬三千六百九十七	益九十四	陰八百六
十	一萬五千二百一十九	益九十	陽五百八十三	一萬五千二百一十九	益九十	陰七百一十五
十一	一萬六千七百四十一	益八十八	陽四百四十一	一萬六千七百四十一	益八十五	陰五百六十三
末	一萬八千二百六十三	益八十三	陽二百五十	一萬八千六百三十三	益七十八	陰三百三十五

太白	陽變分	損益率	陽積	陰變分	損益率	陰積
初	一千六百四十四	損九十一	陽空	一千四百	損九十五	陰二
二	三千二百八十七	損九十三	陽一百八十二	二千八百	損九十二	陰七十
三	四千九百三十一	損九十五	陽三百二十九	四千二百	損九十三	陰一百八十三
四	六千五百七十四	損九十七	陽四百四十四	五千六百	損九十三	陰二百八十
五	八千二百一十八	損九十八	陽五百二十六	七千一	損九十三	陰三百七十八
六	九千八百六十一	損九十八	陽五百七十五	八千四百	損九十五	陰四百七十六
七	一萬一千五百五	益九十八	陽六百八	九千八百	損九十七	陰五百四十六
八	一萬三千一百四十八	益九十七	陽五百七十五	一萬一千二百	損九十九	陰五百八十八
九	一萬四千七百九十二	益九十五	陽五百二十六	一萬二千六百	益九十七	陰六百二
十	一萬六千四百三十五	益九十三	陽四百四十四	一萬四千一	益九十三	陰五百六十
十一	一萬八千七十九	益九十一	陽三百二十九	一萬五千四百一	益八十七	陰四百八十八
末	一萬九千七百二十三	益八十九	陽一百八十二	一萬六千八百一	益八十一	陰三百八十六

辰星	陰陽變分	損益率	陰陽積
初	一千五百二十二	損九十四	空
二	三千四十四	損九十五	九十一
三	四千五百六十六	損九十六	一百六十八
四	六千八十七	損九十七	二百二十五
五	七千六百九	損九十八	二百七十一
六	九千一百三十一	損九十九	三百
七	一萬六百五十三	益九十九	三百一十四
八	一萬二千一百七十五	益九十八	三百
九	一萬三千六百九十七	益九十七	二百七十一
十	一萬五千二百一十九	益九十六	二百二十五
十一	一萬六千七百四十一	益九十五	一百六十八
末	一萬八千二百六十三	益九十四	九十二

乾元五星

	歲星差分	歲星差度	熒惑差分	熒惑差度	鎮星差分	鎮星差度	太白差分	太白差度
前限初	九空	一少	空	十五少	空	九	空	
一	九半	一度八十八	二	十二度五十	十一太	一度二	十一	一度八十八
二	十一半	二度六十八	三半	二十度二十一	九	二度二十八	十四	三度五十一
三	十二少	五度一十九	八	二十四度九十一	七	四度二	十九太	四度四十八
四	二十四半	六度五十八	四十九太	二十七度三	十二半	六度一十九	三十二太	五度三十一
五	二十八	七度二十八	八少	二十六度四六十	四十三少	七度八三十	九十六半	五度一八十
末限初	三十八	七度三七十	五	二十四度二七十	六十太	七度三七十	九十六半	六度二
一	十二	七度九二十	四	三十度五四十	十二半	七度七三十	三十二太	五度九七十
二	二十	五度三八十	三太	十七度四十	七	六度八一十	十九太	五度三十
三	八半	五度二	三半	十三度一	九	四度二	十四	四度六四十
四	十太	三度一	三半	八度四十	十一太	三度一三十	十一	三度三十

五	十二少	一度三十八	四	三度九十八	十五少	一度三	九	一度七十九十
後初	十四太	限度空	三半	初空	五	空	三十二半	空
一	七太	空八十八	三少	三度九十四	四太	三度	十一太	一度
二	八少	二度五十九	三	八度四十	七半	五度二十四	十三太	一度八十一
三	八少	四度六十八	三	十三度一	三十半	七度二十三	十四	二度八十三
四	十六半	六度二十九	三半	十七度四十	末四十三半	七度七十三	十五半	三度八十六
五	三十三半	七度八十	四少	二十度四十五	七十六	七度三十九	十九半	四度七十三
六	八十九	七度八十四	六半	三十四度七十一	一百一半	七度十七	三十一少	五度四十
七	一百三十二半	七度六十三	八十七半	三十六度太四	二百四	七度三	九十三少	五度八十七
末限初	一百三十二半	七度七十二	七	三十七度三	九半	七度一	一百四十三半	六度三
一	五	七度六十六	三	二十四度九十	九	五度三十七	十二少	五度五十一
二	五少	五度三	一太	二十度二十三	八半	三度六十八	七太	四度半
三	五半	二度三十八	一太	十二度十五	八	一度八十五	五	二度七十

辰星陰陽差分并陰陽差度並同初末

	差分（前限後初限同）	差度	差分（末限後末限同）	差度
初	十六半	空	初一百六十九	三度二
一	二十少	九十八九十	一六十太	一度八十九
二	二十六半	一度六十五	二三十七	二度六十一
三	三十七	二度六十二	三二十六半	二度二十五
四	六十太	二度八十九	四二十少	一度六十三
五	一百六十九	三度	五十六半	空度九十

儀天五星

木星限數	上限度分	損益率	增定度	下限度	損益率	減定度
一	十七度八少	益百十一	空	十三度三十五半	益六十八	空
二	三十四度十六半	益一百六	一度八十九半	二十六度七十一	益一百二十七	空九十一
三	五十一度二十五	益八十八	三度十七半	四十度六少	益一百十六	二度六十
四	六十八度三十三少	益八十二	五度二十半	五十三度四十一太	益一百二十	四度十二
五	八十五度四十一半	益四十一	六度六十半	六十六度七十七半	益六十	六度三十一
六	一百二度半	益二十六	七度三十半	八十度十三太	益三十	七度一十一
七	一百十九度五十八少	損二十六	七度太	九十三度四十二八半	益十一	七度五十一
八	一百三十六度六十六半	損八十四	七度三十半	一百六度八十三半	益七	七度六十五半
九	一百五十三度太	損五十	五度八十七	一百二十度十九	損七	七度一十四半
十	一百七十度八十三	損一百二十八	五度一半	一百三十三度五十四半	損一百九十九	七度六十五
十一	一百八十七度九十半	損八十一	一度三十八	一百四十七度九十	損一百九十五	四度九十九半
末	二百五度	損八十一	一度三十八	一百六十度三十三	損一百七十九	七度五十九

火星	上限度分	損益率	增定度	下限度分	損益率	減定度
一	十六度四十	益七百四十一	空	十四度四	益二百八十三	空
二	三十二度八十	益四百九十五	十二度一十七	二十八度七十	益三百十五	三度九十三
三	四十九度二十	益二百八十七	二十度二十七	四十二度十一少	益三百一十七	八度二十九
四	六十五度六十	益一百三十二	二十三度九十八	五十六度十五	益三百十六	十二度九十八
五	八十二度	損二十一	二十六度九十八	七十度十八太	益二百八十七	十七度四十二
六	九十八度四十	損一百十九	二十六度六十四	八十四度二十一半	益二百二十三	二十一度四十五
七	一百十四度八十	損一百九十六	二十四度六十九	九十八度二十六少	益一百四十五	二十四度七十一
八	一百三十一度二十	損一百四十八	二十一度四十八	一百十一度三十	益十九	二十六度七十五
九	一百四十七度六十	損二百六十八	十七度四十	一百二十五度三十四	損一百四十六	二十七度二
十	一百六十四度	損三百八十一	十三度二	一百四十度三十七太	損二百二十七	二十四度九十七
十一	一百八十度四十	損三百七十一	八度四十七	一百五十四度四十一半	損五百七十八	二十度四十
末	一百九十六度八十	損四百四十二	三度九十七	一百六十八度四十三	損八百八十四	三十二度三十一

土星	上限度分（下限同）	損益率	增定度	損益率	減定度
一	十五度二十一	益六十七	增空	益一百九十八	減空
二	三十度四十二太	益八十五	一度二	益一百四十八	三度
三	四十五度六十五太	益一百十一	三度三十	益一百二十	五度二十六
四	六十度八十七半	益一百四十四	四度	益一百三十三	七度二十四
五	七十六度九十	益七十九	六度十九	損二十三	七度七十四
六	九十一度三十一半	益二十三	七度三十九	損十三	七度三十九
七	一百六度五十三少	損二十三	七度七十四	損十	七度十九
八	一百二十一度七十五少	損七十九	七度三十九	損四	七度四
九	一百三十六度九十七	損一百四十四	六度十九	損一百五	六度九十八
十	一百五十二度一十九	損一百十一	四度	損一百十一	五度三十八
十一	一百六十七度六十二八十	損八十五	二度三十一	損一百十八	三度六十九
末	一百八十二度六十二	損六十七	一度二	損一百二十五	一度

金星	上限度	損益率	增定度	下限度	損益率	減定度
一	十六度四十二	益一百五十三	增空	十四度一	益一百四十	減空
二	三十二度八十六	益一百二十二	一度四十八	二十八度一	益一百二十	二度三十八
三	四十九度五十九	益五十	四度六十五	四十二度二	益八十	四度二十
四	六十五度七十二	益十九	五度四十七	五十六度三	益三十	五度三十一
五	八十二度十五	益九	五度七十八	七十度四	益十六	五度七十四
六	九十八度五十八	益五	五度九十三	八十四度五	益五	五度九十四
七	一百十五度一	損五	六度一	九十八度五	損五	六度一
八	一百三十一度四十四	損九	五度九十三	一百十二度六	損十六	五度九十四
九	一百四十七度八十七	損十九	五度九十五	一百二十六度七	損三十	五度七十四
十	一百六十四度三十	損五十	五度四十七	一百四十度八	損八十	五度三十一
十一	一百八十度七十三	損一百二十二	四度六十五	一百五十四度九	損一百二十	四度二十
末	一百九十七度十六太	損一百五十二	五度四十八	一百六十八度十三	損一百七十	二度三十八

水星	上下限	損益率	增減度
一	十五度二十一	益六十	增減空
二	三十度四十四	益五十	九十一
三	四十五度六十六	益四十八	一度六十七
四	六十度八十八	益二十七	二度二十五
五	七十六度十二	益十六	二度六十六
六	九十一度三十	益六	二度九十
七	一百六度五十四	損六	二度九十九
八	一百二十一度七十六	損十六	二度九十
九	一百三十六度九十	損二十七	二度六十六
十	一百五十二度二十	損四十八	二度二十五
十一	一百六十七度四十二	損五十	一度六十七
末	一百八十二度六十三	損六十	九十一

入陰陽定分乾元謂之入諸曆變分，儀天謂之求五星常入增減定數。以入變分各減初變分，餘却以其變下損益率展之，百而一，爲分，損益次變下陰陽積，爲定分。乾元置平合入曆分，以其星入段前後限分加減之，如不

足加周天以減之餘却依入曆分入初末限各置其段入曆分前限以下爲在前以上者去之爲後限分在中限以下爲初限以上去之爲末限分置初末以前後限星分除之爲限數不滿爲初末限日各以其限差分約之爲差初限以加末限以減用加減前後限度爲定度儀天各置常合所入限下度數及分以其限下損益率乘之退一等以百約之爲度不滿爲分以損益其限下增減積度及分若求諸變增減定度者置其變入上下限準此求之

定合積日乾元謂之求定日儀天謂之求五星定合積日日除陰陽定分爲二陽加陰減平合日爲定積日及分乾元置變日以前後限度前加後減爲定日儀天各置其星常合中日及餘以入曆增減度增者增之減者減之金水返而加減之以日躔定差先減後加之金水則先加後減即得定合積日及分又儀天求入盈縮初末限皆以半周天爲準

入氣盈縮度分乾元謂之入氣儀天謂之求入盈縮初末限置定積以常數去之不盡者爲入氣日分置入氣日分如求朔望盈縮術入之即得入氣盈縮度分乾元置定日以氣策去之爲氣數不盡爲入氣日命以冬至算外即得入氣日及分儀天各置定合積日在半周天以下者去之餘爲在縮乃視在盈縮初限日及約餘以下者便爲在盈縮初限以上者減去盈縮初限日約餘爲在盈縮末限日及餘

定合日辰乾元謂之日辰儀天同應天以其大小餘加入氣日命從甲子算外即得所求乾元儀天以冬至太小餘加定日各滿紀法去之餘並同應天乾元冬至小餘以元率退收百爲母又有日躔陰陽度置其氣陰陽分如求朔日度分術入之即得所求

求入月日數儀天謂之求定合在何月日置定合日辰大餘以定朔大餘減之餘命算外即得所求二曆法同

定合定星乾元同儀天謂之求日躔先後定數求五星定合定數及分各以其星入氣盈縮度分盈加縮減之又以百除陰陽定分爲度分陽加陰減皆加減平合爲定星用加天正黃道日度滿宿去之不滿宿即得所求乾元各置其星平合中星以日躔陰陽度陰減陽加之又以其星入曆限度前加後減之即爲其星定合定星餘同應天儀天置所入限日下小餘以其日盈縮率乘以宗法除爲分以盈縮其日下先後定分爲日躔先後定度及分又各置其星常合中度及分以入限增定度及分增減之金水二星增者減減者增又以日躔先後定度及分水火土即先減後加金水先加後減其日躔差木星二因退位火星除二土星退位從下加三金水倍用即得定度及分餘同應天

歲星入段亦名入變

段星平日乾元謂之變日儀天謂之常日	平度乾元謂之變度儀天謂之常度	陰陽曆分乾元謂之前後限分儀天謂之上下限
晨見十七半二曆同	三半二曆同	三百五十二乾元三度五十四用陰陽度不用盈縮度儀天二度半用躔差
前疾九十八乾元八十一半儀天八十一	十八半乾元儀天並十五	二千八百五十二乾元十四度九十八儀天十五度
前遲一百三十三半乾元儀天並三十三半	二十二半乾元儀天各四度	三千二百四十九乾元三度九十八儀天三度
前留一百五十八乾元二十六半儀天二十七	空乾元儀天同	空乾天儀天同
前退一百九十九半乾元四十一半儀天四十一	十六太乾元儀天各五度太減	二千一百乾元空四十九減儀天一度半
後退二百四十乾元儀天各四十半	十一乾元儀天五度太減	三千五百五十五乾元空五十五儀天一度四十六
後留二百八十七半乾元儀天各二十七	空乾元儀天同	空乾元儀天同
後遲三百一乾元三十三半儀天二十三半	十四半乾元儀天各三度半	一千四百五十乾元八度五分減儀天二度六十三
後疾三百八十一乾元八十三半儀天八十半	三十二半乾元十五度六十二半儀天十五度六十三	三千一十二乾天十五度八十用陰陽不用盈縮儀天十一用躔差
夕合三百九十八八十九乾元十七三十七半儀天十七三十七分秒	三十二六十四乾元三度五十半儀天三度四十九小分五十六	三千八百六十四乾元三度五十半用陰陽度儀天三度五十三分五十八用躔差

熒惑入段

段名平日乾元謂之變日儀天謂之常日	平度乾元謂之變度儀天謂之常度	陽曆分乾元謂之前限分儀天謂之上限分	陰曆分乾元謂之後限度儀天謂之下限度
晨見七十二乾元儀天並同	五十五乾元儀天並同	五千五百乾元五十五百八儀天五十五度六	四千四百二十乾元四十一百五用盈縮度儀天四十一用躔差
前疾一百八十乾元一百二十三儀天一百十二	一百三十乾元七十七半儀天七十六度三十	一萬三千二百二十乾元六十七百四十儀天六十七度半	一萬三千二百二十乾元八十四十九儀天八十一半
前次二百七十八乾元儀天各一百二	一百六十九太乾元六十儀天六十半	一萬七千一百乾元四千八百四十九儀天四十八半	一萬七千四百乾元四千八百五十儀天四十八半
前遲三百五十乾元六十四儀天六十四半	二百二十六乾元二十四儀天二十三	二萬四千五十乾元二千二百五十儀天二十二半	二萬五千乾元二千四百儀天二十三度九十六
前留三百五十九乾元儀天各九	空	空	空二曆同
前退三百八十九三十四乾元儀天並十六	二百七十三乾元儀天各減九度少	二萬七百三十二乾元二百八十二儀天一度十二	二萬七百三十二乾元二百三十儀天二百三十二
後退四百二十三十六乾元三十四十六儀天三十四十五	一百九十七九十一乾元儀天各減九度半	二萬三千一百乾元二千一百六十儀天二度五十九	二萬三千三百六十乾元四百八十三儀天四度八十三
後留四百二十九三十二乾元儀天各九	空	空	空二曆同
後遲四百八十四三十二乾元六十五儀天六十四半	二百一十九九十乾元二十三儀天二十三	二萬一千七百二十二乾元二千六百九十二儀天二十九十二	二萬四千三百二十二乾元二千三百五十儀天二十三度四十九
後次五百八十七三十二乾元一百三儀天一百二	三百八十四六十四乾元儀天各六十四半	一萬六千九百七十六乾元二千一百二十五儀天二十一度	一萬六千九百七十六乾元四千六百儀天四十六
後疾七百七三十二乾元一百一十儀天一百十二	三百五十九六十六乾元五十五十六半儀天六十二十一	二萬三千八百七十六乾元二十二百二儀天二十二度	二萬四千八百四十乾元二千三百用盈縮度儀天二十一度用躔差
夕合七百七十九三十二乾元七十二儀天七十六分	四百十四六十六乾元五十五三十六儀天五十五小分五十三	四千九百八十一乾元減	四千九百八十一乾元萬二千二百二十五儀天五十五小分五十六用躔差

鎮星入段

段名平日	平度	陽分	陰分
晨見十九三曆同	三十乾元二度十九儀天二度五分半	二百二十乾元一度十九儀天一度一十	三百二十五乾元度五十七用陰陽度不用盈縮度儀天度六十用躔差
前疾八十四乾元儀天各六十五半	八六十二乾元儀天各六度五十六	四百五十乾元三度六十八儀天三度六十七	四百八十八乾元三度六十五儀天二度六十八
前遲一百二十三乾元儀天各十九	九半乾元空八十七儀天空八十八	五百二十九乾元空五十七儀天空五十八	五百四十乾元空五十四儀天空五十五
前留一百六十乾元儀天各三十七	空	空	空二曆同
前退二百八十九四乾元四十九四分半儀天四十九四分	六四十二乾元三度八分減儀天減三度七分	六百四十二乾元一百七儀天一度十四	六百四十乾元一百儀天二度六分
後退三百三十八八乾元儀天各四十九四分	三三十四乾元減三度八分儀天減三度七分	七百四十五乾元一百七儀天度十四	七百四十乾元一百八儀天度十四
後留三百七十五八乾元儀天各三十七	空	空	空二曆同
後遲三百九十四八乾元儀天各十九	四二十一乾元空八十七儀天空八十八	七百八十四乾元空四十七儀天空四十八	七百八十乾元空二十二儀天空二十三
後疾三百五十九八乾元儀天各六十四半	七十四乾元儀天各六度五十六	三百二十四乾元三度六十八儀天三度六十五	三百五十乾元用陰陽度儀天用躔差
夕合三百七十八八乾元儀天各十九	十二乾元二度七分儀天度四小分五	三百六十四乾元一度十九儀天度小分	三百三十八用躔差

太白入段

段名平日乾元謂之變日儀天謂之常日	平度乾元謂之變度儀天謂之常度	陰陽曆分
夕見四十二二曆同	五十三乾元五十三二分儀天五十三二分	五千三百二十乾元五千三百由盈縮度儀天四十六用躔差
夕疾二百四十五乾元二百二儀天二百三	一百八十半乾元二百二十七半儀天二百二十七四十八	一萬八千五百五十二乾元萬四千七百四十用盈縮度儀天一百十三半
夕次三百一十九乾元儀天各七十四	二百六十五乾元儀天各八十四半	二萬六千三百三十一乾元八千四百五十用盈縮度儀天七十八
夕遲三百五十九乾元儀天各四十九	三百三十半乾元三十七半儀天三十七	三萬三百四十乾元三千七百一十儀天四十六九十六
夕留三百六十五乾元儀天各七	空	空
夕退三百八十五乾元儀天各	三百九十六乾元六度半儀天減六度	二萬九千六百三十一乾元減五百八十八用盈縮度儀天四用躔差
再合乾元謂之夕合儀天無此法二百九十六九十五乾元六九十五半	二百九十一九十五乾元四度五分減	二萬五千八百九十四乾元減四百七分用盈縮度儀天六十用躔差
晨見三百九十八十九乾元六度儀天十五	二百八十七九十乾元四度五分減儀天減八度一十	二萬八千七百九十二乾元減四百七用盈縮度儀天六十用躔差
晨退三百八十九十乾元儀天各十	三百八十一乾元儀天各六度半	二萬八千七百九十二乾元減六百儀天四
晨留三百九十五九十乾元儀天各七	空	空二曆並同
晨遲三百八十四九十乾元儀天各四十九	三百一十八九十乾元儀天各三十七	二萬四千八百九十二乾元三千七百儀天四十七九十八
晨次四百三十八九十乾元七十五儀天七十四	四百三十四乾元儀天各八十四半	三千八百一十五乾元減三萬八千六十六儀天七十八
晨疾五百四十一九十乾元儀天各一百三	五百三十九十乾元一百二十七半儀天一百二十七四十八	一萬六千五百六十五乾元萬四千七百四十二用盈縮度儀天一百十三用躔差
晨合五百八十三九十乾元儀天各四十二	五百八十三九十乾元五十三二分儀天五十三三分	一萬三千八百六十五乾元五千三百用盈縮度儀天四十五九千五百用躔差

辰星入段

段名平日乾元變度儀天常度	陰陽曆分乾元前後限分儀天上下限	陰陽曆分乾元前後限分儀天上下限
夕見十七二曆同	一十四二曆同	三千四百一乾元三千四百一不用盈度儀天三十七九十四用躔差
夕疾二十九乾元十七儀天二十七	五十一乾元二十二儀天三十二	五千一百三乾元五千三百用躔差用盈縮度儀天五十九
夕遲四十四乾元十儀天無此法	六十四乾元八	六千三百九十六乾元八百用躔差用盈縮度
夕留四十七乾元儀天各三	空	空二曆並同
再合五十七九十四乾元十一謂之夕合	五十七九十四乾元減六度	五千七百九十四乾元減六百用躔差用盈縮度
晨見六十八八十八乾元十一儀天十二	五十一八十八乾元減六度儀天減十一度	五千一百八十八乾元減六百用躔差用盈縮度儀天六二用躔差

晨留十一 六十八乾元、儀天各三	空二歷皆同	空
晨遲八十六 六十八乾元十，儀天無此法	六十四 六十八乾元加八	六千四百八十八乾元八百二十用遲差，不用盈縮度
晨疾九十八 六十八乾元十七，儀天二十七	八十一 六十八乾元二十三，儀天三十	八千一百八十七乾元[illegible]用遲差用盈縮度，儀天二千七度九十四用遲差
晨合一百一十五 六十八乾元十六八十八，儀天十六分七十九	一百一十五 六十八乾元三十五八十三，儀天三十八千七百九九	一萬一千五百一十五乾元[illegible]用遲差用盈縮度，儀天三千七度六十四用遲差

諸段平日平度乾元謂之諸星變定積，儀天謂之五星諸變中日中度置平合日度，以諸段下平日平度加之，即得所求。乾元各置其星變日以所求入歷前後度前加後減之。其太白、辰星夕見變及晨疾變皆以反用加減，熒惑晨見變定置定差以進一位滿十一除之為定差，各依加減，即得所求。在留變者，置其變定積以前變前後度前加後減之。其火星三因之後退者倍之。儀天各置其星常合中日中度及分，以其星諸變段下常加合中日變度加減中星，即得諸變中日中度及分

諸段入歷儀天謂之求五星諸變入限及增減定度置平合入陰陽歷分，各以逐段陰陽歷分加之，為諸段入歷分。乾元以在諸變歷分中入歷各日限變度。儀天各置其星常合入歷度分，以其星諸變段下上下限度分累加之，滿周天去之，餘依常合術入之，各得增減定度。其金星在晨疾晨合夕見變者，置增減定度及分以四乘三除為金星變定差。其火星在晨見變者，以九乘增減定度及分退一位，為晨星變定差

諸段入變分置入歷分，各以變分去之，餘為入變分。求陰陽定分依平合術入之乾元諸段變分在入變前，述儀天即同應天五星諸段定積日乾元謂之求五星諸變定置其入陰陽定分，百除為日分，陽減陰加諸段平日，其金、水夕見晨疾返為之定積。其金星晨次晨遲，更用盈縮度縮加盈減定積為定。求其入氣月日，如平合術入之。又熒惑前遲定積，置平合入陰陽歷分加二萬一千六百七十五，盈三萬六千五百二十五半去之，餘與見求入陰陽歷同者，更不求之。如不同歷者，即依平合術入所得，用加前遲、留、退、後退、留平日為定積入氣月日，如前。又五星定用盈縮差及陰陽定分，歲、熒惑、鎮星晨見、夕疾、定合，太白定合、夕見、夕退、再合、晨見及後晨疾，皆用盈縮定差。太白定合晨、夕見及後疾，皆用盈縮定差。內歲星後疾不用盈縮定差。辰星諸段總用盈縮定差，盈加縮減。熒惑晨見陰陽定分，身外加一，前疾陽定分再析，各為定分。乾元諸變定日在入變前。儀天各置其星入變中日，以其星所入變限增減定度及分，增者增之，減者減之。其金星定合、夕見、夕順疾、夕次疾、晨次疾，水星定合、夕見、晨疾變，皆以增減定度及分，增者減之，減者增之，各得定日。合用日躔差者，乃以日躔先後定差先減後加，乃為定日及分。其日躔差金、水定合、夕見、晨疾，以日躔差先加後減，乃為定日及分天之定數。

定星乾元謂之求五星諸變定星，儀天謂之求五星諸變定度以合用盈縮定差加減平度分，又以陰陽定分陽加陰減，其金、水夕見晨疾返用，為定星。求宿度，加平合入之。熒惑前遲後退差度，以二百三十六度加前遲定星，二百五十七度加後退定星，如半周天以下為陽度，以上者去之，餘為陰度。前遲陰陽度在一百一十度以上者，返減半周天，餘以五因之；後退入陰陽度在七十四度以下者，亦五因之；皆滿百為度分，陽減陰加定星，為前遲後退定星。求宿度，加平合入之。乾元置其星其變中星，以入曆前後度前加後減之，又合用陰陽度者陰減陽加之，為定星。以冬至黃道日度加之，命從斗宿算外，即其變所入宿次也。若在留變者，更不求定星也，只用前變定星為留變定星。又熒惑留差，以一百一十九度減前遲定星，以一百三十四度減後退定星，在一百八十二度半以下為前，以上者去之為後。置前後度在七十三度以下為在前，以上者返減一百八十三度半，餘為後度。皆倍之，百除為度，命曰留差度及分也。又前退定星度，以一百二十三度減前退定星，又以一百三十一度減後退定星，在一百八十二度半以下為前，以上者去之為後。視前後度在七十三度以下為前，以上者返減一百八十二度半為後，皆以倍之，百除為度，即得前後退差度及分也。用前減後加其段定星，為定星。又五星用陰陽度，歲星、熒惑、鎮星晨見後疾、夕合，太白夕見退、夕合、晨見後疾、平合，皆用日躔陰陽度。其辰星諸段皆用之。儀天各置其星其變中度及分，以其變入限增減定度及分，增者增之，減者減之。其金星定合、夕見、夕定度及分，增者減之，減者增之，各得定日。次定日各加減訖，後合用日躔先後定差者，以日躔先後定差及分先減後加之，即各得定度及分。其日躔差，木星定合五因半而退位，晨見先二因退位，後五因半而退位，後定疾先差五因半而退位，定差二因退位；火星定合身外除二，晨見先差七因退位，後差身外除二，後差七因退位；土星定合退位從下加三，晨見先差退位，後差從下加三退位，後差退位；金星定合二因之，夕見先差伏倍用，後差從下加三，晨疾伏先差從下加二，後差二因，夕退伏晨退見六因，先後退位；水星夕見後差從下加二，先差二因，晨疾先差從下加三，後差倍用，定合乃用加減次定度為定度。置定度及分，以加天正冬至加時黃道日度及分，命從斗宿初度起算，至不滿宿算外，即得其變加時宿度。其火星前後退及前遲變皆為次定星，又置之以留退定差度及分，增者增之，減者減之，得為前後退定度。前遲置前留定差以三除之，乃用增減前遲定度也。又火星留差，以一百二十四半減前遲次定度，又以二百四十六度少加後退定度，若在一百八十二度六十二分以下為入在增，以上者以減去一百八十二度六十二分為入在減。置入在增減度及分，如在七十十二度以下者為上限，以上者返減一百八十二度六十二分，餘為下限。各置所入上下限增減度及分，在上限四因之，在下限倍身外加三，皆以一百約之為度及分。若在後留者，三因之為定差度及分。又儀天有火星退定差度及分，以二百四十一度少加前退後次定度，又以一百一十九度減退次定度及分，餘在一百八十二度六十二分以下者為入在增，以上者減去一百八十二度六十二分，餘為入在減。又置入上下限度分，若在七十二度以下者為上限，如在七十二度以上者為減一百八十二度六十二分，餘為下限。又置上下限增減度分，在上為度，不滿為分，即各得退定差度及分。其定差如在後退者倍之為定差。又有火星留定日，各置前後留常中日，前留以前遲變入限增減定度及分，增者增之，減者減之，各以前後留定差度及分，增者加之，減者損之，即得前後留定日。其增減差通入歷用之。又有火星前後退定度，各置前後變次定度及分，以前後退定差度及分，如在增者加之，在減者損之，即得定度及分。置定度及分，以加天正冬至黃道日度及分，命從斗宿初度去之，至不滿宿算外，即得退行所在宿度及分也。其增減定度三除乃用之。

日率度率以本段定積減後段定積為泛日率，以本段定星減後段定星為定度率。又置後段甲子，以前段甲子減之，餘為距後實日率。乾元以前段定積減後段定積為日率，以其段定星減後段定星為度率。儀天各置其段定日定度，以前段定日定度減之，餘者為其段日率度率。其退行段置前段定度減之餘為退行度率。

平行分儀天謂之求每日平行度及分以距後日率除度率為平行分。乾元以日率除度率為行分。儀天各置其段度率及分，以其段日率除之，即得其星平行分。

初末行分儀天謂之求每段初末日度及分置其段平行分與後段平行分相減為合差，半之，加減平行分為初末行分。後多者減平行分為初，加平行分為末；後少者加平行分為初，減平行分為末。乾元法同。儀天各以其段平行分與後段平行分相減，餘為會差，半會差以加減其段平行分，餘同應天。又五星前留一段及後退段皆加為初減為末，後留一段及前退段皆以半總差減為初加為末。其總差消息前後段初末分令衰殺等，以用總差，即得前後段初末行分相應也。

求日差以距後日除合差為日差。乾元以日率除合差為日差。儀天置其段總差以減其日率一百除之，即為每日差行之分。

求每日行分以日差後多者益，後少者損初日行分，為每日行分。乾元、儀天法同。

求每日星所在以每日行分順加逆減其星，命如前，即得所求。其木、火、土、水前後遲段平行分倍之，前為初，後

爲末分各以距後日除爲日差前遲日損後遲日益爲每日行分乾元以日差累損益初日行分累加其段宿次即得每日星行宿次及分儀天求每日差行度及分各置其段總差以減其日率一日以餘之即爲每日差行之分以每日差分累損益初日行分爲每日行度及分初日行分多於末日行分累損初日行分少於末日行分累益初日行分將其每日行度及分累加其星初日所在宿次各得每日所在宿次及分如是退行段將每日行分累減其初日宿次及分即得退行所在宿度及分又儀天有直求其日星所在宿次置其所求日減一以乘每日差分所得爲積差以積差加減初日行分初日多於末日減之末日多於初日加之即得其日行分以初日行分倂之乃半之爲平行分置平行分以求日數乘之爲積度及分以其積度及分加其星初日宿度命去之即其星其日所在宿次及分如是退行段以其積度及分減其星初日宿度餘爲其星所在宿度及分

漏刻周禮挈壺氏主挈壺水以爲漏以水火守之分以日夜所以視漏刻之盈縮辨昏旦之短長自秦漢至五代典其事者雖立法不同而皆本於周禮惟後漢隋五代著于史志其法甚詳而歷載既久傳用漸差國朝復挈壺之職專司辰刻署置於文德殿門內之東偏設鼓樓鐘樓於殿庭之左右其制有銅壺水稱渴烏漏箭時牌契之屬壺以貯水烏以引注稱以平其漏箭以識其刻牌以告時於晝牌有七自卯至酉用之制以牙刻字塡金契以發鼓於夜契有二一曰放鼓二曰止鼓制以木刻字於上常以卯正後一刻爲禁門開鑰之節盈八刻後以爲辰時每時皆然以至於酉每一時直官進牌奏時正雞人引唱擊鼓一十五聲惟午正擊鼓一百五十聲至昏夜雞唱放鼓契出發鼓擊鐘一百聲然後下漏每夜分爲五更更分爲五點更以擊鼓爲節點以擊鐘爲節每更初皆雞唱轉點即移水稱以至五更二點止鼓契出凡放鼓契出禁門外擊鼓然後衙鼓作止鼓契出亦然而更鼓止焉五點擊鐘一百聲雞唱擊鼓是謂攢點至八刻後爲卯時正四時皆用此法禁鐘又別有更點在長春殿門之外玉清昭應宮景靈宮會靈觀祥源觀及宗廟陵寢亦皆置焉而更以鼓爲節點以鉦爲節大中祥符三年春官正韓顯符上銅渾儀法要其中有二十四氣晝夜進退日出沒刻數立成之法合於宋朝曆象今取其氣節之初載之于左

二十四氣日出	日沒	晝刻	夜刻
冬至卯四刻一百四十四半	申三刻五十一半	四十刻五	五十九刻一百四十二
小寒卯四刻一百一十九半	申三刻七十六半	四十刻五十五	五十九刻九十二
大寒卯四刻三十四半	申四刻十四半	四十一刻七十八	五十八刻六十九
立春卯三刻五十六半	申四刻一百三十九半	四十三刻三十四	五十六刻一百一十三
雨水卯二刻五十八半	申五刻一百三十七半	四十五刻三十	五十四刻一百一十七
驚蟄卯一刻四十半	申七刻八半	四十七刻六十六	五十二刻八十一
春分卯初空	酉初空	五十刻空	五十刻空
清明寅七刻八	酉一刻四十半	五十二刻八十一	四十七刻六十六
穀雨寅五刻一百二十七半	酉二刻七十八半	五十四刻一百三十七	四十五刻十
立夏寅四刻一百四十九半	酉三刻七十六半	五十七刻六	四十二刻一百四十一
小滿寅三刻一百四十六半	酉四刻四十九半	五十八刻九十九	四十一刻四十八
芒種寅三刻七十一半	酉四刻一百二十四半	五十九刻一百二	四十刻四十五
夏至寅三刻五十一半	酉四刻一百四十四半	五十九刻一百四十二	四十刻五
小暑寅三刻七十一半	酉四刻一百二十四半	五十九刻一百二	四十刻四十五
大暑寅三刻一百四十六半	酉四刻四十九半	五十八刻九十九	四十一刻四十八
立秋寅四刻一百二十九半	酉三刻九十六半	五十七刻六	四十二刻一百四十一
處暑寅五刻一百二十七半	酉二刻六十八半	五十四刻一百三十七	四十五刻十
白露寅七刻八半	酉一刻四十半	五十二刻八十一	四十七刻六十六
秋分卯初空	酉初空	五十刻空	五十刻空
寒露卯一刻四十半	申七刻八半	四十七刻六十六	五十二刻八十一
霜降卯二刻五十八半	申五刻一百三十七半	四十五刻三十	五十四刻一百一十七
立冬卯三刻五十六半	申四刻六十九半	四十五刻三十四	五十六刻一百一十三
小雪卯四刻三十四半	申四刻十四半	四十一刻七十八	五十八刻六十九
大雪卯四刻一百十九半	申三刻七十六	四十刻五十五	五十九刻九十二

殿前報時雞唱唐朝舊有詞朱梁以來因而廢棄止唱和音景德四年司天監請復用舊詞遂詔兩制詳定付之習唱每大禮御殿登樓入閤內宴晝改時夜改更則用之常時改刻改點則不用

五更五點後發鼓曰

朝光發萬戶開羣臣謁平旦寅朝辨色泰時昕日出卯瑞露晞祥光繞食時辰登六樂薦八珍禺中巳少陽時大繩紀日南午天下明萬物覩日昳未飛夕陽清晚氣晡時申聽朝暇湛凝神入日酉羣動息嚴扃守

初夜發鼓曰

日欲暮魚鑰下龍韜布甲夜巳設鉤陳備蘭錡乙夜庚杓位易太階平丙夜辛清鶴唳夢良臣丁夜壬丹禁靜漏更深戊夜癸曉奏聞求衣始

端拱中翰林天文鄭昭晏上言唐貞觀二年三月朔日有食前志不書分數宿度分野虧初復末時刻臣以乾元歷法推之得其歲戊子其朔戊申日所食五分一分在未出時前四分出後其時出在寅六刻虧在三刻食甚在八刻復在卯四刻當降婁九度又言按歷書云凡欲取驗將來必在考之既往謹按春秋交食及漢氏以來五星守犯以新歷及唐麟德開元二歷覆驗三十事以究其疏密

日食

春秋魯僖公十二年春三月庚午朔日有食之其年五月庚午朔去交入食限誤爲三也文公元年春二月癸亥朔日有食之其年三月癸巳朔去交入食限誤爲二也文公十五年夏六月辛丑朔日有食之是月汎交分入食限前漢元光元年七月癸未晦日有食之今按歷法當以癸未爲八月朔蓋日食朔月食望自爲常理今云晦日食者蓋司歷之失也征和四年八月辛酉晦日有食之辛酉亦當爲九月朔又失之

五星守犯

後漢永元五年七月壬午歲星犯軒轅大星麟德星五度開元張五度乾元張八度

元初三年七月甲寅歲星入輿鬼麟德井二十九度開元鬼一度乾元柳五

度

後魏大延二年八月丁亥歲星入鬼麟德井二十八度開元鬼二度乾元柳三度

正始二年六月己未歲星入鬼麟德昴二度開元昴三度乾元昴四度

宋大明三年五月戊辰歲星犯東井鉞麟德參四度開元參六度乾元井初度

後漢永和四年七月壬午熒惑入南斗犯第三星麟德箕七度開元斗十一度乾元斗十二度

魏嘉平三年十月癸未熒惑犯亢南星麟德角六度開元亢五度乾元亢三度

晉永和七年五月乙未熒惑犯軒轅大星麟德星七度開元張一度乾元張二度

後魏太常二年五月癸巳熒惑犯右執法麟德翼六度開元翼十二度乾元翼十三度

陳天嘉四年八月甲午熒惑犯軒轅大星麟德張二度開元張五度乾元張四度

後魏延光三年九月壬寅鎮星犯左執法麟德翼十九度開元軫二度乾元翼五度

晉永和十年正月癸酉鎮星掩鉞星麟德參六度開元參七度乾元井三度

後魏神瑞二年三月己卯鎮星再犯輿鬼積尸麟德井二十八度開元井三十度乾元柳初度

齊永明九年七月庚戌鎮星逆在泣星東北麟德危二度開元虛九度乾元危四度

陳永定三年六月庚子鎮星入參麟德參七度開元參八度乾元井二度

後漢永初四年六月癸酉太白入鬼麟德參五度開元井三十度乾元鬼初度

延光三年二月辛未太白入昴麟德晨伏開元昴六度乾元昴一度

魏黃初三年閏六月丁丑太白晨伏麟德丁亥晨伏後十日開元同丁丑晨伏乾元十月置閏七月下丑晨伏

晉咸康七年四月己丑太白入輿鬼麟德柳三度開元鬼一度乾元柳一度

晉永和十一年九月己未太白犯天江麟德尾四度開元尾九度乾元尾十二度

漢太始二年七月辛亥辰星夕見麟德伏未見開元夕見軫九度乾元夕見軫九度

後漢元初五年五月庚午辰星犯輿鬼麟德井二十七度開元井二十八度乾元井二十九度

漢安二年五月丁亥辰星犯輿鬼麟德夕見井二十二度開元夕見鬼二度乾元夕見鬼一度

晉隆安三年五月辛未辰星犯軒轅大星麟德夕見星五度開元夕見星三度乾元夕見星五度

後魏太和十五年六月丙子辰星隨太白於西方麟德張二度開元星五度乾元張初度

端拱二年四月己未翰林祗候張玭夜直禁中太宗手詔曰覽乾元曆細行此夕熒惑當退軫宿乃順行令止到角宿即順行得非曆差否奏曰今夕一皷占熒惑在軫末角初順行也據曆法今月甲寅至軫十六度乙卯順行驗天差二度臣占熒惑明潤軌道兼前歲逆出太微垣按曆法差疾者八日此皆上天祐德之應非曆法之可測也至道元年昭晏又上言承詔考驗司天監丞王睿雍熙四年所上曆以十八事按驗所得者六所失者十二太宗嘉之謂宰相曰昭晏曆術用功考驗否臧昭然無隱由是賜昭晏金紫令兼知曆算二年屯田員外郎呂奉天上言按經史年曆自漢魏以降雖有編聯周秦以前多無甲子太史公司馬遷雖言歲次詳求朔閏則與經傳都不符合乃言周武王元年歲在乙酉唐兵部尚書王起撰五位圖言周桓王十年歲在甲子四月八日佛生常星不見又言孔子生於周靈王庚戌之歲卒於周悼王四十一年壬戌之歲皆非是也馬遷乃古之良史王起又近世名儒後人因循莫敢改易臣竊以史氏凡編一年則有一十二月月有晦朔氣閏則須與歲次合同苟不合同何名歲次本朝文教聿興禮樂咸備惟此一事久未刊詳臣探索百家用心十載乃知唐堯即位之年歲在丙子迄太平興國元年亦在丙子凡三千三百一年矣虞夏之間未有甲子可證成湯既沒太甲元年始有二月乙丑朔旦冬至伊尹祀于先王至武王伐商之年正月辛卯朔二十有八日戊午二月五日甲子昧爽又康王十二年六月戊辰朔三日庚午朏王命作冊畢自堯即位年距春秋魯隱公元年凡一千六百七年從隱公元年距今至道二年凡一千七百一十五年從太甲元年距今至道二年凡二千七百三十二年從魯莊公七年四月辛卯夜常星不見距今至道二年凡一千六百八十一年從周靈王二十年孔子生其年九月庚戌十月庚辰兩朔頻食距今至道二年凡一千五百四十五年從魯哀公十六年四月乙丑孔子卒距今至道二年凡一千四百七十二年以上並據經傳正文用古曆推校無不符合乃知史記及五位圖所編之年殊爲闊畧諸如此事觸類甚多若盡披陳恐煩聖覽臣耽研既久引證尤明起商王小甲七年二月甲申朔旦冬至自此之後每七十六年一得朔旦冬至此乃古曆一蔀每蔀積月九百四十積日二萬七千七百五十九率以爲常直至春秋魯僖公五年正月辛亥朔旦冬至了無差爽用此爲法以推經傳縱小有增減抑又經傳之誤皆可以發明也古曆到齊梁以來或差一日更用近曆校課亦得符合伏望聖慈許臣撰集不出百日其書必成儻有可觀願藏祕書府詔許之書終不就又司天冬官正楊文鑑上言新曆甲子請以百二十年事下有司以其無所依據議寢不行太宗曰支干相承雖止於六十儻再周甲子成上壽之數使期頤之

人得見所生之年不亦善乎遂詔新曆甲子所紀百二十歲國初有司上言國家受周禪周木德木生火則本朝運膺火德色當尚赤臘以戌日詔從之雍熙元年四月布衣趙垂慶上書言本朝當越五代而上承唐統爲金德若梁繼唐傳後唐至本朝亦合爲金德矧自國初符瑞色白者不可勝紀皆金德之應也望改正朔易車旗服色以承天統事下尚書省集議常侍徐鉉與百官奏議曰五運相承國家大事著於前載具有明文頃以唐末喪亂朱梁篡弑莊宗早編屬籍親雪國讎中興唐祚重新土運以梁室比羿浞王莽不爲正統自後數姓相傳晉以金漢以水周以木天造有宋運膺火德況國初祀赤帝爲感生帝于今二十五年豈可輕議改易又云梁至周不合迭居五運欲國家繼唐統爲金德且五運迭遷親承曆數質文相次間不容髮豈可越數姓之上繼百年之運此不可之甚也按唐書天寶九載崔昌獻議自魏晉至周隋皆不得爲正統欲唐遠繼漢統立周漢子孫爲王者後備三恪之禮是時朝議是非相半集賢院學士衞包上言符同李林甫遂行其事至十二載林甫卒復以魏周隋之後爲三恪崔昌衞包由是遠貶此又前載之甚明也伏請祇守舊章以承天祐從之大中祥符三年開封府功曹參軍張君房上言自唐室下衰土德隤圮朱梁氏彊稱金統而莊宗旋復舊邦則朱梁氏不入正統明矣晉氏又復稱金蓋謂乘于唐氏殊不知李昪建國于江南耳漢家二主共止三年紹晉而興是爲水德洎廣順革命二主九年終于顯德以上三朝七主共止二十四年行運之間陰隱而難顯伏自太祖承周木德而王當於火行上繫于商開國在宋自是三朝迄今以爲然矣愚臣詳而辨之若可疑者太祖禪周之歲歲在庚申夫庚者金也申亦金位納音是木蓋周氏稱木爲二金所勝之象也太宗登極之後詔開金明池於金方之上此誰啓之乃天之靈符也陛下履極當疆圉之歲握符在作噩之春適宋道之隆興得金天之正氣臣試以瑞應言之則當年丹徒貢白鹿姑蘇進白龜條支之雀來潁川之雉至臣又聞當封禪之時魯郊貢白兔鄆上得金龜皆金符之至驗也願以臣章下三事大臣參定其事疏奏不報天禧四年光祿寺丞謝絳上書曰臣按古誌凡帝王之興必推五行之盛德所以配天地而符陰陽也故神農氏以火德聖祖以土德夏以木德商以金德周以火德自漢之興王火德者以謂乘堯之後且漢堯之裔也五帝之大莫大於堯漢能因之是不墜其緒而善繼其盛德也國家膺開光之慶執敦厚之德宜以土瑞而王天下然其推終始傳承周之木德而火當其次且宋梁不預正統者謂莊宗復興于後自石晉漢氏以及于周則李昪建國于江左而唐祚未絕是三代者亦不得正其統矣昔者秦祚促而德暴不入正統考諸五代之際亦是類矣國家誠能下黜五代紹唐之土德以繼聖祖亦猶漢之黜秦興周之火德以繼堯者也夫五行定位土德居中國家飛運于宋作京于汴誠萬國之中區矣傳曰土爲羣物主故曰后土洪範曰土爰稼穡稼穡作甘方今四海給足嘉生蕃衍邇年京師甘露下泰山醴泉湧作甘之兆斯亦見矣矧靈木異卉資生於土千品萬類不可勝道非土德之驗乎臣又聞之太祖生于洛邑而胞絡惟黃鴻圖既建五緯聚於奎躔而鎮星是主及陛下升中之次日抱黃珥朝祀于太淸宮有星曰含譽其色黃而潤澤斯皆凝命有表盛德攸屬天意人事響效之大者則土德之符在矣是故天心之在茲陛下拒而罔受民意之若是陛下謙而弗荅氣壅未宣河決遂潰豈不神哉然則天淵之勃流水德之浸患考六府之厭鎮驗五行之勝尅亦宜興土之運禦時之災伏望順考符應詳習法度惟陛下時而行之大理寺丞董行父又上言曰在昔泰皇以萬物生於東至仁體乎木故德始於木木以生火神農受之爲火德火以生土黃帝受之爲土德土以生金少昊受之爲金德金以生水顓頊受之爲水德水以生木高辛受之爲木德木以生火唐堯受之爲火德火以生土虞舜傳之爲土德土以生金夏爲金德金以生水商爲水德水以生木周爲木德木以生火漢應圖讖爲火德火以生土唐受曆運爲土德陛下紹天之統受天之命固當上繼唐祚以金爲德顯黃帝之嫡緒彰聖祖之丕烈臣又按聖祖先降於癸酉太祖受禪於庚申陛下卽位於丁酉天書下降於戊申庚金也申酉皆金也天之體也陛下紹唐漢之運繼黃帝之後三世變道應天之統正今之德斯又順也詔兩制詳議既而獻議曰竊詳謝絳所述以聖祖得瑞宜承土德且引漢承堯緒爲火德之比雖班彪叙漢祖之興有五其一曰帝堯之苗裔及序承正統乃越秦而繼周非用堯之行今國家襲之序又據董行父請越五代紹唐爲金德若其度越累世上承百代之統則晉漢洎周咸帝中夏太祖實受終於周室而陟于元后豈可弗遵傳繼之序續於遐邈之統三聖臨御六十餘載登封告成昭姓紀號率循火行之運以輝炎靈之曜茲事體大非容輕議矧雍熙中徐鉉等議之詳矣其謝絳董行父等所請難以施行詔可

宋史卷七十考證

律歷志三歲星陽變分○臣召南按歲星及熒惑塡星太白辰星俱應頂格寫陽變分其次一層也舊本五字誤相連

乾元五星○按乾元五星應頂格寫與後儀天五星一例又歲星熒惑鎮星太白俱與格式參差不齊

火星上限度分○按火星應頂格寫後金星水星誤同

段星平日○臣召南按段星係段名之誤後文自晨見至夕合卽所謂名也他史亦曰段目

後魏延光三年○臣召南按後魏係後漢之誤延光安帝年號也

宋史卷七十一

元　中　書　右　丞　相　總　裁　脫　脫　等　修

律歷志第二十四

律歷四

道體爲一天地之元萬物之祖也散而爲氣則有陰有陽動而爲數則有奇有偶凝而爲形則有剛有柔發而爲聲則有清有濁其著見而爲器則有律有呂凡禮樂刑法權衡度量皆出于是自周衰樂壞而律呂候氣之法不傳西漢劉歆楊雄之徒僅存其說京房作準以代律分六十聲始於南事終於去滅然聲細而難分世不能用歷晉及隋唐律法微隱宋史止載律呂大數不獲其詳今掇仁宗論律及諸儒言鐘律者記于篇以補續舊學之闕仁宗著景祐樂髓新經凡六篇述七宗二變及管分陰陽剖析淸濁歸之于本律次及間聲合古今之樂參之以六壬遁甲其一釋十二均曰黃鐘之宮爲子爲神后爲土爲鷄緩爲正宮調太簇商爲寅爲功曹爲金爲般頡爲大石調姑洗角爲辰爲天剛爲木爲嗢沒斯爲小石角林鐘徵爲未爲小吉爲火爲雲漢爲黃鐘徵南呂羽爲酉爲從魁爲水爲滴爲般涉調應鐘變宮爲亥爲登明爲日爲密爲中管黃鐘宮蕤賓變徵爲午爲勝先爲月爲莫爲應鐘徵太呂之宮爲太吉爲高宮夾鐘商爲大衞爲高大石仲呂角爲太一爲中管小石調夷則徵爲傳送爲大呂徵無射羽爲河魁爲高般涉黃鐘變宮爲正宮調林鐘變徵爲黃鐘徵大簇之宮爲中管高宮姑洗商爲高大石蕤賓角爲歇指角南呂徵爲大簇徵應鐘羽爲中管高般涉大呂變宮爲高宮夷則變徵爲大呂徵夾鐘之宮爲中呂宮仲呂商爲雙調林鐘角在今樂亦爲林鐘角無射徵爲夾鐘徵黃鐘羽爲中呂調大簇變宮爲中管高宮南呂變徵爲大簇徵姑洗之宮爲中管中呂蕤賓商爲中管商調夷則角爲中管林鐘角應鐘徵爲姑洗徵大呂羽爲中管中呂調夾鐘變宮爲中呂宮無射變徵爲夾鐘徵仲呂之宮爲道調宮林鐘商爲小石調南呂角爲越調黃鐘徵爲中呂徵大簇羽爲平調姑洗變宮爲中管中呂宮應鐘變徵爲姑洗徵蕤賓之宮爲中管道調宮夷則商爲中管小石調無射角爲中管越調大呂徵爲蕤賓徵夾鐘羽爲中管平調中呂變宮爲道調宮黃鐘變徵爲仲呂徵林鐘之宮爲南呂宮南呂商爲歇指調應鐘角爲大石調大簇徵爲林鐘徵姑洗羽爲高平調蕤賓變宮爲中管道調宮大呂變徵爲蕤賓徵夷則之宮爲仙呂無射商爲林鐘商黃鐘角爲高大石調夾鐘徵爲夷則徵仲呂羽爲僊呂調林鐘變宮爲南呂宮大簇變徵爲林鐘徵南呂之宮爲中管僊呂宮應鐘商爲中管林鐘商大呂角爲中管高大石角姑洗徵爲南呂徵蕤賓羽爲中管僊呂調夷則變宮爲僊呂宮夾鐘變徵爲夷則徵無射之宮爲黃鐘宮黃鐘商爲越調大簇角爲變角仲呂徵爲無射徵林鐘羽爲黃鐘羽南呂變宮爲中管僊呂宮姑洗變徵爲南呂徵應鐘之宮爲中管黃鐘宮大呂商爲中管越調夾鐘角爲中管雙角蕤賓徵爲應鐘徵夷則羽爲中管黃鐘羽無射變宮爲黃鐘宮仲呂變徵爲無射徵一明所主事調五聲爲五行五事四時五帝五神五嶽五味五色爲生數一二三四五成數六七八九十爲五藏五官及五星三辯音聲曰宮聲沈厚麤大而下爲君聲調則國安亂則荒而危合口通音謂之宮其聲雄洪屬平聲西域言婆陁力一曰婆陁力商聲勁凝明達上而下歸於中爲臣聲調則刑法不作威令行亂則其宮壞開口吐聲謂之商音將將倉倉然西域言稽識稽識猶長聲也角聲長而通徹中平而正爲民聲調則四民安亂則人怨聲出齒間謂之角喔喔確確然西域言沙識猶質直聲也徵聲抑揚流利從下而上歸於

中爲事聲調則百事理亂則事隳齒合而脣啓謂之徵倚倚巇巇然西域言沙臘沙臘和也羽聲嚶嚶而遠徹細小而高爲物聲調則倉廩實庶物備亂則匱竭齒開脣聚謂之羽謝雨酗芋然西域言般贍變宮西域言侯利蓮猶言斛律聲也變徵聲西域言沙侯加濫猶應聲也其四明律呂相生祭天地宗廟配律陽之數曰太空育五太太易太初太始太素太極也分爲七政陽數七所以齊律呂均節度不可加減也以育六甲六甲天之使行風雹熒鬼神爲歲日時有善惡故爲九宮九者陽數變化之道也爲四正卦五行十幹陰陽錯綜律呂相叶命宮而商者應脩下而高者降下生隔八上生隔六皆圖于左其五著十二管短長其六出度量衡辯古今尺龠律呂眞聲本陰陽之氣可以感格天地在於符合尺寸短長宜因聲以定之因聲定律則庶幾爲得以尺定聲則乖隔甚矣初馮元等上新修景祐廣樂記時鄧保信阮逸胡瑗等奏造鐘律詔翰林學士丁度知制誥胥偃右司諫高若訥韓琦取保信逸瑗等鐘律詳考得失度等上議曰保信所製尺用上黨秬黍圓者一黍之長累而成尺律管一據尺裁九十黍之長空徑三分空圍九分容秬黍千二百遂用黍長爲分再累成尺校保信尺律不同其龠合升斗深闊推以算法類皆差舛不合周漢量法逸瑗所製亦上黨秬黍中者累廣求尺製黃鐘之律今用再累成尺比逸瑗所製又復不同至於律管龠合升斗斛豆區鬴亦率類是蓋黍有圓長大小而保信所用者圓黍又首尾相銜逸等止用大者故再攷之即不同尺既有差故難以定鐘磬謹詳古今之製自晉至隋累黍之法但求尺裁管不以權量累黍參校故歷代黃鐘之管容黍之數不同惟後周掘地得古玉斗據斗造律兼制權量亦不同周漢制度故漢志有備數和聲審度量權衡之說悉起於黃鐘今欲數器之制參互無失則班志積分之法爲近逸等以大黍累尺小黍實龠自戾本法保信黍尺以長爲分雖合後魏公孫崇所說然當時已不施用況保信今尺以圓黍累之及首尾相銜有與實龠之黍再累成尺不同其量器分寸既不合古即權衡之法不可獨用詔悉罷之又詔度等詳定太府寺并保信逸瑗所制尺度等言尺度之興尚矣周官璧羨以起度廣徑八寸袤一尺禮記布手爲尺淮南子十二粟爲一寸孫子十釐爲分十分爲寸雖存異說莫可適從漢志元始中召天下通知鐘律者百餘人使劉歆典領之是時周滅二百餘年古之律度當有考者以歆之博貫藝文曉達曆算有所制作宜不凡近其審度之法云一黍之廣爲分十分爲寸十寸爲尺先儒訓解經籍多引以爲義歷世祖襲著之定法然而歲有豐儉地有磽肥就令一歲之中一境之內取以校驗亦復不齊是蓋天物之生理難均一古之立法存其大槩爾故前代制尺非特累黍必求古雅之器以雜校焉晉泰始十年荀勗等校定尺度以調鐘律是爲晉之前尺勗等以古物七品勘之一曰姑洗玉律二曰小呂玉律三曰西京銅望臬四曰金錯望臬五曰銅斛六曰古錢七曰建武銅尺當時以勗尺揆校古器與本銘尺寸無差前史稱其用意精密隋志所載諸代尺度十有五等然以晉之前尺爲本以其與姬周之尺劉歆銅斛尺建武銅尺相合竊惟周漢二代享年永久聖賢制作可取則焉而隋氏銷毀金石典正之物罕復存者夫古物之有分寸明著史籍可以酬驗者惟有法錢而已周之圜法歷載曠遠莫得而詳秦之半兩實重八銖漢初四銖其文亦曰半兩孝武之世始行五銖下暨隋朝多以五銖爲號既歷代尺度屢改故大小輕重鮮有同者惟劉歆置銅斛世之所鑄錯刀并大泉五十王莽天鳳元年改鑄貨布貨泉之類不聞後世復有兩者臣等檢詳漢志通典唐六典云大泉五十重十二銖徑一寸二分錯刀環如大泉身形如刀長二寸貨布重二十五銖長二寸五分廣一寸首長八分有奇廣八分足股長八分間廣二分圍好徑二分半貨泉重五銖徑一寸今以大泉錯刀貨布貨泉四物相參校分寸正同或有大小輕重與本志微差者蓋當時盜鑄既多不必皆中法度但當較其首足肉好長廣分寸皆合正史者用之則銅斛之尺從可知矣況經籍制度皆起周世以劉歆術業之博祖沖之算數之妙荀勗揆校之詳密校之既合周尺則最爲可法兼詳隋牛弘等議稱後周太祖敕蘇綽造鐵尺與宋尺同以調中律以均田度地唐祖孝孫云隋平陳之後廢周玉尺用此鐵尺律然比晉前尺長六分四釐今司天監影表尺和峴所謂西京銅望臬者蓋以其洛都舊物也晉荀勗所用西京銅望臬者蓋西漢之物和峴謂洛陽爲西京乃唐東都爾今以貨布錯刀貨泉大泉等校之則景表尺長六分有奇略合宋周隋之尺由此論之銅斛貨布等尺寸昭然可驗有唐享國三百年其間制作法度雖未逮周漢然亦可謂治安之世矣今朝廷必求尺之中當依漢錢分寸若以爲太祖膺圖受禪創制垂法嘗詔和峴等用影表尺與典修金石七十年間薦之郊廟稽合唐制以示詒謀則可且依影表舊尺俟有妙達鐘律之學者俾考正之以從周漢之制王朴律準尺比漢錢尺寸長二分有奇比影表尺短四分既前代未嘗施用復經太祖朝更易其逸瑗保信及照所用太府寺等尺其制彌長出古遠甚又逸進周禮度量法議欲且鑄嘉量然後取尺度權衡其說疎舛不可依用謹考舊文再造影表尺一校漢錢尺二并大泉錯刀貨布貨泉總十七枚上進詔度等以錢尺影表尺各造律管比驗逸瑗并太常新舊鐘磬考定音之高下以聞度等言前承詔考太常等四尺定可用者止按典故及以漢志古錢分寸參校影表尺畧合宋周隋之尺謂宜準影表尺施用今被旨造律管驗音高下非素所習乞別詔曉音者總領校定詔乃罷之而若訥卒用漢貨泉度尺寸依隋書定尺十五種上之藏于太常寺一周尺與漢志劉歆銅斛尺後漢建武中銅尺晉前尺同二晉田父玉尺與梁法尺同比晉前尺爲一尺七釐三梁表尺比晉前尺爲一尺二分二釐一毫有奇四漢官尺比晉前尺爲一尺三分七毫五魏尺杜夔之所用也比晉前尺爲一尺四分七釐六晉後尺晉江東用之比晉前尺爲一尺六分三釐七魏前尺比晉前尺爲一尺一寸七釐八中尺比晉前尺爲一尺二寸一分一釐九後尺同隋開皇尺周氏尺比晉前尺爲一尺二寸八分一釐十東魏後尺比晉前尺爲一尺三寸八毫十一蔡邕銅龠尺同後周玉尺比晉前尺爲一尺一寸五分八釐十二宋氏尺與錢樂之渾天儀尺後周鐵尺同比晉前尺爲一尺六分四釐十三太府寺鐵尺制大樂所裁造尺也十四雜尺劉曜渾儀土圭尺也比晉前尺爲一尺五分十五梁朝俗尺比晉前尺爲一尺七分一釐太常所掌又有後周王朴律準尺比晉前尺長二分一釐比梁表尺短一釐有司天監影表尺比晉前尺長六分三釐同晉後尺有中黍尺亦制樂所新造也其後宋祁田況薦益州進士房庶曉音祁上其樂書補亡三卷召詣闕庶自言嘗得古本漢志云度起於黃鐘之長以子穀秬黍中一黍之起積一千二百黍之廣度之九十分黃鐘之長一爲一分今文脫之起積一千二百黍八字故自前世以來累黍爲尺以製律是律生於尺尺非起於黃鐘也且漢志一爲一分者蓋九十分之一後儒誤以一黍爲分其法非是當以秬黍中者一千二百實管中黍盡得九十分爲黃鐘之長九寸加一以爲尺則律定矣直秘閣范鎮是之乃爲言曰照以縱黍累尺管空徑三分容黍千七百三十瑗以橫黍累尺管容黍一千二百而空徑三分四釐六毫是皆以尺生律不合古法今庶所言實千二百黍於管以爲黃鐘之長就取三分以爲空徑則無容受不合之差校前二說爲是蓋累黍爲尺始失之於隋書當時議者以其容受不合棄而不用及隋平陳得古樂器高祖聞而歎曰華夏舊聲也遂傳用之至唐祖孝孫張文收號稱知音亦不能更造尺律止沿隋之古樂制定聲器朝廷久以鐘律未正屢下詔書博訪羣議冀有所獲今庶所言以律生尺誠衆論所不及請如其法試造尺律更以古器參考當得其眞乃詔王洙與鎮同於修制所如庶說造律尺龠律徑三分圍九分長九十分龠徑九分深一寸尺起黃鐘之長加十分而律容千二百黍初庶言太常樂高古樂五律比律成才下三律以爲今所用黍非古所謂一稃二米黍也尺比橫黍所累者長一寸四分庶又言古有五音而今無正徵音國家以火德王徵屬火不宜闕今以五行旋相生法得徵音又言尚書同律度量衡所以齊一風俗今太常教坊鈞容及天下州縣各自爲律非書同律之義且古者帝王巡狩方岳必考禮樂同異以行誅賞謂宜頒格律自京師及州縣毋容輒異有擅高下者論之帝召輔臣觀庶所進律尺龠又令庶自陳其法因問律呂旋相爲宮事令撰圖以進其說以五正二變配五音迭相爲主衍之成八十四調舊以宮徵商羽角五音次第配七聲然後加變宮變徵二聲以足其數推以旋相生之法謂五行相戾非是當改變徵爲變羽易變宮爲閏隨音加之則十二月各以其律爲宮而五行相生終始無窮詔以其圖送詳定所庶又論吹律以聽軍聲者謂以五行逆順可以知吉凶先儒之說畧矣是時瑗逸制樂有定議乃補庶試秘書省校書郎遣之鎮爲論於執政曰今律之與尺所以不得其眞累黍爲之也累黍爲之者史之脫文也古人豈以難曉不合之法書之於史以爲後世惑乎殆不然也易曉而必合也房庶之法是矣今庶自言其法依古以律而起尺其長與空徑與容受與一千二百黍之數無不合之差誠如庶言此至眞之法也且黃鐘之實一千二百黍積實分八百一十於算法圓積之則空徑三分圍九分長九十分積實八百一十分此古律也律體本圓圓積之是也今律方積之則空徑三分四釐六毫比古大矣故圍十分三釐八毫而其長止七十六分二釐積實亦八百一十分律體本不方方積之非也其空徑三分圍九分長九十分積實八百一十分非外來者也皆起於律

也以一黍而起於尺與一千二百黍之起於律皆取於黍今議者獨於律則謂之索虛而求分亦非也其空徑三分圍九分長九十分之起於律與空徑三分四釐六毫圍十分三釐八毫長七十六分二釐之起於尺古今之法疏密之課其不同較然可見何所疑哉若以謂工作既久而復改爲則淹引歲月計費益廣又非朝廷制作之意也其淹久而計費廣者爲之不敏也今庶言太常樂無姑洗夾鍾大簇等數律就令其律與其說相應鐘磬每編才易數三因舊而新敏而爲之則旬月功可也又何淹久而廣費哉執政不聽四年鎮又上書曰陛下制樂以事天地宗廟以揚祖宗之休茲盛德之事也然自下詔以來及今三年有司之論紛然未決蓋由不議其本而爭其末也切惟樂者和氣也發和氣者聲音也聲音之生生於無形故古人以有形之物傳其法俾後人參考之然後無形之聲音得而和氣可道也有形者秬黍也律也尺也龠也鬴也斛也算數也權衡也鐘也磬也是十者必相合而不相戾然後爲得今皆相戾而不相合則爲非是矣有形之物非是而欲求無形之聲音和安可得哉謹條十者非是之驗惟裁擇焉按詩誕降嘉種維秬維秠誕降者天降之也許愼云秬一稃二米又云一秬二米後漢任城縣產秬黍二斛八斗實皆二米史官載之以爲嘉瑞又古人以秬黍爲酒者謂之秬鬯宗廟降神惟用一尊諸侯有功惟賜一卣以明天降之物世不常有而可貴也今秬黍取之民間者動至數百斛秬皆一米河東之人謂之黑米設有眞黍以爲取數至多不敢送官此秬黍爲非是一也又按先儒皆言律空徑三分圍九分長九十分容千二百黍積實八百一十分今律空律徑三分四釐六毫圍十分二釐八毫是爲九分外大其一分三釐八毫而后容千二百黍除其圍廣則其長止七十六分二釐矣說者謂四釐六毫爲方分古者以竹圍爲律竹形本圓今以方分置算此律之爲非是二也又按漢書分寸尺丈引本起黃鐘之長又云九十分黃鐘之長者據千二百黍而言也千二百黍之施於量則曰黃鐘之龠施於權衡則曰黃鐘之重施於尺則曰黃鐘之長今遺千二百之數而以百黍爲尺又不起於黃鐘此尺之爲非是三也又按漢書言龠其狀似爵謂爵琖其體正圓故龠當圓徑九分深十分容千二百黍積實八百一十分與律分正同今龠乃方一寸深八分一釐容千二百黍是亦以方分置算者此龠之非是四也又按周禮鬴法方尺圓其外深尺容六斗四升方尺者八寸之尺也深尺者十寸之尺也何以知尺有八寸十寸之別按周禮壁羨度尺好三寸以爲尺壁羨之制長十寸廣八寸同謂之度尺以爲尺則八寸十寸俱爲尺矣又王制云古者以周尺八尺爲步今以六尺四寸爲步八尺者八寸之尺也六尺四寸者十寸之尺也同謂之周尺者是周用八寸十寸尺明矣故知八寸尺爲鬴之方十寸尺爲鬴之深而容六斗四升千二百八十龠也積實一百三萬六千八百分今鬴方尺積千寸此鬴之非是五也又按漢書斛法方尺圓其外容十斗旁有庣焉當隋時漢斛尚在故隋書載其銘曰寗律嘉量斛方尺圓其外庣旁九釐五毫冪百六十二寸深尺容一斛今斛方尺深一尺六寸二分此斛之非是六也又按算法圓分謂之徑圍方分謂之方斜所謂徑三圍九方五斜七是也今圓分而以方法算之此算數非是七也又按權衡者起千二百黍而立法也周之鬴其重一鈞聲中黃鐘漢之斛其重二鈞聲中黃鐘鬴斛之制有容受有尺寸又取其輕重者欲見薄厚之法以考其聲也今黍之輕重未眞此權衡爲非是八也又按鳧氏爲鐘大鐘十分其鼓間之以其一爲之厚小鐘十分其鉦間之以其二爲之厚今無大小薄厚而一以黃鐘爲率此鐘之非是九也又按磬氏爲磬倨句一矩有半其博爲一股爲二鼓爲三蓋各以其律之長短爲法也今亦以黃鐘爲變而無長短厚薄之別此磬之非是十也前此者皆有形之物也可見者也使其一不合則未可以爲法況十者之皆相戾乎臣固知其無形之聲音不可得而和也請以臣章下有司問黍之二米與一米孰是律之空徑三分與三分四釐六毫孰是律之起尺與尺之起律孰是龠之圓制與方制孰是鬴之方尺圓其外深尺與方尺孰是斛之方尺圓其外庣旁九釐五毫與方尺六寸二分孰是算數之以圓分與方分孰是權衡之重以二米秬黍與一米孰是鐘磬依古法有大小輕重長短薄厚而中律孰是是不是定然後制龠合升斗鬴斛以校其容受容受合然後下詔以求眞黍眞黍至然後可以爲量爲鐘磬量與鐘磬合於律然後可以爲樂也今尺律本未定而詳定脩制二局工作之費無慮千萬計矣此議者所以云云也然議者不言有司論議依違不決而顧謂作樂爲過舉又言當今宜先政令而禮樂非所急此臣之所大惑也儻使有司合禮樂之論是其所是非其所非陛下親臨決之顧於政令不已大乎昔漢儒議鹽鐵後世傳鹽鐵論方今定雅樂以求廢墜之法而有司論議不著盛德之事後世將何考焉願令有司人人各以經史論議條上合爲一書則孰敢不自竭盡以副陛下之意如以臣議爲然伏請權罷詳定脩制二局竢眞黍至然後爲樂則必至當而無事於浮費也詔送詳定所鎭說自謂得古法後司馬光數與之論難以爲弗合世鮮鐘律之學卒莫辯其是非焉

宋興百餘年司天數改曆其說曰曆者歲之積歲者月之積月者日之積日者分之積又推餘分置閏以定四時非博學妙思弗能考也夫天體之運星辰之動未始有窮而度以一法是以久則差差則敝而不可用曆之所以數改造也物銖銖而較之至石必差況於無形之數哉乾興初議改曆命司天役人張奎運等其術以八千爲日法一千九百五十八爲斗分四千二百九十九爲朔距乾興元年壬戌歲三千九百萬六千六百五十八爲積年詔以奎補保章正又推擇學者楚衍與曆官宋行古集天章閣詔內侍金克隆監造曆至天聖元年八月成率以一萬五百九十爲樞法得九鉅萬數既上奏詔翰林學士晏殊制序而施行焉命曰崇天曆曆法曰演紀上元甲子距天聖二年甲子歲積九千七百五十五萬六千三百四十上考往古歲減一算下驗將來歲加一算

步氣朔

崇天樞法一萬五百九十

歲周三百八十六萬七千九百四十

歲餘五萬五千五百四十

氣策一十五餘五千三百一十四秒六

朔實三十一萬二千七百二十九

歲閏一十一萬五千一百九十二

朔策二十九餘五千六百一十九

望策一十四餘八千一百四秒一十八

弦策七餘四千五十二秒九

中盈分四千六百二十八秒一十二

朔虛分四千九百七十一

閏限三十萬三千一百二十九秒二十四秒法三十六

旬周六十三萬五千四百

紀法六十

推天正冬至置距所求積年以歲周乘之爲氣積分滿旬周去之不盡以樞法約之爲大餘不滿爲小餘大餘命甲子算外即所求年天正冬至日辰及餘若以後合用約分即以樞法退除爲分秒各以一百爲母

求次氣置天正冬至大小餘以氣策秒累加之秒盈秒法從小餘小餘滿樞法從大餘滿紀法去之不盡命甲子算外即各得次氣日辰及餘秒

推天正十一月經朔置天正冬至氣積分朔實去之不盡爲閏餘以減天正冬至氣積分爲天正十一月經朔加時及分滿旬周去之不盡以樞法約之爲大餘不滿爲小餘大餘命甲子算外即所求年天正十一月經朔日辰及餘

求弦望及次朔經日置天正十一月經朔大小餘以弦策累加之去命如前即各弦望及次朔經日及餘秒

求沒日置有沒之氣小餘三百六十乘之其秒進一位從之用減歲周餘滿歲餘爲日不滿爲餘命其氣初日算外即其氣沒日日辰凡二十四氣小餘滿八千二百六十五秒三十以上爲有沒之氣

求減日置有減經朔小餘三十乘之滿朔虛分爲日不滿爲餘命經朔初日算外即爲其朔減日日辰凡經朔小餘不滿朔虛分爲有減之朔

步發斂

候策五餘七百七十一秒一十四

卦策六餘九百二十五秒二十四

土王策三餘四百六十二秒三十

辰法八百八十二半

刻法一千五十九

秒法三十六

推七十二候各因中節大小餘命之爲其氣初候日也以候策加之爲次候又加之爲末候

求六十四卦各因中氣大小餘命之爲公卦用事日以卦策加之得次卦用事日以土王策加諸侯之卦得十有二節之初外卦用事之日

推五行用事日各因四立日大小餘命之即春木夏火秋金冬水首用事日以土王策減四季中氣大小餘命甲子算外即其月土始用事日

七十二候及卦日與應天同

求發斂去經朔置天正十一月閏餘以中盈及朔虛分累益之即每月閏餘滿樞法除之爲閏日不盡爲小餘即各得其月中氣去經朔日及餘秒其餘閏滿閏限至閏仍先見定朔大小其月內無中氣乃爲閏月

求卦候去經朔各以卦候策及餘秒累加減之中氣前以減中氣後以加即各得卦候去經朔日及餘秒

求發斂加時置小餘以辰法除之爲辰數進一位滿刻法爲刻不滿爲刻分其辰數命子正算外即各加時所

在辰刻及分

宋史卷七十一考證

律歷志四 一明所主事調○按一當作二此樂髓新經之第二篇也

西域言婆陁力一曰婆陁力○臣召南按必有訛字若如所云不必旁注矣

周官璧羨以起度廣徑八寸袤一尺○臣召南按刊本誤以正文爲旁注又下文和峴所謂西京銅望臬者蓋以其洛都舊物也下注云晉荀勗所用西京銅望臬者蓋西漢之物和峴謂洛陽爲西京乃唐東都耳二十九字亦誤以正文爲旁注也因各本並同姑仍其舊

命司天役人張奎運等○臣召南按張奎運等當作張奎運算此即後文景祐七年之日官張奎也算與等字相近而誤耳

宋史卷七十二

元 中書右丞相總裁脫脫等修

律曆志第二十五

律曆五

步日躔

周天分三百八十六萬八千六十五秒二

周天度三百六十五度虛分二千七百一十五秒二約分二十五秒六十四

歲差一百二十五秒二

乘法三十二

除法四百八十七

秒法一百

常氣中積	昇降分	盈縮分	損益率	朓朒積
冬至空	昇七千三百四十七	盈空	益五百八十二	朒空
小寒十五二千三百十四六	昇六千廿二	盈七千三百四十七	益四百七十七	朒五百八十二
大寒三十四千六百廿八十二	昇四千六百九十六	盈萬三千三百六十九	益三百七十二	朒一千五十九
立春四十五六千九百四十三十六	昇三千三百九十六	盈一萬八千六十四	益二百六十九	朒一千四百三十一
雨水六十九千二百五十六二十四	昇二千七十	盈二萬一千四百六十	益一百六十四	朒一千七百
驚蟄七十六九百八十三三十	昇七百七十五	盈二萬三千五百三十	益六十	朒一千八百六十四
春分九十一三千三百九十七空	降七百五十七	盈二萬四千三百五	損六十	朒一千九百二十四
清明一百六五千六百九六	降二千七十	盈二萬三千五百四十八	損一百六十四	朒一千八百六十四
穀雨一百二十一七千九百二十三二十二	降三千三百九十六	盈二萬一千四百七十八	損二百六十九	朒一千七百
立夏一百三十六萬二百二十七十八	降四千六百九十六	盈一萬八千六十四	損三百七十二	朒一千四百三十一
小滿一百五十二一千九百五十三二十四	降六千二十一	盈一萬三千三百六十七	損四百七十七	朒一千五十九
芒種一百六十七四千三百二十五三十	降七千三百四十七	盈七千三百四十八	損五百八十二	朒五百八十二
夏至一百八十二六千五百九十空	降七千三百四十七	縮空	益五百八十二	朓空
小暑一百九十七八千九百四六	降六千二十一	縮七千三百四十七	益四百七十七	朓五百八十二
大暑二百一十三六百一十八一十二	降四千六百九十六	縮萬三千三百六十八	益三百七十二	朓一千五十九
立秋二百二十八三千九百四十三十八	降三千三百九十六	縮一萬八千六十四	益二百六十九	朓一千四百三十一
處暑二百四十三五千一百六十四二十四	降二千七十	縮二萬一千四百六十	益一百六十四	朓一千七百
白露二百五十八七千五百四十三十	降七百七十五	縮二萬三千五百三十	益六十	朓一千八百六十四
秋分二百七十三九千八百四十五空	昇七百五十七	縮二萬四千三百五	損六十	朓一千九百二十四
寒露二百八十九二千一百六十九六	昇二千七十九	縮二萬三千五百四十	損一百六十四	朓一千八百六十四
霜降三百四四千九百七十三一十二	昇三千三百九十六	縮二萬一千四百六十	損二百六十九	朓一千七百
立冬三百一十九六千八百一十七一十八	昇四千六百九十六	縮一萬八千六十四	損三百七十二	朓一千四百三十一
小雪三百三十四八千五百四十二二十四	昇六千二十二	縮一萬三千三百六十八	損四百七十七	朓一千五十九
大雪三百五十二百七十五三十	昇七千三百四十七	縮七千三百四十七	損五百八十二	朓五百八十二

求每日盈縮定數以乘法乘所入氣昇降分如除法而一爲其氣中平率與後氣中平率相減爲差率半差率加減其氣中平率爲其氣初末汎率至後加爲初減爲末分後減爲初加爲末又以乘法乘差率除法而一爲日差半之加減初末汎率爲初末定率至後減初加末分後加初減末以日差累加減氣之定率爲每日昇降定率至後減分後加以每日昇降定率冬至後昇加降減夏至後昇減降加其氣初日盈縮分爲每日盈縮定數其分至前一氣先後率相減以前末汎率爲其氣初汎率以半日差至前加之分前減之爲其氣初日定率餘依本日求朓朒準此

求經朔弦望入氣置天正閏日及餘如氣策及餘秒以下者以減氣策及餘秒爲入大雪氣已上者去之餘以減氣策及餘秒爲入小雪氣即得天正十一月經朔入大小雪氣日及餘秒求弦望及後朔入氣以弦策累加之滿氣策及餘秒去之即得

求定氣日冬夏二至以常氣爲定餘即以其氣下盈縮分縮加盈減常氣約餘爲定氣滿若不足進退大餘命甲子算外即定氣日及分

求經朔弦望入氣朓朒定數各以所入氣小餘乘其日損益率如樞法而一即得

求赤道宿度

斗二十六度　牛八度　女十二度　虛十度及分　危十七度　室十六度　壁九度

北方七宿九十八度虛分二千七百一十五秒二約分二十五秒六十四

奎十六度　婁十二度　胃十四度　昴十一度　畢十七度　觜一度　參十度

西方七宿八十一度

井三十三度　鬼三度　柳十五度　星七度　張十八度　翼十八度　軫十七度

南方七宿一百一十一度

角十二度　亢九度　氐十五度　房五度　心五度　尾十八度　箕十一度

東方七宿七十五度

前皆赤道度其畢觜參及輿鬼四宿度數與古度不同自大衍歷依渾天儀以測定爲用紘帶大中儀極是憑以格黃道

推天正冬至赤道日度以歲差乘距所求積年滿周天分去之不盡用減周天分餘以樞法除之爲度不盡爲餘秒其度命以赤道虛宿七度外起算依宿次去之不滿者卽得天正冬至加時赤道日躔所距宿度及餘秒其餘以樞法退除爲分及秒各以一百爲度

求二十四氣赤道日度置天正冬至加時赤道日度及餘秒以氣策及餘秒累加之先以三十六乘赤道秒以一百乘氣策秒然後加之卽秒母皆同三千六百滿赤道宿次去之卽各得二十四氣加時赤道日躔宿度及餘秒

求二十四氣昏後半赤道日度各以其氣小餘減樞法其秒亦以一百乘然乃減之餘加其氣加時赤道日躔宿度及餘秒卽其氣初日昏後夜半赤道日度及餘秒求次日累加一度滿宿次去之各得所求

求赤道宿積度置冬至加時日躔赤道宿全度以冬至加時日躔赤道宿度及約分秒減之餘爲距後度及分秒以赤道宿度累加距後度卽得各赤道宿積度及分秒

求赤道宿積度入初末限各置赤道宿積度及分秒滿九十一度三十一分秒一十一去之餘四十五度六十六分以下爲入初之限已上者用減九十一度三十一分餘爲入末限度及分秒

求二十八宿黃道度各置赤道宿入初末限度及分用減一百二十五餘以初末限度及分乘之十二除爲分分滿百爲度命爲黃赤道差度及分至後分前以減分後至前以加赤道宿積度爲其宿黃道積度以前宿黃道積度減其宿黃道積度爲其宿黃道度及分其分就近約爲太半少

黃道宿度

斗二十三太　牛七半　女十一半　虛十秒六十四

危十七太　室十七　壁九少

北方七宿九十七度半秒六十四

奎十七半　婁十二太　胃十四太　昴十一

畢十六　觜一　參九少

西方七宿八十二度

井三十　鬼二　柳十四　星

張十八太　翼十九少　軫十八

南方七宿一百一十度

角十三　亢九半　氐十五半　房五

心四　尾十七　箕十

東方七宿七十四度

求冬至加時黃道日躔宿次以冬至加時赤道日躔宿度用減一百二十五餘以冬至加時赤道度及分乘之十二除爲分分滿百爲度用減九十一度赤道日度及分卽冬至加時黃道日躔宿度及分

求二十四氣初日加時黃道日躔宿次置所求年冬至日躔黃道赤道差以次年黃赤道差減之餘以所氣數乘之二十四而一所得以加其氣下中積及約分又以其氣初日盈縮分盈加縮減之用加冬時黃道日度依宿次命之卽各得其氣初日加時黃道日躔所在宿度及分若其年冬至加時赤道日躔度空分秒在歲差已下者卽加前宿全度乃求黃赤道差以次年冬至加時黃赤道差減之餘依本術各得所求此術以究算理之微亟求其當止以盈縮分加減中積以天正冬至加時黃道日度加而命之

求二十四氣初日晨前夜半黃道日躔宿次置一百分以一百約其氣初日昇降分昇加降減之一日所行之分乘其初日約分所得滿百爲分分滿百爲度不滿百分爲秒以減其初日黃道加時日躔宿次卽其日晨前夜半黃道日躔宿次

求每日晨前夜半黃道日躔宿次各因二十四氣初日晨前夜半黃道日躔宿次日加一度以一百約每日昇降爲分秒昇加降減之以黃道宿次命之卽每日晨前夜半黃道日躔所距宿度及分

步月離

轉周分二十九萬一千八百三秒五百九十四

轉周日二十七餘五千八百七十三秒五百九十四

朔差日一餘一萬三百三十五秒九千四百六

望差一十四餘八千一百四秒五千

弦策七餘四千五十二秒五百

七日初數九千四百四十一初約分八十九　末數一千一百七十九末約分一十一

十四日初數八千二百三十二初約分七十八　末數二千三百五十八末約分二十二

二十一日初數七千五十二初約分六十九　末數三千五百三十八末約分二十三

二十八日初數五千八百七十三初約分五十六

已上秒法一萬

上弦九十一度三十一分秒四十一

望一百八十二度六十二分秒八十二

下弦二百七十三度九十四分秒二十三

平行一十三度三十六分秒八十七半

已上秒母一百

推天正十一月經朔入轉置天正十一月經朔積分以轉周分秒去之不盡以樞法除之爲日不滿爲餘秒命日算外卽所求天正十一月經朔加時入轉日及餘秒若以朔差日及餘秒加之滿轉周日及餘秒去之卽次日加時入轉

求弦望入轉因天正十一月經朔加時入轉日及餘秒以弦策累加之去命如前卽上弦望及下弦加時入轉日及餘秒若以經朔弦望小餘減之各得其日夜半入轉日及餘秒

轉日及餘秒

轉日	進退差	轉定分	轉積度	增減差	遲疾度	損益率	朓朒積
一日	進十二	千二百五	空	增一百三十	遲空	益千四十三	朒空
二日	進十九	千二百七	十二度五	增一百廿	遲一度三十	益九百五十六	朒一千四十三
三日	進二十三	千二百十六	廿四度十二	增一百一	遲二度五十	益八百二	朒千九百九十九
四日	進二十二	千二百三十八	三十六度二十八	增七十九	遲三度五十一	益六百三十	朒二千八百一

五日	進二十三	一千二百八十	四十九度一十六	增五十七	遲四度三十一	益四百五十	朒三千四百二十二
六日	進二十四	一千三百三	六十一度九十六	增三十三	遲四度八十八	益二百六十二	朒三千八百七十二
七日	進二十五	一千三百二十七	七十四度九十九	初增一十二 末減一	遲五度二十一	初益八十三 末損一十	朒四千一百三十四
八日	進二十四	一千三百五十二	八十八度二十六	減一十五	遲五度三十一	損一百一十七	朒四千二百七
九日	進二十三	一千三百七十六	一百一度七十八	減三十九	遲五度一十六	損三百七	朒四千九十
十日	進二十三	一千三百九十九	一百一十五度五十四	減六十二	遲四度七十七	損四百九十三	朒三千七百八十三
十一日	進二十	一千四百二十二	一百二十九度五十三	減八十五	遲四度一十五	損六百七十二	朒三千二百九十
十二日	進十八	一千四百四十二	一百四十三度七十五	減一百五	遲三度三十	損八百三十六	朒二千六百一十八
十三日	進八	一千四百六十	一百五十八度一十七	減一百二十三	遲二度二十五	損九百一十一	朒一千七百八十二
十四日	退二	一千四百六十八	一百七十二度七十七	初減一百二 末增二十九	遲一度二	初損八百七十一 末益三百三十三	朒八百七十一
十五日	退十四	一千四百六十六	一百八十七度四十五	增一百二十九	疾空二十九	益一千二十三	朓三百三十三
十六日	退十九	一千四百五十二	二百二度一十一	增一百一十五	疾一度五十八	益九百一十四	朓一千三百五十六
十七日	退二十一	一千四百三十三	二百一十六度六十三	增九十七	疾二度七十三	益七百六十四	朓二千二百七十
十八日	退二十三	一千四百一十二	二百三十度九十六	增七十五	疾三度七十	益五百九十二	朓三千三十四
十九日	退二十四	一千三百八十九	二百四十五度八	增五十一	疾四度四十五	益四百九	朓三千六百二十五
二十日	退二十四	一千三百六十五	二百五十八度九十七	增二十八	疾四度九十六	益二百一十	朓四千三十四
二十一日	退二十四	一千三百四十一	二百七十二度六十二	初增八 末減四	疾五度二十四	初益六十三 末減三十一	朓四千二百四十四
二十二日	退二十四	一千三百一十七	二百八十六度三	減二十	疾五度二十八	損一百五十九	朓四千二百七十六
二十三日	退二十四	一千二百九十三	二百九十九度二十	減四十四	疾五度八	損三百四十九	朓四千一百一十七
二十四日	退二十三	一千二百六十九	三百一十二度一十三	減六十七	疾四度六十四	損五百一十一	朓三千七百六十八
二十五日	退十八	一千二百四十六	三百二十四度八十二	減九十	疾三度九十七	損七百一十	朓三千二百五十七
二十六日	退十七	一千二百二十八	三百三十七度二十八	減一百九	疾三度七	損八百七	朓二千五百四十七
二十七日	退四	一千二百一十一	三百四十九度五十六	減一百二十六	疾一度九十八	初損九百九十二	朓一千七百四十
二十八日	退三	一千二百七	三百六十一度六十七	初減七十二	疾空七十二	初損五百七十八	朓五百七十八

求朔弦望入轉朓朒定數：置所入轉餘，乘其日損益率，樞法而一，所得，以損益其下朓朒積，爲定數。其四七日下餘，如初數下，以初率乘之，初數而一，以損益朓朒爲定數；若初數已上者，以初數減之，餘乘末率，末數而一，用減初率，餘加朓朒，各爲定數。其十四日下餘若在初數已上者，初數減之，餘乘末率，末數而一，爲朓定數。

求朔望定日：各以入氣入轉朓朒定數，朓減朒加經朔弦望小餘，滿若不足，進退大餘，命甲子算外，各得定日及餘。若定朔干名與後朔同名者大，不同者小，其月無中氣者爲閏月。凡注曆觀朔小餘，如日入分已上者，進一日；朔或當交有食應見者，其朔不進。弦望定小餘不滿日出分，退一日；其望定小餘雖滿此數，若有交食虧初起在日出已前者，亦如之。有月行九道遲疾，曆有三大二小；若行盈縮累增損之，則有四大三小，理數然也。若循常儀，當察加時早晚，隨其所近而進退之，不過三大二小。若正朔有加交時虧在晦二正見者，消息前後一兩月，以定大小。

求定朔弦望加時日所在度：置定朔弦望約分，副之，以乘其日昇降分，一萬約之，所得，昇加降減其副，以加其日夜半日度，命如前，各得其日加時日躔黃道宿次。

推月行九道：凡合朔所交，冬在陰曆，夏在陽曆，月行青道；冬至、夏至後，青道半交在春分之宿，當黃道東；立冬、立夏後，青道半交在立春之宿，當黃道東南；至所衝之宿亦如之。冬在陽曆，夏在陰曆，月行白道；冬至、夏至後，白道半交在秋分之宿，當黃道西；立冬、立夏後，白道半交在立秋之宿，當黃道西北；至所衝之宿亦如之。春在陽曆，秋在陰曆，月行朱道；春分、秋分後，朱道半交在夏至之宿，當黃道南；立春、立秋後，朱道半交在立夏之宿，當黃道西南；至所衝之宿亦如之。春在陰曆，秋在陽曆，月行黑道。春分、秋分後，黑道半交在冬至之宿，當黃道北；立春、立秋後，黑道半交在立冬之宿，當黃道東北；至所衝之宿亦如之。四序月離爲八節，至陰陽之所交，皆與黃道相會，故月行有九道。各視月所入正交積度，入交積度及象度並在交會術中。滿象度及分去之，若在半象以下者爲入初限，已上者復減象度，餘爲入末限。用減一百二十五，餘以所入初末限度及分乘之，滿二十四而一，爲分，分滿百爲度，所得爲月行與黃道差數。距半交後正交前，以差數爲減；距正交後半交前，以差數爲加。此加減出入六度，單與黃道相較之數，若較赤道，則隨氣遷變不常。計去冬夏至以來度數，乘黃道所差，九十而一，爲月行與赤道差數。凡日以赤道內爲陰，外爲陽；月以黃道內爲陰，外爲陽。故月行宿度入春分交後行陰曆、秋分交後行陽曆皆爲同名，入春分交後行陽曆、秋分交後行陰曆皆爲異名。其在同名，以差數加者加之，減者減之；其在異名，以差數加者減之，減者加之。皆以增損黃道宿積度，爲九道宿積度，以前宿九道積度減之，爲其九道宿度及分。其分就近約爲少、半、太之數。

推月行九道平交入氣：各以其月閏日及餘加經朔加時入交汎日及餘秒，盈交終日去之，乃減交終日及餘秒，即各平交入其月中氣日及餘秒；滿氣策及餘秒去之，即平交入後月節氣日及餘秒。因求次交者，以交終日及餘秒加之，滿氣策及餘秒去之，餘爲平交入其氣日及餘秒。若求其氣朓朒定數，如求朔弦望經日術入之，各得所求也。

求平交入轉朓朒定數：置所入氣餘，加其日夜半入轉餘，以乘其日損益率，樞法而一，所得，以損益其下朓朒積，乃以交率乘之，交數而一，爲定數。

求正交入氣：以平交入氣入轉朓朒定數，朓減朒加平交入氣餘，滿若不足，進退其日，即正交入氣日及餘秒。

求正交加時黃道宿度：置正交入氣餘，副之，以乘其日昇降分，一百約之，昇加降減其副，乃一百乘之，樞法而一，以加其日夜半日度，即正交加時黃道日度及分秒。

求正交加時月離九道宿度：以正交度及分減一百二十五，餘以正交度及分乘之，滿二十四，餘爲定差；以差加黃道宿度，仍計去冬夏至以來度數，乘差，九十而一，所得，依名同異而加減之，滿若不足，進退其度，命如前，即正交加時月離九道宿度及分。

推定朔弦望加時月離所在度：各置其日加時日躔所在，變從九道，循次相當。凡合朔加時，月行潛在日下，與太陽同度，是爲加時月離宿次。先置朔弦望加時黃道宿度，以正交加時黃道宿度減之，餘以加其正交加時九道宿度，命起正交宿度，算外，即朔弦望加時所當九道宿度。其合朔加時若非正交，則日在黃道，月在九道，各入宿度雖多少不同，考其去極若應繩準，故云月行潛在日下，與太陽同度。各以弦望度及分秒加其所當九道宿度，滿宿次去之，命如前，即各得加時九道月離宿次。

求定朔夜半入轉：各視經朔夜半入轉，若定朔大餘有進退者，亦加減轉日，不則因經爲定。

求次定朔夜半入轉：因定朔夜半入轉，大月加二，小月

加一餘皆四千七百一十六秒九千四百六滿轉周日及餘秒去之卽次定朔夜半入轉累加一日去命如前各得次日夜半轉日及餘秒

求月晨昏度以晨昏乘其日轉定分樞法而一爲晨轉分減轉定分餘爲昏轉分乃以朔弦望定小餘乘轉定分樞法而一爲加時分以減晨昏轉分餘爲前不足覆減餘爲後仍前加後減加時月卽晨昏月在所度

求朔弦望晨昏定程各以其朔昏定月減上弦昏定月爲朔後定程以上弦昏定月減望日昏定月爲上弦後定程以望日晨定月減下弦晨定月爲望後定程以下弦晨定月減後朔晨定月爲下弦後定程

求每日轉定度累計每程相距日轉定分以減定程爲盈不足覆減爲縮以相距日均其盈縮盈加縮減每日轉定分爲每日轉定度及分

求每日晨昏月因朔弦望晨昏月加每日轉定度及分盈縮次去之爲每日晨昏月（凡注歷自朔日注昏望後次日注晨）已前月度並依九道所推以究算理之精微如求其速要卽依後術求之

推天正經朔加時平行月置歲周以天正閏餘減之餘以樞法除之爲度不盡退除爲分秒卽天正經朔加時平行月積度

求天正十一月定朔夜半平行月置天正經朔小餘以平行分乘之樞法而一爲度不盡退除爲分秒所得爲加時度用減天正經朔加時平行月卽經朔晨前夜半平行月（其定朔有進退者卽以平行度分加減之）卽天正十一月定朔晨前夜半平行月積度

求次定朔夜半平行月置天正定朔夜半平行月大月加三十五度八十分秒六十一小月加二十二度四十三分秒七十三半滿周天度分去之卽每月定朔晨前夜半平行月積度及分

求定望夜半平行月計定朔距定望日數以乘平行度及分秒所得加其定朔夜半平行月積度及分卽定望夜半平行月積度及分

求天正定朔夜半入轉因天正經朔夜半入轉若定朔大餘有進退者亦進退之不則因經而定卽所求年天正定朔晨前夜半入轉及其餘以樞法退除爲約分及秒皆一百爲母

求定望及次定朔夜半入轉因天正定朔夜半入轉及分秒以朔望相距日累加之滿轉周日二十七及分五十五秒四十六去之卽各得定望及次定朔晨前夜半入轉日及分秒

求定朔望夜半定月置定朔望夜半入轉分乘其日增減差一百約之爲分分滿百爲度增減其下遲疾度爲遲疾定度遲減疾加夜半平行月爲朔望夜半定月以冬至加時黃道日度加而命之卽朔望夜半月離宿次（其入轉若在四七日下如求朏朒術入之卽得所求）

求朔望定程以朔定月減望定月爲朔後定程以望定月減次朔定月爲望後定程

求朔望轉積計朔至望轉定分爲朔後轉積自望至次朔亦如之爲望後轉積

求每日夜半月離宿次各以其朔望定程與轉積相減餘爲程差以距後程日數除之爲日差加減轉定分爲每日行度及分（定程多加之定程少減之）以每日行度及分累加朔望夜半宿次命之卽每日晨前夜半月離宿次（若求晨昏月以其日晨昏分乘其日轉定度及分樞法而一以加夜半月卽晨昏月所在度及分若以四象爲程兼求弦日平行積餘各依次入之若以九終轉定分累加之依宿次命之亦得所求）

步晷漏

二至限一百八十二六十二分

一象九十一三十一分

消息法七千八百七十三

辰法八百八十二半八刻三百五十三

昏明刻一百二十九半

昏明餘數二百六十四太

冬至陽城晷景一丈二尺七寸一分半初限六十二末限一百二十六十二分

夏至陽城晷景一尺四寸七分小分八十初限一百二十六十二分末限六十二

求陽城晷景入二至後日數計入二至後日數乃如半日之分五十又以二至約分減之卽入二至後求午中日數及分

求陽城晷景入初末限定日及分置其日中入二至後日數及分以其日午中入氣盈縮分盈加縮減之各如初限已下爲在初限已上覆減二至限餘爲入末限定日及分（求盈縮分置入二至後來午中日數及分以氣策入約分除之爲氣數不盡爲入氣以來日數及分加其氣數命以冬夏至算外卽其日午中所入氣日及分置所入氣日約分如出朏朒術入之卽得所求）

求陽城每日中晷定數置入二至初末限定日及分如冬至後初限夏至後末限者以初末限日及分減一百四十六餘退一等爲定差又以初末限日及分自相乘以乘定差滿六千六百四十五爲尺不滿退除爲寸分命曰晷差以晷差減冬至晷數卽其日陽城午中晷景定數如冬至後末限夏至後初限者以初末限日及分減一千二百一十七餘再退爲定差亦以初末限日及分自相乘以乘定差滿二萬四千九百三十餘爲尺不滿退除爲寸分命曰晷差以晷差加夏至晷數卽其日陽城中晷定數（若以中積求之卽得每日晷影常數）

求每日消息定數以所入氣日及加其氣下中積一象已下自相乘已上者用減二至限餘亦自相乘皆五因之進二位以消息法除之爲消息常數副置常數用減五百二十九半餘乘其副以二千三百五十除之加於

常數爲消息定數（冬至後爲消夏至後爲息）
求每日黃道去極度及赤道內外度置其日消息數十六乘之以三百五十三除爲度不滿退除爲分所得在春分後加六十七度三十一分秋分後減一百一十五度三十一分卽每日黃道去極度分度又以每日黃道去極度及分與一象度相減餘爲赤道內外度若去極度少爲日在赤道內去極度多爲日在赤道外卽各得所求（其赤道內外度爲黃赤道相去度分）

求每日晨昏分日出入分及半晝分以每日消息定數春分後加一千八百五十三少秋分後減二千九百一十二少各爲每日晨分用減樞法爲昏分以昏明餘數加晨分爲日出分減昏分爲日入分以日出分減半法爲晝分

求每日距中度置每日晨分三因進二位以八千六百九十八除爲度不滿退除爲分卽距子度用減半周天餘爲距中度又倍距子度五除爲每更差度及分求夜半定滿置晨分進一位以刻法除爲刻不滿爲分卽每日夜半定漏

求晝夜刻及日出入辰刻倍夜半定漏加五刻爲夜刻減一百刻餘爲晝刻以昏明刻加夜半定漏命子正算外卽日出辰刻以晝刻加之命如前卽日入辰刻

求更籌辰刻倍夜半定漏二十五而一爲籌差刻五乘之爲更差刻以昏明刻加日入辰刻卽甲夜辰刻以更籌差刻累加之滿辰刻及分去之各得每更籌所入辰刻及分

求每日昏明度置距中度以其日昏後夜半赤道日度加而命之卽昏中星所格宿次又棓距子度加昏中星命之卽曉中星所格宿次

求五更中星皆以昏中星爲初更中星以每更差加而命之卽乙夜所格宿次累加之各得五更中星所格宿次

求九服距差日各於所在立表候之若地在陽城北測冬至後與陽城冬至晷景同者累冬至後至其日爲距差日若地在陽城南測夏至後與陽城夏至晷景同者累夏至後至其日爲距差日

求九服晷景若地在陽城北冬至前後者置冬至前後日數用減距差日爲餘日以餘日減一百四十六餘退一等爲定差以餘日自相乘而乘之滿六千六百四十五除之爲尺不滿退除爲寸分加陽城冬至晷景爲其地其日中晷常數若冬至前後日多於距差日卽減去距差日餘依陽城法求之各其地其日中晷常數若地在陽城南夏至前後者以夏至前後日數減距差日爲餘日以減一千二百一十七餘再退爲定差以餘日自相乘而乘之滿二萬四千九百三十爲尺不滿退除爲寸分以減陽城夏至晷數卽其地其日中晷常數如不及減乃減去陽城夏至日晷景餘卽晷在表南也若夏至前後日多於距差日卽減去距差日餘依陽城法求之各其地其日中晷常數（若求中晷定數先以盈縮分加減之乃用法求之卽各得其地其日中晷定數）

求九服所在晝夜漏刻冬夏至各於所在下水漏以定其處二至夜刻數相減爲冬夏至差刻乃置陽城其日消息定數以其處二至差刻乘之如陽城二至差刻二十而一所得爲其地其日消息定數乃倍消息定數進一位滿刻法約之爲刻不滿爲分乃加減其處二至夜刻（秋分後春分前減冬至夜刻春分後秋分前加夏至夜刻）爲其地其日夜刻用減一百刻餘爲晝刻（求日出入辰刻及距中度五更中星皆依陽城法）

宋史卷七十二考證

律歷志五○臣召南按標目下應旁注崇天歷三字

紘帶大中○大中係天中之訛臣召南按後文明天歷議云自一行之後因相沿襲下更五代無所增損仁宗皇祐初始有詔造黃道渾儀自後測驗赤道度數又十有四宿與一行測不同斗二十五牛七女十一危十六室十七胃十五畢十八井三十四鬼二柳十四氐十六心六尾十九箕十據此文赤道度斗二十六牛八云云則崇天歷所用宿度尚仍大衍之舊也

宋史卷七十三

元　中　書　右　丞　相　總　裁　脫　脫　等　修

律曆志第二十六

律曆六（崇天曆）

步交會

交終分二十八萬八千一百七十七秒四千二百七十七
交終日二十七餘二千二百四十七秒四千二百七十七
交中日一十三餘六千四百一十八秒七百三十八半
朔差日二餘三千三百七十一秒五千七百二十三
後限日一餘一千六百八十五秒七千八百六十一半
望策十四餘八千一百四秒五十
前限日十二餘四千七百三十二秒九千二百七十七
交率一百四十一
交數一千七百九十六
交終度三百六十三度七十六分
交象九十度九十四
半交一百八十一度八十八
陽曆食限四千二百
陽曆定法四百二十
陰曆食限七千

陰曆定法七百

推天正十一月經朔加時入交置天正十一月朔積分以交終分秒去之不盡滿樞法爲日不滿爲餘秒卽天正經朔加時入交汎日及餘秒

求次朔及望入交因天正經朔加時入交汎日及餘秒求次朔以朔差日及餘秒加之求望以望策及餘秒加之滿交終日及餘秒皆去之卽次朔及望加時所入若以經朔望小餘減之卽各得朔望夜半入交汎日及餘秒

求定朔夜半入交因經朔望夜半入交若定朔望大餘有進退者亦進退交日不則因經爲定各得所求求次定朔夜半入交各因前定朔夜半二入交大月加日二小月加日一餘皆加八千三百四十二秒五千七百二十三若求次日累加一日滿交終日及餘秒皆去之卽得次定朔及每日夜半入交汎日及餘秒

求朔望加時入交常日置經朔望入交汎日及餘秒以其朔望入氣朓朒定數朓減朒加之卽朔望入交常日及餘秒

求朔望加時入交定日置其朔望入轉朓朒定數以交率乘之如交數而一所得以朓減朒加入交常日餘滿若不足進退其日卽朔望加時入交定日及餘秒

求月行入陰陽曆視其朔望入交定日及餘秒在中日及餘秒以下者爲月在陽曆如中日及餘秒以上者減去之爲月在陰曆凡入交定日陽初陰末爲交初陰初陽末爲交中

求朔望加時月入陰陽曆積度置其月入陰陽曆日及餘其餘先以一百乘之樞法除爲約分以九百九乘之六十八除爲度不盡退除爲分卽朔望加時月入陰陽曆積度及分其月在陽曆卽爲入陽曆積度月在陰曆卽爲入陰曆積度

求朔望加時月去黃道度置入陰陽曆積度及分如交象以下爲在少象已上覆減半交餘爲入老象置所入老少象度及分以五因之用減一千一十餘以老少象度及分乘之八十四而一列於上位又置所入老少象度及分如半象以下爲在初限已上減去半象餘爲入末限置初末限度及分於上列半象度及分於下以上減下餘以乘上四十而一所得初限以減末限以加上位滿百爲度不滿爲分卽朔望加時月去黃道度數及分

求食定餘置定朔小餘如半法以下覆加半法餘爲午前分已上減去半法餘爲午後分置午前後分於上列半法於下以上減下以下乘上午前以三萬一千七百七十餘午後以一萬三千八百八十五除之各爲時差午前以減午後以加定朔小餘各爲食定小餘以時差加午前後分爲午前後定分其月食直以定望小餘便爲食定小餘

求日月食甚辰刻置食定小餘以辰法除之爲辰數不滿進一位刻法除之爲刻不滿爲刻分其辰數命子正算外卽食甚辰刻及分

求氣差置其朔中積滿二至限去之餘在一象以下爲在初已上覆減二至限餘爲在末皆自相乘進二位滿二百三十六除之用減三千五百三十三爲氣差以乘距午定分半晝分而一所得以減氣差爲定數春分後交初以減交中以加秋分後交初以加交中以減

求刻差置其朔中積滿二至限去之餘列二至限於下以上減下餘以乘上進二位滿二百三十六除之爲刻差以乘距午定分四因之樞法而一爲定數冬至後食甚在午前夏至後食甚在午後交初以加交中以減冬至後食甚在午後夏至後食甚在午前交初以減交中以加

求日入食限置入交定日及餘秒以氣刻時三差定數各加減之如中日及餘秒以下爲不食已上者減去中日及餘秒如後限以下前限以上爲入食限後限以下爲交後分前限以上覆減中日餘爲交後分

求日食分置入交前後分如陽曆食限以下者爲陽曆食定分已上者覆減一萬一千二百餘爲陰曆食定分不足減者不食各如陰陽曆定法而一爲食之大分不盡退除爲小分半已上爲半強半以下爲半弱命大分以十爲限得日食之分

求日食汎用法置朔入陰陽曆食定分一百約之在陽曆者列八十四於下在陰曆者列一百四十於下各以上減下餘以乘上進二位陽曆以一百八十五除陰曆以五百一十四除各爲日食汎用分

求月入食限視月入陰陽曆日及餘如後限以下爲交後分前限已上覆減中日爲交前分

求月食分置交前後分如三千二百以下者食既已上用減一萬二百不足減者不食餘以七百除之爲大分不盡退除爲小分小分半已上爲半強半已下爲半弱命大分以十爲限得月食之分

求月食汎用分置望入交前後分退一等自相乘交初以九百三十五除交中以一千一百五十六除之得數用減刻率交初以一千一百一十一爲刻率交中以九百爲刻率各得所求

求日月食定用分置日月食汎用分以一千三百三十七乘之以所食日轉定分除之卽得所求

求日月食虧初復滿小餘各以定用分減食甚小餘爲虧初加食甚小餘爲復滿卽各得虧初復滿小餘若求時刻者依食甚術入之

求月食更籌定法置其望晨分四因之退一等爲更法倍之退一等爲籌法

求月食入更籌置虧初食甚復滿小餘在晨分以下加晨分昏分已上減去昏分餘以更法除之爲更數不滿以籌法除之爲籌數其更數命初更算外卽各得所入更籌

求朔望食甚宿次置其經朔望入氣小餘以入氣入轉

朓朒定數朓減朒加之乘其日升降分樞法而一加減其日盈縮分至後分前以加分後至前以減一百約之爲分分滿百爲度以盈加縮減其定朔望加時中積以天正冬至加時黄道日度及分加而命之卽定朔望加時日躔宿次其望加半周天命如前卽朔望食甚宿次

求月食既內外刻分置月食交前後分覆減三千二百不及減者爲食下既一百約之列六十四於下以上減下餘以乘上進二位交初以二百九十三除交中以三百六十五除所得以定用分乘之如汎用分而一爲月食既內刻分覆減定用分卽既外刻分

求日月帶食出入分數各以食定小餘與日出入分相減餘爲帶食差其帶食差滿定用分已上者不帶食出入也以帶食差乘所食分滿定用分而一若月食既者以既內刻分減帶食差餘所食分以既外刻分而一不及減者爲帶食既出入也各以減所食分卽帶出入所見之分其朔日食甚在晝者晨爲漸進之分昏爲已退之分若食甚在夜者晨爲已退之分昏爲漸進之分其月食者見此可知也

求日食所起日在陰曆初起西北甚於正北復於東北日在陽曆初起西南甚於正南復於東南其食八分已上者皆起正西復於正東此據午地而論之其餘方位審黄道斜正月行所向可知方向

求月食所起月在陰曆初起東南甚於正南復於西南月在陽曆初起東北甚於正北復於西北其食八分已上皆起正東復於正西此亦據午地而論之其餘方位依日食所向卽知既虧復滿

步五星

五星會策十五度二十一分秒九十

木星周率四百二十二萬四千五十八秒三十二

周日三百九十八餘九千二百三十八秒三十二

歲差一百三秒六

伏見度一十三

變目	變日	變度	限度	初行率
前伏	一十六日八十	三度八十	二度八十五	二十二
前疾初	二十八日	六度六十一	四度五十五	三十二
前疾末	二十八日	五度五十二	四度一十五	二十二
前遲初	二十八日	四度四十一	三度三十三	一十八
前遲末	二十八日	二度二十二	一度六十五	二十三
前留	二十四日			
前退	四十六日六十四	五度一十八	空度二十九	空
後退	四十六日六十四	五度一十八	空度二十九	一十六
後留	二十四日			
後遲初	二十八日	二度二十一	一度六十六	空
後遲末	二十八日	四度四十一	三度三十三	一十三
後疾初	二十八日	五度五十二	四度一十五	一十八
後疾末	二十八日	六度六十一	四度五十五	二十
後伏	一十六日八十	三度八十	二度八十五	二十二

木星盈縮

會數	損益率	盈積度	會數	損益率	縮積度
初	益一百六十三	盈空	初	益一百	縮空
一	益一百四十九	盈一度	一	益一百八十	縮
二	益一百二十六	盈三度一十三	二	益一百五十九	縮四度三十五
三	益九十五	盈四度三十八	三	益一百二十七	縮五度四十五
四	益五十五	盈五度三十三	四	益八十八	縮六度七十一
五	益二十二	盈五度八十八	五	益三十八	縮七度五十七
六	損三十九	盈六度一十	六	損一十五	縮七度九十五
七	損六十五	盈五度七十一	七	損七十三	縮七度八十
八	損九十六	盈五度六	八	損一百二十六	縮七度七
九	損一百二十	盈四度一十	九	損一百六十七	縮五度八十一
十	損一百三十九	盈三度九十	十	損一百九十八	縮四度一十四
十一	損一百五十一	盈一度五十一	十一	損一百一十六	縮一度一十六

火星周率八百二十五萬九千三百六十六秒五十九

周日七百七十九餘九千七百五十六秒五十九

歲差一百三秒五十三

伏見度二十

變目	變日	變度	限度	初行率
前伏	六十九日	四十九度空	四十六度四十六	七十一
前疾初	六十一日	四十二度五十	四十一度二十三	七十一
前疾末	四十三日五十	三十度一十	二十八度五十六	七十
前次疾初	四十三日五十	二十九度三十	二十七度五十二	六十八
前次疾末	四十三日五十	二十六度九十二	二十五度五十四	六十三
前遲初	四十三日五十	二十一度七十二	二十一度五十四	五十七
前遲末	四十三日五十	一十四度二十八	一十三度五十五	四十三
前留	一十三日			
前退	二十八日九十六	八度二十一	二度九十二	空
後退	二十八日九十六	八度二十一	二度九十二	二十九
後留	一十三日			
後遲初	四十三日五十	一十四度二十八	一十三度五十五	空
後遲末	四十三日五十	二十二度七十二	二十一度五十四	四十三
後次疾初	四十三日五十	二十六度九十二	二十五度五十四	五十七
後次疾末	四十三日五十	二十九度三十	二十七度五十二	六十三
後疾初	四十三日五十	三十度一十	二十八度五十六	六十八
後疾末	六十一日五十	四十三度五十	四十三度二十五	七十
後伏	六十九日	四十九度空	四十六度四十六	七十一

火星盈縮曆

會數	損益率	盈積度	會數	損益率	縮積度
初	益一千一百三十五	盈空	初	益四百一十二	縮空
一	益八百七十六	盈一十一度	一	益四百三十三	縮四度一十二
二	益四百一十七	盈二十度一十一	二	益四百五十五	縮八度四十五
三	益一百四十五	盈二十四度二十八	三	益四百六十七	縮十三度空
四	益二十四	盈二十五度七十三	四	益四百一	縮十七度六十七
五	損一百四十六	盈二十五度四十九	五	益三百四	縮二十一度八十八
六	損二百九十六	盈二十四度三	六	益二百五十二	縮二十四度七十二

七	損三百八十八	盈二十一度七	七	益二十六	縮二十六度二十四
八	損四百五十八	盈一十一度一十九	八	損二百五十二	縮二十六度五十
九	損四百四十五	盈一十二度六十一	九	損四百三十八	縮二十四度九十八
十	損四百二十	盈八度一十六	十	損九百	縮二十度六十
十一	損三百九十六	盈三度九十六	十一	損一千二百六十	縮一十一度六十

土星周率四百萬三千八百七十二秒三十九

周日三百七十八餘八百五十二秒二十九

歲差一百三秒七十八

伏見度一十六

變目	變日	變度	限度	初行率
前伏	一十八日三十四	一度三十四	一度四十六	一十二
前疾	二十八日	三度二十九	二度五	一十二
前次疾	二十八日	二度七十三	一度七十一	一十一
前遲	二十八日	一度六十四	一度二	八
前留	三十六日			
前退	五十日七十	三度五十八	度空一十八	空
後退	五十日七十	三度五十八	度空一十八	一十
後留	三十六日			
後遲	二十八日	一度六十四	一度二	空
後次疾	二十八日	二度七十五	一度七十一	八
後疾	二十八日	三度二十九	二度五	一十一
後伏	一十八日三十四	二度三十四	一度四十六	一十二

土星盈縮曆

會數	損益率	盈積度	會數	損益率	縮積度
初	益一百八十七	盈空	初	益一百九十一	縮空
一	益一百七十一	盈一度八十七	一	益一百七十六	縮一度九十一
二	益一百四十四	盈三度五十八	二	益一百五十二	縮三度六十八
三	益一百一十二	盈五度二	三	益一百二十	縮五度二十
四	益六十七	盈六度一十四	四	益七十九	縮六度四十
五	益二十	盈六度八十一	五	益三十一	縮七度一十九
六	損二十九	盈七度一	六	損二十一	縮七度五十
七	損七十四	盈六度七十一	七	損七十二	縮七度二十九
八	損一百一十二	盈五度九十八	八	損一百一十九	縮六度五十七
九	損一百四十三	盈四度八十六	九	損一百五十五	縮五度三十八
十	損一百六十四	盈三度四十三	十	損一百八十三	縮三度八十三
十一	損一百七十九	盈一度九十七	十一	損二百	縮二度

金星周率六百一十八萬三千五百九十九秒一十六

周日五百八十三餘九千六百二十九秒一十六

歲差一百三十秒八十

夕見晨伏度一十一

晨見夕伏度九

變目	變日	變度	限度	初行率
前伏合	三十八日五十	四十九度五十	四十七度六十	一度二十七
夕疾初	六十二日	七十八度四十六	七十五度四十三	一度二十七
夕疾末	三十三日五十	四十一度七十	四十度一十	一度二十五
夕次疾初	三十三日五十	四十度三十六	三十八度八十	一度二十二
夕次疾末	三十三日五十	三十七度六十七	三十六度二十二	一度二十六
夕遲初	三十三日五十	三十二度二十九	三十一度四	一度五
夕遲末	三十三日五十	二十七度五十二	二十度六十九	八十五
夕留	八日			
夕退	十日九十五	五度五十五	一度二十二	
夕伏退	五日	四度	度空八十六	七十三
再合退	五日	四度	度空八十六	八十三
晨退	十日九十五	五度五十五	一度二十一	七十三
晨留	八日			
晨遲初	三十三日五十	二十七度五十三	二十度六十九	
晨遲末	三十三日五十	三十二度一十九	三十一度四	八十五
晨次疾初	三十三日五十	三十七度六十七	三十六度二十五	一度五
晨次疾末	三十三日五十	四十度三十六	三十八度八十	一度十五
晨疾初	三十三日五十	四十一度七十	四十度一十	一度十五
晨疾末	六十二日	七十八度四十六	七十五度四十二	一度二十五
後伏	三十八日五十	四十九度五十	四十七度六十	一度二十五

金星盈縮曆

會數	損益率	盈積度	會數	損益率	縮積度
初	益五十二	盈空	初	益五十二	縮空
一	益四十八	盈空五十二	一	益四十八	縮空五十三
二	益四十一	盈一度	二	益四十一	縮一度
三	益三十一	盈一度四十一	三	益三十一	縮一度四十一
四	益二十一	盈一度七十二	四	益二十一	縮一度七十二
五	益七	盈一度九十三	五	益七	縮一度九十三
六	損七	盈二度	六	損七	縮二度
七	損二十一	盈一度九十三	七	損二十一	縮一度
八	損三十一	盈一度七十二	八	損三十一	縮一度七十二
九	損四十一	盈一度四十一	九	損四十一	縮一度四十一
十	損四十八	盈一度	十	損四十八	縮一度
十一	損五十二	盈空	十一	損五十二	縮

水星周率一百二十二萬七千一百七十秒二十八

周日一百一十三餘九千三百二十秒二十八

歲差一百三秒九十四

夕見晨伏度一十四

晨見夕伏度二十一

變目	變日	變度	限度	初行率
前伏合	一十六日	三十度	二十六度八	一度九十五
夕疾	一十三日	二十一度一十五	一十八度三十八	一度七十九
夕遲	一十三日	一十四度八十五	一十二度一十六	一度四十七
夕留	三日			
夕伏退	一十二日九十四	八度六	一度三十二	
再合退	一十二日九十四	八度六	一度三十二	一度九十三
晨留	三日			
晨遲	一十三日	一十四度八十五	一十二度一十六	

晨疾	一十三日	二十一度一十五	一十八度三十八	一度四十七
後伏	一十六日	三十度	二十六度八	一度七十九

水星盈縮曆

會數	損益率	盈積度	會數	損益率	縮積度
初	益五十七	盈空	初	益五十七	縮空
一	益五十三	盈空五十七	一	益五十三	縮空五十七
二	益四十五	盈一度一十	二	益四十五	縮一度一十
三	益三十五	盈一度五十五	三	益三十五	縮一度五十五
四	益二十二	盈一度九十	四	益二十二	縮一度九十
五	益八	盈二度一十二	五	益八	縮二度一十二
六	損八	盈二度二十	六	損八	縮二度二十
七	損二十二	盈二度一十二	七	損二十二	縮二度一十二
八	損三十五	盈一度九十	八	損三十五	縮一度九十
九	損四十五	盈一度五十五	九	損四十五	縮一度五十五
十	損五十三	盈一度一十	十	損五十三	縮一度一十
十一	損五十七	盈空五十七	十一	損五十七	縮空五十七

推五星天正冬至後諸變中積中星置氣積分各以其星周率去之不盡覆減周率餘滿樞法除之爲日不滿退除爲分卽天正冬至後平合中積命之積平合中星以諸段變日變度累加之卽諸變中積中星（其經退行者卽其變度累減之卽其星其變中星）

求五星諸變入曆以其星歲差乘積年滿周天分去之不盡以樞法除之爲度不滿退除爲分以減其星平合中星卽平合入曆以其星其變限度依次加之各得其星諸變入曆度分

求五星諸變盈縮定差各置其星其變入曆度分半周天以下爲在盈以上減去半周天餘爲在縮置盈縮限度及分以五星會策除之爲會數不盡爲入會度及分以其會下損益率乘之會策除之爲分分滿百爲度以損益其下盈縮積度卽其星其變盈縮定差（若用立成者以其所入會度下差而用之）其木火土三星後退後留者置盈縮差各列其星盈縮極度於下皆以上減下餘以乘上八十七除之所得木土三因火直用之在盈益減損加在縮盈加損減其段盈縮差爲後退後留定差（因爲後遲初段定差各須類會前留定差觀其盈縮初末審察降殺皆衰多益少而用之）

求五星諸變定積各置其星其變中積以其變盈縮定差盈加縮減之卽其星其變定積及分以天正冬至大餘及分加之卽其星其變定日及分以紀法去之不盡命甲子算外卽得日辰

求五星諸變在何月日各置諸變定日以其年天正經朔大餘及分減之（若冬至大餘少加經朔大餘者加紀法乃減之）餘以朔策及分除之爲月數不滿爲入月日數及分其月數命以天正十一月算外卽其星其變入其月經朔日數及分（若置定積以天正閏月及分加之朔策除爲月數亦得所求）

求五星諸變入何氣日置定積以氣策及約分除之爲氣數不盡爲入氣已來日數及分其氣數命起天正冬至算外卽五星諸變入其氣日及分（其定積滿歲周日及分卽去之餘在來年天正冬至後）

求五星諸變定星各置其變中星以其變盈縮定差盈加縮減之（其金水二星金以倍之水以三之乃可加減）卽五星諸變定星以天正冬至加時黃道日度加而命之卽其星其變加時定星宿次及分（五星皆以前留爲前退初日定星後留爲後遲初日定星）

求五星諸變初日晨前夜半定星以其星其變盈縮所入會度下盈縮積度與次度下盈縮積度相減餘爲其度損益分乘其變初行率一百約之所得以加減其日初行率（在盈益加損減在縮益減損加）爲初行積率又置一百分亦依其數加減之以除初行積率爲初日定行率以乘其率初日約分一百約之順減退加其日加時定星爲其變晨前夜半定星加冬至時日度命之卽所在宿次

求諸變日度率置後變定日以其變定日減之餘爲其變日率又置後變夜半定星以其變夜半定星及分減之餘爲其變度及分

求諸變平行分各置其變度率及分以其變日率除之爲平行分不滿退除爲秒卽各得平行度及分秒

求諸變總差各以其段平行分與後段平行分相減餘爲汎差併前段汎差四因之九而一爲總差若前段無平行分相減爲汎差者（各因後段初日行分與其段平行分相減爲半總差倍之爲總差）若後段無平行分相減爲汎差者（各因前段末日行分與其段平行分相減爲半總差）其前後退行者各置本段平行分十四乘十五除爲總差（其金星夕退夕伏再合晨退各依順段術入之卽得所求）

求諸段初末日行分各半其段總差加減其段平行分（後段行分多者減之爲初加之爲末後段行分少者加之爲初減之爲末）卽各得其星其段初末日行度及分秒（凡前後段平行分俱多或俱少乃平注之及本段總差不滿大分者亦平注之其退行段各以半總差前變減之爲初加之爲末後變加之爲初減之爲末）

求每日晨前夜半星行宿次置其段總差減其段日率一以除之爲日差以日差累損益初日行分（後段行分少日損之後段行分多日益之）爲每日行度及分以每日行度及分累加其星其段初日晨前夜半宿次命之卽每日星行宿次（遇退行者以每日行分累減之卽得所求）

徑求其日宿次置所求日減一日差乘之加減初日行分（後行分少卽減之後行分多卽加之）爲所求日行分加日行分而半之以所求日乘之爲徑求積度加其星初日宿次命之卽其日星行宿次

求五星定合日定星以其星平合初日行分減一百分餘以約其日太陽盈縮分爲分分滿百爲日不滿爲分命爲距合差日以盈縮分減之爲距合差度以差日差度縮加盈減平合定積定星爲其星定合日定積定星（其金水二星以二百分減初日行分餘以除其日太陽盈縮分爲距合差日以盈縮分加之爲距合差度以差日差度盈加縮減之）金水二星退合者（以初日行分加一百分以除太陽盈縮分爲距合差日以距合差日減盈縮分爲距合差度以差日差度盈減縮加再合定積定星爲其星再合定日定積定星）

其金水二星定積各依見伏術先以盈縮差求其加減訖然後以距合差日差度加減之求木火土三星晨見夕伏定日各置其星其段定積乃加減一象度晨見加之夕伏減之半周天已下自相乘半周天已上覆減周天度及分餘亦自相乘一百約爲分以其星伏見度乘之十五除之爲差乃以其段初日行分覆減一百分餘以除其差爲日不滿退除爲分所得以加減定積晨見加之夕伏減之各得晨見夕伏定積加天正冬至大餘及分命甲子算外卽得日辰

求金水二星夕見晨伏定日各置其星其段定積其定積先倍其段盈縮差縮加盈減之乃加減一象度夕見減之晨伏加之半周天已下自相乘已上覆減周天度餘亦自相乘一百約爲分以其星伏見度乘之十五除爲差乃置其段初日行分減去一百分餘以除其差爲日不滿退除爲分所得以加減定積夕見加之晨伏減之各得夕見晨伏定積

求金水二星晨見夕伏定日置其星其段定積其定積先以一百乘其段盈縮差乃以一百分加其日行分以除其差所得盈加縮減之加減一象度晨見加之夕伏減之半周天已下自相乘已上覆減周天度餘亦自相乘一百約爲分以其星伏見度乘之十五除爲差乃置其段初日行分如一百以除其差爲日不滿退除爲分所得以加減定積晨見加之夕伏減之各爲其星晨見夕伏定積

曆既成以來年甲子歲用之是年五月丁亥朔日食不效算食二分半候之不食詔候驗至七年命入內都知江德明集曆官用渾儀較測時周琮言古之造曆必使千百年間星度交食若應繩準今曆成而不驗則曆法爲未密又有楊皥于淵者與琮求較驗而皥術於木爲得淵於金爲得琮於月土爲得詔增入崇天曆其改用率數如後

周天分三百八十六萬八千六十六秒一十七

周天三百六十五度虛分二千七百一十六秒一約分二十五秒六十一

歲差一百二十六秒一十七

木星

會數	損益率	盈積度
初	益一百五十	盈空
一	益一百三十六	盈一度五十
二	益一百一十六	盈二度八十六
三	益八十七	盈四度二
四	益五十一	盈四度八十九
五	益二十	盈五度四十
六	損三十六	盈五度六十十
七	損六十	盈五度二十四
八	損八十八	盈四度六十四
九	損一百十七	盈三度七十六
十	損一百二十八	盈二度六十六
十一	損一百三十八	盈一度三十八

求諸變總差各以其段平行分與後段平行分相減餘爲汎差并前段汎差四因之退一等爲總差若前段無平行分相減爲汎差各因後段初日行分與其段平行分相減爲半總差倍之爲總差若後段無平行分相減爲汎差者各因前段末日行分與其段平行分相減爲半總差倍之爲總差其前後退行者各置本段平行分十四乘十五爲總差其金星夕退夕伏再合晨退各依順段術入之卽得所求

求五星定合及見伏汎用積其木火土三星各以平合及前疾後伏定積爲汎用積金水二星平合及夕見晨伏者置其星其段盈縮差金以倍之水以三之列於上位又置其星其段盈縮差以其段初行率乘之退二等以減上位又置初行率減去一百分餘以除之爲日不滿退除爲分乃盈減縮加中積爲其星其變汎用積金水二星再合及夕伏晨見者其星其段盈縮差金星直用水以倍之進二位以其段初行率加一百分以除之所得并盈縮差以盈加縮減中積爲其星其段汎用積

求五星定合定積定星其木火土三星平合者以平合初日行分減一百分餘以約其日太陽盈縮分爲分滿百爲日不滿爲分命爲距合差日以盈縮分減之爲距合差度以差日差度縮加盈減其星平合汎用積爲其星定合日定積定星金水二星平合者以一百分減初日行分餘以除其日太陽盈縮分爲距合差日以盈縮分加之爲距合差度以差日差度盈加縮減平合汎用積爲其星定合日定積定星也金水二星退合者以初日行分一百分以除太陽盈縮分爲距合差日以距合差日減盈縮分爲距合差度以差日盈減縮加再合汎用積爲其星再合日定積差度盈加縮減再合汎用積爲其星再合日定星各加冬至大小餘及黃道加時日躔宿次命之卽得其日辰及宿次

求木火土星晨見夕伏定用積各置其星其段汎用積乃加減一象度晨見加之夕伏減之半周天已下自相乘已上覆減周天度餘亦自相乘各二因百約之在一百六十七已上以一百約其日太陽盈縮分減之不滿一百六十七者卽加之以其星本伏見度乘之十五除爲差乃置其段初日行分覆減一百分餘以除其差爲日不滿退除爲分所得以加減汎用積晨見加之夕伏減之各得其星晨見夕伏定用積加天正冬至大餘命甲子算外卽得日辰

求金水二星夕見晨伏定用積各置其星其段汎用積乃加減一象度夕見減之晨伏加之半周天已下自相乘已上覆減周天度餘亦自相乘二因百約之滿一百六十七已上以一百約太陽盈縮分減之不滿一百六十七者卽加之以其星本伏見度乘之十五除爲差乃置其段初日行分減去一百分餘以除其差爲日不滿退除爲分所得以加減汎用積晨見加之夕伏減之各得夕見晨伏定用積加命如前卽得日辰

求金水二星晨見夕伏定用積各置其星其段汎用積乃加減一象度晨見加之夕伏減之半周天已下自相乘已上覆減周天度餘亦自相乘二因百約之在一百六十七已上以百約太陽盈縮分減之不滿一百六十七者卽加之以其星本伏見度乘之十五除爲差金星者直以一百除其差爲日不滿退除爲分所得以加減汎用積晨見加之夕伏減之各爲其星晨見夕伏定用積加命如前卽得日辰

景祐元年七月日官張奎言自今月朔或遇節首勿避

詔中書集曆官參議而丁愼言請如舊制有詔卒從奎議

宋史卷七十三考證

律歷志六木星盈縮○下脫歷字當以後四星例之

求五星諸變入歷○按下文此入歷下應有度分二字

宋史卷七十四

元　中　書　右　丞　相　總　裁　脫　脫　等　修

律曆志第二十七

律曆七（明天曆）

崇天曆行之至于嘉祐之末英宗卽位命殿中丞判司天監周琮及司天冬官正王炳丞王棟主簿周應祥周安世馬傑靈臺郞楊得言作新曆三年而成琮言舊曆氣節加時後天半日五星之行差半次日食之候差十刻既而司天中官正舒易簡與監生石道李遘更陳家學於是詔翰林學士范鎭諸王府侍講孫思恭國子監直講劉攽考定是非上推尚書辰弗集于房與春秋之日食參今曆之所候而易簡道遘等所學疏闊不可用新書爲密遂賜名明天曆詔翰林學士王珪序之而琮亦爲義略冠其首今紀其曆法于後

調日法（朔餘周天分斗分歲差日度母附）

造曆之法必先立元元正然後定日法法定然後度周天以定分至三者有程則曆可成矣日者積餘成之度者積分成之蓋日月始離初行生分積分成日自四分曆洎古之六曆皆以九百四十爲日法率由日行一度經三百六十五日四分之一是爲周天月行十三度十九分之七經二十九日有餘與日相會是爲朔策史官當會集日月之行以求合朔自漢太初至于今冬至差十日如劉歆三統復强於古故先儒謂之最疎後漢劉洪考驗四分於天不合乃減朔餘苟合時用自是已降率意加減以造日法宋世何承天更以四十九分之二十六爲强率十七分之九爲弱率於强弱之際以求日法承天日法七百五十二得一十五强一弱自後治曆者莫不因承天法累强弱之數皆不悟日月有自然合會之數今稍悟其失定新曆以三萬九千爲日法六百二十四萬爲度母九千五百爲斗分二萬六百九十三爲朔餘可以上稽於古下驗於今反覆推求若應繩準又以二百三十萬一千爲月行之餘（月行十三度之餘）以一百六十萬四百四十七爲日行之餘（日行周天之餘）乃會日月之行以盈不足平之并盈不足是爲一朔之法（日法也名元法）今乃以大月乘不足之數以小月乘盈行之分平而并之是爲一朔之實（周天分也）以法約實得日月相會之數皆以等數約之悉得今有之數（盈爲朔虛不足爲朔餘）又二法相乘爲本母各母互乘以減周天餘則歲差生焉亦以等數約之卽得歲差度母周天實用之數此之一法理極幽眇所謂反覆相求潛遁相通數有冥符法有偶會古曆家皆所未達（以等數約之得三萬九千爲元法九千五百爲斗分二萬六百九十三爲朔餘六百二十四萬爲日度母二十二億七千九百二十萬四百四十七爲周天分八萬四百四十七爲歲差）

歲餘九千五百（古曆日斗分）

古者以周天三百六十五度四分度之一是爲斗分夫擧正於中上稽往古下驗當時反覆參求合符應準然後施行于百代爲不易之術自後治曆者測今冬至日晷用校古法過盈以萬爲母課諸氣分率二千五百以下二千四百二十八已上爲中平之率新曆斗分九千五百以萬平之得二千四百二十五半盈得中平之數也而三萬九千年冬至小餘成九千五百日滿朔實一百一十五萬一千六百九十三年齊于日分而氣朔相會

歲周一千四百二十四萬四千五百以元法乘三百六十五度內斗分九千五百得之卽爲一歲之日分故曰歲周（差以二十四均之得一十五日餘八千五百二十秒一十五爲一氣之策也）

朔實一百一十五萬一千六百九十三本會日月之行以盈不足平而得二萬六百九十三是爲朔餘（備在調日法術中）是則四象全策之餘也今以元法乘四象全策二十九總而并之是爲一朔之實也古曆以一百萬平朔餘之分得五十三萬六百以下五百七十以上是爲中平之率新曆以一百萬平之得五十三萬五百八十九得中平之數也（若以四象均之得七日餘一萬四千九百一十三秒是爲弦策也）

中盈朔虛分（閏餘附）

日月以會朔爲正氣序以斗建爲中是故氣進而盈分存焉置中節兩氣之策以一月之策三十減之每至中氣卽一萬七千四十秒十二是爲中盈分朔退而虛分列焉置一月之全策三十以朔策及餘減之餘一萬八千三百七是爲朔虛分綜中盈朔虛分而閏餘章焉（閏餘三萬五千三百四十五秒一十三）從消息而自致以盈虛名焉

紀法六十易乾象之爻九坤象之爻六震坎艮象之爻皆七巽離兌象之爻皆八綜八卦之數凡六十又六旬之數也紀者終也數終八卦故以紀名焉

天正冬至大餘五十七小餘一萬七千先測立冬晷景次取測立春晷景取近者通計半之爲距至汎日乃以晷數相減餘者以法乘之滿其日晷差而一爲差刻乃以差刻（求冬至視其前晷多則爲減少則爲加求夏至者反之）加減距至汎日爲定日仍加半日之刻命從前距日辰算外卽二至加時日辰及刻分所在如此推求則加時與日晷相協今須積歲四百一年（治平元年甲辰歲氣積年也）則冬至大小餘與今適會

天正經朔大餘三十四小餘三萬一千閏餘八十八萬三千九百九十此乃檢括日月交食加時早晚而定之損益在夜半後得戊戌之日以方程約而齊之今須積歲七十一萬一千七百六十一治平元年甲辰歲朔積年也則經朔大小餘與今有之數偕閏餘而相會

日度歲差八萬四百四十七書舉正南之星以正四方蓋先王以明時授人奉天育物然先儒所述互有同異虞喜云堯時冬至日短星昴今二千七百餘年乃東壁中則知每歲漸差之所至又何承天云堯典日永星火以正仲夏宵中星虛以正仲秋今以中星校之所差二十七八度卽堯時冬至日在須女十度故祖冲之脩大明曆始立歲差率四十五年九月却一度虞鄺劉孝孫等因之各有增損以創新法若從虞喜之驗昴中則五十餘年日退一度若依承天之驗火中又不及百年日退一度後皇極綜兩曆之率而要取其中故七十五年而退一度此乃通其意未盡其微今則別調新率改立歲差大率七十七年七月日退一度上元命於虛九可以上覆往古下逮於今自帝堯以來循環考驗新曆歲差皆得其中最爲親近

周天分二十二億七千九百二十萬四百四十七本齊日月之行會合朔而得之在調日法使上考仲康房宿之交下驗姜岌月食之衝三十年間若應準繩則新曆周天有自然冥符之數最爲密近

日躔盈縮定差張胄玄名損益率曰盈縮數劉孝孫以盈縮數爲朓朒積皇極有陟降率遲疾數麟德曰先後盈縮數大衍曰損益朓朒積崇天曰損益盈縮積所謂古曆平朔之日而月或朝覿東方夕見西方則史官謂之朓朒今以日行之所盈縮月行之所遲疾皆損益之或進退其日以爲定朔則舒亟之度乃勢數使然非失政之致也新曆以七千一爲盈縮之極其數與月離相錯而損益盈縮爲名則文約而義見升降分皇極躔衰有陟降率麟德以日景差陟降率日晷景消息爲之義通軌漏夫南至之後日行漸升去極近故晷短而萬物皆盛北至之後日行漸降去極遠故晷長而萬物寖衰自太衍以下皆從麟德今曆消息日行之升降積而爲盈縮焉

赤道宿漢百二年議造曆乃定東西立晷儀下漏刻以追二十八宿相距於四方赤道宿度則其法也其赤道斗二十六度及分牛八度女十二度虛十度危十七度室十六度壁九度奎十六度婁十二度胃十四度昴十一度畢十六度觜二度參九度井三十三度鬼四度柳十五度星七度張十八度翼十八度軫十七度角十二度亢九度氐十五度房五度心五度尾十八度箕十一度自後相承用之至唐初李淳風造渾儀亦無所改開元中浮屠一行作大衍曆詔梁令瓚作黃道游儀測知畢觜參及輿鬼四宿赤道宿度與舊不同畢十七度觜一度參十度鬼三度自一行之後因相沿襲下更五代無所增損至仁宗皇祐初始有詔造黃道渾儀鑄銅爲之自後測驗赤道宿度又一十四宿與一行所測不同斗二十五度牛七度女十一度危十六度室十七度胃十五度畢十八度井三十四度鬼二度柳十四度氐十六度心六度尾十九度箕十度蓋古今之人以八尺圓器欲以盡天體決知其難矣又況圖本所指距星傳習有差故今赤道宿度與古不同自漢太初後至唐開元治曆之初凡八百年間悉無更易今雖測驗與舊不同亦歲月未久新曆兩備其數如淳風從舊之意

月度轉分洪範傳曰晦而月見西方謂之朓月未合朔在日後今在日前太疾也朓者人君舒緩臣下驕盈專權之象朔而月見東方謂之側匿合朔則月與日合今在日後太遲也側匿者人君嚴急臣下危殆恐懼之象盈則進縮則退躔離九道周合三旬考其變行自有常數傳稱人君有疾舒之變未達月有遲速之常也後漢劉洪粗通其旨爾後治曆者多循舊法皆考遲疾之分增損平會之朔得月後定追及日之際而生定朔焉至於加時早晚或速或遲皆由轉分强弱所致舊曆課轉分以九分之五爲强率一百一分之五十六爲弱率乃於强弱之際而求秒焉新曆轉分二百九十八億八千二百二十四萬二千二百五十一以一百萬平之得二十七日五十五萬四千六百二十六最得中平之數舊曆置日餘而求朓朒之數衰次不倫今從其度而遲疾有漸用之課驗稍符天度

轉度母轉法會周附本以朔分并周天是爲會周一朔之月常度也名周本母去其朔差爲轉終朔差乃終外之數也各以等數約之卽得實用之數乃以等數約本母爲轉度母齊數也又以等數約月分爲轉法亦名轉日法也以轉法約轉終得轉日及餘本曆揔立此數皆古曆所未有約得八千一百一十二萬爲轉度母二百九十八億八千二百二十四萬二千二百五十一爲轉終分三百二十億二千五百一十二萬九千二百五十一爲會周一十億八千四百四十七萬三千爲轉法二十一億四千二百八十八萬七千爲朔差

月離遲疾定差皇極有加減限朓朒積麟德曰增減率遲疾積大衍曰損益率朓朒積崇天亦曰損益率朓朒積所謂日不及平行則損之過平行則益之從陽之義也月不及平行則益之過平行則損之御陰之道也陰陽相錯而以損益遲疾爲名新曆以一萬四千八百一十九爲遲疾之極而得五度八分其數與躔相錯可以知合食加時之早晚也

進朔進朔之法與于麟德自後諸曆因而立法互有不同假令仲夏月朔月行極疾之時合朔當於亥正若不進朔則晨而月見東方若從大衍當戌初進朔則朔日之夕月生於西方新曆察朔日之餘驗月行徐疾變立法率參驗加時常視定朔小餘秋分後四分法之三已上者進一日春分後定朔晨分差如春分之日者三約

之以減四分之二定朔小餘如此數已上者亦進以來日爲朔俾循環合度月不見於朔晨交會無差明必藏於朔夕加時在於午中則晦日之晨同二日之夕皆合月見加時在於酉中則晦日之晨尚見二日之夕未生加時在於子中則晦日之晨不見二日之夕以生定晦朔乃月見之晨夕可知課小餘則加時之早晏無失使坦然不惑觸類而明之

消息數因漏刻立名義通晷景麟德曆差曰屈伸率天晝夜者易進退之象也冬至一陽爻生而晷道漸升夜漏益減象君子之道長故曰息夏至一陰爻生而晷道漸降夜漏益增象君子之道消故曰消表景與陽爲衝從晦者也故與夜漏長短今以屈伸象太陰之行而刻差曰消息數黃道去極日行有南北故晷漏有長短然景差徐疾不同者句股使之然也景直晷中則差遲與句股數齊則差急隨北極高下所遇不同其黃道去極度數與日景漏刻昏晚中星反覆相求消息用率步日景而稽黃道因黃道而生漏刻而正中星四術旋相爲中以合九服之變約而易知簡而易從

六十四卦十二月卦出於孟氏七十二候原於周書後宋景業因劉洪傳卦李淳風據舊曆元圖皆未覩陰陽之賾至開元中浮屠一行考揚子雲太玄經錯綜其數索隱周公三統紀正時訓參其變通著在爻象非深達易象孰能造於此乎今之所脩循一行舊義至於周策分率隨數遷變夫六十卦直常度全次之交者諸侯卦之次三公受之次天子受之五六相錯復協常月之次也竟六日三千四百八十六秒而大夫受之次九卿受凡九三應上九則天微然以靜六三應上六則地鬱然而定九三應上六卽溫六三應上九卽寒上爻陽者風陰者雨各視所直之爻察不刊之象而知五等與君辟之得失過與不及焉七十二候李業興以來迄于麟德凡七家曆皆以雞始乳爲立春初候東風解凍爲次候其餘以次承之與周書相校二十餘日舛訛益甚而一行改從古義今亦以周書爲正

岳臺日晷岳臺者今京師岳臺坊地曰浚儀近古候景之所尚書洛誥稱東土是也禮玉人職土圭長尺有五寸以致日此卽日有常數也司徒職以圭正日晷日至之景尺有五寸謂之地中此卽是地土中致日景與土圭等然表長八尺見於周髀夫天有常運地有常中曆有正象表有定數言日至者明其日至此也景尺有五寸與圭等者是其景晷之眞效然夏至之日尺有五寸之景不因八尺之表將何以得故經見夏至日景者明表有定數也新曆周歲中晷長短皆以八尺之表測候所得名中晷常數交會日月成象於天以辨尊卑之序日君道也月臣道也謫食之變皆與人事相應若人君修德以禳之則或當食而不食故太陰有變行以避日則不食五星潛在日下爲太陰禦侮而扶救則不食涉交數淺或在陽曆日光著盛陰氣衰微則不食德之休明而有小眚焉天爲之隱是以光微蔽之雖交而不見食此四者皆德感之所繇致也按太衍曆議開元十二年七月戊午朔當食時自交阯至朔方同日度景測候之際晶明無雲而不食以曆推之其日入交七百八十四分當食八分半十三年天正南至東封禮畢還次梁宋史官言十二月庚戌朔當食帝曰予方脩先后之職謫見于天是朕之不敏無以對揚上帝之休也於是徹膳素服以俟之而卒不食在位之臣莫不稱慶以謂德之動天不俟終日以曆推之是月入交二度弱當食十五分之十三而陽光日若無纖毫之變雖算術乖舛不宜若是凡治曆之道定分最微故損益毫釐未得其正則上考春秋以來日月交食之載必有所差假令治曆者因開元二食變交限以從之則所協甚少而差失過多由此明之詩云此日而微乃非天之常數也舊曆直求月行入交今則先課交初所在然後與月行更相表裏務通精數

四正食差正交如累壁漸減則有差在內食分多在外食分少交淺則間遙交深則相薄所觀之地又偏所食之時亦別苟非地中皆隨所在而漸異縱交分正等同在南方冬食則多夏食乃少假均冬夏早晚又殊處南辰則高居東西則下視有斜正理不可均月在陽曆校驗古今交食所虧不過其半合置四正食差則斜正於卯酉之間損益於子午之位務從親密以考精微

五星立率五星之行亦因日而立率以示尊卑之義日周四時無所不照君道也星分行列宿臣道也陰陽進退于此取儀刑焉是以當陽而進當陰而退皆得其常故加減之古之推步悉皆順行至秦方有金火逆數大衍曰木星之行與諸星稍異商周之際率一百二十年而超一次至戰國之時其行寖急逮中平之後八十四年而超一次自此之後以爲常率其行也初與日合一十八日行四度乃晨見東方而順行一百八日計行二十二度強而留二十七日乃退行四十六日半退行五度強與日相望旋日而退又四十六日半退五度強復留二十七日而順行一百八日行十八度強乃夕伏西方又十八日行四度復與日合

火星之行初與日合七十日行五十二度乃晨見東方而順行二百八十日計行二百一十六度半弱而留十一日乃退行二十九日退九度與日相望旋日而退又二十九日退九度復留十一日而順行二百八十日行一百六十四度半弱而夕伏西方又七十日行五十二度復與日合

土星之行初與日合二十一日行二度半乃晨見東方順行八十四日計行九度半強而留三十五日乃退行

四十九日退三度半與日相望乃旋日而退又四十九日退三度少復留三十五日又順行八十四日行七度强而夕伏西方又二十一日行二度半復與日合

金星之行初與日合五十八日半行四十九度太而夕見西方乃順行二百三十一日計行二百五十一度半而留七日乃退行九日退四度半而夕伏西方又六日半退四度太與日再合又六日半退四度太而晨見東方又退九日逆行四度半而復留七日而復順行二百三十一日行二百五十一度半乃晨伏東方又三十八日半行四十九度太復與日會

水星之行初與日合十五日行三十三度乃夕見西方而順行三十日計行六十六度而留三日乃夕伏西方而退十日退八度與日再合又退十日退八度乃晨見東方而復留二日又順行三十三日行三十三度而晨伏東方又十五日行三十三度與日復會一行云五星伏見留逆之效表裏盈縮之行皆係之於時驗之於政小失則小變大失則大變事微而象微事章而象章蓋皇天降譴以警悟人主又或算者昧於象占者迷於數覩五星失行悉謂之曆舛以數象相參兩喪其實大凡校驗之道必稽古今注記使上下相距反覆相求苟獨異常則失行可知矣

星行盈縮五星差行惟火尤甚乃有南侵狼坐北入匏瓜變化超越獨異於常是以日行之分自有盈縮此乃天度廣狹不等氣序升降有差攷今升降之分積爲盈縮之數凡五星入氣加減興于張子信以後方士各自增損以求親密而開元曆別爲四象六爻均以進退今則別立盈縮與舊異

五星見伏五星見伏皆以日度爲規日度之運既進退不常星行之差亦隨而增損是以五星見伏先考日度之行今則審日行盈縮究星纏進退五星見伏率皆密近舊說水星晨應見不見在雨水後穀雨前夕應見不見在處暑後霜降前又云五星在卯酉南則見遲伏早在卯酉北則見早伏遲蓋天勢使之然也

步氣朔術

演紀上元甲子歲距治平元年甲辰歲積七十一萬一千七百六十算外上驗往古每年減一算下算將來每年加一算

元法三萬九千

歲周一千四百二十四萬四千五百

朔實一百一十五萬一千六百九十三

歲周三百六十五日餘九千五百

朔策二十九餘二萬六百九十三

望策一十四餘二萬九千八百四十六半

弦策七餘一萬四千九百二十三秒

氣策一十五餘八千五百二十秒一十五

中盈分一萬七千四十一秒一十二

朔虛分一萬八千三百七

閏限一百一十一萬六千三百四十四秒六

歲閏四十二萬四千一百八十四

月閏三萬五千三百四十八秒一十二

没限三萬四百七十九秒三

紀法六十秒母一十八

求天正冬至置所求積年以歲周乘之爲天正冬至氣積分滿元法除之爲積日不滿爲小餘日盈紀法去之不盡命甲子算外即得所求年前天正冬至日辰及餘

求次氣置天正冬至大小餘以氣策加之即得次氣大小餘若秒盈秒母從小餘小餘滿元法從大餘大餘滿紀法即去之命大餘甲子算外即次氣日辰及餘餘氣累而求之

求天正經朔置天正冬至氣積分滿朔實去之爲積月不盡爲閏餘盈元法爲日不盈爲餘以減天正冬至大小餘爲天正經朔大小餘大餘不足減加紀法小餘不足減退大餘加元法以減之命大餘甲子算外即得所求年前天正經朔日辰及餘

求弦望及次朔經日置天正經朔大小餘以弦策累加之命如前即得弦望及次朔經日日辰及餘

求没日置有没之氣小餘二十四氣小餘在没限已上者爲有没之氣以秒母乘之其秒從之用減七十一萬二千二百二十五餘以一萬二百二十五除之爲没日不滿爲餘以没日加其氣大餘命甲子算外即其氣没日日辰

求減日置有減經朔小餘經朔小餘不滿朔虛分者爲有減之朔以三十乘之滿朔虛分爲減日不滿爲餘以減日加經朔大餘命甲子算外即其月減日日辰

步發斂術

候策五餘二千八百四十秒五

卦策六餘三千四百八秒六

土王策三餘一千七百四秒三

辰法三千二百五十刻法三百九十

半辰法一千六百二十五秒母一十八

求七十二候各置中節大小餘命之爲初候以候策加之爲次候又加之爲末候各命甲子算外即得其候日辰

求六十四卦各因中氣大小餘命之爲公卦用事日以卦策加之即次卦用事日以土王策加諸侯之卦得十有二節之初外卦用事日

求五行用事日各因四立之節大小餘命之即春木夏火秋金冬水首用事日以土王策減四季中氣大小餘命甲子算外即其月土始用事日也

求發斂加時各置小餘滿辰法除之爲辰數不滿者刻法而一爲刻又不滿爲分命辰數從子正算外即得所求加時辰時若以半辰之數加而命之即得辰初後所入刻數

求發斂去經朔置天正經朔閏餘以月閏累加之即每月閏餘滿元法除之爲閏日不盡爲小餘即得其月中氣去經朔日及餘秒其閏餘滿閏限即爲置閏以月內無中氣爲定

求卦候去經朔各以卦候策及餘秒累加減之中氣前減中氣後加即各得卦候去經朔日及餘秒

步日躔術

日度母六百二十四萬

周天分二十二億七千九百二十萬四百四十七

周天三百六十五度餘一百六十四萬四百四十七約分二千五百六十四秒八十二

歲差八萬四百四十七

二至限一百八十二度餘二萬四千二百五十約分六千二百一十八

一象度九十一餘一萬二千一百二十五約分三千一百九

求朔弦望入盈縮度置二至限度及餘以天正閏日及餘減之餘爲天正經朔入縮度及餘以弦策累加之滿二至限度及餘去之則盈入縮縮入盈而互得之即得弦望及次經朔日所入盈縮度及餘其餘以一萬乘之元法除之即得約分

求朔弦望盈縮差及定差各置朔弦望所入盈縮度及約分如在象度分以下者爲在初已上者覆減二至限餘爲在末置初末度分於上列二至於下以上減下餘以下乘上爲積數滿四千一百三十五除之爲度不滿退除爲分命曰盈縮差度及分若以四百乘積數滿五百六十七除之爲盈縮定差若用立成者以其度損益率乘度除滿元法而一所得以損益其度下盈縮積爲定差度其損益初末分爲二日者各隨其初末以乘除其後皆如此例

求定氣日冬夏二至盈縮之端以常爲定餘者以其氣所得盈縮差度及分盈減縮加常氣日及約分即爲其氣定日及分

赤道宿度

斗二十六　牛八　女十二　虛十及分

危十七　室十六　壁九

北方七宿九十八度餘一百六十萬四百四十七約分二千五百六十四

奎十六　婁十二　胃十四　昴十一

畢十七　觜一　參十

西方七宿八十一度

井三十三　鬼三　柳十五　星七

張十八　翼十八　軫十七

南方七宿一百一十一度

角十二　亢九　氐十五　房五

心五　尾十八　箕十一

東方七宿七十五度

前皆赤道度自大衍以下以儀測定用爲常數赤道者常道也紘於天半以格黃道

求天正冬至赤道日度以歲差乘所求積年滿周天分去之不盡用減周天分餘以度母除之一度爲度不滿爲餘餘以一萬乘之度母退除爲約分命起赤道虛宿六度去之至不滿宿即所求年天正冬至加時赤道日躔所在宿度及分

求夏至赤道加時日度置天正冬至加時赤道日度以二至限度及分加之滿赤道宿度去之即得夏至加時赤道日度若求二至昏後夜半赤道日度者各以二至之日約餘減一萬分餘以加二至加時赤道日度即爲二至初日昏後夜半赤道日度每日加一度滿赤道宿度去之即得每日昏後夜半赤道日度

求赤道宿積度置冬至加時赤道宿全度以冬至赤道加時日度減之餘爲距後度及分以赤道宿度累加之即各得赤道其宿積度及分

求赤道宿積度入初末限各置赤道宿積度及分滿九十一度三十一分去之餘在四十五度六十五分半以下分以百爲母爲在初限以上者用減九十一度三十一分餘爲入末限度及分

求二十八宿黃道度各置赤道宿入初末限度及分用減一百一十一度三十七分餘以乘初末限度及分進一位以一萬約之所得命曰黃赤道差度及分在至後分前減在分後至前加皆加減赤道宿積度及分爲其宿黃道積度及分以前宿黃道積度減其宿黃道積度爲其宿黃道及分其分就近爲太半少

黃道宿度

斗二十三半　牛七半　女十一半　虛十少秒六十四

危十七太　室十七少　壁九太

北方七宿九十七度半秒六十四

奎十七太　婁十二太　胃十四半　昴十太

畢十六　觜一　參九少

西方七宿八十一度

井三十　鬼二太　柳十四少　星七

張十八太　翼十九半　軫十八太

南方七宿一百一十一度

角十三　亢九半　氐十五半　房五

心四　尾十七　箕十

東方七宿七十四度太

七曜循此黃道宿度準今曆變定若上考往古下驗將來當據歲差每移一度乃依法變從當時宿度然後可步日月五星知其守犯

求天正冬至加時黃道日度以冬至加時赤道日度及分減一百一十一度三十七分餘以冬至加時赤道日度及分乘之進一位滿一萬約之爲度不滿爲分命曰赤道差用減冬至赤道日度及分即爲所求年天正冬至加時黃道日度及分

求冬至之日晨前夜半日度置一萬分以其日升分加之以乘冬至約餘以一萬約之所得以減冬至加時黃道日度即爲冬至之日晨前夜半黃道日度及分

求逐月定朔之日晨前夜半黃道日度置其朔距冬至日數以其度下盈縮積度盈加縮減之餘以加天正冬至夜半日度命之即其月定朔之日晨前夜半日躔所在宿次

求每日晨前夜半黃道日度各置其定朔之日晨前夜半黃道日度每日加一度以其日升降分升加降減之滿黃道宿度去之即各得每日晨前夜半黃道日躔所

在宿度及分若次年冬至小餘滿法者以昇分極數加之

宋史卷七十四考證

律歷志七調日法朔餘周天分斗分歲差日度母附○日度母舊本訛毋下文步日躔術是也

張胄元名損益率曰盈縮數○胄元當作冑元

四正食差正交如累壁○壁當作璧

處南辰則高居東西則下○臣召南按辰字係北字之訛下文謂視有斜正理不可均處南北則正視故高居東西則斜視故下也

赤道宿度斗二十六云云○臣召南按此則明天赤道宿度與崇天同矣

宋史卷七十五

元中書右丞相總裁脫脫等修

律曆志第二十八

律曆八明天曆

步晷漏術

二至限一百八十一日六十二分

一象度九十一度三十一分

消息法一萬六百八十九

辰法三千二百五十

刻法三百九十

半辰法一千六百二十五

昏明刻分九百七十五

昏明二刻一百九十五分

冬至岳臺晷景常數一丈二尺八寸五分

夏至岳臺晷景常數一尺五寸七分

冬至後初限夏至後末限四十五日六十二分

夏至後初限冬至後末限一百三十七日

求岳臺晷景入二至後日數計入二至後來日數以二至約餘減之仍加半日之分卽爲入二至後來日午中積數及分

求岳臺晷景午中定數置所求午中積數加初限以下者爲在初以上者覆減二至限餘爲在末其在冬至後初限夏至後末限者以入限日減一千九百三十七半爲汎差仍以入限日分乘其日盈縮積盈縮積在日度術中五因百約之用減汎差爲定差乃以入限日分自相乘以乘定差滿一百萬爲尺不滿爲寸爲分及小分以減冬至常晷餘爲其日午中晷景定數若所求入冬至後末限夏至後初限者乃三約入限日分以減四百八十五少餘爲汎差仍以盈縮差減極數餘者若在春分後秋分前者直以四約之以加　汎差爲定差若春分前秋分後者以去二分日數及分乘之滿六百而一以減汎差餘爲定差乃以入限日分自相乘以乘定差滿一百萬爲尺不滿爲寸爲分及小分以加夏至常晷卽爲其日午中晷景定數

求每日消息定數置所求日中日度分如在二至限以下者爲在息以上者去之餘爲在消又視入消息度加一象以下者爲在初以上者覆減二至限餘爲在末其初末度自相乘以一萬乘而再折之滿消息法除之爲常數乃副之用減一千九百五十餘以乘其副滿八千六百五十除之所得以加常數爲所求消息定數

求每日黃道去極度及赤道內外度置其日消息定數以四因之滿三百二十五除之爲度不滿退除爲分所得在春分後加六十七度三十一分在秋分後減一百一十五度三十一分卽爲所求日黃道去極度及分以黃道去極度與一象度相減餘爲赤道內外度若去極度少爲日在赤道內若去極度多爲日在赤道外

求每日晨昏分及日出入分以其日消息定數春分後加六千八百二十五秋分後減一萬七百二十五餘爲所求日晨分用減元法餘爲昏分以昏明分加晨分爲日出分減昏分爲日入分

求每日距中距子度及每更差度置其日晨分以七百乘之滿七萬四千七百四十二除爲度不滿退除爲分命曰距子度用減半周天餘爲距中度若倍距子度五除之卽爲每更差度及分若依司辰星漏曆則倍距子度減去待旦三十六度五十二分半餘以五約之卽每更差度

求每日夜半定漏置其日晨分以刻法除之爲刻不滿爲分卽所求日夜半定漏

求每日晝夜刻及日出入晨刻倍夜半定漏加五刻爲定刻用減一百刻餘爲晝刻以昏明刻加夜半定漏滿辰法除之爲辰數不滿刻法除之爲刻又不滿爲刻分命辰數從子正算外卽日出辰刻以晝刻加之命如前卽日入辰刻若以半辰刻加之卽命從辰初也

求更點辰刻倍夜半定漏二十五而一爲點差刻五因之爲更差刻以昏明刻加日入辰刻卽甲夜辰刻以更點差刻累加之滿辰刻及分去之各得更點所入辰刻及分若同司辰星漏曆者倍夜半定漏減去待旦一十刻餘依術求之卽同內中更點

求昏曉及五更中星置距中度以其日昏後夜半赤道日度加而命之卽其日昏中星所格宿次其昏中星便爲初更中星以每更差度加而命之卽乙夜所格中星累加之得逐更中星所格宿次又倍距子度加昏中星命之卽曉中星所格宿次若同司辰星漏曆中星則倍距子度減去待旦十刻之度

三十六度五十二分半餘約之爲五更即同內中更點中星

求九服距差日各於所在立表候之若地在岳臺北測冬至後與岳臺冬至晷景同者累冬至後至其日爲距差日若地在岳臺南測夏至後與岳臺晷景同者累夏至後至其日爲距差日

求九服晷景若地在岳臺北冬至前後者以冬至前後日數減距差日爲餘日以餘日減一千九百三十七半爲汎差依前術求之以加岳臺冬至晷景常數爲其地其日中晷常數若冬至前後日多於距差日乃減去距差日餘依前術求之即得其地其日中晷常數若地在岳臺南夏至前後者以夏至前後日數減距差日爲餘日乃三約之以減四百八十五少爲汎差依前術求之以減岳臺夏至晷景常數即其地其日中晷常數如夏至前後日數多於距差日乃減岳臺夏至常晷餘即晷在表南也若夏至前後日多於距差日即減去距差日餘依前術求之各得其地其日中晷常數若求定數依立成以求午中晷景定數

求九服所在晝夜漏刻冬夏二至各於所在下水漏以定其地二至夜刻乃相減餘爲冬夏至差刻置岳臺其日消息定數以其地二至差刻乘之如岳臺二至差刻二十而一所得爲其地其日消息定數乃倍消息定數滿刻法約之爲刻不滿爲分乃加減其地二至夜刻秋分後春分前減冬至夜刻春分後秋分前加夏至夜刻爲其地其日夜刻用減一百刻餘爲晝刻其日出入辰刻及距中度五更中星竝依前術求之

步月離術

轉度毋八千一百一十二萬

轉中分二百九十八億八千二百二十四萬二千二百五十一

朔差二十一億四千二百八十八萬七千

朔差二十六度餘三千三百七十六萬七千約餘四千一百六十二半

轉法一十億八千四百四十七萬三千

會周三百二十億二千五百一十二萬九千二百五十一

轉終三百六十八度餘三十八萬二千二百五十一約餘三千七百八

轉終二十七日餘六億一百四十七萬一千二百五十一約餘五千五百四十六

中度一百八十四度餘一千五百四萬一千一百二十五半約餘一千八百五十四

象度九十二度餘七百五十二萬五百六十二太約分九百三十七

月平行十三度餘二千九百九十一萬三千約分三千六百八十七

望差一百九十七度餘三千一百九十二萬四千六百二十五半約分三千九百三十四

弦差九十八度餘五千六百五十二萬二千三百一十二太約分六千九百六十七

日衰一十八小分九

求月行入轉度以朔差乘所求積月滿轉中分去之不盡爲轉餘滿轉度毋除爲度不滿爲餘其餘若以一萬乘之滿轉度毋除之即得約分若以轉法除轉餘即爲入轉日及餘即得所求月加時入轉度及餘若以弦度及餘累加之即得上弦望下弦及後朔加時入轉度及分其度若滿轉終度及餘去之其入轉度如在中度以下爲月行在疾曆如在中度以上者乃減去中度及餘爲月入遲曆

求月行遲疾差度及定差置所求月行入遲速度如在象度以下爲在初以上覆減中度餘爲在末其度餘用約分百爲毋置初末度於上列二百一度九分於下以上減下餘以下乘上爲積數滿一千九百七十六除爲度不滿退除爲分命曰遲疾差度在疾爲減在遲爲加以一萬乘積數滿六千七百七十三半除之爲遲疾定差疾加遲減若用立成者以其度下損益率乘度餘滿轉度毋而一所得隨其損益即得遲疾及定差其遲疾初末損益分爲二日者各加其初末以乘除

求朔弦望所直度下月行定分置遲疾所入初末度分進一位滿七百三十九除之用減一百二十七餘爲衰差以衰差疾初遲末減遲初疾末加皆加減平行度分爲其度所直月行定分其度以百命爲分

求朔弦望定日各以日躔盈縮月行遲疾定差加減經朔弦望小餘滿若不足進退大餘命甲子算外各得定日日辰及餘若定朔干名與後朔干名同者月大不同月小月內無中氣者爲閏月凡注曆觀定朔小餘秋分後四分之三已上者進一日若春分後其定朔晨分差如春分之日者三約之以減四分之二如定朔小餘及此數已上者進一日朔或當交有食初虧在日入已前者其朔不進弦望定小餘不滿日出分者退一日其望或當交有食初虧在日出已前其定望小餘雖滿日出分者亦退之又月行九道遲疾曆有三大二小日行盈縮累增損之則有四大三小理數然也若循其常則當察加時早晚隨其所近而進退之使月之大小不過連三舊說正月朔有交必須消息前後一兩月移食在晦二之日且日食當朔月食當望蓋自然之理夫日之食蓋天之垂誡警悟時政若通化得中則變咎爲祥國家務以至公理天下不可私移晦朔宜順天誡故春秋傳書日食乃糺正其朔不可專移食於晦二其正月朔有交一從近典不可移避

求朔定弦望加時日度置朔弦望中日及約分以日躔盈縮度及分盈加縮減之又以元法退除遲疾定差疾加遲減之餘爲其朔弦望加時定日以天正冬至加時黃道日度加而命之即所求朔弦望加時定日所在宿次朔望有交則依後術

求月行九道凡合朔所交冬在陰曆夏在陽曆月行青道冬至夏至後青道半交在春分之宿當黃道東立夏立冬後青道半交在立春之宿當黃道東南至所衝之宿亦如之冬在陽曆夏在陰曆月行白道冬至夏至後白道半交在秋分之宿當黃道西立冬立夏後白道半交在立秋之宿當黃道西北至所衝之宿亦如之春在陽曆秋在陰曆月行朱道春分秋分後朱道半交在夏至之宿當黃道南立春立秋後朱道半交在立夏之宿當黃道西南至所衝之宿亦如之春在陰曆秋在陽曆月行黑道春分秋分後黑道半交在冬至之宿當黃道正北立春立秋立秋後黑道半交在立冬之宿當黃道東北至所衝之宿亦如之四序月離爲八節至陰陽之所交皆與黃道相會故月行九道各視月所入正交積度視正交九道宿度所入節候即其道其節所起滿象度及分去之餘入交積度及象度竝在交會術中若在半象以下爲在初限以上覆減象度及分爲在末限用減一百一十一度三十七分餘以所入初末限度及分乘之退位半之滿百爲度不滿爲分所得爲月行與黃道差數距半交後正交前以差數減距正交後半交前以差數加此加減出入六度單與黃道相較之數若較之赤道隨數遷變不常計去二至以

來度數乘黃道所差九十而一爲月行與黃道差數。凡日以赤道內爲陰，外爲陽；月以黃道內爲陰，外爲陽。故月行宿度入春分交後行陰曆、秋分交後行陽曆皆爲同名，若入春分交後行陽曆、秋分交後行陰曆皆爲異名。其在同名，以差數加者加之，減者減之；其在異名，以差數加者減之，減者加之。皆加減黃道宿積度爲九道宿積度，以前宿九道宿積度減其宿九道宿積度，餘爲其宿九道宿度及分。（其分就近約爲太半少三數。）

求月行九道入交度：置其朔加時定日度，以其朔交初度及分減之，餘爲其朔加時月行入交度及餘。（其餘以一萬乘之，以元法退除之，卽爲約餘。）以天正冬至加時黃道日度加而命之，卽正交月離所在黃道宿度。

求正交加時月離九道宿度：以正交度及分減一百一十一度三十七分，餘以正交度及分乘之，退一等，半之，滿百爲度，不滿爲分，所得命曰定差。以定差加黃道宿度，計去冬夏至以來度數，乘定差，九十而一，所得依同異名加減之，滿若不足，進退其度，命如前，卽正交加時月離九道宿度及分。

求定朔弦望加時月離所在宿度：各置其日加時日躔所在，變從九道，循次相加。凡合朔加時，月行潛在日下，與太陽同度，是爲加時月離宿次。（先置朔弦望加時黃道宿度，以正交加時黃道宿度減之，餘以加其正交加時九道宿度，命起正交宿次，算外，卽朔弦望加時所當九道宿度。其今朔加時若非正近，則日在黃道，月在九道，各入宿度，雖多少不同，考其去極，若應繩準，故云月行潛在日下，與太陽同度。）各以弦望度及分加其所當九道宿度，滿宿次去之，各得加時九道月離宿次。

求定朔夜半入轉：以所求經朔小餘減其朔加時入轉日餘，（其經朔小餘以二萬七千八百七乘之，卽母轉法。）爲其經朔夜半入轉。若定朔大餘有進退者，亦進退轉日，無進退則因經爲定。（其餘以轉法退收之，卽爲約分。）

求次月定朔夜半入轉：因定朔夜半入轉，大月加二日，小月加一日，餘分皆加四千四百五十四，滿轉終日及約分去之，卽次月定朔夜半入轉。累加一日，去命如前，各得逐日夜半入轉日及分。

求定朔弦望夜半月度：各置加時小餘，（若非朔望有交者，有用定朔弦望小餘。）以其日月行度分乘之，滿元法而一爲度，不滿退除爲分，命曰加時度。以減其日加時月度，卽各得所求夜半月度。

求晨昏月：以晨昏乘其日月行定分，元法而一，爲晨度；用減月行定分，餘爲昏度。各以晨昏度加夜半月度，卽所求晨昏月所在宿度。

求朔弦望晨昏定程：各以其朔昏定月減上弦昏定月，餘爲朔後昏定程；以上弦昏定月減望昏定月，餘爲上弦後昏定程；以望晨定月減下弦晨定月，餘爲望後晨定程；以下弦晨定月減次朔晨定月，餘爲下弦後晨定程。

求轉積度：計四七日月行定分，以日衰加減之，爲逐日月行定程。乃自所入日計求定之，爲其程轉積度分。（其四七日月行定分者，初日益遲一千二百一十，七日漸疾一千三百四十一，十四日損疾一千四百六十一，二十一日漸遲一千三百二十八。乃觀其遲疾之極差而損益之，以百爲分母。）

求每日晨昏月：以轉積度與晨昏定程相減，餘以距後程日數除之，爲日差。（定程多爲加，定程少爲減。）以加減每日月行定分，爲每日轉定度及分。以每日轉定度及分加朔弦望晨昏月，滿九道宿次去之，卽爲每日晨昏月離所在宿度及分。（凡注曆，朔後注昏，望後注晨。）已前月度，並依九道所推，以究算術之精微。若注曆求其速要者，卽依後術以推黃道月度。

求天正十一月定朔夜半平行：以天正經朔小餘乘平行度分，元法而一爲度，不滿退除爲分秒，所得爲經朔加時度。用減其朔中日，卽經朔晨前夜半平行月積度。（若定朔有進退，以平行度分加減之。）卽爲天正十一月定朔之日晨前夜半平行月積度及分。

求次月定朔之日夜半平行月：置天正定朔之日夜半平行月，大月加三十五度八十分六十一秒，小月加二十二度四十三分七十三秒半，滿周天度分卽去之，卽每月定朔之晨前夜半平行月積度及分秒。

求定弦望夜半平行月：計弦望距定朔日數，以乘平行度及分秒，以加其定朔夜半平行月積度及分秒，卽定弦望之日夜半平行月積度及分秒。（亦可直求朔望，不復求度，從簡易也。）

求天正定朔夜半入轉度：置天正經朔小餘，以平行月度及分乘之，滿元法除爲度，不滿退除爲分秒，命爲加時度。以減天正十一月經朔加時入轉度及約分，餘爲天正十一月經朔夜半入轉度及分。若定朔大餘有進退者，亦進退平行度分，卽爲天正十一月定朔之日晨前夜半入轉度及分秒。

求次月定朔及弦望夜半入轉度：因天正十一月定朔夜半入轉度分，大月加三十二度六十九分一十七秒，小月加十九度三十二分二十九秒半，卽各得次月定朔夜半入轉度及分。各以朔弦望相距日數乘平行度分以加之，滿轉終度及秒卽去之。如在中度以下者爲在疾，以上者去之，餘爲入遲曆，卽各得次朔弦望定日晨前夜半入轉度及分。（若以平行月度及分收之，卽爲定朔弦望入轉日。）

求定朔弦望夜半定月：以定朔弦望夜半入轉度分乘其度損益衰，以一萬約之爲分，百約之爲秒，損益其度下遲疾度，爲遲疾定度。乃以遲加疾減夜半平行月，爲朔弦望夜半定月積度。以冬至加時黃道日度加而命之，卽定朔弦望夜半月離所在宿次。（若有求晨昏月，以其日晨昏分乘其日月行定分，元法而一，所得爲晨昏度，以加其夜半定月，卽得朔弦望晨昏月度。）

求朔弦望定程：各以朔弦望定月相減，餘爲定程。（若求晨昏定程，則用晨昏定月相減，朔後用昏，望後用晨。）

求朔弦望轉積度分：計四七日月行定分，以日衰加減之爲逐日月行定分乃自所入日計之爲其程轉積度分（其四七日月行定分者初日益遲一千二百一十七日漸疾一千三百四十一十四日損疾一千四百六十一二十一日漸遲一千三百二十八乃視其遲疾之極差而損益之分以百爲母）

求每日月離宿次各以其朔弦望定程與轉積度相減餘爲程差以距後程日數除之爲日差（定程多爲益差定程少爲損差）以日差加減月行定分爲每日月行定分以每日月行定分累加定朔弦望夜半月在宿次命之卽每日晨前夜半月離宿次（如晨昏宿次卽得每日晨昏月度）

步交會術

交度母六百二十四萬

周天分二十二億七千九百二十萬四百四十七

朔差九百九十萬一千一百五十九

朔差一度餘三百六十六萬一千一百五十九

望差空度餘四百九十五萬五百七十九半

半周天一百八十二度（餘三百九十二萬二百二十三半約分六千二百八十二）

日食限一千四百六十四

月食限一千三百三十八

盈初限縮末限六十度八十七分半

縮初限盈末限一百二十一度七十五分

求交初度置所求積月以朔差乘之滿周天分去之不盡覆減周天分滿交度母除之爲度不滿爲餘卽得所求月交初度及餘以半周天加之滿周天去之餘爲交中度及餘（若以望差減之卽得其月望交初度及餘以朔差減之卽得次月交初度及餘以交度母退除卽得餘分若以天正黃道日度加而命之卽各得交初中所在宿度及分）

求日月食甚小餘及加時辰刻以其朔望月行遲疾定差疾加遲減經朔望小餘（若不足減者退大餘一加元法以減之若加之滿法者但積其數）以一千三百三十七乘之滿其度所直月行定分除之爲月行差數乃以日躔盈定差盈加縮減之餘爲其朔望食甚小餘（凡加減滿若不足進退其日此朔望加時以究月行遲疾之數若非有交會直以經定小餘爲定）置之如前發斂加時術入之卽各得日月食甚所在晨刻（視食甚小餘加半法以下者覆減半法餘爲午前分半法已上者減去半法餘爲午後分）

求朔望加時日月度以其朔望加時小餘與經朔望小餘相減餘以元法退收之以加減其朔望中日及約分（經朔望少加經朔望多減）爲其朔望加時中日乃以所入日昇降分乘所入日約分以一萬約之所得隨以損益其日下盈縮積爲盈縮定度以盈加縮減加時中日爲其朔望加時定日望則更加半周天爲加時定月以天正冬至加時黃道日度加而命之卽得所求朔望加時日月所在宿度及分

求朔望日月加時去交度分置朔望日月加時定度與交初交中度相減餘爲去交度分（就近者相減之其度以百通之爲分）加時度多爲後少爲前卽得其朔望去交前後分（交初後交中前爲月行外道陽曆交中後交初前爲月行內道陰曆）

求日食四正食差定數置其朔加時定日如半周天以下者爲在盈以上者去之餘爲在縮視之如在初限以下者爲在初以上者覆減二至限餘爲在末置初末限度及分（盈初限縮末限者倍之）置於上位列二百四十三度半於下以上減下餘以下乘上以一百六乘之滿三千九十三除之爲東西食差汎數凡減五百八餘爲南北食差汎數其求南北食差定數者乃視午前後分如四分法之一以下者覆減之餘以乘汎數若以上者卽去之餘以乘汎數皆滿九千七百五十除之爲南北食差定數盈初縮末限者（食甚在卯酉以南內減外加食甚在卯酉以北內加外減）縮初盈末限者（食甚在卯酉以南內加外減食甚在卯酉以北內減外加）其求東西食差定數者乃視午前後分如四分法之一以下者以乘汎數以上者覆減半法餘乘汎數皆滿九千七百五十除之爲東西食差定數盈初縮末限者（食甚在子午以東內減外加食甚在子午以西內加外減）縮初盈末限者（食甚在子午以東內加外減食甚在子午以西內減外加）卽得其朔四正食差加減定數

求日月食去交定分視其朔四正食差加減定數同名相從異名相消餘爲食差加減總數以加減去交分餘爲日食去交定分（其去交定分不足減乃覆減食差總數若陽曆覆減入陰曆爲入食限若陰曆覆減入陽曆爲不入食限凡加之滿食限已上者亦不入食限）其望食者以其望去交分便爲其望月食去交定分

求日月食分日食者視去交定分如食限三之一以下者倍之類同陽曆食分以上者覆減食限餘爲陰曆食分皆進一位滿九百七十六除爲大分不滿爲除爲小分命十爲限卽日食之大小分月食者視去交定分如食限三之一以下者退旣以上者覆減食限餘進一位滿八百九十二除之爲大分不滿退除爲小分命十爲限卽月食之大小分（其食不滿大分者雖交而數淺或不見食也）

求日食汎用刻分置陰陽曆食分於上列一千九百五十二於下以上減下餘以乘上滿二百七十一除之爲日食汎用刻分

求月食汎用刻分置去交定分自相乘交初以四百五十九除交中以五百四十除之所得交初以減三千九百交中以減三千三百一十五餘爲月食汎用刻分

求日月食定用刻分置日月食汎用刻分以一千三百三十七乘之以所直度下月行定分除之所得爲日月食定用刻分

求日月食虧初復滿時刻以定用刻分減食甚小餘爲虧初小餘加食甚爲復滿小餘各滿辰法爲辰數不盡滿刻法除之爲刻數不滿爲分命辰數從子正算外卽得虧初復末辰刻及分（若以立辰數加之卽命從時初也）

求日月食初虧復滿方位其日食在陽曆者初食西南甚於正南復於東南日在陰曆者初食西北甚於正北復於東北其食過八分者皆初食正西復於正東其月食者月在陰曆初食東南甚於正南復於西南月在陽曆初食東北甚於正北復於西北其食八分已上者皆

初食正東復於正西(此皆審其食甚所向據午正而論之其食餘方審其斜正則初虧復滿乃可知矣)

求月食更點定法倍其望晨分五而一爲更法又五而一爲點法(若依司晨星注曆同內中更點則倍晨分減去待旦十刻之分餘五而一爲更法又五而一爲點法)

求月食入更點各置初虧食甚復滿小餘如在晨分以下者加晨分如在昏分以上者減去昏分餘以更法除之爲更數不滿以點法除之爲點數其更數命初更算外卽各得所入更點

求月食既內外刻分置月食去交分覆減食限三之一(不及減者爲食不既)餘列於上位乃列三之二於下以上減下餘以下乘上以一百七十除之所得以定用刻分乘之滿汎用刻分除之爲月食既內刻分用減定用刻分餘爲既外刻分

求日月帶食出入所見分數視食甚小餘在日出分以下者爲月見食甚日不見食甚以日出分減復滿小餘若食甚小餘在日出分已上者爲日見食甚月不見食甚以初虧小餘減日出分各爲帶食差(若月食既者以既內刻分減帶食差餘乘所食分既外刻分而一不及減者既帶食既出入也)以乘所食之分滿定用刻分而一卽各爲日帶食出月帶食入所見之分(凡虧初小餘多如日出分爲在晝復滿小餘多如日出分爲在夜不帶食出入也)若食甚小餘在日入分以下者爲日見食甚月不見食甚以日入分減復滿小餘若食甚小餘在日入分已上者爲月見食甚日不見食甚以初虧小餘減日入分各爲帶食差(若月食既者以既內刻分減帶食差餘乘所差分既外刻分而一不及減者卽帶食既出入也)以乘所食之分滿定用刻分而一卽各爲日帶食入月帶食出所見之分(凡虧初小餘多如日入分爲在夜復滿小餘少如日入分爲在晝並不帶食出入也)

步五星術

木星終率一千五百五十五萬六千五百四

終日三百九十八日(餘三萬四千五百四約分八千八百四十七)

曆差六萬一千七百五十

見伏常度一十四度

變段變日	變度	曆度	初行率
前一二十八日	四度	二度九十二	二十一六十四
前二三十六日	七度四十七	五度四十六	一十一六十四
前三三十六日	六度四十	四度六十八	一十九五十五
前四三十六日	四度二十七	三度一十二	一十五四十二
前留二十七日			
前退四十六日四十四	五度三十二	空度六十四	
後退四十六日四十四	五度三十二	空度六十四	一十四八十九
後留二十七日			
後四三十六日	四度二十七	三度一十二	
後三三十六日	六度四十	四度六十八	一十五九十九
後二三十六日	七度四十七	五度四十六	一十九八十六
後一二十八日	四度	二度九十二	二十一八十

火星終率三千四十一萬七千五百三十六

終日七百七十九日(餘三萬六千五百三十六約分九千三百六十八)

曆差六萬一千二百四十

見伏常度一十八度

變段變日	變度	曆度	初行率
前一七十日	五十二度	四十九度二十九	七十五空
前二七十日	五十度三十三	四十七度七十	七十三三十三
前三七十日	四十六度九十七	四十四度五十二	六十九九十八
前四七十日	四十度二十六	三十八度一十六	六十三六十六
前五七十日	二十六度八十四	一十五度四十四	四十七二十二
前留一十一日			
前退二十八日九十七	九度五	二度二十四	
後退二十八日九十七	九度五	二度二十四	四十六十四
後留一十一日			
後五七十日	二十六度八十四	二十五度四十四	
後四七十日	四十度二十六	三十八度一十六	五十一度三十六
後三七十日	四十六度九十七	四十四度五十二	六十四二十二
後二七十日	四十度三十三	四十七度七十	七十四十六
後一七十日	五十二度	四十九度二十九	七十三五十六

土星終率一千四百七十四萬五千四百四十六

終日三百七十八日(餘三千四百四十六約分八百八十三)

曆差六萬一千三百五十

見伏常度一十八度半

變段變日	變度	曆度	初行率
前一二十一日	二度五十	一度五十四	一十四四十一
前二四十二日	四度二十九	二度六十四	一十一二十三
前三四十二日	二度八十六	一度七十六	八八十五
前留三十五日			
前退四十九日四	三度二十三	空度四十八	
後退四十九日四	三度二十三	空度四十八	八五十七
後留三十五日			
後三四十二日	二度八十六	一度七十六	
後二四十二日	四度二十九	一度六十四	九一十八
後一二十一日	二度五十四	一度五十四	一十一三十九

金星終率二千二百七十七萬二千一百九十六

終日五百八十三日(餘三萬五千一百九十六約分九千二十四)

見伏常度一十一度少

變段變日	變度	初行率
前一三十八日五十	四十九度七十五	一百二十九五十二
前二三十八日五十	四十九度三十七	一百二十八八十三
前三三十八日五十	四十八度五十九	一百二十六四十三
前四三十八日五十	四十七度二	一百二十四五十七
前五三十八日五十	四十三度九十九	一百一十八八十八
前六三十八日五十	四十七度六十二	一百七四十八
前七三十八日五十	三十五度八	八十四六十八

段目	度	初行率
夕留七日		
夕退八日九十五	四度六十二	六十二二十
夕伏退六日五十	四度七十五	八十三九十四
晨伏退六日五十	四度七十五	六十二二十
晨退八日九十五	四度六十二	
晨留七日		
後七三十八日五十	三十五度八	
後六三十八日五十	三十七度六十二	八十七度九十四
後五三十八日五十	四十三度九	一百九一十二
後四三十八日五十	四十七度二	一百一十九九十九
後三三十八日五十	四十八度五十九	一百二十四九十九
後二三十八日五十	四十九度三十七	一百二十七六十三
後一三十八日五十	四十九度七十五	一百二十八九十二

水星終率四百五十一萬九千一百八十四（改九千一百九十四）

終日一百一十五日（餘三萬四千一百八十四約分八千七百六十四）

見伏常度一十八度

變段變日	變度	初行率
前二十五日	三十三度	二百四十七五十
前二三十日	三十三度	一百七十六
前留三日		
夕伏退九日九十四	八度六	
晨伏退九日九十四	八度六	一百三十六七十二
後留三日		
後二三十日	三十三度	
後一一十五日	三十三度	一百九十二五十

求五星天正冬至後諸段中積中星置氣積分冬以其星終率去之不盡覆減終率餘滿元法爲日不滿退除爲分即天正冬至後其星平合中積重列之爲中星因命爲前一段之初以諸段變日變度累加減之即爲諸段中星（變日加減中積變度加減中星）

求木火土三星入曆以其星曆差乘積年滿周天分去之不盡以度母除之爲度不滿退除爲分命曰差度以減其星平合中星即爲平合入曆度以其星其段曆度加之滿周天度分即去之各得其星其段入曆度分（金水附日而行更不求曆差其木火土三星前變爲晨後變爲夕金水二星前變爲夕後變爲晨）

求木土火三星諸段盈縮定差木土二星置其星其段入曆度分如半周天以下者爲在盈以上者減去半周天餘爲在縮置盈縮度分如在一象以下者爲在初限以上者覆減半周天餘爲在末限置初末限度及分於上列半周天於下以上減下以下乘上（木進一位土九因之）皆滿百爲分分滿百爲度命曰盈縮定差其火星置盈縮度分如在初限以下者爲在初以上者覆減半周天餘爲在末（以四十五度六十五分半爲初限以一百三十六度九十六分半爲末限度分）置初末限度於上（盈初縮末三因之）列二百七十三度九十三分於下以上減下餘以下乘上以一十二乘之滿百爲度不滿百約爲分命曰盈縮定差（若用立成法以其度下損益率乘度下約分滿百者以損益其度下盈縮差度爲盈縮定差若在留退段者即在盈縮汎差）

求木火土三星留退差置後退後留盈縮汎差各列其星盈縮極度於下（木極度八度三十三分火極度二十二度五十一分土極度七度五十一分）以上減下餘以下乘上（木土三因之火倍之）皆滿百爲度命曰留退差（後退初半之後留全用）其留退差在盈益減損加在縮損減益加其段盈縮汎差爲後退後留定差（因爲後遲初段定差各須類會前留定差觀其盈縮察其降差也）

求五星諸段定積各置其星其段中積以其段盈縮定差盈加縮減之即其星其段定積及分以天正冬至大餘及約分加之滿紀法去之不盡命甲子算外即得日辰（其五星合見伏即爲推算段定日後求見伏合定日即曆注其日）

求五星諸段所在月日各置諸段定積以天正閏日及約分加之滿朔策及分去之爲月數不滿爲入月以來日數及分其月數命從天正十一月算外即其星　其段入其月經朔日數及分（定朔有進退者亦進退其日以日辰爲定若以氣策及約分去定積命從冬至算外即得其段入氣日及分）

求五星諸段加時定星各置其星其段中星以其段盈縮定差盈加縮減之即五星諸段定星若以天正冬至加時黃道日度加而命之即其段加時定星所在宿次（五星皆以前留爲前退初定星後留爲後順初定星）

求五星諸段初日晨前夜半定星木火土三星以其星其段盈縮定差與次度下盈縮定差相減餘爲其度損益差以乘其段初行率一百約之所得以加減其段初行率（在盈益加損減在縮益減損加）以一百乘之爲初行積分又置一百分亦依其數加減之以除初行積分爲初日定行分以乘其段初日約分以一百約之順減退加其段定星爲其段初日晨前夜半定星以天正冬至加時黃道日度加而命之即得所求（金水二星直以初行率便爲初日定行分）

求太陽盈縮度各置其段定積如二至限以下爲在盈以上者去之餘爲在縮又視入盈縮度如一象以下者爲在初以上者覆減二至限餘爲在末置初末限度及分如前日度術求之即得所求（若用立成者直以其度下損益分乘度餘百約之所得損益其度下盈縮差亦得所求）

求諸段日度率以一段日辰相距爲日率又以二段夜半定星相減餘爲其段度率及分

求諸段平行分各置其段度率及分以其段日率除之爲其段平行分

求諸段汎差各以其段平行分與後段平行分相減餘爲汎差併前段汎差四因之退一等爲其段總差（五星前留前後留後一段皆以六因平行分進一等爲其段總差水星爲半總差其在退行者木火土以十二乘其段平行分退一等爲其段總差金星退行者以其段汎差爲總差後變則及用初末水星退行者以其段平行分爲總差若在前後順第一段者乃半次段總差爲其段總差）

求諸段初末日行分各半其段總差加減其段平行分爲其段初末日行分（前變加爲初減爲末後變減爲初加爲末其在退段者前則減爲初

加爲末後則加爲初減爲末若前後段行分多少不倫者乃平注之或總差不備大分者亦平注之皆類會前後初末不可失其衰殺

求諸段日差減其段日率一以除其段總差爲其段日差後行分少爲損後行分多爲益

求每日晨前夜半星行宿次置其段初日行分以日差累損益之爲每日行分以每日行分累加減其段初日晨前夜半宿次命之卽每日星行宿次

徑求其日宿次置所求日減一以乘日差以加減初日行分後少減之後多加之爲所求日行分乃加初日行分而半之以所求日數乘之爲徑求積度以加減其段初日宿次命之卽徑求其日星宿次

求五星定合定日木火土三星以其段初日行分減一百分餘以除其日太陽盈縮分爲日不滿退除爲分命日距合差日及分以差日及分減太陽盈縮分餘爲距合差度以差日差度盈減縮加金水二星平合者以百分減初日行分餘以除其日太陽盈縮分爲日不滿退除爲分命曰距合差日及分以減太陽盈縮分餘爲距合差度以差日差度盈加縮減金水星再合者以初日行分加一百分以除其日太陽盈縮餘爲日不滿退除爲分命曰再合差日以減太陽盈縮分餘爲再合差度以差日差度盈加縮減差度則反其加減皆以加減定積爲再合定日以天正冬至大餘及約分加而命之卽得定合日辰

求五星定見伏木火土三星各以其段初日行分減一百分餘以除其日太陽盈縮分爲日不滿退除爲分以盈減縮加金水二星夕見晨伏者以一百分減初行日分餘以除其日太陽盈縮分爲日不滿退除爲分以盈加縮減其在晨見夕伏者以一百分加其段初日行分以除其日太陽盈縮分爲日不滿退除爲分以盈減縮加皆加減其段定積爲見伏定日以加冬至大餘及約分滿紀法去之命從甲子算外卽得五星見伏定日日辰

琮又論曆曰古今之曆必有術過於前人而可以爲萬世之法者乃爲勝也若一行爲大衍曆議及略例校正歷世以求曆法强弱爲曆家體要得中平之數劉焯悟日行有盈縮之差舊曆推日行平行一度至此方悟日行有盈縮冬至前後定日八十八日八十九分夏至前後定日九十三日七十四分冬至前後日行一度有餘夏至前後日行不及一度李淳風悟定朔之法并氣朔閏餘皆同一術舊曆定朔平注一大一小至此以日行盈縮月行遲疾加減朔餘餘爲定朔望加時以定大小不過三數自此後日食在朔月食在望更無晦二之差舊曆皆須用章歲章月之數使閏餘有差淳風造麟德曆以氣朔閏餘同歸一母張子信悟月行有交道表裏五星有入氣加減北齊學士張子信因葛榮亂隱居海島三十餘年專以圓儀揆測天道始悟月行有交道表裏在表爲外道陽曆在裏爲內道陰曆月行在內道則日有食之月行在外道則無食若月外之人北戶向日之地則反觀有食又舊曆五星率無盈縮至是始悟五星皆有盈縮加減之數宋何承天始悟測景以定氣序景極長冬至景極短夏至始立八尺之表連測十餘年卽知舊景初曆冬至常遲天三日乃造元嘉曆冬至加時比舊退減三日晉姜岌始悟以月食所衝之宿爲日所在之度日所在不知宿度至此以月食之宿所衝爲日所在宿度後漢劉洪作乾象曆始悟月行有遲疾數舊曆月平行十三度十九分度之七至是始悟月行有遲疾之差極遲則日行十二度强極疾則日行十四度太其遲疾極差五度有餘宋祖沖之始悟歲差書堯典曰日短星昴以正仲冬宵中星虛以殷仲秋至今三千餘年中星所差三十餘度則知每歲有漸差之數造大明曆率四十五年九月而退差一度唐徐昇作宣明曆悟日食有氣刻差數舊曆推日食皆平求食分多不允合至是推日食以氣刻差數增損之測日食分數稍近天驗明天曆悟日月會合爲朔所立日法積年有自然之數及立法推求晷景知氣節加時所在自元嘉曆後所立日法以四十九分之二十六爲强率以十七分之九爲弱率并强弱之數爲日法朔餘自後諸曆效之殊不知日月會合爲朔并朔餘虛分爲日法蓋自然之理其氣節加時晉漢以來約而要取有差半日今立法推求得盡其數後之造曆者莫不遵用焉其疎謬之甚者卽苗守信之乾元曆馬重績之調元曆郭紹之五紀曆也大槩無出於此矣然造曆者皆須會日月之行以爲晦朔之數驗春秋日食以明强弱其於氣序則取驗於傳之南至其日行盈縮月行遲疾五星加減二曜食差日宿月離中星晷景立數立法悉本之於前語然后較驗上自夏仲康五年九月辰弗集于房以至於今其星辰氣朔日月交食等使三千年間若應準繩而有前有後有親有疎者卽爲中平之數乃可施於後世其較驗則依一行孫思恭取數多而不以少得爲親密較日月交食若一分二刻以下爲親二分四刻以下爲近三分五刻以上爲遠以曆注有食而天驗無食或天驗有食而曆注無食者爲失其較星度則以差天二度以下爲親三度以下爲近四度以上爲遠其較晷景尺寸以二分以下爲親三分以下爲近四分以上爲遠若較古而得數多又近於今兼立法立數得其理而通於本者爲最也琮自謂善曆嘗曰世之知曆者甚少近世獨孫思恭爲妙而思恭又嘗推劉義叟爲知曆焉

宋史卷七十五考證

律歷志八步晷漏術○臣召南按前歷俱以步月離承步日躔之後明天始以步晷漏接日躔之後月離之前

以加泯差爲定差○按此無闕文

國家務以至公理天下不可私移晦朔云云○臣召南按此文則春秋所書日食非朔及漢志日食於晦與二日者皆司天以私意移之實非晦與二日也

宋史卷七十六

元中書右丞相總裁脫脫等修

律曆志第二十九

律曆九

堯敕羲和制橫簫以考察星度其機衡用玉欲其燥濕不變運動有常堅久而不能廢也至于後世鑄銅爲圓儀以法天體自洛下閎造太初曆用渾儀及東漢孝和帝時太史惟有赤道儀歲時測候頗有進退帝以問典星待詔姚崇等皆曰星圖有規法日月實從黃道今無其器是以失之至永元十五年賈逵始設黃道儀桓帝延熹七年張衡更制之以四分爲度其後陸績王蕃孔挺斛蘭梁令瓚李淳風並嘗制作五代亂亡遺法蕩然矣眞宗祥符初韓顯符作渾儀但遊儀雙環夾望筩旋轉而黃赤道相固不動皇祐初又命日官舒易簡于淵周琮等參用淳風令瓚之制改鑄黃道渾儀又爲漏刻圭表詔翰林學士錢明逸詳其法內侍麥允言總其工既成置渾儀於翰林天文院之候臺漏刻於文德殿之鐘鼓樓圭表於司天監帝爲製渾儀總要十卷論前代得失已而留中不出今具黃道遊儀之法著于此焉

第一重名六合儀

陽經雙環外圍二丈三尺二寸八分直徑七尺七寸六分闊六寸厚六分南北並立兩面各列周天三百六十五度少強北極出地三十五度少強陰緯單環外圍徑闊與陽經雙環等外厚二寸五分內厚一寸九分上列十干十二支八卦方位以正地形上有池沿環流轉以定平準天常單環外圍二丈四寸六分直徑六尺八寸二分闊厚一寸二分上列十幹十二支四維時刻之數以測辰刻與陽經陰緯環相固如卵之殼幕然

第二重名三辰儀

璇璣雙環外圍一丈九尺五寸六分直徑六尺五寸二分闊一寸四分厚一寸兩面各均周天三百六十五度少強作二樞對兩極赤道單環外圍一丈九尺六寸八分直徑六尺五寸六分闊一寸一分厚六分上列二十八宿距度周天三百六十五度少強附於璇璣之上黃道單環外圍一丈九尺二分直徑六尺三寸四分闊一寸二分厚一寸上列周天三百六十五度少強均分二十四氣七十二候六十四卦三百六十策出入赤道二十四度與赤道相交每歲退差一分有餘白道單環外圍一丈八尺六寸三分直徑六尺二寸一分闊一寸一分厚五分上列交度置於黃道環中入黃道六度每一交終退行黃道一度半弱皆旋轉於六合之內

第三重名四遊儀

璇樞雙環外圍一丈八尺二寸一分直徑六尺七分闊二寸厚七分兩面各列周天三百六十五度少強挾直距以對樞軸東西轉運於三辰儀內以格星度橫簫望筩長五尺七寸外方內圓中通望孔直徑六分周於日輪在璇樞直距之中使南北遊仰以窺辰宿無所不至十字水平槽長九尺四寸八分首闊一尺二寸七分身闊九寸二分高七尺水槽闊一寸深八分四柱各長六尺七寸八分植於水槽之末以輔天體皆以銅爲之乃格七曜遠近盈縮以知晝夜長短之效其所測二十八舍距度著于後其周天星入宿去極所主吉凶則具在天文志

角十二度亢九度氐十六度房五度心四度尾十九度箕十度斗二十五度牛七度女十一度虛十度危十六度室十七度壁九度奎十六度婁十二度胃十五度昴十一度畢十八度觜一度參十度井三十四度鬼二度柳十四度星七度張十八度翼十八度軫十七度

皇祐漏刻

自黃帝觀漏水制器取則三代因以命官則挈壺氏其職也後之作者或下漏或浮漏或輪漏或權衡制作不一宋舊有刻漏及以水爲權衡置文德殿之東廡景祐三年再加考定而水有遲疾用有司之請增平水壺一渴烏二晝夜箭二十一然常以四時日出傳卯正一刻又每時正已傳一刻至八刻已傳次時即二時初末相侵殆半皇祐初詔舒易簡于淵周琮更造其法用平水重壺均調水勢使無遲疾分百刻於晝夜冬至晝漏四十刻夜漏六十刻夏至晝漏六十刻夜漏四十刻春秋二分晝夜各五十刻日未出前二刻半爲曉日沒後二刻半爲昏減夜五刻以益晝漏謂之昏旦漏刻皆隨氣增損焉冬至夏至之間晝夜長短凡差二十刻每差一刻別爲一箭冬至互起其首凡有四十一箭晝有朝有禺有中有晡有夕夜有甲乙丙丁戊昏旦有星中每箭各異其數凡黃道升降差二度四十分則隨曆增減改箭每時初行一刻至四刻六分之一爲時正終八刻六分之二則交次時今列二十四氣晝夜日出入辰刻昏曉中星以備參合

冬至	晝四十刻分空	夜六十刻分空	日出卯正五刻分空昏中星壁初度	日入申正三刻二十分曉中星角初度
小寒	晝四十刻十九分三日後晝四十一刻	夜五十九刻四十一分	日出卯正四刻五十分昏中星奎六度	日入申正三刻三十分曉中星亢二度
大寒	晝四十一刻十九分二日後晝四十二刻	夜五十八刻四十一分十一日後晝四十三刻	日出卯正四刻二十分昏中星婁八度	日入申正四刻分空曉中星氐七度
立春	晝四十二刻五十四分三日後晝四十四刻	夜五十七刻六分十一日後晝四十五刻	日出卯正三刻二十二分昏中星昴初度	日入申正四刻四十八分曉中星房四度
雨水	晝四十四刻五十五分昏中星畢八度	夜五十五刻五分曉中星尾五度	日出卯正二刻三十分昏中星畢八度	日入申正五刻五十分曉中星尾五度
驚蟄	晝四十七刻二十四分五日後晝四十九刻	夜五十二刻三十六分十一日後晝五十刻	日出卯正一刻十七分昏中星參九度	日入申正七刻三分曉中星尾十六度
春分	晝五十刻分空三日後晝五十一刻九日後晝五十二刻		日出卯正初刻分空昏中星井十九度	

	夜五十刻分空五日後晝五十三刻	日入酉正初刻分空曉中星箕九度
清明	晝五十二刻三十五分六日後晝五十四刻	日出寅正七刻三分昏中星柳三度
	夜四十七刻二十五分十二日後晝五十五刻	日入酉正一刻十七分曉中星斗八度
穀雨	晝五十五刻三分四日後晝五十六刻	日出寅正五刻五十分昏中星張一度
	夜四十四刻五十七分十一日後晝五十七刻	日入酉正二刻二十分曉中星斗十九度
立夏	晝五十七刻五分四日後晝五十八刻	日出寅正四刻四十八分昏中星翼二度
	夜四十二刻五十五分十四日後晝五十九刻	日入酉正三刻三十二分曉中星牛四度
小滿	晝五十八刻四十分十四日後晝六十刻	日出寅正四刻分空昏中星軫二度
	夜四十一刻二十分	日入酉正四刻二十分曉中星女九度
芒種	晝五十九刻四十分	日出寅正三刻三十分昏中星角二度
	夜四十刻二十分	日入酉正四刻五十分曉中星危初度
夏至	晝六十刻分空	日出寅正三刻二十分昏中星亢六度
	夜四十刻分空	日入酉正五刻分空曉中星危十四度
小暑	晝五十九刻四十分	日出寅正三刻三十分昏中星氐十二度
	夜四十刻二十分	日入酉正四刻五十分曉中星室十三度
大暑	晝五十八刻四十分四日後晝五十八刻	日出寅正四刻分空昏中星尾初度
	夜四十一刻二十分十一日後晝五十七刻	日入酉正四刻二十分曉中星奎五度
立秋	晝五十七刻五分八日後晝五十六刻	日出寅正四刻四十分昏中星尾十二度
	夜四十二刻五十五分十五日後晝五十五刻	日入酉正三刻三十六分曉中星婁七度
處暑	晝五十五刻三分七日後晝五十四刻	日出寅正五刻五十分昏中星箕六度
	夜四十四刻五十七分十三日後晝五十三刻	日入酉正二刻三十分曉中星昴初度
白露	晝五十二刻三十五分五日後晝五十二刻	日出寅正七刻三分昏中星斗五度
	夜四十七刻二十五分十一日後晝五十刻	日入酉正一刻十七分曉中星畢九度
秋分	晝五十刻分空初日後晝五十刻七日後晝四十九刻	日出卯正初刻分空昏中星斗六度
	夜五十刻分空十三日後晝四十八刻	日入酉正初刻分空曉中星井二度
寒露	晝四十七刻二十四分四日後晝四十七刻	日出卯正一刻十七分昏中星牛初度
	夜五十二刻三十六分十日後晝四十六刻	日入申正七刻三分曉中星井二十二度
霜降	晝四十四刻五十八分初日後晝四十五刻八日後晝四十四刻	日出卯正二刻三十分昏中星女三度
	夜五十五刻二分十四日後晝四十三刻	日入申正五刻五十分曉中星柳五度
立冬	晝四十二刻五十四分八日後晝四十一刻	日出卯正三刻三十二分昏中星虛三度
	夜五十七刻六分	日入申正四刻四十八分曉中星張二度
小雪	晝四十一刻十九分三日後晝四十一刻	日出卯正四刻二十分昏中星危五度
	夜五十八刻四十八分十五日後晝四十刻	日入申正四刻分空曉中星翼二度
大雪	晝四十刻十九分	日出卯正四刻五十分昏中星室二度
	夜五十九刻四十一分	日入申正三刻三十分曉中星軫一度

皇祐圭表

觀天地陰陽之體以正位辨方定時考閏莫近于圭表宋何承天始立表候日景十年間知冬至比舊用景初曆常後天三日又唐一行造大衍曆用圭表測知舊曆氣節常後天一日今司天監圭表乃石晉時天文參謀趙延乂所建表既欹傾圭亦墊陷其於天度無所取正皇祐初詔周琮于淵舒易簡改製之乃考古法立八尺銅表厚二寸博四寸下連石圭一丈三尺以盡冬至景長之數面有雙水溝爲平準於溝雙刻尺寸分數又刻二十四氣岳臺晷景所得尺寸置於司天監候之三年知氣節比舊曆後天半日因而成書三卷命曰岳臺晷景新書論前代測候是非步算之法頗詳既上奏詔翰林學士范鎮爲序以識琮以謂二十四氣所得尺寸比顯德欽天曆王朴算爲密今載氣之盈縮備採用焉

小雪皇祐元年己丑十月十九日戊寅

新表測景長一丈一尺三寸五分王朴算景長一丈一尺三寸九分新法算景長一丈一尺三寸四分小分四十八

二年庚寅十月二十九日癸未雲霧不測

三年辛卯十月十日戊子

新表測景長一丈一尺三寸王朴算景長一丈一尺四寸七分新法算景長一丈一尺二寸九分小分九十八

大雪元年己丑十一月四日癸巳雲霧不測

二年庚寅十一月十五日戊戌

新表測景長一丈二尺四寸五分半王朴算景長一丈二尺四寸四分小分二十五

冬至元年己丑十一月十九日戊申

新表測景長一丈二尺八寸五分王朴算景長一丈二尺八寸六分新法算景長一丈二尺八寸五分

二年庚寅十一月三十日癸丑

新表測景長一丈二尺八寸四分王朴算景長一丈二尺八寸六分新法算景長一丈二尺八寸五分

三年辛卯十一月十二日己未雲霧不測

小寒元年己丑十二月四日癸亥

新表測景長一丈二尺四寸王朴算景長一丈二尺四寸八分新法算景長一丈二尺四寸小分十五

二年庚寅閏十一月十五日戊辰雲霧不測

三年辛卯十一月二十七日甲戌

新表測景長一丈二尺三寸七分王朴算景長一丈二尺四寸八分小分二十六

大寒元年己丑十二月十九日戊寅雲霧不測

二年庚寅十二月一日甲申

新表測景長一丈一尺一寸七分王朴算景長一丈一尺四寸四分新法算景長一丈一尺一寸八分小分四十

三年辛卯十二月十二日己丑雲霧不測

立春二年庚寅正月六日甲午雲霧不測

三年辛卯十二月十六日己亥雲霧不測

四年壬辰十二月二十七日甲辰

新表測景長九尺六寸七分半王朴算景長一丈一寸五分新法算景長一丈六寸八分小分七

雨水二年庚寅正月二十一日己酉雲霧不測
三年辛卯正月一日甲寅
新表測景長八尺一寸半分王朴算景長八尺五寸新法算景長八尺九寸小分七十六
四年壬辰正月十二日己未
新表測景長八尺一寸二分半王朴算景長八尺六寸一分新法算景長八尺一寸二分小分一十八
驚蟄二年庚寅二月七日甲子
新表測景長六尺六寸三分王朴算景長六尺八寸五分新法算景長六尺六寸三分小分三十九
三年辛卯正月十七日己巳
新表測景長六尺六寸五分王朴算景長六尺八寸五分新法算景長六尺六寸五分小分六十八
四年壬辰正月二十八日乙亥雲霧不測
春分二年庚寅二月二十三日己卯
新表測景長五尺三寸五分王朴算景長五尺二寸七分新法算景長五尺三寸四分小分七十七
三年辛卯二月四日乙酉雲霧不測
四年壬辰二月十四日庚寅
新表測景長五尺三寸一分王朴算景長五尺二寸七分新法算景長五尺三寸小分七十二
清明二年庚寅三月八日乙未
新表測景長四尺二寸王朴算景長三尺八寸九分新法算景長四尺一寸八分小分六十一
三年辛卯二月十九日庚子雲霧不測
四年壬辰二月二十九日乙巳
新表測景長四尺二寸二分王朴算景長三尺九寸六分新法算景長四尺二寸一分小分八十五
穀雨二年庚寅三月二十三日庚戌雲霧不測
三年辛卯三月四日乙卯
新表測景長三尺三寸王朴算景長二尺九寸六分新法算景長三尺二寸九分小分八十六
四年壬辰三月十五日庚申
新表測景長三尺三寸一分半王朴算景長三尺一寸新法算景長三尺三寸一分小分一十六
立夏二年庚寅四月九日乙丑
新表測景長二尺五寸七分王朴算景長二尺三寸新法算景長二尺五寸六分小分二十八
三年辛卯三月十九日庚午
新表測景長二尺五寸七分半王朴算景長二尺三寸新法算景長二尺五寸七分小分四十二
四年壬辰三月三十日乙亥
新表測景長二尺五寸八分半王朴算景長二尺三寸四分新法算景長二尺五寸八分小分四十四
小滿二年庚寅四月二十四日庚辰
新表測景長二尺三分王朴算景長一尺八寸六分新法算景長二尺三分小分五十一
三年辛卯四月五日乙酉
新表測景長二尺三分半王朴算景長一尺八寸六分新法算景長二尺三分小分五十一
四年壬辰四月十六日辛卯雲霧不測
芒種二年庚寅五月九日乙未
新表測景長一尺六寸九分王朴算景長一尺六寸新法算景長一尺六寸半分小分九十七
三年辛卯四月二十一日辛丑
新表測景長一尺六寸七分王朴算景長一尺五寸九分新法算景長一尺六寸七分小分八十四
四年壬辰五月二日丙午
新表測景長一尺六寸八分半王朴算景長一尺六寸新法算景長一尺六寸八分小分二十
夏至二年庚寅五月二十五日辛亥
新表測景長一尺五寸七分半王朴算景長一尺五寸一分新法算景長一尺五寸七分
三年辛卯五月七日丙辰雲霧不測
四年壬辰五月十七日辛酉
新表測景長一尺五寸七分王朴算景長一尺五寸一分新法算景長一尺五寸七分
小暑二年庚寅六月十一日丙寅雲霧不測
三年辛卯五月二十二日辛未
新表測景長一尺六寸九分半王朴算景長一尺六寸新法算景長一尺六寸九分小分七十五
四年壬辰六月三日丙子雲霧不測
大暑二年庚寅六月二十六日辛巳
新表測景長二尺四分王朴算景長一尺八寸五分新法算景長二尺四分小分九十七
三年辛卯六月七日丙戌
新表測景長二尺二分太王朴算景長一尺八寸五分新法算景長二尺四分小分二十四
四年壬辰六月十九日壬辰
新表測景長二尺五分王朴算景長一尺八寸七分新法算景長二尺六分小分五十三
立秋二年庚寅七月十一日丙申
新表測景長二尺五寸九分王朴算景長二尺二寸九分新法算景長二尺五寸九分小分五十一
三年辛卯六月二十三日壬辰
新表測景長二尺六寸一分半王朴算景長二尺三寸三分新法算景長二尺六寸二分小分七十三
處暑二年庚寅七月二十七日壬子雲霧不測
三年辛卯七月九日丁巳
新表測景長三尺三寸六分王朴算景長三尺新

法算景長三尺三寸六分小分六十五

四年壬辰七月十九日壬戌雲霧不測

白露二年庚寅八月十三日丁卯雲霧不測

三年辛卯七月二十四日壬申雲霧不測

四年壬辰八月五日丁丑雲霧不測

秋分二年庚寅八月二十八日壬午雲霧不測

三年辛卯八月九日丁亥

新表測景長五尺三寸八分王朴算景長五尺二寸一分新法算景長五尺三寸八分小分六十九

四年壬辰八月二十日壬辰雲霧不測

寒露二年庚寅九月十三日丁酉雲霧不測

三年辛卯九月二十四日壬寅

新表測景長六尺六寸七分王朴算景長六尺八分新法算景長六尺六寸七分小分八十八

四年壬辰九月六日戊申

新表測景長六尺七寸三分半王朴算景長六尺九寸一分新法算景長六尺七寸四分小分八十四

霜降二年庚寅九月二十八日壬子

新表測景長八尺一寸六分王朴算景長八尺四寸五分新法算景長八尺一寸四分小分七十

三年辛卯九月十日戊午雲霧不測

四年壬辰九月二十一日癸亥

新表測景長八尺二寸王朴算景長八尺五寸六分新法算景長八尺一寸九分小分六十六

立冬二年庚寅十月十四日戊辰

新表測景長九尺八寸半分王朴算景長一丈一寸新法算景長九尺八寸一分小分二十五

三年辛卯九月二十日癸酉

新表測景長九尺七寸九分王朴算景長一丈一寸新法算景長九尺七寸八分小分六十三

四年壬辰十月六日戊寅

新表測景長九尺七寸六分王朴算景長一丈一寸新法算景長九尺七寸六分小分一十

測景正加時早晚

後漢熹平三年四分曆志立冬中景長一丈立春中景長九尺六寸尋冬至南極日晷最長二氣去至日數既同則中景應等而前長後短頓差四寸此曆景冬至後天之驗也二氣中景日差九分半弱進退均調晷無盈縮以率計之二氣各退二日十二刻則晷景之數立冬更短立春更長並差二寸二氣中景俱長九尺八寸矣即立冬立春之正日也以此推之曆置冬至後天亦二日十二刻也熹平三年時曆丁丑冬至加時正在日中以二日十二刻減之定以乙亥冬至加時在夜半後三十八刻宋志大明五年十月十日景一丈七寸七分半十一月二十五日景一丈八寸一分太二十六日一丈七寸五分強折取其中則中天冬至應在十一月三日求其早晚令後二日景相減則一日差率也倍之爲法前二日減以百刻乘之爲實以法除實得冬至加時在夜半後三十一刻在元嘉曆後一日天數之正也量檢彌年則加減均同異歲相課則遠近應率觀二家之說晷而未通熹平乃要取其中而失於至前至後之餘大明則左右率而失於爲實爲法之數若夫較景定氣曆家最爲急務觀古較驗止以冬至前後數日之間以定加時早晚且景之差行當二至前後進退在微茫之間又日有變行盈縮稍異若以爲準則加時相背又晉漢曆術多以前後所測晷要取其中此亦差過半日今比歲較驗在立冬立春景移過寸若較取加時則宜以其相近者通計半之爲距至汎日乃以其晷數相減餘者以法乘之滿其日晷差而一爲刻乃以差刻求冬至視其前晷多則爲減少則爲加求夏至返之加減距至汎日爲定日仍加半日之刻命從前距日辰算外即二至加時日辰及刻分如此推求則二至加時早晚可驗矣

皇祐岳臺晷景法

按大衍載日及崇天定差之率雖號通密然未能盡上下交應之理則晷度無由合契今立新法使上符盈縮之行下參句股之數所算尺寸與天測驗無有先後其術曰計二至後日數乃減去二至約餘仍加半日之分即所求日午中積數而置之以求進退差分求進退差分者置中積之數如一象九十一日三十一分以下爲在前如一象以上返減二至限一百八十二日六十二分餘爲在後置前後度於上列二百於下以上減下餘以下乘上滿四千一百三十五除之爲分不滿退除爲小分在冬至後則爲進差在夏至後則爲退差仍列初末二限求入初末限者置所求日午中積數日在冬至後初限夏至後末限之數四十五日六十二分以下即爲所求在初限如在已上者乃返減二至限餘即爲所求入末限其冬至後末限夏至後初限以一百三十七日爲率用求午中晷數求午中晷數者視所求如入冬至後初限夏至後末限者以末限日減一千九百三十七半餘爲汎差仍以限日分乘其進退差五因百約之用減汎差爲定差乃以日限日分自相乘以乘定差滿一百萬爲尺不滿爲寸爲分及小分以減冬至常晷一丈二尺八寸五分餘爲其日午中晷數若所求入冬至後末限夏至後初限者乃三約入限日分以減四百八十五少餘爲汎差仍以進退差減極數餘者若在春分後秋分前者直以四約之以加汎差爲定差若在春分前秋分後者以去二分日數及分乘之滿六百而一以減汎差餘爲定差乃以入限日分自相乘以乘定差滿一百萬爲尺不滿爲寸爲分及小分以加夏至常晷一尺五寸七分即爲其日午中晷數若用周歲曆直以其日晷景損益差分乘其日午中之餘滿法約之乃損益其下晷數即其日午中定晷如此推求則上下通應之理句股斜射之原皆可視驗

乃具岳臺晷景周歲算數

冬至後	每日損差	每日午中晷景常數
初日	空分小分一十九	一丈二尺八寸五分
一日	空分小分五十八	一丈二尺八寸四分小分八十一
二日	空分小分九十六	一丈二尺八寸四分小分二十二
三日	一分小分三十五	一丈二尺八寸三分小分二十七
四日	一分小分七十二	一丈二尺八寸一分小分九十二
五日	二分小分七十一	一丈二尺八寸小分一十九
六日	二分小分四十八	一丈二尺七寸八分小分八

七日	二分小分八十五	一丈二尺七寸五分小分六十
八日	三分小分二十一	一丈二尺七寸七分小分七十五
九日	三分小分五十八	一丈二尺六寸九分小分五十四
十日	三分小分九十二	一丈二尺六寸五分小分九十六
十一日	四分小分二十八	一丈二尺六寸二分小分三
十二日	四分小分二十二	一丈二尺五寸七分小分七十五
十三日	四分小分九十六	一丈二尺五寸三分小分一十三
十四日	五分小分二十九	一丈二尺四寸八分小分一十七
十五日	五分小分六十一	一丈二尺四寸二分小分八十八
十六日	五分小分九十一	一丈二尺三寸七分小分二十七
十七日	六分小分二十一	一丈二尺三寸一分小分三十五
十八日	六分小分五十二	一丈二尺二寸五分小分一十
十九日	六分小分八十一	一丈二尺一寸八分小分六十
二十日	七分小分九	一丈二尺一寸一分小分七十九
二十一日	七分小分三十六	一丈二尺四分小分七十
二十二日	七分小分六十二	一丈一尺九寸七分小分三十四
二十三日	七分小分八十七	一丈一尺八寸九分小分七十三
二十四日	八分小分一十一	一丈一尺八寸一分小分八十五
二十五日	八分小分八十四	一丈一尺七寸三分小分七十四
二十六日	八分小分五十五	一丈一尺六寸五分小分四十
二十七日	八分小分七十三	一丈一尺五寸六分小分八十五
二十八日	九分小分空	一丈一尺四寸八分小分一十三
二十九日	九分小分一十四	一丈一尺三寸九分小分一十二
三十日	九分小分三十二	一丈一尺二寸九分小分九十八
三十一日	九分小分四十八	一丈一尺二寸小分六十六
三十二日	九分小分六十二	一丈一尺一寸一分小分一十八
三十三日	九分小分七十六	一丈一尺一分小分五十五
三十四日	九分小分八十九	一丈九寸一分小分七十八
三十五日	一寸小分一	一丈八尺一寸小分六十九
三十六日	一寸小分一十二	一丈七寸一分小分八十八

三十七日	一寸小分二十	一丈六寸一分小分七十六
三十八日	一寸小分二十八	一丈五寸一分小分五十六
三十九日	一寸小分三十五	一丈四寸一分小分二十八
四十日	一寸小分四十	一丈三寸小分九十三
四十一日	一寸小分四十四	一丈二寸小分九十三
四十二日	一寸小分四十八	一丈一寸小分九
四十三日	一寸小分四十九	九尺九寸九分小分六十一
四十四日	一寸小分五十	九尺八寸九分小分一十三
四十五日	一寸小分五十七	九尺七寸八分小分六十一
四十六日	一寸小分六十七	九尺六寸八分小分五
四十七日	一寸小分六十一	九尺五寸七分小分三十八
四十八日	一寸小分五十六	九尺四寸六分小分七十七
四十九日	一寸小分五十六	九尺三寸六分小分一十七
五十日	一寸小分五十二	九尺二寸五分小分六十七
五十一日	一寸小分四十九	九尺一寸五分小分九
五十二日	一寸小分四十五	九尺一寸五分小分九
五十三日	一寸小分四十一	八尺九寸四分小分一十八
五十四日	一寸小分三十八	八尺八寸三分小分七十七
五十五日	一寸小分三十二	八尺七寸三分小分三十九
五十六日	一寸小分三十七	八尺六寸三分小分七
五十七日	一寸小分二十七	八尺五寸二分小分八
五十八日	一寸小分一十	八尺四寸二分小分五十七
五十九日	一寸小分一十二	八尺三寸二分小分三十八
六十日	一寸小分八	八尺二寸小分二十六
六十一日	一寸小分三	八尺一寸二分小分一十八
六十二日	九分小分九十七	八尺二分小分一十五
六十三日	九分小分九十一	七尺九寸二分小分一十八
六十四日	九分小分八十六	七尺八寸二分小分二十五
六十五日	九分小分八十一	七尺七寸二分小分三十九
六十六日	九分小分七十五	七尺六寸二分小分五十八

六十七日	九分小分六十九	七尺五寸二分小分八十三
六十八日	九分小分六十二	七尺四寸三分小分十四
六十九日	九分小分五十七	七尺三寸三分小分五十二
七十日	九分小分五十一	七尺二寸三分小分九十五
七十一日	九分小分四十九	七尺一寸四分小分四十四
七十二日	九分小分三十八	七尺四分小分九十七
七十三日	九分小分三十一	六尺九寸五分小分六十一
七十四日	九分小分二十五	六尺八寸六分小分三
七十五日	九分小分一十七	六尺七寸七分小分五
七十六日	九分小分一十三	六尺六寸七分小分八十八
七十七日	九分小分六	六尺五寸八分小分七十五
七十八日	八分小分九十七	六尺四寸九分小分六十九
七十九日	八分小分九十	六尺四寸小分七十三
八十日	八分小分八十三	六尺三寸一分小分八十三
八十一日	八分小分七十七	六尺二寸三分小分空
八十二日	八分小分六十八	六尺一寸四分小分三十三
八十三日	八分小分六十二	六尺五分小分五十五
八十四日	八分小分五十五	五尺九寸六分小分九十三
八十五日	八分小分四十七	五尺八寸八分小分三十八
八十六日	八分小分三十九	五尺七寸九分小分九十一
八十七日	八分小分三十三	五尺七寸一分小分五十二
八十八日	八分小分二十五	五尺六寸三分小分二十
八十九日	八分小分一十七	五尺五寸四分小分九十五
九十日	八分小分九	五尺四寸六分小分七十八
九十一日	七分小分九十六	五尺三寸八分小分六十九
九十二日	七分小分八十三	五尺三寸小分九十三
九十三日	七分小分七十六	五尺二寸二分小分九十
九十四日	七分小分六十七	五尺一寸五分小分一十四
九十五日	七分小分五十九	五尺七分小分四十七
九十六日	七分小分五十	四尺九寸九分小分八十八

九十七日	七分十一小分四	四尺九寸二分十八小分九
九十八日	七分十四小分三	四尺八寸四分十六小分九
九十九日	七分十六小分二	四尺七寸七分十二小分六
一百日	七分十七小分一	四尺七寸十六小分二
一百一日	七分九小分	四尺六寸二分十九小分一
一百二日	七分一小分	四尺五寸六分一十小分
一百三日	六分十三小分九	四尺四寸九分九小分
一百四日	六分十五小分八	四尺四寸二分十六小分一
一百五日	六分十七小分七	四尺三寸五分三十小分一
一百六日	六分十九小分六	四尺二寸八分十四小分五
一百七日	六分六十小分	四尺二寸一分十五小分八
一百八日	六分五十小分	四尺一寸五分十五小分二
一百九日	六分十五小分四	四尺九分十四小分七
一百十日	六分十七小分三	四尺二分十九小分二
一百一十一日	六分十九小分二	三尺九寸五分十二小分九
一百一十二日	六分十一小分二	三尺八寸九分十三小分六
一百一十三日	六分十二小分一	三尺八寸三分十二小分四
一百一十四日	六分四小分	三尺七寸七分三十小分
一百一十五日	五分十七小分九	三尺七寸一分十六小分二
一百一十六日	五分十九小分八	三尺六寸五分十九小分二
一百一十七日	五分八十小分	三尺五寸九分十小分四
一百一十八日	五分十三小分七	三尺五寸三分六十小分
一百一十九日	五分十五小分六	三尺四寸七分十七小分八
一百二十日	五分十九小分五	三尺四寸二分十三小分二
一百二十一日	五分十九小分四	三尺三寸六分十五小分六
一百二十二日	五分四十小分	三尺三寸一分十六小分一
一百二十三日	五分十二小分三	三尺二寸五分十六小分七
一百二十四日	五分十六小分二	三尺二寸十四小分四
一百二十五日	五分十七小分一	三尺一寸五分十八小分
一百二十六日	五分九小分	三尺一寸二小分
一百二十七日	五分一小分	三尺四分十二小分九
一百二十八日	四分十三小分九	二尺九寸九分十一小分九
一百二十九日	四分十五小分八	二尺九寸五分十八小分九
一百三十日	四分十七小分七	二尺九寸十三小分一
一百三十一日	四分十六小分六	二尺八寸五分十六小分三
一百三十二日	四分十一小分六	二尺八寸十七小分六
一百三十三日	四十二小分五	二尺七寸六分一小分
一百三十四日	四分十五小分四	二尺七寸一分十四小分五
一百三十五日	四分十六小分三	二尺六寸七分九小分
一百三十六日	四分十九小分二	二尺六寸二分十三小分七
一百三十七日	四分二十小分	二尺五寸八分十四小分四
一百三十八日	四分十一小分一	二尺五寸四分十四小分二
一百三十九日	四分四小分	二尺五寸十三小分一
一百四十日	三分十五小分九	二尺四寸六分九小分
一百四十一日	三分十七小分八	二尺四寸二分十四小分一
一百四十二日	三分十九小分七	二尺三寸八分十七小分二
一百四十三日	三分七十小分	二尺三寸四分十七小分四
一百四十四日	三分十二小分	二尺三寸十八小分七
一百四十五日	三分十三小分五	二尺二寸七分十六小分一
一百四十六日	三分十五小分四	二尺二寸三分十三小分六
一百四十七日	三分十七小分三	二尺二寸十八小分一
一百四十八日	三分十九小分二	二尺一寸六分十一小分八
一百四十九日	三分十八小分一	二尺一寸三分十二小分五
一百五十日	三分一十小分	二尺一寸十四小分三
一百五十一日	三分二小分	二尺七分十四小分二
一百五十二日	二分十三小分九	二尺四分十三小分二
一百五十三日	二分八十小分	二尺一分十九小分二
一百五十四日	二分十六小分七	二尺九寸八分十五小分三
一百五十五日	二分十六小分六	一尺九寸五分十九小分六
一百五十六日	二分十八小分五	一尺九寸三分三小分
一百五十七日	二分十九小分四	一尺九寸十五小分四
一百五十八日	二分十九小分三	一尺八寸七分十六小分九
一百五十九日	二分三十小分	一尺八寸五分十七小分五
一百六十日	二分十二小分二	一尺八寸三分十七小分二
一百六十一日	二分十一小分一	一尺八寸一分五小分
一百六十二日	二分三小分	一尺七寸八分十九小分九
一百六十三日	一分十三小分九	一尺七寸六分十一小分九
一百六十四日	一分十四小分八	一尺七寸四分十八小分九
一百六十五日	一分十五小分七	一尺七寸三分十四小分一
一百六十六日	一分十四小分六	一尺七寸一分十九小分三
一百六十七日	一分十五小分五	一尺六寸九分十五小分七
一百六十八日	一分十六小分四	一尺六寸八分二十小分
一百六十九日	一分十六小分三	一尺六寸六分十七小分四
一百七十日	一分十五小分三	一尺六寸五分十八小分三
一百七十一日	一分十六小分一	一尺六寸四分十三小分一
一百七十二日	一分六小分	一尺六寸三分十七小分九
一百七十三日	空分十六小分九	一尺六寸二分十一小分九
一百七十四日	空分十六小分八	一尺六寸一分十五小分九
一百七十五日	空分十五小分七	一尺六寸九小分
一百七十六日	空分十五小分六	一尺五寸九分十四小分三
一百七十七日	空分十五小分五	一尺五寸八分十九小分六
一百七十八日	空分十四小分四	一尺五寸八分十四小分一
一百七十九日	空分十三小分三	一尺五寸七分七十小分
一百八十日	空分十三小分二	一尺五寸七分十七小分三
一百八十一日	空分十二小分一	一尺五寸七分十四小分一
一百八十二日	空分三小分	一尺五寸七分二小分
夏至後	每日益差	每日午中晷景常數
初日	空分五小分	一尺五寸七分空小分
一日	空分十六小分一	一尺五寸七分五小分
二日	空分十七小分二	一尺五寸七分十一小分二

三日	空分小分十八三	一尺五寸七分小分十九四
四日	空分小分十八四	一尺五寸七分小分十六八
五日	空分小分十九五	一尺五寸八分小分十四三
六日	空分小分十九六	一尺五寸八分小分十三九
七日	空分小分十九七	一尺五寸九分小分十二六
八日	空分小分十九八	一尺六寸小分十一四
九日	一分小分空	一尺六寸一分小分三十
十日	一分小分一十	一尺六寸二分小分三十
十一日	一分小分十九一	一尺六寸三分小分四十
十二日	一分小分三十	一尺六寸四分小分十九五
十三日	一分小分十九三	一尺六寸五分小分四十
十四日	一分小分十九四	一尺六寸七分小分十九五
十五日	一分小分十九五	一尺六寸八分小分十八二
十六日	一分小分十九六	一尺七寸小分十六三
十七日	一分小分十八七	一尺七寸二分小分五
十八日	一分小分十七八	一尺七寸三分小分十五八
十九日	二分小分十八九	一尺七寸五分小分七十
二十日	二分小分六	一尺七寸七分小分十七六
二十一日	二分小分十五一	一尺七寸九分小分十三七
二十二日	二分小分十五二	一尺八寸一分小分十八八
二十三日	二分小分十四三	一尺八寸四分小分十三一
二十四日	二分小分十三四	一尺八寸六分小分十七四
二十五日	二分小分十二五	一尺八寸八分小分九十
二十六日	二分小分十一六	一尺九寸一分小分十二四
二十七日	二分小分十一七	一尺九寸四分小分三
二十八日	二分小分十九七	一尺九寸六分小分十三七
二十九日	二分小分十七八	一尺九寸九分小分十二五
三十日	二分小分十七九	二尺二分小分十九三
三十一日	三分小分五	二尺五分小分十六三
三十二日	三分小分十四一	二尺八分小分四十
三十三日	三分小分十二二	二尺一寸一分小分十五五
三十四日	三分小分十一三	二尺一寸四分小分十七七
三十五日	三分小分四十	二尺一寸八分小分八
三十六日	三分小分十八四	二尺二寸一分小分十八四
三十七日	三分小分十七五	二尺二寸四分小分十六九
三十八日	三分小分十五六	二尺二寸八分小分十三五
三十九日	三分小分十三七	二尺三寸二分小分十八一
四十日	三分小分十二八	二尺三寸五分小分十一九
四十一日	三分小分九十	二尺三寸九分小分十一七
四十二日	三分小分十九九	二尺四寸三分小分十三六
四十三日	四分小分六	二尺四寸七分小分十二六
四十四日	四分小分十五一	二尺五寸一分小分十八六
四十五日	四分小分十三二	二尺五寸五分小分十三八
四十六日	四分小分十三三	二尺六寸小分六
四十七日	四分小分十九三	二尺六寸四分小分十八三
四十八日	四分小分十八四	二尺六寸八分小分十七七
四十九日	四分小分十五五	二尺七寸三分小分十五二
五十日	四分小分十四六	二尺七寸七分小分八十
五十一日	四分小分十二七	二尺八寸二分小分十四四
五十二日	四分小分十九七	二尺八寸七分小分十六一
五十三日	四分小分十九八	二尺九寸一分小分十五六
五十四日	四分小分十六九	二尺九寸六分小分十四八
五十五日	五分小分四	三尺一寸六分小分十六八
五十六日	五分小分十二一	三尺二寸小分十四二
五十七日	五分小分二十	三尺一寸二分小分十六九
五十八日	五分小分十八二	三尺一寸七分小分十六二
五十九日	五分小分十二三	三尺二寸二分小分十四四
六十日	五分小分十四四	三尺二寸七分小分八十
六十一日	五分小分十二一	三尺三寸三分小分十四二
六十二日	五分小分六十	三尺三寸八分小分十六七
六十三日	五分小分十八六	三尺四寸四分小分十六三
六十四日	五分小分十五七	三尺五分小分四
六十五日	五分小分十四八	三尺五寸五分小分十九七
六十六日	五分小分十一九	三尺六寸一分小分十三六
六十七日	五分小分十九九	三尺六寸七分小分十五五
六十八日	六分小分八	三尺七寸三分小分十四五
六十九日	六分小分十六一	三尺七寸九分小分十二六
七十日	六分小分十三二	三尺八寸五分小分十八七
七十一日	六分小分十二三	三尺九寸二分小分一
七十二日	六分小分十九三	三尺九寸八分小分十三三
七十三日	六分小分十八四	四尺四分小分十三七
七十四日	六分小分十五四	四尺一寸小分十五七
七十五日	六分小分十四六	四尺一寸七分小分十五七
七十六日	六分小分十一七	四尺二寸四分小分十九三
七十七日	六分小分八十	四尺三寸一分小分一十
七十八日	六分小分十八八	四尺三寸七分小分九十
七十九日	六分小分十七九	四尺四寸四分小分十八七
八十日	七分小分三	四尺五寸一分小分十五七
八十一日	七分小分十三一	四尺五寸八分小分十一七
八十二日	七分小分二十	四尺六寸五分小分十一五
八十三日	七分小分十九二	四尺七寸三分小分十一一
八十四日	七分小分十七三	四尺八寸小分四十
八十五日	七分小分十四四	四尺八寸七分小分十七七
八十六日	七分小分十四五	四尺九寸五分小分十一二
八十七日	七分小分十三六	五尺二分小分十五七
八十八日	七分小分十九六	五尺一寸小分十八三
八十九日	七分小分十七七	五尺一寸八分小分七
九十日	七分小分九十	五尺二寸五分小分十四八
九十一日	八分小分一	五尺三寸三分小分十四七
九十二日	八分小分十三一	五尺四寸一分小分十五七

九十三日	八分二十小分	五尺四寸九分十八小分八
九十四日	八分十七小分二	五尺五寸八分八小分
九十五日	八分十五小分三	五尺六寸六分十五小分三
九十六日	八分十四小分四	五尺七寸四分七十小分
九十七日	八分十七小分四	五尺八寸三分十四小分一
九十八日	八分十八小分五	五尺九寸一分十一小分六
九十九日	八分十六小分六	六尺十九小分一
一百日	八分七十小分	六尺八分十五小分八
一百一日	八分八十小分	六尺一寸七分十五小分五
一百二日	八分十六小分八	六尺二寸六分十五小分三
一百三日	八分十三小分九	六尺三寸五分十一小分二
一百四日	九分空小分	六尺四寸四分十四小分一
一百五日	九分八小分	六尺五寸三分十四小分一
一百六日	九分十三小分一	六尺六寸二分十二小分二
一百七日	九分十一小分二	六尺七寸一分十五小分三
一百八日	九分十七小分二	六尺八寸十六小分五
一百九日	九分十五小分三	六尺八寸九分十三小分八
一百十日	九分四十小分	六尺九寸九分十八小分一
一百一十一日	九分十七小分四	七尺八分十八小分五
一百一十二日	九分十四小分五	七尺一寸八分五小分
一百一十三日	九分六十小分	七尺二寸七分十九小分五
一百一十四日	九分十四小分六	七尺三寸七分十九小分一
一百一十五日	九分七十小分	七尺四寸六分十三小分八
一百一十六日	九分十八小分七	七尺五寸六分十三小分五
一百一十七日	九分十三小分八	七尺六寸六分十一小分三
一百一十八日	九分十七小分八	七尺七寸六分十四小分一
一百一十九日	九分十六小分九	七尺八寸六分一小分
一百二十日	九分十九小分九	七尺九寸五分十七小分九
一百二十一日	一寸四小分	八尺五分十六小分九
一百二十二日	一寸九小分	八尺一寸六分空小分
一百二十三日	一寸十七小分一	八尺二寸六分九小分
一百二十四日	一寸十九小分一	八尺三寸六分十六小分二
一百二十五日	一寸十五小分二	八尺四寸六分十五小分四
一百二十六日	一寸十九小分二	八尺五寸六分七十小分
一百二十七日	一寸十三小分三	八尺六寸六分十九小分九
一百二十八日	一寸十八小分三	八尺七寸七分十二小分三
一百二十九日	一寸十三小分四	八尺八寸七分七十小分
一百三十日	一寸十五小分四	八尺九寸八分十三小分一
一百三十一日	一寸十一小分五	九尺八分十八小分五
一百三十二日	一寸十四小分五	九尺一寸九分九小分
一百三十三日	一寸十五小分五	九尺二寸九分十三小分六
一百三十四日	一寸十二小分六	九尺四寸十八小分一
一百三十五日	一寸十四小分六	九尺五寸八十小分
一百三十六日	一寸十六小分六	九尺六寸一分十四小分四
一百三十七日	一寸十二小分五	九尺七寸二分一十小分
一百三十八日	一寸五十小分	九尺八寸二分十二小分六
一百三十九日	一寸十八小分四	九尺九寸三分十二小分一
一百四十日	一寸十六小分四	一丈三分六十小分
一百四十一日	一寸十三小分四	一丈一寸四分六小分
一百四十二日	一寸十九小分三	一丈二寸四分十九小分四
一百四十三日	一寸十二小分三	一丈三寸四分十八小分八
一百四十四日	一寸十五小分二	一丈四寸五分二十小分
一百四十五日	一寸十六小分一	一丈五寸五分十五小分四
一百四十六日	一寸八小分	一丈六寸五分十二小分六
一百四十七日	九分十六小分九	一丈七寸五分七十小分
一百四十八日	九分十五小分八	一丈八寸五分十六小分六
一百四十九日	九分十二小分七	一丈九寸五分十一小分二
一百五十日	九分十七小分五	一丈一尺五分十三小分三
一百五十一日	九分十三小分四	一丈一尺一寸四分八十小分
一百五十二日	九分十五小分二	一丈一尺二寸四分十二小分三
一百五十三日	九分七小分	一丈一尺三寸三分十七小分四
一百五十四日	八分九十小分	一丈一尺四寸二分十四小分五
一百五十五日	八分十八小分六	一丈一尺五寸一分十四小分四
一百五十六日	八分十八小分四	一丈一尺六寸一分十二小分一
一百五十七日	八分十五小分二	一丈一尺六寸八分六十小分
一百五十八日	八分二小分	一丈一尺七寸六分十五小分八
一百五十九日	七分十七小分七	一丈一尺八寸四分十七小分八
一百六十日	七分十二小分五	一丈一尺九寸二分十四小分六
一百六十一日	七分十七小分二	一丈二尺十六小分一
一百六十二日	六分十八小分九	一丈二尺七分十三小分四
一百六十三日	六分十七小分六	一丈二尺一寸四分十二小分四
一百六十四日	六分十五小分四	一丈二尺二寸一分一小分
一百六十五日	六分十一小分一	一丈二尺二寸七分十三小分五
一百六十六日	五分八十小分	一丈二尺三寸三分十四小分六
一百六十七日	五分十九小分四	一丈二尺三寸九分十四小分四
一百六十八日	五分六十小分	一丈二尺四寸四分十三小分九
一百六十九日	四分十三小分八	一丈二尺五寸九小分
一百七十日	四分五十小分	一丈二尺五寸四分十二小分九
一百七十一日	四分十四小分一	一丈二尺五寸九分十二小分四
一百七十二日	三分八十小分	一丈二尺六寸三分十六小分五
一百七十三日	三分十五小分四	一丈二尺六寸七分十六小分三
一百七十四日	三分七小分	一丈二尺七寸十一小分八
一百七十五日	二分十一小分七	一丈二尺七寸三分十八小分八
一百七十六日	二分十四小分三	一丈二尺七寸六分十九小分五
一百七十七日	二分三小分	一丈二尺七寸八分十三小分九
一百七十八日	一分十二小分五	一丈二尺八寸十六小分九
一百七十九日	一分二十小分	一丈二尺八寸二分十八小分四
一百八十日	空分十二小分八	一丈二尺八寸三分十八小分六
一百八十一日	空分十三小分四	一丈二尺八寸四分五十小分
一百八十二日	空分七小分	一丈二尺八寸四分九十小分

宋史卷七十六考證

律歷志九堯敕羲和云云○臣召南按此篇叙皇祐渾儀漏刻圭表而於圭表尤詳其實渾儀一條宜并入前天文志中

角十二度亢九度云云○按此所列黃道度也

今載氣之盈縮備採用焉○臣召南按所列岳臺晷景每歲亦少有不同此則後文所謂日有變行盈縮稍異者也岳臺卽宋都城浚儀縣地名自唐開元時以陽城測景未中乃改于岳臺焉

此歷景冬至後天之驗也○按以晷景定節氣最爲有據

宋史卷七十七

元中書右丞相總裁脫脫等修

律曆志第三十

律曆十觀天曆

元祐觀天曆演紀上元甲子距元祐七年壬申歲積五百九十四萬四千八百八算上考往古每年減一下驗將來每年加一

步氣朔

統法一萬二千三十

歲周四百三十九萬三千八百八十

歲餘六萬三千八十

氣策一十五餘二千六百二十八秒一十二

朔實三十五萬五千二百五十三

朔策二十九餘六千三百八十三

望策一十四餘九千二百六秒一十八

弦策七餘四千六百三秒九

歲閏一十三萬八百四十四

中盈分五千二百五十六秒二十四

朔虛分五千六百四十七

沒限分九千四百二

閏限三十四萬四千三百四十九秒一十二

旬周七十二萬一千八百

紀法六十

以上秒母同三十六

推天正冬至置距所求積年以歲周乘之爲氣積分滿旬周去之不盡以統法約之爲大餘不滿爲小餘其大餘命甲子算外卽所求年天正冬至日辰及餘

求次氣置天正冬至大小餘以氣策及餘秒累加之秒盈秒法從小餘一小餘盈統法從大餘一大餘盈紀法去之命甲子算外卽各得次氣日辰及餘秒

推天正經朔置天正冬至氣積分以朔實去之不盡爲閏餘以減天正冬至氣積分餘爲天正十一月經朔加時積分滿旬周去之不盡以統法約之爲大餘不滿爲小餘其大餘命甲子算外卽所求年天正十一月經朔日辰及餘

求弦望及次朔經日置天正十一月經朔大小餘以弦策累加之去命如前卽各得弦望及次朔經日及餘秒

求沒日置有沒之氣小餘以三百六十乘之其秒進一位從之用減歲周餘滿歲餘除之爲日不滿爲餘其日命其氣初日日辰算外卽爲其氣沒日日辰凡氣小餘在沒限以上者爲有沒之氣

求滅日置有滅之朔小餘以三十乘之滿朔虛分除之爲日不滿爲餘其日命其月經朔初日日辰算外卽爲其月滅日日辰凡經朔小餘不滿朔虛分者爲有滅之朔

步發斂

候策五餘八百七十六秒四

卦策六餘一千五十一秒一十一

土王策三餘五百二十五秒二十四

月閏一萬九百三秒二十四

辰法二千五

半辰法一千二半

刻法一千三百三

秒母三十六

推七十二候各因中節大小餘命之爲初候以候策加之爲次候又加之爲末候

求六十四卦各因中氣大小餘命之爲初卦用事日以卦策加之爲中卦用事日又加之得終卦用事日以土王策加諸侯內卦得十有二節之初外卦用事日又加之得大夫卦用事日復以卦策加之得卿卦用事日

推五行用事各因四立之節大小餘命之卽春木夏火秋金冬水首用事日以土王策減四季中氣大小餘命甲子算外爲其月土始用事日

求中氣去經朔置天正冬至閏餘以月閏累加之滿統法約之爲日不盡爲餘卽各得每月中氣去經朔日及餘秒其閏餘滿閏限者爲月內有閏也仍定其朔內無中氣者爲閏月

求卦候去經朔以卦候策累加減中氣去經朔日及餘秒中氣前減中氣後加卽各得卦候去經朔日及餘秒

求發斂加時倍所求小餘以辰法除之爲辰數不滿五因之滿刻法爲刻不滿爲餘其辰數命子正算外卽各得所求加時辰刻及分

步日躔

周天分四百三十九萬四千三十四秒五十七

周天度三百六十五餘三千八十四秒五十七

歲差一百五十四秒五十七

二至限日一百八十二餘七千四百八十

冬至後盈初夏至後縮末限日八十八餘一萬九百五十八

夏至後縮初冬至後盈末限日九十三餘八千五百五十二

求每日盈縮分置入二至後全日各在初限已下為初限已上用減二至限餘為末限列初末限日及分於上倍初末限日及約分於下相減相乘求盈縮分者在盈初縮末以三千二百九十四除之在盈末縮初以三千六百五十九除之皆為度不滿退除為分秒求朓朒積者各退二位在盈初縮末以三百六十六而一在盈末縮初以四百七而一各得所求以盈縮相減餘為升降分（盈初縮末為升縮初盈末為降）以朓朒積相減餘為損益率（在初為益在末為損）

求經朔弦望入盈縮限置天正閏日及餘減縮末限日及餘為天正十一月經朔入縮末限日及餘以弦策累加之滿盈縮限日去之即各得弦望及次朔入盈縮限日及餘秒

求經朔弦望朓朒定數各置所入盈縮限日小餘以其日下損益率乘之如統法而一所得損益其下朓朒積為定數

求定氣冬夏二至以常氣為定氣自後以其氣限日下盈縮分盈加縮減常氣約餘即為所求之氣定日及分秒

赤道入度

斗二十六　牛八　女十二　虛十少秒六十四

危十七　室十六　壁九

北方七宿九十八度少秒六十四

奎十六　婁十二　胃十四　昴十一

畢十七　觜一　參十

西方七宿八十一度

井三十三　鬼三　柳十五　星七

張十八　翼十八　軫十七

南方七宿一百一十一度

角十二　亢九　氐十五　房五

心五　尾十八　箕十

東方七宿七十五度

前皆赤道宿度與古不同自大衍歷依渾儀測為定用紘帶天中儀極攸憑以格黃道

推天正冬至加時赤道日度以歲差乘所求積年滿周天分去之不盡用減周天分餘以統法除之為度不滿為餘命起赤道虛宿四度外去之至不滿宿即為所求年天正冬至加時赤道日度及餘秒

求夏至赤道日度置天正冬至加時赤道日度以二至限及餘加之滿赤道宿次去之即得夏至加時赤道日度及餘秒（因求後昏後夜半赤道日度者以二至小餘減統法餘以加二至赤道日度之餘即二至初日昏後夜半赤道日度以每日累加一度去命如前各得所求）

求二十八宿赤道積度置二至加時日躔赤道全度以二至加時赤道日度及約分減之餘為距後度以赤道宿次累加之即得二十八宿赤道積度及分秒求二十八宿赤道積度入初末限各置赤道積度及分秒滿象限九十一度三十一分秒九即去之若在四十五度六十五分秒五十四半已下為初限已上用減象限餘為末限

求二十八宿黃道度各置赤道宿入初末限度及分三之為限分用減四百餘以限分乘之一萬二千而一為度命曰黃赤道差至後以減分後以加赤道宿積度為黃道積度以前宿黃道積度減之餘為二十八宿黃道度及分（其分就近約為太半少若二至之宿不足減者即加二至限然後減之餘依術算）

黃道宿度

斗二十三半　牛七半　女十一半　虛十少秒六十四

危十七太　室十七少　壁九太

北方七宿九十七度半秒六十四

奎十七太　婁十二太　胃十四半　昴十一太

畢十六　觜一　參九少

西方七宿八十二度

井三十　鬼二太　柳十四少　星七

張十八太　翼十九半　軫十八太

南方七宿一百一十一度

角十三　亢九半　氐十五半　房五

心四太　尾十七　箕十

東方七宿七十四度太

前黃道宿度乃依今曆歲差變定若上考往古下驗將來當據歲差每移一度依曆推變然後可步七曜知其所在

求天正冬至加時黃道日度置天正冬至加時赤道日度及約分三之為限分用減四百餘以限分乘之一萬二千而一為度命曰黃赤道差用減天正冬至加時赤道日度及分即為所求年天正冬至加時黃道日度及分（夏至日度準此求之）

求二至初日晨前夜半黃道日度置一萬分以其日升降分升加降減之以乘二至小餘如統法而一所得以減二至加時黃道日度餘為二至初日晨前夜半黃道日度及分

求每日晨前夜半黃道日度置二至初日晨前夜半黃道日度及分每日加一度百約其日下升降分升加降減之滿黃道宿次去之即各得二至後每日晨前夜半

黃道日度及分

求太陽過宮日時刻　置黃道過宮宿度以其日晨前夜半黃道宿度及分減之餘以統法乘之如其太陽行分而一爲加時小餘如發斂求之即得太陽過宮日時刻及分

黃道過宮（太史局吳澤等補治有此一段開封進士吳時舉國學進士程憙常州百姓張文進本並無之）

危宿十五度少入衞之分　亥　奎宿三度半入魯之分　戌

胃宿五度半入趙之分　酉　畢宿十度半入晉之分　申

井宿十二度入秦之分　未　柳宿七度半入周之分　午

張宿十七度少入楚之分　巳　軫宿十二度入鄭之分　辰

氐宿二度少入宋之分　卯　尾宿八度入燕之分　寅

斗宿九度入吳之分　丑　女宿六度少入齊之分　子

步月離

轉周分三十三萬一千四百八十二秒三百八十九

轉周日二十七餘六千六百七十二秒三百八十九

朔差日一餘一萬一千七百四十秒九千六百一十一

弦策七餘四千六百三秒二千五百

望策一十四餘九千二百六秒五千

以上秒母同一萬

七日初數一萬六百九十初約八十九末數一千三百

四十末約一十一

十四日初數九千三百五十一初約七十八末數二千

六百七十九末約二十二

二十一日初數八千一十一初約六十七末數四千一

十九末約三十三

二十八日初數六千六百七十二初約五十五

上弦九十一度三十一分秒四十一

望一百八十二度六十二分秒八十二

下弦二百七十三度九十四分秒二十三

平行一十三度三十六分秒八十七半

以上秒母同一百

求天正十一月經朔加時入轉　置天正十一月經朔加時積分以轉周分秒去之不盡以統法約之爲日不滿爲餘命日算外即得所求年天正十一月經朔加時入轉日及餘秒（若以朔差日及餘秒加之滿轉周日及餘秒去之即其朔加時入轉日及餘秒各以其月經朔小餘減之餘爲其月經朔夜半入轉）

求弦望入轉　因天正十一月經朔加時入轉日及餘秒以弦策累加之去命如前即得弦望入轉日及餘秒

轉日	轉定分	增減差	遲疾度	損益率	朓朒積
一日	一千二百六	增一百三十	遲空度	益一千一百八十七	朒空
二日	一千二百一十五	增一百二十一	遲一度三十一	益一千八十九	朒一千一百八十七
三日	一千二百三十二	增一百四	遲二度五十三	益九百四十五	朒二千二百七十六
四日	一千二百五十	增八十六	遲三度五十七	益七百六十五	朒三千二百二十一
五日	一千二百七十五	增六十二	遲四度四十三	益五百六十	朒三千九百八十六
六日	一千三百一	增三十六	遲四度五十	益三百二十二	朒四千五百四十六
七日	一千三百二十七	初增一十　末減	遲五度四十一	初益九十九　末損九	朒四千八百六十九
八日	一千三百五十四	減一十七	遲五度五十一	損一百五十四	朒四千九百五十九
九日	一千三百七十八	減四十一	遲五度三十四	損三百六十九	朒四千八百五
十日	一千四百三	減六十二	遲四度九十三	損五百九十四	朒四千四百三十六
十一日	一千四百二十七	減九十	遲四度二十七	損八百一十	朒三千八百四十二
十二日	一千四百四十六	減一百九	遲三度三十七	損九百七十九	朒三千三十二
十三日	一千四百五十七	減一百二十三	遲二度二十八	損一千九十九	朒二千五十三
十四日	一千四百六十三	初減一百二十六　末增三十	遲一度六	初損九百五十四　末益二百七十	朒九百五十四
十五日	一千四百六十六	增一百二十九	疾空度三十	益一千一百六十一	朓二百七十
十六日	一千四百五十四	增一百一十七	疾一度五十九	益一千五十二	朓一千四百三十二
十七日	一千四百三十七	增一百	疾二度七十六	益九百	朓二千四百八十三
十八日	一千四百一十六	增七十九	疾三度七十六	益七百一十一	朓三千三百八十三
十九日	一千三百九十四	增五十七	疾四度五十五	益五百一十二	朓四千九十四
二十日	一千三百六十八	增三十一	疾五度一十二	益二百七十九	朓四千六百六
二十一日	一千三百四十一	初增九　末減五	疾五度四十三	初益八十二　末損四十五	朓四千八百八十五
二十二日	一千三百一十五	減二十二	疾五度四十七	損一百九十八	朓四千九百二十二
二十三日	一千二百九十	減四十七	疾五度二十五	損四百二十三	朓四千七百二十四
二十四日	一千二百六十五	減七十三	疾四度七十八	損六百五十七	朓四千三百一
二十五日	一千二百四十三	減九十四	疾四度五	損八百四十六	朓三千六百四十四
二十六日	一千二百二十五	減一百一十三	疾三度二十一	損一千八	朓二千七百九十八
二十七日	一千二百一十三	減一百二十四	疾一度九十九	損一千一百一十六	朓一千一百一十六
二十八日	一千二百六	初減七十五	疾空度七十五	損六百七十四	朓六百七十四

求朔弦望入轉朓朒定數　置入轉餘乘其日算外損益率如統法而一所得以損益其下朒朓積爲定數其在四七日下餘如初數已下初率乘之初數而一以損益其下朓朒積爲定數若初數已上者以初數減之餘乘末率末數而一用減初率餘加其日下朓朒積爲定數（其十四日下餘若在初數已上者初數減之餘乘末率末數而一便爲朓定數）

求朔弦望定日　各以入限入轉朓朒定數朓減朒加經朔弦望小餘滿若不足進退大餘命甲子算外各得定日及餘若定朔干名與後朔干名同者月大不同者月小其月內無中氣者爲閏月（凡注曆觀定朔小餘秋分後在統法四分之三已上者進一日若春分後定朔晨昏差如春分之日者三約之用減四分之三定朔小餘在此數已上者亦進一日或當交虧初在日入已前者其朔不進弦望定小餘不滿日出分者退一日望若有交虧初在日出分已前者其定望小餘雖滿日出分亦退一日又有月行九道遲疾曆有三大二小者依盈縮累增損之則有四大三小理數然也若俯循常儀當察加時早晚隨其所近而進退之使不過三大二小）

求定朔弦望加時日度　置定朔弦望約分副之以乘其日升降分一萬約之所得升加降減其副以加其日夜半日度命如前各得定朔弦望加時日躔黃道宿度及分秒

求月行九道　凡合朔初交冬入陰曆夏入陽曆月行青道（冬至夏至後青道半交在春分之宿出黃道東立冬立夏後青道半交在立春之宿出黃道東南至所衝之宿亦如之）冬入陽曆夏入陰曆月行白道（冬至夏至後白道半交在秋分之宿出黃道西立冬立夏後白道半交在立秋之宿出黃道西北至所衝之宿亦如之）春入陽曆

秋入陰曆月行朱道春分秋分後朱道半交在夏至之宿出黃道南立夏立秋後朱道半交在立夏之宿出黃道西南至所衝之宿亦如之春入陰曆秋入陽曆月行黑道春分秋分後黑道半交在冬至之宿出黃道北立春立秋後黑道半交在立冬之宿出黃道東北至所衝之宿亦如之四序離爲八節至陰陽之所交皆與黃道相會故月行有九道各視月行所入正交積度滿交象去之入交積度及交象度並在交會術中若在半交象已下爲初限已上覆減交象餘爲末限置初末限度及分三之爲限分用減四百餘以限分乘之二萬四千而一爲度命曰月道與黃道差數距正交後半交前以差數加距半交後正交前以差數減此加減出入黃道六度單與黃道相校之數若校赤道則隨氣遷變不常仍計去冬夏二至已來度數乘差數如九十而一爲月道與赤道差數凡日以赤道內爲陰外爲陽月以黃道內爲陰外爲陽故月行宿度入春分交後行陰曆秋分交後行陽曆皆爲同名入春分交後行陽曆秋分交後行陰曆皆爲異名其在同名者以差數加者加之減者減之其在異名者以差數加者減之減者加之二差皆增益黃道宿積度爲九道宿積度以前宿九道積度減之爲其宿九道度及分秒其分就近約之爲太半少

求月行九道平交入氣各以其月閏日及餘加經朔加時入交汎日及餘秒盈交終日及餘秒去之乃減交終日及餘秒即各得平交入其月中氣日及餘秒若滿氣策即去之餘爲平交入後月節氣日及餘秒若求朓朒定數如求朔望朓朒術入之即得所求

求平交入轉朓朒定數置所入氣餘加其日夜半入轉餘乘其日算外損益率如統法而一所得以損益其下朓朒積乃以交率乘之交數而一爲定數

求正交入氣以平交入氣入轉朓朒定數朓減朒加平交入氣餘滿若不足進退其日即正交入氣日及餘秒

求正交加時黃道日度置正交入氣餘副之以乘其日升降分一萬約之升加降減其副乃以一百乘之如統法而一以加其日夜半日度即正交加時黃道日度及分秒

求正交加時月離九道宿度置正交　加時黃道日及分三之爲限分用減四百餘以限分乘之二萬四千而一命曰月道與黃道差數以加黃道宿度仍計去冬夏二至以來度數以乘差數如九十而一爲月道與赤道差數同名以加異名以減二差皆增損正交度即正交加時月離九道宿度及分秒

求定朔弦望加時月離黃道宿度置定朔弦望加時日躔黃道宿度及分凡合朔加時月行潛在日下與太陽同度是爲加時月度各以弦望度加其所當日度滿黃道宿次去之即各得定朔弦望加時月離黃道宿度及分秒

求定朔弦望加時月離九道宿度置定朔弦望加時月離黃道宿度及分秒加前宿正交後黃道積度如前求九道術入之以前定宿正交後九道積度減之餘爲定朔弦望加時月離九道宿度及分秒凡合朔加時若非正交即日在黃道月在九道所入宿度雖多少不同考其去極若應繩準故曰加時九道

求定朔午中入轉各視經朔夜半入轉日及餘秒以半法加之若定朔及餘有進退者亦進退轉日否則因經爲定因求次日累加一日滿轉周日及餘秒去之即每日午中入轉

求晨昏月度以晨分乘其日算外轉定分如統法而一爲晨轉分用減轉定分餘爲昏轉分乃以朔弦望小餘乘其日算外轉定分如統法而一爲加時分以減晨昏轉分餘爲前不足減者覆減之餘爲後以前加後減定朔弦望月度即晨昏月所在度

求朔弦望晨昏定程各以其朔昏定月減上弦昏定月餘爲朔後昏定程以上弦昏定月減望昏定月餘爲上弦後昏定程以望晨定月減下弦晨定月餘爲望後晨定程以下弦晨定月減後朔晨定月餘爲下弦後晨定程

求每日轉定度數累計每程相距日轉定分以減定程餘爲盈不足減者覆減之餘爲縮以相距日除之所得盈加縮減每日轉定分爲每日轉定度及分秒

求每日晨昏月置朔弦望晨昏月以每日轉定度及分加之滿宿次去之爲每日晨昏月凡注曆日朔日注昏月望後一日注晨月已前月度並依九道所推以究算術之精微如求速要即依後術求之

求天正十一月經朔加時平行月置歲周以天正閏餘減之餘以統法約之爲度不滿退除爲分秒即天正十一月經朔加時平行月積度及分秒

求天正十一月定朔夜半平行月置天正經朔小餘以平行月度分秒乘之如統法而一爲度不滿退除爲分秒以減天正十一月經朔加時平行月積度即天正十一月定朔晨前夜半平行月其定朔大餘有進退者亦進退平行度否則因經爲定即天正十一月定朔晨前夜半平行月積度及分秒

求次定朔夜半平行月置天正十一月定朔晨前夜半平行月積度及分秒大月加三十五度八十分秒六十一小月加二十二度四十三分秒七十三半滿周天度及約分秒去之即得次定朔晨前夜半平行月積度及分秒

求弦望定日夜半平行月各計朔弦望相距之日乘平行度及分秒以加其月定朔晨前夜半平行月積度及分秒即其月弦望定日晨前夜半平行月積度及分秒

求定朔晨前夜半入轉置其月經朔晨前夜半入轉日及餘秒若定朔大餘有進退者亦進退轉日否則因經爲定其餘如統法退除爲分秒即得其月定朔晨前夜半入轉日及分秒因求次日累加一日滿轉周二十七日五十五分秒四十六去之即每日晨前夜半入轉

求定朔弦望晨前夜半定月置定朔弦望晨前夜半入

轉分乘其日算外增減差百約爲分分滿百爲度增減其下遲疾度爲遲疾定度遲減疾加定朔弦望晨前夜半平行月積度及分秒以天正冬至加時黃道日度加而命之卽各得定朔弦望晨前夜半月離宿度及分秒（如求每日晨昏月依前術入之卽得所求）

步晷漏

二至限一百八十二日六十二分

一象九十一日三十一分

消息法九千七百三

半法六千一十五

辰法二十五

半辰法一十二半

刻法一千二百二

辰刻八餘四百一

昏明分三百太

昏明刻二餘六百一半

冬至岳臺晷影常數一丈二尺八寸五分

夏至岳臺晷影常數一尺五寸七分

冬至後初限夏至後末限四十五日六十二分

冬至後末限夏至後初限一百三十七日空分

求岳臺晷影入二至後日數計入二至以來日數以二至約分減之乃加半日之分五十卽入二至後來午中日數及分

求岳臺午中晷影定數置入二至後日及分如初限已下者爲初已上覆減二至限餘爲末其在冬至後初限夏至後末限者以入限日及分減一千九百三十七半爲汎差仍以入限日及分乘其日盈縮積（其盈縮積者以入盈縮限日及分與二百相減相乘爲盈縮積也）五因百約用減汎差爲定差乃以入限日及分自相乘以定差乘之滿一百萬爲尺不滿爲寸分以減冬至岳臺晷影常數餘爲其日午中晷影定數其在冬至後末限夏至後初限者以三約入限日及分減四百八十五少爲汎差仍以盈縮差度減去極度餘者春分後秋分前四約以加汎差爲定差春分前秋分後以去二分日數乘之六百而一以減汎差爲定差乃以入限日及分自相乘以定差乘之滿一百萬爲尺不滿爲寸分以加夏至岳臺晷影常數爲其日午中晷影定數

求每日午中定積日置其日午中入二至後來日數及分以其日盈縮分盈加縮減之卽每日午中定積日及分

求每日午中消息定數置定積日及分在一象已下自相乘以上用減二至限餘亦自相乘七因進二位以消息法除之爲消息常數副置之用減六百一半餘以乘其副以二千六百七十除之以加常數爲消息定數（冬至後爲息夏至後爲消）

求每日黃道去極度置其日消息定數十六乘之滿四百一除之爲度不滿退除爲分春分後加六十七度三十一分秋分後減一百一十五度三十一分卽每日午中黃道去極度及分

求每日太陽去赤道內外度置其日黃道去極度及分與一象度相減餘爲太陽去赤道內外度及分（去極多爲日在赤道外去極少爲日在赤道內）

求每日晨昏分及日出入分半晝分置其日消息定數春分後加二千一百少秋分後減三千三百八少各爲其日晨分用減統法餘爲昏分以昏明分加晨分爲日出分減昏分爲日入分以日出分減半法餘爲半晝分

求每日距中度置其日晨分進位十四因之以四千六百一十一除之爲度不滿退除爲分卽距子度用減半周天餘爲距中度五而一爲每更差數

求每日夜半定漏置晨分進一位如刻法而一爲刻不滿爲刻分卽每日夜半定漏

求每日晝夜刻及日出入辰刻置夜半定漏倍之加五刻爲夜刻減百刻爲晝刻以昏明刻加夜半定漏命子正算外得日出辰刻以晝刻加之命如前卽日入辰刻（其辰數依發斂術求之）

求更點辰刻置其日夜半定漏倍之二十五而一爲籌差半之進位爲更差以昏明刻加日入辰刻卽甲夜辰刻以更籌差累加之滿辰刻及分去之各得每更籌所在辰刻及分（若用司辰漏者倍夜半定漏減去待旦十刻餘依術算卽得內中更籌也）

求每日昏曉中星及五更中星置距中度以其日昏後夜半赤道日度加而命之卽得其日昏中星所格宿次命之曰初更中星以每更差度加而命之卽乙夜中星以更差度累加之去命如前卽五更及曉中星（若依司辰星漏倍距子度減去待旦三十六度五十二分半餘依術求更點差度卽內中昏曉五更攢點中星也）

求九服距差日各於所在立表候之若地在岳臺北測冬至後與岳臺冬至晷影同者累冬至後至其日爲距差日若地在岳臺南測夏至後與岳臺晷影同者累夏至後至其日爲距差日

求九服晷影若地在岳臺北冬至前後者以冬至前後日數減距差日爲餘日以餘日減一千九百三十七半爲汎差依前術求之以加岳臺冬至晷影常數爲其地其日午中晷影定數冬至前後日多於距差日者乃減去距差日餘依法求之卽得其地其日午中晷影定數若地在岳臺南夏至前後者以夏至前後日數減距差日爲餘日乃三約之以減四百八十五少爲汎差依前術求之以減岳臺夏至晷影常數卽其地其日午中晷影定數如夏至前後日數多於距差日乃減去距差日餘依法求之卽得其地其日午中晷影定數卽晷在表南也

求九服所在晝夜漏刻各於所在下水漏以定二至夜

刻乃相減餘爲二至差刻乃置岳臺其日消息定數以其處二至差刻乘之如岳臺二至差刻二十除之所得爲其地其日消息定數乃倍消息定數進位滿刻法約之爲刻不滿爲分以加減其處二至夜刻（春分後秋分前以加夏至夜刻秋分後春分前以減冬至夜刻）爲其地其日夜刻以減百刻餘爲晝刻（求日出入差刻及五更中星並依岳臺法求之）

宋史卷七十七考證

律歷志十秒母三十六○按前後文例秒母上應有以上二字應低二格寫

置正交　加時黃道日及分○按加時上無闕文

宋史卷七十八

元中書右丞相總裁脫脫等修

律歷志第三十一

律歷十一

步交會

交終分三十二萬七千三百六十二秒九千九百四十四

交終日二十七餘二千五百五十一秒九千九百四十四

交終日一十三餘七千二百九十秒九千九百七十二

朔差日二餘三千八百三十一秒五十六

望策一十四餘九千二百六秒五千

後限日一餘一千九百一十五秒五千二十八

前限日十二餘五千三百七十五秒四千九百四十四

以上秒母同一萬

交率一百八十三

交數二千三百三十一

交終度三百六十三分七十六

交中度一百八十一分八十八

交象度九十分九十四

半交象度四十五分四十七

陽歷食限四千九百定法四百九十

陰曆食限七千九百定法七百九十

求天正十一月經朔加時入交汎日置天正十一月經朔加時積分以交終分及秒去之不盡滿統法爲日不滿爲餘秒即天正十一月經朔加時入交汎日及餘秒

求次朔及望加時入交汎日置天正經朔加時入交汎日及餘秒求朔以朔差加之求望以望策加之滿交終日及餘秒去之即次朔及望加時入交汎日及餘秒若以經朔小餘減之餘爲夜半入交汎日

求定朔望夜半入交汎日置經朔望夜半入交汎日若定朔望大餘有進退者亦進退交日否則因經爲定即定朔望夜半入交汎日及餘秒

求次朔夜半入交汎日置定朔夜半入交汎日及餘秒大月加二日小月加一日餘皆加九千四百七十八秒五十六求次日累加一日滿交終日及餘秒去之即次定朔及每日夜半入交汎日及餘秒

求朔望加時入交常日置經朔望入交汎日及餘秒以其朔望入盈縮限朏朒定數朏減朒加之即朔望加時入交常日及餘秒

求朔望加時入交定日置其朔望入轉朏朒定數以交率乘之交數而一所得以朏減朒加入交常日及餘秒滿與不足進退其日即朔望加時入交定日及餘秒

求月行入陰陽曆置其朔望入交定日及餘秒在交中已下爲月行陽曆已上去之餘爲月行陰曆

求朔望加時月行入陰陽曆積度置月行入陰陽曆日及餘秒以統法通日內餘九而一爲分分滿百爲度即朔望加時月行入陰陽曆積度及分

求朔望加時月去黃道度置入陰陽曆積度及分如交象已下爲入少象已上覆減交中度餘爲入老象皆列於上下列交中度相減相乘進位如一百三十八而一爲汎差又視入老少象度如半交象已下爲初已上去之餘爲末皆二因退位初減末加汎差滿百爲度即朔望加時月去黃道度及分

求日月食甚定餘置定朔小餘如半統法已下與半統法相減相乘如三萬六千九十而一爲時差以減如半統法已上減去半統法餘亦與半統法相減相乘如一萬八千四十五而一爲時差午前以減午後以加皆加減定朔小餘爲日食甚小餘與半法相減餘爲午前後分其月食者以定望小餘爲月食甚小餘

求日月食甚辰刻各置食甚小餘倍之以辰法除之爲辰數不滿五因滿刻法而一爲刻不滿爲分其辰數命子正算外即食甚辰刻及分若加半辰即命起子初

求氣差置其朔盈縮限度及分自相乘進二位盈初縮末一百九十七而一盈末縮初二百一十九而一皆用減四千一十爲氣汎差以乘午前後分如半晝分而一所得以減汎差爲定差（春分後交初以減交中以加秋分後交初以加交中以減如食在夜反用之）

求刻差置其朔盈縮限度及分與半周天相減相乘進二位二百九而一爲刻汎差以乘午前後分如三千七百半而一爲定差（冬至後午前夏至後午後交初以加交中以減冬至後午後夏至後午前交初以減交中以加）

求日入食限交前後分　置朔入交定日及餘秒，以氣刻時三差各加減之，如交中日已下爲不食，已上去之，如後限已下爲交後分，前限已上覆減交中日，餘爲交前分。

求日食分　置交前後分，如陽曆食限已下爲陽曆食定分；以上用減一萬二千八百，餘爲陰曆食定分。如不足減者日不食。各如定法而一爲大分，不盡，退除爲小分。小分半已上爲半彊，已下爲半弱。命大分以十爲限，卽得日食之分。

求日食汎用分　置日食定分，退二位，列於上，在陽曆列九十八於下，在陰曆列一百五十八於下，各相減相乘，陽以二百五十而一，陰以六百五十而一，各爲日食汎用分。

求月入食限交前後分　置望月行入陰陽曆日及餘秒，如後限已下爲交後分，前限已上覆減交中日，餘爲交前分。

求月食分　置交前後分，如三千七百已下爲食既，已上覆減一萬一千七百，不足減者爲不食。餘以八百而一爲大分，不盡，退除爲小分。小分半已上爲半强，已下爲半弱。命大分以十爲限，卽得月食之分。

求月食汎用分　置望交前後分，自相乘，退二位，交初以一千一百三十八而一，用減一千二百三；交中以一千二百六十四而一，用減一千八十三，各爲月食汎用分。

求日月食定用分　置日月食汎用分，以一千三百三十七乘之，以定朔望入轉算外轉定分而一，所得爲日月食定用分。

求日月食虧初復滿小餘　置日月食甚小餘，以定用分減之爲虧初，加之爲復滿，卽各得所求小餘。若求辰刻，依食甚術入之。

求月食更籌法　置望晨分，四因，退位，爲更法；五除之，爲籌法。

求月食入更籌　置虧初食甚復滿小餘，在晨分以下加晨分，昏分已上減去昏分，皆以更法除之爲更數，不盡，以籌法除之爲籌數。其更籌數命初更算外，卽各得所入更籌。

求日月食甚宿次　置朔望之日晨前夜半黃道日度及分，以統法約日月食甚小餘加之，內月食更加半周天，各依宿次去之，卽日月食甚所在宿次。

求月食既內外刻分　置月食交前後分，覆減三千七百，如不足減者爲食不既。退二位，列於上下，列七十四相減相乘，進位，如三十七而一，所得以定用分乘之，如汎用分而一，爲既內分；以減定用分，餘爲既外分。

求日月帶食出入所見之分　各以食甚小餘與日出入分相減，餘爲帶食差。其帶食差在定用分已上爲不帶食出入。以乘所食之分，滿定用分而一，若月食既者，以既內分減帶食差，餘乘所食之分，如既外分而一，所得以減既分，如不足減者爲帶食既出入。以減所食之分，餘爲帶食出入所見之分。

求日食所起　日在陽曆，初起西南，甚於正南，復滿東南；日在陰曆，初起西北，甚於正北，復滿東北。其食八分已上者，皆起正西，復滿正東。此據午地而論之，當審黃道斜正可知。

求月食所起　月在陽曆，初起東北，甚於正北，復滿西北；月在陰曆，初起東南，甚於正南，復滿西南。其食八分已上者，皆起正東，復滿正西。此據午地而論之，當審黃道斜正可知。

步五星

五星曆策一十五度，約分二十一，秒九十。

木星周率四百七十九萬八千五百二十六，秒九十二。

周日三百九十八，餘一萬五百八十六，秒九十二。

歲差一百一十六，秒七十二。

伏見度一十三半。

變目	變日	變度	限度	初行率
晨伏	一十七日	三度七十五	二度三	二十三
晨疾初	二十八日	六度二	四度三十九	二十三
晨疾末	二十八日	五度六十	四度八	二十二
晨遲初	二十八日	四度六十三	三度三十七	一十九
晨遲末	二十八日	一度九十	一度三十八	一十四
晨留	二十四日			
晨退	四十六日四十四	五度七	空度八十七	空
夕退	四十六日四十四	五度七	空度八十七	一十六
夕留	二十四日			
夕遲初	二十八日	一度九十	一度三十八	空
夕遲末	二十八日	四度六十三	三度三十七	一十四
夕疾初	二十八日	五度六十	四度八	一十九
夕疾末	二十八日	六度二	四度三十九	二十一
夕伏	一十七日	三度七十五	二度七十五	二十二

木星盈縮曆

策數	損益率	盈積度	損益率	縮積度
初	益一百七十二	空	益一百七十二	空
一	益一百四十三	一度七十二	益一百四十三	一度七十二
二	益一百一十四	三度一十五	益一百一十四	三度一十五
三	益八十五	四度二十九	益八十五	四度二十九
四	益五十四	五度十四	益五十四	五度一十四
五	益二十二	五度六十八	益二十二	五度六十八
六	損二十二	五度九十	損二十二	五度九十
七	損五十四	五度六十八	損五十四	五度六十八
八	損八十五	五度一十四	損八十五	五度一十四
九	損一百一十四	四度二十九	損一百一十四	四度二十九
十	損一百四十三	三度一十五	損一百四十三	三度一十五
十一	損一百七十二	一度七十二	損一百七十二	一度七十二

火星周率九百三十八萬二千五百六十，秒七十六。

周日七百七十九，餘一萬一千一百九十，秒七十六。

伏見度一十八　歲差一百一十六秒一十三

變目	變日	變度	限度	初行率
晨伏	六十八日	五十度空分	四十七度五十	七十四
晨疾初	五十五日	三十九度五	三十七度九	七十二
晨疾末	五十五日	三十八度九十四	三十七度空	七十
晨次疾初	四十七日	三十一度二	三十九度四十六	六十八
晨次疾末	四十七日	二十八度二十	一十六度七十九	六十四
晨遲初	三十九日	一十八度七十三	一十七度七十八	五十六
晨遲末	三十九日	一十度空分	九度五十	四十
晨留	一十一日			
晨退	二十八日九十六	八度五十九	二度二十二	空
夕退	二十八日九十六	八度五十九	二度二十二	四十五
夕留	一十一日			
夕遲初	三十九日	一十度空分	九度五十	空
夕遲末	三十九日	一十八度七十二	一十七度七十八	四十
夕次疾初	四十七日	二十八度二十	二十六度十九	五十六
夕次疾末	四十七日	三十一度二	二十九度四十六	六十四
夕疾初	五十五日	三十八度九十四	三十七度空分	六十八
夕疾末	五十五日	三十九度五	三十七度九	七十
夕伏	六十八日			

火星盈縮曆

策數	損益率	盈積度	損益率	縮積度
初	益千一百六十	空	益四百四	空
一	益八百八十	一十一度六十	益四百二十六	四度四
二	益四百三十	二十度四十	益四百五十	八度三十
三	益一百五十五	二十四度七十	益四百八十五	一十二度八十
四	損五十	二十六度二十五	益三百八十五	一十七度六十五
五	損一百二十	二十五度七十五	益三百五	二十一度五十
六	損三百五	二十四度五十五	益一百二十	二十四度五十五
七	損三百八十五	二十一度五十	益五十	二十五度七十五
八	損四百八十五	一十七度六十五	損一百五十五	二十六度二十五
九	損四百五十	一十二度八十	損四百三十	二十四度七十
十	損四百二十六	八度三十	損八百八十	二十度四十
十一	損四百四	四度四	損一千一百六十	一十一度六十

土星周率四百五十四萬八千四百二十一秒八十五

周日三百七十八餘一千九十一秒八十五

歲差一百一十六秒三十

伏見度一十六半

變目	變日	變度	限度	初行率
晨伏	十九日	二度五十	一度五十	一十四
晨疾初	二十八日	三度二十二	一度九十三	一十二
晨疾末	二十八日	二度八十	一度六十八	一十一
晨遲	二十八日	一度四十	空度八十四	九
晨留	三十六日			
晨退	五十日四	三度五十	空度四十七	空
夕退	五十日四	三度五十	空度四十七	一十
夕留	三十六日			
夕遲	二十八日	一度四十	空度八十五	空
夕疾初	二十八日	二度八十	一度六十八	九
夕疾末	二十八日	三度二十二	一度九十三	一十一
夕伏	一十九日	二度五十	一度五十	一十二

土星盈縮曆

策數	損益率	盈積度	損益率	縮積度
初	益二百二十	空二度	益二百二十	空
一	益一百八十	二度二十	益一百八十	二度二十
二	益一百四十	四度	益一百四十	四度
三	益一百	五度四十	益一百	五度四十
四	益六十	六度四十	益六十	六度四十
五	益二十	七度	益二十	七度
六	損二十	七度二十	損二十	七度二十
七	損六十	七度	損六十	七度
八	損一百	六度四十	損一百	六度四十
九	損一百四十	五度四十	損一百四十	五度四十
十	損一百八十	四度	損一百八十	四度
十一	損二百二十	二度二十	損二百二十	二度二十

金星周率七百二十萬四千三百二十一秒三十四

周日五百八十三餘一萬八百三十一秒三十四

歲差一百一十六秒六十九

伏見度一十一半

變目	變日	變度	限度	初行率
夕伏	三十八日五十	五十度空分	四十八度空分	一百三十
夕疾初	五十日	六十三度七十五	六十一度二十	一百三十
夕疾末	五十日	六十一度二十五	五十八度八十	一百二十五
夕次疾初	四十日	四十六度空分	四十四度一十八	一百二十
夕次疾末	四十日	四十二度空分	四十度三十二	一百一十
夕遲初	三十日	二十六度二十五	二十五度二十	一百
夕遲末	二十日	一十二度空分	一十一度五十一	七十五
夕留	七日			
夕退	九日九十五	四度三十一	一度二十二	空
夕伏退	六日五十	五度空分	一度五十	七十三
伏合退	六日五十	五度空分	一度五十	八十一
晨退	九日九十五	四度三十一	一度二十三	七十三
晨留	七日			
晨遲初	二十日	一十二度空分	一十一度五十二	空
晨遲末	三十日	二十六度二十五	二十五度二十	七十五
晨次疾初	四十日	四十二度空分	四十度三十二	一百
晨次疾末	四十日	四十六度空分	四十四度一十八	一百一十
晨疾初	五十日	六十一度二十五	五十八度八十	一百二十
晨疾末	五十日	六十三度七十五	六十一度二十	一百二十五
晨伏	三十八日五十	五十度空分	四十八度空分	一百三十

金星盈縮曆

策數	損益率	盈積度	損益率	縮積度
初	益五十三	空	益五十三	空
一	益四十九	空度五十三	益四十九	空度五十三
二	益四十二	一度二	益四十二	一度二
三	益三十二	一度四十四	益三十二	一度四十四
四	益二十二	一度七十六	益二十二	一度七十六
五	益七	一度九十八	益七	一度九十八
六	損七	二度五	損七	二度五
七	損二十二	一度九十八	損二十二	一度九十八
八	損三十二	一度七十六	損三十二	一度七十六
九	損四十二	一度四十四	損四十二	一度四十四
十	損四十九	一度二	損四十九	一度二
十一	損五十三	空度五十三	損五十三	空度五十三

水星周率一百三十九萬四千二秒七

周日一百一十五餘一萬五百五十二秒七

歲差一百一十六秒四十

夕見晨伏度一十五

晨見夕伏度二十一

變目	變日	變度	限度	初行率
夕伏	一十五日	三十度空分	二十五度二十	二百二十二
夕疾	一十四日	二十三度空分	一十九度五十五	一百七十八
夕遲	一十三日	一十三度空分	十度九十二	一百五十一
夕留	三日			
夕伏退	十二日九十三	八度七	二度二十六	
晨伏退	十二日九十三	八度七	二度二十六	一百五
晨留	三日			
晨遲	一十三日	一十三度空分	十度九十二	空
晨疾	一十四日	二十三度空分	一十九度五十五	一百五十一
晨伏	一十五日	三十度空分	二十五度二十	一百七十九

水星盈縮曆

策數	損益率	盈積度	損益率	縮積度
初	益五十九	空	益五十九	空
一	益五十四	空度五十九	益五十四	空度五十九
二	益四十六	一度一十二	益四十六	一度一十二
三	益三十六	一度五十九	益三十六	一度五十九
四	益二十四	一度九十五	益二十四	一度九十五
五	益八	二度一十九	益八	二度一十九
六	損八	二度二十七	損八	二度二十七
七	損二十四	二度一十九	損二十四	二度一十九
八	損三十六	一度九十五	損三十六	一度九十五
九	損四十六	一度五十九	損四十六	一度五十九
十	損五十四	一度一十五	損五十四	一度一十三
十一	損五十九	空度五十九	損五十九	空度五十九

求五星天正冬至後平合中積中星置天正冬至氣積分各以其星周率去之不盡用減周率餘滿統法約之爲度不滿退除爲分秒命之爲平合中積因而重列之爲平合中星各以前段變日加平合中積又以前段變度加平合中星其經退行者卽減之各得五星諸變中積中星

求五星入曆各以其星歲差乘所求積年滿周天分去之不盡以統法約之爲度不滿退除爲分秒以減平合中星爲平合入曆度及分秒求諸變者各以前段限度累加之爲五星諸變入曆度及分秒

求五星諸變盈縮定差各置其星其變入曆度及分秒如半周天已下爲盈已上去之爲縮以五星曆策度除之爲策數不盡爲入策度及分秒以其策下損益率乘之如曆策而一爲分分滿百爲度以損益其下盈縮積度卽五星諸段盈縮定差

求五星平合及諸變定積各置其星其變中積以其段盈縮定差盈加縮減之卽其段定積日及分以天正冬至大餘及約分加之滿統法去之不盡命甲子算外卽定日辰及分

求五星諸變入所在月日各置其星其變定積以天正閏日及約分加之滿朔策及約分除之爲月數不盡爲入月已來日數命月數起天正十一月算外卽其星其段入其月經朔月數及分乃以其朔日辰相距卽所在月日

求五星平合及諸變加時定星各置其星其變中星以盈縮定差盈加縮減之內金倍之水三之然後加減卽五星諸段定星以天正冬至加時黃道日度加時命之卽其星其段加時所在宿度及分秒五星皆因留爲後段初日定星餘依術算

求五星諸變初日晨前夜半定星各以其段初行率乘其段加時分百約之以順減退加其日加時定星卽爲其星其段初日晨前夜半定星加命如前卽得所求

求諸變日率度率各以其段日辰距至後段日辰爲其段日率以其段夜半定星與後段夜半定星相減餘爲其段度率

求諸變平行分各置其段度率以其段日率除之爲其段平行度及分秒

求諸變總差各以其段平行分與後段平行分相減餘爲汎差併前段汎差四因退一位爲總差若前段無平行分相減爲汎差者因後段初日行分與其段平行分相減爲半總差倍之爲總差若後段無平行分相減爲汎差者因前段末日行分與其段平行分相減爲半總差倍之爲總差其在再行者以本段平行分十四乘之十五而一爲總差內金星依順段術求之

求初末日行分各半其段總差加減其段平行分後行分少加之爲初減之爲末後行分多減之爲初加之爲末退行者前段減之爲初加之爲末後段加之爲初減之爲

末爲其星其段初末日行分

求每日晨前夜半星行宿次置其段總差減日率一以除之爲日差累損益初日行分（後行分少損之後行分多益之）爲每日行度及分秒乃順加退減其星其段初日晨前夜半定星命之卽每日夜半星行所在宿次

徑求其日宿次置所求日減一半之以日差乘而加減初日行分（後行分少減之後行分多加之）以所求日乘之爲積度以順加退減其星其段初日夜半宿次卽所求日夜半宿次

求五星合見伏行差木火土三星以其段初日星行分減太陽行分爲行差金水二星順行者以其段初日太陽行分減星行分爲行差金水二星退行者以其段初日星行分并太陽行分爲行差內水星夕伏晨見直以太陽行分爲行差

求五星定合見伏汎用積木火土三星　以平合晨疾夕伏定積便爲定合見伏汎用積金水二星各置其段盈縮定差內水星倍之以其段行差除之爲日不滿退除爲分在平合夕見晨伏者盈減縮加定積爲定合見伏汎用積在退合夕伏晨見者盈加縮減定積爲定合見伏汎用積

求五星定合定積定星木火土三星以平合行差除其日盈縮分爲距合差日以盈縮分減之爲距合差度以差日差度盈減縮加其星定合汎用積爲其星定合積定星金水二星順合者以平合行差除其日盈縮分爲距合差日以盈縮分加之爲距合差度以差日差度盈加縮減其星定合汎用積爲其星定合定積定星金水二星退合者以平合行差除其日盈縮分爲距合差日以減盈縮積之分爲距合差度以差日盈減縮加以差度盈加縮減再定合汎用積爲其星再定合定積定星各以天正冬至大餘及約分加定積滿統法去之命甲子算外卽得定合日辰以正天冬至加時黃道日度加定星依宿次去之卽得定合所在宿次

求五星定見伏定積木火土三星以汎用積晨加夕減一象如半周天已下自相乘已上覆減一周天餘亦自相乘七十五而一所得以其星伏見度乘之十五而一爲差如其段行差除之爲日不滿退除爲分見加伏減汎用積爲其星定見伏定積金水二星以行差除其日盈縮分爲日在夕見晨伏盈加縮減汎用積爲常用積夕伏晨見盈減縮加汎用積爲常用積如常用積在半周天已下爲冬至後已上去之餘爲夏至後各在一象已下自相乘已上覆減一周天餘亦自相乘冬至後晨夏至後夕以十八而一冬至後夕夏至後晨以七十五而一所得以其星伏見度乘之十五而一爲差如其段行差除之爲日不滿退除爲分冬至後晨見夕伏夏至後夕見晨伏以加常用積爲其星定見伏定積冬至後夕見晨伏夏至後晨見夕伏以減常用積爲其星定見伏定積加命如前卽得定見伏日辰

宋史卷七十八考證

律歷志十一○按標目下脫旁注觀天歷三字

火星歲差一百一十六秒一十三○按歲差應提行寫在伏見度之前與木土金水四星一例

木火土三星　以平合云云○舊本星下空一格實無闕文

宋史卷七十九

元中書右丞相總裁脫脫等修

律曆志第三十二

律曆十二（紀元曆）

崇寧紀元曆演紀上元上章執徐之歲距元符三年庚辰歲積二千八百六十一萬三千四百六十算至崇寧五年丙戌歲積二千八百六十一萬三千四百六十六算

步氣朔第一

日法七千二百九十

朞實二百六十六萬二千六百二十六

朔實二十一萬五千二百七十八

歲周三百六十五日餘一千七百七十六

氣策一十五餘一千五百九十二太

朔策二十九餘三千八百六十八

望策一十四餘五千五百七十九

弦策七餘二千七百八十九半

中盈分三千一百八十五半

朔虛分三千四百二十二

沒限五千六百九十七少

旬周四十三萬七千四百

紀法六十

求天正冬至置上元距所求積年以朞實乘之爲天正冬至氣積分滿旬周去之不滿如日法而一爲大餘不盡爲小餘其大餘命己卯算外卽所求年天正冬至日辰及餘

求次氣置天正冬至大小餘以氣策加之（四分之一爲少之二爲半之三爲太如滿秒母收從小餘小餘滿日法從大餘大餘盈紀法乃去之）去命如前卽次氣日辰及餘

求天正經朔置天正冬至氣積分以朔實去之不盡爲

天正閏餘用減氣積分餘爲天正十一月經朔加時積分滿旬周去之不滿如日法而一爲大餘不盡爲小餘其大餘命己卯算外即所求年天正十一月經朔日辰及餘

求弦望及次朔經日置天正經朔大小餘以弦策累加之去命如前即各得弦望及次朔經日辰及餘

求沒日置有沒常氣小餘凡常氣小餘在沒限已上者爲有沒之氣六十乘之用減四十四萬三千七百七十一餘滿六千三百七十一而一爲日不滿爲餘命日起其氣初日晨算外即爲氣內沒日辰

求滅日置有滅經朔小餘凡經朔小餘不滿朔虛分者爲有滅之朔三十乘之滿朔虛分而一爲日不滿爲餘命日起其月經朔日辰算外即爲月內滅日辰

步發斂

候策五餘五百三十秒五十五

卦策六餘六百三十七秒六

土王策三餘三百一十八秒三十三

歲閏七萬九千二百九十

月閏六千六百七半

閏限二十萬八千六百七十半

辰法一千二百一十五

半辰法六百七半

刻法七百二十九

秒法六十

求七十二候各置中節大小餘命之爲初候以候策加之爲次候又加之爲末候各命己卯算外即得所求日辰

求六十四卦各置中氣大小餘命之爲公卦用事日以卦策加之得辟卦用事日又加之得諸侯內卦用事日以土王策加之得十有二節之初諸侯外卦用事日又加之得大夫卦用事日復以卦策加之得卿卦用事日各命己卯算外即得所求日辰

求五行用事各因四立之節大小餘命之即春木夏火秋金冬水首用事日以土王策減四季中氣大小餘即其季土始用事之日各命己卯算外即得所求日辰

七十二候及卦目與前曆同

求中氣去經朔置天正閏餘以月閏累加之滿日法曆閏日不滿爲餘即其月中氣去經朔日算因求卦候者各以卦候策依次累加減之中氣前減中氣後加各得其月卦候去經朔日算

求發斂加時置所求小餘倍之加辰法而一爲辰數不滿五因之如刻法而一爲刻不盡爲分命辰數起子正算外即各得加時所在辰刻及分如半辰數即命起子初

步日躔

周天分二億一千三百一萬八千一十七

歲差七千九百三十七

周天度三百六十五約分二十五秒七十二

象限九十一約分三十一秒九

乘法一百一十九

除法一千八百一十一

秒法一百

常氣	中積日	盈縮分	先後數	損益率	朒朏積
冬至	空	盈七千六十	先初	益三百八十五	朒積空
小寒	一十五 一千五百九十二太 二十一 八十四	盈五千九百二十	先七千六十	益三百二十二	朒三百八十五
大寒	三十 三千一百八十五半 四十三 六十九	盈四千七百一十七	先一萬二千九百八十	益二百五十七	朒七百八
立春	四十五 四千七百七十八少 六十五 五十四	盈三千四百五十一	先一萬七千六百九十七	益一百八十七	朒九百六十五
雨水	六十 六千三百七十一 八十七 三十九	盈二千一百二十二	先二萬一千一百四十八	益一百一十六	朒一千一百五十三
驚蟄	七十六 六百七十三太 九 二十四	盈七百三十	先二萬三千二百七十	益四十	朒一千二百六十九
春分	九十一 二千二百六十六半 三十一 九	縮七百三十	先二萬四千	損四十	朒一千三百九
清明	一百六 三千八百五十九少 五十二 九十三	縮二千一百二十二	先二萬三千二百七十	損一百一十六	朒一千二百六十九
穀雨	一百二十一 五千四百五十二 七十四 七十八	縮三千四百五十一	先二萬一千一百四十八	損一百八十八	朒一千一百五十三
立夏	一百三十六 七千四十四太 九十六 六十三	縮四千七百一十七	先一萬七千六百九十七	損二百五十七	朒九百六十五
小滿	一百五十二 一千三百四十七半 一十八 四十八	縮五千九百二十	先一萬二千九百八十	損三百二十三	朒七百八
芒種	一百六十七 二千九百四十少 四十 三十三	縮七千六十	先七千六十	損三百八十五	朒三百八十五
夏至	一百八十二 四千五百三十三 六十二 一十八	縮七千六十	後初	損三百八十五	朏空
小暑	一百九十七 六千一百二十五太 八十四 二	縮五千九百二十	後七千六十	益三百二十三	朏三百八十五
大暑	二百一十三 四百二十八半 五 八十七	縮四千七百一十七	後一萬二千九百八十	益二百五十七	朏七百八
立秋	二百二十八 二千二十一少 二十七 七十二	縮三千四百五十一	後一萬七千六百九十七	益一百八十七	朏九百六十五
處暑	二百四十三 三千六百一十四 四十九 五十七	縮二千一百二十二	後二萬一千一百四十八	益一百一十六	朏一千一百五十三
白露	二百五十八 五千二百六太 七十一 四十二	縮七百三十	後二萬三千二百七十	益四十	朏一千二百六十九
秋分	二百七十三 六千七百九十九半 九十三 二十七	盈七百三十	後二萬四千	損四十	朏一千三百九
寒露	二百八十九 一千一百二少 一十五 一十二	盈二千一百二十二	後二萬三千二百七十	損一百一十六	朏一千二百六十九
霜降	三百四 二千六百九十五 三十六 九十六	盈三千四百五十一	後二萬一千一百四十八	損一百八十八	朏一千一百五十三
立冬	三百一十九 四千二百八十七太 五十八 八十一	盈四千七百一十七	後一萬七千六百九十七	損二百五十七	朏九百六十五
小雪	三百三十四 五千八百八十半 八十 六十六	盈五千九百二十	後一萬二千九百八十	損三百二十三	朏七百八
大雪	三百五十 一百八十三少 二 五十	盈七千六十	後七千六十	損三百八十五	朏三百八十五

求每日盈朔分先後數置所求盈縮分以乘法乘之如除法而一爲其氣中平率與後氣中平率相減爲合差半合差加減其氣中平率爲初末汎率至後加爲初減爲末分後減爲初加爲末又以乘法乘合差如除法而一爲日差半日差加減初末汎率爲初末定率至後減初加末分後加初減末以日差累加減其氣初定率爲每日盈縮分至後減分後加各以每日盈縮分加減氣下先後數冬至後積盈爲先在縮減之夏至後積縮爲後在盈減之其分至前一氣無後氣相減皆因前氣合差爲其氣合差餘依前術求朏朒倣此

求經朔弦望入氣置天正閏日及餘如氣策以下者以減氣策爲入大雪氣以上者去之餘以減氣策爲入小雪氣即天正十一月經朔入氣日及餘求弦望及後朔入氣以弦策累加之滿氣策去之即各得弦望及次朔入氣日及餘

求經朔弦望入氣朏朒定數各以所入氣小餘乘其日損益率如日法而一所得以損益其日下朏朒積各爲

定數

赤道宿度

斗二十五　牛七少　女十一少　虛九少（秒七十二）

危十五半　室十七　壁八太

北方七宿九十四度（秒七十二）

奎十六半　婁十二　胃十五　昴十一少

畢十七少　觜半　參十半

西方七宿八十三度

井三十三少　鬼二半　柳十三太　星六太

張十七少　翼十八太　軫十七

南方七宿一百九度少

角十二　亢九少　氐十六　房五太

心六少　尾十九少　箕十半

東方七宿七十九度

按諸曆赤道宿次就立全度頗失眞數今依宋朝渾儀校測距度分定太半少用爲常數校之天道最爲密近如考唐用唐所測考古用古所測卽各得當時宿度

求冬至赤道日度以歲差乘所求積年滿周天分去之不滿覆減周天分餘如五千八百三十二而一爲分不盡退除爲秒其分滿百爲度命起赤道虛宿七度外去之至不滿宿卽所求年天正冬至加時日躔赤道宿度及分秒

求春分夏至秋分赤道日度置天正冬至加時赤道日度累加象限滿赤道宿次去之卽各得春分夏至秋分加時日在宿度及分秒

求四正後赤道宿積度置四正赤道宿全度以四正赤道日度及分減之餘爲距後度以赤道宿度累加之各得四正後赤道宿積度及分

求赤道宿積度入初末限視四正後赤道宿積度及分在四十五度六十五分秒五十四半已下爲入初限已上用減象限餘爲入末限

求二十八宿黃道度以四正後赤道宿入初末限度及分減一百一度餘以初末限度及分乘之進位滿百爲分分滿百爲度至後以減分後以加赤道宿積度爲其宿黃道積度以前宿黃道積度減之（其四正之宿先加象限然後以前宿減之）爲其宿黃道度分（其分就近約爲太半少）

黃道宿度

斗二十三　牛七　女十一　虛九少（秒七十二）

危十六　室十八　壁九半

北方七宿九十三度太（秒七十二）

奎十八　婁十二太　胃十五半　昴十一

畢十六半　觜半　參九太

西方七宿八十四度

井三十半　鬼二半　柳十三少　星六太

張十七太　翼二十　軫十八半

南方七宿一百九度

角十二太　亢九太、氐十六少　房五太

心六　尾十八少　箕九半

東方七宿七十八度少

前黃道宿度依今歷歲差所在算定如上考往古下驗將來常據歲差每移一度依術推變當時宿度然後可步七曜知其所在（如徑求七曜所在置所在積度以前黃道宿積度減之爲所在黃道宿度及分）

求天正冬至加時黃道日度以冬至加時赤道日度及分秒減一百一度餘以冬至加時赤道日度及分秒乘之進位滿百爲分分滿百爲度命曰黃赤道差用減冬至赤道日度及分秒卽所求年天正冬至加時黃道日度及分秒

求二十四氣加時黃道日度置所求年冬至日躔黃道差以次年黃赤道差減之餘以所求氣數乘之二十四而一所得以加其氣中積及約分又以其氣初日先後數先加後減之用加冬至加時黃道日躔宿度及分秒卽各得其氣加時黃道日躔宿度及分秒（如其年冬至加時赤道宿度空分秒在歲差已下者卽加前宿全度然求黃赤道差餘依術算）

求二十四氣晨前夜半黃道日度置日法以其氣小餘減之餘副置之以其氣初日盈縮分乘之如萬約之所得盈加縮減其副滿日法爲度不滿退除爲分秒以加其氣加時黃道日度卽各得其氣一日晨前夜半黃道日度及分秒每日加一度以百約每日盈縮分爲分秒盈加縮減之滿黃道宿次去之卽每日晨前夜半黃道日纏宿度及分秒（其二十四氣初日晨前夜半黃道日度係屬前氣自前氣攤算卽各得所求）

求每日午中黃道日度置一萬分以所入氣日盈縮分盈加縮減而半之滿百爲分不滿爲秒以加其日晨前夜半黃道日度卽其日午中日纏黃道宿度及分

求夏至加時黃道日度置天正冬至加時黃道日度及分秒以二至限及分秒加之滿黃道宿次去之不滿爲夏至加時黃道日度及分秒

求每日午中黃道積度以二至加時黃道日度距至所求日午中黃道日度爲入二至後黃道積度及分

求每日午中黃道入初末限視二至後黃道積度在四十三度一十二分秒八十七以下爲初限以上用減象限餘爲入末限其積度滿象限去之爲二分後黃道積度在四十八度一十八分秒二十二以下爲初限以上用減象限餘爲入末限

求每日午中赤道日度以所求日午中黃道積度入至後初限分後末限度及分秒進三位加二十萬二千五十少開平方除之所得減去四百四十九半餘在初限者直以二至赤道日度加而命之在末限者以減象限餘以二分赤道日度加而命之卽每日午中赤道日度

以所求日午中黃道積度入至後末限分後初限度及分秒進三位用減三十萬三千五十少開平方除之所得以減五百五十半餘在初限者直以二分赤道日度加而命之在末限者以減象限餘以二至赤道日度加而命之即每日午中赤道日度

求太陽入宮日時刻及分各置入宮宿度及分秒以其日晨前夜半日度減之餘以二十四乘爲時實以其日太陽行度及分秒爲法實如法而一爲半時數不滿進二位爲刻實以二十四乘前法除之爲刻不滿退除爲分其半時命起子正算外即得太陽入宮初正時刻及分（其逐刻日時及分舊曆均其日數從其簡略未盡其詳今但依入宮正術求之即允協天道）

步晷漏

二至限一百八十二分六十二秒一十八

象限九十一分二十一秒九

一象度九十一分二十一秒四十三

冬至後初限夏至後末限六十二日分二十

夏至後初限冬至後末限一百二十日分四十二

已上分秒母各同一百

冬至岳臺晷影常數一丈二尺八寸三分

夏至岳臺晷影常數一尺五寸六分

昏明分一百八十二少

昏明刻二分三百六十四半

辰刻八分二百四十三

半辰刻四分一百二十一半

刻法七百二十九

求午中入氣置所求日大餘及半法以所入氣大小餘減之爲其日午中入氣日及餘

求午中中積置其氣中積以午中入氣日及餘加之（其餘以日法退除爲分秒）爲所求日午中中積及分秒

求午中入二至後初末限置午中中積及分爲入冬至後滿二至限去之爲入夏至後其二至後如在初限已下爲入初限已上覆減二至限餘爲入末限

求岳臺晷影午中定數冬至後初限夏至後末限以百通日內分自相乘爲實置之以七百二十五除之所得加一十萬六百一十七併入限分折半爲法實如法而一爲分不滿退除爲小分其分滿十爲寸寸滿十爲尺用減冬至岳臺晷影常數即得所求午中晷影定數夏至後初限冬至後末限以百通日內分自相乘爲實乃置入限分九因再折加一十九萬八千七十五爲法（其夏至前後日如在半限以上者減去半限餘置於上列半限於下以上減下餘以乘上進二位七十七除之所得加法爲定法然後除之）實如法而一爲分不滿退除爲小分其分滿十爲寸寸滿十爲尺以加夏至岳臺晷影常數即得所求日午中晷影定數

求每日日行積度以午中入氣餘乘其日盈縮分日法而一冬至後盈加縮減夏至後縮加盈減先後數以先加後減中積日及分秒滿與不足進退其日爲所求日行積度及分秒

求每日赤道內外度置所求日午中日行積度及分如不滿二至限在象限已下爲冬至後度象限已上用減二至限爲夏至前度如滿二至限去之餘在象限以下爲夏至後度象限以上用減二至限爲冬至前度並置之於上列象限於下以上減下餘以乘上冬至前後五百一十七而一夏至前後四百而一爲度不滿退除爲分以加二至前後度所得用減象限餘置於上列二至限於下以上減下餘以乘上（其度分秒皆以百通然後乘之）退一位如三十四萬八千八百五十六而一爲秒滿百爲分分滿百爲度即所求日黃道去赤道內外度及分（冬至前後爲外夏至前後爲內）

求每日午中太陽去極度以每日午中黃道去赤道內外度及分內減外加一象度及分爲每日午中太陽去極度及分

求每日日出入分晨昏分半晝分置所求日黃道去赤道內外度及分以三百六十三乘之進一位如二百三十九而一所得以加減一千八百二十二半（赤道內以減赤道外以加）爲所求日日出分用減日法爲入日分以昏明分減日出分爲晨分加日入分爲昏分以日出分減半法爲半晝分

求每日晝夜刻日出入辰刻置日出分倍之進一位滿刻法爲刻不滿爲分即所求日夜刻以減百刻餘爲晝刻半夜刻滿辰刻爲辰數命子正算外即日出辰刻（以半辰刻加之即命起時初）以晝刻加之滿辰刻爲辰數命日出算外即日入辰刻及分

求每更點差刻及逐更點辰刻置夜刻減去十五刻五而一爲更差又五而一爲點差以昏明刻加日入辰刻即初更辰刻以更點差刻累加之滿辰刻及分去之各得更點所入辰刻及分

求每日距中度及每更差度置所求日黃道去赤道內外度及分以四千四百三十五乘之如五千八百一十二而一爲度不滿退除爲分以內加外減一百度七十二分秒七爲距中度用減一百六十四度八十一分秒五十七餘四因退一位爲每更差度

求昏曉五更及攢點中星置距中度以其日午中赤道日度加而命之即昏中星所格宿次命爲初更中星以每更差度加而命之即二更中星以每更差度累加之滿赤道宿度去之即逐更及攢點中星加三十六度六十二分秒五十七滿赤道宿度去之即曉中星

求九服晷景各於所在測冬夏二至晷數乃相減之餘爲二至差數如地在岳臺南測夏至晷景在表南者併冬夏二至晷數爲二至差數其所求日在冬至後初限夏至後末限者置岳臺冬至晷景常數以所求日岳臺

午中晷景定數減之餘以其處二至差數乘之如岳臺二至差數一丈一尺二寸七分而一所得以減其處冬至晷數卽其地其日中晷定數所求日在夏至後初限冬至後末限者置所求日岳臺午中晷景定數以岳臺夏至晷景常數減之餘以其處二至差數乘之如岳臺二至差數而一所得以加其處夏至晷數卽其地其日中晷定數如其處夏至景在表南者以所得之數減其處夏至晷數餘爲其地其日中晷定數亦在表南也其所得之數多於其處夏至晷數卽減去夏至晷數餘爲其地其日中晷定數在表北也

求九服所在晝夜漏刻各於所在下水漏以定其處冬夏二至夜刻（但得一至可矣不必須要冬夏二至）乃與五十刻相減餘爲至差刻置所求日黃道去赤道內外度及分以至差刻乘之進一位如二百三十九而一爲刻不盡以刻法乘之復八而一爲分內減外加五十刻卽所求日夜刻減百刻餘爲晝刻（其日日出入辰刻及更點差刻每更點辰刻並依岳臺術求之）

步月離

轉周分二十萬八百七十三秒九百九十

轉周日二十七餘四千四十三秒九百九十

朔差日一餘七千一百一十四秒九千一十

望策一十四餘五千五百七十九

弦策七餘二千七百八十九半

已上秒母一萬

七日（初數六千四百七十八　初約分八十九　末數八百一十二　末約分一十一）

十四日（初數五千六百六十六　初約分七十八　末數一千六百二十四　末約分二十二）

二十一日（初數四千八百五十四　初約分六十七　末數二千四百三十六　末約分三十三）

二十八日（初數四千四十三　初約分五十五）

上弦九十一度分三十一秒四十三

望一百八十二度分六十二秒八十六

下弦二百七十三度分九十四秒二十九

月平行十三度分三十六秒八十七太

已上分秒母皆同一百

求天正十一月經朔入轉置天正十一月經朔加時積分以轉周分及秒去之不盡滿日法除之爲日不滿爲餘秒命日算外卽所求年天正十一月經朔加時入轉日及餘秒（若以朔差日及餘秒加之滿轉周日及餘秒去之卽次朔加時入轉日）

求弦望入轉各因其月經朔加時入轉日及餘秒以弦策累加之去命如前卽上弦望及下弦經月加時入轉日及餘秒

轉日進退衰	轉定分	加減差	遲疾度	損益率	朓朒積
一日退一十	一千四百六十八	加一百三十一	疾初	益七百一十四	朓初
二日退十五	一千四百五十七	加一百二十	疾一度三十一	益六百五十四	朓七百一十四
三日退二十	一千四百四十二	加一百五	疾二度五十一	益五百七十三	朓一千三百六十八
四日退二十三	一千四百二十二	加八十五	疾三度五十六	益四百六十四	朓一千九百四十一
五日退二十六	一千三百九十九	加六十二	疾四度四十一	益三百三十八	朓二千四百五
六日退二十六	一千三百七十三	加三十六	疾五度三	益一百九十六	朓二千七百四十三
七日退二十六	一千三百四十七	初加一十一　末減一	疾五度三十九	初益六十　末損五	朓二千九百三十九
八日退二十六	一千三百二十一	減一十六	疾五度四十九	損八十八	朓二千九百九十四
九日退二十四	一千二百九十五	減四十二	疾五度三十三	損二百二十九	朓二千九百六
十日退二十四	一千二百七十一	減六十六	疾四度九十一	損三百六十	朓二千六百七十七
十一日退十九	一千二百四十七	減九十	疾四度二十五	損四百九十	朓二千三百一十七
十二日退十四	一千二百二十八	減一百九	疾三度三十五	損五百九十五	朓一千八百二十七
十三日退十	一千二百一十四	減一百二十三	疾二度二十六	損六百七十	朓一千二百三十二
十四日進四	一千二百四	初減一百三　末加三十	疾一度三	初損五百六十二　末益一百六十四	朓五百六十二
十五日進十一	一千二百八	加一百二十九	遲空度三十	益七百三	朒一百六十四
十六日進十七	一千二百一十九	加一百一十八	遲一度五十九	益六百四十三	朒八百六十七
十七日進二十二	一千二百三十六	加一百一	遲二度七十七	益五百五十一	朒一千五百一十
十八日進二十三	一千二百五十八	加七十九	遲三度七十八	益四百三十一	朒二千六十一
十九日進二十六	一千二百八十一	加五十六	遲四度五十七	益三百五	朒二千四百九十二
二十日進二十六	一千三百七	加三十	遲五度一十三	益一百六十四	朒二千七百九十七
二十一日進二十六	一千三百三十三	初加七　末減三	遲五度四十三	初益三十八　末損一十六	朒二千九百六十一
二十二日進二十五	一千三百五十九	減二十二	遲五度四十七	損一百二十	朒二千九百八十三
二十三日進二十四	一千三百八十四	減四十七	遲五度二十五	損二百五十六	朒二千八百六十三
二十四日進二十三	一千四百八	減七十二	遲四度七十八	損三百八十八	朒二千六百七
二十五日進十八	一千四百三十一	減九十四	遲四度七	損五百一十二	朒二千二百一十九
二十六日進十四	一千四百四十九	減一百一十二	遲三度一十三	損六百一十一	朒一千七百七
二十七日進九	一千四百六十三	減一百二十六	遲二度一	損六百八十七	朒一千九十六
二十八日退四	一千四百七十二	初減七十五	遲空度七十五	初損四百九	朒四百九

求朔弦望入轉朓朒定數置入轉餘以其日算外損益率乘之如日法而一所得以損益其下朓朒積爲定數其四七日下餘如初數已下者初率乘之初數而一以損益朓朒爲定數如初數已上者以初數減之餘乘末率末數而一用減初率餘加朓朒爲定數其十四日下餘如初數已上者初數減之餘乘末率末數而一爲朓朒定數

求朔弦望定日各置經朔弦望小餘以入氣入轉朓朒定數朓減朒加之滿與不足進退大餘命己卯算外各得定日日辰及餘定朔幹名與後朔幹名同者月大不同者月小其月內無中氣者爲閏月（凡注曆觀定朔小餘秋分後在日法四分之三已上者進一日春分後定朔日出分差如春分之日者三約之用減四分之三定朔小餘及此數已上者亦進一日或當交虧初在日入已前者其朔不進弦望定小餘不滿日出分者退一日望若有食虧初在日出已前者定望小餘進滿日出分亦進一日又月行九道遲疾有三大二小日行盈縮累增損之則有四大三小理數然也若俯循常儀當察加時早晚隨其所近而進退之使不過三大二小）

求定朔弦望加時日所在度置定朔弦望約餘副之以乘其日盈縮分萬約之所得盈加縮減其副滿百爲分分滿百爲度以加其日夜半日度命之各得其日加時日躔黃道宿次

求平交日辰置交終日及餘秒以其月經朔加時入交汎日及餘秒減之餘爲平交入其月經朔加時後日算及餘秒以加減其月經朔大小餘其大餘命己卯算外

即平交日辰及餘秒（求次交者以交終日及餘秒加之大餘滿紀法去之命如前即次平交日辰交餘秒）

求平交入轉朏朒定數置平交小餘加其日夜半入轉餘以乘其日損益率日法而一所得以損益其下朏朒積爲定數

求正交日辰置平交小餘以平交入轉朏朒定數朏減朒加之滿與不足進退日辰即正交日辰及餘秒與定朔日辰相距即所在月日

求經朔加時中積各以其月經朔加時入氣日及餘加其氣中積及餘其日命爲度其餘以日法退除爲分秒即其月經朔加時中積度及分秒

求正交加時黃道月度置平交入經朔加時後日算及約餘秒以日法通日內餘進一位如五千四百五十三而一爲度不滿退除爲分秒以加其月經朔加時中積然後以冬至加時黃道日度加而命之即得其月正加時月離黃道宿度及分秒如求次交者以交終度及分秒加而命之即得所求

求黃道宿積度置正交加時黃道宿全度以正交加時月離黃道宿度及分秒減之餘爲距後度及分秒以黃道宿度累加之即各得正交後黃道宿積度及分秒

求黃道宿積度入初末限各置黃道宿積度及分秒滿交象度及分去之在半交象已下爲初限已上者以減交象度餘爲入末限（入交積度交象度並在交會術中）

求月行九道宿度凡月行所交冬入陰曆夏入陽曆月行青道（冬至夏至後青道半交在春分之宿當黃道東立冬立夏後青道半交在立春之宿當黃道東南至所衝之宿亦如之）冬入陽曆夏入陰曆月行白道（冬至夏至後白道半交在秋分之宿當黃道西立冬立夏後白道半交在立秋之宿當黃道西北至所衝之宿亦如之）春入陽曆秋入陰曆月行朱道（春分秋分後朱道半交在夏至之宿當黃道南立春立秋後朱道半交在立夏之宿當黃道西南至所衝之宿亦如之）春入陰曆秋入陽曆月行黑道（春分秋分後黑道半交在冬至之宿當黃道北立春立秋後墨道半交在立冬之宿當黃道東北至所衝之宿亦如之）四序離爲八節至陰陽之所交皆與黃道相會故月行有九道各以所入初末限度及分減一百一度餘以所入初末限度及分乘之半而退位爲分分滿百爲度命爲月道與黃道汎差凡日以赤道內爲陰外爲陽月以黃道內爲陰外爲陽故月行正交入夏至後宿度內爲同名入冬至後宿度內爲異名其在同名者置月行與黃道汎差九因八約之爲定差半交後正交前以差減正交後半交前以差加（此加減出入六度正如黃赤道相交同名之差若較之漸異則隨交所在遷變不常）仍以正交度距秋分度數乘定差如象限而一所得爲月道與赤道定差前加者爲減減者爲加其在異名者置月行與黃道汎差七因八約之爲定差半交後正交前以差加正交後半交前以差減（此加減出入六度如黃赤道相交異名之差若較之漸同則隨交所在遷變不常）仍以正交度距春分度數乘定差如象限而一所得爲月行與赤道定差前加者爲減減者爲加皆加減黃道宿積度爲九道宿積度以前宿九道積度減之爲其宿九道度及分（其分就近約爲太半少論春夏秋冬以四時日所在宿度爲正）

求正交加時月離九道宿度以正交加時黃道日度及分減一百一度餘以正交度及分乘之半而退位爲分分滿百爲度命爲月道與黃道汎差其在同名者置月行與黃道汎差九因八約之爲定差以加仍以正交度距秋分度數乘定差如象限而一所得爲月道與赤道定差以減其在異名者置月行與黃道汎差七因八約之爲定差以減仍以正交度距春分度數乘定差如象限而一所得爲月道與赤道定差以加置正交加時黃道月度及分以二差加減之即正交加時月離九道宿度及分

求定朔弦望加時月所在度置定朔加時日躔黃道宿次凡合朔加時月行潛在日下與太陽同度是爲加時月離宿次各以弦望度及分秒加其所當弦望加時日躔黃道宿度滿宿次去之命如前各得定朔弦望加時月所在黃道宿度及分秒

求定朔弦望加時九道月度各以定朔弦望加時月離黃道宿度及分秒如前宿正交後黃道積度爲定朔弦望加時正交後黃道積度如前求九道積度以前宿九道積度減之餘爲定朔弦望加時九道月離宿度及分秒（其合朔加時若非正加則日在黃道月在九道所入宿度雖多少不同考其兩極若應繩準故云月行潛在日下與太陽同度）

求定朔午中入轉以經朔小餘與半法相減餘以加減經朔加時入轉（經朔小餘少如半法加之多如半法減之）爲經朔午中入轉若定朔大餘有進退亦加減轉日否則因經爲定命日算外即得所求（次月倣此求之）

求每日午中入轉因定朔午中入轉日及餘秒每日累加一日滿轉周日及餘秒去之命如前即得每日午中入轉日及餘秒

求晨昏月度置其日晨分乘其日算外轉定分日法而一爲晨轉分用減轉定分餘爲昏轉分又以朔弦望定小餘乘轉定分日法而一爲加時分以減晨昏轉分爲前不足覆減之餘爲後乃前加後減加時月度即晨昏月所在宿度及分秒

求朔弦望晨昏定程各以其朔昏定月減上弦昏定月餘爲朔後昏定程以上弦昏定月減望昏定月餘爲上弦後昏定程以望晨定月減下弦晨定月餘爲望後晨定程以下弦晨定月減後朔晨定月餘爲下弦後晨定程

求每日轉定度累計每程相距日轉定分與晨昏定程相減餘以相距日數除之爲日差（定程多爲加定程少爲減）以加減每日轉定分爲每日轉定度及分秒

求每日晨昏月因朔弦望晨昏月加每日轉定度及分秒滿宿次去之爲每日晨昏月（凡注曆朔日注昏月望後次日注晨月）已

前月度以究算術之精微如求其速要卽依後術徑求

求經朔加時平行月各以其月經朔入氣日及餘秒（其餘以日法退除爲分秒）加其氣中積日及約分命日爲度卽爲經朔加時平行月積度及分秒

求所求日加時平行月置所求日大餘及加時小餘以其月經朔大小餘減之餘爲入經朔加時後日數及餘以其日乘月平行度及分秒列於上位又以其餘乘月平行度及分秒滿日法除之爲度不滿退除爲分秒併上位用加經朔加時平行月滿周天度及分秒去之卽得所求日加時平行月積度及分秒

求所求日加時入轉以所求日加時入經朔加時後日數及餘加經朔加時入轉日及餘秒滿轉周日及餘秒去之命日算外卽得所求（其餘先以日法退除爲分秒）

求所求日加時定月置所求日加時入轉分以其日算外加減差乘之百約爲分分滿百爲度加減其下遲疾度爲遲疾定度乃以遲減疾加所求日加時平行月爲定月各以天正冬至加時黃道日度加而命之卽得所求日加時月離黃道宿度及分秒（其入轉若在四七日者加求朓朒術入之）

宋史卷七十九考證

律歷志十二白露朓一千三百六十九〇臣召南按此以前文例之當作朓一千二百六十九又寒露朓一千二百六十九當作朓一千三百六十九蓋白露與驚蟄相應而寒露與淸明相應也

今依宋朝渾儀校測距度〇按自唐開元後至紀元歷法始用新測宿度與大衍星度星距異矣

二十八日初數四千四十三　初約分五十五〇臣召南按旁注脫末數及末約數目

立春立秋後黑道半交在立冬之宿〇黑道訛墨道

凡注歷目〇日訛目誤多一畫

宋史卷八十

元　中　書　右　丞　相　總　裁　脫　脫　等　修

律曆志第三十三

律曆十三 紀元曆

步交會

交終分一十九萬八千三百七十七秒八百八十

交終日二十七餘一千五百四十七秒八百八十

交中日一十三餘四千四百一十八秒五千四百四十

朔差日二餘二千三百二十九秒九千一百二十

望策一十四餘五千五百七十九

已上秒母一萬

交率三百二十四

交數四千一百二十七

交終度三百六十三約分七十九秒四十四

交中度一百八十一約分八十九秒七十二

交象度九十約分九十四秒八十六

半交象度四十五約分四十七秒四十三

日食陽曆限三千四百定法三百四十

陰曆限四千三百定法四百三十

月食限六千八百定法四百四十

已上分秒母各同一百

推天正十一月經朔加時入交置天正十一月經朔加時積分以交終分及秒去之不盡滿日法爲日不滿爲餘秒卽天正十一月經朔加時入交汎日及餘秒

求次朔及望入交置天正十一月經朔加時入交汎日及餘秒求次朔以朔差加之求望以望策加之滿交終日及餘秒去之卽各得次朔及望加時入交汎日及餘秒（若以經朔望小餘減之各得朔望夜半入交汎日及餘秒）

求定朔望夜半入交因經朔望夜半入交汎日及餘秒視定朔望日辰有進退者亦進退交日否則因經爲定各得所求

求次定朔夜半入交各因定朔夜半入交汎日及餘秒大月加二日小月加一日餘皆加五千七百四十二秒九千一百二十卽次朔夜半入交若求次日累加一日滿交終日及餘秒皆去之卽每日夜半入交汎日及餘秒

求定朔望加時入交置經朔望加時入交汎日及餘秒以入氣入轉朓朒定數朓減朒加之卽得定朔望加時入交汎日及餘秒

求定朔望加時月行入交積度置定朔望加時入交汎日及餘秒以日法通日內餘進一位如五千四百五千三而一爲度不滿退除爲分卽定朔望加時月行入交積度及分（每日夜半準此求之）

求定朔望加時月行入交定積度置定朔望加時月行入交積度及分以定朔望加時入轉遲疾度遲減疾加之（滿與不足進退交終度及分）卽定朔望加時月行入交定積度及分（每日夜半準此求之）

求定朔望加時月行入陰陽曆積度置定朔望加時月行入交定積度及分如在交中度及分已下爲入陽曆積度已上者去之餘爲入陰曆積度（每日夜半準此求之）

求定朔望加時月去黃道度視月入陰陽曆積度及分如交象已下爲在少象已上覆減交中度餘爲入老象置所入老少象度及分於上列交象度於下以上減下餘以乘上五百而一所得用減所入老少象度及分餘列交中度於下以上減下餘以乘上滿一千三百七十五而一所得爲度不滿退除爲分卽爲定朔望加時月去黃道度及分（每日夜半準此求之）

求朔望加時入交常日置其月經朔望加時入交汎日及餘秒以其月入氣朓朒定數朓減朒加之滿與不足進退其日卽得朔望加時入交常日及餘秒（近交初爲交初在二）

十六日二十七日爲初交近交中爲交中在十三日十四日爲交中

求日月食甚定數以其朔望入氣入轉朓朒定數同名相從異名相消副置之以定朔望加時入轉算外損益率乘之如日法而一其定朔望如算外在四七日者視其餘在初數已下初率乘之初數而一初數以上以末率乘之末數而一所得視入轉應朒者依其損益應朓者益減損加其副以朓減朒加經朔望小餘爲汎餘滿與不足進退太餘日食者視汎餘如半法已下爲中前列半法於下以上減下餘以乘上如一萬九百三十五而一所得爲差以減汎餘爲食甚定餘用減半法爲午前分如此餘在半法已上減去半法爲中後列半法於下以上減下餘以乘上如日法而一所得爲差以加汎餘爲食甚定餘乃減去半法爲午後分月食者視汎餘如半法已上減去半法餘在一千八百二十二半已下自相乘已上者覆減半法餘亦自相乘如三萬而一所得以減汎餘爲食甚定餘如汎餘不滿半法在日出分三分之二已下列於上位已上者用減日出分餘倍之亦列於上位乃四因三約日出分列之於下以上減下餘以乘上如一萬五千而一所得以加汎餘爲食甚定餘

求日月食甚辰刻倍食甚定餘以辰法除之爲辰數不盡五因之滿刻法除之爲刻不滿爲分命辰數起于正算外卽食甚辰刻及分若加半辰命起子初

求日月食甚入氣食甚大小餘及食定小餘并定朔望大餘以此與經朔望大小餘相減置其朔望食甚大小餘與經朔望大小餘相減之餘以加減經朔望入氣日餘經朔望少卽加之多卽減之爲日月食甚入氣日及餘秒各置食甚入氣及餘秒加其氣中積其餘以日法退除爲分卽爲日月食甚中積及分

求日月食甚日行積度置食甚入氣餘以所入氣日盈縮分乘之日法而一加減其日先後數至後加分後減先加後減日月食甚中積卽爲日月食甚日行積度及分

求氣差置日食甚日行積度及分滿二至限去之餘在象限已下爲在初已上覆減二至限餘爲在末皆自相乘進二位滿三百四十三而一所得用減二千四百三十餘爲氣差以午前後分乘之如半晝分而一以減氣差爲氣差定數在冬至後末限夏至後初限交初以減交中以加夏至後末限冬至後初限交初以加交中以減如半晝分而一所得在氣差已上者卽以氣差覆減之餘應加者爲減減者爲加

求刻差置日食甚日行積度及分滿二至限去之餘列二至限於下以上減下餘以乘上進二位滿三百四十三而一所得爲刻差以午前後分乘而倍之如半法而一爲刻差定數冬至後食甚在午前夏至後食甚在午後交初以加交中以減冬至後食甚在午後夏至後食甚在午前交初以減交中以加如半法而一所得在刻差已上者卽倍刻差以所得之數減之餘爲刻差定數依其加減

求朔入交定日置朔入交常日及餘秒以氣刻差定數各加減之交初加三千一百交中減三千爲朔入交定日及餘秒

求望入交定日置望入轉朓朒定數以交率乘之如交數而一所得以朓減朒加入交常日之餘滿與不足進退其日卽望入交定日及餘秒

求月行入陰陽曆視其朔望入交定日及餘秒如在中日及餘秒已下爲月在陽曆如中日及餘秒已上減去中日爲月在陰曆

求入食限交前後分視其朔望月行入陰陽曆不滿日者爲交後分在十三日上下者覆減交中日爲交前分視交前後分各在食限已下者爲入食限

求日食分以交前後分各減陰陽曆食限餘如定法而一爲日食之大分不盡退除爲小分命大分以十爲限卽得日食之分其食不及大分者行勢稍近交道光氣微有映蔽其日或食或不食

求月食分視其望交前後分如二千四百已下者食旣已上用減食限餘如定法而一爲月食之大分不盡退除爲小分命大分以十爲限得月食之分

求日食汎用分置交前後分自相乘退二位陽曆一百九十八而一陰曆三百一十七而一所得用減五百八十三餘爲日食汎用分

求月食汎用分置交前後分自相乘退二位如七百四而一所得用減六百五十六餘爲月食汎用分

求日月食定用分置日月食汎用分副之以食甚加時入轉算外損益率乘之如日法而一如算外在四七日者依食定餘求之所得應朒者依其損益應朓者益減損加其副卽爲日月食定用分

求月食旣內外分置月食交前後分自相乘退二位如二百四十九而一所得用減二百三十一餘以定用分乘之如汎用分而一爲月食旣內分用減定用分餘爲旣外分

求日月食虧初復滿小餘置日月食甚小餘各以定用分減之爲虧初加之爲復滿其月食旣者以旣內分減之爲初旣加之爲生光卽各得所求小餘如求時刻依食甚術入

求月食更點法置月食甚所入日晨分倍之減去七百二十九餘五約之爲更法又五除之爲點法

求月食入更點置虧初食甚復末小餘在晨分已下加晨分昏分已上減去昏分餘以更法除之爲更數不滿以點法除之爲點數其更數命初數算外卽各得所入更點

求日食所起日在陽曆初起西南甚於正南復於東南日在陰曆初起西北甚於正北復於東北其食八分已上皆起正西復於正東此據午地而論之

求月食所起月在陽曆初起東北甚於正北復於西北月在陰曆初起東南甚於正南復於西南其食八分已上皆起正東復於正西此亦據午地而論之

求日月出入帶食所見分數各以食甚小餘與日出入分相減餘爲帶食差以乘所食之分滿定用分而一如月食既者以既內分減帶食差餘進一位如既外分而一所得以減既分卽月帶食出入所見之分不及減者爲帶食既出入以減所食分卽日月出入帶食所見之分其食甚在晝晨爲漸進昏爲已退其食甚在夜晨爲已退昏爲漸進

求日月食甚宿次置食甚日行積度望卽更加半周天以天正冬至加時黃道日度加而命之卽各得日月食甚宿度及分

步五星

木星周率二百九十萬七千八百七十九秒六十四

周差二十四萬五千二百五十三秒六十四

曆率二百六十六萬二千六百三十六秒二十二

周日三百九十八約分八十八秒六十

曆度三百六十五約分二十四秒五十

曆中度一百八十二約分六十二秒二十五

曆策度一十五約分二十一秒八十五

伏見度一十三

段目	常日	常度	限度	初率行
合伏	十六日八十六	三度八十六	二度九十三	二十三二十五
晨疾初	二十八日	六度一十一	四度六十四	二十二五十四
晨疾末	二十八日	五度五十一	四度一十九	二十一一十一
晨遲初	二十八日	四度三十八	三度二十八	一十八二十五
晨遲末	二十八日	一度九十一	一度四十五	一十二五十三
晨留	二十四日			
晨退	四十六日五十八三十	四度八十七八十八	度空三十三一十二	一十五
夕退	四十六日五十八三十	四度八十七八十八	度空三十三一十二	一十五七十五
夕留	二十四日			
夕遲初	二十八日	二度九十一	一度四十五	
夕遲末	二十八日	四度三十八	三度二十八	一十二五十三
夕疾初	二十八日	五度五十一	四度一十九	一十八二十五
夕疾末	二十八日	六度一十一	四度六十四	二十一一十一
夕伏	十六日	三度八十六	二度九十三	二十二五十四

木星

策數	損益率	盈積度	損益率	縮積度
一	益一百五十九	初	益一百五十九	初
二	益一百四十二	一度五十九	益一百四十二	一度五十九
三	益一百二十	三度一	益一百二十	三度一
四	益九十三	四度二十一	益九十三	四度二十一
五	益六十一	五度一十四	益六十一	五度一十四
六	益二十四	五度七十五	益二十四	五度七十五
七	損二十四	五度九十九	損二十四	五度九十九
八	損六十一	五度七十五	損六十一	五度七十五
九	損九十三	五度一十四	損九十三	五度一十四
十	損一百二十	四度二十一	損一百二十	四度二十一
十一	損一百四十二	三度一	損一百四十二	三度一
十二	損一百五十九	一度五十九	損一百五十九	一度五十九

火星周率五百六十八萬五千六百八十七秒六十四

周差三十六萬四百一十四秒四十四

曆率二百六十六萬二千六百四十七秒二十

周日七百七十九約分九十二秒九十七

曆度三百六十五約分二十四秒六十五

曆中度一百八十二約分六十二秒三十二半

曆策度二十五約分二十一秒八十六

伏見度一十九

段目	常日	常度	限度	初行率
合伏	六十七日	四十八度	四十五度四十八	七十一九十二
晨疾初	六十三日	四十四度六十	四十二度二十六	七十一三十六
晨疾末	五十八日	四十度九	三十七度九十九	七十二十四
晨次疾初	五十二日	三十四度六	三十二度三十二	六十八
晨次疾末	四十五日	二十六度三十二	二十四度九十九	六十三
晨遲初	三十七日	十六度六十八	十五度八十	五十四
晨遲末	二十八日	五度七十五	五度四十五	三十七二十六
晨留	十一日			
晨退	二十八日九十六四十八半	八度一十五六十九半	三度五三十半	
夕退	二十八日九十六四十八半	八度一十五六十九半	三度五三十半	四十一三十
夕留	十一日			
夕遲初	二十八日	五度七十五	五度四十五	
夕遲末	二十七日	十六度六十八	十五度八十	三十七一十六
夕次疾初	四十五日	二十六度三十二	二十四度九十九	五十四
夕次疾末	五十二日	三十四度六	三十二度三十一	六十三
夕疾初	五十八日	四十度九	三十四度九十九	六十八
夕疾末	六十三日	四十四度六十	四十二度二十六	七十二十四
夕伏	六十七日	四十八度	四十五度四十八	七十一三十六

火星盈縮曆

策數	損益率	盈積度	損益率	縮積度
一	益千一百六十	初	益四百五十八	初
二	益八百	十一度六十	益四百五十三	四度五十八
三	益四百六十四	十九度六十	益四百三十三	九度一十一
四	益一百五十二	二十四度二十四	益三百九十六	十三度四十
五	損五十七	二十五度七十九	益三百四十一	十七度四十
六	損一百七十二	二十五度一十九	益二百六十六	二十度八十一
七	損二百六十六	二十三度二十七	益一百七十二	二十三度四十七
八	損三百四十一	二十度八十一	益五十七	二十五度一十九
九	損三百九十六	十七度四十	損一百五十二	二十五度七十九
十	損四百三十三	十三度四十	損四百六十四	二十四度二十四
十一	損四百五十三	九度一十一	損八百	十九度六十
十二	損四百五十八	四度五十八	損千一百六十	一十一度六十

土星周率二百七十五萬六千二百八十八秒七十八

周差九萬三千六百六十二秒七十八

曆率二百六十六萬九千九百二十五秒九十

周日三百七十八約分九秒一十七
曆度三百六十五約分二十四秒四十九
曆中度一百八十二約分一十二秒二十四半
曆策度一十五約分二十六秒二
伏見度一十七

段目	常日	常度	限度	初行率
合伏	十九日四十 八	二度四十八	一度五十六	一十三 一十
晨疾	二十七日五十	三度二十二	二度二	一十二 四十
晨次疾	二十七日五十	二度六十四	一度六十五	一十一
晨遲	二十七日五十	一度四十八	空度九十一	八 二十
晨留	三十六日			
晨退	五十一日六 五十八	三度三十九 六十	空度二十八 四十	
夕退	五十一日六 五十八	三度三十九 六十	空度二十八 四十	九 七十五
夕留	三十六日			
夕遲	二十七日五十	一度四十八	空度九十一	
夕次疾	二十七日五十	二度六十四	一度六十五	八 二十
夕疾	二十七日五十	三度二十二	二度二	一十一
夕伏	十九日四十 八	二度四十八	一度五十六	一十二 四十

土星盈縮曆

策數	損益率	盈積度	損益率	縮積度
一	益二百一十三	初	益一百六十三	初
二	益一百九十七	二度一十三	益一百四十九	一度六十三
三	益一百六十八	四度一十	益一百二十八	三度一十二
四	益一百二十八	五度七十八	益一百	四度四十
五	益八十一	七度六	益六十五	五度四十
六	益三十三	七度八十七	益二十三	六度五
七	損三十三	八度二十	損二十三	六度二十八
八	損八十一	七度八十七	損六十五	六度五
九	損一百二十八	七度六	損一百	五度四十
十	損一百六十八	五度七十八	損一百二十八	四度四十
十一	損一百九十七	四度一十	損一百四十九	三度一十二
十二	損二百一十三	二度一十三	損一百六十三	一度六十三

金星周率四百二十五萬六千六百五十一秒四十三半
合日二百九十一約分九十五秒一十四
曆率二百六十六萬二千六百九十六秒一十六
周日五百八十三約分九十秒二十八
曆度三百六十五約分二十五秒
曆中度一百八十二約分六十二秒六十六
曆策度一十五約分二十一秒八十九
伏見度一十半

段目	常日	常度	限度	初行率
合伏	三十九日二十 五	四十九度七十 五	四十七度七十 六	一百二十七
夕疾初	四十七日七十 五	六十度一十六 五十	五十七度七十 六	一百二十六五十
夕疾末	四十七日七十 五	五十九度三十 九	五十七度一	一百二十五五十
夕次疾初	四十七日七十 五	五十七度空	五十四度七十 二	一百二十三二十五
夕次疾末	二十九日二十 五	四十二度二十 九	四十度九十	一百一十五五十
夕遲初	二十九日二十 五	二十四度七十 五	二十三度七十 三	一百
夕遲末	一十八日二十 五	六度九十三 五十	六度六十六	六十九
夕留	七日			
夕退	九日七十 一十四	三度七十九 八十六	一度六十九 一十四	六十八
夕伏退	六日	四度五十	二度二	六十八
合伏退	六日	四度五十	二度二	八十二
晨退	九日七十 一十四	三度七十九 八十六	一度六十九 一十四	六十八
晨留	七日			
晨遲初	一十八日二十 五	六度九十三 五十	六度六十六	空
晨遲末	二十九日二十 五	二十四度七十 五	二十三度七十 三	六十九
晨次疾初	三十九日二十 五	四十二度二十 九	四十度九十	一百
晨次疾末	四十七日七十 五	五十七度空	五十四度七十 二	一百一十五五十
晨疾初	四十七日七十 五	五十九度三十 九	五十七度一	一百二十三二十五
晨疾末	四十七日七十 五	六十度一十六 五十	五十七度七十 六	一百二十五五十
晨伏	三十九日二十 二	四十度七十 五	四十七度	一百二十六五十

金星盈縮曆

策數	損益率	盈積度	損益率	縮積度
一	益五十二	初	益五十二	初
二	益四十八	空度五十二	益四十八	空度五十一
三	益四十一半	一度	益四十一半	一度
四	益三十二半	一度四十一半	益三十二半	一度四十一半
五	益二十一	一度七十四	益二十一	一度七十四
六	益七	一度九十五	益七	一度九十五
七	損七	二度	損七	二度二
八	損二十一	一度九十五	損二十一	一度九十五
九	損三十二半	一度七十四	損三十二半	一度七十四
十	損四十一半	一度四十一半	損四十一半	一度四十一半
十一	損四十八	一度	損四十八	一度
十二	損五十二	空度五十二	損五十二	空度五十二

水星周率八十四萬四千七百三十八秒五
合日五十七約分九十三秒八十一
曆率二百六十萬二千七百九十四秒九十五
周日一百一十五約分八十七秒六十二
曆度三百六十五約分二十六秒六十八
曆中度一百八十二約分六十三秒三十四
曆策度一十五約分二十一秒九十四半
晨伏夕見一十四
夕伏晨見一十九

段目	常日	常度	限度	初行率
合伏	十五日	二十九度	二十四度三十 六	二百五
夕疾	十五日	二十三度七十 五	一十九度九十 五	一百八十一六十六
夕遲	十三日	一十五度二十 五	一十一度一十 三	一百三十五
夕留	二日			
夕伏退	一十日	八度	二度	

合伏退	一十日	八度	二度	一百八
晨留	二日			
晨遲	一十五日	一十三度二十五	一十一度一十三	
晨疾	一十五日	二十三度七十五	一十九度九十五	一百三十五
晨伏	一十五日	二十九度	二十四度三十四	一百八十一

水星盈縮曆

策數	損益率	盈積度	損益率	縮積度
一	益五十七	空度	益五十七	空度
二	益五十三	空度五十七	益五十三	空度五十七
三	益四十五	一度一十	益四十五	一度一十
四	益三十五	一度五十五	益三十五	一度五十七
五	益二十二	一度九十	益二十二	一度九十
六	益八	二度一十二	益八	二度一十二
七	損八	二度二十	損八	二度二十
八	損二十二	二度一十二	損二十二	二度一十二
九	損三十五	一度九十	損三十五	一度九十
十	損四十五	一度五十五	損四十五	一度五十五
十一	損五十三	一度一十	損五十三	一度一十
十二	損五十七	空度五十七	損五十七	空度五十七

推五星天正冬至後平合及諸段中積中星置氣積分各以其星周率除之所得周數不盡者爲前合以減周率餘滿日法爲日不滿退除爲分秒即其星天正冬至後平合中積命之爲平合中星以諸段常日常度累加之即諸段中積中星其段退行者以常度減之即其段中星

求木火土三星平合諸段入曆置其星周數（求冬至後合皆加一數置之）以周差乘之滿其星曆率去之不盡滿日法爲度不滿退除爲分秒即爲其星平合入曆度及分秒以其段限度依次累加之即得諸段入曆

求金水二星平合及諸段入曆置氣積分各以其星曆率去之不盡滿日法除之爲度不滿退除爲分秒以加平合中星即爲其星天正冬至後平合入曆度及分秒以其星其段限度依次累加之即得諸段入曆

求五星平合及諸段盈縮定差各置其星其段入曆度及分如曆中已下爲在盈已上減去曆中餘爲在縮以其星曆策除之爲策數不盡爲入策度及分命策數算外以其策損益率乘之如曆策而一爲分分滿百爲度以損益其下盈縮積即其星其段盈縮定差

求五星平合及諸段定積各置其星其段中積以其段盈縮定差盈加縮減之即其段定積日及分以天正冬至大餘及約分加之即爲定日及分盈紀法六十去之不盡命己卯算外即得日辰

求五星平合諸段所在月日各置其段定積以天正閏日及約分加之滿朔策及約分除之爲月數不盡爲入月已來日數及分其月數命天正十一月算外即其星其段入其月經朔日數及分乃以日辰相距爲定朔月日

求五星平合及諸段加時定星各置其段中星以其段盈縮定差盈加縮減之（金星倍之水星三之乃可加減）即五星諸段定星以天正冬至加時黃道日度加而命之即其星其段加時所在宿度及分秒五星皆因前留爲前段初日定星後留爲後段初日定星餘依術算

求五星諸段初日晨前夜半定星各以其段初行率乘其段加時分百約之乃以順減退加其日加時定星即爲其段初日晨前夜半定星加命如前即得所求

求諸段日率度率各以其段日辰距至後段日辰爲其段日率以其段夜半定星與後段夜半定星相減爲其段度率及分秒

求諸段平行度各置其段度率及分秒以其段日率除之爲其段平行度及分秒

求諸段總差各以其段平行分與後段平行分相減餘爲汎差併前段汎差四因退一位爲總差若前段無平行分相減爲汎差者因後段初日行分與其段平行分相減餘爲半總差倍之爲總差若後段無平行分相減爲汎差者因前段末日行分與其段平行分相減餘爲半總差倍之爲總差晨遲末段視段無平行分因前初段末日行分與晨遲末段平行分相減爲半總差其退行者各置本段平行分十四乘之十五而一爲總差內金星依順段術入之即得所求（夕遲初段視前段無平行分因後末段初日行分與夕遲初段平行分相減爲半總差）

求諸段初末日行分各半其段總差加減其段平行分（後段平行分多者減之爲初加之爲末後段平行分少者加之爲初減之爲末其在退行者前減之爲初加之爲末後加之爲初減之爲末）各爲其星其段初末日行度及分秒（如前後段平行分俱多俱少者平注之本段總差不滿大分者亦平注之）

求每日晨前夜半星行宿次置其段總差減日率一以除之爲日差累損益初日行分（後行分少損之後行分多益之）爲每日行度及分秒乃順加退減其段初日晨前夜半宿次命之即每日晨前夜半星行所在宿次

徑求其日宿次置所求日減一半之以日差乘而加減初行日分（後行分少減之後行分多加之）以所求日乘之爲積度乃順加退減其段初日宿次即得所求日宿次

求五星平合及見伏入氣置定積以氣策及約分除之爲氣數不盡爲入氣已來日數及分秒其氣數命天正冬至算外即五星平合及見伏入氣日及分秒（其定積滿歲周日及分去之餘在來年冬至後）

求五星合見伏行差木火土三星以其段初日星行分減太陽行分餘爲行差金水二星順行者以其段初日太陽行分減星行分餘爲行差金水二星退行者以其段初日星行分併太陽行分爲行差

求五星定合及見伏汎積木火土三星各以平合晨疾

夕伏定積便爲定合定見定伏汎積金水二星各置其段盈縮定差內水星倍之以其段行差除之爲日不滿退除爲分秒在平合夕疾晨伏者乃盈減縮加定積爲定合定見定伏汎積在退合夕伏晨見者乃盈加縮減定積爲定合定見定伏汎積

求五星定合定積定星木火土三星以平合行差除其日先後數爲距合差日以先後數減之爲距合差度以差日差度後加先減其星定合汎積爲其星定合日定積定星金水二星順合者以平合行差除其日先後數爲距合差日以先後數加之爲距合差度以差日差度先加後減其星定合汎積爲其星定合日定積定星金水二星退合者以退合行差除其日先後數爲距合差日以減先後數爲距合差度以差日先減後加以差度先加後減再定合汎積爲其星再定合積星各以冬至大餘及約分加定積滿紀法去之命己卯算外卽得定合日辰以冬至加時黃道日度加定星依宿次去之卽得定合所在宿次

求木火土三星定見伏定積日各置其星定見伏汎積晨加夕減象限日及分秒如二至限已下自相乘已上覆減歲周餘亦自相乘百約爲分以其星伏見度乘之十五除之爲差其差如其段行差而一爲日不滿退除爲分秒見加伏減汎積爲定積如前加命卽得日辰

求金水二星定見伏定日夕見晨伏以行差除其日先後數爲日先加後減汎用積爲常用積晨見夕伏以行差除其日先後數爲日先減後加汎用積爲常用積如常用積在二至限已下爲冬至後已上去之餘爲夏至後其二至後日及分在象限已下自相乘已上用減二至限餘亦自相乘如法而一所得爲分冬至後晨夏至後夕以十八爲法冬至後夕夏至後晨以七十五爲法以伏見度乘之十五除之爲差滿行差而一爲日不滿退除爲分秒加減常用積爲定用積加命如前卽得定見伏日辰冬至後晨見夕伏加之夕見晨伏減之夏至後晨見夕伏減之夕見晨伏加之其水星夕疾在大暑氣初日至立冬氣九日三十五分已下者不見晨留在大寒氣初日至立夏氣九日三十五分已下者春不晨見秋不夕見

熙寧六年六月提舉司天監陳繹言渾儀尺度與法要不合二極赤道四分不均規環左右距度不對游儀重盈難運黃道映蔽橫簫遊規璺裂黃道不合天體天樞內極星不見天文院渾儀尺度及二極赤道四分各不均黃道天常環月道映蔽橫簫及月道不與天合天常環相攻難轉天樞內極星不見皆當因舊修整新定渾儀改用古尺均賦辰度規環輕利黃赤道天常環並側置以北際當天度省去月道令不蔽橫簫增天樞爲二度半以納極星規環二極各設環樞以便遊運詔依新式製造置於司天監測驗以較疏密七年六月司天監呈新製渾儀浮漏於迎陽門帝召輔臣觀之數問同提舉官沈括具對所以改更之理尋又言準詔集監官較其疎密無可比較詔置於翰林天文院七月以括爲右正言司天秋官正皇甫愈等賞有差初括上渾儀浮漏景表三議見天文志朝廷用其說令改造法物曆書至是渾儀浮漏成故賞之元豐五年正月翰林學士王安禮言詳定渾儀官歐陽發所上渾儀浮漏木樣具新器之宜變舊器之失臣等竊詳司天監浮漏疎謬不可用請依新式改造其至道皇祐渾儀景表亦各差舛請如法條奏修正從之元祐四年三月翰林學士許將等言詳定元祐渾天儀象所先奉詔製造水運渾儀木樣如試驗候天不差卽別造銅器今校驗皆與天合詔以銅造仍以元祐渾天儀象爲名將等又言前所謂渾天儀者其外形圓可徧布星度其內有璣有衡可仰窺天象今所建渾儀象別爲二器而渾儀占測天度之眞數又以渾象置之密室自爲天運與儀參合若併爲一器卽象爲儀以同正天度則渾天儀象兩得之矣請更作渾天儀從之七年四月詔尚書左丞蘇頌撰渾天儀象銘六月元祐渾天儀象成詔三省樞密院官閱之紹聖元年十月詔禮部秘書省卽詳定製造渾天儀象所以新舊渾儀集局官同測驗擇其精密可用者以聞宣和六年七月宰臣王黼言臣崇寧元年邂逅方外之士于京師自云王其姓面出素書一道璣衡之制甚詳比嘗請令應奉司造小樣驗之踰二月乃成璿璣其圓如丸具三百六十五度四分度之一置南北極崑崙山及黃赤二道列二十四氣七十二候六十四卦十干十二支晝夜百刻列二十八宿并內外三垣周天星日月循黃道天行每天左旋一周日右旋一度冬至南出赤道二十四度夏至北入赤道二十四度春秋二分黃赤道交而出卯入酉月行十三度有餘生明于西其形如鉤下環西見半規及望而圓既望西缺下環東見半規及晦而隱某星始見某星已中某星將入或左或右或遲或逸皆與天象脗合無纖毫差玉衡植於屏外持扼樞斗注水激輪其下爲機輪四十有三鉤鍵交錯相持次第運轉不假人力多者日行二千九百二十八齒少者五日行一齒疾徐相遠如此而同發于一機其密殆與造物者侔焉自餘悉如唐一行之制然一行舊制機關皆用銅鐵爲之澀卽不能自運今制改以堅木若美玉之類舊制外絡二輪以綴日月而二輪蔽虧星度仰視躐次不審今制日月皆附黃道如蟻行磑上舊制雖有合望而月體常圓上下弦無辨今以機轉之使圓缺隱見悉合天象舊制止有候刻辰鐘鼓晝夜短長與日出入更籌之度皆不能辨今制爲司辰壽星運十二時輪所至時刻以手指之又爲燭龍承以銅荷時正吐珠振荷循環自運其制皆出一行之外卽其器觀之全象天體者璿璣也運用水斗者玉衡也昔人或謂璣衡爲渾天儀或謂有璣而無衡者爲渾天象或謂渾儀望筒爲衡皆非也甚者莫知璣衡爲何器唯鄭康成以運轉者爲璣持正者爲衡以今制考之其說最近又月之晦明自昔弗燭厥理獨楊雄云月未望則載魄于西既望則終魄于東其遡於日乎京房云月有形無光日照之乃光始知月本無光遡日以爲光本朝沈括用彈丸月粉塗其半以象對日之光正側視之始盡圓缺之形今制與三者之說若合符節宜命有司置局如樣製相阯於明堂或合臺之內築臺陳之以測上象又別製三器一納御府一置鐘鼓院一備車駕行幸所用仍著爲成書以詔萬世詔以討論制造璣衡所爲名命黼總領內侍梁師成副之

宋史卷八十考證

律歷志十三太月加二日○太月當作大月誤多一點

各置食甚入氣及餘秒云云○臣召南按此文上脫求日月食甚中積及分九字此又一條也刊本旣脫遂接連前文耳

木星晨退初率行一十五○臣召南按晨退與夕退之度分同也夕退初率行分注云一十五七十五則此文分注脫七十五三字又火星晨退初率行脫四十一三十五字

宋史卷八十一

元 中書右丞相總裁脫脫等修

律曆志第三十四

律曆十四

中原既失禮樂淪亡高宗時胡銓著審律論曰臣聞司馬遷有言曰六律爲萬事根本其於兵械尤所重望敵知吉凶聞聲效勝負百王不易之道也臣嘗深愛遷之言律於兵械爲尤重而深惜後之談兵者止以戰鬬擊刺奇謀此律之所以汨陳而學者未嘗道也夫律度量衡古也淵源於馬遷濫觴於班固劉昭摭其流孟康京房錢樂之之徒汨其泥而揚其波遷之言曰黃鐘之實八十一以爲宮而以九爲法實如法得長一寸則黃鐘爲九寸矣黃鐘之實十七萬七千一百四十七而以一萬九千六百八十三爲法實如法亦得長一寸亦黃鐘爲九寸也然則十七萬七千一百四十七與夫所謂八十一者雖多少之不同而其實一也萬九千六百八十三與夫所謂九者雖多少之不同而其法一也又曰丑二寅八卯十六辰六十四夫丑與卯陰律也寅與辰陽律也生陰律者皆二所謂下生者倍其實生陽律者皆四所謂上生者四其實遷之言財數百可謂簡矣而後之言律者祖焉是不亦淵源於馬遷乎固之言曰黃鐘之實八百一十分蓋遷意也然以林鐘之實五百四十而乃以爲六百四十林鐘太蔟之實以其長自乘則聲雖有小同於黃鐘之宮耳然則魏曹王製律而與黃鐘商徵不合其失兆此矣夫自子一分終於亥十七萬七千一百四十七分蓋遷術也而固亦曰太極元氣函三爲一始動於子參之於丑歷十二辰之數而得黃鐘之實以爲陰陽合德化生萬物其說蓋有本矣然其言三分蕤賓損一下生大呂而不言夫所謂濁倍之變何夫蕤賓之比於大呂則蕤賓清而大呂濁今又損二分之一以生大呂則大呂之聲乃淸於蕤賓是不知夫倍大呂之濁然則蕭衍之論至於夾鐘而裁長三寸七分其失兆此矣是不亦濫觴於班固乎昭之言曰推林鐘之實至十一萬八千九十八太蔟之實至十五萬七千四百六十四二乘而三約之者爲下生之實四乘而三約之者爲上生之實此遷固之意昭則詳矣然以蕤賓爲上生大呂而大呂乃下生夷則何也蓋昭之說陽生陰爲下生陰生陽爲上生今以蕤賓爲上生大呂則是陽生陰乃上生也以大呂爲下生夷則是陰生陽乃下生也其蔽亦由不知夫大呂有濁倍之變則其視遷固去

本遠矣是不亦挹其流於劉昭乎若夫孟康京房錢樂之之徒則又大不然矣夫班固以八十一分爲黃鐘之實起十二律之周徑度其長以容其實初未嘗有徑三圍九之說也康之徒或於八十一分之實以一寸爲九十分而不察方圍之異於是有徑三圍九之論與焉天律之形圜如以爲徑三圍九則刓其四用之方而不足於九分之數以之容黍豈能至於千二百哉然則所謂圍九方分也何以知之知龠之方則知黃鐘之分亦方也固雖無明說其論洛下閎起曆之法曰律容一龠積八十一寸則一日之分也夫八十一寸者是乃八百一十分以千二百黍納之龠中則不搖而自滿是無異黃鐘之容也龠之制方寸而深八分一龠之方則黃鐘之分安得而不方哉圍九方分而圜之則徑不止於三分矣故夫徑三圍九之說孟康爲之也然由律生呂數十有二止矣京氏演爲六十錢樂之廣爲三百六十則與黃帝之說悖矣蓋樂之用淮南之術一律而生五音十二律而爲六十音而六之故三百六十音以當一歲之日以黃鐘太簇姑洗林鐘南呂生三十有四以大呂夾鐘中呂蕤賓夷則無射生二十有七應鐘生二十有八始於包育而終於安運然由黃鐘迄于壯進百有五十則三分損一焉以下生由依行迄于億兆二百有九則三分益一焉以上生惟安運爲終而不生其言與黃帝之法大相牴牾自遷固而下至是雜然莫適爲主至五季王朴而後議少定沈括蔣之奇論之當矣是不亦汩其泥而揚其波乎嗚呼律也者固以實爲本而法爲末陛下修其實於上而有司方定其法於下以協天地中和之聲則夫數子者其說有可考焉臣敢輕議哉淳熙間建安布衣蔡元定著律呂新書朱熹稱其超然遠覽奮其獨見爬梳剔抉參互考尋推原本根比次條理管括機要闡究精微其言雖多出於近世之所未講而實無一字不本於古人之成法其書有律呂本原律呂證辨本原者黃鐘第一黃鐘之實第二黃鐘生十二律第三十二律之實第四變律第五律生五聲圖第六變聲第七八十四聲圖第八六十調圖第九候氣第十審度第十一嘉量第十二謹權量第十三證辨者造律第一律長短圍徑之數第二黃鐘之實第三三分損益上下相生第四和聲第五權臣既誣元定以僞學貶死春陵雖有其書卒爲空言嗚呼惜哉久之宜春歐陽之秀復著律通其自序曰自律呂之度數不見於經而釋經者反援漢志以爲據蓋濫觴於管子呂氏春秋流衍於淮南子司馬遷之書而波助於劉歆京房之學班固漢志盡歆所出也司馬彪志盡房所出也後世協律者類皆執守以爲定法歷代合樂不爲無人而終不足以得天地陰陽之和聲所以不能追還於隆古之盛者大抵由三分損益之說拘之也夫律固不能舍損益之說以求之由其有損有益而後有上生下生之異至其專用三分以爲損益之法則失之未免乎聲與數之不相合有非天成之自然耳蓋嘗因其損益上下生之義而去其專用三分之蔽乃多爲分法以求之自黃鐘以往其下生者盈十而上生者止一而已此其數之或損或益出於自然而與舊法固不侔矣若謂相生之法一下必一上既上而復下則其法之窮也於蕤賓大呂間見之夫黃鐘而降轉以相生至於姑洗則下生應鐘而應鐘之上生蕤賓者法也今乃蕤賓之生大呂又從而上生焉此班志所載所以變其說爲下生大呂而大呂之長遂用倍法矣夫律之相生而用倍法猶爲有理獨專用三分以爲損益則律之長短不中乎天地自然之數爾生律之分蓋不止於三分損益之一端以一律而分爲三此生律之極數特一求徵聲之法耳苟以三分損益一下生而一上生則聲律殆無窮矣何至於十二而止也乎夫十二律之生也十律皆下生一律獨上生唯其下生者損之極也而後上生者益焉上生則律窮矣此窮上反下窮下反上之理也琴一弦之間具十二律皆用下生之法而末以上生法終之若以七弦而緊慢之爲旋宮之法則應鐘一均之律宮聲之外多用倍法生一律矣此天地聲音自然而然不可拘於一而不知通變也故正律止於十二而已竊意十二律之度數當具於周禮之冬官如考工記梟氏爲鐘磬氏爲磬之類各有一職然冬官一篇既亡則世無以考其度數之詳而三分損益之說散見於書傳者恐或得之目擊而不及識其全或得之口授而未能究其誤或求諸耳決而不能究其眞因是遂著爲定論夫人皆以爲法之盡善矣豈知三分損益所生之律乃僅得其聲之近似而未眞蓋非師曠之聰則耳不能齊其聲之近似者足以惑人之聽是以不復求其法之未盡善者此蔡邕所以不如日月之明者亦不能盡信其法也後世之制樂者不知律法之故有未善而每患其聲音高下之不協以至取古者遺亡之器而求之蓋亦不知本矣聲以數而傳數以聲而定二者皆有自然之則如侈者聲必咋弇者聲必鬱高者數必短下者數必長侈弇者數也未聞其聲而已知其有咋鬱之分高下者聲也未見其數已知其有長短之異故不得其自然之聲則數不可得而考不得其自然之數則聲不可得而言今之創律者不知出此而顧先區區於秬黍之縱橫古尺之脩短斛斗之廣狹鐘磬之高下謀之是何足以得其聲之和哉邵雍曰世人所見者漢律曆耳然則三分損益之法爲未善亦隱然矣近世蔡元定特著一書可謂究心然其說亦有可用與否其可用者多其所自得而又有證於古凡載於吾書者可見矣其否者皆由習熟於三分上下生之說而不於聲器之近似者察之也豈嘗察之而未有法以易之乎此律通之所以作也蓋律之所以長短不止乎三分損益之一端自四分以往推而至於有二十分之法管之所以廣狹必限於千二百黍之定數因其容受有方分圜分之異與黍體不合而遂分辨其空龠有實積隙積之理其還相爲宮之法有以推見其爲一陰一陽相繼之道而非一上一下相生之謂也嗟乎觀吾書者能知其數之出於自然而然則知由先漢以前至于今日上下幾二千年凡史傳所述三分損益一定之說者可以刪而去之矣使其說之可用也則累世律可協樂可和何承天劉焯輩不改其法矣故京房六十律不足以和樂而況錢樂之衍爲三百六十之非法徒增多而無用乎是其數非出於自然之無所加損而徒欲傳會於當期之日數云爾古之聖人所以定律止於十二者自然之理數也苟不因自然之理數則以三分損益之法衍之聲律殆不特三百六十而已也而況京房之六十乎且房之律吾意其自爲之也而託言受之焦延壽以欺乎人以售其說使律法之善何必曰受諸人律法不善矣雖焦延壽何益哉所謂善不善者亦顧其法之可用與否耳曩者魏漢津嘗創用指尺以制律乃竊京房之故智上以取君之信下以遏人之議能行之於一日豈能使一世而用之乎今律通之作其數之損益可以互相生總爲百四十四以爲之體或變之又可得二百一十有六以爲之用乾坤之策具矣世不用則已用則聲必和亦因古黃鐘九寸法審之以人物之聲而稍更定之耳或曰律止十二胡爲復衍百四十四律乎應之曰十二者正聲也百四十四者變聲也使不爲百四十四者何以見十二宮七聲長短之有定數而宮商角徵羽清濁之有定分乎其要主於和而已故有正聲則有變聲也通其變然後可與論律矣律通上下二篇十二律名數第一黃鐘起數第二生律分正法第三生律分變法第四正變生律分起算法第五十二宮百四十四律數第六律數傍通法第七律數傍通別法第八九分爲寸法辨第九第十五十九律會同第十一空圍龠實辨第十二十二律分陰陽圖說第十三陽聲陰聲配乾坤圖第十四五聲配五行之序第十五七聲配五行之序第十六七聲分類第十七十二宮七聲倡和第十八六十調圖說第十九辨三律聲法第二十眞德秀趙以夫皆盛稱之舒州桐城縣丞李如篪作樂書評司馬光范鎭所論律曰鎭得蜀人房庶言尺法庶言嘗得古本漢書云度起於黃鐘之長以子穀秬黍中者一黍之起積一千二百黍之廣度之九十分黃鐘之長一爲一分今文脫去之起積一千二百黍八字故自前世累黍爲之縱置之則太長橫置之則太短今新尺橫置之不能容一千二百黍則大其空徑四釐六毫是以樂聲太高皆由儒者誤以一黍爲一分其法非是不若以千二百黍實管中隨其短長斷之以爲黃鐘九寸之管九十分其長一爲一分取三分以度空徑數合則律正矣鎭盛稱此論以爲先儒用意皆不能到其意謂制律之法必以一千二百黍實黃鐘九寸之管九十分其管之長一爲一分是度由律起也光則據漢書正本之度起於黃鐘之長以子穀秬黍中者一黍之廣九十分黃鐘之長一爲一分本無之起積一千二百黍八字其意謂制律之法必以一黍之廣定爲一分九十分則得黃鐘之長是律由度起也書云同律度量衡先言律而後及度量衡是度起於律信矣然則鎭之說是而光之說非也然庶之論積一千二百黍之廣之說則非必如其說則是律非起於度而起於量也光之說雖非先王作律之本而後之爲律者不先定其分寸亦無以起律又其法本之漢志之文則光之說亦不得謂其非是也故嘗論之律者述氣之管也其候氣之法十有二月每月爲管置於地中氣之來至有淺有深而管之入地者有短有長十二月之氣至各驗其當月之管氣至則灰飛也其爲管之長短與其氣至之淺深或不相當則不驗上古之聖人制爲十二管以候十二辰之氣而十二辰之音亦由之而出焉以十二管較之則黃鐘之管最長應鐘之管至短以林鐘比於黃鐘則短其三分之一以太簇比之林鐘則長其三分之一其餘或長或短皆上下於三分之一之數其默符於聲氣自然之應者如此也當時惡睹所謂三分損益哉又惡睹夫一千二百黍實黃鐘容受之量與夫一黍之廣一爲一分之說哉古之

聖人既爲律矣欲因之以起度量衡之法遂取秬黍之中者以實黃鐘之管滿龠傾而數之得黍一千有二百因以制量以一龠之黍之重而兩之因以生衡去古既遠先王作律之本始其法不傳而猶有所謂一千二百黍爲一龠容受之量與夫一黍之廣一爲一分者可考也推其容受而度其分寸則律可得而成也先王之本於律以起度量衡者自源而生流也後人以度量衡而起律者尋流而及源也光鎮爭論往復前後三十年不決大槩言以律起度以度起律之不同鎮深闢光以度起律之說不知後世舍去度數安得如古聖人默符聲氣之驗自然而成律也哉至若庶之增益漢志八字以爲脫誤及其他紛紛之議皆穿鑿以爲新奇雖鎮力主之非至當之論有補於律法者也如笵書曰樂本曰樂章沙隨程迥著三器圖議曰體有長短所以起度也受有多寡所以生量也物有輕重所以用權也是器也皆準之上黨羊頭山之秬黍焉以之測幽隱之情以之達精微之理推三光之運則不失其度通八音之變則可召其和以辨上下則有品以分隆殺則有節凡朝廷之出治生民之日用未有頃刻不資焉者也古人以度定量以量定權必參相得然後黃鐘之律可求八音五聲從之而應也皇祐中阮逸胡瑗累黍定尺既大於周尺姑欲合其量也然竟於權不合乃謂黍稱二兩已得官稱一兩反疑史書之誤及韓琦丁度詳定知逸瑗之失亦莫能以三器參相攷也先是鎮上封事曰樂者和氣也發和氣者音聲也音聲生於無形故古人以有形之物傳其法俾後人參攷之有形者何秬黍也律也尺也龠也鬴也斛也算數也權稱也鐘也磬也是十者必相合而不相戾而後爲得也迥謂以黍定三器則十者無不該三者尺爲之本周尺也者先儒攷其制脗合者不一至宋祁取隋書大業中歷代尺十五等獨以周尺爲之本以攷諸尺韓琦嘉祐累黍尺二其一亦與周尺相近司馬備刻之於石光舊物也苟以是定尺又以是參定權量以合諸器如挈裘而振其領其順者不可勝數也迥博學好古朱熹深禮敬之其後江陵府學教授盧陵彭應龍旣注漢律曆志設爲問荅著鐘律辨疑三卷至爲精密發古人所未言者宋曆在東都凡八改曰應天乾元儀天崇天明天奉元觀天紀元星翁離散紀元曆亡紹興二年高宗重購得之六月甲午語輔臣曰曆官推步不精今曆差一日近得紀元曆自明年當改正協時月正日蓋非細事是歲始議製渾儀十一月工部言渾儀法要當以子午爲正今欲定測樞極合差局官二員詔差李繼宗等充測驗定正官侯造畢進呈日同參詳指說制度官丁師仁李公謹入殿安設三年正月壬戌進呈渾儀木樣壬申太史局令丁師仁等言省識東都渾儀四座在測驗渾儀刻漏所曰至道儀在翰林天文局曰皇祐儀在太史局天文院曰熙寧儀在合臺曰元祐儀每座約銅二萬餘斤今若半之當萬餘斤且元祐製造有兩府提舉時都司覆實用銅八千四百斤詔工部置物料臨安府備工匠仍令工部長貳提舉五年日官言正月朔旦日食九分半虧在辰正常州布衣陳得一言當食八分半虧在巳初其言卒驗侍御史張致遠言今歲正月朔日食太史所定不驗得一嘗爲臣言皆有依據蓋患算造者不能通消息盈虛之與進退遲疾之分致立朔有訛凡定朔小餘七千五百以上者進一日紹興四年十二月小餘七千六百八十太史不進故十一月小盡今年五月小餘七千一百八十少三百二十乃爲進朔四月大盡建炎三年定十一月三十日甲戌爲臘陰陽書曰臘者接也以故接新在十二月近大寒前後戌日定之若近大寒戌日在正月十一日若即用遠大寒戌日定之數不出十二月如宣和五年十二月二十七日丙午大寒後四日庚戌雖近緣在六年正月一日此時以十九日戊戌爲臘得一於歲旦日食嘗預言之不差釐刻願詔得一改造新曆委官專董其事仍盡取其書參校太史有無以補遺闕擇曆算子弟粗通了者授演撰之要庶幾日官無曠曆法不絕二月丙子詔秘書少監朱震即秘書省監視得一改造新曆八月曆成震請賜名統元從之詔翰林學士孫近爲序以六年頒行遷震一秩賜得一通微處士官其一子道士裴伯壽等受賞有差得一等上推甲子之歲得十一月甲子朔夜半冬至日度起於虛中以爲元著曆經七卷曆議二卷立成四卷考古春秋日食一卷七曜細行二卷氣朔入行草一卷詔付太史氏副藏秘府紹興九年史官重修神宗正史求奉元曆不獲詔陳得一裴伯壽赴闕補修之十四年太史局請製渾儀工部員外郎謝伋言臣嘗詢渾儀之法太史官生論議不同鑄作之工今尚闕焉臣愚以爲宜先詢訪制度敷求通曉天文曆數之學者參訂是非斯合古制蘇頌之子應詔赴闕請詔求其父遺書考質制度宰相秦檜曰在廷之臣罕能通曉高宗曰此闕典也朕已就宮中製造範制雖小可用窺測日以晷度夜以樞星爲則非久降出第當廣其尺寸爾於是命檜提舉時內侍邵諤善運思專令主之累年方成統元曆頒行雖久有司不善用之暗用紀元法推步而以統元爲名乾道二年日官以紀元曆推三年丁亥歲十一月甲子朔將頒行裴伯壽詣禮部陳統元曆法當進作乙丑朔於是依統元曆法正之光州士人劉孝榮言統元曆交食先天六刻火星差天二度嘗自著曆期以半年可成願改造新曆禮部謂統元曆法用之十有五年紀年曆法經六十年日月交食有先天分數之差五星細行亦有二三度分之殊算造曆官拘於依經用法致朔日有進退氣節日分有誤于時宜改造伯壽言造曆必先立表測景驗氣庶幾精密判太史局吳澤私於孝榮且言銅表難成木表易壞以沮之迺詔禮部尚書周執羔提領改造新曆執羔亦謂測景驗氣經涉歲月孝榮乃采萬分曆作三萬分以爲日法號七曜細行曆上之三年執羔以曆來上孝宗曰日月有盈縮須隨時修改執羔對曰舜協時月正日正爲積久不能無差故協正之孝宗問曰今曆於古曆何如對曰堯時冬至日在牽牛今冬至日在斗一度孝榮七曜細行曆自謂精密且預定是年四月戊辰朔日食一分日官言食二分伯壽並非之既而精明不食孝榮又定八月庚戌望月食六分半候之止及五分又定戊子歲二月丁未望月食九分以上出地其光復滿伯壽言當食既復滿在戌正三刻侍御史單時言比年太史局以統元曆稍差而用紀元曆紀元寖差邇者劉孝榮議改曆四月朔日食不驗日官兩用統元紀元以定晦朔二曆之差歲益已甚非所以明天道正人事也如四月朔之日不食雖爲差誤然一分之說猶爲近焉八月望之月食五分新曆以爲食六分亦爲近焉聞欲以明年二月望月食爲驗是夜或有陰晦風雨願令日官與孝榮所定七政躔度其說異同者候其可驗之時以渾象測之察其稍近而屢中者從其說以定曆庶幾不致甚差詔從之十一月詔國子司業權禮部侍郎程大昌監察御史張敦實監太史局驗之時孝宗務知曆法疏密詔太史局以高宗所降小渾儀測驗造曆四年二月十四日丁未望月食生光復滿如伯壽言時等又言去年承詔十二月癸卯乙巳兩夜監測太陰太白新曆爲近今年二月十四日望月食巨與大昌等以渾儀定其光滿則舊曆差近新曆差遠若遽以舊曆爲是則去年所測四事皆新曆爲近今者所定月食乃復稍差以是知天道之難測儒者莫肯究心一付之星翁曆家其說又不精密願令繼宗孝榮等更定三月一日內七政躔度之異同者仍令臣等往視測驗而造曆焉三月詔時與大昌同驗之太史局止用紀元曆與新曆測驗未嘗參以統元曆臣等先求判太史局李繼宗天文官劉孝榮等統元紀元新曆異同於三月初九日夜十一日早十四日夜二十日早詣太史局召三曆官上臺用銅儀窺管對測太陰木火土星昏晨度經歷度數參稽所供監視測驗初九日昏度舊曆太陰在黃道張宿十二度八十七分在赤道張宿十度新曆在黃道張宿十四度四十分在赤道張宿十五度太臣等驗得在赤道張宿十五度半今考之新曆稍密舊曆皆疏十一日早晨度木星在黃道室宿十五度七分在赤道室宿十三度少土星在黃道虛宿七度三分在赤道虛宿七度彊新曆木星在黃道室宿十五度四十四分在赤道室宿十四度少弱土星在黃道虛宿六度二十一分在赤道虛宿六度少弱臣等驗得五更三點土星在赤道虛宿六度弱五更五點木星在赤道室宿十四度今考之新曆稍密舊曆皆疏十二日都省令定驗統元紀元及新曆疏密統元曆昏度太陰在黃道氐宿初度九十四分在赤道氐宿三度少紀元曆在黃道氐宿初度八十三分在赤道氐宿二度太新曆在黃道亢宿八度七十一分在赤道亢宿九度少弱三曆官以渾儀由南數之其太陰北去角宿距星二十一度少弱新舊曆官稱昏度亢宿未見祇以窺管測定角宿距星復以曆書考東方七宿角占十二度亢占九度少既亢宿未見當除角宿十二度卽太陰此時在赤道亢宿九度少弱今考之新曆全密紀元統元曆皆疏二十日早晨度統元曆太陰在黃道斗宿十一度九十一分在赤道斗宿十二度少火星在黃道危宿七度九十一分在赤道危宿七度少土星在黃道虛宿八度八十二分在赤道虛宿八度太彊紀元曆太陰在黃道斗宿十一度四十分在赤道斗宿十一度半火星在黃道危宿六度在赤道危宿六度太土星在黃道虛宿七度三十九分在赤道虛宿七度半弱新曆太陰在黃道斗宿十度六十一分在赤道斗宿十度少火星在黃道危宿七度二十分在赤道危宿六度土星在黃道虛宿六度五十三分在赤道虛宿六度半三曆官驗得太陰在赤道斗度宿十度火星在赤道危宿六度彊土星在赤道虛宿六度半今考之太陰紀元曆疏火星新曆紀元曆全密統元曆疏土星新曆全密紀

元統元曆疏又詔時與尚書禮部員外郎李燾同測驗時等言先究統元紀元新曆異同召三曆官上臺用銅儀窺管對測太陰土火木星晨度經歷度數參稽所供監視測驗二十四日早晨度統元曆太陰在黃道危宿十一度九十分在赤道危宿九度木星在黃道室宿十八度一十五分在赤道壁宿初度少火星在黃道危宿十度七十分在赤道危宿十度土星在黃道虛宿八度九十五分在赤道虛宿九度紀元曆太陰在赤道危宿十度五十三分在赤道危宿八度半木星在黃道室宿十七度六十八分在赤道室宿十六度少火星在黃道危宿九度八十四分在赤道危宿九度土星在黃道留在虛宿七度四十分在赤道虛宿七度半新曆太陰在黃道危宿十三度五分在赤道危宿十二度木星在黃道室宿十八度一十分在赤道室宿十六度半彊火星在黃道危宿十度八分在赤道危宿九度土星在黃道虛宿六度六十分始留在赤道虛宿六度半彊始留三曆官驗得太陰在赤道危宿十度木星在赤道室宿十四度太火星在赤道危宿九度半土星在赤道虛宿六度半弱今考之太陰統元曆精密紀元曆新曆皆疏木星新曆稍密紀元統元曆皆疏火星紀元新曆皆稍密統元曆疏土星新曆稍密紀元統元曆皆疏二十七日早晨度統元曆木星在黃道壁宿初度四十六分在赤道壁宿初度太彊火星在黃道危宿十二度九十二分在赤道危宿十二度彊土星留在黃道虛宿八度九十八分在赤道虛宿九度紀元曆木星在黃道壁宿初度二十五分在赤道壁宿初度分空火星在黃道危宿十二度九十七分在赤道危宿十一度土星留在黃道虛宿七度四十八分在赤道虛宿七度半新曆木星在黃道壁宿初度四十四分在赤道壁宿初少彊火星在黃道危宿十二度二十二分在赤道危宿十一度半土星留在黃道虛宿六度六十分在赤道虛宿六度半彊三曆官驗得木星在赤道壁宿初度少火星在赤道危宿十一度土星在赤道虛宿六度半今觀木星新曆稍密紀元統元曆皆疏火星紀元曆全密統元新曆皆疏土星新曆稍密紀元統元曆皆疏由是朝廷始知三曆異同迺詔太史局以新舊曆參照行之禮部言新舊曆官互相異同參照實難新曆比之舊曆稍密詔用新曆名以乾道曆己丑歲頒行孝榮有考春秋日食一卷漢魏周隋日月交食一卷唐日月交食一卷宋朝日月交食一卷氣朔入行一卷彊弱日法格數一卷

宋史卷八十一考證

律歷志十四然則魏曹王製律而與黃鐘商徵不合其失兆此矣○臣召南按曹王係柴玉之訛柴玉所造律不合鐘呂見魏志杜夔傳

宋歷在東都凡八改云云○舊本即承前文之下臣召南按自此篇之首至發古人所未發者皆言南渡以後士大夫之論律呂自此文以下則又言歷法應提行寫

臣與大昌等○臣訛巨

十一日早晨度木星在黃道室宿十五度云云○臣召南按以前後文例之此文木星上脫舊歷二字又後文十二日當作十四日

宋史卷八十二

元 中書右丞相總裁脫脫等修

律曆志第三十三

律曆十五

乾道四年禮部員外郎李燾言統元曆行之既久與天不合固宜大衍曆最號精微用之亦不過三十餘年後之欲行遠也難矣抑曆未差無以知其失未驗無以知其是仁宗用崇天曆天聖至皇祐四年十一月日食二曆不效詔以唐八曆及宋四曆參定皆以景福爲密遂欲改作而劉羲叟謂崇天曆頒行逾三年所差無幾詎可偶緣天變輕議改移又謂古聖人曆象之意止於敬授人時雖則預考交會不必脗合辰刻或有遲速未必獨是曆差迺從羲叟言復用崇天曆羲叟曆學爲宋第一歐陽脩司馬光輩皆遵用之崇天曆既復用又十三年治平二年始改用明天曆曆官周琮皆遷官後三年驗熙寧三年七月月食不效迺詔復用崇天曆奪琮等所遷官熙寧八年始更用奉元曆沈括實主其議明年正月月食遂不效詔問修曆推恩者姓名括具奏辨得不廢議者謂括彊辨不許其深於曆也然後知羲叟之言然願申飭曆官加意精思勿執今是益募能者熟復討論更造密度補治新曆緣燾嘗承詔監視測驗值新曆太陰熒惑之差恐書成所差或多見議能者迺詔諸道訪通曆者久之福州布衣阮興祖上言新曆差謬荆大聲不以白部即補興祖爲局生初新曆之成也大聲孝榮共爲之至是大聲乃以太陰九道變赤道別演一法與孝榮立異于後祕書少監崇政殿說書兼權刑部侍郎汪大猷等言承詔於御史臺監集局官參算明年太陰宿度籤注御覽詣實今大聲等推算明年正月至月終九道太陰變赤道限十二月十五日以前具稾成至正月內臣等召曆官上臺用渾儀監驗疏密從之五年國子司業兼權禮部侍郎程大昌侍御史單時祕書丞唐孚祕書郎李木言都省下靈臺郎充曆算官蓋堯臣皇甫繼明宋允恭等言厭今更造乾道新曆朝廷累委官定驗得見日月交食密近天道五星行度允協躔次惟九道太陰間有未密搜訪能曆之人補治新曆半年未有應詔者獨荆大聲別演一法與劉孝榮乾道曆定驗正月內九道太陰行度今來二法皆未能密於天道乾道太陰一法與諸曆比較皆未盡善今撮其精微撰成一法其先推步到正月內九道大陰正對在赤道宿度願委官與孝榮大聲驗之如或精密即以所修九道經法請得與定驗官更集孝榮大聲等同赴臺推步明年九道太陰正對在赤道宿度點定月分定驗從其善者用之太昌等從大聲孝榮所供正月內太陰九道宿度已赴太史局測驗上中旬畢及取大聲孝榮堯臣等三家所供正月下旬太陰宿度參照覽視測驗疏密堯臣繼明允恭請具今年太陰九道宿度欲依逐人所請限一月各具今年太陰九道變黃道正對赤道其宿某度依經具稾送御史臺測驗官不時視驗然後見其疏密裴伯壽上書言孝榮自陳頭定丁亥歲四月朔日食八月望月食俱不驗又定去年二月望夜二更五點月食九分以上出地復滿臣嘗言於宰相是月之食當食既出地紀元曆亦食既出地生光在戌初二刻復滿在戌正三刻是夕月出地時有微雲至昏時見月已食既至戌初三刻果生光即食既出地可知復滿在戌正三刻時二更二點臣所言卒驗孝榮言見行曆交食先天六刻今所定月食復滿乃後天四刻新曆繆誤爲甚其一日步氣朔孝榮先言氣差一日觀景表方知其失此不知驗氣者也臣之驗氣差一二刻亦能知之紀元節氣自崇寧間測驗逮今六十餘載不無少差苟非測驗安知其失凡日月合朔以交食爲驗今交食既差朔亦弗合矣其二日步發斂止言卦候而已其三日步日躔新曆乃用紀元二十八宿赤道度暨至分宮遽減紀元過宮三十餘刻殊無理據而又赤道變黃道宿度婁胃二宿頓減紀元半度在術則婁胃二宿合二十八度婁當十二度太今新歷婁作十二度半乃棄四分度之一室軫二宿虛收復多少數變宿分宮既訛是以乾道己丑歲太陽過宮差誤其四日步晷漏新歷不合前史唐開元十二年測景于天下安南測夏至午中晷在表南三寸三分新歷算在表北七寸其鐵勒測冬至午中晷長一丈九尺二寸六分新歷算晷長一丈四尺九寸九分乃差四尺二寸七分其謬蓋若此其五日步月離諸歷遲疾朓朒極數一同新歷朓之極數少朒之極四百九十三分疾之極數少遲之極數二十分不合歷法其六日步交會新歷妄設陽準陰準等差蓋欲苟合已往交食其間復有不合者則遷就天道所以預定丁亥戊子二歲日月之食便先差違其七日步五星以渾儀測驗新歷星度與天不合蓋孝榮與同造歷人皆不能探端知緒乃先造歷後方測驗前後倒置遂多差失夫立表驗氣窺測七政然後作歷豈容掇拾緒餘超接舊歷以爲新術可乎新歷出於五代民間萬分歷其數朔餘太彊明曆之士往往鄙之今孝榮乃三因萬分小曆作三萬分爲日法以隱萬分之名三萬分曆即萬分曆也緣朔餘太彊孝榮遂減其分乃增立秒不入曆格前古至于宋諸曆朔餘並皆無秒且孝榮不知王處訥於萬分增二爲應天曆日法朔餘五千三百七自然無秒而去王朴用秒之曆臣與造統元曆之後潛心探討復三十餘年考之諸曆得失曉然誠假臣演撰之職當與太史官立表驗氣窺測七政運算立法當遠過前曆詔送監視測驗官詳之達于尚書省時談天者各以技術相高互相詆毀諫議大夫單時祕書少監汪大猷國子司業權禮部侍郎程大昌祕書丞唐孚祕書郎李木言乾道新曆荆大聲劉孝榮同主一法自初測驗以至權行施用二人無異議後緣新曆不密詔訪求通曆者孝榮乃訟阮興祖緣大聲補局生自是紛紛不已大聲官以判局提點曆書爲名乃言不當責以立法起算不知起曆授時何所憑據且正月內五夜比較孝榮所定五日並差大聲所定五日內三日的中兩日稍疏繼伯壽進狀獻術時等將求其曆書上臺測驗務求至當而大聲等正居其官乃飾辭避事測驗弗精且大聲孝榮同立新法今猶反覆苟非各具所見他日曆成大聲妄有

動搖卽前功盡廢請令孝榮大聲堯臣伯壽各具乾道五年五月已後至年終太陰五星排日正對赤道躔度上之御史臺令測驗官參考詔從之六年日官言比詔權用乾道曆推算今歲頒曆于天下明年用何曆推算詔亦權用乾道曆一年秋成都曆學進士賈復自言詔求推明熒惑太陰二事轉運使資遣至臨安願造新曆畢還蜀仍進曆法九議孝宗嘉其志館于京學賜廩給太史局李繼宗等言十二月望月食大分七小分九十三賈復劉大中等各虧初食甚分夜不同詔禮部侍郎鄭聞監李繼宗等測驗是夜食八分祕書省言靈臺郎宋允恭國學生林永叔草澤祝斌黃夢得吳時舉陳彥健等各推算日食時刻分數異同乃詔諫議大夫姚憲監繼宗等測驗五月朔日食憲奏時刻分數皆差舛繼宗澤大聲削降有差太史局春官正判太史局吳澤等言乾道十年頒賜曆日其中十二月已定作小盡乾道十一年正月一日注癸未朔畢乾道十一年正月一日崇天統元二曆算得甲申朔紀元乾道二曆算得癸未朔今乾道曆正朔小餘約得不及進限四十二分是爲疑朔更考日月之行以定月朔大小以此推之則當是甲申朔今曆官弗加精究直以癸未注正朔竊恐差誤請再推步於是俾繼宗監視皆以是年正月朔當用甲申兼今歲五月朔太陽交食本局官生瞻視到天道日食四分半虧初西北午時五刻半食甚正北未初二刻復滿東北申初一刻後令永叔等五人各言五月朔日食分數并虧初食甚復滿時刻皆不同并見行乾道曆比之五月朔天道日食多算二分少彊虧初少算四刻半食甚少算三刻復滿少算二刻已上又考乾道曆比之崇天紀元統元三曆日食虧初時刻爲近較之乾道日食虧初時刻爲不及繼宗等參考來年十二月係大盡及十一年正月朔當用甲申而太史局丞同判太史局荆大聲言乾道曆加時係不及進限四十二分定今年五月朔日食虧初在午時一刻今測驗五月朔日食虧初在午時五刻半乾道曆加時弱四百五十分苟以天道時刻預定乾道十二年正月朔已過甲申日四百五十分大聲今再指定乾道十一年正月合作甲申朔十年十二月合作大盡請依太史局詳定行之五月詔曆官詳定淳熙元年禮部言今歲頒賜曆書權用乾道新曆推算明年復欲權用乾道曆詔從之十一月詔太史局春官正吳澤推算太陽交食不同令祕書省敕責之并罰造曆者三年判太史局李繼宗等奏令集在局通算曆人重造新曆今撰成新曆七卷推算備草二卷校之紀元統元乾道諸曆新曆爲密願賜曆名於是詔名淳熙曆四年頒行令禮部祕書省參詳以聞淳熙四年正月太史局言三年九月望太陰交食以紀元統元乾道三曆推之初虧在攢點九刻食二分及三分已上以新曆推之在明刻內食大分空止在小分百分中二十七是夜瞻候月體盛明雖有雲而不翳至旦不見虧食於是可見紀元乾道三曆不逮新曆之密今當預期推算淳熙五年曆蓋舊曆疏遠新曆未行請賜新曆名付下推步禮部驗得孟邦傑李繼宗等所定五星行度分數各有異同繼宗云六月癸酉木星在氐宿三度一十九分邦傑言夜昏度瞻測得木星在氐宿三度半半係五十分雖見月體而西南方有雲翳之繼宗云是月戊寅木星在氐宿三度四十一分邦傑言四望有雲雖雲間時露月體所可測者木星在氐宿三度太太係七十五分繼宗云庚辰土星在畢宿三度二十四分金星在參宿五度六十五分火星在井宿七度二十七分邦傑言五更五點後測見土星入畢宿二度半半係五十分金星入參宿六度半火星入井宿八度多三分繼宗云七月辛丑太陰在角宿初度七十一分木星在氐宿五度七十六分邦傑言測見昏度太陰入軫宿十六度太太係七十五分木星入氐宿六度少少係二十五分孝宗曰自古曆無不差者況近世此學不傳求之草澤亦難其人詔以淳熙曆權行頒用一年五年金遣使來朝賀會慶節妄稱其國曆九月庚寅晦爲己丑晦接伴使檢詳丘崈辨之使者辭窮於是朝廷益重曆事李繼宗吳澤言今年九月大盡係三十日於二十八日早晨度瞻見太陰離東濁高六十餘度則是太陰東行未到太陽之數然太陰一晝夜東行十三度餘以太陰行度較之又減去二十九日早晨度太陰所行十三度餘則太陰尚有四十六度以上未行到太陽之數九月大盡明矣其金國九月作小盡不當見月體今既見月體不爲晦日乞九月三十日十月一日差官驗之詔遣禮部郎官呂祖謙祖謙言本朝十月小盡一日辛卯朔夜昏度太陰躔在尾宿七度七十分以太陰一晝夜平行十三度三十一分至八日上弦日太陰計行九十一度餘按曆法朔至上弦太陰平行九十一度三十一分當在室宿一度大金國十月大盡一日庚寅朔夜昏度太陰約在心宿初度三十一分太陰一晝夜亦平行十三度三十一分自朔至本朝八日爲金國九日太陰已行一百四度六十二分比之本朝十月八日上弦太陰多行一晝夜之數今測見太陰在室宿二度計行九十二度餘始知本朝十月八日上弦密於天道詔祖謙復測驗是夜邦傑用渾天儀法物測驗太陰在室宿四度其八日上弦夜所測太陰在室宿二度按曆法太陰平行十三度餘行遲行十二度今所測太陰比之八日夜又東行十二度信合天道十年十月詔甲辰歲曆字誤令禮部更印造頒諸安南國繼宗澤及荆大聲削降有差十二年九月成忠郎楊忠輔言淳熙曆簡陋於天道不合今歲三月望月食三更二點而曆在二更二點數虧四分而曆虧幾五分四月二十三日水星據曆當夕伏而水星方與太白同行東井間昏見之時去濁猶十五餘度七月望前土星已伏而曆猶注見八月未弦金已過氐矣而曆猶在亢此類甚多而朔差者八年矣夫守疏敝之曆不能革舊其可哉忠輔於易粗窺太衍之旨創立日法撰演新曆不敢以言者誠懼太史順過飾非恃刻漏則水有增損遲疾恃渾儀則度有廣狹斜正所賴今歲九月之交食在晝而淳熙曆法當在夜以晝夜辨之不待紛爭而決矣輒以忠輔新曆推算淳熙十二年九月定望日辰退乙未太陰交食大分四小分八十五晨度帶入漸進大分一小分七虧初在東北卯正一刻一十一分係日出前食甚在正北辰初一刻一十分復滿在西北辰正初刻竝日出後其日日出卯正二刻後與虧初相去不滿一刻以地形論之臨安在岳臺之南秋分後晝刻比岳臺差長日當先曆而出故知月起虧時日光已盛必不見食以淳熙曆推之九月望夜月食大分五小分二十六帶入漸進大分三小分四十七虧初在東北卯初三刻係攢點九刻後食甚在正北卯正三刻後復滿在西北辰正初刻後竝在晝禮部迺考其異同孝宗曰日月之行有疏數故曆久不能無差大抵月之行速多是不及無有過者可遣臺官禮部官同驗之詔遣禮部侍郎顏師魯其夜戌正二刻陰雲蔽月不辨虧食師魯請詔精於曆學者與太史定曆孝宗曰曆久必差聞來年月食者二可俟驗否十三年右諫議大夫蔣繼周言試用民間有知星曆者遴選提領官以重其事如祖宗之制孝宗曰朝士鮮知星曆者不必專領迺詔有通天文曆算者所在州軍以聞八月布衣皇甫繼明等陳今歲九月望以淳熙曆推之當在十七日實曆敝也太史乃注於十六日之下徇私遷就以掩其過請造新曆而忠輔乞與曆官劉孝榮及繼明等各具已見合用曆法指定今年八月十六日太陰虧食加時早晚有無帶出所見分數及節次生光復滿方面辰刻更點同驗之仰合乾象折衷疏密再請今年八月二十九日驗月見東方一事苟見月餘光則其日不當以爲晦也又今年九月十六日驗月未盈一事苟見月體東向之光猶薄則其日不當爲望也知晦望之差則朔之差明矣必使氣之與朔無毫髮之差始可演造新曆付禮部議各具先見指定太陰虧食分數方面辰刻定驗折衷詔師魯繼周監之既而孝榮差一點繼明等差二點忠輔差三點迺罷遣之十四年國學進士會稽石萬言淳熙曆立元非是氣朔多差不與天合按淳熙十四年曆清明夏至處暑立秋四氣及正月望二月十二月下弦六月八月上弦十月朔竝差一日如卦候盈虛沒滅五行用事亦各隨氣朔而差南渡以來渾儀草刱不合制度無圭表以測日景長短無機漏以定交食加時設欲考正其差而太史局官尚如去年測驗太陰虧食自一更一點還光一分之後或一點還光二分或一點還光三分以上或一點還光三分以下使更點乍疾乍徐隨景走弄以肆欺蔽若依晉泰始隋開皇唐開元課曆故事取淳熙曆與萬所造之曆各推而上之於千百世之上以求交食與夫歲月日星辰之著見於經史者爲合與否然後推而下之以定氣朔則與前古不合者爲差合者爲不差甚易見也然其差繆非獨此耳冬至日行極南黃道出赤道二十四度晝極短故四十刻夜極長故六十刻夏至日行極北黃道入赤道二十四度晝極長故六十刻夜極短故四十刻春秋二分黃赤二道平而晝夜等故各五十刻此地中古今不易之法至王普重定刻漏又有南北分野冬至晝夜長短三刻之差今淳熙曆皆不然冬至晝四十刻極短夜六十刻極長乃在大雪前二日所差一氣以上自冬至之後晝當漸長夜當漸短今過小寒晝猶四十刻夜猶六十刻所差七日有餘夏至晝六十刻極長夜四十刻極短乃在芒種前一日所差亦一氣以上自夏至之後晝當漸短夜當漸長今過小暑晝猶六十刻夜猶四十刻所差亦七日有餘及晝夜各五十刻又不在春分秋分之下至於日之出入人視之以爲晝夜有長短有漸不可得而急與遲也急與遲則爲變今日之出入增減二刻近或五日遠或三四十日而一急一遲與日行常度無一合者請考正淳熙曆法之差俾之上不違於天時上不乖於人事送祕書省禮部詳之皇甫繼明史元寔皇甫迨龐

元亨等言石萬所撰五星再聚曆乃用一萬三千五百爲日法特竊取唐末崇元舊曆而婉其名爾淳熙曆立法乖疏丙午歲定望則在十七日太史知其不可遂注望於十六日下以掩其過臣等嘗陳請於太史局官對辨置局更曆迄今未行今考淳熙曆經則又差於將來戊申歲十一月下弦則在二十四日太史局官必俟頒曆之際又將妄退於二十三日矣法不足恃必假遷就而朔望二弦曆法綱紀苟失其一則五星盈縮日月交會與夫昏旦之中星晝夜之晷刻皆不可得而正也渾儀景表壺漏之器臣等私家無之是以曆之成書猶有所待國朝以來必假剏局而曆始成請依改造大曆故事置局更曆以袪太史局之蔽事上聞宰相王淮奏免送後省看詳孝宗曰使祕書省各司同察之亦免有異同之論六月給事中兼修玉牒官王信亦言更曆事以爲曆法深奧若非詳加測驗無以見其疏密乞令繼明與萬各造來年一歲之曆取其無差者詔從之十二月進所造曆淮等奏萬等曆日與淳熙十五年曆差二朔淳熙曆十一月下弦在二十四日恐曆法有差孝宗曰朔豈可差朔差則所失多矣乃令吏部侍郎章森祕書丞宋伯嘉參定以聞十五年禮部言萬等所造曆與淳熙曆法不同當以其年六月二日十月晦日月不應見而見爲驗兼論淳熙曆下弦不合在十一月二十四日是日請遣官監視詔禮部侍郎尤袤與森監之六月二日森奏是夜月明至一更二點入濁十月晦袤奏晨前月見東方孝宗問諸家孰爲疏密周必大等奏三人各定二十九日早月體尚存一分獨忠輔謂既有月體不應小盡孝宗曰十一月合朔在申時是以二十九日尚存月體耳十六年承節郎趙渙言曆象大法及淳熙曆今歲冬至井十二月望月食皆後天一辰請遣官測驗詔禮部侍郎李巘祕書省鄧馹等視之巘等請用太史局渾儀測驗如乾道故事差祕書省提舉一員專監之詔差祕書丞黃艾校書郎王叔簡紹熙元年八月詔太史局更造新曆頒之二年正月進立成二卷紹熙二年七曜細行曆一卷賜名會元詔巘序之紹熙四年布衣王孝禮言今年十一月冬至日景表當在十九日壬午會元曆注乃在二十日癸未係差一日崇天曆癸未日冬至加時在酉初七十六分紀元曆在丑初一刻六十七分統元曆在丑初二刻二分會元曆在丑初一刻二百四十分迨今八十有七年常在丑初一刻不減而反增崇天曆寔天聖二年造紀元曆崇寧五年造計八十二年是時測景驗氣知冬至後天乃減六十七刻半方與天道協其後陳得一造統元曆劉孝榮造乾道淳熙會元三曆未嘗測景苟弗立表測景莫識其差乞遣官令太史局以銅表同孝禮測驗朝廷雖從之未暇改作慶元四年會元曆占候多差日官草澤互有異同詔禮部侍郎胡紘充提領官正字馮履充參定官監楊忠輔造新曆右諫議大夫兼侍講姚愈言太史局文籍散逸測驗之器又復不備幾何而不疏略哉漢元鳳間言曆者十有一家議久不決考之經籍驗之帝王錄然後是非洞見元和間以太初違天益遠晦朔失實使治曆者脩之以無文證驗雜議蠭起越三年始定此無他不得儒者以總其綱故至於此也周官馮相氏保章氏志日月星辰之運動而冢宰實總之漢初曆官猶宰屬也熙寧間司馬光沈括皆嘗提舉司天監故當是時曆數明審法度嚴密乞命儒臣常兼提舉以專其責五年監察御史張巖論馮履唱爲詖辭罷去詔通曆算者所在具名來上及忠輔曆成宰臣京鏜上進賜名統天頒之凡曆經三卷八曆冬至考一卷三曆交食考三卷晷景考一卷考古今交食細草八卷盈縮分損益率立成二卷日出入晨昏分立成一卷岳臺日出入晝夜刻一卷赤道內外去極度一卷臨安午中晷景常數一卷禁漏街鼓更點辰刻一卷禁漏五更攢點昏曉中星一卷將來十年氣朔二卷已未庚申二年細行二卷總三十二卷慶元五年七月辛卯朔統天曆推日食雲陰不見六年六月乙酉朔推日食不驗嘉泰二年五月甲辰朔日有食之詔太史與草澤聚驗於朝太陽午初一刻起虧未初刻復滿統天曆先天一辰有半迺罷楊忠輔詔草澤通曉曆者應聘修治開禧三年大理評事鮑澣之言曆者天地之大紀聖人所以觀象明時倚數立法以前民用而詔方來者自黃帝以來至於秦漢六曆具存其法簡易同出一術既久而與天道不相符合於是太初三統之法相繼改作而推步之術愈見闊疏是以劉洪祖冲之之減破斗分追求月道而推測之法始加詳焉至于李淳風一行而後總氣朔而合法效乾坤而擬數演算之法始加備焉故後世之論曆轉爲精密非過於古人也蓋積習考驗而得之者審也試以近法言之自唐麟德開元而至於五代所作者國初應天而至於紹熙會元所更者十二書無非推求上元開闢爲演紀之首氣朔同元而七政會於初度從此推步以爲曆本未嘗敢輒爲截法而立加減數於其間也獨石晉天福間馬重績更造調元曆不復推古上元甲子七曜之會施於當時五年輒差遂不可用識者咎之今朝廷自慶元三年以來測驗氣景見舊曆後天十一刻改造新曆賜名統天進曆未幾而推測日食已不驗此猶可也但其曆書演紀之始起於唐堯二百餘年非開闢之端也氣朔五星皆立虛加虛減之數氣朔積分乃有泛積定積之繁以外算而加朔餘以距算而減轉率無復彊弱之法盡廢方程之舊其餘差滿不可備言以是而爲術乃民間之小曆而非朝廷頒正朔授民時之書也漢人以謂曆元不正故盜賊相續言雖迂誕然而曆紀不治實國家之重事願詔有司選演撰之官募通曆之士置局討論更造新曆庶幾并智合議調治日法追迎天道可以行遠澣之又言當楊忠輔演造統天曆之時每與議論曆事今見統天曆舛近亦私成新曆誠改新曆容臣投進與太史草澤諸人所著之曆參攷之七月澣之又言統天曆來年閏差願以諸人所進曆令祕書省參考頒用祕書監兼國史院編修官實錄院檢討官曾漸言改曆重事也昔之主監事者無非道術精微之人如太史公洛下閎劉歆張衡杜預劉焯李淳風一行王朴等然猶久之不能無差其餘不過遞相祖述依約乘除捨短取長移疎就密而已非有卓然特達之見也一時偶中卽復舛戾宋朝敵在數改曆法統天曆頒用之初卽已測日食不驗因仍至今置閏遂差一月其爲當改無疑然朝廷以一代鉅典責之專司必其人確然著論破見行之非服衆多之口庶幾可見按乾道淳熙慶元凡三改曆皆出劉孝榮一人之手其後遂爲楊忠輔所勝久之忠輔曆亦不驗故孝榮安職至今紹熙以來王孝禮者數以自陳每預測驗或中或不中李孝節陳伯祥本皆忠輔之徒趙達卜筮之流石如愚獻其父書不就測驗晷景止定月食分數其術最疎陳光則并與交食不論愈無憑依此數人者未知孰爲可付故鮑澣之屢以爲請今若降旨開局不過收聚此數人者和會其說使之無爭來年閏差其事至重今年八月便當頒曆外國而三數月之間急遽成書結局推賞討論未盡必生詆訾今劉孝榮王孝禮李孝節陳伯祥所擬改曆及澣之所進曆皆已成書願以衆曆參攷擇其與天道最近且密者頒用庶幾來年置閏不差請如先朝故事搜訪天下精通曆書之人用沈括所議以渾儀浮漏圭表測驗每日記錄積三五年前後參較庶幾可傳永久漸又言慶元三年以後氣景比舊曆有差至四年改造新曆未成時嘗頒五年曆迺差官以測算晷景氣朔加時辰刻附會元曆頒賜今若頒來年氣朔既有去年十月以後今年正月以前所測晷景已見天道冬至加時分數來年置閏比之統天曆亦已不同兼諸所進曆並可參攷請速下本省集判局官於本省參攷使澣之覆考以最近之曆推算氣朔頒用於是詔漸充提領官澣之充參定官草澤精算造者嘗獻曆者與造統天曆者皆延之於是開禧新曆議論始定詔以戊辰年權附統天曆頒之既而婺州布衣阮泰發獻渾儀十論且言統天開禧曆皆差朝廷令造木渾儀賜文解罷遣之嘉定三年鄒淮言曆書差忒當改造試太子詹事兼同修國史實錄院同修撰兼祕書監戴溪等言請詢漸澣之造曆故事詔溪充提領官澣之充參定官鄒淮演撰王孝禮劉孝榮提督推算官生十有四人日法用三萬五千四百四年春曆成未及頒行溪等去國曆亦隨寢韓侂胄當國或謂非所急無復敢言曆差者於是開禧曆附統天曆行於世四十五年嘉泰元年中奉大夫守祕書監俞豐等請改造新曆監察御史施康年劾太史局官吳澤荊大聲周端友循默尸祿言災異不及時詔各降一官臣僚言頒正朔所以前民用也比曆書一日之間吉凶竝出異端竝用如土鬼暗金兀之類則添注於凶神之上猶可也而其首則揭九良之名其末則出九曜吉凶之法勘昏行嫁之法至於周公出行一百二十歲宮宿圖凡閭閻鄙俚之說無所不有是豈正風俗示四夷之道哉願削不經之論從之二年五月朔日食太史以爲午正草澤趙大猷言午初三刻半日食三分詔著作郎張嗣古監視測驗大猷言然曆官乃抵罪嘉定四年祕書省著作郎兼權尚左郎丁端祖請考試司天生十三年監察御史羅相言太史局推測七月朔太陽交食至是不食願令與草澤新歷精加討論於是澤等各降一官淳祐四年兼崇政殿說書韓祥請召山林布衣造新歷從之五年降算造成永祥一官以元算日食未初三刻今未正四刻元算虧八分今止六分故也八年朝奉大夫太府少卿兼尚書左司郎中兼勑令所刪修官尹渙言歷者所以統天地侔造化自昔皆擇聖智典司其事後世急其所當緩緩其所當急以爲利吾國者惟錢穀之務固吾圉者惟甲兵是圖至於天文歷數一切付之太史局荒疎乖謬安心爲欺朝士大夫莫有能詰之者請召四方之通歷算者至都使歷官學焉十一年殿中侍御史陳垓言歷者天地之大紀國家之重事今淳

祐十年冬所頒十一年曆稱成永祥等依開禧新曆推算辛亥歲十二月十七日立春在酉正一刻今所頒曆廼相師堯等依淳祐新曆推算到壬子歲立春日在申正三刻質諸前曆廼差六刻以此頒行天下豈不貽笑四方且許時演撰新曆將以革舊曆之失又考驗所食分數開禧舊曆僅差一二刻而李德卿新曆差六刻二分有奇與今頒行前後兩曆所載立春氣候分數亦差六刻則同由此觀之舊曆差少未可遽廢新曆差多未可輕用一旦廢舊曆而用新曆不知何所憑據請參考推算頒行十二年祕書省言太府寺丞張湜同李德卿算造曆書與譚玉續進曆書頗有牴牾省官參訂兩曆得失疏密以聞其一曰玉詥得卿竊用崇天曆日法三約用之考之崇天曆用一萬五百九十爲日法德卿用三千五百三十爲日法玉之言然其二曰玉詥積年一億二千二十六萬七千六百四十六不合曆法今考之德卿用積年一億以上其三曰玉詥壬子年六月癸丑年二月六月九月丙辰七月置閏皆差一日今祕書省檢閱林光世用二家曆法各爲推算其四曰德卿曆與玉曆壬子年立春立夏以下十五節氣時刻皆同雨水驚蟄以下九節氣各差一刻其五曰德卿推壬子年二月乙卯朔日食帶出已退所見大分八玉推日食帝出已退所見大分七辰當璧宿六度同其六曰德卿曆斗分作三百六十五日二十四分二十八秒玉曆斗分作三百六十五日二十四分二十九秒二曆斗分僅差一秒惟二十八秒之法起於齊祖沖之而德卿用之使沖之之法可久何以歷代增之玉既指其謬又多一秒豈能必其天道合哉請得商確推算合衆長而爲一然後賜名頒行十二年曆成賜名會天寶祐元年行之史闕其法咸淳六年十一月三十日冬至至後爲閏十一月既已頒曆浙西安撫司準備差遣臧元震言曆法以章法爲重章法以章歲爲重蓋曆數起於冬至卦氣起於中孚十九年謂之一章一章必置七閏必第七閏在冬至之前必章歲至朔同日故前漢志云朔旦冬至是謂章月後漢志云至朔同日謂之章月積分成閏閏七而盡其歲十九名之曰章唐志曰天數終於九地數終於十合二終以紀閏餘章法之不可廢也若此今所頒庚午歲曆乃以前十一月三十日爲冬至又以冬至後爲閏十一月莫知其故蓋庚午之閏與每歲閏月不同庚午之冬至與每歲之冬至又不同蓋自淳祐壬子數至咸淳庚午凡十九年是爲章歲其十一月是爲章月以十九年七閏推之則閏月當在冬至之前不當在冬至之後以至朔同日論之則冬至當在十一月初一日不當在三十日今以冬至在前十一月三十日則是章歲至朔不同日矣若以閏月在冬至後則是十九年之內止有六閏又欠一閏且一章計六千八百四十日於內加七閏月除小盡積日六千九百四十日或六千九百三十九日約止有一日今自淳祐十一年辛亥章歲十一月初一日章月冬至後起算十九年至咸淳六年庚午章歲十一月初一日當爲冬至方管六千八百四十日今算造官以閏月在十一月三十日冬至之後則此一章止有六閏更加六閏除小盡外實積止六千九百十二日比之前後章歲之數實欠二十八日曆法之差莫甚於此況天正冬至乃曆之始必自冬至後積三年餘分而後可以置第一閏今庚午年章歲丙寅日申初三刻冬至去第二日丁卯僅有四分日之一且未正日安得遽有餘分未有餘分安得遽有閏月則是後一章之始不可推算其謬可知矣今欲改之有簡而易行之說蓋曆法有平朔有經朔有定朔一大一小此平朔也兩大兩小此經朔也三大三小此定朔也今正以定朔之說則當以前十一月大爲閏十月小以閏十一月小爲十一月大則丙寅日冬至卽可爲十一月初一以閏十一月初一之丁卯爲十一月初二日庶幾遞遷下一日置閏十一月二十九日丁未始爲大盡然則冬至既在十一月初一則至朔同日矣閏月既在至節前則十九年七閏矣此昔人所謂晦節無定由時消息上合履端之始下得歸餘於終正謂此也夫曆久未有不差差則未有不改者後漢元和初曆差亦是十九年不得七閏曆雖已頒亦改正之顧今何靳於改之哉元震謂某儒者豈欲與曆官較勝負既知其失安得默而不言邪於是朝廷下之有司遣官偕元震與太史局辨正而太史之詞窮元震轉一官判太史局鄧宗文譚玉等各降官有差因更造曆六年曆成詔試禮部尚書馮夢得序之七年頒行卽成天曆也德祐之後陸秀夫等擁立益王走海上命禮部侍郞鄧光薦與蜀人楊某等作曆賜名本天曆今亡

宋史卷八十二考證

律曆志十五乃令吏部侍郞章森秘書丞宋伯嘉參定以聞○臣召南按玉海作命禮部侍郞尤袤秘書丞宋之瑞伯嘉卽之瑞字也

考之經籍驗之帝王錄然後是非洞見○按錄字上疑脫記字

如太史公洛下閔○當作洛下閎

固吾圍者惟甲兵是圖○圍字係圉字之訛

宋史卷八十三

元中書右丞相總裁脫脫等修

律曆志第三十六

律曆十六 紹興統元乾道淳熙會元曆

演紀上元甲子距紹興五年乙卯歲積九千四百二十五萬一千五百九十一 乾道上元甲子距乾道三年丁亥歲積九千一百六十四萬五千八百二十三淳熙上元甲子距淳熙三年丙申歲積五千二百四十二萬一千九百七十二會元上元甲子距紹熙三年辛亥歲積二千五百四十九萬四千七百六十七

步氣朔

元法六千九百三十 乾道三萬淳熙五千六百四十會元統率三萬八千七百

歲周二百五十三萬一千一百三十八歲周日三百六十五餘一千六百八十八 乾道朞實一千九十五萬七千三百八歲周三百六十五餘七千三百八淳熙歲實五百五萬九千九百七十四歲周日三百六十五餘一千三百七十四會元氣率一千四百一十二萬四千九百三十二

氣策一十五日餘一千五百一十四秒十五 乾道餘六千五百五十四半淳熙餘一千二百二十二秒二十五會元餘八千四百五十五半

朔實二十萬四千六百四十七 乾道八十八萬三千九百一十七秒七十六淳熙一十六萬六千五百十二秒五十六會元朔率一百一十四萬二千八百一十四

歲閏七萬五千三百七十四 乾道三十二萬六千二百九十四秒八十八又有閏限八十五萬八千七百二十六秒五十二月閏二萬七千一百九十一秒二十四會元四十二萬九百二十四又有閏限七十二萬一千九百一十乾道又有沒限二萬二千四百四十五半淳熙四千四百七秒七十五會元三萬二百四十四半

朔策二十九日餘三萬六千七十七 乾道餘一萬五千九百一十七秒七十六淳熙餘三千九百九十二秒五十六會元餘二萬五百三十四約分五十三秒五

望策十四日餘五千三百三半 乾道餘一萬二千九百五十八秒八十八淳熙餘四千三百一十六秒二十八會元餘二萬九千六百一十七

弦策七日餘二千六百五十一太 乾道餘一萬一千四百七十九秒四十四淳熙餘二千一百五十八秒十四會元餘一萬四千八百八半

中盈分三千三百二十八秒三十 乾道一萬三千一百九淳熙二千四百六十四秒五十會元一萬六千九百一十一

朔虛分三千二百五十三 乾道一萬四千八十二秒二十四淳熙二千六百四十七秒四十四會元一萬八千一百六十六

旬周四十一萬五千八百 乾道一百八十萬淳熙三十三萬八千四百秒一會元二百三十二萬二千

紀法六十 三曆同

推天正冬至置距所求積年以歲周乘之爲氣積分以旬周去之不盡總法約之爲大餘不滿爲小餘大餘命甲子算外卽得所求年天正冬至日辰及餘 其小餘總法退除元約分卽百爲母

求次氣置冬至大小餘以氣策及餘秒加之秒盈秒法從一小餘小餘滿總法從一大餘滿紀法去命甲子算外合得次氣日辰及餘秒

求天正經朔置天正冬至氣積分以朔實去之不盡爲閏餘以減冬至氣積分餘爲天正十一月經朔加時朔積分以旬周去之不滿總法約之爲大餘不滿爲小餘命甲子算外卽得所求年天正十一月經朔加時朔積分以旬周去之不滿總法約之爲大餘不滿爲小餘大餘命甲子算外卽得所求天正十一月經朔日辰及餘

求弦望及日朔經日置天正十一月經朔大小餘以弦策加之爲上弦累加之去命如前各得弦望及次月朔經日及餘也

求沒日置有沒之氣小餘以一百八十乘之秒從之用減一百二十六萬五千五百六十九餘以一萬八千一百六十九除之爲日不滿爲餘命其氣初日算外卽得其氣辰 凡二十四氣小餘五千四百一十五秒一百六十五

求滅日置有經朔小餘三十乘之滿朔虛分除爲日不滿爲餘命經朔初日算外卽得其月滅日辰 經朔小餘不滿朔虛分者爲有減之朔

步發斂

候策五日餘五百四秒一百二十五 乾道餘二千一百八十四秒二十五淳熙餘四百一十秒七十五會元餘二千八百一十二秒五十

卦策六日餘六百五秒一百一十四 乾道餘二千六百二十一秒二十四淳熙餘四百九十二秒九十會元餘三千三百八十二秒二十

土王策三日餘三百二秒一百四十七 乾道餘二千三百一十秒二十七淳熙餘三百四十六秒四十五會元一千六百九十一秒一十

辰法五百七十七半 乾道二千五百淳熙四百七十會元三千二百二十五

半辰法二百八十八太 乾道一千二百五十淳熙二百三十五會元一千六百一十二半

刻法六百九十三 乾道三百淳熙五百六十四會元三百八十七

秒法一百八十 乾道三十淳熙會元同一百淳熙又有月閏五千一百一十一秒九十四

求六十四卦五行用事日二十四氣七十二候 四曆俱與前曆同此不載

求發斂去經朔日置天正閏餘以中盈及朔虛分累益之卽每月閏餘滿總法除之爲閏日不盡爲小餘卽各得其月中氣去經朔日辰因求卦候者各以卦候土王策依次累加減之 中氣前減中氣後加 各得其月卦候去經朔日辰

求發斂加時置所求小餘以辰除之爲辰數不滿進一位以刻法而一爲刻不盡爲刻分其辰數命子正算外各得加時所在辰刻及分 加辰刻卽命起子初

步日躔

周天分二百五十三萬一千二百二十六秒八十七 乾道分一千九十五萬七千七百一十七秒五

歲差八十八秒八十七 乾道四百九秒五淳熙一萬一千五百一十三會元歟差五百二十五秒一十三

周天度三百六十五約分二十五秒六十四 三曆同

乘法五十五 乾道八十七淳熙一百一十九會元一百一十九

除法八百三十七 乾道一千三百二十四淳熙一千八百二十二會元一千八百一十一

秒法一百 三曆同

乾道又有象限九十一度分二十一秒九淳熙會元同淳熙又有乾實三億九百萬七千六百一十三半

周天一百八十二度分二十五秒七十二會元
半周天度同分六十二秒八十六

常氣中積及餘		盈縮分	升降差	損益率	朓朒積
統元	空		升七千二百五十六	益二百七十一	朒空
乾道	空		升七千二百六十七	益二千六百三十	同
冬至空					
淳熙	空		升七千六十	益二百九十八	同
會元	空		升七千一百八	益二千五十七	朒初
統元	一千五百一十四秒一十五	盈七千一百五十六	升五千九百八十	益三百一十	朒一百七十一
乾道	六千五百五十四半	盈七千二百六十七	升五千九百八十一	益一千五百一十五	朒一千六百三十
小寒十五					
淳熙	一千二百五十二秒一十五　二十一八十四	盈七千六十	升五千九百二十一	益二百五十	朒二百九十八
會元	八千四百五十五半　二十一八十四		升五千七百七十三	益一千六百七十二	朒二千五十七
統元	五千二十八秒三十	盈一萬二千一百三十六	升四千七百七十一	益二百四十六	朒六百六十一
乾道	一萬三千一百九	盈一萬三千六百四十八	升四千六百八十一	益一千五十	朒二千九百七十三
大寒三十					
淳熙	二千四百六十四秒五十　四十三六十九	盈一萬二千九百八十	升四千七百一十九	益一百九十九	朒五百四十八
會元	一萬六千九百一十一　四十三六十九		升四千四百五十六	益一千三百九十	朒三千七百三十九
統元	四千五百四十二秒四十五	盈一萬七千九百七	升三千四百九十三	益一百八十一	朒九百二十八
乾道	一萬九千六百六十二半	盈一萬七千九百二十八	升三千三百六十三	益七百五十五	朒四千二十一
立春四十五					
淳熙	三千六百九十六秒七十五　六十五五十四	盈一萬七千六百九十七	升三千四百五十一	益一百四十五	朒七百四十七
會元	二萬五千三百六十六半　六十五五十四		升三千一百五十九	益九百十四	朒五千一十九
統元	六千五十九秒六十	盈二萬一千四百	升一千一百五十八	益一百一十二	朒一千一百九
乾道	二萬六千二百一十八半	盈二萬一千二百	升二千二十九	益四百五十五	朒四千七百七十八
雨水六十					
淳熙	四千九百二十九秒空　八十七二十五	盈二萬一千一百四十	升二千一百二十二	益九十	朒八百九十二
會元	三萬二千八百二十二　八十三十九		升一千八百八十一	益五百四十四	朒五千九百三十五
統元	六百四十秒七十五	盈二萬三千五百五十八	升七百三十	益三十八	朒一千二百二十二
乾道	二千七百七十二半	盈一萬三千三百二十	升六百八十	益一百五十二	朒五千二百三十三
驚蟄七十六					
淳熙	五百二十秒二十五　九二十四	盈二萬三千二百七十	升七百二十	益三十一	朒九百八十二
會元	三千五百七十七半　九二十四		升六百二十三	益一百八十一	朒六千四百七十七
統元	二千一百五十四秒九十	盈二萬四千二百八十八	降七百三十	損三十八	朒一千二百五十九
乾道	九千三百三十七	盈二萬四千	降六百八十	損一百五十二	朒五千三百八十五
春分九十一					
淳熙	一千七百五十二秒五十　三十一九	盈同乾道	降同統元	損三十一	朒一千一十三
會元	一萬二千三十三　三十九		降六百二十三	損一百八十一	朒六千六百五十八
統元	三千六百六十八秒一百五	盈二萬二千五百五十八	降二千一百五十八	損一百一十二	朒一千二百二十一
乾道	一萬五千八百八十一半	盈二萬三千三百二十	降二千二十九	損四百五十五	朒五千三百三十三
清明一百六					
淳熙	二千九百八十五秒二十五　五十二九十三	盈二萬三千二百七十	降二千一百二十三	損九十	朒九百八十二
會元	二萬四百八十八半　五十二九十三		降二千八百八十一	損五百四十四	朒六千四百七十七
統元	五千一百八十二秒一百二十	盈三萬二千四百	降二千四百九十二	損一百八十一	朒一千一百九
乾道	一萬一千四百三十六	盈二萬一千一百九十一	降三千三百六十三	損七百五十五	朒四千七百七十八
穀雨一百二十一					
淳熙	四千一百一十六秒空　六十四七十八	盈二萬一千一百四十八	降三千四百五十一	損一百四十五	朒八百九十二
會元	一萬八千九百四十四　七十四七十九		降三千一百五十九	損九百十一	朒五千九百三十二
統元	六千九百九十六秒一百三十五	盈二萬七千九百	降四千七百七十一	損二百四十七	朒九百二十八
乾道	二萬八千九百九十半	盈一萬七千九百二十八	降四千六百八十	損一千五十	朒四千二十三
立夏二百三十六					
淳熙	五千四百五十八秒二十五　九十六六十三	盈一萬七千六百九十七	降四千七百一十七	損一百九十九	朒七百四十七
會元	三萬七千三百九十半　九十六六十三		降四千四百五十六	損一千二百九十	朒五千一十九
統元	二千二百八十秒一百五十	盈一萬三千二百三十六	降五千九百八十	損一萬三千一百三十	朒六百八十一
乾道	五千五百四十五	盈一萬三千二百四十八	降五千九百八十二	損一千三百四十三	朒二千九百七十二
小滿一百五十二					
淳熙	一千四十二秒五十　十八四十八	盈一萬二千九百八十	降五千九百二十	損二百五十	朒五百四十八
會元	七千一百五十五　一十八四十八		降五千七百七十三	損一千六百七十二	朒二千七百二十九
統元	二千七百九十二秒一百六十五	盈七千一百五十六	降七千一百五十六	損三百七十一	朒三百七十一
乾道	一萬二千九十九半	盈七千二百六十七	降七千二百六十七	損一千六百三十	朒一千六百三十
芒種一百六十七					
淳熙	二千二百五十四秒五十五　四十三十三	盈七千六十	降七千六十	損二百九十八	朒二百九十八
會元	一萬五千六百一十半　四十三十二		降七千一百八	損二千五十七	朒二千五十七
統元	四千三百九秒空	空	降七千一百五十六	益五百七十一	朏空
乾道	一萬八千六百五十四	空	降七千二百六十七	益一千六百三十	朏空
夏至一百八十二					
淳熙	三千五百七秒空　六十一一十八	空	降七千六十	益二百九十八	朏空
會元	二萬四千六十六　六十二一十八		降七千一百八	益二千五十七	朏空
統元	五千八百二十三秒一十五	縮七千一百五十六	降五千九百八十	益三百一十	朏三百七十一
乾道	二萬五千一百八半	縮七千一百六十	降五千九百八十一	益一千五百四十三	朏一千六百三十
小暑一百九十七					
淳熙	四千七百五十九秒二十五　八十四	縮七千六十	降二千九百二十	益二百五十	朏二百九十八
會元	三萬二千五百二十一半　八十四三		降五千七百七十三	益一千六百七十二	朏二千五十七
統元	四百七秒三十	縮一萬三千一百二十六	降四千七百七十一	益二百四十七	朏六百八十一
乾道	一千七百六十三	縮一萬三千二百四十八	降四千六百八十一	益一千五十	朏二千九百七十三
大暑二百十二					
淳熙	三百三十一秒五十　五八十七	縮一萬二千九百八十	降四千七百一十七	益一百九十九	朏五百四十八
會元	二千二百七十七　五八十八		降四千五百五十六	益一千二百九十	朏三千七百二十九
統元	一千九百一十一秒四十五	縮一萬七千九百七	降三千四百九十三	益一百八十一	朏九百二十八
乾道	八千三百一十七半	縮一萬七千九百二十八	降三千三百六十三	益七百五十五	朏四千二十三
立秋二百二十八					
淳熙	一千五百六十二秒七十五　二十七七十二	縮一萬七千六百九十七	降三千四百五十一	益一百四十五	朏七百四十七
會元	一萬七百三十二　二十七七十三		降二千一百五十九	益九百十四	朏五千一十九
統元	三千四百三十五秒六十	縮二萬一千四百	降二千一百五十八	益一百一十二	朏一千一百九
乾道	一萬四千八百七十二	縮二萬一千二百	降二千二十九	益四百五十五	朏四千七百七十八
處暑二百四十三					
淳熙	二千七百九十一秒空　四十九五十七	縮二萬一千一百四十八	降二千一百二十二	益九十	朏八百九十二
會元	一萬九千一百八十八　四十九五十八		降一千八百八十二	益五百四十四	朏五千九百三十三
統元	四千九百四十九秒七十五	縮二萬三千五百五十八	降七百三十	益三十八	朏五千二百二十一
乾道	二萬一千四百二十六半	縮二萬三千三百二十	降六百八十	益一百五十二	朏五千二百三十二
白露二百五十八					

淳熙	四千二十八秒二十五　七十一四十二	縮二萬二千二百七十	降七百五十	益三十一	朏九百八十二
會元	二萬七千六百四十二半　七十一四十三		降六百二十三	益一百八十一	朏六千四百七十七
統元	六千四百六十三秒九十	縮二萬四千二百八十八	升七百三十	損三十八	朏一千二百五十九
乾道	二萬七千九百八十一	縮二萬四千	升六百八十	損一百五十一	朏五千五百八十五

秋分二百七十三

淳熙	五千二百六十秒五十　九十三二十七	縮二萬四千	升七百五十	損三十一	朏一千一十三
會元	三萬六千九十九　九十三二十七		升六百二十三	損一百八十一	朏六千六百五十八
統元	一千四百十七秒一百五	縮二萬三千五百五十八	升二千一百五十八	損一百一十二	朏一千二百二十
乾道	四千五百三十五半	縮二萬三千二百二十	升二千二十九	損五百五十五	朏五千三百三十三

寒露二百八十九

淳熙	八百五十秒七十五　五十一十一	縮二萬二千二百七十	升二千一百二十二	損九十	朏九百八十二
會元	五千八百五十四半　一十五一十二		升一千八百八十二	損五百四十四	朏六千四百七十七
統元	二千五百六十一秒一百二十	縮二萬二千四百	升三千四百九十三	損一百八十一	朏一千二百九
乾道	一萬一千九十	縮二萬一千二百九十一	升三千三百六十三	損七百五十五	朏四千七百七十八

霜降三百四

淳熙	三千八十五秒空　三十六九十六	縮二萬一千一百四十八	升三千四百五十一	損一百四十五	朏八百九十二
會元	一萬四千三百一十　三十六九十七		升三千一百五十九	損九百一十四	朏五千九百三十三
統元	四千七十五秒一百二十五	縮一萬七千九百七	升四千七百七十一	損二百四十七	朏九百二十
乾道	一萬七千六百四十四半	縮一萬七千九百一十八	升四千六百八十	損一千五十	朏四千二十三

立冬三百十九

淳熙	三千二百十七秒二十五　三十八八十一	縮一萬七千六百九十七	升四千七百一十七	損一百九十九	朏七百四十七
會元	二萬三千七百六十五半　五十八八十二		升四千四百五十六	損一千二百九十	朏五千一十九
統元	五千五百八十九秒一百五十	縮一萬一千一百十六	升五千九百八十	損二百二十二	朏六百八十一
乾道	二萬四千一百九十九	縮一萬三千一百四十八	升五千九百八十一	損一千二百四十三	朏二千九百七十二

小雪三百三十四

淳熙	四千五百四十九秒五十　八十二六十六	縮一萬二千九百八十	升五千九百二十	損三百五十	朏五百四十八
會元	三萬八千二百二十一　八十二六十七		升五千七百七十三	損一千六百七十二	朏三千七百二十九
統元	一百七十三秒一百六十五	縮七千一百五十六	升七千一百五十六	損三百七十一	朏三百七十一
乾道	七百五十三半	縮七千二百六十七	升七千二百二十	損一千六百三十	朏一千六百三十

大雪三百五十

淳熙	一百四十一秒七十五　二五十二	縮七千六十	升七千六十	損二百九十八	朏二百九十八
會元	九百三十六半　二五十二		升七千一百八	損二千五十七	朏二千五十七

求每月盈縮分朔弦望入氣朏朒定數赤道宿度冬至赤道日度赤道宿積度入初末限二十八宿黃道度天正冬至加時黃道日度二十四氣加時黃道日度二十四氣初日晨前夜半黃道日躔宿次晨前夜半黃道日躔宿次太陽入宮日時刻及分（法同前曆，此不載）

步月離

轉周分一十九萬九百五十三秒二千五百六十三（乾道八十二萬六千六百三十七秒七千三百九十五，淳熙一十五萬五千四百七秒九千七百四十，會元轉率一百六萬六千三百六十一秒七千三百一十）

轉周日二十七餘三千八百四十三秒二千五百六十（乾道餘一萬六千六百三十七秒七千三百九十五，淳熙餘三千一百二十七秒九千七百四十，會元餘三萬一千四百十一秒七千三百一十）

朔差日一餘六千七百六十三秒七千四百三十七（乾道餘二萬九千二百八十秒二百，淳熙餘五千五百四十秒五千八百六十，會元餘三萬七千七百七十二秒二千六百一十）

望策一十四餘五千三百三秒五千

弦策七餘二千六百五十一秒七千五百（乾道餘一萬一千四百七十九秒四千四百，淳熙餘千一百五十八秒一千四百，會元一萬四千八百八秒五十）

七日初數六千一百五十八約分八十九末數七百七十二約分一十一

十四日初數五千三百八十七約分七十八末數一千五百四十三約分二十二

二十一日初數四千六百一十五約分六十七末數二千三百一十五約分三十三

二十八日初數三千八百四十三約分五十五末數空

以上秒母一萬

以下秒母一百

上弦九十一度三十一分秒四十一（三曆同）

望一百八十二度六十二分秒八十二（三曆秒八十六）

下弦二百七十三度九十四分秒二十三（三曆秒二十九）

平行分一十三度三十六分秒八十七半

推天正十一月經朔入轉經弦望及次朔入轉（法同前曆，此不載）

入轉日	進退差	轉定分	損益率	朏朒數	轉日度	加減差	遲疾度
一日							
統元	退十二	一千四百六十八	益六百六	朏空		加一百三十	疾空
乾道		二千四百六十四	益三千八百五十	朏空	空	加一百二十七	疾空
淳熙	退十八	一千四百六十八	益五百五十三	朏空			疾空
會元		一千四百六十七	益五千七百六十三	朏初		加一百三十	疾初
二日							
統元	退十八	一千四百五十六	益六百一十八	朏六百八十	十四度六十八	加一百十九	疾一度三十一
乾道		一千四百五十三	益二千六百三	朏三千八百五十		加一百一十六	疾一度二十七
淳熙	退十五	一千四百五十七	益五百六	朏五百五十三			疾一度三十一
會元		一千四百五十四	益三千三百八十七	朏三千七百六十三		加一百一十七	疾一度三十
三日							
統元	退二十一	一千四百三十八	益五百一十三	朏一千二百九十八	二十九度二十四	加一百一	疾一度五十
乾道		一千四百三十八	益二千二百六十六	朏五千四百五十五		加一百一	疾二度四十
淳熙	退二十	一千四百三十二	益四百四十三	朏一千五十九			疾二度五十一
會元		一千四百四十	益二千九百八十一	朏七千一百五十		加一百三	疾二度四十七
四日							
統元	退二十三	一千四百一十七	益四百十一	朏一千八百二十一	四十三度六十二	加八十	疾三度五十一
乾道		一千四百一十六	益一千七百七十三	朏七千七百一十九		加七十九	疾三度四十四
淳熙	退二十二	一千四百二十二	益三百五十八	朏一千五百二			疾三度五十六
會元		一千四百二十二	益二千四百六十一	朏一萬一百三十一		加八十五	疾三度五十
五日							
統元	退二十四	一千三百九十四	益二百九十三	朏二千二百三十二	五十七度七十九	加五十七	疾四度
乾道		一千三百九十四	益一千二百七十九	朏九千四百九十二		加五十七	疾四度二十三
淳熙	退二十六	一千三百九十九	益二百六十二	朏二千八百六十			疾四度四十一

	會元	一千四百一	益一千八百五十三	朓一萬二千五百九十二		加六十四	疾四度二十五
六日	統元退二十四	一千二百七十	益一百七十二	朓二千五百二十五	七十一度七十三	加三十三	疾四度
	乾道	一千三百七十三	益八百八	朓一萬七百七十二		加三十六	疾四度八十
	淳熙退二十六	一千三百七十二	益二百五十二	朓二千一百二十二			疾五度三十
	會元	一千三百七十六	益一千一百二十九	朓一萬四千四百四十五		加三十九	疾五度九十九
七日	統元退二十四	一千三百四十六	初益五十四末損七	朓二千六百九十七	八十五度四十三	初加十末減	疾五度二十一
	乾道	一千三百四十七	初益二百七十末損二十五	朓一萬二千五百七十九			疾五度一十六
	淳熙退二十六	一千三百四十七	初益四十六末損四	朓二千二百七十四			疾五度五十九
	會元	一千三百四十九	初益三百一十六末損一十九	朓一萬五千五百七十四		初加一十三末減	疾五度三十八
八日	統元退二十四	一千三百一十一	損七十六	朓二千七百四十四	九十八度八十九	減十五	疾五度三十
	乾道	一千三百二十二	損三百一十四	朓一萬一千八百三		減二十四	疾五度二十六
	淳熙退二十六	一千三百二十一	損六十七	朓二千三百一十六			疾五度四十九
	會元	一千三百一十九	損五百二十一	朓一萬五千九百二十一		減一十八	疾五度五十
九日	統元退二十三	一千二百九十八	損二百	朓二千六百六十八	一百一十一度十二	減三十九	疾五度一十五
	乾道	一千二百九十九	損八百三十九	朓一萬一千四百八十九		減三十八	疾五度一十六
	淳熙退二十四	一千二百九十五	損一百七十八	朓二千二百四十九			疾五度二十三
	會元	一千二百九十二	損一千三百二	朓一萬五千四百		減四十五	疾五度三十二
十日	統元退二十三	一千二百七十五	損三百一十一	朓二千四百六十八	一百二十四度	減六十二	疾四度七十六
	乾道	一千二百七十五	損一千四百五	朓一萬六百八十		減六十二	疾四度七十四
	淳熙退二十四	一千二百七十一	損二百七十八	朓二千七十一			疾四度九十一
	會元	一千二百六十八	損一千九百九十七	朓一萬四千九十七		減六十八	疾四度八十一
十一日	統元退二十	一千二百五十五	損四百三十八	朓二千一百四十七	一百三十七度八十四	減八十五	疾四度一十四
	乾道	一千二百五十四	損一千八百六十三	朓九千二百四十五		減八十三	疾四度一十二
	淳熙退十九	一千二百四十九	損三百八十	朓			疾四度二十五
	會元	一千二百四十八	損二千五百七十七	朓一萬二千一百		減八十九	疾四度一十八
十二日	統元退十七	一千二百三十二	損五百四十五	朓一千七百九	一百五十一度三十六	減一百五	疾三度二十九
	乾道	一千二百四十	損二千一百七十六	朓七千三百八十二		減九十七	疾三度二十九
	淳熙退十四	一千二百二十六	損四百六十	朓一千四百一十三			疾三度三十一
	會元	一千二百二十	損三千九十七	朓九千五百二十三		減一百七	疾三度二十九
十三日	統元退九	一千二百一十五	損六百三十六	朓一千一百六十四	一百六十八度六十六	減一百一十二	疾二度二十四
	乾道	一千二百一十五	損二千七百三十八	朓五千二百六		減一百三十二	疾二度三十二
	淳熙退十	一千二百一十四	損五百一十八	朓九百五十三			疾二度二十六
	會元	一千二百一十七	損三千六百七十三	朓六千四百二十六		減一百二十	疾二度二十二
十四日	統元進二	一千二百六	初損五百三十二末益一百四十二	朓五百三十一	一百七十四度八十三	初減一百一末減二十五	疾一度二
	乾道	一千一百九十八	初損二千四百六十八末益六百四十	朓二千四百六十八		初減一百一十末加二十五	疾一度一十
	淳熙進四	一千二百四	初損四百三十五末益三百七	朓四百五十五			疾一度三
	會元	一千二百六	初損二千九百七十二末益八百三十九	朓二千九百五十二			疾一度二
十五日	統元進十四	一千二百八	益六百六十九	朓二百五十	一百九十二度八十九	加一百二十九	遲初度二十九
	乾道	一千二百二十三	益二千七百八十三	朒六百五十		加一百二十四	遲空二十九
	淳熙進十一	一千二百八	益五百四十四	朒一百一十七			遲空三十
	會元	一千二百九	益三千七百五	朒八百三十九		加一百二十八	遲空二十九
十六日	統元進二十九	一千二百二十二	益五百九十八	朒八百二十	二百六度九十七	加一百一十五	遲一度五十八
	乾道	一千二百二十三	益二千五百八十一	朒三千四百三十三		加一百一十五	遲一度五十三
	淳熙進二十七	一千二百一十九	益四百九十八	朒六百七十一			遲一度五十九
	會元	一千二百二十二	益三千三百二十九	朒四千五百四十四		加一百一十五	遲一度五十七
十七日	統元進二十一	一千二百四十一	益四百九十九	朒一千四百一十八	二百二十度十九	加九十六	遲一度七十三
	乾道	一千二百二十六	益二千二百六十六	朒六千一十四		加一百一	遲二度六十八
	淳熙進二十二	一千二百三十六	益四百二十六	朒一千一百六十九			遲二度七十七
	會元	一千二百五十七	益二千八百六十六	朒七千八百七十三		加九十九	遲二度七十二
十八日	統元進二十三	一千二百六十三	益三百八十六	朒一千九百一十七	二百三十三度八十	加七十五	遲三度六十九
	乾道	一千二百五十七	益一千七百九十六	朒八千二百八十		加八十	遲三度六十九
	淳熙進二十三	一千二百五十八	益三百一十三	朒一千五百九十五			遲三度七十八
	會元	一千二百五十七	益二千三百一十六	朒一萬七百三十九		加八十	遲三度七十一
十九日	統元進二十四	一千二百八十五	益二百六十七	朒二千三百三	二百四十六度二十三	加五十二	遲四度四十四
	乾道	一千二百七十八	益一千三百二十三	朒一萬七十六		加五十九	遲四度四十九
	淳熙進二十六	一千二百八十一	益二百三十六	朒一千九百二十八			遲四度五十七
	會元	一千二百七十八	益一千七百八	朒一萬三千五十五		加五十九	遲四度五十一
二十日	統元進二十四	一千二百九	益一百四十一	朒二千五百七十	二百四十九度	加二十七	遲四度九十六
	乾道	一千二百三	益七百六十三	朒一萬一千三百九十九		加三十四	遲五度八
	淳熙進二十六	一千二百七	益一百二十七	朒二千一百六十四			遲五度一十三
	會元	一千二百三	益九百八十四	朒一萬四千七百六十二		加三十四	遲五度一十
二十一日	統元進二十四	一千二百三十三	初益四十末損二十	朒二千七百一十一	二百七十二度十六	初加八末減四	遲五度一十三
	乾道	一千二百三十一	初益一百五十末損二十二	朒一萬一千一百六十二		初加七末減一	遲五度一十
	淳熙進二十六	一千二百三十三	初益二十九末損二十三	朒二千二百九十二			遲五度四十二
	會元	一千二百三十三	初益二百三末損五十八	朒一萬五千二百四十七		初加七末減二	遲五度四十四
二十二日	統元進二十四	一千二百五十七	損一百四	朒二千七百四十九	二百八十五度	減二十	遲五度二十七
	乾道	一千二百六十二	損五百一十九	朒一萬一千二百九十七		減二十四	遲五度四十八
	淳熙進二十五	一千二百五十九	損九十三	朒二千三百八			遲五度四十七
	會元	一千二百六十二	損七百二十四	朒一萬五千八百八十二		減二十五	遲五度四十九
二十三日	統元進二十三	一千二百八十二	損二百一十八	朒二千六百二十七	二百九十八度六	減四十四	遲五度七
	乾道	一千二百八十七	損一千二百二十二	朒一萬一千七百		減五十	遲五度二十五
	淳熙進二十一	一千二百八十四	損二百八十八	朒二千二百一十五			遲五度二十五

	會元一千三百八十八	損一千四百七十六	朒一萬五千一百六十八		減五十一	遲五度二十四
二十四日	統元進二十二 一千四百四	損三百四十八	朒二千三百九十九	三百度八十七	減六十七	遲四度六十三
	乾道一千四百一十二	損一千六百八十三	朒一萬六百三十六		減七十五	遲四度七十四
	淳熙進二十三 一千四百八	損三百	朒二千二十七			遲四度七十八
	會元一千四百十一	損二千一百一十三	朒一萬三千六百九十二		減七十二	遲四度七十三
二十五日	統元進二十一 一千四百二十六	損四百六十三	朒二千五百二十一	三百十六度九十一	減八十九	遲九十六
	乾道一千四百二十七	損一千七十九	朒八千五百九十三		減九十	遲九十九
	淳熙進二十八 一千四百三十	損三百九十七	朒一千七百一十七			遲七
	會元一千四百三十	損二千六百九十二	朒一萬二千五百七十九		減九十三	遲空
二十六日	統元進二十四 一千四百一十七	損五百六十七	朒一千五百八十八	三百二十度十七	減一百九	遲七
	乾道一千四百四十六	損二千四百四十六	朒六千九百三十四		減一百九	遲九
	淳熙進二十四 一千四百四十九	損四百七十二	朒一千三百二十			遲三十六
	會元一千四百四十九	損三千七百八十五	朒八千八百八十七		減一百十	遲七
二十七日	統元進二十一 一千四百六十一	損六百四十四	朒一千二十二	三百四十五度九十八	減一百二十四	遲一度九十八
	乾道一千四百六十二	損二千八百五	朒四千四百八十八		減一百三十五	遲一度空
	淳熙進九 一千四百六十三	損五百三十九	朒八百四十八			遲二度一
	會元一千四百六十一	損三千五百八十九	朒五千七百二		減一百十二	遲一度九十一
二十八日	統元退四 一千四百七十二	損三百七十七	朒三百七十七	三百六十度二十五	減七十四	遲空七十四
	乾道一千四百七十	初損一千六百八十三	朒一千六百八十三		初減七十五	遲空七十五
	淳熙退四 一千四百七十三	初損三百一十六	朒三百一十六			遲空七十五
	會元一千四百六十九	初損二千一百一十三	朒二千一百一十三		初減七十三	遲空七十三

乾道又有七日初數二萬六千六百五十九初約八十九末數三千三百四十一末約一千一十四日初數二萬二千三百一十九初約七十八末數六千六百八十一末約二十二二十一日初數一萬九千九百九十八初約六十七末數一萬二十二末約三十三二十八日初數一萬六千六百三十七初約五十五末數空末約空淳熙七日初數五十一末數六百二十初約八十九末約一千二十四日初數四千三百八十三末數一千二百五十七初約七十八末約二十二二十一日初數三千七百五十五末數一千八百八十五初約六十七末約三十三二十八日初數三千一百二十七初約五十五會元七日初數三萬四千三百九十八初約八十九末數四千三百一十末約一千一十四日初數三萬八千初約七十八末數八千六百二十末約二十一二十一日初數二萬五千七百七十二初約六十七末數一萬二千九百二十九末數三十三二十八日初數二萬一千四初約五十五末數一百六十一

求朔弦望入轉朏朒定數朔弦望定日朔弦望加時日所在度推月行九道求九道宿度月行九道平交入氣平定入轉朏朒定數正交入氣正交加時黃道日度正交加時月離九道宿度定朔弦望月所在宿度定朔夜半入轉次朔夜半入轉月晨昏度朔弦望晨昏定程轉定度晨昏月天正十一月經朔加時平行月天正十一月定朔日晨前夜半平行月朔次夜半平行月定弦望夜半平行月天正定朔夜半入轉弦望及後朔定日夜半入轉定朔弦望夜半月度（法同前曆此不載）

步晷漏

二至限一百八十二六十二分（乾道分同秒一十八淳熙會元同）

象限九十一三十一分（三曆同秒九）

消息法一萬二千二百一十

辰法五百七十七半計八刻二百三十一分

（淳熙餘一百八十八會元餘一百二十九）

昏明刻三百四十六半（乾道餘一百五十淳熙餘二百八十二）

昏明餘數一百七十三少（乾道昏明分七百五十淳熙昏明分一百四十一會元九百六十七半）

冬至岳臺晷一丈二尺八寸三分

夏至岳臺晷景一尺五寸六分

冬至後初限夏至後末限六十二日（空分）

夏至後初限冬至後末限一百二十日六十二分

求每日消息定數黃道去極度及赤道內外度晨昏日出入分及半晝分每日距中度夜半夜漏晝夜刻及日出入辰刻更籌辰刻昏明度五更攢點中星九服距差日九服晷景九服所在晝夜漏刻（法與前曆同此不載）

步交會

交終分一十八萬八千五百八十秒六千四百五十七（乾道八十一萬六千三百六十六秒六千三十四淳熙交實一十五萬三千四百七十六秒九千五百四十六會元交率一百五萬三千一百一十二秒二千一百四十）

交終日二十七餘一千四百七十秒六千四百五十七（乾道餘六千三百六十六秒六千三十四淳熙餘一千一百九十六秒九千五百四十二會元餘八千二百一十三秒二千一百四十）

交中日一十三餘四千二百秒三千二百二十八半（乾道餘一萬八千一百八十三秒三十七淳熙餘三千四百一十八秒四千七百七十一半會元餘二萬三千四百五十六秒六千七十）

朔差二日餘二千二百六秒二千五百四十三（乾道餘九千五百五十一秒一千五百六十六淳熙餘一千七百九十五秒六千五十七會元餘一萬二千三百二十秒七千八百六十）

後限一日餘一千一百十三秒一千七百七十一半（乾道餘四千七百七十五秒五千七百八十三）

前限十二日餘三千九百七十七秒一千四百五十（乾道餘一萬三千四百九秒七千二百三十四）

望策十四日餘五千三百三秒五十（乾道餘二萬二千九百五十六秒八千八百淳熙餘四千三百二十六秒二千八百會元餘二萬九千六百三十七）

交率四十二（乾道八十淳熙六十一會元五百七）

交數五百三十五（乾道一千一十九淳熙七百七十七）

交終度三百六十三度七十六分（乾道分七十九秒四十淳熙同會元分同秒四十四）

交象度九十度九十四分（乾道分同秒八十五淳熙同會元分同秒八十六）

半交象度一百八十一度八十八分（乾道度四十五分四十七秒四十二半淳熙同會元秒四十二）

陽曆食限二千七百四十五（乾道一萬四千四百淳熙二千六百三十會元一萬八千）

陽曆定法二百七十四半（乾道一千四百四十淳熙二百六十三）

陰曆食限四千五百八十五乾道一萬八千淳熙三千二百四十會元二萬五千五百

陰曆定法四百五十八半乾道三百二十四

乾道又有月食限二萬九千一百淳熙五千四百六十會元三萬六千乾道月食定法一千八百淳熙三百五十六乾道月食既限一萬一千一百淳熙月食既限一千九百

推天正十一月加時入交汎日求次朔及望入交汎日定朔望夜半交汎次朔夜半入交汎日朔望加時入交常日朔望加時入交定日月行陰陽曆朔望加時入陰陽曆積度朔望加時月去黃道度食甚定餘日月食甚入氣日月食甚中積氣差刻差日入食限日入食分日食汎用分月入食限月入食分月食汎用分日月食定用分日月食虧初復滿小餘月食既內外分日月食所起月食更點定法月食入更點日月帶食出入所見分數日月食甚宿次法同前曆此不載

步五星

五星會策一十五度二十一分秒九十

木星終率二百七十六萬四千二百三十八秒三十二乾道一千一百九十六萬六千五百八十一秒五十五淳熙周實二百二十四萬九千七百一十五秒六十五會元周率一千五百四十三萬六千八百三十四秒九十八

終日三百九十八約分八十八秒七十九乾道分八十八秒六十淳熙約分八十八秒五十七會元分八十八秒四十六

歲差六十七秒九十八乾道周差一百萬八千八百六十四秒五十淳熙一十八萬九千七百四十一秒六十五

伏見度一十三

乾道曆率一千九十五萬七千二百四十九秒九淳熙二百五萬九千九百八十一秒一十會元一千四百一十三萬五千四百五十六秒九乾道曆中度一百八十三分六十三秒二十四淳熙同會元秒八六乾道曆策度一十五分二十秒八十五淳熙同會元秒九十

段目	常日	常度	限度	初行率
晨伏	十六日	三度	二度	
	闕	闕	闕	統元分二十二
	闕	闕	闕	乾道分二十二秒七十四
	闕	闕	闕	淳熙分同統元
	闕	闕	闕	會元分同乾道秒八十五
晨疾				
	統元三十七日	七度	五度	分二十二
	乾道三十一日	六度	度同統元	分同統元
	淳熙二十九日	度同乾道	四度	分同統元
	會元同乾道	度同乾道	度同統元	分二十
晨次疾				
	統元三十七日	六度六十六	五度空	二十
	乾道二十九日	五度五十	四度二十四	二十六十四
	淳熙十九日	五度五十九	四度二十四	二十七十
	會元三十日	五度八十二	四度四十四	二十二
晨遲				
	統元三十七日	三度	二度六十	一十五
	乾道二十七日	四度	三度八	一十七八十四
	淳熙二十八日	四度	三度二十	一十七九十
	會元二十八日	四度	三度八	一十八
晨留				
	統元二十五日	空	空	空
	乾道二十四日	空	空	空
	淳熙二十一日			
	會元二十一日			
晨退				
	統元四十六日五十六	五度一十六	空三十一五十七半	
	乾道四十六日六十九三十	四度八十四八十八	空三十五四十四	空
	淳熙四十六日六十九二十八半	四度八十一	空四十一十半	空
	會元四十六日九十六二十三	四度九十二九十七半	空三十二十一	空
夕退				
	統元四十六日一十五	五度一十六	空三十一	一十六
	乾道四十六日六十九三十	四度八十四八十八	空三十五四十四	一十五五十九
	淳熙四十六日六十九二十八半	四度八十一八十九半	空四十一半	一十五四十八
	會元四十六日六十九二十三	四度九十二九十五半	空三十二十七	一十六
夕留				
	統元二十五日	空	空	
	乾道二十四日	空	空	空
	淳熙二十一日			
	會元二十一日			
夕遲				
	統元三十七日	三度四十六	二度六十	
	乾道二十五日	一度一十六	一度二十六	
	淳熙二十八日	四度八十八	一度四十二	
	會元二十五日	一度		
夕次疾				
	統元三十七日	六度八十六	五度	空二十五
	乾道三十一日	六度六十二	五度三	二十六十四
	淳熙			
	會元			
夕疾				
	統元三十七日	七度九十八	五度九十九	二十
	乾道二十七日	五度五十八	四度二十四	一十七八十四
	淳熙二十九日	五度五十九	四度二十四	二十七九十七
	會元三十日	五度八十五	四度四十四	一十八
夕伏				
	統元十六日八十八	三度八十八	二度九十一	一十二
	乾道一十六日	三度七十五	二度八十五	二十一四
	淳熙一十七日七十五	三度七十五	二度八十五	二十一
	會元一十六日七十五	三度七十五	二度八十五	二十二

歲星盈縮曆

策數	損益率	盈積度	損益率	縮積度
初	統元益一百四十五	盈空	益一百七十八	縮空
	乾道益一百五十九	盈空	益二百二	縮空
	淳熙益一百五十一	盈空	益一百七十二	縮空
	會元益一百五十	初	益七十五	初
一	統元益一百三十五	盈一度四十五	益一百六十二	縮一度七十八
	乾道益一百四十二	盈一度五十九	益一百八十一	縮二度二
	淳熙益一百三十五	盈一度	益一百五十六	縮一度七十一
	會元益一百三十七	盈一度五十	益一百五十八	縮一度七十五
二	統元益一百一十四	盈二度八十	益一百四十	縮三度一十九
	乾道益一百二十	盈三度一	益一百五十三	縮三度八十一
	淳熙益一百一十四	盈二度八十六	益一百三十五	縮三度二十六
	會元益一百一十六	盈二度八十七	益一百二十五	縮三度三十三
三	統元益八十七	盈三度九十四	益一百一十一	縮四度七十九
	乾道益九十三	盈四度二十一	益一百一十八	縮五度三十六
	淳熙益八十	盈四度空	益一百二	縮四度六十三
	會元益九十一	盈四度三	益一百五	縮一度六十八
四	統元益五十一	盈四度八十	益七十三	縮五度九十
	乾道益六十	盈五度一十四	益七十六	縮六度五十四
	淳熙益五十七	盈四度八十八	益六十九	縮五度六十五
	會元益三十九	盈四度九十四	益九十六	縮五度七十三
五	統元益十九	盈五度二十三	益二十五	縮六度六十三
	乾道益二十一	盈五度七十四	益二十八	縮七度三十
	淳熙益二十	盈五度四十五	益二十四	縮六度三十四
	會元益二十二	盈五度五十三	益二十五	縮六度四十二
六	統元損三十六	盈五度五十一	損十	縮六度八十八
	乾道損二十一	盈五度九十五	損二十八	縮七度五十八
	淳熙損二十	盈五度六十五	損一十四	縮六度五十八
	會元損二十五	盈五度二十五	損二十五	縮六度六十七
七	統元損五十八	盈五度六十	損五十五	縮六度七十
	乾道損七十	盈五度十四	損七十六	縮七度二十
	淳熙損五十七	盈五度四十五	損六十九	縮六度三十四
	會元損五十九	盈五度五十二	損六十九	縮六度
八	統元損八十六	盈四度五十七	損一百一十七	縮六度二十三
	乾道損九十三	盈五度一十四	損一百八	縮六度五十四
	淳熙損八十八	盈四度八十八	損一百二	縮五度
	會元損九十一	盈四度九十四	損一百五	縮五度七十三
九	統元損一百八	盈二度九十三	損一百四十七	縮五度一十二
	乾道損一百二十	盈四度一十二	損一百五十三	縮五度二十六
	淳熙損一百一十四	盈四度空	損一百三十五	縮四度六十三
	會元損一百一十六	盈四度三	損一百三十五	縮四度六十八
十	統元損一百三十	盈二度六十三	損一百七十四	縮三度六十五
	乾道損一百四十一	盈三度一	損一百八十一	縮三度八十三
	淳熙損一百三十五	盈二度八十六	損一百五十六	縮三度二十八
	會元損一百三十七	盈二度八十七	損一百五十八	縮三度三十八
十一	統元損一百三十二	盈一度三十五	損一百九十一	縮一度九十一
	乾道損一百五十九	盈一度五十九	損二百二	縮二度二
	淳熙損一百五十一	盈一度五十一	損一百七十一	縮一度七十一
	會元損一百五十	盈一度五十	損一百七十五	縮一度七十五

火星終率五百四十萬四千八百四十六秒三十九乾道二千三百三十九萬一千九百八秒一十八，淳熙周實四百三十九萬八千八百一秒六千五，會元周率三千一十八萬三千二百六十八秒八十七

終日七百七十九約分九十二秒一乾道七百七十七分九十三秒二，淳熙七百七十九約分九十二秒九十五，會元七百七十九分九十一秒九十四

歲差六千七秒九乾道周差一百四十八萬二千七百八十八，淳熙二十七萬八千八百三十秒七十五

伏見度十九二曆同會元二十乾道曆率一千九十五萬七千四百二秒二十一，淳熙二百五萬九千九百八十九秒九十，會元一千四百一十二萬五千四百五十五秒四十七；乾道曆中度一百八十二分六十二秒三十三，淳熙秒三十二，會元秒八十六；乾道曆策度一十五分二十一秒八十六，淳熙同，會元秒九十

段目		常日	常度	限度	初行率
晨伏	統元	六十七日	四十八度	四十五度五十一	七十二
	乾道	六十七日	四十八度	四十五度二十六	七十一九十二
	淳熙	六十七日二十五	十八度二十五	四十五度五十九	七十二
	會元	六十九日七十五	四十九度七十五	四十六度七十六	七十二
晨疾初	統元	六十五日	四十六度三	四十三度六十三	七十一
	乾道	五十九日	四十一度八十八	三十九度四十	七十一三十七
	淳熙	六十六日	四十三度三十一	四十度九十一	七十二
	會元	五十八	四十度八十九	三十八度四十三	七十一
晨疾末	統元	四十八日	三十三度二十四	三十一度五十一	七十
	乾道	五十七日	三十九度四十三	三十七度二十五	七十二十七
	淳熙	六十一日	四十二度九	三十九度七十七	七十一
	會元	五十五日	三十八度二十二	三十五度九十二	七十
晨次疾初	統元	四十八日	三十一度九十	三十度二十四	六十八

	乾道	五十八日	三十四度九十一	二十二度九十二	六十六七
	淳熙	四十八日	三十一度六十八	二十九度九十三	六十八
	會元	五十一日	三十四度一十七	三十三度一十一	六十九
晨次疾末	統元	四十八日	二十九度二十	二十七度六十八	六十四
	乾道	四十七日	二十七度二十六	二十六度二十七	六十三六十七
	淳熙	四十八日	二十八度五十七	二十六度九十八	六十四
	會元	四十六日	二十九度八十二	二十六度一十六	六十五
晨遲初	統元	四十一日	一十九度九十二	十八度八十八	五十七
	乾道	三十九日	一十七度九十七	一十六度九十五	五十四八十七
	淳熙	三十三日	一十五度五十四	一十四度四十九	五十三
	會元	四十日	一十八度八十	一十七度六十七	五十六
晨遲末	統元	三十二日	七度二十一	六度八十三	四十一
	乾道	二十九日	五度七十	五度二十七	三十七二十七
	淳熙	三十三日	六度二十七	五度九十二	二十八
	會元	三十三日	六度九	五度七十二	三十八
晨留	統元	一十二日	空	空	空
	乾道	一十日	空	空	空
	淳熙	一十日			
	會元	七日			
晨退	統元	二十八日九十六	八度十六十七	三度六十八半	
	乾道	二十八日九十六五十一	八度三十六十七	四度一六十五	空
	淳熙	二十八日七十一四十七半	八度一十五九十半	三度七十五三十九半	空
	會元	二十日二十一四十七	八度四十七十一半	四度五十六六十三	
夕退	統元	二十八日九十六	八度十六十七	三度六十八半	四十

	乾道	二十八日九十六五十一	八度三十六十七	四度一六十五	四十二
	淳熙	一十八日七十一四十七半	八度一十五七十半	三度七十五三十九半	四十二六
	會元	三十日二十一四十	八度四十七七十半	四度五十六六十一	四十一
夕留	統元	十二日	空	空	空
	乾道	一十日	空	空	空
	淳熙				
	會元				
夕遲初	統元	三十二日	七度二十一	六度八十三	空
	乾道	二十九日	五度七十	五度三十七	空
	淳熙	三十三日	六度二十七	五度九十二	空
	會元	三十三日	六度九十	五度七十三	空
夕遲末	統元	四十一日	一十九度九十三	十八度八十八	四十一
	乾道	三十九日	一十七度九十七	十六度九十五	三十七十七
	淳熙	三十三日	一十五度三十四	一十四度四十九	三十八
	會元	四十一日	一十八度八十四	一十七度六十七	三十八
夕次疾初	統元	四十八日	二十九度二十	二十七度八十七	五十七
	乾道	四十七日	二十七度八十六	一十六度二十七	五十五八十七
	淳熙	四十八日	二十八度五十六	二十六度九十八	五十五
	會元	四十六日	二十七度八十三	二十六度一十六	五十五
夕次疾末	統元	四十八日	三十一度九十	三十度二十四	六十四
	乾道	五十五日	三十四度三十	三十一度九十一	六十三六十七
	淳熙	四十八日	三十一度六十八	二十九度九十三	六十四
	會元	五十一日	三十四度一十七	三十二度一十一	六十五
夕疾	統元	四十日	二十三度二十四	三十一度五十一	六十八

	乾道	五十七日	三十九度四十三	三十七度一十五	六十八七
	淳熙	六十一日	四十二度九	三十九度七十七	六十八
	會元	五十五日	三十八度二十七	三十五度九十二	六十九
夕疾末	統元	六十五日	四十六度三	四十三度六十三	七十
	乾道	五十九日	四十一度七十八	三十九度四十七	七十一一十七
	淳熙	六十一日	四十三度三十一	四十度九十一	七十一
	會元	五十八日	四十度八十九	三十九度四十三	七十
夕伏	統元	六十七日	四十八度	四十五度二十六	七十一
	乾道	六十七日	四十八度	四十五度五十一	七十一三十七
	淳熙	六十七日二十五	四十八度二十五	四十五度五十九	七十二
	會元	六十九日七十五	四十九度七十五	四十六度七十六	七十

火星盈縮曆

策數	損益率	盈積度	損益率
初	統元益一千二百二十	盈空	益四百二十	縮空
	乾道益一千二百四十五	盈空	益四百八十	縮空
	淳熙益一千一百五十	初	益四百八十	初
	會元益一千二百三十七	初	益五百四	初
一	統元益八百七十二	十二度三十	益四百二十一	四度十
	乾道益七百八十五	十一度四十五	益四百五十八	四度八十
	淳熙益七百八十	一十一度五十	益四百五十八	四度八十
	會元益七百八十六	一十一度三十七	益四百七十	五度四
二	統元益四百一十五	二十度二	益四百五十三	八度三十一
	乾道益四百五十二	一十九度三十	益四百二十五	九度三十八
	淳熙益四百五十二	一十九度二十	益四百二十五	九度三十八
	會元益四百五十六	一十九度二十二	益四百二十八	九度二十四

三
統元益一百四十五　二十四度十七　益四百六十五　十二度八十四
乾道益一百四十四　二十三度八十二　益三百七十九　十三度六十八
淳熙益一百四十四　三十三度八十二　益三百七十九　十三度六十三
會元益一百四十七　二十三度七十九　益三百七十四　十四度二

四
統元損二十四　二十五度六十二　益四百　十七度四十九
乾道損五十六　二十五度二十六　益五百二十　十七度四十二
淳熙損五十六　二十五度二十六　益三百二十　十七度四十二
會元損五十三　二十五度二十六　益三百一十一　十七度七十六

五
統元損一百五十六　二十五度三十六　益三百四　二十一度四十九
乾道一百六十　二十四度七十　益三百四十八　二十度六十一
淳熙損一百六十　二十四度七十　益三百四十八　二十度六十二
會元損一百五十　二十四度七十三　益三百二十六　二十度八十七

六
統元損二百九十五　二十三度九十二　益一百五十二　二十四度五十三
乾道二百四十　二十二度一十　益一百六十　二十三度一十
淳熙損二百四十八　二十三度一十　益一百六十　二十五度一十
會元損二百三十六　二十三度二十五　益一百五十　二十三度二十三

七
統元損三百八十　二十度九十七　益二十六　二十六度五
乾道三百二十　二十度六十二　益五十六　二十四度七十
淳熙三百二十　二十度六十二　益五十六　二十四度七十
會元損三百十二　二十度八十七　益五十三　二十四度七十三

八
統元損四百五十六　二十七度一十二　損一百五十三　二十六度三十一
乾道三百七十九　二十七度四十二　損一百四十四　二十五度二十六
淳熙損三百七十九　二十七度四十二　損一百四十四　二十五度二十六
會元損三百七十四　二十七度七十六　損一百四十七　二十五度二十六

九
統元損四百四十四　二十五度五十四　損四百三十六　二十四度七十九
乾道四百二十五　二十三度六十三　損四百五十二　二十三度八十二
淳熙損四百二十五　二十三度六十三　損四百五十二　二十三度八十二
會元損四百三十八　一十四度一　損四百五十六　二十三度七十九

十
統元損四百二十八　八度十　損八百八十六　二十度四十三
乾道四百五十八　九度三十八　損七百八十五　一十九度三十
淳熙損四百四十八　九度三十八　損七百八十　一十九度三十
會元損四百九十　九度七十四　損七百八十六　一十九度二十三

十一
統元損三百九十二　三度九十二　損一千一百五十七　十度五十七
乾道損四百八十　四度八十　損一千一百四十五　一十一度四十五
淳熙損四百八十　四度八十　損一千一百五十　一十一度五十
會元損五百四　五度四　損一千一百三十七　一十一度五十七

土星終率二百六十二萬九十四秒三十三乾道一千一百三十四萬一千七百四十六秒一十五淳熙周實二百一十三萬二千四百二十八秒六會元周率二千四百六十三萬二千一百四十七秒七十一

終日三百七十八約分七秒九十九乾道分九秒一十五淳熙約分九秒一十八會元分同淳熙秒一十六

歲差六十七秒三十四

伏見度十七乾道曆率一千六十八萬七千三百五十一秒七十四淳熙一千四百一十三萬五千四百五十五秒一十七會元二百六萬五千六百二十二秒七十四乾道曆中度一百八十三分一十二秒二十五淳熙同會元分六十二秒八十六乾道曆策度一十五分二十六秒二淳熙同會元分二十一秒九十

段目		常日	常度	限度	初行率
晨伏	統元	十九日四十八	二度四十八	一度五十四	一十三
	乾道	一十九日五十	二度五十	一度五十五	一十三一十八
	淳熙	一十九日七十五	二度七十五	一度六十七	一十四四十五
	會元	二十一日七十五	二度七十五	一度七十	一十三
晨疾	統元	二十八日	三度二十八	二度四	一十二四十六
	乾道	三十日	三度五十三	二度一十八	一十三四十三
	淳熙	二十九日	三度六十	二度一十九	一十三
	會元	三十日	三度五十五	二度二十	一十二
晨次疾	統元	二十八日	二度二十七	一度二十五	十一
	乾道	二十八日	二度六十八	一度六十六	一十一二
	淳熙	二十八日	二度六十三	一度六十	一十一四十二
	會元	二十八日	二度六十六	一度六十四	一十一
晨遲	統元	二十八日	一度五十	空九十三	八一十四
	乾道	二十八日	一度二十三	空	八一十四
	淳熙	二十七日	空九十五	空	七四十二
	會元	二十五日	一度三	空	八
晨留	統元	三十五日	空	空	空
	乾道	三十五日	空	空	空
	淳熙	三十五日			
	會元	三十五日			
晨退	統元	五十日五十六	三度三十二二十八	空二十五一十七半	空
	乾道	五十日五十四五十七半	三度五十六十半	空二十六七十一半	空
	淳熙	五十日二十九五十九	三度五十五十九	空三十九四十一	空
	會元	五十日二十九五十九	三度五十七六十半		
夕退	統元	五十日五十六	三度五十一一十八	空二十五一十七半	
	乾道	五十日五十四五十七半	三度五十六十半	空二十六五十一半	
	淳熙	五十日二十九五十九	三度五十五十九	空三十九四十二	

	會元五十日二十五五十八	三度五十七六十半	空二十四七十二	
夕留	統元三十五日	空	空	
	乾道三十五日	空	空	
	淳熙五十五日			
	會元三十三日			
夕遲	統元二十八日	一度五十二	空九十三	空
	乾道二十六日	一度二十五	空七十六	空
	淳熙二十七日	空九十五	空五十七	空
	會元二十五日	一度三	空六十三	空
夕次疾	統元二十八日	二度六十七	一度六十五	八
	乾道二十八日	二度六十八	一度六十六	八一十四
	淳熙二十八日	二度六十三	二度六十	七四十二
	會元二十八日	六度六十六	一度六十四	八
夕疾	統元二十八日	三度二十八	二度四	一十一
	乾道三十日	三度五十一	二度二十八	一十一二
	淳熙二十九日	三度六十	二度二十九	一十一四十二
	會元三十一日	三度五十六	二度二十	一十一
夕伏	統元一十九日四十八	二度四十八	一度五十四	十二
	乾道一十九日五十	二度五十	一度五十五	一十二四十一
	淳熙一十九日七十五	二度七十五	一度六十七	一十三四十一
	會元二十一日七十五	二度七十五	一度七十	一十二

土星盈縮曆

策數	損益率	盈積度	損益率	縮積度
初	統元益一百八十九	盈空	益一百三十二	空
	乾道益一百九十五	盈空	益一百九十五	空
	淳熙益一百九十五	初	益一百六十三	初
	會元益一百九十四	初	益一百三十七	初
一	統元益一百七十三	一度八十九	益一百一十五	一度三十二
	乾道益一百七十七	一度九十五	益一百七十七	一度九十五
	淳熙益一百七十一	一度九十五	益一百四十九	一度六十三
	會元益一百八十六	一度九十四	益一百三十一	一度
二	統元益一百四十六	三度六十三	益一百九十	二度五十七
	乾道益一百五十三	三度七十二	益一百五十三	三度七十二
	淳熙益一百五十三	三度七十二	益一百二十八	三度一十二
	會元益一百六十七	三度八十	益一百一十八	二度六十八
三	統元益一百三十三	五度八	益九十八	三度七十六
	乾道益一百一十九	五度二十五	益一百一十九	五度二十五
	淳熙益一百一十九	五度二十五	益一百	四度四十
	會元益一百三十六	五度四十七	益九十六	三度八十六
四	統元益六十七	六度二十一	益六十六	四度七十四
	乾道益七十八	六度四十四	益七十八	六度四十四
	淳熙益七十八	六度四十四	益六十五	五度四十
	會元益九十六	六度八十六	益九十二	六度八十三
五	統元益二十一	六度八十八	益二十六	五度四十
	乾道益二十八	七度二十二	益二十八	七度二十二
	淳熙益二十八	七度二十二	益二十三	六度五
	會元益三十五	七度七十五	益二十五	五度四十七
六	統元損三十	七度九	損二十六	五度六十六
	乾道損三十八	七度五十	損二十八	七度五十
	淳熙損二十八	七度五十	損二十三	六度二十八
	會元損三十四	八度九	損二十五	五度七十二
七	統元損七十二	六度七十九	損六十六	五度四十
	乾道損七十八	七度二十二	損七十八	七度二十二
	淳熙損七十八	七度二十二	損六十五	六度五
	會元損九十一	七度七十五	損六十五	五度四十一
八	統元損一百二十一	六度四	損九十八	四度七十四
	乾道損一百一十九	六度四十四	損一百一十九	六度四十四
	淳熙損一百一十九	六度四十四	損一百	五度四十
	會元損一百一十六	六度八十二	損九十六	四度八十二
九	統元損一百四十五	四度九十三	損一百一十九	三度七十六
	乾道損一百五十三	五度二十五	損一百五十三	五度二十五
	淳熙損一百五十三	五度二十五	損一百二十八	四度四十
	會元損一百六十七	五度四十七	損一百一十八	二度八十六
十	統元損一百六十八	三度四十八	損一百二十五	二度五十七
	乾道損一百七十七	三度七十二	損一百七十七	三度七十二
	淳熙損一百七十七	三度七十二	損一百四十九	三度一十二
	會元損一百八十六	三度八十	損一百三十一	一度六十八
十一	統元損一百八十	一度八十	損一百三十二	一度三十三
	乾道損一百九十五	一度九十五	損一百九十五	一度九十五
	淳熙損一百九十五	一度九十五	損一百六十三	一度六十三
	會元損一百九十四	一度九十四	損一百三十七	一度二十七

金星終率四百四萬六千四百九十六秒三十三。乾道一千七百五十一萬六千八百七十二，淳熙周實三百二十九萬三千一百七十秒五十，會元周率二千二百五十

九萬七千三十九秒三十七

終日五百八十三約分九十一乾道分八十九秒五十七淳熙分同乾道秒五十四會元分九十秒二十八

段目		常日	常度	限度	初行率
夕伏	統元	三十九日	四十九度五十	四十七度	五十二一百二十七
	乾道	三十九日五十	五十度	四十八度五十	一百一十六九十一
	淳熙	三十九日五十	五十度空	四十八度空	一百一十七
	會元	三十九日二十五	四十九度二十五	四十七度二十八	一百一十六
夕疾初	統元	五十八日	七十三度一十五	七十度二十二	一百二十二
	乾道	五十日	六十二度七十四	六十度八十六	一度二十六二十一
	淳熙	五十一日	六十四度空	六十二度四十四	一百二十六
	會元	五十二日	六十四度七十四	六十二度二十五	一百二十五
夕疾末	統元	四十日	四十九度八十一	四十七度八十二	一百二十五
	乾道	四十八日	五十九度二十四	五十七度三十七	一度二十四七十五
	淳熙	五十一日	六十二度九十八	六十度四十六	一百二十五
	會元	四十八日	五十九度二十八	五十六度九十	一百二十四
夕次疾末	統元	四十日	四十八度二十六	四十六度三十三	一百二十三
	乾道	四十四日	五十一度二十一	五十度五十五	一度二十一六十六
	淳熙	四十一日	四十八度五十八	四十六度六十三	一百二十二
	會元	四十三日	五十一度八十一	四十九度七十三	一百二十三
夕次疾初	統元	四十日	四十四度二十	四十二度四十三	一百十七
	乾道	三十八日	四十一度一十九	三十九度九十五	一度一十五一十九
	淳熙	四十一日	四十四度二十八	四十二度五十	一百十五
	會元	三十七日	四十度八十八	三十九度二十四	一百十八
夕遲初	統元	二十一日	二十七度六十四	二十六度五十二	一百
	乾道	三十日	二十八度		
	淳熙	二十五日	二十度	一十九度二十	一百一
	會元	三十日	二十五度八十	二十四度七十六	一百三
夕遲末	統元	二十日	八度二十八	七度九十二	七十一
	乾道	二十日	八度六十一	八度二十五	空七十一
	淳熙	三十三日	十度三十三	九度九十一	七十三
	會元	二十二日	八度九十九	八度六十三	六十九
夕留	統元	十日	空	空	空
	乾道	十日	空	空	空
	淳熙	七日			
	會元	五日			
夕退	統元	九日九十五	四度三十四五十	一度五十六五十	空
	乾道	九日四十四七十八半	三度五十三二十一半	空四十二七十八半	空
	淳熙	九日四十四七十七	三度七十三二十三	一度八十七十五	空
	會元	一十日	四度五十	一度七十五	空
伏合退	統元	六日	四度五十	一度六十二	一六十六
	乾道	六日	四度五十	空五十四	空六十九空
	淳熙	六日	四度五十	三度空	六十九
	會元	五日七十一十四	四度二十九八十六	三度一十四	六十九
晨退	統元	九日九十五五十	四度二十四五十	一度五十六五十	六十二
	乾道	九日四十四七十八	三度五十二二十一半	空四十一七十八半	空六十九
	淳熙	九日四十四七十八	三度七十三二十三	一度八十七十七	六十
	會元	一十日	四度五十	一度七十五	六十九
晨留	統元	七日	空	空	空
	乾道	七日	空	空	空
	淳熙	七日			
	會元	七日			
晨遲初	統元	二十日	八度三十六	七度九十三	空
	乾道	二十日	八度六十一	八度三十五	空
	淳熙	三十三日	一十度三十三	九度九十一	空
	會元	二十二日	八度九十九	八度六十三	空
晨遲末	統元	三十一日	二十七度六十二	二十六度五十二	七十一
	乾道	三十日	二十六度一十九	一十五度四十	空七十三二
	淳熙	二十五日	二十度	一十九度二十	七十三
	會元	三十日	二十五度八十	一十四度七十六	六十九
晨次疾初	統元	四十日	四十四度二十	四十二度四十三	一百
	乾道	三十八日	四十一度一十九	三十九度九十五	一度五十八
	淳熙	四十一日	四十四度二十八	四十二度五十	一百一
	會元	三十七日	四十度八十八	三十九度一十四	一百二
晨次疾末	統元	五十八日	七十三度十五	七十度二十三	一百二十五
	乾道	五十日	六十二度七十四	六十度八十六	一度二十四七十五
	淳熙	五十一日	六十四度空	六十二度四十四	一百二十五
	會元	五十二日	六十四度七十四	六十二度一十五	一百二十四
晨疾初	統元	四十日	四十九度八十一	四十七度八十二	一百二十二
	乾道	四十八日	五十九度二十四	五十七度三十七	一度二十一六十六
	淳熙	五十一日	六十二度九十八	六十度四十六	一百二十二
	會元	四十八日	五十九度五十八	五十六度九十	一百二十三
晨疾末					

	統元五十八日	七十三度十五	七十度二十二	一百二十五
	乾道五十日	六十二度七十四	六十度八十六	一度二十四七十五
	淳熙五十一日	六十四度空	六十一度四十四	一百二十五
	會元五十二日	六十四度七十四	六十二度二十五	一百二十四
晨伏	統元三十九日	四十九度五十	四十七度二十二	一百二十六
	乾道三十九日	五十度	四十八度五十	一度二十六二十一
	淳熙三十九日	五十度空	四十八度空	一百二十六
	會元三十九日	四十九度二十五	四十七度二十八	一百二十五

金星盈縮曆

策數	損益率	盈積度	損益率	縮積度
初	統元益五十	空	益五十	
	乾道益五十三	空	益五十三	空
	淳熙益五十二	初	益五十三	初
	會元益五十三	初	益五十九	初
一	統元益四十五	空五十	益四十五	空五十
	乾道益四十八	空五十三	益四十八	空五十三
	淳熙益十七	空五十三	益四十一	空五十三
	會元益四十八	空五十三	益三十六	空二十九
二	統元益三十九	空九十五	益三十九	空九十五
	乾道益四十一	一度一	益四十一	一度一
	淳熙益四十一	一度空	益四十一	一度空
	會元益四十一	一度一	益三十一	一度七十五
三	統元益二十九	一度三十四	益二十九	一度三十四
	乾道益三十二	一度四十二	益三十二	一度四十二
	淳熙益三十一	一度四十一	益三十一	一度四十一
	會元益三十二	一度四十二	益二十四	一度六
四	統元益二十一	一度六十三	益二十一	一度六十三
	乾道益二十一	一度七十四	益二十一	一度七十四
	淳熙益	一度七十二	益二十一	一度七十二
	會元益二十一	一度七十四	益十六	一度三十
五	統元益六	一度八十四	益六	一度八十四
	乾道益八	一度九十五	益八	一度九十五
	淳熙益七	一度九十五	益七	一度九十一
	會元益八	一度九十五	益五	一度四十六
六	統元損六	一度九十	損六	一度九十
	乾道損八	二度三	損八	二度三
	淳熙損七	一度空	損七	二度空
	會元損八	一度三	損五	一度五十一
七	統元損七十二	一度八十四	損二十一	一度八十四
	乾道損二十一	一度九十五	損二十一	一度九十五
	淳熙損二十一	一度九十三	損二十一	一度九十五
	會元損二十一	一度九十五	損二十六	一度四十六
八	統元損三十九	一度六十三	損二十九	一度六十三
	乾道損三十二	一度七十四	損三十二	一度七十四
	淳熙損三十一	一度七十二	損三十一	一度七十二
	會元損三十二	一度七十四	損二十四	一度三十
九	統元損三十九	一度三十四	損三十九	一度二十四
	乾道損四十一	一度四十二	損四十一	一度四十一
	淳熙損四十一	一度四十一	損四十一	二度四十一
	會元損四十一	一度四十三	損三十一	一度六
十	統元損四十五	空九十五	損四十五	空九十五
	乾道損四十八	一度一	損四十八	一度一
	淳熙損四十七	一度空	損四十七	一度空
	會元損四十八	一度一	損三十六	空七十五
十一	統元損五十	空五十	損五十	空五十
	乾道損五十三	空五十三	損五十三	空
	淳熙損五十三	空五十三	損五十三	空五十三
	會元損五十三	空五十三	損五十九	空三十九

水星終率八十萬三千四十八秒八十三乾道三百四十七萬六千二百八十四秒五十淳熙周實六十五萬三千三百四十五秒五十一會元周率四百四十八萬四千四百四秒四十三

終日一百一十五約分八十八乾道分八十七秒六十一曆分同乾道淳熙秒六十八會元秒六十

歲差六十七秒六十九

晨伏夕見一十四度半乾道同淳熙度一十五會元度一十六

夕伏晨見一十九度乾道淳熙同會元度二十一

乾道曆率一千九十五萬八千秒九十六淳熙二百六萬一百一秒一十一會元周率一千四百一十三萬五千四百五十六秒七十五乾道曆中度一百八十二分六十三秒三十三淳熙秒三千會元分六十二秒八十六乾道曆策度一十五秒九十四淳熙分二十一秒同乾道會元分同淳熙秒九十

段目		常日	常度	限度	初行率
夕伏	統元	一十六日	三十度五十	二十五度九十二	一度九十八
	乾道	一十六日	三十度五十	二十五度六十二	一度二十
	淳熙	一十三日	三十度空	三十三度一十	一百五三十
	會元	一十七日二十五	五十三度二十五	二十七度九十三	二百
夕疾	統元	十四日	一十二度六十八	一十九度二十八	一度八十二

	乾道	一十五日	二十三度三十九	一十二度六十五	一度九十九六
	淳熙	一十五日	二十二度八十三	一十九度一十八	一百八十四一十
	會元	一十四日	二十二度八十二	一十九度一十六	一百八十六
夕遲	統元	一十四日	一十二度八十二	一十度八十九	一度四十一
	乾道	一十四日	一十二度一十二	一十度一十七	一度三十二七十八
	淳熙	一十五日	一十三度一十七	一十六度六	一百二十
	會元	一十二日	一十度一十八	八度五十五	一百四十
夕留	統元	一日	空	空	
	乾道	二日	空	空	空
	淳熙	二日	空	空	空
	會元	二日	空	空	空
夕退	統元	十日九十四	八度六	一度八十五	空
	乾道	一十日九十三八十二半	八度六一十九半	二度四十九八十半	空
	淳熙	一十日九十三八十四	八度六一十六	二度四十九八十四	空
	會元	一十二日六十八八十	八度六二十	二度二十九八十	空
再合退	統元	一十日九十四	八度	一度八十五	空
	乾道	一十日九十八十半	八度六一十九半	二度四十九八十半	一度
	淳熙	一十日九十三八十四	八度八一十六	二度四十九八十四	一百二十五十五
	會元	一十二日六十八八十	八度三十一二十	二度二十九八十	九十八
晨留	統元	三日	空	空	
	乾道	二日	空	空	空
	淳熙	二日			
	會元	二日			
晨遲	統元	十四日	一十二度八十九	十度八十九	空
	乾道	一十四日	一十二度一十一	一十度一十七	空
	淳熙	一十五日	一十三度一十七	一十二度六	空
	會元	一十二日	一十度一十八	八度五十五	空
晨疾	統元	一十四日	二十二度六十八	一十九度二十八	一度四十一
	乾道	一十五日	二十三度三十九	一十九度六十五	一度三十一一十八
	淳熙	一十五日	二十三度八十三	一十九度二十八	一百二十五十
	會元	一十四日	二十二度八十二	一十九度一十六	一百四十
晨伏	統元	一十六日	二十度五十	二十五度九十二	一度八十三
	乾道	一十六日	三十度五十	二十五度六十二	一度七十八六
	淳熙	一十五日	三十度空	二十五度二十	一百八十四一十
	會元	一十七日二十五	三十三度二十五	二十七度九十三	一百八十六

水星盈縮曆

策數	損益率	盈積度	損益率	縮積度
初	統元益五十四	空	益五十四	空
	乾道益五十七	空	益五十七	空
	淳熙益五十八	初	益五十八	初
	會元益五十七	初	益五十七	初
一	統元益五十	空五十四	益五十	空五十四
	乾道益五十二	空五十七	益五十二	空五十七
	淳熙益五十四	空五十八	益五十四	空五十八
	會元益五十二	空五十七	益五十二	空五十七
二	統元益四十三	一度四	益四十三	一度四
	乾道益四十五	一度九	益四十五	一度九
	淳熙益四十六	一度一十二	益四十六	一度一十二
	會元益四十五	一度九	益四十五	一度九
三	統元益三十三	一度四十七	益三十三	一度四十七
	乾道益三十四	一度五十四	益三十四	一度五十四
	淳熙益三十五	一度五十八	益三十五	一度五十八
	會元益三十四	一度五十四	益三十四	一度五十四
四	統元益二十一	一度八十	益二十一	一度八十
	乾道益二十三	一度八十八	益二十三	一度八十八
	淳熙益二十三	一度九十三	益二十三	一度九十三
	會元益二十三	一度八十八	益二十三	一度八十八
五	統元益八	一度一	益八	二度一
	乾道益八	二度一十一	益八	二度一十一
	淳熙益八	二度一十六	益八	二度一十六
	會元益八	二度一十一	益八	二度一十一
六	統元損八	二度九	損八	二度九
	乾道損八	二度一十九	損八	二度一十九
	淳熙損八	二度二十四	損八	二度二十四
	會元損八	二度一十九	損八	二度一十九
七	統元損二十一	二度一	損二十一	二度一
	乾道損二十三	二度一十一	損二十三	二度一十一
	淳熙損二十三	二度一十六	損二十三	一度一十六
	會元損二十三	二度一十一	損二十三	二度一十九
八	統元損三十三	一度八十	損三十三	一度八十
	乾道損三十四	一度八十八	損三十四	一度八十八
	淳熙損三十五	一度九十三	損三十五	一度九十三
	會元損三十四	一度八十八	損三十四	一度八十八

九	統元損四十三	一度四十七	損四十三	一度四十七
	乾道損四十五	一度五十四	損四十五	一度五十四
	淳熙損四十六	一度五十八	損四十六	一度五十八
	會元損四十五	一度五十四	損四十五	一度五十四
十	統元損五十	一度四	損五十	一度四
	乾道損五十二	一度九	損五十二	一度九
	淳熙損五十四	一度一十二	損五十四	一度一十二
	會元損五十一	一度九	損五十二	一度九
十一	統元損五十四	空五十四	損五十四	空五十四
	乾道損五十七	空五十七	損五十七	空五十七
	淳熙損五十八	空五十八	損五十八	空五十八
	會元損五十七	空五十七	損五十七	空五十七

宋史卷八十三考證

律歷志十六會九上元甲子距紹熙云云○會九係會元之訛

周天分二百五十三萬云云○臣召南按周天下但注乾道而不及淳熙會元二法之分秒蓋闕文也後文秒法下細注云會元半周天度同分六十二秒八十六舊本於會元下空五字推按文義又實無闕文也

宋史卷八十四

元中書右丞相總裁脫脫等修

律曆志第三十七

律曆十七（紹熙統天開禧成天曆附）

演紀上元甲子歲距紹熙五年甲寅歲積三千八百三十，至慶元巳未歲積三千八百三十五。（開禧上元甲子至開禧三年丁卯歲積七百八十四萬八千一百八十三，成天上元甲子距咸淳七年辛未歲積七千一百七十五萬八千一百四十七。）

步氣朔

策法：萬二千。（開禧日法一萬六千九百，成天七千四百二十。）

歲分：四百三十八萬二千九百一十。餘六萬二千九百一十。（開禧歲率六百一十七萬二千六百八，成天二百七十一萬二百一。）

氣策：十五，餘二千六百二十一少二十一分秒八十四。（開禧餘三千六百九十二，成天餘一千六百二十秒七。）

朔實：三十五萬四千三百六十八。（開禧朔率四十九萬九千六十七，成天二十一萬九千一百一十七。）

朔策：二十九，餘六千三百六十八五十三分秒六。（開禧餘八千九百八十七，成天餘三千九百三十七。）

望策：一十四，餘九千一百八十四。（開禧餘一萬一千九百三十三半，成天餘五千六百七十一秒四。）

弦策：七，餘四千五百九十二。（開禧餘六千四百六十六太，成天餘二千八百三十九秒。）

氣差：二十三萬七千八百一十一。

閏差：二萬一千七百四。（開禧歲閏一十八萬三千八百四，又月閏一萬五千三百一十七，閏限三十一萬五千二百六十三；成天歲閏八萬六百九十七，月閏六千七百二十四秒六，閏限一十三萬八千四百二十。）

斗分差：一百二十七。

沒限：九千三百七十八太。（開禧一萬三千二百八，成天五千七百九十九秒一。）

滅限：五千六百三十三。

紀實：七十二萬。（開禧總率一百一萬四千，成天四十四萬五千二百。）

紀策：六十。（二曆同。開禧又有中盈分七千三百八十四，成天三千二百四十秒；開禧朔虛分三千四百八十三。）

求天正冬至：置上元距所求年積算，以歲分乘之，減去氣差，餘爲氣汎積；以積算與距算相減，餘爲距差，以斗分差乘之，萬約爲躔差（小分半已上從秒一），復以距差乘之（秒半以上從分一，後皆準此），以減氣汎積，餘爲氣定積（如其平無躔差及以距差乘躔差不滿秒半已上者，以汎爲定），滿紀實去之，不滿，如策法而一爲大餘，不盡爲小餘，其大餘命甲子，算外，卽得日辰。因求次氣，以氣策累加之，小餘滿策法從大餘，大餘滿紀策去之，命日辰如前。（如求已徑以躔差加減歲餘，距差乘之，紀實去之，餘以加減氣積差二千萬七千四百八十九，如策法而一，餘同上法。其加減躔差，乘積算少如距算者加之，多如距算者減之，其加減氣積差卽反用之。）

求天正經朔：置天正冬至氣定積，以閏差減之，滿朔實去之，不滿爲天正閏汎餘；用減氣定積，餘爲天正十一月朔汎積；以百五乘距差，退位減之，爲朔定積（積算少如距算者加之，無距差可乘者以汎爲定，求轉交準此），滿紀實去之，不滿，如策法而一爲大餘，不盡爲小餘，其大餘命甲子，算外，卽得日辰。因求弦望及次朔，以弦策累加之，求朔望以望策累加之，去命如前。（開禧若在閏限已上者，爲其年有閏月，用減朔率，以月閏而一，所得命天正十一月，算外，卽得經閏月。因求次年，以閏歲加之，命如前，卽得所求。朔積分若滿四十七萬三千二百去之，不滿，如日法而一，所得命起箕宿，算外，卽得天正十一月經朔直日之星。成天朔積若滿二十萬七千七百六十去之，不滿，如日法而一，所得命箕宿，算外，卽得天正十一月經朔直日之星。）

步發斂

候策：五，餘八百七十三太。（開禧餘一千二百三十秒一十，成天餘五百四十秒三十五。）

卦策：六，餘一千四十八半。（開禧餘一千四百七十六秒一十一，成天餘六百四十八秒四十二。）

土王策：三，餘五百二十四少。（開禧餘七百三十八秒六，成天餘三百二十四秒二十一。）

月閏：一萬八百七十四。

辰法：一千。（開禧四千二百二十五，成天一千八百五十五。）

半辰法五百開禧二千一百一十二半成天九百二十七半

刻法一百二十開禧五百七成天一千一百七十三

刻分法二十開禧八十四半成天一百八十五半

求五行用事二十四氣七十二候六十四卦中氣去經朔發斂加時與前曆同此不載

步日躔

周天分四百三十八萬三千九十開禧周天率六百一十七萬二千八百五十九秒一成天二百七十一萬二百一十秒六十一

周天差三十三萬八千九百二十

周天度三百六十五餘一千九百一十秒六十一約分二十五秒七十五開禧餘四千三百五十九秒一約分二十五秒七十九成天餘一千九百一十秒六十一約分二十五秒七十五

半周天度百八十二約分六十二秒八十七

象限九十一約分三十一秒六開禧秒八成天秒七

乘法三百八十開禧二百六成天三百二十五

除法五千七百八十三開禧三千一百三十五成天四千九百四十六開禧又有歲差二百五十一秒一成天一百九秒一成天又有半象限四十五約分三十一秒七

常氣	中積日及餘	盈縮分	升降分	損益率	朏朒積
統天		盈七千	升空	益六百二十八	朒初
開禧		盈初	升七千四百四十五	益九百四十一	同
冬至空					
成天		盈初	升七千二百一十五	益四百	同
統天	二千六百二十一	盈五千八百四十	升七千	益五百二十四	朒六百八
開禧	二千六百九十二 二十一八十四	盈七千四百四十五	升五千九百五十	益七百五十二	朒九百四十一
小寒一十五					
成天	一千六百二十秒七	盈七千一百一十五	升五千八百八十五	益三百二十七	朒四百
統天	三千四百四十二 四十三六十九	盈四千六百三十	升一萬二千八百四十	益四百十六	朒一千一百五十
開禧	七千二百八十四	盈一萬三千三百九十六	升四千五百二十四	益五百七十二	朒一千六百
大寒三十					
成天	二千二百四十一秒六	盈一萬三千一百	升四千五百六十八	益二百五十四	朒七百二十七
統天	七千八百六十三太 六十五五十三	盈三千三百七十	升一萬七千四百七十	益三百二	朒一千三百六十八
開禧	一萬一千七十六	盈一萬七千九百二十	升三千一百六十四	益四百	朒二千三百六十五
立春四十五					
成天	四千八百六十二秒五	盈一萬七千六百六十八	升三千一百六十四	益一百八十一	朒九百八十一
統天	一萬四百八十五 八十七三十八	盈二千六十	升一萬八百四十	益一百八十五	朒一千八百七十
開禧	一萬四千七百六十八	盈二萬一千八十四	升一千八百七十一	益二百三十六	朒二千六百六十五
雨水六十					
成天	六千四百八十三秒四	盈二萬九百三十二	升一千九百七十三	益一百九	朒一千一百六十二
統天	一千一百六少 九一十二	盈七百	升二萬二千九百	益六十三	朒二千五十五
開禧	一千五百六十九	盈一萬二千九百十五	升六百四十	益八十二	朒二千九百一
驚蟄七十六					
成天	六百八十四秒三	盈二萬二千九百五	升六百九十五	益三十九	朒一千二百七十一
統天	三千七百二十七半	縮七百	升二萬三千六百	損六十三	朒二千一百一十八
開禧	一千五百六十九	盈二萬二千六百	降六百四十五	損八十二	朒二千九百八十三
春分九十一					
成天	二千三百五	盈與開禧同	降六百九十五	損二十九	朒一千三百二十
統天	六千三百四十八太 五十二九十二	縮二千六十	升二萬二千九百	損一百八十五	朒二千五百二
開禧	六千九百九十四	盈二萬二千九百五十五	降一千八百七十一	損二百三十六	朒二千九百一
清明一百六					
成天	三千九百二十一秒一	盈二萬二千九百五	降一千九百七十三	損一百九	朒一千二百七十一
統天	八千九百七十 七十四七十五	縮三千三百七十	升二萬八百四十一	損三百二	朒一千八百七十
開禧	一萬三千六百三十六	盈二萬一千八十四	降三千三百六十四	損四百	朒二千六百六十五
穀雨一百二十一					
成天	五千三百四十七秒空	盈二萬九百三十一	降三千二百六十四	損一百八十一	朒一千一百六十二
統天	一萬一千五百九十一少	縮四千六百三十	升一萬七千四百七十	損四百十六	朒一千五百六十八
開禧	一萬六千一百一十八 九十六六十一	盈一萬七千九百一十	降四千五百二十四	損五百七十一	朒二千二百六十五
立夏一百三十六					
成天	七千一百六十七秒七	盈一萬七千六百六十八	降四千五百六十八	損二百五十四	朒九百八十一
統天	二千二百一十二半 一十八四十四	縮五千八百四十	升一萬二千八百四十	損五百二十四	朒一千一百五十二
開禧	二千一百二十	盈一萬三千三百九十六	降五千九百五十一	損七百五十二	朒一千六百九十二
小滿一百五十三					
成天	一千三百六十八秒六	盈一萬三千一百	降五千八百八十五	損三百二十七	朒七百二十七
統天	四千八百三十三太 四十二十八	縮五千八百四十	降七千	損六百二十八	朒六百二十八
開禧	六千八百一十三	盈七千四百四十五	降五千九百二十一	損九百四十一	朒九百四十一
芒種一百六十七					
成天	二千九百八十九秒十五	盈七千三百一十五	降七千二百一十五	益四百	朒四百
統天	七千四百五十五 六十二十三	縮七千	降空	益六百二十八	朏空
開禧	一萬五百四	盈初	降七千四百四十五	益九百四十一	朏初
夏至					
成天	四千六百一十秒四	縮初	降七千二百一十五	益四百	朏初
統天	一萬七十六少 八十三九十七	縮五千八百四十	降千	益五百二十四	朏六百二十八
開禧	一萬一千一百九十一 八十四	縮七千四百四十五	降五千九百五十一	益七百五十二	朏九百四十一
小暑一百九十七					
成天	六千二百三十一秒二	縮七千二百一十五	降五千八百八十五	益三百二十七	朏四百
統天	六百九十七半 五八十一	縮四千六百三十	降一萬二千八百四十	益四百七十六	朏一千一百五十二
開禧	九百八十八 五八十一	縮一萬五千三百九十六	降四千五百二十四	益五百七十一	朏一千六百九十三
大暑二百一十二					
成天	四百三十一	縮一萬三千一百	降四千五百六十八	益二百五十四	朏九百二十七
統天	一千三百一十八太 二十七六十六	縮五千三百二十	降一萬七千四百七十	益三百二	朏一千五百六十八
開禧	四千六百八十 二十七六十九	縮一萬二千九百二十	降二千一百六十四	益四百	朏二千二百六十五
立秋二百二十六					
成天	二千五十二秒一 二十七六十七	縮一萬七千六百六十八	降三千二百六十四	益一百八十一	朏九百八十一
統天	五千九百四十 四十九五十	縮七十六十	降二萬八百四十	益二百八十五	朏一千八百七十
開禧	八千三百七十二 四十九五十四	縮一萬一千八十四	降一千八百七十一	益二百三十六	朏二千六百六十五
處暑二百四十一					
成天	三千六百七十四秒空 四十九五十二	縮二萬九百三十二	降一千九百七十三	益一百九	朏一千一百六十三
統天	八千五百六十一少 七十一三十四	縮七百	降二萬二千九百	益六十三	朏二千五十五
開禧	一萬二千六十四 七十一二十八	縮一萬二千九百五十五	降六百四十五	益八十二	朏二千九百一
白露二百五十八					
成天	五千二百九十四秒 七十一三十五	縮一萬二千九百五	降六百九十五	益三十九	朏一千一百七十一

氣	曆	日	盈縮	升降	損益	朏朒
	統天	一萬一千一百八十二半 九十三十九	盈七百	降二萬三千六百	益六十二	朏二千一百一十八
	開禧	一萬五千七百五十六 九十三三十五	縮二萬三千六百	升六百四十五	損八十二	朏二千九百八十三
秋分二百七十三	成天	六千九百一十五秒六 九十三二十	縮二萬五千六百	升六百九十五	損三十九	朏一千三百六十
	統天	一千八百三十八 十五三	盈二千六十	降二萬二千九百	益一百八十五	朏二千五十五
	開禧	一千五百四十八 十五八	縮二萬二千九百五十五	升一千八百七十一	損二百二十六	朏二千九百五
寒露二百八十九	成天	一千一百一十六秒五 十五四	縮二萬二千九百五	升一千九百七十三	損一百九	朏一千二百七十一
	統天	四千四百二十五 二十六九十八	盈三千三百七十	降二萬八百四十	損三百二	朏一千八百七
	開禧	六千三百四十 三十六九十二	縮二萬一千八十六	升三千一百六十四	損四百	朏二千六百六十五
霜降三百四	成天	二千七百三十七秒四 三十六八十九	縮二萬九百二十六	升三千二百六十四	損一百八十一	朏一千一百六十二
	統天	七千四十六少 五十八七十三	盈四千六百三十	降一萬七千四百六十	損四百一十六	朏一千五百八十八
	開禧	九千九百三十二 五十八七十七	縮一萬七千九百二十	升四千五百二十四	損五百七十二	朏二千二百六十五
立冬三百十九	成天	四千三百五十八秒三 五十八三十二	縮一萬一千六百六十八	升四千五百六十八	損二百五十四	朏九百八十一
	統天	九千六百六十七半 八十五十六	盈五千八百四十	降一萬二千八百四十	損五百二十四	朏一千一百五十二
	開禧	一萬二千六百二十四 八十六十三	縮一萬三千三百九十六	升五千九百五十一	損七百五十二	朏一千六百九十三
小雪三百三十四	成天	五千九百七十九秒一 八十三十八	縮一萬三千一百	升三千八百八十五	損三百二十七	朏七百二十七
	統天	二百八十八太 二四十一	盈五千八百四十	降七十	損六百二十八	朏六百二十八
	開禧	四百一十六 二四十六	縮七千四百四十五	升五千九百五十一	損九百四十一	朏九百四十一
大雪三百五十	成天	一百八十秒一 二四十二	縮七千一百一十五	升七千三百一十五	損四百	朏四百

求每日盈縮分升降數經朔弦望加時入氣入氣朏朒數赤道宿度天正冬至加時赤道日度夏至春秋分加時赤道日度分至後赤道宿積度赤道宿積入初末限二十八宿黃道度天正冬至加時黃道日度二十四氣加時黃道日度二十四氣初日夜半黃道日度二十四氣夜半黃道日度午中黃道日度午中赤道日度與前曆同

赤道過宮

危十二度	九十六分	秒一十六	入衞分陬訾之次在亥用甲丙庚壬
奎二度	十四分	秒九十八	入魯分降婁之次在戌用艮巽坤乾
胃四度	八分	秒八十	入趙分大梁之次在酉用癸乙丁辛
畢八度	二十七分	秒六十二	入晉分實沈之次在申用甲丙庚壬
井十度	四十六分	秒四十四	入秦分鶉首之次在未用艮巽坤乾
柳五度	一十五分	秒二十六	入周分鶉火之次在午用癸乙丁辛
軫九度	五十二分	秒九十	入鄭分壽星之次在辰用艮巽坤乾
氐一度	七十一分	秒七十二	入宋分大火之次在卯用癸乙丁辛
尾四度	十五分	秒五十四	入燕分析木之次在寅用甲丙庚壬
斗四度	八十四分	秒三十六	入吳分星紀之次在丑用艮巽坤乾
女三度	三分	秒十八	入齊分玄枵之次在子用癸乙丁辛

右赤道過宮宿度依今曆上元命日所起虛宿七度爲子正玄枵之中以曆策累加之滿赤道宿次去之即得十二辰次初中宿度及分秒

求黃道過宮各置赤道所入辰次宿度及分秒以其宿其年黃道全度乘之如其宿赤道全度而一即各得所求此法見於大衍曆以本曆所起赤道日躔宿度爲子正玄枵之中紀元曆起虛宿七度與今曆同所以變從黃道皆在危宿十三度半上下入亥末陬訾之次舊曆有起虛四度亦在危十三半上下蓋遷就也今載黃道起宿過宮於經俾將來推變者有所本焉

黃道過宮

危十三度	四十七分	秒十七	入衞分陬訾之次在亥用甲丙庚壬
奎一度	三十七分	秒二十五	入魯分降婁之次在戌用艮巽坤乾
胃四度	十九分	秒十五	入趙分大梁之次在酉用癸乙丁辛
畢七度	八十二分	秒四	入晉分實沈之次在申用甲丙庚壬
井九度	四十一分	秒八十九	入秦分鶉首之次在未用艮巽坤乾
柳五度	分空	秒二十七	入周分鶉火之次在午用癸乙丁辛
張十五度	六十二分	秒四十四	入楚分鶉尾之次在巳用甲丙庚壬
軫九度	六十五分	秒空	入鄭分壽星之次在辰用艮巽坤乾
氐一度	七十四分	秒五十一	入宋分大火之次在卯用癸乙丁辛
尾三度	八十六分	秒六十四	入燕分析木之次在寅用甲丙庚壬
斗四度	三十五分	秒九十二	入吳分星紀之次在丑用艮巽坤乾
女二度	九十五分	秒七	入齊分玄枵之次在子用癸乙丁辛

步月離

轉實三十二萬六百五十五開禧轉率四十六萬五千六百七十三秒五千三百九十六成天轉周分二十萬四千四百五十五秒二千六百四十一

轉策二十七萬六千六百五十五開禧餘九千三百七十二秒五千三百九十六成天餘四千一百一十五秒一千六百四十一

轉差十八萬八千八百

朔差日一餘一萬一千七百一十三開禧餘一萬六千四百九十四秒四千六百四成天餘七千二百四十一秒八千三百五十九

上弦度九十一約分三十一秒四十四開禧秒四十五成天秒四十五

望度一百八十二約分六十二秒八十七開禧秒九十成秒八十七

下弦度二百七十二約分九十四秒三十二開禧秒三十四成天秒三十一

平行度一十三約分三十六秒八十七

七日初數萬六百六十四約分八十九末數二千三百三十六約分一十一

十四日初數九千三百二十八約分七十八末數二千六百七十二約分二十三

三十一日初數七千九百九十二約分六十七末數四千八約分三十三

二十八日初數六千六百五十五約分五十五末數空

入轉日	進退差	轉定分	加減差	遲疾度	損益率	朏朒積
	統天退十二	一千四百七十	加一百三十三	疾度空	益一千一百九十四	朏空
	開禧退十	一千四百六十六	加一百二十九	疾初	益一千六百三十一	朏初
一日	成天退十二	一千四百六十三	加一百二十八	疾初	益七百一十	朏初
	統天退十六	一千四百五十八	加一百二十一	疾一度三十三	益一千八十六	朏一千一百九十四
	開禧退十六	一千四百五十六	加一百十九	疾一度二十九	益一千五百四	朏一千六百三十一

二日	成天	退十五	一千四百五十三	加一百十六	疾一度二十八	益六百四十四	朓七百一十
	統天	退十九	一千四百四十二	加一百五	疾二度五十四	益九百四十二	朓二千二百八十
	開禧	退十九	一千四百四十	加一百三	疾二度八十四	益一千三百二	朓三千一百三十五
三日	成天	退十八	一千四百三十八	加一百	疾二度四十四	益五百六十一	朓一千三百三十四
	統天	退二十二	一千四百二十二	加八十六	疾三度五十九	益七百七十二	朓三千三百二十二
	開禧	退二十二	一千四百二十一	加八十四	疾三度五十一	益一千六十二	朓四千四百二十七
四日	成天	退二十一	一千四百三十	加八十三	疾二度四十五	益四百六十一	朓一千九百一十五
	統天	退三十五	一千四百	加六十四	疾四度四十五	益五百七十四	朓二千五百六十四
	開禧	退二十四	一千三百九十九	加六十二	疾四度三十五	益七百八十四	朓五千四百九十九
五日	成天	退二十四	一千三百九十九	加六十二	疾四度二十八	益三百四十四	朓二千三百七十六
	統天	退二十八	一千三百七十六	加三十九	疾五度九	益三百五十	朓四千五百六十八
	開禧	退二十七	一千三百七十五	加三十八	疾四度九十七	益四百八十	朓六千二百八十三
六日	成天	退二十六	一千四百七十五	加三十八	疾四度九十	益二百一十一	朓二千七百二十
	統天	退二十九	一千三百四十八	初加二十二　末減一	末損九	初益一百八	朓四千九百八
	開禧	退二十八	一千三百四十九	初加十三　末減二	疾五度二十五	初益一百六十四　末損十五	朓六千七百六十三
七日	成天	退二十九	一千三百四十九	初加一　末減二	初疾五度二十八　末疾四十一	初益七十二　末損五	初朓二千九百五十二　末朓三十三
	統天	退二十七	一千三百一十九	減十八	疾五度五十九	損二百六十二	朓五千一十七
	開禧	退二十八	一千三百二十七	減十六	疾五度四十一	損二百一	朓六千九百一十四
八日	成天	退二十六	一千三百二十	減一十七	疾五度四十	損九十四	朓二千九百九十八
	統天	退二十四	一千二百九十二	減四十五	疾五度四十一	損四十四	朓四千八百四十五
	開禧	退二十四	一千二百九十五	減四十一	疾五度三十一	損五百三十二	朓六千七百一十二
九日	成天	退二十三	一千二百九十四	減四十三	疾五度二十三	損二百三十九	朓二千九百四
	統天	退二十一	一千二百六十八	減六十九	疾四度九十六	損六百十九	朓四千四百五十一
	開禧	退二十二	一千二百七十七	減七十七	疾四度八十九	損八百三十四	朓六千一百八十一
十日	成天	退二十	一千二百七十一	減六十六	疾四度八十	損二百六十六	朓二千六百六十五
	統天	退十八	一千二百四十七	減九十	疾四度二十七	損八百七	朓三千八百三十二
	開禧	退十九	一千二百四十九	減八十八	疾四度二十三	損一千一百十二	朓五千三百四十七
十一日	成天	退十八	一千二百五十一	減一十六	疾四度一十四	損四百七十七	朓二千三百九十九
	統天	退一十五	一千二百一十九	減一百八	疾三度三十七	損九百六十九	朓三千一十四
	開禧	退一十六	一千一百三十	減一百八	疾三度二十五	損一千三百五十三	朓四千六百三十五
十二日	成天	退一十六	一千二百二十二	減一百四	疾三度二十八	損五百七十八	朓一千八百二十二
	統天	退一十二	一千二百一十四	減一百一十三	疾二度二十九	損一千一百四	朓二千五十五
	開禧	退一十二	一千二百一十四	減一百三十三	疾二度二十九	損一千五百五十五	朓二千二百八十二
十三日	成天	退一十四	一千三百一十七	減一百二十	疾二度二十四	損六百六十六	朓一千二百四十四
	統天	進五	一千二百二	初減一百六　末加二十九	疾一度六	初損九百五十七　末益三百六十	朓七百五十一
	開禧	進七	一千二百二	初減一百五　末加三十	疾一度五	初損一千二百三十　末益三百七十九	朓一千三百二十七
十四日	成天	進八	一千二百三	初減一百四　末加二十	初疾度四　末遲初	初損五百二十八　末益一百六十六	初朒五百七十八　末朒初
	統天	進十二	一千二百七	加一百三十	遲空	益一千一百六十七	朒二百六十
	開禧	進十二	一千二百九	加一百二十八	遲初度三十	益一千六百一十八	朒三百七十九
十五日	成天	進一十二	一千二百一十一	加一百二十六	遲初度三十	益六百九十九	朒一百六十六
	統天	進一十六	一千二百一十九	加一百二十八	遲一度五十九	益一千五十九	朒一千四百二十七
	開禧	進一十六	一千二百二十一	加一百一十六	遲一度五十九	益一千四百六十六	朒一千九百九十七
十六日	成天	進一十六	一千二百五十三	加一百八十四	遲一度五十六	益六百三十三	朒八百六十五
	統天	進二十	一千二百三十五	加一百二	遲二度七十七	益九百一十五	朒二千四百八十六
	開禧	進二十	一千二百三十七	加一百	遲二度七十四	益一千二百六十四	朒三千四百六十三
十七日	成天	進二十	一千二百三十九	加九十八	遲二度七十	益五百四十四	朒一千四百九十八
	統天	進二十二	一千二百五十五	加八十二	遲三百七十九	益七百三十六	朒三千四百一
	開禧	進二十三	一千二百五十七	加八十	遲五度七十四	益一千一十七	朒四千七百二十七
十八日	成天	進二十二	一千二百五十九	加七十八	遲三度六十八	益四百三十三	朒一千四十二
	統天	進二十六	一千二百七十八	加五十九	遲四度	益五百三十	朒四千一百三十七
	開禧	進二十六	一千二百八十	加五十七	遲四度五十四	益七百二十一	朒五千七百三十八
十九日	成天	進二十四	一千二百八十一	加三十六	遲四度四十六	益三百一十一	朒二千四百七十三
	統天	進二十八	一千三百四	加三十三	遲五度二十	益二百九十六	朒四千六百六十七
	開禧	進二十七	一千三百六	加三十一	遲五度一十一	益三百九十二	朒六千四百五十九
二十日	成天	進二十七	一千三百五	加三十二	遲五度二	益二百七十八	朒二千二百八十六
	統天	進二十九	一千三百三十二	初加七　末減二	遲五度五十三	初益六十三　末損十八	朒四千九百六十三
	開禧	進二十八	一千三百三十三	初加六　末減二	遲五度四十二	初益七十六　末損一十六	朒六千八百五十一
二十一日	成天	進二十九	一千三百三十二	初加七　末減二	初遲五度三十四　末遲五度四十二	初益三十九　末損十一	初朒二千九百六十四　末朒二十四
	統天	進二十七	一千三百六十一	減二十四	遲五度五十八	損二百一十五	朒五千八
	開禧	進二十一	一千三百六十一	減二十四	遲五度四十六	損五百三	朒六千九百二
二十二日	成天	進二十七	一千三百六十一	減二十四	遲五度三十九	損一百三十三	朒二千九百九十一
	統天	進二十四	一千三百八十八	減五十一	遲五三十四	損四百五十八	朒一千七百九十三
	開禧	進二十四	一千三百八十七	減五十	遲五度三十二	損六百三十二	朒六千三百九十九
二十三日	成天	進二十二	一千三百八十八	減五十一	遲五度一十五	損二百八十三	朒一千八百五十九
	統天	進二十一	一千四百一十二	減七十五	遲四度八十三	損六百七十三	朒四千三百二十三
	開禧	進二十	一千四百一十一	減七十四	遲四度七十二	損九百二十八	朒五千九百六十七
二十四日	成天	進一十九	一千四百一十	減七十三	遲四度六十四	損四百五	朒二千五百七十六

日						
	統天進一十七	一千四百三十五	減九十六	遲四度八	損八百六十二	朒三千六百六十二
	開禧進一十六	一千四百三十一	減九十四	遲三度九十八	損一千一百八十八	朒三千三十一
二十五日	成天進一十五	一千四百二十九	減九十二	遲三度九十一	損五百一十一	朒二千一百九十一
	統天進十三	一千四百五十	減一百一十二	遲三三十三	損一千一十四	朒二千八百
	開禧進十五	一千四百四十七	減一百一十	遲三度四分	損一千三百九十一	朒三千八百四十一
二十六日	成天進一十二	一千四百四十四	減一百七	遲三度九十九	損五百九十四	朒一千六百六十
	統天進八	一千四百六十三	減一百一十六	遲一度九十九	損一千一百三十一	朒一千七百八十六
	開禧進八	一千四百五十九	減一百一十二	遲一度九十四	損一千五百四十二	朒一千四百五十
二十七日	成天進一十	一千四百五十七	減一百二十	遲一度九十二	損六百六十六	朒一千六十六
	統天進一	一千四百七十一	初減七十三 末加六十一	遲空七十三	初損六百五十五 末益二百四十八	朒六百五十五
	開禧進一	一千四百六十七	初減七十二	遲初度七十二	初損九百一十	朒九百一十
二十八日	成天進二	一千四百六十七	初減七十一	遲初度七十二	初損四百	朒四百

求天正十一月經朔加時入轉經朔弦望入轉朓朒數朔弦望定日定朔弦望加時黃道日度平交日辰平交加時入轉朓朒定數正交日辰經朔加時中積正交加時黃道月度四象加時黃道月度四象後黃道積度四象後黃道積度入初末限月行九道月行去黃道差月行去赤道差月行九道宿度正交加時月離九道宿度定朔弦望加時黃道月度定朔弦望加時九道月度定朔弦望午中入轉每日午中入轉晨昏月度朔弦望晨昏定程每日轉定數每日晨昏月所求日加時平行月積度所求日加時定月（法同前曆，此不載）

步晷漏

二至限一百八十二分六十二秒（開禧秒一十五，成天秒一十四）

一象度九十一分三十一秒四十四

冬至後初限夏至後末限六十二日分六（開禧分五，成天分八）

夏至後初限冬至後末限一百二十日分五十六（開禧分五十三，成天分五十四）

冬至岳臺中晷常數一丈二尺八寸五分

臨安中晷常數一丈八寸二分

夏至岳臺中晷常數一尺五寸七分（二曆六分）

臨安中晷常數九寸一分

太法九千（開禧一萬三千六百七十，成天五千五百六十五）

半法六千（開禧四百五十，成天三千三百一十）

少法三千（開禧四千二百二十五）

昏明分三百（開禧四百二十二半，成天一百八十五半）

昏明刻二餘六十（開禧餘二百五十二半，成天餘五百五十六半）

辰刻八餘四十（開禧餘一百六十九，成天餘三百七十一）

半辰刻四餘二十（開禧餘八十四半，成天餘一百八十五半）

求午中入氣及中積午中定積入二至後初末限岳臺午中晷景定數九服午中晷景定數臨安午中晷景定數每日赤道內外度每日午中太陽去極度日出入晨昏半晝分晝夜刻日出入辰刻更點差刻及辰刻每日距中度及每更差度昏曉五更中星九服晝夜刻臨安日出入分臨安距中度（法在前曆，此不載）

步交會

交實三十二萬六千五百四十七（開禧交率四十五萬九千八百八十六秒四千八百一十三，成天交終分二十萬一千九百二十四秒七千五十一）

交策二十七餘三千五百八十六秒四千八百二十五（開禧餘二千五百四十七，成天餘一千五百七十四秒七千五十一）

交中策一十三餘七千二百七十三半（開禧餘一萬二千四百一十）

交差八萬二百九十一

朔差日二餘三千八百二十一（開禧餘五千三百八十秒五千一百七十五，成天二千三百六十二秒二千九百四十九）

交率十九

秒母一萬

交數二百四十二

交終度三百六十二約分七十九秒二十四（開禧秒四十四，成天約分七十九秒四十六）

交中度一百八十一約分八十九秒六十二（開禧秒七十一，成天約分八十九秒七十三）

交象度九十約分九十四秒八十一（開禧秒八十六，成天同開禧）

半交象度四十五約分四十七秒四十半（成天秒四十二）

日食岳臺陽曆限五千六百定法五百六十（開禧七千八百九十定法七百八十九，成天三千四百七十定法三百四十七）

臨安陽曆限五千六百八十定法五百六十八

岳臺陰曆限七千一百定法七百一十（開禧九千七百四十定法九百七十四，成天四千二百八十定法四百二十八）

臨安陰曆限六千七百定法七百一十

月食限一萬一千二百定法七百三十（開禧一萬五千七百八十定法一千五十二，成天六千九百四十定法四百六十三）

既限三千九百（成天四千六百三十）

求天正十一月經朔加時入交定朔望夜半入交每日夜半入交定朔望加時入交定朔望加時月行入交積度定朔望加時月行入交定積度定朔望加時月行入陰陽曆積度定朔望加時月去黃道度日月食甚轉定分日月食甚入轉朓朒數入交數常望定日月食甚汎大小餘日食甚定大小餘月食甚定大小餘日月食甚入氣日月食甚日月積度至差分差立差朔入交定日日月食甚月行入陰陽曆交前後分日食分月食分日食汎用分月食汎用分日月食定用分月食既內外分日月食虧初復滿小餘月食更點法月食入更點日月食帶出入及虧後滿前所見分日月食甚宿次日食所起月食所起日月食甚九服加時差日月九服食分差（法同前曆，此不載）

步五星

歲策三百六十五約分二十四秒二十五

氣策一十五約分二十一秒八十四

朔策二十九約分五十三秒六

曆策一十五約分二十一秒九十一

木星周實四百七十八萬六千六百一十九開禧周率六百七十四萬一千一百七十三秒八十七成天二百九十五萬九千七百三十二秒三十二

周策三百九十八約分八十八秒四十九開禧餘一萬四千九百七十二秒八十七約分八十八秒六十成天餘六千五百七十二約分八十八秒五十七

周差一百三十八萬三千六十五

歲差十九萬六千二百

伏見度一十三開禧曆率六百一十七萬一千八百五十九秒八十九成天二百七十一萬一百一十秒六十九開禧曆中度一百八十三約分六十二秒九十成天秒八十七開禧曆策度一十五約分二十一秒九十一成天同

段目	常日	常度	限度	初行率
統天	三十日	六度四十三分	四度九十分	二十二分二十九
開禧	三十日	六度三十六分	四度八十三分	二十二分秒二十四
晨疾初				
成天	三十二日	六度八十九分	五度二十一分	二十三分秒五十八
統天	二十九日	五度五十七分	四度二十四分	二十分秒五十三
開禧	二十九日	五度三十七分	四度七分	二十分秒二十八
晨疾末				
成天	二十九日	五度三十九分	四度八分	二十分秒八十六
統天	二十八日	四度十四分	三度一十五分	一十七分秒四十四
開禧	二十八日	四度七分	三度一十九分	一十六分秒八十六
晨遲初				
成天	二十八日	三度八十五分	二度九十一	一十六分秒四十四
統天	二十六日	一度五十三分	一度一十六分	一十分秒八十七
開禧	二十六日	一度三分	一度五十四分	一十二分秒二十二
晨遲末				
成天	二十六日	一度四十四分	一度九分	一十一分秒六
統天	一十三日			
開禧	二十三日	空	空	空
晨留				
成天	二十三日			
統天	四十六日四十四分秒三十五半	四度八十四分秒八十八	空三十三分	三十七分
開禧	四十六日五十四分秒三	四度九十秒八十五	空三十三分	四十分空
晨退				
成天	四十六日二十四分秒二十九	空三十四分秒四十一半	一十五分	
統天	四十六日四十四分秒三十五半	四度八十四分	空三十三三七	十五三十一
開禧	四十六日五十四分秒三十	四度九十分	度空三十二分秒八十五半秒四十	一十五分秒四十四
夕退				
成天	四十六日二十四分秒二十九	四度九十四分秒八十四半	度空三十四分秒四十一半	一十五分秒四十八
統天	二十三日			
開禧	二十三日	空	空	空
夕留		空	空	空
成天	二十二日			
統天	一十六日	一度五十三分	一度一十六分	空
開禧	二十六日	二度三分	一度五十分	空
夕遲初				
成天	二十六日	一度四十四分	一度九分	空
統天	二十八日	四度一十四分	三度一十五分	一十分秒八十七
開禧	二十八日	四度七分	三度九分	一十二分秒二十二
夕遲末				
成天	二十八日	三度八十五分	二度九十一分	一十一分秒六
統天	二十九十	五度五十七分	四度二十四分	一十七分秒四十四
開禧	二十九日	五度三十七分	四度七分	一十六分秒八十六
夕疾初				
成天	二十九日	五度三十九分	四度八分	一十六分秒四十四
統天	三十日	六度四十四分	四度九十分	二十分秒五十三
開禧	三十日	六度三十六分	四度八十三分	二十分秒一十八
夕疾末				
成天	三十一日	六度八十九分	五度二十一分	二十分秒八十八
統天	一十七日	四度空	三度五分	二十二分秒二十九
開禧	一十六日	四度九十八分	三度九十六分	二十二分秒二十四
夕伏				
成天	一十七日二十分	四度三分	三度一十八分	二十三分秒五十八

木星盈縮曆

策數	損益率	盈積度	損益率	縮積度
統天	益一百四十八	空	益一百七十五	度
開禧	益一百五十二	初	益一百七十九	初
初				
成天	益一百五十二	初	益一百七十五	初
統天	益一百二十五	一度	益一百三十五	一度七十五分
開禧	益一百三十七	一度五十三分	益一百六十	一度七十九分
一				
成天	益一百三十五	一度五十二分	益一百三十六	一度七十五分
統天	益一百一十六	二度八十二分	益一百二十七	三度二十八分
開禧	益一百一十六	二度九十分	益一百二十五	三度三十九分
二				
成天	益一百一十四	二度八十七分	益一百三十二	三度三十一分
統天	益九十一	三度九十九分	益七十九	四度五十五分
開禧	益九十	四度六分	益一百四	四度七十四分
三				
成天	益八十九	四度一分	益一百三	四度六十三分
統天	益六十一	四度九十分	益六十三	五度五十二分
開禧	益五十九	四度九十六分	益六十七	五度七十八分
四				
成天	益六十一	四度九十分	益六十九	五度六十六分
統天	益二十三	五度五十分	益二十五	五度一十五分

	開禧	益二十二	五度五十五分	益二十四	六度四十五分
五					
	成天	益二十七	五度五十分	益三十	六度三十五分
	統天	損二十三	五度七十三分	損二十五	六度四十分
	開禧	損二十三	五度七十分	損二十四	六度六十九分
六					
	成天	損二十七	五度七十七分	損三十	六度六十五分
	統天	損六十	五度五十分	損六十三	六度一十五分
	開禧	損五十九	五度五十五分	損六十七	六度四十五分
七					
	成天	損六十	五度五十分	損六十九	六度二十五分
	統天	損九十一	四度九十分	損九十七	五度五十二分
	開禧	損九十	四度九十六分	損一百四	五度七十八分
八					
	成天	損八十九	四度九十分	損一百三十	五度六十六分
	統天	損一百一十六	三度九十九分	損二十七	四度五十五分
	開禧	損一百一十六	四度六分	損一百三十五	四度七十四分
九					
	成天	損一百一十四	四度一分	損一百五十二	四度六十三分
	統天	損一百三十五	二度八十三分	損一百五十三	三度二十八分
	開禧	損一百三十六	二度九十分	損一百六十	三度三十九分
十					
	成天	損一百三十五	二度八十七分	損一百五十六	三度三十一分
	統天	損一百四十八	一度四十分	損一百五十七	一度七十五分
	開禧	損一百五十三	一度五十三分	損一百七十九	一度七十九分
十一					
	成天	損一百五十二	二度五十二分	損一百七十五	一度七十五分

火星周實九百三十五萬九千一百五十五開禧周率二千三百一十八萬八百四秒一成天五百七十八萬七千七十二秒八十八

周策七百七十九約分九十二秒九十六開禧餘一萬五千七百四秒一約分七十二秒九十二成天餘六千八百九十二秒八十八約分九十二秒九十

周差二百二十六萬四千二十五

歲差四百四萬六千四百

伏見度十九半開禧曆率六百一十三萬二千九百五十九秒一成天二百七十一萬二百一十秒二十七開禧曆中度一百八十二約分六十二秒九十成天秒八十七開禧曆策度一十五約分二十一秒九十一成天同開禧

段目	常日	常度	限四	初行率
統天	六十八日三十五分	四十八度七十五分	四十六度一分	七十一分秒八十二
開禧	六十七日六十八分	四十八度八十分	四十六度四分	七十二分六十八
合伏				
成天	六十九日三十五分	五十度二十五分	四十七度四十分	七十三分秒二十四
統天	六十三日	四十四度三十七分	四十一度八十八分	七十分秒九十一
開禧	六十二日	四十三度六十一分	四十一度一十五分	七十一分秒二十六
晨疾初				
成天	六十二日	四十三度八十八分	四十一度四十六分	七十一分秒八十
統天	五十八日	三十九度九十八分	三十七度七十四分	六十九分秒八十四
開禧	五十八日	三十九度五十九分	三十七度三十五分	六十九分秒四十二
晨疾末				
成天	五十八日	三十九度六十一分	三十七度四十三分	六十九分秒七十六
統天	五十一日	三十三度五十八分	三十一度七十分	六十七分秒九十七
開禧	五十二日	三十四度一分	三十二度九分	六十七分秒八
晨次疾初				
成天	五十一日	三十三度一分	二十三度一十九分	六十六分秒八十四
統天	四十五日	二十六度一十三分	二十四度七十六分	六十二分秒四十
開禧	四十四日	二十五度六十七分	二十四度二十二分	六十三分秒七十四
晨次疾末				
成天	四十四日	二十五度五十四分	一十四度一十三分	六十二分秒六十二
統天	三十八日	一十七度一十八分	一十六度二十二分	五十二分秒六十四
開禧	四十日	一十八度九分	一十七度	五十二分秒九十六
晨遲初				
成天	三十九日	一十七度四十四分	一十六度四十九分	五十三分秒四十八
統天	二十九日	六度一十五分	五度八十分	三十四分秒四十六
開禧	二十八日	六度三十八分	六度二分	三十七分秒四十八
晨遲末				
成天	二十九日	六度二十四分	五度八十分	三十五分秒九十二
統天	九日			
開禧	九日	空	空	空
晨留				
成天	九日			
統天	二十八日七十一分秒四十八	八度八十九分秒六十四半	三度二十二分	六分半空
開禧	二十九日一十六分秒四十六	八度八十分秒七十二	三度三十九分	五十三分半空
晨退				
成天	二十八日七十一分秒四十五	八度五十二分秒六十八	三度三十六分秒三十一半	空
統天	二十八日七十一八十四	八度八十九分秒六十四半	三度二十二分秒六十半	四十五分秒四十三
開禧	二十九日一十六分秒四十六	八度八十分秒七十二	三度三十分秒五十二半	四十四分秒二十三
夕退				
成天	二十八日七十一分秒四十五	八度五十二分秒六十八半	三度三十六分秒三十一半	四十四分秒七十二
統天	九日			
開禧	九日	空	空	空
夕留				
成天	九日			
統天	二十九日	一十八度一十五分	五度八十分	空
開禧	二十八日	六度三十八分	六度二分	空
夕遲初				
成天	二十九日	六度一十四分	五度八十分	空
統天	三十八日	七度一十八分	一十六度二十二分	三十四分秒四十六
開禧	四十日	八度九分	一十七度七分	三十七分秒四十八
夕遲末				
成天	二十九日	一十七度四十四分	一十六度四十九分	三十五分九十二

段目	曆	常日	常度	限度	初行率
	統天	四十五日	二十六度二十三分	一十四度四十六分	五十一分秒六十四
	開禧	四十四日	二十五度六十七分	二十四度二十二分	五十三分秒九十六
夕次疾初	成天	四十四日	二十五度五十四分	二十四度一十一分	五十三分秒四十一
	統天	五十一日	三十三度五十八分	三十一度七十一分	六十二分秒四十
	開禧	五十二日	三十四度一分	二十三度九分	六十三分秒七十四
夕次疾末	成天	五十一日	三十三度一分	三十一度一十九分	六十二分秒六十二
	統天	五十八日	三十九度九十八分	三十七度七十四分	六十七分秒九十六
	開禧	五十八日	三十九度五十九分	三十七度三十五分	六十七分秒八
夕疾初	成天	五十八日	三十九度六十一分	三十七度四十三分	六十六分秒八十四
	統天	六十三日	四十四度三十七分	四十一度八十八分	六十九分秒八十四
	開禧	六十二日	四十三度六十一分	四十一度一十五分	六十九分秒四十二
夕疾末	成天	六十二日	四十三度八十八分	四十一度四十六分	六十九分秒七十六
	統天	六十八日二十五分	四十八度七十五分	四十六度一分	七分秒九十一
	開禧	六十七日八十分	四十八度八十分	四十六度四分	七十一分秒二十六
夕伏	成天	六十九日二十五分	五度二十五分	四十七度四十八分	七十一分秒八十

火星盈縮曆

策縮	曆	損益率	盈積度	損益率	縮積度
	統天	益一千五百五十二	度空	益四百五十八	度空
	開禧	益一千一百四十二	初	益五百一十五	初
初	成天	益一千一百五十六	初	益五百三十六	初
	統天	益七百九十二	一十二度五十二分	益四百五十二	四度五十八分
	開禧	益七百九十七	一十一度四十二分	益四百九十	五度二十五分
一	成天	益七百九十六	一十七度五十六分	益四百九十	一十一度三十六分
	統天	益四百五十六	一十九度四十四分	益四百三十三	九度一十一分
	開禧	益四百七十五	一十九度三十九分	益四百五十五	一十度一十五分
二	成天	益四百五十八	一十九度五十二分	益四百三十六	一十一度二十六分
	統天	益一百四十四	二十四度空	益三百九十六	一十三度四十四分
	開禧	益一百七十六	二十四度一十四分	益三百八十五	一十四度七十分
三	成天	益一百四十二	二十四度一十分	益三百七十四	一十四度六十二分
	統天	損三十八	二十五度四十四分	益三百四十	一十七度四十分
	開禧	損三十五	二十五度九十分	益三百一十四	一十八度五十五分
四	成天	損三十九	二十五度五十二分	益三百四	一十八度三十六分
	統天	損一百六十三	二十五度六分	益二百六十三	二十度八十分
	開禧	損一百四十	二十五度五十五分	益二百四十五	二十一度七十分
五	成天	損一百三十七	二十五度一十三分	益二百二十六	二十一度四十分
	統天	損二百六十三	二十三度四十三分	益一百六十三	三十三度四十三分
	開禧	損二百四十五	二十四度一十五分	益一百四十	二十四度一十五分
六	成天	損二百一十六	二十三度七十六分	益一百四十	二十三度六十六分
	統天	損三百四十	二十度八十分	益三十八	二十五度六分
	開禧	損三百一十五	二十一度七十分	益三十五	二十五度五十五分
七	成天	損三百六	二十一度五十分	益四十六	二十五度六分
	統天	損三百九十六	一十七度四十分	損四百四十	二十五度四十四分
	開禧	損三百八十五	一十八度五十五分	損一百七十六	二十五度九十分
八	成天	損三百七十七	一十八度四十四分	損一百四十五	二十五度五十三分
	統天	損四百三十三	一十三度四十四分	損四百五十六	二十四度空
	開禧	損四百五十五	一十四度七十分	損四百七十五	二十四度一十四分
九	成天	損四百三十九	一十四度六十七分	損四百五十七	二十四度七分
	統天	損四百五十三	九度一十一分	損七百九十二	一十九度四十四分
	開禧	損四百九十	一十度一十五分	損七百九十七	一十九度三十九分
十	成天	損四百九十二	一十度二十八分	損七百九十四	一十九度五十分
	統天	損四百五十八	四度五十八分	損一千一百五十二	一十一度一十二分
	開禧	損五百二十五	五度二十五分	損一千一百四十二	一十一度一十二分
十一	成天	損五百三十六	五度三十六分	損一千一百五十六	一十一度五十六分

土星周實四百五十三萬七千一百開禧周率六百三十八萬九千七百四十八秒九十一成天二百八十萬五千四百四十秒二十一

周策三百七十八約分九秒十六開禧餘一千五百四十八秒九十一成天餘六百八十秒二十一

周差三百五十五萬一百

歲差一百一十一萬五千四百

伏見度十八開禧曆率六百一十七萬二千八百五十九秒一成天二百七十一萬二百二十一開禧曆中度一百八十三約分六十二秒九十成天一百三十一分同開禧秒八十七開禧曆策度一十五約分二十三秒九十一成天同開禧

段目	曆	常日	常度	限度	初行率
	統天	二十日六十七分	二度六十七分	六十三分	一十三分秒三十三
	開禧	六十一日八十分	四十八度八十分	四十六度四分	七十二分秒六十八
合伏	成天	一十一日二十分	二度七十分	一度六十五分	一十三分秒三十四
	統天	三十日	三度四十九分	二度一十三分	一十二分秒三十七
	開禧	六十二日	四十三度六十一分	四十度一十五分	七十一分秒二十六
晨疾	成天	二十九日	三度二十五分	一度九十八分	二十二分秒二十二
	統天	二十八日	二度六十六分	一度六十三分	一十分秒四十七

段	曆	平度	限度	初行率
	開禧五十二日	三十四度一分	三十二度九分	六十七分秒八
晨次疾				
	成天二十八日	二度五十分	一度五十三分	一十分秒二十八
	統天二十五日	一度二十八分	空七十八分	七分秒三十二
	開禧四十日	一十八度九分	一十七度七分	五十二分秒九十六
晨遲				
	成天二十七日	一度五十四分	度空九十四分	七分秒六十六
	統天三十四日			
	開禧九日	空	空	空
晨留				
	成天三十二日			
	統天	三度八十七分秒二十四	度空二十五分	七十一分空
	開禧	八度八十分秒七十二	三度三十九分	五十三分半空
晨退				
	成天五十一日八十四分秒五十半	三度五十七分秒五十五	度空三十一分秒七十	空
	統天五十一日三十七分秒五十八	三度六十七分秒五十四	度空一十五分秒七十一	一十分秒四十七
	開禧二十九日一十六分秒四十六	八度八十分秒七十二	三度三十九分秒五十三半	四十四分秒二十二
夕退				
	成天五十日八十四分秒五十半	三度五十七分秒五十五	度空七十一分秒七十	九分秒七十八
	統天三十四日			
	開禧九日	空	空	空
夕留				
	成天三十二日			
	統天二十五日	一度二十八分	空七十八分	空
	開禧二十八日	六度三十八分	六度二分	空
夕遲				
	成天二十七日	一度五十四分	度空九十四分	空
	統天二十八日	二度六十六分	一度六十二分	七分秒三十二
	開禧四十四日	二十五度六十七分	二十四度二十二	五十三分秒九十六
夕次疾				
	成天二十八日	二度五十一分	一度五十三分	七分秒六十六
	統天五十日	三度四十九分	二度一十三分	一十分秒四十七
	開禧五十八日	三十九度五十九分	三十七度三十五分	六十七分秒八
夕疾				
	成天二十九日	三度二十五分	一度九十八分	一十分秒二十八
	統天二十六日	二度六十一分	一度六十二分	一十二分秒三十七
	開禧六十二日	四十三度六十一分	四十一度四分	七十一分秒一十六
夕伏				
	成天二十一日二十分	二度七十分	一度六十五分	一十二分秒一十二

土星盈縮曆

策數	損益率	盈積度	損益率	縮積度
	統天益二百八	度空	益一百五十八	度空
	開禧益三百二十二	初	益一百六十五	初
初				
	成天益二百二十五	初	益一百六十	初
	統天益一百九十三	二度八分	益一百四十五	一度五十八分
	開禧益一百九十五	二度二十三分	益一百五十一	一度六十五
一				
	成天益一百九十五	二度一十五分	益一百五十二	一度六十分
	統天益一百六十八	四度一分	益一百二十五	三度三分
	開禧益一百六十二	四度一十八分	益一百三十八	三度一十六分
二				
	成天益一百六十一	四度二十一分	益一百三十八	三度一十二分
	統天益一百三十三	五度六十九分	益九十八	四度二十八分
	開禧益一百二十四	五度八十分	益一百二	四度四十六分
三				
	成天益一百二十三	五度八十一分	益一百一十二	四度五十分
	統天益八十八	七度二分	益六十四	五度二十八分
	開禧益八十一	七度四分	益六十七	五度四十八分
四				
	成天益八十一	七度四分	益七十八	五度六十二分
	統天益三十三	七度九十分	益二十三	五度九十分
	開禧益三十三	七度八十五分	益二十五	六度一十五分
五				
	成天益三十五	七度八十五分	益三十五	六度四十分
	統天損三十三	八度二十三分	損二十三	六度一十三分
	開禧損二十三	八度二十八分	損二十五	六度四十分
六				
	成天損三十五	八度二十分	損三十五	六度七十四分
	統天損八十六	七度九十分	損六十四	五度九十分
	開禧損八十一	七度八十五	損六十七	六度二十五分
七				
	成天損八十五	七度八十五分	損七十四	六度四十分
	統天損一百三十三	七度二分	損九十八	五度二十六分
	開禧損一百二十四	七度四分	損一百二	五度四十八分
八				
	成天損一百二十八	七度分空	損一百七	五度六十六分
	統天損一百六十八	五度六十九分	損一百二十五	四度二十八分
	開禧損一百六十一	五度八十分	損一百二十	四度四十六
九				
	成天損一百六十四	五度七十二分	損一百三十四	四度五十九分
	統天損一百九十三	四度一分	損一百四十五	三度三分
	開禧損一百九十五	四度一十八分	損一百五十一	三度一十六分
十				
	成天損一百九十三	四度八分	損一百五十五	三度二十五分
	統天損二百八	二度八分	損一百五十八	一度五十八分
	開禧損二百二十三	二度二十三分	損一百六十五	一度六十五分
十一				
	成天損二百一十三	一度二十五分	損一百七十	一度七十分

金星周實七百萬六千八百三十三開禧周率九百八十六萬七千九百八

五十六，秒一十；成天四百二十三萬二千三百五十六，秒九十五。

周策五百八十三，約分九十，秒二十八。開禧餘一萬五千二百五十六，秒一十，分秒同；成天萬六千六百九十六，秒九十五，約分九十，秒二十六。

周差一百二萬三千六百七十一

歲差三百三十一萬二千三百

伏見度十半開禧曆率六百一十七萬二千八百五十八，秒八十八；成天二百七十一萬二百一十，秒十三。開禧曆中度二百八十二，約分六十二，秒九十；成天秒八十七。開禧曆策度一十五，約分二十一，秒九十一；成天同。

段目		常日	常度	限度	初行率
	統天	三十九日	四十九度五十分	四十七度五十二分	一度二十七分秒六十九
	開禧	三十九日	四十九度五十分	四十七度五十一分	一度二十七分秒六十八
合伏	成天	三十九日	四十九度五十分	四十七度五十四分	一度二十八分秒六十八
	統天	五十二日	六十五度一十一分	六十二度五十分	一度二十五分秒九十五
	開禧	五十二日	六十五度一十三分	六十二度三十八分	一度二十六分秒一十六
夕疾初	成天	五十一日	六十三度三十三分	六十度八十二分	一度二十五分秒一十六
	統天	四十八日	五十九度一十四分	五十六度七十七分	一度二十四分秒三十五
	開禧	四十八日	五十九度八分	五十六度五十九分	一度二十四分秒三十四
夕疾末	成天	四十九日	五十九度七十六分	五十七度四十分	一度二十三分秒一十八
	統天	四十二日	五十度一十七分	四十八度一十六分	一度二十三分秒二
	開禧	四十四日	五十二度五十三分	五十度三十一分	一度二十一分秒八十二
夕次疾初	成天	四十三日	五十度八十分	四十八度七十九分	一度二十分秒七十六
	統天	三十七日	四十度八十二分	三十九度一十九分	一十六六十六
	開禧	三十七日			
夕次疾末	成天	三十九日	四十二度二十五分	四十度五十八分	一度一十五分秒五十二
	統天	三十日	二十六度二十七分	二十五度三十一分	一度一分秒五十九
	開禧	三十二日	二十七度二十二分	二十六度七分	一度空分秒四十八
夕遲初	成天	三十二日	二十七度九分	二十六度二分	一度一分秒一十四
	統天	二十二日	九度二十一分	八度八十四分	度空六十七秒七十二
	開禧	一十八日	七度二十六分	六度九十五分	六十九六十四
夕遲末	成天	一十七日	七度六十六分	七度三十六分	六十八分秒一十六
	統天	六日			
	開禧	六日	空	空	空
夕留	成天	六日			
	統天	九日九十五分秒十四	三度八十分秒八十六	一度七十分秒一十四	空
	開禧	一十日	四度四十四分	一度八十四分	空
夕退	成天	一十日	三度八十九分	一度六十九分	空
	統天	六日	四度五十分	一度九十六分	空六十七分秒七十九
	開禧	五日九十五分秒十二半	四度五十四分秒八十六半	一度八十八分秒一十六半	六十九五十二
夕伏退	成天	五日九十五分秒一十三	四度五十四分秒八十五	一度七十八分秒一十三	六十七分秒七十二
	統天	六日	四度五十分	一度九十六分	空八十二秒二十
	開禧	五日九十五分秒十三半	四度五十四分秒八十六半	一度八十八分秒二十三半	八十三分秒一十六
合伏退	成天	五日九十五分秒一十三	四度五十四分秒八十五	一度七十八分秒一十三	八十五分秒一十四
	統天	九日九十四分秒十四	三度八十七分秒八十六	一度七十分秒一十四	空六十七分秒七十九
	開禧	一十日	四度四十四分	一度八十四分	六十九五十二
晨退	成天	一十日	三度八十九分	一度六十六分	六十七分秒七十一
	統天	六日			
	開禧	六日	空	空	空
晨留	成天	六日			
	統天	二十二日	九度二十一分	八度八十四分	空
	開禧	一十八日	七度三十六分	六度	
晨遲初	成天	一十七日	七度六十六分	七度三十六分	空
	統天	三十日	二十六度二十七分	二十五度三十一分	空六十七分秒七十三
	開禧	三十二日	二十二度二十二分	二十一度七分	六十七六十四
晨遲末	成天	三十二日	二十七度九分	二十六度二分	六十八分秒一十六
	統天	三十七日	四十度八十三分	三十九度一十九分	一度一分秒五十九
	開禧	三十七日	四十度二十二分	三十八度五十三分	一度空分秒四十八
晨次疾初	成天	三十九日	四十二度二十五分	四十度五十八分	一度一分秒二十四一作一十四
	統天	四十二日	五十度一十七分	四十八度一十六分	一度十六分秒六十六
	開禧	四十四日	五十二度五十三分	五十度三十一分	一度一十六分秒九十四
晨次疾末	成天	四十三日	五十度八十分	四十八度七十九分	一度一十五分秒五十二
	統天	四十八日	五十九度一十四分	五十六度七十七分	一度二十二分秒二
	開禧	四十八日	五十九度八分	五十六度五十九分	一度二十一分秒八十二
晨疾初	成天	四十九日	五十九度七十六分	五十七度四十分	一度二十分秒七十六
	統天	五十二日	六十五度一十一分	六十二度五十分	一度二十四分秒三十五
	開禧	五十二日	六十五度一十三分	六十一度二十八分	一度二十四分秒三十四
晨疾末	成天	五十一日	六十三度三十三分	六十度八十二分	一度三十三分秒一十八
	統天	三十九日	四十九度五十分	四十七度五十二分	一度二十五分秒九十三
	開禧	三十九日	四十九度五十分	四十七度四十二分	一度二十六分秒一十六
晨伏	成天	三十九日	四十九度五十分	四十七度五十四分	一度二十五分秒一十六

金星盈縮曆

策數	損益率	盈積度	損益率	縮積度
	統天益五十三	度空	益五十三	度空
	開禧益五十二	初	益五十二	初
初	成天益五十四	初	益五十四	初
	統天益四十九	空五十三分	益四十八	空五十一分
	開禧益四十九	初度五十二分	益四十九	初度五十二分
一	成天益四十九	初度五十四分	益四十九	初度五十四分
	統天益四十二		益四十一	一度一分
	開禧益四十二	一度一分	益四十三	一度一分
二	成天益四十二	一度三分	益四十二	一度三分
	統天益三十七	一度四十二分	益三十二	一度四十一分
	開禧益三十四	一度四十四分	益三十四	一度四十四分
三	成天益三十三	一度四十五分	益三十三	一度四十五分
	統天益二十一	一度七十四分	益二十一	一度七十四分
	開禧益二十一	一度七十八分	益二十二	一度七十八分
四	成天益二十二	一度七十八分	益二十二	一度七十八分
	統天益八	一度九十五分	益八	一度九十五分
	開禧益七	二度空分	益七	二度空分
五	成天益九	一度空分	益九	二度空分
	統天損八	二度三分	損八	二度三分
	開禧損七	二度七分	損七	二度七分
六	成天損九	二度九分	損九	二度九分
	統天損二十一	九十五	損二十一	一度九十一分
	開禧損二十二	一度空分	損二十二	二度空分
七	成天損二十二	二度空分	損二十二	二度空分
	統天損三十二	一度七十四分	損三十二	一度七十四分
	開禧損三十四	一度七十八分	損三十四	一度七十八分
八	成天損三十三	一度七十八分	損三十三	一度七十八分
	統天損四十一	一度四十二分	損四十一	一度四十二分
	開禧損四十三	一度四十四分	損四十三	一度四十四分
九	成天損四十二	一度四十五分	損四十二	一度四十五分
	統天損四十八	一度一分	損五十八	一度一分
	開禧損四十九	一度	損四十九	一度一分
十	成天損四十九	一度三分	損四十九	一度三分
	統天損五十三	空五十三分	損五十三	空五十三分
	開禧損五十三	初度五十二分	損五十三	初度五十二分
十一	成天損五十四	初度五十四分	損五十四	初度五十四分

水星周實一百三十九萬五百一十四開禧周率一百九十五萬八千三百五秒一十成天八十五萬九千七百九十九秒九十

周策一百一十五約分八十七秒六十二開禧餘一萬四千八百五秒一十約分八十七秒六十成天餘六千四百九十九秒九十

周差八十九萬五千一百六十二

歲差一百一萬二千八百

夕見晨伏度十五半

晨見夕伏度二十半開禧曆率六百一十七萬二千八百六十秒四成天二百七十一萬二百一十一秒一十五開禧曆中度一百八十二約分六十二秒九十成天秒八十七開禧曆策度一十五約分二十二秒九十一成天同

段目	常日	常度	限度	初行率
	統天一十六日	三十一度五十分	二十六度三十分	一度二分
	開禧一十七日六十五分	三十六度六十五分	二十八度二十二分	二度九分五十
合伏	成天一十七日二十五分	三十三度二十五分	二十七度六十一分	二度一十五分秒三十四
	統天一十五日	二十二度二十四分	一十八度五十七分	一度六十八分
	開禧一十五日	二十二度四十分	一十八度七十九分	一度七十一分秒七十八
夕疾	成天一十五日	二十一度八十六分	一十八度一十五分	一度七十分秒一十六
	統天一十三日	一十二度七十六分	一十度一十五分	一度二十七分
	開禧一十二日	一十度一十分	八度四十七分	一度二十六分秒八十六
夕遲	成天一十二日	一十一度六十四分	九度六十七分	一度二十一分秒三十
	統天三日			
	開禧二日	空	空	空
夕留	成天二日			
	統天一十一日九十三分秒六十二	八度五十分秒六十九	二度四十一分秒八十一	空
	開禧一十一日二十八分秒八十	八度二十一分秒二十	二度四十五分秒八十	空
夕伏退	成天一十一日六十八分秒八十	八度八十一分秒二十	二度五十分秒八十	空
	統天一十一日九十三分秒八十二	八度五十六分秒一十九	二度四十一分秒八十一	一度五十七分
	開禧一十一日二十八分秒	八度二十一分秒二十	一度四十五分秒八	一度六分秒五十六
合伏退	成天一十一日六十八分秒八十	八度八十一分秒二十	二度五十分秒八十	一度五分秒七十五
	統天二日			
	開禧二日	空	空	空
晨留	成天二日			
	統天一十三日	一十二度七十六分	十度六十五分	空
	開禧一十二日	一十度一十分	八度四十七分	空

段目	成天	統天	開禧
晨遲	成天一十二日；一十一度六十四分；九度六十七分；空	統天二十五日；二十二度二十四分；一十八度五十七分；一度一十七分秒空	開禧二十五日；二十二度四十分；一十八度七十九分；一度二十六分秒八十六
晨疾	成天一十五日；二十一度八十六分；一十八度一十五分；一度二十一分秒二十	統天一十六日；一十一度五十分；二十六度三十分；一度六十八分秒空	開禧一十七日六十五分；三十三度六十五分；二十八度二十二分；一度七十一分秒七十八
晨伏	成天一十七日二十三分；三十三度二十五分；二十七度六十一分；一度七十一分秒一十六		

水星盈縮曆

策數	損益率	盈積度	損益率	縮積度
	統天益五十八	度空	益五十八	度空
	開禧益五十七	初度	益五十七	初度
初				
	成天益五十九	空		
	統天益五十三	五十八分	益五十三	度空五十八分
	開禧益五十三	初度五十七分	益五十三	初度五十七分
一				
	成天益五十五	初度五十九分	益五十五	初度
	統天益四十四	一度一十分	益四十四	一度一十分
	開禧益四十六	一度一十分	益四十六	一度一十分
二				
	成天益四十八	一度一十四分	益四十八	一度一十四分
	統天益三十四	一度五十四分	益三十四	一度五十四分
	開禧益三十六	一度五十六	益三十六	一度五十六分
三				
	成天益三十八	一度六十二分	益三十八	一度六十二分
	統天益二十二	一度八十八分	益二十二	一度八十八分
	開禧益二十三	一度九十二分	益二十三	一度九十二分
四				
	成天益二十五	二度分空	益二十五	二度分空
	統天損八	二度一十分	益八	二度一十分
	開禧益七	二度一十五分	益七	二度一十五分
五				
	成天益九	二度二十五分	益九	二度二十五分
	統天損八	二度一十八分	損八	二度十八
	開禧損七	二度二十二分	損七	二度二十二分
六				
	成天損九	二度三十四分	損九	二度三十四分
	統天損二十二	二度十	損二十二	二度十
	開禧損二十三	二度二十五分	損二十二	二度二十五分
七				
	成天損二十五	二度二十五分	損二十五	二度二十五分
	統天損三十四	一度八十八分	損三十四	一度八十八分
	開禧損三十六	一度九十二分	損三十六	一度九十二分
八				
	成天損三十八	二度分空	損三十八	二度分空
	統天損四十四	一度五十四分	損四十四	一度五十四分
	開禧損四十六	一度五十六分	損四十六	一度五十六分
九				
	成天損四十八	一度六十二分	損四十八	一度六十二分
	統天損五十二	一度十	損五十二	一度十
	開禧損五十三	一度一十分	損五十三	一度一十分
十				
	成天損五十五	一度一十四分	損五十五	一度一十四分
	統天損五十八	度空五十八分	損五十八	度空五十八分
	開禧損五十七	初度五十七分	損五十七	初度五十七分
十一				
	成天損五十九	初度五十九分	損五十九	初度五十九分

求五星天正冬至後平合及諸段中積中星五星平合及諸段入曆五星平合及諸段盈縮差五星平合及諸段定積五星平合及諸段定日五星平合諸段所在月日五星平合及諸段加時定星五星平合及諸段初日夜半定星諸段平行分諸段總差諸段初末日行分諸段每日夜半星行宿次徑求其日宿次五星平合見伏入氣五星平合見伏行差五星定合定見定伏汎積五星定合用積用星木火土三星定見定伏用積金水二星定見定伏用積法同前曆此不載

宋史卷八十四考證

律歷志十七卽得所求　朔○按朔上闕文當是經字

三十一日初數云云○臣召南按當作二十一日

木星夕留空空空○按此三空字當注於第二行成天之下而誤移入此行者也

宋史卷八十五

元中書右丞相總裁脫脫等修

地理志第三十八

地理一 京城 京畿路 京東路 京西路

唐室既衰，五季迭興，五十餘年更易八姓，寓縣分裂，莫之能一。宋太祖受周禪，初有州百一十一，縣六百三十八，戶九十六萬七千三百五十三。建隆四年，取荆南，得州府三，江陵府、歸峽縣一十七，戶一十四萬二千三百。平湖南，得州一十五、監一，潭、衡、邵、郴、道、永、全、岳、澧、鼎、蔣、辰、錦、溪、敘、桂陽監縣六十六，戶九萬七千三百八十八。乾德三年，平蜀，得州府四十六益彭眉嘉邛蜀綿漢資簡梓遂黎雅陵戎瀘維茂昌榮果閬渠合龍普利興文巴劍蓬壁夔忠萬集開渝涪黔施達洋興元府縣一百九十八戶五十三萬四千三十九開寶四年平廣南得州六十廣韶潮循封端英連雄龔惠康恩春龍勤新高潘雷羅辨桂賀昭梧蒙恭象富融宜柳嚴思唐邕澄貴巒橫賓欽潯容牢白廉黨繡鬱林藤竇義禺順瓊崖儋萬萬安振縣二百一十四戶一十七萬二百六十三八年平江南得州一十九軍三昇宣歙池洪潤常鄂筠饒信虔吉袁撫江汀建劍江陰雄遠建昌軍縣一百八戶六十五萬五千六十五計其末年凡有州二百九十七縣一千八十六戶三百九萬五百四太宗太平興國三年陳洪進獻地得州二漳泉縣十四戶十五萬一千九百七十八錢俶入朝得州十三軍一杭蘇越湖衢婺台明溫秀睦福處衣錦縣八十六戶五十五萬六百八十四年平太原得州十軍一并汾嵐憲忻代遼沁隆石寶興縣四十戶三萬五千二百二十五年李繼捧來朝得州四夏銀綏宥雍熙元年復以四州授繼捧自後不復縣八雍熙中天下上閏年圖預職方州府軍監幾於四百至是天下既一疆理幾復漢唐之舊其未入職方氏者唯燕雲十六州而已至道三年分天下為十五路天聖析為十八元豐又析為二十三曰京東東西曰京西南北曰河北東西曰永興曰秦鳳曰河東曰淮南東西曰兩浙曰江南東西曰荊湖南北曰成都曰梓利夔曰福建曰廣南東西東南際海西盡巴僰北極三關東西六千四百八十五里南北萬一千六百二十里崇寧四年復置京畿路大觀元年別置黔南路三年并黔南入廣西以廣西黔南為名四年仍舊為廣南西路當是時天下有戶二千八十八萬二千二百五十八口四千六百七十三萬四千七百八十四天下主客戶自至道末四百一十三萬一千五百七十六天禧五年主戶六百三萬九千三百三十一客戶不預焉至嘉祐八年主戶一千二百四十六萬二千五百三十一口二千六百四十二萬一千六百五十一至治平三年天下主客戶一千四百一十八萬一千四百八十六口二千五十萬六千九百八十熙寧十年戶一千四百二十四萬五千二百七十口三千八十萬七千二百十一元祐元年戶一千七百九十五萬七千九十二口四千七萬二千六百六紹聖元年戶一千九百一十二萬九百二十一口四千二百五十六萬六千一百四十三元符三年戶一千九百九十六萬八百一十二口四千四百九十一萬四千九百九十一崇寧元年戶二千二十六萬四千三百七口四千五百三十二萬四千一百五十四各府州下戶口與總數少異姑兩存之視西漢盛時蓋有加焉隋唐疆理雖廣而戶口皆有所不及迨宣和四年又置燕山府及雲中府路天下分路二十六京府四府三十州二百五十四監六十三縣一千二百三十四可謂極盛矣大抵宋有天下三百餘年綜建隆初訖治平末一百四年州郡沿革無大增損熙寧始務闢土而种諤先取綏州韓絳繼取銀州王韶取熙河章惇取懿洽謝景溫取徽誠熊本取南平郭逵取廣源最後李憲取蘭州沈括取葭蘆米脂浮圖安疆等砦雖嘗以河東邊界七百里地與遼人當時王安石議蓋曰吾將取之寧姑與之也迨元祐更張葭蘆等四砦給賜夏人而分畫久不能定紹聖遂罷分畫督諸路各乘勢攻討進築自三年秋八月訖元符二年冬凡陝西河東建州一安西軍二晉寧綏德關三龍平會寧金城城九安西平夏威戎興平定邊威羌金湯白豹會川砦二十八平羌平戎殄羌暖泉米脂克戎安疆横山綏遠寧羌靈平高平西平新泉盪羌通峽天都臨羌定戎龕谷太和通泰寧河彌川寧遠神泉烏龍堡十開光通塞石門通會大和通泰寧河彌川寧川三交又取青唐鄯邈川湟寧塞廓龍支宗哥等城建中靖國悉還吐蕃故壤稍紓民力崇寧亟變前議專以紹述為事蔡京始任童貫王厚更取湟鄯廓三州二十餘壘陶節夫鍾傳邢恕胡宗回曾孝序之徒又相與鑿空駕虛馳騖於元符封域之表訖於重和既立靖夏經原制戎鄜延制羌西寧三城雖夏人浸衰而民力亦弊西事甫定北釁旋起蓋自崇寧以來益梓夔黔廣西荊湖南北迭相視效斥大土宇靡有寧歲凡所建州軍關城砦堡紛然莫可勝紀厥後建燕山雲中兩路粗闕三歲禍變旋作中原板蕩故府淪沒職方所記漫不可攷高宗蒼黃渡江駐蹕吳會中原陝右盡入于金東畫長淮西割商秦之半以散關為界其所存者兩浙兩淮江東西湖南北西蜀福建廣東廣西十五路而已有戶一千三百六十六萬九千六百八十四此寧宗嘉定十一年數建國左江又百五十年迨德祐丙子遂併歸于我皇元版圖而天下始復合為一焉今據元豐所定併京畿為二十四路首之以京師重帝都也終之以燕雲以其既得而旋失故附見于後而凡四京之城闕宮室及南渡行在之所其可考者冠乎篇首為地理志云

東京汴之開封也梁為東都後唐罷晉復為東京宋因周之舊為都建隆三年廣皇城東北隅命有司畫洛陽宮殿按圖修之皇居始壯麗矣雍熙三年欲廣宮城詔殿前指揮使劉延翰等經度之以居民多不欲徙遂罷宮城周迴五里南三門中曰乾元宋初依梁晉之舊名曰明德太平興國三年改丹鳳大中祥符八年改正陽明道二年改宣德雍熙元年改今名東曰左掖西曰右掖東西面門曰東華西華舊名寬仁神獸開寶三年改今名熙寧十年又改東華門北曰謻門北一門曰拱宸舊名玄武大中祥符五年改今名熙寧十年改門內西橫門曰臨華乾元門內正南門曰大慶東西橫門曰左右升龍左右北門內各二門曰左右長慶熙寧間改左右長慶隔門曰左右嘉肅左右銀臺東華門內一門曰左承天祥符乾德六年賜名大中祥符元年正月天書降其上詔加祥符二字而增葺之西華門內一門曰右承天左承天門內道北門曰宣祐舊名光天大中祥符八年改大寧明道元年改今名正南門內正殿曰大慶東西門曰左右太和宋初日華月華大中祥符八年改曰東西上閤東西門曰左右嘉福宋初曰左右勤政明道元年十月改今名今名正衙殿曰文德宋初曰文明雍熙元年改今名熙寧間改南門曰端禮兩掖門大慶殿舊名崇元乾德四年重修改曰乾元太平興國九年改朝元大中祥符八年改天安明道三年改今名北有紫宸殿舊名崇德明道元年改視朝之前殿也西有垂拱殿舊名長春明道元年改常日視朝之所也次西有皇儀殿開寶四年賜名滋福明道元年十月改又次西有集英殿舊名廣政開寶三年日大明淳化間日含光大中祥符八年名會慶明道元年十月改今名宴殿也殿後有需雲殿舊名玉華後改瓊華熙寧初改今名東有昇平樓舊名紫雲明道元年改宮中觀宴之所也宮後有崇政殿舊名簡賢講武太平興國二年改今名熙寧間改北橫門曰通極閱事之所也殿後有景福殿西有殿北向曰延和便坐殿也大中祥符七年建後苑東門泊北向便殿成賜名宣和門承明殿明道元年改端明二年改今名

凡殿有門者皆隨殿名宮中又有延慶舊名萬歲大中祥符七年改安福觀文舊名集聖明道二年改肅儀慶歷八年改今名清景慶雲玉京等殿壽寧堂清淨明道元年改延春閣舊名萬春寶元元年改福寧殿即延慶明道元年改東西有門曰左右昭慶觀文殿西門曰延眞其東眞君殿曰積慶前建感眞閣又有龍圖閣下有資政崇和宣德述古四殿天章閣下有羣玉蘂珠二殿後有寶文閣即壽昌閣慶曆元年改閣東西有嘉德延康二殿前有景輝門後苑東門曰寧陽即宣和門明道元年改苑內有崇聖殿太清樓其西又有宜聖化成即玉宸殿明道元年改金華西涼清心等殿翔鸞儀鳳二閣華景翠芳瑤津三亭延福宮有穆清殿延慶殿北有柔儀殿初有殿無名章獻太后名曰崇徽明道元年改寶慈景祐二年改今名崇徽殿北有欽明殿舊名太和明道元年改觀文又改清居治平三年改今名延福宮北有廣聖宮天聖三年建名長寧景祐二年改內有太清玉清沖和集福會祥五殿建流盃殿於後苑明道元年八月修文德殿成是夜禁中火延燔崇德長春滋福會慶延慶崇徽天和承明八殿命宰相呂夷簡為修葺大內使樞密副使楊崇勳副之發京東西河北淮南江東西路工匠給役內出乘輿物左藏庫易緡錢二十萬助其費以故改諸殿名又有慈德殿楊太后所居景祐元年賜名觀稼殿在後苑觀種稻景祐二年創建延義閣在崇政殿內邇英閣在崇政殿西南蓋侍臣講讀之所也與延義閣景祐三年賜名隆儒殿邇英閣後小殿皇祐三年始賜名慈壽殿皇太后所居治平元年賜名慶壽宮保慈宮熙寧二年建玉華殿在後苑基春殿在玉華殿後熙寧七年建睿思殿八年建承極殿元豐三年建崇慶隆祐二宮元祐元年建睿成宮神宗所居東宮紹聖二年賜名宣和殿在睿思殿後紹聖二年四月殿成其東側別有小殿曰凝芳其西曰瓊芳前曰重熙後曰環碧元符三年廢崇寧初復作大觀三年徽宗製記刻石實蔡京為之聖瑞宮皇太妃所居因以名宮顯謨閣元符元年建藏神宗御集建中靖國元年改曰熙明尋復舊玉虛殿元符初建玉華閣大觀初建在宣和殿後親蠶宮政和元年建燕寧殿在延福北奉安仁宗慈聖光獻皇后御容延福宮政和三年春新作於大內北拱辰門外舊宮在後苑之西南今其地乃百司供應之所凡內酒坊裁造院酒醋柴炭鞍轡等庫悉移他處又遷兩僧寺兩軍營而作新宮焉始南向殿因宮名曰延福次曰蘂珠有亭曰碧琅玕其東門曰晨暉其西門曰麗澤宮左復列三位其殿則有穆清成平會寧睿謨凝和崑玉羣玉其東閣則有蕙馥報瓊蟠桃春錦疊瓊芬芳麗玉寒香拂雲偃蓋翠葆鉛英雲錦蘭熏摘金其西閣有繁英雪香披芳鉛華瓊華文綺絳蕚穠華綠綺瑤碧清陰秋香叢玉扶玉絳雲會寧之北疊石為山山上有殿曰翠微旁為二亭曰雲巋曰層巘凝和之次閣曰明春其高踰三百一十尺閣之側為殿二曰玉英曰玉澗其背附城築土植杏名曰杏岡覆茅為亭脩竹萬竿引流其下宮之右為佐二閣曰宴春廣十有二丈舞臺四列山亭三峙鑿圓池為海跨海為二亭架石梁以升山亭曰飛華橫度之四百丈有奇縱數之二百六十有七尺又疏泉為湖湖中作隄以接亭隄中作梁以通湖梁之上又為茅亭鶴莊鹿砦孔翠諸柵蹄尾動數千嘉花名木類聚區別幽勝宛若生成西抵麗澤不類塵境初蔡京命童貫楊戩賈詳藍從熙何訢等分任宮役五人者因各為制度不務沿襲故號延福五位東西配大內南北稍劣其東直景龍門西抵天波門宮東西二橫門皆視禁門法所謂晨暉麗澤者也而晨暉門出入最多其後又跨舊城修築號延福第六位跨城之外浚濠深者水三尺東景龍門橋西天波門橋二橋之下疊石為固引舟相通而橋上人物外自通行不覺也名曰景龍江其後又闢之東過景龍門至封丘門○景龍江北有龍德宮初元符三年以懿親宅潛邸為之及作景龍江江夾岸皆奇花珍木殿宇比比對峙中塗曰壺春堂絕岸至龍德宮其地歲時次第展拓後盡都城一隅焉名曰擷芳園山水美秀林麓暢茂樓觀參差猶艮嶽延福也宮在舊城因附見此保和殿政和三年四月作九月殿成總為屋七十五間玉清神霄宮政和三年建舊名玉清和陽在福寧殿東七年改今名上清寶籙宮政和五年作在景龍門東對景輝門既又作仁濟輔正二亭於宮前命道士施民符藥徽宗時登皇城下視之又開景龍門城上作複道通寶籙宮以便齋醮之路徽宗數從複道上往來是年十二月始張燈於景龍門上下名曰預賞其明年乃有期門之事萬歲山艮嶽政和七年始於上清寶籙宮之東作萬歲山山周十餘里其最高一峯九十步上有介亭分東西二嶺直接南山山之東有蕚綠華堂有書館八仙館紫石巖棲眞嶝覽秀軒龍吟堂山之南則壽山兩峯並峙有鴈池噰噰亭北直絳霄樓山之西有藥寮有西莊有巢雲亭白龍沜濯龍峽蟠秀練光跨雲亭羅漢巖又西有萬松嶺嶺畔有倚翠樓上下設兩閣閣下有平地鑿大方沼沼中作兩洲東為蘆渚亭曰浮陽西為梅渚亭曰雪浪西流為鳳池東出為鴈池中分二館東曰流碧西曰環山有閣曰巢鳳堂曰三秀東池後有揮雪亭復由嶝道上至介亭左復有亭曰極目曰蕭森右復有亭曰麗雲半山北俯景龍江引江之上流注山澗西行為漱瓊軒又行石間為煉丹凝眞觀圜山亭下視江際見高陽酒肆及清澌閣北岸有勝筠庵躡雲臺蕭閒館飛岑亭支流別為山莊為回溪又於南山之外為小山橫亘二里曰芙蓉城窮極巧妙而景龍江外則諸館舍尤精其北又因瑤華宮火取其地作大池名曰曲江池中有堂曰蓬壺東盡封丘門而止其西則自天波門橋引水直西殆半里江乃折南又折北折南者過閶闔門為複道通茂德帝姬宅乃折北者四五里屬之龍德宮宣和四年徽宗自為艮嶽記以為山在國之艮故名艮嶽蔡條謂初名鳳凰山後神降其詩有艮嶽排空霄因改名艮嶽宣和六年詔以金芝產于艮嶽之萬壽峯又改名壽嶽蔡條謂南山成又改名壽嶽嶽之正門名曰陽華故亦號陽華宮自政和訖靖康積累十餘年四方花竹奇石悉聚于斯樓臺亭館雖略如前所記而月增日益殆不可以數計宣和五年朱勔於太湖取石高廣數丈載以大舟挽以千夫鑿河斷橋毀堰拆牐數月乃至賜號昭功敷慶神運石是年初得燕地故也勔緣此授節度使大抵羣閣興築不肯己徽宗晚歲患苑囿之眾國力不能支數有厭惡語由是得稍止及金人再至圍城日久欽宗命取山禽水鳥十餘萬盡投之汴河聽其所之折屋為薪鑿石為砲伐竹為笓籬又取大鹿數百千頭殺之以啗衞士云舊城周迴二十里一百五十五步東二門北曰望春初名和政南曰麗景南面三門中曰朱雀東曰保康大中祥符五年創建西曰崇明西二門南曰宜秋北曰閶闔北三門中曰景龍東曰安遠西曰天波以上宋初仍梁晉舊名至太平興國四年改今名新城周迴五十里百六十五步大中祥符九年增築元豐元年重修政和六年詔有司度國之南展築京城移置官司軍營舊城周四十八里二百三十三步周顯德三年築南三門中曰南薰東曰宣化西曰安上東二門南曰朝陽北曰含輝太平興國四年改寅賓後復西二門南曰順天北曰金輝北四門中曰通天天聖初改寧德後復東曰長景次東曰永泰西曰安肅初號衞州門以上皆因周舊名至太平興國四年改今名汴河上水門南曰大通太平興國四年賜名天聖初改順濟後復今名北曰宣澤舊南北水門皆曰大通熙寧十年改汴河下南曰上善北曰通津天聖初改廣津熙寧十年復惠民河上曰普濟下曰廣利廣濟河上曰咸豐下曰善利舊名咸通上南門曰永順熙寧十年賜名其後又於金輝門南置開遠門舊名通遠以上皆太平興國四年賜名天聖初改今名

西京唐顯慶間為東都開元改河南府宋為西京山陵在焉宮城周迴九里三百步城南三門中曰五鳳樓東曰興教西曰光政因隋唐舊名東一門曰蒼龍西一門曰金虎北一門曰拱宸舊名元武大中祥符五年改五鳳樓內東西門曰左右永泰門外道北有鸞和門太平興國三年以車輅院門改右永泰門西有永福門興教光政門內各三門曰左右安禮左右興善左右銀臺蒼龍金虎門內第二隔門曰膺福千秋膺福門內道北門曰建禮正殿曰太極舊名明堂太平興國三年改殿前有日月樓日華月華門又有三門曰太極殿門後有殿曰天興次北殿曰武德西有門三重曰應天乾元敷教內有文明殿旁有東上閤門西上閤門前有左右延福門後又有殿曰垂拱殿北有通天門柱廊北有明福門門內有天福殿殿北有寢殿曰太清第二殿曰

思政第三殿曰延春東又有廣壽殿視朝之所也北第二殿曰明德第三殿曰天和第四殿曰崇徽天福殿西有金鑾殿對殿南廊有彰善門殿北第二殿曰壽昌第三殿曰玉華第四殿曰長壽第五殿曰甘露第六殿曰乾陽第七殿曰善興西有射宮殿千秋門內有含光殿拱宸門內西偏有保寧門門內有講武殿北又有殿相對內園有長春殿淑景亭十字亭九江池砌臺娑羅亭宮城東西有夾城各三里餘東二門南曰賓曜北曰啓明西二門南曰金耀北曰乾通宮室合九千九百九十餘區（夾城內及內城北皆左右禁軍所處）皇城周迴十八里二百五十八步南面三門中曰端門東西曰左右掖門東一門曰宣仁西三門南曰麗景與金耀相直中曰開化與乾通相直北曰應福內皆諸司處之京城周五十二里九十六步（隋大業元年築唐長壽二年增築）南三門中曰定鼎東曰長夏西曰厚載東三門中曰羅門南曰建春北曰上東西一門曰闕門北二門東曰安善西曰徽安（政和元年十一月重修大內至六年九月畢工朱勝非言政和間議朝謁諸陵敕有司預爲西幸之備以蔡攸妻兄朱昇爲京西都漕修治西京大內合屋數千間盡以眞漆爲飾工役甚大爲費不貲而漆飾之法須骨灰爲地科買督迫灰價日增一斤至數千於是四郊塚墓悉被發掘取人骨爲灰矣）

南京大中祥符七年建應天府爲南京宮城周二里三百一十六步門曰重熙頒慶殿曰歸德（元豐六年賜度僧牒修外城門及西橋等）京城周迴一十五里四十步東二門南曰延和北曰昭仁西三門南曰順城北曰迴鑾南一門曰崇禮北一門曰靜安中有隔城又有門二東曰承慶西曰祥輝其東又有關城南北各一門

北京慶曆二年建大名府爲北京宮城周三里一百九十八步卽眞宗駐蹕行宮城南三門中曰順豫東曰省風西曰展義東一門曰東安西一門曰西安順豫門內東西各一門曰左右保成次北班瑞殿殿前東西門二東曰凝祥西曰麗澤殿東南時巡殿門次北時巡殿次靖方殿次慶寧殿時巡殿前東西門二東曰景淸西曰景和京城周四十八里二百六十步門一十七（熙寧九年改正南南河門曰景風南磚曰亨嘉鼓角曰阜昌正北北河門曰安平北磚曰耀德正東冠氏門曰華景冠氏第二重曰春祺子城東曰泰通正西魏縣門曰寶城魏縣第二重曰利和子城西曰宣澤東南朝城門曰安流朝城第二重曰巽齊西南觀音門曰安正觀音第二重曰靜方上水關曰善利下水關曰永濟內城創置北門曰靖武○元豐七年廢善利永濟關）

行在所建炎三年閏八月高宗自建康如臨安以州治爲行宮宮室制度皆從簡省不尙華飾垂拱大慶文德紫宸祥曦集英六殿隨事易名實一殿重華慈福壽慈壽康四宮重壽寧福二殿隨時異額實德壽一宮延和崇政復古選德四殿本射殿也慈寧殿（紹興九年以太后有歸期建）欽先孝思殿（十五年建在崇政殿東）翠寒堂（孝宗作）損齋（紹興末建貯經史書爲燕坐之所）東宮（在麗正門內孝宗莊文景獻光宗皆常居之）講筵所資善堂（在行宮門內因書院而作）天章龍圖寶文顯猷徽猷敷文煥章華文寶謨九閣實天章一閣

京畿路皇祐五年以京東之曹州京西之陳許鄭滑州爲輔郡隸畿內幷開封府合四十二縣置京畿路轉運使及提點刑獄總之至和二年罷京畿路轉運使提點刑獄其曹陳許鄭滑各隸本路爲輔郡如故崇寧四年京畿路復置轉運使及提點刑獄先是改開封府界爲京畿路是年又於京畿四面置四輔郡潁昌府爲南輔鄭州爲西輔澶州爲北輔建拱州於開封襄邑縣爲東輔並屬京畿大觀四年罷四輔許鄭澶州還隸京西及河北路廢拱州復以襄邑縣隸開封府政和四年襄邑縣復爲拱州後與潁昌府鄭州開德府復爲東南西北輔宣和二年罷四輔潁昌府鄭州開德府各還舊隸拱州隸京東西路舊開封府界依舊爲京畿

開封府崇寧戶二十六萬一千一百一十七口四十四萬二千九百四十貢方紋綾方紋紗蕪荑麻黃酸棗仁縣十六開封（赤）祥符（赤東魏浚儀縣大中祥符三年改）尉氏（畿）陳留（畿）雍丘（畿）封丘（畿）中牟（畿宣和三年改紂王城爲青陽城）陽武（畿）延津（畿舊酸棗縣政和七年改）長垣（隋匡城縣建隆元年改爲鶴丘後又改）東明（畿本東昏鎭乾德元年置）扶溝（畿）鄢陵（畿）考城（畿崇寧四年與太康同隸拱州大觀四年廢拱州二縣復來隸）太康（畿宣和二年復隸拱州六年仍隸京畿）咸平（畿舊通許鎭隸陳留咸平五年置縣）

京東路至道三年以應天兗徐曹青鄆密齊濟沂登萊單濮濰淄淮陽軍廣濟軍淸平軍宣化軍萊蕪監利國監爲京東路熙寧七年分爲東西兩路以青淄濰萊登密沂徐州淮陽軍爲東路鄆兗齊濮曹濟單州南京爲西路元豐元年割京西路齊州屬東路割東路徐州屬西路元祐元年諸提點刑獄不分路京東東路京東西路並爲京東路京西南路京西北路並爲京西路秦鳳等路永興軍等路並爲陝府西路河北西路河北東路並爲河北路淮南西路淮南東路並爲淮南路其後仍分爲兩路

東路府一濟南州七青密沂登萊濰淄軍一淮陽縣三十八

青州望北海郡鎭海軍節度建隆三年以北海縣置軍淳化五年改軍名慶曆三年初置京東東路安撫使崇寧戶九萬五千一百五十八口一十六萬二千八百三十七貢仙紋綾梨棗縣六益都（望）壽光（望）臨朐（緊）博興（上）千乘（上）臨淄（上）

密州上本防禦州建隆元年復爲防禦開寶五年升爲安化軍後降防禦六年復爲節度崇寧戶一十四萬四千五百六十七口三十二萬七千三百四十貢絹牛黃縣五諸城（望）安丘（望唐輔郡梁改安丘晉膠西縣開寶四年復今名）莒（望）高密（上）膠西（元祐三年以板橋鎭爲膠西縣兼臨海軍使）

濟南府上濟南郡興德軍節度本濟州先屬京東路咸平四年廢臨濟縣元豐元年割屬京東東路政和六年升爲府崇寧戶一十三萬三千三百二十一口二十一萬四千六十七貢綿絹陽起石防風縣五歷城（緊）禹城

緊章丘中景德三年以章丘縣置清平軍熙寧二年廢軍使長清中至道二年徙城於刺榆臨邑中建隆元年河決公乘渡口壞城三年移治孫耿鎮政和元年升爲望

沂州上瑯琊郡防禦崇寧戶八萬二千八百九十三口一十六萬五千二百三十貢仙靈脾紫石英茯苓鍾乳石縣五臨沂望承望沂水望費望新泰中

登州上東牟郡防禦崇寧戶八萬一千二百七十三口一十七萬三千四百八十四貢金牛黃石器縣四蓬萊望文登中黃望牟平緊有乳山閻家口二砦

萊州中東萊郡防禦崇寧戶九萬七千四百二十七口一十九萬八千九百八貢牛黃海藻牡礪石器縣四掖望萊陽望膠水望即墨中

濰州上團練建隆三年以青州北海縣建爲北海軍置昌邑縣隸之乾德二年升爲州又增昌樂縣崇寧戶四萬四千六百七十七口一十萬九千五百四十九貢綜絲素絁縣三北海望昌邑望本隋都昌縣後廢建隆三年復置昌樂緊本唐營丘縣後廢乾德中復置安仁縣俄又改

淄州上淄川郡軍事崇寧戶六萬一千一百五十二口九萬六千一百一十貢綾防風長理石縣四淄川望長山中鄒平中下景德元年移治濟陽廢縣高苑中下景德三年以縣置宣化軍熙寧三年廢軍爲縣隸州即縣治置軍使

淮陽軍同下州太平興國七年以徐州下邳縣建爲軍并以宿遷來屬崇寧戶七萬六千八百八十七口一十五萬四千一百三十貢絹縣二下邳望宿遷中

西路府四應天襲慶興仁東平州五徐濟單濮拱軍一廣濟縣四十三

應天府河南郡歸德軍節度本唐宋州至道中爲京東路景德三年升爲應天府大中祥符七年建爲南京熙寧五年分屬西路崇寧戶七萬九千七百四十一口一十五萬七千四百四貢絹縣六寧陵畿與楚丘同隸拱州大觀四年復來隸政和四年又撥隸拱州宣和六年復來隸宋城赤穀熟畿下邑畿楚丘畿虞城畿

襲慶府魯郡泰寧軍節度本兗州大中祥符元年升爲大都督政和八年升爲府崇寧戶七萬一千七百七十七口三十一萬七千七百三十四貢大花綾墨雲母紫石英防風茯苓縣七瑕上大觀四年以瑕丘縣爲瑕縣奉符上本漢乾封縣開寶五年移治岱岳鎮大中祥符元年改泗水上龔上大觀四年以龔丘縣爲龔縣仙源中魏曲阜縣大中祥符五年改萊蕪中鄒下熙寧五年省爲鎮入仙源元豐七年復監一萊蕪主鐵冶

徐州大都督彭城郡武寧軍節度本屬京東路元豐元年割屬京東西路崇寧戶六萬四千四百三十口一十五萬二千二百三十七貢雙絲綾紬絹縣五彭城望沛望蕭望滕緊豐緊監二寶豐元豐六年置鑄銅錢八年廢利國主鐵冶

興仁府輔濟陰郡彰信軍節度本曹州建中靖國元年改賜軍額曰興仁崇寧元年升曹州爲興仁府復還舊節大觀二年以拱州爲東輔升督府政和元年罷督府復爲輔郡崇寧戶三萬五千九百八十口六萬八千九百三十一貢絹葶藶子縣四濟陰望宛亭望元祐元年改宛句縣爲宛亭乘氏緊南華上

東平府東平郡天平軍節度本鄆州慶曆三年初置京東西路安撫使大觀九年升大都督府政和四年移安撫使於應天府宣和九年改爲東平府崇寧戶一十三萬三百五口三十九萬六千六十三貢絹阿膠縣六須城望陽穀望景德三年徙孟店中都緊壽張上東阿緊平陰上監一東平宣和二年復置政和三年罷

濟州上濟陽郡防禦戶五萬七百一十八口一十五萬九千一百三十七貢阿膠縣四鉅野望任城望金鄉望鄆城望

單州上碭郡建隆元年升爲團練崇寧戶六萬一千四百九口一十一萬六千九百六十九貢蛇床防風縣四單父望碭山望成武緊魚臺上

濮州上濮陽郡團練崇寧戶三萬一千七百四十七口五萬二千六百八十一貢絹縣四鄄城望雷澤緊臨濮上范上

拱州保慶軍節度本開封府襄邑縣崇寧四年建爲州賜軍額爲東輔以開封之考城太康南京之寧陵楚丘柘城來隸大觀四年廢拱州復爲襄邑縣還隸開封政和四年復爲州又復爲輔郡宣和二年罷輔郡仍隸京東西路以襄邑太康寧陵爲屬縣餘歸舊隸六年又以寧陵歸南京太康歸開封復割柘城來隸縣三襄邑柘城畿

廣濟軍乾德元年置發運務開寶九年改轉運司太平興國二年建爲軍四年割曹澶濮濟四州地復置縣以隸焉熙寧四年廢軍以定陶縣隸曹州元祐元年復爲軍縣一定陶上

開封府京東路分爲東西兩路得兗豫青徐之域當虛危房心奎婁之分西抵太梁南極淮泗東北至于海有鹽鐵絲石之饒其俗重禮義勤耕紝浚郊處四達之會故建爲都政教所出五方雜居睢陽當漕舟之路定陶乃東運之衝其後河截清水頗涉艱阻兗濟山澤險迥盜或隱聚營丘東道之雄號稱富衍物產尤盛登萊高密負海之北楚商兼湊民性愎戾而好訟鬬大率東人皆朴魯純直甚者失之滯固然專經之士爲多下邳俗尚頗類淮楚焉

京西路舊分南北兩路後併爲一路熙寧五年復分南北兩路

南路府一襄陽州七鄧隨金房均郢唐軍一光化縣三十一

襄陽府望襄陽郡山南東道節度本襄州宣和元年升爲府崇寧戶八萬七千三百七口一十九萬二千六百五貢麝香白穀漆器縣六襄陽緊鄧城望穀城緊宜城

(中下)中盧(中下。隋義清縣，太平興國元年改。紹興五年省入南漳)南漳(中下)

鄧州望南陽郡武勝軍節度舊爲上郡政和二年升爲望郡建隆初廢臨瀨縣崇寧戶一十一萬四千一百一十七口二十九萬七千五百五十貢白菊花縣五穰(上)南陽(中下。慶曆四年廢方城縣爲鎮入焉，元豐元年改爲縣隸唐州)內鄉(中下)順陽(中下。太平興國六年升順陽鎮爲縣)

隨州上漢東郡崇信軍節度乾德五年升爲崇義軍節度太平興國元年改今名崇寧戶三萬八百四口六萬七千二十一貢絹綾葛覆盆子縣三隨(上。熙寧元年廢光化縣爲鎮入焉)唐城(中下)棗陽(中下)

金州上安康郡乾德五年改昭化軍節度崇寧戶三萬九千六百三十六口六萬五千六百七十四貢麩金麝香枳殼實杜仲白膠香黃檗縣五西城(下)洵陽(中。乾德四年廢渚陽縣入焉)漢陰(中)石泉(下)平利(下。熙寧六年省爲鎮入西城，元祐復)

房州下房陵郡保康軍節度開寶中廢上庸永清二縣雍熙三年并爲軍崇寧戶三萬三千一百五十一口四萬七千九百四十一貢麝香紵布鍾乳石笋縣二房陵(上)竹山(下)

均州上武當郡武當軍節度本防禦乾德六年移入上州防禦宣和元年賜軍額崇寧戶三萬一百七口四萬四千七百九十六貢麝香縣二武當(上)鄖鄉(上)

郢州上富水郡防禦崇寧戶四萬七千二百八十一口七萬八千七百二十七貢白紵縣二長壽(上)京山(下)

唐州上淮安郡建隆元年升爲團練開寶五年廢平氏縣崇寧戶八萬九千九百五十五口二十萬二千一百七十二貢絹縣五泌陽(中下)湖陽(中下。有銀場)比陽(中下)桐柏(中下。開寶六年移治淮瀆故廟)方城(下。後魏縣。慶曆四年廢爲鎮入鄧州南陽縣，元豐元年復爲縣隸州)

光化軍同下州乾德二年以襄州陰城鎮建爲軍析穀城縣三鄉置乾德縣隸焉熙寧五年廢軍改乾德爲光化縣隸襄州元祐初復爲軍縣一乾德(望)

北路府四河南潁昌淮寧順昌州五鄭滑孟蔡汝軍一信陽縣六十三

河南府洛陽郡因梁晉之舊爲西京熙寧五年分隸京西北路崇寧戶一十二萬七千七百六十七口二十三萬三千二百八十貢蜜蠟磁器縣十六河南(赤)洛陽(赤。熙寧五年省入河南，元祐二年復)永安(赤。本陵寢，景德四年升鎮爲縣)偃師(畿。慶曆二年廢，四年復。熙寧五年省入緱氏，八年復置，省緱氏縣爲鎮隸焉)潁陽(畿。慶曆二年廢爲鎮，四年復。熙寧二年省入登封，元祐二年復置)鞏(畿)密(畿。崇寧四年割隸鄭州，宣和二年還隸府)新安(畿)福昌(畿。熙寧五年省入壽安，元祐元年復爲縣)伊縣(畿。熙寧二年割欒川冶鎮入虢川盧氏縣，五年廢伊闕縣爲鎮入河南，六年改隸伊陽)澠池(畿。景祐四年改鐵門鎮曰延禧)永寧(畿)長水(畿)壽安(畿。慶曆三年廢爲鎮，四年復)河清(畿。開寶元年移治白波鎮，熙寧八年閏四月置鐵監)登封(畿)監一阜財(熙寧七年置，鑄銅錢)

潁昌府次府許昌郡忠武軍節度本許州元豐三年升爲府崇寧四年爲南輔隸京畿大觀四年罷輔郡政和四年復爲輔郡隸京畿宣和三年復罷輔郡依舊隸京西北路崇寧戶六萬六千四十一口一十六萬一百九十三貢絹薦席縣七長社(次赤。熙寧四年省許田縣爲鎮入焉)郾城(次畿)陽翟(次畿)長葛(次畿)臨潁(次畿)舞陽(次畿)郟(中。元隸汝州，崇寧四年來隸)

鄭州輔滎陽郡奉寧軍節度熙寧五年廢州以管城新鄭隸開封府省滎陽滎澤縣爲鎮入管城原武縣爲鎮入陽武元豐八年復州元祐元年還舊節復以滎陽滎澤原武爲縣與滑州並隸京西路崇寧四年建爲西輔大觀四年罷輔郡政和四年又復宣和二年又罷崇寧戶三萬九百七十六口四萬一千八百四十八貢絹黃麻縣五管城(望)滎澤(中)原武(上)新鄭(上)滎陽(望)

滑州輔靈河郡太平興國初改武成軍節度熙寧五年廢州縣並隸開封府元豐四年復舊縣復來隸元祐元年還舊節度崇寧戶二萬六千五百二十二口八萬一千九百八十八貢絹縣三白馬(中。熙寧三年廢靈河縣隸焉)韋城(望)胙城(緊)

孟州望河陽三城節度政和二年改濟源郡崇寧戶三萬三千四百八十一口七萬一百六十九貢梁米縣六河陽(望)濟源(望)溫(望)汜水(上。熙寧五年省入河陰，元豐二年復置，大中祥符四年改武牢關曰行慶)河陰(中)王屋(中。熙寧五年自河南來隸)

蔡州緊汝南郡淮康軍節度崇寧戶九萬八千五百二口十八萬五千一十三貢綾縣十汝陽(上)上蔡(上)新蔡(中)褒信(中)遂平(中)新息(中)確山(中。隋朗山縣，大中祥符五年改)眞陽(中)西平(中)平輿

淮寧府輔淮陽郡鎮安軍節度本陳州政和三年改輔爲上宣和元年升爲府崇寧戶三萬二千九十四口一十五萬九千六百一十七貢紬絹縣五宛丘(緊)項城(上)商水(中)西華(中)南頓(中。熙寧六年省爲鎮入商水項城二縣，元祐元年復)

順昌府上汝陰郡舊防禦後爲團練開寶六年復爲防禦元豐二年升順昌軍節度舊隸州政和六年改爲府崇寧戶七萬八千一百七十四口一十六萬六百二十八貢紬絁綿縣四汝陰(望。開寶六年移治於州城東南十里)泰和(望)潁上(緊)沈丘(緊)

汝州輔臨汝郡陸海軍節度本防禦州政和四年賜軍額崇寧戶四萬一千五百八十七口一十四萬一千四百九十五貢絁絹縣五梁(中)襄城(緊)葉(上)魯山(中)寶豐(中。舊名龍興，熙寧五年省爲鎮入魯山，元祐元年復，宣和二年改爲寶豐縣)

信陽軍同下州開寶九年降爲義陽軍廢鍾山縣太平興國元年改爲信陽軍崇寧戶九千九百五十四口二萬五十貢紵布縣二信陽(中下)羅山(中下。開寶九年廢，雍熙二年復置)

京西南北路本京西路蓋禹貢冀豫荆兗梁五州之域而豫州之壤爲多當井柳星張角亢氐之分東暨汝潁西被陝服南略鄢郢北抵河津絲枲漆纊之所出而洛邑爲天地之中民性安舒而多衣冠舊族然土地褊薄迫於營養盟津滎陽滑臺宛丘汝陰潁川臨汝在二京之交其俗頗同唐鄧汝蔡率多曠田蓋自唐季之亂土

著者寡太宗遷晉雲朔之民於京洛鄭汝之地墾田頗廣民多致富亦由儉嗇而然乎襄陽爲汴南巨鎭淮安隨棗陽西城武當上庸東梁信陽其習俗近荆楚

宋史卷八十五考證

地理志一平蜀得戶五十三萬四千三十九○一本三十九作二十九按下總數止三百九萬此不應有五十三萬也

計其末年凡有州二百九十七縣一千八十六戶三百九萬五百四○臣龍官按州縣數不合州止二百五十七縣當一千二百四十一又統計所得戶止二百五十六萬六千四百八不得有三百九萬五百四也通考作二百五十六萬六千三百九十八

東京上淸寶籙宮注景輝門○當作晨暉門

西京麗景與金曜相直○按上文當作金暉

京畿路開封府崇寧戶二十六萬一千一百一十七口四十四萬二千九百四十○臣龍官按以下各路所領州縣戶口與通考多不同戶口之舛訛爲尤甚各史皆然不止宋史也

京東東路濟南府本濟州○按一統志當是齊州蓋濟州屬西路也

京東西路拱州○通考無此州

京西南路鄧州縣五○按本文止有四地名可數當有錯落

隨州隨縣注熙寧元年廢光化爲鎭○臣龍官按光化軍沿革熙寧五年廢軍改乾德爲光化縣入襄州則隨州注誤

京西北路鄭州○按鄭州及滑州所領之縣通考俱入開封

滑州昨城○應是胙城

宋史卷八十六

元中書右丞相總裁脫脫等修

地理志第三十九

地理二（河北路　河東路）

河北路舊分東西兩路後併爲一路熙寧六年再分爲兩路

東路府三大名開德河間州十一滄冀博棣莫雄霸德濱恩淸軍五德淸保順永靜信安保定縣五十七

大名府魏郡慶曆二年建爲北京八年始置大名府路安撫使統北京澶懷衞德博濱棣通利保順軍熙寧以來並因之六年分屬河北東路崇寧戶一十五萬五千二百五十三口五十六萬八千九百七十六貢花紬綿紬平紬紫草縣十二元城（赤熙寧六年省大名縣爲鎭入焉）莘（畿）大名（次赤熙寧六年省入元城紹聖二年復政和六年徙治南樂鎭）內黃（畿）成安（畿熙寧六年省洹水縣爲鎭入焉）魏（次畿）館陶（畿熙寧五年省永濟縣爲鎭入焉尋復舊）臨淸（次畿）夏津（畿）淸平（畿宋初自博州來隸熙寧二年又割博平縣明靈砦隸焉本縣移置明靈）冠氏（畿）宗城（畿熙寧五年省臨淸縣爲鎭入焉當年復舊尋以永濟隸臨淸熙寧六年又省經城縣爲鎭入焉）

開德府上澶淵郡鎭寧軍節度本澶州崇寧四年建爲北輔五年升爲府宣和二年罷輔郡仍隸河北東路崇寧戶三萬一千八百七十八口八萬二千八百二十六貢莨莾蓆南粉縣七濮陽（中）觀城（望皇祐元年省入濮陽頓丘四年復置）臨河（緊）淸豐（中慶曆四年徙淸豐縣治德淸軍即縣置軍使隸州熙寧六年省頓丘縣入淸豐）衞南（中）朝城（畿舊隸大名府崇寧四年與南樂來隸）南樂（畿）德淸軍（見上）

滄州上景城郡橫海軍節度崇寧戶六萬五千八百五十一口一十一萬八千二百一十八貢大絹大柳箱縣五淸池（望熙寧四年省饒安縣爲鎭入淸池有乾符巷姑三女泥姑小南河五砦政和二年改巷姑曰海淸三女曰三河泥姑曰河平）無棣（望治平中徙無棣縣治保順軍即縣治置軍使隸州）鹽山（緊）樂陵（緊熙寧二年徙治咸平鎭）南皮（中熙寧六年省臨津縣入焉）保順軍（周置軍於滄州無棣縣南三十里開寶三年又以滄棣二州界保順吳橋二鎭之地益焉仍隸滄州）

冀州上信都郡舊團練慶曆八年升安武軍節度崇寧戶六萬六千二百四十四口一十萬一千三十貢絹縣六信都（望）蓨（上）南宮（上皇祐四年升新河鎭爲縣廢南宮六年省新河爲鎭入焉）棗强（上熙寧元年省爲鎭入信都十年復置）武邑（上）衡水（中）

河間府上河間郡瀛海軍節度至道三年以高陽隸順安軍舊名關南太平興國元年改名高陽關慶曆八年始置高陽關路安撫使統瀛莫雄貝冀滄永靜保定乾寧信安一十州軍本瀛州防禦大觀二年升爲府賜軍額崇寧戶一萬一千九百三十口六萬二百六貢絹縣三河間（望雍熙中即縣回置平虜砦景德二年改爲肅寧城）樂壽（望至道三年自深州來隸熙寧六年省景城縣爲鎭入焉）束城（上熙寧六年省爲鎭入河間元祐元年復）

博州上博平郡防禦淳化三年河決移治於孝武渡西崇寧戶四萬六千四百九十三口九萬一千三百三十三貢平絹縣四聊城（望）高唐（望）堂邑（望）博平（緊熙寧二年割明靈砦隸北京淸平）

棣州上樂安郡防禦建隆二年升爲團練俄爲防禦大中祥符八年移治陽信縣界八方寺崇寧戶三萬九千一百三十七口五萬七千二百三十四貢絹縣三猒次（上）商河（中）陽信（下）

莫州上文安郡防禦熙寧六年省長豐縣爲鎭又省鄚縣入任丘元祐二年復鄚縣尋又罷爲鎭崇寧戶一萬四千五百六十口三萬一千九百九十二貢綿縣一任丘（上有馬村王家二砦政和三年改馬家砦曰定安王家砦曰定平）

雄州中防禦本唐涿州瓦橋關政和三年賜郡名曰易陽崇寧戶一萬三千一十三口五萬二千九百六十七貢紬縣二歸信（中有張家木場三橋雙柳大渦七姑垣紅城新垣八砦）容城（中建隆四年復置）

霸州中防禦本唐幽州永淸縣地後置益津關周置霸州以鄚之文安瀛州之大城來屬政和三年賜郡名曰永淸崇寧戶一萬五千九百一十八口二萬一千五百

一十六貢絹縣二文安上景祐二年廢永清縣入焉有劉家渦刁魚莫金口阿翁鴈頭黎陽喜渦鹿角八砦元豐四年割鹿角砦隸信安軍政和三年改劉家渦砦曰安平阿翁曰仁孝鴈頭曰和寧喜渦曰喜安 大城上

德州上平原郡軍事宋初省歸化縣景祐二年廢安陵縣入將陵後割屬永靜軍熙寧六年省德平縣爲鎭入安德崇寧戶四萬四千五百九十一口八萬二千二十五貢絹縣二安德望 平原緊

濱州上軍事大觀二年賜渤海郡名大中祥符五年廢蒲臺縣崇寧戶四萬九千九百九十一口一十一萬四千九百八十四貢絹縣二渤海望 招安上慶曆三年升招安鎭爲縣熙寧六年省爲鎭入渤海元豐二年復爲縣

恩州下清河郡軍事唐貝州晉永清軍節度周爲防禦宋初復爲節度慶曆八年改州名罷節度崇寧戶五萬一千三百四十二口八萬五千九百八十六貢絹白氈縣三清河望端拱元年徙治永寧鎭淳化五年徙今治熙寧四年省清陽縣入焉 武城望 歷亭緊至和元年廢漳南縣入焉

永靜軍同下州唐景州太平興國六年以軍直屬京淳化元年以冀州阜城來屬景德元年改軍名崇寧戶三萬四千一百九十三口三萬九千二十二貢䈂絹縣三東光緊 將陵望景祐元年移治於長河鎭 阜城中嘉祐八年省爲鎭入東光熙寧十年復爲縣

清州下本乾寧軍幽州蘆臺軍之地晉陷契丹周平三關置永安縣屬滄州太平興國七年置軍改縣曰乾寧隸焉大觀二年升爲州政和三年賜郡名曰乾寧崇寧戶六千六百一十九口一萬二千七十八貢絹縣一乾寧熙寧六年省爲鎭元符二年復崇寧三年再省政和五年又復 砦六釣臺獨流北獨流東當城沙渦百萬

信安軍同下州太平興國六年以霸州淤口砦建破虜軍景德二年改爲信安崇寧戶七百一十五口一千四百三十七貢絹砦七周河刁魚田家狠城佛聖渦鹿角李詳元豐四年霸州鹿角砦始隸軍

保定軍同下州太平興國六年以涿州新鎭建平戎軍景德元年改爲保定軍景祐元年析霸州文安大城二縣五百戶隸軍宣和七年廢保定軍爲保定縣隸莫州知縣事仍兼軍使尋依舊崇寧戶一千二十九口二千四百八十四貢絁砦二桃花父母政和三年改父母砦曰安寧

西路府四眞定中山信德慶源州九相濬懷衞洺深磁祁保軍六天威北平安肅永寧廣信順安縣六十五

眞定府次府常山郡唐成德軍節度本鎭州漢以趙州之元氏欒城二縣來屬開寶六年廢九門石邑二縣端拱初以鼓城隸祁州淳化九年以束鹿隸深州慶曆八年初置眞定府路安撫使統眞定府磁相邢趙洺六州崇寧戶九萬二千三百五十三口一十六萬三千一百九十七貢羅縣九眞定次畿 稾城次畿 欒城次畿 元氏次畿 井陘次畿熙寧六年省入獲鹿平山八年復置徙治天威軍即縣治置軍使隸府有天威軍小作口王家谷三砦 獲鹿次畿 平山次畿有甘泉嵐州沂州檀明夫婦相嶺黃岡洪山赤箭抱兒石虎中子雕拱東臨山西臨山十五砦 行唐次畿 靈壽次畿熙寧六年省爲鎭入行唐八年復有赤壓飛吳二砦 北砦咸平二年置熙寧八年析行唐縣二鄉隸砦

天威軍見上

相州望鄴郡彰德軍節度崇寧戶三萬六千三百四十口七萬一千六百三十五貢暗花牡丹花紗知母胡粉絹縣四安陽緊熙寧五年省永和縣入焉 湯陰緊宣和二年以湯陰縣隸濬州尋復來隸 臨漳緊熙寧五年省鄴縣入焉 林慮中

中山府次府博陵郡建隆元年以易北平並來屬太平興國初改定武軍節度本定州慶曆八年始置定州路安撫使統定保深祁廣信安肅順安永寧八州政和三年升爲府改賜郡名曰中山崇寧戶六萬五千九百三十五口一十八萬六千三百五貢羅大花綾縣七安喜緊 無極緊 曲陽上 唐上 望都中 新樂中 北平中下 砦一軍城隸曲陽縣 北平軍慶曆二年以北平砦建軍四年復隸州即北平縣治置軍使隸州

信德府次府鉅鹿郡後唐安國軍節度本邢州宣和元年升爲府崇寧戶五萬三千六百一十三口九萬五千五百五十二貢絹白磁盞解玉砂縣八邢臺上宣和二年改龍岡縣爲邢臺 沙河上 任中 堯山中 平鄉上熙寧六年省平鄉縣爲鎭入鉅鹿元祐元年復 內丘上熙寧六年省堯山縣入焉元祐元年復 南和中熙寧五年省任縣爲鎭入焉元祐元年復 鉅鹿上

濬州平川軍節度本通利軍端拱元年以滑州黎陽縣爲軍天聖元年改通利爲安利四年以衞州衞縣隸軍熙寧三年廢爲縣隸衞州元祐元年復爲軍政和五年升爲州號濬川軍節度改今額崇寧戶三千一百七十六口三千二百二縣二衞上熙寧六年廢爲鎭入黎陽後復 黎陽中

懷州雄河內郡防禦建隆元年升爲團練俄爲防禦崇寧戶三萬二千三百一十一口八萬八千一百八十五貢牛膝皀角縣三河內緊熙寧六年省武德縣爲鎭入焉 脩武上熙寧六年省爲鎭入武陟元祐元年復 武陟中

衞州望汲郡防禦崇寧戶二萬三千三百四口四萬六千三百六十五貢絹綿縣四汲中 新鄉緊熙寧六年廢爲鎭入汲元祐二年復 獲嘉上天聖四年自懷州來隸 共城中 監一黎陽置鑄銅錢

洺州望廣平郡建隆元年升爲防禦熙寧三年省曲周縣爲鎭入鷄澤六年省臨洺縣爲鎭入永年元祐二年曲周臨洺復爲縣尋復爲鎭四年曲周鷄澤依舊別爲兩縣崇寧戶三萬八千八百一十七口七萬三千六百貢紬縣五永年上 肥鄉望 平恩緊 鷄澤中 曲周中

深州望饒陽郡防禦雍熙四年廢陸澤縣崇寧戶三萬八千三十六口八萬三千七百一十貢絹縣五靜安望本漢下博縣周置靜安軍以縣隸焉太平興國七年又隸靜安軍雍熙二年廢還屬三年廢四年復置改今名 束鹿望淳化中自眞定來屬 安平望 饒陽望 武強望

磁州上滏陽郡團練舊名慈政和三年改作磁崇寧戶三萬六千四百九十一口九萬六千九百二十二貢磁石縣三滏陽上熙寧六年省昭德縣爲鎭入焉 邯鄲上 武安上有固鎭永安黃澤

海回四砦

祁州中蒲陰郡團練端拱初以鎮州鼓城來屬景德元年移治於定州蒲陰以無極隸定州熙寧六年省深澤縣爲鎮入鼓城元祐元年復崇寧戶二萬四千四百八十四口四萬九千九百七十五貢花絁縣三蒲陰望鼓城緊深澤中

慶源府望趙郡慶源軍節度本趙州軍事大觀三年升爲大藩崇寧四年賜軍額宣和元年升爲府崇寧戶三萬四千一百四十一口六萬一百三十七貢絹綿縣七平棘望寧晉望臨城上唐縣熙寧六年省隆平縣爲鎮入焉元祐元年復高邑中熙寧五年省栢鄉贊皇二縣爲鎮入焉元祐元年皆復隆平中栢鄉中贊皇下

保州下軍事本莫州清苑縣建隆初置保塞軍太平興國六年建爲州政和三年賜郡名曰清苑崇寧戶二萬七千四百五十六口二十三萬二百三十四貢絹縣一保塞望太平興國六年析易州滿城之南境入焉

安肅軍同下州本易州遂城縣太平興國六年建爲靜戎軍析易州遂城三鄉置靜戎縣隸焉景德元年併縣改安肅軍宣和七年廢軍爲安肅縣知縣事仍兼軍使尋依舊崇寧戶七千一百九十七口一萬四千七百五十一貢素絁縣一安肅中

永寧軍同下州雍熙四年以定州博野縣建寧邊軍景德元年改永寧軍宣和七年廢爲博野縣知縣事仍兼軍使尋依舊縣一博野望

廣信軍同下州太平興國六年改易州遂城縣爲威勇軍景德元年改廣信軍崇寧戶四千四百四十五口八千七百三十八貢紬栗縣一遂城中

順安軍同下州本瀛州高陽關砦太平興國七年置唐興砦淳化三年建爲順安軍至道三年以瀛州高陽來屬熙寧六年省高陽縣爲鎮十年復爲縣崇寧戶八千六百五口一萬六千五百七十八貢絹縣一高陽中

河北路蓋禹貢兗冀青三州之域而冀兗爲多當畢昴室東壁尾箕之分南濱大河北際幽朔東瀕海岱西壓上黨蠶絲纖紝之所出人性質厚少文多專經術大率氣勇尚義號爲強伎土平而近邊習於戰鬭有河漕以實邊用商賈貿遷芻粟峙積宋初募置鄉義大修戰備爲三關置方田以資軍廩契丹數來侵擾人多去本及荐修戎好益開互市而流庸復來歸矣大名澶淵安陽臨洺汲郡之地頗雜斥鹵宜於畜牧浮陽際海多鬻鹽之利其控帶北地鎮魏中山皆爲雄鎮云

河東路府三太原隆德平陽州十四絳澤代忻汾遼憲嵐石隰慈麟府豐軍八慶祚威勝平定岢嵐寧化火山保德晉寧縣八十一

太原府太原郡河東節度太平興國四年平劉繼元降爲緊州軍事毀其城移治於榆次縣又廢太原縣以平定樂平二縣屬平定軍交城屬大通監七年移治唐明監舊領河東路經畧安撫使元豐爲次府大觀元年升大都督府崇寧戶一十五萬五千二百六十三口一百二十四萬一千七百六十八貢大銅鑑甘草人參礬石縣十陽曲次赤有百井陽興二砦太谷次畿榆次次畿壽陽次畿盂次畿交城次畿開寶元年自大通監來隸文水次畿祁次畿清源次畿平晉中熙寧三年廢入陽曲政和五年復監二大通永利

隆德府大都督府上黨郡昭義軍節度太平興國初改昭德舊領河東路兵馬鈐轄兼提舉澤晉絳州威勝軍屯駐泊本城兵馬巡檢事本潞州建中靖國元年改爲軍崇寧三年升爲府仍還昭德舊節崇寧戶五萬二千九百九十七口一十三萬三千一百四十六貢人參蜜墨縣八上黨望屯留上襄垣上潞城上壺關中長子中涉中黎城中天聖三年徙治涉之東南白馬驛熙寧五年省入潞城縣元祐元年復

平陽府望平陽郡建雄軍節度本晉州政和六年升爲府崇寧戶七萬五千九百八口一十八萬五千二百五十四貢蜜蠟燭縣十臨汾望洪洞緊襄陵緊熙寧五年廢慈州鄉寧縣分隸焉有鷹掌豹尾二砦神山上有韓買安國史壁疊頭等堡趙城上熙寧五年省爲鎮隸洪洞元豐三年復爲縣汾西中有厚喬青岸石橋青山邊栢五砦霍邑中冀氏中有府城永興二砦陶川白練當谷橫嶺四堡岳陽中下和川中下太平興國六年廢沁州以縣來屬熙寧五年省爲鎮入冀氏元祐元年復爲縣務二煉礬礬山

慶祚軍政和三年以趙城造父始封之地升爲軍以軍事領之

絳州雄絳郡防禦崇寧戶五萬九千九百三口九萬四千二百三十七貢防風蠟燭墨縣七正平望曲沃望太平緊熙寧五年廢慈州以鄉寧縣分隸太平稷山翼城上稷山中絳中有中山花崖華山三砦垣曲下有銅錢一監

澤州上高平郡崇寧戶四萬四千一百三十三口九萬一千八百五十二貢白石英禹餘糧人參縣六晉城緊高平上陽城上端氏中陵川中沁水中下關一雄定舊天井關

代州上鴈門郡防禦景德二年廢唐林縣舊置沿邊安撫司崇寧戶三萬三千二百五十八口一十五萬九千八百五十七貢麝香青䕷縣四鴈門中下有西陘胡谷鴈門三砦崞中下有樓板陽武石峽土墱四砦五臺下繁畤下有繁畤茹越大石義興治寶興軍瓶形梅回麻谷八砦

忻州下定襄郡團練崇寧戶一萬八千一百八十六口四萬二千二百三十二貢解玉砂麝縣二秀容緊熙寧五年省定襄入焉元祐元年定襄復爲縣有石嶺關忻口雲內徒合四砦定襄中下

汾州望西河郡軍事崇寧戶五萬一千六百九十七口一十八萬五千六百九十八貢土絁石膏縣五西河望有永利西監平遙望介休上靈石中有陽涼南關陽涼北關孝義上太平興國元年改爲中陽後復爲孝義熙寧五年省爲鎮入介休元祐元年復

遼州下樂平郡熙寧七年州廢省平城和順二縣爲鎮入遼山縣隸平定軍省榆社縣爲鎮入威勝軍武鄉縣元豐八年復置州縣鎮並復來隸元祐元年復置和順榆社平城縣崇寧戶七千三百一十五貢人參縣四遼

山(下有黃澤砦)和順(下)榆社(中下)平城(中)

憲州中汾源郡軍事初治樓煩咸平五年移治靜樂軍縣遂廢軍又廢樓煩改隸嵐州熙寧三年廢憲州以靜樂縣隸嵐州十年復憲州仍領靜樂縣政和五年賜郡名崇寧戶二千七百二十二口七千四百四十四貢麝香縣一靜樂(中咸平九年廢天池玄池二縣入焉)

嵐州下樓煩郡軍事太平興國五年以嵐谷隸岢嵐軍崇寧戶一萬三千二百六十九口六萬六千二百二十四貢麝香縣三宜芳(中有飛鳶堡)合河(中下有乳浪砦)樓煩(下咸平五年自憲州來隸)

石州下昌化郡軍事舊帶嵐石隰三州都巡檢使元豐五年置葭蘆吳堡二砦隸州因置二砦沿邊都巡檢使遂令三州各帶沿邊都巡檢使初領縣五元符二年升葭蘆砦爲晉寧軍以州之臨泉縣隸焉大觀三年復以定胡縣隸晉寧軍崇寧戶一萬五千八百九口七萬二千九百二十九貢蜜蠟縣三離石(中)平夷(中有伏落津砦)方山(下)

隰州下大寧郡團練熙寧五年廢慈州以吉鄉縣隸州即縣治置吉鄉軍使仍省文城縣爲鎮隸焉元祐元年復慈州七年以州之上平永寧兩關俯逼西界以州爲次邊崇寧戶三萬八千二百八十四口一十三萬八千四百三十九貢蜜蠟縣六隰川(上)溫泉(上有礫磐一務水頭白壁先降三砦)蒲(中)大寧(中)石樓(中有上平永寧二砦)永和(中)

慈州下團練舊領吉鄉文城鄉寧三縣熙寧五年廢州以吉鄉隸隰州即縣治置吉鄉軍使仍省文城爲鎮隸焉又以鄉寧隸晉州襄陵縣元祐元年復吉鄉軍爲慈州戶口闕縣一吉鄉(中)

麟州下新秦郡乾德初移治吳兒堡五年升建寧軍節度端拱初改鎮西軍節度崇寧戶三千四百八十二口八千六百八十四貢柴胡縣一新秦(上政和四年廢銀城連谷二縣入焉)

有神堂靜羌二砦惠寧鎮川二堡銀城有屈野川五原塞銀城神木建寧三砦肅定神木通津闌干四堡連谷有屈野川橫陽堡大和砦(地名大和谷元符二年建築賜名東至神木砦五十五里南至彌川砦三十里西至饒咩浪界堠七十里北至清水谷三十里)大和堡(地名麻也娘元符二年建築賜名東至肅定堡界二十五里南至清水谷二十里西至松木晉堆界六十五里北至銀城砦二十五里)

府州中靖康軍節度本永安軍崇寧元年改軍額政和五年賜郡名曰榮河舊置麟府路軍馬司以太原府代州路鈐轄領之崇寧戶一千二百四十二口三千一百八十五貢甘草縣一府谷(下有安豐寧府百勝三砦河濱斥堠靖安西安三堡)寧川堡(府州安豐砦外第九砦元符元年賜名東至斥堠堡三十五里南至安豐砦界四十五里西至豐州寧豐砦四十里北至青沒怒川界堠一百五十里)寧邊砦(地名端正平元符二年進築賜今名東至寧府砦界三十里南至靖化堡界三十里西至吳龎峰一十五里北至保寧砦界三十里)寧疆堡(宣和六年獨移莊嶺建堡賜名寧疆)震威城(宣和六年鐵爐骨堆建砦賜名)

豐州下慶曆元年元昊攻陷州地嘉祐七年以府州蘿泊川掌地復建爲州今軍事政和五年賜郡名寧豐崇寧戶一百五十三口四百一十一貢甘草柴胡砦二永安保寧

威勝軍同下州太平興國三年於潞州銅鞮縣亂柳石圍中建爲軍崇寧戶一萬九千九百六十二口三萬七千七百二十六貢土絁縣四銅鞮(中太平興國初與武鄉自潞州來隸)武鄉(上熙寧七年廢遼州以榆社縣爲鎮入焉元豐八年復置遼州以榆社往隸)沁源(中下太平興國六年廢沁州以縣來隸)綿上(中下寶元二年自大通監來隸慶曆六年徙治軍西北大覺寺地)

平定軍同下州太平興國二年以鎮州廣陽砦建爲軍四年以并州平定樂平二縣來屬崇寧戶九千三百六口二萬八千六百七貢絹縣二平定(中唐廣陽縣太平興國四年改有故井陘關百井砦)樂平(中有靜陽砦)

岢嵐軍同下州太平興國五年以嵐州嵐谷縣建爲軍崇寧戶二千九百一十七口六千七百二十貢絹縣一嵐谷(下熙寧三年廢元豐六年復置有永和洪谷等六砦)

寧化軍同下州崇寧戶一千七百一十八口三千八百二十一貢絹縣一寧化(熙寧三年廢元祐元年復崇寧三年又廢爲鎮有西陽腦子細腰窟谷四砦)

火山軍同下州本嵐州之地太平興國七年建爲軍治平四年置火山縣四年廢之崇寧戶五千四百四十五口九千四百八十貢柴胡砦一下鎮(火山軍舊領雄勇偏頭董家橫谷桔槔護水六砦慶曆初置下鎮砦嘉祐六年廢偏頭砦熙寧元年廢桔槔砦元豐九域志領砦一)

保德軍同下州淳化四年析嵐州地置定羌軍景德元年改崇寧戶九百六十三口四千五十貢絹津二大堡沙谷

晉寧軍本西界葭蘆砦元豐五年收復六年并吳堡砦並隸石州元祐四年以葭蘆砦給賜西人紹聖四年收復元符二年以葭蘆砦爲晉寧軍割石州之臨泉隸焉知軍領嵐石路沿邊安撫使兼嵐石隰州都巡檢使大觀三年復以石州定胡縣來隸東至尅胡砦隔河五里南至吳堡砦四百七十里西至神泉砦二十五里北至通秦砦二十里領縣二定胡(中舊領定胡天渾津吳堡三砦按吳堡砦元豐四年收復東至黃河南至綏德軍白草砦九十里西至綏德軍義合砦六十里北至晉寧軍一百七十里)臨泉(中下舊領尅胡葭蘆二砦按葭蘆砦乃元豐五年收復後爲晉寧軍)神泉砦(地名榆木川在廢葭蘆砦北元符元年賜今名東至晉寧軍一十五里南至烏龍砦二十五里西至楄柞嶺界堠五十里北至通秦砦四十里)三交堡(地名三交川嶺元符元年神泉砦築堡畢工賜名)烏龍砦(元符二年建築賜名東至神泉砦二十五里南至暖泉砦二十里西至暖泉砦三十里北至女萌烽一十七里)通秦砦(地名昇囉嶺元符二年賜今名東至黃河二十九里南至神泉砦四十三里西至女萌骨堆界堠五十里北至通秦堡一十七里)寧河砦(地名窟薛嶺元符二年賜名東至黃河三十里南至通秦堡一十七里西至尹遇合一十三里北至章堡二十五里)彌川砦(地名彌勒川元符二年賜名東至黃河六十里南至彌川堡十五里西至砦浪骨堆界堠七十里北至麟州大和砦三十里)通秦堡(地名精移堡元符二年同砦賜名東至黃河一百二十步南至通秦砦二十七里西至龍移川界堠五十里北至寧河砦一十一里)寧河堡(地名哥崖嶺元符二年同砦賜名)彌川堡(地名小紅崖元符二年同砦賜名東至黃河四十里南至寧河砦一十五里西至祖平四十里北至秦平堡一十里)靖川堡(東至黃河三十里南至寧河砦十四里西至界首立子谷四十五里北至彌川堡一十三里)

河東路蓋禹貢冀雍二州之域而冀州爲多當觜參之分其地東際常山西控党項南盡晉絳北控雲朔當太行之險地有鹽鐵之饒其俗剛悍而朴直勤農織之事

業寡桑柘而富麻苧善治生多藏蓄其靳嗇尤甚朔方樓煩馬之所出歲增貿市以充監牧之用太宗平太原慮其恃險徙州治焉然猶爲重鎭屯精兵以控邊部云

宋史卷八十七

元　中　書　右　丞　相　總　裁　脫　脫　等　修

地理志第四十

地理三 陝西

陝西路慶曆元年分陝西沿邊爲秦鳳涇原環慶鄜延四路熙寧五年以熙河洮岷州通遠軍爲一路置馬步軍都總管經略安撫使又以熙河等五州軍爲一路通舊鄜延等五路共三十四州軍後分永興保安軍河中陝府商解同華耀虢鄜延丹坊環慶邠寧州爲永興軍等路轉運使於永興軍提點刑獄於河中府置司鳳翔府秦階隴鳳成涇原渭熙河洮岷州鎭戎德順通遠軍爲秦鳳等路轉運使於秦州提點刑獄於鳳翔府置司仍以永興鄜延環慶秦鳳涇原熙河分六路各置經略安撫司

永興軍路府二京兆河中州十五陝延同華耀邠鄜解慶虢商寧坊丹環軍一保安縣八十三其後延州慶州改爲府又增銀州醴州及定邊綏德清平慶成四軍凡府四州十五軍五縣九十

京兆府京兆郡永興軍節度本次府大觀元年升大都督府舊領永興軍路安撫使宣和二年詔永興軍守臣等銜不用軍額稱京兆府崇寧戶二十三萬四千六百九十九口五十三萬七千二百八十八貢鞾氈蠟席酸棗仁地骨皮縣十三長安次赤樊川次赤舊萬年縣宣和七年改鄠次畿藍田次畿咸陽次畿涇陽次畿櫟陽次畿高陽次畿興平次畿臨潼次畿唐昭德縣大中祥符改醴泉次畿武功次畿政和八年醴泉撥入醴州同乾祐次畿監二熙寧四年置鑄銅錢八年置鑄鐵錢

河中府次府河東郡護國軍節度舊兼提舉解州慶成軍兵馬巡檢事大中祥符中以榮河爲慶成軍崇寧戶七萬九千九百六十四口二十二萬七千三十貢五味子龍骨縣七河東次赤隋縣熙寧三年省西河縣六年省永樂縣爲鎭入焉臨晉次畿猗氏次畿虞鄉次畿萬泉次畿龍門次畿元祐二年置鑄錢監二榮河次畿舊隸慶成軍熙寧元年廢以榮河隸府即縣治置軍使

慶成軍見上

解州中防禦崇寧戶三萬二千三百五十六口一十一萬三千三百二十一貢鹽花縣三解中聞喜望安邑緊

陝州大都督府陝郡太平興國初改保平軍舊兼提舉商虢州兵馬巡檢事崇寧戶四萬七千八百六口一十三萬五千七百一貢紬絁括蔞根柏子仁縣七陝中熙寧六年省硤石縣爲鎭入焉平陸上夏上靈寶上熙寧四年省湖城縣入焉芮城中湖城中下元豐元年復置縣閿鄉中下太平興國三年自虢州與湖城二縣來隸

商州望上洛郡軍事崇寧戶七萬三千一百二十九口一十六萬二千五百二十四貢麝香枳殼實縣五上洛中商洛中下洛南中下豐陽中上津中下

虢州雄虢郡軍事崇寧戶二萬二千四百九十口四萬七千五百六十三貢麝香地骨皮硯縣四盧氏中熙寧二年以西京伊陽縣欒川治鎭隸焉虢略中唐弘農縣建隆初改常農至道三年改今名熙寧四年省玉城縣爲鎭入焉朱陽中乾德六年廢入常農太平興國七年復置欒川元祐二年以欒川冶爲鎭崇寧三年改爲縣

同州望馮翊郡定國軍節度崇寧戶八萬一千一十一口二十三萬三千九百六十五貢白蒺藜生熟乾地黃縣六馮翊緊澄城緊朝邑緊郃陽上熙寧四年省夏陽縣爲鎭入焉白水中韓城中元祐二年置鑄錢監監一沙苑

華州望華陰郡建隆初爲鎭國軍節度皇祐五年改鎭潼軍節度崇寧戶九萬四千七百五十口二十六萬九千三百八十貢茯苓細辛茯神縣五鄭上下邽望蒲城望唐奉先縣開寶四年改建隆中自京兆隸同州天禧四年自同州來隸華陰緊渭南上熙寧六年省爲鎭入鄭元豐元年復爲縣舊自京兆府來隸監二熙寧四年置鑄銅錢八年置鑄鐵錢

耀州緊華原郡開寶五年爲感義軍節度太平興國初改感德軍崇寧戶一十萬二千六百六十七口三十四萬七千五百三十五貢瓷器縣六華原上富平望三原望雲陽上同官上美原中

清平軍本鳳翔府盩厔縣清平鎭大觀元年升爲軍復置終南縣隸京兆府清平軍使兼知終南縣專管勾上清太平宮縣一終南

延安府中都督府延安郡彰武軍節度本延州元祐四年升爲府舊置鄜延路經略安撫使統延州鄜州丹州坊州保安軍四州一軍其後增置綏德軍又置銀州凡五州二軍銀州尋廢崇寧戶五萬九百二十六口一十六萬九千二百一十六貢黃蠟麝香縣七膚施中熙寧五年省豐林縣爲鎭金明縣爲砦並入焉有金明龍安二砦安塞一堡元豐四年又收復塞門砦宣和二年改龍安曰德安砦延川中熙寧八年省延水縣爲鎭入焉有丹頭綏平懷寧順安白草永平六砦安定黑水二堡及永寧關元豐四年收復置細浮圖義合米脂三砦七年以米脂義合浮圖懷寧順安綏平六城砦隸綏德城元符二年廢順安白草丹頭三砦延長中門山中臨眞中敷政中有招安萬安二砦元符二年廢招安砦爲驛甘泉中下城二治平四年收復綏州熙寧中改爲綏德城四年置羅兀城撫寧寶草二堡尋廢元豐五年置永樂城賜名銀川砦尋廢青澗城元符二年隸綏德城綏德城元符二年改爲軍監一熙寧八年置鑄鐵錢塞門砦延州北番部舊砦至道後與盧關石堡安遠砦俱廢元豐四年收復仍隸延州膚施縣東至殄羌砦五十里西至平戎砦六十里南至安塞堡四十里北至烏延口九十里平羌砦地本克胡山砦紹聖四年賜名東至安定堡六十里西至安塞堡三十五里南至龍安砦五十四里北至殄羌砦六十里威戎城地本昇平塔紹聖四年賜名東至臨夏城四十里西至威羌砦七十里南至黑水堡六十里北至界臺七十里平戎砦地本杏子河東山紹

聖四年賜名東至塞門砦六十里西至順寧砦七十里南至園林堡五十一里北至杏子堡四十里開光堡紹聖四年修築元符元年賜名二年隸綏德城殄羌砦地名那娘山元符元年建築賜名東至威羌砦四十里西至塞門砦五十里南至平羌砦六十里北至御謀城三十五里威羌砦地名白洛脊元符元年建築賜名東至威戎城七十里西至殄羌砦四十里南至安定堡七十里北至蘆移堡七十里御謀城崇寧三年建築賜名東至蘆移堡三十五里西至界臺三十五里南至殄羌砦三十五里北至界臺二十里石堡砦崇寧三年建築賜名威德軍五年復爲砦國初嘗置城至道後廢之地在延州北制戎城政和八年賜鄜延路天降山新城改今名新砦蘆移堡東至屈丁堡五十里西至御謀城三十五里南至威羌砦七十里北至界臺一十三里屈丁堡萬安堡東至威戎城六十里西至蘆移堡四十里南至威羌砦四十里北至屈丁堡五十一里丹頭堡青石崖堡窟囉堡

鄜州，上，洛交郡，保大軍節度。崇寧戶三萬五千四百一，口九萬二千四百一十五。貢麝香，今改貢蠟燭。縣一：宜川。上。後魏義川縣，太平興國中改名。以鄜州廢咸寧縣入焉。熙寧三年省汾川縣，七年省雲巖縣爲鎮，八年析同州韓城縣新封鄉益入焉。

坊州，上，中部軍，州事。崇寧戶一萬三千四百八，口四萬一百九十一。貢弓弦麻席。縣二：中部，緊。宜君。中。熙寧元年省昇平縣爲鎮入焉。有磐塲。

保安軍，同下州。崇寧戶二千四十二，口六千九百三十一。貢毛段、蓯蓉。砦二：德靖，東至保安軍八十里西至慶州荔原堡六十里南至慶州平戎鎮五十里北至金湯城六十里順寧。東至平戎砦七十里西至金湯城九十里南至保安軍四十里北至萬全砦四十里堡一，園林。東至安塞堡七十里西至保安軍四十里南至招安驛七里北至平戎堡五十一里金湯城舊名湯砦在德靖砦西南元符二年進築東至順寧砦九十里西至慶州白豹城四十里南至德靖砦六十里北至通慶城六十里威德軍保安軍之北兩界上有洑流名藏底河夏人近是築城爲要害必爭之地政和三年賈炎乞進築不果七年知慶州姚古克之即威德軍

綏德軍，唐綏州。熙寧三年收復，廢爲城，隸延州，在州東北三十里。元豐七年，以延州米脂、義合、浮圖、懷寧、順安、綏平六城砦隸綏德城。元符二年，改爲軍，并將暖泉、米脂、開光、義合、懷寧、克戎、臨夏、綏平砦、青澗城、永寧關、白草、順安砦並隸軍。暖泉砦，元符二年建築賜名東至河東烏龍砦二十里西至米脂砦四十五里南至義合砦八十里北至清邊砦七十里米脂砦本西夏砦元豐四年收復爲米脂城後復爲砦隸延州延川縣七年改隸綏德城元祐四年給賜夏人元符元年收復仍賜舊名東至暖泉砦四十五里西至克戎城六十里南至開光堡三十里北至嗣武城二十里開光堡紹聖四年修築元符元年賜名二年自延安府來屬東至暖泉砦六十里西至克戎砦五十里南至綏德軍三十里北至米脂砦三十里義合砦本夏人砦元豐四年收復隸延州延川縣七年改隸綏德城東至晉寧軍六十里西至綏德軍四十里南至順安驛六十里北至暖泉砦八十里懷寧砦延州延川縣舊砦東至綏德軍四十里西至綏平砦四十里南至青澗城七十里北至克戎砦六十里克戎砦本西人細浮圖砦元豐四年收復隸延州延川縣七年改隸綏德城元祐四年給賜夏人紹聖四年收復賜名東至綏德軍六十里西至臨夏砦三十里南至懷寧砦六十里北至鎮邊砦六十五里臨夏城地名囉巖谷嶺元符元年築城賜今名東至克戎砦三十里西至威戎城四十里南至綏平砦六十里北至界堠八十二里綏平砦延州延川縣舊砦元符二年割隸綏德軍東至懷寧砦四十里南至黑水堡四十里西至丹頭驛四十里北至臨夏砦六十里青澗城延州舊城東至永寧縣七十里西至來平砦七十里南至延川縣四十里北至懷寧軍七十里永寧關延州延川縣舊關白草砦延州延川縣舊砦元符二年廢後復置順安砦延州延川縣舊砦元符二年廢後復置嗣武砦舊囉兀城屬延州元豐四年置尋廢崇寧三年修復賜名東至清邊砦二十里西至鎮邊砦二十里南至米脂砦三十里北至龍泉砦二十里龍泉砦宣和二年改名通泉尋復故東至清邊砦二十里西至鎮邊砦四十里南至嗣武城二十里北至中山堡八里清邊砦東至河東界五十里西至龍泉砦二十里南至暖泉砦七十五里北至生界堠一十三里以下砦堡凡不書年月者皆未詳建置本末鎮邊砦東至龍泉砦四十里西至大蟲坑二十五里南至克戎城六十五里北至生界堠二十五里龍安砦本屬延安府膚施縣不詳何年來屬東至安定堡八十里西至招安驛四十里南至金明驛三十五里北至御安堡四十里海末堡海末至栢林十六堡黑水安定安塞本延安舊堡窟兒堡　大厥堡　花佛嶺堡　臨川堡　定遠堡　馬欄堡　中山堡　黑水堡　安定堡　佛堂堡　唐推堡　雙林堡　安塞堡　浮圖堡　栢林堡

銀州，銀川郡，領儒林、撫寧、眞鄉、開光四縣。五代以來爲西夏所有。熙寧三年收復，尋棄不守。元豐四年收復，五年，即永樂小川築新城，距故銀州二十五里，前據銀州大川，賜名銀川砦，旋被西人陷沒。崇寧四年收復，仍爲銀州。五年，廢爲銀川城。

慶陽府，中，安化郡，慶陽軍節度。本慶州，建隆元年升團練，乾德元年復爲軍事，政和七年升爲節度，軍額曰慶陽。宣和七年，改慶州爲府。舊置環慶路經略安撫使，統慶州、環州、邠州、寧州、乾州，凡五州。其後廢乾州，置定邊軍。已而復置醴州。凡統三州、一軍。崇寧戶二萬七千八百五十三，口九萬六千四百三十三。貢紫茸、白花氈、麝香、黃蠟。縣三：安化。中。有大順一城府城東谷柔遠人順四砦元豐四年廢府城砦金村堡平戎鎮五年收復疆詐砦賜名安疆砦元祐元年復平戎鎮合水熙寧四年始置省華池樂蟠二縣爲鎮七年改華池鎮爲華池砦有東華池西華池二砦荔原一堡彭原熙寧三年自寧州來隸安疆砦本西人疆詐砦元豐五年收復賜名元祐四年給賜夏人紹聖四年修復東至德靖砦九十里西至東谷砦六十里南至大順城四十里北至白豹城四十里又隸定邊軍橫山砦地名西擦嘹元符元年建築賜名東至東谷砦界擦嘹四十五里西至寧羌砦七十里南至通塞堡三十里北至定邊軍三十里通塞堡元符元年建築東至東谷砦二十里西至西谷砦二十里南至懷安鎮四十里北至橫山砦三十里定邊城元符二年修築後別爲定邊軍白豹城舊屬西界元符二年修復賜舊名東至安疆砦四十里西至東谷砦三十里南至柔遠砦五十里北至勝羌堡五十里別見定邊軍綏遠砦地本駱駝巷元符二年建築賜名東至定邊軍二十里西至寧羌砦六十里南至橫山砦五十里北至神堂砦約五十里寧羌砦地本萌門三岔元符元年建築賜名東至綏遠砦六十里西至安塞砦五十里南至西谷砦三十里北至王尚原界堠五十里鎮安城政和六年建築東至鄜延路通慶城三十里西至九陽堡二十里南至威邊砦三十里北至西界地名蒼鷄三十里麥川堡本名麥經嶺政和六年賜名係環慶路未詳屬何州軍姑附於此東至懷威砦二十里西至矜戎堡二十里南至威邊砦一十五里北至鎮安城三十里威寧堡本名衡家堡政和六年賜名係環慶路未詳屬何州軍姑附於此東至九陽堡一十五里西至定邊軍一十五里南至矜戎堡一十里北至七逋哆移塔五里矜戎堡東至懷威堡四十里西至定邊軍約二十里南至胡博川二十里北至通祖盧門城砦五十里府城砦元豐二年已廢不知何年修復金村堡同上勝羌堡東至洛河川二十里西至通塞堡約五十里南至白豹城五十里北至威邊砦二十里定戎堡東至啓祖峯二十里西至那丁原五里南至興平城二十里北至清平關一十里威邊砦東至洛河川二十里西至橫山砦三十五里南至勝羌堡二十里北至鎮安城三十里懷威堡東至鄜延路通慶城十五里西至矜戎堡約四十里南至威寧砦約二十里北至西界羅輕嘴約五十里

環州，下，軍事。舊降爲通遠軍，淳化五年復爲州。崇寧戶七千一百八十三，口一萬五千五百三十二。貢甘草。縣一：通遠。上。有烏崙、肅遠、洪德、永和、平遠、定邊、團堡、安塞八砦興平城地名灰家觜元符元年築賜名東至賀子兒一十里西至流井堡四十里南至洪德砦二十里北至清平關三十里清平關地名

之字平元符二年建築賜名東至鬼通砦二十五里西至安邊城四十二里南至興平城三十里北至陷道口鋪二十七里安邊城地名徐丁臺崇寧五年築賜名東至清平關四十里西至折薑和市賊砦八十里南至蕭遠砦一百餘里北至牛圈界堠二十里羅溝堡朱灰臺至綏遠砦中路地名火羅溝及阿原峰政和三年建築賜名東南至綏遠砦約二十里西南至寧羌砦約六十里南至阿原堡約四十里西至宋臺堡約一十五里阿原堡地名見羅溝堡政和三年賜名東至綏遠砦三十里西至寧羌砦三十里南至西谷砦四十里北至羅溝堡約四十里朱臺堡本朱灰臺政和三年建築賜名東至鷄觜堡約一十八里西至木瓜堡約五十里南至阿原堡約四十里北至糶毛觜約二百步安邊砦大拔砦元豐二年已廢不知何年復修方渠砦流井堡東至興平城四十里西至安邊城三十里南至党羅原五里北至蘭善約五十餘里歸德堡東至木瓜堡五十里西至定戎堡約三十里南至洪德砦四十里北至蝦蟆和市賊砦約四十里木瓜堡東至寧羌砦二十五里西至歸德堡五十里南至惠丁堡四十里北至界堠裏羅節硯五里麝香堡東至龍札谷五里西至打米谷八里南至木瓜原一十五里北至烏丁原二十里通歸堡東至歸德堡二十里西至興平城約三十里餘南至洪德砦二十里北至堡子谷約一十里惠丁堡東至寧羌砦約四十里西至麝香堡約三十里南至安塞砦約三十五里北至木瓜堡四十里

邠州緊新平郡靜難軍節度崇寧戶五萬八千二百五十五口一十六萬二千一百六十一貢火筋華豆剪刀縣五新平望宜祿望三水上定平緊熙寧五年隸寧州政和七年自寧州來隸淳化中淳化四年升耀州雲陽黎園鎮為縣熙寧八年置鑄錢監元豐三年廢宣和元年自耀州來隸

寧州望彭原郡興寧軍節度本軍事州宣和元年賜軍額崇寧戶三萬七千五百五十八口一十二萬二千四十一貢菴閭荊芥硯席縣三定安緊襄樂上眞寧下

醴州本京兆府奉天縣舊置乾州熙寧五年廢以奉天還隸府政和七年復以縣為州更名醴八年割屬環慶路縣五奉天次畿永壽下乾德三年自邠州來隸熙寧五年廢乾州永壽及麻亭常寧二砦俱隸邠州政和八年復來隸武功醴泉二縣本屬京兆府政和八年三月割屬醴州好畤本屬鳳翔府政和八年三月割屬醴州

定邊軍元符二年環慶路進築定邊城後改為軍東至九陽堡三十五里西至綏遠砦二十里南至橫山砦三十里北至通化堡二十里縣一定邊政和六年陝西河東路宣撫使童貫奏環慶路已建築勒皈臺等處新城正據控扼包古邊面乞依姚古所請於定邊軍置倚郭一縣詔賜今名白豹城元符二年建築賜舊名已見慶陽府東谷砦舊砦已見慶陽府安化縣綏遠砦地名駱駝巷元符二年建築賜名東至定邊軍二十里西至寧羌砦六十里南至橫山砦五十里北至神堂堡約五十里神堂堡大觀二年建築賜名東至觀化堡三十里西至綏遠砦多移嶺界堠十三里南至綏遠砦三十里北至勒崖原卓望處三里觀化堡東至通祁嶺界堠約一十五里西至鷄觜堡約三十里南至通化堡二十里北至甜井砦約一十里通化堡東至通祁嶺平界堠約三十里西至綏遠砦二十餘里南至定邊軍二十里北至觀化堡二十里九陽堡東至鎮安城二十里西至定邊軍三十五里南至東谷砦九十里北至界堠裏乾谷三里鷄觜堡東至通化堡約二十里西至多移嶺界堠約一十里南至綏遠砦一十六里北至神堂堡約一十四里

秦鳳路府一鳳翔州十二秦涇熙隴成鳳岷渭原階河蘭軍三鎮戎德順通遠縣二十八其後增積石震武懷德三軍西寧樂廓西安洮會六州又改通遠軍為鞏州凡府一州十九軍五縣四十八

秦州下府天水郡雄武軍節度舊置秦鳳路經略安撫使統秦隴階成鳳州通遠軍凡五州一軍其後割通遠軍屬熙河凡統州五崇寧戶四萬八千六百四十八口一十二萬三千二十二貢席芎藭縣四成紀上有渭水三陽上蝸牛下蝸牛堡子伏歸小三陽照川上門四顧平戎赤崖湫西青遠近湫定西小定西下硤注鹿原上硤圓川伏羌得勝榆林大像菜園探長新水谷舊水欏林丙龍石人舖駞項永寧鹽泉小永寧冷水泉雙泉新土舊土三十九堡隴城中有靜戎永固定平長山白榆林郭馬安塞七堡清水中有引門鐵窟斫鞍堡子小弓門坐交得鐵冶坊橋子李子古道永安四顧威塞床穰鎮邊和戎安遠挾河定川中城東城西城靜邊臨川德威廣武寧遠長樵二十九堡天水上監一太平城二伏羌熙寧三年廢丹山納迷乾川三堡增伏羌砦為城有得勝榆林大像菜園探長新水欏林丙龍石人駞項舊水一十一堡甘谷熙寧元年置有吹藏大甘隴諾三堡四年置尖竿隴陽二堡砦七治平四年置鷄川熙寧元年改擦珠堡為通渭堡五年改古渭砦為通遠軍廢者達本當七麻三堡改通渭堡為砦割永寧寧遠威遠熟羊來遠並隸軍尋改綏遠定邊二砦為鎮隸隴州定西領寧西牛鞍上硤下硤注鹿原圓川六堡三陽領渭濱武安上下蝸牛聞喜伏歸硤口照川土門四顧平戎赤崖湫西青遠近湫十四堡弓門領東鞍安人斫鞍上下鐵窟坐交得鐵冶坊七堡靜戎領白榆林長山郭馬靜塞定平永固邦蹉寧塞長樵九堡安遠隴城鷄川堡三熙寧三年改床穰為鎮五年改冶坊砦為冶坊堡八年改床穰鎮為堡床穰領白石古道中城東城西城定戎定安雄邊臨川德威廣武定川挾河鎮邊一十四堡冶坊領橋子古道永安博望威塞李子六堡達隆堡川城政和六年於秦鳳東西川口建築賜名東至甘泉堡一十八里西至熙河路安西城管下龕兒鎮一十二里南至甘谷城一百一十里北至會川城一百二十里甘泉堡東至涇原路第十七堡五十里西至堡川城一十八里南至涇原路治平砦一百五十里北至涇原路通安砦一百五十里別見渭州安遠砦吏部通用酬賞格秦州又有安遠等五砦定邊綏遠二砦熙寧八年廢為鎮屬隴州其後復為砦定邊砦綏遠砦小落門砦堡安砦弓鐘砦董哥平砦

鳳翔府次府扶風郡鳳翔軍節度乾德初置崇信縣淳化中割崇信屬儀州熙寧五年廢乾州以好畤縣來隸政和八年又以好畤隸醴州崇寧戶一十四萬三千三百七十四口三十二萬二千三百七十八貢蠟燭榛實席縣九天興赤岐山次畿扶風次畿盩厔次畿大觀元年以縣清平鎮置軍郿次畿有鐵冶務寶鷄次畿虢次畿麟遊次畿普潤次畿監一司竹

隴州上汧陽郡防禦崇寧戶二萬八千三百七十口八萬九千七百五十貢席縣四汧源望有古道銀場熙寧八年改秦州定邊砦為隴西鎮隸縣汧陽緊吳山中隴安中開寶二年析汧陽縣四鄉置縣

成州中下同谷郡開寶六年升為團練崇寧戶一萬二千九百六十四口三萬三千九百九十五貢蠟燭鹿茸縣二同谷上有骨鹿馬邑赤土平泉滔山胡桃六砦栗亭中

鳳州下河池郡團練本防禦乾德元年降為團練崇寧戶三萬七千七百九十六口六萬一千一百四十五貢蜜蠟燭縣三梁泉上河池緊開寶五年移治固鎮有水銀務兩當上至道元年移治唐鄉鎮監一開寶建隆三年於兩當縣置銀冶開寶五年升為監治平元年罷置官以監隸兩當縣元豐六年廢

階州中下武都郡軍事本唐武州陷西戎後復其地改置焉崇寧戶二萬六百七十四口四萬九千五百二十貢羚羊角蠟燭縣二福津中下領貼峯硤武平沙灘三砦團城堡臨定關將利中下砦一故城本固城鎮不知何年建為砦

渭州下隴西郡平涼軍節度本軍事政和七年升為節度舊置涇原路經略安撫使涇州原州渭州儀州德順軍鎮戎軍皆屬熙寧五年廢儀州元符二年增置西安

州崇寧三年又以熙河路會州來屬大觀三年又增置懷德軍凡統五州三軍崇寧戶二萬六千五百八十四口六萬三千五百一十二貢絹蓯蓉縣五平涼中有瓦亭砦 潘原中 安化中熙寧七年廢制勝關移縣於關地以舊地爲鎮 崇信中 華亭中下熙寧五年廢儀州與安化崇信同來隸 靖夏城政和六年賜涇原路席葦平新城名曰靖夏未詳屬何軍州姑附此 甘泉堡崇寧五年涇原路經畧司於甜井子修築守禦賜名未詳屬何州軍姑附此別見秦州

涇州上安定郡太平興國元年改彰化軍節度崇寧戶二萬八千四百一十一口八萬八千六百九十九貢紫茸毛毼段縣四保定望有長武砦 靈臺上 良原上 長武望咸平四年升長武鎮爲縣五年省爲砦屬保定縣大觀二年復以砦爲縣

原州望平涼郡軍事崇寧戶二萬三千三十六口六萬三千四百九十九貢甘草縣二臨涇中 彭陽中唐豐業縣太平興國初改至道三年自寧州來隸 鎮二新城熙寧三年廢截原砦入焉 柳泉領耳朵城一砦 砦五開邊熙寧三年廢新門砦入焉 西壕 平安 綏寧領羌城南山顛倒三堡 靖安領中普吃囉岔中嶺張崟常理新勒鷄川立馬城殺偉川九堡 安羌堡 新城堡

德順軍同下州慶曆三年即渭州隴干城建爲軍崇寧戶二萬九千二百六十九口一十二萬六千二百四十一貢甘草縣一隴干元祐八年以外底堡置 城一水洛領王家城石門堡 砦五靜邊別見鎮戎軍 得勝領開邊堡 隆德 通遠 治平治平四年置領牧龍堡 懷遠砦東至鎮戎砦六十里西至得勝砦三十里南至張義堡四十里北至鎮羌砦二十七里 中安堡 威戎堡東至章川堡三十里西至同家堡二十五里南至治平砦四十里北至靜邊砦二十里

鎮戎軍同下州本原州高縣之地至道三年建爲軍崇寧戶一千九百六十一口八千五百五十七貢白氈城一彭陽 砦七治平四年置信岔堡涼棚堡熙寧元年置熙寧砦硝坑堡東西水口堡元豐四年廢東水口堡六年置故砦堡 東山 乾興 天聖有信岔涼棚二堡 三川 高平有故砦堡 定川 熙寧有硝坑堡 堡二開遠 張義熙寧四年廢安邊堡入開遠五年置張義 平夏城舊石門城紹聖四年賜名大觀二年升爲懷德軍 靈平砦舊好水砦紹聖四年賜名大觀二年割屬懷德軍 鎮羌砦紹聖四年賜名東至三川堡二十一里西至寺子岔堡二十五里南至懷遠砦二十七里北至九羊砦二十五里 高平堡元符元年修復賜舊砦名 威川砦政和七年賜名本密多臺 飛泉砦政和七年賜名本飛井塢 飛井堡乾興砦管下 狼井堡熙寧砦管下狼井安遠賣信梅谷開疆凡五堡 安遠堡 賣信岔堡 梅谷堡 開疆堡 李家堡 肅遠堡 埈地平堡 鎮西堡 水口堡 懷遠城別見德順軍 德靖砦保安軍舊有德靖砦自屬鄜延路 靜邊砦天禧舊砦屬德順軍東至德順軍七十里西至第十七堡三十五里南至威戎堡三十里北至隆德砦五十里

會州元豐五年熙河路加蘭會二字時未得會州元符二年始進築割西安城以北六砦隸州崇寧三年置倚郭縣曰敷文又以會州隸涇原路縣一敷文 安西城舊名汝遮紹聖三年建築賜名屬熙河路東至秦鳳路界六十二里西至原川子一百里南至定西砦二十七里北至平西砦三十三里 平西砦紹聖四年賜名地本青石峽屬熙河路東至秦鳳路界三十餘里西至勝如堡一百一十里南至安西城三十三里北至會寧關四十四里 會寧關舊名顛耳關元符元年建築賜名未幾改今名屬秦鳳路東至涇原路元和市七里西至熙河路定遠城分界五十里南至熙河路平西砦四十里北至黃河南岸古烽臺一百餘里 會川城舊名青南訥心元符二年建築賜名屬秦鳳路東至涇原路通安砦六十里西至熙河路定遠城一百五十里南至會寧關六十里北至新泉砦四十里 新泉砦舊名東冷牟元符元年賜名屬秦鳳路東至懷戎堡界白草原三十里西至會川城界龕兒原三十五里南至會川城三十里北至會川四十里 懷戎堡崇寧二年築屬秦鳳路東至涇原路分界定戎砦地分二十二里半西至本堡管下水泉堡二十里由香谷至會州共六十里南至會川城分界三十五里北至柔狼山界堠四十里係與夏國西壽監軍地對境經由枯柴谷至柔狼山有險隘去處 德威城政和六年築清水河新城賜名屬秦鳳路東至麻累山二十五里西至黃河四里河北倚卓羅監軍地分水賊作過去處南至迷谷口新移正川堡二十五里北至北涙口至囉馬練賊城約二十餘里 靜勝堡政和六年賜清水河新城接應堡名靜勝會川城管下新修築靜勝堡不係守禦處在黃河南石觜上至本城一百二十里河北岸與夏國卓囉監軍地分相對 通泉堡屬秦鳳路新泉砦管下不係守禦處在黃河南嶺上至本砦四十里與河北岸夏國卓囉監軍地分相對 水泉堡係懷戎堡管下距本堡二十里不係守禦處 正川堡係德威城管下囉迷谷口新移正川堡距本處二十五里不係守禦處

懷德軍本平夏城紹聖四年建築大觀二年展城作軍名曰懷德以盪羌靈平通峽鎮羌九羊通遠勝羌蕭關隸之增置將兵與西安鎮戎互爲聲援應接蕭關初名威德又改今名東至結溝堡一十五里西至石門堡一十八里南至靈平砦一十二里北至通峽砦一十八里 盪羌砦故沒煙後峽元符元年建築賜名東至通峽砦一十八里西至正原堡四十里南至石門砦三十里北至蕭關一百三十五里 通峽砦故沒煙前峽元符元年建築賜名東至東灣堡七里西至盪羌砦一十八里南至懷德軍一十八里北至勝羌堡八十里 靈平砦故好水砦紹聖四年賜名大觀二年自鎮戎軍來屬東至古高平堡一十五里西至九羊砦三十二里南至熙寧砦二十八里北至懷德軍一十二里 硤口堡 東河灣堡 古高平堡 惠民堡 結溝堡係通峽砦管下五堡 鎮羌堡東至三川堡二十八里西至寺子岔堡二十五里南至懷遠砦二十七里北至九羊砦二十五里 九羊砦故九羊谷元符元年建築賜名東至靈平砦三十里西至寧安砦六十六里南至三川砦五十里北至臨羌砦八十里 石門堡故石門峽東塔子觜元符元年建築賜名 通遠砦東至龍泉谷三十五里西至臨羌砦六十五里南至通峽砦五十里北至勝羌砦三十三里 龍泉砦通遠砦管下 勝羌砦東至漫咩口七里西至甯章堡四十里南至通峽砦八十里北至蕭關六十里 蕭關崇寧四年建築東至葫蘆河一十五里西至綏寧堡三十里南至勝羌砦六十里北至臨川堡一十八里 臨川堡 通關堡 山西堡係蕭關管下

西安州元符二年以南牟會新城建爲西安州東至天都砦二十六里西至通會堡五十五里南至寧安砦一百里北至囉沒寧堡三十五里 盪羌砦地名沒煙峽元符元年建築賜名後屬懷德軍 通會堡元符元年賜名係熙河蘭會路修築地名祭廝堅谷口不知何年撥屬涇原路西安州 天都砦元符二年灑水平新砦賜名天都東至臨羌砦二十里西至西安州二十六里南至天都山一十里北至綏戎堡六十五里 臨羌砦元符二年秋葦平新砦賜名臨羌東至通遠砦六十五里西至天都砦二十里南至定戎砦八十里北至綏戎堡七十里 橫嶺砦係天都砦管下 甯章堡 定戎堡元符二年賜名地本嚇喂川東至山前堡三十里西至秦鳳路分界堠一十二里南至通安砦一百里北至劈通流界堠五十里 劈通川堡 囉沒寧堡 北嶺上堡 山前堡 高峯堡 寧安砦崇寧五年武延川嵬朱龍山下新砦賜名寧安東至九羊砦六十六里西至通安砦六十一里南至得勝砦九十里北至西安州一百里 那羅牟堡 寺子岔堡 石棚泉堡 通安砦崇寧五年烏鷄三岔新砦賜名通安東至寧安砦六十一里西至同安堡三十五里南至甘泉堡一百五里北至定戎砦一百里 同安堡係通安砦管下 綏戎堡管下秋葦川口堡鍬钁川中路堡征通谷中路東水泉堡皆不詳建置始末東至蕭關三十里西至山前堡三十五里南至臨羌砦七十里北至枅梳嶺界堠五十里 秋葦川堡 鍬钁川中路堡 征通谷中路東水泉堡

熙州上臨洮郡鎮洮軍節度本武勝軍熙寧五年收復

始改焉尋爲州初置熙河路經略安撫使熙州河州洮州岷州通遠軍五州屬焉後得蘭州因加蘭會字元祐改熙河蘭會路爲熙河蘭岷路元符復故會州既割屬涇原又改爲熙河蘭廓路宣和又改爲熙河湟廓路又改湟州爲樂州又改爲熙河蘭樂路尋復改爲熙河蘭廓路舊統五州軍蘭廓西寧震武積石六州軍相繼來屬又改通遠軍爲鞏州凡統九州三軍崇寧戶一千八百九十三口五千二百五十四貢毛氀段麝香縣一狄道 中下熙寧六年置九年省元豐二年復置 砦一 康樂 熙寧六年置康樂城爲砦省馬𩧐砦馬𩧐砦舊屬秦州長道縣 堡九 熙寧五年置慶平通谷渭源北關六年改劉家川爲當川置南關南川七年置結河元豐七年置臨洮 通谷　慶平　渭源　結河　南川　當川　南關　北關　臨洮 東至定遠城四十里西至定羌城界三十五里南至熙州六十五里北至阿干堡七十里 安羌堡 宣和六年賜熙河蘭廓路新建溢機堡名爲安羌城不知屬何州軍姑附於此 廣平堡

河州上安鄉郡軍事熙寧六年收復崇寧戶一千六十一口三千八百九十五貢麝香縣一寧河 熙寧六年置枹罕縣九年省崇寧四年升寧河砦爲縣舊香子城 城一 定羌 熙寧七年改河諾城爲定羌城 砦一 南川 熙寧七年置南山堡尋改爲南川砦 堡四 熙寧七年置東谷八年置閻精元豐三年置西原北河二堡 東谷　閻精　西原　北河　關一 通會 熙寧七年置 循化城 舊一公城崇寧二年收復改今名別見樂州東至懷羌城四十五里西至積石軍界一百餘里南至下橋家族地分一百餘里北至來同堡六十五里 大通城 舊達南城崇寧二年收復改今名別見樂州東至通津堡界十五里西至菊花河六十里南至撲水原二十一里北至寧塞堡界十五里 安疆砦 舊名當標城崇寧二年收復改今名別見樂州東至來同堡三十三里西至通津堡五十里南至循化城一百一十里北至黃河一十里 懷羌城 崇寧三年王厚收復東至南川砦六十里西至循化城六十五里南至洮州界一百七十餘里北至安疆砦一百一十七里 來羌城 崇寧三年王厚收復東至安鄉關七十里西至大通城界三十八里南至南川界四十八里北至黃河二十里 講朱城 元符二年洮西安撫司收復河南講朱一公錯鑿當標形撤東迎六城尋棄之崇寧二年再收復除一公改循化城當標改安疆砦餘四城皆未詳按講朱錯鑿一公當標皆在河州之南元符二年邊廝波結先以此四城來降未幾王贍乃進據之 錯鑿城　形撤城　東迎城　寧河砦 崇寧四年已升寧河砦爲縣別有寧河砦東至定羌城三十里西至河州四十五里南至通會關三十里北至河州界二十里 來同堡 舊名甘撲堡崇寧三年築賜今名東至南川砦九十里西至安疆砦三十五里南至懷羌城三十五里北至來羌城三十里 通津堡 舊名南達堡崇寧三年賜今名東至安疆砦四十五里西至大通城界二十五里南至循化城一百三十里北至大通城界二十里 南山堡 元豐九域志屬原州綏寧縣 安鄉關 舊城橋關元符二年賜名東至京玉關界四十里西至臨灘堡四十里南至河州界三十五里北至安川堡界一十五里 臨灘堡 東至安鄉關四十里西至古雞山二十里南至南川砦界二十里北至黃河四十里

鞏州下本通遠軍熙寧五年以秦州古渭砦爲軍崇寧三年升爲州崇寧戶四千八百七十八口一萬一千八百五十七貢麝香縣三隴西 元祐五年增置 永寧　寧遠 崇寧三年升永寧砦爲縣又升寧遠砦爲縣 城一 定西 元豐四年以蘭州西使城爲定西城五年改定西城爲通遠軍以汝遮堡爲定西城屬通遠軍崇寧二年廢定西城管下尉斗平堡通西砦管下榆木岔堡并安西城別見蘭州東至龜兒觜鎮六十五里西至龕谷堡一百一十五里南至通西砦四十六里北至安西城二十七里 砦六 熙寧五年割秦州永寧寧遠威遠通渭熟羊來遠六砦隸軍六年置鹽川砦八年廢威遠砦爲鎮元豐五年收通西砦七年廢來遠砦爲鎮屬永寧崇寧五年通渭縣復爲砦未詳何年以砦爲縣 永寧　寧遠 崇寧三年與永寧同升爲縣 通渭 東至甘泉城五十五里西至鞏州六十四里南至來遠鎮一百里北至甘泉城界六十里 熟羊　鹽川 熙寧六年九月置砦後改爲鎮 通西 東至甘泉城一百二十里西至熟羊砦七十里南至三岔堡四十八里北至定西砦四十八里 堡七 熙寧五年割秦州三岔也羊廣吳渭川啞兒五堡隸軍七年以岷州遮羊堡來隸元豐元年遮羊復隸岷州五年置榆木岔尉斗平二砦堡七年廢也羊廣吳渭川啞兒四堡 三岔 舊堡熙寧四年置 榆木岔 崇寧二年置 尉斗平 崇寧二年置 者達堡 秦州熙寧五年改古渭砦爲通遠軍廢者達本當七麻堡今通渭乃領七麻堡不知何年復置者達本當堡 七麻堡　本當堡　樸麻龍堡

岷州下和政郡團練熙寧六年收復崇寧戶四萬五百七十口六萬七千七百三十一貢甘草縣三祐川 唐縣崇寧三年復 大潭 中建寧三年合良恭大潭兩鎮置縣隸秦州熙寧七年自秦州來隸 長道 緊熙寧七年自秦州來隸 砦五 秦州臨江砦熙寧六年割隸州七年置荔川床川閭川又置宕昌 臨江　荔川　床川　閭川　宕川　堡三 熙寧六年以秦州馬務堡隸州七年置遮羊堡尋改爲鎮十年置鐵城堡元豐元年遮羊堡復隸于州 遮羊　𣪊藏 並熙寧七年置 鐵城 熙寧十年置 監一 滔山 熙寧九年置鑄鐵錢

蘭州下金城郡軍事元豐四年收復崇寧戶三百九十五口九百八十一貢甘草縣一蘭泉 崇寧三年置倚郭 砦一 元豐四年置龕谷吹龍二砦七年割吹龍屬阿干堡 龕谷 元祐七年廢紹聖三年復修爲堡東至定遠砦一百里西至阿干堡七十里南至通谷堡一百二十里北至定邊城三十里 堡二 元豐四年置皐蘭堡鞏哥關五年置西關勝如質孤堡六年改鞏哥關作東關堡廢西關勝如質孤堡置阿干堡七年廢皐蘭堡元祐五年復修勝如質孤二堡尋廢 東關 東至質孤堡三十六里西至蘭州一十八里南至屈金支山三十里北至黃河不及里 阿干 有阿干水東至屈金支山二十五里西至西關堡界二十里南至臨洮堡七十里北至蘭州界三十七里 定西城 元豐四年以蘭州西使城爲定西城五年改定西城爲通遠軍以汝遮堡爲定西城屬通遠軍別見鞏州 定遠城 元祐七年築舊名李諾平本龕谷砦因地窄及無水故廢之改築爲定遠軍城東至安西城八十里西至東關堡五十里南至龕谷堡三十里北至黃河一百七里 金城關 紹聖四年建築南距蘭州約二里崇寧三年王厚乞移置研龍谷口不行 京玉關 元符三年賜名本號把拶橋東至西關堡四十里西至通川堡四十里南至臨洮堡一百三十九里北至乱六嶺分界三十里 通川堡 元符三年自京玉關至溜吼抹通城中路鑿廝孤川新築堡賜名尋棄之崇寧二年再收復東至京玉關四十里西至通湟砦四十里南至圓子堡約九里北至乱六嶺分界八十里別見樂州

洮州唐末陷于吐蕃號臨洮城熙寧五年詔以熙河洮岷通遠軍爲一路時未得洮州元符二年得之尋棄不守大觀二年收復改臨洮城仍舊爲洮州三年升團練

東至岷州界一百一十三里西至喬家族生界二百里南至魯黎族生界一百五里北至河州界一百二十里

通岷砦 東至鐸龍橋六十七里西至洮州四十里南至洮河二十里北至熙州界五十五里

廓州元符二年以廓州爲寧塞城崇寧三年棄之是年收復仍爲廓州城下置一縣五年罷大觀三年爲防禦

東至寧塞砦一十七里西至同波北堡不及里南至黃河不及里北至膚公城界十五里

膚公城 舊名結囉城崇寧三年收復後改今名王厚云結囉城至廓州約三十餘里東至來賓城界一百三里西至懷和砦界五十七里南至同波北堡界一十三里北至綏平堡界二十五里 綏平堡 舊名保敦谷崇寧三年興築賜名東至堡塞砦界二十里西至清平砦界二十里南至膚公城界二十里北至堡塞砦界一十七里 米川城 舊米川縣崇寧三年修築王厚云米川沿河西至廓州約六十里過河取正路至結囉城約三程本城至廓州約三十餘里 寧塞砦 東至河北堡界四十五里西至廓州巡檢界一十三里南至黃河一十五里北至龍支城界五十里 同波堡 東至廓州巡檢界一十里西至膚公城界一十五里南至黃河不及里北至膚公城一十五界

樂州舊邈川城元符二年收復建爲湟州建中靖國元

年棄之崇寧二年又復三年置倚郭縣五年罷大觀三年加嚮德軍節度宣和元年改爲樂州東至把拶宗六十里西至龍支城界六十里南至來羌城界一百四十里北至界首賒叱嶺一百一十里通湟砦故羅叱抹通城元符二年收復三年賜名東至通川堡四十里西至湟州三十五里南至安隴砦二十五里北至臨宗砦界六十里別見蘭州寧洮砦故尾吹砦元符二年收復三年賜名東至通湟砦四十五里西至來賓城一十七里南至來賓城界二十里北至安隴砦界一十七里安隴砦故隴朱黑城元符二年收復三年賜名東至赤沙嶺三十里西至麻宗山脚二十五里南至鞏藏嶺三十五里北至湟州四十五里安川堡故廳哥堡在巴金嶺上元符二年收復三年賜名東至湟州界七十里西至來賓城界四十里南至安鄉關三十里北至寧川堡四十里寧川堡元符二年收復三年賜名尋棄之崇寧二年再收復綏遠關舊名灑金平崇寧二年建築賜今名東至湟州二十里西至勝宗谷口三十里南至麻宗山脚五十五里北至丁星原四十里來賓城舊名乩當川崇寧三年賜名東至安川堡一分界七十里西至青丹谷三十里南至黃河一十里北至安隴砦七十里大通城舊名達南城東至通津堡界十五里西至菊花河六十里南至撲水原二十一里北至寧川堡界一十五里循化城舊名一公城別見河州東至懷羌城四十五里西至積石軍界一百餘里南至下喬家族地分一百餘里北至來同堡六十五里安疆砦舊名當標砦與大通循化皆崇寧二年改別見河州東至來同堡三十三里西至通津堡五十里南至循化城一百一十里北至黃河二十里德固砦舊名勝鐸谷崇寧三年築五百步城後賜名德固砦東至綏遠關界一十里西至龍支城界二十里南至渴驢嶺二十里北至清江山脚二十里臨宗砦崇寧三年賜名南宗堡稍南一十五里乳駱河之西東至三諾羅哥嶺五十餘里西至丁星原約三十餘里南至湟州分界二十一里北至界首抹嶺七十里通川堡崇寧二年王厚收復係湟州管下別見蘭州東至京玉關四十里西至通湟砦四十里南至圓子堡約九里北至乩六嶺分界八十里南宗堡元符二年與羅叱抹通城同收復尋棄之後再收復峽口堡與通川南宗堡皆崇寧二年王厚收復

西寧州舊青唐城元符二年隴拶降建爲鄯州仍爲隴右節度三年棄之崇寧三年收復建隴右都護府改鄯州爲西寧州又置倚郭縣賜郡名曰西平升中都督府三年加賓德軍節度五年罷倚郭縣東至保塞砦五十七里西至寧西城四十里南至清平砦五十里北至宣威城五十里龍支城舊宗哥城元符二年改今名尋棄之崇寧三年收復東至德固砦界一十八里西至保塞砦藥邦硤二十二里南至廓州界分水嶺四十里北至習令波族分界八十五里寧西城舊名林金城改今名東至湯厮甘二十里西至厮哥羅川一百里南至京鴨嶺二十里北至金谷峗四十里清平砦舊名溪蘭宗堡後改賜砦名東至廓州綏平堡界三十五里西至赤嶺鐵堠子一百二十里南至懷和砦界二十五里北至西寧州界二十五里保塞砦舊名安見城以上城砦皆崇寧三年收復賜名東至龍支城界二十二里西至西寧州界三十里南至廓州界二十里北至青歸族一十五里宣威城舊名鵞牛城崇寧三年改今名東至綏邊砦四十里西至寧西城界三十五里南至西寧州界二十五里北至南宗嶺九十里綏邊砦舊名宗谷崇寧三年建築後改今名東至龍支城界六十里西至宣威城界三十里南至西寧州界三十二里北至乳駱河界南一里懷河砦舊名丁令谷崇寧三年置砦賜名又隸積石軍東至廓州界八十三里西至青海一百三十餘里南至順通堡界一十三里北至清平砦界二十五里制羌砦政和八年賜名地名乩氈嶺屬西寧州

震武軍政和六年建築古骨龍城賜名震武城未幾改爲震武軍不見四至據童貫奏古骨龍元屬湟州通濟橋震武城浮橋政和六年賜名善治堡政和六年震武城通濟橋堡賜名大同堡本名古骨龍城應接堡政和六年賜名德通城本瞎令古城政和七年劉法既解震武軍圍建築賜名石門堡瞎令古城北地名石門子政和七年賜名

積石軍本溪哥城元符間爲吐蕃溪巴溫所據大觀三年臧征撲哥以城降即其地建軍東至廓州界八十里西至青海一百餘里南至蓋龍峗八十里北至西寧州界八十里懷和砦己見西寧州東至廓州界八十五里西至青海一百三十餘里南至順通堡界一十三里北至清平砦界二十五里順通堡東至臨松堡一十二里西至本軍一十八里南至臨松堡二十五里北至懷和砦界一十二里臨松堡東至廓州界五十里西至順通堡界一十二里南至把拶公原界約六十里北至黃河一十五里

陝西路蓋禹貢雍梁冀豫四州之域而雍州全得焉當東井輿鬼之分西接羌戎東界潼陝南抵蜀漢北際朔方有銅鹽金鐵之產絲枲林木之饒其民慕農桑好稼穡鄠杜南山土地膏沃二渠灌溉兼有其利大抵夸尚氣勢多游俠輕薄之風甚者好鬭輕死蒲解本隸河東故其俗頗純厚被邊之地以鞍馬射獵爲事其人勁悍而質木梁泉少桑麻之利布泉鹽酪資於他郡上洛多淫祀申以科禁故其俗稍變秦隴儀渭涇原邠寧鄜延環慶等皆分兵屯守以備不虞云

宋史卷八十七考證

地理志三陝西路鄜州縣一宜川○臣龍官按通考鄜州所領者洛川而宜川乃丹州所領之縣此失丹州沿革而以所領之縣誤入鄜州且洛交郡貢龍須席而咸寧郡貢麝香郡名異所貢亦異知本文之多有錯落矣

銀州○按通考銀州貢女稽布今史缺

岷州宕川○應作宕昌

蘭州龕谷注北至定邊城三十里○當作定遠城

西寧州清平砦注南至懷和砦二十五里○當作懷河砦

宋史卷八十八

元中書右丞相總裁脫脫等修

地理志第四十一

地理四

兩浙　淮南東路　淮南西路　江南東路　江南西路　荊湖北路　荊湖南路

兩浙路熙寧七年分爲兩路尋合爲一九年復分十年復合府二平江鎮江州十二杭越湖婺明常溫台處衢嚴秀縣七十九南渡後復分臨安平江鎮江嘉興四府安吉常嚴三州江陰一軍爲西路紹興慶元瑞安三府婺台衢處四州爲東路紹興三十二年戶二百二十四

萬三千五百四十八口四百三十二萬七千三百二十二

臨安府大都督府本杭州餘杭郡淳化五年改寧海軍節度大觀元年升爲帥府舊領兩浙西路兵馬鈐轄建炎元年帶本路安撫使領杭湖嚴秀四州三年升爲府帶兵馬鈐轄紹興五年兼浙西安撫使崇寧戶二十萬三千五百七十四口二十九萬六千六百一十五貢綾藤紙縣九錢塘望有鹽監 仁和望梁錢江縣太平興國四年改紹興中與錢塘並升赤 餘杭望 臨安望錢鏐奏改衣錦軍太平興國四年改順化軍縣復舊名五年軍廢 富陽緊 於潛緊 新城上梁改新登太平興國四年復淳化五年升南新場爲縣熙寧五年省南新縣爲鎮入焉 鹽官上 昌化中唐唐山縣太平興國四年改有紫溪鹽場 紹興中七縣並升畿

紹興府本越州大都督府會稽郡鎮東軍節度大觀元年升爲帥府舊領兩浙東路兵馬鈐轄紹興元年升爲府崇寧戶二十七萬九千三百六口三十六萬七千三百九十貢越綾輕庸紗紙縣八會稽望 山陰望 嵊望舊剡縣宣和八年改 諸暨望有龍泉一銀坑 餘姚望 上虞望 蕭山緊 新昌緊乾道八年以楓橋鎮置義安縣淳熙元年改

平江府望吳郡太平興國三年改平江軍節度本蘇州政和三年升爲府紹興初節制許浦軍崇寧戶一十五萬二千八百二十一口四十四萬八千三百一十二貢葛蛇床子白石脂花席縣六吳望 長洲望 崑山望 常熟望 吳江緊 嘉定上嘉定十五年析崑山縣置以年爲名

鎮江府望丹陽郡鎮江軍節度開寶八年改本潤州政和三年升爲府建炎三年置帥四年加大使兼沿江安撫以浙西安撫復還臨安崇寧戶六萬三千六百五十七口一十六萬四千五百六十六貢羅綾縣三丹徒緊有圌山砦 丹陽熙寧五年省延陵縣爲鎮入焉 金壇緊

湖州上吳興郡景祐元年升昭慶軍節度寶慶元年改安吉州崇寧戶一十六萬二千三百三十五口三十六萬一千六百九十八貢白紵漆器縣六烏程望 歸安望太平興國七年析烏程地置縣 安吉望 長興望 德清緊 武康上太平興國三年自杭州來隸

婺州上東陽郡淳化元年改保寧軍節度崇寧戶一十三萬四千八十口二十六萬一千六百七十八貢綿藤紙縣七金華望 義烏望 永康緊 武義上 浦江上唐浦陽縣梁錢鏐奏改 蘭溪望 東陽望

慶元府本明州奉化郡建隆元年升奉國軍節度本上州大觀元年升爲望紹興初置沿海制置使八年以浙東安撫使兼制司十一年罷隆興元年復置淳熙元年魏惠憲王自宣州移鎮置長史司馬紹熙五年以寧宗潛邸升爲府崇寧戶一十一萬六千一百四十口二十二萬一十七貢綾乾山蘋烏鰂魚骨縣六鄞望 奉化望 慈溪上 定海上 象山下 昌國下熙寧六年析鄞縣地置有鹽監紹興間升望

常州望毗陵郡軍事崇寧戶一十六萬五千一百一十六口二十四萬六千九百九貢白紵紗席縣四晉陵望 武進望 宜興望唐義興縣太平興國初改 無錫望

江陰軍同下州熙寧四年廢江陰軍爲縣隸常州建炎初以江陰縣復置軍紹興二十七年廢三十一年復置縣一江陰下

瑞安府本溫州永嘉郡太平興國三年降爲軍政和七年升應道軍節度建炎三年罷軍額咸淳元年以度宗潛邸升府崇寧戶一十一萬九千六百四十口一十六萬二千七百一十貢鮫魚皮蠲糨紙縣四永嘉緊有永嘉監場 平陽望有天富鹽場 瑞安緊有雙穗鹽場 樂清上唐樂成縣梁錢鏐改

台州上臨海郡軍事崇寧戶一十五萬六千七百九十二口三十五萬一千九百五十五貢甲香金漆鮫魚皮縣五臨海望 黃巖望有于浦杜瀆二鹽場 寧海緊 天台上 仙居上唐樂安縣梁錢鏐改永安景德四年改今名

處州上縉雲郡軍事崇寧戶一十萬八千五百二十三口一十六萬五百三十六貢綿黃連縣六麗水望 龍泉望宣和三年改爲劍川縣紹興元年復故有高亭一鹽場 松陽上梁錢鏐奏改長松錢元瓘奏改白龍咸平二年復故 遂昌上有永豐銀場 縉雲上 青田中 南渡後增縣一慶元中慶元三年分龍泉松源鄉置縣因以年紀名

衢州上信安郡軍事崇寧戶一十萬七千九百三口二十八萬八千八百五十八貢綿藤紙縣五西安望 禮賢緊本江山縣南渡後改 龍遊上唐龍丘縣宣和三年改爲盈川縣紹興初復改 信安中本常山縣咸淳三年改 開化中太平興國六年升開化場爲縣

建德府本嚴州新定郡遂安軍節度本睦州軍事宣和元年升建德軍節度三年改州名軍額咸淳元年升府崇寧戶八萬二千三百四十一口一十萬七千五百二十一貢白紵簟縣六建德望 淳安望舊青溪縣宣和初改淳化南渡改今名 桐廬上太平興國二年自杭州來隸 分水中 遂安中 壽昌中 監一神泉熙寧七年置鑄銅錢尋罷慶元三年復

嘉興府本秀州軍事政和七年賜郡名曰嘉禾慶元元年以孝宗所生之地升府嘉定元年升嘉興軍節度崇寧戶一十二萬二千八百一十三口二十二萬八千六百七十六貢綾縣四嘉興望 華亭緊 海鹽上有鹽監沙腰蘆瀝二鹽場 崇德中

兩浙路蓋禹貢揚州之域當南斗須女之分東西際海西控震澤北又濱于海有魚鹽布帛秔稻之產人性柔慧尚浮屠之教俗奢靡而無積聚厚於滋味善進取急圖利而奇技之巧出焉餘杭四明通蕃互市珠貝外國之物頗充於中藏云

淮南路舊爲一路熙寧五年分爲東西兩路

東路州十揚亳宿楚海泰泗滁真通軍二高郵漣水縣三十八南渡後州九揚楚海泰泗滁淮安真通軍四高郵招信淮安清河爲淮東路宿亳不與焉紹興三十二年戶一十一萬八百九十七口二十七萬八千九百五十四

揚州大都督府，廣陵郡，淮南節度。熙寧五年廢高郵軍並以縣隸州元祐元年復高郵軍舊領淮南東路兵馬鈐轄建炎元年升帥府二年高宗駐蹕四年爲眞揚鎭撫使尋罷嘉定中淮東制置開幕府於楚州仍兼安撫崇寧戶五萬六千四百八十五口十萬七千五百七十九貢白紵布莞席銅鏡縣二江都緊熙寧五年省廣陵縣入焉南渡後增縣二廣陵緊泰興中舊隸泰州紹興五年來屬十年又屬泰州十二年又來隸以柴墟鎭延令村隸海陵二十九年盡仍舊

亳州望譙郡本防禦大中祥符七年建爲集慶軍節度南渡後沒于金崇寧戶一十三萬一百一十九口一十八萬三千五百八十一貢縐紗絹縣七譙望城父望酇望永城望衞眞望唐眞源縣大中祥符七年改鹿邑緊蒙城

宿州上符離郡建隆元年升防禦開寶元年建爲保靜軍節度元領五縣紹興中割虹縣隸楚州後沒于金崇寧戶九萬一千四百八十三口一十六萬七千三百七十九貢絹縣四符離望蘄望臨渙緊大中祥符七年割隸亳州天禧七年來隸靈壁元符元年以虹之零壁鎭爲縣七月復爲鎭七年二月零壁復爲縣政和七年改零壁爲靈壁

楚州緊山陽郡團練乾德初以盱眙屬泗州開寶七年以鹽城還隸太平興國二年又以鹽城監來隸熙寧五年廢漣水軍以漣水縣隸州元祐二年復爲漣水軍建炎四年置楚泗承州漣水軍鎭撫使淮東安撫制置使京東河北鎭撫大使紹興五年權廢承州兩縣和盧濠黃滁楚州各一縣置鎭官三十二年漣水復來屬嘉定初節制本路沿邊軍馬十年制置安撫司公事寶慶三年升寶應縣爲州紹定元年升山陽縣爲淮安軍端平元年改軍爲淮安州崇寧戶七萬八千五百四十九口二十萬七千二百二貢苧布縣四山陽望建炎間沒于金紹興元年收復紹定元年升淮安軍改縣爲淮安鹽城上有九鹽場建炎間入于金紹興元年隸漣水三年又來屬淮陰中紹興五年廢爲鎭六年復嘉定七年徙治八里莊寶應緊寶慶三年升爲寶應州而縣如故

海州上東海郡團練建炎間入于金紹興七年復隆興初割以畀金隸山東路以漣水縣來屬嘉定十二年復寶慶末李全據之紹定四年全死又復端平二年徙治東海縣淳祐十二年全子壇又據之治朐山景定二年壇降置西海州崇寧戶五萬四千八百三十口九萬九千七百五十貢絹獐皮鹿皮縣四朐山緊懷仁中沭陽中東海中

泰州上海陵郡本團練乾德五年降爲軍事建炎三年入于金尋復四年置通泰鎭撫使紹興十年移治泰興沙上時泰興隸海陵復舊治元領四縣紹興十二年割泰興隸揚州建炎四年又以興化隸高郵軍崇寧戶五萬六千九百七十二口一十一萬七千二百七十四貢隔織縣二海陵望如皋中下開寶七年以海陵監移治

泗州上臨淮郡建隆二年廢徐城縣乾德元年以楚州之盱眙濠州之招信來屬建炎四年復屬濠州紹興十二年入金後復崇寧戶六萬三千六百三十二口一十五萬七千三百五十一貢絹縣三臨淮上虹中紹興九年自宿州來隸淮平上紹興二十一年地入于金析臨淮地置今縣南渡後有淮平無盱眙盱眙縣即招信軍也

滁州上永陽郡軍事建炎間置滁濠鎭撫使尋廢嘉熙中移治王家沙景定五年復舊治崇寧戶四萬二十六口九萬七千八十九貢絹縣三清流望全椒緊來安望唐永陽縣南唐改紹興五年廢入清流十八年復乾道九年廢爲鎭淳熙二年復

眞州望軍事本上州乾德三年升爲建安軍至道二年以揚州之六合來屬大中祥符六年爲眞州大觀元年升爲望政和七年賜郡名曰儀眞建炎三年入于金尋復崇寧戶二萬四千二百四十二口八萬二千四十三貢麻紙縣二揚子中本揚州永正縣之白沙鎭南唐改爲迎鑾鎭建炎元年升軍四年廢爲縣紹興十一年復升軍十二年復爲縣六合望

通州中軍事政和七年賜郡名曰靜海建炎四年入于金尋復崇寧戶二萬七千五百二十七口四萬三千一百八十九貢獐皮鹿皮鰾膠縣二靜海望周屬揚州析其地爲縣與海門同來隸海門望監一利豐掌煎鹽太平興國八年移治於州西南四里

高郵軍同下州高沙軍事開寶四年以揚州高郵縣爲軍熙寧五年廢爲縣隸揚州元祐元年復爲軍建炎四年升承州割泰州興化縣來屬置鎭撫使紹興五年廢爲縣復隸揚州以知縣兼軍事使三十一年復爲軍仍以興化來屬崇寧戶二萬八百一十三口三萬八千七百五十一縣一令縣二高郵望興化緊舊隸揚州改隸泰州建炎四年來隸紹興五年廢爲鎭十九年復縣隸泰州乾道二年還隸尋又隸泰州淳熙四年復舊

安東州本漣水軍太平興國三年以泗州漣水縣置軍熙寧五年廢爲縣隸楚州元祐二年復爲軍紹興五年廢爲縣三十二年復爲軍紹定元年屬寶應州端平元年復爲軍景定初升安東州崇寧戶一萬九千五百七十九口四萬七百八十五縣一漣水望

招信軍本泗州盱眙縣建炎三年升軍四年爲縣隸濠州紹興二年復隸泗州七年仍舊隸京東十一年隸天長軍十二年復升軍以天長來屬寶慶三年入于金紹定四年復仍爲招信軍縣二天長望舊天長軍至道二年軍廢復爲縣隸揚州建炎元年升軍紹興元年爲縣十一年復升軍十三年復爲縣隸招信建炎四年隸濠州紹興四年復十一年隸天長軍十二年復來隸

淮安軍本泗州五河口端平二年金亡遺民來歸置臨使屯田咸淳七年六月置軍縣一五河咸淳七年置有澮涇沱漴淮五河故名

清河軍咸淳九年置縣一清河

西路府壽春州七廬蘄和舒濠光黃軍二六安無爲縣三十三南渡後府二安慶壽春州六廬蘄和濠光黃軍四安豐鎭巢懷遠六安爲淮西路

壽春府壽春郡緊忠正軍節度本壽州開寶中廢霍山盛唐二縣政和六年升爲府八年以府之六安縣爲六安軍紹興十二年升安豐爲軍以六安霍丘壽春三縣來隸三十二年升壽春爲府以安豐軍隸焉隆興二年

軍使兼知安豐縣事乾道三年罷壽春復爲安豐軍崇寧戶一十二萬六千三百八十三口二十四萬六千三百八十一貢葛布石斛縣四下蔡緊安豐望霍丘望壽春緊紹興初隸安豐三十二年爲府乾道三年爲倚郭

六安軍政和八年升縣爲軍紹興十三年廢爲縣景定五年復爲軍端平元年又爲縣後復爲軍縣一六安中

廬州望保信軍節度大觀二年升爲望舊領淮南西路兵馬鈐轄建炎二年兼本路安撫使紹興初寄治巢縣乾道二年置司于和州五年復舊崇寧戶八萬三千五十六口一十七萬八千三百五十九貢紗絹蠟石斛縣三合肥上舒城下梁中本愼縣紹興三十二年避孝宗諱改今名

蘄州望蘄春郡防禦建炎初爲盜所據紹興五年收復景定元年移治龍磯崇寧戶一十一萬四千九十七口一十九萬三千一百一十六貢苧布簟縣五蘄春望嘉熙元年治宿景定二年隨州治泰和門外蘄水望廣濟望黃梅上羅田元祐八年以蘄水縣石橋爲羅田縣

和州上歷陽郡防禦南渡後爲姑孰金陵藩蔽也淳熙二年兼管內安撫崇寧戶三萬四千一百四口六萬六千三百七十一貢苧布練布縣三歷陽緊有梁山柵江二砦含山中有東關砦烏江中紹興五年廢爲鎭七年復

安慶府本舒州同安郡德慶軍節度本團練州建隆元年升爲防禦政和五年賜軍額建炎間置舒蘄鎭撫使紹興三年舒黃蘄三州仍聽江南西路安撫司節制十七年改安慶軍慶元元年以寧宗潛邸升爲府端平三年移治羅刹洲又移楊槎洲景定元年改築宜城舊屬沿江制置使司崇寧戶一十二萬八千三百五十口三十四萬一千八百六十六貢白朮縣五懷寧上桐城上宿松上望江上太湖上監一同安熙寧八年置鑄銅錢

濠州上鍾離郡團練乾道初移戍藕塘嘉定四年始城定遠縣復舊崇寧戶六萬四千五百七十口一十五萬三千四百五十七貢絹糟魚縣二鍾離望定遠望

光州上弋陽郡光山軍節度本軍事州宣和元年賜軍額紹興二十八年避金太子光瑛諱改蔣州嘉熙元年兵亂徙治金剛臺尋復故崇寧戶一萬二千二百六十八口一十五萬六千四百六十貢石斛葛布縣四定城上固始望光山中下同上避諱改期思尋復故仙居中下南渡無

黃州下齊安郡軍事建炎隸沿江制置副使司崇寧戶八萬六千九百五十三口一十三萬五千九百一十六貢苧布連翹縣三黃岡望黃陂上端平三年寓治青山磯麻城中端平三年治什子山

無爲軍同下州太平興國三年以廬州巢縣無爲鎭建爲軍以巢廬江二縣來屬建炎二年入于金尋復景定三年升巢縣爲鎭巢軍崇寧戶六萬一百三十八口一十一萬二千一百九十九貢絹縣三無爲望熙寧三年析巢廬江二縣地置縣巢望至道二年移治郭下紹興五年廢六年復十一年隸廬州十二年復來屬景定三年升軍屬沿江制置使司廬江望有昆山礬場

懷遠軍寶祐五年五月置縣一荊山

淮南東西路本淮南路蓋禹貢荊徐揚豫四州之域而揚州爲多當南斗須女之分東至于海西抵灘溪南濱大江北界淸淮土壤膏沃有茶鹽絲帛之利人性輕揚善商賈廛里饒富多高貲之家揚壽皆爲巨鎭而眞州當運路之要符離譙亳臨淮朐山皆便水運而隸淮服其俗與京東西略同

江南東西路建炎元年以江寧府洪州竝升帥府四年合江東西爲江南路以鄂岳來屬又置三帥鄂州路統鄂岳筠袁虔吉州南安軍江西路統江洪撫信州興國南康臨江建昌軍建康府路統建康府池饒宣徽太平州廣德軍紹興初復分東西以建康府池饒徽宣撫信太平州廣德建昌軍爲江南東路以江洪筠袁虔吉州興國南康臨江南安軍爲江南西路尋以撫州建昌軍還隸西路南康軍還隸東路置帥于池江二州未幾以二州地僻隘復還建康府洪州

東路府一江寧州七宣徽江池饒信太平軍二南康廣德縣四十三南渡後府二建康寧國州五徽池饒信太平軍二南康廣德爲東路紹興三十二年戶九十六萬六千四百二十八口一百七十二萬四千一百三十七

江寧府上開寶八年平江南復爲昇州節度天禧二年升爲建康軍節度舊領江南東路兵馬鈐轄建炎元年爲帥府三年復爲建康府統太平宣徽廣德五月高宗卽府治建行宮紹興八年置主管行宮留守司公事三十一年爲行宮留守乾道三年兼沿江軍尋省崇寧戶一十二萬七百一十三口二十萬二百七十六貢筆縣五上元次赤江寧次赤句容次畿天禧四年改名常寧溧水次畿溧陽次畿

寧國府本宣州宣城郡寧國軍節度乾道二年以孝宗潛邸升爲府七年魏惠憲王出鎭置長史司馬崇寧戶十四萬七千四十口四十七萬七百四十九貢紵布黃連筆縣六宣城望南陵望寧國緊旌德緊太平中涇緊

徽州上新安郡軍事宣和三年改歙州爲徽州崇寧戶一十萬八千三百一十六口一十六萬七千八百九十六貢白苧紙縣六歙望休寧望祁門望婺源望績溪望黟緊

池州上池陽郡軍事建炎四年分江東西置安撫使領建康太平宣徽饒廣德後以建康路安撫使兼知池州崇寧戶一十三萬五千五十九口二十萬六千九百三十二貢紙紅白薑縣六貴池望青陽上開寶末自昇州與銅陵並來隸銅陵上建德上唐至德縣吳改石埭上東流中下太平興國三年自江州來隸監一永豐鑄銅錢

饒州上鄱陽郡軍事崇寧戶一十八萬一千三百口三十三萬六千八百四十五貢麩金竹簟縣六鄱陽望餘干望浮梁望樂平望德興緊安仁中開寶八年以餘干縣地置安仁場端拱

元年升爲縣監一永平鑄銅錢

信州上上饒郡軍事崇寧戶一十五萬四千三百六十四口三十三萬四千九十七貢蜜葛粉水晶器縣六上饒望玉山望弋陽望淳化五年升弋陽之寶豐場爲縣景德元年廢寶豐縣爲鎮康定中復置慶曆三年又廢貴溪望鉛山中開寶八年平江南以鉛山直屬京後還隸永豐中舊永豐鎮隸上饒熙寧七年爲縣

太平州上軍事開寶八年改南平軍太平興國二年升爲州崇寧戶五萬三千二百六十一口八萬一百三十貢紗縣三當塗上蕪湖中開寶末自建康軍與繁昌同隸宣州太平興國三年與繁昌復來隸繁昌中

南康軍同下州太平興國七年以江州星子縣建爲軍本隸西路紹興初來屬崇寧戶七萬六百一十五口一十一萬二千三百四十三貢茶芽縣三星子上太平興國三年升星子鎮爲縣七年與都昌同來隸建昌望太平興國七年自洪州來隸都昌上以縣有都村南接南昌西望建昌故名紹興七年自江州來隸

廣德軍同下州太平興國四年以宣州廣德縣爲軍崇寧戶四萬一千五百口一十萬七百二十二貢茶芽縣二廣德望開寶末自江寧府隸宣州建平望端拱元年以郎步鎮爲縣來隸

西路州六洪虔吉袁撫筠軍四興國南安臨江建昌縣四十九南渡後府一隆興州六江贛吉袁撫筠軍四興國建昌臨江南安爲西路紹興三十二年戶一百八十九萬一千三百九十二口三百二十二萬一千五百三十八

隆興府本洪州都督府豫章郡鎮南軍節度舊領江南西路兵馬鈐轄紹興三年以淮西屯兵聽江西節制兼宣撫舒蘄光黃安復州尋罷四年止稱安撫制置使八年復兼安撫制置大使隆興三年以孝宗潛藩升爲府崇寧戶二十六萬一千一百五口五十三萬二千四百四十六貢葛縣八南昌望新建望太平興國六年置縣奉新望唐新吳縣南唐改豐城望分寧望建炎間升義寧軍尋復武寧緊靖安中南唐改進賢崇寧二年以南昌進賢鎮升爲縣

江州上潯陽郡開寶八年降爲軍事大觀三年升爲望郡舊隸江南東路建炎元年升定江軍節度二年置安撫制置使以江池饒信爲江州路紹興元年復爲二路本路置安撫大使嘉熙四年爲制置副使司治所咸淳四年移制置司黃州十年還舊治崇寧戶八萬四千五百六十九口一十三萬八千五百九十貢雲母石斛縣五德化望唐潯陽縣南唐改德安緊瑞昌中湖口中彭澤中監一廣寧鑄銅錢

贛州上本虔州南康郡昭信軍節度大觀元年升爲望郡建炎間置管內安撫使紹興十五年罷復置江西兵馬鈐轄兼提舉南安軍南雄州兵甲司公事二十二年改今名崇寧戶二十七萬二千四百三十二口七十萬二千一百二十七貢白紵縣十贛望有蛤湖銀場虔化望紹興二十三年改寧都有寶積鹽場興國望太平興國中析贛縣之七鄉置信豐望雩都望會昌望太平興國中析雩都六鄉於九州鎮置有銀場瑞金望有九龍銀場石城緊安遠上龍南中南唐縣本名龍南宣和三年改虔南紹興三十三年改龍南取百丈龍灘之南爲義

吉州上廬陵郡軍事崇寧戶一十三萬二千二百九十口九十五萬七千二百五十六貢紵布葛縣八廬陵望吉水望雍熙元年析廬陵地置縣安福望太和望龍泉望宣和三年改泉江紹興復舊永新望至和元年徙吉水縣地置永新縣永豐望萬安望熙寧四年以龍泉縣萬安鎮置

袁州上宜春郡軍事崇寧戶一十三萬二千二百九十九口三十二萬四千三百五十三貢紵布縣四宜春望分宜望雍熙元年置有貴山鐵務萍鄉望萬載緊開寶末自筠州來屬宣和三年改名建城紹興元年復今名

撫州上臨川郡軍事建炎四年隸江南東路紹興四年復來隸崇寧戶一十六萬一千四百八十口三十七萬三千六百五十二貢葛縣五臨川望紹興十九年析惠安頴秀二鄉入崇仁崇仁望宜黃望開寶三年升宜黃場爲縣金谿緊開寶五年升金谿場爲縣樂安紹興十九年置割崇仁吉水四鄉隸之二十四年以雲蓋鄉還隸永豐

瑞州上本筠州軍事紹興十三年改高安郡寶慶元年避理宗諱改今名崇寧戶一十一萬一千四百二十一口二十萬四千五百六十四貢紵縣三高安望上高望新昌望太平興國六年析高安地置縣

興國軍同下州太平興國二年以鄂州永興縣置永興軍三年改興國崇寧戶六萬三千四百二十二口一十萬五千三百五十六貢紵縣三永興望大冶緊南唐縣自鄂州與通山並來隸有富民錢監及銅場磁湖鐵務通山中太平興國二年升羊頭鎮爲縣紹興四年又爲鎮五年復

南安軍同下州淳化元年以虔州大庾縣建爲軍崇寧戶三萬七千七百二十一口五萬五千五百八十二貢紵縣三南康望元豐九域志南安軍領縣二崇寧地理不載南康縣據元豐志南康係望縣有瑞陽錫務不知併於何時大庾中淳化元年自虔州與上猶南康並來隸上猶上有上田鐵務嘉定四年改南安

臨江軍同下州淳化三年以筠州之淸江建軍崇寧戶九萬一千六百九十九口二十萬二千六百五十六貢絹縣三淸江望新淦望淳化三年自吉州來隸新喻望淳化三年自袁州來隸

建昌軍同下州舊建武軍太平興國四年改崇寧戶一十一萬二千八百八十七口一十八萬五千三十六貢絹縣二南城望淳化二年自撫州來隸有太平等四銀場南豐望南渡後增縣二新城紹興八年析南城五鄉置廣昌紹興八年析南豐南境三鄉置

江南東西路蓋禹貢揚州之域當牽牛須女之分東限七閩西略下口南抵大庾北際大江川澤沃衍有水物之饒永嘉東遷衣冠多所萃止其後文物頗盛而茗荈冶鑄金帛秔稻之利歲給縣官用度蓋半天下之入焉其俗性悍而急喪葬或不中禮尤好爭訟其氣尚使然也

荊湖南北路紹興元年以鄂岳潭衡永郴道州桂陽軍爲東路鄂州置安撫司鼎澧辰沅靖邵全州武岡軍爲

西路鼎州置安撫司二年罷東西路仍分南北路安撫司南路治潭州北路治鄂尋治江陵

北路府二江陵德安州十鄂復鼎澧峽岳歸辰沅靖軍二荊門漢陽縣五十六南渡後府三江陵常德德安州九鄂岳歸峽復澧辰沅靖軍三漢陽荊門壽昌紹興三十二年戶二十五萬四千一百一口四十四萬五千八百四十四

江陵府次府江陵郡荊南節度舊領荊湖北路兵馬鈐轄兼提舉本路及施夔州兵馬巡檢事建炎二年升帥府四年置荊南府歸峽州荊門公安軍鎮撫使紹興五年罷始制安撫使兼營田使六年爲經略安撫使七年罷經略止除安撫使淳熙元年還爲荊南府未幾復爲江陵府制置使景定元年移治于鄂咸淳十年荊湖四川宣撫使兼江陵府事崇寧戶八萬五千八百一口二十二萬三千二百八十四貢綾紵碧澗茶芽柑橘縣八江陵次赤公安次畿潛江次畿乾德二年升白伏巡爲縣監利次畿至道三年以玉沙隸復州熙寧六年廢復州以玉沙縣入監利縣尋復其舊松滋次畿石首次畿枝江次畿熙寧六年省入松滋元祐元年復建炎四年江陵寄治紹興五年還舊嘉熙元年移浙湟洲咸淳六年移江南白水鎮下沱市建寧次畿乾德三年升白舊巡爲縣并置萬庾縣萬庾尋廢熙寧六年省建寧入石首元祐元年復南渡後省

鄂州緊江夏郡武昌軍節度初爲武清軍至道二年始改建炎二年兼鄂岳制置使四年兼江南鄂州路安撫尋改鄂州路安撫紹興二年改兼荊湖北路安撫六年管內安撫十一年罷嘉定十一年置沿江制置副使淳祐五年兼荊湖北路安撫使九年罷景定元年改荊湖制置使咸淳七年罷崇寧戶九萬六千七百六十九口一十四萬七百六十七貢銀縣七江夏緊崇陽望唐縣開寶八年又改今名武昌上蒲圻中咸寧中通城中熙寧五年升崇陽縣通城鎮爲縣紹興五年廢爲鎮十七年復嘉魚下熙寧六年析復州地入焉監一寶泉熙寧七年置鑄銅錢南渡後升武昌縣爲壽昌軍

德安府中安陸郡安遠軍節度本安州天聖六年隸京西路慶曆元年還本路宣和元年升爲府開寶中廢吉陽縣建炎四年爲安陸漢陽鎮撫使紹興三年復來屬咸淳中徙治漢陽城頭山崇寧戶五萬九千一百八十六口一十四萬三千八百九十二貢青紵縣五安陸中熙寧二年省雲夢縣爲鎮入焉元祐元年復應城中孝感中建炎間移治紫資砦應山下雲夢中紹興七年移治仵落市十八年復舊南渡後無應山

復州上景陵郡防禦建炎四年置德安復州漢陽軍鎮撫使紹興三年置荊湖北路安撫使端平三年移治沔陽鎮貢闕縣二景陵緊晉縣熙寧六年廢州以景陵屬安州元祐元年復玉沙下至道二年自江陵來隸寶元二年廢沔陽入焉熙寧六年又隸江陵府元祐元年與景陵皆復

常德府本鼎州武陵郡常德軍節度乾德二年降爲團練本朗州大中祥符五年改今名熙寧七年廢桃源陽口白崖三砦元豐三年廢白搏黃石二砦政和七年升爲軍建炎四年升鼎澧州鎮撫使紹興元年置荊湖北路安撫使治鼎州領鼎澧辰沅靖州三十二年罷乾道元年以孝宗潛藩升府八年依舊提舉五州崇寧戶五萬八千二百九十七口一十三萬八百六十五貢紵布練布縣三武陵望桃源望乾德中析武陵地置縣龍陽中大觀中改辰陽紹興三年復舊五年升軍使移治黃城砦三十年復縣南渡後增縣一沅江中下自岳州來隸乾道中割隸岳州今復來隸

澧州上澧陽郡軍事建炎四年寓治陶家市山砦隨復舊崇寧戶八萬一千六百七十三口二十三萬六千九百二十一貢綾竹簟縣四澧陽望安鄉中下石門中下有臺宜砦慈利下有索口安福西牛武口澧州五砦

峽州中峽字舊從硤今從山夷陵郡軍事建炎中移治石鼻山紹興五年復舊端平元年徙治于江南縣崇寧戶四萬九百八十口一十一萬六千四百貢五加皮芒硝杜若縣四夷陵中有漢流巴山麻溪魚陽長樂梅子六砦及鉛錫場宜都中長楊中下有漢流飛魚二鹽井元豐五年廢新安長楊二砦遠安中下

岳州下巴陵郡岳陽軍節度本軍事州宣和元年賜軍額建炎間岳鄂二州各帶沿江管內安撫司公事紹興二十五年改州曰純改軍曰華容三十一年復舊崇寧戶九萬七千七百九十一口一十二萬八千四百五十貢紵縣四巴陵上華容望有占樓砦平江上臨湘淳化元年升王朝場爲縣尋改

歸州下巴東郡軍事建炎四年隸夔路紹興五年復三十一年又隸夔淳熙十四年復明年又隸夔端平三年徙郡治于南浦縣崇寧戶二萬一千五十八口五萬二千一百四十七貢紵縣三秭歸下熙寧五年省興山縣爲鎮入焉元祐元年復有廢禮砦青林鹽井巴東下有折疊砦興山下開寶元年移治昭君院端拱二年又徙香溪北

辰州下盧溪郡軍事太平興國七年置招諭縣熙寧七年以麻陽招諭二縣隸沅州廢慢水砦龍門水浦銅安龔溪木砦九年廢明溪豐溪佘溪新興鳳伊鐵爐竹平木樓烏速騾子酉溪砦堡崇寧戶一萬七百三十口二萬三千三百五十貢朱砂水銀縣四沅陵中敘浦中下有懸鼓砦元豐二年置龍潭堡辰溪下有龍門銅安二砦盧溪下城一會溪熙寧八年十二月置砦三池蓬鎮溪黔安嘉祐三年置池蓬熙寧三年置鎮溪八年置黔安

沅州下潭陽郡軍事本懿州熙寧七年收復以潭陽縣地置盧陽縣以辰州麻陽招諭二縣隸州八年併錦州砦入戶及廢招諭縣入麻陽爲一縣元豐三年併鎮江砦入戶入黔江城爲黔陽縣尋廢鎮江砦爲鋪五年升舊渠陽砦爲縣元祐六年省爲砦崇寧二年復爲縣崇寧戶九千六百五十九口一萬九千一百五十七貢朱砂水銀縣四盧陽下有蔣州西縣入洲長宜迫溪鎮江龍門懷化八鋪麻陽下有錦州砦龔溪龍家竹砦虛踵齊天乂溪六鋪龔溪砦熙寧六年賜名其後爲鋪未詳黔陽下有竹砦煙溪無狀木州洪江五鋪渠陽砦八熙寧間復硤中騰雲鶴綉勝五州富錦圖三州六年以硤州新城爲安江砦富州新城爲鎮江砦七年廢慢水砦龍家堡以辰州龍門鎮安二砦隸州尋廢爲鋪宣和元年復置銅安砦元豐三年置托口砦四年以古誠州貫保新堡爲貫保砦奉愛豐山新保爲豐山新堡小由長渡村堡爲小由砦安江有洪江銅安二鋪托口有竹灘一鋪元豐八年罷貫保元豐三年置六年隸誠州

元祐六年廢崇寧二年復置隸黔陽縣渠陽元祐三年以渠陽軍改來隸竹灘洪江並元祐五年置若溪崇寧三年置便溪崇寧三年以蔣州改

靖州下軍事熙寧九年收復唐溪洞誠州元豐四年仍建爲誠州五年沅州貫保砦改爲縣總治本砦并托口小由豐山四堡砦戶口以渠陽縣爲名隸州六年移托口小由兩砦却屬沅州析部州蒔竹縣隸州移渠陽縣爲州治七年沅州小由砦復隸州尋廢小由砦豐山堡元祐二年廢爲渠陽軍三年廢軍爲砦屬沅州元祐五年復以渠陽砦爲誠州崇寧二年改爲靖州大觀元年爲望郡崇寧戶一萬八千六百九十二口闕貢白絹縣三永平下本渠陽縣崇寧二年改名紹興八年移入州會同下本三江縣崇寧二年改通道下本羅蒙縣崇寧二年改砦四狠江收溪貫保羅蒙元豐六年置收溪復以沅州貫保來隸七年置羅蒙元祐三年廢收溪羅蒙崇寧二年又置若水豐山二砦堡五石家渰村元豐四年置石家渰村六年置多星七多星大由天村年置大由天村元祐三年廢多星大由天村等堡崇寧二年復置又置羊鎮堡木砦堡大觀二年又置飛山堡政和三年又置零溪堡八年又置通平堡

荊門軍開寶五年長林當陽二縣自江陵來隸熙寧六年廢軍縣復隸江陵府元祐三年復爲軍端平三年移治當陽縣縣二長林次畿當陽次畿紹興十四年廢入長林十六年復

漢陽軍同下州熙寧四年廢爲縣以漢川縣爲鎮屬鄂州元祐元年復置紹興五年又廢爲縣七年復爲軍縣二漢陽緊漢川下太平興國二年自德安來隸紹興五年廢七年復

壽昌軍下本鄂州武昌縣嘉定十五年升壽昌軍使續升軍端平元年以武昌縣還隸鄂州縣一武昌上以武昌山爲名孫權所都南渡後爲江州治所後復故

南路州七潭衡道永邵郴全軍一武岡監一桂陽縣三十九南渡後增茶陵軍紹興三十二年戶九十六萬八千九百三十口二百一十三萬六千七百六十七

潭州上長沙郡武安軍節度乾德元年平湖南降爲防禦端拱元年復爲軍舊領荊湖南路安撫使大觀元年升爲帥府建炎元年復爲總管安撫司紹興元年兼東路兵馬鈐轄二年復爲安撫司崇寧戶四十三萬九千九百八十八口九十六萬二千八百五十三貢葛茶縣十二長沙望開寶中廢長豐縣入焉衡山望淳化四年以衡山岳州湘陰並來隸有黃簳銀場安化望熙寧六年置七星砦爲鎮入焉廢首溪砦元祐三年置博易場醴陵緊攸上湘鄉中湘潭中益陽中劉陽中有永興及舊溪銀場湘陰中乾德二年自岳州來隸寧鄉中善化元符元年以長沙縣五鄉湘潭縣兩鄉爲善化縣

衡州上衡陽郡軍事崇寧戶一十六萬八千九十五口二十萬八千二百五十三貢麩金犀縣五衡陽緊有熙寧錢監來陽中常寧中下熙寧六年廢常寧縣獎中砦有茭源銀場安仁中下乾德二年升安仁場爲縣南渡後升茶陵爲軍

道州中江華郡軍事乾德三年廢大歷縣熙寧六年廢楊梅勝岡綿田三砦紹興元年隸荊湖東路二年復舊崇寧戶四萬一千五百三十五口八萬六千五百五十三貢白紵零陵香縣四營道緊熙寧五年省永明縣爲鎮入焉元祐元年復江華緊有黃富鐵場寧遠緊唐延唐縣乾德三年改永明上

永州中零陵郡軍事熙寧六年廢福田樂山二砦八年廢零陵砦崇寧戶八萬九千三百八十七口二十四萬三千三百二十二貢葛石燕縣三零陵望祁陽中東安中雍熙元年升東安場爲縣有東安砦

郴州中桂陽郡軍事紹興初改隸荊湖東路二年仍來屬崇寧戶三萬九千三百九十二口一十三萬八千五百九十九貢紵縣四郴緊有新塘浦溪二銀坑桂陽中唐義昌縣後唐改郴義太平興國初又改有延壽銀坑宜章中唐義章縣太平興國初改永興中舊高亭縣熙寧六年改南渡後增縣二興寧嘉定二年析郴縣資興程水二鄉置資興縣後改今名桂東本郴縣地嘉定四年析桂陽之零陵宜城二鄉置今縣於上猶砦

寶慶府本邵州邵陽郡軍事大觀九年升爲望郡寶慶元年以理宗潛藩升府淳祐六年升寶慶軍節度崇寧戶九萬八千八百六十一口二十一萬八千一百六十貢犀角銀縣二邵陽望新化望熙寧五年收復梅山以其地置縣有惜溪柘溪藤溪深溪雲溪五砦

全州下軍事紹興元年聽廣西路經略安撫司節制崇寧戶三萬四千六百六十三口一十萬六千四百三十二貢葛零陵香縣二清湘望有香煙祿塘長烏羊狀硤石磨石獲源七砦灌陽中有洮水灌木吉寧砦

茶陵軍紹興九年升縣爲軍仍隸衡州嘉定四年析康樂雲陽常平三鄉置酃縣亦嘗隸衡州縣一酃下因酃湖爲名

桂陽軍本桂陽監同下州紹興元年隸荊湖東路二年復故三年升軍崇寧戶四萬四百七十六口一十一萬五千九百貢銀縣二平陽上隋縣晉廢天禧三年置有大富等九銀坑熙寧七年復藍山中景德三年自郴州來隸南渡後增縣一臨武中自石晉廢紹興十一年復

武岡軍崇寧五年以邵州武岡縣升爲軍縣三武岡中有山塘一砦熙寧六年廢白沙砦置關硤武陽城步三砦元祐四年置赤木砦紹聖元年置神山砦崇寧二年置通硤大觀元年置硤口砦綏寧中本邵州蒔竹縣地熙寧九年廢崇寧九年復紹興十一年移治武陽砦二十五年還舊後廢臨岡來入臨岡本蒔竹縣元豐四年以溪洞徽州爲縣隸邵州八年建臨口砦崇寧五年改砦爲縣隸武岡軍南渡後廢臨岡增新寧下漢夷地紹興二十五年於水頭江北立今縣

荊湖南北路蓋禹貢荊州之域當張翼軫之分東界鄂渚西接溪洞南抵五嶺北連襄漢唐末藩臣分據宋初下之鄂岳本屬河南安復中土舊地今以壤制而分隸焉江陵國南巨鎮當荊江上游西控巴蜀澧鼎辰三州皆旁通溪洞置兵戍守潭州爲湘嶺要劇鄂岳處江湖之都會全邵屯兵以扼蠻獠大率有材木茗荈之饒金鐵羽毛之利其土宜穀稻賦入稍多而南路有袁吉壤接者其民往往遷徙自占深耕穊種率致富饒自是好訟者亦多矣北路農作稍惰多曠土俗薄而質歸峽信巫鬼重淫祀故嘗下令禁之

宋史卷八十八考證

地理志四兩浙路縣七十九○按鎮江不得有三縣止

丹徒丹陽二縣也

江陰軍○此軍失戶口數

瑞安府永嘉注監場○當作鹽場

淮南東路淮安軍五河注澮涇沱㴑淮○沱㴑監本訛馳崇今改正

江南東路信州弋陽注康定中復置○置監本訛廢今改正

荊湖北路峽州夷陵徙治於江南縣○一統志無縣字

歸州己東○當作巴東

辰州敘浦○當作漵浦

沅州盧陽注蔣州○一統志作獎州

荊湖南路郴州興寧注置資興縣○資興本唐縣嘉定時復置耳

茶陵軍綏寧○本唐徽州

宋史卷八十九

元中書右丞相總裁脫脫等修

地理志第四十二

地理五（福建路 成都府路 潼川府路 利州路 夔州路）

福建路州六福建泉南劍漳汀軍二邵武興化縣四十七南渡後升建州爲府紹興三十二年戶一百三十九萬五百六十五口二百八十二萬八千八百五十二

福州大都督府長樂郡威武軍節度舊領福建路鈐轄建炎三年升帥府崇寧戶二十一萬一千五百五十二貢荔枝鹿角菜紫菜元豐貢紅花蕉布縣十二閩（望）侯官（望）福清（望）古田（望唐縣有寶興銀場古田金坑）永福（望有黃洋保德二銀場）長溪（望有王林銀場及鹽場）長樂（緊有海壇山鹽場）羅源（中舊永貞縣）閩清（中）寧德（中王審知時置）懷安（望太平興國五年析閩縣置）連江（望）

建寧府上本建州建安郡舊軍事端拱元年升爲建寧軍節度紹興三十二年以孝宗舊邸升府崇寧戶一十九萬六千五百六十六貢火箭石乳龍茶元豐貢龍鳳等茶綀縣七建安（望漢縣有北苑茶焙龍焙監庫及石舍永興丁地三銀場）浦城（望有余生蕉溪勳竹三銀場）嘉禾（望本建陽縣有瞿嶺四銀場景定元年改今名）松溪（緊）崇安（望淳化五年升崇安場爲縣）政和（緊咸平三年升關隸鎭爲縣政和五年改關隸爲政和縣有天受銀場）甌寧（望熙寧三年廢元祐四年復）監一豐國（咸平二年置鑄銅錢）

泉州望清源郡太平興國初改平海軍節度本上郡大觀元年升爲望郡崇寧戶二十萬一千四百六貢松子元豐貢綿蕉葛縣七晉江（望有鹽亭一百六十一）南安（中）同安（中有安仁上下馬欄莊坂四鹽場）惠安（望太平興國六年析晉江置縣有鹽亭一百二十九）永春（中閩桃源縣有倚洋一鐵場）安溪（下有青陽鐵場）德化（下有赤水鐵場）

南劍州上劍浦郡軍事大平興國四年加南字崇寧戶一十一萬九千五百六十一貢上茴香元豐貢茶縣五劍浦（緊舊龍津縣南唐改有大演石城二銀場雷大等五茶焙）將樂（上太平興國四年自建州來隸有石牌安福二銀場）順昌（上南唐升永順場爲縣）沙（中有龍泉銀場）尤溪（上有尤溪寶應等九銀場）

漳州下漳浦郡軍事崇寧戶一十萬四百六十九貢甲香鮫魚皮縣四龍溪（望有吳慣沐犢中柵三鹽場）漳浦（望有黃敦鹽場）龍巖（望有大濟寶興二銀場）長泰（望太平興國五年自泉州來隸）

汀州下臨汀郡軍事淳化五年以上杭武平二場並爲縣元符元年析長汀寧化置清流縣崇寧戶八萬一千四百五十四貢蠟燭縣五長汀（望有上寶錫場歸禾拔口二銀務莒溪鐵務）寧化（望有龍門新舊二銀坑）上杭（上有鍾寮金場天聖二年徙治鍾寮場東乾道四年徙治郭下）武平（上）清流南渡後增縣一蓮城（本長汀蓮城堡紹興三年升縣）

邵武軍同下州太平興國五年以建州邵武縣建爲軍仍以歸化建寧二縣來屬崇寧戶八萬七千五百九十四貢紵縣四邵武（望有黃土等三鹽場龍須銅場寶積等三鐵場）光澤（望太平興國六年析邵武置縣有太平銀場新安鐵場）泰寧（望南唐歸化縣元祐元年改爲泰寧有螺蠑金場江源銀場）建寧（望有龍門等三銀場）

興化軍同下州太平興國四年以泉州游洋百丈二鎭地置太平軍尋改戶六萬三千一百五十七貢綿葛布縣三莆田（望自泉州與仙遊同來隸）仙遊（望）興化（中太平興國四年析莆田置縣）

福建路蓋古閩越之地其地東南際海西北多峻嶺抵江王氏竊據垂五十年三分其地宋初盡復之有銀銅葛越之產茶鹽海物之饒民安土樂業川源浸灌田疇膏沃無凶年之憂而土地迫陿生籍繁夥雖磽确之地耕耨殆盡畝直寖貴故多田訟其俗信鬼尚祀重浮屠之教與江南二浙畧同然多嚮學喜講誦好爲文辭登科第者尤多

成都府路府一成都州十二眉蜀彭綿漢嘉邛簡黎雅茂威軍二永康石泉監一仙井縣五十八南渡後府三成都崇慶嘉定州十一眉彭綿漢邛黎雅茂簡威隆軍二永康石泉淳熙二年戶二百五十八萬口七百四十二萬

成都府次府本益州蜀郡劍南西川節度太平興國六年降爲州端拱元年復爲劍南西川成都府淳化五年降爲節度嘉祐五年復爲府六年復節度舊領成都府路兵馬鈐轄建炎三年罷兼利州路紹興元年領成都路安撫使五年兼四路安撫制置大使十年置宣撫罷制置司知府帶本路安撫使十八年罷宣撫復制置司乾道六年又罷併歸安撫司知府仍帶本路安撫使淳熙二年復制置司罷宣撫司開禧元年置宣撫罷制置司未幾兩司並置後罷宣撫仍置制置大使嘉定七年去大字崇寧戶一十八萬二千九十口五十八萬九千九百三十貢花羅錦高紵布牋紙縣九成都（次赤）華陽（次赤）新都（次畿）郫（次畿熙寧五年省犀浦爲鎭入焉）雙流（次畿）溫江（次畿）新繁（次畿漢繁

縣前蜀改廣都次畿熙寧五年廢陵州以貴平籍二縣爲鎮入焉靈泉次畿舊名靈池天聖四年改

眉州上通義郡至道二年升爲防禦崇寧戶七萬二千八百九口一十九萬二千三百八十四貢麩金巴豆縣四眉山望隋通義縣太平興國初改彭山望丹稜望青神緊

崇慶府緊本蜀州唐安郡軍事紹興十年以高宗潛藩升崇慶軍節度淳熙四年升府崇寧戶六萬七千八百三十五口二十七萬三千五十貢春羅單絲羅縣四晉源望新津望唐唐安縣開寶四年改永康望蜀州青城地置縣

彭州緊濛陽郡軍事崇寧戶五萬七千五百二十四貢羅縣三九隴望唐縣熙寧二年置堋口縣四年省爲鎮入焉有鹿角砦堋口木頭二茶場崇寧望唐昌縣崇寧元年改濛陽望

綿州上巴西郡軍事紹興三年以知州事兼綿威茂州石泉軍沿邊安撫使節制屯戍軍馬五年川峽宣撫副使移司綿州六年罷二十一年罷沿邊安撫使嘉熙元年爲四川制置副使治所崇寧戶一十二萬二千九百一十五口二十三萬四百九貢綾紵布縣五巴西望彰明望魏城緊羅江緊鹽泉中

漢州上德陽郡軍事戶一十二萬九百口五十二萬七千二百五十二貢紵布縣四雒望什邡望綿竹望德陽望

嘉定府上本嘉州犍爲郡軍事乾德四年廢綏山羅目玉津三縣慶元二年以寧宗潛邸升府開禧元年升嘉慶軍節度崇寧戶七萬一十六百五十二口二十一萬四百七十二貢麩金縣五龍遊上宣和元年改曰嘉祥紹興後復故熙寧五年省平羌縣入焉洪雅上淳化四年自眉州來隸夾江中峨眉中犍爲下大中祥符四年移治懲非鎮監一豐遠鑄鐵錢

邛州上臨邛郡軍事崇寧戶七萬九千二百七十九口一十九萬三千三十二貢絲布縣六臨邛望熙寧五年省臨溪縣爲鎮入焉倂入依政蒲江火井依政望安仁望有延貢砦大邑望有思安砦蒲江上有鹽井監鹽井砦火井中開寶三年移治平樂鎮至道三年復舊監一惠民鑄鐵錢建炎三年罷

簡州下陽安郡軍事崇寧戶四萬一千八百八十八口九萬五千六百一十九貢綿紬麩金縣二陽安上平泉中

黎州上漢源郡軍事崇寧戶二千七百二十二口九千八十貢紅椒縣一漢源下慶曆六年廢通望縣入焉舊廢飛越縣有博易務領羈縻州五十四羅巖州索古州秦上州合欽州劇川州輒榮州蓬口州柏坡州博盧州明川州膨州蓬矢州大渡州米川州木屬州河東州諾筰州甫嵐州昌化州歸化州栗川州叢夏州和良州和都州附木州東川州上貴州滑川州北川州吉川州甫蔓州北地州蒼榮州野川州邛陳州貴林州護川州牒琮州浪彌州郎郭州上欽州時蓬州儼馬州橛查州邛川州護邛州腳川州開望州上蓬州北蓬州剝重州久護州瑤劍州明昌州

雅州上盧山郡軍事崇寧戶二萬七千四百六十四口六萬二千三百七十八貢麩金縣五嚴道中有碉門砦盧山上有靈關砦名山中熙寧五年省百丈縣爲鎮入焉元祐二年復榮經中下百丈中下州城內一茶場熙寧九年置領羈縻州四十四當馬州三井州來鋒州名配州鉗秦州隸恭州畫重州羅林州籠羊州林波州林燒州龍蓬州敢川州驚川州禍眉州木燭州百坡州當品州嚴城州中川州鉗矣州昌磊州鉗并州百頗州會野州富仁州推梅州作重州禍林州金林州諾祚州三恭州布嵐州欠馬州羅蓬州論川州讓川州遠南州卑盧州變龍州輝川州金川州東嘉梁州西嘉梁州

茂州上通化郡軍事熙寧九年即汶川縣置威戎軍使以石泉縣隸綿州崇寧戶五百六十八口一千三百七十七貢麝香縣一汶山下砦一鎮羌熙寧九年置關一鷄宗熙寧九年置南渡後增縣一汶川下有博馬場領羈縻州十璫州直州時州塗州遠州飛州乾州可州向州居州春祺城本羈縻保州政和四年建爲祺州縣曰春祺宣和三年廢爲城隸茂州壽寧砦本羈縻直州政和六年建壽寧軍在大皂江外距茂州五里八年廢爲砦宣和三年廢砦爲堡又廢敷文關爲敷文堡延寧砦本威戎軍熙寧間所建政和六年湯延俊等納土重築軍城改名延寧宣和三年廢爲砦隸茂州四年又廢砦及壽寧堡入汶川縣

威州下維川郡軍事本維州景德三年以與濰州聲相亂改今名崇寧戶二千二十口三千一十三貢當歸羌活縣二保寧下唐薛城縣南唐改通化下天聖元年改途川景祐四年復治平三年省通化軍隸縣有博易場領羈縻州二保州霸州嘉會砦本羈縻霸州政和四年建爲亨州縣曰嘉會宣和三年廢州以縣爲砦隸威州通化軍熙寧間所建在保霸二州之間政和三年董舜咨納土因舊名重築軍城宣和三年省軍使爲監押隸威州

永康軍同下州本彭州導江縣灌口鎮唐置鎮靜軍乾德四年改爲永安軍以蜀川之青城及導江縣來隸太平興國三年改爲永康軍熙寧五年廢爲砦九年復即導江軍治置永康軍使隸彭城元祐初復故縣二導江望乾德中自彭州來隸熙寧五年軍廢復隸彭州後復於此置有博馬場青城望乾德中自蜀州來隸熙寧五年軍廢還隸蜀州不知何年復來隸

仙井監同下州本陵州至道三年升爲團練咸平四年廢始建縣熙寧五年廢爲陵井監宣和四年改爲仙井監隆興元年改爲隆州崇寧戶三萬二千八百五十三口一十萬四千五百四十五貢苦藥子續隨子縣二仁壽中井研中下南渡後增縣二貴平中下熙寧五年廢入廣都乾道六年復籍中下廢復同上鎮一大安舊永安鎮崇寧二年改鹽井一

石泉軍本綿州石泉縣政和七年建爲軍割蜀之永康綿之龍安神泉來隸宣和三年降爲軍使縣皆還舊隸宣和七年復爲軍領縣三石泉下神泉上有石關砦龍安上有三盤砦及茶場宣和元年改龍安曰安昌後復故寶祐後爲軍治所堡九重和元年置會同靖安嘉平通津橫望平隴陵霄聳翠連雲

潼川府路府二潼川遂寧州九果資普昌叙瀘合榮渠軍三長寧懷安廣安監一富順紹興三十二年戶八十萬五千三百六十四口二百六十三萬六千四百七十六

潼川府緊梓潼郡劍南東川節度本梓州乾德四年改

靜戎軍置東關縣太平興國中改靜安軍端拱二年爲東川元豐三年復加劍南二字重和元年升爲府舊兼提舉梓州果渠懷安廣安軍兵馬巡檢盜賊公事乾道六年升瀘南爲潼川府路安撫使崇寧戶一十萬九千六百九口四十四萬七千五百六十五貢綾曾青空青縣十郪有三十四鹽井中江望隋玄武縣大中祥符五年改有鹽井涪城望有四鎮二十七鹽井射洪緊有鹽井鹽亭緊熙寧五年省永泰縣爲鎮入焉有六鹽井通泉上有三鐵治飛烏中有五鹽井銅山中有銅冶東關中下有四鹽井永泰中下本尉司南渡後爲縣

遂寧府都督府遂寧郡武信軍節度本遂州政和五年升爲府宣和五年升大藩端平三年兵亂權治蓬溪砦崇寧戶四萬九千一百三十二口一十萬二千五百五十五貢樗蒲綾縣五小溪望隋方義縣太平興國初改蓬溪望長江緊端平三年以下三縣俱廢青石緊遂寧中唐縣熙寧六年省青石縣入焉七年復置

順慶府中本果州南充郡團練寶慶三年以理宗初潛之地升府隸劍南東路端平三年兵亂淳祐九年徙治青居山崇寧戶五萬五千四百九十三口一十三萬三百一十三貢絲布天門冬縣三南充望熙寧六年省流溪縣爲鎮入焉紹興二十七年復爲縣西充望流溪望

資州上資陽郡軍事乾德五年廢月山丹山銀山清溪四縣宣和二年改龍水爲資州後復故淳祐三年廢崇寧戶三萬二千二百八十七口四萬七千二百一十九貢麩金縣四盤石緊有一十八鹽井一鐵冶資陽緊龍水中下內江下有六十六鹽井

普州上安岳郡軍事乾德五年廢崇龕普慈二縣端平三年兵亂淳祐三年據險置治寶祐以後廢崇寧戶三萬二千一百一十八口七萬三千二百二十一貢葛天門冬縣三安岳中下熙寧五年廢普康縣入焉安居中樂至下

昌州上昌元郡軍事崇寧戶三萬六千四百五十六口九萬二千五十五貢麩金絹縣三大足上昌元上咸平四年移治羅市永川上

敘州上南溪郡軍事乾德中廢開邊歸順二縣本戎州政和四年改咸淳三年徙治登高山崇寧戶一萬六千四百四十八口三萬六千六百六十八貢葛縣四宜賓中唐義賓縣太平興國元年改熙寧四年省舊奮入僰道爲鎮政和四年改僰道爲宜賓南溪中乾德中移治舊奮城有鹽井宣化唐義賓縣太平興國元年改熙寧四年改爲鎮隸僰道宣和元年復以鎮爲縣改今名慶符本叙州徼外地政和二年建爲祥州置慶符來附二縣宣和三年州廢併來附縣入慶符縣隸叙州砦五柔遠樂從清平石門懷遠靖康元年廢柔遠樂從二砦隸懷遠羈縻州三十建州照州獻州南州洛州盈州德州爲州移州扶德州播浪州筠州武昌州志州已上皆在南廣溪洞商州驯州浪川州騁州已上皆在馬湖江協州切騎州靖州曲江州可陵州品州牁違州礮衞州滈州從州播陵州鉗州已上皆在石門路

瀘州上瀘州郡瀘川軍節度本軍事州宣和元年賜軍額乾道六年升本路安撫使嘉熙三年築合江之榕山再築江安之三江磧四年又築合江之安樂山爲城淳祐三年又城神臂崖以守景定二年劉整以城歸大元後復取之改江安州崇寧戶四萬四千六百一十一口九萬五千四百一十一貢葛縣三乾德五年廢綿水富義置上監州治平四年廢羊牴砦元豐二年廢白芀砦三年廢平夷堡於羅池改築安遠砦廢大硐武寧一砦五年復置武寧砦隸長寧軍瀘川中江安中有寧遠安夷西寧遠南田武寧安遠等砦合江中有遙壩青山安溪小溪帶頭使君六砦大觀三年以安溪砦爲縣隸純州後廢純州復爲砦宣和二年廢遙壩四年復南渡後增縣一納溪皇祐二年納溪復置砦紹定五年升爲縣監一南井城三樂共城元豐四年置堡砦四江門砦鎮溪堡梅嶺堡大洲堡九支城大觀二年建純州置九支安溪兩縣及美利城宣和二年廢純州及九支縣爲九支城以安溪美利城爲砦改慈竹砦爲堡武都城大觀三年建滋州置承流仁懷兩縣宣和三年廢州爲武都城以仁懷爲堡承流縣併入仁懷安遠砦元豐三年置大觀四年廢政和五年復博望砦政和七年置板橋堡政和堡政和六年置綏遠砦前隸武都城宣和三年隸州領羈縻州十八納州薛州晏州鞏州奉州悅州思峩州長寧州能州清州浙州定州宋州順州藍州溱州高州姚州

長寧軍本羈縻州熙寧八年夷人得箇祥獻長寧晏奉高薛鞏清思峩等十州因置淯井監隸瀘州政和四年建爲長寧軍領砦堡六梅洞砦政和五年置清平砦舊隸祥州政和二年建築賜今名宣和三年廢祥州以砦隸軍武寧砦熙寧七年置舊名小溪口十年改今名元豐四年廢五年復置政和四年建長寧軍以武寧爲倚郭縣宣和二年廢縣爲堡四年復爲砦寧遠砦皇祐元年置三江砦三年改今名宣和二年以砦爲堡四年復爲砦安夷砦熙寧六年置舊名婆娑大觀四年廢政和六年復置石筍堡政和五年置初名梅嶺後賜今名南渡後縣一安寧嘉定四年升安夷砦爲縣有武寧寧遠二砦

合州中巴川郡軍事淳祐三年移州治于釣魚山崇寧戶四萬八千二百七十七口八萬四千四百八十四貢牡丹皮白藥子縣五石照中魏石監縣乾德三年改漢初中巴川中赤水中下銅梁中下熙寧四年省赤水入焉七年復置

榮州下和義郡軍事乾德五年廢和義縣端平三年擢地僑治寶祐後廢崇寧戶一萬六千六百六十七口五萬二千八十七貢斑布縣四榮德中下舊名旭川治平四年改熙寧四年省公井縣爲鎮入焉有鹽監一端平三年廢威遠中資官中有鹽井應靈中下有鹽井

渠州下鄰山郡軍事寶祐三年徙治禮義山崇寧戶三萬二千八百七十七口六萬三千八百三十貢綿紬買子木縣三流江緊西魏縣景祐三年廢大竹縣入焉紹興三年復分置鄰水下唐縣乾德四年移治崑樓鎮鄰山下梁縣乾德三年移治故鄰州城南渡後增縣一大竹

懷安軍同下州乾德五年以簡州金水縣建爲軍崇寧戶二萬九千六百二十五口一十七萬四千九百八十五貢紬縣二金水望金堂望乾德五年自漢州來隸

寧西軍本廣安軍同下州開寶二年以合州儂洄新明二鎮建爲軍淳祐三年城大良平爲治所寶祐末歸大元景定初復取之咸淳二年改軍名崇寧戶四萬七千五十七口一十一萬一千七百五十四貢絹縣三渠江中開寶二年自渠州來隸岳池緊開寶二年自果州來隸新明中開寶二年自合州來屬六年移治單溪鎮南渡後增縣一和溪開禧三年升鎮爲縣

富順監同下州本瀘州之富義縣掌煎鹽乾德四年升爲富義監太平興國元年改治平元年置富順縣熙寧元年省嘉熙元年蜀亂監廢咸淳元年徙治虎頭山崇寧戶一萬一千二百四十一口二萬三千七百一十六

貢葛領鎮十三鹽井一

利州路府一興元州九利洋閬劍文興蓬政巴縣三十八關一劍門南渡後府三興元隆慶同慶州十二利金洋閬巴沔文蓬龍階西和鳳軍二大安天水紹興三十二年戶三十七萬一千九十七口七十六萬九千八百五十二

興元府次府梁州漢中郡山南西道節度舊兼提舉利州路兵馬巡檢事建炎二年升本路鈐轄四年兼本路經略安撫使後分利州路爲東西路興元劍利閬金洋巴蓬大安爲東路治興元階成和鳳文龍興爲西路治興州又置利州路階成和鳳州制置使涇原秦鳳路經略安撫使乾道四年合爲一路興元帥兼領之淳熙二年復分三年又合五年復分紹興五年再合慶元二年又分嘉定三年復合崇寧戶六萬二百八十四口一十二萬三千五百四十貢臙脂紅花縣四南鄭次赤城固次畿褒城次畿西次畿至道一年割隸大安軍三年還隸有錫治一務茶場一熙寧八年置南渡後增縣一廉水次畿紹興四年析南鄭縣置以廉水爲名

利州都督府益川郡寧武軍節度舊昭武軍景祐四年改紹興十四年分東西兩路紹熙五年復合爲一慶元二年復分嘉定三年復合十一年又分端平三年兵亂廢崇寧戶二萬五千三百七十三口五萬一千五百三十九貢金鋼鐵縣四綿穀中葭萌中嘉川中下咸平五年自鎮州來隸熙寧三年省平蜀縣入焉昭化下後周益昌縣開寶五年改

洋州望洋川郡武康軍節度舊武定軍景祐四年改建炎以後嘗置蓬巴洋州安撫使尋罷崇寧戶四萬五千四百九十口九萬八千五百六十七貢隔織縣三興道望西鄉上眞符中

閬州上閬中郡乾德四年改安德軍節度紹興十四年隸東路端平三年兵亂淳祐三年移治大獲山崇寧戶四萬三千九百三十六口一十萬九百七貢蓮綾縣七閬中望閬水迂曲繞縣三面故名紹興十八年省玉井鎮入焉蒼溪緊南部緊新井緊奉國中熙寧四年省岐平縣爲鎮入焉新政中西水中下熙寧四年省晉安縣爲鎮入焉

隆慶府本劍州上普安郡軍事乾德五年廢永歸縣隆興二年以孝宗潛邸升普安軍節度紹熙元年升府端平三年兵亂崇寧戶三萬五千二十三口一十萬七千五百七十三貢巴戟縣六普安中熙寧五年省臨津縣爲鎮入焉梓潼上陰平中武連中普成中劍門中下熙寧五年以劍門關劍門縣復隸州有小劍白綿砙砍糧谷龍聚托溪六砦

巴州中清化郡軍事乾德四年廢盤道歸仁始寧三縣咸平五年以清化屬集州熙寧五年廢集州又廢壁州以其縣來隸建炎三年兼管內安撫嘉熙四年兵亂民散崇寧戶二萬三千三百三十七口四萬一千五百一十六貢綿紬縣五化城中下省集州清化縣爲鎮入焉難江上舊隸集州恩陽中下熙寧三年省七盤縣爲鎮入焉曾口下熙寧五年省其章縣爲鎮入焉通江下省壁州白石符陽二縣入焉

文州中下陰平郡軍事建炎後帶沿邊管內安撫尋罷隸利西路紹定末置司成都端平後兵亂州廢崇寧戶一萬二千五百三十一口二萬二千七十八貢麝香縣一曲水中下西魏縣有重石昆谷張添磨蓬留券羅移思村戎門披波峩南十砦水銀務一

沔州下順政郡軍事本興州紹興十四年爲利西路治所開禧三年吳曦僭叛改開德府曦誅改沔州崇寧戶一萬二千四百三十口一萬九千六百七十三貢蜜蠟縣二順政中開禧三年改爲略陽長舉中下監一濟衆鑄鐵錢

蓬州下咸安郡軍事乾德三年廢宕渠縣淳祐三年置司古渝縣崇寧戶二萬七千八百二十七口五萬一千四百七十二貢紵絲綾綿紬縣四蓬池中儀隴中營山中唐朗池縣太中祥符五年改熙寧三年省蓬山縣爲鎮入焉伏虞中下熙寧五年省渠山縣爲鎮入焉南渡後增縣二艮山中下建炎二年復相如望以南有司馬相如故宅而名嘉熙間兵亂寶祐六年自興州來屬

政州下江油郡軍事本龍州政和五年改爲政州紹興元年復爲龍州端平三年兵亂寶祐六年徙治雍村崇寧戶三千五百二十三口九千二百九十四貢麩金羚羊角天雄縣二江油中有乾坡砦清川下本馬盤唐改今名康定初增戍兵端平三年兵亂地廢

大安軍中本三泉縣舊屬興元府乾德三年平蜀以縣直屬京至道二年建爲大安軍三年軍廢縣仍舊屬京紹興三年復升軍崇寧戶六千七十五口一萬八百九十一領鎮二金牛青烏南渡後復置三泉縣隸軍

金州上安康郡昭化軍節度前宋隸京西南路惟此一州未沒于金建炎四年屬利州紹興元年置金均房州鎮撫使六年復隸京西南路九年隸西川宣撫司十年置金房開達安撫使十三年隸利州路又以商州上津豐陽兩縣來屬乾道四年兼管內安撫縣六西城下漢陰中下紹興二年遷治新店以舊縣爲鎮嘉定三年升激口鎮爲縣有饒風鎮洵陽中石泉下平利下南渡後增縣一上津中下本平利縣地紹興十六年以鶻嶺關卓馱平爲界

階州中下武都郡軍事本隸秦鳳路紹興初陝西地盡入于金惟階成岷鳳洮五郡鳳翔府和尚原隴州方山原存紹興初以楊家崖爲家計砦縣二福津中下將利中下

同慶府中下同谷郡軍事本成州隸秦鳳路紹興十四年來屬寶慶元年以理宗潛邸升同慶府縣二同谷中栗亭中

西和州下和政郡團練本隸秦鳳路紹興元年入于金改祐州舊名岷州十二年與金人和以岷犯金太祖嫌名改西和州因郡名和政云以淮西有和州故加西字開禧二年又入于金縣三長道緊大潭中祐川

鳳州下河池郡團練舊屬秦鳳路紹興十四年來隸縣三梁泉上兩當上河池緊

天水軍同下州紹興初秦州入于金分置南北天水縣

十三年隷成州後以成紀之大平社隴成之東阿社來
屬嘉定元年升軍九年移于天水縣舊治仍置縣一天
水紹興十五年廢成紀隴西二縣來入
夔州路州十夔黔施忠萬開達涪恭珍軍三雲安梁山
南平監一大寧縣三十二南渡後府三重慶咸淳紹慶
州八夔達涪萬開施播恩軍三雲安梁山南平監一大
寧紹興三十二年戸三十八萬六千九百七十八口一
百一十三萬四千三百九十八
夔州都督府雲安郡寧江軍節度州初置在白帝城景
德三年徙城東建炎三年升夔利兵馬鈐轄淳熙十五
年帥臣帶歸峽州兵馬司元豐戸一萬一千二百一十
三貢蜜蠟縣二奉節中巫山中下
紹慶府下本黔州黔中郡軍事武泰軍節度紹定元年
升府紹熙三年移巡檢治增潭元豐戸二千八百四十
八貢朱砂蠟縣二彭水中嘉祐八年廢洪杜洋水都儒信寧四縣入焉有洪杜小洞界
山難溪四砦紹興二年以元隷珍州戸四十九還隷黔江下有白石門闌佐水永安安樂雙洪射營右水
鑾塚浴水潛平鹿角萬就六堡白水土溪小溪石柱高望木孔東流李昌僕射相陽小村石門茆田木𣏌虎眼
二十九砦羈縻州四十九南寧州遠州犍州清州蔣州知州蠻州襲州峩州邦州鶴州勞州義
州福州儒州令州郝州普州寧州緣州那州鸞州絲州卭州敷州晃州侯州焚州添州琰州雙城州訓州鄉州
州茂龍州整州樂善州撫水州思元州逸州思州南平州勳州姜州稜州鴻州和武州暉州亳州鼓州懸州
南渡後羈縻州五十六
施州下清江郡軍事元豐戸一萬九千八百四貢黃連
木藥子縣二清江中下有歌羅永寧細沙寧邊尖木夷平六砦熙寧六年五月省施州永興
砦置夷平砦元豐三年七月廢永寧砦置行廊安穩二砦建始中下有連天一砦監一廣積
紹聖三年置鑄鐵錢
咸淳府下本忠州南賓郡軍事咸淳元年以度宗潛邸
升府元豐戸三萬五千九百五十貢綿紬縣三臨江中下
墊江中下熙寧五年省貴溪縣入焉南賓下南渡後增縣二豐都下龍
渠下
萬州下南浦郡軍事開寶三年以梁山爲軍元豐戸二
萬五百五十五貢金木藥子縣二南浦下有平雲砦武寧下
開州下盛山郡軍事崇寧戸二萬五千貢白紵車前子
縣二開江上慶曆四年廢新浦縣入焉清水中舊名萬歲縣後改
達州上通川郡軍事本通州乾德三年改乾德五年廢
闐英宣漢二縣熙寧六年省三岡縣七年省石鼓縣分
隷通川新寧永睦三縣元豐戸四萬六百四十貢紬縣
五通川中巴渠中永睦下隋永穆縣今改新寧下東鄉下南渡
後增縣一通明下舊通明院
涪州下涪陵郡軍事熙寧三年廢溫山縣爲鎮大觀四
年廢白馬砦咸淳二年移治三台山元豐戸一萬八千
四百四十八貢絹縣三涪陵下有白馬鹽場樂溫下武龍下宣和元
年改武龍縣爲枳縣紹興元年依舊
重慶府下本恭州巴郡軍事舊爲渝州崇寧元年改恭
州後以高宗潛藩升爲府舊領萬壽縣乾德五年廢雍
熙中又廢南平縣慶曆八年以黔州羈縻南溱二州來
隷皇祐五年以南州置南川縣熙寧七年以南川縣隷
南平軍元豐戸四萬二千八十貢葛布牡丹皮縣三巴
中有石英峯玉監溪新興四鎮江津中下乾德五年移治馬騣鎮壁山下羈縻州一
溱州領榮懿扶歡二縣以會首領之後隷南平軍
雲安軍同下州開寶六年以夔州雲安縣建爲軍建炎
三年爲軍使元豐戸一萬一千七十五貢絹縣一雲安
望有思問捍技平南三砦玉井鹽場團雲鹽井監一雲安熙寧四年以雲安監戸口析置安義縣八
年戸還隷雲安縣復爲監
梁山軍同下州高梁郡開寶二年以萬州丕氏屯田務
置軍撥梁山縣來隷熙寧五年又析忠州桂溪地益軍
元祐元年還隷萬州尋復故元豐戸一萬二千二百七
十七貢綿縣一梁山中下
南平軍同下州熙寧八年收西番部以恭州南川縣銅
佛壩地置軍領縣二南川中下熙寧八年省入隆化元豐元年復置有榮懿開邊通
安安穩歸正五砦溱川堡隆化下熙寧八年自涪州來隷有七渡水砦大觀四年砦廢
溱溪砦本羈縻溱州領榮懿扶歡二縣熙寧七年招納
置榮懿等砦隷恭州後隷南平軍大觀二年別置溱州
及溱溪夜郎兩縣宣和二年廢州及縣以溱溪砦爲名
隷南平軍
大寧監同下州開寶六年以夔州大昌縣鹽泉所建爲
監元豐戸六千六百三十一貢蠟縣一大昌中下端拱元年自夔州來隷舊在監南六十里嘉定八年徙治水口監
珍州唐貞觀中開山洞置唐末沒於夷大觀二年大駱
解上下族帥獻其地復建爲珍州宣和三年承州廢以
綏陽縣來隷縣二樂源綏陽本羈縻夷州大觀三年酋
長獻其地建爲承州領綏陽都上義泉寧夷洋川五縣
宣和三年廢州及都上等縣以綏陽隷珍州遵義砦大
觀二年播州楊文貴獻其地建遵義軍及遵義縣宣和
三年廢州及縣以遵義砦爲名隷珍州
思州政和八年建領務川卭水安夷三縣宣和四年廢
州爲城及務川縣以務川城爲名卭水安夷二縣皆作
堡並隷黔州紹興元年復爲思州縣三務川安夷卭水
宣和四年並廢隷黔州紹興二年復
播州樂源郡大觀二年南平夷人楊文貴等獻其地建
爲州領播川琅川帶水三縣宣和三年廢爲城隷南平
軍端平三年復以白綿堡爲播州三縣仍廢嘉熙三年
復設播州充安撫使咸淳末以珍州來屬縣一樂源有
遵義砦開禧三年升軍嘉定十一年復爲砦
川峽四路蓋禹貢梁雍荊三州之地而梁州爲多天文
與秦同分南至荊峽北控劍棧西南接蠻夷土植宜柘
繭絲織文纖麗者窮於天下地狹而腴民勤耕作無寸
土之曠歲三四收其所獲多爲遨遊之費踏青藥市之
集尤盛焉動至連月好音樂少愁苦尚奢靡性輕揚喜
虛稱庠塾聚學者衆然懷土罕趨仕進涪陵之民尤尚
鬼俗有父母疾病多不省視醫藥及親在多別籍異財

漢中巴東俗尚頗同淪於偏方殆將百年孟氏既平聲致攸暨文學之士彬彬輩出焉

宋史卷八十九考證

地理志五福建路福州閩清○一統志宋爲福清

南劍州將樂○五代爲鏞州

沙○按沙先屬汀州

夔州路夔州都督府初置在白帝城景德三年徙城東○臣宗楷按老學庵筆記唐夔州在白帝城地勢險固丁晉公爲轉運使始遷於瀼西

宋史卷九十

元中書右丞相總裁脫脫等修

地理志第四十三

地理六 廣南東路 廣南西路 燕山府路

廣南東路府一肇慶州十四廣韶循潮連梅南雄英賀封新康南恩惠縣四十三南渡後府三肇慶德慶英德州十一廣韶循潮連封新南恩梅雄惠紹興三十二年戶五十一萬三千七百一十一口七十八萬四千七百七十四

廣州中都督府南海郡清海軍節度開寶五年廢咸寧番禺蒙化游水四縣大觀元年升爲帥府舊領廣南東路兵馬鈐轄兼本路經畧安撫使元豐戶一十四萬三千二百六十一貢胡椒石髮糖霜檀香肉豆蔻丁香母子零陵香補骨脂舶上茴香沒藥沒石子元豐貢沉香甲香詹糖香石斛龜殼水馬鼊皮藤簟縣八南海望隋縣後改常康開寶五年復番禺上開寶中廢入南海皇祐三年復置有銀鑪鐵場增城中清遠中有大富銀場靜定鐵場錢紏鉛場懷集中有大利銀場東莞中下開寶五年廢入增城六年復置有桂角等三銀場靜康等三鹽場海南黃田等三鹽柵新會下有千歲錫場海晏等六鹽場信安下本義寧縣開寶五年廢入新會六年復置太平興國初改信安熙寧五年省爲鎮入新州新興縣元祐元年復爲縣紹聖元年復省爲鎮後復爲縣還隸廣州南渡後無信安增縣一香山紹興三十二年以東莞香山鎮爲縣

韶州中始興郡軍事元豐戶五萬七千四百三十八貢絹鍾乳縣五曲江望有永通錢監靈源等三銀場中子銅場翁源望有大湖銀場大富鉛場樂昌中有黃坑等二銀場太平鉛場仁化中開寶五年廢入樂昌咸平三年復置有大衆多田二鐵場多寶鉛場建福宣和三年以岑水場析曲江翁源地置縣南渡後無建福增縣一乳源乾道二年析曲江之樂昌依化鄉於州頭津置監一永通

循州下海豐郡軍事元豐戶四萬七千一百九十二貢絹藤盤縣三龍川望有大有鉛場宣和三年改龍川曰雷江紹興元年復舊興寧望晉縣天禧三年移治長樂有夜明銀場長樂上熙寧四年析興寧縣置有羅翊等四錫場

潮州下潮陽郡軍事元豐戶七萬四千六百八十二貢蕉布甲香鮫魚皮縣三海陽望有海門等三砦三河口鹽場豐濟銀場橫衡等二錫場潮陽中下本海陽縣地紹興二年廢入海陽八年復揭陽宣和三年割海陽三鄉置揭陽縣紹興二年廢入海陽八年復仍移治吉帛村是謂三陽

連州下連山郡軍事元豐戶三萬六千九百四十三貢苧布官桂元豐貢鍾乳縣三桂陽望有同官銀場陽山中有銅坑錫場連山中紹興六年廢爲鎮十八年復

梅州下軍事本潮州程鄉縣南漢置恭州開寶四年改熙寧六年廢州爲程鄉縣仍帶程江軍事十四年復爲州元豐五年復宣和二年賜郡名義安紹興六年廢州爲程鄉縣仍帶程江軍事十四年復爲州元豐戶一萬二千三百七十貢銀布縣一程鄉中有樂口錫場石坑鉛場龍坑鐵場

南雄州下本雄州軍事開寶四年加南字宣和二年賜郡名保昌元豐戶二萬三百三十九貢絹縣二保昌望始興中舊隸韶州開寶四年來隸

英德府下本英州軍事宣和二年賜郡名曰貢陽慶元元年以寧宗潛邸升府元豐戶三千一十九貢紵布縣二貢陽望有鍾峒銀場禮平銅場洽光上開寶四年自廣州隸連州六年自連州來隸有賢德等三銀場

賀州下臨賀郡軍事開寶四年廢蕩山封陽馮乘三縣本屬東路大觀二年五月割屬西路戶四萬二百五貢銀縣三臨賀緊有太平銀場富川上桂嶺中南渡後屬廣西路

封州望臨封郡軍事本下郡大觀元年升爲望郡紹興七年省州以二縣隸德慶府十年復舊元豐戶二千七百七十九貢銀縣二封川下開建下開寶五年廢入封川六年復置

肇慶府望高要郡肇慶軍節度本端州軍事元符三年升興慶軍節度大觀元年升下爲望重和元年賜肇慶府名仍改軍額元豐戶二萬五千一百三貢銀石硯縣二高要中有沙利銀場浮蘆鐵場四會中舊隸廣州熙寧六年來屬有金場銀場

新州下新興郡軍事開寶五年廢平興縣元豐戶一萬三千六百四十一貢銀縣一新興中咸平六年移治州城西

德慶府望本康州晉康郡軍事開寶五年廢州及悅城晉康都城並入端溪以隸端州尋復爲州大觀四年升爲望郡紹興元年以高宗潛邸升爲府十四年置永慶軍節度元豐戶八千九百七十九貢銀縣二端溪下有雲烈錫場瀧水下舊隸瀧州州廢以縣來隸有羅磨護峒二銀場

南恩州下恩平郡軍事舊恩州開寶三年廢恩平杜陵二縣慶曆八年以河北路有恩州廼加南字元豐戶二萬七千二百一十四貢銀縣二陽江中有海口海陵博臘遂訓等四砦有錫場陽春下熙寧六年廢春州併銅陵縣入陽春來隸有攬徑鐵場

惠州下軍事宣和二年賜郡名博羅元豐戶六萬一千一百二十一貢甲香藤箱縣四歸善中有阜民錢監酉平流坑二銀場永吉信上永安三錫場三豐鐵場淡水鹽場海豐下有雲溪楊安勞謝三錫場古龍石橋二鹽場河源緊有立溪和溪永安三錫場博羅中有鐵場

廣南西路大觀元年割融柳宜及平允從庭孚觀九州爲黔南路以融州爲帥府宜州爲望郡三年以黔南路併入廣西以廣西黔南路爲名四年依舊稱廣南西路州二十五桂容邕融象昭梧滕龔潯柳貴宜賓橫化高雷欽白鬱林廉瓊平觀軍三昌化萬安朱崖縣六十五南渡後府二靜江慶遠州二十容邕象融昭梧藤潯貴柳賓橫化高雷欽廉賀瓊鬱林軍三南寧萬安吉陽紹興

二十二年戶四十八萬八千六百五十五口一百三十四萬一千五百七十二

靜江府本桂州始安郡靜江軍節度大觀元年爲大都督府又升爲帥府舊領廣南西路兵馬鈐轄兼本路經畧安撫使紹興三年以高宗潛邸升府寶祐六年改廣西制置大使後四年廢復爲廣西路經畧安撫使元豐戶四萬六千三百四十三貢銀桂心縣十一臨桂緊嘉祐六年廢慕化縣入焉興安望唐全義縣晉置溥州乾德元年州廢太平興國初改今名靈川望荔浦望永福下脩仁中熙寧四年廢脩仁縣爲鎮入荔浦元豐元年復義寧中下本義寧鎮馬氏奏置開寶五年廢入廣州新會六年復置理定下古下永寧中唐豐水縣熙寧四年廢爲鎮入荔浦元祐元年復南渡後無永寧縣

容州下都督府普寧郡寧遠軍節度開寶五年廢欣道渭龍陵城三縣元豐戶一萬三千七百七十六貢銀珠砂縣三普寧上開寶五年廢繡州以常林阿林羅繡三縣並入焉陸川中開寶五年廢順州省龍豪溫水龍水南河四縣入焉九年移治公平淳化五年又徙治於舊溫水縣北流中開寶五年廢禺州以峩石扶萊羅辯陵城四縣地入焉

邕州下都督府永寧郡建武軍節度開寶五年廢朗寧封陵思龍三縣大觀元年升爲望郡紹興三年置司市馬于橫山砦以本路經畧安撫總州事同提點買馬事任武臣隆興後文武通差寶祐元年兼邕宜欽融鎮撫使元豐戶五千二百八十八貢銀縣二宣化下景祐二年廢如化縣入焉武緣下景祐二年廢樂昌縣入焉砦一太平舊領永平太平古萬橫山四砦元豐九域志止存太平一砦金場一鎮乃熙寧六年置羈縻州四十四縣五洞十一忠州凍州江州萬丞州思陵州左州思誠州譚州渡州龍州七源州思明州西平州上思州祿州石西州思浪州思同州安平州員州廣源州勤州南源州西農州萬崖州覆利州溫弄州及武黎縣羅陽陀陵縣永康縣武盈洞古甑洞憑祥洞鐏峒卓峒龍英洞龍聳洞徊洞武德洞古佛洞八躭洞並屬左江道思恩州鵝州思城州勘州歸樂州武峩州倫州萬德州蕃州昆明州婪鳳州侯唐州歸恩州田州功饒州歸城州武籠州及龍川縣並屬右江道初安平州日波州皇祐元年改元祐三年又改懷化洞爲州

融州融水郡清遠軍節度本軍事州大觀二年升爲帥府三年罷帥府賜軍額又升爲下都督府崇寧元年置武陽砦羅城堡二年置樂善砦廢羅城堡四年卽融水縣王口砦置平州政和元年廢平州仍爲王口砦與融江文村潯江臨溪四堡砦來隸尋復故紹興四年復廢平州爲王口砦觀州爲高峯砦元豐戶五千六百五十八貢金桂心縣一融水中開寶五年置羅城縣熙寧七年廢武功羅城二縣爲鎮來隸砦一融江南渡後增縣一懷遠下紹興四年州廢復爲砦來隸十四年復爲縣有臨溪文村潯江三堡高峯砦羈縻州一樂善州

象州下象郡景德四年升防禦景定三年徙治來賓縣之蓬萊元豐戶八千七百一十七貢金藤器槵子縣四陽壽中下來賓中下舊隸嚴州州廢來屬開寶七年又以廢嚴州之歸化入焉武化下熙寧七年廢武化縣入來賓元祐元年復武仙下南渡後無武化縣

昭州下平樂郡軍事開寶五年廢永平縣元豐戶一萬五千八百八十貢銀縣四平樂中大中祥符元年移治州城東立山中熙寧五年廢蒙州以連區蒙山二縣入焉龍平中開寶五年廢富州以來隸又以思勤馬江入焉熙寧八年又隸梧州元豐八年復來隸宣和中改昭平淳熙六年復今名恭城下太平興國元年徙治于北鄉龍渚市景定五年復舊

梧州下蒼梧郡軍事元豐戶五千七百二十貢銀白石英縣一蒼梧下熙寧四年省戎城縣爲鎮入蒼梧

藤州下感義郡軍事開寶三年廢寧風感義義昌三縣元豐戶六千四百二十二貢銀縣二鐔津中岑溪下熙寧四年廢南儀州爲縣隸州

龔州下臨江郡軍事開寶五年廢陽川武陵隨建大同四縣政和元年州廢隸潯州三年復紹興六年復廢仍隸潯州元豐戶八千三十九貢銀縣一平南中開寶五年以思明州之武郎來屬嘉祐二年廢武郎縣入焉

潯州下潯江郡軍事開寶五年廢皇化縣俄又廢州以桂平隸貴州六年復置元豐戶六千一百四十一貢銀縣一桂平下

柳州下龍城郡軍事咸淳元年徙治柳城縣之龍江元豐戶八千七百三十貢銀縣三馬平中洛容中嘉祐四年廢象縣入洛容柳城中梁龍城縣景德三年改

貴州下懷澤郡軍事元豐戶七千四百六十貢銀縣一鬱林中下隋鬱平縣開寶四年改

慶遠府下本宜州龍水郡慶遠軍節度舊軍事州景祐三年廢崖山縣宣和元年賜軍額河池縣不詳何年併省咸淳元年以度宗潛邸升慶遠府元豐戶一萬五千八百二十三貢生豆蔻草豆蔻元豐貢銀縣四龍水上淳化五年以柳州洛曹來隸嘉祐七年廢入龍水熙寧八年二月廢羈縻懷遠軍古陽縣爲懷遠砦述昆縣爲鎮并思立砦並入焉有懷遠思立二砦後改宜山天河下大觀元年六月以天河縣并德謹砦堰江堡隸融州靖康元年九月復來隸有德謹一砦忻城中下慶歷三年以羈縻芝忻歸恩紆等州地置縣思恩下熙寧八年自環州來隸徙治帶溪砦省鎮寧州禮丹縣入焉元豐六年復徙舊治有普義帶溪鎮寧三砦南渡後增縣一河池下有銀場羈縻州十軍一監二溫泉州環州鎮寧州領縣二蕃州金城州文州蘭州領縣三安化州領縣四述昆州智州領縣五懷遠軍領縣一又有富仁富安二監舊領思順歸化二州慶歷四年併入柳州馬平縣

賓州下安城郡軍事開寶五年廢州琅琊石城二縣以領方隸邕州六年以領方復置州元豐戶七千六百二十貢銀藤器縣三領方下遷江中本邕州羈縻州天禧四年置上林中下開寶五年自邕州來屬廢澄州止戈賀水無虞入焉

橫州下寧浦郡軍事開寶五年廢樂山從化二縣又以廢巒州永定來屬元豐戶三千四百五十一貢銀縣二寧浦下永定下開寶六年廢巒州武羅靈竹二縣入焉熙寧四年省入寧浦元祐三年復置後更名永享

化州下陵水郡軍事本辯州太平興國五年改開寶中廢陵羅縣元豐戶九千三百七十三貢銀高良薑縣二石龍下吳川下本屬羅州州廢開寶五年來隸南渡後增縣一石城乾道三年析吳川西鄉置因石城岡爲名

高州下高涼郡軍事開寶五年廢良德縣景德元年併入竇州移治茂名三年復置以二縣還隸元豐戶一萬一千七百六十六貢銀縣三電白下信宜中下唐信儀縣太平興國初改信宜熙寧四年廢竇州以信宜縣來隸有銀場茂名下開寶五年自潘州來隸

雷州下海康郡軍事開寶五年廢徐聞遂溪二縣元豐戶一萬三千七百八十四貢良薑元豐貢斑竹縣一海康下有冠頭砦南渡後復二縣遂溪紹興十九年復置徐聞乾道七年復置

欽州下寧越郡軍事開寶五年廢遵化欽江內亭三縣天聖元年徙州治南賓砦元豐戶一萬五百五十二貢高良薑翡翠毛縣二靈山望有咄步砦安遠下唐保京縣宋初改安京景德中改今名有如洪如昔二砦

白州下南昌郡軍事開寶五年廢南昌建寧周羅三縣政和元年廢州以其地隸鬱林三年復南渡後復廢入鬱林元豐戶四千五百八十九貢銀縮砂縣一博白中南渡後隸鬱林州

鬱林州下鬱林郡軍事州開寶中廢鬱平興德二縣州初治興業至道二年徙今治政和元年廢白州以博白來隸三年復置白州以博白還舊隸南渡後廢白州以博白來隸元豐戶三千五百六十四貢縮砂元豐貢銀縣二南流中下舊隸牢州州廢來隸又以廢牢州之定川宕川黨州容山懷義撫康善勞入焉興業下以廢鬱平興德入焉

廉州下合浦郡軍事開寶五年廢封山蔡龍大廉三縣移州治於長沙場置石康縣太平興國八年改太平軍移治海門鎮咸平元年復元豐戶七千五百貢銀縣二合浦上有二砦石康下本常樂州宋併爲縣

瓊州下瓊山郡靖海軍節度本軍州事大觀元年以黎母山夷峒建鎮州賜軍額爲靖海政和元年鎮州廢以其地及軍額來歸元豐戶八千九百六十三貢銀檳榔縣四瓊山中熙寧四年省舍城入焉有感恩英田場二柵澄邁下開寶五年廢崖州與舍城文昌並來隸文昌下臨高下紹興初移于莫村樂會下唐置環以黎洞寄治南管大觀三年割隸萬安軍後復來屬

南寧軍舊昌化軍同下州本儋州熙寧六年廢州爲軍紹興六年廢昌化萬安吉陽三軍爲縣隸瓊州十三年爲軍使十四年復爲軍以屬縣還隸本軍後改今名元豐戶八百五十三貢高良薑元豐貢銀縣三宜倫下隋義倫縣太平興國初改昌化下熙寧六年省元豐三年復有昌化砦感恩下熙寧六年省元豐四年復

萬安軍同下州舊萬安州萬安郡熙寧七年廢爲軍紹興六年廢軍爲萬寧縣以軍使兼知縣事隸瓊州十三年復爲軍元豐戶二百七十貢銀縣二萬寧下後復名萬安陵水下熙寧七年爲鎮元豐三年復紹興六年隸瓊州十三年復來隸

吉陽軍同下州本朱崖軍卽崖州熙寧六年廢爲軍紹興六年廢軍爲寧遠縣十三年復後改名吉陽軍元豐戶二百五十一貢高良薑鎮二臨川藤橋熙寧六年省吉陽二縣爲臨川藤橋二鎮寧遠卽臨川南渡後縣二寧遠下紹興六年復縣隸瓊州十三年復來屬吉陽下熙寧六年廢爲藤橋鎮隸瓊州紹興六年復

平州崇寧四年三月王江古州蠻戶納土於王口砦建軍以懷遠爲名割融州融江文村潯江臨溪四堡砦並隸軍尋改懷遠軍爲平州仍置倚郭懷遠縣又置百萬砦及萬安砦又於安口隘置允州及安口縣又於中古州置格州及樂古縣五年改格州爲從州政和元年廢平州依舊爲王口砦并融江文村潯江臨溪四堡砦並依舊隸融州廢懷遠縣又廢從州爲樂古砦并通靖鎮安百萬砦並撥隸允州又廢允州權留平州又權置百萬砦宣和二年賜平州郡名曰懷遠紹興四年廢平州仍爲王口砦隸融州十四年復以王口砦爲懷遠縣

從州廢置具平州

允州廢置同上

庭州大觀元年以宜州河池縣置庭州倚郭縣曰懷德又於南丹州中平縣置砦曰靖南尋撥隸庭州大觀二年置安遠砦大觀四年廢庭州移靖南砦於廢孚州宣和五年移安遠砦於平安山置

孚州大觀元年以地州建隆縣置孚州倚郭縣曰歸仁四年廢孚州及歸仁縣爲靖南砦先於南丹州中平縣置靖南砦今移置此政和七年復置孚州及綏仁縣仍移靖南砦歸舊處宣和三年復廢孚州及歸仁縣置靖南砦大觀四年隸觀州紹興四年廢靖南砦

溪州大觀元年以宜州思恩縣帶溪砦置溪州四年廢

鎮州大觀元年置鎮州於黎母山心倚郭縣以鎮寧爲名升鎮州爲都督府賜靜海軍額政和元年廢鎮州以靜海軍額爲瓊州

延德軍崇寧五年初置延德縣於朱崖軍黃流白沙側淚之間大觀元年改爲軍又置倚郭縣曰通遠政和元年廢延德軍爲感恩縣昌化軍通遠縣爲通遠鎮隸朱崖軍政和六年置延德砦又以通遠鎮爲砦

地州崇寧五年納土大觀元年以地州建隆縣置孚州

文州崇寧五年納土大觀元年置綏南砦紹興四年廢

蘭州崇寧五年納土

那州崇寧五年納土

觀州大觀元年克南丹州以南丹州爲觀州置倚郭縣大觀四年以南丹州還莫公晟復於高峯砦置觀州紹興四年廢觀州爲高峯砦存留本門馬臺平洞黃泥中村等堡砦

隆州

兌州政和四年置隆州兌州并興隆縣萬松縣宣和三年廢隆州及興隆縣爲威遠砦兌州及萬松縣爲靖遠砦二州先置思忠安江鳳麟金斗朝天等五砦並廢各隸新砦仍並隸邕州

廣南東西路蓋禹貢荊揚二州之域當牽牛婺女之分南濱大海西控夷洞北限五嶺有犀象瑇瑁珠璣銀銅果布之產民性輕悍宋初以人稀土曠併省州縣然歲有海舶貿易商賈交湊桂林邕宜接夷獠置守戍大率民婚嫁喪葬衣服多不合禮尚淫祀殺人祭鬼山林翳密多瘴毒凡命官吏優其秩奉春梅諸州炎癘頗甚許土人領任景德中令秋冬赴治使職巡行皆令避盛夏

瘴霧之患人病不呼醫服藥儋崖萬安三州地狹戶少常以瓊州牙校典治安南數郡土壤遐僻但羈縻不絕而已

燕山府路府一燕山州九涿檀平易營順薊景經縣二十宣和四年詔山前收復州縣合置監司以燕山府路爲名山後別名雲中府路

燕山府唐幽州范陽郡盧龍軍節度石晉以賂契丹契丹建爲南京又改號燕京金人滅契丹以燕京及涿易檀順景薊六州二十四縣來歸宣和四年改燕京爲燕山府又改郡曰廣陽節度曰永清軍領十二縣五年童貫蔡攸入燕山七年郭藥師以燕山叛金人復取之

析津　廣平　都市賜名廣寧　昌平　良鄉　潞　武清
安次　永清　三河　香河賜名清化　漷陰

涿州唐置石晉以賂契丹宣和四年金將郭藥師以州降賜郡名曰涿水升威行軍節度縣四范陽　歸義
同安　新城賜名威城

檀州隋置石晉以賂契丹宣和四年金人以州來歸賜郡名曰橫山升鎮遠軍節度七年金人復破之縣二密雲　行唐賜名威塞

平州隋置後唐時爲契丹所陷改遼興府以營灤二州隸之宣和四年賜郡名漁陽升撫寧軍節度五年遼將張覺據州來降尋爲金所破縣三盧龍賜名盧城　石城賜名臨關
馬城賜名安城

易州唐置雍熙四年陷于契丹宣和四年金人以州來歸賜郡名曰遂武防禦縣三易水　淶水　容城

營州隋置後唐時爲契丹所陷宣和四年賜郡名曰平盧防禦縣一都城賜名鎮山

順州唐置石晉以賂契丹宣和四年金人以州來歸賜郡名曰順興團練縣一懷柔

薊州唐置石晉以賂契丹宣和四年金人以州來歸賜郡名曰廣川團練七年金人破之縣三漁陽賜名平盧　三河
玉田

景州契丹置宣和四年金人以州來歸賜郡名曰灤川軍事縣一遵化

經州本薊州玉田縣宣和六年建爲州七年陷于金、

雲中府路

雲中府唐雲州大同軍節度石晉以賂契丹契丹號爲西京宣和三年始得雲中府武應朔蔚奉聖歸化儒嬀等州所謂山後九州也

武州唐置石晉以賂契丹宣和五年金人以州來歸六年築固疆堡尋復爲金人所取

應州故屬大同軍節度後唐置彰國軍石晉以賂契丹宣和五年契丹將蘇京以州來降金人尋逐京復取之

朔州唐置後唐爲振武軍石晉以賂契丹宣和五年守將韓正以州來降金人尋逐正復取之

蔚州唐置石晉以賂契丹宣和五年守將陳翊以州來降六年翊爲金人所殺復取之

奉聖州唐新州後唐置威塞軍節度石晉以賂契丹在雲中府之東契丹改爲奉聖州

歸化州舊毅州後唐改爲武州石晉以賂契丹契丹改爲歸化州

儒州唐置石晉以賂契丹

嬀州唐置石晉以賂契丹契丹改爲可汗州

宋史卷九十考證

地理志六廣南東路廣州貢詹糖香○通考作蕃沉香

英德府貢陽○當作湞陽

新州廢平興縣○當作廢永順

廣南西路容州陸川注龍水○一統志作龍化

邕州太平注舊領四砦○此失遷隆一砦又羈縻州內思城州一統志作恩城州覆利州一統志作養利州又一統志有全茗州等史俱失載

昭州立山注連區○一統志作速區

梧州蒼梧注省戎城縣爲鎮入蒼梧○一統志宋改孟陵入蒼梧不止戎城也

龔州武陵○一統志作武林

慶遠府增縣一河池○不詳何年併省按一統志本羈縻智州宋初置河池縣隸宜州以富力縣省入大觀初即縣置庭州改縣曰懷德尋廢州復改爲河池縣隸宜州元因之則宋時固未省也

宋史卷九十一

元中書右丞相總裁脫脫等修

河渠志第四十四

河渠一黃河上

黃河自昔爲中國患河渠書述之詳矣探厥本源則博望之說猶爲未也大元至元二十七年我世祖皇帝命學士蒲察篤實西窮河源始得其詳今西蕃朶甘思南鄙曰星宿海者其源也四山之間有泉近百泓匯而爲海登高望之若星宿布列故名流出復瀦曰哈剌海東出曰赤賓河合忽闌也里术二河東北流爲九渡河其水猶清騎可涉也貫山中行出西戎之都會曰闊即曰闊提者合納憐河所謂細黃河也水流已濁繞昆侖之南折而東注合乞里馬出河復繞昆侖之北自貴德西寧之境至積石經河州過臨洮合洮河東北流至蘭州始入中國北繞朔方北地上郡而東經三受降城豐東勝州折而南出龍門過河中抵潼關東出三門集津爲孟津過虎牢而後奔放平壤吞納小水以百數勢益雄放無崇山巨磯以防閑之旁激奔潰不遵禹蹟故虎牢迤東距海口三二千里恒被其害宋爲特甚始自滑臺大伾嘗兩經汎溢復禹蹟矣一時姦臣建議必欲回之俾復故流竭天下之力以塞之屢塞屢決至南渡而後貽其禍於金源氏由不能順其就下之性以導之故也若江若淮若洛汴衡漳暨江淮以南諸水皆有舟楫漑灌之利者歷叙其事而分紀之爲河渠志

河入中國行太行西曲折山間不能爲大患既出大伾東走赴海更平地二千餘里禹迹既湮河并爲一特以隄防爲之限夏秋霖潦百川衆流所會不免決溢之憂然有司所以備河者亦益工矣自周顯德初大決東平之楊劉宰相李穀監治隄自陽穀抵張秋口以遏之水患少息然決河不復故道離而爲赤河太祖乾德二年遣使案行將治古隄議者以舊河不可卒復力役且大遂止但詔民治遙隄以禦衝注之患其後赤河決東平之竹村七州之地復罹水災三年秋大雨霖開封府河決陽武又孟州水漲壞中潬橋梁澶鄆亦言河決詔發州兵治之四年八月滑州河決壞靈河縣大隄詔殿前都指揮使韓重贇馬步軍都軍頭王廷義等督士卒丁夫數萬人治之被泛者蠲其秋租五年正月帝以河堤屢決分遣使行視發畿甸丁夫繕治自是歲以爲常皆以正月首事季春而畢是月詔開封大名府鄆澶滑孟濮齊淄滄棣濱德博懷衞鄭等州長吏並兼本州河隄使蓋以謹力役而重水患也開寶四年十一月河決澶淵泛數州官守不時上言通判司封郎中姚恕棄市知州杜審肇坐免五年正月詔曰應緣黃汴清御等河州縣除準舊制種藝桑棗外委長吏課民別樹榆柳及土地所宜之木仍案戶籍高下定爲五等第一等歲樹五十本第二等以下遞減十本民欲廣樹藝者聽其孤寡惸獨者免是月澶州脩河卒賜以錢鞵役夫給以茶三月詔曰朕每念河渠潰決頗爲民患故署使職以總領焉宜委官聯佐治其事自今開封等十七州府各置河堤判官一員以本州通判充如通判闕員即以本州官克五月河大決濮陽又決陽武詔發諸州兵及丁夫凡五萬人遣潁川團練使曹翰護其役翰辭太祖謂曰霖雨不止又聞河決朕信宿以來焚香上禱于天若天災流行願在朕躬勿延于民也翰頓首對曰昔宋景公諸侯耳一發善言災星退舍今陛下憂及兆庶懇禱如是固當上感天心必不爲災六月下詔曰近者澶濮等數州霖雨荐降洪河爲患朕以屢經決溢重困黎元每閱前書詳究經瀆至若夏后所載但言導河至海隨山濬川未聞力制湍流廣營高岸自戰國專利堙塞故道小以妨大私而害公九河之制遂隳歷代之患弗弭凡搢紳多士草澤之倫有素習河渠之書深知疏導之策若爲經久可免重勞並許詣闕上書附驛條奏朕當親覽用其所長勉副詢求當示甄獎時東魯逸人田告者纂禹元經十二篇帝聞之召至闕下詢以治水之道善其言將授以官以親老固辭歸養從之翰至河上親督工徒未幾決河皆塞太宗太平興國二年秋七月河決孟州之溫縣鄭州之滎澤澶州之頓丘皆發緣河諸州丁夫塞之又遣左衞大將軍李崇矩騎置自陝西至滄棣案行水勢視隄岸之缺亟繕治之民被水災者悉蠲其租三年正月命使十七人分治黃河隄以備水患滑州靈河縣河塞復決命西上閤門使郭守文率卒塞之七年河大漲蹙清河凌鄆州城將陷塞其門急奏以聞詔殿前承旨劉吉馳往固之八年五月河大決滑州韓村泛澶濮曹濟諸州民田壞居人廬舍東南流至彭城界入于淮詔發丁夫塞之隄久不成乃命使者按視遙堤舊址使回條奏以爲治遙堤不如分水勢自孟抵鄆雖有隄防唯滑與澶最爲隘狹於此二州之地可立分水之制宜於南北岸各開其一北入王莽河以通于海南入靈河以通于淮節減暴流一如汴口之法其分水河量其遠邇作爲斗門啓閉隨時務乎均濟通舟運漑農田此富庶之資也不報時多陰雨河久未塞帝憂之遣樞密直學士張齊賢乘傳詣白馬津用太牢加璧以祭十二月滑州言決河塞羣臣稱賀九年春滑州復言房村河決帝曰近以河決韓村發民治隄不成安可重困吾民當以諸軍代之乃發卒五萬以侍衞步軍都指揮使田重進領其役又命翰林學士宋白祭白馬津沈以太牢加璧未幾役成淳化二年三月詔長吏以下及巡河主埽使臣經度行視河堤勿致壞隳違者當寘于法四年十月河決澶州陷北城壞廬舍七千餘區詔發卒代民治之是歲巡河供奉官梁睿上言滑州土脉疏岸

善隤每歲河決南岸害民田請於迎陽鑿渠引水凡四十里至黎陽合大河以防暴漲帝許之五年正月滑州言新渠成帝又案圖命昭宣使羅州刺史杜彥鈞率兵夫計功十七萬鑿河開渠自韓村埽至州西鐵狗廟凡十五餘里復合于河以分水勢眞宗咸平三年五月河決鄆州王陵埽浮鉅野入淮泗水勢悍激侵迫州城命使率諸州丁男二萬人塞之踰月而畢始赤河決擁濟泗鄆州城中常苦水患至是霖雨彌月積潦益甚乃遣工部郎中陳若拙經度徙城若拙請徙於東南十五里陽鄉之高原詔可是年詔緣河官吏雖秩滿須水落受代知州通判兩月一巡隄縣令佐迭巡隄防轉運使勿委以他職又申嚴盜伐河上榆柳之禁景德元年九月澶州言河決橫壠埽四年又壞王八埽並詔發兵夫完治之大中祥符三年十月判河中府陳堯叟言白浮圖村河水決溢爲南風激還故道明年遣使滑州經度西岸開減水河九月棣州河決聶家口五年正月本州請徙城帝曰城去決河尚十數里居民重遷命使完塞既成又決於州東南李民灣環城數十里民舍多壞又請徙於商河役興踰年雖扞護完築裁免決溢而湍流益暴壖地益削河勢高民屋殆踰丈矣民苦久役而終憂水患八年乃詔徙州於陽信之八方寺著作佐郎李垂上導河形勝書三篇并圖其略曰臣請自汲郡東推禹故道挾御河較其水勢出大伾上陽太行三山之間復西河故瀆北注大名西館陶南東北合赤河而至于海因於魏縣北析一渠正北稍西逕衡漳直北下出邢洺如夏書過洚水稍東注易水合百濟會朝河而至于海大伾而下黃御混流薄山障隄勢不能遠如是則載之高地而北行百姓獲利而契丹不能南侵矣禹貢所謂夾右碣石入于海孔安國曰河逆上此州界其始作自大伾西八十里曹公所開運渠東五里引河水正北稍東十里破伯禹古隄逕牧馬陂從禹故道又東三十里轉大伾西通利軍北挾白溝復四大河北逕清豐大名西歷洹水魏縣東暨館陶南入屯氏故瀆合赤河而北至于海既而自大伾西新發故瀆西岸析一渠正北稍西五里廣深與汴等合御河道逼大伾北即堅壤析一渠東西二十里廣深與汴等復東大河兩渠分流則三四分水猶得注澶淵舊渠矣大都河水從西大河故瀆東北合赤河而達于海然後於魏縣北發御河西岸析一渠正北稍西六十里廣深與御河等合衡漳水又冀州北界深州西南三十里決衡漳西岸限水爲門西北注滹沱潦則塞之使東漸渤海旱則決之使西灌屯田此中國禦邊之利也兩漢而下言水利者屢欲求九河故道而疏之今考圖志九河並在平原而北且河壞澶滑未至平原而上已決矣則九河奚利哉漢武捨大伾之故道發頓丘之暴衝則濫兗泛齊流患中土使河朔平田膏腴千里縱容邊寇劫掠其間今大河盡東全燕陷北而禦邊之計莫大於河不然則趙魏百城富庶萬億所謂誨盜而招寇矣一日伺我饑饉乘虛入寇臨時用計者實難不如因人足財豐之時成之爲易詔樞密直學士任中正龍圖閣直學士陳彭年知制誥王曾詳定中正等上言詳垂所述頗爲周悉所言起滑臺而下派之爲六則緣流就下湍急難制恐水勢聚而爲一不能各依所導設或必成六派則是更增六處河口悠久難於隄防亦慮入滹沱漳河漸至二水淤塞益爲民患又築堤七百里役夫二十一萬七千工至四十日侵占民田頗爲煩費其議遂寢七年詔罷葺遙堤以養民力八月河決澶州大吳埽役徒數千築新隄亘二百四十步水乃順道八年京西轉運使陳堯佐議開滑州小河分水勢遣使視利害以聞及還請規度自三迎楊村北治之復開汶河於上游以泄其壅溢詔可天禧三年六月乙未夜滑州河溢城西北天臺山旁俄復潰于城西南岸摧七百步漫溢州城歷澶濮曹鄆注梁山泊又合清水古汴渠東入于淮州邑罹患者三十二即遣使賦諸州薪石楗橛芟竹之數千六百萬發兵夫九萬人治之四年二月河塞羣臣入賀上親爲文刻石紀功是年祠部員外郎李垂又言疏河利害命垂至大名府滑衞德貝州通利軍與長吏計度垂上言臣所至並稱黃河水入王莽沙河與西河故瀆注金赤河必慮水勢浩大蕩浸民田難於防備臣亦以爲河水所經不無爲害今者決河而南爲害既多而又陽武埽東石堰埽西地形汙下東河泄水又艱或者云今決處漕底坑深舊渠逆上若塞之旁必復壞如是則議塞河者誠以爲難若決河而北爲害雖少一旦河水注御河蕩易水逕乾寧軍入獨流口遂及契丹之境或者云因此搖動邊鄙如是則議疏河者又益爲難臣於兩難之間輒畫一計請自上流引北載之高地東至大伾瀉復於澶淵舊道使南不至滑州北不出通利軍界何以計之臣請自衞州東界曹公所開運渠東五里河北岸凸處就岸實土堅引之正北稍東十三里破伯禹古隄注裴家潭逕牧馬陂又正東稍北四十里鑿大伾西山釃爲二渠一逼大伾南足決古隄正東八里復澶淵舊道一逼通利軍城北曲河口至大禹所導西河故瀆正北稍東五里開南北大隄又東七里入澶淵舊道與南渠合夫如是則北載之高地大伾二山脽股之間分酌其勢浚瀉兩渠匯注東北不遠三十里復合于澶淵舊道而滑州不治自涸矣臣請以兵夫二萬自來歲二月興作除三伏半功外至十月而成其均厚埤薄俟次年可也疏奏朝議慮其煩擾罷之初滑州以天臺決口去水稍遠聊興葺之及西南堤成乃於天臺口旁築月隄六月望河復決天臺下走衞南浮徐濟害如三年而益甚帝以新經賦率慮殫困民力即詔京東西河北路經水災州軍勿復科調丁夫其守扞隄防役兵仍令長吏存恤而番休之五年正月知滑州陳堯佐以西北水壞城無外禦築大隄又疊埽於城北護州中居民復就鑿橫木下垂木數條置水旁以護岸謂之木龍當時賴焉復並舊河開枝流以分導水勢有詔嘉獎說者以黃河隨時漲落故舉物候爲水勢之名自立春之後東風解凍河邊人候水初至凡一寸則夏秋當至一尺頗爲信驗故謂之信水二月三月桃華始開冰泮雨積川流猥集波瀾盛長謂之桃華水春末蕪菁華開謂之菜華水四月末壟麥結秀擢芒變色謂之麥黃水五月瓜實延蔓謂之苽蔓水朔野之地深山窮谷固陰沍寒冰堅晚泮逮乎盛夏消釋方盡而沃蕩山石水帶礬腥併流于河故六月中旬後謂之礬山水七月菽豆方秀謂之豆華水八月菼亂華謂之荻苗水九月以重陽紀節謂之登高水十月水落安流復其故道謂之復槽水十一月十二月斷冰雜流乘寒復結謂之蹙凌水水信有常率以爲準非時暴漲謂之客水其水勢凡移徙橫注岸如刺毀謂之劄岸漲溢踰防謂之抹岸埽岸故朽潛流漱其下謂之塌岸浪勢旋激岸土上隤謂之淪捲水侵岸逆漲謂之上展順漲謂之下展或水乍落直流之中忽屈曲橫射謂之徑窲水猛驟移其將澄處望之明白謂之拽白亦謂之明灘湍怒畧渟勢稍汩起行舟值之多溺謂之薦浪水水退淤澱夏則膠土肥腴初秋則黃滅土頗爲疏壤深秋則白滅土霜降後皆沙也舊制歲虞河決有司常以孟秋預調塞治之物梢芟薪柴楗橛竹石茭索竹索凡千餘萬謂之春料詔下瀕河諸州所產之地仍遣使會河渠官吏乘農隙率丁夫水工收采備用凡伐蘆荻謂之芟伐山木榆柳枝葉謂之梢辮竹糾芟爲索以竹爲巨索長十尺至百尺有數等先擇寬平之所爲埽場埽之制密布芟索鋪梢梢芟相重壓之以土雜以碎石以巨竹索橫貫其中謂之心索卷而束之復以大芟索繫其兩端別以竹索自內旁出其高至數丈其長倍之凡用丁夫數百或千人雜唱齊挽積置於卑薄之處謂之埽岸既下以橛臬闑之復以長木貫之其竹索皆理巨木於岸以維之遇河之橫決則復增之以補其缺凡埽下非積數疊亦不能遏其迅湍又有馬頭鋸牙木岸者以蹙水勢護隄焉凡緣河諸州孟州有河南北凡二埽開封府有陽武埽滑州有韓房二村憑管石堰州西魚池迎陽凡七埽（舊有七里曲埽復廢）通利軍有齊賈蘇村凡二埽澶州有濮陽大韓大吳商胡王楚橫隴曹村依仁大北岡孫陳固明公王八凡十三埽大名府有孫杜侯村二埽濮州有任村東西北凡四埽鄆州有博陵張秋關山子路王陵竹口凡六埽齊州有采金山史家渦二埽濱州有平河安定二埽棣州有聶家梭堤鋸牙陽成四埽所費皆有司歲計而無闕焉仁宗天聖元年以滑州決河未塞詔募京東河北陝西淮南民輸薪芻調兵伐瀕河榆柳賙溺死之家二年遣使詣滑衞行視河勢五年發丁夫三萬八千卒二萬一千緡錢五十萬塞決河轉運使五日一奏河事十月丙申塞河成以其近天臺山麓名曰天臺埽宰臣王曾率百官入賀十二月濬魚池歸減水河六年八月河決于澶州之王楚埽凡三十步八年始詔河北轉運司計塞河之備良山令陳曜請疏鄆滑界糜丘河以分水勢遂遣使行視遙隄明道二年徙大名之朝城縣于杜婆村廢鄆州之王橋渡淄州之臨河鎮以避水景祐元年七月河決澶州橫隴埽慶曆元年詔權停脩決河自此久不復塞而議開分水河以殺其暴未興工而河流自分有司以聞遣使特祠之三月命築隄于澶以扞城八年六月癸酉河決商胡埽決口廣五百五十七步乃命使行視河隄皇祐元年三月河合永濟渠注乾寧軍二年七月辛酉河復決大名府館陶縣之郭固四年正月乙酉塞郭固而河勢猶壅議者請開六塔以披其勢至和元年遣使行度故道且詣銅城鎮海口約古道高下之勢二年翰林學士歐陽修奏疏曰朝廷欲俟秋興大役塞商胡開橫隴回大河於古道夫動大衆必順天時量人力謀於其始而審於其終然後必行計其所利者多乃可無悔比年以來興役動衆勞民費財不精謀慮於厥初輕信利害之偏說舉事之始既已蒼皇羣議一搖尋復悔罷不敢遠引他事且如河決商胡是時執政之臣不慎計慮遽謀脩塞凡科配

梢芟一千八百萬，騷動六路一百餘軍州，官吏催驅急若星火，民庶愁苦盈於道塗或物已輸官或人方在路未及興役尋已罷脩虛費民財爲國歛怨舉事輕脫爲害若斯今又聞復有脩河之役三十萬人之衆開一千餘里之長河計其所用物力數倍往年當此天災歲旱民困國貧之際不量人力不順天時知其有大不可者五蓋自去秋至春半天下苦旱京東尤甚河北次之國家常務安靜振恤之猶恐民起爲盜況於兩路聚大衆興大役乎此其必不可者一也河北自恩州用兵之後繼以凶年人戶流亡十失八九數年以來人稍歸復然死亡之餘所存者幾瘡痍未歛物力未完又京東自去冬無雨雪麥不生苗將踰暮春粟未布種農心焦勞所向無望若別路差夫又遠者難爲赴役一出諸路則兩路力所不任此其必不可者二也往年議塞滑州決河時公私之力未若今日之貧虛然猶儲積物料誘率民財數年之間始能興役今國用方乏民力方疲且合商胡塞大決之洪流此一大役也鑿橫隴開久廢之故道又一大役也自橫隴至海千餘里埽岸久已廢頓須興緝又一大役也往年公私有力之時興一大役尚須數年今猝興三大役於災旱貧虛之際此其必不可者三也就令商胡可塞故道未必可開鯀障洪水九年無功禹得洪範五行之書知水潤下之性乃因水之流疏而就下水患乃息然則以大禹之功不能障塞但能因勢而疏決爾今欲逆水之性障而塞之奪洪河之正流使人力幹而回注此大禹之所不能此其必不可者四也橫隴湮塞已二十年商胡決又數歲故道已平而難鑿安流已久而難回此其必不可者五也臣伏思國家累歲災譴甚多其於京東變異尤大地貴安靜而有聲巨嵎山摧海水搖蕩如此不止者僅十年天地警戒宜不虛發臣謂變異所起之方尤當過慮防懼今乃欲於凶艱之年聚三十萬之大衆於變異最大之方臣恐災禍自茲而發也況京東赤地千里饑饉之民正苦天災又聞河役將動往往伐桑毀屋無復生計流亡盜賊之患不可不虞宜速止罷用安人心九月詔自商胡之決大河注食堤埽爲河北患其故道又以河北京東饑故未興役今河渠司李仲昌議欲納水入六塔河使歸橫隴舊河舒一時之急其令兩制至待制以上臺諫官與河渠司同詳定修又上疏曰伏見學士院集議修河未有定論豈由賈昌朝欲復故道李仲昌請開六塔互執一說莫知孰是臣愚皆謂不然言故道者未詳利害之原述六塔者近乎欺罔之繆今謂故道可復者但見河北水患而欲還之京東然不思天禧以來河水屢決之因所以未知故道有不可復之勢臣故謂未詳利害之原也若言六塔之利者則不待攻而自破矣今六塔既已開而恩冀之患何爲尚告奔騰之急此則減水未見其利也又開六塔者云可以全回大河使復橫隴故道今六塔止是別河下流已爲濱棣德博之患若全回大河顧其害如何此臣故謂近乎欺罔之繆也且河本泥沙無不淤之理淤常先下流下流淤高水行漸壅乃決上流之低處此勢之常也然避高就下水之本性故河流已棄之道自古難復臣不敢廣述河源且以今所欲復之故道言天禧以來屢決之因初天禧中河出京東水行於今所謂故道者水既淤澀乃決天臺埽尋塞而復故道未幾又決於滑州南鐵狗廟今所謂龍門埽者其後數年又塞而復故道已而又決王楚埽所決差小與故道分流然而故道之水終以壅淤故又於橫隴大決是則決河非不能力塞故道非不能力復所復不久終必決於上流者由故道淤而水不能行故也及橫隴既決水流就下所以十餘年間河未爲患至慶曆三四年橫隴之水又自海口先淤凡一百四十餘里其後游金赤三河相次又淤下流既梗乃決於上流之商胡口然則京東橫隴兩河故道皆下流淤塞河水已棄之高地京東故道屢復屢決理不可復不待言而易知也昨議者度京東故道功料但云銅城已上乃特高爾其東北銅城以上則稍低比商胡已上則實高也若云銅城以東地勢斗下則當日水流宜決銅城已上何緣而頓淤橫隴之口亦何緣而大決也然則兩河故道既皆不可爲則河北水患何爲而可去臣聞智者之於事有所不能必則較其利害之輕重擇其害少者而爲之猶愈害多而利少何況有害而無利此三者可較而擇也又商胡初決之時欲議修塞計用梢芟一千八百萬科配六路一百餘州軍今欲塞者乃往年之商胡則必用往年之物數至於開鑿故道張奎所計工費甚大其後李參減損猶用三十萬人然欲以五十步之狹容大河之水此可笑者又欲增一夫所開三尺之方倍爲六尺且闊厚三尺而長六尺自一倍之功在於人力已爲勞苦云六尺之方以開方法算之乃八倍之功此豈人力之所勝是則前功既大而難興後功雖小而不實大抵塞商胡開故道凡二大役皆困國勞人所舉如此而欲開難復屢決已驗之故道使其虛費而商胡不可塞故道不可復此所謂有害而無利者也就使幸而暫塞以紓目前之患而終於上流必決如龍門橫隴之比此所謂利少而害多也若六塔者於大河有減水之名而無減患之實今下流所散爲患已多若全回大河以注之則濱棣德博河北所仰之州不勝其患而又故道淤澀上流必有他決之虞此直有害而無利耳是皆智者之不爲也今若因水所在增治隄防疏其下流浚以入海則可無決溢散漫之虞今河所歷數州之地誠爲患矣隄防歲用之夫誠爲勞矣與其虛費天下之財虛舉大衆之役而不能成功終不免爲數州之患勞歲用之夫則此所謂害少者乃智者之所宜擇也大約今河之勢負三決之虞復故道上流必決開六塔上流亦決河之下流若不浚使入海則上流亦決臣請選知水利之臣就其下流求入海路而浚之不然下流梗澀則終虞上決爲患無涯臣非知水者但以今事可驗者較之耳願下臣議裁取其當焉預議官翰林學士承旨孫抃等言開故道誠久利然功大難成六塔下流可導而東去以紓恩冀金堤之患十二月中書上奏曰自商胡決爲大名恩冀患先議開銅城道塞商胡以功大難卒就緩之而憂金堤汎溢不能捍也願備工費因六塔水勢入橫隴宜令河北京東預完堤埽上河水所居民田數詔下中書奏以知澶州事李璋爲總管轉運使周沆權同知澶州內侍都知鄧保吉爲鈐轄殿中丞李仲昌提舉河渠內殿承制張懷恩爲都監而保吉不行以內侍押班王從善代之以龍圖閣直學士施昌言總領其事提點開封府界縣鎭事蔡挺勾當河渠事楊緯同修河決修又奏請罷六塔之役時宰相富弼尤主仲昌議疏奏亦不省嘉祐元年四月壬子朔塞商胡北流入六塔河不能容是夕復決溺兵夫漂芻藁不可勝計命三司鹽鐵判官沈立往行視而修河官皆謫官者劉恢奏六塔之役水死者數千萬人穿土干禁忌且河口乃趙征村於國姓御名有嫌而大興臿斸非便詔御史吳中復內侍鄧守恭置獄于澶劾仲昌等違詔旨不俟秋冬塞北流而擅進約以致決潰懷恩仲昌仍坐取河材爲器懷恩流潭州仲昌流英州施昌言李璋以下再謫蔡挺奪官勒停仲昌垂子也由是議者久不復論河事五年河流派別于魏之第六埽曰二股河其廣二百尺自二股河行一百三十里至魏恩德博之境曰四界首河七月都轉運使韓贄言四界首古大河所經卽溝洫志所謂平原金堤開通大河入篤馬河至海五百餘里者也自春以丁壯三千浚之可一月而畢支分河流入金赤河使其深六尺爲利可必商胡決河自魏至于恩冀乾寧入于海今二股河自魏恩東至于德滄入于海分而爲二則上流不壅可以無決溢之患乃上四界首二股河圖七年七月戊辰河決大名第五埽英宗治平元年始命都水監浚二股五股河以紓恩冀之患初都水監言商胡堙塞冀州界河淺房家武邑二埽由此潰慮一旦大決則甚於商胡之患乃遣判都水監張鞏戶部副使張燾等行視遂興工役卒塞之神宗熙寧元年六月河溢恩州烏欄堤又決冀州棗彊埽北注瀛七月又溢瀛州樂壽埽帝憂之顧問近臣司馬光等都水監丞李立之請於恩冀深瀛等州創生堤三百六十七里以禦河而河北都轉運司言當用夫八萬三千餘人役一月成今方災傷願徐之都水監丞宋昌言謂今二股河門變移請迎河港進約簽入河身以紓四州水患遂與屯田都監內侍程昉獻議開二股以導東流於是都水監奏慶歷八年商胡北流于今二十餘年自澶州下至乾寧軍創堤千有餘里公私勞擾近歲冀州而下河道梗溢致上下埽岸屢危今棗彊抹岸衝奪故道雖創新堤終非久計願相六塔舊口并二股河導使東流徐塞北流而提舉河渠王亞等謂黃御河帶北行入獨流東砦經乾寧軍滄州等八砦邊界直入大海其近海口闊六七百步深八九丈三女砦以西闊三四百步深五六丈其勢愈深其流愈猛天所以限契丹議者欲再開二股漸閉北流此乃未嘗覩黃河在界河內東流之利也十一月詔翰林學士司馬光入內內侍省副都知張茂則乘傳相度四州生堤回日兼視六塔二股利害二年正月光入對請如宋昌言策於二股之西置上約擗水令東俟東流漸深北流淤淺卽塞北流放出御河胡盧河下紓恩冀深瀛以西之患初商胡決河自魏之北至恩冀乾寧入于海是謂北流嘉祐八年河流派于魏之第六埽遂爲二股自魏恩東至于德滄入于海是謂東流時議者多不同李立之力主生堤帝不聽卒用昌言說置上約三月光奏治河當因地形水勢若彊用人力引使就高橫立堤防則逆激旁潰不惟無成仍敗舊績臣慮官吏見東流已及四分急於見功遽塞北流而不知二股分流十里之內相去尚近地勢復東高西下若河流併東一遇盛漲水勢西合入北流則東流遂絕或於滄德堤埽未成之處決溢橫流雖除西路之患而害及東路非策也宜專護上約及二股堤岸若今歲東流止添二分則此去河勢自東近者二三年遠者四五年候及八分以上河流衝刷已闊滄德堤埽已固自然北流日減可以閉塞兩路俱無害矣會北京留守韓琦言今歲兵夫數少而金堤兩埽修上下約甚急深進馬頭欲奪大河緣二股及嫩灘舊闊千一百步是以可容漲水今截去八百步有餘則將束大河於二百餘步之間下流既壅上流蹙遏湍怒又無兵夫脩護堤岸其衝決必矣況自德至滄皆二股下流既無堤防必侵民田設若河門束狹不能容納漲水上下約隨流而脫則二股與北流爲一其患愈大又恩深州所創生堤其東則大河西來其西則西山諸水東注腹背受水兩難扞禦望選近臣速至河所與在外官合議帝在經筵以琦奏諭光命同茂則再往四月光與張鞏李立之宋昌言張問呂大防程昉行視上約及方鋸牙濟河集議於下約光等奏二股河上約並在灘上不礙河行但所進方鋸牙已深致北流河門稍狹乞減折二十步令近後仍作蛾眉埽裹護其滄德界有古遙堤當加葺治所脩二股本欲疏導河水東去生堤本欲捍禦河水西來相爲表裏未可偏廢帝因謂二府曰韓琦頗疑脩二股趙抃曰人多以六塔爲戒王安石曰異議者皆不考事實故也帝又問程昉宋昌言同脩二股如何安石以爲可治帝曰欲作簽河甚善安石曰誠然若及時作之使決河可東北流可閉因言李立之所築生堤去河遠者至八九十里本計以禦漫水而不可禦河南之向著臣恐漫水亦不可禦也帝以爲然五月丙寅乃詔立之乘驛赴闕議之六月戊申命司馬光都大提舉脩二股工役呂公著言朝廷遣光相視董役非所以褒崇近職待遇儒臣也乃罷光行七月二股河通快北流稍自閉戊子張鞏奏上約累經泛漲并下約各已無虞東流勢漸順快宜塞北流除恩冀深瀛永靜乾寧等州軍水患又使御河胡盧河下流各還故道則漕運無壅遏郵傳無滯留塘泊無淤淺復於邊防大計不失南北之限歲減費不可勝數亦使流移歸復實無窮之利且黃河所至古今未嘗無患較利害輕重而取舍之可也惟是東流南北隄防未立閉口脩堤工費甚夥所當預備望選習知河事者與臣等講求具圖以聞乃復詔光茂則及都水監官河北轉運使同相度閉塞北流利害有所不同各以議上八月己亥光入辭言鞏等欲塞二股河北流臣恐勞費未易或幸而可塞則東流淺狹隄防未全必致決溢是移恩冀深瀛之患於滄德等州也不若俟三二年東流益深闊隄防稍固北流漸淺薪芻有備塞之便帝曰東流北流之患孰輕重光曰兩地皆王民無輕重然北流已殘破東流尚全帝曰今不俟東流順快而塞北流他日河勢改移奈何光曰上約固則東流日增北流日減何憂改移若上約流失其事不可知惟當併力護上約耳帝曰上約安可保光曰今歲創脩誠爲難保然昨經大水而無虞來歲地腳已牢復何慮且上約居河之側聽河北流猶懼不保今欲橫截使不行庸可保乎帝曰若河水常分二流何時當有成功光曰上約苟存東流必增北流必減借使分爲二流於張鞏等不見成功於國家亦無所害何則西北之水併於山東故爲害大分則害小矣鞏等亟欲塞北流皆爲身謀不顧國力與民患也帝曰防捍兩河何以供億光曰併爲一則勞費自倍分二流則勞費減半今減北流財力之半以備東流不亦可乎帝曰卿等至彼視之時二股河東流及六分鞏等因欲閉斷北流帝意嚮之光以爲須及八分乃可仍待其自然不可施功王安石曰光議事屢不合今視河後必不從其議是重使不安職也庚子乃獨遣茂則茂則奏二股河東傾已及八分北流止二分張鞏等亦奏丙午大河東徙北流淺小戊申北流閉詔獎諭司馬光等仍賜衣帶馬時北流既塞而河自其南四十里許家港東決汎濫大名恩德滄永靜五州軍境三年二月命茂則鞏相度澶滑州以下至東流河勢隄防利害時方濬御河韓琦言事有緩急工有後先今御河漕運通駛未至有害不宜減大河之役乃詔輟河夫卒三萬三千專治東流

宋史卷九十二

元中書右丞相總裁脫脫等修

河渠志第四十五

河渠二 黃河中

熙寧四年七月辛卯北京新堤第四第五埽決漂溺館陶永濟清陽以北遣茂則乘驛相視八月河溢澶州曹村十月溢衞州王供時新堤凡六埽而決者二下屬恩冀貫御河奔衝爲一帝憂之自秋迄冬數遣使經營是時人爭言導河之利茂則等謂二股河地最下而舊防可因今堙塞者纔三十餘里若度河之湍浚而逆之又存清水鎭河以析其勢則悍者可回決者可塞帝然之十二月令河北轉運司開脩二股河上流并脩塞第五埽決口五年二月甲寅興役四月丁卯二股河成深十一尺廣四百尺方浚河則稍障其決水至是水入于河而決口亦塞六月河溢北京夏津閏七月辛卯帝語執政聞京東調夫脩河有壞產者河北調急夫尤多若河復決奈何且河決不過占一河之地或西或東若利害無所校聽其所趨如何王安石曰北流不塞占公私田至多又水散漫久復澱塞昨脩二股費至少而公私田皆出向之瀉鹵俱爲沃壤庸非利乎況急夫已減於去歲若復葺理堤防則河北歲夫愈減矣六年四月始置疏濬六河司先是有選人李公義者獻鐵龍爪揚泥車法以濬河其法用鐵數斤爲爪形以繩繫舟尾而沈之水篙工急櫂乘流相繼而下一再過水已深數尺宦官黃懷信以爲可用而患其太輕王安石請令懷信公義同議增損乃別制濬川杷其法以巨木長八尺齒長二尺列於木下如杷狀以石壓之兩旁繫大繩兩端矴大船相距八十步各用滑車絞之去來撓蕩泥沙已又移船而濬或謂水深則杷不能及底雖數往來無益水淺則齒礙沙泥曳之不動卒乃反齒向上而曳之人皆知不可用惟安石善其法使懷信先試之以濬二股又謀鑿直河數里以觀其效且言於帝曰開直河則水勢分其不可開者以近河每開數尺卽見水不容施功爾今第見水卽以杷濬之水當隨杷改趨直河苟置數千杷則諸河淺澱皆非所患歲可省開濬之費幾百千萬帝曰果爾甚善聞河北小軍壘當起夫五千計合境之丁僅及此數一夫至用錢八緡故歐陽脩嘗謂開河如放火不開如失火與其勞人不如勿開安石曰勞人以除害所謂毒天下之民而從之者帝乃許春首興工而賞懷信以度僧牒十五道公義與堂除以杷法下北京令虞部員外郎都大提舉大名府界金堤范子淵與通判知縣共試驗之皆言不可用會子淵以事至京師安石問其故子淵意附會遽曰法誠善第同官議不合耳安石大悅至是乃置濬河司將自衞州濬至海口差子淵都大提舉公義爲之屬許不拘常制舉使臣等人船木鐵工匠皆取之諸埽官吏奉給視都水監丞司行移與監司敵體當是時北流閉已數年水或橫決散漫常虞壅遏十月外監丞王令圖獻議於北京第四第五埽等處開脩直河使大河還二股故道乃命范子淵及朱仲立領其事開直河深八尺又用杷疏濬二股及清水鎭河凡退背魚肋河則塞之王安石乃盛言用杷之功若不輟工雖二股河上流可使行地中七年都水監丞劉璯言自開直河閉魚肋水勢增漲行流湍急漸塌河岸而許家港清水鎭河極淺漫幾於不流雖二股深快而蒲泊已東下至四界首退出之田畧無固護設遇漫水出岸牽迴河頭將復成水患宜候霜降水落閉清水鎭河築縷河堤一道以遏漲水使大河復循故道又退出民田數萬頃俾民耕種而博州界堂邑等退背七埽歲減脩護之費公私兩濟從之是秋判大名文彥博言河溢壞民田多者六十村戶至萬七千少者九村戶至四千六百願蠲租稅從之又命都水詰官吏不以水災聞者外都水監丞程昉以憂死十月安石去位吳充爲相十年五月滎澤河堤急詔判都水監俞光往治之是歲七月河復溢衞州王供及汲縣上下埽懷州黃沁滑州韓村乙丑遂大決於澶州曹村澶淵北流斷絕河道南徙東匯于梁山張澤濼分爲二派一合南清河入于淮一合北清河入于海凡灌郡縣四十五而濮齊鄆徐尤甚壞田逾三十萬頃遣使脩閉八月又決鄭州滎澤於是文彥博言臣正月嘗奏德州河底淤澱泄水稽滯上流必至壅遏又河勢變移四散漫流兩岸俱被水患若不預爲經制必溢魏博恩澶等州之境而都水畧無施設止固護東流北岸而已適累年河流低下官吏希省費之賞未嘗增脩堤岸大名諸埽皆可憂虞謂如曹村一埽自熙寧八年至今三年雖每計春料當培低怯而有司未嘗如約其埽兵又皆給他役實在者十有七八今者果大決溢此非天災實人力不至也臣前論此并乞審擇水官今河朔京東州縣人被患者莫知其數嗸嗸籲天上軫聖念而水官不能自訟猶汲汲希賞臣前論所陳出於至誠本圖補報非敢激訐也元豐元年四月丙寅決口塞詔改曹村埽曰靈平五月甲戌新堤成閉口斷流河復歸北初議塞河也故道堙而高水不得下議者欲自夏津縣東開簽河入董固以護舊河袤七十里九十步又自張村埽直東築堤至龐家莊古堤袤五十里二百步詔樞密都承旨韓縝相視縝言漲水衝刷新河已成河道河勢變移無常雖開河就堤及於河身剏立生堤枉費功力惟增脩新河乃能經久詔可十一月都水監言自曹村決溢諸埽無復儲蓄乞給錢二十萬緡下諸路以時市梢草封樁詔給十萬緡非朝旨及埽岸危急毋得擅用二年七月戊子范子淵言因護黃河岸畢工乞中分爲兩埽詔以廣武上下埽爲名三

年七月澶州孫村陳埽及大吳小吳埽決詔外監丞司速脩閉初河決澶州也北外監丞陳祐甫謂商胡決三十餘年所行河道填淤漸高堤防歲增未免泛濫今當脩者有三商胡一也橫壠二也禹舊迹三也然商胡橫壠故道地勢高平土性疏惡皆不可復復亦不能持久惟禹故瀆尚存在大伾太行之間地卑而勢固故祕閣校理李垂與今知深州孫民先皆有脩復之議望召民先同河北漕臣一員自衞州王供埽按視訖于海口從之四年四月小吳埽復大決自澶注入御河恩州危甚六月戊午詔東流已填淤不可復將來更不脩閉小吳決口候見大河歸納應合脩立堤防令李立之經畫以聞帝謂輔臣曰河之爲患久矣後世以事治水故常有礙夫水之趨下乃其性也以道治水則無違其性可也如能順水所向遷徙城邑以避之復有何患雖神禹復生不過如此輔臣皆曰誠如聖訓河北東路提點刑獄劉定言王莽河一徑水自大名界下合大流注冀州及臨清徐曲御河決口恩州趙村壩子決口兩徑水亦注冀州城東若遂成河道卽大流難以西傾全與李垂孫民先所論違背望早經制詔送李立之八月壬午立之言臣自決口相視河流至乾寧軍分入東西兩塘次入界河於劈地口入海通流無阻宜脩立東西堤詔覆計之而言者又請自王供埽上添脩南岸於小吳口北創脩遙堤候將來礬山水下決王供埽使直河注東北於滄州界或南或北從故道入海不從九月庚子立之又言北京南樂館陶宗城魏縣淺口永濟延安鎮瀛州景城鎮在大河兩堤之間乞相度遷於堤外於是用其說分立東西兩堤五十九埽定三等向著河勢正著堤身爲第一河勢順流堤下爲第二河離堤一里內爲第三退背亦三等堤去河最遠爲第一次遠者爲第二次近一里以上爲第三立之在熙寧初已主立堤今竟行其言五年正月己丑詔立之凡爲小吳決口所立堤防可按視河勢向背應置埽處毋虛設巡河官毋橫費工料六月河溢北京內黃埽七月決大吳埽堤以紓靈平下埽危急八月河決鄭州原武埽溢入利津陽武溝刁馬河歸納梁山濼詔曰原武決口已引奪大河四分以上不大治之將貽朝廷巨憂其輟脩汴河堤岸司兵五千併力築堤脩閉都水復言兩馬頭墊落水面闊二十五步天寒乞候來春施工至臘月竟塞云九月河溢滄州南皮上下埽又溢清池埽又溢永靜軍阜城下埽十月辛亥提舉汴河堤岸司言洛口廣武埽大河水漲塌岸壞下牐斗門萬一入汴人力無以枝梧密邇都城可不深慮詔都水監官速往護之丙辰廣武上下埽危急詔救護尋獲安定七年七月河溢元城埽決橫堤破北京帥臣王拱辰言河水暴至數十萬衆號叫求救而錢穀稟轉運常平歸提舉軍器工匠隸提刑埽岸物料兵卒卽屬都水監逐司在遠無一得專倉卒何以濟民望許不拘常制詔事干機速奏覆牒稟所屬不及者如所請戊申命拯護陽武埽十月冀州王令圖奏大河行流散漫河內殊無緊流旋生灘磧宜近澶州相視水勢使還復故道會明年春宮車晏駕大抵熙寧初專欲導東流閉北流元豐以後因河決而北議者始欲復禹故迹神宗愛惜民力思順水性而水官難其人王安石力主程昉范子淵故二人尤以河事自任帝雖藉其才然每抑之其後元祐元年子淵已改司農少卿御史呂陶劾其脩堤開河縻費巨萬護堤壓埽之人溺死無數元豐六年興役至七年功用不成乞行廢放於是黜知兗州尋降知峽州其制畧曰汝以有限之材興必不可成之役驅無辜之民置之必死之地中書舍人蘇軾詞也八年三月哲宗卽位宣仁聖烈皇后垂簾河流雖北而孫村低下夏秋霖雨漲水往往東出小吳之決旣未塞十月又決大名之小張口河北諸郡皆被水災知澶州王令圖建議濬迎陽埽舊河又於孫村金堤置約復故道本路轉運使范子奇仍請於大吳北岸脩進鋸牙擗約河勢於是回河東流之議起元祐元年二月乙丑詔未得雨澤權罷脩河放諸路兵夫九月丁丑詔祕書監張問相度河北水事十月庚寅又以王令圖領都水同問行河十一月丙子問言臣至滑州決口相視迎陽埽至大小吳水勢低下舊河淤仰故道難復請於南樂大名埽開直河并簽河分引水勢入孫村口以解北京向下水患令圖亦以爲然於是減水河之議復起旣從之矣會北京留守韓絳奏引河近府非是詔問別相視二年二月令圖問欲必行前說朝廷又從之三月令圖死以王孝先代領都水亦請如令圖議右司諫王覿言河北人戶轉徙者多朝廷責郡縣以安集空倉廩以振濟又遣專使察視之恩德厚矣然耕耘是時而流轉於道路者不已二麥將熟而寓食於四方者未還其故何也盍亦治其本矣今河之爲患三泛濫渟滀漫無涯涘吞食民田未見窮已一也緣邊漕運獨賴御河今御河淤澱轉輸艱梗二也塘泊之設以限南北濁水所經卽爲平陸三也欲治三患在遴擇都水轉運而責成耳今轉運使范子奇反覆求合都水使者王孝先暗繆望別擇人時知樞密院事安燾深以東流爲是兩疏言朝廷久議回河獨憚勞費不顧大患蓋自小吳未決以前河入海之地雖屢變移而盡在中國故京師恃以北限彊敵景德澶淵之事可驗也且河決每西則河尾每北河流旣益西決固已北抵境上若復不止則南岸遂屬遼界彼必爲橋梁守以州郡如慶曆中因取河南熟戶之地遂築軍以窺河外已然之效如此蓋自河而南地勢平衍直抵京師長慮却顧可爲寒心又朝廷捐東南之利半以宿河北重兵備預之意深矣使敵能至河南則邈不相及今欲便於治河而緩於設險非計也王巖叟亦言朝廷知河流爲北道之患日深故遣使命水官相視便利欲順而導之以拯一路生靈於墊溺甚大惠也然昔者專使未還不知何疑而先罷議專使反命不知何所取信而議復興旣敕都水使者總護役事調兵起工有定日矣已而復罷數十日間變議者再三何以示四方今有大害七不可不早爲計北塞之所恃以爲險者在塘泊黃河堙之猝不可濬浸失北塞險固之利一也橫遏西山之水不得順流而下蹙溢於千里使百萬生齒居無廬耕無田流散而不復二也乾寧孤壘危絕不足道而大名深冀腹心郡縣皆有終不自保之勢三也滄州扼北敵海道自河不東流滄州在河之南直抵京師無有限隔四也并吞御河邊城失轉輸之便五也河北轉運司歲耗財用陷租賦以百萬計六也六七月之間河流交漲占沒西路阻絕遼使進退不能兩朝以爲憂七也非此七害委之可緩而未治可也且去歲之患已甚前歲今歲又甚焉則奈何望深詔執政大臣早決河議而責成之太師文彥博中書侍郎呂大防皆主其說中書舍人蘇轍謂右僕射呂公著曰河決而北先帝不能回而諸公欲回之是自謂智勇勢力過先帝也盍因其舊而脩其未備乎公著唯唯於是三省奏自河北決恩冀以下數州被患至今未見開脩的確利害致妨興工乃詔河北轉運使副限兩月同水官講議聞奏十一月講議官皆言令圖問相度開河取水入孫村口還復故道處測量得流分尺寸取引不過其說難行十二月張景先復以問說爲善果欲回河惟北京已上滑州而下爲宜仍於孫村濬治橫河舊堤止用逐埽人兵物料并年例客軍春天漸爲之可也朝廷是其說三年六月戊戌乃詔黃河未復故道終爲河北之患王孝先等所議已嘗興役不可中罷宜接續工料向去決要回復故道三省樞密院速與商議施行右相范純仁言聖人有三寶曰慈曰儉曰不敢爲天下先蓋天下大勢惟人君所向羣下競趨如川流山摧小失其道非一言一力可回故居上者不可不謹也今聖意已有所向而爲天下先矣乞諭執政前日降出文字却且進入免希合之臣妄測聖意輕舉大役尚書王存等亦言使大河決可東回而北流遂斷何惜勞民費財以成經久之利今孝先等自未有必然之論但僥幸萬一以冀成功又預求免責若遂聽之將有噬臍之悔乞望選公正近臣及忠實內侍覆行按視審度可否興工未晚庚子三省樞密院奏事延和殿文彥博呂大防安燾等謂河不東則失中國之險爲契丹之利范純仁王存胡宗愈則以虛費勞民爲憂存謂今公私財力困匱惟朝廷未甚知者賴先帝時封樁錢物可用耳外路往往空乏奈何起數千萬物料兵夫圖不可必成之功且御契丹得其道則自景德至今八九十年通好如一家設險何與焉不然如石晉末耶律德光犯闕豈無黃河爲阻況今河流未必便衝過北界耶太后曰且熟議明日純仁又畫四不可之說且曰北流數年未爲大患而議者恐失中國之利先事回改正如頃西夏本不爲邊患而好事者以爲不取恐失機會遂興靈武之師也臣嘗聞孔子論爲政曰先有司今水官未嘗保明而先示決欲回之旨他日敗事是使之得以藉口也存宗愈亦奏昨親聞德音更令熟議然累日猶有未同或令建議者結罪任責臣等本謂建議之人思慮有所未逮故乞差官覆按若但使之結罪彼所見不過如此後或誤事加罪何益臣非不知河決北流爲患非一淤沿邊塘泊斷御河漕遼失中國之險遏西山之流若能全回大河使由孫村故道豈非上下通願但恐不能成功爲患甚於今日故欲選近臣按視若孝先之說決可成則積聚物料接續興役如不可爲則令沿海踏行自恩魏以北塘泊以南別求可以疏導歸海去處不必專主孫村此亦三省共曾商量望賜詳酌存又奏自古惟有導河并塞河導河者順水勢自高導令就下塞河者爲河堤決溢脩塞令入河身不聞幹引大河令就高行流也於是收回戊戌詔書戶部侍郎蘇轍中書舍人曾肇各三上疏轍大畧言黃河西流議復故道事之經歲役兵二萬聚梢椿等物三十餘萬方河朔災傷困弊而興必不可成之功吏民竊歎今回河大議雖寢然聞議者固執來歲開河分水之策今小吳決口入地已深而孫村所開丈尺有限不獨不能回河

亦必不能分水況黃河之性急則通流緩則淤澱既無東西皆急之勢安有兩河並行之理縱使兩河並行未免各立隄防其費又倍矣今建議者其說有三臣請折之一曰御河湮滅失饋運之利昔大河在東御河自懷衞經北京漸歷邊郡饋運既便商賈通行自河西流御河湮滅失此大利天實使然今河自小吳北行占壓御河故地雖使自北京以南折而東行則御河湮滅已一二百里何由復見此御河之說不足聽也二曰恩冀以北漲水爲害公私損耗臣聞河之所行利害相半蓋水來雖有敗田破稅之害其去亦有淤厚宿麥之利況故道已退之地桑麻千里賦役全復此漲水之說不足聽也三曰河徙無常萬一自契丹界入海邊防失備按河昔在東自河以西郡縣與契丹接境無山河之限邊臣建爲塘水以捍契丹之衝今河既西則西山一帶契丹可行之地無幾邊防之利不言可知然議者尚恐河復北徙則海口出契丹界中造舟爲梁便於南牧臣聞契丹之河自北南注以入于海蓋地形北高河無北徙之道而海口深浚勢無徙移此邊防之說不足聽也臣又聞謝卿材到闕昌言黃河自小吳決口乘高注北水勢奔決上流隄防無復決怒之患朝廷若以河事付臣不役一夫不費一金十年保無河患大臣以其異已罷歸而使王孝先俞瑾張景先三人重畫回河之計蓋由元老大臣重於改過故假契丹不測之憂以取必於朝廷雖已遣百祿等出按利害然未敢保其不觀望風旨也願亟回收買梢草指揮來歲勿調開河役兵使百祿等明知聖意無所偏係不至阿附以誤國計臺之言曰數年以來河北京東淮南災傷今歲河北並邊稍熟而近南州軍皆旱京東西淮南饑殍瘡痍若來年雖未大興河役止令脩治舊隄開減水河亦須調發丁夫本路不足則及鄰路鄰路不足則及淮南民力果何以堪民力未堪則雖有回河之策及梢草先具將安施乎會百祿等行視東西二河亦以爲東流高仰北流順下決不可回卽奏曰往者王令圖張問欲開引水簽河導水入孫村口還復故道議者疑焉故置官設屬使之講議既開撅井筒折量地形水面尺寸高下顧臨王孝先張景先唐義問陳祐之皆謂故道難復而孝先獨叛其說初乞先開減水河俟行流通快新河勢緩人工物料豐備徐議閉塞北流已而召赴都堂則又請以二年爲期及朝廷詰其成功遽云來年取水入孫村口若河流順快工料有備便可閉塞回復故道是又不俟新河勢緩矣回河事大寧容異同如此蓋孝先俞瑾等知合用物料五千餘萬未有指擬見買數計經歲未及毫釐度事理終不可爲故爲大言又云若失此時或河勢移背豈獨不可減水卽永無回河之理臣等竊謂河流轉徙遒其常事水性就下固無一定若假以五年休養數路民力沿河積材漸濬故道葺舊堤一旦流勢改變審議事理釃爲二渠分派行流均減漲水之害則勢費不大功力易施安得謂之一失此時永無回河之理也四年正月癸未百祿等使回入對復言脩減水河役過兵夫六萬三千餘人計五百三十萬工費錢糧三十九萬二千九百餘貫石匹兩收買物料錢七十五萬三百餘緡用過物料二百九十餘萬條束官員使臣軍大將凡一百一十餘員請給不預焉願罷有害無利之役那移工料繕築西堤以護南決口未報己亥乃詔罷回河及脩減水河

四月戊午尚書省言大河東流爲中國之要險自大吳決後由界河入海不惟淤壞塘濼兼濁水入界河向去淺澱則河必北流若河尾直注北界入海則中國全失險阻之限不可不爲深慮詔范百祿趙君錫條畫以聞百祿等言臣等昨按行黃河獨流口至界河又東至海口熟觀河流形勢幷緣界河至海口鋪砦地分使臣各稱界河未經黃河行流已前闊一百五十步下至五十步深一丈五尺下至一丈自黃河行流之後今闊至五百四十步次亦三二百步深者三丈五尺次亦二丈乃知水性就下行疾則自刮除成空而稍深與前漢書大司馬史張戎之論正合自元豐四年河出大吳一向就下衝入界河行流勢如傾建經今八年不捨晝夜衝刷界河兩岸日漸開闊連底成空趨海之勢甚迅雖遇元豐七年八年元祐泛漲非常而大吳以上數百里終無決溢之害此迺下流歸納處河流深快之驗也塘濼有限遼之名無禦遼之實今之塘水又異昔時淺足以褰裳而涉深足以維舟而濟冬寒冰堅尤爲坦途如滄州等處商胡之決卽已淤於今四十二年迄無邊警亦無人言以爲深憂自回河之議起首以此動煩聖聽殊不思大吳初決水未有歸猶不北去今入海湍迅界河益深尙復何慮藉令有此則中國據上游契丹豈不慮乘流擾之乎自古朝那蕭關雲中朔方定襄鴈門上郡太原右北平之間南北往來之衝豈塘濼界河之足限哉臣等竊謂本朝以來未有大河安流合於禹迹如此之利便者其界河向去只有深闊加以朝夕海潮往來渲蕩必無淺澱河尾安得直注北界中國亦無全失險阻之理且河遇平壤灘慢行流稍遲則泥沙留淤若趨深走下湍激奔騰性有刮除無由淤積不至上煩聖慮七月已朔冀州南宮等五埽危急詔撥提舉脩河司物料百萬與之甲午都水監言河爲中國患久矣自小吳決後汎濫未著河槽前後遣官相度非一終未有定論以爲北流無患則前二年河決南宮下埽去三年決上埽今四年決宗城中埽豈謂北流可保無虞以爲大河臥東則南宮宗城皆在西岸以爲臥西則冀州信都恩州清河武邑或決皆在東岸要是大河千里未見歸納經久之計所以昨相度第三第四鋪分決漲水少紓目前之急繼又宗城決溢向下包蓄不定雖欲不爲東流之計不可得也河勢未可全奪故爲二股之策今相視新開第一口水勢湍猛發泄不及已不候工畢更撥沙河堤第二口泄減漲水因而二股分行以紓下流之患雖未保冬夏常流已見有可爲之勢必欲經久遂作二股仍較今所脩利害孰爲輕重有司具析保明以聞八月丁未翰林學士蘇轍言夏秋之交暑雨頻併河流暴漲出岸由孫村東行蓋每歲常事而李偉與河埽使臣因此張皇以分水爲名欲發回河之議都水監從而和之河事一興求無不可況大臣以其符合已說而樂聞乎臣聞河道西行孫村側左大約入地二丈以來今所報漲水出岸由新開口地東入孫村不過六七尺欲因六七尺漲水而奪入地二丈河身雖三尺童子知其難矣然朝廷遂爲之遣都水使者興兵功開河道進鋸牙欲約之使東方河水盛漲其西行河道若不斷流則過之東行實同兒戲臣願急命有司徐觀水勢所向依累年漲水舊例因其東溢引入故道以紓北京朝夕之憂故道隄防壞決者第略加脩葺免其決溢而已至於開河進約等事一切毋得興功俟河勢稍定然後議不過一月漲水既落則西流之勢決無移理兼聞孫村出岸漲水今已斷流河上官吏未肯奏知耳是時吳安持與李偉力主東流而謝卿材謂近歲河流稍行地中無可回之理上河議一編召赴政事堂會議大臣不以爲然癸丑三省樞密院言繼日霖雨河上之役恐煩聖慮太后曰訪之外議河水已東復故道矣乙丑李偉言已開撥北京南沙河直堤第三鋪放水入孫村口故道通行又言大河已分流卽更不須開淘因昨來一決之後東流自是順快渲刷漸成港道見今已爲二股約奪大河三分以來若得夫二萬於九月興工至十月寒凍時可畢因引導河勢豈止爲二股通行而已亦將遂爲回奪大河之計今來既因撥東流脩全鋸牙當迤邐增進一埽而取一埽之利比至來年春夏之交遂可全復故道朝廷今日當極力必閉北流乃爲上策若不明詔有司卽令回河深恐上下遷延議終不決觀望之間遂失機會乞復置脩河司從之

五年正月丁亥梁燾言朝廷治河東流北流本無一偏之私今東流未成邊北之州縣未至受患其役可緩北流方悍邊西之州縣日夕可憂其備宜急今傾半天下之力專事東流而不加一夫一草於北流之上得不誤國計乎去年屢決之害全由堤防無備臣願嚴責水官脩治北流埽岸使二方均被惻隱之恩二月己亥詔開脩減水河辛丑乃詔三省樞密院去冬愆雪今未得雨外路旱暵闊遠宜權罷脩河戊申蘇轍言臣去年使契丹過河北見州縣官吏訪以河事皆相視不敢正言及今年正月還自契丹所過吏民方舉手相慶皆言近有朝旨罷回河大役命下之日北京之人驩呼鼓舞惟減水河役遷延不止耗蠹之事十存四五民間竊議意大臣業已爲此勢難遽回既爲聖鑒所臨要當迤邐盡罷今月六日果蒙聖旨以旱災爲名權罷脩黃河候今秋取旨大臣覆奏盡罷黃河東北流及諸河功役民方憂旱聞命踊躍實荷聖恩然臣竊詳聖旨上合天意下合民心因水之性功力易就天語激切中外聞者或至泣下而大臣奉行不得其平由此觀之則是大臣所欲雖害物而必行陛下所爲雖利民而不聽至於委曲回避巧爲之說僅乃得行君權已奪國勢倒植臣所謂君臣之間逆順之際大爲不便者此事是也黃河既不可復回則先罷脩河司只令河北轉運司盡將一道兵功脩貼北流堤岸罷吳安持李偉都水監差遣正其欺罔之罪使天下曉然知聖意所在如此施行不獨河事就緒天下臣庶自此不敢以虛誑欺朝廷弊事庶幾漸去矣八月甲辰提舉東流故道李偉言大河自五月後日益暴漲始由北京南沙堤第七鋪決口水出於第三第四鋪幷清豐口一倂東流故道河槽深三丈至一丈以上比去年尤爲深快頗減北流橫溢之患然今已秋深水當減落若不稍加措置慮致斷絕卽東流遂成淤澱望下所屬官司經畫沙堤等口分水利害免淤故道上誤國事詔吳安持與本路監司北外丞司及李偉按視具合措置事連書以聞九月中丞蘇轍言脩河司若不罷李偉若不去河水終不得順流河朔生靈終不得安居乞速罷脩河司及檢舉六年四月庚子敕竄責李偉七年三月以吏部郎中趙偁權

河北轉運使偁素與安持等議不協嘗上河議其略曰自頃有司回河幾三年功費騷動半天下復爲分水又四年矣故所謂分水者因河流相地勢導而分之今乃横截河流置埽約以扼之開濬河門徒爲淵潭其狀可見況故道千里其間又有高處故累歲漲落輒復自斷夫河流有逆順地勢有高下非朝廷可得而見職在有司朝廷任之亦信矣患有司不自信耳臣謂當繕大河北流兩堤復脩宗城棄堤閉宗城口廢上下約開闞村河門使河流湍直以成深道聚三河工費以治一河一二年可以就緖而河患庶幾息矣願以河事并都水條例一付轉運司而總以工部罷外丞司使措置歸一則職事可舉弊事可去四月詔南北外兩丞司管下河埽今後令河北京西轉運使副判官府界提點分認界至內河北仍於銜內帶兼管南北外都水公事十月辛酉以大河東流賜都水使者吳安持三品服北都水監丞李偉再任

宋史卷九十三

元中書右丞相總裁脫脫等修

河渠志第四十六

河渠三 黃河下 汴河上

元祐八年二月乙卯三省奉旨北流軟堰並依都水監所奏門下侍郎蘇轍奏臣嘗以謂軟堰不可施於北流利害甚明蓋東流本人力所開闊止百餘步冬月河流斷絕故軟堰可爲今北流是大河正溜比之東流何止數倍見今河水行流不絕軟堰何由能立蓋水官之意欲以軟堰爲名實作硬堰陰爲回河之計耳朝廷既已覺其意則軟堰之請不宜復從趙偁亦上議曰臣竊謂河事大利害有三而言者互進其說或見近忘遠徼倖盜功或取此捨彼譸張昧理遂使大利不明大害不去上惑朝聽下滋民患横役枉費殆無窮已臣切痛之所謂大利害者北流全河患水不能分也東流分水患水不能行也宗城河決患水不能閉也是三者去其患則爲利未能去則爲害今不謀此而議欲專閉北流止知一日可閉之利而不知異日既塞之患止知北流伏槽之水易爲力而不知闞村方漲之勢未可併以入東流也夫欲合河以爲利而不恤上下壅潰之害是皆見近忘遠徼倖盜功之事也有司欲斷北流而不執其咎乃引分水爲說分爲軟堰知河衝之不可以軟堰禦則又爲決堰之計臣恐枉有工費而以河爲戲也請俟漲水伏槽觀大河之勢以治東流北流五月水官卒請進梁村上下約東狹河門既涉漲水遂壅而潰南犯德清西決內黃東淤梁村北出闞村宗城決口復行魏店北流因淤遂斷河水四出壞東郡浮梁十二月丙寅監察御史郭知章言臣比緣使事至河北自澶州入北京渡孫村口見水趨東者河甚闊而深又自北京往洺州過楊家淺口復渡見水之趨北者纔十之二三然後知大河宜閉北行東乞下都水監相度於是吳安持復兼領都水即建言近準朝旨已堰斷魏店剌子向下北流一枝斷絕然東西未有堤岸若漲水稍大必披灘漫出則平流在北京恩州界爲害愈甚乞塞梁村口縷張包口開青豐口以東鷄爪河分殺水勢呂大防以其與已意合向之詔同北京留守相視時范純仁復爲右相與蘇轍力以爲不可遂降旨令都水監與本路安撫轉運提刑司共議可則行之有異議速以聞紹聖元年正月也是時轉運使趙偁深不以爲然提刑上官均頗助之偁之言曰河自孟津初行平地必須全流乃成河道禹之治水自冀北抵滄棣始播爲九河以其近海無患也今河自横壟六塔商胡小吳百年之間皆從西決蓋河徙之常勢而有司置埽創約横截河流回河不成因爲分水初決南宮再決宗城三決內黃亦皆西決則地勢西下較然可見今欲弭息河患而逆地勢戾水性臣未見其能就功也請開闞村河門脩平鄉鉅鹿埽焦家等堤濬澶淵故道以備漲水大名安撫使許將言度今之利若舍故道止從北流則慮河下已湮而上流横潰爲害益廣若直閉北流東徙故道則復慮受水不盡而被隄爲患竊謂宜因梁村之口以行東因內黃之口以行北而盡閉諸口以絕大名諸州之患俟春夏水大至乃觀故道足以受之則內黃之口可塞不足以受之則梁村之役可止定其成議則民心固而河之順復有時可以保其無害詔令吳安持同都水監丞鄭佑與本路安撫轉運提刑司官具圖狀保明聞奏即有未便亦具利害來上三月癸酉監察御史郭知章言河復故道水之趨東已不可遏近日遣使按視逐司議論未一臣謂水官朝夕從事河上望專委之乙亥呂大防罷相六月右正言張商英奏言元豐間河決南宮口講議累年先帝歎曰神禹復生不能回此河矣乃勑自今後不得復議回河閉口蓋採用漢人之論俟其泛濫自定也元祐初文彥博呂大防以前敕非是拔吳安持爲都水使者委以東流之事京東河北五百里內差夫五百里外出錢雇夫及支借常平倉司錢買梢草斬伐榆柳凡八年而無尺寸之效乃遷安持太僕卿王宗望代之宗望至則劉奉世猶以彥博大防餘意力主東流以梁村口吞納大河今則梁村口淤澱而開沙堤兩處決口以泄水矣前議累七十里堤以障北流今則云俟霜降水落興工矣朝廷咫尺不應九年爲水官蔽欺如此九年之內年年礬山水漲霜降水落豈獨今年始有漲水而待水落乃可以興工耶乞遣使按驗虛實取索回河以來公私費錢糧梢草依仁宗朝六塔河施行會七月辛丑廣武埽危急詔王宗望亟往救護壬寅帝謂輔臣曰廣武去洛河不遠須防漲溢下灌京師已遣中使視之輔臣出圖狀以奏曰此由黃河北岸生灘水趨南岸今雨止河必減落已下水官與洛口官同行按視爲簽堤及去北岸嫩灘令河順直則無患矣八月丙子權工部侍郎吳安持等言廣武埽危急刷塌堤身二千餘步處地形稍高自鞏縣東七里店至見今洛口約不滿十里可以別開新河引導河水近南行流地步至少用功甚微王宗望行視并開井筒各稱利便外其南築大堤工力浩大乞下各屬官司躬往相度保明從之十月丁酉王宗望言大河自元豐潰決以來東北兩流利害極大頻年紛爭國論不決水官無所適從伏自奉詔凡九月上稟成筭自闞村下至栲栳堤七節河門並皆閉塞築金堤七十里盡障北流使全河東還故道以除河患又自闞村下至海口補築新舊堤防增脩疏濬河道之淤淺者雖盛夏漲潦不至壅決望付史官紀紹聖以來聖明獨斷致此成績詔宗望等具析脩閉北流部役官等功力等第以聞然是時東流堤防未及繕固瀕河多被水患流民入京師往往泊御廊及僧舍詔給券諭令還本土以就振濟己酉安持又言準朝旨相度開濬澶州故道分減漲水按澶州本是河行舊道頃年曾乞開脩時以東西地形高仰未可興工欲乞且行疏導燕家河仍令所屬先次計度合增脩一十一埽所用工料詔令都水監候來年將及漲水月分先具利害以聞癸丑三省樞密院言元豐八年知澶州王令圖議乞脩復大河故道元祐四年都水使者吳安持因紓南宮等埽危急遂就孫村口爲回河之策及梁村進約東流孫村口窄狹德清軍等處皆被水患今春王宗望等雖於內黃下埽閉斷北流然至漲水之時猶有三分水勢而上流諸埽已多危急下至將陵埽決壞民田近又據宗望等奏大河自閉塞闞村而下及創築新堤七十餘里盡閉北流全河之水東還故道今訪聞東流向下地形已高水行不快既閉斷北流將來盛夏大河漲水全歸故道不惟舊堤損缺怯薄而闞村新堤亦恐未易枝梧兼京城上流諸處埽岸慮有壅滯衝決之患不可不豫爲經畫詔權工部侍郎吳安持都水使者王宗望監丞郭祐同北外監丞司自闞村而下直至海口逐一相視增脩疏濬不致壅滯衝決丙辰張商英又言今年已閉北流都水監長貳交章稱賀或乞付史官則是河水已歸故道止宜脩緝堤埽防將來衝決而已近聞王宗望李仲却欲開澶州故道以分水吳安持乞候漲水前相度緣開澶州故道若不與今東流底平則纔經水落立見淤塞若與底平則從初自合閉口回河何用九年費財動衆安持稱候漲水相度乃是悠悠之談前來漲水并今來漲水各至澶州德清軍界安持首尾九年豈得不見更欲延至明年乃是狡兔三窟自爲潛身之計非公心爲國事也況立春漸近調夫如是時不早定議又留後說邦財民力何以支持訪聞先朝水官孫民先元祐六年水官賈種民各有河議乞取索照會召前後本路監司及經歷河事之人與水官詣都堂反覆詰難務取至當經久可行定議歸一庶免以有限之財事無涯之功二年七月戊午詔沿黃河州軍河防決溢並即申奏元符二年二月乙亥北外都水丞李偉言相度大小河門乘此水勢衰弱並先脩閉各立蛾眉埽鎮壓乞次於河北京東兩路差正夫三萬人其他夫數令脩河官和雇三月丁巳偉又乞於澶州之南大河身內開小河一道以待漲水紓解大吳口下注北京一帶向著之患並從之六月末河決內黃口東流遂斷絕八月甲戌詔大河水勢十分北流其以河事付轉運司責州縣共力救護隄岸辛丑左司諫王祖道請正吳安持鄭祐李仲李偉之罪投之遠方以明先帝北流之志詔可三年正月己卯徽宗即位鄭佑吳安持輩皆用登極大赦次第牽復中書舍人張商英繳奏祐等昨主回河皆違神宗北流之意不聽商英又嘗論水官非其人治河當行其所無事一用堤障猶塞兒口止其啼也三月乃以商吳爲龍圖閣待制河北都轉運使兼專功提舉河事商英復陳五事一曰行古沙河口二曰復平恩四埽三曰引大河自古漳河浮河入海四曰築御河西堤而開東堤之積五曰開木門口

泄徙駭河東流大要欲隨地勢疏濬入海會四月河決蘇村七月詔商英毋治河止釐本職其因河事差辟官吏並罷復置北外都水丞司建中靖國元年春尚書省言自去夏蘇村漲水後來全河漫流今已淤高三四尺宜立西堤詔都水使者魯君貺同北外丞司經度之於是左正言任伯雨奏河爲中國患二千歲矣自古竭天下之力以事河者莫如本朝而狥衆人偏見欲屈大河之勢以從人者莫甚於近世臣不敢遠引祇如元祐末年小吳決溢議者乃譎謀異計欲立奇功以邀厚賞不顧地勢不念民力不惜國用力建東流之議當洪流中立馬頭設鋸牙梢芻材木耗費百倍力遏水勢使之東注陵虛駕空非特行地上而已增堤益防惴惴恐決澄沙淤泥久益高仰一旦決潰又復北流此非堤防之不固亦理勢之必至也昔禹之治水不獨行其所無事亦未嘗不因其變以導之蓋河流混濁泥沙相半流行既久迤邐淤澱則久而必決者勢不能變也或北而東或東而北亦安可以人力制哉爲今之策正宜因其所向寬立堤防約攔水勢使不至大段漫流若恐北流淤澱塘泊亦祇宜因塘堤之岸增設堤坊乃爲長策風聞近日又有議者獻東流之計不獨比年災傷居民流散公私匱竭百無一有事勢窘急固不可爲抑亦自高注下湍流奔猛潰決未久勢不可改設若興工公私徒耗殆非利民之舉實自困之道也崇寧三年十月臣僚言昨奉詔措置大河即由西路歷沿邊州軍回至武強縣循河堤至深州又北下衡水縣乃達于冀又北渡河過遠來鎮及分遣屬僚相視恩州之北河流次第大抵水性無有不下引之就高決不可得況西山積水勢必欲下各因其勢而順導之則無壅遏之患詔開脩直河以殺水勢四年二月工部言乞脩蘇村等處運糧河堤爲正堤以支漲水較脩棄堤直堤可減工四十四萬料七十一萬有奇從之閏二月尚書省言大河北流合西山諸水在深州武強瀛州樂壽埽俯瞰雄霸莫州及沿邊塘濼萬一決溢爲害甚大詔增二埽堤及儲蓄以備漲水是歲大河安流五年二月詔滑州繫浮橋於北岸仍築城壘置官兵守護之八月葺陽武副堤大觀元年二月詔於陽武上埽第五鋪開脩直河至第十五鋪以分減水勢有司言河身當長三千四百四十步面闊八十尺底闊五丈深七尺計役十萬七千餘工用人夫三千五百八十二凡一月畢從之十二月工部員外郎趙霆言南北兩丞司合開直河者凡爲里八十有七用緡錢八九萬興時成功可免河防之憂而省久遠之費詔從之二年五月霆上免夫之議大略謂黃河調發人夫脩築埽岸每歲春首騷動數路常至敗家破產今春滑州魚池埽合起夫役嘗令送免夫之直用以買土增貼埽岸比之調夫反有贏餘乞詔有司應堤埽合調春夫並依此例立爲永法詔曰河防夫工歲役十萬濱河之民困於調發可上戶出錢免夫下戶出力充役其相度條畫以聞丙申邢州言河決陷鉅鹿縣詔遷縣於高地又以趙州隆平下濕亦遷之六月己卯都水使者吳玠言自元豐間小吳口決北流入御河下合西山諸水至清州獨流砦三叉口入海雖深得保固形勝之策而歲月寖久侵犯塘堤衝壞道路齧損城砦臣奉詔脩治隄防禦捍漲溢然築八尺之堤當九河之尾恐不能敵若不遇有損缺逐旋增脩即又至纍壞使與塘水相通於邊防非計也乞降旨脩葺從之庚寅冀州河溢壞信都南宮兩縣三年八月詔沈純誠開撩兔源河兔源在廣武埽對岸分減埽下漲水也政和四年十一月都水使者孟昌齡言今歲夏秋漲水河流上下並行中道滑州浮橋不勞解拆大省歲費詔許稱賀官吏推恩有差昌齡又獻議導河大伾可置永遠浮橋謂河流自大伾之東而來直大伾山西而止數里方回南東轉而過復折北而東則又直至大伾山之東亦止不過十里耳視地形水勢東西相直徑易曾不十餘里間且地勢低下可以成河倚山可爲馬頭又有中潭正如河陽若引使穿大伾大山及東北二小山分爲兩股而過合於下流因是三山爲趾以繫浮梁省費數十百倍可寬河朔諸路之役朝廷喜而從之五年置提舉脩繫永橋所六月癸丑降德音于河北京東京西路其略曰鑿山釃渠循九河既道之迹爲梁跨趾成萬世永賴之功役不踰時慮無愆素人絕往來之阻地無南北之殊靈祇懷柔黎庶呼舞眷言朔野爰暨近畿畚鍤繁興薪芻轉從民亦勞止朕甚憫之宜推在宥之恩仍廣蠲除之惠應開河官吏令提舉所具功力等第聞奏又詔居山至大伾山浮橋屬濬州者賜名天成橋大伾山至汶子山浮橋屬滑州者賜名榮光橋俄改榮光曰聖功七月庚辰御製橋名磨崖以刻之方河之開也水流雖通然湍激猛暴遇山稍隘往往泛溢近砦民夫多被漂溺因亦及通利軍其後遂注成巨濼云是月昌齡遷工部侍郎八月己亥都水監言大河以就三山通流正在通利之東慮水溢爲患乞移軍城於大伾山居山之間以就高仰從之十月丁巳中書省言冀州棗強埽決知州辛昌宗武臣不諳河事詔以王仲元代之十一月丙寅都水使者孟揆言大河連經漲淤灘面已高致河流傾側東岸今若脩閉棗強上埽決口其費不貲兼冬深難施人力縱使極力脩閉東堤上下二百餘里必須盡行增築與水爭力未能全免決溢之患今漫水行流多鹹鹵及積水之地又不犯州軍止經數縣地分迤邐纏御河歸納黃河欲自決口上恩州之地水堤爲始增補舊堤接續御河東岸簽合大河從之乙亥臣僚言禹跡湮沒於數千載之遠陛下神智獨運一旦興復導河三山長堤盤固橫截巨浸依山爲梁天造地設威示南北度越前古歲無解繫之費人無病涉之患大功既成願申飭有司以日繼月視水向著隨爲隄防益加增固每遇漲水水官漕臣不輟巡視詔付昌齡六年四月辛卯高陽關路安撫使吳玠言冀州棗強縣黃河清詔許稱賀七月戊午太師蔡京請名三山橋銘閣曰續禹繼文之閣門曰銘功之門十月辛卯蔡京等言冀州河清乞拜表稱賀七年五月丁巳臣僚言恩州寧化鎮大河之側地勢低下正當灣流衝激之處歲久堤岸怯薄沁水透堤甚多近鎮居民例皆移避方秋夏之交時雨霈然一失堤防則不惟東流莫測所向一隅生靈所係甚大亦恐妨阻大名河間諸州往來邊路乞付有司貼築固護從之六月癸酉都水使者孟揚言舊河陽南北兩河分流立中潭繫浮梁頃緣北河淤澱水不通行止於南河修繫一橋因此河項窄狹水勢衝激每遇漲水多致損壞欲措置開修北河如舊修繫南北兩橋從之九月丁未詔揚專一措置而令河陽守臣王序營辦錢糧督其工料重和元年三月己亥詔滑州濬州界萬年堤全藉林木固護堤岸其廣行種植以壯地勢五月甲辰詔孟州河陽縣第一埽自春以來河勢湍猛侵嚙民田迫近州城止二三里其令都水使者同漕臣河陽守臣措置固護是秋雨廣武埽危急詔內侍王仍相度措置宣和元年九月辛未蔡京等言南丞管下三十五埽今歲漲水之後岸下一例生灘河行中道實由聖德昭格神祇順助望宣付史館詔送祕書省十二月開修兔源河并直河畢工降詔獎諭二年九月己卯王黼言昨孟昌齡計議河事至滑州韓村埽檢視河流衝至寸金潭其勢就下未易禦遏近降詔旨令就畫定港灣對開直河方議開鑿忽自成直河一道寸金潭下水即安流在役之人聚首仰嘆乞付史館仍帥百官表賀從之三年六月河溢冀州信都十一月河決清河埽是歲水壞天成聖功橋官吏行罰有差四年四月壬子都水使者孟揚言奉詔脩繫三山東橋凡役工十五萬七千八百今累經漲水無虞詔因橋壞失職降秩者俱復之揚自正議大夫轉正奉大夫七年欽宗卽位靖康元年二月乙卯御史中丞許翰言保和殿大學士孟昌齡延康殿學士孟揚龍圖閣直學士孟揆父子相繼領職二十年過惡山積妄設堤防之功多張稍椿之數窮竭民力聚斂金帛交結權要內侍王仍爲之奧主超付名位不知紀極大河浮橋歲一造舟京西之民猶憚其役而昌齡首建三山之策回大河之勢頓取百年浮橋之費僅爲數歲行路之觀漂沒生靈無慮萬計近輔郡縣蕭然破殘所辟官吏計金敘績富商大賈爭注名牒身不在公遙分爵賞每興一役乾沒無數省部御史莫能鉤考陛下方將澄清朝著建立事功不先誅竄昌齡父子無以昭示天下望籍其姦贓以正典刑詔並落職昌齡在外宮觀揚依舊權領都水監職事揆候措置橋船畢取旨翰復請鉤考簿書發其姦贓乃詔昌齡與中大夫揚揆與中奉大夫三月丁丑京西轉運司言本路歲科河防夫三萬溝河夫一萬八千緣連年不稔羣盜劫掠民力困弊乞量數減放詔減八千人

汴河自隋大業初疏通濟渠引黃河通淮至唐改名廣濟宋都大梁以孟州河陰縣南爲汴首受黃河之口屬于淮泗每歲自春及冬常於河口均調水勢止深六尺以通行重載爲準歲漕江淮湖浙米數百萬及至東南之產百物衆寶不可勝計又下西山之薪炭以輸京師之粟以振河北之急內外仰給焉故於諸水莫此爲重其淺深有度置官以司之都水監總察之然大河向背不常故河口歲易易則度地形相水勢爲口以逆之遇春首輒調數州之民勞費不貲役者多溺死吏又並緣侵漁而京師常有決溢之虞太祖建隆二年春導索水自旃然與須水合入于汴三年十月詔緣汴河州縣長吏常以春首課民夾岸植榆柳以固堤防太宗太平興國二年七月開封府言汴水溢壞開封大寧堤浸民田害稼詔發淮孟丁夫三千五百人塞之三年正月發軍士千人復汴口六月宋州言寧陵縣河溢堤決詔發宋亳丁夫四千五百人分遣使臣護役四年八月又決于宋城縣以本州諸縣人夫三千五百人塞之淳化二年六月汴水決浚儀縣帝乘步輦出乾元門宰相樞密迎謁帝曰東京養甲兵數十萬居人百萬家天下轉漕仰

給在此一渠水脈安得不顧車駕入泥淖中行百餘步從臣震恐殿前都指揮使戴興叩頭懇請回馭遂捧輦出泥淖中詔興督步卒數千塞之日未旰水勢遂定帝始就次太官進膳親王近臣皆泥濘沾衣知縣宋炎亡匿不敢出特赦其罪是月汴又決于宋城縣發近縣丁夫二千人塞之至道元年九月帝以汴河歲運江淮米五七百萬斛以濟京師問侍臣汴水疏鑿之由令參知政事張洎講求其事以聞其言曰禹導河自積石至龍門南至華陰東至砥柱又東至于孟津東過洛汭至于大伾卽今成皐是也或云黎陽山也禹以大河流泛中國爲害最甚乃於貝丘疏二渠以分水勢一渠自舞陽縣東引入漯水其水東北流至千乘縣入海卽今黃河是也一渠疏畎引傍西山以東北形高敞壞堤水勢不便流溢夾右碣石入于渤海書所謂北過洚水至于大陸洚水卽濁漳大陸則邢州鉅鹿澤播爲九河同爲逆河入于海河自魏郡貴鄉縣界分爲九道下至滄州今爲一河言逆河者謂與河水往復相承受也齊桓公塞以廣田居唯一河存焉今其東界至莽梧河是也禹又於滎澤下分大河爲陰溝引注東南以通淮泗至大梁浚儀縣西北復分爲二渠一渠元經陽武縣中牟臺下爲官渡水一渠始皇疏鑿以灌魏郡謂之鴻溝莨若渠自滎陽五出池口來注之其鴻溝卽出河之溝亦曰莨若渠漢明帝時樂浪人王景謁者王吳始作浚儀渠蓋循河溝故瀆也渠成流注浚儀故以浚儀縣爲名靈帝建寧四年於敖城西北壘石爲門以遏渠口故世謂之石門渠外東合濟水濟與河渠渾濤東注至敖山北渠水至此又兼邲之水卽春秋晉楚戰于邲邲又音汳卽汴字古人避反字改從汴字渠水又東經滎陽北旃然水自縣東流入汴水鄭州滎陽縣西二十里三皇山上有二廣武城二城相去百餘步汴水自兩城間小澗中東流而出而濟流自茲乃絕唯汴渠首受旃然水謂之鴻渠東晉太和中桓溫北伐前燕將通之不果義熙十三年劉裕西征姚秦復浚此渠始有湍流奔注而岸善潰塞裕更疏鑿而漕運焉隋煬帝大業三年詔尚書左丞相皇甫誼發河南男女百萬開汴水起滎澤入淮千餘里乃爲通濟渠又發淮南兵夫十餘萬開邗溝自山陽淮至于揚子江三百餘里水面闊四十步而後行幸焉自後天下利於轉輸昔孝文時賈誼言漢以江淮爲奉地謂魚鹽穀帛多出東南至五鳳中耿壽昌奏故事歲增關東穀四百萬斛以給京師亦多自此渠漕運唐初改通濟渠爲廣濟渠開元中黃門侍郎平章事裴耀卿言江淮租船自長淮西北泝鴻溝轉相輸納於河陰含嘉太原等倉凡三年運米七百萬石實利涉於此開元末河南採訪使汴州刺史齊澣以江淮漕運經淮水波濤有沉損遂浚廣濟渠下流自泗州虹縣至楚州淮陰縣北八十里合于淮踰時畢功旣而水流迅急行旅艱險尋乃廢停却由舊河德宗朝歲漕運江淮米四十萬石以益關中時叛將李正已田悅皆分軍守徐州臨渦口梁崇義阻兵襄鄧南北漕引皆絕於是水陸運使杜佑請改漕路自浚儀西十里疏其南涯引流入琵琶溝經蔡河至陳州合潁水是秦漢故道以官漕久不由此故塡淤不通若畎流培岸則功用甚寡又盧壽之間有水道而平岡亘其中曰鷄鳴山佑請疏其兩端皆可通舟其間登陸四十里而已則江湖黔嶺蜀漢之粟可方舟而下由是白沙趨東關經盧壽浮潁步蔡歷琵琶溝入汴河不復經泝淮之險徑於舊路二千里功寡利博朝議將行而徐州順命淮路乃通至國家膺圖受命以大梁四方所湊天下之樞可以臨制四海故卜京邑而定都漢高帝云吾以羽檄召天下兵未至孝文又云吾初卽位不欲出虎符召郡國兵卽知兵甲在外也惟有南北軍期門郎羽林孤兒以備天子扈從藩衞之用唐承隋制置十二衞府兵皆農夫也及罷府兵始置神武神策爲禁軍不過三數萬人亦以備扈從藩衞而已故祿山犯闕驅市人而戰德宗蒙塵扈蹕四百餘騎兵甲皆在郡國額軍存而可舉者除河朔三鎭外太原靑社各十萬人邠寧宣武各六萬人潞徐荊揚各五萬人襄宣壽鎭海各二萬人自餘觀察團練據要害之地者不下萬人今天下甲卒數十萬衆戰馬數十萬匹並萃京師悉集七亡國之士民於輦下比漢唐京邑民庶十倍甸服時有水旱不至艱歉者有惠民金水五丈汴水等四渠派引脈分咸會天邑舳艫相接贍給公私所以無匱乏唯汴水橫亘中國首承大河漕引江湖利盡南海半天下之財賦并山澤之百貨悉由此路而進然則禹力疏鑿以分水勢煬帝開洫以奉巡游雖數湮廢而通流不絕於百代之下終爲國家之用者其上天之意乎眞宗景德元年九月宋州言汴河決浸民田壞廬舍遣使護塞踰月功就三年六月京城汴水暴漲詔覘候水勢幷工脩補增起堤岸工畢復遣使致祭大中祥符二年八月汴水漲溢自京至鄭州浸道路詔選使乘傳減汴口水勢旣而水減阻滯漕運復遣浚汴口八年六月詔自今後汴水添漲及七尺五寸卽遣禁兵三千沿河防護八月太常少卿馬元方請浚汴河中流闊五丈深五尺可省脩堤之費卽詔遣使計度脩浚使還上言泗州西至開封府界岸闊底平水勢薄不假開浚請止自泗州夾岡用工八十六萬五千四百三十八以宿亳丁夫充計減工七百三十一萬仍請於沿河作頭踏道擗岸其淺處爲鋸牙以束水勢使其後成河道止用河清下卸卒就未放春水前令逐州長吏令佐督役自今汴河淤澱可三五年一浚又於中牟滎澤縣各置開減水河並從之天禧三年十二月都官員外郎鄭希甫言汴河兩岸皆是陂水廣浸民田堤腳並無流泄之處今汴河南省自明河接澳入淮望詔轉運使規度以聞仁宗天聖三年汴流淺特遣使疏河注口四年大漲堤危衆情恟恟憂京城詔度京城西賈陂岡地洩之于護龍河六年句當汴口康德輿言行視陽武橋萬勝鎭宜存斗門其梁固斗門三宜廢去祥符界北岸請爲別竇分減溢流而句當汴口王中庸欲增置孫村之石限悉從其請七年德輿言修河芟地爲並灘農戶所侵詔限一月使自實檢括以還縣官皇祐三年命使詣中牟治堤明年八月河涸舟不通令河渠司自口浚治歲以爲常舊制水增七尺五寸則京師集楚兵入作排岸兵負土列河上以防河滿五日賜錢以勞之曰特支而或數張數防又不及五日而罷則軍士屢疲而賜予不及是歲七月始制防河兵日給錢薄其數才比特支十分之一軍士便之明年遣使行河相利害嘉祐六年汴水淺澁常稽運漕都水奏河自應天府抵泗州直流湍駛無所阻惟應天府上至汴口或岸闊淺漫宜限以六十步闊於此則爲木岸狹河扼束水勢令深駛梢伐岸木可足也遂下詔興役而衆議以爲未便宰相蔡京奏祖宗時已嘗狹河矣俗好沮敗事宜勿聽役旣半岸木不足募民出雜梢岸成而言者始息舊曲灘漫流多稽留覆溺處悉爲駛直平夷操舟往來便之神宗熙寧四年創開訾家口日役夫四萬饒一月而成纔三月已淺澱乃復開舊口役萬工四日而水稍順有應舜臣者獨謂新口在孤栢嶺下當河流之衝其便利可常用勿易水大則泄以斗門水小則爲輔渠於下流以益之安石善其議五年先是宣徽北院使中太一宮使張方平嘗論汴河曰國家漕運以河渠爲主國初浚河渠三道通京城漕運自後定立上供年額汴河斛斗六百萬石廣濟河六十二萬石惠民河六十萬石廣濟河所運止給太康咸平尉氏等縣軍糧而已惟汴河專運粳米兼以小麥此乃大倉蓄積之實今仰食于官廩者不惟三軍至于京師士庶以億萬計太半待飽于軍稍之餘故國家於漕事至急至重然則汴河乃建國之本非可與區區溝洫水利同言也近歲已罷廣濟河而惠民河斛斗不入大倉大衆之命惟汴河是賴今陳說利害以汴河爲議者多矣臣恐議者不已屢作改更必致汴河日失其舊國家大計殊非小事願陛下特回聖鑒深賜省察留神遠慮以固基本方平之言爲王安石發也六年夏都水監丞侯叔獻乞引汴水淤府界閑田安石力主之水旣數放或至絕流公私重舟不可盪有閣折者帝以人情不安嘗下都水分析幷詔三司同府界提點官往視十一月范子奇建議冬不閉汴口以外江綱運直入汴至京廢運般安石以爲然詔汴口官吏相視卒用其說是後高麗入貢令泝汴赴闕七年春河水壅溢積潦敗堤八月御史盛陶謂汴河開兩口非便命同判都水監宋昌言視兩口水勢檄同提舉汴口官王珫珫言訾家口水三分輔渠七分昌言請塞訾家口而留輔渠時韓絳呂惠卿當國許之八年春安石再相叔獻言昨疏濬汴河自南京至泗州槩深三尺至五尺惟虹縣以東有礓石三十里餘不可疏濬乞募民開脩詔檢計工糧以聞七月叔獻又言歲開汴口作生河侵民田調夫役今惟用訾家口減人夫物料各以萬計乞減河淸一指揮從之未幾汴水大漲至深一丈二尺於是復請權閉汴口九年十月詔都水度量疏濬汴河淺深仍記其地分十年范子淵請用濬川杷以六月興工自謂功利灼然請候今冬疏濬畢將杷具舟船等分給逐地分使臣於閉口之後檢量河道淤澱去處至春水接續疏導大抵皆無甚利已而淸汴之役興

宋史卷九十四

元 中 書 右 丞 相 總 裁 脫 脫 等 修

河渠志第四十七

河渠四 汴河下 洛河 蔡河 廣濟河 金水河 白溝河 京畿溝渠 白河三白渠 鄧許諸渠附

元豐元年五月西頭供奉官張從惠復言汴口歲開閉修隄防通漕纔二百餘日往時數有建議引洛水入汴患黃河嚙廣武山須鑿山嶺十數丈以通汴渠功大不可爲去年七月黃河暴漲水落而稍北距廣武山麓七里退灘高闊可鑿爲渠引洛入汴范子淵知都水監丞

晝十利以獻又言汜水出王仙山索水出嵩渚山合洛水積其廣深得二千一百三十六尺視今汴流尚贏九百七十四尺以河洛湍緩不同得其贏餘可以相補猶慮不足則旁堤爲塘滲取河水每百里置木牐一以限水勢兩旁溝湖陂濼皆可引以爲助禁伊洛上源私引水者大約汴舟重載入水不過四尺今深五尺可濟漕運起鞏縣神尾山至士家堤築大堤四十七里以捍大河起沙谷至河陰縣十里店穿渠五十二里引洛水屬于汴渠疏奏上重其事遣使行視二年正月使還以爲工費浩大不可爲上復遣入內供奉宋用臣還奏可爲請自任村沙谷口至汴口開河五十里引伊洛水入汴河每二十里置束水一以芻楗爲之以節湍急之勢取水深一丈以通漕運引古索河爲源注房家黃家孟家三陂及三十六陂高仰處瀦水爲塘以備洛水不足則決以入河又自汜水關北開河五百五十步屬于黃河上下置牐啟閉以通黃汴二河船筏卽洛河舊口置水澾通黃河以泄伊洛暴漲古索河等暴漲卽以魏樓滎澤孔固三斗門泄之計工九十萬七千有餘仍乞修護黃河南堤埽以防侵奪新河從之三月庚寅以用臣都大提舉導洛通汴四月甲子興工遣禮官告祭河道侵民冢墓給錢徙之無主者官爲瘞藏六月戊申清汴成凡用工四十五日自任村沙口至河陰縣瓦亭子并汜水關北通黃河接運河長五十一里兩岸爲堤總長一百三里引洛水入汴七月甲子閉汴口徙官吏河清卒於新洛口戊辰遣禮官致祭十一月辛未詔差七千人赴汴口開修河道三年二月宋用臣言洛水入汴至淮河道漫闊多淺澁乞狹河六十里爲二十一萬六千步以四月興役五月癸亥罷草屯浮堰五年三月宋用臣言金水河透水槽阻礙上下汴舟宜廢撤從之十月狹河畢工六年八月范子淵又請於武濟山麓至河岸并嫩灘上修堤及壓埽堤又新河南岸築新堤計役兵六千人二百日成開展直河長六十三里廣一百尺深一丈役兵四萬七千有奇一月成從之十月都提舉司言汴水增漲京西四斗門不能分減致開決堤岸今近京惟孔固斗門可以泄水下入黃河若孫賈斗門雖可泄入廣濟然下尾窄狹不能盡吞宜於萬勝鎮舊減水河汴河北岸修立斗門開淘舊河創開生河一道下合入刁馬河役夫一萬三千六百四十三人一月畢工詔從其請仍作二年開修七年四月武濟河潰八月詔罷營閉縱其分流止護廣武三埽哲宗元祐元年閏二月辛亥右司諫蘇轍言近歲京城外創置水磨因此汴水淺澁阻隔官私舟船其東門外水磨下流汗漫無歸浸損民田一二百里幾敗漢高祖墳塋陛下仁聖惻怛親發德音令執政共議營救尋詔畿縣於黃河春夫外更調夫四萬開自盟河以疏洩水患計一月畢工然以水磨供給京城內外食茶等其水止得五日閉斷以此工役重大民間每夫日顧二百錢一月之費計二百四十萬貫而汴水渾濁易至塡淤明年又須開淘民間歲歲不免此費聞水磨歲入不過四十萬故前戶部侍郎李定以此課利惑誤朝聽依舊存留且水磨興置未久自前未有此錢國計何關而小人淺陋妄有靳惜傷民辱國不以爲愧況今水患近在國門而恬不爲怪甚非陛下勤恤民物之意而又減耗汴水行船不便乞廢罷官磨任民磨茶三月轍又乞令汴口以東州縣各具水匱所占頃畝每歲有無除放二稅仍具水匱可與不可廢罷如決不可廢當如何給還民田以免怨望八月辛亥轍又言昨朝旨令都水監差官具括中牟管城等縣水匱元浸壓者幾何見今積水所占幾何退出頃畝幾何凡退出之地皆還本主水占者以官地還之無田可還卽給元直聖恩深厚棄利與民所存甚遠然臣聞水所占地至今無可對還而退出之田亦以迫近水匱爲雨水浸淫未得耕鑿知鄭州岑象求近奏稱自宋用臣興置水匱以來元未曾取以灌注清汴水流自足不廢漕運乞盡廢水匱以便失業之民十月遂罷水匱四年冬御史中丞梁燾言嘗求世務之急得導洛通汴之實始聞其說則可喜及考其事則可懼竊以廣武山之北卽大河故道河常往來其間夏秋漲溢每抵山下舊來洛水至此流入於河後欲導以趨汴渠乃乘河未漲就嫩灘之上峻起東西堤闢大河於堤北攘其地以引洛水中間缺爲斗門名通舟楫其實盜河以助洛之淺涸也洛水本清而今汴常黃流是洛不足以行汴而所以能行者附大河之餘波也增廣武三埽之備竭京西所有不足以爲支費其失無慮數百萬計從來上下習爲欺罔朝廷惑於安流之說稅屋之利恬不爲慮而不知新沙疏弱力不能制悍河水勢一薄則爛熳潰散將使怒流循洛而下直冒京師是甘以數百萬日增之費養異時萬一之患亦已誤矣夫歲傾重費以坐待其患何若折其奔衝以終除其害哉爲今之計宜復爲汴口仍引大河一支啟閉以時還祖宗百年以來潤國養民之賜誠爲得策汴口復成則免廣武傾注以長爲京師之安省數百萬之費以紓京西生靈之困牽大河水勢以解河北決溢之災便東南漕運以蠲重載留滯之弊時節啟閉以除蹙凌打凌之苦通江淮八路商賈大舶以供京師之饒爲甚大之利者六此不可忽也惟拆去兩岸舍屋盡廢僦錢爲害者一而甚小所謂損小費而成大利也臣之所言特其大略爾至於考究本末措置纖悉在朝廷擇通習之臣付之無牽浮議責其成功又言臣聞開汴之時大河曠歲不決蓋汴口析其三分之水河流常行七分也自導洛而後頻年屢決雖洛口竊取其水幸不過一分上下是河流常九分也猶幸流勢卧北故潰溢北出自去歲以來稍稍卧南此其可憂而洛口之作理須早計竊以開洛之役其功甚小不比大河之上但闢百餘步卽可以通水三分旣永爲京師之福又減河北屢決之害兼水勢旣以牽動在於回河尤爲順便非獨孫村之功可成濬州故道亦有自然可復之理望出臣前章面詔大臣與本監及知水事者按地形水勢具圖以聞不報至五年十月癸巳乃詔導河水入汴紹聖元年帝親政復召宋用臣赴闕七月辛丑廣武埽危急壬寅帝語輔臣埽去洛河不遠須防漲溢下灌京師明日乃詔都水監丞馬忱之相度築欄水簽堤丁巳帝諭執政曰河埽久不修昨日報洛水又大溢注于河若廣武埽壞河洛爲一則清汴不通矣京都漕運殊可憂宜亟命吳安持王宗望同力督作苟得不壞過此須圖久計丙寅吳安持言廣武第一埽危急決口與清汴絕近緣洛河之南去廣武山千餘步地形稍高自鞏縣東七里店至今洛口不滿十里可以別開新河導洛水近南行流地里至少用功甚微詔安持等再按視之十一月李偉言清汴導溫洛貫京都下通淮泗爲萬世利自元祐以來屢危急而今歲特甚臣相視武濟山以下二十里名神尾山乃廣武埽首所起約置刺堰三里餘就武濟河下尾廢堤枯河基址增修疏導回截河勢東北行留舊埽作遙堤可以紓清汴下注京城之患詔宋用臣陳祐甫覆按以聞十二月甲午戶部尚書蔡京言本部歲計皆藉東南漕運今年上供物至者十無二三而汴口已閉臣責問提舉汴河堤岸司楊琰乃稱自元豐二年至元祐初八年之間未嘗塞也詔依元豐條例明年正月庚戌用臣亦言元豐間四月導洛通汴六月放水四時行流不絕遇冬有凍卽督沿河官吏伐冰通流自元祐二年冬深輒閉塞致河流涸竭殊失開導清汴本意今欲卜日伐冰放水歸河永不閉塞及凍解止將京西五斗門減放以節水勢如惠民河行流自無壅遏之患從之三年正月戊申詔提舉河北西路常平李仲罷歸吏部仲在元祐中提舉汜水輦運建言西京鞏縣河陽汜水河陰縣界乃沿黃河地分北有太行南有廣武二山自古河流兩山之間乃緣禹跡昨自宋用臣創置導洛清汴於黃河沙灘上節次創置廣雄武等堤埽到今十餘年間屢經危急況諸埽在京城之上若不別爲之計患起不測思之寒心今如棄去諸埽開展河道講究興復元豐二年以前防河事不惟省歲費寬民力河流且無壅遏決溢之患望遣諳河事官相視施行又乞復置汴口依舊以黃河水爲節約之限罷去清汴牐口四年閏二月楊琰乞依元豐例減放洛水入京西界大白龍坑及三十六陂充水匱以助汴河行運詔賈種民同琰相度合占頃畝及所用功力以聞五月乙亥都提舉汴河堤岸賈種民言元豐改汴口爲洛口名汴河爲清汴者凡以取水於洛也復匱清水以備淺澁而助行流元祐間却於黃河撥口分引渾水令自澾上流入洛口比之清洛難以調節乞依元豐已修狹河身丈尺深淺檢計物力以復清汴立限修濬通放洛水及依舊置洛斗門通放西河官私舟船從之帝嘗謂知樞密院事曾布曰先帝作清汴又爲天源河蓋有深意元祐中幾廢近賈種民奏若盡復清汴不用濁流乃當世靈長之慶布對曰先帝以天源河爲國姓福地此衆人所知何可廢也十二月詔京城內汴河兩岸各留堤面丈有五尺禁公私侵牟元符三年徽宗卽位無大改作汴渠稍湮則浚之大觀中言者論胡師文昨爲發運使創開泗州直河及築簽堤阻遏汴水尋復淤澱遂行廢拆然後併役數郡兵夫其間疾苦竄歿無慮數千費錢穀累百萬計狂妄生事誣奏罔功官員冒賞至四十五人師文由是自知州降充宮觀宣和元年五月都城無故大水浸城外官寺民居遂破汴堤汴渠將溢諸門皆城守起居郎李綱奏國家都汴百有六十餘載未嘗少有變故今事起倉猝遐邇驚駭誠大異也臣嘗躬詣郊外竊見積水之來自都城以西漫爲巨浸東拒汴堤停蓄深廣湍悍浚激東南而流其勢未艾倘或淹浸旬時因以風雨不可不慮夫變不虛發必有感召之因願詔廷臣各具所見擇其可採者施行之詔都城外積水緣有司失職隄防不修非災異也罷綱送吏部而募人決水下流由城北注五丈河下通梁山濼乃已七月壬子都提舉司言近因野水衝蕩沿汴堤岸及河道淤淺若止役

河清功力不勝，望俟農隙顧夫開修。從之。五年十二月庚寅，詔沿汴州縣創添欄河鎖柵歲額公私不以爲便，其遵元豐舊制。靖康而後，汴河上流爲盜所決者數處，決口有至百步者，塞久不合，乾涸月餘，綱運不通，南京及京師皆乏糧。責都水使者措置，凡二十餘日而水復舊，綱運沓來，兩京糧始足。又擇使臣八員爲沿汴巡檢，每兩員各將兵五百人，自洛口至西水門，分地防察決溢云。

洛水貫西京，多暴漲，漂壞橋梁。建隆二年，留守向拱重修天津橋成，甃巨石爲脚，高數丈，銳其前以疏水勢，石縱縫以鐵鼓絡之，其制甚固。四月，具圖來上，降詔褒美。開寶九年，郊祀西京，詔發卒五千，自洛城菜市橋鑿渠抵漕口三十五里，饋運便之。其後導以通汴。

蔡河貫京師，爲都人所仰，兼閔水、洧水、潩水以通舟。閔水自尉氏歷祥符、開封合于蔡，是爲惠民河。洧水自許田注鄢陵，東南歷扶溝合于蔡。潩水出鄭之大隗山，注臨潁，歷鄢陵、扶溝合于蔡。凡許、鄭諸水合堅白鴈、丈八溝，京、索合西河、褚河、湖河、雙河、欒霸河，皆會焉。猶以其淺澀，故植木橫棧，棧爲水之節，啓閉以時。太祖建隆二年四月，命中使浚蔡河，設斗門節水，自京距通許鎭。二年，詔發畿甸、陳、許丁夫數萬浚蔡水，南入潁川。乾德三年二月，令陳承昭率丁夫數千鑿渠，自長社引潩水至京師，合閔水。潩水本出密縣大隗山，歷許田。會春夏霖雨，則泛溢民田，至是渠成，無水患，閔河益通漕焉。太宗淳化二年，以汜水汎溢，浸許州民田，詔自長葛縣開小河，導潩水分流二十里，合于惠民河。眞宗咸平五年七月，京師霖雨，溝洫壅，惠民河溢，迮道路，壞廬舍。知開封府寇準治丁岡古河泄導之。大中祥符元年六月，開封府言尉氏縣惠民河決，遣使督視完塞。二年四月，陳州言州地洿下，苦積潦，歲有水患，請自許州長葛縣浚減水河及補棗村舊河，以入蔡河。從之。九年，知許州石普請於大流堰穿渠，置二斗門，引沙河以漕京師。遣使按視。四月，詔遣中使至惠民河規畫置壩子，以通舟運。仁宗天聖二年二月，崇儀副使、巡護惠民河田承說獻議，重修許州合流鎭大河堰斗門，剏開減水河通漕，省迓路五百里。詔遣使按視以聞。五年八月，都大巡護惠民河王克基言：「先準宣，惠民、京索河水淺小，緣出源西京、鄭、許州界，惠民河下合橫溝、白鴈溝，京索河下合西河、湖河、雙河、欒霸河、丈八溝，各爲民間截水蒔稻灌園，宜令州縣巡察。」七年，王克基言：「按舊制，蔡河斗門棧板須依時啓閉，調停水勢。」嘉祐三年正月，開京城西葛家岡新河，以有司言至和中大水入京城，請自祥符縣界葛家岡開生河，直城南好草陂，北入惠民河，分注魯溝，以紓京城之患。神宗熙寧四年七月，程昉請開朱家等堤畎水以助漕運。八月，三班借職楊琰請增置上下壩牐，蓄水以備淺涸，詔琰掌其事。六年九月戊辰，將作監尚宗儒言：「議者請置蔡河木岸，計功頗大。」詔修固土岸。八年，詔京西運米于河北，於是侯叔獻請因丁字河故道鑿堤置牐，引汴水入于蔡，以通舟運。河成，舟不可行，尋廢。十月，詔都水監展惠民河，欲便修城也。九年七月，提轄修京城所請引霧澤陂水至咸豐門，合京索河，由京索簽入副堤河，下合惠民。都水監謂不若於順天門外簽直河身，及於染院後簽入護龍河，至咸豐門南復入京索河，實爲長利。從之。徽宗崇寧元年二月，都水監言惠民河修簽河尖下硬堰畢工，詔立捕獲盜泄賞。大觀元年十二月，開潩河入蔡河，從京畿都轉運使吳擇仁之請也。政和元年十月己酉，詔差水官同京畿監司視蔡河隄防及淤淺者，來春併工治之。

廣濟河導菏水，自開封歷陳留、曹、濟、鄆，其廣五丈，歲漕上供米六十二萬石。太祖建隆二年正月，遣使往定陶規度，發曹、單丁夫數萬浚之。三月，幸新水門觀放水入河。先是，五丈河泥淤，不利行舟，遂詔左監門衞將軍陳承昭於京城之西夾汴水造斗門，引京、索、蔡河水通城濠入斗門，俾架流汴水之上，東進於五丈河，以便東北漕運，公私咸利。三年正月，遣右龍武統軍陳承昭護修五丈河役，車駕臨視，賜承昭錢二十萬。乾德三年，京師引五丈河造西水磑。太宗太平興國三年正月，命發近縣丁夫浚廣濟河。眞宗景德二年六月，開封府言西京沿汴萬勝鎭先置斗門以減河水，今汴河分注濁水入廣濟河，堙塞不利。帝曰：「此斗門本李繼源所造，屢詢利害，以爲始因京索河過雨卽汎流入汴，遂置斗門以便通洩。若遽壅塞，復慮決溢。」因令多用巨石高置斗門，水雖甚大而餘波亦可減去。三年，內侍趙守倫建議，自京東分廣濟河由定陶至徐州入清河，以達江湖漕路。役既成，遣使覆視，繪圖來上。帝以地有隆阜而水勢極淺，雖置堰埭，又歷呂梁灘磧之險，非可漕運，罷之。仁宗天聖六年七月，尚書駕部員外郎閻貽慶言：「五丈河下接濟州之合蔡鎭，通利梁山濼。近者天河決，蕩溺民田，壞道路，合蔡而下漫散，不通舟。請治五丈河入夾黃河。」因詔貽慶與水官李守忠規度計功料以聞。神宗熙寧七年，趙濟言：「河淺廢運，自此物賤傷農，宜議興復，以便公私。」詔張士澄、楊琰修治。八月，都提舉汴河堤岸司言：「欲於通津門汴河岸東城裏三十步內開河，下通廣濟，以便行運。」從之。八年，又遣琰同陳祐甫因汴河置滲水塘，又自孫賈斗門置虛堤八，滲水入西賈陂，由減水河注霧澤陂，皆爲河之上源。九年，詔依元額漕粟京東，仍修壩牐爲啓閉之節。九年三月，詔遣官修廣濟河壩牐。元豐五年三月癸亥，罷廣濟輦運司，移上供物自淮陽軍界入汴，以清河輦運司爲名，命張士澄都大提舉。七月，御史王植言：「廣濟安流而上，與清河泝流入汴，遠近險易較然，廢之非是。」詔監司詳議。七年八月，都大提舉汴河堤岸司言：「京東地富，穀粟可漕，獨患河溢。若因修京城，令役兵近汴穴土，使之成渠，就引河水注之廣濟，則漕舟可通，是一舉而兩利也。」從之。哲宗元祐元年，詔斥祥符霧澤陂，募民承佃，增置水匱；又卽宣澤門外仍舊引京索源河，置槽架水，流入咸豐門，皆以爲廣濟淺澁之備。三月，三省言：「廣濟河輦運，近因言者廢罷，改置清河輦運，迂遠不便。」詔知棣州王諤措置興復。都水監亦言：「廣濟河以京索河爲源，轉漕京東歲計，今欲依舊，郞令於宣澤門外置槽架水，流入咸豐門裏，由舊河道復廣濟河源，以通漕運。」從之。

金水河一名天源，本京水，導自滎陽黃堆山，其源曰祝龍泉。太祖建隆二年春，命左領軍衞上將軍陳承昭率水工鑿渠，引水過中牟，名曰金水河，凡百餘里，抵都城西，架其水橫絕於汴，設斗門，入浚溝，通城濠，東匯于五丈河，公私利焉。乾德三年，又引貫皇城，歷後苑，內庭池沼，水皆至焉。開寶九年，帝步自左掖，按地勢，命水工引金水由承天門鑿渠，爲大輪激之，南注晉王第。眞宗大中祥符二年九月，詔供備庫使謝德權決金水，自天波門並皇城至乾元門，歷天街東轉，繚太廟入后廟，皆甃以礲甓，植以芳木，車馬所經，又累石爲間梁。作方井，官寺、民舍皆得汲用。復引東，由城下水竇入于濠。京師便之。神宗元豐五年，金水河透水槽阻礙上下汴舟，遣宋用臣按視，請自板橋別爲一河，引水北入于汴。後卒不行，乃由副堤河入于蔡。以源流深遠，與永安青龍河相合，故賜名曰天源。先是，舟至啓槽，頗滯舟行。既導洛通汴，遂自城西超字坊引洛水，由咸豐門立堤，凡三千三十步，水遂入禁中，而槽廢。然舊惟供洒掃，至徽宗政和間，容佐請於七里河開月河一道，分減此水，灌溉內中花竹，命宋昇措置導引。四年十一月畢工。重和元年六月，復命藍從熙、孟揆等增堤岸，置橋槽、壩牐，濬澄水道。水入內庭池籞既多，患水不給，又於西南水磨引索河一派，架以石渠，絕汴南北，築堤導入天源河以助之。

白溝無山源，每歲水潦甚則通流，纔勝百斛船，踰月不雨卽竭。至道二年三月，內殿崇班閻光澤、國子博士邢用之上言，請開白溝，自京師抵彭城呂梁口，凡六百里，以通長淮之漕。詔發諸州丁夫數萬治之，以光澤護其役。議者非之。會宋州通判王矩上表極陳其不可，且言用之田園在襄邑，歲苦水潦，私幸渠成。遂罷其役。咸平六年，用之爲度支員外郎，又令自襄邑下流治白溝河，導京師積水，而民田無害。神宗熙寧六年，都水監丞侯叔獻請儲三十六陂及京、索二水爲源，倣眞、楚州開平河置牐，則四時可行舟，因廢汴渠。帝曰：「白溝功料易耳，第汴渠歲運甚廣，河北、陝西資焉。又京畿公私所用良材，皆自汴口而至，何可遽廢。」王安石曰：「此役苟成，亦無窮之利也。當別爲漕河，引黃河一支，乃爲經久。」馮京曰：「若白溝成，與汴、蔡皆通漕，爲利誠大，恐汴終不可廢。」帝然之。詔劉璯同叔獻覆視。八月，都水監言：「白溝自濉河至于淮八百里，乞分三年興修。其廢汴河，俟白溝畢功別相視。」仍請發穀熟淤田司并京東汴河所隸河清兵赴役。從之。七年正月，都水監言：「自盟河畎導汴南諸水，近者失於疏浚，爲害甚大。」於是輟夫修治，而白溝之役廢。初，王安石欲罷白溝，修汴南水利，帝曰：「人多以白溝不可爲，而卿獨見可爲。」安石曰：「果不可爲，罷之誠宜；若可爲，卽俟時爲之，何必計校人言也。」徽宗政和二年十月，都水監丞孟昌齡言：「開濬舍曄門外白溝河，開堰放水，仍舊通流。」

京畿溝洫：汴都地廣平，賴溝渠以行水潦。眞宗景德二年五月，詔開京城濠以通舟楫，毀官水磑三所。三年，分遣入內內侍八人督京城內外坊里開濬溝渠。先是，京都每歲春濬溝瀆，而勢家豪族有不卽施工者，帝聞之，遣使分視，自是不復有稽遲者，以至雨潦暴集，無所壅遏，都人賴之。大中祥符三年，遣供備庫使謝德權治溝洫，導太一宮積水抵陳留界，入亳州渦河。五年三月，帝宣示宰臣曰：「京師所開溝渠，雖屢鈐轄，仍令內侍分察吏擾。」仁宗天聖元年八月，東西八作司與內殿承制、閤門祗候劉承崇等言：「內外八廂剏置八字水口，通流兩水入渠，甚利。處所置處，豪富及勢要阻抑，乞下令巡察。」從之。二年七月，內殿崇班、閤門祗候張君平等言：「準敕按視開封府界至南京、宿、亳諸州溝河形勢，疏決利害凡八事一商度地形高下連屬開治水勢依尋古溝洫浚之州縣計力役均定置籍以主之二施工開治後按視不如元計狀及水壅不行有害民田者按官吏之罪令償其費三約束官吏毋斂取夫衆財貨入己四縣令佐州守倅有能勸課部民自用工開治不致水害者敘爲勞績替日與家便官功績尤多別議旌賞五民或於古河渠中修築堰堨截水取魚漸至澱淤水潦暴集河流不通則致深害乞嚴禁之六開治工畢按行新舊廣深丈尺以校工力以所出土於溝河岸一步外築爲堤埒七凡溝洫上廣一丈則底廣八尺其深四尺地形高處或至五六尺以此爲率有廣狹不等處計折之則畢工之日易於覆視八古溝洫在民田中久已淤平今爲賦籍而須開治者據所占地步爲除其賦詔令頒行神宗熙寧元年三月都水監言畿內溝河至多而諸縣各役人夫開淘十纔二三須二三年方可畢工請令府界提點司選官與縣官同定緊慢功料據合差夫數以五分夫役十分工依年分開淘提點司通行點校從之二年閏十一月詔以府界道路積水妨民輸納命都水監差官溝畎元豐五年詔開在京城濠闊五十步深一丈五尺地脈不及者至泉止徽宗大觀元年七月以京城霖雨水浸居民道路不通遣官分督疏導是月又詔自京至八角鎮積水妨行旅轉運司選官疏導修治橋梁毋使病涉

白河在唐州南流入漢太平興國三年正月西京轉運使程能獻議請自南陽下向口置堰迴水入石塘沙河合蔡河達于京師以通湘潭之漕詔發唐鄧汝潁許蔡陳鄭丁夫及諸州兵凡數萬人以弓箭庫使王文寶六宅使李繼隆內作坊副使李神祐劉承珪等護其役塹山堙谷歷博望羅渠少柘山凡百餘里月餘抵方城地勢高水不能至能獻復多役人以致水然不可通漕運會山水暴漲石堰壞河不克就卒堙廢焉端拱元年供奉官閤門祗候閻文遜苗忠俱上言開荊南城東漕河至師子口入漢江可通荊峽漕路至襄州又開古白河可通襄漢漕路至京詔八作使石全振往視之遂發丁夫治荊南漕河至漢江可勝二百斛重載行旅者頗便而古白河終不可開

三白渠在京兆涇陽縣淳化二年秋縣民杜思淵上書言涇河內舊有石翣以堰水入白渠溉雍耀田歲收三萬斛其後多歷年所石翣壞三白渠水少溉田不足民頗艱食乾德中節度判官施繼業率民用梢穰笆籬棧木截河爲堰壅水入渠緣渠之民頗獲其利然凡遇暑雨山水暴至則堰輒壞至秋治堰所用復取於民民頗數役終不能固乞依古制調丁夫修疊石翣可得數十年不撓所謂暫勞永逸矣詔從之遣將作監丞周約已等董其役以用功尤大不能就而止至道元年正月度支判官梁鼎陳堯叟上鄭白渠利害按舊史鄭渠元引涇水自仲山西抵瓠口並北山東注洛三百餘里溉田四萬頃畝收一鍾白渠亦引涇水起谷口入櫟陽注渭水長二百餘里溉田四千五百頃兩渠溉田凡四萬四千五百頃今所存者不及二千頃皆近代改修渠堰浸隳舊防繇是灌溉之利絕少於古矣鄭渠難爲興工今請遣使先詣三白渠行視復修舊迹於是詔大理寺丞皇甫選光祿寺丞何亮乘傳經度選等使還言周覽鄭渠之制用功最大並仲山而東鑿斷岡阜首尾三百餘里連亘山足岸壁頹壞堙廢已久度其制置之始涇河平淺直入渠口暨年代浸遠涇河陡深水勢漸下與渠口相懸水不能至峻崖之處渠岸摧毀荒廢歲久實難致力其三白渠溉涇陽櫟陽高陵雲陽三原富平六縣田三千八百五十餘頃此渠衣食之源也望令增築堤堰以固護之舊設節水斗門一百七十有六皆壞請悉繕完渠口舊有六石門謂之洪門今亦隤圮若復議興置則其功甚大且欲就近度其岸勢別開渠口以通水道歲令渠官行視岸之缺薄水之淤填即時浚治嚴豪民盜水之禁涇河中舊有石堰修廣皆百步捍水雄壯謂之將軍翣廢壞已久杜思淵嘗請興修而功不克就其後止造木堰凡用梢樁萬一千三百餘數歲出於緣渠之民涉夏水潦木堰遽壞漂流散失至秋復率民以葺之數斂重困無有止息欲令自今溉田既畢命水工拆堰木寘於岸側可充二三歲修堰之用所役緣渠之民計田出丁凡調萬三千人疏渠造堰各獲其利固不憚其勞也選能吏司其事置署於涇陽縣側以時行視往復甚便又言鄧許陳潁蔡宿亳七州之地有公私閑田凡三百五十一處合二十二萬餘頃民力不能盡耕皆漢魏以來召信臣杜詩杜預任峻司馬宣王鄧艾等立制墾闢之地內南陽界鑿山開道疏通河水散入唐鄧襄三州以溉田又諸處陂塘防埭大者長三十里至五十里闊五丈至八丈高一丈五尺至二丈其溝渠大者長五十里至百里闊三丈至五丈深一丈至一丈五尺可行小舟臣等周行歷覽若皆增築陂堰勞費頗甚欲隄防未壞可興水利者先耕二萬餘頃他處漸圖建置時著作佐郎孫冕總監三白渠詔冕依選等奏行之後自仲山之南移治涇陽縣其七州之田令選於鄧州募民耕墾皆免賦入復令選等舉一人與鄧州通判同掌其事選與亮分路按察未幾而罷景德三年鹽鐵副使林特度支副使馬景盛陳關中河渠之利請遣官行鄭白渠興修古制乃詔太常博士尚賓乘傳經度率丁夫治之賓言鄭渠久廢不可復今自介公廟迴白渠洪口直東南合舊渠以畎涇河灌富平櫟陽高陵等縣經久可以不竭工既畢而水利饒足民獲數倍

宋史卷九十五

元　中書右丞相總裁脫脫等修

河渠志第四十五

河渠志　漳河　滹沱河　御河　塘濼緣邊諸水　河北諸水　岷江

漳河源於西山由磁洺州南入冀州新河鎮與胡盧河合流其後變徙入于大河神宗熙寧三年詔程昉同河北提點刑獄王廣廉相視四年開修役兵萬人袤一百六十里帝因與大臣論財用文彥博曰足財用在乎安百姓安百姓在乎省力役且河久不開不出於東則出於西利害一也今發夫開治徙東徙西何利之有王安石曰使漳河不由地中行則或東或西爲害一也治之使行地中則有利而無害勞民先王所謹然以佚道使民雖勞不可不勉會京東河北大風三月詔曰風變異常當安靜以應天災漳河之役妨農來歲爲之未晚中書格詔不下尋有旨權令罷役程昉憤恚遂請休退朝廷令以都水丞領淤田事於河上五月御史劉摯言昉等開修漳河凡用九萬夫物料本不預備官私應急勞費百倍逼人夫夜役踐蹂田苗發掘墳墓殘壞桑柘不知其數愁怨之聲流播道路而昉等妄奏民間樂於工役河北廂軍剗刷都盡而昉等仍乞於洺州調急夫又欲令役兵不分番次其急切擾攘至於如此乞重行貶竄以謝疲民中丞楊繪亦以爲言王安石爲昉辨說甚力役卒開之五年工畢昉與大理寺丞李宜之知洺州黃秉推恩有差七年六月知冀州王慶民言州有小漳河向爲黃河北流所壅今河已東乞開濬詔外都水監相度而已

滹沱河源於西山由眞定深州乾寧與御河合流神宗熙寧元年河水張溢詔都水監河北轉運司疏治六年深州祁州永寧軍修新河八年正月發夫五千人并胡盧河增治之元豐四年正月北外都水丞陳祐甫言滹沱自熙寧八年以後汎濫深州諸邑爲患甚大諸司累相度不決謂其下流舊入邊吳宜子淀最爲便順而屯田司懼墳淤塘濼頃文往復無所適從昨差官計之若障入胡盧河約用工千六百萬若治程昉新河約用工六百萬若依舊入邊吳等淀約用工二十九萬其工費固已相遠乞嚴立期會定歸一策詔河北屯田轉運司同北外都水丞司相視五年八月癸酉前河北轉運副使周革言熙寧中程昉於眞定府中渡創繫浮梁增費數倍既非形勢控扼請歲八九月易以版橋至四五月防河即拆去權用船渡從之

御河源出衞州共城縣百門泉自通利乾寧入界河達于海神宗熙寧二年九月劉彝程昉言二股河北流今已閉塞然御河水由冀州下流尚當疏導以絕河患先是議者欲於恩州武城縣開御河約二十里入黃河北流故道下五股河故命彝昉相度而通判冀州王庠謂第開見行流處下接胡盧河尤便近彝等又奏如庠言雖於河流爲順然其間漫淺沮洳費工尤多不若開烏欄堤東北至大小流港橫截黃河入五股河復故道尤便遂命河北提舉糴便糧草皮公弼提舉常平王廣廉按視二人議協詔調鎮趙邢洺磁相州兵夫六萬濬之以寒食後入役三年正月韓琦言河朔累經災傷雖得去年夏秋一稔瘡痍未復而六州之人奔走河役遠者十一二程近者不下七八程比常歲勞費過倍兼鎮趙兩州舊以次邊未嘗差夫一旦調發人心不安又於寒食後入役比滿一月正妨農務詔河北都轉運使劉庠相度如可就寒食前入役卽亟興工仍相度最遠州縣輟減差夫而築修塘堤兵千人代其役二月琦又奏御河漕運通流不宜減大河夫役於是止令樞密院調兵三千并都水監卒二千三月又益發壯城兵三千仍詔提舉官程昉等促迫功限六月河成詔昉赴闕遷宮苑副使四年命昉爲都大提舉黃御等河八年昉與劉璯言衞州沙河湮沒宜自王供埽開濬引大河水注之御河以通江淮漕運仍置斗門以時啟閉其利有五王供危急免河勢變移而別開口地一也漕舟出汴橫絕沙河免大河風濤之患二也沙河引水入于御河大河漲溢沙河自有限節三也御河漲溢有斗門啟閉無衝注淤塞之弊四也德博舟運免數百里大河之險五也一舉而五利附焉請發卒萬人一月可成從之九年秋昉奏畢功中書欲論賞帝令河北監司按視保明大名安撫使文彥博覆實十月彥博言去秋開舊沙河取黃河

行運欲通江淮舟楫徹於河北極邊自今春開口放水後來漲落不定所行舟栰皆輕載有害無利枉費工料極多今御河上源止是百門泉水其勢壯猛至衞州以下可勝三四百斛之舟四時行運未嘗阻滯隄防不至高厚亦無水患今乃取黃河水以益之大即不能吞納必致決溢小則緩漫淺澀必致於澱凡上下千餘里必難歲歲開濬況此河穿北京城中利害易覩今始初冬已見阻滯恐年歲間反壞久來行運儻謂通江淮之漕即尤不然自江浙淮汴入黃河順流而下又合於御河大約歲不過一百萬斛若自汴順流徑入黃河達于北京自北京和顧車乘陸行入倉約用錢五六千緡卻於御河裝載赴邊城其省工役物料及河清衣糧之費不可勝計又去冬外監丞欲於北京黃河新堤開置水口以通行運其策尤疎此乃熙寧四年秋黃河下注御河之處當時朝廷選差近臣督役修塞所費不貲大名恩冀之人至今瘡痍未平今奈何反欲開口導水耶都水監雖令所屬相視而官吏恐忤建謀之官止作遷延回報謂俟修固御河隄防方議開置河口況御河堤道僅如蔡河之類若欲吞納河水須如汴岸增修猶恐不能制蓄乞別委清彊官相視利害并議可否又言今之水官尤爲不職容易建言僥倖恩賞朝廷便爲主張中外莫敢異議事若不效都無譴罰臣謂吏當選擇其人不宜令狂妄輩橫費生民膏血已而都水監言運河乞置雙牐例放舟船實便與彥博所言不同十二月命知制誥熊本與都水監河北轉運司官相視本奏河北州軍賞給茶貨以至應接沿邊榷場要用之物並自黃河運至黎陽出卸轉入御河費用止於客軍數百人添支而已向者朝廷曾賜米河北亦於黎陽或馬陵道口下卸倒裝轉致費亦不多昨因程昉等擘畫於衞州西南循沙河故迹決口置牐鑿堤引河以通江淮舟楫而實邊郡倉廩自興役至畢凡用錢米功料二百萬有奇今後每歲用物料一百一十六萬廂軍一千七百餘人約費錢五萬七千餘緡開河行水纔百餘日所過船栰六百二十五而衞州界御河淤淺已及三萬八千餘步沙河左右民田渰浸者幾千頃所免租稅二千貫石有餘有費無利誠如議者所論然尚有大者衞州居御河上游而西南當王供向著之會所以捍黃河之患者一堤而已今穴堤引河而置牐之地纔及隄身之半詢之土人云自慶曆八年後大水七至方其盛時游波有平堤者今河流安順三年矣設復礬水暴漲則河身乃在牐口之上以湍悍之勢而無隄防之阻泛濫衝溢下合御河臣恐墊溺之禍不特在乎衞州而瀕御河郡縣皆罹其患矣夫此河之興一歲所濟船栰其數止此而萌每歲不測之患積無窮不貲之費豈陛下所以垂世裕民之意哉臣博采衆論究極利病咸以謂葺故堤堰新口存新牐而勿治庶可以銷淤澱決溢之患而省無窮之費萬一他日欲由此河轉粟塞下則暫開亟止或可紓飛輓之勞未幾河果決衞州元豐五年提舉河北黃河隄防司言御河狹隘隄防不固不足容大河分水乞令綱運轉入大河而閉截徐曲既從之矣明年戶部侍郎蹇周輔復請開撥以通漕運及令商旅舟船至邊是時每有一議朝廷輒下水官相度或作或輟迄莫能定大抵自小吳埽決大河北流御河數爲漲水所冒亦或湮沒哲宗紹聖三年四月河北都轉運使吳安持始奏大河東流御河復出詔委前都水丞李仲提舉開導徽宗崇寧元年冬詔俟臨同北外都水丞司開臨清縣壩子口增修御河西堤高三尺并計度西堤開置斗門決北京恩冀滄州永靜軍積水入御河枯源明年秋黃河漲入御河行流浸大名府館陶縣敗廬舍復用夫七千役二十一萬餘工修西堤三月始畢漲水復壞之政和五年閏正月詔於恩州北增修御河東堤爲治水隄防令京西路差借來年分溝河夫千人赴役於是都水使者孟揆移撥十八埽官兵分地步修築又取棗强上埽水口以下舊堤所管榆柳爲椿木

塘濼緣邊諸水所聚因以限遼河北屯田司緣邊安撫司皆掌之而以河北轉運使兼都大制置凡水之淺深屯田司季申工部其水東起滄州界拒海岸黑龍港西至乾寧軍沿永濟河合破船淀灰淀方淀爲一水衡廣一百二十里縱九十里至一百三十里其深五尺東起乾寧軍西信安軍永濟渠爲一水西合鵝巢淀陳人淀燕丹淀大光淀孟宗淀爲一水衡廣一百一十里縱三十里或五十里其深丈餘或六尺東起信安軍永濟渠西至霸州莫金口合水紋淀得勝淀下光淀小蘭淀李子淀大蘭淀爲一水衡廣七十里或十五里或六里其深六尺或七尺東北起霸州莫金口西南保定軍父母砦合糧料淀迴淀爲一水衡廣二十七里縱八里其深六尺霸州至保定軍並塘岸水最淺故咸平景德中契丹南牧以霸州信安軍爲歸路東南起保安軍西北雄州合百水淀黑羊淀小蓮花淀爲一水衡廣六十里縱二十五里或十里其深八尺或九尺東起雄州西至順安軍合大蓮花淀洛陽淀牛横淀康池淀疇淀白羊淀爲一水衡廣七十里縱三十里或四十五里其深一丈或六尺或七尺東起順安軍西邊吳淀至保州合齊女淀勞淀爲一水衡廣三十餘里縱百五十里其深一丈三尺或一丈起安肅廣信軍之南保州西北畜沈苑河爲塘衡廣三十里縱十里其深五尺淺或三尺曰沈苑泊自保州西合雞距泉尚泉爲稻田方田衡廣十里其深五尺至三尺曰西塘泊自何承矩以黃懋爲判官始開置屯田築堤儲水爲阻固其後益增廣之凡並邊諸河若滹沱胡盧永濟等河皆匯于塘天聖以後相循而不廢仍領于沿邊屯田司而當職之吏各從其所見或曰有兵將在契丹來云無所事塘自邊吳淀西望長城口尚百餘里皆山阜高仰水不能至契丹騎馳突得此路足矣塘雖距海亦無所用夫以無用之塘而廢可耕之田則邊穀貴自困之道也不如勿廣以息民爲根本或者則曰河朔幅員二千里地平夷無險阻契丹從西方入放兵大掠由東方而歸我嬰城之不暇其何以禦之自邊吳淀至泥姑海口綿亘七州軍屈曲九百里深不可以舟行淺不可以徒涉雖有勁兵不能度也東有所阻則甲兵之備可以專力于其西矣孰謂無益論者自是分爲兩岐而朝廷以契丹出沒無常阻固終不可以廢也仁宗明道二年劉平自雄州徙知成德軍奏曰臣嚮爲沿邊安撫使與安撫都監劉志嘗陳備邊之略臣今從眞定路由順安安肅保定州界自邊吳淀望趙曠川長城口乃契丹出入要害之地東西不及一百五十里臣竊恨聖朝七十餘年守邊之臣何可勝數皆不能爲朝廷預設深溝高壘以爲扼塞臣聞太宗朝嘗有建請置方田者今契丹國多事兵荒相繼我乘此以引水植稻爲名開方田隨田塍四面穿溝渠縱廣一丈深二丈鱗次交錯兩溝間屈曲爲徑路才令通步兵引曹河鮑河徐河雞距泉分注溝中地高則用水車汲引灌溉甚便願以劉志知廣信軍與楊懷敏共主其事數年之後必有成績帝遂密敕平與懷敏漸建方田侍禁劉宗言又奏請種木於西山之麓以法榆塞云可以限契丹也後劉平去眞定懷敏猶領屯田司塘泊益廣至吞沒民田蕩溺邱墓百姓始告病乃有盜決以免水患者懷敏奏立法依盜決堤防律景祐二年懷敏知雄州又請立木爲水則以限盈縮寶元元年十一月己未河北屯田司言欲於石塚口導永濟河水以注緣邊塘泊請免所經民田稅從之時歲旱塘水涸懷敏慮契丹使至測知其廣深乃壅界河水注之塘復如故慶曆二年三月己巳契丹遣使致書求關南十縣且曰營築長堤塡塞隘路開決塘水添置邊軍既潛稔於猜嫌慮難敦於信睦四月庚辰復書曰營築堤埭開決陂塘昨緣霖潦之餘大爲衍溢之患既非疏導當稍繕防豈蘊猜嫌以虧信睦遼使劉六符嘗謂賈昌朝曰南朝塘濼何爲者哉一葦可杭投箠可平不然決其堤十萬土囊遂可踰矣時議者亦請涸其地以養兵帝問王拱辰對曰兵事尚詭彼誠有謀不應以語敵此六符誇言爾設險守國先王不廢且祖宗所以限遼騎也帝深然之七月契丹復議和好約兩界河淀已前開畎者並依舊外自今已後各不添展其見堤堰水口逐時決洩壅塞量差兵夫取便修疊疏導非時霖潦別至大段漲溢並不在關報之限是歲劉宗言知順安軍上言屯田司濬塘水漂招賢鄉六千戶五年七月初與契丹約罷廣兩界塘淀約既定朝廷重生事自是每邊臣言利害雖聽許必戒之以毋張皇使契丹有詞而葛懷敏獨治塘益急是月懷敏密奏曰前轉運使沈邈開七汲口泄塘水臣已亟塞之知順安軍劉宗言閉五門幞頭港下赤大渦柳林口漳河水不使入塘臣已復通之令注白羊淀矣邈宗言朋黨沮事如此不譴誅無以懲後詔從懷敏奏自今有妄乞改水口者重責之嘉祐中御史中丞韓絳言宣祖已上本籍保州懷敏廣塘水侵皇朝遠祖墳近聞詔旨以錢二百千賜本宗使易葬此虧薄國體尤甚物論駭歎願請州縣屏水患而已知雄州趙滋言屯田司當徐河間築堤斷水塘堤具存可覆視也宜開水竇六十尺修石限以節之咸可其奏八年河北提點刑獄張問言視八州軍塘出土爲堤以畜西山之水涉夏河溢而民田無患亦施行焉神宗熙寧元年正月復汾州西河濼濼舊在城東圍四十里歲旱以溉民田雨以瀦水又有蒲魚菱芡之利可給貧民前轉運使王沿廢爲田人不以爲便至是知雜御史劉述請復之是歲又遣程昉論邊臣營治諸濼以備守禦五年東頭供奉官趙忠政言界河以南至滄州凡三百里夏秋可徒涉遇冬則冰合無異平地請自滄州東接海西抵西山植榆柳桑棗數年之間可限契丹然後施力耕種益出租賦以助邊儲詔程昉察視利害以聞六年五月帝與王安石論王公設險守國安石曰周官亦有掌固之官但多侵民田特以爲國亦非計也太祖時未有塘泊然契丹莫敢侵軼他日樞密院官言程昉放滹沱水大懼塡淤塘濼失險

固之利安石謂滹沱舊入邊吳淀新入洪城淀均塘濼也何昔不言而今言乎蓋安石方主昉等故其論如此六年十二月癸酉命河北同提點制置屯田使閻士良專興修樸樁口增灌東塘淀濼先是滄州北三堂等塘濼爲黃河所注其後河改而濼塞程昉嘗請開琵琶灣引河水而功不成至是士良請堰水絕御河引西塘水灌之故有是命七年六月丁丑河北沿邊安撫司上制置沿邊浚陂塘築堤道條式圖請付邊郡屯田司又言於沿邊軍城植柳蒔麻以備邊用並從之九年六月高陽關言信安乾寧塘濼昨因不收獨流決口至今乾涸於是命河北東西路分遣監司視廣狹淺深具圖本上十年正月甲子詔比修築河北破缺塘堤收匱水勢其信安軍等處因塘水減涸退出田土已召人耕佃者復取之元豐三年詔諭邊臣曰比者契丹出沒不常不可全恃信約以爲萬世之安況河朔地勢坦平略無險阻殆非前世之比惟是塘水實爲礙塞卿等當體朕意協力增修自非地勢高仰人力所不可施者皆在滋廣用謹邊防蓋功利近在目前而不爲良可惜也六年十二月定州路安撫使韓絳言定州界西自山麓東接塘淀綿地百餘里可瀦水設險詔以引水灌田陂爲名哲宗元祐中大臣欲回河東流者皆以北流壞塘濼爲言事見前篇徽宗大觀二年十二月詔曰瀦水爲塘以備洪濫留屯營田以實塞下國家設官置吏專總其事州縣習玩歲久隳壞其令屯田司循祖宗以來塘堤故迹修治之毋得增益生事大抵河北塘濼東距海西抵廣信安肅深不可涉淺不可舟故指爲險固之地其後淤澱乾涸不復開濬官司利於稻田往往洩去積水自是堤防壞矣

河北諸水有通轉餉者有爲方田限遼人者太宗太平興國六年正月遣八作使郝守濬分行河道抵于遼境者皆疏導之又於清苑界開徐河雞距河五十里入白河自是關南之漕悉通濟焉端拱二年以左諫議大夫陳恕爲河北東路招置營田使魏羽爲副使右諫議大夫樊知古爲河北西路招置營田使索湘爲副使欲大興營田也先是自雄州東際于海多積水契丹患之未嘗敢由此路入每歲數擾順安軍議者以爲宜度地形高下因水陸之便建阡陌濬溝洫益樹五稼所以實邊廩而限契丹雍熙後數用兵岐溝君子館敗衄之後河朔之民農桑失業多閑田且戍兵增倍故遣恕等經營之恕密奏戍卒皆惰游仰食縣官一旦使冬被甲兵春執耒耜恐變生不測乃詔止令葺營堡營田之議遂寢淳化二年從河北轉運使請自深州新砦鎭開新河導胡盧河分爲一派凡二百里抵常山以通漕運胡盧河源於西山始自冀州新河鎭入深州武彊縣與滹沱河合流其後變徙入大河至神宗熙寧中內侍程昉請開決引水入新河故道詔本路遣官按視永靜軍判官林伸東光縣令張言舉言新河地形高仰恐害民田昉言地勢最順宜無不便仍復遣劉璯李直躬考實而璯等卒如昉言伸等坐貶官四年春詔六宅使何承矩等督戍兵萬八千人自霸州界引滹沱水灌稻爲屯田用實軍廩且爲備禦焉初臨津令黃懋上封事盛稱水田之利乃以承矩泊內供奉官閻承翰殿直張從古同制置河北緣邊屯田事仍以懋爲大理寺丞充屯田判官其所經畫悉如懋奏眞宗咸平四年知靜戎軍王能請自姜女廟東決鮑河水北入閻臺淀又自靜戎之東引北注三臺小李村其水溢入長城口而南又壅使北流而東入于雄州五年順安軍兵馬都監馬濟復請自靜戎軍東擁鮑河開渠入順安軍又自順安軍之西引入威虜軍置水陸營田於渠側濟等言役成可以達糧漕隔遼騎帝許之獨鹽臺淀稍高恐決引非便不從其議因詔莫州部署石普并護其役踰年功畢帝曰普引軍壁馬村以西開鑿深廣足以張大軍勢若邊城壕溝悉如此則遼人倉卒難馳突而易追襲矣其年河北轉運使耿望開鎭州常山鎭南河水入洨河至趙州有詔褒之三月西京左藏庫使舒知白請於泥姑海口章口復置海作務造舟令民入海捕魚因偵平州機事異日王師征討亦可由此進兵以分敵勢先是置船務以近海之民與遼人往還遼人嘗泛舟直入千乘縣亦疑有鄉導之者故廢務至是令轉運使條上利害既而以爲非便罷之景德元年北面都鈐轄閻承翰自嘉山東引唐河三十二里至定州釃而爲渠直蒲陰縣東六十二里會沙河徑邊吳泊遂入于界河以達方舟之漕又引保州趙彬堰徐河水入雞距泉以息挽舟之役自是朔方之民灌溉饒益大蒙其利矣八月詔滄州乾寧軍謹視斗門水口壅潮水入御河東塘堰以廣溉瀹四年五月知雄州李允則決渠爲水田帝以渠接界河罷之因下詔曰頃修國好聽其盟約不欲生事姑務息民自今邊城止可修葺城壕其餘河道不得輒有濬治大中祥符七年四月涇原都鈐轄曹瑋言渭北有古池連帶山麓今濬爲渠令民導以溉田六月知永興軍陳堯咨導龍首渠入城民庶便之並詔嘉獎天禧末諸州屯田總四千二百餘頃而河北屯田歲收二萬九千四百餘石保州最多逾其半焉江淮兩浙承僞制皆有屯田克復後多賦與民輸租第存其名在河北者雖有其實而歲入無幾利在畜水以限遼騎而已仁宗天聖四年閏五月陝西轉運使王博文等言準敕相度開治解州安邑縣至白家場永豐渠行舟運鹽經久不至勞民按此渠自後魏正始二年都水校尉元清引平坑水西入黃河以運鹽故號永豐渠周齊之間渠遂廢絕隋大業中都水監姚暹決堰濬渠自陝郊西入解縣民賴其利及唐末至五代亂離迄今湮沒水甚淺涸舟檝不行詔三司相度以聞神宗即位志在富國故以劭農爲先熙寧元年六月詔諸路監司比歲所在陂塘湮沒瀕江圩埠浸壞沃壤不得耕宜訪其可興者勸民興之具所增田畝稅賦以聞二年十月權三司使吳充言前宜城令朱紘治平間修復木渠不費公家束薪斗粟而民樂趨之渠成溉田六千餘頃數邑蒙其利詔遷紘大理寺丞知北陽縣或云紘之木渠繞山度溪以行水數勸民而終無功十一月制置三司條例司具農田利害條約詔頒諸路凡有能知土地所宜種植之法及修復陂湖河港或元無陂塘圩埠堤堰溝洫而可以創修或水利可及衆而爲人所擅有或田去河港不遠爲地界所隔可以均濟流通者縣有廢田曠土可糾合興修大川溝瀆淺塞荒穢合行濬導及陂塘堰埭可以取水灌溉若廢壞可興治者各述所見編爲圖籍上之有司其土田迫大川數經水害或地勢汙下雨潦所鍾要在修築圩埠隄防之類以障水澇或疏導溝洫畎澮以泄積水縣不能辦州爲遣官事關數州具奏取旨民修水利許貸常平錢穀給用初條例司奏遣劉彝等八人行天下相視農田水利又下諸路轉運司各條上利害又詔諸路各置相度農田水利官至是以條約頒焉祕書丞侯叔獻言汴岸沃壤千里而夾河公私廢田略計二萬餘頃多用牧馬計馬而牧不過用地之半則是萬有餘頃常爲不耕之地觀其地勢利於行水欲於汴河兩岸置斗門泄其餘水分爲支渠及引京索河并三十六陂以灌溉田詔叔獻提舉開封府界常平使行之而以著作佐郎楊汲同提舉叔獻又引汴水淤田而祥符中牟之民大被水患都水監或以爲非三年三月帝謂王安石韓絳曰都水沮壞淤田者以侵其職事爾安石曰必欲任屬當以楊汲爲都水監令每事稟於沈立張鞏何能辦集七月帝閱淤田多浸民田稼屋宇令內侍馮宗道往視宗道以說者爲妄八月叔獻汲並權都水監丞提舉沿汴淤田九月戊申遣殿中丞陳世修乘驛經度陳潁州八丈溝故迹初世修言陳州項城縣界蔡河東岸有八丈溝或斷或續迤邐東去由潁及壽綿亘三百五十餘里乞因其故道量加濬治興復大江次河射虎流龍百尺等陂塘導水行溝中綦布灌溉俾數百里復爲稻田則其利百倍繪圖來上帝意向之王安石曰世修言引水事即可試八丈溝新河則不然昔鄧艾不賴蔡河漕運故能并水東下大興水田厥後既分水以注蔡河又有新修牐以限之與昔不同惟無所用水即水可并而溝可復矣故先命世修相度四年三月帝語侍臣中人視麥者言淤田甚佳有未淤不可耕之地一望數百里獨樞密院以淤田無益謂其薄如餅安石曰就令薄固可再淤厚而後止是月帝以慶州軍亂召執政對資政殿馮京曰府界既淤田又行免役作保甲人極勞弊帝曰淤田於百姓何苦閩土細如麪王安石曰慶卒之變陛下旰食大臣宜於此時共圖消弭乃合爲浮議歸咎淤田保甲了不相關此非待至明而後察也十月前知襄州光祿卿史炤言開修古淳河一百六里灌田六千六百餘頃修治陂堰民已獲利慮州縣遽欲增稅詔三司應興修水利墾開荒梗毋增稅五年二月侯叔獻等言人願買官淤田者七十餘戶已分赤淤花淤等及定其直各有差仍於次年起稅若願增錢者不以投狀先後給之五月御史張商英言嘗聞獻議者請開鄧州穰縣永國渠引湍河水灌溉民田失邵信臣故道鑿焦家莊地勢偏仰水不通流詔京西路覆實遣程昉領其事昉剗河去土疏惡莫能禦由此廢不復治閏七月程昉奏引漳洺河淤地凡二千四百餘頃帝曰灌溉之利農事大本但陝西河東民素不習此苟享其利後必樂趨三白渠爲利尤大有舊跡可極力修治凡疏積水須自下流開導則畎澮易治書所謂濬畎澮距川是也時人人爭言水利提舉京西常平陳世修乞於唐州引淮水入東西邵渠灌注九子等十五陂溉田二百里提舉陝西常平沈披乞復京兆府武功縣古迹六門堰於石渠南二百步傍爲土洞以木爲門回改河流溉田三百四十里大抵迂闊少效披坐前爲兩浙提舉開常州五瀉堰不當法寺論之至是降一官十一月陝西提舉常平楊蟠議修鄭白渠詔都水丞周良孺相視乃自石門堰涇水開新

渠至三限口以合白渠王安石請捐常平息錢助民興作帝曰縱用內帑錢亦何惜也六年三月程昉言得共城縣舊河槽若疏導入三渡河可灌西垙稻田從之五月詔諸創置水磑碾碓妨灌溉民田者以違制論命贊善大夫蔡䭾修永興軍白渠八月程昉欲引水淤漳旁地王安石以爲長利須及冬乃可經畫九月丙辰賜侯叔獻楊汲府界淤田各十頃十月命叔獻理提點刑獄資序周良孺與升一任皆賞淤田之勞也陽武縣民邢晏等三百六十四戶言田沙鹹瘠薄乞淤溉候淤深一尺計畝輸錢以助興修詔與淤溉勿輸錢十二月河北提舉常平韓宗師論程昉十六罪盛陶亦言昉帝以問安石安石請令昉宗師及京東轉運司各差官同考實以聞還奏得良田萬頃又淤四千餘頃於是進呈宗師疏至言昉奏百姓乞淤田實未嘗乞帝曰此小失何罪但不知淤田何如爾安石曰令檢到好田萬頃又淤田四千餘頃陛下以爲不知臣實未喻帝曰昉修漳河漳河歲決修滹沱又無下尾安石力爲辨說已而宗師與昉皆放罪他日帝論唐太宗能受諫安石因言陛下判功罪不及太宗如程昉開閉四河除漳河黃河外尚有溉淤及退出田四萬餘頃自秦以來水利之功未有及此止轉一官又令與韓宗師同放罪臣恐後世有以議聖德安石右昉大率類此是時原武等縣民因淤田壞廬舍墳墓妨秋稼相率詣闕訴使者聞之急責縣令追呼將杖之民謬云詣闕謝耳使者因爲民謝表遣二吏詣鼓院投之安石大喜久之帝始知雍邱等縣淤田淸水頗害民田詔提舉常平官視民耕地蠲稅一料樞密院奏淤田役兵多死每一指揮僅存軍員數人下提點司窮究其事提點司言死事者數不及三釐七年正月程昉言滄州增修西流河堤引黃河水淤田種稻增灌塘泊并深州開引滹沱水淤田及開回胡盧河并回滹沱河下尾六月金州西城縣民葛德出私財修長樂堰引水灌溉鄉戶土田授本州司士參軍八月甲戌詔司農寺具所興修農田水利次第九月又詔籍所興水利自今遣使體訪其不實不當者案驗以聞從侍御史張琥請也十一月壬寅知諫院鄧潤甫言淤田司引河水於酸棗陽武縣田已役夫四五十萬後以地下難淤而止相度官吏初不審議妄興夫役乞加絀罰詔開封劾元檢計按覆官丁未同知諫院范百祿言向者都水監丞王孝先獻議於同州朝邑縣界畎黃河淤安昌等處鹹地及放河水而鹹地高原不能及乃灌注朝邑縣長豐鄉永豐等十社千九百戶秋苗田三百六十餘頃詔蠲被水戶夏稅是歲知耀州閻充國募流民治漆水堤八年正月程昉言開滹沱胡盧河直河淤田等部役官吏勞績別爲三等乞推恩從之三月庚戌發京東常平米募饑民修水利四月管轄京東淤田李孝寬言礬山漲水甚濁乞開四斗門引以淤田權罷漕運再旬從之深州靜安令任迪乞俟來年刈麥畢全放滹沱胡盧兩河又引永靜軍雙陵口河水淤溉南北岸田二萬七千餘頃河北安撫副使沈披請治保州東南沿邊陸地爲水田皆從之閏四月丁未提點秦鳳等路刑獄鄭民憲請於熙州南關以南開渠堰引洮水並東山直北道下至北關并自通遠軍熟羊砦導渭河至軍溉田詔民憲經度如可作陂卽募京西江南陂匠以往五月乙酉右班殿直幹當修內司楊琰言開封陳留咸平三縣種稻乞於陳留界舊汴河下口因新舊二堤之間修築水塘用碎甓築虛堤五步以來取汴河淸水入塘灌溉從之七月江寧府上元縣主簿韓宗厚引水溉田二千七百餘頃遷光祿寺丞太原府草澤史守一修晉祠水利溉田六百餘頃八月知河中府陸經奏管下淤官私田約二千餘頃下司農覆實九月癸未提舉出賣解鹽張景溫言陳留等八縣鹻地可引黃汴河水淤溉詔次年差夫十二月癸丑侯叔獻言劉瑾相度淮南合興修水利僅十萬餘頃皆並運河乞候開河畢工以水利司錢募民修築圩埠九年八月程師孟言河東多土山高下旁有川谷每春夏大雨衆水合流濁如黃河礬山水俗謂之天河水可以淤田絳州正平縣南董村旁有馬壁谷水嘗誘民置地開渠淤瘠田五百餘頃其餘州縣有天河水及泉源處亦開渠築堰凡九州二十六縣新舊之田皆爲沃壤嘉祐五年畢功纘成水利圖經二卷迨今十七年矣聞南董村田畝舊直三兩千收穀五七斗自灌淤後其直三倍所收至三兩石今臣權領都水淤田竊見累歲淤京東西鹹鹵之地盡成膏腴爲利極大尚慮河東猶有荒瘠之田可引大河淤溉者於是遣都水監丞耿琬淤河東路田十年六月師孟琬引河水淤京東西沿汴田九千餘頃七月前權提點開封府界劉淑奏淤田八千七百餘頃三人皆減磨勘年以賞之九月入內內侍省都知張茂則言河北東西路夏秋霖雨諸河決溢占壓民田詔委官開畎元豐元年二月都大提舉淤田司言京東西淤官私瘠地五千八百餘頃乞差使臣管幹許之四月詔闢廢田興水利建立堤防修貼圩埠之類民力不給者許貸常平錢穀六月京東路體量安撫黃廉言梁山張澤兩濼十數年來淤澱每歲汎浸近城民田乞自張澤濼下流濬至濱州可泄壅滯從之十二月壬申二府奏事語及淤田之利帝曰大河源深流長皆山川膏腴滲漉故灌溉民田可以變斥鹵而爲肥沃朕取淤土親嘗極爲潤膩二年導洛通汴六月罷沿汴淤田司十二月辛酉置提舉定州路水利司二年知維州楊采開白浪河哲宗元祐以後朝廷方務邊事水利亦浸緩矣四年二月甲辰詔瀕河州縣積水占田在任官能爲民溝畎疏導退出良田百頃至千頃以上者遞賞之功利大者取特旨四年六月乙丑知陳州胡宗愈言本州地勢卑下秋夏之間許蔡汝鄧西京及開封諸處大雨則諸河之水並由陳州沙河蔡河同入潁河不能容受故境內瀦爲陂澤今沙河台入潁河處有古八丈溝可以開濬分決蔡河之水自爲一支由潁壽界直入于淮則沙河之水雖甚湍湧不能壅遏詔可徽宗建中靖國元年十一月庚辰赦書略曰熙寧元豐中諸路專置提舉官兼領農田水利應民田堤防灌溉之利莫不修舉近多因循廢弛慮歲久日更隳壞命典者以時檢舉推行崇寧二年三月宰臣蔡京言熙寧初修水土之政元祐例多廢弛紹復先烈當在今日如荒閑可耕瘠鹵可腴陸可爲水水可爲陸陂塘可修灌溉可復積潦可洩圩埠可興許民具陳利害或官爲借貸或自備功力或從官辦集如能興修依格酬獎事功顯著優與推恩從之三年十月臣僚言元豐官制水之政令詳立法之意非徒爲穿塞開導修舉目前而已凡天下水利皆在所掌在今尤急者如浙右積水比連震澤未有歸宿此最宜講明而未之及者也願推廣元豐修明水政條具以聞從之

岷江水發源處古導江今爲永康軍漢史所謂秦蜀守李冰始鑿離堆辟沫水之害是也沫水出蜀西徼外今陽山江大皂江皆爲沫水入于西川始嘉眉蜀益間夏潦洋溢必有潰暴衝決可畏之患自鑿離堆以分其勢一派南流于成都以合岷江一派由永康至瀘州以合大江一派入東川而後西川沫水之害減而耕桑之利溥矣皂江支流迤北曰都江口置大堰疏北流爲三曰外應溉永康之導江成都之新繁而達于懷安之金堂東北曰三石洞溉導江與彭之九隴崇寧濛陽而達于漢之雒東南曰馬騎溉導江與彭之崇寧成都之郫溫江新都新繁成都華陽三流而下派別支分不可悉紀其大者十有四自外應而分曰保堂曰倉門自三石洞曰將軍橋曰灌田曰雒源自馬騎曰石址曰豉䜺曰道溪曰東穴曰投龍曰北曰樽下曰玉徙而石渠之水則自離堆別而東與上下馬騎乾溪合凡爲堰九曰李光曰膺村曰百丈曰石門曰廣濟曰顏上曰弱水曰濟曰導皆以隄擁北流注之東而防其決離堆之南實支流故道以竹籠石爲大隄凡七壘如象鼻狀以捍之離堆之趾舊鑱石爲水則盈一尺至十而止水及六則流始足用過則從侍郎堰減水河泄而歸于江歲作侍郎堰必以竹爲繩自北引而南準水則第四以爲高下之度江道既分水復湍暴沙石塡委多成灘磧歲暮水落築堤壅水上流春正月則役工濬治謂之穿淘元祐間差憲臣提舉守臣提督通判提轄縣各置籍凡堰高下闊狹淺深以至灌溉頃畝夫役工料及監臨官吏皆注於籍歲終計效賞如格政和四年又因臣僚之請檢計修作不能如式以致決壞者罰亦如之大觀二年七月詔曰蜀江之利置堰溉田旱則引灌澇則疏導故無水旱然歲計修堰之費敷調於民工作之人並緣爲姦濱江之民困於騷動自今如敢妄有檢計大爲工費所剩坐贓論入己準自盜法許人告興元府褒斜谷口古有六堰澆溉民田頃畝浩瀚每春首隨食水戶田畝多寡均出夫力修葺後經靖康之亂民力不足夏月暴水衝損堰身紹興二十二年利州東路帥臣楊庚奏謂若全資水戶修理農忙之時恐致重困欲過夏月於見屯將兵內差不入隊人併力修治庶幾便民從之興元府山河堰灌溉甚廣世傳爲漢蕭何所作嘉祐中提舉常平史炤奏上堰法獲降敕書刻石堰上詔中興以來戶口凋疎堰事荒廢累增修葺旋卽決壞乾道七年遂委御前諸軍統制吳珙經理發卒萬人助役盡修六堰濬大小渠六十五復見古迹並用水工準法修定凡溉南鄭褒城田二十三萬餘畝昔之瘠薄今爲膏腴四川宣撫王炎表稱珙宜力最多詔書襃美焉

宋史卷九十六

元　中　書　右　丞　相　總　裁　脫　脫　等　修

河渠志第四十九

河渠六東南諸水上

開寶間議征江南詔用京西轉運使李符之策發和州丁夫及鄉兵凡數萬人鑿橫江渠於歷陽令符督其役渠成以通漕運而軍用無闕八年知瓊州李易上言州南五里有度靈塘開修渠堰溉水田三百餘頃居民賴之初楚州北山陽灣尤迅急多有沈溺之患雍熙中轉運使劉蟠議開沙河以避淮水之險未克而受代喬維岳繼之開河自楚州至淮陰凡六十里舟行便之天禧元年知昇州丁謂言城北有後湖往時歲旱水竭給爲民田凡七十六頃出租錢數百萬蔭溉之利遂廢今欲改田除租迹舊制復治岸畔疏爲塘陂以畜水使負郭無旱歲廣植蒲芡養魚鼈縱貧民漁采又明州請免濠池及慈溪鄞縣陂湖年課許民射利詔並從之二年江淮發運使賈宗言諸路歲漕自眞陽入淮汴歷堰者五糧載煩於剝卸民力罷於牽挽官私船艦由此速壞今議開揚州古河繚城南接運渠毀龍舟新興茱萸三堰鑿近堰漕路以均水勢歲省官費十數萬功利甚厚詔屯田郎中梁楚閤門祇候李居中按視以爲當然明年役既成而水注新河與三堰平漕船無阻公私大便四年淮南勸農使王貫之導海州石闥堰水入漣水軍溉民田知定遠縣江澤知江陰軍崔立率民修廢塘濬古港以灌高仰之地並賜詔獎焉神宗熙寧元年十月詔杭之長安秀之杉青常之望亭三堰監護使臣並以管幹河塘繫銜常同所屬令佐巡視修固以時啟閉從提舉兩浙開修河渠胡淮之請也二年三月甲申先是凌民瞻建議廢呂城堰又即望亭堰置牐而不用及因濬河隳敗古涇函石牐石礎河流益阻百姓勞弊至是民瞻等貶降有差六年五月杭州於潛縣令郟亶言蘇州環湖地卑多水沿海地高多旱故古人治水之迹縱則有浦橫則有塘又有門堰涇瀝而棊布之今總二百六十餘所欲略循古人之法七里爲一縱浦十里爲一橫塘又因出土以爲堤岸度用夫二十萬水治高田旱治下澤不過三年蘇之田畢治矣十一月命亶興修水利然措置乖方民多愁怨僅及一年遂罷兩浙工役又數月中書檢正沈括復言制西涇浜淺涸當濬潮東堤防川瀆堙沒當修請下司農貸緡募役從之仍命括相度兩浙水利九年正月壬午劉瑾言揚州江都縣古鹽河高郵縣陳公塘等湖天長縣白馬塘沛塘楚州寶應縣泥港射馬港山陽縣渡塘溝龍興浦淮陰縣青州澗宿州虹縣萬安湖小河壽州安豐縣芍陂等可興置欲令逐路轉運司選官覆按從之元豐五年九月淮南監司言舒州近城有大澤出灊山注北門外比者暴水漂居民知州楊希元築捍水堤千一百五十丈置洩水斗門二遂免淫潦入城之患並璽書獎諭六年正月戊辰開龜山運河二月乙未告成長五十七里闊十五丈深一丈五尺初發運使許元自淮陰開新河屬之洪澤避長淮之險凡四十九里久而淺澀熙寧四年皮公弼請復濬治起十一月壬寅盡明年正月丁酉而畢人便之至是發運使羅拯復欲自洪澤而上鑿龜山裏河以達于淮帝深然之會發運使蔣之奇入對建言上有清汴下有洪澤而風浪之險止百里淮邇歲溺公私之載不可計凡諸道轉輸涉湖行江已數千里而覆敗於此百里間良爲可惜宜自龜山蛇浦下屬洪澤鑿左肋爲複河取淮爲源不置堰牐可免風濤覆溺之患帝遣都水監丞陳祐甫經度祐甫言往年田棐任淮南提刑嘗言開河之利其後淮陰至洪澤竟開新河獨洪澤以上未克興役今既不用牐蓄水惟隨淮面高下開深河底引淮通流形勢爲便但工費浩大帝曰費雖大利亦博矣祐甫曰異時淮中歲失百七十艘若捐數年所損之費足濟此役帝曰損費尚小如人命何乃調夫十萬開治既成命之奇撰記刻石龜山後至建中靖國初之奇同知樞密院奏淮水浸淫衝刷堤岸漸成墊缺請下發運司及時修築自是歲以爲常是年將作監主簿李湜言鼎澧等州宜開溝洫置斗門以便民田詔措置以聞七年十月濬眞楚運河哲宗元祐四年知潤州林希奏復呂城堰置上下牐以時啟閉其後京口瓜洲犇牛皆置牐是歲知杭州蘇軾濬茆山鹽橋二河分受江潮及西湖水造堰牐以時啟閉初杭近海患水泉鹹苦唐刺史李泌始導西湖作六井民以足用及白居易復濬西湖引水入運河復引溉田千頃湖水多葑自唐及錢氏後廢而不理至是葑積二十五萬餘丈而水無幾運河失湖水之利取給於江潮潮水淤河泛溢闤闠三年一濬爲市井大患故六井亦幾廢軾既濬二河復以餘力全六井民獲其利十二月京東轉運司言清河與江浙淮南諸路相通因徐州呂梁百步兩洪湍淺險惡多壞舟楫由是水手牛驢牽戶盤剝人等邀阻百端商賈不行朝廷已委齊州通判滕希靖知常州晉陵縣趙竦度地勢穿鑿今若開修月河石堤上下置牐以時開閉通放舟船實爲長利乞遣使監督興修從之紹聖二年詔武進丹陽丹徒縣界沿河堤岸及石礎石木溝並委令佐檢察修護勸誘食利人戶修葺任滿稽其勤惰而賞罰之從工部之請也四年四月水部員外郎趙竦請濬十八里河令賈種民相度呂梁百步洪添移水磨詔發運并轉運司同視利害以聞元符元年正月知潤州王愈建言呂城牐常宜車水入澳灌注牐身以濟舟若舟沓至而力不給許量差牽駕兵卒併力爲之監官任滿水無走泄者賞水未應而輒開牐者罰守貳令佐常覺察之詔可三月甲寅工部言淮南開河所開修楚州支家河導漣水與淮通賜名通漣河二年閏九月潤州京口常州犇牛澳牐畢工先是兩浙轉運判官曾孝蘊獻澳牐利害因命孝蘊提舉興修仍相度立啟閉日限之法三年二月詔蘇湖秀州凡開治運河港浦溝瀆修疊堤岸開置斗門水堰等許役開江兵卒徽宗崇寧元年十二月置提舉淮浙澳牐司官一員掌杭州至揚州瓜州澳牐凡常潤杭秀揚州新舊等牐通治之崇寧二年初通直郎陳仲方別議濬吳松江自大通浦入海計工二百二十二萬七千有奇爲緡錢糧斛十八萬三千六百乞置幹當官十員朝廷下兩浙監司詳議監司以爲可行時又開青龍江役夫不勝其勞而提舉常平徐確謂三州開江兵卒千四百人使臣二人請就令護察已開之江遇潮沙淤澱即開淘若他役者以違制論確與監司往往被賞人以爲濫十二月詔淮南開修遇明河自眞州宣化鎭江口至泗州淮河口五年畢工明年三月詔曰昨二浙水災委官調夫開江而總領無法役人暴露飲食失所疾病死亡者衆水仍爲害未嘗究實按罪反蒙推賞何以厭塞百姓怨咨乃下本路提刑司體量提刑司言開濬吳松青龍江役夫五萬死者千一百六十二人費錢米十六萬九千三百四十一貫石積水至今未退於是元相度官轉運副使劉何等皆坐貶降四年正月以倉部員外郎沈延嗣提舉開修青草洞庭直河大觀元年五月中書舍人許光凝奏臣向在姑蘇徧詢民吏皆謂欲去水患莫若開江濬浦蓋太湖在諸郡間必導之海然後水有所歸自太湖距海有三江有諸浦能疏滌江浦除水患猶反掌耳今境內積水視去歲損二尺視前歲損四尺良由初開吳松江繼濬八浦之力也吳人謂開一江有一江之利濬一浦有一浦之利願委本路監司與諳曉水勢精彊之吏徧詣江浦詳究利害假以歲月先爲之備然後興夫調役可使公無費財而歲供常足人不告勞而民食不匱是一舉而獲萬世之利也詔吳擇仁相度以聞開江之議復興矣十一月詔曰禹貢三江既導震澤底定今三江之名既失其所水不趨海故蘇湖被患其委本路監司選擇能臣檢按古迹循導使之趨下并相度圩岸以聞於是復詔陳仲方爲發運司屬官再相度蘇州積水二年八月詔常潤歲旱河淺留滯運船監司督責濬治三年兩浙監司言承詔案古迹導積水今請開淘吳松江復置十二牐其餘浦牐溝港運河之類以次增修若田被水圍勸民自行修治章下工部工部謂今所具三江或非禹迹又吳松江散漫不可開淘泄水遂命諸司再相度以聞四年八月臣僚言有司以練湖賜茅山道觀緣潤州田多高仰及運渠夾岡水淺易涸賴湖以濟請別用天荒江漲沙田賜之仍令提舉常平官考求前人規畫修築從之十月戶部言乞如兩浙常平司奏專委守令籍古瀦水之地立堤防之限俾公私毋得侵占凡民田不近水者略倣周官遂人稻人溝防之制使合衆力而爲之詔可政和元年知陳州霍端友言陳地汙下久雨則積潦害稼比疏新河八百里而去淮尚遠水不時洩請益開二百里起西華循宛丘入項城以達于淮從之政和元年十月詔蘇湖秀三州治水創立圩岸其工費許給越州鑑湖租賦已而升蘇州爲平江府潤州爲鎭江府二年七月兵部尚書張閣言臣昨守杭州聞錢塘江自元豐六年泛溢之後潮汎往來率無寧歲而比年水勢稍改自海門過赭山即回薄巖門白石一帶北岸壞民田及鹽亭監地東西三十餘里南北二十餘里江東距仁和監止及三里北趣赤岸瓶口二十里運河正出臨平下塘西入蘇秀若失障禦恐他日數十里膏腴平陸皆潰于江下塘田廬莫能自保運河中絕有害漕運詔亟修築之四年二月工部言前太平州判官盧宗原請開修自江州至眞州古來河道湮塞者凡七處以成運河入浙西一百五十里可避一千六百里大江風濤之患又可就土興築自古江水浸沒膏腴田自三百頃至萬頃者凡九所計四萬二千餘頃其三百頃以下者又過之乞依宗原任太平州判官日已興政和圩田例召人戶自備財力興修詔沈鏻等相度措置六年閏正月知杭州李偃言湯村巖門白石等處並錢塘江通大海日受兩潮漸至侵嚙乞依六和寺岸用石砌疊乃命劉既濟修治八月詔鎭江府傍臨大江無港澳以容舟楫三

年間覆溺五百餘艘聞西有舊河可避風濤歲久堙廢宜令發運司濬治是年詔曰聞平江三十六浦內自昔置牐隨潮啓閉歲久堙塞致積水爲患其令守臣莊徽專委戶曹趙霖講究利害導歸江海依舊置牐於是發運副使應安道言凡港浦非要切者皆可徐議惟當先開崑山縣界茜涇塘等六所秀之華亭縣欲並循古法盡去諸堰各置小斗門常州鎭江府望亭鎭仍舊置牐八月詔戶曹趙霖相度役興而兩淛擾甚七年四月己未尚書省言盧宗原濬江慮成搔擾詔權罷其役趙霖別與差遣重和元年二月前發運副使柳庭俊言眞揚楚泗高郵運河堤岸舊有斗門水牐等七十九座限則水勢常得其平比多損壞詔檢計修復六月詔兩淛霖雨積水多浸民田平江尤甚由未濬港浦故也其復以趙霖爲提舉常平措置救護民田振恤人戶毋令流移失所八月詔加霖直祕閣宣和元年二月臣僚言江淮荆漢間荒瘠彌望率古人一畝十鍾之地其堤閼水門溝澮之跡猶存近絳州民呂平等詣御史臺訴乞開濬熙寧舊渠以廣浸灌願加稅一等則是近世陂池之利且廢矣何暇復古哉願詔常平官有興修水利功効明白者亟以名聞特與褒除以勵能者從之八月提舉專功措置水利農田所奏淛西諸縣各有陂湖溝港涇浜湖濼自來蓄水灌溉及通舟檝望令打量官按其地名丈尺四至並鐫之石從之三月趙霖坐增修水利不當降兩官六月詔曰趙霖興修水利能募被水艱食之民凡役工二百七十八萬二千四百有奇開一江一港四浦五十八瀆已見成績進直徽猷閣仍復所降兩官宣和二年九月以眞揚等州運河淺澀委陳亨伯措置三年春詔發運副使趙億以車畝水運河限三月中三十綱到京宦者李琮言眞州乃外江綱運會集要口以運河淺澀故不能速發按南岸有泄水斗門八去江不滿一里欲開斗門河身去江十丈築軟壩引江潮入河然後倍用人工車畝以助運水從之四月詔曰江淮漕運尚矣春秋時吳穿邗溝東北通射陽湖西北至末口漢吳王濞開邗溝通運海陵隋開邗溝自山陽至揚子入江雍熙中轉運使劉蟠以山陽灣迅急始開沙河以避險阻天禧中發運使賈宗始開揚州古河繚城南接運渠毀三堰以均水勢今運河歲淺澀當詢訪故道及今河形勢與陂塘瀦水之地講究措置悠久之利以濟不通可令發運使陳亨伯內侍譚稹條具措置以聞八月臣僚言比緣淮南運河水澀逾半歲禁綱舟篙工附載

私物今河水增漲其令如舊初淮南連歲旱漕運不通揚州尤甚詔中使按視欲濬運河與江淮平會兩浙有方臘之亂內侍童貫爲宣撫使譚稹爲制置使貫欲海運陸輦稹欲開一河自盱眙出宣化朝廷下發運司相度陳亨伯遣其屬向子諲視之子諲曰運河高江淮數丈自江至淮凡數百里人力難濬昔唐李吉甫廢牐置堰治陂塘泄有餘防不足漕運通流發運使曾孝蘊嚴三日一啓之制復作歸水澳惜水如金比年行直達之法走茶鹽之利且應奉權倖朝夕經由或啓或閉不暇歸水又頃毀朝宗牐自洪澤至召伯數百里不爲之節故山陽上下不通欲救其弊宜於眞州太子港作一壩以復懷子河故道於瓜州河口作一壩以復龍舟堰於海陵河口作一壩以復茱萸待賢堰使諸塘水不爲瓜州眞泰三河所分於牝神相近作一壩權閉滿浦牐復朝宗牐則上下無壅矣亨伯用其言是後滯舟皆通利云三年二月詔越之鑑湖明之廣德湖自措置爲田下流堙塞有妨灌溉致失常賦又多爲權勢所占兩州被害民以流徙宜令陳亨伯究實如租稅過重卽裁爲中制應妨下流灌溉者並弛以予民五年三月詔呂城至鎭江運河淺澀狹隘監司坐視無所施設兩淛專委王復淮南專委向子諲同發運使呂宗措置車水通濟舟運四月又命王仲閎同廉訪劉仲元漕臣孟庾專往來措置常潤運河又詔東南六路諸牐啓閉有時比聞綱舟及命官妄稱專承指揮抑令非時啓版走泄河水妨滯綱運誤中都歲計其禁止之五月詔以運河淺涸官吏互執所見州縣莫知所從其令發運司提舉等官同廉訪使者參訂經久利便列奏是月臣僚言鎭江府練湖與新豐塘地理相接八百餘頃灌溉四縣民田又湖水一寸益漕河一尺其來久矣今堤岸損缺不能貯水乞候農隙次第補葺詔本路漕臣并本州縣官詳度利害檢計工料以聞六年九月盧宗原復言池州大江乃上流綱運所經其東岸皆暗石多至二十餘處西岸則沙洲廣二百餘里諺云拆船灣言舟至此必毀拆也今東岸有車軸河口沙地四百餘里若開通入杜湖使舟經平水徑池口可避二百里風濤拆船之險請措置開修從之七年九月丙子又詔宗原措置開濬江東古河自蕪湖由宣溪溧水至鎭江渡揚子趨淮汴免六百里江行之險並從之靖康元年三月丁卯臣僚言東南瀕江海水易泄而多旱歷代皆有陂湖蓄水祥符慶歷間民始盜陂湖爲田後復田爲湖近年以來復廢爲田雨

則澇旱則涸民久承佃所收租稅無計可脫悉歸御前而漕司之常賦有虧民之失業無算可乞盡括東南廢湖爲田者復以爲湖庶幾凋瘵之民稍復故業詔相度利害聞奏八月辛丑戶部言命官在任興修農田水利依元豐賞格千頃以上該第一等轉一官下至百頃皆等第酬獎紹聖亦如之緣政和續附常平格千頃增立轉兩官減磨勘三年賞爲太優詔依元豐紹聖舊格

宋史卷九十七

元　中　書　右　丞　相　總　裁　脫　脫　等　修

河渠志第五十

河渠七東南諸水下

淮郡諸水紹興初以金兵蹂踐淮南猶未退師四年詔燒毀揚州灣頭港口牐泰州姜堰通州白莆堰其餘諸堰並令守臣開決焚毀務要不通敵船又詔宣撫司毀拆眞陽堰牐及眞州陳公塘無令走入運河以資敵用五年正月詔淮南宣撫司募民開濬瓜州至淮口運河淺澀之處乾道二年以和州守臣言開鑿姥下河東接大江防捍敵人檢制盜賊六年淮東提舉徐子寅言淮東鹽課全仰河流通快近運河淺澀自揚州灣頭港口至鎭西山光寺前橋梁頭計四百八十五丈乞發五千餘卒開濬從之七年二月詔令淮南漕臣自洪澤至龜山淺澀之處如法開撩淳熙三年四月詔築泰州月堰以遏潮水從守臣張子正請也八年提舉淮南東路常平茶鹽趙伯昌言通州楚州沿海舊有捍海堰東距大海北接鹽城袤一百四十二里始自唐黜陟使李承實所建遮護民田屏蔽鹽竈其功甚大歷時既久頹圮不存至本朝天聖改元范仲淹爲泰州西溪鹽官日風潮泛溢渰沒田產毀壞亭竈有請于朝調四萬餘夫修築三旬畢工遂使海瀕沮洳瀉鹵之地化爲良田民得奠居至今賴之自後寖失修治纔遇風潮怒盛卽有衝決之患自宣和紹興以來屢被其害阡陌洗蕩廬舍漂流人畜喪亡不可勝數每一修築必請朝廷大興工役然後可辦望令淮東常平茶鹽司今後捍海堰如有塌損隨時修葺務要堅固可以經久從之九年淮南漕臣錢冲之言眞州之東二十里有陳公塘乃漢陳登濬源爲塘用救旱饑大中祥符間江淮制置發運置司眞州歲藉此塘灌注長河流通漕運其塘周回百里東西北三

面倚山爲岸其南帶東則係前人築疊成堤以受啓閉廢壞歲久見有古來基趾可以修築爲旱乾溉田之備凡諸場鹽綱糧食漕運使命往還舟艦皆仰之以通濟其利甚博本司自發卒貼築周迴塘岸建置斗門石礎各一所乞於揚子縣尉階銜內帶兼主管陳公塘六字或有損壞隨時補築庶幾久遠責有所歸十二年和州守臣請於千秋澗置斗門以防麻澧湖水洩入大江遇歲旱灌溉田疇實爲民利十四年揚州守臣熊飛言揚州運河惟藉瓜州眞州兩牐瀦積今河水走泄緣瓜州上中二牐久不修治獨潮牐一座轉運提鹽及本州共行修整然迫近江潮水勢衝激易致損壞眞州二牐亦復損漏令有司葺理上下二牐以防走泄從之紹熙五年淮東提舉陳損之言高郵楚州之間陂湖渺漫茭葑彌滿宜刱立堤堰以爲瀦泄庶幾水不至於泛溢旱不至於乾涸乞興築自揚州江都縣至楚州淮陰縣三百六十里又自高郵興化至鹽城縣二百四十里其隄岸傍開一新河以通舟船仍存舊堤以捍風浪栽柳十餘萬株數年後堤岸亦牢其木亦可備修補之用兼揚州城壕舊有隄牐乃泰州泄水之處其牐壞久亦於此刱立斗門西引盱眙天長以來衆湖之水起自揚州江都經由高郵及楚州寶應山陽北至淮陰西達于淮又自高郵入興化東至鹽城而極於海又泰州海陵南至揚州泰興而徹于江共爲石磋十三斗門七乞以紹熙堰爲名鑱諸堅石淮田多沮洳因損之築隄捍之得良田數百萬頃奏聞除直秘閣淮東轉運判官

淛江通大海日受兩潮梁開平中錢武肅王始築捍海塘在候潮門外潮水晝夜衝激版築不就因命彊弩數百以射潮頭又致禱胥山祠既而潮避錢塘東擊西陵遂造竹器積巨石植以大木堤岸既固民居乃奠逮宋大中祥符五年杭州言淛江擊西北岸益壞稍逼州城居民危之卽遣使者同知杭州戚綸轉運使陳堯佐畫防捍之策綸等因率兵力籍梢楗以護其衝七年綸等旣罷去發運使李溥內供奉官盧守懃經度以爲非便請復用錢氏舊法實石於竹籠倚疊爲岸固以椿木環亘可七里斬材役工凡數百萬踰年乃成而鉤末壁立以捍潮勢雖湍湧數丈不能爲害至景祐中以淛江石塘積久不治人患墊溺工部郎中張夏出使因置捍江兵士五指揮專採石修塘隨損隨治衆賴以安邦人爲之立祠朝廷嘉其功封寧江侯及高宗紹興末以錢塘石岸毀裂潮水漂漲民不安居令轉運司同臨安府修

築孝宗乾道九年錢塘廟子灣一帶石岸復毀於怒潮詔令臨安府築塡江岸增砌石塘淳熙改元復令有司自今江岸衝損以乾道修治爲法理宗寶祐二年十二月監察御史兼崇政殿說書陳大方言江潮侵齧堤岸乞戒飭殿步兩司帥臣同本府守臣措置修築留心任責或有潰決咎有攸歸三年十一月監察御史兼崇政殿說書李衢言國家駐蹕錢塘今踰十紀惟是潮江東接海門胥濤澎湃稍越故道則衝齧堤岸蕩析民居前後不知其幾慶曆中造捍江五指揮兵士每指揮以四百人爲額今所管纔三百人乞下臨安府拘收不許占破及從本府收買樁石沿江置場樁管不得移易他用仍選武臣一人習於修江者隨其資格或以副將或以路分鈐轄繫銜專一鈐束修江軍兵值有摧損隨卽修補或不勝任以致江潮衝損堤岸卽與責罰

臨安西湖周回三十里源出於武林泉錢氏有國始置撩湖兵士千人專一開濬至宋以來稍廢不治水涸草生漸成葑田元祐中知杭州蘇軾奏謂杭之爲州本江海故地水泉鹹苦居民零落自唐李泌始引湖水作六井然後民足於水井邑日富百萬生聚待此而食今湖狹水淺六井盡壞若二十年後盡爲葑田則舉城之人復飲鹹水其勢必耗散又放水溉田瀕湖千頃可無凶歲今雖不及千頃而下湖數十里間茭菱穀米所獲不貲又西湖深闊則運河可以取足於湖水若湖水不足則必取足於江湖潮之所過泥沙渾濁一石五斗不出三載輒調兵夫十餘萬開濬又天下酒官之盛如杭歲課二十餘萬緡而水泉之用仰給於湖若湖漸淺狹少不應溝則當勞人遠取山泉歲不下二十萬工因請降度牒減價出賣募民開治禁自今不得請射侵占種植及臠葑爲界以新舊菱蕩課利錢送錢塘縣收掌謂之開湖司公使庫以備逐年顧人開葑撩淺縣尉以管句開湖司公事繫銜軾既開湖因積葑草爲堤相去數里橫跨南北兩山夾道植柳林希榜曰蘇公堤行人便之因爲軾立祠堤上紹興九年以張澄奏請命臨安府招置廂軍兵士二百人委錢塘縣尉兼領其事專一濬湖若包占種田沃以糞土重寘于法十九年守臣湯鵬舉奏請重開乾道五年守臣周淙言西湖水面唯務深闊不容塡溢并引入城內諸井一城汲用尤在涓潔舊招軍士止有三十餘人今宜增置撩湖軍兵以百人爲額專一開撩或有種植茭菱因而包占增疊堤岸坐以違制二十九年臨安守臣言西湖冒佃侵多葑茭蔓延西南一帶已成平陸而瀕湖之民每以葑草圍裹種植荷花駸駸不已恐數十年後西湖遂淤將如越之鑑湖不可復矣乞一切芟除務令淨盡禁約居民不得再有圍裹從之

臨安運河在城中者日納潮水沙泥渾濁一汛一淤比屋之民委棄草壤因循塡塞元祐中守臣蘇軾奏謂熙寧中通判杭州時父老皆云苦運河淤塞率三五年常一開濬不獨勞役兵民而運河自州前至北郭穿闤闠中蓋十四五里每將興工市肆洶動公私騷然自胥吏壕砦兵級等皆能恐喝人戶或云當於某處置土某處過泥水則居者皆有失業之憂旣得重賂又轉而之他及工役旣畢則房廊邸舍作踐狼籍園圃隙地例成丘阜積雨蕩濯復入河中居民患厭未易悉數若三五年失開則公私壅滯以尺寸水行數百斛舟人牛力盡趾步千里雖監司使命有數日不能出郭者詢其所以頻開屢塞之由皆云龍山浙江兩閘泥沙渾濁積日稍久便及四五尺其勢當然不足怪也尋劃刷捍江兵士及諸色廂軍得一千人七月之間開濬茅山鹽橋二河各十餘里皆有水八尺自是公私舟船通利三十年以來開河未有若此深快者然潮水日至淤塞猶昔則三五年間前功復棄今於鈐轄司前置一牐每遇潮上則暫閉此牐候潮平水清復開則河過闤闠中者永無潮水淤塞開淘騷擾之患詔從其請民甚便之紹興三年十一月宰臣奏開修運河淺澀帝曰可發旁郡廂軍壯城捍江之兵至於廩給之費則不當吝宰臣朱勝非等曰開河非今急務而餽餉艱難爲害甚大時方盛寒役者良苦臨流居人侵塞河道者悉當遷避至於舂牐所經沙泥所積當預空其處則居人及富家以僦屋取貲者皆非便恐議者以爲言帝曰禹卑宮室而盡力於溝洫浮言何恤焉八年又命守臣張澄發廂軍壯城兵千人開濬運河堙塞以通往來舟楫隆興二年守臣吳芾言城裏運河先已措置北梅家橋仁和倉斜橋三所作壩取西湖六處水口通流灌入府河積水至望仙橋以南至都亭驛一帶河道地勢自昔高峻今欲先於望仙橋城外保安牐兩頭作壩却於竹車門河南開掘水道車戽運水引入保安門通流入城遂自望仙橋以南開至都亭驛橋可以通徹積水以備緩急計用工四萬從之乾道三年六月知荊南府王炎言臨安居民繁夥河港堙塞雖屢開導緣裁減工費不能迄功臣嘗措置開河錢十萬緡乞候農暇特詔有司用此專充開河支費庶幾河渠復通公私爲利上命其請四年守臣周淙出公帑錢招集游民開濬城內外河疏通淤塞人以治辦稱之淳熙二年兩浙漕臣趙磻老言臨安府長安牐至許村巡檢司一帶漕河淺澀請出錢米發兩岸人戶出力開濬又言欲於通江橋置板牐遇城中河水淺涸啓板納潮繼卽下板固護水勢不得通舟若河水不乏卽收牐板聽舟楫往還爲便七年守臣吳淵言萬松嶺兩旁古渠多被權勢及有司公吏之家造屋侵占及內砦前石橋都亭驛橋南北河道居民多拋糞土瓦礫以致塡塞流水不通今欲分委兩通判監督地分廂巡逐時點檢勿令侵占并拋颺糞土秩滿若不淤塞各減一年磨勘違展一年以示勸懲十四年七月不雨臣僚言竊見奉口至北新橋三十六里斷港絕潢莫此爲甚今宜開濬使通客船以平穀直從之

鹽官海水嘉定十二年臣僚言鹽官去海三十餘里舊無海患縣以鹽竈頗盛課利易登去歲海水泛漲湍激橫衝沙岸每一潰裂嘗數十丈日復一日浸入鹵地蘆州港瀆蕩爲一壑今聞潮勢深入逼近居民萬一春水驟漲怒濤奔涌海風佐之則呼吸蕩出百里之民寧不俱葬魚腹乎況京畿赤縣密邇都城內有二十五里塘直通長安牐上徹臨平下接崇德漕運往來客船絡繹兩岸田畝無非決壞若海水徑入于塘不惟民田有鹹水渰沒之患而裏河堤岸亦將有潰裂之憂乞下浙西諸司條具築捺之策務使捍堤堅壯土脈充實不爲怒潮所衝從之十五年都省言鹽官縣海塘衝決命浙西提舉劉垕專任其事旣而垕言縣東接海鹽西距仁和北抵崇德德清境連平江嘉興湖州南瀕大海元與縣治相去四十餘里數年以來水失故道早晚兩潮奔衝向北遂致縣南四十餘里盡淪爲海近縣之南元有捍海古塘亘二十里今東西兩段並已淪毀侵入縣兩旁又各三四里止存中間古塘十餘里萬一水勢衝激不已不惟鹽官一縣不可復存而向北地勢卑下所慮鹹流入蘇秀湖三州等處則田畝不可種植大爲利害詳今日之患大槩有二一曰陸地淪毀二曰鹹潮泛溢陸地淪毀者固無力可施鹹潮泛溢者乃因捍海古塘衝損遇大潮必盤越流注北向宜築土塘以捍鹹潮所築塘基址南北各有兩處在縣東近南則爲六十里鹹塘近北則爲袁花塘在縣西近南亦曰鹹塘近北則爲淡塘亦嘗驗兩處土色虛實則袁花塘淡塘差勝鹹塘且各近裏未至與海潮爲敵勢當東就袁花塘西就淡塘修築則可以禦縣東鹹潮盤溢之患其縣西一帶淡塘連縣治左右共五十餘里合先修築兼縣南去海一里餘幸而古塘尙存縣治民居盡在其中未可棄之度外今將見管樁石就占塘稍加工築疊一里許爲防護縣治之計其縣東民戶日築六十里鹹塘萬一又爲海潮衝損當計用樁木修築袁花塘以捍之上以爲然

明州水紹興五年明州守臣李光奏明越陂湖專溉農田自慶曆中始有盜湖爲田者三司使切責漕臣嚴立法禁宣和以來王仲薿守越樓异守明刱爲應奉始廢湖爲田自是歲有水旱之患乞行廢罷盡復爲湖如江東西之圩田蘇秀之圍田皆當講究興復詔逐路轉運司相度聞奏乾道五年守臣張津言東錢湖容受七十二溪方圓廣闊八百頃傍山爲固疊石爲塘八十里自唐天寶三年縣令陸南金開廣之國朝天禧元年郡守李夷庚重修之中有四牐七堰凡遇旱涸開牐放水溉田五十萬畝比因豪民於湖塘淺岸漸次包占種植菱荷障塞湖水紹興十八年雖曾檢舉約束盡罷請佃歲久菱根蔓延滲塞水脈致妨蓄水兼塘岸間有低塌處若不淘濬修築不惟寖失水利兼恐塘埂相繼摧毀乞候農隙趁時開鑿因得土修治埂岸實爲兩便從之

鄞縣水嘉定十四年慶元府言鄞縣水自四明諸山溪澗會至他山置堰小涇下江入河所入上河之水專溉民田其利甚博比因淤塞堰上山觜少有溪水流入上河自春徂夏不雨令官吏發卒開淘沙觜及濬港汊又於堰上壘疊沙石逼使溪流盡入上河其他山水入府城南門一帶有碶牐三所曰烏金曰積瀆曰行春烏金碶又名上水碶昔因倒損遂捺爲壩以致淤沙在河或遇溪流聚湧時復衝倒所捺壩走泄水源行春橋又名南石碶碶面石板之下歲久損壞空虛每受潮水演溢奔突出於石縫以致鹹潮衮入上河其縣東管有道士堰至白鶴橋一帶河港堙塞又有朱賴堰與行春等碶相連堰下江流通徹大海今春闕雨上河乾淺堰身塌損以致鹹潮透入上河使農民不敢車注溉田乞脩砌上水烏金諸處壩堰仍選清彊能幹職官專一提督

潤州水紹興七年兩浙轉運使向子諲言鎭江府呂城夾岡形勢高仰因春夏不雨官漕艱勤尋遣官屬李凋詢究練湖本末始知此湖在唐永泰間已廢而復興今堤岸弛禁致有侵佃冒決故湖水不能瀦蓄舟楫不通公私告病若夏秋霖潦則丹陽金壇延陵一帶良田亦被渰沒臣已令丹陽知縣朱穆等增置二斗門一石礎

及修補隄防盡復舊蹟庶爲永久之利乾道七年以臣僚言丹陽練湖幅員四十里納長山諸水漕渠資之故古語云湖水寸渠水尺在唐之禁甚嚴盜決者罪比殺人本朝寖緩其禁以惠民然修築嚴甚春夏多雨之際瀦蓄盈滿雖秋無雨漕渠或淺但泄湖水一寸則爲河一尺矣兵變以後多廢不治堤岸圮闕不能貯水彊家因而專利耕以爲田遂致淤澱歲月既久其害滋廣望責長吏濬治堙塞立爲盜決侵耕之法著於令庶幾練湖漸復其舊民田獲灌溉之利漕渠無淺涸之患詔兩浙漕臣沈度專一措置修築慶元五年兩浙轉運浙西提舉言以鎭江府守臣重修呂城兩牐畢再造一新牐以固隄防庶爲便利從之

浙西運河自臨安府北郭務至鎭江江口牐六百四十一里淳熙七年帝因輔臣奏金使往來事曰運河有淺狹處可令守臣以漸開濬庶不擾民至十一年冬臣僚言運河之濬自北關至秀州杉青各有牐堰自可瀦水惟沿河上塘有小堰數處積久低陷無以防遏水勢當以時加修治兼沿河下岸涇港極多其水入長水塘海鹽塘華亭塘由六里堰下私港散漫悉入江湖以私港深運河淺也若修固運河下岸一帶涇港自無走泄又自秀州杉青至平江府盤門在太湖之際與河水相連而平江閶門至常州有楓橋許墅烏角溪新安溪將軍堰亦各通大湖如遇西風湖水由港而入皆不必濬惟無錫五瀉牐損壞累年常是開堰徹底放舟更江陰軍河港勢低水易走泄若從舊修築不獨瀦水可以通舟而無錫晉陵間所有楊湖亦當積水而四傍田畝皆無旱暵之患獨自常州至丹陽縣地勢高仰雖有犇牛呂城二牐別無湖港瀦水自丹陽至鎭江地形尤高雖有練湖緣湖水日淺不能濟遠雨晴未幾便覺乾涸運河淺狹莫此爲甚所當先濬上以爲然至嘉定間臣僚又言國家駐蹕錢塘綱運糧餉仰給諸道所繫不輕水運之程自大江而下至鎭江則入牐經行運河如履平地川廣巨艦直抵都城蓋甚便也比年以來鎭江牐口河道淤塞不復通舟乞令漕臣同淮東總領及本府守臣公共措置開撩

越州水鑑湖之廣周廻三百五十八里環山三十六源自漢永和五年會稽太守馬臻始築塘溉田九千餘頃至宋初八百年間民受其利歲月寖遠濬治不時日久堙廢瀕湖之民侵耕爲田熙寧中盜爲田九百餘頃嘗遣廬州觀察推官江衍經度其宜凡爲湖田者兩存之立碑石爲界內者爲田外者爲湖政和末爲郡守者務爲進奉之計遂廢湖爲田賦輸京師自時姦民私占爲田盈衆湖之存者亡幾矣紹興二十九年十月帝諭樞密院事王綸曰往年宰執嘗欲盡乾鑑湖云可得十萬斛米朕謂若遇歲旱無湖水引灌則所損未必不過之凡事須遠慮可也隆興元年紹興府守臣吳芾言鑑湖自江衍所立碑石之外今爲民田者又一百六十五頃湖盡堙廢今欲發四百九十萬工於農隙接續開鑿又移壯城百人以備撩漉濬治差彊幹使臣一人以巡轄鑑湖隄岸爲名二年芾又言修鑑湖全藉斗門堰牐蓄水都泗堰牐尤爲要害凡遇綱運及監司使命舟船經過堰兵避免車拽必欲開牐通放以致啓閉無時失泄湖水且都泗堰因高麗使往來宣和間方置牐今乞廢罷其後芾爲刑部侍郎復奏自開鑑湖溉廢田二百七十頃復湖之舊又修治斗門堰牐十三所夏秋以來時雨雖多亦無泛溢之患民田九千餘頃悉獲倍收其爲利較然可見乞將江衍原立禁牌別定界至則隄岸自然牢固永無盜決之虞紹興初高宗次越以上虞縣梁湖堰東運河淺澀令發六千五百餘工委本縣令佐監督濬治既而都省言餘姚縣境內運河淺澀壩牐隳壞阻滯綱運遂命漕臣發一萬七千餘卒自都泗堰至曹娥塔橋開撩河身夾塘詔漕司給錢米蕭山縣西興鎭通江兩牐近爲江沙壅塞舟楫不通乾道三年守臣言募人自西興至大江疏沙河二十里并濬牐裏運河十三里通便綱運民旅皆利復恐潮水不定復有塡淤且通江六堰綱運至多宜差注指揮一人專以開撩西興沙河繫銜及發捍江兵士五十名專充開撩沙浦不得雜役仍從本府起立營屋居之

常州水隆興二年常州守臣劉唐稽言申利二港上自運河發流經營回復至下流析爲二道一自利港一自申港以達于江緣江口每日潮汐帶沙塡塞上流游泥淤積流洩不通而申港又以江陰軍釘立標楬拘攔稅船每潮來則沙泥爲木標所壅淤塞益甚今若相度開此二河但下流申利二港並隸江陰軍若議定深闊丈尺各於本界開淘庶協力皆辦又孟瀆一港在犇牛鎭西唐孟簡所開並宜興縣界沿湖舊百瀆皆通宜興之水籍以疏洩近歲阻於吳江石塘流行不快而沿湖河港所謂百瀆存者無幾今若開通委爲公私之便至乾道二年以漕臣姜詵等請造蔡涇牐及開申港上流橫石次濬利港以洩水勢六年三月又命兩浙運副劉敏士浙西提舉芮輝於新涇塘置牐堰以捍海潮楊家港東開河置牐通行鹽船仍差牐官一人兵級十五人以時啓閉挑撩五月又以兩浙轉運司并常州守臣言塡築五瀉上下兩牐及修築牐裏隄岸仍於郭瀆港口舜郎廟側水聚會處築捺硬壩以防走泄運水委無錫知縣主掌鑰匣遇水深六尺方許開牐通放客舟淳熙五年以漕臣陳峴言於十月募工開濬無錫縣以西橫林小井及犇牛呂城一帶地高水淺之處以通漕舟九年知常州章沖奏常州東北曰深港利港黃田港夏港五斗港其西曰竈子港孟瀆泰伯瀆烈塘江陰之東曰趙港白沙港石頭港陳港蔡港私港令節港皆古人開導以爲溉田無窮之利者也今所在堙塞不能灌溉臣嘗講求其說抑欲不勞民不費財而漕渠旱不乾水不溢用力省而見功速可以爲悠久之利者在州之西南曰白鶴溪自金壇縣洮湖而下今淺狹特七十餘里若用工濬治則漕渠一帶無乾涸之患其南曰西蠡河自宜興太湖而下止開濬二十餘里若更令深遠則太湖水來漕渠一百七十餘里可免濬治之擾至若望亭堰牐置於唐之至德而徹於本朝之嘉祐至元祐七年復置未幾又毀之臣謂設此堰牐有三利焉陽羨諸瀆之水犇趨而下有以節之則當潦歲平江三邑必無下流淫溢之患一也自常州至望亭一百三十五里運河一有所節則沿河之田旱歲資以灌溉二也每歲冬春之交重綱及使命往來多苦淺涸今啓閉以時足通舟楫後免車畝灌注之勞三也詔令相度開濬嘉泰元年守臣李珏言州境北邊揚子大江南並太湖東連震澤西據滆湖而漕渠界乎其間漕渠兩傍曰白鶴溪西蠡河南戚氏北戚氏直湖州港通于二湖曰利浦孟瀆烈塘橫河五瀉諸港通于大江而中間又各自爲支溝斷汊曲繞參錯不以數計水利之源多於他郡而常苦易旱之患何哉臣嘗詢訪其故漕渠東起望亭西上呂城一百八十餘里形勢西高東下加以歲久淺淤自河岸至底其深不滿四五尺常年春雨連綿江湖泛漲之時河流忽盈驟減連歲雨澤愆闕江湖退縮渠形尤亢間雖得雨水無所受旋即走泄南入于湖北歸大江東徑注于吳江晴未旬日又復乾涸此其易旱一也至若兩旁諸港如白鶴溪西蠡河直湖烈塘五泄堰日爲沙土淤漲遇湖高水泛之時尚可通行舟楫若值小汐久晴則俱不能通應自餘支溝別港皆已堙塞故雖有江湖之浸不見其利此其易旱二也況漕渠一帶綱運於是經由使客于此往返每遇水澀綱運便阻一入冬月津送使客作壩車水科役百姓不堪其擾豈特溉田缺事而已望委轉運提舉常平官同本州相視漕渠并徹江湖之處如法濬治盡還昔人遺跡及於望亭修建上下二牐固護水源從之

昇州水乾道五年建康守臣張孝祥言秦淮之水流入府城別爲兩派正河自鎭淮新橋直注大江其爲青溪自天津橋出柵砦門亦入於江緣柵砦門地近爲有力者所得遂築斷青溪水口掤爲花圃每水流暴至則泛溢浸蕩城內居民尤被其害若訪古而求使青溪直達大江則建康永無水患矣既而汪澈奏於西園依異時河道開濬使水通柵門入從之先是孝祥又言秦淮水三源一自華山由句容一自廬山由溧水一自溧水由赤山湖至府城東南合而爲一縈迴綿亘三百餘里溪港溝澮之水盡歸焉流上水門由府城入大江舊上下水門展闊自兵變後砌疊稍狹雖便於一時防守實遏水源流通不快兼兩岸居民塡築河岸添造屋宇若禁民不許侵占秦淮既復故道則水不泛溢矣又府東門號陳二渡有順聖河正分秦淮之水每遇春夏天雨連綿上源犇湧則分一派之水自南門外直入於江故秦淮無泛溢之患今一半淤塞爲田水流不通若不惜數畝之田疏導之以復古跡則其利尤倍其後汪澈言水潦之害大抵緣建康地勢稍低秦淮既泛又大江湍漲其勢溢溢非由水門窄狹居民侵築所致且上水門砌疊處正不可闊闊則春水入城益多自今指定上下水門砌疊處不動夾河居民之屋亦不毀除止去兩岸積壤使河流通快況城中繫行宮東南王方不宜開鑿從之嘉定五年守臣黃度言府境北據大江是爲天險上自采石下達瓜步千有餘里共置六渡一曰烈山渡籍于常平司歲有河渡錢額五曰南浦渡龍灣渡東陽渡大城堽渡岡沙渡籍于府司亦有河渡錢額六渡歲爲錢萬餘緡歷時最久舟楫廢壞官吏篙工初無廩給民始病濟而官漫不省遂至姦豪冐法別置私渡左右旁午由是官渡濟者絕少乃聽吏卒苛取以充課徒手者猶憚往來而車檐牛馬幾不敢行甚者扼之中流以邀索錢物竊以爲南北津渡務在利涉不容簡忽而但求征課臣已爲之繕治舟艦選募篙稍使遠處巡檢兼監酌裁減率三之一或四之一自人車牛馬皆有定數雕牓約束不得過收邀阻乞覓裒一歲之入除烈山渡常

平錢如額解送其餘諸渡以二分充修船之費而以其餘給官吏篙稍水手食錢令監渡官逐月照數支散有餘則解送府司然後盡絕私渡不使姦民踰禁從之

秀州水秀州境內有四湖一曰柘湖二曰澱山湖三曰當湖四曰陳湖東南則柘湖自金山浦小官浦入于海西南則澱山湖自蘆歷浦入于海西北則陳湖自大姚港朱里浦入于吳松江其南則當湖自月河南浦口澉浦口亦達于海支港相貫乾道二年守臣孫大雅奏請於諸港浦分作牐或斗門及張涇堰兩旁築月河置一牐其兩柱金口基址並以石爲之啓閉以時民賴其利十三年兩浙轉運副使張叔獻言華亭東南枕海西連太湖北接松江江北復控大海地形東南最高西北稍下柘湖十有八港正在其南故古來築堰以禦鹹潮元祐中於新涇塘置牐後因沙淤廢毀今除十五處築堰及置石礎外獨有新涇塘招賢港徐浦塘三處見有鹹潮奔衝淤塞民田今依新涇塘置牐一所又於兩旁貼築鹹塘以防海潮透入民田其相近徐浦塘元係小派自合築堰又欲於招賢港更置一石礎兼楊湖歲久今稍淺澱自當開濬上曰此牐須當爲之方今邊事寧息惟當以民事爲急民事以農爲重朕觀漢文帝詔書多爲農而下今置牐其利久遠不可憚一時之勞十五年以兩浙路轉運判官吳坰奏請命浙西常平司措置錢穀勸諭人戶於農隙併力開濬華亭等處沿海三十六浦堙塞決泄水勢爲永久利乾道七年秀州守臣丘崈奏華亭縣東南大海古有十八堰捍禦鹹潮其七十久皆捺斷不通裏河獨有新涇塘一所不曾築捺海水往來遂害一縣民田緣新涇舊堰迫近大海潮勢湍急其港面闊難以施工設或築捺決不經久運港在涇塘向裏二十里比之新涇水勢稍緩若就此築堰決可永久堰外凡管民田皆無鹹潮之害其運港止可捺堰不可置牐不惟瀕海土性虛燥難以建置兼一日兩潮通放鹽運不減數十百艘先後不齊比至通放盡絕勢必晝夜啓而不閉則鹹潮無緣斷絕運港堰外別有港汊大小十六亦合興修從之八年崈又言興築捍海塘堰今已畢工地理闊遠全藉人力固護乞令本縣知佐兼帶主管塘堰職事繫銜秩滿視有無損壞以爲殿最仍令巡尉據地分巡察詔特轉丘崈左承議郎令所築華亭捍海塘堰趁時栽種蘆葦不許樵採九年又命華亭縣作監牐官招收土軍五十人巡邏堤堰專一禁戢將卑薄處時加修捺令知縣縣尉並帶主管堰事則上下協心不致廢壞淳熙九年又命守臣趙善悉發一萬工修治海鹽縣常豐牐及八十一堰埧務令高牢以固護水勢遇旱可以瀦積十年以浙西提舉司言命秀州發卒濬治華亭鄉魚祈塘使接松江太湖之水遇旱卽開西牐堰放水入泖湖爲一縣之利

蘇州水乾道初平江守臣沈度兩浙漕臣陳彌作言疏濬崐山常熟縣界白茆等十浦約用三百萬餘工其所開港浦並通徹大海遇潮則海內細沙隨泛以入潮退則沙泥沉墜漸致淤塞今依舊招置闕額開江兵卒次第開濬不數月諸浦可以漸次通徹又用兵卒駕船遇潮退搖蕩隨之常使沙泥隨潮退落不致停積實爲久利從之淳熙元年詔平江府守臣與許浦駐劄戚世明同置措開濬許浦港三旬訖工

黃巖縣水淳熙十二年浙東提舉勾昌泰言黃巖縣舊有官河自縣前至溫嶺凡九十里其支流九百三十六處皆以溉田元有五牐久廢不修今欲建一牐約費二萬餘緡乞詔兩浙運司於窠名錢內支撥明年六月昌泰復言黃巖縣東地名東浦紹興中開鑿置常豐牐名爲決水入江其實縣道欲令舟船取徑通過每船納錢以充官費一日兩潮一潮一淤纔遇旱乾更無灌溉之備已將此牐築爲平隆乞戒自今永不得開鑿放入江湖庶絕後患

荊襄諸水紹興二十八年監察御史都民望言荊南江陵縣東三十里沿江北岸古堤一處地名黃潭建炎間邑官開決放入江水設以爲險阻以禦盜既而夏潦漲溢荊南復州千餘里皆被其害去年因民訴始塞之乞今知縣遇農隙隨力修補勿致損壞從之淳熙八年襄陽府守臣郭杲言本府有木渠在中廬縣界擁瀉水東流四十五里入宜城縣後漢南郡太守王寵嘗鑿之以溲蠻水謂之木里溝可溉田六千餘頃歲久堙塞乞行修治既而杲又修護城隄以捍江流繼築救生隄爲二牐一通于江一達于壕當水涸時導之入濠水漲時放之于江自是水雖至堤無湍悍泛溢之患焉十年五月詔疏木渠以渠旁地爲屯田尋詔民間侵耕者就給之毋復取慶元二年襄陽守臣程九萬言募工修作鄧城永豐堰可防金兵衝突之患且爲農田灌溉之利三年臣僚言江陵府去城十餘里有沙市鎮據水陸之衝熙寧中鄭獬作守始築長隄捍水緣地本沙渚當蜀江下流每遇漲潦奔衝沙水相蕩摧圯動輒數十丈見存民屋岌岌危懼乞下江陵府同駐劄副都統制同發卒修築庶幾遠民安堵免被墊溺從之

廣西水靈渠源卽離水在桂州興安縣之北經縣郭而南其初乃秦史祿所鑿以下兵於南越者至漢歸義侯嚴出零陵離水卽此渠也馬伏波南征之師饟道亦出於此唐寶曆初觀察使李渤立斗門以通漕舟宋初計使邊詡始修之嘉祐四年提刑李師中領河渠事重闢發近縣夫千四百人作三十四日乃成紹興二十九年臣僚言廣西舊有靈渠抵接全州大江其渠近百餘里自靜江府經靈川興安兩縣昔年並令兩知縣繫銜兼管靈渠遇堙塞以時疏導秩滿無闕例減舉員兵興以來縣道苟且不加之意吏部差注亦不復繫銜渠日淺澀不勝重載乞令廣西轉運司措置修復俾通漕運仍俾兩邑令繫銜兼管務要修治從之

宋史卷九十八

元中書右丞相總裁脫脫等修

禮志第五十一

禮一吉禮一

五代之衰亂甚矣其禮文儀注往往多草創不能備一代之典宋太祖興兵間受周禪收攬權綱一以法度振起故弊卽位之明年因太常博士聶崇義上重集三禮圖詔太子詹事尹拙集儒學之士詳定之開寶中四方漸平民稍休息乃命御史中丞劉溫叟中書舍人李昉兵部員外郎知制誥盧多遜左司員外郎知制誥扈蒙太子詹事楊昭儉左補闕賈黃中司勳員外郎和峴太子中舍陳鄂撰開寶通禮二百卷本唐開元禮而損益之既又定通禮義纂一百卷太宗尚儒雅勤於治政修明典章大抵曠廢舉矣眞宗承重熙之後契丹既通好天下無事於是封泰山祀汾陰天書聖祖崇奉迭興專置詳定所命執政翰林禮官參領之尋改爲禮儀院仍歲增修纖微委曲緣情稱宜蓋一時彌文之制也自通禮之後其制度儀注傳於有司者殆數百篇先是天禧中陳寬編次禮院所承新舊詔敕不就天聖初王皞始類成書盡乾興爲禮閣新編大率禮文無著述體而本末完具有司便之景祐四年賈昌朝撰太常新禮及祀儀止於慶曆三年皇祐中文彥博又撰大享明堂記二十卷至嘉祐中歐陽脩纂集散失命官設局主通禮而記其變及新禮以類相從爲一百卷賜名太常因革禮異於舊者蓋十三四焉熙寧十年禮院取慶曆以後奉祀制度別定祀儀其一留中其二付有司知諫院黃履言郊祀禮樂未合古制請命有司考正羣祀詔履與禮官講求以聞元豐元年始命太常寺置局以樞密直學士陳襄等爲詳定官太常博士楊完等爲檢討官襄等言國朝大率皆循唐故至於壇壝神位法駕輿輦仗衞儀物亦兼用歷代之制其間情文訛舛多戾於古蓋有規摹苟略因仍既久而重於改作者有出於一時之儀而不足以爲法者請先條奏候訓敕以爲禮式未幾又命龍圖直學士宋敏求同御史臺閤門禮院詳定朝會儀注總四十六卷曰閤門儀曰朝會禮文曰儀注曰徽號寶册儀祭祀總百九十一卷曰祀儀曰南郊式曰大禮式曰郊廟奉祀禮文曰明堂祫享令式曰天興殿儀曰四孟朝獻儀曰景靈宮供奉敕令格式曰儀禮敕令格式祈禳總四十卷曰祀賽式曰齋醮式曰金籙儀蕃國總七十一卷曰大遼令式曰高麗入貢儀曰女眞排辦儀曰諸蕃進貢令式喪葬總百六十三卷曰葬式曰宗室外臣葬敕令格式曰孝贈式其損益之制視前多矣紹聖而後累詔續編起治平訖政和凡五十一年爲書三百卷今皆不傳而大觀初置議禮局於尚書省命詳議檢討官具禮制本末議定請旨三年書成爲吉禮二百三十一卷祭服制度十六卷頒焉議禮局請分秩五禮詔依開寶通禮之序政和元年續脩成四百七十七卷且命儆是脩定儀注三年五禮新儀成凡二百二十卷增置禮直官許士庶就問新儀而詔開封尹王革編類通行者刊本給天下使悉知禮意其不奉行者論罪宣和初有言其煩擾者遂罷之初議禮局之置也詔求天下古器更制尊爵鼎彝之屬其後又置禮制局於編類御筆所於是郊廟禋祀之器多更其舊旣有詔討論冠服遂廢韠用履其他無所改議而禮制局亦罷大抵累朝典禮講議最詳祀禮修於元豐而成於元祐至崇寧復有所增損其存於有司者惟元豐郊廟禮文及政和五禮新儀而已乃若圜丘之罷合祭天地明堂專以英宗配帝悉罷從祀羣臣大蜡分四郊壽星改祀老人禧祖已祧而復遂爲始祖卽景靈宮建諸神御殿以四孟薦享虛禘祭去牙槃食郊尊號罷入閤儀并常朝

及正衙橫行，此熙寧元豐變禮之最大者也。元祐冊后政和冠皇子元符創景靈西宮崇寧親祀方澤作明堂立九廟鑄九鼎祀熒惑大觀受八寶大祀皆前期十日而戒凡此蓋治平以前所未嘗行者欽宗即位嘗詔春秋釋奠改從元豐儀罷新儀不用而未暇也靖康之厄蕩析無餘南度中興銳意脩復高宗嘗謂輔臣曰晉武平吳之後上下不知有禮旋致禍亂周禮不秉其何能國孝宗繼志典章文物有可稱述治平日久經學大明諸儒如王普董弇等多以禮名家當時嘗續編太常因革禮矣淳熙復有編輯之旨其後朱熹講明詳備嘗欲取儀禮周官二戴記爲本編次朝廷公卿大夫士民之禮盡取漢晉而下及唐諸儒之說考訂辨正以爲當代之典未及成書而沒理宗四十年間屢有意乎禮文之事雖曰崇尚理學所謂禮云禮云玉帛云乎哉蓋可三歎咸淳以降無足言者今因前史之舊芟其繁亂彙爲五禮以備一代之制使後之觀者有足徵焉

五禮之序以吉禮爲首主邦國神祇祭祀之事凡祀典皆領於太常歲之大祀三十正月上辛祈穀孟夏雩祀季秋大享明堂冬至圜丘祭昊天上帝正月上辛又祀感生帝四立及土王日祀五方帝春分朝日秋分夕月東西太一臘日大蜡祭百神夏至祭皇地祇孟冬祭神州地祇四孟季冬薦享太廟后廟春秋二仲及臘日祭太社太稷二仲九宮貴神中祀九仲春祭五龍立春後丑日祀風師亥日享先農季春巳日享先蠶立夏後申日祀雨師春秋二仲上丁釋奠文宣王上戊釋奠武成王小祀九仲春祀馬祖仲夏享先牧仲秋祭馬社仲冬祭馬步季夏土王日祀中霤立秋後辰日祀靈星秋分享壽星立冬後亥日祠司中司命司人司祿孟冬祭司寒其諸州奉祀則五郊迎氣日祭岳鎮海瀆春秋二仲享先代帝王及周六廟並如中祀州縣祭社稷奠文宣王祀風雨並如小祀凡有大赦則令諸州祭岳瀆名山大川在境內者及歷代帝王忠臣烈士載祀典者仍禁近祠廟咸加祭有不剋定時日者太卜署預擇一季祠祭之日謂之畫日凡壇壝牲器玉帛饌具齋戒之制皆具通禮後復有高禖大小酺神之屬增大祀爲四十二焉其後神宗詔改定大祀太一東以春西以秋中以夏冬增大蜡爲四東西蜡主日配月太廟月祭朔而中祀四望南北蜡小祀以四立祭司命戶竈中霤門厲行以藏冰出冰祭司寒及月薦新太廟歲通舊祀凡九十二惟五享后廟焉政和中定五禮新儀以熒惑陽德觀帝鼐坊州朝獻聖祖應天府祀大火爲大祀雷神歷代帝王寶鼎牡鼎蒼鼎岡鼎彤鼎阜鼎晶鼎魁鼎會應廟慶成軍祭后土爲中祀山林川澤之屬州縣祭社稷祀風伯雨師雷神爲小祀餘悉如故建炎四年十一月權工部尚書韓肖胄言祖宗以來每歲大中小祀百有餘所罔敢廢闕自車駕巡幸惟存宗廟之祭至天地諸神之祀則廢而不舉今國步尚艱天未悔禍正宜齋明恭肅通于神明而忽大事棄重禮恐非所以消弭天災導迎景貺雖小祀未可徧舉如天地五帝日月星辰社稷欲詔有司以時舉行所有器服并牲牢禮料恐國用未充難如舊制乞下太常寺相度定省繁就簡庶幾神不乏祀仰副陛下昭事懷柔爲民求福之意詔命禮部太常裁定每歲以立春上辛祀穀孟夏雩祀季秋及冬至日四祀天夏至日一祀地立春上辛日祀感生帝立冬後祀神州地祇春秋二社及臘前一日祭太社太稷免牲玉幣用酒脯仍依方色奠幣以輔臣爲初獻禮官爲亞終獻紹興三年復大火祀配以閼伯以辰戌出納之月祀之二十七年禮部太常寺言每歲大祀三十六除天地宗廟社稷感生帝九宮貴神高禖文宣王等已行外其餘並乞寓祠齋宮自紹興以來大祀所行二十有三而已至是乃悉復之

舊制郊廟祝文稱嗣皇帝諸祭稱皇帝著作局準開元禮全稱帝號眞宗以兼秘書監李至請改從舊制又諸祭祝辭皆臨事撰進多違典禮乃命至增撰舊辭八十四首爲正辭錄三卷既復命知制誥李宗諤楊億直史館陳彭年詳定之以爲永式祝版當進署者並命祕閣吏書上親署訖御寶封給之凡先代帝王祝文止稱廟號凡親行大祀則皇子弟爲亞獻終獻五代以來宰相爲大禮使太常卿爲禮儀使御史中丞爲儀仗使兵部尚書爲鹵簿使京府尹爲橋道頓遞使至是大禮使或用親王禮儀使專命翰林學士儀仗鹵簿使亦或以他官太平興國九年始鑄五使印太宗將封泰山以儀仗使兼判橋道頓遞事大中祥符後凡有大禮以中書樞密分爲五使仍特鑄印景祐二年詔有司皇地祇神州舊常參官攝事非所以尊神自今命兩省歲九大祠宰臣攝事者參知政事尚書丞郎學士奉祠於是參知政事盛度享太廟已受誓戒除知樞密院乃不奉祠又故事三歲一親郊不郊輒代以他禮慶賞與郊同而五使皆以輔臣不以官之高下天聖中乃以翰林學士領儀仗御史中丞領鹵簿始用官次又每歲大祀皆遣臺省近臣攝太尉其後或委他官大中祥符始復舊制又國朝沿唐制以太尉掌誓戒今議大尉三公非其所任請以吏部尚書掌誓戒詔用左僕射闕則用右僕射刑部尚書一員莅之

熙寧四年參知政事王珪言南郊乘輿所過必勘箭然後出入此師行之法不可施於郊祀禮院亦言於是凡車駕出入門皆罷之六年以詳定所請又罷太廟及宣德朱雀南薰諸門勘契又皇帝自大次至版位內臣二人執翟羽前導號曰拂翟失禮尤甚請除之

凡郊壇値雨雪卽齋宮門望祭殿望拜祭日不設登歌祀官以公服行事中祀以上皆給明衣

開寶元年十一月郊以燎壇稍遠不聞告燎之聲始用爟火令光明遠照通於祀所

又太廟初獻依開寶例以玉斝玉瓚亞獻以金斝終獻以瓢斝外壇器亦如之慶歷中太常請皇帝獻天地配帝以匏爵亞獻以木爵親祠太廟酌以玉斝亞獻以金斝郊廟飲福皇帝皆以玉斝詔飲福唯用金斝亞終獻酌以銀斝至飲福尚食奉御酌上尊酒投溫器以進

凡常祀天地宗廟皆內降御封香仍製漆匱付光祿司農寺每祠祭命判寺官緘署禮料送祀所凡祈告亦內出香遂爲定制嘉祐中裴煜請大祠悉降御封香中小祠供太府香中祠減大祠之半小祠減中祠之半東西太一宮係大祠歲太府供香非時祈請降御封香準大祠例及皇地祇五方帝百神文宣武成從配神位牲牢寡薄呂公著亦論廟牲未備悉加其數元符元年左司員外郎曾旼言周人以氣臭事神近世易之以香按何佟之議以爲南郊明堂用沉香本天之質陽所宜也北郊用上和香以地於人親宜加雜馥今令文北極天皇而下皆用濕香至於衆星之位香不復設恐於義未盡於是每陛各設香又言先儒以爲實柴所祀者無玉幣燎所祀者無幣今太常令式衆星皆不用幣蓋出於此然考典瑞玉人之官皆曰圭璧以祀日月星辰則實柴所祀非無玉矣槱燎無幣恐或未然至是遂命衆星隨其方色用幣慶歷三年禮官余靖言祈穀祀感生帝同日其禮當異不可皆用四圭有邸色尚赤乃定祈穀明堂蒼璧尺二寸感生帝四圭有邸朝日日圭夕月月圭皆五寸從祀神州無玉報社稷兩圭有邸祈不用玉明年祀儀成比通禮多所更定云嘉祐中集賢校理江休復言六典大祀養牲在滌三月祫享日近已踰其期而牲牢未供乞依漢唐置廩犧局下禮院議歲大小祀幾百數而牲盛之事儲養無素宜如休復言乃置廩犧局設牢預養籍田舊地種植粢盛納于神倉以待祭祀之用元豐六年詳定禮文所言本朝昊天上帝皇地祇太祖位各設三牲非尚質貴誠之義請親祠圜丘方澤正配位皆用犢不設羊豕俎及鼎匕有司攝事亦如之又簠簋尊豆皆非陶器及用龍杓請改用陶以樿爲杓又請南北郊先行升煙瘞血之禮至薦奠畢卽如舊儀於壇坎燔瘞牲幣又北郊皇地祇及神州地祇當爲坎瘞令乃建壇燔燎非是請今祭地祝版牲幣並瘞於坎又祀儀惟昊天上帝皇地祇高禖燔瘞犢首自感生帝神州地祇而下皆不燔瘞牲體殊不應典禮請自今昊天上帝感生帝皆燔牲首以報陽皇地祇神州太社太稷凡地之祭皆瘞牲之左髀以報陰薦享太廟亦皆升首於室又言古者祭祀用牲有豚解有體解薦腥則解爲十一體今親祠南郊正配位之俎不殊左右胖不分貴賤無豚解體解之別請郊廟薦腥解其牲兩髀兩肩兩脅并脊爲七體左右胖俱用其載于俎以兩髀左端兩肩兩脅次之脊居中皆進末至薦熟沉肉於湯止用右胖髀不升俎前後脛骨離爲三曰肩臂臑後髀股骨去體離爲二曰肫胳前脊謂之正脊次直謂之脡脊闕於脡脊謂之橫脊皆二骨脅骨最後二爲短脅旁中二爲正脅最前二爲代脅若升俎則肩臂臑在上端膞胳在下端脊脅在中央其俎之序則肩臂臑正脊脡脊代脅短脅膞胳凡十一體而骨體升俎進神坐前如少牢禮皆進下其牲體各預以牛爲腥俎羊爲熟俎腸胃膚俎亦然又請親祠飲福酒訖倣儀禮佐食摶黍之說命太官令取黍于簠摶以授祝祝受以豆以嘏于皇帝而無嘏辭又本朝親祠南郊習儀於壇所明堂習儀於大慶殿皆近於瀆伏請南郊習儀於青城明堂習儀於尚書省以遠神爲恭又賜胙三師三公侍中中書令門下中書侍郎尚書左右丞知樞密同知院事禮儀儀仗鹵簿頓遞使牛羊豕肩臂臑各五太子三師三少持進觀文大學士學士御史大夫六尚書金紫銀青光祿大夫節度使資政殿大學士觀文翰林資政端明龍圖天章寶文承旨侍講侍讀學士左右散騎常侍尚書列曹侍郎龍圖天章寶文直學士光祿正議通議大夫御史中丞太子賓客詹事給事中中書舍人節度觀察留後左右諫議龍圖天章寶文待制太中中大夫秘書殿中丞太常宗正卿牛豕肩臂臑各三入內內侍省押班副都知光祿卿監禮官博士牛羊脊脅各三太祝奉禮司尊彝

郊社太廟宮闈令監牲牢供應祠事內官羊髀膊胳三應執事職掌樂工門幹宰手馭馬駁車人並均給髀肫胳縠及腸胃膚之類

慶歷元年判太常寺呂公綽言舊禮郊廟尊罍數皆準古而不實三酒五齊明水明酒有司相承名爲看器郊廟配位惟用祠祭酒分大中祠位二升小祠位一升止一尊酌獻一尊飲福宜詔酒官依法制齊酒分實之壇殿上下尊罍有司毋設空器並如唐制以井水代明水明酒正配位酌獻飲福酒用酒二升者各增二升從祀神位用舊升數

宋史卷九十八考證

禮志一卽位之明年因聶崇義上重集三禮圖○臣酉按崇義傳上重集三禮圖在建隆三年非二年也與志不合未知孰是

惟用祠祭酒○文獻通考用字作有

宋史卷九十九

元　中書右丞相總裁脫脫等修

禮志第五十二

禮二吉禮二

南郊

南郊壇制梁及後唐郊壇皆在洛陽宋初始作壇於東都南薰門外四成十二陛三壝設燎壇於內壝之外丙地高一丈二尺設皇帝更衣大次於東壝東門之內道北南向仁宗天聖六年始築外壝周以短垣置靈星門親郊則立表於青城表三壝神宗熙寧七年詔中書門下參定青城殿宇門名先是每郊撰進至是始定名前門曰泰禋東偏門曰迎禧正東門曰祥曦正西門曰景曜後三門曰拱極內東側門曰賓明西側門曰肅成殿曰端誠殿前東西門曰左右嘉德便殿曰熙成後園門曰寶華著爲定式元豐元年二月詔內壝之外衆星位周環每二步植一杙繚以青繩以爲限域既而詳定奉祀禮文所言周官外祀皆有兆域後世因之稍增其制國朝郊壇率循唐舊雖儀注具載圜丘三壝每壝二十五步而有司乃以青繩代內壝誠不足以等神位序祀事嚴內外之限也伏請除去青繩爲三壝之制從之徽宗政和三年詔有司討論壇壝之制十月禮制局言壇舊制四成一成二十丈再成十五丈三成十丈四成五丈成高八尺一寸十有二陛陛十有二級三壝二十五步古所謂地上圜丘澤中方丘皆因地形之自然王者建國或無自然之丘則於郊澤吉土以兆壇位爲壇之制當用陽數今定爲壇三成一成用九九之數廣八十一丈再成用六九之數廣五十四丈三成用三九之數廣二十七丈每成高二十七尺三成總二百七十有六本乾之策也爲三壝壝三十六步亦乾之策也成與壝俱三參天地之數也詔行之建炎二年高宗至揚州庶事草創築壇於州南門內江都縣之東南詔東京所屬官吏奉祭器大樂儀仗法物赴行在所紹興十三年太常寺言國朝圜壇在國之東南壇側建青城齋宮以備郊宿今宜於臨安府行宮東南修建於是遂詔臨安府及殿前司修建圜壇第一成縱廣七丈第二成縱廣一十二丈第三成縱廣一十七丈第四成縱廣二十二丈一十二陛每陛七十二級每成一十二綴三壝第一壝去壇二十五步中壝去內壝外壝去中壝各半之燎壇方一丈高一丈二尺開上南出戶方六尺三出陛在壇南二十步丙地其青城及望祭殿與行事陪祠官宿齋幕次並令絞縛更不修蓋先是張杓爲京尹議築齋宮可一勞永逸宇文价曰陛下方經略河南今築青城是無中原也遂罷役

神位元豐元年十一月詳定郊廟奉祀禮文所言按東漢壇位天神從祀者至千五百一十四故外設重營以爲等限日月在中營內南道而北斗在北道之西至於五星中宮宿之屬則其位皆中營二十八宿外宮星之屬則其位皆外營然則爲重營者所以等神位也唐因隋制設爲三壝天神列位不出內壝而御位特設於壇下之東南若夫公卿分獻文武從祀與夫樂架饌幔則皆在中壝之內而大次之設乃在外壝然則爲三壝者所以序祀事也景德三年鹵簿使王欽若言漢以五帝爲天神之佐今在第一龕天皇大帝在第二龕與六甲岳瀆之類接席帝座天市之尊今與二十八宿積薪騰蛇杵臼之類同在第三龕甲主尊臣甚未便也若以北極帝坐本非天帝蓋是天帝所居則北極在第二帝坐在第三亦高下未等又太微之次少左右執法子星之次少孫星望令司天監參驗乃詔禮儀使太常禮院司天監檢定之禮儀使趙安仁言按開寶通禮元氣廣大則稱昊天據遠視之蒼然則稱蒼天人之所尊莫過於帝託之於天故稱上帝天皇大帝卽北辰耀魄寶也自是星中之尊易曰日月麗乎天百穀草木麗乎土又曰在天成象在地成形蓋明辰象非天草木非地是則天以蒼昊爲體不入星辰之列又郊祀錄壇第二等祀天皇大帝北斗天一太一紫微五帝坐差在行位前餘內官諸位及五星十二辰河漢都四十九坐齊列俱在十二陛之間唐建中間司天冬官正郭獻之奏天皇北極天一太一準天寶勅並合升第一等貞元二年親郊以太常議詔復從開元禮仍爲定制郊祀錄又云壇第三等有中宮天市垣帝坐等十七坐並在前開元禮義羅云帝有五坐一在紫微宮一在大角一在太微宮一在心一在天市垣卽帝坐者非直指天帝也又得判司天監史序狀天皇大帝一星在紫微勾陳中其神曰耀魄寶卽天皇是星五帝乃天帝也北極五星在紫微垣內居中一星曰北辰第一主月爲太子第二主日爲帝王第三爲庶子第四爲嫡子第五爲天子之樞蓋北辰所主非一又非帝坐之比太微垣十星有左右執法上將次將之名不可備陳故總名太微垣星經舊載孫星而壇圖止有子星辨其尊卑不可同位竊惟壇圖舊制悉有明據天神定位難以躋升望依星經悉以舊禮爲定欽若復言舊史天文志並云北極北辰最尊者又勾陳口中一星曰天皇大帝鄭玄注周禮謂禮天者冬至祭天皇於北極也後魏孝文禋六宗亦升天皇五帝上按晉天文志帝坐光而潤則天子吉威令行既名帝坐則爲天子所占列于下位未見其可又安仁議以子孫二星不可同位陛下方洽高禖之慶以廣維城之基苟因前代闕文便爲得禮實恐聖朝茂典尤未適中詔天皇北極特升第一龕又設孫星于子星位次帝坐如故欽若又言帝坐止三紫微太微者已列第二等唯天市一坐在第三等按晉志大角及心中星但云天王坐實與帝坐不類詔特升第二龕舊郊丘神位板皆有司題署命欽若改造之至是欽若奉板便殿壇上四位塗以朱漆金字餘皆黑漆第一等金字第二等黃字第三等以降朱字悉貯漆匣覆以黃縑帊帝降階觀之卽付有司又以新定壇圖五帝五岳中鎭河漢合在第三等四年判太常禮院孫奭言準禮冬至祀圜丘有司攝事以天神六百九十位從祀今惟有五方上帝及五人神十七位天皇大帝以下並不設位且太昊勾芒惟孟夏雩祀季秋大享及之今乃祀於冬至恐未協宜翰林學士晁迥等言按開寶通禮圜丘有司攝事祀昊天配帝五方帝日月五星中官外官衆星總六百八十七位雩祀大享昊天配帝五天帝五人帝五官總十七位方丘祭皇地祇配帝神州岳鎭海瀆七十一位今司天監所設圜丘雩祀明堂方丘並七十位卽是方丘有岳瀆從祀圜丘無星辰而反以人帝從祀望如奭請以通禮及神位爲定其有增益者如後敕從之政和三年議禮局上五禮新儀皇帝祀昊天上帝太史設神位版昊天上帝位于壇上北方南向席以稾秸太祖位于壇上東方南向席以蒲越天皇大帝五帝大明夜明北極九位于第一龕北斗太一帝坐五帝內坐五星十二辰河漢等內官神位五十有四于第二龕二十八宿等中官神位百五十有九于第三龕外宮神位一百有六于內壝之內衆星三百有六十于內壝之外第一龕席以稾秸餘以莞席皆內向配位太祖乾德元年始有事於南郊自五代以來喪亂相繼典章制度多所散逸至是詔有司講求遺逸遵行典故以副寅恭之意是歲十一月十六日合祭天地于圜丘初有司議配享請以禧祖升配張昭獻議曰隋唐以前雖追立四廟或六七廟而無偏加帝號之文梁陳南郊祀天皇配以皇考北齊圜丘祀昊天以神武升配隋祀昊天於圜丘以皇考配唐貞觀初以高祖配圜丘梁太祖郊天以皇考烈祖配恭惟宣祖皇帝積累勳伐肇基王業伏請奉以配享從之九年正月詔以四月幸西京有事於南郊自國初以來南郊四祭及感生帝皇地祇神州凡七祭並以四祖迭配太祖親郊者四並以宣祖配太宗卽位其七祭但以宣祖太祖更配是歲親享天地始奉太祖升侑雍熙元年冬至親郊從禮儀使扈蒙之議復以宣祖配四年正月禮儀使蘇易簡言親祀圜丘以宣祖配此則符聖人大孝之道成嚴父配天之儀太祖皇帝光啟丕圖恭臨大寶以聖授聖傳於無窮按唐永徽中以高祖太宗同配上帝欲望將來親祀郊丘奉宣祖太祖同配其常祀祈穀神州明堂以宣祖崇配圜丘北郊雩祀以太祖崇配奏可眞宗至道三年十一月有司言冬至圜丘孟夏雩祀夏至方丘請奉太宗配上辛祈穀季秋明堂奉太祖配上辛祀感生帝孟冬祭神州地祇奉宣祖配其親郊奉太祖太宗並配詔可乾興元年眞宗崩詔禮官定遷郊祀配帝乃請祈穀及祭神州地祇以太祖配雩祀及昊天上帝及皇地祇以太宗配感生帝以宣祖配明堂以眞宗配親祀郊丘以太祖太宗配奏可景祐二年郊詔以太祖太宗眞宗三廟萬世不遷南郊以太祖定配二宗迭配

親祀皆侑常祀圜丘皇地祇配以太祖祈穀雩祀神州配以太宗感生帝明堂以宣祖眞宗配如舊慶歷元年判太常寺呂公綽言歷代郊祀配位無側向眞宗示輔臣封禪圖曰嘗見郊祀昊天上帝不以正坐蓋皇地祇次之今修登封上帝宜當子位太祖太宗配位宜比郊祀而斜置之其後有司不論先帝以告成報功酌宜從變之意每郊儀範旣引祥符側置之文又載西向北上之禮臨時擇一未嘗考定乃詔南郊祖宗之配並以東方西向爲定皇祐五年郊詔自今圜丘三聖並侑嘉祐六年諫官楊畋論水災繇郊廟未順禮院亦言對越天地神無二主唐始用三祖同配後遂罷之皇祐初詔三聖並侑後復迭配未幾復並侑以爲定制雖出孝思然頗違經典當時有司失於講求下兩制議翰林學士王珪等曰推尊以享帝義之至也然尊尊不可以瀆故郊無二主今三后並侑欲以致孝也而適所以瀆乎享帝非無以寧神也請如禮官議七年正月詔南郊以太祖定配高宗建炎二年車駕至揚州築壇於江都縣之東南是歲冬至祀昊天上帝以太祖配度宗咸淳二年將舉郊祀時復議以高宗參配吏部侍郎兼中書門下省檢正洪燾等議以爲物無二本事無二初舜之郊嚳商之郊契周郊后稷皆所以推原其始也禮者所以別等差視儀則遠而尊者配於郊近而親者配於明堂明有等也臣等謂宜如紹興故事奉太宗配將來明堂遵用先皇帝彝典以高宗參侑庶於報本之禮奉先之孝爲兩盡其至詔恭依

儀注乾德元年八月禮儀使陶穀言饗廟郊天兩日行禮從祀官前七日皆合於尚書省受誓戒自來一日之內受兩處誓戒有虧虔潔今擬十一月十六日行郊禮望依禮文於八日先受從享太廟誓戒九日別受郊天誓戒其日請放朝參從之自後百官受誓戒於朝堂宗室受於太廟祭之日均用丑時秋夏以一刻春冬以七刻前二日遣官奏告配帝之室儀鸞司設大次小次及文武侍臣蕃客之次太常設樂位神位版位等事前一日司尊彝帥其屬以法陳祭器于堂東僕射禮部尚書視滌濯告潔禮部尚書侍郎省牲光祿卿奉牲告充告備禮部尚書視鼎鑊禮部侍郎視腥熟之節祭之旦光祿卿率其屬取籩豆簠簋實之及薦腥禮部尚書帥其屬薦籩豆簠簋戶部兵部工部尚書薦三牲之腥熟俎禮畢各徹而有司受之以出壝後郊社令帥其屬掃除御史按視之奏中嚴外辦以禮部侍郎請解嚴以禮部郎中贊者設亞終獻位於小次之南宗室位於其後設公卿位於亞終獻之南分獻官位於公卿之後執事者又在其後俱重行西向北上其致福也太牢以牛左肩臂臑折九箇少牢以羊左肩七箇犆豕以左肩五箇有司攝事進胙皆如禮大尉展視以授使者再拜稽首旣享大宴號曰飲福自宰臣而下至應執事及樂工馭車馬人等並均給有差以爲定式是歲十一月日至皇帝服袞冕執圭合祭天地于圜丘還御明德門樓肆赦仁宗天聖二年詔加眞宗謚上謂輔臣曰郊祀重事朕欲就禁中習儀其令禮官草具以聞先郊三日奉謚冊寶于太廟次日薦享玉淸昭應景靈宮宿太廟旣享赴靑城至大次就更衣壇改服袞冕行事五年郊後擇日恭謝大禮使王曾請節廟樂帝曰三年一享不敢憚勞也三獻終增禮生七人各引本室太祝升殿徹豆三日又齋長春殿謝玉淸昭應宮禮畢賀皇太后比籍田勞酒儀略如元會其恭謝云臣某虔遵舊典郊祀禮成中外協心不勝懽忭宣答曰皇帝德備孝恭禮成嚴配萬國稱頌懽豫增深帝再拜還內樞密使以下稱賀閤門使宣答樞密副使升殿侍立百官稱賀酒三行還內殿受命婦賀司賓自殿側幕次引內命婦於殿庭北向立尚儀奏請皇太后卽御坐司賓贊再拜引班首升自西階稱封號妾某氏等言郊祀再舉福祚咸均凡在照臨不勝忻忭降再拜尚宮承旨降自東階稱皇太后聖旨又再拜司賓宣答曰已成鉅禮歡豫良深皆再拜次外命婦賀如內命婦儀退皆赴別殿賀皇帝惟不致詞不宣答神宗元豐六年十一月二日帝將親郊奉仁宗英宗徽號冊寶于太廟是日晚齋于大慶殿三日薦享于景靈宮齋于太廟四日朝享七室齋于南郊之靑城五日冬至祀昊天上帝于圜丘以太祖配是日帝服鞾袍乘輦至大次有司請行禮服大裘被袞冕以出至壇中壝門外殿中監進大圭帝執以入宮架樂作至午階下版位西向立樂止禮儀使贊曰有司謹具請行事宮架奏景安之樂文舞作六成止帝再拜詣罍洗宮架樂作至洗南北向樂止帝搢圭盥帨訖樂作至壇下樂止升午階登歌樂作至壇上樂止殿中監進鎭圭嘉安樂作詣上帝神坐前北向跪奠鎭圭於繅藉執大圭俯伏興搢圭跪三上香奠玉幣執圭俯伏興再拜內侍舉鎭圭授殿中監樂止廣安樂作詣太祖神坐前東向奠圭幣如上帝儀登歌樂作帝降壇樂止宮架樂作還位西向立樂止禮部尚書戶部尚書以下奉饌俎宮架豐安樂作奉奠訖樂止再詣罍洗帝搢大圭盥帨洗爵拭爵訖執大圭宮架樂作至壇下樂止升自午階登歌樂作至壇上樂止登歌禧安樂作詣上帝神坐前搢圭跪執爵祭酒三奠訖執圭俯伏興樂止太祝讀冊帝再拜訖樂作次詣太祖神坐前如前儀登歌樂作帝降自午階樂止宮架樂作還位西向立樂止文舞退武舞進宮架正安之樂作樂止亞獻盥帨訖正安樂作禮畢樂止終獻行禮並如上儀獻畢宮架樂作帝升自午階樂止登歌樂作至飮福位樂止禧安樂作帝再拜搢圭跪受爵祭酒三啐酒奠爵受俎奠俎受摶黍豆再受爵飮福訖奠爵執圭俯伏興再拜樂作帝降還位如前儀禮部戶部尚書徹俎豆禮直官曰賜胙行事陪祀官再拜宮架宴安樂作一成止宮架樂作帝詣望燎位南向立樂止禮直官曰可燎俟火燎半柴禮儀使跪奏禮畢宮架樂作帝出中壝門殿中監受大圭歸大次樂止有司奏解嚴帝乘輿還靑城百官稱賀於端誠殿有司轉仗衞奏中嚴外辦帝服通天冠絳紗袍乘輿以出至玉輅所侍中跪請降輿升輅帝升輅門下侍郎奏請進行又奏請少駐侍臣乘馬將至宣德門奏采齊一曲入門樂止侍中請降輅赴幄次有司奏解嚴帝常服乘輿御宣德門肆赦羣臣稱賀如常儀初淳化三年將以冬至郊前十日皇子許王薨有司言王薨在未受誓戒之前準禮天地社稷之祀不廢詔下尚書省議吏部尚書宋琪等奏以許王薨謝去郊禮裁十日又詔輟十一日以後五日朝參且至尊成服百僚皆當入慰有司又以十二十三日受誓戒按令式受誓戒後不得弔喪問疾今若皇帝旣輟朝而未成服則全爽禮文百僚旣受誓而入奉慰又違令式況許王地居藩戚望著親賢於昆仲爲大宗於朝廷爲冢嗣遽茲薨逝朝野同哀伏想聖情豈勝追念當愁慘之際行對越之儀臣等實慮上帝之弗歆下民之斯惑況祭天之禮歲有四焉載於禮經非有差降請以來年正月上辛合祭天地從之神宗之嗣位也英宗之喪未除是歲當郊帝以爲疑以問講讀官王珪司馬光王安石皆對以不當廢珪又謂喪三年不祭惟天地社稷爲越紼而行事傳謂不敢以卑廢尊也景德二年眞宗居明德太后之喪卽易月而服除明年遂享太廟而合祀天地於圜丘請冬至行郊廟之禮其服冕車輅儀物音樂緣神事者皆不可廢詔用景德故事惟郊廟及景靈宮禮神用樂鹵簿鼓吹及樓前宮架諸軍音樂皆備而不作警場止鳴金鉦鼓角仍罷諸軍呈閱騎隊故事齋宿必御樓警嚴幸後苑觀花作水戲至是悉罷之有司言故事當謁謝於祖宗神御殿獻享月吉禮以禮官攝詔遣輔臣仍罷詣佛寺是後國有故皆遣輔臣高宗紹興十二年臣僚言自南巡以來三歲之祀獨於明堂而郊天之禮未舉來歲乞行大禮詔建圜壇於臨安府行宮東城之外自是凡六郊焉孝宗隆興二年詔曰朕恭覽國史太祖乾德詔書有云務從省約無至勞煩仰見事天之誠愛民之仁所以垂萬世之統者在是今歲郊見可令有司除禮物軍賞其餘並從省約初降詔以十一月行事以冬至適在晦日以至道典故改用獻歲上辛遂改來年元爲乾道乃以正月一日有事南郊禮成進胙于德壽宮以牛腥體肩三臂上臑二導駕官自端誠殿簪花從駕至德壽宮上壽飲福稱賀陳設儀注並同上壽禮皇帝致詞曰皇帝臣某言享帝合宮受天純嘏臣某與百僚不勝大慶謹上千萬歲壽自後郊祀明堂進胙飲福並如上儀光宗紹熙二年十一月郊以值雨行禮于望祭殿帝遂感疾理宗四十一年一郊而已度宗咸淳二年權工部尚書趙汝暨等奏今歲大禮正在先帝大祥之役臣等竊惟帝王受命郊見天地不可緩也古者有改元卽郊不用前郊三年爲計況今適在當郊之歲旣踰大祥之期圜丘之祀豈容不舉於是降禮以十一月十七日款謁南郊適太史院言十六日太陰交蝕遂改來年正月一日南郊行禮太常寺言皇帝旣已從吉請依儀用樂其十二月二十九日朝獻景靈宮三十日朝享太廟尚在禫制之內所有迎神奠幣酌獻送神作樂外其盥洗升降行步等樂備而不作

宋史卷九十九考證

禮志二前門曰泰禧東偏門曰迎禧正東門曰祥曦正西門曰景曜○臣酉按正門有東有西偏門不應只有東而無西也據通考東偏門曰承和西偏門曰迎禧則此處迎禧上當脫承和西偏門曰六字

殿曰端誠殿○此句上通考有大殿門曰端誠門七字

東方南向○臣酉按昊天上帝位北方南向則太祖位東方當西向不應向南南字定是西字之譌

宋史卷一百

元　中書右丞相總裁脫脫等修

禮志第五十三

禮三 吉禮三

北郊　祈穀　五方帝　感生帝

北郊宋初方丘在宮城之北十四里以夏至祭皇地祇別爲壇於北郊以孟冬祭神州地祇建隆以來迭奉四祖崇配二壇太平興國以後但以宣祖太祖更配眞宗乃以太宗配方丘宣祖配神州地祇皇祐初禮官言皇地祇壇各再成面廣四丈九尺東西四丈六尺上成高四尺五寸下成高五尺方五丈三尺陛廣三尺五寸卑陋不應典禮請如唐制增廣之五年諸壇皆改嘉祐配位七十一加羊豕各五慶歷用犢羊豕各一旣而諫官司馬光奏大行諡于南郊而皇地祇止於望告失尊卑之序下禮院定非次祭告皇地祇請差官詣北郊行事其神州之壇方三丈一尺皇祐增高三尺廣四十八步內壝四面以青繩代之仍遣內臣降香有司攝事如儀神宗元豐元年二月郊廟奉祀禮文所言古者祀天於地上之圜丘在國之南祭地于澤中之方丘在國之北其牲幣禮樂亦皆不同所以順陰陽因高下而事之以其類也由漢以來乃有夫婦共牢合祭天地之說殆非所謂求神以類之意本朝親祀上帝卽設皇地祇位稽之典禮有所未合遂詔詳定更改以聞於是陳襄王存李清臣張璪黃履陸佃何洵直楊完等議或以當郊之歲冬夏至日分祭南北郊各一日而祀徧或於圜丘之旁別營方丘而望祭或以夏至盛暑天子不可親祭改用十月或欲親郊圜丘之歲夏至日遣上公攝事於方丘議久未決三年翰林學士張璪言先王順陰陽之義以冬至祀天夏至祀地此萬世不可易之理議者乃欲改用他月無所據依必不得已宜卽郊祀之歲於夏至之日盛禮容具樂舞遣冢宰攝事雖未能皆當於禮庶幾先王之遺意猶存焉於是禮官請如璪議設宮架樂文武二舞改製樂章用竹冊匏爵增配帝犢及捧俎分獻官廣壇壝齋宮脩定儀注上之旣而曾肇言今冬至若罷合祭而夏至又以有司攝事則不復有親祭地祇之時於父天母地之義若有隆殺請遇親祀南郊之歲以夏至日備禮躬款北郊以存事地之義四年四月乃詔親祀北郊並依南郊之儀有故不行卽以上公攝事六年禮部太常寺上親祀儀並如南郊其攝事唯改舞名及不備官其籩豆樂架玉幣之數盡如親祠是歲十一月甲辰冬至祀昊天上帝以太祖配始罷合祭不設皇地祇位哲宗初立未遑親祀有司攝事如元豐儀元祐五年夏至祭皇地祇命尚書右丞許將攝事將言王者父天母地三歲冬至天子親祠徧享宗廟祀天圜丘而夏至方澤之祭乃止遣上公則皇地祇遂永不在親祠之典此大闕禮也望博詔儒臣講求典故明正祀典爲萬世法禮部尚書趙彥若請依元豐所定郊祀之歲親祀方丘及攝事已合禮之正更不須聚議禮部郎中崔公度請用陳薦議仍合祭天地從祀百神復詔尚書侍郎兩省及侍從臺諫禮官集議於是翰林學士顧臨等八人請合祭如故事竢將來親祠北郊則合祭可罷宋興一祖六宗皆合祭天地其不合祭者惟元豐六年一郊爾去所易而就所難虛地祇之大祭失今不定後必悔之吏部侍郎范純禮等二十二人皆主北郊之議中書舍人孔武仲又請以孟冬純陰之月詣北郊親祠如神州地祇之祭彭汝礪曾肇復上疏論合祭之非文多不載九月三省上顧臨等議太皇太后曰宜依仁宗皇帝故事呂大防言諸儒獻議欲南郊不設皇地祇位於宗祖之制未覩其可范百祿以圜丘無祭地之禮記曰有其廢之莫可舉也先帝所廢稽古據經未可輕改大防又言先帝因禮文所建議遂令諸儒定北郊祀地之禮然未經親行今皇帝臨御之始當親見天地而獨不設地祇位恐亦未安況祖宗以恩霈四方慶賚將士非三歲一行則國力有限今日宜爲勉行權制俟北郊議定及太廟享禮行之未晚太皇太后以大防之言爲是而蘇頌鄭雍皆以古者人君嗣位之初必郊見天地今皇帝初郊而不祀地恐未合古乃下詔曰國家郊廟特祀祖宗以來命官攝事惟三歲一親郊則先享清廟冬至合祭天地于圜丘元豐間有司援周制以合祭不應古義先帝乃詔定親祀北郊之儀未之及行是歲郊祀不設皇地祇位而宗廟之享率如權制朕方脩郊見天地之始其冬至日南郊宜依熙寧十年故事設皇地祇位以嚴並況之儀厥後躬行方澤之祀則脩元豐六年五月之制俟郊禮畢集官詳議典禮以聞十一月冬至親祠南郊遂合祭天地而詔罷飲福宴八年禮部尚書蘇軾復陳合祭六議令禮官集議以聞已而下詔依元祐七年故事合祭天地于南郊仍罷集議紹聖元年以右正言張商英言先帝制詳定禮文所謂合祭非古据經而正之元祐之臣乃復行合祭請再下禮官議御史中丞黃履謂南郊合祭因王莽謟事元后遂躋地位同席共牢迨先帝親郊大臣以宣仁同政復用莽意合祀瀆亂典禮帝以詢輔臣章惇曰北郊止可謂之社黃履曰郊者交於神明之義所以天地皆稱郊社者土之神爾豈有祭大祇亦可謂之社乎乃以履奏送禮部太常寺權禮部侍郎盛陶太常丞王誼等言宜用先帝北郊儀注以時躬行罷合祭禮已而三省言合祭旣非禮典但盛夏祭地祇必難親行詔令兩省臺諫禮官同議可親祀北郊然後罷合祭之禮曾布錢勰范純禮韓宗師王古井亮采常安民李琮虞策劉定傅楫黃裳豐稷葉祖洽等言互有是否蔡京林希蔡卞黃履吳安持晁端彥翟思郭知章劉拯黃慶基董敦逸等請罷合祭詔從之然北郊親祀終帝之世未克舉云建中靖國元年命禮部太常寺詳定北郊儀制殿中侍御史彭汝霖又請改合祭之禮韓忠彥以爲不可曾布力主北郊之說帝亦然之遂罷合祭政和三年詔禮制局議方壇制度是歲新壇成初元豐三年七月詔改北郊圜壇爲方丘六年命禮部太常定北郊壇制哲宗紹聖三年權尚書侍郎黃裳等言南郊青城至壇所五百一十八步自瑞聖園至皇地祇壇之東壝五百五十六步相去不遠其壇係國初所建神靈顧享已久元豐間有司請地祇神州並爲方壇壇之外爲坎詔止改圜壇爲方請下有司比類南郊增飾制度除治四面稍令低下以應澤中之制詔禮部再爲詳定指畫興築至是禮制局言方壇舊制三成第一成高三尺第二成第三成皆高二尺五寸上廣八丈下廣十有六丈夫圜壇旣則象於乾則方壇當效法於坤今議方壇定爲再成一成廣三十六丈再成廣二十四丈每成崇十有八尺積三十六尺其廣與崇皆得六六之數以坤用六故也爲四陛陛爲級一百四十有四所謂坤之策百四十有四者也爲再壝壝二十有四步取坤之策二十有四也成與壝俱再則兩地之義也齋宮大內門曰廣禋東偏門曰東秩西偏門曰西平正東門曰含光正西門曰咸亨正北門曰至順南內大殿門曰厚德東曰左景華西曰右景華正殿曰厚德便殿曰受福曰坤珍曰道光亭曰承休後又增四角樓爲定式其神位崇寧初禮部員外郎陳暘言五行於四時有帝以爲之主必有神以爲之佐今五行之帝旣從享於南郊第一成則五行之神亦當列於北郊第一成天莫尊於上帝而五帝次之地莫尊於大祇而嶽帝次之今尙與四鎭海瀆並列請升之於第一成至是議禮局上新儀皇地祇位於壇上北方南向席以槀秸太祖皇帝位於壇上東方西向席以蒲越木神勾芒東嶽於壇第一龕東鎭海瀆於第二龕東山林川澤於壇下東丘陵墳衍原隰於內壝之內皆在卯階之北以南爲上神州地祇火神祝融南嶽於壇第一龕南鎭海瀆於第二龕南山林川澤於壇下南丘陵墳衍原隰於內壝之內皆在午階之東以西爲上土神后土中嶽於壇第一龕中鎭於第二龕中山林川澤於壇下中丘陵墳衍原隰於內壝之內皆在午階之西以西爲上金神蓐收西嶽於壇第一龕西鎭海瀆於第二龕崑崙西山林川澤於壇下西丘陵墳衍原隰於內壝之內皆在酉階之南以北爲上水神玄冥北嶽於壇第一龕北鎭海瀆於第二龕北山林川澤於壇下北丘陵墳衍原隰於內壝之內皆在子階之西以東爲上神州地祇席以槀秸餘以莞席皆內向其餘並如元豐儀壇壝之制其位板之制上帝位板長三尺取參天之數厚九寸取乾元用九之數廣尺二寸取天之備數書徽號以蒼色取蒼璧之義皇地祇位板長二尺取兩地之數厚六寸取坤元用六之數廣一尺取地之成數書徽號以黃色取黃琮之義皆以金飾配位板各如天地之制又言大禮格皇地祇玉用黃琮神州地祇五嶽以兩圭有邸今請二者並施於皇地祇求神以黃琮薦獻以兩圭有邸神州惟用圭邸餘不用玉琮之制當用坤數宜廣六寸爲八方而不剡兩圭之長宜共五寸並宿一邸色與琮同牲幣如之又言常祭地祇配位各用氷鑑一今親祀盛暑請增正配及從祀位氷鑑四十一並從之四年五月夏至親祭地于方澤以皇弟燕王俁爲亞獻越王偲爲終獻皇帝散齋七日于別殿致齋七日于內殿一日於齋宮前一日告配太祖室其有司陳設及皇帝行事並於郊祀之儀是後七年至宣和二年五年親祀者凡四高宗紹興初惟用酒脯鹿臡行一獻禮二年太常少卿程瑀言皇地祇當一依祀天儀式詔從之又言國朝祀皇地祇設位於壇之北方南向政和四年設於南方北向今北面望祭北向爲難且於經典無據請仍南向淳熙中朱熹爲先朝南北郊之辯曰禮郊特牲而社稷太牢書用牲于郊牛二及社于新邑此明驗也本朝初分南北郊後復合而爲一周禮亦只說祀昊天上帝不說祀后土故先儒言無北郊祭社卽是祭地古者天地未必合祭日月山川百神亦無一時合祭共享之禮古之時禮數簡而儀從省必是天子躬親行事豈有祭天却將上下百神重沓累積併作一祭耶且郊壇陛級兩邊上下

皆是神位中間恐不可行或問郊祀后稷以配天宗祀文王以配上帝帝卽是天天卽是帝却分祭何也曰爲壇而祭故謂之天祭於屋下而以神祇祭之故謂之帝祈穀雩祀宋之祀天者凡四孟春祈穀孟夏大雩皆於圜丘或別立壇季秋大饗明堂惟冬至之郊則三歲一舉合祭天地焉開寶中太祖幸西京以四月有事南郊躬行大雩之禮淳化至道太宗亦以正月躬行祈穀之祀悉如圜丘之禮景德三年龍圖閣待制陳彭年言伏覩畫日來年正月三日上辛祈穀至十日始立春按月令正月元日注爲祈穀郊祀昊天上帝春秋傳曰啓蟄而郊郊而後耕蓋春氣初至農事方興郊祀昊天以祈嘉穀當在建寅之月迎春之後自晉泰始二年始用上辛不擇立春之先後齊永明元年立春前郊議欲遷日王儉曰宋景平元年元嘉六年並立春前郊遂不遷日吳操之云應在立春前然則左氏所記乃三代彝章王儉所言乃後世變禮來年正月十日立春三日祈穀斯則襲王儉之末議違左氏之明文望以立春後上辛行祈穀禮因詔有司詳定諸祠祭祀有司言今年四月五日雩祀上帝十三日立夏祀赤帝按月令立夏之日天子迎夏于南郊注云爲祀赤帝於南郊又云是月也大雩注云春秋傳曰龍見而雩龍星謂角亢也立夏後昏見於東方按五禮精義云自周以來歲星差度今之龍見或在五月以祈甘雨於時已晚但四月上旬卜日令則惟用改朔不待得節祭於立夏之前殊違舊禮之意苟或龍見於仲夏雩祀於季春相去遼闊於禮未周欲請並於立夏後卜日如立夏在三月則待改朔天禧元年十二月禮儀院言準畫日來年正月十七日祈穀前二日奏告太祖室緣歲以正月十五日朝拜玉清昭應宮景德四年以前祈穀止用上辛其後用立春後辛日蓋當時未有朝拜宮觀禮王儉啓云近代明例不以先郊後春爲嫌又宋武朝有司奏魏代郊天值雨更用後辛或正月上辛事有相妨並許互用在於禮典固亦無嫌初祈穀大雩皆親祀上帝由熙寧迄靖康惟有司攝事而已元豐中禮官言慶歷大雩宗祀之儀皆用犢羊豕各一唯祈穀均祀昊天上帝止用犢一請依雩祀大享明堂牲牢儀用犢羊豕各一四年十月詳定郊廟奉祀禮文所言近詔宗祀明堂以配上帝其餘從祀羣神悉罷今祈穀大雩猶循舊制皆羣神從祀恐與詔旨相戾請孟春祈穀孟夏大雩惟祀上帝以太宗皇帝配餘從祀羣神悉罷又請改築雩壇於國南門以嚴祀事並從之五年七月禮部言雩壇當立於圜丘之左巳地其高一丈廣輪四丈周十二丈四出陛爲三壝各二十五步周垣四門一如郊壇之制從之大觀四年二月禮局議以立春後上辛祈穀詔以今歲孟春上辛在丑次辛在亥遇丑不祈而祈於亥非禮也乃不果行政和祈穀儀前期降御札以來年正月上辛祈穀祀上帝前祀十日太宰讀誓於朝堂刑部尚書涖之少宰讀誓於太廟齋房刑部侍郎涖之皇帝散齋七日致齋三日前祀一日服通天冠絳紗袍乘玉輅詣青城祀日自齋殿服通天冠絳紗袍乘輿至大次服衮冕執圭入正門宮架儀安之樂作禮儀使奏請行事宮架作景安之樂帝臨降康之舞六成止太常升烟禮儀使奏請再拜盥洗升壇上登歌嘉安之樂作皇帝搢大圭執鎭圭詣上帝神位前北向奠鎭圭於繅藉執大圭俛伏興又奏請搢大圭跪受玉幣奠訖詣太宗神位前東向奠幣如上儀登歌作仁安之樂皇帝降階有司進熟禮儀使奏請執大圭升壇登歌歆安之樂作皇帝詣上帝神位前酌獻執爵祭酒讀冊文訖奏請皇帝再拜詣太宗神位前酌獻並如上儀登歌作紹安之樂皇帝降階入小次文舞退武舞進宮架容安之樂作亞獻酌獻宮架作隆安之樂神保錫美之舞終獻如之禮儀使奏請皇帝詣飲福位宮架禧安之樂作皇帝受爵又請再拜有司徹俎登歌成安之樂作送神宮架景安之樂作皇帝詣望燎位禮畢還大次雩祀上帝儀亦如之惟太宗神位奠幣作獻安之樂酌獻作感安之樂南渡後以四祀二在南郊圜壇二在城西惠照院齋宮紹興十四年始具樂舞用政和儀增籩豆之數乾道五年太常少卿林栗乞四祭並卽圜壇禮部侍郎鄭聞謂明堂當從屋祭不當在壇有司攝事當於望祭殿行禮從之淳熙十六年光宗受禪始奉高宗配焉

五方帝宋因前代之制冬至祀昊天上帝于圜丘以五方帝日月五星以下諸神從祀又以四郊迎氣及土王日專祀五方帝以五人帝配五官三辰七宿從祀各建壇于國門之外青帝之壇其崇七尺方六步四尺赤帝之壇其崇六尺東西六步三尺南北六步二尺黃帝之壇其崇四尺方七步白帝之壇其崇七尺方七步黑帝之壇其崇五尺方三步七尺天聖中詔太常葺四郊宮少府監遣吏齋祭服就給祠官光祿進胙監祭封題慶歷用羊豕各一正位大尊著尊各二不用犧尊增山罍爲二壇上籩豆俎各增爲二皇祐定壇如唐郊祀錄各廣四丈其崇用五行八七五九六爲尺數嘉祐加羊豕各二元祐六年知開封府范百祿言每歲迎氣於四郊祀五帝配以五神國之大祠也古者天子皆親帥三公九卿諸侯大夫以虔恭重事而導四時之和氣焉今吏所差三獻皆常叅官其餘執事贊相之人皆班品卑下不得視中祠行事者之例請下禮部與太常議宜以公卿攝事從之景德中南郊鹵簿使王欽若言五方帝位板如靈威仰赤熛怒含樞紐白招拒叶光紀恐是五帝之名理當恭避禮官言開寶通禮義纂五者皆是帝號漢書注自有名卽蒼帝靈符赤帝文祖白帝顯紀黑帝玄矩黃帝神斗是也旣爲美稱不煩回避嘉祐元年以集賢校理丁諷言按春秋文耀勾爲五帝之名始下太常去之其祀儀皇帝服衮冕祀黑帝則服裘被衮配位登歌作承安之樂餘並如祈穀禮立春祀青帝以帝太昊氏配勾芒氏歲星三辰七宿從祀勾芒位壇下卯階之南歲星析木大火壽星位壇下子階之東西上角亢氐房心尾箕宿位于壇下子階之西東上立夏祀赤帝以帝神農氏配祝融氏熒惑三辰七宿從祀祝融位壇下卯階之南熒惑鶉首鶉火鶉尾位子階之東西上井鬼柳星張翼軫宿位于壇下子階之西東上季夏祀黃帝以黃帝氏配后土鎭星從祀后土位壇下卯階之南鎭星位壇下子階之東立秋祀白帝以帝少昊氏配蓐收太白三辰七宿從祀蓐收位壇下卯階之南太白大梁降婁實沈位壇下子階之東西上奎婁胃昴畢觜參宿位于子階之西東上立冬祀黑帝以帝高陽氏配玄冥辰星三辰七宿從祀玄冥位壇下卯階之南辰星諏訾玄枵星紀位子階之東西上斗牛女虛危室壁宿位子階之西東上紹興仍舊制祀五帝于郊

感生帝卽五帝之一也帝王之興必感其一北齊隋唐皆祀之而隋唐以祖考升配宋因其制乾德元年太常博士聶崇義言皇帝以火德上承正統請奉赤帝爲感生帝每歲正月別壇而祭以符火德事下尚書省集議請如崇義奏乃酌隋制爲壇于南郊高七尺廣四丈日用上辛配以宣祖牲用騂犢二玉用四圭有邸幣如方色明年正月有司言上辛祀昊天上帝五方帝從祀今旣奉赤帝爲感生帝一日之內兩處俱祀似爲煩數況同時並祀在禮非宜昊天從祀請不設赤帝坐從之乾興元年九月太常丞同判禮院謝絳言伏覩本院與崇文院檢討官詳定以宣祖配感生帝竊尋宣祖非受命開統義或未安唐武德初圜丘方丘雩祀並以景帝配祈穀大享並以元帝配太宗初奉高祖配圜丘明堂北郊元帝配感生帝高宗永徽二年祀高祖於圜丘祀太宗於明堂兼感生帝作主又以景帝元帝稱祖萬代不遷停配以符古義臣以爲景帝厥初受封爲唐始祖蓋與宣帝不侔宣祖於唐是爲元帝之比唐有天下裁越三世而景元二祖巳停配典有宋受命旣自太祖于今四聖而宣祖侑祀未停恐非往典之意請依永徽故事停宣祖配仍用太宗故事宗祀真宗於明堂兼感生帝作主若據鄭氏說則曰五帝迭王王者因所感別祭尊於南郊以祖配之今若不用武德永徽故事請以太祖兼配正符鄭說詳鄭之意非受命始封之祖不得配故引周后稷配靈威仰之義爲證惟太祖始造基業躬受符命配侑感帝處理甚明如恐祠日相妨當以太宗配祈穀太祖配雩祀亦不失尊嚴之旨臣以爲宣廟非惟不遷而迭用配帝於古爲疑禮祖有功宗有德但非受命之祖親盡必毀況配享乎翰林承旨李維等議按禮祭法正義曰郊謂夏正建寅之月祭感生帝於南郊此則崇配之文也竊惟感帝比祈穀禮秩差輕宣祖比太祖功業有異今以太祖配祈穀宣祖配感帝稱情立文於禮斯協詔從所定其祀儀皇帝散齋七日致齋三日太史設位於壇上北方南向席以藁秸配帝位于壇上東方西向席以蒲越配位奠幣作皇安之樂酌獻作肅安之樂餘如祈穀祀上帝儀紹興十八年臣僚言我朝祀赤帝爲感生帝世以僖祖配之祖宗以來奉事尤謹故子孫衆多與天無極中興浸久祀秩咸脩惟感生帝有司因循尚淹小祀寓於招提酒脯而巳宜詔有司升爲大祀庶幾天意瞀孚永錫蕃衍詔禮官議之遂躋大祀禮行三獻用籩豆十二設登歌樂舞望祭於齋宮

宋史卷一百考證

禮志三郊兩省臺諫禮官同議可親祀北郊然後罷合祭之禮○臣酉按所敘兩省臺諫諸人俱與通考合獨中書舍人盛陶一人缺

其餘並如元豐儀壇壝之制其位板之制○臣酉按壇壝之制已見前文此處只定從祀神位下文乃定位板之制壇壝之制四字無着落疑衍

宋史卷一百一

元中書右丞相總裁脫脫等修

禮志第五十四

禮四 吉禮四

明堂

明堂宋初雖有季秋大享之文然未嘗親祠命有司攝事而已真宗始議行之屬封岱宗祀汾陰故亦未遑皇祐二年三月仁宗謂輔臣今年冬至日當親祀圜丘欲以季秋行大享明堂禮然自漢以來諸儒各爲論議駁而不同夫明堂者布政之宮朝諸侯之位天子之路寢乃今之大慶殿也況明道初合祀天地於此今之親祀不當因循尚於郊壇寓祭也其以大慶殿爲明堂分五室於內仍詔所司詳定儀注以聞禮院請依周禮設五室於大慶殿舊禮明堂五帝位皆爲幔室今旁帷上幕宜用青縑朱裏四戶八牖赤綴戶白綴牖宜飾以朱白繒詔曰祖宗親郊合祭天地祖宗並配百神從祀今祀明堂正當親郊之期而禮官所定祭天不及地祇配坐不及祖宗未合三朝之制且移郊爲大享蓋亦爲民祈福宜合祭皇地祇奉太祖太宗真宗並配而五帝神州亦親獻之日月河海諸神悉如圜丘從祀之數禮官議諸神位未決帝諭文彥博等曰郊壇第一龕者在堂第二第三龕設於左右夾廡及龍墀上在壝內外者列於堂東西廂及後廡以象壇壝之制仍先繪圖令輔臣禮官視設神位昊天上帝堂下山罍各四皇地祇大尊著尊犧尊山罍各二在堂上室外神坐左象尊二壺尊二山罍四在堂下中陛東三配帝五方帝山罍各二於室外神坐左神州大尊著尊山罍各一在堂上神坐左牲各用一犢毛不能如其方以純色代籩豆數用大祠日月天皇大帝北極大尊各二在殿上神坐左籩豆數用中祠五官數用小祠內官象尊各二每方岳鎮海瀆山尊各二在堂左右中官壺尊各二在丹墀龍墀上外官每方丘陵墳衍原隰槪尊各二衆星散尊各二在東西廂神坐左右配帝席蒲越五人帝莞北極以上藁秸加褥五官五星以下莞不加褥餘如南郊景靈宮升降置黃道褥位致齋日陳法駕鹵簿儀仗壝門大次之後設小次如廟卿酌奠七祠文臣分享奉慈后廟近侍宿朝堂行事及從升堂百官分宿昇龍門外內庭省司宿本所諸方客宿公館設宿爟火於望燎位東南牲增四犢羊豕依郊各十六以薦從祀帝謂前代禮有祭玉燔玉今獨有燔玉命擇良玉爲琮璧皇地祇黃琮黃幣神州兩圭有邸黑幣日月圭璧皆置神坐前燔玉加幣上五人帝五官白幣日月內官以下幣從方色九月二十四日未漏上水一刻百官朝服齋于文德殿明日未明二刻鼓三嚴帝服通天冠絳紗袍玉輅警蹕赴景靈宮即齋殿易袞圭薦享天興殿畢詣太廟宿齋其禮具太廟未明三刻帝鞾袍小輦殿門契勘門下省奉寶輿先入及大次易袞圭入至版位樂舞作沃盥自大階升禮儀使導入太室詣上帝位奠玉幣於神坐次皇地祇五方帝神州次祖宗奠幣酌獻之敘亦然皇帝降自中階還版位樂止禮生引分獻官奉玉幣祝史齋郎助奠諸神坐乃進熟詣太祝迎上帝皇地祇饌升自中階青帝赤帝神州配帝大明北極太昊神農氏饌升自東階黃帝白帝黑帝夜明天皇大帝軒轅少昊高陽氏饌升自西階內中官五官外官五星諸饌隨便升設亞獻將升禮生分引獻官俱詣罍洗各由其階酌獻五人帝日月天皇北極下及左右夾廡丹墀龍墀庭中五官東西廂外官衆星坐禮畢帝還大次解嚴改服乘輦御紫宸殿百官稱賀乃常服御宣德門肆赦文武內外官遞進官有差宣制畢宰臣百僚賀于樓下賜百官福胙及內外致仕文武升朝官以上粟帛羊酒嘉祐七年七月詔復有事於明堂有司言皇祐參用南郊百神之位不應祭法宜如隋唐舊制設昊天上帝五方帝位以真宗配而五人帝五官神從祀皆罷又前一日親享太廟嘗停孟冬之薦考詳典禮宗廟時祭未有因嚴配而輟者今明堂去孟冬畫日尚遠請復薦廟前者祖宗並侑今用典禮獨配前者地祇神州並享今以配天而罷是皆變於禮中之大者也開元開寶二禮五帝無親獻儀舊禮先詣昊天奠獻五帝並行分獻以侍臣奠幣皇帝再拜次詣真宗神坐於禮爲允而帝欲盡恭於祀事五方帝位並親獻焉朝廟用犢一羊七豕七昊天上帝配帝犢各一羊豕各二五方五人帝共犢五豕五羊五五官從祀共羊豕十英宗即位禮官議仁宗配明堂知制誥錢公輔等言孝經曰昔者周公郊祀后稷以配天宗祀文王於明堂以配上帝又曰孝莫大於嚴父嚴父莫大於配天則周公其人也以周公言之則嚴父以成王言之則嚴祖方是時政則周公祭則成王亦安在必嚴其父哉我將之詩是也真宗則周之武王仁宗則周之成王雖有配天之業而無配天之祭未聞成康以嚴父之故廢文王配天之祭而移之以孔子之心推周公之祭則嚴父也以周公之心攝成王之祭則嚴祖也嚴祖嚴父其義一也漢明始建明堂以光武配當始配之代適符嚴父之說章安二帝亦弗之變最爲近古而合乎禮唐中宗時則以高宗配在玄宗時則以睿宗配在永泰時則以肅宗配禮官不能推明經訓務合古初反雷同其論以惑時主延及於今牢不可破真宗嗣位之初儻有建是論者則配天之祭常在乎太宗矣願詔有司博議使配天之祭不繆於嚴父而嚴父之道不專乎配天觀文殿學士孫抃等曰易稱先王作樂崇德薦之上帝以配祖考蓋祖考並可配天符於孝經之說不可謂必嚴其父也祖考皆可配郊與明堂而不同位不可謂嚴祖嚴父其義一也雖周家不聞廢文配而移於武廢武配而移於成然易之配考孝經之嚴父歷代循守不爲無說魏明帝祀文帝於明堂以配上帝史官謂是時二漢之制具存則魏所損益可知亦不可謂章安之後配祭無傳遂以爲未嘗嚴父也唐至本朝講求不爲少所以不敢異者舍周孔之言無所本也今以爲我將之詩祀文王於明堂而歌者安知非孔子刪詩存周全盛之頌被於管弦者獨取之也仁宗繼體守成置天下於泰安四十二年功德可謂極矣今祔廟之始抑而不得配帝甚非所以宣章嚴父之大孝諫官司馬光呂誨曰孝子之心孰不欲尊其父聖人制禮以爲之極不敢踰也詩曰思文后稷克配彼天又我將祀文王於明堂下此皆不見於經前漢以高祖配天後漢以光武配明堂以是觀之自非建邦啓土造有區夏者皆無配天之文故雖周之成康漢之文景明章德業非不美也然而不敢推以配天避祖宗也孔子以周公有聖人之德成太平之業制禮作樂而文王適其父故引以證聖人之德莫大於孝答曾子非謂凡有天下者皆當尊其父以配天然後爲孝也近代祀明堂者皆以其父配上帝此乃誤釋孝經之義而違先王之禮也景祐中以太祖爲帝者之祖比周之后稷太宗真宗爲帝者之宗比周之文武然則祀真宗於明堂以配上帝亦未失古禮仁宗雖豐功美德洽於四海而不在二祧之位議者乃欲舍真宗而以仁宗配恐於祭法不合詔從抃議御史趙鼎請遞遷真宗配雩祭太宗配祈穀神州用唐故事學士王珪等以爲天地大祭有七皆以始封受命創業之君配神作主明堂用古嚴父之道配以近考故在真宗時以太宗配在仁宗時以真宗配今則以仁宗配仁宗始罷太宗明堂之配太宗先已配雩祀祈穀及神州之祭本非遞遷今明堂既用嚴父之道則真宗配天之祭於禮當罷不當復分雩祭之配也治平四年九月大享明堂以英宗配元豐詳定禮文所言祀帝南郊以天道事之則雖配帝用犢禮所謂帝牛不吉以爲稷牛是也享帝明堂以人道事之則雖天帝用太牢詩所謂我將我享維羊維牛是也自梁用特牛隋唐因之皆用特牲非所謂以人道享上帝之意也皇祐熙寧所用犢與羊豕皆未應禮今親祠上帝配帝五方帝五人帝請用牛羊豕各一太常禮院言今歲明堂尚在慈聖光獻皇后三年之內請如熙寧元年南郊故事惟祀事用樂鹵簿鼓吹宮架諸軍音樂皆備而不作警場止鳴金鉦鼓角而已自是凡國有故皆用此制六月詔曰歷代以來合宮所配雜以先儒六天之說朕甚不取將來祀英宗皇帝於明堂惟以配上帝餘從祀羣神悉罷詳定所言按周禮有稱昊天上帝有稱上帝有稱五帝者一帝而已將來祀英宗於明堂合配昊天上帝及五帝欲以此脩入儀注幷據知太常禮院趙君錫等狀按周官掌次職曰王大旅上帝則張氈案祀五帝則設大次小次又司服職曰祀昊天上帝則服大裘而冕祀五帝亦如之明上帝與五帝異則宗祀文王以配上帝者非可兼五帝也自鄭氏之學興乃有六天之說而事非經見晉泰始初論者始以爲非遂於明堂惟設昊天上帝一坐而已唐顯慶禮亦然請如詔祀英宗於明堂惟配上帝以稱嚴父之意又請以莞席代藁秸蒲越以玉爵代匏爵其豆登簋俎尊罍並用宗廟之器第以不祼不用彝瓚罷爟火及設褥上帝席以藁秸配帝席以蒲越皆加褥其上飲福受胙俟終三獻並從之監察御史裏行王祖道言前詔以六天之說爲非古今復欲兼祀五帝是亦六天也禮官欲去四圭而廢祀神之玉殊失事天之禮望復舉前詔以正萬世之失仍幷詔詳定合用圭璧詳定所言宋朝祀天禮以蒼璧則燎玉亦用蒼璧禮神以四圭有邸則燎玉亦用四圭有邸而議者欲以蒼璧禮神以四圭有邸從燎義無所主開寶開元禮祀昊天上帝及五帝於明堂禮神燔燎皆用四圭有邸今詔唯祀上帝則四圭有邸自不當設宜如南郊禮神燔燎皆用蒼璧又請宿齋於文德殿祭之旦服通天冠絳紗袍至大次改祭服行事如郊廟之禮先是三省言按天聖五年南郊故事禮畢行勞酒之禮如元會儀今明堂禮畢請太皇太后御會慶殿皇帝於簾內行恭謝禮百僚稱賀訖升殿賜酒太皇太后不許詔將來明堂禮畢更不受賀百官並於內東門拜表九月辛巳大享於明堂禮畢詣景靈宮及諸

寺觀行恭謝禮元符元年尚書左丞蔡卞言每歲大享明堂卽南郊望祭殿行禮制度隘窄未足以仰稱嚴事之意今新作南郊齋宮端誠殿實天子潔齋奉祠及見羣臣之所高明邃深可以享神卽此行禮於義爲合初元豐禮官以明堂寓大慶路寢別請建立以盡嚴奉而未暇講求至是蔡京爲相始以庫部員外郎姚舜仁明堂圖議上詔依所定營建明年正月以彗出東方罷大觀元年九月辛亥大享于明堂猶寓大慶殿政和五年詔宗祀明堂以配上帝寓於寢殿禮蓋云闕崇寧之初嘗詔建立去古旣遠歷代之模無足循襲朕刺經稽古度以九筵分其五室通以八風上圓下方參合先王之制相方視址于寢之南偫工鳩材自我作古以稱朕昭事上帝率見昭考之心旣又以言者明堂基宜正臨丙方近東以據福德之地乃徙秘書省宣德門東以其地爲明堂又詔明堂之制朕取考工互見之文得其制作之本夏后氏曰世室脩二七廣四脩一五室三四步四三尺九階四旁兩夾窻考夏后氏之制名曰世室又曰堂者則世室非廟堂脩二七廣四脩一則度以六尺之步其堂脩十四步廣十七步之半又曰五室三四步四三尺者四步益四尺中央土室也三步益三尺木火金水四室也每室四戶戶兩夾窻此夏制也商人重屋堂脩七尋崇三尺四阿重屋而又曰堂者非寢也度以八尺之尋其堂脩七尋又曰四阿重屋阿者屋之曲也重者屋之複也則商人有四隅之阿四柱複屋則知下方也周人明堂度以九尺之筵三代之制不相襲夏曰世室商曰重屋周曰明堂則知皆室也東西九筵南北七筵堂崇一筵五室凡室二筵者九筵則東西長七筵則南北狹所以象天則知上圜也名不相襲其制則一唯步尋筵廣狹不同而已朕益世室之度兼四阿重屋之制度以九尺之筵上圜象天下方法地四戶以合四序八窻以應八節五室以象五行十二堂以聽十二朔九階四阿每室四戶夾以八窻享帝嚴父聽朔布政于一堂之上於古皆合其制大備宜令明堂使司遵圖建立於是內出圖式宣示于崇政殿命蔡京爲明堂使開局興工日役萬人京言三代之制脩廣不相襲夏度以六尺之步商度以八尺之尋而周以九尺之筵世每近制每廣今若以二筵爲太室方一丈八尺則室中設版位禮器已不可容理當增廣今從周制以九尺之筵爲度太室脩四筵（三丈六尺）廣五筵（四丈五尺）共爲九筵木火金水四室各脩三筵益四五（三丈一尺五寸）廣四筵（三丈六尺）共七筵益四

尺五寸十二堂古無脩廣之數今亦廣以九尺之筵明堂玄堂各脩四筵（三丈六尺）廣五筵（四丈五尺）左右箇各脩廣四筵（三丈六尺）青陽總章各脩廣四筵（三丈六尺）左右箇各脩四筵（三丈六尺）廣三筵益四五（三丈一尺五寸）四阿各四筵（三丈六尺）堂柱外基各一筵（九尺）堂總脩一十九筵（一十七丈一尺）廣二十一筵（一十八丈九尺）蔡攸言明堂五門諸廊結瓦古無制度漢唐或蓋以茅或蓋以瓦或以木爲瓦以夾紵漆之今酌古之制適今之宜蓋以素瓦而用瑠璃緣裏及頂蓋鴟尾綴飾上施銅雲龍其地則隨所向甃以五色之石欄楯柱端以銅爲文鹿或辟邪象明堂設飾雜以五色而各以其方所尚之色八窻八柱則以青黃綠相間堂室柱門欄楯並塗以朱堂階爲三級級崇三尺共爲一筵庭樹松梓檜門不設戟殿角皆垂鈴詔以玄堂犯祖諱取平在朔易之義改爲平朔門亦如之仍改敷祐門曰左敷佑左承天門曰右敷佑右承天門曰平秩更衣大次曰齋明殿七年四月明堂成有司請頒常視朔聽朝詔明堂專以配帝嚴父餘悉移於大慶文德殿羣臣五表陳請乃從之禮制局言祀天神於冬至祀地祇於夏至乃有常日無所事卜季秋享帝以先王配則有常月而未有常日禮不卜常祀而卜其日所謂卜日者卜其辛爾蓋月有上辛次辛請以吉辛爲正又言周禮祀昊天上帝則大裘而冕祀五帝亦如之享先王則袞冕蓋於大裘舉正位以見配位於袞冕舉配位以見正位以天道事之則舉卑明尊大裘象道袞冕象德明堂以人道享上帝請服袞冕郊祀正位設蒲越明堂正配位以莞蓋取禮記所謂莞簟之安請明堂正配位並用莞簟又周禮以蒼璧禮天又曰四圭有邸以祀天旅上帝然說者謂禮神在求神之前祀神在禮神之後蓋一祭而並用也夏祭方澤兩圭有邸與黃琮並用明堂大享蒼璧及四圭有邸亦宜並用圜丘方澤執玄圭則搢大圭執大圭則奠玄圭禮經紀大神祇享先王一如明堂親祠宜如上儀其正配二位請各用籩二十六豆二十六簠八簋八登三鉶三柶槃神位席幣篚祝篚玉爵反坫瓚爵牛羊豕鼎各一并扃匕畢茅蒩蒩俎六大尊山尊著尊犧尊象尊各二壺尊六皆設而弗酌尊加冪犧尊象尊壺尊犧罍象罍壺罍各五加勺冪御槃匜一并簞勺巾飲福受黍豆一以玉飾飲福受胙俎一亞獻終獻盥洗罍爵洗爵并篚勺巾各一神廚鸞刀一又言明堂用牲而不設庶羞之鼎按元豐禮明堂牲牢正配各用牛一羊一豕一宗祀止用三鼎而不設庶羞之鼎其俎亦止合用

六宗廟祭祀五齊三酒有設而弗酌者若酒正所謂以法共五齊三酒以實八尊是也有設而酌者若司尊彝所謂醴齊縮酌盎齊涗酌凡酒脩酌是也今太廟明堂之用請以大尊實泛齊山尊實醴齊著尊實盎齊犧尊實緹齊象尊實沈齊壺尊實三酒皆爲弗酌之尊又以犧尊實醴齊爲初獻象尊實盎齊爲亞獻並陳於阼階之上犧在西象在東壺尊實淸酒爲終獻陳於阼階之下皆爲酌尊尊三其貳以備乏匱明堂雖嚴父然配天與上帝所以求天神而禮之宜同郊祀用禮天神六變之樂以天帝爲尊焉皇祐以來以大慶殿爲明堂奏請致齋於文德殿禮成受賀於紫宸殿今明堂肇建宜於大慶殿奏請致齋於文德殿禮成受賀宿齋奏嚴本以警備仁宗詔明堂直端門故齋夕權罷今明堂在寢東南不與端門直將來宗祀大慶殿齋宿皇城外不設鹵簿儀仗其警場請列於大慶殿門之外王者祀上帝于郊配以祖祀於明堂配以禰今有司行事乃寓端誠殿未盡禮意請非親祀歲有司行事亦於明堂改儀仗使曰禮儀使鹵簿使曰禮器橋道頓遞使曰禮頓大禮禮儀二使仍舊制又設季秋大享登歌並用方士初禮部尙書許光凝等議明堂五室祀五帝而王安石以五帝爲五精之君昊天之佐故分位於五室與享於明堂神宗詔唯以英宗配帝悉去從祀羣神陛下肇新宏規得其時制位五帝於五室旣無以禰槩配之嫌止祀五帝又無羣神從祀之瀆則神考紬六天於前陛下正五室於後其揆一也至是詔罷從祀而親祠五室焉尋詔每歲季秋大享親祠明堂如孟月朝獻禮罷有司攝事及五使儀仗等已而太常寺上明堂儀皇帝散齋七日於別殿致齋三日於內殿有司設大次於齋明殿設小次於明堂東階下祀日行事執事陪祠官立班殿下東西相向皇帝服袞冕太常卿東上閤門官太常博士前導禮部侍郎奏中嚴外辦太常卿奏請行禮太常卿奏禮畢禮部郎中奏解嚴其禮器牲牢酒饌奠獻玉幣升烟燔首祭酒讀册飲福受胙并樂舞等並如宗祀明堂儀其行事執事陪祠官並前卜日受誓戒於明堂行事執事官致齋三日前一日並服朝服立班省饌祀日並祭服陪位官致齋一日祀前二日仍奏告神宗配侑自是迄宣和七年歲皆親祀明堂高宗紹興元年禮部尙書秦檜等言國朝冬祀大禮神位六百九十行事官六百七十餘員今鹵簿儀仗祭器法物散失殆盡不可悉行宗廟行禮又不可及天地明堂之禮可舉而行乞詔有司

討論以聞禮部御史太常寺言仁宗明堂以大慶殿爲之今乞於常御殿設位行禮乃下詔曰肇稱吉禮已見于三歲之郊載考彝章當間以九筵之祀因秋成物輯古上儀會天地以同禋升祖宗而並配乃以九月十八日行事四年太常寺看詳國子監丞王普言明堂有未合禮者十一事其一謂陶匏用於郊丘玉爵用於明堂今茲明堂實兼郊禮宜用陶匏他日正宗祀之禮當奉玉爵其二禮經太牢當以牛羊豕爲序今用我將之詩遂以羊豕牛爲序所謂以辭害意豈有大用牲作元祀而反在羊豕之後者其三陳設尊罍宜倣周官司尊彝秋嘗之制其四泛齊醴齊宜代以今酒而不易其名其五其六祭器冕服當從古制其七皇帝未後詣齋室則是致齋二日有半乞用質明以成三日之禮其八齋不飲酒茹葷乞罷官給酒饌俾得專心致志交於神明其九設神位版及升煙奠册不當委之散吏其十十一皆論樂並從之三十一年以欽宗之喪用元祐故事皆前期朝獻景靈宮朝享太廟皆遣大臣攝事唯親行大享之禮禮畢宣赦樂備不作附廟畢如故事享罷合祭奉徽宗配祀五天帝五人帝于堂上五官神於東廂仍罷從祀諸神位用熙寧禮也孝宗淳熙六年以羣臣議復合祭天地並侑祖宗從祀百神如南郊十五年九月有事於明堂上問宰執配位周必大奏昨已申請高宗几筵未除用徽宗故事未應配坐且當以太祖太宗並配留正亦言之上曰有紹興間典故可參照無疑嘉定十七年閏八月理宗卽位大享當用九月八日在寧宗梓宮未發之前下禮官及臺諫兩省詳議吏部尙書羅點等言本朝每三歲一行郊祀皇祐以來始講明堂之禮至今遵行稽之禮經有越紼行事之文旣殯而祭之說則雖未葬以前可以行事且紹熙五年九月在孝宗以日易月釋服之後未發引之前慶元六年九月亦在光宗以日易月釋服之後未發引之前今來九月八日前祀十日皇帝散齋別殿百官各受誓戒係在閏八月二十七日卽當在以日易月未釋服之內乞下太史局於九月內擇次辛日行禮則在釋服之後正以前史相同乃用九月二十八日辛卯前二日朝獻景靈宮前一日享太廟遣官攝事皇帝親行太享禮成不賀淳祐三年將作少監權樞密都承旨韓祥言竊以明堂之禮累聖不廢嚴父配侑之典南渡以來事頗不同高廟中興徽宗北狩當時合祭天地於明堂以太祖太宗配非廢嚴父之祀以父在故也及紹興末乃以徽廟配孝宗在位

二十八年娛奉堯父故無祀父之典南郊明堂惟以太祖太宗配沿襲至今遂使陛下追孝寧考之心有所未盡時朝散大夫康熙亦援倪思所著合宮嚴父爲言上曰三后並侑之說最當是後明堂以太祖太宗寧宗並侑寶祐五年九月辛酉復奉高宗升侑於是明堂之禮一祖三宗並配度宗咸淳五年明堂大享又去寧宗奉理宗與祖宗並配先是紹興初權禮部尚書胡直孺等言國朝配祀自英宗始配以近考司馬光呂誨爭之以爲諂祖進父然卒不能奪王珪孫抃之諂辭其後神宗謂周公宗祀在成王之世成王以文王爲祖則明堂非以考配明矣王安石亦對以謂引孝經嚴父之說惜乎當時無有辨正之者今或者曰后稷爲周之祖文王武王是爲二祧高祖爲漢之祖孝文孝武特崇兩廟皆子孫世世所奉承者太祖爲帝者祖太宗眞宗宜爲帝者宗皇祐以一祖二宗並配議出於此直孺等聞前漢以高祖配天後漢以光武配明堂蓋古之帝王非建邦啓土者皆無配天之祭故雖周之成康漢之文景明章其德業非不美也然而子孫不敢推以配天者避祖宗也有宋肇基創業之君太祖是已太祖則周之后稷配祭於郊者也太宗則周之文王配祭於明堂者也此二祭者萬世不遷之法皇祐宗祀合祭天地固宜以太祖太宗配當時蓋拘於嚴父故配帝并及於眞宗今主上紹膺大統自眞宗至於神宗均爲祖廟獨躋則患在於無名並配則幾同於祫享今恭酌皇祐詔書請合祭昊天上帝皇地祇于明堂奉太祖太宗以配惟禮專而事簡庶幾可以致力於神萬世行之可也七年徽宗哀聞是歲九月中書舍人傅崧卿援嚴父之說不幸太上諱問奄至而太亨不及理實未安吏部尚書孫近專言元年以來祖宗並配今論者乃欲祖宗並配之外增道君皇帝一位不合典禮權禮部侍郎陳公輔言今梓宮未還廟社未定疆土未復臣竊意祖宗上皇神靈所望於陛下者必欲興衰撥亂恢復中原迎還梓宮歸藏陵寢以隆我宋無疆之業若如識者之言以陛下貴爲天子上皇北狩十有一年未獲天下之養今不幸而崩且欲因明堂之禮追配上帝謂是足以盡人子之孝則於陛下之志恐亦小矣宜依故事合祭天地祖宗並侑太上升配似未可行至嘉定四年遂以太祖太宗高宗寧宗並侑至度宗復以太祖太宗高宗理宗並配焉

禮志四五人帝五官神從祀皆罷○臣酉按上文云宜如隋唐舊制考舊制皆以五人帝五官神從祀不宜罷也通考皆字上有餘字此處必是脫文無疑

詳定所言宋朝祀天○臣酉按宋人言本朝事不當斥言國號宋朝字疑誤

則知皆室也○室字通考作堂字較是

以銅爲文鹿或羣邪象○通考以銅爲辟邪之象羣字當是辟字之誤

有司請頒常視朔○常字疑誤按禮制局明堂七議或作歷字或作政字皆可通然無所據

宋史卷一百二

元　中書右丞相總裁脫脫等修

禮志第五十五

禮五

社稷　嶽瀆　籍田　先蠶　奏告　祈禜

社稷自京師至州縣皆有其祀歲以春秋二仲月及臘日祭太社太稷州縣則春秋二祭刺史縣令初獻上佐縣丞亞獻州博士縣簿尉終獻如有故以次官攝若長吏職官或少卽許通攝或別差官代之牲用少牢禮行三獻致齋三日其禮器數正配坐尊各二籩豆各八簠簋各二俎三從祀籩豆各二簠簋俎各一太社壇廣五丈高五尺五色土爲之稷壇在西如其制社以石爲主形如鍾長五尺方二尺剡其上培其半四面宮垣飾以方色面各一屋三門每門二十四戟四隅連飾罘罳如廟之制中植以槐其壇三分宮之一在南無屋慶歷用羊豕各二正配位籩豆十二山罍簠簋俎二祈報象尊一元豐三年詳定所言社稷祝版牲幣饌物請並瘞於坎更不設燔燎又周禮大宗伯以血祭社稷社爲陰祀血者幽陰之物是以類求神之意郊天先薦血次薦腥次薦爓次薦熟社稷五祀先薦爓次薦熟至於羣小祀薦熟而已今社稷不用血祭又不薦爓皆違經禮請以埋血爲始先薦爓次薦熟古者祭社君南向於北墉下所以答陰也今社稷壝內不攝北墉而有司攝事乃設東向之位非是請設北墉以備親祠南向答陰之位有司攝事則立北墉下少西王制曰天子社稷皆太牢諸侯社稷皆少牢今一用少牢殊不應禮夫爲一郡邑報功者當用少牢爲天下報功者當用太牢所有春秋祈報太社太稷請於羊豕外加角握二牛又言社稷之祭有瘞玉而無禮玉開元禮奠太社太稷並以兩圭有邸請下有司造兩圭有邸二以爲禮神之器仍詔於壇側建齋廳三楹以備望祭先是州縣社主不以石禮部以謂社稷不屋而壇當受霜露風雨以達天地之氣故用石主取其堅久又禮諸侯之壇半天子之制請令州縣社主用石尺寸廣長亦半太社之制遂下太常脩入祀儀元祐中又從博士孫諤言祭太社太稷皆設登歌樂大觀議禮局言大社獻官太祝奉禮皆以法服至于郡邑則用常服請下祭服制度於郡縣俾其自製幣則聽改造之紹興元年以春秋二仲及臘前祭太社太稷於天慶觀又望祭於臨安天寧觀十四年始築壇壝於觀橋之東立石主置太社令一員備牲牢器幣進熟望燎如儀

嶽鎭海瀆之祀太祖平湖南命給事中李昉祭南嶽繼令有司製諸嶽神衣冠劍履遣使易之廣南平遣司農少卿李繼芳祭南海除去劉鋹所封僞號及宮名易以一品服又詔嶽瀆并東海廟各以本縣令兼廟令尉兼廟丞專管祀事又命李昉盧多遜王祐扈蒙等分撰嶽瀆祀及歷代帝王碑遣翰林待詔孫崇望等分詣諸廟書于石六年遣使奉衣冠劍履送西鎭吳嶽廟太平興國八年河決滑州遣樞密直學士張齊賢詣白馬津以一太牢沈祠加璧自是凡河決溢脩塞皆致祭祕書監李至言按五郊迎氣之日皆祭逐方嶽鎭海瀆自兵亂後有不在封域者遂闕其祭國家克復四方間雖奉詔特祭未著常祀望遵舊禮就迎氣日各祭於所隸之州長吏以次爲獻官其後立春日祀東嶽岱山於兗州東鎭沂山於沂州東海於萊州淮瀆於唐州立夏日祀南嶽衡山於衡州南鎭會稽山於越州南海於廣州江瀆於成都府立秋日祀西嶽華山於華州西鎭吳山於隴州西海河瀆並於河中府西海就河瀆廟望祭立冬祀北嶽恒山北鎭醫巫閭山並於定州北鎭就北嶽廟望祭北海濟瀆並於孟州北海就濟瀆廟望祭土王日祀中嶽嵩山於河南府中鎭霍山於晉州眞宗封禪畢加號泰山爲仁聖天齊王遣職方郎中沈維宗致告又封威雄將軍爲炳靈公通泉廟爲靈派侯亭山神廟爲廣禪侯嶧山神廟爲靈巖侯各遣官致告詔泰山四面七里禁樵採給近山二十戶以奉神祠社首徂徠山並禁樵採車駕次澶州祭河瀆廟詔進號顯聖靈源公遣右諫議大夫薛映詣河中府比部員外郎丁顧言詣澶州祭告祕書丞董溫其言漢以霍山爲南嶽望令壽州長吏春秋致祭禮官言雖前漢嘗以霍山爲南嶽祿今嶽廟已在衡山難於改制其霍山如遇水旱祈求及非時準別勑致祭卽委州縣奉行詔封江州馬當上水府福善安江王太平州采石中水府順聖平江王潤州金山下水府昭信泰江王及祀汾陰命陳堯叟祭西海曹利用祭汾河車駕至潼關遣官祠西嶽及河瀆並用太牢備三獻禮庚午親謁華陰西嶽廟羣臣陪位廟垣內外列黃麾仗遣官分奠廟內諸神加號嶽神爲順聖金天王還至河中親謁奠河瀆廟及西海望祭壇五月乙未加上東嶽曰天齊仁聖帝南嶽曰司天昭聖帝西嶽曰金天順聖帝北嶽曰安天元聖帝中嶽曰中天崇聖帝命翰林禮官詳定儀注及冕服制度崇飾神像之禮其玉冊制如宗廟謚冊帝自作奉神述備紀崇奉意俾撰冊文有司設五嶽冊使一品鹵簿及授冊黃麾仗載冊輅袞冕輿於乾元門外各依方所羣臣朝服序班使衞如會儀改服袞冕御乾元殿中書侍郎引五嶽玉冊由衣奉袞冕升殿上爲之輿奉冊使副班于香案前侍中宣制曰今加上五嶽帝號遣卿等持節奉冊展禮咸承制再拜奉冊使以次升自東階受冊御坐前降西階副使受袞冕輿于丹墀隨冊使降立丹墀西玉冊發至于朝元門外帝復坐冊升奉冊使輅鼓吹振作而行東嶽北嶽冊次于瑞聖園南嶽冊次于玉津園西嶽中嶽冊次于瓊林苑及廟內外列黃麾仗設登歌奉冊於車奉袞冕於輿使副袴褶騎從遣官三十員前導及門奉置幄次以州長吏以下充祀官致祭畢奉玉冊袞冕置殿內又加上五嶽帝后號東曰淑明南曰景明西曰肅明北曰靖明中曰正明遣官祭告詔嶽瀆四海諸廟遇設醮除青詞外增正神位祝文又改唐州上源桐柏廟爲淮瀆長源公加守護者帝自制五嶽醮告文遣使醮告卽建壇之地構亭立石柱刻文其上天禧四年從靈臺郎皇甫融請凡脩河致祭增龍神及尾宿天江天記天社等諸星在天河內者凡五十位仁宗康定元年詔封江瀆爲廣源王河瀆爲顯聖靈源王淮瀆爲長源王濟瀆爲淸源王加東海爲淵聖廣德王南海爲洪聖廣利王西海爲通聖廣潤王北海爲沖聖廣澤王皇祐四年又以靈臺郎王大明言汴口祭河兼祠箕斗奎與東井天津天江咸池積水天淵天潢水位水府四瀆九坎天船王良羅堰等十七星在天河內者五年以儂智高遁益封南海洪聖廣利昭順王其五鎭沂山舊封東安公政和三年封王會稽舊封永興公政和封永濟王吳山舊封成德公元豐八年封王醫巫閭舊封廣寧公政和封王霍山舊封應聖公政和封應靈王東海大觀四年

加號助順廣德王，留與七年太常博士黃積厚言嶽鎮海瀆請以每歲四立日分祭東西南北如祭五方帝禮詔從之乾道五年太常少卿林栗言國家駐蹕東南東海南海實在封域之內自渡江以後惟南海王廟歲時降御書祝文加封至八字王爵如東海之祠但以萊州隔絕未嘗致祭殊不知通泰明越溫台泉福皆東海分界也紹興中金人入寇李寶以舟師大捷於膠西神之助順爲有功矣且元豐間嘗建廟於明州定海縣請依南海特封八字王爵遣官詣明州行禮詔可

籍田之禮歲不常講雍熙四年始詔以來年正月擇日有事於東郊行籍田禮所司詳定儀注依南郊置五使除耕地朝陽門七里外爲先農壇高九尺四陛周四十步飾以青二壝寬博取足容御耕位觀耕臺大次設樂縣二舞御耕位在壝門東南諸侯耕位次之庶人又次之觀耕臺高五尺周四十步四陛如壇色其青城設於千畝之外又言隋以青箱奉種稑唐廢其禮青箱舊無其制請用竹木爲之而無蓋兩端設襻飾以青中分九隔隔盛一種覆以青帊穜稑即早晚之種不定穀名請用黍稷秫稻粱大小豆大小麥陳於箱中大禮使李昉言按通禮乘耕根車今請改乘玉輅載耒耜於耕根車又前典不載告廟及稱賀之制今請前二日告南郊太廟耕禮畢百官稱賀於青城禮有勞酒合設會於還宮之翼日望如親祀南郊之制擇日大宴詳定所言御耒耜二具並盛以青緇準唐乾元故事不加雕飾禮畢收於禁中以示稼穡艱難之意其祭先農用純色犢一如郊祀例進胙餘並權用大祠之制皇帝散齋三日致齋二日百官不受誓戒神農后稷冊學士院撰文進書以鹵簿使賈模等言復用象輅載耒耜以重其事五年正月乙亥帝服衮冕執鎮圭親享神農以后稷配備三獻遂行三推之禮畢事解嚴還行宮百官稱賀帝改御大輦服通天冠絳紗袍鼓吹振作而還御乾元門大赦改元端拱文武遞進官有差二月七日宴羣臣於大明殿行勞酒禮景德四年判太常禮院孫奭言來年晝日正月一日享先農九日上辛祈穀祀上帝春秋傳曰啓蟄而郊郊而後耕月令曰天子以元日祈穀於上帝乃擇元辰親載耒耜躬耕帝籍先儒皆云元日謂上辛郊天也元辰謂郊後吉亥享先農而耕籍也六典禮閣新儀並云上辛祀昊天次云吉亥享先農望改用上辛後亥日用符禮文明道元年詔以來年二月丁未行籍田禮而罷冬至親郊遣官奏告天地宗廟諸陵景靈宮州都就告嶽瀆宮廟其禮一如端拱之制而損益之禮成遣官奏謝如告禮元豐二年詔於京城東南度田千畝爲籍田置令一員徙先農壇於中神倉於東南取卒之知田事者爲籍田兵乃以郊社令辛公佑兼令公佑請因舊鑿麥殿規地爲田引蔡河水灌其中并植果蔬冬則藏冰凡一歲祠祭之用取具焉先薦獻而後進御有餘則貿錢以給雜費輸其餘於內藏庫著爲令權管幹籍田王存等議以南郊鑿麥殿前地及玉津園東南美地并民田共千一百畝充籍田外以百畝建先農壇兆開阡陌溝洫置神倉齋宮并耕作人牛廬舍之屬繪圖以進已而殿成詔以思文爲名政和元年有司議享先農爲中祠命有司攝事帝止行耕籍之禮罷命五使及稱賀肆赦之類太史局擇日不必專用吉亥耕籍所乘改用耕根車罷乘玉輅躬耕之服止用通天冠絳紗袍百官並朝服倣雍熙儀注九卿以左右僕射六尚書御史大夫攝諸侯以正員以三品官及上將軍攝設庶人耕位於諸侯耕位之南以成終畝之禮備青箱設九穀如隋之制尋復以耕籍爲大祠依四孟朝享例行禮又命禮制局脩定儀注孟春之月大史擇上辛後吉日皇帝親耕籍田命有司以是日享先農后稷于本壇如常儀前期殿中監設御坐于思文殿儀鸞司設文武官次殿門外之左右其日早奉禮郎設御耕褥位于耕籍所南舍設觀耕御坐於壇上南向典儀設侍耕羣臣位於御耕之東西設從耕羣臣位於御耕之東南西向北上奉禮郎設御耒席於三公之北稍西南向太僕設御耕牛於御壇之西稍北太僕卿位於耕牛之東稍前南向太常設左輔位於御耕之東稍南西向設司農位二一在左輔之後一在其南並西向籍田令三皆位司農卿南少退北上奉青箱官位於後諸執耒耜者位公卿耕者後侍耕者前西向三公三少宰臣親王等每員三人執政二人從耕羣官一名助耕並服絳衣介幘三公以次羣官耒耜各一具每一具正副牛二隨牛二人庶人耕位在從耕官位之南西向庶人百人並青衣耕牛二百每兩牛用隨牛一人耒耜百具畚五十具鍤二十五具以木爲刃者老百人常服陪位於庶人位南西向司農少卿位二於庶人位前太社令位司農少卿之西少退俱北向畿內諸令位庶人之東西向尚輦局設玉輅於仗內前期三日司農以青箱奉九穀種稑之種進內前二日皇后率六宮獻于皇帝受于內殿前一日降出付司農其日質明左輔奉耒耜載于玉輅乞耕籍使朝服乘車用本品鹵簿以儀仗二千人衞耒耜先詣壇所尚輦奉御設平輦於祥曦殿皇帝韠袍出自內東門從駕臣僚禁衞並起居如常儀將至耕所文武侍耕從耕以下及耆老庶人俱詣籍田西門外立班再拜奉迎訖各就次從耕陪耕等官服朝服以俟耕車駕至思文殿進膳訖左輔以御耒耜授籍田令橫執之詣耕籍所置于席遂守之凡執耒耜者橫執之受則先耒後其耜諸縣令率終畝庶人陪耕耆老先就位司農卿籍田令太社令奉青箱官諸執耒耜者以次就位御史臺引殿中侍御史一員先入就位次禮直官宣贊舍人等分引侍耕從耕羣官各就位尚輦奉御進輦思文殿左輔奏請中嚴少頃奏外辦皇帝通天冠絳紗袍乘輦出將至御耕位尚舍先設黃道太常請降輦就位既降輦太常卿前導至褥位南向立奏請行禮禮直官請籍田令進詣御耒席南向引司農卿詣籍田令東西向籍田令俛伏跪執事者以縚受之籍田令解縚出耒執耒與東向立以授司農卿司農卿西向立以授左輔左輔詣御耕位前少東北向太常卿奏請受耒耜左輔執以進執耒者助執之皇帝受以三推左輔前受耒耜授司農卿以授籍田令各復位籍田令跪而納於縚執耒與以授執事者退復位皇帝初耕諸執耒耜者以耒耜各授從耕者禮直官引太常卿詣御位前北向奏請皇帝升壇觀耕復位立前導官導皇帝升壇即御坐南向禮直官太常博士太常卿近東西向北上立禮直官引三公三少宰臣親王各五推餘從耕官各九推訖執耒耜者前受耒耜禮直官引司農少卿帥庶人以次耕于千畝候耕少頃禮直官引左輔詣御坐前跪奏禮畢降壇乘輦還思文殿左輔奏解嚴侍耕從耕官皆退次籍田令以青箱授司農卿詣耕所出種稑播之次司農少卿帥太社令檢校終畝次司農卿詣御前北向俛伏跪奏省功畢退所司放仗以俟皇帝常服還內侍衞如常儀紹興七年始舉享先農之禮以立春後亥日行一獻禮十六年皇帝親耕籍田並如舊制

先蠶之禮久廢真宗從王欽若請詔有司檢討故事以聞按開寶通禮季春吉巳享先蠶於公桑前享五日諸與享官散齋三日致齋二日享日未明五刻設先蠶氏神坐於壇上北方南向尚宮初獻尚儀亞獻尚食終獻女相引三獻之禮女祝讀文飲福受胙如常儀又按唐會要皇帝遣有司享先蠶如先農可也乃詔自今依先農例遣官攝事禮院又言周禮蠶於北郊以純陰也漢蠶於東郊以春桑生也請約附故事築壇東郊從桑生之義壇高五尺方二丈四陛陛各五尺一壝二十五步祀禮如中祠慶歷用羊豕各一攝事獻官太尉太常光祿卿不用樂元豐詳定所言季春吉巳享先蠶氏唐月令注以先蠶爲天駟按先蠶之義當是始蠶之人與先農先牧先炊一也開元享禮[illegible]爲瘞坎於壇之壬地而郊祀錄載先蠶祝文有肇興蠶織之語禮儀羅又以享先蠶無燔柴之儀則先蠶非天駟星明矣今請就北郊爲壇不設燎壇但瘞埋以祭餘如故事政和禮局言禮天子必有公桑蠶室以興蠶事歲既畢則奉繭而繅遂朱綠之玄黃之以爲郊廟之祭服今既開籍田以供粢盛而未有公桑蠶室以供祭服尚爲闕禮請倣古制於先蠶壇側築蠶室度地爲宮四面爲墻高仞有三尺上被棘中起蠶室二十七別構殿一區爲親蠶之所倣漢制置繭館立織室於宮中養蠶於薄以上度所用之數爲桑林築採桑壇於先蠶壇南相距二十步方三丈高五尺四陛凡七事置蠶官令丞以供郊廟之祭服又周官內宰詔后帥內外命婦蠶於北郊鄭氏謂婦人以純陰爲尊則蠶爲陰事可知開元禮享先蠶幣以黑蓋以陰祀之禮祀之也請用黑幣以合至陰之義詔從其議命親蠶殿以無斁爲名又詔親蠶所供不獨衮服凡施於祭祀者皆用之宣和元年三月皇后親蠶卽延福宮行禮其儀季春之月太史擇日皇后親蠶命有司享先蠶氏于本壇前期殿中監帥尚舍設坐殿上南向前楹施簾設東西閤殿後之左右又設內命婦妃嬪以下次於殿之左右外命婦以下次於殿門內外之左右隨地之宜量施帷幄於採桑壇外四面開門設皇后幄次於壝壝東門之內道北南向其日有司設褥位壇上少東東向設內命婦位壇下東北南向設外命婦位壇下東南北向俱異位重行西上內外命婦一品各二人二品三品各一人又設從採桑內命婦等位於外命婦之東南向用內命婦一員充詣蠶室授蠶母桑以食蠶設從採桑外命婦等位於外命婦東北向俱異位重行西上設執皇后鉤箱者位於內命婦之西少南西上尚功執鉤司製執箱內外命婦鉤箱者各位於後典製執鉤女史執箱又於壇上設執皇后鉤箱位於皇后採桑位之北稍東南向西上前出宮一日兵部率其屬陳小駕鹵簿於宣德門外太僕陳厭翟車東偏門內南向其日未明外命婦應採桑及從採桑者先詣親蠶所幕次以俟起居各令其女侍者進鉤箱載至親蠶所授內謁者監以

授執鉤箔者前一刻內命婦各服其服內侍引內命婦妃嬪以下俱詣殿庭起居訖內侍奏請中嚴少頃又奏外辦皇后首飾鞠衣乘龍飾肩輿如常儀障以行帷出內東門至左昇龍門內侍跪奏具官臣某言請降肩輿升厭翟車訖俛伏興少退御者執綏升厭翟車內侍詣車前奏請車進發出宣德東偏門執事者進鉤箔載之車至親蠶所殿門降車乘肩輿入殿後西閤門侍衞如常儀內侍先引內外命婦及從採桑者俱就壇下位諸執鉤箔者各就位內侍奏請中嚴少頃奏外辦皇后首飾鞠衣乘肩輿內侍前導至壇東門華蓋仗衞止於門外近侍者從之入內侍奏請降肩輿至幄次內下簾又內侍至幄次請行禮導皇后詣壇升自南陛東向立執鉤箔者自北陛以次升壇就位次內侍引尚功詣採桑位前西向奉鉤以進皇后受鉤採桑司製奉箔進以受桑皇后採桑三條止以鉤授尚功尚功受鉤司製奉箔俱退復位初皇后採桑典製各以鉤授內外命婦皇后採桑訖內外命婦以次採桑女使執箔者受之內外命婦一品各採五條二品三品各採九條止典製受鉤與執箔者退復位內侍各引內外命婦退復位內侍詣皇后前奏禮畢退復位內侍引皇后降自南陛歸幄次少頃奏請乘肩輿如初內侍前導皇后歸殿後閤內侍奏解嚴初皇后降壇內侍引內命婦詣蠶室尚功帥執鉤箔者以次從至蠶室尚功以桑授蠶母蠶母受桑縷切之授內命婦蠶洒一簿訖內侍引內外命婦各還次皇后還宮宣和重定親蠶禮外命婦宰執并一品夫人升壇侍立餘品列於壇下六年閏二月皇后復行親蠶之禮焉紹興七年始以季春吉巳日享先蠶視風師之儀乾道中升為中祀

告禮古者天子將出類于上帝命吏告社稷及圻內山川又天子有事必告宗廟歷代因之宋制凡行幸及封泰山祠后土謁太清宮皆親告太廟三歲郊祀每歲祈穀上帝祀感生帝雩祀祭方丘明堂神州地祇圜丘並遣官告祖宗配侑之意他大事即位改元更御名上尊號尊太后立皇后太子皇子生籍田親征納降獻俘朝陵肆赦河平及大喪上謚山陵園陵祔廟奉遷神主皆遣官奏告天地宗廟社稷諸陵嶽瀆山川宮觀在京十里內神祠其儀用犧尊籩豆各一實以酒脯醢宮寺以素饌時果代用祝幣行一獻禮若車駕出京則有軷祭用羝羊一所過州郡橋梁山川帝王名臣陵廟去路十里內者各令本州以香酒脯祭告建隆元年太祖平澤路仍祭祆廟泰山城隍征揚州河東並用此禮四年脩葺太廟遣官奏告四室及祭本廟土神凡脩葺同如遷神主脩畢奉安是歲十一月詔以郊祀前一日遣官奏告東嶽城隍浚溝廟五龍廟及子張子夏廟他如儀太平興國五年十一月車駕北征前一日遣官祭告天地於圜丘用特牲太廟社稷用太牢望祭嶽瀆名山大川於四郊禡風於風伯壇祀雨師於本壇禱馬於馬祖壇祭蚩尤禡牙於北郊並用少牢祭北方天王於北郊迎氣壇用香柳枝燈油乳粥酥蜜餅果仍遣內侍一人監祭咸平中北征禮同八年滑州合河口畢工遣官告天地嶽瀆後天禧中又遣謝玉清昭應景靈上清太一宮會靈祥源觀及諸陵雍熙四年詔以親耕籍田遣官奏告外又祭九龍黃溝扁鵲吳起信陵張耳單雄信七廟後又增祭德安公嶽臺諸神廟為定式淳化三年十二月將郊常奏告外又告太社太稷及文宣武成等廟景德二年契丹遣使脩好遣官奏告諸陵五年二月次西京遣告汾陰中嶽太行河洛啓母少姨廟東還奏告如常儀大中祥符元年天書降及封禪告天地宗廟社稷及諸祠廟宮觀其在外者乘傳以往澶鄆兗州高陽帝嚳帝堯亦皆告之四年加五嶽帝號告天地宗廟社稷五年聖祖降告如封禪禮六年宮庭嘉禾生遣官告廟及玉皇聖祖天尊大帝天禧元年奉迎太祖聖容赴西京遣官奏告如常儀及經由五里內并西京城內外神祠天聖七年玉清昭應宮火遣告諸陵十年大內火遣告天地廟社明道二年詔以蟲螣為沴減尊號四字告天地宗廟熙寧七年南郊雅飾奏告太廟后廟八年以韓琦配享告英宗廟元符三年四月朔太陽虧遣官告太社大觀元年十二月以恭受八寶告天地宗廟社稷政和二年冬至受元圭禮同三年二月以太平告成冊告諸陵四年二月皇長子冠告天地宗廟社稷諸陵五年建明堂告如上禮及宮觀嶽瀆高宗建炎已後事有關於國體者皆告紹興九年金人遣使議和割地十一年詔撰講和誓文二十四年進徽宗御集二十六年進太后回鑾事實二十七年進玉牒仙源類譜明年進神宗寶訓進祖宗仙源積慶圖進徽宗實錄進祐陵迎奉錄三十一年金人叛盟興師開禧二年吳曦伏誅嘉定七年進高宗中興經武要畧十三年進宗藩慶系錄刊正憲聖慈烈皇后聖德事跡進光宗玉牒十四年進孝宗寶訓十五年得玉璽明年上玉璽端平元年獲完顏守緒函骨淳祐五年進光宗寧宗兩朝寶訓經武要畧玉牒日曆會要寶祐元年皇女延昌公主進封瑞國公主又封昇國五年進中興四朝史景定二年進孝宗光宗實錄皇女周國公主下降咸淳四年安奉寧宗理宗實錄御集會要經武要畧皆告天地宗廟社稷攢陵其餘即位改元受禪冊寶皇子生冠及巡幸納降獻俘之屬並仍舊制

祈報周官太祝掌六祝之辭以事鬼神示其福祥於是歷代皆有禬禜之事宋因之有祈有報祈用酒脯醢郊廟社稷或用少牢其報如常祀或親禱諸寺觀或再幸或徹樂減膳進蔬饌或分遣官告天地太廟社稷嶽鎮海瀆或望祭于南北郊或五龍堂城隍廟九龍堂浚溝廟諸祠如子張子夏信陵君段干木扁鵲張儀吳起單雄信等廟亦祀之或啓建道場於諸寺觀或遣內臣分詣州郡如河中之后土廟太寧宮亳之太清明道宮兗之會真景靈宮太極觀鳳翔之太平宮舒州之靈僊觀江州之太平觀泗州之延祥觀皆函香奉祝驛往禱之凡旱蝗水潦無雪皆禜禱焉咸平二年旱詔有司祠雷師雨師內出李邕祈雨法以甲乙日擇東方地作壇取土造青龍長吏齋三日詣龍所汲流水設香案茗果餈餌率羣吏鄉老日再至祝酹不得用音樂巫覡雨足送龍水中餘四方皆如之飾以方色大凡日干及建壇取土之里數器之大小及龍之脩廣皆以五行成數焉詔頒諸路景德三年五月旱又以畫龍祈雨法付有司刊行其法擇潭洞或湫濼林木深邃之所以庚辛壬癸日刺史守令帥耆老齋潔先以酒脯告社令訖築方壇三級高二尺闊一丈三尺壇外二十步界以白繩壇上植竹枝張畫龍其圖以縑素上畫黑魚左顧環以元黿十星中為白龍吐雲黑色下畫水波有龜左顧吐黑氣如綫和金銀朱丹飾龍形又設皂旛刎鵝頸血置槃中柳枝洒水龍上俟三日祭以一豭取畫龍投水中大中祥符二年旱遣司天少監史序祀玄冥五星於北郊除地為壇望告已而雨足遣官報謝及社稷初學士院不設配位及是問禮官言祭必有配報如常祀當設配坐又諸神祠天齊五龍用中祠祆祠城隍用羊一八籩八豆舊制不祈四海帝曰百谷之長潤澤及物安可闕禮特命祭之天禧四年四月大風飛沙折木晝晦數刻命中使詣宮觀建醮禳之天聖三年九月帝宣諭近內臣南中勾當廻言諸處名山洞府投送金龍玉簡開啓道場頗有煩擾速令分祈投龍處不得開建道場康定二年三月以黃河水勢甚淺致分流入汴未能通濟遣祭河瀆及靈津廟又澶州曹村埽方開減水直河而水自流通遣使祭謝後脩塞禮同治平四年十二月詔以來歲正旦日食命翰林學士承旨王珪祭社熙寧元年正月帝親幸寺觀祈雨仍令在京差官分禱各就本司先致齋三日然後行事諸路擇端誠脩潔之士分禱海鎮嶽瀆名山大川潔齋行事毋得出謁宴飲賈販及諸煩擾令監司察訪以聞諸路神祠靈跡寺觀雖不係祀典祈求有應者並委州縣差官潔齋致禱已而雨足復幸西太一宮報謝九年十二月以安南行營將士疾病者衆遣同知太常禮儀院王存詣南嶽虔潔致禱仍建祈福道場一月又以西江運糧獲應命本州長吏往祭龍祠十年四月以夏旱內出蜥蜴祈雨法捕蜥蜴數十納甕中漬之以雜木葉擇童男十三歲下十歲上者二十八人分兩番衣青衣以青飾面及手足人持柳枝霑水散洒晝夜環繞誦呪曰蜥蜴蜥蜴興雲吐霧雨令滂沱令汝歸去雨足元豐元年十月太皇太后違豫命輔臣以下分禱天地宗廟社稷及都內諸神祠又作祈福道場於寺觀及五嶽四瀆凡靈跡所在八年帝疾分禱亦如之又以京城火災建醮於集禧觀且為民祈福元祐元年十二月以華州鄭縣山摧命太常博士顏復往祭西嶽七年詔太皇太后本命歲正月一日京師及天下州軍各齋僧尼道士女冠一日在京宮觀寺院開建道場七晝夜內外獄囚並設食三日八年太皇太后違豫祈禱如元豐仍致禱諸陵又令南京等處長吏詣祖宗神御所在建置道場紹興二年三月苦雨命往天竺山祈晴即日雨止四年知樞密院張浚言四川自七月以來霖雨地震乞製祝文名山大川祈禱上曰霖雨地震之災豈非兵久在蜀調發供餽民怨所致當脩德以應之又可禱乎七年正月一日詔朕痛兩宮北狩道君皇帝春秋益高念無以見勤誠之意可遣官往建康府元符萬歲宮脩建祈福道場三晝夜務令嚴潔庶稱朕心又謂輔臣曰宣和皇后春秋浸高朕朝夕思之不遑安處已遣人於三茅山設黃籙醮仰祝聖壽是歲七月張浚等言雨澤稍愆乞禱上曰朕患不知四方水旱之實宮中種稻兩區其一地下其一地高高者其苗有槁意矣須精加祈禱以救旱暵八年宰臣奏積雨傷蠶上曰朕宮中自蠶一薄欲知農桑之候久雨葉濕豈不有損乃命往天竺祈晴三十二年太常少卿王普言逆亮誅夷虜騎遁去兩淮無警舊疆寖歸茲者回鑾臨安當行報謝之禮從之嘉定八年八月蝗禱于霍山九年六

月蝗禱祭祀淳祐七年六月大旱命侍從禱于天竺觀音及霍山祠

宋史卷一百二考證

禮志五冊升奉冊使輅○臣酉按此句不可解必是冊使奉冊升輅使升二字互易則文義順矣

宋史卷一百三

元 中書 右丞 相 總 裁 脫 脫 等 修

禮志第五十六

禮六 吉禮六

朝日夕月 九宮貴神 高禖 大火 壽星靈星 風伯雨師 司寒 蜡 七祀 馬祖 酺神

朝日夕月慶歷用羊豕各二籩豆十二簠簋俎二天禧初太常禮院以監察御史王博文言詳定準禮春分朝日於東郊秋分夕月於西郊國語太采朝日少采夕月又曰春朝朝日秋夕夕月唐柳宗元論云夕之名者朝拜之偶也古者旦見曰朝暮見曰夕按禮秋分夕月蓋其時晝夜平分太陽當午而陰魄已生遂行夕拜之祭以祀日未前十刻太官令率宰人割牲未後三刻行禮蓋是古禮以夕行朝祭之儀又按禮云從子至巳爲陽從午至亥爲陰參詳典禮合於未後三刻行禮皇祐五年定朝日壇舊高七尺東西六步一尺五寸增爲八尺廣四丈如唐郊祀錄夕月壇與隋唐制度不合從舊則壇小如唐則坎深今定坎深三尺廣四丈壇高一尺廣二丈四方爲陛降入坎深然後升壇壇皆兩壝壝皆二十五步增大明夜明壇山罍二籩豆十二禮生引司天監官分獻上香奠幣爵再拜嘉祐加羊豕各五五禮新儀定二壇高廣坎深如皇祐無所改中興同

太一九宮神位在國門之東郊壇之制四陛外西南又爲一陛曰坤道俾行事者升降由之其九宮神壇再成第一成東西南北各百三十尺再成東西南北各一百尺俱高三尺壇上置小壇九每壇高一尺五寸縱廣八尺各相去一丈六尺祠用中祀咸平中改爲大祀壇增兩壝玉用兩圭有邸藉用槀秸加褥如幣色其御書祝禮如社稷尋以封禪別建九宮壇泰山下行宮之東壇二成成一尺面各長五丈二尺四陛及坤道各廣五丈上九小壇相去各八尺四隅各留五尺壇下兩壝依大祠禮及祀汾陰亦遣使祀焉自後親郊恭謝皆遣官於本壇別祭景祐二年學士章得象等定司天監生于淵役人單訓所請祀九宮太一依逐年飛移位次之法案郄良遇九宮法有飛棋立成圖每歲一移推九州所主災福事又唐術士蘇加慶始置九宮神壇一成高三尺四陛上依位次置九壇東南曰招搖正東曰軒轅東北曰太陰正南曰天一中央曰天符北曰太一西南曰攝提正西曰咸池西北曰青龍五數爲中戴九履一左三右七二四爲上六八爲下符於遁甲此則九宮定位設祭以四孟隨歲改位行棋謂之飛位自乾元以後止依本位祭之遂不飛易仍減冬夏二祭國朝因之今于淵等所請合天寶初祭之禮又合良遇飛棋之圖然其法本術家時祭之文經理不載議者或謂不必飛宮若日月星辰躔次周流而祭有常所此則定位之祀所當從也若其推數於回復候神於恍忽因方弭沴隨氣考神則飛位之文固可遵用請依唐禮遇祭九宮之時遣司天監一員詣祠所隨每年貴神飛棋之方旋定祭位仍自天聖已巳入歷太一在一宮歲進一位飛棋巡行周而復始詔可慶歷儀每坐籩豆十二簠簋俎二皇祐增壇三成又禮官言歲雩祀外水旱稍久皆遣官告天地宗廟社稷及諸寺觀宮廟九宮貴神今列大祀亦宜準此熙寧四年司天中官正周琮言太一經推算七年甲寅歲太一陽九百六之數復元之初故經言太歲有陽九之災太一有百六之厄皆在入元之初終今陽九百六當癸丑甲寅歲爲災厄之會然五福太一移入中都可以消異爲祥竊詳五福太一自國朝雍熙元年甲申歲入東南巽宮時脩東太一宮天聖七年已巳歲五福太一入西南坤位脩西太一宮請稽詳故事崇建祠宇迎之京師詔建中太一宮於集禧觀十太一神並用通天冠絳紗袍元豐中太常博士何洵直言熙寧祀儀九宮貴神祝文稱嗣天子臣某以禮秩論之當與社稷爲比請依祀儀爲大祀其祝版仰依會昌故事及開寶通禮書御名不稱臣又近制諸祠祭牲數正配以全體解割各用一牢貴神九位悉是正坐異壇別祀尊爲大祀而共用二少牢於壓熟之俎骨體不備謂宜每位一牢凡九少牢詔下太常脩入祀儀元佑七年監察御史安鼎言按漢武帝始祠太一一位唐天寶初兼祀八宮謂之九宮貴神漢祀太一日用一犢凡七日而止唐祀類於天地今春秋祀九宮太一用羊豕其四立祭太一宮十神皆無牲以素饌加酒焉載詳星經太一一星在紫宮門右天一之南號曰天之貴神其佐曰五帝飛行諸方躡三能以上下以天極星其一明者爲常居主使十六神知風雨水旱兵革饑饉疫疾災害之事唐書曰九宮貴神實司水旱太一掌十六神之法度以輔人極國朝會要亦云天之尊神及十精十六度並主風雨由是觀之十神太一九宮太一與漢所祀太一共是一神今十神皆用素饌而九宮並薦羊豕似非禮意詔禮官詳定十神九宮太一各有所主卽非一神故自唐迄今皆用牲牢別無祠壇用素食禮遂依舊制崇寧三年太常博士羅畸言九宮諸神位無禮神玉惟有燔玉竊謂宜用禮神玉少倣其幣之色薦於神坐議禮局言先王制禮用圭璧以祀日月星辰所謂圭璧者圭其邸爲璧以取殺於上帝也今九宮神皆星名而其玉用兩圭有邸夫兩圭有邸祀地之玉以祀星辰非周禮也乞改用圭璧以應古制政和新儀立春日祀東太一宮立夏季夏土王日祀中太一宮立秋日祀西太一宮立冬日祀中太一宮宮之眞室殿五福太一在中君基太一在東太游太一在西俱南向延休殿四神太一承鑾殿臣基太一在東西向北上凝祐殿直符太一臻福殿民基太一在西東向北上膺慶殿小游太一在中天一太一在東地一太一在西靈貺殿太歲在中太陰在西俱南向三皇五方帝日月五星二十八宿十日十二辰天地水三官五行九宮八卦五嶽四海四瀆十二山神等並爲從祀東西太一宮準此東太一宮大殿五福太一在東君基太一在西俱南向太游太一殿在大殿之北南向臣基太一殿在南北向小游太一直符太一四神太一殿在大殿之東西向北上天一太一民基太一地一太一在大殿之西東向北上西太一宮黃庭殿五福在中君基在東太游在西均福殿小游在中俱南向延貺殿天一在中四神在南臣基在北俱西向資祐殿地一在中四神在南臣基在北俱西向資祐殿地一在中民基在南直符在東北俱東向九宮貴神壇三成成縱廣十四丈再成縱廣十二丈三成縱廣十丈各高三尺上依方位置小壇九各高一丈五寸縱廣八尺四陛坤道兩壝每壝二十五步如舊制紹興十一年太常丞朱輅言九宮貴神所主風雨霜雪雹疫所係甚重請舉行祀典太常寺主簿林大鼐亦言十神太一九宮太一皆天之貴神國朝分爲二並爲大祀比一新太一宮而九宮貴神尚寓屋而不壇乃詔臨安府於國城之東建築九宮壇壝其儀如祀上帝其太一宮初議者請卽行宮之北隅建祠後命禮官考典故擇地建宮十八年宮成御書其榜十太一位於殿上南面西上從祀東廡九十有八西廡九十有七皆北上孝宗受禪又建本命殿名曰崇禧光宗又遷介福殿像於挾室而名新殿曰崇福

高禖初仁宗未有嗣景祐四年二月以殿中侍御史張奎言詔有司詳定禮官以爲月令雖可據然周官闕其文漢志郊祀不及禖祠獨枚皐傳言皇子禖祝而已後漢至江左概見其事而儀典委曲不可周知惟高齊禖祀最顯妃嬪參享黷而不齒恐不足爲後世法唐明皇因舊月令特存其事開元定禮已後不著朝廷必欲行之當築壇於南郊春分之日以祀青帝本詩克禋以祓之義也配以伏羲帝嚳伏羲本始嚳著祥也以禖從祀報古爲媒之先也以石爲主牲用太牢樂以升歌儀視先蠶有司攝事祝版所載具言天子求嗣之意乃以弓矢弓韣致神前祀已與胙酒進內以禮所御使齊戒受之仍歲令有司申請俟旨命曰特祀卽用其年春分遣官致祭爲圜壇高九尺廣二丈六尺四陛三壝陛廣五尺壝各二十五步主用青石長三尺八寸用木生成之數形準廟社主植壇上稍比露其首三寸青玉青幣牲用牛一羊一豕一如盧植之說樂章祀儀並準青帝尊器神坐如勾芒惟受福不飮回授中人爲異祀前一日內侍請皇后宿齋於別寢內臣引近侍宮嬪從是日量地設香案褥位各二重行南向於所齋之庭以望禖壇又設褥位於香案北重行皇后服褘衣褥位以緋宮嬪服朝賀衣服褥位以紫祀日有司行禮以福酒胙肉弓矢弓韣授內臣奉至齋所置弓矢等於箱在香案東福酒於坫胙肉於俎在香案西內臣引宮嬪詣褥位東上南向乃請皇后行禮導至褥位皆再拜導皇后詣香案位上香三請帶弓韣受弓矢轉授內臣置於箱又再拜內臣進胙皇后受訖轉授內臣次進福酒內臣曰請飮福飮訖請再拜乃解弓韣內臣跪受置於箱導皇后歸東向褥位又引宮嬪最高一人詣香案上香二帶弓韣受弓矢轉授左右及飮福解弓韣如皇后儀惟不進胙又引以次宮嬪行禮亦然俟俱復位內侍請皇后詣南向褥位皆再拜退是歲宮中又置赤帝像以祈皇嗣寶元二年皇子生遣參知政事王鬷以太牢報祠準春分儀惟不設弓矢弓韣著爲常祀遣兩制官攝事慶歷三年太常博士余靖言皇帝嗣續未廣不設弓矢弓韣非是詔仍如景祐之制熙寧二年皇子生以太牢報祀高

禖惟不設弓矢弓韣旣又從禮官言按祀儀青帝壇廣四丈高八尺今祀高禖旣以青帝爲主其壇高廣請如青帝之制又祀天以高禖配今郊禖壇祀青帝於南郊以伏羲高辛配復於壇下設高禖位殊爲𥨊誤請準古郊禖改祀上帝以高禖配改伏羲高辛位爲高禖而徹壇下位詔高禖典禮仍舊壇制如所宜改犢爲角握牛高禖祝版與配位並進書爲又言伏羲高辛配祝文並云作主配神神無二主伏羲旣爲主其高辛祝文請改云配食于神元祐三年太常寺言祀儀高禖壇上正位設青帝席配位設伏羲高辛氏席壇下東南設高禖從祀席正配位各六俎實以羊豕腥熟高禖位四俎實以牛腥熟祀日兵部工部郎中奉羊豕俎升壇諸正配位高禖位俎則執事人奉焉竊以青帝爲所祀之主而牲用羊豕禖神因其嘉祥從祀而牲反用牛又牛俎執事者陳之而羊豕俎皆奉以郎官輕重失當請以二牲通行解割正配從祀位並用皆以六曹郎官奉俎令羊俎以兵部豕俎以工部牛俎請以戶部郎官政和新儀春分祀高禖以簡狄姜嫄從配皇帝親祠並如祈穀祀上帝儀惟配位作承安之樂而增簡狄姜嫄位牛羊豕各一紹興元年太常少卿趙子晝言自車駕南巡雖多故之餘禮文難備至於祓無子祝多男所以係萬方之心蓋不可闕乞自來歲之春復行高禖之祀十七年車駕親祀高禖如政和之儀

大火之祀康定初南京鴻慶宮災集賢校理胡宿請脩其祀而以閼伯配焉禮官議閼伯爲高辛火正實居商邱主祀大火後世因之祀爲貴神配火侑食如周棄配稷后土配社之比下歷千載遂爲重祀祖宗以來郊祀上帝而大辰已在從祀閼伯之廟每因赦文及春秋委京司長吏致奠咸秩之典未始云闕然國家有天下之號實本於宋五運之次又感火德宜因興王之地商邱之舊爲壇兆祀大火以閼伯配建辰建戌出內之月內降祝版留司長吏奉祭行事乃上壇制高五尺廣二丈四陛陛廣五尺一壝四面距壇各二十五步位牌以黑漆朱書曰大火位配位曰閼伯位牲用羊豕一器準中祠歲以三月九月擇日令南京長吏以下分三獻州縣官攝太祝奉禮慶曆獻官有祭服建中靖國元年又建陽德觀以祀熒惑因翰林學士張康國言天下崇寧觀並建火德眞君殿仍詔正殿以離明爲名太常博士羅畸請宜倣太一宮遣官薦獻或立壇於南郊如祀靈星之儀有司請以閼伯從祀離明殿又請增閼伯位按春秋傳曰五行之官封爲上公祀爲貴神祝融高辛氏之火正也閼伯陶唐氏之火正也祝融旣爲上公則閼伯亦當服上公袞冕九章之服旣又建熒惑壇於南郊赤帝壇壝外令有司以時致祭增用圭璧火德熒惑以閼伯配俱南向五方火精神等爲從祀壇廣四丈高七尺四陛兩壝壝二十五步從新儀所定紹興三年詔祀大火太常寺言應天府祀大火今道路未通宜於行在春秋設位乾道五年太常少卿林栗等言本寺已擇九月十四日依旨設位望祭應天府大火以商邱宣明王配二十一日內火祀大辰以閼伯配大辰即大火閼伯即商邱宣明王也緣國朝以宋建號以火紀德推原發祥之所自崇建商邱之祠府曰應天廟曰光德加封王爵錫謚宣明所以追嚴者備矣今有司旬日之間舉行二祭二稱其號一斥其名義所未安乞自今祀熒惑大辰其配位稱閼伯祝文位版並依應天府大火禮例改稱宣明王以稱國家崇奉火正之意

諸星祠有壽星周伯靈星之祭大中祥符二年翰林天文邢中和言景德中周伯星出亢宿下按天文志角亢爲太山之根果符上封之應望於親郊日特置周伯星位於亢宿間詔禮官與司天監定議且言周伯星出氐三度然亢氐相去不遠並鄭分兗州壽星之次宜如中和奏設位氐宿之間以爲永式景德三年詔定壽星之祀太常禮院言按月令八月命有司享壽星於南郊注云秋分日祭壽星於南郊壽星南極老人星也爾雅云壽星角亢也注云數起角亢列宿之長故云壽星唐開元中特置壽星壇常以千秋節日祭老人星及角亢七宿請用祀靈星小祠禮其壇亦如靈星壇制築於南郊以秋分日祭之元豐中禮文所言時令秋冬享壽星于南郊熙寧祀儀於壇上設壽星一位南向又於壇下卯陛之南設角亢氐房心尾箕七位東向按爾雅所謂壽星角亢非此所謂秋分所享壽星也今於壇下設角亢位以氐房心尾箕同祀尤爲無名又按晉天文志老人一星在弧南一曰南極常以秋分之旦見于丙春分之夕沒于丁見則治平主壽昌常以秋分候之南郊後漢於國都南郊立老人星廟常以仲秋祀之則壽星謂老人矣請依後漢於壇上設壽星一位南向祀老人星其壇下七宿位不宜復設慶曆以立秋後辰日祀靈星其壇東西丈三尺南北丈二尺壽星壇方丈八尺皇祐定如唐制二壇皆周八步四尺其享禮籩八豆八在神位前左右重三行俎二在籩豆外簠簋一在二俎間象尊二在壇上東南隅北向西上七宿位各設籩一豆一在神位前左右俎一在籩豆外中設簠一簋一在俎左右爵一在神位正前壺尊二在神位右光祿實以法酒政和新儀改定壇高三尺東西袤丈三尺南北袤丈二尺四出陛一壝二十五步初乾興祀靈星值屠牲有禁乃屠於城外至是勑有司凡祭祀牲牢無避禁日著爲令南渡後靈星壽星風師雨師雷師及七祀司寒馬祖並仍舊制

風伯雨師諸州亦致祭大中祥符初詔惟邊地要劇者令通判致祭餘皆長吏親享未幾澤州請立風伯雨師廟乃令禮官考儀式頒之有司言唐制諸郡置風伯壇社壇之東雨師壇于西各稍北數十步卑下於社壇祠用羊一籩豆各八簠簋各二元豐詳定所言周禮小宗伯之職兆五帝於四郊四類亦如之鄭氏曰兆爲壇之營域四類日月星辰運行無常以氣類爲之位兆日於東郊兆月與風師於西郊兆司中司命於南郊兆雨師於北郊各以氣類祭之謂之四類漢儀縣邑常以丙戌日祠風伯於戌地以已丑日祀雨師於丑地亦從其類故也熙寧祀儀兆日東郊兆月西郊是以氣類爲之位至於兆風師於國城東北兆雨師於國城西北司中司命於國城西北亥地則是各從其星位而不以氣類也請稽舊禮兆風師於西郊祠以立春後丑日兆雨師於北郊祠以立夏後申日兆司中司命司祿於南郊祀以立冬後亥日其壇兆則從其氣類其祭辰則從其星位仍依熙寧儀以雷師從雨師之位以司民從司中司命司祿之位舊制風師壇高四尺東西四步三尺南北減一尺皇祐定高三尺周三十三步雨師雷師壇高三尺方一丈九尺皇祐定周六步政和之制風壇廣二十三步雨雷壇廣十五步皆高三尺四陛並一壝二十五步其雨師雷師二壇同壝司中司命司祿爲四壇各廣二十五步同壝又言周禮太宗伯以槱燎祀司中司命風師雨師所謂周人尚臭升陽以報陽也今天神之祀皆燔牲首風師雨師請用柘柴升煙以爲歆神之始又言周禮樂師之職曰凡國之小事用樂者令奏鐘鼓說者曰小祀也小師職注小祭祀謂司中司命風師是也旣已有鐘鼓則是有樂明矣請有司祀司中司命風師雨師用樂仍製樂章以爲降神之節又言周禮小司徒之職凡小祭祀奉牛牲羞其肆又肆師云小祭祀用牲所謂小祭祀即司中司命司民司祿宮中七祀之類是也後世以有司攝事難於純用太牢猶宜下同大夫禮用羊豕可也今祀儀馬祖先牧司中司命司民司祿司寒歲用羊豕一祠令小祠牲入滌一月所以備潔養之法今每位肉以豕又取諸市與令文相戾請諸小祠祭以少牢仍用體解又言社稷五祀先薦爓次薦熟至於羣小祀薦熟而已請四方百物宮中七祠司中司命風師雨師止薦熟並從之

司寒之祭常以四月命官率太祝用牲幣及黑牡秬黍祭玄冥之神乃開冰以薦太廟建隆二年置藏冰署而脩其祀焉祕書監李至言按詩豳七月曰四之日獻羔祭韭蓋謂周以十一月爲正其四月即今之二月也春秋傳曰日在北陸而藏冰謂夏十二月日在危也獻羔而啓之謂二月春分獻羔祭韭始開冰室也火出而畢賦火星昏見謂四月中也又按月令天子獻羔開冰先薦寢廟詳其開冰之祭當在春分乃有司之失也帝覽奏曰今四月韭可苦星矣何謂薦新遂正其禮天聖新令春分開冰祭司寒於冰井務卜日薦冰於太廟季冬藏冰設祭亦如之元豐詳定所言熙寧祀儀孟冬選吉日祀司寒按古享司寒惟以藏冰啓冰之日孟冬非有事於冰則不應祭享今請惟季冬藏冰則享司寒牲用黑牡羊穀用黑秬黍仲春開冰則但用羔孔穎達注月令曰藏冰則用牡黍啓唯告而已祭禮大告禮小故也且開冰將以御至尊當有桃弧棘矢以禳除凶邪設於神坐則非禮也當從孔氏說出冰之時置弓矢於凌室之戶大觀禮局言春秋左氏傳以少昊有四叔其二爲玄冥杜預鄭玄皆以玄冥爲水官故歷代祀爲司寒則玄冥非天神矣今儀注禮畢有司取祝幣瘞坎贊者贊幣燔燎是以祀天神之禮享人鬼也請罷燔燎而埋祝幣詔從其請

大蜡之禮自魏以來始定議王者各隨其行社以其盛臘以其終建隆初以有司言用周德木生火宜以火德王色尚赤遂以戌日爲臘三年戊戌臘有司晝日以七日辛卯和峴奏議曰按蜡始於伊耆後歷三代及漢其名雖改而其實一也漢火行用戌臘臘者接也新故相接畋獵禽獸以享百神報終成之功也王者因之上享宗廟旁及五祀展其孝心盡物示恭也魏晉以降悉沿其制唐秉土德貞觀之際以前寅日蜡百神卯日祭社宮辰日享宗廟開元定禮三祭皆於臘辰以應土德今以戌日爲臘而以前七日辛卯行蜡禮恐未爲宜況宗廟社稷並遵臘享獨蜡不以臘請下禮官議如峴言今後蜡百神祀社稷享宗廟皆用戌臘一日天聖三年

同知禮院陳詁言蜡祭一百九十二位祝文內載一百八十二位唯五方田畯五方郵表畷一十位不載祝文又郊祀錄正辭錄司天監神位圖皆以虎爲於菟乃避唐諱請仍爲虎五方祝文衆族之下增入田畯郵表畷云元豐詳定所言記曰八蜡以祀四方年不順成八蜡不通歷代蜡祭獨在南郊爲一壇惟周隋四郊之兆乃合禮意又禮記月令以蜡與息民爲二祭故隋唐息民祭在蜡之後日請蜡祭四郊各爲一壇以祀其方之神有不順成之方則不脩報其息民祭仍在蜡祭之後先是太常寺言四郊蜡祭宜依百神制度築壇其東西有不順成之方卽祭日月其神農以下更不設祭又舊儀神農后稷並設位壇下當移壇上按禮記正義伊耆氏神農也今壇下更設伊耆氏位合除去之政和新儀臘前一日蜡百神四方蜡壇廣四丈高八尺四出陛兩壝每壝二十五步東方設大明位西方設夜明位以神農氏后稷氏配配位以北爲上南北壇設神農位以后稷配五星二十八宿十二辰五官五嶽五鎮四海四瀆及五方山林川澤邱陵墳衍原隰井泉田畯倉龍朱鳥麒麟白虎玄武五水庸五坊五虎五鱗五羽五介五毛五郵表畷五贏五猫五昆蟲從祀各依其方設位中方鎮星后土田畯設於南方蜡壇酉階之西中方嶽鎮以下設於南方蜡壇午階之西伊耆設於北方蜡壇卯階之南其位次於辰星紹興十九年有司檢會五禮新儀臘前一日蜡東方西方爲大祀蜡南方北方爲中祀並用牲牢乾道四年太常少卿王瀹又請於四郊各爲一壇以祀其方之神東西以日月爲主各以神農后稷配南北皆以神農爲主以后稷配自五帝星辰嶽鎮海瀆以至猫虎昆蟲各隨其方分爲從祀其後南蜡仍於圜壇望祭殿北蜡於餘杭門外精進寺行禮

太廟司命戶竈中霤門厲行七祀熙寧八年始置位版太常禮院請禘享徧祭七祀詳定所言周禮天子六服自鷩冕而下各隨所祭而服今既不親祀則諸臣攝事日當從王所祭之服其攝事之臣不繫其官又言禮祭法曰王自爲立七祀曰司命曰中霤曰國行曰泰厲曰門曰戶曰竈孟春祀戶祭先脾孟夏祀竈祭先肺中央土祀中霤祭先心孟秋祀門祭先肝孟冬祀行祭先腎又傳曰春祀司命秋祠厲此所祀之位所祀之時所用之俎也周禮司服掌王之吉服祭羣小祀則服玄冕注謂宮中七祀之屬禮記曰一獻熟注謂宮中羣小神七祀之等周禮大宗伯若王不與祭祀則攝位此所祀之服所獻之禮所攝之官也近世因禘祫則偏祭七祀其四時則隨時享分祭攝事以廟卿行禮而服七旒之冕分太廟牲以爲俎一獻而不薦熟皆非禮制請以立春祭戶於廟室戶外之西祭司命於廟門之西制脾於俎立夏祭竈於廟門之東制肺於俎季夏土王日祭中霤於廟庭之中制心於俎立秋祭門及厲於廟門外之西制肝於俎立冬祭司命及行於廟門外之西制腎於俎皆用特牲更不隨時享分祭有司攝事以太廟令攝禮官服必玄冕獻必薦熟親祀及臘享卽依舊禮徧祭之政和新儀定太廟七祀四時分祭如元豐儀臘享祫享則徧祭設位於殿下橫街之北道西東向北上

馬祖祀典仲春祀馬祖仲夏享先牧仲秋祀馬社仲冬祭馬步並擇日壇壝之制三壇各廣九步高三尺四陛一壝又有酺神之祀慶歷中上封事者言螟蝗爲害乞外內並脩祭酺禮記言按周禮族師春秋祭酺酺爲人物災害之神鄭玄云校人職有冬祭馬步則未知此酺者蝝螟之酺歟人鬼之步歟蓋亦爲壇位如雩禜云然則校人職有冬步是與馬爲害者此酺蓋人物之害也漢有蝝螟之酺神又有人鬼之步神歷代書史悉無祭酺儀式欲準祭馬步儀壇在國城西北差官就馬壇致祭稱爲酺神若外州者卽畧依禜禮其儀注先擇便方除地設營纘爲位營纘謂立表施繩以代壝其致齋行禮器物並如小祠先祭一日致齋祭日設神坐內向用尊及籩一豆一實以酒酺設於神坐左又設罍洗及篚於酒尊之左俱內向執事者位於其後皆以近神爲上薦神用白幣一丈八尺在篚將祭贊祀官拜就盥洗訖進至神坐前上香奠幣退詣罍盥洗實以酒再詣神坐前奠爵讀祝再拜退而瘞幣其酺神祝文曰維年歲次月朔某日州縣某官某敢昭告于酺神蝗蝝荐生害於嘉禾惟神降祐應時消殄請以清酒制幣嘉薦昭告于神尚享紹興祀令蟲蝗爲害則祭酺神嘉定八年六月以飛蝗入臨安界詔差官祭告又詔兩浙淮東西路州縣遇有蝗入境守臣祭告酺神

宋史卷一百三考證

禮志六隨歲改位行棋謂之飛位○按行棋二字當在謂之之下

宮嬪服朝賀衣服○通考作宮嬪服朝賀之服文較雅馴此衣字當是之字之訛

宋史卷一百四

元　中　書　右　丞　相　總　裁　脫　脫　等　修

禮志第五十七

禮七　吉禮七

封禪　汾陰后土　朝謁太清宮　天書九鼎

封禪太宗卽位之八年泰山父老千餘人詣闕請東封帝謙讓未遑厚賜以遣之明年宰臣宋琪率文武官僧道耆壽三上表以請乃詔以十一月二十一日有事于泰山命翰林學士扈蒙等詳定儀注旣而乾元文明二殿災詔停封禪而以是日有事于南郊眞宗大中祥符元年兗州父老呂良等千二百八十七人及諸道貢舉之士八百四十六人詣闕陳請而宰臣王旦等又率百官諸軍將校州縣官吏蕃夷僧道父老二萬四千三百七十八人五上表請始詔今年十月有事于泰山遣官告天地宗廟社稷太一宮及在京祠廟嶽瀆命翰林太常禮院詳定儀注知樞密院王欽若參知政事趙安仁爲封禪經度制置使並判兗州三司使丁謂計度糧草引進使曹利用宣政使李神福脩行宮道路皇城使劉承珪等計度發運詔禁緣路採捕及車騎蹂踐田稼以行宮側官舍佛寺爲百官宿頓之所調兗鄆兵克山下丁役行宮除前後殿外並張幕爲屋覆以油帊仍增自京至泰山驛馬令三司沿汴蔡御河入廣濟河運儀仗什物赴兗州發上供木由黃河浮筏至鄆州給置頓費用省輦送之役以王旦爲大禮使王欽若爲禮儀使參知政事馬拯爲儀仗使知樞密院陳堯叟爲鹵簿使趙安仁爲橋道頓遞使仍鑄五使印及經度制置使印給之遣使詣岳州采三脊茅三十束有老人黃皓識之補州助教賜以粟帛初太平興國中有得唐玄宗社首玉冊蒼璧至是令瘞於舊所其前代封禪壇址摧圮者命脩完之山上置圜臺徑五丈高九尺四陛上飾以靑四面如其方色一壝廣一丈圍以靑繩三周燎壇在其東南高丈二尺方一丈開上南出戶方六尺山下封祀壇四成十二陛如圜丘制上飾以玄四面如方色外爲三壝燎壇如山上壇制社首壇八角三成每等高四尺上濶十六步八陛上等廣八尺中等廣一丈下等廣一丈二尺三壝四門如方丘制又爲瘞埳於壬地外壝之內以玉爲五牒牒各長尺二寸廣五寸厚一寸刻字而填以金聯以金繩緘以玉匱置石䃔中金脆難用以金塗繩代之正坐配坐用玉冊六副每簡長一尺二寸廣一寸二分厚三分簡數量文多少匱長一尺三寸檢長如匱厚二寸濶五寸纏金繩五周當纏繩處刻爲五道而封以金泥泥和金粉乳香爲之印以受命寶封匱當寶處刻深二分用石䃔藏之其䃔用石再累各方五尺厚一尺鑿中廣深令容玉匱䃔旁施檢處皆刻深七寸濶一尺南北各三東西各二去隅皆七寸纏繩處皆刻三道廣一寸五分深三分爲石檢十以擫䃔皆長三尺濶一尺厚七寸刻三道廣深如纏繩其當封處刻深二寸取足容寶皆有小石蓋與封刻相應其檢立䃔旁當刻處又爲金繩三以纏䃔皆五周徑三分爲石泥封䃔泥用石末和方色土爲之用金鑄寶曰天下同文如御前寶以封䃔際距石十二分距四隅皆濶二尺厚一尺長一丈斜刻其道與䃔隅相應皆再累爲五色土圜封䃔上徑一丈二尺下徑三丈九尺命直史館劉鍇內侍張承素領徒封圜臺石䃔直集賢院宋皐內侍郝昭信封社首石䃔並先往規度之詳定所言朝覲壇在行宮南方九丈六尺高九尺四陛陛南面兩陛餘三面各一陛一壝二分在南一分在北又按唐封禪備法駕準故事乘輿出京並用法駕所過州縣不備儀仗其圜臺上設登歌鐘磬各一具封祀壇宮架二十虡四隅立建鼓二舞社首壇設登歌如圜臺壝下宮架二舞如封祀壇朝覲壇宮架二十虡不用熊羆十二案又按六典南郊合祀天地服袞冕垂白珠十有二瑬衣纁裳十二章欲望封禪日依南郊例洎禮畢御朝覲壇諸州所貢方物陳列如元正儀令尚書戶部告示並先集泰山下仍詔出京日具小駕儀仗太常寺三百二十五人兵部五百六十六人殿中省九十一人太僕寺二百九十九人六軍諸衛四百六十八人左右金吾仗各一百七十六人司天監三十七人有司言南郊惟昊天皇地祇配帝日月五方神州各用幣內官而下別設六十六段分充按開寶通禮嶽鎮海瀆幣從方色卽明皆有制幣今請封祀壇內官至外官三百一十八位社首壇嶽鎮以下一十八位並用方色幣又南郊牲正坐配坐用犢五方帝日月神州共用羊豕二十二從祀七百三十七位仍以前數分充今請神州而上十二位用犢其舊供羊豕改充從祀牲又景德中升天皇北極在第一等今請亦於從祀牲內體薦舊制郊祀正坐配坐褥以黃皇帝拜褥以緋至是詔配坐以緋拜褥又以紫又以靈山清潔命祀官差減其數或令兼攝有期喪未滿餘服未卒哭者不得預祭內侍諸司官除掌事宿衞外從升者裁二十四人諸司職掌九十三人其文武官升山者皆公服詳定所言漢書八神與歷代封禪帝皇及所禪

山並於前祀七日遣官致祭以太牢祀泰山少牢祀社首九月詔審刑院開封府毋奏大辟案帝習儀于崇德殿初禮官言無帝王親習之文帝曰朕以達寅恭之意豈憚勞也既畢帝見禮文有未便諭宰臣與禮官再議於是詳定所言按開寶禮則燔燎畢封冊開元故事則封䃜後燔燎今如不對神封冊則未稱寅恭或封䃜後送神則併爲一讀欲望俟終獻畢皇帝升壇封玉匱置䃜中泥印訖復位飲福送神樂止舉燎火次天書降次金匱降禮儀使奏禮畢皇帝還太次俟封䃜畢皇帝再升壇省視䃜祀禮已畢更不舉樂省訖降壇仍詔山上亞獻終獻登歌作樂十月戊子朔禁天下屠殺一月帝自告廟卽屛葷茹食自進發至行禮前並禁音樂有司請登封日圜臺立黃麾仗至山下壇設權火將行禮然炬相屬又出朱字漆牌遣執仗者傳付山下牌至公卿就位皇帝就望燎位山上傳呼萬歲下卽舉燎皇帝還大次解嚴又傳呼而下祀官始退社首瘞坎亦設權火三爲準遣司天設漏壺山之上下命中官覆校日景復於壇側擊板相應自太平頂天門黃峴嶺岱嶽觀各竪長竿揭籠燈下照以相參候辛卯發京師以玉輅載天書先行次日如之至鄆州令從官衞士蔬食丁未次奉高宮戊申齋于穆淸殿諸升山者官給衣令祀日沐浴服之庚戌帝服通天冠絳紗袍乘金輅備法駕至山門幄次改服鞾袍乘步輦登山鹵簿儀衞列山下天書仗不上山與法駕仗間立知制誥朱巽奉玉冊牒及圜臺行事官先升且以回馬嶺至天門路峻絕人給橫板二長三尺許繫綵兩端施於背膺選從卒推引而上衞士皆給釘鞵供奉馬止於中路自山趾盤道至太平頂凡兩步一人綵繪相間樹當道者不伐止縈以繒帝每經陿險必降輦徒步亞獻寧王元偓終獻舒王元偁鹵簿使陳堯叟從祀官黜饌習儀於圜壇是夕山下罷警場辛亥設昊天上帝位于圜臺奉天書于坐左太祖太宗並配西北側向帝服袞冕升臺奠獻悉去侍衞拂翟止於壝門籠燭前導亦徹之玉冊文曰嗣天子臣某敢昭告于昊天上帝臣嗣膺景命昭事上穹昔太祖揖讓開基太宗憂勤致治廓淸寰宇混一車書固抑升中以延積慶元符錫祚衆寶效祥異域咸懷豐年屢應虔脩封祀祈福黎元謹以玉帛犧牲粢盛庶品備兹禋燎式薦至誠皇伯考太祖皇帝皇考太宗皇帝配神作主尙享玉牒文曰有宋嗣天子臣某敢昭告于昊天上帝啓運大同惟宋受命太祖肇基功成治定太宗膺圖重熙累盛粤惟冲人丕承列聖寅恭奉天憂勤聽政一紀于兹四隩來暨丕貺殊尤元符章示儲慶發祥淸淨可致時和年豐羣生咸遂仰荷顧懷敢忘繼志僉議大封聿申昭事躬陟喬嶽對越上天率禮祗肅備物吉蠲以仁守位以孝奉先祈福逮下侑神昭德惠綏黎元懋建皇極天祿無疆靈休允迪萬葉其昌永保純錫命羣官享五方帝及諸神於山下封祀壇上飲福酒攝中書令王旦跪稱曰天賜皇帝太一神策周而復始永綏兆人三獻畢封金玉匱王旦奉玉匱置於石䃜攝太尉馮拯奉金匱以降將作監領徒封䃜帝登圜臺閱視訖還御幄宰臣率從官稱賀山下傳呼萬歲聲動山谷卽日伏還奉高宮百官奉迎于谷口帝復齋于穆淸殿壬子禪祭皇地祇于社首山奉天書升壇以祖宗配玉冊文曰嗣天子臣某敢昭告于皇地祇無私垂祐有宋肇基命惟天啓慶賴坤儀太祖神武威震萬寓太宗聖文德綏九土臣恭膺寶命纂承丕緒穹昊降祥靈符下付景祚延鴻秘文昭著八表以寧五兵不試九穀豐穰百姓親比方輿所資涼德是愧溥率同詞縉紳協議因以時巡亦旣肆類躬陳典禮祗事厚載致孝祖宗潔誠嚴配以伸大報聿脩明祀本支百世黎元受祉謹以玉帛犧牲粢盛庶品備兹禋瘞式薦至誠皇伯考太祖皇帝皇考太宗皇帝配神作主尙饗帝至山下服鞾袍步出大次癸丑有司設仗衞宮縣于壇下帝服袞冕御封禪壇上之壽昌殿受朝賀大赦天下文武遞進官勳減免賦稅工役各有差改乾封縣曰奉符縣宴百官卿監以上于穆淸殿泰山父老于殿門甲寅發奉符始進常膳帝之巡祭也往還四十七日未嘗遇雨雪嚴冬之候景氣恬和祥應紛委前祀之夕陰霾風勁不可以燭及行事風頓止天宇澄霽燭焰凝然封䃜訖紫氣蒙壇黃光如帛遶天書匣悉縱四方所獻珍禽異獸山下法駕還奉高宮日重輪五色雲見鼓吹振作觀者塞路歡呼動天地改奉高宮曰會眞宮九天司命上卿加號保生天尊靑帝加號廣生帝君天齊王加號仁聖各遣使祭告詔王旦撰封祀壇頌王欽若撰社首壇頌陳堯叟撰朝覲壇頌圜臺奉祀官並於山上刻名封祀九宮社首壇奉祀官並於社首頌碑陰刻名扈從升朝官及內殿崇班軍校領刺史以上與蕃夷酋長並於朝覲頌碑陰刻名明年二月詔知兗州李迪東京轉運使馬元方等同脩圖封以呂良首請命攝兗州助教政和三年兗鄆耆壽道釋等及知開德府張爲等五十二人表請東封優詔不允六年知兗州宋康年請下秘閣檢尋祥符東封典故付臣經畫時蔡京當國將講封禪以文太平預具金繩玉檢及他物甚備造舟四千艘雨具亦千萬計迄不能行

汾陰后土眞宗東封之又明年河中府言進士薛南及父老僧道千二百人列狀乞赴闕請親祠后土詔不允已而南又請河南尹寧王元偓亦表請文武百僚詣東上閤門三表以請詔明年春有事於汾陰后土命知樞密院陳堯叟爲祀汾陰經度制置使翰林學士李宗諤副之樞密直學士戚綸昭宣使劉承珪計度發運河北轉運使李士衡鹽鐵副使林特計度糧草龍圖閣待制王曙西京左藏庫使張景宗供備庫使藍繼宗脩治行宮道路宰臣王旦爲大禮使知樞密院王欽若爲禮儀使參知政事馮拯爲儀仗使趙安仁爲鹵簿使陳堯叟爲橋道頓遞使又以旦爲天書儀衞使欽若安仁副之丁謂爲扶侍使藍繼宗爲扶侍都監內侍周懷政皇甫繼明爲夾侍發陝西河東兵五千人赴汾陰給役出廐馬增傳置命翰林禮院詳定儀注造玉冊祭器先令堯叟詣后土祠祭告分遣常參官告天地廟社嶽鎭海瀆詳定所言祀汾陰后土請如封禪以太祖太宗並配其方丘之制八角三成每等高四尺上闊十六步八陛上陛廣八尺中廣一丈下廣一丈二尺三重壝四面開門爲瘞坎於壇之壬地外壝之內方深取足容物其后土壇別無方色正坐玉冊玉匱一副配坐玉冊金匱二副金泥金繩所用石匱幷蓋三層方廣五尺下層高二尺上開牙縫一周闊四寸深五寸中容玉匱其闊一尺長一尺六寸匱刻金繩道三周各相去五寸每纏繩處闊一寸深五分上層厚一尺仍於上四角更刻牙縫長八寸深四寸每纏金繩處深四寸方三寸五分取容封寶先卽廟庭規地爲坎深五尺闊容石匱及封固者先以金繩三道南北絡石匱候祀畢封匱訖中書侍郎奉匱至廟與太尉同置石匱中將作監加蓋繫金繩畢各塡以石泥印以天下同文之寶如社首封䃜制帝省視後將作監率執事更加盝頂石蓋然後封固如法上爲小壇如方丘狀廣厚皆五尺經度制置使請脽上築壇如方丘廟北古雙栢旁有堆阜卽其地爲之有司請祭前七日遣祀河中府境內伏羲神農帝舜成湯周文武漢文帝周公廟及於脽下祭漢唐六帝四年正月帝習儀于崇德殿丁酉法駕發京師二月丙辰至寶鼎縣奉祇宮戊午致齋己未遣入內都知鄧永遷詣祠上衣服供具庚申百官宿祀所是夜一鼓扶侍使奉天書升玉輅先至脽上二鼓帝承金輅法駕詣壇夾路設燎火盤道回曲周以黃麾仗初路出廟南帝以未脩謁不欲乘輿輦過其前令鑾路由廟後至壇次翼日帝服袞冕登壇祀后土地祇備三獻奉天書於神坐之左次以太祖太宗配侑冊文曰維大中祥符四年歲次辛亥二月乙巳朔十七日辛酉嗣天子臣某敢昭告于后土地祇恭惟位配穹昊化敷品彙贍言分壤是宅景靈備禮親祠抑惟令典肇啓皇宋混一方輿祖禰紹隆承平兹久眇躬纘嗣勵翼靡遑厚德資生綿區允穆淸寧孚祐戴履蒙休申錫寶符震以珍物虔遵時邁已建天封明察禮均有所未答欽沐祗事用致其恭夷夏駿奔瑄牲以薦肅然鄈上對越坤元式祈年豐懋昭政本兆民樂育百福蕃滋介祉無疆敢忘祗畏恭以琮幣犧牲粢盛庶品備兹瘞禮皇伯考太祖皇帝皇考太宗皇帝侑神作主尙享親封玉冊正坐於玉匱配坐於金匱攝太尉奉之以降置於石匱將作監封固之帝還次改服通天冠絳紗袍乘輦謁后土廟設登歌奠獻遣官分奠諸神至庭中視所封石匱還奉祇宮鈞容樂太常鼓吹始振作是日詔改奉祇曰太寧宮壬戌御朝覲壇受朝賀肆赦宴羣臣于穆淸殿父老于宮門穆淸殿奉祇宮之前殿也詔五使從臣刻名碑陰謁西嶽廟從官皆刻名廟中仗衞儀物大畧如東封之制命薛南試將作監主簿以首請祠汾陰故也

太淸宮大中祥符六年亳州父老道釋舉人三千三百十六人詣闕請車駕朝謁太淸宮宰臣帥百官表請詔以明年春親行朝謁禮命參知政事丁謂爲奉祀經度制置使判亳州翰林學士陳彭年副之權三司使林特計度糧草禮儀院言按唐太淸宮令奠獻用碧幣同人靈故不用玉今詳太上老君宜同天神用玉胙薦獻聖祖大帝用四圭有邸詔用蒼璧太淸宮用竹冊一副丁謂言太淸宮封藏太上老君寶冊請用玉匱各一副長廣一尺高如之檢厚一寸二分長廣如匱刻金繩道五封處深二分方取容受命寶石匱三層各長五尺三寸闊四尺二寸下層高二尺中容玉匱鑿深尺二寸長二尺五寸闊尺三寸中層高一尺南北刻金繩道三相距各五寸闊一寸深五分繫金繩處各深四分方取容天下同文寶上層爲盝頂蓋以王旦爲奉祀大禮使向敏中爲儀仗使王欽若爲禮儀使陳堯叟爲鹵簿使丁謂爲橋道頓遞使又以王旦爲天書儀衞使王欽若同儀衞使丁謂副之兵部侍郎趙安仁爲扶侍使入內副都

知張繼能爲扶侍都監帝朝謁玉清昭應宮賜亳州眞源縣行宮名曰奉元殿曰迎禧七年正月十五日發京師十九日至奉元宮齋于迎禧殿二十一日帝服通天冠絳紗袍奉上太上老君混元上德皇帝加號冊寶夜漏上五刻天書扶侍使奉天書赴太淸宮二鼓帝乘玉輅駐大次三鼓奉天書升殿改服袞冕行朝謁之禮相王元偓爲亞獻榮王元儼爲終獻帝還大次太尉奉冊寶于玉匱纏以金繩封以金泥印以受命之寶納於燕壇石匱將作監加石蓋其上羣臣稱賀於大次分命輔臣薦獻諸殿改奉元宮曰明道宮奉安玉皇大帝像改眞源曰衛眞縣車駕次亳州城西詣新立聖祖殿朝拜至應天府朝拜聖祖殿詔號曰鴻慶宮仍奉安太祖太宗像駕至自亳州百官迎對于太一宮西之幄殿有司以衛眞靈芝二百輿洎白鹿前導天書而入帝服鞾袍乘大輦備儀衛還宮先是大中祥符元年正月乙丑帝謂輔臣曰朕去年十一月二十七日夜將半方就寢忽室中光曜見神人星冠絳衣告曰來月三日宜於正殿建黃籙道場一月將降天書大中祥符三篇朕竦然起對已復無見命筆識之自十二月朔卽齋戒於朝元殿建道場以佇神貺適皇城司奏左承天門屋南角有黃帛曳鴟尾上帛長二丈許緘物如書卷纏以青縷三道封處有字隱隱蓋神人所謂天降之書也王旦等皆再拜稱賀帝卽步至承天門瞻望再拜遣二內臣升屋奉之下旦跪奉而進帝再拜受之親奉安輿導至道場付陳堯叟啓封帛上有文曰趙受命興於宋付於眘居其器守於正世七百九九定緘書甚密抉以利刀方起帝跪受復授堯叟讀之其書黃字三幅詞類書洪範老子道德經始言帝能以至孝至道紹世次諭以淸淨簡儉終述世祚延永之意讀訖帝復跪奉蘊以所緘帛盛以金匱旦等稱賀於殿之北廡丙寅羣臣入賀於崇政殿賜宴帝與輔臣皆蔬食遣官奏告天地宗廟社稷及京城祠廟丁卯有司設大次朝元殿之西廊黃麾仗縣宮縣登歌文武官陪列帝服鞾袍升殿酌獻三淸天書禮畢步導入內戊辰大赦改元百官並加恩改左承天門爲左承天祥符四年辛卯朔天書再降內中功德閣六月八日封祀制置使王欽若言泰山西南垂刀山上有紅紫雲氣漸成華蓋至地而散其日木工董祚於靈液亭北見黃素書曳林木之上有字不能識言於皇城使王居正居正覩上有御名馳告欽若遂迎至官舍授中使捧詣闕帝御崇正殿趣召輔臣曰朕五月丙子夜復夢鄉者神人言來月上旬當賜天書於泰山宜齋戒祗受朕雖荷降告未敢宣露惟密諭王欽若等凡有祥異卽上聞朕今得其奏果與夢協上天眷佑惟懼不稱王旦等曰陛下至德動天感應昭著臣等不勝大慶再拜稱賀已亥迎導天書安於含芳園之正殿辛丑帝致齋翼日備法駕詣殿再拜受授陳堯叟啓封其文曰汝崇孝奉育民廣福錫爾嘉瑞黎庶咸知秘守斯言善解吾意國祚延永壽歷遐歲讀訖復奉以升殿九月甲子告太廟奉安天書朝元殿建道場扶侍使上香庭中奏法曲將行禮詣幄殿酌獻訖奉以玉輅中設几褥夾侍立旁周以黃麾仗前後部鼓吹道門威儀扶侍使以下前導封禪日皆奉以升壇置正位之東自是凡舉大禮皆如此制於是製行殿供物定儀仗千六百人每歲元日召宰臣宗室至禁中朝拜前一日卻去葷茹帝自製誓文刻石寘玉淸昭應宮寶符閣下摹刻天書奉安昭應宮刻玉殿行酌獻禮令刻玉使日赴殿行香副使已下日蒞事焉天禧元年正月詔以十五日行宣讀天書之禮前二日齋于長春殿以王欽若爲宣讀天書禮儀使有司設次天安殿中位玉皇像置籙本天書於東聖祖板位于西建金籙道場三晝夜其日三鼓帝服通天冠絳紗袍詣道場焚香再拜西向立百官朝服升殿攝中書令任中正跪奏嗣天子臣某謹與宰臣等宣讀天書講求聖意虔思睿訓撫育生民儀衛使王旦跪取左承天門天書置案上攝殿中監張景宗張繼能捧案攝司徒王曾攝司空張知白跪展天書攝太尉向敏中宣讀每句已卽詳繹其旨言上天訓諭之意攝中書令王欽若錄之宣讀畢攝侍中張旻跪奏嗣天子臣某敢不虔遵天命儀衛使受天書跪納匣中又取功德閣天書泰山天書宣讀如上儀王欽若跪進所錄天書帝跪受之登歌酌獻禮畢奉天書還內帝自作欽承寶訓述以示中外是月之朔又奉天書升太初殿恭上玉皇大天帝聖號寶冊袞服焉帝於大中祥符五年十月語輔臣曰朕夢先降神人傳玉皇之命云先令汝祖趙某授汝天書令再見汝如唐朝恭奉玄元皇帝翼日復夢神人傳天尊言吾坐西斜設六位以候是日卽於延恩殿設道場五鼓一籌先聞異香頃之黃光滿殿蔽燈燭覩靈仙儀衛天尊至朕再拜殿下俄黃霧起須臾霧散由西陛升見侍從在東陛天尊就坐有六人揖天尊而後坐朕欲拜六人揖天尊止令揖命朕前曰吾人皇九人中一人也是趙之始祖再降乃軒轅皇帝凡世所知少典之子非也母感電夢天人生於壽邱後唐時奉玉帝命七月一日下降總治下方主趙氏之族今已百年皇帝善爲撫育蒼生無怠前志卽離坐乘雲而去王旦等皆再拜稱賀卽召旦等至延恩殿歷觀臨降之所并布告天下命參知政事丁謂翰林學士李宗諤龍圖閣待制陳彭年與禮官脩崇奉儀注閏十月制九天司命保生天尊號曰聖祖上靈高道九天司命保生天尊大帝聖祖母號曰元天大聖后遣官就南郊設昊天及四位告之七年九月卽滋福殿設玉皇像奉聖號匣安於朝元殿後天書刻玉幄次詔以來年正月上玉帝聖號帝親撰文及天書下亦以此日奏告仍定儀式班之以王旦爲奏告大禮使向敏中爲儀仗使寇準爲鹵簿使丁謂爲禮儀使王嗣宗爲橋道頓遞使八年正月朔駕詣玉淸昭應宮奉表奏告上玉皇大帝聖號曰太上開天執符御歷含眞體道玉皇大天帝奉刻玉天書安於寶符閣以帝御容侍立于側升閣酌獻復朝拜明慶二聖殿禮畢還宮易常服御崇德殿百官稱賀九年詔以來年正月朔詣玉淸昭應宮上玉皇聖號寶冊二日詣景靈宮上聖祖天尊大帝徽號十二月己亥奉寶冊仙衣安于文德殿迺齋于天安殿後室四鼓帝詣天安殿酌獻天書畢大駕赴玉淸昭應宮袞冕升太初殿奉冊訖奠玉幣薦饌三獻飲福登歌二舞望燎如祀昊天上帝儀畢詣二聖殿奉上絳紗袍奉幣進酒分遣攝殿中監上紫微大帝絳紗袍七元輔弼眞君紅綃衣翊聖保德眞君皁袍帝改服鞾袍詣紫微殿寶符閣焚香羣臣詣集禧殿門表賀是日天書赴景靈宮大駕次至齋于明福殿二日帝服袞冕詣天興殿奉上聖祖天尊大帝冊寶仙衣薦獻如上儀迺改服詣保寧閣焚香還宮羣臣入賀于崇德殿命諸州設羅天大醮先建道場二十七日命王旦爲兖州太極觀奉上寶冊使趙安仁副之遣官攝中書侍郎殿中監押當冊寶仙衣二月丁亥帝齋于長春殿翼日有司設聖母板位文德殿行酌獻禮拜授冊寶于王旦仙衣于安仁以升金輅具鹵簿儀衛所過禁屠宰三月乙巳旦等詣觀奉冊上懿號曰聖祖母元天大聖后其日帝不視朝禮畢羣臣入賀賜飲崇德殿徽宗政和六年九月朔復奉玉冊玉寶上玉帝尊號曰太上開天執符御歷含眞體道昊天玉皇上帝蓋以論者析玉皇大天帝昊天上帝言之不能致一故也又詔以王者父天母地乃者祇率萬邦黎庶强爲之名以玉冊玉寶昭告上帝而地祇未有稱謂謹上徽號曰承天效法厚德光大后土皇地祇明年五月詣玉淸和陽宮奉上寶冊所用之禮以瘞坎易燎柴設望瘞位玉以黃琮及兩珪有邸幣以黃舞以八成其餘並如奉上玉皇尊號之儀徽宗崇尚道教制郊祀大禮以方士百人執威儀前引分列兩序立於壇下政和三年十一月五日恭上神宗哲宗徽號于太廟翌日祀昊天上帝于圜丘太師蔡京奏天神降格實爲大慶乞付史館帝出手詔播告天下羣臣詣東上閤門拜表稱賀御製天眞示現記尋以天神降日爲天應節卽其地建迎眞宮明年夏至躬祀方丘又製神應記略云羽衛多士奉輦武夫與陪祀官顧瞻中天有形有像若人若鬼持矛執戟列於空際見者駭愕仍遣使奏告陵廟詔天下又用方士魏漢津之說備百物之象鑄鼎九於中太一宮南爲殿奉安之各周以垣上施埤垷墁如方色外築垣環之曰九成宮中央曰帝鼐其色黃祭以土王日爲大祠幣用黃樂用宮架北方曰寶鼎其色黑祭以冬至幣用皁東北方曰牡鼎其色靑祭以立春幣用皁東方曰蒼鼎其色碧祭以春分幣用靑東南曰岡鼎其色綠祭以立夏幣用緋南方曰彤鼎其色紫祭以夏至幣用緋西南曰阜鼎其色黑祭以立秋幣用白西方曰晶鼎其色赤祭以秋分幣用白西北曰魁鼎其色白祭以立冬幣用皁八鼎皆爲中祠樂用登歌享用素饌復於帝鼐之宮立大角鼎星祠崇寧四年八月奉安九鼎以蔡京爲定鼎禮儀使帝幸九成宮酌獻九月朔百官稱賀于大慶殿如大朝會儀鄭居中言亳州太淸宮道士王與之進黃帝崇天祀鼎儀訣皆本於天元玉冊九宮太一合於漢津所授上帝錫夏禹隱文同脩爲祭鼎儀範成鼎書十七卷祭鼎儀範六卷先是詔曰九鼎以奠九州以禦神姦其用有法後失其傳閱王與之所上祀儀推鼎之意施於有用蓋非今人所能作去古綿邈文字雜揉可擇其當理合經脩爲定制班付有司至是書成并以每歲祀鼎常典付有司行之又詔以鑄鼎之地作寶成宮總屋七十一區中置殿曰神靈以祠黃帝東廡殿曰成功祀夏后氏西廡殿曰持盈祠周成王及周公召公後置堂曰昭應祀唐李良及隱士嘉成侯魏漢津太常禮部言每歲欲於大樂告成崇政殿元進樂日秋八月二十七日舉祀事祀黃帝依感生帝神州地祇爲大祠幣用黃樂用宮架祝文依祀聖祖稱嗣皇帝臣名其成功持盈二殿禮用中祀幣各用白昭應堂禮用小祀並以素饌從之政和六年用方士王仔

昔議定鼎閣於天章閣自九成宮徙九鼎奉安之又詔改帝鼐爲隆鼐正南彤鼎爲明鼎西南阜鼎爲順鼎正西晶鼎爲蘊鼎西北魁鼎爲健鼎正北寶鼎如舊東北牡鼎爲穌鼎正東蒼鼎爲育鼎東南岡鼎爲潔鼎鼎角爲圜象嶽調之閣閣上神像左周鼎星君中帝席星君右大角星君閣下鼎鼐神像各守逐鼎布列亦用仔昔議也駕詣鼎閣奉安神像明日復詣閣行香百僚陪位其後又詔九鼎新名乃狂人妄改皆無依據宜復舊名惟圜象嶽調閣仍舊八年用方士言鑄神霄九鼎成曰太極飛雲洞劫之鼐蒼壺祀天貯醇酒之鼎山嶽五神之鼎精明洞淵之鼎天地陰陽之鼎混沌之鼎浮光洞天之鼎靈光晃耀煉神之鼎蒼龜大蛇蟲魚金輪之鼎奉安於上清寶籙宮神霄殿與魏漢津所鑄凡十八鼎焉

宋史卷一百四考證

禮志七兗州父老呂良等千二百八十七人○本紀作千二百八人又諸道貢舉之士八百四十六人本紀作八百四十八

黄峴嶺○通考無嶺字

宋史卷一百五

元 中書右丞相總裁脫脫等修

禮志第五十八

禮八吉禮八

文宣王廟 武成王廟 先代陵廟 諸神祠

至聖文宣王唐開元末升爲中祠設從祀禮令攝三公行事朱梁喪亂從祀遂廢後唐長興二年仍復從祀周顯德二年別營國子監置學舍宋因增脩之塑先聖亞聖十哲像畫七十二賢及先儒二十一人像于東西廡之木壁太祖親撰先聖亞聖贊十哲以下命文臣分贊之建隆中凡三幸國子監謁文宣王廟太宗亦三謁廟詔繪三禮器物制度于國學講論堂木壁又命河南府建國子監文宣王廟置官講說及賜九經書真宗大中祥符元年封泰山詔以十一月一日幸曲阜備禮謁文宣王廟內外設黃麾仗孔氏宗屬並陪位帝服鞾袍行酌獻禮又幸叔梁紇堂命官分奠七十二弟子先儒洎叔梁紇顏氏初有司定儀肅揖帝特展拜以表嚴師崇儒之意親製贊刻石廟中復幸孔林以樹擁道降輿乘馬至文宣王墓設奠再拜詔追謚曰玄聖文宣王祝文進署祭以太牢脩飾祠宇給便近十戶奉塋廟仍追封叔梁紇爲齊國公顏氏魯國夫人伯魚母幵官氏鄆國夫人二年五月乙卯詔追封十哲爲公七十二弟子爲侯先儒爲伯或贈官親製玄聖文宣王贊命宰相等撰顏子以下贊留親奠祭器於廟中從官立石刻名既以國諱改謚至聖文宣王賜孔氏錢帛錄親屬五人並賜出身又賜太宗御製御書一百五十卷銀器八百兩詔太常禮院定州縣釋奠器數先聖先師每坐酒尊一籩豆八簋二簠二俎三罍一洗一篚一尊皆加勺羃各置於坫巾共二燭二爵共四坫有從祀之處諸坐各籩二豆二簋一簠一俎一燭一爵一仁宗再幸國子監謁文宣王廟皆再拜焉熙寧七年判國子監常秩等請立孟軻揚雄像於廟庭仍賜爵號又請追尊孔子以帝號下兩制禮官詳定以爲非是而止京兆府學教授蔣夔請以顏回爲兗國公母稱先師而祭不讀祝儀物一切降殺而進閔子騫九人亦在祀典禮官以孔子顏子稱號歷代各有據依難輙更改儀物祝獻亦難降殺所請九人已在祀典熙寧祀儀十哲皆爲從祀惟州縣釋奠未載請自今二京及諸州春秋釋奠並準熙寧祀儀詔封孟軻鄒國公晉州州學教授陸長愈請春秋釋奠孟子宜與顏子並配議者以謂凡配享從祀皆孔子同時之人今以孟軻並酌非是禮官言唐貞觀以漢伏勝高堂生晉杜預范甯之徒與顏子俱配享至今從祀豈必同時孟子於孔門當在顏子之列至於荀況揚雄韓愈皆發明先聖之道有益學者久未配食誠闕典也請自今春秋釋奠以孟子配食荀況揚雄韓愈並加封爵以世次先後從祀於左丘明二十一賢之間自國子監及天下學廟皆塑鄒國公像冠服同兗國公仍繪荀況等像於從祀荀況左丘明下揚雄劉向下韓愈范甯下冠服各從封爵詔如禮部議荀況封蘭陵伯揚雄封成都伯韓愈封昌黎伯令學士院撰贊文又詔太常寺脩四孟釋菜儀元祐六年幸太學先詣國子監至聖文宣王殿行釋奠禮一獻再拜崇寧初封孔鯉爲泗水侯孔伋爲沂水侯詔古者學必祭先師況都城近郊大闢黌舍聚四方之士多且數千宜建文宣王廟以便薦獻又詔王安石可配享孔子廟位於鄒國公之次國子監丞趙子櫟言唐封孔子爲文宣王其廟像內出王者袞冕衣之今乃循五代故制服上公之服七十二子皆周人而衣冠率用漢制非是詔孔子仍舊七十二子易以周之冕服又詔辟廱文宣王殿以大成爲名帝幸國子監謁文宣王殿皆再拜行酌獻禮遣官分奠兗國公而下國子司業蔣靜言先聖與門人通被冕服無別配享從祀之人當從所封之爵服周之服公之袞冕九章侯伯之鷩冕七章袞公服也達於上鄭氏謂公袞無升龍誤矣攷周官司服所掌則公之冕與王同弁師所掌則公之冕與王異今既考正配享從祀之服亦宜考正先聖之冕服於是增文宣王冕爲十有二旒大觀二年從通仕郎侯孟請繪子思像從祀於左丘明二十四賢之間議禮局言建隆三年詔國子監廟門立戟十六用正一品禮大中祥符二年賜曲阜廟桓圭從上公之制又史記弟子傳曰受業身通六藝者七十有七人自顏回至公孫龍三十五人頗有年名及受業見於書傳四十二人姓名僅存家語曰七十二弟子皆升堂入室者按唐會要七十七人而開元禮止七十二人又復去取不一本朝議臣斷以七十二子之說取琴張等五人而去公夏首等十人今以家語史記參定公夏首后處公肩定顏祖鄡單罕父黑秦商原抗樂欬廉潔唐會要開元禮亦互見之皆有伯爵載於祀典請追贈侯爵使預祭享詔封公夏首鉅平侯后處膠東侯公肩定梁父侯顏祖富陽侯鄡單聊城侯罕父黑祈鄉侯秦商馮翊侯原抗樂平侯樂欬建成侯廉潔胙城侯又詔改封曾參武城侯顓孫師潁川侯南宮縚汶陽侯司馬耕睢陽侯琴張陽平侯左丘明中都伯穀梁赤睢陵伯戴聖考城伯以所封犯先聖諱也政和三年詔封王安石舒王配享安石子雱臨川伯從祀新儀成以孟春元日釋菜仲春仲秋上丁日釋奠以兗國公顏回鄒國公孟軻舒王王安石配享殿上琅邪公閔損東平公冉耕下邳公冉雍臨淄公宰予黎陽公端木賜並西向彭城公冉求河內公仲由丹陽公言偃河東公卜商武城侯曾參並東向東廡潁川侯顓孫師以下至城都伯揚雄四十九人並西向西廡長山侯林放以下至臨川伯王雱四十八人並東向頒辟廱大成殿名於諸路州學五年太常寺言兗州鄒縣孟子廟詔以樂正子配享公孫丑以下從祀皆擬定其封爵樂正子克利國侯公孫丑壽光伯萬章博興伯告子不害東阿伯孟仲子新泰伯陳臻蓬萊伯充虞昌樂伯屋廬連奉符伯徐辟仙源伯陳代沂水伯彭更雷澤伯公都子平陰伯咸丘蒙須城伯高子泗水伯桃應膠水伯盆成括萊陽伯季孫豐城伯子叔承陽伯大晟樂成詔下國子學選諸生肄習上丁釋奠奏于堂上以祀先聖靖康元年右諫議大夫楊時言王安石學術之謬請追奪王爵明詔中外毀去配享之像使邪說淫辭不爲學者之惑詔降安石從祀廟廷尚書傅墨卿言釋奠禮饌宜依元豐祀儀陳設其五禮新儀勿復遵用時又有算學大觀三年禮部太常寺請以文宣王爲先師兗鄒荆三國公配享十哲從祀自昔著名算數者畫像兩廡請加賜五等爵隨所封以定其服於是中書舍人張邦昌定算學封風后上谷公箕子遼東公周大夫商高郁夷公大撓涿鹿公隸首陽周公容成平都公常儀原都公鬼俞區宜都公商巫咸河東公晉史蘇晉陽伯秦卜徒父潁陽伯晉卜偃平陽伯魯梓慎汝陽伯晉史趙高都伯魯卜楚丘昌衍伯鄭裨竈滎陽伯趙史墨易陽伯周榮方美陽伯齊甘德菑川伯魏石申隆慮伯漢鮮于妄人清泉伯耿壽昌安定伯夏侯勝任城伯京房樂平伯翼奉良成伯李尋平陵伯張衡西鄂伯周興慎陽伯單颺湖陸伯樊英魯陽伯晉郭璞聞喜伯宋何承天昌盧伯北齊宋景業廣宗伯隋蕭吉臨湘伯臨孝恭新豐伯張胄玄東光伯周王朴東平伯漢鄧平新野子劉洪蒙陰子魏管輅平原子吳趙達穀城子宋祖冲之范陽子後魏商紹長樂子北齊信都芳樂城子北齊許遵高陽子隋耿詢湖熟子劉焯昌亭子劉炫景城子唐傅仁均博平子王孝通介休子瞿曇羅居延子李淳風昌樂子王希明瑯琊子李鼎祚贊皇子邊岡成安子漢郎顗觀陽子襄楷隰陰子司馬季主夏陽男落下閎閬中男嚴君平廣都男魏劉徽淄鄉男晉姜岌成紀男張丘建信成男夏侯陽平陸男後周甄鸞無極男隋盧大翼成平男尋詔以黃帝爲先師禮部員外郎吳時言書畫之學教養生徒使知以孔子爲師此道德之所以一也若每學建立殿宇則配食從祀難於其人請春秋釋奠止令書畫博士量率職事生員陪預執事庶使知所宗師醫學亦準此詔皆從之其釋奠之禮景德四年同判太常禮院李維言按開寶通禮諸州釋奠並刺史致齋三日從祭之官齋於公館祭日刺史爲初獻上佐爲亞獻博士爲終獻今諸州長吏不親行祀非尊師重教之道詔太常禮院檢討以聞按五禮精義州縣釋奠刺史縣令初獻上佐縣丞亞獻州博士縣主簿終獻有故以次官攝之大中祥符三年判國子監孫奭言上丁釋奠舊禮以祭酒司業博士充三獻官新禮以三公行事近歲止命獻官兩員臨時通攝未副崇祀向學之意望自今備差太尉太常光祿卿以充三獻又命崇文院刊釋奠儀注及祭器圖頒之諸路熙寧五年國子監言舊例遇貢舉歲禮部貢院集諸州府所貢第一人謁奠先

聖如春秋釋奠儀。況春秋自有釋奠禮，請罷貢舉人謁奠。崇寧議禮局言：太學獻官太祝奉禮皆以法服，至於郡邑則用常服。望命有司降祭服于州縣，凡獻官祝禮各服其服，以盡事神之儀。詔以衣服制度救使州縣自造焉。其謁先師之禮，建隆二年，禮院準禮部貢院移按禮閣新儀云：舊儀無貢舉人謁先師之文。開元二十六年，詔諸州貢舉人見訖，就國子監謁先師，官爲開講，質問疑義，所司設食。昭文、崇文兩館學士及監內諸舉人亦準此。自後諸州府貢舉人十一月朔日正衙見訖，擇日謁先師，遂爲常禮。大觀初，大司成强淵明言：考之禮經，士始入學有釋菜之儀。請自今每歲貢士始入辟雍，並以元日釋菜于先聖，其儀獻官一員，以丞或博士；分奠官八員，以博士、正、錄；大祝一員，以正、錄。應祀官前釋菜一日赴學，各宿其次。至日，詣文宣王殿常服行禮，貢士初入學者陪位于庭。其他亦畧倣釋奠之儀。紹興十年，詔與大社、大稷並爲大祀。淳熙四年，去王雱畫像。淳祐元年正月，理宗幸太學，詔以周敦頤、張載、程顥、程頤、朱熹從祀，黜王安石。景定二年，皇太子詣學，請以張栻、呂祖謙從祀，從之。咸淳三年，詔封曾參郕國公，孔伋沂國公，配享先聖。封顓孫師陳國公，升十哲位。復以邵雍、司馬光列從祀。其序：兗國公、郕國公、沂國公、鄒國公居正位之東面西向北上，爲配位。費公閔損、薛公冉雍、黎公端木賜、衞公仲由、魏公卜商居殿上東面西向北上，鄆公冉耕、齊公宰予、徐公冉求、吳公言偃、陳公顓孫師居殿上西面東向北上，爲從祀。東廡金鄉侯澹臺滅明、任城侯原憲、汝陽侯南宮适、萊蕪侯曾點、須昌侯商瞿、平輿侯漆雕開、睢陽侯司馬耕、平陰侯有若、東阿侯巫馬施、陽穀侯顏辛、上蔡侯曹卹、枝江侯公孫龍、馮翊侯秦祖、雷澤侯顏高、上邽侯壤駟赤、成邑侯石作蜀、鉅平侯公夏首、膠東侯后處、濟陽侯奚容點、富陽侯顏祖、滏陽侯句井疆、鄄城侯秦商、卽墨侯公祖句茲、武城侯縣成、汧源侯燕伋、宛句侯顏之僕、建成侯樂欬、堂邑侯顏何、林慮侯狄墨、鄆城侯孔忠、徐城侯公西點、臨濮侯施之常、華亭侯秦非、文登侯申棖、濟陰侯顏噲、泗水侯孔鯉、蘭陵伯荀況、睢陵伯穀梁赤、萊蕪伯高堂生、樂壽伯毛萇、彭城伯劉向、中牟伯鄭衆、緱氏伯杜子春、良鄉伯盧植、滎陽伯服虔、司空王肅、司徒杜預、昌黎伯韓愈、河南伯程顥、新安伯邵雍、溫國公司馬光、華陽伯張栻，凡五十二人，並西向。西廡單父侯宓不齊、高密侯公冶長、北海侯公晳哀、曲阜侯顏無繇、共城侯高柴、壽張侯公伯寮、益都侯樊須、鉅野侯公西赤、千乘侯梁鱣、臨沂侯冉孺、沭陽侯伯虔、諸城侯冉季、濮陽侯漆雕哆、高苑侯漆雕徒父、鄒平侯商澤、當陽侯任不齊、牟平侯公良孺、新息侯秦冉、梁父侯公肩定、聊城侯鄡單、祁鄉侯罕父黑、淄川侯申黨、厭次侯榮旂、南華侯左人郢、朐山侯鄭國、樂平侯原亢、胙城侯廉潔、博平侯叔仲會、高堂侯邽巽、臨朐侯公西輿如、內黃侯蘧瑗、長山侯林放、南頓侯陳亢、陽平侯琴張、博昌侯步叔乘、中都伯左丘明、臨淄伯公羊高、乘氏伯伏勝、考城伯戴聖、曲阜伯孔安國、成都伯揚雄、歧陽伯賈逵、扶風伯馬融、高密伯鄭玄、任城伯何休、偃師伯王弼、新野伯范甯、汝南伯周敦頤、伊陽伯程頤、郿伯張載、嵩國公朱熹、開封伯呂祖謙，凡五十二人，並東向。

昭烈武成王。自唐立太公廟，春秋仲月上戊日行祭禮。上元初，封爲武成王，始置亞聖、十哲等，後又加七十二弟子。梁廢從祀之祭，後唐復之。太祖建隆三年，詔脩武成王廟，與國學相對，命左諫議大夫崔頌董其役，仍令頌檢閱唐末以來謀臣名將勳績尤著者以聞。四年四月，帝幸廟，歷觀圖壁，指白起曰：「此人殺已降，不武之甚，何受享於此？」命去之。景德四年，詔西京擇地建廟，如東京制。大中祥符元年，加謚昭烈。初，建隆議升歷代功臣二十三人，舊配享者退二十二人。慶歷儀，自張良、管仲而下依舊配享，不用建隆升降之次。元豐中，國子司業朱服言：「釋奠文宣王，以國子祭酒、司業爲初獻，丞爲亞獻，博士爲終獻，大祝、奉禮並以監學官充。及上戊釋奠武成王，以祭酒、司業爲初獻，其亞獻、終獻及讀祝、捧幣，令三班院差使臣充之。官制未行，武學隸樞密院，學官員數少，故差右選。今武學隸國子監，長貳、丞、簿官屬已多，請並以本監官充攝行事。」仍令太常寺脩入祀儀。政和二年，武學論張滋言：「詩云『赫赫南仲』、『維師尚父』、『文武吉甫』、『顯允方叔』、『王命召虎』、『程伯休父』，是均爲周將，功著聲詩，今昔所尊。惟一尚父，而南仲、吉甫之徒不預配食。餘如郤縠之閱禮樂、敦詩書，尉繚以言爲學者師法，不當棄而不錄。請並配食。」博士孫宗鑑亦請以黃石公配。後有司討論不定。國子監丞趙子崧復言之。宣和五年，禮部言：「武成王廟從祀，除本傳已有封爵者，其未經封爵之人，齊相管仲擬封涿水侯，大司馬田穰苴橫山侯，吳大將軍孫武滬瀆侯，越相范蠡遂武侯，燕將樂毅平虜侯，蜀丞相諸葛亮順興侯，魏西河守吳起封廣宗伯，齊將孫臏武清伯，田單昌平伯，趙將廉頗臨城伯，秦將王翦鎭山伯，漢前將軍李廣懷柔伯，吳將軍周瑜平虜伯。」於是釋奠日，以張良配享殿上，管仲、孫武、樂毅、諸葛亮、李勣並西向，田穰苴、范蠡、韓信、李靖、郭子儀並東向。東廡：白起、孫臏、廉頗、李牧、曹參、周勃、李廣、霍去病、鄧禹、馮異、吳漢、馬援、皇甫嵩、鄧艾、張飛、呂蒙、陸抗、杜預、陶侃、慕容恪、宇文憲、韋孝寬、楊素、賀若弼、李孝恭、蘇定方、王孝傑、王晙、李光弼，並西向。西廡：吳起、田單、趙奢、王翦、彭越、周亞夫、衞青、趙充國、寇恂、賈復、耿弇、段熲、張遼、關羽、周瑜、陸遜、羊祜、王濬、謝玄、王猛、王鎭惡、斛律光、王僧辯、于謹、吳明徹、韓擒虎、史萬歲、尉遲敬德、裴行儉、張仁亶、郭元振、李晟，並東向。凡七十二將云。紹興七年五月，太常博士黃積厚乞以仲春、仲秋上戊日行禮。十一年五月，國子監丞林保奏：「竊見昭烈武成王享以酒脯而不用牲牢，雖日時方多事，禮用綿蕝，然非所以右武而勵將士也。乞今後上戊釋奠用牲牢，以管仲至郭子儀十八人祀於殿上。」從之。乾道六年，詔武成王廟升李晟於堂上，降李勣於李晟位次，仍以曹彬從祀。先是，紹興間，右正言都民望言：「李勣邪說誤國，唐祀幾滅；李晟有再造王室之勳。宜升李晟于堂上，置李勣於河間王孝恭之下。」至是，著作郎傅伯壽言：「武成廟從祀，出於唐開元間一時銓次，失於太雜。如尹吉甫之伐玁狁，召虎之平淮夷，寔亞鷹揚之烈；陳湯、傅介子、馮奉世、班超之流，皆爲有漢之雋；功在晉則謝安、祖逖，在唐則王忠嗣、張巡輩，皆不得預從祀之列。竊聞邇日議臣請以本朝名將從祀，謂宜併詔有司討論歷代諸將，爲之去取，然後與本朝名將繪於殿廡。亦乞取建隆、建炎以來驍俊忠槩之臣，功烈暴于天下者，參陪廟祀。」故有是命。

先代陵廟及錄名臣後。建隆元年，詔：「前代帝王陵寢、忠臣賢士邱壠，或樵采不禁，風雨不芘，宜以郡國置戶以守，隳毀者脩葺之。」乾德初，詔：「歷代帝王，國有常享，著于中令，可舉而行。自五代亂離，百司廢墜，匱神乏祀，闕孰甚焉。按祠令，先代帝王，每三年一享，以仲春之月，牲用太牢，祀官以本州長官，有故則上佐行事，官造祭器送諸陵廟。」又詔：「先代帝王，載在祀典，或廟貌猶在，久廢牲牢，或陵墓雖存，不禁樵采。其太昊、炎帝、黃帝、高辛、唐堯、虞舜、夏禹、成湯、周文王、武王、漢高帝、光武、唐高祖、太宗，各置守陵五戶，歲春秋祠以太牢。商中宗太戊、高宗武丁、周成王、康王、漢文帝、宣帝、魏太祖、晉武帝、後周太祖、隋高祖，各置三戶，歲一享以太牢。秦始皇帝、漢景帝、武帝、明帝、章帝、魏文帝、後魏孝文帝、唐玄宗、憲宗、肅宗、宣宗、梁太祖、後唐莊宗、明宗、晉高祖，各置守陵兩戶，三年一祭以太牢。周桓王、景王、威烈王、漢元帝、成帝、哀帝、平帝、和帝、殤帝、安帝、順帝、沖帝、質帝、獻帝、魏明帝、高貴鄉公、陳留王、晉惠帝、懷帝、愍帝、西魏文帝、東魏孝靜帝、唐高宗、中宗、睿宗、德宗、順宗、穆宗、代宗、敬宗、文宗、武宗、懿宗、僖宗、昭宗、梁少帝、後唐末帝，諸陵常禁樵采。」尋又禁河南府民耕晉、漢廟壖地。凡諸陵有經開發者，有司造衮冕服、常服各一襲，具棺槨以葬，掩次日，所在長吏致祭。又詔前代功臣烈士，詳其勳業優劣以聞。有司言：齊孫臏、晏嬰，晉程嬰、公孫杵臼，燕樂毅，漢曹參、陳平、韓信、周亞夫、衞青、霍去病、霍光，蜀昭烈帝、關羽、張飛、諸葛亮，唐房玄齡、長孫無忌、魏徵、李靖、李勣、尉遲恭、渾瑊、段秀實等，皆勳德高邁，爲當時之冠；晉趙簡子，齊孟嘗君，趙趙奢，漢邴吉，唐高士廉、唐儉、岑文本、馬周爲之次；南燕慕容德，唐裴寂、元稹又次之。詔孫臏等各置守冢三戶，趙簡子等各二戶，慕容德等禁樵采。其有開毀者，皆具棺槨朝服以葬，掩次日致祭，長吏奉行其事。景德元年，詔：「前代帝王陵寢、名臣賢士、義夫節婦墳壟，並禁樵采，摧毀者官爲脩築，無主者碑碣石獸之類，敢有壞者論如律。仍每歲首所在舉行此令。」鄭州給唐相裴度守墳三戶，賜秦國忠懿王錢俶守墳三戶。加謚太公望昭烈武成王，建廟靑州；周公旦追封文憲王，建廟兗州，春秋委長吏致祭。熙寧元年，從知濮州韓鐸請，堯陵在雷澤縣東穀林山，陵南有堯母慶都靈臺廟，請敕本州春秋致祭，置守陵五戶，免其租，奉洒掃。又以中丞鄧潤甫言，唐諸陵除已定頃畝外，其餘許耕佃，爲守陵戶，餘並禁止。先是，仁宗嘗錄唐張九齡九代孫錫、狄仁傑裔孫國賓、郭子儀孫元亨、長孫無忌孫宏，皆命以官。神宗又錄魏徵孫道嚴、段秀實十二世孫昊、八世孫文西，仍復其家。元祐六年，詔相州商王河亶甲冢、沂州費縣顏真卿墓，並載祀典。先是，乾德中，定先代帝王配享儀，下諸州以時薦祭，牲用羊豕。政和議禮局遂爲定制。紹興元年，命祠禹於越州，及祠越王句踐，以范蠡配。淳熙四年，靜江守臣張栻奏：「初領州，有唐帝祠，其山曰堯山；有虞帝祠，其山曰虞山。請著之祀典。」十四年，衡州守臣劉清之奏：「史載炎帝陵在長沙茶陵，祖宗時給近陵七戶守視，禁其樵牧，宜復建廟給戶如故事。」淳祐八年，湖南安撫大使知潭州陳韡再言，從之。初，紹興二年，禮部員外郎李愿奏：「程嬰、公孫杵臼於趙最爲功臣。神宗皇嗣未建，封嬰爲成信侯，杵臼爲忠智侯，命絳州立廟，歲時奉祀。

其後皇嗣衆多今廟宇隔絕祭亦弗舉宜於行在所設位望祭從之十一年中書舍人朱翌言謹按晉國屠岸賈之亂韓厥正言以拒之而嬰杵臼皆以死匿其孤卒立趙武而趙祀不絕厥之功也宜載之祀典與嬰杵臼並享春秋之祀亦足爲忠義無窮之勸禮寺亦言崇寧間已封厥義成侯今宜依舊立祚德廟致祭十六年加嬰忠節成信侯杵臼通勇忠智侯厥忠定義成侯後改封嬰彊濟公杵臼英畧公厥啓佑公升爲中祀

諸祠廟自開寶皇祐以來凡天下名在地志功及生民宮觀陵廟名山大川能興雲雨者並加崇飾增入祀典熙寧復詔應祠廟祈禱靈驗而未有爵號並以名聞於是太常博士王古請自今諸神祠無爵號者賜廟額已賜額者加封爵初封侯再封公次封王生有爵位者從其本封婦人之神封夫人再封妃其封號者初二字再加四字如此則錫命馭神恩禮有序欲更增神仙封號初眞人次眞君大觀中尙書省言神祠加封爵等未有定制迺並給告賜額降敕已而詔開封府毀神祠一千三十八區遷其像入寺觀及本廟仍禁軍民擅立大小祠祕書監何志同言諸州祠廟多有封爵未正之處如屈原廟在歸州者封清烈公在潭州者封忠潔侯永康軍李冰廟已封廣濟王近乃封靈應公如此之類皆未有祀典致前後差誤宜加稽考取一高爵爲定悉改正之他皆倣此故凡祠廟賜額封號多在熙寧元祐崇寧宣和之時其新立廟若何承矩李允則守雄州曹瑋帥秦州李繼和節度鎭戎軍則以有功一方者也韓琦在中山范仲淹在慶州孫冕在海州則以政有威惠者也王承偉築祁州河隄工部員外郎張夏築錢塘江岸則以爲人除患者也封州曹覲德慶府趙師旦邕州蘇緘恩州通判董元亨指揮使馬遂則死於亂賊者也若王韶於熙河李憲於蘭州劉滬於水洛城郭成於懷慶軍折御卿於嵐州作坊使王吉於麟州神堂砦各以功業建廟寇準死雷州人憐其忠而趙普祠中山韓琦祠相州則以鄉里皆載祀典焉其他州縣嶽瀆城隍仙佛山神龍神水泉江河之神及諸小祠皆由禱祈感應而封賜之多不能盡錄云

宋史卷一百五考證

禮志八錄親屬五人並賜出身○臣酉按本紀賜出身者六人

宋史卷一百六

元　中書右丞相總裁脫脫等修

禮志第五十九

禮九　吉禮九

宗廟之制

宗廟之制建隆元年有司請立宗廟詔下其議兵部尙書張昭等奏謹案堯舜禹皆立五廟蓋二昭二穆與其始祖也有商建國改立六廟蓋昭穆之外祀契與湯也周立七廟蓋親廟之外祀太祖與文王武王也漢初立廟悉不如禮魏晉始復七廟之制江左相承不改然七廟之室隋文但立高曾祖禰四廟而已唐因立親廟梁氏而下不易其法稽古之道斯爲折衷伏請追尊高曾四代崇建廟室於是判太常寺竇儼奏上皇高祖文安府君曰文獻皇帝廟號僖祖皇曾祖中丞府君曰惠元皇帝廟號順祖皇祖驍衞府君曰簡恭皇帝廟號翼祖皇考武淸府君曰昭武皇帝廟號宣祖皇高祖妣崔氏曰文懿皇后皇曾祖妣桑氏曰惠明皇后皇祖妣京兆郡太夫人劉氏曰簡穆皇后太祖御崇元殿備禮冊四親廟奉安神主行上謚之禮二年十月祔明憲皇后杜氏於宣祖室太平興國二年有司言唐制長安太廟凡九廟同殿異室其制二十一間皆四柱東西夾室各一前後面各三階東西各二側階本朝太廟四室室三間今太祖升祔共成五室請依長安之制東西留夾室外餘十間分爲五室室二間從之四月己卯奉神主祔廟以孝明皇后王氏配至道三年十一月甲子奉太宗神主祔廟以懿德皇后符氏配咸平元年判太常禮院李宗訥禁言僖祖稱曾高祖太祖稱伯文懿惠明簡穆昭憲皇后並稱祖妣孝明孝惠孝章皇后並稱伯妣按爾雅有考妣王父母曾祖王父母高祖王父母及世父之別以此觀之唯父母得稱考妣今請僖祖止稱廟號順祖而下即依爾雅之文事下尙書省議戶部尙書張齊賢等言王制天子七廟謂三昭三穆與太祖之廟而七前代或有兄弟繼及亦移昭穆之列是以漢書爲人後者爲之子所以尊本祖而重正統也又云天子絕朞喪安得宗廟中有伯氏之稱乎其唐及五代有所稱者蓋禮官之失非正典也請自今有事於太廟則太祖并諸祖室稱孝孫孝曾孫嗣皇帝太宗室稱孝子嗣皇帝其爾雅考妣王父之文本不爲宗廟言也歷代既無所取於今亦不可行詔下禮官議議曰按春秋正義躋僖公云禮父子異昭穆兄弟昭穆同此明兄弟繼統同爲一代又魯隱桓繼及皆當穆位又尙書盤庚有商及王史記云陽甲至小乙兄弟四人相承故不稱嗣子而曰及王明不繼兄之統也又唐中睿皆處昭仁敬文武昭穆同爲一世伏請僖祖室止稱廟號后曰祖妣順祖室曰高祖后曰高祖妣翼祖室曰曾祖后曰曾祖妣祝文皆稱孝曾孫宣祖室曰皇祖考后曰皇祖妣祝文稱孝孫太祖室曰皇伯考妣太宗室曰皇考妣每大祭太祖太宗昭穆同位祝文並稱孝子其別廟稱謂亦請依此詔都省復集議曰古者祖有功宗有德皆先有其實而後正其名今太祖受命開基太宗纘承大寶則百世不祧之廟矣豈有祖宗之廟已分二世昭穆之位翻爲一代如臣等議禮爲人後者爲之子以正父子之道以定昭穆之義則無疑也必若同爲一代則太宗不得自爲世數而何以得爲宗乎不得爲宗又何以得爲百世不祧之主乎春秋正義亦不言昭穆不可異此又不可以爲證也今若序爲六世以一昭一穆言之則上無毀廟之嫌下有善繼之美於禮爲大順於時爲合宜何嫌而謂不可乎翰林學士宋湜言三代而下兄弟相繼則多昭穆異位未之見也今詳都省所議皇帝於太祖室稱孫竊有疑焉詔令禮官再議禮官言按祭統曰祭有昭穆者所以別父子遠近長幼親疏之序而無亂也公羊傳公孫嬰齊爲兄歸父之後春秋謂之仲嬰齊何休云弟無後兄之義爲亂昭穆之序失父子之親故不言仲孫明不以子爲父孫晉賀循議兄弟不合繼位昭穆云商人六廟親廟四并契湯而六比有兄弟四人相襲爲君者便當上毀四廟乎如此四世之親盡無復祖禰之神矣溫嶠議兄弟相繼藏主夾室之事云若以一帝爲一世則當不得祭於禰乃不及庶人之祭也夫兄弟同世於恩既順於義無否玄宗朝禘祫皇伯考中宗皇考睿宗同列於穆位德宗亦以中宗爲高伯祖晉王道荀崧議大宗無子則立支子又曰爲人後者爲之子無兄弟相爲之文所以舍至親取遠屬者蓋以兄弟一體無父子之道故也竊以七廟之制百王是尊至於祖有功宗有德則百世不遷之廟也父爲昭子爲穆則千古不刊之典也今議者引漢書曰爲人後者爲之子殊不知弟不爲兄後子不爲父孫春秋之深旨父謂之昭子謂之穆禮記之明文也又按太宗享祀太祖二十有二載稱曰孝弟此不易之制又安可追改乎唐玄宗謂中宗爲皇伯考德宗謂中宗爲高伯祖則伯氏之稱復何不可臣等參議自今合祭日太祖太宗依典禮同位異坐皇帝於太祖仍稱孝子餘並遵舊制景德元年有司詳定明德皇太后李氏升祔之禮按唐睿宗昭成肅明二后先天初以昭成配開元末以肅明祔此時儒官名臣步武相接宗廟重事必有據依推之閨門亦可擬議晉驃騎將軍溫嶠有三夫人嶠薨詔問學官陳舒舒謂秦漢之後廢一娶九女之制妻卒更娶無復繼室生既加禮亡不應貶朝旨以李氏卒於嶠之微時不霑贈典王何二氏追加章綬唐太子少傅鄭餘慶將立家廟祖有二夫人禮官韋㬇議與舒同畧稽禮文參諸故事二夫人並祔於理爲宜恭惟懿德皇后久從升祔雖先後有殊在尊親則一請同列太宗室以先後次之詔尙書省集議咸如禮官之請祔神主於太廟乾興五年十月奉眞宗神主祔廟以章穆皇后郭氏配康定元年直秘閣趙希言奏太廟自來有寢無廟因堂爲室東西十六間內十四間爲七室兩首各一夾室按禮天子七廟親廟五祧廟二據古則僖順二祖當遷國家道觀佛寺並建別殿奉安神御豈若每主爲一廟一寢或前立一廟以今十六間爲寢更立一祧廟逐室各題廟號釦寶神御物宜銷毀之同判太常寺宋祁言周制有廟有寢以象人君前有朝後有寢也廟藏木主寢藏衣冠至秦乃出寢於墓側故陵上更稱寢殿後世因之今宗廟無寢蓋本於茲鄭康成謂周制立二昭二穆與太祖文武共爲七廟此一家之說未足援正自荀卿王肅等皆云天子七廟諸侯五大夫三士一降殺以兩則國家七世之數不用康成之說也僖祖至眞宗方及六世不應便立祧廟自周漢每帝各立廟晉宋以來多同殿異室國朝以七室代七廟相承已久不可輕改周禮天府掌祖廟之守藏寶物世傳者皆在焉其神御法物寶盝釦床請別爲庫藏之自是室題廟號而建神御庫焉嘉祐年仁宗將祔廟脩奉太廟使蔡襄上八室圖爲十八間初禮院請增廟室孫抃等以爲七世之廟據父子而言兄弟則昭穆同不得以世數之廟有始祖有太祖有太宗有中宗若以一君爲一世則小乙之祭不及其父故晉之廟十一世而六世唐之廟十一世而九世國朝太祖之室太宗稱孝弟眞宗稱孝子大行稱孝孫而禘祫圖太祖太宗同居昭位南向眞宗居穆位北向蓋先朝稽用古禮著之祀典大行神主祔廟請增爲八室以備天子事七世之禮盧士宗司馬光以爲太祖已上之主雖屬尊於太祖親盡則遷故漢元之世太上廟主瘞於寢園魏明之世處士廟主遷於園邑晉武祔廟遷征西府君惠

帝祔廟遷豫章府君自是以下大抵過六世則遷蓋太祖未正東向故止祀三昭三穆已正東向則并昭穆爲七世唐初祀四世太宗增祀六世及太宗祔廟則遷弘農府君高祖祔廟又遷宣帝皆祀六世前世成法也玄宗立九室祀八世事不經見若以太祖太宗爲一世則大行祔廟僖祖親盡當遷夾室祀三昭三穆於先王典禮及近世之制無不符合抃等復議曰自唐至周廟制不同而皆七世自周以上所謂太祖非始受命之主特始封之君而已今僖祖雖非始封之君要爲立廟之祖方廟數未過七世遂毀其廟遷其主攷之三代禮未有此漢魏及唐一時之議恐未合先王制禮之意乃存僖祖室以備七室治平四年英宗將祔廟太常禮院請以神主祔第八室祧藏僖祖及文懿皇后神主於西夾室自仁宗而上以次遞遷翰林承旨張方平等議同堂八室廟制已定僖祖當祧合於典禮乃於九月奉安八室神主祧僖祖及后祔英宗罷僖祖諱及文懿皇后忌日熙寧五年中書門下言僖祖以上世次不可得而知則僖祖有廟與商周契稷疑無以異今毀其廟而藏主夾室替祖考之尊而下祔于子孫殆非所以順祖宗孝心事亡如存之義請以所奏付兩制議取其當者時王安石爲相不主祧遷之說故復有是請翰林學士元絳等上議曰自古受命之王既以功德享有天下皆推其本統以尊事其祖故商周以契稷有功於唐虞之際故謂之祖有功若必以有功而爲祖則夏后氏不郊鯀矣今太祖受命之初立親廟自僖祖以上世次既不可知則僖祖之爲始祖無疑矣儻謂僖祖不當比契稷爲始祖是使天下之人不復知尊祖而子孫得以有功加其祖考也傳曰毀廟之主陳于太祖未毀廟之主皆升合食于太祖今遷僖祖之主藏于太祖之室則是四祖祫祭之日皆降而合食也請以僖祖之廟爲太祖則合於先王禮意翰林學士韓維議曰昔先王有天下迹其基業之所起奉以爲太祖故子夏序詩稱文武之功起於后稷後世有天下者特起無所因故遂爲一代太祖太祖皇帝功德卓然爲宋太祖無少議者僖祖雖爲高祖然仰跡功業未見所因上尋世系又不知所以始若以所事契稷奉之竊恐於古無攷而於今亦所未安今之廟室與古殊制古者每廟異宮今祖宗同處一室而西夾室在順祖之右攷之尊卑之次似亦無嫌天章閣待制孫固請特爲僖祖立室由太祖而上親盡迭毀之主皆藏之當禘祫時以僖祖權居東向之位太祖順昭穆之列而從之取毀廟之主而合食則僖祖之尊自有所申以僖祖立廟爲非則周人別廟姜嫄不可謂非禮秘閣校理王介請依周官守祧之制剏祧廟以奉僖祖庶不下祔子孫夾室以替遠祖之尊帝以維之說近是而安石以維言夾室在右爲尊爲非理帝亦然之又安石以尊僖祖爲始祖則郊祀當以配天若宗祀明堂則太祖太宗當迭配帝又疑明堂以英宗配天與僖祖爲非始祖之說遂下禮官詳定同判太常寺兼禮儀事張師顏等議昔商周之興本於契稷故奉之爲太祖後世受命之君功業特起不因先代則親廟迭毀身自爲祖鄭玄云夏五廟無太祖禹與二昭二穆而已張薦云夏后以禹始封遂爲不遷之祖是也若始封世近上有親廟則擬祖上遷而太祖不毀魏祖武帝則處士迭毀唐祖景帝則弘農迭毀此前世祖其始封之君以法契稷之明例也唐韓愈有言事異商周禮從而變晉琅邪王德文曰七廟之義自由德厚流光享祀及遠非是爲太祖申尊祖之祀其說是也禮天子七廟而太祖之遠近不可以必但云三昭三穆與太祖之廟而七未嘗言親廟之首必爲始祖也國家以僖祖親盡而祧之奉景祐之詔以太祖爲帝者之祖是合於禮矣張昭任徹之徒不能遠推隆極之制因緣近比請建四廟遂使天子之禮下同諸侯若使廟數備六則更當上推兩世而僖祖次在第三亦未可謂之始祖也謹按建隆四年親郊崇配不及僖祖開國以來大祭虛其東向斯乃祖宗已行之意請畧倣周官守祧之制築別廟以藏僖祖神主大祭之歲祀於其室太廟則一依舊制虛東向之位郊配之禮則仍其舊同知太常禮院蘇棁請卽景靈宮祔僖祖卽與唐祔獻懿二祖於興聖明德廟禮意無異同判禮院周孟陽等言自僖祖而上世次莫知則僖祖爲始祖無疑宜以僖祖配感生帝章衡請尊僖祖爲始祖而次祧順祖以合子爲父屈之義推僖祖侑感生之祀而罷宣祖配位以合祖以孫尊之義餘且如舊制而馮京欲以太祖正東向之位安石力主元絳初議遂從之帝問配天孰始安石曰宣祖見配感生帝欲改以僖祖配帝然之於是請奉僖祖神主爲從祖遷順祖神主夾室以僖祖配感生帝詔下太常禮院詳定儀注安石本議以僖祖配天帝不許故更以配感生帝焉元豐元年詳定郊廟禮文所圖上八廟異宮之制以始祖居中分昭穆爲左右自北而南僖祖爲始祖翼祖太祖太宗仁宗爲穆在右宣祖眞宗英宗爲昭在左皆南面北上陸佃言太祖之廟百世不遷三昭三穆親盡則迭毀如周以后稷爲太祖王季爲昭文王爲穆武王爲昭成王爲穆康王爲昭昭王爲穆其後穆王入廟王季親盡而遷則文王宜居昭位武王宜居穆位成王昭王宜居昭位康王穆王宜居穆位所謂父昭子穆是也說者以昭常爲昭穆常爲穆則尊卑失序復圖上八廟昭穆之制以翼祖太祖太宗仁宗爲昭在左宣祖眞宗英宗爲穆在右皆南面北上何洵直圖上八廟異宮引熙寧儀僖祖正東向之位順祖宣祖眞宗英宗南面爲昭翼祖太祖太宗仁宗北面爲穆正得祖宗繼序德厚流光之本意又以晉孫毓唐賈公彥言始祖居中三昭在左南面西上三穆在右南面東上爲兩圖上之又援祭法言翼祖宣祖在二祧之位猶同祖禰之廟皆月祭之與親廟一等無親疏遠近之殺順祖實去祧之主若有四時祈禱猶當就壇受祭請自今二祧神主殺於親廟四時之祭享嘗乃止不及大烝不薦新物去祧神主有禱則爲壇而祭庶合典禮又請建新廟於始祖之西畧如古方明壇制有詔俟廟制成日取旨三年禮文所言古者宗廟爲石室以藏主謂之宗祏夫婦一體同几共牢一室之中有左主右主之別正廟之主各藏廟室西壁之中遷廟之主藏於太祖太室北壁之中其埳去地六尺一寸今太廟藏主之室帝后異處遷主仍藏西夾室求之於禮有所未合請新廟成並遵古制從之二月慈聖光獻皇后祔廟前二日告天地社稷太廟皇后廟如故事至日奉神主先詣僖祖室次翼祖室次宣祖室次太祖室次太宗室次太宗與懿德皇后明德皇后同一祝次享元德皇后慈聖光獻皇后異饌位異祝行祔謁禮次眞宗室次仁宗室次英宗室禮畢奉神主歸仁宗室元豐六年六月孝惠孝章淑德章懷四后升祔準章獻明肅章懿二后升祔禮畢遞享太廟止行升祔享禮及祭七祀權罷孟冬薦享仍以配繼先後爲序八年禮部太常寺言詔書定七世八室之制今神宗皇帝崇祔翼祖在七世之外與簡穆皇后祧藏於西夾室置石室中十一月丁酉祔神宗神主于第八室自英宗上至宣祖以次升遷紹聖元年二月祔宣仁聖烈皇后于太廟元符三年禮部太常寺言哲宗升祔宜如晉成帝故事於太廟殿增一室俟祔廟日神主祔第九室詔下侍從官議皆如所言蔡京議以哲宗嗣神宗大統父子相承自當爲世今若不祧遠祖不以哲宗爲世則三昭四穆與太祖之廟而八宜深攷載籍遷祔如禮陸佃曾肇等議國朝自僖祖而下始備七廟故英宗祔廟則遷順祖神宗祔廟則遷翼祖今哲宗於神宗父子也如禮官議則廟中當有八世況唐文宗卽位則遷肅宗以敬宗爲一世故事不遠哲宗祔廟當以神宗爲昭上遷宣祖以合古三昭三穆之義先是李清臣爲禮部尚書首建增室之議侍郎趙挺之等和之會清臣爲門下侍郎論者多從其議惟京佃等議異二議既上清臣辟說甚力帝迄從焉六月禮部請用太廟東夾室奉安哲宗神主太常少卿孫傑言先帝神主錯之夾室卽是不得祔於正廟與前詔增建一室之議不同昨用嘉祐故事專置使脩奉請以夾室奉安神主亦與元置使之意相違請如太常前議增建一室尚書省以廟室未備行禮有期權宜升祔隨卽增脩比之前代設幄行事者不爲不至詔依初旨行之迺祔哲宗神主于夾室崇寧二年祧宣祖與昭憲皇后神主藏西夾室居翼祖簡穆皇后石室之次五年詔曰去古既遠諸儒之說不同鄭氏謂太祖及文武不祧之廟與親廟四爲七是不祧之宗在七廟之內王氏謂非太祖而不毀不爲常數是不祧之宗在七廟之外本朝今已五宗則七廟當祧者二宗而已遷毀之禮近及祖考殆非先王尊祖之意宜令有司復議禮官言先王之制廟止於七後王以義起禮乃有增置九廟者禮部尚書徐鐸又言唐之獻祖中宗代宗與本朝僖祖皆嘗祧而復今存宣祖於當祧之際復翼祖於已祧之後以備九廟禮無不稱乃命鐸爲脩奉使增太廟殿爲十室四年十二月復翼祖宣祖廟行奉安禮惟不用前期誓戒及亞終獻之樂舞焉高宗建炎二年奉太廟神主于揚州壽寧寺三年幸杭州奉安于溫州紹興五年司封郎中林待聘言太廟神主宜在國都今新邑未奠當如古行師載主之義遷之行闕以彰聖孝於是始建太廟于臨安奉迎安置

宋史卷一百六考證

禮志九唐因立親廟○因字下通考有隋制二字義較明顯

宋史卷一百七

元　中書右丞相總裁脫脫等修

禮志第六十

禮十　吉禮十

禘祫

宗廟之禮每歲以四孟月及季冬凡五享朔望則上食薦新三年一祫以孟冬五年一禘以孟夏唯親郊封祀又有朝享告謝及新主祔謁皆大祀也二薦則行一獻禮其祔祭春祀司命及戶夏祀竈季夏祀中霤秋祀門及厲冬祀行惟臘享禘祫則徧祀焉禘祫之禮眞宗咸平二年八月太常禮院言今年冬祭畫日以十月六日薦享太廟按禮三年一祫以孟冬又疑義云三年喪畢遭禘則禘遭祫則祫宜改孟冬薦享爲祫享仁宗天聖元年禮官言眞宗神主祔廟已行吉祭三年之制又從易月之文自天禧二年四月禘享至今已及五年合行禘禮遂以孟夏薦享爲禘享八年九月太常禮院言自天神六年夏行禘享之禮至此年十月請以孟冬薦享爲祫享詔恭依嘉祐四年十月仁宗親詣太廟行祫享禮以宰臣富弼爲祫享大禮使韓琦爲禮儀使樞密使宋庠爲儀仗使參知政事曾公亮爲橋道頓遞使樞密副使程戡爲鹵簿使同判宗正寺趙良規請正太宗東向位禮官不敢決觀文殿學士王舉正等議曰大祫之禮所以合昭穆辨尊卑必以受命之祖居東向之位本朝以太祖爲受命之君然僖祖以降四廟在上故每遇大祫止列昭穆而虛東向魏晉以來亦用此禮今親享之盛宜如舊便禮官張洞韓維言國朝每遇禘祫奉別廟四后之主合食太廟唐郊祀志載禘祫祝文自獻祖至肅宗所配皆一后惟睿宗二后蓋昭成明皇母也續曲臺禮有別廟皇后合食之文蓋未有本室遇祫享卽祔祖姑下所以大順中三太后配列禘祭議者議其非禮臣謂每室既有定配則餘后不當參列義當革正學士孫抃等議春秋傳曰大祫者何合祭也未毀廟之主皆升合食于太祖是以國朝事宗廟百有餘年至祫之日別廟后主皆升合食非無典據大中祥符中已曾定議禮官著酌中之論先帝有恭依之詔他年有司攝事四后皆預今甫欲親祫而四后見黜不亦疑於以禮之煩故邪宗廟之禮至尊至重苟未能盡祖宗之意則莫若守舊禮臣等愚以謂如故便學士歐陽脩等曰古者宗廟之制皆一帝一后後世有以子貴者始著並祔之文其不當祔者則有別廟之祭本朝禘祫乃以別廟之后列于配后之下非惟於古無文於今又四不可淑德太宗之元配列于元德之下章懷眞宗之元配列于章懿之下一也升祔之后統以帝樂別廟之后則以本室樂章自隨二也升祔之后同牢而祭牲器祝冊亦統于帝別廟諸后乃從專享三也升祔之后聯席而坐別廟之后位乃相絕四也章獻章懿在奉慈廟每遇禘祫本廟致享最爲得禮若四后各祭于廟則其尊自申而於禮無失以爲行之已久重於改作則是失禮之舉無復是正也請從禮官詔四后祫享依舊須大禮畢別加討論仍詔祫享前一日皇帝詣景靈宮如南郊禮衞士毋得迎駕呼萬歲有司言諸司奉禮攝廩犧令省牲依通禮改正祀儀散齋四日於別殿致齋二日於大慶殿一日于太廟尚舍直殿下設小次御坐不設黃道褥位七室各用一太牢每坐簠簋二甑鉶三籩豆爲後無黼扆席凡出三閣瑞石篆書玉璽印靑玉環金山陳于庭別廟四后合食牲樂奠拜無異儀故事七祀功臣無牲止於廟牲肉分割知廟卿行事請依續曲臺禮共料一羊而獻官三員功臣單席如大中祥符加褥十月二日命樞密副使張昪望告昊天上帝皇地祇帝齋大慶殿十一日服通天冠絳紗袍執圭乘輿至大慶殿門外降輿乘大輦至天興殿薦享畢齋于太廟明日帝常服至大次改袞冕行禮畢質明乘大輦還宮更服鞾袍御紫宸殿宰臣百官賀升宣德門肆赦二十一日詣諸觀寺行恭謝禮二十六日御集英殿爲飲福宴治平元年有司準畫日孟冬薦享改爲祫祭按春秋閔公喪未除而行吉禘三傳譏之眞宗以咸平二年六月喪除至十月乃祫祭天聖元年在諒陰有司誤通天禧舊禘之數在再期內按行禘祭以理推之是二年冬應祫而誤禘於元年夏故四十九年間九禘八祫例皆太速事失於始則歲月相乘不得而正今在大祥內禮未應祫明年未禫亦未應禘至六月卽吉十月合行祫祭乞依舊時享庶合典禮二年二月翰林學士王珪等上議曰同知太常禮院呂夏卿狀古者新君踐阼之三年先君之喪二十七月爲禪祭然後新主祔廟特行禘祭謂之始禘是冬十月行祫祭明年又行禘祭自此五年再爲禘祫喪除必有禘祫喪除必有禘祫者爲再大祭之本也今當祫祭緣陛下未終三年之制納有司之說十月依舊時享然享廟祫祭其禮不同故事郊享之年遇祫未嘗權罷唯罷臘祭是則孟享與享廟嘗併行於季冬矣其禘祫年數乞一依太常禮院請今年十月行祫祭明年四月行禘祭仍如夏卿議權罷今年臘享熙寧八年有司言已尊禧祖爲太廟始祖孟夏禘祭當正東向之位又言太廟禘祭神位已尊始祖居東向之位自順祖而下昭穆各以南北爲序自今禘祫著爲定禮元豐元年詳定郊廟禮文所言禘祫之義存於周禮春秋而不著其名行禮之年經皆無文唯公羊傳曰五年而再盛祭禮緯曰三年一祫五年一禘而又分爲二說鄭氏則曰前三後二謂禘後四十二月而祫祫後十八月而禘徐邈則曰前二後三謂二祭相去各三十月以二說考之惟鄭氏曰魯禮三年喪畢祫於太廟明年禘于羣廟自後五年而再盛祭一祫一禘實爲有據本朝慶曆初用徐邈說每三十月一祭熙寧八年旣禘而祫此有司之失也請今十八月而禘禘四十二月而祫庶幾舉禮不煩事神不瀆太常禮院言本朝自慶曆以來皆三十月而一祭至熙寧五年後始不通計遂至八年禘祫併在一歲非元豐三年四月已行禘禮今年若依舊例十月行祫享卽此年頻祫復踵前失請依慶曆以來之制通計年數皆三十月而祭詔如見行典禮詳定所又言古者祼獻饋食禴祠烝嘗並爲先王之享未嘗廢一時之祭故孔氏正義以爲天子夏爲大祭之禘不廢時祭之初秋爲大祭之祫不廢時祭之嘗則王禮三年一祫與禘享更爲時祭本朝沿襲故常久未釐正請每禘祫之月雖已大祭仍行時享以嚴天子備禮所以丕崇祖宗之義其郊禮親祠準此又言禮不王不禘虞夏商周四代所禘皆以帝有天下其世系所出者明故追祭所及者遠也太祖受命祭四親廟推僖祖而上所自出者譜失其傳有司因仍舊說禘祫皆合羣廟之主綴食於始祖失禮莫甚今國家世系與四代不同旣求其祖之所自出而不得則禘禮當闕必推見祖系乃可以行神宗謂輔臣曰禘者本以審禘祖之所自出故禮不王不禘秦漢以後譜牒不明莫知其祖之所自出則禘禮可廢也已而詳定所言古者天子祭宗廟有堂事焉有室事焉按禮祝延尸入奧灌後乃出延牲延尸主出于室坐于堂上始祖南面昭在東穆在西乃行朝踐之禮是堂事也設饌于堂復延主入室始祖東面昭南穆北徙堂上之饌于室中乃行饋食之禮是室事也請每行大祫堂上設南面之位室中設東面之位禮部言合食之禮始祖東面昭南穆北者本室中之位也今設位戶外祖宗昭穆別爲幄次殆非合食之義請自今祫享卽前楹通設帳幕以應室中之位大觀四年議禮局請每大祫堂上設南面之位室中設東面之位始祖南面則昭穆東西相向始祖東面則昭穆南北相向以應古義又請陳瑞物及代國之寶與貢物可出而陳者並令有司依嘉祐元豐詔旨凡親祠太廟準此從之南渡之後有祫而無禘高宗建炎二年祫享于洪州紹興二年祫享于溫州時儀文草創奉遷祖宗及祧廟神主別廟神主各設幄合食于太廟始祖東向昭穆以次南北相向五年吏部員外郎董棻言臣聞戎祀國之大事而宗廟之祭又祀之大者也大祀禘祫爲重祫大禘小則祫爲莫大焉今戎事方殷祭祀之禮未暇徧舉然事有違經戾古上不當天地神祇之意下未合億兆黎庶之心特出於一時大臣好勝之臆說而行之六十年未有知其非者頗雖治兵禦戎之際正厥違誤宜不可緩仰惟太祖受天明命混一區宇卽其功德所起宜祫享以正東向之尊逮至仁宗親行祫享嘗議太祖東向用昭正統之緒當時在廷之臣僉謂自古必以受命之祖乃居東向之位本朝太祖乃受命之君若論七廟之次有僖祖以降四廟在上當時大祫上列昭穆而虛東向蓋終不敢以非受命之祖而居之也曁熙寧之初僖祖以世次當祧禮官韓維等據經有請適王安石用事舊其臆說乃俾章衡建議尊僖祖爲始祖肇居東向馮京奏謂士大夫以太祖不得東向爲恨安石肆言以折之已而又欲罷太祖郊配神宗以太祖開基受命不許安石終不以爲然元祐之初翼祖既祧正合典禮至於崇寧宣祖當祧適蔡京用事一遵安石之術乃建言請立九廟自我作古其已祧翼祖宣祖並卽依舊循沿至今太祖尚居第四室遇大祫處昭穆之列今若正太祖東向之尊委合禮經太常寺丞王普又言棻所奏深得禮意而其言尚有未盡臣竊以古者廟制異宮則太祖居中而羣廟列其左右後世朝制同堂則太祖居右而諸室皆列其左右者祫享廟踐于堂則太祖南向而昭穆位于東西饋食于室則太祖東向而昭穆位于南北後世祫享一于堂上而用室中之位故唯以東向爲太祖之尊焉若夫羣廟迭毀而太祖不遷則其禮尚矣臣故知太祖卽廟之始祖是爲廟號非謚號也惟我太宗嗣服之初太祖廟號已定雖更累朝世次猶近每於祫享必虛東向之位以其非太祖必不可居也迨至熙寧又尊僖祖爲廟之始祖百世不遷祫享東向而太祖常居穆位則名實舛矣儻以熙寧之禮爲是僖祖當稱太祖而太祖當改廟號然則太祖之名不正前日之失大矣今宜奉太祖神主

居第一室永爲廟之始祖每歲五享告朔薦新止於七廟三年一祫則太祖正東向之位太宗仁宗神宗南向爲昭眞宗英宗哲宗北向爲穆五年一禘則迎宣祖神主享于太廟而以太祖配焉如是則宗廟之事盡合禮經無復前日之失矣上曰太祖皇帝開基創業始受天命祫享宜居東向之位宰相趙鼎等奏曰三昭三穆與太祖之廟而七載在禮經無可疑者紹熙五年九月太常少卿曾三復亦言請祧宣祖就正太祖東向之位其言甚切既而吏部尚書鄭僑等亦乞因大行祔廟之際定宗廟萬世之禮慰太祖在天之靈破熙寧不經之論今太祖爲始祖則太宗爲昭眞宗爲穆自是而下以至孝宗四昭四穆與太祖之廟而九上參古禮而不廢崇寧九廟之制於義爲允又言治平四年僖祖祧遷藏在西夾室至熙寧五年王安石以私意使章衡等議乃復祔僖祖以爲始祖又將推以配天欲罷太祖郊配韓維司馬光等力爭而安石主其說愈堅孫固慮其罷太祖配天建議以僖祖權居東向之位旣曰權居則當釐正明矣詔從之閏十月權禮部侍郎許及之言僖順翼宣四祖爲太祖之祖考所遷之主恐不得藏于子孫之廟今順翼二祖藏于西夾室實居太廟太祖之右遇祫享則於夾室之前設位以昭穆焉於是詔有司集議吏部尚書兼侍讀鄭僑等言僖祖當用唐興聖之制立爲別廟順祖翼祖宣祖之主皆祔藏焉如此則僖祖自居別廟之尊三祖不祔子孫之廟自漢魏以來太祖而上毀廟之主皆不合食今遇祫則卽廟而享於禮尤稱諸儒如樓鑰陳傅良皆以爲可詔從之時朱熹在講筵獨入議狀條其不可者四大畧云準尚書吏部牒集議四祖祧主宜有所歸今詳羣議雖多而皆有可疑若曰藏之夾室則是以祖宗之主不藏於子孫之夾室至於祫祭設幄於夾室之前則亦不得謂之祫欲別立一廟則喪事卽遠有毀無立欲藏之天興殿則宗廟原廟不可相雜議者皆知其不安特以其心欲尊奉太祖三年一祫時暫東向之故其實無益於太祖之尊而徒使僖祖太祖兩朝威靈相與校强弱于冥冥之中今但以太祖當日追尊帝號之令而黜推之則知今日太祖在天之靈必有所不忍而不敢當矣又況僖祖祧主遷於治平不過數年神宗復奉以爲始祖已爲得禮之正而合於人心所謂有其舉之莫敢廢者又言當以僖祖爲始祖如周之后稷太祖如周之文王太宗如周之武王與仁宗之廟皆萬世不祧昭穆而次以至高宗之廟亦萬世不祧又言元祐大儒程頤以爲王安石言僖祖不當祧復立廟爲得禮竊詳頤之議論與安石不同至論此事則深服之足以見義理人心之所同固有不約而合者特以司馬光韓維之徒皆是大賢人所敬信其議偶不出此而安石乃以變亂穿鑿得罪於公議故欲堅守二賢之說并安石所當取者而盡廢之今以程頤之說考之則是非可判矣議既上召對令細陳其說熹先以所論畫爲圖本貼說詳盡至是出以奏陳久之上再三稱善且曰僖祖自不當祧高宗卽位時不曾祧壽皇卽位太上卽位亦不曾祧今日豈不容易可於榻前撰數語徑自批出熹方懲内批之弊因乞降出劄子再令臣僚集議上亦然之熹既退卽進擬詔意以上意諭廟堂則聞已毀四祖廟而遷之矣時宰臣趙汝愚既以安石之論爲非異議者懼其軋已藉以求勝事竟不行熹時以得罪遺汝愚書曰相公以宗子入輔王室而無故輕納妄議拆祖宗之廟以快其私欲望神靈降歆垂休錫羨以永國祚於無窮其可得乎時太廟殿已爲十二室故孝宗升祔而東室尚虛熹以爲非所以祝延壽康之意深不然之因自劾不堪言語侍從之選乞追奪待制不許及光宗祔廟遂復爲九世十二室蓋自昌陵祔廟踰二百年而後正太祖之位慶元二年四月禮部太常寺言已於太廟之西別建僖祖廟及告遷僖順翼宣帝后神主詣僖祖廟奉安所有今年孟冬祫享先詣四祖廟室行禮次詣太廟逐幄次行禮理宗紹定四年九月丙戌京師大火延及太廟太常少卿度正言伏見近世大儒侍講朱熹詳考古禮尚論宗廟之制畫而爲圖其說甚備然其爲制務倣於古而頗更本朝之制故學士大夫皆有異論遂不能行今天降災異火發民家延及宗廟舉而行之莫此時爲宜臣於向來備聞其說今備員禮寺適當此變若遂隱默則爲有負謹爲二說以獻其一純用朱熹之說謂本朝廟制未合於古因畫爲圖謂僖祖如周后稷當爲本朝始祖夫尊僖祖以爲始祖是乃順太祖皇帝之孝心也始祖之廟居于中左昭右穆各爲一廟門皆南向位皆東向祧廟之主藏于始祖之廟夾室昭常爲昭穆常爲穆自不相亂三年合食則併出祧廟之主合享於始祖之廟始祖東向羣昭之主皆位北而南向羣穆之主皆位南而北向昭穆既分尊卑以定其說合于古而宜于今盡美盡善舉而行之祖宗在天之靈必歆享于此而垂祐于無窮也其一說則因本朝之制而參以朱熹之說蓋本朝廟制神宗嘗命禮官陸佃討論欲復古制未及施行渡江以來稽古禮文之事多所未暇今欲驟行更革恐未足以成其事而徒爲紛紛或且仍遵本朝之制自西徂東並爲一列惟於每室之後量展一間以藏祧廟之主每室之前量展二間遇三年祫享則以帷幄幕之通爲一室盡出諸廟主及祧廟主並爲一列合食其上前乎此廟爲一室凡遇祫享合祭於其室名爲祫享而實未嘗合今量展此三間後有藏祧主之所前有祖宗合食之地於本朝之制初無大段更革而頗已得三年大祫之義今來朝廷若能舉行朱熹前議固無以加如其不然姑從後說亦爲允當不失禮意然宗廟之禮儻無其故何敢妄議今因大火之後若加損益亦惟其時乞賜詳議有旨令侍從禮部太常集議後竟不行

宋史卷一百七考證

禮志十後世朝制同堂○朝字當是廟字之訛

諸室皆列其左右○右字當是古字之訛連下爲句蓋太祖居右則諸室皆列其左不得更有左之左也

廟踐於堂○廟字當是朝字之訛

宋史卷一百八

元中書右丞相總裁脫脫等修

禮志第六十一

禮十一　吉禮十一

時享　薦新　加上祖宗謚號　廟諱

時享太祖乾德六年十月判太常寺和峴上言按禮閣新儀唐天寶五年詔享太廟宜祭料外每室加常食一牙盤將來享廟欲每室加牙盤食禘祫時享亦準此制太宗太平興國六年十二月太常禮院言今月二十三日臘享太廟緣孟冬已行時享冬至又嘗親祀按禮每歲五享其禘祫之月卽不行時享慮成煩數有爽恭虔今請罷臘日薦享之禮其孝惠別廟卽如式從之淳化三年十月八日太常禮院言今年冬至親祀南郊前期朝享太廟及奏告宣祖太祖室常例每遇親祀設朔望兩祭乃是十一月内三祭太廟兩室又行奏告之禮煩則不恭又十一月二十日皇帝朝享去臘享日月相隔未爲煩數欲望權停是月朔望之祭其臘享如常儀從之眞宗景德三年正月晝日乙卯孟享太廟其日以鄆王外欑改用辛酉十月十日孟冬薦享其月明德皇后園陵有司言故事太祠與國忌日同日者其樂備而不作令請如例從之四年七月以莊穆皇后祔享權停孟享大中祥符三年十二月帝謂王旦等言來年正月十一日孟享太廟而有司擇八日宴已在享廟致齋中又七日上辛祀昊天上帝王欽若言若移宴日避祀事卽自天慶節以來皆有所妨馮拯言上辛不可移薦享宗廟是有司擇日於禮無嫌帝曰當詢禮官終以契丹使發有常期又將西巡故不及改八年兼宗正卿趙安仁言準詔以太廟朔望上食品味令臣詳定望自今委御廚取親享廟日所上牙盤例參以四時珍膳選上局食手十人赴廟饌造上副聖心式表精慤詔所上食味委宮闈令監造訖安仁省視之神宗元豐三年十月詳定郊廟奉祀禮文所言祠禴嘗蒸之名春夏則物未成而祭薄秋冬則物盛而禮備今太廟四時雖有薦新而孟享禮料無祠禴蒸嘗之別伏請春加韭卵夏加麥魚秋加黍豚冬加稻鴈當饋熟之節薦於神主其籩豆於常數之外別加時物之薦豐約各因其時以應古禮從之六年十一月帝親祠南郊前期三日奉仁宗英宗徽號冊寶于太廟是日齋于大慶殿翌日薦享于景靈宮禮畢帝服通天冠絳紗袍乘玉輅至太廟宰臣百官班迎于廟門侍中跪請降輅帝卻乘輿步入廟趨至齋宮翌日帝服鞾袍至大次有司奏中嚴外辦禮儀使跪奏請行事帝服衮冕以出至東門外殿中監進大圭帝執以入宮架樂作升東階樂止登歌樂作至位樂止太祝宮闈令奉諸室神主于坐禮儀使贊曰有司謹具請行事帝再拜詣罍洗登歌樂作降階樂止宮架樂作至洗南北向樂止帝搢圭盥帨洗瓚拭瓚訖執圭宮架樂作升堂樂止登歌樂作殿中監進鎭圭帝搢大圭執鎭圭詣僖祖室樂止登歌奏瑞安之曲至神坐前北向跪奠鎭圭于繅藉執大圭跪三上香執瓚祼地奠瓚奉幣奠訖執圭俛伏興出戶外北向再拜內侍舉鎭圭以授殿中監至次室行事皆如前儀帝還位登歌樂作至位樂止宮架興安之樂作文舞九成止禮部戶部尚書以次官奉逐室俎豆宮架豐安樂作奠訖樂止帝再詣罍洗登歌樂作降階樂止宮架樂作至洗南北向立樂止帝搢圭盥帨洗爵拭爵訖執圭宮架樂作帝升東階樂止登歌樂作至禧祖室樂止宮架樂作帝搢圭跪受爵祭酒三奠爵執圭俛伏興出戶外北向立樂止太祝讀冊文帝再拜詣次室皆如前儀帝還位登歌樂作至位樂止文舞退武舞進宮架正安之樂作亞獻以次行事如前儀樂止帝詣飲福位登歌樂作至位樂止宮架僖安樂

作帝再拜搢圭跪受爵祭酒三啐酒奠爵受俎奠俎受摶黍奠黍豆再受爵飲福酒訖奠爵執圭俛伏興再拜樂止帝還位登歌樂作至位樂止太常博士徧祭七祀配享功臣戶部禮部尚書徹俎豆登歌豐安樂作徹訖樂止禮直官曰賜胙行事陪祠官皆再拜宮架興安樂作一成止太祝宮闈令奉神主入諸祏室禮儀使跪奏禮畢登歌樂作帝降階樂止宮架樂作出東門殿中監受大圭歸大次樂止有司奏解嚴轉仗赴南郊初國朝親享太廟儀物有制熙寧以來率循舊典元豐命官詳定始多損益元年詳定郊廟禮文所言古者納牲之時王親執鸞刀啓其毛而祝以血毛詔於室今請改正儀注諸太祝以毛血薦於神坐訖徹之而退唐崔沔議曰毛血盛於盤開元開寶通禮及今儀注皆盛以豆禮以豆盛葅醢其薦毛血當盛以盤又言三牲骨體俎外當加牛羊腸胃豕膚俎各一又古者祭祀無迎神送神之禮其初祭及末皆不當拜又宜令戶部陳歲貢以充庭實如古禮仍以龜爲前金次之玉帛又次之餘居後又周禮大宗伯之職凡享涖玉鬯今以門下侍郎取瓚進皇帝侍中酌鬯進瓚皆未合禮請命禮部尚書奉瓚臨鬯禮部侍郎奉槃以次進皇帝酌鬯祼地訖侍郎受瓚并槃而退又言皇帝至阼階乃令太祝宮闈令始奉神主置于坐行禮畢皇帝俟納神主然後降階並從之又言神坐當陳于室之奧東面當行事時皇帝立于戶內西向卽拜于戶內有司攝事晨祼饋食亦立于戶內西向更不出戶而拜其堂上薦腥則設神坐于扆前南向皇帝立于中堂北向有司攝事同北詔俟廟制成取旨又請諸廟各設莞筵紛純加繅席畫純于戶內之東西面皇帝行三獻禮畢於此受嘏又言每室所用几席當如周禮改用莞筵紛純加繅席畫純加次席黼純左右玉几凡祭祀皆繅次各加一重并莞筵一重爲五重又言古者宗廟九獻皇及后各四諸臣一自漢以來爲三獻后無入廟之事沿襲至今若時享則有事於室而無事於堂禘祫則有事於堂而無事於室室中神位不在奧堂上神位不當扆有饋食而無朝踐度今之宜以備古九獻之意請室中設神位于奧東面堂上設神位于戶外之西南面皇帝立于戶內西面祼鬯爲一獻出戶立于扆前北向行朝踐薦腥之禮爲再獻皇帝立于戶內西面行饋食薦熟之禮爲三獻詔並俟廟制成取旨又請三年親祠并祫享及有司攝事每室並用大牢及制幣宗廟堂上燔蕭以求陽而有司行事焫茅香宜易用蕭灌鬯於地以求陰宜束茅沃酒以象神之飲凡幣皆埋于西階東冊則藏有司之匱又請除去殿下板位及小次而設皇帝板位于東階之上西向又請凡奏告祈禱報謝用牲牢祭饌並出帝后神主以明天地一體之義又古者祭祀兼薦上古中古及當世之食唐天寶中始詔薦享每室加常食一牙盤議者以爲宴私之饌薦寢室而不可瀆於太廟宜罷之古者吉祭必以其妃配不特拜請奠副爵無特拜儀禮曰嗣舉奠請皇帝祭太廟既灌之後太祝以斝酌奠于鉶之南俟正祭嘏訖命皇子舉奠而飲又請命刑部尚書一員以奉大牲兵部尚書一員奉魚十有五仍令腥熟之薦朝享四孟及臘享皆設神位于戶內南向其祼將于室朝踐于堂饋熟于室則於奧設莞筵紛純加繅席畫純加次席黼純左右玉几當筵前設饋食之豆八加豆八以南爲上鉶三設于豆之南南陳牛鉶居北羊鉶在牛鉶之南豕鉶在羊鉶之南羞豆二曰酏食糝食設于薦豆之北大羹湆盛以登設于羞豆之北九俎設于豆之東三三爲列以南爲上肵俎一當腊俎之北縱設之牲首俎在北牖下簠簋設于俎南西上籩十有八設于簠簋之南北上戶外之東設尊彝西上南肆阼階之東設六罍其三在西以盛玄酒其三在東以盛三酒堂下陳鼎之位在東序之南居洗之西皆西面北上匕皆加于鼎之東俎皆設于鼎之西西肆肵俎在北亦西肆若廟門外則陳鼎于東方各當其鑊而在其鑊之西皆北面北上又請既晨祼諸太祝入以血毛奠神坐大官令取肝以鸞刀制之洗于鬱鬯貫以膋燎于爐炭祝以肝膋入詔神于室又出以隋祭于戶外之左三祭于茅俎當饋熟之時祝取菹擩于醢祭于神坐前豆間三又取黍稷肺祭祭如初藉以白茅既祭宮闈令束而瘞之于西階東若郊祀天地則當進熟之時祝取菹及黍稷肺祭于正配神坐前各三祭畢郊社令束茅菹而燔瘞之祀天燔祭地瘞縮酒之茅或燔或瘞當與隋祭之菹同又言古者吉祭有配皆一尸其始祝洗酌奠奠于鉶南止有一爵及主人獻尸主婦亞獻賓長三獻亦止一爵請罷諸室奠副爵其祫享別廟皇后自如常禮應祠告天地宗廟社稷並用牲幣如唐置太廟局令以宗正丞充罷攝知廟少卿而宮闈令不預祠事又言晨祼之時皇帝先搢大圭上香祼鬯復位俟作樂饋食畢再搢大圭執鎭圭奠於繅藉次奠幣執爵庶禮神並在降神之後從之八年太常寺言故事山陵前宗廟輟祭享朔望以內臣行薦食之禮俟祔廟畢仍舊令景靈宮神御殿已行上食太廟朔望薦食自當請罷從之元祐七年詔復用牙盤食舊制並於禮饌外設元豐中罷之禮官呂希純建議曰先王之祭皆備上古中古及今世之食所設禮饌卽上古中古之食牙盤常食卽今世之食議者乃以爲宗廟牙盤原於秦漢陵寢上食殊不知三代以來自備古今之食請依祖宗舊制薦一牙盤從之乃更其名曰薦羞希純又請帝后各奠一爵后爵謂之副爵今帝后惟奠一爵共享瀆禮莫甚請設副爵亦如其儀大觀四年議禮局言太廟每享各設太尊二則是以追享朝享之尊施之於禴祠蒸嘗失禮尤甚請今四時之享不設太尊又言圭瓚之制親祀以塗金銀瓚有司行事以銅瓚其大小長短之制皆不如禮請改以應古制又言太廟圭瓚別廟璋瓚舊用珉石請改用玉又言新定太廟陳設之儀盡依周制籩豆各用二十有六簠簋各八以籩二十有六爲四行以右爲上羞籩二爲第一行朝事籩八次之饋食籩八又次之加籩八又次之豆二十有六爲四行以左爲上羞豆二爲第一行朝事豆八次之饋食豆八又次之加豆八又次之簠八爲二行在籩之外簋八爲二行在豆之外籩豆所實之物悉如周禮籩人醢人之制惟簠以稻粱簋以黍稷而茅俎以專蚳醢以蜂子代之又言宗廟之祭用太牢而三鉶實牛羊豕之羹固無可論者至於太羹止設一登以少牢饋食禮考之則少牢者羊豕之牲也佐食羞兩鉶司士進湆二豆三牲之祭鉶既設三則登亦如其數請太廟設三登實牛羊豕之湆以爲太羹明堂亦如之高宗建炎四年奉安神主于溫州權用酒脯紹興五年臨安府建太廟始用特羊十年改用少牢其廟享之禮七年祀明堂于建康以徽宗之喪太常少卿吳表臣援熙寧故事謂當時英宗喪未除不廢景靈宮太廟之禮翰林學士朱震以爲不然謂王制喪三年不祭惟天地社稷越紼行事孰謂三年之喪而可以見宗廟行吉禮乎吏部尚書孫近等言按春秋君薨卒哭而祔祔而作主特祀於寢烝嘗禘於廟杜預謂新主旣特祀於寢則宗廟常祀自當如舊又熙寧元年神宗諒闇用景德故事躬行郊廟之禮今明堂大禮已在以日易月服除之後皇帝合享太廟所有鹵簿鼓吹及樓前宮架諸軍音樂皆備而不作三十二年孝宗卽位擇日朝享太廟禮部言牲牢禮料酒齊等物並如五享行之紹熙五年寧宗卽位時有孝宗之喪閏十月浙東提舉李大性言自漢文帝以來皆卽位而謁廟陛下龍飛已閱三月未嘗一至宗廟行禮鑾輿屢出過太廟門而不入揆之人情似爲闕典乞早擇日恭謁太廟詔遵用三年之制吏部員外郞李謙請以來年正月上日躬行告廟之禮禮寺以爲俟皇帝從吉討論施行理宗卽位行三年之喪初行明堂朝享以大臣攝事卽吉後始行親享之禮

薦新太宗雍熙二年十一月宗正寺言準詔送兔十頭充享太廟按開寶通禮薦新之儀詣僖祖室戶前盥洗酌獻訖再拜次獻諸室如上禮遂詔曰夫順時蒐狩禮有舊章非樂畋遊將薦宗廟久隳前制闕孰甚焉爰遵時令暫狩近郊既躬獲禽用以薦俎其今月十一日畋獵親射所獲田禽並付所司以備太廟四時薦享著爲令景祐三年宗正丞趙良規言通禮著薦新凡五十餘物今太廟祭享之外唯薦冰其餘薦新之禮皆寢不行宜以品物時新所司送宗正令尚食簡擇滋味與新物相宜者配以薦之於是禮官宗正條定逐室時薦以京都新物略依時訓協用典章請每歲春孟月薦蔬以韭以菘配以卵仲月薦冰季月薦蔬以筍果以含桃夏孟月嘗麥配以彘仲月薦果以瓜以來禽季月薦果以芡以菱秋孟月嘗粟嘗穄配以雞果以棗以梨仲月嘗酒嘗稻蔬以茭筍季月嘗豆嘗蕎麥冬孟月羞以兔果以栗蔬以藷藇仲月羞以鴈以麞季月羞以魚凡二十八種所司烹治自餁以下令御廚於四時牙盤食烹饌卜日薦獻一如開寶通禮又太常禮院言自來薦冰惟薦太廟逐室帝主后主皆闕謹按朔望每室牙盤食帝后同薦又按禮有薦新如朔奠詳此獻祀帝后主別無異等之義今後前廟逐室后主欲乞四時薦新並如朔望牙盤例后廟奉慈廟如太廟之禮皇祐三年太常寺王洙言每內降新物有司皆擇吉日至涉三四日而物已損敗自今令禮部預爲關報於次日薦之更不擇日元豐元年宗正寺奏據太常寺報選日薦新兔藷藇栗黃今三物久鬻於市而廟猶未薦頗違禮意蓋節序有蚤晏品物有後先自當變通安能齊一又唐開元禮薦新不出神主今兩朝薦新及朔望上食並出神主請下禮宮參定所宜詳定所言古者薦新于廟之寢無尸不卜日不出神主奠而不祭近時擇日而薦非也天子諸侯物熟則薦不以孟仲季爲限呂氏月令一歲之間八薦新物開元禮加以五十餘品景祐中禮官議以呂紀簡而近薄唐令雜而不經於是更定四時所薦凡二十八物除依時禮月令外又增多十有七品雖出一時之議

然歲時登薦行之已久依於古則太畧違於經則無法今欲稍加刊定取其間先王所嘗享用膳羞之物見於經者存之不經者去之請自今孟春薦韭以卵羞以葑仲春薦冰季春薦筍羞以含桃孟夏嘗麥以彘仲夏嘗雛以黍羞以瓜季夏羞以芡以菱孟秋嘗粟與稷羞以棗以梨仲秋嘗麻嘗稻羞以蒲季秋嘗菽羞以兔以栗孟冬羞以鴈仲冬羞以麕季冬羞以魚今春不薦鮪誠爲闕典請季春薦鮪無則闕之舊有林檎薦麥蕎薁之類及季秋嘗酒並合刪去凡新物及時出者即日登獻既非正祭則不當卜日漢儀嘗韭之屬皆於廟而不在寢故韋玄成傳以爲廟歲二十五祠而薦新在焉自漢至於隋唐因仍其失薦新雖在廟然皆不出神主今出神主失禮尤甚請依五禮精義但設神主仍俟廟成薦新于寢詔依所定如鮪闕即以魴鯉代之既而知宗正丞趙彥若言禮院以仲秋芟萌不經易以蒲白今仲秋蒲無白改從春獻大觀禮局亦言薦新雖繫以月如櫻筍三月當進或萌實未成轉至孟夏之類自當隨時之宜取新以薦政和四年比部員外郎何天衢言祭不欲數數則煩祭不欲疏疏則怠先王建祭祀之禮必得疏數之中未聞一日之間遂行兩祭者也今太廟薦新有與朔祭同日者夫朔祭行於一月之首不可易也若夫薦新則未嘗卜日一月之內皆可薦也新物未備猶許次月薦之亦何必同朔日哉自是薦新偶與朔祭同日詔用次日焉中興仍舊制

加上祖宗謚號太祖建隆元年九月太常禮院言謹按唐大中初追尊順宗憲宗謚號皇帝於宣政殿授玉冊遣宰臣以下持節奉冊赴太廟授冊日帝既御殿百僚拜訖降階跪授冊於太尉候太尉奉冊出宣政門然後升殿凡皇帝行禮皆太常卿贊導奉引奏可是月二十七日帝御崇元殿備禮遣使奉冊上四廟謚號皇帝高祖府君冊曰孝曾孫嗣皇帝臣某再拜稽首上言伏以昊天有命皇宋勃興括厚載以開階宅中區而撫運寰夏蠻貊罔不獻誠山川鬼神罔不受職非臣否德肇此丕圖實賴先正儲休上玄降鑒既虔膺於太寶乃恥覩於遐源敢違歷代之規式薦配天之號謹遣使司空兼門下侍郎同中書門下平章事王溥副使兵部尚書李濤奉寶冊上尊謚曰文獻皇帝廟號僖祖皇帝高祖母崔氏曰懿文皇后皇曾祖府君冊曰伏以天命匪忱惟歸於有德人文設教必始於貽謀乘時既肇於興王報本敢稽於尊祖非隆徽稱則大享何以配神非鏤良珉則洪烈何由垂世方作猗那之頌永嚴昭穆之容謹遣使王溥副使李濤奉冊寶上尊謚曰惠元皇帝廟號順祖皇曾祖母桑氏曰惠明皇后皇祖驍衛府君冊曰伏以人瞻烏止運叶龍飛非發源之長析派不能通上漢非積基之厚嗣孫不能有中區今人紀肇脩孝思罔極酌百王之損益薦四廟之蒸嘗謹遣使王溥副使李濤奉寶冊上尊謚曰簡恭皇帝廟號翼祖皇祖母京兆郡太夫人劉氏曰簡穆皇后皇考太尉府君冊曰昔者流火開祥周發薦文王之號黃星應運曹丕揚魏祖之功咸因致孝之誠式展尊親之義爰遵大典亟上尊稱謹遣使王溥副使李濤奉冊寶上尊謚曰昭武皇帝廟號宣祖禮畢羣臣進表奉慰太宗太平興國二年正月甲戌上太祖英武聖文神德皇帝眞宗大中祥符元年十一月二十七日帝於朝元殿備禮奉祖宗尊謚冊寶再拜授攝太尉王旦奉之以出安太祖冊寶於玉輅太宗冊寶於金輅詣太廟奉上太祖曰啓運立極英武聖文神德玄功大孝皇帝太宗曰至仁應道神功聖德文武大明廣孝皇帝禮畢親行朝享之禮天禧元年正月九日加上六室尊謚二字僖祖曰文獻睿和皇帝順祖曰惠元睿明皇帝翼祖曰簡恭睿德皇帝宣祖曰昭武睿聖皇帝太祖曰啓運立極英武睿文神德聖功至明大孝皇帝太宗曰至仁應道神功聖德睿烈大明廣孝皇帝禮畢羣臣拜表稱賀十一日帝行朝享之禮仁宗天聖二年十一月二十五日加上眞宗謚曰文明武定章聖元孝皇帝慶歷七年十一月二十五日加上眞宗謚曰膺符稽古成功讓德文明武定章聖元孝皇帝神宗元豐六年五月改加上尊謚作奉上徽號十一月二日奉上仁宗徽號曰體天法道極功全德神文聖武濬哲明孝皇帝又上英宗徽號曰體乾膺歷隆功聖德憲文肅武睿神宣孝皇帝哲宗紹聖二年正月帝謂輔臣曰祖宗謚號各加至十六字神宗皇帝今止初謚尚未增加宜考求典故以聞宰臣章惇等對曰祖宗加謚歲月不定眞廟初加八字是天聖二年今神宗祔廟已十年故事加徽號必在南郊前謹如聖旨討閱以聞四月二十七日詔加上神宗皇帝徽號於大禮前三日行禮九月十六日奉上冊寶曰神宗紹天法古運德建功英文烈武欽仁聖孝皇帝徽宗崇寧三年十一月二十三日更定神宗徽號曰體元顯道帝德王功英文烈武欽仁聖孝皇帝又奉哲宗徽號曰憲元繼道顯德定功欽文睿武齊聖昭孝皇帝大觀元年九月加上僖祖徽號爲十六字曰立道肇基積德起功懿文憲武睿和至孝皇帝政和三年十一月五日加上神宗哲宗徽號前二日皇帝御大慶殿奉神宗冊寶授太師魯國公蔡京載以玉輅奉哲宗冊寶授少師太宰何執中載以金輅並詣太廟幄殿奉安以俟四日皇帝詣景靈宮行禮赴太廟宿齋五日服袞冕恭上神宗冊寶于本室曰體元顯道法古立憲帝德王功英文烈武欽仁聖孝皇帝又上哲宗冊寶于本室曰憲元繼道世德揚功欽文睿武齊聖昭孝皇帝次行朝享禮畢赴南郊青城宮紹興十二年十一月詔議加上徽宗徽號曰體仁合道駿烈遜功聖文仁德憲慈顯孝皇帝十三年正月九日皇帝御文德殿命宰臣秦檜奏請太廟十日內殿宿齋文武百僚集於發冊寶殿門幕次次禮儀使閤門官太常博士禮直官分立御幄前次分引百僚入就殿下東西廂向立定禮直官引奉冊寶使侍中中書令舉冊舉寶官詣殿下西階之西東向立俟齋室簾降皇帝服通天冠絳紗袍禮部侍郎奏中嚴外辦次禮直官太常博士引禮儀使當幄前俛伏跪奏禮儀使臣某言請皇帝行奉上徽宗皇帝發冊寶之禮奏訖俛伏興簾卷前導官前導皇帝出幄執大圭詣冊寶幄東褥位西向立禮儀使奏請再拜皇帝再拜三上香再拜在位官皆再拜前導還褥位西向立侍中中書令舉冊舉寶官升殿入冊寶幄舉冊寶官俱搢笏跪舉冊寶與侍中中書令奉冊寶進行皇帝後從降自西階至殿下褥位南向立禮儀使奏皇帝再拜舉冊官奉冊舉寶官奉寶皇帝搢大圭跪奉受冊寶使皇帝執大圭再拜在位官皆再拜持節者持節導冊寶進行出殿正門禮儀使奏禮畢皇帝釋大圭升自東階入齋室禮部郎中奏解嚴次冊寶出北宮門奉冊寶使以下騎從至太廟靈星門外下馬步從至太廟南神門外次日文武百僚集於太廟幕次分引詣殿下再拜冊寶使詣各室行奠獻禮次贊者引舉冊官舉冊舉寶官舉寶禮直官引侍中中書令前導冊寶入自南正門至殿西階下權置定各再拜次詣徽宗室冊寶使俛伏跪奏稱嗣皇帝臣某謹遣臣等奉徽號冊寶奏訖俛伏興舉冊官舉冊進中書令跪讀冊文舉寶官舉寶進侍中跪讀寶文冊寶使以下各再拜至冊寶幄安奉禮畢以次退次文武百僚奉表稱賀紹興二年八月詔上高宗徽號曰受命中興全功至德聖神武文昭仁憲孝皇帝慶元三年上孝宗徽號曰紹統同道冠德昭功哲文神武明聖成孝皇帝嘉泰三年上光宗徽號曰循道憲仁明功茂德溫文順武聖哲慈孝皇帝寶慶三年上寧宗徽號曰法天備道純德茂功仁文哲武聖睿恭孝皇帝咸淳二年上理宗徽號曰建道備德大功復興烈文仁武聖明安孝皇帝並如紹興十三年儀注

廟諱紹興二年十一月禮部太常寺言淵聖皇帝御名見於經傳義訓者或以威武爲義或以回旋爲義又爲植立之象又爲亭郵表名又爲圭名又爲姓氏又爲木名當各以其義類求之以威武爲義者今欲讀曰威以回旋爲義者今欲讀曰旋以植立爲義者今欲讀曰植若姓氏之類欲去木爲亘又緣漢法邦之字曰國盈之字曰滿止是讀曰國曰滿其本字見於經傳者未嘗改易司馬遷漢人也作史記曰先王之制邦內畿服邦外侯服又曰盈而不持則傾於邦字盈字亦不改易今來淵聖皇帝御名欲定讀如前外其經傳本字即不當改易庶幾萬世之下有所考證推求義類別無未盡二十二年正月禮部太常寺言欽宗祔廟翼祖當遷於正月九日告遷翼祖皇帝簡穆皇后神主奉藏於夾室所有以後翼祖皇帝諱依禮不諱詔恭依紹熙元年四月詔今後臣庶命名並不許犯祧廟正諱如名字見有犯祧廟正諱者並合改易嘉定十三年十月司農寺丞岳珂言孝宗舊諱從伯從玉從宗考國朝之制祖宗舊諱二字者皆著令不許並用又言欽宗舊諱二字其一從亩從旦其一從火從亘皆合回避乞併下禮寺討論須降施行既而禮寺討論所有欽宗孝宗舊諱若二字連用並合回避宜從本官所請刊入施行從之

宋史卷一百九

元　中　書　右　丞　相　總　裁　脫　脫　等　修

禮志第六十二

禮十二　吉禮十二

后廟　景靈宮　神御殿　功臣配侑　羣臣家廟

后廟之制建隆三年追冊會稽郡夫人賀氏曰孝惠皇后止就陵所置祠殿奉安神主薦常饌不設牙盤祭器乾德元年孝明皇后王氏崩始議置廟及二后先後之次太常博士和峴請共殿別室以孝明正位內朝請居上室孝惠緣改葬不造虞主與孝明同祔宜居次室禮

院又言后廟祀事一準太廟亦當立戟及太祖祔廟有司言合奉一后配食按唐睿宗追謚肅明昭成二后至睿宗崩獨昭成以帝母之重升配肅明止享於儀坤廟近周世宗正惠宣懿二后並先崩正惠無位號宣懿居正位遂以配食今請以孝明皇后配忌日行香廢務其孝惠皇后享於別廟從之太平興國元年追冊越國夫人符氏爲懿德皇后尹氏爲淑德皇后並祔后廟至道三年孝章皇后宋氏祔享有司言孝章正位中壼宜居上室懿德追崇后號宜居其次詔孝章殿室居懿德下六月禮官議按太平興國中追冊定謚皆以懿德居上淳化初宗正少卿趙安易言別廟祭享懿德在淑德之上未測升降之由其時敕旨依舊懿德在上按江都集禮晉景帝卽位夏侯夫人應合追尊散騎常侍任茂傅玄等議云夏侯夫人初歸景帝未有王基之道不及景帝統百揆而亡后妃之化未著遠邇追尊無經義可據今之所議正與此同且淑德配合之初潛躍之符未兆懿德輔佐之始藩郡之位已隆然未嘗正位中宮母臨天下豈可生無尊極之位沒升配享之崇於人情不安於典籍無據唐順宗祔廟後十一年始以莊憲皇后升配憲宗祔廟後二十五年始以懿安皇后升配今請虛位允協舊儀再詔尚書省集議及禮官同詳定上議曰淑德皇后生無位號沒始追崇況在初潛早已薨謝懿德皇后享封大國作配先朝雖不及臨御之期且夙彰賢懿之美若以升祔當歸懿德又詳周世宗正惠宣懿配食故事當時議以正惠追尊位號請以宣懿爲配是時以太后在位疑宣懿祔廟之後立忌非便議者引晉哀帝時何太后在上尊所生周氏爲太妃封其子爲瑯邪王及太妃薨帝奔喪瑯邪第七月而葬此則奔喪行服尚不厭降卽其日廢務於理無嫌今禮官引唐順憲二宗廟享虛位之文夫既追冊二后卽虛室亦爲非便請奉懿德神主升配又按議者以周世宗神主祔廟必若宣懿同祔卽正位神主請加太字今升祔懿德請卽加淑德太字仍舊別廟詔以懿德配享至於太者尊極之稱加于母后施之宗廟禮所未安遂不加太字仍別廟配享十二月追尊賢妃李氏爲元德皇太后有司言按周禮春官大司樂之職奏夷則歌仲呂以享先妣謂姜嫄也是帝嚳之妃后稷之母特立廟曰閟宮晉簡文宣后以不配食築室於外歲時享祭唐先天元年始祔昭成肅明二后于儀坤廟又玄宗元獻楊后立廟於太廟之西稽於前文咸有明據望令宗正寺於后廟內修奉廟室爲殿三間設神門齋房神廚以備薦享咸平元年判太常禮院李宗訥等言元德皇太后別建廟室淑德皇后亦在別廟同是帝母而無太字按唐穆宗三后除宣懿升祔正獻恭懿二后並立別廟各有太字又開元初太常議昭成皇太后請不除太字云入廟稱后義繫於夫在朝稱太后義繫於子如謚冊入陵神主入廟則當去太字按神主入廟之說蓋爲祔享太廟以猷降故不加太字則本朝文懿諸后是也如別建廟室不可但稱皇后則唐正獻恭僖二太后是也淑德皇后亦請加太字既加之後望遷就元德新廟居第一室以元德次之仍遷莊懷又次之詔下中書集議兵部尚書張齊賢等奏宗廟神靈務乎安靜況懿德作合之始逮事舅姑躬執婦道祔享之禮宜從後先伏請仍舊又漢因秦制帝母稱皇太后檢詳去歲議狀請加淑德太字而詔不加之者緣當時元德皇太后未行追冊今冊命已畢望依禮官所言三年四月乙卯祔葬元德皇太后于永熙陵有司言元德神主祔廟準禮當行祔謁載稽前典有未合者伏以追薦尊稱奉加太字崇建別廟以備蒸嘗況當禘祫之時不預合食之列廟享之制與諸后不同俟神主還京卽祔廟室薦獻安神更不行祔謁之禮每歲五享禘祫如太廟儀景德四年奉莊穆皇后郭氏神主謁太廟祔享于昭憲皇后享畢祔別廟殿室在莊懷之上帝祀汾陰謁廟畢親詣元德皇太后廟躬謝自門降輦步入酌獻如太廟設登歌兩省御史宗室防禦使以上班廟內餘班廟外遣官分告孝惠諸后廟詔太廟元德皇后廟享用犢諸后廟親享用犢攝事用羊豕五年龍圖閣直學士陳彭年言禘祫日孝惠淑德二后神主自別廟赴太廟祔簡穆皇后神主之下太祖神主之上此蓋用曲臺禮別廟皇后禘祫祔享太廟之說竊慮明靈合享神禮未安望詔禮官再加詳定有司言按曲臺禮載禘祫之儀則如皇后先祔別廟遇禘祫祔享於太廟如是昭后卽坐於祖姑之下南間如是穆后卽坐於祖姑之下北間又按博士殷盈孫議云別廟皇后禘祫於太廟祔於祖姑之下者此乃皇后先沒已造神主如昭成肅明之沒也睿宗在位元獻之沒也玄宗在位昭德之沒也德宗在位四后於太廟未有本室故創別廟當爲太廟合食之主故禘祫乃奉以入享此明其後太廟有本室卽當遷祔帝方在位故皇后暫立別廟禮本合食故禘祫乃升太廟以未有位故列祖姑之下據開寶通禮與曲臺禮同今有司不達禮意遇禘祫歲尚以孝惠孝章淑德三后神主祔享祖姑之下乃在太祖太宗之上按禮稱婦祔祖姑謂既卒哭之明日此正禮也稱祖姑有三人則祔於親者注玄謂舅之母死而又有繼室二人親者謂舅所生然則祖姑有三人同在祖室明婦有數人亦當同在夫之本室不可久祔於祖姑也故開元禮但載肅明皇后別廟時享之儀而無禘祫之禮卽知別廟時享及禘祫皆於本廟也孝惠孝章淑德禘祫既祔太廟則自今禘祫祔享本室次於正主庶協典禮二年升祔元德皇后太宗廟室詔以祔廟歲時爲合享次序而位明德皇后之次明道二年判河南府錢惟演請以章獻章懿二后並祔眞宗之室太常禮院議夏商以來父昭子穆皆有配坐每室一帝一后禮之正儀唐開元中昭成肅明二后始並祔於睿宗今惟演引唐武宗母韋太后升祔穆宗本朝孝明懿德祔太祖故事按穆宗惟韋后祔太祖未嘗以懿德配伏尋先帝以孝章配享太宗及明德元陵禮畢遂得升祔元德太后自追尊後凡十七年始克升祔今章穆皇后著位長秋祔食眞宗斯爲正禮章獻太后母儀天下與明德例同若從古禮止應祀后廟若便升祔似非先帝愼重之意又況前代無同日並祔之比惟上裁之乃詔有司更議皆謂章穆位崇中壼與懿德有異已祔廟室自協一帝一后之文章獻輔政十年章懿誕育帝躬功德莫與爲比退就后廟未厭衆心按周官大司樂職奏夷則歌小呂以享先妣者姜源也帝嚳之妃后稷之母特立廟曰閟宮宜別立新廟奉安二太后神主同殿異室歲時薦享用太廟儀別立廟名自爲樂曲以崇世享忌前一日不御正殿百官奉慰著之令甲乃作新廟兩廟間名曰奉慈慶歷四年從呂公綽言先帝特謚二后莊懷莊穆及上眞宗文明武定章聖元孝之謚郭后升祔當正徽號宜於郊禮前遣官先上寶冊改莊爲章止告太廟更不改題遂如故事將郊所司導五后寶冊赴三廟各於神門外幄次以待奏告畢皆納於室俄又詔中書門下令禮官攷故事升祔章懿神主禮院言章獻章懿宜序章穆之次章惠先朝遺制嘗踐太妃至明道中始加懿號與章懷頗同請序章懷之次太者生事之禮不當施於宗廟章獻以顧託之重臨御之勞欲稱別廟義無所嫌屬之配室禮或未順學士王堯臣等言章獻明肅盛烈丕功非一惠可舉謚告於廟冊藏於陵無容追減章惠擁祐帝躬並均顧復故景祐中膺保慶之冊義專繫子禮須別祠章穆升祔歲月已深奉慈三室先後已定若在議升降則情有重輕請如舊制中書門下覆議成憲在前文考之意配食一體二慈之宜奉承無私陛下之孝請如禮官及學士議案祥符詔繫章聖特旨位序先後乞聖制定數昭示無窮詔依所議十月文德殿奉安寶冊帝服通天冠絳紗袍執圭太常奏樂百官宿廟堂次日有司薦享諸廟寅時復詣正衙宰臣行事官贊導冊寶至大慶殿庭發冊出宣德門攝太尉賈昌朝陳執中受以赴奉慈廟上寶冊告遷二主皆塗太字祔於太廟至和元年七月有司奏詔立溫成皇后廟享祭器數視皇后廟後以諫官言改爲祠殿歲時令宮臣薦以常饌治平元年同判太常寺呂公著言按喪服小記慈母不世祭章惠太后仁宗嘗以母稱故加寶慶之號蓋生有慈保之勤故沒有廟享之報今於陛下恩有所止禮難承祀其奉慈廟乞依禮廢罷熙寧二年命攝太常卿張掞奉章惠太后神主瘞陵園元豐六年詳定所言按禮夫婦一體故昏則同牢合巹終則同穴祭則同几同祝饌未嘗有異廟者也惟周人以姜嫄以媒神而帝嚳無廟又不可下入子孫之廟乃以別廟而祭故魯頌謂之閟宮周禮謂之先妣可也自漢以來不祔不配者皆援姜嫄爲比或以其微或以其繼而已蓋其間有天下者起於側微而其後不及正位中宮或以嘗正位矣有所不幸則當立繼以奉宗廟故有祖始三人則祔於親者之說立繼之禮其來尚矣始微終顯皆嫡也前娶後繼皆嫡也後世乃以始微後繼寘之別廟不得伸同几之義則非禮意恭惟太祖孝惠皇后太宗淑德皇后眞宗章懷皇后實皆元妃而孝章則太宗繼后乃皆祭以別廟在禮未安請升祔太廟增四室以時配享七月遂自別廟升祔焉政和四年有司言政和元年孟冬祫享奉惠恭神主入太廟祔于祖姑之下今歲當祫而明達皇后神主奉安陵祠緣在城外三代之制未有卽陵以爲廟者今明達皇后追正典冊歲時薦享並同諸后宜就惠恭別廟增建殿室迎奉神主以祔又言明達神主祔謁日於英宗室增設宣仁聖烈皇后明達皇后二位及徧祭七祀配享功臣并別廟祔享惠恭明達二位紹興七年惠恭改謚爲顯恭以上徽宗聖文仁德顯孝之謚故也十二年五月禮部侍郎施坰言懿節皇后神主候至卒哭擇日祔廟合依顯恭皇后禮於太廟內脩建殿室以爲別廟安奉又言將來祔廟其虞主合於本室後瘞埋緣別係行在祔廟欲於本室冊寶殿收奉候回京日依別廟故事從之七月有司行九虞之祭

奉安三十二年禮部太常言故妃郭氏追冊爲皇后合依懿節皇后祭于別廟所有廟殿見安懿節皇后神主行禮狹隘乞分爲二室以西爲上各置戶牖及擗截本廟齋宮權安懿節神主工畢還殿王普又請各置祏室並從之乾道三年閏七月安恭皇后神主祔于別廟爲三室

景靈宮剏於大中祥符五年聖祖臨降爲宮以奉之天聖元年詔修宮之萬壽殿以奉眞宗署曰奉眞明道二年又建廣孝殿奉安章懿皇后治平元年又詔就宮之西園建殿以奉仁宗署曰孝嚴奉安御容親行酌獻命大臣分詣諸神代御行禮翼日太后酌獻皇后大長公主以下內外命婦陪位于庭詔每歲下朝謁如奉眞殿儀有期以上喪或災異則命輔臣攝事名齋殿曰迎釐宮西門曰廣祐四年建英德殿奉英宗神御凡七十年間神御在宮者四寓寺觀者十有一元豐五年始就宮作十一殿悉迎在京寺觀神御入內盡合帝后奉以時王之禮十一月百官班于集英殿廷帝詣蘂珠凝華等殿行告遷廟禮禮儀使奉神御升綵輿出殿明日復行薦享如禮禮儀使奉神輿行帝出幄導至宣德門外親王使相宗室正任以上前引望參官及諸軍都虞候宗室副率以上陪位內侍省押班整儀衛以從奉安神御于十一殿明日帝詣宮朝獻先謁天興殿以次行禮並如四孟儀詔自今朝獻孟春用十一日孟夏擇日孟秋用中元日孟冬用下元日天子常服行事薦聖祖殿以素饌神御殿以膳羞器服儀物悉從今制天興殿門以四累朝文武執政官武臣節度使以上並圖形於兩廡奉天神不立戟諸神御門置親事官五百人立戟二十凡執政官除拜赴官恭謝其後南郊先詣宮行薦享禮並如太廟儀元祐元年太常寺言季秋有事于明堂其朝享景靈宮親享太廟當用三年不祭之禮遣大臣攝事禮部言景靈宮天興殿用天地之禮卽非廟享於典禮無違詔明堂前二日朝享景靈宮天興殿明年奉安神宗神御于景靈宮如十一殿奉安之禮舊制車駕上元節以十一日詣興國寺啓聖院朝謁太祖太宗神宗神御下元節詣景靈宮朝拜天興殿朝謁眞宗仁宗英宗神御至是詔分每歲四孟月拜謁之所自孟秋始其不當親獻則遣官分詣初詣天興殿保寧閣天元殿太始殿次詣皇武殿儷極殿大定殿輝德殿次詣熙文殿衍慶殿美成殿次詣治隆殿宣光殿（宣光後改曰顯承徽宗又改大明殿）仍自來年孟春爲始皇太后崩三省請奉安神御于治隆殿以遵元祐初詔復以御史劉極之言特建原廟廟成名神御殿元徽音山殿曰寧眞紹聖二年奉安神宗神御于顯承殿曰豐中每歲四孟月天子徧詣諸殿朝獻元祐初議者請以四孟分獻一歲而徧至是復用舊儀詔自今四孟朝獻分二日先日詣天興殿保寧閣天元太始皇武儷極大定德輝諸殿次日詣熙文衍慶美成繼仁治隆徽音顯承七殿三年十月帝詣天興諸殿朝獻翼日大雨詔差已致齋宮分獻熙文七殿自是雨雪用爲例云徽宗卽位宰臣請特建景靈西宮奉安神宗于顯承殿爲館御之首昭示萬世尊異之意建哲宗神御殿於西以東偏爲齋殿乃給度僧牒紫衣牒千道爲營造費戶牖工巧之物並置於荊湖北路已而右正言陳瓘言五不可且論蔡京矯誣不從建中靖國元年詔建欽聖憲肅皇后欽慈皇后神御殿于大明殿北名曰柔明（尋改欽儀又改坤元）又名哲宗神御殿曰觀成（尋改重光）詔自今景靈宮並分三日朝獻崇寧三年奉安欽成皇后神御坤元殿欽聖憲肅皇后之次欽慈皇后又次之政和三年奉安哲宗神御于重光殿昭懷皇后神御殿成詔名正殿曰柔儀山殿曰靈娭於是兩宮合爲前殿九後殿八山殿十六閣一鐘樓一碑樓四經閣一齋殿三神廚二道院一及齋宮廊廡共爲二千三百二十區初東京以來奉先之制太廟以奉神主歲五享宗室諸王行事朔祭而月薦新則太常卿行事景靈宮以奉塑像歲四孟皇帝親享帝后大忌則宰相率百官行香后妃繼之遇郊祀明堂大禮則先期二日親詣景靈宮行朝享禮紹興十三年二月臣僚言竊見元豐五年神宗始廣景靈宮以奉祖宗衣冠之游卽漢之原廟也自艱難以來庶事草創始建宗廟而原廟神游猶寄永嘉乃者權時之宜四孟薦獻旋卽便朝設位以享未副廣孝之意乞命有司擇爽塏之地倣景靈宮舊規隨宜建置俟告成有日迎還睟容奉安新廟庶幾四孟躬行獻禮用副罔極之恩從之初築三殿聖祖居前宣祖至祖宗諸帝居中殿元天大聖后與祖宗諸后居後掌宮內侍七人道士十人吏卒二百七十六人上元結燈樓寒食設鞦韆七夕設摩睺羅簾幕歲時一易歲用酌獻二百四十羊凡帝后忌辰用道釋作法事十八年增建道院初本劉光世賜第後以韓世忠第增築之天興殿九楹中殿七楹後殿十有七楹齋殿進食殿皆備焉

神御殿古原廟也以奉安先朝之御容宣祖昭憲皇后於資福寺慶基殿太祖神御之殿七太平興國寺開元殿景靈宮應天禪院西院南京鴻慶宮永安縣會聖宮揚州建隆寺章武殿滁州大慶寺端命殿太宗神御之殿七啓聖禪院壽寧堂景福殿鳳翔上清太平宮并州崇聖寺統平殿及西院鴻慶宮會聖宮眞宗神御之殿十有四景靈宮奉眞殿玉清昭應宮安聖殿洪福院壽寧堂福聖殿崇先觀永崇殿萬壽觀延聖殿澶州信武殿西京崇福宮保祥殿華州雲臺觀集眞殿及西院鴻慶宮會聖宮鳳翔太平宮仁宗英宗神宗哲宗四朝神御於景靈宮應天院章獻明肅皇后於慈孝寺彰德殿章懿皇后於景靈宮廣孝殿明德章穆二后於普安院重徽殿章惠太后於萬壽觀廣慶殿景德四年奉安太祖御容應天禪院以宰臣向敏中爲奉安聖容禮儀使權安于文德殿百官班列帝行酌獻禮鹵簿導引升綵輿進發帝辭于正陽門外百官辭于瓊林苑門外遣官奏告昌陵畢羣臣稱賀皇祐中以滁州通判王靖請滁并澶三州建殿奉神御乃宣諭曰太祖擒皇甫暉于滁州是受命之端也大慶寺殿名曰端命以奉太祖太宗取劉繼元于并州是太平之統也卽崇聖寺殿名曰統平以奉太宗眞宗歸契丹于澶州是偃武之信也卽舊寺殿名曰信武以奉眞宗既而統平殿災諫官范鎮言并州素無火災自建神御殿未幾而輒焚天意若曰祖宗御容非郡國所宜奉安者近聞下并州復加崇建是徒事土木重困民力非所以答天意也自并州平七十七年故城父老不入新城宜寬其賦輸緩其徭役以除其患使河東之民不忘太宗之德則陛下孝思豈特建一神御殿比哉先是睦親廣親二宅並建神御殿翰林學士歐陽修言神御非人臣私家之禮下兩制臺諫禮官議以爲漢用春秋之義罷郡國廟今睦親宅廣親宅所建神御殿不合典禮宜悉罷詔以廣親宅置已久唯罷修睦親宅熙寧二年奉安英宗御容於景靈宮帝親行酌獻仍詔歲以十月望朝享有期以上喪或災異則命輔臣攝事知大宗正丞事李德芻言禮法諸侯不得祖天子公廟不設於私家今宗室邸第並有帝后神御非所以明尊卑崇正統也望一切廢罷下禮官詳定請如所奏詔諸宗室宮院祖宗神御迎藏天章閣自是臣庶之家凡有御容悉取藏禁中元豐五年作景靈宮十一殿而在京宮觀寺院神御皆迎入禁中所存惟萬壽觀延聖廣愛寧華三殿而已宣和元年禮部奏太常寺參酌立到諸州府有祖宗御容所在朔日諸節序降到御封香表及下降香表行禮儀注朔日諸節序奉香表行禮儀注齋戒朝拜前一日朝拜官及讀表文官早赴齋所俟禮備禮生引讀表文官賫香表官集朝拜官聽執事者以香表呈視禮生請讀表文官稍前習讀表或密詞卽讀封題訖禮生贊復位次以御封香禮饌等呈視訖各復齋所朝拜官用長吏闕以次官充讀表文亦以次官充執事者以有服色者充有司設香案時果牙盤食神御前又設奠醪茗之器於香案前之左置御封香表案上設朝拜官位於殿下西向讀表文官位於殿之南北向陪位官位於其後設焚表文位於殿庭東南向朝拜日質明前香火官先詣殿下北向拜訖升殿東向侍立有司陳設訖禮生先引陪位官入就位北向次引讀表文官入就位次引朝拜官就位西向立定禮生贊有司謹具請行事禮生贊再拜拜訖引讀表文官先升殿於香案之右東向立次引朝拜官詣香案前贊搢笏上香奠酒茗拜興少立禮生贊搢笏跪讀表文或密詞卽讀封題執笏興降復位朝拜官再拜降復位禮生贊再拜訖引朝拜官讀表文官詣焚表文位南向立焚訖退一遇旦望諸節序下降香表薦獻行禮儀注一如上儀惟禮生引獻官上香訖跪執事者以所薦之物授薦獻官受獻訖復授執事者置於神御前興拜退一如上儀詔頒行之東京神御殿在宮中舊號欽先孝思殿建炎二年閏四月詔迎溫州神御赴闕先是神御於溫州開元寺暫行奉安聖皇帝與后像皆以金鑄置外方弗便因慨然謂宰輔曰朕播遷至此不能以時薦享祖宗神御越在海隅念之坐不安席故有是命三年二月上覽禁中神御薦享禮物謂宰臣曰朕自省閱神御每位各用羊胃一須二十五羊祖宗仁厚豈欲多害物命謹以別味代之在天之靈亦必歆享呂頤浩曰陛下寅奉宗廟罔不盡禮而又仁愛及物天下幸甚紹興十五年秋復營建神御殿于崇政殿之東朔望節序帝后生辰皇帝皆親酌獻行香用家人禮其殿名徽宗曰承元欽宗曰端慶高宗曰皇德孝宗曰系隆光宗曰美明寧宗曰垂光理宗曰章熙度宗曰昭光

功臣配享眞宗咸平二年始詔以太師贈尚書令韓王趙普配享太祖廟庭繼以翰林承旨宋白等議又以故樞密使贈中書令濟陽郡王曹彬配享太祖以司空贈太尉中書令薛居正忠武軍節度使贈中書令潘美尚書右僕射贈侍中石熙載配享太宗廟庭仍奏告本室禘祫皆配之祀日有司先事設幄次布褥位於廟庭東門內道南當所配室西向設位板方七寸厚一寸半籩

豆各一籩簋俎各一知廟卿奠爵再拜乾興元年詔從翰林禮官參議以右僕射贈太尉中書令李沆贈太師尚書令王旦忠武軍節度使贈中書令李繼隆配享眞宗嘉祐八年詔以尚書右僕射贈尚書令王曾太尉贈尚書令呂夷簡彰武軍節度使贈侍中曹瑋配享仁宗熙寧八年詔以司徒兼侍中贈尚書令韓琦配享英宗元豐元年又以贈太師中書令曾公亮配焉熙寧末嘗詔太常禮院講求親祠太廟不及功臣禮例至是禘祫外親享太廟並以功臣與又從太常禮院請配享功臣以見贈官書板位元祐初從吏部尚書孫永等議以故司徒贈太尉富弼配享神宗紹聖初又以守司空贈太傅王安石配三年罷富弼配謂弼得罪於先帝也崇寧元年詔以觀文殿大學士贈太師蔡確配享哲宗五禮新儀配享功臣之位設於殿庭之次趙普曹彬位於橫街之南道西東向第一次薛居正石熙載潘美位於第二次李沆王旦李繼隆位於第三次俱北上王曾呂夷簡曹瑋位於橫街之南道東西向第一次韓琦曾公亮位於第二次王安石位於第三次蔡確位於第四次俱北上惟冬享祫享徧設祭位逌建炎初詔奪蔡確所贈太師汝南郡王追貶武泰軍節度副使更以左僕射贈太師司馬光配享哲宗既又罷王安石復以富弼配享神宗紹興八年以尚書左僕射贈太師韓忠彥配享徽宗十八年二月監登聞鼓院徐璉言國家原廟佐命配享當時輔弼勳勞之臣繪像廟庭以示不忘累朝不過一十餘人今之臣僚與其家之子孫必有存其繪像者望詔有司尋訪復摹於景靈宮庭之壁非獨假寵功臣之子孫所以增重祖宗之德業以爲臣子勸遂下諸路轉運司委所管州軍尋訪各家韓王趙普周王曹彬太師薛居正石熙載鄭王潘美太師李沆王旦李繼隆王曾呂夷簡侍中曹瑋司徒韓琦太師曾公亮富弼司馬光韓忠彥各令摹寫貌像投納繪於景靈宮之壁乾道五年九月太常少卿林栗等言欽宗皇帝廟廷尚虛配享當時遭值艱難淪胥莫救罕可稱述而以身殉國名節暴著不無其人雖生前官品不應配享之科事變非常難拘定制乞特詔集議吏部尚書汪應辰奏當時死事之臣皆有次第褒贈若今配享欽廟典故所無如創行之又當訪究本末差次輕重有所取舍尤不可輕易竊謂配享功臣若依唐制各廟既無其人則當缺之迺罷集議欽宗一廟遂無配享淳熙中高宗祔廟翰林學士洪邁言配食功臣先期議定臣兩蒙宣諭欲用文武臣兩人文臣故宰相贈太師秦國公諡忠穆呂頤浩特進觀文殿大學士諡忠簡趙鼎武臣太師蘄王諡忠武韓世忠太師魯王諡忠烈張浚此四人皆一時名將相合於天下公論議者皆以爲宜遂從之祕書少監楊萬里獨謂丞相張浚不得配食爲非爭之不得因去位焉紹熙五年十二月以左丞相贈太師魯國公陳康伯配享孝宗廟庭嘉泰元年正月以右丞相贈太師葛邲配享光宗廟庭嘉定十四年八月追封右丞相史浩爲越王改諡忠定配享孝宗廟庭端平二年八月以太師趙汝愚配享寧宗廟庭初仁宗天聖中郊祀詔錄故相李昉宋琪呂端張齊賢畢士安王旦執政李至王沔溫仲舒及陳洪進等子孫以官元豐中詔景靈宮繪像舊臣推恩本支下兩房以上取不食祿者均有無取齒長者若子孫亦繪像本房不食祿更不取別房紹聖初林希請稽考慶歷以後未經編次臣僚其子孫應錄用者以次編定尋詔趙普社稷殊勳其諸孤有無食祿者各官其一子以長幼爲序毋過三人崇寧初詔哲宗繪像文武臣僚並與子若孫一人初品官若子孫多衆無過家一人又錄藝祖功臣呂餘慶族孫偉及司徒富弼孫直柔直道以官使奉其祀靖康初臣僚言司馬光之後再絕復立族子稹稹亦卒今雖有子而光遺表恩澤已五十年不可復奏請許移奏見存曾孫使之世祿從之

羣臣家廟本於周制適士以上祭於廟庶士以下祭於寢唐原周制崇尚私廟五季之亂禮文大壞士大夫無襲爵故不建廟而四時寓祭宗室慶歷元年南郊赦書應中外文武官並許依舊式立家廟已而宋庠又以爲言乃下兩制禮官詳定其制度官正一品平章事以上立四廟樞密使知樞密院事參知政事樞密副使同知樞密院事簽書院事見任前任同宣徽使尚書節度使東宮少保以上皆立三廟餘官祭於寢凡得立廟者許適子襲爵以主祭其襲爵世降一等死卽不得作主祔廟別祭於寢自當立廟者卽祔其主其子孫承代不計廟祭寢祭並以世數疏數遷祧始得立廟者不祧以比始封有不祧者通祭四廟五廟廟因衆子立而適長子在則祭以適長子主之嫡長子死卽不傳其子而傳立廟者之子凡立廟聽於京師或所居州縣其在京師者不得於裏城及南郊御路之側仍別議襲爵之制既以有廟者之子孫或官微不可以承祭而朝廷又難盡推襲爵之恩事竟不行大觀二年議禮局言所有臣庶祭禮請參酌古今討論條上斷自聖衷於是議禮局議報政以上祭四廟餘通祭三廟古無祭四世者又侍從官以至士庶通祭三世無等差多寡之別豈禮意乎古者天子七世今太廟已增爲九室則執政視古諸侯以事五世不爲過矣先王制禮以齊有萬不同之情賤者不得僭貴者不得踰故事二世者雖有孝思追遠之心無得而越事五世者亦當跂以及焉今恐奪人之恩而使通祭三世徇流俗之情非先王制禮等差之義可文臣執政官武臣節度使以上祭五世文武升朝官祭三世餘祭二世應有私第者立廟於門內之左如狹隘聽於私第之側力所不及仍許隨宜又詔古者寢不踰廟禮之廢失久矣士庶堂寢踰度僭禮有七楹九楹者若一旦使就五世三世之數則當徹毀居宇以應禮制豈得爲易行可自今立廟其間數視所祭世數寢間數不得踰廟事二世者寢聽用二間議禮局言禮記王制諸侯五廟二昭二穆與太祖之廟而五所謂太者蓋始封之祖不必五世又非臣下所可通稱今高祖以上一祖未有名稱欲乞稱五世祖其家廟祭器正一品每室籩豆各十有二簠簋各四壺尊罍鉶鼎俎篚各二尊罍加勺冪各一爵各一諸室共用胙俎罍洗一從一品籩豆簠簋降殺以兩正二品籩豆各八簠簋各二餘皆如正一品之數詔禮制局製造仍取旨以給賜之紹興十一年二月癸丑詔太師左僕射魏國公秦檜合建家廟命臨安守臣營之太常請建於其私第中門之左一堂五室五世祖居中東二昭西二穆堂飾以黝堊神板長一尺博四寸五分厚五寸八分大書某官某大夫之神坐貯以帛囊藏以漆函歲四享用孟月柔日行之具三獻有司言時享用常器常饌帝倣政和故事命製祭器賜之其後太傅昭慶節度平樂郡王韋淵太尉保慶節度吳益少傅寧遠節度楊存中並請建家廟賜以祭器隆興二年四月庚辰少卿四川宣撫使吳璘請用存中例從之乾道八年九月詔有司賜少保武安節度四川宣撫使虞允文家廟祭器如故事淳熙五年七月戶部尚書韓彥古請以賜第進父世忠家廟如存中十二月少傅保寧節度衞國公史浩請建家廟量賜祭器嘉泰元年太傅永興平原郡王韓侂胄奏曾祖琦效忠先朝奕世侑食家廟猶闕請下禮官攷其制建之二年循忠烈王張俊開禧三年鄜武僖王劉安世子孫相繼有請皆從之嘉定十四年八月詔右丞相史彌遠賜第遵淳熙故事賜家廟命臨安守臣營之禮官討論祭器並如侂胄之制彌遠請併生母齊國夫人周氏及祔妻魯國夫人潘氏於生母別廟皆下有司賜器景定三年詔丞相賈似道賜家廟命臨安守漕營度禮官討論賜祭器並如儀

宋史卷一百九考證

禮志十二惟演引本朝孝明懿德祔太祖故事按太祖未嘗以懿德配○通考懿德俱作孝章 臣酉按懿德乃太宗后非太祖后也自當作孝章爲是

宋史卷一百十

元中書右丞相總裁脫脫等修

禮志第六十三

禮十三嘉禮一

上尊號儀 高宗內禪儀 上皇太后皇太妃冊寶儀

舊史以飲食婚冠賓射饗宴脤膰慶賀之禮爲嘉禮又以歲時朝會養老宣赦拜表臨軒命官附之今依政和禮分朝會爲賓禮餘如其舊云

尊號之典唐始載於禮官宋每大祀羣臣詣東上閤門拜表請上尊號或三上或五上多謙抑弗許如允所請卽奏命大臣撰冊文及書冊寶其受冊多用祀禮畢日御正殿行禮禮畢有司以冊寶詣閤門奉進入內建隆四年羣臣三上表上尊號詔俟郊畢受冊前三日遣官奏告天地宗廟社稷遂爲定制其儀有司宿設崇元殿仗衞文武百官並集朝堂之次攝太尉奉冊於案吏部侍郎一員押司徒奉寶於案禮部侍郎一員押以五品六品清資官充舉冊舉寶官皆承之以匣覆之以帊俱詣殿門外之東太尉之前大樂令帥工人入就位諸侍衞官及宰執兩制供奉官等立於殿階下香案前左右如常入閤儀侍中奏中嚴外辦所司承旨索扇扇上皇帝袞冕御輿出自西房樂作卽御坐扇開樂止符寶郎奉寶如常儀禮直官通事舍人分引太尉以下文武羣官應北面位者各就橫行位太常卿於冊案前導至丹墀西階上少東北面置訖太尉司徒吏部禮部侍郎各入本班立定典儀贊百官再拜舞蹈三稱萬歲又再拜起居訖又再拜分班序立禮直官引太常卿隨行吏部侍郎押冊案以次序行太尉從之禮部侍郎次押寶案行司徒從之詣西階至解劍褥位其讀冊中書令讀寶侍中候冊案將至先升於前楹間第一柱北對立太尉解劍脫舄訖吏部侍郎押冊案先升太尉從升當御坐

前太尉搢笏北面奉冊案稍前跪置訖俛伏興少退東向立中書令進當冊案前讀冊訖俛伏興又搢笏奉冊於褥東向冊函北向進跪置御坐前與舉冊官降還侍立位太尉亦降納舄帶劒禮部侍郎押寶案升司徒隨升北面跪置侍中讀寶訖置冊之南俱復位其納舄帶劒俛伏一如上儀典儀贊在位官皆再拜禮直官通事舍人引太尉至西階下解劒舄升當御坐前跪賀其詞中書門下撰賀訖復位皆再拜如讀冊寶儀侍中升至御坐前承旨退臨階西向稱有制典儀贊再拜訖宣曰朕以鴻儀昭舉保命會昌迫於羣情祇膺顯號退循寡昧惕懼增深所賀知宣訖復位典儀贊再拜舞蹈三稱萬歲又再拜訖侍中升階奏禮畢降復位扇上樂作帝降坐御輿入自東房扇開樂止侍中版奏解嚴中書侍郎帥奉案官升殿跪奉冊置於案次門下侍郎奉寶如奉冊禮通事舍人贊引詣東上閤門狀進所司承旨放仗百官再拜訖退如常儀自後受冊皆如之禮畢賜百官食于朝堂熙寧元年宰臣曾公亮等上表請加尊號詔不允先是翰林學士司馬光言尊號起唐武后中宗之世遂爲故事先帝治平二年辭尊號不受天下莫不稱頌聖德其後佞臣建言國家與契丹常有往來書彼有尊號而中國獨無足爲深恥於是羣臣復以非時上尊號論者甚爲朝廷惜之今羣臣以故事上尊號臣愚以爲陛下聰明睿智雖宜享有鴻名然踐祚未久又在亮陰之中考之事體似未宜受陛下誠能斷以聖意推而不居仍令更不得上表請則頌歎之聲將洋溢四海矣詔賜光曰覽卿來奏深諒忠誠朕方以頻日淫雨甲申地震天威彰著日虞傾禍被此鴻名有慙面目況在亮陰亦難當是盛典今已批降指揮可善爲答辭使中外知朕至誠慙懼非欺衆邀名其後宰臣數上表請終不允徽宗內禪欽宗上尊號曰敎主道君太上皇帝居龍德宮靖康元年正月朔朝賀畢車駕詣龍德宮賀百官班門外宰執進見如儀高宗內禪紹興三十二年六月十日御札皇太子可卽皇帝位朕稱太上皇帝退處德壽宮皇后稱太上皇后應軍國事並聽嗣君處分十一日行內禪之禮有司設仗紫宸殿宰臣文武百僚立班皇帝出宮鳴鞭禁衛諸班直親從儀仗并內侍省執骨朶使臣等並迎駕自贊常起居皇帝升御坐知閤門官以下并內侍都知御帶以下一班起居次管軍一班起居次宰執以下常起居訖左僕射陳康伯知樞密院事葉義問參知政事汪澈同知樞密院事黃祖舜升殿奏曰臣等不才輔政累年罪戾山積乃蒙容貸不賜誅責今陛下超然獨斷高蹈堯舜之舉臣等心實欽仰但自此不獲日望清光犬馬之情不勝依戀因再拜辭相與泣下幾至號慟帝亦爲之流涕曰朕在位三十六年今老且病久欲閒退此事斷自朕心非由臣下開陳卿等當悉力以輔嗣君康伯等復奏曰皇太子仁聖天下所共知似聞謙遜太過未肯便御正殿帝曰朕前此固嘗與之言早來禁中又面諭之卽步行徑趨側殿門欲還東宮已再三敦勉邀留今在殿後矣宰執降階皇帝降坐鳴鞭還內宰臣文武百僚並退立班聽宣詔訖再拜舞蹈三稱萬歲再拜訖班權退復追班入詣殿下立班少頃新皇帝服履袍涕泣出宮禁衛諸班直親從儀仗等迎駕起居鳴鞭內侍扶掖皇帝至御榻涕泣再三不坐內侍傳太上皇帝聖旨請皇帝升御坐皇帝升御坐東側坐知閤門官以下一班起居稱賀次管軍官一班起居稱賀次文武百僚橫行北向立舍人當殿文武百僚宰臣陳康伯以下起居稱賀皇帝降御坐側身西向不坐俟宰臣以下再拜舞蹈三稱萬歲起居稱賀畢康伯等升殿奏臣等言願陛下卽御坐以正南面上副太上皇帝傳授之意帝愀然曰君父之命出於獨斷此大位懼不敢當尚容辭避康伯等再奏茲者伏遇皇帝陛下應天順人龍飛寶位第以駑下之材恐不足以仰輔新政然依乘風雲千載之遇實與四海蒼生不勝幸慶再拜賀畢奏事而退宰執下殿皇帝還內鳴鞭宰執文武百僚赴祥曦殿候太上皇帝登輦扈從至德壽宮而退翌日詣德壽宮朝見前期儀鸞司設大次於德壽宮門內小次於殿東廊西向其日俟皇帝出卽御坐從駕臣僚禁衛等起居如常儀皇帝降御坐乘輦至德壽宮文武百僚詣宮門外迎駕起居訖前導官太常卿閤門官太常博士禮直官先入詣大次前分左右立定俟皇帝降輦入次御史臺閤門太常寺報文武百僚入詣殿庭北向立定前導官導皇帝入小次簾降俟太上皇帝卽御坐小次簾捲前導官導皇帝升殿東階詣殿上折檻前奏請拜皇帝再拜訖前導官導皇帝稍前躬奏聖躬萬福訖復位再拜訖導皇帝詣太上皇帝御坐之東西向立殿下在位官皆再拜搢笏三舞蹈三叩頭出笏就拜又再拜班首不離位奏聖躬萬福又再拜班退前導官以次退從駕官歸幕次以俟從駕太上皇帝駕興皇帝從入見太上皇后如宮中之儀皇帝還內如來儀每遇正旦冬至及朔望並依上儀十二日帝詣德壽宮以雨百僚免入見上就宮中行禮自後詣宮若行宮中禮卽不集百官陪位十三日詔令宰臣率百官於初一日十六日詣德壽宮起居又詔朕欲每日一朝德壽宮脩晨昏之禮面奉慈訓恐廢萬機勞煩羣下不蒙賜許禮官宜重定其期如前代朝朔望甚爲疎闊朕不敢取於是禮部太常寺言漢書高皇帝五日一朝太上皇乞依此故事每五日一次詣德壽宮朝見如宮中禮帝始御後殿宰臣陳康伯等奏臣等朝德壽宮太上皇宣諭車駕每至宮必於門外降輦已再三勉諭既行家人之禮自宜至殿上降輦帝曰太上有旨不須五日一朝只朝朔望朕心未安宜令有司詳議如宮門降輦臣子禮所當然於是禮部太常言除朝朔望外乞於每月初八二十三日詣德壽宮起居如宮中儀自後皆遵此制如值雨盛暑祁寒臨期承太上特旨乃免十一月冬至上詣德壽宮稱賀上壽禮畢入見太后如宮中禮自後冬至並同隆興元年正月朔帝率百官詣德壽宮如冬至儀自後正旦並同乾道元年二月朔帝詣德壽宮恭請太上太后至延祥觀燒香太上與帝乘馬太后於後乘輿次幸聚景園次幸玉津園自後帝詣德壽宮恭請太上太后至南內或幸延祥觀靈隱寺天竺寺恭進太上聖政冊命皇太子起居稱謝遇游幸則宰執以下從駕至游幸所除管軍環衛官等俟駕還護從還內宰執以下並免護從先退淳熙十六年孝宗內禪皇太子卽皇帝位紹熙五年光宗內禪皇子嘉王卽皇帝位並如紹興三十二年故事

太皇太后皇太后皇太妃冊禮建隆元年詔尊母南陽郡太夫人爲皇太后仍令所司追冊四親廟後不果行至道三年四月尊太宗皇后李氏爲皇太后宰臣等詣崇政殿門表賀皇帝又詣內東門表賀皇太后乾興元年眞宗遺制尊皇后劉氏爲皇太后淑妃楊氏爲皇太妃亦不果行冊禮天聖二年宰臣王欽若等五表請上皇太后尊號十一月郊祀畢帝御太安殿受冊百官稱賀畢再序班侍中奏中嚴外辦禮儀使奏發冊寶帝服通天冠絳紗袍秉珪以出禮儀使閤門使導帝隨冊寶降自西階內臣奉至殿庭置橫街南東向褥位冊在北寶在南帝立殿庭北向褥位奉冊寶官奉冊寶案太常卿吏部禮部侍郎引置當中褥位禮儀使奏請皇帝再拜在位官皆再拜太尉司徒就冊寶位帝搢珪跪奉冊授太尉又奉寶授司徒皆搢笏東向跪受興奉冊寶案置於近東西向褥位禮儀使奏請皇帝歸御幄易常服乘輿赴文德殿後幄百官班退赴朝堂太尉司徒奉冊寶至文德殿外幄太尉以下各就次以俟侍中奏中嚴外辦太后服儀天冠袞衣以出奏隆安之樂行障步障方團扇侍衛垂簾卽御坐南向樂止太常卿導冊案至殿西階下各歸班在位者皆再拜太尉押冊司徒奉冊中書令讀冊訖侍中押寶案司徒奉寶侍中讀畢太尉司徒詣香案前分班東西序立尚宮贊引皇帝詣皇太后坐前帝服鞾袍簾內行稱賀禮跪曰嗣皇帝臣某言皇太后陛下顯崇徽號昭煥寰瀛伏惟與天同壽率土不勝欣忭俛伏興又再拜尚宮詣御坐承旨退西向稱皇太后答曰皇帝孝思至誠貫于天地受茲徽號感慰良深帝再拜尚宮引歸幄太尉率百官稱賀奏隆安之樂太后降坐還幄樂止侍中奏解嚴所司放仗百官再拜退太后還內內外命婦稱賀太后皇帝於內殿在外命婦及兩京留司官並奉表稱賀自是上皇太后尊號禮皆如之熙寧二年神宗尊皇太后曹氏爲太皇太后詣文德殿跪奉玉冊授攝太尉曾公亮金寶授攝司徒韓絳又跪奉皇太后高氏玉冊授攝太尉文彥博金寶授攝司徒趙抃禮畢百官稱賀哲宗卽位詔尊太后高氏爲太皇太后皇后向氏爲皇太后德妃朱氏爲皇太妃禮部議皇太妃生日節序物色其冠服之屬如皇后例稱慈旨慶賀用箋太皇太后皇太后於皇太妃稱賜皇帝稱奉百官不稱臣皇帝問皇太妃起居用箋皇太妃答皇帝用書宰臣請特建太皇太后宮曰崇慶殿曰崇慶曰壽康皇太后宮曰隆祐殿曰隆祐曰慈徽元祐二年詔太皇太后受冊依章獻明肅皇后故事皇太后受冊依熙寧二年故事皇太妃與皇太后同日受冊令大常禮官詳定儀注右諫議大夫梁燾請對文德殿太皇太后曰大臣欲行此禮予意謂必難行燾對曰誠如聖慮願堅執勿許且母后權同聽政蓋出一時不得已之事乞速罷之中書舍人曾肇亦言太皇太后聽政以來止於延和殿受遼使朝見亦止於御崇政殿未嘗踐外朝今皇帝述仁祖故事以極崇奉之禮太皇太后儻以此時特下明詔發揚皇帝孝敬之誠而固執謙德止於崇政殿受冊則皇帝之孝愈顯太皇太后之德愈尊兩義俱得顧不美歟太皇太后欣然納之迺詔將來受冊止於崇政殿尋以天旱權罷未幾太師文彥博等以時雨溥澍秋稼有望請舉行冊禮凡三請乃從九月六日發太皇太后冊寶于大慶殿發皇太后太妃冊寶子文德殿行禮如儀紹聖元年詔奉太皇太后旨皇太妃

特與立宮殿名坐六龍輿張繖出入由宣德正門有司請應宮中並依稱臣妾外命婦入內準此百官拜箋稱賀稱殿下徽宗卽位加哲宗太妃號曰聖瑞既又御文德殿冊命元符皇后劉氏爲太后並依皇后禮制建炎元年五月冊元祐皇后爲隆祐太后令所司擇日奉上冊寶時方巡幸不克行禮遙尊韋賢妃爲宣和皇后紹興七年三月詔略曰宣和皇后夙擁慶羨是生眇沖適骨肉之至親偕父兄而時邁十年地阻懷陟岵凱風之思萬里使還奉上皇寧德之諱宜尊爲皇太后令所司擇日奉上冊寶太常寺言請依祖宗故事俟三年之喪終制然後行禮時翰林學士朱震言唐德宗建中上太后沈氏尊號時沈太后莫知所在猶供張含元殿具衮冕出左序立東方再拜奉冊今太后聖體無恙信使相望豈可不舉揚前憲臣又聞三年之制惟天地社稷越紼行事德宗以大曆四年卽位明年改元建中時行易月之制故以冕服行事今陛下退朝之服盡如禮制謂當供張別殿遣三公奉冊藏于有司恭俟來歸願下禮官講明詔從之禮部太常言寶文欲乞以皇太后寶四字爲文合差撰冊文官一員書冊文官一員書篆寶文官一員並差執政十年營建皇太后宮以慈寧爲名十二月帝自常御殿詣慈寧殿遙賀皇太后奉上冊寶十二年八月皇太后還慈寧宮十月十八日奉進冊寶其日張設慈寧殿設坐殿中皇太后服褘衣卽御坐本殿官設冊寶於殿下慈寧宮事務官并本殿官並朝服詣殿下再拜搢笏舉冊寶奉進先進冊次進寶進畢降坐易褘衣服常服皇帝詣慈寧殿賀如宮中儀次宰臣率百僚拜表稱賀三十二年六月詔上太上皇帝太上皇后尊號集議以聞左僕射陳康伯等言五帝之壽惟堯最高百王之典惟堯獨冠今茲高世之舉視堯有光恭請上太上皇帝尊號曰光堯壽聖太上皇帝太上皇后尊號曰壽聖太上皇后詔恭依仍令禮部太常討論禮議以聞左僕射陳康伯撰太上皇帝冊文兼禮儀使參政汪澈書冊文并篆寶知樞密院葉義問撰太上皇后冊文同知樞密院事黃祖舜書冊文八月十四日奉上冊寶是日陪位文武百僚太傅以下行事官並朝服入詣大慶殿下立班皇帝自內服履袍入御幄服通天冠絳紗袍出至大慶殿詣冊寶褥位前再拜在位官皆再拜訖皇帝行發冊寶授太傅之禮如儀禮畢皇帝還幄服履袍還內文武百僚退儀仗鼓吹備而不作護衛冊寶太傅以下行事官導從冊寶至德壽宮皇帝自祥曦殿服履袍乘輦至德壽宮大次降輦陪位文武官入殿庭立班定太傅以下行事官從冊寶入殿皇帝服通天冠絳紗袍升殿詣西向褥位立太上皇帝自宮服履袍卽坐皇帝北向四拜起居訖次太傅以下皆四拜起居次行奉冊之禮中書令參知政事史浩讀冊攝侍中葉義問讀寶讀訖退復位皇帝再拜稱賀曰皇帝臣某稽首言伏惟光堯壽聖太上皇帝陛下冊寶告成鴻名肇正與天同壽率土均懽皇帝再拜次侍中承旨宣答曰皇帝孝通天地禮備古今勉受鴻名良深感慰皇帝再拜訖西向立次太傅以下再拜稱賀致詞曰攝太傅尚書左僕射臣康伯等稽首言伏惟光堯壽聖太上皇帝陛下肅臨寶位誕受丕稱獨推天父之尊普慰帝臣之願奏訖再拜舞蹈次侍中承旨宣答曰光堯壽聖太上皇帝聖旨倦勤滋久佚老是圖勉受嘉名但增感慰又再拜舞蹈次太上皇帝降坐入宮皇帝後從壽聖太上皇后冊寶入宮皇帝詣太上皇后坐前北向立太上皇后升坐皇帝四拜起居行奉上冊寶之禮讀冊官陳子常讀冊寶官梁康民讀寶讀訖復位皇帝再拜稱賀致詞曰皇帝臣某稽首言伏惟壽聖太上皇后殿下德茂坤元禮崇大號寶書翕受歡抃無疆皇帝再拜次宣答官承旨宣答曰壽聖太上皇后教旨皇帝祲容載藏顯號來膺誠孝通天但深感惕皇帝再拜訖太上皇后降坐入宮次太傅以下文武百僚就德壽殿下拜牋稱賀以俟皇帝服履袍乘輦還內十六日宰臣率文武百僚詣文德殿拜表稱賀

宋史卷一百十一

元中書右丞相總裁脫脫等修

禮志第六十四

禮十四嘉禮二

冊立皇后儀　冊命皇太子儀
冊皇太子妃儀　公主受封儀
冊命親王大臣儀

冊立皇后建隆元年立瑯邪郡夫人王氏爲皇后命所司擇日備禮冊命自後凡制書云冊命者多不行冊禮后妃皆寫冊命告身以金花龍鳳羅紙金塗褾袋有司進入學士院草制宣於正殿近臣牧守宗室皆脩貢禮羣臣拜表稱賀又詣內東門奉牋賀皇后眞宗冊德妃劉氏爲皇后不欲令藩臣貢賀不降制於外廷止命學士草詞付中書仁宗冊皇后曹氏其冊制如皇太子玉用珉玉五十簡匣依冊之長短寶用金方一寸五分高一寸其文曰皇后之寶盤螭紐綬并緣冊寶法物約舊制爲之匣盝並朱漆金塗銀裝其禮與通禮異不立仗不設縣前一日守宮設次於朝堂設冊寶使副次於東門外命婦次於受冊寶殿門外設皇后受冊寶位於殿庭階下北向奉禮設冊寶使位於內東門外副使內侍位於其南差退東向北上冊寶案位於使前南向又設內給事位於北廂南向其日百官常服早入次禮直官通事舍人先引中書令侍中門下侍郎中書侍郎及奉冊寶官執事人絳衣介幘詣垂拱殿門就次以俟冊降禮直官通事舍人分引宰臣樞密冊寶使副百官詣文德殿立班東西相向內侍二員自內承旨降皇后冊寶出垂拱殿奉冊寶官俱搢笏率執事人禮直官導中書侍郎押冊中書令從門下侍郎押寶侍中後從由東上閤門出至文德殿庭權置禮直官通事舍人引使副就位次引侍中於使前西向稱有制典儀曰再拜贊者承傳使副在位官皆再拜宣曰贈尚書令冀王曹彬孫女冊爲皇后命公等持節展禮使副再拜侍中還位門下侍郎帥主節者詣使東北主節以節授門下侍郎門下侍郎執節授冊使冊使跪受興付主節幡隨節立於使左次引中書令侍中詣冊寶東北西向立中書侍郎引冊案立於中書令右中書令取冊授冊寶使跪受興置於案中書令中書侍郎退復班門下侍郎引寶案於侍中之右取寶授冊寶使如上儀退復位典儀贊拜訖禮直官通事舍人引使副押冊寶持節者前導奉冊寶官奉舁授衞如式以次出朝堂門詣內東門附內臣入進內臣引內外命婦入就位內侍詣閤請皇后服褘衣冊寶至使副俱東向內給事前北向跪稱冊寶使李迪副使王隨奉制授皇后冊寶俛伏興退復位內給事入詣受冊寶殿門皇后前跪奏訖內侍進詣使前西面跪受冊寶以授內謁者監使退復位內謁者監主當內臣持冊寶入內東門內侍從之以次入詣殿庭內侍贊引皇后降立庭中北向位內侍跪取冊次內侍跪取寶興立皇后右少前西向內侍二員進立皇后左少前東向內侍稱有制內侍贊皇后再拜內侍奉冊進授皇后皇后受以授內侍次內侍奉寶亦然復贊再拜訖導皇后升坐內臣引內外命婦稱賀如常儀禮畢內侍導皇后降坐內臣還閤內外命婦班退皇后易常服謝皇帝皇太后用常禮百官詣東上閤門表賀元祐五年八月太皇太后詔以皇帝納后令翰林學士御史中丞兩省與太常禮官檢詳古今六禮沿革參考通禮典故具爲成式羣臣又議媵昏御史中丞鄭雍等請不用陰陽之說呂大防亦言不可太后納之六年八月三省樞密院言六禮命史納采問名納吉納成告期差執政官攝太尉充使侍從官或判宗正官攝宗正卿充副使以舊尚書省權爲皇后行第納采問名同日次日納吉納成告期納成用穀圭爲贄不用鴈請期依開寶禮改爲告期親迎爲命使奉迎納采前擇日告天地宗廟皇帝臨軒發冊同日先遣冊禮使副次遣奉迎使令文武百官詣行第班迎又言據開元禮納采問名合用一使納吉納成各別日遣使今未委三禮共遣一使或各遣使又合依發冊例立仗詔各遣使文德殿發制依發冊立仗七年正月詔尚書左丞蘇頌撰冊文并書學士院上六禮辭語其納采制文略曰太皇太后曰咨某官封姓名渾元資始肇經人倫爰及夫婦以奉天地宗廟社稷謀于公卿咸以爲宜率由舊典今遣使持節太尉某宗正卿某以禮納采其答文曰太皇太后嘉命訪婚陋族備數采擇臣之女未閑教訓衣履若而人欽承舊章肅奉典制某官封冀土臣姓某稽首再拜承制詔問名制曰兩儀合德萬物之統以聽內治必咨令族重宣舊典令遣使持節某官以禮問名答曰使者重宣中制問臣名族臣女夫婦所生先臣故某官之遺微孫先臣故某官之遺曾孫先臣故某官之遺孫先臣故某官之外孫女年若干欽承舊章肅奉典制納吉制曰人謀龜筮同符元吉恭順典禮令使某官以禮納吉答曰使者重宣中制臣陋族卑鄙憂懼不堪欽承舊章肅奉典制納成制曰咨某官某之女孝友恭儉實維母儀宜奉宗廟永承天祚以黝纁穀圭六馬以章典禮今使某官以禮納成答曰使者重宣中制降婚卑陋崇以上公寵以豐禮備物典策欽承舊章肅奉典制告期制曰謀于公卿大筮元龜罔有不臧吉日惟某月某甲子可迎率遵典禮今遣某官以禮告期答曰使者重宣中制以某月某甲子吉日告期臣欽承舊章肅奉典制奉迎制曰禮之大體欽順重正其期維吉典圖是若今遣某官以禮奉迎答曰使者重宣中制今日吉辰備禮以迎螻蟻之族猥承大禮憂懼戰悸欽率舊章肅奉典制餘如式三月禮部太常寺上納后儀注發六禮制書太皇太后御崇慶

殿內外命婦立班行禮畢內給事中出殿門置六禮制書案上出內東門禮直官通事舍人引由宣祐門至文德殿後門入權置案於東上閤門命使納采問名文德殿宰臣親王執正官宗室百僚大小使臣易朝服樂備而不作班定內給事奉制書案置橫街北稍東西向北上禮直官通事舍人引門下中書侍郎次引使副就橫街南承制位北自東上內給事詣使者東北面稱太皇太后有制典儀曰再拜在位官皆再拜宣制曰皇帝納后命公等持節行禮典儀曰再拜使副皆再拜授制書訖典儀曰再拜在位官皆再拜禮直官通事舍人太常博士引使副從制案出載於油絡網犢車出宣德門鼓吹備而不作至皇后行第大門外令史二人對奉制案立主人立大門內儐者立主人之左北面進受命出曰敢請事使者曰某奉制納采儐者入告主人曰某之女若而人既蒙制訪臣某不敢辭儐者出告入引主人出大門外再拜使者先入使者曰太皇太后制主人再拜宣制書畢主人再拜受訖主人進表訖再拜使者出問名同上儀使者曰將加卜筮奉制問名主人曰臣某之女若而人既蒙制命臣某不敢辭命使納吉納成告期並同命使納采問名儀納吉使者曰請加卜筮占曰從制使某納吉主人曰臣某之女若而人龜筮云吉臣預有爲臣某謹奉典制告期使者曰某奉制告期主人曰臣某謹奉典制以上納吉納成告期請見授制接表並如納采儀臨軒命使冊后及奉迎於文德殿百官朝服皇帝常服乘輦至殿後閤侍中奏中嚴外辦乃服通天冠絳紗袍乘輦出自西房降輦即御坐兩省官及侍制權侍郎觀察使以上分東西入殿門各就位東西相向立奉寶置御坐前奉宣后冊由東上閤門出至文德殿庭橫行典儀曰拜在位官皆再拜使副受冊宣制曰冊某氏爲皇后命公等持節展禮典儀曰拜使副再拜受冊寶訖典儀贊百官再拜宣制曰太皇太后制命公等持節奉迎皇后典儀贊使副再拜受節又贊百官再拜侍中奏禮畢解嚴百官再拜出皇帝常服還內冊寶至皇后行第如納采儀使者曰某奉制授皇后備物典冊皇后受冊寶內外命婦序立如儀主人以書奉使者奉迎百官常服班宣德門外行第儐者請使者曰某奉制以禮奉迎儐者入告主人曰臣某謹奉典制儐者出告入引主人出大門外再拜使者先入曰有制主人再拜使者宣制畢主人再拜受制答表又再拜姆導皇后尚宅前引升堂出立房外典儀贊使副再拜使者曰今月吉日某等承制以禮奉迎內侍受以入使副退主人以書授使者奉於司言受以奏聞皇后降立堂下再拜訖升堂主人升自東階西向曰戒之戒之夙夜無違命主人退母進西階上東向施衿結帨曰勉之戒之夙夜無違命皇后升輿至中門升車出大門使副及羣臣前引將至宣德門百官宗室班迎再拜訖分班皇后入門鳴鐘鼓班迎官退廼降車入次升輿入端禮門文德殿東上閤門出文德殿後門入至內東門內降輿司輿前導詣福寧殿門大次以俟晡後皇后車入宣德門侍中版奏請中嚴內侍轉奏皇帝服通天冠絳紗袍御福寧殿尚宮引皇后出次詣殿庭之東西向立尚儀跪奏外辦請皇帝降坐禮迎尚宮前引詣庭中之西東面揖皇后以入導升西階入室各就榻前立尚食跪奏具皇帝揖皇后皆坐尚食進饌食三飯尚食進酒受爵飲尚食以饌從再飲如初三飲用巹如再飲尚儀跪奏禮畢俱興尚宮請皇帝御常服尚寢請皇后釋禮服入幄次日以禮朝見太皇太后皇太后參皇太妃如宮中之儀詔從之四月太皇太后手書曰皇帝年長中宮未建歷選諸臣之家以故侍衞親軍馬軍都虞候贈太尉孟元孫女爲皇后制詔六禮尚書左僕射兼門下侍郎呂大防攝太尉充奉迎使同知樞密院事韓忠彥攝司徒副之尚書左丞蘇頌攝太尉充發冊使簽書樞密院事王巖叟攝司徒副之尚書左丞蘇轍攝太尉充告期使皇叔祖同知大宗正事宗景攝大宗正卿副之皇伯祖判大宗正事高密郡王宗晟攝太尉充納成使翰林學士范百祿攝宗正卿副之吏部尚書王存攝太尉充納吉使權戶部尚書劉奉世攝宗正卿副之翰林學士梁燾攝太尉充納采問名使御史中丞鄭雍攝宗正卿副之五月甲午行納采問名禮丁酉行納吉納成告期禮戊戌帝御文德殿發冊及命使奉迎皇后巳亥百官表賀于東上閤門次詣內東門賀太皇太后又上牋賀皇后上牋賀皇太妃皇后擇日詣景靈宮行廟見禮大觀四年冊貴妃鄭氏爲皇后議禮局重定儀注臨軒冊使皇帝御文德殿服通天冠絳紗袍百官朝服陳黃麾細仗依古用宮架冊使出殿門依近儀不乘輅權以穆清殿爲受冊殿其日皇后服褘衣其奉冊寶授皇后皆用內侍受冊訖皇后上表謝皇帝內外命婦立班稱賀羣臣入殿賀皇帝於內東門上牋賀皇后其上禮儀注乞依進馬條令施行其會羣臣及皇后會外命婦儀注並依開元開寶禮受冊之殿陳宮架用女工升降行止並以樂節而別定樂名樂章皇后上表乞免受冊排黃麾仗及乘重翟車陳小架鹵簿等而於延福宮受冊其朝謁景靈宮亦止依近例云紹興十三年閏四月十七日冊貴妃吳氏爲皇后前期於文德殿內設東西房東西閣凡香案宮架冊寶幄次舉麾位押案位權置冊寶褥位受制承制宣制位奉節位贊者位奉冊寶位舉冊舉寶官位及文武百僚應行事執事官位皆儀鸞司太常典儀分設之以俟臨軒發冊其日質明皇帝服通天冠絳紗袍出西閤協律郎舉麾奏乾安之樂皇帝降輦即御坐樂止冊使副以下應在位官皆再拜侍中宣制曰冊貴妃吳氏爲皇后命公等持節展禮冊使副再拜參知政事以節授冊使冊使跪受以授掌節者中書令以冊授冊使侍中以寶授副使並權置于案冊使副以下應在位官皆再拜冊使押冊副使押寶持節者前導正安之樂作出文德殿門樂止至穆清殿門外幄次權置以俟皇后首飾褘衣出閤協律郎舉麾坤安之樂作皇后至殿上中間南向立定樂止冊使副就內給事前東向跪稱冊使副姓某奉制授皇后備禮典冊內給事入詣皇后前北向奏訖冊使舉冊授內侍內侍轉授內謁者監副使舉寶授內侍內侍轉授內謁者監掌節者以節授掌節內侍內侍持節前導冊寶并案進行入詣殿庭冊寶初入門宜安之樂作至位樂止皇后降自東階至庭中北向位初行承安之樂作至位樂止皇后再拜舉冊官搢笏跪舉冊讀冊官搢笏跪宣冊內謁者監奉冊進授皇后皇后受以授司言又奉寶進授皇后皇后受以授司寶司言司寶置冊寶于案舉冊寶官并舉案官俱搢笏舉冊寶并案興詣東階之東西向位置定皇后初受冊寶成安之樂作受訖樂止皇后再拜禮畢

冊皇太子至道元年八月壬辰詔立皇太子命有司草其冊禮以翰林學士宋白爲冊皇太子禮儀使有司言前代太子無執圭之文請如王公之制執桓圭餘如舊制九月丁卯太宗御朝元殿陳列如元會儀帝袞冕設黃麾仗及宮縣之樂於庭百官就位太子常服乘馬就朝元門外幄次易遠遊冠朱明衣所司贊引三師三少導從至殿庭位再拜起居畢分班立太常博士引攝中書令就西階解劍履升殿詣御坐前俛伏興奏宣制降就劍履位由東階至太子位東南向稱有制太子再拜中書侍郎引冊案就太子東中書令北面跪讀冊畢太子再拜受冊以授右庶子門下侍郎進寶授中書令中書令授太子太子以授右庶子各置於案由黃道出太子隨案南行樂奏正安之曲至殿門樂止太尉升殿稱賀侍中宣制答如儀皇太子易服乘馬還宮百官賜食於朝堂中書門下樞密院師保而下詣太子參賀皆序立於宮門之外庶子版奏外備內臣褰簾太子常服出次坐中書門下文武百官樞密師保賓客而下再拜並答拜四品以下官參賀升坐受之越三日具鹵簿謁太廟常服乘馬出東華門升輅儀仗內行事官乘車者並服禮衣餘皆袴褶乘馬導從有司言唐禮宮臣參賀皆舞蹈開元始罷之故事百官及東宮接見祗呼皇太子上牋啓稱皇太子殿下百官稱名宮官稱臣常行用左春坊印宮中行令又按唐制凡東宮處分論事之書太子並畫令左右庶子以下署名姓宣奉行書按畫日其與親友師傅不用此制今請如開元之制宮臣止稱臣不行舞蹈之禮今皇太子兼判開封府其所上表狀即署太子之位其當申中書樞密院祗判官等署餘斷案及處分公事並畫諾詔惟改諾爲準餘並從之其朝皇后儀止用宮中常禮時眞宗以壽王爲皇太子兼判開封請見僚屬稱名而免稱臣神宗未及受冊禮而即位乃以冊寶送天章閣遂爲故事紹興三十二年五月詔曰朕以不德躬履艱難三十有六年憂勞萬機宵旰靡怠屬時多故未能雍容釋負退養壽康今邊鄙粗寧可遂如志皇子毓德允成神器有託朕心庶幾可立爲皇太子仍改名所司擇日備禮冊命未及行禮六月十一日內禪乾道元年八月十日制立皇子鄧王愭爲皇太子十月詔以知樞密院洪适爲禮儀使撰冊文簽書樞密院事葉顒書冊工部侍郎王弗篆寶十六日皇帝御大慶殿行冊禮皇太子服遠遊冠朱明衣執桓圭前期習禮儀官及有司並先一日入宿衞展宮架樂設太子次冊寶幄次百官次又設皇太子受冊位典寶褥位應行禮等皆有位列黃麾半仗於殿門內外質明百官就次皇太子常服詣幕次持寶郎陳八寶於御位之左右有司奉冊寶至幄次百官朝服入班殿庭有司自幄次奉冊寶至褥位參知政事中書令導從退各就位侍中升殿俟宣制皇太子易服執圭俟於殿門外樂正撞黃鐘之鐘乾安之樂作皇帝即御坐殿上侍臣起居樂止行禮官贊引皇太子入就殿庭東宮守從初入殿門明安之樂作樂上皇太子起居次百官起居各拜舞如儀皇太子詣受冊位侍中前承旨降階宣制曰冊鄧王愭爲皇太子皇太子拜舞如儀侍中升殿復位中書令詣讀冊位捧冊官奉冊至中書令跪讀畢興皇太子再拜

有司奉冊至皇太子位中書令跪以冊授皇太子皇太子跪受以授右庶子置於案次侍中以寶授皇太子皇太子跪受以授左庶子如上儀皇太子再拜中書舍人押冊中允押寶以出次皇太子出於來儀初行樂作出殿門樂止次百官稱賀樂正撞蕤賓之鐘乾安之樂作皇帝降坐樂止放仗在位官再拜以出禮畢百官易常服赴內東門司拜牋賀皇后次赴德壽宮拜表牋賀諸路監司守臣等並奉表稱賀明日車駕詣德壽宮謝又明日上御紫宸殿引皇太子稱謝還東宮百官赴東宮參賀皇太子擇日先朝謁景靈宮次日朝謁太廟別廟又擇日詣德壽宮稱謝先是禮官言皇太子朝謁景靈宮無所服典故乞止用常服次朝謁太廟別廟當袞冕乘金輅設仗從之皇太子言乘輅設仗雖有至道天禧故事非臣子所安詔免

冊皇太子妃政和五年二月詔選皇太子妃六年六月詔選少傅恩平郡王朱伯材女爲皇太子妃令所司備禮冊命庚辰帝服通天冠絳紗袍御文德殿發冊先是議禮局上五禮新儀皇太子納妃乘金輅親迎皇太子三奏辭乘輅及臨軒冊命詔免乘輅而發冊如禮焉

公主受封降制有冊命之文多不行禮惟以綸告進內至嘉祐二年封福康公主爲兗國公主始備禮冊命前一日百官班文德殿內降冊印宣制冊案授衞一如冊皇后儀有司先設冊仗等幕於內東門外命婦次公主本位門之外公主受冊印位於本位庭階下北向冊使位於內東門副使及內給事於其南差退並東向設冊印案位於冊使前南向內給事位於冊使北南向自文德殿奉冊印將至內東門內給事詣本位請公主服首飾褕翟冊印至內東門外褥位置訖內臣引內命婦入就位禮直官引冊使副等俱就東向位內給事就南向位通事舍人博士引冊使就內給事前東向躬稱冊使某副使某奉制授公主冊印退復位內給事入詣所設受冊印位公主前言訖退內給事進詣冊使前西向冊使跪以冊印授內給事內給事跪授內謁者內謁者及主當內臣等持入內東門內給事從入詣本位贊公主降詣庭中北向立跪取冊輿立公主右少前西向又內給事立公主左少前東向稱有制贊者曰拜公主再拜右給事奉冊跪授之公主受以授左給事右給事又奉印授公主如上儀贊者曰拜公主再拜畢引公主升位次內臣引內命婦賀畢遂引公主謝皇帝皇后一如內中之儀羣臣進名賀其冊印如貴妃有匣文曰兗國公主之印遂爲定制神宗進封邠國大長公主魯國公主皆請免冊禮止進告入內云

冊命親王大臣之制具開寶通禮雖制書有備禮冊命之文多上表辭免而未嘗行每命親王宰臣使相樞密使西京留守節度使並翰林草制夜中進入翼日自內置於箱黃門二人舁之立御坐東內朝退乃奉箱出殿門外宣付閤門降置於案俟文德殿立班閤門使引制案置于庭宣付中書門下宰相跪受復位以授通事舍人赴宣制位唱名訖奉詣宰相宰相受之付所司若立后妃封親王公主卽宣稱有制百官再拜宣制訖復再拜舞蹈稱賀若宰相加恩制書卽宣付通事舍人引宰相於宣制石東北向再拜立聽訖拜舞復位若百官受制卽自班中引出聽麻文班於宣制石東武班於西並如宰相儀聽訖出赴朝堂其罷相者卽引出赴朝堂金吾仗舍諸王宰相朝謝前一日內降官告從內出東上閤門外宣詞以賜授節者仍交旌節授者俛伏執旌節交於頸上者三參知政事宣徽使樞密使太兩省兩制秘書監上將軍觀察使以上授官告敕牒者皆拜敕舞蹈若止授敕或宣頭者止再拜餘官悉不拜敕不舞蹈惟御史大夫中丞拜授東上閤門使又引至殿門外中籠門再拜親王節度使相官告並載以綵輿迎歸第親王輿中設銀師子香合輦官十二人並幞頭緋繡寬衣旌節各二馬四爆矟官十六人執旌節攏馬對引由乾元門西偏門出至門外馬技騎士五十人搶牌步兵六十人教坊樂工六十五人及百戲蹴鞠鬭鷄角觝次第迎引左右軍巡使具軍容前導至本宮使相輿中用銀香鑪輦官十二人金鷲帽錦絡縫紫絁寬衣旌節各一馬二爆矟官八人馬技騎士二十人搶牌步兵二十四人軍巡使不前導餘如親王制有故則罷凡諫舍刺史以上在外任加恩者悉令其親屬乘傳賚詔就以告牒賜之政和禮局上冊命親王大臣儀迄不果行

宋史卷一百十二

元 中書右丞相總裁脫脫等修

禮志第六十五

禮十五 嘉禮三

聖節 諸慶節

聖節建隆元年羣臣請以二月十六日爲長春節正月十七日於大相國寺建道場以祝壽至日上壽退百僚詣寺行香尋詔今後長春節及諸慶節常參官致仕官僧道百姓等毋得進奉太宗以十月七日爲乾明節復改爲壽寧節眞宗以十二月二日爲承天節其儀帝先御長春殿諸王上壽次樞密使副宣徽三司使次使相次管軍節度使兩使留後觀察使次節度使至觀察使次皇親任觀察使以下各上壽仍以金酒器銀馬紬表爲獻既畢咸赴崇德殿序班宰相率百官上壽賜酒三行皆用教坊樂賜衣一襲文武羣臣方鎭州軍皆有貢禮前一月百官內職牧伯各就佛寺修齋祝壽罷日以香賜之仍各設位賜上尊酒及諸果百官兼賜教坊樂景德二年始令樞密三司使副學士復赴百官齋會少卿監刺史以上及近職一子賜恩僧道則賜紫衣師號禁屠輟刑仁宗以四月十四日爲乾元節正月八日皇太后爲長寧節詔定長寧節上壽儀太后垂簾崇政殿百官及契丹使班庭下宰臣以下進奉上壽閤門使於殿上簾外立侍百官再拜宰臣升殿跪進酒簾外內臣跪承以入宰臣奏曰長寧節臣等不勝懽忭謹上千萬歲壽復降再拜三稱萬歲內臣承旨宣曰得公等壽酒與公等同喜咸再拜宰臣升殿內侍出簾外跪授虛醆宰臣跪受降再拜舞蹈三稱萬歲內侍承旨宣羣臣升殿再拜升陳進奉物當殿廷通事舍人稱宰臣以下進奉客省使殿上喝進奉出內謁者監進第二醆賜酒三行侍中奏禮畢皆再拜舞蹈太后還內百官詣內東門拜表稱賀其外命婦舊入內者卽入內上壽不入內者進表內侍引內命婦上壽次引外命婦如百官儀次日大宴英宗以正月三日爲壽聖節禮官奏故事聖節上壽親王樞密於長春殿宰臣百官於崇德殿天聖諒闇皆於崇政殿於是紫宸上壽羣臣升殿間飲獻一觴而退又一日賜宴於錫慶院神宗以熙寧元年四月十日爲同天節以宅憂罷上壽惟拜表稱賀明年親王樞密使管軍駙馬諸司使副詣垂拱殿宰臣百官大國使詣紫宸殿上壽命坐賜酒三行不舉樂明年以大旱罷同天節上壽羣臣赴東上閤門表賀中書門下言同天節上壽班自今樞密使副宣徽三司使殿前馬步軍副都指揮使以上共作一班進酒一醆親王宗室使相至觀察駙馬管軍觀察使以上皆赴紫宸殿依本班序立上壽更不赴垂拱殿蓋以管軍觀察使以上及親王駙馬並於垂拱殿以官序高下各班進酒畢而日晏外朝有班者仍詣紫宸殿議者以爲近瀆改焉而詔袒免以上宗婦聽班賀于禁中哲宗卽位詔以太皇太后七月十六日爲坤成節宰臣請以十二月八日爲興龍節哲宗本七日生以避僖祖忌故後一日徽宗以十月十日爲天寧節定上壽儀皇帝御垂拱殿羣臣通班起居畢分班從義郎以下醫官待詔等先退知引進司官一員讀奏目知東上閤門官一員奏進壽酒由東階升舍人通教坊使以下贊再拜奏聖躬萬福又再拜復位次看醆人稍前舍人贊再拜上殿祗候分東西兩階立候進酒升殿次舍人引親王入殿庭北向立贊再拜班首奏萬福舍人引進奉西入列於親王後酒器檐床置馬前揖天武躬奏萬福進奉馬先出內侍進御茶床殿中監酹酒訖知東上閤門官殿上躬奏親王某以下進壽酒舍人揖親王以下躬贊再拜乃引親王二員升殿知東上閤門官引詣御坐前舍人東階下西向立後準此尚醞典御奉槃醆授班首搢笏受槃醆西向立奉御啓醆親王一員搢笏注酒班首奉詣御坐東進訖少退虛跪興以槃授典御退閤門引降階舍人引當殿北向立東上贊拜興搢笏跪奉表舍人接表一員在東餘詣親王西置表笏上授引進知引進司官殿上讀奏自退親王以下俛伏興躬舍人贊再拜引班首升東階餘殿下分立閤門引詣御坐東北向搢笏尚醞典御如前奉槃立樂作皇帝飲訖受醆復位再拜如上儀知引進司官詣折檻東西向宣曰進奉收贊拜舞蹈又再拜西出親王以下赴紫宸殿立班引進官宣進奉出天武奉進奉以出閤門復立殿上教坊使贊送御酒又再拜教坊致語訖贊再拜退次樞密官上壽次管軍觀察以上上壽進奉並如儀內侍舉御茶床舍人贊教坊使以下謝祗應再拜訖閤門側奏無公事皇帝赴紫宸殿後閤受羣臣上壽質明三公以下百僚並於殿門外就次東上閤門御史臺太常寺分引入詣殿庭東西立閤門附內侍進班齊牌皇帝出閤禁衞諸班親從迎駕自贊帝起居皇帝升坐鳴鞭禮直官通事舍人引三公至執政官御史臺東上閤門分引百官並橫行北向立典儀贊再拜舞蹈班首奏萬福又再拜訖分東西立禮直官引殿中監少監

升東階詣酒尊所稍西南向西上立舍人揖教坊使以下通班大起居次首醆人謝升殿贊再拜內侍進御茶床殿侍酹酒訖禮直官通事舍人分引三公至執政官御史臺東上閤門分引百僚並橫行北向立典儀贊再拜贊者承傳在位官皆再拜禮直官通事舍人引上公升東階東上閤門官接引升殿授醆啓醆如上儀上公詣御坐俛伏跪奏文武百僚上公具官臣某等稽首言天寧令節臣等不勝大慶謹上千萬歲壽俛伏興退降階舍人接引復位典儀贊再拜訖禮直官引知樞密院官詣御坐前承旨退詣折檻稍東西向宣曰得公等壽酒與公等內外同慶典儀贊拜如儀百官分東西立禮直官通事舍人引上公升東階東上閤門官接引詣御坐東搢笏殿中監授盤上公奉進御坐東北向樂作皇帝飲訖閤門引接醆降復位典儀贊拜如上儀宗室遙郡以下先退禮直官引樞密院官詣御坐前承旨退詣折檻稍東宣曰宣羣臣升殿典儀贊拜訖禮直官通事舍人分引三公以下升東階親王使相以下升西階御史臺東上閤門分引祕書監以下升兩朵殿并東西廊席後立尚醞典御以醆授殿中監奉御啓醆殿中監西向立殿中少監以酒注于醆第二第三準此奉詣御坐前躬進訖少退舉盤西向立樂作皇帝飲訖殿中監接醆退授奉御出笏復位通事舍人分引殿上官橫行北向舍人贊再拜典儀曰再拜贊者承傳皆再拜舍人贊就坐各立席後復受就坐羣官皆坐酒初行先宰臣次百官皆作樂尚食典御奉御進食太官設羣官食皇帝再舉酒羣官與立席後樂作飲訖舍人贊就坐再行羣官酒皇帝三舉酒並如第二之儀酒三行舍人曰可起羣官與立席後若宣示醆即隨東上閤門官以下揖稱宣示醆躬贊就坐若宣勸卽立席後躬飲訖贊再拜內侍舉御茶床禮直官引左輔詣御坐前北向俛伏跪奏左輔具官臣某言禮畢俛伏興退復位禮直官通事舍人分引三公以下文武百僚降階橫行北向立樞密院官在親王後典儀贊再拜皆舞蹈再拜退靖康元年四月十三日太宰徐處仁等表請爲乾龍節至日皇帝帥百官詣龍德宮上壽畢卽本宮賜侍從官以上宴建炎元年五月宰臣等上言請以五月二十一日爲天申節詔曰朕承祖宗遺澤獲託士民之上求所以扶危持顛之道未知攸濟念二聖鑾輿在遠萬民失業將士暴露夙夜痛悼寢食幾廢況以眇躬之故聞樂飲酒以自爲樂乎非惟深拂朕志實增感于朕心所有將來天申節百官上壽常禮可令寢罷至是止就佛寺啓散祝壽道場詣閤門或後殿拜表稱賀紹興十三年二月臣僚奏臣聞孝理天下者帝王之盛德歸美報上者臣子之至誠是皆因性自然發於觀感必各盡其至然後爲稱恭惟陛下撫艱難之運憂勤在御兢兢業業圖濟中興孝德通于神明皇天爲之悔禍長樂還闕適當誕節之前陛下以天下養獲伸宮闈上壽之儀臣民得於觀聽天下無不欣慶所以崇大養而成孝理之功者旣以盡善盡美矣陛下誕聖佳辰乃臣子所願奉觴上壽以盡歸美之意其可不舉而行之乎臣愚欲望將來天申節許令有司舉行舊典至日百官得以奉萬年之觴仰祝聖壽天下幸甚太常禮部討論每遇聖節樞密院以下先詣垂拱殿上壽畢宰臣率百僚於紫宸殿上壽前一月分日啓建道場至前一日樞密院官滿散依例作齋筵至日三省官上壽立班訖次赴滿散作齋筵後二日大宴於集英殿時命御史臺太常寺修立儀注孝宗隆興元年太上皇帝天申節皇帝及宰臣文武百僚詣德壽宮上壽是日以欽宗大祥前一日皇帝起居知宮中儀百僚拜表稱賀乾道八年立皇太子皇帝率皇太子及文武百僚詣德壽宮上壽前期儀鸞司陳設德壽宮殿門之內外設御坐於殿上當中南向設大次於德壽宮門內南向小次於殿東廊西向設皇帝褥位二一於御坐東南西向一於御坐之南北向尚醞設御酒尊酒器於御坐之東有司又設御茶床於御坐之西俱稍北其日文武百僚內不係從駕者並先赴德壽宮門外以俟迎駕起居質明皇帝服靴袍出卽御坐從駕臣僚禁衞起居如常儀皇帝降坐乘輦將至德壽宮文武百僚迎駕再拜起居訖前導官太常卿閤門官太常博士禮直官先入詣大次前分左右立定皇帝降輦入次御史臺閤門太常寺分引皇太子并文武百僚入詣殿庭東西相向立定前導官導皇帝入小次簾降皇太子并文武百僚並橫行北向立太上皇帝出宮升御坐鳴鞭小次簾捲前導官導皇帝升殿東階詣殿折檻前北向褥位再拜躬奏聖躬萬福再拜皇帝詣太上皇帝御坐之東褥位西向立前導官於殿上隨地之宜立次舍人揖皇太子并文武百僚躬典儀曰再拜贊者承傳在位官皆再拜搢笏舞蹈又再拜皇太子不離位奏聖躬萬福各再拜直身分東西相向立禮直官引奉盤醆官受盤醆官承旨宣答官奏禮畢殿中監少監升殿內侍進御茶床尚醞典御以盤醆酒注授殿中監少監次禮直官引奉盤醆官詣尊所北向殿中監啓醆殿中少監注酒奉盤醆官奉酒詣皇帝前北向禮直官引受盤醆官詣太上皇帝御坐前西向立皇太子并文武百僚橫行北向立奉盤醆官躬進皇帝皇帝奉酒前導官導皇帝詣太上皇帝御坐前躬進訖少後以盤授盤醆官前導官導皇帝詣太上御坐前褥位北向俛伏跪殿下皇太子并百僚皆躬身皇帝奏臣某謹率文武百僚稽首言天申令節臣某與百僚等不勝大慶謹上千萬歲壽奏訖伏興再拜在位官皆再拜承旨宣答官宣曰得皇帝壽酒與皇帝并百僚內外同慶皇帝再拜在位官皆再拜訖分東西相向立皇帝詣御坐東西向立奉盤醆官以盤北向恭進皇帝奉盤樂作俟太上皇帝飲酒皇帝躬接醆訖皇帝少後以盤醆授受盤醆官以授殿中監各復位立皇太子并文武百僚橫行北向皇帝詣褥位北向再拜在位官皆再拜皇帝詣太上御坐東褥位西向立皇太子文武百僚再拜搢笏舞蹈又再拜訖內侍舉茶床奏禮畢官北向俛伏跪奏具官臣某言禮畢在位官再拜太上皇帝駕興皇帝從入文武百僚以次退淳熙二年十一月詔太上皇帝聖壽無疆新歲七十以十一日冬至加上尊號冊寶十二月十七日立春行慶壽禮是日早文武百僚並簪花赴文德殿立班聽宣慶壽赦宣赦訖從駕至德壽宮行慶壽禮致詞曰皇帝臣某言天祐君親錫茲難老惟春之吉年德加新臣某與羣臣等不勝大慶謹上千萬歲壽餘與前上壽儀注同禮畢從駕官應奉宮禁衞等並簪花從駕還內文武百僚文德殿拜表稱賀十年十二月以太上皇后新年七十詔以立春日行慶賀之禮十三年春正月朔以太上皇帝聖壽八十帝率羣臣詣德壽宮行禮其儀注恩赦並如淳熙二年典故孝宗以十月二十二日爲會慶節光宗以九月四日爲重明節寧宗以十月十九日爲天祐節尋改爲瑞慶節理宗以正月五日爲天基節度宗以四月九日爲乾會節瀛國公以九月二十八日爲天瑞節其上壽稱賀之禮大略皆如天申節儀

諸慶節古無是也眞宗以後始有之大中祥符元年詔以正月三日天書降日爲天慶節休假五日兩京諸路州府軍監前七日建道場設醮斷屠宰節日士庶特令宴樂京師然燈又以六月六日爲天貺節京師斷屠宰百官行香上淸宮又以七月一日聖祖降日爲先天節十二月二十四日降延恩殿日爲降聖節休假宴樂並如天慶節中書親王節度樞密三司以下至駙馬都尉詣長春殿進金縷延壽帶金絲續命縷上保生壽酒改御崇德殿賜百官飲如聖節儀前一日以金縷延壽帶金塗銀結續命縷緋綵羅延壽帶綵絲續命縷分賜百官節日戴以入禮畢宴百官於錫慶院天禧初詔以大中祥符元年四月一日天書再降內中功德閣爲天禎節一如天貺節尋以仁宗嫌名改爲天祺節政和三年十一月五日以修祀事天眞示見詔爲天應節又以五月十二日祭方丘日爲寧貺節旣又以二月十五日太上混元上德皇帝降聖日爲眞元節八月九日靑華帝君生辰爲元成節正月四日有太祖神御之州府宮殿行香爲開基節十月二十五日爲天符節皆如天慶節著爲令高宗建炎元年十一月五日詔政和以來添置諸節除開基節外餘並依祖宗法

宋史卷一百十二考證

禮志十五仍以金酒器銀馬袖表爲獻○袖字當是裡字之譌表字當在裡字之上

天武躬奏萬福○天武二字不可解疑誤

宋史卷一百十三

元中書右丞相總裁脫脫等修

禮志第六十六

禮十六嘉禮四

宴饗　游觀　賜酺

宴饗之設所以訓恭儉示惠慈也宋制嘗以春秋之季仲及聖節郊祀籍田禮畢巡幸還京凡國有大慶皆大宴遇大災大札則罷天聖後大宴率於集英殿次宴紫宸殿小宴垂拱殿若特旨則不拘常制凡大宴有司預於殿庭設山樓排場爲羣仙隊仗六番進貢九龍五鳳之狀司天鷄唱樓於其側殿上陳錦繡帷帟垂香毬設銀香獸前檻內藉以文茵設御茶床酒器於殿東北楹間羣臣醆斝於殿下幕屋設宰相使相樞密使知樞密院參知政事樞密副使同知樞密院宣徽使三師三公僕射尚書丞郎學士直學士御史大夫中丞三司使給諫舍人節度使兩使留後觀察團練使待制宗室遙郡團練使刺史上將軍統軍軍廂指揮使坐於殿上文武四品以上知雜御史郎中郎將禁軍都虞候坐於朶殿自餘升朝官諸軍副都頭以上諸蕃進奉使諸道進奉將軍以上分於兩廡宰臣使相坐以繡墩曲宴行幸用杌子參

知政事以下用二蒲墩加罽毯曲宴樞密使副並同軍都指揮使以上用一蒲墩自朵殿而下皆緋緣氈條席殿上器用金餘以銀其日樞密使以下先起居訖當侍立者升殿宰相率百官入宣徽閤門通唱致辭謝宰相升殿進酒各就坐酒九行每上舉酒羣臣立侍次宰相次百官奉酒或傳旨命釂卽搢笏起飲再拜曲宴多令不拜或上壽朝會止令蒲酌不勸中飲更衣賜花有差宴訖舞蹈拜謝而退建隆元年大宴於廣德殿酒九行而罷乾德元年十一月南郊禮成大宴廣德殿謂之飲福是後三年開寶三年五年六年七年八年並設秋宴于大明殿以長春節在二月故也太平興國之後止設春宴在大明者十一在含光者六宴日親王樞密使副宣徽三司使駙馬都尉皆侍立軍校自龍武四廂都指揮使以上立於庭其宴契丹使亦於崇德殿但近臣及刺史郎中而上預焉淳化四年正月以南郊禮成大宴含光殿直史館陳靖上言古之饗宴者所以省禍福而觀威儀也故宴以禮成賓以賢序風雅之作茲爲盛焉伏見近年內殿賜宴羣臣當坐於朵殿兩廊者拜舞方畢趨馳就席品列之序糾紛無別及至尊舉爵羣臣起立先後不整俯仰失節欲望自今令有司預依品位告諭其有踰越班次拜起失節喧譁過甚者並令糾舉又惟飫賜之典以寵武夫大烹之餘故爲盛饌計一飯所費可數人之屬厭而將校輩或至終宴之時尚有欲炙之色蓋執事者失於察視不及潔豐而使然也伏望並申嚴制至道元年三月御史中丞李昌齡亦言廣宴之設以均飫賜得酋高會宜乎盡禮而有位之士鮮克致恭當糾其不恪又供事禁庭當定員數籍姓名以謹其出入酒殽之司或虧精潔望分命中使巡察並從之咸平三年二月大宴含光殿自是始備設春秋大宴五年御史臺言大宴起居舍人司諫正言三院使御史並坐于殿廊望自今移升朵殿自餘依舊十二月詔凡內宴宗正卿令升殿坐班次依合班儀翰林學士梁顥請以春秋大宴小宴賞花行幸次爲四圖頒下閤門遵守從之景德二年九月詔曰朝會陳儀衣冠就列將以訓上下彰文物宜慎等威用符紀律況屢頒於條令宜自顧於典刑稍歷歲時漸成懈慢特申明制以儆具僚自今宴會宜令御史臺預定位次各令端肅不得諠譁違者殿上委大夫中丞朵殿委知雜御史侍御史廊下委左右巡使察視彈奏內藏殿直以上赴起居入殿庭行私禮者委閤門彈奏其軍員令殿前侍衛司各差都校一人提轄但虧失禮

客卽送所司勘斷訖奏仍令閤門宣徽使互相察舉敢蔽匿者糾之大中祥符元年十二月詔宣徽院御史臺閤門殿前馬步軍司凡內宴臣僚軍員幷祗候使臣等並以前後儀制曉諭務令遵稟違者密具名聞其軍員有因酒言詞失次及醉仆者卽先扶出或遣殿前司量添巡檢軍士護送歸營又詔臣僚有託故請假不赴宴者御史臺糾奏天禧四年直集賢院祖士衡言大宴將更衣羣臣下殿然後更衣更衣後再坐則羣臣班于殿庭候上升坐起居謝賜花再拜升殿仁宗天聖三年監察御史朱諫言伏見大宴宗室先退允爲得禮尚有文武臣僚父子兄弟者皆預再坐欲望自今內宴百官有父子兄弟叔姪同赴再坐時卑者先退慶歷七年御史言凡預大宴并御筵其所賜花並須戴歸私第不得更令僕從持戴違者糾舉熙寧二年正月閤門言準詔裁定集英殿宴入殿人數中書二十二人樞密院三十人宣徽院八人親王八人昭德軍節度使兼侍中曹佾三人皇親使相三人皇親正刺史已上至節度使幷駙馬都尉各一人翰林司一百七十八人御廚六百人儀鸞司一百五十人祗候庫二十八人內衣物庫七人新衣庫七人內弓箭庫三人鈐轄教坊所三人鐘鼓樓一十六人御藥院八人內物料庫九人法酒庫一十六人內酒坊八人入內內侍省前後行親事官共五人皇城司職員手分二人御史臺知班一十一人灑掃親從官人員已下一百人兩廊覷步親從官四十二人提舉司勾押官手分三人提舉火燭巡檢人員一十人快行親從官一十一人支散兩省花後苑造作所工匠等四人客省承授行首八人四方館職掌二人閤門承受行首已下一十八人是歲十一月以皇子生宴集英殿七年九月詔自今大宴親王皇親使相樞密使副使宣徽使駙馬都尉並於殿門外幕次就賜酒食舊制會食集英西廊之廡下喧卑爲甚權發遣宣徽院吳充奏其事故有是命元豐七年三月大宴集英殿命皇子延安郡王侍立宰相王珪等率百官廷賀詔曰皇家慶事與卿等同之珪等再拜稱謝久之王乃退時王未出閤帝特令侍宴以見羣臣九年閤門言大宴不用兩軍妓女只用教坊小兒之舞王拱辰請以女童代之八年詔罷獨看故事大宴前一日御殿閱百戲謂之獨看修國史范祖禹言是日進神宗紀草陛下覽先帝史冊甫畢卽觀百戲理似未安故請罷之元祐二年九月經筵講論語徹章賜宰臣執政經筵官宴于東宮帝親書唐人詩分賜之三

年六月罷春宴八月罷秋宴以魏王出殯翰林學士蘇軾不進教坊致語故也是後以時雨未足集英殿試舉人尚書省火禁中祈禳郊國公主未葬皆罷宴凡大宴有故而罷則賜預宴官酒饌于閤門朝堂升殿官雖假故不從游宴亦遣中使就第賜焉親王中書樞密宣徽三司使副學士步軍都虞候以上三師三公東宮三師三公以下曾任中書門下致仕者亦同凡外國使預宴者祥符中宴崇德殿夏使於西廊南赴坐交使以次歇空進奉押衙次交州契丹舍利從人則於東廊南赴坐四年又升甘州交州於朵殿夏州押衙於東廊南頭歇空坐七年龜茲進奉人使歇空坐於契丹舍利之下其後又令龜茲使副於西廊南赴坐進奉押衙重行於後瓜州沙州使副亦於西廊之南赴坐其餘大略以是爲準大觀三年議禮局上集英殿春秋大宴儀其日預宴文武百僚詣殿庭東西相向立皇帝出御需雲殿閤門內侍管軍等起居皇帝降坐御集英殿鳴鞭殿中監已下通班起居殿中監少監升殿通喚閤門官升殿攝左右軍巡使鞾笏起居訖繫鞵執杖侍立餘非應奉官分出次鐘鼓樓節級就位四拜起居次舍人通喚訖分引羣官橫行北向東上閤門官贊大起居班首出班俛伏跪致辭訖俛伏興復位羣官再拜舞蹈又再拜贊各就坐再拜舍人分引升殿席前相向立朵殿兩廡官立於席後有遼使則舍人引大遼舍利西入大起居贊各就坐贊再拜贊就坐引升西廊次舍人傳事引從人分入四拜起居謝坐並同舍利儀教坊使以下通班大起居看醆人謝升殿再拜內侍進御茶床殿侍酹酒訖次贊天武門外祗候東上閤門官詣御坐奏班首姓名以下進酒舍人分引殿上臣僚橫行北向贊再拜舍人引班首稍前東上閤門官接引詣御坐東北向搢笏殿中監奉盤醆授班首少監啓醆以酒注之班首奉詣御前進訖少退虛跪典以樂授殿中監出笏東上閤門官引退舍入接引復位贊再拜舍人引班首稍前殿上臣僚席前相向立東上閤門官接引詣御坐東北向搢笏殿中監授樂奉詣御前西向立樂作皇帝飲訖舍人分引殿上臣僚橫行北向東上閤門引班首接醆退虛跪典授醆殿中監出笏引退舍人接引復位贊再拜贊各賜酒羣臣再拜贊各就坐羣官皆立席後復贊就坐酒初行羣官搢笏受酒先宰相次百官皆作樂皇帝再舉酒並殿中監少監進羣臣俱立席後樂作飲訖贊各就坐復行羣臣酒飲訖皇帝三舉酒皆如第一之儀尚食典奉御進食

太官設羣臣食樂作賜祗應臣僚酒食贊謝拜訖復位皇帝四舉酒並典御進酒樂工致語羣臣皆立席後致語訖贊百官再拜就坐樂作皇帝五舉酒樂工奏樂庭下舞隊致詞樂作舞隊出東上閤門奏再坐時刻俟放隊訖內侍舉御茶床皇帝降坐鳴鞭羣臣退賜花再坐前二刻御史臺東上閤門催班羣臣戴花北向立內侍進班齊牌皇帝詣集英殿百官謝花再拜又再拜就坐內侍進御茶床皇帝舉酒殿上奏樂庭下作樂皇帝再舉酒殿上奏樂庭下舞隊前致語樂作出皇帝三舉酒四舉酒皆如上儀若宣示醆卽隨所向閤門官以下揖稱宣示醆躬贊就坐若宣勸卽立席後躬飲訖贊再拜內侍舉御茶床舍人引班首以下降階再拜舞蹈又再拜訖分班出閤門官側奏無公事皇帝降坐鳴鞭集英殿飲福大宴儀初大禮畢皇帝逐頓飲福餘酒封進入內宴日降出酒既三行泛賜預坐臣僚飲福酒各一醆羣臣飲訖宣勸各興立席後贊再拜謝訖復坐飲並如春秋大宴之儀紹興十三年三月三日詔宴殿陳設止用緋黃二色不用文繡令有司遵守更不創造五月閤門修立集英殿大宴儀注乾道八年十二月詔今後前宰相到闕如遇赴宴賜茶其合坐墩杌非特旨並依官品又行門禁衞諸色祗應人依紹興例並賜絹花自是惟正旦生辰郊祀及金使見辭各有宴然大宴視東京時則亦簡矣曲宴凡幸苑囿池籞觀稼畋獵所至設宴惟從官預謂之曲宴或宴大遼使副于紫辰殿則近臣及刺史正郎都虞候以上預暮春後苑賞花釣魚則三館祕閣皆預太祖建隆元年七月親征澤潞宴從臣于河陽行宮又宴韓令坤已下於禮賢講武殿賜襲衣器幣鞍馬以賞澤潞之功也四年四月宴從臣於玉津園乾德三年七月六日詔皇弟開封尹宰相樞密使翰林學士中書舍人泛舟後苑新池張樂宴飲極歡而罷是歲重陽宴近臣於長春殿太宗太平興國九年三月十五日詔宰相近臣賞花於後苑帝曰春氣暄和萬物暢茂四方無事朕以天下之樂爲樂宜令侍從詞臣各賦詩帝習射于水心殿雍熙二年四月二日詔輔臣三司使翰林樞密直學士尚書省四品兩省五品以上三館學士宴于後苑賞花釣魚張樂賜飲命羣臣賦詩習射賞花曲宴自此始三年十二月一日大雨雪帝喜御玉華殿詔宰臣及近臣謂曰春夏以來未嘗飲酒今得此嘉雪思於卿等同醉又出御製雪詩令侍臣屬和後凡曲宴不盡載眞宗咸平元年二月二十二日宴羣臣于崇德

殿不作樂。二年八月七日再宴用樂。二月晦賞花宴于後苑，帝作中春賞花釣魚詩，儒臣皆賦，遂射于水殿，盡歡而罷。自是遂爲定制。四年十一月二十日，御龍圖閣曲宴，詔近臣觀太宗草行飛白篆籀八分書及晝。景德二年十二月五日，宴尚書省五品、諸軍都指揮使以上、契丹使于崇德殿，不舉樂，以明德太后喪制故也。時契丹初來賀承天節，擇膳夫五人齎本國異味，就尚食局造食，詔賜膳夫衣服、銀帶、器帛。六年七月二十九日，詔輔臣觀粟于後苑，御山子觀御製文閣御書及嘉禾圖，賜飲，是日皇子從游。四年七月十一日，詔近臣及寇準、馮拯觀內苑穀，遂宴于玉宸殿。十月二十九日，詔皇太子、宗室、近臣、諸帥赴玉宸殿翠芳亭觀稻，賜宴，仍以稻分賜之。仁宗天聖二年，既禫除，百官五表請聽樂，而秋燕用樂之半。詔輔臣曰：「昨日宴宮中，朕數四上勉皇太后聽樂，王欽若以聞太后，太后曰：『自先帝棄天下，吾終身不欲聽樂，皇帝再三爲請，其可重違乎。』」明年上元節，乃朝謁景靈、上清宮、啓聖院、相國寺，還御正陽門宴從官觀燈。次日，太后詔命婦臨觀。及春秋大宴，歲爲常。夏觀南御莊刈麥，秋瑞聖園刈穀，並宴從官，或射，不爲常。皇祐五年，後苑寶政殿刈麥，謂輔臣曰：「朕新作此殿，不欲植花，歲以種麥，庶知稼事不易也。」自是幸觀穀麥，惟就後苑。春夏賞花釣魚，則歲爲之。嘉祐七年十二月，特召兩府、近臣、三司副使、臺諫官、皇子、宗室、駙馬都尉、管軍臣僚至龍圖、天章閣觀三聖御書，及寶文閣爲飛白分賜，下逮館閣官，製觀書詩，賜韓琦以下和進，遂宴羣玉殿。傳詔學士王珪撰詩序，刊石于閣。數日，再會天章閣觀三朝瑞物，復宴羣玉殿。酒行，上曰：「天下久無事，今日之樂，與卿等共之，宜盡醉勿復辭。」因召韓琦至御榻前，別賜一大巵，出禁中名花、金盤貯香藥，令各侍歸，莫不霑醉，至暮而罷。熙寧元年四月，御史中丞滕甫言：「臣聞君命召，不俟駕，此臣子所以恭其上也。今賜宴而有託詞不至者，甚非恭上之節也。請自今宴設羣臣，非大故與實有疾病，無得託詞，仍令御史臺察舉。」二年八月，實錄書成，皆宴垂拱殿。十月，脩定閤門儀制所言：「垂拱殿曲宴，當直翰林學士與觀文、資政、龍圖、寶文、樞密直、龍圖天章寶文閣直學士並赴坐，而翰林學士兼他職者不預，考之官制，似未齊一，請自今曲宴翰林學士與雜學士並赴。」從之。元豐五年七月，以兩朝國史書成，宴于垂拱殿。十一月，宴景靈宮祠官于紫宸殿。元祐二年九月，經筵講論語徹章，賜宰臣、執政、經筵官宴于東宮，帝親書唐人詩賜之。紹聖三年十一月，以進神宗皇帝實錄畢，曲宴宰臣、執政、文臣試侍郎、武臣觀察使以上并修國史官赴坐。元符元年五月，詔受寶畢，宴于紫宸殿，宰臣以下、文臣職事官六曹員外郎、監察御史以上、武臣郎將、諸軍副指揮使以上預坐。政和二年三月上巳，御筵詔令移用他日，以國有故，宰臣請罷宴故也。大觀三年，議禮局上垂拱殿曲宴儀：皇帝視事畢，東上閤門進呈坐圖，舍人奏閤門無公事，皇帝降坐，鳴鞭入殿後閤。諸司排設備，東上閤門附內侍奏班齊，皇帝出閤升坐，鳴鞭。三公、直學士以上、親王、使相至觀察使以上，分東西入詣殿庭，橫行北向立定。班首奏聖躬萬福，舍人贊各就坐，再拜訖，分引詣東西階升殿席前相向立。次教坊使以下常起居，次看醆人謝升殿，次內侍進御茶床，殿侍酹酒訖，閤門詣御坐躬奏班首姓名以下進酒。舍人分引殿上臣僚橫行北向，贊再拜，班首奉酒躬進，樂作，皇帝飲訖，舍人贊各賜酒，羣官俱再拜，贊各就坐，羣官皆立席後，復贊就坐。酒初行，先宰相，次百官，皆作樂。（後準此）尚食與奉御進食，太官令設羣官食，酒五行。若宣示醆，卽隨所向閤門揖稱宣示醆，躬贊就坐。若宣勸，卽立席後躬飲，贊再拜。內侍舉御茶床，舍人引班首以下降階橫行北向，再拜，分班出，皇帝降坐。上巳、重陽賜宴儀：其日，預宴官以下並赴宴所就次，諸司排設備，預宴官以下詣庭中望闕位立。次中使詣班首之左稍前立，中使宣曰：「有敕。」在位官皆再拜訖，中使宣曰：「賜卿等御筵。」在位官皆再拜，搢笏舞蹈，又再拜，中使退。預宴官分東西升階就坐，酒行樂作，飲訖食畢，樂止，酒五行。預宴官並與就次，賜花有差。少頃，戴花畢，與宴官詣望闕位立，謝花再拜訖，復升就坐，酒行樂作，飲訖食畢，樂止，酒四行而退。

游觀　天子歲時游豫，則上元幸集禧觀、相國寺，御宣德門觀燈；首夏幸金明池觀水嬉，瓊林苑宴射；大祀禮成，則幸太一宮、集禧觀、相國寺恭謝，或詣諸寺觀焚香，或至近郊閱武觀稼，其事蓋不一焉。太祖建隆元年四月，幸玉津園，是後凡十三臨幸。九月，幸宜春苑，是後觀習水戰者二十有八，幸大相國寺、封禪寺者各五，龍興寺及皇弟開封尹園各三，幸太清觀、建隆觀者再，崇夏寺、廣化寺、等覺寺者各一，觀水磑者八，閱砲車、觀水櫃、觀稼、幸飛龍院、幸開封尹、幸都亭驛、幸禮賢院、幸茶庫、染院、幸河倉、幸金鳳園，皆一再至焉。太宗太平興國二年二月，幸新鑿池，賜役卒錢布有差。六月，幸飛龍院，是後凡四幸。三年四月，觀刈麥。九年正月六日，幸景龍門外水磑，帝臨水而坐，召從臣觀之，因謂曰：「此水出於山源，清澄甘潔，近河之地水味皆甘，豈河潤所及乎？」宋琪等曰：「亦猶人性善惡，染習致然。」帝曰：「卿言是也。」四月，幸金明池習水戰，帝御水殿，召近臣觀之，謂宰相曰：「水戰南方之事也，今其地已定，不復施用，時習之，示不忘戰耳。」因幸講武臺，閱諸軍都試，軍中之絕技者遞加賜賚。遂登瓊林苑樓，陳百戲，擲金錢，令樂人爭之，極歡而罷。五月二日，出南薰門觀稼，召從臣列坐田中，令民刈麥，咸賜以錢帛。回幸玉津園觀漁，張樂習射，旣宴而歸。明年五月，幸城南觀麥，賜田夫布帛有差。雍熙四年四月，幸金明池觀水嬉，賜從臣飲，帝曰：「雨霽天凉，中外無事，宜勿惜醉。」因登苑中樓，盡歡而罷。淳化三年三月，幸金明池，命爲競渡之戲，擲銀甌於波間，令人泅波取之。因御船奏教坊樂，岸上都人縱觀者萬計。帝顧視高年皓首者，就賜白金器皿。九月，幸潛龍園，駐輦池東岸，臨水謂近臣曰：「朕不至此已十年，昔尹京日，無事嘗痛飲池上，今池邊之木已成林矣。」因顧教坊使郭守忠等數人曰：「汝等前日以樂童從我，今亦皓首，光陰迅速如此。」嗟嘆久之。帝親引滿舉白，羣臣盡醉。眞宗咸平元年八月，幸諸王宮。二年九月，幸開寶寺福聖院，是後二寺臨幸者凡十有四。三年五月，幸金明池觀水戲，揚旗鳴鼓，分左右翼，植木繫綵以爲標識，方舟疾進，先至者賜之。移幸瓊林苑，登露臺，釣容直奏樂，臺下百戲競集，從臣皆醉。自是凡四臨幸。九月，幸大相國寺，是後再幸者九，幸上清宮者十有二，幸玉津園者十，幸太一宮、玉清昭應宮各六，餘不盡載。大中祥符八年正月十九日，中書門下上言：「伏覩今月十四日皇帝詣諸宮寺焚香，總三十餘處，過百拜以上，臣等侍從，倍增憂灼。昨崇政殿已面奏陳，臣聞尊事萬靈，固先精意，登用百禮，乃貴時中，在經久之從宜，必裁正而惟允。伏望特命攸司，載詳定式，自今車駕幸諸宮觀寺院，正殿再拜，及諸殿令羣臣以下分拜，庶垂億載，允叶通規。」乃詔禮儀院詳定差減焉。仁宗景祐三年，詔閤門詳定車駕幸宮觀寺院支賜茶絹等第。哲宗紹聖四年三月八日，詔：「自今遇車駕出新城，令殿前馬步軍司取旨，權差馬步軍赴新城外四面巡檢下祗應，每壁馬軍二百人、步軍三百人，並於城外巡警。」

三元觀燈，本起於方外之說。自唐以後，常於正月望夜，開坊市門然燈。宋因之，上元前後各一日，城中張燈，大內正門結綵爲山樓影燈，起路臺，教坊陳百戲。天子先幸寺觀行香，遂御樓，或御東華門及東西角樓，飲從臣。四夷蕃客各依本國歌舞列於樓下。東華左右掖門、東西角樓、城門大道、大宮觀寺院，悉起山棚，張樂陳燈，皇城雉堞亦徧設之。其夕，開舊城門達旦，縱士民觀。後增至十七、十八夜。太祖建隆二年上元節，御明德門樓觀燈，召宰相、樞密、宣徽、三司使、端明、翰林、樞密直學士、兩省五品以上官、見任前任節度觀察使飲宴，江南、吳越朝貢使預焉。四夷蕃客列坐樓下，賜酒食勞之，夜分而罷。三年正月十三夜，然燈，罷內前排場戲樂，以昭憲皇太后喪制故也。太平興國二年七月中元節，御東角樓觀燈，賜從官宴飲。五年十月下元節，依中元例張燈三夜。雍熙五年上元節，不觀燈，躬耕籍田故也。後凡遇用兵及災變、諸臣之喪，皆罷。眞宗景德元年正月十四日，賜大食、三佛齊、蒲端諸國進奉使緡錢，令觀燈宴飲。大中祥符元年十一月二十五日，詔天慶節聽京城然燈一晝夜。六年四月十六日先天降聖節，亦如之。天聖二年六月，罷降聖節然燈。政和三年正月，詔放燈五日。五年十二月二十九日，詔：「景龍門預爲元夕之具，實欲觀民風，察時態，黼飾太平，增光樂國，非徒以遊豫爲事。」特賜公師宰執以下宴及御製詩四韻，賜太師蔡京。六年正月七日，御筆：「今歲閏餘，候晚猶未春和，晷短氣寒，於宴集無舒緩之樂。景靈宮朝獻移十四日，東宮十五日，西宮畢，詣上清儲祥宮燒香，十六日詣醴泉觀等處燒香，上元節移於閏正月十四日爲始。」宣和六年十二月二十四日，賜太師蔡京以下應兩府赴睿謨殿宴景龍門觀燈，續有旨宣太傅王黼赴宴。七年正月十八日，宴輔臣觀燈。

賜酺，自秦始。秦法，三人以上會飲則罰金，故因事賜酺，吏民會飲，過則禁之。唐嘗一再舉行。太宗雍熙元年十二月，詔曰：「王者賜酺推恩，與衆共樂，所以表升平之盛事，契億兆之歡心。累朝以來，此事久廢，蓋逢多故，莫舉舊章。今四海混同，萬民康泰，嚴禋始畢，慶澤均行，宜令士庶之情，共慶休明之運，可賜酺三日。」二十一日，御丹鳳樓觀酺，召侍臣賜飲。自樓前至朱雀門，張樂，作山車、旱船，往來御道。又集開封府諸縣及諸軍樂人列於御街，音樂雜發，觀者溢道，縱士庶遊觀。還市肆百貨於道之左右。召畿甸耆老列坐樓下，賜之酒食。明日，賜羣臣宴於尚書省，仍作詩以賜。明日，又宴羣臣，獻歌詩賦頌者數十人。眞宗景德三年九月，詔許羣臣士庶選勝宴樂御史臺皇城司毋得糾察四年二月甲申上御五鳳樓觀酺宗室近臣侍坐樓前露臺奏教坊樂召父老五百人列坐賜飲於樓下後二日上復御樓賜宗室文武百官宴於都亭驛賜諸班諸軍將校羊酒大中祥符元年正月詔應致仕官並令赴都亭驛酺宴御樓日合預坐者亦聽又詔朝臣已辭未見並聽赴會凡賜酺命內諸司使三人主其事於乾元樓前露臺上設教坊樂又騈繫方車四十乘上起綵樓者二分載鈞容直開封府爲棚車二十四每十二乘爲之皆駕以牛被之錦繡縈以綵絔分載諸軍京畿伎樂又於中衢編木爲欄處之徙坊市邸肆對列御道百貨騈布競以綵幄鏤版爲飾上御乾元門召京邑父老分番列坐樓下傳旨問安否賜以衣服茶帛若五日則第一日近臣侍坐特召丞郎給諫上舉觴教坊樂作二大車自昇平橋而北又有旱船四挾之以進綳車由東西街交騖並往復日再焉東距望春門西連閶闔門百戲競作歌吹騰沸宗室親王近列牧伯洎舊臣宗室官爲設綵棚於左右廊廡士庶縱觀車騎填溢歡呼震動第二日宴羣臣百官於都亭驛宗室於親王宮第三日宴宗室內職於都亭驛近臣於宰相第第四日宴百官於都亭驛宗室於外苑第五日復宴宗室內職於都亭驛近臣於外苑上多作詩賜令屬和及別爲勸酒詩禁軍將校日會於殿前馬步軍之廨是歲東封泰山所過州府上御子城門樓設山車綵船載樂從臣侍坐本州父老進奉使蕃客悉預兗州駐蹕仍賜羣臣會於延壽寺所在改賜門名兗州曰回鑾慶鄆州曰升中延福濮州曰告成延慶澶州以行宮迫隘當衢結綵爲殿名曰延禧幸汾陰亳州皆如東封路河中府門名曰詔畢宣恩陝州曰霈澤惠民鄭州曰回鑾慶賜西京將議改五鳳樓名上曰此太祖所建因瑞應不可更也華陰就行宮宴父老賜驛亭名曰宣澤至鄭州以太宗忌日甫過罷會賜與如例亳州曰奉元均慶南京曰重熙頌慶天禧五年以畿縣追集老人疲勞之故止召兩赤縣坊縣父老預會其不預名亦聽給以賜物天下賜酺各令州府會官屬父老邊州或遣中使就賜又詔開封府賜酺日罪人酗酒而不傷人者咸釋之再犯論如法後賜酺皆準此宋之繁庶於斯爲盛後遂爲定制云

宋史卷一百十四

元 中 書 右 丞 相 總 裁 脫 脫 等 修

禮志第六十七

禮十七 嘉禮五

巡幸 養老 視學 賜進士宴 幸祕書 進書儀 大射儀 鄉飲酒儀

巡幸之制唐開元禮有告至肆覲考制度之儀開寶通禮因之太祖幸西京所過賜夏秋田租之半眞宗朝諸陵及舉大禮塗中皆服折上巾窄袍出京過京城服鞾袍具鑾駕羣臣公服繫鞵供奉班及內朝官前導凡從官並日赴行宮合班起居晚朝視事羣臣不赴中頓侍食百官就宿頓迎駕訖先發或道塗險遠則免迎駕將進發近臣諸軍賜裝錢出京留司馬步諸軍夾道左至新城門外奉辭留守辭於門內百官父老辭於苑前召留守等賜飲苑中州縣長吏留司官侍于境所過賜巡警兵守津梁行郵治道卒時服錢履父老綾袍茶帛塗中賜衞士緡錢所幸寺觀賜道釋茶帛或加紫衣師號吏民有以饔餼酒果方物獻者計值答之命官籍所過繫囚遣官者日引對多原釋仍採訪民間疾苦振恤鰥寡孤獨車服度量權衡有不如法則舉儀制禁之有奇材異德及政事尤異者孝子順孫義夫節婦爲鄉里所稱者其不守廉隅昧於正理者並條析以聞官吏知民間疾苦者亦許錄奏所過州府結綵爲樓陳音樂百戲道釋以威儀奉迎者悉有賜東京留守遣官表請還京優詔答之駕還京大陳兵衞以入凡行幸太祖太宗不常其數自咸平中車駕每出金吾將軍帥士二百人執檛周遶謂之禁圍春夏緋衣秋冬紫衣郊祀省方並增二百服錦襖出京師則加執劍親王中書樞密宣徽行圍內餘官圍外大禮備儀衞則有司先布土爲黃道自宮至祀所左右設香臺畫瓮青繩闌干（巡省在塗則不設）凡巡省翰林進號傳詩付樞密院每夕摘字令衞士相應爲識東京舊城城門西京皇城司並契勘內外城宮廟門並勘箭出入皆然入藩鎮外城子城門亦勘箭朝陵定扈從官人數入柏城者僕射以上三人丞郎以上二人餘各一人東封定仗內導駕官從人數親王中書樞密宣徽三司使四人學士尚書丞郎節度使三人大兩省大卿監三司副使樞密承旨客省閤門使副金吾大將軍押仗鳴珂內殿崇班以上二人餘各一人命諸司巡察之自後舉大禮皆循此制建炎元年七月詔曰祖宗都汴垂二百年比年以來圖慮弗臧禍生所忽肆朕纂承顧瞻宮室何以爲懷是用權時之宜法古巡狩駐蹕近甸號召軍馬朕將親督六師以援京城及河北河東諸路與之決戰歸宅故都迎還二聖以稱朕夙夜憂勤之意十月一日車駕登舟巡幸淮甸宰執侍從百司三衙禁旅五軍將佐扈衞以行駐蹕揚州三年幸杭州自杭州幸江寧府尋幸浙西自浙西幸浙東乃下詔曰國家遭金人侵逼無歲無兵朕纂承以來深軫念慮謂父兄在難而吾民未撫不欲使之陷於鋒鏑故包羞忍恥爲退避之謀冀其逞志而歸稍得休息自南京移淮甸自淮甸移建康而會稽播遷之遠極于海隅卑詞厚禮使介相望以至願去尊稱甘心貶屈請用正朔比於藩臣遣使哀祈無不曲盡假使金石無情亦當少動累年卑屈卒未見從生民嗷嗷何時寧息今諸路之兵聚於江浙之間朕不憚親行據其要害如金人尚容朕爲汝兵民之主則朕於事大之禮敢有不恭或必用兵窺我行在傾我宗社塗炭生靈竭取東西金帛子女則朕亦何愛一身不臨行陣以踐前言以保羣生朕已取十一月二十五日移蹕前去浙西爲迎敵計惟我將士人民念國家涵養之恩二聖拘縻之辱悼殺戮焚殘之禍與其束手待斃曷若幷計合謀同心戮力奮勵而前以存家國乃詔御前應奉官司自合扈從外內太常寺據實用人數扈從餘接續起發四年正月次台州二月次溫州三月幸浙西紹興元年詔移蹕臨安府六年詔周視軍師車駕進發遣官奏告天地社稷宗廟自臨安幸平江尋幸建康八年二月還臨安三十一年九月詔金人背盟失信今率精兵百萬躬行天討用十二月十日車駕進發應行宮臨安府文武百僚城北奉辭其日應文武百僚先詣城北幕次俟車駕御舟將至御史臺閤門太常寺分引文武百僚立班定兩拜訖俟御舟過班退三十二年正月詔視師江上北騎遁去兩淮無警已委重臣統護諸將經畫進討今暫還臨安畢恭文祔廟之禮宜令有司增修建康百官吏舍諸軍營砦以備往來巡幸可擇日進發車駕還宮

養老於太學皇帝服通天冠絳紗袍乘金輅至太學酌獻文宣王三祭酒再拜歸御幄比車駕初出量時刻遣使迎三老五更於其第三老五更俱服朝服乘安車導從至太學就次國老庶老有司預戒之各服朝服集於其次大樂正帥工人二舞入立於庭東上閤門御史臺太常寺客省四方館自下分引百官宗室客使學生等以次入就位如視學班太常博士贊三老五更俱出次引國老庶老立於後重行異位禮直官通事舍人引左輔奏請中嚴少頃又奏外辦皇帝出大次侍衞如常儀大樂正令撞黃鐘之鐘右五鐘皆應協律郎跪俛伏舉麾興宮架乾安之樂作皇帝即御坐樂止典儀曰再拜在位官皆再拜三老五更杖而入各左右二人夾扶太常博士前引史臣執筆以從三老五更入門宮架和安之樂作至宮架北北向立以東爲上奉禮郎引羣老隨入位於其後樂止博士揖進三老在前五更在後仍杖夾扶宮架和安之樂作至西階下樂止博士揖三老五更自西階升堂國老庶老立堂下三老五更當御坐揖羣老亦揖皇帝爲興次奉禮郎揖國老升堂博士引三老五更奉禮郎引國老以下各於席後立典儀贊各就坐贊者承傳宮架尊安之樂作三老五更就坐三公授几九卿正履訖殿中監尚食奉御進珍羞及黍稷等先詣御坐前進呈遂設於三老前樂止尚食奉御詣三老坐前執醬而饋訖尚醞奉御詣酒尊所取爵酌酒奉御執爵奉於三老次太官良醞令以次進珍羞酒食於五更羣老之前皆食大樂正引工人升登歌奏惠安之樂三終史臣既錄三老所論善言善行宮架作中安之樂憲言成福之舞畢又舞退作受成告功之舞畢三老以下降筵博士引三老五更於堂下當御坐前奉禮郎引羣老復位俱揖皇帝爲興三老五更降階至堂下宮架和安之樂作出門樂止禮直官通事舍人引左輔前奏禮畢退復位典儀贊拜訖皇帝降坐太常卿導還大次百僚以次退車駕還宮三老五更升安車導從還翼日詣闕表謝

視學哲宗始視學遂幸國子監詣至聖文宣王殿行釋奠禮一獻再拜御敦化堂召從官賜坐禮部太常寺本監官承事郎以上侍立承務郎以下三學生坐于東西廡侍講吳安詩執經祭酒豐稷講尚書無逸終篇復命宰臣以下至三學生坐賜茶豐稷賜三品服本監官學官等賜帛有差遂幸昭烈武成王廟酌獻肅揖徽宗幸太學遂幸辟雍奠獻如上儀詔司業吳絪等轉官改秩循資賜章服文武學生授官免省試文解賜帛有差所司預設次於敦化堂後又於堂上稍北當中兩間設次南向設御坐又設從官及講筵講書執經官幷太學官坐御坐之南東西重行異位太學生坐於兩廡相向並北上宰臣以下從官之次設於中門外皇帝酌獻文宣王畢幸太學降輦入次簾垂更衣禮直官通事舍人引立堂下東西相向俟報班齊皇帝升坐班首奏萬福在

位者皆應喏訖閤門使承旨臨階宣升堂通事舍人喝拜應在位者再拜訖分左右升堂各就位少立起居郎舍人分左右侍立禮直官通事舍人引講書及執經官就北向位班首奏萬福閤門使宣升堂舍人喝再拜訖分東西升堂立於御坐左右講書官在西東向執經官在東西向學生就北向位舍人喝拜在位者皆再拜立於東西兩廡內侍進書案以經授執經官稍前進於案上舍人喝拜就坐宰臣以下並堂上坐如閤門所進坐位圖講書畢通事舍人曰可起羣臣皆起降階立執經官降講書官於御坐前致辭訖亦降舍人喝拜如有宣答即再喝拜閤門宣坐賜茶舍人喝拜訖宰臣以下升堂各立於位後學生各就北向位舍人喝拜在位者俱拜訖各分東西廡以北爲上下舍人喝就坐上下皆就坐賜茶畢禮直官通事舍人引堂上官降階就位舍人喝拜在位者俱拜訖禮直官引之以次出學生就位舍人喝拜學生俱再拜退紹興十三年七月國學大成殿告成奉安廟像明年二月國子司業高閌請幸學上從之詔略曰偃革息民恢儒建學聲明丕闡輪奐一新請既方堅理宜從欲將款謁於先聖仍備舉於舊章三月上服鞾袍乘輦入監止輦于大成殿門外入幄羣臣列班於庭帝出幄升東階跪上香執爵三祭酒再拜羣臣皆再拜上降入幄分奠從祀如常儀尚舍先設次於崇化堂之後及堂上之中南向設御坐閤門設羣臣班於堂下如月朔視朝之儀宰輔從臣次於中門之外上乘輦幸太學降輦於堂入次更衣講官入就堂下講位北向執經官學生皆立於堂下東西相向帝出次升御坐羣臣起居如儀乃命三公宰輔以下升堂皆就位左右史侍立講書及執經官北面起居再拜皆命之升立於御坐左右學生北面再拜分立兩廡北上內侍進書案牙籤以經授執經官賜三公宰輔以下坐講畢羣臣皆起降階東西相向立執經官降講官進前致詞乃降北面再拜左右史降乃賜茶三公以下北面再拜升各立於位後學生北面再拜分兩廡立上下就坐賜茶畢三公以下降階學生自兩廡降階北面再拜羣臣以次出上降坐還次乘輦還宮特命禮部侍郎秦熺執經司業高閌講易之泰遂幸養正持志二齋賜閌三品服學官遷秩諸生授官免舉賜帛有差上既奠拜注視貌象翼翼欽慕覽唐明皇及太祖眞宗徽宗所製贊文命有司悉取從祀諸贊皆錄以進帝遂作先聖及七十二子贊冠以序文親灑翰墨以方載之五月丙辰登之絲殿備儀衞作樂命監學之臣自行宮北門迎置學宮揭之大成殿上及二廡序曰朕自睦鄰息兵首開學校教養多士以遂忠良繼幸太學延見諸生濟濟在庭意甚嘉之因作文宣王贊機政餘閒歷取顏回而下七十二人亦爲製贊用廣列聖崇儒右文之聲復知師弟子間纓弁森森覃精繹思之訓於世道人心庶幾焉二十六年十二月言者謂陛下崇儒重道製爲贊辭刻宸翰于琬琰光昭往古寰宇儒紳孰不顧瞻雲漢之章請奉石刻于國子監以碑本徧賜郡學從之淳熙四年孝宗幸太學如紹興之儀命禮部侍郎李燾執經祭酒林光朝講大學尋幸武學如太學之儀帝肅揖武成王不拜嘉泰三年正月寧宗幸太學如淳熙之儀淳祐元年正月理宗幸太學宗武兩學官屬生員並赴太學陪位候車駕至學詣先聖文宣王位三上香執爵三祭酒俛伏興再拜在位官皆再拜皇帝至崇化堂宰臣使相執政並起居執經官由東階講官由西階並升堂於御前分東西相向立次引國子監三學學官學生一班北面再拜贊各就坐賜茶俟講書畢起立班再拜禮成執經官講書官國子監三學官生員各推恩轉官有差咸淳三年正月戊辰度宗幸太學祇謁禮部尚書陳宗禮執經國子祭酒雷宜中講中庸餘並如儀

賜貢士宴名曰聞喜宴政和新儀押宴官以下及釋褐貢士班首初入門正安之樂作至庭中望闕位立樂止預宴官就位再拜訖押宴官西向立中使宣曰有敕在位者皆再拜訖中使宣曰賜卿等聞喜宴在位者皆再拜搢笏舞蹈又再拜次引押宴官稍前謝坐再拜在位者皆再拜若賜敕書即引貢士班首稍前中使宣曰有敕貢士再拜中使宣曰賜卿等敕書班首稍前搢笏跪中使授敕書訖少退班首以敕書加笏上俛伏興歸位再拜在位者皆再拜凡預宴官分東西升階就坐貢士以齒酒初行賓興賢能之樂作飲訖食畢樂止酒再行於樂辟雍之樂作酒三行樂育人材之樂作酒四行樂且有儀之樂作酒五行正安之樂作再坐酒行樂作節次如上儀皆飲訖食畢樂止押宴官以下俱興就次賜花有差少頃戴花畢次引押宴官以下并釋褐貢士詣庭中望闕位立謝花再拜復升就坐酒行樂作飲訖食畢樂止酒四行訖退次日預宴官及釋褐貢士入謝如常儀寧宗慶元五年五月賜新及第進士曾從龍以下聞喜宴于禮部貢院上賜七言四韻詩祕書監楊王休以下繼和以進自後每舉並如之

幸祕書省紹興十四年七月新建祕書省成祕書少監游操等援宣和故事請車駕臨幸詔從之二十七年幸祕書省至右文殿降輦敍手詔曰蓋聞周建外史掌三皇五帝之書漢選諸儒定九流七略之奏文德之盛後世推爲仰惟祖宗建開冊府凡累朝名世之士由是以興而一代致治之原蓋出於此朕嘉與學士大夫共宏斯道迺一新史觀新御榜題肆從望幸之忱以示右文之意嗚呼士習爲空言而不爲有用之學久矣爾其勉修術業益勵猷爲一德一心以共赴亨嘉之會用丕承我祖宗之大訓顧不善歟遂陳累朝御書御製晉唐書畫三代古器次宣皇太子宰臣以下觀訖退遂賜宴于右文殿酒五行羣臣再拜退車駕還內賜少監游操三品服御書扇餘官筆墨館閣官各轉一官淳熙五年九月十三日孝宗幸祕書省如紹興十四年之儀帝賦詩羣臣皆屬和

進書儀紹興二十年五月八日進呈中興聖統太常博士丁婁明言乞比附進呈玉牒行禮二十四年進呈徽宗御集禮部言昨紹興十年徽宗御製擬以敷文名閣今乞權安奉於天章閣續俟崇建二十六年十月進呈太后回鑾事實二十七年三月宰臣沈該言玉牒所官陳康伯等先次編修太祖皇帝玉牒自誕聖至即位自建隆元年至開寶九年通修一十七年開基玉牒舊制以梅紅羅面簽金字今欲題曰皇宋太祖皇帝玉牒又編修今上皇帝玉牒自誕聖之後聖德祥瑞建大元帥府事蹟至即帝位二十餘年又自即位後編脩至紹興二年通修二十六年中興玉牒今欲題曰皇宋今上皇帝玉牒宣祖太祖太宗魏王下各宗仙源類譜五世昭穆今已修寫進本乞擇日進呈詔從其請前期儀鸞司臨安府於玉牒殿上南向設權安奉玉牒類譜幷中興聖統幄次又於玉牒所向外設騎從官及文武百官等侍班幕次又於景靈宮內外設騎從官幕次進呈前一日俟朝退玉牒所提領官都大提舉諸司官承受官玉牒所官等赴本所幕次宿衞俟儀仗樂人等排立御史臺閤門太常寺分引玉牒所官詣玉牒殿下北向立禮直官引提領官詣玉牒殿下北向立禮直官揖躬拜提領官拜在位官皆再拜訖次引提領官詣香案前搢笏三上香執笏退復位皆再拜訖班退歸幕次宿衞儀仗樂人作樂晝夜更互排立其日五更御史臺閤門太常寺分引提領官宰執使相侍從臺諫兩省官知閤禮官南班宗室詣玉牒殿北向立禮直官揖躬拜提領官拜在位官皆再拜訖次引提領官詣玉牒類譜香案前搢笏三上香執笏退復位禮直官引提領官詣幄前西向立次騎從官分左右乘馬俟玉牒所率輦官奉擎玉牒類譜腰輿進行樂人作樂儀衞儀仗迎引次引提領官宰執使相侍從臺諫兩省官知閤禮官南班宗室騎從至和寧門下馬執笏步從玉牒類譜至垂拱殿門外幄次步從官權歸幕次樂止儀衞樂人等並於幄次前排立俟進呈玉牒類譜並如閤門儀訖俟玉牒類譜出殿門御史臺閤門太常寺分引提領官宰執使相侍從臺諫兩省官知閤禮官南班宗室分左右執笏步從儀衞樂人前引迎奉出皇城北宮門步從等官上馬騎從至和寧門外前引將至玉牒所御史臺閤門太常寺分引文武百官於玉牒所門內殿門外立班內文臣釐務通直郎以上及承務郎見任寺監主簿執事官以上武臣修武郎以上迎拜訖如值雨地下沾濕迎拜官吏不迎拜騎從官至玉牒所並下馬執笏步從詣玉牒殿下分東西相向立禮直官引提領官詣玉牒類譜幄前西向立定俟玉牒所率輦官奉擎玉牒類譜入幄儀仗儀衞輦官樂人更互排立提領官宰執使相侍從臺諫兩省官知閤禮官南班宗室及玉牒所官分官赴景靈宮迎奉皇帝中興聖統赴玉牒殿同時安奉俟安奉時將至設香案畢次御史臺閤門太常寺分引文武百官詣玉牒殿下並北向立班定禮直官引提領官詣幄前西立俟日官報時及次玉牒所安奉玉牒類譜訖次引提領官復位北向立定禮直官揖躬拜提領官拜在位官皆再拜訖禮直官引提領官詣香案前搢笏三上香執笏退復位立定在位皆再拜訖退儀衞樂人等以次退自是凡進書並倣此惟進太上皇聖政則有詣德壽宮之儀淳祐五年二月十二日進孝宗光宗兩朝御集寧宗實錄及理宗玉牒日歷其日皇帝御垂拱殿提舉官禮儀使宗室使相宰執以下赴實錄院右文殿玉牒所經武閣並行燒香禮畢奉迎諸書至和寧門步導至垂拱殿以俟班齊各隨腰輿入殿下東西向立皇帝服鞾袍出宮殿下鳴鞭禁衞諸班直親從等并入內省執骨朵使臣國史實錄院日歷所編修經武要略所玉牒所點檢文字以下并腰輿下人並迎駕自贊常起居內擎腰輿人不拜止應喏皇帝即御坐先知閤門官以下各班起居如常儀次日內官下殿各取合進呈書匣升殿於殿上東壁各置案上以南爲上知閤門官二員自御坐前導皇帝起詣三朝諸書香案前褥位東向立閤門提

點奏請上香三上香訖又奏請皇帝再拜訖知閤門官前導皇帝復歸御坐知閤門官歸東朵殿上侍立儀鑾司徹香案拜褥降東朵殿次舍人請國史實錄院以下提舉官禮儀使宰執并進讀官升殿於御坐東面西立國史實錄院國史日曆所編修經武要略所玉牒所官殿下依舊立俟入內官進御案孝宗御集提舉官并進讀御集官稍前立分進讀御集官於御前過西壁面東立御集提舉諸司官於孝宗御集匣前搢笏啓封開鑰訖出笏歸侍立位御集承受官搢笏於御集匣內取冊轉授提舉官搢笏接訖承受出笏提舉官奉冊置御案上出笏皇帝起前立提舉諸司官承受官分東西相向立並搢笏揭冊訖各出笏進讀御集官搢笏稍前取篦子指讀逐版揭冊指讀並如上儀俟進讀畢皇帝復坐進讀御集官置篦子於御案上出笏却於御前東壁面西立以俟提舉官搢笏收冊復授承受官搢笏接訖提舉官出笏稍後立承受官奉冊入匣訖出笏提舉諸司官搢笏鎖匣訖出笏歸侍立位次讀光宗御集寧宗實錄光宗經武要略並同上儀次玉牒提舉官并進讀玉牒官稍前立分進讀玉牒官於御前過西壁面東立玉牒提舉諸司官於玉牒匣前搢笏啓封鑰訖出笏歸侍立位玉牒承受官搢笏取冊授提舉官置御案上進讀亦如前儀讀畢鎖匣出笏歸侍立位次日曆提舉官并進讀日曆官啓封鑰進讀亦同俱畢入內官徹案承受官奉冊入匣訖出笏提舉諸司官搢笏鑰匣訖出笏歸侍立位儀鸞司徹卓子降東朵殿奉書匣下殿各置腰輿上國史實錄院日曆所編修經武要略所玉牒所提舉官禮儀使宰執並降東階下殿東壁面西立舍人引各官及禮儀使一班當殿面北立定引各直身出班敍身稱謝訖歸位立揖躬身贊拜兩拜訖贊各祗候直身立宣答御藥下殿宣答提舉官禮儀使並斂身聽宣答訖御藥升殿揖躬身贊拜兩拜訖贊各祗候直身立舍人引赴東壁面西立次引國史實錄院日曆所編修經武要略所王牒所官一班首直身出班斂身稱謝訖歸位立揖躬身贊拜兩拜訖贊各祗候直身立如傳旨謝恩知閤門官承旨訖於折檻東面西立傳與舍人承旨訖再揖躬身贊謝恩拜兩拜訖贊各祗候直身立不該賜茶官先退次引國史實錄院日曆所編修經武要略所玉牒所提舉諸司官并承受官以下一班當殿面北立定揖躬身贊謝恩拜兩拜訖贊各祗候直身立各歸位立次引國史實錄院日曆所編修經武要略所玉牒所點檢文字以下一班當殿面北立定揖躬身贊謝恩拜兩拜訖贊各祗候直身立各歸位立傳旨宣坐賜茶訖舍人奏閤門無公事皇帝起還宮百官導送奏安兩朝御集實錄於天章閣經武要略於經武閣玉牒於玉牒所日曆於祕閣如儀

大射之禮廢於五季太宗始命有司草定儀注其羣臣朝謁如元會酒三行有司言請賜王公以下射侍中稱制可皇帝改服武弁布七埒於殿下王公以次射開樂縣東西廂設熊虎等侯陳賞物於東階以賚能者設豐爵於西階以罰否者并圖其冠冕儀式表著埒之位以進帝覽而嘉之謂宰臣曰俟弭兵當與卿等行之凡游幸池苑或命宗室武臣射每帝射中的從官再拜奉觴貢馬爲賀預射官中者帝爲之解賜襲衣金帶散馬不解則不賜苑中皆有射棚畫暈的射則用招箭班三十人服緋紫繡衣帕首分立左右以唱中否節序賜宴則宗室禁軍大校牧伯諸司使副皆令習射遂爲定制外國使入朝亦令帥臣伴射於園苑政和宴射儀皇帝御射殿侍宴官公服繫鞵射官窄衣奏聖躬萬福再拜升殿酒三行引射官降皆執弓矢謝恩再拜三公以下在右射宮在左不射者依坐次分立皇帝初射中舍人再拜凡左右祗應臣僚除內侍外並階上下再拜行門禁衞諸班親從諸司祗應人並自贊再拜招箭班殿上躬奏訖跪進椀射官先傳弓箭與殿侍側立內侍接椀訖就拜起降階再拜有司進御茶牀天武引進奉馬列射粲前員僚奏聖躬萬福東上閤門官請御前躬奏班首姓名以下進酒班首以下橫行立贊再拜班首奉酒進樂作飲畢殿上臣僚再拜舍人贊各賜酒羣官俱再拜贊各就坐羣臣皆立席後引進司官臨階宣進奉出天武奉馬出樂合復贊就坐飲訖揖與諸司收坐物等射官左側臨階取弓箭侍立皇帝再射中的或雙中如上儀進酒臨時取旨得旨進酒更不進奉中扁椀及解中更不賀不進酒臣僚射中引降階再拜訖殿下側立御箭解中招箭班進椀如上儀舍人再引射中官當殿揖躬宣有敕賜窄衣金帶跪受箱過再拜過殿側服所賜訖再引當殿再拜更不射如宣再射或更賜箭令射如未退卽就位再拜如再射中御箭再解中賜鞍轡馬如上儀臣僚射中御箭不解引降階再拜立招箭班殿上躬奏訖下殿舍人宣有敕賜銀椀跪受執椀并箭就拜起再拜如合賜散馬卽同宣賜宣有敕賜銀椀兼賜散馬若干匹射訖進御茶床諸司復陳坐物等羣官各立席後贊就坐羣臣俱坐酒五行宣示醆宣勸如儀皆作樂宴畢內侍舉御茶床三公以下降階再拜退乾道二年二月四日車駕幸玉津園皇帝射訖次命皇太子次慶王次恭王次管軍臣僚等射如是者三每射四發帝前後四中的淳熙元年九月車駕幸玉津園命從駕文武官行宴射之禮皇太子宰執以下酒三行樂作皇帝臨軒有司進弓矢皇帝中的皇太子進酒率宰執以下再拜稱賀宣皇太子射射中賜宣預射臣僚射使相鄭藻起居舍人王卿月環衞官蕭奪里懶射中各賜襲衣金帶

鄉飲之禮有三周禮鄉大夫三年大比興賢者能者鄉老及鄉大夫帥其吏與其衆寡以禮賓之一也黨正國索鬼神而祭祀則禮屬民而飲酒于序以正齒位二也州長春秋習射于序先行鄉飲禮三也後世臘蜡百神春秋習射序賓飲酒之儀不行於郡國惟貢士日設鹿鳴宴猶古者賓與賢能行鄉飲之遺禮也然古禮有賓主僎介與今之禮不同器以尊俎與今之器不同賓坐於西北介坐於西南主人坐東南僎坐東北與今之位不同主人獻賓賓酢主人主人酬賓次主人獻介介酢主人次主人獻衆賓與今之儀不同今制州軍貢士之月以禮飲酒且以知州軍事爲主人學事司所在以提舉學事爲主人其次本州官入行上舍生當貢者與州之羣老爲衆賓亦古者序賓養老之意也是月也會凡學之士及武士習射亦古者習射于序之意也唐貞觀所頒禮惟明州獨存淳化中會例行之政和禮局定飲酒祭降之節與舉酒作樂器用之屬並參用辟廱宴貢士儀其有古樂處令用古樂既又以河北轉運判官張孝純之言周官以六藝致士必射而後行古者諸侯貢士天子試諸射宮請詔諸路州郡每歲宴貢士於學因講射禮於是禮官參定射儀鄉飲酒前一日本州於射亭東西序量地之宜設提舉學事諸監司知州通判州學教授應赴鄉飲酒官貢士幕次本州兵馬教諭備弓矢應用物設樂其日初筵提舉學事知州軍通判帥應赴鄉飲酒官貢士詣射亭執弓矢揖人射乘矢若中則守帖者舉獲唱獲執算者以算投壺畢多算勝少算射畢贊者贊揖酬酢如儀畢揖退飲如鄉飲酒紹興七年郡守仇念置田以供費十三年比部郎中林保乞脩定鄉飲儀制遍下郡國於是國子祭酒高閌草具其儀上之僎介之位皆與古制不合諸儒莫解其指意慶元中朱熹以儀禮改定知學者皆尊用之主賓僎介之位始有定說其主則州以守縣以令位于東南賓以里居年高及致仕者位于西北僎則州以倅縣以丞或簿位東北介以次長位西南三賓以賓之次者司正以衆所推服者相及贊以士之熟於禮儀者其日質明主人率賓以下先釋菜于先聖先師退各就次以俟肅賓介與衆賓既入主人序賓祭酒再拜詣罍洗洗觶至酒尊所酌實觶授執事者至賓席前跪以獻賓賓酬主人主人酬介介酬衆賓賓主以下各就席坐訖酒再行次沃洗贊者請司正揚觶致辭司正復位主人以下復坐主人與復至阼階楣下僎從賓介復至西階下立三賓至西階立並南向主人拜賓介以下再拜賓介與衆賓先自西趨出主人少立自東出賓以下立于庠門外之右東鄉主人立于門外之左西鄉僎從主人再拜賓介以下皆再拜退

宋史卷一百十五

元中書右丞相總裁脫脫等修

禮志第六十八

禮十八嘉禮六

皇太子冠禮皇子附　公主笄禮　公主下降儀宗室附　親王納妃　品官婚禮　士庶人婚禮

皇太子冠儀嘗行於大中祥符之八年徽宗親製冠禮沿革十一卷命儀禮局倣以編次其儀前期奏告天地宗廟社稷諸陵宮觀殿中監帥尚舍張設垂拱文德殿門之內設香案殿下螭陛間又爲房於東朵殿大晟展宮架樂於橫街南太常設太子冠席東階上東宮官位於後設褥位陳服於席南東領北上遠遊冠簪導衮冕簪導同箱在服南設罍洗阼階東罍在洗東篚在洗西實巾一加勺冪光祿設醴席西階上南面實側尊在席南又設饌于席加冪執事者並公服立罍洗酒饌之所九旒冕遠遊冠折上巾各一匱奉禮郎三人執以侍於東階之東西北上設典儀位於宮架東北贊者二人在南西向禮直官通事舍人太常博士引太子詣朵殿東房皇帝乘輦駐垂拱殿百官起居如月朔視朝儀左輔版奏中嚴內外符寶郎奏寶先出左輔奉外辦皇帝服

通天冠絳紗袍詣文德殿簾捲大樂正令撞黃鐘之鐘右五鐘皆應殿上鳴鞭皇帝出西閤乘輦協律郎俛伏跪舉麾興工鼓柷奏乾安之樂殿上扇合禮直官太常博士引禮儀使導皇帝出降輦卽坐簾捲扇開鞭鳴樂止爐煙升符寶郎奉寶陳於御坐左右禮直官通事舍人太常博士引掌冠贊冠者入門肅安之樂作至位樂止典儀曰再拜在位者皆再拜左輔詣御坐前承制降東階詣掌冠者前西向稱有制典儀贊在位官再拜訖宣制曰皇太子冠命卿等行禮掌冠贊冠者再拜訖文臣侍從官宗室武臣節度使以上升殿東西立應行禮官詣東階下立東宮官入詣太子東房次禮直官等引太子內侍二人夾侍東宮官後從欽安之樂作卽席西向坐樂止引掌冠贊冠者以次詣罍洗樂作搢笏盥帨訖出笏升樂止執折上巾者升掌冠者降一等受之右執項左執前進皇太子席前北向立祝曰咨爾元子肇冠於阼筵日擇賓德成禮具於萬斯年承天之祐乃跪冠順安之樂作掌冠者與席南北面立（後準此）贊冠者進席前北面跪正冠與立於掌冠者之後太子與內侍跪進服服訖樂止掌冠者揖太子復坐禮直官等引掌冠者降詣罍洗如上儀贊冠者進席前北向跪脫折上巾置于匴與內侍跪受與置于席執遠遊冠者升掌冠者降二等受之右執項左執前進太子席前北向立祝曰爰卽令辰申加元服崇學以讓三善皆得副予一人受天百福乃跪冠懿安之樂作掌冠者與贊冠者進跪簪結紘與太子與內侍跪進服服訖樂止掌冠者揖太子復坐掌冠者降詣罍洗及贊冠者跪脫遠遊冠並如上儀執袞冕者升掌冠者降三等受之右執項左執前進太子席前北向立祝曰三加彌尊國本以正無疆惟休有室大競懋昭厥德保茲永命乃跪冠成安之樂作掌冠者與贊冠者如上儀跪簪結紘內侍進服服訖樂止禮直官等引太子降自東階樂作由西階升卽醴席南向坐樂止又引掌冠者詣罍洗樂作盥帨訖升西階樂止贊冠者跪取爵內侍注酒掌冠者受爵跪進太子席前北向立祝曰旨酒嘉薦有飶其香拜受祭之以定爾祥令德壽豈日進無疆太子搢圭跪受爵正安之樂作飲訖奠爵執圭太官令設饌席前太子搢圭食訖樂止執圭與大官令徹饌爵禮直官等引自西階詣東房易朝服降立橫街南北向東宮官復位西向（太子初行樂作至位樂止）禮直官等引掌冠贊冠者詣前西向掌冠者少進字之曰始生而名爲實之賓既冠而字以益厥文永受保之承天之慶奉敕字某太常博士請再拜太子再拜訖搢笏舞蹈再拜奏聖躬萬福又再拜左輔承旨降自東階詣太子前西向宣曰有敕太子再拜宣敕曰事親以孝接下以仁遠佞近義祿賢使能古訓是式大猷是經宣訖太子再拜訖禮直官等引太子前俛伏跪奏稱臣雖不敏敢不祗奉奏訖與復位再拜訖引出殿門樂作出門樂止侍立官並降復位典儀曰拜贊者承傳在位者皆再拜禮儀使奏禮畢鳴鞭大樂正令撞蕤賓之鐘左五鐘皆應乾安之樂作皇帝降坐左輔奏解嚴放仗在位官皆再拜退太子入內朝見皇后如宮中儀擇日謁太廟別廟宿齋於本宮質明服遠遊冠朱明衣乘金輅至廟改服袞冕執圭行禮羣臣稱賀皇帝賜酒三行

皇子冠前期擇日奏告景靈宮太常設皇子冠席文德殿東階上稍北東向設褥席陳服于席南東領北上九旒冕服七梁進賢冠服折上巾公服七梁冠簪導九旒冕簪導同箱在服南設罍洗酒饌旒冕冠巾及執事者並如皇太子儀其日質明皇帝通天冠絳紗袍御文德殿皇子自東房出內侍二人夾侍王府官從恭安之樂作卽席南向坐樂止掌冠者進折上巾北向跪冠脩安之樂作贊冠者進北面跪正冠皇子與內侍跪進服訖樂止掌冠者揖皇子復坐以爵跪進祝曰酒醴和旨籩豆靜嘉授爾元服兄弟具來永言保之降福孔皆皇子搢笏跪受爵翼安之樂作飲訖太官令進饌訖再加七梁冠進安之樂作掌冠者進爵祝曰賓贊既戒肴核惟旅申加厥服禮儀有序允觀爾成承天之祜皇子跪受爵輔安之樂作太官奉饌三加九旒冕廣安之樂作掌冠者進爵祝曰旨酒嘉栗甘薦令芳三加爾服眉壽無疆永承天休俾熾而昌皇子跪受爵賢安之樂作太官奉饌饌徹皇子降易朝服立橫階南北向位掌冠者字之曰歲日云吉威儀孔時昭告厥字君子攸宜順爾成德永受保之奉敕字某皇子再拜舞蹈又再拜奏聖躬萬福又再拜左輔宣敕戒曰好禮樂善服儒講藝蕃我王室友于兄弟不溢不驕惟以守之皇子再拜進前俛伏跪稱臣雖不敏敢不祗奉俛伏興復位再拜出殿上侍立官並降復位再拜放仗明日百僚詣東上閤門賀

公主笄禮年十五雖未議下嫁亦笄笄之日設香案於殿庭設冠席於東房外坐東向西設醴席於西階上坐西向東設席位於冠席南西向其裙背大袖長裙褕翟之衣各設於椸陳于庭冠笄冠朵九翬四鳳冠各置于槃蒙以帕首飾隨之陳于服椸之南執事者三人掌之櫛總置于東房內執事宮嬪盛服旁立俟樂作奏請皇帝升御坐樂止提舉官奏曰公主行笄禮樂作贊者引公主入東房次行尊者爲之總髻畢出卽席西向坐次引掌冠者東房西向立執事奉冠笄以進掌冠者進前一步受之進公主席前北向立樂止祝曰令月吉日始加元服棄爾幼志順爾成德壽考綿鴻以介景福祝畢樂作東向冠之冠畢席南北向立贊冠者爲之正冠施首飾畢揖公主適房樂止執事者奉裙背入服畢樂作公主就醴席掌冠者揖公主坐贊冠者執酒器執事者酌酒授於掌冠者執酒北向立樂止祝曰酒醴和旨籩豆靜嘉受爾元服兄弟具來與國同休降福孔皆祝畢樂作進酒公主飲畢贊冠者受酒器執事者奉饌食訖徹饌復引公主至冠席坐樂止贊冠者至席前贊冠者脫冠置于槃執事者徹去樂作執事者奉冠以進掌冠者進前二步受之進公主席前北向立樂止祝曰吉月令辰乃申爾服飾以威儀淑謹爾德眉壽永年享受遐福祝畢樂作東向冠之冠畢席南北向立贊冠者爲之正冠施首飾畢揖公主適房樂止執事奉大袖長裙入服畢樂作公主至醴席掌冠者揖公主坐贊冠者執酒器執事者酌酒授于掌冠者執酒北向立樂止祝曰賓贊既戒殽核惟旅申加爾服禮儀有序允觀爾成永天之祜祝畢樂作進酒公主飲畢贊冠者受酒器執事者奉饌食訖徹饌復引公主至冠席坐樂作贊冠者至席前贊冠者脫冠置于槃執事者徹去樂作執事奉九翬四鳳冠以進掌冠者進前三步受之進公主席前向北而立樂止祝曰以歲之吉以月之令三加爾服保茲永命以終厥德受天之慶祝畢樂作東向冠之冠畢席南北向立贊冠者爲之正冠施首飾畢揖公主適房樂止執事者奉褕翟之衣入服畢樂作公主至醴席掌冠者揖公主坐贊冠者執酒器執事者酌酒授于掌冠者執酒北向立樂止祝曰旨酒嘉薦有飶其香咸加爾服眉壽無疆永承天休俾熾而昌祝畢樂作進酒公主飲畢贊冠者受酒器執事者奉饌食訖徹饌復引公主至席位立樂止掌冠者詣前相對致辭曰歲日具吉威儀孔時昭告厥字令德攸宜表爾淑美永保受之可字曰某辭訖樂作掌冠者退引公主至君父之前樂止再拜起居謝恩再拜少俟提舉進御坐前承旨訖公主再拜提舉乃宣訓辭曰事親以孝接下以慈和柔正順恭儉謙儀不溢不驕毋詖毋欺古訓是式爾其守之宣訖公主再拜前奏曰兒雖不敏敢不祗承歸位再拜見后母之禮如之禮畢公主復坐皇后稱賀次妃嬪稱賀次掌冠贊冠者謝恩次提舉衆內臣稱賀其餘班次稱賀並依常式禮畢樂作駕興樂止

公主下降初被選尚者卽拜駙馬都尉賜玉帶襲衣銀鞍勒馬采羅百匹謂之繫親又賜辦財銀萬兩進財之數倍於親王聘禮出降賜甲第餘如諸王夫人之制掌扇加四引障花燭籠各加十皆行舅姑之禮諸親遞加賜賚其縣主繫親以金帶賜辦財銀五千兩納財賜賚大率三分減其二宗室女特封郡君者又差降焉嘉祐初禮官言禮閣新儀公主出降前一日行五禮古者結婚始用行卜告以夫家釆擇之意謂之納采問女之名歸卜夫廟吉以告女家謂之問名納吉今選尚一出朝廷不待納采公主封爵已行誕告不待問名若納成則既有進財請期則有司擇日宜稍依五禮之名存其物數俾知婚姻之事重而夫婦之際嚴如此亦不忘古禮之義也時兗國公主下嫁李瑋詔賜出降日令夫家主婚者具合用鴈幣玉馬等物陳於內東門外以授內謁者進入內侍掌事者受唯馬不入神宗卽位詔以昔侍先帝恭聞德音以舊制士大夫之子有尚帝女者輒皆升行以避舅姑之尊豈可以富貴之故屈人倫長幼之序宜詔有司革之以厲風俗於是著爲令仍命陳國長公主行舅姑之禮駙馬都尉王師約更不升行公主見舅姑行禮自此始舊例長公主凡有表章不稱妾禮院議謂男子婦人凡於所尊稱臣若妾義實相對今宗室伯叔近臣悉皆稱臣卽公主理宜稱妾況家人之禮難施於朝廷請自大長公主而下凡上牋表各据國封稱妾從王師約之請也康國公主下降太常寺言按令公主出降申中書省請皇后帥宮闈掌事人送至第外命婦從今請如令詔出降日婉儀帥宮闈掌事者送至第外命婦免從徽宗改公主爲姬下詔曰在熙寧初有詔釐改公主郡主縣主名稱當時羣臣不克奉承近命有司稽考前世周稱王姬見於詩雅姬雖周姓考古立制宜莫如周可改公主爲帝姬郡主爲宗姬縣主爲族姬其稱大長者爲大長帝姬仍以美名二字易其國號內兩國者以四字其出降日壻家具五禮修表如上儀太史局擇日告廟親迎前一日所司於內東門外量地之宜西向設壻次其壻父醮子如上儀乃命之曰往迎爾雍以昭惠宗祏子再拜曰祗率嚴命又再拜降出乘馬至東華門內下馬禮直官引就次有司陳帝姬鹵簿儀仗於內東門外候將升厭翟車引壻出次於內東門外

躬身西向掌事者執鴈內謁者奉鴈以進俟帝姬升車壻再拜先還第同牢其日初昏掌事者設巾洗各二於東階東南一於室北水在洗東尊於室中實四爵兩巹於篚壻至本第下馬以俟帝姬至降車贊者引壻揖之以入及寢門又揖導之升階入室盥洗掌事者布對位又揖帝姬皆卽坐受醆三飲俱興再拜贊者徹酒見舅姑夙興帝姬著花釵服褕翟以俟見贊者設舅姑位於堂上舅位於東姑位於西各服其服就位女相者引帝姬升自西階詣舅位前再拜贊者以棗栗授帝姬奉置舅位前舅卽坐贊者進徹以東帝姬退復位又再拜女相者引詣姑位前再拜贊者以服脩授帝姬奉置姑位前姑卽坐贊者升徹以東帝姬退復位又再拜次醴婦盥饋饗婦如儀

諸王納妃宋朝之制諸王聘禮賜女家白金萬兩敲門(卽古之納采)用羊二十口酒二十壺綵四十匹定禮羊酒綵各加十茗百斤頭𢄼巾段綾絹三十匹黃金釵釧四雙條脫一副眞珠琥珀瓔珞眞珠翠毛玉釵朶各二副銷金生色衣各一襲金塗銀合二錦繡綾羅三百匹果槃花粉花幂眠羊卧鹿花餠銀勝小色金銀錢等物納財用金器百兩綵千匹錢五十萬錦綺綾羅絹各三百匹銷金繡畫衣十襲眞珠翠毛玉釵朶各三副函書一架纏束帛押馬函馬二十匹羊五十口酒五十壺繫羊酒紅絹百匹花粉花幂果盤銀勝羅勝等物親迎用塗金銀裝肩輿一行障坐障各一方團掌扇四引障花十樹生色燭籠十高髻釵插幷童子八人騎分左右導扇輿其宗室子聘禮賜女家白金五千兩其敲門定禮納財親迎禮皆減半遠屬族卑者又減之政和三年四月議禮局上皇子納夫人儀采擇使者曰奉制某王之儷屬子懿淑謹之重之使某行采擇之禮儐者入告主人曰臣某之子顓愚不足以備采擇恭承制命臣某不敢辭問名使者曰某王之儷采擇旣諾將加官占奉制問名儐者入告主人曰制以臣某之子可以奉侍某王臣某不敢辭告吉使者曰官占旣吉奉制以告儐者入告主人曰臣某之子愚弗克堪占旣之吉臣與有幸臣某謹奉典制告成使者曰官占云吉嘉偶旣定制使某以儀物告成儐者入告主人曰奉制使臣以重禮臣某謹奉典制告期使者曰涓辰之良某月某日吉制使某告期儐者入告主人曰臣某謹奉典制前期太史局擇日奏告景靈宮賜告前一日主人設使者次如常儀(使者以內侍爲之)又設告箱之次於中門外北向隨關所白設香案於寢庭其日大昕使者公服至主人出迎於大門外北向再拜使者不答拜謁者引使者入門而左主人入門而右舉告箱者同入主人立香案左使者在右舉告箱者以告置于香案女相者引夫人出面闕立使者稱有制女相者贊再拜使者曰賜某國夫人告又贊再拜退使者出皇帝醮戒於所御之殿皇子乘象輅親迎同牢夫人朝見盥饋皇帝皇后饗夫人如儀其諸王以下納采賓曰某官以伉儷之重施於某王(某官謂主人某王謂壻)某王率循彝典以某將事敢請納采(某王謂壻父某謂賓)儐者入告主人曰某之子弗閑於姆訓維是服脩棗栗之饋未知所以告虔也某聽命于廟敢不拜嘉問名賓曰合二姓之好必稽諸龜筮敢請問名儐者入告主人曰某王恭謹重正昏禮將以加諸卜某敢不以告納吉賓曰某王承嘉命稽諸卜筮龜筮協從使某以告儐者入告主人曰某王不忘寒素欲施德於某未教之女而卜以吉告其曷敢辭納成賓曰某官以伉儷之重施於某王某王(上謂壻下謂壻父)率循彝典有不腆之幣以某將事敢請納成儐者入告主人曰某王順彝典申之以備物某敢不重拜嘉請期賓曰某王謹重嘉禮將卜諸近日使某請期儐者人告主人再辭儐者出告賓曰某旣不獲受命於某官某王得吉卜曰某日敢不以告儐者入告主人曰謹奉命以從親迎前一日主人設賓次(賓謂壻)如常儀其日大昕壻之父服其服告於禰廟(無廟者設神位於廳事東不應設位者不設)子將行父醮之於廳事贊者設父位中間南向設子位父位之西近南東向父卽坐子公服升自西階進立位前贊者注酒於醆西向授子子再拜跪受贊者又設饌父位前子舉酒興卽坐飮食訖降再拜進立於父位前命之曰躬迎嘉偶釐爾內治子再拜曰敢不奉命又再拜降出詣女家主人服其服告於禰廟如請期之儀賓將至主人設神位於寢戶外之西設醴女位於戶內南向具酒饌賓至贊者引就次女盛服於房中就位南向立姆位於右從者陪其後父公服升自東階立於寢戶外之東西向內贊者設酒饌女就位坐飮食訖降再拜內贊者徹酒饌主人降立東階東南西面贊者引賓出次立於門西東面儐者進受命出請事賓曰某受命於父以茲嘉禮躬聽成命儐者入告主人曰某固願從命儐者出告訖入引主人迎賓大門外之東西面揖賓報揖主人入門而右賓入門而左執鴈者從入陳鴈於庭三分庭一在南北向主人升立于東階上西面賓升西階進當寢戶前北面再拜降出主人不降送賓初入門毋出立於寢戶外之西南面賓拜訖姆引女出於母左父命之曰往之汝家以順爲正無忘肅恭母戒之曰必恭必戒無違舅姑之命庶母申之曰爾誡聽於訓言毋作父母羞女出門壻先還第其同牢廟見見舅姑諸禮皆如儀凡宗室婚姻治平中宗正司言宗室女舅姑夫族未立儀制皆當刱法詔壻家有二世食祿卽許娶宗室女未仕者與判司簿尉已任者隨資序推恩卽壻別祖女別房舊爲婚姻而於今卑尊不順者皆許壻之三代鄉貫生月人材書劄止令婚主問驗以告宗正寺大宗正司寺司詳覩如條保明所進財皆賜壻家令止於本宮納財媒妁使令之人非理求匄許告宗室女事舅姑及見夫之族親皆如臣庶之家其後又令宗室女再嫁者祖父有二代任殿直若州縣官已上卽許爲婚姻熙寧十年又詔應袒免以上親不得與雜類之家婚嫁謂舅嘗爲僕姑嘗爲娼者若父母係化外及見居沿邊兩屬之人其子孫亦不許爲婚緦麻以上親不得與諸司胥吏出職納粟得官及進納伎術工商雜類惡逆之家子孫通婚(後又禁刑徒人子孫爲婚)應婚嫁者委主婚宗室擇三代有任州縣官或殿直以上者列姓名家世州里歲數奏上宗正司驗實召保付內侍省宣繫聽期而行嫁女則令其婿召保其冒妄成婚者以違制論主婚宗室與媒保同坐不以赦降自首者減罪告者有賞非袒免親者依庶姓法宗室離婚委宗正司審察若於律有可出之實或不相安方聽若無故捃捨者劾奏如許聽離追完賜予物給還嫁資再娶者不給賜非袒免以上親與夫聽離再嫁者委宗正司審核其恩澤已追奪而乞與後夫者降一等尋詔宗女毋得與嘗娶人結婚再適者不用此法

品官婚禮納采問名納吉納成請期親迎同牢廟見見舅姑姑醴婦盥饋饗婦送者並如諸王以下婚四品以下不用盥饋饗婦禮

士庶人婚禮幷問名於納采幷請期於納成其無鴈奠者三舍生聽用羊庶人聽以雉及雞鶩代其辭稱吾子親迎質明掌事者設禰位廳事東間南向壻之父服其服北面再拜祝曰某子某年若于禮宜有室聘某氏第幾女以某日親迎敢告子將行父坐廳事南向子服其服(三舍生及品官子孫假九品服餘並皂衫衣折上巾)立父位西少南東向贊者注酒於醆授子子再拜跪受贊者又以饌設位前子舉酒興卽坐飮食訖降再拜進立父位前命之曰釐爾內治往求爾匹子再拜曰敢不奉命又再拜降出初婚掌事者設酒饌室中置二醆於槃壻服其服如前服至女家贊者引就次掌事者設禰位主人受禮如請期之儀主人(謂女父)女盛服立房中父升階立房外之東西向(非南向者各隨其所向父立於門外之左餘放此)贊者注酒於醆授女女再拜受醆贊者又以饌設於位前女卽坐飮食訖降再拜父降立東階下賓出次(賓謂壻)主人迎于門揖賓入賓報揖從入主人升東階西面賓升西階進當房戶前北面掌事者陳鴈于階賓曰某受命於父以茲嘉禮躬聽成命主人曰某固願從命賓再拜降出主人不降送初女出父戒之曰往之汝家無忘肅恭母戒之曰夙夜以思無有違命諸母申之曰無違爾父母之訓女出壻先還俟于門外婦至贊者引就北面立壻南面揖以入至於室掌事者設對位室中壻婦皆卽坐贊者注酒於醆授壻及婦壻及婦受醆飮訖迎設饌再飮三飮並如上儀壻及婦皆興再拜贊者徹酒饌見祖禰見舅姑禮婦饗送者如儀

宋史卷一百十六

元中書右丞相總裁脫脫等修

禮志第六十九

禮十九 賓禮一

大朝會儀　常朝儀

周官司儀掌九儀賓客擯相詔王南鄉以朝諸侯大行人掌大賓之禮大客之儀以親諸侯蓋君臣之際體統雖嚴然而接以仁義攝以威儀實有賓主之道焉是以小雅鹿鳴燕其臣下皆以嘉賓稱之宋之朝儀政和詳定五禮列爲賓禮今修宋史存其舊云

大朝會宋承前代之制以元日五月朔冬至行大朝會之禮太祖建隆二年正月朔始受朝賀於崇文殿服袞冕設宮縣仗衛如儀仗退羣臣詣皇太后宮門奉賀帝常服御廣德殿羣臣上壽用教坊樂五月朔受朝賀於崇元殿服通天冠絳紗袍宮縣儀仗如元會儀乾德三年冬至受朝賀於文明殿四年於朝元殿賀畢常服御大明殿羣臣上壽始用雅樂登歌二舞羣臣酒五行罷太宗淳化三年正月朔命有司約開元禮定上壽儀皆以法服行禮設宮縣萬舞酒三行罷眞宗咸平三年五月朔雨命放仗百官常服起居於長春殿退詣正衙

立班宣制。仁宗天聖四年十二月，詔明年正月朔先率百官赴會慶殿上皇太后壽酒畢，乃受朝天安殿，仍令太常禮院修定儀制。五年正月朔，曉漏未盡三刻，宰臣百官與遼使諸軍將校並常服班會慶殿，內侍請皇太后出殿後幄鳴鞭升坐，又請殿後皇帝幄引皇帝出。帝服鞾袍，於簾內北向褥位再拜，跪稱：「臣某言，元正啓祚，萬物惟新，伏惟尊號皇太后陛下膺時納祐，與天同休。」內常侍承旨答曰：「履新之祐，與皇帝同之。」帝再拜，詣皇太后御坐稍東，內給侍酌酒授內謁者監進，帝跪進訖，以盤興，內謁者監承接之，帝却就褥位跪奏曰：「臣某稽首言，元正令節，不勝大慶，謹上千萬歲壽。」再拜，內常侍宣答曰：「恭舉皇帝壽酒。」帝再拜，執盤侍立，教坊樂止，皇帝受虛醆還幄。通事舍人引百官橫行，典儀贊再拜舞蹈起居，太尉升自西階稱賀簾外，降還位，皆再拜舞蹈。侍中承旨曰「有制」，皆再拜，宣曰：「履新之吉，與公等同之。」皆再拜舞蹈。閤門使簾外奏宰臣某以下進壽酒，皆再拜。太尉升自東階，翰林使酌御酒盞授太尉，執盞盤跪進簾外，內謁者監跪接以進，太尉跪奏曰：「元正令節，臣等不勝慶抃，謹上千萬歲壽。」降還位，皆再拜。宣徽使承旨曰：「舉公等觴。」皆再拜。太尉升立簾外，樂止，內謁者監出簾授虛盞，太尉降階，橫行皆再拜舞蹈。宣徽使承旨宣羣臣升殿，再拜升，及東西廂坐，酒三行，侍中奏禮畢。退，樞密使以下迎乘輿於長春殿起居稱賀，百官就朝堂易朝服，班天安殿朝賀。帝服袞冕受朝，禮官通侍舍人引中書令、門下侍郎各於案取所奏文，詣褥位脫劒舄，以次升，分東西立。諸方鎭表、祥瑞案先置門外左右，令使絳衣對舉，給侍中押祥瑞，中書侍郎押表案，入分詣東西階下對立。既賀，更服通天冠、絳紗袍，稱觴上壽，止舉四爵。乘輿還內，恭謝太后如常禮。神宗元豐元年，詔龍圖閣直學士、史館修撰宋敏求等詳定正殿御殿儀注，敏求遂上朝會儀二篇、令式四十篇，詔頒行之。其制：元正、冬至大朝會，有司設御坐大慶殿，東西房于御坐之左右少北，東西閣于殿後，百官、宗室、客使次于廟堂之內外。五輅先陳于庭，兵部設黃麾仗于殿之內外。大樂令展宮架之樂于橫街南，鼓吹令分置十二案于宮架外。協律郎二人，一位殿上西階之前楹，一位宮架西北，俱東向。陳輿輦御馬于龍墀，繖扇于沙墀，貢物于宮架南（冬至不設貢物），餘則列大慶門外。陳布將士于街左右，金吾六軍諸衞勒所部列黃麾大仗于門及殿庭。百僚、客使等俱入朝，文武常參官朝服，陪位官公服。近仗就陳于閤外，大樂令、樂工、協律郎入就位，中書侍郎以諸方鎭表案、給事中以祥瑞案俟于大慶門外之左右（冬至不設給事中位、祥瑞案）。諸侍衞官各服其器服，輦出至西閤降輦，符寶郎奉寶詣閤門奉迎，百官、客使、陪位官俱入就位。侍中版奏中嚴，又奏外辦，殿上鳴鞭，宮縣撞黃鐘之鐘，右五鐘皆應。內侍承旨索扇，扇合，帝服通天冠、絳紗袍，御輿出，協律郎舉麾，奏乾安樂，鼓吹振作，帝出自西房，降輿即坐，扇開，殿下鳴鞭，協律郎偃麾，樂止，爐煙升。符寶郎奉寶置御坐前，中書侍郎、給事中押表案、祥瑞案入詣東西階下對立。百官、宗室及遼使班分東西以次入，正安樂作，就位，樂止。押樂官歸本班，起居畢，復案位。三師、親王以下及御史臺、外正任、遼使俱就北向位，典儀贊在位者皆再拜，起居訖。太尉將升，中書令、門下侍郎俱降至西階下立（凡太尉行則樂作，至位樂止）。太尉詣西階下，解劒脫舄升殿，中書令、門下侍郎各於案取所奏之文，詣褥位解劒脫舄，以次升，分東西立以俟。太尉詣御坐前北向跪奏：「文武百寮太尉具官臣某等言：元正啓祚，萬物咸新（冬至易爲晷運推移，日南長至），伏惟皇帝陛下應乾納祐，與天同休。」俛伏，興，降階，佩劒納舄（餘官準此），還位，在位官俱再拜舞蹈，三稱萬歲，再拜。侍中進當御坐前承旨，退臨階西向稱制宣答曰：「履新之慶（冬至易曰履長之慶），與公等同之。」贊者曰拜，舞蹈，三稱萬歲。橫行官分班立。中書令、門下侍郎升詣御坐前，各奏諸方鎭表及祥瑞訖，戶部尚書就承制位俛伏跪奏諸州貢物請付所司，禮部尚書奏諸蕃貢物如之，司天監奏雲物祥瑞請付史館，皆如上儀。侍中進當御坐前奏禮畢，殿上承旨索扇，殿下鳴鞭，宮縣撞蕤賓之鐘，左五鐘皆應，協律郎舉麾，宮縣奏乾安樂，鼓吹振作，帝降坐，御輿入自東房，扇開，偃麾，樂止。侍郎奏解嚴，百官退還次，客使、陪位官並退。有司設食案，大樂令設登歌殿上，二舞入立于架南。預坐當升殿者位御坐之前，文武相向，異位重行，以北爲上；非升殿者位于東西廊下。尚食奉御設壽尊于殿東楹少南，設坫于尊南，加爵一。有司設上下羣臣酒尊殿下東西廂。侍衞官及執事者各立其位，仗衞仍立。俟上壽，百官立班如朝賀儀。侍中版奏中嚴、外辦，聞鳴鞭索扇，帝服通天冠、絳紗袍，御輿出東房，樂作，帝即坐，扇開，樂止。贊拜畢，光祿卿詣橫街南跪奏：「具官臣某言，請允羣臣上壽。」興，作中承旨稱制可，少退，舍人曰拜，光祿卿再拜訖，復位。三師以下就位，贊者曰拜，在位者皆拜舞，三稱萬歲。太尉升殿詣壽尊所，北向，尚食奉御酌御酒一爵授太尉，搢笏執爵詣前跪進，帝執爵，太尉出笏，俛伏，興，少退，跪奏：「文武百寮太尉具官臣某等稽首言：元正首祚，臣等不勝大慶，謹上千萬壽。」俛伏，興，降復位，贊者曰拜，在位者皆再拜，三稱萬歲。侍中承旨退，西向宣曰：「舉公等觴。」贊者曰拜，在位者皆再拜，三稱萬歲，北向班分東西序立。太尉自東階侍立，舉第一爵，和安樂作，飲畢，樂止，大尉受虛爵，復於坫，降階。三師以下贊拜舞蹈，稱萬歲，如上儀。侍中進奏：「侍中具官臣某言，請延公王等升殿。」俛伏，興，降復位。侍中承旨退，稱有制，贊者曰拜，在位者皆再拜。宣曰：「延公等升殿。」贊者曰拜，在位者皆再拜。公王等詣東階升，立於席後。尚食奉御進酒，殿中監省酒以進，帝舉第二爵，登歌作甘露之曲，飲訖，殿中監受爵，樂止。羣臣升殿就橫行位，舍人曰各賜酒，贊者曰拜，羣官皆再拜，三稱萬歲。舍人曰就坐，太官令行酒，搢笏受酒，宮縣作正安之樂，文舞入立宮架北，觴行一周，凡行酒訖，並太官令奏巡周，樂止。尚食進食，升階以次置御坐前，又設羣官食訖，太官令奏食徧，太樂丞引盛德升聞之舞入，作三變止，出。殿中監進第三爵，羣官立席後，登歌作瑞木成文之曲，飲訖，樂止，殿中丞受虛爵，舍人曰就坐，羣官皆坐，又行酒作樂進食如上儀。太樂丞引天下大定之舞，作三變止，出。殿中監進第四爵，登歌奏嘉禾之曲，如第三爵。太官令行酒，又一周，樂止。舍人曰可起，百寮皆立席後。侍中進御坐前跪奏禮畢，俛伏，興，與羣官俱降階復位，贊者曰拜，皆再拜舞蹈，三稱萬歲，起分班立。殿上索扇，扇合，殿下鳴鞭，太樂令撞蕤賓之鐘，左右鐘皆應，協律郎俛伏舉麾，太樂令奏乾安之樂，鼓吹振作，帝降坐，御輿入自東房，扇開，樂止。侍中奏解嚴，所司承旨放仗，百寮再拜，相次退。舊制，朝賀止壽帝執鎭圭，至是始罷不用。元祐八年，太常博士陳祥道言：「貴人賤馬，古今所同。故覲禮馬在庭而候氏升堂致命，聘禮馬在庭而賓升堂私覿。今元會儀，御馬立於龍墀之上，而特進以下立於庭，是不稱尊賢才、體羣臣之意。請改儀注，以御馬在庭，於義爲允。」舊制，五月朔受朝，熙寧二年詔罷之。元符元年四月，得傳國受命寶，禮官言：「五月朔於故事當大朝會，乞就是日行受寶之禮，依上尊號寶冊儀。」前一日，帝齋于殿內，翼日，服通天冠、絳紗袍，御大慶殿，降坐受寶，羣臣上壽稱賀。其後徽宗以元日受八寶及定命寶，冬至日受元圭，皆于大慶殿行朝賀禮。新儀成，改元豐儀：太尉爲上公，侍中爲左輔，中書令爲右弼，太樂令爲大晟府，盛德升聞爲天下化成之舞，天下大定爲四夷來王之舞，及增刑部尚書奏天下斷絕，請付史館，餘並如舊儀。凡遇國恤則廢，若無事不視朝，則下敕云不御殿，羣臣進表稱賀于閤門。紹興十二年十月，臣僚言：「竊以元正一歲之首，冬至一陽之復，聖人重之，制爲朝賀之禮焉。自上世以來，未之有改也。漢高祖以五年即位，而七年受朝于長樂宮。我太祖皇帝以建隆元年即位，受朝于崇元殿。主上臨御十有六年，正至朝賀初未嘗講，艱難之際，宜不遑暇。茲者太母還宮，國家大慶，四方來賀，亶惟其時。欲望自今元正、冬至舉行朝賀之禮，以明天子之尊，庶幾舊典不至廢墜。」禮部、太常寺考定朝會之禮，依國故事，設黃麾大仗、車輅、法物、樂舞等，百寮服朝服，再拜上壽，宣王公升殿，間飲三周。詔自來年舉行。十一月，權禮部侍郎王賞等言：「朝會之制，正旦、冬至及大慶受朝受賀，係御大慶殿。其文德、紫宸、垂拱殿禮制各有不同，月朔視朝則御文德殿，謂之前殿正衙，仍設黃麾半仗；紫宸、垂拱皆係側殿，不設儀仗。元正在近，大慶殿之禮事務至多，乞候來年冬至別行取旨。」詔從之。明年，閤門言：「依汴京故事，遇行大禮，則冬至及次年正旦朝會皆罷。」十四年九月，有司言：「明年正旦朝會，請權以文德殿爲大慶殿，合設黃麾大仗五千二十七人，欲權減三分之一。合設八寶於御坐之東西，及登歌、宮架、樂舞、諸州諸蕃貢物、行在致仕官、諸路貢士舉首，並令立班。」詔從之。十五年正旦，御大慶殿受朝，文武百官朝賀如儀。

當朝之儀，唐以宣政爲前殿，謂之正衙，即古之內朝也；以紫宸爲便殿，謂之入閤，即古之燕朝也。而外又有含元殿，含元非正至大朝會不御。正衙則日見羣臣，百官皆在，謂之常參。其後此禮漸廢。後唐明宗始詔羣臣每五日一隨宰相入見，謂之起居。宋因其制，皇帝日御垂拱殿，文武官日赴文德殿正衙曰常參，宰相一人押班。其朝朔望亦於此殿。五日起居則於崇德殿或長春殿，中書門下爲班首。長春即垂拱也。至元豐中官制行，始詔侍從官而上日朝垂拱，謂之常參；百司朝官以上每五日一朝紫宸，爲六參；在京朝官以上朔望一朝紫宸，爲朔參官、望參官，遂爲定制。

正衙常參　國朝之制，兩省、臺官、文武百官每日赴文德殿立班，宰臣一員押班。常朝官有詔旨免常朝及勾當更番宿者不赴，遇假併三日以上即橫行參假。宰相、參知政事及免常朝者悉集（事務急速，赴橫行不及者，牒報臺。如遇親王、使相過正衙，則取別旨）。羣官見謝辭者皆赴正衙。其日，文武班尚書、上將軍以下並先叙立於殿門之外東西相向文班一品二品不叙立正衙見謝辭官立於大班之南右巡使立正衙位南北向臺官大夫中丞三院御史各就揖班位再揖三院不全即不揖揖訖臺官與左巡使先入各就位左右巡使立鐘鼓樓下左巡使奏武班右巡使奏文班如只巡使一員即就入班南立單奏如俱闕即於臺官或員外郎以下差攝次兩班及右巡使入次見謝辭官入次兩省官入兩省官自殿西偏門入於右勤政門北偏門立候文武班將至衙午階就位次文班一品二品入次宰臣出東上閤門就位通事舍人一員立於閤門外北向四色官立其後舍人通承旨奉敕不坐四色言應喏急趨至放班位宣敕在位官皆再拜而退其應橫行者班定通事舍人揖臺官轉班北向舍人揖再拜復位如常朝之儀兩省官恭入者在中書門外近制就使權就朝堂門南上將軍幕次凡見謝辭官新受加恩出使到門者宰臣親王使相侯班定引贊引出東上閤門至押班位西向立定先赴午階南中書門下正衙位再拜却還押班位樞密使副使知院同知院簽書院事參知政事宣徽使宗室節度使以下至刺史將軍侯班定四方館吏引出東上閤門至殿庭由東黃道赴正衙位北向以西爲首將軍以東爲首正衙畢宰臣樞密出西便門親王宗室入東上閤門觀文殿大學士資政殿大學士觀文殿學士三司使翰林資政侍講侍讀學士直學士知制誥待制直學士以上集丞郎幕次待制集上將軍幕次侯班定四方館吏引入殿西便門赴班於大夫中丞前出門下中書侍郎至正言四方館吏引先集勤政門北侯班定於一品二品官未就位前先就位放班訖由西偏門出御史大夫至御史序班如常朝三師三公僕射東宮三師三少班入殿門朝堂吏引入殿東便門赴班於兩省臺官前出尚書丞郎左右金吾上將軍至將軍序班如常朝節度使至刺史軍職兩廂都指揮使以上三司副使文班京朝官武官郎將以上分司官樞密都承旨諸使副醫官帶正員官者並文東武西相向重行序立餘如常朝其權三司使開封府吏部銓祕書監修撰直館閣校理檢討三司判官主判官開封府判官推官僚內職軍校領郡者內客省使至通事舍人節度行軍司馬至團練副使幕職上佐州縣官諸司勒留官新受者京朝官皈賜章服者致仕責授降授並謝行軍副使仍辭京朝官貢舉發解畢者亦見準儀制知貢舉官合謝辭近歲皆即時鎖宿故謝辭皆停垂拱殿起居則內侍省都知押班率內供奉官以下并寄班等先起居次客省閤門使以下呈進日者次三班使臣節度觀察防禦團練刺史等子弟充供奉官侍禁殿直有旨令內朝起居者次內殿當直諸班殿前指揮使左右班都虞候以下內殿直散員散指揮散都頭金槍班等次長入祗候東西班殿侍次御前忠佐次殿前都指揮使率軍校至副指揮使次駙馬都尉任刺史以上者叙本班次諸王府僚次殿前都軍使都頭次皇親將軍以下至殿直次行門指揮使率行門起居以上並內侍贊喝如傳宣前殿不坐即宰相樞密

使文明殿學士三司使翰林樞密直學士中書舍人三司副使知起居注皇城內監庫藏朝官諸司使副內殿崇班供奉官侍禁殿直翰林醫官待詔等同班入次親王侍衛親軍馬步軍都指揮使率軍校至副都指揮使次使相次節度使次統軍次兩使留後觀察使次團練防禦使刺史次侍衛馬步軍使都頭起居畢見謝班入如御崇德殿即紫宸殿也即樞密使以下先就班候升坐諸司使副以下至殿直分東西對立餘皆北面長春殿階北面宰相叅知政事最後入以上並閤門贊喝日止再拜朔望及三日假樞密使以下皆舞蹈早朝則宰相樞密宣徽使起居畢升殿問聖體宰相奏事樞密宣徽使退候宰相對畢樞密使復入奏事次三司開封府審刑院及羣臣以次登殿大兩省以上領務京師有公事許即時請對自餘受使出入要切者欲回奏事則聽先進取旨其見謝辭官以次入于庭凡見者先之謝次之辭又次之出使閤門慢或未升朝官或止拜於門外自祕書監上將軍觀察使內以上得拜殿門階上及升殿止拜御坐前餘皆庭中班次惟宰相親王使相赴崇德殿即宣徽使通喚餘皆側立候通再拜舞蹈致辭即不舞蹈見即將相升殿問聖體其賜分物酒食及收進奉物皆舞蹈稱謝凡收進奉物皆入謝幕職州縣官謝辭即判銓官引對兼於殿門外宣辭戒勵凡國有大慶瑞及出師勝捷樞密使率內職軍校入賀致辭閤門使宣答宰相致辭宣徽使宣答如賜酒即預坐官後入作樂送酒如曲宴之儀晚朝則宰相樞密翰林學士當直者洎近侍執事之臣皆赴乾德六年九月始以旬假日御講武殿又名崇政近臣但赴早參宰相以下韡笏諸司使以下繫帶其節假及大祀並令如式開寶九年四月詔旬休日不視事及太宗即位復如舊視朝退進食訖則易服御崇政殿先羣臣告謝次軍頭引見司奏事于殿下次三班審官院流內銓刑部及諸司引見官吏如假日起居辭見畢即移御坐臨軒視事既退復有奏事或閱器物之式者謂之後殿再坐淳化三年令有司申舉十五條常參文武官或有朝堂行私禮跪拜待漏行立失序談笑喧嘩入正衙門執笏不端行立遲緩至班列行立不正趨拜失儀言語微喧穿班仗出閤門不即就班無故離位廊下食行坐失儀入朝及退朝不從正衙門出入非公事入中書犯者奪奉一月有司振舉拒不伏者錄奏貶降景德二年光祿寺丞錢易言竊覩文德殿常朝班不及三四十人蓋以凡掌職務止赴五日起居頗違舊章望令並赴朝叅乃詔應三館祕書閣尚書省二十四司諸司寺監朝臣內殿起居外並赴文德殿常參其審刑院大理寺臺直官開封府判官推官司錄兩縣司天監翰林

天文監倉場庫務等仍免大中祥符二年御史知雜趙湘言伏見常參官每日趨朝多不整肅舊制並早赴待漏院候開內門齊入伏緣每日迨辰以朝以故後時方入又風雨寒暑即多稱疾宜令知班驅使官視其入晚者申奏疾者遣醫視天禧四年十月中書門下言唐朝故事五日一開延英隻日視事雙日不坐方今中外晏寧政刑清簡望準舊事三日五日一臨軒聽政隻日視事雙日不坐至於刑章錢穀事務遣差臣僚除急切大事須面對外餘並令中書樞密院附奏詔禮儀院詳定雙日前後殿不坐隻日視事或於長春殿或於承明殿應內殿起居羣臣並依常日起居餘如中書門下之儀俄又請隻日承明殿常朝依假日便服視事不鳴鞭詔可康定初詔中書樞密三司大節大忌給假一日小節旬休並後殿奏事前後毋得過五班餘聽後殿對御廚給食假日崇政殿辰漏上入內進食俟再坐復對神宗即位御史中丞王陶以皇祐編敕宰臣押班儀制移中書謂天子新即位大臣不應隳廢朝儀不報舊制祖宗以來日御垂拱殿待制諸司使以上俱赴而百官班文德殿曰常朝五日皆入曰起居平時宰相垂拱殿奏事畢赴文德殿押班或日昃未退則閤門傳宣放班多不復赴王陶以韓琦曾公亮違故事不押班爲不恭劾之琦公亮上表待罪且言唐及五代會要月九開延英則餘日宰相當押正衙班及延英對日未御內殿前傳宣放班則宰相不押正衙班明矣自祖宗繼日臨朝宰相奏事至祥符初始詔循故事押文德班以妨職浸廢乃至今日請下太常禮院詳定陶坐絀司馬光代爲中丞請令宰相遵國朝舊制押班不須詳定尋詔宰相春分辰初秋分辰正垂拱殿未退聽勿赴文德殿令御史臺放班光又言垂拱奏事畢春分以後鮮有不過辰初秋分以後鮮有不過辰正然則自今宰臣常不至文德殿押班請春分辰正秋分巳初奏事未畢即如今詔庶幾此禮不至遂廢迺詔春秋分率以辰正熙寧六年正月西上閤門副使張誠一言垂拱殿常朝先內侍唱內侍都知以下至宿衛行門計一十八班起居後通事舍人引宰執樞密使以下大班入次親王次侍衛馬步軍都指揮以下次皇親使相以下十班入方引見謝辭或遇百官起居日自行門後通事舍人引樞密以下次親王使相以下至刺史十班入方奏兩巡使起居立定方引兩省官入次閤門引宰臣以下大班入起居畢候百官出絕兩省班出次兩巡使出中書樞密方奏事已是

日高況大班本不分別丞郎給諫臺省及常參官今獨使相以下曲爲分別虛占時刻請遇垂拱殿百官起居日將親王以下十班合爲四班親王爲一班侍衛馬步軍都指揮使爲一班皇親使相以下至刺史重行異位爲兩班可減六班如垂拱殿常朝不係百官起居或紫宸殿百官起居其親王使相以下班並依舊儀序入起居從之九月引進使李端慤言近朔望御文德殿視朝祁寒盛暑數煩清蹕而紫宸之朝歲中罕御請朔日御文德既望坐紫宸庶幾正衙內殿朝儀並舉從之元豐八年二月詔諸三省御史臺寺監長貳開封府推判官六參職事官赤縣丞以上寄祿升朝官在京釐務者望參不釐務者朔參哲宗元祐四年十月以戶部尚書呂公孺言詔朔參官兼赴望參望參官兼赴六參五年詔權侍郎並日參紹聖四年十月御史臺言外任官到闕朝見訖並令赴朔望參尋又言元豐官制朝參班序有日參六參望參朔參已著爲令元祐中改朔參兼赴望參望參兼赴六參有失先朝分別等差之意止依元豐儀令從之政和詳定五禮新儀有文德殿月朔視朝儀紫宸殿望參儀垂拱殿四參儀紫宸殿日參儀垂拱殿日參儀崇政殿再坐儀崇政殿假日起居儀其文不載中興仍舊制乾道二年九月閤門奏垂拱殿四參四參官謂宰執侍從武臣正任文臣卿監員郎監察御史已上皇帝坐先讀奏目知閤以下次御帶環衛官以下次忠佐殿前都指揮使以下次殿前司員僚次皇太子次行門已上逐班並常起居次樞密學士待制樞密都承旨以下知閤幷祗應武功大夫以下通班常起居次親王次馬步軍都指揮使次使相次馬步軍員僚已上逐班並常起居次殿中侍御史入側宣大起居訖歸侍立位次宰執以下並兩省官文臣百官入相向立定通班面北立大起居訖凡常起居兩拜大起居七拜三省升殿侍立次兩省官出次殿中侍御史對揖出三省樞密院奏事次引見謝辭次引臣僚奏事訖皇帝起詔今後遇四參日分起居班次可移殿中侍御史及宰執以下百官班令次樞密以下班起居却令親王幷殿前都指揮使以下殿前司員僚逐班於宰執以下班後起居餘並從之淳熙七年九月詔自今垂拱殿日參宰臣特免宣名嘉定十二年正月臣僚奏竊見皇帝御正殿或御後殿固可間舉四參官亦有定日近者每日改常朝爲後殿四參之禮亦多不講正殿後殿四參間免陛下臨朝之日固未嘗輟而外廷不知聖意或謂姑從簡便非所以肅百執事也常朝之禮止於從臣後殿

之儀從臣不與四參止及卿郎而乃累月僅或一舉咫尺天威疎簡至此非所以尊君上而勵百辟也伏願陛下嚴常朝後殿四參之禮起羣下肅謹之心彰明時厲精之治豈不偉哉從之初羣臣見辭謝皆赴正衙淳化二年知雜御史張郁言正衙之設謂之外朝凡羣臣辭見及謝先詣正衙見訖御史臺具官位姓名以報閤門方許入對此國家舊制也自乾德後始詔先赴中謝後詣正衙而文武官中謝後次日並赴正衙內諸司遙領刺史閤門通事舍人以上新授者亦赴正衙辭謝出使急速免衙辭者亦具狀報臺違者罰奉一月其內諸司職官并將校至刺史以上新授者欲望同百官例赴正衙謝從之元豐既定朝參之制侍御史知雜事蒲中行上言文德正衙之制尚存常朝之虛名襲橫行之謬例有司失於申請未能釐正兩省臺官文武百官赴文德殿東西相向對立宰臣一員押班聞傳不坐則再拜而退謂之常朝遇休假併三日以上應內殿起居官畢集謂之橫行自宰臣親王以下應見謝辭者皆先赴文德殿謂之過正衙然在京釐務之官例以別敕免參宰臣押班近年已罷而武班諸衙本朝又不常置故今之赴常朝者獨御史臺官與審官待次階官而已今垂拱內殿宰臣以下既已日參而文德常朝仍復不廢舛謬倒置莫此爲甚至於橫行參假與夫見謝辭官先過正衙雖沿唐之故事然必俟天子御殿之日行之可也詔下詳定官制所言今天子日聽政於垂拱以接執政官及內朝之臣而更於別殿宣敕不坐實爲因習之誤兼有執事升朝官五日一赴起居而未有執事者反謂之參疏數之節尤爲未當又辭見謝自已入見天子則前殿正衙對拜爲虛文其連遇朝假則百官司赴大起居不當復有橫行參假宜如中行言於是常朝正衙橫行之儀俱罷

宋史卷一百十七

元中書右丞相總裁脫脫等修

禮志第七十

禮二十　賓禮二

入閤儀　明堂聽政儀舉敕儀附
皇太后垂簾儀
皇太子正至受賀儀
皇太子與百官師保相見儀

入閤儀唐制天子日御正衙以見羣臣必立仗朔望薦食陵寢不能臨前殿則御便殿乃自正衙喚仗由宣政兩門而入是謂東西上閤門羣臣俟於正衙者因隨以入故謂之入閤五代以來正衙既廢而入閤亦希闊不講宋復行之建隆元年八月朔太祖常服御崇元殿設仗衞文武百官入閤始置待制候對官乃以工部尚書竇儀待制太常卿邊光範候對仗退賜食廊下乾德四年四月朔帝服通天冠絳紗袍御崇元殿視朝設金吾仗衞羣臣入閤太宗淳化二年十一月詔以十二月朔御文德殿入閤令史館修撰楊徽之張洎定爲新儀前一日有司供帳於文德殿（宋初曰文明）是日既明先列文武官於殿庭之東西百官軍校行軍副使等序班於正衙門外屏南階下次御史中丞三院御史序立中丞獨穿金吾班過揖兩班一揖歸本位次監察御史兩員監閤於正衙門外屏北階上北面立次中書門下文明翰林樞密直學士兩省官分班立次司天奏辰刻次閤門版奏班齊皇帝服靴袍乘輦至長春殿駐輦樞密使以下奏謁前導至文德殿殿上承旨索扇捲簾皇帝升位扇却儀鸞使焚香次文武官等拜次司天鷄唱次閤門勘契次閤門使承旨呼四色官喚仗南班有辭謝者再拜先退中書門下班對揖序立正衙門外屏北階上次翰林學士兩省官中丞侍御史序立次金吾將軍押細仗入正衙門後橫行拜訖分行上黃道仗隨入金吾將軍至龍墀分班揖訖序立次吏部侍郎執文武班簿入對揖立次中書門下學士兩省御史臺官入北面拜訖上黃道將至午階靸鞾急趨赴丹墀彈奏御史至吏部侍郎南便落黃道急趨就位起居郎舍人至兵部吏部侍郎後急趨而進飛至香案前皆揖訖序立次金吾大將軍先對揖並鞠躬靸鞾行至折方石位又對揖北行至奏事石位鞠躬一員奏軍國內外平安倒行就位次引文武班就位揖訖鞠躬靸鞾急趨入沙墀次引侍從班橫行宰相視月起居畢分班序立文武兩班出序立於衙門外刑法待制官赴監奏位中書門下夾香案侍立兩省御史臺官學士兵部吏部侍郎金吾將軍監閤御史並相次出就衙門外立（惟學士立門側北候宰相）中書門下詣香案前奏日中書公事臣等已具奏聞訖乃退揖殿出次刑法官待制官各奏事並宣徽使答訖乃出就班次彈奏官左右史出閤內失儀者彈糾如式彈奏官失儀起居郎糾之起居郎失儀閤門使糾之閤門使失儀宣徽使糾之凡出者皆靸鞾急趨揖殿次中書門下學士就位閤門使宣放仗再拜賜廊下食又再拜次閤門使奏閤內無使文武官出殿上索扇垂簾輦還宮其賜廊下食自左右勤政門北東西兩廊文東武西以北爲上立定中丞至本位面南一揖乃就坐食至臺吏贊乃揖笏食食訖復贊食畢而罷五月朔命有司增黃麾仗三百五十人令文武官隨中書門下橫行起居徙翰林學士位于參知政事後與節度使分東西揖殿出眞宗凡三行之景德以後其禮不行仁宗從知制誥李淑議仍讀時令詔禮官詳定儀注以言者謂未合典禮而罷熙寧三年知制誥宋敏求等言奉詔重修定閤門儀制內文德殿入閤儀按今文德殿唐宣政殿也紫宸殿唐紫宸殿也然祖宗親朝皆嘗御文德殿入閤唐制常設仗衞於宣政殿或遇上坐紫宸即喚仗入閤如此則當御紫宸殿入閤方合舊典翰林學士王珪等議按入閤者乃唐舊日紫宸殿受常朝之儀也唐紫宸與今同宣政殿即今文德殿唐制天子坐朝必立仗於正衙若止御紫宸即喚正衙仗自宣政殿東西閤門入故爲入閤五代以來遂廢正衙立仗之制今閤門所載入閤儀者止是唐常朝之儀非盛禮也自是入閤之禮遂罷敏求又言本朝惟入閤乃御文德殿視朝今既不用入閤儀即文德遂闕視朝之禮請下兩制及太常禮院約唐制御宣政殿裁定朔望御文德殿儀以備正衙視朝之制學士韓維等以入閤圖增損裁定上儀曰朔日不值假前五日閤門移諸司排辦前一日有司供帳文德殿其日金吾將軍常服押本衞仗判殿中省官押細仗先入殿庭東西對列文武官東西序立諸軍將校分入北向立朝堂引贊官引彈奏御史二員入殿門踏道當下殿北向立次催文武班分入並東西相向立諸軍將校即於殿庭北向立班皇帝服鞾袍御垂拱殿鳴鞭內侍閤門管軍依朔望常例起居次引樞密宣徽三司使副樞密直學士內客省使以下至醫官待詔及修起居注官二員並大起居諸司使以下退排立帝輦至文德殿後閤門奏班齊帝出殿上索扇升榻鳴鞭扇開捲簾儀鸞使焚香謁文武官就位四拜起居鷄人唱時舍人於彈奏御史班前西向喝大起居御史由文武班後至對立位次引左右金吾將軍合班於宣制石南大起居班首出班躬奏軍國內外平安歸位再拜各歸東西押仗位通喝舍人於宣制石南北向對立舍人退於西階次揖宰臣親王以下躬奏文武百僚宰臣某姓名以下起居分引羣臣以下橫行諸軍將校仍舊立閤門使喝大起居舍人引宰臣至儀石北俛伏跪致詞賀月訖其詞云文武百僚宰臣全銜臣某姓名等言孟春之吉伏惟皇帝陛下膺受時祉與天無窮臣等無任歡呼抃蹈之至歸位五拜閤門使揖中書由東階升殿樞密使帶平章事以上由西階升殿侍立給事中一員歸左省位立轉對官立於給事中之南（如罷轉對官每遇御史臺前期牒請文官二員並依轉對官例先於閤門投進奏狀）吏部侍郎及刑法官立於轉對官南兵部侍郎於右省班南與吏部侍郎東南相向立搢笏各出班籍置笏上（吏部兵部侍郎以審刑官東西院官充刑法官以知審刑大理寺官充）親王使相以下分班出引轉對官於宣制石南宣徽使殿上承旨宣答如儀次吏部兵部侍郎及刑法官對揖出次彈奏御史無彈奏對揖出（如有彈奏並如儀）引給事中至宣制石南揖躬奏殿中無事喝祗候揖西出次引修起居注官次引排立供奉官以下各合班於宣制石南躬喝祗候揖分班出喝文武官等門外祗候出索扇垂簾皇帝降坐鳴鞭舍人當殿承旨放仗四色官靸鞾急趨至宣制石南稱奉敕放仗金吾將軍并判殿中省官對拜訖隨仗出親王使相節度使至刺史學士臺省官諸軍將校等並序班朝堂謝賜茶酒帝復御垂拱殿中書樞密及請對官奏事不引見謝辭班後殿坐臨時取旨其日遇有德音制書御札仍候退御垂拱殿坐制箱出外應正衙見謝辭文武臣僚並依御史臺儀制喚班依序分入於文武班後以北爲首分東西相向重行異位依見辭謝班序位餘押班臣僚於班稍前押班候刑法官對揖出分引近前揖躬舍人當殿宣班引轉對班見謝辭並如紫宸儀樞密使不帶平章事參知政事至同簽書樞密院事宣徽使並立於宣制石稍北宰臣親王樞密使帶平章事使相係押班者立於儀石南餘官並立於宣制石南如合通喚閤門使引並如儀贊喝訖係中書樞密並揖升殿辭謝揖西出其合問聖體者並如儀餘官分班出（彈奏御史候見謝辭班絕對揖出其朝見如謝都門外御筵及召赴闕謝茶藥撫問之類不可合班者各依別班中謝對賜酒食等並門賜其係正衙見門謝辭亦門外唱放）應正衙見謝辭臣僚前一日於閤門投詣正衙榜子閤門上奏目又投正衙狀於御史臺四方館應朔日或得旨罷文德殿視朝止御紫宸殿起居其已上奏目正衙見謝辭班並放免依官品隨赴紫宸殿引或值改依常朝文德殿自有百官班日並如舊儀應外國蕃客見辭候喚班先引赴殿庭東依本國職次重行異位立候見辭謝班絕西向躬舍人當殿通班轉於宣制石南北向立贊喝如儀西出其酒食分物並門賜如有進奉候彈奏御史出進奉入（唯御馬及擔牀自殿西偏門入東偏門出其進奉出入文武官起居舍人通某國進奉宣徽使喝進奉出節式如紫宸儀）候進奉出給事中奏殿中無事出其後殿再坐合引出者從別儀其日賜茶酒宰臣樞密於閤子親王於本廳使相宣徽使兩省官待制三司副使文武百官皇

親使相以下至率府副率及四廂都指揮使以下至副都頭並於朝堂（如朝堂位次不足，卽於朝堂門外設次）管軍節度使至四廂都指揮使節度使兩使留後至刺史並於客省廳詔從所定

徽宗初建明堂禮制局列上七議一曰古者朔必告廟示不敢專請視朝聽朔必先奏告以見繼述之意二曰古者天子負扆南向以朝諸侯聽朔則各隨其方請自今御明堂正南向之位布政則隨月而御堂其閏月則居門焉三曰禮記月令天子居青陽總章每月異禮請稽月令十二堂之制修定時令使有司奉而行之四曰月令以季秋之月爲來歲受朔之日請以每歲十月於明堂受新歷退而頒之郡國五曰古者天子負扆公侯伯子男蠻夷戎狄四塞之國各以內外尊卑爲位請自今元正冬至及大朝會並御明堂遼使依賓禮蕃國各隨其方立於四門之外六曰古者以明堂爲布政之宮自今若有御劄手詔並請先於明堂宣示然後榜之朝堂頒之天下七曰赦書德音舊制宣於文德殿自今非御樓肆赦並於明堂宣讀政和七年九月一日詔頒朔布政自十月爲始是月一日上御明堂平朔左个頒天運政治及八年戊戌歲運歷數於天下自是每月朔御明堂布是月之政先是羣臣五上表請負扆聽朝詔弗允至是復再請始從之十一月一日上御明堂南面以朝百辟退坐於平朔頒政其禮百官常服立明堂下乘輿自內殿出負斧扆坐明堂大晟樂作百官朝於堂下大臣升階進呈所頒布時令左右丞一員跪請付外施行宰相承制可之左右丞乃下授頒政官頒政官受而讀之訖出閤門奏禮畢帝降坐百官乃退自是以爲常其歲運歷數天運政治之辭文多不載是後則各隨歲月星歷氣運推移沿改而易其辭焉初尚書左丞薛昂條具熙寧以來紹述熙豐政事各條其節目繫之月令頒於明堂尋詔月之朔使民知寒暑燥濕之化而萬里之遠雖驛置日行五百里已不及時其千里外當前期十日進呈取旨頒布諸州長吏封掌俟月朔宣讀之宣和元年蔡京言周觀治象於正月之始和以十二月頒告朔於邦國皆不在十月後世以十月者祖秦朔故也秦以十月爲歲首故月令以孟冬頒來歲之朔今不當用請以季冬頒歲運於天下詔自今以正月旦進呈宣讀四年二月太常王黼編類明堂頒朔布政與詔書條例氣令應驗凡六十三冊上之靖康元年詔罷頒朔布政

御樓肆赦每郊祀前一日有司設百官親王蕃國諸州朝貢使僧道耆老位宣德門外太常設宮縣鉦鼓其日刑部錄諸囚以俟駕還至宣德門內幄次改常服羣臣就位帝登樓御坐樞密使宣徽使侍立仗衞如儀通事舍人引羣臣橫行再拜訖復位侍臣宣曰承旨舍人詣樓前侍臣宣敕立金雞舍人退詣班南宣付所司訖太常擊鼓集囚少府監立雞竿於樓東南隅竿末伎人四面緣繩爭上取雞口所銜絳幡獲者卽與之樓上以朱絲繩貫木鶴仙人乘之奉制書循繩而下至地以畫臺承鶴有司取制書置案上閤門使承旨引案宣付中書門下轉授通事舍人北面宣云有制百官再拜宣赦訖還授中書門下付刑部侍郎承旨放囚百官稱賀閤門使進詣前承旨宣答訖百官又再拜舞蹈退若德音赦書自內出者並如文德殿宣制之儀其降御劄亦閤門使跪授殿門外置箱中百官班定閤門授宰臣讀訖傳告百僚皆拜舞稱萬歲眞宗宣制有司請用儀仗四千人自承天殿設細仗導衞近臣起居訖則分左右前導之

皇太后臨朝聽政乾興元年眞宗崩遺旨以皇帝尚幼軍國事兼權取皇太后處分宰相率百官稱賀復前奉慰又慰皇太后於簾前有司詳定儀式內東門拜表合差入內都知一員跪授傳進皇太后所降批答首書覽表具之末云所請宜許或不許初丁謂定皇太后稱予中書與禮院參議每下制令稱予便殿處分稱吾皇太后詔止稱吾與皇帝並御承明殿垂簾決事百官表賀英宗卽位輔臣請與皇太后權同聽政禮院議自四月內東門小殿垂簾兩府合班起居以次奏事非時召學士亦許至小殿時帝以疾權居柔儀殿東閤西室太后垂簾處分稱吾唯兩府日入候問聖體因奏政事退詣小殿簾外覆奏太后帝疾間御前後殿聽政兩府退朝猶於小殿覆奏哲宗卽位太皇太后權同聽政三省樞密院按儀注未釋服以前遇隻日皇帝御迎陽門日參官並赴起居依側奏事每五日遇隻日於迎陽門垂簾皇帝坐於簾內之北宰執奏事則權屏去左右侍衞事有機速許非時請對及賜宣召亦許升殿禮部御史臺閤門奏討論御殿及垂簾儀制每朔望六參皇帝御前殿百官起居三省樞密院奏事應見謝辭班退各令詣內東門進榜子皇帝隻日御延和殿垂簾日參官起居太皇太后移班少西起居皇帝並再拜三省樞密院奏事三日以上四拜不舞蹈候祔廟畢起居如常儀簾前通事以內侍殿下以閤門吏部磨勘奉舉人垂簾日引應見謝辭臣僚遇朔望參日不坐並先詣殿門次內東門應接賜者並門賜之於是帝御迎陽門幄殿同太皇太后垂簾宰臣親王以下合班起居常制分班十六至是合班以閤門奏請故也禮官請如有祥瑞邊捷宰臣以下紫宸殿稱賀皇帝畢赴內東門賀太皇太后從之徽宗卽位皇太后權同聽政三省樞密院聚議故事嘉祐末英宗請慈聖同聽政五月同御內東門小殿垂簾至七月十三日英宗間日御前後殿輔臣奏事退詣內東門簾前覆奏又故事唯慈聖不立生辰節名不遣使契丹若天聖元豐則御殿垂簾立生辰節名遣使與契丹往還及避家諱等曾布曰今上長君豈可垂簾聽政請如嘉祐故事蔡卞曰天聖元豐與今日皆遺制處分非嘉祐比布曰今日之事雖載遺制實出自德音又皆長君正與嘉祐事相似有旨依嘉祐治平故事布語同列曰奏事先太后次覆奏皇帝如今日所得旨遂爲定式矣尋以哲宗靈駕發引太后手書罷同聽斷焉

皇太子元正冬至受羣臣賀儀政和新儀前一日有司於東門外量地之宜設三公以下文武羣官等次如常儀典儀設皇太子答拜褥位於階下南向又設文武羣官版位於門之外其日禮直官舍人先引三公以下文武羣臣以次入就位立定禮直官舍人引左庶子詣皇太子前跪請內嚴少頃又言外備內侍褰簾皇太子常服出次左右侍衞如常儀皇太子降階詣南向褥位典儀曰再拜贊者承傳曰再拜三公以下皆再拜皇太子答拜班首少前稱賀云元正首祚（冬至云天正長至）景福維新伏惟皇太子殿下與時同休賀訖少退復位左庶子前承命詣羣臣前答云元正首祚（冬至云天正長至）與公等均慶典儀曰再拜班首以下皆再拜皇太子答拜訖禮直官通事舍人引三公以下文武百官以次出內侍引皇太子升階還次降簾侍衞如常儀少頃禮直官舍人引知樞密院官以下入就位立定內侍引皇太子降階詣南向褥位樞密以下參賀如上儀訖退次引師傅保賓客以下入就位參賀如上儀師傅保以下以次出內侍引皇太子升坐禮直官引文武宮官入就位重行北向立典儀曰再拜在位官皆再拜左庶子少前跪言具官某言元正首祚（冬至云天正長至）伏惟皇太子殿下與時同休俛伏興復位典儀曰再拜在位者皆再拜分東西序立左庶子少前跪言禮畢左右近侍降簾皇太子降坐宮官退左右侍衞以次出

皇太子與百官相見至道元年有司言百官見皇太子自兩省五品尚書省御史臺四品諸司三品以上皆答拜餘悉受拜宮官自左右庶子以下悉用參見之儀其宴會位在王公上與師傅保相見政和新儀前一日所司設師傅保以下次與宮門外道西南向設軒架之樂於殿庭近南北向其日質明諸位率各勒所部屯門列仗典謁設皇太子位於殿東階下西向設師傅保位於殿西階之西三少位於傅保之南稍郤俱東向北上師傅保以下俱朝服至宮門通事舍人引就次左庶子請內嚴通事舍人引師傅保立於正殿門之西三少在其南稍郤俱東向北上左庶子言外備諸侍奉之官各服其器服俱詣閤奉迎皇太子朝服以出左右侍衞如常儀軒架作翼安之樂至東階下西向立樂止通事舍人引師傅保及三少入就位軒架作正安之樂至位樂止皇太子再拜師傅保以下答拜（若三少時見則三少先拜）通事舍人引師傅保以下出軒架正安之樂作出門樂止左庶子前跪稱左庶子某言禮畢皇太子入左右侍衞及樂作如來儀

宋史卷一百十八

元中書右丞相總裁脫脫等修

禮志第七十一

禮二十一（賓禮三）

朝儀班序　百官相見儀制　百官轉對

朝儀班序太祖建隆三年三月有司上合班儀太師太傅太保太尉司徒司空太子太師太傅太保嗣王郡王左右僕射太子少師少傅少保三京牧大都督大都護御史大夫六尚書常侍門下中書侍郎太子賓客太常宗正卿御史中丞左右諫議大夫給事中中書舍人左右丞諸行侍郎祕書監光祿衞尉太僕大理鴻臚司農太府卿國子祭酒殿中少府將作監前任節度使開封河南太原尹太子詹事諸王傅司天監五府尹國公郡公中都督上都護下都督太子左右庶子五大都督府長史中都護下都護太常宗正少卿祕書少監光祿等七寺少卿司業三少監三少尹少詹事左右諭德家令率更令僕諸王府長史司馬司天少監起居舍人侍御史殿中侍御史左右補闕拾遺監察御史郎中員外郎太常博士五府少尹五大都督府司馬通事舍人國子博士五經博士都水使者四赤令太常宗正祕書丞著

作郞殿中丞尚食尚藥尚舍尚乘尚輦奉御大理正太子中允贊善中舍洗馬諸王友諮議參軍司天五官正凡雜坐者以此爲準詔曰尚書中臺萬事之本而班位率次兩省官節度使出總方面古諸侯也又其檢校兼守官多至師傅三公而位居九寺卿監之下甚無謂也其給事諫議舍人宜降於六曹侍郞之下補闕次郞中拾遺監察次員外郞節度使升於六曹侍郞之上中書侍郞之下餘悉如故乾德元年閏十二月詔自今一品致仕官曾帶平章事者朝會宜綴中書門下班二年二月詔重定內外官儀制有司請令上將軍在中書侍郞之下大將軍在少卿監之下諸衞率副率在東宮五品之下內客省使視太卿客省使視太監引進使視庶子判四方館事視少卿閤門使視少監諸司使視郞中客省引進閤門副使視員外郞諸司副使視太常博士通事舍人從本品供奉官視諸衞率殿直視副率樞密承旨視四品朝官兼南班官諸司使者從本品副承旨視寺監丞諸房副承旨視南省都事凡視朝官者本品下視京官在其上開寶六年九月詔曰周之宗盟異姓爲後此先王所以睦九族而和萬邦也晉王親賢莫二位望俱崇方資夾輔之功俾先三事之列宜位宰相上九年十一月詔齊王廷美武功郡王德昭位在宰相上大中祥符元年正月有司上酺宴班位駙馬都尉宮僚員僚皇親大將軍已下行門宰臣樞密使已下穎王皇親郡王侍衞馬軍都指揮使已上以皇親使相皇親節度使皇親觀察留後已下皇親防禦團練刺史三班合爲一節度使觀察留後已下防禦團練刺史三班合爲一竝重行異位詔依所定既而武康軍節度使李端愿言使相亦當合爲一班不當獨行尊異詔令閤門再定而閤門引儀制及以前議爲是端愿復伸其議自劾妄言乃詔太常禮院與御史臺同詳定禮院言常朝起居班次緣祖宗舊制不宜併合從之四年閏三月太常禮院閤門言準詔同詳定閤門使李端愨所奏閤門儀制宰臣與親王立班坐位分左右各爲班首宰臣樞密使帶使相或帶郡王并使相作一行總爲中書門下班其親王獨行一班者準封爵令兄弟皇子皆封國謂之親王所以他官不可參綴檢會坐次圖直將宗室使相輙綴親王蓋更張之時未見親王遂致失於講求近見朝拜景靈宮東陽郡王顥亦綴親王班竊恐未安今取到閤門儀制其合班宰臣使相在東親王在西分班立又祥符元年宴坐次圖宰臣王旦與使相石保吉在東寧王元偓舒王元偁廣陵郡王元儼節度使惟吉在西分班坐其元儼惟吉是郡王與節度使許綴親王班竊慮當時出自特旨今來檢尋元初文字不見在先朝只依祥符元年宴坐次圖子親王及帶使相郡王在西爲一班臣等參詳請依閤門儀制親王在西獨爲一班宗室郡王帶使相許綴親王立班坐次卽係臨時特旨從之熙寧二年四月國信所言大遼賀同天節左番使耶律夷赴文德殿拜表言南使到北朝綴翰林學士班今來却在節度使之下館伴者諭之始就班時下御史臺閤門同詳定奏稱人使不知本朝翰林學士班自在節度使之下如遇合班卽節度使在翰林學士之西差前別爲一班立俱不相壓欲且依久來儀制體例詔依所定是月編脩閤門儀制所言慶曆中改文明殿學士爲觀文殿學士又置大學士按文明殿卽今文德殿乃正衙前殿也後唐始置學士序位樞密副使之下每遇紫宸殿坐朝則升殿侍立蓋文德紫宸通謂之前殿故學士侍立爲宜其觀文殿深在禁中乃與資政端明殿相類而資政端明學士竝不侍立竊詳慶曆所改職名雖用舊之班著而殿之次序與舊義理不同其觀文殿大學士自今遇紫宸殿坐朝請更不升殿侍立從之元祐元年五月詔太師平章軍國重事文彥博已降旨令獨班起居自今赴經筵都堂同三省樞密院事竝序位在宰臣之上百官轉對自建隆詔內殿起居日令百官以次轉對限以二人其封章於閤門通進復鞠躬自奏宣徽使承旨宣答拜舞而出著爲閤門儀制淳化二年詔自今內殿起居日復令常參官二人次對閤門受其章大中祥符末罷不復行景德三年復詔羣臣轉對其在外京官內殿崇班以上候得替先具民間利害實封於閤門上進方得朝見治平中命御史臺每遇起居日令百官轉對御史臺言舊制起居日輪兩省及文班秩高者二員轉對若兩省官有克學士待制則綴樞密班起居內朝臣僚不與焉詔遇轉對日增二員熙寧初閤門言舊制中書省樞密院奏事退再引三班假日則兩班或再御後殿引對多及午刻遇開經筵卽至申末恐久勞聖躬請遇經筵日自二府奏事外止引一班或有急奏及言事官請對卽取旨候罷經筵日仍舊又言假日御崇政殿每遇辰時則隔班過延和殿再引不待進食至巳刻隔班取旨尚許引對請自今隔班過延和殿候巳進食再引遇寒暑大風雨雪卽令次日引對詔自今授外任者許令轉對訖朝辭監察御史裏行張戩程顥言每欲奏事必俟朝旨或朝政有闕及聞外事而機速後時則已無所及況往復俟報必有中書萬一事干政府則或致阻格請依諫官例牒閤門求對或有急奏卽許越次登對庶幾遇事入告無憂失時又以編脩閤門儀制所言三衙有急奏許於後殿登對若別有奏陳則報閤門如常制或假日御崇政殿則於已得旨對班後續引且許兩制以上同班奏事元豐中詔尚書侍郞同郞官一員奏事郞中員外郞番次隨之不許獨留身侍郞以下亦不許獨請奏事其左右選非尚書通領者聽侍郞以上郞官自隨祕書殿中省諸寺監長官視尚書貳丞以下視侍郞又詔三省樞密院獨班奏事日無得過三班若三省俱獨班則樞密院當請奏事其見任官召對訖次日卽朝辭回任聽旨元祐中宰臣呂大防言昨垂簾聽政惟許臺諫以二人同對故不正之言無得以入今陛下初見羣臣請對者必衆既人人得進則善惡相雜故於采納尤難帝曰人君以納諫爲上然邪正則不可不辨遂詔上殿班當直牒及帥臣國信使副許依元豐八年以前儀制紹聖初臣僚言文德殿視朝輪官轉對蓋襲唐制故祖宗以來每遇轉對侍從之臣亦皆與焉元祐間因言者免侍從官轉對續詔職事官權侍郞以上竝免自此轉對止於卿監郞官而已請自今視朝轉對依元豐以前條制又詔自今三省樞密院進擬在京文臣開封府推判官武臣橫行使副在外文臣諸路監司藩郡知州武臣知州軍已下取旨召對臣僚言每緣職事請對待次旬日遇有急奏深恐失事請自今後許依六曹開封例先次挑班上殿仍不隔班又言諸路監司朝廷所選以推行法令省問風俗朝辭之日當令上殿六曹尚書如有職事奏陳許獨員上殿其羣臣請對雖遇休假特御便殿聽納既又詔應節鎭郡守往令陛辭歸許登對不特審觀人材亦所以重外任也可於監司不許免對條下增入節鎭郡守依此重和元年臣僚言比年以來二三大臣奏對留身讒疏善良請求相繼甚非至公之體詔自今惟蔡京五日一朝許留身餘非除拜遷秩因謝及陳乞免罷竝不許獨班奏事令閤門報御史臺彈劾又詔寺監職事上部部上省故得上下維持綱紀所出今後雖係兩制職司寺監不許獨對臣僚言祖宗舊制有五日一轉對者今惟月朔行之有許朝官轉對者今惟待制以上預焉自明堂行視朔禮歲不過一再則是畢歲而論思者無幾請遇不視朔卽令具章投進以備覽觀又諸路監司未經上殿者雖從外移先赴闕引對方得之官竝從其議

百官相見儀制乾德二年詔曰國家職位肇分軌儀有序冀等威之斯辨在品式之惟明矧著位之庶官及內司之諸使以至軒墀引籍州縣命官凡進見於宰相或參候於長吏旣爲總攝合異禮容稽於舊儀具無定法或傳晉天福周顯德中以廷臣內職賓從將校比其品數著爲綱條載於刑統未爲詳悉宜令尚書省集臺省官翰林祕書國子司業太常博士等詳定內外羣臣相見之儀翰林學士承旨陶穀等奏兩省官除授假使出入竝參宰相起居郞以下參同舍人五品以上官遇於塗斂馬側立須其過常侍以下遇三公三師尚書令引避其值僕射斂馬側立御史大夫中丞皆分路行起居郞以下避僕射遇大夫斂馬側立中丞分路尚書丞郞郞中員外竝參三師三公令僕郞中員外兼參左右丞本行尚書侍郞及本轄左右司郞中員外御史大夫以下參三師三公尚書令中丞兼參大夫知雜事參中丞三院御史兼知雜及本院之長大夫避尚書令以上遇僕射斂馬側立而避大夫遇尚書丞郞兩省官諸司三品以上金吾大將軍統軍上將軍皆分路餘官遇中丞悉引避知雜兼避中丞遇左右丞斂馬側立餘皆分路郞中及少卿監大將軍以下皆避知雜三院同行如知雜之例少卿監竝參本司長官丞參少卿諸司三品遇僕射於塗皆引避諸衞大將軍參本衞大將軍東宮官參隔品凡參者若遇於塗皆避公參之禮列拜堂上位高受參者答焉四赤縣令初見尹趨庭受拜後升廳如客禮內客省使謁宰相樞密使以客禮閤門使以上列拜皆答客省副使至通事舍人諸司使樞密承旨不答焉自樞密使副宣徽使皆差降其禮供奉官殿直教坊使副辭令宮伎術官竝趨庭俟受諸司副使叅大使通事舍人叅閤門使防禦團練刺史謁本道節帥節度防禦團練副使謁本使竝具軍容趨庭延以客禮少尹幕府於院長官悉拜防禦團練判官謁本道節帥竝趨庭上佐州縣官見宰相樞密使及本屬長官竝拜於庭天長雄武等軍使見宰相樞密亦如之參本府賓幕官及曹掾縣簿尉參令皆拜王府官見親王如賓職見使長府縣官兼三館職者見大尹同赤縣令六品以下未嘗參官見宰相樞密及本司長官竝拜階上流外見流內品官竝趨庭諸司非相統攝皆稱移牒分路者不得籠街及占中道依秩序以分左右遇於驛舍非相統攝及名位縣隔先至者居之臺省官當通官呵止者如舊式文武官不得假

借呼稱以条朝制當避路者若被宣召及有所捕逐許橫度焉又令諸司使副使通事舍人見宰相樞密使升階連姓通名展拜不答拜其見樞密副使參知政事宣徽使以客禮展拜太平興國以後又制京朝官知令錄者見本州長吏以客禮三司判官推官主判官見本使如郎中員外見尚書丞郎之儀咸平中又詔開封府左右軍巡使京官知司錄及諸曹參軍到畿縣見京尹竝趨庭設拜六年命翰林學士梁顥等詳定閤門儀制成六卷因上言三司副使序班朝服比品素無定列至道中筵會在知制誥後郎中前今請同諸司少卿監班位在上如官至給諫卿監者自如本品朝會大宴隨判使赴長春殿起居引駕其朝會引駕至前殿與諸司使同退大中祥符五年復命翰林學士李宗諤等詳定儀制文武百官遇宰相樞密使參知政事竝避起居郎以下遇給舍以上歛馬御史大夫遇東宮三師尚書丞郎兩省侍郎分路而行中丞遇三師三少太常卿金吾上將軍竝分路而行知雜御史遇尚書侍郎諸司三品金吾大將軍統軍諸位上將軍分路而行三院同行如知雜例不同行遇左右丞則避尚書丞郎郎中員外遇三師三公尚書令則避郎中員外遇丞郎則避太常博士以下朝官遇本司長官三師三公僕射尚書丞郎大夫中丞知雜御史竝避權知判者不避遇兩省給舍以上歛馬京官遇丞郎給舍大卿監祭酒以上及本寺少監卿司業竝避諸軍衞大將軍以下遇上將軍統軍亦避詹事遇上臺官如卿監之例庶子少詹事至太子僕遇東宮三師三少竝避遇上臺官如少卿監例中允以下遇東宮三師三少竝避遇賓客詹事歛馬遇上臺官如太常博士例應合避尚書者竝避三司使其權知開封府如本官品避其臺省官雖不合避而職在統臨者竝避武班內職竝依此品大觀二年定王嘉王府侍講沈錫等奏二王出就外學其初見及侍王禮儀講說疏數之節請如故事手詔按祥符故事記室翊善見諸王皆下拜真宗特以張士遜爲王友命王答拜以示賓禮今講讀輔翊之官職在訓道亦王友傳也可如例令三答拜羣臣赴臺參謝辭者（新授加恩出使者）尚書侍郎則三院御史各一員中丞大夫皆對拜（三院仍班迎不坐班卿不赴）節度使賓客太常宗正卿則御史一員中丞大夫皆對拜兩使留後至刺史祕書監至五官正上將軍至郎將四廂都指揮使及內職軍校遙郡以上樞密都承旨及內職帶正員官者四赤縣令三京司錄節度行軍至團練副使幕職官任憲御者皆御史一員對拜中丞大夫對揖（亦令揖訖進言得參風憲再揖而退）若曾任中書門下及左右丞皆不赴加階勳食邑章服館閣三司開封府職事及內職轉使額軍額亦不赴臺謝僕射過正衙日臺官大夫以下與百官竝詣幕次致賀（文官一品二品曾任中書樞密院者不赴）大夫中丞則郎中少卿監大將軍以下亦然（本官約止則不赴僕射赴上都省者罷此儀）

宋史卷一百十九

元　中　書　右　丞　相　總　裁　脫　脫　等　修

禮志第七十二

禮二十二　賓禮四

錄周後　錄先聖後　羣臣朝使宴餞
朝臣時節餽廩　外國君長來朝
契丹夏國使副見辭儀　高麗附
金國使副見辭儀　諸國朝貢

昔周滅殷封微子爲殷後俾脩其禮物作賓于王家與國咸休宋以柴周之後爲一恪又錄孔子之後亦先王崇德象賢之意也故皆爲賓禮其餘則有朝使之宴餞歲時之廩餼及外國之使聘遠方之朝貢著其迓餞宴賚之式登降揖遜之儀備一代之制焉

太祖建隆元年正月四日詔曰封二王之後備三恪之賓所以示子傳孫與滅繼絕夏商之居杞宋周隋之啓介酇古先哲王實用玆道矧予凉德歷試前朝雖周德下衰勉從於禪讓而虞賓在位豈忘於烝嘗其封周帝爲鄭王以奉周嗣正朔服色一如舊制又詔曰矧惟眇躬逮事周室謳歌獄訟雖歸新造之邦廟貌園陵豈忘舊君之禮其周朝嵩慶二陵及六廟宜令有司以時差官朝拜祭饗永爲定式仍命周宗正卿郭玘行禮乾德六年八月詔於周太祖世宗陵寢側各設廟宇塑像命右贊善大夫王碩管勾脩葢開寶六年三月周鄭王殂詔輟朝十日帝素服發哀於便殿十月四日葬周恭帝於順陵詔特輟四日五日朝參仁宗天聖六年錄故虢州防禦使柴貴子肅爲三班奉職七年錄故太子少傅柴守禮孫詠爲三班奉職其後又錄柴氏之後曰熙曰愈曰若拙曰上善竝爲三班奉職曰餘慶曰誠爲州長史助教曰貽廓等十一人復其身仍各賜錢一萬又錄世宗曾孫揆柔及貴曾孫曰宣守禮曾孫若訥皆爲三班奉職嘉祐四年著作郎何鬲言昔舜受堯禹受舜之天下而封丹朱商均以爲國賓周漢以降以及於唐莫不崇奉先代延及苗裔本朝受周天下而近代之盛莫如唐自梁以下皆不足以崇襲臣願攷求唐周之裔以備二王之後授以爵命封縣立廟世世承襲永爲國賓事下太常議曰古者立二王後不惟繼絕兼取其明德可法五代草創載祀不永文章制度一無可攷上取唐室世數已遠於經不合惟周則我受禪之所自義不可廢宜訪求子孫如孔子後衍聖公授一京官爵以公號使專奉廟饗歲時存問賜之粟帛牲器祭服每遇時祀竝從官給其廟宇亦加嚴飾如此則上不失繼絕之義度之於今亦簡而易行從之四月詔曰先王推紹天之序尚尊賢之義褒其後嗣賓以殊禮豈非聖人稽古報功之大典哉國家受命之元繼周而王雖民靈欣戴歷數允集而虞賓將遜德美丕顯頃者推命本始褒及支庶每遇南郊許奏白身一名充班行恩則厚矣而義未稱將上采姚姒之舊略循周漢之典詳其世嫡優以公爵異其仕進之路申以土田之錫俾廟寢有奉饗祀不輟庶幾乎春秋通三統厚先代之制矣宜令有司取柴氏譜系於諸房中推最長一人令歲時親奉周室祀事如白身卽與京主簿如爲班行者卽比類換文資仍封崇義公與河南府鄭州合入差遣給公田十頃專管勾陵廟應緣祭饗禮料所須皆從官給如至知州資序卽別與差遣郄取以次近親令襲爵授官永爲定式八月太常禮院定到內殿崇班相州兵馬都監柴詠於柴氏諸族最長詔換殿中丞封崇義公簽書奉寧軍節度判官事以奉周祀又以六廟在西京而歲時祭饗無器服之數令有司以三品服一四品服二及所當用祭器給之熙寧四年西京留司御史臺司馬光言崇義公柴詠祭祀不以儀式周本郭姓世宗后姪爲郭氏後今存周後則宜封郭氏子孫以奉周祀帝閱奏問王安石安石曰宋受天下於世宗柴氏也帝曰爲人後者爲之子安石曰爲人後於異姓非禮也雖受天下於郭氏豈可以天下之故而易其姓氏所出帝然之五年正月柴詠致仕詠長子早亡嫡孫夷簡當襲太常禮院言夷簡有過合以次子西頭供奉官若訥承襲詔以若訥爲衞尉寺丞襲封崇義公簽書河南府判官廳公事政和八年徽宗詔曰昔我藝祖受禪于周嘉祐中擇柴氏旁支一名封崇義公議者謂不當封周然禪國者周而三恪之封不及禮蓋未盡除崇義公依舊外擇柴氏最長見在者以其祖父爲周恭帝後以其孫世世爲宣義郎監周陵廟與知縣請給以示繼絕之仁爲國二恪永爲定制紹興五年詔周世宗玄孫柴叔夏爲右承奉郎襲封崇義公奉周後二十六年叔夏升知州資序別與差遣以子國器襲封令居衢州朝廷有大禮則入侍祠如故事其柴大有柴安宅亦各補官淳祐九年又以世宗八世孫柴彥頴特補承務郎襲封崇義公時又求隋唐及朱氏李氏石氏劉氏郭氏之後及吳越荊南湖南蜀漢諸國之子孫皆命以官使守其祀具見本紀世家

錄先聖後仁宗景祐二年詔以孔子四十六世孫北海尉宗愿爲國子監主簿襲封文宣公皇祐三年七月詔曰國朝以來世以孔氏子孫知仙源縣使奉承廟祀近歲廢而不行非所以尊先聖也宜以孔氏子孫知仙源縣事至和初太常博士祖無擇言按前史孔子後襲封者在漢魏曰襃成襃尊宗聖在晉宋曰奉聖後魏曰崇聖北齊曰恭聖後周隋竝封鄒國唐初曰襃聖開元中始追謚孔子爲文宣王又以其後爲文宣公不可以祖謚而加後嗣遂詔有司定封宗愿衍聖公令世襲焉治平初用京東提點王綱言自今勿以孔氏子弟知仙源縣其襲封人如無親屬在鄉里令常任近便官不得去家廟熙寧中以四十八代孫若蒙爲沂州新泰縣主簿襲封元祐初朝議大夫孔宗翰辭司農少卿請依家世例知兗州以奉祀又言孔子後襲封疏爵本爲侍祠今乃兼領他官不在故郡請自今襲封者無兼他職終身使在鄉里朝議依所請命官以司其用度立學以訓其子孫襲封者專主祠事增賜田百頃供祭祀之餘許均贍族人其差墓戶竝如舊法賜書置教授一員教諭其家子弟鄉鄰或願學者聽改衍聖公爲奉聖公及刪定家祭冕服等制度頒賜之其後通直郎孔宗壽等舉若蒙弟若虛襲封仍請自今衆議擇承襲之人不必子繼庶幾留意祖廟惇睦族人宣和三年詔宣議郎孔端友襲封衍聖公爲通直郎直祕閣仍許就任關升以示崇奬端友言詔敕文宣王後與親屬一人判司簿尉今孔若采當承繼推恩詔補迪功郎高宗紹興二年以四十九代孫孔玠襲封衍聖公其後以搢以文遠以萬春以洙終宋世皆襲封主祀事

羣臣朝覲出使宴餞之儀太祖太宗朝藩鎭牧伯沿五代舊制入覲及被召使回客省齋籤賜酒食節度使十日留後七日觀察使五日代還節度使五日留後三日觀察一日防禦使團練使刺史竝賜生料節度使以私故到闕下及步軍都虞候以上出使回者亦賜酒食熟羊羣臣出使回朝見日面賜酒食中書樞密宣徽使使

相竝樞密使伴三司使學士東宮三師僕射御史大夫節度使竝宣徽使伴兩省五品以上侍御史中丞三司副使東宮三少尚書丞郎卿監上將軍留後觀察防禦團練使刺史宣慶宣政昭宣使竝客省使伴少卿監大將軍諸司使以下任發運轉運提點刑獄知軍州通判都監巡檢回者卽賜竝通事舍人伴客省引進四方館閤門使竝本廳就食羣臣賀賜衣奉慰竝特賜茶酒或賜食外任遣人進奉亦賜酒食或生料自十月一日後盡正月每五日起居百官皆賜茶酒諸軍分校三日一賜冬至二社重陽寒食樞密近臣禁軍大校或賜宴其第及府署中率以爲常大中祥符五年詔自今兩省五品尚書省四品諸司三品以上官同列出使竝許醵錢餞飲仍休假一日餘官有親屬僚友出行任以休務日餞送故事樞密節度使使相還朝咸賜宴於外苑見辭日長春殿賜酒五行仍設食當直翰林龍圖閣學士以上皇親觀察使預坐八年四月侍衞步軍副都指揮使王能自鎭定來朝宴於長春殿閤門言舊制節度使掌兵無此禮例旣赴坐則殿前馬軍都校當侍立於品秩非便遂令皆預位中與仍舊制凡宰相樞密執政使相節度外國使見辭及來朝皆賜宴內殿或都亭驛或賜茶酒竝如儀

時節餽廩大中祥符五年十一月以宰相王旦生日詔賜羊三十口酒五十壺米麪各二十斛令諸司供帳京府具衙前樂許宴其親友旦遂會近列及丞郎給諫脩史屬官餞又賜樞密使副參知政事羊三十口酒三十壺米麪各三十斛其後以廢務非便奏罷會而賜如故又制僕射御史大夫中丞節度留後觀察內客省使權知開封府王至寒食竝客省齋籤賜羊酒米麪立春賜春盤寒食神餤餳粥端午糉子伏日蜜沙冰重陽糕竝有酒三伏日又五日一賜冰四廂及廂都指揮使中書舍人統軍防禦團練使刺史客省使樞密都承旨知銀臺司審刑院三司三司勾院諸司使禁軍校忠佐海外諸蕃進奉領刺史以上至寒食竝賜節料立春奉內朝者皆賜幡勝元祐二年十一月冬至詔賜御筵於呂公著私第遣中使賜上尊酒香藥果實纏金花等以御飲器勸酒遣教坊樂工給內帑錢賜之及暮賜燭傳宣令繼燭皆異恩也紹興十三年十二月二十三日高宗賜宰臣秦檜詔曰省所奏辭免生日賜宴朕聞賢聖之興必五百歲君臣之遇蓋亦千載夫以不世之英值難逢之會則其始生之日可不爲天下慶乎式燕樂衎所以示慶也非喬嶽之神無以生申甫非宣王之能任賢無以致中興今日之事不亦臣主俱榮哉宜服異恩毋守沖節所請宜不允

宋朝之制凡外國使至及其君長來朝皆宴于內殿近臣及刺史正郎都虞候以上皆預太祖建隆元年八月三日宴近臣於廣政殿江南吳越朝貢使皆預乾德三年五月十六日宴近臣及孟昶于大明殿開寶四年五月七日宴近臣及劉鋹子于崇德殿十一月五日江南李煜吳越錢俶各遣子弟來朝宴于崇德殿八年三月晦宴契丹使于長春殿太平興國二年二月十一日宴兩浙進奉使契丹國信使及李煜劉鋹禁軍都指揮使以上于崇德殿不舉樂酒七行而罷契丹遣使賀登極也五月十一日再宴契丹使于崇德殿酒九行而罷以其貢助山陵也三年正月十六日宴劉鋹李煜契丹使諸國蕃客于崇德殿以契丹使來賀王故也三月二十五日吳越錢俶來朝宴于長春殿親王宰相節度使劉鋹李煜皆預十月十六日宴宰相親王以下及契丹使高麗使諸州進奉使於崇德殿以乾明節罷大宴故也是後宴外國使爲常其君長來朝先遣使迎勞於候館使者朝服稱制曰奉制勞某主國主迎於門外與使者俱入升階使者執束帛稱有制國主北面再拜稽首受幣又再拜稽首以土物儐使者再拜受國主送使者出鴻臚引詣朝堂所司奏聞通事舍人承敕宣勞再拜就館翌日遣使戒見日如儀又次日奉見于乾元殿設黃麾仗及宮縣大樂典儀設國主位於縣南道西北向又設其國諸官之位於其後所司迎引國主服其國服至明德門外通事舍人引就位侍中奏中嚴皇帝服通天冠絳紗袍出自西房卽御位典儀贊拜國主再拜稽首侍中承制降勞皆再拜稽首敕升坐又再拜稽首至坐俛伏避席侍中承制曰無下拜國主復位次引其國諸官以次入就位再拜竝如上儀侍中又承制勞還館通事舍人引國主降復位再拜稽首出其國諸官皆再拜以次出侍中奏禮畢皇帝降坐其錫宴與受諸國使表及幣皆有儀具載開寶通禮

契丹國使入聘見辭儀自景德澶淵會盟之後始有契丹國信使副元正聖節朝見大中祥符九月有司遂定儀注前一日習儀于驛見日皇帝御崇德殿宰臣樞密使以下大班起居訖至員僚起居後館伴使副一班入就位東面立次接書匣閤門使升殿立次通事入不通喝拜兩拜奏聖躬萬福又喝兩拜隨呼萬歲喝祇候赴東西接引使副位舍人引契丹使副自外捧書匣入當殿前立天武官擡禮物分東西向入列於殿下以東爲上舍人喝天武官起居兩拜隨呼萬歲奏聖躬萬福喝各祇候閤門從東階降至契丹使位揖使跪進書匣閤門側身搢笏跪接舍人受之契丹使立閤門執笏捧書匣升殿當御前進呈訖授內侍都知都知拆書以授宰臣宰臣樞密進呈訖遂擡禮物出舍人與館伴使副引契丹使副至東階下閤門使下殿揖引同升立御前至國信大使傳國主問聖體通事傳譯舍人當御前鞠躬傳奏訖揖起北使皇帝宣閤門迴問國主北使跪奏舍人當御前鞠躬奏訖遂揖北使起却引降階至辭見位面西揖躬舍人當殿通北朝國信使某官某祇候見應喏絕引當殿喝拜大起居其拜舞竝依本國禮出班謝面天顏歸位喝拜舞蹈訖又出班謝沿路驛館御筵茶藥及傳宣撫問復歸位喝拜舞蹈訖舍人宣有敕賜窄衣一對金蹀躞子一金塗銀冠一鞾一兩衣著三百匹銀二百兩鞍轡馬一每句應喏跪受起拜舞蹈訖喝祇候應喏西出凡傳語幷奏聖躬萬福致辭竝通事傳譯舍人當殿鞠躬奏聞後同次通北朝國信副使某官某祇候見其拜舞謝賜致詞竝如上儀西出其敕賜衣一對金腰帶一幞頭靴笏衣著二百匹銀器一百兩鞍轡馬一次通事及舍人引舍人已下分班入不通使引合班贊喝大起居拜舞如儀舍人喝有敕賜衣服束帶衣著銀器分物應喏跪授擡擔牀跪起舞蹈拜訖喝各祇候分班引出次引差來通事以下從人分班入不通使引合班喝兩拜奏聖躬萬福又拜隨呼萬歲喝有敕各賜衣服腰帶衣著銀器分物應喏跪授起喝兩拜隨拜萬歲喝各祇候唱喏分班引出次行門殿直入起居訖殿上侍立文明殿樞密直學士三司使內客省使下殿舍人合班奏報閤門無事唱喏訖卷班西出客省閤門使以下東出其排立供奉官已下橫行合班宣徽使殿上喝供奉官已下各祇候分班出竝如常儀皇帝降坐還內宴日契丹使副以下服所賜承受引赴長春殿門外幷侍宴臣僚宰執親王樞密使以下祇候俟長春殿諸司排當有備閤門使附入內都知奏班齊皇帝坐鳴鞭宰臣親王以下竝宰執分班舍人引入其契丹使綴親王班入舍人通某甲以下唱喏班首奏聖躬萬福喝各就坐兩拜隨呼萬歲喝就坐分班引上殿或皇帝撫問契丹使副舍人便引下殿喝兩拜隨拜萬歲喝各就坐次舍人通事分引舍利以下東西分班喝兩拜喝就坐分引赴兩廊下次舍人引差來通事從人東西分班入合班喝兩拜隨拜萬歲喝就坐分引赴兩廊次喝教坊已下兩拜班首奏聖躬萬福又喝拜兩拜隨拜萬歲喝各祇候次引看盞二人稍近前喝拜兩拜隨拜萬歲喝上殿祇候分東西上殿立有司進茶牀內侍酹酒訖閤門使殿上御前鞠躬奏某甲已下進酒餘如常儀宴起宰臣已下降階舍人喝兩拜搢笏舞蹈喝各祇候分班出次舍利合班喝兩拜舞蹈三拜謝訖喝各祇候分引出次通事從人合班喝兩拜隨拜萬歲喝各祇候分班引出次喝教坊使已下兩拜隨拜萬歲喝各祇候如傳宣賜茶酒又喝謝茶酒拜兩拜隨拜萬歲喝各祇候出閤門使殿上近前側奏無事皇帝降坐鳴鞭還內辭日皇帝坐內殿起居班欲絕諸司排當有備催合侍宴臣僚東西相向班立崇德殿庭俟奏班齊舍人喝拜東西班殿侍兩拜奏聖躬萬福喝各祇候次舍人通館伴使副某甲以下常起居次通契丹使某甲常起居次通副使某甲常起居俱引赴西面立次通宰臣以下橫行通某甲以下應喏奏聖躬萬福喝各就坐應喏兩拜呼萬歲分升殿東西向立次通事舍人引契丹舍利以下次差來通事從人俱分班入當殿兩拜奏聖躬萬福喝各就坐兩拜呼萬歲分引赴兩廊立次通教坊使看盞及進茶牀酹酒幷閤門奏進酒竝如長春宴日之儀酒五巡起宰臣以下降階班立兩拜搢笏舞蹈三拜喝各祇候宰臣以下幷三司使文明殿學士樞密直學士升殿侍立其餘臣僚幷契丹使竝出次引舍利及差來從人俱兩拜萬歲訖分班引出如傳宣賜茶酒更喝謝拜如前儀已上班絕舍人再引契丹使人西面揖躬舍人當殿通北朝國信使某祇候辭通訖引當殿兩拜出班致辭歸位又兩拜訖宣有敕賜跪受拜舞訖喝好去遂引出次引副使致詞受賜拜舞如前儀亦出次引舍利已下次引差來通事從人俱分班入舍人喝有敕賜衣服衣著銀器分物各應喏跪受候擡擔牀絕就拜起又兩拜萬歲喝好去分班引出其使副各服所賜再引入當殿兩拜萬歲訖喝祇候引升殿當御前立皇帝宣閤門使授旨傳語國主舍人揖國信使跪閤門使傳旨通譯訖揖國信使起立閤門使御前搢笏於內侍都知處奉授書匣舍人揖國信使跪閤門使跪分付訖揖起下殿西出政和詳定五禮有紫宸殿大遼使朝見儀紫宸殿正旦宴大遼使儀紫宸殿大遼使朝辭儀崇政殿假日大遼使朝見儀崇政殿假日大遼使朝辭儀其紫宸殿赴宴遼使副位御坐西諸位上將軍之南夏使副在東朵殿竝西向北上高麗交

阯使副在西朶殿並東向北上遼使舍利從人各在其南夏使從人在東廊舍利之南諸蕃使副首領高麗交阯從人溪峒衙內指揮使在西廊舍利之南又至各就位有分引兩廊班首詣御坐進酒樂作費各賜酒羣官俱再拜就坐酒五行皆作樂賜華皇帝再坐赴宴官行謝華之禮

夏國進奉使見辭儀夏國歲以正旦聖節入貢元豐八年使來詔夏國見辭儀制依嘉祐八年見于皇儀殿門外朝辭詣垂拱殿政和新儀夏使見日候見班絕謝班前使奉表函引入殿庭副使隨入西向立舍人揖躬舍人當殿躬奏夏國進奉使姓名以下祗候見引當殿前跪進奉表舍人受之副入內侍省官進呈使者起歸位四拜起居舍人宣有敕賜某物兼賜酒饌跪授箱過俛伏興再拜舍人曰各祗候揖西出次從人入不奏卽引當殿四拜起居舍人宣賜分物兼賜酒食跪授箱過俛伏興再拜舍人曰各祗候揖西出辭日引使副入殿庭西向立舍人揖躬舍人當殿躬奏夏國進奉使姓名以下祗候辭引當殿四拜宣賜某物酒饌再拜如見儀凡蕃使見辭同日者先夏國次高麗次交阯次海外蕃客次諸蠻

高麗進奉使見辭儀見日使捧表函引入殿庭副使隨入西向立舍人鞠躬當殿前通高麗國進奉使姓名以下祗候見引當殿使稍前跪進表函俛伏興訖歸位大起居班首出班躬謝起居歸位再拜又出班謝面天顏沿路館券都城門外茶酒歸位再拜搢笏舞蹈俛伏興再拜舍人宣有敕賜某物兼賜酒食搢笏跪授箱過俛伏興再拜舍人曰各祗候揖西出次押物以下入不通卽引當殿四拜起居宣有敕賜某物兼賜酒食跪授箱過俛伏興再拜起居舍人曰各祗候揖西出辭日引使副入殿庭西向立舍人揖躬舍人當殿躬通高麗進奉使姓名以下祗候辭引當殿四拜起居班首出班致詞歸位再拜舍人宣有敕賜某物兼賜酒食搢笏跪授箱過俛伏興再拜舍人曰好去揖西出次從人入辭如見政和元年詔高麗在西北二國之間自今可依熙寧十年指揮隸樞密院明年入貢詔復用熙寧例以文臣充接伴使副仍往還許上殿七年賜以籩豆各十二簠簋各四登一鉶二鼎二罍洗一尊二銘曰惟爾令德孝恭世稱東藩有來顯相予一人嘉之用錫爾寶尊以寧爾祖考子子孫孫其永保之紹興二年高麗遣使副來貢並賜酒食于同文館

金國聘使見辭儀宣和元年金使李善慶等來遣直祕閣趙有開偕善慶等報聘已而金使復至用新羅使人禮引見宣政殿徽宗臨軒受使者書自後屢遣使來帝待之甚厚時引上殿奏事賜予不貲禮遇並用契丹故事紹興三年十二月宰臣進呈金使李永壽等正旦入見故事百官俱入上曰全盛之時神京會同朝廷之尊百官之富所以夸示今暫駐於此事從簡便舊日禮數豈可盡行無庸俱入使人見辭並賜食于殿門外八年金國遣使副來就驛議和詔王倫就驛賜宴十一年十一月金國遣審議使來入見時殿陛之儀議猶未決議者謂兵衞單弱則非所以隆國體欲設仗衞恐駭虜情乃設黃麾仗千五百人于殿廊蔽以帟幙班定徹帷十二年扈從徽宗梓宮皇太后使副來十三年十一月有司言賀正旦使初至於盱眙軍賜宴未審回程合與不合筵待詔內侍省差使臣二員沿路賜御筵一員於平江府一員於鎮江府一員於盱眙軍尋詔金國賀正旦人使到闕赴宴等坐次合與宰臣相對稍南使副上下馬於執政官上下馬處三節人從並於宮門外上下馬立班則於西班與宰臣相對立仍權移西班使相在東壁宰臣之東十四年正月一日宴金國人使于紫宸殿文臣權侍郎已上武臣刺史已上赴坐自後正旦賜宴倣此五月金國始遣賀天申節使來有司言合照舊例北使賀生辰聖節使副隨宰臣紫宸殿上壽進壽酒畢皇帝宰臣以下同使副酒三行教坊作樂三節人從不赴既而三節人從有請乞隨班上壽詔許之仍賜酒食遇賀正人使朝辭在上幸祠官致齋之內仍用樂二十九年以皇太后崩其賀正使副止就驛賜宴見辭日賜茶酒並不舉樂大率北使至闕先遣伴使賜御筵于班荊館（在赤岸去府五十里）酒七行翌日登舟至北郭稅亭茶酒畢上馬入餘杭門至都亭驛賜褥被鈔鑼等明日臨安府書送酒食閤門官入位具朝見儀投朝見榜子又明日入見伴使至南宮門外下馬北使至隔門內下馬皇帝御紫宸殿六參官起居北使見畢退赴客省茶酒遂宴垂拱殿酒五行惟從官已上預坐是日賜茶器名果又明日賜生餼見之二日與伴使偕往天竺燒香上賜沉香乳糖齋筵酒果次至冷泉亭呼猿洞而歸翌日賜內中酒果風藥花餳赴守歲夜筵酒五行用傀儡正月朔旦朝賀禮畢上遣大臣就驛賜御筵中使傳旨宣勸酒九行三日客省僉賜酒食內中賜酒果遂赴浙江亭觀潮酒七行四日赴玉津園燕射命諸校善射者假管軍觀察使伴之上賜弓矢酒行樂作伴射官與大使並射弓館伴副使並射弩酒九行退五日大宴集英殿尚書郎監察御史已上皆預學士撰致語六日朝辭退賜襲衣金帶大銀器臨安府書送贐儀復遣執政官就驛賜宴晚赴解換夜筵伴使與北使皆親勸酬且以衣物爲侑次日加賜龍鳳茶金鍍合乘馬出北關門登舟宿赤岸又次日復遣近臣押賜御筵自到闕朝見射射朝辭共賜大使金千四百兩副使金八百八十兩衣各三襲金帶各三條都管上節各賜銀四十兩中下節各三十兩衣一襲塗金帶一條使人到闕筵宴凡用樂人三百人百戲軍七十人築毬軍三十二人起立毬門行人三十二人旗鼓四十人並下臨安府差相撲一十五人於御前等子內差並前期教習之

諸國朝貢其交州宜州黎州諸國見辭並如上儀惟迓勞宴賚之數則有殺焉其授書皆令有司付之又有西蕃唃氏西南諸蕃占城回鶻大食于闐三佛齊邛部川蠻及溪峒之屬或比間數歲入貢層檀日本大理注輦蒲甘龜茲佛泥拂菻真臘羅殿渤泥邈黎闍婆甘眉流以眞珠龍腦金蓮花等登陛跪散之謂之撒殿元祐二年知潁昌府韓縝言交阯小國其使人將及境臣嘗近弼難以抗禮按元豐中迓以兵官餞以通判使副詣府其犒設令兵官主之請如故事仍詔所過郡凡前宰相執政官知判者亦如之又詔立回賜于闐國信分物法間歲聽一入貢餘令於熙秦州貿易禮部言元豐著令歲遣貢使雖多止一加則又命于闐國使以表章至則西南五姓蕃每五年許一貢今西蕃秦平軍入貢期限未及詔特許之學士院言諸蕃初入貢者請令安撫鈐轄轉運等司體問其國所在遠近大小與見今入貢何國爲比保明聞奏庶待遇之禮不致失當宣和詔蕃國入貢令本路驗實保明如涉詐僞以上書詐不實論建炎三年占城國王遣使進貢適遇大禮遂加恩特授檢校少傅加食邑自後明堂郊祀並倣此紹興二年占城國王遣使貢沉香犀象玳瑁等答以綾錦銀絹建炎四年南平王蕘差廣南西路轉運副使尹東珣充弔祭使賜絹布各五百疋羊酒寓錢寓綵寓金銀等就欽州授其國迎接人制贈侍中進封南越王封其子爲交阯郡王遇大禮並加恩如占城國王淳熙元年賜安南國王印銅鑄塗以金紹興七年三佛齊國乞進章奏赴闕朝見詔許之令廣東經略司斟量只許四十人到闕進貢南珠象齒龍涎珊瑚琉璃香藥詔補保順慕化大將軍三佛齊國王給賜鞍馬衣帶銀器賜使人宴于懷遠驛淳熙五年再入貢計其直二萬五千緡回賜綾錦羅絹等物銀二千五百兩紹興三十一年正月安南獻馴象帝曰蠻夷貢方物乃其職但朕不欲以異獸勞遠人其令帥臣告諭自今不必以馴象入貢三十二年孝宗登極詔曰比年以來累有外國入貢太上皇帝沖謙弗受況朕涼菲又何以堪自今諸國有欲朝貢者令所在州軍以理諭遣毋得以聞淳祐三年安南國王陳日煚來貢加賜功臣號十一年再來貢景定三年六月日煚上表貢獻乞授其位於其子陳威晃咸淳元年二月加安南大國王陳日煚功臣增安善二字安南國王陳威晃功臣增守義二字各賜金帶鞍馬衣服二年復上表進貢禮物賜金五百兩賜帛一百匹降詔嘉獎

宋史卷一百十九考證

禮志二十二曾孫揆桑○南本作揆桑未知孰是

宋史卷一百二十

元　中　書　右　丞　相　總　裁　脫　脫　等　修

禮志第七十三

禮二十三　賓禮五附錄

羣臣上表儀　朝省集議班位　宰臣赴上儀　臣僚上馬之制　臣僚呵引之制

羣臣上表儀通禮守宮設次于朝堂文東武西相對爲首設中書令位于羣臣之北禮曹掾舉表案入引中書令出就南面立禮部郎中取表授中書令令卽受表入奏其禮凡正至不受朝及邦國大慶瑞上尊號請舉行大禮宰相率文武羣臣暨諸軍將校蕃夷酋長道釋耆老等詣東上閤門拜表知表官跪授表於宰臣宰臣跪授於閤門使乃由通進司奏御凡有答詔亦拜受於閤門獲可奏者奉表稱賀其正至樞密使率內班拜表長春殿門外亦閤門使受之又西京留守拜表儀制留司百官每五日一上表起居賀明並集長壽寺立班置表于案再拜以遣其春秋賜服及大慶瑞並如之或令分司官齋詣行在或止驛付南京留司約用此制若巡幸東京則留司百官亦五日一上表起居並集大相國寺其制羣臣詣閤拜奏者首云文武百僚具官臣某等言

常奏御者止云臣某言竝稱尊號已有功臣爵邑者具之狀奏者前後列銜不稱尊號亦云功臣爵邑其外又有書疏奏劄牓子之類乾德二年令有司詳定表首太常禮儀院言僕射兩省官品第二太子三師官品第一品位雖高而南省上臺爲尊合以僕射充首若專以品秩爲定則諸行侍郎品第四列於諸司三品卿監之上不可以品序爲準按唐貞元六年詔每有慶賀及諸臣上表竝合上公爲首如三公闕以令僕行之中書門下列貢章表則僕射是百僚師長難同官僚之例詔百官集議翰林學士陶穀等曰按唐制上臺東宮竝是廷臣當時左右僕射侍中中書令爲正宰相貞觀末帶同中書門下三品者方爲宰相今僕射既非宰相合在太子三師之下理固不疑若以官僚非廷臣卽宰相豈當兼領今若先二品而後一品升後列而退前班紊其等威事恐非順請以太子三師爲表首竇儀等曰東宮三師爲表首論討故典實皆無據左僕射當爲表首者其事有六按六典尚書爲百官之本今自一品至六品常參官皆以尚書省官爲首則僕射合爲表首一也又唐制上表無上公卽尚書令僕以下行之其嗣王合隨宗正若有班位合依王品則嗣王雖一品不得爲表首二也僕射位次三公合爲表首三也況僕射爲百僚師長東宮三師非師長之任四也晉天福中詔謝賀上表上公行之如闕卽令僕射行之五也立制之班卑者先入後出尊者後入先出今東宮一品立定僕射乃入僕射既退東宮一品乃出且在兩省之後六也詔從儀等議以僕射爲表首焉

宰臣赴上儀開元禮有任官初上相見之儀宋制凡牧守赴上多仍州府舊禮臺省之制宰相親王使相正衙謝訖出文德殿便門至西廊堂後官兩省雜事迎參至中書使門兩省官迎班升都堂與送上官對揖（見任侍中中書令同平章事者）降階又與送上官對拜訖分東西升坐于牀兩省雜事讀案堂後官接案搢笏頂筆判署凡三道一司天監壽星見二開封府嘉禾合穗三澶州黃河清竝判準始謝送上官訖三司使學士兩省官待制三司使副升堂展賀百官先班中書門外上事官降階百官入直省官通班贊致賀歸後堂與參知政事樞密副使宣徽使相見會食訖退建隆三年中書門下言準唐大成元年詔故事藩鎭帶平章事合於都堂視事刊石以記官族輸禮錢三千貫近年頗隳曠制自今藩鎭帶平章事者輸禮錢五百千刻石記歲月其錢以給兩省公用望舉行之詔自今宰相及樞密使兼平章事侍中中書令者輸禮錢三百千藩鎭五百千刻石以記如舊制增秩者不再輸舊相復入者輸如其數乾德二年置參知政事就宣徽院赴上而樞密使副止上事于本廳後以曹彬兼侍中爲樞密使特令赴中書上事大中祥符中詔自今宰相官至僕射者竝于中書都堂赴上不帶平章事亦令赴上有司上儀注宰相用常儀僕射本省上日郎中員外班迎于都堂門內尚書丞郎于東廊階上稍近班迎揖金吾將軍升階展拜賀禮生贊引主事讀案見任中書樞密使相前任中書門下竝不赴餘如宰相之儀上訖與本省御史臺四品兩省五品諸司三品以上會食右僕射王旦充玉清昭應宮使有司按故事宰相凡有吉慶百官皆班賀詔以未葺攸司其班賀權罷旦赴上脩宮所特賜會丞郎三司副使以上悉預自是宮觀使副上日皆賜會作樂天禧初太保平章事王旦爲太尉國朝以來三公不兼宰相無赴上儀特詔有司詳定就尚書省赴上百官班迎宰相而下悉集御史大夫中丞知雜三院御史皆僚屬送上判案三道中丞以上卽京府尹赤縣令諸曹節度刺史皇城宮苑使悉集翰林學士入院日賜設惟學士中書舍人赴坐又賚政侍讀侍講龍圖閣學士直學士兼祕書監竝赴上祕閣及兩省五品以上任三館學士判館脩撰者皆賜設焉朝省集議前代不載其儀宋初刑政典禮之事當集議者先下詔都省省吏以告當議之官悉集都堂設左右丞于堂之東北南向御史中丞于堂之西北南向尚書侍郎于堂東廂西向兩省侍郎常侍給事諫舍于堂之西廂東向知名表郎官于堂之東南北向監議御史于堂之西南北向又設左右司郎中員外于左右丞之後三院御史于中丞之後郎中員外于尚書侍郎之後起居司諫正言于諫舍之後如有僕射御史大夫卽于左右丞中丞之前如更有他官卽諸司三品于侍郎之南東宮一品于尚書之前武班二品於諫舍之南皆重行異位卑者先就席左右丞升廳省吏抗聲揖羣官就坐知名表郎官以所議事授所司奉詣左右丞左右丞執卷讀訖授中丞中丞授于尚書侍郎以次讀訖復授知名表郎官將畢左右丞奉筆叩頭揖羣官以一副紙書所議事節署字于下授四坐監議御史命吏告云所見不同者請不署字以官高者爲表首如止集本省官坐如常儀其知名表郎官監議御史坐仍北向惟僕射以上得乘馬至都堂他官雖同平章事亦止屏外明道二年尚書議莊獻莊懿太后升祔省官帶內外制兼三司副使承例移文不赴監議御史段少連以爲官帶近職一時之選宜有建明不當反自高異乃奏議事不集以違制論從之集賢校理趙良規言國朝政事令敕儀制別有學士知制誥待制三司副使著位視品與前朝異固無在朝敘職入省敘官之說若全不論職則後行員外郎兼學士在朝立丞郎上入省居比駕下知制誥待制入朝與待制同列入省分廁散郎員外郎任三司副使郎中任判官在三司爲參佐入本省爲正員所以舊來議事集尚書省官帶職者不赴別詔三省悉集則及大小兩省內朝官悉集則及學士待制三司副使更集他官則諸司三品武官二品各以本司長官故事尚書省官帶知制誥中書省奏班簿是于尚書省御史臺了不著籍故有絕曹之語又凡定學士舍人兩省著位除先後入外若有升降皆特稟朝旨豈有在朝入省迭爲高下御史臺禮院詳定久不決判禮院馮元等曰會議之文由來非一或出朝廷別旨或循官司舊規故集本省者卽南省官集學士兩省臺官者容有兩制給舍中丞集學士臺省及諸司四品以上者容有卿監集文武百官者容有諸衞蓋謀事有小大集官有等差率繫詔文乃該餘職少連以太常易名之細考功覆議之常誤謂羣司普當會席列爲具奏嬰以嚴科遂使絕曹清列還入本行分局常員略無異等請臣僚擬謚止集南省官屬或事緣體大臨時敕判兼召三省臺寺卽依舊例御史臺言今尚書省官任兩制者係臺省之籍無坐曹之實論職官之言正爲絕曹者設豈可受祿則繫官定奉議事則絕曹爲辭況王旦王化基趙安仁晁迥杜鎬楊億皆嘗預議於尚書省故相李昉爲主客郎中知制誥日屢經都省議事又議大事僕射御史大夫入省唯僕射至廳下馬于今行之所以重本省也故都堂會議列狀以品就坐以官忽此更張恐非通理禮官吳育曰兩省各有未安尚書省制度雖崇亦天子之有司在朝廷既殊班列入有司輒易尊卑是以朝省爲彼我官職分二事也兩制近職若有事議而去絕班不赴非所以求至當且知制誥中書省奏班簿是謂絕班翰林學士亦知制誥不絕班簿此因循之制非確據也縱絕班有例而絕官無聞一人命書三省連判而都無所繫止爲奉錢豈命官之禮今取典故中最明一事足以質定祥符五年僕射上事議絕班之官別頭贊引不與本省官同在迎班請凡會議省官帶近職者別作一行而坐自爲序別非以相壓若招兩制臺省諸司諸衞官畢集則各從其類自作一行書議如其位次詔尚書省議事應帶職官三司副使以上竝不赴如遇集議大事令赴別設坐次是歲紫宸垂拱殿刊石爲百官表位三司使內朝班學士右獨立石位門外亦班其上

熙寧二年御史臺太常禮院詳定臣僚御路上馬之制近上臣僚及北使到闕竝于御路上行馬中書樞密院執政官宣徽院御史中丞知雜御史左右金吾攝事官清道者導從呵止依舊式其三司副使以上亦許出節正任觀察使以上與合出節臣僚竝許自宣德門外至天漢橋北御路上行馬如從駕出入及宗室內庭諸宮院車騎竝不在此限御史臺又言舊制百官臺參辭謝臣僚于朝堂先赴三院御史幕次又赴中丞幕次得以體按老疾今止于御史廳一員對拜不惟有失舊儀兼恐不能公共參驗請如舊制朝堂拜揖遇放常朝卽詣御史臺已而詔宰臣親王使相兩府宣徽使遇入樞密院門許至從南第二門外上下馬又詔宰臣上馬樞密院次之諸司又次之左右丞上下馬處竝同兩省侍郎御史臺言左丞蒲宗孟右丞王安禮賀僕射上尚書省于都堂下馬按左右丞上下馬于本廳請付有司推治安禮爭論上前以爲今日置左右丞爲執政官不應有厚薄左右丞于都堂上下馬自此始尋詔執政官退朝上馬宰臣于樞密院餘於隔門外都堂聚議退左丞于門下侍郎廳右丞于中書侍郎廳品官詣尚書省上下馬依雜壓大中大夫以上就第一貯廊監察御史以上就過道諸六曹尚書侍郎卽大中大夫以上就本廳監察御史以上就客位餘竝過道門外政和朝參臣僚上馬次序俟皇城門開樞密入次三省執政官次一品二品文臣六曹侍郎殿中監開府尹大司成侍從官兩省次百官御史臺編欄以次入其宰相罷政韓琦以司徒節度判相州曾公亮以司空節度爲集禧觀使王安石以觀文殿大學士吏部尚書知江寧府曹佾以中書令節度充景靈宮使韓絳以觀文殿大學士吏部侍郎知大名府致仕太師文彥博來朝其大朝會班位儀物如之吳育以觀文殿大學士吏部尚書爲西太一宮使大朝會綴中書門下班而已自是舊相按例重輕以特旨行之

治平四年御史臺言慶歷中有詔詳定武臣出節呵引之制節度使在尚書下三節節度觀察留後在諸行侍郎下兩節觀察使在中書舍人下諸衞大將軍防禦團

練使在大卿監下內客省使比諸司大卿景福殿使比將作監引進使比庶子在防禦使下以上各二節諸州刺史諸衞將軍在少卿監下宣慶四方館使比少卿宣政昭宣閤門使比司天監少監諸衞將軍上皇城使以下諸司使比郎中客省引進閤門副使比員外郎樞密都承旨在司天少監下閤門使上副都承旨在閤門使下樞密副承旨諸房副承旨在諸司使下以上並兩人呵引當時已施行矣而皇祐編敕刪去此制請復舉行

宋史卷一百二十一

元中書右丞相總裁脫脫等修

禮志第七十四

禮二十四軍禮

禡祭　閱武　受降　獻俘
田獵　打毬　救日伐鼓

禡師祭也宜居軍禮之首講武次之受降獻俘又次之田獵以下亦各以類附焉軍前大旗曰牙師出必祭謂之禡後魏出師又建纛頭旗上太宗征河東出京前一日遣右贊善大夫潘愼修出郊用少牢一祭蚩尤禡牙遣著作佐郎李巨源卽北郊望氣壇用香柳枝燈油乳粥酥蜜餠果祭北方天王咸平中詔太常禮院定禡儀所司除地爲壇兩壝繞以青繩張幄帟置軍牙大纛位版版方七寸厚三分祭用剛日具饌牲用大牢以羊豕代其幣長一丈八尺軍牙以白大纛以皁都部署初獻副都部署亞獻部署三獻皆戎服淸齋一宿將校陪位禮畢焚幣釁鼓以一牢又擇日祭馬祖馬社

閱武仍前代制太祖太宗征伐四方親講武事故不盡用定儀亦不常其處鑿講武池朱明門外以習水戰復築講武臺城西楊村秋九月大閱與從臣登臺觀焉眞宗詔有司擇地含輝門外之東武村爲廣場馮高爲臺臺上設屋構行宮其夜三鼓殿前侍衞馬步諸軍分出諸門詰旦帝乘馬從官並戎服賜以窄袍至行宮諸軍陣臺前左右相向步騎交屬亘二十里諸班衞士翼從于後有司奏成列帝升臺東向御戎帳召從臣坐觀之殿前都指揮使王超執五方旗以節進退又於兩陣中起候臺相望使人執旗如臺上之數以相應初舉黃旗諸軍旅拜舉赤旗則騎進舉青旗則步進每旗動則鼓駴士譟聲震百里外皆三挑乃退次舉白旗諸軍復再拜呼萬歲有司奏陣堅而整士勇而厲欲再舉詔止之遂舉黑旗以振旅軍於左者略右陣以還由臺前出西北隅軍於右者略左陣以還由臺前出西南隅並凱旋以退乃召從臣宴教坊奏樂回御東華門閱諸軍還營鈞容奏樂於樓下復召從臣坐賜飲明日又賜近臣飲於中書諸軍將校飲於營中內職飲於軍器庫諸班衞士飲於殿門外神宗閱左藏庫副使开斌所教牌手於崇政殿乃命殿前步軍司擇驍健者依法教習自是營屯及更戍諸軍畿甸三路民兵皆隨伎藝召見親閱焉凡閱試禁衞戍軍民兵總率第其精猾賜以金帛而超等高者至命爲吏選官其典領者優加職秩涇原經略蔡挺肄習諸將軍馬點閱周悉隊伍有法入爲樞密副使因言於上而引試之舊以七軍營陣校試而分數不齊前後牴牾命校試官釆摭定爲八軍法及軍法成頒行諸路旣又定九軍法以一軍營陣卽城南好草坡閱之皆有賞賚其按閱砲場連弩及使坐日閱召募新軍時令習戰如故事建炎三年六月高宗諭輔臣曰朕欲親閱武宰臣呂頤浩曰方右武之時理當如此祖宗時不忘武備如鑿金明池益欲習水戰張浚曰祖宗每上已游幸必命衞士馳射因而激賞亦所以講武也帝曰朕非久命諸將各閱所部人馬當召卿等共觀足以知諸將能否後以巡幸不果行紹興五年正月始御射殿閱諸班直殿前司諸軍指教使臣親從宿衞親兵并提轄部押親兵使臣射射共一千二百六十人每六十人作一撥遂詔戶部支金千兩付樞密院激賞庫充犒用三月御射殿閱等子趙青等五十人角力轉資支賜錢銀有差八月御射殿閱廣東路經略司解發到韶州士庶子弟陳裕試神臂弓特補進武校尉賜紫羅窄衫銀束帶差充本路經略司指使十四年十一月閱殿前馬步軍將士藝精者賞有差自是歲以冬月行之號曰冬教三十年十月御射殿引三衙統制同統制統領同統領入內射射詔餘合赴內殿教人依年例支降例物令逐司自行按試等第給散舊例每歲引三衙官兵教是日止引統制統領故有是詔三十二年四月二十五日御射殿隔門特坐引呈新舊行門射射乾道二年十一月幸候潮門外大教場次幸白石教場應從駕臣僚自祥曦殿並戎服起居從駕往回內管軍御帶環衞官從駕宰執以下免從就逐幕次賜食俟進晚膳畢免奏萬福并免茶從駕還內二十四日幸候潮門外大教場進早膳次幸白石教場閱兵三衙率將佐等導駕詣白石皇帝登臺三衙統制統領官等起居畢舉黃旗諸軍皆三呼萬歲拜訖三衙管軍奏報取旨馬軍上馬打圍教場舉白旗三司馬軍首尾相接舉紅旗向臺合圍聽一金止軍馬各就圍地作圓形排立射生官兵隨鼓聲出馬射獐兔一金止疊金射生官兵各歸陣隊舉黃旗射生官兵就御臺下獻所獲帝遂慰勞賜賚諸將鞍馬金帶以及士卒諸軍懽騰鼓舞就列百姓觀者如山時久陰曀暨帝出郊雲霧解駁風日開霽帝遣諭主管殿前司王琪等曰前日之教師律整嚴人無讙囂分合應度朕甚悅之皆卿等力也琪等曰此陛下神武之化六軍恭謹所致臣願得以此爲陛下勸紹熙四年十月殿前司言相視龍王堂北江岸以東茅灘一帶平地可作教場已脩築將壇將來三司馬步軍並各全裝披帶衣甲執色器械至日先赴教場下營排辦俟駕登臺聽金鼓起居畢依資次變陣教閱所有聖駕出郊除禁衞外欲於本司入陣馬軍內摘差護聖馬軍八百人騎弓箭器械作十六隊於儀衞前後引從各分八隊隊各五十人往回沿路各奏隨軍鼓笛大樂及摘差本司入教陣隊內諸軍步親隨一千人并統領將官三員至日先赴將臺下各分左右於後壁周圍留空地三十步以容禁衞外作三重環立十六日車駕至灘上諸軍人馬前一日於教場東列幕宿營是日三衙管軍與各軍統領將佐導駕乘馬至護聖步軍大教場亭更御甲冑至灘上皇帝登臺三衙起居畢權主管殿前司王逵奏三司人馬齊舉黃旗諸軍呼拜者三逵奏請從頭教中軍鳴角倒門角旗出營馬步軍簇隊成收鼓訖連三鼓馬軍上馬步人撮起旗槍四鼓舉白旗中軍鼓聲旗應變方陣爲備敵之形別高一鼓步軍四向作禦敵之勢且戰且前馬軍出陣作戰鬬之勢別高一鼓各分歸地分五鼓舉黃旗變圓陣爲自環內固之形如前節次訖三鼓舉赤旗變銳陣諸軍相屬魚貫斜列前列後張爲衝敵之形亦依前節次訖王逵奏人馬教絕取旨舉青旗變放教直陣收鼓訖一金止重鼓三馬軍下馬步人擬落旗槍皆應規矩帝大悅犒賞倍之士卒歡呼謝恩如儀鳴角聲簇隊訖放教拽隊步人分東西引拽馬軍交頭於御臺下隨隊呈試驍銳大刀武藝繼而進呈車砲火砲煙槍及豬山打圍射生馬步軍統制官蕭鷓巴以所獲獐鹿等就御臺下進獻人馬拽絕皇帝復御常服乘馬至車子院宣喚殿前司撥發官馬定遠侯彥昌各賜馬一匹彥昌仍自準備將特升副將進御酒上謂王逵曰今日教閱進止分合軍律整肅皆卿之力也逵奏陛下神武四海共知六師軍容孰敢不肅時賜酒俱以十分逵奏以軍馬事不敢飲帝曰少飲之親滅大半飲畢謝恩退又宣問主管侍衞馬軍司李舜舉今日按閱之兵比向時所用之師何如舜舉奏曰今日所治之兵皆陛下平時躬親訓練撫以深恩賜之重賞忠勇百倍非昔日可比其儀皇帝至祥曦殿行門禁衞等並戎服迎駕常起居皇帝至知閤門官以下並戎服常起居訖皇帝乘馬出從駕官從駕至候潮門外大教場御幄殿下馬入幄更衣訖皇帝被金甲出幄行門禁衞等迎駕奏萬福皇帝乘馬至教場臺下馬升臺入幄從駕官宰執親王使相正任知閤御帶環衞官升臺於幄殿分東西相向立管軍並令全裝衣甲帶御器械執骨朶升臺於幄殿指南面西立俟入內官喝排立皇帝出幄行門禁衞等迎駕奏萬福皇帝出閤門分引殿前馬步三司統制統領官常起居訖次三司將佐以下聽鼓聲常起居次殿帥執骨朶赴御坐前奏教直陣俟教閱畢再赴御座前奏教圓陣俟教閱畢再赴御座前奏教銳陣俟教閱畢再赴御座前奏教閱畢歸侍立內侍傳旨與殿前太尉某諸軍謝恩承旨訖轉與撥發官引三司統制統領將佐再拜謝恩訖各歸本軍皇帝起入幄更衣訖皇帝出幄皇帝坐舍人引宰執整立俟進御茶床舍人贊就坐宰執躬身應喏訖直身立就坐進第一盞酒起立整後俟皇帝飲酒訖舍人贊就坐躬身應喏訖直身立俟宰執酒至接盞飲酒訖盞付殿侍次舍人贊食並如儀至第四盞傳旨宣勸訖御藥傳旨不拜舍人承旨贊不拜贊就坐第五盞宣勸如第四盞儀酒食畢舉御茶床舍人分引宰執於幄殿重行立御藥傳旨不拜舍人承旨訖揖宰執躬身贊不拜各祗候直身立降階道歸幕次皇帝起乘馬至車子院下馬皇帝出幄至車子院門樓上出賜親王酒再拜謝訖次賜使相正任幷管軍知閤御帶環衞官酒訖逐班再拜謝訖依舊向立次親王執盞進皇帝酒皇帝飲酒訖一班再拜謝訖俟皇帝觀畢起降車子院門樓歸帳親王以下退皇帝乘馬出車子院門行門禁衞等迎駕奏萬福皇帝乘馬至候潮門外大教場應從駕官並戎服乘馬從駕回皇帝乘馬入和寧門至祥曦殿上下馬還宮餘倣此淳熙四年十二月大閱于茅灘十年十一月大閱于龍山十六年十月大閱于城南大教場並如上儀慶元元年十月以在諒闇令宰執於大教場教閱二年十月大閱于茅灘嘉泰二年十二月幸候潮門外教場大閱端平二年四月大閱以時暑不及行

受降獻俘太祖平蜀孟昶降詔有司約前代儀制爲受降禮昶至前一日設御坐仗衞于崇元殿如元會儀至日大陳馬步諸軍于天街左右設昶及其官屬素案席褥于明德門外表案于橫街北通事舍人引昶及其官屬素服紗帽北向序立昶跪奉表授閤門使復位待命表至御前侍臣讀訖閤門使承旨出昶等俯伏通事舍人掖昶起宣制釋罪昶等再拜呼萬歲衣庫使導所賜襲衣冠帶陳於前昶等又再拜跪受改服乘馬至昇龍門下馬官屬至啓運門下馬就次帝常服升坐百官先入起居班立閤門使引昶等入舞蹈拜謝召昶升殿閤門使引自東階升宣撫使承旨安撫之昶至御坐前躬承問訖還位與官屬舞蹈出中書率百官稱賀遂宴近臣及昶于大明殿嶺南平劉鋹就擒詔有司撰獻俘禮鋹至上御明德門列仗衞諸軍百官常服班樓前別設獻俘位于東西街之南北向其將校位於獻俘位前北上西向有司率武士係鋹等白練露布前引

至太廟西南門鋹等並下馬入南神門北向西上立監將校官次南立俟告禮畢於西南門出乘馬押至太社如上儀乃押至樓南御路之西下馬立俟獻俘將校戎服帶刀攝侍中版奏中嚴百官班定版奏外辦帝常服御坐百官舞蹈起居畢通事舍人引鋹就獻俘位將校等詣樓前舞蹈訖次引露布案詣樓前北向宣付中書門下如宣制儀通事舍人跪受露布轉授中書門下轉授攝兵部尚書次攝刑部尚書詣樓前跪奏以所獻俘付有司上召鋹詰責鋹伏地待罪詔誅其臣龔澄樞等特釋鋹縛與其弟保興等罪仍賜襲衣冠帶鞾笏器幣鞍馬各服其服列謝樓下百官稱賀畢放仗如儀南唐平帝御明德門露布引李煜及其子弟官屬素服待罪初有司請如獻劉鋹帝以煜奉正朔非若鋹拒命寢露布弗宣遣閤門使承制釋之太宗征太原劉繼元降帝幸城北陳兵衞張樂宴從臣於城臺繼元率官屬素服臺下遣閤門使宣制釋罪召繼元親勞之從臣詣行宮稱賀時以在軍中故不備禮繼元至京師詔告獻太廟前一日所司陳設如常告廟儀告日黎明博士引太尉就位通事舍人引繼元西階下東向立其官屬重行立贊者贊太尉再拜訖博士引就盥爵如常儀詣東階解劍脫舄升第一室進奠再拜太祝跪讀祝文訖又再拜通事舍人引繼元及官屬詣室前西階下北向立舍人贊云皇帝親征收復河東僞主劉繼元及僞命官見贊者曰再拜訖退位次至第二第三第四第五室皆如第一室博士引太尉降階佩劍納履復位贊者曰再拜太尉與繼元等皆再拜退焚祝版於齋坊繼元既命以官故不稱俘焉元符二年西蕃王攏拶邈川首領瞎征等降詔具儀注以受降日御宣德門設諸班直上四軍仗衞諸軍素厰陳列降者各服蕃服以見審問訖有旨放罪各等第賜首服袍帶百官稱賀而再御紫宸殿賜宴會哲宗崩樞密院留攏拶等西京聽旨詔罷御樓立仗但引見于後殿攏拶一班契丹公主一班夏國回鶻公主次之瞎征一班邊廝波結并族屬次之應族屬首領各從其長以次起居僧尼公主皆蕃服蕃拜竝賜冠服謝訖賜酒饌橫門外政和初議禮局上受降儀皇帝乘輿升宣德門樓降輿坐御幄百官與降王蕃官各班樓下如大禮肆赦儀東上閤門以紅條袋班齊牌引升樓樓上東上閤門官附內侍承旨索扇扇合帝即御坐簾卷內侍又贊扇開侍衞如常儀諸班親從幷裏圍降王人等迎駕自贊常起居次舍人贊執儀將士常起居次管幹降王使臣并隨行舊蕃官常起居次禮直官舍人引百官橫行北向贊者曰拜在位官皆再拜舞蹈三稱萬歲又再拜班首奏聖躬萬福又再拜退百官各就東西位舍人引降王服本國衣冠詣樓前北向女婦少西立僧又少西尼立於後入內省官詣御坐前承旨傳樓上東上閤門官承旨錄訖以紅條袋降制樓下東上閤門官承旨退降王以下俯伏東上閤門官至令通事舍人掖之起首領以下皆起鞠躬閤門宣有敕降王以下再拜僧尼止躬呼萬歲閤門錄敕旨付管幹官降王等躬聽詰問如有復奏閤門錄訖仍以紅條袋引升樓如無復奏入內省官詣御坐承旨傳樓上閤門官稱有敕放罪訖舍人贊謝恩降王以下再拜稱萬歲復序立入內省官詣御坐承旨傳樓上閤門官稱有敕各賜首服袍帶樓下閤門官承旨引所賜檐床陳于西舍人宣曰有敕降王以下再拜鞠躬舍人稱各賜某物賜物畢又再拜稱萬歲若賜官即贊謝再拜竝歸次易所賜服舍人先引降王以下至授遙郡以上當樓前北向東上立贊再拜稱萬歲又再拜次贊服冠帔婦女再拜僧尼別謝引還次贊樓上侍立官稱賀再拜禮直官舍人分引百官橫行北向立贊拜訖班首少前俛伏跪稱賀其詞中書隨事撰述賀訖復位在位者又再拜舞蹈三稱萬歲又再拜東上閤門官進詣樓前承旨就班首宣曰有制贊者曰拜在位官皆再拜宣答其詞學士院隨事撰述又贊再拜三稱萬歲又再拜樓上樞密院前跪奏稱某官臣某言禮畢內侍索扇扇合簾垂帝降坐內侍贊扇開所司承旨放仗樓下鞭鳴百官再拜退開禧三年三月四川宣撫副使安丙函逆臣吳曦首并違制擬造法物所受金國加封蜀王詔及金印來獻四月三日禮部太常寺條具獻馘典故俟逆曦首函至日臨安府差人防守殿前司差甲士二百人同大理寺官監引赴都堂審驗奏獻太廟別廟差近上宗室南班奏獻太社太稷差侍從官各前一日赴祠所致齋至日行奏獻之禮大理寺殿前司計會行禮時刻監引首函設置以俟奏獻禮畢梟於市三日付大理寺藏於庫端平元年金亡四月京湖制置司以完顏守緒函骨來上差官奏告宗廟社稷如儀

田獵太祖建隆二年始校獵于近郊先出禁軍爲圍場五坊以鷹禽細犬從帝親射走兔三從官貢馬稱賀其後多以秋冬或正月田於四郊從官或賜窄袍煗鞾親王以下射中者賜以馬太宗將北征因閱武獵近郊以多盜獵狐兔者命禁之有衞士奪人獐當死帝曰若殺之後世必謂我重獸而輕人特貰其罪帝常以臘日校獵諭從臣曰臘日出狩以順時令緩轡從禽是非荒也回幸講武臺張樂賜羣臣飲其後獵西郊親射走兔五詔以古者蒐狩以所獲之禽薦享宗廟而其禮久廢今可復之遂爲定式帝雅不好弋獵詔除有司行禮外罷近甸游畋五方所畜鷹犬竝放之諸州不得以鷹犬來獻已而定難軍節度使趙保忠獻鶻一號海東青詔還賜之臘日但命諸王畧畋近郊而五坊之職廢矣眞宗復詔教駿所養鷹鶻量留十餘以備諸王從時展禮禁圍草地許民耕牧至仁宗時言者言校獵之制所以順時令調戎事請修此禮於是詔樞密院奏定制度獵日五鼓帝御內東門賜從官酒三行奏鈞容樂幸瓊林苑門賜從官食遂獵于楊村宴于幄殿奏教坊樂遣使以所獲馳薦太廟既而召父老臨問賜以飲食茶絹及五坊軍士銀絹有差宰相賈昌朝等曰陛下暫幸近郊順時田獵取鮮殺而登廟俎所以昭孝德也即高原而閱軍實所以講武事也問耆老而秩飫所以養老也勞田夫而賜惠所以勸農也乘輿一出而四美皆具伏望宣付史館從之明年復獵于城南東韓村自玉津園去輦乘馬分騎士數千爲左右翼節以鼓旗合圍場徑十餘里部隊相應帝按轡中道親挾弓矢屢獲禽焉是時道傍居人或畜狐兔鳧雉驅場中帝謂田獵以訓武事非專所獲也悉縱之免圍內民田一歲租仍召父老勞問其後以諫者多罷獵近甸自是終靖康不復講

打毬本軍中戲太宗令有司詳定其儀三月會鞠大明殿有司除地豎木東西爲毬門高丈餘首刻金龍下施石蓮華坐加以采繢左右分朋主之以承旨二人守門衞士二人持小紅旗唱籌御龍官錦繡衣持哥舒棒周衞毬場殿階下東西建日月旗教坊設龜茲部鼓樂於兩廊鼓各五又於東西毬門旗下各設鼓五閤門豫定分朋狀取裁親王近臣節度觀察防禦團練使刺史駙馬都尉諸司使副使供奉官殿直悉預其兩朋官宗室節度以下服異色繡衣左朋黃襴右朋紫襴打毬供奉官左朋服紫繡右朋服緋繡烏皮鞾冠以華插腳折上巾天廄院供馴習馬并鞍勒帝乘馬出教坊大合涼州曲諸司使以下前導從臣奉迎既御殿羣臣謝宣召以次上馬馬皆結尾分朋自兩廂入序立於西廂帝乘馬當庭西南駐內侍發金合出朱漆毬擲殿前通事舍人奏云御朋打東門帝擊毬教坊作樂奏鼓毬既度颭旗鳴鉦止鼓帝回馬從臣奉觴上壽貢物以賀賜酒即列拜飲畢上馬帝再擊之始命諸王大臣馳馬爭擊旗下擂鼓將及門逐廂急鼓毬度殺鼓三通毬門兩旁置繡旗二十四而設虛架於殿東西階下每朋得籌即插一旗架上以識之帝得籌樂少止從官呼萬歲羣臣得籌則唱好得籌者下馬稱謝凡三籌畢乃御殿召從臣飲又有步擊者乘驢騾擊者時令供奉者朋戲以爲樂云

救日伐鼓建隆元年司天監言日食五月朔請掩藏戈兵鎧胄事下有司有司請皇帝避正殿素服百官各守本司遣官用牲太社如故事景德四年五月朔日食上避正殿不視事至和元年四月朔日食既內降德音改元易服避正殿減膳百官詣東上閤門拜表請御正殿復常膳三表乃從至日遣官祀太社而陰雨以雷至申乃見食九分之餘百官稱賀先是皇祐初以日食三朝不受賀百官拜表嘉祐四年詔正旦日食毋拜表自十二月二十一日不御前殿減常膳宴遼使罷作樂至日仍遣官祀太社百官三表乃御正殿復膳六年六月朔日食詔禮官驗詳典故皇帝素服不御正殿毋視事百官廢務守司合朔前二日郊社令及門僕守四門巡門監察鼓吹令率工人如方色執麾旃分置四門屋下龍蛇鼓隨設於左東門者立北塾南面南門者立東塾西面西門者立南塾北面北門者立西塾東面隊正一人執刀率衞士五人執五兵之器立鼓外矛處東戟處南斧鉞在西矟在北郊社令立攢於壇四隅縈朱絲繩三匝又於北設黃麾龍蛇鼓一次之弓一矢四次之諸兵鼓俱靜立俟司天監告日有變工舉麾乃伐鼓祭告官行事太祝讀文其詞以責陰助陽之意司天官稱止乃罷鼓如霧晦不見即不伐鼓自是日有食之皆如其制治平四年詔古者日食百司守職蓋所以祗天戒而備非常今獨闕之甚非王者小心寅畏之道可令中書議舉行熙寧六年四月朔日食詔易服避殿減膳如故事降天下死刑釋流以下罪政和上合朔伐鼓儀有司陳設太社玉幣籩豆如儀社之四門及壇下近北各置鼓一竝植麾旃各依其方色壇下立黃麾麾杠十尺旃八尺祭告日於時前太官令帥其屬實饌具畢光祿卿點視次引監察御史奉禮郎太祝太官令先入就位次引告官就位皆再拜次引御史奉禮郎太祝升就位太官令就酌尊所告官盥洗詣太社三上香奠幣玉再拜復位少頃引告官再盥洗執爵三祭酒奠爵俛伏興少立引太祝詣神位前跪讀祝文告官再拜退伐鼓其日時

前太史官一員立壇下視日鼓吹令率工十人如色服分立鼓左右以俟太史稱日有變工齊伐鼓明復太史稱止乃罷鼓其日廢務而百司各守其職如舊儀

宋史卷一百二十二

元中書右丞相總裁脫脫等修

禮志第七十五

禮二十五凶禮一

山陵

山陵謚册服紀葬儀與士庶之喪制爲凶禮其上陵忌日漢儀如吉祭宋制是日禁屠殺設素饌輟樂舉哭素服行事因以類附焉太祖建國號僖祖曰欽陵順祖曰康陵翼祖曰定陵宣祖曰安陵安陵在京城東南隅乾德初改卜河南府鞏縣西南四十里訾鄉鄧封村以司徒范質爲改卜安陵使學士竇儼禮儀使中丞劉溫叟儀仗使樞密直學士薛居正鹵簿使太宗時尹開封爲橋道頓遞使質尋免相以太宗兼轄五使事修奉新陵皇堂下深五十七尺高三十九尺陵臺三層正方下層每面長九十尺南神門至乳臺乳臺至鵲臺皆九十五步乳臺高二十五尺鵲臺增四尺神墻高九尺五寸環四百六十步各置神門角闕有司言改卜陵寢宣祖合用哀册及文班官各撰歌辭二首吉仗用大駕鹵簿凶仗用大升輿龍輴魌茸纛魂車香輿銘旌哀謚册寶車方相買道車白幰弩素信幡錢山輿黃白紙帳暖帳頁帳千味臺盤衣輿拂纛明器輿漆梓宮夷衾儀椁素翣包旌倉瓶五穀輿衾甒瓦甒辟惡車進玄宮有鐵帳覆梓宮藉以棕櫚褥鐵盆鐵山用然漆燈宣祖袞冕昭憲皇后花釵翬衣贈玉十二神當壙當野祖明祖思地軸及留陵刻漏等並制如儀有司又言按儀禮改葬緦注云臣爲君子爲父妻爲夫也必服緦者親見尸柩不可以無服緦三月而除之又五禮精義云改葬無祖奠蓋祖奠設於柩車之前以爲行始至於改葬告遷而已今請皇帝服緦皇親及文武官護送靈駕者亦服緦既葬而除不設祖奠止於陵所行一虞之祭宣祖謚册謚寶舊藏廟室合遷置陵內改葬之禮與始葬同几筵宜新明器壞者改作凡斂衣斂物並易之其皇堂贈玉鎮圭劍佩旒冕玉寶並以珉玉藥玉綬以青錦安陵中玉圭佩劍玉寶等皆用于闐玉孝明孝惠陵內用珉玉藥玉啓故安陵奉安宣祖昭憲孝惠二后梓宮于幄殿靈駕發引所過州府縣鎮長吏令佐素服出城奉迎幷辭皆哭自發引至掩皇堂皆廢朝禁京城音樂順祖翼祖皆葬幽州至眞宗始命營奉二陵遂以一品禮葬河南縣制度比安陵減五分之一石作減三分之一尋改上定陵名曰靖陵

開寶九年十月二十日太祖崩遺詔以日易月皇帝三日而聽政十三日小祥二十七日大祥諸道節度防禦團練使刺史知州等不得輒離任赴闕諸州軍府臨三日釋服羣臣敍班殿庭宰臣宣制發哀畢太宗卽位號哭見羣臣羣臣稱賀復奉慰盡哀而退禮官言羣臣當服布斜巾四脚直領布襴腰經命婦布帕首裙帔皇弟皇子文武二品以上加布冠斜巾帽首經大袖裙袴竹杖士民縞素婦人素縵諸軍就屯營三日哭羣臣屢請聽政始御長春殿羣臣喪服就列帝去杖經服斜巾垂帽捲簾視事小祥改布服四脚直領布襴腰經布袴二品以上官亦如之大祥帝服素紗軟脚折上巾淺黃衫緅皮鞓黑銀帶羣臣及軍校以上皆本色慘服鐵帶鞾笏諸王入內服衰出則服慘又成服後羣臣朝晡臨三日大小祥禫除朔望皆入臨奉慰內出遺留物頒賜諸臣親王遣使貢賜方鎭二十七日命宰臣撰陵名哀册文明年三月十七日羣臣奉謚號册寶告于南郊明日讀于靈坐前四月十日啓攢宮帝與羣臣皆服如初喪朝晡臨殿中退易常服出宮城十三日發引帝衰服啓奠哭羣臣入臨升梓宮于龍輴祖奠徹設次明德門外行遣奠禮讀哀册帝哭盡哀再拜辭釋衰還宮百官辭於都城外二十五日掩皇堂二十九日虞主至奉安于大明殿五月十九日祔廟之第五室以孝明皇后王氏升配禮畢羣臣奉慰其吉凶仗如安陵惟增轀輬車神帛肩輿鹵簿三千五百三十九人陵在鞏縣祔宣祖曰永昌至道三年三月二十九日太宗崩于萬歲殿眞宗散髮號擗奉遺詔卽位於殿之東楹制永熙陵皇堂深百尺方廣八十尺陵臺方二百五十尺大駕鹵簿用玉輅一革車五外凡用九千四百六十八人有司定散髮之禮皇帝皇后諸王公主縣主諸王夫人六宮內人並左被髮皇太后全被髮帝服布斜巾四脚大袖裙袴帽竹杖腰經首經直領布襴衫白綾襯服諸王皇親以下如之加布頭冠絹襯服皇太后皇后內外命婦布裙衫帔帕頭首經絹襯服宮人無帔文武二品以上布斜巾四脚頭冠大袖襴衫裙袴腰經竹杖絹襯服自餘百官並布幞頭襴衫腰經省五品御史臺尚書省四品諸司三品以上見任前任防禦團練刺史內客省閤門入內都知押班等布頭冠幞頭大袖襴衫裙袴腰經諸軍庶民白衫紙帽婦人素縵不花釵三日哭而止山陵前朔望不視事六月詔翰林寫先帝常服及絳紗袍通天冠御容二奉帳坐列于大升輿之前仍以太宗玩好弓劍筆硯琴棊之屬蒙組繡置輿中陳於仗內十月三日靈駕發引其凶仗法物擎舁牽駕兵士力士凡用萬二千一百九十三人挽郎服白練寬衫練裙勒帛絹幘餘並如昌陵制十一月二日有司奉神主至太廟近臣題謚號祔於第六室以懿德皇后符氏升配置衞士五百人于陵所作殿以安御容朝暮上食四時致祭焉

乾興元年二月十九日眞宗崩仁宗卽位二十日禮儀院言準禮例差官奏告天地社稷太廟諸陵應祠祭惟天地社稷五方帝諸大祠宗廟及諸中小祠並權停俟祔廟禮畢仍舊是日命閤門使薛貽廓告哀于契丹宣慶使韓守英爲大內都巡檢內侍分領宮殿門衞士屯護閤門使王遵度爲皇城四面巡檢新舊城巡檢各權添差益以禁兵器仗城門亦設器甲以辨姦詐二十一日羣臣入臨見帝于東序閤門使宣口敕曰先皇帝奄棄萬國凡在臣僚畢同號慕及中外將校並加存撫羣臣拜舞稱萬歲復哭盡哀退是日上表請聽政凡三上始允二十三日陳先帝服玩及珠襦玉匣含襚應入梓宮之物於延慶殿召輔臣通觀明日大斂成服二十五日有司設御坐垂簾崇政殿之西廡簾幕皆縞素羣臣敍班殿門外帝衰服杖經侍臣扶升坐通事舍人引羣臣入殿庭西向合班俟簾捲羣臣再拜班首奏聖躬萬福隨班三呼萬歲退宰臣升殿奏事如儀三月一日小祥帝行奠釋衰服羣臣入臨退赴內東門進名奉慰自是每七日皆臨至四十九日止十三日大祥帝釋服服慘十四日司天監言山陵斬草用四月一日丙時吉十六日山陵按行使藍繼宗言據司天監定永安縣東北六里曰臥龍岡堪充山陵詔雷允恭覆按以聞皇堂之制深八十一尺方百四十尺制陵名曰永定九月十一日召輔臣赴會慶殿觀入皇堂物皆生平服御玩好之具帝與輔臣議及天書皆先帝尊道膺受靈貺殊尤之瑞屬于元聖不可留于人間宜於永定陵奉安二十三日奉道天書至長春殿帝上香再拜奉辭二十四日天書先發帝啓奠梓宮讀哀册禮畢具吉凶儀仗百官素服赴順天門外至板橋立班奉辭還詣西上閤門進名奉慰十月十三日掩皇堂十八日虞主至京十九日羣臣詣會慶殿行九虞祭二十三日祔太廟第七室

嘉祐八年三月晦日仁宗崩英宗立喪服制度及修奉永昭陵並用定陵故事發諸路卒四萬六千七百人治之宣慶使石全彬提舉制梓宮畫樣以進命務堅完毋過華飾三司請內藏錢百五十萬貫紬絹二百五十萬匹銀五十萬兩助山陵及賞賚遣使告哀遼夏及賜遺留物又遣使告諭諸路又以聽政奠告大行近臣告升遐於天地社稷宗廟宮觀又告嗣位賜兩府宗室近臣遺留物五月翰林學士王珪言天子之謚當集中書門下御史臺五品以上尚書省四品以上諸司三品以上於南郊告天議定然後連奏近制惟詞臣撰議卽降詔命庶僚不得參聞頗違稱天之義臣擬上先帝尊謚望詔有司稽詳舊典先之郊而後下臣之議七月宰臣以下宿尚書省宗室團練使以上宿都亭驛請謚于南郊八月告于福寧殿天地宗社宮觀九月二十八日啓菆宮以初喪服日一臨易常服出十月六日靈駕發引天子啓奠梓宮升龍輴祖奠徹輿皇太后步出宣德門羣臣辭于板橋十五日奉安梓宮陵側十七日開皇堂十一月二日虞主至皇太后奠于瓊林苑天子步出集英門奉迎奠于幄七日祭虞主二十九日祔太廟主如漢制不題謚號及終虞而行卒哭之祭禮院言故事大祥變除服制以三月二十九日祥至五月二十九日禫六月二十九日禫除至七月一日從吉已蒙降敕謹按禮學王肅以二十五月爲畢喪而鄭康成以二十七月通典用其說又加至二十七月終則是二十八月畢喪而二十九月始吉蓋失之也天聖中更定五服年月敕斷以二十七月今士庶所同遵用夫三年之喪自天子達不宜有異請以三月二十九日爲大祥五月擇日而爲禫六月一日而從吉於是大祥日不御前後殿開封府停決大辟及禁屠至四月五日待制觀察使以上及宗室管軍官日一奠二十八日而羣臣俱入奠二十九日禫除羣臣皆奉慰焉

治平四年正月八日英宗崩神宗卽位十一日大斂二月三日殯四月三日請謚十八日奏告及讀謚册于福寧殿七月二十五日啓菆八月八日靈駕發引二十七

日葬永厚陵禮院準禮羣臣成服後乘布裹鞍韉小祥臨訖除頭冠方裙大袖大祥臨訖裹素紗軟脚幞頭慘公服乘皁鞍韉禫除訖素紗幞頭常服黑帶二日改吉服去佩魚虞主至自掩壙五虞皆在途四虞於集英殿曲赦兩京畿內鄭孟等州如故事

元豐八年三月五日神宗崩十三日大斂帝成服十七日小祥四月一日禫除七月五日請謚于南郊九月八日讀謚寶册于福寧殿二十三日啓菆十月一日靈駕發引二十一日葬永裕陵二十九日虞主至十一月一日虞祭于集英殿自復土六虞在途大常卿攝事三虞行禮于殿四日卒哭五日祔廟祕書正字范祖禹言先王制禮以君服同于父皆斬衰三年蓋恐爲人臣者不以父事其君此所以管乎人情也自漢以來不惟人臣無服而人君遂亦不爲三年之喪惟國朝自祖宗以來外廷雖用易月之制而宮中實行三年之喪且易月之制前世所以難改者以人君自不爲服也今羣臣易月而人主實行三年之喪故十二日而小祥而朞又小祥二十四日大祥再期而又大祥夫練祥不可以有二也既以日爲之又以月爲之此禮之無據者再期而大祥中月而禫禫者祭之名非服之色也今乃爲之慘服三日然後禫此禮之不經者也既除服至葬而又服之蓋不可以無服也祔廟而後卽吉財八月矣而遽純吉無所不佩此又禮之無漸也易月之制因襲已久既不可追宜令羣臣朝服正如今日而未除衰至期而服之漸除其重者再朞而又服之乃釋衰其餘則君服斯服可也至於禫不必爲之服惟未純吉以至于祥然後無所不佩則三年之制畧如古矣詔禮官詳議禮部尚書韓忠彥等議朝廷典禮時世異宜不必循古若先王之制不可盡用則當以祖宗故事爲法今言者欲令羣臣服喪三年民間禁樂如之雖過山陵不去衰服庶協古制緣先王恤典節文甚多必欲循古又非特如所言而已今既不能盡用則當循祖宗故事及先帝遺制詔從其議神主祔廟是月冬至百官表賀崇政殿說書程頤言神宗喪未除節序變遷時思方切恐失居喪之禮無以風化天下乞改賀爲慰不從紹聖四年太史請遷去永裕陵禁山民塚一千三百餘以便國音帝曰遷墓得無擾乎若無所害則令勿遷果不便國音當給官錢以資葬費

元符三年正月十二日哲宗崩徽宗卽位詔山陵制度並如元豐七月十一日啓菆二十日靈駕發引八月八日葬永泰陵九月九日以升祔畢羣臣吉服如故事太常寺言太宗皇帝上繼太祖兄弟相及雖行易月之制實斬衰三年以重君臣之義公除已後庶事相稱具載國史今皇帝嗣立哲宗實承神考之世已用開寶故事爲哲宗服衰重今神主已祔百官之服並用純吉皇帝服御宜如太平興國二年故事禮部言太平興國中宰臣薛居正表稱公除以來庶事相稱獨命徹樂誠未得宜卽是公除後除不舉樂外釋衰從吉事理甚明今皇帝當御常服素紗展脚幞頭淡黃衫黑犀帶請下有司裁制宰臣請從禮官議乃詔候周期服吉時詔不由門下徑付有司給事中龔原言喪制乃朝廷大事今行不由門下是廢法也臣爲君服斬衰三年古未嘗改且陛下前此議服禮官持兩可之論陛下既察見其姦其服遂正今乃不得已從之臣竊爲陛下惜開寶時并汾未下兵革未弭祖宗櫛風沐雨之不暇其服制權宜一時非故事也原坐黜知南康軍於是詔依元降服喪三年之制其元符三年九月自小祥從吉指揮改正

紹興五年四月甲子徽宗崩于五國城七年正月問安使何蘚等還以聞宰執入見帝號慟擗踴終日不食宰臣張浚等力請始進麋粥成服于几筵殿文武百僚朝晡臨於行宮自聞喪至小祥百官朝晡臨自小祥至禫祭朝一臨太常等言舊制沿邊州軍不許舉哀緣諸大帥皆國家腹心爪牙之臣休戚一體至於將佐皆懷忠憤宜就所屯自副將而上成服日朝晡臨故校哭於本營命徽猷閣待制王倫等爲奉迎梓宮使時知邵州胡寅上疏畧曰三年之喪自天子至於庶人一也及漢孝文自執謙德用日易月至今行之子以便身忘其親臣以便身忘其君心知其非而不肯改自常禮言之猶且不可況變故特異如今日者又當如何恭惟大行太上皇帝大行寧德皇后蒙塵比狩永訣不復實繇粘罕是有不共戴天之讐考之於禮讐不復則服不除寢苫枕戈無時而終所以然者天下雖大萬事雖衆皆無以加於父子之恩君臣之義也伏覩某月某日聖旨緣國朝故典以日易月臣切以爲非矣自常禮言之猶須大行有遺詔然後遵承今也大行詔旨不聞而陛下降旨行之是以日易月出陛下意也大行幽厄之中服御飲食人所不堪疾病粥藥必無供億崩殂之後衣衾斂藏豈得周備正棺卜兆知在何所茫茫沙漠瞻守爲誰伏惟陛下一念及此荼毒摧割備難堪忍縱未能遵春秋復讐之義俟讐殄而後除服猶當革漢景之薄喪紀以三年爲斷不然以終身不可除之服二十七日而除之是薄之中又加薄焉必非聖人之所安也又曰雖宅憂三祀而軍旅之事皆當決於聖裁則諒闇之典有不可舉蓋非枕塊無聞之日是乃枕戈有事之辰故魯侯有周公之喪而徐夷並興東郊不開則是墨衰卽戎孔子取其誓命今六師戒嚴方將北討萬機之衆孰非軍務陛下聽斷平決得禮之變卒哭之後以墨衰臨朝合於孔子所取其可行無疑也如合聖意便乞直降詔旨云恭惟太上皇帝寧德皇后誕育眇躬大恩難報欲酬罔極百未一伸鑾輿遠征遂至大故訃音所至痛貫五情想慕慈顏杳不復見怨讐有在朕敢忘之雖軍國多虞難以諒闇然衰麻枕戈非異人任以日易月情所不安興自朕躬致喪三年卽戎衣墨況有權制布告中外昭示至懷其合行典禮令有司集議來上如敢沮格是使朕爲人子而忘孝之道當以大不恭論其罪陛下親御翰墨自中降出一新四方耳目以化天下天地神明亦必有以佑助臣不勝大願六月張浚請謚于南郊戶部尚書章誼等言梓宮未還久廢謚冊之禮請依景德元年明德皇后故事行埋重虞祭祔廟之禮及依嘉祐八年治平四年虞祭畢而後卒哭卒哭而後祔廟仍於小祥前卜日行之異時梓宮之至宜遵用安陵故事行改葬之禮更不立虞主從之九月甲子上廟號曰徽宗九年正月太常寺言徽宗及顯肅皇后將及大祥雖皇堂未置若不先建陵名則春秋二仲有妨薦獻請先上陵名宰臣秦檜等請上陵曰永固徽宗與顯肅初葬五國城十二年金人以梓宮來還將至帝服黃袍乘輦詣臨平奉迎登舟易緦服百官皆如之既至行在安奉于龍德別宮帝后異殿禮官請用安陵故事梓宮入境卽承之以槨有司預備袞冕翬衣以往至則納之槨中不復改斂秦檜白令侍從臺諫禮官集議靈駕既還當崇奉陵寢或稱攢宮禮部員外郞程敦厚希檜意獨上奏言仍攢宮之舊稱則莫能示通和之大信而用因山之正典則若忘存本之後圖臣以爲宜勿徇虛名當示大信於是議者工部尚書莫將等乃言太史稱歲中不利大葬請用明德皇后故事權攢從之以八月奉迎九月發引十月掩攢在昭慈攢宮西北五十步用地二百五十畝十三年改陵名曰永祐

紹興三十一年五月金國使至以欽宗訃聞詔朕當持斬衰三年之服以申哀慕是日文武百僚並常服墨帶去魚詣天章閣南空地立班聽詔旨舉哭畢次赴後殿門外進名奉慰次詣几筵殿焚香舉哭六月權禮部侍郎金安節等請依典故以日易月自五月二十二日立重安奉几筵至六月十七日大祥所有衰服權留以待梓宮之還從之七月宰臣陳康伯等率百官詣南郊請謚廟號欽宗遙上陵名曰永獻其餘並如徽宗典禮

淳熙十四年十月八日高宗崩孝宗號慟擗踊踰二日不進膳尋諭宰執王淮欲不用易月之制如晉武魏孝文實行三年之喪自不妨聽政淮等奏通鑑載晉武帝雖有此意後來只是宮中深衣練冠帝曰當時羣臣不能將順其美司馬光所以譏之後來武帝竟欲行之淮曰記得亦不能行帝曰自我作古何害淮曰御殿之時人主衰絰羣臣吉服可乎帝曰自有等降乃出內批朕當衰絰三年羣臣自行易月之令其合行儀制令有司討論詔百官於以日易月之內衰服治事二十日丁亥小祥帝未改服王淮等乞俯從禮制上流涕曰大恩難報情所未忍二十一日車駕還內帝衰絰御輦設素仗軍民見者往往感泣詔自今五日一詣梓宮前焚香帝服衰服素幄引輔臣及班次而禮官奏謂苴麻三年難行於外庭奏入不出十一月戊戌朔禮官顏師魯尤袤等奏乞禮畢改服小祥之服去杖絰禫祭禮畢改服素紗軟脚折上巾淡黃袍黑銀帶神主祔廟畢改服幞頭黑鞓犀帶過宮燒香則於宮中衰絰行禮二十五月而除帝批淡黃袍改服白袍二月己亥大祥四日辛丑禫祭禮畢五日壬寅百官請聽政不允八日百官三上表引康誥被冕服出應門等語以證九日詔可十五年正月十八日甲寅百日帝過宮行焚香禮二十一日丁巳諭輔臣曰昨內引洪邁見朕已過百日猶服衰麤因奏事應以漸今宜服如古人墨衰之義而巾則用縿或羅朕以羅絹非是若用細布則可王淮等言尋常士大夫丁憂過百日巾衫皆用細布出而見客則以黲布今陛下舉曠古不能行之禮足爲萬世法帝又曰晚間引宿直宿之類如何淮曰布巾布背子便是常服上不以爲然自是每御延和殿止服白布折上巾布衫過宮則衰絰而杖三月壬子啓攢帝服初喪之服甲寅發引丙寅掩攢甲戌親行第七虞祭大臣言虞祭乃吉禮合用韡袍上曰只用布折上巾黑帶布袍可也二十日丙戌神主祔廟是日詔曰朕昨降指揮欲衰絰三年緣羣臣屢請御殿易服故以布素視事內殿雖有俟過祔廟勉從所請之詔稽諸典禮心實未安行之終制乃爲近古宜體至意勿復有請於是大臣乃不敢言蓋三年之制

斷自帝心執政近臣皆主易月之說諫官謝鍔禮官尤袤心知其不可而不敢盡言惟敕令所刪定官沈清臣再上書頗堅主聽大事於內殿之旨將來祔廟畢日預降御筆截然示以終喪之志杜絶輔臣方來之章勿令再有奏請力全聖孝以示百官以刑四海帝納用焉仍詔攢宮遵遺誥務從儉約凡修營百費並從內庫毋侵有司經常之費諸路監司州軍府監止進慰表其餘禮並免不得以進奉攢宮爲名有所貢獻上陵名曰永思紹熙五年六月九日孝宗崩太皇太后有旨皇帝以疾聽在內成服太皇太后代皇帝行禮慶元二年六月九日大祥八月十六日禫祭時光宗不能執喪寧宗嗣服欲大祥畢更服兩月但欲禮制全盡不較此兩月於是監察御史胡紘言孫爲祖服已過朞矣議者欲更持禫兩月不知用何典禮若曰嫡孫承重則太上聖躬亦已康復於宮中自行二十七月之重服而陛下又行之是喪有二孤也自古孫爲祖服何常有此禮詔侍從臺諫給舍集議吏部尚書葉翥等言孝宗升遐之初太上聖體違豫就宮中行三年之喪皇帝受禪正宜倣古方喪之服以爲服昨來有司失於討論今胡紘所奏引古據經別嫌明微委爲允當欲從所請參以典故六月六日大祥禮畢皇帝及百官並純吉服七月一日皇帝御正殿饗祖廟將來禫祭令禮官檢照累朝禮例施行四月庚戌詔羣臣所議雖合禮經然於朕追慕之意有所未安早來奏知太皇太后面奉聖旨以太上皇帝雖未康愈宮中亦行三年之制宜從所議朕躬奉慈訓敢不遵依初高宗之喪孝宗爲三年服及孝宗之喪有司請於易月之外用漆紗淺黃之制蓋循紹興以前之舊朱熹初至不以爲然奏言今已往之失不及追改惟有將來啓攢發引禮當復用初喪之服則其變除之節尚有可議望明詔禮官稽考禮律豫行指定其官吏軍民方喪之服亦宜稍爲之制勿使肆爲華靡其後詔中外百官皆以凉衫視事蓋用此也方朱熹上議時門人有疑者未有以折之後讀禮記正義喪服小記爲祖後者條因自識於本議之末其略云準五服年月格斬衰三年嫡孫爲祖（謂承重者）法意甚明而禮經無文但傳云父沒而爲祖後者服斬然而不見本經未詳何據但小記云父祖沒而爲祖母後者三年可以傍照至爲祖後者條下疏中所引鄭志乃有諸侯父有廢疾不任國致不任喪事之問而鄭答以天子諸侯之服皆斬之文方見父在而承國於祖服向來上此奏時無文字可檢又無朋友可問故大約且以禮律言之亦有疑父在不當承重者時無明白證驗但以禮律人情大意答之心常不安歸來稽考始見此說方得無疑乃知學之不講其害如此而禮經之文誠有闕略不無待於後人向使無鄭康成則此事終未有所斷決不可直謂古經定制一字不可增損也已而詔于永思陵下宮之西修奉攢宮上陵名曰永阜

慶元六年光宗崩上陵名永崇

嘉定十七年寧宗崩上陵名曰永茂

景定五年理宗崩上陵名曰永穆

咸淳十年度宗崩上陵名曰永昭自孝宗以降外庭雖用易月之制而宮中實行三年之喪云

宋史卷一百二十三

元　中書右丞相總裁脫脫等修

禮志第七十六

禮二十六（凶禮二）

園陵（濮安懿王園廟　秀安僖王園廟　莊文景獻二太子攢所）　上陵（忌日羣臣私忌附）

皇后園陵太祖建隆二年六月二日皇太后杜氏崩于滋德殿三日百官入臨明日大斂攢于滋福宮百姓成服中書門下文武百僚諸軍副兵馬使以上並服布斜巾四脚直領襴衫外命婦帕頭帔裙衫九日帝見百官于紫宸門太常禮院言皇后燕國長公主高氏皇弟泰寧軍節度使光義嘉州防禦使光美並服齊衰三年準故事合隨皇帝以日易月之制二十五日釋服二十七日禫除畢服吉心喪終制從之七月太常禮院言準詔議定皇太后謚按唐憲宗母王太后崩有司集議以謚狀讀于太廟然後上之周宣懿皇后謚卽有司撰定奏聞未嘗集議制下之日亦不告郊廟修謚冊畢始告廟還讀于靈坐前詔從周制於是太常少卿馮吉請上尊謚曰明憲皇后九月六日羣臣奉冊寶告于太廟翌日上于滋福宮十月十六日葬安陵十一月四日神主祔太廟宣祖室乾德二年改卜安陵于河南府鞏縣三月二十五日奉寶冊改上尊謚曰昭憲皇太后讀于陵次二十六日啓故安陵二十七日靈駕發引命攝太尉開封尹光義遣奠讀哀冊四月九日掩皇堂

太祖孝明孝惠二后乾德元年十二月七日皇后王氏崩一十五日命樞密承旨王仁贍爲園陵使時議改卜安陵于鞏并以二后陪葬焉皇堂之制下深四十五尺上高三十尺陵臺再成四面各長七十五尺神墻高七尺五寸四面各長六十五步南神門至乳臺四十五步高二丈三尺吉仗用中宮鹵簿凶仗名物悉如安陵而差減其數孝惠又減孝明焉二年三月二十七日孝明皇后啓攢宮羣臣服初喪之服明日孝惠皇后自幄殿發引皆設遣奠讀哀冊四月九日葬孝惠于安陵之西北孝明于安陵之北二十六日皆祔于別廟其後孝明升祔太祖室

太祖皇后宋氏太宗至道元年四月二十八日崩帝出次素服舉哀輟朝五日六月六日上謚曰孝章皇后以歲在未有忌權攢于趙村沙臺三年正月二十日祔葬永昌陵之北皇堂陵臺神墻乳臺鵲臺並如孝明園陵制度仍以故許王及夫人李氏魏王夫人王氏楚王夫人馮氏皇太子亡妻莒國夫人潘氏將軍惟正亡妻裴氏陪葬二月二日祔神主于別宮莒國潘氏至道三年六月追冊爲莊懷皇后陵曰保泰神主祔后廟

太宗賢妃李氏眞宗至道三年十二月追尊爲皇太后謚曰元德祔葬永熙陵大中祥符六年升祔太宗室

太宗明德皇后李氏眞宗景德元年三月十五日崩十七日羣臣上表請聽政凡五上始允帝去杖絰服衰卽御坐哀動左右太常禮院言皇后宜準昭憲皇太后禮例合隨皇帝以日易月之制宗室雍王以下禫除畢吉服心喪終制五日詳定園陵宜在元德皇太后陵西安葬八月十二日上謚九月二十二日遷坐于沙臺攢宮十月七日祔神主太宗室二年十月十五日帝詣攢宮致奠十六日發引二十九日掩皇堂

眞宗章穆皇后郭氏景德四年四月十五日崩皇帝七日釋服後改用十三日羣臣三日釋服諸道州府官吏計到日舉哀成服三日而除二十一日司天監詳定園陵帝令祔元德皇太后陵側但可安厝不必寬廣其棺槨等事無得鐫刻花樣務令堅固二十五日殯于萬安宮之西階詔兩制三館祕閣各撰挽詞閏五月十三日上謚曰莊穆六月二十一日葬永熙陵之西北七月有司奉神主謁太廟祔享于昭憲皇后享畢祔別廟大中祥符二年四月十五日大祥詔特廢朝羣臣奉慰

眞宗宸妃李氏仁宗明道元年二月二十六日薨初葬洪福禪院之西北命晏殊撰墓銘二年四月六日追冊爲莊懿皇太后十月五日改葬永定陵之西北隅十七日祔神主于奉慈廟

眞宗章獻明肅皇后劉氏明道二年三月二十七日崩于寶慈殿遷坐于皇儀殿三十日宣遺誥羣臣哭臨見帝于殿之東廂奉慰宗室削杖不散髮中書樞密使相比宗室去斜巾垂帽首絰及杖翰林學士至龍圖閣直學士已上并節度使文武二品已上又去中單及袴兩省御史臺中丞文武百官以下四脚幅巾連裳腰絰館閣讀書翰林待詔伎術官并給孝服宰相百官朝晡臨三日內外命婦朝臨三日四月遣使告哀遼夏及賜遺留物十日司天監詳定山陵制度皇堂深五十七尺神墻高七尺五寸四面各長六十五步乳臺高一丈九尺至南神門四十五步鵲臺高二丈三尺至乳臺四十五步詔下宮更不修蓋餘依二十七日以宰臣張士遜爲山園使是日翰林學士馮元請上尊謚九月四日讀于靈坐十月五日葬永定陵之西北隅十七日祔神主于奉慈廟

眞宗章惠皇后楊氏明道三年十一月五日保慶皇太后崩太常禮院言皇帝本服緦麻三月皇帝皇后服皆用細布宗室皆素服吉帶大長公主以下亦素服並常服入內就次易服三日而除詔以保祐冲人加服爲小功五日而除四年正月十六日上謚二月六日葬永定陵之西北隅十六日升祔奉慈廟

仁宗慈聖光獻皇后曹氏神宗元豐二年十月二十日太皇太后崩于慶壽宮是日文武百官入宮宰臣王珪升西階宣遺誥已內外舉哭盡哀而出二十六日大斂命韓縝爲山陵按行使二十九日皇帝成服十一月韓縝言永昭陵北稍西地二百十步內取方六十五步可爲山陵上以迫隘縝言若增十步合徵火相主及中五之數詔增十步十二月中書言先是司天監選年月還祔濮安懿王三夫人今大行太皇太后山陵濮三夫人亦當舉葬於是詔宗室正任防禦使以上許從靈駕已從濮安王夫人者免從三年正月十四日上謚太常禮院言大行太皇太后雖已有謚然山陵未畢俟掩皇堂去大行稱慈聖光獻太皇太后祔廟題神主仍去二太字祕閣校理何洵直言按禮既葬日中還虞于正寢蓋

古者之葬近在國城之北故可以平旦而往至日中卽虞於寢所謂葬日虞弗忍一日離也後世之葬其地既遠則禮有不能盡如古者今大行太皇太后葬日至第六虞自當行之於外如舊儀其七虞及九虞卒哭謂宜行之於慶壽殿又按春秋公羊傳曰虞主用桑士虞禮曰桑主不文伏請罷題虞主太常言洵直所引乃士及諸侯之禮況嘉祐治平並虞于集英殿宜如故事又嘉祐治平虞主已不書謚當依所請太常禮院又言慈聖光獻皇后祔廟前三日告天地社稷太廟皇后廟如故事至日奉神主先詣僖祖室次翼祖宣祖太祖太祖后太宗皇帝懿德皇后明德皇后同一祝次饗元德皇后慈聖光獻皇后異饌異祝行祔廟之禮次眞宗仁宗英宗室禮畢奉神主歸仁宗室如此則古者祔謁之禮及近代徧饗故事並行不廢從之三月十日葬永昭陵二十二日祔于太廟

英宗宣仁聖烈皇后高氏哲宗元祐八年九月三日崩于崇慶宮遺誥皇帝成服三日內聽政羣臣十三日諸州長吏以下三日而除釋服之後勿禁作樂園陵制度務遵儉省餘並如章獻明肅皇太后故事十四日詔園陵依慈聖光獻太皇太后之制紹聖元年正月二十八日禮部言將題神主謹按章獻明肅皇后神主書姓劉氏詔依故事四月一日葬永厚陵

神宗欽聖憲肅皇后向氏建中靖國元年正月十三日崩二月太常寺言大行皇太后山陵一行法物宜依元豐二年慈聖光獻皇后故事皇堂之制下深六十九尺面方二丈五尺石地穴深一丈上高二丈一尺鵲臺二各高四丈一尺乳臺二各高二丈七尺神墻高一丈三尺五月六日葬永裕陵二十六日祔于神宗廟室先是元祐四年美人陳氏薨贈充儀又贈貴儀徽宗入繼大統詔有司議追崇之典上尊謚曰欽慈皇后祔葬永裕陵與欽聖同祔神宗室崇寧元年二月聖瑞皇太妃朱氏薨制追尊爲皇太后遂上尊謚曰欽成皇后五月祔葬永裕陵祔神主於神宗室皆備禮如故事

哲宗皇后劉氏政和三年二月九日崩詔崇恩太后合行禮儀可依欽成皇后及開寶皇后故事參酌裁定閏四月上謚曰昭懷皇后五月葬永泰陵祔神主於哲宗廟室徽宗皇后王氏大觀二年九月二十六日崩尚書省言章穆皇后故事眞宗服七日從之十日太史局言大行皇后園陵斬草用十月二十四日斥土用十一月十三日葬用十二月二十七日諸宗室合祔葬者並依大行皇后月日時刻十一月宰臣蔡京等請上謚曰靖和皇后十二月奉安梓宮于永裕陵之下宮神主祔別廟四年十二月改謚曰惠恭其後高宗復改曰顯恭。

哲宗昭慈聖獻皇后孟氏紹興元年四月崩詔以繼體之重當承重服以遺誥擇近地權殯俟息兵歸葬園陵梓取周身勿拘舊制以爲他日遷奉之使六月殯于會稽上亭鄉攢宮方百步下宮深一丈五尺明器止用鉛錫置都監巡檢一員衞卒百人生日忌辰旦望節序排辦如天章閣儀虞主還州行祔廟禮

徽宗顯仁皇后韋氏紹興二十九年崩祔于永祐陵攢宮

高宗憲聖慈烈皇后吳氏慶元三年崩時光宗以太上皇承重寧宗降服齊衰朞四年三月甲子權攢于永思陵

孝宗成肅皇后夏氏開禧三年崩殯于永阜陵正北吏部尚書陸峻言伏覩列聖在御間有諸后上仙緣無山陵可祔是致別葬若上仙在山陵已卜之後無有不從葬者其他諸后葬在山陵之前神靈既安並不遷祔惟元德章懿二后方其葬時名位未正續行追册其成穆皇后孝宗登極卽行追册改殯所爲攢宮典禮已備與元德章懿事體不同所以更不遷祔竊稽前件典禮祇緣喪有前後勢所當然其於禮意却無隆殺今來從葬阜陵爲合典故從之

寧宗恭聖仁烈皇后楊氏紹定五年十二月崩祔葬茂陵

濮安懿王園廟治平三年詔置園令一人以大使臣爲之募兵二百人以奉園爲額置栢子戶五十人廟三間二厦神門屋二所及齋院神厨靈星門其告祭濮安懿王及諸神祝文並本宮教授撰河南府給香幣酒脯禮物太祝奉禮則命永安縣尉主簿攝如闕官以本府曹官凡祭告及四仲饗並依此制奉安神主三獻命西京差判官一員亞獻朝臣一員終獻攝知園令出納神主廟制用一品夫人任氏墳域亦稱爲園元豐詔曰濮安懿王先帝酙酌典禮卽園立廟詔王子孫歲時奉祀義協恩稱後世無得議焉今三夫人名位或未正塋域或異處有司置而不講曷足以彰明先帝甚盛之德仰承在天之志乎三夫人可並稱曰王夫人命主司擇歲月遷祔濮園俾其子孫以時奉主與王合食而致孝思焉禮官奏請王夫人遷葬給鹵簿全仗用鼓吹至國門外減半喪行與四時告享並令嗣濮王主之南渡後主奉祠事以嗣濮王爲之園令一員以宗室爲之祠堂主管兼園廟香火官一員以武臣爲之紹興二年九月詔每歲給降福建度牒一十道充祠堂仲饗忌祭五年二月嗣濮王仲湜言被旨迎奉濮安懿王神主至行在今已至紹興府欲權就本處奉安從之先是神主神貌在廬州嗣濮王士從乞奉遷於穩便州郡安奉故也十三年五月知大宗正事權主奉濮安懿王祠堂士奏言濮安懿王祠貌神主權於紹興府光孝寺仲享薦祭其獻官牲牢料禮並多簡略乞令有司討論舊制行下禮部太常寺令參酌欲令士奏攝初獻仍差士奏子或從子二人攝亞終獻其合用牲牢羊豕各一籩豆各十設禮料初獻合服八旒冕亞獻終獻合服四旒冕奉禮郎太祝太官令服無旒冕並以舊制從事從之二十六年二月嗣濮王士俴言濮安懿王祠堂外無門廡內闕龕帳別無供具望下紹興府置造修奉淳熙五年四月詔濮安懿王祠堂園廟自今實及三年令本堂牒紹興府檢計修葺從嗣濮王士輵請也

秀安僖王園廟紹熙元年三月詔秀王襲封等典禮禮部太常寺乞依濮安懿王典禮避秀安僖王名一字詔恭依仍置園廟四月詔皇伯榮陽郡王伯圭除太保依前安德軍節度使充萬壽觀使嗣秀王以奉王祀六月禮部太常寺言濮安懿王園廟制度廟堂神門宜並用獸所安木主石埳于室中西壁三分之一近南去地四尺開埳室以石爲之其中可容神主趺匱今來秀安僖王及夫人神主欲乞並依上件典禮四仲饗廟三獻官幷奉禮郎等係嗣秀王充初獻本位姪男攝亞終獻其奉禮郎等乞湖州差官充攝行禮合用牲牢羊豕湖州排辦祭器祭服工部下文思院製造每遇仲饗本府前期牒報湖州排辦所有行禮儀注乞從太常寺參照濮安懿王儀注修定並從之其園廟差御帶霍漢臣同湖州通判一員相度聞奏八月霍漢臣暨通判湖州朱僎言奉詔相度園廟以圖來上十月詔委通判一員提督修造祠堂如法修蓋十一月禮工部太常寺言濮安懿王園廟三間二厦神門屋二坐齋院神厨靈星門欲令湖州照應建造從之三年正月一日嗣秀王伯圭奏建造秀安僖王園廟近已畢工所有脩製神主儀式令所司檢照典故修制委官題寫詔差權禮部尚書李巘題寫二月伯圭又奏秀安僖王祠堂園廟乞從濮安懿王制每三年一次從本所移牒所屬州府檢計修造從之

莊文太子喪禮乾道三年七月九日皇太子薨設素幄于太子宮正廳之東皇帝自內常服至幄俟時至易服皁幞頭白羅衫黑銀帶絲鞋就幄發哀是日皇后服素詣宮隨時發哀如宮中之禮合赴陪位官並常服吉帶入麗正門詣宮幕次俟時至常服黑帶立班俟發哀畢易吉服退自發哀至釋服日皇帝不視事權禁行在音樂仍命諸寺院聲鐘其小斂大斂合祭告以本宮主管春坊官一員行禮其餘祭告以諸司官行禮差護喪葬事一員左藏庫出錢二萬貫銀五千兩絹五千匹成服日皇帝服期次麤布幞頭襴衫腰絰絹襯衫白羅韈以日易月十三日而除皇后服次麤布蓋首長衫裙帔絹襯服白羅韈六宮人不從服皇太子妃及本宮人並斬衰三年文武百官成服一日而除其文武合赴官及御史臺閤門太常寺引班祗應人並服布幞頭襴衫腰繫布帶本宮官僚並服齊衰三日服臨七日而除釋衰服後藏其服至葬日服葬畢而除十二日詔故皇太子攢所就安穆皇后攢宮側近擇地繼而都大主管所言太史局官等選到寶林院法堂堪充皇太子攢所從之十三日以皇太子薨告天地宗廟社稷宮觀十八日賜謚莊文閏七月一日遣攝中書令尚書右僕射魏杞奉謚册寶于皇太子靈柩前百官常服入次易黑帶行禮畢常服赴後殿門外進名奉慰是夕皇帝詣東宮行燒香之禮如宮中之儀二日出葬宰臣葉顒等詣靈柩前行燒香之禮輿靈訖行事官陪位親王南班宗室東宮官僚入班廳下再拜宰臣升詣香案前上香酹茶奠酒訖舉册官舉哀册讀册官跪讀訖宰臣再拜各降階立在位官皆再拜靈柩進行文武百僚奉辭于城外親王宗室並騎從至葬所掩壙畢辭訖退是日百僚進名奉慰四年五月禮部太常寺言國朝典故卽無皇太子小祥典禮今參酌討論將來莊文太子小祥日乞皇帝前後殿特不視事其日先命侍從官一員常服詣太子神坐前行奠酹禮令本宮官僚常服陪位奠酹畢退次慶王恭王常服赴神坐前奠酹畢退次太子妃并榮國公以下行家人禮至大祥日太子妃榮國公以下及本宮人行禮畢焚燒神帛衰服間月妃及榮國公行禫祭家人禮從之明年七月九日大祥是日皇帝不視事差簽書樞密院事梁克家詣太子宮行奠酹禮如前儀

景獻太子嘉定十三年八月六日薨其發哀制服並如莊文太子之禮九日詔護喪視殯所于莊文太子攢宮之東並依其制建造九月十日賜謚景獻遣攝中書令知樞密院事鄭昭先奉謚册寶于皇太子靈柩前讀册

讀寶如儀訖班退至興靈日宰臣詣皇太子柩前行禮畢柩行其宗室使相南班宮常服黑帶並赴陪位騎從至葬所俟掩擴畢奉辭訖退其日皇帝不視事百司赴後殿門外立班進名奉慰十四年七月二日小祥差知樞密院事鄭昭先充奠酹官十五年八月六日大祥九月十五日詔景獻太子几筵已徹高平郡夫人傅氏可特封信國夫人仍令主奉祭祀

上陵之禮古者無墓祭秦漢以降始有其儀至唐復有清明設祭朔望時節之祀進食薦衣之式五代諸陵遠者令本州長吏朝拜近者遣太常宗正卿或因行過親謁宋初春秋命宗正卿朝拜安陵以太牢春祠乾德三年始令宮人詣陵上冬服歲以爲常開寶九年太祖幸西京過鞏縣謁安陵奠獻雍熙二年宗正少卿趙安易言昨朝拜安陵永昌陵有司止設酒脯香以未明行事不設燭燎又先赴永昌陵後赴安陵及帝后二位不徧拜頗愆於禮事下有司議曰按開元禮春秋二仲月司徒司空巡陵不設牲牢之祀今請如宗廟薦享少加裁減除不設登鉶牙槃食及太常登歌外餘悉如大祠朝拜日有司豫于陵南百步道東設次具翦除器以備酒掃設宗正卿位于兆外之左西向陵官位於卿之東南執事官又於其南俱西向北上設祭器禮料酒饌于兆門內宗正卿以下各就位再拜盥手奠酒讀祝冊再拜先赴安陵次永昌陵次孝明孝惠懿德淑德皇后陵從之景德三年眞宗將朝諸陵以宰臣王旦爲朝拜諸陵大禮使太常禮院言朝陵故事合排小駕鹵簿唐太宗朝獻陵宿設黃麾仗周衛陵寢今請周設黃麾仗又唐制前一日陵令以玉冊進御親書近臣奉出陵令受之今請造竹冊四幅祝畢焚之其百官位舊設陵所從祝官及皇親客使分於神道左右貞觀中並陪列司馬門內今望準舊儀施行又舊儀詣寢宮至大次之時設百官位奏請行禮望令先入赴寢殿立班貞觀中皇帝至小次素服乘馬檢會今年正月車駕朝拜明德攢宮止服素白衣當時皇帝在大祥之內今既服除望止服淡黃袍又按貞觀永徽故事朝陵皆先親後尊拜辭訖出還大次便進發今望先朝永熙陵行事及辭皇帝皆兩次再拜陪位官每陵亦各兩次再拜今請皇帝詣安陵參辭四度再拜永昌永熙陵各兩度設拜舊儀逐寢殿上食備太牢之饌珍羞庶品近以羊豕代太牢今請備少牢之祭設奠讀冊畢復詣寢宮上珍羞庶品別行致奠之禮又舊儀前發二日太尉告太廟今請依禮徧告六室詔特服素白衣行事次序如告太廟餘依所請四年正月車駕次鞏縣罷鳴鞭及太常奏嚴金吾傳呼既至齋于永安鎮行宮太官進蔬膳是夜漏未盡三鼓帝乘馬却輿輦繖扇至安陵素服步入司馬門行奠獻禮諸陵亦然又詣下宮凡上宮用牲牢祝冊有司奉事下宮備膳羞內臣執事百官陪位又詣元德太后陵奠獻別于陵西南設幄殿祭如下宮禮畢徧詣孝明孝惠孝章懿德淑德明德莊懷七后陵遂單騎從內臣巡視陵闕而親奠夔魏岐鄆安周六王及恭孝太子諸墳其三陵陪葬皇子皇孫公主之未出閤者及諸王夫人之喪亡者各設位次諸陵下宮之東序安陵百二十一墳量設三十位男子女子共祝版二昌陵十五墳量設十位熙陵八墳量設五位並祝版一以致祭焉辰後暫詣幄次更衣復詣諸陵奉辭有司以朝拜無辭禮帝不忍故復往仍遣官祭一品皇親諸親墓大中祥符四年正月祀汾陰經鞏縣有司請于訾村王臺設幄殿置三陵神坐皇帝鞾袍就幄設香酒時果牙槃食奠獻而命大臣以香幣酒脯詣諸陵致告駕還復行親謁之禮帝素服乘馬至永安縣齋于行宮夜漏未盡二鼓詣三陵及元德太后明德皇后陵奠獻哀慟未明禮畢復詣四陵奉辭省視几筵奠獻如初禮又徧詣諸后陵諸王墳致奠命中使徧祭皇親諸親墳及汝州秦王墳是歲命禮官定春秋二仲遣官朝陵儀注以祭服行事專差宗正卿一員朝拜三陵別遣官二員分拜諸陵又製長竿檐床二副置陵表祝版遣寬衣軍士三十二人輿送陵下其後添差陵廟行禮官四員選朝官京官宗姓者充翰林學士錢惟演言春秋朝陵載于舊式公卿親往蓋表至恭唐顯慶中始詔三公行事天寶以後亦遣公卿巡謁蓋取朝廷大臣不必須同國姓後參用太常宗正卿晉開運中亦命吏部侍郎近年以來止遣宗正等官人輕位卑實虧舊制望自今于丞郎諸司三品內遣官闕則差兩省諫舍以上所冀仰副追孝之心以成稽古之美景祐初滄州觀察使守節言寒食節例遣宗室拜陵而十月令內司賓往非所以致恭乃詔宗室正刺史以上一員朝拜四年減柏子戶安陵永昌永熙各留四十戶永定五十戶會聖宮十戶慶歷二年寒食十月朔宗室刺使以上聽更往朝陵皇祐三年太常博士李壽朋奏帝后諸陵薦饗皆有時獨昭憲皇后以合葬安陵不及時祭禮院言朝拜儀注牲牢並如太廟常饗例諸陵止奠一爵而安陵奠兩爵兩贊再拜惟祭饌不兼設蓋有司相承失之於是詔安陵昭憲皇后祝版牲幣御封香依太廟同室禮更造諸陵祭器貯別庫三陵皆置卒五百人唯定陵以章獻太后故別置一指揮昭陵使甘昭吉引定陵例請置守陵奉先兩指揮京西轉運司請減定陵卒半以奉昭陵詔選募一指揮額五百人初永安縣官月朔朝定陵望朝三陵韓琦言昭陵未有朝日乃令縣官朔望分朝諸陵熙寧中詔文臣大兩省武臣閤門使以上經過陵下並許朝拜又詔自今臣僚朝拜諸陵除見任嘗任執政官許進湯餘止奠獻薦新不特拜初故事車駕詣陵謂之親謁南渡之後此禮不舉故上陵或曰省視或曰保護或曰薦獻或曰祭告或曰致祭或曰望祭或曰修奉悉遣官不專於行禮也建炎元年五月一日詔應永安軍祖宗陵寢可差西京留守及臺臣一員躬親省視如有合修奉去處措置奏聞仍詔鄜延路副總管劉光世充省視陵寢使又詔河南府鎮撫使翟興團結本處義兵保護祖宗陵寢四年六月詔令禮部給降度牒一百道充祭告諸陵禮料仍令翟興所差來人齎祭告表以行紹興元年九月起居郎陳與義言陛下躬履艱難之運駐蹕東南列聖陵邑遠在洛師顧瞻山川未得時省雖欲遣使道路不通聖懷日憤近聞道路少通差易前日願詔執事每半年擇遣使臣兩員往省諸陵詔令樞密院每半年差使臣兩員前去三年正月禮部太常寺言春秋二仲薦獻諸陵乞于行在法惠寺設位望祭行禮從之自是每歲薦獻率循此制五月詔令戶部支金一百兩付河南府鎮撫使司幹辦公事任直清充祭告永安軍諸陵九年正月上謂輔臣曰祖宗陵寢久淪異域今金國既割還故地便當遣宗室使相與臣僚前去修奉灑掃尋命同判大宗正事士㒟兵部侍郎張燾前去河南府祇謁修奉六月太常丞梁仲敏等言春秋二仲遣宗室遙郡防禦使薦獻諸陵太常少卿薦獻永祐陵權宜于行在設位行禮今道路既通望依舊遣官前詣詔令西京留守司候仲秋就便選官前詣諸陵薦獻士㒟張燾回言諸陵下石澗水自兵興以來澗竭幾十五年二使到日水即大至父老驚歎以爲中興之祥十年三月禮部言池州銅陵縣丞呂和問進宮陵儀制望付太常寺以備檢照永安軍等處今已收復遂委知軍詣諸陵逐位檢視除永定永昭永厚永裕永泰陵園廟並無損動內永安永昌永熙陵神臺壘裂未敢一面擅行補飾太常寺看詳若行補脩合就差所委修飾官奏告行禮詔令河南府委官如法補飾不得滅裂其後兵部侍郎兼史館修撰張燾言伏見宣諭官方庭實有請乞將來先帝山陵一依永安陵等制度臣區區愚忠願明詔有司異時永固陵凡金玉珍寶盡斥不用播告天下咸使聞知如是自然可保無虞上嘉納之三十二年六月詔祖宗陵寢令本處招討使同本處官吏躬親朝謁如法修奉務在嚴潔以稱孝思之意乾道六年八月詔承信郎劉湛特轉兩官右廸功郎劉師顏特與右承務郎升擢差遣秦世輔特轉一官升充正將以湛等歸正結義保護陵寢故也端平元年正月京西湖北安撫制置使史嵩之露布以滅金聞二月御筆國家南渡以後八陵迥隔常切痛心今京湖師臣以圖來上恭覽再三悲喜交集凡在臣子諒同此情可令卿監郎官以上詣尚書省恭眡集議遂遣太常寺主簿朱揚祖閤門祇候林拓朝謁八陵紹興元年六月太常寺言昭慈獻烈皇太后攢宮在越州會稽縣合依四孟朝獻禮例差宰執一員前一日赴攢宮奉寧寺宿齋至日行朝拜之禮詔同知樞密院事李回行禮二年三月知紹興府張守言昭慈獻烈皇后攢宮近在府界望許臣以時朝謁從之自是守臣皆許朝謁十七年十一月殿中侍御史余堯弼言望舉行舊制於春秋二仲遣官詣永祐陵攢宮薦獻臣僚又言陵廟之祭月有薦新著在令典方今宗廟久已遵奉惟是永祐陵闕而未講望令有司討論舉而行之太常寺討論欲依政和五禮依典故令兩攢宮遵依每月檢舉差官行禮其新物令逐宮預行關報紹興府排辦從之二十七年六月詔永祐陵及昭慈聖獻皇后攢宮檢察承受以檢察宮陵所爲名三十年九月吏部言紹興府會稽知縣依倣陵臺令典故於階銜內帶兼主管攢宮事務量加優異淳熙元年正月禮部太常寺言春秋二仲差太常少卿薦獻永祐陵攢宮并周視陵域如遇少卿有缺乞從本寺前期取指揮差本寺以次官充攝所有今年仲春薦獻郎日見闕少卿詔差太常丞錢良臣自後春秋遇少卿闕率以爲例慶元元年六月詔永阜陵孝宗皇帝攢宮每歲秋季一就令所差監察御史恭詣朝拜檢察從御史臺申請諸陵亦如之

忌日唐初始著罷樂廢務及行香脩齋之文其後又溯望停朝令天下上州皆準式行香天祐初始令百官詣閤奉慰宋循其制惟宣祖昭憲皇后爲大忌前一日不坐羣臣詣西上閤門奉慰移班奉慰皇太后退赴佛寺行香凡大忌中書悉集小忌差官一員赴寺如車駕巡

幸道遇忌日皆不進名奉慰留守自於寺院行香仍不得在拜表之所天下州府軍監亦如之建隆二年宣祖忌日時明憲太后在殯羣臣止詣閤奉慰而罷行香乾德二年禘于太廟其日惠明皇后忌有司言唐開成四年正月二十二日祀先農與穆宗忌同日太和七年十二月八日蜡百神與敬宗忌同日詔以近廟忌辰作樂非便宜令縣而不作竊以農蜡之祭猶避廟忌而不作樂況僖祖同廟連室而在諱辰詎可輒陳金石之奏伏望依禮縣而不作其後宣祖昭憲忌日詔準太祖太宗奉翼祖禮前一日更不廢務咸平中有司將設春宴金明池習水戲開瓊林苑縱都人游賞帝以是月太宗忌月命詳定故事以聞史館檢討杜鎬等言按晉穆帝納后月是康帝忌月禮官荀訥議有忌日無忌月若有忌月卽有忌時忌歲益無所据當時從訥所議唐武后神功元年建安王攸宜破契丹詣闕獻捷軍人入城例有軍樂內史王及善以國家忌月請備而不奏鳳閣侍郎王方慶奏按禮經有忌日而無忌月遂舉樂憲宗時太常博士韋公肅言禮無忌月禁樂今太常敎坊以正月爲忌月停郊廟饗宴之禮中外士庶咸罷宴樂竊恐乖宜時依公肅所奏伏以忌日不樂嘗載禮經忌月徹縣實無典故況前代鴻儒議論足据其春宴及池苑並合舉樂景德元年北征凱旋京師是日以懿德皇后忌詔徹鹵簿鼓吹禮官議曰班師振旅國之大事后之忌日家之私事今大駕凱旋軍容宜肅昔武王伐紂在諒闇中猶前歌後舞夫諒闇是重遠忌是輕以此而論人不無爽況春秋之義不以家事辭王事其還京日法駕鼓吹音樂並請振作尋詔自今宗廟忌日西京及諸節鎮給錢十千防禦團練州七千軍事州五千以備齋設元德皇后忌日舊制樞密使依內諸司例惟進名不赴行香知樞密院王欽若以爲言自是三司使副翰林樞密龍圖直學士並赴焉眞宗崩元德明德皇后忌日在禫制內乃停進名行香凡奉慰宰相樞密使各帥百官內職共進名節度使留後觀察使各進名忌日前後各禁刑三日如天慶節釋杖以下情輕者復斷屠宰不視事前後各三日禁樂各五日其後以歲月漸遠禁刑不視事各二日禁樂各三日章憲明肅太后忌辰禮官請依章懿太后禮例前後二日不視事一日禁屠宰各三日禁樂詔應大忌日行香臣僚並素食復立孝惠孝章淑德章懷章惠溫成諸后爲小忌未幾罷神宗卽位太常禮院言僖祖及文懿皇后神主既祧準禮不諱忌日亦請依唐睿宗祧遷故事廢之初神御殿酌獻設皇帝位于庭下而忌日兩府列于殿上寺院行香左右巡使兩赤縣令于中門相向分立侯宰臣至立位前直省官贊通揖于禮無據乃命行香羣臣班殿下宰相一員升殿跪爐而罷通揖又詔大忌日不爲假執政官番出禮部言順祖及惠明皇后既葬遷主罷行香忌日請于永昌院佛殿之東張幄齋薦乃詔僖祖翼祖并六位忌日咸如之先是翼祖簡穆皇后神主奉藏夾室依禮不忌後復詔還本室而忌日亦如舊焉政和新儀羣臣進名奉慰其日質明文武朝參官入詣朝堂就次御史臺先引殿中侍御史一員入就位次西上閤門御史臺分引朝參官及諸軍將校次禮直官引三公以下在西上閤門南階下每等重行異位並北向東上知西上閤門官于班前西向立搢笏執名紙躬三公以下文武百寮俱再拜侯閤門官執笏置名紙笏上入西上閤門訖退羣臣奉慰詣景靈宮每等重行異位並北向東上禮直官揖班首以下再拜訖引班首自東階升殿舍人接引同升詣香案前搢笏上香跪奠茶訖執笏興降階復位又再拜次引班首以下分左右搢笏行香宰相執政官分左右行香訖執笏俱復位次引班首升殿詣香案前俛伏跪搢笏執爐侯讀疏畢執笏俛伏興降階復位又再拜退中興之制忌日百僚行香在外州軍亦詣寺院行香如在以日易月服制之內並依禮例權停大祥後次年於歷日內箋注立忌辰禁音樂一日紹興元年二月太常少卿蘇遲等以徽宗欽宗留北有朔望遙拜之禮乃言凡遇祖宗帝后忌前一日并忌日皇帝自內先服紅袍遙拜訖易服行禮從之二年八月詔應諸路州軍見屯軍馬統兵官每遇國忌免行香十三年正月御史臺言正月十三日欽聖憲肅皇后忌其日立春準令諸臣寮及將校立春日賜幡勝遇稱賀等拜表忌辰奉慰退卽戴欲乞候十三日忌辰行香退卽行戴插從之三十一年六月禮部侍郎金安節等言六月二十八日欽慈皇后忌辰係在淵聖皇帝以日易月釋服之外百官行香宜如常制詔依三十二年正月禮部太常寺言已降旨欽宗祔廟翼祖當遷於正月九日告遷翼祖皇帝簡穆皇后神主奉藏于夾室所有以後翼祖皇帝忌及諱簡穆皇后忌欲乞依禮不諱不忌詔恭依淳熙元年十一月詔文武百寮詣景靈宮國忌立班行香自今如遇宰執俱致齋不及趁赴于東班從上引官一員升殿跪爐行香以次官一員詣西班行香先是閤門得旨國忌行香宰執致齋不赴其西壁武臣閤官押班已降旨揮差使相或太尉節度使等押班可令文武班內班上一員東壁押班止令西壁散香今後準此至是禮部太常寺重別指定來上故有是命四年十月太常少卿齊慶胄言每遇國忌文武班列莫敢不肅唯是武臣一班員數絶少或以疾病在告多不趍赴詔閤門御史臺申嚴行下如有違戾彈劾聞奏九年十月侍御史張太經奏比來國忌行香日分合赴官類多託疾在告以免夙典拜跪之勞乞自今如遇行香日有稱疾託故不赴者從本臺彈奏乞置典憲從之

羣臣私忌開寶敕文應常參官及內殿起居職官等自今刺史郎中將軍以下遇私忌請準式假一日忌前之夕聽還私第其後有司言臣僚忌日恩賜其間甚有無名者如劉繼元李煜劉鋹之類皆身爲降俘亡沒已久而尚霑恩賜及周朝忌日尚有追薦本朝亦有追尊皇后生日道場并諸神祠亦有爲生日者請付禮官詳議不經之物一切省去詔周朝忌日仍舊餘罷之

宋史卷一百二十三考證

禮志二十六王仁贍○南本作王仁瞻未知孰是

士奏○南本作士奎宋世宗室名多用奇字似宜從之

宋史卷一百二十四

元 中 書 右 丞 相 總 裁 脫 脫 等 修

禮志第七十七

禮二十七 凶禮三

外國喪禮及入弔儀　諸臣喪葬等儀

凡外國喪告哀使至有司擇日設次於內東門之北隅命官攝太常卿及博士贊禮侯太常卿奏請卽向其國而哭之五舉音而止皇帝未釋素服人使朝見不宣班不舞蹈不謝面天顏引當殿喝拜兩拜奏聖躬萬福又喝拜兩拜隨拜萬歲或增賜茶藥及傳宣撫問卽出班致詞訖歸位又喝拜兩拜隨拜萬歲喝祗候退大中祥符二年十二月北朝皇太后凶訃遣使來告哀詔遣官迓之廢朝七日擇日備禮舉哀成服禮官詳定儀注以聞其日皇帝常服乘輿詣幕殿俟時釋常服服素服白羅衫黑銀帶素紗軟脚幞頭太常卿跪奏請皇帝爲北朝皇太后凶訃至掛服又奏請五舉音文武百僚進名奉慰退幕殿仍遣使祭奠弔慰三年正月契丹賀正使爲本國皇太后成服所司設幕次香酒及衰服絰杖等禮直官引使副已下詣位北向再拜班首詣前執盞跪奠俛伏興歸位皆再拜侯使已下俱衰服絰杖成服訖禮直官再引各依位北向舉哭盡哀班首少前去杖跪奠酒訖執杖俛伏興歸位焚紙馬皆舉哭再拜畢各還次服吉服歸驛天聖八年六月契丹使來告哀禮官詳定北朝凶訃宜於西上閤門引來使奉書令閤門使一員跪受承進宰臣樞密使已下待制已上並就都亭驛弔慰七月一日使者耶律乞石至帝與皇太后發哀苑中使者自驛赴左掖門入至左昇龍門下馬入北偏門階下行至右昇龍北偏門入朝堂西偏門至文德殿門上奉書太常博士二員與禮直官贊引入文德殿西偏門階下行至西上閤門外階下面北跪進書閤門使跪受承進太常博士禮直官退使者入西上閤門殿後偏門入宣祐西偏門行赴內東門柱廊中間過幕次祗候朝見訖赴崇政殿門幕次祗候朝見皇太后訖出三日近臣慰乞石于驛嘉祐三年正月契丹告國母哀使人到闕入見皇帝問云卿離北朝日姪皇帝悲苦之中聖躬萬福朝辭日卽云皇帝傳語北朝姪皇帝嬸太皇太后上僊遠勞人使訃告春寒善保聖躬中書樞密以下待制已上赴驛弔慰云竊審北朝太皇太后上僊伏惟悲苦五月獻遺留物明道元年十一月二十四日敕夏王趙德明薨特輟朝三日令司天監定舉哀掛服日辰其日乘輿至幕殿服素服太常博士引太常卿當御坐前跪奏請皇帝爲夏王趙德明薨舉哀又奏請十五舉音又奏請可止文武百寮進名奉慰告哀使副以下朝見首領并從人作兩班見先首領見兩拜後班首奏聖躬萬福又兩拜隨拜萬歲喝賜例物酒食跪受起又兩拜隨拜萬歲喝各祗候退從人儀同是日皇太后至幕殿釋常服白羅大袖白羅大帶舉哀如皇帝儀其遣使致祭弔慰如契丹

其入弔奠之儀乾興元年眞宗之喪契丹遣殿前都點檢崇義軍節度使耶律三隱翰林學士工部侍郎知制

詣馬貽謀充大行皇帝祭奠使副左林牙左金吾衞上將軍蕭日新利州觀察使馮延休充皇太后弔慰使副右金吾衞上將軍耶律寧引進使姚居信充皇帝弔慰使副所司預於滋福殿設大行皇帝神御坐又於稍東設御坐祭奠弔慰使副並素服由西上閤門入陳禮物於庭中書門下樞密院並立於殿下再拜訖升殿分東西立禮直官閤門舍人贊引耶律三隱等詣神御坐前階下俟殿上簾捲使副等並舉哭殿上皆哭再拜訖引升殿西階詣神御坐前上香奠茶酒貽謀跪讀祭文畢降階復位又舉哭再拜訖稍東立俟皇太后升坐中書樞密院起居畢簾外侍立舍人引弔慰祭奠使副朝見殿上舉哭左右皆哭弔慰使副蕭日新等升殿進書訖降坐俟皇帝升坐中書樞密院起居畢升殿侍立舍人引弔慰祭奠使副朝見皇帝舉哭左右皆哭弔慰使副耶律寧等升殿進書訖賜三隱等襲衣冠帶器幣鞍馬隨行舍利牙校等衣服銀帶器幣有差弔慰使副蕭日新等復詣承明殿俟皇太后升坐中書樞密院俟立如儀舍人引蕭日新等升殿進問聖候書畢賜銀器衣着有差仍就客省賜三隱等茶酒又令樞密副使張士遜別會三隱等件宴於都亭驛英宗即位契丹使來賀乾元節命先進書奠梓宮見于東階放夏國使人見客省以書幣入後弔慰使見殿門外契丹祭奠使見于皇儀殿東廂羣臣慰于門外使人辭于紫宸殿命坐賜茶故事賜酒五行自是終諒闇皆賜茶神宗之喪夏國陳慰使丁努嵬名謨鐸副使呂則陳聿精等進慰表于皇儀門外退赴紫宸殿門賜帛有差元祐初高麗入貢有太皇太后表及進奉物樞密院請遵故事惟答以皇帝回諭敕書已而宣仁聖烈太后崩禮部太常閤門同詳定高麗奉慰使人於小祥前後到闕令於紫宸殿門見客省受表以進賜器物酒饌退並常服黑帶不佩魚候見罷純吉服淳熙十四年金國弔祭使到闕惟皇帝先詣梓宮行燒香禮及使入門祭訖皆就幄舉哭外陳設行事並如先朝舊儀其奉辭日有司亦先設神御坐及設香案茶酒果食盤臺於凡筵殿上宰執升殿分東西立侍從官於殿下西面立使副入門殿上下皆哭使副升殿哭止使副詣神坐前一拜上香奠茶三奠酒畢拜興讀祭文官跪讀祭文一拜興殿上下皆哭使副俱降歸位立又再拜訖退

諸臣之喪國制諸王公主宗室將軍以上有疾皆乘輿臨問如小疾在家或幸其第有至三四者其宮邸在禁中多不時而往惟宰相使相駙馬都尉疾亟幸其第或賜勞加禮焉建隆元年七月宰相范質有疾太祖親幸其第賜黃金銀絹有差開寶二年趙普有疾帝再往視賜銀器絹甚厚太平興國中鎭寧軍節度楊信久病瘖忽能言帝異之遽幸其第加賜賚大中祥符三年三月鎭安軍節度使駙馬都尉石保吉疾亟帝將臨視之其日大忌宰相言於禮非便遂遣內侍以諭保吉明日始臨省焉六月幸翰林侍講學士邢昺第視疾賜白金千兩衣著千匹名藥一奩熙寧七年十二月詔頒新式凡臨幸問疾者賜銀絹宰臣及樞密使帶使相者二千五百兩匹樞密使使相二千兩匹知樞密院事參知政事樞密副使同知樞密院事一千五百兩匹簽書樞密院事同簽書樞密院事宣徽使七百五十兩匹殿前都指揮使一千五百兩匹駙馬都尉任使相以下者二千五百兩匹任節度觀察留後以下者一千五百兩匹並入內內侍省取賜

車駕臨奠太常新禮宰相樞密宣徽使參知政事樞密副使駙馬都尉薨皆臨幸奠酹及發引乘輿或再往咸平二年工部侍郎樞密副使楊礪卒即日冒雨臨其喪大中祥符元年殿前都虞候端州防禦使李繼和卒眞宗將臨其喪以問宰臣對曰繼和以品秩實無此禮陛下敦序外族先朝亦嘗臨杜審瓊之喪於禮無嫌帝然之即日幸其第康定二年右正言知制誥吳育奏臣竊見車駕每有臨奠臣僚宗戚之家皆即時出幸道路不戒羽衞不全從官奔馳衆目驚異萬乘法駕豈愼重之意乎雖震悼方切於皇慈而舉動貴合乎經禮臣竊詳通禮舊儀蓋俟喪家成服然後臨奠於事不迫在禮亦宜臣愚欲乞今後車駕如有臨奠去處乞俟本家既歛成服然後出幸則恩意容典詳而得中警蹕羽儀備之有素事下禮官議遭喪之家有出殯日乃成服者恐至時難行臨奠請自今聖駕臨奠臣僚宗戚之家若奏訃在交未前即傳宣閤門只於當日令所屬候儀衞備奏請車駕出幸若奏訃在交未後即次日臨奠庶使羽衞整肅於事爲宜詔可其儀乘輿自內出千牛將軍四人執戈一人執桃一人執茢前導車駕將至所幸之第贊禮者引喪主哭於大門內望見乘輿止哭再拜立於庭皇帝至幕殿改素服就臨喪主內外再拜皇帝哭十五舉音喪主內外皆哭皇帝詣祭所三奠酒喪主已下再拜皇帝退止哭從官進名奉慰皇帝改常服還內通禮著皇帝臨諸王妃主外祖父母皇帝父母宗戚貴臣等喪出宮服常服至所臨處變服素服天聖喪葬令皇帝臨臣之喪一品服錫衰三品已上緦衰四品已下疑衰皇太子臨弔三師三少則錫衰宮臣四品已上緦衰五品已下疑衰

輟朝之制禮院例冊文武官一品二品喪輟視朝二日於便殿舉哀掛服文武官三品喪輟視朝一日不哀掛服然其車駕臨問幷特輟朝日數各繫聖恩一品二品喪皆以翰林學士已下爲監護葬事以內侍都知已下爲同監護葬事葬日輟視朝一日皆取旨後行慶曆五年四月禮院奏準度支員外郎集賢校理知院曾公亮奏朝廷行輟朝禮並乞以聞哀之明日輟朝其假日便以充數仍爲永例如值其日前殿須坐則禮有重輕自可略輕而爲重更不行輟朝之禮臣今看詳公亮所奏誠於輟朝之間適宜順變然慮君臣恩禮之情有所未盡欲乞除人使見辭春秋二宴合當舉樂即於次日輟朝餘乞依公亮所奏詔可太平興國六年守司空兼門下侍郎平章事薛居正薨準禮一品喪合輟二日詔特輟三日其後鄧王錢俶太師趙普右僕射李沆薨皆一品合輟二日詔並特輟五日二品三品者亦有特輟焉太平興國九年右諫議大夫參知政事李穆卒準禮諫議大夫不合輟朝特輟一日開寶三年羅彥瓌魏仁浦薨以郊祀及軍事不輟朝景德四年同平章事王顯薨以皇帝朝拜諸陵吉凶難於相干更不輟朝康定元年光祿卿鄭立卒禮官舉故事輟朝臺官言卿監職任疏遠恩禮不稱自後遂不輟朝孝宗乾道三年四月一日太常寺言皇伯母秀王夫人薨輟朝五日內二日不視事乞自今月二日爲始輟朝至六日止其二日三日並不視事從之

舉哀掛服尚舍設次於廣德殿或講武殿大明殿其後皆於後苑壬地前一日所司預設舉哀所幕殿周以簾帷色用青素其日皇帝常服乘輿詣幕殿侍臣奏請降輿俟時釋常服服素服白羅衫黑銀腰帶素紗軟腳幞頭太常博士引太常卿當御坐前跪奏請皇帝爲某官薨舉哀又請舉哭十五舉音又奏請可止中書門下文武百官進名於崇政殿門外奉慰皇帝釋素服服常服乘輿還內建隆四年山南東道節度使慕容延釗卒太祖素服發哀其後趙普薨太宗亦如之景德四年李沆薨禮官言舉哀品秩雖載禮典伏緣國朝惟趙普曹彬曾行茲禮今望裁自聖恩詔特擇日舉哀自後宰臣薨皆用此禮眞宗乳母秦國延壽保聖夫人卒以太宗喪始期疑舉哀禮官言通禮皇帝爲乳母緦麻按喪葬令皇帝爲緦一舉哀止秦國夫人保傅聖躬宜備哀榮況太宗之喪已終易月之制今爲乳母發哀合於禮典從之鄭國長公主薨禮官言降服大功擇日成服緣居大行皇太后大祥之內衰服未除典禮舊章以輕包重酌情順變禮當厭降望不成服皇親諸親亦不制服帝曰宗室諸王皆不制服情所未忍至期當遣諸王就其第成服及令皇后臨奠餘如所請皇從弟右監門衞大將軍德鈞卒以皇帝恭謁陵寢罷舉哀成服天禧元年太尉王旦薨時季秋大享明堂其日發哀眞宗疑之禮官言祠事在質明之前成服於旣祠之後於禮無嫌詔可康定二年皇子壽國公昕薨年二歲禮官言已有爵命宜同成人遂發哀成服熙寧十年永國公薨係無服之殤詔特舉哀成服元祐元年王安石薨在神宗大祥之內司馬光薨亦在諒闇中皆不舉哀成服高宗於劉光世張俊秦檜之喪皆爲臨奠然設幄舉哀成服之禮未之行也孝宗乾道三年始爲皇伯母秀王夫人薨設幕殿後苑壬地舉哀成服復舉行焉皇太后皇后爲本族之喪孝明皇后姊太原郡君王氏卒中書門下據太常禮院狀準禮例皇后合出就故彰德軍節度使王饒第發哀成服文武百僚詣其第進名奉慰從之章穆太后母楚國太夫人吳氏薨太常禮院言皇帝爲外祖母本服小功詳開寶通禮即有舉哀成服之文又緣近儀大功以上方成服今請皇太后擇日就本宮掛服雍王以下爲外祖母給假其後太后嫡母韓國太夫人薨亦用此制爲章獻明肅皇后故葬父母前一日皇后詣攢所俟時詣成服所改服緦尚儀奏請詣靈柩發哭奠酒退六宮內人立班奉慰掩壙畢皇后詣墳奠獻再拜釋服還宮外命婦進牋奉慰如儀

輟樂太平興國七年十月中書言今月七日乾明節選定二十二日大宴二十日參知政事竇偁卒明日皇帝親幸其第臨喪慟哭設奠還宮即令罷宴有司奏伏以百司告備六樂在庭睿聖至仁聞哀而罷是以顯君父愛慈之道勵臣子忠孝之心伏請宣付史館傳錄美實詔可天禧二年九月十一日宴近臣于長春殿餞河陽三城節度使張旻赴任以王旦在殯不舉樂嘉祐六年三月五日宰臣富弼母秦國太夫人薨十七日春宴禮院上言君臣父子國家均同元首股肱相濟成體貴賤雖異哀樂則同一人向隅滿堂嗟戚今宰臣新在苫塊欲乞罷春宴聲樂以表聖人憂恤大臣之意詔下幷春

宴寢罷

賻贈凡近臣及帶職事官薨非詔葬者如有喪訃及遷葬皆賜賻贈鴻臚寺與入內內侍省以舊例取旨其嘗踐兩府或任近侍者多增其數絹自五百匹至五十匹錢自五十萬至五萬又賜羊酒有差其優者仍給米麥香燭自中書樞密而下至兩省五品三司三館職事內職軍校并執事禁近者亡歿及父母近親喪皆有贈賜宗室期功袒免乳母殤子及女出適者各有常數其特恩加賜者各以輕重爲隆殺焉建隆元年十月詔有死于矢石者人給絹三匹仍復其家三年長吏存撫之慶歷二年詔陣亡軍校無子孫者賜其家錢指揮使七萬副指揮使六萬軍使都頭副兵馬使副都頭五萬熙寧七年參酌舊制著爲新式諸臣喪兩人以上各該支賜孝贈只就數多者給官與職各該賻贈者從多給差遣權並同權發遣並與正同諸兩府使相宣徽使并前任宰臣聞疾或澆奠已賜不願敕葬者并宗室不經澆奠支賜雖不係敕葬並支賻贈餘但經問疾或澆奠支賜或敕葬者更不支賻贈前兩府如澆奠只支賻贈仍加絹一百布一百羊酒米麪各一十諸支賜孝贈在京羊每口支錢一貫以折第二等絹充每匹折錢一貫三百文餘支本色在外米支白秔米麪每石支小麥五斗酒支細色餘依價錢諸文臣卿監以上武臣元係諸司使以上分司致仕身亡者其賻贈並依見任官三分中給二限百日內經所在官司投狀召命官保關申限外不給侍制觀察使以上更不召保元豐五年詔鄜延路沒於王事有家屬見今在本路欲歸鄉者給賻外其大使臣以上更支行李錢百千小使臣五十千差使殿侍三十千其餘比類支給紹興二十六年詔今後命官實因幹辦公事邂逅非理致死者並遵依舊法所有李光申請於紹興條內添注日限指揮更不施行舊法非理致死者謂焚溺墜壓之類通判以上賜銀五百兩餘三百兩職司已上取旨初紹興二年五月吏部侍郎李光申明立定折跌骨五十餘日三十日內身亡之人並支前項銀數至是戶部侍郎宋貺言自立定日限後來多是因他病身故之人子孫規圖賞給計會所屬旋作差出名目陳乞保奏誠爲欺罔故有是命

詔葬禮院例冊諸一品二品喪敕備本品鹵簿送葬者以少牢贈祭於都城外加璧束帛深青二纁二諸重一品柱鬲六五品已上四六品已下二諸銘旌三品已上長九尺五品已上八尺六品已上七尺皆書某官封姓之柩諸輀車三品已上油幰朱絲絡網施襈兩廂畫龍幰竿諸末垂六旒蘇七品已上油幰施襈兩廂畫雲氣垂四旒蘇九品以上無旒蘇庶人鼈甲車無幰襈畫飾諸引披鐸翣挽歌三品已上四引四披六鐸六翣挽歌六行三十六人四品二引二披四鐸四翣挽歌者四行十六人五品六品挽歌八人七品八品挽歌六人六品九品（謂非升朝者）挽歌四人其持引披者皆布幘布深衣挽歌白練幘白練褠衣皆執鐸綍並鞵襪諸四品已上用方相七品已上用魌頭諸纛五品已上其竿長九尺已下五尺已上諸葬不得以石爲棺槨及石室其棺槨皆不得雕鏤彩畫施方牖檻棺內不得藏金寶珠玉又按會要勳戚大臣薨卒多命詔葬遣中使監護官給其費以表一時之恩凡凶儀皆有買道方相引魂車香蓋紙錢鵝毛影輿錦繡虛車大輿銘旌儀棺行幕各一挽歌十六其明器牀帳衣輿結彩牀皆不定數壙所有石羊虎望柱各二三品以上加石人二人入墳有當壙當野祖思祖明地軸十二時神誌石券石鐵券各一殯前一日對靈柩及至墳所下事時皆設敕祭監葬官行禮熙寧初又著新式頒于有司乾德六年三月中書令秦國公孟昶薨其母李氏繼亡命鴻臚卿范禹偁監護喪事仍詔禮官議定吉凶儀仗禮例以聞太常禮院言檢詳故事晉天福十二年葬故魏王周廣順元年葬故樞密使楊邠侍衞使史弘肇三司使王章例並用一品禮墓方圓九十步墳高一丈八尺明器九十事石作六事音身隊二十人當壙當野祖明祖思地軸十二時神蚑厨帳暖帳各一轜車一挽歌三十六人拂一纛一翣六輴車魂車儀槨車買道車誌石車各一方相氏鵝毛纛銘旌香輿影輿蓋輿錢輿五穀輿酒醢輿衣物輿庖牲輿各一黃白紙帳園宅象生什物行幕并誌文挽歌詞啓欑啓奠祝文並請下有司修製其儀太僕寺革輅兵部本品鹵簿儀仗太常寺本品鼓吹儀仗殿中省繖一曲蓋二朱漆團扇四自第導引出城量遠近各還贈玉一纁二贈祭少牢禮料亦請下光祿太府寺少府監諸司依禮供應又楚王母依子官一品例準令文外命婦一品侍近二人青衣六人偏扇方扇各十六行鄣三坐鄣二白銅飾犢車駕牛馭人四從人十六夾車從車六繖一大扇一團扇二戟六十伏緣久不施用如特賜施行即合於孟昶吉凶仗內相參排列詔並令排列祇應仍倂導引至城外分半導至西京墳下及葬命供奉官周貽慶押奉議軍士二指揮防護至洛陽又賜子玄喆墳莊一區開寶四年建武軍節度使何繼筠卒詔遣中使護葬仍賜寶劍甲冑同葬咸平元年護國軍節度使駙馬都尉王承衍葬鹵簿鼓吹備而不作以在太宗大祥忌禁內也元豐五年崇信軍節度使華陰郡王宗旦薨聽以旌節牌印葬尋又詔不即隨葬者徒二年因而行用者罪之紹興二十四年太師清河郡王張俊葬上曰張俊極宣力與他將不同恩數務從優厚仍賜十梁額花冠貂蟬籠巾朝服一襲水銀二百兩龍腦一百五十兩其後楊存中薨孝宗令諸寺院聲鐘仍賜水銀龍腦以斂熙寧新式先是知制誥曾布言竊以朝廷親睦九族故於死喪之際臨弔賻恤至於窀穸之具皆給於縣官又擇近臣專董其事所以深致其哀榮而盡其送終之禮近世使臣沿襲故常過取饋遺故私家之費往往倍於公上祥符中患其無節嘗詔有司定其數皇祐中又著之編敕令使臣所受無過五百朝臣無過三百有違之者御史奏劾伏見比歲以來不復循守其取之者不啻十倍於著令乞取舊例裁定酌中之數以爲永式詔令太常禮院詳定令布裁定以聞嘉祐七年詔大宗正自今皇親之喪五年以上未葬者不以有無尊親新喪並擇日葬之初龍圖閣直學士向傳式言故事皇親係節度使以上方許承凶營葬其卑幼喪皆隨葬之自慶歷八年後積十二年未葬者幾四百餘喪官司難於卒辦至濮王薨百日不及葬請自今兩宅遇有尊屬之喪不以官品爲限而葬之下判大宗正司太常禮儀院司天監議而有是詔元祐中又詔御史臺臣僚父母無故十年不葬即依條彈奏及令吏部候限滿檢察尚有不葬父母即未得與關升磨勘如失檢察亦許彈奏

追封冊命通禮策贈貴臣守宮於主人大門外設使副位使人公服從朝堂受策載於犢車各備鹵簿至主人之門降車使者稱有制主人降階稽顙內外皆哭讀冊訖主人拜送之國朝之制有於私第冊之者有於本道冊之者私第冊之者乾德三年正衙命使冊贈孟昶尚書令追封楚王是也本道冊者建隆元年故特進檢校太師南平王高保融奉敕贈太尉端拱元年故守太師尚書令鄧王錢俶特追封秦王是也其儀與通禮大略相類不復錄

定謚王公及職事官三品以上薨（贈官同）本家錄行狀上尚書省考功移太常禮院議定博士撰議考功審覆判都省集合省官參議具上中書門下宰臣判準始錄奏聞敕付所司即考功錄牒以未葬前賜其家省官有異議者聽具議聞蘊德邱園聲實明著雖無官爵亦奏賜謚曰先生太平興國八年詔增周公謚法五十五字美謚七十一字爲一百字平謚七字爲二十字惡謚十七字爲三十字其沈約賀琛續廣謚盡廢後以直史館胡旦言舊制文武官臣僚皆以功行上下各賜謚法近朝以來遂成闕典建隆以後臣僚三品以上合賜謚者百餘人望令史館編錄行狀送禮官定謚付館修入國史詔今後並令禮官取行狀定謚送考功詳覆關送史館永爲定式直集賢院王皞言謚者行之表也善行有善謚惡行有惡謚蓋聞謚知行以爲勸戒六典太常博士掌王公以下擬謚皆跡其功德爲之褒貶近者臣僚薨卒雖官該擬謚其家自知父祖別無善政慮定謚之際斥其繆戾皆不請謚竊惟謚法自周公以來垂爲不刊之典蓋以彰善癉惡激濁揚清使其身沒之後是非較然用爲勸懲今若任其遷避則爲惡者肆志而不悛乞自今後不必候其請謚並令有司舉行如此則隱慝無行之人有所沮勸若須行狀申乞方行擬謚考諸方冊別無明證惟衞公叔文子卒其子戍請謚臣謂春秋之時禮壞樂闕公叔之卒有司不能明舉舊典故至將葬始請謚於君且周制太史掌小喪賜謚小史掌卿大夫之家賜謚請誄以此知有司之職自當舉行明矣詔下有司詳定如皞請焉禮院更議贈安遠軍節度使馬懷德已葬請謚乃言自古作謚皆在葬前唐開元三品以上將葬既啓殯告贈謚於柩前無贈者設啓奠即告謚既葬加謚出於唐時如顏杲卿盧弈盡忠王室當時置而不議至郭知運死五十餘年乃始請謚右司員外郎崔原以爲非旌善之禮而太常博士獨孤及謂新制死不必有謚又謂有故闕禮追遠請謚順也及長於開元之世親聞啓奠告謚而爲新制不必有謚豈非誣哉又有故闕禮追遠請謚皆違禮經何順之有國家給謚一用唐令然請謚之家例供尚書省官酒食撰議官又當有所贈遺故或闕而不請景祐四年宋綬建議令官給酒食其後又罷贈遺自此既葬請謚者甚衆歲月浸久官閥行跡士大夫所不能知子孫與其門生故吏志在虛美隱惡而有司据以加謚是非聖人之法而狥唐庸則尚書太常合議定謚前葬牒史館及付其家即狥私謚不以實論如選舉不以實法既葬請謚者不定謚

宋史卷一百二十五

元　中書右丞相總裁脫脫等修

禮志第七十八

禮二十八 凶禮四

士庶人喪 服紀

士庶人喪禮開寶三年十月詔開封府禁喪葬之家不得用道釋威儀及裝束異色人物前引太平興國七年正月命翰林學士李昉等重定士庶喪葬制度昉等奏議曰唐大歷七年詔喪葬之家送葬祭盤只得於喪家及塋所置祭不得於街衢張設又長慶二年令百姓喪葬祭奠不得以金銀錦繡爲飾及陳設音樂葬物稍涉僭越並勒毀除臣等參詳子孫之葬父祖卑幼之葬尊親全尚樸素即有傷孝道其所用錦繡伏請不加禁斷其用音樂及欄街設祭身無官而葬用方相者望嚴禁之其詔葬設祭者不在此限又準後唐長興二年詔五品六品常參官喪轝舁者二十人挽歌八人明器三十事共置八牀七品常參官舁者十六人挽歌六人明器二十事置六牀六品以下京官及檢校試官等舁者十二人挽歌四人明器十五事置五牀並許設紗籠二庶人舁者八人明器十二事置兩牀悉用香轝魂車其品官葬祖父母父母品卑者聽以子品葬妻子者遞降一等其四品以上依令式施行望令御史臺街司頒行限百日率從新制限滿違者以違禁之物給巡司爲賞喪家輒舉樂者諷伶人他不如制者但罪下里工作從之九年詔曰訪聞喪葬之家有舉樂及令章者蓋聞鄰里之內喪不相舂苴麻之旁食未嘗飽此聖王教化之道治世不刊之言何乃匪人親罹釁酷或則舉奠之際歌吹爲娛靈柩之前令章爲戲甚傷風教實紊人倫今後有犯此者並以不孝論預坐人等第科斷所在官吏常加覺察如不用心並當連坐景德二年開封府言文武官亡歿諸寺擊鐘未有定制欲望自今大卿監大將軍觀察使命婦郡夫人已上即據狀聞奏許於天清開寶二寺擊鐘其聲數旋俟進止自餘悉禁從之紹興二十七年監登聞鼓院范同言今民俗有所謂火化者生則奉養之具唯恐不至死則燔爇而棄捐之何獨厚於生而薄於死乎甚者焚而置之水中識者見之動心國朝著令貧無葬地者許以係官之地安葬河東地狹人衆雖至親之喪悉皆焚棄韓琦鎮并州以官錢市田數頃給民安葬至今爲美談然則承流宣化使民不畔於禮法正守臣之職也方今火葬之慘日益熾甚事關風化理宜禁止仍飭守臣措置荒閑之地使貧民得以收葬少裨風化之美從之二十八年戶部侍郎榮薿言比因臣僚陳請禁火葬令州郡置荒閑之地使貧民得以收葬誠爲善政臣聞吳越之俗葬送費廣必積累而後辦至於貧下之家送終之具唯務從簡是以從來率以火化爲便相習成風勢難遽革況州縣休息之久生聚日繁所用之地必須寬廣乃附郭近便處官司以艱得之故有未行摽撥者既葬埋未有處所而行火化之禁恐非人情所安欲乞除豪富士族申嚴禁止外貧下之民并客旅遠方之人若有死亡姑從其便候將來州縣摽撥到荒閑之地別行取旨詔依仍令諸州依已降指揮措置摽撥

服紀宋天子及諸臣服制前史皆散記諸禮中未嘗特錄之也後史則表而出之高宗於外廷以日易月於內廷則行三年之禮御朝則淺素淺黃孝宗又力持三年之制皇帝未成服則素紗軟腳幞頭白羅袍黑銀帶絲鞋成服日布梁冠（朱熹云當用十二梁）首絰直領布大袖衫（朱熹云不當用襴蓋下已有裙）布裙袴腰絰竹杖白綾襯衫或斜巾帽子視事日去杖首絰小祥日改服布幞頭襴衫腰絰布袴大祥畢服素紗軟腳幞頭白羅袍素履黑銀帶禫祭畢素紗軟腳幞頭淺色黃羅袍黑銀帶祔廟日服履黃袍紅帶御正殿視事則皁幞頭淡黃袍黑鞓犀帶素絲鞋此中興後制也孝宗居憂再定三年之制其服布冠直領大袖衫布裙首絰腰絰竹杖小祥不易服大祥禮畢始去杖去絰禫祭畢始服素紗軟腳幞頭白袍黑銀帶祔廟畢服皁幞頭黑鞓犀帶每遇過宮廟謁則衰絰行禮二十五月而除三年之內禁中常服布巾布衫布背子視事則御內殿服白布幞頭白布袍黑銀帶殿設素幄每五日一次過宮則衰絰而杖虞祭則布折上巾黑帶布袍受金使弔則衰絰御德壽殿東廊之素幄受賀節使則御垂拱殿東楹之素幄是時宰執近臣皆不肯行惟斷自上心堅不可奪大臣乃不敢言贊其決者惟敕局下僚沈清臣一人而已

臣爲君服宋制有三等中書門下樞密使副尚書翰林學士節度使金吾上將軍文武二品以上布梁冠直領大袖衫布裙袴腰絰竹杖或布幞頭襴衫布斜巾絹襯服文武五品以上并職事官監察御史以上內客省宣政昭宣知閤門事前殿都知押班布梁冠直領大袖衫裙袴腰絰或幞頭襴衫自餘文武百官布幞頭襴衫腰絰而已入局治事並不易服宰執奏事去杖小祥去冠餘官奏事如之大祥素紗軟腳折上巾黲公服白鞓錫帶禫除畢去黲服常服仍黑帶皁鞍韉祔廟畢始純吉服宗室出則常服居則衰麻以終制光宗居孝宗之憂趙汝愚當國始令羣臣服白涼衫皁帶治事逮終制乃止寧宗居光宗之憂復令百官以日易月禫除畢服紫衫皁帶以治事從禮部侍郎陳宗召請也諸路監司州軍縣鎮長吏以下服布四腳直領布襴衫麻腰絰朝晡臨三日除之內外命婦當入臨者布裙衫帔首絰絹襯衫帕首士庶於本家素服三日而除婚嫁服除外不禁文武臣僚之家至山陵祔畢乃許嫁娶仍不用花綵及樂淳熙十四年十月以將作監韋璞充金國告哀使閤門舍人姜特立副之禮部太常寺言告哀使副并三節人從禮例如在大祥內合服布幞頭襴衫布袴腰絰布涼繖鞍韉在禫服內合服素紗軟腳幞頭黲色公服黑鞓犀帶青繖皁鞍韉候禫除即從吉服仍繫黑帶去魚涼繖鞍韉並從禫制并去紱座三節人衣紫衫黑帶並不聽樂不射弓弩候過界聽使副審度隨宜改易服用從之或遺留遺信物使同上服

喪服雜議慶歷七年侍御史吳鼎臣言武班及諸職司人吏曾因親喪出入禁門甚有衰素紗幞頭者殊失肅下尊上之禮欲乞文武兩班除以官品起復許衰素紗外其餘臣僚并諸職司人吏雖有親喪服未除并須光紗加首不得更衰素紗詔送太常禮院禮官言準令文凶服不入公門其遭喪被起在朝參處常服各依品服惟色以淺無金玉飾在家依其服制其被起者及期喪以下居式假者衣冠朝集皆聽不預今鼎臣所奏有礙令文詔依所定如遇筵宴其服淺色素紗人更不令祗應

丁父母憂淳化五年八月詔曰孝爲百行之本喪有三年之制著於典禮以厚人倫中外文武官子弟或父兄之淪亡蒙朝廷之齒叙未及卒哭已聞莅官遽忘哀戚頗玷風教自今文武官子弟有因父亡兄歿特被叙用未經百日不得趨赴公參御史臺專加糾察并有冒哀求仕釋服從吉者並以名聞咸平元年詔任三司館閣職事者丁憂並令持服又詔川峽廣南福建路官丁憂不得離任既受代而喪制未畢者許其終制尋令川峽官除州軍長史奏裁餘並許解官大中祥符九年殿中侍御史張廓言京朝官丁父母憂者多因陳乞與免持服且忠孝恩義士所執守一悖於禮其何能立今執事盈庭各務簡易況無金革之事中外之官不闕不可習以爲例望自後並依典禮三年服滿得赴朝請天禧四年御史臺言文武官併丁憂者相承服五十四月別無條例下太常禮官議曰按禮喪服小記云父母之喪偕先葬者不虞祔待後事其葬服斬衰注謂同月若同日死也先葬者母也其葬服斬衰者喪之隆哀宜從重也假令父死在前月而同月葬猶服斬衰不葬不變服也言其葬服斬衰則虞祔各以其服矣及練祥皆然卒事反服重雜記云有父之喪如未沒喪而母死其除父之喪也服其除服卒事反喪服注云沒猶終也除服謂祥祭之服卒事既祭反喪服服後死者之服又杜預云若父母同日卒其葬先母後父皆服斬衰其虞祔先父後母各服其服卒事反服父服若父已葬而母卒則服母之服虞訖反服父之服既除練則服母之服喪可除則服父之服以除之訖則服母之服賀循云父之喪未終又遭母喪當父服應終之月皆服祥祭之服如除喪之禮卒事父母之服臣等參考典故則是隨其先後而除之無通服五十四月之文請依舊禮改正慶歷三年太常禮院儀禮記父母之喪無貴賤一也又曰三年之喪人道之至大也請不以文武品秩高下並聽終喪時以武臣入流者雜難盡解官詔自今三司副使已上非領邊寄並聽終制仍續月奉武臣非在邊而願解官者聽凡奪情之制文臣諫舍以上牧伯刺史以上皆卒哭後恩制起復其在切要者不候卒哭內職遭喪但給假而已願終喪者亦聽惟京朝幕職州縣官皆解官行服亦有特追出者凡公除與祭景祐二年禮儀使言天聖五年太常禮院言自來宗廟祠祭皆宰臣參知政事行事每有服制旋復改差多致妨闕檢會唐會要貞元六年詔百官有私喪公除者聽赴宗廟之祭監祭御史以禮有緦麻已上喪不得饗廟移牒吏部詰之吏部奏准禮諸侯絕周大夫絕緦者所以殺旁親不敢廢大宗之祭事則緦不祭者謂同宮未葬欲人吉凶不相黷也魏晉已降變而從權緦已上喪服假滿即吉謂之公除凡既葬公除則無事不可故於祭無妨乞今凡有慘服既葬公除及聞哀假滿許吉服赴祭同宮未葬雖公除依前禁之詔從又王涇郊祀錄緦麻已上喪不行宗廟之祭者以明吉凶不相干也貞元吏部奏請得許權改吉服以從宗廟之祭此一時之事非舊典也今本院看詳律稱如有緦麻已上喪遺充掌事者笞五十此唐初所定吏部起請皆援引典故奉詔百官有私喪公除者聽赴宗廟之祭後雖王涇著郊祀錄是一時之事非舊典也

又別無詔敕改更，是以歷代止依貞元詔命施行。至大中祥符中，詳定官請依郊祀錄緦麻以上喪不預宗廟之祭。今詳貞元起請蓋据分明，王涇所說別無典故，望自今後有私喪公除者，聽赴宗廟之祭，免致廢闕。慶歷七年，禮官邵必言：「古之臣子未有居父母喪而輒與國家大祭者，今但不許入宗廟，至於南郊壇、景靈宮皆許行事。按唐吏部所請慘服既葬公除者，謂周以下也。前後相承，誤以爲三年之喪得吉服從祭，失之甚也。又據律文，諸廟享有緦麻以上喪不許執事，祭天地社稷不禁，此唐之定律者不詳經典意也。王制曰：『喪三年不祭，惟天地社稷爲越紼而行事。』注云：『不敢以卑廢尊也。』是指王者不敢以私親之喪廢天地社稷之祭，非謂臣下有父母喪而得從天子祭天地社稷也。兼律文所以不禁者，亦止謂緦麻以上周以下故也。南郊、太廟俱爲吉祀，奉承之意無容異禮。今居父母喪不得入太廟，至南郊則爲愈重。朝廷每因大禮，侍祠之官普有霑賚，使居喪之人得預祠事，是不欲慶澤之行有所不被，奈何以小惠而傷大禮。近歲兩制以上並許終喪，惟於武臣尚仍舊制，是亦取古之墨縗從事金革無避之義也。然於郊祀吉禮則爲不可。」下禮院議曰：「郊祀大禮，國之重事，百司聯職，僅取齊集。若居喪被起之官悉不與事，則或有妨闕。但不以慘黷之容接於祭次，則亦可行。請依太常新禮，宗室及文武官有遭喪被起及卒哭赴朝參者，遇大朝會聽不入；若緣郊廟大禮，惟不入宗廟，其郊壇、景靈宮得權從吉服陪位或差攝行事。」詔可。天聖五年，侍講學士孫奭言：「伏見禮院及刑法司、外州執守服制，詞旨俚淺，如外祖卑於舅姨，大功加於嫂叔，顛倒謬妄，難可遵言。臣於開寶正禮錄出五服年月，并見行喪服制度，編附假寧令，請下兩制、禮院詳定。」翰林學士承旨劉筠等言：「奭所上五服制度，皆應禮經，然其義簡奧，世俗不能盡通，今解之以就平易。若兩相爲服，無所降殺，舊皆言服者，具載所爲服之人；其言周者，本避唐諱，合復爲期。又節取假寧令附五服敕後，以便有司。」仍板印頒行，而喪服親疎隆殺之紀始有定制矣。

子爲嫁母。景祐二年，禮官宋祁言：「前祠部員外郎、集賢校理郭稹幼孤，母邊更嫁，有子，稹無伯叔兄弟，獨承郭氏之祭。今邊不幸，而稹解官行服。按五服制度敕齊衰杖期降服之條曰：『父卒母嫁，及出妻之子爲母。』其左方注謂：『不爲父後者。若爲父後者，則爲嫁母無服。』」詔議之。侍御史劉夔曰：「按天聖六年敕，開元五服制度、開寶正禮並載齊衰降服條例，雖與祁言不異，然假寧令：『諸喪，斬衰三年，並解官；齊衰杖期及爲人後者爲其父母，若庶子爲後爲其母，亦解官，申心喪；母出及嫁，爲父後者雖不服，亦申心喪。』注云：『皆爲生已者。』律疏云：『心喪者，爲妾子及出妻之子合降其服，二十五月內爲心喪。』載詳格令：子爲嫁母，雖爲父後者不服，亦當申心喪。又稱：『居心喪者，釋服從吉及忘哀作樂、冒哀求仕者，並同父母正服。』今龍圖閣學士王博文、御史中丞杜衍嘗爲出嫁母解官行喪。若使生爲母子，沒爲路人，則必虧損名教，上玷孝治。且杖期降服之制，本出開元禮文，逮乎天寶，降敕俾終三年，然則當時已悟失禮。晉袁準謂爲人後猶服嫁母，據外祖異族猶廢祭行服，知父後應服嫁母。劉智釋云：『雖爲父後，猶爲嫁母齊衰。』譙周云：『非父所絕，爲之服周可也。』昔孔鯉之妻爲子思之母，鯉卒而嫁於衞，故檀弓曰：『子思之母死，柳若謂子思曰：子聖人之後也，四方於子乎觀禮，子盍愼諸。子思曰：吾何愼哉。喪之禮如子云。』子聖人之後，卽父後也。石苞問淳于睿：『爲父後者不爲出母服，嫁母猶出母也。或者以爲嫁與出不異，不達禮意，雖執從重之義，而以廢祭見譏，君爲詳正。』睿引子思之義爲荅，且言聖人之後服嫁母明矣。稹之行服，是不爲過。」詔兩制、御史臺、禮院再議曰：「按儀禮：『父卒，繼母嫁，爲之服期。』謂非生已者，故父卒改嫁，降不爲已母。唐上元元年敕：父在爲母尚許服三年，今母嫁旣是父終，得申本服。唐紹議曰：『爲父後者爲嫁母杖周，不爲父後者請不降服。』至天寶六載敕：『五服之紀，所宜企及，三年之數，以報免懷。其嫁母亡，宜終三年。』又唐八坐議吉凶加減禮云：『凡父卒，親母嫁，齊衰杖期；爲父後者亦不服，不以私親廢祭祀，惟素服居堊室，心喪三年，免役解官。母亦心服之，母子無絕道也。』按通禮五服制度：『父卒母嫁，及出妻之子爲母，及爲祖後祖在爲祖母，雖周除，仍心喪三年。』」侍講學士馮元言：「儀禮、禮記正義，古之正禮；開寶通禮、五服年月敕，國朝見行典制。爲父後者爲出母無服，惟通禮義纂引唐天寶六年制：『出母、嫁母並終服三年。』又引劉智釋議：『雖爲父後，猶爲出母、嫁母齊衰，卒哭乃除。』蓋天寶之制，言諸子爲出母、嫁母，故云並終服三年；劉智言爲父後者爲出母、嫁母，故云猶爲齊衰，卒哭乃除。各有所謂，固無疑也。况天聖五服年月敕：『父卒母嫁，及出妻之子爲母，降杖期。』則天寶之制已不可行。又但言母出及嫁，爲父後者雖不服，亦申心喪，卽不言解官。若專用禮經，則是全無服式；若俯同諸子杖期，又於條制相戾。請凡子爲父後無人可奉祭祀者，依通禮義纂、劉智釋議，服齊衰，卒哭乃除，踰月乃祭，仍申心喪，則與儀禮、禮記正義、通典、通禮、五服年月敕爲父後爲出母、嫁母無服之言不遠。如諸子非爲父後者，爲出母、嫁母，依五服年月敕降服齊衰杖期，亦解官申心喪，則與通禮五服制度言雖周除仍心喪三年，及刑統言出妻之子合降其服，皆二十五月內爲心喪，其義一也。郭稹應得子爲父後之條，緣其解官行服已過期年，難於追改，後當依此施行。」詔自今並聽解官以申心喪。

子爲生母。大中祥符八年，樞密使王欽若言：「編修册府元龜官、太常博士、秘閣校理聶震丁所生母憂，嫡母尚在，望特免持服。」禮官言：「按周制，庶子在父之室，則爲其母不禫。晉解遂問蔡謨曰：『庶子喪所生，嫡母尚存，不知制服輕重。』答云：『士之妾子服其母，與凡人喪母同。』鍾陵胡澹所生母喪，自有嫡兄承統，而嫡母存，疑不得三年，問范宣。答曰：『爲慈母且猶三年，況親所生乎。嫡母雖尊，然厭降之制，父所不及；婦人無專制之事，豈得引父爲比而屈降之子也。』南齊褚淵遭庶母郭氏喪，葬畢，起爲中軍將軍；後嫡母吳郡公主薨，葬畢，令攝職。則震當解官行服，心喪三年。若特有奪情之命，望不以追出爲名。自今顯官有類此者，亦請不稱起復，第遣蒞職。」熙寧三年，詔御史臺審決秀州軍事判官李定追服所生母喪。御史臺言：「在法，庶子爲父後，如嫡母存，爲所生母服緦三月，仍解官申心喪；若不爲父後，爲所生母持齊衰三年，正服而禫。今定所生仇氏亡日，定未嘗請解官持心喪，止以父老乞還侍養，宜依禮制追服緦麻而解官心喪三年。」時王安石庇定，擢爲太子中允，而言者俱罷免。

婦爲舅姑。乾德三年，判大理寺尹拙言：「按律及儀禮喪服傳、開元禮儀纂、五禮精義、三禮圖等書所載，婦爲舅姑服周，近代時俗多爲重服。劉岳書儀有奏請之文，禮圖、刑統乃邦家之典，豈可守書儀小說而爲國章邪？」判少卿事薛允中等言：「戶婚律：『居父母及夫喪而嫁娶者，徒三年，各離之；若居周喪而嫁娶者，杖一百。』又書儀舅姑之服斬衰三年，亦準敕行用，律敕有差，望加裁定。」右僕射魏仁浦等二十一人奏議曰：「謹按禮內則云：『婦事舅姑，如事父母。』則舅姑與父母一也。而古禮有期年之說，至於後唐始定三年之喪，在理爲當。况五服制度，前代增益甚多。按唐會要，嫂叔無服，太宗令服小功；曾祖父母舊服三月，增爲五月；嫡子婦大功，增爲期；衆子婦小功，增爲大功；父在爲母服期，高宗增爲三年；婦爲夫之姨舅無服，玄宗令從夫服，又增姨舅同服緦麻及堂姨舅袒免。至今遵行。況三年之內，几筵尚存，豈可夫處苫塊之中，婦被綺紈之飾，夫婦齊體，哀樂不同，求之人情，實傷理本。况婦爲夫有三年之服，於舅姑止服期年，乃是尊夫而卑舅姑也。况孝明皇后爲昭憲太后服喪三年，足以爲萬世法。欲望自今婦爲舅姑服，並如後唐之制，其三年齊斬，一從其夫。」

嫡孫承重。天聖四年，大理評事杜杞言：「祖母潁川郡君鍾歿，並無服重子婦，餘孤孫七人，臣最居長，今已服斬衰，卽未審解官以否？」禮院言：「按禮喪服小記曰：『祖父卒，而後爲祖母後者三年。』正議曰：『此論適孫承重之服。祖父卒者，適謂孫無父而爲祖後，祖父已卒，今遭祖母喪，故云爲祖母後也。父卒爲母，故三年。若祖父卒時父已先亡，亦爲祖父三年。若祖卒時父在，已雖爲祖期，今父歿祖母亡時，已亦爲祖母三年也。』又按令文：『爲祖後者，卒爲祖母，祖父歿，嫡孫爲祖母承重者，齊衰三年，並解官。』合依禮令。」寶元二年，度支判官、集賢校理薛紳言：「祖母萬壽縣太君王氏卒，是先臣所生母，服紀之制，罔知所適，乞降條制，庶知遵守。」詔送太常禮院詳定。禮官言：「五服年月敕：『齊衰三年，爲祖後者祖卒則爲祖母。』又曰：『齊衰不杖期，爲祖父母。』注云：『父之所生庶母亦同，惟爲祖後者不服。』又按通禮義纂：『爲祖後者，父所生庶母亡，合三年否？記云：爲祖母也，爲後三年，不言嫡庶。然奉宗廟當以貴賤爲差，庶祖母不附於皇姑，已受重於祖，當爲祭主，不得申於私恩。若受重於父，代而養爲後可也。』又曰：『庶祖母合從何服？禮無服庶祖母之文，有爲祖庶母後者之服。晉王廙議曰：受命爲後，則服之無嫌。婦人無子，託後族人，猶爲之服，况其子孫乎。人莫敢卑其祖也。且妾子父歿，爲母得申三年，孫無由獨屈，當服之也。』看詳五服年月敕不載特重之文，於義纂卽有所據。今薛紳不爲祖後，受重於父，合申三年之制。」史館檢討、同知太常禮院王洙言：「五服年月敕與新定令文及通禮正文內五服制度，皆聖朝典法，此三處並無爲父所生庶母服三年之文。唯義纂者，是唐世蕭嵩、王仲邱等撰集，非創修之書，未可据以決事。且所引兩條，皆近世諸儒之說，不出於六經，臣已別狀奏駁。今薛紳爲映之孫，耀卿爲別子始祖，紳繼別之後，爲大宗，所守至重，非如次庶子等承傳其重者也。不可輙服父所生庶母三年之喪，以廢始祖之祭也。臣謹按禮經，所謂重者，皆承後

之文据義纂稱重於父亦有二說一者嫡長子自爲正
體受重可知二者或嫡長亡取嫡或庶次承傳父重亦
名爲受重也若繼別子之後自爲大宗所承至重不得
更遠係庶祖母爲之服三年惟其父以生己之故爲之
三年可也詳義纂所謂受重於父者指嫡長子亡次子
承傳父重者也但其文不同耳詔太常禮院與御史臺
詳定聞奏衆官參詳耀卿王氏子紳王氏孫尤親於慈
母庶母祖母庶祖母也耀卿既亡紳受重代養當服之
也又薛紳頃因籍田覃恩乞將叙封母氏恩澤廻授與
故父所生母王氏其薛紳官爵未合叙封祖母蓋朝廷
以耀卿已亡紳是長孫敦以孝道特許封邑豈可王氏
生則輒邀國恩歿則不受重服況紳被王氏鞠育之恩
體尊義重合令解官持齊衰三年之服詔從之皇祐元
年大理評事石祖仁奏叔從簡爲祖父中立服後四十
日亡乞下禮院定承祖父重服禮官宋敏求議曰自開
元禮以前嫡孫卒則次孫承重況從簡爲中子已卒而
祖仁爲嫡孫乎古者重嫡正貴所傳其爲後者皆服三
年以主虞練祥禫之祭且三年之喪必以日月之久而
服之者有變也今中立未及卒哭從簡已卒是日月未
久而服未經變也或謂已服期不當改服斬而更爲重
制按儀禮子嫁反在父之室爲父三年鄭氏注謂遭喪
而出者始服齊衰期出而虞則以三年之喪是服可再
制明矣今祖仁宜解官因其葬而制斬衰三年後有如
其類而已葬者用再喪制服遂著爲定式熙寧八年禮
院請爲祖承重者依封爵令立嫡孫以次立嫡子同母
弟無母弟立庶子無庶子立嫡孫同母弟如又無之卽
立庶長孫行斬衰服於是禮房詳定古者封建國邑而
立宗子故周禮適子死雖有諸子猶令嫡孫傳重所以
一本統明尊尊之義也至於商禮則嫡子死立衆子然
後立孫今既不立宗子又未嘗封建國邑則嫡孫喪祖
不宜純用周禮若嫡子死無衆子然後嫡孫承重卽嫡
孫傳襲封爵者雖有衆子猶承重時知廬州孫覺以嫡
孫解官持祖母服覺叔父在有司以新令乃改知潤州
元豐三年太常丞劉次莊請祖母亡有嫡曾孫次莊爲
嫡孫同母弟在法未有庶孫承重之文詔下禮官立法
自令承重者嫡子死無諸子卽嫡孫承重無嫡孫嫡孫
同母弟承重無母弟庶孫長者承重曾孫以下準此其
傳襲封爵自依禮令

雜議大中祥符八年廣平公德彝聘王顯孫女將大歸
而德彝卒疑其禮制禮官言按禮曾子問曰娶女有吉
日而女死如之何孔子曰壻齊衰而弔既葬而除之夫
死亦如之注云謂無期三年之恩也女服斬衰又刑統
云依禮有三月廟見有未廟見就婚等三種之文妻並
同夫法其有克吉日及定婚夫等惟不得違約改嫁自
餘相犯並同凡人今詳女合服斬衰於室既葬而除或
未葬但出櫬卽除之天聖七年興化軍進士陳可言臣
昨與本軍進士黄價同保臣預解送之後本軍言黄價
昨赴舉時有叔爲僧喪服未滿臣例當駁放竊思出家
制服禮律俱無明文兄僧犯大罪並無緣坐犯事還俗
準敕不得均分父母田園又釋門儀式見父母不拜居
父母喪不絰死則法門弟子爲之制服其於本族並無
服式望下禮官詳議許其赴試太常禮院言檢會敕文
期周尊長服不得取應又禮爲叔父齊衰期外繼者降
服大功九月其黄價爲叔僧合比外繼降服大功皇祐
四年吉州司理參軍祝紳幼孤鞠於兄嫂已嘗爲嫂持
服兄喪又請解官持喪有司以爲言仁宗曰近世蓋有
匿親喪而干進者紳雖所服非禮然不忘鞠養恩亦可
勸也俟服闋日與幕職知縣

繼絶熙寧二年同修起居注直史館蔡延慶父褒故太
尉齊之弟也齊初無子子延慶後齊有子而褒絶請復
本宗禮官以請許之紹聖元年尚書省言元祐南郊赦
文戶絶之家近親不爲立繼者官爲施行今戶絶家許
近親尊長命繼已有著令卽不當官爲施行四年右武
衞大將軍克務乞故登州防禦使東牟侯克端子叔溥
爲嗣請赴期朝參起居而不爲克端服大宗正司以聞
下禮官議宜終喪三年遂詔宗室居父母喪者毋得乞
爲繼嗣大觀四年詔曰孔子謂興滅繼絶天下之民歸
心王安石子雱無嗣有族子棣已嘗用安石孫恩例官
可以棣爲雱後以稱朕善善之意先是元豐國子博士
孟開請以姪孫宗頵爲孫據晉侍中荀顗無子以兄之
孫爲孫其後王彥林請以弟彥通爲叔母宋繼絶孫詔
皆如所請淳熙四年十月二十七日戶部言知蜀州吳
擴申明乞自今養同宗昭穆相當之子夫死之後不許
其妻非理遣還若所養子破蕩家產不能侍養實有顯
過卽聽所養母懇官近親尊長證驗得實依條遣還仍
公共繼嗣

宋史卷一百二十六

元　中　書　右　丞　相　總　裁　脫　脫　等　修

樂志第七十九

樂一

有宋之樂自建隆訖崇寧凡六改作始太祖以雅樂聲
高不合中和乃詔和峴以王朴律準較洛陽銅望臬石
尺爲新度以定律呂故建隆以來有和峴樂仁宗留意
音律判太常燕肅言器久不諧復以朴準考正時李照
以知音聞謂朴準高五律與古制殊請依神瞽法鑄編
鐘既成遂請改定雅樂乃下三律鍊白石爲磬範中金
爲鐘圖三辰五靈爲器之飾故景祐中有李照樂未幾
諫官御史交論其非竟復舊制其後詔侍從禮官參定
聲律阮逸胡瑗實預其事更造鐘磬止下一律樂名大
安乃試考擊鐘聲弇鬱震掉不和滋甚遂獨用之常祀
朝會焉故皇祐中有阮逸樂神宗御歷嗣守成憲未遑
制作間從言者緒正一二知禮院楊傑條上舊樂之失
召范鎭劉几與傑參議几傑請遵祖訓一切下王朴樂
二律用仁宗時所制編鐘追考成周分樂之序辨正二
舞容節而鎭欲求一稃二米眞黍以律生尺改修鐘量
廢四清聲詔悉從几傑議樂成奏之郊廟故元豐中有
楊傑劉几樂范鎭言其聲雜鄭衞請太府銅制律造樂
哲宗嗣位以樂求上按試於庭比李照樂下一律故元
祐中有范鎭樂楊傑復議其失謂出於鎭一家之學卒
置不用徽宗鋭意制作以文太平於是蔡京主魏漢津
之說破先儒累黍之非用夏禹以身爲度之文以帝指
爲律度鑄帝鼐景鐘樂成賜名大晟謂之雅樂頒之天
下播之教坊故崇寧以來有魏漢津樂夫韶濩之音下
逮戰國歷千數百年猶能使人感嘆作興當是時桑間
濮上之音已作而古帝王之樂猶存豈不以其制作有
一定之器而授受繼承亦代有其人歟由是論之鄭衞
風雅不異器也知此道也則雖百世不易可也禮樂道
喪久矣故宋之樂屢變而卒無一定不易之論考諸家
之說累黍既各執異論而身爲度之說尤爲荒唐方古
制作欲垂萬世難矣觀其高二律下一律之說雖賢者
有所未知直曰樂聲高下於歌聲則童子可知矣八音
克諧之說智者有所未論直以歌聲齊簫聲以簫聲定
十六聲而齊八器則愚者可論矣審乎此道以之制作
器定聲應自不奪倫移宮換羽特餘事耳去惉懘靡曼
而歸之和平澹泊大雅之音不是過也南渡之後大抵
皆用先朝之舊未嘗有所改作其後諸儒朱熹蔡元定
輩出乃相與講明古今制作之本原以究其歸極著爲
成書理明義析具有條制粲然使人知禮樂之不難行
也惜乎宋祚告終天下未一徒亦空言而已今集累朝
制作損益因革議論是非悉著於編俾來者有考焉爲
樂志

王者致治有四達之道其二曰樂所以和民心而化天
下也歷代相因咸有制作唐定樂令惟著器服之名後
唐莊宗起於朔野所好不過北鄙鄭衞而已先王雅樂
殆將掃地晉天福中始詔定朝會樂章二舞鼓吹十二
案周世宗嘗觀樂縣問宮人不能荅由是患雅樂淩替
思得審音之士以考正之乃詔翰林學士竇儼兼判太
常寺與樞密使王朴同詳定朴作律準編古今樂事爲
正樂宋初命儼仍兼太常建隆元年二月儼上言曰三
五之興禮樂不相沿襲洪惟聖宋肇建皇極一代之樂
宜乎立名樂章固當易以新詞式遵舊典從之因詔儼
專其事儼乃改周樂文舞崇德之舞爲文德之舞武舞
象成之舞爲武功之舞改樂章十二順爲十二安蓋取
治世之音安以樂之義祭天爲高安祭地爲靜安宗廟
爲理安天地宗廟登歌爲嘉安皇帝臨軒爲隆安王公
出入爲正安皇帝食飲爲和安皇帝受朝皇后入宮爲
順安皇太子軒縣出入爲良安正冬朝會爲永安郊廟
俎豆入爲豐安祭享酌獻飲福受胙爲禧安祭文宣王
武成王同用永安籍田先農用靜安五月有司上言僖
祖文獻皇帝室奏大善之舞順祖惠元皇帝室奏大寧
之舞翼祖簡恭皇帝室奏大順之舞宣祖昭武皇帝室
奏大慶之舞從之乾德元年翰林學士承旨陶穀等奉
詔撰定祀感生帝之樂章曲名降神用大安太尉行用
保安奠玉幣用慶安司徒奉俎用咸安酌獻用崇安飲
福用廣安亞獻用文安送神用普安五代以來樂工未
具是歲秋行郊享之禮詔選開封府樂工八百三十人
權隸太常習鼓吹四年春遣拾遺孫吉取成都孟昶僞
宮縣至京師太常官屬閱視考其樂器不協音律命毁
棄之六月判太常寺和峴言大樂署舊制宮縣三十六
虡設於庭登歌兩架設於殿上望詔有司別造仍令徐
州求泗濱石以充磬材許之先是晉開運末禮樂之器
淪陷至是始令有司復二舞十二案之制二舞郎及引
舞一百五十人按視教坊開封樂籍選樂工子弟以備
其列冠服準舊制鼓吹十二案其制設氈牀十二爲熊
羆騰倚之狀以承其下每案設大鼓羽葆鼓金錞各一
歌簫笳各二凡九人其冠服同引舞之制十月峴又言

樂器中有叉手笛樂工考驗皆與雅音相應按唐呂才歌白雪之琴馬滔進太一之樂當時得與宮縣之籍況此笛足以協十二旋相之宮亦可通八十四調其制如雅笛而小長九寸與黃鍾管等其竅有六左四右二樂人執持兩手相交有拱揖之狀請名之曰拱宸管望於十二案十二編磬并登歌兩架各設其一編於令式詔可太祖每謂雅樂聲高近於哀思不合中和又念王朴竇儼素名知樂皆已淪沒因詔峴討論其理峴言以朴所作律呂之尺較西京銅望臬古制石尺短四分樂聲之高良由於此乃詔依古法別創新尺以定律呂自此雅音和暢事具律曆志自國初已來御正殿受朝賀用宮縣次御別殿羣臣上壽舉教坊樂是歲冬至上御乾元殿受賀畢羣臣詣大明殿行上壽禮始用雅樂登歌二舞是月和峴又上言郊廟殿庭通用文德武功之舞然其綴兆未稱武功文德之形容又依古義以揖讓得天下者先奏文舞以征伐得天下者先奏武舞陛下以推讓受禪宜先奏文舞按尚書舜受堯禪玄德升聞乃命以位請改殿宇所用文舞爲玄德升聞之舞其舞人約唐太宗舞圖用一百二十八人以倍八佾之數分爲八行行十六人皆著履執拂服袴褶冠進賢冠引舞一人各執五采纛其舞狀文容變數聊更增改又陛下以神武平一宇內即當次奏武舞按尚書周武王一戎衣而天下大定請改爲天下大定之舞其舞人數行列悉同文舞其人皆被金甲持戟引舞二人各執五采旗其舞六變一變象六師初舉二變象上黨克平三變象淮揚底定四變象荊湖歸復五變象邛蜀納款六變象兵還振旅乃別撰舞曲樂章其鐃鐸雅相金錞鼗鼓并引二舞等工人冠服即依樂令而文德武功之舞請於郊廟仍舊通用又按唐貞觀十四年景雲見河水清張文收採古朱鴈天馬之義作景雲河清歌名燕樂元會第二奏者是也伏見今年荊南進甘露京兆東州進嘉禾黃州進紫芝和州進綠毛龜黃州進白兔欲依月律撰神龜甘露紫芝嘉禾玉兔五瑞各一曲每朝會登歌首奏之有詔二舞人數衣冠悉仍舊制樂章如所請六年峴又言漢朝獲天馬赤鴈神鼎白麟之瑞並爲郊歌國朝合州進瑞木成文馴象由遠方自至秦州獲白烏黃州獲白雀並合播在筦絃薦於郊廟詔峴作瑞文馴象玉烏皓雀四瑞樂章以備登歌未幾峴復言按開元禮郊祀車駕還宮入嘉德門奏采茨之樂入太極門奏太和之樂今郊祀禮畢登樓肆赦然後還宮宮縣但用隆安不用采茨其隆安樂章本是御殿之辭伏詳禮意隆安之樂自內而出采茨之樂自外而入若不並用有失舊典令太樂署丞王光裕誦得唐日采茨曲望依月律別撰其辭每郊祀畢車駕初入奏之御樓禮畢還宮即奏隆安之樂並從之太常寺又言準令宗廟殿庭宮縣二十虡郊社二十虡殿庭加鼓吹十二案開寶四年郊祀誤用宗廟之數今歲親郊欲用舊禮有詔圜丘增十六虡餘依前制

太宗太平興國二年冬至上壽復用教坊樂九年嵐州獻祥麟雍熙中蘇州貢白龜端拱初澶州河清廣州鳳凰集諸州麥兩穗三穗者連歲來上有司請以此五瑞爲祥麟丹鳳河清白龜瑞麥之曲薦於朝會用之淳化二年太子中允直集賢院和㠓上言兄峴嘗於景德中約唐志故事請改殿庭二舞之名舞有六變之象每變各有樂章歌詠太祖功業今覩來歲正會之儀登歌五瑞之曲已從改製則文武二舞亦當定其名周易有化成天下之辭謂文德也漢史有威加海內之歌謂武功也望改殿庭舊用玄德升聞之舞爲化成天下之舞天下大定之舞爲威加海內之舞其舞六變一變象登臺講武二變象漳泉奉土三變象杭越來朝四變象克殄并汾五變象肅清銀夏六變象兵還振旅每變樂章各一首詔可三年元日朝賀畢再御朝元殿羣臣上壽復用宮縣二舞登歌五瑞曲自此遂爲定制㠓又請取今朝祥瑞之殊尤者作爲四瑞樂章備郊廟奠獻以代舊曲詔從之有司雖承詔不能奉行故今闕其曲太宗嘗謂舜作五絃之琴以歌南風後王因之後加文武二絃至道元年乃增作九絃琴五絃阮別造新譜三十七卷凡造九絃琴宮調鳳吟商調角調徵調羽調龍仙羽調側蜀調黃鍾調無射商調瑟調變弦法各一制宮調鶴唳天弄鳳吟商調鳳來儀弄龍仙羽調八仙操凡三曲又以新聲被舊曲者宮調四十三曲商調十三曲角調二十三曲徵調十四曲羽調二十六曲側蜀調四曲黃鍾調十九曲無射商調七曲瑟調七曲造五絃阮宮調商調鳳吟調角調徵調羽調黃鍾調無射商調瑟調碧玉調慢角調金羽調變弦法制宮調鶴唳天弄鳳吟商調鳳來儀弄龍仙又以新聲被舊曲者宮調四十四曲商調十三曲角調十一曲徵調十曲羽調十曲黃鍾十九曲無射商調七曲瑟調七曲碧玉調十四曲慢角調十曲金羽調三曲阮成以示中書門下因謂曰雅樂與鄭衛不同鄭聲淫非中和之道朕常思雅正之音可以治心原古聖之旨尚存遺美琴七弦朕今增之爲九其名曰君臣文武禮樂正民心則九奏克諧而不亂矣阮四絃增之爲五其名曰水火金木土則五材並用而不悖矣因命待詔朱文濟蔡裔齎琴阮詣中書彈新聲詔宰相及近侍咸聽焉由是中外獻賦頌者數十人二年太常音律官田琮以九弦琴五絃阮均配十二律旋相爲宮隔八相生並協律呂冠于雅樂仍具圖以獻上覽而嘉之遷其職以賞焉自是遂廢拱宸管

眞宗咸平四年太常寺言樂工習藝匪精每祭享郊廟止奏黃鍾宮一調未嘗隨月轉律望示條約乃命翰林侍讀學士夏侯嶠判寺郭贄同按試擇其曉習月律者悉增月奉自餘權停廩給再俾學習以獎勵之雖頗振綱紀然亦未能精備蓋樂工止以年勞次補而不以藝進至有抱其器而不能振作者故難於驟變景德二年八月監察御史艾仲孺上言請修飾樂器調正音律乃詔翰林學士李宗諤權判太常寺及令內臣監修樂器後復以龍圖閣待制戚綸同判寺事乃命太常樂鼓吹兩署工校其優劣黜去濫吹者五十餘人宗諤因編次律呂法度樂物名數目曰樂纂又裁定兩署工人試補條式及肄習程課明年八月上御崇政殿張宮縣閱試召宰執親王臨觀宗諤執樂譜立侍先以鍾磬按律準次令登歌鍾磬塤篪琴阮笙簫各二色合奏箏瑟筑三色合奏迭爲一曲復擊鎛鍾爲六變九變又爲朝會上壽之樂及文武二舞鼓吹導引警夜之曲頗爲精習上甚悅舊制巢笙和笙每變宮之際必換義管然難於遽易樂工單仲辛遂改爲一定之制不復旋易與諸宮調皆協又令仲辛誕唱八十四調曲遂詔補副樂正賜袍笏銀帶自餘皆賜衣帶緡錢又賜宗諤等器幣有差自是樂府制度頗有倫理先是惟天地感生帝宗廟用樂親祀用宮縣有司攝事止用登歌自餘大祀未暇備樂時既罷兵垂意典禮至是詔曰致恭明神邦國之重事升薦備樂方冊之彝章矧在尊神固當嚴奉舉行舊典用格明靈自今諸大祠並宜用樂皆同感生帝六變八變如通禮所載大中祥符元年四月詳定所言東封道路稍遠欲依故事山上圓臺及山下封祀壇前俱設登歌兩架壇下設二十架并二舞其朝覲壇前亦設二十架更不設熊羆十二案從之九月都官員外郎判大常禮院孫奭上言按禮文饗太廟終獻降階之後武舞止太祝徹豆豐安之樂作一成止然後理安之樂作是謂送神論語曰三家者以雍徹又周禮樂師職曰及徹帥學士而歌徹鄭玄曰謂歌雍也郊祀錄載登歌徹豆一章奏無射羽然則宗廟之樂禮有登歌徹豆今於終獻降階之後即作理安之樂誠恐闕失望依舊禮增用詔判太常寺李宗諤與檢討詳議以聞宗諤等言國初撰樂章有徹豆豐安曲辭樂署因循不作望如奭所奏從之時以將行封禪詔改酌獻昊天上帝禧安之樂爲封安皇地祇禧安之樂爲禪安飲福禧安之樂爲祺安別製天書樂章瑞安靈文二曲每親行禮用之又作醴泉神芝慶雲靈鶴瑞木五曲施於朝會宴享以紀瑞應十月眞宗親習封禪儀於崇德殿覩亞獻終獻皆不作樂因令檢討故事以聞有司按開寶通禮親郊壇上設登歌皇帝升降奠獻飲福則作樂壇下設宮縣降神迎俎退文舞引武舞迎送皇帝則作亞獻終獻升降在退文舞引武舞之間有司攝事不設宮架二舞故三獻升降並用登歌今山上設登歌山下設宮縣二舞其山上圜臺亞獻終獻準親祠例無用樂之文於是特詔亞終獻並用登歌五年聖祖降有司言按唐太清宮樂章皆明皇親製其崇奉玉皇聖祖及祖宗配位樂章並望聖製詔可之聖製薦獻聖祖文舞曰發祥流慶之舞武舞曰降眞觀德之舞自是玉清昭應宮景靈宮親薦皆備樂用三十六虡景靈宮以庭狹止用二十虡上又取太宗所撰萬國朝天曲曰同和之聲平晉曲曰定功之舞親作樂辭奏於郊廟自時厥後仁宗以大明之曲尊眞宗英宗以大仁之曲尊仁宗神宗以大英之曲尊英宗仁宗天聖五年十月翰林侍講學士孫奭言郊廟二舞失序願下有司考議於是翰林學士承旨劉筠等議曰周人奏清廟以祀文王執競以祀武王漢高帝文帝亦各有舞至唐有事太廟每室樂歌異名蓋帝王功德既殊舞亦隨變屬者有司不詳舊制奠獻止登歌而樂舞不作其失明甚請如舊制宗廟酌獻復用文舞皇帝還版位文舞退武舞入亞獻酌醴已武舞作至三獻已奠還位則止蓋廟室各頌功德故文舞迎神後各奏逐室之舞郊祀則降神奏高安之曲文舞已作及皇帝酌獻惟登歌奏禧安之樂而縣樂舞綴不作亞獻終獻仍用武舞詔從之是時仁宗始大朝會羣臣上壽作甘露瑞木嘉禾之曲明道初章獻皇太后御前殿見羣臣作玉芝壽星奇木連理之曲厚德無疆四海會同之舞明年太后躬謝宗廟帝耕耤田享先農率有樂歌其後親自南郊享太廟奉慈廟大享明堂祫享帝皆親製降神送神奠幣瓚祼酌獻樂章餘詔諸臣爲之至於常祀郊廟社

稷諸祠亦多親製。景祐元年八月，判太常寺燕肅等上言大樂制器歲久，金石不調，願以周王朴所造律準考按修治，并閱樂工，罷其不能者。乃命直史館宋祁、內侍李隨同肅等典其事，又命集賢校理李照預焉。於是帝御觀文殿取律準閱視，親篆之以屬太常。明年二月，肅等上考定樂器并見工人，帝御延福宮臨閱，奏郊廟五十一曲，因問照樂音高，命詳陳之。照言朴準視古樂高五律，視教坊樂高二律，蓋五代之亂，雅樂廢壞，朴剏意造準，不合古法，用之本朝，卒無福應。又編鐘、鎛、磬無大小、輕重、厚薄、長短之差，銅錫不精，聲韻失美，大者陵，小者抑，非中度之器也。昔軒轅氏命伶倫截竹爲律，後令神瞽協其中聲，然後聲應鳳鳴，而管之參差亦如鳳翅。其樂傳之亘古，不刊之法也。願聽臣依神瞽律法，試鑄編鐘一虡，可使度量權衡協和。乃詔於錫慶院鑄之。既成，奏御，照遂建議請改制大樂，取京縣秬黍累尺成律，鑄鐘審之，其聲猶高，更用太府布帛尺爲法，乃下太常制四律。別詔潞州取羊頭山秬黍上送於官，照乃自爲律管之法，以九十黍之量爲四百二十星，率一星占九秒，一黍之量得四星六秒，九十黍得四百二十星，以爲十二管定法。乃詔內侍鄧保信監視羣工，照并引集賢校理聶冠卿爲檢討雅樂制度故實官，入內都知閻文應董其事，中書門下總領焉，凡所改制，皆關中書門下詳定以聞。別詔翰林侍讀學士馮元同祁、冠卿、照討論樂理，爲一代之典。又詔天下有深達鐘律者，在所亟以名聞。於是杭州鄭向言阮逸、蘇州范仲淹言胡瑗皆通知古樂，詔遣詣闕。其他以樂書獻者，悉上有司。五月，照言既改制金石，則絲、竹、匏、土、革、木亦當更制，以備獻享。奏可。照乃鑄銅爲龠、合、升、斗四物，以興鐘鎛聲量之法。龠之率，六百三十黍爲黃鐘之容，合三倍於龠，升十二倍於合，斗十倍於升。乃改造諸器以定其法。俄又以鑄之容受差大，更增六龠爲合，十合爲升，十升爲斗，銘曰樂斗。後數月，潞州上秬黍，照等擇大黍縱累之，檢考長短，尺成，與太府尺合，法乃定。先時太常鐘磬每十六枚爲虡，而四清聲相承不擊。照因上言：十二律聲已備，餘四清聲乃鄭、衞之樂，請於編縣止留十二中聲，去四清聲，則哀思邪僻之聲無由而起也。元等駮之曰：前聖制樂，取法非一，故有十三管之和，十九管之巢，三十六簧之竽，二十五弦之瑟，十三弦之筝，九弦、七弦之琴，十六枚之鐘磬，各自取義，寧有一之於律呂專爲十二數者？且鐘磬，八音之首，絲竹以下受之於均，故聖人尤所用心焉。春秋號樂，總言金奏；詩頌稱美，實依磬聲。此二器非可輕改。今照欲損爲十二，不得其法，稽諸古制，臣等以爲不可。且聖人既以十二律各配一鐘，又設黃鐘至夾鐘四清聲以附正聲之次，原四清之意，蓋爲夷則至應鐘四宮而設也。夫五音：宮爲君，商爲臣，角爲民，徵爲事，羽爲物。不相凌謂之正，迭相凌謂之慢，百王所不易也。聲重濁者爲尊，輕清者爲卑，卑者不可加於尊，古今之所同也。故列聲之尊卑者，事與物不與焉。何則？事爲君治，物爲君用，不能尊於君故也。惟君、臣、民三者則自有上下之分，不得相越，故四清聲之設，正謂臣民相避以爲尊卑也。今若止用十二鐘旋相考擊，至夷則以下四管爲宮之時，臣民相越，上下交戾，則凌犯之音作矣。此甚不可者也。其鐘磬十六，皆本周漢諸儒之說及唐家典法所載，欲損爲十二，惟照獨見，臣以爲且如舊制便。帝令權用十二枚爲一格，且詔曰：俟有知者，能考四鐘協調清濁，有司別議以聞。鐘舊飾旋蟲，改爲龍。乃遣使採泗濵浮石千餘段以爲縣磬。先是，宋祁上言：縣設建鼓，初不考擊，又無三鼗，且舊用諸鼓率多陋敝。於是敕元等詳求典故而言曰：建鼓四，今皆具而不擊。周設四散鼓於縣閒擊之，以代建鼓。乾德四年，秘書監尹拙上言：散鼓不詳所置之由，且於古無文，去之便。時雖奏可，而散鼓於今仍在。又雷鼓、靈鼓雖擊之皆不成聲，故常賴散鼓以爲樂節，而雷鼗、靈鼗、路鼗闕而未製。今既修正雅樂，謂宜申敕大匠改作諸鼓，使擊考有聲，及創爲三鼗，如古之制，使先播之，以通三鼓，罷四散鼓，如乾德詔書。奏可。時有上言以爲雷鼓八面，前世用以迎神，不載考擊之法，而大樂所制，以柱貫中，故擊之無聲。更令改造，山趺上出雲以承鼓，刻龍以飾柱，面各一工。擊鼓一工，左執鼗以先引。凡圜丘降神六變，初八面皆三擊，椎而左旋，三步則止，三者，取陽數也。又載擊以爲節，率以此法，至六成。靈鼓、路鼓亦如之。植建鼓於西隅，皆有左鞞右應。乾隅，左鞞應鐘，亥之位也；中鼓黃鐘，子之位也；右應大呂，丑之位也。艮隅，左鞞太簇，寅之位也；中鼓夾鐘，卯之位也；右應姑洗，辰之位也。巽隅，右應仲呂，巳之位也；中實蕤賓，午之位也；左鞞林鐘，未之位也。坤隅，右應夷則，申之位也；中鼓南宮，酉之位也；左鞞無射，戌之位也。宜隨月建，依律呂之均擊之。後照等復以殿廷備奏，四隅既隨月協均，顧無以節樂，而周官鼓人以晉鼓鼓金奏，應以施用。詔依周官舊法製焉。於是縣內始有晉鼓矣。古者鎛鐘擊爲節檢，而無合曲之義。大射有二鎛，皆亂擊焉。後周以十二鎛相生擊之。景德中，李宗諤領太常，總考十二鎛鐘，而樂工相承，殿庭習用三調六曲。三調者，黃鐘、大簇、蕤賓也；六曲者，謂別有隆安、正安二曲。郊廟之縣，則環而擊之。宗諤上言曰：金部之中，鎛鐘爲難和，一聲不及，則宮商失序。使十二鎛工皆精習，則遲速有倫，隨月用律，諸曲無不通矣。眞宗因詔黃鐘、太簇二宮更增文舞、武舞、福酒三曲。至是，詔元等詢考擊之法。元等奏言：後周嘗以相生之法擊之，音韻克諧。國朝亦用隨均合曲，然但施殿庭，未及郊廟。謂宜使十二鐘依辰列位，隨均爲節，便於合樂，仍得併施郊廟。若軒縣以下，則不用此制，所以重備樂、尊王制也。詔從焉。隋制，內宮縣二十虡，以大磬代鎛鐘，而去建鼓。唐武后稱制，改用鐘，因而莫革。及是，乃詔訪元等曰：大磬應何法考擊，何禮應用？元等具言：古者特磬以代鎛鐘，本施內宮，遂及柔祀。隋唐之代，繼有因改。先皇帝東禪梁甫，西瘞汾陰，並仍舊章，陳於縣奏。若其所用吉禮，則中宮之縣，祀禮則皇地祇、神州地祇、先蠶，今之奉慈廟、后廟皆應陳設。宮縣則三十六虡，去四隅建鼓，如古便。若考擊之法，謂宜同於鎛鐘。此緣詔旨不俾循環互擊，而立依均合曲之制，則特磬固應不出本均，與編磬相應，爲樂之節也。詔可。九月，翰林學士承旨章得象等言：宋祁所上大樂圖義，其論武舞所執九器，經禮但舉其凡，而不著言其用後先，故旅進輩作，而無終始之別。且鼗者，所謂導舞也；鐸者，所謂通鼓也；錞者，所謂和鼓也；鐃者，所謂止鼓也；相者，所謂輔樂也；雅者，所謂陔步也。寧有導舞方始，而參以止鼓，止鼓既摇，而亂以通鐸？臣謂當舞入之時，左執干，右執戚，離爲八列，別使工人執旌最前，鼗鐸以發之，錞以和之，左執相以輔之，右執雅以節之。及舞之將成也，則鳴鐃以退行列，築雅以陔步，武鼗、鐸、錞、相皆止而不作。如此，則庶協舞儀。請如祁所論。其冬，帝躬款奉慈廟，樂縣罷建鼓，始以磬代鎛鐘。禮官又言：春秋隱公五年考仲子之宮，初獻六羽。何休、范甯等咸謂不言佾者，明佾則干舞在其中，婦人無武事，獨奏文樂也。江左宋建平王宏皆據以爲說，故章皇后廟獨用文舞。至唐垂拱以來，中宮之縣既用鎛鐘，其後相承，故儀坤等廟獻武舞、備鐘石之樂，尤爲失禮。前詔議奉慈之樂，有司援舊典，已用特磬代鎛鐘，取陰教尚柔，以靜爲體。今樂去大鐘，而舞進干戚，頗戾經旨。請止用文德之舞。奏可。大樂塤舊以漆飾，敕令黃其色，以本土音。或奏言：柷舊以方畫木爲之，外圖以時卉，則可矣，而中設一色，非稱也。先儒之說曰：有柄連底，挏之。鄭康成以爲設椎其中撞之。今當刱法垂久，用明制作之意有所本焉。柷之中，東方圖以青，隱而爲青龍；南方圖以赤，隱而爲丹鳳；西方圖以白，隱而爲騶虞；北方圖以黑，隱而爲靈龜；中央圖以黃，隱而爲神螾。撞擊之法，宜用康成之說。從之。又詔以新製雙鳳管付大樂局，其制合二管以足律聲，管端刻飾雙鳳，施兩簧焉。照因自造羣籥、清管、簫管、清笛、大笙、大竽、宮琴、宮瑟、大阮、大稽凡十一種，求備雅器。詔許以大竽、大笙二種下大樂用之。時又出兩儀琴及十二絃琴二種，以備雅樂。兩儀琴者，施兩弦；十二弦琴者，如常琴之制而增其弦，皆以象律呂之數。又敕更造十弦、九弦琴，皆令圓其首者以祀天，方其首者以祀地。帝乃親製樂曲，以夾鐘之宮、黃鐘之角、大簇之徵、姑洗之羽，作景安之曲，以祀昊天；更以高安祀五帝日月；作太安以享景靈宮，罷眞安之曲；以黃鐘之宮、大呂之角、太簇之徵、應鐘之羽，作興安以獻宗廟，罷舊理安之曲。景安、興安惟乘輿親行則用之。以姑洗之角、林鐘之徵、黃鐘之宮、太簇之角、南呂之羽，作祐安之曲，以酌獻五帝；以林鐘之宮、太簇之角、姑洗之徵、南宮之羽，作寧安之曲，以祭地及太社、太稷，罷舊靖安之曲。於時制詔有司以太祖、太宗、眞宗三聖並侑，乃以黃鐘之宮作慶安之曲以奠幣，彰安之曲以酌獻。又詔躬謁奉慈廟，章獻皇后之室作達安之曲以奠瓚，厚安以酌獻；章懿皇后之室作報安之曲以奠瓚，衍安以酌獻；皇帝入出作乾安，罷舊隆安之曲。常祀：至日祀圜丘，太祖配，以黃鐘之宮作定安以奠幣，英安以酌獻；孟春祀感生帝，宣祖配，以太簇之宮作皇安以奠幣，肅安以酌獻；祈穀祀昊天，太祖配，作仁安以奠幣，紹安以酌獻；孟夏雩上帝，太祖配，以仲呂之宮作獻安以奠幣，感安以酌獻；夏至祭皇地祇，太祖配，以蕤賓之宮作恭安以奠幣，英安以酌獻；季秋大饗明堂，眞宗配，以無射之宮作誠安以奠幣，德安以酌獻；孟冬祭神州地祇，太宗配，以應鐘之宮作化安以奠幣，韶安以酌獻。又造冲安之曲，以七均之爲八十四，皆作聲譜以授有司，冲安之曲獨未施行。親製郊廟樂章二十一曲，財成頌體，告于神明，詔宰臣呂夷簡等分造樂章，參施羣祀。又爲景祐樂髓新經，凡六篇：第一，釋十二均；第二，明所主事；第三，辨音樂；第四，圖律呂相生，并祭天地宗廟用律及陰陽數配；第五，十二管長短；第六，歷代度量衡。皆本之於陰陽，配之於四時，建之於日辰，通之於鞮竽，演之於壬式遁甲之法以授樂府以考正聲以賜羣臣焉初照等改造金石所用員程凡七百十四攻金之工百五十三攻木之工二百十六攻皮之工四十九刮摩之工九十一搏埴之工十六設色之工百八十九起五月止九月成金石具七縣至於鼓吹及十二案悉修飭之令冠卿等纂景祐大樂圖二十篇以載鎔金鑪石之法歷世八音諸器異同之狀新舊律管之差是月與新樂并獻於崇政殿詔中書門下樞密院大臣預觀焉自董監而下至工徒凡七百餘人進秩賞賜各有差其年十一月有事南郊悉以新樂并聖製及諸臣樂章用之先是左司諫姚仲孫言照所製樂多詭異至如煉白石以爲磬範中金以作鐘又欲以三辰五靈爲樂器之飾臣愚竊有所疑自祖宗考正大樂薦之郊廟垂七十年一旦黜廢而用新器臣竊以爲不可御史曹修睦亦爲言帝旣許照制器且欲究其術之是非故不聽焉

宋史卷一百二十七

元　中　書　右　丞　相　總　裁　脫　脫　等　修

樂志第八十

樂二

景祐三年七月馮元等上新修景祐廣樂記八十一卷詔翰林學士丁度知制誥胥偃直史館高若訥直集賢院韓琦取鄧保信阮逸胡瑗等鐘律詳定得失可否以聞九月阮逸言臣等所造鐘磬皆本於馮元宋祁其分方定律又出於胡瑗算術而臣獨執周禮嘉量聲中黃鐘之法及國語鈞鐘絃準之制皆抑而不用臣前蒙召對言王朴律高而李照鐘下竊覩御製樂髓新經歷代度量衡篇言隋書依漢志黍尺制管或不容千二百或不啻九寸之長此則明班志已後歷代無有符合者惟蔡邕銅龠本得於周禮遺範邕自知音所以只傳銅龠積成嘉量則是聲中黃鐘而律本定矣謂管有大小長短者蓋嘉量旣成卽以量聲定尺明矣今議者但爭漢志黍尺無準之法殊不知鐘有鈞石量衡之制況周禮國語姬代聖經翻謂無憑孰爲稽古有唐張文收定樂亦鑄銅甌此足驗周之嘉量以聲定律明矣臣所以獨執周禮鑄嘉量者以其方尺深尺則度可見也其容一鬴則量可見也其重均則衡可見也聲中黃鐘之宮則律可見也旣律度量衡如此符合則制管歌聲其中必矣臣昧死欲乞將臣見鑄成銅甌再限半月內更鑄嘉量以其聲中黃鐘之宮乃取李照新鐘就加修整務合周制鐘量法度文字已編寫次未敢具進詔送度等幷定以聞十月度等言據鄧保信黍尺二其一稱用上黨秬黍圓者一黍之長累百成尺與蔡邕合臣等檢詳前代造尺皆以一黍之廣爲分唯後魏公孫崇以一黍之長爲寸法太常劉芳以秬黍中者一黍之廣卽爲一分中尉元匡以一黍之廣度黍二縫以取一分三家競不能決而蔡邕銅龠本志中亦不明言用黍長廣累尺合鄧保信黃鐘管內秬黍二百粒以黍長爲分再累至尺二條比保信元尺一長五黍一長七黍又律管黃鐘龠一枚容秬黍千二百粒以元尺比量分寸略同復將實龠秬黍再累者校之卽又不同其龠合升斗亦皆類此又阮逸胡瑗鐘律法黍尺其一稱用上黨羊頭山秬黍中者累廣求尺制黃鐘之聲臣等以其大黍百粒累廣成尺復將管內二百粒以黍廣爲分再累至二尺比逸等元尺一短七黍一短三黍蓋逸等元尺並用一等大黍其實管之黍大小不均遂致差異又其銅律管十二枚臣等據楚衍等圍九方分之法與逸等元尺及所實龠秬黍再累成尺者校之又各不同又所製銅稱二量亦皆類此臣等看詳其鐘磬各一架雖合典故而黍尺一差難以定奪又言太祖皇帝嘗詔和峴等用景表尺典修金石七十年間薦之郊廟稽合唐制以示詒謀則可且依景表舊尺俟天下有妙達鐘律之學者俾考正之以從周漢之制其阮逸胡瑗鄧保信幷李照所用太府寺等尺及阮逸狀進周禮度量法其說疎舛不可依用五年五月右司諫韓琦言臣前奉詔詳定鐘律嘗覽景祐廣樂記覩照所造樂不依古法皆率巳意別爲律度朝廷因而施用識者非之今將親祀南郊不可重以違古之樂上薦天地宗廟竊聞太常舊樂見有存者郊廟大禮請復用之詔資政殿大學士宋綬三司使晏殊同兩制官詳定以聞七月綬等言李照新樂比舊樂下三律衆論以爲無所考據願如琦請郊廟復用和峴所定舊樂鐘磬不經鐫磨者猶存三縣奇七虡郊廟殿庭可以更用太常亦言舊樂宮縣用龍鳳散鼓四面以應樂節李照廢而不用止以晉鼓一面應節舊樂建鼓四幷鞞應共十二面備而不擊李照以四隅建鼓與鎛鐘相應擊之舊樂雷鼓兩架各八面止用一人考擊李照別造雷鼓每面各用一人椎鼓順天左旋三步一止又令二人搖鞉以應之又所造大竽大笙雙鳳管兩儀琴十二絃琴並行今旣復用舊樂未審照所作樂器制度合改與否詔悉仍舊制其李照所作勿復施用康定元年阮逸上鐘律制議幷圖三卷皇祐二年五月明堂禮儀使言明堂所用樂皆當隨月用律九月以無射爲均五天帝各用本音之樂於是內出明堂樂曲及二舞名迎神曰誠安皇帝升降行止曰儀安昊天上帝皇地祇神州地祇位奠玉幣曰鎭安酌獻曰慶安太祖太宗眞宗位奠幣曰信安酌獻曰孝安司徒奉俎曰饎安五帝位奠玉幣曰鎭安酌獻曰精安皇帝飮福曰胙安退文舞迎武舞亞獻終獻皆曰穆安徹豆曰歆安送神曰誠安歸大次曰憇安文舞曰右文化俗武舞曰威功睿德又出御撰樂章鎭安慶安信安孝安四曲餘詔輔臣分撰庚戌詔御所撰樂曲名與常祀同者更之遂更常所用圜丘寓祭明堂誠安之曲曰宗安祀感生帝慶安之曲曰光安奉慈廟信安之曲曰慈安六月內出御撰明堂樂八曲以君臣民事物配屬五音凡二十聲爲一曲用宮變徵變者天地人四時爲七音凡三十聲爲一曲以子母相生凡二十八聲爲一曲皆黃鐘爲均又明堂月律五十七聲爲二曲皆無射爲均又以二十聲二十八聲三十聲爲三曲亦無射爲均皆自黃鐘宮入無射如合用四十八或五十七聲卽依前譜次第成曲其徵聲自同本律及御撰鼓吹警嚴曲合宮歌並肄于太常是月翰林學士承旨王堯臣等言奉詔與參議阮逸所上編鐘四清聲譜法請用之於明堂者竊以律呂旋宮之法旣定以管又制十二鐘準爲十二正聲以律計自倍半說者云半者準正聲之半以爲十二子聲之鐘故有正聲子聲各十二子聲卽清聲也其正管長者爲均自用正聲正管短者爲均則通用子聲而成五音然求聲之法本之於鐘故國語所謂度律均鐘者也其編金石之法則歷代不同或以十九爲一虡者蓋取十二鐘當一月之辰又加七律焉或以三十一爲一虡者以一均聲更加濁倍或以十六爲一虡者以均清正爲十四宮商各置一是謂縣八用七也或以二十四爲一虡則清正之聲備故唐制以十六數爲小架二十四爲大架天地宗廟朝會各有所施今太常鐘縣十六者舊傳正聲之外有黃鐘至夾鐘四清聲雖於圖典未明所出然考之實有義趣蓋自夷則至應鐘四律爲均之時若盡用正聲則宮輕而商重緣宮聲以下不容更有濁聲一均之中宮弱商彊是謂陵僭故須用子聲乃得長短相叙自角而下亦循茲法故夷則爲宮則黃鐘爲角南呂爲宮則大呂爲角無射爲宮則黃鐘爲商太簇爲角應鐘爲宮則大呂爲商夾鐘爲角蓋黃鐘大呂太簇夾鐘正律俱長並當用清聲如此則音律相諧而無所抗此四清鐘可用之驗也至他律爲宮其長短尊卑自序者不當更以清聲間之自唐末世樂文墜缺考擊之法久已不傳今若使匏土絲竹諸器盡求清聲卽未見其法又據大樂諸工所陳自磬簫琴和巢笙五器本有清聲塤篪竽筑瑟五器本無清聲五絃阮九絃琴則有太宗皇帝聖制譜法至歌工引音極唱止及黃鐘清聲臣等參議其清正二聲旣有典據理當施用自今大樂奏夷則以下四均正律爲宮之時商角依次並用清聲自餘八均盡如常法至於絲竹等諸器舊有清聲者令隨鐘石教習本無清聲者未可刱意求法且當如舊惟歌者本用中聲故夏禹以聲爲律明人皆可及若彊所不至足累至和請止以正聲作歌應合諸器亦自是一音別無差戾其阮逸所上聲譜以清濁相應先後互擊取音靡曼近於正聲不可用詔可七月御撰明堂無射宮樂曲譜三皆五十七字五音一曲奉俎用之二變七律一曲飮福用之七律相生一曲退文舞迎武舞及亞獻終獻徹豆用之是月上封事者言明堂酌獻五帝精安之曲並用黃鐘一均聲此乃國朝常祀五時迎氣所用舊法若於親行大饗卽所未安且明堂之位木室在寅火室在巳金室在申水室在亥蓋木火金水之始也土室在西南蓋土王之次也旣皆用五行本始所王之次則獻神之樂亦當用五行本始月律各從其音以爲曲其精安五曲宜以無射之均大簇爲角獻青帝仲呂爲徵獻赤帝林鐘爲宮獻黃帝夷則爲商獻白帝應鐘爲羽獻黑帝詔兩制官同太常議而堯臣等言大饗日迫事難猝更詔俟過大禮詳定以聞九月帝服鞾袍御崇政殿召近臣宗室館閣臺諫官閱雅樂自宮架登歌舞佾之奏凡九十一曲徧作之因出太宗琴阮譜及御撰明堂樂曲音譜幷按習大樂新錄賜羣臣又出新製頌塤匏笙洞簫仍令登歌以八音諸器各奏一曲遂召鼓吹局按警場賜大樂鼓吹令丞至樂工徒吏緡錢有差帝既閱雅樂謂輔臣曰作樂崇德薦之上帝以配祖考今將有事于明堂然世鮮知音其令太常並加講求時言者以爲鎛鐘特磬未協音律詔令鄧保信阮逸盧昭序同太常撿詳典禮別行鑄造太常薦太子中舍致仕胡

瑗曉音詔同定鐘磬制度閏十一月詔曰朕聞古者作樂本以薦上帝配祖考三五之盛不相襲沿然必太平始克明備周武受命至成王時始大合樂漢初亦沿舊樂至武帝時始定泰一后土樂詩光武中興至明帝時始改太予之名唐高祖造邦至太宗時孝孫文收始定鐘律明皇方成唐樂是知經啓善述禮樂重事須三四世聲文乃定國初亦循用王朴竇儼所定周樂太祖患其聲高遂令和峴減一律眞宗始議隨月轉律之法屢加按覈然念樂經久墜學者罕專歷古研覃亦未完緖頃雖博加訪求終未有知聲知經可信之人嘗爲改更未適茲意中書門下其集兩制及太常禮樂官以天地五方神州日月宗廟社蜡祭享所用登歌宮縣審定聲律是非按古合今調諧中和使經久可用以發揚祖宗之功德朕何憚改爲但審聲驗書二學鮮並互誣胸臆無所援據慨然希古靡忘于懷於是中書門下集兩制太常官置局於秘閣詳定大樂王堯臣等言天章閣待制趙師民博通今古願同詳定及乞借參知政事高若訥所校十五等古尺並從之三年正月詔徐宿泗耀江鄭淮陽七州軍采磬石仍令諸路轉運司訪民間有藏古尺律者上之二月詔兩制及禮官參稽典制以定國朝大樂名中書門下審加詳閱以聞初胡瑗請太祖廟舞用干戚太宗廟兼用干羽眞宗用羽籥以象三聖功德然議者謂國朝七廟之舞名雖不同而干羽並用又廟制與古異及瑗建言止降詔定樂名而已七月堯臣等言按太常天地宗廟四時之祀樂章凡八十九曲自景安而下七十五章率以安名曲豈特本道德政教嘉靖之美亦緣神靈祖考安樂之故臣等謹上議國朝樂宜名大安詔曰朕惟古先格王隨代之樂亦既制作必有稱謂緣名以討義繇義以知德蓋名者德之所載而行遠垂久之致焉故韶以紹堯夏以承舜濩以救民武以象伐傳之不朽用此道也國家舉墜正失典章交備獨斯體大而有司莫敢易言之朕憫然念茲大懼列聖之休未能昭揭於天下之聽是用申敕執事遠求博講而考定其衷今禮官學士迨三有事之臣同寅一辭以大安之議來復且謂藝祖之戡暴亂也安天下之未安其功大二宗之致太平也安天下之既安其德盛洎朕之承聖烈也安祖宗之安其仁厚祗覽所議熟復于懷恭惟神德之造基神功之戡武章聖恢清淨之治冲人蒙成定之業雖因世之迹各異而靖民之道同歸以之播鐘球文羽籥用諸郊廟告於神明曰大且安誠得其正十二月召兩府及侍臣觀新樂于紫宸殿凡鎛鐘十二黃鐘高二尺二寸半廣一尺二寸鼓六鉦四舞六甬衡并旋蟲高八寸四分遂徑一寸二分深一寸一釐篆帶每面縱者四橫者四枚景挾鼓與舞四處各有九每面共三十六兩欒間一尺四寸容九斗九升五合重一百六斤大呂以下十一鐘並與黃鐘同制而兩欒間遞減至應鐘容九斗三升五合而其重加至應鐘重一百四十八斤並中新律本律特磬十二黃鐘大呂股長二尺博一尺鼓三尺博六寸九分寸之六絃三尺七寸五分太簇以下股長尺八寸博九寸鼓二尺七寸博六寸絃三尺三寸七分半其聲各中本律黃鐘厚二寸一分大呂以下遞加其厚至應鐘厚三寸五分詔以其圖送中書議者以爲周禮大鐘十分其鼓間以其一爲之厚小鐘十分其鉦間以其一爲之厚則是大鐘宜厚小鐘宜薄今大鐘重一百六斤小鐘乃重一百四十八斤則小鐘厚非也又磬氏爲磬倨句一矩有半博爲一股爲二鼓爲三參分其股博去其一以爲股博三分其股博以其一爲之厚今磬無博厚無長短亦非也五年四月命參知政事劉沆梁適監議大樂是月知制誥王洙奏黃鐘爲宮最尊者但聲有尊卑耳不必在其形體也言鐘磬依律數爲大小之制者經典無正文惟鄭康成立意言之亦自云假設之法孔穎達作疏因而述之據歷代史籍亦無鐘磬依數大小之說其康成穎達等卽非身曾制作樂器至如言磬前長三律二尺七寸後長二律一尺八寸是磬有大小者據此以黃鐘爲律臣曾依此法造黃鐘特磬者止得林鐘律聲若隨律長短爲鐘大小之制則黃鐘長二尺二寸半減至應鐘則形制大小比黃鐘才四分之一又九月十月以無射應鐘爲宮卽黃鐘大呂反爲商聲宮小而商大是君弱臣彊之象今參酌其鎛鐘特磬制度欲且各依律數算定長短大小容受之數仍以皇祐中黍尺爲法鑄大呂應鐘鐘磬各一卽見形制聲韻所歸奏可五月翰林學士承旨王拱辰言奉詔詳定大樂比臣至局鐘磬已成竊緣律有長短磬有大小黃鐘九寸最長其氣陽其象土其正聲爲宮爲諸律之首蓋君德之象不可並也今十二鐘磬一以黃鐘爲率與古爲異臣等亦嘗詢逸瑗等皆言依律大小則聲不能諧故臣竊有疑請下詳定大樂所更稽古義參定之是月知諫院李兌言曩者紫宸殿閱太常新樂議者以鐘之形制未中律度遂斥而不用復詔近臣詳定竊聞崇文院聚議而王拱辰欲更前史之義王洙不從議論喧嘖夫樂之道廣大微妙非知音入神豈可輕議西漢去聖尚近有制氏世典大樂但能紀其鏗鏘而不能言其義況今又千餘年而欲求三代之音不亦難乎且阮逸罪廢之人安能通聖明述作之士務爲異說欲規恩賞朝廷制樂數年當國財匱乏之時煩費甚廣器既成矣又欲改爲難命兩府大臣監議然未能裁定其當請以新成鐘磬與祖宗舊樂參校其聲但取諧和近雅者合用之六月帝御紫宸殿奏太常新定大安之樂召輔臣至省府館閣預觀焉賜詳定官器幣有差八月詔南郊始用舊樂其新定大安之樂常祀及朝會用之翰林學士胡宿上言自古無並用二樂之理今舊樂高新樂下相去一律難並用且新樂未施郊廟先用之朝會非先王薦上帝配祖考之意帝以爲然九月御崇政殿召近臣宗室臺諫省府推判官觀新樂并新作晉鼓乃以瑗爲大理寺丞逸復尚書屯田員外郎保信領榮州防禦使入內東頭供奉官賈宣吉爲內殿承制並以制鐘律成特遷之至和元年言者多以陰陽不和由大樂未定帝曰樂之不合於古久矣水旱之來繫時政得失豈特樂所召哉二年潭州上瀏陽縣所得古鐘送太常初李照斥王朴樂音高乃作新樂下其聲太常歌工病其太濁歌不成聲私賂鑄工使減銅齊而聲稍清歌乃協然照卒莫之辨又朴所制編鐘皆側垂照瑗皆非之及照將鑄鐘給銅於鑄瀉務得古編鐘一工人不敢毀乃藏於太常鐘不知何代所作其銘云粵朕皇祖寶龢鐘粵斯萬年子子孫孫永寶用叩其聲與朴鐘夷則清聲合而其形側垂瑗後改鑄正其鈕使下垂叩之弇鬱而不揚無射鐘又長角而震掉聲不和著作佐郎劉羲叟謂人曰此與周景王無射鐘無異上將有眩惑之疾嘉祐元年正月帝御大慶殿受朝前一夕殿庭設仗衞既具而大雨雪至壓宮架折帝於禁中跣而告天遂暴感風眩人以羲叟之言爲驗八月御製恭謝樂章是月詔恭謝用舊樂四年九月御製祫享樂舞名僖祖奏大基順祖奏大祚翼祖奏大熙宣祖奏大光太祖奏大統太宗奏大昌眞宗奏大治孝惠皇后奏淑安孝章皇后奏靜安淑德皇后奏柔安章懷皇后奏和安迎神送神奏懷安皇帝升降奏肅安奠瓚奏顧安奉俎徹豆奏克安飲福奏僖安亞獻終獻奏祐安退文舞迎武舞奏顯安皇帝歸大次奏定安登樓禮成奏聖安駕回奏采茨文舞曰化成治定武舞曰崇功昭德帝自製迎神送神樂章詔宰臣富弼等撰大祚至采茨曲詞十八七年八月御製明堂迎神樂章皆肄于太常翰林學士王珪言昔之作樂以五聲播於八音調和諧合而與治道通先王用於天地宗廟社稷事于山川鬼神使鳥獸盡感況於人乎然則樂雖盛而音虧未知其所以爲樂也今郊廟升歌之樂有金石絲竹匏土革而無木音夫所謂柷敔者聖人用以著樂之始終顧豈容有缺耶且樂莫隆於韶書曰戛擊是柷敔之用既云下而擊鼗知鳴球與柷敔之在堂故傳曰堂上堂下各有柷敔也今陛下躬祠明堂宜詔有司考樂之失而合八音之和於是下禮官議而堂上始置柷敔又秘閣校理裴煜奏大祠與國忌同者有司援舊制禮樂備而不作忌日必哀志有所至其不有樂宜也然樂所以降格神祇非以適一已之私也謹案開元中禮部建言忌日享廟應用樂裴寬立議廟尊忌卑則作樂廟卑忌尊則備而不奏中書令張說以寬議爲是宗廟如此則天地日月社稷之祠用樂明矣臣以爲凡大祠天地日月社稷與忌日同者伏請用樂其在廟則如寬之議所冀略輕存重不失其稱下其章禮官議曰傳稱祭天以禋爲歆神之始以血爲陳饌之始祭地以埋爲歆神之始以血爲陳饌之始宗廟以灌爲歆神之始以腥爲陳饌之始然則天地宗廟皆以樂爲致神之始故曰大祭有三始謂此也天地之間虛豁而不見其形者陽也鬼神居天地之間不可以人道接也聲屬於陽故樂之音聲號呼召於天地之間庶幾神明聞之因而來格故祭必求諸陽商人之祭先奏樂以求神先求於陽也次灌地求神於陰達於淵泉也周人尚臭四時之祭先灌地以求神先求諸陰也然則天神地祇人鬼之祀不可去樂明矣今七祠天地日月九宮太一及蜡百神並請作樂社稷以下諸祠既卑於廟則樂可不作翰林學士王珪等以爲社稷國之所尊其祠日若與別廟諸后忌同者伏請亦不去樂詔可

英宗治平元年六月太常寺奏仁宗配饗明堂奠幣歌誠安酌獻歌德安二年九月禮官李育上言南郊太廟二舞郎總六十八文舞罷舍羽籥執干戚就爲武舞臣謹按舊典文武二舞各用八佾凡祀圜丘祀宗廟大樂令率上人以人就位文舞入陳於架北武舞立於架南又文舞出武舞入有送迎之曲名曰舒和亦曰同和凡三十一章止用一曲是進退同時行綴先定步武容體

各應樂節夫至德升聞之舞象揖讓天下大定之舞象征伐柔毅舒急不侔而所法所習亦異不當中易也竊惟天神皆降地祇皆出八音克諧祖考來格天子親執珪幣相維辟公嚴恭寅畏可謂極矣而舞者紛然縱橫於下進退取舍變迫如是豈明有德象有功之誼哉國家三年而郊一郊同殿而享入室而舞者闕如名曰二舞實一舞也且如大朝會所以宴臣下而舞者備其數郊廟所以事天地祖考而舞者減其半殊未爲稱事有近而不可邇禮有繁而不可省所繫者大而有司之職不敢廢也伏請南郊太廟文武二舞各用六十四人以備帝王之禮樂以明祖宗之功德奏可四年八月學士院建言國朝宗廟之樂各以功德名舞洪惟英宗繼天遵業欽明勤儉不自暇逸踐祚未幾而恩行威立固已超軼百王之上今厚陵復土祔廟有期而樂名未立亡以詔萬世請上樂章及名廟所用舞曰大英之舞自後禮官御史有所建明而詳定朝會及郊廟禮文官於樂節有議論率以時考正之

神宗熙寧九年禮官以宗廟樂節而有請者三其一今祠太廟興安之曲舉柷而聲已過舉敔而聲不止則始終之節未明請祠祭用樂一奏將終則戞敔而聲少止擊柷則樂復作以盡合止之義其二大樂降神之樂均聲未齊短長不協故舞行疾徐亦不能一請以一曲爲一變六變用六九變用九則樂舞始終莫不應節其三周人尚臭蓋先灌而後作樂本朝宗廟之禮多從周請先灌而後作樂元豐二年詳定所以朝會樂而有請者十其一唐元正冬至大朝會迎送王公用舒和開元禮以初入門舒和之樂作至位樂止蓋作樂所以待王公今中書門下親王使相先於丹墀上東西立皇帝升御坐乃奏樂引三品以上官未爲得禮請侍從及應赴官先就立位中書門下親王使相諸司三品尚書省四品及宗室將軍以上班分東西入正安之樂作至位樂止其二今朝會儀舉第一爵宮縣奏和安之曲第二第三第四登歌作慶雲嘉禾靈芝之曲則是合樂在前登歌在後有違古義請第一爵登歌奏和安之曲堂上之樂隨歌而發第二爵笙入奏慶雲之曲止吹笙餘樂不作第三爵堂上歌嘉禾之曲堂下吹笙瑞木成文之曲一歌一吹相間第四爵合樂奏靈芝之曲堂上下之樂交作其三定文舞武舞各爲四表表距四步爲酇綴各六十四舞者服進賢冠左執籥右秉翟分八佾二工執纛引前衣冠同之舞者進蹈安徐進一步則兩兩相顧揖三步三揖四步爲三辭之容是爲一成餘成如之自南第一表至第二表爲第一成至第三表爲再成至北第一表爲三成覆身卻行至第三表爲四成至第二表爲五成復至南第一表爲六成而武舞入今文舞所秉翟羽則集雉尾置於髹漆之柄求之古制實無所本聶崇義圖羽舞所執類羽葆幢析羽四重以結綏系於柄此纛翳之謂也請按圖以翟羽爲之其四武舞服平巾幘左執干右執戈二工執旌居前執鼗執鐸各二工金錞二四工舉二工執鐲執鐃執相在左執雅在右亦各二工夾引舞者衣冠同之分八佾於南表前先振鐸以通鼓乃擊鼓以警戒舞工聞鼓聲則各依酇綴總干正立定位堂上長歌以咏嘆之於是播鼗以導舞舞者進步自南而北至最南表以見舞漸然後左右夾振鐸次擊鼓以金錞和之以金鐲節之以相而輔樂以雅而陔步舞者發揚蹈厲爲猛賁趫速之狀每步一進則兩兩以戈盾相嚮一擊一刺爲一伐四伐爲一成成謂之變至第二表爲一變至第三表爲二變至北第一表爲三變舞者覆身嚮空卻行而南至第三表爲四變乃擊刺而前至第二表回易行列春雅節步分左右而跪以右膝至地左足仰起象以文止武爲五變舞蹈而進爲兵還振旅之狀振鐸搖鼗擊鼓和以金錞廢鐲鳴鐃復至南第一表爲六變而舞畢古者人君自舞大武故服冕執干戚若用八佾而爲擊刺之容則舞者執干戈說者謂武舞戰象樂六奏每一奏之中率以戈矛四擊刺戈則擊兵矛則刺兵玉戚非可施於擊刺今舞執干戚蓋沿襲之誤請左執干右執戈其五古之鄉射禮三笙一和而成聲謂三人吹笙一人吹和今朝會作樂丹墀之上巢笙和笙各二人其數相敵非也蓋鄉射乃列國大夫士之禮請增倍爲八人丹墀東西各三巢一和其六今宮縣四隅雖有建鼓鞞應相傳不擊乾德中詔四建鼓并左右鞞應合十有二依李照所奏以月建爲均與鎛鐘相應鞞應在建鼓旁是亦朔鞞應鞞之類請將作樂之時先擊鞞次擊應然後擊建鼓其七今樂縣四隅設建鼓不擊別施散鼓於樂縣內代之乾德中尹拙奏宜去散鼓詔可而樂工積習亦不能廢李照議作晉鼓以爲樂節請樂縣內去散鼓設晉鼓以鼓金奏其八古者瞽矇眡瞭皆掌播鼗所以節一唱之終請宮縣設鼗以爲樂節其九以天子禮求之凡樂事播鼗擊頌磬笙磬以鐘鼓奏九夏是皆在庭之樂戞擊則柷敔球則玉磬搏拊所以節樂琴瑟所以詠詩皆堂上樂也磬奏在堂下尊玉磬故進之使在上若擊石拊石則當一庭後世不原於此以春秋鄭人賂晉侯歌鐘二肆遂於堂上設歌鐘歌磬蓋歌鐘則堂上歌之堂下以鐘鼓應之耳歌必金奏相和名曰歌鐘則以節歌是已豈堂上有鐘邪歌磬之名本無所出晉賀循奏置登歌簨虡采玉造小磬蓋取舜廟鳴球之制後周登歌備錄鐘磬隋唐迄今因襲行之皆不應禮請正至朝會堂上之樂不設鐘磬其十古者歌工之數大射工六人四瑟則鼓以四人歌以二人天子八人則瑟與歌皆四人矣魏晉以來登歌五人隋唐四人本朝因之是循用周制也禮登歌下管貴人聲也故儀禮瑟與歌工皆席于西階上隋唐相承庭中磬虡之下擊以偶歌琴瑟非所謂升歌貴人聲之義今堂上琴瑟比之周制不啻倍蓰而歌工止四人音高下不相權蓋樂有八音所以行八風是以舞佾與鐘磬俱用八爲數請罷庭中歌者堂上歌爲八琴瑟之數放此其箏阮筑悉廢太常以謂堂上鐘磬去之則歌聲與宮縣遠漢唐以來宮室之制寖廣堂上益遠庭中其上下樂節苟不相應則繁亂而無序況朝會之禮起於西漢則後世難以純用三代之制其堂上鐘磬庭中歌工與箏筑之器從舊儀便遂如太常議

宋史卷一百二十八

元　中　書　右　丞　相　總　裁　脫　脫　等　修

樂志第八十一

樂三

元豐三年五月詔秘書監致仕劉几赴詳定所議樂以禮部侍郎致仕范鎮與几參考得失而几亦請命楊傑同議且請如景祐故事擇人修製大樂詔可初傑言大樂七失一曰歌不永言聲不依永律不和聲蓋金聲春容失之則重石聲溫潤失之則輕土聲函胡失之則下竹聲清越失之則高絲聲纖微失之則細革聲隆大失之則洪匏聲叢聚失之則長木聲無餘失之則短惟人稟中和之氣而有中和之聲八音律呂皆以人聲爲度言雖永不可以逾其聲今歌者或詠一言而濫及數律或章句已闋而樂音未終所謂歌不永言也請節其煩聲以一聲歌一言且詩言人志詠以爲歌五聲隨歌是謂依詠律呂協奏是謂和聲先儒以爲依人音而制樂託樂器以寫音樂本效人非人效樂者此也今祭祀樂章並隨月律聲不依詠以詠依聲律不和聲以聲和律非古制也二曰八音不諧鐘磬闕四清聲虡樂九成以簫爲主商樂和平以磬爲依周樂合奏以金爲首鐘磬簫者衆樂之所宗則天子之樂用八鐘磬簫衆樂之本乃倍之爲十六且十二者律之本聲而四者應聲也本聲重大爲君父應聲輕清爲臣子故其四聲曰輕清或曰子聲也李照議樂始不用四清聲是有本而無應八音何從而諧哉今巢笙和笙其管十九以十二管發律呂之本聲以七管爲應聲用之已久而聲至和則編鐘磬簫宜用四子聲以諧八音三曰金石奪倫樂奏一聲諸器皆以其聲應既不可以不及又不可以有餘今琴瑟塤篪笛簫笙阮箏筑奏一聲則鎛鐘特磬編鐘編磬三聲聲煩而掩衆器遂至奪倫則鎛鐘特磬編鐘編磬節奏與衆器同宜勿連擊四曰舞不象成國朝郊廟之樂先奏文舞次奏武舞而武舞容節六變一變象六師初舉二變象上黨克平所向宜北三變象維揚底定所向宜東南四變象荊湖來歸所向宜南五變象邛蜀納款所向宜西六變象兵還振旅所向宜北而南今舞者發揚蹈厲進退俯仰既不足以稱成功盛德失其所向而文舞容節尤無法度則舞不象成也五曰樂失節奏樂之始則翕然如衆羽之合縱之純如也節奏明白皦如也徃來條理繹如也然後成今樂聲不一混殽無敘則失於節奏非所謂成也六曰祭祀饗無分樂之序蓋金石衆作之謂奏詠以人聲之謂歌陽律必奏陰呂必歌陰陽之合也順陰陽之合所以交神明致精意今冬至祀天不歌大呂夏至祭地不奏太簇春饗祖廟不奏無射秋饗后廟不歌小呂而四望山川無專祠用樂之制則何以贊導宣發陰陽之氣而生成萬物哉七曰鄭聲亂雅然朱紫有色而易別雅鄭無象而難知聖人懼其難知也故定律呂中正之音以示萬世今古器尚存律呂悉備而學士大夫不講考擊奏作委之賤工則雅鄭不得不雜願審條鐘琯用十二律還宮均法令上下通習則鄭聲莫能亂雅遂爲十二均圖幷上之其論以爲律各有均有七聲更相爲用協本均則樂調非本均則樂悖今黃鐘爲宮則太簇姑洗林鐘南呂應鐘蕤賓七聲相應謂之黃鐘之均餘律爲宮同之宮爲君商爲臣角爲民徵爲事羽爲物君者法度號令之所出故宮生徵法度號令所以授臣而承行之故徵生商君臣一德以康庶事則萬物得所民遂其生故商生羽羽生角然臣有常職民有常業物有常形而遷則失常故商角羽無變聲君總萬化不可執以一方事通萬務不可滯於一隅故宮徵有變聲凡律呂之調及其宮樂章具著於圖帝取所上圖考其說乃下鎮几參定而王朴阮逸

之黃鐘乃當李照之太簇其編鐘編磬雖有四清聲而黃鐘大呂正聲舛誤照之編鐘編磬雖有黃鐘大呂而金闕四清聲非古制也朴之太簇夾鐘則聲失之高歌者莫能追逐平時設而不用聖人作樂以紀中和之聲所以導中和之氣清不可太高重不可太下必使八音協諧歌者從容而能永其言鎮等因請擇李照編鐘編磬十二參於律者增以王朴無射應鐘及黃鐘大呂清聲以爲黃鐘大呂太簇夾鐘之四清聲俾衆樂隨之歌工詠之中和之聲庶可以考請下朴二律就太常鐘磬擇其可用者用之其不可修者別製之而太常以爲大樂法度舊器乞留朴鐘磬別製新樂以驗議者之術詔以朴樂鐘爲清聲毋得銷毀凡等謂新樂之成足以薦郊廟傳萬世其明堂景靈宮降天神之樂六奏舊用夾鐘之均三奏謂之夾鐘爲宮夷則之均一奏謂之黃鐘爲角林鐘之均一奏謂之太簇爲徵姑洗爲羽而大司樂凡樂圜鐘爲宮黃鐘爲角太簇爲徵姑洗爲羽而圜鐘者夾鐘也用夾鐘均之七聲以其宮聲爲始終是謂圜鐘爲宮用黃鐘均之七聲以其角聲爲始終是謂黃鐘爲角用太簇均之七聲以其徵聲爲始終是謂太簇爲徵用姑洗均之七聲以其羽聲爲始終是謂姑洗爲羽今用夷則之均一奏謂之黃鐘爲角林鐘之均二奏謂之太簇爲徵姑洗爲羽則祀天之樂無夷則林鐘而用之有太簇姑洗而去之矣唐典祀天以夾鐘宮黃鐘角太簇徵姑洗羽乃周禮也宜用夾鐘爲宮其黃鐘爲角則用黃鐘均以其角聲爲始終太簇爲徵則用太簇均以其徵聲爲始終姑洗爲羽則用姑洗均以其羽聲爲始終祭地祇享宗廟皆視此均法以度曲凡等又以太常磬三等王朴磬厚李照磬薄惟阮逸胡瑗磬形制精密而聲太高以磬氏之法摩其旁輕重與律呂相應鐘三等王朴鐘所謂聲疾而短聞者也阮逸胡瑗鐘所謂聲舒而遠聞者也惟李照鐘有旋蟲之制鐘聲皆三十有六架架各有有六則正律相應清聲自足其堂上堂下篪笛率從新制而調琴瑟阮筑塤諸器隨所下律詔悉從之乃緝新器用從置太常閣屋以貯藏之考選樂工汰其椎鈍癃老而優募能者補其闕員立爲程度以將習焉初皇祐中益州進士房庶論尺律之法以爲嘗得古本漢書言在律曆志范鎮以其說爲然請依法作爲尺律然後別求古樂參考於是庶奉詔造律管二尺量龠各一而殿中丞胡瑗以爲非詔鎮與凡等定樂鎮曰定樂當先正律帝然之鎮作律尺等欲圖上之而几之議律主於人聲不以尺度求合其樂大抵即李照之舊而加四清聲遂奏樂成第加恩賚而鎮謝曰此劉几樂也臣何預焉乃復上奏曰太常鎛鐘皆有大小輕重之法非三代莫能爲者禁中又出李照胡瑗所鑄鐘律及尺付太常按照黃鐘律合王朴太簇律仲呂律合王朴黃鐘律比朴樂纔下半律外有損益而內無損益鐘聲鬱而不發無足議者照之律雖是然與其樂校三格自相違戾且以太簇爲黃鐘則是商爲宮也方劉几奏上時臣初無所預臣頃造律內外有損益其聲和又與古樂合今若將臣所造尺律依大小編次太常鎛鐘可以成一代大典又太常無雷鼓靈鼓路鼓而以散鼓代之開元中有以畫圖獻者一鼓而爲八面六面四面明堂用之國朝郊廟或考或不考宮架中惟以散鼓不應經義又八音無匏土二音笙竽以木斗攢竹而以匏裹之是無匏音也塤器以木爲之是無土音也八音不具以爲備樂安可得哉不報四年十一月詳定所言搏拊琴瑟以詠則堂上之樂以象朝廷之治下管鼗鼓合止柷敔笙鏞以間則堂下之樂以象萬物之治後世有司失其傳歌者在堂兼設鐘磬宮架在庭兼設琴瑟堂下匏竹寘之於床並非其序請親祠宗廟及有司攝事歌者在堂不設鐘磬宮架在庭不設琴瑟堂下匏竹不寘於床其郊壇上下之樂亦以此爲正而有司攝事如之又言以小胥宮縣推之則天子鐘磬鎛十二虡爲宮縣明矣故或以爲配十二辰或以爲配十二次則虡無過十二先王之制廢學者不能考其數隋唐以來有謂宮縣當二十虡甚者又以爲三十六虡方唐之盛日有司攝事樂並用宮縣至德後太常聲音之工散亡凡郊廟有登歌而無宮縣後世因仍不改請郊廟有司攝事改用宮架十二虡太常以謂用宮架十二虡則律呂均聲不足不能成均請如禮宮架四面如辰位設鎛鐘十二虡而甲丙庚壬設鐘乙丁辛癸設磬位各一虡四隅植建鼓以象二十四氣宗廟郊丘如之五年正月開封布衣葉防上書論樂器律曲不應古法復下楊傑議傑論防增編鐘編磬二十有四爲箕制管簫視鐘磬數登歌用玉磬去樂曲之近清聲者舞不立表皆非是其言均律差互與劉几同請以晉鼓節金奏考經禮制簨虡教國子宗子舞用之郊廟爲何所取而范鎮亦言自唐以來至國朝三大祀樂譜並依周禮然其說有黃鐘爲角黃鐘之角黃鐘爲角者夷則爲宮黃鐘之角者姑洗爲角十二律之於五聲皆如此率而世俗之說乃去之字謂太簇曰黃鐘商姑洗曰黃鐘角林鐘曰黃鐘徵南呂曰黃鐘羽今葉防但通世俗夷部之說而不見周禮正文所以稱本寺均差互其說難行帝以樂律絕學防草萊中習之尤難乃補防爲樂正六年春正月御大慶殿初用新樂二月太常言郊廟樂虡若遇雨雪望祭即設於殿上三月禮部言有司攝事昊天舞名請初獻曰帝臨嘉至亞終曰神娭錫羡太廟初獻曰孝熙昭德亞終獻曰禮洽儲祥詔可九月禮部言周禮凡大祭祀王出入則奏王夏明入廟門已用樂矣今既移祼在作樂之前皇帝詣罍洗奏乾安則入門亦當奏乾安庶合古制其入景靈宮及南郊壝門乞如之七年正月詔從協律郎榮咨道請於奉宸庫選玉造磬令太常審定音律六月禮部言親郊之歲夏至祀皇地祇於方丘遣冢宰攝事禮容樂舞謂宜加於常祀而其樂虡二十樂工百五十有二舞者六十有四與常歲南北郊上公攝事無異未足以稱欽崇之意乞自今準親祠用二十六虡工人三百有六舞八百二十有四詔可元祐元年咨道又言先帝詔臣製造玉磬將用于廟堂之上依舊同編鐘以登歌今年親祠明堂請用之以章明盛典從之三年范鎮樂成上其所製樂章三鑄律十二編鐘十二鎛鐘衡一尺一斛一鬵石爲編磬十二特磬一簫笛塤篪巢笙和笙各二并書及圖法帝與太皇太后御延和殿詔執政侍從臺閣講讀官皆往觀焉賜鎮詔曰朕惟春秋之後禮樂先亡秦漢以來韶武僅在散樂工於河海之上往而不還聘先生於齊魯之間有莫能致魏晉以下曹鄶無議豈徒鄭衛之音已雜華戎之器間有作者猶存典刑然銖黍之一差或宮商之易位惟我四朝之老獨知五降之非審聲知音以律生尺覽詩書之來上閱簨虡之在廷君臣同觀父老太息方詔學士大夫論其法工師有司考其聲上追先帝移風易俗之心下爲老臣愛君憂國之志究觀所作嘉歎不忘鎮爲樂論其自叙曰臣昔爲禮官從諸儒難問樂之差謬凡十餘事厥初未習不能不小牴牾後考周官王制司馬遷書班氏志得其法流通貫穿悉取舊書去其牴牾掇其要作爲八論其論律論黍論尺論量論聲器言在律歷志論鐘曰夫鐘之制周官鳧氏言之甚詳而訓解者其誤有三若云帶所以介其名也介在于鼓鉦舞甬衡之間介于鼓鉦舞之間則然非在甬衡之上其誤一也又云舞上下促以橫爲修從爲廣舞廣四分今亦去徑之二分以爲之間則舞間之方常居銑之四也舞間方四則鼓間六亦其方也鼓六鉦六舞四既言鼓間與舞脩相應則鼓與舞皆六所云鉦六舞四其誤二也又云鼓外二鉦外一彼既以鉦鼓皆六無厚薄之差故從而穿鑿以遷就其說其誤三也今臣所鑄編鐘十二皆從其律之長故鐘口十者其長十六以爲鐘之身鉦者正也居鐘之中上下皆八下去二以爲之鼓上去二以爲之舞則鉦居四而鼓與舞皆六是故于鼓鉦舞篆景欒隧甬衡旋蟲鐘之文也著於外者也廣長空徑厚薄大小鐘之數也起於內者也若夫金錫之齊與鑄金之狀率按諸經差之毫釐則聲有高下不可不審其鎛鐘亦以此法而四倍之今太常鐘無大小無厚薄無金齊一以黃鐘爲率而磨以取律之合故黃鐘最薄而輕自大呂以降迭加重厚是以卑陵尊以小加大其可乎且清聲者不見於經惟小胥注云鐘磬者編次之二八十六枚而在一虡謂之堵至唐又有十二清聲其聲愈高尤爲非是國朝舊有四清聲置而弗用至劉几用之與鄭衛無異論磬曰臣所造編磬皆以周官磬氏爲法若黃鐘服之博四寸五分股九寸鼓一尺三寸五分鼓之博三寸而其厚一寸其弦一尺三寸五分十二磬各以其律之長而三分損益之如此其率也今之十二磬長短厚薄皆不以律而欲求其聲不亦遠乎鐘有齊也磬石也天成之物也以其律爲之長短厚薄而其聲和此出於自然而聖人者能知之取以爲法後世其可不考正乎考正而非是則不足爲法矣特磬則四倍其法而爲之國朝祀天地宗廟及大朝會宮架內止設鎛鐘惟后廟乃用特磬非也今已升祔后廟特磬遂爲無用之樂臣欲乞凡宮架內於鎛鐘後各加特磬貴乎金石之聲小大相應論八音曰匏土革木金石絲竹是八物者在天地間其體性不同而至相戾之物也聖人制爲八器命之商則商命之宮則宮無一物不同者能使天地之間至相戾之物無不同此樂所以爲和而八音所以爲樂也樂下太常而楊傑上言元豐中詔范鎮劉几與臣詳議郊廟大樂既成而奏稱其和協今鎮新定樂法頗與樂局所議不同且樂經仁宗命作神考睿斷奏之郊廟朝廷蓋已久矣豈可用鎮一說而遽改之遂著元祐樂議以破鎮說其議樂章曰國朝大樂所立曲名各有成憲不相淆雜所以重正名也故廟室之樂皆以大名之如大善大仁大英之類是也今鎮以文明之曲獻祖廟以大成之曲進黃帝以萬歲之曲進太皇太后其名未正難以施於宗廟朝廷議宮架加磬曰鎮言國朝祀天地宗廟

及大朝會宮架內止設鎛鐘惟后廟乃用特磬非也今巳升后廟特磬遂爲無用之樂欲乞凡宮架內於鎛鐘後各加特磬貴乎金石之聲小大相應按唐六典天子宮架之樂鎛鐘十二編鐘十二編磬十二凡三十有六虡宗廟與殿庭同凡中宮之樂則以大磬代鐘餘如宮架之制今以鎛鐘特磬並設之則爲四十八架於古無法皇帝將出宮架撞黃鐘之鐘右五鐘皆應皇帝輿宮架撞蕤賓之鐘左五鐘皆應未聞皇帝出入以特磬爲節議十六鐘磬曰鎮謂清聲不見於經惟小胥注云鐘磬者編次之十六枚而在一虡謂之堵至唐又有十二清聲其聲愈高尤爲非是國朝舊有四清聲置而弗用至劉几用之與鄭衛無異按編鐘編磬十六其來遠矣豈徒見於周禮小胥之注哉漢成帝時犍爲郡於水濱得古磬十六枚帝因是陳禮樂雅頌之聲以風化天下其事載於禮樂志不爲不詳豈因劉几然後用哉且漢承秦秦未嘗制作禮樂其稱古磬十六者乃二帝三王之遺法也其王朴樂內編鐘編磬以其聲律太高歌者難逐故四清聲置而弗用及神宗朝下三律則四清聲皆用而諧協矣周禮曰鳧氏爲鐘薄厚之所震動清濁之所由出則清聲豈不見於經哉今鎮簫笛塤篪巢笙和笙獻於朝廷簫必十六管是四清聲在其間矣自古無十二管之簫豈簫韶九成之樂巳有鄭衛之聲乎禮部太常亦言鎮樂法自係一家之學難以參用而樂如舊制四年十二月始命大樂正葉防撰朝會二舞儀武舞曰威加四海之舞第一變舞入去南表三步總干而立聽樂三鼓前行三步及表而蹲再鼓皆舞進一步正立再鼓皆持干荷戈相顧作猛賁趫速之狀再鼓皆轉身向裏以干戈相擊刺足不動再鼓皆回身向外擊刺如前再鼓皆正立舉手蹲再鼓皆舞進一步轉面相向立干戈各置腰再鼓各前進以左足在前右足在後左手執干當前右手執戈在腰爲進旅再鼓各相擊刺再鼓各退身復位整其干爲退旅再鼓皆正立蹲再鼓皆舞進一步正立再鼓皆轉面相向秉干持戈坐作再鼓各相擊刺再鼓皆起收其干戈爲克捷之象再鼓皆正立遇節樂則蹲第二變聽舉樂依前蹲再鼓皆舞進一步正立再鼓皆正而作猛賁趫速之狀再鼓皆轉身向裏相擊刺足不動再鼓各轉身向外擊刺如前再鼓皆正立蹲再鼓皆舞進一步陳其干戈左右相顧爲猛賁趫速之狀再鼓皆併入行以八爲四再鼓皆兩兩對相擊刺再鼓皆回易行列左在右右在左再鼓皆舉手蹲再鼓皆舞進一步正立再鼓各分左右再鼓各揚其干戈再鼓交相擊刺再鼓皆總干正立遇節樂則蹲第三變聽舉樂則蹲再鼓皆舞進一步轉而相向再鼓整干戈以象登臺講武再鼓皆擊刺於東南再鼓皆按盾舉戈東南嚮而望以象漳泉奉土再鼓皆擊刺於正南再鼓皆按盾舉戈南嚮而望以象杭越來朝再鼓皆舞進一步正立再鼓皆擊刺於西北再鼓皆按盾舉戈西北嚮而望以象克殄并汾再鼓皆擊刺於正西再鼓皆按盾舉戈西嚮而望以象肅清銀夏再鼓皆舞進一步正跪右膝至地左足微起再鼓皆置干戈于地各拱其手象其不用再鼓皆左右舞蹈象以文止武之意再鼓皆就拜收其干戈起而躬立再鼓皆舞退鼓盡即止以象兵還振旅文舞曰化成天下之舞第一變舞人立南表之南聽舉樂則蹲再鼓皆舞進一步正立再鼓皆稍前而正揖合手自下而上再鼓皆左顧左揖再鼓皆右顧右揖再鼓皆開手蹲再鼓皆舞進一步正立再鼓皆少郤身初辭合手自上而下再鼓皆右顧以右手在前左手推後爲再辭再鼓皆左顧以左手在前右手推出爲固辭再鼓皆合手蹲再鼓皆舞進一步正立再鼓皆俛身相顧初謙合手當胸再鼓皆右側身左垂手爲再謙再鼓皆左側身右垂手爲三謙再鼓皆躬而授之遇節樂則蹲第二變聽舉樂則蹲再鼓皆舞進一步轉面相嚮再鼓皆稍前相揖再鼓皆左顧左揖再鼓開手蹲正立再鼓皆舞進一步復相嚮再鼓皆郤身爲初辭再鼓皆舞辭如上儀再鼓皆再辭再鼓皆固辭再鼓皆合手蹲正立再鼓皆舞進一步再鼓相嚮再鼓皆顧爲初謙再鼓皆再謙再鼓皆三謙再鼓皆躬而授之正立遇節樂則蹲第三變聽舉樂則蹲再鼓皆舞進一步兩兩相嚮再鼓皆相趨揖再鼓皆左揖如上再鼓皆右揖再鼓皆開手蹲正立再鼓皆舞進一步復相嚮再鼓皆郤身初辭再鼓皆再辭再鼓皆固辭再鼓皆合手蹲正立再鼓皆舞進一步兩兩相嚮再鼓皆相顧初謙再鼓皆再謙再鼓皆三謙躬而授之正立節樂則蹲凡二舞綴表器及引舞振作並與大祭祀之舞同協律郎陳祈按閱以謂節奏詳備自是朝會則用之八年太常博士孫諤言臣嘗奉社稷之祠親視陳設初疑其闕略而不備退而考元祐祀儀乃與所親見者合焉其登歌之樂雖有鐘磬簨虡搏拊柷敔之屬獨陳太社壇上而太稷闕焉夫宮架不備非所以重社稷也周公制祭祀之法則有靈鼓以鼓之有帗舞以舞之有太簇應鐘咸池以極其歌舞之節此樂文之備也唐社稷用二十架至於開元亦循三代之遺法於壇之北宮架備陳別異天神中建靈鼓歌鐘歌虡各設二壇下舞上歌何其盛也臣稽考典禮凡祭太社太稷宜倣周官及開元禮文於壇之北備設宮架鐘匏竹各列二壇南架之內更植靈鼓於是集侍從禮官議增稷壇樂而添用宮架之說不行元符元年十一月詔登歌鐘磬並依元豐詔旨復先帝樂制也二年正月詔前信州司法參軍吳良輔按協音律改造琴瑟教習登歌以太常少一張商英薦其知樂故也初良輔在元豐中上樂書五卷其書分爲四類以謂天地兆分氣數爰定律厥氣數通之以聲於是撰釋律律爲經聲爲緯律以聲爲文聲以律爲質旋相爲宮七音運生於是撰釋聲聲生於日律生於辰故經之以六律緯之以五聲律相協和而無乖播之八音八音以生於是撰釋音四物兼釆八器以成度數施設象隱於形考器論義道德以明於是撰釋器類各有條凡四十四篇大抵考之經傳精以講思頗益於樂理文多故弗著焉崇寧元年詔宰臣置僚屬講議大政以大樂之制訛繆殘闕太常樂器弊壞琴瑟制度參差不同簫篴之屬樂工自備每大合樂聲韻淆雜而皆失之太高箏筑阮秦晉之樂也乃列於琴瑟之間熊羆按梁隋之制也乃設於宮架之外笙不用匏舞不象成曲不協譜樂工率農夫市賈遇祭祀朝會則追呼於阡陌閭閻之中教習無成費不知音議樂之臣以樂經散亡無所據依秦漢之後諸儒自相非議不足取法乃博求知音之士而魏漢津之名達於上焉漢津至是年九十餘矣本剩員兵士自云居西蜀師事唐仙人李良授鼎樂之法皇祐中漢津與房庶以善樂被薦既至黍律巳成阮逸始非其說漢津不得伸其所學後逸之樂不用乃退與漢津議指尺作書二篇敘述指法漢津嘗陳於太常樂工憚改作皆不主其說或謂漢津舊嘗執役於范鎮見其制作畧取之蔡京神其說而託於李良二年九月禮部員外郎陳暘上所撰樂書二百卷命禮部尚書何執中看詳以謂暘欲考定音律以正中聲願送講議司令知音律者參驗行之暘之論曰漢津論樂用京房二變四清蓋五聲十二律樂之正也二變四清樂之蠹也二變以變宮爲君四清以黃鐘清爲君事以時作固可變也而君不可變太簇大呂夾鐘或可分也而黃鐘不可分豈古人所謂尊無二上之旨哉壬辰詔曰朕惟隆禮作樂實治內修外之先務損益述作其敢後乎其令講議司官詳求歷代禮樂沿革酌古今之宜修爲典訓以貽永世致安上治民之至德著移風易俗之美化迺稱朕咨諏之意焉三年正月漢津言曰臣聞黃帝以三寸之器名爲咸池其樂曰大卷三三而九乃爲黃鐘之律禹效黃帝之法以聲爲律以身爲度用左手中指三節三寸謂之君指裁爲宮聲之管又用第四指三節三寸謂之臣指裁爲商聲之管又用第五指三節三寸謂之物指裁爲羽聲之管第二指爲民爲角大指爲事爲徵民與事君臣治之以物養之故不用爲裁管之法得三指合之爲九寸即黃鐘之律定矣黃鐘定餘律從而生焉臣今欲請帝中指第四指第五指各三節先鑄九鼎次鑄帝坐大鐘次鑄四韻清聲鐘次鑄二十四氣鐘然後均弦裁管爲一代之樂制其後十三年帝一日忽夢人言樂成而鳳凰不至乎蓋非帝指也帝寤大悔歎謂崇寧初作樂請吾指寸而內侍黃經臣執謂帝指不可示外人但引吾手畧比度之曰此是也蓋非人所知今神告朕如此且奈何於是再出中指寸付蔡京密命劉昺試之時昺終匿漢津初說但以其前議爲度作一長笛上之帝指寸既長於舊而長笛殆不可易以動人觀聽於是遂止蓋京之子條云秋七月景鐘成景鐘者黃鐘之所自出也垂則爲鐘仰則爲鼎鼎之大終於九斛中聲所極製煉玉屑入於銅齊精純之至音韻清越其高九尺拱以九龍惟天子親郊乃用之立於宮架之中以爲君圍於是命翰林學士承旨張康國爲之銘其文曰天造我宋於穆不已四方來和十有二紀樂象厥成維其時矣迪惟有夏度自禹起我龍受之天地一指於論景鐘中聲所止有作于斯無襲于彼九九以生律呂根柢維此景鐘非弇非侈在宋之庭屹然中峙天子萬年既多受祉維此景鐘上帝命爾其承伊何以燕翼子永言寶之宋樂之始

宋史卷一百二十九

元中書右丞相總裁脫脫等修

樂志第八十二

樂四

崇寧四年七月鑄帝鼐八鼎成八月大司樂劉昺言大朝會宮架舊用十二熊羆按金錞簫鼓鶵簫等與大樂合奏今所造大樂遠稽古制不應雜以鄭衛詔罷之又依昺改定二舞各九成每三成爲一變執籥秉翟揚戈持盾威儀之節以象治功庚寅樂成列於崇政殿有旨先奏舊樂三門曲未終帝曰舊樂如泣聲揮止之既奏

新樂天顏和豫百僚稱頌九月朔以鼎樂成帝御大慶殿受賀是日初用新樂太尉率百僚奉觴稱壽有數鶴從東北來飛度黃庭回翔鳴唳乃下詔曰禮樂之興百年於此然去聖愈遠遺聲弗存迺者得隱逸之士於草茅之賤獲英莖之器於受命之邦適時之宜以身爲度鑄鼎以起律因律以制器按協於庭八音克諧昔堯有大章舜有大韶三代之王亦各異名今追千載而成一代之制宜賜新樂之名曰大晟朕將薦郊廟享鬼神和萬邦與天下共之其舊樂勿用先是端州上古銅器有樂鐘驗其款識乃宋成公時帝以端王繼大統故詔言受命之邦而隱逸之士謂漢津也朝廷舊以禮樂掌於太常至是專置大晟府大司樂一員典樂二員並爲長貳大樂令一員協律郎四員又有製撰官爲制甚備於是禮樂始分爲二五年九月詔曰樂不作久矣朕承先志述而作之以追先王之緒建官分屬設府庀徒以成一代之制二月嘗詔省內外冗官大晟府亦併之禮官夫舜命夔典樂命伯夷典禮禮樂異道各分所守豈可同職其大晟府名可復仍舊又詔曰樂作已久方薦之郊廟施於朝廷而未及頒之天下宜令大晟府議頒新樂使雅正之聲被於四海先降三京四輔次帥府大觀二年詔曰自唐以來正聲全失無徵角之音五聲不備豈足以道和而化俗哉劉詵所上徵聲可令大晟府同教坊依譜按習仍增徵角二譜候習熟來上初進士彭几進樂書論五音言本朝以火德王而羽音不禁徵調尚闕禮部員外郎吳時善其說建言乞召几至樂府朝廷從之至是詵亦上徵聲乃降是詔三年五月詔今學校所用不過春秋釋奠如賜宴辟廱乃用鄭衞之音雜以俳優之戲非所以示多士其自今用雅樂四年四月議禮局言國家崇奉感生帝神州地祇爲大祠以禧祖太祖配侑而有司行事不設宮架二舞殊失所以尊祖侑神作主之意乞皆用宮架二舞詔可六月詔近選國子生教習二舞以備祠祀先聖本周官教國子之制然士子肄業上庠頗聞恥於樂舞與樂工爲伍坐作進退蓋今古異時致於古雖有其迹施於今未適其宜其罷習二舞顧習雅樂者聽八月帝親制大晟樂記命太中大夫劉昺編修樂書爲八論其一曰樂由陽來陽之數極於九聖人攝其數於九鼎寓其聲於九成陽之數復而爲一則實鼎之卦爲坎極而爲九則彤鼎之月爲離離南方之月也聖人以盛大光明之業如日方中嚮明而治故極九之數則曰景鐘大樂之名則曰大成曰王

於午火明於南乘火德之運當豐大之時恢擴規模增光前烈明盛之業永觀厥成樂名大成不亦宜乎其二曰後世以黍定律其失樂之本也遠矣以黍定尺起於西漢蓋承六經散亡之後聞古人之緒餘而執以爲法聲既未協乃屢變其法而求之此古今之尺所以至於數十等而至和之聲愈求而不可得也傳曰萬物皆備於我矣反身而誠樂莫大焉秬黍云乎哉其三曰焦急之聲不可用於人盛之世昔李照欲下其律乃曰異日聽吾樂當令人物舒長照之樂固未足以感動和氣如此然亦不可謂無其意矣自藝祖御極和樂之聲高歷一百五十餘年而後中正之聲乃定蓋奕世修德和氣薰蒸一代之樂理若有待其四曰盛古帝王皆以明堂爲先務後世知爲崇配布政之宮然要妙之旨祕而不傳徒區區於形制之末流而不知帝王之所以用心也且盛德在木則居青陽角聲乃作盛德在火則居明堂徵聲乃作盛德在金則居總章商聲乃作盛德在水則居玄堂羽聲乃作盛德在土則居中央宮聲乃作其應時之妙不可勝言一歲之中兼總五運凡麗於五行者以聲召氣無不總攝鼓宮宮動鼓角角應彼亦莫知所以使之者則永膺壽考歷數過期不亦宜乎其五曰魏漢津以太極元氣函三爲一九寸之律三數退藏故八寸七寸爲中聲正聲得正氣則用之中聲得中氣則用之宮架環列以應十二辰中正之聲以應二十四氣加四清聲以應二十八宿氣不頓進八音乃諧若立春在歲元之後則迎其氣而用之餘悉隨氣用律使無過不及之差則所以感召陰陽之和其法不亦密乎其六曰乾坤交於亥而子生於黃鐘之宮故稟於乾交於亥任於壬生於子自乾至子凡四位而清聲具焉漢津以四清爲至陽之氣在二十八宿爲虛昴星房四者居四方之正位以統十二律每清聲皆有三統申子辰屬於虛而統於子巳酉丑屬於昴而統於丑寅午戌屬於星而統於寅亥卯未屬於房而統於卯中正之聲分爲二十四宿統於四清焉其七曰昔人以樂之器有時而弊故律失則求之於鐘鐘失則求之於鼎得一鼎之龠則權衡度量可考而知故鼎以全渾淪之體律呂以達陰陽之情天地之間無不統攝機緘運用萬物振作則樂之感人豈無所自而然邪其八曰聖上稽帝王之制而成一代之樂以謂帝舜之樂以教胄子乃頒之於宗學成周之樂掌於成均乃頒之府學辟廱太學而三京藩邸凡祭祀之用樂者皆賜之於是中正之聲被天下矣漢

施鄭聲於朝廷唐升夷部於堂上至於房中之樂惟恐淫哇之聲變態之不新也聖上樂聞平淡之音而特詔有司制爲宮架施之於禁庭房中用雅樂自今朝始云又爲圖十二一曰五聲二曰八音三曰十二律應二十八宿四曰七均應二十八宿五曰八十四調六曰十二律所生七曰十二律應二十四氣八曰十二律鐘正聲九曰堂上樂十曰金鐘玉磬十一曰宮架十二曰二舞圖雖不能具載觀其所序亦可以知其旨意矣天地相合五數乃備不動者爲五位常動者爲五行五行發而爲五聲律呂相生五聲乃備布於十二律之間猶五緯往還於十有二次五運斡旋於十有二時其圖五聲以此兩儀既判八卦肇分氣盈而動八風行焉顓帝乃令飛龍效八風之音命之曰承雲方是時金石絲竹匏土革木之音未備後聖有作以八方之物全五聲者制而爲八音以聲召氣八風從律其圖八音以此上象著明器形而下以聲召氣脗合元精其圖十二律應二十八宿以北斗在天中周制四方猶宮聲處中爲四聲之綱二十八舍列在四方用之於合樂者蓋東方七角屬木南方七徵屬火西方七商屬金北方七羽屬水四方之宿各有所屬而每方之中七均備足中央七均管攝四氣故二十八舍應中正之聲者制器之法也二十八舍應七均之聲者和聲之術也其圖七均應二十八宿以此合陰陽之聲而文之以五聲則九六相交均聲乃備黃鐘爲宮是謂天統林鐘爲徵是謂地統太簇爲商是謂人統南呂爲羽於時屬秋姑洗爲角於時屬春應鐘爲變宮於時屬冬蕤賓爲變徵於時屬夏旋相爲宮而每律皆具七聲而八十四調備焉其圖八十四調以此自黃鐘至仲呂則陽數極而爲乾故其位在左蕤賓至應鐘則陰數極而爲坤故其位在右陰窮則歸本故應鐘自生陰律陽窮則歸本故仲呂自歸陽位律呂相生起於復而成於乾終始皆本於陽故曰樂由陽來六呂則同之而已相生之位分則爲乾坤之爻合則爲既濟未濟之卦自黃鐘至仲呂爲既濟故屬陽而居左自蕤賓至應鐘爲未濟故屬陰而居右易始於乾坤而終於既濟未濟天地辨位而水火之氣交際於其中造化之原皆自此出其圖十二律所主以此二十四氣差之毫釐則或先天而太過或後天而不及在律爲聲在歷爲氣若氣方得節乃用中聲氣已及中猶用正律其圖十二律應二十四氣以此漢津曰黃帝夏禹之法簡捷徑直得於自然故善作樂者以聲爲本若得其聲則形數

制度當自我出今以帝指爲律正聲之律十二中聲之律十二清聲凡四共二十有八云其圖十二律以此堂上之樂以人聲爲貴歌鐘居左歌磬居右近世之樂曲不協律歌不擇人有先製譜而後命辭奉常舊工村野癃老者斥之升歌之工選擇惟艱故堂上之樂鏗然特異焉其圖堂上樂以此金玉之精稟氣於乾故堂上之樂鐘必以金磬必以玉歷代樂儀曰歌磬次歌鐘之西以節登歌之句即周官頌磬也神考肇造玉磬聖上紹述先志而堂上之樂方備非聖智兼全金聲而玉振之者安能與於天道哉其圖金鐘玉磬以此大晟之制天子親祀圜丘則用景鐘爲君圜鎛鐘特磬爲臣圜編鐘編磬爲民圜非親祀則不用君圜漢津以謂宮架總攝四方之氣故大晟之制羽在上而以四方之禽虡在下而以四方之獸以象鳳儀獸舞之狀龍簨崇牙制作華煥其圖宮架以此新樂肇興法夏籥九成之數文舞九成終於垂衣拱手無爲而治武舞九成終於偃武修文投戈講藝每成進退疾徐抑揚頓揖皆各象方今之勳烈文舞八佾左執籥右秉翟蓋籥爲聲之中翟爲文之華秉中聲而昌文德武舞八佾執干戈而進以金鼓爲節其圖二舞以此又列八音之器金部有七曰景鐘曰鎛鐘曰編鐘曰金錞曰金鐲曰金鐃曰金鐸其說以謂景鐘乃樂之祖而非常用之樂也黃帝五鐘一曰景鐘景大也鐘四方之聲以象厥成惟功大者其鐘大世莫識其義久矣其聲則黃鐘之正而律呂由是生焉平時弗考風至則鳴鎛鐘形聲宏大各司其辰以管攝四方之氣編鐘隨月用律雜比成文聲韻清越錞鐲鐃鐸古謂之四金鼓屬乎陽金屬乎陰陽造始而爲之倡故以金錞和鼓陽動而不知已故以金鐲節鼓陽之用事有時而終故以金鐃止鼓時止則止時行則行天之道也故以金鐸通鼓金乃兌音兌爲口舌故金之屬皆象之石部有二曰特磬曰編磬其說以謂依我磬聲以石有一定之聲衆樂依焉則鐘磬未嘗不相須也往者國朝祀天地祭廟及大朝會宮架內止設鎛鐘惟后廟乃用特磬若已升祔后廟遂置而不用如此則金石之聲小大不作大晟之制金石並用以諧陰陽漢津之法以聲爲主必用泗濱之石故禹貢必曰浮磬者遠土而近於水取之實難昔奉常所用乃以白石爲之其聲沉下製作簡質理宜改造焉絲部有五曰一弦琴曰三弦琴曰五弦琴曰七弦琴曰九弦琴曰瑟其說以謂漢津誦其師之說曰古者聖人作五等之琴琴主陽一三五七九

生成之數也師延拊一弦之琴昔人作三弦琴蓋陽之數成於三伏羲作琴有五弦神農氏爲琴七弦琴書以九弦象九星五等之琴額長二寸四分以象二十四氣嶽闊三分以象三才嶽內取聲三尺六寸以象朞三百六十日龍斷及折勢四分以象四時共長三尺九寸一分成於三極於九九者究也復變而爲一之義也大晟之瑟長七尺二寸陰爻之數二十有四極三才之陰數而七十有二以象一歲之候既罷箏筑阮絲聲稍下乃增瑟之數爲六十有四則八八之數法乎陰琴之數則九十有九而法乎陽竹部有三曰長篴曰箎曰簫其說以謂篴以一管而兼律呂衆樂由焉三竅成籥三才之和寓焉六竅爲篴六律之聲備焉箎之制採竹竅厚均者用兩節開六孔以備十二律之聲則箎之樂生於律樂始於律而成於簫律準鳳鳴以一管爲一聲簫集衆律編而爲器參差其管以象鳳翼簫然清亮以象鳳鳴匏部有六曰竽笙曰巢笙曰和笙曰閏餘匏曰九星匏曰七星匏其說以謂列其管爲簫聚其管爲笙鳳凰於飛簫則象之鳳凰戾止笙則象之故內皆用簧皆施匏於下前古以三十六簧爲竽十九簧爲巢十三簧爲和皆用十九數而以管之長短聲之大小爲别八音之中匏音廢絶久矣後世以木代匏乃更其制下皆用匏而并造十三簧者以象閏餘十者土之成數三者木之生數木得土而能生也九簧者以象九星物得陽而生九者陽數之極也七簧者以象七星笙之形若鳥歛翼鳥火禽火數七也土部有一曰壎其說以謂釋詩者以壎箎異器而同聲然八音孰不同聲必以壎箎爲況嘗博詢其音蓋八音取聲相同者惟壎箎爲然壎箎皆六孔而以五竅取聲十二律始於黃鍾終於應鍾者其竅盡合則爲黃鍾其竅盡開則爲應鍾餘樂不然故惟壎箎相應革部十有二曰晉鼓曰建鼓曰鼗鼓曰靁鼓曰靁鼗曰靈鼓曰靈鼗曰路鼓曰路鼗曰雅鼓曰相鼓曰搏拊其說以謂凡言樂者必曰鐘鼓蓋鐘爲秋分之音而屬陰鼓爲春分之音而屬陽金奏待鼓而後進者雷發聲而後群物皆鳴也鼓復用金以節樂者雷收聲而後蟄虫坯戶也周官以晉鼓鼓金奏陽爲陰唱也建鼓少昊氏所造以節衆舞夏加四足謂之足鼓商貫之以柱謂之楹鼓周縣而擊之謂之縣鼓鼗者鼓之兆也天子錫諸侯樂以柷將之賜伯子男樂以鼗將之柷先衆樂鼗則先鼓而已以靁鼓鼓天神因天聲以祀天也以靈鼓鼓社祭以天爲神則地爲靈也以路鼓鼓鬼享人道之大也以舞者迅疾以雅節之故曰雅鼓相所以輔相於樂今用節舞者之步故曰相鼓登歌令奏擊拊以革爲之實之以糠升歌之鼓節也木部有二曰柷曰敔其說以謂柷之作樂敔之止樂漢津嘗問於李良良曰聖人制作之旨皆在易中易曰震起也艮止也柷敔之義如斯而已柷以木爲底下實而上虛震一陽在二陰之下象其卦之形也擊其中聲出虛爲衆樂倡震爲雷雷出地奮爲春分之音故爲衆樂之倡而外飾以山林物生之狀艮位寅爲虎虎伏則以象止樂皆有二十七刻三九陽數之窮戞之以竹裂而爲十古或用十寸或裂而爲十二陰數十二者二六之數陽窮而以陰止之又有度量權衡四法候氣運律教樂運譜四議與律歷運氣或相表裏甚精微矣茲獨採其言樂事顯明者凡爲書二十卷說者以謂蔡京使昺爲緣飾之以布告天下云政和二年賜貢士聞喜宴於辟廱仍用雅樂罷瓊林苑宴兵部侍郎劉煥言州郡歲貢士例有宴設名曰鹿鳴乞於斯時許用雅樂易去倡優淫哇之聲八月太常言宗廟太社太稷並爲大祠今太社太稷登歌而不設宮架樂舞獨未爲備請迎神送神詣罍洗歸復位奉俎退文舞迎武舞亞終獻望燎樂曲並用宮架樂設於北壖之北詔皆從之三年四月議禮局上親祠登歌之制(大朝會同)金鍾一在東玉磬一在西俱北向柷一在金鍾北稍西敔一在玉磬北稍東搏拊二一在柷北一在敔北東西相向一弦三弦五弦七弦九弦琴各一瑟四在金鍾之南西上玉磬之南亦如之東上又於午階之東(太廟則于泰階之東宗祀則于東階之西大朝會則于丹墀香案之東)設篴二箎一巢笙三和笙二爲一列西上(大朝會和笙在篴南)塤一在篴南(大朝會在箎南)閏餘匏一簫各在巢笙南又於午階之西(太廟則于泰階之西宗祀則于西階之東大朝會則于丹墀香案之西)設篴二箎一巢笙二和笙二爲一列東上塤一在篴南七星匏一九星匏一在巢笙南簫一在九星匏西鍾磬柷敔搏拊琴瑟工各坐於壇上(太廟宗祀大朝會則于殿上)塤箎笙篴簫匏工並立於午階之東西(太廟則于泰階之東西宗祀則于西階之間大朝會則于丹墀香案之東西)樂正二人在鍾磬南歌工四人在敔東俱東西相向執麾挾仗色掌事一名在樂虡之西東向樂正紫公服(大朝會服絳朝服方心曲領緋白大帶金銅革帶烏皮履)樂工黑介幘執麾人平巾幘並緋繡鸞衫白絹夾袴抹帶(大朝會同)又上親祠宮架之制(景靈宮宣德門大朝會附)四方各設編鍾三編磬三東方編鍾起北編磬間之東向西方編磬起北編鍾間之西向南方編磬起西編鍾間之北方編鍾起西編磬間之俱北向設十二鎛鍾特磬於編架內各依月律四方各鎛鍾三特磬三東方鎛鍾起北特磬間之東向西方特磬起北鎛鍾間之西向南方特磬起西鎛鍾間之北方鎛鍾起西特磬間之皆北向(景靈宮天興殿鎛鍾編鍾編磬如每歲大祠宮架陳設)植建鼓鞞鼓應鼓於四隅建鼓在中鞞鼓在左應鼓在右設柷敔於北架內柷一在道東敔一在道西設瑟五十二(朝會五十六宣德門五十四)列爲四行二行在柷東二行在敔西次一弦琴七左四右三次三弦琴一十有八(宣德門二十)次五弦琴一十有八(宣德門二十)並分左右次七弦琴二十有三次九弦琴二十有三並左各十有二右各十有一(宣德門七弦九弦各二十五並左十有三右十有二)次巢笙二十有八分左右(宣德門三十二)次匏笙三在巢笙之間左二右一次簫二十有八(宣德門大朝會三十)次竽二十次箎二十有八(宣德門三十六朝會箎三十三左十有七右十有六)次塤一十有八(宣德門朝會二十)次篴一十有八並分左右(宣德門篴三十六朝會三十三左十有七右十有六)雷鼓雷鼗各一在左又雷鼓雷鼗各一在右(地祇雷鼓雷鼗各二大廟路鼗各二大朝會晉鼓二宣德門不設)並在三弦五弦琴之間東西相向晉鼓一在匏笙間少南北向副樂正二人在柷敔之前北向歌工三十有二(宣德門四十朝會三十有六)次柷敔東西相向列爲四行左右各二行樂師四人在歌工之南北東西相向運譜二人在晉鼓之左右北向執麾挾仗色掌事一名在樂虡之右東向副樂正同樂正服(大朝會同樂正朝服)樂師緋公服運譜綠公服(大朝會介幘絳鞲衣白絹抹帶)樂工執麾人並同登歌執麾人服(朝會同)又上親祠二舞之制(大朝會同)文舞六十四人執籥翟武舞六十四人執干戚俱爲八佾文舞分立於表之左右各四佾引文舞二人執纛在前東西相向舞色二人在執纛之前分東西(若武舞則在執旌之前)引武舞執旌二人鼗二人雙鐸二人單鐸二人鐃二人持金錞四人奏金錞二人鉦二人相二人雅二人各立於宮架之東西北向北上武舞在其後舞色長幞頭抹額紫繡袍引二舞頭及二舞郎並紫平冕皂繡鸞衫金銅革帶烏皮履(大朝會引文舞頭及文舞郎並進賢冠黃鸞衫銀褐裙綠襠革帶烏皮履引武舞頭及武舞郎並平巾幘緋鸞衫黃畫甲身紫禮襠大口袴起梁帶烏皮鞾)引武舞人武弁緋繡鸞衫抹額紅錦臂鞲白絹袴金銅革帶烏皮履(大朝會同)又上大祠中祠登歌之制編鍾一在東編磬一在西俱北向柷一在編鍾之北稍西敔一在編磬之北稍東搏拊二一在柷北一在敔北俱東西向一弦三弦五弦七弦九弦琴各一瑟一在編鍾之南西上編磬之南亦如之東上壇下午階之東(太廟別廟則于殿下泰階之東明堂祠廟則于東階之西)設篴一箎一塤一爲一列西上和笙一在篴南巢笙一在箎南簫一在塤南午階之西亦如之東上(太廟別廟則于泰階之西明堂祠廟則于西階之東)鍾磬柷敔搏拊琴瑟工各坐於壇上(明堂太廟別廟于殿上祠廟于堂上)塤箎笙篴簫工並立於午階東西(太廟別廟于太階之東西明堂祠廟于兩階之間若不用宮架即登歌工人並坐)樂正二人在鍾磬南歌工四人在敔東俱東西相向執麾挾仗色掌事一名在樂虡西東向樂正公服執麾挾仗色掌事平巾幘樂工黑介幘並緋繡鸞衫白絹抹帶(三京帥府等每歲祭社稷祀風師雨師雷神釋奠文宣王用登歌樂陳設樂器並同每歲大中祠登歌)又上太祠宮架二舞之制四方各設鎛鍾三各依月律編鍾一編磬一北方應鍾起西編鍾次之黃鍾次之編磬次之大呂次之皆北向東方太簇起北編鍾次之夾鍾次之編磬次之姑洗次之皆東向南方仲呂起東編鍾次之蕤賓次之編磬次之林鍾次之皆北向西方夷則起南編鍾次之南呂次之編磬次之無射次之皆西向設十二特磬各在鎛鍾之內植建鼓鞞鼓應鼓於西隅設柷敔於北架內柷在左敔在右雷鼓雷鼗各二(地祇以靈鼓靈鼗太廟別廟以路鼓路鼗)分東西在歌工之側瑟二在柷東次一弦三弦五弦七弦九弦琴各一各爲一列敔西亦如之巢笙竽箎塤篴各四爲四列在雷鼓之後(若地祇即在靈鼓後太廟別廟在路鼓後)晉鼓一在篴之後俱北向副樂正二人在柷敔之北歌工八人左右各四在柷敔之南東西相向執麾挾仗色掌事一名在宮架西北向副樂正本色公服執麾挾仗色掌事及樂正平巾幘服同登歌樂工(凡軒架之架二面其制去宮架之南面判架之樂二面其制又去軒架之北面特架之樂一面)文武二舞並同親祠惟二舞郎並紫平冕皂繡袍銀褐裙白絹抹帶與親祠稍異詔並頒行五月帝御崇政殿親按宴樂召侍從以上侍立詔曰大晟之樂已薦之郊廟而未施於宴饗比詔有司以大晟樂播之教坊試於殿庭五聲既具無惉懘焦急之聲嘉與天下共之可以所進樂頒之天下其舊樂悉禁於是令尚書省立法新徵角二調曲譜已經按試者並令大晟府刊行後續有譜依此其宮商羽調曲譜自從舊新樂器五聲八音方笙塤箎匏笙石磬之類已經按試者大晟府畫圖疏說頒行教坊鈞容直開封府各頒降二副開封府用所頒樂器明示依式造粥教坊鈞容直及中外不得違令輒高下其聲或別爲他聲或移改增損樂器舊來淫哇之聲如打斷哨笛呀鼓十般舞小鼓腔小笛之類與其曲名悉行禁止違者與聽者悉坐罪八月大晟府奏以雅樂中聲播於宴樂舊闕徵角二調及無土石匏三音今樂並已增入詔頒降天下九月詔大晟樂頒於太學辟廱諸生習學所服冠以弁袍以素紗皂緣紳帶佩玉從劉昺製也昺又上言曰五

行之氣有生有剋四時之禁不可不頒示天下盛德在木角聲乃作得羽而生以徵爲相若用商則刑用宮則戰故春禁宮商盛德在火徵聲乃作得角而生以宮爲相若用羽則刑用商則戰故夏禁商羽盛德在土宮聲乃作得徵而生以商爲相若用角則刑用羽則戰故季夏土王宜禁角羽盛德在金商聲乃作得宮而生以羽爲相若用徵則刑用角則戰故秋禁徵角盛德在水羽聲乃作得商而生以角爲相若用宮則刑用徵則戰故冬禁宮徵此三代之所共行月令所載深切著明者也作樂本以導和用失其宜則反傷和氣夫淫哇殺雜干犯四時之氣久矣陛下親灑宸翰發爲詔旨淫哇之聲轉爲雅正四時之禁亦石所頒協氣則粹美繹如以成詔令大晟府置圖頒降四年正月大晟府言宴樂諸宮調多不正如以無射爲黃鐘宮以夾鐘爲中呂宮以夷則爲仙呂宮之類又加越調雙調大食小食皆俚俗所傳今依月律改定詔可六年詔先帝嘗命儒臣肇造玉磬藏之樂府久不施用其令略加磨礱俾與律合并造金鐘專用於明堂又詔大晟雅樂頃歲已命儒臣著樂書獨宴樂未有紀述其令大晟府編集八十四調并圖譜令劉昺撰以爲宴樂新書十月臣僚乞以崇寧大觀政和所得珍瑞名數分命儒臣作爲頌詩協以新律薦之郊廟以告成功詔送禮制局七年二月典樂裴宗元言乞按習虞書賡載之歌夏五子之歌商之那周之關雎麟趾騶虞鵲巢鹿鳴文王清廟之詩詔可中書省言高麗賜雅樂乞習教聲律大晟府撰樂譜辭詔許教習仍賜樂譜三月議禮局言先王之制舞有小大文舞之大用羽籥文舞之小則有羽無籥謂之羽舞武舞之大用干戚武舞之小則有干無戚謂之干舞武舞又有戈舞焉而戈不用於大舞近世武舞以戈配干未嘗用戚乞武舞以戚配干置戈不用庶協古制又言伶州鳩曰大鈞有鎛無鐘鳴其細也細鈞有鐘無鎛昭其大也然則鐘大器也鎛小鐘也以宮商爲鈞則謂之大鈞其聲大故用鎛以鳴其細而不用鐘以角徵羽爲鈞則謂之小鈞其聲細故用鐘以昭其大而不用鎛然後細大不踰聲應相保和平出焉是鎛鐘兩器其用不同故周人各立其官後世之鎛鐘非特不分大小又混爲一器復於樂架編鐘編磬之外設鎛鐘十二配十二辰皆非是蓋鎛鐘猶之特磬與編鐘編磬相須爲用者也編鐘編磬其陽聲六以應律呂既應十二辰矣復爲鎛鐘十二以配之則於義重複乞宮架樂去十二鎛鐘止設一大鐘爲鐘一小鐘爲鎛一大磬爲特磬以爲衆聲所依詔可四月禮制局言尊祖配天者郊祀也嚴父配天者明堂也所以來天神而禮之其義一也則明堂宜同郊祀用禮天神六變之樂其宮架赤紫用雷鼓雷鼗又圜丘方澤各有大樂宮架自來明堂就用大慶殿大朝會宮架今明堂肇建欲行朔置十月皇帝御明堂平朔左个始以天運政治頒於天下是月也凡樂之聲以應鐘爲宮南呂爲商林鐘爲角仲呂爲閏徵姑洗爲徵太簇爲羽黃鐘爲閏宮既而中書省言五聲六律十二管還相爲宮若以左旋取之如十月以應鐘爲宮則南呂爲商林鐘爲角仲呂爲閏徵姑洗爲徵太簇爲羽黃鐘爲閏宮若以右旋七均之法如十月以應鐘爲宮則當用大呂爲商夾鐘爲角仲呂爲閏徵蕤賓爲徵夷則爲羽無射爲閏宮明堂頒朔欲左旋取之非是欲以本月律爲宮右旋取七均之法從之仍改正詔書行下自是而後樂律隨月右旋仲冬之月皇帝御明堂南面以朝百辟退坐於平朔授民時樂以黃鐘爲宮太簇爲商姑洗爲角蕤賓爲閏徵林鐘爲徵南呂爲羽應鐘爲閏宮調以羽使氣適平季冬之月御明堂平朔右个樂以大呂爲宮夾鐘爲商仲呂爲角林鐘爲閏徵夷則爲徵無射爲羽夾鐘爲閏宮客氣少陰火調以羽尚羽而抑徵孟春之月御明堂青陽左个樂以太簇爲宮姑洗爲商蕤賓爲角夷則爲閏徵南呂爲徵應鐘爲羽大呂爲閏宮客氣少陽相火與歲運同火氣太過調宜羽致其和仲春之月御明堂青陽樂以夾鐘爲宮仲呂爲商林鐘爲角南呂爲閏徵無射爲徵黃鐘爲羽太簇爲閏宮調以羽季春之月御明堂青陽左个樂以姑洗爲宮蕤賓爲商夷則爲角無射爲閏徵應鐘爲徵大呂爲羽夾鐘爲閏宮客氣陽明尚徵以抑金孟夏之月御明堂左个樂以仲呂爲宮林鐘爲商南呂爲角應鐘爲閏徵黃鐘爲徵太簇爲羽姑洗爲閏宮調宜尚徵仲夏之月御明堂樂以蕤賓爲宮夷則爲商無射爲角黃鐘爲閏徵大呂爲徵夾鐘爲羽仲呂爲閏宮客氣寒水調宜尚宮以抑之季夏之月御明堂右个樂以林鐘爲宮南呂爲商應鐘爲角大呂爲閏徵太簇爲徵姑洗爲羽蕤賓爲閏宮調宜尚宮以致其和孟秋之月御明堂總章左个樂以夷則爲宮無射爲商黃鐘爲角太簇爲閏徵夾鐘爲徵仲呂爲羽林鐘爲閏宮調宜尚商仲秋之月御明堂總章樂以南呂爲宮應鐘爲商大呂爲角夾鐘爲閏徵姑洗爲徵蕤賓爲羽夷則爲閏宮調宜尚商季秋之月御明堂總章右个樂以無射爲宮黃鐘爲商太簇爲角姑洗爲閏徵仲呂爲徵林鐘爲羽南呂爲閏宮調宜尚羽以致其平閏月御明堂闔左扉樂以其月之律十一月知永興軍席旦言太學辟廱士人作樂皆服士服而外路諸生尚衣襴幞望下有司考議爲圖式以頒外郡八年八月宣和殿大學士蔡攸言九月二日皇帝躬祀明堂合用大樂按樂書正聲得正氣則用之中聲得中氣則用之自八月二十八日已得秋分中氣大饗之日當用中聲樂今看詳古之神瞽考中聲以定律中聲謂黃鐘也黃鐘卽中聲非別有一中氣之中聲也考閱前古初無中正兩樂若以一黃鐘爲正聲又以一黃鐘爲中聲則黃鐘君聲不當有二况帝指起律均法一定大呂居黃鐘之次陰呂也臣聲也今減黃鐘三分則入大呂律矣易其名爲黃鐘中聲不唯紛更帝律又以陰呂臣聲僭竊黃鐘之名若依樂書正聲得正氣則用之中聲得中氣則用之是冬至祀天夏至祭地常不用正聲而用中聲也以黃鐘爲正聲易大呂爲中聲之黃鐘是帝律所起黃鐘常不用而大呂常用也抑陽扶陰退律進呂爲害斯大無甚於此今來宗祀明堂緣八月中氣未過而用中聲樂南呂爲宮則本律正聲皆不得預欲乞廢中聲之樂一遵帝律止用正聲協和天人刊正訛謬著於樂書詔可攸又乞取已頒中聲樂在天下者宣和元年四月攸上書奉詔製造太少二音登歌宮架用於明堂漸見就緒乞報大晟府者凡八條一太正少鐘三等舊制編鐘編磬各一十六枚應鐘之外增黃鐘大呂太簇夾鐘四清聲今既分太少則四清聲不當兼用止以十二律正聲各爲一架其二太正少琴三等舊制一三五七九弦凡五等今來討論並依律書所載止用五弦弦大者爲宮而居中央君也商張右傍其餘大小相次不失其序以爲太正少之制而十二律畢無遺音其一三五七九弦太少樂內更不製造其三太正少籥三等謹按周官籥章之職龡以迎寒暑王安石曰籥三孔律呂於是乎生而其器不行於世久矣近得古籥嘗以頒行今如爾雅所載製造太正少三等用爲樂本設於衆管之前其四太正少篴塤篪簫各三等舊制簫一十六管如鐘磬之制有四清聲今既分太少其四清聲亦不合兼用止用十二管其五大晟匏有三色一曰七星一曰九星三曰閏餘莫見古制匏備八音不可闕數今已各分太正少三等而閏餘尤無經見唯大晟樂書稱匏造十三簧者以象閏餘十者土之成數三者木之生數木得土而能生也故獨用黃鐘一清聲黃鐘清聲無應閏之理今去閏餘一匏上用兩色仍改避七星九星之名止曰七管九管其六舊制有巢笙竽笙和笙巢笙自黃鐘而下十九管非古制度其竽笙和笙並以正律林鐘爲宮三笙合奏曲用兩調和笙奏黃鐘曲則巢笙奏林鐘曲以應之宮徵相雜器本宴樂今依鐘磬法裁十二管以應十二律爲太正少三等其舊笙更不用其七柷敔晉鼓鎛鐘特磬雖無太少係作止和樂合行備設其八登歌宮架有搏拊二器按虞書戛擊鳴球搏拊琴瑟王安石解曰或戛或擊或搏或拊與虞書所載乖戾今欲乞罷而不用詔悉從之攸之弟絛曰初漢津獻說請帝三指之三寸三合而爲九爲黃鐘之律又以中指之徑圍爲容盛度量權衡皆自是而出又謂有太聲有少聲太者清聲陽也天道也少者濁聲陰也地道也中聲其間人道也合三才之道備陰陽之奇偶然後四序可得而調萬物可得而理當時以爲迂怪劉昺之兄煒以曉樂律進未幾而卒昺始主樂事乃建白爲太少不合儒書以太史公書黃鐘八寸七分琯爲中聲奏之於初氣班固書黃鐘九寸琯爲正聲奏之於中氣因請帝指時止用中指又不得徑圍爲容盛故後凡制器不能成劑量工人但隨律調之大率有非漢津之本說者及政和末明堂成議欲爲布政調變事乃召武臣前知憲州任宗堯換朝奉大夫爲大晟府典樂宗堯至則言太少之說本出於古人雖王朴猶知之而劉昺不用乃自梆黃鐘爲兩律黃鐘君也不宜有兩蔡攸方提舉大晟府不喜佗人預樂有士人田爲者善琵琶無行攸乃奏爲大晟府典樂遂不用中聲八寸七分琯而但用九寸琯又爲一律長尺有八寸曰太聲一律長四寸有半曰少聲是爲三黃鐘律矣律與容盛又不翅數倍黃鐘旣四寸有半則圍鐘幾不及二寸諸品大小皆隨律蓋但以器大者爲太小者爲少樂始成試之於政事堂執政心知其非然不敢言因用之於明堂布政望鶴愈不至條又曰宴樂本雜用唐聲調樂器多夷部亦唐律徵角二調其均自隋唐間已亡政和初命大晟府改用大晟律其聲下唐樂已兩律然劉昺止用所謂中聲八寸七分琯爲之又作匏笙塤篪皆入夷部至於徵招角招終不得其本均大率皆假之以見徵音然其曲譜頗和美故一時盛行於天下然教坊樂工嫉之如讐其後蔡攸復與教坊用事樂工附會又上唐譜徵角二聲遂再命教坊制曲譜既成亦不克行而止然政和徵招角招遂

傳於世矣二年八月罷大晟府製造所并協律官四年十月洪州奏豐城縣民鋤地得古鐘大小九具狀制奇異各有篆文驗之考工記其制正與古合令樂工擊之其聲中律之無射繪圖以聞七年十二月金人敗盟分兵兩道入詔革弊事廢諸局於是大晟府及教樂所教坊額外人並罷靖康二年金人取汴凡大樂軒架樂舞圖舜文二琴教坊樂器樂書樂章明堂布政閏月體式景陽鐘并虡九鼎皆亡矣

宋史卷一百二十九考證

樂志四先奏舊樂三門曲未終○三門通考作三闕當從之

宋史卷一百三十

元　中書右丞相總裁脫脫等修

樂志第八十三

樂五

高宗南渡經營多難其於稽古飾治之事時靡遑暇建炎元年首詔有司曰朕承祖宗遺澤獲託臣民之上扶顛持危夙夜痛悼況於聞樂以自爲樂實增感於朕心二年復下詔曰朕方日極憂念屏遠聲樂不令過耳承平典故雖實廢名存亦所不忍悉從減罷是歲始據光武舊禮以建武二載刱立郊祀乃十一月壬寅祀天配祖勑東京起奉大樂登歌法物等赴行在所就惟揚江都築壇行事凡鹵簿樂舞之類率多未備嚴更警場至就取中軍金鼓權一時之用紹興元年始饗明堂時初駐會稽而渡江舊樂復皆燬散太常卿蘇遲等言國朝大禮作樂依儀合於壇殿上設登歌壇殿下設宮架今親祠登歌樂器尚闕宣和添用籥色未及須降州郡無從可以辦製宜權用望祭禮例止設登歌用樂工四十有七人乃訪舊工以備其數四年再饗國子丞王普言按書舜典命夔曰詩言志歌永言聲依永律和聲蓋古者既作詩從而歌之然後以聲律協和而成曲自歷代至於本朝雅樂皆先製樂章而後成譜崇寧以後乃先製譜後命詞於是詞律不相諧協且與俗樂無異乞復用古製又按周禮奏黃鐘歌大呂以祀天神黃鐘堂下之樂大呂堂上之樂也郊祀之禮皇帝版位在午階下故還位之樂當奏黃鐘明堂版位在阼階上則還位當歌大呂今明堂禮不下堂而襲郊祀還位例並奏黃鐘之樂於義未當尋皆如普議先是帝嘗以時難備物禮有從宜勑戒有司參酌損益務從簡儉仍權依元年例令登歌通作宮架其押樂舉麾官及樂工器服等蠲省甚多既而國步漸安始以保境息民爲務而禮樂之事寖以興矣十年太常卿蘇攜言將來明堂行禮除登歌大樂已備見闕宮架樂舞諸路州軍先有頒降登歌大樂乞行搜訪應用丞周執羔言大樂兼用文武二舞今殿前司將下任道係前大晟府二舞色長深知舞儀宜令赴寺教習卿陳桷言前期五使例合按閱仍詔應侍祠執事朝臣並作樂教習禮儀博士周林復言神位席地陳設至尊親行酌獻堂上下皆地坐作樂而鐘磬工乃設木小榻當教習日使立以考擊庶革循習簡陋之弊初上居諒闇臣僚有請罷明堂行禮奏樂受胙等事上諭禮官詳定太常寺檢照景德熙豐親郊典故除郊廟景靈宮並合用樂其鹵簿鼓吹及樓前宮架諸軍音樂皆備而不作每處警場止鳴金鉦鼓角而已卽無去奏樂受胙之文大饗爲民祈福爲上帝宗廟而作樂禮不敢以卑廢尊書歛五福錫庶民況熙寧禮尤可考其赦文有曰六樂備舞祥祉未臻是也於是詔遵行之其後禮部侍郎施坰奏禮經蕃樂出於荒政蓋一時以示貶抑昨內外暫止用樂今徽考大事既畢慈寧又已就養其時節上壽理宜舉樂一如舊制禮部尋言太母還宮國家大慶四方來賀自今冬至元正舉行朝賀之禮依國朝故事合設大仗及用樂舞等庶幾明天子之尊祐陵深弓劍之藏長樂遂晨昏之養昭答神天就臨安舊典不至廢墜有詔俟來年舉行十有三年郊祀詔以行在所修建圜壇於是有司言大禮排設備樂宮架樂辦一料外登歌樂依在京夏祭例合用兩料其樂器登歌則用編鐘磬各一架柷敔二搏拊鼓二琴五色自一二三五七至九弦各二瑟四篴四塤箎簫並二巢笙和笙各四并七星九曜閏餘匏笙各一麾幡一宮架則用編鐘編磬各十二架柷敔二琴五色各十瑟二十六巢笙及簫並一十四七星九曜閏餘匏笙各一竽笙十塤一十二箎一十八篴二十晉鼓一建鼓四麾幡一乃從太常下之兩浙江南福建州郡又下之廣東西荊湖南北括取舊管大樂上於行都有闕則下軍器所製造增修雅飾而樂器寖備矣其樂工詔依太常寺所請選擇行止畏謹之人合登歌宮架凡用四百四十人同日分詣太社太稷九宮貴神每祭各用樂正二人執色樂工掌事掌器三十六人三祭共一百一十四人文舞武舞計用一百二十八人就以文舞番充其二舞引頭二十四人皆召募補之樂工舞師照在京例分三等廩給其樂正掌事掌器自六月一日教習引舞色長文武舞頭舞師及諸樂工等自八月一日教習於是樂工漸集十四年太常寺言將來大禮見闕玉磬十六枚其所定聲律係於玉分厚薄取聲高下正聲凡十有二黃鐘厚八分進而爲大呂太簇夾鐘姑洗仲呂蕤賓林鐘夷則南呂無射應鐘每律增一分至應鐘一寸九分而止清聲夾鐘厚二寸三分退而爲太簇大呂黃鐘共四清聲各減一分至黃鐘二寸而止乃下之四川茶馬司寬數增分市易以供用太常博士張晟又言大樂所用武舞之飾以干配刀周禮司兵祭祀授舞者兵先儒謂授以朱干玉戚郊特牲朱干玉戚冕而舞大武乃從所請倣三禮圖令造玉戚以配舞於是歲始上徽宗徽號特製顯安之樂至於奉皇太后冊寶於慈寧宮樂用聖安皇后受冊寶於穆清殿樂用坤安亦皆先後參次而舉顯安以無射夾鐘爲宮周大司樂饗先王奏無射而歌夾鐘夾鐘之六五上生無射之上九夾鐘卯之氣二月建焉而辰在降婁無射戌之氣九月建焉而辰在大火無射陽律之終夾鐘實爲之合蓋取其相親合而萃祖考之精神於假廟也聖安純用大呂坤安純用中呂大呂陰律之首崇母儀也中呂陰律之次明婦順也明年正旦朝會始陳樂舞公卿奉觴獻壽据元豐朝會樂第一爵登歌奏和安之曲堂上之樂隨歌而發第二爵笙入乃奏瑞曲惟吹笙而餘樂不作第三爵奏瑞曲堂上歌堂下笙一歌一吹相間第四爵合樂仍奏瑞曲而上下之樂交作今悉倣舊典首奏和安次奏嘉木成文滄海澄清瑞粟呈祥三曲其樂專以太簇爲宮太簇之律生氣湊達萬物於三統爲人正於四時爲孟春故元會用之時給事中段拂等討論景鐘制度按大晟樂書黃鐘者樂所自出而景鐘又黃鐘之本故爲樂之祖惟天子郊祀上帝則用之自齋宮詣壇則擊之以召至陽之氣既至聲闋衆樂乃作祀事既畢升輦又擊之蓋天者群物之祖今以樂之祖感之則天之百神可得而禮音韻清越拱以九龍立於宮架之中以爲君圍環以四清聲鐘磬鎛鐘特磬以爲臣圍編鐘編磬以爲民圍內設寶鐘球玉外爲龍虡鳳琴景鐘之高九尺其數九九實高八尺一寸垂則爲鐘仰則爲鼎鼎之大中於九斛退藏實八斛有一焉內出皇祐大樂中黍尺參以太常舊藏黃鐘律編鐘高適九寸正相脗合遂遵用黍尺製造鐘成命左僕射秦檜爲之銘其文曰皇宋紹興十六年中興天子以好生大德既定寰宇乃作樂以暢天地之化以和神人維茲景鐘首出衆樂天子專用禋祀謹拜手稽首而獻銘其銘曰德純懿兮舜文繼躋壽域兮執內外薦上帝兮偉茲器聲氣應兮同久視貽子孫兮彌萬世旋又命禮局造鑄鐘四十有八編磬一百八十七特磬四十八及添製編鐘等命軍器所造建鼓八雷鼓二晉鼓一雷鼗二柷敔各四壽製金鐘玉磬二架初元豐本虞庭鳴球及晉賀循采玉造磬之義命榮咨道肇造玉磬元祐親祠書一用之久藏樂府至政和加以磨礱俾協音律并造金鐘專用於明堂蓋堂上之樂歌鐘居左歌磬居右金稟氣於乾純精至貴故鐘必以金磬必以玉始備金聲玉振之全此中興所以繼作也於是帝諭輔臣以鐘磬音律其餘皆和惟黃鐘大呂猶未應律宜熟加攷究詔禮官以鑄造鎛鐘更須詳審令聲和而律應乃可奉祀命太常前期按閱仍用皇祐進呈雅樂禮例皇帝御射殿召宰執侍從臺諫寺監館閣及武臣刺史以上閱視新造景鐘及禮器皇帝卽御坐撞景鐘用正旦朝會三曲奏宮架之樂其製造官推恩有差添置景鐘樂正一鎛鐘樂工十有二特磬樂工亦如之次降下古制銅錞一增造其二古銅鐃一增造其六改造登歌夷則律玉磬降到長篴二十有四並付太常寺掌之專俟大禮施用既而刑部郎官許興古奏比歲休祥協應靈芝產於廟楹瑞麥秀於留都昔乾德六年嘗詔和峴作瑞木馴象及玉烏皓雀四瑞樂章以備登歌願依典故製爲樂章登諸郊廟詔從其請命學士沈虛中作歌曲以薦於太廟圜丘明堂尋又內出御製郊祀大禮天地宗廟樂章及詔宰執學士院兩省官刪修郊祀大禮樂章付太常肄習天子親祀南郊圜鐘爲宮三奏樂凡六成歌景安用文德武功之舞饗明堂夾鐘爲宮三奏樂凡九成歌誠安用佑文化俗威功睿德之舞前二日朝獻景靈宮圜鐘爲宮三奏凡六成所奏樂與南郊同歌興安用發祥流慶降真觀德之舞前一日朝饗太廟黃鐘爲宮三奏樂凡九成歌興安所用文武二舞

與南郊同僖祖廟用基命之樂舞翼祖廟用大順之樂舞宣祖廟用天元之樂舞太祖廟用皇武之樂舞太宗廟用大定之樂舞眞宗仁宗廟樂舞曰熙文曰美成英宗神宗廟樂舞曰治隆曰大明哲宗徽宗欽宗廟樂舞曰重光曰承元曰端慶皆以無射宮奏之每歲祀昊天上帝者凡四正月上辛祈穀孟夏雩祀季秋饗明堂冬至祀圜丘是也圜鍾爲宮樂奏六成與南郊同乃用景安之歌帝臨嘉至神娭錫羨之舞祀地祇者夏至祀皇地祇樂奏八成乃用寧安之歌儲靈錫慶嚴恭將事之舞立冬後祀神州地祇樂奏八成歌寧安與祀皇地祇同名而異曲廣生儲祐厚載凝福之舞孟春上辛祀感生帝其歌大安其樂舞則與歲祀昊天同三年一祫及時饗太廟九成之樂興安之歌與大禮前事朝饗同而用孝熙昭德禮洽儲祥之舞太社太稷用寧安八成之樂與歲祀地祇同至於親製贊宣聖及七十二弟子以廣崇儒右文之聲親視學行酌獻定釋奠爲大祀用凝安九成之樂郡邑行事則樂止三成他如親饗先農親祀高禖則敞壇壝奏樂舞按習於同文館法惠寺親耕籍田則据宣和舊制陳設大道而引呈耒耜護衞耕根車儀仗鼓吹至以二千人爲率先農樂用靜安高禖樂用景安皇帝親行三推禮樂用乾安其補苴軼典蒐講彌文者至矣先朝凡雅樂皆以安名中興一遵用之南郊樂其宮圜鍾明堂樂其宮夾鍾圜鍾卽夾鍾也夾鍾生於房心之氣實爲天帝之堂故爲天宮祭地祇其宮函鍾卽林鍾也林鍾生於未之氣未爲坤位而天社地神實在東井鬼輿之外故爲地宮饗宗廟其宮用黃鍾黃鍾生於虛危之氣虛危爲宗廟故爲人宮此三者各用其聲類求之然天宮取律之相次圜鍾爲陰聲第五陰將極而陽生故取黃鍾爲角黃鍾陽聲之首也太簇陽聲之第二故太簇爲徵姑洗陽聲之第三故姑洗爲羽天道有自然之秩序乃取其相次者以爲聲地宮取律之相生函鍾上生太簇故太簇爲角太簇下生南呂南呂上生姑洗故南呂爲徵姑洗爲羽地道資生而不窮乃取其相生者以爲聲人宮取律之相合黃鍾子大呂丑故黃鍾爲宮大呂爲角子合丑也太簇寅應鍾亥故太簇爲徵應鍾爲羽寅合亥也人道以合而相親乃取其合者以爲聲周之降天神出地示禮人鬼樂之綱要實在於此獨商聲置而不用蓋商聲剛而主殺實鬼神之所畏也樂奏六成者卽倣周之六變八成九成亦如之文武二舞皆用八佾國初始改崇德之舞曰文德

改象成之舞曰武功其發祥流慶降眞觀德則祥符所製以薦獻聖祖其佑文化俗威功睿德則皇祐所製以奉明禋其祀帝有司行事以帝臨嘉至神娭錫羨與夫獻太廟以孝熙昭德禮洽儲祥則製於元豐其廣生儲佑厚載凝福以祀方澤則製於宣和至紹興祀皇地祇易以儲靈錫慶嚴恭將事而用宣和所製舞以分祀神州地祇轉相緝熙樂舞寖備至中興而廢續裁定實集其成中祀而下多有樂而無舞則在禮凡小祭祀不興舞之義也紹興三十一年有詔教坊日下蠲罷各令自便蓋建炎以來畏天敬祖虔恭祀事雖禮樂煥然一新然其始終常以天下爲憂而未嘗以位爲樂有足稱者孝宗初踐大位立班設仗於紫宸殿備陳雅樂禮官尋請車駕親行朝饗用登歌金玉大樂及綵繪宮架樂舞仗內鼓吹以欽宗喪制不用迨安穆皇后祔廟禮部侍郎黃中首言國朝故事神主升祔係用鼓吹導引前至太廟乃用樂舞行事宗廟薦享雖可用樂鼓吹施於道路情所未安請備而不作續下給舍詳議謂薦享宗廟爲祖宗也故以大包小則別廟不嫌於用樂今祔廟之禮爲安穆而行豈可與薦享同日語將來祔禮謁祖宗諸室當用樂舞至別廟奉安宜停而不用蓋用樂於前殿是不以欽宗而廢祖宗之禮停樂於別廟是安穆爲欽宗喪禮而屈也如此則於禮順於義允遂俞其請旣而名正言周操上言祖宗前殿尊無二上其於用樂無復有嫌然用之享廟行禮之日則可而用於今日之祔則不可蓋祔禮爲安穆而設則其所用樂是爲安穆而用雖曰停於別廟而爲祔后用樂之名猶在也孰若前後殿樂俱不作爲無可議哉詔從之隆興元年天申節率群臣詣德壽宮上壽議者以欽宗服除當舉樂事下禮曹黃中復奏曰臣事君猶子事父也春秋賊未討不書葬以明臣子之責況欽宗實未葬而可遽作樂乎事遂寢乾道改元始郊見天地太常洪适奏聖上踐阼務崇乾德郊丘講禮專以誠意交於神明竊謂古今不相沿樂金石八音不入俗耳通國鮮習其藝而聽之則倦且窾獨以古樂嘗用之郊廟爾昔者竽工鼓員不應經法孔光何武嘗奏罷於漢代前史是之今樂工爲數甚夥其鹵簿六引前後鼓吹有司已奏明詔三分減一惟是肄習尙踰三月之淹夫驅游手之人振金擊石安能盡中音律使鳳儀而獸舞而日給虛耗總爲緡錢近二百萬若從裁酌用一月教習自可應聲合節不至闕事於是詔郊祀樂工令肄習一月太常寺復言郊祀合用

節奏樂工登歌宮架樂工引無於上其分諸社稷及別廟並番輪應奉更不添置尋以禮官裁減壇下宮架二百七人省十之一琴二十人瑟十二人各省其半笙簫篴可省者十有八人箎塤可省者十人其分詣給祠凡一百十四止用八十人鐘磬凡四十八架止設三十有二人其宮架鐘磬仍舊排殿門慢樂色量省人數悉報如章禮部郎官蕭國梁又言議禮者嘗援紹興指揮時饗亞獻旣入太室卽引終獻行事雖便於有司侍祠免至跛倚而其流將至於簡宗廟用之郊饗尤爲非宜蓋有獻必有樂卒爵而後樂闋今亞終獻樂舞雖同而其作有始其成有終不可亂也若使之相繼行事雜然於酌獻之間則其爲樂舞者不知亞獻之樂耶終獻之樂耶詔從其請訂定淳熙六年始舉明堂禋禮命五使按雅樂并嚴更警場於貢院奉詔將樂器依堂上堂下儀制排設五使及應赴官僚從旁立觀按閱仍聽往來察視時大禮使趙雄言前例閱樂至皇帝詣飮福位一曲卽五使以下皆立而每閱奠玉帛及酌獻等樂皆坐自如於禮未盡不當襲用前例故有是詔旣而禮官討論自紹興以來凡五饗明堂禮畢還輦並未經用樂卽無作樂節次可考乃參酌禮例成禮稱賀及肆赦用樂導駕並用皇祐大饗典故施行其南郊明堂儀注實述紹興成憲又命有司兼酌元豐大觀舊典爲後世法程其用樂作止之節粲然可觀前三日太常設登歌樂於壇上稍南北向設宮架於壇南內壝之外立舞表於酇綴之間明堂登歌設於堂上前楹間宮架設於庭中前一日設協律郎位二一於壇上樂虡西北一於宮架西北押樂官一太常丞於登歌樂虡北太常卿於宮架北省牲之夕押樂太常卿及丞入行樂架協律郎展視樂器祀之日樂正帥工人二舞以次入皇帝乘輿自青城齋殿出樂正撞景鐘降輿入大次景鐘止明堂不用景鐘服大裘袞冕自正門入協律郎跪俯伏舉麾興工鼓柷宮架乾安之樂作凡升降行止皆奏之明堂奏儀安至午階版位西向立協律郎偃麾戞敔樂止明堂至作階下樂止凡樂皆協律郎舉麾而後作偃麾而後止禮儀使奏請行事宮架作景安之樂明堂作誠安文舞進左丞相等升詣神位前樂作六成止皇帝執大圭再拜內侍進御匜帨宮架樂作帨手畢樂止禮儀使前導升壇宮架樂作至壇下樂止升自午階明堂並升自作階登歌樂作至壇上樂止登歌嘉安之樂作明堂至堂上作鎭安奠鎭圭奠玉幣於上帝樂止請皇地祇太祖太宗神位前如上儀禮儀使導還版位登歌樂作降階樂止明堂降自作階宮架

樂作至版位樂止奉俎官入正門宮架豐安之樂作明堂作禧安跪奠俎訖樂止內侍以御匜帨進宮架樂作帨手拭爵樂止禮儀使導升壇宮架樂作至午階樂止升自午階登歌樂作至壇上樂止明堂無升壇登歌禧安之樂作明堂作慶安詣神位前三祭酒少立樂止讀冊皇帝再拜每詣神位並如之禮儀使導還版位登歌樂作降階樂止宮架樂作至版位樂止奏請還小次宮架樂作入小次樂止武舞進宮架正安之樂作明堂作穆安舞者立定樂止亞獻升詣酌尊所西向立宮架正安之樂作明堂皇太子爲亞獻作穆安三祭酒以次酌獻如上儀樂止終獻亦如之奏請詣飮福位宮架樂作至午階樂止升自午階登歌樂作將至位樂止登歌禧安之樂作明堂作胙安飮福禮畢樂止禮儀使導還版位登歌樂作降階樂止宮架樂作至版位樂止明堂降階不徹豆登歌熙安之樂作明堂作歆安送神宮架景安之樂作一成止明堂作誠安詣望燎望瘞位宮架樂作至位樂止明堂有燎無瘞燎瘞畢還大次宮架乾安之樂作明堂作慰安至大次樂止皇帝乘大輦出大次樂正撞景鐘明堂不用景鐘鼓吹振作降輦還齋殿景鐘止百官宗室班賀於端誠殿奏請聖駕進發軍樂導引至麗正門大樂正令奏采茨之樂入門樂止明堂就賀于紫宸殿不奏采茨乃御麗正門肆赦前期太常設宮架樂於門之前設鉦鼓於其西皇帝升門至御閣大樂正令撞黃鍾之鐘右五鐘皆應乾安之樂作升御坐樂止金雞立太常擊鼓囚集鼓聲止宣制畢太樂正令撞蕤賓之鐘左五鐘皆應皇帝還御幄樂止乘輦降門作樂導引至文德殿降輦樂止按大禮用樂凡三十有四色歌色一篴色二塤色三箎色四笙色五簫色六編鐘七編磬八鎛鐘九特磬十琴十一瑟十二柷敔十三搏拊十四晉鼓十五建鼓十六鞞應鼓十七雷鼓祀天神用十八雷鼗鼓同上十九靈鼓祭地祇用二十靈鼗鼓同上二十一露鼓饗宗廟用二十二露鼗鼓同上二十三雅鼓二十四相鼓二十五單鼗鼓二十六旌纛二十七金鉦二十八金錞二十九單鐸三十雙鐸三十一鐃鐸三十二奏坐三十三麾幡三十四此國樂之用尤大者故具載於篇初紹興崇建皇儲詔有司備禮冊命然在欽宗恤制未及製樂乾道初元詔立皇太子命禮部太常寺討論舊禮以聞受冊日陳黃麾仗於大慶殿設宮架樂於殿庭皇帝升御坐作乾安之樂升用黃鍾宮降用蕤賓宮皇太子入殿門作明安之樂受冊出殿門亦如之皆用應鐘宮至七年易應鐘而奏以姑洗古者太子生則太師吹管以度其聲觀所協之律有虞典樂

敎冑子自天子之元子皆以樂爲敎所以養其性情之正蕩滌邪穢消融查滓而和順於道德則陳金石雅奏以重元良冊拜宜倣古誼式昭盛禮繇唐李世儲貳罕定國家益多故而禮廢樂闕至於建隆定樂雖詔皇太子出入奏良安至道始冊皇太子有司言太子受冊宜奏正安之樂百年曠典至是舉行中外胥悅至天禧冊命禮儀院復奏改正安之樂乾道之用明安實祖述天禧而以姑洗爲宮則唐東宮軒垂奏樂舊貫云孝宗素恭儉每賀正使赴宴作樂多遇上辛齋禁有司條治平用樂典故以進及生辰使上壽適親郊散齋樞密副使陳俊卿請以禮諭北使毋用樂不得已則上壽之日設樂而宣旨罷之及宴使入然後用之庶存事天之誠上可其奏且曰宴殿雖進御酒亦勿用宰相葉顒魏杞方主用樂之議以爲樂奏於紫宸乃使客之禮俊卿獨奏曰適奉詔旨仰見聖學高明過古帝王遠甚彼初未嘗必欲用樂而我乃望風希意自爲失禮以徇之他日輕侮何所不至尋詔垂拱上壽止樂正殿猶爲北使權用後三年賀使當朝辭復值散齋上乃諭館伴以決意去樂及議所以處之者如使人必以作樂爲言則移茶酒就驛管領遂有更不用樂之詔其後因雨澤愆期分禱天地宗廟精修雩祀按禮大雩帝用盛樂而唐開元祈雨雩壇謂之特祀乃不以樂薦於是太常朱時敏言通典載雩禮用舞僮歌雲漢晉蔡謨議謂雲漢之詩興於宣王歌之者取其修德禳災以和陰陽之義乞用舞僮六十四人衣玄衣歌雲漢之詩詔亟從之淳熙二年詔以上皇加上尊號立春日行典受禮有司尋言乾道加尊號用宮架三十六樂工共一百一十三人今來加號慶受事體尤重合依大禮例用四十八架樂正樂工用一百八十八人庶得禮樂明備仍令分就太常寺貢院前五日敎習前期太常設宮架之樂於大慶殿協律郎位於宮架西北東向押樂太常卿位於宮架之北北向皇太子及文武百僚並位於宮架之北東西相向又設宮架於德壽殿門外協律郎太常卿位如之及發冊寶日儀仗鼓吹列於大慶殿門樂正師二人以次入贊者引押樂太常卿協律郎入就位奏中嚴外辦訖禮儀使奏請皇帝恭行發冊寶之禮太常卿導冊寶正安之樂作中書令奉寶侍中奉冊進行禮安之樂作發寶冊畢鼓吹振作儀衞等以次從行皇帝自祥曦殿輦至德壽宮行禮冊寶入殿門作正安之樂上皇出宮作乾安之樂升御坐奉上冊寶作聖安之樂降御坐作乾安之樂太后冊寶進行用正安出閤升坐用坤安降坐入閤復作坤安之樂禮部尚書趙雄等言國朝舊制車駕出奏樂今慶典之行亘古未有自非禮儀詳備無以副中外歡愉之心請慶壽行禮日聖駕往還並用樂及簪花詔從之既而太常又言郊禋禮成宜進胙慈闈行上壽飲酒禮所有上壽合辨仙樓仍用樂其樂人照天申節禮例凡上詣德壽宮或恭請上皇游幸或至南內或上皇命同宴游或時序賞適過宮侍宴或聖節張樂珥花奉玉巵爲上皇壽率從容竟日隆養至樂備極情文及高宗之喪孝宗力行三年之制有司雖未嘗別設樂禁而過期不忍聞樂金使以會慶節來賀稽之舊典引對使人或許上壽惟輟樂不舉孝宗斷以禮典郤其書幣就館遣行次年再至始用紹興故事移宴於館而不作樂高宗升祔太常言祔饗行禮當設登歌宮架樂舞晨祼饋食其用樂如朝饗之制於是高宗廟昉奏大德之樂舞禮部言今虞祔之行純用古禮導引神主自有衞仗及太常鼓吹而雜用道釋於禮非經乞行蠲免詔從其請既而大享明堂起居舍人鄭僑奏祭祀於事爲大禮樂於用爲急然先王處此有常變之不同各務當其禮而已昔舜居堯喪三載遏密後世既用漢文以日易月之文又用漢儒越紼行事之制循習既久不特用禮而又用樂去古愈遠聖主躬服通喪有司請舉大禮屈意從之且大饗之禮祭天地也聖主身親行之行禮作樂似不可廢其他官分獻與夫先期奏告例用樂者權宜獨寢不亦可乎今若因明堂損益而裁定之亦足爲將來法乃命太常討論始詔除降神奠玉幣奉俎酌獻撤舞徹豆送神依典禮作樂外所有皇帝及獻官盥洗登降等樂皆備而不作云

宋史卷一百三十一

元中書右丞相總裁脫脫等修

樂志第八十四

樂六

光宗受禪崇上壽皇聖帝壽成皇后暨壽聖皇太后尊號壽皇樂用乾安壽聖壽成樂用坤安三殿慶禮在當時侈爲盛儀尋以禮部太常寺言國朝歲饗上帝太祖肇造王業則配冬饗於圜丘太宗混一區宇則春祈穀夏大雩秋明堂俱配焉高宗身濟大業功德茂盛所宜奉侑仰繼祖宗以協先儒嚴祖之議以彰文祖配天之烈乃季秋升侑於明堂奠幣用宗安之樂酌獻用德安之樂並登歌作大呂宮及加上高宗徽號奉冊寶以告用顯安之樂紹熙元年始行中宮冊禮發冊於文德殿皇帝升降御坐用乾安之樂持節展禮官出入殿門用正安之樂受冊於穆清殿皇后出就褥位用坤安至位用承安受冊寶用咸安受內外命婦賀就坐用和安內命婦進行賀禮用惠安外命婦進行賀禮用咸安皇后降坐用徽安歸閤用太安冊寶入殿門用宜安宋初立后自景祐始行冊命之禮元祐納后典章彌盛而六禮發冊書日樂備不作惟皇后入宣德門朝臣班迎鳴鐘鼓而已崇寧中乃陳宮架用女工皇后升降行止並以樂爲節至紹興復製樂以重褘翟詔執色勿用女工令太常止於門外設樂隆興冊禮時則國樂未舉淳熙始遵用之而紹熙敷賁舊典於此特加詳備紹興樂奏仲呂宮仲呂爲陰紹熙樂奏太簇宮太簇爲陽用樂同而換律異焉明年郊祀太常耿秉奏致敬鬼神以禮樂爲本樂欲其備音欲其和今所用雷鼓之屬正所以祀天致神而皮革虛緩聲不能振應登歌大樂樂器及樂舞工人冠服有積歲久而損弊者宜葺新之太常在籍樂工不給於役召募百姓罕能習熟郊祀事重其樂工親扈乘輿和樂雅奏期以接天地享祖宗請優其日廩以籍田司錢給之樂藝稍精仍如賞勸其緣託權要送名充數者嚴戢絕之又言大禮前期皇帝朝饗太廟別廟內安穆安恭皇后二室前此係大臣分詣行事今既請詣室祼其酌獻升殿所奏樂曲恐不相協宜命有司更製皆從之寧宗即位孝宗升祔祧僖祖立別廟禮官言僖祖既倣唐興聖立爲別廟遇祫則即廟以饗孟冬祫饗日合先詣僖祖廟室行禮其樂舞欲依每歲別廟五饗設樂禮例於僖祖添設登歌樂如僖廟行禮就廟殿依次作登歌樂其宮架樂則於太廟殿上通作詔從之既而臣僚言皇帝因重明聖節詣壽康宮上壽舉樂仰體聖主事親盡孝之志俯遂臣子尊君親上之忱此國家典禮之大者也檢照典故天申節賜御筵在上壽次日今乃於前一日賜文武百僚宴重明上壽用樂攸始而臣下聽樂乃在君父之先義有未安遂命改用次日凡奉上冊寶於慈福壽康宮者再備樂行禮一用乾道舊制尋御文德殿制冊皇后有司請設宮架之樂依儀施行慶元六年瑞慶節金使至以執光宗慈懿皇后喪詔就驛賜御筵並不作樂嘉定二年明堂大饗禮部尚書章潁奏太常工籍闕少率差借執役當親行薦饗或容不根游手出入殿庭非所以肅儀衞嚴禁防也乞申紹興開僖已行禁令不許用市井替名顯示懲戒庶俾駿奔之人小大嚴潔以稱精禋臣僚又奏郊祀登歌列於壇上簉於上龜蓋在天地祖宗之側也宮架列於午階下則百神所同聽也夫樂音莫尚於和今絲竹管絃類有鬪斷拊搏佾舞賤工寠人往往垢敝攙雜宜申嚴以肅祀事皆俞其請至十四年詔山東河北連城慕義殊俗效順奉玉寶來獻其文曰皇帝恭膺天命之寶實惟我祖宗之舊乃明年元日上御大慶殿受寶用鼓吹導引備陳宮架大樂奏詩三章一曰恭膺天命二曰舊疆來歸三曰永清四海並奏以太簇宮理宗享國四十餘年凡禮樂之事式遵舊章未嘗有所改作先是孝宗廟用大倫之樂光宗廟用大和之樂至是寧宗祔廟用大安之樂紹定三年行中宮冊禮並用紹熙元年之典及奉上壽明仁福慈睿皇太后冊寶始新製樂曲行事當時中興六七十載之間士多嘆樂典之久墜類欲蒐講古制以補遺軼於是姜夔乃進大樂議於朝夔言紹興大樂多用大晟所造有編鐘鎛鐘景鐘有特磬玉磬編磬三鐘三磬未必相應塤有大小簫篪篴有長短笙竽之簧有厚薄未必能合度琴瑟絃有緩急燥濕軫有旋復柱有進退未必能合調總衆音而言之金欲應石石欲應絲絲欲應竹竹欲應匏匏欲應土而四金之音又欲應黃鐘不知其果應否樂曲知以七律爲一調而未知度曲之義知以一律配一字而未知永言之旨黃鐘奏而聲或林鐘林鐘奏而聲或太簇七音之協四聲各有自然之理今以平入配重濁以上去配輕清奏之多不諧協八音之中琴瑟尤難琴必每調而改絃瑟必每調而退柱上下相生其理至妙知之者鮮又琴瑟聲微常見蔽於鐘磬鼓簫之聲匏竹土聲長而金石常不能以相待往往考擊失宜消息未盡至於歌詩則一句而鐘四擊一字而竽一吹未協古人槁木貫珠之意況樂工苟焉占籍擊鐘磬者不知聲吹匏竹者不知穴操琴瑟者不知絃同奏則動手不均迭奏則發聲不屬比年人事不和天時多忒由大樂未有以格神人召和氣也宮爲君爲父商爲臣爲子宮商和則君臣父子和徵爲火羽爲水南方火之位北方水之宅常使水聲衰火聲盛則可助南而抑北宮爲夫徵爲婦商雖父宮實徵之子常以婦助夫子助母而後聲成文徵盛則宮唱而有和商盛則徵有子而生生不窮休祥不召而自至災害不祓而自消聖主方將講禮郊見顧詔求知音之士

考正太常之器，取所用樂曲，條理五音，檃括四聲，而使協和。然後品擇樂工，其上者教以金石絲竹匏土詩歌之事，其次者教以戛擊干羽四金之事，其下不可教者汰之。雖古樂未易遽復，而追還祖宗盛典，實在茲舉。其議雅俗樂高下不一，宜正權衡度量。自尺律之法亡於漢魏，而十五等尺雜出於隋唐。正律之外，有所謂倍四之器，銀字中管之號。今大樂外有所謂下宮調，下宮調又有中管倍五者。有曰羌笛、孤笛、曰雙韻、十四弦，以意裁聲，不合正律，繁數悲哀，棄其本根，失之太清。有曰夏笛、鷓鴣、曰胡盧琴、渤海琴，沉滯抑鬱，腔調含糊，失之太濁。故聞其聲者，性情蕩於內，手足亂於外，禮所謂慢易以犯節，流湎以忘本，廣則容姦，狹則思欲者也。家自爲權衡，鄉自爲尺度，乃至於此。謂宜在上明示以好惡，凡作樂製器者，一以太常所用及文思所須爲準，其他私爲高下多寡者悉禁之，則斯民順帝之則，而風俗可正。其議古樂止用十二宮，周六樂，奏六律，歌六呂，惟十二宮也。王大食三侑，注云朔日、月半，隨月用律，亦十二宮也。十二管各備五聲，合六十聲，五聲成一調，故十二調。古人於十二宮又特重黃鐘一宮而已。齊景公作徵招、角招之樂，師涓、師曠有清商、清角、清徵之操。漢魏以來燕樂或用之，雅樂未聞有以商、角、徵、羽爲調者，惟迎氣有五引而已。隋書云：梁、陳雅樂，並用宮聲是也。若鄭譯之八十四調，出於蘇祗婆之琵琶。大食、小食、般涉者，胡語；伊州、石州、甘州、婆羅門者，胡曲；綠腰、誕黃龍、新水調者，華聲而用胡樂之節奏。惟瀛府、獻仙音謂之法曲，卽唐之法部也。凡有催衮者，皆胡曲耳，法曲無是也。且其名八十四調者，其實則有黃鐘、太簇、夾鐘、仲呂、林鐘、夷則、無射七律之宮、商、羽而已，於其中又闕太簇之商、羽焉。國朝大樂諸曲，多襲唐舊。竊謂以十二宮爲雅樂，周制可舉；以八十四調爲宴樂，胡部不可雜。郊廟用樂，咸當以宮爲曲。其間皇帝升降、盥洗之類，用黃鐘者，群臣以太簇易之，此周人王用王夏、公用驁夏之義也。其議登歌當與奏樂相合。周官歌奏，取陰陽相合之義。歌者，登歌、徹歌是也；奏者，金奏、下管是也。奏六律，主乎陽；歌六呂，主乎陰，聲不同而德相合也。自唐以來，始失之，故趙愼言云：「祭祀有下奏太簇、上歌黃鐘，俱是陽律，既違禮經，抑乖會合。」今太常樂曲，奏夾鐘者，奏陽歌陰，其合宜歌無射，乃或歌太呂；奏函鐘者，奏陰歌陽，其合宜歌蕤賓，乃或歌應鐘；奏黃鐘者，奏陽歌陰，其合宜歌大呂，乃雜歌夷則、夾鐘、仲呂、無射矣。苟欲合天人之和，此所當改。其議祀享惟登歌、徹豆當歌詩。古之樂，或奏以金，或吹以管，或吹以笙，不必皆歌詩。周有九夏，鐘師以鐘鼓奏之，此所謂奏以金也。大祭祀，登歌既畢，下管象武。管者，簫篪篴之屬，象武皆詩而吹其聲，此所謂吹以管者也。周六笙詩，自南陔皆有聲而無其詩，笙師掌之，以供祀饗，此所謂吹以笙者也。周升歌清廟，徹而歌雍詩，一大祀惟兩歌詩。漢初此制未改，迎神曰嘉至，皇帝入曰永至，皆有聲無詩。至晉始失古制，既登歌有詩，夕牲有詩，饗神有詩，迎神送神又有詩。隋唐至今，詩歌愈富。樂無虛作，謂宜倣周制，除登歌、徹歌外，繁文當刪，以合於古。其議作鼓吹曲以歌祖宗功德。古者祖宗有功德，必有詩歌，七月之陳王業是也。歌於軍中，周之愷樂、愷歌是也。漢有短簫鐃歌之曲，凡二十二篇，軍中謂之騎吹，其曲曰戰城南、聖人出之類是也。魏因其聲，製爲克官渡等曲十有二篇，晉亦製爲征遼東等曲二十篇，唐柳宗元亦嘗作爲鐃歌十有二篇，述高祖、太宗功烈。我朝太祖、太宗平僭僞，一區宇；眞宗一戎衣而却契丹；仁宗海涵春育，德如堯、舜；高宗再造大功，上儷祖宗。願詔文學之臣，追述功業之盛，作爲歌詩，使知樂者協以音律，領之太常，以播於天下。夔乃自作聖宋鐃歌曲：宋受命曰上帝命，平上黨曰河之表，定維揚曰淮海清，取湖南曰沅之上，得荆州曰皇威暢，取蜀曰蜀土遼，取廣南曰時雨霈，下江南曰望鐘山，吳越獻國曰大哉仁，漳泉獻土曰謳歌歸，克河東曰伐功繼，征澶淵曰帝臨墉，美仁治曰維四葉，歌中興曰炎精復，凡十有四篇，上於尚書省。書奏，詔付太常。然夔言爲樂必定黃鐘，迄無成說。其議今之樂極爲詳明，而終謂古樂難復，則於樂律之原有未及講。其後朱熹深悼先生制作之湮泯，與其友武夷蔡元定相與講明，反覆參訂，以究其歸極。熹在慶元經筵，嘗草奏曰：「自秦滅學，禮樂先壞，而樂之爲教絕無師授，律尺短長、聲音清濁，學士大夫莫知其說，而不知其爲闕也。望明詔許臣招致學徒，聚禮樂諸書，編輯別爲一書，以補六藝之闕。」後修禮書，定爲鐘律、樂制等篇，垂憲言以貽後人。蓋宋之樂議，因時迭出，其樂律高下不齊，俱有原委。建隆初，用王朴樂，藝祖一聽，嫌其太高，近於哀思，詔和峴考西京表尺，令下一律，比舊樂始和暢。至景祐、皇祐間，訪樂議樂之詔屢頒，於是命李照改定雅樂，比朴下三律。照以縱黍累尺，雖律應古樂，而所造鐘磬才中太簇，樂與器自相矛盾。阮逸、胡瑗復定議，止下一律，以尺生律，而黃鐘律短，所奏樂聲復高。元豐中，以楊傑條樂之疵，召范鎭、劉几參定。几、傑所奏，下舊樂三律。范鎭以爲聲雜鄭、衞，且律有四釐六毫之差，太簇爲黃鐘，宮商易位，欲求眞黍以正尺律，造樂來獻，復下李照一律，至元祐廷奏，而詔獎之。初，鎭以房庶所得漢書，其言黍律異於他本，以大府尺爲黃帝時尺，司馬光力辨其不然。鎭以周禮漢斛爲據，光謂禮本考工所記，斛本劉歆所作，非經不足法。鎭以所收開元中笛及方響合於仲呂，校太常樂下五律，教坊樂下三律，光謂此特開元之仲呂，未必合於后夔，力止鎭勿奏所爲樂。光與鎭平生大節不謀而同，惟鐘律之論，往返爭議凡三十餘年，終不能以相一。是時濂、洛、闢、輔諸儒繼起，遠遡聖傳，義理精究。周惇頤之言樂有曰：「古者聖王制禮法，修敎化，三綱正，九疇敘，百姓太和，萬物咸若，乃作樂以宣八風之氣。樂聲淡而不傷，和而不淫，淡則欲心平，和則躁心釋，德盛治至，道配天地，古之極也。後世禮法不修，刑政苛紊，代變新聲，導欲增悲，故有輕生敗倫不可禁者矣。樂者，古以平心，今以助欲；古以宣化，今以長怨。不復古禮，不變今樂，而欲至治者遠哉。」程頤有曰：「律者，自然之數。先王之樂，必須律以考其聲，尺度權衡之正皆起於律。律管定尺，以天地之氣爲準，非秬黍之比也。律取黃鐘，黃鐘之聲亦不難定，有知音者，參上下聲考之，自得其正。」張載有曰：「聲音之道，與天地通，蠶吐絲而商弦絕，木氣盛則金氣衰，乃此理自相應。今人求古樂太深，始以古樂爲不可知。律呂有可求之理，惟德性深厚者能知之。」此三臣之學，可謂窮本知變、達樂之要者矣。熹與元定蓋深講於其學者，而研覃眞積，述爲成書。元定先究律呂本原，分其篇目，又從而證辨之。

黃鐘篇曰：天地之數，始於一，終於十。其一、三、五、七、九爲陽，九者陽之成也；其二、四、六、八、十爲陰，十者陰之成也。黃鐘者，陽聲之始，陽氣之動也，故其數九。分寸之數，具於聲氣之先，不可得而見。及斷竹爲管，吹之而聲和，候之而氣應，而後數始形焉。均其長，得九寸；審其圍，得九分；積其實，得八百一十分。長九寸，圍九分，積八百一十分，是爲律本。度量權衡，於是而受法，十一律由是損益焉。其證辨曰：古者考聲候氣，皆以聲之清濁、氣之先後求黃鐘也。夫律長則聲濁而氣先至，律短則聲清而氣後至，極長極短則不成聲而氣不應。今欲求聲氣之中而莫適爲準，莫若且多截竹以擬黃鐘之管，或極其短，或極其長，長短之內，每差一分而爲一管，皆卽以其長權爲九寸，而度圍徑如黃鐘之法焉。更迭以吹，則中聲可得；淺深以列，則中氣可驗。苟聲和氣應，則黃鐘之爲黃鐘者信矣。黃鐘信，則十一律與度量權衡者得矣。後世不知出此，而惟尺之求，晉氏而下，多求之金石，梁隋以來，又參之秬黍，至王朴專恃累黍，金石亦不復考。夫金石眞僞，固難盡信，而秬黍長短大小不同，尤不可恃。古人謂子穀秬黍中者實其龠，是先得黃鐘而後度之以黍，以見周徑之度，以生度量權衡之數而已，非律生於黍也。百世之下，欲求百世之前之律者，亦求之聲氣之元，而毋必之於秬黍，斯得之矣。黃鐘生十一律篇曰：子、寅、辰、午、申、戌六陽辰皆下生，丑、卯、巳、未、酉、亥六陰辰皆上生。陽數以倍者，三分本律而損其一也；陰數以四者，三分半律而增其一也。六陽辰當位自得，六陰位以居其衝。其林鐘、南呂、應鐘三呂在陰，無所增損；其大呂、夾鐘、仲呂三呂在陽，則用倍數，方與十二月之氣相應，蓋陰陽自然之理也。其證辨曰：按呂氏、淮南子與司馬氏律書、漢前志不同，雖大呂、夾鐘、仲呂用倍數則一，然呂氏、淮南不過以數之多寡爲生之上下，律呂陰陽錯亂而無倫，非其本法也。十二律篇曰：按十二律之實，約以寸法，則黃鐘、林鐘、太簇得全寸；約以分法，則南呂、姑洗得全分；約以釐法，則應鐘、蕤賓得全釐；約以毫法，則大呂、夷則得全毫；約以絲法，則夾鐘、無射得全絲。約至仲呂之實十三萬一千七十二，以三分之不盡二算，其數不行，此律之所以止於十二也。其證辨曰：黃鐘爲十二律之首，他律無大於黃鐘，故其正聲不爲他律役，至於大呂之變宮、夾鐘之羽、仲呂之徵、蕤賓之變徵、夷則之角、無射之商，自用變律半聲，非復黃鐘矣。此其所以最尊而爲君之象，然亦非人所能爲，乃數之自然，他律雖役之而不可得也。此一節最爲律呂旋宮用聲之綱領也。變律篇曰：十二律各自爲宮，以生五聲二變。其黃鐘、林鐘、太簇、南呂、姑洗、應鐘六律，則能具足。至蕤賓、大呂、夷則、夾鐘、無射、仲呂六律，則取黃鐘、林鐘、太簇、南呂、姑洗、應鐘六律之聲，少下不和，故有變律。律之當變者有六：黃鐘、林鐘、太簇、南呂、姑洗、應鐘。變律者，其聲近正律而少高於正律，然後洪纖高下不相奪倫。變律非正律，故不爲宮。其證辨曰：十二律循環相生，而世俗不知三分損益之數往而不返，仲呂再生黃鐘，止得八寸七分有奇，不成黃鐘正聲。京房覺其如此，故仲呂再生，別名執始，轉生四十八律，不知變律之數止於六者，出於自然，不可復加，雖強加之，亦無所用也。房之所傳出於焦氏，焦氏卦氣之學，亦去四而爲六十，故其推律必求合此數，不知數之自然，在律不可增，於卦不可減也。何承天、劉焯譏房之病，乃欲增林鐘已下十一律之分，使至仲呂反生黃鐘，還得十七萬七千一百四十之數，則是惟黃鐘一律成律，他十一律皆不應三分損益之數，其失又甚於房。律生五聲篇曰：宮聲八十一，商聲七十二，角聲六十四，徵聲五十四，羽聲四十八。按黃鐘之數九九八十一，是爲五聲之原。三分損一以下生徵，徵三分益一以上生商，商三分損一以下生羽，羽三分益一以上生角。至角聲之類六十四，以三分之不盡一算，數不可行，此聲之數所以止於五也。其證辨曰：通典曰：「黃鐘爲均，用五聲之法，以下十一辰，辰各有五聲，其爲宮商之法亦如之，辰各有五聲，合爲六十聲，是十二律之正聲也。」夫黃鐘一均之數，而十一律於此取法焉。以十二律之宮長短不同，而其臣民事物尊卑莫不有序而不相亂，良以是耳。沈括不知此理，乃以爲五十四在黃鐘爲徵，在夾鐘爲角，在仲呂爲商者，其亦誤矣。俗樂之有清聲，略知此意，但不卽仲呂反生黃鐘，黃鐘又吹林鐘，再生太簇，皆爲變律，已非黃鐘、太簇之清聲耳。胡瑗於四清聲皆小其圍徑，則黃鐘、太簇二聲雖合，而大呂、夾鐘二聲又非半律之半。且自夷則至應鐘四律，皆以次而小其徑圍以就之，遂使十二律五聲皆有不得其正者。李照、范鎭止用十二律，則又未知此理。蓋樂之和者，在於三分損益；樂之辨者，在於上下相生。若李照、范鎭之法，其合於三分損

（益者則和矣自夷則已降其臣民事物豈能尊卑有辨而不相凌犯乎晉荀勗之笛梁武帝之通皆不知而作者也）變聲篇曰變宮聲四十二變徵聲五十六五聲宮與商商與角徵與羽相去各一律至角與徵羽與宮相去乃二律相去一律則音節和相去二律則音節遠故角徵之間近徵收一聲比徵少下故謂之變徵羽宮之間近宮收一聲少高於宮故謂之變宮角聲之實六十有四以三分之不盡一筭既不可行當有以通之聲之變者二故置一而兩三之得九以九因角聲之實六十有四得五百七十六三分損益再生變徵變宮二聲以九歸之以從五聲之數存其餘數以爲彊弱至變徵之數五百一十二以三分之又不盡二筭其數又不行此變聲所以止於二也變宮變徵宮不成宮徵不成徵淮南子謂之和謬所以濟五聲之不及也變聲非正聲故不爲調（其證辨曰宮羽之間有變宮角徵之間有變徵此亦出於自然左氏所謂七音漢前志所謂七始是也然五聲者正聲故以起調畢曲爲諸聲之綱至二變然則不比於正音但可濟其所不及而已然有五聲而無二變亦不可以成樂也）八十四聲篇曰黃鐘不爲他律役所用七聲皆正律無空積忽微自林鐘而下則有半聲大呂太簇一半聲夾鐘姑洗二半聲蕤賓林鐘四半聲夷則南呂五半聲無射應鐘爲六半聲仲呂爲十二律之窮三變聲也自蕤賓而下則有變律蕤賓一變律大呂二變律夷則三變律夾鐘四變律無射五變律中呂六變律也皆有空積忽微不得其正故黃鐘獨爲聲氣之元雖十二律八十四聲皆黃鐘所生然黃鐘一均所謂純粹中之純粹者也八十四聲正律六十三變律二十一六十三者九七之數也二十一者三七之數也六十調篇曰十二律旋相爲宮各有七聲合八十四聲宮聲十二商聲十二角聲十二徵聲十二羽聲十二凡六十聲爲六十調其變宮十二在羽聲之後宮聲之前變徵十二在角聲之後徵聲之前宮徵皆不成凡二十四聲不可爲調黃鐘宮至夾鐘羽並用黃鐘起調黃鐘畢曲大呂宮至姑洗羽並用大呂起調大呂畢曲太簇宮至仲呂羽並用太簇起調太簇畢曲夾鐘宮至蕤賓羽並用夾鐘起調夾鐘畢曲姑洗宮至林鐘羽並用姑洗起調姑洗畢曲仲呂宮至夷則羽並用仲呂起調仲呂畢曲蕤賓宮至南呂羽並用蕤賓起調蕤賓畢曲林鐘宮至無射羽並用林鐘起調林鐘畢曲夷則宮至應鐘羽並用夷則起調夷則畢曲南呂宮至黃鐘羽並用南呂起調南呂畢曲無射宮至大呂羽並用無射起調無射畢曲應鐘宮至太簇羽並用應鐘起調應鐘畢曲是爲六十調六十調即十二律也十二律即一黃鐘也黃鐘生十二律十二律生五聲二變五聲各有綱紀以成六十調六十調皆黃鐘損益之變也宮商角三十六調老陽也其徵羽二十四調老陰也調成而陰陽備也或曰日辰之數由天五地六錯綜而生律呂之數由黃鐘九寸損益而生二者不同至數之成則日有六甲辰有五子爲六十日律呂有六律五聲爲六十調若合符節何也曰即所謂調成而陰陽備也夫理必有對待數之自然也以天五地六合陰與陽言之則六甲五子究於六十其三十六爲陽二十四爲陰以黃鐘九寸紀陽不紀陰言之則六律五聲究於六十亦三十六爲陽二十四爲陰蓋一陽之中又自有陰陽也非知天地之化育者不能與於此（其證辨曰禮運五聲六律十二管還相爲宮孔氏疏曰黃鐘爲第一宮至仲呂爲第十二宮各有五聲凡六十聲者所以起調畢曲爲諸聲之綱領夫禮運所謂還相爲宮也周禮大司樂祭祀不用商推宮角徵羽四聲古人變宮變徵不爲調左氏傳曰中聲以降五降之後不容彈矣以二變聲之不可爲調也後世以變宮變徵參而爲八十四調其亦不考矣）候氣篇曰以十二律分配節氣按歷而候之其氣之升分毫絲忽隨節各異夫陽生於復陰生於姤如環無端今律呂之數三分損益終不復始何也曰陽之升始於子午雖陰生而陽之升於上者未巳至亥而後窮上反下陰之升始於午子雖陽生而陰升於上亦未巳至巳而後窮上反下律於陰則不書故終不復始也是以升陽之數自子至巳差彊在律爲尤彊在呂爲差弱自午至亥漸弱在律爲尤弱在呂爲差彊分數多寡雖若不齊然而絲分毫別各有條理此氣之所以飛灰聲之所以中律也或曰易以道陰陽而律不書陰何也曰易盡天下之變善惡無不備律致中和之用止於至善者也以聲音之大而至於雷霆細而至於蠛蠓無非聲也易則無不備也律則寫其所謂黃鐘一聲而已雖有十二律六十調然實一黃鐘也是理也在聲爲中聲在氣爲中氣在人則喜怒哀樂未發與發而中節此聖人所以一天人贊化育之道也（其證辨曰聲者陽氣之動陽聲之始必聲和氣應然後可以見天地之心今不此之務乃區區於秬黍之縱橫古律之大小其亦難矣然非精於歷數則氣節亦未易正）至於審度量謹權衡會粹古今辨析尤詳皆所以參伍而定黃鐘爲中聲之符驗也朱熹深好其書謂國家行且平定中原必將審音協律以諧神人受詔典領之臣宜得此書奏之以備東都郊廟之樂熹定鐘律詩樂樂制樂舞等篇彙分於所修禮書中皆聚古樂之根源簡約可觀而鐘律分前後篇其前篇爲條凡七一曰十二律陰陽辰位相生次第之圖二曰十二律寸分釐毫絲忽之數三曰五聲五行之象清濁高下之次四曰五聲相生損益先後之次五曰變宮變徵二變相生之法六曰十二律正變倍半之法七曰旋宮八十四聲六十調之圖其後篇爲條凡六一曰明五聲之義二曰明十二律之義三曰律寸舊法四曰律寸新法五曰黃鐘分寸數法六曰黃鐘生十一律數大率采元定所著更互演繹尤爲明邃其樂制彙於王朝禮其樂舞彙於祭禮上下千載旁搜遠紹昭示前聖禮樂之非迂而將期古樂之復見於今熹蓋深致意焉其詩樂篇別系於後

宋史卷一百三十二

元　中書右丞相總裁脫脫等修

樂志第八十五

樂七　樂章一

（郊祀　祈穀　雩祀　五方帝　感生帝）

建隆郊祀八曲

降神高安　在國南方時維就陽以祈帝祉式致民康豆籩鼎俎金石絲簧禮行樂奏皇祚無疆

皇帝升降隆安　步武舒遲陞壇肅祗其容允若于禮攸宜

奠玉幣嘉安　嘉玉制幣以通神明神不享物享于克誠

奉俎豐安　笙鏞備樂繭栗陳牲乃迎芳俎以薦高明

酌獻禧安　丹雲之爵金龍之杓挹于尊罍是曰清酌

飲福禧安　潔茲五齊酌彼六尊致誠斯至率禮彌敦以介景福永隆後昆重熙累洽帝道攸尊

亞獻終獻正安　謂天蓋高其聽孔卑聞樂歆德介以福禧

送神高安　倏兮而來忽兮而迴雲馭杳邈天門洞開

咸平親郊八首

降神高安　圜丘何方在國之陽禮神合祭運啓無疆祖考來格籩豆成行其儀肅肅降福穰穰

皇帝升降隆安　禮備樂成乾健天行帝容有穆佩玉鏘鳴

奠玉幣嘉安　定位兆祀告于神明嘉玉量幣享于克誠

奉俎豐安　有牲斯純有俎斯陳進于上帝昭報深仁

酌獻禧安　大報于帝盛德升聞醴齊良潔粢盛苾芬

飲福禧安　祀帝圜丘九州獻力禮行于郊百神受職靈祇格思享我明德天鑒孔章玄祉昭錫

亞獻終獻正安　羽籥云罷干戚載揚接神有恪錫羡無疆

送神高安　神駕來思風舉雲飛神馭歸止天空露晞

景祐親郊三聖並侑二首

奠幣廣安　千齡啓運二后在天嘉壇並侑億萬斯年

酌獻彰安　皇基締構帝系靈長躬薦鬱鬯子孫保昌

常祀二首

太祖配位奠幣定安　翕受駿命震疊羣方侑祀上帝德厚流光

酌獻英安　誕受靈符肇基丕業配享潔尊永隆萬葉

元符親郊五首（餘同咸平八闋者皆用舊詞）

降神景安（六變辭同）　無爲靡遠深厚廣圻祭神恭在弁冕袞衣粢盛豐美明德馨輝以祥以祐非耶專祈

升降乾安（盥洗飲福並奏）　神靈擁衛景從雲隨玉色溫粹天步舒遲周旋陟降皇心肅祗千靈是保百福攸宜

退文舞迎武舞正安　左手執籥右手秉翟進旅退旅萬舞有奕

徹豆熙安　陟彼郊丘大祀是承其豆孔庶其香始升上帝時歆以我齊明卒事而徹福祿來成

送神景安　馨遺八尊器空二簋至祝至虔穹祇貺祉

政和親郊三首

皇帝升降乾安　因山爲高爰陟其首玉趾蹻如在帝左右帝謂我王予懷仁厚眷言顧之永綏九有

配位酌獻大寧　於穆文祖妙道九德黙契靈心肇基王迹啓佑後人垂裕罔極合食昭薦孝思維則於皇順祖積德累祥發源深厚不耀其光基天明命厥厚克昌是孝是享申錫無疆

高宗建炎初國步尚艱乃召有司天帝地祇及他大祀先以時舉太常尋奏近已增募樂工干羽簨虡亦備始循舊禮用登歌樂舞其祀昊天上帝

降神用景安圜鐘爲宮三奏　蒐講上儀式修兆祀日吉辰良禮成樂備風馭雲旗聿來歆止嘉我馨德介茲繁祉

黃鐘爲角一奏　我將我享涓選休成執事有恪惟寅惟清樂既六變肅雍和鳴高高在上庶幾是聽

太簇爲徵一奏　禮崇禋祀備物薦誠昭格穹昊明德惟馨風馬雲車肹蠁居歆申錫無疆賚我思成

姑洗爲羽一奏　惟天爲大物始攸資恭承禋祀以報以祈神不可度日監在茲有馨明德庶其格思

皇帝盥洗正安　靈承上帝厲意專精設洗于阼罍水

以清盥以致潔感通神明無遠弗屆其饗茲誠
升壇正安　皇矣上帝神格無方一陽肇復典祀有常
豆登豐潔薦德馨香棐忱居歆降福穰穰
上帝位奠玉幣嘉安　治極發聞不瑕有芬嘉玉陳幣
神居欣欣誠心昭著欽恭無文以安以侑篤祜何垠
太祖位奠幣定安　茫茫蒼穹孰知其紀精意潛通雖
遠而邇量幣薦誠有實斯篚聰然顧之永錫繁祉
皇帝還位正安　典祀有常昭事上帝奉以告虔逮迄
奠幣鐘鼓既設禮儀既備神之格思恭承既賜
捧俎豐安　祀事孔明禮文惟楙爰潔犧牲載登俎豆
或肆或將無聲無臭精禋潛通永綏我后
上帝酌獻嘉安　氣萌黃鐘萬物資始欽若高穹吉蠲
時祀神筴泰元增授無已羣生熙熙函蒙繁祉
太祖位酌獻英安　赫赫翼祖受命于天德邁三代威
加八埏陟配上帝明禋告虔流光垂裕於萬斯年
文舞退武舞進正安　大德曰生陰陽寒暑樂舞形容
干戚籥羽一弛一張退旅進旅神安樂之祉錫綿宇
亞終獻文安　惟聖普臨順皇之德典禮有彞享祀不
忒籩豆靜嘉降登肹蠁神具醉止景貺咸集
徹豆肅安　內心齊誠外物蠲潔神來廸嘗俎豆既徹
燕及羣生靡或夭閼降福穰穰時萬時億
送神景安　於赫上帝乘龍御天惟聖克事明禋斯虔
薦豆云徹靈焱且旋載錫休祉其惟有年
望燎正安　靈承上帝精意感通馨香旁達粢盛既豐
登降有儀祀備樂終神之聽之福祿來崇
紹興十三年初舉郊祀命學士院製宮廟朝獻及圜壇
行禮登門肆赦樂章凡五十有八至二十八年以臣
僚有請改定於是御製樂章十有三及徽宗元御製
仁宗廟樂章一共十有四篇餘則分命大臣與兩制
儒館之士一新撰述并懿節別廟樂曲凡七十有四
俱彙見焉其祀圜丘
皇帝入中壝乾安　帝出于震巽惟齊明律曰姑洗以
示潔清我交于神蠲意必精既盥而往祈鑒斯誠
降神景安　陽動黃宮日旋南極天門蕩蕩百神受職
爰熙紫壇熉黃殊色神哉沛來孟親有德
盥洗乾安　帝顧明德監于克誠齊戒滌濯式示潔清
郊丘合祛享意必精既盥而薦熙事備成
升壇乾安　帝臨崇壇媪神其從稽古合祛並侑神宗
升階奠玉誠意感通貺施鼎來受福無窮
昊天上帝位奠玉幣嘉安御製　上穹昊天日星垂曜照
臨下土王國是保維玉與帛寅恭昭報禾左右之欽
若至道
皇地祇位奠玉幣嘉安御製　至哉坤厚隤然止靜柔載
動植資始成性玉光幣色粲若其映式恭禋祀有邦
之慶
太祖皇帝位奠幣廣安御製　明明翼祖並侑泰壇肇造
綿宇王業孔艱表正封略上際下蟠躬以大報亦止
于蟠
太宗皇帝位奠玉幣化安御製　赫赫巍巍及時純熙昊
天成命后則受之登邁遂古光被聲詩有幣陟配孫
謀所貽
降壇乾安　躬展盛儀天步逡巡樂備禮交嘉玉既陳
神方安坐薦祉紛綸陟降有容皇心載勤
還位乾安　克昭王業命成昊天泰畤禋燎八陛惟圜
肅然威儀登降周旋是謂精享神監吉蠲
奉俎豐安　至大惟天云何稱德展誠致薦牲用博碩
誠以牲寓帝由誠格居歆降祥時萬時億
再詣盥洗乾安　帝出于震巽惟潔齊神明其德迺稱
禋柴惟茲吉蠲昭事聿懷重盥而祀敷錫孔皆
再升壇與初升同惟易奠玉作奠酌
昊天上帝位酌獻禧安御製　謁款壇陛祇祀泰禋丘圜
自然可格至神桂尊登酌嘉薦方新靡福非耿敷佑
下民
皇地祇位酌獻光安御製　厚德光大承元之明茲潛孳
吹升于昭清水天桂海咸資化成恭酌奠醪報本惟
精
太祖皇帝位酌獻彰安御製　於赫皇祖創業立極肅肅
靈命蕩蕩休德嘉觴精潔雅奏金石丕顯神謨惟後
之則
太宗皇帝位酌獻韶安御製　丕鑠帝宗復受天命羣陰
猶黷一戎大定奠邑斯馨功歌在詠佑啓後人文軌
烝正
還位乾安　肆類上帝懷柔百神稾秸既設珪幣既陳
精誠潛交已事而竣佑我億載基圖日新
入小次乾安　恭展美報聿修上儀禮樂和節登降適
宜德爲斯親神靡不娭海內承福式固邦基
文舞退武舞進正安　泰元尊臨富媪繁祉於皇祖宗
既昭格止奏舞象功靈其有喜永言孝思盡善盡美
亞獻正安　陽丘其高神祇並位既奠厥玉既奉厥醴
亦有嘉德克相毖祀旨酒載爵以成熙事終獻同止易再酌爲
三酌
出小次位乾安　爰熙紫壇天地並貺來燕來寧畢陳
鬱鬯承神至尊精意所鄉告靈饗奠祉福其暢
詣飲福位乾安　帝臨崇壇媪神其從祖宗並歆福祿
攸同兵寢刑措時和咸豐其應受之將施無窮降壇同止
易將作以
飲福禧安　八音克諧降神出祇風馬雲車陟降在茲
錫我純嘏我應受之一人有慶燕及羣黎
還位乾安　帝出於震孝奏上儀燔燎瘞薶神徠燕娭
肅若舊典罔或不祇既右饗之翕受蕃釐
徹豆熙安　燎薌既升焫膋以潔于豆于登焄蒿有飶
紫幄熉黃神其安悅將以慶成薄言盍徹
送神景安　九霄耿邈神不可求何以降之監德之修
三獻備成神不可留何以送之保天之休
望燎乾安　謂天蓋高陽墟而生日月列宿皆天之神
肆求厥類與陽俱升視燎于壇以終其勤
望瘞乾安　謂地蓋厚陰翕而成社稷羣望皆地之靈
肆求厥類與陰俱凝視瘞于坎以終其勤
還大次乾安　舞具八佾樂備六成大矣孝熙厲意專
精已事而竣回軫還衛我應受之以莫不增
還內釆茨　五輅鳴鑾八神警蹕天官景從莫不祗栗
禋威盛容昭哉祖述祚我無疆叶氣克溢
寧宗郊祀二十九首
皇帝入中壝乾安　合祀丘澤登侑祖宗顧諟惟精靈
承惟恭有嚴皇儀有莊帝容監于克誠肅肅雍雍
降神景安圜鐘爲宮　天門蕩蕩雲車陰陰百神咸秩
三靈顧歆神哉來娭神哉溥臨饗時宋德翼翼小心
黃鐘爲角　華蓋既動紫微洞開星樞周旋日車徘徊
靈兮顧佑靈兮沛來載燕載娭式時壇垓
太簇爲徵　泰尊媪鼇祖功宗德辰曜陪營嶽瀆受職
神哉來下神哉來格饗德惟馨留虞嘉席
姑洗爲羽　金石宣昭羽旄紛綸潔火夕照明水夜陳
娭哉惟靈娭哉惟神風馬招搖惟德之親
皇帝盥洗乾安　皇帝儉勤盥用陶瓦禮神頌祇奠幣
獻斝月鑑陰肅醴液融冶挹彼注茲禮無違者
升壇乾安　崇臺穹窿高靈下墮慶陰彷彿從坐嶪峨
宵昇于丘時通權火維天之命百祿是荷
降壇　帝饗于郊一精二純紫觚陟降嘉玉妥陳神方
留娭瑞貺紛綸申錫無疆螽斯振振
還位　肅肅禮度銷銷宮奏天行徐謐皇儀昭懋光連
重璧物備簠豆於皇以饗無聲無臭
尚書奉俎　列俎孔陳嘉籩維實鼎樾陽燧玉流星液
我牲既碩我薦既苾神監下昭安坐翔吉
再詣盥洗　帝澄初觴禮嚴再盥精明顯昭齊灝洞貫
靈娭留俞神光炳煥我宋受福永壽于萬
再升壇　紫壇岳立神光夜燭有儼旒釆有鶯佩玉霄
垠顧佑祖宗熙穆對越不忘俾爾戩穀
降壇乾安　天容澄謐景氣晏和瓚斝薦醇銷璆叶歌
帝降庭止夜其如何神助之休宜爾衆多
還位乾安　甘露流英卿雲舒釆靈俞有喜神光晻曖
穆穆來蒞洋洋如在帝用居歆澤及四海
入小次乾安　聽惟饗德監惟棐忱顧諟思明靈承思
欽永言端蒞肅對下臨上帝是皇毋貳爾心
文舞退武舞進正安　羽籥陳容干戚按節德閑而泰
功勞而夬虞我神祇揚我謨烈盡美盡善福流有截
亞獻正安　帝臨中壇神從八陛華玉展瑞明馨薦醴
亦有嘉德克相盛禮獻茲重觴降福瀰瀰
終獻正安　敬事天地升侑祖宗陳盥于三介觴之重
秉德翼翼有來雍雍相予祀事福嘏日溶
出小次乾安　孝奏展成熙儀畢薦光流柱俎祥衍椒
奠風管晨凝雲容天轉拜貺于郊右序詒燕
詣飲福位乾安　所饗惟淸所欽惟馨靈喜留俞天景
窈冥福祿來成福祿來寧皇用時歆壽我慈庭
飲福禧安　瓚斝觩醪觥罍氤氳有醴惟香有酒惟欣
肹蠁豐融懿懿芬芬我龍受之如川如雲
降壇乾安　天錫多祉皇受五福言瞻瑤壇迄奉瑄玉
昭星炳燿元氣回復帝儀載旋有嘉穆穆
還位乾安　璇圖天深鼎文日輝慶流皇家象炳紫微
乾回晃旒雲煥袞衣何千萬年式于九圍
尚書徹豆熙安　蘭豆既升簠簋既登禮備俎實饗貴
牲牷特乃告徹器用畢輿祚我皇基介福是膺
送神景安　神輔有德來燕來娭禮薦熙成三靈逆鑾
神饗有道言旋言歸福祉咸蒙百世本支
詣望燎位乾安　莫神乎天陽噓而生日月星辰皆乾
之精肆求厥類與陽俱升眡燎于壇展也大成
詣望瘞位乾安　地載萬物陰翕而成山嶽河瀆皆坤
之靈克肖其象與陰俱凝眡瘞于坎思求厥成
還大次乾安　福方流胙祈方欽柴鹵簿載肅球架允
諧帝祉具臨皇靈允懷遄御于次降福孔皆
還內乾安　八神呵蹕千官景從回軫還衛祲威盛容

景祐上辛祈穀仁宗御製二首

太宗配位奠幣仁安　天祚有開文德來遠祈穀日辛爰飾芝鳳御朝雲龍歸壽慈闈敷時民雍

侑神禮展

酌獻紹安　於穆神宗惟皇永命薦醴六尊聲歌千詠

紹興祈穀三首

降神盥洗升壇還位及上帝奠玉幣奉俎並同圜丘

太宗位奠幣宗安　於穆思文克配上帝涓選休成遵揚嚴衞祇薦明誠肅陳量幣享茲吉蠲申錫來裔

上帝位酌獻嘉安　三陽肇新萬物資始精誠祈天其聽斯邇願均雨暘田疇之喜如坻如京以備百禮

太宗位酌獻德安　天錫勇智允惟太宗功隆德盛與帝比崇禮嚴陟配誠達精衷尚其錫祉歲以屢豐

孟夏雩祀仁宗御製二首

太祖配坐奠幣獻安　昊天蓋高祀事爲大嚴配皇靈億禰來介

酌獻感安　龍見而雩神之來格犧象精良威靈赫奕

紹興雩祀一首

上帝位酌獻嘉安　蒼蒼昊穹覆臨下土欽惟歲事民所依怙爰竭精虔禮典斯舉甘澤以時介我稷黍

冬至孟春孟夏季秋四祀上公攝事七首

降神景安二章　天何言哉至清而健默定幽贊降祥福善風設圜壇恭陳嘉薦貞馭下臨儲休錫羨

生物之祖興益之宗于國之陽以禋昊穹六變降神於論皷鍾親德享道錫羨無窮

太尉行正安　禮經之重祭典爲宗上公攝事登降彌恭庶品豐潔令儀肅雍百神萃止惟吉之從

司徒奉俎豐安　禮崇禋祀神鑒孔明牲牷博腯以炰以烹馨香蠲潔品物惟精錫以純嘏享茲至誠

飲福廣安　簠簋旣陳吉蠲登薦洗心防邪肅祇祭陟降惟寅籩豆有踐百福咸宜淳耀丕顯

亞終獻文安　秩秩禮文肅肅嚴祀仰洽神休式協民紀灌獻有容叙其俎簋明德惟馨以介丕祉

送神景安　帝臨中壇肅恭禋祀靈景舒光飛龍旋軌送神有章神心具醉輔德惟仁永錫元祉

景德以後祀五方帝十六首

青帝降神高安六變　四序伊始三陽肇新氣迎東郊蟄戶感春功宣播殖澤被生民祝史正辭昭事惟寅

奠玉幣酌獻並用嘉安　條風始至盛德在木平秩東作種獻穜穋律應青陽氣和玉燭惠彼兆民以介景福

送神高安　備物致用薦羞神明禮成樂舉克享克禋

酌獻祐安　條風斯應候歷維新陽和啓蟄品物皆春篪簧協奏簠簋畢陳精羞豐薦景福攸臻

赤帝降神高安　長嬴戒序候正南訛功資蕃育氣應清和鼎實嘉俎樂備登歌神其來享降福孔多

奠玉幣酌獻嘉安景祐用祐安辭亦不同　象分離位德配炎精景風協律化神含生百嘉茂育乃順高明神無常享享于克誠

送神高安　籩豆有踐黍稷惟馨禮終三獻神歸杳冥

黃帝降神高安　坤輿厚載黃裳元吉宅中居正含章抱質分王四季其功靡秩育此羣生首茲六律

奠玉幣酌獻嘉安景祐用祐安辭亦不同　中央定位厚德惟新五行攸正四氣爰均笙鏞以間簠簋斯陳爲民祈福肅奉明禋

送神高安　上德居中方輿配位樂以送神式申昭事

白帝降神高安　西顥騰晶天地始肅盛德在金百嘉茂育彍弩射牲築場登穀明靈格思旌空紛屬

奠玉幣酌獻嘉安景祐用祐安辭亦不同　博碩肥腯以炰以烹嘉栗旨酒有彌斯盈有核惟旅肅肅烝烝吉蠲備物享于克誠

送神高安　飇輪戾止景燭靈壇金奏繹如白露溥溥

黑帝降神高安　隆冬戒序歲歷順成一人有慶萬物由庚有旨斯酒有碩斯牲報功崇德正直聰明

奠玉幣酌獻嘉安景祐用祐安辭亦不同　大儀幹運星紀環周三時不害黍稷盈疇克誠致享品物咸羞禮成樂變錫祚貽休

送神高安　管磬咸和禮獻斯畢靈歆言旋神降之吉

紹興以後祀五方帝六十首

青帝降神高安圜鍾宮三奏　於神何司而德于木肅然顧歆則我斯福我祀孔時我心載祗匪我之私神來不來

黃鍾爲角一奏　神兮焉居神在震方仁以爲宅秉天之陽神之來矣道修以阻望神未來使我心苦

太簇一奏　神在途矣習習以風百靈後先敢一不恭奔走癘疫祓除菑凶顧瞻下方逍遙從容

姑洗羽一奏　溫然仁矣熙然春矣龍駕帝服穆將臨矣我酒淸矣我肴烝矣我樂備矣我神顧矣

升殿正安　在國之東有壇崇成節以和樂式降式登潔我珮服璆琳鏘鳴匪壇斯高曷妥厥靈

青帝奠玉幣嘉安　物之熙熙胡爲其然蒙神之休迺敢報旃有邸斯珪有量斯幣于以奠之格此精意

太昊氏位奠幣嘉安　卜歲之初我迎春祇孰克侑饗曰古宓戲於皇宓戲萬世之德再拜稽首敢愛斯璧

奉俎豐安　靈兮安留煙燎旣升有碩其牲有俎斯承匪牲則碩我德惟馨緩節安歌庶幾是聽

青帝酌獻祐安　百末布蘭我酒伊旨酌以匏爵洽我百禮帝居青陽顧予嘉觴右我天子宜君宜王

太昊酌獻祐安　五德之王誰實始之功括造化與天無期酌我淸酤盥獻載飭神鑒孔饗天子之德

亞終獻文安　貳觴具舉承神嘉虞神具醉止眷焉此都我歲方新我畝伊殖時暘時雨繄神之力

送神高安　忽而來兮格神鴻休忽而往兮神不予留神在天兮福我壽我千萬春兮高靈下墮

赤帝降神高安圜鍾爲宮　離明御正德協于火有感其生維帝是何帝圖炎炎貽福錫我鑒于妥虞高靈下墮

黃鍾爲角　赤精之君位于朱明茂育萬物假然長嬴我潔我盛我蠲我誠神其下來雲車是承

太簇爲徵　八卦相盪一氣散施隆熾柢台職神尸之肅肅飇御神戾于天于昭神休天子萬年

姑洗爲羽　燁燁其光炳炳其靈窅其如容歆其如聲扇以景風道以朱斿我德匪類神其安留

升殿正安　除地國南有基崇崇載陟載降式虔式恭燎壇旣燔蕭晃斯容神如在焉肆予幽通

赤帝奠玉幣嘉安　太微呈祥炎德克彰佑我基命格于明昌一純二精有嚴典祀于以奠之以介繁祉

神農氏奠幣嘉安　練以纁黃有篚將之肹蠁斯答有神昭之維神于民實始貨食歸德報功敢怠王國

奉俎豐安　有牲在滌從以騂牡或肆或將有潔其俎神嗜飲食飶飶芬芬莫腆于誠神其顧歆

赤帝酌獻祐安　四月維夏兆于重離帝執其衡物無癘疵於皇帝功思樂旨酒奠爵旣戚垂福則有

神農氏酌獻祐安　猗歟先農肇茲黍稷旣殖旣播有此粒食秬鬯潔淸彝鐏疏冪竭我瑤斝莫報嘉績

亞終獻文安　盥爵奠斝載虔載恭籩豆靜嘉於樂皷鐘禮備三獻神具醉止孰顯神德揚光紛委

送神高安　神來何從驂然靈風神去何之杳然幽蹤伊神去來霧散雲烝獨遺休祥山崇川增

黃帝降神高安圜鍾爲宮　維帝奠位乃咸于時執土張是而樞紐之轂我腹我比予于兒告我冠服迨其委蛇

黃鍾角　森無不在日與我居堯不可來肹蠁斯須象服龍駕淵淵鼓桴森不汝多多汝意予

太簇徵　樂哉帝居逝留無常爾信我宅爾中我鄉乃眷茲土於赫君王翩然下來去未遽央

姑洗羽　澹兮撫琴啾兮吹笙神之未來肅穆以聽縯紛羽旄姣服在中神旣來止亦無惰容

升殿正安　民生地中動作食息與我周旋莫匪爾極捕鰈東海搴茅南山彼勞如何矧升降間

黃帝奠玉幣嘉安　萬櫝之寶一絢之絲孕之育之誰爲此施歸之后神神曰何爲不宰之功蕩然四垂

有熊氏位奠幣嘉安　維有熊氏以土勝王其後皆沿茲德用壯黼黻幅舄裳衣是創幣之元纁對此昭亮

奉俎豐安　王曰欽哉無愛斯牲登我元祀亦有皇靈以將以享或剝或烹大夫之俎天子之誠

黃帝酌獻祐安　黍以爲翁鬱以爲婦以侑元功以酌大斗伊誰歆之皇皇帝后伊誰嘏之天子萬壽

有熊氏酌獻祐安　昔在縣邈有人公孫登政撫辰節用艮勤所蓄旣大所行宜遠載其華鐏從以簫管

亞終獻文安　羽觴更陳厭味淸涼飲之不煩又有蔗漿夜未艾止明星浮浮願言妥靈靈兮淹留

送神高安　靈不肯留沛兮將歸玉節森逝翠旗並馳顧瞻佇立悵然佳期蹇千萬年無數人斯

白帝降神高安圜鍾爲宮　白藏啓序庶彙向成有嚴禋祀用答幽靈風馬雲車來燕來寧洋洋在上休福是承

黃鍾角　素精肇節金行固藏氣冲炎伏明河翻霜功收有年禮薦有章祇越耿冥鴻基永昌

太簇徵　昊天之氣擎歛萬彙涓日潔齊有嚴厥祀有牲維肥有酒維旨神之燕娭錫茲福祉

姑洗羽　執矩斯兌實惟素靈受職儲休萬寶以成饗於西郊奠玉陳牲侑以雅樂來歆克誠

升殿正安　素裓諧律西顥墮靈肇復元祀晨暘肅淸下土層陔嘉薦芳馨以御蕃祉介我西成

白帝奠玉幣嘉安　惟時素秋肇舉元祀禮備樂作降登有數洋洋在上神旣來止神之格思錫我繁祉

少昊氏位奠幣嘉安　西顥肅淸羣生茂遂有嚴報典孔明祀事珪幣告虔神靈燕喜賚我豐年以錫民祉

奉俎豐安　洽禮旣陳諧音具舉有滌斯牲孔碩爲俎

維帝居歆介我稷黍樂哉有秋緊神之祜

白帝酌獻祐安　徂商肇祀靈蓋孔饗恭承嘉禧湛澹秬鬯監此馨香靈其安留疇惠下民匪靈之休

少昊氏位酌獻祐安　沆碭西顥功載萬世乘金宅兌侑我明祀嘉觴布蘭牲玉潔精神之燕虞肅用有成

亞終獻文安　肅成萬物泬寥其秋惟玆祀事戾止靈斿酌獻具舉典禮是求冀福斯民黍稷盈疇

送神高安　沆碭白藏順成萬寶有來德馨於昭神妥露華晨晞飈馭聿還介我嗣歲澤均幅員

黑帝降神高安圜鐘爲宮　吉日壬癸吉中應鐘國有故常北郊迎冬乃藏祀事必祇必恭明默雖異感而遂通

黃鐘爲角　艮月盈數四氣推遷帝於是時典司其權高靈下墮降祉幅員神之聽之祀事罔愆

太簇爲徵　北方之神執權司冬三時務農於焉告功禮備樂作歸功於神風馬來游承錫斯民

姑洗爲羽　天地閉塞盛德在水黑精之君降福羨祉洋洋在上若或見之齊莊承祀其敢斁思

升殿正安　昧爽昭事煌煌露光滌溉蠲潔容儀肅莊牲肥酒旨薦此芬芳降陟有序禮無越常

黑帝奠玉幣嘉安　晨曦未升天宇肅穆祇若元祀將以幣玉神之格思三獻茅縮明靈懌豫下土是福

高陽氏位奠幣嘉安　颷馭雲葢神之顧歆丕昭禮容發揚樂音祀事既舉仰當神心申以嘉幣式薦誠諶

奉俎豐安　艮牲孔碩奉牲以告祕祝非祈豐年宜報至意昭徹交乎神明降福穰穰用燕羣生

黑帝酌獻祐安　赫赫神游周流八極德馨上聞於焉來格不腆酒醴用伸悃愊神其歆之民用嚮德

高陽氏酌獻祐安　十月納禾民務藏葢不有神休民罔攸賴孟冬之吉禮行不昧神降百祥昭著蓍蔡

亞終獻文安　萬彙揫斂時惟冬序蠢爾黎氓入此室處酌獻告神禮以時舉賴此陰騭民有所祜

送神高安　神之戾止天門夜開禮備告成雲軿亟回旗纛晻靄萬靈喧豗獨遺祉福用澤九垓

乾德以後祀感生帝十首

降福大安　和均玉管政協璿衡四序資始萬物含生皇獻允洽至德惟明爲民祈福克致精誠

太保行保安　衣冠儼若步武有容公卿濟濟率禮惟恭

罍洗正安　昊天降康云何以報斯謀斯惟雍雍灌鬯身之潔兮神斯來止神之享兮民斯福矣

奠玉幣慶安　籩豆有踐玉帛斯陳神無常享享于精純

奉俎咸安　俎實具列明德惟馨肅容祇薦神其降靈

酌獻崇安　樂調鳳律酒浥犧尊至靈斯御盛德彌敦

飲福廣安　三陽戒律萬彙騰精既蘇昆蟲畢達句萌具陳犧象式薦誠明錫以蕃祉永保咸平

亞終獻文安　大君有命祀典咸脩薦獻式敘淑愼優柔

徹豆肅安（以下二首政和中製）　奉承明祀惟羊惟牛卬盛于豆備陳庶羞鐘鼓喤喤神具醉止其徹嘉籩永綏福祉

送神普安　既臨下上復歸于天神之報貺受福無邊

景祐祀感生帝二首

宣祖配位奠幣皇安　濬發長源粤惟始祖五運協圖萬靈來護

酌獻肅安　龍德而隱源流則長宜乎億祀侑享彌昌

元符祀感生帝五首

降神大安（六變）　二儀交泰七政順行四序資始萬物含生皇朝創業盛德致平爲民祈福潔此精誠

初獻升降保安　冕旒儼若步武有容公卿濟濟韶頀邕邕

帝位酌獻　樂和鳳律酒奠犧尊神明斯享禮盛難論

亞終獻文安　大君有命闓典咸脩帝歆明祀佑聖千秋

送神普安　俯臨下土迴復上天觴類而長荷福無邊

帝位奠玉幣同前慶安禧祖奠幣同景祐皇安酌獻同景祐宣祖肅安奉俎同熙寧咸安

紹興以後祀感生帝十六首

降神大安圜鐘爲宮　炎精之神飛軿碧落駕以浮雲丹書赤雀禮備豆籩樂諧簫勺神具醉止佑我景鑠

黃鐘爲角　宋德惟火神實司之上儀中藏迎方重離瑤幣告潔秀華金支啾啾神龍來介繁禧

太簇爲徵　於物司火於方峙南璇霄來下羽衞毿毿祠官祝釐聯珮合簪本支有衍則百斯男

姑洗爲羽　惟神之安方解羽鑾赤旂霞曳從以炎官居歆嘉薦肹蠁靈壇神之格矣民訖多盤

盥洗保安　銜牙鏘鳴肅容專精交神之義罔敢弗誠設洗于阼罍水惟清盥以致潔感通神明

升殿保安　三陽交泰日新惟艮大建厥祀茲報典王禮嚴陟降德薦馨香聿懷嘉慶降福穰穰

感生帝位奠玉幣光安　肅肅嚴祀神幽必聞騁駕臨饗將歆飶芬嘉玉陳幣欽恭無文永綏多祜國祚何垠

禧祖位奠幣皇安　於穆文獻景炎發祥啓茲皇運垂慶無疆篚幣有陳式昭肅莊神之格思如在洋洋

奉俎咸安　籩豆大房秩秩在列奉牲以告既全既潔樂均無爽牲醴攸設神兮燕娭霓旌孑孑

感生帝位酌獻崇安　盛德在火相我炎祚典祀有常牲玉維具風馬雲車翩翩來顧式蕃帝祉後昆有裕

僖祖位酌獻肅安　皇矣文獻開國有先德配感生對越在天練日得辛來止靈壇神其錫羨瑞應猗蘭

文舞退武舞進正安　苾苾芬芬神具醉止笙磬鏗鏘于旐旟旋嚴假無言神靈惟喜申錫蕃釐暨我孫子

亞終獻文安　偉炎厥初緣感而系慶衍式崇昭融有契樂功既諧觴獻斯繼歆類不違克昌百世

徹豆肅安　潔陳斯備昭格惟禋神歆以飫宰徹其餕清歌振曉叶氣流春永錫祚嗣以遲烝民

送神大安　豐祀孔飾肅來自天蘭尊既徹颷馭載遄騎雲縹緲樂流連惟邁惟顧降福緜緜

望燎普安　禮文既洽熏燎聿升嘉氣四塞丹誠上騰惟類之應惟福之興永熾天統億載靈承

宋史卷一百三十二考證

樂志七飲福禧安○臣酉按酌獻已用禧安飲福不應又用也通考作禮安此禧字當是禮字之誤下文同

宋史卷一百三十三

元中書右丞相總裁脫脫等修

樂志第八十六

樂八　樂章二

（明堂大饗　皇地祇　神州地祇　朝日冬月　高禖　九宮貴神）

景祐大享明堂二首

眞宗配位奠幣誠安　思文聖考對越在天侑神作主奉幣申虔

酌獻德安　偃革興文封巒考瑞威烈巍巍允膺宗祀

皇祐親享明堂六首

降神誠安　維聖享帝維孝感親肇圖世室躬展精禋鏞鼓既設籩豆既陳至誠攸感保格上神

奠玉幣鎮安　乾亨坤慶育函生路寢明堂致絜誠玉帛非馨期感格降康億載保登平

酌獻慶安　肅肅路寢相維明堂二儀鑒止三聖侑旁靈期訢合祠節齊莊至誠並貺降福無疆

三聖配位奠幣信安　祖功宗德啓隆熙嚴配交修太室祠圭幣薦誠知顧享本支錫羨固邦基

酌獻考安　藝祖造邦二宗紹德肅雍孝享登配圜極先訓有開菲躬何力歆馨錫羨保民麗億

送神誠安　我將我享辟公顯助獻終豆徹禮成樂具飾駕上遊升禋高騖神保聿歸介茲景祚

嘉祐親享明堂二首

降神誠安　燁燁房心下照重屋我嚴帝親匪配之瀆西顥沆碭夕景已肅靈其來娭嘉薦芳郁

送神誠安　明明合宮莫尊享帝禮樂熙成精與神契桂尊初闌羽駕倏逝遺我嘉祥於顯萬世

熙寧享明堂二首

英宗奠幣誠安　於皇聖考克配上帝永言考思昭薦嘉幣

酌獻德安　英聲邁古施德在民允秩宗祀賓延上神

元符親享明堂十一首

皇帝升降儀安　嚴父配天孝乎明堂與奠升階降音以將天步有節帝容必莊辟公憲之禮無不臧

上帝位奠玉幣鎮安　聖能享帝孝克事親於皇宗祀盛節此陳何以薦虔二精有煒何以致祥上天鑒止

神宗奠幣信安　合宮禮備時維哲王堂筵四敞明德馨香聖考來格降福穰穰承承繼繼萬祀其昌

奉俎禧安　奕奕明堂天子即事奠我聖考配于上帝凡百有職疇敢不祇俎潔牲肥其登有儀

上帝位酌獻慶安　惟禮不瀆所以嚴親惟孝不匱所以教民陟配文考享于大神重禧累福祚裔無垠

配位酌獻德安　隆功駿德兩有烈光降配宗祀惠我無疆

退文舞迎武舞穆安　舞以象功樂惟崇德文經萬邦武靖四國一張一弛其儀不忒神鑒孔昭孝思維則

亞獻穆安　於昭盛禮嚴父配天盡物盡誠莫匪吉蠲重觴既薦九奏相宣神介景福億萬斯年

飲福胙安　莫尊乎天莫親乎父既享既侑誠申禮舉戛擊堂上八音始具天子億齡飲神之胙

徹豆欽安　穆穆在堂肅肅在庭於顯辟公來相思成神旣歆止有聞無聲錫我休嘉燕及羣生

歸大次憩安　有奕明堂萬方時會宗子聖考作帝之配粢酌虞典禮從周志豐事旣成於皇來暨

大觀宗祀明堂五首

奠玉幣鎭安　交于神明內心爲貴外致其文亦效精意嘉玉旣陳將以量幣肅肅雝雝惟帝之對有邦事神享帝爲尊內心致德外示彌文嘉玉效珍薦以量幣恭欽伊何惟以宗祀

配位奠幣信安　肇祀明堂告成大報顒顒祇祇率見昭考涓選休辰齊明朝夕於惟皇王孝思罔極

酌獻孝安　若昔大猷孝思惟則永言孝思丕承其德於昭明威侑于上帝賚我思成永綏福祉

配位酌獻大明　於昭皇考大明體神憲章文思宜民宜人嚴父之道陟配于天躬行孝告有孚于先

紹興親享明堂二十六首

皇帝入門儀安　惟我有宋昊天子之三年卜祀百世承基施及冲眇奉牲以祠敢忘齋栗偪畢上儀

升堂儀安　於赫明堂肇稱禋祀祖宗來游亦侑于帝九州駿奔百辟咸事歆時純休錫我萬世

降神誠安　噫神何親惟德是輔玉牲具陳誠則來顧我開明堂遵國之故尙蒙居歆以篤宗祜

盥洗儀安　肇開九筵維古之倣皇皇大神來顧來享庶儀交修百辟顯相微誠自中交際天壤

上帝位奠玉幣鎭安　皇皇后帝周覽四方眷我前烈燕娭此堂金支秀發黼帳高張世歆明祀日宋是常

皇地祇位奠玉幣嘉安　至哉坤元持載萬物繼天神聖觀世治忽頌祇之堂薦以圭幣孰爲邦休四海無拂

太宗位奠幣廣安　推尊太元重屋爲盛誰其配之我祖齊聖開基握符正位凝命於萬斯年孝孫有慶

太宗位奠幣化安　帝神來格靡祀不從侑坐而食獨升祖宗在庭祇肅展采錯重三獻之禮百年之容

徽宗位奠幣泰安　於穆帝臨至矣元造克配其儀惟我文考仁恩廣覃奕葉永保宗祀惟初以揚孝道

皇帝還位儀安　耳聽銷玉目瞻熉珠槃備周奏儀參漢圖神人並況天地同符亦旣見帝王心則愉

尙書捧俎禧安　展牲登俎簫韶在庭羞陳五室意徹三靈匪物斯享惟誠則馨永作祭主神其億寧

昊天上帝位酌獻慶安　日在東陸維時上辛肇開陽館恭禮尊神蒼玉輝夜紫煙煬晨祖宗並配天地同禋

皇地祇位酌獻彰安　地禖泰折歌同我將騂牲純潔絲竹發揚博厚而久含洪以光扶持宗社日篤不忘

太祖位酌獻孝安　一德開基百年垂統中天禘郊薄海朝貢寶龜相承器鼎加重澤深慶綿帝復命宋

太宗位酌獻韶安　紹天承業繼世立功帷幄屢勝車書始同武掃氛霧文垂日虹遺澤所及孰知其終

徽宗位酌獻成安　欽惟合宮承神至尊祇戒專精儼然若存奠茲嘉觴苾蘭其芬發祉隤祥以子以孫

皇帝還小次儀安　匏尊旣畢斷席未移有德斯顧靡神不娭物情肅穆天宇淸夷宅中受命永復邦基

文舞退武舞進穆安　神之歆至慶陰杳冥風馬雲車怳若有承備形聲容於昭文明庶幾嘉虞來享來寧

亞獻穆安　四阿有嚴神旣戾止備物雖儀潔誠惟已有來振振相我熙事載酌陶匏以成毖祀

終獻穆安　誠一爲專禮三而稱孰陪邦祠惟我同姓金絲屢調玉圭交映是謂熙成福來神聽

皇帝飮福胙安　孰謂天遠至誠則通孰謂地厚與天則同惠我純嘏克成大功握圖而治如日之中

徹豆歆安　工祝告休笙鏞云闋酒茅旣除牲俎斯徹幽明罔恫中外咸悅禮成伊何天地同節

送神誠安　奕奕宗祀煌煌禮文高靈下墮精意升聞熙事旣畢忽乘青雲敢拜明貺永淸世氛

望燎儀安　載酌載獻以純以精歌傳夜誦物備秋成報本斯極聽卑則明顧儲景貺福我羣生

望瘞儀安　禮協豐融誠交彷彿辟公受膰宗祀臨座貽我來牟以與嗣歲山川出雲天地同氣

還大次憩安　應天以實已事而竣璮案朝帝竹宮拜神靈光下燭協氣斯陳福祿時萬基圖日新

紹興淳熙分命館職定撰十七首

降神景安圜鍾爲宮　上直房心時惟明堂配天享親宗祀有常盛德在金日吉辰良享我克誠來格來康

黃鍾爲角　合宮盛禮金商令時備成熙事蒐揚上儀駿奔在庭精意肅祇來享嘉薦神靈燕娭

太簇爲徵　休德孔昭靈承上帝孝極尊親嚴配于位嘉薦芬芳禮無不備神其格思享茲誠至

姑洗爲羽　霜露旣降孝思奉先陟降上帝禮隆九筵有馨黍稷有肥牲牷神來燕娭想像肅然

盥洗正安　禮經之重祭典爲宗上公攝事進退彌恭庶品豐潔令儀肅雍百祥萃止惟吉之從

升殿正安　皇祖配帝歲祀明堂冕服陟降玉珮瑲瑲疾徐有節進止克莊維時右享日靖四方

上帝位奠玉幣嘉安　大享季秋百執揚厲明明太宗赫赫上帝祇薦忱誠式嚴圭幣祚我明德錫茲來裔

太宗位奠幣宗安　穆穆皇祖丕昭聖功聲律身度樂備禮隆祇薦量幣祀于合宮玉帛萬國驩心載同

捧俎豐安　備物昭陳工祝告具維羊維牛孔碩孔庶有嘉維馨加食宜歆歆時五福永膺豐胙

上帝位酌獻嘉安　燁彼房心明明有融維聖享帝禮行合宮祀事時止粢盛潔豐昭受申命萬福攸同

太宗位酌獻德安　受命溥將勳高百王寰宇大定聖治平康有嚴陟配宗祀明堂神保是格申錫無疆

文舞退武舞進正安　溫厚嚴凝於皇上帝文德武功列聖並配舞綴象成肅雍進退秉翟踐踐總干蹈厲

亞終獻文安　總章靈承維國之常禮樂宣鬯降升齊莊竭誠盡志薦茲累觴於昭在上申錫無疆

徹豆肅安　於皇上帝肅然來臨恭薦芳俎以達高明烹飪旣事享于克誠以介景福惟德之馨

送神景安　帝在合宮鑒觀盛禮黍稷惟馨神心則喜禮備樂成亦旣歸止億萬斯年以貺多祉

高宗位奠幣宗安　赫赫高廟于堯有光覆被萬祀冠冕百王有量斯幣蠲潔是將在帝左右維時降康

酌獻德安　炎運中興蒼生載寧九秩燕豫三紀豐凝精祀上帝陟配威靈錫羨胙祉萬世承承

孝宗親享明堂樂曲並同惟天地位奠幣酌獻及太祖酌獻皇帝入小次還大次亞獻送神等篇各有刪潤又以太祖奠幣曲改名廣安酌獻改名恭安太宗奠幣改名化安酌獻改名英安

景德祀皇地祇三首

降神靜安　至哉厚德陟配天長洸潛剛克廣大無疆資生萬物神化含章同和八變神靈效祥

奠玉幣酌獻嘉安　於昭祀典致享坤儀備物咸秩柔祇格思功宣敏樹日益鴻禧持載品彙率土攸宜

送神靜安　妙用無方倏來忽逝蠲潔寅恭式終禋瘞

景佑夏至祀皇地祇二首仁宗御製

太祖奠幣恭安　赫矣淳耀假載帝基一戎以定萬國來儀寅恭潔祀博厚皇祇威靈攸在福祿如茨

酌獻英安　丕命惟皇萬物咸覩卜年邁周崇功冠禹有爍炎精大昌聖祚酌鬯祈年永錫繁祜

熙寧祀皇地祇十二首

迎神導安　昭靈積厚混混坤輿配天作極陰慘陽舒齊明薦享百福其儲庶幾來止風馬雲車

升降靖安　有來穆穆臨此方丘其行風動其止霆收躬事匪懈豐盛潔羞百昌咸殖允矣神休

奠幣鎣安　純誠昭融芳美嘉薦肅將二精以享以奠休光四充靈祇來燕其祥伊何永世錫美

太祖肇安　於皇烈祖繼帝所興光輝宗祀如日之升告靈作配孝享烝烝錫茲祉福百世其承

司徒奉俎承安　我修祀事於何致誠罔敢怠佚視茲碩牲納烹薦俎侑以和聲格哉休應世濟皇明

酌獻和安　猗嗟富媼博厚含弘發榮敷秀動植茲豐爰酌茲酒肸蠁交通衆祥萃止垂祐無窮

太祖佑安　光大含弘坤元之力海宇咸寧烈祖之德作配方壇不僭不忒子孫其承毋替厥則

飮福禔安　載登壇陛載酌尊彝牲酒嘉止福祿純熙其福維何萬物咸宜其祿維何永承神禧

退文舞迎武舞威安　雍雍肅肅建我采旄舞以玉戚不吳不敖其將其肆肥腯嘉肴何以侑樂鍾鼓管籥

亞終獻儀安　折俎在籩嚴羨在豆何以酌之酒醴是侑何以錫之貽爾眉壽何以格之永爾康阜

徹豆豐安　曳我黼黻履舄接武鏘我珩璜降升圜圜其將肆兮旣日不侮其終徹兮恭欽惟主

送神皇安　神兮來下享此苾芬酌獻雍雍執事孔勤神之還矣忽乘飛雲遺我祺祥物象忻忻

常祀皇地祇五首

迎神寧安八變　坤元之德光大無疆一氣交感百物阜昌吉蠲致享精明是將介茲景福鼎祚靈長

升降正安　禮經之重祭典爲宗上公攝事登降彌恭庶品豐潔令儀肅雍百祥萃止惟吉之從

奉俎豐安　禮崇禋祀神鑒孔明牲牷博腯以炰以烹馨香蠲潔品物惟精錫以純嘏享茲至誠

退文舞迎武舞威安　進旅退旅載揚干揚不愆于儀容服有章式綏式侑神休是聽鼓之舞之神永安寧

送神安寧　物備百嘉樂周八變克誠是享明德斯薦神鑒孔昭蕃禧錫美回馭飄飄然邈不可見

紹興祀皇地祇十五首

迎神寧安函鍾爲宮　至哉厚德物生是資直方維則翕闢攸宜於昭祀典致享坤儀禮罔不答神之格思

太簇爲角　蕆事方丘舊典時式至誠感神馨非黍稷

肹蠁來臨鑒茲明德永錫坤珍時萬時億

姑洗爲徵　至哉坤元乃順承天厚德載物含洪八埏日北冬晷祀儀吉蠲式昭無事敢告恭虔

南呂爲羽　蕆事方丘情文孔時名山大澤侑祭無遺牲陳黝犢樂備咸池柔祇皆出介我繁禧

盥洗正安　於穆盛禮肅肅在宮蕆事有初直于東榮滌濯是謹惟寅惟清祇薦柔嘉享茲克誠

升殿正安　景風應時聿嚴毖祀用事方丘鏘鏘濟濟登降有節三獻成禮神其格思錫我繁祉

正位奠玉幣嘉安　坤元博厚對越天明展事方澤亶惟顧歆嘉玉量幣祇薦純精錫我繁祉燕及函生

太祖位奠幣定安　毖祀泰圻柔祇是承於赫藝祖道格三靈式嚴配侑厚德惟寧爰昭薦幣享于克誠

捧俎豐安　丕答靈貺蕆事方丘豆登在列鼎俎斯儔牲牷告具寅畏彌周柔祇昭格飈至雲流

正位酌獻光安　祇事坤元飭躬敢憚爰流衮盛載嚴圭瓚清明內融嘉旨外粲介我繁釐時億時萬

太祖位酌獻英安　皇矣藝祖九圍是式至哉柔祇萬彙允殖保茲嘉邦介我黍稷酌鬯告虔作配無極

文舞退武舞進正安　於穆媼神媲德彼天我修毖祀以莫不虔肆陳時夏干羽相宜靈其來游降福綿綿

亞終獻文安　禮有祈報國惟典常籩豆豐潔升降齊莊備物致志式薦累觴昭格來享自天降康

徹豆娛安　承天效法其道貴誠牲差黃犢薦德之馨芳俎告畢禮備樂盈既靜既安庶物露生

送神寧安　至厚至深其動也剛精誠默通或出其藏神之言歸化斯有光相我炎圖萬世無疆

宋初祀神州地祇三首

降神靜安　膴膴郊原茫茫寓縣畫野分疆禹功疏奠靈祇是臻豆籩祇薦幽贊皇圖祝之不見

奠玉幣酌獻嘉安　肹蠁儲靈肅恭用幣鏘洋導和洪休允契嘉氣雲蒸浹于華裔式薦坤珍聿符明世

送神靜安　獻奠云畢純嘏祁祁威靈藏用邈矣何之

景祐孟冬祭神州地祇二首

太宗位奠幣化安　創平僞邦嗣興鴻業禮樂交修仁德該洽柔祇薦享量幣攸攝侑坐延靈神休允答

酌獻韶安　有煒爾文克隆宏構貽此燕謀具應多祐嶰律吹莩彝尊奠酒佑乃沈潛永祈豐秫

元符祭神州地祇二首

迎神寧安八變　膴膴浚邦皇天是宅必有幽贊聰明正直布列籩豆考擊金石中外謐寧繄神之力

送神寧安　都邑浩穰民物富盛主以靈祇昭乃丕應玉帛牲牷鍾鼓莞磬祇薦攸歆歸于至靜

紹興祀神州地祇十六首

迎神寧安函鍾爲宮　芒芒下土恢恢方儀富媼統攝潛運八維爰稱元祀告備吉時揭玆虔恭儼其格思

太簇爲角　洪惟坤元道著品物上配紫旻後載其德艮月肇蕆祭器布列必先星祇以迓景福

姑洗爲徵　坱北無垠磅礴罔測山盈川沖自生自其報惟何率禮靡忒億萬斯年功被無極

南呂爲羽　翕闢以時協氣陶蒸播之金石鏘厥和聲寘寘昒昒孔享純誠是聽是娭邦基永寧

盥洗正安　晨暘致煙浡然四施飄飄風馬彷彿來斯祀事惟清沃之盥之載涓載肅罔有愧辭

升殿正安　崇崇其壇屹矣層級佩約步趨降登中節左瞻右睨祥風藹集斿旆羽紛昭鑒翊翊

神州地祇位奠玉幣嘉安　璇璣諸序籍歛薦嘉昭荅柔祇迭奏雅歌幣琮以侑儀腆氣和靈其溥臨容與燕嘉

太宗位奠幣嘉安　穆穆令聞溥博有容澤被萬宇靡不率從恭陳量幣明薦其衷禮亦宜之享德攸同

奉俎豐安　肅肅嘉承唯德其物工祝以告繄民之力神哉廣生孔蕃且碩奠于嘉壇吐之則弗

神州地祇位酌獻嘉安　恭承明祀嘉薦令芳亦有桂酒誠愨是將瑟贊以酌效懽厥觴庶乎燕享永懷不忘

太宗位酌獻化安　宗德含洪方祇可擬闢土開疆八埏同軌是用作配有永無紀祼獻以享茂格蕃祉

文舞退武舞進文安　奕奕綴兆咸池孔彰丕闡文德靡忘發揚進退有節乃容之常樂備爾奏燁燁榮光

亞終獻文安　縮酌以祼既旨且多三獻有序情文愈加黃祇臨享錫以休嘉廣茲靈祲覃及遐遐

徹豆成安　展牲告全迺登于俎竣事而徹侑以樂語奉籩宣室祚我神主歆敷庶民竝受其祐

送神寧安　雲馭洋洋既歆既顧悠然聿歸曷求厥路欽想頌堂跛立以慕賚我肹蠁莫不懌豫

望瘞正安　神罔怨恫燕其有喜蕆事告成爰修瘞禮樂闋儀備休氣四起向謹不愆念終如始

景德朝日三首

降神高安六變　陽德之母羲御寅賓得天久照首茲三辰正辭備物肅肅振振淪精隆監克享明禋

奠玉幣酌獻嘉安　禮齊艮潔有牲斯純大采玄冕乃昭其文王宮定位粢盛苾芬民事以敘盛德升聞

送神高安　縣象著明照臨下土降福穰穰德施周普

夕月三首

降神高安六變　凝陰真粹照臨八埏麗天垂象繼日代明一氣資始四時運行靈祇昭格備物薦誠

奠玉幣酌獻嘉安　夕耀乘秋功存寓縣金奏在縣以時致薦祀事孔寅明靈降眷潔粢豐盛倉箱流衍

送神高安　夙陳籩豆潔誠致祈垂休保佑景祚巍巍

太觀秋分夕月四首

降神高安　至陰之精虧而復盈輪高傃桂階應祥蓂玉兔影孤金莖露溢其駕星車顧于茲夕

奠玉幣　玉鈎初彎水盤乍圓扇掩秋後烏飛枝邊精凝蟾蜍輝光嬋娟歆于明祀弭芳節焉

酌獻　名稽漢儀歌參唐宗往于卿少乘秋氣中周天而行如姊之崇可飛霞佩下瑠璃宮

送神　四扉大開五雲車立霓裾姊從風翻童執搖曳胥來鏘洋爰集歆我嚴禋西面以揖

紹興朝日十首

降神高安圜鍾爲宮　玄鳥既至序屬春分朝于太陽厥典備存載嚴大采示民有尊揚光下燭煜爚東門

黃鍾爲角　升暉麗天陽德之母率無頗偏兼燭下土恭事崇壇禮樂具舉頓御六龍裴回容與

太簇爲徵　周祀及闇漢制中營肹蠁是屆禮神以兄我潔斯璧我肥斯牲神分燕享鑒觀孔明

姑洗爲羽　屹爾玉宮泛臨翊翊悳此萬方豈惟五色以修陽政以習地德雲景杳冥施祥無極

酌獻升殿正安　天宇四霽嘉壇聿崇肅祇嚴祀登降有容仰瞻耀靈位居其中既安既妥沛哉豐融

奠玉幣嘉安　物之備矣以交於神時惟炎精不忘顧歆經緯之文璆琳之質燦然相輝其儀秩秩

奉俎豐安　扶桑朝暾和氣肹飭奉此牲牢爲俎孔碩苾馨進聞介我黍稷所將以誠茲用享德

酌獻嘉安　匏爵斯陳百味旨酒勺以獻之再拜稽首鍾鼓在列靈方安留眷然加薦惟時之休

亞終獻文安　禮罄沃盥誠意肅將包茅是縮冀畢重觴煥矣倩文既具醉止熙事備誠靈其有喜

送神禮安　羲和駕兮其容杲杲將安之兮言歸黃道光赫萬物無古無今人君之表咸仰照臨

夕月十首

降神高安圜鍾爲宮　金行告道玉律分秋禮蕆西郊毖祀聿脩精意潛達永孚于休神之聽之爰格飈斿

黃鍾爲角　時維秋仲夜寂天清實嚴姊事用荅陰靈壇壝斯設黍稷惟馨雲車來下庶歆厥誠

太簇爲徵　迴日著明麗天作配潔誠以祠禮行肅拜光凝晃服氣肅環珮庶幾昭格祇而不懈

姑洗爲羽　穆穆流輝太陰之精盈虧靡忒寒暑以均克禋克祀揆日涓辰牲碩酒旨來燕來寧

升殿正安　猗歟崇基右平左城祇率典常屆茲秋夕防降惟寅威儀抑抑神其鑒觀穰簡是集

奠玉幣嘉安　少采陳儀實曰坎祭禮備樂舉嚴恭將事于以奠之嘉玉量幣神兮昭受陰騭萬彙

奉俎豐安　殺且其差有牲在滌工祝致告爲俎孔碩肹蠁是期祚我明德備茲孝欽式和民則

酌獻嘉安　白藏在序享惟其時躬卽明壇禮惟載祗斟以瑤爵神靈燕娭歆馨顧德錫我蕃釐

亞終獻文安　肅雍嚴祀聖治昭彰清酒既載或肆或將禮匝三獻終然允臧神具醉止其樂且康

送神理安　歌奏云闋式禮莫愆以我齊明蠲其吉蠲神保聿歸降康自天鴻圖永固億萬斯年

熙寧以後祀高禖六首

降神高安六變　容臺講禮禖宮立祠司分屆候帶韣陳儀嘉祥萃止靈馭來思皇支蕃衍永固邦基

升降正安　郊禖之應肇自生商誕膺寶命濬發其祥天材蕃衍德稱君王本支萬世與天無疆

奠玉幣嘉安　昔帝高辛先禖肇祀爰揆仲陽式祈嘉祉陳之犧牲授以弓矢敷祐皇宗施于孫子

酌獻祐安　昭薦精衷靈承端命青帝顧懷神禖儲慶祚以蕃昌協于熙盛螽斯衆多流于雅詠

亞終獻文安　赫赫高禖萬世所祀其德不回錫茲福祉蕃衍椒聊和平芣苢傳類降康世濟其美

送神理安　禮奠蠲衷祭儀竣事丕擁靈休蕃衍皇嗣

紹興祀高禖十首

降神高安圜鍾爲宮　聿分春氣施生在時禖宮肇啓精意以祠禮儀告備神其格思厥靈有赫錫我繁釐

黃鍾爲角　眷此尊祀實惟仲春青圭束帛克祀克禋庶蒙嘉惠嗣續詵詵神之降鑒雲車來臻

太簇爲徵　猗歟禖宮祀典所貴粵自艱難禮或弗備以迄于今始建壇壝願戒雲車歆此誠意

姑洗爲羽　春氣肇分萬類滋榮惟此祀事皆象發生求神以類式昭至誠庶幾來格子孫繩繩

升壇正安　有奕禖宮在國之南壇壝既設威儀孔嚴登祀濟濟神兮顧瞻佑我皇祚宜百斯男

奠玉幣嘉安　青律載陽有虯頡頏祈我繁祉立子生商三牲既薦玉帛是將克禋克祀有嘉其祥

奉俎豐安　祇祓禖壇潔蠲羊豕博碩肥腯爰具牲醴執事駿奔肅將俎几神其顧歆永錫多子

青帝位酌獻祐安（伏羲高辛酌獻並同）　瑞虯至止祀事孔時酌以清酒祼獻載祇神具醉止介我蕃禧乃占吉夢維熊維羆

亞終獻文安　中春涓吉蒇事禖祠禮備樂作籩豆孔時貳觴畢舉薦獻無違庶幾神惠祥啓熊羆

送神理安　嘉薦令芳有嚴禋祀神來燕娭亦既醉止風馭言還栗然欻起以祓以除錫我蕃祉

景德祀九宮貴神三首

降神高安　倬彼垂象照臨下土躔次運行功德周普九宮既位惟德是輔神之至上皇皇斯覬

奠玉幣酌獻嘉安　靈禋既肅明神既秩在國之東協日之吉升歌有儀六變中律懷和萬靈降茲陰騭

送神高安　祇薦有常惟神無方冋飈整馭垂休降祥

元祐祀九宮貴神二首

降神景安（六變）　上天貴神九宮設位功德及物乃秩明祀望拜紫壇赫然靈氣奠玉薦幣歆之無愧

送神景安　天之貴神推移九宮厥位靡常降康則同來集于壇顧歆恪恭歌以送之飈靜旋穹

紹興祀九宮貴神十首

降神景安圜鍾爲宮　紫闕幽宏惟神靈尊輔成泰元贊役乃坤日雨日暘緼豫調紛享薦隕光蒙祉如屯

黃鍾爲角　載陽衍德農祥孔昭賚茲元嘏穰穰黍苗象輿眇冥金奏遠姚無闕厥靈丹衷匪恌

太簇爲角　於赫九宮天神之貴煌煌庬列下土是蒞幽贊高穹陰騭萬類肅若舊典有嚴祇事

姑洗爲羽　練時吉良聿崇明祀粢盛潔豐牲碩酒旨肅唱和聲來燕來止嘉承天休賚及含齒

初獻升壇正安　於昭歨祀周旋有容歷階將事趨進鞠躬改步如初沒階爾恭左城右平陟降雍雍

太一位奠玉幣嘉安　煌煌九宮照臨下土陰騭庶類功施周普恪修祀典禮備樂舉嘉玉量幣磬非稷黍（攝提權星招搖天符青龍咸池太陰天乙位樂曲並同）

奉俎豐安　靈鑒匪遠誠心肅祇是烝是享俎實孔時禮行樂奏肹蠁是期雲車風馬神其燕娭

太一位酌獻嘉安　惟天丕冒彪列九神財成元化陰騭下民有酒斯旨登薦苾芬昭哉降鑒茀祿來臻（九位並同）

亞終獻文安　均調大化陰騭下民駿功有赫誕舉明禋嘉觴中貳執事惟寅清明鬯矣福祿攸臻

送神景安　薦獻有序降登無違禮樂備舉昭格燕娭雲阜縹緲神日還歸報以景貺翊我昌期

宋史卷一百三十四

元　中　書　右　丞　相　總　裁　脫　脫　等　修

樂志第八十七

樂九（樂章二）

太廟常享　郊前廟享（禘祫　皇后別廟　加上徽號）

建隆以來祀享太廟一十六首

迎神禮安　肅肅清廟奉祠來請格思之靈如在之祭克謹威儀嚴容裔降福孔皆以克永世

皇帝行隆安　工祝升階賓尸在位祇達孝思允修禋祀顯相有儀克恭乃事儼恪其容通此精意

奠瓚用瑞木　木符啓瑞著象成文於昭大號協應明君靈命有屬鴻禧洞分歌以升薦休嘉洽聞

又馴象　嘉彼馴象來歸帝鄉南州毓質中區效祥仁格巨獸德柔遐荒有感斯應神化無方

又玉烏　素烏爰止淳精允臧名符瑞牒色應金方潔白容與翹英奮揚孝思攸感皇德遐張

奉俎豐安　維犧維牲以炰以烹植其鞉鼓潔彼鉶羹孔碩茲俎於穆厥聲肅雍顯相福祿來成

酌獻僖祖室大善　湯湯洪河經啓長源欝欝嘉木挺生本根大哉崇基出乎慶門發祥垂裕永世貽孫

順祖室大寧　元鍾九千生於仲呂崇臺九層起於累土赫日之升明夷爲主孝孫作帝式由祖武

翼祖室大順　明明我祖積德攸宜肇繼爪瓞將隆本支爰資慶緒式昭帝基於穆清廟永洽重熙

宣祖室大慶　艱難積行緜長鍾慶同人之時得主乃定既敘宗祧乃修舞詠經武開先永昭丕命

太祖室大定　猗歟太祖受命于天化行區宇功溢簡編武威震耀文德昭宣開基垂統億萬斯年

太宗室大盛　赫赫皇運明明太宗四隩咸暨一變時雍膺文炳煥聖德溫恭千齡萬祀永播笙鏞

飲福禧安　嘉粟旨酒博腯牲牷神鑒孔昭享茲吉蠲夙夜毖祀孝以奉先永錫純嘏功格于天

亞獻正安　已象文治乃觀武成進退可度威儀克明

終獻正安　常武徂征詩人所稱總干山立厥象伊凝

徹豆豐安　肥腯之牲既析既薦欝鬯之酒已酌已獻祝辭亦陳和奏斯徧享禮具舉徹其有踐

攝事十三首

降神理安　肅肅清廟昭事祖禰粢盛苾芬四海來祭皇靈格思令容有睟降福孔皆以克永世

太尉行正安　祼鬯溥將賓尸在位帝德升聞孝思光被公卿庶正傅御師氏至誠感神福祿來暨

奠瓚瑞安　淳清育物瑞木成文元氣陶冶非煙郁氛玄貺昭格至和所熏登歌祼獻肹蠁如聞

奉俎豐安　麗碑割牲以炰以亨博碩肥腯薦羞神明祖考來格享于克誠如聞謦欬式燕以寧

酌獻僖祖室大善　肅肅藝祖肇基鴻源權輿光大燕翼貽孫載祀惟永慶流後昆威靈在天顧我思存

順祖室大寧　思文聖祖長發其祥錫羡蕃衍德厚流光眷命自天卜世聿昌祇肅孝享降福無疆

翼祖室大順　明明我祖積德累仁居晦匿曜邁種惟勤帝圖天錫輝光日新寢廟繹繹昭事同寅

宣祖室大慶　洸洸我祖時惟鷹揚濬德弗耀發源靈長肆類配天永思不忘來顧來享百福是將

太祖室大定　赫赫太祖受命于天赤符啓運威加八埏神武戡難功無間然翼翼丕承億萬斯年

太宗室大盛　穆穆太宗與天合德昧旦丕顯乾乾翼翼敷佑下民時帝之力永懷聖神孝思罔極

眞宗室大明　煌煌眞宗善繼善承經武耀德臻于治平封祀禮樂丕昭鴻名陟配文廟皇圖永寧

徹豆豐安　鼎俎既陳豆籩既設金石在庭工師就列備物有嚴著誠至潔孝惟時思禮以雍徹

送神理安　神之來兮風肅然神之去兮升九天排淩兢兮還怳惚羽旄紛兮蕭燔煙

眞宗御製二首

奠瓚用萬國朝天　鴻源濬發膺圖誕彰高明錫羡累洽延祥巍巍藝祖溥率賓王煌煌文考區宇大康瑞符昭顯寶歷緜長物性茂遂民俗阜昌甫田多稼禾黍穰穰含生嘉育鳥獸蹌蹌八紘統域九服要荒沐浴惠澤祇畏典常隔谷分壞坐斗辨方並襲冠帶來奉圭璋峩峩雙闕濟濟明堂諸侯執帛天后當陽何以辨等衮衣繡裳何以褒德輅車乘黃聲明煥赫雅頌汪洋啓茲丕緒佑我無疆大統斯集大樂斯揚俯隆宗祏仰繼穹蒼

亞獻終獻用平晉樂　五代衰替六合攜離封疆竊據兵甲競馳天顧黎獻塗炭可悲帝啓靈命濬哲應期皇祖丕變金鉞俄麾率土執贄獷俗來儀瞻彼大鹵竊此餘基獨迷文告莫畏天威神宗繼統璿圖有煇尙安蠢爾罔懷格思六飛鳳駕萬旅奉辭徯來發詠不陣行師雲旗先路壺漿塞岐天臨日照宸慮通微前歌後舞人心悅隨要領自得智力何施風移僭目政治淳熙書文混一盛德咸宜干戈倒載振振言歸誕昭七德永定九圍

眞宗告饗六首

告受天書瑞安　寶命自天鴻禧錫祚昭晰綠文氤氳黃素玄感薦彰靈休誕布寅奉珍符聿懷永慕

太祖太宗加上尊謚顯安　報貺陟封聿昭典禮讓德穹厚歸功祖禰丕顯尊稱盡善盡美寅威孝思以介蕃祉

東封畢躬謝酌獻封安　奕奕清廟錫羡詒謀升中神嶽顯允皇猷歸格藝祖昭報靈休奉先追遠盛德益修

祀汾陰畢躬謝酌獻顯安　於昭列聖休德清明威靈如在享于克誠報功厚載馨薦惟精歸格歆至禮備樂成

聖祖降親告瑞安　於赫聖祖景靈在天神遊來暨睟容穆然誨言昭示帝胄開先齊明欽若延鴻億年

六室加謚顯安　欽宗太霄肅奉徽冊大禮克誠鴻猷有赫令芳爰薦明靈斯格昭謝垂祥永懷何極

景祐親享太廟二首

迎神興安　追養奉先納孝練主金奏鳳鳴關睢樂舞奠鬯恭神肥腯展俎積慶聰明降景寰宇

酌獻眞宗室大明　於穆眞皇宅心道粹和戎燕革煥乎文治操瑞拜圖封天祀地盛德爲宗烝嘗萬世

至和祫享三首

迎神興安　濡露降霜永懷孝思祫食諦敘再聞之期歌德詠功八音播之歆神惟始靈其格茲

奠瓚嘉安　昭穆親祖自室徂堂禮備樂成肅然祼將瑟瓚黃流條鬯芬芳氣達淵泉神孚來享

送神興安　四祖基慶三后在天薦侑備成靈娭其旋孝孫應嘏受福永年送之懷之明發惻然

嘉祐祫享二首

迎神懷安　躬茲孝享禮備樂成神登于俎祝導于祊展牲肥腯奏格和平靈其昭格肅僾疑情

送神懷安　靈神歸止光景肅然福祥裕世明威在天孝孫有慶駿烈推先佑茲基緒彌萬斯年

熙寧以後享廟五首

酌獻英宗室大英　在宋五世天子嗣昌躬發英斷若乾之剛聲容泫泫被于八荒垂千萬年永烈有光

送神興安　鍾鼓惟旅籩豆孔時衎我祖宗既右享之神亟來止孝孫之喜神保聿歸孝孫之思

禘祫孟享臘享宗正卿升殿正安　進退有容服章有儀匪亟匪遲降登孔時

祫享仁宗大和　於穆仁廟聖澤滂流華夷用乂動植蒙休徽名冠古奕世垂謀帝躬祼獻盛典昭修

英宗大康　赫赫英皇總提邦紀濬發神功慨張聖理仙馭難遙鴻徽不弭永言孝思竭誠躬祀

常祀五享三首

迎神興安九變　奕奕清廟昭穆定位霜露增感粢盛潔祭神靈來格福祉攸暨追孝奉先本支百世

大尉奠瓚嘉安　有秩特祀匪怠匪瀆有來宗主載祗載肅厭作祼將流黃瓚玉是享是宜永綏多福

送神興安　皇祖皇考配帝配天駿奔顯相神保言旋祝以孝告嘏以慈宣去來永慕宗事惟虔

紹興以後時享二十五首

迎神興安黃鍾爲宮　奉先嚴祀率禮大經時思致享肅薦芳馨竭誠備物樂奏和聲眞馭來止熙事克成

大呂爲角　聖靈在天九關崇深風馬雲車紛其顧臨擁祥儲休昭答孝心孝孫受祉萬福是膺

太蔟爲徵　嘉承和平秩祀爲先乃練休辰祝史告虔內心齋明祀具吉蠲交際恍惚如在後前

應鍾爲羽　道信於神神靈燕娭酒有嘉德物惟其時綏節安歌樂奏具宜欣欣樂康福祿綏之

奉俎豐安　王假有廟子孫保光奉牲以告玉俎膏香專精厲意神其迪嘗休承靈意申錫無疆

初獻盥洗正安　恪恭祀典涓選休成設洗致潔直于東榮嘉觴祗薦明德惟馨祖考來格享茲孝誠

升殿正安　冠佩雍容時惟上公享于清廟陟降彌恭籩豆靜嘉粢盛潔豐孝孫有慶萬福來同

禧祖室酌獻基命　於穆文獻自天發祥肇基明命錫羨無疆子孫千億宗祀靈長神之格思如在洋洋

宣祖室酌獻天元　天啓炎歷集我大命長發其祥篤生上聖夷亂芟荒乾坤以定時祀聿修孝孫有慶

太祖室酌獻皇武　赫赫藝祖受天明命威加八紘德垂累聖祀事孔明有嚴笙磬對越在天延休錫慶

太祖室酌獻大定　明明在上時維太宗允武允文丕基紹隆於肅清廟昭報是豐皇靈格思福祿來同

眞宗室酌獻熙文　於穆眞皇維烈有光丕承二后奄奠萬方威加戎狄道格穹蒼款時禋祀降福無疆

仁宗室酌獻美成　至哉帝德乃聖乃神恭已南面天下歸仁歷年長久垂裕後人祀修舊典寶命維新

英宗室酌獻治隆　炎基克鞏赫赫英宗紹休前烈仁化彌隆篤生聖子堯湯比蹤烝嘗萬世福祿來崇

神宗室酌獻大明　於昭神祖運撫明昌肇新百度克配三王遐荒底績聖武維揚永言執競上帝是皇

哲宗室酌獻重光　於皇濬哲適駿有聲率時昭考丕顯儀刑功光大業道協三靈永綏厥後來燕來寧

徽宗室酌獻承元　天錫神聖徽柔懿恭垂衣拱手遵制揚功配天立極體道居中佑我烈考萬福攸同

欽宗室端慶　於皇欽宗道備德宏允恭允儉克類克明孝遵前烈仁翊函生歆茲肆祀永燕宗祊

高宗室大德　於皇時宋自天保定高宗受之再僕景命紹開中興翼善傳聖何千萬年永綏厥慶

孝宗室大倫　聖人之德無加於孝思皇孝宗履行立教始終純誠非曰笑貌於萬斯年是則是傚

光宗室大和　維宋洽熙帝繼于理萬姓厚生三辰順軌對時天休以燕翼子肅唱和聲神其有喜

文舞退武舞進正安　肅肅清廟於顯維德我祀孔時我奏有翼秉翟載駿有來千戚神之燕娭休祥允格

亞終獻文安　觀德宗祏奕世烈光有嚴祀典粵循舊章樂諧九變獻舉重觴燕娭如在戩穀穰穰

徹豆恭安　禮備樂成物稱誠竭相維辟公神人以說歌雍一章諸宰斯徹天子萬世無競維烈

送神興安　霜露既降時思展禋在天之御睠然顧歆樂成禮備言歸靡停既安既樂福祿來成

祫享八首

迎神興安黃鍾宮　時維孟冬霜霜既零合食盛禮以時以行孝心翼翼惟神來寧肅倡斯舉神具是聽

大呂角　於穆孝思嘉薦惟時誠通茲格咸來燕娭神之聽之申錫蕃釐於萬斯年永保丕基

太簇徵　於昭孝治通乎神明寒暑不忒熙事備成牲牷孔碩黍稷惟馨以享以祀來燕來寧

應鍾羽　苾芬孝祀薦灌肅雍致力於神明威信通靈之妥留惠我麗鴻廣被萬寓福祿攸同

初獻順祖酌獻大寧　於赫皇祖濬發其祥德盛流遠奕世彌昌孝孫有慶嘉薦令芳神保是享錫羨無疆

翼祖酌獻興安　上天眷命佑我丕基翼翼皇祖不耀其輝積厚流長福祿攸宜祀事孔時曾孫篤之

光宗室酌獻大承　於皇光宗握符御極昭哉嗣服惟仁與德勤施於民靡有暇逸萬年之思永奠宗祏

送神興安　合祭大事因時發天翼翼孝思三獻禮虔神兮樂康飇馭言旋永福後人於千萬年

上仁宗英宗徽號一首

入門升殿顯安　於穆仁祖寵綏萬方執競英考迄用成康圖徽寶冊有烈其光庶幾億載與天無疆

上英宗尊號一首

入門正安　在宋五世天子神明羣公奉冊迺揚鴻名金書煌煌適昭厥成思皇多祜與天同聲

增上神宗徽號一首哲宗御製

升殿顯安　於惟神廟乃聖乃神秉文之士作起惟新建宮稽古一視同仁庶幾備號以享天人

紹興十四年奉上徽宗冊寶三首

冊寶入門顯安　於鑠徽考如天莫名迨茲丕揚擬純粹精溫玉鏤文來至于祊有嚴奕奕禮備樂成

冊寶升殿顯安　金字煌煌瑤光燦燦羣工奉之登此寶殿對越祖宗式遵成憲威靈在天來止來燕

上徽號顯安　惟精惟一乃聖乃神鴻名克揚茂實斯賓如禹之功如堯之仁孝思永慕用詔無垠

淳熙十五年上高宗徽號三首

冊寶入門顯安　於穆高皇功德兼隆稱天以誄初諡未崇載稽禮典揚徽垂鴻涓日之良登進廟宮

冊寶升殿顯安　有璪斯寶有編斯冊導以麾仗奏以金石祲威盛容煌煌赫赫臣工奉之高靈來格

上徽號顯安　中興之烈高掩商宗揖遜之美放勳比隆字十有六擬諸形容威靈在天裕後無窮

慶元三年奉上孝宗徽號三首

冊寶入門顯安　巍巍孝廟聖德天通同符藝祖克紹高宗有儀有冊載推載崇鏤玉繩金登奉祏宮

冊寶升殿顯安　文金晶熒冊玉輝潤統紹乎堯德全于舜勤崇推高子孝孫順冠德百王萬年垂訓

上徽號顯安　金石充庭珩璜在列繪畫乾坤形容日月巍巍功德顯顯謨烈垂億萬年鴻徽昭揭

高宗郊祀前朝享太廟三十首

皇帝入門乾安後還前殿並同　於皇我后祇戒專精假於有廟祖考是承趨進惟肅僾思惟誠神之聽之來燕來寧

皇帝升殿乾安詣室降殿並同　皇皇大宮丕顯於穆休德昭清元氣同復芝葉蔓茂桂華馮翼孝孫假斯受茲介福

盥洗乾安　維皇齊精毖假于廟觀盥之初惟以潔告衎承祖宗恤祀昭孝誠心有孚介福斯報

迎神興安　秬鬯既將黃鍾具奏肅我祖考祇栗以俟監觀于茲雲車來下

尚書奉俎豐安　有碩其牲登于大房肅展以享庶幾迪嘗匪腯是告我民其康保艾爾後垂休無疆

皇帝再盥洗乾安　盥至于再潔誠愈孚帝用祇薦靈咸嘉虞騰歌臚歡會于軒朱觀厥顒若受福之符

僖宗室酌獻基命　思文禧祖基德之元皇武大之受命于天積厚流光不已其傳曾孫篤之於萬斯年

翼祖室酌獻大順　天命有開維仁是依迺睠冀邦于以顧之其顧伊何發祥肇基施于孫子虔奉孝思

宣祖室天元　昭哉皇祖源深流長雕戈圭瓚休有烈光天祐濬德繼世其昌永懷積累嘉薦令芳

太祖室皇武　爲民請命皇祖赫臨天地並貺億萬同心造邦以德介福宜深挹彼惟旨眞游居歆

太宗室大定　皇矣太宗嗣服平成益奮神旅再征不庭文武秉德仁孝克明以聖傳聖對越紫清

眞宗室熙文　思文眞宗體道之崇憺威赫靈遵制揚功眞符鼎來告成登封盛德百世於昭無窮

仁宗室美成欽宗御製　仁德如天徧覆無偏功濟九有恩涵八埏齊民受康朝野晏然擊壤歌謠四十二年

英宗室治隆　穆穆英宗持盈守成世德作求是纘是承齊家睦族偃武恢文於薦清酤酌之欣欣

神宗室大明　烝哉維后繼明體神稽古行道文物一新潤色鴻業垂裕後人靈斿沛然來燕來寧

哲宗室重光　明哲煌煌照臨無疆紹述先志寔宣重光詒謀燕翼率由舊章苾芬孝祀降福穰穰

徽宗室承光御製　於皇烈考道化聖神堯聰舜孝文恬武忻命于出震遺駿上賓罔極之哀有古莫倫

降殿乾安　明德惟馨進止回復禓襲安恭嚴若惟谷誠意昭融羣工秩屬成此祲容生乎齊肅

入小次乾安　於皇我后祇戒專精躬製聲詩文思聰明雍容戾止玉立端誠神聽如在福祿來寧

文舞退武舞進正安　八音諧律綴兆充庭進旅退旅肅恭和平盛薦祖宗靈監昭升象功崇德適觀厥成

亞獻正安　威神在天享于克誠申以貳觴式昭德馨籩豆孔嘉樂舞具陳庶幾是聽福祿來成

終獻正安　疏冪三舉誠意一純執陪予祀公族振振神具醉止燕娭窈冥於萬斯年綏我思成

皇帝出小次乾安　夙戒告備禮節俯成妥侑惟乾氛氳夜澄有嚴有翼列聖靈承於穆清閟肅肅無聲

皇帝再升殿詣飲福位乾安　維皇親享至再至三禮備樂奏層陛森嚴粢盛芳潔酒醴旨甘雲車風馬從衛觀瞻

飲福禧安　赫赫明明維祖維宗鑒于文孫維德之同日靖四方亦同其功億萬斯年以承家邦

還位乾安　帝既臨享步武鳴鸞陟降規矩顒昂周旋登歌一再典禮莫愆神之聽之祉福緜緜

尚書徹豆豐安　熙事既成嘉籩告徹洋洋來臨藹藹布列配帝其功在天對越允集叢釐萬邦和悅

送神興安　神之來游風馬雲車淹留彷彿顧瞻欷歔神之還歸鈞天帝居監觀于下何福不除

降殿乾安　於皇上天欽哉成命集于沖人丕承列聖爰熙紫壇于廟告慶肹蠁潛通休祥薦應

還大次乾安　盛德豐功一祖六宗欽翼燕詒禋享是崇厲意齊精假廟惟恭率禮周旋福祿來同

寧宗朝享三十五首

皇帝入門乾安　王假有廟四極駿奔鼎俎宵嚴虡簨雲屯積厚流廣德隆慶蕃是則是繩保我子孫

升殿乾安　於穆清宮奕奕孔碩芝莖蔓秀桂華馮翼八簋登列六瑚賁室皇代擁慶啓佑千億

盥洗乾安　天一以清地一以寧維皇精專承神明靈娥御璧津濆祇揚滇盥事允嚴先祖是聽

詣室乾安　丹楹雲深芳勺宵奠樂華淳邕禮文炳絢有容有儀載肅載見維時緝熙世世以燕

還位乾安　旅楹有閑人神允叶福以德昭饗以誠接六樂宣揚百禮煒煒對越在天流祚萬葉

迎神興安九變　黃鍾爲宮　咸英備樂簴席列笲詩歌安世聲叶皇雅翠旗羽蓋雲車風馬神其來兮以燕以下

大呂爲角　勾陳旦闢澗闔夜分軫風挾月車騆凌雲瑞景晻靄神光燿熅神其來兮以留以忻

太簇爲徵　穆穆紫幄璝璝清宮旱麓流詠鳧鷖叶工道閎詒燕業綿垂鴻神其來兮以康以崇

應鍾爲羽　文以謨顯武以烈承聖訓之保祖武之繩有肅孝假式嚴術烝神其來兮以宜以寧

捧俎豐安　簋豆薦牲鉶籩寶饋其祖孔庶吉蠲爲饎惟德達馨以忱以貴神既佑享祉貺來暨

再詣盥洗乾安　精粹象天明清鑒月再御茲盥益致其潔齊容顒若誠意洞徹百禮允洽率禮不越

眞宗室熙文　天地熙泰蹐時昇平闡符建壇聲容文明君臣賡載夷夏肅清本支百世持盈守成

仁宗室美成　在宋四世天子聖神用賢致治約已裕民海內富庶裔夷肅賓四十二年堯舜之仁

英宗室治隆　明明英后仁孝儉恭丕顯丕承增光祖宗繼志述事遵制揚功萬邦作孚盛德形容

神宗室大明　厲精基治大哉乾剛信賞必罰內修外攘禮樂法理號令文章作新之功度越百王

哲宗室重光　於皇我宗世有哲明元祐用人適駿有聲紹述先志思監于成受天之祜王配于京

徽宗室承元　帝撫熙運晏粲協期禮明樂備文恬武嬉道光授受謀深燕詒駿命不易子孫保之

欽宗室端慶　顯顯令主輝光日新奉親以孝綏下以仁兢兢業業誕保庶民於穆不已之德之純

高宗室大德　昊天有命中興復古治定功成修文偃武德隆商宗業閎漢祖付託得人系堯之緒

孝宗室大倫　藝祖有孫聰睿神武紹興受禪歸尊于父行道襲爵百度修舉聖德曰孝光于千古

光宗室大和　維宋洽熙帝繼于理萬姓厚生三辰順軌對時天休以燕翼子肅唱和聲神其有喜

還位乾安　在周之庭設業設虡酒醴惟醽爾殽伊脯帝觴畢勺天步旋舉丕顯丕承念茲皇祖

降殿乾安　黼幄蟬蜎飈斿燕寧尊彝獻祼瑚簋陳薦睟儀天旋淳音韶變適求厥寧福祿流美

入小次乾安　皇容肅祇天步舒遲對越惟恭敬事不遺陟降蒞止永言孝思上帝臨女日監于茲

文舞退武舞進正安　明庭承神鞉磬柷敔玉梢飾歌佾綴維旅既肖厥文復象乃武祖德宗功惟帝時舉

亞獻正安　尊斝星陳罍冪雲舒來貳觴玉瓚瑱琚相予嚴祀秉德有初對揚王休何福不除

終獻正安　秉德翼翼顯相肅雝疏冪三舉誠意益恭光燭黼繡和流笙鏞子孫衆多福祿來從

出小次乾安　廟楹邃嚴夜景藻清文物炳彪禮儀熙成帷宮載敞珮珩有聲帝復對越將受厥明

再升殿乾安　明明維后詒厥孫謀系隆我漢陳錫哉周以孝以饗世德作求介以繁祉萬邦咸休

飲福乾安　玉瓚黃流有飶其香來假來享降福穰穰我應受之湯孫之將有百斯男福祿無疆·

還位乾安　聖圖廣大宗祊光輝假于有廟帝命不違僾若有慕夙夜畏威嘉樂君子福祿祁祁

徹豆豐安　升饌有章卒食攸序庭鏘金奏凱收鉶筥其獻惟成其餕維旅禮洽慶流皇祖之祜

送神興安　珠幄熉黃神既燕娭監觀于下福祿來宜雲車風馬神保聿歸啓佑我後福祿來爲

降殿乾安　聖有謨訓詒謀燕翼奉天酌祖萬世維則維皇孝熙乾乾夕惕禮既式旋惟福之錫

還大次乾安　王假有廟對越在天帷宮旋御率禮不愆泰時展祠雲陽奉瑄齊居精明益用告虔

理宗朝享三首

皇帝升降乾安　於皇祖宗清廟奕奕威靈在天不顯惟德垂裕鴻延詒謀燕翼孝孫格斯受祉罔極

迎神興安九奏　秬鬯既將黃鍾具奏瞻望眞游僾若有慕於皇列聖在帝左右雲車具來以妥以侑

寧宗室大安　帝德之休恭儉淵懿三十一年謹終如始升祔在宮祖功竝美民懷有仁何千萬世

高宗祀明堂前朝享太廟二十一首

皇帝入門乾安　於皇我后祇戒專清齊肅有容祖考是承造次匪懈孝思純誠神聽有格福祿來寧

升殿乾安　肅哉清宮熉珠照幄神之來思八音振作赤舃龍章奉玉惟恪匪今斯今先民時若

盥洗乾安　於皇維后觀盥之初精意昭著既順既愉圭鬯承祀卿士咸趨目視心化四方其孚

迎神興安　涓選休成祖考是享夙夜專精求諸惚怳洋洋在上惟神之仰鬯矣清明應之如響

捧俎豐安　來相于庭鳴鍚鏘鏘奉牲而告登彼雕房非牲之備民庶是康神依民聽上帝斯皇

僖祖室酌獻基命　何慶之長實兆于商由商太戊子孫其昌皇基成命宋道用光詒厥孫謀膺受四方

翼祖室大順　上帝監觀維仁是依繼世修德皇心顧之其顧伊何在彼冀方施于子孫降福穰穰

宣祖室酌獻天元　昭哉皇祖駿發其祥雕戈圭瓚盛烈載揚天錫賚符俾熾而昌神聖應期赫然垂光

太祖室皇武　猗歟皇祖下民攸歸膺帝之命龍翔太微戎車雷動天地清夷峨峨奉璋萬世無違

太宗室大定　煌煌神武再御戎軒時惠南土旋定太原車書混同聲教布宣維天佑之億萬斯年

眞宗室熙文　於皇眞宗體道之崇游心物外應迹寰中四方既同化民以躬清淨無爲盛德之容

仁宗室曲同郊祀送神亦同

英宗室治隆　噫我大君嗣世修文維文維武禔繼虞勳天錫丕祚施于後昆於薦清酤酌之欣欣

神宗室大明　烝哉維后繼明體神憲章文武宜民宜人經世之道功格于天子孫嚴祀無窮之傳

哲宗室重安　明哲煌煌照臨無疆丕承先志嘉靖多方朝廷尊榮民庶樂康珍符來應錫茲重光

徽宗室承元　聖孝巍巍光紹丕基禮隆樂備時維純熙天仁兼覆皇化無爲功成弗處心潛希夷

文舞退武舞進正安　作樂合祖奠簴在庭衆奏具舉肅雝和鳴神靈來格庶幾是聽斁繹以終永觀厥成

亞獻正安　威神在天來格于誠既載清酤有聞無聲相予熙事時賴宗英肅肅雝雝允協思成

終獻正安　疏冪三舉誠意一純執陪予祀公族振振明靈來娭樂舞具陳奉神所佑昭孝息民

飲福禧安　赫赫明明德與天通施于孫子福祿攸同日靖四方民和年豐有秩斯祜申錫無窮

徹豆豐安　歆我齊明威德如存牲牷是享圭玉其溫羣公執事亦既駿奔禮成告徹咸福黎元

還大次乾安　神明既交恍若有承欽翼齊莊福祿具膺王業是興祖武是繩佑我億年以莫不增

孝宗明堂前享太廟三首

徽宗室酌獻承元　明明徽祖撫世升平制禮作樂發政施仁聖靈在天德澤在民億萬斯年保佑後人

高宗室大德　於皇時宋自天保定高宗受之再僕景命紹開中興翼善傳聖何千萬年永綏厥慶

還大次乾安　禮既行矣樂既成矣維祖維妣安且寧矣皇舉玉趾佩鏘鳴矣拜貺總章于厥明矣

理宗明堂前朝享二首

寧宗室奠幣定安　皇矣昭考聖靈在天稱秩宗祀有嚴恭先奉幣以薦見之僾然仁深澤厚厥光以延

酌獻考安　假哉皇考必世後仁嘉靖我邦與物皆春之純之德克配穹旻餘慶淵如佑我後人

皇后廟十五首

迎神肅安　閟宮翼翼，雅樂洋洋。牲器肅設，几筵用張。飾以明備，秩其令芳。神兮來格，風動雲翔。

太尉行舒安　服章觀象，山龍是則。容止蹌蹌，威儀翼翼。

司徒捧俎豐安同徹　恪恭奉祀，祇薦犧牲。九成爰奏，有俎斯盈。

酌獻孝明皇后室惠安　祀事孔明，廟室惟肅。鉶登籩豆，金石絲竹。既灌既薦，允恭允穆。奉神如在，以介景福。

孝惠皇后室奉安　初陽作配，內助惟賢。柔順中積，英徽外宣。神宮有侐，明祀惟虔。歆誠降祐，於萬斯年。

孝章皇后室懿安　猗那淑聖，象應資生。配天作合，與日齊明。椒宮垂範，彤史揚名。聿修毖祀，永奉粢盛。

懿德皇后室順安　王門稟慶，帝族惟賢。功存內治，德協靜專。流芳圖史，垂範紘綖。新廟有侐，祀禮昭然。

淑德皇后室嘉安　明明英媛，德備椒庭。籩豆有踐，黍稷匪馨。靜嘉致薦，容與昭靈。精意以達，顧享來寧。

莊穆皇后室理安　曾孫襲慶，柔祇有德。正位居體，其儀不忒。教被宮壼，化行邦國。祝史正辭，垂裕無極。

莊懷皇后室永安　淑德昭著，至樂和平。登豆在列，苾香薦誠。六變合禮，八音諧聲。穰穰景福，佑我休明。

元德皇后廟興安　爲太宗后，爲天下母。誕聖繼明，膺乾作主。玉振金相，蘭芬桂芳。於萬斯年，永奉烝嘗。

飲福禧安　奠尊鬯酒，慶佑遂行。介以純嘏，允荅明誠。

亞獻恭安　宗臣率禮，步玉鏘鏘。吉蠲斯獻，百祿是將。

終獻順安　薦獻有終，禮容斯穆。以奉嘉觴，以膺多福。

送神歸安　明禋告畢，靈輅難留。升雲杳邈，整馭優游。誠深嘉栗，禮罄欽修。豐融垂佑，以永洪休。

景佑以後樂章六首

章獻明肅皇太后室奠瓚達安　肅肅閟宮，順時薦事。鬱鬯馨香，如見於位。

酌獻厚安　祥標曾麓，德合方儀。萬方展養，九御蒙慈。孝恭祊祏，美播聲詩。淑靈顧享，申錫惟祺。

章懿皇太后室奠瓚報安　青金玉瓚，祼將于京。永懷罔極，夙夜齊明。

酌獻衍安　翊佑先朝，章明壼教。淑順謙勤，徽音在劭。樹風不止，劬勞匪報。黍稷兮芳，嘏茲乃告。

奉慈廟章惠皇太后室奠瓚翕安　祼圭既陳，酌鬯斯醉。音容彷彿，奠獻惟寅。

酌獻昌安　內輔先猷，夙昭壼則。保祐之勞，慈惠其德。榮養有終，芳風無極。享獻閟宮，載懷悽惻。

眞宗汾陰禮畢親謝元德皇后室三首

迎神肅安　閟宮奕奕，韶樂洋洋。牲幣虔布，几筵肅張。醴泉淳美，嘉有潔香。侯神來格，降彼帝鄉。

奉俎豐安　樂鏗金石，俎奉犧牲。九成斯奏，五教爰行。

送神理安　鸞驂復整，鶴駕難留。白雲縹緲，紫府深幽。廟雖載止，神無不游。垂佑皇宋，以永鴻休。

元德皇后升祔一首

顯安之曲　顯矣皇妣，德侔柔祇。升祔太室，協禮之宜。耀彼寶冊，列之尊彝。惟誠是享，永祐慶基。

崇恩太后升祔十四首

入門顯安　俔天生德，作配元符。儀刑壼則，輔佐帝圖。登崇廟祏，勒號璠璵。烝嘗億載，皇極之扶。

神主升殿顯安　曰嬪于京，天作之配。進賢審官，克勤其志。於穆淸廟，本仁祖義。億萬斯年，神靈攸暨。

迎神興安四章黃鍾宮二奏　閟宮有侐，堂筵屹崇。靈徽匪遐，精誠感通。苾芬維時，登茲明祀。泠然雲車，有來其馭。

大呂角二奏　羽旌風翔，翠蕤飄舉。儼其音徽，登茲位處。笙鏞始奏，合止柷敔。是享是宜，永求伊祜。

太簇徵二奏　枚枚閟宮，鼎俎肆陳。烝昇明靈，登其嘉新。鼓鍾既戒，旨酒既醇。攸介攸止，純禧薦臻。

應鍾羽二奏　旨酒嘉肴，于登于豆。是享是宜，樂既合奏。衎我懿德，執事溫恭。靈兮允格，有翼其從。

罍洗嘉安　列爵陳俎，芬芳和羹。摐金擊石，洋洋和聲。禮行伊始，我德惟明。旣盥而往，於昭斯誠。

升降殿熙安　笙籥紛如，陟彼廟庭。鏘鏘佩玉，懷茲先靈。神保聿止，音容杳冥。繁禧是介，萬年惟寧。

酌獻茲安　雝雝玉佩，清酤惟旨。粢盛具列，有飶其香。懷其徽範，德洽無疆。於茲燕止，降福穰穰。

亞獻神安　嬪于潛邸，爰正坤儀。關睢化被，思齊名垂。柔德益茂，家邦以熙。皇心追崇，永羞牲粢。

退文舞進武舞昭安　翩然干戚，揚庭陳階。文以經緯，武以威懷。其張其弛，節與音諧。迄茲獻享，妥靈綏來。

終獻儀安　珩璜之貴，禕褕之尊。天作之合，內治慈溫。元良鍾慶，祉福乾坤。以享以祀，事亡如存。

徹豆成安　鏘洋純繹，於論鼓鍾。周旋陟降，齊莊肅容。維罍既旨，維籩伊豐。歌徹以雍，介福來崇。

送神興安　黍稷維馨，虞業充庭。既欽既戒，靈心是承。顧予孫嘗，言從之邁。申錫無疆，是用大介。

上冊寶十三首

冊寶入門隆安　威儀皇止，庶尹在庭。爰舉徽章，適觀厥成。勒崇揚休，寫之瓊瑛。迄于萬祀，發聞惟馨。

冊寶升殿崇安　有猶有言，順承天則。聿崇號名，再揚典冊。朱英寶函，左右翼翼。千秋萬歲，保茲無極。

迎神歆安黃鍾宮　籩豆大房，犧尊將將。馨香既登，明靈迪嘗。其樂伊何，吹笙鼓簧。靈來燕娭，降福無疆。

大呂角二奏　吉蠲惟時，禮儀既備。奉璋峨峨，羣公在位。神之格思，永錫爾類。展彼令德，於焉來暨。

太簇徵二奏　雍雍在宮，翼翼在庭。顯相休嘉，肅雍和鳴。神嗜飲食，明德惟馨。綏我思成，式燕以寧。

應鍾羽二奏　犧牲既成，籩豆有楚。摐金擊石，式歌且舞。追懷懿德，令聞令儀。靈兮來格，是享是宜。

罍洗嘉安　嘉肴旨酒，潔粢豐盛。既盥而往，以我齊明。有孚顒若，黍稷非馨。神之格思，享于克誠。

升降熙安　佩玉鏘鏘，其來雝雝。陟降孔時，步武有容。恪茲祀事，神罔時恫。綏我邦家，福祿來崇。

酌獻明安　旨酒嘉栗，有飶其香。衎我淑靈，歆此令芳。德貽彤管，號正椒房。神具醉止，降福穰穰。

退文舞進武舞昭安　籥翟既陳，干戚斯揚。進旅退旅，一弛一張。其儀不忒，容服有光。以宴以娭，德音不忘。

亞終獻和安　望高六宮，位應四星。輔佐君子，警戒相成。褘衣袞崇，琛冊追榮。于以奠之，有椒其馨。

徹豆成安　濯濯其英，殖殖其庭。有來羣工，賚我思成。嘉肴既將，旨酒既清。雍徹不遲，福祿來寧。

送神歆安　禮儀既備，神保聿歸。洋洋在上，不可度思。神之來兮，肹蠁之隨。神之去兮，休嘉是貽。

上欽成皇后冊寶六首

入門升殿顯安　上帝錫羨，寔生婉淑。輔佐神皇，寵膺天祿。誕育泰陵，劬勞顧復。於昭徽音，久而彌郁。

迎神歆安　於顯惟德，徽柔懿明。嬪于初載，有聞惟馨。肆我鼓鍾，萬舞在庭。神保是格，來止來寧。

盥洗嘉安　有煒柔儀，率履不越。惠于初終，既明且達。我將我享，相盥乃登。匊臭亶時，攸介攸寧。

升降熙安　苾苾其芳，殽核維旅。陟降孔時，有秩斯所。雍容內化，維神之明。明則不渝，綏我思成。

酌獻明安　天維顯思，有相于內。右賢去邪，夙夜儆戒。猗歟追冊，重翟褘衣。既右享之，百世是儀。

亞終獻和安　酌彼玉瓚，有椒其馨。鬷假無言，雍容在庭。生莫與崇，於赫厥聲。祀事孔明，神格是聽。

上明達皇后冊寶五首

迎神歆安　恭儉宜家，柔順承天。德昭彤管，憂在進賢。寶冊褘翟，追榮壽原。四時祼享，何千萬年。

酌獻明安　淸宮有嚴，廣樂在庭。鍾鼓筦磬，九變既成。縮茅以獻，潔秬惟馨。靈遊可想，來燕來寧。

退文舞進武舞昭安　秉翟竣事，萬舞摐金。總干揮戚，節以鼓音。禮容有煒，肸蠁來歆。淑靈是聽，雅奏愔愔。

徹豆成安　登獻罔愆，俎豆斯徹。神具醉止，禮終樂闋。御事既退，珊珊佩玦。介我繁祉，歆此蠲潔。

送神歆安　備成熙事，虛徐翠蓋。神保聿歸，雲車夙征。鑒我休德，神交惚恍。留祉降祥，千秋是享。

紹興別廟樂歌五首

升殿崇安　新廟肅肅，蔵事以時。陟降階墄，雍容有儀。鞠躬周旋，罔敢不祇。祝史正辭，靈其格思。

奉俎肅安　肇嚴廟祀，爰圖遺芳。物必稱德，或陳或將。有緶其儀，有苾其香。靈兮來下，割烹是嘗。

懿德皇后室酌獻明安　會沙表慶，正位椒庭。徽音杳邈，宮壼儀刑。虔修祀事，清酌惟馨。縮以包茅，昭格明靈。

亞終獻嘉安　霄漢月墮，郊原露稀。徽音如在，延佇來歸。有酒既淸，累觴載祇。神具醉止，燕衎怡怡。

徹豆寧安　儼馭弗返，聆邈清都。薦此嘉殽，既豐既腆。奠享有成，鼓樂愉愉。徹我豆籩，率禮無踰。

乾道別廟樂歌三首

詣廟乾安　涓選休辰，于秋之杪。既齊既戒，爰假祖廟。有侐儀坤，舊章是儆。享祀奚爲，天子純孝。

升殿乾安　宗祀九筵，先薦閟宮。陟自東階，煌煌衮龍。於穆聖善，監茲禮容。是享是宜，介福無窮。

懿節皇后室酌獻歆安　不顯文母，厚德維坤。儼馭雖遐，徽音固存。瑟彼玉瓚，酌此鬱尊。簡簡穰穰，裕我後昆。

紹興別廟二首

安穆皇后室酌獻歆安　祥發俔天，符彰夢日。有懷慈容，孝享廟室。奉尊是酌，旨酒嘉栗。靈其格思，祚以元吉。

安恭皇后室酌獻歆安　美詠河洲，德嬪媯汭。徽音如存，肇修已事。縮以包茅，酌以醴齊。靈來顧歆，降福攸備。

紹興二十九年顯仁皇后祔廟一首

酌獻歆安　恭惟聖母躋祔孔時陳羞宗祏徽福坤儀鍾鼓惟序牲玉載祇於皇來格永介丕基

開禧三年成肅皇后祔廟一首

酌獻歆安　天合重華內治昭融承承繼繼保佑思隆歸從阜陵登祔太宮燕我後人福祿來崇

宋史卷一百三十四考證

樂志九告受天書瑞安○瑞安通考作瑞文

六室加謚顯安○顯安通考作正安

宋史卷一百三十五

元中書右丞相總裁脫脫等修

樂志第八十八

樂十　樂章五

朝謁玉清昭應宮　太清宮　朝享景靈宮　封禪　祀汾陰　奉天書　祭九鼎

眞宗奉聖祖玉清昭應宮御製十一首

降聖眞安　巍巍眞宇奕奕殊庭規模太紫炳煥丹青元命祇荅大猷是經多儀有踐丕應無形肆設金石馡聞杳冥佇迴飈馭永祐基扃

奉香靈安　芳氣上浹飈馭下臨紹承丕緒永勵精明氤氳成霧葱鬱垂陰虔恭對越介祉攸欽

奉饌吉安　發祥有自介福無疆紛綸丕應保佑下方嘉薦斯備雅奏具揚寅威洞達監眄昭章

玉皇位酌獻慶安　無體之體強名之名監觀萬寓統治九清眞期保祐瑞命昭明乾乾翼翼祇荅財成

聖祖位酌獻慶安　於昭靈貺誕啓鴻源功濟庶彙慶流後昆蘭肴登俎桂酒盈尊俯迴飈駕永庇雲孫

太祖位酌獻慶安　赫赫藝祖受命高穹威加海外化浹區中發祥宗祏錫祐眇冲欽承積德勵翼精衷

太宗位酌獻慶安　明明文考儲精上蒼禮樂明備溥率賓王功德累洽歷數會昌孝思罔極丕祐無疆

亞終獻沖安　太初非有體至道本無聲降迹臨下土成功涉上清至仁敦動植丕緒啓宗祊紫禁承來格鴻基保永寧發祥垂誕告致孝薦崇名廣樂神欽奉儲休固太平

飲福慶安　明明始祖誕啓慶基翼翼後嗣虔奉孝思精潔斯達祉福咸宜于以報貺于以受釐

徹饌吉安　雕俎在御飈駕聞聲眞遊斯降旨酒斯盈大樂云闋大禮云成徽彼常薦馨此明誠

送聖眞安　精心既達眞遊允臻禮容斯畢福應惟醇將整仙馭言還上旻永存嘉貺用泰烝民

迎奉聖像四首並用慶安

玉皇位　玉虛上帝金像晬容宅眞雲構練日龜從惟皇對越率禮寅恭靈心丕應福祿來崇

聖祖位　總化在天保昌厥緒降格皇闈瓊輪載御藻仗星陳晬容金鑄佑我慶基宅茲靈宇

太祖位　烝哉大君聿懷帝祖鎔範眞儀奉尊靈宇至感祥開洪輝物覩瞻謁盡恭飛英率土

太宗位　於顯神宗德洽區中祥金爍治範茲晬容殊庭胥宇備物致恭明威有赫降福來同

玉清昭應宮上尊號三首

奉告隆安　登隆妙號欽翼淵宗茂宣德禮有恪其容奉章升薦垂佩彌恭揚休詠美以間笙鏞

太初殿奉冊寶登安　皇靈垂祐洪福彌隆祇率緜寓潔祀眞容嚴恭奉冊對越清躬晬容肅穆懿號尊崇禮盛樂舉福祿來同

二聖殿奉絳紗袍登安　赫赫列聖威德巍然形形靈宇晬儀在焉奉以龍袞被之象天重慶宗稷億萬斯年

太尉奉聖號冊寶眞安　上旻降監介祉實繁邦家脩報妙道歸尊增名霄極奉冊靈軒茂宣聖典永祐黎元

寶冊升殿大安　圖書昭錫典禮紹成烝民何幸教父儲靈欽承景貺祇奉崇名致虔寶冊垂祐基扃

降神眞安　猶龍之聖降生厲鄉教流清淨道符混茫大君肅謁盛儀允臧森羅羽衞躬薦蕭薌簪紱濟濟鍾石洋洋高眞至止介福誕祥

奉玉幣靈安　琳宮奕奕黼坐煌煌玉帛成禮飈馭延祥鴻儀有則景福無疆嘉應昭協丕猶誕揚

奉饌吉安　金奏以諧飈遊斯格靈監章明皇心勵翼肅奉雕俎來升縹席享德有孚疑禧無斁

酌獻大安　欽崇至道肅謁殊庭順風而拜明德惟馨飈馭來格尊酒斯盈是酌是獻心通杳冥

飲福大安　彼渦之壤指李之區千乘萬騎來朝密都躬陳芳薦欽接仙輿飲酒受福永耀鴻圖

亞終獻正安　邈矣道祖冥幾惚恍常德不離至眞無象引位清穹降祥神壤酌禮薦誠控飈來享

送神眞安　醴醆在戶金奏在庭籩豆有踐黍稷非馨義盡蠲潔誠通杳冥言旋風馭祚我脩齡

太極觀奉冊寶一首

登安之曲　薦號穹冥登名祖禰陟配陽郊協宣典禮感電靈區誕聖鴻懿冊寶斯陳福祿來暨

景靈宮奉冊寶一首

登安之曲　穆穆眞宗錫羨蕃昌飈輪臨貺諄誨洞彰虔崇懿號祇荅景祥至誠致享降福無疆

景祐元年親享景靈宮二首

降眞太安　眞館奉幣潔齊致馨靈因斯格社稷慶寧

送眞太安　椒漿尊享珎饌精祈晬容杳邈瑤輅霞飛

大觀三年朝獻景靈宮二首

奉饌吉安　威靈洋洋靡有常嚮於惟欽承來假來饗博碩芬香是烝是享奉器有虔載德無爽爾牲既克是烹是肆爾肴既具是羞是饋非物之重惟德之備神之格思歆我精意

高宗郊前朝獻景靈宮二十一首

皇帝入門乾安　維皇齊居承神其初顒顒昂昂龍步雲趨景鍾鏗如肅覲清都盻蠁之交神人用孚

升殿乾安　帝既臨享蠲茲精意對越在天爰升紫陛孔容翼翼保承丕緒孝奉天儀永錫爾類

降聖太安　惟德馨香升聞八方粤神臨之來從帝鄉萬靈景衞有煒其光監我精純降福穰穰

盥洗乾安　齋居皇皇瓊琚鏘鏘承祭之初其如在旁挹彼注茲儲禧迎祥神之聽之欣欣樂康

聖祖位乾安　涓選休辰有事嘉薦琅琅瓊珮陟降嚴殿其陟伊何幣玉斯奠周旋中禮千億儲羨

聖祖位奉玉幣靈安　上靈始祖雲景元尊嚴祀夙展六樂朱軒明玉之潔豐帛之溫暢乃繼序承德不愆

還位乾安　我后臨饗奠幣攸畢式旋其趨渠度有式禮容齋莊孝思純實天休滋至時萬時億

奉饌吉安　百職駿奔來相于庭奉盛以告登茲芳馨際天蟠地黙運三靈神兮來歆祚我休平

再盥洗乾安　有嚴大禮對時休明情文則粲蠲潔必清再臨觀盥以專以精眞游來格永觀厥成

再詣聖祖位乾安　於赫炎宋十葉華耀屬茲郊報陟降在廟其降伊何椒漿桂酒再拜斟酌永御九有

聖祖位酌獻祖安御製　瑤源誕啓玉牒肇榮覆育羣有監觀罔清酒醴既洽登薦惟誠無有後艱駿惠雲仍

還位乾安　奠斝告成式旋厥位天步雍容神人燕喜九廟觀德百靈薦祉子孫其昌垂千萬祀

文舞退武舞進正安　於皇樂舞進旅退旅一弛一張笙磬具舉豈惟玩聲象德是似神鑒孔昭福祿來予

亞終獻沖安　五音飭奏神既億康譫其容與薦此嘉觴有來顯相鋗玉鏘鏘奉承若宥罔不齊莊

飲福報安　嘉薦既終神貺斯復賚我思成靈光下燭孝孫承之載祇載肅敷錫庶民丞蒙祉福

還位乾安　帝臨閟庭逆釐上靈神鷁安坐肅若有承嘉觴既申德聞惟馨靈光留俞祚我億齡

徹饌吉安　普淖既薦苾芬孔時神嗜而顧有來燕娭饗矣將徹載欽載祇展詩以侑益臻厥熙

送眞太安　雍歌既徹熙事備成神夕奄虞忽乘青冥靈心回睠監我精禋誕降嘉祉休德昭清

降殿乾安　我秩元祀上推靈源展事有侐祲威肅然丹墄既降秉心益虔荷天之休于千萬年

望燎乾安　奕奕靈宮有嚴毖祀燔燎具揚禮儀既備帝心肅祇天步旋止對越在天永膺蕃祉

還大次乾安　帝將于郊昭事上祀爰茲畢觴復即于此飈游載旋容旌杳騎維皇嘉承錫祚昌熾

高宗明堂前朝獻景靈宮十首

降聖大安　德惟馨香升聞八方粤神之從燦然有光驂飛乘蒼啾啾蹌蹌逍遙從容顧予不忘

升殿乾安　帝既臨享龍馭華耀孝孫承之陟降在廟誠意上交慶陰下冒天休駢至千億克紹

聖祖位奠玉幣靈安　玉氣如虹豐繒充筍既奉既將亦奠在位有永羣后實相祀事何以臨下心意不貳

奉饌吉安　瓊琚鏘鏘玄衣繡裳薦嘉升香粢盛芬芳禮儀莫愆鼓鐘喤喤曾孫之常綏福無疆

聖祖位酌獻祖安　裴回若留靈其有喜薦我馨香把茲酒醴我祖在天執道之紀申佑無疆奏神稱禮

文舞退武舞進正安　進旅退旅載執干戚不愆于儀容服有赫式安式侑神保是格靈鑒孔昭孝思維則

亞終獻沖安用舊辭

飲福報安　於赫大神總司元化監我純精威光來下延昌之貺千億馮籍曾孫保之丕平是迓

徹饌吉安　洋洋降臨肅肅布列熙事既成嘉籩告徹九天儲慶垂佑無缺寖明寖昌綿綿瓜瓞

送眞太安　高飛安翔持御陰陽幽贊圓穹監觀四方元精回復奄虞孔良畢觴降嘏假塞于禳

望燎乾安　奕奕原祠有嚴毖祀禮儀孔宣燔燎斯暨帝心肅祇天步旋止熙事既成永膺蕃祉

孝宗明堂前朝獻景靈宮八首

盥洗乾安　合宮之饗報本奉先欽惟道祖濬發璿源

篤言謁欽其盥惟虔尚監精衷錫祚綿綿
聖祖乾安　駿命有開慶基無窮祗率百辟仰瞻睟容
鼓鐘斯和黍稷斯豐靈其居歆福祿來崇
還位乾安　嘉玉既設量幣既陳芳𡠋靈游來顧來寧
對越伊何厥惟一純佑我熙事以迄于成
奉饌吉安　發祥仙源流澤萬世曷其報之親饗三歲
相維列卿潔粢是饋匪物之尚誠之爲至
再詣盥洗乾安　華燈熒煌端烟氤氳威神如在蠲潔
必親再盥于罍再帨于巾皇心肅祗其敢憚勤
再詣聖祖位乾安　歲逢有年月旅無射我將我饗如
幾如式肅爾臣工諧爾金石本原休功垂裕罔極
還位乾安　旨酒思柔神具醉止工祝既告孝孫旋位
何以酢之純嘏來備燕及雲來蕃衍無已
文舞退武舞進正安　象德之成有奕其舞一弛一張
進旅退旅㫋以管籥和以鏞鼓神其樂康永錫多祜
寧宗郊前朝獻景靈宮二十四首
皇帝入門乾安　閟幄邃深雲景杳冥天清日晬展容
玉庭綿基發祥希夷降靈神其來燕是饗是聽
升殿乾安　帝居瑤圖璇題玉京日月經振列宿上熒
桂尊飶芬瑚器華精斎承禋祀用戒昭明
降神大安六變圜鐘爲宮　四靈晨耀五緯夕明風雲
晏和天地粹清靈兮來迎啓我子孫饗于純精
黃鐘爲角　芬枝揚烈熉珠叶陶閶珍闔符展詩舞箾
神哉來下神哉來翔肅若有承靈心招搖
太蔟爲徵　龍車既奏鳳馭載翔帝幄佇靈天衢鷹芳
神來留俞神來蹇驤禮䆑樂明奏假孔將
姑洗爲羽　虹旌蜺旄鸞旗翠蓋星樞扶輪月御叶衞
靈至陰陰靈般𡠋𡠋來格來饗福流萬世
盥洗乾安　禮文有俶祀事孔明將以潔告允惟齊精
自盥而往聿觀厥成靈監下臨天德其清
詣聖祖位乾安　維宋肖德欽天顧右於皇道祖丕釐
靈祐葛藟殖繁瓜瓞孕茂克昌厥後世世孝奏
聖祖位奉玉幣靈安（高宗御製見前）
皇帝還位乾安　桂宮耽耽藻儀穆穆天回衮彩風韶
璜玉咸英𢿘亮容典炳煜假我上靈景命有僕
奉饌吉安　我簋斯盈我簠斯實或剝或烹或燔或炙
有骰既將爲俎孔碩禮儀卒度永錫爾極
再盥洗乾安　觴濟初勺禮戒重盥假廟以萃取象于
觀清明外暢精肅中貫我儀圖之三靈攸贊
再詣聖祖位乾安　肇基駿命肇右鴻業鼎玉龜符垂
固萬葉靈貺具臻神光熚熚暉祚無疆規重矩疊
聖祖位酌獻祖安（高宗御製見前）
還位乾安　皇帝瑞慶長發其祥纂系悠遠遡源靈長
德之克明休烈有光配天作極孝饗是將
文舞退武舞進正安　侍翟成象秉朱就列旄乘整溢
鳳儀諧節揮舒皇文歌蹈先烈合好劾權福流有截
亞獻沖安　光熉紫幄神流玉房秉文佾儀嘉虞貳觴
霞濡醉喜彷彿䞣嘗璇源之休地久天長
終獻沖安　靈輿蹇驟畢觴泰筵貳饗允穆祼將克竣
垂恩儲祉錫羨永年將以慶成燕及皇天
詣飲福位乾安　若木露英清雲流霞蔓蔓芝秀馮馮
桂華綿瑞無疆產嘏孔奢皇則受之肇我帝家
飲福酒報安　旨酒惟蘭勺漿惟椒福流瓚斝光燭琨
瑤拜既清宮凝輝慶霄神其如在徘徊招搖
還位乾安　烝哉我皇纘天毓聖道釐元都對越靈慶
如天斯久如日斯盛瑤圖濬邈永隆駿命
徹饌吉安　房𨩝陳列室簋登奉告饗具歆展徹惟拱
祥光奕奕嘉氣㠓㠓受嘏不僭燕天之寵
送眞太安　雲車風馬靈其來游天門軼蕩神其莫留
遺慶陰陰社發祥流康我有宋與天匹休
降殿乾安　璇庭爛景紫殿流光禮洽乾回福應日昌
聖系麗鴻景命溥將德茂功成率祀無斁
詣望燎位乾安　厥初生民淵濬唯祖芳薦既輟明燎
具舉德馨升聞靈既蕃詡懷濡上靈佑周之祜
還大次乾安　帝假于宮彝承清祀天蹕臨幄宸衞森
峙行繇大室旋趨紫時率禮不違式尃靈祉
理宗明堂前朝獻景靈宮二首（餘用舊辭）
升殿登歌乾安　我享我將璧玆精意陟降左右維天
與契齋明乃心祇肅在位於萬斯年百福來備
亞獻宮架沖安　慶雲郁郁鳴璆琅琅濟其容與申薦
貳觴奉承若宥神其樂康錫以多祉源深流長
大中祥符封禪十首（餘同南北郊）
山上圜臺降神高安　巖巖泰山配德于天奉符展采
翼翼乾乾滌濯靜嘉罔有弗蠲上帝顧諟冷風肅然
昊天上帝坐酌獻奉安　皇天上帝陰騭下民道崇廣
覆化洽鴻鈞靈文誕錫寶命惟新增高欽事式奉嚴
禋
太祖配坐酌獻封安　於穆聖祖肇開鴻業我武惟揚
皇威有曄四隩混同百靈震疊陟配高穹明靈是接
太宗配坐酌獻封安　祇若封祀神宗配天禮樂明備
奠獻精虔景靈來格休詳藹然於昭垂慶億萬斯年
亞獻恭安　因高定位禮脩物備薦鬯卜牲虔恭寅畏
八音克諧天神咸暨降福穰穰永錫爾類
終獻順安　浩浩元精無臭無聲臨下有赫得一以清
備物致享薦玆至誠泰尊奠獻夙夜齊明
社首壇降神靖安　至哉坤元資生伊始博厚稱德沈
潛柔止降禪方位聿修明祀寅恭吉蠲永錫蕃祉
皇地祇坐酌獻禪安　坤德直方博厚無疆秉陰得一
靜而有常寶藏以發乃育百昌肅祇禪祭錫祉穰穰
太祖配坐酌獻禪安　皇矣聖祖丕赫神武秉運宅中
威加九土德厚功崇頌聲載路陟配方祇對天之祐
太宗配坐酌獻禪安　毖祀柔祇報功厚載思文太宗
侑神嚴配鍾石斯和籩豆咸在永錫坤珍資生爲大
汾陰十首
降神靖安　茫茫坤載奧惟太寧資生光大品物流形
瞻言汾曲允宅神靈聖皇躬享明德惟馨
奠玉幣登歌嘉安　至誠旁達柔祇格思奉以琮幣致
誠在玆
奉俎豐安　博碩者牲載純其色體薦登俎聿崇坤德
后土地祇坐酌獻博安　秉陰成德敏樹宜功應變審
諦神力無窮沈潛剛克流謙示中潔玆奠獻妙物玄
通
太祖配坐酌獻博安　坤元茂育植物成形於穆聖祖
功齊三靈嚴恭配侑厚德攸寧永懷錫羨歆此惟馨
太宗配坐酌獻博安　報功厚載祀事惟明思文烈考
道濟羣生侑神定位協德安平馨潔並薦享于克誠
飲福博安　寅威寶命明祀惟慶協神備物罔不吉蠲
后祇格思靈颷肅然誕受景福遐哉億年
亞終獻正安　至哉柔祇滋生蕃錫滌濯靜嘉寅恭夕
惕金奏純如萬舞有奕立我烝民莫匪爾極
后土廟降神靖安　博厚流形秉陰成德柔順剛正直
方維則明祇格思素汾之側祇載吉蠲宸心翼翼
酌獻博安　至哉物祖設象龍雅動靜之德翕闢攸宜
嘉粟以薦精禱洪釐茂宣陰貺五穀蕃滋
祇奉天書六首
朝元殿酌獻瑞文　妙道非常神變無方惟天輔德靈
貺誕章玄文昭錫寶歷彌昌禮崇明祀式薦馨香
含香園瑞文　運格熙盛將封介丘禮神之彧瑞命殊
尤靈文薦降丕顯皇猷聖心肅奉永洽鴻休
泰山社首壇升降瑞文　玄穹眷懷寶符申錫乖露騰
文粲然靈迹發祥吉圖純熙寫奕登薦欽崇式昭天
歷
奉香酌獻瑞安　謂天蓋高惟皇合德倬彼靈章圖書
是錫眷命諄諄被以遐歷膺籙告成虔恭欽翼
地居興王祥開圖籙典禮昭成祺祥交屬大輅逶迤
卿雲紛郁祐我舍靈錫玆介福（祥符七年奉祀畢天書還至應天府有雲物之瑞命製是曲以紀休應）
升降靈文　旻穹無聲惟德是輔降監錫符垂文篆素
孝瑞紀封英聲載路既壽而昌篤天之祜
祭九鼎十二首
帝鼐（土王日祀）降神景安　日號丙丁方號中央德惟其時
蠲吉是將夫何飲之黃流玉瓚夫何食之有陳伊饌
奉饌豐安　粢盛既豐牲牢既充展玆熙事溫溫其恭
惟明欣欣燔炙芬芬保乎天子繁祉薦臻
亞終獻文安　工祝致辭黃流協鬯爰登清歌載期神
享意孚誠心精禋是虔嘉予陳祀豐盈豆籩
春分蒼鼎亞終獻成安　法乾剛兮鑄鼎奠方涓嘉旦
兮齊明迎祥胡爲持幣維箱及筥胡爲和羹有錡維
釜
立夏岡鼎迎神凝安　我方東南我日朱明爰因其時
鼎以岡名粢盛既馨牲牷既盈佑我皇家巽令風行
亞終獻成安　黃流在中惟馨香祀於薦于神爰祗厥
事禮從多儀以進爲文尊斝三獻昭示孔勤
夏至彤鼎酌獻成安　犧尊將將俎基自堂牲牷肥腯
鼓鐘喤喤肆子醴齊椒馨飶香聿來歆顧天祚永昌
立秋阜鼎酌獻成安　明德崇享磬筦鏘鏘鏗兮佩舉
峩冠齊莊肆陳有序承箱是將其牲伊何籩豆大房
秋分晶鼎亞終獻成安　神宮巍巍庭燎有煇聲諸備
樂物陳豐儀清酤既載酌言獻之惟神醉止聿來蕃
釐
立冬魁鼎迎神凝安　時運而冬乃神玄冥陰陽相推
豐年以成越陳嘉肅牲牢粢盛來享來依監于明誠
酌獻成安　罍之初登其儀昭陳罍之既祼其香升聞
神心嘉止於焉欣欣貽我有年穰穰其仁
冬至寶鼎奠幣明安　秉心齊明奉牲博碩匏絲鏗陳
冠佩儼飾其肆其將明神來格執奠維何猗歟幣帛

宋史卷一百三十五考證

樂志十標目太清宮○臣酉按後有太極觀並無太清宮也此處恐誤

真宗奉聖祖玉清昭應宮御製十一首○昭應宮下通考有景靈宮三字

宋史卷一百三十六

元中書右丞相總裁脫脫等修

樂志第八十九

樂十一 樂章六

祀嶽鎮海瀆　祀大火　祀大辰

大中祥符五嶽加帝號祭告八首

迎神靜安　鐘石既作俎豆在前雲旗飛揚神光肅然當駕飈欻來乎青圓言備縟禮享茲吉蠲

冊入門正安　節彼喬嶽神明之府秩秩威儀肅肅靈宇懿號克崇庶物咸覩帝籍升名式綏九土

酌獻東嶽嘉安　節彼岱宗有嚴廟貌惟辟奉天依神設教帝典焜煌嘉薦普淖至靈格思殊祥是效

南嶽　作鎮炎夏畜茲靈光敷與萬物既阜既昌爰刻溫玉式薦徽章昭報神意福熙穰穰

西嶽　瞻言太華奠方作鎮典冊是膺等威以峻上公奉儀祀宮薦信介祉萬邦永配坤順

北嶽　仰止靈嶽鎮于朔方增崇懿號度越彝章祇薦嘉樂式陳令芳永資純佑國祚蕃昌

中嶽　巖巖神嶽作鎮中央肅奉徽冊尊名孔章聿降飇駕載歆蘭觴熙事允洽寶祚彌昌

送神靜安　祇薦鴻名寅威明祀有楚之儀如在之祭奠獻既終禮容克備神鑒孔昭福禧來暨

天安殿冊封五嶽帝一首

冊出入正安　名嶽奠芳帝儀克舉吉日惟良九賓咸旅溫玉鏤文纁裳正宁禮備樂成篤神之祐

熙寧望祭嶽鎮海瀆十七首

東望迎神凝安　盛德惟木勾芒御神沂岱淮海厥功在民爰熙壇坎哀對庶神于以歆格靈貽具臻

升降同安　紳韠襜兮玉佩粲兮于我將事神燕喜兮帝命望祀敢有不共往返于位肅肅雍雍

奠玉幣明安　祀以崇德幣則有儀肅我將事登降孔時精明純潔罔有弗祇史辭無愧神用來娭

酌獻成安　肇茲東土含潤無疆維時發春嘉薦令芳祭用犢沈順性含藏不涸不童誕降祺祥

送神凝安　神之至止熙壇爲春神之將歸旂服振振欻兮迴飈窅兮旋雲祐于東方永施厥仁

南望迎神凝安　嵩嵇衡霍暨厥海江時維長養惠我南邦肆嚴牲幣神式來降以侑以安百福是厖

酌獻成安　景風應律朱鳥開辰肅肅明祀嘉籩列陳牲用牷物樂奏蕤賓克綏永福祐此下民

送神凝安　鼓鐘云云歆嘗伊伊神既醉飽曰送言歸山有厚藏水有靈德物其永依往奠炎宅

中望迎神凝安　維土作德維帝御行含養載育萬物以成有嚴祀典薦我德馨神其歆止永用億寧

酌獻成安　高廣融結實維中央宣氣報功利彼一方坎壇以祀六樂鏘鏘靈其有喜酌以大璋

送神凝安　言旋其處以奠中域無替厥靈四方是則神永不息祀永不忒以享以報于萬斯年

西望迎神凝安　品物順說時司金行于郊迎氣以望庶靈雅歌維樂主薦惟牲作民之祉永相厥成

酌獻成安　西顥沉碭執矩司秋諷言協靈時祀孔脩禮有薦獻爰祀公侯秩而祭之百福是遒

送神凝安　我樂我神基俎腥饗曰神之還西土是宮于蕃禽魚于衍草木富我藪隰滋我高陸

北望迎神凝安　帝德乘坎時御閉藏爰潔牷醴兆茲北方海山攸宅神施無疆具享蠲吉降福孔穰

酌獻成安　凄寒凝陰隕籜滌場百物順成黍稷馨香歆于北郊爰因其方何以侑神薦此嘉觴

送神凝安　維山及川奠宅幽方我度其靈降止靡常肅肅坎壇既迎既將促樂徹俎是送是望

紹興祀嶽鎮海瀆四十三首

東方迎神凝安　帝奠九壄孰匪我疆緊我東土山川相望祀事孔時肅雍不忘業岌濛鴻郁哉洋洋

初獻盥洗同安　青陽肇開祀事孔飭鬱人贊溉其馨苾苾敬爾威儀亦孔之則神之格思無我有斁

奠玉幣明安　司曆告時惟孟之春爰舉時祀旅于有神鼓鐘既設珪帛具陳阜蕃庶物以福我民

東嶽位酌獻成安　巖巖天齊自古在昔膚寸之雲四方其澤惟時東作祀事迺飭惠我無疆恩霑動植

東鎮位　惟山有鎮雄於其方東孰爲雄于沂之疆祀事有時爰舉舊章我望匪遙庶幾燕饗

東海位　澒洞鴻濛天與無極導納江漢節宣南北順助其功善下惟德我祀孔時以介景福

東瀆位　我祀伊何于彼長淮導源桐柏委注蓬萊扞齊護楚宣威示懷豆籩列陳亦孔之偕

亞終獻酌獻四位並同　我祀孔肅神其安留容與裴回若止若浮洽此重觴申以百羞無我斁遺萬邦之休

送神凝安　蹇兮紛紛神實戾止以飲以食以享以祀呦兮冥冥神亦歸止以醉以飽以錫爾祉

南方迎神凝安　朱明盛長我祀用飭厥祀伊何山川咸秩如將見之繩繩齊栗神哉沛兮消搖來格

初獻盥洗升降同安　爰熙嘉壇揭虔恣祀鬱人沃盥贊我祼事于降于登以作以止莫不肅雍告靈饗矣

奠玉幣明安　我祀我享儀物孔周一純斯舉二精聿脩璞兮其溫絲兮其紑是薦潔蠲神兮安留

南嶽位酌獻成安　神曰司天居南之衡位焉則帝于以奠方南訛秩事望禮有常庶幾嘉虞介福無疆

南鎮位　維南有山于彼會稽作鎮在昔神則司之厥有舊典以祀以時百味維旨靈其燕娭

南海位　維水善下利物曰功逶迤百川誰歟朝宗蕩蕩大受於焉會同膋蕭列陳以答鴻濛

南瀆位　四瀆之利經營中國南曰大江險兮天設維爾有神隃其廟食望秩孔時我心翼翼

亞終獻酌獻　神之游兮洋洋對越濟乎容與肹蠁斯答乃奏既備八音攸節重觴申陳百禮以洽

送神曲同迎神　薦徹豆籩熙事備成靈兮將歸羽旄紛紜飄其逝矣浮空藹雲悵然顧瞻有撫懷心

中央迎神凝安　天作高山屹然中峙經營厥宇萬億咸遂火熙土王爰舉時祀繩繩宣延彷彿來止

初獻盥洗升降同安　思來感格肅雍不忘禮儀既備濟濟蹌蹌潔蠲致敬往薦其芳交若有承神兮孔饗

奠玉幣明安　練日有望高靈來下何以告誠心惟物假有篚斯實有寶斯藉于以奠之神光燭夜

中嶽位酌獻成安　與天齊極伊嵩之高顯靈効異神休孔昭飭我祀事實俎鸞膋以侑旨酒其馨有椒

中鎮位　禹畫九州河內曰冀霍山崇崇作鎮積勢我祀如何百末旨味承神燕娭諸神畢至

亞終獻酌獻　禮樂既成肅容有常奄留消搖申畢重觴仰臚所求降福滂洋師象山則以況皇章

送神曲同迎神　虞至旦兮靈亦有喜蹇欲驟兮象輿已艤粥音送兮靈聿歸矣長無極兮錫我以祉

西方迎神凝安　有岌斯安有涵斯洽聿相厥成允祀是答爰飭迺奏迺奏既協於昭降止是遵是接

初獻盥洗升降同安　靡實不新靡陳不濯人之弗蠲矧敢將酌載晞之悅載濡之勺洗儀告備陟降時若

奠玉幣明安　彼林有蔽彼澤有沈猗與西望弗菲弗淫迺追斯邸迺幠斯彝卬禮既卒是用是歆

西嶽位酌獻成安　屹削厥方風雲斯所陰邑有宮侐俁俁清酤在尊靈春在下于俎獻兮則莫我吐

西鎮位　維吳崇崇于汧之西瞻彼有巃赫赫不迷克禋于嶽我酌俶齊於凡有旅眡公維躋

西海位　奄浸坤軸滋殖其濊而典斯稽有陛有墄弗替時舉元牟斯酹胡先于河實委之會

西瀆位　自彼崐虛于以潛流念茲誕潤豈俟不猶在昔中府暨海聿脩迄既望止神保先卣

亞終獻　肅肅其乂既旨既溢迨其畢酌偏茲博碩祀事既遂不敢誶射神或醉止我心斯懌

送神曲同迎神　迺羞既徹迺奏及闋無餕斯俎式聽致謁不蹇不蹶不沸不決厲颸其祛永庇有截

北方迎神凝安　我土綿綿孰匪疆理惟時幽都匪曰喻只滌哉艮月朔風其同曷阻曷深其亦來降

初獻盥洗升降同安　壽宮煇煌聿修時祀繽其臨矣吉蠲以竢居乎昂昂行乎遂遂敬爾攸司展采錯事

奠玉幣明安　相予陰威厥功浩浩一歲之功何以爲報府有珪幣我其敢私肅肅孔懷于以將之

北嶽位酌獻成安　瞻彼芒芒曰北之常既高既厚迺紀迺綱薦鬯伊始靈示孔將玄服鐵驁覽此下方

北鎮位　赫赫作鎮幽朔之垂兼福我民食哉具宜克配彼岳有嚴等衰蠲我灌禮其敢不祗

北海位　八裔皆水此一會同沄沄天墟洞蕩洪濛至哉維坎不有斯功所秩伊何黃流在中

北瀆位　水星之精播液發靈不胥于河既介以清翼翼盟薦椒糈芬馨載止載留爰弭翠旌

亞終獻　俎豆紛披金石繁會侑以貳尊匪瀆匪怠我儀既周我心孔戒憺兮容與彷彿如在

送神曲同迎神　靈既醉飽禮斯徹兮靈亦樂康樂斯闋兮雲征飈舉不可尼兮薦福錫祉曷有極兮

淳祐祭海神十六首

迎神始安宮一曲　堪輿之間最鉅惟瀛包乾括坤吐日滔星祀典載新禮樂孔明鑒吾嘉賴來燕來寧

角一曲　四溟廣矣八紘是紀我宅東南廻復萬里洪濤颶風安危所倚祀事特隆神其戾止

徵一曲　若稽有唐克致崇極祝號既升爰增祭式從享于郊神斯受職我祀肇新式祈陰騭

羽一曲　猗與祀禮四海會同靈之來沛鞭霆馭風肹蠁彷彿在位肅雍佑我烝民式徼神功

升降欽安　靈之來至垂慶陰陰靈之巳坐飭茲五音壇殿聿嚴陟降孔欽靈宜安留鑒我德心

東海位奠玉幣德安　百川所歸天地之左湏洞鴻濛功高善下行都攸依百祿是荷制幣嘉玉以侑以妥

南海位奠玉幣瀛安　祝融之位貴乎三神吞納江漢廣大無垠長爲委輸祐我黎民敬陳明享允鑒恭勤

西海位奠玉幣潤安　蒲萄之澤派引天潢義娥出入浩渺微茫蓋高斯覆猶隔封疆我思六合肇正吉昌

北海位奠玉幣瀚安　瀚海重潤地紀亦歸吞受百瀆限制北陲一視同仁我心則怡嘉薦玉幣神其格思

捧俎豐安　昭格靈貺祀典肇升牲牷告充雕俎是承薦虔効物肯德惟馨靈其有喜萬宇肅澄

東海位酌獻熙安　滄溟之德東南具依熬波出素國計攸資石臼却敵濟我王師神其享錫益昇燕綏

南海位酌獻貴安　南溟浮天旁通百蠻風檣迅疾琛舶來還民商永賴坐消寇姦薦茲嘉觴弭矣驚瀾

西海位酌獻類安　積流疏派被于流沙布潤施澤功均邇遐我秩祀典四海一家祗薦令芳靈其享嘉

北海位酌獻溥安　儵忽會同裴回安留牲肥酒香晨事聿脩惟德之涼曷奄九州帝命是祗多福自求

亞終獻饗安　籩豆有楚武觴斯旅神其醉飽式燕以序百靈祕怪蜿蜒飛舞錫我祺祥有永終古

送神成安　告靈饗矣錫我嘉祚乾端坤倪開豁呈露玄雲聿收蟇龍咸鶩滅除凶災六幕清豫

紹興祀大火十二首

降神高安圜鍾爲宮　五緯相天各率其職司禮與視則維熒惑至陽之精届我長嬴于以求之祀事孔明

黃鍾爲角　有出有藏伏見靡常相我國家鑒觀四方視罔不正終然允臧其神來格明德馨香

太簇爲徵　小大率禮不忽于儀展采錯事秩祀孔時維今之故闕我數度修厥典常神其來顧

姑洗爲羽　於赫我宋以火德王永永不忘圖緊神之相神之來矣維其時矣禮備樂奏神其知矣

升殿正安　有儼其容有潔其衷屹屹崇壇伊神與通神肯降格嘉神之休虔恭降登神乎安留

熒惑位奠玉幣嘉安　馨香接神肹蠁恍惚求神以誠薦誠以物有藉斯玉有篚斯幣是用薦陳昭茲精意

商邱宣明王位奠幣嘉安　熒惑在天惟火與合緊神主火純一不雜作配熒惑祀功則然不腆之幣于以告虔

捧俎豐安　火遵其令無物不長視此牲牢務得其養豢以祀神有腯其肥非神之宜其將曷歸

熒惑位酌獻祐安　皇念有神介我戩穀登時休明有此美祿酌言獻之有飶其香神兮燕娭醉此嘉觴

宣明王位酌獻祐安　誰其祀神匃神嗜好閼伯祀火爲神所勞聽言配食既與火俱於樂旨酒承神嘉虞

亞終獻文安　神既眖施嗜我飲食申以累獻以承靈億神方常羊咸畢我觴于再于三于誠之將

送神用理安　登降上下奠璧獻斝音送粥粥禮無違者巳虞至旦神其將歸顧我國家遺以繁釐

出火祀火辰十二首

降神高安圜鍾爲宮　燁燁我宋火德所畀用火紀時允惟象類神目類歆誠孫類至有感斯通孚我陽燧

黃鍾爲角　樂音上達粤惟出虛火性炎上亦生於無我鏞我磬我笙我竽氣同聲應昭哉合符

太簇爲徵　火在六氣獨處其兩感生維君繫辰克相何以驗之占茲垂象騰駕蒼虯歘其來饗

姑洗爲羽　星入於戌與火俱詘火出於辰與星俱伸一伸一詘孰操縱之利用出入民咸用之

升殿正安　屹彼嘉壇赤伏始屆掞光耀明洋乎如在俛仰重離默與精會隨我降升肅聽環珮

大辰位奠玉幣嘉安　維莫之春五陽發舒日之夕矣三星在隅莫量匪幣莫嘉匪玉明薦孔時神光下矚

商邱宣明王奠幣嘉安　二七儲神與天地竝孰儷厥德事惟南正功懋陶唐澤流億姓作配嚴禋贊刻惟稱

捧俎豐安　有嚴在滌陳彼牲牢孔碩其俎薦此血毛厥初生民飲茹則然以燔以炙伊誰云先

大辰位酌獻祐安　孰爲大辰維北有斗曾是彗星斯名孔有幽榮報功潔齊敢後容與嘉觴式歆旨酒

宣明王位酌獻祐安　周設司爟雖列夏官仍襲孔易閼端實難相彼商丘永懷初造不腆桂椒匪以爲報

亞終獻文安　潛之伏矣柞燎既休有椒其來榆柳是求靈駕紛羽尙其安留飲我三爵言言油油

送神理安　五運惟火寔宗衆陽宿壯用明千載愈光神保聿歸安處火房爵攸不作炎圖永昌

納火祀大辰十二首

降神高安圜鍾爲宮　赫赫皇圖炎炎火德後神之賜奄有方國粢盛既豐俎豆有飶於萬斯年報祀無斁

黃鍾爲角　火星之躔有燁其光表于辰位伏于戌方時和歲稔仁顯用藏告爾萬民出納有常

太簇爲徵　季秋之月律中無射農事備收火功告畢克禋克祀有嚴有翼風馬雲車尙其來格

姑洗爲羽　明明我后重祭欽祠有司肅事式薦晨儀禮惟其稱物惟其時神之聽之福祿來爲

升殿正安　猗與明壇右平左墄晃服斯皇玉佩有節陟降惟寅匪徐匪疾式崇大祀禮文咸秩

大辰位奠玉幣嘉安　金行序曉玉露晨清齊戒豐潔肅恭神明嘉幣惟量嘉玉惟精于以奠之庶幾來聽

商邱宣明王位奠幣嘉安　恭惟火正自陶唐氏邑于商邱配食辰祀有功在民有德在位敢替典常惟恭奉幣

捧俎豐安　萬彙攸成四方寧謐工祝致告普存民力迺薦斯牲爲俎孔碩介以繁祉式和民則

大辰位酌獻祐安　庶功備矣休德昭明天地醲和鬱鬯斯清玉瓚以酌瑤觴載盈周流常羊來燕來寧

宣明正位酌獻祐安　廣大建祀式崇其配馨香在茲清酒既載穆穆有暉洋洋如在聿懷嘉慶緊神之賚

亞終獻文安　幣玉肅陳笙簧具舉桂醑浮觴瓊羞溢俎禮有三獻式和且序神具醉止慶流寰宇

送神理安　神靈降鑒天地回旋惟馨薦矣既醉歆焉諸宰斯徹式禮莫愆贖祉降祥天子萬年

宋史卷一百三十六考證

樂志十一熙寧望祭嶽鎭海瀆十七首○臣酉按東南中西北俱有迎神酌獻送神之樂獨升降奠玉幣之樂惟東望有之者蓋迎送酌獻諸樂五望各切其方惟升降奠玉幣二樂其詞可通用故也

宋史卷一百三十七

元　中書右丞相總裁脫脫等修

樂志第九十

樂十二　樂章六

祭大社太稷　祭風雨雷師　祭先農先蠶　親耕藉田蜡祭　釋奠文宣王　武成王　祭祐德廟　祭司中司命

景德祭社稷三首

降神靜安　百穀蕃滋麗乎下土聿崇明祀垂之千古育物惟茂粒民斯普報本攸宜國章咸覩

奠玉幣酌獻嘉安　於穆大祀功利相宜靈壇美報歷代昭然介以蕃祉祚以豐年土爰稼穡允協民天

送神靜安　制幣犧齊正辭無愧樂以送之畢其精意

景祐祀社稷三首

迎神靈安・五紀之本百貨何極道著開闢惠周動植國崇美穀民資力穡奠獻惟寅神靈來格

初獻升降正安　太社后土太稷后稷奠玉幣並嘉安

奉俎豐安同前

亞終獻文安送神寧安　神之來兮降茲下土神之去兮杳無處所壇壝肅然瘞幣徹俎乃粒之功冠于萬古

奉俎豐安神州地祇皇地祇與社稷通用　禮崇明禋惟馨斯酒潔粢豐盛殺時犉牡齊莊嚴祇升燎于櫝其報伊何如山如阜

大觀祀社稷九首

迎神寧安黃鍾二奏　惟土之尊民食資焉陰祀昭格牲牢腥羶有功于民告其吉蠲神之來享雲車翩翩

太簇角二奏　惟穀之神函育無窮百嘉蕃殖民依厥功巖飭壇壝威儀肅雍神之來享祈于登豐

姑洗徵二奏　猗歟那歟生養斯民家給人足時底熙純祇嚴明禋於薦苾芬粢盛豐潔神乃有聞

南呂羽二奏　籩豆斯陳三牲告幽報本之禮答神之休來歆芬香豐登於秋倉箱千萬治符成周

初獻升降正安　崇崇廣壇嚴恭祀事威儀孔時周旋進止鏘若環珮誠通于幽相于農植邦其咸休

奠幣嘉安　於嘻陰祀封土惟崇于時之吉歆予鼓鍾柔靜化光人賴其功陳茲量幣百貨是隆

酌獻嘉安　坤元生物功利相宜蠲茲祀事美報致虔清酤芬如靈壇歸然酌尊奠觴神其格焉

亞終獻文安　薦嘉亶時洋洋來格載登茲壇齊明維敉神用居歆順成農穡其崇若墉其比如櫛

送神寧安　尊罍芬香威儀肅雍靈心嘉止洋洋交通神歸降禧年斯屢豐倉箱千萬慰予三農

紹興祀太社太稷十七首

迎神用寧安函鍾爲宮春社用　五祀之本社稷有嚴芟作伊始夫敢不虔吉日惟戊式薦豆籩神其來格用介有年

函鍾爲宮秋社臘用　功烈在民誕受露雨亙秬既歌乃揚峨舞是奉是尊厚禮斯舉相其豐年多稌多黍

太簇爲角　是尊是奉茲率舊章樂音純繹薦溢圓方情文備矣神其廸嘗永觀錫羨多稼穰穰

姑洗爲徵　穀資土養民賴穀生功利之博莫之與京式嚴祀壇因物薦誠禮具樂奏惟神顧歆

南呂爲羽　國主社稷時祀有常肅若舊典報本不忘粢盛豐潔歌吟青黃尊神倏來百物賓將

盥洗正安　祭重齊肅神格事精沃洗于阼涓潔著誠清明旣矣熙事備成以似以續如坻如京

升壇正安　神地之道粒食有先歲謹祈報禮嚴豆籩降登祼薦罔或不虔以似以續宜屢豐年

大社位奠玉幣嘉安春秋太社土正后稷通用　土發而祭農祥是祈籩豆加籩典禮有彝惟茲珪幣用告肅祗神靈降鑒錫我繁釐

太社位奠玉幣嘉安秋臘大社土正后稷通用　赫赫媼神稼穡是司方是藉斂報本攸宜嘉壇建祀玉帛陳儀明靈昭格以介蕃釐

還位正安　國主大社地道聿神稷司百穀利毓惟均練日新吉粢盛苾芬神燕娭矣福此下民

捧俎豐安　嘉承天和黍稷翼翼默相農功緊神之德俎實犧牲舊章是式嗣有豐年我庾維億

大社位酌獻嘉安春社大稷土正后稷通用　封土崇祀有烈在民千載不昧福此人羣洗爵奠斝有酒其芬神具醉止禮樂欣欣

大社位酌獻嘉安秋稷臘大社土正后稷通用　叶氣嘉生年穀順成萬億及秭如坻如京奉時犉牡告於神明歌此亙耜於昭德馨

亞終獻文安　風雨時若自天降康稼穡滋殖自神發祥穀我婦子豐年穰穰報本嚴祀齊明允臧

徹豆娭安、報本之禮載于甲令靈壇昭告神既來聽徹彼豆籩精誠斯罄實惟豐年農夫之慶

送神寧安　乃粒烝民功昭萬古國有常祀薦獻式叙肅肅雍雍舊章咸舉神保聿歸介我稷黍

望瘞正安　地載萬物民資廼功報本稱祀太稷攸同禮樂既備訖埋愈恭神其降嘏時和歲豐

熙寧祭風師五首

迎神欣安　飄飄而來浙瀝而下爰張其旂爰整其駕有豆有登有兆有壇弭旌柅軔降止且安

升降欽安　盥帨于下有盤有匜饋酌于上有登有籩服容柔止進退優止卽事寅恭神其休止

奠幣容安　育我嘉生神惠是仰載致斯幣庶幾用享鼓之舞之式緊爾神錫福無疆佑此下民

亞終獻雍安　栗栗壇坫載是豆觴醇烈氤氳普薦芬芳酌之維宜獻之維時民有報侑靈用安之

送神欣安　奠獻紛紛靈心欣欣超然而返衆御如雲其施伊何多黍多稌其祥伊何不愆厥叙

大觀祭風師六首

降神欣安　羽旗雲車飄飄自天猗歟南箕欣嘉升煙牲餼粢盛俎簋鉶籩維神戾止從空冷然

初獻升降欽安　明昭惟馨威儀孔時鏘鏘鳴佩欽薦牲犧惟恭惟祇無愆無違周旋中禮肅恭委蛇

奠幣容安　吹噓于喁披拂氤氳衆竅咸作潛運化鈞恩大功豐酬神惟恭嘉幣盈箱于物有容

酌獻雍安　犧尊斯陳清酤盈中芬芬苾苾馨香交通明靈來思歆我精衷惟千萬祀品物芃芃

亞終獻雍安　清酤洋洋虔恭注茲條鬯敷宣神用歆之尊罍靜嘉金奏諧熙於皇肆祀休我羣黎

送神欣安　窈冥無窮肹蠁斯融來終嘉薦歸返遙空惟神之歸欣安導和惟神之澤于彼滂沱

雨師五首

迎神欣安　神之無象亦可思索維雲陰陰維風莫莫降止壇宇來顧芳馨侑以鼓歌薦此明誠

升降欽安　珮玉璆如黼黻襜如承祀不懈訖獲嘉虞聖皇命祀臣敢弗恭凡爾在位翼翼雍雍

奠幣容安　崇崇壇堵靈既降止有嚴執奠承祀茲始明靈在天式顧庶察澤潤以時永拂荒札

酌獻亞終獻雍安　寅恭我神惟上之使俾成康年民徯休祉折俎既登斛酒既盈匪薦是專配以明誠

送神欣安　牲俎告徹嘉樂休成卒事有嚴燕虞高靈蕃我民人育我稷黍萬有千祀承神之祐

紹興祭風師六首

迎神欣安　夫物絪縕神氣撓之誰歟其司維南之箕假哉明庶我祀維時我心孔勞神其下來

初獻升降盥洗欽安　神哉沛矣厥靈載揚揚靈如何剡剡皇皇我其承之繩繩齊莊侁從爵人爰挾斯芳

奠幣容安　物之流形甚畏瘥癘八風平矣嘉生以遂絲縷之積有量斯幣惟本之報匪物之貴

酌獻雍安　我求於神無臭無聲神之燕享惟時專精大磬在列熛燎在庭侑我桂酒娭其以聽

亞終獻　禮有三祀儀物視帝神臨消搖嘻敢跛倚重觴載申百味孔旨神兮樂康答我以祉

送神迎神曲同　荃其止乎禗禗其容奄横四海塞莫之窮時不驟得禮焉有終荃其行乎余心憺憺

雨師雷神七首

迎神欣安　衆萬之託動之潤之昭格孔時維神之依洽然後先肆我肯顧是耶非耶紛其來下

初獻盥洗升降欽安　言言祠宮爰考我禮維西有罍維東有洗爰潔爰滌載薦其醴神在何斯匪遠具邇

奠幣容安　霈兮隱兮驟其陰威相我有終胡寧不知我幣有陳我邸斯珪豈惟有陳于以奠之

雨師位酌獻雍安　山川出雲裔裔而縷載霆載濛其德廼溥自古有年胡然莫祖無斷我觴無息我俎

雷神位酌獻雨師曲同　瞻彼南山有虺其出維蟄之奮維癘之息沓焉頵蠢在夏之日觴豆匪報皇忍忘德

亞終獻初獻曲同　作解之德形聲一兮爰展獻侑酌則三兮我與有假云胡有私下土是冐庶其遠而

送神迎神曲同　陰旋轂旋鼓車其鞭問神安歸冥然而天皇有正命祀事孔蠲其臨其歸億萬斯年

雍熙享先農六首餘同祈穀

降神靜安　先農播種九穀務滋靈壇致享亙秬陳儀吉日惟亥運屬純熙樂之作矣神其格思

奠玉幣敷安　親耕展祀明靈來格九有駿奔百司庶職獻奠肅肅登降翼翼祈彼豐穰福流萬國

奉俎豐安　肅陳韶舞祗薦犧牲乃遵黃道以率躬耕

亞獻正安　祀惟古典食乃民天歆茲潔祀以應祈年

終獻正安　式陳芳薦爰致虔誠神其降鑒永福黎甿

送神靜安　明禋斯壇靈風肅然登歌已闋神馭將旋道光帝籍禮備公田鑒茲躬稼永錫豐年

明道親享先農十首

迎神靜安　稼政之本民食惟天甫田兆歲后稷其先靈壇既祀黛耜攸虔乃聖能享億萬斯年

皇帝升降隆安　冕服在御壇壝有儀陟降左右天惟顯思

奠玉幣嘉安　將躬黛耜先陟靈壇嘉玉量幣樂舉禮殫神既至止福亦和安千斯積詠萬國多歡

奉俎豐安　將迎景福乃薦嘉牲籍于千畝用此精誠

皇帝初獻禧安　雲罍巳實玉爵有舟薦于靈籍佇乃神休

飲福禧安　神既至享福亦來酬申錫純嘏旨酒維柔思文后稷貽我來牟子孫千億丕荷天休

退文舞進武舞正安　羽葆有奕文武交相周旋合度福祿無疆

亞獻正安　豆籩雖薦黍稷非馨惠我豐歲歆茲至誠

終獻正安　歆我嘉薦錫我蕃禧多黍多稌如京如坻

送神靜安　獻終豆徹禮備樂成祠容肅肅風馭冥冥

景祐享先農五首

三時務本一撥躬耕人祗胥悅祉福是膺

迎神疑安　在昔神農首茲播殖無有污萊盡爲稼穡乃粒斯民實惟帝力嘉薦令芳佇瞻來格

升降同安　居德之厚厥祀攸陳土膏初脈農事先春鏗然金奏儼若華紳陟降于阼福祿惟神

奠幣明安　農爲政本食乃民天苾芬明祀薦袞良田陳茲量幣望彼豐年茂介福祉來歆吉蠲

酌獻成安　農祥晨正平秩東作倬彼大田庤乃錢鎛酒醴盈尊金璆合樂期茲萬年充于六幕

送神凝安　務穡之本恤祀惟馨神斯至止降福攸寧崇茲稼政合于禮經俎徹樂闋邈仰迴靈

先蠶六首

迎神明安　生民之朔衣皮而羣惟聖有作被昌以文禮樂以成貴賤以分欲報之德金石諧均

升降翊安　掩抑笙簫鏗鋐金石神來燕娭嘉我休德奉祀之臣洗心翊翊錫茲福禧以惠四國

奠幣娭安　皇天降物屢化若神聖實先識躬以教民功被天下爲萬世文幣以達志庶幾徹聞

酌獻美安　僾哉聖神成功微妙廼衮廼裳以供郊廟百末旨酒嘉觴自炤靈徠燕響不嚬以笑

亞終獻惠安　神之徠駕蹌蹌紫壇熙燭夜光會竽瑟鳴球琅薦旨酒雜蘭芳佑明德賜百祥

送神祥安　神之功兮四海所宗占五帝兮莫與比崇倏往來兮旌旗容容恭明祀兮萬世無窮

紹興享先農十一首

皇帝入內壝盥洗降安　大事在祀齊潔爲先既盥而升奉以周旋下觀而化無敢不蠲惟神降格鑒厥精

虔

迎神靜安　猗與田祖粒食之宗世世仰德青壇載崇時惟后稷躬稼同功作配並祀以詔無窮

神農后稷位奠幣嘉安　制爲量幣厚意是將求之以類各因其方于以奠之精誠允彰神其享止惠我無疆

尚書奉俎豐安　柔毛剛鬣或刲或烹爲俎孔碩登薦厥誠

酌獻禧安　蠲滌醆斝巾帨而升挹彼注茲酒醴維清洋洋在上享于克誠神其孚佑以厚民生

文舞退武舞進正安　羽毛干戚張弛則殊進旅退旅匪棘匪舒

亞獻正安　顯相祀事濟濟鏘鏘舉斝酌醴神其允臧

終獻正安　殽核維旅酒醴維馨于再于三禮則有成

飲福禧安　幽明位異施報理同克恭明神降福乃豐我膺受之來燕來崇豈伊專享于彼三農

徹豆歆安　奠重於祭非禮不成籩豆有踐爾殽既馨神具醉止薦以齊明費徹孔時釐事斯成

送神靜安　神之來止風馭雲翔神之旋歸有迎有將歌以送之磬筦鏘鏘何以惠民豐年穰穰

親耕藉田七首

皇帝出大次乾安　勤勞稼穡必躬必親爲藉千畝以敎導民帝出乎震時惟上春天顏咫尺望之如雲

親耕　元辰既擇禮備樂成洪縻在手祗飾專精三推一發端冕朱紘靡辭染履以示黎甿

升壇　方壇屹立陛級而登玉色下照臨觀耦耕萬目咸覩如日之升成規成矩百祿是膺

公卿耕藉　羣公顯相奉事齋莊率時農夫舉耜載揚播厥百穀以佑我皇多黍多稌丕應農祥

郡官耕藉　畟畟良耜我田既臧土膏其動春日載揚執事有恪于此中邦農夫之慶棲畝餘糧

降壇　肇新帝藉率我農夫三推終畝祇事咸均陟降孔時粲然有文受天之祜多稌如雲

歸大次　敎民稼穡不令而行進退有度琚瑀鏘鳴言還熉幄禮則告成帝命率育明德惟馨

紹興祀先農攝事七首

迎神凝安　青陽開動土膏脉起日練吉亥爲農祈祉典秩增峻儀物具美幄光熉黃庶幾戾止

初獻升殿同安盥洗同　率職咸涖禮容睟然澡身端意陟降靡愆神心嘉虞享茲潔蠲敷錫純佑屢登豐年

奠幣明安　靈旂載臨見光陳贊有嚴簠實式將純意肹蠁既接禮行有次神兮安留歆我禋祀

神農位酌獻成安　耒耜之敎帝寔開先致養垂利古今民天嘉薦報本于以祈年誠格和應神娭福延

后稷位酌獻成安　有周應歷實起后稷相時神功率由稼穡振古稱祀先農並食阜我昌我時萬時億

亞終獻同安　旨具百味酌備三時貳觴既畢禮洽意周庶幾嘉享格神之幽相我穡事錫以有秋

送神凝安　熙事成兮始終潔齊籩豆徹兮撙節靡垂靈有嘉兮降福孔皆飄然逝兮我心孔懷

祀先蠶六首

迎神明安　功被寰宇儀蟲之靈有神司之以生以成典禮有初祀事講明孔蓋翠旌降集于庭

初獻盥洗升殿翊安降同　靈脩戾止詔以毛血既盥而帨尊爵蠲潔金石諧宛登降有節宜顧宜享情文不越

奠幣娭安　化日初長時當暮春蠶事方興惟后惟嬪絲纊御冬殘生濟人敢忘報本籩幣是陳

酌獻美安　盛服承祀出自公桑衣不羽皮利及萬方百味旨酒有飶其香神其歆止洋洋在傍

亞終獻惠安　日吉辰良禮備樂作精誠內孚俎豆交錯升歌淸越侑此三爵黎民不寒幽顯同樂

送神祥安　神之來矣靈風肅然云胡不留歸旋有翩乃舉舊典歲以告虔降福我邦於萬斯年

景德蜡祭百神三首

降神高安　百物蕃阜四方順成通其八蜡合乃嘉平旨酒斯醇大庖孔盈萬靈來格威儀以成

奠玉幣酌獻嘉安　肅肅靈壇昭昭上天潔粢豐盛以享以虔百神咸萃六樂斯縣介茲景福期於百年

送神高安　來顧來享禮成樂備靈馭翩翩雲行雨施

熙寧蜡祭十三首

東西郊降神熙安　天錫康年四方順成乃通蜡祭索享于明金石四作羽旄翠旌神來燕娭澤被羣生

升降肅安　惟蜡有祭報神之功合聚萬物來享來宗承詔攝事不忘肅雍靈之格思福祿來崇

奠幣欽安　穰穰豐年繫侯休德帥承天和欽象古則嘉玉量幣奠容翼翼靈施暨民罔有終極

奉俎承安　禮崇明祀必先成民奉牲以告備腯其均炮炙芬芬俎豆莘莘錫之純嘏以佑斯人

酌獻懌安　秩秩禮文爲壇四方嘉栗旨酒百神廸嘗敷與萬物既阜既昌伊樂厥福傳世無疆

亞終獻慶安　禮文備矣肅肅無譁金石諧節圭璧光華粢以告豐禮以告嘉錫茲福祉以澤幽遐

送神宣安　靈之來下擴京乘光靈之廻御景龍以驂鑒我休德降嘏產祥大田多稼以惠無疆

南北方迎神簡安　美若休德民和歲豐稼穡雲施其積如墉惠我四國先嗇之功祭之百種來享來宗

升降穆安　皇皇靈德經緯萬方承詔攝事陟降以莊高冠岌岌長佩鏘洋嘉承神貺令聞不忘

奠幣嘉安　於穆明祀莫如報功靈之利澤惠我無窮齋以滌志幣以達衷撫寧四極永錫登豐

酌獻禔安　英英禮文既備而全嚴嚴四郊屹屹紫壇百末旨酒其馨若蘭何以畀民既壽而安

亞終獻曼安　林林生民含哺而嬉致之稼穡實神之爲圖報厚德萬祀無期以假以享錫我繁禧

送神成安　嘉薦芳美靈來宴娭斿車結雲若風馬馳既至而喜錫我蕃禧嘉承天貺曼壽無期

大觀蜡祭二首

東郊亞終獻慶安　震乘春陽仁司生殖錫我歲豐襄我民力誰其尸之宇子先嗇億萬斯年懷神罔極

南郊升降穆安　穆如薰風敷舒文藻氣蒸消除豐于黍稻神之聽之鍾鼓咸考於萬斯年惟皇之報

紹興以後蜡祭四十二首

東方百神降神熙安圜鍾爲宮　玄冥凌厲歲聿其周天地閉藏農且息休古爲蜡禮伊耆肇脩爰薦飶香以迓飈斿

黃鍾爲角　惟大明尊實首三辰功赫庶物光被廣輪歲方索享咸秩羣神靈斿來下尸此明禋

太簇爲徵　三時不害四方順成酬功報始以我齋明幽頌土鼓樂此嘉平降祥幅員惠于函生

姑洗爲羽　日昱乎晝容光必照盼蠁之交惟人所召有監在下覬茲升燎肅若其承雲駢星曜

初獻升降肅安　禮儀告具必儼容莊工歌屢奏聲和義章崇壇陟降濟濟蹌蹌靈光共仰嘉薦芬芳

大明位奠玉幣欽安　晨曦未融天宇澄穆有虔秉誠將以幣玉如在左右罔不祇肅神兮安留錫以祉福

帝神農氏位奠幣曲同大明　農爲政本食乃民天神農氏作民始力田先嗇之配禮報則然有幣將之維以告虔

后稷氏位奠幣曲同大明　播種之功時惟后稷推以配天奠匪爾極崇侑淸祀是爲司嗇陳幣奠將永祚王國

奉俎承安　享以精禋馨非稷黍工祝致告孔碩爲俎孰事駿奔繩繩具舉神之嘉虞介福是與

大明位酌獻擇安　肇禋備祀敎民美報時和歲豐奉醴以告惟照臨功等於載壽酌獻云初明神所勞

神農位酌獻曲同大明　惟酒欣欣惟神宴宴是顧是享來燕來寧耒耜之利神所肇與萬世永賴無斁其承

后稷位酌獻曲同大明　釋之蒸之爲酒爲醴推本所由於焉治體周邦開基邰家是啓獻茲嘉觴拜下首稽

亞終獻慶安　申以貳觴百味且旨禮告三終神具醉止旂容騎沓揚光紛委降福穰穰被大豐美

送神宣安　禮樂既成神保聿歸言歸何所地紀天維豈惟屢豐嗣歲所祈億萬斯年神來燕娭

西方百神降神熙安圜鍾爲宮　玄冬肇祀始于伊耆歲事聿成庸答蕃釐眷言西顧匪神司之歸功爾神翩其下來

黃鍾爲角　魄生自西照望太陽下暨諸神既施萬方節適風雨富我囷箱恭承嘉祀惟以廸嘗

太簇爲徵　神罔小大奠方茲土祭列坊墉禮迨貓虎有功斯民祀乃其所非稷馨香厥福周溥

姑洗爲羽　豐年穰穰美芳職職籩豆方圓其儀孔碩風馬在御雲車載飭來顧來享維娭休德

初獻升降肅安　盥獻恭莊燎煙芬酷載陟載降禮容可度欽惟爾神上下肅肅成我稷黍鑒此牲玉

夜明位奠玉幣欽安　穆穆太陰禮嚴姊事璧玉華光推以衷對十二周天歲乃有終盡我備物莫報元功

神農位奠幣曲同夜明　耒耜肇興自神農氏稼穡滋殖爲農者始作配明祀奠以告虔萬世佃漁帝功卓然

后稷位奠安曲同夜明　明明周祖惟民之恤播種爲敎下民適粒會是索饗而匪先公萬物難報阡陌之功

奉俎承安　時和歲登物亡疾瘯實俎間膏報神之福匪神福之曷成且豐肥腯咸有惟神之功

夜明位酌獻擇安　除壇西郊坎其擊鼓百靈至止結璘作主秬鬯湛淡玉斝觩蓼是謂嘉德神其安留

神農位酌獻曲同夜明　蕩蕩鴻明稱秩羣祀配以昔帝式重農事潔我圭瓚黃流在中靈其鑒茲肹蠁豐融

后稷位酌獻曲同夜明　歲十二月祀有常典登列司嗇言反其本酌彼泰尊百末蘭生承神嘉虞緊此德馨

亞終獻慶安　歌磬臚驩贊蕭激香飈御奄留申以貳觴相與震澹告靈其醉庶幾聽之成我熙事

送神宣安　禮備樂成澹然將歸其留消搖象輿已轙偃蹇欲驤羽毛紛委忽乘杳冥遺此福祉

南方百神迎神簡安　維物之精散乎太空維索之饗合聚而同迺擊土鼓于歲之終格彼幽矣肸蠁其通

初獻盥洗升降穆安　有帨其新有匜其潔言念淸祀弗簡弗褻誠意既交品物斯列是用告虔靡神不說

奠幣吉安　百室機杼衣褐具宜民以卒歲神實惠之言舉祀典答神之釐有篚斯陳振古如茲

神農位酌獻穆安　肇降生民有不粒食維時神農迺爲先嗇爾耒爾耜云誰之因酌以汚尊我思古人

后稷位酌獻穆安　維后之功配天其大祀而稷之萬世如在黃冠野服駿奔皇皇自古有年神其降康

亞終獻曼安　豐年孔多百禮以洽匪極神歡何以昭答載酌之酒用申其勤神具醉止與物交欣

送神成安　卒爵樂闋禮儀告備神保聿歸敢以辭致順成之方其蜡乃通自今以始八方攸同

北方百神迎神簡安　蕩蕩閶決氣淸沉寥彷彿象輿麗于穹霄蹇其來下肅然風飄神乎安留於焉消搖

初獻盥洗升降穆安　齊誠揭虔敬恭祀事維儼之容維潔之器雍雍樂成肅肅禮備神其燕娭錫祉庶類

奠幣吉安配位同　神宅于幽翺翺沈沈至和寒明考我德音神聽靜嘉儼乎若臨幣以薦誠敢有弗欽

神農氏位酌獻禔安　先嗇之功神實稱首以耜以耒俶載南畝列籍皇墳億世是守何以爲報爰潔茲酒

后稷氏位酌獻禔安　煌煌后稷實配于天司穡作稼民以有年匪神之私歲以醴告酌彼泰尊于德之報

亞終獻曼安　蘭生百末申以貳觴神具醉止燗其容光遺我豐年萬億及秭俾民雖康以洽百禮

送神成安　靈之來兮虯龍杳杳下土光景憑陵閶闔靈之旋兮羽衛委蛇偃蹇高驤遺此蕃釐

景祐祭文宣王廟六首

迎神凝安　大哉至聖文教之宗紀綱王化丕變民風常祀有秩備物有容神其格思是仰是崇

初獻升降同安　右文興化憲古師今明祀有典吉日惟丁豐犧在俎雅奏來庭周旋陟降福祉是膺

奠幣明安　一王垂法千古作程有儀可仰無德而名齊以滌志幣以達誠禮容合度黍稷非馨

酌獻成安　自天生聖垂範百王恪恭明祀陟降上庠酌彼醇旨薦此令芳三獻成禮率由舊章

飲福綏安　犧象在前豆籩在列以享以薦既芬既潔禮成樂備人和神悅祭則受福率遵無越

兗國公配位酌獻成安哲宗朝增此一曲　無彊之祀配侑可宗事舉以類典享其從嘉栗旨酒登薦惟恭降此遐福令儀肅雍

送神凝安　肅肅庠序祀事惟明大哉宣父將聖多能歆馨肸蠁迴馭凌兢祭容斯畢百福是膺

大觀三年釋奠六首

迎神凝安　仰之彌高鑽之彌堅於昭斯文被于萬年峩峩膠庠神其來止思報無窮敢忘于始

升降同安　生民以來道莫與京溫良恭儉惟神惟明我潔尊罍陳茲芹藻言升言旋式崇斯教

奠幣明安　於論鼓鐘于茲西雍粢盛肥碩有顯其容其容洋洋咸瞻像設幣以達誠歆我明潔

酌獻成安　道德淵源斯文之宗功名糠粃素王之風碩兮斯牲芬兮斯酒綏我無疆與天爲久

配位酌獻成安　儼然冠纓崇然廟庭百王承祀涓辰惟丁于牲于酹其從予享與聖爲徒其德不爽

送神凝安　肅莊紳緌吉蠲牲犧於皇明祀薦登惟時神之來兮肸蠁之隨神之去兮休嘉之貽

大晟府擬撰釋奠十四首

迎神凝安黃鍾爲宮　大哉宣聖道德尊崇維持王化斯民是宗典祀有常精純並隆神其來格於昭盛容

大呂爲角　生而知之有教無私成均之祀威儀孔時維茲初丁潔我盛粢永適其道萬世之師

大簇爲徵　巍巍堂堂其道如天淸明之象應物而然時維上丁備物薦誠維新禮典樂諧中聲

應鍾爲羽　聖王生知闡迺儒規詩書文教萬世昭垂良日惟丁靈承不爽揭此精虔神其來享

初獻盥洗同安　右文興化憲古師今明祀有典吉日惟丁豐犧在俎雅奏在庭周旋陟降福祉是膺

升殿同安　誕興斯文經天緯地功加于民寔千萬世笙鏞和鳴粢盛豐備肅肅降登歆茲秩祀

奠幣明安　自生民來誰底其盛惟王神明度越前聖粢幣具成禮容斯稱黍稷非馨惟神之聽

奉俎豐安　道同乎天人倫之至有饗無窮其興萬世既潔斯牲粢明醑旨不懈以忱神之來暨

文宣王位酌獻成安　大哉聖王實天生德作樂以崇時祀無斁淸酤惟馨嘉牲孔碩薦羞神明庶幾昭格

兗國公位酌獻成安　庶幾屢空淵源深矣亞聖宣猷百世宜祀吉蠲斯辰昭陳尊簋旨酒欣欣神其來止

鄒國公位酌獻成安　道之由興於皇宣聖惟公之傳人知趨正與享在堂情文寔稱萬年承休假哉天命

亞終獻用文安　百王宗師生民物軌瞻之洋洋神其寧止酌彼金罍惟淸且旨登獻惟三於嘻成禮

徹豆娭安　犧象在前豆籩在列以饗以薦既芬既潔禮成樂備人和神悅祭則受福率遵無越

送神凝安　有嚴學宮四方來宗恪恭祀事威儀雍雍歆茲惟馨飇馭旋復明禋斯畢咸膺百福

景祐釋奠武成王六首

迎神凝安　維師尚父賜履分封靈神峻密祀事寅恭蕭薌祇薦飇馭排空如幾如式福祿來崇

太尉升降同安　上公攝事袞服斯皇禮容濟濟佩響鏘鏘靈旂惚恍嘉薦令芳神具醉止降福穰穰

奠幣明安　四嶽之裔涼彼武王發揚蹈厲周室用昌追封廟食簡冊增芳升幣以奠磬筦鏘鏘

酌獻成安　獵渭之陽理冥嘉應非龍非虎聿求元聖平易近民五月報政祀典之崇於斯爲盛

飲福綏安　神機經武隆周之寓表海分封邁燕超魯耽耽廟貌俎豆有序薦福邦家維師尚父

送神迎安　聖朝稽古崇茲武經禮交樂舉于神之庭嘉栗旨酒既饗芳馨永嚴列象劒舄簪纓

熙寧祀武成王一首

初獻升降同安　武德洸洸日靖四方百王所祀休有烈光命官攝事佩玉鏘鏘思皇多祜以惠無疆

大觀祀武成王一首

酌獻成安　涼彼周王君臣相遇終謀其成諸侯來許洋洋神靈尊載酒醑新聲爲侑笙籥備舉

紹興釋奠武成王七首

迎神凝安姑洗爲宮　於赫烈武光昭古今載嚴祀事敕備惟欽既潔其牲既諧其音神之格思來顧來歆

初獻升殿同安　肅肅廟中有嚴階墄匪棘匪徐進退可則冕服是儀環珮有節神之鑒觀率履不越

奠幣明安　祀率舊典禮崇駿功齊明衷正肹蠁豐融量幣肅備周旋鞠躬神其昭受幽贊無窮

正位酌獻成安　赫赫尚父時維鷹揚神潛韜略襟抱帝王談笑致主竹帛流芳國有嚴祀載稽典常

留侯位酌獻　眷彼留侯奇籌贊漢依乘風雲勒成功旦克配明禋儀刑有煥英氣如生來格來衎

亞終獻正安　道助文德言爲世師功名不泯祀事無遺旨酒惟馨具醉在茲有嘉累獻神其燕娭

送神　日惟上戊神顧精純禮備三獻樂成七均奄留洋洋流福無垠言還恍惚空想如存

紹興祀祚德廟八首

迎神凝安姑洗爲宮　匿孤立後惟義惟忠昔者神考追錄乃功祀典載加進爵錫公神兮降格尚鑒褒崇

初獻升降同安　廟宇更新輪奐豐敞神靈如在英姿颯爽執事進趨降升俯仰威儀翼翼虔祈歆饗

奠幣明安　牲薦碩大幣致精純聿升祀事茲用兼陳箱篚既實奠獻惟寅饗我至意福祿來成

彊濟公位酌獻成安　以身託孤實惟死友撫婗長之若父若母潛授于韓克興厥後崇廟以獻德侈報厚

英略公位酌獻成安　立孤固難死亦匪易義輕一身開先趙嗣肅穆廟貌烈有餘氣式旋嘉薦昭哉祀事

啓佑公位酌獻成安　於皇時宋永祚有基始緊覆護扶而立之敢忘昭答牲分酒釃靈其燕饗益相本支

亞終獻用正安　翺翺靈宇神安且翔三哲鼎峙中薦嘉觴凜若義氣千載彌光猗其祐之錫羨無疆

送神凝安　禮樂云備畢觴爾神翊翊音送轙輿若聞駕言歸兮靈斿結雲祚我千億介福來臻

司中司命五首

迎神欣安　冠峩峩兮服章蕤蕤靈來下兮進止委蛇我涓我壇我潔我俎降輿郤旌於茲享御

升降欽安　紳緌舒舒佩璆鏗鏗陟降上下壇燎光明有盥于罍有帨于巾不吳不敖庶以安神

奠幣容安　我誠既潔我豆既豐神來降期有儼其容薦此嘉幣肅肅雍雍何以侑之於樂鼓鍾

酌獻雍安　酌茲旨酒既盈且芬式用來歆衎衎熏熏何以寧神薦有嘉籩何以錫民日惟豐年

送神欣安　雲兮飄飄風兮稜稜飇馭反空杲日來昇歸旆揚揚衆樂鏘鏘我神式懽惠我嘉祥

五龍六首

迎神禧安　神之智兮躍漢潛幽欲豢擾兮無董與劉陳金石兮佐侑牢羞庶燕享兮澤應民求

升降雅安　靈之至兮逸駕騰驤噓雲吸氣承祀日光展詩鳴律肅莊琳琅何以膺神貺惠無疆

奠幣文安　維靈德兮變化不常沛天澤兮周流八荒奠嘉幣兮肅雍不忘永佑民兮錫以豐穰

酌獻愷安　練吉日兮進神之堂牲既陳兮粢盛既香奠桂酒兮容與嘉觴靈安留兮錫我福祥

亞終獻嘉安　明明天子禮文咸秩矧神之功橫被九

域雲施稱民物產滋殖嘉承惠和罔有終極

送神登安　靈之來下以雨先驅靈之旋馭五雲結車操環應夏發匪端虞眞人在御來獻珍符

宋史卷一百三十八

元中書右丞相總裁脫脫等修

樂志第九十一

樂十三　樂章七

朝會　御樓肆赦　恭上皇帝皇太后尊號上

建隆乾德朝會樂章二十八首

皇帝升坐隆安　天臨有赫上法乾元鏗鏘六樂儼恪千官皇儀允肅五坐居尊文明在御禮備誠存

公卿入門正安　堯天協紀舜日揚光淑愼爾止率由舊章佩環濟濟金石鏘鏘威儀炳煥至德昭彰

上壽禧安　乾健爲君坤柔爲臣惟其臣子克奉君親永御皇極以綏兆民稱觴獻壽山岳嶙峋

舜韶更奏堯酒浮觴皇情載懌洪算無疆基隆郟鄏德茂陶唐山巍日煥地久天長

皇帝舉酒第一盞用白龜　聖德昭宣神龜出焉載白其色或游于川名符在治瑞應巢蓮登歌丹陛紀異靈篇

第二盞甘露　天德冥應仁澤載濡其甘如醴其凝如珠雲表潛結顥英允敷降于竹栢永昭瑞圖

第三盞紫芝　煌煌茂英不根而生簫茸奪色銅池著名晨敷表異三秀分榮書于瑞典光我文明

第四盞嘉禾　嘉彼合穎致貢升平異標南畝瑞應西成德至于地皇祇效靈和同之象煥發祥經

第五盞玉兔　盛德好生網開三面明視標奇昌辰乃見育質雪園淪精月殿著於樂章色含江練

羣臣舉酒正安　戶牖嚴丹扆鵷鸞造紫庭懇祈南岳壽勢拱北辰星得士於茲盛基邦固以寧誠明一何至金石與丹青

簪紱若雲屯晨趨閶闔門侁侁羅禹會濟濟奉堯鐏周禮觀明備天儀仰睟溫高卑陳表著同拱帝王尊

待漏造王庭威儀盛莫京紛綸簪組列淸越佩環聲禮飲終三爵韶音畢九成永固皇藻樂千載奉升平

羣臣第一盞畢作玄德升聞　治定資神武功成顯睿文貢輸庭實旅朝會羽儀分偃革千年運垂衣萬乘君孰知堯舜力明德自升聞

約法皇綱正崇文寶歷昌遒人振木鐸農器鑄干將瑞日含王宇卿雲藹帝鄉萬邦成一統鴻祚與天長

六變　宸扆威容盛聲明禮樂宣九州臻禹會萬國獻堯天貢職輸琛賮皇猷煥簡編含和均暢茂鴻慶結非禋

朝會儼威儀司常建九旗舞容分綴兆文物辯威蕤運格桃林牧祥開洛水龜帝功潛日用化俗自登熙

螭陛聊載筆紀瑞軼唐虞丹鳳儀金奏黃龍負寶圖羣材薪棫樸仁政煦蒲盧蕩蕩巍巍德豚魚信自孚

接聖宅神都方來五達區國賢熙帝載靈命握乾符至化當純被斯文益誕敷車書今混一聖治奉三無

聖王臨大寶八表湊才賢經緯文天賦剛柔德日宣建邦隆柱石造物運陶甄共致升平業綿長保億年

神化妙無方巍巍邁百王鶴書搜隱逸龍陛策賢良拱揖朝羣后賓筵闢四方洪圖基億載淳燿德彌光

第二盞畢天下大定　皇猷敷八表武誼肅三邊蘭錡韜兵日靈臺偃伯年奉珍皆述職俶祀盡朝天功德超前古音徽播管弦

伐叛天威震恢疆帝業多剗平侔肅殺涵煦極暘和蹈厲觀周舞風雲入漢歌功成推大定歸馬偃琱戈

六變　惕厲日乾乾潛蟠或躍淵伐謀參上策受鉞總中堅田訟歸周日民謠戴舜年風雲自冥感嘉會翼飛天

壺關方逆命投袂起親征虎旅聊攻伐梟巢遽蕩平天威淸朔漠仁澤被黎氓按節皇輿復洋洋載頌聲

蠢茲淮海帥保據毒黎苗不悟龍興漢猶同犬吠堯六師方雨施孤壘自冰消千載逢嘉運華夷奉聖朝

上游荊楚要澤國洞庭深自識同文世皆迴拱極心一戎聊杖鉞九土盡輸金大定功成後薰風入舜琴

席卷定巴邛西遐盡率從岷峨雖負阻江漢自朝宗述職方舟集驅車九折通粲然書國史冠古耀豐功

鈲旅慶回旋邊防盡晏然鍵櫜方偃武飛將亦韜弦震曜資平壘文明協麗天洸洸成大業赫奕在靑編

淳化中朝會二十三首

上壽和安　四序伊始三陽肇開條風入律玉琯飛灰望雲肅謁鳴佩斯來稱觴獻壽瞻拱星迴

一陽應候萬國同文天正紀節太史書雲凝旒在御列敘爰分壽觴斯薦祝慶明君

皇帝初舉酒用祥麟　聖皇御寓仁獸誕彰在郊旅貢游時呈祥星辰是稟草木無傷紀異信史登歌太常

再舉酒丹鳳　九苞薦瑞戴德膺仁藻翰爰奮靈音載振非時不見有道則臻降岐匪匹儀舜爲鄰

三舉酒河淸　汚彼涇瀆澄明鑑如淸應寶運光涵帝居同分沈璧徹見游魚聖祚無極神休偉與

四舉酒白龜　穆彼靈物允昭聖皇浮石可躍巢蓮益光金方正色介族殊祥信書永耀帝德無疆

五舉酒瑞麥　芃芃嘉麥擢秀分岐甘露夕灑惠風晨吹艮農告瑞循吏稱奇歸美英主折而貢之

羣臣初舉酒畢作化成天下　軒昊方同德成康粗比肩素風惟普暢皇道本無偏陰魄重輪滿陽精五色圓要荒咸率服卓越聖功全

聖德比陶唐千年祚運昌茂功雖不宰鴻業自無疆極塞成淸謐齊民益阜康文明同日月遐邇仰輝光

六變　蕩蕩無私世巍巍至聖君山河分國寶日月耀人文厭浥凝甘露輪囷吐慶雲正聲兼大雅洋溢應南薰

鴻範合彝倫調元四序均歲功天吏正御苑物華新底貢陳方物來賓列遠人奉常呈九奏嘉貺動穹旻

大君隆至化輿運契千齡覲禮俄班瑞夷賓盡實庭成文調露樂奉聖拱辰星舞佾方更進朝陽上楚萍

禮樂昭王業寰區致太平革車停北狩雲稼屢西成國有詳延詔鄉聞講誦聲日華融五色遐邇仰文明

亭障戢干戈人心浹太和務農登寶穀獵俊設雲羅儀鳳書良史祥麟載雅歌嘉辰資宴喜星拱弁峩峩

冠古耀鴻徽深仁及隱微二南江漢詠九奏鳳凰飛設虡羅鐘律盈庭列舞衣文明資厚德怡懌兆民歸

再舉酒畢威加海內　革輅征汾晉燹城比燎毛桓桓勗軍旅將將御英豪神武誠無敵天威詎可逃王師宣利澤需若沃春膏

振萬方明德疾徐咸可觀鏗鏘動金奏蹈厲總朱干夾進昭威武中嚴警宴安守方推猛士當用鶡爲冠

六變　宣榭始觀兵桓桓稱鼓行一戎期大定載纘議徂征善政從師律神功冀武成勗哉勤誓衆王業自經營

聲敎方柔遠駢闐禮可招獻圖連日際歸國象江潮撫運重熙盛提封萬里遙還同有虞氏文德格三苗

南暨宣皇化東吳奉乃神舞干方耀德執玉自來賓巢伯朝丹陛韓侯覲紫宸古今歸一揆懷遠道彌新

遺俗績陶唐來蘇徯聖皇布昭湯弔伐恢復漢封疆金鉞申戡翦朱干示發揚宜哉七德頌千載播洋洋

乃眷嘗西顧偏師暫首征靈旗方直指獷俗自亡精禹敘終馴致堯封漸化成不須嚴尉候於廓海彌淸

干戚有司傳威容著凱旋象成王業盛役輟武功全兵寢西郊閱書帷北闕懸聖神膺景命卜世萬斯年

景德中朝會一十四首

皇帝升坐隆安　金奏在庭羣后在位天威煌煌鬱明負扆高拱穆淸弁冕端委盛德日新禮容有煒

公卿入門正安　萬邦來同九賓在位奉璋薦紳陟降庭止文思安安威儀棣棣臣哉鄰哉介爾蕃祉

上壽和安　天威煌煌山龍宋章庭實旅百上公奉觴拱揖羣后端委垂裳永錫難老萬壽無疆

皇帝初舉酒祥麟　帝圖會昌二獸效祥雙角共觝示武不傷四靈爲畜玄枵耀芒公族信厚元元阜康

再舉酒丹鳳　矯矯長離振羽來儀和音中律藻翰揚輝珍符杳至品物攸宜至德玄感受天之祺

三舉酒河淸　德水湯湯發源靈長皎鑒澄徹千年效祥積厚流濕資生阜昌朝宗潤下善利無疆

羣臣舉酒正安　思皇多士藹恭著位鳴玉飛綏鏘鏘濟濟宴有折俎以示慈惠罔敢不祇福祿來暨

金奏在庭有酒斯旨顒顒卬卬嚮明負扆湛湛露斯式宴以喜佩玉蘂兮罔不由禮

酒以成禮樂以侑食露湛朝陽星環紫極淑愼爾容既飽以德進退周旋威儀抑抑

初舉酒畢盛德升聞　八佾具呈萬舞有奕既以象功又以觀德進旅退旅執籥秉翟至化懷柔遠人來格

閶闔天開羣后在位設業設虡庭燎晣晣斧扆當陽虎賁夾陛舞之蹈之四隩來暨

再舉酒畢天下大定　武功既成綴兆有翼以節八音以象七德俁俁蹌蹌朱干玉戚發揚蹈厲其儀不忒

偃伯靈臺功成作樂以昭德容以淸戎索萬邦會同邪慝銷鑠盡善盡美侔彼韶箾

降坐隆安　被袞當陽穆穆皇皇擊石拊石頌聲揚揚和樂優洽終然允臧禮成而退荷天百祥

大中祥符朝會五首

皇帝舉酒醴泉　瀿沸檻泉寒流淸泚地不愛寶其旨

如醴上善至柔靈休所啓利澤無疆允資伀禮
再舉酒神芝 彼茁者芝茂英煌煌敷秀喬嶽寔繁其
房適符脩貢封巒允臧永言登薦抑惟舊章
三舉酒慶雲 惟帝佑德卿雲發祥紛紛郁郁五色成
章奉日迴麗回風載翔歌薦郊廟播厥無疆
四舉酒靈鶴 玄文申錫嘉祥紹至偉玆胎禽羽族之
異翽翰來儀俳佪嘹唳祚聖儲休聿昭天意
五舉酒瑞木 天生五材木曰曲直維帝順天厚其生
植連理效祥成文表德總萃坤珍永光祕刻

熙寧中朝會六首

皇帝初舉酒慶雲 乾坤順夷皇有嘉德爰施慶雲承
日五色輪囷下乘萬物皆飾惟天祚休長彼無極
再舉酒嘉禾 彼美嘉禾一莖九穗農疇告祥史牒書
瑞擊壤歡歌如京委積留獻春種昭錫善類
三舉酒靈芝 皇仁溥博品物蕃滋慶祥回復秀發神
芝靈華雙舉連葉四施披圖按牒永享純禧

元符大朝會三首

皇帝初舉酒靈芝 嘉瑞降臨應我皇德煒煒神芝不
根而植春秋三秀晝夜一色物播詩歌聲被金石
再舉酒壽星 倬彼星象於昭于天維南有極離丙之
躔既明且大應聖乘乾誕受景福億萬斯年
三舉酒甘露 泫泫零露雲英醴溢和氣凝津流甘委
白飴泛泮林珠聯竹栢天不愛道聖功允格

哲宗傳受國寶三首與大朝會兼用

永昌 於穆我王繼序不忘明昭上帝上帝是皇長發
其祥惠我無疆受命于天既壽永昌
神光 惟皇上德伊嘏我王將受厥明載錫之光於昭
于天曄曄煌煌緝熙欽止其永無疆
翔鶴 彼鳴在陰亦白其羽聲聞于天來集斯所勉勉
我王咸遂厥宇播于異物受天多祜

紹興朝會十三首

皇帝升坐乾安 鈞陳肅列金奏充庭顒卬南面如日
之昇垂衣拱手治無能名順履獻歲大安大榮
公卿入門正安升降同 天子當陽臣工卒職流水朝宗
衆星拱極環佩鏘鏘威儀抑抑上下交欣同心同德
上公上壽和安 八音克諧萬舞有奕上公奉觴率茲
百辟聲效呼嵩祝聖人壽億載萬年天長地久
皇帝初舉酒瑞木成文 厚地效珍嘉木紀瑞匪刻匪
雕具文見意三登太平允協聖治詩雅詠歌有光既
醉

再舉酒滄海澄清 百谷王符聖治不揚波效殊祉德
淪淵滄海清應千秋敍五行
三舉酒瑞粟呈祥 至治發聞惟馨香播厥百穀臻穰
穰農夫之慶歲其有秝易長畝盈倉箱時和物阜粟
滋茂嘉生駢穗來呈祥自今以始大豐美行旅不用
齎餱糧
羣臣酒行正安 羣公卿士咸造在庭式燕以衎恩均
露零穆穆明明於斯爲盛歸美報上一人有慶
明明天子萬福來同嘉賓式燕曷不肅雍燕以示慈
式禮莫愆樂胥君子容止可觀
酒一行文舞 帝德誕敷銷爍羣慝近悅遠來惟聖時
克玉振金聲治功興起韶箾象之盡善盡美
文物以紀藻色以明禮備樂舉適觀厥成睿知有臨
誕敷文德教雨化風洽此四國
酒載行武舞 用戒不虞誰能去兵師出以律動必有
名拆彼遐衝布昭聖武和衆安民時惟多助
止戈曰武惟聖爲能御得其道無敵不庭整我六師
稽諸七德不吳不揚有嚴有翼
皇帝降坐乾安 帝坐熒煌廷紳肅穆對揚天休各恭
爾服頌聲洋洋彌文郁郁禮備樂成永膺多福

建隆御樓三首

南郊回仗駕至樓前采茨 高烟升太一明祀達乾坤
天仗回嶢闕皇輿入應門簪裳如霧集車騎若雲屯
兆庶皆翹首巍巍萬乘尊
升坐隆安 禋祀畢圓丘嘉辰慶澤流天儀臨覲盛
禮藹風猷洋溢歡聲動氛氳瑞氣浮上穹垂眷佑邦
國擁鴻休
降坐隆安 華纓就列左衽來王帝儀炳煥大樂鏗鏘
禮成嶢闕言旋未央一人有慶萬壽無疆

咸平御樓四首

采茨 禮成于郊迎日之至時乘六龍天旋象魏端門
九重虎賁萬騎四夷來王羣后輯瑞
索扇隆安 應門有翼羽衞斯陳山龍袞冕律度聲身
峩峩奉璋肅肅九賓清明在躬志氣如神
升坐隆安 圜丘類上帝六變降天神禋燔禮云畢仗
衞肅以陳天顏瞻咫尺王澤熙陽春玉帛臻禹會動
植霑堯仁
降坐隆安 肆眚云畢淳熙溥將雷雨麗澤雲物效祥
禮容濟濟天威皇皇大賚四海富壽無疆

咸平籍田回仗御樓二首

采茨 農皇既祀禮畢躬耕商輅旋軫周頌騰聲觀魏
將陟服御爰更輿人瞻仰如日之明
升坐隆安 應門斯御雉扇爰開人瞻日月澤動雲雷
同風三代均禧九垓歡心允洽時詠康哉

乾興御樓二首

升坐隆安 夾鐘紀月初吉在辰眚災流慶有德推仁
采章震耀典禮具陳茂昭丕貺永庇斯民
降坐隆安 皇衢赫敞黼坐穹崇華纓在列嚴令發中
王制鉅麗寶瑞豐融均禧繇寓萬壽無窮

紹興登門肆赦二首

升坐乾安 拜況于郊皇哉唐哉熙事休成六騑鼎來
天閶以決地垠以開隤祉發祥如登春臺
降坐乾安 鴻霈普洽言歸端門蕩蕩巍巍旋乾轉坤
穆然宣室儲思垂恩於萬斯年敷錫羣元

寧宗登門肆赦二首

升坐乾安 帝饗于郊荷天之休五福敷錫皇明燭幽
雲行雨施仁翔德游聖人多男歌頌九州
降坐乾安 天日清晏朝野靖安三靈答祉萬國騰懽
帝命不違王業艱難天子萬年永迪監觀

皇帝上尊號一首

冊寶入門正安 於穆元后天臨紫宸飛綏星拱建羽
林芬徽冊是奉鴻名愈新荷茲介祉永永無垠

明道元年章獻明肅皇太后朝會十五首

皇太后升坐聖安 聖母有子重光類禋聖皇事母感
極天人百辟在庭九儀具陳禮容之盛萬國咸賓
公卿入門禮安 帝率四海承顏盡恭端闈肅設羣后
來同玉佩鏘鳴衣冠有容英韶節步磬管雍雍
皇帝上壽酒崇安 天子之德形于四方尊親立愛化
洽風揚聖母禕衣明君黼裳因時獻壽克盛朝章
上壽福安 盛禮煌煌六衣有光千官在位百福稱觴
乾德慈仁邦斯淑祥如山之壽佑聖無疆
皇太后初舉酒玉芝 熺熺靈芝生于殿闈照映華拱
紛敷玉雜咸召元和光符聖期祥篇協吉百福咸宜
再舉酒壽星 現彼南極昭然瑞文騰光丙位薦壽中
宸太史騈奏升歌有聞軒宮就養億萬斯春
三舉酒奇木連理 王化無外坤珍效靈旁枝內附直
幹來并羣分非一祺祥紹登至誠攸感海縣斯寧
羣臣酒行禮安 肅肅臨下有威有容循循事上惟信
惟忠盛禮與樂示慈訓恭君臣協吉惟道之從
湛湛零露晞于載陽我有旨酒羣臣樂康既飲以德
亦圖爾艮永言修輔用協天常
禮均孝慈樂合韶武至德光矣鴻恩亦溥上下和濟
華夷樂胥醆斝三行盛儀斯舉
酒一行畢作厚德無疆之舞 堯母之聖放勛爲子同
心協謀柔遠能邇以德康俗以文興治斯焉象功罔
不昭濟
至矣坤元道符惟聖就養宸極助隆善政翟籥紛舉
笙鏞協應翺翔有容表德之盛
酒再行四海會同之舞 七德之舞四朝用康有如姬
姒助集周邦威克厥愛居安不忘風旋山立濟濟皇
皇
左秉朱干右揮玉戚以象武綴以明皇德天子榮養
羣臣述職四夷賓附罔不承式
降坐聖安 長樂居尊盛容有煒文王事親萬國歸美
朝會之則邦家之紀受福于天克昭隆禮

治平皇太后皇后冊寶三首

皇帝升坐乾安 王化之始治繇內字時庸作命玉簡
金書磬筦在庭其縱繹如天臨法扆禮與誠俱
太尉等奉冊寶入門正安 睟儀臨拱丕命明敭鸞回
寶勢鴻貫瑤光禮成樂備德裕名芳肇基王化永懋
天祥
皇帝降坐乾安 袞衣繡裳嚴威肅莊八音具張簨虡
龍驤玉簡瑤章金書煌煌壽千萬年與天比長

熙寧皇太后冊寶三首

出入正安 煌煌鳳字玉氣宛延天門崛岉飛驂後先
龍簨四合奏鼓淵淵母儀天下何千萬年
升坐乾安 峩峩黼扆旋佩以登如彼杲日凌天而升
玉色下照亹亹繩繩猗歟大孝四海其承
降坐乾安 皇帝降席流雲四開堯趨舜步下躡天堦
恭授寶冊翠旋裴回明明純孝鴻釐大來

哲宗上太皇太后冊寶五首

皇帝升坐乾安 大矣孝熙帥民以躬奉承寶冊欽明
兩宮萬樂具舉一人肅雍化繇上始四海來同
降坐乾安 皇帝仁孝總臨萬方褒顯其親日嚴以莊
龍袞翼翼玉書煌煌傳之億世休有烈光
太皇太后升坐乾安 總裁庶政擁佑嗣皇金書玉簡
爛其文章衆歡讙作筦磬將將保安四極降福無疆
降坐乾安 塗山之德渭涘之祥圖徽寶冊玉色金相
管弦燁熀鐘鼓喤喤天之所啓既壽而昌
太尉等奉冊寶出入門正安 玉車臨御鳳蓋棽麗奉

承寶冊彌文盛儀抗聲極律助我孝熙天之所佑萬壽無期

紹興十一年發皇太后冊寶八首

皇帝隨冊寶降殿聖安　景祚有開符天媲昊誕毓聖神是崇位號星拱天隨祗嚴冊寶還御慈寧增光舜道

中書令奉冊詣皇帝褥位禮安　聲樂備陳禮容罔忒相維辟公虔奉玉冊皇則受之纍形於色既壽且康與天無極

侍中奉寶詣皇帝褥位禮安　祖啓瑤光誕生明聖尊極母儀帝康作命寶章煌煌導以笙磬還燕慈寧邦家傒慶

太傅奉冊寶出門聖安　肅肅東朝帝隆孝治猗歟丕稱寶冊斯備皇扉四闢導迎慶瑞德邁大任有周卜世

太傅奉冊寶入門聖安　靜順坤儀聖神是育懿鑠昭陳鏤文華玉樂奏旣備禮儀不瀆導迎善祥翟車歸蹕

太傅奉冊授提點官禮安　孝奉天儀信維休德發越徽音禮文靡忒永保嘉祥時萬時億歸于東朝含飴燕息

太傅奉冊授提點官禮安　肅雍長樂克篤其慶河洲茂德沙麓啓聖是生睿哲蚤隆丕運欽稱鴻寶永膺天命

冊寶升慈寧殿幄聖安　禮行東朝樂奏大呂羽衛森陳簪紳式序雲幄邃嚴宏典是舉天子萬年母儀寰宇

乾道七年恭上太上皇帝太上皇后尊號十一首

冊寶降殿正安　元祀介福孰綏孰將歸于尊親孝哉君王載鏤斯牒載琢斯章得名得壽如虞如唐

中書令侍中奉冊寶詣殿下正安　宗郊斯成交舉典冊汝輔汝弼威儀是力陳于廣庭迨此上日巍巍煌煌烏覩在昔

皇帝奉太上皇帝冊寶授太傅用禮安（奉太上皇后同）　儀物陳矣禮樂明矣天子戾止詔爾臣矣陟降維則恭且勤矣茫茫四海德教形矣

冊寶出門正安　天門九重蕩蕩開徹金支秀華垂紳佩玦或導或陪率屨不越注民耳目四表胥悅

冊寶入德壽宮門正安　禮神頌祇福祿來下不有榮名孰緝伊嘏千乘萬騎魚魚雅雅皇扉洞開鞠躬如也

太上皇帝升御坐（降同）　穆穆聖顏安安天步有縟者儀以莫不舉天人和同恩澤洋普億載萬年爲衆父父

太傅奉太上皇帝冊寶升殿用聖安　大哉堯乎南嚮垂裳君哉舜也拜而奉觴繅藉光華鼓鐘鏗鏘三事稽首宋德無疆

太傅奉上皇后冊寶升殿用聖安　乾元資始坤元資生允也聖德同實異名春王三朝典冊並行容爾上公相儀以登

皇帝從太上皇后冊寶詣宮中用正安　維冊伊何鏤玉垂鴻維寶伊何範金紐龍翊以替御間以笙鏞誰敢不恭天子實從

太上皇后出閤升御坐坤安（降同）　帝膺永福功靡專有既尊聖父亦燕壽母怡怡在宮大典時受形管紀之天長地久

內侍官舉太上皇后冊詣讀冊位用聖安　斂福于郊逢時之泰揭名日月侔德覆載自我作古域中有大永言保之眉壽無害

淳熙二年發太上皇帝太上皇后冊寶十一首

冊寶降殿正安　高明者乾博厚者坤以清以寧資始資生壽胡可度德胡可評願言從欲誕受强名

中書令侍中奉冊寶詣殿下正安　受命既長福祿既康如日之升如月之常追琢其章金玉其相君子萬年保其家邦

皇帝奉太上皇帝冊寶授太傅禮安（奉太上皇后同）　翠華之旗靈鼉之鼓陳于廣宇相我盛舉來汝公傅肅乃儀矩母愆于素以篤多祜

冊寶出門正安　蚴蟉青龍婉嫚象輿其載伊何煌煌金書乃由端門乃行康衢于以榮親振古所無

冊寶入德壽宮門正安　惟天爲大其德曰誠惟堯則之其性曰仁迺文迺武得壽得名於萬斯年以莫不增

太上皇帝升御坐乾安（降同）　天行惟健天步惟安聖子中立臣工四環民無能名威不違顏宋德宜頌漢儀可删

太傅奉太上皇帝冊升殿聖安（奉寶同）　天畀遐福允彰父慈維昔曠典我能舉之徐爾陟降敬爾威儀申錫無疆永言保之

太傅奉太上皇后冊寶升殿聖安　乾健坤從暘剛陰相迨茲受祉允也並況虞業在下儀物在上容時三公執事無曠

皇帝從太上皇后冊寶詣宮中用正安　丕顯文王之德之純亦有太姒式揚徽音維冊維寶迺玉迺金伊誰從之一人事親

太上皇后出閤升御坐坤安（降同）　重翟出房褘衣被躬委委佗佗河潤山容聖皇臨軒聖母在宮並受鴻名與天無窮

內侍官舉太上皇后冊詣讀冊位用聖安（舉寶同）　琚玉玢豳褭蹄精良既刻厥文亦鑄之章象德維何至靜而方輔我光堯萬壽無疆

淳熙十二年加上太上皇帝太上皇后尊號十一首

大慶殿發冊寶降殿正安　維天蓋高維地克承父尊母親天地雜名疆名廣大建號安榮衍登壽嘏闓繹皇明

中書令侍中奉太上皇帝冊寶太上皇后冊寶詣殿下用正安　二儀同尊兩耀齊光巍巍煌煌丕顯亦彰實茂號榮玉振金相於萬斯年既壽且昌

皇帝奉太上皇帝冊寶授太傅（太上皇后冊寶同）　我尊我親承天之祉壽名兼美家國咸喜公傅秉禮寶冊有煒惟千萬祀令聞不已

冊寶出門正安　羽衛有嚴寶書有輝昭衍尊名鋪張上儀出其端闈由于康逵比屋延瞻歌之舞之

德壽宮冊寶入殿門正安　南山之鞏皇壽無窮太極之尊皇名是崇奉茲寶冊于皇之宮皇則受之於昭盛容

太上皇帝出宮升御坐乾安（降坐同）　聖明太上天子有尊玉坐高拱慈顏睟溫震禁嘉承朝弁珥分盛禮縟典邃古未聞

太傅中書令侍中奉太上皇帝冊寶升殿用聖安　天錫伊嘏地效其珍誕作寶典奉于尊親爾公爾相爾恭爾寅協舉令儀適臻厥成

太傅中書令侍中奉太上皇后冊寶升殿用聖安　坤載有元乾行是順施生萬彙厥德彌盛翼翼母道贊我皇訓相維羣公奉典斯敬

皇帝從太上皇后冊寶詣宮中用正安　大矣母慈德備且純思古齊敬佐我皇文明章茂典金玉其音帝親奉之以翼以欽

太上皇后出閤升御坐用坤安（降坐同）　天相慈皇慶臻壼闈徽柔內修壽與天齊既承皇歡載覩母儀懿典鴻名永綏多祺

內侍舉太上皇后冊寶詣讀冊寶位用聖安　有美英瑤於昭祥金爲策爲章並著徽音德聖而尊備舉彌文億載萬年永輔堯勛

宋史卷一百三十九

元中書右丞相總裁脫脫等修

樂志第九十二

樂十四　樂章八

恭上皇帝皇太后尊號下　冊立皇后　冊皇太子　皇子冠　鄉飲酒　聞喜宴　鹿鳴宴

紹熙元年恭上壽聖皇太后至尊壽聖皇帝壽成皇后尊號冊寶十四首

大慶殿發冊寶降殿正安　帝受內禪紀元紹熙欽崇慈親孝心肅祗迺建顯號迺藏丕儀發冊廣庭聲歌侑之

中書令侍中奉三宮冊寶詣東階下用禮安　鍾鼓交作文物咸備彤庭玉階天子是莅容爾輔臣展采錯事輔臣稽首敢不率禮

冊寶出門正安　巍巍天宮洞開閶闔旗常葳蕤劍佩雜沓寶冊啓行法駕繼發鑠哉盛典快覩胥悅

冊寶入重華宮正安　仰止皇居九門載闢麗日重光非烟五色雷動萬乘雲從百辟咫尺重霄鞠躬屏息

至尊壽聖皇帝升坐乾安（降同）　玉璽瑤編禮容畢具穆穆至尊華殿是御德配有虞紹唐授禹於萬斯年受天之祐

太傅中書令奉至尊壽聖皇帝冊升殿用聖安　慈皇天臨睟表怡怡欽哉聖子親奉玉卮鼇抃嵩呼歡浹華夷邇臣捧冊是恪是祗

太傅侍中奉至尊壽聖皇帝寶升殿用聖安　瑟彼華玉篆魚鈕龍與冊並登咨爾上公詠以歌詩協之鼓鐘是陟是降靡有弗恭

太傅中書令侍中奉壽聖皇太后冊寶升殿用聖安　天祐皇家慶集重闈寶兮揚名冊兮流徽金支秀華盛容稷威詔我近弼相禮不違

太傅中書令侍中奉壽成皇后冊寶升殿用聖安　大哉乾元，既極形容坤元德至實與比隆寶冊並登勤崇垂鴻相我縟儀肅肅雍雍

皇帝從聖壽皇太后冊寶詣慈福宮用正安　涓辰協吉時維春元上冊三殿曠古無前思齊重闈積慶有源是尊是崇帝心載虔

壽聖皇太后出閤升坐坤安同降　丕赫有宋三聖授受誰其助之繄我太母東朝受冊飲此春酒聖子神孫密侍左右

內侍官舉壽聖皇太后冊寶詣讀冊寶位用聖安　坤德益崇天壽平格慶流萬世子孫千億刻玉範金鋪張赫奕惟昔姜任則莫我匹

皇帝詣壽成殿壽成皇后出閤升坐坤安同降　鞠育保護母道備矣密贊親傳德其至矣綵服來朝慈容有喜既受鴻名又多受祉

內侍官舉壽成皇后冊寶詣讀冊寶位用聖安　仰嚮慈闈登進寶冊惟時暬御祗率厥職曰壽曰名母兮兼得儷我尊父億載無極

紹熙四年加上壽聖皇太后尊號八首

大慶殿發冊寶降殿正安　德厚重闈冲澹粹穆何以名之惟慈惟福寶鏤精鏐冊鐫華玉物盛禮崇丕昭羣目

中書令侍中奉壽聖皇太后冊寶詣東階下禮安　於皇帝室休運貽孫重熙疊慶祗進號榮爰授茲冊必躬必親天子聖孝萬邦儀刑

冊寶出門正安　煌煌冊寶天子受之言徐其行肅展迺儀其儀維何翊佩黃麾鸞駕清蹕聳瞻九逵

冊寶入慈福宮殿門正安　熙辰禮備濟濟雍雍言奉斯冊重親之宮宮帷既敞協氣感通皇儀親展壽祉無窮

太傅中書令侍中奉壽聖皇太后冊寶升殿聖安　既肅琨庭載升金戺迺導迺陪威儀濟濟天步綴臨孝誠備矣聲容孔昭中外悅喜

冊寶詣宮中正安　琱輿彩仗祗詣慈宮寶冊前奉龍挾雲從言備茲禮于宮之中惟天子孝於昭祾容

壽聖皇太后出閤升御坐坤安同降　懿典大冊陳儀遂深怡怡愉愉寶坐是臨重綵儼侍帘展肅心三宮協慶永播徽音

內侍官舉壽聖皇太后冊寶詣讀冊寶位用聖安　寶冊既奉祗誦迺言仁深慶衍益顯益尊和聲協氣充溢乾坤並受伊嘏聖子神孫

慶元二年恭上太皇太后皇太后太上皇帝太上皇后尊號二十四首

冊寶降殿　天擁帝家澤流子孫三宮燕胥四海崇尊聲詣韶濩輝燭瑤琨維皇緝熙耀德乾坤

冊寶授太傅奉詣東階下　祖后重壽親闈並崇駢慶聯休申景鋪鴻疊璧交輝多儀煥叢億萬斯年福祿攸同

冊寶出門　太任媚姜塗山翼禹慈祥曼衍鴻儀迭舉寶章奕奕祾宮偎偎帝用將之于彼宮所

慈福宮寶冊入門　東朝層邃端闈靖深列仗節鑾鏤玉繩金來奉來崇載祗載欽曾孫之慶世世徽音

冊寶升殿　純祐我宋母儀四朝擁翼孫謀如虞承堯仁覃函夏喜浮慶霄福祿萬年金玉孔昭

冊寶詣宮中　神人和懌天日淑清王母來燕必壽而名琨庭璈音五雲佩聲勉勉我皇遹昭厥成

太皇太后出閤升坐　曾孫致養五福駢臻太極所運兩儀三辰輝光日新啓佑後人永翼瑤圖億萬堯春

冊寶詣讀冊寶位　徽光宣華仁聲流文矚儀合沓泰和絪縕慈顏有喜祚我聖君珠宮含飴坐閱來雲

太皇太后降坐歸閤　縟儀既登寶冊既膺喜洽祥流雲烝川增天子萬年鳴玉慈庭惠我無疆詵詵繩繩

壽慈宮冊寶入門　新庭靖安祖后燕怡有開聖謀累崇天基典章文明聲容葳蕤御于邦家曰壽曰慈

冊寶升殿　三禮崇容八鑾警衛有來辰儀閟徽嬀汭璇宮肅雍藻景澄霽文子文孫本支百世

冊寶詣宮門　堯門疊瑞姒幄齊輝重坤靖夷麗冊華徽天子仁聖禮文弗違福壽康寧同燕曾闈

皇太后出閤升坐　文母曼壽載錫之光總集瑞命宜君宜王惠以仁顯慈以德彰保佑子孫受福無疆

冊寶詣讀冊寶位　華鸞編玉文螭液金須德摛英揚徽嗣音紫幄天開翠華日臨歲歲年年如周大任

皇太后降坐歸閤　宋有明德天保佑之以壽繼壽以慈廣慈聲文宣昭福祉茂綏神孫之休燕及華夷

壽康宮冊寶入門正安　大安耽耽興慶崇崇維皇之尊與天比隆非心間燕文命延鴻欲報之恩禮縟儀豐

太上皇帝升御坐乾安　上帝有赫百靈效祥儲祉垂恩錫年降康皇儀晬溫帝躬肅莊三宮齊懽地久天長

太上皇帝冊寶升殿聖安　夏典稽瑞禹玉含淳追琢有章溫潤孔純聖底于安壽綿於仁太上立德自天其申

太上皇后冊寶升殿聖安　父尊母親天涵地育燕我翼子景命有僕得名得壽如金如玉子孫千億成其厚福

太上皇帝降御坐乾安　天地清寧日月華光歸尊慈極嵩呼未央慶函百嘉壽躋八荒上皇萬歲俾熾俾昌

冊寶詣宮中正安　晨趨慈幄佳氣鬱葱受帝之祉配天其崇璧華金精禮敷樂充天子是若懽聲融融

太上皇后出閤升坐坤安　文物流彩鑾輅靖陳龜瑞薦祉坤儀效珍比皇之壽翼帝以仁和氣致祥與物爲春

讀冊寶聖安　黼黻其文金玉其相永壽於萬合德無疆福緒祥源厥後克昌天維格斯祚我聖皇

太上皇后降坐歸閤坤安　榮懷之慶莫盛於斯三宮四冊五葉一時德阜而豐福大而滋子子孫孫于時保之

嘉泰二年恭上太皇太后尊號八首

冊寶降殿　思齊太任嬪于周京至哉坤元萬物資生不可儀測剡可強名鏤玉繩金昭哉號榮

冊寶詣東階　鼓鐘喤喤儀物載陳儀物陳矣爛其瑤琨咨爾上公相予文孫勿亟勿徐奉我重親

冊寶出門　蕩蕩天門金鋪玉戶采旄翠旌流蘇葆羽千官影從迺導迺輔都人縱觀塡道呼舞

壽慈宮冊寶入門　煌煌寶書玉篆金縷曷爲來哉自天子所自天子所以燕文母婉嬗祥雲日正當午

冊寶升殿　文物備矣三事其承崇牙高張樂充宮庭耽耽廣殿左墄右平敬爾威儀攝齊以登

冊寶詣宮中　維壽伊何聖德日新維慈伊何祐于後人迺范斯金迺鏤斯珉皇舉玉趾從于堯門

太皇太后升御坐同降　侍中版奏辦外嚴中出自玉房褘褕被躬我龍受之祾威盛容皇帝聖孝其樂融融

冊寶詣讀冊寶位　麟趾褭蹄我寶斯刻碝瑊采緻載備斯冊眉壽萬年詒謀燕翼於赫湯孫克綿永福

紹定三年壽明仁福慈睿皇太后冊寶九首

文德殿冊寶降殿　思齊聖母媲于周任體乾履坤博厚洪深七表既啓萬壽自今斯庭發號式昭德音

冊寶詣東階　煌煌儀物繹繹鼓鍾奉茲寶冊至于階東上公相儀列辟盡恭拜手慈宸福如華嵩

冊寶出門　帝闕肅開天階坦履霓旌羽蓋導儀護衞匪誇雕琢匪矜繁麗茲謂盛儀億載千歲

慈明殿冊寶入門　金堅玉純文郁禮縟來從帝所作瑞王國天開地闢日熙春煥茲謂盛事永燕茀祿

冊寶升殿　皇儀有煒綵界次升沈沈邃殿穆穆天廷坤德孚隆皇圖永寧咨爾廷臣攝齊以登

冊寶詣宮中　壽爲福先明燭物表仁沾動植福齊穹旻日慈與睿並崇丕號演而申之萬世永保

皇太后升御坐　邇臣跪奏嚴辦必恭乃御褘褕升于殿中慈顏雍穆和氣沖融芳流清史傳之無窮

冊寶詣讀冊寶位　徽音孔昭寶傳斯刻金昭玉粹有煒斯冊載祈載祝以燕以翼寶之萬年與宋無極

皇太后降御坐　皇文既舉慶禮告虔肇自宮闈格于幅員子稱母壽母謂子賢陟降在茲隆名際天

哲宗發皇后冊寶三首

皇帝升坐乾安　既登乃依如日之升有嚴有翼丕顯不承天作之合家邦其興朱芾斯皇子孫繩繩

降坐乾安　我禮嘉成我駕言旋降坐而蹕奏鼓淵淵景命有僕保佑自天永錫祚嗣何千萬年

大尉等奉冊寶出入正安　宣哲維公就位肅莊冊寶具舉丕顯其光出于宸闈鼓鐘喤喤母儀天下萬壽無疆

紹興十三年發皇后冊寶十三首

皇帝升坐乾安　天地奠位乾坤以分夫婦有別父子相親聖王之治禮重婚姻端冕從事是正大倫

使副入門正安　天子當陽羣工就列冊寶既陳鐘鼓備設上公奉事容莊心協克相盛禮光昭玉牒

冊寶出門正安　穆穆睟容如天之臨赫赫明令如玉之音虔恭出門禮容兢兢塗山生啓夏道以興

皇帝降坐乾安　朝陽已升薰風習至樂奏既成禮容亦備玉佩鏘鳴帝徐舉趾壹政穆宜以聽內治

皇后出閤乾安　猗歟賢后德本性成承天致順邇日爲明作配儷極王化以行萬有千歲奉祀宗祊

冊寶入門宜安　欽承祗事時惟肅雍跪奉冊寶陳于法宮以俯以仰有儀有容明神介之福祿來崇

皇后降殿承安　溫惠之德褘翟之衣行中采薺禮無或違降于丹陛有容有儀委委蛇蛇誰其似之

皇后受冊寶成安　鏤蒼玉兮盛德載揚鑄南金兮作鎮椒房虔受賜兮有煒有光宜室家兮朱芾斯皇

皇后升坐和安　禮既行兮厥位孔安母儀正兮容止所觀奉東朝兮常得其歡求淑女兮豈樂多般

內命婦入門惠安　素月澄輝衆星顯列炳爲天文各有攸別椒房既正陰教斯設關雎麟趾應如響捷

外命婦入門成安　窈窕其容淑嬿其姿爛其如雲嬙我母儀曰天之妹作合惟宜粲然舞抃嚌不肅祗

皇后降坐徽安　寶字煌煌冊書粲粲副笄加飾禕褕有燭祗若帝休委蛇樂衎億萬斯年永膺宸翰

皇帝歸閤泰安　太任徽音太姒是嗣則百斯男周室以熾天子萬年受茲女士如姒事任從以孫子

淳熙三年發皇后冊寶十三首

皇帝升坐乾安　赫赫惟皇如日之光肅肅惟后如月之常禮行一時明照無疆天子莅止疇敢不莊

冊寶入門正安　卜月惟良練辰斯臧臣工在庭劍佩瑲瑲來汝凝丞明命是將有淑其儀無或怠遑

冊寶出門王安　刻簡以珉鑄寶以金持節伊誰疇惟四鄰自我文德達之穆清委蛇委蛇往迄于成

皇帝降坐乾安　冊行何嚮于門東偏禮備樂成合扇鳴鞭皇舉玉趾如天之旋燕及家邦億萬斯年

皇后出閤坤安　椒塗蘭馭河潤山容副笄在首禕衣被躬靜女其姝實翼實從自彼西閣聿來殿中

冊寶入門宜安　德隆位尊禮厚文縟乃篆斯金乃鏤斯玉羣公盈門執事有肅願言保之永鎮坤軸

皇后降殿承安　覲殿沉沉吐氣敀敀明章婦順表正人倫躡是左墄暨于中庭尚宮顯相罔有弗欽

皇后受冊寶成安　備物典冊樂之鼓鐘拜而受之極其肅雍司言司寶各以職從行地有慶與天無窮

皇后升坐和安　容典既膺壼儀既正羽衛外列揚顏中映如帝如天以莊以靚六宮承式二南流詠

內命婦入門惠安　葛覃節用樛木逮下形爲嬪則夙已心化茲臨長秋遂正諸夏以慶以祈百祥來迓

外命婦入內咸安　碩人其頎公侯之妻翟茀以朝象服是宜如星之共遡月之輝母儀既瞻羣心則夷

皇后降坐徽安　窈窕淑女備六服兮陟降多儀聳羣目兮內治允備陰教肅兮宜君宜王綏有福兮

皇后歸閤泰安　天監有周是生太任亦有太姒嗣其徽音孰如兩宮慈愛相承思齊之盛復見于今

淳熙十六年皇后冊寶十三首

皇帝升坐乾安　乾位既正坤斯順承日麗于天月斯遡明惟帝受命惟帝並登黼扆尊臨典冊是行

冊寶入門正安　迺協良辰維春之宜迺詔近弼來汝相儀九門洞開文物華輝聲詩載歌于以侑之

冊寶入門正安　有璽範金有冊鏤瓊汝使汝介持節以行禮始文德達于穆清是恪是虔依我和聲

皇帝降坐乾安　鼓鐘喤喤磬筦鏘鏘劍佩充庭濟濟洋洋禮典告備皇心樂康於萬斯年受福無疆

穆清殿受冊寶皇后出閤坤安　懿範柔容如月斯輝篤厥翟軨被以禕衣九御從之如雲祁祁典冊是承心焉肅祗

冊寶入門宜安　華樸瑩瑞有馨椒殿備物來陳多儀式煥曰冊曰寶是刻是琢並舉以行皇矣懿典

皇后降殿承安　禕褕盛服有恪其容是陟是降相以尚宮金殿玉階聿來于中展詩應律載詠肅雍

皇后受冊寶成安　帝有顯命寘于親慈后德克承拜而受之人倫既正王化是基億載萬年永祚坤儀

皇后升坐和安　帝慶三宮膺受寶冊御于中闈載欣載惕迺敷陰教迺明內則翼翼魚貫罔不承式

內命婦入門惠安　掖庭頒宮于位有四嘒彼小星撫以德惠熙焉如春育焉如地慶禮聿成靡弗咸喜

外命婦入門咸安　魚軒鼎來象服是宜班于內庭率禮惟祗化以婦道時惟母儀是慶是賴于胥樂兮

皇后降坐徽安　正位長秋容典備矣王假有家人倫至矣儷極俔天多受祉矣蟄蟄螽斯宜孫子矣

皇后歸閤泰安　維天佑宋盛事相仍崇號三宮甫茲浹辰肇正中闈縟禮載陳邦家之慶曠古無倫

皇帝升坐乾安　乾健坤順羣生首資日常月升四時叶熙帝嗣天歷后崇母儀黼黻承暉王化是基

使副入門正安　熛闕蟺蜎璧門雲龍烈文維輔翊奉有容典章煒明彝度肅雍藏時縟儀登于璿宮

冊寶出門正安　金晶麗輝璧葉含春贊夏之翼繹虞之嬪樂序韶亮禮文藻新辟公相成物采彬彬

皇帝降坐乾安　帝旒雲紆金秀充庭璇衞鑾華倩佩垂緌皇容熙備柔儀順承三宮齊懽萬福昭膺

皇后出閤坤安　駿翟崇容禕鞠陳衣戾止蘭殿夙典椒闈淑正宣華粹明騰輝欽若有承嗣音之徽

冊寶入門宜安　禕帝流光慶祥增衍編玉鏤德螭金溢篆粹猷藻藏徽文華顯二南聲詩于時昭闡

皇后降殿承安　翬褕煥采趨節風韶陟降城陛奉將英瑤辟道承薰嬪儀揚翹是敬是祗德音孔昭

皇后受冊寶成安　帝奉太室后儀成之帝養三宮后志承之德如關雎盛如螽斯宜君宜王百世本支

皇后升坐和安　肅肅壼彝雍雍陰教儉誠自防警戒是傚中闈端委列御胥告其思輔順永翼帝孝

內命婦入門惠安　天子九嬪王宮六寢有煒令儀載秩華品福履綏將節用躬儉矢其德音于以來諗

外命婦入門咸安　象服之文鵲巢之風化以婦道覲于內宮采蘋澗濱采藻澗中夙夜在公贊彼累功

皇后降坐和安　光佑晏寧惠慈燕喜壽仁並崇家邦均祉懿文交舉壹冊嗣美維億萬年愛敬惟似

皇后歸閤泰安　天心仁佑坤德世昭灼有慈範著于累朝儉以贊虞勤以承堯是用則傚共勵夙宵

嘉泰二年皇后冊寶十三首

皇帝升坐坤安　茂建坤極容典聿新天命所贊慈訓是遵肅涓穀旦躬御紫宸鴻禧累福騈賚翕臻

使副入門正安　端門曉闢瑞氣雲凝有儼良輔踵武造廷肅肅王命是將是承登冊穆清萬歲永膺

冊寶出門正安　瑤冊玉寶燦然瑞輝旁翼絳節上承紫微璆鳴朝佩徐出獸扉登進坤極益彰典徽

皇帝降坐乾安　天臨黼扆雲集弁纓金石遞奏典禮備成玉趾綏步龍駕翼行言旋北極永燕西清

皇后出閤乾安　日薰椒屋雲靄璧門有華瑞節來自帝閽統天惟乾合德者坤我龍受之福祿永繁

冊寶入門宜安　虹輝燦爛雲篆綢繆絳節前導瑞光上浮瑤階玉扉既集長秋欽承天寵永荷帝休

皇后降殿承安　瑤殿清閟玉墄坦夷禕衣副珈陟降不遲寶冊聿至載肅載祗禮儀昭備福履永綏

皇后受冊寶成安　日月臨燭乾坤覆持明並二曜德合兩儀光娥宸極共恢化基膺受茂典億載永宜

皇后升坐和安　寶璽瑤冊既祗既承繡裀藻席載躋載升柔儀肅穆瑞命端凝永膺多福如川方增

內命婦入門惠安　服煥盛儀班分華緻九嬪婦職六寢內治參差荇菜求勤寤寐烝然來思相禮贊祭

外命婦入門咸安　婦棠於室通籍禁中班列有次車服有容佐我關雎鵲巢之風被之僮僮曷不肅雍

皇后降坐徽安　金石具舉典禮茂明淑慎其止遹觀厥成瓊琚徽動鳳輦翼行儀光娥極德邁嬪京

皇后歸閤泰安　寶坐既興鳳輿戒行奏解嚴蹕歸燕遂清問安壽慈奉齍宗祊彌千萬年內助聖明

嘉定十五年皇帝爰膺天命之寶三首

恭膺天命之曲太簇宮　我祖受命恭膺于天爰作玉寶載祗載虔申錫無疆神聖有傳昭茲與運於萬斯年

舊疆來歸之曲太簇宮　於穆我皇之德之純涵濡羣生矧我遺民連齊跨晉輸貢效珍土宇日闢一視同仁

永清四海之曲太簇宮　我祖我宗德厚澤深於皇繼序益單厥心天人協扶一統有臨乾坤清夷振古斯今

至道元年冊皇太子二首

太子出入正安　主鬯之重允屬賢明承華肇啓上嗣儲英禮脩樂舉育德開榮一人元良萬邦以寧

羣臣稱賀正安　皇儲既建聖祚無疆鸞旌列敘鵷戟分行前星有爛瑞日重光際天接聖溫文允臧

天禧二年冊皇太子一首

太子出入明安　明離之象少陽之位固邦爲本體天作貳儀範堯溫禮章斯備丕宣令猷恭守宗器

乾道元年冊皇太子四首

皇帝升坐乾安　宋受天命聖緒無疆惟懷永圖乃登元良涓選休辰冊書是將黼坐天臨穆穆皇皇

太子入門明安　於維皇儲玉潤金聲體震之洊重離之明冊寶具舉環佩鏘鳴守器承祧惟邦之榮

太子出門明安　樂備既奏和聲沖融玉簡金書翔鸞戲鴻下拜登受旋于青宮儀辰作式垂休無窮

皇帝降坐乾安　我禮備成我駕言旋降坐而蹕奏鼓淵淵國本既定保佑自天克昌厥後何千萬年

乾道七年冊皇太子四首

皇帝升坐乾安　建儲以賢闢宮于東典策既備筮占既從濟濟卿士鏘鏘鼓鐘天子戾止盛哉禮容

太子入門明安　琱珉瑳瑳篆金煌煌對揚于庭是承是將星重其暉日重其光觀瞻以懌國有元良

太子出門明安　淵中象德玉裕凝姿進退周旋有肅其儀既定國本益隆慶基燕及兩宮福祿如茨

皇帝降坐乾安　儲副豫定器之公兮冊授孔時禮之隆兮天步遲遲旋九重兮壽祉萬年德無窮兮

嘉定二年冊皇太子四首

皇帝升坐　於皇我宋受命于天升儲主鬯衍慶卜年典冊告備庭工載虔萬乘涖止端冕遼延

太子入門受冊寶　太極端御少陽肅祇珉簡斯鏤袞服孔宜式奏備樂迺陳盛儀下拜登受永言保之

太子受冊寶出門　明兩承曜作貳宣猷茂德金昭令

礜川流豫定厥本永貽覿謀三朝致養問寢龍樓
皇帝降坐　震澹體象我儲明兮渙揚顯册我禮成兮
大駕言旋警蹕鳴兮燕祉無疆邦之榮兮
寶祐二年皇子冠二十首
皇帝將出文德殿隆安　於皇帝德乃聖乃神本支百
世立愛惟親敬共冠事以明人倫承天右序休命用
申
賓贊入門祇安　豐芑詒謀建爾元子揆禮儀年筮賓
敬事八音克諧嘉賓至止于以冠之成其福履
賓贊出門祇安　禮國之本冠禮之始賓升自西維賓
之位于著於阼維子之義厥惟欽哉敬以從事
皇帝降坐隆安　路寢闢門黼坐恭巳羣公在庭所重
維禮正心齊家以燕翼子於萬斯年王心載喜
皇子初行　有來振振月重輪兮瑜玉在佩綦組明兮
左徵右羽德結旌兮步中釆薺矩矱循兮
賓贊入門　我有嘉賓亶大以方亦既至止厥德用光
冠而字之厥義孔彰表裏純備黃耇無疆
皇子詣受制位　吉圭休成其日南至天子有詔冠爾
皇嗣爲國之本隆邦之禮拜而受之式共敬止
皇子升東階　茲惟阼階厥義有在歷階而升敬謹將
冠經訓昭昭邦儀粲粲正纚賓筵壽考未艾
皇子升筵　秩秩賓筵籩豆孔嘉帝子至止衿纓振華
周旋陟降禮行三加成人有德匪驕匪奢
初加　帝子惟賢懋昭厥德跪冠于房玄冠有特鼓鐘
喤喤威儀抑抑百禮既洽祚我王國
初醮　有賓在筵有尊在戶磬管將將醮禮時舉跪觴
祝辭以永燕譽寶祚萬年磐石鞏固
再冠　復及肇祥震維標德乃共皮弁其儀不忒體正
色齊維民之則璇霄眷佑國壽箕翼
再醮　冠醮之義匪酬匪酌于戶之西敬共以恪金石
相宜冠醮相錯帝祉之受施及家國
三加　善頌善禱三加彌尊爵弁峩峩介珪溫溫陽德
方長成德允存燕及君親厥祉孔蕃
三醮　席于賓階禮義以興受爵執爵多福以膺匪惟
服加德加升匪惟德加壽加愈增
皇子降　命服煌煌趾步中度慶輯皇閨化行海宇禮
具樂成惕若戒懼寶璐厥躬有秩斯祜
朝謁皇帝將出　皇王烝哉令聞不已燕翼有謀冠醮
有禮百僚在庭遹相厥事頌聲所同嘉受帝祉
皇子再拜　靑社分封前星啓祲繁弱綏章厥光莫拚

容稱其德蓄學之驗芳譽敷華大圭無玷
皇子退　玄袞黼裳垂徽永世勉勉成德是在元子胙
土南賓厥旨孔懿充一忠字作百無愧
皇帝降坐　愛始於親聖盡倫兮元子冠字邦禮成兮
天步舒徐皇心寧兮家人之吉億萬春兮
淳化鄉飲酒三十三章
鹿鳴呦呦命侶與儔宴樂嘉賓既獻且酳獻酳有序
休祉無疆展矣君子邦家之光
鹿鳴呦呦在彼中林宴樂嘉賓式昭德音德音愔愔
既樂且湛允矣君子實慰我心
鹿鳴呦呦在彼高岡宴樂嘉賓吹笙鼓簧幣帛戔戔
禮儀躋躋樂只君子利用賓王
鹿鳴相呼聚澤之蒲我樂嘉賓鼓瑟吹竽我命旨酒
以燕以娛何以贈之玄纁粲如
鹿鳴相邀聚場之苗我美嘉賓令名孔昭我命旨酒
以歌以謠何以置之大君之朝
鹿鳴相應聚山之荆我燕嘉賓鼓簧吹笙我命旨酒
以逢以迎何以薦之揚于王庭
右鹿鳴六章章八句
瞻彼南陔時物嘉良有泉淸泚有蘭馨香晨飲是汲
夕膳是嘗慈顏未悅我心靡遑
嬉嬉南陔眷眷慈顏和氣怡色奉甘與鮮事親是宜
事君是思虔恭忠孝邦家之基
右南陔二章章八句
洋洋嘉魚竹以美罛君子有道嘉賓式燕以娛
洋洋嘉魚竹以芳罟君子有德嘉賓式歌且舞
我有宮沼黿龍擾之君子有禮嘉賓式貴表之
我有宮藪麟鳳來思君子有樂嘉賓式慰勤思
相彼嘉魚爰縱之壑我有旨酒嘉賓式燕以樂
相彼嘉魚在漢之梁我有旨酒嘉賓式燕以康
森森喬木美蔓縈之我有旨酒嘉賓式燕宜之
喈喈黃鳥載飛載止我有旨酒嘉賓式燕且喜
右嘉魚八章章四句
崇邱峩峩動植斯屬高既自遂大亦自足和風斯扇
膏雨斯沐我仁如天以亭以育
崇邱巍巍動植其依高大之性各極爾宜王道坦坦
皇猷熙熙仁壽之域烝民允躋
右崇丘二章章八句
關雎于飛洲渚之湄自家刑國樂且有儀　郁郁芳
蘭幽人擷之溫溫恭人哲后求之　求之無斁寤寐

所屬罄爾一心受天百祿　郁郁芳蘭雨露滋之溫
溫恭人圭組縻之　郁郁芳蘭佩服珍之溫溫恭人
福履綏之　關雎蹌蹌集水之央好求賢輔同揚德
光　蘋蘩芳滋同誰掇之願言賢德靡日不思　偶
其賢德輔成已職永配玉音服之無斁　潔其粢盛
中心匪寧薦於宗廟助君德馨　賢淑來思人之表
儀風化天下何樂如之
右關雎十章章四句
彼鵲成巢爾類攸處之子有歸瓊瑤是祖　彼鵲成
巢爾類攸匹之子有行錦黼是飾　彼鵲成巢爾類
攸共之子有從蘭蓀是奉　伊鵲成巢珍禽戾止婉
彼佳人配于君子　伊鵲營巢珍禽攸處內助賢侯
弼于明主　伊鵲營巢珍禽輯睦均養嘉雛致于蕃
育
右鵲巢六章章四句
大觀聞喜宴六章
狀元以下入門正安　多士濟濟于彼西雍欽肅威儀
亦有斯容烝然來思自西自東天畀爾祿惟王其崇
初舉酒賓興賢能　明明天子率由舊章思樂泮水光
于四方薄采其芹用賓于王我有好爵賓彼周行
再酌於樂辟雍　樂只君子式燕又思服其命服攝以
威儀鐘鼓既設一朝醻之德音是茂邦家之基
三酌樂育英才　聖謨洋洋綱紀四方烝我髦士觀國
之光遐不作人而邦其昌以燕天子萬壽無疆
四酌樂且有儀　我求懿德烝然來思籩豆靜嘉式燕
綏之溫溫其恭莫不令儀追琢其章髦士攸宜
五酌正安　思皇多士揚于王庭鐘鼓樂之肅雝和鳴
威儀抑抑既安且寧天子萬壽永觀厥成
政和鹿鳴宴五首
初酌酒正安　思樂泮水承流辟雍思皇多士賁然來
從雝雝濟濟四方攸同登于天府維王是崇
再酌樂育人才　鐘鼓皇皇磬莞鏘鏘登降維時利用
賓王髦士攸宜邦家之光媚于天子事舉言揚
三酌賢賢好德　鳴鹿呦呦載弁俅俅烝然來思旨酒
思柔之子言邁泮渙爾游于彼西雍對揚王休
四酌烝我髦士　首善京師灼于四方烝我髦士金玉
其相飲酒樂曲吹笙鼓簧勉戒徒御觀國之光
五酌利用賓王　遐不作人天下喜樂何以況之鳶飛
魚躍既勸之駕獻酬交錯利用賓王縻以好爵

宋史卷一百四十

元中書右丞相總裁脫脫等修

樂志第九十三

樂十五 鼓吹上

鼓吹者軍樂也昔黃帝涿鹿有功命岐伯作凱歌以建
威武揚德風厲士諷敵其曲有靈夔競鵰鶚爭石墜崖
壯士怒之名周官所謂師有功則凱歌者也漢有朱鷺
等十八曲短簫鐃歌序戰伐之事黃門鼓吹爲享宴所
用又有騎吹二曲說者謂列於殿庭者爲鼓吹從行者
爲騎吹魏晉而下莫不沿尚始有鼓吹之名江左太常
有鼓吹之樂梁用十二曲陳二十四曲後周亦十五曲
唐制大駕法駕小駕及一品而下皆有焉宋初因之車
駕前後部用金鉦節鼓掆鼓大鼓小鼓鐃鼓羽葆鼓中
鳴大橫吹小橫吹觱栗桃皮觱栗簫笳笛歌導引一曲
又皇太子及一品至三品皆有本品鼓吹凡大駕用一
千五百三十八人爲五引司徒六十四人開封牧太常卿
御史大夫兵部尚書各二十三人法駕三分減一用七
百六十一人爲引開封牧御史大夫各六十六人小駕
用八百一十六人太常鼓吹署樂工數少每大禮皆取
之於諸軍一品已下喪葬則給之亦取於諸軍又大禮
車駕宿齋所止夜設警場用一千二百七十五人奏嚴
用金鉦大角大鼓樂用大小橫吹觱栗簫笳笛角手取
於近畿諸州樂工亦取於軍中或追府縣樂工備數歌
六州十二時每更三奏之大中祥符六年以其煩擾詔罷追集悉以禁兵充常隸太
常閱集七年親享太廟登歌始作聞廟外奏嚴遂詔行禮之次權罷嚴警禮畢仍復故　凡祀前一
日上御靑城門觀奏嚴若車駕巡幸則夜奏於行宮前
人數減於大禮凡用八百八十人眞宗崇奉聖祖亦設儀衞別作導引曲今
附之兩朝志云大駕千七百九十三人法駕千三百五人
小駕千三十四人人數多於前鑾駕九百二十五人迎奉祖
宗御容或神主祔廟用小鑾駕三百二十五人上宗廟
謚册二百人其曲即隨時更製自天聖已來帝郊祀躬
耕籍田皇太后恭謝宗廟悉用正宮導引六州十二時
凡四曲景祐二年郊祀減導引第二曲增奉禋歌初李
照等撰警嚴曲請以振容爲名帝以其義無取故更曰
奉禋其後祫享太廟亦用之大享明堂用黃鐘宮增合
宮歌凡山陵導引靈駕章獻章懿皇后用正平調仁宗
用黃鐘羽增昭陵歌神主還宮用大石調增虞神歌凡
迎奉祖宗御容赴宮觀寺院并神主祔廟悉用正宮惟
仁宗御容赴景靈宮改用道調皆止一曲皇祐中大饗
明堂帝謂輔臣曰明堂直端門而致齋於內奏嚴於外

恐失靖恭之意，詔禮官議之。咸言警場本古之鼙鼓，所謂夜戒守鼓者也。王者師行吉行皆用之。今乘輿宿齋，本緣祀事，則警場亦因以警衆，非徒取觀聽之盛，恐不可廢。若以奏嚴之音去明堂近，則請列於宣德門百步之外，俟行禮時罷奏一嚴，亦足以稱虔恭之意。帝曰：既不可廢，則祀前一夕邇於接神，宜罷之。熙寧中，親祠南郊曲五奏，正宮導引、奉禋、降仙臺；祠明堂曲四奏，黃鐘宮導引、合宮歌，皆以六州、十二時。永厚陵導引、警場及神主還宮，皆四曲；虞主祔廟、奉安慈聖光獻皇后山陵亦如之；諸后告遷、升祔，上仁宗、英宗徽號，迎太一宮神像，亦以一曲導引。率因事隨時定所屬宮調，以律和之。元豐中，言者以鼓吹害雅樂，欲調治之，令與正聲相得。楊傑言：正樂者，先王之德音，所以感召和氣，格降上神，移變風俗。而鼓吹者，軍旅之樂耳。蓋鼓角橫吹起於西域，聖人存四夷之樂，所以一天下也；存軍旅之樂，示不忘武備也。鞮鞻氏掌夷樂與其聲歌，祭祀則歠而歌之，燕亦如之。今大祀車駕所在，則鼓吹與武嚴之樂陳於門而更奏之，以備警嚴；大朝會，則鼓吹列於宮架之外。其器既異先代之器，而施設槩與正樂不同。國初以來，奏大樂則鼓吹備而不作，同名爲樂，而用實異。雖其音聲間有符合，而宮調稱謂不可淆混，故大樂以十二律呂名之，鼓吹之樂則曰正宮之類而已。（乾德中，設鼓吹十二案，制氈床，十二爲熊羆騰倚之狀，每案設大鼓、羽葆鼓、金錞各一，歌、簫、笳各二，又有叉手笛，名曰拱宸管，考驗皆與雅音相應，列於宮縣之籍，編之令式。）若以律呂變夷部宮調，則名混同而樂相紊亂矣。遂不復行。元符三年七月，學士院奏：太常寺鼓吹局應奉大行皇帝山陵鹵簿鼓吹儀仗幷嚴更警場歌詞樂章，依例撰成靈駕發引至陵所仙呂調導引等九首，已令樂工協比聲律。從之。政和七年三月，議禮局言：古者鐃歌鼓吹曲各異其名，以紀功烈。今所設鼓吹，唯備警衞而已，未有鐃歌之曲，非所以彰休德、揚偉績也。乞詔儒臣討論撰述，因事命名，審協聲律，播之鼓吹，俾工師習之。凡王師大獻，則令鼓吹具奏，以聳羣聽。從之。十二月，詔六州改名崇明祀，十二時改名稱吉禮，導引改名熙事備成，六引內者設而不作。紹興十六年，臣僚言：國家大饗，乘輿齋宿，必設警場，肅儀衞而嚴祀事，樂工隸太常，歌詞備三疊，累朝以來皆用之。比者郊廟行事，率代以鉦鼓，取諸殿司。夫軍旅、祭祀，事既異宜，樂聲清濁，用以殊尚。鉦鼓鳴角，列於鹵簿中，所以示觀德之盛。宜詔有司更製，兼籍鼓吹樂工，以時閱習，遇熙事出而用之。有司請下車器所造節鼓一、奏嚴鼓一百二十、鳴角亦如之，金鉦二十有四，太常前後部振作，通用一千八百五十七人，而鼓吹益盛。孝宗隆興二年，兵部言：奉明詔，大禮乘輿服御除玉輅、平輦等外，所用人數並從省約。內鼓吹合用八百四十一人，止用五百八十八人；警場合用二百七十五人，止用一百三十人。淳熙中大閱，帝自祥曦殿戎服而出，皇太子、親王、執政以下並從，諸將皆介冑乘馬導駕，軍器分衞前後，奏隨軍鼓管大樂。上等易金甲乘馬，升將臺，殿帥舉黃旗，諸軍呼拜，奏發嚴，中軍鳴角，馬步簇隊，連三鼓至四鼓，舉白旗，中軍鼓聲旗應，乃變方陣；別高一鼓，馬步軍出陣；別高一鼓，各歸部隊；五鼓舉黃旗，變員陣；又鼓舉赤旗，變銳陣；靑旗變直陣。收鼓訖，一金止，重鼓鳴角，簇隊放教。此其凡也。

開寶元年南郊三首

導引　氣和玉燭，睿化著鴻明。緹管一陽生。郊禋盛禮燔柴畢，旋軫鳳凰城。森羅儀衞振華纓。載路溢歡聲。皇圖大業超前古，垂象泰階平。　歲時豐衍，九土樂升平。覩寰海澄淸。道高堯舜垂衣治，日月並文明。嘉禾甘露登歌薦，雲物煥祥經。兢兢惕惕持謙德，未許禪云亭。

六州　嚴夜警，銅蓮漏遲遲。淸禁肅，森陛戟，羽衞儼皇闈。角聲勵，鉦鼓攸宜。金管成雅奏，逐吹逶迤。薦蒼璧，郊祀神祇。屬景運純禧。京坻豐衍，羣材樂育，諸侯述職，盛德服蠻夷。　殊祥萃，九苞丹鳳來儀。膏露降，和氣洽，三秀煥靈芝。鴻猷播史冊，相輝張四維。卜世永固丕基。敷玄化，蕩蕩無爲。合堯舜文思。混幷寰宇，休牛歸馬，銷金偃革，蹈詠慶昌期。

十二時　承寶運，馴致隆平。鴻慶被寰瀛。時淸俗阜，治定功成。遐邇詠由庚。嚴郊祀，文物聲明。會天正、星拱奏嚴更。布羽儀簪纓。宸心虔潔，明德播惟馨。動蒼冥。神降享精誠。　燔柴半，萬乘移天仗，肅鑾輅旋衞。千官雲擁，羣后葵傾。玉帛旅明庭。韶濩薦，金奏諧聲。集休亨。皇澤浹黎庶，普率洽恩榮。仰欽元后，睿聖貫三靈。萬邦寧。景貺福千齡。

眞宗封禪四首

導引　民康俗阜，萬國樂升平。慶海晏河淸。唐堯虞舜垂衣化，詎比我皇明。九天寶命垂丕貺，雲物效祥英。星羅羽衞登喬嶽，親告禪云亭。（汾陰云：星羅羽衞臨汾曲，親享答資生。）　我皇垂拱，惠化洽文明。盛禮慶重行。登封降禪燔柴畢，（汾陰云：告虔睢上皇儀畢。）天仗入神京。雲雷布澤徧寰瀛。遐邇振歡聲。巍巍聖壽南山固，千載賀承平。

六州　良夜永，玉漏正遲遲。丹禁肅，周廬列，羽衞邃皇闈。嚴鼓動，晝角聲齊。金管飄雅韻，遠逐輕颸。薦嘉玉，躬祀神祇。祈福爲黔黎。升中盛禮，增高益厚，登封檢玉，時邁合周詩。（汾陰云：方丘盛禮，精嚴越古，陳牲檢玉，時邁展鴻儀。）　玄文錫，慶雲五色相隨。甘露降，醴泉涌，（汾陰云：嘉禾合。）三秀發靈芝。皇猷播史冊，光耀受鴻禧。萬年永固丕基。吾君德，蕩蕩巍巍。邁堯舜文思。從今寰宇，休牛歸馬，耕田鑿井，鼓腹樂昌期。

十二時　聖明代，海縣澄淸。惠化洽寰瀛。時康歲足，治定武成。遐邇賀升平。嘉壇上，昭事神靈。薦明誠、報本禪云亭。（汾陰云：蠲潔答鴻寧。）俎豆列犧牲。宸心蠲潔，明德薦惟馨。紀鴻名。千載播天聲。　燔柴畢，（汾陰云：親祀畢。）雲罕回仙仗，慶鑾輅還京。八神扈蹕，四隩來庭。嘉氣覆重城。殊常禮，曠古難行。遇文明。仁恩蘇品彙，沛澤被簪纓。祥符錫祚，武庫永銷兵。育羣生。景運保千齡。

告朝導引　明明我后，至德合高穹。祗翼勵精衷。上眞紫殿回飈馭，示聖胄延鴻。躬承寶訓表欽崇。慶澤布寰中。告虔備物朝淸廟，荷景福來同。

奉祀太清宮三首

導引　穹旻錫祐，盛德日章明。見地平天成。垂衣恭已干戈偃，億載祐黎甿。羽旄飾駕當春候，款謁屆殊庭。精衷昭感膺多福，夷夏保咸寧。　聖君御宇，祗翼奉三靈。巳偃革休兵。區中海外鴻禧浹，恭館勵虔誠。九斿七萃著聲明。徯后徇輿情。丕圖寶緒承繁祉，率土仰隆平。

六州　千載運，寶業正遐昌。欽至道，崇明祀，盛禮邁前王。鑾輅動，萬騎騰驤。馳道紛絲仗，瑞日煌煌。奉祕檢玉，羽羣翔。非霧滿康莊。躬朝眞館，齊心繹思，順風俯拜，熒酒爇蕭薌。　精忠達，飈輪降格昭彰。回羽旆，駐瑚輦，佇地訪雎陽。享淸廟，孝德輝光。屆靈場。星羅萬國，珪璋陳牲幣，金石鏘洋。景福降穰穰。垂衣法坐，恩覃羣品，慶均海寓，聖壽保無疆。

十二時　乾坤泰，帝壽遐昌。寓縣樂平康。眞遊降格，寶誨昭彰。宸蹕造仙鄉。崇妙道，精意齊莊。款靈場、潔豆薦芬芳。備樂奏鏗鏘。猗龍垂裕，千古播休光。極褒揚。明號洽徽章。　朝修展，春藻諸民望，覩文物煌煌。言旋羽衞，肅設壇場。報本達蕭薌。中嚴祀，禮備烝嘗。荅穹蒼。純禧霑品彙，慶賚浹窮荒。封人獻壽，德化掩陶唐。保綿長。錫祐永無疆。

亳州迴詣玉清昭應宮一首

導引　祕文鏤玉，金闕奉安時。旌蓋儼仙儀。珠旒俯拜陳章奏，精意達希夷。卿雲郁郁曜晨曦。玉羽拂華枝。靈心報貺垂繁祉，寶祚永隆熙。

親享太廟一首

導引　躬朝太室，列聖大功宣。綵仗耀甘泉。祕文升輅空歌發，一路覆祥禋。珠旒薦獻極精虔。列侍儼貂蟬。穰穰降福均寰宇，垂拱萬斯年。

南郊恭謝三首

導引　重熙累盛，睿化暢眞風。尊祖奉高穹。林芬綵仗明初日，瑞氣滿晴空。玉鑾徐動出璚宮。虔翟罄宸衷。禮成均慶人神悅，聖壽保無窮。

六州　承天統，聖主應昌辰。寶籙降，飈遊至，瑞命慶惟新。崇大號，仰奉高眞。獻歲當初吉，天下皆春。謁祕宇，藻衞星陳。薌靄極紛綸。瓊編幌燿，仙衣粹縩，垂旒俯拜，薦獻禮惟寅。　芬芳備，精衷上達穹旻。尊道祖，享淸廟，助祭萬方臻。升泰畤，縟典彌文。侍羣臣、漢庭儒雅彬彬。煙飛火舉，畢嚴禋。天地降氤氳。高臨華闕，恩覃動植，慶延宗社，聖壽比靈椿。

十二時　亨嘉會，萬寓歡康。聖化邁陶唐。元符錫命，天鑒昭彰。徽號奉琳房。陳縟禮，獻歲惟良。耀旂章、翠輦駐仙鄉。睿意極齊莊。仙衣渥彩，玉冊共熒煌。芬芳。飈馭降靈場。　回雲罕，尊祖趨仙宇，金石韻鏘洋。聿朝淸廟，躬奠瑤觴。報本國之陽。執籩豆，列侍貂璫。對穹蒼。洪恩霈夷夏，大慶浹家邦。垂衣紫極，聖壽保遐昌。集祺祥。地久與天長。

天書導引七首

詣泰山　我皇纘位，覆燾合穹旻。祕籙示靈文。齊居紫殿膺玄貺，降寶命氤氳。奉符讓德事嚴禋。檢玉陟天孫。垂鴻紀號光前古，邁八九爲君。（汾陰云：后祗坤德宅何汾。瘞玉考前聞。垂休紀瑞超唐漢，光監洛鴻勳。）　靈臺偃武，書軌慶同文。奄六合居尊。圖穹錫命垂眞籙，淸蹕降金門。升中報本禪云云。（汾陰云：方丘報本務精勤。）嚴祀事惟寅。無爲致治臻淸淨，見反朴還淳。

詣太淸宮　寶圖熙盛，登格聖功全。瑞命集靈篇。欽脩祀典成明察，道祖降雲輧。賴鄉眞館宅眞仙。朝謁帝心虔。尊崇教父膺鴻福，緜亘萬斯年。　猗龍勝境，眞宇儼靈姿。肅謁展皇儀。寶符先路嘉祥應，雲物煥金枝。紛紜紫節間黃麾。藻衞極葳蕤。高穹報貺延休祉，仁壽協昌期。

詣玉清昭應宮　紫霄金闕重疊降元符億兆祚皇圖雲章焜燿傳溫玉寶閣起清都奉迎綵仗溢天衢觀者競歎呼明君欽翼承鴻蔭億載御中區　寶符錫祚慶壽命惟新俄降格飈輪巍巍帝德增虔奉懿號薦穹旻精齋祕館奉嚴禋文物燿昌辰升煙太一脩郊報鴻祉介烝民

詣南郊　聖神纘緒赫奕帝圖昌寶籙降穹蒼宸心勵翼修郊報綵仗列康莊祥煙瑞靄雜天香笙磬發聲長升壇禮畢膺繁祉睿算保無疆

建安軍迎奉聖像導引四首

玉皇太帝　太霄玉帝總御冠靈眞威德聳天人寶文瑞命符皇運縣遠慶維新洞開霞館法虛晨八景降飈輪含生普洽穹鴻福聖壽比仙椿

聖祖天尊　至眞降鑒飈馭下皇闈清漏正依依範金肖像中嚴奉仙館壯翬飛萬靈拱衞瑞煙披岸柳映黃麾九清祚聖鴻基永堯德更巍巍

太祖皇帝　元符錫命祇受慶誠明恭館法三清開基盛烈垂無極金像儼天成奉迎霞布甘泉仗簫瑟振和聲靈長協吉鴻儀畢萬國保隆平

太宗皇帝　膺乾撫運垂慶洽重熙元聖嗣鴻基發揮寶緒靈仙降感吉夢先期良金璀璨範眞儀精意荅蕃釐閟宮神館崇嚴配萬祀播葳蕤

聖像赴玉清昭應宮導引四首

玉皇太帝　先天氣祖䰟寶御中宸列位冠高眞綵符錫瑞昭元聖寶歷亘千春琳宮壯麗俯嚴闉璇碧照龍津珍金鑄像靈儀睟集福庇烝民

聖祖天尊　儼宗靈祖御氣降中宸孚祐慶惟新國土鎔範成金像儀炳動威神玉虛聖境絕纖塵歡忭洽羣倫導迎雲駕歸琳館恭肅奉高眞

太祖皇帝　石文應瑞眞主御寰瀛慈儉撫羣生巍巍成德超千古大業保盈成神皐福地開恭館靈貺日昭明鑄金九牧天儀睟紺殿矗千楹

太宗皇帝　乘雲英聖千載仰皇靈垂法邁朝經禹金鎔範肖儀刑日角煥珠庭琳宮翠殿鳳文屏迎奉慶安寧孝思瞻謁薦惟馨誠懿貫青冥

奉寶冊導引三首

玉清昭應宮　太霄垂佑縣寓洽禋祥祕檢煥雲章宸心虔奉崇徽號茂典邁前王霞明藻衞列通莊寶冊奉琳房都人震抃騰謠頌億載保歡康

景靈宮　明明道祖金闕冠仙眞清禁降飈輪遙源始悟垂鴻慶億兆聳羣倫虔崇徽號盛儀陳寶冊奉良辰邦家億載蒙繁祉聖壽保無垠

太廟　祖宗垂佑亨會協重熙德澤被烝黎虔崇尊謚陳徽冊藻衞列葳蕤宸心致孝極孜孜展禮詔台司祥煙瑞靄浮清廟縣寓被純禧

治平四年英宗祔廟一首

導引　壽原初掩歸蹕九虞終仙馭更無蹤思皇攀慕追來孝作廟繼三宗旌旗居外擁千重延望想威容寶輿迎引歸新殿奏享備欽崇

熙寧二年仁宗英宗御容赴西京會聖宮應天禪院奉安一首

導引　九清三境飈馭杳難追功烈並巍巍洛都不及西巡到猶識睟容歸三條馳道隱金椎仙仗共透迤珠宮紺宇申嚴奉億載固皇基

章惠皇太后神主赴西京一首

導引　祥符盛際二鄗正休兵瑞應滿寰瀛東封西祀鳴鑾輅從幸見升平仙遊一去上三清廟食享隆名寢園松柏秋風起簫吹想平生

中太一宮奉安神像一首

導引　九霄仙馭四紀樂西清游衍遍黃庭雲軿萬里歸眞室上應泰階平金輿玉像下瑤京綵仗擁霓旌天人感會千年運福祚永昌明

四年英宗御容赴景靈宮奉安一首

導引　鼎湖龍去仙仗隔蓬萊輦路已蒼苔漢家原廟臨清渭還泣玉衣來鳳簫鸞扇共徘徊帳殿倚雲開春風不向天袍動空繞翠輿回

十年南郊皇帝歸青城導引一首

降仙臺　清都未曉萬乘並鴛煌煌擁天行祥風散瑞靄華蓋聳旂常建耀層城四列兵衞爟火映金支翠旌衆樂警作充宮庭皦繹成紺幄擬兗冕明妥帖壇陛霄升振珩璜神格至誠雲車下冥冥儲祥降嘏莫可名御端闈盼敷號榮澤翔施溥茂祉均被含生

元豐二年慈聖光獻皇后發引四首

儀仗內導引一首　駕班龍忽催金母轉仙仗去瑤宮繹闕深沉杳無蹤漸塵空繐綱瓊林花似怨東風垂清露啼紅猶想舊春中獻萬壽寶船空

警場內三曲　六州　九龍輿記春暮幸蓬壺瓊囿敞繡仗趨年華與逝水俱瑤京遠信息斷無寶津池面落花鋪愁晚容車來禁塗鳳簫鸞翣西指昭陵去舊嘗蟠桃熟又見漲海枯應共靈眞母曳霞裾　宴清都恨滿山隅春城翠柏藏烏扃戶劍照澄魚人間一夢覺餘泉宮窈窕鏁夜龍銀江澄澹浴仙鳧煙冷金爐玉殿虛綵苔新長雕輦曾行處夜夜東朝月似舊照錦疏侍女盈盈淚珠

十二時　治平時暫垂簾佑聖子解危疑坐安天下踰歲厭避萬機退處宸闈殿開慶養志入希夷扶皓日浴咸池看神孫撫御千載重雍累熙四方欽仰洪慈陰德遠仁功積歡養罄九域禮無違事難期乘霞去乍覲升仙詔下九圍泣血漣如更鸞車動春晚霧暗翠旂路指嵩伊薤歌鳳吹悠颺逐風悲珠殿悄網塵垂空坐濕罔極吾皇孝思鏤玉寫音徽彤管煒青編紀寧更美周雅播聲詩

祔陵歌　眞人地瑞應待聖時鞏原西滎河會瀍洛與瀍伊衆水縈回嵩高映抱幾疊屏幃秀嶺參差遙山羣鳳隨共瞻陵寢浮佳氣非煙朝暮飛龜筮告前期奠收玉斝筵卷時衣鑾輅曉駕載龍旂路逶遲鈴歌怨畫翣引華芝霧薄風微眞游遠閉寶閣金扉侍女悲啼玉階春草滋露桃結子靈椿翠青車何日歸銜恨望西畿便一房鏁夜臺曉無期

虞主回京四首

儀仗內導引一曲　龍輿春晚曉日轉三川鼓吹慘寒煙清明過後落花天望池館依然東風百寶泛樓船共薦壽當年如今又到苑西邊但魂斷香軿

警場內三曲　六州　慶深恩寶歷正乾坤前帝子後聖孫援立兩儀軒西宮大母朝寢門望椒闈常溫芳時媚景有三千宮女相將奉玉輦金根上林紅英繁繚繞鈞天奏梨園望絕瑤池影斷桃源恨難論開禁闥春風丹旐翩翩飛翠蓋駕瑁輼容衞入西原管簫動地清喧陵上柏煙昏殘霞弄影孤蟾浮天外行人矚目是消魂問蒼天塵世光陰去如奔河洛潺湲此恨長存

十二時　望嵩邙永昭陵畔王氣壓龍岡鞏洛靈光鬱鬱起嘉祥虛綵帟轉哀仗閟幽堂歎仙鄉路長景霞飛松上珠襦宵掩細扇晨歸崑閬茫茫滿目東郊好紅葩闘芳韶景空駘蕩對春色倍淒涼最情傷從輦嬪嬙指瑤津路淚雨泣千門翠珥璫曾憶薦瓊觴春又至人何往事難忘向斜陽斷腸聽鈞天寥亮清都風細朱欄花滿誰奏清商紫幄重簾外時飄寶香環佩珊珊響問何日反瑚房

虞主歌　轉紫芝指東都帝畿愁霧裏簫聲宛轉輦路透迤那堪見郊原芳菲日遲遲對列鳳翣龍旗輕陰黯四垂樓臺綠瓦泛琉璃仙仗歸壽原清夜寒月掩褕翟翠幰瑚輪空反靈轜想長岐嵩峯遠伊川渺瀰此時還帝里旌旛上下葆羽葳蕤天街迴垂楊依依過端闈閶闔正闢金扉觚稜射暖暉虞神寶篆散輕絲空涕洟望陵宮女嗟物是人非萬古千秋煙慘風悲

虞主祔廟儀仗內一首

導引　輕輿小輦曾宴玉欄秋慶賞殿宸遊傷心處獸香散盡一夜入丹邱翠簾人靜月光浮但半捲銀鉤誰知道桂華今夜却照鵲臺幽

五年景靈宮神御殿成奉迎一首

導引　新宮翼翼鉅麗冠神京金虬蟠繡楹都人瞻望洪紛處陸海湧蓬瀛仙輿縹緲下圓清彩仗擁天行煩黃珠幄承靈德錫羨永升平

慈孝寺彰德殿遷章獻明肅皇后御容赴景靈宮衍慶殿奉安一首

導引　九清雲杳飈馭邈難追功化盛當時保扶仁聖成嘉靖彤管載音徽天都左界抗華榱仙仗下透迤寶楹黼帳承神睨萬壽永無期

八年神宗靈駕發引四首

導引　金殿曉注目望宮車忽聽受遺書白雲縹緲帝鄉去抱弓空慕龍湖瑤津風物勝蓬壺春色至望瑚輿花飛人寂寂淒涼一夢清都

六州　炎圖盛六葉正協重光膺寶瑞更法度智勇軼超成湯昭回雲漢爛文章震揚威武懾多方生民帖泰擁殊祥封人祝頌萬壽與天長豈知丹鼎就龍下五雲旁飄然眞馭游衍仙鄉泣彤裳伊洛洋洋嵩峯少室相望藏弓劍游衣冠傳功盛德難忘泉臺寂魚燭熒煌銀海深鳧鴈翱翔想像平居謾焚香望陵人散翠栢忽成行獨餘嵩峯月夜夜照幽堂千秋陳迹淒涼

十二時　珍符錫佑啓眞人儲思在斯民勤勞日升萬物皆入陶鈞收威柄更法令鼎從新東風吹百卉上苑正青春流虹節近衣冠玉帛交奏嚴宸萬壽祝堯仁忽聽宮車挽出但號慕瞻雲路企龍鱗窮天英冠古精神杳然上儐人空望屬車巡虛仗星陳晝翣環擁龍輴泉宮掩帝鄉遠邈難親反瑚輪飛羽蓋還渡天津霧迷朱服風搖細扇觸目悲辛列嬪嬙垂紅淚浥行塵相將問何日下青旻

永裕陵歌　升龍德當位，富春秋受天球膺駿命玉帛走諸侯寶閣珠樓臨上苑百舟弄春柔隱約瀛洲日旦想宸遊那知羽駕忽難留八馬入丹邱哀仗出神州笳聲凝咽旌旂去悠悠碧山頭眞人地龜洛奧鳳臺幽繞伊流嵩峯岡勢結蛟虬皇堂一閉威顏杳寒霧帶天愁守陵嬪御想像奉龍輴牙盤搉案肅神休何日覩雲裘紅淚滴衣篝那堪風點綴栢城秋

虞主回京四首

導引　上林寒早仙仗轉郊圻笳鼓入雲悲迤邐輦路過西池樓閣鎖參差都人瞻望意如疑鑾想翠華歸玉京傳信杳無期空掩赭黃衣

六州　承聖緒垂意在升平驅貔虎策豪英號令肅天兵四方無復羽書征德澤浸孳生睿謀雄儁紬漢高狹陋慕三皇二帝登閎緝樂綴文明將升岱嶽告功成玉牒金繩騰寶飛聲事難評軒鼎就清都一夢俄傾飛霞佩乘龍馭羽衞入高淸祥光浮動五色迎鸞鳳雜簫笙因山功就同軌人至銘旌畫翣行背重城楚笳凝咽漢儀雄盛攀慕傷情惟餘內傳知向蓬瀛

十二時　大平時御華夷躬聽斷破危疑春秋鼎盛紬聲樂遊嬉日昇繁機長駕遠馭垂意在軒羲恢六典斥三垂有殊尤絕迹盛德旁魄周施方將綴緝聲詩壙皇猷明帝典紹累聖重熙高拱無爲事難知春色盛遍千秋嘉節忽聞憑玉几須命彤闈厭世御雲歸翊翠鳳駕文螭縹緲難追侍臣宮女但攀慕號悲玉輪動指嵩伊龍鑣日益遠空遊漢廟冠衣惟盛德巍巍鏤玉冊傳靑史昭示無期

虞神　復土初明旌下儲胥回虛仗簫笳互奏旌旆隨驅豈知飈御在蓬壺道縈紆風日慘六馬躊躇留恨滿山隅不堪回首翠栢已扶疎帝城漸邇愁霧鎖天衢公卿百辟鱗集雲斂迓龍輿端門闢金碧凌虛此時還帝都嚴清廟入空時升文物燦爛極嘉娛配三宗號稱神古所無帝德協唐虞九歌畢奏斐然殊會軒朱神具燕喜錫福集皇居更千萬祀佑啓邦圖

神主祔廟一首

導引　哉華婉婉侍宴玉皇宮珮輦出房中豈知軒后丹成去望絕鼎湖龍壽原初掩九虞終歸蹕五雲重惟餘寶冊書鴻烈淸廟配三宗

政和三年追冊明達皇后一首

導引　來嬪初載令德冠層城柔範藹徽聲熊羆夢應芳蘭郁佳氣擁雕楹珠宮縹緲泛蓬瀛脫屣世緣輕空餘寶冊光瓌玖千古仰鴻名

神主附別廟一首

導引　柔容懿範蚤歲藹層闈蘭夢結芳時秋風一夜驚羅幕鸞扇影空迴榮追褘翟盛威儀遺像掩瑤扉春來只有芭蕉葉依舊倚晴暉

景靈西宮坤元殿奉安欽成皇后御容一首

導引　雲輧芝蓋仙路去難攀海浪濺三山重迎遺像臨馳道還似在人間西宮瑤殿指坤元旋榜聳飛鸞移升寶殿從新詔盛典永流傳

別廟一首

導引　蓬萊遼館金碧照三山眞境勝人間秋風又見芭蕉長遺迹在人寰雲軒一去杳難攀班竹彩輿還深宮舊檻聞簫鼓悵望慘朱顏

宋史卷一百四十考證

樂志十五悉用正宮導引六州十二時凡四曲○臣酉按通考有降仙臺無正宮名之鼓吹之樂注歌簫笳各二○臣酉按通考作歌工三簫二笳二此處歌字下疑有鈌文

宋史卷一百四十一

元中書右丞相總裁脫脫等修

樂志第九十

樂十六　鼓吹下

高宗郊祀大禮五首

導引　聖皇巡狩淸蹕駐三吳十世嗣瑤圖邊塵不動干戈戢文德溥天敷灰飛緹室氣潛噓郊見紫壇初歸來赦令樓前下喜氣溢寰區

六州　雙鳳落佳氣藹龍山澄江左淸湖右日夜海潮翻因吉地卜築園壇宏基隆陛級神位周環邊陲靜掛起櫜鞬奠枕海隅安三年親祀一陽初動虔修大報高處紫煙燔看鳴鑾鈎陳肅天仗轉朔風寒孤竹管雲和瑟樂奏徹天關嘉薦玉奠瑱璠奉神懽九霄瑞氣起祥烟來如風馬欻然還留福已滋繁回龍馭升丹闕布皇澤春色滿人間

十二時　日將旦陰曀潛消天宇肅祥飈邊陲靜謐夜熄鳴刁文教普旁昭興太學多士舒翹奉宗祧新廟榜宸毫配侑享於郊慈寧萬壽四海仰東朝男女正中壺致桃夭年屢稔漕舟銜尾穀高廩接楹饒廟堂自有擎天一柱功比漢庭蕭多少羣工同德俊乂旁招吉祥諸福集燮理四時調三年郊見六變奏咸韶望雲霄降福與唐堯

奉禋歌　蒼蒼天色是還非覩下應疑亦若斯菘元氣覆無私四時寒暑推移物蕃滋造化有誰知嚴大報反本始禮重祀神祇律管灰吹黃宮動陽來復景長時車陳法駕仗列黃麾帝心祗紫霄霽霜華薄星爛明垂祥烟起紛敷浮衮晃六變笙鏞迭奏一誠幣玉交持宮漏聲遲千官顒相多儀百神嬉風馬雲車來止來綏誕降純禧受神策萬年無極歌頌昊天成命周詩

降僊臺　升烟既罷艮夜未曉天步下神邱鏘鏘鳴玉佩煒煒照金蓮杳藹雲裘綵仗初轉回龍馭旌旆悠悠星影疎動與天流漏盡五更籌大明升東海頭杲杲靈曜倒影射旗旒輦路具修鬱葱瑞光浮歸來雙闕看御樓有僊鶴銜書赦四方喜氣均祉福播歌謳

孝宗郊祀大禮五首

導引　重華天子長至奉神虞九奏會軒朱星暉雲潤東方曉拜覭竹宮初歸來千乘護皇輿瑞景集金鋪鷄竿高唱恩書下惠露匝中區

六州　嚴更永今夕是何年玉衡正鈎陳燦天宇起祥煙協風應江海安瀾重規仍疊矩聖主乘乾舜授禹盛事光前稱壽玉巵邊三年親祀一陽回律八鄉承宇罏陛紫爲壇仰天顏齋居寂誠心肅禮容專鳴鐘石擁輿衞五輅列騈闐聽金鑰虎旅無眠儼千官須期顒相嘉邊一人儉德動天淵費減大農錢神示格宗祧燕人民悅　福正緜緜

十二時　庭有燎疊鼓鳴鼉更問夜如何信星虎列天象森羅虞旦閟宮畢觴清廟薦柘樽犧繼猗那嘉頌可同科扈聖萬肩摩舫躬三宿泰畤縟儀多丘澤合嶽瀆從羲和娥神光燭雲車風馬芝作蓋玉爲珂泰壇成禮燔柴竣事休嘉碎隱丹闕湛恩波共願乾坤贖祉邊鄙投戈覆盂連瀚海洗甲挽天河欣欣喜色長遇六龍過奏雲和三春薦嘉禾

奉禋歌　吹葭緹籥氣潛分雲呆宜書壤効珍長日至一陽新四時玉燭和均物欣欣化轉洪鈞郊之祭孤竹管六變舞雲門自古嚴禋犧牲具粢盛潔豆邊陳袞龍陟降幣玉紛綸徹高閟靈之斿神哉沛拂歷昆命九歌畢盈郊蹭檁燎斗轉參橫將旦天開地闢如春淸蹕移輪闐然鼓吹相間篩祥雲驪臚八陛鼇逆三神聖矣吾君華封祝慈宮萬壽椒掖多男六合同文

降僊臺　漏殘柝靜鷄聲遠到高燎入層霄雲裘蟠瑞靄天步下嘉壇旗旆飄搖黃麾列仗貔貅整氣壓江潮導前從後盛官僚玉佩間金貂望扶桑日漸高陛霾霜雪底處不潛消輦路祥飈披拂絳紗袍雲間端闕仰岧嶤挾春澤喜浹黎苗禮成大慶鼇三抃受昕朝

寧宗郊祀大禮四首

六州　皇撫極明德貫乾坤信星列卿雲爛輝亘紫微垣思報貺明詔祠宮練時蒐曠典紫畤甂壇昭孝德親御和鑾振鷺玉珊珊精純謁欽脊蕭爞煬黃流湛澹百末布生蘭抑天闇延飛駕相彷彿降雲端神光集嘉觴高應靄靄萬衣冠竣熙事淸曉輕寒恣榮觀華衣霧縠般般乾坤並貺慶君歡翹首聖恩寬遵皇極沛天澤靈心懌鞏鼎永尊安

十二時　宵景霽河漢淸夷曠典講明時合祛升侑孝德秀熙陳祼閟宮瀉觴太室來奏天儀駟蒼螭玉輅馭綖綏甂陛展躬祠長梢飾玉翠羽秀金支華始倡雅韻出宮垂神來下雲車風馬繽晻藹宴棲遲畢觴流胙柴煙竣事棠梨迴謁宣室受釐盛德無心專饗端爲民祈雲恩有截雨澤霈無涯君王愉樂龢氣溢瑤巵壽天齊長擁神基

奉禋歌　葭飛璇籥孕初陽雲絕淸亭薦景祥風應律日重光歲功順底金穰壽而康庭壹樂無疆皇展報新禮樂甂陛詠賔卿珠幄煥黃登瑞纚陳俎豆瀞嘉觴兗衣煒燁寶佩琳琅奠椒漿慶陰陰神來下鳳翥龍驤靈燕喜錫符仍降嘏鏞管琳琅懽亮神之出夜蘭堂輦路天香輕煙半襲旂常祉滂洋受釐宣室返馭齋房恩與風翔華封祝皇來有慶八荒同壽寶歷無疆

降僊臺　星芒收宋雲容放曉羲馭漸揚明甂壇竣事霽風襲袞衣輕鑾路塵淸甘泉鹵簿稜威肅回軫旋衞千官導從纍替纓鈞奏間韶英瞻龍闕近鳳城都人雲會芬茀夾道懽迎宸極尊榮巵玉慶熙成瓊樓天上起和聲布春澤洪暢寰瀛嵩呼萬歲鼇三抃頌昇平

明堂大禮四首

合宮歌　聖明朝曠典乘秋皋大饗本仁祖九室八牖四戶敷躬齋戒格堪輿盛牲實俎並侑總稽古玉露

乍肅天宇冰輪下照金鋪燎煙嘘鬱尊香雲門舞髣
翳翔坐靈心成嘉娛衆星俞美光屬照熉珠清曉御
丹儀湛恩徧浹率溥歡聲雷動嶽鎮呼徐命法駕萬
騎花盈路萬姓齊祝壽同天地事超唐虞看平燕雲
從此興文偃武待重會諸侯舊東都
六州　商秋肅嘉會協中辛涓路寢修禋祀聖德昭清
端志慮罄竭齋精錦繡排天仗羽衛繽紛朝太室返
中宸被袞接神明時平天地俱清晏兼金行萬寶物
盛萬清聲嚮熉座春容娛燕三靈奠瑤爵薦量幣清
思芴冥冥望崑崙輪嘉祥塞網縕誠殫禮洽慶休成
潤澤被生民端門肆眚斯庭稱賀俱將戩穀萬壽祝
明君
十二時　炎圖肇天祚昌期聖德茂重離英明經遠濬
哲昭微寶儉更深慈愍萬國累洽重熙對時報禮秩
神祇玉帛湊華夷肅雍顯相百辟盡欽祇奄嘉虞英
璧奠華滋神安坐景氣澄虛極光燄燭長麗展詩應
律萬舞逶遲三獻洽皇儀垂靈祲慶祐來宜禮無違
鳴鑾臨帝闕飛鳳下天倪清和寰宇霈澤一朝馳醇
化無爲萬祀鞏丕基
導引　合宮親饗青女肅長空精意與天通后皇臨顧
誰爲侑文祖暨神功函蒙祉福歲常豐聲教被華戎
兩宮眉壽同榮樂戩穀永來崇
乾道發太上皇帝太上皇后冊寶一首
導引　重華眞主晨夕奉庭闈禋祀慶成時乾元坤載
同歸美寶冊兩光輝斑衣何似赭黃衣此事古今稀
都人歡樂嵩呼震聖壽總天齊
淳熙發太上皇帝太上皇后冊寶一首
導引　新陽初應樂事起彤庭和氣滿吳京帝家來慶
東皇壽西母共長生金書玉篆粲龍文前導沸懽聲
修齡無極名無盡一歲一回增
加上太上皇帝太上皇后冊寶一首
導引　皇家冬慶親壽與天長德業播輝光煌煌寶冊
來淸禁玉篆映金相庭闈尊奉會明昌佳氣溢康莊
洪禧申輯名增衍億載頌無疆
恭上壽聖皇太后至尊壽聖皇帝壽成皇后尊號冊寶
一首
導引　皇家盛事三殿慶重重聖主極推崇瑤編寶列
相輝映歸美意何窮鈞韶九奏度春風彩仗煥儀容
懽聲和氣彌寰宇皇壽與天同
加上壽聖皇太后尊號冊寶一首

導引　重親萬壽八帙衍新元禮典備文孫溫溫和氣
迎長日寶冊煥瑤琨徽音顯號自堯門德行已該存
更期昌算齊箕翼愈久鬱崇尊
嘉泰二年加上壽成太皇太后冊寶一首
導引　思齊文母盛德比姜任擁佑極恩深湯孫歸美
熙鴻號鏤玉更繩金虞庭萬辟萃華簪法仗儼天臨
層闈慶典年年舉千古播徽音
親耕籍田四首
導引　春融日暖四野瑞煙浮柳苑更桑柔土膏脉起
條風扇宿雪潤田疇金根轂轉如雷動羽衞擁貔貅
扶攜老稚康衢滿延跂望凝旒斗移星轉一氣又環
周六府要時脩務農重穀人胥勸耕籍禮殊尤壇壝
嶽峙文明地黛耜駕青牛雍容南畝三推了玉趾更
遲留
六州　昭聖武不戰屈人兵干戈戢烽燧息海宇淸寧
民豐業歌詠昇平願咸歸畎畝力穡爲甿經界正東
作西成農務軫皇情躬親耒耜相勸深耕人心感悅
擊壤沸歡聲乘鸞輅羽旗綵仗鮮明傳淸蹕行黃道
緹騎出重城仰瞻日表映朱紘環佩更鏘鳴百執公
卿不辭染履意專精準擬奉粢盛田多稼風行遐邇
家家給足胥慶三登
十二時　臨寰宇恭已嚴廊屬意在耕桑愛民利物德
邁陶唐躋俗盡淳麗開千畝帝籍神倉舉彝章祗祓
壇場爲農事祈祥涓辰行禮節物值春陽馨齊莊明
德薦馨香宮禁遂嬪妃并御侍穜稑獻君王中閫表
率陰教迎光帳殿靄熉黃梐枑設翠幕高張慶雲翔
鏘鸞陳酒醴金石奏宮商神靈感格歲歲富倉箱慶
明昌行旅不齎糧
奉禋歌　吾皇端立太平基奉祀肅雍格神祇撫御耦
降嘉種何辭手覽洪縻命太史視日祗告前期驗穹
象天田入望更光輝掌禮陳儀蒐鉅典迎春令頒宣
溫詔遍九圍人盡熙熙仰明時儼垂衣佳氣氤氳表
龐禧豐年屢大田生異粟含滋吐秀九穜傳圖盡來
丹闕瑞應昌時亨運正當攝提佇見詠京坻躬稼穡
重耘耔盛禮輿行先百姓崇本業憂勤如禹稷播在
聲詩
顯仁皇后上僊發引三首
導引　長樂曉綵戲萊衣奄忽夢報僊期帝鄉渺渺乘
鸞去啼紅嬪御不勝悲蒼梧煙水杳難追腸斷處過
江時銀濤千萬疊不知何處是瑤池

六州　中興運孝治格昇平迴駟馭弭鳳駕冊寶初上
鴻名龍樓問寢候鷄鳴更翻來戲綵衣輕坤靈夜照
老人星金觴上壽長願燕慈寧乘雲何處去愁斷紫
簫聲追思金殿椒壁丹楹又誰知勤儉仁明風行化
被宮庭佑聖主底明時陰功暗及生靈離宮曉花冉
娉婷甲觀高潮海崢嶸往事回頭忽飄零空留嬪御
掩泣望霓旌會稽山翠永祐陵高而今便是蓬瀛
十二時　炎圖景運正延鴻文思坐深宮慈寧大養樂
事時奏宸聰皇齡永恩霈下遍寰中君王乘綵服嬪
御上瑤鍾年年誕節就盈吉月交慶流虹懽洽意方
濃不覺僊遊渺邈但號泣蒼穹追慕念音容詩書慈
儉配古追蹤躬行四德誰知繼二南風移盼俄空寶
鑑脂澤塵封淸都遠帝鄉遙杳難通想雲軿還上瀛
蓬稽山何在當年禹宅萬古葱葱最難堪潮頭定海
波融
顯仁皇后神主祔太廟一首
導引　返虞長樂猶是憶賓天何事駕仙軿簫笳儀衞
辭宮闕移仗入雲煙於皇淸廟敞華筵昭穆謹承先
千秋長奉烝嘗孝永享中興年
欽宗皇帝一首
導引　鼎湖龍遠九祭畢嘉觴遙望白雲鄉簫笳淒咽
離天闕千仗儼成行聖神昭穆盛重光寶室萬年藏
皇心追慕思無極孝饗奉烝嘗
安穆皇后一首
導引　鳳簫聲斷縹緲遡丹邱猶是憶河洲熒煌寶冊
來天上何處訪僊遊葱葱鬱鬱瑞光浮嘉酌侑芳羞
琱輿繡幰歸新廟百世與千秋
景靈宮奉安神御三首
徽宗皇帝導引　中興復古孝治日昭鴻原廟飾琨宮
金璧千門燿萬碣楹桷競穹崇亭童芝蓋擁旌龍列
聖儼相從共錫神孫千萬壽龜鼎亘衡嵩
顯仁皇后導引　坤儀厚載遺德滿寰中歸御廣寒宮
玉容如在颷輿遠長樂起悲風霓旌絳節下層空雲
闕曉瞳曨眞遊千載安原廟聖孝與天通
欽宗皇帝導引　深仁厚德流澤自無窮仙馭倏賓空
衣冠未返蒼梧遠遙望鼎湖龍人間髣髴韶天容縹
緲五雲中帝城猶有遺民在垂淚向西風
安恭皇后上僊發引一首
金殿曉愁結坤寧天下母忽僊昇雲山浩浩歸何處
但聞空際綵鸞聲紫簫斷後無蹤跡煙靄夜澄澄聽

夢到瑤城當時花木正冥冥
高宗梓宮發引三首
導引　寒日短草露朝晞僊鶴下蔘雲歸大椿亭畔蒼
蒼柳悵無由挽住天衣昭陽深暝鴉飛愁帶箭戀恩
棲笳簫三疊奏都人悲淚袂成帷
六州　堯傳舜盛事千古難并回龍馭辭鳳掖此內別
有蓬瀛爲天子父冊鴻名萬年千歲福康寧春秋不
說楚冥靈萊衣綵戲漢殿玉巵輕宸游今不見煙外
落霞明前回丁未霧塞神京正同符光武中興擎天
獨力扶傾定宗廟保河山乾坤整頓庚庚功成了脫
屣遺榮訪崆峒容與丹庭笑挹塵寰不留行吾皇哀
戀淚血灑神旌腸斷壽江渡明日稽山暮雲東望元
陵
十二時　璧門雙闕轉蒼龍德壽儼祇宮軒屏正坐天
子親拜天公儀紳笏羅鵷鷺粲庭中僊家歡不盡人
世壽無窮誰知雲路玉京成就催返璇穹轉手萬緣
空見說煙霄好處不與下方同塵合霧迷濛笙簫寥
亮棲閣玲瓏中興大業巍巍稽古成功事去孤鴻忍
聽宵柝晨鐘靈轝駕素幃低杳麗茸浙江潮萬神護
川后滋恭因山祇事崔嵬禹穴此日重逢栢城封愁
長夜起悲風歌淸廟千古謳高宗
虞主赴德壽宮一首
導引　上皇天大華旦煥堯文鴻福浩無垠羽龍俄駕
靈輴去空鑠鼎湖雲稽山翠擁浙江濆歸旆捲繽紛
僊游指日嚴升祔萬載頌高勳
祔廟一首
導引　虞觴奉主僊馭返皇宮禮典極欽崇雲旗前導
開淸廟龍管咽薰風巍巍堯父告神功追慕孝誠通
千秋萬歲中興統宗祀與天同
淳熙十六年高宗神御奉安一首
導引　中興揖遜功德仰兼隆仁澤被華戎鼎湖俄痛
遺弓墮日弓想威容柔儀懿範與堯同颷馭儼相從
靈宮眞館偕來燕垂裕永無窮
紹熙五年孝宗皇帝虞主還宮一首
導引　孝宗純孝前聖更何加高蹈處重華丹成僊去
龍輴遠越岸暮山遐波神先爲捲寒沙來往護靈槎
九虞禮舉神祇樂萬古佑皇家
祔廟一首
導引　吾皇盡孝宗廟務崇尊鉅典備彌文巍巍東向
開基主七世祔神孫追思九閏整乾坤寰宇慕洪恩

從今密邇高宗室千載事如存
慶元六年光宗皇帝發引一首
笳鼓發雲慘寒空丹旐去捲悲風憂勤六載親幾務
有巍巍聖德仁功褰裳脫處大安宮判鼎就遽遺弓
僊游攀不及臣民號慟訴蒼穹
神御奉安一首
導引　絪書昇姒歷數在皇躬揖遜仰高風鼎湖龍去
遺弓墮冠劍鑠深宮塗山齊德翊成功僊魄蚤賓空
珍臺閒館棲神地獻饗永無窮
寧宗皇帝發引三首
導引　三弄曉雲黯天低攀六引轉悲悽儉慈孝哲鍾
天性深仁厚澤徧羣黎東西南北俟商寬功甫就別
宸闈臣民千古恨幾時羽衞帶潮歸
六州　明天子昔日丕纘鴻圖躬道德崇學問稽古訓
訪羣儒日親廣廈論唐虞講求政治想都俞君臣一
德志交孚外夷效順猶自選車徒仁恩霑四國固結
滿寰區千年宗社萬歲規摹重新天命出乾符老癃
策杖相扶願觀德化徧方隅幸無死須臾謂宜聖壽
等嵩呼遽登雲輿上龍湖宸居幽寂紫雲孤寢章寶
畫但與日星俱龍帷鳳翣巳載塗忍聽笳鼓嗟呼
十二時　弋綈革舄最仁賢儉德自躬全憂勤庶政三
十餘年金風肅秋漸老攝調倦帨恫徧羣祀號泣訴
旻天綴衣將出神凝玉几一夜登仙弓墮隔蒼煙七
月有來同軌引紼動靈輅悽愴淚潸然行號巷哭薤
露聲傳東城去路驚濤忍見江船憔悴山川不禁簫
鼓咽山陰處茂林脩竹芊芊望陵宮應弗遠金粟堆
前人徒慕戀百神警待盤翥驅先戴鴻恩空痛慕淚
珠連千秋歲功德寄華編
神主祔廟一首
導引　中興四葉休德繼昭清王度日熙平氣調玉燭
金穰應八表頌聲騰中原圖籍入宸廷列聖慰眞靈
袞龍登廟游僊閟億萬載尊承
寶慶三年奉上寧宗徽號一首
導引　中興五葉天子肇明禋一德格高旻寧皇至聖
功超古萬國慕深仁徽稱顯號又還新功德粲雕珉
乾坤繪畫終難盡遺澤在斯民
莊文太子欑一首
導引　秋月冷秋鶴無聲清禁曉動皇情三笙忽斷今
何在不知誰報玉樓成七星授轡驂鸞種人不見恨
難平何以返霓旌一天風露苦淒清

景獻太子欑一首
導引　霜月苦宮鼓鼕鼕霓旌啓鶴關空洞簫聲斷知
何處海山依約五雲東玉符龍節參神閟昭聖眷慘
天容千古恨無窮

宋史卷一百四十二

元 中 書 右 丞 相 總 裁 脫 脫 等 修

樂志九十五

樂十七

詩樂　琴律　燕樂　教坊
雲韶部　鈞容直　四夷樂

詩樂虞庭言樂以詩爲本孔門禮樂之教自興於詩始
記曰十有三年學樂誦詩詠歌以養其性情舞蹈以養
其血脉此古之成材所以爲易也宋朝湖學之興老師
宿儒痛正音之寂寥嘗擇取二南小雅數十篇寓之塤
籥使學者朝夕詠歌自是聲詩之學爲儒者稍知所尚
張載嘗慨然思欲講明作之朝廷被諸郊廟矣朱熹述
爲詩篇彙于學禮將使後之學者學焉
小雅歌凡六篇
朱熹曰傳曰大學始教宵雅肄三謂習小雅鹿鳴四
牡皇皇者華之三詩也此皆君臣宴勞之詩始學者
習之所以取其上下相和厚也古鄉飲酒及燕禮皆
歌此三詩及笙入六笙間歌魚麗南有嘉魚南山有
臺六笙詩本無辭其遺聲亦不復傳矣小雅爲諸侯
之樂大雅頌爲天子之樂
二南國風歌凡六篇
朱熹曰周南召南正始之道王化之基故用之鄉人
焉用之邦國焉鄉飲酒及鄉射禮合樂周南關雎葛
覃卷耳召南鵲巢采蘩采蘋燕禮云遂歌鄉樂即此
六篇也合樂謂歌舞與衆聲皆作周南召南古房中
之樂歌也關雎言后妃之志鵲巢言國君夫人之德
采蘩言夫人之不失職采蘋言卿大夫妻能循法度
夫婦之道生民之本王化之端此六篇者其教之原
也故國君與其臣下及四方之賓燕用之合樂也
小雅詩譜鹿鳴四牡皇皇者華魚麗南有嘉魚南山有
臺皆用黃鐘清宮俗呼爲正宮調

二南國風詩譜關雎葛覃卷耳鵲巢采蘩采蘋皆用無
射清商俗呼爲越調
朱熹曰大戴禮言雅二十六篇其八可歌其八廢不
可歌本文頗有闕誤漢末杜夔傳舊雅樂四曲一曰
鹿鳴二曰騶虞三曰伐檀又加文王詩皆古聲辭其
後新辭作而舊曲遂廢唐開元鄉飲酒禮乃有此十
二篇之目而其聲亦莫得聞此譜相傳即開元遺聲
也古聲亡滅已久不知當時工師何所考而爲此篇
疑古樂有唱有歎唱者發歌句也和者繼其聲也詩
詞之外應更有疊字散聲以歎發其趣故漢晉間舊
曲既失其傳則其詞雖存而世莫能補如此譜直以
一聲協一字則古詩篇篇可歌又其以清聲爲調似
亦非古法然古聲既不可考姑存此以見聲歌之彷
佛俟知樂者考焉
琴律隨天地之和者莫如樂暢樂之趣者莫如琴八音
以絲爲君絲以琴爲君衆器之中琴德最優白虎通曰
琴者禁止於邪以正人心也宜衆樂皆爲琴之臣妾然
八音之中金石竹匏土木六者皆有一定之聲革爲燥
溼所薄絲有絃柱緩急不齊故二者其聲難定鼓無當
於五聲此不復論惟絲聲備五聲而其變無窮五絃作
於虞舜七絃作於周文武此琴制之古者也厥後增損
不一至宋始製二絃之琴以象天地謂之兩儀琴每絃
各六柱又爲十二絃以象十二律其倍應之聲靡不畢
備太宗因大樂雅琴加爲九絃按曲轉入大樂十二律
清濁互相合應大晟樂府嘗罷一三七九惟存五絃謂
其得五音之正最優於諸琴也今復俱用太常琴制其
長三尺六寸三百六十分象周天之度也姜夔樂議分
琴爲三準自一暉至四暉謂之上準四寸半以象黃鐘
之半律自四暉至七暉謂之中準中準九寸以象黃鐘
之正律自七暉至龍齦謂之下準下準一尺八寸以象
黃鐘之倍律三準各具十二律聲按絃附木而取然須
轉絃合本律所用之字若不轉絃則誤觸散聲落別律
矣每一絃各具三十六聲皆自然也分五七九絃琴各
述轉絃合調圖五絃琴圖說曰琴爲古樂所用者皆宮
商角徵羽正音故以五絃散聲配之其二變之聲惟用
古清商謂之側弄不入雅樂七絃琴圖說曰七絃散而
扣之則間一絃於第十暉取應聲假如宮調五絃十暉
應七絃散聲四絃十暉應六絃散聲二絃十暉應四絃
散聲大絃十暉應三絃散聲惟三絃獨退一暉於十一
暉應五絃散聲古今無知之者竊謂黃鐘大呂並用慢

角調故於大絃十一暉應三絃散聲太簇夾鐘並用清
商調故於二絃十二暉應四絃散聲姑洗仲呂蕤賓並
用宮調故於三絃十一暉應五絃散聲林鐘夷則並用
慢宮調故於四弦十一暉應六絃散聲南呂無射應鐘
並用蕤賓調故於五弦十一暉應七絃散聲以律長短
配絃大小各有其序九絃琴圖說曰絃有七有九實即
五絃七絃倍其二九絃倍其四所用者五音亦不以二
變爲散聲也或欲以七絃配五音二變以餘兩絃爲倍
若七絃分配七音則是今之十四絃也聲律訣云琴瑟
擬四者律法上下相生也若加二變則於律法不諧矣
或曰如此則琴無二變之聲乎曰附木取之二變之聲
固在也合五七九絃琴總述取應聲法分十二律十二
均每聲取絃暉之應皆以次列按古者大琴則有大瑟
中琴則有中瑟有雅琴頌琴則雅瑟頌瑟實爲之合夔
乃定瑟之制桐爲背梓爲腹長九尺九寸首尾各九寸
隱間八尺一寸廣尺有八寸岳崇寸有八分中施九梁
皆象黃鐘之數梁下相連使其聲沖融首尾之下爲兩
穴使其聲條達是傳所謂大瑟達越也四隅刻雲以緣
其武象其出於雲和漆其壁與首尾腹取椅桐梓漆之
全設二十五絃絃一柱崇二寸七分別以五色五五相
次蒼爲上朱次之黃次之素與黔又次之使肄習者便
於擇絃絃八十一絲而朱之是謂朱絃其尺則用漢尺
凡瑟絃具五聲五聲爲均凡五均其二變之聲則柱後
抑角羽而取之五均凡三十五聲十二律六十均四百
二十聲瑟之能事畢矣夔於琴瑟之議其詳如此朱熹
嘗與學者共講琴法其定律之法十二律並用太史公
九分寸法爲準損益相生分十二律及五聲位置各定
按古人以吹管聲傳於琴上如吹管起黃鐘則以琴之
黃鐘聲合之聲合無差然後以次徧合諸聲則五聲皆
正唐人紀琴先以管色合字定宮絃乃以宮絃下生徵
徵上生商上下相生終於少商下生者隔二絃上生者
隔一絃取之凡絲聲皆當如此今人苟簡不復以管定
聲其高下出於臨時非古法也調絃之法散聲隔四而
得二聲中暉亦如之而得四聲八暉隔三而得六聲九
暉按上者隔二而得四聲按下者隔一而得五聲十暉
按上者隔一而得五聲按下者隔一而得四聲每疑七
絃隔一調之六絃皆應於第十暉而第三絃獨於第十
一暉調之乃應及思而得之七絃散聲爲五聲之正而
大絃十二律之位又衆絃散聲之所取正也故逐絃之
五聲皆自東而西相爲次第其六絃會於十暉則一與

三者角與散角應也二與四者徵與散徵應也四與六者宮與散少宮應也五與七者商與散少商應也其第三第五絃會於十一暉則羽與散羽應也義各有當初不相須故不同會於一暉也旋宮諸調之法旋宮古有隨月用律之說今乃謂不必轉軫促絃但依旋宮之法而抑按之恐難如此泛論當每宮指定各以何聲取何絃爲唱各以何絃取何律爲均乃見詳實又以禮運正義推之則每律各爲一宮每宮各有五調而其每調用律取聲亦各有法此爲琴之綱領而說者罕及乃闕典也當爲一圖以宮統調以調統聲令其次第賓主各有條理仍先作三圖一各具琴之形體暉絃尺寸散聲之位二附按聲聲律之位三附泛聲聲律之位列于宮調圖前則覽者曉然可爲萬世法矣觀熹之言則於琴法本融末粲至疏達而至縝密蓋所謂識其大者歟

燕樂古者燕樂自周以來用之唐貞觀增隋九部爲十部以張文收所製歌名燕樂而被之管絃厥後至坐伎部琵琶曲盛流于時匪直漢氏上林樂府縵樂不應經法而已宋初置教坊得江南樂已汰其坐部不用自後因舊曲創新聲轉加流麗政和間詔以大晟雅樂施於燕饗御殿按試補徵角二調播之教坊頒之天下然當時樂府奏言樂之諸宮調多不正皆俚俗所傳及命劉昺輯燕樂新書亦惟以八十四調爲宗非復雅音而曲燕昵狎至有援君臣相謔之樂以藉口者末俗漸靡之弊愈不容言矣紹興中始蠲省教坊樂凡燕禮屏坐伎乾道繼志述事間用雜攢以充教坊之號取具臨時而廷紳祝頌務在嚴恭亦以明更不用女樂頒示子孫守之以爲家法於是中興燕樂比前代猶簡而有關乎君德者良多蔡元定嘗爲燕樂一書證俗失以存古義今采其畧附于下黃鐘用合字大呂太簇用四字夾鐘姑洗用一字夷則南呂用工字無射應鐘用凡字各以上下分爲淸濁其中呂蕤賓林鐘不可以上下分中呂用上字蕤賓用勾字林鐘用尺字其黃鐘淸用六字大呂太簇夾鐘淸各用五字而以下上緊別之緊五者夾鐘淸聲俗樂以爲宮此其取律寸律數用字紀聲之畧也一宮二商三角四變爲宮五徵六羽七閏爲角五聲之號與雅樂同惟變徵以於十二律中陰陽易位故謂之變變宮以七聲所不及取閏餘之義故謂之閏四變居宮聲之對故爲宮俗樂以閏爲正聲以閏加變故閏爲角而實非正角此其七聲高下之畧也聲由陽來陽生於子終於午燕樂以夾鐘收四聲曰宮曰商曰羽曰閏閏爲角其正角聲變聲徵聲皆不收而獨用夾鐘爲律本此其夾鐘收四聲之畧也宮聲七調曰正宮曰高宮曰中呂宮曰道宮曰南呂宮曰僊呂宮曰黃鐘宮皆生於黃鐘商聲七調曰大食調曰高大食調曰雙調曰小食調曰歇指調曰商調曰越調皆生於太簇羽聲七調曰般涉調曰高般涉調曰中呂調曰正平調曰南呂調曰僊呂調曰黃鐘調皆生於南呂角聲七調曰大食角曰高大食角曰雙角曰小食角曰歇指角曰商角曰越角皆生於應鐘此其四聲二十八調之畧也竊考元定言燕樂大要其律本出夾鐘以十二律兼四淸爲十六聲而夾鐘爲最淸此所謂靡靡之聲也觀其律本則其樂可知變宮變徵既非正聲而以變徵爲宮以變宮爲角反紊亂正聲若此夾鐘宮謂之中呂宮林鐘宮謂之南呂宮者燕樂聲高實以夾鐘爲黃鐘也所收二十八調本萬寶常所謂非治世之音俗又於七角調名加一聲流蕩忘反而祖調亦不復存矣聲之感人如風偃草宜風俗之日衰也夫姦聲亂色不留聰明淫樂慝禮不接心術使心知百體皆由順正以行其義此正古君子所以爲治天下之本也紹興乾道教坊迄弛不復置云

教坊自唐武德以來置署在禁門內開元後其人寖多凡祭祀大朝會則用太常雅樂歲時宴饗則用教坊諸部樂前代有宴樂淸樂散樂本隸太常後稍歸教坊有立坐二部宋初循舊制置教坊凡四部其後平荆南得樂工三十二人平西川得一百三十九人平江南得十六人平太原得十九人餘藩臣所貢者八十三人又太宗藩邸有七十一人由是四方執藝之精者皆在籍中每春秋聖節三大宴其第一皇帝升坐宰相進酒庭中吹觱栗以衆樂和之賜羣臣酒皆就坐宰相飲作傾盃樂百官飲作三臺第二皇帝再舉酒羣臣立於席後樂以歌起第三皇帝舉酒如第二之制以次進食第四百戲皆作第五皇帝舉酒如第二之制第六樂工致辭繼以詩一章謂之口號皆述德美及中外蹈詠之情初致辭羣臣皆起聽辭畢再拜第七合奏大曲第八皇帝舉酒殿上獨彈琵琶第九小兒隊舞亦致辭以述德美第十雜劇罷皇帝起更衣第十一皇帝再坐舉酒殿上獨吹笙第十二蹴踘第十三皇帝舉酒殿上獨彈箏第十四女弟子隊舞亦致辭如小兒隊第十五雜劇第十六皇帝舉酒如第二之制第十七奏鼓吹曲或用法曲或用龜茲第十八皇帝舉酒如第二之制食罷第十九用角觝宴畢其御樓賜酺同大宴崇德殿宴契丹使惟無後場雜劇及女弟子舞隊每上元觀燈樓前設露臺臺上奏教坊樂舞小兒隊臺南設燈山燈山前陳百戲山棚上用散樂女弟子舞餘曲宴會賞花習射觀稼凡游幸但奏樂行酒惟慶節上壽及將相入辭賜酒則止奏樂都知色長二人攝太宮令升殿對立逡巡周大宴則酒唱徧曲宴宰相雜各舉酒通用慢曲而舞三臺所奏凡十八調四十六曲一曰正宮調其曲三曰梁州瀛府齊天樂二曰中呂宮其曲二曰萬年歡劍器三曰道調宮其曲三曰梁州薄媚大聖樂四曰南呂宮其曲二曰瀛府薄媚五曰仙呂宮其曲三曰梁州保金枝延壽樂六曰黃鐘宮其曲三曰梁州中和樂劍器七曰越調其曲二曰伊州石州八曰大石調其曲二曰淸平樂大明樂九曰雙調其曲三曰降聖樂新水調採蓮十曰小石調其曲二曰胡渭州嘉慶樂十一曰歇指調其曲三曰伊州君臣相遇樂慶雲樂十二曰林鐘商其曲三曰賀皇恩泛淸波胡渭州十三曰中呂調其曲二曰綠腰道人歡十四曰南呂調其曲二曰綠腰罷金鉦十五曰仙呂調其曲二曰綠腰綵雲歸十六曰黃鐘羽其曲一曰千春樂十七曰般涉調其曲二曰長壽仙滿宮春十八曰正平調無大曲小曲無定數不用者有十調一曰高宮二曰高大石三曰高般涉四曰越角五曰商角六曰高大石角七曰雙角八曰小石角九曰歇指角十曰林鐘角樂用琵琶箜篌五絃琴箏笙觱栗笛方響羯鼓杖鼓拍板法曲部其曲二一曰道調宮望瀛二曰小石調獻仙音樂用琵琶箜篌五絃箏笙觱栗方響拍板龜茲部其曲二皆雙調一曰宇宙淸二曰感皇恩樂用觱栗笛羯鼓腰鼓揩鼓雞樓鼓鼗鼓拍板鼓笛部樂用三色笛杖鼓拍板

隊舞之制其名各十小兒隊凡七十二人一曰柘枝隊衣五色繡羅寬袍戴胡帽繫銀帶二曰劍器隊衣五色繡羅襦裹交脚幞頭紅羅繡抹額帶器仗三曰婆羅門隊紫羅僧衣緋掛子執錫鐶拄杖四曰醉胡騰隊衣紅錦襦繫銀鞊鞢戴氈帽五曰諢臣萬歲樂隊衣紫緋綠羅寬衫諢裹簇花幞頭六曰兒童感聖樂隊衣靑羅生色衫繫勒帛總兩角七曰玉兔渾脫隊四色繡羅襦繫銀帶冠玉兔冠八曰異域朝天隊衣錦襖繫銀束帶冠夷冠執寶盤九曰兒童解紅隊衣紫緋繡襦繫銀帶冠花砌鳳冠綬帶十曰射雕回鶻隊衣盤鵰錦襦繫銀鞊鞢射鵰盤女弟子隊凡一百五十三人一曰菩薩蠻隊衣緋生色窄砌衣冠卷雲冠二曰感化樂隊衣靑羅生色通衣背梳髻繫綬帶三曰拋毬樂隊衣四色繡羅寬衫繫銀帶奉繡毬四曰佳人剪牡丹隊衣紅生色砌衣戴金冠剪牡丹花五曰拂霓裳隊衣紅僊砌衣碧霞帔戴仙冠紅繡抹額六曰採蓮隊衣紅羅生色綽子繫暈裙戴雲鬟髻乘綵船執蓮花七曰鳳迎樂隊衣紅僊砌衣戴雲鬟鳳髻八曰菩薩獻香花隊衣生色窄砌衣戴寶冠執香花盤九曰綵雲仙隊衣黃生色道衣紫霞帔冠仙冠執旌節鶴扇十曰打毬樂隊衣四色窄繡羅襦繫銀帶裹順風脚簇花幞頭執毬杖大抵若此而復從宜變易百戲有蹴毬踏蹺藏擫雜旋獅子弄鈴瓶茶盌氈鹻碎劍踏索上竿筋斗擎戴拗腰透劍門打彈丸之類錫慶院宴會諸王賜食及宰相筵設特賜樂者第四部充建隆中教坊都知李德昇作長春樂曲乾德元年又作萬歲升平樂曲明年教坊高班都知郭延美又作紫雲長壽樂鼓吹曲以奏御焉太宗洞曉音律前後親制大小曲及因舊曲創新聲者總三百九十凡制大曲十八正宮平戎破陣樂南呂宮平晉普天樂中呂宮大宋朝歡樂黃鐘宮宇宙荷皇恩道調宮垂衣定八方仙呂宮甘露降龍庭小石調金枝玉葉春林鐘商大惠帝恩寬歇指調大定寰中樂雙調惠化樂堯風越調萬國朝天樂大石調嘉禾生九穗南呂宮調文興禮樂歡僊呂調齊天長壽樂般涉調君臣宴會樂中呂調一斛夜明珠黃鐘羽降聖萬年春平調金觴祝壽春曲破二十九正宮宴鈞臺南呂宮七盤樂仙呂宮王母桃高宮靜三邊黃鐘宮採蓮回中呂宮杏園春獻玉杯道調宮折枝花林鐘商宴朝簪歇指調九穗禾高大石調轉春鶯小石調舞霓裳越調九霞觴雙調朝八蠻大石調淸夜遊林鐘角慶雲見越角露如珠小石角龍池柳高角陽臺雲歇指角金步搖大石角念邊功雙角宴新春南呂調鳳城春仙呂調夢鈞天中呂調採明珠平調萬年枝黃鐘羽賀回鑾般涉調鬱金香高般涉調會天仙琵琶獨彈曲破十五鳳鸞商慶成功應鐘調九曲淸金石角鳳來儀芙蓉調蘂宮春蕤賓調連理枝正仙呂調朝天樂蘭陵角奉宸歡孤鴈調賀昌時大石調寰海淸玉仙商玉芙蓉林鐘角泛仙槎無射宮調帝臺春龍仙羽宴蓬萊聖德商美時淸仙呂調壽星見小曲二百七十正宮十一陽生玉牕寒念邊戍玉如意瓊樹枝鶗鴂褰塞鴻飛漏丁丁息鼙鼓勸流霞南呂宮十一仙盤露冰盤果芙蓉園林下風風雨調開月幌鳳來賓落梁塵望陽臺慶年豐靑騣馬中呂宮十三上林春春波綠百樹花壽無疆萬年春擊珊瑚柳垂絲醉紅樓折紅杏一園花花下醉遊春歸千樹柳仙

呂宮九折紅葉鵲度河紫蘭香喜見時荷蘭殿步瑤階千秋樂百和香佩珊瑚黃鍾宮十二菊花杯翠幕新四塞清滿簾霜畫屏風折茱萸望春雲苑中鶴賜征袍望回戈稻稼成泛金英高宮九嘉順成安邊塞獵騎還遊兔園錦步帳博山爐煖寒杯雲紛紜待春來道調宮九會夔龍泛仙杯披風襟孔雀扇百尺樓金樽滿奏明庭拾落花聲聲好越調八翡翠帷玉照臺香旖旎紅樓夜珠頂鶴得賢臣蘭堂燭金鏑流雙調十六宴瓊林泛龍舟汀洲綠登高樓麥隴雉柳如煙楊花飛玉澤新玳瑁簪玉階曉喜清和人歡樂征戍回一院香一片雲千萬年小石調七滿庭香七寶冠玉唾盂辟塵犀喜新晴慶雲飛太平時林鍾商十採秋蘭紫絲囊留征騎塞鴻度回鶻朝汀洲鴈風入松蓼花紅曳珠佩遊渚鴻歇指調九偷寒清聽秋風紫玉簫碧池魚鶴盤旋湛恩新聽秋蟬月中歸千家月高大石調九花下宴甘雨足晝秋千夾竹桃攀露桃燕初來踏青回拋繡毬潑火雨大石調八賀元正待花開採紅蓮出谷鶯遊月宮望回車塞雲平秉燭遊小石調九月宮春折仙枝春日遲綺筵春登春臺紫桃花一林紅喜春雨汎春池雙角九鳳樓燈九門開落梅香春冰折萬年安催花發降真香迎新春望蓬島高角九日南至帝道昌文風盛琥珀杯雪花飛皂貂裘征馬嘶射飛鴈雪飄飄大石角九紅鑪火翠雲裘慶成功冬夜長金鸚鵡玉樓寒鳳戲雛一鑪香雲中鴈歇指角九玉壺冰卷珠箔隨風簾樹青葱紫桂叢五色雲玉樓宴蘭堂宴千秋歲越角九望明堂華池露貯香囊秋氣清照秋池曉風度靖邊塵新鴈吟風蟬林鍾角九慶時康上林果畫簾垂水精簾夏木繁暑氣清風中琴轉輕車清風來仙呂調十五喜清和芰荷新清世歡玉鉤欄金步搖金錯落燕引雛草芊芊步玉砌整華裾海山青旋絮綿風中帆青絲騎喜聞聲南呂調七春景麗牡丹開展芳茵紅桃露囀林鶯滿林花風飛花中呂調九宴嘉賓會羣仙集百祥凭朱欄香煙細仙洞開上馬杯拂長袂羽觴飛高般涉調九喜秋成戲馬臺汎秋菊芝殿樂鸂鶒杯玉芙蓉偃干戈聽秋砧秋雲飛般涉調十玉樹花望星斗金錢花玉窗深萬民康瑤林風隨陽鴈倒金罍鴈來賓看秋月黃鍾羽七宴鄒枚雲中樹燎金爐澗底松嶺頭梅玉鑪香瑞雪飛平調十萬國朝獻春盆魚上冰紅梅花洞中春春雪飛鵔羅袖落梅花夜遊樂鬥春雞因舊曲造新聲者五十八正宮南呂宮道調宮越調南呂調並傾杯樂三臺仙呂宮高宮小石調大石調高大石調小石角雙角高角大石角歇指角林鍾角高般涉調黃鍾羽平調並傾杯樂中呂傾杯樂劍器感皇化三臺黃鍾宮傾杯樂朝中措三臺雙調傾杯樂攤破拋毬樂醉花間小重山三臺林鍾商傾杯樂洞中仙望行宮三臺歇指調傾杯樂洞仙歌三臺仙呂調傾杯樂月宮仙戴仙花三臺中呂調傾杯樂菩薩蠻瑞鷓鴣三臺般涉調傾杯樂望征人嘉宴樂引駕回拜新月三臺若宇宙賀皇恩降聖萬年春之類皆藩邸作以述太祖美德諸曲多祕而平晉普天樂者平河東回所製萬國朝天樂者又明年所製每宴享常用之然帝勤求治道未嘗自逸故舉樂有度雍熙初教坊使郭守中求外任止賜束帛真宗不喜鄭聲而或爲雜劇詞未嘗宣布于外太平興國中伶官蔚茂多侍大宴聞鷄唱殿前都虞候崔翰問之曰此可被管弦乎茂多即法其聲製曲曰雞叫子又民間作新聲者甚衆而教坊不用也太宗所製曲乾興以來通用之凡新奏十七調總四十八曲黃鍾道調仙呂中呂南呂正宮小石歇指高平般涉大石中呂仙呂雙越調黃鍾羽其急慢諸曲幾千數又法曲龜茲鼓笛三部凡二十有四曲仁宗洞曉音律每禁中度曲以賜教坊或命教坊使撰進凡五十四曲朝廷多用之天聖中帝嘗問輔臣以古今樂之異同王曾對曰古樂祀天地宗廟社稷山川鬼神而聽者莫不和悅今樂則不然徒虞人耳目而蕩人心志自昔人君流連荒亡者莫不繇此帝曰朕於聲技固未嘗留意內外宴遊皆勉強耳張知白曰陛下盛德外人豈知之願備書時政記世號太常爲雅樂而未嘗施於宴享豈以正聲爲不美聽哉夫樂者樂也其道雖微妙難知至於奏之而使人悅豫和平則不待知音而後能也今太常樂縣鐘磬塤篪搏拊之器與夫舞綴羽籥干戚之制類皆做古逮振作之則聽者不知爲樂而觀者厭焉古樂豈真若此哉孔子曰惡鄭聲恐其亂雅亂之云者似是而非也孟子亦曰今樂猶古樂而太常乃與教坊殊絕何哉昔李照胡瑗阮逸改鑄鐘磬處士徐復笑之曰聖人寓器以聲不先求其聲而更其器其可用乎照瑗逸制作久之卒無所成蜀人房庶亦深訂其非是因著書論古樂與今樂本末不遠其大畧以謂上古世質器與聲朴後世稍變焉金石鐘磬也後世易之爲方響絲竹琴簫也後世變之爲箏笛匏笙也攢之以斗塤土也變而爲甌革麻料也擊而爲鼓木柷敔也貫之爲板此八音者於世甚便而不達者指廟樂鎛鐘鎛磬宮軒爲正聲而槃渭夷部鹵部爲淫聲殊不知大輅起於椎輪龍艘生於落葉其變則然也古者食以俎豆後世易以杯盂簟席以爲安後世更以榻案使聖人復生不能舍杯盂榻案而復俎豆簟席之質也八音之器豈異此哉孔子曰鄭聲淫者豈以其器不若古哉亦疾其聲之變爾試使知樂者由今之器寄古之聲去惉懘靡曼而歸之中和雅正則感人心導和氣不曰治世之音乎然則世所謂雅樂者未必如古而教坊所奏豈盡爲淫聲哉當數子紛紛銳意改制之後庶之論指意獨如此故存其語以俟知者教坊本隸宣徽院有使副使判官都色長色長高班大小都知天聖五年以內侍二人爲鈐轄嘉祐中詔樂工每色額止二人教頭止三人有闕即填異時或傳詔增置許有司論奏使副歲閱雜劇把色人分三等遇三殿應奉人闕即以次補諸部應奉及二十年年五十已上許補廟令或鎮將官制行以隸太常寺同天節寶慈慶壽宮生辰皇子公主生凡國之慶事皆進歌樂詞熙寧九年教坊副使花日新言樂聲高歌者難繼方響部器不中度絲竹從之宜去噍殺之急歸嘽緩之易請下一律改造方響以爲樂準絲竹悉從其聲則音律諧協以導中和之氣詔從之十一月奏新樂於化成殿帝諭近臣曰樂聲第降一律已得寬和之節矣增賜方響爲架三十命太常下法駕鹵部樂一律如教坊云初熙寧二年五月罷宗室正任以上借教坊樂人至八年復之許教樂政和三年五月詔比以大晟樂播之教坊嘉與天下共之可以所進樂頒之天下八月尚書省言大晟府宴樂已撥歸教坊所有諸府從來習學之人元降指揮令就大晟府教習今當並就教坊習學從之四年正月禮部奏教坊樂春或用商聲孟或用季律甚失四時之序乞以大晟府十二月所定聲律令教坊閱習仍令秘書省撰詞高宗建炎初省教坊紹興十四年復置凡樂工四百六十人以內侍充鈐轄紹興末復省孝宗隆興二年天申節將用樂上壽上曰一歲之間只兩宮誕日外餘無所用不知作何名色大臣皆言臨時點集不必置教坊上曰善乾道後北使每歲兩至亦用樂但呼市人使之不置教坊止令脩內司先兩旬教習舊例用樂人三百人百戲軍百人百禽鳴二人小兒隊七十一人女童隊百三十七人築毬軍三十二人起立門行人三十二人旗鼓四十人以上並臨安府差相撲等子二十一人御前中佐司差命罷小兒及女童隊餘用之

雲韶部者黃門樂也開寶中平嶺表擇廣州內臣之聰警者得八十人令於教坊習樂藝賜名簫韶部雍熙初改曰雲韶部每上元觀燈上巳端午觀水嬉皆命作樂於宮中遇南至元正清明春秋分社之節親王內中宴射則亦用之奏大曲十三一曰中呂宮萬年歡二曰黃鍾宮中和樂三曰南呂宮普天獻壽此曲亦太宗所製四曰正宮梁州五曰林鍾商汎清波六曰雙調大定樂七曰小石調喜新春八曰越調胡渭州九曰大石調清平樂十曰般涉調長壽仙十一曰高平調罷金鉦十二曰中呂調綠腰十三曰仙呂調綠雲歸樂用琵琶箏笙觱栗笛方響杖鼓羯鼓大鼓拍板雜劇用傀儡後不復補鈞容直亦軍樂也太平興國三年詔籍軍中之善樂者命曰引龍直每巡省遊幸則騎導車駕而奏樂若御樓觀燈賜酺則載第一山車端拱二年又選捧日天武拱聖軍曉暢音律者增多其數以中使監視藩臣以樂工上貢者亦隸之淳化四年改名鈞容直取鈞天之義初用樂工同雲韶部大中祥符五年因鼓工溫用之請增龜茲部如教坊其奉天書及四宮觀皆用之有指揮使一人都知二人副都知二人押班三人應奉文字一人監領內侍二人嘉祐元年係籍三百八十三人六年增置四百三十四人詔以爲額闕即補之七年詔隸班及二十四年年五十以上者聽補軍職隸軍頭司其樂舊奏十六調凡三十六大曲鼓笛二十一曲并他曲甚衆嘉祐二年監領內侍言鈞容直與教坊樂並奏聲不諧詔罷鈞容舊十六調取教坊十七調肄習之雖間有損益然其大曲曲破并急慢諸曲與教坊頗同矣紹興中鈞容直舊管四百人楊存中請復收補權以舊管之半爲額尋聞其召募騷擾降詔止之及其以應奉有勞進呈推賞又申論止於支賜一次庶杜其日後希望紹興三十年復詔鈞容班可蠲省令殿司比擬一等班直收頓內老弱癃疾者放停教坊所嘗援祖宗舊典點選入教雖暫從其請紹興三十一年有詔教坊即日蠲罷各令自便

東西班樂亦太平興國中選東西班習樂者樂器獨用銀字觱栗小笛小笙每騎從車駕而奏樂或巡方則夜奏於行宮殿庭

諸軍皆有善樂者每車駕親祀回則衣緋綠衣自青城至朱雀門例於御道之左右奏樂迎奉其聲相屬聞十數里或軍宴設亦奏之

棹刀槍牌翻歌等不常置

清衛軍習樂者令鈞容直教之內侍主其事園苑賜會

及館待契丹使人。又有親從親事樂及開封府衙前樂園苑又分用諸軍樂諸州皆有衙前樂

四夷樂者元豐六年五月召見米脂砦所降戎樂四十二人奏樂於崇政殿以三班借職王恩等六人差監在京閑慢庫務門及舊城門敢勇三十六人與茶酒新任殿侍大晟樂書曰前此宮架之外列熊羆案所奏皆夷樂也豈容淆雜大樂乃奏罷之然古鞮鞻氏掌四夷樂鞻師旄人各有所掌以承祭祀以供宴享蓋中天下而立得四海之歡心使鼓舞焉先王之所不廢也漢律曰每大朝會宜設於殿門之外天子御樓則宮架之外列於道側豈可施於廣庭與大樂並奏哉

宋史卷一百四十三

元　中　書　右　丞　相　總　裁　脫　脫　等　修

儀衛志第九十六

儀衛一　殿庭立仗

綦天下之貴一人而已是故環拱而居備物而動文謂之儀武謂之衛一以明制度示等威一以慎出入遠危疑也書載弁戈冕劉虎賁車輅周官旅賁王出入執盾以夾王車朝儀之制固已粲然降及秦漢始有周廬陛戟鹵簿金根大駕法駕千乘萬騎之盛歷代因之雖或損益然不過爲尊大而已宋初因唐五代之舊講究修葺尤爲詳備其殿庭之儀則有黃麾大仗黃麾半仗黃麾角仗黃麾細仗凡正旦冬至及五月一日大朝會大慶冊受賀受朝則設大仗月朔視朝則設半仗外國使來則設角仗發冊授寶則設細仗其鹵簿之等有四一曰大駕郊祀大饗用之二曰法駕方澤明堂宗廟籍田用之三曰小駕朝陵封祀奏謝用之四曰黃麾仗親征省方還京用之南渡之後務爲簡省此其大較也若夫臨時增損用置不同則有國史會要禮書具在今取所載撮其凡爲儀衛志

殿庭立仗本充庭之制唐禮殿庭屯門皆列諸衛黃麾大仗宋興太祖增創錯繡諸旗幷幡氅等著于通禮正至五月一日御正殿則陳之青龍白虎旗各一分左右五嶽旗五在左五星旗五在右五方龍旗二十五在左五方鳳旗二十五在右紅門神旗二十八分左右朱雀眞武旗各一分左右皂纛十二分左右（以上金吾）天一太一旗各一分左右攝提旗二分左右五辰旗五北斗旗一分左右（木火北斗在左金水土在右）二十八宿各一（角宿至璧宿在左奎宿至軫宿在右）風伯雨師旗各一分左右白澤馴象仙鹿玉兔馴犀金鸚鵡瑞麥孔雀野馬犛牛旗各二分左右日月合璧旗一在左五星連珠旗一在右雷公電母旗各一分左右軍公旗六分左右黃鹿飛麟兕騶牙白狼蒼烏辟邪網子貔旗各二分左右信幡二十二分左右傳教告止幡各十二分左右黃麾二分左右（以上兵部）日旗月旗各一分左右君王萬歲旗一在左天下太平旗一在右獅子旗二分左右金鸞金鳳旗各一分左右五方龍旗各一（青赤在左黃白黑在右以上龍墀）龍君虎君旗各五分左右赤豹黃羆旗各五分左右小黃龍旗一在左天馬旗一在右吏兵力士旗各五分左右天王旗四分左右太歲旗十二分左右天馬旗六分左右排闌旗六十分左右左右幡氅各五行行七十五大黃龍旗二分左右大神旗六分左右（以上六軍）神宗元豐二年詳定所言正旦御殿合用黃麾仗案唐開元禮冬至朝會及皇太子受冊加元服冊命諸王大臣朝宴外國亦皆用之故事皇帝受羣臣上尊號諸衞各率其屬勒所部屯門殿庭列仗衞今獨修正旦儀注而餘皆未及欲乞冬會等儀悉加詳定詔從之又言御殿儀仗有黃麾幡三而無黃麾請製大麾一注旄於干首以取夏制黃色以取漢制用十二幅以取唐制用一旒以取今龍墀旗之制建於當御廂之前以爲表識其當御廂之後則建黃麾幡二上謂蔡確等曰黃麾制度終有可疑今鑿而爲植於大庭夷夏共瞻或致博聞多識者譏議非善宜姑闕之乃止三年詳定所言昨定朝會圖於大慶殿橫街北止陳大輦逍遙平輦而輿未陳也當大輦之南增腰輿一小輿一古者扇翣皆編次雉羽或尾爲之故於文從羽唐開元改爲孔雀凡大朝會陳一百五十有六分居左右國朝復雉尾之名而四面略爲羽毛之形中繡雙孔雀又有雙盤龍扇皆無所本遂改製偏扇團方扇爲三等繡雉凡朝會平輦逍遙並陳於東西龍墀上徽宗政和三年議禮局上大慶殿大朝會儀衞黃麾大仗五千七十五人仗首左右廂各二部絳引幡十（執各一人）第一部左右領軍衞大將軍各一員第二部左右領軍衞折衝掌鼓一人帥兵官一十人次執儀刀部十二行每行持各十人（後部並仗同）第一行黃雞四角氅（凡氅皆持以龍頭竿）第二儀鍠五色幡第三青孔雀五角氅第四烏戟第五緋鳳六角氅第六細弓矢第七白鵝四角氅第八朱縢絡盾刀第九皁鵰六角氅第十細弓矢第十一矟第十二緋縢絡盾刀揭鼓二掌鼓二人（後部同）以上排列左右廂第一部各於軍員之南爲次廂第一部稍前第二部於第一部之後並相向次廂左右各三部第一左右屯衞第二左右武衞並大將軍第三左右衞將軍各一員第一果毅第二第三折衝各一員於仗首左右廂第一部之南相向持黃麾幡二人在當御廂前各立當御廂左右各一部左右衞果毅各一人於玉輅之前分左右並北向次後廂左右各三部第一左右驍衞將軍第二左右領軍衞折衝第三左右領軍衞果毅各一員第一部分於當御廂之左右差後第二部左在金輅之後西偏右在象輅之後東偏第三部左在革輅之後西偏右在木輅之後東偏並北向次左右廂各三部第一左右武衞將軍第二左右屯衞將軍第三左右領軍衞折衝各一員各在網子鶡雞旗之前東西相向左右廂各步甲十二隊第一隊左右衞果毅第二左右衞第四左右驍衞第六左右武衞第八左右屯衞第十第十二左右領軍衞並折衝第三左右驍衞第五左右武衞第七左右屯衞第九第十一左右領軍衞並果毅各一員每隊旗一貔鶡雞偃鹿金鸚鵡瑞麥孔雀野馬犛牛甘露網子（內第十二隊旗同第一隊）刀盾弓矢相間分十二隊每隊三十八人五重第一至第六隊在仗首第二部北第七至第十二隊在仗首第二部南東西相向左右廂後部各十二隊第一第二左右衞第五第七左右武衞第十第十二左右領軍衞並折衝第三第四左右驍衞第八第九左右屯衞並果毅每隊旗二角端赤熊兕太平馴犀鵕鸃騼䮷騶牙蒼烏白狼龍馬金牛次弩五人爲一列弓矢十人爲二重矟二十人爲四重以上在大慶殿門外第一至第四隊在前第五至第八隊在後第九至第十二隊又在後東西相向眞武隊金吾折衝都尉一員仙童眞武螣蛇神龜旗各一（執各一人）犦矟二人弩五人爲一列弓矢二十人爲四重矟二十五人爲五重以上在大慶門外中道北向排列殿中省尚輦陳孔雀扇四十於簾外（執各一人）陳輦輿於龍墀大輦在東部押執擎人二百二十有二人腰輿在南一十有七人小輿又在南二十有五人皆西向平輦在西逍遙在南共三十七人皆東向設繖扇於沙墀方繖二分左右（執繖將校四人）團龍扇四分左右（執扇都將四人）方雉扇一百分繖扇之後爲五行（執扇長行一百人）押當執掌二人各立團龍扇之北金吾引駕官二人分立團扇之南文德殿入閤之制唯殿中省細仗與兩省供奉官班於庭太宗淳化三年增黃麾仗二百五十八人神宗熙寧三年修閤門儀制宋敏求言本朝惟入閤乃御文德殿視朝今既不用入閤儀即文德殿遂闕視朝之禮乞下兩制及太常禮院約唐御宣政殿制裁定以備朔望正衙視朝之禮詔學士院詳定學士韓維等上其儀朔前一日有司供張於文德殿庭東面左金吾引駕官一人四色官二人各帶儀刀被金甲天武官一人判殿中省一人排列官一人扇二方繖一金吾仗碧襴十二各執儀刀兵部儀仗排列職掌一人押隊員僚二人黃麾幡一告止幡傳敎幡信幡各八龍頭竿戟各五十西面右金吾引駕官以下皆如東面天武官東西總百人門外立仗其東青龍旗一五嶽旗五五龍旗十其西白虎旗一五星旗五五鳳旗十御馬東西皆五匹每匹人員二人御龍官四人設御幄於殿後閤其日左右金吾將軍常服押本衞仗殿中省官押細仗東西對列俟皇帝受朝降坐放仗乃退徽宗政和三年議禮局上文德殿視朝之制黃麾半仗供二千二百六十五人殿內仗首左右廂各一部每部一百二十四人在金吾仗南東西相向絳引幡十（執各一人）分部之南北爲五重當御廂左右部同左部在帥兵官東右部在帥兵官西各爲十重左右領軍衞大將軍各一員居部之中（次廂左右第一第二第三部同）掌鼓一人次大將軍後（次廂左右第一部幷當御廂左右部次果毅次廂左右第二第三部次折衝次後廂左右部次將軍）帥兵官十人分部之南北爲五重北在絳引幡之南南在絳引幡之北次廂左右第一第二第三部在部之南北當御廂次後廂左部在黃氅東右部在黃氅西執儀刀部十行行十人每色兩行爲五重（次廂左右第一第二第三部同當御廂次後廂左右部每色一行爲十重左部以東爲首右部以西爲首並次帥兵官）第一行龍頭竿黃雞四角氅（凡氅皆持以龍頭竿）第二儀鍠五色幡第三青孔雀五角氅第四烏戟第五緋鳳六角氅第六細弓矢第七白鵝四角氅第八朱縢絡盾刀第九皁鵰六角氅第十矟揭鼓二掌揭鼓二人（分立緋氅烏戟後當中次廂左右第一第二第三部同當御廂次後廂並一在儀鍠青氅間一在弓矢白氅間與後行齊）次廂左右各三部每部一百一十五人次左右廂仗首之南東西相向第一部左右屯衞大將軍及果毅各一員第二部左右武衞大將軍第三部左右衞將軍各一員折衝各一員黃麾幡二

分立當御左右廂前中間北向當御廂左右各一部每部一百二十四人在殿門內中道分東西並北向（次後廂左右部同大慶殿列於樂架之南）左右衛果毅各一員（左在部西右在部東次後左右廂將軍準此）次後廂左右各一部每部一百一十四人次當御廂南左右驍衛將軍各一員左右廂各步軍六隊（第一隊每隊三十三人第二至第六隊每隊各二十七人）分東西在仗隊後第一左右衛第三左右武衛第五左右領軍衛並果毅各一員第二左右驍衛第四左右屯衛第六左右領軍衛並折衛各一員每隊旗二貔金鸚䳺瑞麥犛牛甘露鵰雞（執各一人）刀盾弓矢相間人數行列同前左右廂步軍殿門外左右廂後部各六隊每隊三十八人在部下親從後東西相向第一隊左右衛第三左右武衛第四左右領軍衛並折衛各一員第二左右驍衛第四第六左右屯衛並果毅各一員角觿太平馴犀鶵牙白狼蒼烏等旗各二弩五人爲一列弓矢十人爲二重矟二十人爲四重眞武隊五十七人在端禮門內中道北向（大慶殿於殿門外）並有金吾折衛都尉一員儒童眞武螣蛇神龜等旗各一犦矟二人弩五人爲一列弓矢二十人爲四重矟二十五人爲五重排列仗隊職掌六人分立仗隊之間殿內四人殿外二人殿中省尚輦陳扇二十於簾外執扇殿侍二十人陳腰輿小輿於東西朶殿腰輿在東小輿在西八員都將各一人輦官共四十人陳繖扇於殿下方繖二團龍扇四並分左右夾繖（執扇各一人將校或節級）方雉扇六十作三重在繖扇之後輦官長行各一人金吾左右將軍各一員在繖扇之南稍前四色官四人二人立於將軍之南與繖扇一列宣赦放仗二人在引駕官南執儀刀引駕官二人在親從官後長行二十四人在四色官之南排列官二人在長行之南次金甲天武官二人在長行南以上並分東西相向立設旗於殿門之外青龍旗一在左五嶽神旗各一次之五方色龍旗各一次之五方色龍旗各一又次之白虎旗一在右五星神旗各一次之五方色鳳旗各一次之五方色鳳旗各一又次之詔頒行之（大慶殿冊命諸王大臣黃麾仗準文德殿視朝）

政和中大祀饗立仗大黃龍負圖旗一執綍二百人陳于闕庭赤龍旗南少西大黃龍旗之北宣和冬祀陳于大內前大黃龍旗一執綍六十人陳于綍頓宮門外宣德門次大黃龍負圖旗之南宣和此旗下又有日月五星連珠北斗招搖蒼龍白虎朱雀玄武君王萬歲獅子金鸞金鳳五方龍天下太平等旗凡二十一正至受朝同龍墀旗陳於殿庭太廟在西櫺星門外路南次赤龍旗少北青城在泰禋門外夏祭大禮在明禋門外赤龍旗之南（宗祀祫饗大禮不設大黃龍負圖旗大黃龍旗）大神旗六執綍各九十人宣德門泰禋門並陳于大黃龍旗之南東西相望太廟陳于西櫺星門外大黃龍旗之西少南視赤龍旗爲列南北相望龍墀旗執綍十二人左右有日月旗各一次君王萬歲旗一宣德門泰禋門在路東太廟在門外路南次獅子旗二左右有金鸞金鳳旗各一次五方龍旗各一青黃赤龍旗宣德泰禋門在東太廟在南黑白龍旗宣德泰禋門在西太廟在北次天下太平旗一宣德泰禋門在路西太廟在路北以上旗皆在車駕前發仗內執綍人並錦帽五色絁繡寶相花衫錦臂韝革帶

政和中遣使朝紫宸殿用黃麾角仗各一千五十六人殿內黃麾幡二次四色官之南分左右仗首左右廂各一部每部一百四十人朶殿下稍南絳引幡十分部之南北各爲五重左右領軍衛大將軍各一員在部中稍南（次廂左右第一第二部同）掌鼓一人次大將軍後（次廂左右第一部次果毅第二部次折衝）帥兵官十人分部之南北（北在絳引幡之南南在絳引幡之北次廂左右第一第二部在部之南北）各爲五重執儀刀部九行每行持各十人第一龍頭竿黃雞四角氅（皆持以龍頭竿）第二儀鍠五色幡第三青孔雀五角氅第四烏戟第五緋鳳六角氅第六細弓矢第七白鶡四角氅第八矟第九阜鶡六角氅掌揭鼓一人在緋氅烏戟之後（次廂左右第一第二部同）吹廂左右各二部每部一百五人次左右廂仗首之南第一部左右屯衛大將軍果毅各一員第二左右武衛大將軍折衛各一員掌鼓以下至掌揭鼓人數並同仗首殿外左右廂各步甲三隊每隊三十三人第一左右衛第三左右武衛並果毅第二左右驍衛折衛並各一員貔金鸚鵡瑞麥旗各二以次分在三隊刀盾三十人爲五重（內第三隊弓矢）左右廂後部各三隊（第一隊每隊三十八人第二第三隊每隊三十三人）第一左右衛第三左右武衛並折衛第二左右驍衛果毅角觿太平馴犀旗各二以次分在三隊弩五人爲一列弓矢十人爲二重（第二第三隊爲一列）矟二十人爲四重排列仗隊職掌二人次廂第二部之南分左右以上殿內仗隊東西相向排列殿中省尚輦陳輿輦於東西朶殿平輦在東西向逍遙輦在西東向設繖扇於殿下方繖二分左右團龍扇四分左右夾方繖方雉扇二十四分左右各二重在繖扇之後金吾四色官一人

政和中文德殿發冊用黃麾細仗共一千四百二人設日旗君王萬歲旗獅子旗金鸞旗青龍旗赤龍旗各一在殿東階之東以西爲上月旗天下太平旗獅子旗金鳳旗白龍旗黑龍旗各一在西階之西以東爲上（每旗執擔四人）俱北向立押當職掌二人分左右立於日月旗南次方繖二團龍扇四夾方繖次金吾上將軍二人將軍四人引駕官四人次金甲二人次四色官六人內二人執笏餘執金銅儀刀次碧襴二十四人內執金銅儀刀左右各六人在北次都押衙二人立於碧襴之南少退次皁纛旗一十二（每旗執擔五人）左右金吾仗司員僚各一人押纛立於旗南次青龍旗一在東白虎旗一在西（每旗執擔六人）員僚二人押旗在旗之北以上並分左右東西向次五方龍旗在東五方鳳旗在西各二十五每五旗相間各依五色排列次五嶽神旗五在東五星神旗五在西各依方位排列（每旗執擔三人）次朱雀旗一在東眞武旗一在西（每旗執擔六人）以上並北向員僚二人押旗在旗之南分左右次紅門旗二十八分左右（每旗執擔二人）次寅卯辰巳午未旗六在東申酉戌亥子丑旗六在西天王旗四分左右夾辰旗次龍君赤豹吏兵旗各五每旗各爲一列在東每列掩尾天馬旗一以次在東次虎君黃熊力士旗各五每旗各爲一列每列掩尾天馬旗一以次在西（每旗執擔三人）員僚六人押仗各分立旗前次員僚四人押旗分左右東西爲一列（每列一員）左廂第一隊鶡雞白澤玉馬貔旗四瀆旗各一爲一列（下至第九隊旗行列準此）第二隊角亢氐房心宿旗各一第三隊虛危室壁奎宿旗各一第四隊參井鬼柳宿駃騠旗各一第五隊三角獸黃鹿莒文馴象飛麟旗各一第六隊辟邪玉兔吉利仙鹿祥雲旗各一第七隊花鳳飛黃野馬金鸚鵡瑞麥旗各一第八隊孔雀兕甘露網子角觿旗各一並各爲一列第九隊犛牛旗一設於孔雀旗後右廂第一隊同左廂第一第二隊尾箕斗牛女宿旗各一第三隊婁胃昴畢觜宿旗各一第四隊星張翼軫駃騠旗各一第五至第八隊並同左廂第五至第八第九隊騶牙旗蒼烏旗各二相間爲一列（每旗執擔三人）俱北向員僚二人押黃麾立於龍鳳旗之北左右廂五色龍鳳旗之東西各設黃麾幡二次告止幡傳教幡信幡各五次絳麾幡二次絳引幡五員僚五人押黃麾立於龍鳳旗北少東排闌旗三十自黃麾幡東西排列以次於南（每旗執擔三人）俱北向鐙仗哥舒各三十於殿東西兩廂排列鐙仗起北哥舒間之俱東西相向左右廂執白柯槍各七十五人東西相向又於騶牙旗南設大黃龍旗一在殿門裏少西執擔二十人小黃龍旗一在大黃龍旗後少西執擔三人次大神旗六分左右衛尉寺押當儀仗職掌四人排列通直官二人大將二人節級二人檢察六人左右金吾仗司押當職掌排列各官一人執掌大將檢察凡大朝會儀衛有司皆依令式陳設

初宋制有黃麾大仗半仗角仗細仗南渡後儀仗尤簡惟造黃麾半仗角仗細仗而大仗不設中興大朝會四朝惟一講紹興十五年三月朔旦是也然止以大仗三分減一用三千三百五十人自是正旦冬至俱免大朝賀以爲定例焉黃麾半仗者大慶殿正旦受朝兩宮上冊寶之所設也用二千四百一十五人其內儀仗官兵等一千八百三人兵部職掌五人統制官二人皆幞頭公裳腰帶靴笏金吾司碧襴三十二人幞頭碧襴衫銅革帶執儀刀將官二人幞頭緋抹額紫繡羅袍背䲢蛇銅革帶執儀刀旁頭一十人素帽紫紬衫纈衫黃勒帛執銅仗子金銅甲二人兜鍪甲衫錦臂衣執金銅鉞斧絳引幡十告止幡傳教幡信幡各二執幡人皆武弁緋寶相花衫勒帛黃麾幡二執幡人武弁黃寶相花衫銅革帶小行旗三百人素帽五色抹額緋寶相花衫勒帛五色小氅三百人儀鍠四十人皆纈帽五色寶相花衫勒帛金節一十二人武弁青寶相花衫銅革帶殳叉三十人素帽五色寶相花衫勒帛綠矟二百一十人素帽緋寶相花衫勒帛烏戟二百一十人纈帽緋寶相花衫勒帛白柯槍六十人素帽子銀褐寶相花衫勒帛儀弓二百七十人纈帽青寶相花衫勒帛儀弩六十人平巾幘緋寶相花衫勒帛銅仗子二十人素帽紫紬衫黃勒帛儀刀百八十四人平巾幘緋寶相花衫內大旗下六百一十二人大旗三十四龍旗一十鳳旗一十五星旗五嶽旗各五青龍旗白虎旗孔雀旗玄武旗各一每旗扶拽一十七人搭材一名武弁五色寶相花衫勒帛其外殿中輿輦繖扇百三十三人逍遙平輦各一每輦人員八人帽子宜男纈羅單衫塗金銀柘枝腰帶輦官二十七人幞頭白獅子纈羅單衫塗金銀海捷腰帶紫羅裹夾三襜中道繖扇六十六輦官七十人素方繖四十四人弓脚幞頭碧襴衫塗金銅革帶烏皮履繡紫方繖六花團扇十二十八人雉扇二十二人準備四人皆武弁緋寶相花袍銅革帶鳳扇二十二人黃抹額黃寶相花袍黃勒帛編排儀仗職掌五人立殿下繖扇後烏皮介幘緋羅寬衫白羅大帶其黃麾小半仗者大慶殿冊皇太子及穆清殿皇后受冊之所設也用一千四百九十九人其內儀仗官兵等八百八十七人兵部職掌十

二人金吾司碧襴三十人絳引幡二告止幡一傳教幡一信幡一用十五人黃麾幡一三人小行旗百八十人五色小氅子百八十人金節十二人儀鍠斧二十三人綠稍七十五人烏戟七十五人白柯槍八十一人儀弓六十三人儀弩四十五人銅仗子一十八人儀刀六十七人統制官將官牽頭金銅甲皆與前半仗同內大旗下六百一十二人殿中輿輦繖扇百三十二人皆同前半仗其黃麾角仗者大慶殿冬至受朝紫宸殿即位兩宮賀節慶壽紫宸殿受金使朝之所設也用一千五十六人內金吾司放仗官二人統制官一人攝大將軍六人旁頭五人黃麾幡一三人絳引幡八二十四人金節十二人儀弓七十人儀弩五十人儀刀七十人儀鍠斧一十三人白柯槍三十人綠稍七十人烏戟七十人小行旗三百人五色小氅三百人銅仗子三十人其黃麾細仗者大慶殿文德殿發冊及進國史之所設也東都用一千四百二十人中興後或用百人至五百人隨事增損而其執仗有四小行旗五色小氅儀刀銅仗子其服色有四繡帽子素帽子平巾幘武弁冠五色寶相花衫勒帛○大朝會之外有日務四參六參朔參望參朔參用釐務不釐務通直郎已上望參用釐務通直郎以上宣制非時慶賀以望參官餘以朔參官四參官謂宰執侍從武臣正任文臣卿監員郎監察御史已上四參遇雨則改日參在京宮觀奉朝請者赴六參高宗移蹕臨安殿無南廊遇雨雪則日參官於南閤內起居宰執使相立簷下侍從兩省臺諫官以下立南閤內卿監郎官武功大夫以下立東西廊紹興十二年十月有司請行正至朝賀禮及講求祖宗故實常朝視朝正衙便殿之儀乃討論朔日文德殿視朝紫宸殿日參望參垂拱殿日參四參假日崇政殿坐聖節垂拱紫宸殿上壽之制請先御正殿視朝十一月禮部侍郎王賞言正至大慶賀受朝係御大慶殿與文德紫宸垂拱殿禮制不同月朔視朝則御文德殿謂之前殿正衙設黃麾半仗其餘紫宸垂拱皆係別殿不設儀仗今大慶殿朝會禮文繁多欲先舉行文德殿視朝之制時行宮止一殿乃更作崇政垂拱二殿御史臺請以射殿爲崇政殿朔望權置帳門以爲紫宸殿宣赦書德音麻制以爲文德殿羣臣拜表聽御札批答權作文德殿東上閤門其垂拱殿四參於殿門外設位版十三年始視朝于文德殿設黃麾半仗二千四百十五人六月紫宸殿望參設黃麾角仗一千五十六人自是後殿坐及射殿引呈公事以日景已高依舊制設衞士青涼繖十淳熙十四年詔引呈射殿公事殿門外排立御馬如後殿之儀○大朝會儀舊制垂拱殿設簾殿上駐輦候起居稱賀班絕乘輦樞密知閤門官樞密都副承旨諸房副都承旨前導管軍引駕至大慶殿後幄降輦入次更衣紹興十五年正月朔旦以二殿經塗與東都異乃以常御殿爲垂拱殿免駐輦設簾帷設椅子稱賀畢過大慶殿後幄前期儀鸞司設御榻於大慶殿中南向設東西房於御榻左右稍北設東西閤於殿後左右殿上前楹施簾設香案於殿下太常展宮架樂於殿庭橫街之南其日御輦院陳輿輦繖扇於殿下東西相向兵部陳五輅於皇城南門外俱北向騏驥院列御馬於殿門外東西相向兵部帥屬設黃麾仗三千三百五十人於殿門內外以殿狹輦出房不鳴鞭淳熙十六年正旦行稱賀禮比政和五禮月朔視朝儀皇帝御大慶殿服鞾袍即御坐皇太子文武百僚常服稱賀而設黃麾半仗二千四百十五人及冬至朝賀設黃麾角仗一千五十六人若爲令而大明會儀自紹興十五年以後不設

宋史卷一百四十四

元 中 書 右 丞 相 總 裁 脫 脫 等 修

儀衞志第九十七

儀衞二

宮中導從 行幸儀衞 太上皇儀衞 后妃儀衞

宮中導從之制唐已前無聞焉五代漢乾祐中始置主輦十六人捧足一人掌扇四人持踏牀一人並服文綾袍銀葉弓脚幞頭尚宮一人寶省一人高鬟紫衣書省二人紫衣弓脚幞頭新婦二人高鬟青袍大將二人紫衣弓脚幞頭童子執紅絲拂二人高鬟髻青衣執犀盤二人帶鬅頭黃彩執翟尾二人帶鬅頭黃彩雞冠二人紫衣分執金灌器唾壺女冠二人紫衣執香爐香盤分左右以次奉引太宗太平興國初增玉輦二十四人改服高脚幞頭輦頭一人衣紫繡袍持金塗銀仗以督領之奉珍珠七寶翠毛華樹二人衣緋袍奉金寶山二人衣絳繡袍奉龍腦合二人衣緋銷金袍並高脚幞頭執拂翟四人鬅頭衣黃繡袍舊衣綾袍紫衣者悉易以銷金及繡復增司簿一人內省一人司儀一人司給一人皆分左右前導凡一十七行每正至御殿祀郊廟步輦出入至長春殿用之其乘輦則屈右足垂左足而憑几蓋唐制也眞宗時加四面內官周衞大中祥符三年內出繪圖以示宰相

行幸儀衞宋初三駕皆以待禮事車駕近出止用常從以行其舊儀殿前司隨駕馬隊凡諸班直內殿前指揮使全班祗應左班七十六人二十四人在駕前左邊引駕五十二人作兩隊馬隨駕右班七十七人二十四人在駕前右邊引駕五十三人在駕後作兩隊隨駕二十七人第一隊二十六人第二隊內殿直五十四人散員六十四人散指揮六十四人散都頭五十四人散祗候五十四人金槍五十四人茶酒班祗應殿侍百五十七人東第二班長入祗候殿侍十八人駕後動樂三十一人馬隊弩手分東西八十五人招箭班三十五人散直百七人鈞容直三百二十人御龍直百四十二人御龍骨朵子直二百二十人並全班祗應御龍弓箭直百三十三人御龍弩直百三十三人寬衣天武指揮二百一十六人各有都虞候指揮使員僚若隨馬不使馬隊即減內殿直散員散指揮散都頭散祗候金鎗等直仍減東西班馬隊弩手八十五人餘並同上凡皇城司隨駕人數崇政殿祗應親從四指揮共二百五十二人執擎骨朵充禁衞崇政殿門外快行祗候親從第四指揮五十四人車駕導從兩壁隨行親從親事官共九十六人並於駕前先行行幸所到之處充行宮司把門灑掃祗應各有正副都頭節級十將尚書兵部供黃麾仗內法物罕畢各一五色繡氅子並龍頭竿挂第一青繡孔雀氅第二緋繡鳳氅第三青繡孔雀氅第四皁繡鵝氅第五白繡鵝氅第六黃繡雞氅右六軍儀仗司供儀仗法物內獅子旗四口充門旗二口各一人執分左右二口各十人執擔分左右擔人執弓箭又左金吾引駕仗供牙門旗十四口十口開五門每門二口每口一人執二人夾計三十人並騎夾人執弓箭監門校尉二十人每門四人並帶儀刀騎二口係前部甲第七隊前二口係前部黃麾第一隊前二口係後部黃麾第一隊前二口係後步甲第一隊前二口係後步甲第七隊前四口開二門每門二口每口一人執二人夾計十二人並騎監門校尉六人並帶儀刀騎二口係兵部班劍儀刀隊後二口係眞武隊前又右金吾引駕仗供牙門旗十四口制同左仗仁宗康定元年參知政事宋庠言車駕行幸非郊廟大禮具陳鹵簿外其常日導從惟前有駕頭後擁繖扇而已殊無禮典所載公卿奉引之盛其侍從及百司官屬下至廝役皆雜行道中步輦之後但以親事官百餘人執檛以殿謂之禁衞諸班勁騎頗與乘輿相遠士庶觀者率隨扈從之人夾道馳走喧呼不禁所過旗亭市樓垂簾外蔽士民憑高下瞰莫爲嚴憚邏司街使恬不呵止威令弛闕玩習爲常非所謂旄頭先驅清道後行之愼也且自黃帝以神功盛德猶假師兵營衞則防微御變古今一體案漢魏以降有大駕小駕之儀至唐又分殿中諸衞黃麾等仗名數次序各有施設國朝承五姓荒殘之弊事從簡略每鳴鑾游豫盡去戈戟旌旗之制儀衞寡薄頗同藩鎮此皆制度放失憚于改作之咎宜委一二博學近臣討繹前代儀注及鹵簿令以乘輿常時出入之儀比之三駕諸仗酌取其中稍增儀物具嚴法禁以示尊極以防未然革去因循其在今日詔太常禮院與兩制詳定參以舊儀別加新制兩制同禮官議略準小駕制度添青道馬罕畢旗氅等物別爲常行禁衞儀加清道馬百匹並帶器械分五行行二十人請下殿前司於諸班內差罕畢各一分左右並騎牙門旗前後各四分左右並騎緋繡鳳氅二十四分左右並騎以上請下殿前司於諸班內差充雉扇十二分左右請以親從官內差充以上新添百六十二人凡天武官舊二百一十六人空行今添執哥舒爲一重親從官舊百四十五人今添百五十五人通爲三百人爲一重殿前指揮使舊四十八人今添百五十二人通爲二百人或於近上諸班相兼差充並騎爲一重以上因舊人數添舊四百九人新添三百七人共七百一十六人凡駕前殿前指揮使親從官爲二重左右相對各開二門約二丈每門並差人員二人押當第一門與通事舍人相對第二門與閤門使相對每有臣僚迎駕起居並令中道候起居畢於左右門出其諸色人止令於牙門旗前道傍起居不得便入禁衞中每門外重令殿前指揮使執旗二面以表門用轉光緋綠旗通上計五重皆掩後圍轉凡百司祗應人於禁衞內無執掌者及隨駕臣僚除合將入禁衞隨從人數外餘並令於殿前指揮使行外左右前後行凡前牙門旗以後後牙門旗以前屬禁衞中不得輒入凡中書樞密院臣僚並於從內第三重寬衣天武內行馬其餘隨駕文武臣僚並在從內第四重殿前指揮使內分左右依官位行馬凡車駕經歷去處若有樓閣並不得垂簾障蔽及止絕士庶不許臨高瞰下止於街兩傍立觀即不得夾路喧呼馳走前牙門以前後牙門以後不在此限凡車駕未出皇城門宣德左右掖東華拱宸門及已至所幸處即自有門禁不用牙門旗約束凡車駕已在道前牙門旗雖行後牙門旗未行除止絕閑雜行人外其隨駕臣僚官司人等並依常例次第赴合隨從及行馬去處凡前牙門旗在清道馬後約十步已來後牙門旗在駕

後殿前指揮使之後凡街巷寬闊處儀衞並依新圖排列如遇窄狹街巷禁衞止用親從官二重御龍直二重雉扇隨輦其後前指揮使天武官並權分於駕前後隨行後至寬闊處乘輿徐行儀仗依舊排列或駕幸園苑宮觀寺院并臣僚宅即清道馬儀仗殿前指揮使天武官更不入惟於外排立其隨駕臣僚及諸司人自依常例隨從候駕行依次排列或臣僚宅在巷內前去不通人行處其儀仗殿前指揮使等各於巷口排立止絕行人餘並如故時詳定閱習既畢或言新制嚴密慮違犯者衆因不果行嘉祐六年先是幸睦親宅抱駕頭內臣墜馬壞駕頭太常禮院閤門及整肅禁衞所請自今車駕出以閤門祗候并內臣各二員分駕頭左右扇筤後編攔仍以皇城司親從官二十人隨之哲宗紹聖二年詔車駕行幸儀衞駕後東西班殿侍馬兩隊發充駕前編攔分兩壁行於前引行門之前隨身器械各别給銀骨朵一駕後馬隊殿前指揮使馬以百人分四隊不足撥人數均差仍别差入員六人內殿直散員散指揮散都頭散祗候並增作一百四人分四隊內入員各四人金槍班添一隊作七十八人內入員三人弩手班添兩隊充填撥過東西班殿侍馬兩隊禁衞御龍直弓箭直弩直長行仍各添給銀骨朵禁衞外添差編攔天武人員長行共二百人揀選有行止舊人充出入止於宣德門外至行在所即止於行宮門外南渡後乘輿出入初未有儀高宗將迎韋太后于郊因製常行儀仗用黃麾仗二千二百六十五人孝宗朝德壽宮減一千人用殿前司六百二十九人皇城在內巡檢司三百九十一人崇政殿四百四十九人凡一千四百六十九人四孟詣景靈宮用殿前司八百七十五人皇城在內巡檢司五百二十八人崇政殿五百二十一人凡一千九百二十四人九年正月詔駕出御後殿坐宰執百官儀衞等赴後殿起居殿上登輦出後殿門駕回入祥曦殿門

太上皇儀衞隆興元年孝宗嗣位詔有司討論德壽宮輿輦儀衞先是紹興三十二年六月詔上皇日常朝殿差御龍直四十三人執仗排立并設繖扇鳴鞭宰執退朝仍赴德壽宮起居如遇行幸令禁衞所隨以祗應兩奉上皇旨却而不受故復有是詔尋有司上言漢之未央唐之興慶其車輦儀衞不載今父堯子舜事親典禮凡往古來今所未備者當以義起極其尊崇爲萬世法遂定宰執百官詣德壽宮起居則禁衞所依後殿坐儀排列禁衞二百九十七人祗應行幸則禁衞所差行門禁衞諸班直天武親從官及繖扇鳴鞭燭罩等合五百人隨行扈從前引七十人內行宮殿前崇政殿親從一十人都下親從二十人快行親從二十人殿前指揮使二十人中道六十人編排禁衞行子一十人執從物御龍直三十人執繖扇天武一十人從政殿親從攔前一十人禁衞圍子四重四百人第一崇政殿親從一百人第二御龍直骨朵直弓箭直三十人東西班七十人第三執燭罩都下親從一百人第四內殿直一十人散員散指揮散都頭散祗候金鎗銀鎗班各一十人後從殿前指揮使二十人

皇太后儀衞自乾興元年仁宗即位章獻太后預政侍衞始盛用禮儀院奏製皇太后所乘輿名之曰大安輦天聖元年有司言皇太后車駕出合設護衞御龍直都虞候一人都頭二人副都頭一人長行五十人十將已下骨朵子直都虞候一人都頭二人副都頭二人十將長行八十人弓箭直指揮使一人都頭二人副都頭二人十將長行五十人弩直指揮使一人都頭二人副都頭二人十將長行五十人殿前指揮使兩班左班都虞候一人都知一人行門三人長行二十人帶器械右班指揮使一人都知一人行門三人長行二十人帶器械皇城司禁衞二百人寬衣天武二百人供御輦官六十二人寬衣天武百人餘諸司祗應鳴鞭侍衞如乘輿之儀詔依嘉祐八年英宗即位太常禮院言準詔再詳定皇太后出入儀衞御龍直都頭二人長行二十五人骨朵子直都頭二人長行四十人弓箭直都頭二人長行二十五人弩直都頭二人長行二十五人殿前指揮使兩班各都知一人行門各二人長行各一十人帶器械皇城司禁衞一百人寬衣天武一百五十人打燈籠子親事官八十人入內都知御藥院官各一員內東門司使臣二員御輦院短鐙教駿攏馬親事官入內院子諸司并入內內侍省祗應內品人數不定詔依治平元年詔太皇后出入唯不鳴鞭他儀衞如章獻明肅故事四年神宗嗣位詔太皇太后儀範已定皇太后合設儀衞御龍直骨朵子直差都虞候都頭副都頭各一人十將長行各共三十人弓箭直弩直差指揮使都頭副都頭各一人十將長行各共二十人皇城司親從官一百人執骨朵寬衣天武官百五十人充圍子行宮司人員共一百人入內院子五十人充圍子皇城司親事官八十人打燈籠短鐙馬攏馬親從官金銅車樓車隨車子祗應人擎檐子供御輦官執擎從物等供御次供御并下都輦直等人數不定都知一員御藥院使臣二員內東門司使臣二員內酒坊御廚法酒庫儀鸞司乳酪院翰林司翰林院車子院御膳素廚化成殿果子庫並從遇出新城門添差帶器械內臣哲宗即位元祐元年詔太皇太后出入儀衞並依章獻明肅皇后故事其不可考者則依慈聖光獻皇后之例既而又詔太皇太后出入儀衞添御龍骨朵子直三十六人御龍弓箭直四十五人御龍弩直四十五人皇城司禁衞五十人馬隊三百五十人東西班茶酒班殿侍共一百人快行增至二十人軍頭引見司監官二員並將帶承局等子依隨駕例祗應鈞容直并動樂殿侍則候開樂取旨仁英哲之世太后臨朝垂簾儀從亦不崇侈止曰儀衞無鹵簿名也南渡後尤簡其車以輿不以輦餘惟繖扇而已紹興奉迎太母極意備禮然猶曰太后天性朴素不敢過飾儀從器物惟塗金輿前用黃羅繖扇二緋黃繡雉扇六紅黃緋金拂扇二黃羅暖扇二朝謁景靈宮太廟則用禁衞諸班直天武親從五百人其前引中道圍子同上皇儀衞而差省焉

皇太妃出入儀衞哲宗紹聖元年三省樞密院言增崇皇太妃出入儀衞龍鳳扇二十侍從官入內省都知或押班一員內侍省都知或押班一員皇城司御藥院內東門司各一員帶御器械內侍八員引喝內侍一員殿前指揮使三十二人內人員二人御龍直三十三人骨朵子直三十三人弓箭直二十三人弩直二十三人天武官一百五十四人皇城司禁衞一百人入內院子五十人行宮司一百人輦官供御六十二人次供御四十九人下都五十八人燭籠七十諸司御燎子茶牀快行親從四人禮部太常寺又言元祐三年詔皇太妃繖用紅黃羅參議得皇太后出入兼用紅黃今皇太妃若亦用黃則非差降之意伏請紅黃兼用從太皇后出入則止用紅徽宗崇寧元年臣僚言元符皇后先帝皇后也其典禮宜極褒崇於是約聖瑞皇太妃之制出入由宣德正門增龍鳳扇二十御龍直十二人御龍骨朵子直十七人御龍弓箭直十二人御龍弩直二十二人殿前指揮十三人皇城司禁衞二十人快行親從官四人執燭皇城司親從官金銅車并樓車隨時定數供須行幸藥架一坐勾當官吏人二員封題一員藥童三人擡藥藥架輦官十一人秤庫子親事官量差人數祗應從之二年臣僚又言元符皇后元符未嘗預定策之勳以承神宗哲宗之志禮部太常寺奏典禮準聖瑞皇太妃例侍從官入內內侍省都知或押班一員皇城御藥內東門司官各一員御輦院輪官隨從諸司御燎子茶牀帶御器械內侍十人引喝內侍一人輿用龍鳳繖紅黃兼用出入由宣德東門今欲出入由宣德正門龍鳳扇二十柄今添作三十柄輦官供御六十二人次供御四十九人都下五十八人御龍直三十三人今添作四十五人御龍骨朵子直三十三人今添作五十人御龍弓箭直三十三人今添作四十五人御龍弩直二十三人今添作四十五人殿前指揮三十二人今添作四十五人內臣二人皇城司一百人禁衞今添作一百二十人天武官一百五十四人行宮司一百人入內院子五十人快行親從官四人今添作八人執燭皇城司親從官金銅車并樓車隨時內中批出合要數供須行幸藥架一坐勾當官一員吏人二員封題一員藥童三人擡藥藥架輦官十一人秤庫子親事官量差人數祗應從之

皇后儀衞惟東都政和禮有鹵簿他無鹵簿之名惟曰儀衞而已中興後皇太后既尚簡素后尤簡焉出入朝謁宮廟用應奉御輦官一員人吏三人供應六十三人內人員十五人頭帽紫羅四䙆單衫金塗銀柘枝腰帶肩擎輦官四十八人幞頭緋羅單衫金塗海捷腰帶紫羅表夾三襜緋羅看帶次供應十四人內人員一人服同上惟海捷帶輦官一十三人服同肩擎官惟行縢帶都下五十四人內人員一人帽服同前輦官五十三人服同上輦官惟雲鶴帶

宋史卷一百四十五

元　中　書　右　丞　相　總　裁　脫　脫　等　修

儀衞志第九十八

儀衞三 國初鹵簿

國初鹵簿太祖建隆四年將郊祀大禮使范質與鹵簿使張昭儀仗使劉溫叟同詳定大駕鹵簿之制惟得唐長興南郊鹵簿字圖校以今文頗有闕略違戾者禮儀使陶穀建議金吾及諸衞將軍導駕及押仗舊服紫太諸依開元禮各服本色繡袍金吾以辟邪左右衞以瑞馬驍衞以雕虎威衞以赤豹武衞以瑞鷹領軍衞以白

澤監門衞以獅子千牛衞以犀牛六軍以孔雀爲文舊執仗軍士悉衣五色畫衣隨人數給之無有準式請以五行相生之色爲次黑衣先之青衣次之赤黃白又次之大駕五輅各有副車近代寢廢請依令文增造又案明宗舊圖導駕三引而儀仗法物人數多周太祖鹵簿六引而人數少請準令文用六引其鹵簿各以本品以給從之舊淸游隊有甲騎具裝亡其制度叡以其所記造之又作大輦皆率意定其制彀又取天文大角攝提列星之象作攝提旗及北斗旗二十八宿旗十二辰旗龍墀十三旗五方神旗五方鳳旗四瀆旗時有貢黃鸚鵡白兔及馴象自來又作金鸚鵡玉兔馴象旗太祖又詔別造大黃龍負圖旗一大神旗六日旗一月旗一君王萬歲旗一天下太平旗一獅子旗二金鸞旗一金鳳旗一五龍旗五凡二十一旗皆有架南郊用之大黃龍負圖旗陳於明德門前餘二十旗悉立於宿頓宮前遇朝會冊禮亦皆陳於殿庭凡馬步儀仗共一萬一千二百二十二人悉用禁軍大將軍將軍以軍主都虞候攝事中郞將都尉以指揮使副指揮使攝事校尉主帥以軍使副兵馬使都頭副都頭十將攝事乾德三年蜀平命左拾遺孫逢吉收蜀法物其不中度者悉毀之是歲太祖親閱鹵簿四年始令改畫衣爲繡衣至開寶三年而成謂之繡衣鹵簿其後郊祀皆用之軍衞羽儀自是寖盛每大祀命大禮儀儀仗鹵簿橋道頓遞五使鹵簿使專掌定字圖排列儀仗使糾督之大禮及餘使同按閱致齋日巡仗又命殿前大校管勾捧日奉宸隊侍衞大校勾當儀仗兵隊捧日天武廂主四人編排捧日奉宸隊及執仗人內諸司使副使三員同押儀仗別二員編排導引官六年詔節度使已下除在京巡檢及押儀仗外並合服袴褶衣導引太宗至道中令有司以絹畫爲圖圖凡二幅中幅車輅六引及導駕官外兩幅儀衞其警場青城又別爲圖圖成以藏祕閣凡仗內自行事官排列職掌幷捧日奉宸散手天武外步騎一萬九千一百九十八人此極盛也眞宗咸平五年詔南郊儀仗引駕官不得多帶從人宰臣親王樞密宣徽使叅知政事樞密副使三司使各四人尚書節度使翰林學士侍讀侍講學士各三人給事諫議知制誥大卿監金吾大將軍樞密都承旨副承旨客省閤門使副使諸司使副使至內殿崇班各二人少卿監諸行郎中己下閤門祗候己下各一人又詔南郊引駕官中書樞密院一行在東親王一行在西餘依官次大中祥符元年改小駕爲鸞駕自太祖易繡衣鹵簿後太宗眞宗皆增益之仁宗卽位儀典多襲前世宋綬定鹵簿爲圖記十卷上之詔以付祕閣凡大駕用二萬六十一人大率以太僕寺主車輅殿中省主輿輦繖扇御馬金吾主纛矟十六騎引駕細仗牙門六軍主槍仗尚書兵部主六引諸隊大角五牛旗門下省主寶案司天臺主鐘漏太常主鼓吹朝服法物庫出旗器名物衣冠幰蓋軍器庫出箙弩矢內弓箭庫出戎裝雜仗凡六引導駕太僕卿千牛將軍殿中侍御史司天監少府監僚佐局官乘黃令大將軍金吾上將軍將軍六統軍皆以京朝官內諸司使副使以下攝事仗內用禁軍諸班直捧日天武拱聖神勇宣武驍騎武勝寧朔虎翼兵大將軍將軍以軍主都虞候攝中郞將郞將都尉以指揮使副指揮使攝校尉主帥旅帥隊正以軍使副兵馬使都頭副都頭十將攝餘法駕鸞駕黃麾仗則遞減其數景祐五年賈昌朝言儀衞三事一曰南郊鹵簿車駕出宮詣郊廟日執毬杖供奉官於導駕官前分列迎引至於齋宮夫毬杖非古蓋唐世尚之以資玩樂其執之者皆褻服錦繡珠玉過於侈麗旣不足以昭文物又不可以備軍容常時豫游或宜施用方今夙夜齋戒親奉大祀端冕顒卬鼓吹不作而乃陳戲賞之具參簪紳之列導迎法駕入于祠宮稽諸典儀未爲允稱況導駕官兩省員數悉備何須更有此色供奉官謂宜徹去毬杖俟禮畢還宮鼓吹振作卽復使就列二曰大駕鹵簿有羊車前列臣按羊車本漢晉之代乘於後宮隋大業中增金寶之飾以駕小駟馭以丱童自是以來遂爲法從唐制兼有輦車副車之名國朝因循尚未改革竊以郊祭天地廟見祖宗車服所陳動必由禮至於四望耕根之屬兼包歷代皆或有因豈容後宮所乘參陪五輅欲望大駕不用羊車所冀肅恭稽合典禮三曰南郊大駕鹵簿儀衞甚衆有司雖依典禮名物次第兵仗數目預先分布及五使量行案閱其如被差執掌吏員兵伍素不閑習行列先後多失次序所持名物亦或差互押當官但以行事爲名從便遷進失其處守竊謂三載親郊國之大事旁陳象物仰法乾行四方之人觀禮於是宜詳制度以示光華請大駕鹵簿前後仗衞次第於致齋前命儀仗鹵簿使命有司執簿籍率押當官暨諸衞諸有執仗士卒將領者自殿門至郊廟分列之處詳視先後及器仗名品無令差忒詔禮儀使宋綬與太常禮院同詳定以奏綬奏鹵簿內有諸司供奉蓋貲備物以奉乘輿今昌朝言宿齋之時不可陳玩樂之具請郊祀前一日應供奉官等令宿幕次俟皇帝行禮畢降壇導至青城由青城前導歸大內後漢劉熙釋名曰羸車羊車各以所駕名之也隋禮儀志曰漢氏或以人牽或駕果下馬此乃漢代已有晉武偶取乘於後宮非特爲掖庭制也況歷代載於輿衞志自唐至今著之禮令宜且仍舊其鹵簿儀仗遇南郊前五使預閱素備願依昌朝所奏下儀仗鹵簿使加點閱使之齊肅皇祐二年將享明堂鹵簿使奏法駕減大駕三分之一而兵部亡字圖故本且文牘散逸雖粗有名數較之禮令未有以裁其中詔禮官與兵部加考正爲圖以奏及上圖法駕鹵簿用萬有一千八十八人嘉祐二年祫享用禮儀使奏南郊仗金吾上將軍六統軍左右千牛皆服紫繡戎服珂珮騎而前節度使亦衣袴褶導駕如舊例是月禮官奏南郊還在禮當乘金輅而或詔乘大輦宜著于令常以大輦從六年幸睦親宅內侍抱駕頭墮馬駕頭壞御史中丞韓絳奏請嚴儀衞事下閤門太常禮院議遂合奏車駕出請以閤門祗候及內侍各二員扶駕頭左右次扇筤又以皇城親從兵二十人從其後神宗熙寧七年詔太常看詳兵部大駕鹵簿字圖遂奏言制器尚象有其數者必有其義後世車駕儀仗多雜秦漢制度當革其尤者周禮車僕凡師共革車各以其萃萃副車也諸輅之副宜次正輅羊車前代宮中所乘五牛旗蓋古之五時副車也以木牛載旗用人輿之失其本制宜除去從之元豐元年詳定所言大駕輿輦仗衞儀物兼取歷代所用其間情文訛舛甚衆或規模苟簡而因循已久或事出一時而不足爲法詔令更定於是請去二十八宿五星攝提旗所繪人形及龍虎仙童大神金鸚鵡黃鸚鵡網子螣蛇神龜等旗舊制親祠南郊皇帝自大次至版位內侍二人執翟羽前導號曰拂翟拂翟不出禮典乃漢乾祐中宮中導從之物不宜用諸郊廟詔可又禮文所言近制金輅不以金飾諸末象輅不以象飾諸末革輅不鞔木輅不漆請改飾四輅太常則繪三辰加升龍降龍大旂則繪交龍大赤鳥隼大白熊虎大麾龜蛇而去其雲龍使之應禮又古者五輅皆載旗謂之道德之車考工記車戟崇於殳酋矛崇於戟各四赤戟矛皆插車騎謂之兵車戰國尚武故增插四戟謂之闟戟則知德車武車固異用矣漢鹵簿前驅有鳳凰闟戟猶未施於五輅江左以來五輅乃加棨戟於車之右韜以黼繡之衣後周司輅左建旗右建闟戟闟戟方六尺而被之以黼皆戾於古請去五輅闟戟以應道德之稱而建太常於車後之中央升輅則由左又按周禮大馭掌馭玉輅以祀則祀乘玉輅也齋僕掌馭金輅齋右充金輅之右則齋乘金輅也齋祀之車異用而不相因國朝親祠太廟致齋文德殿翌日卽進玉輅非制請進金輅俟太廟祠畢翌日御玉輅詣郊又周禮戎右職曰會同充革車儀禮曰貳車畢乘禮記曰乘君之乘車不敢曠左左必式蓋古者後車餘輅不敢曠空必使人乘之所以別曠左之嫌也自秦兼九國車服西漢因之大駕屬車八十一乘後漢志云尚書御史所載揚雄曰鴟夷國器託於屬車則是漢之屬車非獨載人又以載物亦儀禮所謂畢乘之義也國朝鹵簿車十二乘虛設於法駕之後實近曠左之嫌請令尚書御史乘之或以載乘輿服御又言法駕之行必有共輿者蓋以承淸問周官有太僕齋僕道僕所以御車至參乘則其禮益重故道德之車則有齋右道右武車則有戎右皆以士大夫爲之國朝之制乘輿有太僕而無參乘請增近臣一員立車右其後詔增製五輅及參乘玉輅建太常金輅建大旂象輅建大赤革輅建大白木輅建大麾諸輅之副各次正輅仍存闟戟時大駕鹵簿仗下官一百四十六員執仗押引從軍員職掌諸軍諸司二萬二千二百二十一人初玉輅自唐顯慶中傳之號顯慶輅神宗更製新玉輅六年正月御大慶殿受朝先夕陳諸庭夜半徹幕室壓焉自是竟乘舊輅徽宗建中靖國元年太常寺狀具南郊儀仗人兵二萬一千五百七十五人政和四年禮制局言鹵簿六引儀仗信幡承以雙龍大角黑漆畫龍紫繡龍袋長鳴次鳴大小橫吹五色衣幡緋掌畫交龍按樂令三品以上緋掌畫蹲豹蓋唯乘輿器用並飾以龍今六引內係羣臣鹵簿而旗物通畫交龍非便合釐正七年兵部尚書蔣猷請令有司取天聖鹵簿圖記更加考正可否而因革之詔如其請宣和元年蔡攸被旨改修凡人物器服盡從古制飾以丹采三十有三卷

高宗初至南京孟太后以乘輿服御及御輦儀仗來進建炎初詔東京所屬起發祭器法服儀仗赴行在所十一月帝郊於揚州儀仗用一千三百五十五人倉卒渡江皆爲金兵所焚紹興十二年有司言天子起居當備法駕況太母回鑾將奉郊迎遂令工部尚書莫將等檢會本朝文德大慶殿舊儀下太常定用二千二百六十五人於是始備黃麾仗慶冊親饗皆用焉是年冬玉輅成明年郊準國初大駕之數一萬一千二百二十二人

內舊用錦襖子者以纈絹代，用銅革帶者以勒帛代，而指揮使、都頭仍舊用錦帽子、錦臂袖者以方勝練鵲羅代，用絁者以紬代。禁衛班直服色用錦繡、金銀、眞珠、比珠者七百八十人，以頭帽、銀帶、纈羅彩代。旗物用繡者以錯采代。車路院香鐙案、衣褥、睥睨，御輦院華蓋、曲蓋及仗內幢角等袋用繡者，以生色代。殿前司仗內金鎗、銀鎗、旗，餘易以漆飾，而拂扇、坐褥以珠飾者去之。帝曰：「事天貴質，若惟事華麗，非初意矣。」十月，鹵簿器物及金、象、革、木四輅、大安輦皆成。太常又奏：「前後六引鼓吹八百八十四人，舊制騎，今路狹擁遏，欲止令步導。」從之。十六年，始增捧日、奉宸隊，合一萬五千五十人，鹵簿之制備矣。三十一年九月，行明堂禮，儀物視郊祀省三之一，用一萬一千五人。孝宗隆興二年正月，以鹵簿勞民，乃令有司條具其可省者。次年郊祀止用六千八百八十九人，蓋減紹興二十八年人數之半也。乾道六年之郊，雖仍備五輅、大安輦、六象，而人數則如舊焉。自後終宋之世，雖微有因革，大抵皆如乾道六年之制。若明堂則四輅、大安輦皆省，止用三千三百十九人。故事，祀前二日詣景靈宮，皆備大駕儀仗乘輅。中興後，以行都與東都不同，前二日止乘輦，次日自太廟詣青城始登輅，設鹵簿自紹興十三年始也。車駕遇雨，玉輅旋障，從駕臣僚賜雨具；中道遇晴則撤，郊壇遇雨則就青城，放御仗、逍遥子還宮，導駕官免步導。

大駕鹵簿象六，中道分左右。次六引，中道：第一開封令，第二開封牧（駕從餘州縣出者，所在刺史、縣令導駕，準此），第三太常卿，第四司徒，第五御史大夫，第六兵部尚書（以上各用本品鹵簿）。次纛十二（每纛一人持，一人托，四人擔，二人押）。次爆矟騎八（押衙四人騎引）。左右金吾上將軍四人，將軍四人，大將軍各一人，折衝都尉一人（大將軍、都尉並夾爆矟，一每矟一人執，二人夾，爆矟皆中道）。次清游隊（左右）：白澤旗二（一人執，二人引，二人夾，左右金吾折衝都尉各一人領），弩八，弓箭三十二，矟四十。次左右金吾十六騎（左右道，主帥各一人分領）：弩八，弓箭十二，矟十二。次夾道佽飛騎（左右金吾果毅都尉各二人分領）：虞候佽飛四十八人，鐵甲佽飛二十四人。次前隊殳仗（左右道）：左右領軍衛將軍各一人，纛矟四人，主帥四人，殳八十，叉八十（相間）。左右武衛、屯衛主帥各四人，殳各五十人，叉各五十人。左右驍衛主帥四人，殳四十，叉四十。次朱雀旗一（中道，一人持，二人引，二人夾），弩四，弓箭十六。次龍旗十二（中道，並一人執，二人引，二人夾，一人護後，副竿二，皆騎，左右金吾果毅都尉各一人領）：風伯、雨師旗各一，雷公、電母旗各一，木、火、土、金、水星旗各一，左右攝提旗各一，北斗旗一。次指南、記里鼓、白鷺、鸞旗、崇德、皮軒車（左右金吾衛果毅都尉各一人夾，往檢校）。次引駕十二里（中道，並騎）：弩八，弓箭八，矟八。次太常前部鼓吹令二人（府史四人從）。㧏鼓十二，在左（主帥四人騎領）；金鉦十二，在右（主帥四人騎領）；大鼓百二十（主帥二十人騎領）；長鳴百二十（主帥六人騎領）；鐃鼓十二（主帥四人騎領）；歌二十四，拱宸管二十四，簫二十四，笳二十四；大橫吹百二十（主帥十人騎領）；節鼓二；笛二十四，簫二十四，觱篥二十四，笳二十四，桃皮觱篥二十四；㧏鼓十二，在左（主帥二人騎領）；金鉦十二，在右（主帥二人騎領）；小鼓百二十（主帥十人騎領）；中鳴百二十（主帥六人騎領）；羽葆鼓十二（主帥四人騎領）；歌二十四，拱宸管二十四，簫二十四，笳二十四。次司天監一人騎引，相風、刻漏（中道，令史一人排列，官二人騎從）：相風烏輿一（匠人一），交龍鉦、鼓各一（司辰、典事各一人騎從），鐘樓、鼓樓各一，行漏輿一（漏刻生四人從），清道二人，十二神輿一（司天官一人押）。次持鈒前隊（中道）：左右武衛果毅都尉各一人分領，校尉二人，絳引幡一，金節十二，罕一在左，畢一在右，朱雀幢一（叉一），青龍、白虎幢各一，分左右（叉各一），導蓋一（叉一），稱長一人，鈒戟二百八十人分左右，武衛將軍各一人，校尉四人分左右。次殿中侍御史二人，黃麾一（騎二夾）。次前部馬隊（左右）：第一隊，角宿、亢宿、斗宿、牛宿旗各一（執同龍墀旗，角、亢在左，斗、牛在右，餘隊同此），左右金吾衛折衝都尉各一人分領，弩十，弓箭二十，矟四十（並分左右，餘隊皆同）；第二隊，氐宿、房宿、女宿、虛宿旗各一，左右領軍衛果毅都尉各三人分領（兼第三、第四隊）；第三隊，心宿、危宿旗各一；第四隊，尾宿、室宿旗各一；第五隊，箕宿、壁宿旗各一，左右領軍衛折衝都尉各一人分領；第六隊，奎宿、井宿旗各一，左右屯衛折衝都尉各一人分領；第七隊，婁宿、鬼宿旗各一，左右武衛果毅都尉各三人分領（兼第八、第九隊）；第八隊，胃宿、柳宿旗各一；第九隊，昴宿、星宿旗各一；第十隊，畢宿、張宿旗各一，左右驍衛折衝都尉各三人分領（兼第十一、第十二隊）；第十一隊，觜宿、翼宿旗各一；第十二隊，參宿、軫宿旗各一。次步甲前隊（左右道）：爆矟四，左右領軍衛將軍各一人檢校。第一隊，鵔鸃旗二（引馬隊同），左右領軍衛折衝都尉各一人分領，赤鍪甲弓箭六十；第二隊，貔旗二，左右領軍衛果毅都尉各一人分領，赤鍪甲刀盾六十；第三隊，玉馬旗二，左右領軍衛折衝都尉各一人分領，青鍪甲弓箭六十；第四隊，三角獸旗二，左右領軍衛果毅都尉各一人分領，青鍪甲刀盾六十；第五隊，黃鹿旗二，左右屯衛折衝都尉各一人分領，黑鍪甲弓箭六十；第六隊，飛麟旗二，左右屯衛果毅都尉各一人分領，黑鍪甲刀盾六十；第七隊，駃騠旗二，左右武衛折衝都尉各一人分領，白鍪甲弓箭六十；第八隊，鸞旗二，左右武衛果毅都尉各一人分領，白鍪甲刀盾六十；第九隊，麟旗二，左右驍衛折衝都尉各一人分領，黃鍪甲弓箭六十；第十隊，馴象旗二，左右驍衛果毅都尉各一人分領，黃鍪甲刀盾六十；第十一隊，玉兔旗二，左右衛折衝都尉各一人分領，黃鍪甲弓箭六十；第十二隊，辟邪旗二，左右衛果毅都尉各一人分領，黃鍪甲刀盾六十。次前部黃麾仗（左右道）：絳引幡二十。第一部，左右領軍衛大將軍各一人檢校（兼檢校第二部），折衝都尉各一人分領（主帥二人），龍頭竿赤氅二十，掆鼓二，儀鍠五色幡二十，龍頭竿小孔雀氅二十，小戟二十，掆鼓二，龍頭竿五色鵝毛氅二十，弓箭二十，龍頭雞毛氅二十，朱縢盾二十。第二部，左右領軍衛折衝都尉各一人分領（主帥及氅、鍠等並同第一部，餘準此）。第三部，左右屯衛大將軍各一人檢校，果毅都尉各一人分領。第四部，左右武衛大將軍各一人檢校，折衝都尉各一人分領。第五部，左右驍衛大將軍各一人檢校（兼檢校第六部，折衝都尉各一人分領）。第六部，左右衛果毅都尉各一人分領。次六軍儀仗（中道，右驍騎中黃麾後）：左右神武軍統軍各一人，本軍旗二（一人執，一人引，二人夾，豹頭各一人騎押），吏兵、力士旗各五，白幹槍五十，柯舒十，鐙仗八（相間），排闌旗二十，掩尾天馬旗二。左右羽林軍、左右龍武軍並同神武軍（惟羽林用赤豹、黃熊旗各五，龍武用龍君、虎君旗各五）。次引駕旗十六（中道，執人同六軍旗）：十二辰旗各一，天王旗四（排仗通直官二人騎領）。次龍墀旗十三（中道，各一人執，二人引，二人夾，排仗將二人騎領）：天下太平旗一，青龍、赤龍、黃龍、白龍、黑龍旗各一，金鸞、金鳳旗各一，獅子旗二，日旗、月旗各一，君王萬歲旗一。次御馬二十四匹（中道，並以天武官二人執轡），尚乘奉御二人從。次日月合璧旗一，次苣文旗二，次五星連珠旗一，次祥雲旗二（以上並一人執，二人引，二人夾，佩橫刀，執弓箭）。次長壽幢一。次青龍、白虎旗各一（左右道），左右衛果毅都尉各一人分領，七十騎：弩八，弓箭二十二，矟四十。次班劍儀刀隊（左右道）：左右衛將軍各一人，親衛郎將各二人，班劍二百二十，爲第一、第二行；勳衛郎將各二人，班劍二百二十，爲第三、第四行；翊衛郎將各三人，儀刀三百七十八，爲第五、第六、第七行；左右驍衛翊衛郎將各一人，儀刀一百三十四，爲第八行；左右武衛羽衛郎將各一人，儀刀一百三十八，爲第九行；左右屯衛羽衛郎將各一人，儀刀一百四十二，爲第十行；左右領軍衛翊衛郎將各一人，儀刀一百四十六，爲第十一行；左右金吾衛翊衛郎將各一人，儀刀一百五十，爲第十二行。次五仗（左右道）：左右衛供奉中郎將各二人，親、勳、翊衛各二十四人；左右衛郎將各一人，散手翊衛各三十人；左右驍衛郎將各一人，翊衛各二十八人。次左右驍衛翊衛三隊：第一隊，花鳳旗二，大將軍各一人，弩十，弓箭二十，矟四十；第二隊，飛黃旗二，將軍各一人（弩、弓箭、矟同第一隊，下準此）；第三隊，吉利旗二，郎將各一人。次金吾細仗殿中繖扇千牛（中道）：青龍、白虎旗各一（騎，一人執，三人引，二人押當），五嶽神旗各一，五方神旗各一，五方龍旗二十五，五方鳳旗二十五，四瀆神旗各一（各一人執，二人引，二人夾，四旗屬兵部，每行次五方鳳旗），援寶三十二人，香案一，符寶郎一人，寶案一，寶輿一（輿士十二人），碧襴二十四人騎（內十四人執儀刀），方繖二，雉扇四，四色官六人，押仗二人，金甲天武官二人，進馬四人，千牛將軍一人，千牛八人，中郎將二人，長史二人，引駕官四人，天武官三百人。次左右衛夾轂隊（左右道）：第一、第四隊，朱鍪甲刀盾各六十，折衝都尉各一人檢校；第二、第五隊，白鍪甲刀盾各六十，果毅都尉各一人檢校；第三、第六隊，黑鍪甲刀盾各六十，果毅都尉各一人檢校。次捧日、奉宸隊（左右道）：捧日三十五隊，隊四十人騎；奉宸二十五隊，隊四十人（並五重相間）。次導駕官（中道）：通事舍人八人分左右，侍御史二人分左右，御史中丞二人分左右，正言二人分左右，司諫二人分左右，起居郎二人在左，起居舍人二人在右，諫議大夫四人分左右，給事中四人在左，中書舍人六人在右，散騎四人分左右，門下侍郎二人在左，中書侍郎二人在右，侍中二人在左，中書令二人在右。次鳴鞭二（中道）。次宮苑馬二。次殿中省仗：大繖二，方雉尾扇四，翟輿一（排列官一人騎領），小雉尾扇四，方雉尾扇十二，華蓋二，香鐙一。次誕馬二。玉輅（皇帝升輅，則太僕卿御，千牛大將軍二人夾輅，將軍二人陪乘，前有誕馬二，教馬官二人導，尚輦駕供奉）。次大輦（掌輦四人，奉御二人騎從），殿中少監二人騎（本省供奉二人騎從）。次御馬二十四（並以天武官二人執轡，尚輦直長二人騎從）。次持鈒後隊（中道）：左右武衛旅帥各一人，大繖二（大雉尾扇二夾），大雉尾扇四，小雉尾扇十二，朱團扇十二，華蓋二（叉二），睥睨十二，御刀六，真武幢一（叉一），絳麾二，細矟十二。次大角百二十（左右金吾果毅都尉各一人騎從）。次後部鼓吹（中道）：鼓吹丞二人騎（典事四人），羽葆鼓十二（主帥四人騎從），歌二十四，拱宸管二十四，簫二十四，笳二十四（主帥二人騎領），鐃鼓十二（主帥四人騎領），歌二十四，簫二十四，笳二十四，小橫吹百二十（主帥八人騎領），笛二十四，簫二十四，觱篥二十四，笳二十四，桃皮觱篥二十四。次黃麾幡二（騎二夾），殿中侍御史二人騎（令史四人騎從）。次芳亭輦一，鳳輦一，小輿一，尚輦直長二人騎檢校（書令史四人騎從）。次五牛旗輿各一，左右屯衛隊正各一人騎檢校（並執銀裝長刀）。次乘黃令丞二人（府史四人騎從）。次金、象、革、木輅。次五副輅。次耕根車次進賢明遠羊車次屬車十二次中書門下祕書殿中省局官各一騎次黃鉞豹尾車次後部黃麾仗（左右道與殿中黃麾相並）第一部左右驍衞將軍各一人檢校折衝都尉各一人分領（主帥鞚幰等並同前部下皆準此）第二部左右武衞將軍各一人檢校折衝都尉各一人分領第三部左右屯衞將軍各一人檢校折衝都尉各一人分領第四部左右領軍衞折衝都尉各一人分領第五部左右驍衞折衝都尉各一人分領第六部左右驍衞折衝都尉各一人分領絳引幡二十護後主帥二十人次步甲後隊（左右道）第一隊貔旗二（執引並同前）左右衞果毅都尉各一人分領（鍪甲弓盾同前隊第十二）第二隊鶡雞旗二左右衞折衝都尉各一人分領（鍪甲弓箭同前隊第十一）第三隊仙鹿旗二左右驍衞果毅都尉各一人分領（鍪甲刀盾同前隊第十）第四隊金鸚鵡旗二左右驍衞折衝都尉各一人分領（鍪甲弓箭同前隊第九）第五隊瑞麥旗二左右武衞果毅都尉各一人分領（鍪甲刀盾同前隊第八）第六隊孔雀旗二左右武衞折衝都尉各一人分領（鍪甲弓箭同前隊第七）第七隊野馬旗二左右屯衞果毅都尉各一人分領（鍪甲刀盾同前隊第六）第八隊犛牛旗二左右屯衞折衝都尉各一人分領（鍪甲弓箭同前隊第五）第九隊甘露旗二左右領軍衞果毅都尉各一人分領（鍪甲刀盾同前隊第四）第十隊網子旗二左右領軍衞折衝都尉各一人分領（鍪甲弓箭同前隊第三）第十一隊鶡雞旗二左右領軍衞果毅都尉各一人分領（鍪甲刀盾同前隊第二）第十二隊貔旗二左右領軍衞折衝都尉各一人分領（鍪甲弓箭同前隊第一）次後部馬隊（左右道）第一隊角觽旗二左右衞折衝都尉各三人分領（兼第二第十隊）（每隊弩弓箭矟並同前隊）第二隊赤熊旗二第三隊兕旗二左右驍衞果毅都尉各三人分領（兼第四隊）第四隊太常旗二第五隊馴象旗二左右武衞折衝都尉各三人分領（兼第六第七隊）第六隊鵕鸃旗二第七隊騼騊旗二第八隊騶牙旗二左右屯衞果毅都尉各二人分領第九隊蒼烏旗二第十隊白狼旗二第十一隊龍馬旗二左右領軍折衝都尉各二人分領第十二隊金牛旗二次後隊及仗（左右道）左右領軍衞主帥四人及八十左右武衞主帥四人及五十又五十左右屯衞驍衞主帥各四人及四十又四十次掩後隊（中道）左右屯衞折衝都尉各一人大戟五十刀盾五十弓箭五十矟五十次眞武隊（中道）金吾折衝都尉一人仙童騰蛇眞武神龜旗各一（十八人執二人引二人）夾矟二十五弓箭二十弩五

車駕至青城則周衞行宮及壇內外其青城坐甲布列三百三十六鋪殿前指揮使二十四鋪四百七十七人內殿直一十鋪一百四十一人散員一十鋪一百四十二人散指揮一十鋪一百四十一人散都頭一十鋪一百四十三人散祗候一十鋪一百四十人金槍一十鋪一百五十八人銀槍一十鋪一百五十八人東第一班三鋪五十二人東第二班三鋪五十三人東第三班六鋪九十一人東第四班五鋪八十四人東第五班二鋪二十二人下茶酒班一鋪三十一人散直一十鋪一百四十九人鈞容直一十鋪二百人御龍直二十二鋪三百八十五人御龍骨朶子直一十二鋪二百一十二人御龍弓箭直一十八鋪二百九十六人御龍弩直二十二鋪三百五十六人把天門天武一鋪八人駕頭扇筤天武一鋪三十二人禁衞天武六鋪三百十八人約攔天武三十鋪三百一十八人方圍子親從三十四鋪三百六十人禁衞崇政殿親從四十鋪幷提舉人員共四百六十三人行宮司親從一十二鋪一百八十人快行親從四鋪八十六人行宮殿門崇政殿親從四十六人行宮殿門親從幷提舉人員二百四十人把街約攔親事官貼諸處擬門一十隊及提舉人員一百三人殿前指揮使已下看守馬火甲隊一千一百七十一人右禁衞諸班共六千七百二十有四人圜壇東門外中道夾立諸班直主首引駕人員九人御龍四直門旗六十人御龍仗劒六人天武把門長行八人大次前外圍親從四隊三十八人執燭親從八十六人行宮殿門一十二人御龍直四十人大次後把街約攔執事官五十一人大次兩壁快行六十九人於禁衞外排立壇周圍守踏道裏圍親從十將節級二十一人壇從裏第二重方圍親從三百二十四人大次及外壝外諸門行宮司共一百六十人宮架及壇東幄幕宰臣百官幕次共六十人右自大次前外圍至百官幕次共八百六十二人凡詣小次行禮不須隨從大次前裏圍幷攔前一百七十一人執燭一百二十九人外圍一百八十人行宮門及快行二十四人（右自裏圍至行宮快行共五百四人）凡詣小次行禮隨從祗應圜壇從外壝下分作九重從中第一重殿前指揮使等七百四十四人第二重御龍直等六百九十五人第三重散員等六百四十二人第四重散都頭等七百一十人第五重天武骨朶大劒約攔五百八十一人第六重御營四面巡檢下步軍八百六十七人第七重御營四面幷青城圜壇巡檢下步軍八百六十七人第八重御營四面巡檢下馬軍四百三十三人第九重御營四面巡檢及青城圜壇巡檢下馬軍四百三十四人壇四門殿前指揮使行門二十五人內人員一十五人壇東門夾立擎鞭長行一十八人（右自青城赴壇諸班親從文武及御營圜壇巡檢下總七千四百六十七人）駕至太廟還衞如郊壇坐甲布列二百六十三鋪殿前指揮使二十四鋪四百七十七人內殿直散員散指揮散都頭散祗候散直各一十鋪一百二十人共六十鋪七百二十人金槍一十鋪一百五十八人銀槍一十鋪一百五十八人東第一第二班各二鋪三十八人共四鋪六十八人東第三第四班各四鋪六十八人共八鋪一百二十人東第五班二鋪二十二人下茶酒班一鋪三十一八御龍直八鋪三百八十五人御龍骨朶子直四鋪二百一十二人御龍弓箭直六鋪二百九十六人御龍弩直八鋪三百五十六人把行門天武一鋪八人駕頭扇筤天武一鋪三十二人禁衞天武六鋪三百一十八人禁衞崇政殿親從四十鋪幷提舉人員共四百六十三人行宮司親從一十二鋪一百八十人快行親從四鋪八十六人方圍親從二十四鋪三百六十人約攔天武三十鋪三百一十八人行宮殿門崇政殿親從及提舉人員二百八十六人把街約攔親事官貼諸處擬門一十二隊幷提舉人員一百三人御營四面巡檢六員下步軍九百一十八人親從四十八人青城內至圜壇巡檢下親從四十八人右禁衞諸班直等御營四面巡檢軍兵及青城至圜壇巡檢下親從總六千一百四十五人（左山商氏家藏宋人青城圜壇太廟三圖共布置行列極爲詳備因附鹵簿之後庶覽之者可以考一代之制云）

凡鹵簿內牙門旗中道四分二門左右道各十分五門中道一門在金吾細仗前一門在掩後隊後左右廂第一門在步甲前隊第六後第二門在前部黃麾仗前第三門在後部黃麾仗前第四門在黃麾仗後第五門在步甲後隊第六後每旗二人執四人夾並騎分左右每門監門校尉六人領又大駕郊祀籍田薦獻玉清昭應景靈宮用之迎奉聖像亦用大駕惟不設象及六引導駕官法駕減太常卿司徒兵部尚書白鷺崇德車大輦五副輅進賢明遠車又減屬車四餘並三分減一泰山下汾陰行禮明堂大慶殿恭謝用之凡一萬一千八十八人鑾駕又減縣令州牧御史大夫指南記里鸞旗皮軒車象輅革輅木輅耕根車羊車黃鉞車豹尾車屬車小輦小輿餘並減半朝陵迎泰山天書東封西祀朝謁太清宮奏告玉清昭應宮奉迎刻玉天書躬謝太廟皆用之鸞駕舊用二千人大中祥符五年眞宗告太廟增至七千人兵部黃麾仗用太常鼓吹太僕寺金玉輅殿中省大輦其制無定然皆減於小駕御樓車駕親征或省方還京迎禁中天書五嶽上冊建安軍迎奉聖像太廟上冊皆用之

宋史卷一百四十六

元　中　書　右　丞　相　總　裁　脫　脫　等　修

儀衞志第九十九

儀衞四（政和大駕鹵簿幷宣和增減小駕附）

政和大駕鹵簿象六分左右次六引開封令開封牧大司樂少傅御史大夫兵部尚書（各用本品鹵簿）次金吾纛矟左右皁纛各六（執托各一人紼四人）押衙四人（並騎）爆矟八（各執一人）本衞上將軍將軍各四人本衞大將軍二人（並騎）爆矟四夾大將軍（執各一人夾二人並騎）法駕爆矟減二本衞上將軍將軍各減二人次朱雀旗隊（並騎）金吾衞折衝都尉一人引隊爆矟二夾都尉（執旗一人引夾各二人凡仗內引夾執人數準此）弩四弓矢十六矟二十左右金吾衞果毅都尉二人押隊法駕弩減二弓矢減六矟減八宣和引隊改天武都指揮使押隊改天武指揮使次龍旗隊大將軍一員檢校騎引旗十二人（並騎）風伯雨師雷公電母旗各一五星旗五左右攝提旗二北斗旗一護旗十二人副竿二（執人並騎）法駕引旗護旗人各減四宣和檢校改左右衞大將軍雷公電母旗去公母二字次指南記里鼓車各一駕馬各四駕士各三十人白鷺鸞旗崇德皮軒車各一駕士各十八人法駕無白鷺崇德車宣和有青旌青雀鳴鳶飛鴻虎皮貔貅六車在記里鼓之下崇德之前減白鷺鸞旗皮軒三車駕士之數如前次金吾引駕騎本衞果毅都尉二人儀刀弩弓矢矟各減二宣和改都尉爲神勇都指揮使次大晟府前部鼓吹令二人府史四人管押指揮使一人掆鼓金鉦各十二（帥兵官八人領）大鼓一百二十（帥兵官十人領）長鳴一百二十（帥兵官六十人領）鐃鼓十二（帥兵官四人領）歌工拱宸管簫笳各二十四大橫吹一百二十（帥兵官十人領）節鼓二笛簫觱篥笳桃皮觱篥各二十四掆鼓金鉦各十二（帥兵官四人領）小鼓中鳴各一百二十（帥兵官八人領）羽葆鼓十二（帥兵官四人領）歌工拱宸管簫笳各二十四法駕前後掆鼓金鉦各減四

大鼓減四十長鳴減四十鐃鼓減四拱宸管後簫笳各減八大橫吹減四十節鼓後笛簫篳篥笳桃皮篳篥各減八小鼓中鳴各減四十羽葆鼓減四最後簫笳各減八帥兵共減十八人次太史相風行漏等輿太史令及令史各一人並騎相風烏輿一輿士四人交龍鉦鼓各一輿士各六人司辰典士各一人並騎漏刻生四人鼓樓鐘樓行漏輿各一輿士各一百人太史正一人清道二人十二神輿一輿士十四人法駕行漏輿一輿七各十四人神輿一輿士多大駕二人宣和鼓鐘樓並改爲輿太史正前有捧日副指揮使二人捧日節級十八人神輿輿士增十次持級前隊左右武衞果毅都尉二人引隊左右武衞校尉二人絳引幡一執一人挾二人左右有金節十二執人並騎罕畢各一朱雀幢叉導蓋青龍白虎幢各一叉三執八人並騎稱長一人鈒戟二百八十八人左右武衞將軍二人檢校左右武衞校尉四人押隊法駕金節減四鈒戟減七十二宣和引隊改驍騎都指揮使武衞校尉改驍騎軍使增朱雀旗後之叉一去龍虎旗後之叉三檢校改用左右驍騎將軍次黃麾幡一執一人騎挾二人法駕前有殿中侍御史二員次六軍儀仗左右神武軍左右羽林軍左右龍武軍各有統軍二員都頭二人羽林又有節級二人押仗本軍旗各一排闌旗各二十合有吏兵力士旗各五掩尾天馬旗二羽林有赤豹黃熊旗龍武有龍君虎君旗各一白柯槍五十哥舒棒十鐙仗八法駕神武軍減排闌旗十羽林龍武軍各減四吏兵力士旗減一宣和統軍改將軍神武軍旗改熊虎排闌旗改平列哥舒棒改戈戟鐙仗改羽戟羽林隊無節級黃熊旗改黃羆龍武旗改熊虎次引駕旗天王旗二排仗通直官二人押旗十二辰旗各一法駕同次龍墀旗天下太平旗一排仗大將二人夾旗五方龍旗各一金鸞金鳳旗各一獅子旗二君王萬歲旗二日月旗各一法駕減龍鳳獅子旗次御馬二十四控馬每匹天武二人御馬直二人爲十二重法駕減八爲八重宣和御馬直改爲習馭次中道隊大將軍一員檢校法駕同宣和大將軍改爲左右驍衞大將軍次日月合璧旗一苣文旗二五星連珠旗一祥雲旗二長壽旗二宣和苣文改慶雲祥雲改祥光次金吾細仗青龍白虎旗各一五嶽神旗五方神旗五方龍旗五方鳳旗各五已上執各一人挾各二人法駕五方龍鳳旗各減二宣和改校尉爲使臣五嶽神旗去神字次八寶鎮國神寶皇帝之寶皇帝行寶皇帝信寶天子受命寶天子之寶天子行寶天子信寶左右爲四重香案八各以二列於寶輿之前碧襴二十四人符寶郎行於碧襴之間法駕減

碧襴八人宣和增引職掌二人香案職掌六人援衞傳喝親從一百人奉寶篳官每寶二十八人節級一人奉寶一十二人舁香案行馬執燭籠各四人持席褥油衣共三人香案寶輿各九燭籠二十六碧襴之數同前次方繖二大雉尾扇四夾執繖扇各一人以下準此法駕同次金吾四色官六人押仗二人法駕減押仗次金甲二人宣和改爲銅甲次太僕寺進馬四人並騎次引駕千牛衞上將軍一員千牛八人中郎將二人並乘珂馬千牛二人並騎宣和引駕改爲千牛衞大將軍中郎將改爲捧日都虞候次長史二人並騎宣和無次金吾引駕官四人並騎次導駕官執政以上人從六人待制諫議防禦使以上五人監察御史刺史諸衞將軍以上四人次繖扇輿輦大繖二中雉尾扇四夾腰輿一小雉尾扇四夾應奉人員一人十將將虞候節級二人長行十六人排列官二人中雉尾扇十二華蓋二執各二人香鐙一執擎八人小輿一應奉人逍遙平輦下人長行二十四人逍遙子一應奉人十將將虞候節級共九人長行二十六人平輦一應奉人員七人餘同上法駕排列官後中雉尾扇減四宣和去小雉尾扇四腰輿一添管押人員二人都將四人僉押小輿排列官二人小輿一奉輿二十四人都將九人逍遙子改爲逍遙輦奉輦一十六人平輦一奉輦人同上後有上輦奉御二人騎小輿前又有大輅一駕馬六太僕卿御駕士一百二十人次駕前東第五班開道旗一皁纛旗十二引駕六十二人鈞容直三百人引駕同作樂五方色龍旗五門旗四十御龍四直步執門旗六十天武駕頭下一十二人茶酒班執從物一十一人御龍直仗劍六人天武把行門八人麋旗一殿前班擊鞭一十八人簇輦龍旗八日月麟鳳旗四青白赤黑龍旗各一御龍直四十人踏路馬二夾輅大將軍二員進輅職掌二員部押二人教馬官二員法駕同宣和無鈞容直開道旗內增押班一人殿侍二人皁纛旗十二殿侍十二人儀引駕人員二人長行六十人五方色吉字旗殿侍三人管押十八門旗殿侍二人管押四十人又八門旗六十御龍直一十二人骨朶直十二人御龍弓箭直弩直各十八人御龍直仗劍六人執麋旗殿侍二人管押龍旗人員二人都知副都知各一人執骨朶殿侍十六人內大將軍改爲千牛衞大將軍朝服步從將軍二人朝服陪乘掌輦四人皇帝乘玉輅駕青馬六駕士一百二十八人扶駕八人骨朶直一百三十四人行門三十五人分左右陪乘將軍二員法駕同宣和駕士增爲二百三十四人次奉宸隊御龍直左廂骨朶子直右廂弓箭直弩直御龍四直並以逐班直所管人數列爲五重天武骨朶大劍二百一十八人次駕後東第五班大黃龍旗一鈞容直三十一人扇筤下天武二十人茶

酒班簇輦三十一人招箭班三十三人法駕同宣和止用黃龍旗餘並無次副玉輅一駕青馬六駕士四十人法駕無宣和駕士一百人內人員二人次大輦一掌輦四人應奉人員十二人十將將虞候節級共十人長行三百五十五人尚輦奉御二人殿中少監供奉職官二員令史四人書令史四人法駕同宣和增奉輦爲九十人次太僕御馬二十四爲十二重法駕減八爲八重宣和無太僕次持鈒後隊左右武衞旅帥二人法駕同宣和改爲神勇都指揮使次重輪旗二大繖二大雉尾扇四小雉尾扇朱團扇各十二華蓋二叉二睥睨十二御刀六眞武幢一絳麾二叉一細矟十二法駕小雉尾扇朱團扇睥睨矟各減四華蓋減一御刀減二宣和眞武幢改爲玄武次左右金吾衞果毅都尉二人並騎總領大角一百二十法駕減四十宣和改都尉爲驍騎都指揮使次大晟府後部鼓吹丞二人典事四人管轄指揮使一人羽葆鼓十二帥兵官四人領歌工拱宸管簫笳各二十四帥兵官二人領鐃鼓十二帥兵官四人領歌工簫笳各二十四小橫吹一百二十帥兵官八人領笛簫觱篥笳桃皮觱篥各二十四法駕羽葆鼓減四簫笳笛觱篥桃皮觱篥各減八鐃鼓減四小橫吹減四十帥兵官減二人並宣和帥兵官改爲天武神勇宣武虎翼四都頭次黃麾一執人數同前部法駕亦同有殿中侍御史二員在黃麾前芳亭輦一奉輦六十人鳳輦一奉輦五十八人法駕去鳳輦宣和芳亭奉輦六十二人次金象革木四輅並有副輅金輅踏路赤馬二正副各駕赤馬六駕士六十人餘輅正副駕馬數同而色異象輅以赭白革輅以騮木輅以黑駕士各四十人法駕前副輅宣和駕馬之色又異金以騮象以赤革以赭白木以烏駕士五百五十人副一百人管押人員各二人畊根車一駕青馬六駕士四十人法駕同宣和無進賢車一駕士二十四人明遠車一駕士四十人法駕無宣和各增駕馬四次屬車十二乘每乘駕牛三駕士十人法駕減四乘宣和增衙官二人管押節級一人次門下中書祕書殿中四省局官各二員法駕同次黃鉞車豹尾車各一各駕赤馬二駕士十五人法駕除進賢明遠車外並同宣和有黃鉞天武副都頭及神勇副都頭各一次掩後隊左右威衞折衝都尉二人領隊大戟刀盾弓矢矟各五十法駕各減十六宣和押隊改用宣武都指揮使二人次眞武隊金吾衞折衝都尉一人犦矟二偁童旗一眞武旗一螣蛇神龜旗各一矟二十五弓矢二十弩五法駕矟減六弓矢減五弩減一宣和改爲玄武隊改眞武爲玄武又去偁童龜

蛇旗改都尉爲虎翼都指揮使政和大駕外仗清游隊次第六引外仗白澤旗二左右金吾衞折衝都尉二人弩八弓矢三十二矟四十法駕次第三引外弩減二弓矢減八矟減十宣和改都尉爲捧日都指揮使左右金吾各十六騎帥兵官二人弩八弓矢矟各十二法駕金吾騎及弓矢矟各減四宣和改金吾爲天武都頭次佽飛隊左右金吾衞果毅都尉二人分領並騎虞候佽飛四十八人並騎鐵甲佽飛二十四人並騎甲法駕前減十八人後減八人宣和改金吾衞爲拱聖都指揮使改都尉爲都指揮使次前隊殳仗左右領軍衞將軍二人檢校並騎犦矟四殳叉分五隊第一一百六十人第二八十人第三一百人第四第五各八十人逐隊有帥兵官左右領軍衞左右威衞左右武衞左右驍衞左右衞各四人法駕殳叉第一隊減六十第二第三各減三十第四第五各減二十宣和改檢校爲左右衞將軍領軍衞爲天武都頭威衞爲神勇都頭武衞爲宣武都頭驍衞爲虎翼都頭殳叉第一隊減六十增第二隊至第五隊爲一百次後隊殳仗殳叉分五隊第一第二八十人第三一百人第四八十人第五一百六十人帥兵官左右衞左右驍衞左右武衞左右威衞左右領軍衞凡前後隊殳仗前接中道北斗旗後進鹵簿後隊法駕殳叉第一第二隊各減二十四第三第四各減三十第五減六十宣和殳叉各一百天武神勇宣武虎翼廣勇都頭次前部馬隊凡二十皆以都尉二人分領第一前左右金吾衞折衝領角亢斗牛宿旗四弩十弓矢二十矟四十第二氐房女虛宿旗四第三心危宿旗第四尾宿旗各二以上四隊各以左右領軍衞果毅領第五箕壁宿旗第六奎井宿旗各二各以左右威衞折衝領第七婁鬼宿旗第八胃柳宿旗第九昴星宿旗各二各以左右武衞果毅領第十畢張宿旗第十一觜翼宿旗第十二參軫宿旗各二各以左右驍衞折衝領弩弓矢矟人數同第一隊法駕分二十八宿旗爲十隊逐隊弩減四弓矢減六矟減二十宣和捧日拱聖神勇驍衞宣武四都指揮使分領上十隊以虎翼廣勇都指揮使分領下二隊次步甲前隊凡十二左右領軍衞將軍二人檢校並騎犦矟四逐隊皆有都尉二人分領第一第三各以左右領軍衞第五以左右威衞第七以左右武衞第九以左右驍衞第十一以左右衞並折衝第二第四各以左右領軍衞第六以左右威衞第八以左右武衞第十以左右驍衞第十二以左右衞並果毅內有鵕鸃玉馬三角獸黃鹿飛

麟馱騤鸑麟馴象玉兔辟邪等旗各二以序居都尉之後逐隊有弓矢刀盾相間各六十八居旗之後法駕止十隊每隊弓矢各減二十宣和檢校改用左右衞將軍又去爆矟分領並改爲都指揮使第一第二並捧日第三第四並天武第五第六並拱聖第七第八並神勇第九驍騎第十宣武第十一虎翼第十二廣勇次前部黃麾仗絳引幡二十下分六部第一左右威衞第二左右領軍衞第三左右威衞第四左右武衞第五左右驍衞第六左右衞諸部各有殿中侍御史兩員本衞大將軍二人檢校本衞折衝都尉二人分領又各有帥兵官二十人龍頭竿六重重各二十揭鼓三重重各二儀鍠五色幡小戟矟各一重重各二十弓矢二重重各二十朱綠縢絡盾幷刀二重重各二十法駕止五部絳引幡帥兵官龍頭竿幡戟弓矢盾刀矟並減六宣和六部驍衞武衞屯衞領軍衞監門衞千牛衞皆左右上將軍天武神勇宣武虎翼廣勇皆都指揮都頭逐部上將軍都頭各一人次青龍白虎旗各一左右衞果毅都尉二人分押旗及領後七十騎弩八弓矢二十二矟四十法駕減後騎三十弩減二弓矢減八矟減二十宣和改都尉爲虎翼都指揮使次班劒儀刀隊並騎左右衞將軍二人分領郎將二十四人左右親衞勳衞各四人每衞班劒二百二十八人諸翊衞左右衞六人領儀刀四百八人左右驍衞二人領儀刀一百三十六人左右武衞左右威衞左右領軍衞左右金吾衞各二人法駕親勳衞班劒減八十四人翊衞儀刀減一百三十二人增左右驍衞四人班劒儀刀九人二人宣和分領改左右武衞將軍及捧日天武指揮四人拱聖六人神勇驍騎驍勝宣武虎翼指揮使各二人次親勳散手驍衞翊衞隊（並騎）左右衞供奉中郎將四人分領親勳翊衞四十八人左右衞郎將二人分領散手翊衞六十八人左右驍衞郎將二人分領驍衞翊衞五十六人法駕親勳減十六人散手驍衞各減二十八人宣和改爲中衞翊衞親衞隊中衞郎四人分領衞兵四十八人翊衞郎二人分領衞兵六十八人親衞郎二人分領衞兵五十六人次左右驍衞翊衞三隊（並騎）各有二人分領第一本衞大將軍第二本衞將軍第三本衞郎將花鳳飛黃吉利旗各二分爲三隊逐隊弩十弓矢二十矟四十法駕減四弓矢矟各減半宣和分領第一第二隊左右驍衞大將軍將軍第三廣勇指揮使改花鳳旗爲雙蓮旗次夾轂隊凡六逐隊都尉二人檢校第一第四左右折衝第二第三第五第六並左右衞果毅逐隊刀盾各六十八人內第一第四有寶符旗二法駕各減刀盾二十宣和檢校改爲捧日天武拱聖三指揮使次捧日隊逐隊引一人押二人長行殿侍二十八人旗頭三人槍手五人弓箭手二十八人左右廂天武約攔各一百五十五人法駕同次後部黃麾仗分六部左右衞左右驍衞左右武衞左右威衞左右領軍衞左右武衞部內殿中侍御史大將軍都尉帥兵官絳引幡龍頭竿等並同前部法駕減第六部絳引幡減六宣和六部第一改爲左右驍衞大將軍自三至六改爲天武神勇宣武虎翼廣勇五指揮次步甲後隊凡十二皆有都尉二人分領第一以左右衞第三以左右驍衞第五以左右武衞第七以左右威衞第九第十一各以左右領軍衞以上並果毅第二以左右衞第四以左右驍衞第六以左右武衞第八以左右威衞第十第十二各以左右領軍衞以上並折衝內有貔鶡鷄僂鹿金鸚鵡瑞麥孔雀野馬犛牛甘露綱子祥光翔鶴等旗各二以序居都尉之後逐隊有弓矢刀盾相間各六十八人居旗之後法駕止十隊宣和自第七隊以下分領改用都指揮使七八並神勇九驍騎十宣武十一虎翼十二廣勇旗亦改其半七天正堯瑞八日有戴承十翔鶴十一紅光十二文石次後部馬隊凡十二皆以都尉二人分領第一第二各以左右衞第五第六第七各以左右武衞第十至十一十二各以左右領軍衞並折衝第三第四各以左右驍衞第八第九各以左右威衞並果毅內有角觿赤熊兕天下太平馴犀鵕鸃騼騊駼牙蒼烏白狼龍虎金牛等旗各二以序居都尉之後每隊弩十弓矢二十矟四十法駕止十隊弩減四弓矢減六矟減十二宣和改都尉爲指揮使一二並以捧日三四並以天武五六並以拱聖七八並以神勇九以驍騎十以宣武十一以虎翼十二以廣勇內六以芝禾並秀旗七有萬年連理木旗以上鹵簿凡門有六中道之門二第一門居日月合璧等旗之後法駕居龍墀旗之後第二門居掩後隊之後法駕同各有金吾衙門旗四監門校尉六人左右道之門四第一居步甲前隊第六隊之後第二居第十二隊之後第三居夾轂隊之後第四居步甲後隊第六隊之後法駕同各有監門校尉四人宣和改校尉爲使臣

致和小駕減大駕六引及象木革輅五副輅小輿小輦又減指南記里白鷺鸞旗崇德皮軒畊根進賢明遠黃鉞豹尾屬車等十一餘並減大駕之半

宋史卷一百四十六考證

儀衞志四第四尾宿旗各二○臣開鼎按大駕後隊用二十八宿旗以蒼龍七宿配元武七宿因其次第爲偶尾應與室並尾下應有室字通考載政和鹵簿亦作尾室宿旗

逐隊弩十弓矢二十矟四十法駕減四弓矢矟各減半○按通考法駕下當有弩字

宋史卷一百四十七

元中書右丞相總裁脫脫等修

儀衞志第一百

儀衞五（紹興鹵簿　皇太后皇后鹵簿　皇太子鹵簿妃附　王公以下鹵簿）

紹興鹵簿宋初大駕用一萬一千二百二十二人宣和增用二萬六十一人建炎初裁定一千三百三十五人紹興初用宋初之數十六年以後遂用一萬五千五十人明堂三分省一用一萬一十五人孝宗用六千八百八十九人明堂用三千三百十九人以後並用孝宗之數紹興用象六副象一（乾道用象一淳熙用象六而不設副紹熙如乾道慶元後不設）

六引第一引淸道二人（孝宗省之）幰弩一人騎方繖一雉花扇二曲蓋一外仗靑衣二人車輻棒二告止傳敎信幡各二戟十第二引淸道二人（孝宗省之）幰弩一人騎皷一鉦一大皷十節一矟二皆騎方繖一雉花扇四（孝宗省爲二）曲蓋一幢一麾一皆騎大角四鐃一簫二笳二橫吹二笛一簫一觱栗一笳一外仗靑衣四人（孝宗省爲二）車輻棒四（孝宗省爲二）告止傳敎信幡各二儀刀十戟二十弓矢二十（孝宗省爲十六）刀盾二十矟二十（孝宗並省）第三第四第五第六引並同第二引內花扇大角各二靑衣二人（孝宗朝第三第四第五第六引內大角省爲二餘並同第二引已省之數）金吾纛矟隊纛十二（孝宗省爲六）押纛二人（孝宗省爲一）押衙四人（孝宗省爲二）上將軍四人將軍四人（孝宗省之）大將軍二人（孝宗省爲一）纍矟十二並騎（孝宗省爲八）朱雀隊朱雀旗一纍矟二弩四隊前後引押各天武都指揮使一人騎　龍旗隊引旗一風師雨師雷旗電旗各一五星旗五攝提旗二北斗旗一護旗一左右衞大將軍一人　金吾引駕騎神勇都指揮使次弩弓矢矟各四並騎　大常前部皷吹令二府史四人管轄指揮使一人帥兵官三十六人（孝宗省作十四人）掆皷十二金鉦十二（孝宗皷鉦並省爲十）大皷六十（孝宗省作二十四）小皷六十（孝宗省作三十）節皷一鐃皷六羽葆皷六歌工二十四拱宸管二十四（孝宗歌工管並省爲十八）簫笳各三十六（孝宗朝簫十八笳二十四）長鳴六十中鳴六十（孝宗朝並省爲十八）大橫吹六十（孝宗省爲二十四）笛十二（孝宗增爲十八）觱栗十二桃皮觱栗十二　持鈒前隊驍騎都指揮使一人將軍一人軍使四人並騎稱長一人靈芝旗二瑞瓜旗二雙蓮花旗二太平瑞木旗二朱雀旗一甘露旗二嘉禾旗二芝草旗二絳引幡一（孝宗省之）黃麾幡一靑龍白虎幢各一金節十二罼罕各一叉一鈒戟五十（孝宗省爲二十八）　六軍儀仗第一隊軍將二卒長二騎熊虎旗二赤豹旗二吏兵旗二力士旗二戈六矛四戟四鉞四白柯槍五十平列旗二十在仗外分夾旗槍第二隊軍將二卒長二騎龍君旗虎君旗各三黃熊旗四赤豹旗二吏兵旗力士旗各一戈六矛四戟四鉞四白柯槍四十平列旗二十分仗外第三隊軍將二卒長二騎通直官二吏兵旗力士旗各一熊虎旗二龍君旗虎君旗各一天王旗四十二辰旗各一戈六矛戟鉞各四白柯槍三十平列旗二十分夾仗外（孝宗朝第一隊軍將卒長各一龍虎旗赤豹旗吏兵旗力士旗各二矛四戈四戟二鉞二白柯槍三十平列旗十四餘同第二隊軍將卒長各一龍君虎君黃熊赤豹旗同戟六鉞六戈四矛四白柯槍二十第三隊軍將卒長各一吏兵力士熊虎龍君虎君天王旗並同十二辰旗十二通直官二白柯槍十平列旗十二）　龍墀旗隊天下太平旗一排仗大將二人夾之五方龍旗各一（爲三重）赤在前黃在中黑在後靑左白右次金鸞旗一左金鳳旗一右獅子旗二君王萬歲旗一日旗一左月旗一右　御馬十匹分左右爲五重　中道隊左右衞大將軍一人檢校騎日月合璧旗一慶雲旗二五星連珠旗一祥光旗長壽幢各一金吾牙門第一門牙門旗四次監門使臣六分左右騎（孝宗省旗爲二監門爲三）金吾細仗靑龍旗一左白虎旗一右五嶽神旗五分前中後左右爲三列五方神旗五陳列亦如之五方龍旗二十五相間爲五隊每隊赤前黃中黑後靑左白右五方鳳旗二十五相間爲五隊陳列亦如之五嶽旗在左五方旗在右五龍旗在左五鳳旗在右四瀆旗江淮在左河濟在右押二人分左右騎（孝宗五龍五鳳旗止各一隊共省四十旗餘同）八寶輿鎭國神寶左受命之寶右皇帝之寶左天子之寶右皇帝信寶左天子信寶右皇帝行寶左天子行寶右爲四列每寶一輿每輿一香案輿案前燭畢三十二引寶職掌八人侍寶官一人內外符寶郎各二人扆衞一百人碧欄二十八人夾扆衞之外（孝宗省碧欄爲十二餘同）殿中繖扇輿輦方扇一（孝宗省一）朱團扇四（孝宗省二）金吾四色官六人（孝宗省爲二）押仗二人騎金甲二人執鉞進馬官四人騎千牛衞大將軍一人（孝宗省之）千牛衞將軍八人

(孝宗省為二)金吾引駕官二人導駕官四人並騎導大繖二(孝宗省二)鳳扇四(孝宗省一)夾繖而行(前同)腰輿一鳳扇十六夾輿(孝宗省為四)華蓋二排列官一人香鐙一火燎一小輿一逍遙子　平輦駕前諸班直　駕頭　鳴鞭　誕馬燭籠三百三十人(孝宗省為二百一十八人)前驅都下親從官一百五十人(孝宗省為四十五人)東西班六人(孝宗省為二十二人約攔)殿前指揮使四十八人東第三班長入祗候五十二人班直主首九人(孝宗省為三人)茶酒新舊班一百六人(孝宗省為四十四人)開道旗一纛一十二鈞容直二百七十人(駕回則作樂孝宗乾道元年省之乾道六年以後再用)吉利旗五五方龍旗五龍旗二十(孝宗省之)門旗六十(孝宗省為二十)殿前指揮使引駕骨朶子直四十人(分左右夾門旗外)駕頭門駕頭下天武官二十二人(孝宗省為十七人)都下親從一十六人(孝宗省為八人)茶酒班執從物殿侍二十二人又都下親從二十二人(孝宗省為六人)劍六人(孝宗省為三人)纛旗一人員一(孝宗省之)殿前指揮使行門二十二人鳴鞭十二人(孝宗增為一十四人)大御龍直百二十人(孝宗省為八十六人)快行五十八人日月麟鳳旗各一青龍白龍赤龍黑龍旗四人員二引駕千牛上將軍一人　玉輅奉宸隊分左右充禁衛圍子八重崇政殿親從圍子二百人為第一重(從裏數出)御龍直二百五十人為第二重崇政殿親從外圍子二百五十人為第三重御龍直骨朶子直二百五十人為第四重御龍弓箭直二百五十人為第五重御龍弩直二百五十人為第六重禁衛天武二百五十人為第七重都下親從圍子三百人為第八重(孝宗以上並同)天武約攔二百人(孝宗省作百八十八人)在禁衛圍子外編排禁衛行子二十一人快行五十九人(孝宗省為四十二)管押相視御龍四直八人(孝宗省為四人)照管行子御龍四直二十四人(孝宗省為八人)天武六人(孝宗省之)禁衛內攔前崇政殿親從三十二人(孝宗省作二十五人)駕後部　扇筤大黃龍旗一駕後樂東西班三十六人鈞容直三十一人並騎(孝宗此下增招箭班三十四人)扇筤扇筤下天武二十二人(孝宗省作一十七人)都下親從十六人(孝宗省作八人)茶酒班執從物五十八人騎(孝宗省為三十人)大輦輦下應奉幷人員合六百一十四人分五番(孝宗乾道元年省之六年以後復設)御馬十匹為五重　持鈒後隊神勇都指揮使二人騎重輪旗二人大繖二(孝宗省為一)朱團扇八(孝宗省為四)鳳扇二小雉扇二十二(孝宗省減雉扇為六)華蓋二(孝宗省為一)俾倪十二(孝宗省為六)御刀六玄武幢一絳麾二叉細矟十二(孝宗省為六)驍騎都指揮使一人騎(總領大角)大角四十(孝宗省為二十)太常後部鼓吹鼓吹丞二人典吏四人(孝宗省為三人)管轄指揮使一人羽葆鼓六歌工二十四拱宸管十二簫三十六笳二十四鐃鼓六小橫吹六十笛十二觱栗十二帥兵官十人(孝宗歌工十八拱宸管十二簫十八笳二十四鐃鼓六笛十八節鼓一小橫吹三十觱栗十八桃皮觱栗十二羽葆鼓吹六帥兵官八人)黃麾幡一(中道)金輅象輅革輅木輅各一每輅誕馬各六在輅前駕士各百五十四人(乾道元年省之六年以後復用)掩後隊(中道)宣武都指揮使二人大戟刀盾弓矢矟各十五　金吾衙門第二門(中道)牙門旗四分左右(孝宗省之)監門使臣六分左右騎(孝宗省為三)玄武隊(並騎中道)虎翼都指揮使一人纛矟二玄武旗一矟弓矢各十(孝宗並省為五)弩五

外仗(分左右道以夾中道儀仗)清游隊(並騎)白澤旗二捧日指揮使二弩四弓矢十矟十六　左右金吾十六騎天武都頭二人弩八弓矢十二矟十二(孝宗弩弓矢矟並省為六)　佽飛隊(並騎)拱聖指揮使二虞候佽飛二十鐵甲佽飛十二　前隊殳仗都頭六人騎殳叉六十　後隊殳仗都頭四人騎殳叉四十　前部馬隊第一隊捧日都指揮使二人角斗亢牛旗各一弩四弓矢十矟八第二隊捧日都指揮使二人氐女房虛旗各一弩弓矢矟如第一隊第三隊天武都指揮使二人心危旗各一弩弓矢如第二隊第四隊天武都指揮使二人尾室旗各一弓矢矟如第三隊第五隊拱聖指揮使二人箕壁旗各一弩弓矢矟如第四隊第六隊拱聖都指揮使二人奎井旗各一弩弓矢矟如第五隊第七隊神勇都指揮使二人婁鬼旗各一弩弓矢矟如第六隊第八隊神勇都指揮使二人胃柳旗各一弩弓矢矟如第七隊第九隊驍騎都指揮使二人昴星旗各一弩弓矢矟如第八隊第十隊宣武都指揮使二人畢張旗各一弩弓矢矟如第九隊第十一隊虎翼都指揮使二人觜翼旗各一弩弓矢矟如第十隊第十二隊廣勇都指揮使二人參軫旗各一弩弓矢矟如第十一隊(孝宗省為十隊二十八宿旗每隊四弓矢矟每隊六餘同)　步甲前隊第一隊捧日指揮使都頭各二人騎(下同)鶡鷄旗二青鍪甲刀盾二十(孝宗刀盾省為十二下並同)　第二隊捧日指揮使都頭貔旗朱鍪甲刀盾第三隊天武指揮使都頭萬年連理木旗黃鍪甲刀盾第四隊天武指揮使都頭芝禾並秀旗白鍪甲刀盾第五隊拱聖指揮使都頭祥鶴旗黑鍪甲刀盾第六隊拱聖指揮使都頭犀旗黃鍪甲刀盾(孝宗改黃鍪甲為青鍪甲餘並同)　金吾左右道牙門第一門牙門旗四分左右監門使臣八人並騎(孝宗旗省為二使臣省為四人)　步甲前隊第七隊神武指揮使都頭鶡鷄旗青鍪甲刀盾第八隊神武指揮使都頭麟旗朱鍪甲刀盾第九隊驍騎指揮使都頭白狼旗黃鍪甲刀盾第十隊驍騎指揮使都頭蒼烏旗白鍪甲刀盾第十一隊虎翼指揮使都頭鵕鸃旗黑鍪甲刀盾第十二隊廣勇指揮使都頭太平旗黃鍪甲刀盾自二至十二隊人旗刀盾數列如第一隊(孝宗內去鶡鷄旗麟旗而用慶雲旗瑞麥旗)　金吾左右道牙門第二門牙門旗四分左右監門使臣八人並騎(孝宗旗省為二監門省為四人)　前部黃麾仗第一部殿中侍御史二員騎(下同)絳引旛二十(孝宗省為十)纛矟二捧日指揮使二都頭五並騎(下同)黃氅五十(孝宗省為二十)鈸四斧十戟弓矢二十矟三十(孝宗省為二十)弩十第二部殿中侍御史天武指揮使都頭青氅鈸斧戟弓矢矟弩第三部殿中御史拱聖指揮使都頭緋氅鈸斧戟弓矢矟弩(孝宗省作三部)第四部殿中御史神勇指揮使都頭黃氅鈸斧戟弓矢矟弩第五部殿中御史驍騎指揮使都頭白氅鈸斧戟弓矢矟弩第六部殿中御史廣勇指揮使都頭黑氅鈸斧戟弓矢矟弩自二至六部數列並如初部　青龍白虎翼(並騎)青龍旗一白虎旗一虎翼都指揮使二弩四弓矢十矟八　班劍儀刀隊(並騎)武衛將軍二人捧日天武拱聖神勇指揮使各二人班劍六十儀刀六十次驍騎驍勝宣武虎翼指揮使各二人班劍六十儀劍六十　親勳散手驍衛翊衛隊(並騎)中衛郎四人翊衛郎二人親衛郎二人衛兵四十甲騎四十在衛兵外　左右驍衛翊衛三隊(並騎)第一隊左右驍衛大將軍二人雙蓮花旗二弩四弓矢十(孝宗減為六下同)矟十六(孝宗減矟為六下同)第二隊廣勇指揮使二人吉利旗弩弓矢矟數如初隊　金吾左右道牙門第三門牙門旗四分左右監門八人並騎(孝宗旗減為二監門減為四人)　捧日隊三十四隊左右各十七隊(孝宗減為十隊左右各五隊)　每隊引一人押一人旗三人槍五人弓箭二十人　後部黃麾仗凡六部第一部至六部並同前部黃麾仗惟無絳引旛纛矟(孝宗減為三部仗數亦同前部黃麾已減之數併去纛矟絳引旛)　絳引旛二十(孝宗減為十)　金吾左右道牙門第四門牙門旗四監門八人騎(孝宗旗減為二監門減為四人)　步甲後隊第一隊捧日指揮使都頭各二人騎鶡鷄旗各二青鍪甲刀盾二十(孝宗減刀盾為十六逐隊並同)第二隊天武指揮使都頭芝禾並秀旗萬年連理木旗朱鍪甲刀盾第三隊拱聖指揮使都頭犀旗鶴旗黃鍪甲刀盾第四隊神武指揮使都頭蒼烏旗白狼旗白鍪甲刀盾第五隊驍騎指揮使都頭天下太平旗鵕鸃旗黑鍪甲刀盾第六隊虎翼指揮使都頭鶡鷄旗鵰旗黃鍪甲刀盾自二至六隊數列並如初隊　金吾左右道牙門第五門牙門旗四監門八人騎(孝宗減旗為二監門為四)　後部馬隊第一隊捧日都指揮使二角觽旗二弩四弓矢十矟十六(孝宗弓矢減為六矟減為八)　第二隊捧日都指揮使(孝宗更用天武)赤熊旗弩弓矢矟第三隊天武都指揮使(孝宗更用拱聖)兕旗弩弓矢矟第四隊天武指揮使(孝宗時更神勇)天下太平旗弩弓矢矟第五隊拱聖都指揮使犀旗(孝宗用龍馬旗)弩弓矢矟第六隊拱聖都指揮使芝禾並秀旗(孝宗用金牛旗)弩弓矢矟第七隊神勇都指揮使萬年連理旗弩弓矢矟第八隊神勇都指揮使騶牙旗弩弓矢矟第九隊驍騎都指揮使蒼烏旗弩弓矢矟第十隊宣武都指揮使白狼旗弩弓矢矟第十一隊虎翼都指揮使龍馬旗弩弓矢矟第十二隊廣勇都指揮使金牛旗弩弓矢矟自二至十二隊數列並如初隊

皇太后皇后鹵簿皆如禮令徽宗政和元年詔皇后受冊排黃麾仗及重翟車陳小駕鹵簿后謙避於是詔延福宮受冊仍舊而小駕鹵簿禮門外黃麾仗紫宸殿臣僚稱賀上禮並罷其景靈宮朝謁則依近例三年議禮局上皇后鹵簿之制清游隊旗一(執一人引二人夾二人並騎)金吾衛折衝都尉一員騎(執矟二人夾)領四十騎執矟二十人弩四人橫刀一十六人次虞候佽飛三十八騎次內僕內僕丞各一員(各書令史二人並騎)次正道黃麾一(執一人夾二人並騎)次左右廂黃麾仗廂各三行行一百人第一行短戟五色氅第二行戈五色氅第三行儀鍠五色幡左右領軍衛左右威衛左右武衛左右驍衛左右衛等各三行行二十人各帥兵官六人領內左右領軍衛帥兵官各三人各果毅都尉一員檢校(各一人步從)左右領軍衛絳引旗引前掩後各六次內謁者監四人給事內常侍內侍各二人並騎(內給使各一人步從)次內給使一百二十人次偏扇團扇方扇各二十四次香蹬一次執擎內給使四人(在重翟車前)次重翟車駕青馬六駕士二十四人行障六坐障三夾車並宮人執次內寺伯二人騎領寺人六人分左右夾重翟車次腰輿一(輿士八人)團雉尾扇二夾輿次大繖四大雉尾扇八錦花蓋二小雉尾扇朱畫團扇各十二錦曲蓋二十錦六柱八扇(自腰輿以下並內給使執)次宮人車次絳麾二(各一人執)次正道後黃麾一(執一人夾二人並騎)次供奉宮人次厭翟車駕赤騮翟車駕黃騮安車駕赤騮各四駕士各二十四人四望車耕根車各駕牛三駕士各一十二人次左右廂各置牙門二(每門執二人夾四人一在前黃麾前一在後黃麾後)次左右領軍衛每廂各一百五十人執殳帥兵官四人檢校次左右領軍衛折衝都尉各一員檢校殳仗(各一人騎從)次後殳仗內正道置牙門一每門監門檢校二人騎每廂各巡檢校尉一員騎來往檢校前後部鼓吹金鉦掆鼓大鼓長鳴中鳴鐃吹羽葆鼓吹節鼓御馬並減大駕之半

皇太子鹵簿禮令三師詹事率更令家令各用本品鹵簿前導太宗至道中真宗升儲事多謙抑謁廟日止用東宮鹵簿六引官但乘車而不設儀仗天禧二年仁宗爲皇太子亦依此制政和三年議禮局上皇太子鹵簿之制家令率更令詹事各乘輅車太保太傅太師乘輅各正道威儀鹵簿依本品次清游隊旗執一人引二人夾二人並正道清道率府折衝都尉一員領二十騎執稍一十八人弓矢九人弩三人二人騎從折衝次左右清道率府率各一員領清道直盪及檢校清游隊龍旗等執𩨨稍各二人次外清道直盪二十四人騎次正道龍旗各六執一人前二人引後二人護副竿二執各一人騎次正道細仗引爲六重每重二人自龍旗後均布至細仗稍與弓箭相間並騎每廂各果毅都尉一員領次率更丞一員次正道前部鼓吹府史二人領鼓吹並騎㧏鼓金鉦各二執各一人夾二人以下準此帥兵官二人次大鼓三十六橫行長鳴以下準此帥兵官八人長鳴三十六帥兵官二人鐃吹一部鐃鼓二各執一人夾二人後部鐃節鼓準此簫笳各六帥兵官二人㧏鼓金鉦各二帥兵官二人次小鼓三十六帥兵官四人中鳴三十六帥兵官二人以上並騎次誕馬十每匹二人控餘準此廐牧令丞各一員各府史二人騎從次左右翊府郎將各一員領班劒左右翊衛執班劒二十四人通事舍人四人司直二人文學四人洗馬司議郎太子舍人中允中舍左右諭德各二人左右庶子四人並騎自通事舍人以後各步從一人次左右衛率府副率各一員步從親勳翊衛每廂各中郎將郎將一員並領六行儀刀第一行親衛二十三人曲折三人第二行親衛二十五人曲折四人第三行勳衛二十七人曲折五人第四行勳衛二十九人曲折六人第五行翊衛三十一人曲折七人第六行翊衛三十三人曲折八人曲折人並部後門以上三衛並騎次三衛一十八人騎中郎將二人夾輅在六行儀刀仗內金輅駕馬四僕寺僕馭左右率府率一員驂士二十二人夾輅左右衛率府率各一員各步從一人次左右內率府率各一員副率各一員並騎各步從一人次千騎執細刀弓矢三衛儀刀仗後開牙門次左右監門率府直長各六人監後門並騎次左右衛率府每廂各翊衛二隊並騎次厭角隊各三十人執旗二人引二人夾二人執稍一十五人弓矢七人弩三人每隊各郎將一員領次正道繖二雉尾扇四夾繖次腰輿一輿士八人團雉尾扇二小方雉尾扇八夾執各一人次內直郎令史各二人騎從檢校次誕馬十典乘二人府史二人騎從次左右司禦率府校尉各一人並騎從領團扇曲蓋次朱團扇紫曲蓋各六執各一人次諸司供奉官人次左右清道率府校尉各一人並騎領大角三十六鐃鼓二簫笳各六帥兵官二人橫吹十節鼓一笛簫觱栗五帥兵官二人並騎次管轄指揮使二人檢校次副輅駕四馬駕士二十人軺車駕一馬駕士十四人四望車駕一馬駕士一十人次左右廂步隊凡十六每隊各果毅都尉一人領並騎隊三十人執旗一人引二人夾二人並帶弓矢騎步二十五人前一隊執稍一隊帶弓矢以次相間左右司禦率府左右衛率府各四隊二在前二在後次左右司禦率府副率各一員檢校步隊各二人執𩨨稍騎從次儀仗左右廂各六色色九行行六人前第一行戟赤氅第二行弓矢第三行儀鋋并毦第四行刀盾第五行儀鍠五色幡第六行油戟次前仗首左右廂各六色色三行行六人左右司禦率府各一員果毅都尉各一員帥兵官各六人領次左右廂各六色色三行行六人左右衛率府副率各一員果毅都尉各一員帥兵官各六人領次畫後鹵簿左右廂各六色色三行行六人左右司禦率府副率各一員步從各一人果毅都尉各一人帥兵官各六人領左右司禦率府率兵官各六人護後並騎每廂各絳引幡十二執各一人引前旗六引後旗六揭鼓十二揭鼓左右司禦率府四重左右衛率府二重次左右廂殳各一百五十人左右司禦率府各八十六人左右衛率府各六十四人並分前後在步隊儀仗外馬隊內前接六旗後盡鹵簿曲折至門每廂各司禦率府果毅都尉一員檢校各一人從每廂各帥兵官七人並騎左右司禦率府各四人左右衛率府各三人次馬隊左右廂各十隊每隊帥兵官以下三十一人旗一執一人引二人夾二人執稍十六人弓矢七人弩三人前第一隊左右清道率府果毅都尉各一員領第二第三第四隊左右司禦率府果毅都尉各一員領第五第六第七隊左右衛率府果毅都尉各一員領第八第九第十隊左右司禦率府果毅都尉各一員領次後拒隊旗一執一人引二人夾二人清道率府果毅都尉一員領四十騎執稍二十八人弓矢十六人弩四人又二人騎從次後拒隊前當正道殳仗行內開牙門次左右廂各開牙門三前第一門左右司禦率府步隊後左右率府步隊前第二門左右衛率府步隊後司禦率府儀仗前第三門左右司禦率府儀仗後左右衛率府步隊前每門執旗二人夾四人並騎監門率府直長各二人並騎次左右監門率府副率各一員騎來往檢校諸門各一人騎從次左右清道率府副率各三人仗內檢校并糾察各一人騎從次少師少傅少保正道乘輅威儀鹵簿各依本品次文武官以次陪從

皇太子妃鹵簿之制政和三年議禮局上清道率府校尉六人騎次青衣十人次導客舍人四人內給使六十人偏扇團扇方扇各十八並宮人執行障四坐障二夾車宮人執典內二人騎厭翟車駕三馬駕士十四人次閤帥二人領內給使十八人夾車六柱二扇內給使執次供奉內人乘犢車次繖一正道雉尾扇二團扇四曲蓋二執繖扇各內給使二人次戟九十宋制臣子無鹵簿名遇升儲則草具儀注政和禮雖創具鹵簿然未及行也南渡後雖嘗討論然皇太子皆沖挹不受朝謁宮廟及陪祀及常朝皆乘馬止以宮僚導從有繖扇而無圍子用三接青羅繖一紫羅障扇四人從指使二人直省官二人客司四人親事官二十人輦官二十人翰林司四人儀鸞司四人廚子六人教駿四人背印二人步軍司宣效一十人步司兵級七十八人防警兵士四人朝位在三公上扈從在駕後方圍子內

皇太子妃政和亦有鹵簿南渡後亦省之妃出入惟乘檐子三接青羅繖一黃紅羅障扇四人從以皇太子府親事官充輦官前執從物檐子前小殿侍一人抱塗金香毬先驅則教駿兵士呵止

王公以下鹵簿凡大駕六引用本品鹵簿奉冊充使及詔葬皆給之親王用一品之制加告止幡傳教幡信幡各二其葬日用六引內儀仗真宗咸平二年王承衍出葬日在禁樂禮官請鹵簿鼓吹備而不作從之景德二年南郊鹵簿使王欽若言鄆王攢日所給鹵簿與南郊儀仗吉凶相參望依令別制王公車輅所有鼓吹儀仗亦請增置以備拜官朝會婚葬之用從之於是儀服悉以殉其葬日在塗以革車代輅徽宗政和三年議禮局上王公鹵簿之制中道清道六人次幰弩一騎次大晟府前部鼓吹令及職掌局長院官各一人㧏鼓金鉦各一大鼓長鳴各一十八㧏鼓金鉦各一次引樂官二人小鼓中鳴各一十次麾幢各一節一夾稍二誕馬八每匹控馬各二人革車一乘駕赤馬四駕士二十五人散扇十方繖二朱團扇四夾方繖曲蓋各二次大角八次後部鼓吹丞一員錄事一人次鐃鼓一簫四笳四大橫吹六節鼓一夾色二笛簫觱栗笳各四次外仗青衣十二車輻棒十二戟九十絳引幡六刀盾稍弓矢各八十儀刀十八信幡八告止幡傳教幡各四儀鋋二儀鍠斧挂五色幡六油戟十八儀稍十二細稍十二次左右衛尉寺押當職掌一十一人騎部轄步兵部轄騎兵太僕寺部押人員各一人教馬官各一人押當職掌四人騎

公主鹵簿惟葬日給之秦國成聖繼明夫人葬日亦給外命婦一品鹵簿自餘未嘗用

一品鹵簿命婦同中道清道四人幰弩一騎大晟府前部鼓吹令職掌一人局長院官各一人㧏鼓金鉦各一大鼓長鳴各一十六麾幢節各一稍二誕馬六次革車一乘駕赤馬四駕士二十五人命婦厭翟車駕士二十三人二品三品準此散扇八二品減四三品減六命婦散扇五十行障五行於車前二品三品準此方繖二朱團扇四曲蓋二大角八命婦屬車六駕黃牛十八駕士五十九人行大角前二品三品準此次後部鼓吹丞一員錄事一人引樂官二員鐃鼓一簫笳大橫吹各四節鼓一笛簫觱栗笳各四外仗青衣十人車輻棒十戟九十刀盾稍各八十弓矢六十儀刀三十信幡八告止幡傳教幡儀鍠斧挂五色幡各四次衛尉寺排列押當職掌一十一人部轄人員太僕寺部押人員教馬官各一人押當職掌四人命婦加二人

二品鹵簿命婦同中道清道二人幰弩一大晟府前部鼓吹令一及職掌局長院官各一人㧏鼓金鉦各一大鼓十四麾幢節各一夾稍二誕馬四次革車一乘駕赤馬四駕士二十五人散扇四方繖朱團扇曲蓋各二次大角八次後部鼓吹丞一錄事引樂官各一人鐃鼓一簫笳各二大橫吹四笛簫觱栗笳各二外仗青衣八人車輻棒八戟七十刀盾稍弓矢各六十儀刀十四信幡四告止傳教幡各二次衛尉排列押當職掌九人部轄人員太僕寺部押人員教馬軍各一人押當職掌四人命婦加二人

三品鹵簿命婦同中道清道二幰弩一麾幢各一節一夾稍二誕馬四次革車一乘駕赤馬四駕士二十五人散扇二方繖二曲蓋一大角四外仗青衣八人車輻棒六戟六十刀盾稍弓矢各五十儀刀十二信幡四告止傳教幡各二次衛尉排列押當職掌七人部轄人員太僕寺部押人員教馬官各一人押當職掌四人命婦加二人

以上皆政和所定也

宋史卷一百四十七考證

儀衛志五俾倪十二〇臣開鼎按本志睥睨如華蓋而小從目通考亦從目惟唐書儀衛志從人

次千騎執細刀弓矢〇臣開鼎按本志大駕鹵簿有千牛衛左右上將軍通考皇太子鹵簿次千牛騎執細刀弓矢此千字下應有牛字

宋史卷一百四十八

元　中　書　右　丞　相　總　裁　脫　脫　等　修

儀衞志第一百一

儀衞六鹵簿儀服

鹵簿儀服自漢鹵簿象最在前晉平吳後南越獻馴象作大車駕之以載黃門鼓吹數十人使越人騎之以試橋梁宋鹵簿以象居先設木蓮花坐金蕉盤紫羅繡襜絡腦當胸後鞦並設銅鈴杏葉紅犛牛毛拂跋塵每象南越軍一人跨其上四人引並花脚幞頭緋繡窄衣銀帶太宗太平興國六年兩莊養象所奏詔以象十於南郊引駕開寶九年南郊時其象止在六引前排列詔鹵簿使領其事

旗皆錯采爲之漆竿鑁首纛頭錦帶腰火䤂脚白澤攝提金鸞金鳳獅子苣文天下太平君王萬歲仙童騰蛇神龜及在步甲前後隊後馬隊三隊六軍儀仗內並以赤日月及合璧連珠風雨雷電五星二十八宿祥雲並以青北斗以黑五岳四瀆五方四神十二辰五龍五鳳龍虎君並以方色天王以赤黃二色排攔以黃紫赤三色元豐三年詳定郊廟奉祀禮文所言鹵簿前用二十八宿五星攝提旗有司乃取方士之說繪爲人形於禮無據伏請改製各著其象以則天文從之元祐七年太常寺言二十八宿旗五星攝提旗按鹵簿圖畫人形及牛虎頭婦人小兒之類於禮無據元豐三年禮文所上言乞改製各著其象以則天文後有司循舊儀未曾改正今欲改造從之元符二年徽宗即位兵部侍郎黃裳言南郊大駕諸旗名物除用典故制號外餘因時事取名伏見近者璽授元符茅山之上日有重輪太上老君眉間發紅光武夷君廟有仙鶴臣請制爲旗號曰寶符曰重輪曰祥光曰瑞鶴從之政和四年禮制局言鹵簿大黃龍負圖旗畫八卦乞改畫九一三七二四六八五之數仙童網子大神三旗無所經見乞除去從之初大觀三年西京潁陽縣大慶觀聖祖殿東有嘉禾芝草並生其嘉禾一本四穗芝草葉圓而重起至是詔製芝禾並秀旗又以是年二月日上生青赤黃戴氣後日下生青赤黃承氣詔製日有戴承旗又以元符二年武夷君廟有仙鶴迎詔政和二年延福宮宴輔臣有羣鶴自西北來盤旋於睿謨殿上及奏大晟樂而翔鶴屢至詔製瑞鶴旗八年禮部侍郎張邦昌奏太祖時甘露降於江陵者十日瑞麥秀於濮陽者六岐獲金鷄魂於壠坻得三玉兎於鄆封馴象至而五嶺平瓊管族而白鹿出皆命製爲旗章陳之望詔有司取自崇觀至今凡中外所上瑞應悉掇其尤殊者增製旗物上以丕承天貺下以聳動民瞻從之初宋制其物尤盛中興後惟務簡約雖參用舊制然亦不無因革其太常青質夾羅惟繡日月星而無龍下有網緌謂之旆而竿頭爲龍首銜青結綬垂青旆緌十二謂之旒蓋幅下無斿而竿首垂旒抑又取古者注旄及羽於竿首之遺制竿用桐木護以剖竹膠以鬃飾以藻玉輅建之大旂黃質九幅每幅繡升龍一側幅二下垂黃絲網緌九金輅建之大赤朱質七幅每幅繡鳥隼二側幅如之下垂朱絲網緌七象輅建之大白素質五幅每幅繡熊一虎一側幅如之下垂淺黃絲網緌五革輅建之大麾皁質四幅每幅繡五采龜蛇一側幅繡龜二下垂皁絲網緌四木輅建之其黃龍負圖旗建隆初始爲大制有架旗力重以百九十人維之今用七十人其君王萬歲天下太平日月五星北斗招搖青龍朱雀白虎玄武等十旗皆以十七人維之其祥瑞旗八紹興二十五年所制也是歲適當郊祀而太廟生靈芝九莖贛州進太平瑞木道州連理木遂寧府嘉禾鎮江府瑞瓜南安軍雙蓮花嚴州兜率寺信州玉山芝草黎州甘露禮部侍郎王珉等請繪之華旗以紀盛美焉

五牛旗依方色皆小輿上刻木爲牛背插旗錯采爲牛旗竿上有小盤盤衣及輿衣亦並繡牛形輿士各四人服繡五色牛衣自太祖時詔用之神宗熙寧七年太常寺言大駕鹵簿羊車本前代宮中所乘五牛旗蓋古之五時副車也以木牛戴旗用人輿之失其本制宜省去從之

牙門旗古者天子出建大牙今制赤質錯采爲神人象中道前後各一門左右道五門門二旗蓋取周制樹旗表門及天子五門之制

駕頭一名寶床正衙法坐也香木爲之四足瑑山以龍卷之坐面用藤織雲龍四圍錯采繪走龍形微曲上加緋羅繡褥裹以緋羅繡帕每車駕出幸則使老內臣馬上擁之爲前驅焉不設則以朱匣韜之

幡本幟也貌幡幡然有告止傳教信幡皆絳帛錯采爲字上有朱綠小蓋四角垂羅文佩繫龍頭竿上其錯采字下告止爲雙鳳傳教爲雙白虎信幡爲雙龍又有絳引幡制頗同此作五色間暈無字兩角垂佩中興爲六角蓋垂珠佩下有橫木板作碾玉文三幡亦以錯采篆書告止傳教信幡

幢制如節而五層韜以袋繡四神隨方色朱漆柄取曲禮行前朱雀而後玄武左青龍而右白虎之義王公所給幢黑漆柄紫綾袋中興用生色袋

皁纛本後魏纛頭之制唐衞尉器用纛居其一蓋旄頭之遺象制同旗無文采去鐙首六脚後志云今制皁纛皁斿旒爲火焰之形金吾仗主之每纛一人持一人拓之乘輿行則陳於鹵簿左右各六

絳麾如幢止三層紫羅囊蒙之王公麾以紫綾袋

黃麾古有黃朱纁三色所以指揮也漢鹵簿有前黃麾護駕御史宋制絳帛爲之如幡錯采成黃麾字下繡交龍朱漆竿金龍首上垂朱綠小蓋神宗元豐二年詳定朝會御殿儀注所言按周禮木輅建大麾以田鄭氏曰大麾不在九旗之中以正色言之則黑夏后氏所建禮記曰有虞氏之旂夏后氏綏鄭氏曰綏謂注旄牛尾於竿首所謂大麾書曰王右秉白旄以麾孔穎達曰虞世但注旄夏世始加旒緣西京雜記漢大駕有前黃麾崔豹古今注麾所以指麾乘輿以黃諸公以朱刺史二千石以纁開元禮儀纂曰唐太宗法夏后之前制取中方之正色故制大麾色黃今禮有黃麾其制十二幅開寶通禮義纂曰黃中央之色此仗最近車輅故以應象取其居中道達四方含光大大也今鹵簿黃麾以夏制言之則狀不類旗以漢制言之則色又不黃伏請制大麾一注旄於竿首則法夏后氏之制其色正黃則用漢制以十二幅爲旗則取唐制以一旒爲之則取今龍墀旗之制當元會陳仗衞建大黃麾一於當御廂之前以爲表識其當御廂之後則見黃麾幡二井上大黃麾黃麾旛制度神宗批曰黃麾制度考詳前志終是可疑今鑿而爲之植於大庭中外共瞻之地或爲傳聞多識者所譏宜且闕之更俟討求黃麾仍舊

氅本緝鳥毛爲之唐有六色孔雀大小鵞毛鷄毛之制後志云今制有青緋皁白黃五色上有朱蓋下垂帶帶繡禽羽末綴金鈴青則繡以孔雀五角蓋緋則繡以鳳六角蓋皁則繡以鵞六角蓋白亦以鵞四角蓋黃則以雞四角蓋每角綴垂佩揭以朱竿上如戟加橫木龍首以繫之

金節隋制也黑漆竿上施圓盤周綴紅絲拂八層黃繡龍袋籠之王公以下皆有節制同金節韜以碧油繖古張帛避雨之制今有方繖大繖皆赤質紫表朱裏四角銅螭首六引內者其制差小哲宗元祐七年太常寺言開元禮大駕八角紫繖王公已下四角青繖今鹵簿圖但引紫繖而無青繖之文詔改用紹興十三年將郊詔繖扇如舊制拂扇等不以珠飾

蓋本黃帝時有雲氣爲花蘤之象因而作也宋有花蓋導蓋皆赤質如繖而圓瀝水繡花龍又有曲蓋差小惟乘輿用之人臣則親王或賜之而以青緍繡瑞草焉

睥睨如華蓋而小

扇篔緋羅繡扇二緋羅繡曲蓋一並內臣馬上執之駕頭在細仗前扇篔在乘輿後大駕法駕鑾駕常出並用之扇圓徑四尺二寸柄長八尺三寸黃茸繡圖龍仍用金塗銅飾扇有朱團及雉尾四等朱團繡雲鳳或雜花黑漆柄金銅飾雉尾皆方繡雉尾之狀有三等大雉扇長五尺二寸闊三尺七寸中扇小扇遞減二寸下方上殺以緋羅繡雉尾之狀中有雙孔雀雜花下施黑漆橫木長柄以金塗銅飾乘輿出入必以前持障蔽凡朔望朝賀行冊禮皇帝升御坐必合扇坐定去扇禮畢駕退又索扇如初蓋謂天子升降俯仰衆人皆得見之非肅穆之容故必合扇以障焉畢畢象畢昴爲天階故爲前引皆赤質金銅飾朱縢結網金獸面畢方上有二螭首銜紅絲拂畢圓如扇香鐙唐制也朱漆案緋繡花龍衣上設金塗香爐燭臺長竿二輿士八人金塗銀火鐐香匙副之

大角黑漆畫龍紫繡龍袋

長鳴次鳴大小橫吹五色衣幡緋掌畫交龍樂令三品已上緋掌畫蹲豹

爆矟爆擊聲也一云象爆牛善鬭字從牛唐金吾將軍執之宋制如節有袋上加碧油常置朝堂車駕鹵簿出則八枚前導又四枚夾大將者名衞司爆矟

矟長矛也木刃黑質畫雲氣又有細矟制同而差小

戟有枝兵也木爲刃赤質畫雲氣上垂交龍掌五色帶帶末綴銅鈴鈒戟無掌而有小橫木鈒插也制本插車旁又小戟與鈒戟同

殳叉戟之類殳無刃而短黑飾兩末叉青飾兩末並中白畫雲氣各綴朱絲拂

槍矟也唐羽林所執制同矟而鐵刃上綴朱絲拂

儀鍠鉞屬也秦漢有之唐用爲儀仗刻木如斧塗以青柄以黃上綴小錦幡五色帶

班劍本漢朝服帶劍晉以木代之亦曰象劍取裝飾斑斕之義鞘以黃質紫斑文金銅飾紫絲絛紛錔

御刀晉宋以來有之黑鞘金花銀飾靶鞞紫絲絛紛錔又儀刀制同此悉以銀飾王公亦給之

刀盾刀本容刀也盾旁排也一人分持刀以木爲之無鞘有環紫絲絛紛錔盾赤質畫異獸又朱縢絡盾制悉同唯綠縢綠質皆特執之

檍弩漢京尹司隷前驅持弓以射窺者宋制每弩加箭二有韣畫雲氣仗內弩皆同

弓箭每弓加箭二有韣同檍弩

車輻棒也形如車輪輻宋制朱漆八稜白幹

哥舒黑漆棒也制同車輻以金銅釘飾

鐙杖黑漆弩柄也以金銅爲鐙及飾其末紫絲絛繫之

鳴鞭唐及五代有之周官條狼氏執鞭趨辟之遺法也內侍二人執之鞭鞘用紅絲而漬以蠟行幸則前驅而鳴之大祀禮畢還宮亦用焉視朝宴會則用於殿庭

誕馬散馬也如金塗銀鬧裝鞍勒乘輿以紅繡韉六鞘王公以下用紫繡及剜花韉哲宗元祐七年太常寺言誕馬按鹵簿圖曰舊並施鞍韉景祐五年去之非納后誕馬猶施鞍韉今欲乞除去仍依鹵簿圖用纓轡緋屜御馬鞍勒之制有金玉水晶金塗四等鬧裝鞊韘促結爲坐龍碾鈒鏤塵沙面平面窪面方團寸節卷荷校具皆垂六鞘金銀裹鞍橋銜鐙朱黃絲絛轡鞦緋黃織繡或素圓韉襠襆用金銀綫織或緋黃絁鞭用紫竹紅黃絲鞘纓以紅黃犛牛尾金爲鈌每日馬五匹供奉官用玉及金塗鞍襆皆素行幸則十四匹加眞金水晶之飾太宗至道二年詔先是御馬以織成帊覆鞍勒今後以廣絹代之

馬珂之制銅面鵰翎鼻拂攀胷上綴銅本葉紅絲拂又胷前及腹下皆有攀綴銅鈴後有跋塵錦包尾獨鹵簿中金吾衞將軍導駕者皆有之

甲騎具裝甲人鎧也具裝馬鎧也甲以布爲裏黃絁表之青綠畫爲甲文紅錦緣青絁爲下帬絳韋爲絡金銅鈌長短至膝前膺爲人面二自背連膺纏以錦騰蛇具裝如常馬甲加珂拂於前膺及後鞦

毬杖金塗銀裹以供奉官騎執之分左右前導大禮用百人花脚幞頭紫繡袴袍襖常出三十人公服皆騎導雞竿附竿爲雞形金飾首銜絳幡承以綵盤維以絳索揭以長竿募衞士先登爭得雞者官給以纈襖子或取絳幡而已大禮畢麗正門肆赦則設之其義則雞爲巽神巽主號令故宣號令則象之陽用事則雞鳴故布宣陽澤則象之一曰天雞星動爲有赦故王者以天雞爲度金雞事六朝已有之或謂起于西京南渡後則自紹興十三年始也大駕鹵簿巾服之制金吾上將軍將軍六統軍千牛中郞將服花脚幞頭抹額紫繡袍佩牙刀珂馬諸衞大將軍將軍中郞將折衝果毅散手翊衞服平巾幘紫繡袍大口袴錦螣蛇銀帶佩橫刀執弓箭千牛將軍服平巾幘紫繡袍大口袴銀帶韡鞠佩橫刀執弓箭珂馬千牛服花脚幞頭緋繡袍抹額大口袴銀帶韡鞠前馬隊內折衝及執矟者服錦帽緋繡袍銀帶監門校尉六軍押仗服幞頭紫繡裲襠隊正服平巾幘緋繡袍大口袴諸衞主帥都尉引駕騎持鈒隊內校尉旅帥執衞司殳仗𦋀矟金吾十六騎班劒儀刀隊親勳翊衞執大角人並服平巾幘緋繡裲襠大口袴佩橫刀執弓箭金吾押牙服金鵞帽紫繡袍銀帶儀刀金吾持纛者服烏紗帽皁衣袴韈韈金吾押纛服幞頭皁繡衫大口袴銀帶烏皮韡執金吾𦋀矟服錦袍帽臂韝銀帶烏皮韡淸遊隊佽飛執副仗矟服甲騎具裝錦臂韝佩橫刀執弓箭白袴朱雀隊執旗及執牙門旗執絳引旛黃麾旛者並服緋繡衫抹額大口袴銀帶執殳仗前後步隊眞武隊執旗前後部黃麾執日月合璧等旗靑龍白虎隊金吾細仗內執旗者並服五色繡袍抹額行縢銀帶執白竿棒人加銀褐捍腰執龍旗及前馬隊內執旗人服五色繡袍銀帶行縢大口袴執弓箭執龍旗副竿人服錦帽五色繡袍大口袴銀帶執弩弓箭人服錦帽靑繡袍銀帶前後步隊人服五色甃甲錦臂韝韈韈袴銀帶朱雀隊內執弓箭矟虞候佽飛執長壽幢寶輿法物人並服平巾幘緋繡袍大口袴銀帶援寶執絳麾眞武幢叉人並服武弁紫繡衫持鈒隊殿中黃麾繖扇腰輿香鐙華蓋指南進賢等車駕士相風鐘漏等輿輿士並服武弁緋繡衫駕羊車童子服垂耳髻靑頭𦆑靑繡大袖衫袴勒帛靑耳履執引駕龍墀旗六軍旗者服錦帽五色繡衫錦臂韝銀帶引夾旗及執哥舒鐙仗者服帖金帽餘同上執花鳳飛黃吉利旗者服銀褐繡衣抹額銀帶夾轂隊服五色質甃鎧錦臂韝白行縢紫帶韈韈驍衞翊衞三隊服平巾幘緋繡袍大口袴錦螣蛇五輅副輅耕根車駕士服平巾幘靑繡衫靑履韈教馬官服幞頭紅繡抹額紫繡衫白袴銀帶掌輦主輦服武弁黃繡衫紫繡誕帶攏御馬者服帖金帽紫繡大袖衫銀帶執眞武幢者服武弁皁繡衫紫繡誕帶五牛旗輿士服武弁五色繡衫大口袴銀帶掩後隊服黑甃甲錦臂韝行縢皷吹令丞服綠袴褶冠銀褐裙金銅革帶緋白大帶履韈太常寺府史典事司天令史服幞頭綠衫黃半臂太常主師掆皷金鉦節皷人服平巾幘緋繡袍大口袴抹帶錦螣蛇歌拱宸管簫笳笛觱栗無螣蛇太常大皷長鳴小皷中鳴服黃雷花袍袴抹額袜帶太常鐃大橫吹服緋苣文袍袴抹額袜帶太常羽葆皷小橫吹服靑苣文袍袴抹額袜帶排列官令史府史服黑介幘緋衫白袴白勒帛司辰典事漏刻生服靑袴褶冠革帶殿中少監奉御供奉排列官引駕仗內排列承直官大將金吾引駕押仗押旗服幞頭紫公服烏皮韡尚輦奉御直長乘黃令丞千牛長史進馬四色官服幞頭綠公服白袴金銅帶烏皮韡殿中職掌執繖扇人服幞頭碧襴金銅帶烏皮韡（舊衣黃太平興國六年並內侍省並改服以碧）凡繡文金吾衞以辟邪左右衞以瑞馬驍衞以雕虎屯衞以赤豹武衞以瑞鷹領軍衞以白澤監門衞以獅子千牛衞以犀牛六軍以孔雀樂工以鸞耕根車駕士以鳳御嘉禾進賢車以瑞麟明遠車以對鳳羊車以瑞羊指南車以孔雀記里皷黃鉞車以對鸞白鷺車以翔鷺鸞旗車以瑞鸞崇德車以辟邪皮軒車以虎屬車以雲鶴豹尾車以立豹相風鳥輿以烏五牛旗以五色牛餘皆以寶相花六引內使服之制淸道官服武弁緋繡衫革帶持檍駕車輻棒者服平巾赤幘緋繡衫赤袴銀帶靑衣服平巾靑幘靑袴褶持戟繖扇刀盾者服黃繡衫抹額行縢銀帶持旛蓋者服繡衫抹額大口袴銀帶內告止旛曲蓋以緋傳教旛信旛絳引旛以黃執誕馬轡儀刀麾幢節夾矟大角者服平巾幘緋繡衫大口袴銀帶大駕鹵簿內執轡並錦絡衫帽持弓箭矟者服武弁緋繡衫白袴駕士服錦帽繡戎服大袍銀帶弓箭以靑矟以紫持掆皷者服平巾幘緋繡對鳳袍大口袴白袜帶錦螣蛇鐃吹部內服平巾幘緋繡袍白袜帶白袴餘悉同大駕前後部其繡衣文淸道以雲鶴幰弩以辟邪車輻以白澤駕士司徒以瑞馬牧以隼御史大夫以獬豸兵部尚書以虎太常卿以鳳縣令以雉樂工以鸞餘悉以寶相花太祖建隆四年范質議按開元禮武官陪立大仗加螣蛇裲襠如袖無身以覆其髆胳蓋掖下縫也從肩領覆臂髆共一尺二寸又按釋文玉篇相傳云其一當胷其一當背謂之兩當今詳裲襠之制其領連所覆髆胳其一當左髆其一當右髆故謂之起髆今請兼存兩說擇而用之造裲襠用當胷當背之制宣和元年禮制局言皷吹令丞冠又名袴褶冠今鹵簿旣除袴褶冠名不當仍舊請依舊記如三禮圖委貌冠製從之

宋史卷一百四十八考證

儀衞志六政和二年延福宮宴輔臣有群鶴自西北來盤旋於睿謨殿上及奏大晟樂而翔鶴屢至詔製瑞鶴旗 ○ 臣開龍按本志元符二年兵部侍郎黃裳因武夷君廟有仙鶴請製旗曰瑞鶴上從之則瑞鶴之製已在前矣又本志步甲後隊及十二法駕十隊並有翔鶴旗則瑞鶴疑作翔鶴

宋史卷一百四十九

元中書右丞相總裁脫脫等修

輿服志第一百二

輿服一

五輅　大輅　大輦
芳亭輦　鳳輦　逍遙輦
平輦　七寶輦　小輿
腰輿　耕根車　進賢車
明遠車　羊車　指南車
記里皷吹　白鷺車　鸞旗車
崇德車　皮軒車　黃鉞車
豹尾車　屬車　五車
涼車　相風烏輿　行漏輿
十二神輿　鉦皷輿　鐘皷樓輿

昔者聖人作輿軫之方以象地蓋之圓以象天易傳言黃帝堯舜垂衣裳而天下治蓋取諸乾坤夫輿服之制取法天地則聖人創物之智別尊卑定上下有大於斯二者乎舜命禹曰予欲觀古人之象日月星辰山龍華蟲作會宗彝藻火粉米黼黻絺繡以五采彰施於五色作服汝明周官之屬有巾車典輅司常有司服司裘內司服等職以是知輿服始於黃帝成於唐虞歷夏及商而大備於周周衰列國肆爲侈汰秦併之擊上選以供服御其次以賜百官始有大駕法駕之制又自天子以至牧守各有鹵簿焉漢興乃不能監古成憲而倣秦所爲自是代有變更志有詳略東漢至舊唐書皆稱輿服新唐書改爲車服鄭樵合諸代爲通志又爲器服其文雖殊而致古制作無以尚於三代矣夫三代制器所以爲百世法者以其華質適中也孔子答顏淵爲邦之問曰乘殷之輅服周之冕且禮謂周人上輿而孔子獨取殷輅是殷之質勝於周也又言禹致美乎黼冕而論冕以周爲貴是周之文勝於夏也蓋已不能無損益於其間焉不知歷代於秦已還何所損益乎宋之君臣於二帝三王周公孔子之道講之甚明至其規模制度飾爲聲名已足粲然雖不能盡合古制而於後代庶無愧焉宋初袞冕綴飾不用珠玉蓋存簡儉之風及爲鹵簿又

幟以旗幟華以繡衣褻以毬杖豈非循襲唐五季之習猶未能盡去其陋邪貽之子孫殆有甚焉者矣迄於徽宗奉身之欲奢蕩靡極雖欲不亡得乎靖康之末累朝法物淪没於金中興掇拾散逸參酌時宜務從省約凡服用錦繡皆易以纈以羅旗仗用金銀飾者皆易以繪以縣建炎初有事郊報仗內拂扇當用珠飾高宗曰事天貴質若尚華麗非禋祀本意也是以子孫世守其訓雖江介一隅而華質適時尚足爲一代之法其儒臣名物度數之學見諸論議又有可觀者焉今取舊史所載著於篇作輿服志

五輅宋自神宗以降鋭意稽古禮文之事招延儒士折衷同異元豐有詳定禮文所徽宗大觀間有議禮局政和又有禮制局先是元豐雖置局造輅而五輅及副輅多仍唐舊玉輅自唐顯慶中傳之至宋曰顯慶輅親郊則乘之制作精巧行止安重後載太常與闟戟分左右以均輕重世之良工莫能爲之其制箱上置平盤黃屋四柱皆油畫刻鏤左青龍右白虎龜文金鳳翅雜花龍鳳金塗銀裝間以玉飾頂輪三層各施銀耀葉輪衣小帶絡帶並青羅繡雲龍周綴纓帶羅文佩銀穗毬小鈴平盤上布黃褥四角勾闌設圓鑑翟羽虛匱內貼銀鏤香罨軾匱銀龍二銜香囊銀香爐香寶錦帶下有障塵青畫輪轅銀轂乘葉三轅銀龍頭橫木上有銀鳳十二左建青旗十有二旒皆繡升龍右載闟戟繡黻文並青繡綢杠又設青繡門簾銀飾梯一拓叉二推竿一銀錔頭銀裝行馬青繒裹鞔索駕六青馬馬有金面插鵰羽鞶纓攀胸鈴拂青繡屜錦包尾又誕馬二在輅前飾同駕馬（餘輅及副輅皆有之）駕士六十四人金輅色以赤駕六赤馬建大旂駕士六十四人象輅色以淺黃駕六赭白馬建大赤駕士四十人革輅色以黃駕六騧馬建大白駕士四十人木輅色以黑駕六黑騮馬建大麾駕士四十人自金輅而下其制皆同玉輅惟無玉飾五副輅並駕六馬駕士四十人當用銀飾者皆以銅餘制如正輅政和三年議禮局更上黃帝車輅之制詔頒行玉輅箱上平盤黃屋以下皆如舊頂輪三層內一層素輪項上施金塗銀山花葉及翟羽青絲繡雲龍絡帶二周綴雜色纓帶八銅佩八銀穗毬二平盤上布紅羅繡雲龍褥曲几扶几上下設銀螭首二十四四角勾闌設圓鑑一十六青羅繡寶相花帶火珠二十八香匱設香爐紅羅繡寶相花帶香囊香寶銀結綬二紅羅繡雲龍結綬一紅錦幰龍鳳門簾一青畫輪轅銀轂乘葉軾匱橫轅前轅並飾以金塗銀螭首橫轅上施銀立鳳一十二左建太常十有二旒右載闟戟繡黻文杠袴一以青繡杠首飾以銀螭首金塗銅鈸青犛牛尾拂青繒裹索駕青馬六馬有銅面插鵰羽鞶纓攀胸鈴拂青線織屜紅錦包尾又踏路馬二在輅前飾同駕馬凡大祭祀乘之金輅以上並以次列其後若大朝會冊命皇太子諸王大臣則設五輅於大慶殿庭爲充庭之儀金輅赤質以金飾諸末建大旂餘同玉輅駕赤馬六凡玉輅之飾以青者金輅以緋象輅淺黃質金塗銅裝以象飾諸末建大赤餘同玉輅駕赭白六凡玉輅之飾以青者象輅以銀褐革輅黃質鞔之以革建太白餘同玉輅駕騧馬六凡玉輅之飾以青者革輅以黃木輅黑質漆之建大麾餘同玉輅駕黑騮六凡玉輅之飾以青者木輅以皁凡玉輅用金塗銀裝者象輅革輅木輅及五副輅並金塗銅裝又禮制局言玉輅馬纓十二而無采不應古制欲以五采罽飾樊纓十有二就輅衡軾並無鸞和乞添置蓋弓二十有二不應古制乞增爲二十八以象星又巾車言玉輅建太常而不言色司常注云九旗之帛皆用絳以周尚赤故也禮記月令中央天子乘大輅載黃旂以金象木革四輅及所建之旂與四時所乘所載皆合今玉輅所建之旂以青帛十二副連屬爲之有升龍而非交龍又無三乘皆非古制如依成周以所尚之色則用赤依月令兼四代之制則當用黃仍分縿斿之制及繡畫三辰於其上今改制太常其斿曳地當依周官以六人維之又左傳言錫鸞和鈴昭其聲也注錫在馬額鈴在旂首今旂首無鈴乞增置又車蓋周以流蘇及佩各八無所法象欲各增爲十二以應天數又輅之諸末盡飾以玉爲稱其實而羅紋雜佩乃用塗金乞改爲玉又車箱兩幡有金塗龜文及鵰翅左龍右虎迺後代之制欲改用蟉龍加玉爲飾又言旣見太常當車之後則自後登車有妨曲禮言君車將駕則僕執策立於馬前已駕僕展軨效駕奮衣由右上取貳綏跪乘執策分轡驅之五步而立君出就車則君升車亦當自右由前而入今玉輅前有式匱不應古制恐當更革以便登車及改式之制又禮記言車得其式周官輿人三分其隧一在前二在後以揉其式以其廣之半爲之式崇三分軫圍去一以爲式圍三分軹圍去一以爲轛圍注立者爲轛橫者爲軹今玉輅無式詔玉輅用青質輪輞絡帶其色如之四柱平盤虛匱則用赤增蓋弓之數爲二十八左右建旂常並青太常繡日月五星二十八宿旂上則繡以雲龍朱杠青綢鈴垂十有二就流蘇及佩各增十二之數樊纓飾以五采之罽衡式之上又加鸞和輅之諸末耀葉螭頭雲龍垂牙鎚腳花版結綬羅綾雜佩羽臺蔥臺麻鑣香寶壓貼牌字皆飾以玉自後而升式匱不去旣成高二丈七寸五分濶一丈五尺副玉輅亦用青色舊駕馬四增爲六色亦以青政和四年詔改修正副輅討論製造金象革木四輅並依新修玉輅制度旂常並建各輿輅一色除去闟戟改車箱兩幡龜文鵰翅左龍右虎之飾並用蟉龍增蓋弓博山流蘇等數軾衡加和鸞以合於古金輅朱質飾以金塗銀左右建太常大旂及輪衣絡帶等色皆以黃龍旂九斿如周官金輅建大旂之制駕馬以騮飾樊纓五采九就象輅朱質凡制度裝綴名物並同金輅飾以象及金塗銀銅鍮石左右建太常大赤輪衣絡帶等色皆以紅大赤繡鳥隼七斿如周官象輅建大赤之制駕馬以赤飾樊纓七就革輅朱質凡制度裝綴名物並同金輅飾以金塗銅鍮石左右建太常大白及輪衣絡帶等色皆以淺黃大白繡熊虎六斿如周官革輅建大白之制駕馬以赭白飾樊纓五就木輅朱質凡制度裝綴名物皆同金輅飾以金塗鍮石左右建太常大麾及輪衣絡帶等色皆以皁大麾繡龜蛇四斿如周官木輅建大麾之制駕馬以烏飾樊纓三就四輅駕馬各六玉輅駕士六十四人餘皆四十人又禮制局增改雅飾諸輅舊副玉輅色青飾以金改用黃而飾以玉樊纓如玉輅之制建太常色黃飾以組象日月於縿星辰於斿其長曳地舊金輅改用青飾以金樊纓以五采罽而九就建大旂色青飾以組象交龍於縿升龍於斿其長齊軫象輅改用赤飾以象樊纓以五采罽而七就建大赤色赤飾以組象鳥隼於縿斿其長齊較革輅改用白飾以革勒條纓建大白色白飾以組象熊虎於縿斿其長齊肩三輅皆維以縷削幅爲之木輅依舊色而飾以漆其色黑前樊鵠纓建大麾色黑飾以組象龜蛇於縿斿其長齊首維以縷充幅爲之又詔玉輅身仍用紅太常旂絡帶等用黃餘常旂絡帶亦隨其輅色高宗渡江鹵簿儀仗悉燬於兵紹興十二年始命工部尚書莫將戶部侍郎張澄等以天禧宣和鹵簿圖考究制度及故內侍工匠省記指說參酌制度是年九月玉輅成明年遂作金象革木四輅副輅不設玉輅之制青色飾以玉通高十九尺輪高六十三寸輻徑三十九寸軸長十五尺三寸頂上剡爲輪三層象天圜也外施青玉博山八十一（一名耀葉）鏤以金塗龍文覆以青羅曰輪衣綴垂玉佩間以五色垂犛尾曰流蘇（一名纓帶）項四角分垂青羅曰絡帶表裏繡雲龍遇雨則油黃繒覆之輅之中四柱象地方也前柱卷龍平槃上布錦褥前有橫軾後垂錦軟簾登車則自後卷簾梯級以登四面周以闌而闢其中以備登降執綏官先自右升立於右柱下以備顧問闌柱頭有玉蹲龍軾前有牌鏤曰玉輅以玉篆之上有玉龍二中設御坐純以黃香木爲之取其黃中之正色也下有塗金蹲龍十六在平槃四圍下又有拓角雲龍金采飾之前後左右各二前有轅木三鱗體昂首龍形轅木上策兩橫竿在前者名曰鳳轅馬負之以行次曰推轅班直推之以助馬力橫於轅後者名曰壓轅以人壓於後欲取其平車輪三歲一易心用榆圜數尺圈以鐵以防折裂橫貫大木以爲軸夾以兩輪輪皆彩畫此輅下飾也每新輪成載鐵萬斤試之左建太常右建龍旂插於輅後兩柱之金環前駕青馬六馬有鏤錫鞶纓金鈴紅旄繡屜金包鞚錦包尾青繒裹索引之駕士二百三十二人（誕馬十二人左右索百二十八人入轅馬十三人龍頭子二人前後掬轅各六人推竿四人捧輪四人拓叉四人淨席四人前攔人員一人後攔人員一人前攔馬八人後攔馬八人踏道人員二人踏道二十人小拓叉四人小梯子二人燭臺二人香匙剪子二人左右索人員二人○又有呵喝人員二人教馬官二人捧輪將軍四人千牛衛將軍二人推輪軸官建八人抱太常龍旗官六人職掌五人專知官一人手分一人庫子八人裝柱工匠二人諸作工匠十五人蓋覆儀鸞司十一人監官三員）金輅黃色飾以金塗銀制如玉輅而高減五寸博山輪衣絡帶轅輻軸並以黃建大旂九斿駕黃馬六駕士一百五十四人象輅朱色飾以象及金塗銅制如金輅博山輪衣絡帶並以朱建大赤七斿駕赤馬六駕士一百五十四人革輅淺黃白色飾以金塗銅制如象輅博山輪衣絡帶並以淺黃白建大白六斿駕黃白馬六駕士百五十四人木輅黑色飾以金塗銀制如革輅博山輪衣絡帶並以黑建大麾四斿駕黑馬六駕士一百五十四人五輅駕士服色平巾幘青絹抹額纈絹對花鳳袍緋纈絹對花寬袖襖羅袜絹袴襪麻鞵其色各從其輅

大輅政和六年徐秉哲言南北郊皇帝乘玉輅以赴齋宮自齋宮赴壇正當祀天祭地乃乘大輦疑非禮意下禮制局討論禮制局請造大輅如玉輅之制唯不飾以玉所駕之馬其數如之唯樊纓一就以稱尚質之義仍建大旂十有二旒龍章日月以協象天之義至禮畢還齋宮則御大輦於禮無嫌從之

大輦周官巾車氏有輦車以人組挽之宮中從容所乘唐制輦有七一曰大鳳輦二曰大芳輦三曰仙遊輦四曰小輕輦五曰芳亭輦六曰大玉輦七曰小玉輦太祖

建隆四年，翰林學士承旨陶穀爲禮儀使，創意造爲大輦赤質正方油畫金塗銀葉龍鳳裝其上四面行龍雲氣火珠方鑑銀絲囊網珠翠結條雲龍鈿窠霞子四角龍頭銜香囊頂輪施耀葉中有銀蓮花坐龍紅綾裏碧牙壓帖內設圓鑑銀絲香囊銀飾勾闌臺坐紅絲條網蚡錔中施黃褥上置御坐扶几香爐錦結綬几衣輪衣絡帶並緋繡壓金銀綫長竿四銀裹鐵鎒龍頭魚鈎錦膊褥銀裝畫梯拓叉黃羅絲席褥帊梯杖褥朱索緋繒油帊主輦六十四人親祀南郊謁太廟還及具鸞駕黃麾仗省方還都則乘之眞宗東封以舊輦太重遂命別造凡減七百餘斤後常用焉神宗已後其制赤質正方油畫金塗銀龍鳳裝朱漆天輪一金塗銀頂龍一四面施行龍一十六火珠四四角龍頭四穗毬一十二頂輪施耀葉紅羅輪衣一綴銀鈴紅羅絡帶二中設御坐曲几錦褥等施屏風香爐結綬長竿四飾以金塗銀龍頭祀畢車駕還內若不進輅則乘大輦政和之制黃質冃以黃衣紘以黃帶車箱四圍於桯之外高二尺二寸設軾於前楹軾高三尺二寸建大旂於後楹旂十二斿其長曳地其色黃繪以交龍素帛爲緣繪以日月以弧張幅以韣韜弧杠以青錦綢之注旄於竿首繫以鈴國朝之輦有七中興後唯存大輦平輦逍遙三輦而已大輦又曰大安輦其制赤質正方高十五尺三寸方十一尺六寸四柱平槃上覆青絲錦上有天輪三層外施金塗銀博山八十一內有圓鏡金塗銀頂龍一四面行龍十六火珠四輪衣以青壓以金鈴頂有青羅十字分垂四角曰絡帶四角出龍首銜犛牛五色尾曰旒綏四面拱斗外施方鏡九柱圍以朱闌中設御坐曲几屏風錦褥下舉以長竿四攢竹筋膠丹漆之竿爲龍首平槃下四圍結紅絲網輦官服色武弁黃纈對鳳袍黃絹勒帛紫生色袒帶紫絹行縢

芳亭輦黑質頂如幕屋緋羅衣裙襴絡帶皆繡雲鳳兩面朱綠窗花版外施紅絲網綱金銅帉錔前後垂簾下設牙牀勾闌長竿四銀龍頭銀飾梯行馬主輦一百二十人政和之制簾以紅羅繡鵝爲額內設御坐長竿飾以金塗銅螭首橫竿二

鳳輦赤質頂輪下有二柱緋羅輪衣絡帶門簾皆繡雲鳳頂有金鳳一兩壁刻畫龜文金鳳翅前有軾匱香爐香寶結帶下有勾闌二重內設紅錦褥長竿三銀飾梯行馬主輦八十人法駕鹵簿不設鳳輦

逍遙輦以椶櫚爲屋赤質金塗銀裝朱漆扶版二雲版一長竿二飾以金塗銀龍頭常行幸所御又魚鈎帉錔梅紅條輦官十二人春夏服緋羅衫秋冬服白獅子錦襖東封別造辟塵逍遙輦如窗隔黃繒爲裏賜名省方逍遙輦中興之制赤質金塗四柱椶屋上有走脊金龍四中起火珠凸頂四面不設窗障中有御踏子制甚簡素祇應人員服帽子宜男方勝纈衫平輦又名平頭輦亦曰太平輦飾如逍遙輦而無屋輦官十二人服同逍遙輦常行幸所御東封別造升山天平輦施機關賜名日登封輦中興之制赤質正方形如一朱龍倚而加長竿二飾如逍遙輦而不施椶屋制尤簡素止施畫雲版而已又有七寶輦隆興二年爲德壽宮所製也高五十一寸潤二十七寸深三十六寸比附大輦平輦制度爲之上施頂輪耀葉角龍頂龍滴子鐸子結穗毬下施梅紅絲裙網加綴七寶中設香木御座引手爲轉身龍靠背爲龍首靠枰子織以紅黃藤舁以長竿二竿爲螭首金塗銀飾焉初有司言東都舊制輦飾以玉裙網用七寶而滴子用珍珠帝曰上皇意不然止欲簡素遂以塗金易玉梅紅絲結裙網間綴七寶而象牙易眞珠既而上皇郤不受每至大內多乘馬而間有行幸則用肩輿自是重華壽康兩宮並不別造

小輿赤質頂輪下施曲柄如蓋緋繡輪衣絡帶制如鳳輦而小下有勾闌牙牀繡瀝水中設方牀緋繡羅衣錦褥上有小案坐牀皆繡衣踏牀緋衣前後長竿二銀飾梯行馬奉輿二十四人中興後去其輪蓋方四十九寸高三十一寸輿上周以勾闌施翟羽玉照子中爲方牀三級上設御坐曲几踏子曲柄緋羅繡蓋輿下紅絲結五色花裙網舁以長竿二竿爲螭首宮殿從容所乘設鹵簿則陳之

腰輿前後長竿各二金銅螭頭緋繡鳳裙襴上施錦褥別設小牀緋繡花龍衣奉輿十六人中興制赤質方形四面曲闌下結繡裙網制如小輿惟無翟尾玉照子三級床曲柄蓋而上設方御床曲几舁竿無螭首用亦同小輿

耕根車制青質蓋三層餘如五輅之副駕六青馬駕士四十人親祠具大駕法駕鹵簿並列於仗內若耕籍則乘之國朝之車自耕根而下凡十有五南渡所存惟耕根車一而已其制度並同惟駕士七十五人

進賢車古安車也太祖乾德元年改赤質兩壁紗窗擎耳虛匱一轅緋幰衣絡帶門簾皆繡鳳紅絲網中設朱漆牀香案紫綾案衣緋繒裏輓索朱漆行馬（凡車皆有輓索行馬）駕四馬駕士二十四人

明遠車古四望車也駕以牛太祖乾德元年改仍舊四馬赤質制如屋重欄勾闌上有金龍四角垂銅鐸上層四面垂簾下層周以花版三轅駕士四十人服繡對鳳

羊車古輦車也亦爲畫輪車駕以牛隋駕以果下馬今亦駕以二小馬赤質兩壁畫龜文金鳳翅緋幰衣絡帶門簾皆繡瑞羊童子十八人

指南車一曰司南車赤質兩箱畫青龍白虎四面畫花鳥重臺勾闌鏤拱四角垂香囊上有仙人車雖轉而手常南指一轅鳳首駕四馬駕士舊十八人太宗雍熙四年增爲三十人仁宗天聖五年工部郎中燕肅始造指南車肅上奏曰黃帝與蚩尤戰於涿鹿之野蚩尤起大霧軍士不知所向帝遂作指南車周成王時越裳氏重譯來獻使者惑失道周公賜軿車以指南其後法俱亡漢張衡魏馬鈞繼作之屬世亂離其器不存宋武帝平長安嘗爲此車而制不精祖沖之亦復造之後魏太武帝使郭善明造彌年不就命扶風馬岳造垂成而爲善明鴆死其法遂絕唐元和中典作官金公立以其車及記里鼓上之憲宗閱於麟德殿以備法駕歷五代至國朝不聞得其制者今創意成之其法用獨轅車車箱外籠上有重構立木仙人於上引臂南指用大小輪九合齒一百二十足輪二高六尺圍一丈八尺附足立子輪二徑二尺四寸圍七尺二寸出齒各二十四齒間相去三寸轅端橫木下立小輪二其徑三寸鐵軸貫之左小平輪一其徑一尺二寸出齒十二右小平輪一其徑一尺二寸出齒十二中心大平輪一其徑四尺八寸圍一丈四尺四寸出齒四十八齒間相去三寸中立貫心軸一高八尺徑三寸上刻木爲仙人其車行木人指南若折而東推轅右旋附右足子輪順轉十二齒繫右小平輪一匝觸中心太平輪左旋四分之一轉十二齒車東行木人交而南指若折而西推轅左旋附左足子輪隨輪順轉十二齒繫左小平輪一匝觸中心太平輪右轉四分之一轉十二齒車正西行木人交而南指若欲北行或東或西轉亦如之詔以其法下有司製之大觀元年內侍省吳德仁又獻指南車記里鼓車之制二車成其年宗祀大禮始用之其指南車身一丈一尺一寸五分闊九尺五寸深一丈九寸車輪直徑五尺七寸車轅一丈五寸車箱上下爲兩層中設屏風上安仙人一執杖左右龜鶴各一童子四各執纓立四角上設關楔臥輪一十三各徑一尺八寸五分圍五尺五寸五分出齒三十二齒間相去一寸八分中心輪軸隨屏風貫下下有輪一十三中至大平輪其輪徑三尺八寸圍一丈一尺四寸出齒一百齒間相去一寸二分五釐通上左右起落二小平輪各有鐵墜子一皆徑一尺一寸闊三尺三寸出齒一十七齒間相去一寸九分又左右附輪各一徑一尺五寸五分圍四尺六寸五分出齒二十四齒間相去二寸一分左右疊輪各二下輪各徑二尺一寸圍六尺三寸出齒三十二齒間相去二寸一分上輪各徑一尺二寸圍三尺六寸出齒三十二齒間相去一寸一分左右車腳上各立輪一徑二尺二寸圍六尺六寸出齒三十二齒間相去二寸二分五釐左右後轅各小輪一無齒繫竹簟幷索在左右軸上遇右轉使右轅小輪觸落右輪若左轉使左轅小輪觸落左輪行則仙童交而指南車駕赤馬二銅面插羽鞶纓攀胸鈴拂緋絹屜錦包尾

記里鼓車一名大章車赤質四面畫花鳥重臺勾闌鏤拱行一里則上層木人擊鼓十里則次層木人擊鐲一轅鳳首駕四馬駕士舊十八人太宗雍熙四年增爲三十人仁宗天聖五年內侍盧道隆上記里鼓車之制獨轅雙輪箱上爲兩重各刻木爲人執木槌足輪各徑六尺圍一丈八尺足輪一周而行地三步以古法六尺爲步三百步爲里用較今法五尺爲步三百六十步爲里立輪一附於左足徑一尺三寸八分圍四尺一寸四分出齒十八齒間相去二寸三分下平輪一其徑四尺一寸四分圍一丈二尺四寸二分出齒五十四齒間相去與附立輪同立貫心軸一其上設銅旋風輪一出齒三齒間相去一寸二分中立平輪一其徑四尺圍一丈二尺出齒百齒間相去與旋風等次安小平輪一其徑三寸少半寸圍一尺出齒十齒間相去一寸半上平輪一其徑三尺少半尺圍一丈出齒百齒間相去與小平輪同其中平輪轉一周車行一里下一層木人擊鼓上平輪轉一周車行十里上一層木人擊鐲凡用大小輪八合二百八十五齒遞相鉤鏁犬牙相制周而復始詔以其法下有司製之大觀之制車箱上下爲兩層上安木人二身各手執木槌輪軸其四內左壁車腳上立輪一安在車箱內徑二尺二寸五分圍六尺七寸五分二十齒齒間相去三寸三分五釐又平輪一徑四尺六寸五分圍一丈三尺九寸五分出齒六十齒間相去二寸四分上太平輪一通軸貫上徑三尺八寸圍一丈一尺出齒一百齒間相去一寸二分立軸一徑二寸二分圍六

寸六分出齒三齒間相去二寸二分外太平輪軸上有鐵撥子二叉木橫軸上關棙撥子各一其車脚轉一百遭通輪軸轉周木人各二擊鉦鼓

白鷺車隋所制也一名鼓吹車赤質周施花版上有朱柱貫五輪相重輪衣以緋皁頂及緋絡帶並繡飛鷺柱杪刻木爲鷺銜鵝毛筩紅綬帶一轅駕四馬駕士十八人

鸞旗車漢制爲前驅赤質曲壁一轅上載赤旗繡鸞鳥駕四馬駕士十八人

崇德車本秦辟惡車也上有桃弧棘矢所以禳却不祥太祖乾德元年改赤質周施花版四角刻辟惡獸中載黃旗赤繡此獸太卜署令一人在車中執旗駕四馬駕士十八人政和之制建黃羅繡崇德旗一彩畫刻木獬豸四宣和元年禮制局言崇德車載太卜令一員畫辟惡獸於旗記曰前巫而後史傳曰桃弧棘矢以供禦王事請以巫易太卜弧矢易辟惡獸從之

皮軒車漢前驅車也冐以虎皮爲軒取曲禮前有士師則載虎皮之義赤質曲壁上有柱貫五輪相重畫虎文駕四馬駕士十八人政和之制用漆柱貫朱漆皮軒五

黃鉞車漢制乘輿建之在太駕後晉鹵簿有黃鉞車唐初無之貞觀後始加赤質曲壁中設金鉞一錦囊綢杠左武衞隊正一人在車中執鉞駕兩馬駕士十五人

豹尾車古者軍正建豹尾漢制最後車一乘垂豹尾豹尾以前卽同禁中唐貞觀後始加此車於鹵簿內制同黃鉞車上載朱漆竿首綴豹尾右武衞隊正一人執之駕兩馬駕士十五人

屬車一曰副車一曰貳車一曰左車秦制大駕屬車八十一乘法駕三十六乘漢法駕用三十一乘小駕用十二乘隋制大駕三十六法駕十二小駕不用唐大駕唯三十二乘宋因之黑質兩箱牽裝前有曲闌金銅飾上施紫通幰絡帶門簾皆繡雲鶴紫絲網帉錔每乘駕二牛駕士十人

五車徽宗宣和元年禮制局言舊鹵簿記有白鷺鸞旗皮軒三車其制非古按曲禮曰前有水則載青旌前有塵埃則載鳴鳶前有車騎則載飛鴻前有士師則載虎皮前有鷙獸則載貔貅萬乘一出五車必載所以警衆也青旌鳴鳶飛鴻貔貅乃以白鷺鸞旗雜陳其間未爲合禮今欲改五車相次於中道繼之以崇德車於是爲備青旌車赤質曲壁中載青旌以絳帛爲之畫青鳥於其上鳴鳶車赤質曲壁中載鳴鳶旌以絳帛爲之畫鳴鳶於其上飛鴻車赤質曲壁中載飛鴻旌以絳帛爲之畫飛鴻於其上虎皮車赤質曲壁中載虎皮旌以絳帛爲之緣以赤畫虎皮於上貔貅車赤質曲壁旌以絳帛爲之緣以赤畫貔貅於上其轅皆一

涼車赤質金塗銀裝龍鳳五采明金織以紅黃藤油壁緋絲條龍頭梅紅羅褥銀螭頭穗毬雲朶踏頭蓮花坐鴈鈎火珠門沓鋜鉞頰伽大小鐶駕以橐駝省方在道及校獵迴則乘之

相風烏輿上載長竿竿杪刻木爲烏垂鵝毛筩紅綬帶下承以小盤周緋裙繡烏形輿士四人

行漏輿隋大業行漏車也制同鐘鼓樓而大設刻漏如稱衡首垂銅鉢末有銅象漆匱貯水渴烏注水入鉢中長竿四輿士六十人

十二神輿赤質四門旁刻十二辰神緋繡輪衣絡帶輿士十二人

交龍鉦鼓輿各一皆刻木爲二青龍相交下有木臺長竿一掛畫鼓一掛金鉦上皆有緋蓋赤繡交龍輿士各二人中興後相風行漏十二神鉦鼓四輿悉省去

鐘鼓樓輿各一本隋大駕鐘車鼓車也皆刻木爲屋中置鐘鼓下施木臺長竿如鉦鼓輿輿士各二十四人行漏輿十二神輿交龍鉦鼓輿鐘鼓樓舊禮無文皆太祖開寶定禮所增

宋史卷一百五十

元　中書右丞相總裁脫脫等修

輿服志第一百三

輿服二

后妃車輿　皇太子王公以下車輿　繖扇　鞍勒　門戟　旌節

皇后之車唐制六等一曰重翟二曰厭翟三曰翟車四曰安車五曰四望車六曰金根車宋因之初用厭翟車其制箱上有平盤四角曲闌盤兩壁紗䆫龜文金鳳翅前有虛匱香爐香寶緋繡幰衣絡帶門簾三轅鳳首畫梯推竿行馬緋繪裹索駕六馬金銅面纓轡鈴攀緋屜駕士三十八人武弁緋繡衫常出止用正副金塗銀裝白藤輿各一上覆㯶櫚屋飾以鳳輦官服同乘輿平頭輦之制徽宗政和三年議禮局上皇后車輿之制重翟車青質金飾諸末間以五采輪金根朱牙其箱飾以重翟羽四面施雲鳳孔雀刻鏤龜文頂輪上施金立鳳耀葉青羅幰衣一紫羅畫雲龍絡帶二青絲絡網二紫羅畫帷一青羅畫雲龍夾幔二車內設紅褥及坐橫轅上施立鳳八香匱設香爐香寶香匱飾以螭首前後施簾長轅三飾以鳳頭青繪裹索駕青馬六馬有銅面插翟羽鞶纓攀胸鈴拂青屜青包尾若受冊謁景靈宮則乘之厭翟車赤質其箱飾以次翟羽紫幰衣紅絲絡網紅羅畫絡帶夾幔錦帷餘如重翟車駕赤騮四若親蠶則乘之翟車黃質其車側飾以翟羽黃幰衣黃絲絡網錦帷絡帶餘如重翟車駕黃騮四安車赤質金飾間以五采刻鏤龜文紫幰衣錦帷絡帶紅絲絡網前後施簾車內設褥及坐長轅三飾以鳳頭駕赤騮四凡駕馬鞶纓之飾並從車質四望車朱質青幰衣餘同安車駕牛三金根車朱質紫幰衣餘同安車駕牛三自重翟車以下備鹵簿則皆以次陳設藤輿金塗銀裝上覆㯶櫚屋以龍飾常行之儀則用之

龍肩輿一名㯶檐子一名龍檐子舁以二竿故名檐子南渡後所製也東都皇后備厭翟車常乘則白藤輿中興以太后用龍輿后惟用檐子示有所尊也其制方質㯶頂施走脊龍四走脊雲子六朱漆紅黃藤織百花龍爲障緋門簾看䆫簾朱漆藤坐椅踏子紅羅裀褥軟屏夾幔隆興二年正月皇后受冊畢擇日朝謁有司具儀物乞乘肩輿龍檐製造所受給使臣尹肇發納中宮金塗銀葉㯶櫚朱漆紅黃藤織百花龍枰子椽牙壓貼鏤金雕木㕓花泥版龍檐子一乘金塗銀頂子龍頭六走脊龍四走脊雲子六貼絡龍四十貼絡雲子三十鐸子八插拴坐龍四環索金鈸遮那一副檀香龜背紅紗䆫四扇紅羅緣紅篸門簾一瀝水全看䆫簾二朱漆藤面明金雕木龍頭椅一脚踏一紅線條結一朱漆小几二紅羅褥全紅羅緣肩脾席褥一十六繫帶全金塗銀鐵胎杆鞫四魚鈎四火踏一朱漆梯盤全朱漆衣匣二金塗銅手把葉段拓叉二金塗銅叉頭拖泥行馬二金塗銀葉杠子二紅茸匾條四紅羅夾軟屏風夾幔各一櫬脚席褥㲪背坐褥及踏床各一紅帽十字帕一竿袋四魚鈎帕二紅油十字帕竿袋魚鈎帕數同上兜地帕一圍裙一大安輦眞宗咸平中爲萬安太后製輿上設行龍六乾興元年詔皇太后御坐檐子名大安輦神宗嗣位尊皇太后爲太皇太后其行幸依治平元年之制而皇太后皇后常出止用副金塗銀裝白藤輿覆以㯶櫚屋飾以鳳輦官服同乘輿平頭輦之制於是詔太皇太后出入所乘如萬安太后輿上設行龍六制飾率有加金銅車禮典不載則如舊制哲宗紹聖元年議造皇太后大安輦中書具治平元豐中皇太后輿服儀衞以呈曰元豐中先帝手詔皇太后行幸儀衞並依慈聖光獻太皇太后日例而宣仁謙恭不乘大安輦哲宗曰今皇太后獨尊非宣仁比遂詔行幸進大安輦已而皇太后嫌避竟不製造

龍輿皇太后所乘也東都皇太后多乘簾皆抑損遠嫌不肯乘輦止用輿而已哲宗旣嗣位尊朱貴妃爲皇太妃出入許乘檐子有司請用牙魚鳳爲飾繖用青元祐三年太皇太后詔有司尋釋典故於是檐子飾以龍鳳繖用紅九年羣臣議改檐子爲輿上設行龍五出入由宣德東偏門哲宗以皇太后諭旨令太妃坐六龍輿出入進黃繖由宣德正門於是三省議皇太妃坐龍鳳輿繖紅黃兼用從皇太后出入止用紅紹聖元年禮部太常寺言近奉旨皇太后欲令皇太妃坐六龍輿朕常思皇太妃尊奉之禮旣不敢擬隆於皇太后又不可不逮於中宮今參以人情再加詳定伏請供進龍鳳輿從之及徽宗卽位尊太妃爲聖瑞皇太妃詔儀物除六龍輿不用仍進龍鳳輿外餘悉增崇焉紹興奉迎皇太后詔造龍輿其制朱質正方金塗銀飾四竿竿頭螭首赭䆫紅簾上覆以㯶加走六龍內設黃花羅帳裀褥朱椅踏子紅羅繡巾二

皇太子車輅之制唐制三等一曰金輅二曰軺車三曰四望車太宗至道初眞宗爲皇太子謁太廟乘金輅常朝則乘馬眞宗天禧中仁宗爲皇太子亦同此制徽宗政和三年議禮局上皇太子車輅之制金輅赤質金飾諸末重較箱畫苣文鳥獸黃屋伏鹿軾龍輈金鳳一在軾前設障塵朱蓋黃裏輪畫朱牙左建旂九旒右載闟戟旂首金龍頭銜結綬及鈴綏八鸞在衡二鈴在軾駕赤騮四金鍐方釳插翟尾鏤錫鞶纓九就從祀謁太廟納妃則供之軺車金飾諸末紫油通幰紫油纁朱裏駕馬一四望車金飾諸末清油通幰清油纁朱裏朱絲絡網駕馬一軺車四望車以次列於鹵簿仗內皇太子妃則有厭翟車駕以三馬出入亦乘檐子中興簡儉惟用藤檐子頂梁舁杠皆飾以黑漆四角刻獸形素藤織花

爲面如政和之制親王羣臣車輅之制唐制有四一曰象輅親王及一品乘之二曰革輅二品三品乘之三曰木輅四品乘之四曰軺車五品乘之宋親王一品二品奉使及葬並給革輅制同乘輿之副惟改龍飾爲螭六引內三品以上乘革車赤質制如進賢車無案駕四赤馬駕士二十五人其緋繡衣絡帶旗戟綢杠繡文司徒以瑞馬京牧以隼御史大夫以獬豸兵部尚書以虎太常卿以鳳駕士衣亦同縣令乘軺車車質兩壁紗憁一轅金銅飾紫幰衣絡帶並繡雉銜瑞草駕二馬駕士十八人百官常朝皆乘馬眞宗大中祥符三年知樞密院事王欽若言王公車輅上並用龍裝乞下有司檢定制度詔下太常禮院詳定本院言按鹵簿令王公已下象輅以象飾諸末朱班輪八鸞在衡左建旂畫龍一升一降右載闟戟革輅以革飾諸末左建旜餘同象輅木輅以漆飾之餘同革輅軺車曲壁靑幰碧裏朱輅皆朱質朱蓋朱旂旜一品九旒二品八旒三品七旒四品六旒其鞶纓如之神宗元豐三年詳定禮文所言鹵簿記公卿奉引第一開封令乘軺車次開封牧隼旗次太常卿鳳旗次司徒瑞馬旗次御史大夫獬豸旗次兵部尚書虎旗而乘革車考之非是謹按周禮巾車職曰孤乘夏篆卿乘夏縵大夫乘墨車司常職曰孤卿建旜大夫建物請公卿已下奉引先開封令乘墨車建物次開封牧乘墨車建旗太常卿御史大夫兵部尚書乘夏縵司徒乘夏篆並建旜所以參備九旗之制詔從之政和議禮局上王公以下車制象輅以象飾諸末朱班輪八鸞在衡左建旗右載闟戟駕馬四親王昏則用之革車赤質載闟戟緋羅繡輪衣簾旗韜杠絡帶駕赤馬四大駕鹵簿六引法駕鹵簿三引開封牧第乘之王公一品二品三品備鹵簿皆供革車一乘其輪衣簾旗韜杠絡帶繡文開封牧以隼大司樂以鳳少傅以瑞馬御史大夫以獬豸兵部尚書以虎軺車黑質紫幰衣絡帶並繡雉施紅錦簾香爐香寶結帶駕赤馬二鹵簿內第一引官縣令乘之駕馬皆有銅面插羽鞶纓攀胸鈴拂緋絹屜紅錦包尾六年禮制局言大觀中用大司樂代太常卿爲第三引蓋以大司樂掌鼓吹之事夫禮樂之官宗伯爲長宜改用禮部尚書又第四引司徒即用地官之長自漢以來爲三公朝廷近改司徒爲少傅然六引司徒乃地官之事宜改用戶部尚書其府佐依六引諸卿例改爲僚佐其鹵簿儀仗依兵部尚書例給古之諸侯出封於外同姓錫以金輅異姓錫以象輅蓋出而制節則遠君而其道伸入而謹度則近君而其勢屈故其入覲則不敢乘金輅象輅以同於王當自降而乘墨車也若公侯采地在天子縣內者則爲都鄙之長大司馬所謂師都建旜是矣今開封牧列職於朝與御史大夫同謂之卿可也其在周官則卿大夫之職是矣又無金輅象輅之錫而乃比於古之諸侯入覲而乘墨車可乎成周上公九命車旗以九爲節故建常九斿侯伯七命車旗以七爲節故建常七斿子男五命車旗以五爲節故建常五斿其卿六命其大夫四命車旗亦各眡其命之數則卿之建旜當用六斿大夫建物當用四斿至於三斿則上士所建也其開封令宜乘墨車而建物四斿開封牧御史大夫戶部兵部禮部尚書皆卿也宜乘夏縵而建旜六斿其年詳定官蔡攸又言六引開封令乘軺車居前開封牧大司樂司徒御史大夫兵部尚書乘革車次之開封牧建繡隼旗太常卿建繡鳳旗司徒繡瑞馬旗御史大夫繡以獬豸兵部尚書繡以虎皆副之以闟戟其先後之序所乘之車所建之旗揆古則不合驗今則有戾且大駕之出自漢光武時始有三引先河南尹次執金吾次洛陽令先尊而後卑也後魏亦三引先平城令次司隸校尉次丞相先卑而後尊也唐兼用六引五代減爲三後周復增爲六本朝因之以開封令居前終以兵部尚書然以前爲尊則大司樂不當次令牧以後爲尊則兵部尚書不當繼御史大夫此先後之序未正也軺車非縣令宜駕革車非公卿宜用是所乘之車未稱也鳳馬之繡無所經見闟戟之設尤爲訛謬是所建之旗未宜也司徒三公論道之官車徒非其所任戶部主之可也奉常掌禮司樂典樂皆專於一事禮樂之容非其所兼禮部總之宜也請改司徒用戶部尚書改大司樂用禮部尚書其僚佐儀制視兵部尚書御史大夫位亞三少秩從二品又尊於六尚書其行宜以兵部次令牧禮部戶部又次之終以御史大夫則先後之序正矣夏篆者篆其車而五采畫之也夏縵則五采畫之而不篆墨車則漆之而不畫孤宜乘夏篆象其文質之備卿宜乘夏縵象其文采而不足於篆開封令秩比大夫開封令古之諸侯其乘皆宜墨車其駕之馬令以三牧以四御史大夫以四尚書卿之任也其駕亦四則所乘之車稱矣司常曰孤卿建旜大夫士建物師都建旗蓋通帛爲旜其色純赤雜帛爲物其色赤白物爲三斿旜亦如之開封令秩視大夫故宜建以物開封牧率王畿之衆而衛上師都之任也故宜建以旗尚書御史大夫古之卿也故宜建以旜從之七年禮制局言昨討論大駕六引開封牧乘墨車兵部尚書禮部尚書戶部尚書御史大夫乘夏縵已經冬祀陳設訖所有駕士衣服尚循舊六引之制宜行改正況天子五輅駕士之服各隨其輅之色則六引駕士之服當亦如之請墨車駕士衣皂夏縵駕士皂質五色團花於禮爲稱從之

肩輿神宗優待宗室老疾不能騎者出入聽肩輿熙寧五年大宗正司請宗室以病肩輿者踏引籠燭不得過兩對中興後人臣無乘車之制從祀則以馬常朝則以轎舊制輿檐有禁中興東征西伐以道路阻險詔許百官乘轎王公以下通乘之其制正方飾有黃黑二等凸蓋無梁以篾席爲障左右設牖前施簾舁以長竿二名曰竹轎子亦曰竹輿

內外命婦之車唐制有厭翟車翟車安車白銅飾犢車而幰網有降差宋制銀裝白藤輿檐內命婦皇親所乘白藤輿檐金銅犢車漆犢車或覆以氊或覆以椶內外命婦通乘

繖人臣通用以青絹爲之宋初京城內獨親王得用太宗太平興國中宰相樞密使始用之其後近臣及內命婦出外皆用眞宗大中祥符五年詔除宗室外其餘悉禁明年復許中書樞密院用焉京城外則庶官通用神宗熙寧之制非品官禁用青蓋京城惟執政官及宗室許用哲宗紹聖三年詔在京官不得用凉扇徽宗政和三年以燕越二王出入百官不避乃賜三接青羅繖一紫羅大掌扇二塗金花鞍韉茶燎等物皆用塗金遂爲故事八年詔民庶享神不得造紅黃繖扇及彩繪以爲祀神之物宣和初又詔諸路奉天神許用紅黃繖扇餘祠廟並禁其畫壁塑像儀仗用龍飾者易之建炎中初駐蹕杭州執政張澄言羣臣扈從兵間權免張蓋俟回鑾仍舊詔前宰相到闕許張蓋鞍勒之制宋以賜羣臣其非賜者皆有令式而不敢踰越焉金塗銀鬧裝牡丹花校具八十兩紫羅繡寶相花雉子方韉油畫鞍白銀銜鐙以賜宰相親王樞密使帶使相曾任宰相觀文殿大學士宮觀使殿前馬軍步軍都指揮使金塗銀鬧裝太平花校具七十兩紫羅繡瑞草方韉油畫鞍陷銀銜鐙以賜使相樞密副使參知政事宣徽使節度使宮觀使殿前馬軍步軍副都指揮使都虞候四箱都指揮使韉以紫羅剜花若出使則加紅犛牛纓金塗銀鈒使相在外加紅織成鞍複步軍都虞候以上賜帶甲馬者加紅皮鞦轡校具七十兩青鐙圓韉陷銀銜鐙金塗銀鬧裝麻葉校具五十兩紫羅剜花方韉油畫鞍陷銀銜鐙以賜三司使觀文殿學士資政殿大學士翰林學士承旨翰林學士資政殿端明殿翰林侍讀侍講龍圖天章寶文閣樞密直學士御史中丞兩使留後觀察防禦使軍廂都指揮使軍廂都指揮使初出授團練使刺史者賜亦同曾任中書樞密院後爲學士中丞者七十兩韉以繡瑞草見任中書樞密院宣徽使使相節度使出使曾任中書樞密院充諸路都總管安撫使朝辭日賜亦如之金塗銀三環寶相花校具二十五兩紫羅圓韉烏漆鞍銜鐙以賜團練使刺史金塗銀促結洛州花校具三十兩紫羅圓韉以賜諸路承受白成十五兩以賜諸王宮僚翰林侍讀侍書金塗銀寶相花校具四十兩鑾雲校具十五兩以賜諸班押班殿前指揮使以上白成窪面校具十二兩以賜諸班皆藍黃絁圓韉其皇親婚嫁皆給藍黃羅繡方韉金塗銀花鞍金塗銀校具白八十兩至十二兩有六等宗室女婿繫親皆賜紫羅繡瑞草方韉校具自七十兩至五十兩有二等其賜契丹使則金塗銀太平花校具七十兩紫羅繡寶相花雉子方韉副使則㓑葉校具五十兩紫羅繡合子地圓韉皆油畫鞍射弓則使銀裝副使銀稜賜諸蕃進奉大使則如刺史而用青絛韉副使則如宮僚凡京官三品以上外任者皆許馬以纓飾太宗太平興國七年翰林學士承旨李昉言準詔詳定車服制度請升朝官許乘銀裝絛子鞍勒六品以下不得鬧裝其韉皆不得刺繡金皮飾餘官及工商庶人許並乘烏漆素鞍不得用絨毛暖坐其藍黃絛子非宮禁不得乘士庶軍校乘白皮韉勒者悉禁斷從之八年詔京朝知錄事參軍及知縣者所乘馬並不得飾纓後復許帶纓端拱二年詔內職諸班押班禁軍指揮使廂軍都虞候並許乘銀裝絛子鞍勒京官任知州通判許依六品朝官眞宗咸平二年西京留臺上言留府羣官使臣乘馬不得帶纓從之大中祥符五年詔繡韉及鬧裝校具除宗室及恩賜外悉禁天禧元年令兩省諫舍宗室將軍以上許乘絨毛暖坐餘悉禁凡京官三班已上外任者皆許馬以纓飾仁宗景祐三年詔官非五品以上毋得乘鬧裝銀鞍其乘金塗銀裝絛子促結鞍轡者自文武升朝官及內職禁軍指揮使諸班押班廂軍都虞候防團副使以上聽之仍毋得以藍黃爲絛白皮爲韉轡民庶止許以氊皮絁紬爲韉京官爲通判以上職任者許權依升朝例神宗熙寧間文武升朝官禁軍都指揮使以上塗金銀裝盤絛促結五品以上復許銀鞍鬧裝若開花繡韉惟恩賜乃得乘餘官及民庶仍禁銀飾舊制諸王視宰相用繡鞍韉政和三年始

賜金花鞍韉諸王不施狨坐宣和末始賜中興因之乾道九年重修儀制權侍郎大中大夫以上及學士待制經恩賜許乘狨坐三衙節度使曾任執政官亦如之先是建炎初駐蹕杭州詔扈從臣僚合設狨坐者權宜撤去故事宰執侍從自八月朔搭坐紹興元年以江浙地燠改爲九月朔著爲例乾道元年乃詔三衙乘馬賜狨坐

門戟木爲之而無刃門設架而列之謂之棨戟天子宮殿門左右各十二應天數也宗廟門亦如之國學文宣王廟武成王廟亦賜焉惟武成王廟左右各八臣下則諸州公門設焉私門則府第恩賜者許之太宗淳化二年詔諸道州府軍監奏乞皷角戟稍如令文合賜即下三司指揮仁宗天聖四年太常禮院言準批狀詳定知廣安軍范宗古奏本軍乞降稍檢會令文京兆河南太原府大都督府都護門十四戟若中都督上都護門十二戟下都督諸州門各十戟並官給所有軍監門不載伏請不行神宗元豐之制凡門列戟者官司則開封河南應天大名大都督府皆十四中都督皆十二下都督皆十品官恩賜者正一品十六二品以上十四中興仍舊制

旌節唐天寶中置節度使受命日賜之得以專制軍事行卽建節府樹六纛宋凡命節度使有司給門旗二龍虎各一旌一節一麾槍二豹尾二旗以紅繒九幅上設耀篦鐵鑽髹杠緋纛旌用塗金銅螭頭髹杠綢以紅繒畫白虎頂設髹木盤周用塗金飾節亦用髹杠飾以金塗銅葉上設髹圓盤三層以紅絲裝釘爲旄並綢以紫綾複囊又加碧油絹袋麾槍設髹木盤綢以紫繒複囊又加碧油絹袋豹尾製以赤黃布畫豹文並髹杠神宗熙寧五年詔新建節幷移鎭並降敕太常寺排比旌節下左右金吾街仗司騏驥院給執擎人員鞍馬中興因之建炎三年表韓世忠之旗曰忠勇紹興三年表岳飛之旗曰精忠孝宗詔以其藩邸旌節迎置天章閣淳熙中光宗亦詔奉東宮旌節其後寧宗踐祚有司言安奉皇帝藩邸旌節宜有推飾今用朱漆靑地金字牌二其一題曰太上皇帝藩邸旌節其一曰今上皇帝藩邸旌節蓋襲用元豐延安故事云

宋史卷一百五十考證

輿服志二金塗銀鐵胎杆鞠四〇本志大輦長竿四銀裹鐵鞠與通考同此鞠字應是鋦字之訛

金塗銅手把葉段拓叉二金塗銅叉頭拖泥行馬二一〇二叉字監本訛又從通考改正

宋史卷一百五十一

元　中　書　右　丞　相　總　裁　脫　脫　等　修

輿服志第一百四

輿服三 天子之服 皇太子附 后妃之服 命婦附

天子之服一曰大裘冕二曰袞冕三曰通天冠絳紗袍四曰履袍五曰衫袍六曰窄袍天子祀享朝會親耕及視事燕居之服也七曰御閱服天子之戎服也中興之後則有之

大裘之制神宗元豐四年詳定郊廟奉祀禮文所言周禮司裘掌爲大裘以供王祀天之服司服王祀昊天上帝則服大裘而冕祀五帝亦如之享先王則袞冕而禮記云郊祭之日王被袞以象天戴冕璪十有二旒則天數也王肅據家語以爲臨燔柴脫袞冕著大裘則是禮記被袞與周禮大裘郊祀並用二服事不相戾但服之有先後耳是以開寶通禮皇帝服袞冕出赴行宮祀日服袞冕至大次質明改服大裘而冕出次蓋袞冕盛服而文之備者故於郊之前期被之以至大次既臨燔柴則脫袞冕服裘以明天道至質故被裘以體之今儀注車駕赴青城服通天冠絳紗袍祀之日乃服鞸袍至大次服袞冕臨祭非尚質之義乞並依開寶通禮詔詳定所參議又言臣等詳大裘之制本以尚質而後世反以尚文故冕之飾大爲不經而禮書所載上有垂旒加飾又異大裘不裼之說今參考諸說大裘冕無旒廣八寸長一尺六寸前圓後方前低寸二分玄表朱裏以繒爲之玉笄以朱組爲紘玉瑱以玄紞垂之爲裘以黑羔皮領袖以黑繒纁裳朱紱而無章飾佩白玉玄組綬革帶博二寸玉鉤䚢以佩紱屬之素帶朱裏絳純其外上朱下綠白紗中單皂領靑褾襈裾朱襪赤舄黑絇繶純乞下所屬製造其當暑奉祠之服乞降梁陸璪議以黑繒爲裘及唐輿服志以黑羔皮爲緣詔重詳定光祿寺丞集賢校理陸佃言臣詳冕服有六周官弁師云掌王之五冕則大裘與袞同冕故禮記云郊之日王被袞以象天又曰服之襲也充美也禮不盛服不充故大裘不裼此明王服大裘以袞衣襲之也先儒或謂周祀天地皆服大裘而大裘之冕無旒非是蓋古者裘不徒服其上必皆有衣故曰緇衣羔裘黃衣狐裘素衣麑裘如郊祀徒服大裘則是表裘以見天地表裘不入公門而乃欲以見天地可乎且先王之服冬裘夏葛以適寒暑未有能易之者也郊祀天地有裘無袞則夏祀赤帝與至日祭地祇亦將被裘乎然則王者冬祀昊天上帝中裘而表袞明矣至於夏祀天神地祇則去裘服袞以順時序周官曰凡四時之祭祀以宜服之明夏不必衣裘也或曰祭天尚質故徒服大裘被袞則非尚質臣以爲尚質者明有所尚而已不皆用質也今欲冬至禋祀昊天上帝服裘被袞其餘祀天及祀地祇並請服袞去裘各以其宜服之於是詳定所言裘不可徒服禮記曰大裘不裼則襲可知所謂大裘之襲者袞也與袞同冕伏請冬祀昊天與黑帝皆服大裘被以袞其餘非冬祀天及夏至祭地則皆服袞六年尚書禮部言經有大裘而無其制近世所爲惟梁隋唐爲可考請緣隋制以黑羔皮爲裘黑繒爲領袖及裏緣袂廣可運肘長可蔽膝按皇侃說祭服之下有袍繭袍繭之下有中衣朝服裼衣之下有裘裘之下有中衣然則今之襯郊中單當在大裘之下其袂之廣狹衣之長短皆當如裘伏乞改制於是神宗始服大裘而加袞冕焉哲宗元祐元年禮部言元豐所造大裘須用黑羔皮乃作短袍樣襲於袞衣之下仍與袞服同冕未合典禮下禮部太常寺共議上官均吳安詩常安民劉唐老龔原姚勔請依元豐新禮丁隲請循祖宗故事王愈請倣唐制朱光庭周秩請以玄衣襲裘獨禮部員外郎何洵直在元豐中嘗預詳定以陸佃所議有可疑者八按周禮節服氏掌祭祀朝覲袞冕六人維王之太常郊祀裘冕二人旣云袞冕又云裘冕是袞與裘各有冕乃云裘與袞同冕當以袞襲之裘旣無冕又襲於袞中裘而表袞何以示裘袞之別哉古人雖質不應以裘爲夏服蓋冬用大裘當暑則以同色繒爲之記曰郊祭之日王被袞以象天若謂裘上被袞以被爲襲則家語亦有被裘象天之文諸儒或言臨燔柴脫袞冕著大裘或云脫裘服袞蓋裘袞無同冕兼服之理今乃以二服合爲一可乎且大裘天子吉服之最上若大圭大路之比是裘之在表者記曰大裘不裼說者曰無別衣以裼之蓋他服之裘褻故表裘不入公門事天以報本復始故露質見素不爲表褻而冕亦無旒何必假他衣以藩飾之乎凡裘上有衣謂之裼裼上有衣謂之襲襲者裘上重二衣也大裘本不裼鄭志乃云裘上有玄衣與裘同色蓋趙商之徒附會爲說不與經合襲之爲義本出於重沓非一衣也古者齋祭異冠齋服降祭服一等祀昊天上帝五帝以裘冕祭則袞冕齋故鄭氏云王齋服袞冕是袞冕者祀天之齋服也唐開元及開寶禮始以袞冕爲齋服裘冕爲祭服兼與張融臨燔柴脫袞服裘之義合請從唐制兼改製大裘以黑繒爲之佃復破其說曰夫大裘而冕謂之裘冕非大裘而冕謂之袞冕則裘冕必服裘袞冕不必服裘今特言裘冕者主冬至言之周禮司裘掌爲大裘以供王祀天之服則祀地不服大裘以夏日至不可服裘故也今謂大裘當暑以同色繒爲之尤不經見兼裼襲一衣而已初無重沓之義被裘而覆之則曰襲袒而露裘之美則曰裼所謂大裘不裼則非袞而何玉藻曰禮不盛服不充故大裘不裼則明不裼而襲也充美也鄭氏謂大裘之上有玄衣雖不知覆裘以袞然尚知大裘不可徒服必有玄衣以覆之玉藻有尸襲之義周禮裘冕注云裘冕者從尸服也夫尸服大裘而襲則王服大裘而襲可知且裘不可以徒服故被以袞豈借袞以爲飾哉今謂祭天用袞冕爲齋服裘冕爲祭服此乃襲先儒之謬誤後漢顯宗初服日月星辰十二章以祀天地自魏以來皆用袞服則魏漢祭天嘗服袞矣雖無大裘未能盡合於禮固未嘗有表裘而祭者也且裘內服也與袍同袍褻矣而欲襌以祭天以明示質是欲衩衣以見上帝也洵直復欲爲大裘之裳纁色而無章飾夫表安得有裳哉請從先帝所志其後詔如洵直議去黑羔皮而以黑繒製焉政和議禮局上大裘青表纁裏黑羔皮爲領褾襈朱裳被以袞服冬至祀昊天上帝服之立冬祀黑帝立冬後祭神州地祇亦如之中興之後無有存者紹興十三年禮部侍郎王賞等言郊祀大禮合依禮經皇帝服大裘被袞行禮據元豐詳定郊廟禮文何洵直議以黑繒創作大裘如袞惟領袖用黑羔乞如洵直議詔有司如祖宗舊制以羔製之禮部又言關西羊羔係天生黑色今有司湼白羔爲之不中禮制不如權以繒代又元祐中有司欲爲大裘度用百羔哲宗以爲害物遂用黑繒請依太常所言從之遂以袞襲裘冕亦十二旒焉

袞冕之制宋初因五代之舊天子之服有袞冕廣一尺

二寸長二尺四寸前後十二旒二纊並貫眞珠又有翠旒十二碧鳳銜之在珠旒外冕版以龍鱗錦表上綴玉爲七星旁施琥珀缾犀缾各二十四周綴金絲網鈿以眞珠雜寶玉加紫雲白鶴錦裏四柱飾以七寶紅綾裏金飾玉簪導紅絲絛組帶亦謂之平天冠衮服青色日月星山龍雉虎蜼七章紅裙藻火粉米黼黻五章紅蔽膝升龍二並織成間以雲朵飾以金鈒花鈿窠裝以眞珠琥珀雜寶玉紅羅襦裙繡五章青褾襈裾六采綬一小綬三結玉環三素大帶朱裏青羅四神帶二繡四神盤結綬帶飾並同衮服白羅中單青羅袜帶紅羅勒帛鹿盧玉具劒玉鏢首鏤白玉雙佩金飾貫眞珠金龍鳳革帶紅襪赤舄金鈒花四神玉鼻祭天地宗廟朝太清宮饗玉清昭應宮景靈宮受册尊號元日受朝册皇太子則服之太祖建隆元年太常禮院言準少府監牒請具衮龍衣絳紗袍通天冠制度令式衮冕垂白珠十有二旒以組爲纓色如其綬黈纊充耳玉簪導玄衣纁裳十二章八章在衣日月星辰山龍華蟲火宗彝四章在裳藻粉米黼黻衣褾領如上爲升龍皆織就爲之山龍以下每章一行重以爲等每行十二白紗中單黼領青褾襈裾蔽膝加龍山火三章革帶玉鉤鰈大帶素帶朱裏紕其外上朱下綠紐約用組鹿盧玉具劒大珠鏢首白玉雙佩玄組雙大綬六采玄黃赤白縹綠純玄質長二丈四尺五寸首廣一尺小雙綬長二尺六寸色同大綬而首半之間施三玉環朱襪赤舄加金飾詔可二年太子詹事尹拙工部尚書竇儀議謹按周禮弁師掌王之五冕朱裏延紐五采繅十有二就皆五采玉十有二玉笄朱紘諸侯之繅旒九就瑉玉三采其餘如王之事繅斿皆就玉瑱玉笄疏云王不言玉瑱於此言之者王與諸侯互相見爲義是以王言玄冕朱裏延紐及朱紘明諸侯亦有之諸公言玉瑱明王亦有之詳此經疏之文則是本有充耳今請令君臣衮冕以下並畫充耳以合正文從之乾德元年閏十二月少府監楊格少監王處訥等上新造皇帝冠冕先是郊祀冠冕多飾以珠玉帝以華而且重故命改製之仁宗景祐二年又以帝后及羣臣冠服多沿唐舊而循用之久則有司寖爲繁文以失法度詔入內侍省御藥院與太常禮院詳典故造冠冕蠲減珍華務從簡約俾圖以進續詔通天冠絳紗袍更不修製由是改製衮冕天版元潤一尺二寸長二尺四寸今製廣八寸長一尺六寸減翠旒並鳳子前後二十四珠旒並合典制天板頂上元織成龍鱗錦爲表紫雲白鶴錦爲裏今製青羅爲表采畫出龍鱗紅羅爲裏采畫出紫雲白鶴所有犀缾琥珀缾各二十四今減不用金絲結網子上舊有金絲結龍八今減四亦減絲令細天板四面花隨子素墜子依舊減輕造冠身并天柱元織成龍鱗錦今用青羅采畫出龍鱗金輪等七寶元眞玉碾成今更不用如補空郄以雲龍細窠分旒玉鈎二今減去之天河帶組帶欵慢帶依舊減輕造納言元用三製今用青羅采畫出龍鱗錦金稜上稜道依舊用金卽減輕製黈纊玉簪衮服八章日月星辰山龍華蟲火宗彝青羅身紅羅襈繡造所有雲子相度稀稠補空更不用細窠亦不使眞珠裝綴中單依舊皂白製造裙用紅羅繡出藻粉米黼黻周回花樣仍舊減稀製之蔽膝用紅羅繡升龍二雲子補空減稀製之周回依舊細窠不用六采綬依舊減絲織造所有玉環亦減輕帶頭金葉減去用銷金四神帶不用劒佩梁帶韈舄並依舊嘉祐元年王洙奏天子法服冕旒形度重大華飾稍繁願集禮官參定詔禮院詳典禮上聞而禮院繪圖以進因敕御藥院更造其後冕服稍增侈如故英宗治平二年知太常禮院李育奏曰郊廟之祭本尚純質衮冕之飾百存法象非事繁侈重奇玩也冕則以周官爲本凡十二旒間以采玉加以紘綖笄瑱之飾衮則以虞書爲始凡十二章首以辰象別以衣裳繪繡之采東漢至唐史官名儒記述前制皆無珠翠犀寶之飾何則鷸羽蚌胎非法服所用琥珀犀缾非至尊所冠龍錦七星已列采章之內紫雲白鶴近出道家之語豈被衮戴璪象天則數之義哉自大裘之廢顓用衮冕古朴稍去而法度尚存夫明水大羹不可以衆味和雲門咸池不可以新聲間衮冕之服不可以珍怪累也若魏明之用珊瑚江右之用翡翠侈靡衰播之餘豈足爲聖朝道哉且太祖建隆元年少府監所造冕服及二年博士聶崇義所進三禮圖嘗詔尹拙竇儀參校之皆倣虞周漢唐之舊至四年冬服之合祭天地於圜丘用此制也太宗亦嘗命少府製於禁中不聞改作及眞宗封太山禮官請服衮冕帝曰前王服羔裘尚質也今則無羔裘而有衮冕可從近制是豈有意於繁飾哉蓋後之有司率意妄增未嘗確議遂相循而用故仁宗嘗詔禮官章得象等詳議之其所減過半然不經之飾重者多去輕者尚存不能盡如詔書之意故至和三年王洙復議去繁飾禮官畫圖以獻漸還古禮而有司所造復如景祐之前又按開寶通禮及衣服令冕服皆有定法悉無寶錦之飾夫太祖太宗富有四海豈乏寶玩顧不可施之郊廟也臣竊謂陛下肇祀天地躬饗祖禰服周之冕觀古之象願復先王之制祖宗之法其衮冕之服及韠綬佩舄之類與通禮衣服令三禮圖制度不同者宜悉改正詔太常禮院少府參定遂合奏曰古者冕服之用郊廟殊制唐典天子之服有二等而大裘尚存顯慶初長孫無忌等采郊特牲之說獻議廢大裘自是郊廟之祭一用衮冕然旒章之數止以十二爲節亦未聞有餘飾也國朝冕服雖倣古制然增以珍異巧縟前世所未嘗有夫國之大事莫大於祀而祭服違經非以肅祀容尊神明也臣等以謂宜如育言參酌通禮衣服令三禮圖及景祐三年減定之制一切改造之孔子曰麻冕禮也今也純儉吾從衆純者絲也變麻用絲蓋已久矣則冕服之制宜依舊以羅爲之冕廣一尺二寸長二尺二寸約以景表尺前圓後方黝上朱下以金飾版則以白玉珠爲旒貫之以五采絲繩前後各十二旒旒各十二珠相去一寸長二尺朱絲組爲纓黈纊充耳金飾玉簪導青衣纁裳十二章八章繪之於衣日月星辰山龍華蟲火宗彝也四章繡之於裳藻粉米黼黻也錦龍褾領織爲升龍山龍而下一章爲一行重以爲等行十二別製大帶素表朱裏朱綠終辟韠紱舄大小綬亦去珠玉鈿窠琥珀玻瓈之飾其中單革帶玉具劒玉佩朱韈之制已中禮令無復改爲則法服有稽祭禮增重復詔禮院再詳以聞而內侍省奏謂景祐中已裁定可因而用也從之神宗元豐元年詳定郊廟禮文所言凡冕版廣八寸長尺六寸與古制相合更不復議今取少府監進樣如以青羅爲表紅羅爲裏則非弁師所謂玄冕朱裏者也上用金稜天版四周金絲結網兩旁用眞珠花素墜之類皆不應禮伏請改用朱組爲紘玉笄玉瑱以玄紞垂瑱以五采玉貫於五色藻爲旒以青赤黃白黑五色備爲一玉每一玉長一寸前後二十四旒垂而齊肩以合孔子所謂純儉之義又古者祭服朝服之裳皆前三幅後四幅前爲陽以象奇後爲陰以象偶惟深衣中禪之屬連衣裳而裳復不殊前後然以六幅交解爲十二幅象十二月其制作莫不有法故謂之法服今少府監衮服其裳乃以八幅爲之不殊前後有違古義伏請改正祭服之裳以七幅爲之殊其前後以今太常周尺度之幅廣二尺二寸每幅兩旁各縫殺一寸謂之削幅腰間辟積無數裳側有純謂之綼裳下有純謂之緆綼緆之廣各寸半表裏合爲三寸羣臣祭服之裳倣此從之政和議禮局更上皇帝冕服之制冕版廣八寸長一尺六寸前高八寸五分後高九寸五分青表朱裏前後各十有二旒五采藻十有二就就間相去一寸青碧錦織成天河帶長一丈二尺廣二寸朱絲組帶爲纓黈纊充耳金飾玉簪導長一尺二寸衮服青衣八章繪日月星辰山龍華蟲火宗彝纁裳四章繡藻粉米黼黻蔽膝隨裳色繡升龍二白羅中單皂褾襈紅羅勒帛青羅袜帶緋白羅大帶革帶白玉雙佩大綬六采赤黃黑白縹綠小綬三色如大綬間施玉環三朱韈赤舄緣以黃羅中興仍舊制延以羅衣木玄表朱裏長尺有六寸前低一寸二分四旁緣以金覆於卷武之上繅以五色絲貫五色玉前後各十二凡用二百八十有八玉笄充耳用黃綿紘以朱組以其一屬於左笄上垂下又屈而屬於右笄繫之而垂其餘衣玄八章升龍於山繪裳纁四章繡幅前三後四斷而不屬兩旁殺縫腰辟積綼緆之廣皆如舊大帶以緋白羅合而紩之以朱綠飾其側上朱下綠其束處以組爲紐約下垂三尺通天冠絳紗袍亦如之白羅中單領褾襈以黼服裘則以皂絳紗袍則衣用白紗領褾襈以朱綬大小各一大綬織以六采青黃黑白縹綠下垂青絲網上有結垂玉環三小綬制如大綬惟三色大裘絳紗袍皆用之革帶博二寸革爲裏緋羅爲表飾以玉銙鈕以玉鈎鰈通天冠絳紗袍亦用之韍從裳色上有紕下有純去上五寸繪以山龍火上接革帶繫之佩有衡有琚瑀有衝牙繫於革帶左右各一上設衡衡下垂三帶貫以蠙珠夾則中有金獸面兩旁夾以雙璜又次設琚瑀下則衝牙居中央兩旁有玉滴子行則擊牙而有聲舄有絇有純有繶有綦以緋羅爲之首加金飾服通天冠絳紗袍則用黑舄以烏皮爲之常服則用白舄以絲爲之韈羅表繒裏施靿著綦以繫之赤舄以采黑舄以白白舄同

通天冠二十四梁加金博山附蟬十二高廣各一尺青表朱裏首施珠翠黑介幘組纓翠緌玉犀簪導絳紗袍以織成雲龍紅金條紗爲之紅裏皂褾襈裾絳紗裙蔽膝如袍飾並皂褾襈白紗中單朱領褾襈裾白羅方心曲領白韈黑舄佩綬如衮大祭祀致齋正旦冬至五月朔大朝會大册命親耕籍田皆服之仁宗天聖二年甫郊禮儀使李維言通天冠上一字準敕廻避詔改承天冠中興之制冠高九寸服用並同乾道九年又用履袍袍以絳羅爲之折上巾通犀金玉帶繫履則曰履袍服韡則曰韡袍履韡皆用黑革四孟朝獻景靈宮郊祀明

堂諸宮宿廟進胙上壽兩宮及端門肆赦並服之大禮畢還宮乘平輦服亦如之若乘大輦則服通天絳紗如常儀

衫袍唐因隋制天子常服赤黃淺黃袍衫折上巾九還帶六合靴宋因之有赭黃淡黃袍衫玉裝紅束帶皂文鞾大宴則服之又有赭黃淡黃褉袍紅衫袍常朝則服之又有窄袍便坐視事則服之皆皂紗折上巾通犀金玉環帶窄袍或御烏紗帽中興仍之初高宗踐祚於南都隆祐太后命內臣上乘輿服御有小冠太后曰祖宗閒居之所服也自神宗始易以巾願卽位後退朝上戴此冠庶幾如祖宗時氣象後殿早講皇帝服帽子紅袍玉束帶講讀官公服繫鞵晚講皇帝服頭巾背子講官易便服此嘉定四年講筵之制也

御閱服以金裝甲乘馬大閱則服之

圭宋初凡大祭祀大朝會天子皆執圭元豐二年詳定儀注所言周禮王執鎮圭釋者曰祭天地宗廟及朝日夕月則執之若朝覲諸侯授玉於王王授玉撫玉而已考工記天子執冒四寸以朝諸侯蓋天子以冒圭邪刻之處冒諸侯之圭以齊瑞信也未有臨臣子而執鎮圭者唐六典殿中監掌服御之事凡大祭祀則搢大圭執鎮圭若大朝會止進爵開寶通禮始著元會執圭出自西房淳化中上壽進酒又令內侍奉圭於周制唐禮皆不合其元會受朝賀請不執鎮圭上壽詔可三年詔議大圭尺度詳定所言考工記鎮圭尺有二寸天子守之大圭長三尺杼上終葵首天子服之後魏以降以白玉爲之長尺有二寸西魏以來皆然方而不折雖非古制蓋後世以所得之玉隨宜爲之今請換玉之有無制之又言唐禮親祀天地神祇皆搢大圭執鎮圭有事宗廟則執鎮圭而已王涇郊祀錄曰大圭質也事天地之禮質故質而搢之鎮圭文也宗廟之禮亦文故無兼執之義不知大圭天子之笏也通於郊廟請自今皇帝親祠郊廟搢大圭執鎮圭奉祀之時既接神再拜則奠鎮圭爲摯大圭爲笏又言開元及開寶通禮皇帝升輅不言執圭祀日質明至中壝門外殿中監進大圭尚衣奉御又以鎮圭授殿中監以進於是始搢大圭執鎮圭今皇帝乘玉輅執鎮圭赴景靈宮及太廟青城皆乘輅執圭殊不應禮請自今乘輅不執圭還內御大輦亦如之詳定所又言大圭中必之制請製薦玉繅藉以木爲榦廣袤如玉以帛衣之帛上畫五采文前後垂之又製約圭繅藉長尺上玄下絳爲地五采五就因以爲飾每奠圭則以薦玉之繅陳于地執圭則以約圭之繅備失墜因垂之爲飾況大圭搢之紳帶之間不可無中必明矣俟明堂服大圭宜依鎮圭所約之組令可繫之哲宗元祐元年禮部言元豐新禮皇帝祀天搢大圭其制圜首前詘於禮未合今欲放西魏隋唐玉笏之制方而不折上下皆博三寸長尺二寸其厚以鎮圭爲約從之政和二年宦者譚稹獻玄圭其制兩旁刻十二山若古山尊上銳下方上有雷雨之文下無瑑飾外黑內赤中一小好可容指其長尺有二寸詔付廷議議官以爲周玉執鎮圭繅飾以四鎮之山其中有好爲受組之地其長尺有二寸周人做古爲之而王執以鎮四方也徽宗乃以是歲冬御大慶殿受圭焉三年又詔曰先王以類而求祀圜丘以象形蒼玉以象色冬日以至取其時大裘而冕法其幽而未有以體其道天玄而地黃今大圭內赤外黑于以體之冬祀可搢大圭執玄圭永爲定制中興仍舊制大祭祀則執大圭以爲笏上太上皇皇太后冊寶亦如之

皇太子之服一曰袞冕二曰遠游冠朱明衣三曰常服袞冕青羅表緋羅紅綾裏塗金銀鈒花飾犀簪導紅絲組前後白珠九旒二纊貫水晶珠青羅衣繡山龍雉火虎蜼五章紅羅裳繡藻粉米黼黻四章紅羅蔽膝繡山火二章白紗中單青褾襈裾革帶塗金銀鉤䚢瑜玉雙佩四采織成大綬結二玉環金塗銀鈒花飾青羅袜帶紅羅勒帛玉具劍金塗銀鈒花玉鏢首白羅襪朱履金塗銀釦從祀則服之遠游冠十八梁青羅表金塗銀鈒花飾犀簪導紅絲組爲纓博山政和加附蟬朱明服紅花金條紗衣紅紗裏皂褾襈紅紗裳紅紗蔽膝並紅紗裏白花羅中單皂褾襈白羅方心曲領羅韈黑舄革帶劍佩綬餘同袞服袜帶勒帛執桓圭受冊謁廟朝會則服之常服皂紗折上巾紫公服通犀金玉帶太宗至道元年太常禮院言南郊皇太子充亞獻合著祭祀服準制度袞冕以組爲纓色如其綬青纊充耳玄衣纁裳凡九章每章一行重以爲等皆織爲之白紗中單黻領青褾襈裾革帶金鉤䚢大帶素帶不朱裏亦紕以朱綠紐約用組黻隨裳色二章朱組雙大綬四章赤白褾襈純朱質長一丈八尺三百二十首廣九寸小雙綬長二尺六寸色同大綬而首半之間施二玉環朱韈赤舄舄加金飾餘同舊制侍從祭祀及謁廟加元服納妃則服之詔依上製造政和議禮局更上皇太子服制袞冕惟青纊充耳餘並同國初之制加元服從祀納妃釋奠文宣王服之中興並同其皇子之服紹興三十二年十月禮官言皇子鄧慶恭三王遇行事服朝服則七梁額花冠貂蟬籠巾金塗銀立筆眞玉佩綬金塗銀革帶烏皮履若服祭服則金塗銀八旒冕眞玉佩綬緋羅履韈詔文思院製造

后妃之服一曰禕衣二曰朱衣三曰禮衣四曰鞠衣妃之緣由翟爲章三等大帶隨衣色朱裏紕其外上以朱錦下以綠錦紐約用青組革帶以青衣之白玉雙佩黑組雙大綬小綬三間施玉環三青韈舄舄加金飾受冊朝謁景靈宮服之鞠衣黃羅爲之蔽膝大帶革舄隨衣色餘同禕衣唯無翟文親蠶服之妃首飾花九株小花同并兩博鬢冠飾以九翬四鳳褕翟青羅繡爲搖翟之形編次於衣青質五色九等素紗中單黼領羅縠褾襈蔽膝隨裳色以緅爲領緣以搖翟爲章二等大帶隨衣色不朱裏紕其外餘倣皇后冠服之制受冊服之

皇太子妃首飾花九株小花同并兩博鬢褕翟青織爲搖翟之形青質五色九等素紗中單黼領羅縠褾襈皆以朱色蔽膝隨裳色以緅爲領緣以搖翟爲章二等大帶隨衣色不朱裏紕其外上以朱錦下以綠錦紐約用青組革帶以青衣之白玉雙佩純朱雙大綬章采尺寸與皇太子同受冊朝會服之鞠衣黃羅爲之蔽膝大帶革帶隨衣色餘與褕翟同唯無翟從蠶服之中興仍舊制其龍鳳花釵冠大小花二十四株應乘輿冠梁之數博鬢冠飾同皇太后皇后服之紹興九年所定也花釵冠小大花十八株應皇太子冠梁之數施兩博鬢去龍鳳皇太子妃服之乾道七年所定也其服后惟備禕衣禮衣妃備褕翟凡三等其常服后妃大袖生色領長裙霞帔玉墜子背子生色領皆用絳羅蓋與臣下不異

命婦服政和議禮局上花釵冠皆施兩博鬢寶鈿飾翟衣青羅繡爲翟編次於衣及裳第一品花釵九株寶鈿準花數翟九等第二品花釵八株翟八等第三品花釵七株翟七等第四品花釵六株翟六等第五品花釵五株翟五等並素紗中單黼領朱褾襈通用羅縠蔽膝隨裳色以緅爲領緣加文繡重雉爲章二等（二品以下準此）大帶革帶青韈舄佩綬受冊從蠶服之七年臣僚言今文臣九品殊以三品之服至於命婦已釐入等之號而服制未有名稱詔有司視其夫之品秩而定其服飾詔送禮制局定之其儀闕焉

宋史卷一百五十二

元　中書右丞相總裁脫脫等修

輿服志第一百五

輿服四　諸臣服上

諸臣祭服唐制有袞冕九旒鷩冕八旒毳冕七旒絺冕六旒玄冕五旒宋初省八旒六旒冕九旒冕塗金銀花額犀玳瑁簪導青羅衣繡山龍雉火虎蜼五章緋羅裳繡藻粉米黼黻四章緋蔽膝繡山火二章白花羅中單玉裝劍佩革帶暈錦綬二玉環緋白羅大帶緋羅韈履親王中書門下奉祀則服之其冕無額花者玄衣纁裳悉畫小白綾中單獅子錦綬二銀環餘同上三公奉祀則服之七旒冕犀角簪導衣畫虎蜼粉米三章裳畫黼黻二章銀裝佩劍革帶餘同九旒冕九卿奉祀則服之五旒冕青羅衣裳無章銅裝佩劍革帶餘同七旒冕四品五品爲獻官則服之六品以下無劍佩綬紫檀衣朱裳羅爲之皂大綾綬銅裝劍佩御史博士服之平冕無旒青衣纁裳無劍佩綬餘同五旒冕太祝奉禮服之慶曆三年太常博士余靖言周禮司服之職掌王之吉服大裘而冕無旒以祀昊天上帝其祀五帝亦如之袞冕十有二旒其服十有二章以享先王鷩冕八旒其服七章以享先公亦以饗射毳冕七旒其服五章以祀四望山川絺冕六旒其服三章以祭社稷五祀玄冕五旒其服無章以祭小祀此皆天子親行祠事所服冕服悉因所祀大小神鬼以爲制度今大祠中祠所遣獻官並用上公九旒九章冕服以爲初獻其餘公卿亦皆七旒冕服全無等降小祠則公服行事乖戾舊典宜詳周禮因所祭鬼神以爲獻官冕服之制詔下禮官議奏曰聖朝之制唯皇帝親祠郊廟及朝會大禮服袞冕外餘冕皆不設其每歲常祀遣官行事攝公則服一品九旒冕攝卿則服三品七旒冕自從品制爲服不以祠之大小爲差至于小祠獻官舊以公服行事則有違典禮案衣服令五旒冕衣裳無章皂綾綬銅裝劍佩四品以下爲獻官則服之今小祠獻官既不攝公卿則盡屬四品以下當有祭服請除公卿祭服仍舊從本品外小祠所遣獻官並依令文祭服行事若非時告祭用香幣禮器行事之處亦皆準此詔施行爲皇祐四年同知太常禮院邵必言伏見監祭使監禮各冠五旒冕衣裳無章色以紫檀案周禮六冕之制凡有旒者衣裳皆有章惟大裘冕無旒衣裳無章一命大夫之冕無旒衣裳亦無章今監祭監禮所服冕五旒侯伯之冕也而衣無章深所不稱

色以紫檀又無經據竊詳監祭監禮既非祠官則御史博士爾而服用五等蓋非所宜而且有旒無章况國家南郊大禮太常卿止服朝服前導皇帝明非祠官也今後監祭者請冠獬豸監禮者冠進賢爲稱詔不允元豐元年詳定禮文所言國家服章視唐尤爲不備於令文祀儀有九旒冕七旒冕五旒冕今既無冕名而有司仍不制七旒冕乃有四旒冕其非禮尤甚又服之者不以官秩上下故分獻四品官皆服四旒冕博士御史則冕五旒而衣紫檀太祝奉禮則服平冕而無佩玉此因循不謹之失也且古者朝祭異服所以別事神與事君之禮今皇帝冬至及正旦御殿服通天冠絳紗袍則百官皆服朝服乃禮之稱至親祠郊廟皇帝嚴袞冕以事神而侍祠之官止以朝服豈禮之稱哉至於景靈宮分獻官皆服朝服尤爲失禮伏請親祠郊廟景靈宮除導駕贊引扶侍宿衛之官其侍祠及分獻者並服祭服如所考制度修製五冕及爵弁服各正冕弁之名又國朝祀儀祭社稷朝日夕月風師雨師皆服袞冕其蜡祭先蠶五龍亦如之祭司命戶竈門厲行皆服鷩冕壽星靈星司中司寒中霤馬祭皆服毳冕皆非是今天子六服自鷩冕而下既不親祠廢而不用則諸臣攝事自當從王所祭之服伏請依周禮凡祀四望山川則以毳冕祭社稷五祀則以絺冕朝日夕月風師雨師司命司中則以玄冕若七祀蜡祭百神先蠶五龍靈星壽星司寒馬祭蓋皆羣小祀之比當服玄冕從之哲宗元祐元年太常寺言舊制大禮行事執事官並服祭服餘服朝服至元豐七年呂升卿始有行事及陪祀官並服祭服之議今欲令行事執事官並服祭服其贊引行事禮儀使太常卿太常博士閤門使樞密院官進接圭殿中監止供奉皇帝其陪位官止導駕押宿及主管事務并他處行事官仍服朝服從之徽宗大觀元年議禮局言太社太學獻官祝禮皆以法服奉祠至郡邑則用常服乞降祭服詔頒制度於州郡然未明使製造後政和間始詔州縣冠服形制詭異令禮制局造樣頒下轉運司轉運司製以給州縣焉二年議禮局檢討官俞㮚言玄以象道纁以象事故凡冕皆玄衣纁裳今太常寺祭服則衣色青矣前三幅以象陽後四幅以象陰故裳制不相連屬今之裳則爲六幅而不殊矣冕玄表而朱裏今乃青羅爲覆以金銀飾之佩用綬以貫玉今既有玉佩矣又有錦綬以銀銅二環飾之以玉宗彝宗廟之彝也乃爲虎蜼之狀而不作虎彝蜼彝粉米散利以養人也乃分爲二章而以五色圓花爲藉其餘不合古者甚多乞下禮局博考古制畫太常寺及古者祭服樣二本以進至於損益裁成斷自聖學詔令議禮局詳議四年議禮局官宇文粹中議改衣服制度曰凡冕皆玄衣纁裳衣則繪而章數皆奇裳則繡而章數皆偶陰陽之義也今衣用深青非是欲乞視冕之等衣色用玄裳色用纁以應典禮古者蔽前而已芾存此象以韋爲之今蔽膝自一品以下並以緋羅爲表緣緋絹爲裏無復上下廣狹及會紕純紃之制又有山火龍章案明堂位有虞氏服韍夏后氏山商火周龍章韍者乃黻冕之黻非赤芾之芾也且芾在下體與裳同用而山龍火者衣之章也周既績於上衣不應又績於芾請改芾制去山龍火章以破諸儒之惑又祭服有革帶今不用皮革而通裹以緋羅又以銅爲飾其綬或錦或皂環或銀或銅尤無經據宜依古制除去至佩玉中單赤舄之制則全取元豐中詳定官所議行之粹中又上所編祭服制度曰古者冕以木版爲中廣八寸長尺六寸後方前圓後仰前低染三十升之布玄表朱裏後方者不變之體前圓者無方之用仰而玄者升而辨於物俛而朱者降而與萬物相見後世以繒易布故純儉今羣臣冕版長一尺一寸闊六寸二分非古廣尺之制以青羅爲覆以金塗銀稜爲飾非古玄表朱裏之制乞下有司改正古者冕之名雖有五而繅就旒玉則視其命數以爲等差合綵絲爲繩用以貫玉謂之繅以一玉爲一成結之使不相并謂之就就間相去一寸則九玉者九寸七玉者七寸各以旒數長短爲差今羣臣之冕用藥玉青珠五色茸線非藻玉三采二采之義每旒之長各八寸非旒數長短爲差之義又獻官冕服雜以諸侯之制而一品服袞冕臣竊以爲非宜元豐中禮官建言請資政殿大學士以上侍祠服鷩冕觀察使以上服毳冕監察御史以上服絺冕朝官以上服玄冕選人以上爵弁詔許之而不用爵弁供奉官以下至選人盡服玄冕無旒臣竊謂依此參定乃合禮制古者三公一命袞則三公在朝其服當鷩冕蓋出封則遠君而伸在朝則近君而屈今之攝事及侍祠皆在朝之臣也在朝之臣乃與古之出封者同命數非先王之意乞下有司制鷩冕八旒毳冕六旒絺冕四旒玄冕三旒其次二旒又其次無旒依元豐詔旨參酌等降爲侍祠及攝祭之服長短之度采色之別皆乞依古制施行又案周禮諸侯爵有五等而服則三所謂公之服自袞冕而下侯伯自鷩冕而下子男自毳冕而下是也古者諸侯有君之道故其服以五七九爲節今之郡守雖曰猶古之侯伯其實皆王臣也欲乞只用羣臣之服自鷩冕而下分爲三等三都四輔爲一等初獻鷩冕八旒經畧安撫鈐轄爲一等初獻毳冕六旒亞獻並玄冕二旒終獻無旒節鎭防團軍事爲一等初獻絺冕四旒亞終獻並玄冕無旒其衣服之制則各從其冕之等又曰今之紘組仍綴兩繒帶而結於頤冕旁仍垂青纊而不以瑱以犀爲簪而不以玉笄象笄並非古制乞下有司改正從之政和議禮局言大觀中所上羣臣祭服制度已依所奏修定乞付有司依圖畫制造既又上羣臣祭服之制正一品九旒冕金塗銀稜有額花犀簪青衣畫降龍朱裳蔽膝白羅中單大帶革帶玉佩錦綬青絲網玉環朱襪履革帶以金塗銀玉佩以金塗銀裝綬以天下樂暈親祠大禮使亞獻終獻太宰少宰左丞每歲大祠宰臣親王執政官郡王克初獻服之奏告官並依本品服已下准此從一品九旒冕無額花白綾中單紅錦綬銀環金塗銀佩餘如正一品服親祠吏部戶部禮部兵部工部尚書太廟進受幣爵奉幣爵宗室每歲大祠捧俎官大祠中祠初獻官服之二品七旒冕角簪青衣無降龍餘如從一品服親祠禮部侍中殿中監大司樂光祿卿讀冊官太廟薦俎贊進飲福宗室七祀配享功臣分獻官每歲大祀謂用宮駕者大司樂大祠中祠亞終獻大祠禮官小祠獻官朔祭太常卿服之三品五旒冕皂綾綬銅環金塗銅革帶佩餘如二品服親祠舉冊官大樂令光祿丞奉俎饌籩豆簠簋官分獻官分獻壇壝從祀太廟奉瓚盤薦香燈安奉神主奉毛血槃蕭蒿篚肝膋豆宗室每歲祭祠大樂令大中祠分獻官服之無旒冕素青衣朱裳蔽膝無佩綬餘如三品服奉禮協律郎郊社令太祝太官令親祠撞鼎官進摶黍官太廟供亞終獻金斝供七祀獻官執爵官服之五旒冕紫檀絁衣餘如三品服監察御史服之州郡祭服三都初獻八旒冕經畧安撫鈐轄初獻六旒冕亞獻並二旒冕終獻無旒節鎭防團軍事初獻四旒冕亞終獻並無旒冕中興之後省九旒七旒五旒冕定爲四等一曰鷩冕八旒二曰毳冕六旒三曰絺冕四旒四曰玄冕無旒其義以公卿大夫士皆北面爲臣又近尊者而屈故其節以八以六以四從陰數也先是紹興四年五月國子監丞王普奏言臣嘗攷諸經傳具得冕服之制蓋王之三公八命鷩冕八旒衣裳七章其章各八孤卿六命毳冕六旒衣裳五章其章各六大夫四命絺冕四旒衣裳三章其章各四上士三命玄冕三旒中士再命玄冕二旒下士一命玄冕無旒衣皆無章裳刺韍其命數自三而下其繅至笄衡紘紞瑱纊帶佩芾舄中衣皆有等差近世冕服制度沿襲失眞多不如古夫後方而前圓後昂而前俛玄表而朱裏此冕之制也今則方圓俛仰幾於無辨且以青爲表而飾以金銀矣其衣皆玄其裳皆纁裳前三而後四幅此衣裳之制也今則衣色以青裳色以緋且以六幅而不殊矣山以章也今則以隋火以圜也今則以銳宗彝宗廟虎蜼之彝也乃畫虎蜼之狀而不爲虎蜼彝粉米米而粉之者也乃分爲二章而以五色圓花爲藉佩有衡璜琚瑀衝牙而已乃加以雙滴而重設二衡綬以貫佩玉而已乃別爲錦綬而間以雙環以至帶無紐約芾無肩頸舄無絇繶中衣無連裳臣伏讀國朝會要郊廟奉祀禮文祖宗以來屢嘗講究第以舊服無有存者欲乞因茲改作是正訛繆一從周制以合先聖之言尋禮部契勘奏言衣服之制或因時王而爲之損益事雖變古要皆一時制作不無因革或考之先王而有繆戾者雖行之已久不應承誤襲非憚於改正案周官自上公服袞王之三公服鷩以至士服玄冕凡五等唐制自一品服袞冕九旒至五品服玄冕無旒亦五等國家承唐之舊初有五旒之名其後去三公袞冕及絺冕但存七旒鷩冕五旒毳冕與無旒玄冕凡三等而已袞服非三公所服去之可也乃併絺冕去之自尙書服毳冕以至光祿丞亦服焉貴賤幾無差等此皆一時制作不無因革今合增鷩冕爲八旒增毳冕爲六旒復置絺冕爲四旒并及無旒玄冕共四等庶幾稍合周制若冕之方圓低昂至於無辨則制造之差也以青爲表非不用玄也爲玄而不至者也以緋爲裳非不用纁也爲纁而太過者也山止而靜者也今象其隱是得山之勢而不知其性火圜而神者也今象其銳是得火之形而不得其神也至於宗彝粉米佩綬帶紐芾屨之屬皆宜改正施行是時諸臣奏請討論雖詳然終以承襲之久未能盡革也鷩冕八旒每旒八玉三采朱白蒼角笄青纊以三色紞垂之紘以紫羅屬於武衣以青黑羅三章華蟲火虎蜼彝裳以纁表羅裏繒七幅繡四章藻粉米黼黻大帶中單佩以珉貫以藥珠綬以絳錦銀環鈒上紕下純繪二章山火革帶緋羅表金塗銀裝韈舄並如舊制宰相亞終獻大禮使服之前期景靈宮太廟亞終獻明堂滌濯進玉爵酒官亦如之毳冕六玉三采衣三章繪虎蜼彝藻粉米裳二章黼黻佩藥珠衡璜等

以金塗銅帶鼓綸以山革帶以金塗銅餘如鷩冕六部侍郎以上服之前期景靈宮太廟進爵酒幣官奉幣官受爵酒幣官薦俎官明堂受玉爵受玉幣奉徹籩豆進飲福酒徹俎祝腥贊引亞終獻禮儀使亞終獻爵幷盥洗官四員並如之前二日奏告初獻社壇九宮壇分祭初獻亞獻亦如之絺冕四玉二采朱綠衣一章繪粉米裳二章繡黼黻綬以皂綾銅環餘如毳冕光祿卿監察御史讀冊官舉冊官分獻官以上服之前期景靈宮太廟奏奉神主官明堂大府卿光祿卿沃水舉冊官讀冊官押樂太常卿東朶殿三員西朶殿二員東廊二十八員西廊二十五員南廊二十七員軷門祭獻官前二日奏告亞獻終獻官監察御史並如之社壇九宮壇分祭終獻官監察御史兵工部光祿卿丞亦如之玄冕無旒無佩綬衣純黑無章裳刺黼而已餘無刺繡餘如絺冕光祿丞奉禮郎協律郎進摶黍官太社令良醞令太官令奉俎饌等官供祠執事官內侍以下服之明堂光祿丞奉禮郎良醞令太祝摶黍官宮架協律郎登歌協律郎奉御官內侍供祠執事官武臣奉俎官軷門祭奉禮郎太祝令太官令社壇九宮壇分祭太社太祝太官令奉禮郎並如之紫檀冕四旒服紫檀衣博士御史服之外州軍祭服鷩冕八旒三都初獻服之毳冕六旒經略安撫鈐轄初獻服之絺冕四旒經略安撫鈐轄亞獻服之節鎮防團軍事初獻亦如之玄冕無旒節鎮防團軍事亞終獻服之

朝服一曰進賢冠二曰貂蟬冠三曰獬豸冠皆朱衣朱裳宋初之制進賢五梁冠塗金銀花額犀玳瑁簪導立筆緋羅袍白花羅中單緋羅裙緋羅蔽膝並皂褾襈白羅大帶白羅方心曲領玉劍佩銀革帶暈錦綬二玉環白綾襪皂皮履一品二品侍祠朝會則服之中書門下則冠加籠巾貂蟬三梁冠犀角簪導無中單銀劍佩獅子錦綬銀環餘同五梁冠諸司三品御史臺四品兩省五品侍祠朝會則服之御史大夫中丞則冠有獬豸角衣有中單兩梁冠犀角簪導銅劍佩練鵲錦綬銅環餘同三梁冠四品五品侍祠朝會則服之六品以下無中單無劍佩綬御史則冠有獬豸角衣有中單袴褶紫緋綠各從本服色白綾中單白綾袴白羅方心曲領本品官導駕則騎而服之袴褶之制建隆四年范質與禮官議袴褶制度先儒無說惟開元雜禮有五品以上用細綾及羅六品以下用小綾之制注褶衣複衣也又案令文武弁金飾平巾幘簪導紫褶白袴玉梁珠寶鈿帶韡騎馬服之金飾即附蟬也詳此即是二品三品所配弁之制也附蟬之數蓋一品九二品八三品七四品六五品五又侍中中書令散騎加貂蟬侍左者左珥侍右者右珥又開元禮導駕官並朱衣冠履依本品朱衣令朝服也故令文三品以上紫褶五品以上緋褶七品以上綠褶九品以上碧褶並白大口袴起梁帶烏皮韡今請造袴褶如令文之制其起梁帶形制檢尋未是望以革帶代之奏可是歲造成而未用乾德六年郊禋始服而冠未造乃取朝服進賢冠帶韈履參用焉康定元年少府監言每大禮法服庫定百官品位給朝服今兩班內有官卑品高官高品卑者難以裁定願敕禮院詳其等第詔下禮院參酌舊制以聞奏曰準衣服令五梁冠一品二品侍祠大朝會則服之中書門下則加籠巾貂蟬準官品令一品尚書令太師太傅太保太尉司徒司空太子太師太傅太保二品中書令侍中左右僕射太子少師少傅少保諸州府牧左右金吾衛上將軍又準閤門儀制以中書令侍中同中書門下平章事爲宰臣親王樞密使留守節度使京尹兼中書令侍中同中書門下平章事爲使相樞密使知樞密院事參知政事樞密副使同知樞密院事宣徽南北院使僉書樞密院事並在東宮三司之上以上品位職事宜準前法給朝服宰臣使相則加籠巾貂蟬其散官勳爵不繫品位止從正官爲之服三梁冠諸司三品御史臺四品兩省五品侍祠大朝會則服之御史中丞則冠獬豸準官品令諸司三品諸衞上將軍六軍統軍諸衞大將軍神武龍武大將軍太常宗正卿祕書監光祿衞尉太僕大理鴻臚司農太府卿國子祭酒殿中少府將作司天監諸衞將軍神武龍武將軍下都督三京府尹五大都督府長史親王傅御史臺三品四品御史大夫中丞兩省三品四品五品左右散騎常侍門下中書侍郎諫議大夫給事中中書舍人尚書省三品四品六尚書左右丞諸行侍郎東宮三品四品賓客詹事左右庶子少詹事左右諭德節度使文明殿學士資政殿大學士三司使翰林學士承旨翰林學士資政殿學士端明殿學士翰林侍讀侍講學士龍圖閣學士樞密直學士龍圖天章閣直學士圖天章閣待制觀察使次中書舍人內客省使次太府卿客省使次將作監引進使防禦團練三司副使次左右庶子以上品位職事宜準前法給朝服兩梁冠四品五品侍祠大朝會則服之六品則去劍佩綬御史則冠獬豸準官品令諸司四品大常宗正少卿祕書少監光祿等七寺少卿國子司業殿中少府將作司天少監三京府少尹太子率更令家令僕諸衞率府率副率諸軍衞中郎將諸王府長史司馬大都督府左右司馬內侍尚書省五品左右司諸行郎中諸司五品國子博士經筵博士太子中允左右贊善大夫都水使者開封祥符河南洛陽宋城縣令太子中舍洗馬內常侍太常宗正祕書殿中丞著作郎殿中省五尚奉御太理正諸王友諸軍衞郎將諸王府諮議參軍司天五官正太史令內給事諸升朝官六品以下起居郎起居舍人侍御史尚書省諸行員外郎殿中侍御史左右司諫左右司言監察御史太常博士通事舍人四方館使次七寺少卿諸州刺史次太子僕（謂正任不帶使職者）東西上閤門使次司天少監客省引進閤門副使次諸行員外郎已上品位職事據令文但言四品五品亦不分班敍上下今請自尚書省五品以上及諸州刺史已上準前法給朝服其諸司五品已上實有官高品卑及品高官卑者宜自諸司五品國子博士至內給事並依六品以下例去劍佩綬御史則冠獬豸衣有中單其諸司使副使以下至閤門祗候如有攝事合請朝服者並同六品詔從所請元豐二年詳定朝會儀注所言古者制禮上物不過十二天之數也自上而下降殺以兩蓋外諸侯遠於尊者而伸則以九以七以五從陽奇之數王朝公卿大夫近於尊者而屈則以八以六以四從陰偶之數本朝衣服令通天冠二十四梁爲乘輿服以應冕旒前後之數若人臣之冠則自五梁而下與漢唐少異矣至於綬則乘輿及皇太子以織成諸臣以錦爲之一品二品冠五梁中書門下加籠巾貂蟬諸司三品三梁四品五品二梁御史臺四品兩省五品亦三梁而綬有暈錦黃獅子方勝練鵲四等之殊六品則去劍佩綬隋唐冠服皆以品爲定蓋其時官與品輕重相準故也今之令式尚或用品雖因襲舊文然以官言之頗爲舛謬槩舉一二則太子中允贊善大夫與御史中丞同品太常博士品卑於諸寺丞太子中舍品高於起居郎內常侍纔比內殿崇班而在尚書諸司郎中之上是品不可用也若以差遣則有官卑而任要劇者有官品高而處之冗散者有一官而兼領數局者有徒以官奉朝請者有分局莅職特出於一時隨事立名者是差遣又不可用也以此言之用品及差遣定冠綬之制則未爲允當伏請以官爲定庶名實相副輕重有準仍乞分官爲七等冠綬亦如之貂蟬籠巾七梁冠天下樂暈錦綬爲第一等蟬舊以玳瑁爲蝴蝶狀今請改爲黃金附蟬宰相親王使相三師三公服之七梁冠雜花暈錦綬爲第二等樞密使知樞密院至太子太保服之六梁冠方勝宜男錦綬爲第三等左右僕射至龍圖天章寶文閣直學士服之五梁冠翠毛錦綬爲第四等左右散騎常侍至殿中少府將作監服之四梁冠簇四鵰錦綬爲第五等客省使至諸行郎中服之三梁冠黃獅子錦綬爲第六等皇城以下諸司使至諸衞率府率服之內臣自內常侍以上及入內省內侍省內東西頭供奉官殿頭前班東西頭供奉官左右侍禁左右班殿直京官祕書郎至諸寺監主簿既預朝會亦宜朝服從事今參酌自內常侍以上冠服各從本等寄資者如本官入內內侍省內東西頭供奉官殿頭三班使臣陪位京官爲第七等皆二梁冠方勝練鵲錦綬高品以下服色依古者韠韍舃履並從裳色今制朝服用絳衣而錦有十九等其七等綬謂宜純用紅錦以文采高下爲差別惟法官綬用青地荷蓮錦以別諸臣後漢志法冠一曰柱後執法者服之侍御史廷尉正監平也或謂之獬豸冠南齊志亦曰法冠廷尉等諸執法者冠之今御史臺自中丞而下至監察御史大理卿少卿丞審刑院刑部主判官既正定厥官眞行執法之事則宜冠法冠改服青荷蓮錦綬其梁數與佩準本品從之其後又詔冬正朝會諸軍所服衣冠廂都軍都指揮使都虞候領團練使刺使服第五等軍都指揮使都虞候服第六等指揮使副指揮使服第七等並班於庭副都頭以上常服班殿門外其朝會執事高品以下並服介幘絳服大帶革帶韈履方心曲領政和議禮局更上羣臣朝服之制七梁冠金塗銀稜貂蟬籠巾犀簪導銀立筆朱衣裳白羅中單並皂褾襈蔽膝隨裳色方心曲領緋白羅大帶金塗銀革帶金塗銀裝玉佩天下樂暈錦綬青絲網間施三玉環白韈黑履三公左輔右弼三少太宰少宰親王開府儀同三司服之七梁冠無貂蟬籠巾銀裝玉佩雜花暈錦綬餘同三公以下服執政官東宮三師服之六梁冠白紗中單銀革帶佩方勝宜男錦綬銀環餘同七梁冠服大學士學士直學士東宮三少御史大夫中丞六曹尚書侍郎殿中監大司成散騎常侍特進金紫銀青光祿大夫光祿大夫大尉節度使左右金吾衞左右衞上將軍服之五梁冠翠毛錦綬餘同六梁冠服太子賓客詹事給事中中書舍人諫議大夫待制九寺卿大司樂秘書監殿中少監國子祭酒宣奉

正奉通奉通議大中中大夫中奉中散大夫上將軍節度觀察留後觀察使通侍大夫樞密都承旨服之四梁冠簇四盤鵰錦綬餘同五梁冠服九寺少卿大晟典樂秘書少監國子辟廱司業少府將作軍器監都水使者起居舍人侍御史太子左右庶子少詹事諭德尚書左右司郎中員外六曹諸司郎中朝議奉直朝請朝散朝奉大夫防禦團練使刺史大將軍正侍中侍中亮中衞拱衞左武右武大夫駙馬都尉帶遙郡武功大夫以下樞密副都承旨服之三梁冠金塗銅革帶佩黃獅子錦綬鍮石環餘同四梁冠服殿中侍御史監察御史司諫正言尚書六曹員外郎外符寶郎少府將作軍器少監太子侍讀侍講中舍舍人親王府翊善侍讀侍講九寺秘書殿中監辟廱丞大晟樂令兩赤縣令大理正司直評事著作郎秘書郎著作佐郎太常宗學國子辟廱博士太史局令正丞五官正朝請朝散朝奉承議奉議通直郎中亮中衞拱衞左武右武郎諸衞將軍衞率府率武功武德武顯武節武略武經武義武翼大夫郎醫職翰林醫正以上內符寶郎閤門通事舍人敦武郎脩武郎服之二梁冠角簪方勝練鵲錦綬餘同三梁冠服在京職事官閤門祗候看班祗候率府副率升輦輅立侍內臣服之御史大夫中丞刑部尚書侍郎大理卿少卿侍御史刑部郎中大理寺正丞司直評事並冠獬豸冠服青荷蓮綬詔悉頒行六年詔導駕官朝服結佩七年詔夏祭百官朝祭服用紗中興仍舊制行事執事官則服祭服導引陪祠官則服朝服從紹興三年太常寺請也祠畢駕回若服通天絳紗袍乘大輦則百官從駕服朝服或服履袍乘平輦則百官從駕服常服自隆興二年洪适請始也進賢冠以漆布爲之上縷紙爲額花金塗銀銅飾後有納言以梁數爲差凡七等以羅爲纓結之第一等七梁加貂蟬籠巾貂鼠尾立筆第二等無貂蟬籠巾第三等六梁第四等五梁第五等四梁第六等三梁第七等二梁並如舊制服同貂蟬冠一名籠巾織藤漆之形正方如平巾幘飾以銀前有銀花上綴玳瑁蟬左右爲三小蟬銜玉鼻左插貂尾三公親王侍祠大朝會則加于進賢冠而服之獬豸冠卽進賢冠其梁上刻木爲獬豸角碧粉塗之梁數從本品立筆古人臣簪筆之遺象其制削竹爲幹裹以緋羅以黃絲爲毫拓以銀縷葉插於冠後舊令文官七品以上服朝服者簪白筆武官則否今文武皆簪焉

宋史卷一百五十二考證

康定元年○監本作三年按仁宗康定止有元年無三年今改正

宋史卷一百五十三

元中書右丞相總裁脫脫等修

輿服志第一百六

輿服五 諸臣服下 士庶人服

公服凡朝服謂之具服公服從省今謂之常服宋因唐制三品以上服紫五品以上服朱七品以上服綠九品以上服青其制曲領大袖下施橫襴束以革帶幞頭烏皮鞾自王公至一命之士通服之太宗太平興國二年詔朝官出知節鎭及轉運使副衣緋綠者並借紫知防禦團練刺史州衣綠者借緋衣緋者借紫其爲通判知軍監止借緋其後江淮發運使同轉運提點刑獄同知刺史州雍熙初郊祀慶成始許升朝官服緋綠二十年者敍賜緋紫眞宗登極京朝官亦聽敍及東封西祀赦書京朝官並以十五年爲限後每帝登極亦如例景德三年詔內諸司使以下出入內庭不得服皁衣違者論其罪內職亦許服窄袍仁宗景祐元年詔軍使曾任通判者借緋曾任知州者借紫慶曆元年龍圖閣直學士任布言欲望自今贈官至正郎者其畫像許服緋至卿監許服紫從之嘉祐三年詔三品轉運使朝辭上殿日與賜章服諸路轉運使候及十年卽與賜章服神宗熙寧元年中書門下奏六品以上犯贓濫或私罪徒重者不得因本品改章服從之元豐元年去青不用階官至四品服紫至六品服緋皆象笏佩魚九品以上則服綠笏以木武臣內侍皆服紫不佩魚假版官及伎術若公人之人八品者並聽服綠官應品而服色未易與品未及而已易者或以年格或以特恩五年詔六曹尚書依翰林學士例六曹侍郎給事中依直學士例朝謝日不以行守試並賜服佩魚罷職除他官日不帶行徽宗重和元年詔禮制局自冠服討論以聞其見服鞾先改用履禮制局奏履有絇繶純綦古者舃履各隨裳之色有赤舃白舃黑舃今履欲用黑革爲之其絇繶純綦並隨服色用之以倣古隨裳色之意詔以明年正旦改用禮制局又言履隨其服色武臣服色一等當議差別詔文武官大夫以上具四飾朝請郎武功郎以下去繶並稱履從義郎宣教郎以下至將校伎術官去繶純並稱履當時議者以鞾不當用之中國實廢釋氏之漸云中興仍元豐之制四品以上紫六品以上緋九品以上綠服緋紫者必佩魚謂之章服非官至本品不以假人若官卑而職高則特許者有三自庶官遷六部侍郎自庶官爲待制或出奉使者是也又有以年勞而賜者有品未及而借者升朝官服綠大夫以上服緋莅事至今日以前及二十年歷任無過者許磨勘改授章服此賜者也或爲通判者許借緋爲知州監司者許借紫任滿還朝仍服本品此借者也又有出於恩賜者焉紹興十二年九月以皇太后回鑾詔承務郎以上服緋綠莅事至今日以前十七年者並改轉服色三十二年六月孝宗卽位詔承務郎以上服緋綠及十五年者並許改轉服色然計年之法亦不輕許無出身人自年二十出官服綠日起理服緋人亦自年二十服緋日起理有出身人自賜出身日起理內並除豁丁憂年月日不理外歷任無過者方許爲先是殿中侍御史張震奏今日之弊在於人有僥倖能革其俗然後天下可治且改轉服色常赦自昇朝官以上服綠大夫以上服緋莅事及二十年方得改賜今赦曰承務郎以上服緋綠及十五年便與改轉比之常赦不惟年限已減而又官品相絕蓋已爲異恩矣今竊聞省部欲自補官日便理歲月卽是嬰孩授命年纔十五者今遂服緋而貴近之子或初年賜緋年纔及冠者今遂賜紫朱紫紛紛不亦濫乎況靖康建炎恩赦亦不曾以補官日爲始若始於出身之日頗爲折衷蓋比之莅事所減已多而比之初補粗爲有節帝從其言故有是命又有出於特賜者旌直臣則賜之勸循吏則賜之廣孝治則賜之優老臣則賜之此皆非常制焉內品未至而賜服及借者並於衡內帶賜及借

幞頭一名折上巾起自後周然止以軟帛垂脚隋始以桐木爲之唐始以羅代繒惟帝服則脚上曲人臣下垂五代漸變平直國朝之制君臣通服平脚乘輿或服上焉其初以藤織草巾子爲裏紗爲表而塗以漆後惟以漆爲堅去其藤裏前爲一折平施兩脚以鐵爲之

帶古惟用革自曹魏而下始有金銀銅之飾宋制尤詳有玉有金有銀有犀其下銅鐵角石黑玉之類各有等差玉帶不許施於公服犀非品官通犀非特旨皆禁銅鐵角石黑玉之類民庶及郡縣吏伎術等人皆得服之其制有金毬路荔支師蠻海捷寶藏（方團二十五兩荔支自二十五兩至七兩有四等師蠻二十五兩海捷十五兩寶藏三十兩惟毬路方團胯餘悉方胯荔支或爲御仙花束帶亦同）金塗天王八仙犀牛寶瓶荔支師蠻海捷雙鹿行虎窪面（天王八仙二十五兩犀牛寶瓶自二十五兩至十五兩有二等荔支自二十兩至十兩有三等師蠻自二十兩至十八兩有二等海捷自十五兩至十兩有三等雙鹿自二十兩至四兩有九等行虎七兩窪面自十五兩至十二兩有二等）束帶則有金荔支師蠻戲童海捷犀牛胡荽鳳子寶花（荔支自二十五兩至十五兩有三等師蠻戲童二十五兩海捷自二十兩至十兩有二等犀牛二十兩鳳子寶相花十五兩）金塗犀牛雙鹿野馬胡荽（犀牛野馬十五兩雙鹿自二十兩有三等胡荽自十五兩至十兩有三等）犀有上等次等以牿犉爲別（出黔南者在南海之下）太宗太平興國七年正月翰林學士承旨李昉等奏曰奉詔詳定車服制度請從三品以上服玉帶四品以上服金帶以下升朝官雖未升朝以賜紫緋內職諸軍將校並服紅鞓金塗銀排方雖升朝着綠者公服上不得繫銀帶餘官服黑銀方團胯及犀角帶貢士及胥吏工商庶人服鐵角帶恩賜者不用此制荔支帶本是內出以賜將相在於庶僚豈合僭服望非恩賜者官至三品乃得服之景德三年詔通犀金玉帶除官品合服及恩賜外餘人不得服用大中祥符五年詔曰方團金帶優寵輔臣今文武庶官及伎術之流率以金銀倣效甚紊彝制自今除恩賜外悉禁之端拱中詔作瑞草地毬路文方團胯帶副以金魚賜中書樞密院文臣仁宗慶曆八年彰信軍節度使兼侍中李用和言伏見張耆授兼侍中日特賜笏頭金帶以爲榮異欲望正謝日準例特賜詔如耆例神宗熙寧六年熙河路奏捷宰臣王安石率羣臣賀紫宸殿神宗解所服白玉帶賜之八年岐王顥嘉王頵言嘗賜方團玉帶著爲朝儀乞寶藏于家不敢服用神宗不許命工別琢玉帶以賜之顥等固辭不聽請加佩金魚以別嫌詔以玉魚賜之親王佩玉魚自此始宗旦宗諤皆以使相遇郊恩告謝特賜毬文方團金帶佩魚自是宗室節度帶同平章事者著爲例宣徽使張方平郭逵王拱辰皆嘗特賜元豐五年詔三師三公宰相執政官開府儀同三司節度使嘗任宰相者觀文殿大學士已上金毬文方團帶佩魚觀文殿學士至寶文閣直學士節度使御史大夫中丞六曹尚書侍郎散騎常侍御仙花帶內御史大夫六曹尚書翰林學士以上及資政殿學士特班翰林學士上者仍佩魚六年詔北使經過處守臣嘗借朝議大夫者令權服紫不繫金帶其押賜御筵官仍互借先借朝議大

夫者卽借中散大夫並許繫金帶不佩魚哲宗元祐五年詔臣僚曾賜金帶後至不該繫者在外許繫徽宗崇寧二年詔六尚局奉御今後許服金帶四年中書省檢會哲宗元符儀制令諸帶三師三公宰相執政官使相節度使觀文殿大學士毬文佩魚節度使非曾任宰相卽御仙花佩魚觀文殿學士至寶文閣直學士御史大夫中丞六曹尚書侍郎散騎常侍並御仙花權侍郎不同內御史大夫六曹尚書觀文殿學士至翰林學士仍佩魚資政殿學士特旨班在翰林學士上者同權尚書不同其官職未至而特賜者不拘此令因任職事官經賜金帶者雖後任不該賜亦許服看詳若稱因任六曹侍郎經賜帶後除知開封府之類既非職事官又非在外皆不許繫似非元立法之意蓋立文該舉未盡其特賜者既不係官職自無時不許繫外因任職事官賜金帶後任不該者亦許服卽在外與在京非職事官皆可用詔申明行下大觀二年詔中書舍人諫議大夫待制殿中少監許繫紅鞓犀帶不佩魚中興仍之其等亦有玉有金有銀有金塗銀有犀有通犀有角其制毬文者四方五團御仙花者排方凡金帶三公左右丞相三少使相執政官觀文殿大學士節度使毬文佩魚觀文殿學士至華文閣直學士御史大夫中丞六曹尚書侍郎散騎常侍開封尹給事中並御仙花內御史大夫六曹尚書觀文殿學士至翰林學士仍佩魚中書舍人左右諫議大夫龍圖天章寶文顯謨徽猷敷文煥章華文閣待制權侍郎服紅鞓排方黑犀帶仍佩魚權侍郎以上罷任不帶職者亦許服之

魚袋其制自唐始蓋以爲符契也其始曰魚符左一右一左者進內右者隨身刻官姓名出入合之因盛以袋故曰魚袋宋因之其制以金銀飾爲魚形公服則繫於帶而垂於後以明貴賤非復如唐之符契也太宗雍熙元年南郊後內出以賜近臣由是內外升朝文武官皆佩魚凡服紫者飾以金服緋者飾以銀廷賜紫則給金塗銀者賜緋亦有特給者京官幕職州縣官賜緋紫者亦佩親王武官內職將校皆不佩眞宗大中祥符六年詔伎術官未升朝賜緋紫者不得佩魚仁宗天聖二年翰林待詔太子中舍同正王文度因勒碑賜紫章服以舊佩銀魚請佩金魚仁宗曰先朝不許伎術人輒佩魚以別士類不令混淆宜却其請景祐三年詔殿中省尚藥奉御賜紫徐安仁特許佩魚至和元年詔中書提點五房公事自今雖無出身亦應佩魚舊制自選人入爲堂後官轉至五房提點始得佩魚提點五房呂惟和非選人入援司天監五官正例求佩魚特許之神宗元豐二年蒲宗孟除翰林學士神宗曰學士職清地近非他官比而官儀未寵自今宜加佩魚遂著爲令三年詔自今中書堂後官並帶賜緋魚袋餘依舊例徽宗政和元年尚書兵部侍郎王詔奏今監司守倅等並許借服色而不許佩魚卽是有服而無章殆與吏無別乞今後應借緋紫臣僚並許隨服色佩魚仍各許入銜侯回日依舊服色從之中興並仍舊制

笏唐制五品以上用象上圓下方六品以下用竹木上挫下方宋文散五品以上用象九品以上用木武臣內職並用象千牛衣綠亦用象廷賜緋綠者給之中興同

鞾宋初沿舊制朝履用鞾政和更定禮制改鞾用履中興仍之乾道七年復改用鞾以黑革爲之大抵參用履制惟加勒爲其飾亦有絇繶純綦大夫以上具四飾朝請武功郎以下去繶從義宣教郎以下至將校伎術官並去純底用麻再重革一重裏用素衲氈高八寸諸文武官通服之惟以四飾爲別服綠者飾以綠服緋紫者飾亦如之倣古隨裳色之意

簪戴幞頭簪花謂之簪戴中興郊祀明堂禮畢回鑾臣僚及扈從並簪花恭謝日亦如之大羅花以紅黃銀紅三色欒枝以雜色羅大絹花以紅銀紅二色羅花以賜百官欒枝卿監以上有之絹花以賜將校以下太上兩宮上壽畢及聖節及錫宴及賜新進士聞喜宴並如之

重戴唐士人多尚之蓋古大裁帽之遺制本野夫巖叟之服以皂羅爲之方而垂簷紫裏兩紫絲組爲纓垂而結之頷下所謂重戴者蓋折上巾又加以帽焉宋初御史臺皆重戴餘官或戴或否後新進士亦戴至釋褐則止太宗淳化二年御史臺言舊儀三院御史在臺及出使並重戴事已久廢其御史出臺爲省職及在京釐務者請依舊儀違者罰俸一月從之又詔兩省及尚書省五品以上皆重戴樞密三司使副則不中興後御史兩制知貢舉官新進士上三人許服之

時服宋初因五代舊制每歲諸臣皆賜時服然止賜將相學士禁軍大校建隆三年太祖謂侍臣曰百官不賜甚無謂也乃偏賜之歲遇端午十月一日文武羣臣將校皆給焉是歲十月近臣軍校增給錦襖袍中書門下樞密宣徽院節度使及侍衞步軍都虞候以上皇親大將軍以上天下樂暈錦三司使學士中丞內客省使駙馬留後觀察使皇親將軍諸司使廂主以上簇四盤鵰細錦三司副使宮觀判官黃師子大錦防禦團練使刺史皇親諸司副使翠毛細錦權中丞知開封府銀臺司審刑院及待制以上知檢院鼓院同三司副使六統軍金吾大將軍紅錦諸班及諸軍將校亦賜窄錦袍有翠毛宜男雲雁細錦師子練鵲寶照大錦寶照中錦凡七等應給錦袍者皆五事公服錦寬袍綾汗衫袴勒帛丞郎給舍大卿監以上不給錦袍者加以黃綾繡袍肚大將軍少卿監郎中以上樞密諸房副承旨以上諸司使皇親承制崇班皆四事無錦袍將軍至副率知雜御史至大理正入內都知內侍都知皇親殿直以上皆三事無袴通事舍人承制崇班入內押班內侍副都知押班內常侍六尚奉御以下京官館閣宗正寺刑法官者皆二事無勒帛內職汗衫以綾文臣以絹閤門祗候內供奉官至殿直京官編修校勘止給公服端午亦給應給錦袍者汗衫以黃縠別加繡抱肚小扇誕聖節所給加時服京師禁廂軍校衞士內諸司胥吏工巧人並給服有差朝官京官內職出爲外任通判監押巡檢以上者大藩府監務者亦或給之每歲十月時服開寶中皆賜窄錦袍太平興國以後文官知制誥武官上將軍內職諸司使以上皆賜錦蕃錦觀察使以上天下樂暈錦尚書及步軍都虞候以上及知益州幷州大暈錦皆五事學士丞郎簇四盤鵰錦刺史以上及知廣州翠毛錦皆三件待制以上橫班諸司使翠毛錦知代州御仙花錦諸司使領郡宜男錦諸司使雲雁錦駙馬錦如承郎增至四事益州鈐轄錦從本官增綾袴朝官供奉官以上皆賜紫地皂花欹正京官殿直以下皆賜紫大綾在外禁軍將校亦賜窄錦袍次賜紫綾色絹景德元年始詔河北河東陝西三路轉運使副並給方勝練鵲錦校獵從官兼賜紫羅錦旋襴暖鞾雍熙四年令節度使給皂地金線盤雲鳳鹿胎旋襴侍衞步軍都虞候以上給皂地金線盤花鸑鷟親王宰相使相生日並賜衣五事錦綵百疋金花銀器百兩馬二匹金塗銀鞍勒一宰相樞密使參知政事樞密副使宣徽使初拜加恩中謝日並賜衣五事金帶一舊荔支帶淳化後宰相參知政事文臣任樞密副使改賜方團毬路金帶加以金魚塗金銀鞍勒馬一三司使學士御史中丞初拜中謝日賜衣五事荔支金帶一塗金銀鞍勒馬一文明學士以下初賜金裝犀帶後改賜金帶中書舍人賜襲衣犀帶宰相以下對御擡賜樞密直學士中書舍人謝訖中使押賜再入謝于別殿中書舍人或告謝日已改賜章服則罷中使押賜郊禮禮畢親王宰相至龍圖閣直學士禁軍將校各賜襲衣金帶親王中書門下樞密宣徽三司使四廂都指揮使以上加鞍勒馬一其後宮觀副使天書扶侍使並同學士同中謝日雍熙元年兩省五品以上御史臺尚書省四品以上各賜襲衣犀帶魚袋共爲五使則皆賜金帶仍各加器幣文武行事官各賜金帛牧伯在外者遇大禮不賜大中祥符元年詔節度觀察防禦團練使刺史因東封爲諸州部署鈐轄者並特賜馬使相節度使自鎭來朝入見日賜衣五事金帶鞍勒馬朝辭日賜窄衣六事金束帶鞍勒馬一散馬二節度使減散馬爲都部署者別賜帶甲鞍勒馬一觀察使爲都部署副都部署赴本任知州賜窄衣三事金束帶鞍勒馬防禦團練使刺史爲部署鈐轄賜窄衣三事金束帶赴本任賜窄衣三事塗金銀腰帶爲知州都監賜窄衣三事絹三十疋諸司爲鈐轄者賜窄衣金束帶文武官內職出爲知州軍通判發運轉運使副提點刑獄都監巡檢砦主軍使及任使繁要者僕射賜窄衣三事絹五十疋尚書丞郎學士諫舍待制大卿監及統軍上將軍諸司使減絹二十疋少卿監至五官正大將軍至副率諸司副使減絹一十疋中郎將京官內殿承旨至借職內常侍減衣二事又減絹一十疋窄衣起二月給紫羅衫起十月給紫欹正綿襖給公服者單夾亦然諸道衙內指揮使都虞候入貢辭日賜紫羅窄衫金塗銀帶

士庶人車服之制太宗太平興國七年詔曰士庶之間車服之制至於喪葬各有等差近年以來頗成踰僭宜令翰林學士承旨李昉詳定以聞昉奏今後富商大賈乘馬漆素鞍者勿禁近年品官綠袍及舉子白襴下皆服紫色亦請禁之其私第便服許紫皂衣白袍舊制庶人服白今請流外官及貢舉人庶人通許服皂工商庶人家乘檐子或用四人八人請禁斷聽乘車兜子舁不得過二人並從之端拱二年詔縣鎭場務諸色公人幷庶人商賈伎術不係官伶人只許服皂白衣鐵角帶不得服紫文武升朝官及諸司副使禁軍指揮使廂軍都虞候之家子弟不拘此限幞頭巾子自今高不過二寸五分婦人假髻並宜禁斷仍不得作高髻及高冠其銷金泥金眞珠裝綴衣服除命婦許服外餘人並禁至道元年復許庶人服紫眞宗咸平四年禁民間造銀鞍瓦金線盤蹙金線大中祥符元年三司言竊惟山澤之寶所得至難儻縱銷釋實爲虛費今約天下所用歲不下十萬兩俾上幣棄於下民自今金銀箔線貼金銷金泥金蹙金線裝貼什器土木玩用之物並請禁斷非命婦不得以爲首飾冶工所用器悉送官諸州寺觀有以金箔飾尊像者據申三司聽自齎金銀工價就文思院換給從之二年詔申禁鎔金以飾器服又太常博士知溫州李邈言兩浙僧求丐金銀珠玉錯末和泥以爲塔像有高袤丈者毀碎珠寶寖以成俗望嚴行禁絕違者重論從之七年禁民間服銷金及跋遮那纈八年詔內庭自中宮以下並不得銷金貼金間金戧金圈金解金剔

金陷金明金泥金楞金背影金盤金織金金線撚絲裝著衣服並不得以金爲飾其外庭臣庶家悉皆斷禁臣民舊有者限一月許回易爲眞像前供養物應寺觀裝功德用金箔須具殿位眞像顯合增修劄造數經官司陳狀勘會詣實開奏方給公憑詣三司收買其明金裝假果花枝樂身之類應金爲裝彩物降詔前已有者更不毀壞自餘悉禁違者犯人及工匠皆坐是年又禁民間服皁班纈衣仁宗天聖三年詔在京士庶不得衣黑褐地白花衣服並藍黃紫地撮暈花樣婦女不得將白色褐色毛段并淡褐色匹帛製造衣服令開封府限十月斷絕婦人出入乘騎在路披毛褐以禦風塵者不在禁限七年詔士庶僧道無得以朱漆飾牀榻九年禁京城造朱紅器皿景祐元年詔禁錦背繡背遍地密花透背采段其稀花團窠斜窠雜花不相連者非二年詔市肆造作縷金爲婦人首飾等物者禁三年臣庶之家毋得採捕鹿胎製造冠子又屋宇非邸店樓閣臨街市之處毋得爲四鋪作鬭八非品官毋得起門屋非宮室寺觀毋得綵繪棟宇及朱黝漆梁柱窻牖雕鏤柱礎凡器用毋得表裏朱漆金漆下毋得襯朱非三品以上官及宗室戚里之家毋得用金稜器其用銀者毋得塗金玳瑁酒食器非宮禁毋得用純金器若經賜者聽用之凡命婦許以金爲首飾及爲小兒鈴鋜釵篸釧纏珥環之屬仍毋得爲牙魚飛魚奇巧飛動若龍形者非命婦之家毋得以眞珠裝綴首飾衣服及項珠纓絡耳墜頭須抹子之類凡帳幔繳壁承塵柱衣額道項帕覆旌牀裙毋得用純錦徧繡宗室戚里茶擔食合毋得以緋紅蓋覆豪貴之族所乘坐車毋得用朱漆及五彩裝繪若用黝而間以五彩者聽民間毋得乘檐子及以銀骨朵水罐引喝隨行慶曆八年詔禁士庶倣效契丹服及乘騎鞍轡婦人衣銅綠兔褐之類皇祐元年詔婦人冠高毋得踰四寸廣毋得踰尺梳長毋得踰四寸仍禁以角爲之先是宮中尚白角冠梳人爭倣之至謂之內樣冠名曰垂肩等至有長三尺者梳長亦踰尺議者以爲服妖遂禁止之七年初皇親與內臣所衣紫皆再入爲黝色後士庶寖相效言者以爲奇袤之服於是禁天下衣黑紫服者神宗熙寧九年禁朝服紫色近黑者民庶止令乘犢車聽以黑飾間五彩爲飾不許呵引及前列儀物哲宗紹聖二年侍御史翟思言京城士人與豪右大姓出入率以轎自載四人舁之甚者飾以棕蓋徹去簾蔽翼其左右旁午於通衢甚爲僭擬乞行止絕從之徽宗大觀元年郭天信乞中外並罷翡翠裝飾帝曰先王之政仁及草木禽獸今取其羽毛用於不急傷生害性非先王惠養萬物之意宜令有司立法禁之政和二年詔後苑造纈帛蓋自元豐初置爲行軍之號又爲衞士之衣以辨姦詐遂禁止民間打造令開封府申嚴其禁客旅不許興販纈板七年臣僚上言輦轂之下奔競侈靡有未革者居室服用以壯麗相誇珠璣金玉以奇巧相勝不獨貴近比比紛紛日益滋甚臣嘗考之申令法禁雖具其罰尚輕有司玩習以至於此如民庶之家不得乘轎今京城內暖轎非命官至富民娼優下賤遂以爲常竊見近日有赴內禁乘以至皇城門者奉祀乘至宮廟者坦然無所畏避臣妾以爲僭禮犯分禁亦不可以緩於是詔非品官不得乘暖轎先是權發遣提舉淮南東路學事丁瓘言衣服之制尤不可緩今閭閻之卑娼優之賤男子服帶犀玉婦人塗飾金珠尚多僭侈未合古制臣恐禮官所議止正大典未遑及此伏願明詔有司嚴立法度酌古便今以義起禮俾閭閻之卑不得與尊者同榮倡優之賤不得與貴者並麗此法一正各分自明革澆偷以歸忠厚豈曰小補之哉是歲又詔敢爲契丹服若氈笠釣墪之類者以違御筆論釣墪今亦謂之襪袴婦人之服也

中興士大夫之服大抵因東都之舊而其後稍變焉一曰深衣二曰紫衫三曰涼衫四曰帽衫五曰襴衫淳熙中朱熹又定祭祀冠婚之服特頒行之凡士大夫家祭祀冠婚則具盛服有官者幞頭帶韡笏進士則幞頭襴衫帶處士則幞頭皁衫帶無官者通用帽子衫帶又不能具則或深衣或涼衫有官者亦通用帽子以下但不爲盛服婦人則假髻大衣長裙女子在室者冠子背子衆妾則假紒背子冠禮三加冠服初加緇布冠深衣大帶納履再加帽子皁衫革帶繫鞵三加幞頭公服革帶納韡其品官嫡庶子初加折上巾公服再加二梁冠朝服三加平冕服若以巾帽折上巾爲三加者聽之深衣用白細布度用指尺衣全四幅其長過脇下屬於裳裳交解十二幅上屬於衣其長及踝圓袂方領曲裾黑緣大帶緇冠幅巾黑履士大夫家冠婚祭祀宴居交際服之

紫衫本軍校服中興士大夫服之以便戎事紹興九年詔公卿長吏服用冠帶然迄不行二十六年再申嚴禁毋得以戎服臨民自是紫衫遂廢士大夫皆服涼衫以爲便服矣

涼衫其制如紫衫亦曰白衫乾道初禮部侍郎王曮奏竊見近日士大夫皆服涼衫甚非美觀而以交際居官臨民純素可憎有似凶服陛下方奉兩宮所宜革之且紫衫之設以從戎故爲之禁而人情趨簡便靡而至此文武並用本不偏廢朝章之外宜有便衣仍存紫衫未害大體於是禁服白衫除乘馬道塗許服外餘不得服若便服許用紫衫自後涼衫祇用爲凶服矣

帽衫帽以烏紗衫以皁羅爲之角帶繫鞵東都時士大夫交際常服之南渡後一變爲紫衫再變爲涼衫自是服帽衫少矣惟士大夫家冠婚祭祀猶服爲若國子生常服之

襴衫以白細布爲之圓領大袖下施橫襴爲裳腰間有襞積進士及國子生州縣生服之紹興五年高宗謂輔臣曰金翠爲婦人服飾不惟靡貨害物而侈靡之習實關風化已戒中外及下令不許入宮門今無一人犯者尚恐士民之家未能盡革宜申嚴禁仍定銷金及採捕金翠罪賞格淳熙二年孝宗宣示中宮禕衣曰珠玉就用禁中舊物所費不及五萬革弊當自宮禁始因問風俗龔茂良奏由貴近之家放傚宮禁以致流傳民間鬻簪珥者必言內樣彼若知上崇尚淳朴必觀感而化矣臣又聞中宮服澣濯之衣數年不易請宣示中外仍敕有司嚴戢奢僭寧宗嘉泰初以風俗侈靡詔官民營建室屋一遵制度務從簡樸又以宮中金翠燔之通衢貴近之家犯者必罰

宋史卷一百五十三考證

輿服志五禁民間服銷金及跋遮那纈〇臣閒鼎按本志龍肩輿有金鋄遮那一副玉篇鋄鈴也字應從金鄒係那字之誤

宋史卷一百五十四

元 中 書 右 丞 相 總 裁 脫 脫 等 修

輿服志第一百七

輿服六 寶 印 符券 宮室制度 臣庶室屋制度

寶秦制天子有六璽又有傳國璽歷代因之唐改爲寶其制有八五代亂離或多亡失周廣順中始造二寶其一曰皇帝承天受命之寶一曰皇帝神寶太祖受禪傳此二寶又製大宋受命之寶至太宗又別製承天受命之寶是後諸帝嗣服皆自爲一寶以皇帝恭膺天命之寶爲文凡上尊號有司製玉寶則以所上尊號爲文寶用玉篆文廣四寸九分厚一寸二分塡以金盤龍鈕係以暈錦大綬赤小綬連玉環玉檢高七寸廣二寸四分厚四分玉斗方二寸四分厚一寸二分皆飾以紅錦金裝裹以紅錦加紅羅泥金夾帊納於小盝盝以金裝內設金牀暈錦襯飾以雜色玻瓈碧石珊瑚金精石瑪瑙又盝二重皆裝以金覆以紅羅繡帊載以腰輿及行馬並飾以金又有香鑪香子香匙灰匙火箸燭臺燭刀皆以金爲之是所謂緣寶法物也別有三印一曰天下合同之印中書奏覆狀流內銓歷任三代狀用之二曰御前之印樞密院宣命及諸司奏狀內用之三曰書詔之印翰林詔敕用之皆鑄以金又以鍮石各鑄其一雍熙三年並改爲寶別鑄以金舊六印皆毀之眞宗卽位作皇帝受命寶文曰皇帝恭膺天命之寶大中祥符元年五月詳定所言按玉牒玉册用皇帝受命寶印之納玉匱於石䃮以天下同文之印封之今封禪泰山請依舊制別造玉寶一枚方寸二分文同受命寶其封石䃮用天下同文之印舊史元無制度今請用金鑄大小同御前之寶以天下同文之寶爲文所有緣寶法物亦請依式製造從之天禧元年十二月召輔臣於滋福殿觀新刻五嶽聖帝玉寶及皇帝昭受乾符之寶命擇日迎導赴會靈觀奉安其寶並金押玉鈕製作精妙眞宗以奏章上帝承前皆用御前之寶以理未順故改用昭受乾符之寶乾興元年仁宗卽位作受命寶文同眞宗天聖元年詔以宮城火重製受命寶及尊號册寶慶曆八年十一月詔刻皇帝欽崇國祀之寶先是天禧中眞宗刻昭受乾符之寶而於醮祠表章用之後經大內火寶焚乃用御前之寶至是下學士院定其文命宰臣陳執中書之皇祐五年七月詔作鎭國神寶先是奉宸庫有良玉廣尺厚半之仁宗以爲希代之珍不欲爲服玩因作是寶命宰臣龐籍篆文寶成太常禮院引唐六典次序曰一神寶二受命寶冬至祀南郊大駕儀仗請以鎭國神寶先受命寶爲前導自是爲定式至和二年初太宗以玉寶二鈕賜太祖之子德芳其文曰皇帝信寶至是德芳孫左屯衞大將軍從式上之嘉祐八年仁宗崩英宗立翰林學士范鎭言伏聞大行皇帝受命寶及緣寶法物與平生衣冠器用皆欲舉而葬之恐非所以稱先帝恭儉之意其受命寶伏乞陛下自實用之且示有所傳付若衣冠器玩則請陳於陵寢及神御殿歲時展視以慰思慕詔檢討官考索典故及命兩制禮官詳議翰林學士王珪等奏曰受命寶者猶昔傳國璽也宜爲天

子傳器不當改作古者藏先王衣服於廟寢至於平生器玩則前世既不皆納於方中亦不盡陳於陵寢謂今宜從省約以稱先帝恭儉之實帝不用其議乃別造受命寶命參知政事歐陽脩篆文八字至哲宗立亦作焉其文並同紹聖三年咸陽縣民段義得古玉印自言於河南鄉劉銀村修舍掘地得之有光照室四年上之詔禮部御史臺以下參驗元符元年三月翰林學士承旨蔡京及講議官十三員奏按所獻玉璽色綠如藍溫潤而澤其文曰受命于天既壽永昌其背螭鈕五盤鈕間有小竅用以貫組又得玉螭首一白如膏亦溫潤其背亦螭鈕五盤鈕間亦有貫組小竅其面無文與璽大小相合篆文工作皆非近世所爲臣等以歷代正史考之璽之文曰皇帝壽昌者晉璽也曰受命於天者後魏璽也有德者昌唐璽也惟德允昌石晉璽也則既壽永昌者秦璽可知今得璽於咸陽其玉乃藍田之色其篆與李斯小篆體合飾以龍鳳鳥魚乃蟲書鳥跡之法於今所傳古書莫可比擬非漢以後所作明矣今陛下嗣守祖宗大寶而神璽自出其文曰受命于天既壽永昌則天之所畀烏可忽哉漢晉以來得寶鼎瑞物猶告廟改元肆眚上壽況傳國之器乎其緣寶法物禮儀乞下所屬施行詔禮部太常寺按故事詳定以聞禮官言五月朔故事當大朝會宜就行受寶之禮依上尊號寶冊儀有司豫製緣寶法物并寶進入俟降出權於寶堂安奉前三日差官奏告天地宗廟社稷前一日帝齋于內殿翌日御大慶殿降坐受寶羣臣上壽稱賀先期又詔龍圖天章閣齋治平元年耀州所獻受命寶玉檢赴都堂參議詔以五月朔受傳國寶命章惇書玉檢以天授傳國受命之寶爲文徽宗崇寧五年有以玉印獻者印方寸以龜爲鈕工作精巧文曰承天福延萬億永無極徽宗因次其文倣李斯蟲魚篆作寶文其方四寸有奇螭鈕方盤上圓下方名爲鎮國寶大觀元年又得玉工用元豐中玉琢天子皇帝六璽疊篆初紹聖間得漢傳國璽無檢幅又不闕疑其一角缺者乃檢也有檢傳致驗甚詳傳于世帝於是取其文而黜其璽不用自作受命寶其方四寸有奇琢以白玉篆以蟲魚鎮國受命二寶合天子皇帝六璽是爲八寶詔曰自昔皆有尚符璽官今雖隸門下後省遇親祠則臨時具員訖事復罷八寶既備宜重典司之職可令尚書省置官如古之制又詔曰永惟受命之符當有一代之製而尚循秦舊六璽之用度越百年之久或未大備自天中命地不愛寶獲金玉於異域得妙工於編氓八寶既成象無前比殆天所授非人能爲可以來年元日御大慶殿恭受八寶尚書省言請置符寶郎四員隸門下省二員以中人充掌寶於禁中按唐八寶車駕臨幸則符寶郎奉寶以從大朝會則奉寶以進今鎮國寶受命寶非常用之器欲臨幸則從六寶朝會則陳八寶皆夕納內符寶郎奉寶出以授外符寶郎外符寶郎從寶行於禁衞之內朝則分進于御坐之前鎮國寶受命寶不常用唯封禪則用之皇帝之寶答鄰國書則用之皇帝行寶降御札則用之皇帝信寶賜鄰國書及物則用之天子之寶答外國書則用之天子行寶封冊則用之天子信寶舉大兵則用之應合用寶外符寶郎具奏請內符寶郎御前請寶印訖付外符寶郎承受從之二年詔受命寶之上加鎮國二字政和七年從于闐得大玉逾二尺色如截肪徽宗又制一寶赤螭鈕文曰範圍天地幽贊神明保合太和萬壽無疆篆以魚蟲制作之工幾於秦璽其寶九寸檢亦如之號曰定命寶合前八寶爲九詔以九寶爲稱以定命寶爲首且曰八寶者國之神器至於定命寶乃我所自製也於是應行導排設定命與受命天子寶在左鎮國與皇帝寶在右又詔鎮國受命寶與天子皇帝之寶其數有八益非乾元用九之數比得寶玉於異域受定命之符於神霄乃以範圍天地幽贊神明保合大和萬壽無疆爲文十云其吉篆以蟲魚縱廣之制其寸亦九號曰定命寶來年元日祗受又詔差官奏告天地宗廟社稷八年正月一日御大慶殿受定命寶百僚稱賀其後京城之難諸寶俱失之惟大宋受命之寶與定命寶獨存蓋天意也建炎初始作金寶三一曰皇帝欽崇國祀之寶祭祀詞表用之二曰天下合同之寶降付中書門下省用之三曰書詔之寶發號施令用之紹興元年又作玉寶一文曰大宋受命中興之寶又得舊寶二歷世寶之凡上太上皇尊號冊后太子皆用焉十六年又作八寶一曰護國神寶以承天福延萬億永無極九字爲文二曰受命寶以受命于天既壽永昌爲文三曰天子之寶四曰天子信寶五曰天子行寶六曰皇帝之寶七曰皇帝信寶八曰皇帝行寶藏之御府大朝會則陳之上冊寶尊號冊后太子大禮設鹵簿亦如之寶之制用玉尺度鈕鼻大小綬玉環檢制舊制如牌上刻曰某寶皆裹以朱纏加緋羅泥金帕納於小盝盝三重皆飾以金內設金牀金寶斗龍鍮金鏁覆以緋羅繡帕載以腰輿行馬孝宗即位議上太上皇帝尊號曰光堯壽聖太上皇帝寶用皇祐中法黍尺量度乾道六年再加十四字尊號以寶材元係螭龍鈕止堪改作蹲龍其鈕高二寸四分五釐厚一寸一分五釐竅徑一寸理宗寶慶三年加上寧宗皇帝徽號寶面廣四寸二分厚一寸二分蹲龍鈕通高四寸一分寶四面鈎碾行龍

后妃之寶哲宗元祐元年詔天聖中章獻明肅皇后用五寶方四寸九分厚一寸二分龍鈕今太皇太后權同處分軍國事宜依章獻明肅皇后故事二年又詔太皇太后玉寶以太皇太后之寶爲文皇太后金寶以皇太后寶爲文皇太妃金寶以皇太妃寶爲文中興之後后寶用金方二寸四分高下隨宜鼻紐以龜斗檢以銀塗以金寶盝三重鈒百花塗金盤鳳輿案行馬帕褥亦如之

皇太子寶至道元年製皇太子受冊金寶方二寸厚五寸係以朱組大綬連玉環金斗金檢長五寸闊二寸厚二分裹以紅綿加紅羅泥金帊納於小盝盝以金裝內設金牀又盝二重皆覆以紅羅銷金帊盝及腰輿行馬皆銀裝金塗他法物皆銀爲之鈒花塗金中興寶龜鈕金塗銀檢上勒皇太子寶四字金塗銀寶斗黝漆盝三重並錦拓裏外以金塗銀百花鳳葉子五明裝鍮以金鏁載以黝漆腰輿行馬

冊制用珉玉簡長一尺二寸闊一寸二分簡數從字之多少聯以金繩首尾結帶前後褾首四枚二枚畫神二枚刻龍鏤金若奉護之狀藉以錦褥覆以緋羅泥金夾帊冊匣長廣取容冊塗以朱漆金鏤百花凸起行龍金鏁紛錔覆以紅羅繡盤龍蹙金帊承以金裝長竿床金龍首金魚鉤又以紅絲爲絛縈匣冊案塗朱漆以銷金紅羅覆之

后冊用珉或以象鏤文以鳳尺寸制度並同帝冊

皇太子冊用珉簡六十枚乾道中用七十五枚每枚高尺二寸博一寸二分前後褾首四枚長隨簡博四寸其二刻神其二刻龍爲奉護狀貫以金絲首尾結爲金花飾以紛錔襯以紅羅泥金夾帕藉以錦褥盛以黝漆匣錦拓裏以金塗銀葉段五明裝隱起百花鳳覆以緋羅泥金帕絡以紅絲結絛襯以錦褥載以黝漆腰輿行馬亡金國寶理宗端平元年命孟珙等以兵從大元兵夾攻金人於蔡州滅之其年四月丙戌大理寺言京湖制置司以所獲亡金寶物來上令金臣叅知政事張天綱辨識其玉寶一文曰太祖應乾興運昭德定功睿神莊孝仁明大聖武元皇帝尊諡寶乃金人上其祖阿骨打諡寶也其法物有銷金盤龍紅紵絲袍一透碾雲龍玉帶一內方八胯結頭一撻尾一並玉塗金結頭一塗金小結攀一連珠環玉束帶一垂頭裹拓上有金龍帶上玉事件大小一十八又玉靶鐵剉一銷金玉事件二皮茄袋一玉事件三天綱稱上項帶國言謂之兔鶻皆其故主完顏守緒常服之物也碾玉巾環一樺皮龍飾角弓一金龍環刀一紅紵絲靠枕一佩玉大環一皆非臣庶服用之物制旨冊一本舊作聖旨近侍局平日掌此以承受內降指揮壬辰四月故主援東漢光武故事令上書者不得言聖故避聖字不敢當因改作制旨外有臣下虎頭金牌三銀牌八十四塗金印三及諸官署銅印三百一十二顆法司以守緒函骨及俘囚故寶法物等庭引天綱并護尉都尉完顏好海及天綱妻完顏氏烏古論栲栳小女璦璦一一審實件列以聞有旨完顏守緒遺骸并故寶法物等藏大理寺獄庫天綱好海完顏氏烏古論璦璦拘諸殿前司候朝旨云

印制兩漢以後人臣有金印銀印銅印唐制諸司皆用銅印宋因之諸王及中書門下印方二寸一分樞密宣徽三司尚書省諸司印方二寸惟尚書省印不塗金餘皆塗金節度使印方一寸九分塗金餘印並方一寸八分惟觀察使塗金諸王節度觀察使州府軍監縣印皆有銅牌長七寸五分諸王廣一寸九分餘廣一寸八分諸王節度觀察使牌塗以金刻文云牌出印入印出牌入其奉使出入或本局無印者皆給奉使印景德初別鑄兩京奉使印又有朱記以給京城及外處職司及諸軍將校等其制長一寸七分廣一寸六分士庶及寺觀亦有私記乾德三年太祖詔重鑄中書門下樞密院三司使印先是舊印五代所鑄篆刻非工及得蜀中鑄印官祝溫柔自言其祖思言唐禮部鑄印官世習繆篆即漢書藝文志所謂屈曲纏繞以模印章者也思言隨僖宗入蜀子孫遂爲蜀人自是臺省寺監及開封府興元尹印悉令溫柔重改鑄焉太宗雍熙元年詔新除漢南國王錢俶印宜以漢南國爲文四年詔錢俶新授南陽國王印宜以南陽國王之印爲文眞宗咸平三年賜山前後百蠻王諸驅印以大渡河南山前後都鬼王之印爲文景德四年鑄交阯郡王印製安南旌節付廣南轉運司就賜之大中祥符五年詔諸寺觀及士庶之家所用私記令後並方一寸彫木爲文不得私鑄是歲七月以問宰臣王旦對曰節度州有三印節度印隨本使使

闕則納有司觀察印則州長吏用之州印晝則付録事掌用暮則納于長吏節度使在本鎮兵仗則節度判官掌書記推官書狀用節度印田賦則觀察判官支使推官書狀用觀察印符刺屬縣則本使判書用州印故命帥必曰某軍節度某州管內觀察等使某州刺使言軍則專制其兵旅言管內則總察其風俗言刺使則涖其州事石普獨書奏章當用河西節度使印仁宗景祐三年少府監言得篆文官王文盛狀在京三司糧料院頻有人僞造印記印成旁曆盜請官物欲乞鑄造圓印三面每面闊二寸五分於外一匝先篆年號及糧料院名計十二字次一匝篆寅印十二辰亦十二字中心篆正字上連印鈕鑄成轉關以機亢定之用時逐月分對年終轉遞十二月自寅至丑終始使用所有轉關正字次月轉定之時令本院官封押遥差人行使其印遇改年號即令別鑄詔三司定奪以聞三司請如文盛奏後又命知制誥邵必殿中丞蘇唐卿詳定天下印文必唐卿皆通篆籀然亦無所釐改焉神宗熙寧五年詔內外官及谿洞官合賜牌印並令少府監鑄造送禮部給付元豐三年廣西經略司言知南丹州莫世忍貢銀香獅子馬遂賜以印以西南諸道武盛軍德政官家明天國主印爲文并以南丹州刺史印賜之仍詔經略司毀其舊印六年舊制貢院專掌貢舉其印曰禮部貢舉之印以廢貢院事歸禮部別鑄禮部貢舉之印是歲十二月詔自今臣僚所授印亡歿並賜隨葬不即隨葬因而行用者論如律中興仍舊制惟三省樞密院用銀印六部以下用銅印諸路監司州縣亦如之寺監惟長貳給焉屬則從其長若倉庫關涉財用司存或給之監司州縣長官曰印僚屬曰記又下無記者上令本道給以木朱記文大方寸或銜命出境者以奉使印給之復命則納于有司後以朝門出州縣者亦如之新進士置團司亦假奉使印結局還之此常制也南渡之後有司印記多亡失彼遺此得各自收用尚方重鑄給之加行在二字或冠年號以別新舊然欺僞猶未能革乾道二年禮部請郡縣假借印記者悉毀而更鑄四年兵部侍郎陳彌作言六部印藏於官以牌出入而胥吏用於戶外或借用於他廳近有僞爲文武盜印以支錢糧者有僞作奏鈔盜拆御寶而改秩者皆慢藏有以誨之詔三省申嚴戒敕紹熙元年禮部侍郎李巘言文書有印以示信防姦給毀悉經省部具有條制然州縣沿循或以縣佐而用東南將印以掾曹而用司寇舊章名既不正弊亦難防請令有司製州縣官合用印記舊印非所當用者毀之紹興十四年臣僚又言印信事重凡有官司印記年深篆文不明合改鑄者非進呈取旨不得改鑄焉時更鑄者成都府錢引每界以銅朱記給之行在都茶塲會子庫每界給印二十五國用印三鈕各以三省戶房國用司會子印爲文檢察印五鈕各以提領會子庫檢察印爲文庫印五鈕各以會子庫印造會子印爲文合同印十二鈕內一貫文二鈕各以會子庫一貫文合同印爲文五百文二百文準此蕃國效順者給以銅印南安國王李天祚乞印以南安國王之印六字爲文方二寸給牌皆以銅鑄金塗西蕃隴右郡王趙懷恩乞印以隴右郡王之印爲文給之宜州界外諸蠻乞印以宜州管下羈縻某州之印爲文凡六十顆給之其後文武百司節次所鑄不備載朱記同舊制紹興二年始鑄親賢宅益王府銅朱記二十七年改鑄建康戶部大軍庫記三十年鑄馬軍司統制統領官朱記三十二年鑄鄧恭慶王直講贊讀朱記隆興元年鑄都督府僉廳記又鑄寄樁庫記二年鑄戶部大軍庫勘合庫子記二鈕湖廣總領所覆印會子記二鈕乾道二年鑄成都錢引務朱記淳熙十六年鑄建康榷貨務中門大門之記凡內外官有請於朝則鑄給焉用木者易之以銅

符券唐有銀牌發驛遣使則門下省給之其制闊一寸半長五寸面刻隸字曰敕走馬銀牌凡五字首爲竅貫以韋帶其後罷之宋初令樞密院給券謂之頭子太宗太平興國三年李飛雄詐乘驛謀亂伏誅詔罷樞密院券乘驛者復制銀牌闊二寸半長六寸易以八分書上鈒二飛鳳下鈒二麒麟兩邊年月貫以紅絲條端拱中以使臣護邊兵多遺失又罷銀牌復給樞密院券仁宗康定元年五月翰林學士承旨丁度翰林學士王堯臣知制誥葉清臣等請製軍中傳信牌及兵符事詔令兩制與端明殿學士李淑詳定奏聞軍中符信竊要杜絕姦詐深合機宜令請下有司造銅兵符給諸路總管主將每發兵三百人或全指揮以上即用又別造傳信朱漆木牌給應軍中往來之處每傳達號令關報會合及發兵三百人以下即用又檢到符彥卿軍律有字驗亦乞令於移牒傳信牌上兩處參驗使用一銅兵符漢制銅鑄上刻虎形今聞皇城司見有木魚契乞令省司用木契形狀精巧鑄造陝西五路每路依漢制各給一至二十計二十面更換給用仍以公牒爲照驗二傳信木牌先朝舊制合用堅木朱漆爲之長六寸闊三寸腹背刻字而中分之字云某路傳信牌却置池槽牙縫相合又鑿二竅置筆墨上帖紙書所傳達事用印印號上以皮繫往來軍吏之項臨陣傳言應有取索並以此牌爲言寫其上如已曉會施行訖復書牌上遣迴今乞下有司造牌每路各給一面爲樣餘令本司依此製造分給諸處更換使用城砦分屯軍馬事須往來關會之處亦如數給與三字驗凡軍行計會不免文牒或主司遺失懼罪單使被擒軍中所謀自然泄露故每分屯軍馬之將與主將密定字號各掌一通不令左右人知其義理但於尋常公狀文移內以此字私爲契約有所施行依此參驗不得字有重疊及用兇惡嫌疑之語每用文牒之上別行寫此字驗訖印其上發往如所請報到許即依號却寫印遣回如不許即空之此惟主將自知他人皆不得測符彥卿元用四十條以四十字爲號今檢得只有三十七條內亦有不急之事今減作二十八字所貴軍中戎旅之人事簡易記詔並從之嘉祐四年三司使張方平編驛券則例凡七十四條賜名嘉祐驛令神宗熙寧五年詔西作坊鑄造諸銅符三十四副令三司給左契付諸門右契付大內鑰匙庫今後諸門輪差人員依時轉銅契入赴庫勘同其鐵牌只請人自執在外仗止宿本庫依漏刻發鑰匙付外仗驗請人鐵牌給付候開門訖却執鐵牌納鑰匙請出銅契至晚却依上請納其開門朝牌六面亦隨銅契依舊發放時仁宗以京城門禁不嚴素無符契命樞密院約舊制更造銅契中刻魚形以門名識之分左右給納以戒不虞而啓閉之法密於舊矣元豐元年詳定禮文所言舊南郊式車駕出入宣德門太廟欞星門朱雀門南薰門皆勘箭熙寧中因參知政事王珪議已罷勘箭而勘契之式尚存春秋之義不敢以所不信加之尊者且雷動天行無容疑貳必使誰何而後過門不應典禮考詳事始不見於開寶禮咸平中初載於儀注蓋當時禮官之失請自今車駕出入罷勘契從之高宗建炎三年改鑄虎符樞密院主之其制以銅爲之長六寸闊三寸刻篆而中分之以左契給諸路右契藏之門符制以繒裹紙版謂之號皇城司掌之救入禁衛號黃綾八角三千道入殿門黃絹以方一千道入宮門黃絹以圓八千道入皇城門黃絹以長三千道紹興二年正月所定也後更宮門號以緋紅絹方皇城門以緋紅絹圓遂久用之後復盡以黃或方或圓各隨其制又有檄牌其制有金字牌青字牌紅字牌金字牌者日行四百里郵置之最速遞也凡赦書及軍機要切則用之由內侍省發遣焉乾道末樞密院置雌黃青字牌日行三百五十里軍期急速則用之淳熙末趙汝愚在樞筦乃作黑漆紅字牌奏委諸路提舉官催督歲校遲速最甚者以議賞罰其後尚書省亦踵行之仍命逐州通判具出入界日時狀申省久之稽緩復如故紹熙末遂置擺鋪焉

宮室汴宋之制侈而不可以訓中興服御惟務簡省宮殿尤朴皇帝之居曰殿總曰大內又曰南內本杭州治也紹興初創爲之休兵後始作崇政垂拱二殿久之又作天章等六閣寢殿曰福寧殿淳熙初孝宗始作射殿謂之選德殿八年秋又改後殿擁舍爲別殿取舊名謂之延和殿便坐視事則御之他如紫宸文德集英大慶講武惟隨時所御則易其名紫宸殿遇朔受朝則御焉文德殿降赦則御焉集英殿臨軒策士則御焉大慶殿行冊禮則御焉講武殿閱武則御焉其實垂拱崇政二殿權更其號而已二殿雖曰大殿其脩廣僅如大郡之設廳淳熙再脩止循其舊每殿爲屋五間十二架脩六丈廣八丈四尺殿南簷屋三間脩一丈五尺廣亦如之兩朵殿各二間東西廊各二十間南廊九間其中爲殿門三間六架脩三丈廣四丈六尺殿後擁舍七間即爲延和其制尤卑陛階一級小如常人所居而已奉太上則有德壽宮重華宮壽康宮奉聖母則有慈寧宮慈福宮壽慈宮德壽宮在大內北望仙橋故又謂之北內紹興三十二年所造宮成詔以德壽宮爲名高宗爲上皇御之重華即德壽宮也孝宗遜位御之壽康宮即寧福殿也初丞相趙汝愚議以秘書省爲泰寧宮已而不果行以慈懿皇后外第爲之上皇不欲遷因以舊寧福殿爲壽康宮光宗遜位御之大內苑中亭殿亦無增其名稱可見者僅有復古殿損齋觀堂芙蓉閣翠寒堂清華閣欏木堂隱岫澄碧倚桂隱秀碧琳堂之類此南內也北內苑中則有大池引西湖水注之其上疊石爲山象飛來峰有樓曰聚遠禁籞周回四分之東則香遠清深月臺梅坡松菊三徑清妍清新芙蓉岡南則載忻欣欣射廳臨賦燦錦至樂半丈紅清曠瀉碧西則冷泉文杏館靜樂浣溪北則絳華旱船俯翠春桃盤松皇太子宮曰東宮其未出閣但聽讀于資善堂堂在宮門內已受冊則居東宮宮在麗正門內紹興三十二年始置孝宗居之莊文太子立復居之光宗爲太子孝宗謂輔臣曰今後東宮不須剏建朕宮中宮殿多所不御可移脩之自是皆不別建淳熙二年始剏射堂一爲游藝之所圃

中有榮觀玉淵淸賞等堂鳳山樓皆宴息之地也幕殿卽周官大小次也東都時郊壇大次謂之靑城祀前一日宿齋詣焉其制中有二殿外有六門前曰泰禋後曰拱極東曰祥曦西曰景曜東偏曰承和西偏曰迎禧大殿曰端誠便殿曰熙成中興後以事天尚質屢詔郊壇不得建齋宮惟設幕屋而已其制架木而以葦爲障上下四旁周以幄帟以象宮室謂之幕殿及行事又於壇所設小次大小次之外又有望祭殿遇雨則行事於中東都時爲瓦屋五間周圍重廊中興後惟設葦屋蓋倣淸廟茅屋之制也

臣庶室屋制度宰相以下治事之所曰省曰臺曰部曰寺曰監曰院在外監司州郡曰衙在外稱衙而在內之公卿大夫士不稱者按唐制天子所居曰衙故臣下不得稱後在外藩鎭亦僭曰衙遂爲臣下通稱今帝居雖不曰衙而在內省部寺監之名則仍唐舊也然亦在內者爲尊者避在外者遠君無嫌觖私居執政親王曰府餘官曰宅庶民曰家諸道府公門得施戟若私門則爵位穹顯經恩賜者許之在內官不設亦避君也凡公宇棟施瓦獸門設梐枑諸州正牙門及城門並施鴟尾不得施拒鵲六品以上宅舍許作烏頭門父祖舍宅有者子孫許仍之凡民庶家不得施重栱藻井及五色文采爲飾仍不得四鋪飛簷庶人舍屋許五架門一間兩廈而已

宋史卷一百五十五

元　中書右丞相總裁脫脫等修

選舉志第一百八

選舉一　科目上

自敷奏以言明試以功三載考績三考黜陟幽明始于舜典司徒以鄕三物興賢能太宰以三歲計吏治詳於周官兩漢而下選舉之制不同歸于得賢而已考其大要不過入仕則有貢舉之科服官則有銓選之格任事則有考課之法然歷代之議貢舉者每曰取士以文藝不若以德行就文藝而參酌之賦論之浮華不若經義之實學議銓選者每曰以年勞取人可以絕超躐而不無賢愚同滯之歎以薦舉取人可以拔俊傑而不無巧佞捷進之弊議考課者每曰拘吏文則上下督察浸成澆風通譽望則權貴請托徒開利路於是議論紛紜莫之一也宋初承唐制貢舉雖廣而莫重于進士制科其次則三學選補銓法雖多而莫重于舉削改官磨勘轉秩考課雖密而莫重于官給曆紙驗考批書其他教官武舉童子等試以及遺逸奏薦貴戚公卿任子親屬與遠州流外諸選委曲瑣細咸有品式其間變更不常沿革迭見而三百餘年元臣碩輔鴻博之儒淸疆之吏皆自此出得人爲最盛焉今輯舊史所錄爲六門一曰科目二曰學校試三曰銓法四曰補廕五曰保任六曰考課煩簡適中櫽括歸類作選舉志

宋之科目有進士有諸科有武舉常選之外又有制科有童子舉而進士得人爲盛神宗始罷諸科而分經義詩賦以取進士其後遵行未之有改自仁宗命郡縣建學而熙寧以來其法寖備學校之設遍天下而海內文治彬彬矣今以科目學校之制各著于篇初禮部貢舉設進士九經五經開元禮三史三禮三傳學究明經明法等科皆秋取解冬集禮部春考試合格及第者列名放榜于尚書省凡進士試詩賦論各一首策五道帖論語十帖對春秋或禮記墨義十條凡九經帖書一百二十帖對墨義六十條凡五經帖書八十帖對墨義五十條凡三禮對墨義五十條凡三禮對墨義九十條凡三傳一百一十條凡開元禮凡三史各對三百條凡學究毛詩對墨義五十條論語十條爾雅孝經共十條周易尚書各二十五條凡明法對律令四十條兼經並同毛詩之制各間經引試通六爲合格仍抽卷問律本科則否諸州判官試進士錄事參軍試諸科不通經義則別選官考校而判官監之試紙長官印署面給之試中格者第其甲乙具所試經義朱書通否監官試官署名其下進士文卷諸科義卷帖由並隨解牒上之禮部有篤廢疾者不得貢貢不應法及校試不以實者監官試官停任受賂則論以枉法長官奏裁凡命士應舉謂之鏁廳試所屬先以名聞得旨而後解既集什伍相保不許有大逆人緦麻以上親及諸不孝不悌隱匿工商異類僧道歸俗之徒家狀并試卷之首署年及舉數場第鄕貫不得增損移易以仲冬收納月終而畢將臨試期知舉官先引問聯保舉狀僉同而定焉凡就試唯詞賦者許持切韻玉篇其挾書爲姦及口相受授者發覺卽黜之凡諸州長吏舉送必先稽其版籍察其行爲鄕里所推每十人相保內有缺行則連坐不得舉故事知舉官將赴貢院臺閣近臣得薦所知之負藝者號曰公薦太祖慮其因緣挾私禁之自唐以來所謂明經不過帖書墨義觀其記誦而已故賤其科而不通者其罰特重乾德元年詔曰舊制九經一舉不第而止非所以啓迪仕進之路也自今依諸科許再試是年諸州所薦士數益多乃約周顯德之制定諸州貢舉條法及殿罰之式進士文理紕繆者殿五舉諸科初場十不殿五舉第二第三場十不殿三舉第一至第三場九不並殿一舉殿舉之數朱書于試卷送中書門下三年陶穀子邴擢上第帝曰穀不能訓子安得登科第乃詔食祿之家有登第者禮部具姓名以聞令覆試之自是別命儒臣于中書覆試合格乃賜第時川蜀荊湖內附試數道所貢士縣次往還續食開寶三年詔禮部閱貢士及十五舉嘗終場者得一百六人賜本科出身特奏名恩例蓋自此始五年禮部奏合格進士諸科凡二十八人上親召對講武殿而未及引試也明年翰林學士李昉知貢舉取宋準以下十一人而進士武濟川三傳劉濬材質最陋對問失次上黜之濟川昉鄕人也會有訴昉用情取舍帝乃籍終場下第人姓名得三百六十人皆召見擇其一百九十五人并準以下乃御殿給紙筆別試詩賦命殿中侍御史李瑩等爲考官得進士二十六人五經四人開元禮七人三禮三十八人三傳二十六人三史三人學究十八人明法五人皆賜及第又賜錢二十萬以張宴會昉等尋皆坐責殿試遂爲常制帝嘗語近臣曰昔者科名多爲勢家所取朕親臨試盡革其弊矣是年親試進士王式等乃定王嗣宗第一王式第四自是御試與省試名次始有升降之別時江南未平進士林松雷說試不中格以其間道來歸亦賜三傳出身太宗卽位思振淹滯謂侍臣曰朕欲博求俊彥於科場中非敢望拔十得五止得一二亦可爲致治之具矣太平興國二年御殿覆試內出賦題賦韻平側相間依次而用命李昉扈蒙第其優劣爲三等得呂蒙正以下一百九人越二日覆試諸科得二百人並賜及第又閱貢籍得十舉以上至十五舉進士諸科一百八十餘人並賜出身九經七人不中格亦憐其老特賜同三傳出身凡五百餘人皆賜袍笏錫宴開寶寺帝自爲詩一章賜之甲乙第一進士及九經皆授將作監丞大理評事通判諸州其餘亦優等授官三年九月廷試舉人故事惟春放榜至是秋試非常例也是冬諸州舉人並集會將親征北漢罷之自是間一年或二年乃貢舉五年覆試進士有顏明遠劉昌言張觀樂史四人以見任官舉進士特授近藩掌書記有趙昌國者求應百篇舉謂一日作詩百篇帝出雜題二十令各賦五篇篇八句日旰僅成數十首率無可觀帝以是科久廢特賜及第以勸來者八年進士諸科始試律義十道進士免帖經明年惟諸科試律進士復帖經進士始分三甲自是錫宴就瓊林苑上因謂近臣曰朕親選多士殆忘饑渴召見臨問觀其才技而用之庶使田野無遺逸而朝廷多君子爾雍熙二年廷試初唱名及第第一等爲節度推官是年及端拱初禮部試已帝慮有遺才取不中格者再試之於是由再試得官者數百人凡廷試帝親閱卷累日宰相屢請宜歸有司始詔歲命官知舉舊制既鏁院給左藏錢十萬資費用端拱元年詔改支尚書祠部仍倍其數罷御廚儀鸞司供帳知貢舉宋白等定貢院故事先期三日進士具都榜引試借御史臺驅使官一人監門都堂簾外置案設銀香爐唱名給印試紙及試中格錄進士之文奏御諸科惟籍名而上俟制下先書姓名散報之翌日放榜唱名既謝恩詣國學謁先聖先師進士過堂閤下告名聞喜宴分爲兩日宴進士請丞郎大兩省宴諸科請省郎小兩省綴行期集列叙名氏鄕貫三代之類書之謂之小錄醵錢爲游宴之資謂之酺皆團司主之制下而中書省同貢院關黃覆奏之俟正敕下關報南曹都省御史臺然後貢院寫春關散給籍而入省謂之春關登科之人例納朱膠綾紙之直赴吏部南曹試判三道謂之關試淳化元年諸道貢士凡萬七千餘人先是有擊登聞鼓訴校試不公者蘇易簡知貢舉受詔卽赴貢院仍糊名考校遂爲例既廷試帝諭多士曰爾等各負志業效官之外更勵精文采無墜前功也詔刻禮記儒行篇賜之每科進士第一人天子寵之以詩後嘗作箴賜陳堯叟至是并賜焉先是嘗併學究尚書周易爲一科始更定本經日試義十道尚書周易各義五道仍雜問疏義六道經註四道明法舊試六場更定試七場第一第二場試律第三場試令第四第五場試小經第六場試令第七場試律仍於試律日雜問疏義六經註四凡三禮三傳通禮每十道義分經註六道疏義四道以六通爲合格自淳化末停貢舉五年眞宗卽位復試而高句麗始貢一人先是國子監開封府所貢士與舉送官爲姻戚則兩司更互考試始命遣官別試咸平三年親試陳

堯咨等百四十人特奏名者九百餘人有晉天福中嘗預貢者凡士貢于鄉而屢絀于禮部或廷試所不錄者積前後舉數參其年而差等之遇親策士則別籍其名以奏徑許附試故曰特奏名又賜河北進士諸科三百五十人及第同出身既下第願試武藝及量才錄用者又五百餘人悉賜裝錢慰遣之命禮部敘爲一舉較藝之詳推恩之廣近代所未有也舊制及第即命以官上初復廷試賜出身者亦免選於是策名之士尤衆雖藝不及格悉賜同出身迺詔有司凡賜同出身者並令守選循用常調以示甄別又定令凡試卷封印院糊名送知舉官考定高下復令封之送覆考所考畢然後參校得失不合格者須至覆場方落論館閣臺省官有請屬舉人者密以聞隱匿不告者論罪仍詔諸王公主近臣毋得以下第親族賓客求賜科名景德四年命有司詳定考校進士程式送禮部貢院頒之諸州士不還鄉里而竊戶他州以應選者嚴其法每秋賦自縣令佐察行義保任之上于州州長貳復審察得實然後上本道使者類試已保任而有缺行則州縣皆坐罪若省試而文理紕繆坐元考官諸州解試額多而中者少則不必足額尋又定親試進士條制凡策士即殿兩廡張帟列几席標姓名其上先一日表其次序揭示闕外翌旦拜闕下乃入就席試卷內臣收之付編排官去其卷首鄉貫狀別以字號第之付封彌官謄寫校勘用御書院印付考官定等畢復封彌送覆考官再定等編排官閱其同異未同者再考之如復不同即以相附近者爲定始取鄉貫狀字號合之即第其姓名差次并試卷以聞其考第之制凡五等學識優長詞理精純爲第一才思該通文理周率爲第二文理俱通爲第三文理中平爲第四文理疏淺爲第五然後臨軒唱第上二等曰及第三等曰出身四等五等曰同出身餘如貢院舊制五年詔士嘗預南省試者犯公罪聽贖罰令禮部取前後詔令經久可行者編爲條制諸科三場內有十不進士詞理紕繆者各一人以上監試考試官從違制失論幕職州縣官得代日殿一選京朝官降監場務嘗監當則與遠地有三人則監試考試官亦從違制失論幕職州縣官衝替京朝官遠地監當有五人則監試以下皆停見任舉送守倅諸科五十人以上有一人十不即罰銅與免殿選監當進士詞理紕繆亦如之後又詔試鏁廳者州長吏先校試合格始聽取解至禮部不及格停其官而考試及舉送者皆重寘罪八年始置謄錄院令封印官封試卷付之集書吏錄本監以內侍二人詔進士第一人令金吾司給七人導從得引兩節著爲令天聖初宋興六十有二載天下乂安時取才唯進士諸科爲最廣名卿鉅公皆繇此選而仁宗亦嚮用之登上第者不數年輒赫然顯貴矣其貢禮部而數詘者得特奏名或因循不學乃詔曰學猶殖也不學將落遜志務時敏厥脩乃來朕慮天下之士或有遺也既已臨軒較得失而憂其屢不中科則衰邁而無所成退不能返其里閭而進不得預于祿仕故常數之外特爲之甄采而狃于寬恩遂隳素業苟簡成風甚可恥也自今宜篤進厥學無習僥倖焉時晏殊言唐明經並試策問參其所習以取材識短長今諸科專記誦非取士之意請終場試策一篇詔近臣議之咸謂諸科非所習議遂寢舊制鏁廳試落輒停官至是始詔免罪景祐初詔曰鄉學之士益蕃而取人路狹使孤寒棲遲或老而不得進朕甚憫之其令南省就試進士諸科十取其二凡年五十進士五舉諸科六舉嘗經殿試進士三舉諸科五舉及嘗預先朝御試雖試文不合格毋輒黜皆以名聞自此率以爲常士有親戚仕本州或爲發解官及侍親遠宦距以本州二千里令轉運司類試以十率之取三人於是諸路始有別頭試其年詔開封府國子監及別頭試封彌謄錄如禮部初貢士踵唐制猶用公卷然多假他人文字或傭人書之景德中嘗限舉人於試紙前親書家狀如公卷及後所試書體不同並駁放其假手文字辨之得實即斥去永不得赴舉賈昌朝言自唐以來禮部采名譽觀素學故預投公卷今有封彌謄錄法一切考諸試篇則公卷可罷自是不復有公卷寶元中李淑侍經筵上訪以進士詩賦策論先後俾以故事對淑對曰唐調露二年劉思立爲考功員外郎以進士試策滅裂請帖經以觀其學試雜文以觀其才自此沿以爲常至永隆二年進士試雜文二篇通文律者始試策天寶十一年進士試一經能通者試文賦又通而後試策五條皆通中第建中二年趙贊請試以時務策五篇箴論表贊各一篇以代詩賦太和三年試帖經略問大義取精通者次試論議各一篇八年禮部試以帖經口義次試策五篇問經義者三問時務者二厥後變易遂以詩賦爲第一場論第二場策第三場帖經第四場今陛下欲求理道而不以雕琢爲貴得取士之實矣然考官以所試分考不能通加評校而每場輒退落士之中否殆繫于幸不幸願約舊制先策次論次賦及詩次帖經墨義而敕有司併試四場通較工拙毋以一場得失爲去留詔有司議稍施行焉既而知制誥富弼言曰國家沿隋唐設進士科自咸平景德以來爲法尤密而得人之道或有未至且歷代取士悉委有司未聞天子親試也至唐武后始有殿試何足取哉使禮部次高下以奏而引諸殿廷唱名賜第則與殿試無以異矣遂詔罷殿試而議者多言其輕上恩隳故事復如舊時范仲淹參知政事意欲復古勸學數言興學校本行實詔近臣議於是宋祁等奏教不本于學校士不察于鄉里則不能覈名實有司束以聲病學者專於記誦則不足盡人材參考衆說擇其便于今者莫若使士皆土著而敎之于學校然後州縣察其履行則學者脩飭矣乃詔州縣立學士須在學三百日乃聽預秋試舊嘗充試者百日而止試于州者令相保任有匿服犯刑虧行冒名等禁三場先策次論次詩賦通考爲去取而罷帖經墨義士通經術願對大義者試十道仲淹既去而執政意皆異是冬詔罷入學日限言初令不便者甚衆以爲詩賦聲病易考而策論汗漫難知祖宗以來莫之有改且得人嘗多矣天子下其議有司請如舊法乃詔曰科舉舊條皆先朝所定也宜一切如故前所更定令悉罷會張方平知貢舉言文章之變與政通今設科選才專取辭藝士惟道義積于中英華發于外然則以文取士所以叩諸外而質其中之蘊也言而不度則何觀焉邇來文格日失其舊各出新意相勝爲奇朝廷惡其然屢下詔書戒飭而學者樂于放逸罕能自還今賦或八百字論或千餘字策或置所問而妄肆胸臆漫陳他事驅扇浮薄重虧雅俗豈取賢斂才備治具之意邪其踵習新體澶漫不合程式悉已考落請申前詔揭而示之初禮部奏名以四百名爲限又諸科雜問大義僥倖之人悉以爲不便知制誥王珪奏曰唐自貞觀訖開元文章最盛較藝者歲千餘人而所收無幾咸亨上元增其數亦不及百人國初取士大抵唐制逮興國中貢舉之路寖廣無有定數比年官吏猥衆故近詔限四百人以懲其弊且進士明經義先經而後試策三試皆通爲中第大略與進士等而諸科既不問經義又無策試止以誦數精粗爲中否則其專固不達于理安足以長民治事哉前詔諸科終場問本經大義十道九經五經科止問義而不責記誦皆以著于令言者以爲難於遽更而圖安于弊也惟陛下申敕有司固守是法毋輕易焉嘉祐二年親試舉人凡與殿試者始免黜落時進士益相習爲奇僻鉤章棘句寖失渾淳歐陽脩知貢舉尤以爲患痛裁抑之仍嚴禁挾書者既而試榜出時所推譽皆不在選澆薄之士候脩晨朝羣聚詆斥之街司邏卒不能止至爲祭文投其家卒不能求其主名置于法然自是文體亦少變待試京師者恒六七千人一不幸有故不應詔往往沉淪十數年以此毀行干進者不可勝數王洙侍邇英閣講周禮至三年大比大考州里以贊鄉大夫廢興上曰古者選士如此今率四五歲一下詔故士有抑而不得進者孰若裁其數而屢舉也下有司議咸請易以間歲之法則無滯才之歎薦舉數既減半主司易以詳較得士必精且人少則有司易爲檢察僞濫自不能容使寒苦藝學之人得進於是下詔間歲貢舉進士諸科悉解舊額之半增設明經試法凡明兩經或三經五經各問大義十條兩經通八三經通六五經通五爲合格兼以論語孝經策時務三條出身與進士等而罷說書舉時以科舉既數而高第之人驟顯欲稍裁抑遂詔曰朕惟國家之取士與士之待舉不可曠而冗也故立間歲之期以勵其勤約貢舉之數以精其選著爲定式申敕有司而高第之人嘗不次而用若循舊比終至濫官甚無謂也自今制科入第三等與進士第一除大理評事簽書兩使幕職官代還升通判再任滿試館職制科入第四等與進士第二第三除兩使幕職官代還改次等京官制科入第五等與進士第四第五除試銜知縣代還遷兩使職官鏁聽人視此若夫高才異行施於有政而功狀較然者當以異恩擢焉仁宗之朝十有三舉進士四千五百七十人其甲第之三人凡三十有九其後不至于公卿者五人而已英宗即位議者以間歲貢士法不便迺詔禮部三歲一貢舉天下解額取未行間歲之前四之三爲率明經諸科毋過進士之數神宗篤意經學深憫貢舉之弊且以西北人材多不在選遂議更法王安石謂古之取士俱本于學請興建學校以復古其明經諸科欲行廢罷取明經人數增進士額迺詔曰化民成俗必自庠序進賢興能抑繇貢舉而四方執經藝者專于誦數趨鄉舉者狃于文辭與古所謂三物賓興九年大成亦已盭矣今下郡國招徠雋賢其敎育之方課試之格令兩制兩省待制以上御史三司三館雜議以聞議者多謂在於責實使君相有知人之明朝廷有責實之政則胥史皁隸未嘗無人雖用今之法臣以爲有餘使無知人之明無責實之政則公卿侍從常患無人況學校貢舉

乎雖復古之制臣以爲不足矣時有可否物有興廢使三代聖人復生於今其選舉亦必有道何必由學乎且慶曆間嘗立學矣天下以爲太平可待至於今惟空名僅存今陛下必欲求德行道藝之士責九年大成之業則將變今之禮易今之俗又當發民力以治宮室斂民財以養游士置學立師而又時簡不帥教者屏之遠方徒爲紛紛其與慶曆之際何異至於貢舉或曰鄉舉德行而畧文章或曰專取策論而罷詩賦或欲舉唐故事采譽望而罷封彌或欲變經生帖墨而考大義此數者皆非也夫欲興德行在於君人者脩身以格物審好惡以表俗若欲設科立名以取之則是敎天下相率而爲僞也上以孝取人則勇者割股怯者廬墓上以廉取人則弊車羸馬惡衣菲食凡可以中上意者無所不至自文章言之則策論爲有用詩賦爲無益自政事言之則詩賦論策均爲無用然自祖宗以來莫之廢者以爲設法取士不過如此也近世文章華麗無如楊億使億尚在則忠清鯁亮之士也通經學古無如孫復石介使復介尚在則迂闊誕謾之士也矧自唐至今以詩賦爲名臣者不可勝數何負於天下而必欲廢之帝讀軾疏曰吾固疑此得軾議釋然矣他日問王安石對曰今人材乏少且其學術不一異論紛然不能一道德故也一道德則脩學校欲脩學校則貢舉法不可不變若謂此科嘗多得人自緣仕進別無他路其間不容無賢若謂科法已善則未也今以少壯時正當講求天下正理乃閉門學作詩賦及其入官世事皆所不習此科法敗壞人才致不如古旣而中書門下又言古之取士皆本學校道德一於上習俗成於下其人才皆足以有爲於世今欲追復古制則患於無漸宜先除去聲病偶對之文使學者得專意經術以俟朝廷興建學校然後講求三代所以教育選舉之法施於天下則庶幾可以復古矣於是改法罷詩賦帖經墨義士各占治易詩書周禮禮記一經兼論語孟子每試四場初大經次兼經大義凡十道（後改論語孟子義各三道）次論一首次策三道禮部試卽增二道中書撰大義式頒行試義者須通經有文采乃爲中格不但如明經墨義粗解章句而已取諸科解名十之三增進士額京東西河北河東五路之創試進士者及府監他路之舍諸科而爲進士者乃得所增之額以試皆別爲一號考取蓋欲優其業使不至外侵則常慕向改業也又立新科明法試律令刑統大義斷按所以待諸科之不能業進士者未幾選人任子亦試律令始出官又詔進士自第三人以下試法或言高科任簽判及職官於習法豈所宜緩昔試刑法者世皆指爲俗吏今朝廷推恩旣厚而應者尚少若高科不試則人不以爲榮乃詔悉試帝嘗言近世士大夫多不習法吳充曰漢陳寵以法律授徒常數百人律學在六學之一後來縉紳多恥此學舊明法科徒誦其文罕通其意近補官必聚而試之有以見恤刑之意熙寧三年親試進士始專以策定著限以千字舊特奏名人試論一道至是亦制策焉帝謂執政曰對策亦何足以實盡人材然愈於以詩賦取人爾舊制進士入謝恩銀百兩至是罷之仍賜錢三千爲期集費諸州舉送發解考試監試官凡親戚若門客毋試於其州類其名上之轉運司與鎖廳者同試率七人特立一額後復令存諸科舊額十之一以待不能改業者元祐初知貢舉蘇軾孔文仲言每一試進士諸科及特奏名約八九百人舊制禮部已奏名至御試而黜者甚多嘉祐始盡賜出身近雜犯亦免黜落皆非祖宗本意進士升甲本爲南省第一人唱名近下方特升之皆出一時聖斷今禮部十人以上別試國子開封解試武舉第一人經明行脩進士及該特奏而預正奏者定著于令遞升一甲則是法在有司恩不歸於人主甚無謂也今特奏者約已及四百五十人又許例外遞減一舉則當復增數百人此曹垂老無他望布在州縣惟務黷貨以爲歸計前後恩科命官幾千人矣何有一人能自奮厲有聞于時而殘民敗官者不可勝數以此知其無益有損議者不過謂宜廣恩澤不知吏部以有限之官待無窮之吏戶部以有限之財祿無用之人而所至州縣舉罹其害乃卽位之初有此過舉謂之恩澤非臣所識也願斷自聖意止用前命仍詔考官量取一二十人誠有學問卽許出官其餘皆補文學長史之類不理選限免使積弊增重不已遂詔定特奏名考取數進士入四等以上諸科入三等以上通在試者計之毋得取過全額之半是後著爲令時方改更先朝之政禮部請置春秋博士專爲一經尚書省請復詩賦與經義兼行解經通用先儒傳注及己說又言新科明法中者吏部卽注司法叙名在及第進士之上舊明法最爲下科然必責之兼經古者先德後刑之意也欲加試論語大義仍裁半額注官依科目次序詔近臣集議左僕射司馬光曰取士之道當先德行後文學就文學言之經術又當先於詞采神宗專用經義論策取士此乃復先王令典百王不易之法但王安石不當以一家私學令天下學官講解至於律令皆當官所須使爲士者果能知道義自與法律冥合何必置明法一科習爲刻薄非所以長育人材敦厚風俗也四年乃立經義詩賦兩科罷試律義凡詩賦進士於易詩書周禮禮記春秋左傳內聽習一經初試本經義二道語孟義各一道次試賦及律詩各一首次論一首末試子史時務策二道凡專經進士須習兩經以詩禮記周禮左氏春秋爲大經書易公羊穀梁儀禮爲中經左氏春秋得兼公羊穀梁書周禮得兼儀禮或易禮記詩並兼書願習二大經者聽不得偏占兩中經初試本經義三道論語義一道次試本經義三道孟子義一道次論策如詩賦科並以四場通定高下而取解額中分之各占其半專經者用經義定取舍兼詩賦者以詩賦爲去留其名次高下則於策論參之自復詩賦士多鄉習而專經者十無二三諸路奏以分額各取非均其後遂通定去留經義毋過通額三分之一光又請立經明行脩科歲委升朝文臣各舉所知以勉勵天下使敎士行以示不專取文學之意若所舉人違犯名敎及贓私罪必坐舉主毋有所赦則自不敢妄舉而士之居鄉居家者立身行己不敢不謹惟懼玷缺外聞所謂不言之敎不肅而成不待學官日訓月察立賞告訐而士行自美矣遂立科許各舉一人凡試進士者及中第唱名日用以升甲後分路別立額六十一人州縣保任上之監司考察以聞無其人則否預薦者不試于州郡惟試禮部不中許用特奏名格赴廷試後以爲常旣而詔須特命舉乃舉毋槩以科場年上其名六年詔復通禮科初開寶中改鄉貢開元禮爲通禮熙寧嘗罷至是始復凡禮部試添知舉官爲四員罷差參詳官而置點檢官二十人分屬四知舉使協力通考諸州點檢官專校雜犯亦預考試八年中書請御試復用祖宗法試詩賦論策三題且言士子多已改習詩賦太學生員總二千一百餘人而不兼詩賦者纔八十二人於是詔來年御試習詩賦人復試三題專經人且令試策自後槩試三題帝旣親政羣臣多言元祐所更學校科舉制度非是帝念宣仁保祐之功不許改紹聖初議者益多乃詔進士罷詩賦專習經義廷對仍試策初神宗念字學廢缺詔儒臣探討而王安石乃進其說學者習焉元祐禁勿用至是除其禁四年詔禮部凡內外試題悉集以爲籍遇試頒付考官以防復出罷春秋科凡試優取二禮兩經許占全額之半而以其半及他經旣而復立春秋博士崇寧又罷之徽宗設辟雍於國郊以待士之升貢者臨幸加恩博士弟子有差然州郡猶以科舉取士不專學校崇寧三年遂詔天下取士悉由學校升貢其州郡發解及試禮部法並罷自此歲試上舍悉差知舉如禮部試五年詔大比歲更參用科舉取士一次其亟以此意使遠士卽聞之時州縣悉行三舍法得免試入學者多當官子弟而在學積歲月累試乃得應格其貧且老者甚病之故詔及此而未遽廢科舉也大觀四年五月星變凡事多所更定侍御史毛注言養士旣有額而科舉又罷則不隸學籍者遂致失職天之視聽以民士其民之秀者今失職如此疑天亦譴怒願以解額之歸升貢者一二分不絕科舉亦應天之一也遂詔更行科舉一次臣僚言場屋之文專尚偶麗題雖無兩意必欲釐而爲二以就對偶其超詣理趣者反指以爲澹泊請擇考官而戒飭之取其有理致而黜其强爲對偶者庶幾稍救文弊宣和三年詔罷天下三舍法開封府及諸路並以科舉取士惟太學仍存三舍以甄序課試遇科舉仍自發解六年禮部試進士萬五千人詔特增百人額正奏名賜第者八百餘人因上書獻頌直令赴試者殆百人有儲宏等隸大閹梁師成爲使臣或小史皆賜之第梁師成者於大觀三年嘗中甲科自設科以來南宮試者無踰此年之盛然雜流閹宦俱玷選舉而祖宗之良法蕩然矣凡士不繇科舉若三舍而賜進士第及出身者其所從得不一凡遺逸文學吏能言事或奏對稱旨或試法而經律入優或材武或童子而皆能文或邊臣之子以功來奏其得之雖有當否大較猶可取也崇寧大觀之後達官貴冑旣多得賜以上書獻頌而得者又不勝紀矣

宋史卷一百五十五考證

選舉志一凡三禮對墨義五十條凡三禮對墨義九十條○通考止載三禮對墨義九十條本文上句疑衍文

宋史卷一百五十六

元　中　書　右　丞　相　總　裁　脫　脫　等　修

選舉志第一百九

選舉二　科目下　舉遺逸附

高宗建炎初駐蹕揚州時方用武念士人不能至行在下詔諸道提刑轉運司選官卽置司州軍引試使副或判官一人董之河東路附京西轉運司國子監開封府人就試於留守司命御史一人董之國子監人願就本路試者聽二年定詩賦經義取士第一場詩賦各一首習經義者本經義三道語孟義各一道第二場並論一道第三場並策三道殿試策如之自紹聖後舉人不習詩賦至是始復遂除政和令命官私相傳習詩賦之禁又詔下第進士年四十以上六舉經御試八舉經省試五十以上四舉經御試五舉經省試考河北河東陝西特各減一舉元符以前到省兩舉者不限年一舉年五十五已上者諸道轉運司開封府悉以名聞許直赴廷試是秋四方士集行在帝親策于集英殿第爲五等賜正奏名李易以下四百五十一人進士及第進士出身同學究出身同出身第一人爲左宣教郎第二第三人左宣義郎第四第五人左儒林郎第一甲第六名以下並左文林郎第二甲並左從事郎第三甲以下並左迪功郎特奏名第一人附第二甲賜進士及第第二第三人賜同進士出身餘賜同學究出身登仕郎京府助教上下州文學諸州助教入五等者亦與調官川陝河北京東正奏名不赴者一百三人以龍飛特恩卽家賜第故事廷試上十名內侍先以卷奏定高下帝曰取士當務至公豈容以己意升降自今勿先進卷三年詔過省進士赴御試不及者令漕臣據元舉送狀申省給敕賜同進士出身其計舉者賜下州文學並釋褐焉左司諫唐煇言舊制省試用六曹尚書翰林學士知貢舉侍郎給事中同知貢舉卿監郎官參詳館職學官點檢御史監視故能至公厭人心今諸道類試類委憲臣姦弊滋生才否貿亂士論囂然甚不稱更制設科之意請並還禮部遂罷諸道類試四年復川陝試如故紹興元年當祀明堂復詔諸道類試擇憲漕或帥守中文學之人總其事使精選考官於是四川宣撫處置使張浚始以便宜令川陝舉人卽置司州試之會侯延慶言兵興太學旣罷諸生解散行在職事及釐務官隨行有服親及門客往往鄉貢隔絶請立應舉法以國子監進士爲名令轉運司附試又詔京畿京東西河北陝西淮南士人轉從東南者令於寓戶州軍附試別號取放時諸道貢籍多燬於兵乃詔轉運司令舉人具元符以後得解升貢戶貫三代治經置籍于禮部以稽考焉應該恩免解舉人値兵燬失公據者召京官二員委保所在州軍給據仍申部注籍侍御史曾統請取士止用詞賦未須兼經高宗亦以古今治亂多載于史經義登科者類不通史將從其議左僕射呂頤浩曰經義詞賦均以言取人宜如舊遂止二年廷試手詔諭考官當崇直言抑諛佞得張九成以下二百五十九人凌景夏第二呂頤浩言景夏詞勝九成請更寘第一帝曰士人初進便須別其忠佞九成所對無所畏避宜擢首選九成以類試廷策俱第一命特進一官時進士卷有犯御名者帝曰豈以朕名妨人進取邪令寘本等又命應及第人各進一秩舊制潛藩州郡舉人必曾請舉兩到省已上乃得試帝嘗封蜀國公是年蜀州舉人以帝登極恩徑赴類省試自是爲例五年初試進士于南省戒飭有司商榷去取毋以絺繪章句爲工當以淵源學問爲尚事抵教化有益治體者毋以切直爲嫌言無根關肆爲蔓衍者不在採錄舉人程文許通用古今諸儒之說及出己意文理優長爲合格三月御試奏名汪應辰第一初考官以有官人黃中第一帝訪諸沈應求應求以沈遘與馮京故事對乃更擢應辰爲魁遂爲定制舊制御試初考旣分等第印封送覆考定之詳定所或從初或從覆不許別自立等嘉祐中廢至是知制誥孫近奏若遵舊制則高下升黜盡出詳定官初覆考爲虛設請自今初覆考皆未當始許奏稟別置等第諫議大夫趙霈請用崇寧令凡隔二等累及五人許行奏稟從之是年川陝進士止試宣撫司特奏名則置院差官試時務策一道禮部具取放分數推恩等第頒示之舊法隨侍見任守倅等官在本貫二千里外曰滿里子弟試官內外有服親及婚姻家曰避親館于見任門下曰門客是三等許牒試否則不預間有背本宗而竄他譜飛賦而移試他道者議者病之六年詔牒試應避者令本司長官州守倅縣令委保詭冒者連坐七年命行在職事釐務官并宗子應舉取應及有官人並於行在赴國子監試始命各差詞賦經義考官八年以平江府四經巡幸其得解舉人援臨安建康駐蹕例各免文解一次時聞徽宗崩未及大祥禮部言故事因諒闇罷殿試則省試第一人爲榜首補兩使職官帝特命爲左承事郎自此率以爲常九年以陝西舉人久陷北境理宜優異非四川比令禮部別號取放川陝分類試額自此始是歲以科試明堂同在嗣歲省司財計艱於辦給又患初仕待闕率四五年若使進士蔭人同時差注俱爲不便增展一年則合舊制十年遂詔諸州依條發解十二年正月省試三月御試後皆準此十三年國子司業高閌言取士當先經術請參合三場以本經語孟義各一道爲首詩賦各一首次之子史論一道時務策一道又次之庶幾如古試法又春秋義當於正經出題並從之初立同文館試凡居行在去本貫及千里已上者許赴試于國子監十五年凡特奏名賜同學究出身者舊京府助教今改將仕郎是歲始定依汴京舊制正奏及特恩分兩日唱名十七年申禁程文全用本朝人文集或歌頌及佛書全句者皆不考十八年以浙漕舉人有勢家行賂假手濫名者論有司立賞格聽人捕告十九年詔自今鄉貢前一歲州軍屬縣長吏籍定合應舉人以次年春縣上之州州下之學覈實引保赴鄉飲酒然後送試院及期投狀射保者勿受自神宗朝程顥程頤以道學倡于洛四方師之中興盛于東南科舉之文稍用頤說諫官陳公輔上疏詆頤學乞加禁絶秦檜入相甚至指頤爲專門侍御史汪勃請戒飭攸司凡專門曲說必加黜落中丞曹筠亦請選汰用程說者並從之二十一年御試得正奏名四百人特奏名五百三十一人中興以來得人始盛二十二年以士習周禮禮記較他經十無一二恐其學寖廢遂命州郡招延明於二禮者俾立講說以表學校及令考官優加誘進舊諸州皆以八月選日試舉人有趂數州取解者二十四年始定試期並用中秋日四川則用季春而仲秋類省初秦檜專國其子熺廷試第一檜陽引降第二名是歲檜孫塤舉進士省試廷對皆首選姻黨曹冠等皆居高甲後降塤第三二十五年檜死帝懲其弊遂命貢院遵故事凡合格舉人有權要親族並令覆試仍奪塤出身改冠等七人階官並帶右字餘悉駁放程王之學數年以來宰相執論不一趙鼎主程頤秦檜主王安石至是詔自今毋拘一家之說務求至當之論道學之禁稍解矣自經賦分科聲律日盛帝嘗曰向爲士不讀史遂用詩賦今則不讀經不出數年經學廢矣二十七年詔復行兼經如十三年之制內第一場大小經義各減一道如治二禮文義優長許侵用諸經分數時號爲四科舊蜀士赴廷試不及者皆賜同進士出身帝念其中有俊秀能取高第者不宜例置下列至是遂諭都省寬展試期以待之及唱名閻安中第二梁介第三皆蜀士也帝大悅二十九年孫道夫在經筵極論四川類試請託之弊請盡令赴禮部帝曰後舉但當使御史監之道夫持益堅事下國子監祭酒楊椿曰蜀去行在萬里可使士子涉三峽冒重湖邪欲革其弊一監試得人足矣遂詔監司守倅賓客力可行者赴省餘不在遣中是歲四川類省試始從朝廷差官初類試第一人恩數優厚視殿試第三人賜進士及第後以何耕對策忤秦檜乃改禮部類試蜀士第一等人並賜進士出身自是無有不赴御試者惟遇不親策則類省試第一人恩數如舊第二第三人皆附第一甲九名以上附第二甲焉是年詔四川等處進士路遠歸鄉試不及者特就運司附試一次仍別行考校取旨立額三十一年禮部侍郎金安節言熙寧元豐以來經義詩賦廢興離合隨時更革初無定制近合科以來通經者苦賦體雕刻習賦者病經旨淵微心有弗精智難兼濟又其甚者論旣倂場策問太寡議論器識無以盡人士守傳注史學盡廢此後進往往得志而老生宿儒多困也請復立兩科永爲成憲從之於是士始有定嚮而得專所習矣旣而建議者以爲兩科旣分解額未定宜以國學及諸州解額三分爲率二取經義一取詩賦若省試則以累舉過省中數立爲定額而分之詔下其議然竟不果行孝宗初詔川廣進士之在行都者令附試兩浙轉運司隆興元年御試第一人承事郎簽書諸州節度判官第二第三人文林郎兩使職官第四第五人從事郎初等職官第六人至第四甲並迪功郎諸州司戶簿尉第五甲守選乾道元年詔四川特奏名第一等第一名賜同學究出身第二名至本等末補將仕郎第二等至第四等賜下州文學第五等諸州助教二年御試始推登極恩第一名宣義郎第二名與第一名恩例第三名承事郎第一甲賜進士及第並文林郎第二甲賜進士及第並從事郎第三第四甲進士出身第五甲同進士出身特奏名第一名賜進士出身第二第三名賜同進士出身四年裁定牒試法文武臣添差官除親子孫外並罷其行在職事官除監察御史以上餘並不許牒試六年詔諸道試官皆隔一郡選差後又令歷三郡合符乃聽入院防私弊也帝欲令文士能射御武臣知詩書命討論殿最之法淳熙二年御試唱第後二日御殿引按文士詹騤以下一百三十九人射藝翌日又引文士第五甲及特奏名一百五十二人其日進士具襴笏入殿起居易戎服各給箭六弓不限斗力射者莫不振厲自獻多命

中焉天子甚悅凡三箭中帖爲上等正奏第一人轉一官與通判餘循一資二箭中爲中等減二年磨勘一箭中帖及一箭上垜爲下等一任回不依次注官上四甲能全中者取旨第五甲射入上等注黃甲餘升名次而已特奏名五等人射藝合格與文學不中者亦賜帛四年罷同文館試又命省試簾外官同姓異姓親若門客亦依簾內官避親法牒送別院五年以階成西和鳳州正奏名比附特奏名五路人例特升一甲六年詔特奏名自今三名取一寘第四等以前餘並入第五等其末等納敕者止許一次潛藩及五路舊升甲者今但升名其後又許納敕三次爲定制焉十一年進士廷試不許見燭其納卷最後者降黜之舊制廷試至暮許賜燭然殿深易闇日昃已燭出矣凡賜燭正奏名降一甲第五甲降充本甲末名特奏名降一等第五等與攝助教凡試藝于省闈及國子監兩浙轉運司者皆禁燭其他郡國率達旦乃出十月太常博士倪思言舉人輕視史學今之論史者獨取漢唐混一之事三國六朝五代爲非盛世而恥談之然其進取之得失守禦之當否籌策之疎密區處兵民之方形勢成敗之迹俾加討究有補國家請諭春官凡課試命題雜出諸史無所拘忌考覈之際稍以論策爲重毋止以初場定去留從之十四年御試正奏名王容第一時帝策士不盡由有司是舉容本第三親擢爲榜首翰林學士洪邁言貢舉令賦限三百六十字論限五百字今經義論策一道有至三千言賦一篇幾六百言寸晷之下唯務貪多累牘連篇何由精妙宜俾各遵體格以返渾淳時朱熹嘗欲罷詩賦而分諸經子史時務之年其私議曰古者大學之教以格物致知爲先而其考校之法又以九年知類通達强立不返爲大成今樂經亡而禮經闕二戴之禮已非正經而又廢其一經之爲教已不能備而治經者類皆舍其所難而就其易僅窺其一而不及其餘若諸子之學同出於聖人諸史則該古今興亡治亂得失之變皆不可闕者而學者一旦豈能盡通若合所當讀之書而分之以年使之各以三年而共通其三四之一凡易詩書爲一科而子年午年試之周禮儀禮及二戴記爲一科而卯年試之春秋及三傳爲一科而酉年試之義各二道諸經皆兼大學論語中庸孟子義一道論則分諸子爲四科而分年以附焉諸史則左傳國語史記兩漢爲一科三國晉書南北史爲一科新舊唐書五代史爲一科時務律曆地理爲一科以次分年如經子之法試策各二道又使治經者各守家法答義者必通貫經文條舉衆說而斷以己意有司命題必依章句如是則士無不通之經史而皆可用於世矣其議雖未上而天下誦之元宗初以省試春淺天尚寒遂展至二月朔卜日殿試于四月上旬紹熙元年仍按射不合格者罷賜帛舊命官鎖廳及避親舉人同試三年始令分場以革假人試藝者於是四蜀皆然寧宗慶元二年韓侂胄襲秦檜餘論指道學爲僞學臺臣附和之上章論列劉德秀在省闈奏請毀除語錄旣而知貢舉吏部尚書葉翥上言士狃於僞學專習語錄詭誕之說中庸大學之書以文其非有葉適進卷陳傅良待遇集士人傳誦其文每用輒效請令太學及州軍學各以月試合格前三名程文上御史臺考察太學以月諸路以季其有舊習不改則坐學官提學司之罪是舉語涉道學者皆不預選四年以經義多用套類父子兄弟相授致天下士子不務實學遂命有司六經出題各於本經摘出兩段文意相類者合爲一題以杜挾冊讐僞之計嘉泰元年起居舍人章良能陳主司三弊一曰沮抑詞賦太甚旣暗削分數又多寘下陳二曰假借春秋太過諸處解榜多寘首選三曰國史實錄等書禁民私藏惟公卿子弟因父兄得以竊窺冒禁傳寫而有司乃取本朝故事藏匿本末發爲策問寒士無繇盡知命自今詩賦純正者寘之前列春秋唯卓異者寘高等餘當雜定策題則必名白指問四年詔自今礙格不礙格人試于漕司者分院異題永爲定制開禧元年詔禮部考試以三場俱優爲上二場優次之一場優又次之俱劣爲下毋以片言隻字取人編排旣定從知舉審定高下永爲通考之法二年以舉人姦弊滋多命諸道漕司州府軍監凡發解舉人合格試卷姓名類申禮部俟省試中牒發御史臺同禮部長貳參對字畫關御藥院內侍照應廷試字畫不同者別榜駁放舊制秋貢春試皆置別頭場以待舉人之避親者自緦麻以上親及大功以上婚姻之家皆牒送惟臨軒親試謂之天子門生雖父兄爲考官亦不避嘉定元年始因議臣有請命朝官有親屬赴廷對者免差充考校十二年命國子牒試禁假託宗枝遷就服屬犯者必寘于罰十五年祕書郎何澹言有司出題強裂句讀專務斷章離絕旨意破碎經文望令革去舊習使士子考注疏而辨異同明綱領而識體要從之至理宗朝姦弊愈滋有司命題苟簡或執偏見臆說互相背馳或發策用事訛舛故士子眩惑莫知適從才者或反見遺所取之士旣不精數年之後復俾之主文是非顚倒逾甚時謂之繆種流傳復容情任意不學之流往往中第而舉人之弊凡五曰傳義曰換卷曰易號曰卷子出外曰謄錄滅裂迨寶慶二年左諫議大夫朱端常奏防戢之策謂試院監大門中門官乃一院襟喉切要乞差有風力者入試日一切不許傳遞門禁旣嚴則數弊自清士人暮夜納卷易於散失宜令封彌官躬親封鎖卷匱士人親書幕曆投匱中俟舉人盡出院然後啓封分類抄上卽付謄錄所明旦申逐場名數于御史臺檢核其撰號法上一字許同下二字各異以杜訛易之弊謄錄人選擇書手充不許代名具姓名字樣申院覆寫檢實傳義置窠之人委臨安府嚴捕其考官容情任意者許臺諫風聞彈奏重寘典憲及出官錢立賞格許告捉懷挾傳題傳稾全身代名入試之人帝悉從之且命精擇考官毋仍舊習舊制凡卽位一降科詔及大比之歲二月一日一降詔許發解然後禮部偏牒諸路及四川州軍至是以四川鎖院改用二月二十一日與降詔日相逼遂改用正月十五日奏裁降詔紹定元年有言舉人程文雷同或一字不差其弊有二一則考官受賂或授暗記或與全篇一家分傳謄寫一則老儒賣文場屋一人傳千十人傳百考官不暇參稽於是命禮部戒飭前申號三日監試會聚考官將合取卷參驗互考稍涉雷同卽與黜落或仍前弊以致覺察則考官監試一例黜退初省試奉敕差知貢舉一員同知二員內差臺諫官一員參詳官若干員內差監察御史一員俾會聚考校微寓彈壓糾察之意韓侂胄用事將鈐制士人遂於三知舉外別差同知一員以諫官爲之專董試事不復干預考校參詳官亦不差察官於是約束峻切氣燄薰灼嘉泰間更名監試其失愈甚製造簿曆嚴立程限至是復舊制三知舉內差一臺諫十參詳內差一御史仍戒飭試官精加考校如日力不給卽展其限二年臣僚言考官之弊詞賦命題不明致士子上請煩亂經義不分房別考致士子多悖經旨遂飭考官明示詞賦題意各房分經考校凡廷試唯蜀士到杭最遲每展日以待會有言蜀士嗜利多引商貨押船致留滯關津自是定以四月上旬廷試更不移展三年臣僚請學校場屋並禁斷章截句破壞義理及春秋經越年牽合其程文本古注用先儒說者取之穿鑿撰說者黜落四年臣僚甚言科場之弊乞戒飭漕臣嚴選考官地多經學則博選通經者地多賦學則廣致能賦者主文必兼經賦乃可充其職監試或倅貳不勝任必別擇人仍令有司量展揭封之期庶考校詳悉不致失士於是命徧諭國子監及諸郡恪意推行約束違戾者彈劾治罪初四川類試其事雖隸制司而監試考官共十員唯大院別院監試主文各一員從朝命餘聽制司選差自安丙差四員之外權委成都帥守臨期從近取具是歲始仍舊朝命四員餘從制司分遣時場屋士子日盛卷軸如山有司不能徧觀迫於日限去取不能皆當蓋士人旣以本名納卷或別爲名或易以字一人而納二三卷不禁挾書又許見燭閩浙諸郡又間日引試中有一日之暇甚至次日午方出於是經義可作二三道詩賦可成五六篇舉人文章不精考官困於披閱幸皆中選乃以兄弟承之或轉售同族姦詐百端眞僞莫辨乃命諸郡關防於投卷之初責鄉鄰聚實嚴治虛僞之罪縱容之罰其弊稍息命官鎖廳及避親舉人自紹熙分場各試寒士憚之緣避親人七人取一其額太窄咸以爲窘而朝士之被差爲大院考官者恐多妨其親亦不願差寒士於鄉舉千百取一之中得預秋薦以數千里之遠辛勤赴省而省闈差官乃當相避遂有隱身匿名不認親戚以求免者憤懣憂沮狼狽旅邸者彼此交怨相視爲讐至是言者謂除大院收試外以漕舉及待補國子生到省者與避親人同試於別院亦將不下數百人數旣多其額自寬寒士可不怨其親戚朝士可不憚於被差從之旣而以諸路轉運司牒試多營求僞冒之弊遂罷之其實有妨嫌者收試每百人終場取一人於各路州軍解額窄者量與均添庶士子各安鄉里無復詐競於是臨安紹興溫台福婺慶元處池袁潮興化及四川諸州府共增解額一百七十名未幾又命止許牒滿里親子孫及門客召見任官二員委保與有官礙格人各處收試五十人取放一人合牒親子孫別項隔截收試不及五十人亦取一人凡涉詐冒並坐牒官保官初唐鄧二州嘗陷于金金滅復得其地命仍舊類試于襄陽但別號考校以優新附士子舊制光州解額七名渡江後爲極邊士子稀少權赴試鄰州淳熙間本州自置科場權放三名至是已五六十年舉人十倍于前遂命復還舊額端平元年以牒試已罷解額旣增命增額州郡措置關防每人止納一卷及開貢院添差考官時有言門客及隨侍親子孫五十人取一臨安府學三年類申人漕試七十取一又令別試院分項異處收試已爲煩碎兼兩項士人習賦習書之外習他經者差少難于取放遂命將兩項混同收試

考校均作六十取一京學見行食職事生員二百二十四名別項發號考校不限經賦取放一名侍御史李鳴復等條列建言謂臺諫充知舉參詳既留心考校不能檢柅姦弊欲乞仍舊差臺諫爲監試懷挾之禁不嚴皆爲具文欲乞懸賞募人告捉精選強敏巡按官及八廂等人謹切巡邏有犯則鐫黜官員考校不精多緣點檢官不時供卷及開院日迫試卷沓至知舉倉卒不及遂致遺才欲乞試院簾房置曆程督點檢官書所供卷數日逐押曆考校試卷不遵舊式務從簡便點檢參詳穿聯爲一欲乞必如舊制三塲試卷分送三點檢三參詳三知舉庶得詳審試官互考經賦未必精熟欲乞前期納度試卷經賦凡若干則各差試官若干不至偏重並從之嘉熙元年罷諸牒試應郎官以上監司守倅之門客及姑姨同宗之子弟與游士之不便於歸鄉就試者並混同試于轉運司各從所寓縣給據徑赴司納卷一如鄉舉之法家狀各書本貫不問其所從來而定其名寓試以四十名爲額就試如滿五十人則臨時取旨增放又罷諸路轉運司及諸州軍府所取待補國子生自明年並許赴國子監混試以士子數多命於禮部及臨安轉運司兩試院外紹興安吉各置一院從朝廷差官前詣同日引試分各路士人就試焉同在京不許見燭是年已失京西諸州軍士多徙寓江陵鄂州命京湖制置司於江陵別立貢院取德安府荆門軍歸峽復三州及隨郢均房等京西七郡士人別差官混試用十二郡元額混取以優之牒試既罷又復冒求國子士大夫爲子弟計者輒牒外方他族利爲塲屋相資或公然受價以鬻命徧諭百官司知雜司等如已準朝廷辨驗批書印紙批下國子監收試即報赴試人躬赴監一姓結爲一保每保不過十人責立罪罰當官書押遞相委保各給告示方許投納試卷冒牒官降官罷任或一時失於參照誤牒他族許自陳悔牒一次冒牒中選之人限主保官舉人一月自首舉人駁放主保官免罪出限不首者仍照前條罪之凡類試卷封彌作弊不一至是命前期於兩浙轉運司臨安府選見投吏胥共三十人差近上一名部轄入院十名專管詩賦餘分管諸經各隨所管號於引試之夕分尋試卷各置簿封彌不許混亂都別差一吏將號置曆發過謄錄所書寫眞簿曆封彌官收掌不經吏手不許謄錄人干預以革其弊二年省試下第及遊學人並就臨安府給據赴兩浙轉運司混試待補太學生臣僚言國子牒試之弊冒濫滋甚在朝之士有強認疎遠之親爲近屬者有各私親故換易而互牒者有爲權勢所軋人情所牽應命而泛及者有自揆子弟非才牒同姓之雋茂利其假手者有文藝素乏執格法以求牒轉售同姓以謀利者今後令牒官各從本職長官具朝典狀保明先期取本官之委狀仍立賞格許人指實陳首冒牒之官按劾鐫秩受牒之人駁放殿舉保官亦與連坐專令御史臺覺察都省勘會類申門客滿里子孫仍前漕試六十人取一較之他處雖甚優而取無定額士有疑心就試者少宜令額寬而試者衆塗一而取之精遂依前例放行寓試以四十名爲定額仍前待補其類申門客滿里子孫及附試並罷淳祐元年臣僚言旣復諸路漕試合國子試兩項科舉及免舉人不下千數宜復撥漕舉冑舉同避親人並就別院引試使大院無卷冗之患小院無額窄之弊從之時淮南諸州郡歲有兵禍士子不得以時赴鄉試且漕司分差試官路梗不可徑達三年命淮東州郡附鎭江府秋試淮西州郡附建康試蘄黃光三州安慶府附江州試三試所各增差試官二員別項考校照各州元額取放是歲兩浙轉運司寓試終塲滿五千人特命增放二名後雖多不增如不及五千人止依元額別院之試大率士子與試官實有親嫌者紹定間以漕試冑試無親可避者亦許試或謂時相狥於勢要子弟故也端平初撥歸大院寒雋便之淳祐元年又復赴別院是使不應避親之人仰而就此使天下士子無故析而爲二殊失別試之初意至是依端平釐正之復歸大院九年以臣僚言士子又有免解僞冒入試者或父兄沒而竊代其名或同族物故而塡其籍於是令自本貫保明給據類其姓名先申禮部各州揭以示衆犯者許告捉依鬻舉法治罪十二年廣南西路言所部二十五郡科選於春官者僅一二蓋山林質樸不能與中土士子同工請援兩淮荆襄例別考朝廷從其請自是廣南分東西兩路寶祐二年監察御史陳大方言士風日薄文塲多弊乞將發解士人初請舉者從所司給帖赴省別給一曆如命官印紙之法批書發解之年及本名年貫保官姓名執赴禮部又批赴省之年長貳印署赴監試者同如將來免解免省到殿批書亦如之如無曆則不收試候出官日赴吏部繳納換給印紙應合免解免省人亦從先發解處照此給曆如省殿中選將元曆發下御史臺攷察以憑注闕給告士子得曆可爲據證有司因曆可加稽驗日前僞冒之人可不却而自遁遂自明年始行之鄉貢監補省試皆有覆試然銓擇猶未精其間濫名充貢者不可欺同舉之人冒適橋門者不逃於本齋之職事遂命今後本州審察必責同舉之聯保監學簾引必責長諭之證實並使結罪方與放行中書覆試凡涉再引非繫雜犯並先劄報各處漕司每遇詔舉必加稽驗凡覆試令宰執出題不許都司干預仍日輪臺諫一員簾外監試四年命在朝之臣除宰執侍從臺諫外自卿監郎官以下至釐務官各具三代宗支圖三本結立罪狀申尚書省御史臺及禮部所屬各置簿籍存留照應遇屬子孫登科發解入學奏補事故並具申入籍後由外任登朝亦於供職日後具圖籍記如上法遇冑試之年照朝廷限員於內牒能應舉人就試以革冑牒冒濫之弊景定二年冑子牒試員宰執牒緦麻以上親增作四十人侍從臺諫給事中舍人小功以上親增作二十七人卿監郎官祕書省官四總領小功以上親增作二十人寺監丞簿學官二令大功以上親增作十五人六院四轄省部門史館校勘檢閱大功以上親增作十人臨安府通判牒大功以上親增作八人餘應牒親子孫者一仍舊制度宗初以雷同假手之弊多由於州郡試院繼燭達旦或至次日辰巳猶未出院其所以間日者不惟止可以惠不能文之人適足以害能文之士遂一遵舊制連試三日時諸州郡以鄉貢終塲人衆而元額少自咸淳九年爲始視終塲人多寡每二百人取放一名以士子數多增參詳官二員點檢試卷官六員又以臣僚條上科場之弊以大院別院參詳官點檢試卷官兼考雷同又監試兼專一詳定雷同試卷不預考校遂罷簾外點檢雷同官國子監解試雷同官亦罷先是州郡鄉貢未有覆試會言者謂冒濫之弊惟在鄉貢遂命漕臣及帥守於解試揭曉之前點差有出身倅貳或幕官專充覆試盡一日命題考校解名多者斟酌分日但能行文不謬說理優通覺非假手卽取非才不通就與駁放如將來省覆不通罪及元覆試漕守之臣及考校官十年省試命大院別院監試官於坐圖未定之先親監分布坐次嚴禁書鋪等人不許縱容士子拋離座案過越廊分爲傳義假手之地時成都已歸附我朝殿試擬五月五日以蜀士至者絕少展至末旬又因覆試特奏名至部猶少展作六月七日近臣以隆暑爲請復命立秋後擇日七月八日度宗崩竟不畢試嗣君卽位下禮部討論援引皆未當旣不可謂之亮陰又不可不赴廷對乃倣召試館職之制而行之新進士舊有期集渡江後置局於禮部貢院特旨賜餐錢唱第之三日赴焉上三人得自擇同升之彥分職有差朝謝後拜黃甲其儀設褥于堂上東西相向皆再拜拜已擇榜中年長者一人狀元拜之復擇最少者一人拜狀元所以侈寵靈重年好明長少也

制舉無常科所以待天下之才傑天子每親策之然宋之得才多由進士而以是科應詔者少惟名試館職及後來博學宏詞而得忠鯁文學之士或起之山林或取之朝著召之州縣多至大用焉太祖始置賢良方正能直言極諫經學優深可爲師法詳閑吏理達於敎化凡三科不限前資見任職官黃衣草澤悉許應詔對策三千言詞理俱優則中選乾德初以郡縣士應令者慮有司舉賢之道或未至也迺詔許士子詣闕自薦四年有司僅舉直言極諫一人堪爲師法一人召陶穀等發策帝親御殿臨視之給硯席坐于殿之西隅及對策詞理疏潤不應所問賜酒饌宴勞而遣之開寶八年詔諸州察民有孝弟力田奇才異行或文武材幹年二十至五十可任使者其送闕下如無人塞詔亦以實聞九年諸道舉孝弟力田及有才武者凡七百四十人詔翰林學士李昉等於禮部試其業一無可采而濮州以孝悌薦答者三百七十人帝駭其多召對講武殿率不如詔猶自陳素習武事復試以騎射輒顚隕失次帝給曰是宜隸兵籍皆號呼乞免乃悉罷去詔劾本部濫舉之罪咸平四年詔學士兩省五品御史臺尚書省諸司四品以上於內外京朝幕府州縣官草澤中各舉賢良方正一人不得以見任轉運使及館閣職事人應詔是年策祕書丞李道等七人皆入第四等景德二年增置博通墳典達於敎化才識兼茂明於體用武足安邊洞明韜畧運籌決勝軍謀宏遠材任邊寄等科詔中書門下試察其才具名聞奏將臨軒親策之自是應令者寖廣而得中高等亦少太宗以來凡特旨召試者於中書學士舍人院或特遣官專試所試詩賦論頌策制誥或三篇或一篇中格則授以館職景德後惟將命爲知制誥者乃試制誥三道每道百五十字東封及祀汾陰時獻文者多試業得官蓋特恩也時言者以爲兩漢舉賢良多因兵荒災變所以詢訪闕政今國家受瑞登封無闕政也安取此迺罷其科惟吏部設宏詞拔萃平判等科如舊制仁宗初詔曰朕開數路以詳延天下之士而制舉獨久不設意者吾豪傑或以故見遺也其復置此科於是增其名曰賢良方正能直言極諫科博通墳典明於敎化科才

識兼茂明於體用科詳明吏理可使從政科識洞韜略運籌帷幄科軍謀宏遠材任邊寄科凡六以待京朝之被舉及起應選者又制書判拔萃科以待選人又制高蹈丘園科沉淪草澤科茂材異等科以待布衣之被舉者其法先上藝業于有司有司較之然後試祕閣中格然後天子親策之治平三年命宰執舉館職各五人先是英宗謂中書曰水潦爲災言事者云咎在不能進賢何也歐陽脩曰近年進賢路狹往時入館有三路今塞其二也進士高科一路也大臣薦舉一路也因差遣例降一路也往年進士五人以上皆得試第一人及第不十年有至輔相者今第一人兩任方得試而第二人以下不復試是高科路塞矣往時大臣薦舉卽召試今只令上簿候缺人乃試是薦舉路塞矣惟有因差遣例除者半是年勞老病之人此臣所謂薦舉路狹也帝納之故有是命韓琦曾公亮趙槩等舉蔡延慶以下凡二十人皆令召試宰臣以人多難之帝曰既委公等舉之苟賢豈患多也先召試蔡延慶等十人餘須後時神宗以進士試策與制科無異遂詔罷之試館職則罷詩賦更以策論元祐元年復制科奏上而次年奏論六首御試策一道召試除官推恩略如舊制凡廷試前一年舉奏官具所舉者策論五十首右正言劉安世建言祖宗之待館職也儲之英傑之地以飭其名節觀以古今之書而開益其聰明稍優其廩不責以吏事所以滋長德器養成名卿賢相也近歲其選寖輕或緣世賞或以軍功或酬聚斂之能或徇權貴之薦未嘗較試遂獲貼職多開倖門恐非祖宗德意望明詔執政詳求文學行誼審其果可長育然後召試非試毋得輒命庶名器重而賢能進三年乃詔大臣奏舉館職並如舊召試除授惟朝廷特除不用此令安世復奏曰祖宗時入館鮮不由試惟其望實素著治狀顯白或累持使節或移鎭大藩欲示優恩方令貼職今既過聽臣言追復舊制又謂朝廷特除不在此限則是人材高下資歷深淺但奏舉皆可直除名爲更張弊源仍在願倣故事資序及轉運使方可以特命除授庶塞僥倖以重館職之選紹聖初哲宗謂制科試策對時政得失進士策亦可言因詔罷制科旣而三省言今進士純用經術如詔誥章表箴銘賦頌赦敕檄書露布誡諭其文皆朝廷官守日用不可闕且無以兼收文學博異之士遂改置宏詞科歲許進士及第者詣禮部請試如見守官則受代乃請率以春試上舍生附試不自立院也試章表露布檄書用駢儷體頌箴銘誡諭序記用古體或駢儷惟詔誥赦敕不以爲題凡試二日四題試者雖多取毋過五人中程則上之三省覆試之分上中二等推恩有差詞藝超異者奏取旨命官大觀四年詔宏詞科格法未詳不足以致文學之士改立詞學兼茂科歲附貢士院試取毋過三人政和增爲五人不試檄書增制誥以歷代史事借擬爲之中格則授館職宰臣執政親屬毋得試宣和罷試上舍乃隨進士試于禮部紹興元年初復館職試凡預名者學士院試時務策一道天子親覽焉然是時校書多不試而正字或試或否二年詔舉賢良方正能直言極諫科一遵舊制自尚書兩省諫議大夫以上御史中丞學士待制各舉一人凡應詔者先具所著策論五十篇繳進兩省侍從參考之分爲三等次優以上召赴祕閣試論六首於九經十七史七書國語荀楊管子文中子內出題學士兩省官考校御史監之四通以上爲合格仍分五等入四等以上者天子親策之第三等爲上恩數視廷試第一人第四等爲中視廷試第三人皆賜制科出身第五等爲下視廷試第四人賜進士出身不入等者典簿尉差遣已仕者則進官與升擢七年以太陽有異令中外侍從各舉能直言極諫一人是冬呂祉舉選人胡銓汪藻舉布衣劉度卽除銓樞密院編脩官而度不果召自是詔書數下未有應者孝宗乾道二年苗昌言奏國初嘗立三科眞宗增至六科仁宗時並許布衣應詔於是名賢出焉請參稽前制間歲下詔權於正文出題不得用僻書註疏追復天聖十科開廣薦揚之路振起多士積年委靡之氣遂詔禮部集館職學官雜議皆曰註疏誠可略科目不必廣天下之士屛處山林滯跡遐遠侍從之臣豈能盡知遂如國初之制止令監司守臣解送七年詔舉制科以六論增至五通爲合格始命官糊名謄錄如故事試院言文卷多不知題目所出有僅及二通者帝命賜束帛罷之舉官皆放罪舊試六題一明一暗時考官命題多暗僻失求言之意臣僚請遵天聖元祐故事以經題爲第一篇然後雜出九經語孟內註疏或子史正文以見尊經之意從之十一年初詔科取士必以三年詔自今有合召試者舉官卽以名聞明年春李巘言賢良之舉本求讜言以裨闕政未聞責以記誦之學使才行學識如晁董之倫雖註疏未能盡記於治道何損帝以爲然乃復罷註疏高宗正博學宏詞科凡十二題制誥詔表露布檄箴銘記贊頌序內雜出六題分爲三場每場體制一古一今遇科場年應命官除歸明流外入貲及犯贓人外公卿子弟之秀者皆得試先投所業三卷學士院考之拔其尤者召試定爲三等上等轉一官選人改秩無出身人賜進士及第並免詔試除館職中等減三年磨勘與堂除無出身人賜進士出身下等減二年磨勘無出身人賜進士出身並許召試館職南渡以來所得之士多至卿相翰苑者理宗嘉熙三年臣僚奏詞科實代王言久不取人日就廢弛蓋試之太嚴故習之者少今欲除博學宏詞科從舊三歲一試外更降等立科止試文辭不責記問命題止分兩場引試須有出身人就禮部投狀獻所業如試教官例每一歲附銓闈引試惟取合格不必拘額中選者與官除教授已係教官資序及京官不願就教授者京官減磨勘選人循一資他時北門西掖南宮舍人之任則擇文墨超卓者用之其科目則去宏博二字止稱詞學科從之淳祐初罷景定二年復嘉熙之制

初內外學官多朝廷特注後稍令國子監取其舊試藝等格優者用之熙寧八年始立教授試法卽舍人院召試大義五道元豐七年令諸州無教官則長吏選在任官上其名而監學審其可者使兼之元祐中罷試法已而論薦益衆乃詔須命舉乃得奏紹聖初三省立格中制科及進士甲第禮部奏名在上三人府監廣文館第一人從太學上舍得第皆不待試餘召試兩經大義各一道合格則授教官元符中增試三經政和二年臣僚言元豐召試學官六十人而所取四人皆知名之士故學者厭服近試率三人取一今欲十人始取一人以重其選從之自是或如舊法中書選注又嘗員外添置八行應格人爲大藩教官不以涖職隨廢或用元豐試法更革無常高宗初年復教官試紹興中議者謂欲爲人師而自獻以求進非禮也乃罷試而自朝廷選差已而又復之凡有出身者許應先具經義詩賦各三首赴禮部乃下省闈分兩場試之初任爲諸州教官由是爲兩學之選十五年從國子監丞文浩所言於六經中取二經各出兩題毋拘義式以貫穿該贍爲合格其後四川制置司遇類省試年亦倣禮部附試自嘉泰元年始

凡童子十五歲以下能通經作詩賦州升諸朝而天子親試之其命官免舉無常格眞宗景德二年撫州晏殊大名府姜蓋始以童子召試詩賦賜殊進士出身蓋同學究出身尋復召殊試賦論帝嘉其敏贍授祕書正字後或罷或復自仁宗卽位至大觀末賜出身者僅二十人建炎二年用舊制親試童子召見朱虎臣授官賜金帶以寵之後至者或誦經史子集或誦御製詩文或誦兵書習步射其命官免舉皆臨期取旨無常格淳熙中王克勤始以程文求試內殿引見孝宗嘉其警敏補從事郎令祕閣讀書會禮部言本朝童子以文稱者楊億宋綬晏殊李淑後皆爲賢宰相名侍從今郡國舉貢問其所能不過記誦宜稍艱其選八年始分爲三等凡全誦六經孝經語孟及能文如六經義三道語孟義各一道或賦一道詩一首爲上等與推恩誦書外能通一經爲中等免文解兩次止能誦六經語孟爲下等免文解一次覆試不合格者與賜帛寧宗嘉定十四年命歲取三人期以季春集闕下先試于國子監而中書覆試之爲永制焉理宗後罷此科須卓絕能文者許諸郡薦舉科目既設猶慮不能盡致天下之才或韜晦而不屑就也往往命州郡搜羅而公卿得以薦言若治平之黃君俞熙寧之王安國元豐則程頤元祐則陳師道元符則徐積皆卓然較著者也熙寧三年諸路搜訪行義爲鄉里推重者凡二十有九人至則館之太學而劉蒙以下二十二人試舍人院賜官有差亦足以見幽隱必達治世之盛也其後應詔者多失實而朝廷亦厭薄之高宗垂意遺逸首召布衣譙定而尹焞以處士入講筵其後束帛之聘若王忠民之忠節張志行之高尚劉勉之胡憲之力學則賜出身俾教授本郡或賜處士號以寵之所以振清節厲頹俗如徐庭筠之不出蘇雲卿之晦跡世尤稱焉寧宗慶元間蔡元定以高明之資講明一代正學以尤袤楊萬里之薦召之固以疾辭竟以僞學貶死衆咸惜之理度以後國勢日迫賢者肥遯迄無聞焉

宋史卷一百五十六考證

選舉志二又詔下第進士年四十以上六舉經御試八舉經省試特各減一舉○通考詔下第進士六舉曾經御試八舉曾經省試並年五十以上四舉曾經御試五舉曾經省試並年五十以上河北河東陝西舉人數內特各減一舉本文經省試下有脫字

元宗初以省試春淺天尚寒遂展至二月朔○元宗通考作光宗是

宋史卷一百五十七

元 中書右丞相總裁脫脫等修

選舉志第一百十

選舉三 學校試 律學等試附

凡學皆隸國子監。國子生以京朝七品以上子孫爲之，初無定員，後以二百人爲額。太學生以八品以下子弟若庶人之俊異者爲之。及三舍法行，則太學始定置外舍生二千人，內舍生三百人，上舍生百人。始入學，驗所隸州公據，試補外舍。齋長諭月書其行藝于籍，行謂率敎不戾規矩，藝謂治經程文。季終考于學諭，次學錄，次正，次博士，後考于長貳。歲終會其高下，書於籍，以俟覆試，參驗而序進之。凡私試，孟月經義，仲月論，季月策。凡公試，初場經義，次場論策。試上舍，如省試法。凡內舍，行藝與所試之業俱優，爲上舍上等，取旨授官；一優一平爲中等，以俟殿試；俱平若一優一否爲下等，以俟省試。元祐間置廣文館生二千四百人，以待四方游士試京師者。律學生無定員。他雜學廢置無常。崇寧建辟雍於郊，以處貢生，而三舍考選法乃遍天下。於是由州郡貢之辟雍，由辟雍升之太學，而學校之制益詳。凡國子以奏蔭恩廣，故學校不預考選，其得入官賜出身者多由銓試。初，國子監因周舊制，頗增學舍，以應蔭子孫隸學受業。開寶八年，國子監上言：「生徒舊數七十人，奉詔分習五經。然繫籍者或久不至，而在京進士、諸科常赴講席肄業，請以補監生之闕。」詔從之。景德間，許文武升朝官嫡親附國學取解，而遠鄉久寓京師，其文藝可稱，有本鄉命官保任，監官驗之，亦聽附學充貢。仁宗時，士之服儒術者不可勝數。卽位初，賜兗州學田，已而命藩輔皆得立學。慶曆四年，詔曰：「儒者通天地人之理，明古今治亂之原，可謂博矣。然學者不得騁其說，而有司務先聲病章句以拘牽之，則吾豪雋奇偉之士何以奮焉？士以純明樸茂之美，而無敎學養成之法，使與不肖並進，則夫懿德敏行何以見焉？此取士之甚敝，而學者自以爲患。夫遇人以薄者，不可責其厚也。今朕建學興善，以尊子大夫之行；更制革敝，以盡學者之才。有司其務嚴訓導、精察舉，以稱朕意。學者其進德脩業，無失其時。其令州若縣皆立學，本道使者選部屬官爲敎授，員不足，取於鄉里宿學有道業者。」由是州郡奉詔興學，而士有所勸矣。天章閣侍講王洙言：「國子監每科場詔下，許品官子弟試藝，給牒充廣文、太學、律學三館學生，多致千餘就試。試已，則生徒散歸，講官倚席，但爲游寓之所，殊無肄習之法。居常聽講者一二十人爾。」迺限在學滿五百日，舊已嘗充貢者止百日，本授官會其實，京朝官保任，始預秋試，每十人與解。凡入學授業，月旦卽親書到曆，如遇私故或疾告、歸寧，皆給假，違程及期月不來參者，去其籍。後諫官余靖極言非便，遂罷聽讀日限。初立四門學，自八品至庶人子弟充學生，歲一試補，差學官鎖宿彌封，校其藝，疏名上聞而後給牒，不中式者仍聽讀，若三試不中則出之。未幾學廢。時太學之法寬簡，而上之人必求天下賢士，使專敎導規矩之事。安定胡瑗設敎蘇、湖閒二十餘年，世方尚詞賦，胡學獨立經義、治事齋，以敦實學。皇祐末，召瑗爲國子監直講，數年，進天章閣侍講，猶兼學正。其初人未信服，謗議蜂起，瑗强力不倦，卒以有立。每公私試罷，掌儀率諸生會于首善，雅樂歌詩，乙夜乃散。士或不遠數千里來就師之，皆中心悅服。有司請下胡學取其法，以敎太學。神宗尤垂意儒學，自京師至郡縣，旣皆有學，歲時月各有試，程其藝能，以差次升舍，其最優者爲上舍，免發解及禮部試而待賜之第，遂顓以此取士。太學生員，慶曆嘗置內舍生二百人。熙寧初，又增百人，尋詔通額爲九百人。四年，盡以錫慶院及朝集院西廡建講書堂四，諸生齋舍、掌事者直盧始僅足用。自主判官外，增置直講爲十員，率二員共講一經，令中書遴選，或主判官奏舉。生員釐爲三等：始入學爲外舍，初不限員，後定額七百人；外舍升內舍，員二百；內舍升上舍，員百。各執一經，從所講官受學，月考試其業，優等上之中書。其正、錄、學諭，以上舍生爲之，經各二員。學行卓異者，主判、直講復薦之中書，奏除官。始命諸州置學官，率給田十頃贍士，初置小學敎授。帝嘗謂王安石曰：「今談經者人人殊，何以一道德？卿所著經，其以頒行，使學者歸一。」八年，頒王安石書、詩、周禮義于學官，是名三經新義。元豐二年，頒學令：太學置八十齋，齋各五楹，容三十人。外舍生二千人，內舍生三百人，上舍生百人。月一私試，歲一公試，補內舍生；間歲一舍試，補上舍生，彌封謄錄如貢舉法；而上舍試則學官不預考校。公試，外舍生入第一、第二等升內舍；試入優、平二等升上舍，皆參攷所書行藝迺升。上舍分三等。學正增爲五人，學錄增爲十人，學錄參以學生爲之。歲賜緡錢至二萬五千，又取州縣田租、屋課、息錢之類，增爲學費。初，以國子名監，而實未嘗敎養國子，詔許淸要官親戚入監聽讀，額二百人，仍盡以開封府解額歸太學，其國子生解額以太學分數取之，毋過四十人。哲宗時，初置在京小學，曰就傅、初筮，凡兩齋。復取太學額百人還開封府。先是，開封解額稍優，四方士子多冒畿縣戶，又隸太學不及一年不該解試者，亦往往冒戶。禮部按舊制，凡試國子監，先補中廣文館生，乃投牒求試。元祐七年，遂依倣其法，立廣文館生，惟開封府元解百人許自試，其嘗取諸科二百、國子額四十者，皆以爲本館解額。遇貢舉年，試補館生，中者執牒詣國子監驗試，凡試者十人取一，開封考取亦如之。紹聖元年，罷廣文館，其額悉復還之開封府、國子監。元祐新令罷推恩之制，紹聖初，監察御史郭知章言：「先帝立三舍法，以歲月稽其行實，故入上舍而中上等者，得不經禮部試，特命以官。責備而持久，故其得也難；誘掖激勸，莫善於此。宜復元豐法，以廣樂育之德。」又請三學補外舍生，依元豐令一歲四試。於是詔太學生悉用元豐制推恩，上等卽注官者歲毋過二人，免禮部試者每舉五人而止，免解試者二十人而止，仍計數對除省試、發解額，其元祐法勿用，諸三舍升補等法悉推行舊制。三年，三省言：「元祐試補太學生不嚴，苟務多取，後試者無闕可撥。宜遵元豐初制，雖在籍生亦重試。」乃詔在籍生再試，許取三分，捌求補者半之。惟上舍生及是年充貢員，內舍、外舍先自元豐補入者，免再試；餘非再試而中者，皆降舍。蔡京上所修內外學制，始頒諸天下。元符元年，詔許命官補國子生，毋過四十人。凡太學試，令優取二禮，許占全額之半，而以其半及他經。復置春秋博士。二年，初令諸州行三舍法，考選升補悉如太學。州許補上舍一人，內舍二人，歲貢之。其上舍附太學外舍，試中補內舍生，三試不升舍，遣還其州；其內舍免試，至則補外舍爲生。諸路選監司一員提舉學校，守貳董幹其事；遇補試上內舍生，選有出身官一人同敎授考選，須彌封謄錄。三年，太學試補外舍，改用四季，學官自考，不謄錄，仍添試論一場。崇寧元年，宰臣請天下州縣並置學，州置敎授二員，縣亦置小學。縣學生選考升諸州學，州學生每三年貢太學。至則附試，別立號，考分三等：入上等補上舍，入中等補下等上舍，入下等補內舍，餘居外舍。諸州軍解額各以三分之一充貢士，開封府留五十五額解士人之不入學者，餘盡均給諸州以爲貢額。外官子弟親戚許入學一年給牒，至太學用國子生額解試。州給常平或係省田宅充養士費，縣用地利所出及非係省錢。三年，始定諸路增養縣學弟子員，大縣五十人，中縣四十人，小縣二十人。凡州縣學生曾經公私試者復其身，內舍免戶役，上舍仍免借借如官戶法。命將作少監李誡卽城南門外相地營建外學，是爲辟雍。蔡京又奏：「古者國內外皆有學，周成均蓋在邦中，而黨庠、遂序則在國外。臣親承聖詔，天下皆興學貢士，卽國南郊建外學以受之，俟其行藝中率，然後升諸太學。凡此聖意，悉與古合。今上其所當行者：太學專處上舍、內舍生，而外學則處外舍生。今貢士盛集，欲增太學上舍至三百人，內舍六百人，外舍三千人。外學爲四講堂，百齋，齋列五楹，一齋可容三十人。士初貢至，皆入外學，經試補入上舍、內舍，始得進處太學。太學外舍亦令出居外學，其勅令格式悉用太學見制。國子祭酒總治學事，外學官屬司業、丞各一人，稍減太學博士、正、錄員歸外學，仍增博士爲十員，正、錄爲五員，學生充學諭者十人，直學二人。」三舍生皆繇升貢，遂罷國子監補試。又置諸王宮大小學敎授，立考選法。凡奉祠及仕而解官或需次者，悉許入內外學。任子不係州上，齒所寓入學，仍別齋居處，別號試考，會升補三舍生。後從獻助得官，其入學視任子法。凡任子不問文武，須隸學滿一年，始得求試。迺詔取士悉由學校升貢，其州郡發解及試禮部並罷。自是歲試上舍，悉差知舉，如禮部試。五年，著令：凡縣學生隸學已及三月，不犯上二等罰，聽次年試補州學外舍，是名歲升。開封祥符生員，卽辟雍別爲齋，敎養升進如縣學法，願入鄰縣學者聽，惟赤縣校試，主以博士。每歲正月，州以公試上舍及歲升員一院鎖宿，分爲三試。其公試上舍，率十取其六爲中格，中格已，以其名第自上而下參考察之籍，既在籍又中選，卽六人之中取其四，以差升舍。其歲升中選者，得補外舍生。開封屬縣附辟雍別試，中者入辟雍，充外舍。隸學三年，經兩試不預升貢，卽除其籍。法涉太嚴，令合三年內三經公試不預選，兩經補內舍，貢上舍不極格，且曾犯三等以上罰，若外舍卽除籍，罷歸縣；內舍降外舍，已嘗降而私試不入等，若曾犯罰，亦除籍，再赴歲升試。凡州學上舍生升舍，以其秋卽貢入辟雍，長吏集闕郡官及提學官具宴設，以禮敦遣，限歲終悉集闕下。自川、廣、福建入貢者，給借職劵，過二千里給大將劵，續其路食，皆以學錢給之。如有孝弟、睦婣、任恤、忠和，若行能尤異，爲鄉里所推，縣上之州，免試入學，州守貳若敎授詢審無謬，卽保任入貢，具實以聞，不實者坐罪有差。太學試上舍生，本慮與科舉相并，試以間歲，今旣罷科舉，又諸州歲貢士，其改用歲試，每春季太學、辟雍生悉公試，同院混取，總五百七十四人，以四十七人為上等即推恩釋褐一百四十人為中等遇親策士許入試一百八十七人為下等補內舍生凡上等上舍生暨特舉孝弟行能之士不待廷試推恩者許即引見釋褐上舍仍先以試文卷進入得可乃引賜若上舍已該釋褐恩而貢入在廷試前一年者須在學又及半年不犯上二等罰乃得注官凡貢士入辟雍外舍三經試不與升補兩經試不入等仍犯上三等罰者削籍再赴本州歲升試是名退送即內舍已降舍而又一試不與或兩犯上四等罰者亦如外舍法退送太學外舍生已預考察者許再經一試以中否為留遣餘升降退送悉如辟雍法凡有官人不入學而願試貢士者不以文武雜出身悉許之惟贓私罪廢人則否應試者隨內外附貢士公試皆別考率以七人取一人即預貢者與辟雍春試貢士通考中選入上等者升差遣兩等賜上舍出身文行優者奏聞而殊擢之中等俟殿試下等補內舍不隸學需再試已仕在官而願試者悉準此制凡在外官同居小功以上親及其親姊妹女之夫皆得為隨行親免試入所任鄰州郡學其有官人願學於本州者亦免試升補悉如諸生法混試同考惟升舍不侵諸生額自用七人取一若中者多即以溢額名次理為考察若所親移替願改籍他州學者聽太學上內舍既由辟雍升入又已罷科舉則國子監解額無所用盡均撥諸府諸州解額三分之以為三歲貢額並令有司均定以聞大學舊制止分立優平二等自今欲令辟雍太學試上舍中程者皆參用察考以差升補其考察試格悉分上中下三等貢士則以本州升貢等第太學內舍則以校定等第每上舍試考已定知舉及學官以中試之等參驗于籍通定升絀高下兩上為上一上一中及兩中為中一上一下及一中下兩下為下若兩格名次等第適皆齊同即以試等壓考察之格餘率以是為差仍推其法達之諸州凡內外私試始改用仲月併試三場試論日仍添律義凡考察悉準在學人數每內舍十人取五外舍十人取六自上而下分為三等籍以俟上舍考定而參用之是歲貢士至辟雍不如令者凡三十有八人皆罷歸而提學官皆罰金建州浦城縣學生隸籍者至千餘人為一路最縣丞徐秉哲特遷一官初立八行科詔曰學以善風俗明人倫而人材所自出也今法制未立殆無以厲天下成周以六行賓興萬民否則威之以不孝不弟之刑近因稽周法立八行八刑須之學校兼行懲勸庶幾於古士有善父母為孝善兄弟為悌善內親為睦善外親為婣信於朋友為任仁於州里為恤知君臣之義為忠達義利之分為和凡有八行實狀鄉上之縣縣延入學審考無僞上其名於州州第其等孝悌忠和為上睦婣為中任恤為下苟備八行不俟中歲即奏貢入太學免試補為上舍司成以下審考不誣申省釋褐優命之官不能全備者為州學上等上舍餘有差八刑則反八行而麗於罪各以其罪名之縣上其名於州州稽於學毋得補弟子員然品目既立有司必求其迹以應令遂有牽合瑣細者自元祐刱經明行脩科主德行而略辭藝間取禮部試黜之士附賓恩科當時固已咎其無所甄別及八行科立則三舍皆不試而補往往設為形迹求與名格相應於是兩科相望幾數十年適無一人卓然能自著見者而八行又有甚敝蓋後世欲追古制而不知風俗教化之所從出其難固如此夫開封始建府學立貢士額凡五十而士子不及三百盡額而取則涉太優欲稍裁之詔王畿立學若不優誘使進何以首善其常解五十勿闕大觀元年詔願兼他經者量立升進之法大抵用本經決去取而兼經所中等第特為升貢每歲附公試院而別異其號每十五人取一人分上中下等別榜示之唱名日甄別奏聞與升甲皆優於專經者異時內外學官闕皆得在選縣學生三不赴歲升試及三赴歲升試而不能升州學者皆除其籍諸路賓興會試辟雍獨常州中選者多州守若教授俱遷一官政和四年小學生近一千人分十齋以處之自入歲至十二歲率以誦經書字多少差次補內舍若能文從博士試本經小經義各一道稍通補內舍優補上舍又詔學校教養額少則野有遺士應諸路學校及百人以上者三分增一七年試高麗進士權適等四人皆賜上舍及第遣歸其國時宰臣留意學校因事究敝有司考閱防閑益密先是禮部上雜脩御試貢士勅令格式又取舊制凡關學政者合勅令格式成書以上用給事中毛友言初試補入縣學生並簾試以別僞冒徽宗崇尚老氏之學知兗州王純乞於御注道德經注中出論題范致虛亦乞用聖濟經出題宣和元年帝親取貢士卷考定能深通內經者升之以為第一三年詔罷天下州縣學三舍法惟太學用之課試開封府及諸路並以科舉取士太學官吏及州縣嘗置學官凡元豐舊制所有者皆如故其辟雍官屬及宗學并諸路提舉學事官屬並罷內外學悉遵元豐成憲七年詔政和中嘗命學校分治黃老莊列之書實失專經之旨其內經等書並罷治崇寧以來士子各狥其黨習經義則詆元祐之非尚詞賦則誚新經之失互相排斥羣論紛紛欽宗即位臣僚言科舉取士要當質以史學詢以時政今之策問虛無不根古今治亂悉所不曉詩賦設科所得名臣不可勝紀專試經義亦已五紀救之之術莫若遵用祖宗成憲王安石解經有不背聖人旨意亦許采用至於老莊之書及字說並應禁止詔禮部詳議諫議大夫兼祭酒楊時言王安石著為邪說以塗學者耳目使蔡京之徒得以輕費妄用極侈靡以奉上幾危社稷乞奪安石配饗使邪說不能為學者惑御史中丞陳過庭言五經義微諸家異見以所是者為正所否者為邪此一偏之大失也頃者指蘇軾為邪學而加禁甚切今已弛其禁許采其長實為通論而祭酒楊時矯枉太過復詆王氏以為邪說此又非也諸生習用王學聞時之言羣起而詆詈之時引避不出齋生始散詔罷時祭酒而諫議大夫馮澥崔鶠等復更相辨論會國事危而貢舉不及行矣建炎初即行在置國子監立博士二員以隨幸之士三十六人為監生紹興八年葉琳上書請建學而廷臣皆以兵興餽運為辭十三年兵事稍寧始建太學置祭酒司業各一員博士三員正錄各一員養士七百人上舍生三十員內舍生百員外舍生五百七十員凡諸道住本州學滿一年三試中選不犯第三等以上罰或不住學而曾兩預釋奠及齒于鄉飲酒者聽充弟子員每歲春秋兩試之旋命一歲一補於是多士雲集至分場試之俄又詔三年一試增至千員中選者皆給綾紙贊詞以寵之每科場四取其一自外舍有月校而公試入等曰內舍自內舍有月校而舍試入等曰上舍凡升上舍者皆直赴廷對二十七年立定制春季放補遇省試年改用孟夏舊太學遇覃恩無免解法孝宗始刱行之在朝清要官許牒期親子弟作待補國子別號考校如太學生遇有期親任清要官更為國子生不預校定升補及差職事惟得赴公私試科舉則混試焉淳熙中命諸生暇日習射以斗力為等差比類公私試別理分數自中興以來四方之士有本貫在學公據皆得就補帝始加限節命諸路州軍以解試終場人數為準其薦貢不盡者令百取六人赴太學謂之待補生其住本學及游學之類一切禁止元豐舊制內舍生校定分優平二等優等再赴舍試又入優則謂之兩優釋褐中選者即命以京秩除學官至是始令先注職官代還注職事官恩例視進士第二人舊校定歲額五六分為優選者增為十分矣光宗初公試始命附省場別院紹熙三年禮部侍郎倪思請復混補法命兩省臺諫雜議可否於是吏部尚書趙汝愚等合奏曰國家恢儒右文京師郡縣皆有學慶曆以後文物彬彬中興以來建太學于行都行貢舉於諸郡然奔競之風勝而忠信之俗微亦惟榮辱升沉不由學校德行道藝取決糊名工雕篆之文無進脩之志視庠序如傳舍目師儒如路人季考月書盡成文具今請重教官之選假守貳之權倣舍法以育材因大比以取士考終場之數定所貢之員期以次年試于太學其諸州教養課試升貢之法下有司條上思議遂寢四年詔國子監試中上等小學生比類諸州待補中選之額放補一次寧宗慶元嘉定中始兩行混補於是增外舍生為千四百員內舍校定不係上舍試年分以八分為優等又以國子生員多僞濫命行在職事官期親釐務官子孫乃得試補嘉定十四年詔自今待補百人取三人舊法自外舍升內舍雖有校試必公試合格乃許升補蓋私試皆學官自考而公試則降勑差官至是歲終許取外舍生校最優者一人升內舍理宗復百取六人之制紹定二年以待補生自外方來參齋者間有鬻帖僞冒之弊遂命中選之人召升朝保官二員批書印紙仍命州郡守倅結罪保明比照字跡無僞方許簾引注籍犯者治罪罰及保官五年以省試下第及待補生之羣試于有司者有請託賄求之弊學官考文有親故交通之私命今後兩學補試並從廟堂臨時選差即令入院凡用度則用國子監供給學官事例未幾監察御史何處久又言宜遵舊制以武學宗學補試併就兩學於大院排日引試有親嫌人依選房法且士子試卷頗多考官頗少期日既迫費用不敷乃增給用度仍添差考官五員寶祐元年復命分路取放補試員數以免遠方士子道路往來之費及都城壅併之患三年復試於京師度宗咸淳二年正月幸太學謁先聖禮成推恩三學前廊與免省試內舍上舍及已免省試者與升甲起居學生與泛免一次內該會經兩幸人與補上州文學如願在學者聽其在籍諸生地遠不及趂赴起居者三學申請乞併行泛免一次命特從之凡諸生升舍在幸學之前者方許陳乞恩例七年正月以壽和聖福皇太后兩上尊號推恩三學在齋生員並特與免解赴省一次九年外舍生晏泰亨以七分三釐乞理為第三優朝命不許遂申嚴學法今後及八分者方許歲校三名如八分者止有一人而援次優三優之例者亦

須止少三二釐方可陳乞特放庶不盡廢學法當亦不過一人而止

律學國初置博士掌授法律熙寧六年始卽國子監設學置教授四員凡命官舉人皆得入學各處一齋舉人須得命官二人保任先入學聽讀而後試補習斷按則試按一道每道敘列刑名五事或七事習律令則試大義五道中格乃得給食各以所習月一公試三私試略如補試法凡朝廷有新頒條令刑部卽送學其犯降舍殿試者薄罰金以示辱餘用太學規矩而命官聽出宿尋又置學正一員有明法應格而守選者特免試注官使兼之月奉視所授官後以教授一員兼管幹本學規矩仍從太學例給晚食元豐六年用國子司業朱服言命官在學如公試律義斷案俱優準吏部試法授官太學生能兼習律學中公試第一比私試第二等政和間詔博士學正依大理寺官除授不許用無出身人及以恩例陳請生徒犯罰者依學規仍犯不改書其印曆或補牒參選則理爲闕失建炎三年復明法新科進士預薦者聽試紹興元年復刑法科凡問題號爲假案其合格分數以五十五通分作十分以所通定分數以分數定等級五分以上入第二等下四分半以上入第三等上四分以上入第三等中以曾經試法人爲考官五年以李洪嘗中刑法入第二等命與改秩中書駁之趙鼎謂古者以刑弼教所宜崇奬高宗曰刑名之學久廢不有以優之則其學絶矣卒如前詔後議者謂得解人取應更不兼經白身得官反易於有官試法乃命所試斷案刑名全通及粗通以十分爲率斷及五分刑統義文理全通爲合格及雖全通而斷案不及分數者勿取仍自後舉兼經十五年罷明法科以其額歸進士惟刑法科如舊二十五年四川類省始附試刑法淳熙七年秘書郞李巘言漢世儀律令同藏于理官而決疑獄者必傅以古義本朝命學究兼習律令而廢明法科後復明法而以三小經附蓋欲使經生明法法吏通經今所試止於斷案律義斷案稍通律義雖不成文亦得中選故法官罕能知書宜令習大法者兼習經義參攷優劣帝曰古之儒者以儒術決獄若用俗吏必流於刻乃從其奏詔自今第一第二第三場試斷案每場各三道第四場大經義一道小經義二道第五場刑統律義五道明年命斷案三場每場止試一道每道刑名十件與經義通取四十分以上爲合格經義定去留律義定高下寧宗慶元三年以議臣言罷經義五年又復嘉定二年臣僚上言試法設科本以六場引試後始增經義一場而止試五場律義又居其一斷案止三場而已殊失設科之初意且考試類多文士輕視法家惟以經義定去留其獘一也法科欲明憲章習法令察舉明比附之精微識比折出入之錯綜酌情法於數字之內決是非於片言之間比年案題字多專尚困人一日之內僅能謄寫題目豈暇深究法意其獘二也刑法考官不過曾中法科丞評數人由是請託之風盛換易之弊與其弊三也今請罷去經義仍分六場以五場斷案一場律義爲定問題稍減字數而求精於法律者爲試官各供五六題納監試或主文臨時點定如是獄議得人矣從之六年以議者言法科止試刑統是盡廢理義而專事法律遂命復用經義一場以尚書語孟題各一篇及刑統大義通爲五場所出經題不必拘刑名倫類以防預備以斷案定去留經義爲高下仍禁雜流入貲人收試八年罷四川類試刑法科初凡試法科者皆取撰成見義挾入試場理宗淳祐三年令刑部措置關防其考試則選差大理丞正歷任中外有聲望者不許止用新科評事未經作縣之人遠其試中又當倣省試中書覆試之法質以疑獄觀其識筆明允始與差除時所立等第文法俱通者爲上徑除評事文法粗通者爲次與檢法不通者駁放度宗咸淳元年申嚴選試之法凡引試刑法官命題一如紹興式八年以試法科者少特命考試命題務在簡嚴毋用長語有過而願試者照見行條法除私罪應徒或入已贓失入死罪并停替外餘犯輕罪者與放行收試或已經三試終場之人已歷三考赴部參注命本部考覈元試果有所批分數不須舉狀與注外郡刑法獄官差使一次庶可激厲誘掖格法試法科者批及八分方在取放之數咸淳末有僅及二分以上者亦特取一名授提刑司檢法官寬以勸之也

初宗學廢置無常凡諸王屬尊者立小學于其宮其子孫自八歲至十四歲皆入學日誦二十字其已授環衞官有學藝得召試遷轉者每有之然非有司常試乃特恩也熙寧十年始立宗子試法凡祖宗袒免親已受命者附鎖廳試自袒免以外得試于國子監禮部別異其卷而校之十取其五舉者雖多解毋過五十人廷試亦不與進士同考年及四十嘗累舉不中疏其名以聞而錄用之其官于外而不願附各路鎖試許謁告試國子監崇寧初疏屬年二十五以經義律義試禮部合格分二等附進士牓與三班奉職文優者奏裁其不能試及試而黜者讀律於禮部推恩與三班借職勿著爲令及兩京皆置敦宗院院皆置大小學教授立考選法如熙寧格出官所涖長貳或監司有二人任之乃注授後又許見在任者於本任附貢士試大觀三年宗子釋褐者十二人宗學官須宗子中上舍第且有行者方始爲之四年詔宗子之升上舍不經殿試遽命之官熙寧法不如是其依貢士法俟殿試補入上中等者唱名日取裁後又定上等賜上舍及第中等賜出身授官有差凡隸學有篤疾若親老無兼侍者大宗正察其實罷歸宣和二年詔罷量試出官之法紹興二年帝初策士及宗子于集英殿五年初復南省試十四年始建宗學于臨安生員額百人大學生五十人小學生四十人職事各五人置諸王宮大小學教授一員在學者皆南宮北宅子孫若親賢宅近屬則別選館職教授初行在宗室試國子監者有官鎖廳七取其三無官應舉七取其四無官袒免親取應文理通爲合格不限其數而外任主宮觀嶽廟試于轉運司者取放之額同進士十五年命諸路宗室願赴行在試者依熙寧舊制並國子監請解不願者依崇寧通用貢舉法所以優國族也孝宗登極凡宗子不以服屬遠近人數多寡其曾獲文解兩次者並直赴廷試略通文墨者量試推恩習經人本經義二道習賦人詩賦各一首試論人論一首仍限二十五歲以上合格第一名承節郞餘並承信郞曾經下省人免量試推恩四川則附試于安撫制置司於是入仕者驟踰千人隆興元年詔量試不中年四十以上補承信郞展三年出官餘並於後舉再試四月御射殿引見取應省試第一人賜同進士出身第二第三人補保義郞餘四十人承節郞七人承信郞凡宗室鎖廳得出身者京官進一秩選人比類循資無官應舉得出身者補脩職郞濮秀二王下子孫中進士舉者更特轉一秩乾道五年命宗室職事隨侍子弟許赴國子監補六年臣僚上言神宗朝始立教養選舉宗子之法保義至秉義鎖試則與京秩在末科則升甲取應不過量試注官所以寵異同姓不與寒畯等也然曩時向學者少比年雋異者多或冠多士或登詞科幾與寒士齊驅而入仕寖繁未知裁抑非所以示至公也於是禮部請鎖廳登第者舊於元官上轉行兩官自今止依元資改授餘准舊制十二年右正言胡衞請自今宗室監試無官應舉照鎖廳例七取其二省試則三舉所放人數如取應例立爲定額從之寧宗嘉定四年詔鎖廳應舉省試第一名殿試唱名授官日於應得恩例外更遷一秩九年以宮學併歸宗庠教授改爲博士宗諭十四年命前隸宮學近屬令附宗學公私試中選者與正補宗學生近屬子孫年十五以下者許試小學生復置諸王宮大小學教授一員宗學解試依太學例取放每舉附國子監發解所異題別考理宗寶慶二年以鎖廳宗子第一名若揩學深春秋秀出譜籍與補保義郞特賜同進士出身仍換脩職郞端平元年命宗子鎖廳應舉解試凡在外州軍或寄居或見任隨侍及見寓行在就試者各召知識官委保正身國子監取其宗子出身訓名生長左驗以憑保收試仍於試卷家狀內具保官職位姓名以防欺詐淳祐二年建內小學置教授二員選宗子就學寶祐元年五月特正奏名進士宗子必晄等二人特授保義郞若瑰等二十九人承節郞勑略曰必晄等取應及選咸補右階蓋欲誘之進學而教以入仕也其毋以是自畫焉度宗咸淳元年以鎖廳應舉宗子兩請舉人遇卽位赦恩並赴類試其曾經覆試文理通者照例升等文理不通及未經覆試者則否第五等人特與免銓出官九年凡無官宗子應舉初生則用乳名給據既長則用訓名其赴請路漕司之試有一人前後用兩據印二卷者至是命漕司並索乳名訓名各項公據方許收試以杜姦弊

武舉武選咸平時令兩制館閣詳定入官資故事而未及行仁宗時嘗置武學旣而中輟天聖八年親試武舉十二人先閱其騎射而試之以策爲去留弓馬爲高下神宗熙寧五年樞密請建武學於武成王廟以尚書兵部郞中韓縝判學內藏庫副使郭固同判賜食本錢萬緡生員以百人爲額選文武官知兵者爲教授使臣未參班與門蔭草澤人召京官保任人材弓馬應格聽入學習諸家兵法教授纂次歷代用兵成敗前世忠義之節足以訓者講釋之願試陣隊者量給兵伍在學三年具藝業考試等第推恩未及格者逾年再試凡試中三班使臣與三路巡檢砦主未有官人與經略司教隊差使三年無過則升至大使臣有兩省待制或本路鈐轄以上三人保舉堪將領者並兼諸衞將軍外任回歸環衞班科場前一年武臣路分都監文官轉運判官以上各奏舉一人聽免試入學生員及應舉者不過二百人春秋各一試步射以一石三斗馬射以八斗矢五發中的或習武伎副之策略雖弓力不及學業卓然並爲優等補上舍生毋過三十人試馬射以六斗步射以九斗策一道孫吳六韜義十道五通補內舍生馬步射馬戰

應格對策精通士行可稱者上樞密院審察試用雖不應格而曉術數知陣法智略可用或累試策優等悉取旨補上舍武藝策略累居下等復降外舍先是樞密院脩武舉試法不能答策者答兵書墨義王安石奏曰三路義勇藝入三等以上皆有旨錄用陛下又欲推府界保甲法於三路則武力之人已多近以學究一科從誦書不曉理廢之而武舉復試墨義則亦學究之流無補於事先王收勇力之士皆屬於車右者欲以備禦侮之用則記誦何所施於是悉從中書所定凡武舉始試義策於祕閣武藝則試于殿前司及殿試則又試騎射及策于庭策武藝俱優爲右班殿直武藝次優爲三班奉職又次借職末等三班差使減磨勘年策入平等而武藝優者除奉職次優借職又次三班差使減磨勘年武藝末等者三班差使八年詔武舉與文舉進士同時鎖試於貢院以防進士之被黜而改習者遂罷祕閣試又以六韜本非全書止以孫吳書爲題元豐元年立大小使臣試弓馬藝業出官法第一等步射一石矢十發三中馬射七斗馬上武藝五種孫吳義十通七時務邊防策五道文理優長律令義十通七中五以上免短使減一任監當三事以上免短使升半年名次兩事升半年一事升一季第二等步射八斗矢十發二中馬射六斗馬上武藝三種孫吳義十通五策三道成文理律令義十通五中五事免短使升半年三事升半年兩事升一季一事與出官第三等步射六斗矢十發一中馬射五斗馬上武藝兩種孫吳義十通三策三道成文理律令義十通三計算錢穀文書五通三中五事升半年三事升一季兩事與出官其步射並發兩矢馬射發三矢皆著爲格四年罷試律義七年止試孫吳書大義一場第一等取四通次二等三通三等二通爲中格元祐四年詔解試省試增策一道崇寧間諸州置武學立考選升貢法倣儒學制其武藝絕倫文又優特者用文士上舍上等法歲貢釋褐中等仍隸學俟殿試凡試出官使臣仍赴殿前司呈試諸州武士試補不得文士同一場馬射三上梁九斗爲五分八斗爲四分七斗爲三分九斗八斗七斗再上梁及一上梁視此爲差理爲分數馬射一中帖當兩上梁一中的當兩中帖舊制武舉三年一試命官不過三十餘人後增額以每貢者三人取一以升上舍積送增展遂至百人入流比文額太優四年詔自今貢試上舍者取十人入上等四十人入中等五十人入下等皆補充武學內舍人材不足聽闕之餘不入等者處之外舍大抵以弓馬程文兩上一上兩中一中兩下一下相參以爲第凡州教諭須州都監乃得兼吏部取武舉武士上舍出身者政和三年以隸學者衆凡經三歲校試而不得一與者除其籍宣和二年尚書省言州縣武學既罷有願隸京城武學者請用元豐法補試舊制不入學而從保舉以試者附試武學外舍通取一百人偕上舍生發解今既罷科舉請依元豐法奏舉歲終集闕下免試補外舍生赴次年公試其咨選升補推恩依大觀法靖康元年詔諸路有習武藝知兵書者州長貳以禮遣送詣闕毋限數將親策而用之建炎三年詔武舉人先經兵部驗視弓馬于殿前司仍權就淮南轉運司別場附試七書義五道兵機策二首紹興五年帝御集英殿策武舉進士翌日閱試騎射策入優等與保義郎平等承信郎其武藝不合格者與進義校尉川陝宣撫司類省試武藝合格人並補官十二年御試正奏名策入優等承節郎平等承信郎進義校尉特奏名平等進義校尉各展磨勘有差十六年始建武學兵部上武士弓馬及選試去留格凡初補入學步射弓一石若公私試步騎射不中即不許試程文其射格自一石五斗以下至九斗凡五等二十六年帝見武學額弊因諭輔臣曰文武一道也今太學就緒而武學幾廢恐有遺才詔兵部討論典故參立新制凡武學生習七書兵法步騎射分上內外三舍學生額百人置博士一員以文臣有出身或武舉高選人爲之學諭一員以武舉補官人爲之凡補外舍先類聚五人以上附私試先試步射一石弓不合格不得試程文中格者依文士例試七書義一道其內舍生私試程文三在優等弓馬兩在次優公試入等具名奏補試上舍者以就試人三取其一以十分爲率上等一分中等二分下等七分仍以三年與發解同試凡內舍補上舍以上舍試合格入等與行藝相參兩上者爲上等一上一中或兩中及一上一下爲中等一中一下或兩下一上一否爲下等仍不犯第三等罰士行可稱者具名奏補二十七年御試第一名趙應熊武藝絕倫又省試第一特與保義郎閤門祇候脩立武舉入官資格二十九年命武舉人自今依府監年數免解孝宗隆興元年御試得正奏名三十七人殿中侍御史胡沂言唐郭子儀以武舉異等初補右衛長史歷振遠橫塞天德軍使國初試中武藝人並赴陝西任使又武舉中選者或除京東捉賊或三路沿邊試其效用或經略司教押軍隊準備差使今率授以權酤之事是所取非所用所用非所學也請取近歲中選人數量其材品考任授以軍職使之習練邊事諳曉軍旅實選用之初意也乾道二年中書舍人蔣芾亦以爲言請以武舉登第者悉處之軍中帝以問洪适适對曰武舉人以文墨進雜於卒伍非便也帝曰累經任者可以將佐處之是歲以登極推恩武舉進士比文科正奏名例第一名升一秩爲成忠郎第二第三名依第一名恩例五年兵部請外舍有校定人參考榜上等者候滿一年私試四入等及不犯三等以上罰或有校定而參考在中下等候再試參考入中等聽升補外舍生赴公試舊射親除許試五等弓外步射馬射止許試第三等以上弓程文雖優而參考弓馬分數難以對入優等自今許比上舍法不以爲步射親並通試五等吏部言武舉比試發解省試三場依條以策義考定等第其字號會封彌所以武藝并策義參考今比試自依舊法其解省兩場請依文士例考定字號先具奏聞拆號放牓從之初命武學生該遇登極覃恩曾升補內舍或在學及五年曾經公私試中人並令赴省是歲廷試始依文科給黃牒榜首賜武舉及第餘並賜武舉出身其年頒武舉之法令四川帥臣憲漕知州軍監及寄居侍從以上各舉武士一員與元府利閬金洋階成西和鳳州各三員拔其尤者送四川安撫司解試類省並如文科淳熙元年議者請武學外舍生有校定公試合格令試五等弓馬與程文五等相參入中上等者據闕升補餘俟再試入等升補從之帝御幄殿引見正奏名呈試武藝二年以武科授官與文士不類詔自今第一人補秉義郎堂除諸司計議官序位在機宜之上第二第三人保義郎諸路帥司準備將領代還轉忠翊郎第四第五人承節郎諸路兵馬監押代還轉保義郎皆倣進士甲科恩例四年以文科狀元代還例除館職亦名武舉榜首爲閤門舍人五年始立武學國子額收補武臣親屬其文臣親屬願附補者亦聽七年初立武舉絕倫并從軍法凡願從軍者殿試第一人與同正將第二第三人同副將五名以上省試第一名六名以下並同準補將從軍以後立軍功及人材出衆者特旨擢用帝曰武舉本求將帥之材今前名皆從軍以七年爲限則久在軍中諳練軍政他日可備委任八年命特奏名補官展減磨勘有差九年議者以爲從軍之人率多養望不屑軍旅詔自今職事勤恪者從主帥保奏升差懈惰者按劾光宗紹熙元年武臣試換文資南渡以前許從官三人薦舉紹興令敦武郎以下聽召保官二人以經義詩賦求試其後太學諸生久不第者多去從武舉已乃鎖廳應進士第凡以秉義或忠翊皆換京秩恩數與第一人等後以林穎秀言武士舍棄弓矢更習程文褒衣大袖專倣舉子夫科以武名不得雄健喜功之士徒啟其僥倖名爵之心於是詔罷鎖廳換試寧宗即位復其制慶元五年命兩淮京西湖北諸郡倣兵部及四川法於本道安撫司試武士合格者赴行在解試別立字號分項考校撥十名爲解額五名省額理宗紹定元年命武舉進士避親及所舉之人止避本廳令無妨嫌官引試若合格則朝廷別遣官覆試淳祐九年以北兵屢至命極邊次邊一體收試仍量增解額五名省額二名是歲武舉正奏名王時發已係從軍之人充殿前司左軍統領既登第換授特命就本職上與帶同字以示優厚勸獎度宗咸淳六年命禮部貢院於武舉進士平等每百人內取放待補十人絕倫每百人內取待補十三人

算學崇寧三年始建學生員以二百一十人爲額許命官及庶人爲之其業以九章周髀及假設疑數爲算問仍兼海島孫子五曹張丘建夏侯算法并曆算三式天文書爲本科本科外人占一小經願占大經者聽公私試三舍法略如太學上舍三等推恩以通仕登仕將仕郎爲次大觀四年以算學生歸之太史局併書學生入翰林書藝局畫學生入翰林圖畫局醫學生入太醫局紹興初命太史局試補併募草澤人淳熙元年春聚局生子弟試曆算崇天宣明大衍曆三經取其通習者五年以紀元曆試九年以統元曆試十四年用崇天紀元統元曆三歲一試紹興二年命今歲春銓太史局試應三全通一粗通合格者並特收取時局生多闕故也嘉定四年命局生必俟試中方許轉補理宗淳祐十二年祕書省言舊典以太史局隸祕省今引試局生不經祕書非也稽之於令諸局官應試曆算天文三式官每歲附試通等則以精熟爲上精熟等則以習他書多爲上習書等則以占事有驗爲上諸局生補及二年以上者並許就試一年試曆算一科一年試天文三式兩科每科取一人諸同知算造官闕有試翰林天文官闕有試諸靈臺郎有應試補直長者諸正名學生有試問景祐新書者諸判局闕而合差諸秤漏官五年而轉資者無不屬於祕書而局官等人各置鄉色遇有差遣改補功過之類並申祕書今乃一切自行陳請殊乖初意自今有違令補差及不經祕書公試補中者中書執奏改正

仍從舊制申嚴試法從之

書學生習篆隸草三體明說文字說爾雅大雅方言兼通論語孟子義願占大經者聽篆以古文大小二篆爲法隸以二王歐虞顏柳眞行爲法草以章草張芝九體爲法考書之等以方圓肥瘦適中鋒藏畫勁氣清韻古老而不俗爲上方而有圓筆圓而有方意瘦而不枯肥而不濁各得一體者爲中方而不能圓肥而不能瘦模倣古人筆畫不得其意而均齊可觀爲下其三舍補試升降略同算學法惟推恩降一等自初置及併罷年數悉同算學

畫學之業曰佛道曰人物曰山水曰鳥獸曰花竹曰屋木以說文爾雅方言釋名教授說文則令書篆字著音訓餘書皆設問答以所解義觀其能通畫意與否仍分士流雜流別其齋以居之士流兼習一大經或一小經雜流則誦小經或讀律考畫之等以不倣前人而物之情態形色俱若自然筆韻高簡爲工三舍試補升降以及推恩如前法惟雜流授官止自三班借職以下三等

醫學初隸太常寺神宗時始置提舉判局官及教授一人學生三百人設三科以教之曰方脈科鍼科瘍科凡方脈以素問難經脈經爲大經以巢氏病源龍樹論千金翼方爲小經鍼瘍科則去脈經而增三部鍼灸經常以春試三學生願與者聽崇寧間改隸國子監置博士正錄各四員分科教導糾行規矩立上舍四十人內舍六十外舍二十齋各置長諭一人其考試第一場問三經大義五道次場方脈試脈證運氣大義各二道鍼瘍試小經大義三道運氣大義二道三場假令治病法三道中格高等爲尚藥局醫師以下職餘各以等補官爲本學博士正錄及外州醫學教授紹興中復置醫學以醫師主之翰林局醫生并奏試人並試經義一十二道取六通爲合格乾道三年罷局而存御醫諸科後更不置局而存留醫學科令每舉附省闈別試所解發太常寺掌行其事淳熙十五年命內外白身醫士經禮部先附銓闈試脈義一場三道取其二通者赴次年省試經義三場一十二道以五通爲合格五取其一補醫生俟再赴省試升補入通翰林醫學六通祇候其特補薦補並停紹熙二年復置太醫局銓試依舊格其省試三場以第一場定去留墨義大義等題倣此

補道職舊無試元豐三年始差官考試以道德經靈寶度人經南華眞經等命題仍試齋醮科儀祝讀政和間卽州縣學別置齋授道徒蔡攸上諸州選試道職法其業以黃帝內經道德經爲大經莊子列子爲小經提學司訪求精通道經者不問已命未仕皆審驗以聞其業儒而能慕從道教者聽每路於見任官內選有學術者二人爲幹官分詣諸州檢察教習內經道德經置博士聖濟經兼講道徒升貢悉如文士初入官補志士道職賜褐服藝能高出其徒者得推恩道徒術業精退州守貳有考課殿最罪法陳州學生慕從道教踰月而道徒換籍殆與儒生相半有宋璟者願改道徒內舍獻神霄玉清萬壽宮雅一篇特換志士俟殿試由是長倖以下受賞有差其誘勸之重如此宣和二年學罷

宋史卷一百五十七考證

選舉志三天章閣侍講王洗言國子監每科場詔下許品官子役然試藝給牒克廣文太學律學三館學生○臣開鼎按通考作天章閣侍講王洙此洗字應是洙字之譌役然試藝等字亦有錯落

州給常平或係省田宅充養士費○克監本訛允從通考改正

宋史卷一百五十八

元中書右丞相總裁脫脫等修

選舉志第一百十一

選舉四 銓法上

太祖設官分職多襲五代之制稍損益之凡入仕有貢舉奏蔭攝署流外從軍五等吏部銓惟注擬州縣官幕職兩京諸司六品以下官皆無選文臣少卿監以上中書主之京朝官則審官院主之武臣刺史副率以上內職樞密院主之使臣則三班院主之其後典選之職分爲四文選曰審官東院曰流內銓武選曰審官西院曰三班院元豐定制而後銓注之法悉歸選部以審官東院爲尚書左選流內銓爲侍郎左選審官西院爲尚書右選三班院爲侍郎右選於是吏部有四選之法文臣寄祿官自朝議大夫職事官自大理正以下非中書省勅授者歸尚書左選武臣升朝官自皇城使職事官自金吾階衞仗司以下非樞密院宣授者歸尚書右選自初仕至州縣幕職官歸侍郎左選自借差監當至供奉官軍使歸侍郎右選凡應注擬升移敍復廕補封贈酬賞隨所分隸校勘合格團甲以上尚書省若中散大夫閤門使以上則列選敍之狀上中書省樞密院得畫旨給告身凡選人階官爲七等其一曰三京府判官留守判官節度觀察判官（卽後來承直郎）其二曰節度掌書記觀察支使防禦團練判官（卽後來儒林郎）其三曰軍事判官京府留守節度觀察推官（卽後來文林郎）其四曰防禦團練軍事推官軍監判官（卽後來從事郎）其五曰縣令錄事參軍（卽後來從政郎）其六曰試銜縣令知錄事（卽後來修職郎）其七曰三京軍巡判官司理戶曹司法曹司法參軍主簿縣尉（卽後來迪功郎）七階選人須三任六考用奏薦及功賞遞得升改凡改官留守兩府兩使判官進士授太常丞（舊亦授正言監察或太常博士後多不除）餘人太子中允（舊亦授殿中丞）支使掌書記防禦團練判官進士授太子中允（或祕書郎）餘人著作佐郎兩使推官軍事判官令錄事參軍進士授著作佐郎餘人大理寺丞初等職官知縣知錄事參軍防禦團練軍事推官軍器監判官進士授大理寺丞餘人衞尉寺丞惟判司主簿縣尉七考進士授大理寺丞餘人衞尉寺丞自節察判官至簿尉考不及格者遞降等凡非登科及特旨者年二十五方注官凡三班院二十以上聽差使初任皆監當次任爲監押巡檢知縣凡流外人三任七考有舉者六員移縣令通判有班行舉者三員與磨勘凡進納人六考有職官或縣令舉者四員移注四任十考有改官者五人舉之與磨勘初定四時參選之制凡本屬發選解並以四孟月十五日前達省自千里至五千里外爲五等日期離本處若違限及不如式本判官罰五十直錄事參軍本曹官各殿一選諸州四時具員闕報吏部踰期及漏誤判官罰七十直錄事參軍以下殿一選在京百司發選解及送闕違期亦有罰諸歸司官奏年滿俟勅下準格取本司文解赴集流外銓則據其人自投狀申奏亦依四時取解參選凡州縣老疾不任事者許判官錄事參軍糾舉以聞判官錄事參軍則州長吏糾之藩郡監牧每遣朝臣攝守往往專恣太祖始剏外權命文臣往涖之由是內外所授官多非本職惟以差遣爲資歷建隆四年詔選朝士分治劇邑以重其事大理正奚嶼知館陶監察御史王祐知魏楊應夢知永濟屯田員外郎于繼徽知臨清常參官宰縣自此始舊制畿內縣赤次赤畿外三千戶以上爲望二千戶以上爲緊一千戶以上爲上五百戶以上爲中不滿五百戶爲中下有司請據諸道所具板圖之數升降天下縣以四千戶以上爲望三千戶以上爲緊二千戶以上爲上千戶以上爲中不滿千戶爲中下自是注擬以爲資敍又詔周廣順中應出選門州縣官於南曹投狀準格敕考校無礙與除官其敍復者刑部檢勘送銓先是選格未備乾德二年命陶穀等議凡拔萃制舉及進士九經判中者並入初等職官判下者依常選初入防禦團練軍事推官軍事判官者並授將仕郎試校書郎周三年得資卽入留守兩府節度推官軍事判官並授承奉郎試大理評事又周三年得資卽入掌書記防禦團練判官並授宣德郎試大理評事兼監察御史周二年得資卽入留守兩府節度觀察判官並授朝散大夫試大理司直兼監察御史周一年入同類職事諸府少尹又周一年送名中書門下仍依官階分爲四等已至兩使判官以上次任入同類職事者加檢校官或轉運憲銜凡觀察判官以上緋十五年乃賜紫每任以周三年爲限閏月不頂每周一年校成一考其常考依令錄例書中上公事闕遺曾經殿罰者卽降考一等若校成殊考則南曹具功績請行酬獎或考滿未代更一周年與成第四考隨有罷者不赴集其奏授職事書校考第並準新格參選自是銓法漸有倫矣帝又慮銓曹惟用資歷而才傑或湛滯乃詔吏部取赴集選人歷任課績多而無闕失其材可副升擢者送中書引驗以聞時仕者愈衆頗委積不可遣開寶初令選人應格者到京卽赴集不必限四時及成次甲又給限南曹八日銓司旬有五日門下省七日自磨勘注擬及點檢謝詞總毋踰一月若別論課績或負過名須考驗行遣如法及資考未合注擬者不在此限三年詔曰吏多難以求其治祿薄未可責其廉與其冗員重費不若省官益奉州縣官宜以戶口爲率差減其員舊奉月增給五千西川管內諸州凡二萬戶依舊設曹官三員戶不滿二萬置錄事參軍司法參軍各一員司法兼司戶不滿萬戶止置司法司戶司戶兼錄事參軍戶不滿五千止置司戶兼司法及錄事參軍縣千戶以上依舊置令尉主簿凡三員戶不滿千置令尉縣令兼主簿事戶不滿四百止置主簿尉以主簿兼知縣事戶不滿二百止置主簿兼令尉諸道減員亦倣此制西川官考滿得代更不守選嶺表初平上以其民久困苛政思惠養之令吏部銓自襄荊以南州縣選見任年未五十者移爲嶺南諸州通判得携族之官以廣南僞署官送學士院試書判稍優則授上佐令錄簿尉初州縣有闕員差前資官　帝以其紊常制令所在卽上闕員有司除注又謂諸　官或著吏能悉令罷去良可惜也有司按其歷任三攝無曠敗者以名聞六年從流內銓之請復四時選而引對者每季一時引對之時

選舉志

國家取荊衡克梁益下交廣闢土既遠吏多闕是以歲常放選選人南曹投狀判成送銓依次注擬其後選部闕官卽特詔免解非時赴集謂之放選習以爲常而取解季集之制漸廢是冬迺命參知政事盧多遜等以見行長定循資格及泛降制書乃正違異削去重復補其闕漏參校詳議取悠久可用者爲書上之頒爲永式而銓綜之職益有敘矣先是選人試判三道其二全通而文翰俱優爲上一道全通而文翰稍堪爲中三道俱不通爲下判上者職事官加一階州縣官超一資判中依資判下入同類惟黃衣人降一資至是增爲四等三道全次文翰無取者爲中下用舊判下格全不通而文翰又紕繆爲下殿一選太平興國六年詔京朝官除兩省御史臺自少卿監以下奉使從政於外受代而歸者令中書舍人郭贄膳部郎中兼侍御史知雜事滕中正戶部郎中雷德驤同考校勞績論量器材以中書所下闕員擬定引對以遣謂之差遣院蓋前代朝官自一品以下皆曰常參官其未常參者曰未常參官宋目常參者曰朝官祕書郎而下未嘗參者曰京官舊制京朝官有員數除授皆云替某官或云塡見闕京官皆屬吏部每任滿三十月罷任則歲校其考策取解赴集太祖以來凡權知諸州若通判若監臨物務官無定員月限既滿有司住給奉料而見釐務者牒有司復文所釐務罷則已但不常參注授皆出中書不復由吏部至是與朝官悉差遣院主之凡吏部黃衣選人始許改爲白衣選人太宗選用庶僚皆得引對觀其敷納可采者超擢之復慮因緣矯飾徼幸冒進迺詔應臨軒所選官吏並送中書門下考其履歷審取進止舊制州縣官南曹判成流內銓注擬其職事官中書除授然而歷任功過須經南曹考驗遂令幕府官罷任並歸銓曹其特除拜者聽朝旨又詔獄官關繫尤重新及第人爲司理參軍固未精習令長吏察視不勝任者奏判司簿尉對易其官淳化四年選人以南郊赦免選悉集京師帝曰並放選則負罪者幸矣無罪者何以勸乃令經停殿者守常選又詔司理司法參軍在任有犯遇赦及書下考者止與免選更勿超資工部郎中張知白上言唐李嶠嘗云安人之方須擇郡守朝廷重內官輕外任望於臺閣選賢良分典大州共康庶績鳳閣侍郎韋嗣立因而請行遂以本官出領郡今江浙州郡方切擇人臣雖不肖願繼前修帝曰知白請重親民之官良可嘉也然不允其請淳化以前資敘未一及是始定遷秩之制凡制舉進士九經

出身者校書郎正字寺監主簿助教並轉大理評事評事轉本寺丞任太祝奉禮郎者轉諸寺監丞諸寺監丞轉著作佐郎或特遷太子中允祕書郎由大理寺丞轉殿中丞由著作佐郎轉祕書監丞資淺者或著作郎優遷者爲太常丞由太子中允祕書郎轉太常丞三丞著作皆遷太常博士轉屯田員外郎優者爲禮部工部祠部主客由屯田轉都官優者爲戶部刑部度支金部由都官轉職方優者爲吏部兵部司封司勳其轉郎中亦如之左右司員外郎太平興國中有之後罕除者左右司郎中惟待制以上當爲少卿者卽爲之由前行郎中轉太常少卿祕書少監由此二官轉右諫議大夫或祕書監光祿卿諫議轉給事中資淺者或右轉左給事中轉工部禮部侍郎至兵部吏部轉左右丞由左右丞轉尚書自侍郎以上或歷曹或超曹皆繫特旨諸科及無出身者校書郎正字寺監主簿助教並轉太祝奉禮郎太祝奉禮郎轉大理評事評事轉諸寺監丞諸寺監丞轉大理寺丞大理寺丞轉中舍優者爲左右贊善資淺者爲洗馬由幕職爲著作佐郎者轉太子中允由中允贊善中舍洗馬皆轉殿中丞殿中丞轉國子博士（舊除五經者至春秋博士則轉國子博士後罕除）由國子博士轉虞部員外郎優者爲膳部由虞部轉比部優者爲倉部由比部轉駕部優者爲考功或由水部轉司門司門轉庫部爲郎中亦如之至前行郎中轉少卿監或一轉或二三轉卽爲諸寺太卿監自太卿監特恩奬擢或入給諫焉其爲臺省官則正言監察比太常博士殿中司諫比後行員外郎起居侍御史比中行員外郎起居轉兵部吏部員外郎侍御史轉職方員外郎優者爲兵部司封知制誥由正言以上至郎中皆敘遷兩資中行郎中爲左右司郎中若非次醻勞有遷三資或止一資者至左右司郎中爲知制誥若翰林學士者遷中書舍人（舊亦有自前行郎中除者後兵吏部止遷諫議）由中書舍人轉禮部以上侍郎入丞郎卽越一資以上（內職學士待制亦如之）御史中丞由諫議轉者遷工部侍郎由給事轉者遷禮部侍郎由丞郎改者約本資焉其學官司業視少卿祭酒視太卿其法官大理正視中允贊善凡正言監察以上皆特恩或被舉方除其任館閣三司王府職事開封府判官推官江淮發運諸路轉運使提點刑獄皆得優遷或以勤效特奬者亦如之兩制龍圖閣三館皆不帶御史臺官樞密直學士三司副使皆不帶御史臺官及兩省官待制以上不帶少卿監其內職自借職以上皆循資而遷至東頭供奉官者轉閤門祗

候閤門祗候轉內殿崇班崇班轉承制承制轉諸司副使自副使以上或一資或五資七資或直爲正使者至正使亦如之至皇城使者轉昭宣使昭宣使轉宣慶使宣慶使轉景福殿使其閤門祗候特恩轉通事舍人通事舍人轉西上閤門副使亦有加諸司副使兼通事者西上閤門副使轉東上東上轉引進引進轉客省客省轉西上閤門使自此以上亦如副使之遷惟至東上者又轉四方館使客省使轉內客省使內客省使轉宣徽使或出爲觀察使自內客省使以上非特恩不授武班副率以上至上將軍其遷歷軍衞如諸司使副焉由牧伯內職改授則觀察使以上爲上將軍團練使閤門使以上爲大將軍刺史諸司使至崇班爲將軍閤門祗候供奉官爲率殿直以上爲副率內侍省入內內侍省自小黃門至內供奉官皆歷級而轉至內東頭供奉官轉內殿崇班有轉內侍常侍者內常侍亦正轉崇班其銓選之制兩府司錄次赤令留守兩府節度觀察判官少尹一選兩府判司兩畿令掌書記支使防禦團練判官二選諸府司錄次畿令四赤簿尉軍事判官留守兩府節度觀察防禦團練軍事推官軍監判官進士制舉三選諸府司理判司望縣令九經四選輔州大都督府司理判司緊上州錄事參軍緊上縣令次赤兩畿簿尉五經三禮三傳三史通禮明法五選雄望州司理判司中州錄事參軍中縣令次畿簿尉六選緊上州司理判司下州中下州錄事參軍中下縣下縣令緊望縣簿尉學究七選中州中下州司理判司上縣簿尉八選下州司理判司中縣簿尉九選中下縣下縣簿尉十選太廟齋郎室長通理九年郊社齋郎掌坐通理十一年凡入官則進士入望州判司次畿簿尉九經入緊州判司望縣簿尉五經三禮通理三傳三史明法入上州判司緊縣簿尉學究有出身人入中州判司上縣簿尉太廟齋郎入下州判司中縣簿尉郊社齋郎試衘無出身人入下州判司中下縣簿尉諸司入流人入下州判司下縣簿尉仁宗初吏員猥濫吏部奏天下幕職州縣官期滿無代者八百餘員而川廣尤多未代帝曰此豈人情之所樂耶其亟代之帝御後殿視事或至旰食中書請如天禧舊制審官三班院流內銓日引見毋得過兩人詔弗許自眞宗朝試身言書判者第推恩迺特詔曰國家詳覈吏治念其或淹常選而以四事程其能朕承統緒循用舊典爰命從臣精加詳考其令翰林學士李諮與吏部流內銓以成資闕爲差擬於是咸得遷官率以爲常

後議者以身言書判爲無益迺罷凡磨勘遷京官始增四考爲六考舉者四人爲五人嘗犯過又加一考舉吏各有等數得被舉者須有本部監司長吏按察官乃得磨勘須到官一考方許薦任凡選人年二十五以上遇郊限半年赴銓試命兩制三員鎖試于尚書省糊名謄錄習辭業者試論試詩賦詞理可采不違程式爲中格習經業者人專一經兼試律十而通五爲中格聽預選七選以上經三試至選滿京朝官保任者三人補遠地判司簿尉無舉主者補司士參軍或不赴試亦無舉者永不預選京官年二十五以上歲首赴試于國子監考法如選人中格者調官兩任無私罪而有部使州守倅舉者五人入親民舉者三人惟與下等釐物務官初州郡多闕官縣令選尤猥下多爲清流所鄙薄每不得調乃詔吏部選幕職官爲知縣又立舉任法以重令選勑諸路察縣之不治者然被舉者日益衆有司無闕以待之中書奏罷舉縣令法未幾有言親民之任輕則有害於治法不宜廢復令指劇縣奏舉舉者二人必一人本部使既居任復有舉者始得遷否則如常遷毋輒升補常參官已授外任勿奏舉然銓格煩密府史姦弊尤多而磨勘者待次外州或經三二歲乃得改官往往因緣薄勞求截甲引見有詔自是弗許神宗欲更制度建議之臣以爲唐銓與今選殊異雜用其制則有留凝煩紊之弊始刊削舊條務從簡便因廢南曹而併歸之于銓初審官西院與東院對掌文武尋改從吏部而左右選分焉祖宗以來中書有堂選百司郡縣有奏舉雖小大殊科然皆不隸于有司曁元豐罷奏舉闕屬之銓曹而堂選亦不領於中書一時更制必欲公天下而詒永久於是除免選之恩重出官之試定賞罰之則酌資蔭之宜凡設試以待命士而入之銓注者自蔭補銓試之外有進士律義武臣呈試及試刑法官等而銓試所受爲特廣中書言選人守選有及三年方遇恩放選者或適歸選而遽遇恩既爲不均且蔭補免試注官以不習事多失職試者又止試詩豈足甄才已受任而無勞績舉薦及免試恩法須再試書判三道然亦虛文熙寧四年遂定銓試之制凡守選者歲以二月八月試斷按二或律令大義五或議三道後增試經義法官同銓曹撰式考試第爲三等上等免選注官優等升資如判超格無出身者賜之出身自是不復試判仍去免選恩格若歷任有舉者五人自與免試注官任子年及二十聽赴銓試其試不中或不能試選人滿三歲許注官惟不得入

四七九

縣令司理司法任子年及三十方許參注若年及二十授官已及三年出官亦不用試若秩入京朝卽展任監當三年在任有二人薦之免展選人應改官必對便殿舊制五人一引不過二人至是待次者多有踰二年乃得引帝閔其留滯詔每甲引四人以便之帝因論郡守謂宰臣曰朕每思祖宗百戰得天下今州郡付之庸人常切痛心卿輩謂何如而得選任之要文彥博請擇監司而按察之陳升之曰取難治劇郡擇審官近臣而責以選才宜可得也初置審官西院磨勘武臣並如審官院格而舊審官曰東院御史中丞呂公著言英宗時文臣磨勘例展一年至少卿監止武臣橫行以上及使臣猶循舊制固未嘗如文臣有所節抑也又仁宗時嘗著令正任防禦團練以上非邊功不遷今及十年嘗歷外任卽許轉亦未如少卿監之有限止也詔兩制詳定王珪等言文武兩選磨勘已皆均用四年請今自正任刺史以上轉官未滿十年若有顯效者自許特轉其非次恩惟許改易州鎭以示旌寵有過則比文臣展年從之知審官西院李壽朋言皇城使占籍者三十餘員多領遙郡而尚得從磨勘遷刺史團練防禦使每進一級增奉錢五萬廩粟雜給如之實爲無名請於皇城使上別置二使名視前行郎中量給奉祿其遙郡刺史團練防禦使並從朝廷賞功擢用更不序遷詔遙郡刺史團練防禦使並以十年磨勘至觀察留後止應官止而有功若特恩遷者不以法諸司使副每磨勘皆用常制雖軍功亦無別異而閤門內侍輩轉皆七資帝謂左右近習非勳勞而得超躐至嘗立功者乃無優遷非制也使副嘗有軍功應轉許特超七資閤門通事舍人帶御器械兩省都知押班管幹御藥院使臣七資超轉法皆除之後客省引進四方館各置使二員東西上閤門共置使六員客省引進閤門副使共八員副使磨勘如諸司使法使有闕改官及五期者樞密院檢舉歷閤門職事有犯事理重者當遷日除他官閤門四方館使七年無私過未有闕可遷者加遙郡特旨與正任者引進四年轉團練使客省四年轉防禦使皆著爲定制焉先是御史乞罷堂選曾公亮執不可王安石曰中書總庶務今通判亦該堂選徒留滯不能精擇宜歸之有司帝曰唐陸贄謂宰相當擇百官之長而百官之長擇百官今之審官苟得其人安有不能精擇百官者哉元豐四年堂選堂占悉罷初有司屬職甲者不在吏銓率命長吏舉奏都水監主簿李士良言沿河幹集使臣凡百六十餘員悉從水監奏舉往往不諳水事千請得之廼詔東西審官及三班院選差於是悉罷內外長吏舉官法明年令吏部始立定選格其法各隨所任職事以入仕功狀循格以俟擬注如選巡檢捕盜官則必因武舉武學或緣舉薦或從獻策得出身之人他皆倣此自官制行以舊少卿監爲朝議大夫諸卿監爲中散大夫祕書監爲中大夫故事兩制不轉卿監官每至前行郎中卽超轉諫議大夫前行郎中於階官爲朝請大夫諫議大夫於階官爲太中大夫帝謂磨勘者古考績之法所與百執事共之而禁近獨超轉非法也於是詔待制以下並三年一遷仍轉朝議中散中大夫三官自是遷敍平允凡開府儀同三司至通議大夫無磨勘法太中大夫至承務郎皆應磨勘待制以上六年遷兩官至太中大夫止承務郎以上四年遷一官至朝請大夫止朝議大夫以七十員爲額有闕以次補之選人磨勘用吏部法遷京朝官則依新定之制除授職事官並以寄祿官品高下爲法凡高一品以上者爲行下一品者爲守二品以下者爲試品同者不用行守試哲宗時御史上官均言今仕籍合文武二萬八千餘員吏部逆用兩任闕次而仕者七年乃成一任當淸其源宜加裁抑朝廷下其章議之司諫蘇軾議曰祖宗舊法凡任子年及二十五方許出官進士諸科初命及已任而應守選者非逢恩不得放選先朝患官吏不習律令欲誘之讀法乃減任子出官年數去守選之格槩令試法通者隨得注官自是天下爭誦律令於事不爲無補然人人習法則試無不中故蔭補者例減五年而選人無復選限吏部員今年已用後四年夏秋闕官冗至此亦極矣宜追復祖宗守選舊法而選滿之日兼行試守之科此亦今日之便也事報聞三省言舊經堂除選人惟嘗歷省府推官臺諫寺監長貳郎官監司外悉付吏部銓注凡格所應入遞升一等以優之被邊州軍其城砦巡檢都監監押砦主防巡諸路捕盜官及三萬緡以上課息場務凡舊應舉官員闕許仍奏舉時通議大夫以上有以特恩磨勘轉官而比之舊格或實轉兩官至三四官者右正言王覿謂非所以愛惜名器請官至太中大夫以上毋用磨勘遷轉詔待制太中大夫應磨勘者止於通議大夫餘官止中散大夫中散以上勞績酬獎合進官者止許回授子孫特命特遷不拘此制初武臣戰功得賞凡一資則從所居官遞遷一級於是以皇城使驟上遙刺或入橫行且閤門使以上等級相比而輕重絕遠因樞密院言乃詔閤門左藏庫副使得兩資客省皇城使得三資止許一轉減年者許回授親屬又小使臣磨勘轉崇班者歲毋過八十人內臣昭宣使以上無磨勘法惟押班以上則取裁餘理五年磨勘紹聖初改定銓試格凡攝官初歸選散官權官歸司若新賜第皆免試每試者百人惟取一人入優等中書奏裁二人爲上等五人爲中等崇寧以後又復元豐制而蔭補者須隸國學一年無過罰乃試銓若在學試嘗再入等卽免試其公私試嘗居第一得比銓試推恩政和間著爲令旣而臣僚言進士中銓格者每二百人得優恩不過五七人又或闕上等不取而朝廷取隸國子試格用之銓注及今五年而得上等優恩者二百四十人免試者尚在其外是蔭補隸學者優於累試得第之人矣於是詔在學嘗魁一試者許如舊恩餘止令免試注官吏部侍郎彭汝礪乞稍責吏部甄別能否凡京朝官才能事效苟有可錄尚書暨郎官銓擇以聞三省分三年考察之高則引對次卽試用下者還之本選若資歷舉薦應入高而才行不副許奏而降其等凡皆略許出法而加升黜歲各毋過三人初選人改官歲以百人爲額元祐變法三人爲甲月三引見積累至紹聖初待次者二百八十餘人詔依元豐五日而引一甲甲以三人歲毋過一百四十人俟待次不及百人別奏定又令歷任通及三考而資序已入幕職令錄方許舉之改官吏部言元豐選格經元祐多所紛更於是選集後先路分遠近資歷功過悉無區別踰等超資惟其所欲詔旨旣復元豐舊制而辟舉一路尚存請盡復舊法以息僥倖乃罷辟舉崇寧元年詔吏部講求元豐本制酌以時宜刪成彝格使才能閥閱兩當其實吏部言堂選窠名及舉官員闕內外共約三千餘目元祐法選人得升資以上賞及參選射闕不許遣人代注今皆罷從元豐法所當損益者其知邊近蠻夷州如威茂黎璚等及開封府曹掾平準務諸路屬官在京重課場務京城內外廂官戶部幹官麴院榷貨務將作監管幹公事黃河都大內外榷茶官凡干刑獄及莞庫繁劇皆不可罷舉若御史臺主簿檢法官協律郎豈可泛以格授諸如此類仍舊辟舉從之惟諸路毋得直牒差待闕得替官權攝初未改官制大率以職爲階官如以吏部尚書爲階官而同中書門下平章事則其職也至於選人則募職令錄之屬爲階官而以差遣爲職名實混淆甚矣元豐未及革正崇寧二年刑部尚書鄧洵武極言之遂定選人七階曰承直郎曰儒林郎曰文林郎曰從事郎曰通仕郎曰登仕郎曰將仕郎政和間改通仕爲從政登仕爲修職將仕爲迪功而專用通事登仕將仕三階奏補未出官人承直至修職須六考迪功七考有官保任而職司居其一乃得磨勘坐愆犯則隨輕重加考及舉官有差時權姦柄國僥倖並進官員益濫銓法留礙臣僚言吏員增多蓋因入流日衆熙寧郊禮文武奏補總六百一十一員元豐六年選人磨勘改京朝官總一百三十有五員考之吏部政和六年郊恩奏補約一千四百六十有畸選人改官約三百七十有畸欲節其濫惟嚴守磨勘舊法而今之磨勘有局務減考第有川遠減舉官有用酬賞比類有因大人特舉有託事到闕不用滿任有約法違礙許先次而改凡皆棄法用例法不能束而例日益繁苟不裁之將又倍蓰而未可計也請詔三省若吏部舊有止法自當如故餘皆毋得用例廼詔惟川廣水土惡地許減舉如制餘悉用元豐法旣而又言元豐進納官法多所裁抑應入令錄及因賞得職官止與監當該磨勘者換授降等使臣仍不免科率法意深矣邇者用兵東南民入金穀皆得補文武官理選如官戶與士大夫涇渭並流復其戶不受科輸是得數千緡於一日而失數萬斛於無窮也況大戶得復則移其科於下戶下戶重貧州縣緩急責辦何人此又弊之大者不聽初宗室無參選法祖宗時間選注一二不爲常制徽宗欲優宗室多得出官一日參選卽在合選名次之上而膏粱之習往往貪恣出任州縣黷貨虐民議者頗陳其害欽宗卽位臣僚復以爲言始令不注郡守縣令仍與在部人通理名次高宗建炎初行都置吏部時四選散亡名籍莫攷始下諸道州府軍監條具屬吏寓官之爵里年甲出身歷任功過舉主到罷月日編而籍之然自兵難以來典籍散失吏緣爲私申明繁苛承用踳駮保任滋衆阻會無期參選者苦之廼令凡文字有不應於今而按牘參照明白從郎官審覆長貳予決小不完者聽行有狥私挾情則令御史糾之又詔京畿京東河北京西河東士夫在部注授雖銓未中而年及者皆聽注官二年命京官赴行在者令吏部審量非政和以後進書頌及直赴殿試之人乃聽參選在部知州軍通判僉判及京朝官知縣監當以三年爲任者權改爲二年以赴調者萃東南選法留滯故也又詔州縣久無正官者聽在選人申部審度牓闕差注紹興元年起居郎胡寅言今典章文物廢墜無幾百司庶府不無闕者莫如吏部姑置侍郎一員郎官二員胥吏三

十八則所謂磨勘封敘奏薦常程之事可按而舉矣詔曰六官之長佐王理邦國者其惟銓衡乎亂離以來士大夫流徙有徙跣而赴行在者注授牓闕姦弊日滋寒士困苦甚可憫焉宜令三省議除其弊嚴立賞禁仍選能吏以主之御史臺常加糾察於是三省立八事曰注擬藏闕申請徼幸去失艱難刷闕減裂闕會淹延審量疑似給自邀求保明退難令長貳機柅之又詔館職選人到任及一年通理四考並自陳改京官二年呂頤浩言近世堂除多侵部注士人失職宜倣祖宗故事外自監司郡守及舊格堂除通判內自察官省郎以上館職書局編修官外餘闕幷寺監丞法寺官六院等武臣自準備將領正副將以上其部將巡尉指使以下並歸部注從之又復文臣銓試以經義詩賦時議斷案律義爲五場願試一場者聽牓首循一資武臣呈試合格者並聽參選三年右僕射朱勝非等上吏部七司敕令格式自渡江後文籍散佚會廣東轉運司以所錄元豐元祐吏部法來上乃以省記舊法及續降指揮詳定而成此書先是侍御史沈與求言今日矯枉太過賢愚同滯帝曰果有豪傑之士雖自布衣擢爲輔相可也苟未能攷其實不若姑守資格迺命吏部注授縣令惟用合格之人五年詔凡注擬並選擇非老疾及未嘗犯贓與非緣民事被罪之人時建議者云親民莫如縣令今率限以資格雖貪懦之人一或應格則大官大邑得以自擇請詔監司郡守條上劇邑遴選清平廉察之人爲之既而又詔知縣依舊法止用兩任關升通判資序明年侍御史周秘言今有無舉員考第因近臣薦對即改官升擢實長奔競望詔大臣自今惟賢德才能之人餘並依格注擬廷臣或請以前宰執所舉改官易以司馬光十科之目歲薦五員中書難之詔前宰執所舉京削不理職司而已三十二年吏部侍郎凌景夏言國家設銓選以聽羣吏之治其掌於七司著在令甲所守者法也今升降於胥吏之手有所謂例焉長貳有遷改郎曹有替移來者不可復知去者不能盡告索例而不獲雖有強明健敏之才不復致議引例而不當雖有至公盡理之事不復可伸貨賄公行姦弊滋甚嘗觀漢之公府有辭訟比尚書有决事比比之爲言猶今之例今吏部七司宜置例冊凡換給之期限戰功之定處去失之保任書塡之審實奏薦之限隔酬賞之用否凡經申請或堂白或取旨者每一事已命郎官以次擬定而長貳書之于冊永以爲例每半歲上于尚書省仍關御史臺如是則巧吏無所施而銓敘平允矣有議減任子者孝宗以祖宗法令難於遽改令吏部嚴選試之法自是初官毋以恩例免試雖宰執亦不許自陳回授舊制任子降等補文學及恩科人皆免至是悉試焉凡未經銓中及呈試者勿堂除雖墨敕亦許執奏舊制宗室文資與外官文臣參注窠闕武資則不得與武臣參注但注添差至是始聽注麤務闕七年始命銓試不中年四十呈試不中年三十者令寫家狀讀律注官陳師正言請令宗室恩任子弟出官日量行銓試如士夫子弟之法多立其額而優爲之制遂詔自今宗室曾經應舉得解者許參選餘並行銓試三人取二其三試終場不中人聽不拘年限調官淳熙元年參知政事龔茂良言官人之道在朝廷則當量人才在銓部則宜守成法法本無弊例實敗之法者公天下而爲之者也例者因人而立以壞天下之公者也昔之患在於用例破法今之患在於因例立法謬稱吏部爲例部今七司法自晏敦復裁定不無疎略然守之亦可以無弊而狥情廢法相師成風蓋用例破法其害小因例立法其害大法常斷例常寬今法令繁多官曹冗濫蓋緣此也望令裒集參附法及乾道續降申明重行攷定非大有牴牾者弗去凡涉寬縱者悉刊正之庶幾國家成法簡易明白賕墨之姦絕冒濫之門塞矣於是重修焉既而吏部尚書蔡洸以改官奏薦磨勘差注等條法分門編類名吏部條法總類十一月七司敕令格式申明成書淳熙三年中書舍人程大昌言舊制選人改秩後兩任關升通判通判兩任關升知州知州兩任即理提刑資序除授之際則又有別以知縣資序隔兩等而作州者謂之權發遣以通判資序隔一等而作州者謂之權知上而提刑轉運亦然隔等而授是擇材能也結銜有差是參用資格也今得材能資格俱應選者爲上其次則擇第二任知縣以上有課績者許作郡初任通判以上許作監司第二任通判以上許作職司庶幾人法並用從之寧宗慶元中重定武臣關升格先是初改官人必作令謂之須入至是復命除殿試上三名南省元外並作邑後又命大理評事已改官未歷縣人並令親民一次著爲令紹定元年臣僚上言銓曹之患員多闕少注擬甚難自乾道嘉定以來嘗命選部職官窠闕各於元出闕年限之上與展半年用闕歷年寖久入仕者多即今吏部參注之籍文臣選人武臣小使臣校尉以下不下二萬七千餘員大率三四人共注一闕宜其膠滯壅積而不可行乞命吏部錄參司理司法令丞監當酒官於元展限之上更展半年從之七年監察御史陳垓建言乞申飭銓法十弊一曰添差數多破法耗財（謂倅貳幕職參議機宜總戎鈐轄監押之類）二曰抽差員衆州縣廢職（謂監司帥守幕屬多差見任州縣他官權攝）三曰攝局違法蠹政害民（謂監司帥守狥私差權幕屬等職）四曰須入不行徼幸撓法（謂初改官人必作知縣今多規免苟圖京局闕求倅貳遂使不曾歷縣之人冒當郡寄）五曰奏辟不應奔競日甚（謂在法未經任人不許奏辟今或以初任或以闕次遠而改辟見次者）六曰改任巧捷紊亂官常（謂在法已授差遣人不得干求換易今既授是官復謀他職辟甲居尊棄彼就此）七曰薦舉不公多歸請託八曰借補繁多官資泛濫九曰瘝曠職守役心外求十曰匿過居官虧視國法（謂曾經罪犯必俟赦宥今則既遭彈劾初未經赦者經營差遣）舊制軍功補授之人自合從軍非老疾當汰無參部及就辟之法比年諸路奏功不實寅緣竄名許令到部及諸司紛然奏辟實礙銓法建炎兵興雜流補授者衆有曰上書獻策曰勤王曰守禦曰捕盜曰奉使其名不一皆闕帥假便宜承制之權以擅除擢有進士徑補京官者有素身冒名即爲郎大夫者乃詔從軍應賞者第補右選以清流品又有民間願習射者籍其名姓守令月一試取藝優者如三路保甲法區用紹興初嘗以兵革經用不足有司請募民人貲補官帝難之參知政事張守曰祖宗時授以齋郎今之將仕郎是也知樞密院季回曰此猶愈科率於民乃許補承節郎承信郎諸州文學至進義副尉六等後又給通直郎修武郎秉義郎承直至迪功郎其注擬資考磨勘改轉蔭補封敘並依奏補出身法毋得注令錄及親民官和議之後立格購求遺書亦命以官凡歿於王事無遺表致仕格法者聽奏補本宗異姓親子孫弟姪文臣將仕郎武臣承信郎餘親上州文學或進武校尉所以褒恤忠義也又以兩淮荊襄其土廣袤募民力田凡白身勸民墾田及七十五頃者與副尉五伯頃補承信郎孝宗即位命帥臣監司郡守嘗任兩府及朝官等遣親屬進貢等第補授登仕郎將仕郎推恩理爲選限淳熙三年詔罷鬻爵除歉歲民願入粟賑饑有裕於衆聽補官餘皆停自是進納軍功不理選限登仕郎諸州助教不許出官止於贖罪及就轉運司請解而已

宋史卷一百五十九

元中書右丞相總裁脫脫等修

選舉志第一百十二

選舉五 銓法下 遠州銓 流外補 補蔭

川峽閩廣阻遠險惡中州之人多不願仕其地初銓格稍限以法凡州縣幕職每一任近即一任遠川峽廣南及沿邊不許挈家者爲遠餘悉爲近既分川峽爲四路廣南東西爲二路福建一路後增荊湖南一路始立八路定差之制許中州及土著在選者隨意就差名曰指射行之不廢太平興國初選人孟巒擬賓州錄事參軍詣匭訴究坐流海島自是得遠地者不敢辭既而詔川峽嶺南福建注授計程外給兩月期違則本州不得放上遣送闕下除籍不齒或被疾則所至陳牒長吏按驗付以公據廢痼未損則條狀以聞雍熙四年又詔選人年六十勿注遠地非土人而願者聽凡任廣蜀福建州縣並給續食初嶺南闕官往往差攝至是詔州長吏試可者選用之罷秩奏送闕下與出身淳化間又詔嶺南攝官各路惟許選二十員以承乏餘悉罷歸始令嶺南幕職許攜族行受代不得寄留至道初申詔飭南州縣官不得以族行敢有妄稱妻爲女奴攜以之官除名初榮州司理判官鄭蛟冒禁攜妻之任會蜀賊李順構亂其黨田子宣攻陷城邑而蛟捕得之擢爲推官至是知梓州張雍奏其事上命戮蛟而有是詔咸平間以新恩循梅四州瘴地選荊湖福建人注之吏部銓擬官悉標其過犯自是凡注惡地令不須書又詔規避遐遠違期受代勘鞫責罰就移遠地神宗更制始詔川峽福建廣南之官罷任迎送勞苦其令轉運司立格就注免其赴選於是八路自常選知州而下轉運司置員闕籍具書應代時日下所部郡衆示之凡見任距受代半年及已終更者許用本資序指射有司受而閱之定其應格當差者上之審官東院流內銓審覆如令即奏聞降勑若占籍本路或游注此州皆從其便惟不許官本貫州縣及隣境其參擬銓次悉如銓格無願注者上其闕審官而在選者射之武臣之屬西院三班院者令樞密院放此具制後荊湖南亦許就注或言土人知州非便法應遠近迭居而川人許連任本路常獲便家實太偏濫王安石曰分遠近均勞佚也中州士不願適遠四路人樂就家便用新法即兩得所欲況可以省吏卒將迎官府浮費邪何正臣又言蜀人之在仕籍者特衆今自郡守

而下皆得就差一郡之官土人太半寮寀吏民皆其鄉里親信難於徇公易以合黨請收守令闕歸之朝廷而他官兼用土人量立分限庶經久無弊兼聞差注未至盡公願許提刑司索案覆究察之奏上法不為改但申嚴提刑司互察之法元祐初御史上官均言定差不均之弊有七諸路赴選中試乃差八路隨意取射一也諸路吏部侍試需次率及七年方成一任八路就注若及七年巳更三任二也八路雖坐停罷隨許射注其待次者又許權攝祿無虛日而吏選無愆犯亦大率四年方再得祿四也土人得射奏名者免試就注家便年高力憊不復望進往往營私廢職五也仕久知識既多士人就射本路不無親故請託六也八路監司地遠而專設漫滅功過名次人亦不敢爭校故有力者多得優便而孤寒滯卻七也請併八路差盡歸吏部為便既而吏部亦請用常格差除遂悉歸之銓紹聖復行舊制且許八路人廕補出官卽轉運司試中注闕重和間臣僚又言其弊轉運以軍儲吏祿供饋支移為巳責而視差注為末務往往付之主案吏胥定擬而簽廳視成書判而巳注闕之高下視賄之厚薄無賂則定差之牘脫漏言詞隱落節目及其上部必致退卻參會重上又半歲矣以是闕多而不調者衆宜督典領之官歲終取吏部退難有無多寡為之課而賞罰之庶可公注擬而絕吏賕乃命立考課法建炎初詔福建二廣闕並歸吏部惟四川仍舊制初累朝以廣南地遠利入不足以資正官故使舉人兩與薦選者試刑法於漕司以合格者注攝兩路謂之待次攝官更兩任無過則錫以眞命至是雖歸之吏部踰年無願就者復歸漕司自神宗朝宗室不許調川陝官至是宗室多避難入蜀乃聽於四路注擬六年詔川陝轉運司每季孟月上旬集注為定法焉八年直學士院勾龍如淵上疏謂行都去蜀萬里而比歲窠闕歸之朝廷寒遠之士困抑者衆願參酌前制稍還漕銓之舊立為定格使與堂除不相侵紊遂命以小郡知州監以下仍付漕司差注其選人改官諮司公參理為到部人稱便焉

補廕之制凡奏戚屬太皇太后皇太后皇后本服期親奉禮郎大功守監簿小功初等幕職官（元豐前試大理評事）緦麻知令錄（元豐前試校書郎）異服親亦如之有服女之夫則本服大功以上女夫知令錄小功判司主簿或尉緦麻試監簿周功女之子知令錄孫及大功女之子判司主簿或尉曾孫及大功女之孫小功女之子並試監簿其非所生子若孫各降一等緦麻女之子試監簿每祀南郊誕聖節太皇太后皇太后並錄親屬四人皇后二人非遇推恩而特旨賜官不用此法凡諸妃期親守監簿餘判司主簿或尉異姓親試監簿婉容以上有服親才人以上小功親並試監簿凡大長公主長公主公主夫之期親判司主簿或尉餘試監簿子補殿中丞孫光祿寺丞壻太常寺太祝外孫試銜知縣凡親王壻大理評事外孫初等職官女之子壻試監簿宗室緦麻以上女之夫試銜知縣袒免判司主簿或尉其願補右職依換官法奉禮郎卽右侍禁幕職官卽左班殿直知令錄卽右班殿直判司主簿尉卽奉職試監簿卽借職凡文臣三公宰相子為諸寺丞期親校書郎餘親（本宗大功至緦麻服者）以屬遠近補試銜使相參知政事樞密院使副使宣徽使子為太祝奉禮郎期親校書正字餘親補試銜節度使僕射尚書太子三少御史大夫文明殿學士資政殿大學士子校書郎正字期親寺監主簿餘親試銜三司使翰林資政殿侍講龍圖閣學士樞密直學士太常宗正卿中丞丞郎留後觀察使內客省使子正字期親寺監主簿餘親試銜及齋郎兩省五品龍圖閣直學士待制三司副使知雜御史子寺監主簿期親試銜餘親齋郎諸司大卿監子寺監主簿期親試銜小卿監兼職者子試銜期親齋郎凡武臣宰相子為東頭供奉官使相知樞密院子為西頭供奉官期親皆左侍禁餘屬自左班殿直以下第官之樞密使副使宣徽節度使子西頭供奉官期親右侍禁餘屬自右班殿直以下第官之六統軍諸衞上將軍節度觀察留後觀察使內客省使子右侍禁期親右班殿直餘屬三班奉職以下第官之客省使引進防禦使團練使四方館使樞密都承旨閤門使子右班殿直期親三班奉職餘屬為差使殿侍諸衞大將軍內諸司使樞密院諸房副承旨子三班奉職期親借職餘屬為下班殿侍諸衞將軍內諸司副使樞密分房副承旨子為三班借職凡兼職在館閣校理檢討王府記室翊善侍講三司主判官開封府判官推官江淮發運諸路轉運始許奏及諸親提點刑獄惟許奏男其嘗以贓抵罪得復故官文臣至郎中及員外郎任館閣職武臣至諸司副使諸衞將軍者止許廕子若孫一人尚在謫籍者弗預太祖初定任子之法臺省六品諸司五品登朝嘗歷兩任然後得請始減歲補千牛齋郎員額齋郎須年貌合格誦書精熟乃得奏太宗踐極諸州進奏者授以試銜及三班職初推恩授散試官者不得赴選太平興國二年乃詔授試銜等人特定七選集歲為定令凡誕聖節及三年大祀皆聽奏一人而淳化改元恩文班中書舍人武班大將軍以上並許廕補如遇轉品許更廕一子由是奏薦之恩始廣每誕聖節朝臣多請奏疏屬不報至道二年始限以翰林學士兩省五品尚書省四品以上賜一子出身此聖節奏薦例也先是任子得攝太祝奉禮未幾卽補正員帝謂膏粱之子不十年坐致闔籍是年悉授同學究出身赴選集眞宗東封祀汾陰進奉人巳官者進秩未官者令翰林試藝與試銜齋郎借職公主郡縣主以下諸親外命婦入內者亦有恩慶而東封恩則提點刑獄朝臣使臣皆得奏一人奏戚屬舊無定制有求補閤門祇候者眞宗以宣贊之職非可以恩澤授乃詔自今求敘遷者至殿直止大中祥符二年以門廕授京官年二十五以上求差使者令於國學受業及二年審官院與判監官考試其業及以名聞內諸司使副授邊任官者陛辭時許奏子詔樞密院定其制凡妄名孫及從子為子求廕者坐之七年帝幸南京詔臣僚逮事太祖者賜一子恩澤令翰林學士李維等定自給諫觀察使以上得請初轉運使辭日許奏一人天禧後惟川廣福建者聽餘路再任始得奏又詔承天節恩例所廕子孫不許以他親及巳食祿者特許西京分司官郊禋奏廕一子自是分務西洛者得以為例南京則否仁宗慶曆中裁損奏補入仕之路凡選人遇郊赴銓試其不赴試亦無舉者永不預選罷聖節奏廕恩學士以下遇郊恩得奏大功以上親再遇郊得奏小功以下親郎中帶職員外郎初遇郊廕子若孫再郊及期親四遇郊聽廕大功以下親初得奏而年過六十無子孫廕期親其皇親大將軍以上妻再遇郊亦許之武臣廕例倣此凡廕長子孫皆不限年諸子孫須年過十五若弟姪須過二十必五服親乃許巳嘗廕而物故者無子孫祿仕聽再廕自是任子之恩殺矣英宗卽位郡縣致貢奉人悉命以官知諫院司馬光建言監司太守遣親屬奉表京師不問官職高下親屬近遠推恩至班行幕職權知州軍或所遣非親亦除齋郎及差使殿侍此蓋國初承五代姑息藩鎮之弊因循不革爵祿本待賢才今此等受官誠為大濫縱不能盡罷其人若五服內親等第受以一官其無服屬量賜金帛庶少致濫官之失然詔令巳行不從其議時方患官冗言者皆謂由三歲一磨勘其進甚亟易至高位故獲廕者衆乃令待制以上自遷官後六歲無故則復遷之有過益展年至諫議大夫止京朝官四歲磨勘至前行郎中止少卿監限七十員員有闕以前行郎中久次者補之少卿監以上遷官聽旨仁宗雖罷聖節恩而猶行之妃主神宗既裁損臣僚奏蔭以宮掖外戚恩尤濫故稍抑之舊諸妃遇聖節奏親屬一人間一年許奏二人郊禮許奏一人嬪御每遇郊奏一人兩遇聖節與一奏後定諸妃每遇聖節并郊許奏有服親一人淑儀充儀婕妤貴人遇郊許奏小功以上親一人位號別而資品同者許比類奏薦舊公主每遇聖節郊禮奏夫之親屬一人公主生日許奏一人後罷生日恩所奏須有服親皇親妻兩遇郊許奏期親一人後罷奏舊郡縣主遇郊許奏親生子右班殿直若庶子及其夫之親兩遇郊許奏借職一人後親子惟注幕職孫若庶子兩遇郊方許奏一人夫之親屬勿奏舊臣僚之妻為國夫人者得遺表恩後除之妃嬪公主以下非有服親之壻不許奏既而曾布等又言臣僚陳請恩澤宜有定制乃許見任二府歲乞差遣一人宰臣樞密使兼平章事因事罷者陳乞轉官一人指射差遣二人餘執政官並各一人待制以上乞差遣遷學士者又一人三路廣桂安撫使知成都府梓州差遣一人親孫子循一資廣南轉運提點刑獄奏子孫或期親合入官一人成都梓利夔路差遣一人子孫循一資中書檢正官樞密院檢詳官至員外郎在職及二年遇大禮許補親屬中書堂後官提點五房官雖未至員外聽奏補邕宜欽極邊烟瘴知州聽奏子孫一人凡因戰陣物故及歿於王事許官其子孫又功臣繪像之家如無食祿人則許特奏子孫一人入官既定銓試法任子中選者得隨銓擬注其入優等往往特旨賜進士出身元祐元年詔諸軍致仕停放人其遺表恩該及子而過五年自陳者慮有冒濫毋推恩職事官卿監以下應任子者須官至朝奉郎乃許奏三年定宰臣執政初遇郊許奏本宗異姓親各一人次遇郊奏數如初纔用其恩與有官人則許轉官并循資或乞差遣惟不得轉入朝官循入支掌應奏承務郎殿直以上許換升一任不得升入通判餘官三遇郊許奏有官人舊制應奏兩人止者次郊止許奏有官人其後遇郊更合補蔭者並準此為間隔之次巳致仕而遇大禮應奏補者再奏而止宣仁太皇太后諭輔臣曰近巳裁減入流本家恩澤宜減四分之一呂公著等曰陛下臨朝同聽斷本殿恩澤自不當限數先來所定止與皇太后同等豈可更損宣仁曰裁減恩澤凡自上而始則均一矣乃詔曰官

冗之患實極于今苟非裁入流之數無以清取士之原吾以眇身率先天下今後每遇聖節大禮生辰合得親屬恩澤並四分減一皇太后皇太妃同之哲宗既親政詔復舊凡乞致仕而不願轉官者中大夫至朝奉郎及諸司使許奏補本宗有服親一人自奉議郎內殿承制以下許與有服親一人恩例惟中大夫中散大夫諸司使帶遙郡者蔭補外仍與有服親恩例若致仕未受勅而身亡者在外以陳乞至門下省日在京以得旨日亦許乞有服親恩例一人初任子法以長幼爲序若應奏者有廢疾或嘗犯私罪至徒或不肖難任從仕許越奏其次至是始刪去格令長幼爲序四字五年定親王女郡主蔭補法遇大禮許奏親屬一人所生子仍與右班殿直兩遇奏子或孫與奉職郎用奏子孫恩迴授外服親之夫及夫之有服親者有官人轉一官毋得升朝選人循一資無官者與借職須期以下親乃得奏吏部言皇太妃遇大禮以應奏恩與其親屬而服行不應法詔用皇后緦麻女之子爲比補借職舊法母后之家十年一奏門客而太妃未有法紹聖初詔皇太妃用與龍節奏親屬恩迴授門客自是太后每及八年太妃十年奏門客一名與假承務郎許參選如年數未及凡恩皆毋回授元符後命婦生皇子許依大禮奏有服親三品以上三人宗室緦麻親許襯異姓蔭孫凡蔭補異姓惟執政得奏如簽書樞密院事雖依執政法而所蔭卽不理選限後因轉官礙止法者許回授未仕子孫而貪冒者又請回授異姓有司每沮止之然亦多御筆許特補政和間尚書省定回授格謂無官可轉或可轉而官高不欲轉或事大而功效顯著爲一格許奏補內外白身有服親官有止法不可轉功績次著爲一格許奏本宗白身袒免親官不甚高而功績大爲一格許奏本宗白身有服親官不甚高功不甚大爲一格而分爲三一與內外有官有服親一與有官有服本宗親一與有官有服者之子孫凡爲六等宣和二年殿中侍御史張汝舟言今法所該補奏與先朝同昔之官至大夫歷官不下三五十年而今閱三五年有已至大夫者矣諸翼將軍至武翼郎須出官三十年方許奏補今文武官奏補未嘗限年此太濫也至若中大夫以下及武功武翼大夫已求致仕而不及勅乃格其恩於是有身謝而未受勅者其家或至匿哀須限然不及親受而不與霑恩者多矣此太吝也欲自今中大夫至帶職朝奉郎以上雖遇郊恩入官不及二十年皆未許蔭補雖已經奏薦再遇郊恩年仍未及者亦寢其奏庶抑其濫至於文武官及大夫以上嘗求休致而身謝在出勅前欲並許奏蔭以補其不及尚書省文武官致仕雖不及受勅若無曾受蔭人自有遺表恩又寺監長貳至開封少尹係用職事蔭補不合限年餘從之崇寧以來頻多泛賞如曰應奉有勞獻頌可采職事脩舉特受特轉者皆無事狀可名而直以與之孟昌齡朱勔父子童貫梁師成李邦彥等凡所請求皆有定價故不三五年選人有至正郎或員外帶職小使臣至正副使或入遙郡橫行者而蔡京拔用從官不論途轍一言合意卽日持橐又優堂吏往往至中奉大夫或換防禦觀察使由此任子百倍欽宗卽位赦恩覃轉惟許宗室其文武臣止令回授有官有服親且詔非法應回授及特許者毋錄用高宗中興重定補蔭法內外臣僚子孫期親大功以下及異姓親隨文武各有等秩見職官志建炎元年詔宰執子弟以恩澤任待制以上者並罷紹興四年詔文武太中大夫以上及見帶兩制職名依舊不限年內無出身自授官後以及十五年年及三十不係宮觀責降之人聽依條補蔭七年中書舍人趙思誠言孤寒之士名在選部皆待數年之闕大率十年不得一任今親祠之歲任子約四千人是十年之後增萬二千員科舉取士不與焉將見寒士有三十年不得調者矣祖宗時仕至卿監者皆實以年勞功績得之年必六十身不過得恩澤五六人厥後私謁行橫恩廣有年未三十而官至大夫者員數比祖宗時不知其幾倍而恩例未嘗少損有一人而任子至十餘者此而不革實蠹政事望議革其弊會思誠去國議遂寢舊法惟贓罪不許任子新令併及私罪徒有司以爲拘礙者多遂罷新令又詔宰執侍從致仕遺表惟補緦麻以上親毋及異姓二十二年以武臣多出軍中爵秩高而族姓少凡有薦奏同姓皆期功異姓皆中表閭巷之徒附會以進命須經統轄長官結罪保明詭冒者連坐之帝於后妃補蔭每加裁抑詔后族不得任從官孝宗卽位思革冗官初詔百官任子遇郊恩權免奏薦年七十人遇郊不許奏子俄又詔未奏者許一名隆興元年以張宋卿言蔭補冗濫立爲定法凡員外轉正郎正郎轉侍從卿監之至中大夫每初遇郊則聽任一子再經則不許復請遺表之恩各減其一減年之類亦去其半至府史之屬武功之等亦做此差降之乾道三年詔非泛補官如宗室戚里女夫捧香異姓上書獻頌隨奉使補官陣亡女夫異姓給使減年之類轉至合奏薦官候致仕與奏一名嘗奏者不再奏四年詔宗室袒免親諸衞將軍武功大夫至武翼郎以上遇大禮奏補親屬並依外官法著爲令九年詔文臣帶職員外郎及武翼大夫以上生前未嘗奏薦者與致仕恩澤一名卽已嘗奏薦而被蔭人身亡許再請應朝奉郎武翼郎以上補授及三十年者亦與一名又詔武臣嘗任執政官遇郊聽補文資於是恩數視執政者亦得之蓋戚里宗王與夫攀附之臣皆爭以文資祿其子不可復正矣自隆興著酬賞實歷對用轉官之法遷官稍緩至是郊恩之奏視爲減半然猶未大艾也淳熙九年始詔減任子員數自宰相執政侍從卿監正郎員外郎分爲五等每等降殺以兩酌中定爲止數武臣如之宰相十人執政八人侍從六人中散大夫至中大夫四人帶職朝奉郎至朝議大夫二人通減三分之一於是冗濫漸革寧宗慶元中立補蔭新格自使相以下有差文臣中大夫武臣防禦使以下不許遺表推恩嘉泰初以官冗恩濫凡宗女夫授官者依舊法終身止任一子兩府使相不得以郊恩奏門客著爲令

凡流外補選五省御史臺九寺三監金吾司四方館職掌每歲遣近臣與判銓曹就尚書同試律三道中者補正名理勞考三館秘閣楷書皆本司試書札中書覆試補受後以就試多懷挾傳授乃鎖院巡搜糊名凡試百司吏人問律及疏既考合格復令口誦所對以防其弊其自叙勞績臣僚爲之陳請特免口誦謂之優試得優試者率中選後遂考試百司人歲以二十人爲額毋得僥倖求優試爲職掌者皆限年授外州司戶勒留有至諸衞長吏兩省主事者學士審官審刑院登聞檢鼓院糾察刑獄司皆選取諸司吏人或以年限或理本司選然中書制勑及五院員闕多卽遣官特試書劄驗視材質制勑院須堂後官以下親屬五院須父祖有官者樞密院亦如之惟本院試驗宣徽院三司各省閤門三班院皆本司召補至其首者出職凡出職者樞密院三司皆補借職以上餘或補州縣內廷諸司主吏三司大將亦有補三班借職者中書主事以下三司勾覆官以上各帶諸州上佐樞密院主事以上皆帶同正將軍餘多帶遠地司戶簿尉先是勒留出官及選限皆無定制其隸近司有裁三二年卽堂除外官者咸平末命翰林學士承旨宋白與兩制御史中丞同詳定之白等請令中書沿堂五院行首副行首依舊制補三班通引堂門直省發勑驗使臣遇闕依名次補正名三年授勒留官遇恩則一年授後七年出官宣徽院貼房至都勾押官軍將至知客押衙各六等並以次補至勾押官押衙及五年以上出官補三班或簿尉學士院孔目官補正三年授勒留官遇恩一年授後五年出官驅使官補正四年授勒留官遇恩二年授後八年出官三館孔目官書直庫表奏守當官四年授勒留官遇恩二年授後守當官八年書直庫表奏官七年孔目官六年出職其職遷補者許通計年考有奉錢官者吏留三年典書楷書五選集準格三館入流歲數已少無得以諸色優勞減選闕門客省承受驅使官轉次第並依本司舊例補正名四年授勒留官遇恩則二年授後七年出授簿尉其行首並如舊制審刑院本無職掌名額於諸司選差正名令不以有無勒留審官五年審刑三年出官以前諸司請自今勒留並比七選集授官例赴選日不以州縣地望爲資叙從之後又定客省承受行首歲滿補殿直奉職御書院翰林待詔書藝祗候十年以上無犯者聽出職太祖嘗親閱諸司流外人勒之歸農者四百人開寶間詔流外選人經十考入令錄者引對方得注擬驅使散從官伎術人資考雖多亦不注擬堂後官多爲姦贓欲更用士之在令錄簿尉選者充之或不屑就而所選不及數乃如舊制雍熙時以堂後官充職事官入謝外不赴朝參見宰相禮同胥吏端拱初以河南府法曹參軍梁正辭楚丘縣主簿喬蔚等五人爲將作監丞充中書堂後官拔選人授京官爲堂吏自此始

宋史卷一百六十

元中書右丞相總裁脫脫等修

選舉志第一百十三

選舉六 保任 考課

保任之制銓注有格槩拘以法法可以制平而不可以擇才故予奪升黜品式具在而又責官以保任之凡改秩遷資必視舉任有無以爲應否至其職任優殊則又隨事立目往往特詔公卿部刺史牧守長官卽所部所知揚其才識而任其能否上自侍從臺諫館學下暨錢穀兵武之職時亦以薦舉命之蓋不膠於法矣國初保

任未立限制。建隆三年，始詔常參官及翰林學士舉堪充幕職令錄者各一人，條析其實，毋以親爲避。旣而舉者頗因緣爲姦，用知制誥高錫奏，請許人訐告，得實則有官者優擢，非仕宦者授以官，或賞緡錢，不實則反坐之。自是或特命陶穀等舉才堪通判者，或詔翰林學士及常參官舉京官幕職州縣正員堪升朝者。藩鎭奏掌書記多越資叙，則詔歷兩任有文學方得奏。又令諸道節度觀察使於部內官選才識優茂德行敦篤者各二人，防禦團練使各舉一人，遣詣闕庭，觀其器業而進用焉。凡被舉擢官，於誥命署舉主姓名，他日不如舉狀，則連坐之。太宗尤嚴牧守之任，詔諸道使者察部內履行著聞、政術尤異、文學茂異者，州長吏擇判司簿尉之清廉明幹者，具名以聞，驛召引對，授之知縣。又令閤屬部司理參軍廉愼而明於推鞫者舉之。雍熙二年，舉可升朝者，始令翰林學士兩省御史臺尙書省官舉之。淳化元年，令宰相以下至御史中丞各舉朝官一人爲轉運使。適詔曰：「國家詳求幹事之吏，外分主計之司，雖曰轉輸，得兼按察，總覽郡國，職任尤重，物情舒慘，靡不由之。尙慮徼功，固當責實。凡轉運使釐革庶務、平反獄訟、漕運金穀成績居最及有建置之事果利於民，令歲終以聞，非殊異者不得條奏。」又詔三司三館職事官已升擢者不在論薦，其有懷材外任未爲朝廷所知者，方得奏舉。始令內外官凡所舉薦有變節踰矩者，自首則原其聯坐之罪。太宗聽政之暇，每取兩省兩制清望官名籍，擇其有德譽者悉令舉官，所舉之人須析其爵里及歷任殿最以聞，不得有隱，如舉狀者有賞典，無驗者罪之。又嘗謂宰臣曰：「君子小人趣向不同，君子畏愼，不欺暗室，名節造次靡渝；小人雖善談忠信，而履行頗僻，在官黷貨，罔畏刑罰。如薛智周以侍御史守夔，政以賄成，聚斂無已，其土產富於羅州，民畏之，羅端公，則爲治可知矣。卿等職在掄材，今令朝臣舉官，已是逐末，更不擇舉主，何由得人也。」供奉官劉文質嘗入奏，察舉兩浙部內官高輔之、李易直、艾仲孺、梅詢、高鼎、高貽慶、姜嶼、戚綸八人有治迹，並降璽書褒諭。帝曰：「文質所舉皆良吏也。」特遷文質爲西京作坊副使。咸平間，祕書丞陳彭年請用唐故事，舉官自代。詔祕書直學士馮拯、陳堯叟務詳之。拯等上言：「往制，常參官及節度觀察防禦刺史少尹畿赤令幷七品以上清望官，授訖三日內，於四方館上表讓一人以自代，其表付中書門下，每官闕，以見舉多者量而授之。今官品制度沿革不同，請令兩省御史臺尙書省六品以上、諸司四品以上，授訖具表讓一人自代，於閤門投下，方得入謝；在外者授訖三月內具表附驛以聞。」遂著爲令。眞宗初，屢詔舉官，未立常制。大中祥符二年，詔幕職州縣官初任未閑吏事，須三任六考方得論薦。五年，始定制：自翰林學士以上常參官，歲各舉外任京朝官三班使臣幕職州縣官一人，著其治行所宜任，令閤門御史臺歲終會其數，如無舉狀，卽具奏致罰。於冬季以差出亦須舉官，後乃入辭。諸司使副承制崇班曾任西北邊川廣鈐轄親民者，亦倣此制。諸路轉運使副、提點刑獄官、知州通判奏舉部內官屬，則不限人數，具在任勞績；無由可舉及顯有踰濫者，亦須指述，不得顧避。以次年二月二十五日以前到京，違期則都進奏院以名聞，論如不申考帳法。三司使副舉在京掌事京朝官使臣。凡被舉者，中書歲置二籍，疏其名銜，下列歷任功過、舉主姓名及薦舉數，一以留中書，一以五月一日進內，明年籍內仍計向來功過及舉主數；使臣卽樞密院置籍。兩省尙書省御史臺官凡出使廻，須採訪所至及經歷鄰近郡官治迹善惡以聞。轉運使副、提點刑獄官、知州通判赴闕，各具前任部內官治迹能否；如鄰近及所經州縣訪聞善惡，亦許同奏，先於閤門投進，方得入見。凡朝廷須人才及欲理州縣弊政劇務，卽籍內視舉任及課績數多而資歷相當者差委，於宣勅內盡列舉主姓名。或任內幹集，特與遷秩；苟不集事，本犯雖不去官，亦移閑慢僻遠地。內外羣臣所舉及三人有成績，仰中書樞密院具姓名取旨甄奬；如併舉三人俱不集事，坐罪不至去官，亦仰奏裁，當行責降；或得失相參，亦與折當。天聖六年，詔審刑院舉常參官，在京刑法司皆爲詳議官，大理寺詳斷、刑部詳覆、法直官，皆舉幕職州縣曉法令者爲之。自請試律者，須五考有舉者乃聽試，試律三道、疏二道，又斷中小獄案二道，通者爲中格。時舉官擢人，不常其制。國子監闕講官，則詔諸路轉運使舉經義通明者；或欲不次用人，嘗詔近臣舉常參官歷通判無贓罪而才任繁劇者；欲官諸邊要，亦嘗詔節度使至閤門使、知州軍、鈐轄、諸司使舉殿直以上材勇堪邊任者，或令三司使下至天章閣待制舉奏之；邊有警，則詔諸轉運使、提點刑獄舉所部官才堪將帥者；三路知州通判縣令，則詔近臣舉廉幹吏選任之，毋拘資格；至于文行之士、錢穀之才、刑名之學，各因時所求而薦焉。自天聖後，進者頗多，始戒近臣非受詔毋輒舉官。又下詔風厲，毋以薦舉爲阿私，其任用已至部使者，毋得復薦，失舉而已擢用，聽自言不實，弗爲負。初，選人四考有舉者四人，得磨勘遷京官，始詔增爲六考，舉者五人，須有本部使者。御史王端以爲：「法用舉者兩人得爲縣令，爲令無過譴，遷職事官知縣，又無過譴，遂得改京官，乃是用舉者兩人保其三任也。朝廷初無參伍考察之法，偶幸無過，輒信而遷之，是以碌碌之人皆得自進，因仍弗革，其弊將深。」乃定令：被薦爲令，任內復有舉者，始得遷，否則如常選，毋輒升補。時增設禁限：常參官已授外任，毋得奏舉京官；見任知州通判、升朝官、兵馬都監、諸司副使以上及在京員外郎，嘗任知州通判；諸司副使，嘗任兵馬都監者，乃聽舉流內銓。復裁內外臣僚歲舉數，文臣待制至侍御史，武臣自觀察至諸司副使，舉吏各有等數，毋得輒過；而被舉者須有本部監司長使按察官，乃得磨勘；又限到官一考，方得薦。知雜御史觀察使以上，歲舉京官不得過二人，其常參官毋得復舉。自是舉官之數省矣。定監司以所部州多少劇易之差爲舉令數，非本部勿舉。其後又增舉主三員，蓋官冗之弊寖極，故保薦之法大抵初略而後詳也。英宗時，御史中丞賈黯又言：「今京朝官至卿監凡一千八百餘員，而吏部奏舉磨勘選人未引見者至二百五十餘人。且以先朝事較之，方天聖中，法尙簡，選人以四考改官，而諸路使者薦部吏未有限數，而在京臺閣及常參官嘗任知州通判者，雖非部吏皆得薦，磨勘改官者歲才數十人。後資考頗增，而知州薦吏視屬邑多少裁定其數，常參官不許薦士，其條約漸繁，而改官者固已衆矣，然引對猶未有待次者也。皇祐中，始限監司奏舉之數，其法益密，而磨勘待次者已不減六七十人。皇祐中令纔十年耳，而猥多至於三倍。向也法疏而其數省，今也法密而其數增，此何故哉？正在薦吏者歲限定員，人人以爲遺已，當舉者避謗畏譏，欲止不敢，此所以多務充數而已。如郡守歲許薦五人，而歲終不滿其數，則而眞才實廉未免恩於無能也。宜明詔天下，使有人則薦，不必滿所限之數。」天子納其言，下詔申勑中外臣僚歲得舉京官者，視元數以三分率之，減一分；舉職官有舉者三人，任滿選如法。所以分減舉者數，省京官也。判吏部流內銓蔡抗又言：「奏舉京官人度二年引對乃可畢，計每歲所舉無慮千九百員，被舉者旣多，則磨勘者愈衆。且今天下員多闕少，率三人而待一闕，若不稍改，除吏愈難。臣以爲可罷知雜御史觀察使以上歲得舉官法。」從之。自是舉官之數彌省矣。故事，初入二府，舉所知者三人，將以觀大臣之能。後來請謁之說勝，而薦者或不以公。四年，詔中書樞密院舉人，皆明言才業所長，堪任何事，以副朕爲官擇人之意。神宗卽位，乃罷兩府初入舉官。凡薦任之法，選人用以進資改秩，京朝官用以升任，舊悉有制，熙寧後又從而損益之，故舉皆限員，而歲又分舉，制益詳矣。定十六路提點刑獄歲舉京官縣令額。又詔察訪使者得舉官。選人任中都官者，舊無舉薦，始許其屬有選人六員者，歲得舉三員。旣而帝以舊舉官往往緣求請得之，乃革去奏舉，而槩以定格，詔內外舉官法皆罷，令吏部審官院參議選格。元祐初，左司諫王巖叟言：「自罷辟舉而用選格，可以見功過，而不可以見人材，中外病之。於是不得已而別爲之名，以用其平日之所信，故有踏逐申差之目。踏逐實薦舉，而不與同罪；且選才薦能，而謂之踏逐，非雅名也。況委人以權，而不容舉其所知，豈爲通術？」遂復內外舉官法。及司馬光爲相，奏曰：「爲政得人則治。然人之才或長於此而短於彼，雖皐、夔、稷、契各守一官，中人安可求備？故孔門以四科論士，漢室以數路得人。若指瑕掩善，則朝無可用之人；苟隨器授任，則世無可棄之士。臣備位宰相，職當選官，而識短見狹，士有恬退滯淹或孤寒遺逸，豈能周知？若專引知識，則嫌於私；若止循資序，未必皆才。莫若使有位達官各舉所知，然後克叶至公，野無遺賢矣。欲乞朝廷設十科舉士：一曰行義純固可爲師表科（有官無官人皆可舉），二曰節操方正可備獻納科（舉有官人），三曰智勇過人可備將帥科（舉文武有官人），四曰公正聰明可備監司科（舉知州以上資序），五曰經術精通可備講讀科（有官無官人皆可舉），六曰學問該博可備顧問科（同上），七曰文章典麗可備著述科（同上），八曰善聽獄訟盡公得實科（舉有官人），九曰善治財賦公私俱便科（舉有官人），十曰練習法令能斷請讞科（同上）。應職事官自尙書至給舍諫議，寄祿官自開府儀同三司至大中大夫，職自觀文殿大學士至待制，每歲須於十科內舉三人，仍具狀保任，中書置籍記之。異時有事須材，卽執政案籍視其所嘗被舉科格，隨事試之，有勞又著之籍。內外官闕，取嘗試有效者隨科授職，所賜誥命，仍備所舉官姓名，其人任官無狀，坐以繆舉之罪。所貴人人重愼，所舉得才。」光又言：「朝廷執政惟八九人，若非交舊，無以知其行能，不惟涉循私之嫌，兼所取至狹，豈足以盡天下之賢才？若採訪毀譽，則情僞萬端，與其聽遊談之言，曷若使之結罪保舉。故臣奏設十科以舉士，其公正聰明可備監司，誠知請屬挾私所不能無，但有不如所舉譴責無所寬宥則不敢妄舉矣詔皆從之二年殿中侍御史呂陶言郡守提封千里生聚萬衆所係休戚而不察能否一以資格用之凡再爲半刺有薦者三人則得之矣不公不明十郡而居三四是天下之民半失其養請令內外從歲舉可爲守臣者各三人略資序而採公言庶其可以擇才芘民也詔內外待制太中大夫以上歲舉再歷通判資序堪任知州者一人籍于吏部遇三路及一州而四縣者其守臣有闕先差本資序人次案籍以所薦者塡之侍御史韓川言近太中大夫以上歲舉守臣而薦所不及雖課入優等皆未預選此倚薦以爲信也然太中大夫以上率在京師唯馳騖請求因緣宛轉者常多得之迹遠地寒雖歷郡久治狀著課入上考偶以無薦則反在通判下不許入三路及四縣州且州以縣之多少而分簡劇亦未爲盡蓋繁簡在事不在縣固有縣多而事不繁亦有縣少而事不簡者願參以考績之實著爲通令仍不以縣之多少而爲簡劇詔吏部立法以聞已而歲舉積久吏部無闕以授四年遂罷太中大夫以上歲舉法惟奉詔乃舉焉紹聖元年右司諫朱勃言選人初受任雖能法未得舉爲京官而有挾權善請求者職官縣令舉員既足又併改官舉員求之詔歷任通及三考而資序已入幕職令錄方許舉之改官初神宗罷薦舉惟舉御史法不廢熙寧二年王安石言舉御史太密故難於得人帝曰豈執政者惡言官得人耶於是中書悉具舊法以奏安石曰舊法凡執政所薦卽不得爲御史執政取其平日所畏者薦之則其人不復得言事矣蓋法之弊如此帝乃令悉除舊法一委中丞舉之而稍略其資格趙抃曰用京官恐非體又不委知雜專任中丞亦非舊制帝曰唐以布衣馬周爲之用京官何爲不可知雜屬也委長爲是侍御史劉述奏曰舊制舉御史必官升京朝資入通判衆學士本臺丞知雜更互論薦每一闕上二人而擇用一人今專委中丞則愛憎由已公道廢於私恩或受權臣之託引所親厚擅竊人主威福此大不便弗聽旣改法著作佐郞程顥王子韶謝景福方爲條例司屬官中丞呂公著薦之遂以太子中允權監察御史裏行宣仁太后聽政詔范純仁爲諫議大夫唐叔問蘇轍爲司諫朱光庭范祖禹爲正言章惇曰故事諫官皆薦諸侍從然後大臣稟奏今得無有近習援引乎太后曰大臣實皆言之非左右也惇曰臺諫所以糾大臣之越法者故事執政初除苟有親戚及嘗被薦引者見爲臺臣則皆他徙防壅弊也今天子幼沖太皇太后同聽萬機故事不可違於是呂公著以范祖禹韓縝司馬光以范純仁皆避親嫌光曰純仁祖禹實宜在諫列不可以臣故妨賢寧臣避位惇曰縝光公著必不私他日有懷姦當國者例此而引其親黨蔽塞聰明恐非國之福純仁祖禹請除他官仍令侍從以上各得奏舉於是詔尚書侍郞給舍諫議中丞待制各舉諫官二員純仁改除天章閣待制祖禹爲著作佐郞後又命司諫正言殿中侍御史監察御史並用升朝官通判資序元祐六年御史中丞鄭雍言舊御史闕臺官得自薦所以正名舉職也自官制行御史中丞與兩省分舉而今之兩省官屬皆與聞門下中書政事其自舉非故事且有嫌乞專委臺官若稍涉私自有黜典詔御史中丞舉殿中侍御史二員翰林學士中書舍人同舉監察御史二員給事中亦舉二員雍又言風憲之地責任宜專若臺屬多由他薦恐非責任之本意詔中丞更舉監察御史二員八年侍御史楊畏言風憲之任人主寄耳目焉御史進用宰執不得預願令兩省屬官舉之非是遂寢前命武臣薦舉立格有校別職任而舉之者有槩名材武而入之銓格者又其上則謀略贍勇可備統衆諳練兵事可任邊寄之類惟邊要任使隸樞密院餘則審官西院三班院按格注之其後雖時有更易而薦舉之所重輕選用之所隸屬多規此立制建炎兵興多事以中外有文武材略出倫或淹布衣或沉下僚命侍從監司郡守搜訪各舉所知州縣禮遣赴行在又詔舉忠信寬博可使絕域與智謀勇毅能將萬衆者不以有無官資並詣登聞檢院自陳才謀勇略可使者赴御營司量才錄用或命庶僚各舉內外官及布衣隱士才堪大用者擢爲輔弼協濟大功或命侍從舉可爲臺諫者或舉縣令或舉宗室刺史舉忠義之士能恢復土疆保護王室者師臣監司守令舉所部見任寄居待次文武官有智謀及武藝精熟者及訪求國初功臣後裔中興以來忠義死節之家子孫四年以朝班多闕詔臺諫左右司郞官以上各薦士二人仍令執政同選在外侍從雖在謫籍無大過而政事才學實可用者亦與召擢紹興二年廷臣言今右武之世雖二三大將各立雋功微賤之中尚多奇士願廣加薦舉延問恢復之計帝然其言詔觀察使以上各薦可爲將帥者二人樞密籍錄以備選用又以中原士大夫隔絕滋久流徙東南者媒寡援疎多致沉滯令侍從搜訪以聞三年復司馬光十科時遣五使宣諭諸道令訪廉潔淸脩可以師表吏民者尋詔宣諭官所薦並俟終更令入對升擢以勸能吏復用舊制侍從官受命三日舉官一員自代中書門下省籍記姓名每闕官卽以舉狀多者進擬內外武臣舉忠勇智略可自代者一人如文臣法五年命自監察御史至侍從官舉曾經治縣聲績顯著者爲監司郡守不限員數遇闕選除才堪大縣者通舉二十人不限資序十年以南渡後人材萃於兩浙而屬吏薦員甚狹增部使者薦舉改官之額歲五員十四年命守臣終更入見各舉所部縣令一人二十二年右諫議大夫林大鼐言國初常參官皆得舉人不限內外亦無員數南渡之初恩或非泛人得僥倖有從軍而改秩者有捕盜而改秩者有以登對而改秩者今朝廷無事謹惜名器惟薦舉一路貪躁者速化廉靜者陸沉今欲取考第員數增減以便之增一任者減一員十考者用四十二考者用三十五考者用二如減舉法須實歷縣令不得仍請獄司其或負犯殿選自如常坐士有應此格者行無玷缺年亦蹉跎無非孤寒老練安義分之士望付有司條上以弭奔競二十五年命侍從舉知州通判治跡顯著者以補監司之闕仍保任終身犯贓及不職與同罪二十九年聞人滋又請凡在官歷任及十考以上無公私罪雖舉削不及格許降等升改或疑其太濫則取吏部累年改官酌中之數立爲限隔舉狀年勞參酌並用於是下其議中書舍人洪遵給事中王晞亮等上議曰本朝立薦舉之法必使歷任六考所以遲其歲月而責其赴功必使之舉官五員所以多其保任而必其可用今如議臣所請則有力者惟圖見次無材者苟冀終更出官十餘年可以坐待京秩此不可一也今欲減改官分數以待無舉削者則當被舉之人必有失職淹滯之歎此不可二也京官易得馴至郞位任子之恩愈不可減非可以救入流之弊此不可三也夫祖宗之法非有大害未易輕議今一旦取二百年成法而易之此不可四也臣以爲如故便滋議遂寢三十年以武臣被薦者衆命內外大臣所舉統制統領官各遷一秩將官以下所舉者令兩府籍記右正言何溥言比命侍從薦舉縣令如聞選人不可授大邑止籍記姓名夫論人才不拘資格豈堪爲縣令而有小大之別乎今所舉者才也非官也願無拘劇易早與選除歲一行之十年之後天下多賢令矣乃詔薦舉守令遇見闕依次除授如已授差遣者任滿取旨帝謂輔臣曰朕有一人材簿臣下有所薦揚退則記其姓名遇有選用搜而得之無不適當孝宗嘗命內外選在任閑居待次官舉可任監司郡守之人以資序分二等一見今可任一將來可任注籍于三省仍作圖進呈以憑除擢又以武選之衆拔擢未廣立謀略沉雄可任大計寬猛適宜可使御衆臨陣驍勇可鼓士氣威信有聞可守邊郡思智精巧可治器械凡五等科目令曾歷軍功觀察使以上各舉二人其通習典章可掌朝儀練達民事可任郡寄諳曉財計可裕民力持身廉潔可律貪鄙詞辯不屈可備奉使五等合非軍功觀察使以上舉之並隨類指陳實迹毋得別撰褒詞隆興二年廷臣上言謂國朝視文武爲一體故有武臣以文學換授文資文臣以材略智謀換右職當邊寄者蓋文武兩塗情本參商若文臣總幹戎事不換武階則終以氣習相忌有不樂從者矣今兵塵未息方厲恢復之圖願博采中外有材智權略可以臨邊可以制閫者倣舊制改授從之乾道以後又選大將之家能世其武勇者武舉及第武藝絕倫可爲將佐者會廷臣言曰方今國家之兵東至淮海西至川蜀殆百餘萬其間可爲將帥者不在其上則在其下而朝廷未知振其氣表其才也今文臣有三人舉主則爲之循資再任五人則爲之改秩而武臣無有焉古語曰三辰不軌擢士爲相蠻夷不恭拔卒爲將宜令都統制視監司者歲舉武臣二人視郡守者歲舉一人以智勇俱全爲上善撫士卒專有膽勇者次之不拘將校士卒優以獎擢被舉人有臨戰不用命者與文臣犯入已贓者同併坐舉主帝可其奏仍著爲法三年禮部尚書趙雄請令侍從臺諫兩省於知縣資序以上歲薦堪充郡守通判資序以上歲薦監司仍用漢朝雜舉之制三省詳加考察詔如所請仍不以內外雜舉歲各五人保舉官及五員以上列銜共奏帝曰薦舉本欲得人又恐干請反長奔競冀茂良言三代良法亦不免於弊今欲精選監司郡守非薦舉何由知之帝曰若今雜舉則雖衆論僉允又經中書考察而後除授亦博采遴選之道也吏部請武舉軍班武藝特奏名出身并任巡檢駐泊監押知砦比附文臣關升條令並實歷六考有舉主四人內監司一人聽關升親民正副將兩任有舉主二人內一人監司亦與關升凡升副將視文臣初任通判資序再關升正將視文臣次任通判資序關升路分副都監視文臣初任知州資序小郡州鈐轄視文臣次任知州資序孝宗以歲舉京官數濫於是內外薦舉改官員數六部寺監長貳戶部右曹郞官等三分減一禮部國子監長貳如上條外

又減半前宰執歲各減二員諸道轉運提刑提舉常平茶鹽學事司總領茶馬鑄錢司安撫制置司及諸路州軍並四分減一通籍之數彌省矣光宗時言者謂被薦者衆朝廷疑其私而不信病其泛而難從縱有賢才不免與僥倖者併棄請條約之乃命帥守監司毋獨員薦士時薦舉固多得人然有或乏廉聲而舉充廉吏或素昧平生而舉充所知或不能文而舉可備著述遂命臣僚自今有人則薦無人則闕其尤繆妄者覺察之嘉泰二年令內外舉薦並具實跡以聞自是監舉之弊稍革嘉定十二年命監司守臣舉十科政績所知自代露章列薦並籍記審察任滿則取其舉數多有政績行誼者升擢之宋初內外小職任長吏得自奏辟熙寧間悉罷歸選部然要處職任如沿邊兵官防河捕盜重課額務場之類尋又立專法聽舉於是辟置不能全廢也既出常格則儉人往往因之以行其私元祐以來屢行屢止蓋處心公明則得以用其所知固爲良法苟循私昧理則才不爲用請屬賄賂無所不有矣又孰若付之銓曹而榘以公法者哉建炎初詔河北招撫河東經制及安撫等使皆得辟置將佐官屬行在五軍幷御營司將領亦辟大小使臣諸道郡縣殘破之餘官吏解散諸司誘人塡闕皆先領職而後奏給付身於是州郡守將皆假軍典之名換易官屬有罪籍未敍復守選未參部者朝論患之乃令釐正使歸部依格注擬惟陝西五路兩河兩淮京東等路經略安撫司屬官聽舉辟餘路並罷四年初置諸鎭撫使管內州縣官並許辟置言者謂遠方之民理宜綏撫如峽州四縣多用軍功或胥吏補知縣欄吏補監稅民被其害遂命取峽州江陵府荊門軍公安軍州縣官闕委安撫司奏辟命御史臺仍舊辟舉承務郎以上官充主簿檢法官不限資序紹興二年臣僚又以比年帥守監司辟官攙奪部注朝廷不能奪銓曹不能違又多昇以添差不釐務之闕上自監司倅貳下至掾屬給使一郡之中兵官八九員一務之中監當六七員數倍於前日存無事之官食至重之祿所以重困生民請裁省其闕否則以宮廟之祿昇之遂命自今已就辟差理資任者毋得據舊闕以妨下次六年詔諸道宣撫司僚屬許本司奏辟內京官以二年爲任願留再任者取旨自兵興所辟官有經十年不退者故條約焉二十六年詔已注知縣縣令不許奏辟孝宗初詔內外有事法辟闕並仍舊乾道九年命監司帥臣非有著令不得創行奏辟所辟毋得攙已差之闕違者御史臺察之淳熙三年命自今極邊知縣縣令闕官專委本州守臣奏辟毋得仍舊權攝其見攝官留意民事百姓愛服者許不以有無拘礙特行奏辟七年詔未中銓未歷任初改秩人毋得差辟著爲令理宗寶慶三年以廣南東西路通判幕職教授等官法未嘗許辟者須於各官將滿之前具闕如未有代者卽聽申部出闕滿三月無人注擬申省下本路通判以下京官闕從諸司奏辟選人闕從漕司定差作邑未滿三年作倅未滿二考不許預期奏辟他闕諸司屬官不許輕自辟置或久闕正官許令次官暫攝待朝命方許奏辟淳熙十一年以御史臺申嚴銓法禁監司郡守辟親戚爲屬吏又選人無考第舉主不及三員及納粟人雖有考第舉主並不聽辟爲令寶祐三年戒諸路監司帥闕不應辟而輒辟者辟主及受辟之官並與鐫秩

考課宋初循舊制文武常參官各以曹務閑劇爲月限考滿卽遷太祖謂非循名責實之道罷歲月敍遷之制置審官院考課中外職事受代京朝官引對磨勘非有勞績不進秩其後立法文臣五年武臣七年無贓私罪始得遷秩曾犯贓罪則文臣七年武臣十年中書樞密院取旨其七階選人則考第資歷無過犯或有勞績者遞遷謂之循資凡考第之法內外選人周一歲爲一考欠日不得成考三考未替更周一歲書爲第四考已書之績不得重計初著令州縣戶口準見戶十分增一刺史縣令進考若耗一分降考一等建隆三年又以科賦有欠踰十之一及公事曠違嘗有制受罰者皆如耗戶口降考吏部南曹又舉周制請州縣官益戶增稅受代日並書於籍凡千戶以下能增百戶減一選減及三選以上令賜章服主簿升秩進階能歸復逋亡之民者亦如之是年縣始置尉頒捕盜條給以三限限各二十日三限內獲者令尉等第議賞三限外不獲尉罰一月奉令半之尉三罰令四罰皆殿一選三殿停官令尉與賊鬭而能盡獲者賜緋升擢乾德四年詔諸縣令佐有能招攜勸課以致蕃庶民籍租額出其元數減一選仍進一階太宗勵精圖治遣官分行郡縣廉察官吏河南府法曹參軍高丕等皆以不勝任免官復詔諸道察舉部內官第其優劣爲三等政績尤異爲上職務粗治爲中臨事弛慢所涖無狀者爲下歲終以聞先是諸州掾曹及縣令簿尉皆戶部南曹給印紙曆子俾州郡長吏書其績用愆過秩滿送有司差其殿最詔有司申明其諸州別給公據者罷之判吏部南曹董淳言有司批書印曆多所闕略令漏書一事殿一選三事降一資自是職事官依州縣給南曹曆子天下知州通判京朝官釐務於外者給以御前印紙令書課績時蔣元振知白州爲政清簡民甚便之秩滿衆輒詣部使乞留凡十有八年未受代姚益恭清白有才幹知鄆州須城縣鞭朴不施境內大治淳化初採訪使各言其狀下詔褒嘉賜元振絹三十匹粟五十石賜益恭對衣銀帶絹五十匹四年始分置磨勘之司審官院掌京朝官考課院掌幕職州縣官廢差遣院令審官總之乃詔郡縣有治行尤異吏民畏服居官廉恪涖事明敏鬭訟衰息倉廩盈美寇盜剪滅部內清肅者本道轉運司各以名聞當驛置赴闕親問其狀加旌賞焉其貪冒無狀淹延鬭訟踰越憲度盜賊競起部內不治者亦條其狀以聞當行貶斥以翰林學士錢若水樞密直學士劉昌言同知審官院考覆功過以定升降又以判流內銓翰林學士蘇易簡知制誥王旦等知考課院重其職也凡流內銓主常調選人考課院主奏舉及歷任有殿最者明年帝親選京朝官三十餘人自書戒諭之言于印紙曰勤政愛民奉法除姦方可書爲勞績且謂錢若水曰奉法除姦之言恐諸臣未喩因而生事可語之曰除姦之要在乎奉法至道初罷考課院併流內銓二年遣使廉察諸道長吏得八人莅事公正惠愛及民皆降璽書獎諭眞宗卽位命審官院考京朝官殿最引對遷秩京朝官引對磨勘自此始先是每恩慶百僚多得序進帝始罷之惟郊祀恩許加勳階爵邑帝察羣臣有聞望者得刑部郎中邊肅等二十有四人令閤門再引對觀其辭氣文藝並得優升景德初令諸道辨察所部官吏能否爲三等公勤廉幹惠及民者爲上幹事而無廉譽清白而無治聲者爲次畏懦貪猥爲下仁宗尤矜憐下吏以銓法選人有私罪皆未聽磨勘諭近臣凡門謝弗至與對敭失儀其毋以爲罪又曰州縣秩卑而長吏多鉤摭細故文致之法使不得自進朕甚憫焉宰相王曾曰引對時陛下酌其輕重而稍擢之則下無滯才矣其後選人有束鹿縣尉王得說歷官寡過書考最多而無保任者帝察其孤貧特擢爲大理寺丞天聖時詔文武臣僚非有勳德善狀不得非時進秩非次罷免者毋以轉官帶職爲例兩省以上舊法四年一遷官今具履歷聽旨京朝官磨勘年限有私罪及歷任嘗有罪先以情重輕及勤績與舉者數奏聽旨若無私犯而著最課及有舉者皆第遷之自請釐物務于京師五年一磨勘因舉及選差勿拘凡有善政異績準事大小遷升選人視此又定監物務入親民次升通判通判升知州皆用舉者數不足毋輒關升慶曆三年從輔臣范仲淹等奏定磨勘保任之法自朝官至郎中少卿須清望官五人保任始得遷其後知諫院劉元瑜以爲適長奔競非所以養廉恥乃罷之八年詔近臣論時政翰林學士張方平言祖宗之時文武官不立磨勘年歲不爲升遷次序有才實者從下位立見超擢無才實者守一官十餘年不轉其任監當或知縣通判知州至數任不遷當時人皆自勉非有勞効知不得進祥符之後朝廷益循寬大自監當入知縣知縣入通判通判入知州皆以兩任爲限守官及三年例得磨勘先朝始行未見有弊及今年深習以爲常皆謂分所宜得無賢不肖莫知所勸願陛下稍革此制其應磨勘敘遷必有勞績或特勑擇官保任者卽與轉遷如無勞績又不因保任者更增展年其保任之法須選擇清望有才識之人命之舉官如此則是執政之臣舉清望官委清望官舉親民官凡官有闕惟隨員數舉之庶見急才愛民之意嘉祐六年下詔曰朕觀古者治世牧民之吏多稱其職而百姓安其業今求材之路非不廣責善之法非不詳而吏多失職非稱所以爲民之意豈人材獨少而世變殊哉殆不得久於其官故也蓋智能材力之士雖有興利除害禁奸勸善之意非假以歲月則亦踰不爲用欲終厥功其路無由自今諸州縣守令有清白不擾政迹尤異而實惠及民者本路若州連書同罪保舉將政迹實狀以聞中書門下察訪得實許令再任英宗治平三年考課院言知磁州李田再考在劣等降監淄州鹽酒稅務坐考劣降等自田始考績舊審定殿最格法自發運使率而下至於知州皆歸考課院專以監司所第等級爲據至考監司則總其甄別部吏能否副以採訪才行合二事爲課悉書中等無高下神宗卽位凡職皆有課凡課皆責實監司所上守臣課不占等者展年降資而治狀優異者增秩賜金帛以璽書獎勸之若監司以上則命御史中丞侍御史考校凡縣令之課以斷獄平允賦入不擾均役屏盜勸課農桑振恤饑窮導脩水利戶籍增衍整治簿書爲最而德義清謹公平勤恪爲善參考治行分定上中下等至其能否尤殊絕者別立優劣二等歲上其狀以詔賞罰其入優劣者賞罰尤峻繼又令一路長吏無甚臧否不須別爲優劣二等止因上中下三等區別以聞是時內外官職各從所隸司以考覈而中書皆置之籍每歲竟或有除授則

稽差殿最取其尤甚者而進退之熙寧五年遂罷考課院間遣使察訪所至州縣條其吏課凡知州通判上中書縣令上司農各注籍以相參考惟侍從出守郡聽不以考法朝廷察其治焉元豐元年詔因勞効得酬賞皆分五等有司受其等而差進之初一等京朝官大小使臣皆轉一官選人資歷深者改京朝官資淺者循兩資次二等隨其官高下升資或減磨勘年惟軍功捕盜皆得改次等京朝官自三等以下賞以差減若一人而該兩賞許累計其等以遷三年詔御史臺六察按官以所糾劾官司稽違失職事多寡爲殿最中書置簿以時書之任滿取旨升黜元祐初御史中丞劉摯言近者朝廷主察名實行綜覈之政下乃承之以刻主行教化擴寬洪之澤而下乃爲苟簡先此追罪監司數人爲其掊斂害民耳而昧者矯枉過正乃欲以緩縱委靡爲安靜請申立監司考績之政以常賦登耗郡縣勤惰刑獄當否民俗休戚爲之殿最歲終用此以誅賞之文彥博又奏唐六典所載以德行才用勞效三類察在選之士參辯能否今之選格特多舉主有軍功斯爲上矣然舉主可求軍功或妄何可盡據請委吏依倣三類第其才德功效送中書門下覆驗取其應選者引對而去留之詔令近臣議議者請用元豐考課令第爲高下以行升黜歲毋過五人後改立縣令課有四善五最之目及增損監司轉運課格守令爲五等減磨勘法初元祐嘗立吏戶刑三部郎官課崇寧間言者乞倣周制歲終委省寺監六曹之長各考其屬稽其官成而三年遂校其勤惰行賞罰焉大觀元年詔國家休養生民垂百五十年生齒日繁而戶部民籍曾不加益州縣於進丁入老收落失實以故課役不均皆守令弛職可申嚴考課法然其考法因時所尚以示誘抑若勸學墾田植桑畜振貸葬枯與發坑冶奉詔無違誘進道徒賦稅趣辦能按贓吏皆謁移賞者亦多紹興二年初詔監司守臣舉行考課之因事而增品目舊法固不易也但奉行不皆良吏以請法時郡縣數罹兵燹又命以戶口增否別立守令課分上中下三等每等分三甲置籍守倅考縣令監司考知州考功會其已成較其優劣而賞罰之五年立縣令四課曰糾正稅籍團結民兵勸課農桑勸勉孝悌三歲就緒者加旌賞無善狀者汰之臣僚上言守令之治其略有七一曰宣詔令二曰厚風俗三曰勸農桑四曰平獄訟五曰理財賦六曰興學校七曰實戶口得人則七者皆舉今之監司實古刺史比年守令姦貪監司未嘗按發玩弛之弊日甚而戶部侍郎張致遠亦言之乃下詔戒飭監司考察守令而舉按焉頃之有請令江淮官久任而課其功過者帝曰朕昔爲元帥時見州縣官以三年爲任猶且一年立威信二年守規矩三年則務收人心以爲去計今止以二年爲任雖有葺治之心蓋亦無暇矣可如所奏是時歲以十五事考校監司取四善四最考校縣令違限不實者有罪又詔監司一歲再具所部知縣有無善政顯著繆懦不職上之省十三年詔淮東京西路州縣逐考批書若增添戶口勸課農桑增修水利歲終委監司覆實比較守臣之條有九通判之條十有四令佐而下有差二十五年以州縣貪吏爲虐監司郡守不訶察遂命監司按郡守之縱容臺諫劾監司之失察而每歲校其所按之多寡以爲殿最之課二十七年校書郎陳俊卿言古人各守一官終身使易地而居未必盡其能也今監司帥守小州擬大州東路易西路朝廷百執事亦往往計日待遷視所居之官有如傳舍望令有政術優異者或增秩賜金或待終秩而後遷使久於其職察其勤惰而升黜之庶幾人安其分而萬事舉矣詔三省行之隆興元年命湖南北路應守令增闢田疇自一千頃以下轉磨勘有差虧者展磨勘降名次二年詔淮南川陝京西邊郡守令能安輯流亡勸課農桑首就緒者本道監司以聞乾道二年廷臣上言國朝盛時有京朝官考課有幕職州縣官考課其後爲審官院爲考課院皆中書或兩制臣僚校其能否以施賞罰望遵故事應監司郡守朝辭日別給御前曆子如薦賢才爲幾人若爲治錢穀若爲理獄訟與某利除某害合爲條目使之黽勉從事每考令當職官吏從實批書代還使籍手陛見然後詔執事精加考覈其風績有聞者優與增秩所蒞無狀者罰之無赦則賢者効職而中下之才亦皆強於爲善矣帝乃命經筵官參照累朝考課之法講而行之淳熙二年因臣僚言沿邊七路每路以文臣一人充安撫使以治民武臣一人充都總管以治兵分舉其職各奏其功任必加九歲考優劣一年視其規畫二年視其成效三年視其大成重議誅賞臧否分爲三等治效顯著者爲臧貪刻庸繆者爲否無功無過者爲平時天子留意黜陟諸道莫敢不奉承於是得實者皆增秩升擢而監司牧伯舉按稽緩者輒降黜行之十餘年不免有弊帝因諭輔臣曰臧否亦有喜怒之私如諸司以爲臧一司以爲否必從衆爲公亦在精擇監司而以臺諫攷察之庶乎其可也光宗初詔罷其令寧宗以郡國按刺多徇私情遂倣舊制於御史臺別立考課一司歲終各以能否之實聞于上以詔升黜其貪墨昏懦致臺諫奏劾者坐監司郡守以容庇之罪度宗咸淳三年命參酌舊制凡文武官一是以公勤廉恪爲主而又職事修舉斯爲上等公勤廉恪各有一長爲中等既無廉聲又多繆政者考下等其要則以御史臺總帥閫監司監司總守倅守倅總州縣屬官餘如戎司及屯司軍大壘則總之制司或無制司則併各郡總管鈐轄並總於帥司或以逐路所部州郡多寡之數分隸轉運提舉提刑三司守倅月一考州縣屬官監司會所隸守倅制司會戎司軍壘遵照舊制互用文移會其兵甲獄訟金穀之數及各司屬官書擬公事拘榷錢物招軍備器之數次月置冊各申御史臺上之課籍俟至半年類考較前三年定爲三等中者無所賞罰上者或轉官或減磨勘下者降官展磨勘各有等差

宋史卷一百六十一

元　中　書　右　丞　相　總　裁　脫　脫　等　修

職官志第一百一十四

職官一

三師　三公　宰執　門下省　中書省　尚書省

昔武王克商史臣紀其成功有曰列爵惟五分土惟三建官惟賢位事惟能後世曰爵曰官曰職分而任之其原蓋始乎此然周初之制已不可考周公作六典自天官冢宰而下小大高下各帥其屬以任其事未聞建官而不任以事位事而不命以官者至於列爵分土此封建諸侯之制也亦未聞以爵以土如後世虛稱以備恩數者也秦漢及魏晉南北朝官制沿革不常不可殫舉後周復周禮六典官稱而參用秦漢隋文帝廢周禮之制惟用近代之法唐承隋制至天授中始有試官之格又有員外之置尋爲檢校試攝判知之名其初立法之意未嘗不善蓋欲以名器事功甄別能否又使不肖者絕年勞序遷之覬覦而世戚勳舊之家寵之以祿而不責以猷爲其居位任事者不限資格使得自竭其所長以爲治效且黜陟進退之際權歸於上而有司若不得預殊不知名實混殽品秩貿亂之弊亦起於是矣宋承唐制抑又甚焉三師三公不常置宰相不專任三省長官尚書門下並列于外又別置中書禁中是爲政事堂與樞密對掌大政天下財賦內庭諸司中外筦庫悉隸三司中書省但掌冊文覆奏考帳門下省主乘輿八寶朝會板位流外考較諸司附奏挾名而已臺省寺監官無定員無專職悉皆出入分涖庶務故三省六曹二十四司類以他官主判雖有正官非別敕不治本司事事之所寄十亡二三故中書令侍中尚書令不預朝政侍郎給事不領省職諫議無言責起居不記注中書常闕舍人門下罕除常侍司諫正言非特旨供職亦不任諫諍至於僕射尚書丞郎員外居其官不知其職者十常八九其官人受授之別則有官有職有差遣官以寓祿秩敘位著職以待文學之選而別爲差遣以治內外之事其次又有階有勳有爵故仕人以登臺閣升禁從爲顯宦而不以官之遲速爲榮滯以差遣要劇爲貴途而不以階勳爵邑有無爲輕重時人語曰寧登瀛不爲卿寧抱槧不爲監虛名不足以砥礪天下若此外官則懲五代藩鎮專恣頗用文臣知州復設通判以貳之階官未行之先州縣守令多帶中朝職事官外補階官既行之後或帶或否視是爲優劣大凡一品以下謂之文武官未常參者謂之京官樞密宣徽三司使副學士諸司而下謂之內職殿前都校以下謂之軍職外官則有親民釐務二等而監軍巡警亦比親民此其槩也故自眞宗仁宗以來議者多以正名爲請咸平中楊億首言文昌會府有名無實宜復其舊既而言者相繼乞復二十四司之制至和中吳育亦言尚書省天下之大有司而廢爲閑所當漸復之然朝論異同未遑釐正神宗即位慨然欲更其制熙寧末始命館閣校唐六典元豐三年以摹本賜羣臣乃置局中書命翰林學士張璪等詳定八月下詔肇新官制省臺寺監領空名者一切罷去而易之以階九月詳定所上寄祿格會明堂禮成近臣遷秩卽用新制而省臺寺監之官各還所職矣五年省臺寺監法成六年尚書新省成帝親臨幸召六曹長貳以下詢以職事因誡敕焉初新階尚少而轉行者易以及元祐初於朝議大夫六階以上始分左右既又以流品無別乃詔寄祿官悉分左右詞人爲左餘人爲右紹聖中罷之崇寧初以議者有請自承直至將仕郎凡換選人七階大觀初又增宣奉至奉直大夫四階政和末自從政至迪功郎又改選人三階於是文階始備而武階亦詔易以新名正使爲大夫副使爲郎而橫班十二階使副亦然故有郎居大夫之上者繼以新名未具增置

宣正履正大夫郎凡十階通爲橫班而文武官制益加詳矣大抵自元祐以後漸更元豐之制二府不分班奏事樞密加置簽書戶部則不令右曹專典常平而總於其長起居郎舍人則通記起居而不分言動館職則增置校勘黃本凡此皆與元豐稍異也其後蔡京當國率意自用然動以繼志爲言首更開封守臣爲尹牧由是府分六曹縣分六案又內侍省職悉倣機延之號已而修六尚局建三衛郎又更兩省之長爲左輔右弼易端揆之稱爲太宰少宰是時員旣濫冗名且紊雜甚者走馬承受升擁使華黃冠道流亦濫朝品元豐之制至此大壞及宣和末王黼用事方且追咎元祐紛更乃請設局以修官制格目爲正名亦何補矣建炎中興參酌潤色因呂頤浩之請左右僕射並同中書門下平章事兩省侍郎改爲參知政事三省之政合乎一乾道八年又改左右僕射爲左右丞相刪去三省長官虛稱道揆之名遂定然維時多艱政尚權宜御營置使國用置使修政局置提舉軍馬置都督並以宰相兼之總制司理財同都督督視理兵並以執政兼之因事剏名殊非經久惟樞密本兵與中書對掌機務號東西二府命宰相兼知院事建炎四年實用慶曆故典其後兵興則兼樞密使兵罷則免至開禧初始以宰臣兼樞密爲永制當多事時諸部或長貳不並置或併郎曹使相兼之惟吏部戶部不省不併兵休稍稍增置其後詔非曾任監司守臣不除郎官著爲令又增館閣員廣環衞官然紹興務行元祐故事以左右二字分別流品其後以人言省去寧淸濁相涵無絕人遷善之路橫班以郞居大夫之上旣釐而正之矣而介冑之士與縉紳同稱寧名號未正毋示人以好武之機陳傅良欲定史官遷次之序衆論韙之而未及行洪邁欲改三衙軍官稱謂當時嘉之卒未暇講考古之制量今之宜蓋自元祐以逮政和已未嘗拘乎元豐之舊中興若稽成憲二者並行而不悖故凡大而分政任事之臣微而筦庫監局之官沿襲不革者皆先後所同便也或始剏而終罷或欲革而猶因則有各當其可者焉類而書之先後互見作職官志以至麤給傔從雖微必錄並從舊述云

三師三公宋承唐制以大師大傅大保爲三師大尉司徒司空爲三公爲宰相親王使相加官其特拜者不預政事皆赴上於尚書省凡除授則自司徒遷大保自大傅遷大尉檢校官亦如之大尉舊在三師下由唐至宋加重遂以大尉居大傅之上若宰臣官至僕射致仕者以在位久近或已任司空司徒則拜大尉大傅等官若大師則爲異數自趙普以開國元勳文彥博以累朝耆德方特拜焉雖大傅王旦司徒呂夷簡各任宰相二十年止以大尉致仕熙寧二年富弼除守司空兼侍中平章事辭司空侍中三年曾公亮除守司空檢校大師兼侍中以兩朝定策之功辭相位也六年文彥博除守司徒兼侍中九年彥博除守大保兼侍中辭大保元豐三年以曹佾檢校大師守司徒兼中書令九月詔檢校官除三公三師外並罷又以文彥博落兼侍中除守大尉富弼守司徒皆錄定策之功也六年彥博守大師致仕八年王安石守司空曹佾守大保元祐元年文彥博落致仕大師平章軍國重事呂公著守司空同平章軍國重事崇寧三年蔡京授司空行尚書左僕射大觀元年蔡京爲大尉二年爲大師政和二年京落致仕依前大師三日一至都堂治事九月詔以太師太傅太保古三公之官今爲三師古無此稱合依三代爲三公爲眞相之任司徒司空周六卿之官太尉秦主兵之任皆非三公並宜罷之仍考周制立三孤少師少傅少保亦稱三少爲三次相之任至是京始以三公任眞相三公自國初以來未嘗備官獨宣和末三公至十八人三少不計也太師三人蔡京童貫鄭紳太傅四人王黼燕王俁越王偲鄆王楷太保十一人蔡攸肅王樞至儀王樸渡江後秦檜爲太師張俊韓世忠爲太傅劉光世爲太保乾道初楊沂中吳璘並爲太傅紹熙初史浩爲太師嗣秀王爲太保自紹熙後三公未嘗備官其後韓侂胄史彌遠賈似道專政皆至太師焉宰相之職佐天子總百官平庶政事無不統宋承唐制以同平章事爲眞相之任無常員有二人則分日知印以承郎以上至三師爲之其上相爲昭文館大學士監修國史其次爲集賢殿大學士或置三相則昭文集賢二學士並監修國史各除唐以來三大館皆宰臣兼故仍其制國初范質昭文學士王溥監修國史魏仁浦集賢學士此爲三相例也神宗新官制於三省置侍中中書令尚書令以官高不除人而以尚書令之貳左右僕射爲宰相左僕射兼門下侍郎以行侍中之職右僕射兼中書侍郎以行中書令之職政和中改左右僕射爲大宰少宰仍兼兩省侍郎靖康中復改爲左右僕射建炎三年呂頤浩請參酌三省之制左右僕射並加同中書門下平章事門下中書三侍郎並改爲參知政事廢尚書左右丞從之乾道八年詔尚書左右僕射可依漢制改爲左右丞相詳定敕令所言近承詔旨改左右僕射爲左右丞相令刪去侍中中書尚書令以左右丞相充緣舊左右僕射非三省長官故爲從一品今左右丞相係充侍中中書尚書令之位卽合爲正一品從之丞相官以大中大夫以上充

平章軍國重事元祐中置以文彥博太師呂公著守司空相繼爲之序宰臣上所以處老臣碩德特命以寵之也故或稱平章軍國重事或稱同平章軍國事五日或兩日一朝非朝日不至都堂其後蔡京王黼以大師總三省事三日一朝赴都堂治事開禧元年韓侂胄拜平章討論典禮乃以平章軍國事爲名蓋省重事則所預者廣去同字則所任者專邊事起乃命一日一朝省印亦歸其第宰相不復知印其後賈似道專權竊位日久尊寵日隆位皆在丞相上

使相親王樞密使留守節度使兼侍中中書令同平章事者皆謂之使相不預政事不書敕惟宣敕除授者敕尾存其銜而已乾德二年范質等三相皆罷以趙普同平章事李崇矩樞密使命下無宰相書敕使問翰林陶穀穀謂自昔輔相未嘗虛位惟唐大和中甘露事數日無宰相時左僕射令狐楚等奉行制書今尚書亦南省長官可以書敕竇儀曰穀之所陳非承平令典今皇弟開封尹同平章事卽宰相之任也可書敕從之

參知政事掌副宰相毗大政參庶務乾德二年置以樞密直學士薛居正兵部侍郎呂餘慶並本官參知政事先是已命趙普爲相欲置之副而難其名稱以問翰林學士陶穀曰下宰相一等有何官對曰唐有參知機務參知政事故以命之仍令不押班不知印不升政事堂殿廷別設磚位敕尾著銜降宰相月奉雜給半之未欲與普齊也開寶六年始詔居正餘慶於都堂與宰相同議政事至道元年詔宰相與參政輪班知印同升政事堂押敕齊銜行則並馬自寇準始以後不易元豐新官制廢參知政事置門下中書二侍郎尚書左右丞以代其任建炎三年復以門下中書侍郎爲參知政事而省左右丞乾道八年改左右僕射爲左右丞相其參知政事如故以中大夫以上充常除二員或一員嘉泰三年始除三員故事丞相謁告參預不得進擬惟丞相未除則輪日當筆然多不踰年少僅旬月淳熙初葉衡罷相龔茂良行相事近三年亦剏見也

門下省受天下之成事審命令駁正違失受發通進奏狀進請寶印凡中書省畫黃錄黃樞密院錄白畫旨則留爲底及尚書省六部所上有法式事皆奏覆審駁之給事中讀侍郎省侍中審進入被旨畫聞則授之尚書省樞密院卽有舛誤應舉駁者大則論列小則改正凡文書自內降者著之籍章奏至則受而通進俟頒降分送所隸官司凡吏部擬六品以下職事官則給事中校其仕歷功狀侍郎侍中引驗審察非其人則論奏凡遷改爵秩加叙勳封四選擬注奏鈔之事有舛誤退送尚書省覆刑部大理寺所斷獄審其輕重枉直不當罪則以法駁正之國初循舊制以中書門下平章事爲宰相之職復用兩制官一員判門下省事官制行始釐正焉凡官十有一侍中侍郎左散騎常侍各一人給事中四人左諫議大夫起居郎左司諫左正言各一人先是中書人吏分掌五房曰孔目房吏房戶房兵禮房刑房又有主事勾銷二房至是釐中書爲三省分兵與禮爲六房各因其省之事而增益之門下九分房十曰吏房曰戶房曰禮房曰兵房曰刑房曰工房皆視其房之名而主行尚書省六曹二十四司所上之事曰開折房曰章奏房曰制敕庫房亦皆視其名而受遣文書表狀與供閣敕令格式擬官爵封勳之類惟班簿本省雜務則歸吏房吏四十有九錄事主事各三人令史六人書令史十有八人守當官十有九人而外省吏十有九人令史一人書令史二人守當官六人守闕守當官十人元豐八年以門下中書外省爲後省門下外省復置催驅房元祐三年詔吏部注通判赴門下引驗應省臺寺監諸司人吏四分減一復置點檢房四年又別立吏額紹聖二年守闕守當官門下中書省各以百人尚書省百五十人爲額四年三省吏員並依元豐七年額

侍中掌佐天子議大政審中外出納之事大祭祀則版奏中嚴外辦導輿輅詔升降之節皇帝齋則請就齋室大朝會則承旨宣制告成禮祭祀亦如之冊后則奉寶以授司徒國朝以秩高罕除自建隆至熙寧眞拜侍中纔五人雖有用他官兼領而實不任其事官制行以左僕射兼門下侍郎行侍中職別置侍郎以佐之南渡後置左右丞相省侍中不置

侍郎掌貳侍中之職省中外出納之事大祭祀則前導輿輅詔進止大朝賀則授表以奏祥瑞冊后則奉節及寶位與知樞密院同知樞密院中書侍郎尚書左右丞爲執政官南渡後復置參知政事省門下侍郎不置

左散騎常侍　左諫議大夫　左司諫　左正言同掌規諫諷諭凡朝政闕失大臣至百官任非其人三省至百司事有違失皆得諫正國初雖置諫院知院官凡六

人以司諫正言充職而他官領者謂之知諫院正言司諫亦有領他職而不預諫諍者官制行始皆正名元豐八年諫議大夫孫覺言據官制格目諫官之職凡發令舉事有不便於時不合於道大則廷議小則上封若賢良之遺滯於下忠孝之不聞於上則以事狀論薦乞依此以修舉職事八月門下省言諫議大夫司諫正言合通爲一詔並從之十月詔倣六典置諫官員元祐元年二月詔諫官雖不同省許二人同上殿後又從司諫虞策之請如獨員許與臺官同對九月左右正言久闕侍御史王巖叟言國家倣近古之制諫官六員方之先王已自爲少望詔補足無令久空職十月司諫王覿言自今中書舍人闕勿以諫官兼權從之十一月巖叟又言近降聖旨兩省諫官各令出入異戶勿與給事中中書舍人通實欲限隔諫官不使在政事之地恐知本末數論列爾尋詔諫官直舍仍舊八年詔執政親戚不除諫官建中靖國元年言者謂諫官論事惟憑詢訪而百司之事六曹所報外皆不得其詳遂詔諫官案計關臺察給事中四人分治六房掌讀中外出納及判後省之事若政令有失當除授非其人則論奏而駁正之凡章奏日錄目以進考其稽違而糾治之故事詔旨皆付銀臺司封駁官制行給事中始正其職而封駁司歸門下元豐五年五月詔給事中許書畫黃不書草著爲令六月給事中陸佃言三省密院文字已讀者尚令封駁慮失之重複詔罷封駁房六年詔駁正事赴執政稟議七年有旨舉駁事依中書舍人封還詞頭例既而令稟議如初給事中韓忠彥言給舍職位頗均一則不稟白而聽封還一則許舉駁而先稟議於理未允且朝廷之事執政所行職當封駁則已與執政異自當求決於上尚何稟議之有詔從之紹聖四年葉祖洽言兩省置給舍使之互察今中書舍人兼權封駁則給事中之職遂廢詔特旨書讀不迴避餘互書判元符三年翰林學士曾肇言門下之職所以駁正中書違失近日給事封駁中書錄黃乃令舍人書讀行下嚮壞官制有損治體願正紀綱爲天下後世法重和元年給事中張叔夜言凡命令之出中書宣奉門下審讀然後付尚書須行而密院被旨者亦錄付門下此神宗官制也今急速文字不經三省而諸房以空黃先次書讀則審讀殆成虛設矣乞立法禁從之凡分案五曰上案主寶禮及朝會所行事曰下案主受發文書曰封駁案主封駁及試吏校其功過曰諫官案主關報文書曰記注案主錄起居注其雜務則所分案掌焉紹興以後止除二人或一人起居郎一人掌記天子言動御殿則侍立行幸則從大朝會則與起居舍人對立於殿下螭首之側凡朝廷命令赦宥禮樂法度損益因革賞罰勸懲羣臣進對文武臣除授及祭祀宴享臨幸引見之事四時氣候四方符瑞戶口增減州縣廢置皆書以授著作官國朝舊置起居院命三館校理以上修起居注熙寧四年詔諫官兼修注者因後殿侍立許奏事元豐二年兼修注王存乞復起居郎舍人之職使得盡聞明天子德音退而書之神宗亦謂人臣奏對有頗僻讒慝者若左右有史官書之則無所肆其姦矣然未果行故事左右史雖日侍立而欲奏事必稟中書俟旨存因對及之八月廼詔雖不兼諫職許直前奏事蓋存發之也官制行改修注爲郎舍人六年詔左右史分記言動元祐元年仍詔不分七年詔邇英閣講讀罷有留身奏事者許侍立紹聖元年中丞黃履言所奏或干機密雖令旁立仍依先朝故事先是御後殿則左右史分日侍立崇寧三年詔如前殿之儀更不分日大觀元年詔事有足以勸善懲惡者雖秩卑亦書之紹興二十八年用起居郎洪遵言起居郎舍人自今後許依講讀官奏事隆興元年用起居郎兼侍講胡銓言前殿依後殿輪左右史侍立

符寶郎二人掌外廷符寶之事禁中別有內符寶郎官制行未嘗除大觀初八寶成詔依唐六典增置靖康罷之

通進司隸給事中掌受三省樞密院六曹寺監百司奏牘文武近臣表疏及章奏房所領天下章奏案牘具事目進呈而頒布於中外

進奏院隸給事中掌受詔敕及三省樞密院宣劄六曹寺監百司符牒頒于諸路凡章奏至則具事目上門下省若案牘及申稟文書則分納諸官司凡奏牘違戾法式者貼說以進熙寧四年詔應朝廷擢用材能賞功罰罪事可懲勸者中書檢正樞密院檢詳官月以事狀錄付院謄報天下元祐初罷之紹聖元年詔如熙寧舊條靖康元年二月詔諸道監司帥守文字應邊防機密急切事許進奏院直赴通進司投進舊制通進銀臺司知司官二人兩制以上充通進司掌受銀臺司所領天下章奏案牘及閤門在京百司奏牘文武近臣表疏以進御然後頒布于外銀臺司掌受天下奏狀案牘抄錄其目進御發付勾檢糾其違失而督其淹緩發敕司掌受中書樞密院宣敕著籍以頒下之

登聞檢院隸諫議大夫　登聞鼓院隸司諫正言掌受文武官及士民章奏表疏凡言朝政得失公私利害軍期機密陳乞恩賞理雪冤濫及奇方異術改換文資改正過名無例通進者先經鼓院進狀或爲所抑則詣檢院並置局于闕門之前中興後檢鼓糧審官告進奏謂之六院例以京官知縣有政績者充亦有自郡守除者繼即除郎恩數略視職事官而不入雜壓紹興十一年胡汝明以料院除監察御史遂遷侍御史乾道後相繼入臺者數人六院彌重爲察官之儲淳熙初班寺監丞之上紹熙五年詔六院官復入雜壓在九寺簿之下六院各隨所隸

中書省掌進擬庶務宣奉命令行臺諫章疏羣臣奏請興剏改革及中外無法式事應取旨事凡除省臺寺監長貳以下及侍從職事官外任監司節鎮知州軍通判武臣遙郡橫行以上除授皆掌之凡命令之禮有七曰冊書立后妃封親王皇子大長公主拜三師三公三省長官則用之曰制書處分軍國大事頒赦宥德音命尚書左右僕射開府儀同三司節度使凡告廷除授則用之曰誥命應文武官遷改職秩內外命婦除授及封敘贈典應合命詞則用之曰詔書賜待制大卿監中大夫觀察使以上則用之曰敕書賜少卿監中散大夫防禦使以下則用之曰御札布告登封郊祀宗祀及大號令則用之曰敕牓賜酺及戒勵百官曉諭軍民則用之皆承制畫旨以授門下省令宣之侍郎奉之舍人行之留其所得旨爲底大事奏稟得旨者爲畫黃小事擬進得旨者爲錄黃凡事干因革損益而非法式所裁者論定而上之諸司傳宣特旨承報審覆然後行下設官十有一令侍郎右散騎常侍各一人舍人四人右諫議大夫起居舍人右司諫右正言各一人分房八曰吏房曰戶房曰兵禮房曰刑房曰工房曰主事房曰班簿房曰制敕庫房元祐以後析兵禮爲二增催驅點檢分房十有一後又改主事房爲開折凡吏房掌行除授考察升黜賞罰廢置薦舉假故一時差官文書曰戶房掌行廢置升降郡縣調發邊防軍須給貸錢物曰禮房掌行郊祀陵廟典禮后妃皇子公主大臣封冊科舉考官外夷書詔曰兵房掌行除授諸蕃國王爵官封曰刑房掌行赦宥及貶降敘復曰工房掌行營造計度及河防修閉凡尚書省所上奏請給諫所陳章疏內外臣僚官司申請無法式應取旨者六房各視其名而行之曰主事房掌行受發文書曰班簿房掌百官名籍具員曰制敕庫房掌編錄供檢敕令格式及架閣庫曰催驅房督趣稽違曰點檢房省察差失吏四十有五錄事三人主事四人令史七人書令史十有四人守當官十有七人而外省吏十有九人令史一人書令史二人守當官六人守闕守當官十人元豐八年詔待制以上磨勘本省進擬元祐三年詔應除授從中批付中書省者並三省行紹聖五年詔臣僚上殿劄子中書省進呈取旨其承受傳宣內降非有司所可行者申中書省或樞密院奏審

令掌佐天子議大政授所行命令而宣之祀大神祇則升壇享宗廟則升阼階而相其禮臨軒冊命則讀冊建儲則升殿宣制持冊及璽綬以授太子大朝會則詣御坐前奏方鎮表及祥瑞國朝未嘗眞拜以他官兼領者不預政事然止曹佾一人餘皆贈官官制行以右僕射兼中書侍郎行令之職別置侍郎以佐之中興後置左右丞相省令不置

侍郎掌貳令之職參議大政授所宣詔旨而奉之凡大朝會則押表及祥瑞案臨軒冊命則押冊引案以所奏文及冊書授令四夷來朝則奏其表疏以贄幣付有司南渡後復置參知政事省中書侍郎不置

舍人四人舊六人掌行命令爲制詞分治六房隨房當制事有失當及除授非其人則論奏封還詞頭國初爲所遷官實不任職復置知制誥及直舍人院主行詞命與學士對掌內外制凡有除拜中書吏赴院納詞頭其大除拜亦有宰相召舍人面授詞頭者若大誥命中書幷敕進入從中而下餘則發敕官受而出之及修官制遂以實正名而判後省之事分案五曰上案掌冊禮及朝會所行事曰下案掌受付文書曰制誥案掌書錄制詞及試吏校其功過曰諫官案掌受諸司關報文書曰記注案掌錄記注其雜務則隨所分案掌之元豐六年詔中書省置點檢房令舍人通領元祐元年詔舍人各簽諸房文字其命詞則輪日分草九月詔時暫闕官依門下尚書省例送本省官兼權紹聖四年蹇序辰請自今命詞以元行遣文書同檢送兩制舍人從之建炎後同他官兼攝者則稱權舍人資淺者爲直舍人院

起居舍人一人掌同門下省起居郎侍立修注官元豐前以起居郎舍人寄錄而更命他官領其事謂之同修起居注官制行以郎舍人爲職任淳熙十五年羅點自戶部員外郎爲起居舍人避其祖諱乃以爲大常少卿兼侍立修注官其後兩史或闕而用資淺者則降旨以某人權侍立修注官

右散騎常侍　右諫議大夫　右司諫　右正言與門下省同但左屬門下右屬中書皆附兩省班籍通謂之兩省官元豐既新官制職事官未有不經除授者惟御史大夫左右散騎常侍始終未嘗一除人蓋兩官爲臺諫之長無有啓之者中興初詔諫院不隸兩省紹興二年詔並依舊赴三省元置局處淳熙十五年用林栗言置左右補闕拾遺專任諫正不任糾劾之事踰年減罷

法司令史書令史守當官各一人守闕守當官三人乾道六年減二人

檢正官五房各一人掌糾正省務熙寧三年置以京朝官充選人即爲習學公事官制行罷之而其職歸左右司建炎三年中書門下省言軍興以來天下多事中書別無屬官元豐以前有檢正官後因置左右司遂不差致朝廷及應報四方行移稽留無檢舉催促今欲差官兩員充中書門下省檢正諸房公事（內一員檢正吏禮兵房一員檢正戶刑工房）從之至次年詔並罷紹興二年詔中書門下省復置檢正官一員建炎三年指揮中書門下省併爲一中書省錄事主事令史書令史守當官共四十三人門下省錄事主事令史書令史守當官共四十六人依祖額以八十九人爲額隸闕守當官兩省各一百人共存留一百五十八人中書省六分門下省四分

尚書省掌施行制命舉省內綱紀程式受付六曹文書聽內外辭訴奏御史失職考百官庶府之治否以詔廢置賞罰曰吏部曰戶部曰禮部曰兵部曰刑部曰工部皆隸焉凡天下之務六曹所不能與奪者總決之應取裁者隨所隸送中書省樞密院事有成法則六曹準式具鈔令僕射丞檢察簽書送門下省畫聞審察吏部注擬文武官及封爵承襲賜勳定賞之事朝廷有疑事則集百官議其可否凡更改申明敕令格式一司條法則議定以奏覆太常考功謚議亦如之季終具賞罰勸懲事付進奏院頒行于天下大祭祀則誓戒執事官設官九尚書令左右僕射左右丞左右司郎中員外郎各一人分房十曰吏房曰戶房曰禮房曰兵房曰刑房曰工房各視其名而行六曹諸司所上之事曰開折房主受遣文書曰都知雜房主行進制敕目班簿具員考察都事以下功過遷補曰催驅房主考督文牘稽違曰制敕庫房主編檢敕令格式簿納架閣文書置吏六十有四都事三人主事六人令史十有四人書令史三十有五人守當官六人元豐四年詔尚書都省及六曹各輪郎官一員宿直五年詔得旨行下並用劄子紹聖元年詔在京官司所受傳宣內降隨事申尚書省或樞密院覆奏二月詔尚書省都彈奏六察御史糾不當者

令掌佐天子議大政奉所出命令而行之其屬有六曹凡庶務皆會而決之凡官府之紀綱程式無不總焉大事三省通議則同執政官合班小事尚書省獨議則同僕射丞分班論奏若事由中書門下而有失當應奏者亦如之與三師三公侍中中書令俱以冊拜自建隆以來不除惟親王元佐元儼以使相兼領不與政事政和二年詔尚書令太宗皇帝嘗任今宰相之官已多不須置然是時說者以謂爲令者唐太宗也熙陵未嘗任此蓋時相蔡京不學之過宣和七年詔復置令亦虛設其名無有除者南渡後並省不置

左僕射　右僕射掌佐天子議大政貳令之職與三省長官皆爲宰相之任大祭祀則掌百官之誓戒視滌濯告潔贊玉幣爵坫之事自官制行不置侍中中書令以左僕射兼門下侍郎右僕射兼中書侍郎行侍中中書令職事政和中詔曰昔我神考訓迪厥官有司不能奉承仰惟前代以僕臣之賤克宰相之任可改左僕射爲大宰右僕射爲少宰靖康元年詔依元豐舊制復爲左右僕射南渡後置左右丞相省僕射不置

左丞　右丞掌參議大政通治省事以貳令僕射之職僕射輪日當筆遇假故則以丞權當筆知印大祭祀酌獻薦饌進熟則受爵酒以授僕射舊班六曹尚書下官制行升其秩爲執政元豐五年五月詔左右僕射丞合治省事是月御史言左右丞蒲宗孟王安禮於都堂下馬違法犯分安禮爭論帝前神宗是之今左右丞於都堂上下馬自此始南渡後復置參知政事省左右丞不置

左司郎中　右司郎中　左司員外郎　右司員外郎各一人掌受六曹之事而舉正文書之稽失分治省事左司治吏戶禮奏鈔班簿房右司治兵刑工案鈔房而開折制敕御史元豐六年都司置御史房主行彈糾御史案察失職催驅封樁印房則通治之有稽滯則以期限舉催初於都司置吏設案而議者謂臺郎宰椽不當目爲官司遂隨省房分治所領之事惟置手分書奏各四人主行校定省吏都事以下功過及遷補之事元豐七年都司御史房置簿以書御史六曹官糾察之多寡當否爲殿最歲終取旨升黜紹聖元年詔都司以歲終黜檢六曹稽違最多者具郎官姓名上省取旨二年詔御史臺察六曹稽緩違失者送左司籍記宣和二年左司員外郎王蕃奏都司以彌綸省闥爲職事無不預今宰丞入省諸房文字塡委次第呈覆自朝至于日中或昏暮僅絕其勢不暇一一檢閱細故而省吏徑稟宰丞請筆以草檢令承從官齎赴郎官廳落日押字謂宜遵守元豐及崇寧舊法諸房各具簽帖先都事自黜檢次郎官押訖赴宰丞請筆行下於是詔曰先帝肇正三省詔給舍都司以贊省務今都司寖以曠官緣省吏強悍敢肆侵侮自今違法事其左右司官尚書具事舉劾建炎三年詔減左右司郎官兩員置中書門下省檢正諸房公事二員至次年檢正省罷其左右司郎官依舊四員紹興三十二年詔尚書省吏房兵房三省樞密院機速房尚書省刑房戶房工房三省樞密院看詳賞功房尚書省禮房令左右司郎官四員從上分房書擬隆興元年詔左右司郎官各差一員乾道六年詔榷貨務都茶場依建炎三年指揮委都司官提領措置乾道七年復添置右司郎官二人

榷貨務都茶場（都司提領）提轄官一員（京朝官充）監場官二員（京選通差）掌鬻茗香礬鈔引之政令以通商賈佐國用舊制置務以通榷易建炎中興又置都茶場給賣茶引隨行在所榷貨務置場雖分兩司而提轄官監官並通銜管幹外置建康鎮江務場並冠以行在爲名以都司提領不係戶部經費建康鎮江續分隸總領所開禧初以總領所侵用儲積錢令徑隸提領所乾道七年提領所置幹辦官一員右提轄官與雜買務雜賣場文思院左藏東西庫提轄並稱四轄外補則爲州內遷則爲寺監丞簿亦有徑爲雜監司或入三館（乾道間榷市舶左藏王撝除坑務王藺除治鑄錢司淳熙間熊克自文思院除校書郎）紹熙以後往往更遷六院官或出爲添倅有先後輕重之異焉

左藏封樁庫（都司提領）監官一員監門官一員淳熙九年以都司提領初剏非奉親與軍須不支後或撥入內庫或以供宮廷諸費亦以備振恤之用

提舉修敕令自熙寧初編修三司令式命宰臣王安石提舉是後皆以宰執爲之詳定官以侍從之通法令者充舊制二員宣和中增至七員靖康初減爲三員刪定官無常員先是嘗別修一司敕命大觀三年紹六曹刪定官併入詳定一司敕令所爲一局

制置三司條例司掌經畫邦計議變舊法以通天下之利熙寧二年置以知樞密院陳升之參知政事王安石爲之而蘇轍程顥等亦皆爲屬官未幾升之相乃言條例者有司事爾非宰相之職宜罷之帝欲併歸中書安石請以樞密副使韓絳代升之焉三年判大名府韓琦言條例司雖大臣所領然止是定奪之所今不關中書而徑自行下則是中書之外又有一中書也五月罷歸中書

三司會計司熙寧七年置於中書以宰相韓絳提舉先是絳言總天下財賦而無考較盈虛之法乃置是司既而事多濡滯八年絳坐此罷相局亦尋廢

編修條例司熙寧初置八年罷

經撫房專治邊事宣和四年宰臣王黼主代燕之議置于三省不復以關樞密院六年罷

提舉講議司崇寧元年七月詔如熙寧條例司故事都省置講議司以宰相蔡京提舉侍從爲詳定官卿監爲參詳官又置檢討官凡宗室冗官國用商旅鹽鐵賦調尹牧每一事各三人主之（時又分武備一房別爲樞密院講議司三年三月知樞密院事蔡卞奏罷）三年四月結局宣和六年又於尚書省置講議司十二月命大師致仕蔡京兼領聽就私第裁處仍免簽書

儀禮局大觀元年詔於尚書省置以執政兼領詳議官二員以兩制充應凡禮制本末皆議定取旨政和三年五禮議注成罷局

禮制局討論古今宮室車服器用冠昏喪祭沿革制度政和二年置於編類御筆所有詳議司詳議官宣和二年詔與大晟府製造所協聲律官並罷

宋史卷一百六十一考證

職官志一冊后則奉寶以授司徒國朝以秩高罕除○秩監本訛秩從通考改正

十月詔倣六典置諫官員○臣開鼎按下文云國家倣近古之制置諫官六員則員字上應有六字

宋史卷一百六十二

元　中書　右丞　相總裁　脫脫　等修

職官志第一百一十五

職官二（樞密院　宣徽院　三司使　翰林學士院　侍讀侍講　崇政殿說書　諸殿學士　諸閣學士　諸修撰直閣　東宮官　王府官）

樞密院掌軍國機務兵防邊備戎馬之政令出納密命以佐邦治凡侍衞諸班直內外禁兵招募閱試遷補屯戍賞罰之事皆掌之以升揀廢置揭帖兵籍有調發更戍則遣使給降兵符除授內侍省官及武選官將領路

分都監緣邊都巡檢使以上大事則稟奏其付授者用宣小事則擬進其付授者用劄先具所得旨關門下省審覆面得旨者爲錄白批奏得畫者爲畫旨並留爲底惟以白紙錄送皆候報施行其被御寶批旨者即送門下省繳覆應給誥者關中書省命詞即事干大計造作支移軍器及除都副承旨三衙管軍三路沿邊帥臣大僕寺官文臣換右職仍同三省取旨宋初循唐五代之制置樞密院與中書對持文武二柄號爲二府院在中書之北印有東院西院之文共爲一院但行東院印而職事條目頗多神宗初政遹省其務之細者歸之有司而增置審官西院專領閤門祗候以上至諸司使差遣官制行隨事分隸六曹專以本兵爲職而國信民兵牧馬總領仍舊隸焉舊分四房曰兵曰吏曰戶曰禮至是釐正凡分房十其後又增支馬小吏二房凡房十有二曰北面房掌行河北河東路吏卒北界邊防國信事曰河西房掌行陝西路麟府豐嵐石隰州保德軍吏卒西界邊防蕃官曰支差房掌行調發軍湖北路邊防及京東京西江淮廣南東路吏卒遷補殿侍選親事官曰在京房掌行殿前步軍司事支移兵器川陝路邊防及畿內福建路吏卒軍頭皇城司衞兵曰教閱房掌行中外校習封樁闕額請給催督驛遞及湖南路邊防曰廣西房掌行招軍捕盜賞罰廣南西路邊防及兩浙路吏卒而禁軍轉員則各隨其房之所領兵額治之曰兵籍房掌行諸路將官差發禁兵選補衞軍文書曰民兵房掌行三路保甲弓箭手曰吏房掌行差將領武臣知州軍路分都監以上及差內侍官文書曰知雜房掌行雜務曰支馬房掌行內外馬政并坊院監牧吏卒牧馬租課曰小吏房掌行兩省內臣磨勘功過敘用大使臣已上歷任事狀及校尉以上改轉遷遣吏三十有八人逐房副承旨三人主事五人守闕主事二人令史十三人書令史十五人元祐既刱支馬小吏二房增令史爲十四人書令史十九人刱正名帖房十八人大觀增逐房副承旨爲五人刱守闕書令史三人增正名二十八人中書密院既稱二府每朝奏事與中書先後上殿慶曆中二邊用兵知制誥富弼建言邊事係國安危不當專委樞密仁宗以爲然即詔中書同議諫官張方平亦言中書宜知兵事乃以宰相呂夷簡章得象並兼樞密使熙寧初滕甫言中書密院議邊事多不合趙明與西人戰中書賞功而密院降約束郭逵脩堡柵密院方詰之而中書以下褒詔願大臣凡戰守除帥議同而後下神宗善之元祐四年知樞密院安燾以母憂去職樞密院官偶獨員諫議大夫梁燾司諫劉安世言國朝革五代之弊文武二柄未嘗專付一人乞依故事命大臣兼領靖康元年知樞密院事李綱言在祖宗之時樞密掌兵籍虎符三衙管諸軍率臣主兵柄各有分守所以維持軍政萬世不易之法自童貫以領樞密院事爲宣撫使既主兵權又掌兵籍虎符今日不可不戒乞將團結到勤王正兵並付制置使行營司兵付三衙從之

樞密使　知院事　同知院事　樞密副使　簽書院事　同簽書院事　樞密使知院事佐天子執兵政而同知副使簽書爲之貳凡邊防軍旅之常務與三省分班稟奏事干國體則宰相執政官合奏大祭祀則迭爲獻官國初官無定制有使則置副有知院則置同知院資淺則用直學士簽書院事熙寧元年文彥博呂公弼爲使韓維邵亢爲副使時陳升之三至樞府神宗欲稍異其禮乃以爲知院事於是知院與副使並置元豐五年將改官制議者欲廢密院歸兵部帝曰祖宗不以兵柄歸有司故專命官以統之互相維制何可廢也於是得不廢帝又以樞密聯職輔弼非出使之官乃定置知院同知院二人副使悉罷元祐初復置簽書院事仍以樞密直學士充同簽書樞密院事治平末以殿前都虞候郭逵爲之又以逵判渭州帝初即位中丞王陶御史呂景等皆言之逵歸改除宣徽南院使知鄆州自是不復置政和六年以內侍童貫權簽書樞密院河西北面房事七年貫宣撫陝西河東北三路帶同簽書樞密院既而詔元豐官制即無同簽書樞密院事改爲權領樞密院然簽書院事元豐亦未嘗置宣和元年詔童貫領樞密院事後復以鄭居中爲之建炎初置御營司以宰相爲之使四年罷以其事歸樞密院機速房命宰相范宗尹兼知樞密院紹興七年詔樞密本兵之地事權宜重可依故事置樞密使以宰相張浚兼之又詔立班序立依宰相例其後或兼或否至開禧以宰臣兼使遂爲永制使與知院同知副使亦或並除其簽書同簽書並爲端明殿學士恩數特依執政或以武臣爲之亦異典也

都承旨　副都承旨掌承宣旨命通領院務若便殿侍立閱試禁衞兵校則隨事敷奏承所得旨以授有司蕃國入見亦如之檢察主事以下功過及遷補之事都承旨舊用院吏遷熙寧三年始以東上閤門使李評爲之又以皇城使李綬爲之副更用四人自評綬始是月詔都承旨副都承旨見樞密副使如閤門使禮五年以同脩起居注曾孝寬兼都承旨參用儒臣自孝寬始元豐四年客省使張誠一爲都承旨都承旨復用武臣自誠一始元祐初復以文臣爲都承旨其後以待制充元符三年王師約爲都承旨左司諫陳瓘言神考以文臣爲都承旨其副則參求外戚武臣之可用者今師約未歷邊任擢置樞屬掾文臣之位甚非神考設官之意至崇寧以後專用武臣建炎四年高宗在會稽以武臣辛道宗爲都承旨頗用事紹興元年道宗既免乃詔依元祐職制都承旨以兩制爲之如未曾任侍從之人即依權侍郎法又或加學士待制修撰貼職乾道初再用武臣自張說始淳熙九年都承旨復用士人自蕭燧始副都承旨文武通除

檢詳官熙寧四年置視中書檢正官元豐初定以三員及改官制置之建炎三年復置檢詳兩員敍位在左右司之下紹興二年減一員

計議官四員建炎四年罷御營使司併歸樞密院爲機速房隨司減罷屬官置幹辦官四員詔並改爲計議官至紹興十一年減罷

編修官隨事置無定員以本院官兼者不入御熙寧三年以王存顧臨等同編修經武要略兼刪定諸房例冊初擬都副承旨提舉神宗謂存等皆館職不欲令承旨提舉詔改爲管幹紹聖四年編修刑部軍馬司事令都副承旨兼領政和七年編修北邊條例又別置詳覆官講議司崇寧元年以尚書省講議武備房歸樞密院置以知院蔡卞提舉三年卞奏武備本院諸房可行不必專局乃罷之紹興置編修官二員監三省樞密院門舊係差小使臣及內侍官充嘉定六年詔以曾經作縣通判資序人充小使臣省罷內侍官改以三省樞密院門機察官繫銜

主管三省樞密院架閣文字一員嘉定八年置以選人京朝官通差

三省樞密院激賞庫三省樞密院激賞酒庫監官各二人（初以武臣嘉泰末始易以選人）二庫並因紹興用兵刱以備邊後兵罷事以備堂東兩廚應干宰執支遣若朝廷軍期急速錢物金帶以備激犒諸軍將帥告命綾紙以備科撥調遣等用省院府吏胥之給亦具焉

御營使　提舉修政局　制國用使　都督諸路軍馬中興多以宰相兼領兵政財用之事而執政同預焉因事刱名未久遽罷可以不書以其關宰相設施因記其名稱本末附見焉建炎元年置御營司以宰相爲之使仍以執政官兼副使其屬有參贊軍事以侍從官兼提舉一行事務以大將兼其將佐有都統制及五軍統制以下官初以總齊行在軍中之政三年詔御營使司止管行在五軍營砦事務其餘應干邊防措置等事釐正歸三省樞密院四年詔自今宰相兼知樞密院事罷御營使時臣僚言宰相之職無所不統本朝沿五代之制政事分爲兩府兵權付於樞密比年又置御營使是政出於三也請罷御營司以兵權付之密院而以宰相兼知庶幾可以漸議兵政故罷使及官屬以其事歸密院爲機速房至紹興二十九年九月詔祖宗舊制樞密院即無機速房合行減罷（紹興三十一年金主亮來攻帝將臨江視師其冬以和義郡王楊存中爲御營宿衞使兵罷復免明年孝宗即位又以御營使命之然但自名一司掌殿前忠勇等軍非復建炎之比未幾而罷存中非宰執附見于此）紹興二年詔置修政局令百官條具修車馬備器械命右相秦檜提舉參知政事同領之其下有參詳官一人侍從爲之參議官二人檢討官四人卿郎爲之如講議司故事三月而罷局乾道四年詔理財之要裕財爲重自今宰相可帶兼制國用使參政可同知國用事（先是臣僚言近以宰相兼樞密院蓋欲使宰相知兵也宰相知兵而財谷出入之原宰相猶未知也望法李唐之制委宰相兼領三司使職事財谷出納之大綱宰相領之於上而戶部治其凡故有是命）五年二月罷國用司八年詔官制已定丞相事無不統所有國用一司與參知政事並不兼帶嘉泰四年詔遵孝宗典故宰相兼國用使參知政事同知國用事仍於侍從卿監中擇二人充屬官右丞相陳自强兼國用事參知政事兼知樞密院事費士寅參知政事張巖兼同知國用事（以兵部侍郎薛叔似兼參計官大府卿陳景思同參計官先是臣僚言今日財計非錢穀不足可憂而滲漏日滋之爲可慮也謂國家以冢宰制國用而唐亦以宰相兼領度支是知財賦國家之大計其出入之數有餘不足爲大臣者皆所當知庶可節以制度關防數蠹宜略倣祖宗遺意命大臣兼提領天下財賦從之）陳自强罷亦廢　紹興五年制以左通議大夫尚書左僕射同中書門下平章事兼知樞密院事趙鼎左政奉大夫尚書左僕射同中書門下平章事兼知樞密院事張浚都督諸路軍馬未幾浚暫往江上措置邊防至七年秋廢罷其餘宰臣執政開府于外者別載于篇

編修勑令所　提舉（宰相兼）　同提舉（執政兼）　詳定（侍從官兼）　刪定官（就職事官內差兼）　掌哀集詔旨纂類成書紹興十二年罷乾道六年復置詳定一司勑命所以右丞相虞允文提舉參知政事梁克家同提舉淳熙十五年省罷紹熙二年復置局慶元二年復置提舉以右丞相余端禮兼同提舉以參知政事京鏜兼仍以編修勑令所爲名

宣徽院

宣徽南院使　北院使　掌總領內諸司及三班內侍之籍郊祀朝會宴饗供帳之儀應內外進奉悉檢視其名物舊制以檢校爲使或領節度及兩使留後闕則樞密副使一人兼領二使亦有兼樞密副使簽書樞密院者南院資望比北院頗優然皆通掌止用南院印二使共院而各設廳事其吏史則有都勾押官勾押官各一人前行三人後行十二人分掌四案一曰兵案二曰騎案主賜羣臣新史及掌諸司使至崇班內侍供奉官諸司工匠兵卒之名籍及三班而下遷補假故鞫劾之事　三曰倉案掌春秋及聖節大宴節度使迎授恩賜上元張燈四時祠祭及契丹朝貢內廷學士赴上並督其供帳內外進奉名物教坊伶人歲給衣帶專其奏覆　四曰冑案掌郊祀御殿朝謁聖容賜酺國忌供帳之事諸司使副三班使臣別籍分產司其條制頒諸司工匠休假之　故事與參知政事樞密副使同知樞密院事以先後入叙位熙寧四年詔位參政樞副同知下著爲令九年詔今後遇以職事侍殿上或中書樞密院合班問聖體及非次慶賀並特序二府班宣制行罷宣徽院以職事分隸省寺而使號猶存　初吏部尚書王拱辰治平中知大名府神宗即位拜太子少保明年檢校太傅改宣徽北院使尋遷南院立班序位視簽樞元豐六年拱辰除武安軍節度使再任自此遂罷使名不復除獨太子少師張方平許依舊領南院使致仕哲宗即位始遷太子太保而罷使名元祐三年復置南北院使儀品恩數如舊制六年以馮京爲南院使而方平亦復使名中書舍人韓川言祖宗設此官禮均二府以待勳舊未嘗帶以致仕且宣徽武官也宮保文官也不宜混并不聽方平亦固辭不拜七年馮京亦以使致仕紹聖三年議者言官名雖復而無所治之事乃罷之南渡以後不復再置

三司使

使　副使　判官　鹽鐵使　度支使　戶部使

三部副使　三部判官

三司之職國初沿五代之制置使以總國計應四方貢賦之入朝廷不預一歸三司通管鹽鐵度支戶部號曰計省位亞執政目爲計相其恩數廩祿與參樞同太平興國八年分置三使淳化四年復置使一員總領三部又分天下爲十道曰河南河東關西劍南淮南江南東西兩浙廣南在京東曰左計京西曰右計置使二員分掌俄又置總計使判左右計事左右計使判十道事凡干涉計度者三使通議之五年罷十道左右計使復置三部使咸平六年罷三部使復置三司一員闕正使則以給諫以上權使事使一人以兩省五品以上及知制誥雜學士學士充亦有輔臣罷政出外召還充使者使闕則有權使事又闕則有權發遣公事掌邦國財用之大計總鹽鐵度支戶部之事以經天下財賦而均其出入焉凡奏事及大事悉置案奏牒常事止置案太平興國初以賈琰爲三司副使七年以侯陟王明同判三司遂省副使　鹽鐵掌天下山澤之貨關市河渠軍器之事以資邦國之用　度支掌天下財賦之數每歲均其有無制其出入以計邦國之用　戶部掌天下戶口稅賦之籍榷酒工作衣儲之事以供邦國之用　副使以員外郎以上歷三路轉運及六路發運使充　判官以朝官以上曾歷諸路轉運使提點刑獄充　三部副使各一人通簽逐部之事舊以員外郎以上充端拱初省淳化三年復置又省至道初又置真宗即位副使遝官遂罷之咸平六年復置以舊　三部判官各三人分掌逐案之事朝官充國初承舊制每部判官一人乾德四年三部各置推官一人太平興國三年諸案置推官或巡官以朝官充四年三司止置判官一人推官三人及分十道計各置判官一人五年廢十道三部各置判官二人　三部各有孔目官一人都勾押官一人勾覆官四人

鹽鐵分掌七案　一曰兵案掌衙司軍將大將四排岸司兵卒之名籍及庫務月帳吉凶儀制官吏宿直諸州衙吏胥吏之遷補本司官吏功過三部胥吏之名帳及刑獄造船捕盜亡逃絕戶資產禁錢景德二年併度支案爲刑案　二曰冑案掌修護河渠給造軍器之名物及軍器作坊弓弩院諸務諸季料籍　三曰商稅案　四曰都鹽案　五曰茶案　六曰鐵案掌金銀銅鐵朱砂白礬綠礬石炭錫鼓鑄　七曰設案掌旬設節料齋錢餐錢羊豕米麪薪炭陶器等物

度支分掌八案　一曰賞給案掌諸給賜賻贈例物口食內外春冬衣時服綾羅紗縠絹布鞋席紙染料市舶榷物務三府公吏　二曰錢帛案掌軍中春冬衣百官奉祿左藏錢帛香藥榷易　三曰糧料案掌三軍糧料諸州芻粟給受諸軍校口食御河漕運商人飛錢　四曰常平案掌諸州平糴大中祥符七年置主吏七人　五曰發運案掌汴河廣濟蔡河漕運橋梁折斛三稅　六曰騎案掌諸坊監院務飼養牛羊馬畜及市馬等　七曰斛斗案掌兩京倉廩積計度東京糧料百官祿粟廚料　八曰百官案掌京朝幕職官奉料祠祭禮物諸州驛料　戶部分掌五案　一曰戶稅案掌夏稅　二曰上供案掌諸州上供錢帛　三曰修造案掌京城工作及陶瓦八作排岸作坊諸庫簿帳勾校諸州營壘官廨橋梁竹木簰筏　四曰麴案掌榷酤官麴　五曰衣糧案掌勾校百官諸軍諸司奉料春冬衣祿粟茶鹽鞋醬傔糧等　三部諸案並與本部都孔目官以下分掌　三部勾院判官各一人以朝官充掌勾稽天下所申三部金穀百物出納帳籍以察其差殊而關防之　鹽鐵院度支院戶部院勾覆官各一人　都磨勘司端拱九年置　判司官一人以朝官充掌覆勾三部帳籍以驗出入之數　都主轄支收司淳化三年置　判官司以判磨勘司官兼掌官物已支未除之數候至所受之處附籍報所由司而對除之天下上供物至京即日奏之納畢取其鈔以還本州　拘收司咸平四年置　以判磨勘司兼掌凡支收財利未結絕者籍其名件而督之　都理欠司雍熙二年三部各置理欠有勾簿司景德四年廢　判司官一人以朝官充掌理在京及天下欠負官物之籍皆立限以促之　都憑由司以判都理欠司官兼掌在京官物支破之事凡部支官物皆覆視無虛謬則印署而還之支訖復據數送勾而銷破之　開折司判司官一人以朝官充掌受宣敕及諸州申牒之籍發放以付三部兼掌發放勾鑿催驅受事發放司掌受三司帖牒而下之太平興國中年置　勾鑿司掌勾校三部公事簿帳　催驅司掌督京城諸司庫務末帳京畿倉場庫務月帳憑由送勾及三部支訖內外奉祿之事　受事司掌諸處解送諸色名籍以發付三部衙司管轄官二人以判開拆司官及內侍都知押班充掌大將軍將名籍第其勞而均其役使　勾當公事官二員以朝官充掌分左右廂檢計定奪點檢覆驗估剝之事　三司推勘公事一人以京朝官充掌推劾諸部公事　勾當諸司馬步軍糧料院官各一人以京朝官充掌文武官諸司諸軍給受奉料批書劵曆諸倉庫案驗而廩賦之　勾當馬步軍專勾司官一人以京朝官充舊以三班掌諸軍兵馬逃亡收併之籍諸司庫務給受之數審校其欺詐批曆以送糧料院　以上並屬三司使元豐官制行罷三司使並歸戶部

翰林學士院

翰林學士承旨　翰林學士　知制誥　直學士院

翰林權直　學士院權直　掌制誥詔令撰述之事凡立后妃封親王拜宰相樞密使三公三少除開府儀同三司節度使加封加檢校官並用制賜大臣太中大夫觀察使以上用批答及詔書餘官用敕書布大號令用御札戒勵百官曉諭軍民用敕牓遣使勞問臣下口宣凡降大赦曲赦德音則先進草大詔命及外國書則具本取旨得畫亦如之凡拜宰相及事重者晚漏上天子御內東門小殿宣召面諭給筆札書所得旨稟奏歸院內侍鎖院門禁止出入夜漏盡具詞進入遲明白麻出閤門使引授中書中書授舍人宣讀其餘除授并御札但用御寶封遣內侍送學士院鎖門而已至於赦書德音則中書遣吏持送本院內侍鎖院如除授焉凡撰述皆寫畫進入請印署而出中書省熟狀亦如之若已畫旨而未盡及舛誤則論奏貼正凡宮禁所用文詞皆掌之乘輿行幸則侍從以備顧問有獻納則請對仍不隔班凡奏事用榜子關白三省樞密院用諮報不名凡初命爲學士皆遣使就第宣詔旨召入院上日敕設會從官宥以樂元豐中始命佩魚自蒲宗孟始見執政議事則繫鞵蓋與侍從異禮也政和三年強淵明請以前後所被旨及案例修爲本院敕令格式五年御書摛文堂榜賜學士院靖康元年吳幵等奏大禮鎖院麻三道以上係雙學士宿直分撰乞依故事從之一承旨不常置以學士久次者爲之凡他官入院未除學士謂之直院學士俱闕他官暫行院中文書謂之權直自國初至元豐官制行百司事失其實多所釐正獨學士院承唐舊典不改乾道九年崔敦詩初以秘書省正字兼翰林權直淳熙五年敦詩再入院議者以翰林乃應奉之所非專掌制誥之地更爲學士院權直後復稱翰林權直然亦互除不廢權正或至三人

翰林侍讀學士　太宗初以著作佐郎呂文仲爲侍讀真宗咸平二年以楊徽之夏侯嶠並爲翰林侍讀學士始建學士之職其後馮元爲翰林侍讀不帶學士又以高若訥爲侍讀不加別名但供職而已天禧三年張知白爲刑部侍郎充翰林侍讀學士知天雄軍府侍讀學士外使自知白始元豐官制廢翰林侍讀侍講學士不置但以爲兼官然必侍從以上乃得兼之其秩卑資淺則爲說書歲春二月至端午日秋八月至長至日遇隻日入侍邇英閣輪官講讀元祐七年復增學士之號元符元年省去建炎元年詔可特差侍從官四員充講讀官遇萬機之暇令三省取旨就內殿講讀充宮觀兼侍讀元豐八年五月資政殿大學士呂公著兼侍讀提舉中太乙宮兼集禧觀公事七月韓維兼侍讀提舉中太乙宮元祐元年端明殿學士范鎮致仕提舉中太乙宮兼集禧觀公事兼侍讀不赴六年馮京兼侍讀充太乙宮使未幾乞致仕不允仍免經筵進讀中興以來如朱勝非張浚謝克家趙鼎万俟卨並以萬壽觀使兼侍讀隆興元年張燾以萬壽觀湯思退以醴泉觀並侍讀乾道五年劉章以佑神觀兼焉　臺諫兼侍讀自慶曆以來臺丞多兼侍讀諫長未有兼者紹興十二年春万俟卨以中丞羅汝檝以諫議始兼侍讀自後每除言路必兼經筵矣

翰林侍講學士　咸平二年國子祭酒邢昺爲侍講學士其後又以馬宗元爲侍講不加別名但供職而已景德四年以翰林侍講學士邢昺知曹州侍講學士外使自昺始故事自兩省臺端以上兼侍講元祐中司馬康以著作佐郎兼侍講時朝議以文正公之賢故特有是命紹興五年范沖以宗卿朱震以秩少並兼蓋殊命也乾道六年張栻始以吏部員外郎兼蓋中興後庶官兼侍講者惟此三人若紹興二十五年張扶以祭酒隆興

二年王佐以檢正乾道七年林憲以宗卿入經筵亦兼侍講者蓋扶本以言路兼說書就升其秩佐時攝版曹憲嘗爲右史且有舊例故稍優之　臺諫兼侍講慶曆二年召御史中丞賈昌朝侍講邇英閣故事臺丞無在經筵者仁宗以昌朝長於講說特召之神宗用呂正獻亦止命時赴講筵去學士職中興後王賓爲御史中丞見請復開經筵遂命兼講自後十五年間繼之者惟王唐徐俯二人皆出上意紹興十二年則万俟卨羅汝檝紹興二十五年則正言王珉殿中侍御史董德元並兼侍講非臺丞諫長而以侍講爲稱又自此始其後猶或兼說書臺官自尹穡隆興二年五月諫官自詹元宗乾道九年十二月後並以侍講爲稱不復兼說書矣　宮觀兼侍講國初自元豐以來多以宮觀兼侍讀乾道七年寶文待制胡銓除提舉祐神觀兼侍講是日以宰執進呈虞允文奏曰胡銓早歲士節甚高不宜令其遠去朝廷帝曰銓固非他人比且除在京宮觀留侍經筵故有是命

崇政殿說書　掌進讀書史講釋經義備顧問應對學士侍從有學術者爲侍講侍讀其秩卑資淺而可備講說者則爲說書仁宗景祐元年正月命賈昌朝趙希言王宗道楊安國並爲崇政殿說書日輪二員祗候初侍講學士孫奭年老乞外因薦昌朝等至是特置此職以命之慶曆二年以趙師民預講官復爲崇政殿說書不兼侍講元祐間程頤以布衣爲之然范祖禹乃以著作佐郞兼侍講司馬康又嘗以著作佐郞兼侍講前此未有也崇寧中初除說書二人皆以隱逸起蔡宗呂璀仍遂其性詔以仕服隨班朝謁入侍渡江後尹焞初以秘書兼之中間王十朋范成大皆以郞官兼亦殊命也近事侍從以上兼經筵則曰侍講庶官則曰崇政殿說書故左史兼亦曰侍講紹興十二年万俟卨羅汝檝並兼講讀蓋秦檜時已兼說書便於傳道秦熺復繼之每除言路必預經筵檜死始罷慶元後臺丞諫長暨副端正言司諫以上無不預經筵者正言兼說書自端明巫伋始副端兼說書自端明余堯弼始察官兼說書自少卿陳夔始修注兼說書自朱震始修注官多得兼侍講開禧三年十一月王簡卿知諫院爲左史仍兼崇政殿說書言者以爲不可罷之

觀文殿大學士　學士之職資望極峻無吏守無職掌惟出入侍從備顧問而已觀文殿卽舊延恩殿慶曆七年更名皇祐元年詔置觀文殿大學士寵待舊相今後須會任宰相乃得除授時賈昌朝由使相右僕射觀文殿大學士判尚書都省觀文殿置大學士自昌朝始三年詔班在觀文殿學士之前六尚書之上自是曾任宰相者出必爲大學士熙寧中韓絳宣撫陝西河東得罪罷守本官四年用明堂赦授觀文殿學士宰相不爲大學士自絳始中興後非宰相而除者自紹興二十年蔡熺始熺知樞密院郊祀大禮使禮成以學士遷且視儀揆路非典故也乾道四年汪澈舊以樞密使爲學士遷九年王炎以樞密使爲西川安撫使除至慶元間趙彥逾自工部尚書爲端明殿學士直以序遷至焉曾爲宰相而不爲大學士者自紹興元年范宗尹始

觀文殿學士　觀文殿本隋煬帝殿名國初爲文明殿學士慶曆七年宋庠言文明殿學士稱呼正同眞宗諡號兼禁中無此殿額其學士理自當罷乞擇見今正朝或秘殿以名學士易之乃詔改爲紫宸殿學士以參知政事丁度爲之時學士多以殿名爲官稱丁遂稱曰丁紫宸八年御史何郯以爲紫宸不可爲官稱於是改延恩殿爲觀文殿卽殿名置學士仍以度爲之自後非曾任執政者弗除熙寧中王韶以熙河功元豐中王陶以宮僚雖未歷二府亦除是職蓋異恩也然韶猶兼端明殿龍圖學士云

資政殿大學士　資政殿在龍圖閣之東序景德二年王欽若罷參政眞宗特置資政殿學士以寵之在翰林學士下十二月復以欽若爲資政殿大學士班文明殿學士之下翰林學士承旨之上資政殿置大學士自欽若始自欽若班翰林承旨上一時以爲殊寵祥符初向敏中以前宰相再入爲東京留守復加此職自是訖天聖末二十餘年不以除人明道元年李迪知河陽召還始再命之景祐四年王曾罷相復除二十年間除三人皆前宰相也宋庠罷參知政事仁宗眷之厚因加此職自欽若後非宰相而除者惟庠一人康定二年右正言梁適請遵先朝故事定以員數於是詔大學士置二員學士三員紹興十年鄭億年歸自僞齊除資政殿二年加大學士許出入如二府儀億年未嘗秉政十五年秦熺自翰林學士承旨爲資政詔立班恩數同執政十六年秦檜弟梓以端明卒于湖州進大資致仕恤典同參政是後從臣自端明視政府而序進者遂爲常矣

端明殿學士　端明殿卽西京正衙殿也後唐天成元年明宗卽位之初四方書奏命樞密使安重誨進讀懵於文義孔循獻議始置端明殿學士命馮道趙鳳俱以翰林學士充班在翰林學士上後有轉改止於翰林學士內選任初如三館例職在官下趙鳳轉侍郞諷任圜特移職在官上後遂爲故事宋太宗初以程羽爲之後隨殿名改爲文明殿學士慶曆中改爲紫宸後又改爲觀文明道二年改承明殿爲端明殿復置端明殿學士以翰林侍讀學士宋綬爲之在翰林學士之下自明道訖元豐無前執政爲之者僅以侍學士之久次者元豐中以前執政爲之自曾孝寬始以見任執政爲之自王安禮始政和中嘗改爲延康殿建炎二年都省言延康殿學士舊係端明殿學士詔依舊後拜簽樞者多領焉

總閣學士直學士　宋朝庶官之外別加職名所以厲行義文學之士高以備顧問其次與論議典校讎得之爲榮選擇尤精元豐中修三省寺監之制其職並罷滿歲補外然後加恩兼職直龍圖閣省寺監掌貳補外或領監司帥臣則除之待制雜學士給諫以上補外則除之係一時恩旨非有必得之理元祐二年詔復增館職及職事官並許帶職尚書二年加直學士中丞侍郞給舍諫議通及一年加待制紹聖三年詔職事官罷帶職非職事之官仍舊中興後學士率以授中司列曹尚書翰林學士之補外者權尚書給諫侍郞則帶直學士待制焉

龍圖閣學士　直學士　待制　大中祥符中建在會慶殿西偏北連禁中閣東曰資政殿西曰述古殿閣上以奉太宗御書御製文集及典籍圖畫寶瑞之物及宗正寺所進屬籍世譜有學士直學士待制直閣等官

學士大中祥符三年置以杜鎬爲之班在樞密直學士上六年詔結銜在本官之上　直學士景德四年置以杜鎬爲之班在樞密直學士下祥符六年詔結銜在本官之上　待制景德元年置以杜鎬戚綸爲之並依舊充職四年詔班在知制誥下並赴內殿起居自改官制爲學士初復之職或知制誥平出除之

天章閣學士　直學士　待制　天禧四年建在會慶殿之西龍圖閣之北明年仁宗卽位修天章閣畢以奉安眞宗御製東曰羣玉殿西曰蘂珠殿北曰壽昌殿南曰延康殿內以桃花文石爲流桮之所以在位受天書祥符改曰天章取爲章于天之義天聖八年置待制慶曆七年又置學士直學士又有侍講學士慶曆七年初置在龍圖閣學士之下學士罕以命人迄仁宗世纔王贄一人秦堪自顯謨閣進直天章閣以稱呼非便辭詔改龍圖自是天章不爲帶職　直學士慶曆七年初置天章閣直學士在龍圖閣直學士之下　待制天聖八年初置寓直於秘閣與龍圖通宿壽命范諷鞠詠充職中興後圖籍符瑞寶玩之物若國史宗正寺所進屬籍獨藏于天章閣祖宗御容潛邸旌節亦安奉焉

寶文閣學士　直學士　待制　閣在天章閣之東西序羣玉蘂珠殿之北卽舊壽昌閣慶曆改曰寶文嘉祐八年英宗卽位詔以仁宗御書御集藏于閣命王珪撰記立石治平四年神宗卽位始置學士直學士待制恩賜如龍圖英宗御書附于閣　學士治平四年初置以呂公著兼　直學士治平四年初置以邵必爲之　待制治平四年初置

顯謨閣學士　直學士　待制　元符元年曾布鄧洵仁各申請建閣詔翰林學士中書舍人撰閣名五以聞遂建閣藏神宗御集以顯謨爲名徽宗建中靖國元年詔以顯謨閣爲熙明閣仍置學士直學士待制續奉旨仍以顯謨爲額崇寧元年詔顯謨閣學士直學士待制如三閣故事序位在寶文閣學士直學士待制之下學士直學士待制並建中靖國元年置

徽猷閣學士　直學士　待制　大觀二年初建徽猷閣以藏哲宗御集置學士直學士待制等官

敷文閣學士　直學士　待制　紹興十年置藏徽宗聖製置學士等官

煥章閣學士　直學士　待制　淳熙初建藏高宗御製十五年置學士等官

華文閣學士　直學士　待制　慶元二年置藏孝宗御製置學士等官

寶謨閣學士　直學士　待制　嘉泰二年置藏光宗御製置學士等官

寶章閣學士　直學士　待制　寶慶二年置藏寧宗御製置學士等官

顯文閣學士　直學士　待制　咸淳元年置藏理宗御製置學士等官

集英殿修撰　國初有集賢殿修撰直龍圖閣直秘閣三等政和六年始置集英殿修撰右文殿修撰秘閣修撰舊制貼職無雜壓至是因增置乃定爲雜壓其集英修撰中興後以寵六曹權侍郞之補外者下待制一等

右文殿修撰　元祐元年許內外官帶貼職紹聖二年詔職事官罷帶職易集賢殿學士爲修撰政和六年以集賢院無此名其見任集賢院修撰並改爲右文殿修撰次於集英殿修撰爲貼職之高等

秘閣修撰　政和六年置以待館閣之資深者仍多由直龍圖閣遷焉

直龍圖閣　祥符九年以馮元爲太子中允直龍圖閣直閣之名始此凡館閣之久次者必選直龍圖閣皆爲擢待制之基也中興後凡直閣爲庶官任藩閫監司者貼職各隨高下而等差之

直天章閣至直顯文閣並同

直秘閣　國初以史館昭文館集賢院爲三館皆寓崇文院太宗端拱元年詔就崇文院中堂建秘閣擇三館眞本書籍萬餘卷及內出古畫墨跡藏其中以右司諫直史館宋泌爲直秘閣直館直院則謂之館職以他官兼者謂之貼職元豐以前凡狀元制科一任還即試詩賦各一而入否則用大臣薦而試謂之入館官制行廢崇文院爲秘書監建秘閣於中自監少至正字列爲職事官罷直館直院之名獨以直秘閣爲貼職皆不試而除蓋特以爲恩數而已　故事外官除館職如秘閣校理直秘閣者必先移書在省執事叙同僚之好乃即館設盛會宴之自崇寧以來外官除館職既多此禮寖廢

東宮官

太子太師　太傅　太保　太子少師　少傅　少保

國初師傅不常設仁宗升儲置三少各一人參政李昉兼掌賓客及升首相遂進少傅此宰相兼宮僚之始也丁謂兼少師馮拯兼少傅曹利用兼少保是時實爲東宮官餘多以前宰執爲致仕官若太子太師太傅太保以待宰相官未至僕射者及樞密使致仕亦隨本官高下除授太子少師少傅少保以待前執政惟少師非經顧命不除若因遷轉則遞進一官至太師即遷司空天禧末皇太子同聽政乃以首相兼少師自後神宗欽宗孝宗光宗在東宮皆不置開禧三年史彌遠自詹事入樞府乃進兼賓客已而太子侍立遂以丞相錢象祖兼太子少傅明年景憲太子立象祖兼少師彌遠以右相兼少傅未幾彌遠丁內艱象祖亦去位又明年彌遠起復遂兼進少師景定元年度宗升儲以賈似道爲少師

太子賓客　至道元年建儲初置賓客二人以他官兼天禧四年參政任中正樞副錢惟演參政王曾並兼太子賓客執政兼東宮官始此中興後不置開禧三年景憲太子立始以執政兼賓客後復省景定元年度宗升儲以朱熠皮龍榮沈炎並兼賓客

太子詹事　仁宗升儲置詹事二人神宗欽宗升儲並置二人皆以他官兼登位後省乾道元年莊文太子立置詹事二人踰月詔太子詹事過東宮講讀日並往陪侍七年光宗正儲位以敷文閣直學士王十朋敷文閣待制陳良翰爲太子詹事不兼他官非常制也景定元年度宗升儲以楊棟兼詹事

太子左庶子　右庶子　左諭德　右諭德　舊制不常設儲闈之建隨宜制官以備僚寀多以他官兼領仁宗神宗升儲庶子諭德各置二人欽宗升儲置一人紹興三十二年孝宗以建王立爲皇太子置庶子諭德各一人除右處左乾道元年及七年各置一人開禧三年景憲太子立初除左處右明年左右始並置

太子侍讀　侍講　神宗升儲始置各一人乾道淳熙開禧各依故事並置乾道七年禮部太常寺言討論東宮開講并節朔賀慶辭謝禮儀宮僚講讀無已行故事當依放講筵少殺其禮每遇講讀詹事以下至講讀官上堂並用賓禮參見依官職序坐皇太子正席講讀官迭起如延英儀講罷復位節朔不受宮僚參賀元日冬至詹事以下牋賀謝辭初如常見之禮後離位致詞復位就坐茶湯罷詹事初上參見皇太子拜皇太子答拜庶子等初上參見皇太子受拜庶子諭德及講讀官雖有坐受之禮止是五禮新儀所載兼逐日致拜之禮近例皆已不行或遇合致拜日更合參酌天禧至道故事施行按天禧二年九月五日左庶子張士遜等言臣等日詣資善堂參見皇太子得令升階側拜然後就受望令皇太子坐受參見詔不許至道元年皇太子每見太子賓客必先拜迎送常降階及門並從之

太子中舍人　舍人　至道天禧各置一人神宗欽宗升儲並如舊置嘉定初除二人慶元以中舍人在舍人上

資善堂　翊善　贊讀　直講　說書　皇太子宮小學教授　資善堂小學教授　翊善贊讀直講皆舊制說書而下中興以後增置　資善堂自仁宗爲皇子時爲肄業之所每皇子出就外傳選官兼領元豐八年哲宗初開講筵詔講讀官日赴資善堂以雙日講讀仍輪一員宿直又詔三省樞密院講讀修注官錫宴於資善堂政和元年定王嘉王出就資善堂聽讀詔宰執就見靖康元年詔皇太子出就外傳就資善堂置學舍令國子監供監書紹興五年孝宗封建國公出就資善堂聽講先是宰臣趙鼎得旨於宮門內造書院至是始成以爲資善堂命儒臣爲直講翊善悉如資善故事尋用趙鼎言以左史范沖充翊善右史朱震充贊讀時稱極選帝曰朕令國公見沖震必設拜蓋尊重師傅不得不如此紹興十二年建國公出就外第及紹興三十年由普安郡王爲皇子進封建王時皇孫皆就傅以校書郎王十朋爲小學教授紹興三十二年孝宗即位詔三皇子位各置說書官一員又置贊讀直講一員淳熙七年皇孫英國公始就傅詔置皇太子宮小學教授一員十六年光宗即位皇子進封嘉王置王府贊讀翊善直講各一員慶元六年景獻太子爲福州觀察使詔令資善堂授書置小學教授二員開禧元年進封榮王仍開資善堂置贊讀直講說書官各一員又置翊善一員度宗升儲並置翊善贊讀等官

主管左右春坊事二人以內臣兼同主管左右春坊事二人以武臣兼承受官一人以內侍充仁宗神宗升儲並置中興後置官並同

太子左右衞率府率　副率　左右司禦率府率　副率　左右清道率府率　副率　左右監門率府率　副率　左右內率府率　副率　官存而無職司至道元年東宮置左清道率府率副率兼左春坊謁者主贊引三年眞宗即位而省天禧二年又以左清道率郭承慶左右監門副率夏元亨兼左右春坊謁者仁宗即位復省中興後不置惟以監門率府副率爲環衞

親王府　傅　長史　司馬　諮議參軍　友　記室參軍　王府教授　小學教授　傅及長史司馬有其官而未嘗除太平興國八年諸王出閤楚王府置諮議參軍二員翊善一員陳王府置諮議翊善各一員韓王冀王益王置翊善各一員後又置記室及諸王府侍講一員並以常參官兼充其後多不置諮議翊善記室或止一員大中祥符九年仁宗初封壽春郡王置友二員亦以常參官兼充天禧二年進封昇王友遷諮議仍置記室一員又皇姪皇孫侍教南北伴讀無定數至道初太宗以皇親子孫就講學欲置侍講之職中書言按唐太宗改諸王侍讀爲奉諸王講讀今皇孫皇姪皆環衞之職請以教授爲名從之選京朝官通經者充其後又令王府記室翊善侍講分兼南北宅教授大中祥符三年又有侍教之名自是南北院或有伴讀凡諸宮皆有教授初無定員是年英宗以宗室自率府副率已上八百餘人奉朝請者四百餘人而教官纔六員乃詔增置教授官凡皇族年三十已上者百一十三人置講書四員年二十以上者百十三人置講書四員年十五已上者三百九人增置教授五員年十四已下者別置小學教授十二員并舊六爲二十七員以分教之其子弟不率教俾教授官本位尊長具名申大宗正司量行戒責教授官不職大宗正司密訪以聞舊制親賢宅置講書紹興十二年改爲府教授掌教親賢宅南班宗子淳熙十二年詔建魏惠憲王府置小學教授二員以館職兼充掌訓皇孫既長趨朝謁則不以小學名而講習如故自後皇姪皇孫皆置教授

宋史卷一百六十二考證

職官志二觀文殿學士宰相不爲太學士自絳始中興後非宰相而除者自紹興二十年蔡熺始熺知樞密院郊祀大禮使禮成以學士遷○臣關鼎按通鑑紹興十八年三月以秦熺知樞密院事四月秦熺罷爲觀文殿學士則蔡字應是秦字之譌二十年應作十八年

宋史卷一百六十三

元中書右丞相總裁脫脫等修

職官志第一百一十六

職官三　吏部　戶部　禮部　兵部　刑部　工部　六部監門　六部架閣

吏部掌文武官吏選試擬注資任遷叙蔭補考課之政令封爵策勳賞罰殿最之法凡文階官之等二十武選官之等五十有六幕職州縣官之等七散官之等九皆以左右高下分屬於四選曰尚書左選文臣京朝官以上及職任非中書省除授者悉掌之曰尚書右選武臣升朝官以上及職任非樞密院除授者悉掌之自初任至幕職州縣官侍郎左選掌之自副尉以上至從義郎侍郎右選掌之若文武官雖不隸左右選而職任係中書省樞密院除授者其制命誥勅皆本部奉行凡應注擬升移叙復蔭補及酬賞封贈者所隸審驗格法上尚書省法例可否不決應取裁者亦如之若中散大夫左右武大夫以上合命詞者列其遷叙資級歲月功過上中書省樞密院畫旨給告通書本部長貳及所隸郎官其屬有曰司封曰司勳曰考功凡官十有三尚書一人侍郎一人郎中員外郎尚書選二人侍郎選各一人司封司勳考功各一人舊制有三司尚書主其一侍郎二

員各主其一分銓注擬事其後但存尚書銓餘東西銓印存而事廢淳化中又置考課院磨勘幕府州縣功過引對黜陟至道二年以其事歸流內銓判流內銓事二人以御史知雜以上充掌節度判官以下州府判司諸縣令佐擬注對揚磨勘功過之事判部事二人以帶職京朝官或無職事朝官充凡文吏班秩品命令一出於中書而小選院既不復置本曹但掌京朝官敘服章申請攝官計吊祠祭及幕府州縣官格式闕簿辭謝拔萃舉人兼南曹甲庫之事流外銓掌考試附奏諸司人吏而已南曹掌考驗選人殿最成狀而送流內銓闕試勾黃給曆之事甲庫掌受制敕黃闕給籤符優牒選人改名廢置之事初淳化三年置磨勘京朝官院四年改太平興國中置差遣院至是併入審官院置知院二人以御史知雜以上充舊以朝官充掌考校京朝官殿最敘其爵秩而詔於朝分擬內外任使而奏之元豐官制行六曹尚書侍郎爲長貳郎官理郡守以上資任者爲郎中通判以下資序者爲員外郎除授皆視寄祿官高一品以上者爲行下一品者爲守下二品以下者爲試品同者不用行守試餘職準此元祐初置權尚書奉賜依守侍郎班序在試尚書之下雜壓在左右常侍之下又置權侍郎如未歷給事中中書舍人及待制以上者並帶權字祿賜比諫議大夫郎官雖理知州資序未曾實歷知州及監司開封府推官者止除員外郎又詔職事官除去行字一等又以六曹職事閑劇不等減定員數事簡者他司兼領司封司勳各減郎官一員紹聖初詔元豐法以行守試制祿三等元符元年吏部言元祐法小使臣只降宣劄但務從簡於理未安請自借職而上依元豐法給告從之崇寧元年詔大宗正丞大理正諸寺監丞大學武學律學博士大學正錄諸宮院諸州教授堂除外其吏部闕不許占差已授未赴及初到任人二年詔十年不到部者依長定格與降一官二十年以上則除其籍靖康元年七月詔以吏部四選逐曹條例編集板行八月臣僚言祖宗時未有宗室參部之法神宗時始選擇差注一二崇寧初立法大優宗室參選之日在本部名次之上既歷年月深遠勞効顯著之人復著名州大郡優便豐厚之處議者頗欲懲革不注郡守縣令與在部人通理名次從之

尚書掌文武二選之法而奉行其制命凡序位有品寓祿有階列爵有等賜勳有給分任有職選官有格考其功過計其歲月辨其位秩而以序進之凡文臣自京朝官武臣自大使臣以上舊內殿崇班以上選授封爵功賞課最之事所隸官分掌其事兼總於尚書驗實而後判成以天下職事員闕具注於籍月取其應選者揭而書之集官注擬考閱以定其可否若有疑不能決小事則申請大事則稟議於尚書省應論奏者與郎官同請對大祭祀則奉玉幣以授左僕射執爵以授左丞舊尚書爲所遷官名班左丞上自釐正百司吏部以金紫光祿大夫戶禮兵刑工部以銀青光祿大夫換授而任六曹尚書者始實領職事左選分案八置吏三十右選分案六置吏十有六曰主事令史曰書令史曰守當官二十四司亦如之南渡初諸曹長貳互置惟吏部備官紹興八年依元祐制六曹皆置權尚書以處未應資格之人其屬有侍郎二人分左右選尚書左右選各置郎中一人侍郎左右選各置郎中一人司封司勳考功各一人郎官分掌其事而兼總於尚書左選掌考校京朝官以上殿最敘其爵秩擬內外任使而奏授之分案十二曰六品曰七品曰八品曰九品曰注擬曰名籍曰掌闕曰催驅曰甲庫曰檢法曰知雜曰奏薦賞功司吏額主事一人令史二人書令史九人守當官一十一人正貼司一十六人私名一十二人楷書二人法司一人官告院六部監門隸焉右選掌大使臣以上差注材武人有格二十一及破格出闕較量功過奏薦諸軍賞功分案十曰大夫曰副使曰修武曰注擬掌闕曰奏薦賞功曰開拆曰名籍曰甲庫曰法司曰知雜吏額主事一人令史二人書令史九人守當官一十二人正貼司八人私名一十人法司一人紹熙三年左司諫謝源明言乾道九年詔旨兵部應承三省密院批送勘當文字並令本部郎官長貳按法裁決可否申上朝廷施行即不得持兩端如或事有疑難及生刱無條例者令長貳據所見申明將上取旨乞明詔六曹遵守從之

侍郎分左右選左選掌文臣之未改官者凡始命而未應參部者皆試而後選若應格則具歲月歷任功罪及所舉官員數同郎官引見於便殿稟奏改官右選掌武臣之未升朝者舊自供奉官以上其職任自親民官至部隊將監當官皆掌其選授注擬之法凡初仕而試不中等及已入官而未應選者皆勿注正闕官制行尚書侍郎通治曹事奏事則同班惟吏部分領四選大祭祀則舉玉幣置諸案薦饌則進搏黍進熟則執匏爵以授右丞飲福則奉爵視朝則執文武班簿對立以待顧問左選分案十五置吏四十有三右選分案八置吏四十有七紹興四年吏部侍郎兼祖治言侍郎左選準元豐朝旨類姓置簿左右選理宜一體右選亦乞置簿拘轄功過從之建炎四年五月詔六曹復置權侍郎如元祐故事滿二年爲眞補外者除待制未滿除修撰左選事承直郎以下擬注州府判司諸縣令佐監當及磨勘功過之事分案十三乾道裁減吏額共置三十五人右選掌校副尉以上較試擬官行賞換官考其殿最分案十五乾道裁減吏額共置四十八人舊制吏部除侍郎二員分典左右選總稱吏部侍郎間命官兼攝惟稱三選侍郎或右選而已紹興三年謝深甫張叔椿兼攝始有侍左侍郎侍右侍郎之稱既而林大中沈揆擢貳尚書則侍左侍右徑入除因相承不改

郎中　員外郎尚左侍左　尚右侍右　舊主判二人以朝官充元豐官制行置吏部郎中主管尚書左右選及侍郎左右選各一員參掌選事而分治之凡郎官並用知府資序以上人充未及者爲員外郎建炎四年詔權攝添差郎官並罷初進擬第去吏部郎官及擬告身細銜始直書尚書吏部郎中或員外郎主管尚書某選主管侍郎某選紹興八年呂希常以監六部門兼權侍右郎官紹興三十一年李端明正除尚右郎官既而何俌楊倓費行之除吏部郎官皆有侍左侍右尚左尚右之稱自此相承不改淳熙十六年光宗即位詔四選通差用尚書顏師魯之請也先是乾道元年詔今後非曾任監司守臣不除郎官著爲令自是館學寺監臣拘礙資格遷除不行郎曹闕員但得兼攝旋即外補間有不次擢用者則自二著躐升二史以至從列其自外召至爲郎則資級已高曾不數月必序進卿少而郎有正員者益少矣

司封郎中　員外郎　掌官封敘贈承襲之事凡三師三公以下至升朝官褒贈祖考母妻親王郡王內外命婦以下保任宗屬封爵諸親皆因其位敘而爲之等凡宗室當賜名訓具抄擬官凡庶姓孔氏柴氏折氏之後應承襲者辨其嫡庶列爵九等曰王曰郡王曰國公曰郡公曰縣公曰侯曰伯曰子曰男分國三等大國二十七次國二十小國二百二十內命婦之品五曰貴妃淑妃德妃賢妃曰大儀貴儀淑儀淑容順儀順容婉儀婉容昭儀昭容昭媛修儀修容修媛充儀充容充媛曰婕妤曰美人曰才人貴人外內命婦之號十有四曰大長公主曰長公主曰公主曰郡主曰縣主曰國夫人曰郡夫人曰淑人曰碩人曰令人曰恭人曰宜人曰安人曰孺人敘贈之制三公宰臣執政節度使三代金紫銀青光祿大夫二代餘官一代皆辨其位序以進之加食邑實封則視其品之高下以爲戶數多寡之節凡事之可否與司勳通決於長貳分案三設吏六元祐元年中書後省言臣僚封贈父母依舊制命詞大中大夫觀察使以上用專詞餘用海詞二年詔父及嫡母存不得請所生母封贈所生母未封亦不許先及其妻紹聖元年詔宗室換授文官身亡者通直郎以上贈三官元符元年以元祐間封贈悉前制詔並依元豐法二年詔寺監官雜壓在通直郎之上者雖係宣教郎遇大禮封贈政和二年詔封母則隨所封五等謂如封南陽縣開國男則隨其爵稱南陽縣男令人封魏國公則稱魏國夫人之類應婦人不因夫子得封號謂命官非升朝而母年九十以上或士庶人婦女年百歲并特旨若同授者或因子孫得封贈其夫至升朝或非升朝應封贈者並孺人宣和二年臣僚言近年有京官任校書郎正字者得封贈令則監丞未升朝者亦乞依例蓋緣監丞雜壓在校書郎之上故引以爲請甚無謂也不獨此爾又有小使臣偶因薄勞或磨勘轉官遂乞回授封贈父母實爲太濫望降旨今後封贈並依舊法敢有擅更陳乞紊亂典章者寘之典刑庶幾僥倖者息而名分正矣從之建炎以後並同

司勳郎中　員外郎參掌勳賞之事凡勳級十有二曰上柱國正二品曰柱國從二品曰上護軍正三品曰護軍從三品曰上輕車都尉正四品曰輕車都尉從四品曰上騎都尉正五品曰騎都尉從五品曰驍騎尉正六品曰飛騎尉從六品曰雲騎尉正七品曰武騎尉從七品率三歲一遷必因其除授以加之凡賞有格若事應賞從其所隸之司考實以報則必審核其狀以格覆之謂之有法酬賞非格所載參酌輕重擬定以上尚書省謂之無法酬賞若功賞未酬而賞格改易者輕從舊格重從新格錄用前代帝系及勳臣之後則考其族系而奉行其制命分案四置吏十有九元祐元年吏部言諸色人援引徼求入流太冗應工匠伎藝之屬無法入官者雖有勞績並止比類支賜未經酬獎者亦如之紹聖二年戶部言元豐官制司勳覆有法式酬賞無法式者定之元祐中有法式者止令所屬勘驗自後應干錢穀本部指定闕司勳則是戶部兼司勳之職請依舊制從之四年應川陝人任本路差遣者酬獎減半政和四年詔司勳行下所屬將一司一路條制參照酬獎格法類集參用又詔以詳定國朝勳德臣僚職位姓名送吏部用工部尚書鄭允中所編傳也隆興元年省併以司封郎官兼領淳熙元年復以司農寺丞范仲芭兼司勳未幾改除復省裁減吏額主事一人令史一人書令史四

人守當官三人正貼司四人私名三人

考功郎中 員外郎掌文武官選敍磨勘資任考課之政令凡命官隨所隸遷以其職事其法於曆給之於其屬州若司歲書其功過應升遷授者驗曆按法而敍進之有負殿則正其罪罰以七事考監司一曰舉官當否二曰勸課農桑增墾田疇三曰戶口增損四曰興利除害五曰事失案察六曰較正刑獄七曰盜賊多寡以四善三最考守令德義有聞清謹明著公平可稱恪勤匪懈爲四善獄訟無冤催科不擾爲治事之最農桑墾殖水利興修爲勸課之最屏除姦盜人獲安處振恤困窮不致流移爲撫養之最通善最分三等五事爲上二事爲中餘爲下若能否尤著則別爲優劣以詔黜陟凡內外官計在官之日滿一歲爲一考三考爲一任磨勘之法文選官之等四銀青光祿大夫至朝議大夫進士理八年非進士理十年通直郎至大中大夫充諫議大夫待制以上職任者理三年朝散大夫至承務郎理四年武選官之等六遙郡團練使刺史閤門舍人轉左武右武郎理十年武功大夫以下理七年橫行武德大夫以下至校尉理五年閤門祇候初補從義郎以下至承節郎承信郎充隨行指使理四年承信郎以功補授及宗室觀察使以下祇應校尉理三年宗室承宣使以下祇應校尉理二年幕職州縣官之等三進士第一第二第三名及第者一任回改京官自留守府判官至縣令理六考自軍巡判官至縣尉理七考率以法計其歷任歲月功過而序遷之凡改服色者以勞年計之執政官節度使銀青光祿大夫以上應謚者覆太常所定行狀報尚書省官集議以聞紹聖四年河東提刑司徐君平奏乞凡將集議前期三日持考功狀徧示當議之官使先紬繹而後集于都堂以詢之庶幾有所見者得以自申以稱朝廷博謀盡下之意從之凡立碑碣名額之事掌之舊制考課院其定殿最皆有考辭元豐官制行悉罷分案十有七置吏六十有八元祐三年詔知州考課法吏部上其事于尚書省送中書省取旨賞罰劣等應罰而已衝降者仍從衝降法縣令以下本部專行六年樞密院言元豐末堂除知州軍三年爲任武任依此元祐初以成資爲任武臣未曾立法詔武臣任六等差遣川廣成資餘並三十箇月爲任建炎以後並同應文武臣磨勘關升資任較考定其殿最別其優劣以詔黜陟子奪沒則謚審覆而參定之凡特恩賜謚命詞給告除給敕分案十一曰六品曰七品曰八品曰曹掾曰令丞曰從義曰成忠曰資任曰檢法曰知雜曰開拆裁減吏額主事二人令史四人書令史八人守當官十三人正貼司三人私名一十人淳熙十三年再共減三人

官告院 主管官一員以京朝官充舊制提舉一人以知制誥充判院一人以帶職京朝官充掌吏兵勳封官告以給妃嬪王公文武品官內外命婦及封贈者各以本司告身印印之文臣用吏部武臣用兵部王公及命婦用司封加勳用司勳官制行四選皆用吏部印惟蕃官則用兵部印記凡綾紙幅數褾軸名色皆視其品之高下應奏鈔畫聞者給之令史十五人元豐五年官制所重定制受敕授奏授告身式從之紹聖元年吏部言元豐法凡入品者給告身無品者給黃牒元祐中以內外差遣并職事官本等內改易或再任者並給黃牒乃與無品人等詔今後帥臣監司待制以上知州並給告餘依舊三年詔職事官監察御史以上因事罷並給告元符元年吏部言元祐法小使臣只降宣劄乞自承信郎而上依舊給告宣和元年詔官告院立條凡製造告身法物應用綾錦私輒放效織造及貿販服用者立賞許告大抵官告之制自乾德四年詔定告身綾紙褾軸其制闊略咸平景德中兩加潤澤至皇祐始備神宗即位循用皇祐舊格逮元豐改制名號雖異品秩則同故亦未遑別定徽宗大觀初乃著爲新格凡褾帶網軸等飾始加詳矣凡文武官綾紙五種分十二等色背銷金花綾紙二等一等一十八張滴粉縷金花大犀軸八荅暈錦褾韜色帶三公三少侍中中書令用之一等一十七張滴粉縷金花中犀軸天下樂錦褾犀軸色帶左右僕射使相爲用之白背五色綾紙二等一等一十七張滴粉縷金花犛毛獅子錦褾韜玳瑁軸色帶知樞密院兩省侍郎尚書左右丞同知簽書樞密院事嗣王郡王特進觀文殿大學士大尉東宮三少冀兗青徐揚荊豫梁雍州牧御史大夫宗室節度使至率府副率之帶皇字者用之一等一十七張暈錦褾韜玳瑁軸色帶觀文殿學士資政殿大學士六尚書金紫光祿銀青光祿光祿大夫左右金吾衛左右衛上將軍節度承宣觀察並用之大綾紙四等一等一十五張暈錦褾兩面撥花穗草大牙軸色帶宣奉正奉大夫翰林學士資政端明殿學士龍圖天章寶文顯謨徽猷閣學士左右散騎常侍御史中丞開封尹六曹侍郎樞密直學士龍圖天章寶文顯謨徽猷閣直學士正議通奉大夫諸衛上將軍太子賓客詹事侯用之一等十二張法錦褾兩面撥花細牙軸色帶給事中中書舍人通議大夫司成左右諫議大夫龍圖天章寶文顯謨徽猷閣待制大中大夫秘書殿中監伯用之一等一十張法錦褾撥花常使大牙軸色帶中大夫七寺卿京畿三路轉運使發運使中奉中散大夫通侍大夫樞密都承旨祭酒太常宗正少卿秘書殿中少監正侍中侍大夫入內內侍省內侍省都知諸州刺史中亮中衛大夫防禦團練使太子左右庶子諸衛大將軍駙馬都尉典樂子用之一等八張盤毬錦褾大牙軸色帶七寺少卿朝議奉直大夫左右司郎中司業開封少尹少府將作軍器監都水使者拱衛大夫太子詹事左右諭德左武右武大夫入內內侍省內侍省副都知樞密承旨副都承旨諸房副承旨起居郎舍人侍御史左右司員外郎六曹郎中朝請朝散朝奉大夫京畿三路轉運副使諸路轉運使副使知上州提舉三路保甲入內內侍省內侍省押班武功至武翼大夫開封左右司錄事蕃官使臣殿中侍御史左右司諫正言監察御史和安大夫至翰林良醫男用之內殿中侍御史監察御史用九張蕃官使臣用大錦褾背帶此其小異者也中綾紙二等一等七張中錦褾中牙軸青帶諸司員外郎朝請朝散朝奉郎少府將作軍器少監諸位將軍太子侍讀侍講中亮中衛左武右武郎中知下州諸路提點刑獄發運判官提點鑄錢承議郎武功至武翼郎太子中允舍人親王府翊善贊讀侍讀侍講郎太常中正秘書殿中丞六尚奉御大理正著作郎通事舍人太子諸率府率直龍圖閣開封府諸曹事大晟府樂令直秘閣崇政殿說書和安郎至翰林醫正用之一等六張中錦褾中牙軸青帶奉議郎七寺丞秘書郎太常博士著作佐郎國子少府將作軍器都水監丞國子博士大理司直評事修武敦武郎通直郎內常侍轉運判官提舉學士諸州通判御史臺檢法官主簿九寺主簿親王記室閤門祇候樞密院逐房副承旨從義秉義郎大學武學博士開封諸曹掾陵臺令兩赤縣令忠訓忠翊郎節度防禦團練副使行軍司馬大醫正大史局令丞五官正翰林醫官辟廱博士太子諸率府副率用之小綾紙二等一等五張黃花錦褾角軸青帶校書郎正字宣教郎太常寺協律奉禮郎太祝郊社大官令律學博士國子少府將作軍器都水監主簿宣義郎保義成忠郎大學正錄律學承事承奉承務承信承節郎門下中書省錄事尚書省都事三省樞密院主事辟廱正錄用之一等五張黃花錦褾次等角軸青帶幕職州縣官三省樞密院令吏書出流外官諸州別駕長史司馬文學司士助教技術官用之凡宮掖至外命婦羅紙七種分十等遍地銷金龍五色羅紙二等一等一十八張韜帶兩面銷金雲鳳褾紅絲網子金鍱鈒花塗粉銷滴粉縷金花鳳大犀軸大長公主長公主公主用之一等一十七張韜帶兩面銷金雲鳳褾紅絲網子金鍱鈒花塗粉銷滴粉縷金花鳳子中犀軸貴儀淑儀淑容順儀順容婉儀婉容內宰用之遍地銷金鳳子五色羅紙二等一等一十五張韜帶銷金鳳子褾紅絲網子金塗銀粉銷滴粉縷金雲鳳玳瑁軸昭儀昭容昭媛修儀修容修媛充儀充容充媛副宰用之一等一十二張韜帶銷金盤鳳褾紅絲網子金塗銀粉銷滴粉金雲鳳玳瑁軸婕妤才人貴人美人用之銷金團窠花五色羅紙二等一等一十張八荅暈錦褾韜色帶紫絲網子銀粉銷滴粉縷金葵花玳瑁軸尚儀尚服尚食尚寢尚功宮正內史宰相曾祖母祖母母妻親王妻用之一等八張翠色獅子錦褾韜色帶紫絲網子銀粉銷滴粉縷金梔子花玳瑁軸郡主縣主國夫人內命婦郡夫人執政官祖母母妻用之銷金大花五色羅紙一等七張雲鳳錦褾韜色帶紫絲網子銀粉銷滴粉縷金玳瑁軸寶林御女采女二十四司典掌尚書省掌籍掌樂主管仙韶副用之金花五色羅紙一等七張法錦褾韜色帶紫絲網子銀粉銷縷金玳瑁軸郡夫人郡君宗室妻朝奉大夫遙郡刺史以上母妻升朝官母諸班直都虞候指揮使禁軍都虞候軍都虞候御前忠佐母蕃官母妻諸神衛夫人用之五色素羅紙一等七張錦褾色帶紫絲網子銀粉銷大牙軸宗室女升朝官妻諸班直都虞候指揮使禁軍都虞候軍都指揮使忠佐妻用之凡內外軍校封贈綾紙三種分四等大綾紙二等一等七張法錦褾大牙軸青帶遙郡刺史以上用之一等七張大錦褾大牙軸青帶藩方指揮使御史前忠佐馬步軍都副都軍頭馬步軍都軍頭藩方馬步軍都指揮使用之內帶遙郡者法錦褾色帶中綾紙一等五張中錦褾中牙軸青帶都虞候以上諸班指揮使御前忠佐馬步軍副都軍頭藩方馬步軍副都指揮使都虞候用之內加至爵邑者用大綾紙大牙軸大錦褾小綾紙一等五張黃花錦褾次等角軸青帶諸軍指揮使以下用之如加至爵邑者同上凡封蠻夷酋長及蕃長綾紙兩種各一等五色銷金花綾紙一等一十八張翠色獅子錦褾法錦韜紫絲網子銀粉銷滴粉縷金牡丹花玳瑁軸色帶南平占城眞臘闍婆國王用之中綾紙一等七張法錦褾中牙軸青帶藩蠻官承襲轉官用之大觀併歸尚書省政和仍歸吏部差主管官建炎元年詔文臣大中大夫武臣正任觀察使及宗室南班官以上給告以下並給敕三年詔逐等依舊給告紹興二年詔四品以下官及職事官監察御史以上官告並用錦褾外其餘官并封贈權用纈羅代充十四年始盡用錦其後又詔內外命婦郡夫人以上乃得用網袋及銷金其餘則否至二十六年詔內外文武臣僚告敕並依大觀格式製造裁減吏額共置二十九人淳熙十三年又減五人

戶部 國初以天下財計歸之三司本部無職掌止置判部事一人以兩制以上充以受天下上貢元會陳于庭元豐正官名始並歸戶部掌天下人戶土地錢穀之政令貢賦征役之事以版籍考戶口之登耗以稅賦持軍國之歲計以土貢辨郡縣之物宜以征榷抑兼并而佐調度以孝義婚姻繼嗣之道和人心以田務券責之理直民訟凡此歸於左曹以平常之法平豐凶時歛散以免役之法通貧富均財力以伍保之法聯比閭察盜賊以義倉振濟之法救饑饉恤艱阨以農田水利之政治荒廢務稼穡以坊場河渡之課酬勤勞省科率凡此歸於右曹尚書置都拘轄司總領內外財賦之數凡錢穀帳籍長貳選吏鉤考其屬三曰度支曰金部曰倉部熙寧中以知樞密院陳升之參知政事王安石制置條例建官設屬取三司條例看詳具所行事付之三年罷歸中書以常平免役農田水利新法歸司農以胄案歸軍器監修造歸將作監推勘公事歸大理寺帳司理欠司歸比部衙司歸都官坑冶歸虞部而三司之權始分矣元豐官制行罷三司歸戶部左右曹而三司之名始泯矣凡官十有三尚書一人侍郎二人郎中員外郎左右曹各二人度支金部倉部各二人元祐初侍郎司馬光言天下錢穀之數五曹各得支用戶部不知出納見在無以量入爲出乞令尚書兼領左右曹錢穀財用事有散在五曹寺監者並歸戶部使尚書周知其數則利權歸一若選用得人則天下之財庶幾可理詔尚書省立法三年三省言大理寺右治獄並罷依三司舊例戶部置推勘檢法官治在京官司凡錢穀事增置幹當公事二員紹聖元年罷戶部幹當公事置提舉管幹官復行免役義倉釐正左右曹職依原定官制三年右曹令侍郎專領尚書不與建中靖國元年復幹當公事官二員政和二年五月詔依神宗官制委右曹侍郎專主行常平自今許本部直達奏裁又詔依熙豐舊制本部置都拘轄司總領戶度金倉四部財賦宣和六年詔戶部辟官依元豐法

尚書 侍郎掌軍國用度以周知其出入盈虛之數凡州縣廢置戶口登耗則稽其版籍若貢賦征稅歛散移用則會其數而頒其政令焉凡四司所治之事侍郎爲之貳郎中員外郎參領之獨右曹事專隸所掌侍郎若

事屬本曹郡縣監司不能直者受其訟焉大饗祀薦饌則尚書奉俎飲福則徹之朝會則奏貢物左曹分案五置吏四十右曹分案五置吏五十有六建炎兵興嘗以知樞密院張慤提領措置戶部財用後遷中書侍郎仍兼之五年復以參知政事孟庾提領措置後罷專委戶部長貳左曹分案三曰戶口掌凡諸路州縣戶口升降民間立戶分財科差人丁典賣屋業陳告戶絕索取妻男之訟曰農田掌農田及田訟務限奏豐稔驗水旱蟲蝗勸課農桑請佃地土令佐任滿賞罰繳奏諸州雨雪檢按災傷逃絕人戶曰檢法掌凡本部檢法之事設科有三曰二稅掌受納驅磨隱匿支移折變曰房地掌諸州樓店務房廊課利僧道免丁錢及土貢獻物曰課利掌諸軍酒課比較增虧知通等職位姓名人戶買撲鹽場酒務租額酒息賣田投納牙契外有開拆知雜司右曹分案六曰常平掌常平農田水利及義倉振濟戶絕田產居養鰥寡孤獨之事曰免役曰坊場曰平準各隨其名而任其事曰檢法曰知雜裁減吏額左曹四十人右曹三十人淳熙十年詔左藏南庫撥隸戶部舊制戶部侍郎二人中興初止除長貳各一員或止除尚書若侍郎一員紹興四年七月詔戶部侍郎二員通治左右曹自此相承不改

郎中左曹右曹　員外郎掌分曹治事建炎三年詔省併郎曹惟戶部五司以職事煩劇不併仍各置一員紹興中專置提舉帳司總天下帳狀以戶部左曹郎官兼之右曹歲具常平錢物總數每秋季具冊以聞初置主管左右曹總稱戶部郎官紹興七年閻彥昭以大府寺丞兼左曹郎官紹興三十二年徐康正除左曹郎官自是相承不改是年又詔戶部事有可疑難裁決者許長貳與衆郎官聚議文字皆令連書有定議然後付本曹行遣

度支郎中　員外郎參掌計度軍國之用量貢賦稅租之入以爲出凡軍須邊備會其盈虛而通其有無若中外祿賜及大禮賞給皆前期以辦歲終則會諸路財用出入之數奏于上而以其副申尚書省凡小事則擬畫大事諸其長貳應申請更改舉行勘審者則先檢詳供具分案六置吏五十有一凡上供有額封樁有數科買有期皆掌之有所漕運則計程而給其直凡內外支供及奉給驛券賞賜衣物錢帛先期擬度時而予之分案五曰度支曰發運曰支供曰賞賜曰知雜乾道四年置會稽郡籍度交掌之裁減吏額置五十人淳熙十三年又減四人

金部郎中　員外郎參掌天下給納之泉幣計其歲之所輸歸于受藏之府以待邦國之用勾考平準市舶榷易商稅香茶鹽礬之數以周知其登耗視歲額增虧而爲之賞罰凡綱運濡滯及負折者計程帳催理凡造度量權衡則頒其法式合同取索及奉給時賜審覆而供給之分案六曰左藏曰右藏曰錢帛曰榷易曰請給曰知雜裁減吏額共置六十人淳熙十三年又減四人

倉部郎中　員外郎參掌國之倉庾儲積及其給受之事凡諸路收糴折納以時舉行漕運上供封樁以時催理應供輸中都而有登耗則比較以聞歲以應用芻粟前期報度支爲定支移折變之數其在河北陝西河東路者書其所支歲月季一會之若內外倉場帳籍供申愆期則以法究治分案六置吏二十有四元祐元年四月省郎官一員十月復置分案六曰倉場曰上供曰糶糴曰給納曰知雜曰開拆建炎三年罷司農寺歸倉部紹興四年復舊裁減吏額共置二十五人續又減二人

禮部掌國之禮樂祭祀朝會宴饗學校貢舉之政令祭之名有三天神曰祀地祇曰祭宗廟曰饗又有大祀中祀小祀之別幣玉牲牢器服各從其等凡雅樂以六律六同合陰陽之聲爲樂律金石絲竹匏土革木爲樂器宮架八佾特架六佾分武文先後之序爲樂舞其所歌爲樂章若有事於南北郊明堂籍田禘祫太廟薦享景靈宮酌獻陵園及行朝貢慶賀宴樂之禮前期飭有司辦具間所定儀注以舊章參考其當否上尚書省冊寶及封冊命禮亦如之凡禮樂制度有所損益小事則同太常寺大事則集侍從官秘書省長貳或百官議定以聞凡天下選士具注於籍三歲貢舉與夫學校試補三舍生掌后妃親王以下推恩公主以下嫁宗室冠婚喪葬之制及賜旌節章服冠帔門戟旌表孝行之法若印記圖書表疏之事皆掌焉大祥瑞則朝參官以上詣閤門表賀餘於歲終條奏舊屬禮儀院判院一人以樞密院使參知政事充知院以諸司三品以上充主吏無定數擇三司京朝百司胥史充禮部正設判部一人掌科舉補奏太廟郊社齋郎室掌長坐都省集議百官謝賀章表諸州申祥瑞出入內外牌印之事兼領貢院掌受諸州解發進士諸科名籍及其家保狀文卷考驗戶籍舉數年齒而藏之若朝廷遣官知舉則主判官罷事畢以知舉官卑者一員主判元豐官制行悉歸禮部其屬三曰祠部曰主客曰膳部設官十尚書侍郎各一人郎中員外郎四司各一人元祐初省祠部郎官一員以主客兼膳部紹聖改元主客膳部互置郎官兼領建炎以後並同

尚書掌禮樂祭祀朝會宴享學校貢舉之政令侍郎爲之貳郎中員外郎參領之凡講議制度損益儀物則審覆有司所定之式以次諮決而質於尚書省大祭祀則省牲鼎鑊視滌濯薦腥則奉籩豆簠簋及飲福徹之祼則奉瓚臨鬯凡天地宗廟陵園之祀后妃親王將相封冊之命皇子加封公主降嫁稽其彝章以詔上下而舉行之朝廷慶會宴樂宗室冠婚喪祭蕃使去來宴賜與夫經筵史館賜書修書之禮例皆同奉常講求參酌而定其儀節三歲貢舉學校試補諸生皆總其政旌節章服之須祥瑞表奏之進凡關於禮樂者皆掌之建炎三年詔鴻臚光祿寺併歸于禮部太常國子監亦隸焉分案五曰禮樂曰貢舉曰宗正奉使帳曰封冊表奏曰檢法各隨其名而治其事裁減吏額四十五人續又減四人

侍郎奏中嚴外辦同省牲及視饌腥熟之節祼受瓚奉槃歲祀昊天上帝祭皇地祇與尚書迭爲亞獻祭太社太稷神州地祇則迭爲初獻祀九宮貴神五帝感生帝朝日夕月蜡祭東西方亦如之大朝會則尚書奏藩國貢物凡慶賀若謝則郎中員外郎分撰表文祠事與太常少卿祠部官迭爲終獻或亞獻親郊自景靈宮朝獻太廟朝享至望燎禮畢乘輿還內皆奏解嚴分案十置吏三十有五南渡諸曹長貳互置紹興七年禮部置侍郎二員隆興元年詔除尚書不常置外禮部侍郎置一員

郎中　員外郎元豐郎官員外郎參領禮樂祭祀朝會宴享學校貢舉之事有所損益則審訂以次諮決凡慶會若謝掌撰表文與祠部主客膳部並列爲四建炎三年併省郎曹禮部領主客祠部領膳部隆興元年復詔禮部祠部一員兼領自是併行四司之事矣通置吏五十四人

祠部郎中　員外郎掌天下祀典道釋祠廟醫藥之政令月奏祠祭國忌休暇之日每歲大祀忌日大忌前一日皆不坐元日冬至寒食假各七日天慶先天降聖節各五日誕聖節正七月望夏至臘各三日天祺天貺節人日中和二社上巳端午三伏七夕授衣重九四立春秋分及每旬假各一日若神祠封進爵號則覆太常所定以上尚書省凡宮觀寺院道釋籍其名額應給度牒若空名者毋越常數初補醫生令有司試藝業歲終校全失而賞罰之分案五置吏二十有一

主客郎中　員外郎掌以賓禮待四夷之朝貢凡郊勞授館宴設賜予辨其等而以式頒之至則圖其衣冠書其山川風俗有封爵禮命則承詔頒付掌嵩慶懿陵祭享崇義公承襲之事分案四置吏七元祐六年七月兵部言兵部格掌蕃夷官授官主客令蕃國進奉人陳乞轉授官職者取裁即舊應除轉官者報所屬看詳舊來無例所有陳乞曹部職掌未一久遠互失參驗自今不以曾未貢及例有無應緣進奉人陳乞授官加恩令主客圖報兵部從之

膳部郎中　員外郎掌牲牢酒醴膳羞之事凡所用物前期計度以關度支若祭祀朝會宴享則同光祿寺官視其善否酒成則嘗而後進季冬命藏冰春分啓之以待供賜分案七置吏九

兵部掌兵衞儀仗鹵簿武舉民兵廂軍土軍蕃軍四夷官封承襲之事輿馬器械之政天下地土之圖凡儀衞大朝會用黃麾大仗文德殿視朝及冊命王公大臣用黃麾半仗紫宸殿受外國使朝用黃麾角仗文德殿發冊用黃麾細仗鹵簿有大駕法駕小駕皆掌其數及行列先後之儀爲圖以授有司凡武選之制倣貢舉之法先聯其什伍而教之以戰爲民兵材不中禁衞而足以執役爲廂軍就其鄉井募以禦盜爲土軍以老疾而裁其功力之半爲剩員團結以禦戎爲洞丁爲義軍弩手屬羌分隸邊將爲蕃兵籍其名數而頒其禁令大將出征奏捷則告于廟破賊則露布以聞凡招置廂禁軍及州郡屯營三衙遷補守戍軍吏轉補文武官白直宣借皆掌之其屬三曰職方曰駕部曰庫部舊判部事一人以兩制充掌三駕儀仗鹵簿圖春秋釋奠武成王廟及武舉歲終以義軍弓箭手戶數上于朝國初掌千牛備身殿中省進馬籍元豐設官十尚書侍郎各一四司郎中員外郎各一元祐初省駕部郎中一員以職方兼庫部紹興改元詔職方庫部互置郎官一員兼

尚書掌兵衞武選車輦甲械廄牧之政令以天下郡縣之圖而周知其地域凡陳鹵簿設仗衞飭官吏整肅蕃夷除授奉行其制命凡軍兵以名籍統隸者閱習按試選募遷補及武舉校試之事皆總之侍郎爲之貳郎中員外郎參掌之大禮則尚書充鹵簿使大祀奉魚牲及俎視朝則侍郎執班簿對立小祀則郎中員外郎薦俎并徹分案九置吏四十有七凡蕃夷屬戶授官封襲之事皆掌之建炎三年併衞尉寺隸焉分案十曰賞功曰民兵衞曰廂兵曰人從看詳曰帳籍告身曰武舉曰蕃官曰開拆曰知雜曰檢法乾道裁減吏額共置三十人續詔將下班祗應并進義校尉守闕進義副尉進武校尉守闕進武副尉並隸兵部許於殿前司抽差下班祗

應文字人吏六名赴部行遣

侍郎掌貳尚書之事南渡長貳互置續置侍郎二員紹興常置一員

郎中　員外郎參掌本部長貳之事建炎三年詔兵部兼職方駕部兼庫部隆興元年詔駕部兵部郎官共一員兼領自是四司合爲一矣厥後間或並置若從軍或將命于外則假以爲寵焉

職方郎中　員外郎掌天下圖籍以周知方域之廣袤及郡邑鎭砦道里之遠近凡土地所產風俗所尚具古今興廢之因州爲之籍遇閏歲造圖以進四夷歸附則分隸諸州度田屋錢糧之數以給之分案三置吏五舊判司事一人以無職事朝官充掌受閏年圖經國初令天下每閏年造圖納儀鸞司淳化四年令再閏一造咸平四年令上職方轉運畫本路諸州圖十年一上紹熙三年職方駕部吏額通入兵部庫部併作四十二人

駕部郎中　員外郎掌輿輦車馬驛置廐牧之事大禮戒有司具五輅凡奉使之官赴闕視其職治給馬如格官文書則量其遲速以附步馬急遞總內外監牧籍其租入多寡孳產登耗凡市馬於四夷者溢歲額則賞之分案六置吏十有三建炎三年併太僕寺隸焉

庫部郎中　員外郎掌鹵簿儀仗戎器供帳之事國之武庫隸焉凡內外甲仗器械造作繕修皆有法式若御大慶文德殿應用鹵簿名數前期以戒有司祭祀喪葬則給以等差總衛尉寺金吾仗司兵匠之數考其功罪歲月而以法升降之分案四置吏九

刑部掌刑法獄訟奏讞赦宥敍復之事凡斷獄本於律律所不該以敕令格式定之凡律之名十有二曰名例曰衞禁曰職制曰戶婚曰廐庫曰擅興曰盜賊曰鬭訟曰詐僞曰雜律曰捕亡曰斷獄禁於未然之謂令施於已然之謂敕設於此而使彼至之之謂格設於此而使彼效之之謂式其一司一路海行所不該者折而爲專法若情可矜憫而法不中情者讞之皆閱其案狀傳例擬進應詔獄及案劾命官追命姦盜以程督之審覆京都辟囚在外已論決者摘案檢察凡大理開封殿前馬步司獄糾正其當否有辯訴以情法與奪赦宥降放敍雪若命官牽復則以狀敷定之其屬三曰都官曰比部曰司門設官十有一尚書一人侍郎二人郎中員外郎刑部各二人都官比部司門各一人國初以刑部覆大辟案淳化二年增置審刑院知院事一人以郎官以上至兩省充詳議官以京朝官充掌詳讞大理所斷案牘而奏之凡獄具上先經大理斷讞旣定報審刑然後知院與詳議官定成文草奏記上中書中書以奏天子論決大中祥符二年置糾察刑獄司糾察官二人以兩制以上充凡在京刑禁徒以上即時以報若理有未盡或置淹恤追覆其案詳正而駁奏之凡大辟皆錄問熙寧三年詔詳議詳斷詳覆官初入以三年爲任次以三十月爲任欲出者聽前任滿半年指闕注官滿三任者堂除八年罷詳議詳斷官親書節案止合節略付吏仍減議官一斷官二元豐二年知院安燾言天下奏案浸多於往時自熙寧八年減議官斷官力旣不足故事多疎謬增詳議官一刑部增詳斷官一三年八月詔省審刑院歸刑部以知院官判刑部掌詳議詳覆司事刑部主判官爲同判刑部掌詳斷司事審刑議官爲刑部詳議官官制行悉罷歸刑部元祐元年省比部郎官一員以都官兼司門五月三省言舊制糾察在京刑獄以察違慢自罷歸刑部無復申明糾舉之制請以御史臺刑察兼領其御史臺刑獄令尚書省右司糾察從之刑部舊有詳覆案自官制行歸諸路提刑司至是復置四年併制勘量爲一案紹聖元年詔都官司門互置郎官一員崇寧二年十二月詔刑部尚書通治左右曹侍郎一治左曹一治右曹如獨員即通治餘並依官制格令

尚書掌天下刑獄之政令凡麗于法者審其輕重平其枉直而侍郎爲之貳應定奪審覆除雪敍復移放則尚書專領之制勘體量奏讞糾察錄問則長貳治之而郎中員外郎分掌其事有司更定條法則覆議其當否凡聽訟獄或輕重失中有能駁正詔其賞罰若須赦宥則糾官吏之稽違者大祀則尚書涖誓薦熟則奉牲大禮肆赦則侍郎授赦書付有司宣讀承旨釋囚分案十二置吏五十有二紹興後分案十三曰制勘掌凡根勘諸路公事曰體量掌凡體究之事曰定奪掌訴雪除落過名曰舉敍掌命官敍復曰糾察掌審問大辟曰檢法掌供檢條法曰頒降掌頒降條法降赦曰追毀掌斷罰追毀宣勑曰會問掌批會過犯曰詳覆掌諸路大辟帳狀曰捕盜曰帳籍掌行在庫務理欠帳籍曰進擬掌進斷案刑名文書裁減吏額置三十五人

侍郎舊制應定奪審覆除雪敍復移放尚書專領之若制勘體量奏讞糾察錄問長貳通治之南渡長貳互置隆興常置一員淳熙十六年依崇寧專法奏獄及法令事請大理寺官赴部共議之用侍郎吳博古之說也

郎中　員外郎各二人分左右廳掌詳覆敍雪之事建炎三年刑部郎官以二員爲額關掌職事初無分異紹興二十六年詔依元豐舊法分廳治事先是右司汪應辰言刑部郎官分爲左右左以詳覆右以敍雪同僚異事祖宗有深意倘初無分異則有不當于理者孰爲追改乞遵用舊制要使官各有守人各有見參而用之以稱欽恤之意從之仍令今後倣此

都官郎中　員外郎掌徒流配隸凡天下役人與在京百司吏職皆有籍以攷其役放及增損廢置之數若定差副尉（舊爲大將軍）則計其所歷而以役之輕重均其勞逸給印紙書其功過展減磨勘歲月元祐八年以綱運差使關歸吏部省副尉員三百紹聖間復其額及元豐押綱法歸都官崇寧二年二月復配隸案先是元豐中都官有吏籍配隸案元祐中罷之因刑部有請乃詔如舊六月侍郎劉賡奏副尉差遣有立定優重等第都官係雖特旨亦許執奏乞申嚴其禁從之分案四置吏十有八建炎三年詔比部兼司門隆興元年詔都官比部共置一員自此都官兼比部司門之事分案五曰差次曰磨勘曰吏籍曰配隸曰知雜各因其名而治其事裁減吏額置十二人（淳熙十三年減三人）

比部郎中　員外郎掌勾覆中外帳籍凡場務倉庫出納在官之物皆月計季考歲會從所隸監司檢察以上比部至則審覆其多寡登耗之數有陷失則理納鉤考百司經費有隱昧則會問同否而理其侵負舊帳案隸三司自治平中至熙寧初凡四年帳未鉤考者已踰十有二萬錢帛芻粟積虧不可勝計五年十一月曾布奏以四方財賦當有簿書文籍以鉤考其給納登耗多寡遂置提舉帳司選人吏二百人驅磨天下帳籍并選官吏審覆七年二月詔帳司每歲具天下財用日出入數以聞元豐初年詔諸路財賦出入自今三年一供著爲令官制行釐其事歸比部元祐元年七月用司馬光奏悉總於戶部三年釐正倉部勾覆理欠憑由案及印發鈔引事歸比部政和六年詔寺監先期檢舉如庫務監官所造文帳委無未備方許批書違者御史臺奏劾用郎官梅執禮之請也分案五置吏百有一建炎以後或都官兼比部司門之事

司門郎中　員外郎掌門關津梁道路之禁令及其廢置移復之事應官吏軍民輦道商販譏察其冒僞違縱者凡諸門啓閉之節及關梁餘禁以時舉行分案二置吏五

工部掌天下城郭宮室舟車器械符印錢幣山澤苑囿河渠之政凡營繕歲計所用財物關度支和市其工料則飭少府將作監檢計其所用多寡之數凡百工其役有程而善否則有賞罰兵匠有闕則隨以緩急招募籍坑冶歲入之數若改用錢寶先具模製進御請書造度量權衡則關金部印記則關禮部凡道路津梁以時修治舊制判部事一人以兩制以上充元豐並歸工部其屬三曰屯田曰虞部曰水部設官十尚書侍郎各一人工部屯田虞部水部郎中員外郎各一人元祐元年省水部郎官一員紹聖元年詔屯田虞部互置郎官一員兼領

尚書掌百工水土之政令稽其功緒以詔賞罰總四司之事侍郎爲之貳若制作營繕計置採伐所用財物按其程式以授有司郎中員外郎參掌之應官吏兵民緣本曹事有功賞罪罰則審實以上尚書省大祭祀則尚書薦俎與徹若諸監鼓鑄錢寶按年額而課其數因其登耗以詔賞罰凡車輦飭器印記之造則少府監文思院隸焉甲兵器械之制則軍器所隸焉有合支物料工價則申于朝以屬戶部建炎併將作少府軍器監並歸工部是時營繕未遑惟戎器方急紹興二年詔於行在別置作院造器甲令工部長貳提點郎官逐旬點檢少府監既歸工部文思院上下界監官並從本部辟差又詔御前軍器所隸工部自是營造稍廣宰臣議戶部以給財爲務工部以辦事爲能誠非一體欲令戶工部兼領其事卒未能合隆興以後宮室器甲之造寖稀且各分職掌部務益簡特提其綱要焉分案六曰工作曰營造曰材料曰兵匠曰檢法曰知雜又專立一案以御前軍器案爲名裁減吏額共置四十二人

侍郎掌貳尚書之事南渡初長貳互置隆興詔各置一員

郎中　員外郎舊制凡制作營繕計置採伐材物按程式以授有司則參掌之建炎三年詔工部郎官兼虞部屯田郎官兼水部隆興元年詔工部屯田共一員兼領自此四司合爲一矣淳熙九年以趙公廣爲屯田員外郎自是不復省

屯田郎中　員外郎掌屯田營田職田學田官莊之政令及其租入種刈興修給納之事凡塘濼以時增減堤堰以時修葺并有司修葺種植之事以賞罰詔其長貳而行之分案三置吏八

虞部郎中　員外郎掌山澤苑囿場冶之事辨其地產而爲之厲禁凡金銀銅鐵鉛錫鹽礬皆計其所入登耗

以詔賞罰分案四置吏七

水部郎中　員外郎掌溝洫津梁舟楫漕運之事凡堤防決溢疏導壅底以時約束而計度其歲用之物修治不如法者罰之規畫措置爲民利者賞之分案六置吏十有三紹興累減吏額四司通置三十三人

軍器所（隸工部）提點官二員（紹興三十二年詔於近臣內差）提轄監造官各二員幹辦受給監門官各一員掌鳩工聚材製造戎器之政令舊就軍器監置別差提舉官以內侍領之紹興中改隸工部罷提舉官日輪工部郎官軍器監官前去本所點驗監視後復以中人典領工部侍郎黃中以爲言請復隸屬從之孝宗即位有旨增置提點官以內省都知李綽爲之改稱提舉免隸工部後以御史張震力爭復隸工部後改隸步軍司尋復舊紹熙元年減省員額如上制

文思院（隸工部）提轄官一員監官三員（內置一員文臣京朝官充）監門官一員掌金銀犀玉工巧及采繪裝鈿之飾凡儀物器仗權量輿服所以供上方給百司者於是出焉沿革附見榷貨務都茶場提轄官

六部監門　六部監門官一員掌司門鑰紹興二年置選升朝文臣有才力人充仍令六部踏逐奏差序位請給依寺監丞郎官有闕得兼之初從吏部尚書沈與求之請也主管架閣庫掌儲藏帳籍文案以備用擇選人有時望者爲之舊有管幹架閣庫官宣和罷之紹興十五年復置吏戶部各差一員禮兵部共差一員刑工部共差一員以主管尚書某部架閣庫爲名從大理寺丞周楙請也嘉定八年又置三省樞密院架閣官

宋史卷一百六十四

元　中書右丞相總裁脫脫等修

職官志第一百十七

職官四（御史臺　秘書省　中書省　太常寺　宗正寺　大宗正司附　光祿寺　衛尉寺　太僕寺）

御史臺掌糾察官邪肅正綱紀大事則廷辨小事則奏彈其屬有三院一曰臺院侍御史隸焉二曰殿院殿中侍御史隸焉三曰察院監察御史隸焉凡祭祀朝會則率其屬正百官之班序咸平四年以御史二人充左右巡使分糾不如法者文官右巡主之武官左巡主之分其職掌糾其違失常參班簿祿料假告皆主之祭祀則兼監祭使掌受誓戒致齋檢視糾劾又有廊下使專掌入閤監食又有監香使掌國忌行香二使臨時充通稱曰五使元豐正官名於是使名悉罷

御史大夫　宋初不除正員止爲加官檢校官帶憲銜有至檢校御史大夫者元豐官制行亦並除去

中丞一人爲臺長舊兼理檢使凡除中丞而官未至者皆除右諫議大夫權熙寧五年以知雜御史鄧綰爲中丞初除諫議大夫王安石言礙近制止以綰爲龍圖閣待制權御史中丞不遷諫議大夫自綰始九年鄧潤甫自正言知制誥爲中丞以宰相屬官不可長憲府於是復遷右諫議大夫權元豐五年以丞議郎徐禧爲知制誥權中丞禧言中丞糾彈之任赴舍人院行詞疑若未安會官制行罷知制誥職乃以本官試中丞南渡初除官最多隆興後被擢寖少淳熙十年始除黃洽又三年再除蔣繼周臺諫例不兼講讀神宗命呂正獻亦止命時赴講筵中興兼者二人万俟卨羅汝楫皆以秦檜意慶元後司諫以上無不預經筵者矣

侍御史一人掌貳臺政

殿中侍御史二人掌以儀法糾百官之失凡大朝會及朔望六參則東西對立彈其失儀者

監察御史六人掌分察六曹及百司之事糾其謬誤大事則奏劾小事則舉正迭監祠祭歲詣三省樞密院以丁輪治凡六察之事稽其多寡當否歲終條具殿最以詔黜陟百官應赴臺參謝辭者以拜跪書札體驗其老疾凡事經郡縣監司省曹不能直者直牒閤門上殿論奏官卑而入殿中監察御史者謂之裏行治平四年中丞王陶言奉詔舉臺官而才行可舉者多以資淺不應格乃詔舉三丞以上知縣爲裏行熙寧二年詔御史闕委中丞奏舉毋拘官職高下兼權三年孫覺薦秀州軍事推官李定對稱旨爲太子中允監察御史裏行由選人爲御史自定始於是知制誥宋敏求蘇頌李大臨以定資淺封還詞頭不草制相繼罷去元豐八年裁減察官兩員餘許盡兼言事（紹聖二年復置）元祐元年詔臺諫官許二人同上殿又令六曹差除更改事畫黃到即報臺又改六察旬奏爲季奏四年詔應臺察事已彈舉而稽違踰月者遇赦不得原減元符二年詔吏部守令課績最優者關臺考察不實者重行黜責崇寧二年都省申明臺官職在繩愆糾謬自宰臣至百官三省至百司不循法守有罪當劾皆得糾正政和六年詔在京職事官與外任按察官雖未升朝並赴臺參謝辭七年中丞王安石奏以本臺覺察彈奏事刊爲一書殿中侍御史以上錄本給付從之靖康元年監察御史胡舜陟言監察御史自唐至本朝皆論政事擊官邪元豐紹聖著于甲令崇寧大臣欲其便己遂更成憲乞令本臺增入監察御史言事之文詔依祖宗法又詔宰執不得薦舉臺諫官舊臺令御史上下半年分詣三省樞密院點檢諸房文字輪詣尚書六曹按察奉行稽違付受差失咸得彈糾渡江後稍闕不舉紹興三年始復其舊是年十一月殿中侍御史常同言元豐始置六察上自諸部寺監下至廩庫場務無不分隸以詔廢置而乃有寅緣申請乞不隸臺察者恐非法意宜遵舊制從之乾道二年詔自今非曾經兩任縣令不得除監察御史慶元二年侍御史黃黼言監察御史高宗時嘗置六員孝宗時置三員令分按之任止二人乞增置一員自後常置三員

檢法一人掌檢詳法律主簿一人掌受事發辰勾稽簿書宋初置推直官一人專治獄事凡推直有四曰臺一推曰臺二推曰殿一推曰殿二推咸平中置推勘官十員元豐官制行定員分職裏行推直等官悉罷紹興初詔檢法主簿特令殿中侍御史奏辟紹熙中侍御史林大中以論事不合去所奏辟檢法官李謙主簿彭龜年亦乞同罷嘉定元年劉榘除檢法官范之柔除主簿以後二職皆闕乾道併省吏額前司主管班次二人正副引贊官二人入品知班三人知班五人書令史四人驅使官四人法司二人六察書吏九人貼司五人通引官三人

三京留司御史臺管勾臺事各一人（舊曰判臺）以朝官以上充掌拜表行香糾舉違失令史二人知班驅使官書吏各一人中興以後不置

秘書省

監　少監　丞各一人監掌古今經籍圖書國史實錄天文歷數之事少監爲之貳而丞參領之其屬有五著作郎一人著作佐郎二人掌修纂日歷秘書郎二人掌集賢院史館昭文館秘閣圖籍以甲乙丙丁爲部各分其類校書郎四人正字二人掌校讐典籍刊正訛謬各以其職隸於長貳惟日歷非編修官不預歲於仲夏曝書則給酒食費尚書學士侍郎待制兩省諫官御史並赴遇庚伏則前期遣中使諭旨聽以早歸大典禮則長貳預集議所以待遇儒臣非他司比宴設錫予率循故事宋初置三館長慶門北謂之西館太平興國初於昇龍門東北剏立三館書院三年賜名崇文院遷西館書貯焉東廊爲集賢書庫西廊分四部爲史館書庫大中祥符八年剏外院於右掖門外天禧初令以三館爲額置檢討校勘等員檢討以京朝官充校勘自京朝幕職至選人皆得備選以內侍二人爲勾當官通掌三館圖籍事孔目官表奏官掌舍各一人又有監書庫內侍一人兼監秘閣圖籍孔目官一人

秘閣係端拱二年就崇文院中堂建閣以三館書籍眞本并內出古畫墨迹等藏之淳化元年詔次三館　置直閣以朝官充校理以京朝官充以諸司三品兩省五品以上官一人判閣事直閣校理通掌閣事掌繕寫秘閣所藏供御人裝裁匠十二人元豐五年職事官貼職悉罷以崇文院爲秘書省官屬始立爲定員分案四置吏八（崇文院太平興國三年置端拱元年建秘閣於院中昭文館史館集賢院皆沿唐制立名但有書庫寓於崇文院廡下三館秘閣崇文院各置貼職官又有集賢殿修撰直龍圖閣校勘通謂之館閣初英宗謂輔臣曰館閣所以育材比選數人出使無可者豈乏材耶歐陽修曰今取材路狹館閣止用選人編校書籍故進用稍遲上曰卿等各舉數人雖親戚世家勿避於是宰相琦公亮參知政事修槩各薦五人未及試神宗登極先召十人試以詩賦而閣封府界提點陳汝義別以奏封稱旨預試於是御史吳申言試館職者請策以經史及世務毋用辭賦遂詔自今試館職專用策論熙寧二年置崇文校書始除河南府永安主簿邢恕乃詔自今應選舉可用人並除校書候二年取旨除館職官五年以隸秘書省）元祐初復置直集賢院校理自校理而上職有六等內外官並許帶恩數仍舊又立試中人館職法選人除正字京官除校書郎（校書郎供職二年除集賢校理秘書郎著作佐郎比集賢校理著作郎比集賢院直秘閣丞及三年除秘閣校理）三年二月詔御試唱名日秘書丞至正字升殿侍立九月復試賢良于閣下五年置集賢院學士并校對黃本書籍官員（紹聖初罷校對以編修日歷選本省易集賢院學士爲殿修撰直院爲直秘閣集賢校理爲秘書校理）十二月詔禮部本省長貳定校讐之課月終具奏（入伏午時減半過伏依舊從蘇軾之請）又罷本省官任滿除館職法元符二年詔職事官罷帶館職悉復元豐官制崇寧五年詔館閣並除進士出身人政和五年四月詔秘書省殿以右文爲名改集賢殿修撰爲右文殿修撰是月駕詣景靈宮朝獻還幸秘書省詔曰廷見多士歷覽藏書之府祖宗遺文在焉屋室淺狹甚非稱太平右文之盛宜重行修展八月詔秘書省移於新左藏庫以其地爲堂七年詔類集所訪遺書名曰秘書總目宣和二年立定秘書省員額監少監丞並依元豐舊制著作郎以四員爲額校書郎二員正字四員渡江後制作未遑紹興元年始詔置秘書省權以秘監或少監一員丞著作郎佐各一員校書正字各二員爲額續又參酌舊制校書郎正字召試學士院而後命之自是採求闕文補綴漏

逸四庫書略備卽秘書省復建史館以修神宗哲宗實錄選本省官兼檢討校勘以侍從官充修撰五年做唐人十八學士之制監少丞外置著作郎佐秘書郎各二人校書郎正字通十二人又移史館於省之側別爲一所以增重其事九年詔著作局惟修日歷遇修國史則開國史院遇修實錄則開實錄院以正名實十三年詔復每歲曝書會是冬新省成少監游操援政和故事乞置提舉官遂以授禮部侍郎秦熺令掌求遺書仍鑄印以賜置編定書籍官二人以校書郎正字充孝宗卽位詔館職儲養人才不可定員乾道九年正字止六員淳熙二年監少並置皆前所未有除少監丞外以七員爲額尋復詔不立額紹熙二年館職闕人上令召試二員謹加審擇取學問議論平正之人自是監少丞外多止除二員是時陳傅良上言請以右文秘閣修撰并舊館閣校勘三等爲史官自校勘供職稍遷秘閣修撰又遷右文在院三五年如有勞績就遷次對庶幾有專官之効無冗局之嫌時論韙之然不果行中興分案四曰經籍曰祝版曰知雜曰太史吏額都副孔目官二人四庫書官各二人表奏官書庫官各一人守當官二人正名楷書五人守闕一人正貼司及守闕各六人監門官一人以武臣充專知官一人

日歷所隸秘書省以著作郎著作佐郎掌之以宰執時政記左右史起居注所書會集修撰爲一代之典舊於門下省置編修院專掌國史實錄修纂日歷元豐元年詔宣徽院等供報修注事自今更不供起居院直供編修院日歷所四年十一月廢編修院歸史館官制行屬秘書省國史案六年詔秘書省長貳毋得預著作修纂日歷事進書卽繫銜以防漏洩如舊編修院法焉八年詔吏部郎中曾肇禮部郎中林希兼著作職事官兼職自此始元祐五年移國史案置局專掌國史實錄編修日曆以國史院爲名隸門下省更不隸秘書省紹聖二年詔日曆還秘書省宣和二年詔罷在京修書諸局惟秘書省日曆所係元豐國史案除著作郎官專管修纂日曆之事無定員外其分案編修日曆書庫官吏並依元豐法紹興元年初修皇帝日曆詔以修日曆所爲名本省長貳通行修纂三年詔宰臣提舉侍從官修撰十一月詔以修國史日曆所爲名四年詔以史館爲名十年詔依舊制併歸秘書省國史案以著作郎佐修纂舊史館官罷歸元官尋復詔以國史日曆所爲名續併修神宗哲宗寶訓隆興元年詔編類聖政所併歸日曆所依舊宰臣提領仍令日曆所吏充行遣

會要所以省官通任其事紹興九年詔秘書省官讐校國朝會要逐官添給茶湯錢乾道四年詔尚書右僕射陳俊卿兼提舉編修國朝會要每遇提舉官開院過局就本省道山堂聚呈文字提舉諸司官承受官主管諸司官並令國史日曆所官兼五年令本省再加删定以續修國朝會要爲名九年秘書少監陳騤言編類建炎以後會要成書以中興會要爲名並從之其後接續修纂並隸秘書省

國史實錄院　提舉國史　監修國史　提舉實錄院　修國史同修國史　史館修撰同修撰　實錄院修撰同修撰　直史館　編修官檢討官　校勘檢閱校正編校官　初紹興三年詔置國史院重修神宗哲宗實錄以從官充修撰續以左僕射呂頤浩提舉國史右僕射朱勝非監修國史四年置直史館及檢討校勘各一員五年置修撰官二員校勘官無定員是時國史實錄皆寓史館未有置此廢彼之分九年修徽宗實錄詔以實錄院爲名仍以宰臣提舉以從官充修撰同修撰餘官充檢討無定員明年以未修正史詔罷史館官吏併歸實錄院二十八年實錄書成詔修三朝正史復置國史院以宰臣監修侍從官兼同修餘官充編修明年詔國史院以宰臣提舉置修國史同修國史共二員編修官二員又置都大提舉諸司官承受官諸司官各一員以內侍省官充隆興元年以編類聖政所併歸國史院命起居郎胡銓同修國史二年參政錢端禮權監脩國史乾道元年參政虞允文權提舉國史皆前所未有二年詔置實錄院修欽宗實錄其修撰檢討官以史院官兼領四年實錄告成詔修欽宗正史以右僕射蔣芾提舉四朝國史詔增置編修官二員續又增置三員淳熙三年特命李燾以秘書監權同修國史權實錄院同修撰四年罷實錄院專置史院十五年四朝國史成書詔罷史院復開實錄院修高宗實錄慶元元年開實錄院修纂孝宗實錄六年詔實錄院同修撰以四員檢討官以六員爲額嘉泰元年開實錄院修纂光宗實錄二年復開國史院自是國史與實錄院並置矣實錄院吏兼行國史院事點檢文字一人書庫官八人楷書四人

太史局掌測驗天文考定曆法凡日月星辰風雲氣候祥眚之事日具所占以聞歲頒曆于天下則預造進呈祭祀冠昏及大典禮則選所用日其官有令有正有春官夏官中官秋官冬官正有丞有直長有靈臺郞郞有保章正其判局及同判則選五官正以上業優考深者充保章正五年直長至令十年一遷惟靈臺郞試中乃遷而挈壺正無遷法其别局有天文院測驗渾儀刻漏所掌渾儀臺晝夜測驗辰象

鐘鼓院掌文德殿鐘鼓樓刻漏進牌之事

印曆所掌雕印曆書南渡後並同隸秘書省長貳丞郎輪季點檢

算學元豐七年詔四選命官通算學者許于吏部就試其合格者上等除博士中次爲學諭元祐元年初議者謂本監雖準朝旨造算學元未興工其試選學官亦未有應格竊慮徒有煩費乞罷修建崇寧三年遂將元豐算學條制修成敕令五年罷算學令附於國子監十一月從薛昂請復置算學大觀三年太常寺考究以黃帝爲先師自常先力牧至周王朴以上從祀凡七十人四年以算學生併入太史局宣和二年詔並罷官吏

殿中省　監　少監　監丞各一人監掌供奉天子玉食醫藥服御幄帟輿輦舍次之政令少監爲之貳丞參領之凡總六局曰尚食掌膳羞之事曰尚藥掌和劑診候之事曰尚醞掌酒醴之事曰尚衣掌衣服冠冕之事曰尚舍掌次舍幄帟之事曰尚輦掌輿輦之事六尚各有典御二人奉御六人或四人監門二人或一人又尚食有膳工尚藥有醫師尚醞有酒工尚衣有衣徒尚舍有幕士尚輦有正供等皆分隸其局又置提舉六尚局及管幹官一員舊殿中省判省事一人以無職事朝官充雖有六尚局名别有事存凡官隨局而移不領於本省所掌唯郊祀元日冬至天子御殿及禘祫后廟神主赴太廟供具繖扇而殿中監視秘書監爲寄祿官而已元豐中神宗欲復建此官而度禁中未有其地但詔御輦院不隸省寺令事達焉初權太府卿林顔因按內藏庫見乘輿服御雜貯百物中乃乞復殿中省六尚以嚴奉至尊於是徽宗乃出先朝所度殿中省圖命三省行之而其法皆左正言姚祐所裁定是歲崇寧二年也二年蔡京上修成殿中省六尚局供奉庫務敕令格式并看詳凡六十卷仍冠以崇寧爲名政和元年殿中省高伸上編定六尚供奉式靖康元年詔六尚局並依祖宗法又詔六尚局既罷格內歲貢品物萬數尚爲民害非祖宗舊制其並除之

御藥院勾當官無常員以入內內侍充常按驗秘方以時劑和藥品以進御及供奉禁中之用舊制勾當御藥院遷官至遙領團練防禦者謂之暗轉干冒恩澤浸不可止嘉祐五年詔御藥院內臣如當轉出而特留者俟其出計所留歲月優遷之更不許累計所遷資序非勾當御藥院而留者其出更不推恩典八人藥童十一人匠七人崇寧二年併入殿中省

尚衣庫使　副使　舊曰尚衣庫大中祥符三年改監官二人以內侍三班充掌駕頭服御繖扇之名物凡御殿大禮前一日請　乘輿衮冕鎮圭袍服於禁中以待進御事已復還內庫典一人匠四人掌庫十人　內衣物庫在文德殿後太平興國二年置受納匹段庫受納綾錦西州鹿胎綾羅絹匹段大中祥符元年併入監官二人以京朝官并內侍充舊三人以諸司使副及三班內侍充掌受納錦綺綾羅色帛銀器腰束帶料造年支準備衣服以待頒賜諸王宗室文武近臣禁軍將校時服并給宰臣親王皇親使相生日器幣兩府臣僚百官皇親轉官中謝朝辭特賜及大遼諸外國人使辭見銀器射弓衣帶典八人掌庫三十一人　新衣庫在太平坊監官二人以諸司使副三班及內侍充掌受錦綺雜帛衣服之物以備給賜及邦國儀注之用并受納衣服以賜諸司丁匠諸軍監門二人以三班使臣充典十人掌庫五十五人

朝服法物庫太平興國二年置後分三庫一在天安殿後一在右掖門內北廊一在正陽門外監官二人以諸司使副及三班內侍充掌百官朝服諸司儀仗之名物典三人掌庫三十人已上崇寧二年併入殿中省舊有裁造院針線院雜賣場後省併之

太常寺　卿　少卿　丞各一人　博士四人　主簿　協律郞奉禮郞大祝各一人卿掌禮樂郊廟社稷壇壝陵寢之事少卿爲之貳丞參領之禮之名有五曰吉禮曰賓禮曰軍禮曰嘉禮曰凶禮皆掌其制度儀式祭祀有大祀有小祀其犧牲幣玉酒醴薦獻器服各辨其等掌樂律樂舞樂章以定宮架特架之制祭祀享則分樂而序之凡親祠及四孟月朝獻景靈宮郊祀告享太廟掌贊相禮儀升降之節歲時朝拜陵寢則視法式辨具以授祠官凡祠事差官卜日齋戒皆檢舉以聞初獻用執政官則卿爲終獻用卿則少卿爲亞獻博士爲終獻闕則以次互攝郊祀已頒御札則撰儀以進宮架鼓吹警場率前期按閱卽習餘祀及朝會宴享上壽封册之儀物亦如之若禮樂有所損益及祀典神祇爵號與封襲繼嗣之事當考定者擬上於禮部凡大醫之政令以時頒行宋初舊制判寺無常員以兩制以上充丞一人以禮官久次官高者充别置太常禮院雖隸本寺其實專達有判院同知院四人寺與禮院事不相兼康定元年置判寺同判寺始並兼禮院事元豐正名始專其職分案五置吏十有一元祐三年詔太常寺置長貳他寺監則互置紹聖中復舊制大觀元年應太常寺所被旨及施行典禮事季輪博士銓次成籍以備討論政和四年令祠事監察御史闕則以六曹郞官及館職攝充宣

和三年令本寺因革禮五年一檢舉接續編修建炎初併省冗職惟太常大理不併詔太常少卿一員兼宗正少卿罷丞簿惟置博士一員紹興三年復置丞九年臣僚言元豐正名太常主議論者博士四人乞參稽舊典添置博士以稱朝廷蒐補闕軼緝熙彌文之意詔添博士一員十年置簿一員十五年詔太常討論置籍田令續置太社令隆興元年併省博士一員主簿一員又以光祿寺併歸太常罷丞明年詔丞簿並依舊制分案九曰禮儀掌討論大慶典禮神祠道釋襃封定謚檢舉忌辰曰祠祭掌大中小祠祀差行事官并酒齊幣帛蠟燭禮料曰壇廟掌行室壇廟域陵寢曰大樂掌大樂教習樂舞鼓吹警場曰法物掌給納朝祭服曰犧掌歲中祠祭牲牢羊豕滌室曰太醫掌臣僚陳乞醫人補充太醫助教等曰掌法曰知雜並掌本寺條制雜務裁減吏額贊引使二人正禮直官二人副禮直官二人正名贊者七人守闕贊者七人私名贊者七人胥吏一人胥佐四人貼司一人書表司一人祠祭局供官十二人祭器司供官十人樂正三人鼓吹令一人本寺天樂祭器庫專知官一人庫子二人圓壇大樂禮器庫專知官一人庫子一人

博士　掌講定五禮儀式有改革則據經審議凡於法應謚者考其行狀撰定謚文有祠事則監視儀物掌凡贊導之事　主簿掌稽考簿書　協律郎掌律呂以和陰陽之聲正宮架特架樂舞之位大祭祀享宴用樂則執麾以詔作止之節舉麾鼓柷而樂作偃麾戞敔而樂止凡樂掌其序事　奉禮郎掌奉幣帛授初獻官大禮則設親祠板位　太祝掌讀冊辭授搏黍以嘏告飲福則進爵酌酒受其虛爵　郊社令掌巡視四郊及社稷壇壝掌凡掃除之事祭祀則省牲　太廟令掌宗廟薦新七祀及功臣從享之禮　籍田令掌帝籍耕耨出納之事植五穀蔬果藏冰以待用　宮闈令率其屬以汎灑廟庭凡修治潔除之事　提點管幹郊廟祭器所南郊太廟祭器庫　提點朝服法物庫所　朝服法物庫　南郊什物庫太廟什物庫掌藏其器服以待祭祀朝會之用凡冠服視其等而頒於執事之臣　教坊及鈐轄教坊所掌宴樂閱習以待宴享之用考其藝而進退之　諸陵祠墳所掌先世后妃之墳園而以時獻享　太醫局有丞有教授有九科醫生額三百人歲終則會其全失而定其賞罰（太醫局熙寧九年置以知制誥熊本提舉大理寺丞單驤管幹後詔勿隸太常寺置提舉一判局二判局選知醫事者爲之科置教授一選翰林醫官以下與上等學生及在外良醫爲之學生常以春試取合格者三百人爲額大學律學武舉生諸營將士疾病輪往治之各給印紙書其狀歲終稽其功緒爲三等第補之上等月給錢十五千毋過二十人中等十千毋過三十人下等五千毋過五十人失多者罰黜之受兵校錢物者論如監臨強乞取法三學生願預者聽受而禁邀求者又官制行隸太常禮部自政和以後隸醫學詳見選舉志）孝宗隆興元年省併醫官而罷局生續以虞允文請依舊存留醫學科逐舉附試省試別試所更不置局權令太常寺掌行紹熙二年復置太醫局局生以百員爲額餘並依未罷局前體例仍隸太常寺　太晟府以大司樂爲長典樂爲貳次曰大樂令秩比丞次曰主簿協律郎又有按協聲律製撰文字運譜等官以京朝官選人或白衣士人通樂律者爲之又以武臣監府門及大樂法物庫以侍從及內省近侍官提舉所典六案曰大樂曰鼓吹曰宴安樂曰法物曰知雜曰掌法國朝禮樂掌于奉常崇寧初置局議大樂樂成置府建官以司之禮樂始分爲二五年二月因省冗員併之禮官九月復舊大觀四年以官徒廩給繁厚省樂令一員監官二員吏祿並視太常格宣和二年詔以大晟府近歲添置冗濫徼幸罷不復再置

宗正寺　卿　少卿　丞　主簿各一人卿掌敘宗派屬籍以別昭穆而定其親疏少卿爲之貳丞參領之凡修纂牒譜圖籍其別有五曰玉牒以編年之體敘帝系而記其歷數凡政令賞罰封域戶口豐凶祥瑞之事載焉曰屬籍序同姓之親而第其服紀之戚疏遠近曰宗藩慶系錄辨譜系之所自出序其子孫而列其名位品秩曰仙源積慶圖考定世次枝分派別而系以本宗曰僊源類譜序男女宗婦族姓婚姻及官爵遷敘而著其功罪生死凡錄以一歲圖以三歲牒譜籍以十歲修纂以進宋初舊置判寺事二人以宗姓兩制以上充闕則以宗姓朝官以上知丞事掌奉諸廟諸陵薦享之事司皇族之籍主簿一員以京官充（舊自丞簿以上皆宗正爲之通署寺事初置卿少率命常參官判寺事大中祥符八年以兵部侍郎趙安易兼卿判寺趙世長改爲知寺事九年始定丞郎以上兼卿給舍以下兼少卿郎中以下兼丞京官主簿其卿闕則丞以下行寺事而無知判之名）元豐官制行詔宗正長貳不專用國姓蓋自有大宗正司以統皇族也渡江後卿不常置少卿一人以太常兼紹興三年復置少卿一人五年復置丞十年置主簿隆興元年併省次年詔丞簿復舊制嘉定九年詔以宗學改隸宗正寺自此寺官又預校試之事分案二曰屬籍曰知雜吏額胥長一人胥史一人胥佐二人楷書二人貼書二人

大宗正司景祐三年始制司以皇兄寧江軍節度使濮王知大宗正事皇姪彰化軍節度觀察留後守節同知大宗正事元豐正名仍置知及同知官各一人選宗室團練觀察使以上有德望者充丞二人以文臣京朝官以上充掌糾合族屬而訓之以德行道藝受其詞訟而糾正其愆違有罪則先劾以聞法例不能決者同上殿取裁若宮邸官因事出入日書于籍季終類奏歲錄存亡之數報宗正寺凡宗室服屬遠近之數及其賞罰規式皆總之官屬有記室一人掌牋奏講書教授十有二人分位講授兼領小學之事舊制擇宗室賢者爲知大宗正事次一人爲同知其後位高屬尊者爲判熙寧三年始以異姓朝臣二員知丞事置局爲睦親廣親宅是歲省管幹睦親廣親宅及提舉郡縣主等宅官以其事歸宗正（自熙寧中置丞始以都官員外郎張稚圭爲之神宗疑用異姓王安石言前代宗正固有用庶姓者乃錄春秋時公侯大夫事神宗曰此雖無前代故事行之何害安石曰聖人制法不必皆循前代所已行者於是召稚圭對而命之）分案五置吏十有一元豐五年詔大宗正司不隸六曹其丞屬中書省奏差元祐四年詔宗室越本司訴事者罪之六年詔宗正按熙寧敕諸院建小學自八歲至十四歲首檢舉入學紹聖元年詔袒免外兩世孤遺貧乏者驗實廩給之四年詔宗室若婦女自外還京並報宗正崇寧三年詔大宗正及外宗正司將條貫事迹關宗正寺修纂圖牒政和三年詔以知大宗正事仲忽提舉宗子學事崇寧三年置南外宗正司于南京西外宗正司于西京各置敦宗院初講議司言宗室疎屬願居兩京輔郡者各置敦宗院其兩京各置外宗正司從之仍詔各擇宗室之賢者一人爲知宗掌外居宗室詔復定宗學博士正錄員數大觀四年罷政和二年復舊又詔敦宗院宗子有文藝行實衆所共知者許外宗正官考察以聞中興後以位高屬尊者爲判大宗正事其知及同知如舊制又置知大宗正丞一員以文臣充掌糾合宗室而檢防訓飭之凡南班宗室磨勘遷轉襲封請給覈其當否嫁娶房奩分析財產酌厚薄多寡而訂其議凡宗室除合該賜名外皆大宗正定名而後報宗正寺其餘遷授官資支給錢米考覈以詔予奪其不率教者以法拘之歲久知悔則除其過名復置南外宗正司西外宗正司以處宗室之在外者各仍舊制設敦宗院皆設知宗所在通判職官兼丞簿其糾合檢防訓飭如大宗正司西南外兩司闕知宗間令大宗正司選擇保明而後授之又各置教授以課其行藝南渡初先徙宗室於江淮於是大宗正司移江寧南外移鎮江西外移揚州其後屢徙後西外止於福州南外止於泉州又置紹興府宗正寺蓋初隨其所寓而分管轄之乾道七年嘗欲移紹興府宗司於蜀不果後併歸行在嘉定間用臣僚言乞凡除授知宗須擇老成更練之人詔知宗正丞照百司例每日入局所以示增重宗盟之意

玉牒所淳化六年始設局置官詔以皇宋玉牒爲名建玉牒殿咸平初命趙安易梁周翰編屬籍始刱規制大中祥符六年以知制誥劉筠夏竦爲修玉牒官自後置一員或二員元豐官制行分隸宗正寺官寺丞王鞏奏玉牒十年一進並以學士典領自熙寧中范鎮進書之後神宗玉牒至今未修僊源類譜自慶曆中張方平修進之後僅五十年並無成書乞別立法其修玉牒及類譜官每二年一具草繳進從之紹聖三年應宗室賜名三祖下各隨祖宗之支子而下雖兄弟數多並爲一字相連南渡後紹興十二年始建玉牒所提舉一人或二人以宰相執政爲之以侍從官一人兼修宗正卿少而下同修纂先是宗正寺丞邵大受奏講求宗正寺舊掌之書曰皇帝玉牒曰仙源積慶圖曰宗藩慶系錄曰宗支屬籍南渡四書散失今重加修纂仙源慶系屬籍總要合圖錄屬籍三者而一之既無愧於昔矣獨玉牒一書未修宜搜訪討論以正九族以壯本支於是始置官如舊制分案五置吏十乾道八年詔玉牒殿主管香火差內侍三員武臣一員充並改作幹辦玉牒所殿

光祿寺　卿　少卿　丞　主簿各一人卿掌祭祀朝會宴饗酒醴膳羞之事修其儲備而謹其出納之政少卿爲之貳丞參領之凡祭祀共五齊三酒牲牢鬱鬯及尊彝籩豆簠簋鼎俎鉶登之實前期飭有司辦具牲鑊視滌濯奉牲則告充告備共其明水火焉禮畢進胙于天子而頒于百執事之人分案五置吏十元祐三年詔長貳互置政和六年二月監察御史王恒奏祭祀牢醴之具掌於光祿而寺官未嘗臨視請大祠以長貳朔祭及中祠以丞簿監視宰割禮畢頒胙有故及小祠聽以其屬攝從之舊置判寺事一人以朝官以上充光祿卿少皆爲寄祿元豐制行始歸本寺中興後廢併入禮部

大官令掌膳羞割烹之事凡供進膳羞則辨其名物而視食之宜謹其水火之齊祭祀共明水明火割牲取毛血牲體以爲鼎俎之實朝會宴享則供其酒膳凡給賜視其品秩而爲之等元祐初罷大官令二年復置（崇寧三年置尚食局大官令惟掌祠事）　法酒庫　內酒坊掌以式法授酒材視其厚薄之齊而謹其出納之政若造酒以待供進及祭祀給賜則法酒庫掌之凡祭祀供五齊三酒以實尊

醞內酒坊惟造酒以待餘用　大官物料庫掌預備膳食薦羞之物以供大官之用辨其名數而會其出入　翰林司掌供果實及茶茗湯藥　牛羊司　牛羊供應所掌供大中小祀之牲牷及大官宴享膳羞之用乳酪院掌供造酥酪油醋庫掌供油及鹽胾　外物料庫掌收儲米鹽雜物以待膳食之須凡百司須給者取具焉

衛尉寺　卿　少卿　丞　主簿各一人卿掌儀衛兵械甲冑之政令少卿爲之貳丞參領之凡內外作坊輸納兵器則辨其名數驗其良窳以歸于武庫不如式者罰之時其曝涼而封籍其數若進御及頒給則按籍而出之每季委官檢視歲終上計帳于兵部掌凡幄帟之事大禮設帷宮張大次小次陳鹵簿儀仗長貳晝夜巡徼察其不如儀者押仗官則前期稟差凡仗衛供羽儀節鉞金鉦鼓鼓朝宴亦如之宴享賓客供幕帟茵席視其敝者移少府軍器監修爲舊制判寺事一人以郎官以上充凡武庫武器歸內庫守宮歸儀鸞司本寺無所掌元豐官制行始歸本寺分案四置吏十元祐三年詔長貳互置所隸官司十有三

內弓箭庫　南外庫　軍器弓槍庫　軍器弩劒箭庫掌藏兵杖器械甲冑以備軍國之用　儀鸞司掌供幕帟供帳之事軍器什物庫　宣德樓什物庫掌收貯什物給用則按籍而頒之　左右金吾街司　左右金吾仗司　六軍儀仗司掌淸道徼巡排列奉引儀仗以肅禁衛凡儀物以時修飭選募人兵而校其遷補之事中興後衛尉寺廢併入工部

太僕寺　卿　少卿　丞　主簿各一人掌車輅廐牧之令少卿爲之貳丞參領之國有大禮供其輦輅屬車前期戒有司敎閱象馬凡儀仗旣陳則巡視其行列后妃親王公主執政官應給車乘者視品秩而頒之總國之馬政籍京都坊監畿甸牧地畜馬之數謹其飼養察其治療考蕃息損耗之實而定其賞罰焉死則斂其騣尾筋革入于官府凡閱馬差次其高下應給賜則如格歲終鉤覆帳籍以上駕部若有事于南北郊侍中請降輿升輅則卿授綏舊置判寺事一人以朝官以上充凡邦國廐牧車輿之政令分隸羣牧司騏驥院諸坊監本寺但掌天子五輅屬車后妃王公車輅給大中小祀羊元豐官制行始歸本寺分案五置吏十有八總局十有二元祐二年詔外監事令本寺依羣牧司舊法施行應內外馬軍專隸太僕直達樞密院更不經尚書省及駕部三年詔省主簿一員崇寧二年詔太僕寺依舊制不治外事歸尚書駕部應馬事上樞密院所隸官司　車輅院掌乘輿法物凡大駕法駕小駕供輦輅及奉引屬車辨其名數與陳列先後之序　左右騏驥院左右天駟監掌國馬別其駑良以待軍國之用　鞍轡庫應奉御馬鞍勒及以韉轡給賜臣下　養象所掌調御馴象駝坊　車營　致遠務掌分養雜畜以供負載般運牧養上下監掌治療病馬及申駒數有耗失則送皮剝所元豐末廢畿內牧馬監元祐初置左右天廐坊聽民間承佃牧地紹聖元年依元豐法置孳生監中興後廢太僕寺併入兵部

羣牧司　制置使一人景德四年置以樞密使副爲之至道三年罷而復置使一人咸平三年置以兩省以上官充副使一人以閤門以上及內侍都知充都監二人以諸司使以上充判官二人以京朝官充掌內外廐牧之事周知國馬之政而察其登耗焉凡受宣詔文牒則以時下於院監大事則制置使同簽署小事則專遣其副使都監多不備置判官都監每歲更出諸州巡坊監點印國馬之蕃息者又有左右廂提點隸本司都勾押官一人勾押官一人押司官一人

鞍轡庫　使　副使　監官二人以諸司副使及三班使臣內侍充掌御馬金玉鞍勒及給賜王公羣臣外國使并國信鞾轡之名物勾管一人典五人掌庫十四人元豐併入太僕寺

宋史卷一百六十四考證

職官志四建炎初併省冗職惟太常大理不併詔太常少卿一員兼宗正少卿○不併詔監本訛不能紹　臣闕鼎按通考建炎初併省冗職詔太常少卿一員兼宗正少卿本志大理寺條內併省官寺惟大理寺不併合衍二者則能紹二字應是併詔二字今改正

宋史卷一百六十五

元　中　書　右　丞　相　總　裁　脫　脫　等　修

職官志第一百十八

職官五

大理寺　鴻臚寺　司農寺　太府寺　國子監　少府監　將作監　軍器監　都水監　司天監

大理寺　舊置判寺一人兼少卿事一人建隆三年以工部尚書竇儀判寺事凡獄訟之事隨官司決劾本寺不復聽訊但掌斷天下奏獄送審刑院詳讞同署以上、于朝詳斷官八人以京官充（國初大理正丞評事皆有員分掌斷獄其後擇他官明法令者若常參官則兼正未常參則兼丞謂之詳斷官舊六人後加至十一人又去兼正丞之名咸平二年始定置）法直官二人以幕府州縣官充改京官則爲檢法官元豐官制行置卿一人少卿二人正二人推丞四人斷丞六人司直六人評事十有二人主簿二人卿掌折獄詳刑鞫讞之事凡職務分左右天下奏劾命官將校及大辟囚以下以疑請讞者隸左斷刑則司直評事詳斷丞議之正審之若在京百司事當推治或特旨委勘及係官之物應追究者隸右治獄則丞專推鞫蓋少卿分領其事而卿總焉凡刑獄應審議者上刑部被旨推鞫及情犯重者卿同所隸官請對奏裁若獄空或斷絕則御史按實以聞分案十有一置吏六十有九先是舊制大理寺讞天下奏案而不治獄熙寧五年增詳斷官二爲十員七年置詳斷習學官十四詳覆習學官六九年詔以京師官寺凡有獄皆繫開封府司錄司及左右軍巡三院囚逮猥多難於隔訊又暑多瘐死因緣流滯動涉歲時稽參故事宜屬理官可復置大理獄始命崔台符爲知卿事蹇周輔楊汲爲少卿各舉丞及檢法官初神宗謂國初廢大理獄非是以問孫洙洙對合旨至是命官起寺十七日而成元豐二年手詔大理寺近舉墜典俾治獄事推輪規摹皆以義起不少寬假必懷顧忌稽留弊害無異前日宜依推制院及御史臺例不供報糾察司三年詔依舊供報凡官屬依御史臺例謁有禁又詔糾察司察訪本寺斷徒以上出入不當者察案點檢五年詔毋以大理寺官爲試官六年又詔凡斷公案先上正看詳當否論難改正簽印注日然後過議司覆議如有批難具記改正長貳更加審定然後判成錄奏又刑部言應吏部補授大理寺左斷刑官先與刑部大理寺長貳同議可否然後注擬仍取經試得循資以上人充正闕以丞補丞闕以評事補詔刑部吏部同著爲令八年詔大理寺推斷事應奏及上尚書省者更不先申本曹元祐元年以右治獄勘斷公事全少併左右兩推爲一司三年三省請罷右治獄依三司舊例置推勘檢法官于戶部從之又詔大理寺並置長貳四年從刑部請改本寺條任大理官失斷徒已上五人或死罪二人不在選限（舊條失斷徒已上三人或死罪一人）紹聖元年詔斷刑獄官依元豐元年選試法二年復置右治獄置官屬如元豐制左右推事有翻異者互送再有異者朝廷委官審問或送御史臺治之元符元年應大理寺開封府承受內降公事不得奏請移送又詔應奏斷公事依開封府事條不許諸處取索崇寧四年詔大理寺官諸司輒奏辟者以違制論政和二年詔法官任滿擇職事修舉人材可錄者奏舉再任仍許就任關升理本等資序五年依熙豐故事復置習學公事四員長貳立課程正丞同指教宣和七年評事以上並差試中刑法人又詔大理寺開封府承受公事依法斷遣不得乞降特旨中興併省官寺惟大理寺不併紹興初詔正與丞並堂除評事闕則委本寺長貳選擇應格人赴刑部議定申朝廷差塡如無應格卽選請習刑法人權充又立比較法以懲差失隆興二年評事鞏衍言評事檢斷躬自節案親書斷語最爲勞苦詔增置以八員爲額淳熙末嚴寺官出謁之禁以防請託漏泄之弊紹熙初除試中刑法評事八員外司直主簿選用有出身曾歷任人各兼評事繫銜將八評事已擬斷文字分兩廳點檢或有未安則述所見與長貳商量慶元四年定逐季仲月定日斷絕之法嘉定八年申嚴紹熙指揮重司直主簿之選增選試取人數以勸法科左斷刑分案三曰磨勘掌批會吏部等處改官事曰宣黃掌凡斷訖命官指揮曰分簿掌行分探諸案文字設司有四曰表奏掌拘催詳斷案八房斷議獄案兼旬申月奏日開折曰知雜曰法司又有詳斷案八房專定斷諸路申奏獄案等又有敕庫掌收管架閣文書吏額胥長一人胥吏三人胥佐三十人貼書六人楷書十四人（隆興共減七人）右治獄分案有四曰左右寺案掌斷訖公事案後收理追贓等曰驅磨掌驅磨兩推官錢官物文書曰檢法掌檢斷左右推獄案併供檢應用條法曰知雜又有開折表奏二司有左右推主鞫勘諸處送下公事及定奪等吏額前司胥史一人胥佐九人表奏司一人貼書三人左右推胥史二人胥佐八人般押推司四人貼書四人（隆興共減五人）

鴻臚寺、舊置判寺事一人以朝官以上充元豐官制行置卿一人少卿一人丞主簿各一人卿掌四夷朝貢宴勞給賜送迎之事及國之凶儀中都祠廟道釋籍帳除附之禁令少卿爲之貳丞參領之凡四夷君長使价朝見辨其等位以賓禮待之授以館舍而頒其見辭賜予宴設之式戒有司先期辦具有貢物則具其數報四方館引見以進諸蕃封册卽行其禮命若崇義公承襲則辨其嫡庶具名上尚書省其周嵩慶懿陵廟命官以時致享若凶儀之節宗室以服臣僚以品辨其喪紀而詔奠臨賻贈之制禮儀成服則卿掌贊導之儀葬則預戒有司具鹵簿儀物分案四置吏九其官屬十有二

往來國信所掌大遼使介交聘之事　都亭西驛及管幹所掌河西蕃部貢奉之事　禮賓院掌回鶻吐蕃党

項女眞等國朝貢館設及互市譯語之事　懷遠驛掌南蕃交州西蕃龜茲大食于闐甘沙宗哥等國貢奉之事　中太一宮建隆觀等各置提點所掌殿宇齋宮器用儀物陳設錢幣之事　在京寺務司及提點所掌諸寺葺治之事　傳法院掌譯經潤文　左右街僧錄司掌寺院僧尼帳籍及僧官補授之事　同文館及管勾所掌高麗使令　已上並屬鴻臚寺中興後廢鴻臚不置併入禮部

司農寺　舊置判寺事二人以兩制朝官以上充主簿一人以選人充掌供籍田九種大中小祀供豕及蔬果明房油與平糶利農之事元豐官制行始正職掌置卿少卿丞主簿各一人卿掌倉儲委積之政令總苑囿庫務之事而謹其出納少卿爲之貳丞參領之凡京都官吏祿稟辨其精粗而爲之等諸路歲運至京師遣官閱其名色而分納于倉庾藁秸則歸諸場歲具封樁月具見存之數奏聞給兵食則進呈糧樣因出納而受賂刻取者嚴其禁有負欠者計其虧數上于倉部凡諸路奏雨雪之闕與過多者皆籍之凡苑囿行幸排比及薦饗進御須賜植藏之物戒有司先期辨具造麴蘖儲薪炭以待給用天子親耕籍田有事于先農則卿奉耒耜少卿率屬及庶人以終千畝分案六置吏十有八初熙寧二年置制置條例司立常平斂散法遣諸路提舉官推行之三年五月詔制置司均通天下之財以常平新法付司農寺增置丞簿而農田水利免役保甲等法悉自司農講行初以太子中允呂惠卿判司農寺改同判寺胡宗愈爲兼判四年以御史知雜鄧綰判寺曾布同判詔諸路提舉常平官課績田寺考校升出管幹官令提舉司保明計功賞之六年以司農間遣屬官出視諸路力有不給乃置幹當公事官以葉康直等四人爲之七年本寺言所主行農田水利免役保甲之法措置未盡官吏推行多違法意欲榜諭官私使人陳述有司違法從寺按察九年以幹當公事官所至輒用喜怒罷之從熊本請也元豐四年減丞一主簿三官制行寺監不治外事司農事舊職務悉歸戶部右曹元祐三年詔司農寺置長貳五年以本寺主簿兼檢法八年復置提轄修倉所紹聖元年詔罷官屬以其事歸將監四年罷主簿添丞一員政和六年浙西諸州各置排岸一員從兩浙運副應安道請也所隸官屬凡五十　倉二十有五掌九穀廩藏之事以給官吏軍兵祿食之用凡綱運受納及封樁支用月具數以報司農　草場十有二掌受京芻藁秸以給牧監飼秣排岸司四掌水運綱船輸納雇直之事　園苑四玉津瑞聖宜春瓊林苑掌種植蔬蒔以待供進修飾亭宇以備游幸宴設　下卸司掌受納綱運　都麴院掌造麴以供內酒庫酒醴之用及出鬻以收其直　水磨務掌水磑磨麥以供尚食及內外之用　內柴炭庫掌諸薪炭以給宮城及宿衞班直軍士薪炭席薦之物　炭場掌儲炭以供百司之用　建炎三年罷司農寺以事務併隸倉部紹興三年復置丞二員凡有合行事務申戶部施行四年復置寺仍置卿少十年復置簿隆興元年併省主簿一員明年詔如舊制乾道三年詔糧綱有欠從本寺斷遣監納情理重者大理寺推勘分案五南北省倉草料場和糴場隸焉監倉官分上中下界司其出納諸場皆置監官外有監門官交量則有檢察斛面官綱運下卸有排岸司官各分其事以佐本寺　豐儲倉所置監官二員監門官一員初紹興以上供米餘數樁管別廩以爲水旱之助後又增廣收糴淳熙間命右司爲之提領後以屬檢正非奉朝廷指揮不許支撥別置赤曆提領官結押不許衮同司農寺收支經常米斛凡外州軍起到樁管米從司農寺差官盤糧據納到數報本所樁管監官監門官遇考任滿所屬批書外仍于本所批書視其有無欠折以定其功過在外則鎭江建康亦置倉焉

太府寺　舊置判寺事一人以兩制或帶職朝官充同判寺一人以京朝官充凡稟藏貿易四方貢賦百官奉給時皆隸三司本寺但掌供祠祭香幣帨巾神席及校造斗升衡尺而已元豐官制行始正職掌置卿少卿各一人丞主簿各二人卿掌邦國財貨之政令及庫藏出納商稅平準貿易之事少卿爲之貳丞參領之凡四方貢賦之輸于京師者辨其名物視其多寡別而受之儲於內藏者以待非常之用須于左藏者以供經常之費凡官吏軍兵奉祿賜予以法式須之先給曆從有司檢察書其名數鈎覆而後給焉供奉之物則承旨以進審奏得畫乃聽除之若春秋授軍衣則前期進樣定其須日畿內將校營兵支請月具其數以聞凡商賈之賦小賈即門征之大賈則輸於務貨之不售者平其價鬻於平準乘時賒貸以濟民用若質取於官則給用多寡各從其抵歲以香茶鹽鈔募人入豆穀實邊即京都闕用物預報度支凡課入以盈虧定課最行賞罰大祀晨祼則卿置幣奠玉則入陳玉帛餘祀供其帨巾分案九置吏六十有五元祐初以倉部郎官印發文鈔三年復歸本寺又詔太府置長貳五年令長貳每月分巡所轄庫務元符元年增置丞一員三年改市易案爲平準其市易務亦如之崇寧中置藥局七所添丞一員點檢宣和三年減罷靖康元年詔內外官司局所依熙寧法錢物並納左藏庫凡省一百五所又詔戶部太府寺長貳當職官及本庫官吏俸錢候在京官吏支散並足方許支給從戶部尚書梅執禮之請也所隸官司二十有五　左藏東西庫掌受四方財賦之入以待邦國之經費給官吏軍兵奉祿賜予舊分南北兩庫政和六年修建新庫以東西庫爲名　西京南京北京各置左藏庫　內藏庫掌受歲計之餘積以待邦國非常之用　奉宸庫掌供內庭凡金玉珠寶良貨賄藏焉　祗候庫掌受錢帛器皿衣服以備傳詔頒給及殿庭賜予　元豐庫掌受諸路積剩及常平錢物凡封樁者皆入焉（神宗常憤契丹倔彊慨然有恢復幽燕之志聚金帛內帑自製四言詩一章曰五季失國獫狁孔熾藝祖造邦思有懲艾爰設內府基以募士曾孫保之敢忘厥志每庫以詩一字目之儲積皆滿又別置庫賦詩二十字分揭於庫曰每虔夕惕心妄意遵遺業顧予不武姿何日成戎捷徽宗朝又有崇寧庫大觀庫）　布庫掌受諸道輸納之布辨其名物以待給用　茶庫掌受江浙荊湖建劍茶茗以給翰林諸司及賞賚出鬻　雜物庫掌受內外雜輸之物以備支用　糧料院掌以法式頒稟祿凡文武百官諸司諸軍奉料以券準給　審計司掌審其給受之數以法式驅磨　都商稅務掌收京城商旅之算以輸于左藏　汴河上下鎖蔡河上下鎖掌收舟船木筏之征　都提舉市易司掌提點貿易貨物其上下界及諸州市易務雜買務雜賣場皆隸焉　市易上界掌斂市之不售貨之滯於民用者乘時貿易以平百物之直　市易下界掌飛錢給券以通邊糴雜買務掌和市百物凡宮禁官府所需以時供納　雜賣場掌受內外幣餘之物計直以待出貨或準折支用　榷貨務掌折博斛斗金帛之屬　交引庫掌給印出納交引錢鈔之事　抵當所掌以官錢聽民質取而濟其緩急　和劑局惠民局掌修合良藥出賣以濟民疾　店宅務掌管官屋及邸店計置出僦及修造之事　石炭場掌受納出賣石炭　香藥庫掌出納外國貢獻及市舶香藥寶石之事　建炎詔罷太府寺以其所掌職務撥隸金部紹興元年復以章億守太府寺丞措置印給茶鹽鈔引續添置丞二員四年復置卿少各一員十年復置主簿十一年詔交引庫書押鈔引寺丞兩員遇合推賞各與減磨勘二年尋詔三丞一體行之隆興元年併省主簿一員明年如舊制設案七以序次分管監交案隨逐丞簿赴左藏庫監交看驗綱運錢物中興後所隸惟有糧料院審計司左藏東西庫交引庫祗候庫和劑庫惠民局如前制所置　左藏南庫（係樁管御前激賞庫改）以待從官提領又置提轄檢察官一員　編估局打套局（二局係揀選市舶香藥雜物等第會其直以待貿易）　寄樁庫（掌發賣香藥匹帛擬其直歸于左藏南庫）置監官提領二人

國子監　舊置判監事二人以兩制或帶職朝官充凡監事皆總之直講八人以京官選人充掌以經術教授諸生（舊以講書爲名無定員淳化五年判監李至奏爲直講以京朝官充其後又有講書說書之名並以幕職州縣官充其熟於講說而秩滿者稍遷京官皇祐中始以八人爲額每員各專一經並遴擇進士併九經及第之人相參薦舉）丞一人以京朝官或選人充掌錢穀出納之事主簿一人以京官或選人充掌文簿以勾考其出納（舊制祭酒闕始置判監事）監生無定員（並有蔭及京畿人初隸監授業後補監生或隨屬游官以久離本貫不克赴鄉薦而文藝可稱亦許隸補試廣文教進士太學教九經五經三禮三傳學究律學館教明律餘不常置）元豐官制行始置祭酒司業丞主簿各一人太學博士十人（舊係國子監直講元豐三年詔改爲太學博士每經二人）正錄各五人武學博士二人律學博士正各一人　祭酒掌國子太學武學律學小學之政令司業爲之貳丞參領監事凡諸生之隸于太學者分三舍始入學驗所隸州公據以試補中者充外舍齋長諭月書其行藝于籍行謂率敎不戾規矩藝謂治經程文季終考于學諭次學錄次學正次博士然後考于長貳歲終校定具注于籍以俟覆試視其校定之數參驗而序進之凡私試孟月經義仲月論季月策公試初場以經義次場以論策試上舍如省試法凡內舍行藝與所試之等俱優者爲上舍上等取旨命官一優一平爲中以俟殿試一優一否或俱平爲下以俟省試唯國子生不預考選凡課試升黜敎導之事長貳皆總焉車駕幸學則率官屬諸生班迎即行在距學百步亦如之凡釋奠于先聖先師及武成王則率官屬諸生共薦獻之禮歲計所隸三舍生升降多寡之數以爲學官之殿最賞罰　博士掌分經講授考校程文以德行道藝訓導學者　正錄掌舉行學規凡諸生之戾規矩者待以五等之罰考校訓導如博士之職

職事學錄五人掌與正錄通掌學規學諭二十人掌以所授經傳諭諸生直學四人掌諸生之籍及幾察出入凡八十齋齋置長諭各一人掌表率齋生凡戾規矩者糾以齋規五等之罰仍月考齋生行藝著于籍　武學博士學諭各二人掌以兵書弓馬武藝訓誘學者律學博士二人掌傳授法律及校試之事　小學置職事敎諭二人掌訓導及考校責罰學長二人掌序齒位

糾不如儀者　集正二人掌籍諸生名氏糾程課不逮者熙寧初詔用經術取士廣潤費舍分爲三學增置生徒總二千八百人隷籍有數給食有等庫書有官治疾有醫分案八置吏十元豐三年詔自今奏舉太學博士先以所業進呈五年詔國子監官差承務郎以上闕卽差選人充正官立行守試請奉法八年詔罷太學保任同罪法元祐元年詔太學每歲公試以司業博士主之如春秋補試法左司諫王巖叟言太學生補中人乞並許應舉罷一年之限詔國子監立法又詔給事中孫覺秘書少監顧臨崇政殿説書程頤國子監長貳看詳修立國子監條例又詔置春秋博士一員二年增司業一員又詔內外學官選年三十以上歷任人充三年詔國子監置長貳四年詔太學正錄依熙寧法選上舍生充闕則以內舍生五年殿中侍御史岑象求言國子監無叩問師資之益學官不以訓導爲己任補試伺察不嚴有假手之弊詔禮部相度以聞本部言生員遇有請益許見長貳仍詔生員以所納齋課於講堂上指諭併委博士逐月巡所隷齋詢考生員所業凡私試不鎖宿欲令不罷講説從之紹聖元年監察御史劉拯言太學復行元豐中三舍推恩注官免省試免解試之制夫舊法欲行必先嚴考察請自今太學長貳博士正錄選學行純備衆所推服者爲之有弛慢不公考察不實則重加譴責差職掌長諭改正如元豐舊制從之又詔內外學官非制科進士出身及上舍生入官者並罷又詔太學正錄依元豐舊制各置五人又詔太學生舍生並依元豐學制重行考察依舊條推恩左司諫翟思言元豐太學令訓迪糾禁亦具矣今追復經義取士乞令有司看詳依舊頒行詔送國子監又詔內外學官選進士出身及經明行修人又詔學官並召試國子監長貳臺諫官外監司皆許薦舉三年司業龔原言公試依元豐舊制以長貳監試輪差博士五員考試乞朝廷更差官五員參考從之元符元年詔有官人許入太學充監生毋過四十人三年復置春秋博士（崇寧元年省罷）崇寧元年宰臣蔡京言有詔天下皆興學貢士以三舍考選法遍行天下聽每三年貢入太學上舍試仍別爲考分爲三等若試中上等補充太學上舍試中中等下等者補充內舍餘爲外舍生仍建外學于國之南待其歲考行藝升之太學其外學官屬司業一人丞一人博士十人學正五人學錄五人職事人保學生充學錄五人學諭十人直學二人齋長齋諭各一人外舍生三千人太學上舍一百人內舍三百人候將來貢試到合格者卽上舍以二百人內舍以六百人爲額處上舍內舍于太學處外舍于外學外學置齋一百講堂四每齋三十人太學自訟齋移於外學諸路貢士並入外學候依法考選校試合格升之太學爲上舍內舍生見爲太學外舍生依舊在太學候外學成日取旨外學並依太學勑令格式從之二年罷春秋博士三年詔辟廱置司成司業各一員四年詔辟廱待四方貢士在國之郊太學教養上舍生在王城之內內外旣殊高下未倫辟廱有司成在侍郎之次國子有祭酒司業列於卿少事體不順合行釐正改辟廱司成爲大學司成總國子監及內外學事凡學之事皆許專達仍立學官謁禁大觀元年置國子博士四員國子正錄各二員大學辟廱博士共置二十員國子大學每經一員辟廱二員從薛昂之請也三年詔諸路贍學餘錢並起發充在京學事支用四年詔省國子辟廱博士五員大學命官學錄一員辟廱二員國子命官正錄及命官直學國子監書庫官等官並省罷依紹聖格毋用謄錄政和元年詔兩學博士正錄依舊制選試朝廷除授七年新提舉河東路學事王格言崇寧初建辟廱于郊以處貢士及外舍生立大學于國以處上舍內舍由州郡而貢之辟廱由辟廱而升之太學法行之初上內舍之選未衆故外舍有校定者留太學無校定者出辟廱比年上內舍人日增而太學又有國子臨行親及小學生人數已多居處迫隘乞以外舍生有無校定並居辟廱升補上內舍乃入太學從之八年詔兩學博士正錄并諸州教授兼用元豐試法仍止試一經（吏部具到元豐法進士第一甲或省試十名內或府監發解五名內或太學公私試三名內或季試兩次爲第一人或上舍內舍生或曾充經諭以上職掌或投所業乞試並聽試入上等注博士中下等注正錄卽人多闕少願注諸州教授者聽）宣和三年詔罷天下三舍太學以三舍考選開封府及諸路以科舉取士州學未行三舍以前應置學宮及養士去處依元豐舊制太學生並撥塡舊額辟廱正額入太學者撥入額外依舊制遇塡闕諸內舍上等校定人願入太學者與免補試辟廱官屬並罷又詔國子博士正錄改充太學正錄七年臣僚言熙豐間博士未嘗除代近年以來席未暖而代者已至當從正錄第進新除太學博士胡世將周利建乞改除正錄候將來升爲博士從之靖康元年諫議大夫馮澥言朝廷罷元祐學術之禁不專王氏之學六經之旨其說是者取之今學校或主一偏之說執一偏之見願詔有司考校敢私好惡去取重行黜責又詔太學博士替成資闕建炎三年詔國子監併歸禮部未幾詔復養生徒置博士紹興十二年置祭酒司業各一人十二年太學成增置博士正錄參用元祐紹聖監學法修立監學新法詔國子博士正錄通治諸齋學官闕從本監選舉其後監學博士正錄增減不齊兼攝並置不一至隆興以後正錄不兼權祭酒司業並置復書庫官又定國子博士一員太學博士三員正錄共四員學官之制始定淳熙四年置監門官一員兼管石經閣以不釐務使臣充以後相承不改武學慶曆三年詔置武學于武成王廟以阮逸爲教授八月罷武學以議者言古名將如諸葛亮羊祜杜預等豈專學孫吳故也熙寧五年樞密院言古者出師受成於學文武弛張其道一也乞復置武學詔于武成王廟置學元豐官制行改教授爲博士紹興十六年詔修建武學武博武諭以兵書弓馬武藝誘誨學者紹興二十六年詔武學博士學諭各置一員內博士於文臣有出身或武舉出身曾預高選充其學諭差武學人後又除文臣之有出身者　宗學元豐六年宗室令鑠乞建宗學詔從之旣而中輟建中靖國元年復置崇寧初立月書季法南度初建學嘉定更新置四齋後再增三齋宗學博士舊諸王宮大小學教授也至道元年太宗將爲皇姪等置師傅執政謂環衞之官非親王比當有降乃以教授爲名咸平初遂命諸王府官分兼南北宅教授南宮者太祖太宗諸王之子孫處之所謂睦親宅也崇寧五年又改稱某王宮宗子博士位國子博士之上靖康之亂宗學遂廢紹興四年始復置諸王宮大小學教授二員隆興省其一嘉定九年十二月始復置宗學改教授爲博士又置宗學諭一員並隷宗正寺在太常博士之下諭在國子正之上奉給賞典依國子博士及正例於是宗室疎遠者皆得就學旋有旨復存諸王宮大小學教授一員　書庫官淳化五年判國子監李志言國子監舊有印書錢物所名爲近俗乞下爲國子監書庫官始置書庫監官以京朝官充掌印經史羣書以備朝廷宣索賜予之用及出鬻而收其直以上於官元豐三年省中興後併國子監入禮部紹興十三年復置一員三十一年罷隆興初詔主簿兼書庫乾道七年復置一員

少府監　舊制判監事一人以朝官充凡進御器玩后妃服飾雕文錯綵工巧之事分隷文思院後苑造作所本監但掌造門戟神衣旌節郊廟諸壇祭玉法物鑄牌印諸記百官拜表案褥之事凡祭祀則供祭器爵瓚照燭元豐官制行始制少監丞主簿各一人監掌百工伎巧之政令少監爲之貳丞參領之凡乘輿服御寶冊符印旌節度量權衡之制與夫祭祀朝會展采備物皆率其屬以供焉庀其工徒察其程課作止勞逸及寒暑早晚之節視將作匠法物勒工名以法式察其良窳凡金玉犀象羽毛齒革膠漆材竹辨其名物而攷其制度事當損益則審其可否議定以聞少府所掌舊有主名其工作之事則監自視之熙寧中已釐歸有司官制行皆復舊元豐元年工部言文思院上下界諸作工料條格該說不盡功限例各寬剩乞委官檢照前後料例功限編爲定式從之又詔文思監官除內侍外令工部少府監同議選差崇寧三年詔文思院兩界監官立定文臣一員武臣二員並朝廷選差其內侍幹當官並罷分案四置吏八所隷官屬五　文思院掌造金銀犀玉工巧之物金采繪素裝鈿之飾以供輿輦冊寶法物凡器服之用　綾錦院掌織紝錦繡以供乘輿凡服飾之用　染院掌染絲枲幣帛　裁造院掌裁製服飾　文繡院掌纂繡以供乘輿服御及賓客祭祀之用（崇寧三年置招繡工三百人）　舊置南郊祭器庫監官二人　太廟祭器法物庫監官二人掌祠祭器服之名物各有專典　旌節官二人　鑄印篆文官二人　諸州鑄錢監監官各一人以上並屬少府監

將作監　舊制判監事一人以朝官以上充凡土木工匠之政京都繕修隷三司修造案本監但掌祠祀供省牲牌鎭石炷香盥手焚版幣之事元豐官制行始正職掌　置監少監各一人丞主簿各二人監掌宮室城郭橋梁舟車營繕之事少監爲之貳丞參領之凡土木工匠版築造作之政令總焉辨其才幹器物之所須乘時儲積以待給用庀其工徒而授以法式寒暑蚤暮均其勞逸作止之節凡營造有計帳則委官覆視定其名數驗實以給之歲以二月治溝渠通壅塞乘輿行幸則預戒有司潔除均布黃道凡出納籍帳歲受而會之上于工部熙寧初以嘉慶院爲監其官屬職事稍用舊典已而盡追復之元祐七年詔敘將作監修成營造法式八年又詔本監營造檢計畢長貳隨事給限丞簿覆檢元符元年三省言將作監主簿二員乞將先到任一員改充幹當公事候成資替罷從之崇寧五年詔將作監應承受前後特旨應副外路并府監修造差撥人工物料遵執元豐條格不得應副宣和五年詔罷營繕所歸將作監分案五置吏二十有七所隷官屬十　修內司掌

宮城太廟繕修之事　東西八作司掌京城內外繕修之事　竹木務掌修諸路水運材植及抽算諸河商販竹木以給內外營造之用　事材場掌計度材物前期樸斲以給內外營造之用　麥麵場掌受京畿諸縣夏租麵麩以給圬墁之用　窰務掌陶爲塼瓦以給繕營及餅缶之器　丹粉所掌燒變丹粉以供繪飾　作坊物料庫第三界掌儲積材物以備給用　退材場掌受京城內外退棄材木掄其長短有差其曲直中度者以給營造餘備薪爨　簾箔場掌抽算竹木蒲葦以供簾箔內外之用　建炎三年詔將作監所歸工部紹興三年復置丞仍兼總少府之事十年置主簿一員十一年詔依司農大府寺置長貳一員隆興初宮室無所營繕職務簡省百工器用屬之文思院以隸工部本監惟置丞一員餘官虛而不除乾道以後人材甚多監少丞簿無闕凡臺省之久次與郡邑之有聲者悉寄徑于此自是號爲儲才之地而營繕之事多俾府尹畿漕分任其責焉

軍器監　國初戎器之職領于三司胄曹案官無專職熙寧六年廢胄案乃按唐令置監以從官總判元豐正名始置監少監各一人丞二人主簿一人監掌監督繕治兵器什物以給軍國之用少監爲之貳丞參領之凡利器以法式授工徒其弓矢干戈甲胄劍戟戰守之具因其能而分任之量用給材旬會其數以考程課而輸于武庫委遣官詣所隸檢察凡用膠漆筋革材物必以時課百工造作勞逸必均歲終閱其良否多寡之數以詔賞罰器成則進呈便殿侯閱試而頒其樣試于諸道即要會州建都作院分造器械從本監比較而進退其官吏焉元祐三年省丞一員紹聖中復置政和三年應御前軍器監所頒降軍器樣製非長貳當職官不得省閱及傳寫漏洩論以違制分案五置吏十有三所隸官屬四　東西作坊掌造兵器旗幟戎帳什物辨其名色謹其繕作以輸于受藏之府兵校工匠其役有程視精麤利鈍以爲之賞罰　作坊物料庫掌收鐵錫羽箭油漆之屬　皮角場掌收皮革筋角以供作坊之用　南渡置御前軍器所建炎三年詔軍器監併歸工部東西作坊都作院併入軍器所紹興三年復置丞一員令工部相度合管職事歸之十一年詔復置長貳各一員十四年以朝奉大夫趙子厚守軍器監宗室爲寺監長貳自此始隆興初詔置造軍器已有軍器所隸工部本監惟置丞一員乾道五年復置少監及簿六年以少監韓玉往建康點檢物馬以奉使軍器少監爲名是年復置監一員淳熙初元詔戎器非進入毋輒出所由是呈驗寖省二年錢良臣以少監總領淮東財賦八年沈揆復以監長行諸監長貳自是始許總餉外帶然二人實初兼版曹職事嘉定十四年岳珂獨以軍器監總餉淮東是後戎所作坊已備官于下宥府起部並提綱于上監居其間事務稀簡特爲儲才之所焉

都水監　舊隸三司河渠案嘉祐三年始專置監以領之判監事一人以員外郎以上充同判監事一人以朝官以上充丞二人主簿一人並以京朝官充輪遣丞一人出外治河埽之事或一歲再歲而罷其有諳知水政或至三年置局于澶州號曰外監元豐正名置使者一人丞二人主簿一人使者掌中外川澤河渠津梁堤堰疏鑿浚治之事丞參領之凡治水之法以防止水以溝蕩水以澮寫水以陂池瀦水凡江河淮海所經郡邑皆頒其禁令視汴洛水勢漲涸增損而調節之凡河防謹其法禁歲計筊揵之數前期儲積以時頒用各隨其所治地而任其責興役以後月至十月止民功則隨其先後毋過一月若導水溉田及疏治壅積爲民利者定其賞罰凡修堤岸植榆柳則視其勤惰多寡以爲殿最南北外都水丞各一人都提舉官八人監埽官百三十有五人皆分職涖事即干機速非外丞所能治則使者行視河渠事元祐八年詔提舉汴河堤岸司隸本監先是導洛入汴專置堤岸司至是亦歸之有司元祐四年復置外都水使者五年詔南北外都水丞並以三年爲任七年方議回河東流乃詔河北東西漕臣及開封府界提點各兼南北外都水事紹聖元年罷元符三年詔罷北外都水丞以河事委之漕臣三年復置重和元年工部尚書王詔言乞選差曾任水官諳練者爲南北兩外丞從之宣和三年詔罷南北外都水丞司依元豐法通差文武官一員分案七置吏三十有七所隸有　街道司掌轄治道路人兵若車駕行幸則前期修治有積水則疏導之　建炎三年詔都水監置使者一員　紹興九年復置南北外都水丞各一員南丞于應天府北丞于東京置司十年詔都水事歸于工部不復置官

司天監　監　少監　丞　主簿　春官正　夏官正　中官正　秋官正　冬官正　靈臺郎　保章正　挈壺正　各一人掌察天文祥異鐘鼓漏刻寫造曆書供諸壇祀祭告神名版位畫日監及少監闕則置判監事二人以五官正充禮生四人　曆生四人掌測驗渾儀同知算造王式元豐官制行罷司天監立太史局隸秘書省

宋史卷一百六十六

元　中書右丞相總裁脫脫等修

職官志第一百十九

職官志　殿前司　侍衞親軍　環衞官　皇城司　客省引進四方館　東西上閤門　帶御器械　內侍省　開封府　臨安府　河內應天府　次府　節度使　承宣觀察防禦等使

殿前司　都指揮使　副都指揮使　都虞候各一人掌殿前諸班直及步騎諸指揮之名籍凡統制訓練番衞戍守遷補賞罰皆總其政令而有都點檢副都點檢之名在都指揮之上後不復置入則侍衞殿陛出則扈從乘輿大禮則提點編排整肅禁衞鹵簿儀仗掌宿衞之事都指揮使以節度使爲之而副都指揮使都虞候以刺史以上充資序淺則主管本司公事馬步軍亦如之備則通治闕則互攝凡軍事皆行以法而治其獄訟若情不中法則稟奏聽旨　騎軍有殿前指揮使內殿直散員散指揮散都頭散祗候金鎗班東西班散直鈞容直及捧日以下諸軍指揮　步軍有御龍直骨朶子直弓箭直弩直及天武以下諸軍指揮　諸班有都虞候指揮使都軍使都知副都知押班　御龍諸直有四直都虞候本直各有都虞候指揮使副指揮使都頭副都頭十將將虞候　騎軍步軍有捧日天武左右四廂都指揮使捧日天武左右廂各有都指揮使每軍有都指揮使都虞候每指揮有指揮使副指揮使每都有軍使副兵馬使十將將虞候承局押官各以其職隸于殿前司元祐七年簽書樞密院王巖叟言祖宗以來三帥不曾闕兩人若殿帥闕難於從下超補姚麟係殿前都虞候合升作步軍副都指揮使紹聖三年詔殿前指揮使金鎗弩手班龍旗直所減人額及排定班分並依元豐詔旨政和四年詔殿前都指揮使在節度使之上殿前副都指揮使在正任承宣使之上殿前都虞候在正任防禦使之上渡江後都指揮闕虛不除則以主管殿前司一員任其事其屬有幹辦公事主管禁衞二員準備差遣準備差使點檢醫藥飯食各一員書寫機宜文字一員本司掌諸班直禁旅扈衞之事捧日天武四廂隸焉訓齊其衆振飭其藝通輪內宿併宿衞親兵並聽節制其下有統制統領將佐等分任其事凡諸軍班直功賞轉補行門拍試換官閱實排連以詔于上諸殿侍差使年滿出職祗應參班覈其名籍以時敎閱則謹鞍馬軍器衣甲之出入軍兵有獄訟則以法鞫治初渡江草刱三衞之制未備稍稍招集塡制三帥資淺者各有主管某司公事之稱又別置御營司擢王淵爲都統制其後外州駐劄又有御前諸軍都統制之名又併入神武軍以舊統制統領改充殿前司統制統領官乾道中臣僚言三衞軍制名稱不正以舊制論之軍職大者凡八等除都指揮使或不常制外曰殿前副都指揮使馬軍副都指揮使步軍副都指揮使次各有都虞候次有捧日天武四廂都指揮使龍神衞四廂都指揮使秩秩有序若登第然降此而下則分營分廂各置副都指揮使邊境有事命將討捕則旋立總管鈐轄都監之名使各將其所部以出事已復初令以宿衞虎士而與在外諸軍同其名以統制統領爲之長又使遙帶外路總管鈐轄皆非舊典所當法祖宗之舊正三衙之名改諸軍爲諸廂改統制以下爲都虞候指揮使要使宿衞之職預有差等士卒之心明有所係異時拜將必無一軍皆驚之舉時不果行淳熙以後四廂之職多虛而殿司職司有權管幹有時暫照管之號愈非乾道以前之比矣

侍衞親軍馬軍　都指揮使　副都指揮使　都虞候各一人掌馬軍諸指揮之名籍凡統制訓練番衞戍守遷補賞罰皆總其政令侍衞扈從及大禮宿衞所掌如殿前司官所領馬軍自龍衞而下有左右四廂都指揮龍衞左右廂各有都指揮使每軍有都指揮使都虞候每指揮有指揮使副指揮使每都有軍使副兵馬使十將將虞候承勾押官各以其職隸于馬軍司政和四年詔以馬軍都指揮使馬軍副都指揮使在正任觀察使之上馬軍都虞候在正任防禦使之上中興復置主管侍衞馬軍司一員其屬有幹辦公事準備差遣點檢醫藥飯食各一員掌出戍建康差主管機宜文字一員掌馬軍之政令凡出入扈衞守宿以奉上開收閱習轉補以勵下如殿前司凡各籍覈其在亡過則以法繩之有巡防勑應則糾率差撥龍衞四廂隸焉

侍衛親軍步軍　都指揮使　副都指揮使　都虞候各一人掌步軍諸指揮之名籍凡統制訓練番衛戍守遷補賞罰皆總其政令侍衛扈從及大禮宿衛如殿前司所領步軍自神衛而下左右四廂都指揮使左右廂各有都指揮使每軍有都指揮使都虞候每指揮有指揮使副指揮使每都有都頭副都頭十將將虞候承局押官各以其職隸于步軍司政和四年詔以步軍都指揮使步軍副都指揮使在正任防禦使之上中興後置主管侍衛步軍司一員其屬有幹辦公事二員準備差遣點檢醫藥飯食各一員掌步軍之政令凡出入扈衛守宿以奉上閑收閱習轉補以勵下如殿前司凡名籍校其在亡過則以法繩之有巡防動應則糾率差撥神衛四廂隸焉

環衛官

左右金吾衛上將軍　大將軍　將軍　中郎將　郎將

左右衛上將軍　大將軍　將軍　中郎將　郎將

左右驍衛上將軍　大將軍　將軍

左右武衛上將軍　大將軍　將軍

左右屯衛上將軍　大將軍　將軍

左右衛官軍衛上將軍　大將軍　將軍

左右監門衛上將軍　大將軍　將軍

左右千牛衛上將軍　大將軍　將軍　中郎將　郎將

諸衛上將軍大將軍將軍並爲環衛官無定員皆命宗室爲之亦爲武臣之贈典大將軍以下又爲武官責降散官政和中改武臣官制而環衛如故蓋雖有四十八階別無所領故也靖康元年詔以武安軍節度使錢景臻等爲左金吾衛上將軍保信軍節度使劉敷等爲右金吾衛上將軍用御史中丞陳過庭言遵藝祖開寶初罷王彥超武行德等歸環衛故事也其禁兵分隸殿前及侍衛兩司所稱十二衛將軍皆空官無實中興多不除授隆興中始命學士洪遵等討論典故復置十六衛號環衛官其法節度使則領左右金吾衛上將軍承宣使則領左右衛上將軍在內則兼帶在外則不帶正任爲上將軍遙郡爲大將軍正親兄弟子孫試充又詔祖宗諸后自明肅至欽慈諸后及后妃嬪御之家各具本宗堪充諸衛官以名銜聞又詔三衛郎爲三衛侍郎又詔博士並差文臣崇寧四年二月置五年正月罷

皇城司　幹當官七人以武功大夫以上及內侍都知押班充掌宮城出入之禁令凡周廬宿衛之事宮門啓閉之節皆隸焉每門給銅符二鐵牌一左符留門右符請鑰鐵牌則請鑰者自隨以時參驗而啓閉之總親從親事官名籍辨其宿衛之地以均其番直人物僞冒不應法則譏察以聞凡臣僚朝覲上下馬有定所自宰臣親王以下所帶人從有定數揭牓以止其喧閧元豐六年詔幹當皇城司除兩省都知押班外取年深者減罷止留十員元祐元年詔幹當官閧三年無過者遷秩一等再任滿者減磨勘二年元符元年詔應宮城出入請納官物呈稟公事傳送文書并御廚翰林儀鸞司非次祇應聽於便門出入即不由所定門者論如闌入律應差辦人物入內及內諸司差人往他所應奉並前一日具名數與經歷諸門報皇城司二年詔皇城司任滿酬獎依熙寧五年指揮再任滿無遺闕取旨政和五年詔皇城司可刱置親從第五指揮以七百人爲額（親從官舊有四指揮元額共二千二百七十人）仍以五尺九寸一分六釐使爲將軍副使爲中郎將使臣以下爲左右郎將通以十員爲額宗室不在此例除管軍則解或領閤門皇城之類則仍帶雖戚里子弟非戰功人不除批書印紙屬殿前司是時帝諭宰相以爲如文臣館閣儲才之地紹熙初嘗欲留闕以儲將才循初意也嘉泰中復申明隆興之詔屏除貪得妄進以重環尹之官嘉定二年復因臣僚言專以曾爲兵將其功績及名將子孫之有才略者充通前後觀之可以見環衛儲才之意

三衛官　三衛郎一員秩比大中大夫中郎爲之貳文武各一員秩比朝議大夫博士二員主簿一員　親衛府郎十員中郎十員　勳衛府郎十員中郎十員　翊衛府郎二十員中郎二十員文武各四十員三衛郎治其府之事率其屬日直于殿陛長在左立起居郎之前貳分左右文東武西立都承旨之後仗退治事于府博士掌敎道校試三衛所習文武之藝親衛立于殿上兩旁勳衛立于朶殿翊衛立于兩階衛士之前三衛郎依給舍中郎依少卿餘依寺丞　親衛官以后妃嬪御之家有服親及翰林學士幷管軍正任觀察使以上子孫

勳衛官以勳臣之世賢德之後有服親大中大夫以上及正任團練使遙郡觀察使以上　翊衛官以卿監正任刺史遙郡團練使以上並以爲等其將校十將節級等應合行事件比第四指揮及見行條貫六年三月應臣僚輒帶售雇人入宮門罪賞並依宗室法將帶過數止坐本官若兼領外局所定人從非隨本官輒入者依闌入法十一月詔嘉王楷差提舉皇城司整肅隨駕禁衛所靖康元年詔應入皇城門依法服本色輒衣便服及不裹頭帽入出者並科罪所隸官屬一　冰井務掌藏冰以薦獻宗廟供奉禁庭及邦國之用若賜予臣下則以法式頒之中興初爲行營禁衛所差主管官掌出入皇城宮殿門等勅號察其假冒車駕行幸則糾察導從紹興元年改稱行在皇城司提舉官一員提點官二員幹當官五員以諸司副使內侍都知押班充掌皇城宮殿門給三色牌號稽驗出入凡親從親事官五指揮入內院子守闕入內院子指揮總其名籍均其勞役察其功過而賞罰之凡諸門必謹所守潔齋肅郊禋大禮則差撥隨從守衛有宴設則守門約闌每年春秋按賞親從逐指揮親事官第一指揮長行三色武藝弓弩槍手皇城周回或有墊陷移文修整嘉定間臣僚言皇城一司總率親從嚴護周廬參錯禁旅權亞殿巖乞專以知閤御帶兼領仍立定親從員額以革泛濫並從之

客省引進使　客省使副使各二人掌國信使見辭宴賜及四方進奉四夷朝覲貢獻之儀受其幣而賓禮之掌其饔餼飲食還則頒詔書授以賜予宰臣以下節物則視其品秩以爲等若文臣中散大夫武臣橫行刺史以上還闕朝覲掌賜酒饌使闕則引進四方館閤門使副互權大觀元年詔客省四方館不隸臺察政和二年改定武選新階乃詔客省四方館引進司東西上閤門所掌職務格法並令尚書省具上又詔高麗已稱國信改隸客省靖康元年詔客省引進司四方館西上閤門爲殿庭應奉與東上閤門一同隸中書省不隸臺察引進司使副各二人掌臣僚蕃國進奉禮物之事班四方館上使闕則客省四方館互兼

四方館使二人掌進章表凡文武官朝見辭謝國忌賜香及諸道元日冬至朔旦慶賀起居章表皆受而進之郊祀大朝會則定外國使命及致仕未升朝官父老陪位之版進士道釋亦如之掌凡護葬賻贈朝拜之事客省四方館建炎初併歸東上閤門皆知閤總之

東西上閤門　東上閤門西上閤門使各三人副使各二人宣贊舍人十人（舊名通事舍人政和中改）祇候十有二人掌朝會宴幸供奉贊相禮儀之事使副承旨稟命舍人傳宣贊謁祇候分佐舍人凡文武官自宰臣宗室自親王外國自契丹使以下朝見謝辭皆掌之視其品秩以爲引班敘班之次贊其拜舞之節而糾其違失若慶禮奉表則東上閤門掌之慰禮進名則西上閤門掌之月進班簿歲終一易分東西班揭貼以進自客省而下因事建官皆有定員遂立積考序遷之法聽其領職居外增置看班祗候六人由看班遷至使皆五年使以上七年遇闕乃遷無闕則加遙郡元豐七年詔客省四方館使副領本職外官最高者一員兼領閤門事元祐元年詔客省四方館閤門並以橫行通領職事紹聖三年詔看班祗候有闕令吏部選定尚書省呈人材中書省取旨差崇寧四年詔閤門依元豐法隸門下省大觀元年詔閤門依殿中省例不隸臺察政和六年詔宣贊播告直誦其辭靖康元年詔閤門並立員額（監察御史胡舜陟奏閤門之職祖宗所重舊制有宣贊不過三五人熙寧間通事舍人十三員祇候六人當時議者猶以爲多今舍人一百八員祇候七十六員看班四員內免職者二百三員由宦侍恩倖以求財未勳父子交買尤多富商豪子往往得之眞宗時諸王夫人因聖節乞補閤門帝曰此職非可以恩澤授不許神宗即位之初用宮邸直省官鄭昭選爲閤門祇候司馬光言此祖宗以蓄養賢才在文武爲館職其重如此今豈可賣以求財乞賜裁省故有是詔）東西上閤門多以處外戚勳貴建炎初併省爲一其引進司四方館併歸閤門客省循舊法非橫行不許知閤門紹興元年帝以朱籛孫藩邸舊人稍習儀注命轉行橫行一官主管閤門又曰藩邸舊人自內侍及使臣皆不與行在職任止與外任籛孫以閤門無諳練人故留之五年詔右武大夫以上並稱知閤門事兼客省四方館事官未至者即稱同知閤門事同兼客省四方館事以除授爲序稱同知者在知閤門之下宣贊舍人任傳宣引贊之事與閤門祗候並爲閤職閤帶點檢閤門簿書公事紹興中許令供職注授內外合入差遣闕到然後免供職其後供職舍人員數稍冗裁定以四十員爲額乾道六年上欲清閤門之選除宣贊舍人閤門祗候仍舊通軍贊引之職外置閤門舍十員以待武舉之入官者掌諸殿覺察失儀兼侍立駕出行幸亦如之六參常朝後殿引親王起居倣儒臣館閣之制召試中書省然後命之又詳轉對如職事官供職滿三年與邊郡淳熙間置看班祗候令忠訓郎以下充秉義郎以上始除閤門祗候又增重薦舉閤門祗候之制必廉幹有方略善弓馬兩任親民無遺闕及曾歷邊任者充紹熙以來立定員額慶元初申嚴閤門長官選擇其屬之令非右科前名之士不預召試蓋以爲右列清選云

帶御器械　宋初選三班以上武幹親信者佩櫜鞬御劍或以內臣爲之止名御帶咸平元年改爲帶御器械景祐二年詔自今無得過六人慶歷元年詔遇闕員曾歷邊任有功者補之中興初諸將在外多帶職蓋假禁

近之名爲軍旅之重。紹興七年樞密院言帶御器械官常帶揷帝曰此官本以衞不虞今乃佩數筍骹箭不知何用方承平時至飾以珠玉車駕每出爲觀美而已他日恢復此等事當盡去之二十九年詔中外舉薦武臣無闕可處增置帶御器械四員然近侍亦或得之乾道以來詔立班樞密院檢詳文字之上淳熙間凡正除軍中差遣或外任者不許銜內帶行又須供職一年方與解帶恩例於是屬鞬之職益加重焉

入內內侍省　內侍省　宋初有內中高品班院淳化五年改入內內班院又改入內黃門班院又改內侍省入內內侍班院景德三年詔東門取索司可併隸內東門司餘入內都知司內東門都知司內侍省入內內侍班院可立爲入內內侍省以諸司隸之宋初有內班院淳化五年改爲黃門九月又改內侍省入內內侍省與內侍省號爲前後省而入內省尤爲親近通侍禁中役服褻近者隸入內內侍省拱侍殿中備灑掃之職役使雜品者隸內侍省入內內侍省有都都知都知副都知押班內東頭供奉官內西頭供奉官內侍殿頭內侍高品內侍高班內侍黃門內侍省有左班都知副都知右班都知副都知押班內東頭供奉官內西頭供奉官內侍殿頭內侍高品內侍高班內侍黃門自供奉官至黃門以二百八十人爲定員凡內侍初補曰小黃門經恩遷補則爲內侍黃門後省官闕則以前省官補押班次遷副都知次遷都都知遂爲內臣之極品熙寧中入內內侍省內侍省都知押班遂省各以轉入先後相壓禾爲定式其官稱則有內客省使延福宮使宣政使宣慶使昭宣使元豐議改官制張誠一欲易都知押班之名置殿中監以易內侍省旣而宰執進呈神宗曰祖宗爲此名有深意豈可輕議政和二年始遂改焉以通侍大夫易內客省使正侍大夫易延福宮使中侍大夫易景福殿使中亮大夫易宣慶使中衞大夫易宣政使拱衞大夫易昭宣使供奉官易內東頭供奉官左侍禁易內西頭供奉官右侍禁易內侍殿頭左班殿直易內侍高品右班殿直易內侍高班而黃門之名如故其屬有御藥院勾當官四人以入內內侍省充掌案驗方書修合藥劑以待進御及供奉禁中之用內東門司勾當官四人以入內內侍省充掌宮禁人物出入周知其名數而譏察之　合同憑由司監官二人掌禁中宣索之物給其要驗凡特旨賜予皆具名數憑由付有司準給　管勾往來國信所管勾官二人以都知押班充掌契丹使介交聘之事　後苑勾當官無定員以內侍充掌苑囿池沼臺殿種蓺雜飾以備游幸　造作所掌造作禁中及皇屬婚娶之名物　龍圖天章寶文閣勾當四人以入內內侍充掌藏祖宗文章圖籍及符瑞寶玩之物而安像設以崇奉之　軍頭引見司勾當官五人以內侍省都知押班及閤門宣贊舍人以上充掌供奉便殿禁衞諸軍入見之事及馬步兩直軍員之名　翰林院勾當官一員以內侍押班都知充總天文書藝圖畫醫官四局凡執伎以事上者皆在焉中興以來深懲內侍用事之弊嚴前後省使臣與兵將官往來之禁著內侍官不許出謁及接見賓客之令紹興三十年詔內侍省所掌職務不多徒有冗費可廢併歸入內內侍省舊制內侍遇聖節許進子年十二試以墨義郎中程者候三年引見供職三十二年殿中侍御史張震言宦者員衆孝宗卽命內侍省具見在人數免會慶節進子仍定以二百人爲額乾道間以差赴德壽宮應奉闕人增置二百五十人紹熙三年依宰臣奏中官只令承受宮禁中事不許預聞他事嘉定初詔內侍省陳乞恩例親屬充寄班祗候以十年爲限

開封府牧尹不常置權知府一人以待制以上充掌尹正畿甸之事以教法導民而勸課之中都之獄訟皆受而聽焉小事則專決大事則稟奏若承旨已斷者刑部御史臺無輒糾察屏除寇盜有姦伏則戒所隸官捕治凡戶口賦役道釋之占京邑者須其禁令會其帳籍大禮橋道頓遞則爲之使仗內奉引則差官攝牧其屬有判官推官四人日視推鞫分事以治而佐其長領南司者一人督察使院非刑獄訟訴則主行之司錄參軍一人折戶婚之訟而通書六曹之案牒功曹倉曹戶曹兵曹法曹士曹參軍各一人視其官曹分職涖事　左右軍巡使判官各二人分掌京城爭鬭及推鞫之事　左右廂公事幹當官四人掌檢覆推問凡鬭訟事輕者聽論決領縣十有八鎭二十有四令佐訓練征榷監臨巡警之官知府事者率統隸焉分案六置吏六百開封典司轂下自建隆以來爲要劇之任至熙寧間增給吏祿禁其受賕省衙前役以寬民力釐折獄訟歸於廂官而治事視前日損去十四元祐元年詔府界捕盜官吏隸本府與都大提舉司同管轄而掌其賞罰置新城內左右二廂三年以罷大理寺獄置軍巡院判官一員四年罷新置二廂六年王巖叟言左右聽推官公事詞狀初無通治明文請事繫朝省及奏請通治外餘並據號分治從之紹聖六年知府事錢勰言自祖宗以來並分左右廳置推官各一員近年止除推官元祐中並令分治請依故事分左右廳各除推官一員作兩廳共治職事又言熙寧中置舊城左右廂元豐初增置于新城內四年罷增置兩廂令請復置從之三年詔開封祥符知縣事自今選秩通判人充四年詔開封府所薦推判官並召對取旨崇寧三年蔡京奏乞罷權知府置牧一員尹一員專總府事少尹二員分左右二府之政事牧以皇子領之尹以文臣充在六曹尚書之下侍郞之上少尹在左右司郞官之下列曹郞官之上以士戶儀兵刑工爲六曹次序司錄二員六曹各二員參軍事八員開封祥符兩縣置案倣此易胥吏之稱略依唐六典制度又請移開封府治所於舊尚書省從之太宗眞宗嘗任府尹自至道後知府者必帶權字蔡京乃以潛邸之號處臣下建置曹官以上凡十六員比舊增要官十一員五年詔開封府屬官參軍等並依舊員額大觀元年李孝壽乞增置府學博士一員從之詔開封六職閑劇不同如士曹之官唯主到罷批書而刑戶事繁自今凡士之婚田鬭訟皆在士曹餘曹倣此二年詔皇子領牧祿令如執政官又詔天下州郡並依開封府分曹置掾政和二年復置開封府學錢糧官一員五年盛章奏乞依尚書六部置架閣主管官一員宣和元年聶山奏司錄六曹官乞依省部少監封敍詔修入條令

臨安府　舊爲杭州領浙西兵馬鈐轄建炎三年詔改爲臨安府其守臣令帶浙西同安撫使時置帥在鎭江府紹興駐蹕臨安遂正稱安撫使置知府一員通判二員簽書節度判官廳公事節度推官觀察推官觀察判官錄事參軍左司理參軍右司理參軍司戶參軍司法參軍各一員本府掌畿甸之事籍其戶口均其賦役須其禁令城外內分南北左右廂各置廂官以聽民之訟訴廂官許奏辟京朝官親民資序人充後以臣僚言罷城內兩廂官惟城外置焉分使臣十員以緝捕在城盜賊立五酒務置監官以裕財分六都監界分差兵一百四十八鋪以巡防煙火置兩總轄承受御前朝吉文字凡衙實御批實封有所收索則供進凡省臺寺監監司符牒及管下諸縣及倉場等申到公事則受而理之凡大禮及國信隨事應辦祠祭共其禮料會聚陳其幄帟人使往來辦其舟楫皆先期飭于有司領縣九分士戶儀兵刑工六案內戶案分上中下案外有免役案常平案上下開拆司財賦司大禮局國信司排辦司修造司各治其事置吏點檢文字都孔目官副孔目官節度孔目官觀察孔目官各一名磨勘司主押官正開拆官副開拆官各一人下名開拆官二名押司官八人前後行守分二十一人貼司三十人乾道七年皇太子領尹事廢臨安府通判僉判職官置少尹一員日受民詞以白太子間日率僚屬詣宮稟事置判官二員推官三員有旨少尹比放知府判官比通判推官比幕職官其統臨職分並照從來條例九年皇太子解尹事臨安府知通僉判推判官並依舊置旣據保義郞趙禮之狀臨安府依條合置兵馬監押一員經任監當四員初任監當闕一員非皇太子領府尹更不差注令旣辭免乞將宗室添差員闕依舊從之淳熙三年詔罷備攝官惟緝捕使臣十二員聽候差使六員許令辟置嘉泰四年詔臨安府添差不釐務總管路鈐二十員州鈐轄路分都監副都監二十員正副將十五員安撫司準備將領十五員州都監以下十員共以八十員爲額壽減總管路鈐五員開禧三年復省罷總管路分共六員

河南應天府　牧　尹　少尹　司錄　戶曹　法曹　士曹　尹以下掌同開封府尹闕則置知府事一人以郎中以上充二品以上曰判府次府及節度州準此通判一人以朝官充判官推官各一人或以京朝官簽書使院牙職左右軍巡悉同開封而主典以下差減其數戶曹通掌府院戶籍考課稅賦法曹專掌讞議士曹或蔭敍起家不常置諸州府同至道初罷司理院州置司士取官吏強慢者爲給簿尉奉助教有特恩而受者不釐務

次府　牧　尹　少尹　司錄　戶曹　法曹　士曹　司理　文學　助教　牧尹以下所掌並同開封大中祥符八年以楚王爲興元牧其後又爲京兆江陵牧自餘無爲者尹闕則知府事一人以朝官及刺史以上或諸司使充通判一人以京朝官充乾德初諸州置通判統治軍州之政事得專達與長史均禮大藩或置兩員戶少事簡有不置者正刺史以上州知州雖小處亦特置使院牙執事並同前

節度使　宋初無所掌其事務悉歸本州知州通判兼總之亦無定員恩數與執政同初除鎖院降麻其禮尤異以待宗室近屬外戚國壻年勞久次者若外任除殿帥始授此官亦止於一員或有功勳顯著任帥守於外及前宰執拜者尤不輕授又遵唐制以節度使兼中書令或侍中或中書門下平章事皆謂之使相以待勳賢故老及宰相久次罷政者隨其舊職或檢校官加節度使出判大藩通謂之使相元豐以新制始改爲開府儀同三司舊制勅出中書門下故事之大者使相繫銜至是皆南省奉行而開府不預八年鎭江軍節度使檢校太傅韓絳爲開府儀同三司判大名府元祐五年太師平章軍國重事文彥博爲開府儀同三司守太師充護

國軍山南西道節度使致仕自崇寧五年司空左僕射蔡京爲開府儀同三司安遠軍節度使中太一宮使其後故相而除則有劉正夫余深前執政則有蔡攸梁子美外戚則有向宗回宗良鄭紳錢景臻殿帥則有高俅內侍則有童貫梁師成宣和末節度使五六十人議者以爲濫（親王皇子二十六人宗室十一人前執政二人大將四人外戚十八人宦者恩澤計七人）中興諸州升改節鎮凡十有二是時諸將勳名有兼兩鎮三鎮者實爲希闊之典（宋朝元臣拜兩鎮節度使者才三人韓琦文彥博中興後呂頤浩是也三公宰輔之而諸大將若韓張呂岳楊劉之流率至兩鎮節度使其後加至三鎮者三人韓世忠鎮南武安寧國張俊靜江寧武靜海劉錡護國寧武保靜）其後相承宰執從官及后妃之族拜者不一然自建炎至嘉泰宰相特拜者六人（呂頤浩張俊虞允文皆以勳史浩以舊學葛邲以恩）執政一人（葉右丞夢得）從官二人而已（張端明澄楊敷學俟）惟紹興中曹勛韓公裔乾道中曾覿嘉泰中姜特立譙令雍皆以攀附恩澤亦累官至焉非常制也

承宣使　無定員舊名節度觀察留後政和七年詔觀察留後乃五季藩鎮官以所親信留充後務之稱不可循用可觀以軍名改爲承宣使唐有留後五代因之宋初留後觀察皆不得本州刺史大中祥符七年令有司檢討故事始復帶之

觀察使　無定員初沿唐制置諸州觀察使凡諸衞將軍及使遙領者資品並止本官敍政和中詔承宣觀察使仍不帶持節等

防禦使　團練使　諸州刺史　無定員靖康元年臣僚言遙郡正任恩數遼絕自遙郡遷正任者合次第轉行今自遙郡與落階官而授正任直超轉本等正官是皆姦巧希進躐取乞應遙郡承宣使有功勞除正任者止除正任刺史從之凡未落階官者爲遙郡除落階官者爲正任朝謁御宴惟正任預焉遙郡並止本官敍正任復次第轉行考之舊制梯級有差中興以後節度移鎮寖少後有一定不易徑遷太尉承宣觀察徑作一官及遙郡落階官久就除正任紹興末臣僚以爲言雖復置檢校官餘未盡改

宋史卷一百六十六考證

職官志六崇寧四年二月置五年正月罷○臣開鼎按本文上載靖康隆興諸詔突接崇寧二句文意不洽疑有錯

六年三月○臣開鼎按本文未著年號下文十一月詔嘉王楷嘉王徽宗子但政和宣和皆有六年未知孰是

今自遙郡與落階官而授正任直超韓本等正官○韓字誤通考作轉

宋史卷一百六十七

元　中書右丞相總裁脫脫等修

職官志第一百二十

職官七

大都督府　制置使　宣諭使　宣撫使
總領使　留守　經略安撫使
發運使　都轉運使　招討使
招撫使　撫諭使　鎮撫使
提點刑獄　提舉常平茶馬市舶等職
提舉學事　提點開封府界公事
提舉河北糴便司　經制邊防財用
提舉解鹽　保甲　三白渠　弓箭手等職
府州軍監　諸軍通判　幕職諸曹等官
諸縣令丞簿尉　鎮砦官
總管鈐轄　路分都監　諸軍都統制
巡檢司　監當官

大都督府　都督府　長史　左右司馬　錄事參軍　司戶司法　司士　司理　文學參軍　助教　大都督及長史掌司牧尹（親王爲節度則大都督領之庶姓爲節度則長史領之端拱初越王爲威武軍節度福州大都督府長史淳化五年吳王爲淮南節度揚州大都督府長史翰林學士張洎草制再表援引典故宰相言越王已爲長史上曰業已差候異日有除并改正之至道後因移鎮遂爲大都督）闕則置知府事一人（同次府）通判一人（京朝官充）司馬不釐務舊制凡都督州建官如上南渡後以見任宰相充都督次有同都督有督視軍馬多執政爲之雖名稱略同然掌總諸路軍馬督護諸將非舊制比也初紹興二年呂頤浩首以左僕射出都督江淮兩浙荊湖諸軍事置司鎮江其後趙鼎張浚湯思退皆以宰相兼之頤浩還朝孟庾始以參知政事爲權同都督代後落權字趙鼎先以知樞密院事爲都督川陝荊襄諸軍事其後與浚並相並帶兼都督諸路軍馬入銜未幾浚獨被旨江上視師置都督行府行移文字並依三省體式其召赴行在以其事分隸三省樞密院思退初以左相出都督時楊存中以太傅寧遠軍節度使同都督思退不行就以楊存中充都督非宰執而爲都督自存中始三十一年葉義問以知樞密院事督視江淮荊襄軍馬明年汪澈以參知政事湖北京西路都督視軍馬執政爲督視於是見焉王之望辭同都督有曰朝廷於兩淮前以二大將爲招撫使後以二從臣爲宣諭使憂其不相統攝則以宰相爲都督欲事權歸一也此可以見朝廷開府之意凡簽廳文字並依尚書左右司樞密院檢詳房體式設屬諸議軍事參謀參議並依從官充書寫機宜文字幹辦官準備差遣前後員數不一開禧用兵或以簽樞督視或以元樞代之或以參知政事督視四川軍馬然皆未有底績而罷

制置使不常置掌經畫邊鄙軍旅之事政和中熙秦用兵以內侍童貫爲之仍兼經略使靖康初會諸路兵解太原之圍姚古解潛相繼爲河東河北制置使皆無功而罷中興以後置使掌本路諸州軍馬屯防扞禦多以安撫大使兼之亦以統兵馬官充地重秩高者加制置大使位宣撫副使上（紹興元年趙鼎始爲江西制置大使其後席益帥潭李綱帥江西呂頤浩帥湖皆領制置大使閭丘宗何灊亦然）或置副使以貳之（呂頤浩充江浙制置使陳彥文程千秋副使胡舜陟除沿江都制置使王義叔副使趙鼎爲江西制置大使岳飛爲制置使每事會議或急速則施行許報大使照應）初建炎元年詔令安撫使發運監司州軍官並聽制置司節制其後議者以守臣既帶安撫又兼制置及許便宜權之要重議於朝廷於是詔止許便宜制置軍事其他刑獄財賦付提刑轉運後又詔諸路帥臣並罷制置使之名惟統兵官如故隆興以後或置或省開禧間江淮四川並置大使休兵後獨成都守臣帶四川安撫制置使掌節制御前軍馬官員升改放散類省試舉人銓量郡守舉辟邊州守貳其權略視宣撫司惟財計茶馬不預又有沿海制置使以明州守臣領之然其職止肅清海道節制水軍非四川比大使置屬參謀參議主管機宜書寫文字各一員幹辦公事三員準備將領差遣差使各五員餘隨時勢輕重而增損焉

宣諭使掌宣諭德意不預他事歸即結罷紹興元年詔秘書少監傅崧卿充淮南東路宣諭使此其始也二年分遣御史五人宣諭東南諸路戒其興獄責其不當督捕盜賊皆欲專一布惠以爲民其後右司范直方宣諭川陝察院方庭實宣諭三京均此意及新復陝西樓炤以簽書樞密院事往永興宣諭就令招撫盜賊鄭剛中爲川陝宣諭使許按察官吏汪澈爲湖北京西宣諭使仍節制兩路軍馬自是使權益重而使事始不專三十二年虞允文王之望相繼充川陝宣諭使皆預軍政其權任殆亞於宣撫其後錢端禮吳芾皆以侍從出膺斯寄事畢結局官屬軍兵視其所任事之輕重爲賞之厚薄焉開熙間薛叔似鄧友龍吳獵皆因饑荒盜賊及平逆亂後往敷德意亦並以從官行

宣撫使不常置掌宣布威靈撫綏邊境及統護將帥督視軍旅之事以二府大臣充治平末命同簽書樞密院郭逵宣撫陝西三年夏兵犯順以參知政事韓絳爲陝西宣撫使繼即軍中拜相仍舊領使政和中遣內侍童貫爲陝西河東宣撫使又兼河北宣和三年睦寇方臘作亂移貫宣撫淮浙賊平依舊靖康初种師道提兵入衞京城爲京畿河東北宣撫使凡勤王之師屬焉及會諸道兵救太原又以知樞密院李綱宣撫河東北兩路中興初張浚以知樞密院事孟庾以參知政事李綱以前宰相皆出宣撫浚又加處置二字入銜（時爲川陝京西湖北路）紹興元年詔以淮南守臣多闕百姓未能復業分命呂頤浩朱勝非劉光世皆以安撫大使兼宣撫使武臣非執政而爲宣撫使實自光世始二年李光又以吏部尚書加端明殿學士爲壽春等州宣撫使自是韓世忠張浚吳玠岳飛吳璘皆以武臣充使王似亦以從官由副使而升正使焉三十二年張浚復以少傅依前觀文殿大學士充江淮東西路宣撫使乾道三年虞允文依舊知樞密院事充四川宣撫使五年王炎除四川宣撫使依舊參知政事開禧間以從官出宣撫江淮湖北京西等處不一其屬有參謀官係知州資序人與提刑敍官參議官係知州資序人與轉運判官敍官機宜幹辦公事並依發運司主管文字敍官凡宰執帶三省樞密院事出使行移文字劄六部六部行移即具申狀如從官任使副合申六部六部行移即用公牒

宣撫副使不常置掌二使事宣和末王師伐燕命少保蔡攸充靖康初會兵救太原又以資政殿學士劉韐爲之建炎三年周望宣撫兩浙以太尉郭仲荀副之其後福建韓世忠川陝吳玠皆有此授紹興間張浚宣撫川陝將召歸命從臣王似盧法原爲之副王似除使盧法原仍副之亦有不置使而置副如胡世將之於川陝岳飛之於荊襄楊沂中之於淮北皆止以副使爲名飛後以功始落副字亦有身爲正使兼領副使如開禧三年安丙充利州西路宣撫使兼四川宣撫副使

宣撫判官不常置掌贊使務熙寧中命置舍人呂大防爲之實上幕也紹興中張浚初以便宜命劉子羽爲副其後張宗元呂祉亦爲之十年楊沂中以太尉爲淮北宣撫副使劉錡以節度使爲判官禮抗權灼猶轉運使副判官之比詔行移文字同其繫銜宣判之名同而先後輕重異焉

總領四人掌措置移運應辦諸軍錢糧以朝臣充仍帶

幹階戶部等官朝廷科撥州軍上供錢米則以時拘催歲較諸州所納之盈虧以聞于上而賞罰之初建炎間張浚出使川陝用趙開總領四川財賦置所繫銜總領名官自此始其後大軍在江上間遣版曹或太府司農卿少卿調其錢糧皆以總領爲名紹興十一年收諸帥之兵改爲御前軍分屯諸處乃置三總領以朝臣爲之仍帶專一報發御前軍馬文字蓋又使之預聞軍政不獨職餉饋而已其序位在轉運副使之上鎮江諸軍錢糧淮東總領掌之鄂州荊南江州諸軍錢糧湖廣總領掌之建康池州諸軍錢糧淮西總領掌之十五年復置四川總領凡興元興州金州諸軍錢糧四川總領掌之其官屬有幹辦公事準備差使（四川又有主管文字二員）淮東西有分差糧料院審計司（審計以通判權）榷貨務都茶場御前封樁甲仗庫大軍倉大軍庫贍軍酒庫市易抵當庫惠民藥局湖廣有給納場（屬官兼）分差糧料院審計院（通判兼）御前封樁甲仗庫大軍倉庫贍軍酒庫四川有分差糧料院審計院（屬官兼）大軍倉庫擺發船運官贖藥庫糴買場淳熙元年詔委諸路州軍通判專一主管拘催逐州錢米起發赴所本所每半年比較以行賞罰紹熙二年以淮西總領所言定知州通判展減磨勘法十分欠二展二年數足減二年吏額淮東九人淮西湖廣十人四川二十人

留守　副留守　舊制天子巡守親征則命親王或大臣總留守事建隆元年親征澤潞以樞密使吳廷祚爲東京留守其西南北京留守各一人以知府兼之（西京河南南京應天北京大名）留守管掌宮鑰及京城守衞修葺彈壓之事畿內錢穀兵民之政皆屬焉政和三年資政殿大學士鄧洵武言河南應天大名府號陪京乞依開封制正尹少之名從之宣和三年詔河南大名少尹依熙寧舊制分左右廳治事應天少尹一員及三京司錄通管府事南渡初其東京北京並置留守以開封大名知府兼又以掌兵官爲副留守其後河南復南京西京置留守紹興四年帝將親征以參知政事孟庾爲行宮留守奏差主管書寫機宜文字官一員幹辦官二員準備差遣差使各三員使臣五十員又置留司臺官一員五年罷局其後秦檜爲行宮留守援例置官

經略安撫司經略安撫使一人以直祕閣以上充掌一路兵民之事皆帥其屬而聽其獄訟頒其禁令定其賞罰稽其錢穀甲械出納之名籍而行以法若事難專決則具可否具奏卽干機速邊防及士卒抵罪者聽以便宜裁斷帥臣任河東陝西嶺南路職在綏御戎夷則爲經略安撫使兼都總管以統制軍旅有屬官典領要密文書奏達機事河北及近地則使事止於安撫而已其屬有幹當公事主管機宜文字準備將領準備差使元祐元年詔陝西河東經略安撫都總管司自元豐四年後應緣軍興添置官屬並罷又詔罷經略安撫司幹當官二年詔沿邊臣僚奏請事並先赴經略司詳度以聞元符元年詔經略司遇軍興差發軍馬具數關報走馬承受崇寧二年熙河蘭會經略王厚奏溪哥城乃古積石軍今當爲州乞以李忠爲守置河南安撫司從之四年置河東陝西諸路招納司並隸經略司五年詔河東同管幹沿邊安撫司公事許歲赴闕奏事一次政和四年詔移京西路安撫於河南府京東路安撫於應天府宣和二年詔瀘州守臣帶潼川府夔州路兵馬都鈐轄瀘南沿邊路兵馬都鈐轄瀘南沿邊安撫使又詔罷置輔郡內潁昌府帶京西路安撫使三年詔杭越州江寧府洪州守臣並帶安撫使六年詔瀘州止帶主管瀘南沿邊安撫司公事仍差守臣七年詔河陽關德守臣並帶管內安撫使舊制安撫總一路兵政以知州兼充太中大夫以上或曾歷侍從乃得之品卑者止稱主管某路安撫司公事中興以後職名稍高者出守皆可兼使如係二品以上卽稱安撫大使廣東西荊南襄陽仍舊制加經略二字凡帥府皆帶馬步軍都總管建炎初李綱請於沿河沿淮沿江置帥府以文臣爲安撫使帶馬步軍都總管武臣一員爲之副許便宜行事辟置僚屬將佐措置調發惟轉輸屬之漕使其後沿江三大使司辟置過多邊報稍寧詔加裁定參謀參議官主管機宜文字主管書寫機宜文字各一員幹辦公事二員文臣準備差遣武臣準備差使準備將領各以五員爲額其餘諸路或隨地輕重而損益焉餘從省罷後以諸路申請或置或省不一淳熙二年詔揚州盧州荊南襄陽金州興元興州分爲七路每路委文臣一員充安撫使以治民武臣一人充都總管以治兵其逐路都總管職事且令帥臣依舊帶行候正官到日交割慶元二年詔利州西路安撫司於興州置司令都統制兼五年臣僚言遴選帥才除嘗任執政外兩制從官必曾經作郡庶官必曾任憲漕實有治績者從之惟廣南東西兩路則帶經略安撫使紹興五年令襄陽守臣湖北帥司各帶經略安撫使後罷惟二廣如故

走馬承受諸路各一員隸經略安撫總管司無事歲一入奏有邊警則不時馳驛上聞然居是職者惡有所隸乃潛去總管司字冀以擅權熙寧五年帝命正其名鑄銅記給之仍收還所用奉使印崇寧中始詔不隸帥司而輙預邊事則論以違制大觀中詔許風聞言事政和五年詔諸路走馬承受體均使華邇來皆貪賄賂頗不舉職是豈設官之意其各自勵以稱任使或路前失罰不汝赦明年七月改爲廉訪使者宣和五年詔近者諸路廉訪官循習違越附下罔上凡邊機皆先申後奏且侵監司凌州縣而預軍旅刑獄之事復彊買民物不償其直招權怙勢至與監司表裏爲惡自今猶爾必加貶竄靖康初罷之依祖宗舊制復爲走馬承受

發運使副判官掌經度山澤財貨之源漕淮浙江湖六路儲廩以輸中都而兼制茶鹽泉寶之政及專舉刺官吏之事熙寧初輔臣陳升之王安石領制置三司條例建言發運使實總六路之出入宜假以錢貨繼其用之不給使周知六路之有無而移用之凡上供之物皆得徙貴就賤用近易遠令預知在京倉庫之數所當辦者得以便宜蓄買以待上令稍收輕重斂散之權歸於公上則國用可足民財不匱矣從之既又詔六路轉運使弗協力者宜改擇且許發運使薛向自辟其屬又令舉眞楚泗守臣及兼提舉九路坑冶市舶之事元祐中詔發運使兼制置茶事至崇寧三年始別差官提舉茶鹽政和二年罷轉般倉六路上供米徑從本路直達中都以發運司所拘綱船均給六路宣和初詔發運司視六路豐歉和糴上供乃祖宗舊制曩緣姦吏侵用糴本遂壞良法自今每歲加糴一百萬石同年額輸京三年方臘初平江浙諸郡皆未有常賦乃詔陳亨伯以大漕之職經制七路財賦許得移用監司聽其按察於是亨伯收民間印契及鬻糟酤之類爲錢凡七色是後州縣有所謂經制錢自亨伯始六年詔復轉般倉命發運判官盧宗原措置尋以靖康之難迄不能復渡江後惟領給降糴本收糴米斛廣行儲積以備國用紹興二年用臣僚言省罷以其職事分委漕臣八年戶部復言廣糴儲積之便再置經制發運使（併理經制司財賦故名）以徽猷閣待制程邁充使專掌糴事邁上疏以租庸常平鹽鐵鼓鑄各分于諸司而總於戶部發運使無所用之固辭不行九年遂廢發運司以戶部侍郎梁汝嘉爲經制使檢察中外失陷錢物與催未到綱運措置糴買總領常平爲職未幾復以臣僚言分其責於逐路監司乾道六年復置以戶部侍郎史正志爲兩浙京湖淮廣福建等路都大發運使是冬以奏課誕謾貶併廢其職

都轉運使　轉運使　副使　判官　掌經度一路財賦而察其登耗有以足上供及郡縣之費歲行所部檢察儲積稽考帳籍凡吏蠹民瘼悉條以上達及專舉刺官吏之事熙寧初詔河東河北陝西三路漕臣許乘傳赴闕留毋過浹日既又詔三路漕臣令自辟屬各二員以京朝官曾歷知縣者爲之二年詔川陝閩廣七路除堂選守臣外委轉運司依四選例立格就注免赴選具爲令元豐初詔河北淮南京東京西及陝右離各析爲兩路許依未析時通治兩路之事錢穀聽其移用元祐初司馬光請漕臣除三路外餘路毋得過二員其屬官溢員亦省之紹聖中詔淮浙江湖六路上供米計其遠近分三限自季冬至明年八月以次輸足大觀中陝西漕臣以四員爲額政和中又詔陝西以三員熙秦兩路各二員宣和初又詔陝西以都漕兩員總治于長安而漕臣三員分領六路中興後置官掌一路財賦之入按歲額錢物斛斗之多寡而察其稽違督其欠負以供于上間詣所部則財用之豐欠民情之休戚官吏之勤惰皆訪問而奏陳之有軍旅之事則供餽錢糧或令本官隨軍移運或別置隨軍轉運使一員或諸路事體當合一則置都轉運使以總之（江東西路分置三帥置都轉運使一員張公濟爲江浙荊湖廣南福建都轉運趙開爲四川都運）隨軍及都運廢置不常而正使不廢若副使若判官皆隨資之淺深稱焉其屬有主管文字幹辦官各一員文臣準備差遣武臣準備差使員多寡不一

招討使掌收招討殺盜賊之事不常置建炎四年以檢校少保定江招慶軍節度使張俊充江南路招討使定位在宣撫使之下制置使之上著爲定制軍中急速事宜待報不及許以便宜行事差隨軍轉運使一員參議官一員幹辦官三員隨軍幹辦官四員書寫機宜文字一員並聽奏辟紹興五年岳飛爲湖北襄陽招討使請州縣不法害民者許一面對移或放罷以聞從之十年金人犯三京以韓世忠岳飛張俊並兼河南北招討使以禦之三十一年陝西河東北京東西等路皆置招討使蓋又特遙領其地而已

招撫使不常置建炎初李綱秉政以張所爲河北招撫使未及出師而廢紹興十年劉光世爲三京招撫使踰年而罷三十二年孝宗卽位以成閔張子蓋李顯忠三大將爲湖北京西淮東西招撫使子蓋死劉寶代之未幾結局官吏並罷開禧二年山東及京東西北路並置

使招撫後皆罷之

撫諭使掌慰安存問採民之利病條奏而罷行之亦不常置建炎元年帝謂輔臣曰京城士庶自金人退師人情未安可差官撫諭於是以路允迪耿延禧爲京城撫諭使此置使初意也是年八月又令學士院降詔且命江端友等奉詔撫諭諸路其後李正民以中書舍人爲江浙湖南撫諭使且令按察官吏伸民冤抑傅崧卿以吏部侍郎爲淮東撫諭使採訪民間利病及措置營田等事或不以使名則稱撫諭官所至以某州撫諭司爲名具宣恩言俾民知德意初無二致乾道元年知閤門事龍大淵差充兩淮撫諭軍馬回日結局是又特爲軍馬出云

鎮撫使舊所無有中興假權宜以收羣盜初建炎四年范宗尹爲參知政事議羣盜併力以拒官軍莫若析地以處之盜有所歸則可漸制乃請稍復藩鎮之制是年五月宗尹爲右僕射於是請以淮南京東西湖南北諸路並分爲鎮除鹽茶之利仍歸朝廷置官提舉外他監司並罷上供財賦權免三年餘聽帥臣移用更不從朝廷應副軍興聽從便宜時劇盜李成在舒蘄桑仲在襄鄧郭仲威在揚州許慶在高郵皆即以爲鎮撫使其餘或以處歸朝之人分畫不一許以能扞禦外寇顯立大功特與世襲官屬有參議官書寫機宜文字各一員幹辦公事二員並聽奏辟久之諸鎮或戰死或北降但餘荊南解潛及趙鼎爲相召潛主管馬軍遂罷弗置焉

提點刑獄公事掌察所部之獄訟而平其曲直所至審問囚徒詳覆案牘凡禁繫淹延而不決盜竊逋竄而不獲皆劾以聞及舉刺官吏之事舊制參用武臣熙寧初神宗以武臣不足以察所部人材罷之六年置諸路提刑司檢法官紹聖初以提刑兼坑冶事宣和初詔江西廣東嘗置武提刑一員然遇闕帥不許武憲兼攝中興以盜賊未衰諸路無武臣提刑處權添置一員建炎四年罷紹興初兩浙路以彊封闊遠差提刑二員淮南東路罷提刑令提舉茶鹽官兼領蓋因事之煩簡而損益焉乾道六年詔諸路分置武臣提刑一員須選差公廉曉習法令民事之人如無聽闕其後稍橫遂不復除八年用臣僚言諸路經總制錢併委提點刑獄官督責嘉定十五年臣僚言廣西所部州軍最多提刑合照元降指揮分上下半年就鬱林州與靜江府兩處置司無使僻地貧民有冤莫吐從之其屬有檢法官幹辦官

提舉常平司掌常平義倉免役市易坊場河渡水利之法視歲之豐歉而爲之斂散以惠農民凡役錢產有厚薄則輸有多寡及給吏祿亦視其執役之重輕難易以爲之等商有滯貨則官爲斂之復售於民以平物價皆總其政令仍專舉刺官吏之事熙寧初先遣官提舉河北陝西路常平未幾諸路悉置提舉官元祐初罷之併其職于提點刑獄司紹聖初復置元符以後因之

提舉茶鹽司掌摘山煮海之利以佐國用皆有鈔法視其歲額之登損以詔賞罰凡給之不如期鬻之不如式與州縣之不加恤者皆劾以聞政和改元詔江淮荊浙六路共置一員旣而諸路皆置中興後通置提舉常平茶鹽司掌常平義倉免役之政令凡官田產及坊場河渡之入按額拘納收糴儲積時其斂散以便民視產高下以平其役建炎元年常平職事併歸提刑司錢歸行在二年始復置常平官還其糴本未幾復罷紹興二年復置主管係提刑司委通判或募職官充其後置經制司改常平官爲經制某路幹辦常平等公事未幾經制司罷復爲常平官十五年戶部侍郎王鈇言常平之設科條實繁其利不一豈一主管官能勝其任乃詔諸路提舉茶鹽官改充提舉常平茶鹽公事如四川無茶鹽去處仍以提刑兼充主管官改充常平司幹辦公事是年冬詔提舉官依舊法爲監司與轉運判官敘官歲舉升改官員有不職則按以聞其後常平錢多取以贍軍所掌特義倉水利設法振濟之事茶鹽司置官提舉本以給賞鈔引通商阜財時詣所部州縣巡歷覺察禁止私販按劾不法其屬有幹辦官既與常平合一遂並行兩司之事焉

都大提舉茶馬司掌榷茶之利以佐邦用凡市馬於四夷率以茶易之應產茶及市馬之處官屬許自辟置視其數之登耗以詔賞罰舊制於原渭德順三郡市馬熙寧七年初復熙河經略使王韶言西人頗以善馬至邊其所嗜惟茶而乏茶與之爲市請趣賣茶司買之乃命三司幹當公事李杞運蜀茶至熙河置賣馬場六而原渭德順更不買馬於是杞言賣茶買馬一事也乞同提舉買馬杞遂兼馬政然分合不常至元豐六年羣牧判官提舉買馬郭茂恂又言茶司既不兼買馬遂立法以害馬政恐誤國事乞併茶場買馬爲一司從之先是市馬于邊有司倖賞率以駑充數紹聖中都大茶馬程之邵始精揀汰仍以八月至四月爲限又以羨茶轉入熙秦市戰騎故馬多而茶息厚二法著爲令元符末程之邵召對徽宗諭以馬政之邵言戎俗食肉飲酪故貴茶而病於難得願禁沿邊鬻茶專以蜀產易上乘詔可未幾獲馬萬匹宣和中以茶馬兩司吏員猥衆於是朝奉大夫何漸請遵豐熙成憲稱其事之繁簡而定以員數從之紹興四年初命四川宣撫司支茶博馬七年復置茶馬官凡買馬州縣黎文敘長南寧平珍皆與知州通判同措置任責通判許茶馬司辟置視買馬額數之盈虧而賞罰之歲發馬綱應副屯駐諸軍及三衙之用舊有主管茶馬同提舉茶馬都大提舉茶馬皆考其資歷授之乾道初用臣僚言省罷委各郡知州通判監押任責尋復置紹熙三年茶馬司拖欠馬數過多詔將本年分馬綱錢價責茶馬司撥付湖廣總領所勞付軍官自買土馬嘉定三年以所發綱馬不及格式詔茶馬官各差一員遂分爲兩司文臣成都主茶武臣興元主馬其屬共有幹辦公事四員準備差使二員

提舉坑冶司掌收山澤之所產及鑄泉貨以給邦國之用歲有定數視其登耗而賞罰之舊制一員元豐初以其通領九路歲不能周歷所部始增爲二員分置兩司在饒者領江東淮浙福建等路在虔者領江西湖廣等路至元祐復併爲一員紹興五年以責任不專職任廢弛詔將饒州司官吏除留屬官一員外並減罷併歸虔州司又加都大二字於提點之上或病其事權太重省併歸逐路轉運司措置仍置提領諸路鑄錢官一員於行在以侍從充自此或復或罷不一乾道六年併歸發運司發運司罷復置提點兩司如初淳熙二年併贛歸饒復加都大二字與提刑序官其屬有幹辦公事二員檢踏官六員稱銅官催綱官各一員

提舉市舶司掌蕃貨海舶征榷貿易之事以來遠人通遠物元祐初詔福建路於泉州置司大觀元年復置浙廣福建三路市舶提舉官明年御史中丞石公弼請以諸路提舉市舶歸之轉運司不報建炎初罷閩浙市舶司歸轉運司未幾復置紹興二十九年臣僚言福建廣南各置務於一州兩浙市舶乃分建於五所乾道初臣僚又言兩浙提舉市舶一司抽解搔擾之弊且言福建廣南皆有市舶物貨浩瀚置官提舉實宜惟兩浙冗蠹可罷從之仍委逐處知州通判知縣監官同檢視而轉運司總之

提舉學事司掌一路州縣學政歲巡所部以察師儒之優劣生員之勤惰而專舉刺之事崇寧二年置宣和三年罷

提點開封府界諸縣鎮公事掌察畿內縣鎮刑獄盜賊場務河渠之事

提舉河北糴便司掌糴便糧草以供邊儲之用

提舉制置解鹽司掌鹽澤之禁令使民入粟塞下予鈔給鹽以足民用而實邊備凡鹽價高下及文鈔出納多寡之數皆掌之

經制邊防財用司掌經畫錢帛芻糧以供邊費凡榷易貨物根括耕地及邊部弓箭手等事皆奏而行之熙寧末以熙河連歲用兵仰給支度費用不貲始置是司元祐初罷崇寧中復置提舉兵馬提轄兵甲皆守臣兼之掌按練軍旅督捕盜賊以清境內凡諸營之名籍較其壯怯而賞罰之

提舉保甲司掌什伍其民教之武藝視其優劣而進退之元祐初置于開封府界遂下其法河北河東陝西三路既而悉置提舉官如府界焉

提舉三白渠公事掌潴泄三白渠以給關中灌溉之利

檢發司　輦運司　掌以時起發綱運而督其滯留以供京師之用

提舉弓箭手掌沿邊郡縣射地弓箭手之籍及團結訓練賞罰之事政和五年復以所招弓箭手之數爲殿最

府州軍監　宋初革五季之患召諸鎮節度會于京師賜第以留之分命朝臣出守列郡號權知軍州事軍謂兵州謂民政焉其後文武官參爲知州軍事二品以上及帶中書樞密院宣徽使職事稱判某府州軍監諸府置知府事一人州軍監亦如之掌總理郡政宣布條教導民以善而糾其姦慝歲時勸課農桑旌別孝悌其賦役錢穀獄訟之事兵民之政皆總焉凡法令條制悉意奉行以率所屬有赦宥則以時宣讀而班告于治境舉行祀典察郡吏德義材能而保任之若疲軟不任事或姦貪冒法則按劾以聞遇水旱以法振濟安集流亡無使失所若河南應天大名府則兼留守司公事太原府延安府慶州渭州熙州秦州則兼經畧安撫使馬步軍都總管定州真定府瀛州大名府京兆府則兼安撫使馬步軍都總管瀘州潭州廣州桂州雄州則兼安撫使兵馬鈐轄潁昌府青州鄆州許州鄧州則兼安撫使兵馬巡檢其餘大藩府或沿邊州郡或當一道衝要者並兼兵馬鈐轄巡檢或帶沿邊安撫提轄兵甲沿邊溪洞都巡檢餘州軍則別其地望之高下與職務之繁簡而置之分曹以理之而總其綱要凡屬縣之事皆統焉建炎初詔河北京東西路除帥司外舊差文臣知州去處許通差武臣一次又要郡文臣一員帶本路兵馬鈐轄武臣一員充副鈐轄次要郡文臣一員帶本路兵馬都監武臣一員充副都監紹興三年詔守臣帶路分鈐轄都監去處並罷五年帝以守令皆帶勸農公事多不奉職自今有治效顯著者可令中書省籍記姓名特加擢用凡從官出知郡者特許不避本貫初除授見闕及自外罷任赴闕並令引見上殿九年詔應守臣以二年爲

任又以武臣作郡往往不曉民事且多恣橫詔新復州郡只差文臣績因臣僚言極邊控扼去處仍差武臣其不係極邊文武臣通差詔守臣到任半年以上具民間利病或邊防五條聞奏委都司看詳有便於民者即與施行續又詔不拘五條之數十三年詔依舊制帶提舉或主管學事從官以上稱提舉餘知通主管淳熙中罷乾道二年令非曾任守臣不得爲郎定諸郡合文武臣通差去處並依舊制

通判宋初懲五代藩鎮之弊乾德初下湖南始置諸州通判命刑部郎中賈玭等充建隆四年詔知府公事並須長吏通判簽議連書方許行下時大郡置二員餘置一員州不及萬戶不置武臣知州小郡亦特置焉其廣南小州有試秩通判兼知州者職掌倅貳郡政凡兵民錢穀戶口賦役獄訟聽斷之事可否裁決與守臣通簽書施行所部官有善否及職事脩廢得刺舉以聞元祐元年詔知州係帥臣其將下公事不許通判同管元符元年詔通判幕職官令日赴長官廳議事及都廳簽書文檄南渡後設官如舊入則貳政出則按縣有軍旅之事則專任錢糧之責經制總制錢額與本郡協力拘催以入于戶部既而諸州通判有兩員處減一員凡軍監之小者不置又詔更不添差其後或以廢事請或以控扼去處請五年以後旋添置之除潭廣洪州鎮江建康成都府見係兩員外凡帥府通判並以兩員爲額餘置一員乾道元年詔買馬州軍通判令茶馬司依舊法奏辟餘堂除差人淳熙十四年利州路提刑言關外四州通判乞自制置司奏辟所有金洋興利文龍等州通判乞送轉運司擬差並從之

幕職官　簽書判官廳公事　兩使防團軍事推判官　節度掌書記　觀察支使　掌裨贊郡政總理諸案文移斟酌可否以白于其長而罷行之凡員數多寡視郡小大及職務之煩簡初政和改簽書判官廳公事爲司錄建炎初復舊凡節度推判官從軍額察推及支使從州府名凡諸州減罷通判處則升判官爲簽判以兼之小郡推判官不並置或以判官兼司法或以推官兼支使亦有併判官窠闕省罷則令錄參兼管凡要郡簽判及推官皆堂除餘吏部使闕二廣閩許監司辟差紹熙元年臣僚言廣西奏擬簽判多恩科癃老乞行下轉運司不許差年六十以上昏眊之人嘉定二年臣僚言監司有幹官州郡有職官以供簽廳之職或非才不勝任則按刺易置可也今乃差兼簽廳者動輒三兩員或四五員其餘冗費與添差何異乞將諸州郡所差兼簽廳官並行住罷從之

諸曹官　舊制錄事參軍掌州院庶務糾諸曹稽違　戶曹參軍掌戶籍賦稅倉庫受納　司法參軍掌議法斷刑　司理參軍掌訟獄勘鞫之事中興詔曹掾官依舊惟司理司法並注經任及試中刑法人乾道以來間以司戶兼司法知錄亦或兼職六年汪大猷言司戶初官令專主倉庫知錄依司理例以獄事爲重不兼他職從之仍依知縣格法銓量如有老疾昏眊難任事者即從本州知通於判司簿尉內選經一考以上無罪犯曉法人對換紹熙元年詔不曾銓試人不許注授司法慶元五年臣僚言司理獄事煩重宜優其舉主照提刑司合舉主三員以上許問歲舉獄官一員嘉定中申明年滿六十不許爲獄官之令仍不許恩科人注授

教授景祐四年詔藩鎮始立學他州勿聽慶曆四年詔諸路州軍監各令立學學者二百人以上許更置縣學自是州郡無不有學始置教授以經術行義訓導諸生掌其課試之事而糾正不如規者委運司及長史於幕職州縣內薦或本處舉人有德藝者充熙寧六年詔諸路學官委中書門下選差至是始命于朝廷元豐元年州府學官共五十三員諸路惟大郡有之軍監未盡置元祐元年詔齊廬宿常等州各置教授一員自是列郡各置教官建炎三年教授並罷紹興三年復置四十二州十二年詔無教授官州軍令吏部申尚書省選差二十六年詔並不許兼他職令提舉司常切遵守若試教官則始於元豐添差教授則始於政和

縣令建隆元年令天下諸縣除赤畿外有望緊上中下掌總治民政勸課農桑平決獄訟有德澤禁令則宣布于治境凡戶口賦役錢穀振濟給納之事皆掌之以時造戶版及催理二稅有水旱則有災傷之訴以分數蠲免民以水旱流亡則撫存安集之無使失業有孝悌行義聞于鄉閭者具事實上于州激勸以勵風俗若京朝幕官則爲知縣事有戍兵則兼兵馬都監或監押宣教郎以下帶監押初建炎多差武臣紹興詔專用文臣然沿邊溪洞處仍許武臣指射邑大事煩則堂除仍備緋章服嚴差出之禁任滿有政績則與升擢乾道以後定以三年爲任仍非兩任不除監察御史初改官人必作縣謂之須入十六年詔知縣在任不成兩考即不合理爲實歷嘉定十二年詔兩經作令滿替者實歷九考有政聲無過犯舉員及格改官人特免再作知縣許受簽判或幹官以當知縣履歷

縣丞初不置天聖中因蘇耆請開封兩縣始各置丞一員在簿尉之上仍於有出身幕職令錄內選充皇祐中詔赤縣丞並除新改官人熙寧四年編脩條例所言諸路州軍繁劇縣令戶二萬已上增置丞一員以幕職官或縣令人充元祐元年詔應因給納常平免役置丞並行省罷如委事務繁劇難以省罷處令轉運司存留崇寧二年宰相蔡京言熙寧之初脩水土之政行市易之法興山澤之利皆王政之大請縣並置丞一員以掌其事大觀三年詔昨增置縣丞內除舊額及萬戶以上縣事務繁冗及雖非萬戶實有山澤坑冶之利可以脩興去處依舊存留外餘皆減罷建炎元年詔縣丞係嘉祐以前員闕并萬戶處存留一員餘並罷紹興三年以淮東累經兵火權罷縣丞十八年置海陵丞一員嘉定後小邑不置丞以簿兼

主簿開寶三年詔諸縣千戶以上置令簿尉四百戶以上置令尉令知主簿事四百戶以下置簿尉以主簿兼知縣事咸平四年王欽若言川陝縣五千戶以上請並置簿自餘仍以尉兼從之自後川蜀及江南諸縣各增置主簿中興後置簿掌出納官物銷注簿書凡縣不置丞則簿兼丞之事凡批銷必親書押不許用手記仍不許差出以防銷注

尉建隆三年每縣置尉一員在主簿之下奉賜並同至和二年開封祥符兩縣各增置一員掌閱習弓手戢姦禁暴凡縣不置簿則尉兼之中興沿邊諸縣間以武臣爲尉並帶兼巡捉私茶鹽礬亦或文武通差隆興詔不許差癃老疾病年六十以上之人邑大事煩則置二尉紹熙中詔恩科人年及六十不差嘉定十三年詔極邊縣尉獲盜酬賞班改歲以二員爲額

鎮砦官　諸鎮置於管下人煙繁盛處設監官管火禁或兼酒稅之事砦置於險扼控禦去處設砦官招收土軍閱習武藝以防盜賊凡杖罪以上並解本縣餘聽決遣

廟令　丞　主簿　舊制五岳四瀆東海南海諸廟各置令丞廟之政令多統於本縣命京朝知縣者稱管勾廟事或以令錄老耄不治者爲廟令判司簿尉爲廟簿掌葺治脩飾之事凡以財施於廟者籍其名數而掌之

總管鈐轄司掌總治軍旅屯戍營房守禦之政令凡將兵隸屬官訓練教閱賞罰之事皆掌之守臣帶提舉兵馬巡檢都監及提轄兵甲者掌統治軍旅訓練教閱以督捕盜賊而肅清治境凡諸營各籍賞罰之事皆掌之崇寧四年蔡京奏京畿四輔置輔郡屏衛京師以潁川府爲南輔襄邑縣升爲拱州爲東輔鄭州爲西輔澶州爲北輔以太中大夫以上知州置副總管鈐轄各一員知州爲都總管餘依三路帥臣法從之大觀三年詔東南帥府總管依三路都總管法靖康元年詔四道副總管並通差文武臣其諸路將官掌統所隸禁旅以行陣隊伍金鼓旗幟弓矢擊刺之法而教習訓練之別其武藝強者待次遷補以激勸士卒凡兵仗器甲之數廩祿犒設賞罰約束之禁令皆掌焉副將爲之貳若屯戍防邊則受帥司節制遇寇敵則審其戰守應援之事若師有功則具馘數籍用命而旌賞之

路分都監掌本路禁旅屯戍邊防訓練之政令以肅清所部州府以下都監皆掌其本城屯駐兵甲訓練差使之事資淺者爲監押紹聖三年詔諸路將副序位在路分都監之下大觀三年詔帥府無路分鈐轄望都無路分都監者許置一員其餘添置處任滿不差入宣和二年虔州添置都監一員建炎初分置帥府以諸路帥臣兼要郡守臣帶兵馬鈐轄次要郡帶兵馬都監並以武臣爲之副稱副總管副鈐轄副都監許以便宜行軍馬事辟置僚屬依帥臣法屯兵皆有等差遇朝廷起兵則副總管爲帥副鈐轄都監各以兵從聽其節制其後益瀘夔廣桂五州牧又皆以都鈐轄爲稱四年詔建康府江州路又置副都總管一員於見置帥司處駐劄紹興三年詔要郡次要郡守臣罷帶兵職其逐路副總管依舊格改充路分都監爲一路掌兵之官其各州鈐轄或省或置不一又有逐路兵馬都監兵馬監押掌煙火公事捉捕盜賊淳熙十六年詔諸路訓練鈐轄並須年六十以下曾經從軍有才武人充紹熙元年指揮雜流出身之人不得過路分州鈐諸州軍兵馬都監獨員處專注才武及曾任主兵官之人慶元中詔總管下至副將等年七十以上許自陳與宮觀差遣初守臣罷帶兵職惟江西贛州以多盜仍帶江西兵馬鈐轄其後武臣爲路鈐者亦無尺籍伍符每歲諸州按閱特存故事間有得旨葺治軍器或訓練禁軍則仍帶入銜

諸軍都統制　副都統制　統制　統領　舊制出師征討諸將不相統一則拔一人爲都統制以總之未爲官稱也建炎初置御營司擢王淵爲都統制名官自此始其後神武五軍及川陝宣撫司都督府樞密院皆置紹興十一年三大將兵罷諸軍皆冠以御前二字擢其偏裨爲御前統領官以統制御前軍馬入銜秩高者爲

御前諸軍都統制且令仍舊駐劄以屯駐州名冠軍額之上其後興元江陵建康鎮江府興金鄂江池州及平江許浦水軍皆除都統制恩數畧視三衙權任在帥臣右官甲者稱副都統制設屬有計議機宜幹辦公事准備差遣省置不一次有副都統制乾道三年帝諭輔臣欲令後江上諸軍各置副都統一員兼領軍事豈惟儲帥亦使三將顧忌不敢專擅因言都副統制禮有隆殺且爲條約上曰如此他日不致爭權越禮遂行之然其後都副鮮有並除者初渡江後大軍又有統制同統制副統制統領同統領副統領其下有正將準備將訓練官部將隊將等名皆偏裨也舊制準備將而上皆主帥升差仍先申樞密院審察乾道七年詔訓練官部隊將而下許軍中徑差申朝廷照會紹熙間謂諸軍升差統制至準備將者主帥解發三人赴總領所選一名諸將不以爲便慶元三年詔主帥選擇總領所或屯軍處守臣審覈保明申樞密院

巡檢司有沿邊溪峒都巡檢或蕃漢都巡檢或數州數縣管界或一州一縣巡檢掌訓治甲兵巡邏州邑擒捕盜賊事又有刀魚船戰棹巡檢江河淮海置捉賊巡檢及巡馬遞鋪巡河巡捉私茶鹽等各視其名以脩舉職業皆掌巡邏幾察之事中興以後分置都巡檢使都巡檢巡檢州縣巡檢掌土軍禁軍招填教習之政令以巡防扞禦盜賊凡沿江沿海招集水軍控扼要害及地分闊遠處皆置巡檢一員往來接連合相應援處則置都巡檢以總之皆以材武大小使臣充各隨所在聽州縣守令節制本砦事並申取州縣指揮若海南瓊管及歸峽荊門等處跨連數郡控制溪峒又置水陸都巡檢使或三州郡巡檢使以增重之

監當官掌茶鹽酒稅場務征輸及冶鑄之事諸州軍隨事置官其征榷提務歲有定額歲終課其額之登耗以爲舉刺凡課利所入日具數以申于州建炎初詔監當官闕許轉運司具名奏辟一次以二年爲任實有六考方許關升煩劇去處許添差一員凡交割必置曆以稽其剩欠合選差文臣處更不差武臣淳熙二年詔二萬貫以下庫分選有才幹存留一員指揮諸班直親從親事官保義郎以下差充建炎四年詔每州每以五員爲額

宋史卷一百六十七考證

職官志七治平末命同簽書樞密院郭逵宣撫陝西三年夏兵犯順以參知政事韓絳爲陝西宣撫使繼即軍中拜相○臣開鼎按通鑑韓絳熙寧三年同平章事非治平時也本文三年上疑脫熙寧二字

宋史卷一百六十八

元中書右丞相總裁脫脫等修

職官志第一百二十一

職官八合班之制

建隆以後合班之制

中書令　侍中　同中書門下平章事已上爲宰相　親王樞密使留守節度京尹兼中書令侍中同中書門下平章事已上並爲使相　尚書令　太師　太尉　太傅　太保　司徒　司空舊儀太師太傅太保爲三師太尉司徒司空爲三公太尉在太保下國朝以來自太傅除太尉今依此次序其三師三公之稱如舊儀制　樞密使　知樞密院事參知政事舊在樞密使下　樞密副使舊在知院之上　同知樞密院事　宣徽南院北院使　簽書樞密院事參政以下班位臨時取奏裁　太子太師太傅太保　左右僕射　太子少師少傅少保　諸府牧開封河南應天大名江陵興元眞定江寧京兆鳳翔河中又有大都督大都護今皆領使無特爲者　御使大夫　觀文殿大學士舊無此位　六尚書吏兵戶刑禮工　左右金吾衛　左右衛上將軍　門下中書侍郎舊在尚書下　節度使泰寧武寧彰信鎮海天平安化武成忠武鎮海河陽山南東道武勝崇信昭化保康天雄成德鎮寧彰德永清安國威德靜難彰化雄武保泰淮南忠正保信保靜集慶建康寧國鎮南昭信荊南寧海武昌安遠武安鎮東平江鎮江宣德保寧康國威武建寧益州安靜武信山南西道昭武安德武定寧海寧江武康淸海靜江寧遠建武高州定南密州靜海涼州西河沙州歸義洮州保順應州彰國威城昌化豐州天德朔州振武雲州大同　觀文殿學士舊曰文明殿若學士官尚書者自從本班　資政殿大學士　三司使與觀文資政班位臨時取裁　玉清昭應宮景靈宮會靈觀副使與三司使翰林學士班位臨時取裁　翰林學士承旨　翰林學士　資政殿學士　翰林侍讀侍講學士　龍圖閣學士　天章閣學士　樞密直學士　龍圖直學士　天章直學士　左右散騎常侍舊在諸衛上將軍下　六統軍左右龍武左右羽林左右神武　諸衛上將軍左右騎衛左右武衛左右屯衛左右領軍衛左右千牛衛　太子賓客　太常　宗正卿　御史中丞權中丞立中丞塼位　內殿起居日止立本宮班　左右丞　諸行侍郎　節度觀察留後　給事中　左右諫議大夫　中書舍人　知制誥　龍圖閣待制　天章閣待制　觀察使　祕書監　光祿　衛尉　太僕　大理　鴻臚　司農　太府卿　內客省使　國子祭酒　殿中　少府　將作監　景德殿使　延福宮使　客省使　開封河南應天大名尹　太子詹事　諸王傅　司天監　諸衛大將軍　太子左右庶子　引進使　防禦使齊濟沂登萊鄭汝蔡潁均郢懷衛博磁洛棣深瀛雄霸莫代絳解龍和蘄舒復眉象陸果　團練使單濮濰唐相冀隰忻成鳳海鼎　三司鹽鐵度支戶部副使官至諫議大夫已上從本官　玉清昭應宮景靈宮會

靈觀判官 太常寺宗正少卿 祕書少監 光祿等寺七寺少卿 宣慶使 四方館使 國子司業 殿中 少府 將作少監 開封河南應天大名少尹 太子少詹事 左右諭德 太子家令 太子率更令 太子僕 諸州刺史淄趙德濱保并汾澤遼憲嵐石虢坊丹階乾商寧原慶渭儀環楚泰泗濠光滁通黃舒江池饒信太平吉袁撫筠岳澧峽歸辰衡永全柳邵常秀溫台衢睦處南劍江漳綿漢彭邛蜀嘉簡黎雅維茂資榮昌普渠合戎瀘興劍文集壁巴蓬龍施萬開達涪渝昭循潮連梅英賀封南雄端新康恩春惠韶梧藤龔象潯貴賓橫融化竇高雷南儀欽鬱林廉瓊崖儋萬安 諸王府長史 司馬 司天少監 樞密都承旨如客省使以下充者依本職同班如閤門使充即在閤門使之上如自見任內客省使以下轉南班官充亦與同班仍在舊職之上如自客省副使以下轉南班官充者並在閤門使之上 宣政使 昭宣使 東上西上閤門使 樞密承旨 樞密副都承旨 諸軍衛將軍 起居郎 起居舍人 知雜御史 侍御史 諸行郎中左右司吏部兵部司封司勳考功職方駕部庫部度支戶部金部倉部刑部都官比部司門禮部工部祠部主客膳部屯田虞部水部 皇城以下諸司使皇城洛苑右騏驥尚食左騏驥御廚內藏庫軍器左藏儀鸞南作坊弓箭庫北作坊衣庫莊宅六宅文思東作坊內苑牛羊如京東綾錦香藥崇儀榷易西京左右藏氈毯西綾錦西京作坊鞍轡庫東染院酒坊西染院法酒庫禮賓翰林醫官供備庫 樞密院副承旨 諸房副承旨如帶南班官者在諸司使之下不帶南班官者在皇城副使之上 殿中侍御史 左右司諫 諸行員外郎 客省引進 閤門副使 左右正言 監察御史 太常博士 皇城以下諸司副使 諸次府少尹大都督府左右司馬兗徐潞陝揚杭越福 通事舍人 國子博士 春秋禮記毛詩尚書周易博士 都水使者 開封祥符河南洛陽宋城縣令 太常 宗正 祕書丞 著作郎 殿中丞 內殿承制 殿中省尚食尚藥尚衣尚舍尚乘尚輦奉御 大理正 太子中允 左右贊善大夫 內殿崇班 閤門祗候 太子中舍 洗馬 太子諸率府率左右衛左右清道左右監門左右司禦 樞密院兵房吏房戶房禮房副承旨 東頭西頭供奉官

太子諸率府副率 諸衛中郎將左右金吾左右衛左右千牛 左右羽林郎將左右金吾左右衛 左右侍禁 諸王友 諸王府諮議參軍官高者從本官 司天春官夏官中官秋官冬官正 節度行軍司馬副使 祕書郎 左右班殿直 著作佐郎 大理寺丞 諸寺監丞 大理評事 太學廣文博士 太常太祝 奉禮郎 祕書省校書郎 正字 御史臺諸寺監主簿 國子助教 廣文太學四門書學算學博士 律學助教書算學無助教 司天靈臺郎 保章正 挈壺正 三班奉職 借職 防禦團練副使 留守京府節度觀察判官 節度掌書記 觀察支使 防禦團練判官 留守京府節度觀察推官 軍事判官 防禦團練軍事推官 軍監判官 諸軍別駕 長史司馬 司錄事參軍司理參軍三京府軍巡判官在諸曹參軍之下 諸州諸司參軍 軍巡判官 諸縣令 赤縣丞 諸縣主簿尉 諸軍文學參軍助教

元豐以後合班之制

諸太師舊制太尉爲三公在太傅上政和改爲三少 太傅太保侍中中書令政和三年改左輔右弼靖康後復 尚書令少師少傅少保舊太尉司徒司空政和二年改 尚書左右僕射政和二年改太宰少宰靖康復舊元豐令王在左右僕射下 開府儀同三司 知樞密院事門下中書侍郎尚書左右丞同知樞密院事簽書樞密院事元豐罷元祐復置政和入雜壓 太子太師 太傅太保特進觀文殿大學士太尉舊爲三公政和二年改爲三少復以太尉爲武選一品位節度使上 太子少師少傅少保冀兗青徐揚荊豫梁雍州牧元祐復置政和入雜壓 御史大夫觀文殿學士資政元豐令在節度使下 保和政和五年置宣和殿大學士學士宣和元年改爲保和學士待制同殿大學士吏部戶部禮部兵部刑部工部尚書金紫銀青光祿大夫左右金吾衛上將軍節度使翰林學士承旨翰林學士資政保和端明政和四年改爲延康殿學士龍圖天章寶文元豐二年增置直學士待制同 顯謨元豐元年增置 徽猷崇寧二年增置 閣學士左右散騎常侍御史中丞舊在直學士下元豐八年升 開封尹崇寧三年升 尚書列曹侍郎樞密直學士政和四年改爲述古殿直學士 龍圖天章寶文顯謨徽猷閣直學士宣奉元祐左光祿大夫 正奉元祐右光祿大夫並大觀二年改置 正議通奉大夫殿中監舊在祕書監下崇寧二年升 大司成崇寧二年增置 左右驍衛武衛屯衛領軍衛監門衛千牛衛上將軍太子賓客詹事給事中中書舍人通議大夫承宣使舊節度觀察留後政和七年始改 左右諫議大夫保和殿待制龍圖天章寶文顯謨徽猷閣待制大中大夫太常卿大司樂崇寧二年增置 宗正卿祕書監殿中少監崇寧二年升 觀察使中大夫光祿衛尉太僕大理鴻臚司農太府卿中奉元祐左中散大夫大觀二年改 中散通侍大夫舊內客省使政和二年改橫行正使副使大使臣小使臣並改 樞密都承旨國子祭酒太常少卿典樂崇寧二年增置 宗正少卿祕書少監正侍舊延福宮使政和二年改 宣正履正協忠三階係政和六年增置 中侍中亮大夫舊客省使 太子左右庶子中衛舊引進使 翊衛親衛大夫政和六年增置 防禦團練使諸州刺史左右金吾以下諸衛大將軍駙馬都尉集英殿脩撰政和八年置 七寺少卿朝議奉直大夫元祐右朝議大夫大觀二年改置 尚書左右司郎中右文殿脩撰舊集賢殿脩撰不入雜壓政和六年改增入 國子辟雍司業崇寧元年增置 少府將作軍器監都水使者入內內侍省都都知政和改知入內內侍省事 內侍省都都知政和改知內侍省事 拱衛大夫舊四方館使 太子少詹事左右諭德入內內侍省副都知內侍省副都知政和並改同知省事 左武右武大夫舊東西上閤門使 入內內侍省押班內侍省押班政和並改簽書省事 管幹殿中省尚舍尚藥尚醞尚輦尚衣尚食局崇寧二年增置 樞密副都承旨起居郎起居舍人侍御史尚書左右司員外郎祕閣脩撰政和六年增置 開封少尹崇寧三年升 尚書吏部司封司勳考功戶部度支金部倉部禮部祠部主客膳部兵部職方庫部駕部刑部都官比部司門工部屯田虞部水部郎中開封府司錄事舊錄參軍事在兩赤縣令之上崇寧三年升改 直龍圖閣元豐元祐令並不入雜壓政和增入餘同 朝請朝散朝奉大夫直天章閣政和六年增入 殿中侍御史左右司諫左右正言舊在監察御史上政和升 符寶郎大觀元年

增置殿中省尚食尚藥尚醞尚輦尚衣尚舍典御崇寧三年增置內符寶郎大觀元年增置樞密副承旨元豐令有知上州在此下元祐以後並去武功舊皇城使自此以下並政和六年改武德舊宮苑左右騏驥內藏庫使和安成和成安成全舊翰林尚食軍器儀鸞使武顯舊左藏東西作坊使武節舊莊宅六宅文思使平和舊綾錦使初改保和政和五年以犯殿名改保痊宣和六年又改爲平和武略舊內園洛苑如京崇儀使保安舊榷易使武經舊西京左藏庫使武義大夫舊西京作坊東西染院禮賓使翰林良醫舊翰林醫官使武翼大夫舊供備庫使尚書諸司員外郎直寶文閣政和六年增置開封府司六曹事崇寧三年增置樞密院諸房副承旨朝請朝散朝奉郎直顯謨閣政和六年增入少府將作軍器少監諸衞將軍太子侍讀侍講正侍宣正履正協忠自宣政至協忠並政和六年增置中侍中亮中衞翊衞親衞拱衞左武右武郎舊橫行副使政和六年改監察御史元豐令有知中州在此下殿中丞舊祕書丞下崇寧二年升直徽猷閣政和六年置承議郎武功至武義郎翰林醫正武翼郎諸司副使太子中舍太子舍人親王府翊善贊讀直講舊侍讀侍講政和改太常丞大晟樂令崇寧二年增置太醫令宗正太宗正祕書丞直祕閣政和六年置元豐令知下州在此下奉議郎大理正著作郎太史局令直翰林醫官局殿中省六尚奉御舊在大理正之上政和改太醫丞元祐增置閤門宣贊舍人舊閤門通事舍人政和六年改兩赤縣令太子左右衞司禦清道監門內率府率七寺丞祕書郎太常博士陵臺令元祐中增置著作佐郎殿中省主簿崇寧二年增置國子監丞辟雍丞崇寧二年增置宗子崇寧元年增置國子博士大理司直評事敦武舊內殿承制政和六年改下同通直郎脩武郎內殿崇班內常侍元豐令上州通判在此下太史局正少府將作軍器都水監丞開封府參軍事崇寧三年增置太醫局正祕書省校書郎正字親王府記室元豐元祐令有參軍字政和三年除去太史局五官正御史臺檢法官主簿元豐令在監丞上元祐令在監丞下九寺大晟府崇寧三年增置主簿閤門祇候樞密院逐房副承旨元豐令中下州通判在此下供奉官舊內東頭供奉官政和六年改下同從義郎東頭供奉官左侍禁內西頭供奉官秉義郎西頭供奉官太子諸率府副率幹當左右廂公事崇寧中增入右侍禁左班殿直殿頭高品忠訓忠翊左右侍禁宣教郎舊宣德郎政和四年改太學辟雍崇寧元年增置武學律學開封府大觀元年置博士太常寺奉禮郎大晟府協律郎崇寧二年增置太常寺太祝郊社籍田令光祿寺太官令元豐元祐令在太學博士上五監辟雍崇寧元年增置主簿宣義郎成忠保義左右班殿直承事承奉承務郎宗子崇寧元年增置國子太學辟雍正武學諭崇寧元年置律學正崇寧元年置太醫局丞京府諸州司錄事承直郎崇寧三年以留守節度判官改凡選人七階儒林至迪功京畿縣令兩赤縣丞三京赤縣令右班殿直高班黃門內品承節承信郎舊三班奉職借職京府諸州司六曹事元豐元祐令並六曹參軍政和三年除去參軍字爲司錄事司儀曹事餘曹放此儒林舊掌書記文林從事郎二京畿縣令京畿縣丞三京赤縣畿縣丞兩赤縣主簿尉諸州上中下縣令丞從政郎舊司錄事參軍縣令京府諸州掾官脩職郎舊知錄事參軍知縣事京畿縣主簿尉諸州上中下縣主簿尉城砦主簿馬監主簿迪功郎舊巡判官司理司法司戶諸州司士文學助教舊參軍事

唐令定流內一品至九品有正從上下階之制其後升侍中中書令爲正二品御史大夫散騎常侍兩省侍郎爲正三品御史中丞正四品諫議大夫分左右改將作大匠爲監太史局爲司天監置大監正三品少監正四品上丞正六品上寺簿正七品上主事正八品下五官正五品上副正正六品靈臺郎正七品下保章正從七品上挈壺正八品上五官監候正八品下司曆從八品上司辰正九品上又置國子五經博士爲正五品上左右金吾衞上將軍爲從二品左右龍武神武軍大將軍爲正三品將軍爲從三品又置內侍監爲正三品少監從四品改諸州府學博士爲文學在參軍上五代復置尚書令爲一品升右丞爲正四品上降諫議在給事之下宋初並因其制唯升宗正卿爲正四品丞爲從五品其軍器監少監甲弩坊署令丞監作錄事昭文館校書郎司辰司曆監候殿中諸署監事計官太常諸陵廟太醫太公廟署令丞醫針博士助教按摩呪禁博士卜正卜博士宗正崇玄署令丞大理獄丞鴻臚典客太府寺平準左右藏常平署令丞都水監舟檝河渠署令丞宮苑總副監牧監副丞主簿諸園苑司并百工等監副監及丞諸倉諸冶諸屯温湯監及丞掌漕諸軍衞錄事諸曹參軍司階中候司戈執戟校尉旅帥隊正隊副正直長長上備身左右備身左右親勳翊衞府中郎將兵曹三衞折衝果毅別將長史兵曹參軍校帥旅帥隊正隊副鎭軍司馬判司太子詹事府丞主簿司直司議郎舍人文學校書正字崇文館校書侍醫通事舍人左右春坊錄事主事三寺丞主簿諸署令丞典倉署園丞廐牧典乘內坊典內及丞典直率府長史錄事諸曹參軍司階中候司戈執戟校尉旅帥隊正隊副直長千牛備身親勳翊府中郎將兵曹三衞王府文學東西閣祭酒掾屬主簿錄事諸曹參軍行參軍典籤典軍執杖執乘親事校尉旅帥隊正隊副國令大農尉丞公主邑令丞邑司錄事河南應天及諸次府都督都府功曹倉兵曹參軍諸州司功司倉司兵參軍諸縣丞京縣錄事諸鎭倉曹兵曹參軍戍主戍副關津令丞并門下省城門符寶郎太常寺協律郎軍器監丞主簿太常寺郊社太卜廩犧光祿寺太常珍羞良醞掌醢衞尉寺武器守宮太僕寺乘黃典廐典牧車府鴻臚寺典客司儀司農寺上林太倉鉤盾導官太府寺諸市少府監中尚左尚右尚織染掌冶將作監左校中校甄官署令丞監膳殿中省六局直長食醫侍御醫司醫佐掌輦奉乘司廩太子典膳典藥內直典設宮門郎并局丞皆存其名而罕除者皆不錄惟常命官者載之諸司主事錄事皆存而無士人爲之別置中書樞密宣徽院三司及內庭諸司沿舊制而損益焉建隆三年三月有司上合班儀太師太傅太保太尉司徒司空東宮三太嗣王郡王僕射三少三京

牧大都督大都護御史大夫六尚書常侍門下中書侍郎太子賓客太常宗正卿御史中丞左右諫議大夫給事中中書舍人左右諸行侍郎祕書監光祿衛尉太僕太理鴻臚司農太府卿國子祭酒殿中少府將作監前任見任節度使開封河南太原尹詹事諸王傅司天監五府尹國公郡公中都督上都護下都督庶子五大都督府長史中都護副都護太常宗正少卿祕書少監光祿等七少卿司業三少監三少尹少詹事諭德家令率更令僕諸王府長史司馬司天少監起居郎舍人侍御史殿中侍御史補闕拾遺監察御史郎中員外郎太常博士五府少尹五大都督府司馬通事舍人國子五經博士都水使者四赤縣令太常宗正祕書丞著作郎殿中丞六尚奉御大理正中允贊善中舍洗馬諸王友諮議參軍司天五官正凡雜坐之次以此爲準詔曰尚書中臺萬事之本而班位率比兩省官節度使出總方面其檢校官多至師傅三公者而位居九寺卿監之下甚無謂也其給事中諫議舍人宜降於六曹侍郎之下補闕次郎中拾遺監察次員外郎節度使升於中書侍郎之下乾德五年正月朔乾元殿受朝升節度使班在龍墀內金吾將軍之上淳化三年八月有司重定合班儀詔升尚書令三師之上四年節度使升常侍之上觀察使在祕書監之上防禦團練使在庶子之下刺史在太子僕之下又升諸行郎中于殿中侍御史之上至道三年七月令節度觀察留後在給事中之上大中祥符元年八月升兩省侍郎班常侍之上天禧三年十一月令節度使班中書侍郎之下其序班及視品之制樞密使副使參知政事宣徽使並班宰相後（樞密使不兼平章事者立參知政事前在宣徽使下至道三年升在上大中祥符九年九月詔自今參知政事樞密副使並以先後爲次宣徽使同）資政殿大學士立文明殿學士之上（舊文明殿學士在樞密副使之上太平興國五年移在下）資政殿學士翰林侍讀學士在翰林學士下（建隆三年令翰林學士班諸行侍郎下官至丞郎者在常侍上至尚書者依本班淳化五年升丞郎之上樞密直學士同）龍圖閣學士在樞密直學士上龍圖直學士在其下仍少退待制在知制誥之下（景德元年初置待制赴內朝其五日起居止敘本班大中祥符二年升侍知制誥仍在其下）權三司使立知制誥上（帶學士職者從本班）三司副使立少卿監上（官高者從本班並爲內品職）宮觀副使立學士班（在翰林學士上其學士爲者止本班）判官立三司副使之下（知制誥以上爲者從本班）給諫權御史中丞者令正衙立中丞塼位餘就本班凡起復皆如初授在本官之末亦有特旨令敘舊班者內客省使視七寺大卿景福殿使客省使視將作監引進使視庶子宣慶使四方館使視少卿宣政昭宣閤門使視少監客省等副使視員外郎皇城使以下諸司使視郎中副使視太常博士內殿承制視殿中丞崇班及閤門祗候視贊善大夫供奉官視諸衞率侍禁視副率殿直視著作佐郎奉職借職在諸州幕官上樞密都承旨在閤門使下副承旨諸房副承旨在諸司使下逐房副承旨在洗馬下金吾衞左右衞上將軍並在節度使上六統軍諸衞上將軍在常侍下（乾德二年令上將軍在中書侍郎之下淳化四年升金吾左右衞在尚書之下仍於節度使之上敘）大將軍在太監下將軍在少監下（仍在閤門使之下）金吾立本班上（謂中郎將）諸衞率副率在洗馬下凡內職視朝官者在其下視京官者在其上

皇親之制開寶六年詔晉王位望俱崇親賢莫二宜位在宰相之上太平興國八年楚王廣平郡王出閤令宰相立親王之上（天禧四年七月先天節羣臣上壽宰相闕命涇王元儼攝太尉）景德中皇侄武信軍節度惟吉加同平章事時駙馬都尉石保吉先爲使相史館引唐制宗室在同品官上遂升惟吉焉大中祥符元年正月有司上都亭驛酺宴位圖皇從侄孫內殿崇班守節與從侄右衞將軍惟叙等同一班上曰族子諸父安可同列乃命重行設位九年正月典利州團練使德文言男侍禁承顯赴起居請在惟忠子從恪之上時從恪雖任行而拜職在前遂詔宗正寺定宗室班圖以聞宗正言按公式令朝參行立職事同者先爵爵又同者先齒今請宗子官同而兄叔次弟侄者並虛一位而立天禧四年五月左正言知制誥張師德言奉詔知潁州緣皇弟德雍見任本州防禦使其署銜望降規式中書門下言據御史臺稱每大朝會立班皇親防禦團練刺史次節度史下稍退序立詔師德序署位德雍之下其外官制置發運轉運使副使不限官品著位並在提點刑獄之上（舊止從官大中祥符七年詔定其制）朝官知令錄在判官之上京官在判官之下推官之上長史司馬別駕在幕府官下錄事參軍上見長史庭參監當朝官殿直以下在通判都監之下判官之上其通判與都監並依官次京官奉職借職監當者依知令錄列在判官之下元豐制行參以寄祿官品高下更革既多別爲班序其後元祐崇寧大觀政和復有增益更革者別附於其下云

至道二年祠部員外郎主判都省郎官事王炳上言曰尚書省國家藏載籍典治教之府所以周知天下地理廣袤風土所宜民俗利害之事當成周之世治定制禮首建六官漢唐因之自唐末亂離急於經營不遑治教故金穀之政主於三司曹名雖存而其實亡矣謹按吏部四司天官之職掌文官選舉周知天下吏功過能否考定升降之類戶部四司司徒之職掌邦五教周知天下戶口之數禮部四司宗伯之職掌國五禮辨儀式制度周知天下祠典祠祀之類兵部四司司馬之職掌武人選舉周知天下兵馬器械之數刑部四司司寇之職掌國法令周知天下獄訟刑名徒隸之數工部四司司空之職掌國百工周知天下封疆城圻山澤草木川瀆津渡橋船陂池之數凡此二十四司所掌事務各封圖書具載名數藏之本曹謂之載籍所以周知天下事由

中制外如指諸掌令職司久廢載籍散亡惟吏部四司官曹小具祠部有諸州僧道文帳職方有諸州閏年圖經刑部詳覆諸州已決大辟案牘及旬禁奏狀此外多無舊式欲望令諸州每年造戶口稅租實行簿帳寫以長卷者別寫一本送尚書省藏於戶部以此推之其餘天下官吏民口廢置祠廟甲兵徒隸百工疆畎封洫之類亦可以籍其名數送尚書省分配諸司俾之緘掌候朞歲之後文籍大備然後可以振舉官守典崇治教望選大僚數人博通治體者參取古今禮典及諸令式與三司所受金穀器械簿帳之類仍詳定諸州供送二十四司載籍之式如此則尚書省備藏天下事物名數之籍如祕閣藏圖書太學藏經典三館藏史傳皆其職也太宗覽奏嘉之詔尚書丞郎及五品以上集議吏部尚書宋琪等上奏曰王者六官法天地四時之柄百官之本典教所出望委崇文院檢討六曹所掌圖籍自何年不繫都省詳其廢置之始究其損益之源以期恢復既而其議亦寢大中祥符九年眞宗與宰相語及尚書省制言事者屢請復二十四司之制楊礪嘗言行之不難但以郎官諸司使同領一職則漸可改作王旦曰唐設內諸司使悉擬尚書省如京倉部也莊宅屯田也皇城司門也禮賓主客也雖名品可效而事任不同唐朝諸司所領惟京邑內外耳諸道兵賦各歸藩鎭非南宮一郎中員外所能制也朝廷所得三分之一名曰上供其他留州留使之名皆藩臣所有今之三司卽尚書省故事盡在但一毫所賦皆歸於縣官而仰給焉故蠲放則澤及下予賜則恩歸上此聖朝不易之制也咸平四年左司諫知制誥楊億上疏曰國家遵舊制並建羣司然徒有其名不舉其職只如尚書會府上法文昌治本是資政典攸出條目皆具可舉而行今之存者但吏部銓擬秩曹詳覆自餘租庸筦榷由別使以總領尺籍伍符非本司所校定職守雖在或事有所分綱領雖存或政非自出丞轄之名空設而無違可糾端揆之任雖重而無務可親周之六官於是廢矣且如寺監素司於掌執臺閣咸著於規程昭然軌儀布在方冊國家慮銓擬之不允故置審官之司憂議讞之或濫故設審刑之署恐命令之或失故建封駁之局臣以爲在於紀綱植立不在於琴瑟更張若辨論官材歸於相府卽審官之司可廢矣詳評刑辟屬於司寇卽審刑之署可去矣出納詔命關於給事中卽封駁之局可罷矣至於尚書二十四司各揚其職寺監臺閣悉復其舊按六典之法度振百官之遺墜在我而已夫豈爲難如此則朝廷益尊堂陛益嚴品流益淸端拱而天下治者由茲道也又以唐虞之時建官惟百夏商官倍秦漢益繁施及有唐六策咸在自三公之極貴九品之至微著於令文皆有員數傳云官不必備惟其人蓋闕之斯可矣若乃員外加置苟非其材故竈下羊頭形於嘲詠斗量車載播厥風謠國體所先尤須愼重竊覩班簿員外郎及三百餘人郎中亦及百數自餘太常國子博士殿中丞舍人洗馬俱不下數百人率爲常參皆著引籍不知職業之所守多由恩澤而序遷欲乞按唐制應九品以上官並定員數又念昔者秦之開郡置守漢以天下爲十三部命刺史以領之自後因郡爲州以太守爲刺史降及唐氏亦嘗變更曾未數年又仍舊貫今多命省署之職出爲知州又設通判之官以爲副貳此權宜之制耳豈可爲經久之訓哉臣欲乞諸州並置刺史以戶口多少置其奉祿分下中上緊望雄之等級品秩之制率如舊章與常參官比視階資出入更踐省去通判之目但置從事之員建廉察之府以統臨按輿地之圖而區處昔者與國初詔廢支郡出於一時十國爲連周法斯在一道署使唐制可尋至若號令之行風敎之出先及於府府以及州以及縣縣及鄉里自上而下由近及遠譬如身之使臂臂之使指提綱而衆目張振領而羣毛理由是言之支郡之不可廢也明矣臣欲乞復置支郡隸於大府量地里而分割如漕運之統臨名分有倫官業自舉又覩唐制內外官奉錢之外有祿米職田又給防閤庶僕親事帳內執衣白直門夫各以官品差定其數歲收其課以資於家本司又有公廨田食本錢以給公用自唐末離亂國用不充百官奉錢並減其半自餘別給一切權停今郡官於半奉之中已是除陌又於半奉三分之內其二以他物給之鬻於市廛十裁得其一二曾餬口之不及豈代耕之足云昔漢宣帝下詔云吏能勤事而奉祿薄欲其無侵漁百姓難矣遂加吏奉著於策書竊見今之結髮登朝陳力就列其奉也不能致九人之飽不及周之上農其祿也未嘗有百石之入不及漢之小吏若乃左右僕射百僚之師長位莫崇焉月奉所入不及軍中千夫之帥豈稽古之意哉欲乞今後百官奉祿雜給並循舊制既豐其稍入可責以廉隅官且限以當員理當減於舊費乃唐虞之制也凡預品官各設資考課其殿最歸于有司或歷階以升或越次而補國朝多以郊祀覃慶而稍遷官考功之黜陟不行士流之淸濁無辨陛下深鑒其弊始務惟新昨有事於明禋但徧加於階爵雖矯前失未振舊規並乞依舊內外官各立考限復令考功脩舉其職每歲置使考校以表盡公資秩改遷賞罰懲勸一遵典故以振滯淹又西漢以來用秦武功之爵惟列侯啟封或踰萬戶至關內侯或有食邑不過數百家自是因循以至唐室但食邑者率爲虛設言實封者歲入有差迨及聖朝並無所給至於除拜之際猶名數未移空有食采之稱眞同畫餅之妄欲乞依元和中所定實封條貫支給削去虛邑但行實食以寵勳臣又國家每屬嚴禋卽覃大慶叙封追贈罔限彝章乃至

太醫之微司曆之賤率荷蓼蕭之澤亦疏石窌之封恩雖出於殊常職不循於經制又官勳之設多品實繁今朝散銀青猶闕命服護軍柱國全是虛名欲乞自今常參官勳散俱至五品者許封官勳俱至三品者許立戟又五等之爵施于賢才雖有啓封之稱曾無胙土之實苴茅建社固不可以遽行翼子詒孫亦足稽於舊典內外官封至伯子男者許蔭子至公侯者許蔭孫封國公者許蔭嫡孫一人襲封又當今功臣之稱始於德宗扈蹕將士並加奉天定難功臣之號因一時之賞典爲萬世之通規近代以來將相大臣有加至十餘字者尤非輕遽不可遵行所宜削除以明憲度昔者講求典禮晉國以清考覈名實漢朝稱治當文化誕敷之際是舊章咸秩之時跂見太平正在今日矣論者嘉之然以因襲既久難於驟革既而言者繼請復二十四司之制神宗卽位始命館閣校唐六典以摹本賜羣臣而置局詳定之於是凡省臺寺監領空名者一切易之以階元豐九年詳定所上寄祿格會明堂禮成卽用新制遷近臣秩初新階尚少而轉行者得以易及元祐初朝議大夫六階以上始分左右紹聖中罷之崇寧初自承直至將仕郎凡換選人七階又增宣奉至奉直大夫四階政和末自從政至迪功郎又改選人三階文階始備而武階亦易正使爲大夫副使爲郎其橫班十二階使副亦然繼又增置宣正履正大夫郎凡十階通爲橫班其後復更開封守臣爲尹牧而內侍省悉倣機廷之號六尚局之脩三衞郎之建及左輔右弼太宰少宰之稱員既濫冗名益繁雜由是官有視秩元豐之制至此大壞及宣和末王黼復請脩官制格目而邊事起訖不果成初太平興國八年五月太宗作戒諭百官辭二通以付閤門一戒京朝官受任於外者一戒幕職州縣官朝辭對別日令舍人宣示之各繕寫歸所治奉以爲訓爲大中祥符元年眞宗以祥符降錫述大中清淨爲治之道申誡百官又作誡諭辭二道易舊辭賜出使京朝官及幕職州縣官其後又作文武七條文賜京朝官任轉運使提點刑獄知州府軍監通判知縣者一曰清心謂平心待物不爲喜怒愛憎之所遷則庶事自正二曰奉公謂公直潔己則民自畏服三曰脩德謂以德化人不必專尚威猛四曰責實勿競虛譽五曰明察謂勤察民情勿使賦役不均刑罰不中六曰勸課謂勸諭下民勤於孝悌之行農桑之務七曰革弊謂求民疾苦而釐革之武條賜牧伯洎諸司使而下任部署鈐轄知州軍縣都監監押駐泊巡檢者一曰脩身謂脩飭其身使士卒有所法則二曰守職謂不越其職侵撓州縣民政三曰公平謂均撫士卒無有偏黨四曰訓習謂訓教士卒勤習武藝五曰簡閱謂察視士卒識其勤惰勇怯六曰存恤謂安撫士卒甘苦皆同當使齊心無令失所七曰威嚴謂制馭士卒無使越禁仍許所在刊石或書廳壁奉以爲法又以禮記儒行篇賜親民釐務文臣其幕職州縣官使臣賜敕戒礪令崇文院刻板模印送閤門辭日分給之

淳化元年國子祭酒孔維上言中外文武官稱呼假借踰越班制伏請一切禁斷太宗命翰林學士宋白等議之白等請自今文武臺省官及卿監郎中員外並呼本官太常博士大理評事並不得呼郎中諸司使諸衞將軍未領刺史者及諸司副使不得呼太保供奉官以下不得呼司徒校書郎以下令錄事不得呼員外郎判司簿尉不得呼侍御待詔醫官不得呼奉御其文武職事州縣官如有檢校兼試同正官者稱之太宗時郊祀行慶羣官率多進改眞宗初右司諫孫何上言曰伏見國家撫有多方並建衆職外則郡將通守朝士代行關征榷酤使者兼掌下至幕府職掾之微或自朝廷選補而授用人既廣推擇難精貢部上名動踰千計門資入仕亦及百人稍著職勞卽升京秩將命而出冗長尤多每躬祀圜丘誕敷霈澤無賢不肖並許叙遷至使評事寺丞纔數載而通閨籍贊善洗馬不十年而登臺郎竊計今之班簿臺省宮寺凡八百員玉石混淆名品猥濫異夫虞書考績周官計治之法也有唐舊制郊禋慶宥但進階勳而已今若十年之內肆赦相仍必恐京僚過於胥徒朝臣多於州縣豈惟連車平斗之刺亦有敗財假器之失况祿廩所賦皆自地征所來須從民力何必空竭公藏附益私人已授者朘削既難未遷者防閑宜峻古人所謂損無用之費罷不急之官正在此也伏願特降詔書自今郊祀羣官一例不得遷陟必若績用有聞才名夙著自可待之不次豈俟歷階而升至於省併吏員上繫與奪時左司諫耿望亦以爲言故咸平二年親郊止加階勳命有司考其殿最而黜陟之然三年差遣受代率皆考課引對多獲進改罕有退黜而官籍浸增矣

紹興以後合班之制

諸太師太傅太保左丞相右丞相少師少傅少保王樞密使開府儀同三司知樞密院事參知政事同知樞密院事樞密副使簽書樞密院事太子太師太傅太保特進觀文殿大學士太尉太子少師少傅少保冀兗青徐揚荊豫梁雍州牧御史大夫觀文殿學士資政保和殿大學士吏部戶部禮部兵部刑部工部尚書金紫銀青光祿大夫光祿大夫左右金吾衞上將軍左右衞上將軍殿前都指揮使節度使翰林學士承旨翰林學士資政保和端明殿學士龍圖天章寶文顯謨徽猷敷文閣學士左右散騎常侍權六曹尚書御史中丞開封尹尚書列曹侍郎樞密直學士龍圖天章寶文顯謨徽猷敷文閣直學士宣奉正奉正議通奉大夫左右驍衞屯衞領軍衞監門衞千牛衞上將軍太子賓客詹事給事中

承宣使中書舍人通議大夫殿前副都指揮使左右諫議大夫保和殿待制龍圖天章寶文顯謨徽猷敷文閣待制權六曹侍郎大中大夫觀察使太常卿宗正卿秘書監馬軍都指揮使步軍都指揮使馬步副都指揮使中大夫光祿衛尉太僕大理鴻臚司農太府卿中奉中散大夫內客省使通侍大夫樞密都承旨國子祭酒太常少卿宗正少卿秘書少監正侍宣正履正協忠大夫中侍中亮大夫太子左右庶子中衞翊衞親衞大夫知閤門事殿前都虞候馬軍都虞候步軍都虞候防禦使捧日天武四廂都指揮使龍神衞四廂都指揮使團練使諸州刺史左右金吾以下諸衞大將軍駙馬都尉集英殿脩撰七寺少卿朝議奉直大夫中書門下省檢正諸房公事尚書左右司郎中右文殿脩撰國子司業少府將作軍器監都水使者入內內侍省內侍省都知宣政使拱衞大夫太子少詹事左右諭德入內內侍省內侍省副都知昭宣使左武大夫同知閤門事右武大夫入內內侍省內侍省押班樞密都承旨樞密副都承旨起居郎起居舍人侍御史帶御器械尚書左右司員外郎樞密院檢詳諸房文字秘閣脩撰開封少尹太子侍讀侍講尚書吏部司封司勳考功戶部度支金部倉部禮部祠部主客膳部兵部職方駕部庫部刑部都官比部司門工部屯田虞部水部郎中開封府判官推官直龍圖閣朝請朝散朝奉大夫直天章閣殿中侍御史左右司諫左右正言符寶郎內符寶郎樞密副承旨武功武德和安春官成和夏官成安中官成全秋官武顯武節平和冬官武略保安武義武經武翼大夫尚書諸司員外郎直寶文閣開封府司錄參軍事樞密院諸房副承旨朝請朝散朝奉郎直顯謨閣少府將作軍器少監諸衞將軍正侍宣正履正協忠中侍中亮中衞翊衞親衞拱衞左武右武郎監察御史直徽猷敷文閣承議郎中郎將翰林良醫武功武德和安成和成安成全武顯武節平和武略保安武經武義武翼郎太子中舍人太子舍人親王府翊善贊讀直講太常丞判太醫局宗正大宗正秘書丞直秘閣左右郎將奉議郎大理正著作郎閤門舍人宣贊舍人翰林醫官翰林醫效翰林醫痊兩赤縣令太子左右衞司禦清道監門內率府率七寺丞秘書郎太常博士樞密院計議編脩官敕令所刪定官陵臺令著作佐郎國子監丞諸王宮大小學教授國子博士大理司直評事訓武通直脩武郎內常侍少府將作軍器都水監丞監尚書六部門開封府功曹倉曹戶曹兵曹法曹士曹參軍事左右軍巡使判官主管太醫局秘書校書郎正字親王府記室太史局五官正御史臺檢法官主簿九寺主簿閤門祗候樞密院逐房副承旨從義秉義郎太子諸率府副率幹辦左右廂公事忠訓忠翊宣教郎太學武學律學博士太常寺奉禮郎太祝郊社令籍田令光祿寺太官令五監主簿宣義成忠保義承事承奉承務郎國子太學正武學諭國子太學錄律學正太醫局丞京府判官京府司錄參軍承直郎京畿縣令兩赤縣丞三京赤縣令承節承信郎節度觀察判官節度掌書記觀察支使防禦團練判官京府節度觀察推官軍事判官防禦團練軍事推官軍監判官節鎮錄事參軍京府諸曹參軍事軍巡判官儒林文林從事郎三京畿縣丞三京赤縣丞上中下州錄事參軍事三京畿縣丞兩赤縣主簿尉諸州上中下縣令丞從政郎諸府司理諸曹參軍事節鎮上中下州司理司戶司法參軍脩職郎京畿縣主簿尉三京赤縣畿縣主簿尉諸州上中下縣簿尉城砦主簿馬監主簿迪功郎諸州司士文學助教爲官職雜壓之序

官品紹興乾道慶元先後脩定間有官勳已從罷省而令仍不廢今具載焉

諸太師太傅太保左右丞相少師少傅少保王爲正一品諸樞密使開府儀同三司特進太子太師太傅太保嗣王郡王國公爲從一品

諸金紫光祿大夫知樞密院事參知政事同知樞密院事太尉開國郡公上柱國爲正二品

諸銀青光祿大夫簽書樞密院事觀文殿大學士太子少師少傅少保御史大夫吏部戶部禮部兵部刑部工部尚書左右金吾衞左右衞上將軍冀兗青徐揚豫梁雍州牧殿前都指揮使節度使開國縣公柱國爲從二品

諸宣奉正奉大夫觀文殿學士翰林資政保和殿大學士翰林學士承旨翰林學士資政保和端明殿學士龍圖天章寶文顯謨徽猷敷文閣學士樞密直學士左右散騎常侍權六曹尚書上護軍爲正三品

諸正議通奉大夫龍圖天章寶文顯謨徽猷敷文閣直學士御史中丞開封尹尚書列曹侍郎諸衞上將軍太子賓客詹事開國侯護軍爲從三品

諸通議大夫給事中中書舍人太常卿宗正卿秘書監諸衞大將軍殿前副都指揮使承宣使開國伯上輕車都尉爲正四品

諸太中大夫保和殿龍圖天章寶文顯謨徽猷敷文閣待制左右諫議大夫權六曹侍郎七寺卿國子祭酒少府將作監諸衞將軍輕車都尉爲從四品

諸中大夫馬步軍都指揮使副都指揮使觀察使通侍正侍宣正履正協忠中侍大夫開國子上騎都尉爲正五品

諸中奉中散大夫太常宗正少卿秘書少監內客省使延福宮使景福殿使太子左右庶子樞密都承旨中亮中衞翊衞親衞大夫殿前馬步軍都虞候防禦使捧日天武龍神衞四廂都指揮使團練使諸州刺史駙馬都

尉開國男騎都尉爲從五品

諸朝議奉直大夫集英殿脩撰七寺少卿中書門下省檢正諸房公事尚書左右司郎中國子司業軍器監都水使者太子少詹事左右諭德入內內侍省內侍省都知副都知宣慶宣正昭宣使拱衛左武右武大夫入內內侍省內侍省押班樞密承旨副承旨驍騎尉爲正六品

諸朝請朝散朝奉大夫起居郎起居舍人侍御史尚書省左右司員外郎樞密院檢詳諸房文字右文殿秘閣脩撰開封少尹尚書諸司郎中開封府判官推官少府將作軍器少監和安成和成安大夫陵臺令飛騎尉爲從六品

諸朝請朝散朝奉郎殿中侍御史左右司諫尚書諸司員外郎侍講直龍圖天章寶文閣開封府司錄參軍事樞密副承旨樞密院諸房副承旨武功至武翼大夫成全平和保安大夫翰林良醫太子侍讀侍講兩赤縣令雲騎尉爲正七品

諸承議郎左右正言符寶郎監察御史直顯謨徽猷敷文閣太常宗正秘書丞大理正著作郎崇政殿說書內符寶郎正侍至右武郎武功至武翼郎和安至保安郎翰林醫官閤門宣贊舍人太子中舍人舍人諸率府率親王府翊善贊讀直講判太醫局令翰林醫効醫痊武騎尉爲從七品

諸奉議通直郎七寺丞秘書郎太常博士樞密院計議官編修官敕令所删定官直秘閣著作佐郎國子監丞諸王宮大小學敎授國子博士大理司直評事訓武脩武郎內常侍開封府諸曹參軍事軍巡使判官京府判官京畿縣令兩赤縣丞三京赤縣畿縣令太史局五官正中書門下省錄事尚書省都事爲正八品

諸宣敎宣義郎御史臺檢法官主簿少府將作軍器都水監丞寺監主簿秘書省校書郎正字太常寺奉禮郎太祝太學武學律學博士主管太醫局閤門祗候樞密院逐房副承旨東西頭供奉官從義秉義郎太子諸率府副率親王府記室節度觀察防禦團練軍事判官節度掌書記觀察支使京府節度觀察防禦團練軍事推官諸州簽判節鎮上中下州錄事參軍京府諸曹參軍事軍巡判官承直儒林文林從事從政脩職郎京畿縣丞三京赤縣畿縣丞諸州上中下縣令丞兩赤縣主簿尉諸府諸曹節鎮上州諸司參軍事節度副使行軍司馬防禦團練副使太史局丞直長靈臺郎保章正翰林醫愈醫證醫診醫侯三省樞密院主事守闕主事令史書令史爲從八品

諸承事承奉郎理親民資序者從八品承務郎準此殿頭高品郊社籍田太官令國子太學正錄武學諭律學正太醫局丞忠訓忠翊成忠保義郎挈壺正京畿縣主簿尉三京赤縣主簿尉諸州別駕長史司馬樞密院守闕書令史爲正九品

諸承務郎高班黃門內品承節承信迪功郎中下州諸司參軍諸州上中下縣主簿尉城砦馬監主簿諸州司士文學助敎翰林醫學爲從九品

宋史卷一百六十九

元　中　書　右　丞　相　總　裁　脫　脫　等　修

職官志第一百二十二

職官九 叙遷之制

羣臣叙遷　流內銓　流外出官
文散官　武散官　爵　勳
功臣　檢校官　兼官
試秩　紹興以後階官

文臣京官至三師叙遷之制

諸寺監主簿秘書省校書郎秘書省正字 有出身轉大理評事無出身轉太常寺奉禮郎內帶館職同有出身后族兩府之家轉太祝

太常寺太祝奉禮郎 有出身轉諸寺監丞無出身轉大理評事內帶館職同有出身

大理評事 有出身轉大理寺丞第一人及第轉著作佐郎無出身轉諸寺監丞內帶館職同有出身后族兩府之家審刑院詳議刑部詳覆詳斷檢法法直官轉光祿寺丞

諸寺監丞 有出身轉著作佐郎無出身轉大理寺丞內帶館職同有出身

大理寺丞 有出身轉殿中丞無出身轉太子中舍內帶館職同有出身或轉太子中允后族兩府之家審刑院詳議刑部詳覆詳斷中書堂後官轉太子右贊善大夫

著作佐郎 有出身轉秘書丞內第一人及第太常丞無出身轉太子左贊善大夫內帶館職同有出身特旨轉秘書郎著作郎宗正丞

太子左右贊善大夫中舍洗馬 轉殿中丞內帶館職轉太常丞

太子中允 轉太常丞特旨轉秘書郎著作郎宗正丞

太常宗正秘書丞著作郎秘書郎 轉太常博士特旨轉左右正言監察御史宗正丞無出身轉國子博士

殿中丞 有出身轉太常博士無出身轉國子監博士內帶館職同有出身

太常國子博士 轉後行員外郎特旨轉左右司諫殿中侍御史

左右正言 轉左右司諫帶待制已上職轉起居舍人

監察御史 轉殿中侍御史

後行員外郎 轉中行員外郎特旨轉起居舍人侍御史

左右司諫 轉起居郎起居舍人帶待制已上職轉吏部員外郎

殿中侍御史 轉侍御史

中行員外郎 轉前行員外郎

起居郎起居舍人 轉兵部員外郎帶待制已上職轉禮部郎中

侍御史 轉司封員外郎

前行員外郎 轉後行郎中

後行郎中 轉中行郎中

中行郎中 轉前行郎中

右常調轉員外郎者轉右曹 內有出身自屯田無出身自虞部贓罪叙

復入自水部轉 水部　司門　庫部　虞部　比部

駕部　屯田　都官　職方

任發運轉運使副三司開封府判官侍讀侍講天章閣侍講崇政殿說書開封府推官府界提點三司子司主判官大理少卿提點刑獄提點鑄錢監

諸王府翊善侍讀記室中書提點五房公事堂後官轉左曹內有出身自祠部無出身自主客堂後官自膳部轉

膳部　倉部　考功　主客　金部

司勳　祠部　度支　司封

任發運轉運使副三司開封府判官左曹轉左名曹內無出身只轉祠部度支司封有出身合轉右名曹準此任三司副使知雜

修撰修起居注直舍人院轉左名曹

工部　刑部　兵部

帶待制已上職左右曹右名曹轉左名曹仍隔一資超轉中行郎中轉左右司郎中戶部轉左司刑部度支金部倉部都官比部司門轉右司

禮部　戶部　吏部

前行郎中有出身轉太常少卿無出身轉司農少卿內見任左曹衞尉少卿帶待制已上職轉右諫議大夫

左右司郎中帶待制已上職轉諫議大夫左司轉左諫議右司轉右諫議帶翰林學士者轉左中書舍人

衞尉司農少卿轉光祿少卿帶館職轉光祿卿

光祿少卿轉司農卿帶館職轉光祿卿

太常少卿轉光祿卿任三司副使脩撰取旨

司農卿轉少府監帶館職轉光祿卿

少府監轉衞尉卿帶館職轉光祿卿

衞尉轉光祿卿

光祿卿轉秘書監

秘書監轉太子賓客

中書舍人轉禮部侍郎

諫議大夫轉給事中

給事中轉工部侍郎帶翰林學士已上職轉禮部侍郎

太子賓客轉工部侍郎

工部侍郎轉刑部侍郎兩府轉戶部侍郎宰相轉兵部侍郎

禮部侍郎轉戶部侍郎宰相轉吏部侍郎

刑部侍郎轉兵部侍郎兩府轉吏部侍郎宰相轉禮部尚書

戶部侍郎轉吏部侍郎宰相轉禮部尚書

兵部侍郎轉右丞兩府轉左丞宰相轉禮部尚書

吏部侍郎轉左丞宰相轉禮部尚書

左右丞轉工部尚書兩府轉禮部尚書

工部尚書轉禮部尚書兩府轉刑部尚書

禮部尚書轉刑部尚書兩府轉戶部尚書

刑部尚書轉戶部尚書兩府轉兵部尚書

戶部尚書轉兵部尚書兩府轉吏部尚書

兵部尚書轉吏部尚書兩府轉太子少保宰相轉右僕射

吏部尚書轉太子少保宰相轉左僕射

太子少保轉太子少傅

右僕射轉左僕射

太子少傅轉太子少師

左僕射轉司空

司空轉司徒

太子少師轉太子太保

司徒轉太保

太子太保轉太子太傅

太子太傅轉太子太師

太子太師轉太保

太保轉太傅

太傅轉太尉

太尉轉太師

太師太師太傅太保謂之三師太尉司徒司空謂之三公凡除授則自司徒遷太保自太傅遷太尉檢校亦如之治平三年翰林學士賈黯奏近者皇子封拜並除檢校太傅臣按官儀自後魏以太師太傅太保爲三師太尉司徒司空爲三公國朝因之六典曰三師三師訓導之官也蓋天子之所師法今皇太子以師傅名官於義弗安莫甚於此蓋前世因循失於釐正臣愚以謂自今皇子及宗室卑者除官並不可帶師傅之名隨其敘遷故授三公之官詔候將來因加改正自此皇子及宗室卑行遂不除三師官

宋初臺省寺監官猶多涖本司亦各有員額資考之制各以曹署閑劇著爲月限考滿則遷慶恩止轉階勳爵邑建隆二年始以右監門衞將軍魏仁滌爲右神武將軍水部員外郎朱洞爲都官員外郎監察御史李鑄爲殿中侍御史以仁滌等掌麴蘖領關征外有羨也自是廢歲滿敘遷之典是後多掌事于外諸司互以他官領之雖有正官非別受詔亦不領本司之務又官有其名而不除者甚衆皆無定員無月限不計資品任官者但常食其奉而已時議以近職爲貴中外又以差遣別輕重焉

武臣三班借職至節度使敘遷之制

三班借職以下亦有磨勘轉官法緣未受眞命今不具錄

三班借職轉三班奉職

三班奉職轉右班殿直

右班殿直轉左班殿直

左班殿直轉右侍禁

右侍禁轉左侍禁

左侍禁轉西頭供奉官

西頭供奉官轉東頭供奉官

東頭供奉官轉內殿崇班

內殿崇班轉內殿承制

內殿承制轉供備庫使有戰功轉禮賓副使特旨東西染院西京作坊副使有戰功並謂會經轉官酬獎

供備庫使轉西京左藏庫副使有戰功轉如京副使

禮賓副使轉崇儀副使有戰功轉洛苑副使

西染院副使轉如京副使有戰功轉內園副使

東染院副使轉洛苑副使有戰功轉文思副使

西染院使轉如京使有戰功轉內園使

東染院使轉洛苑使有戰功轉六宅使

西京作坊使轉文思使有戰功轉莊宅使

西京左藏庫使轉六宅使有戰功轉西作坊使

崇儀使轉六宅使有戰功轉西作坊使

如京使轉莊宅使有戰功轉東作坊使

洛苑使轉西作坊使有戰功轉左藏庫使

內園使轉東作坊使有戰功轉內藏庫使

文思使轉左藏庫使有戰功轉右騏驥使

六宅使轉內藏庫使有戰功轉右騏驥使

莊宅使轉右騏驥使有戰功轉宮苑使

西作坊使轉左騏驥使有戰功轉宮苑使

東作坊使轉宮苑使

左藏內藏左右騏驥宮苑使並轉皇城使

皇城使轉遙郡刺史凡已上使副除皇城係東班餘並西班其東班翰林以下十九司使司雖有見在官及遙轉法並授伎術官

遙郡刺史轉遙郡團練使特旨轉正刺史

遙郡團練使轉遙郡防禦使特旨轉正團練使

團練使遙郡防禦使轉防禦使

刺史轉團練使

防禦使轉觀察使

觀察使轉節度觀察留後

節度觀察留後轉節度使

節度使

武臣目通事舍人轉橫班例

通事舍人轉西上閤門副使其東上閤門副使非特恩不遷

東西上閤門副使轉引進副使

引進副使轉客省副使

客省副使轉西上閤門使

西上閤門使轉東上閤門使

東上閤門使轉四方館使

四方館使轉引進使

引進使轉客省使

客省使

右內客省使至閤門使謂之橫班皇城使以下二十名謂之東班洛苑使以下二十名謂之西班初猶有正官充者其後但以檢校官爲之或領觀察使防禦使團練使刺史景祐元年詔副使自今改正使於本額下五資遷之

舊無定員慶曆四年詔客省引進四方館使各一人東西上閤門使共四人閤門引進客省副使共六人閤門通事舍人八人治平二年樞密院奏嘉祐三年詔非軍職當罷橫行歲滿當遷及有戰功殊續皆不得除正任當遷則改州名或加檢校官勳封食邑自降詔以來正任刺史以上絕升進之望今欲因知藩要州郡或路分總管如再經改州名或加檢校官勳封食邑已及十年者與遷官至節度觀察留後止又客省引進四方館舊置使三員東西上閤門舊置使四員今並增爲六員閤門引進客省舊制副使六員今並增爲八員閤門舊通事舍人八員今增爲十員凡所增置須見任官當遷及有闕乃補其皇城使改官及七年如曾歷邊任有本路監司總管五人以上共薦者欲除遙郡刺史至遙郡防禦使止詔自今皇城宮苑副使當磨勘者各於本班使額自下升五資改諸司使其自左藏庫副使已上因酬獎及非次改官者聽如舊除皆從樞密院之請初英宗謂執政曰諸司副使改轉使當從供備庫使始今對行升五資太優於是合議條奏而爲此例

宗室自率府副率至侍中敘遷之制

太子右內率府副率轉太子右監門率府率

太子右監門率府率轉右千牛衛將軍

右千牛衛將軍轉右監門衛大將軍

右監門衛大將軍轉遙郡刺史

遙郡刺史轉遙郡團練使繼諸王後見封國公及特旨即轉正刺史

遙郡團練使轉遙郡防禦使繼諸王後見封國公及特旨即轉正團練使

刺史轉團練使

團練使轉防禦使

防禦使轉觀察使

觀察使轉節度觀察留後

節度觀察留後轉節度使特旨轉左右衛上將軍

左右衛上將軍節度使轉節度使同中書門下平章事

節度使同中書門下平章事轉節度使兼侍中

節度使兼侍中

內臣自皇城使特恩遷轉例合該磨勘並臨時用例取旨改轉

皇城使轉昭宣使國朝亦有外官爲昭宣使者

昭宣使轉宣政使

宣政使轉宣慶使

宣慶使轉景福殿使

景福殿使轉延福宮使

延福宮使凡不轉昭宣已上五使者並轉遙郡

入內內侍省內臣敘遷之制

祗候班雖有轉官法近年無遷轉之人惟敘官者一級當一官內侍省同

北班內品轉後苑散內品

後苑散內品轉後苑勾當事內品

後苑勾當事內品轉後苑內品

後苑內品轉把門內品

把門內品轉入內內品

入內內品轉貼祗候內品

貼祗候內品轉祗候小內品

祗候小內品轉祗候內品

祗候內品轉祗候高班內品

祗候高班內品轉祗候高品

祗候高品轉祗候殿頭

祗候殿頭

右係責降及責降人保引

內侍班轉黃門

黃門轉高班

高班轉高品

高品轉殿頭

內侍殿頭轉內西頭供奉官

內西頭供奉官轉內東頭供奉官

內東頭供奉官東頭供奉官已上轉官依外官

內侍省內臣敘遷之制

祗候班

後苑散內品轉散內品

散內品轉北班內品

北班內品轉後苑勾當事內品

後苑勾當事內品轉後苑內品

把門內品後苑內品轉內品

內品轉貼祗候內品

貼祗候內品轉祗候內品

祗候內品轉祗候高班內品

祗候高班內品轉祗候高品

祗候高品

右係責降及責降人保引亦有非責降由奏薦而除者入內內侍省同

內侍班

黃門轉高班

高班轉高品

高品轉殿頭

殿頭轉內西頭供奉官

內西頭供奉官轉內東頭供奉官

內東頭供奉官東頭供奉官已上轉官依外官例

右宋初以來內侍未嘗磨勘轉官唯有功乃遷至景祐中詔內臣入仕三十年累有勤勞經十年未嘗遷者奏聽旨猶無磨勘定格也慶曆以後其制漸隳黃門有勞至減十五年而入仕纔五七年有勞至高品已上者兩省因著十年磨勘之例而減年復在其中嘉祐六年樞密院始議釐革乃詔內臣入仕並三十年磨勘已磨勘者其以勞得減年者毋得過五年

選人選京官之制

有出身

判司簿尉七考除大理寺丞不及七考光祿寺丞不及五考大理評事不及三考奉禮郎

初等職官知令錄六考除大理寺丞不及六考光祿寺丞不及三考大理評事

兩使職官知令錄六考除著作佐郎不及六考大理寺丞不及三考光祿寺丞

支掌防團判官六考除太子中允不及六考著作佐郎

節察判官六考除太常丞不及六考太子中允

無出身

判司簿尉七考除衛尉寺丞不及七考大理評事不及五考奉禮郎不及三考守將作監主簿

初等職官知令錄六考除衛尉寺丞不及六考大理評事不及三考奉禮郎

兩使職官知令錄六考除大理寺丞不及六考衛尉寺丞不及三考大理評事

支掌防團判官六考除著作佐郎不及六考大理寺丞

節度判官六考除太子中允不及六考著作佐郎

吏部流內銓諸色入流及循資磨勘選格入流

有出身

進士明經入望州判司次畿簿尉

九經入緊州判司望縣簿尉

諸科五經三禮三史三傳今雖無此科緣見有逐邑人明法入上州判司緊縣簿尉

學究武舉得班行人換授入中州判司上縣簿尉

無出身

太廟齋郎舊室長同入中下州判司中縣簿尉

郊社齋郎舊長坐同試銜白衣送銓注官司士文學參軍長史司馬助教得正官并班行試換文資入下州判官中下縣簿尉

三色人

攝官入小縣簿尉

進納授試銜入下州判司中下縣簿尉授太廟齋郎入中州判司中縣簿尉

流外入下縣簿尉

已上並許超折地望注授

循資

常調

判司簿尉有出身兩任四考無出身兩任五考攝官出判司三任七考並入錄事參軍但有舉主四人或有合使舉主二人並許通注縣令流外出身四任十考入錄事參軍內係驅使官沿堂五院人進只注大郡判司大縣簿尉納出身三任七考曹省試下第二任五考入下州令錄仍差監當

酬獎

判司簿尉初任循一資入知令錄次任二考已上入正令錄

知令錄循一資入初等職官正令錄入兩使職官

初等職官循一資入兩使職官兩資入支掌防團判官三資入節察判官

恩例

判司簿尉用祖父五路及廣桂知州帶安撫并知成都府梓州及川廣轉運提刑等恩例陳乞循入試銜知縣仍差監當

奏薦

判司簿尉

舉職官有出身四考有舉主三人移初等職官仍差知縣有出身四考無出身六考注初等職官有出身六考無出身七考注兩使職官

舉縣令有出身二考無出身四考攝官出身六考有舉主三人進納出身六考有舉主四人流外出身

三任七考有舉主六人並移縣令內流外人入錄事參軍

令錄係舉人入任內有京官舉主二人循兩使職知縣

初等職官知縣係舉人入任內有京官職舉主二人循兩使職官如願知縣者聽

磨勘

判司簿尉七考知令錄職官六考有京官舉主五人內一員轉運使副或提刑並磨勘引見轉合入京朝官

兩使職官知縣係舉人入併因舉循入任內有京官舉主二人磨勘引見轉合入京官

令錄流外出身係舉人入任內有班行舉主三人磨勘引見改換班行

差攝

長史文學　兩舉進士　三舉諸科

特恩與攝官

己上廣南東路長史文學與舉人中半差攝西路長史文學七分舉人二分特恩攝官一分

試補

正額及額外攝官並試公案以合格名次高下差攝內試不中及不能就試者並在試中人之下

解發

入額人一任實滿四年與解發如差監當監稅即以二年為一任理兩攝並解發赴銓海北攝官差往海南減一年犯公罪展攝二年監當虧少課利罰半月奉者添攝一任罰一月奉者添攝兩任

流外出官法

尚書省書令史都省二十四司禮部貢院吏部流內銓官誥院七選都省敕庫兵部甲庫八選諸司驅使官都省散官十九選貢院散官十八選並補正名後理或酬獎減一等出簿尉

門下省自院令史七選畫頭書院甲庫令史贊者八選並補正名後理驅使官九選授勤留官後理並出簿尉

中書省白院令史七選甲庫令史八選並補正名後理驅使官九選授勤留後理並出簿尉

學士院錄事補正名後理三年出奉職孔目官遇大禮從上出一名不遇大禮七選驅使官遇大禮從上三人並出簿尉不遇恩十選並授勤留官後理

御史臺令史七選補正名驅使官九選授勤留官並出簿尉引贊官補正名後遇大禮出錄事參軍試中刑罰人充主推五年出奉職書史五年出借職係諸處取到人充主推八年出借職書史出三班差使

三司三部都孔目官三年出西頭供奉官前後行入仕三十年已上遇大禮從上各出二人前行出奉職後行出借職子司勾覆開折官五年出左右班殿直前後行出二人同三部衙司都押衙三年出奉職衙佐三年出借職通引官行首司五年出奉職並補正名後理

開封府孔目官補正名後理五年出右班殿直左知客押衙六年通引官左番行首七年出奉職並補正名後理支計官勾覆官開折官接押官出奉職諸司行首前行出借職並遇大禮以入仕及三十年已上者三人出職

殿前司孔目官五年出右侍禁通引官行首三年出奉職並補正名後理

馬步軍司孔目官五年出右班殿直通引官行首三年出借職並補正名後理

入內內侍兩省前後行補正名後理三年出奉職

大宗正司勾押官補正名後理三年出借職

三班院勾押官補正名後理五年出奉職

審官院令史授勤留官後理七年出簿尉

九寺府史太常大理寺七選宗正光祿太府太僕衛尉鴻臚司農寺十選驅使官十九選宗正司楷書八選並補正名後理出簿尉

諸監都水監勾押官補正名後理三年出奉職少府將作監府史十選國子監八選司天監禮生曆生選少府將作監驅使官十九選並補正名後理出簿尉

羣牧司都勾押官補正名後理三年出奉職

客省行首補正名後理三年勾押官五年並出奉職承受並驅使官授勤留官後理七選出簿尉

四方館書令史補正名後理八選表奏官驅使官授勤留官後理九選並出簿尉

閤門行首補正名後理三年出右侍禁承受授勤留官後理七選出簿尉

太常禮院禮直官自補副禮直官後六經大禮出西頭供奉官禮生補正名後理六選出簿尉

審刑院充本院書令史後理六選出簿尉

秘書殿中省令史楷書並補正名後理八選出簿尉

起居院楷書八選驅使官十九選並補正名後理出簿尉

崇文院孔目官補正名後理遇大禮出奉職

三館孔目官四庫書直官八選楷書七選書直書庫表奏官九選守當官十選並授勤留官後理楷書補正名後理並出簿尉

秘閣典書楷書並補正名後理七選出簿尉

軍頭引見司勾押官補正名後理五年出右班殿直

皇城司勾押官補正名後理三年出奉職

內東門司押司官補正名後理三年出借職

管勾往來國信所勾押官補正名後理三年出奉職

翰林司專知官三年界滿大將出奉職

內藏庫專知官三年界滿出借職

御藥院押司官補正名後理三年出借職

御書院待詔五年出左班殿直書藝十年出右班殿直御書祗候十五年出借職並補正名後理

進奏院進奏官補正名後理十五年遇大禮無過犯從上五人出職有過犯經洗雪曾經決責出借職人數無定限

御廚勾押官補正名後理三年出職

金吾街司仗司孔目官表奏勾押驅使官並補正名後理十九選出簿尉

文臣換右職之制

秘書監換防禦使

太卿監換團練使

秘書少監太常光祿少卿換刺史

少卿監換皇城使遙郡刺史

帶職郎中換閤門使

前行郎中換宮苑使

中行郎中換內藏庫使

後行郎中換莊宅使

帶職前行員外郎

前行員外郎並換洛苑使

帶職中行員外郎起居舍人侍御史

中行員外郎並換西京作坊使

帶職後行員外郎左右司諫殿中侍御史
後行員外郎（並換供備庫使己上並帶遙郡刺史）
帶職博士左右正言監察御史（換閤門副使）
太常博士（換內藏庫副使）
國子博士（換左藏庫副使）
太常丞（換莊宅副使）
秘書丞（換六宅副使）
殿中丞著作郎（換文思副使）
太子中允（換禮賓副使）
太子左右贊善大夫中舍洗馬（換供備庫副使）
秘書郎著作佐郎（換內殿承旨）
大理寺丞（換內殿崇班）
諸司監丞節度觀察判官（換東頭供奉官）
大理評事節度掌書記觀察支使（換西頭供奉官）
太常寺太祝奉禮郎（換左侍禁）
初等職官知令錄并兩使職官防禦團練判官令錄未及三考（換左班殿直）
初等職官知令錄未及三考（換右班殿直）
判司簿尉（換三班奉職）
試銜齋郎并判司簿尉未及三考（換三班借職己上京官至太常丞帶職加一資換）

右文官換右職者除流外進納及犯私罪情重并贓罪外年四十以下並許試換右職三班使臣補換及三年差使及五年方許試換己上並召京朝官或使臣二人委保其文臣待制武臣觀察使己上願換官取旨

紹興復脩試換之令淳熙增廣尚左尚右侍左侍右換官之格列而書之以見新式若中大夫而下文臣換官仍政和舊制則不書

諸訓武郎至進武校尉不曾犯贓私罪及笞刑經決而願換文資者聽召保官二員具家狀連保狀二本詣登聞鼓院投進乞試（外任人候替罷就試文資換武者聽）準此即授小使臣後未及三年授進武校尉後未及五年三省樞密院書令史以下授使臣進武校尉若保甲及試武藝并進納流外出身不用此令諸武臣試換文資於易詩周禮禮記各專一經仍兼論孟願試詩賦及依法官條試斷案刑統大義者聽

換官尚右訓武脩武郎換宣教郎侍左承直郎換從義郎文林從政郎（奏舉職官知縣同）換忠翊郎未滿三考成忠郎從事脩職換成忠郎未滿三考保義郎迪功郎換成節郎未滿三考承信郎將仕郎換承信郎侍右從義郎換宣義郎秉義郎換承事郎忠訓郎換承奉郎忠翊郎換承務郎成忠郎換從事郎保義郎換脩職郎承節承信郎換迪功郎進武校尉進義校尉換將仕郎蔭補換使臣承奉郎換忠翊郎承務郎換成忠郎文林郎換保義郎從事從政迪功通事郎換成節郎登仕將仕郎換承信郎

文散官二十九

開府儀同三司 從一	特進 正二
光祿大夫 從二	金紫光祿大夫 正三
銀青光祿大夫 從三	正奉大夫 正四上階
中奉大夫 正四	太中大夫 從四上階
中大夫 從四	中散大夫 正五上
朝奉大夫 正五	朝散大夫 從五上
朝請大夫 從五	朝奉郎 正六上
承直郎 正六	奉直郎 從六上
通直郎 從六	朝請郎 正七上
宣德郎 正七	朝散郎 從七上
宣奉郎 從七	給事郎 正八上
承事郎 正八	承奉郎 從八上
承務郎 從八	儒林郎 正九上
登仕郎 正九	文林郎 從九上
將仕郎 從九	

右朝官階勳高遇恩加八大夫

武散官三十一

驃騎大將軍 從一	輔國大將軍 正二上
鎮國大將軍 正二	冠軍大將軍 正三上
懷化大將軍 正三	雲麾將軍 從三上
歸德將軍 從三	忠武將軍 正四上
壯武將軍 正四	宣威將軍 從四上
明威將軍 從四	定遠將軍 正五上
寧遠將軍 正五	游騎將軍 從五上
游擊將軍 從五	昭武校尉 正六上
昭武副尉 正六	振威校尉 從六上
振威副尉 從六	致果校尉 正七上
致果副尉 正七	翊麾校尉 從七上
翊麾副尉 從七	宣節校尉 正八上
宣節副尉 正八	禦武校尉 從八上
禦武副尉 從八	仁勇校尉 正九上
仁勇副尉 正九	陪戎校尉 從九上
陪戎副尉 從九	

右文朝官階上經恩加一階郎階上京朝官加五階選人加一階武散官冠軍大將軍使相節度使起復改授游擊將軍雖中書主事諸司吏人加授亦無累加法餘不常授　己上文武三品己上服紫五品己上服緋九品己上服綠

元豐寄祿格以階易官雜取唐及國朝舊制自開府儀同三司至將仕郎定爲二十四階崇寧初因刑部尚書鄧洵武請又換選人七階大觀初又增宣奉正奉中奉奉直等階政和末又改從政脩職迪功而寄祿之格始備自開府至迪功凡三十七階

新官	舊官
開府儀同三司	使相（謂節度使兼侍中中書令或同平章事）
特進	左右僕射
金紫光祿大夫	吏部尚書
銀青光祿大夫	五曹尚書
光祿大夫	左右丞
宣奉大夫（大觀新置）	
正奉大夫（大觀新置）	
正議大夫	六曹侍郎
通奉大夫（大觀新置）	
通議大夫	給事中
太中大夫	左右諫議大夫
中大夫	秘書監
中奉大夫（大觀新置）	
中散大夫	光祿卿至少府監
朝議大夫	太常卿少卿左右司郎中
奉直大夫（大觀新置）	
朝請大夫	前行郎中
朝散大夫	中行郎中
朝奉大夫	後行郎中
朝請郎	前行員外郎侍御史
朝散郎	中行員外郎起居舍人
朝奉郎	後行員外郎左右司諫
承議郎	左右正言太常國子博士
奉議郎	太常秘書殿中丞著作郎
通直郎	太子中允贊善大夫洗馬
宣教郎（元豐本宣德政和避宣德門改）	著作佐郎大理寺丞
宣義郎	光祿衛尉寺將作監丞
承事郎	大理評事
承奉郎	太祝奉禮郎
承務郎	校書郎正字將作監主簿
承直郎	留守節察判官
儒林郎	節察掌書記支使防團判官
文林郎	留守節察推官軍監判官
從事郎（承直至此四階並崇寧初換）	防團推官監判官
從政郎（崇寧通政和再換）	錄事參軍縣令
脩職郎（崇寧登仕政和再換）	知錄事參軍知縣令
迪功郎（崇寧將仕政和再換）	軍巡判官司理司法司戶主簿尉

國朝武選自內客省至閤門使副爲橫班自皇城至供備庫使爲諸司正使副爲諸司副使自內殿承制至三班借職爲使臣元豐未及更政和二年乃詔易以新名正使爲大夫副使爲郎橫班十二階使副亦然六年又增置宣正履正協忠翊衛親衛大夫郎凡十階通爲橫班自太尉至下班祗應凡五十二階

新官	舊官
太尉（政和新置以太尉本秦之主兵官遂定爲武階之首）	
通侍大夫	內客省使
正侍大夫	延福宮使
宣正大夫	
履正大夫	
協忠大夫（並政和新置）	
中侍大夫	景福殿使
中亮大夫	客省使
中衞大夫	引進使
翊衞大夫	
親衞大夫	
拱衞大夫（並政和增置）	
左武大夫	東上閤門使
右武大夫	西上閤門使
正侍郎	
宣正郎	
履正郎	
協忠郎	
中侍郎（並政和新置）	
中亮郎	客省副使
中衞郎	引進副使
翊衞郎	
拱衞郎（並政和增置）	

左武郎　東上閤門副使
右武郎　西上閤門副使
武功大夫　皇城使
武德大夫　宮苑左右騏驥內藏庫使
武顯大夫　左藏庫東西作坊使
武節大夫　莊宅六宅文思使
武略大夫　內苑洛苑如京崇儀使
武經大夫　西京左藏庫使
武義大夫　西京作坊東西染院使
武翼大夫　供備庫使
武功郎　皇城副使
武德功　宮苑左右騏驥內藏庫副使
武顯郎　左藏庫東西作坊副使
武節郎　莊宅六宅文思副使
武略郎　內園洛苑如京崇儀副使
武經郎　西京左藏庫副使
武義郎　西京作坊東西染院禮賓副使
武翼郎　供備庫副使
敦武郎　內殿承制
脩武郎　內殿崇班
從義郎　東頭供奉官
秉義郎　西頭供奉官
中訓郎　左侍禁
中翊郎　右侍禁
成忠郎　左班殿直
保義郎　右班殿直
承節郎　三班奉職
承信郎　三班借職
下班祗應　殿侍

元豐官制定有請併易內侍官名者神宗曰祖宗爲此名有深意豈可輕議政和二年始遂改焉凡十有二階

新官　舊官
供奉官　內東頭供奉官
左侍禁　內西頭供奉官
右侍禁　殿頭
左班殿直　高品
右班殿直　高班
黃門　黃門
祗候侍禁　祗候殿頭
祗候殿直　祗候高品
祗候黃門　祗候高班內品
內品
祗候內品
貼祗候內品已上三名仍舊不改

政和初既易武階遂改醫官之名凡十有四階

新官　舊官
和安成安成全成和大夫　軍器庫使
保和大夫　西綾錦使
保安大夫　權易使
翰林良醫　翰林醫官使
和安成和成安成全郎　軍器庫副使
保和郎　西綾錦副使
保安郎　權易副使
翰林醫正　翰林醫官副使

凡除職事官以寄祿官品之高下爲準高一品已上爲行下一品爲守下二品已下爲試品同者否

紹聖三年戶部侍郎吳居厚言神宗官制凡臺省寺監之制有行守試三等之別元祐中裁減冗費而職事官帶行者第存虛名而已請付有司講復舊制從之四年翰林學士蔣之奇言所謂試則非正官也今尚書侍郎皆正官而謂之試失之矣如以其階卑則謂之守可也臣請凡爲正官者皆改試爲守崇寧中吏部授選人差遣亦用資序高下分行守試三等政和三年詔選人在京執事官依品序帶行守試其外任則否宣和以後官高而仍舊職者謂之領官卑而職高者謂之視故有庶官視從官視執政執政視宰相凡道官亦視階云

爵一十二
王　嗣王　郡王
國公　郡公　開國公
開國郡公　開國縣公　開國侯
開國伯　開國子　開國男

右封爵皇子兄弟封國謂之親王親王之子承嫡者爲嗣王宗室近親承襲特旨者封郡王遇恩及宗室祖宗後承襲及特旨者封國公餘宗室近親並封郡公其開國公侯伯子男皆隨食邑二千戶已上封公一千戶已上封侯七百戶已上封伯五百戶已上封子三百戶已上封男見任前任宰相食邑實封共萬戶嗣王開國郡公縣公後不封

勳一十二
上柱國　柱國　上護軍
護軍　上輕車都尉　輕車都尉
上騎都尉　騎都尉　驍騎尉
飛騎尉　雲騎尉　武騎尉

右騎都尉已上兩府并武臣正任已上經恩加兩轉文武朝官加一轉武騎尉已上京官加一轉朝官雖未至驍騎尉經恩亦便加騎都尉

功臣
推忠　佐理　協謀　同德
守正　亮節　翊戴　贊治
崇仁　保運　經邦

右賜中書樞密臣僚宰相初加六字餘官初加四字其次並加兩字舊有功臣者改賜

推忠　保德　翊戴　守正
亮節　同德　佐運　崇仁
協恭　贊治　宣德　純誠
保節　保順　忠亮　竭誠
奉化　效順　順化

右賜皇子皇親文武臣僚外臣初加四字次加兩字

拱衞　翊衞　衞聖　保順
忠勇　拱極　護聖　奉慶
果毅　肅衞

右賜諸班直將士禁軍初加二字再加亦如之

檢校官一十九
太師　太尉　太傅
太保　司徒　司空
左僕射　右僕射　吏部尚書
兵部尚書　戶部尚書　刑部尚書
禮部尚書　工部尚書　左散騎常侍
右散騎常侍　太子賓客　國子祭酒
水部員外郎

右皇子初授官加太尉初授樞密使使相及曾任宰相樞密使除節度使加太傅初除宣徽節度加太保宗室初授使相加尚書左僕射特除并換授諸司使已上加工部尚書諸司副使加右散騎常侍除通事舍人內殿崇班已上初授加太子賓客副率已上并三班及史職蕃官軍員該恩加國子祭酒四廂都指揮使止於司徒諸軍都指揮使忠佐馬步都軍頭止於司空軍班都虞候忠佐副都軍頭已上止於左右僕射諸軍指揮使止於吏部尚書其官止遇恩則或加階爵功臣

憲官四
御史大夫　侍御史　殿中侍御史
監察御史

右通事舍人內殿崇班已上初除加兼御史大夫宗室副率已上初授軍頭等經恩加兼監察御史餘經恩以次遷入

試秩
大理司直　大理評事　秘書省校書郎
正字　寺監主簿　助教

右幕職初授則試秘書省校書郎再任至兩使推官則試大理評事掌書記支使防禦團練判官則試大理司直評事又加則兼監察御史亦有解褐試大理評事校書郎正字寺監主簿助教者謂之試御有選集同出身例

紹興以後階官

元豐新制以階易官定爲二十四階崇寧大觀政和相繼潤色之紹興舉行元祐之法分置左右文臣爲左餘人爲右淳熙初因宗室善俊建言階官並去左右字今任子雜流惟紐轉通直郎奉直中散二大夫如故若帶貼職則超資自開府至迪功序次于后

文階
開府儀同三司
特進
金紫光祿大夫　銀青光祿大夫
光祿大夫　宣奉大夫大觀新置
正奉大夫　正議大夫
通奉大夫大觀新置　通議大夫
太中大夫以上舊爲侍從官　中大夫
中奉大夫大觀新置　中散大夫
朝議大夫以上係卿監　奉直大夫大觀新置
朝請大夫　朝散大夫
朝奉大夫以上係正郎　朝請郎
朝散郎　朝奉郎以上係員郎
承議郎　奉議郎
通直郎　宣教郎
宣義郎　承事郎
承奉郎　承務郎以上係京官

右四年一轉無出身人逐資轉有出身人超資轉至奉議並逐資轉至朝議大夫有止法仍七年一

轉內奉直中散二大夫 有出身人不轉
承直郎　儒林郎
文林郎　從事郎
從政郎　脩職郎
迪功郎 以上政和更定並係選人用舉狀及功賞改官
通仕郎　登仕郎
將仕郎 以上係奏補未出身官人

武階

武階舊有橫行正使橫行副使有諸司正使諸司副使
有使臣政和易以新名正使爲大夫副使爲郎橫行正
副亦然於是有郎居大夫之上至紹興始釐正其序

太尉
通侍大夫　正侍大夫
宣正大夫 政和新置　履正大夫 政和新置
協忠大夫 政和新置　中侍大夫
中亮大夫　中衞大夫
翊衞大夫　親衞大夫
拱衞大夫 自翊衞至此並政和新置
左武大夫　右武大夫 以上爲橫行十三階

右並政和新置內通侍大夫舊爲內客省使國朝
未嘗除人自易武階不遷通侍沿初意也轉至中
侍無磨勘特旨除

武功大夫　武德大夫
武顯大夫　武節大夫
武略大夫　武經大夫
武義大夫　武翼大夫 以上係舊諸司正使八階
正侍郎　宣正郎
履正郎　協忠郎
中侍郎 自正侍至此並政和新置　中亮郎
中衞郎　翊衞郎
親衞郎　拱衞郎 自翊衞至此並政和新置
左武郎　右武郎 以上舊爲橫行副使政和更新增益共十二階

右自正侍至右武舊在右武大夫之下武功大夫
之上今從紹興釐正書

武功郎　武德郎
武顯郎　武節郎
武略郎　武經郎
武義郎　武翼郎 以上舊諸司副使八階
訓武郎　脩武郎 以上爲大使臣
從義郎　秉節郎
忠訓郎　忠翊郎
成忠郎　保義郎
承節郎　承信郎 以上爲小使臣

右並五年一轉至武功大夫有止法

進武校尉　進義校尉
下班祇應　進武副尉
進義副尉　守闕進義副使
進勇副尉　守闕進勇副使 以上無品二校尉參吏部下班參兵部以下並參刑部

內侍官十二階並政和舊制

醫官政和既易武階而醫官亦更定焉紹興因之特損
其額舊額和安大夫至良醫二十員紹興置五員和安
郎至醫官三十員置四員醫效十員置二員醫痊十員
置一員醫愈至祗候大方脈一百五十員置十五員

和安成和成安成全大夫
保和大夫　保安大夫
翰林良醫　和安成和成安成全郎
保和郎　保安郎
翰林醫正　翰林醫官
翰林醫效　翰林醫痊
翰林醫愈　翰林醫證
翰林醫診　翰林醫候
翰林醫學

右醫正而止十四階並政和制餘續增焉

宋史卷一百七十

元　中書右丞相總裁脫脫等修

職官志第一百二十二

職官十 雜制

贊引　導從　賜　食邑　實封　使職　宮觀　贈官　敘封　致仕　蔭補

贊引

舊中書門下翰林學士御史中丞並緋衣雙引仍傳呼 開寶中學士止令一吏前導亦罷傳呼唯謝恩初上日雙引傳呼云 使相僕射兩省五品
已上一吏前引 樞密使兼相者二吏不贊引大中祥符五年止令於本廳贊引不帶相入副使止令本院紫衣吏前贊引之 淳化四年令東宮三少尚書丞郎入朝
以緋衣吏前導並通官呵止二品已上用朝堂驅使官
餘用本司驅使官宰臣親王仍令紫衣二吏引馬

導從

中書樞密宣徽院御史臺開封府金吾司皆有常從景
德三年詔諸行尚書文明殿學士資政殿大學士給從
七人學士承節六人給事諫議舍人五人諸司三品四
人於開封府金吾司差借每季代之中書先差金吾從
人自今亦令參用開封府散從官宰臣參知政事僕射
御史大夫中丞知雜皆通官呵止行人 淳化四年令東宮三少尚書丞郎並通官呵止 大中祥符五年以羣官導從不合品式命翰林
學士李宗諤龍圖直學士陳彭年與禮官詳定宗諤等
請自今除中書樞密宣徽使御史中丞知雜御史金吾
并攝事淸道如舊制呵導外僕射已上及三司使知開
封府止四節尚書文明殿學士資政殿大學士三節丞
郎已上三司副使兩節大兩省卿監一節小兩制御史
郎中員外諸司四品三司開封府判官推官二人前行
引不得過五步合於金吾借從人者以諸軍剩員代之
又外任節制知州都監從軍士七十人通判十五人防
團事知州都監五十人通判十人 河北河東陝西見治兵處節鎮知州都監百人防團軍事知州都監七十人 轉運使三十人 咸平二年詔節度觀察防團刺史或別鎮他鎮其給使者止令本使給之景德六年令牧守以州兵隨行者以一年爲限 副使二十五人
提點刑獄官亦給軍士副留守節度行軍副使留守兩
使判官給散從官十五人小尹掌書記支使防禦團練
副使兩使推官十人兩浙推官防團軍事判官推官軍
監判官七人錄事諸曹給承符人縣令簿尉手力弓手
其代還者給人護送有差

賜六

劍履上殿　詔書不名　贊拜不名
入朝不趨　紫金魚袋　緋魚袋

右升朝官該恩着綠二十周年賜緋魚袋着緋及
二十周年賜紫金魚袋 特旨者係臨時指揮

食邑

一萬戶　八千戶　七千戶　六千戶
五千戶　四千戶　三千戶　二千戶
一千戶　七百戶　五百戶　四百戶
三百戶　二百戶

右宰相親王樞密使經恩加一千戶兩府使相節
度使七百戶宣徽三司使觀文殿大學士以下至
直學士文臣侍郎武臣觀察使宗室正任以上皇
子上將軍駙馬都尉加五百戶宗室大將軍以上
加四百戶知制誥待制并文臣少卿監武臣諸司
副使宗室副率以上并承制崇班軍員等初該恩
加三百戶承制崇班軍員再該恩二百戶二千戶
以上雖有加例緣無定法親王重臣特加有至萬
戶者

食實封

一千戶　八百戶　五百戶　四百戶
三百戶　二百戶　一百戶

右宰臣親王樞密使經恩加四百戶兩府使相節
度宣徽使皇子上將軍并宗室駙馬都尉任觀察
使已上加三百戶觀文殿學士并宗室正任已上
騎都尉加二百戶武臣崇班宗室副率已上加一
百戶五百戶已上雖有加例緣無定法親王重臣
有特加至數千戶者

三朝志云檢校兼試官之制檢校則三師三公僕射尚
書散騎常侍賓客祭酒卿監諸行郎中員外郎之類兼
官則御史大夫中丞侍御史殿中監察御史試秩則大理
司直評事祕書省校書郎凡武官內職軍職及刺史已
上皆有檢校官兼官內殿崇班初授檢校祭酒兼御史
大夫三班及吏職蕃官諸軍副都頭加恩初授檢校太
子賓客兼監察御史自此累加焉 前軍都指揮使止於司徒軍都指揮使忠佐馬步都頭止於司空親軍都虞候忠佐副都頭以上止於僕射諸軍指揮使止於吏部尚書其官止若遇恩例則或加階爵功臣 幕職初授則試校書郎再任如至兩使推官
則試大理評事掌書記支使防禦團練判官已上試大
理司直評事又加則兼監察御史亦有至檢校員外郎
已上者行軍副使皆檢校員外已上朝官階勳高遇恩
亦有加檢校官郎中則卿監少監員外郎則郎中太常
博士已下則員外郎並無兼官其解褐評事校書郎正
字寺監主簿助教者謂之試銜有選集同出身例
使職兼領者親祀南郊則有大禮禮儀儀仗鹵簿橋道
頓遞五使籍田泰山封禪汾陰奉祀恭上寶冊南郊恭
謝皆如之自餘行禮或止有大禮禮儀使 建隆中南郊置儀仗都部署副都署 經始大禮則有經度制置使副巡幸有行宮都部
署行宮有三司使副使判官行宮使都監 舊南郊止有御營使咸平中置行宮使 又有車駕前後行宮四面關前收後郊壇巡檢
巡闌儀仗勾當編排鹵簿其百司皆有行在之名 舊巡幸百司皆稱隨駕大中祥符初並同行在某司 京師居留則有大內都部署皇城
都點檢巡檢及增新舊巡檢 大閱亦置 征行則有招討使招
安使 或云捉賊招安安撫使名者 排陣使都監前軍先鋒大陣行營
壕砦頭車洞子招收部署鈐轄都監策應之名 又有拐子馬無

地名馬遞武幹者別領之親征則冠以駕前之號廉訪民瘼則有巡撫大使副大使安撫使副使都監採訪使副使或官卑者止云巡撫安撫無使字加禮外國則有國信接伴送伴使副吊祭大師若是又有翻譯經潤文使宰相爲使以翰林學士爲潤文官伸達寃濫則有理檢使勸課農桑則有勸農使講脩馬政則有羣牧制置使最後明堂給饗置五使如南郊其一時特置者則各具志傳或臨事更制者事畢即停內外名務繁細者猶不具載

敘階之法開府儀同三司至將仕郎爲文散官驃騎大將軍至陪戎副尉爲武散官太平興國元年改正議大夫爲正奉通議大夫爲朝奉朝議郎爲朝奉承議郎爲承直奉議郎爲奉直宣議郎爲通直京朝官幕職自將仕郎至朝奉郎每加五階至朝散大夫已上每加一階朝散銀青者須已服緋紫者入令錄判司簿尉每加一階并幕職計考當服緋紫者皆奏加朝散銀青階諸司使已上如使額高者加金紫階內殿崇班初授則銀青階三班軍職使職遇恩檢校兼官並除銀青階丁憂者起復使相則授雲麾將軍使相仍加金吾上將軍同正節度使大將軍同正留後以下無之其胥吏掌事而至衣緋者則授游擊將軍千牛備身則授陪戎副尉已上改賜功臣勳官自上柱國至武騎尉五代以來初敘勳官即授柱國淳化元年詔自今京官幕職州縣官始武騎尉朝官始騎都尉三班及軍員吏職經恩並授武騎尉又詔古之勳爵悉有職奉之蔭贖宜以今之所授與散官等不得用以蔭贖封爵之差唐制王食邑五千戶郡王國公三千戶開國郡公二千戶縣公千五百戶縣侯千戶伯七百戶子五百戶男三百戶又有食實封者戶給縑帛每賜爵遞加一級唐末及五代始有加邑特戶而罷去實封之給又去縣公之名封侯以郡宋初沿其制文臣少監少卿以上武臣副率以上內職崇班以上有封爵丞郎學士刺史大將軍諸司使以上有實封但以增戶數爲差不係爵級邑過其爵則并進爵焉止於郡公每加食邑自千戶至二百戶實封自六百戶至百戶親王重臣或特加有踰千戶者郡公食邑有累加至萬餘實封至數千戶者皇屬特封郡公縣公或贈侯者無開國字侯亦在開國郡公之上又采秦制賜爵曰公士端拱二年賜諸州高年一百二十七人爵公士景德中福建民有擒獲强盜者當授鎮將以遠俗非所樂並賜公士自後率爲例功臣者唐開元間賜號開元功臣代宗時有寶應功臣德宗時有奉天定難元從功臣之號僖宗將相多加功臣美名五代寖增其制宋初因之凡宣制而授者多賜焉參知政事樞密副使刺史以上階勳高者亦賜之中書樞密則推忠協謀親王則崇仁佐運餘官則推誠保德翊戴掌兵則忠果雄勇宣力外臣則純誠順化宰相初加即六字餘並四字其累加則二字中書樞密所賜若罷免或出鎮則改之其諸班直將士禁軍則賜拱衞翊衞等號遇恩累加但改其名不過兩字

宮觀

宋制設祠祿之官以佚老優賢先時員數絶少熙寧以後乃增置焉在京宮觀舊制以宰相執政充使或丞郎學士以上充副使兩省或五品以上爲判官內侍官或諸司使副政和改武臣官制以使爲大夫以副使爲郎爲都監又有提舉提點主管其處里近屬及前宰執留京師者多除宮觀以示優禮時朝廷方經理時政患疲老不任事者廢職欲悉罷之乃使任宮觀以食其祿王安石亦欲以此處異議者遂詔宮觀毋限員並差知州資序人以三十月爲任又詔杭州洞霄宮亳州明道宮華州雲臺觀建州武夷觀台州崇道觀成都玉局觀建昌軍仙都觀江州太平觀洪州玉隆觀五嶽廟自今並依嵩山崇福宮舒州靈仙觀置管幹或提舉提點官奉給大兩省卿監及職司資序人視小郡知州知州資序人視小郡通判武臣做此四年詔宮觀嶽廟留官一員餘聽如分司致仕例從便居住六年詔卿監職司以上提舉餘官管幹又有以京官爲幹當者又詔年六十以上者乃聽差毋過兩任又詔兼用執政恩例者通不得過三任元豐中王安石以右僕射觀文殿大學士爲集禧觀使呂公著韓維以資政殿學士兼侍讀仍提舉中太一宮兼集禧觀公事元祐間馮京以觀文殿學士梁燾以資政殿學士爲中太一宮醴泉觀使范鎭落致仕以端明殿學士提舉中太一宮兼集禧觀公事三年詔橫行使副無兼領者許兼宮觀一處六年詔橫行狄諮宋球既領皇城司罷提點醴泉觀元符元年高遵固年八十一乞再任宮觀高遵禮年七十六乞再任亳州太淸宮又從其再任之請以待遇宣仁親屬故也大觀元年趙挺之以觀文殿大學士爲祐神觀使政和六年詔措置宮觀如萬壽醴泉近百員更不立額靖康元年詔內外官見帶提舉主管神霄玉淸萬壽宮並罷大抵祠館之設均爲佚老優賢而有內外之別京祠以前宰相見任使相充使次充提舉餘則爲提點爲主管皆隨官之高下處以外祠選人爲監嶽廟非自陳而朝廷特差者如黜降之例紹興以來士大夫多流離困厄之餘未有闕以處之於是許以承務郎以上權差宮觀一次續又有選人在部無闕可入與破格嶽廟者亦有以宰執恩例陳乞而與之者月破供給非責降官並月破供給依資序降二等支理爲資任意至厚也然初將以撫安不調之人末乃重僥求泛與之弊於是臣僚交章欲罷供給以絶干請變理任以抑僥倖嚴按格以去泛濫上並從之自是以後稍復祖宗條法之舊又有年及七十耄昏不堪牧養而不肯自陳宮觀者復申明舊法著爲定令以律之舊制六十已上知州資序人本部長官體量精神不致昏昧堪釐務者許差一任兼用執政官陳乞者加一任紹興二十二年臣僚言郡守之職其任至重昨朝廷以年及七十令吏部與自陳宮觀乞將前項指揮永爲著令從之蓋不當請而請則冗瑣者流競竊優閑廩稍或當請而不請則知進而不知退識者羞焉一祠館之與奪不可不謹如是故重內祠專使職所以崇大臣之體貌一次以定法再任以示恩紹熙五年慶壽赦應文武臣宮觀嶽廟已滿不應再陳者該今來慶壽恩年八十已上特許更陳一次京官以上二年選人三年凡待庶僚者皆於優厚之中寓閑制之意焉

贈官

建隆已來凡有恩例文武朝官諸司使副禁軍及蕃方馬奏都指揮使以上父亡皆贈官親王贈三官可贈者贈二官追加大國皇屬近親如之追加封爵服䟽及諸親之服近者贈一官宰相樞密使贈一官使相參知政事樞密副使尚書已上三司使節度使留後觀察使統軍上將軍內臣任都知副都知者贈一官此皇族及臣僚薨卒贈官之法也其官秩未至而因勳舊褒錄或沒王事雖卑秩皆贈官加等者並係臨時取旨至於母后后族臣僚錄其先世各有等差太皇太后皇太后皇后並贈三世婕妤二世貴人止贈其父而已宰相三師三公王尚書令中書令侍中樞密使副知院同知院事參知政事宣徽使簽書同簽書樞密院事觀文殿大學士節度使並贈三世東宮三師僕射留守節度使三司使觀文殿學士資政殿大學士並贈二世餘官或見任或致仕並贈一世有兄弟同贈者贈官加一等父在止一資文臣有出身贈至祕書監無出身至光祿卿武臣至金吾衞上將軍止凡贈官至三世者初贈東宮三少次東宮三太次三公次中書令次尚書令次封小國自小國升次國自次國升大國已大國者移國名而已亦有不移者若父祖舊官已高者自從舊官加贈凡追封不得至王爵兩省官及待制大卿監諸衞上將軍觀察使正任防禦使遙郡觀察使景福殿使客省使若子見任或父曾任此官並贈至三公止父子官俱不至者文臣贈至諸行尚書止武臣贈至節度使諸衞上將軍止即父曾任中書樞密使使相節度使并一品官者無止限待制已上特服經恩服闋亦許封贈尚藥奉御至醫官使曾任文資許換南班官司天監官贈不得過大卿監仍不許任南班官凡贈至正郎許以所贈官換朝散大夫階大卿監以上許換銀青階贈至二世者即除朝散大夫階三世則金紫階咸平四年詔舍人院詳定知制誥李宗諤等請追贈三世如舊其東宮一品以下雖曾任宰相止從本品文武羣臣功隆位極者特恩追封王爵亦如舊若因子孫封贈雖任將相並不許封王仍雖歷品而贈勿得超越從之宰相初拜有即贈三世者其後簽書樞密以上皆即時贈他官須經恩學士及刺史以上內侍都知押班皆中書奉行餘則有司奏請

敘封

唐制視本官階爵建隆三年詔定文武羣臣母妻封號太皇太后皇太后曾祖母祖母母並封國太夫人諸妃曾祖母祖母母並封郡太夫人婕妤祖母母並封郡太君貴人母封縣太君宰相使相三師三公王侍中中書令舊有尚書令曾祖母祖母母封國太夫人妻國夫人樞密使副知院同知院參知政事宣徽節度使曾祖母祖母母封郡太夫人妻郡夫人簽書樞密院事曾祖母祖母母封郡太君妻郡君同知樞密院以上至樞密使參知政事再經恩及再除者曾祖母祖母母加國太夫人三司使祖母母封郡太君妻郡君東宮三太文武二品御史大夫六尚書兩省侍郎大常卿留守節度使諸衞上將軍嗣王郡王國公郡公縣公母郡太夫人妻郡夫人常侍賓客中丞左右丞侍郎翰林學士至龍圖閣直學士給事中諫議大夫中書舍人卿監祭酒詹事諸王傅大將軍都督中都護副都護觀察留後觀察使防禦使團練使並母郡太君妻郡君庶子少卿監司業郎中京府少尹赤縣令少詹事諭德將軍刺史下都督下都護家令率更令僕母封縣太君妻縣君其餘升朝官已上遇恩並母封縣太君妻縣君雜五品官至三任與敘封官當敘封者不復論階爵致仕同見任亡母及亡祖母當封者並如之父亡無嫡繼母聽封所生母伎術官不得敘封自宰相及簽書樞密院敘封與三世同他官惟品至者即時擬封餘皆俟恩乃封咸平四年從舍人院詳定羣臣母妻所封郡縣依本姓望封天禧元年令文武升朝官無嫡母者聽封生母曾任升朝而致仕即許敘封令給諫舍人母並封郡太君妻郡君四年又令翰林學士至龍圖閣直學士如給舍例封贈之典舊制有三代二代一代之等因其官之高下而次第焉凡初除及每遇大禮封贈三代者太師太傅太保左右丞相少師少傅少保樞密使開府儀同三司知樞密院事參知政事同知樞密院事樞密副使簽書樞密院事凡遇大禮封贈三代者節度使三代初封曾祖朝散郎父朝請郎簽書樞密院事降一等謂如父與朝散郎

之類凡封父祖係武臣者視文武臣封贈對換格封贈一代亦如之初贈曾祖太子少保祖太子少傅父太子少師封贈曾祖母祖母母妻國夫人執政官簽書樞密院事郡夫人凡遇大禮封贈二代者太子太師太子太傅太子太保特進觀文殿太學士太子少師太子少傅太子少保御史大夫觀文殿學士資政保和殿大學士金紫光祿大夫銀青光祿大夫光祿大夫左右金吾衞上將軍左右衞上將軍二代初封祖通直郎父奉議郎初贈祖朝奉郎父朝散郎封贈祖母母妻郡夫人觀文殿學士資政保和殿大學士並敍人凡遇大禮封贈一代者文臣通直郎以上武臣脩武郎以上一代初封贈父文臣承事郎武臣內侍伎術官將校並忠訓郎母妻孺人

凡文臣贈官

通直郎以上職監官以上未升朝者雜壓在通直郎之上同每贈兩官至奉直大夫一官有出身不贈奉直大夫中散大夫太子太師太子太傅太子太保特進觀文殿太學士太子少師太子少傅太子少保御史大夫觀文殿學士資政保和殿大學士六曹尚書金紫光祿大夫銀青光祿大夫光祿大夫翰林學士承旨翰林學士資政保和端明殿學士龍圖天章寶文顯謨徽猷敷文閣學士左右散騎常侍權六曹尚書御史中丞開府尹六曹侍郎樞密直學士龍圖天章寶文顯謨徽猷敷文閣直學士每贈三官至奉直大夫二官至通議大夫一官有出身不贈奉直中散大夫

凡文武臣封贈對換諸文武臣封贈對換以所加官準格對換並聽從高

承事郎換忠訓郎宣義郎換從義秉節郎宣教郎換訓武脩武郎通直郎換武義武翼郎奉義郎換武節武略武經郎承議郎換武功武德武顯郎朝奉郎換武義武翼大夫朝散郎換武節武略武經大夫朝請郎換武功武德武顯大夫朝奉大夫換遙郡刺史朝散大夫換遙郡團練使朝請大夫換遙郡防禦使奉直朝議大夫換刺史中散中奉大夫換團練使中大夫換防禦使太中大夫通議通奉大夫換觀察使正議正奉宣奉大夫換承宣使光祿大夫銀青金紫光祿大夫換節度使

凡文武官父任承直郎以下贈官

承直郎留守節察判官留守府判官節度判官承議郎儒林郎支掌防團判官節度掌書記觀察支使防禦判官團練判官奉議郎文林郎從事郎從政郎兩使初等職官令錄留守推官觀察推官軍事判官軍事推官司錄參軍錄事參軍團練推官軍監判官防禦判官縣令通直郎脩職郎知令錄知司錄參軍知錄事參軍縣丞宣教郎迪功郎判司簿尉軍巡判官司理參軍司法參軍司戶參軍主簿縣尉宣義郎

致仕

凡文武朝官內職引年辭疾者多增秩從其請或加恩其子孫乾德元年太子太師致仕侯益來預郊祀太祖優待之因詔曰羣臣列位自有通規舊德來朝所宜加禮且表優賢之意用敦尚齒之風自今一品致仕官曾帶平章事者每遇朝會宜綴中書門下班二年令藩鎭帶平章事求休致者亦如之咸平五年詔文武官年七十一以上求退者許致仕因疾及有贓犯者聽從便牧伯內職三班皆換環衞幕職州縣外官景德元年三月詔三班使臣七十以上視聽未衰者與釐務其老昧不任及年七十五以上者借職授支郎上佐奉職殿直授節鎭上佐不願者聽歸鄉里凡升朝官遇慶恩父在者授致仕官其不在者文官始大理評事武官始副率再經恩累加爲祖在而求回授者亦聽皆不給奉亦有子居要近加賜章服者天聖明道間員外郎已上致仕者錄其子試祕書省校書郎三丞已上爲太廟齋郎無子聽降等官其嫡孫若弟姪一景祐三年詔曰致仕官舊皆給半奉而未嘗爲顯官者或貧不能自給豈所以遇高年養廉耻也其大兩省太卿監正刺史閤門使已上致仕者自今給奉並如分司官例仍歲時賜羊酒米麪令所在長吏常加存問其後又許致仕官子孫免選除近官四年臣僚有請致仕未及錄其子孫而遽亡者命既出輔臣皆謂法當追收仁宗憫之竟官其後侍御史知雜事司馬池言文武官年七十以上不自請致仕者許御史臺糾劾以聞慶曆中權御史中丞賈昌朝又言臣僚年七十而筋力衰者並優與改官致仕雖七十而未衰及別有功狀朝廷固留任使者勿拘此令在京若尚書工部侍郎俞獻卿少府監畢世長太常少卿李孝若尚書駕部郎中李士良在外若給事中盛京光祿卿王盤太常少卿張傚尚書兵部郎中張億皆耄昏不可任事並請除致仕詔在京者令中書體量在外者下諸處曉諭之皇祐中知諫院包拯吳奎亦言願令御史臺監察年七十已上移文趣其請老不即自陳者直除致仕朝廷未行奎復言國家謹禮法以維君子明威罰以御小人君子所顧者禮法也小人所畏者威罰也豫文武二選爲士大夫是皆君子之地也儻不以禮法待之則是廢名器而輕爵祿七十致仕學者所知而臣下引年自陳分之常也人君好賢樂善而留之仁之至也自三代以來用此以塞貪墨聳廉隅近者句希仲陸軫等皆以年高特與分司初欲風動羣臣而在位殊未有引去者是臣言未效也詳請前奏施行於是詔少卿監以下年七十不任釐務者外任令監司在京委御史臺及所屬以狀聞嘗任館閣臺諫官及提點刑獄者令中書裁處待制已上能自引年則優加恩禮然是時言事之人競欲擊劾大臣有高年者俱不自安仁宗手詔曰老臣朕之所眷禮也進退體貌恩意豈不有異哉凡嘗預政事之臣自今毋或遽求引去臺諫官勿以爲言其風動勸勵之方又如此至於因事責降分司或老病不任官職之事或居官犯法或以不治爲所部劾奏衝替而求致仕者子孫更不推恩雖或推恩其除官例皆降等若耆老舊臣體貌優異賞或延于子孫奉或全給半給歲時問勞皆有禮意治平四年神宗卽位龍圖閣直學士兼侍讀李東之李受相繼致仕舊制閤門無謝辭例帝特召東之對延和殿命坐賜茶以受先朝藩府舊僚升其子一任差遣并錄其孫皆宴餞資善堂命講讀官賦詩御製詩序以寵其行示異數也是歲又以果州團練使何誠用惠州防禦使馮承用嘉州團練使劉保吉昭州刺史鄧保壽皆年七十以上至八十餘並特令致仕以樞密院言致仕雖有著令臣僚鮮能自陳故也熙寧元年以定國軍節度使李端願爲太子少保致仕故事多除上將軍帝討閱唐制優加是命二年以觀文殿學士吏部尚書趙槩爲太子少師致仕故事再請則許槩三乞始從優耆舊也三年編脩中書條例所言人臣非有罪惡致仕而去人君遇之如在位特禮也近世致仕並與轉官蓋以昧利者多知退者少欲加優恩以示勸獎推行既久姑從舊制若兩省正言以上官三班使臣大使臣橫行正任等並不除爲致仕官致仕帶職者皆落職而後優遷其官看詳制無義理但致仕恩例不均如諫議大夫不可改給事中並轉工部侍郎乃是超轉兩資工部尚書並除太子少保乃是超轉六資若知制誥待制官卑者除卿監緣知制誥待制待遇非與卿監比今他官致仕皆得遷官此獨因致仕更見退抑供奉官侍禁八品除率府副率蓋六品諸司副使承制崇班七品除將軍乃三品至於節度使除上將軍防禦團練刺史並除大將軍緣諸衞名額不一至有刺史除官高於防禦使者今若令文武官帶職致仕人許仍舊職止轉一官及文臣正言武臣借職以上皆得除爲致仕官則無輕重不等之患若選人令錄以上並除朝官經恩皆得封贈蔭及四世旁支例得贖罪免役又京官致仕亦止遷一官若光祿寺丞致仕有出身除祕書省著作佐郎無出身除大理寺丞而令錄職官乃除太子中允或中舍殊未爲當若進納出身人例除京官至有經覃恩遷至升朝官者類多兼并有力之家皆免州縣色役及封贈父母如京官七品除衞前外亦免餘色役尤爲僥倖條例繁雜無所適從如錄事參軍或除衞尉寺丞或除大理評事或除奉禮郎恩例不同可以因緣生弊今定凡文臣京朝官以上各轉一官帶職仍舊不轉官乞親屬恩澤者依舊條選人依本資序轉合入京朝官進納及流外人判司簿尉除司馬令錄除別駕在京諸司勒留官依簿尉以上親賢勞舊合別推恩者取旨歷任有入己贓不得乞親戚恩澤仍不遷官其致仕官除中書樞密院外並在見任官之上致仕及三年之上元非因過犯年未及七十不曾經敍封及陳乞親戚恩澤却願仕宦並許進狀敍述若有薦舉者各依元資序授官其才行爲衆所知朝廷特任使者不拘此法從之自此宰相以下並帶職致仕四年以端明殿學士尚書右丞王素爲工部尚書端明殿學士致仕觀文殿學士兵部尚書歐陽修爲太子少師觀文殿學士致仕帶職致仕自素始也五年守司空兼侍中曾公亮遷守太傅致仕特許入謝以公亮遣事三朝既加優禮仍給見任支賜十月詔兩省以上致仕官毋得因大禮用子升朝敍封遷官先是王安石言李端愿李東之敍封中書失檢舊例法當改正帝曰如此則獨不被恩安石曰敍封初無義理今既未能遽革庸可承誤爲例如三師三公官因子孫郊恩敍授尤非宜也帝從之元豐三年詔自今致仕官遇誕節及大禮許綴舊班以禮部侍郎范鎭居都城外遇同天節乞隨散官班上壽帝令鎭班見任翰林學士上故有是詔又詔致仕官朝失儀勿劾並著爲令又詔自今致仕官領職事者許帶致仕該遷轉者轉寄祿官若止係寄祿官卽以本官致仕其見任致仕官除三師三公東宮三師三少外餘並易之六年以守太尉開府儀同三司知河南府文彥博爲河東永興節度使守太師致仕彥博辭兩鎭止以河東舊鎭貼麻行下彥博又言前辭闕下之日嘗奏得致仕後當親辭天陛今既得請欲赴闕廷降詔從之七年詔文臣中大夫武臣諸司使以下致仕更不加恩元祐元年樞密院奏諸軍年七十若以疾假滿百日不堪醫治差使者諸廂都指揮使除諸衞大將軍致仕諸軍都指揮使諸班

直都虞候帶遙郡除諸衞將軍致仕諸班直上四軍除屯衞拱聖以下除領軍衞並有功勞者爲左無則爲右從之四年詔應乞致仕而不願轉官者受敕後所屬保明以聞當與推恩中大夫至朝奉郎及諸司使本宗有服親一人蔭補恩澤橫行諸司副使見有身自蔭補人及內殿承制崇班閤門祗候見理親民并承議奉議郎許陳乞有服親一人恩例中大夫中散大夫諸司使帶遙郡者蔭補外准此郎朝奉郎以上及諸司使雖未受敕而身亡在外者以乞致仕狀到門下省日在京以得旨日亦許陳乞有服親一人恩例六年監察御史徐君平言文臣致仕以年七十爲斷而使臣年七十猶與近地監當至八十乃致仕願許其致仕之年如文臣法而給其奉從之三省言張方平元係宣徽南院使檢校太傅太子少師致仕元豐官制行廢宣徽使元祐三年復置儀品恩數如舊制方平依舊帶宣徽南院使致仕紹聖三年詔文武官該轉官致仕依舊出告外其餘守本官致仕者並降敕更不給告內因致仕合該乞恩澤人更不具鈔令尚書省通書三司入熟狀仍不候印畫又詔應臣僚丁憂中不許陳乞致仕建中靖國元年尚書省言臣僚在憂制中不得陳乞致仕其間有官序合得致仕恩澤之人合行立法詔臣僚丁憂中遇疾病危篤其官序合該致仕恩澤者聽以前官經所屬自陳大觀二年詔致仕官年八十以上應給奉者以緡錢充政和六年提舉廣東學事孫璘言諸州致仕官居鄉者乞許令赴貢士宴擇其年彌高者而惇事之使長幼有序獻酬有禮人知里選之法孝悌之義從之宣和四年詔六曹尚書致仕遺表恩澤共與四人其餘侍從官三人立爲定制建炎間嘗詔文武官陳乞致仕朝廷不從致有亡身之人許依條陳乞致仕恩澤及陳乞致仕而道路不通不曾被受敕命亦許州軍保明推恩時强行父博學淸脩不緣事故疾病慨然請老葉份言之許令再仕王次翁年未及六十浩然休退呂祉言之落致仕特令再仕凡類此者蓋因其材而挽留之也直祕閣致仕鄭南掛冠已久年德俱高大臣言之詔除祕閣脩撰仍舊致仕優其恩不奪其志也呂頤浩以少保乞除一寄祿官致仕詔除少傅依前鎭南軍節度使成國公致仕韓世忠以太傅鎭南武安寧國軍節度使充醴泉觀使咸安郡王乞身詔除太師致仕因將相之知止而優其歸也楊惟忠邢煥皆以節度致仕臣僚言祖宗時節將臣僚得謝不以文武並納節除一官以今日不復納節換官爲非詔今後依祖宗典故盡不以私恩勝公法也紹慶軍節度使開府儀同三司充萬壽觀使韋淵乞守本官致仕詔免赴朝參仍依兩府例合破請給人從優親之恩而異之也隆興以後因臣僚言年七十不陳乞致仕者除合得致仕或遺表恩澤外並不許遇郊奏薦已而復詔郊祀在近未致仕人更許陳乞奏薦一次可以不子而子之示厚恩也執政在謫籍者陳乞致仕雖許敘復而寢罷合得恩澤只據見存階官蔭補淳熙十六年寧武軍承宣使提舉佑神觀王友直復奉國軍節度使致仕臣僚論列仍守本官職致仕可以子而不子嚴公法也抑揚輕重間可以見優老恤賢之意可以識制情抑倖之術故備錄于篇

文臣蔭補

太師至開府儀同三司子承事郎孫及期親承奉郎大功以下及異姓親登仕郎門客登仕郎（不理選限） 知樞密院事至同知樞密院事子承奉郎孫及期親承務郎大功以下及異姓親登仕郎門客登仕郎（不理選限） 太子太師至保和殿大學士子承奉郎孫及期親承務郎大功以下登仕郎異姓親將仕郎 太子少師至通奉大夫子孫及期親承務郎大功親登仕郎異姓親登仕郎小功以下親將仕郎 御史中丞至侍御史子承務郎孫及期親登仕郎大功將仕郎小功以下及異姓親將仕郎 中大夫至中散大夫子通仕郎孫及期親登仕郎大功將仕郎小功以下將仕郎 太常卿至奉直大夫子登仕郎孫及期親將仕郎大功小功親將仕郎 國子祭酒至開封少尹子孫及小功以上將仕郎 朝請大夫帶職朝奉郎以上（理職司資序及不帶職致仕者同）子將仕郎小功以下親將仕郎緦麻上州文學（注權官一任回注正官謂帶職朝奉郎以上亡沒應蔭補者） 廣南東西路轉運副使子登仕郎孫及期親將仕郎提點刑獄子將仕郎孫及期親將仕郎

武臣蔭補

樞密使開府儀同三司子秉義郎孫及期親忠翊郎大功以下親承節郎異姓親承信郎 知樞密院事同知樞密院事樞密副使太尉節度使子忠訓郎孫及期親成忠郎大功承節郎小功以下及異姓親承信郎 諸衞上將軍承宣使觀察使通侍大夫子成忠郎孫及期親保義郎大功以下承信郎及異姓親承信郎 樞密都承旨正侍大夫至右武大夫防禦使團練使延福宮使至招宣使任入內內侍省都知以上子保義郎孫及期親承節郎大功以下親（內各奏異姓親者同）承信郎 刺史子承節郎孫及期親承信郎大功以下進武校尉 諸衞大將軍武功至武翼大夫樞密承旨至諸房副承旨子承節郎孫及期親承信郎大功以下進武校尉 諸衞將軍正侍至右武郎武功至武翼郎子承信郎孫進武校尉期親進義校尉 樞密院逐房副承旨子承信郎訓武脩武郎及閤門祗候子進義校尉 忠佐帶遙郡者每兩遇大禮蔭補子刺史進武校尉團練使防禦使承信郎

臣僚大禮蔭補

宰相執政官本宗異姓門客醫人各一人東宮三師三少至諫議大夫（權六曹侍郎侍御史同）本宗一人 寺長貳監長貳祕書少監國子司業起居郎舍人中書門下省檢正尚書省左右司郎官樞密院檢詳若六曹郎中殿中侍御史左右司諫開封少尹子或孫一人

致仕蔭補

曾任宰相及見任三少使相三人曾任三少使相執政官見任節度使二人太中大夫及曾任尚書侍郎及右武大夫以上并曾任諫議大夫以上及侍御史一人

遺表蔭補

曾任宰相及見任三少使相五人曾任執政官見任節度使四人太中大夫以上一人諸衞上將軍承宣使四人觀察使三人

宋史卷一百七十考證

職官志十韓世忠以太傅鎭南武安寧國軍節度使充醴泉觀使咸安郡王乞身詔除太師致仕○臣開鼎按通鑑紹興十一年世忠連疏乞罷爲醴泉觀使封福國公又紹興二十一年太傅鎭南武安寧國節度使咸平王韓世忠卒則世忠醴泉觀使在罷後而本文克於乞身之前且咸安郡王與通鑑福國公咸平王皆參差

宋史卷一百七十一

元 中書右丞相總裁脫脫等修

職官志第一百二十四

職官十一 奉祿制上

（奉祿匹帛 職錢 祿粟 傔人衣糧 廚料 薪炭諸物）

奉祿（自宰臣而下至岳瀆廟令凡四十一等）

宰相樞密使月三百千（春冬服各綾二十匹絹三十匹冬綿百兩）樞密使帶使相侍中樞密使（春冬同宰相）節度使同中書門下平章事已上及帶宣徽使并前兩府除節度使及節度使移鎭樞密使副知院帶節度使四百千參知政事樞密副使知樞密院事同知樞密院事及宣徽使不帶節度使或檢校太保簽書樞密院事三司使二百千（春冬綾各十匹[illegible]冬二十匹綿五十兩自[illegible]匹檢校太保簽書者春[illegible]）節度觀察留後知樞密院事及充樞密副使同知樞密院事并帶宣徽使簽書樞密院事三百千參知政事觀文殿大學士（料錢衣賜隨本官）資政殿大學士翰林學士承旨學士龍圖天章閣學士[illegible]士（綾各五匹絹十七匹[illegible]兩已上奉隨本官[illegible]）[illegible]（[illegible]郎依逐等）三師三公百二十千（[illegible]）東宮三師僕射九十千（綾各五匹絹二十匹）東宮三少御史大夫尚書六十千門下中書侍郎太常宗正卿左右丞諸行侍郎御史中丞五十千（春冬各綾五匹絹二十匹權御史[illegible]）太子賓客四十五千（中丞綾絹同）左右散騎常侍六十千給事中中書舍人太卿監國子祭酒太子詹事四十五千諫議四十千（春冬綾各三匹絹十[illegible]侍郎充翰林學士承旨及[illegible]中書舍人若充翰林學士[illegible]圖閣學士樞密直學士[illegible]）諫議之數權三司使并權發遣使公事[illegible]副使五十千（春綾二匹冬綾五匹[illegible]春各加羅一匹冬[illegible]遣以至子司主判河渠勾兩渠公事料錢衣賜[illegible]）監司業郎中三十五千左右庶子起居郎舍人侍御史（知雜事同知正郎知雜卽支本官奉料）左右司諫殿中侍御史員外郎赤令三十千丞十五千（[illegible]）少詹事二十九千（春冬絹各十三匹赤縣令衣賜隨本官[illegible]）左右正言監察御史太常博士通事舍人國子五經博士太子宗正祕書殿中丞著作郎大理正二十千太子率更令中允贊善中舍洗馬殿中省五尚奉御十八千（[illegible]綿三十兩餘各絹七匹博士著作洗馬舊各有增減）司天十五千正十三千（[illegible]絹各五匹各綿十五兩）祕書郎著作佐郎（[illegible]羅各一匹祕書舊無奉給八十千至道二年[illegible]）大理寺丞十四千諸寺監丞十二千（各五匹[illegible]）大理評事十千（[illegible]）

理寺丞以下冬綿各加十五兩諸寺監丞大理評事舊有增損不同太祝奉禮八千司天監丞五千各五匹春冬絹主簿五千春冬絹各三匹丞簿各綿十五兩靈臺郎三千保章正二千臺郎春冬絹各三匹惟靈臺郎冬隨衣錢三千節度使四百千管軍同如皇子充節度使兼侍中帶諸王皇族節度使同中書門下平章事并散節度使及帶王爵奉同節度使惟春冬加絹各百匹大綾各二十匹小綾各三十匹羅各十匹綿各五百兩節度觀察留後官制行改承宣使三百千管軍同兩省都知押班諸司使遙領者準此如皇族充留後及帶郡王同觀察使二百千惟春加絹二十匹冬三十匹大小綾各十匹春羅一匹冬綿百兩管軍同兩省都知押班諸司使并橫行遙領者奉準此春冬加絹各十匹綿五十兩如皇族充觀察者即三百千仍春冬加絹各十五匹綾十匹春羅一匹冬綿五十兩防禦使三百千管軍皇族同其皇族及兩省都知押班諸司使并橫行諸衛大將軍將軍遙領者百五十千皇族春冬加絹各十五匹綾十匹春羅一匹綿五十兩兩省都知押班并橫行諸衛大將軍領者春冬絹各十匹綿五十兩團練使百五十千管軍及皇族并軍班除充者同其皇族及兩省都知押班諸司使并橫行諸衛大將軍遙領者百千皇族春冬加絹各十五匹綾十匹春羅一匹綿五十兩兩省都知押班并橫行諸衛大將軍將軍領者春冬絹各十匹冬綿五十兩六軍統軍百千諸衛上將軍六十千春冬綾各五匹絹十匹綿五十兩如皇子充諸衛上將軍二百千春冬綾各十匹春絹十匹羅一匹冬絹二十匹綿五十兩左右金吾衛大將軍三十五千諸衛大將軍二十五千春冬綾各三匹絹七匹冬綿二十兩將軍二十千春冬綾各二匹絹五匹綿二十兩率府率副率中郎將十三千春冬絹各五匹冬綿十五兩諸衛上將軍以下春衣羅一匹自內客省使六十千客省使三十七千延福宮景福殿宣慶引進四方館宣政昭宣閤門使二十七千皇城以下諸司使二十五千春絹各十匹冬十匹綿三十兩惟客省使春冬絹各一十匹客省及皇城以下諸司副使二十千內殿承制十七千崇班十四千春絹各五匹冬十匹綿三十兩帶閤門祗候並同供奉官十千帶閤門祗候者十二千春絹四匹冬五匹綿二十兩侍禁七千帶閤門祗候者一十千殿直五千帶閤門祗候者九千並春冬絹各四匹冬綿十五兩三班奉職借職四千春冬絹各三匹錢二千下茶酒班殿侍一千春冬絹七匹冬綿十五兩下班殿侍七百春冬絹各五匹二項並蕃官并土人補充者皇親任諸衛大將軍領刺史八千將軍刺史六十千春冬綾十匹春絹十二匹冬十三匹綿五十兩舊志春冬綾十匹絹十五匹各加羅一匹將軍三十千春冬綾三匹絹五匹羅一匹冬綿四十兩率府率二十千副率十五千春冬綾各二匹絹五匹羅一匹綿四十兩

舊志諸衛將軍有五十千四十千三十千三等一等春冬各綾五匹絹十匹一等綾二匹絹五匹春並加羅一匹冬並綿二十兩諸司使有四十千三十千二等副使以上下與異姓同並給實錢自諸司使至殿直春冬各羅一匹綾一匹絹各五匹冬綿各四十兩

入內內侍省都知副都知押班不帶遙郡諸司使充者二十五千春絹七匹冬十匹綿三十兩副使充者二十千春絹五匹冬七匹綿二十兩入內內侍省供奉官十二千春絹五匹冬七匹綿三十兩殿頭七千高品高班五千春絹各五匹冬六匹綿二十兩黃門三千春冬絹各五匹綿十五兩祗候殿頭祗候高品祗候高班內品祗候內品祗候小內品貼祗候內品入內內品後苑內品後苑散內品七百春冬絹各五匹綿十五兩雲部部內品七百春冬絹各四匹綿十五兩入內內品管勾二千奉輦祗應一千五百打牧祗應一千春冬絹各五匹綿各十五兩內侍省內常侍供奉官十千春冬絹各五匹內常侍春加羅一匹冬綿十五兩供奉官冬止加綿二十兩殿頭五千高品高班三千春冬絹各四匹冬綿各二十兩黃門二千春冬絹各四匹冬綿十五兩殿頭內侍入內高品二千春冬絹各三匹錢二千高班內品一千五百衣糧帶舊黃門內品在京人事一千春冬各碧羅碧綾半匹黃絹生白絹各一匹綿八兩寄班小底二千春冬絹各十匹入內小黃門前殿祗候內品北班內品外處揀來并城北班後苑把門內品掃洒院子及西京內品依北班內品依舊在西京收管七百西京內品五百春冬絹各五匹綿各十五兩惟入內小黃門前殿祗候內品春冬絹各四匹郢唐復州內品三百春冬絹各二匹布半匹錢一千舊志載內官不詳奉料皆減少樞密都承旨四十千副都承旨副承旨樞密院諸房副承旨逐房副承旨已上如帶南班官同中書堂後官提點五房公事三十千都承旨以下春冬絹各十五匹春羅一匹逐房副承旨絹各十三匹都承旨承旨春加綾三匹冬五匹綿五十兩副都承旨以下綿各三十兩中書堂後官二十千特支五千已上如帶京朝官同中書樞密主事二十千錄事令史十千春冬絹各十匹春羅一匹主事已上冬綿五十兩錄事令史三十兩主書七千守當官書令史五千春冬絹各二匹主書書令史春錢三千冬綿十二兩錢一千守當官春錢一千自中書樞密并曾任兩府雖不帶職曾任兩府而致仕同宣徽三司觀文資政翰林端明翰林侍讀侍講龍圖天章學士樞密龍圖天章直學士知制誥中書舍人待制御史臺開封府節度使至刺史三館祕閣審刑院刑部大理寺諸王府記室翊善以下至諸王宮教授知審官院勾當三班院糾察刑獄判吏部銓南曹登聞檢院鼓院司農寺及國子監直講丞簿河北河東陝西轉運使皇子親王諸衛大將軍至率府副率兩省都知押班不帶遙郡諸司使副兩府供奉官以下至內品惟內品特給一分見錢及樞密都承旨以下並給見錢餘官并防禦使以下諸衛將軍橫行諸司使遙領者悉一分見錢二分他物其兩省都知副都知遙領刺史以上者即給一半見錢

三司檢法官十千春冬絹各五匹冬綿十五兩願請前任請受者聽若轉京朝官隨本官料錢衣賜權知開封府并判官推官料錢衣賜並隨本官舊志云判官三十千推官二十千並給見錢司錄二十千如差員外郎已上充隨本官料錢衣賜功曹法曹十二千倉戶士兵四曹十千差京朝官充隨本官料錢衣賜刑部檢法官法直官大理寺法直官副法直官十千春冬絹各五匹冬綿十五兩如轉京朝官隨本官料錢衣賜西京軍巡判官十五千內開封府轉至京官支本官衣奉西京南京北京留守判官河南應天大名府判官三十千春冬絹各十二匹冬綿二十兩節度觀察判官二十五千春冬絹各六匹冬綿十二兩半節度副使三十千行軍司馬二十五千如簽書本州公事衣奉依節察判官若監當即給一半折支衣賜廚料不給節度掌書記觀察支使二十千綿絹如推官留守推官府推官節度觀察推官十五千春冬絹各五匹冬綿十兩防禦團練副使二十千如監當即給一半折支防禦團練判官十五千兩朝志云奉依本州錄事參軍如無依倚郭縣令防禦團練軍事推官軍監判官七千軍事判官如本州錄事參軍之數京府司錄參軍二十千諸曹參軍十千以京官知者奉從多給景德三年詔司錄六曹悉給春冬衣五萬戶已上州三京同錄事參軍二十千司理司法十二千司戶十千三萬戶已上州錄事十八千司理司法十二千司戶九千一萬戶已上州錄事十五千司理司法十千司戶八千五千戶已上州錄事十二千司理司法十千司戶七千不滿五千戶

州錄事司理司法十千司戶七千別駕掌史司馬司士參軍如授士曹依司士文學參軍七千東京畿縣七千戶已上知縣朝官二十二千京官二十千五千戶已上知縣朝官二十千京官十八千三千戶已上知縣朝官十八千京官十五千三千戶已下知縣止命京官十二千已上衣賜並隨本官主簿尉十二千至七千戶四等並給見錢河南府河南洛陽縣令三十千諸路州軍萬戶已上縣令二十千簿尉十二千七千戶已上令十八千簿尉十千五千戶已上令十五千簿尉八千三千戶已上令十二千簿尉七千不滿三千戶令十千簿尉六千京朝官及三班知縣者亦許給縣令奉本官奉多者以從多給兼監兵者止請本奉添給嶽瀆廟令十千丞主簿七千全折幕職州縣料錢諸路支一半見錢一半折支縣尉全給見錢廣東川陝並給見錢

元豐制行宰相三百千衣賜綾絹綿皆如舊制然以左右僕射為宰相政和中以三公爲眞相靖康依舊制樞密使帶使相侍中樞密使節度使同中書門下平章事以上及帶宣徽使并前兩府除節度使移鎮樞密使副知院帶節度使四百千自治平末至元豐四年如文彥博呂公弼馮京吳充先後爲使副是年十一月始詔樞密院置知院同知院餘並罷知至是既罷使副只置知院同知院直至靖康不改樞密院門下中書侍郎尚書左右丞同知樞密院事二百千衣賜如舊元祐中復置簽書樞密院事紹興中罷太師太傅太保少師少傅少保四百千春服羅三匹小綾二十匹絹四十匹冬服小綾三十匹絹四十匹綿二百兩舊制奉錢百二十千春服小綾十匹絹三十匹羅一匹冬服小綾十匹絹三十匹綿五十兩大觀間增改開府儀同三司百二十千春冬各小綾十匹絹三十匹春羅一匹冬綿五十兩大觀二年以無特任者遂刪去特進九十千春冬各小綾十匹絹二十五匹春羅一匹冬綿五十兩金紫光祿大夫銀青光祿大夫光祿大夫六十千春冬各小綾七匹絹二十四匹春羅一匹綿五十兩宣奉正奉正議通奉大夫五十五千春冬各小綾五匹絹十七匹春羅一匹冬綿五十兩通議太中大夫五十千元豐令太中大夫以上丁憂解官給舊官料錢中大夫中奉中散大夫四十五千春冬各小綾三匹絹十五匹春羅一匹冬綿五十兩朝議奉直朝請朝散朝奉大夫三十五千春冬絹各十三匹春羅一匹冬綿三十兩朝請朝散朝奉郎三十千春冬服同正郎承議奉議通直郎二十千承議春冬絹各十匹春羅一匹冬綿三十兩奉議通直春冬各絹七匹宣教郎十七千春冬絹各六匹春羅一匹冬綿二十兩元豐格有出身十七千無出身十四千六年敕不以資考有無出身並十五千衣無羅宣義郎十二千春冬各絹五匹冬綿十五兩承事郎十千春冬絹各三匹冬綿十五兩承奉郎八千承務郎七千元豐以來釐務止支驛料大觀二年定支承直郎二十五千春冬絹各六匹綿十二兩半元豐留守判官府判官奉錢三十千春冬絹各十二匹綿二十兩節度觀察判官奉錢二十五千春冬絹各六匹綿十二兩半凡二等崇寧二年改從一等儒林郎二十千春冬絹各五匹綿十兩元豐節度掌書記觀察支使奉錢衣賜如上防禦軍事判官考任合入令錄者奉錢十五千凡二等崇寧改從一等文林郎十五千春冬服同儒林從事從政脩職郎十五千從事郎元豐舊制考第合入令錄者視令錄支未合入令錄者視判司簿尉支從政郎元豐三京州府軍監司錄事奉軍五萬戶以上二十千三萬戶以上十八千一萬戶以上十五千五千戶以上十二千不滿五千戶十千縣令一萬戶以上二十千七千戶以上十八千五千戶以上十五千三千戶以上十二千不滿二千戶十千凡二等崇寧改從一等迪功郎十二千元豐四京軍巡判官十五千三京州府軍監司法參軍五萬三萬戶以上十二千二萬戶及不滿五千戶七千三京州府軍監司戶參軍及五萬戶以上十千三萬戶以上九千一萬戶以上八千不滿五千戶七千凡三等崇寧改初熙寧四年中書門下言天下選人奉簿而多少不均不足以勸廉吏令欲月增料錢縣令錄事參軍三百六十七員舊請十千十二千者增至十五千司理司法司戶參軍主簿縣尉二千一百五十三員舊請七千八千十千者增至十二千防團軍事推官軍監判官一百七十二員舊請七千者增至十二千月通增奉錢一萬二千餘貫米麥亦有增數從之太尉一百千春冬各小綾十匹春羅一匹絹十匹冬絹二十匹綿五十兩帶節度使依本格節度使四百千會任執政以上除及移鎮初除及管軍並同舊制承宣使三百千即節度觀察留後觀察使防禦使二百千團練使百五十千刺使一百千自節度使以下至諸衞中郎將並如舊制通侍大夫三十七千正侍宣正協忠中侍中亮中衞翊衞親衞拱衞左武右武大夫二十七千武功武德武顯武節武略武經武義武翼大夫二十五千春冬絹各十匹綿二十兩惟通侍大夫十二匹正侍宣正履正協忠中侍中亮中衞翊衞親衞拱衞左武右武功武德武顯武節武略武經武義武翼郎二十千敦武郎十七千脩武郎十四千春絹五匹冬七匹綿二十兩帶閤門祗候並同從義秉義郎十千帶閤門祗候十二千成忠保義郎五千帶閤門祗候者九千並春冬絹各四匹冬綿十五兩承節承信郎四千春冬絹各三匹錢二千進武校尉三千進義校尉二千春冬絹各三匹進武副尉三千守闕進武副尉守闕進義副尉一千凡文武官料錢並支一分見錢二分折支曾任兩府雖不帶職料錢亦支見錢

職錢

御史大夫六曹尚書行六十千守五十五千試五十千翰林學士承旨翰林學士五十千衣賜本官例官小春冬服小綾各三匹絹各十五匹綿五十兩左右散騎常侍御史中丞開封尹行一百千守九十千試八十千崇寧四年重定六曹侍郎元祐中置權六曹尚書奉給依守侍郎紹聖中罷行五十五千守五十千試四十五千太子賓客詹事行五十千守四十七千試四十五千給事中中書舍人行五十千守四十五千試四十千左右諫議大夫元祐中置權六曹侍郎奉給依諫議大夫紹聖中罷行四十五千守四十千試三十七千太常宗正卿行三十八千守三十五千試三十二千祕書監行四十二千守三十八千試三十五千七寺卿國子祭酒太常宗正少卿祕書少監行三十五千守三十二千試三十千太子左右庶子行四十千守三十七千試三十五千七寺少卿行三十二千守三十千試二十八千中書門下省檢正諸房公事尚書左右司郎中行四十千守三十七千試三十四千國子司業少府將作軍器監行三十二千守三十千試二十八千太子少詹事行三十五千守三十二千試三十千太子左右諭德行三十二千守三十千試二十九千起居郎起居舍人侍御史左右司員外郎樞密院檢詳諸房文字尚書六曹郎中行三十七千守三十五千試三十二千殿中侍御史左右司諫行三十五千守三十二千試三十千左右正言行三十二千守三十千試二十七千諸司員外郎行三十五千守三十二千試三十千少府將作軍器少監行三十千守二十八千試二十五千太子侍讀侍講行二十五千守二十二千試二十千監察御史行三十二千守三十千試二十七千太子中舍太子舍人行二十二千守二十千試十八千太子宗正知大宗正祕書丞大理正著作郎太醫令行二十五千守二十二千試二十千七寺丞行二十二千守二十千試十八千祕書郎行二十二千守二十千試十八千太常博士著作佐郎行守二十千試十八千國子監丞行二十二千守二十千大理司直評事行二十二千守二十千試十八千少府將作軍器都水監

丞行二十千（守十八千）祕書省校書郎行十八千（守十六千試十四千）祕書省正字行十六千（守十五千試十四千）御史檢法官主簿行二十千（守十八千）宗學太學武學博士行二十千（守十八千試十六千）律學博士行十八千（守十七千試十六千）太常寺奉禮郎行十六千太常寺太祝郊社令行十八千（守十六千）太學正錄武學諭行十八千（守十七千試十六千）律學正行十六千（守十五千試十四千）凡職事官職錢不言行守試者準行給衣隨寄祿官例支及無立定例者並隨寄祿官給料錢米麥計實數給應兩給者（謂職錢米麥）從多給承直郎以下充職事官（謂大理司直評事祕書省正字太學博士正錄武學博士諭律學博士正）聽支階官請給（衣及厨料米麥不支）

唐貞元四年定百官月俸僖昭亂離國用窘闕至天祐中止給其半梁開平三年始令全給後唐同光初租庸使以軍儲不充百官奉錢雖多而折支非實請減半數而支實錢是後所支半奉復從虛折周顯德三年復給實錢宋初之制大凡約後唐所定之數乾德四年七月詔曰州縣官奉皆給他物頗聞貨鬻不充其直責以廉隅斯亦難矣至有賦於廛肆重增煩擾且復抵冒公憲自罹刑辟甚無謂也漢乾祐中置州縣官奉戶除二稅外蠲其他役周顯德始革其制自今宜逐處置回易料錢戶每本官所受物凡一千分納兩戶恣其貿易戶輸錢五百蠲役之令悉如漢詔所賦官物令諸州計度充一歲所給之數與蠶鹽同時並給之其萬戶縣令五萬戶州錄事兩京司錄舊月奉錢二萬者給四十戶率是爲差簿尉及戶法掾舊月奉六千者增一千如其所增之數給與奉戶是歲令西川官全給實錢開寶三年令西川州縣官常奉外別給鐵錢五千四年十二月詔節察防團副使權知州事節度掌書記自朝廷除授及判別廳公事者亦給之副使非知州掌書記奏授而不釐務者悉如故給以折色太平興國元年詔曰耕織之家農桑爲本奉戶月輸緡錢蠶茲細民不易營置罷天下奉戶其本官奉錢並給以官物令貨鬻及七分仍依顯德五年十二月詔增給米麥二年二月詔諸道所給幕職州縣官奉頗聞官估價高不能充七分之數宜令三分給一分見錢二分折色令通判面估定官物不得虧損其價四月令西川諸州幕職官奉外更增給錢五千雍熙三年文武官折支奉錢舊以二分者自今並給以實價端拱元年六月詔曰州郡從事之職皆參贊郡畫助宣條教而州縣之任並飭躬蒞政以綏吾民廩祿之制宜從優異庶幾豐泰責之廉隅除川陝嶺南已給見錢外其諸州府幕職州縣官料錢舊三分之二給以他物自今半給緡錢半給他物淳化元年五月詔致仕官有曾歷外職任者給半奉以他物充三年十一月令京東西河北河東陝西幕職州縣官料錢當給以他物者每千給錢七百（初川陝廣南福建幕職州縣並許預借奉錢大中祥符問又詔江浙荊湖遠地麟府等州河北河東緣邊州軍自今許預借兩月近地一月奉錢）至道二年詔先是京官滿三十月罷給自今續給之眞宗卽位以三司估百官奉給折支直率增數倍詔有司重定率優其數咸平元年六月詔文武羣臣有分奉他所而身沒未聞計已給者例追索可憫自今川陝廣南福建一季餘處兩月悉蠲之（大中祥符七年詔三班使臣自今父母亡勿住奉）三年九月詔羣臣月奉折支物無收其算五年七月增川陝路朝官使臣等月給添支景德四年九月上以承平既久賦歛至薄軍國用度之外未嘗廣費自奉且以庶官食貧勸事遂詔自今掌事文武官月奉給折支京師每一千給實錢六百在外四百願給他物者聽大中祥符五年詔文武官並增奉（三師三公東宮三師僕射各增二十千三司御史大夫六尚書中丞郎兩省侍郎太常宗正卿內客省使上將軍各增十千橫班諸司各增五千朝官五品正中郎將已上諸司使副各增三千京官內殿承制崇班閤門祗候各增二千供奉官各增一千五百奉職借職增一千餘如舊）自乾興以後更革爲多至嘉祐始著祿令元豐一新官制職事官職錢以寄祿官高下分行守試三等大率官以祿令爲準而在京官司供給之數皆併爲職錢如大夫爲郎官既請大夫奉又給郎官職錢視嘉祐爲優矣至崇寧間蔡京秉政吳居厚張康國輩於奉錢職錢外復增供給食料等錢如京僕射奉外又請司空奉其餘傔從錢米並支本色餘執政皆然視元豐制祿復倍增矣

武臣奉給

殿前司自宣武都指揮使三十千差降至歸明神武開封府馬步軍都指揮使十五千凡二等殿前左右班虞候三十千至天武剩員都虞候十九千凡四等殿前班指揮使二十千至捒中剩員僚直廣德指揮使十千凡三等殿前班都知十三千至招箭班都知四千凡七等殿前班副都知十千至招箭班副都知三千凡五等殿前押班七千至招箭押班二千凡五等散指揮都頭復有押班之名者如押班給爲兵士內員僚直復有副指揮使行首副行首招箭班亦有行七千至三千凡三等御龍直副指揮使都頭副都頭十將虞候十千至三千凡五等殿前指揮使五千至殿侍一千凡五等捧日天武指揮使十千至捒中廣德指揮使四千凡四等捧日天武副指揮使七千至擒戎副指揮使三千凡五等捧日軍使天武都頭五千至擒戎軍使千五百凡五等捧日副兵馬使三千至擒戎副兵馬使一千凡四等天武副都頭二千至廣德副都頭千五百凡二等捧日軍將二千至龍猛驍騎帶甲剩員軍頭十將三百凡八等天武將虞候而下五百至飛猛驍雄將虞候已下三百凡六等此奉錢之差也其外月給粟自殿前班都頭虞候十五石至廣健副都頭吐渾十將二石五斗凡六等殿前指揮使五石鞭箭清朔二石凡五等殿前班都虞候已下至軍士歲給春冬服三十匹至油絹六匹而加綿布錢有差復月給傔糧自十人以至一人諸班諸直至捧日天武拱聖龍猛驍騎吐渾歸明渤海契丹歸明神

武契丹直寧朔飛猛宣武虎翼神騎驍雄威虎衛聖清朔擒戎軍士皆給傔一人以至半分餘軍不給焉侍衛馬軍步軍司自員僚直龍神衛都虞候月給二十千至有馬勁勇員七千凡五等指揮使自員僚直龍神衛十千至順化三千凡五等副指揮使自員僚直龍神衛七千至順化二千凡七等軍使都頭自龍神衛五千至看船神衛一千凡七等副兵馬使副都頭自龍神衛三千至順化一千凡五等軍頭十將自龍神衛千三百至順化三百凡五等此外員僚直有行首副行首押番軍頭都知副都知之名自行首五千至副都知一千凡六等而高陽關有驍捷左右廂都指揮使月給三十千開封府有馬步軍都虞候月給二十千六軍復有都虞候月給五千　員僚直龍神衛而下皆月給粟自都虞候五石至順化忠勇軍士二石凡五等自都虞候以下至軍士皆歲給春冬服自絹三十匹至油絹五匹又加綿布錢有差復有給傔糧自十人至一人其員僚直龍神衛雲騎驍捷橫塞及神衛上將虎翼清衛振武忠猛軍士皆給傔一人至半分他軍不給焉宣徽院軍頭司自員僚至軍士歲月給錢粟及春冬服有差　諸道州府廂軍自馬步軍都指揮使至牢城副都頭凡五等月給奉錢凡十五千至五百凡十有二等自河南府等五十州府鄧州等三十四州萊州等一百四十四州軍廣濟軍等三十九軍監所給之數差而減焉或著有司之籍外有給司馬芻秣歲給春冬服加紬綿錢布亦各有差

祿粟自宰相至入內高品十八等

宰相參知政事樞密使同中書門下平章事樞密使副使知院事同知院事及宣徽使簽書樞密院事節度觀察留後知樞密院事及充樞密副使同知樞密院事并帶宣徽使簽書檢校太保簽書及三司使中書門下侍郎尚書左右丞太尉月各一百石樞密使帶使相節度使同中書門下平章事已上及帶宣徽使并前兩府除節度使樞密使副知院事帶節度使月各給二百石三公三少一百五十石權三司使公事七十石權發遣使三十五石內客省使二十五石節度使一百五十石管軍同如皇族節度使同中書門下平章事已上并散節度使及帶王爵者並一百石　留後後改承宣使觀察防禦使一百石管軍大將軍并兩省都知押班諸衛大將軍橫行遙領者同惟皇族遙領防禦使七十石　團練使七十石管軍并皇族及軍班除充者同其餘正任並五十石　刺史五十石皇族並軍班除充者若皇族并兩省都知押班諸衛大將軍將軍橫行遙領者同其餘正任并管軍三十石兩省都知押班通侍大夫遙領者二十五石諸衛大將軍將軍遙領者十石橫行遙領者全分二十五石減定十石捧日天武左右廂都指揮使龍衛神衛右廂都指揮使帶遙郡團練使五十石殿前諸班直都虞候龍衛神衛及諸軍都指揮使帶遙郡刺史二十五石　凡一石給六斗米麥各半管軍支六分米四分麥　赤令七石丞四石京府司錄五石諸曹參軍四石至三石有二等畿縣知縣六石至三石有四等主簿尉米麥三石至二石有二等諸州錄事五石至三石有三等司理司法四石至三石有二等司戶三石二石有二等諸縣令五石至三石有三等惟河南洛縣令隨戶口支簿尉三石二石有二等四京軍巡判官四石軍監判官防團推官二石司天監丞四石主簿靈臺郎保章正二石已上並給米麥　入內內侍省供奉官四石殿前高品三石高班黃門入內內品管勾奉輦祗應入輦祗應二石打牧祗應一石五斗已上並給粳米　祗候殿頭祗候高品祗候高班內品祗候內品祗候小內品貼祗候內品入內內品後苑內品後苑散內品三石雲韶部內品一石已上並給月糧惟雲韶內品給細色　內侍省供奉官三石殿頭高品高班二石黃門一石五斗已上並給粳米　黃門內品在京入事二石五斗北班內品前殿祗候內品外處揀來并城北班後苑把門內品掃洒院子及西京內品與北班內品依舊在西京收管西京內品郢唐復州內品二石入內小黃門一石寄班小底四石已上並給月糧惟入內小黃門給細色　殿頭內侍入內高班一石米麥各半　熙寧二年中書門下言天下選人奉簿多少不一不足以勸廉吏欲月增米麥料錢縣令錄事參軍三百七十六員舊請米麥三石者並增至四石司理司法司戶主簿縣尉二千五百一十三員舊請米麥兩石者並增至三石防團軍事推官軍監判官一百七十二員舊請米麥二石者並增至三石每月通增米麥三千七十餘石從之

隨身傔人衣糧任宰相執政者有隨身任使相至正任刺史以上者有隨身餘止傔人

宰相并文臣充樞密使司中書門下平章事及樞密使七十人宰相舊五十人衣糧二十人日食後加　樞密使帶使相侍中樞密使節度使同中書門下平章事已上及帶宣徽使并前兩府除節度使及節度使移鎮樞密使副知院事帶節度使一百人參知政事文臣充樞密副使知院事同知院事及宣徽使不帶節度使簽書樞密院事節度觀察留後知樞密院事并充樞密副使同知樞密院事并帶宣徽使簽書樞密院事三司使門下侍郎中書侍郎尚書左右丞五十人檢校太保簽書樞密院事三十五人權三司使三十人權發遣公事十五人副使判官判子司五人副使判官權并權發遣同　觀文殿大學士二十人觀文殿學士資政殿大學士十人資政端明翰林侍讀侍講龍圖天章學士樞密直學士保和宣和延康殿學士寶文顯謨徽猷閣學士七人舊止給日食政和月糧二石　玉清昭應宮景靈宮會靈觀三副使十人判官五人節度使留後改承宣使觀察使五十人管軍同如皇族節度使同中書門下平章事已上并散節度使帶王爵及節度觀察留後帶郡王並五十人觀察使二十人兩省都知押班帶諸司使領節度觀察留後五十人兩省都知押班并橫行領觀察使十五人　防禦使三十人管軍同皇族并遙領並二十人兩省都知押班帶諸司使并諸衛大將軍及橫行遙領並十五人　團練使三十人管軍及軍班除充者同其餘除授者二十人皇族充及帶領十五人兩省都知押班帶諸司使并橫行遙領者十人　刺史二十人軍班除充者同其餘除授并管軍十人皇族充十五人兩省都知押班帶諸司使五人橫行遙領全分者五人減定者不給　內客省使舊有景福殿使二十人樞密都承旨十人副都承旨副承旨諸房副承旨中書堂後官提點五

房公事七人逐房副承旨五人中書堂後官至樞密院主事已上各二人錄事令史寄班小底一人

傔人餐錢(中書樞密宣徽三司及正刺史已上皆有衣糧餘止給餐錢)

自判三館祕書監兩制兩省帶脩撰五千(郎中以下帶脩撰者三千)直館閣校理史館檢討校勘各三千直龍圖閣審刑院詳議官國子監書庫官五千(自脩撰已上又有職錢五千校勘已上三千)京畿諸司庫務倉場監官朝官自二十千至五千凡七等京官自十五千至三千凡八等諸司使副閤門通事舍人承制崇班二十千至五千凡九等閤門祇候及三班十五千至三千凡十等內侍十七千至三千凡九等寄班八千至五千凡三等(舊志訛舛今並從兩朝志)

茶酒廚料之給

學士權三司使以上兼祕書監日給酒自五升至一升有四等法糯酒自一升至二升有二等又宮觀副使端明殿學士(郎觀文)資政殿大學士龍圖樞密直學士並有給茶節度使副以下各給廚料六斗麪一石二斗

薪蒿炭鹽諸物之給(宰相舊無後加)

宰相樞密使月給薪千二百束參知政事樞密副使宣徽使簽書樞密院事三司使三部使權三司使四百束三部副使樞密都承旨一百五十匹樞密副都承旨中書提點五房一百束開封判官節度判官薪二十束蒿四十束開封推官掌書記支使留守節度推官防團軍事判官薪十五束蒿三十束留守判官薪二十束蒿三十束防團軍事推官薪十束蒿二十束

宰相樞密使歲給炭自十月至正月二百秤餘月一百秤參知政事樞密副使宣徽使簽書樞密院事三司使三部使三十秤文明殿學士資政殿大學士龍圖閣學士十五秤都承旨二十秤

給鹽宰相樞密使七石參知政事樞密副使簽書院事宣徽使三司使三部使權三司使二石節度使七石掌兵遙領五石留後觀察防禦團練刺史五石(掌兵遙領皆不給)

給馬芻粟者自二十匹至一匹凡七等(其軍職內侍三班伎術中書樞密宣徽院侍衛殿前司皇城司內侍省入內侍省吏屬借官馬者其本廄馬芻粟隨馬給)

給紙者中書樞密宣徽三司官觀副使判官諫官皆月給焉(自給茶酒而下兩朝志無三朝志雖不詳備亦足以見一代之制云)

宋史卷一百七十一考證

職官志十一皇親任諸衛大將軍領刺史八千○臣開鼎按下文將軍刺史六十千將軍三十千率府率二十千副率十五千則本文職官較大未有八千之理疑有脫字

宋史卷一百七十二

元 中書右丞相總裁脫脫等修

職官志第一百二十五

職官十二(奉祿制下)

(增給 公用錢 給券 職田)

權三司使知開封府百千權發遣三司使五十千玉清昭應宮景靈宮會靈觀三副使觀文殿大學士三十千觀文殿學士資政殿大學士(元豐添保和殿大學士)宮觀三司判官判子司(權及權發遣同)開封府判官提舉諸司庫務管幹三司軍大將提點內弓箭庫二十千宮觀都監勾當官十七千(任都知押班者二十千)資政端明翰林侍讀(元祐復置翰林侍讀侍講學士)(紹聖中罷)龍圖天章學士(元豐添保和延康寶文顯謨徽猷學士)樞密直(後改述古)殿龍圖天章直學士(元豐添寶文顯謨徽猷直學士保和龍圖天章寶文顯謨徽猷待制)十五千(春冬綾各五匹絹十七匹羅一匹綿五十兩已上大學士至待制奉隨本官衣賜如本官例大卿依本官例小卿依逐等大觀二年戶部尚書左膚言見編脩祿格學士添支比正任料錢相去遼邈如觀文殿大學士節度使從二品大學士添支三十千而已節度使料錢乃四百千傔從粟帛等稱是或謂大學士有寄祿官料錢故添支數少今以銀青光祿大夫任觀文殿大學士較之則通料錢不及節度使之半其厚薄不均明矣自餘學士視諸正任率皆不等欲將職錢改作貼職錢以別之正任料錢公使爲率參酌立定自學士至直閣以上貼職錢不以內外並給觀文殿大學士百千觀文學士資政大學士八十千端明後改延康殿學士五十千前執政加二十千龍圖天章寶文顯謨徽猷學士樞密直改述古學士四十千龍圖天章寶文顯謨徽猷直學士三十千待制二十千集賢改集英殿脩撰十五千直龍圖閣至直祕閣十千詔從之宣和三年戶部尚書沈積中侍郎王蕃言元豐法帶職人依嘉祐祿令該載觀文殿大學士以下至直學士添支錢三等自三十千至十五千大觀中因敕令所啓請改作貼職錢觀文大學士至直祕閣自百千至十千凡九等兼增添在京供職米麥觀文殿大學士至待制自五十石至二十五石四等比舊法增多數倍又奏學士提舉在京官除本身請給外更請貼職并差遣添支比六曹尚書翰林學士承旨幾及一倍以上非稱事制祿之意詔並依元豐法御史中丞二十千察案御史十千籍田令七千並依元豐三年詔司農寺丞十五千主簿京朝官十二千選人十千熙寧三年詔廣親睦親宅記室講書十五千教授十二千軍巡使十七千權使及判官七千已上並元豐制已下惟增散官而已)羣牧使副使開封推官三司河渠勾當公事同管勾河渠案公事十五千羣牧都監十三千銀臺司審官院三班院吏部銓登聞檢院鼓院太常禮院主判官糾察在京刑獄羣牧判官監察使十千判司農寺七千其知判諸路州軍府有六十千至七千凡八等有以官者三師三公六十千僕射東宮三師并曾任中書樞密特進五十千尚書并左右丞東宮三少金紫光祿大夫至光祿大夫學士給事中諫議舍人待制已上并橫班使副三十千(橫班有二百千者待制已上充益梓利夔州路知州給鐵錢二百千橫班副使知夔州一百五十千知諸州軍者八十千)大卿監諸司使副至供奉官中大夫至中散大夫武功郎至秉義郎閤門祇候已上十五千(十五千已上有從州府地望給者不係大卿充益梓利夔知州給鐵錢一百五十千諸司副使至供奉官閤門祇候已上知四州同若知諸州軍八十千惟諸司使一百千)朝官忠翊郎待

禁閤門祗候十千朝官權知軍州府者同，若知四路諸州府給鐵錢八十千，知軍六十千。侍禁、閤門祗候知諸軍州同。保義郎、殿直、閤門祗候八千若知四路諸州軍者給鐵錢五十千。京官十千至七千有二等知四路州府給鐵錢六十千，知軍五十千。試御及州縣官職官兼知春州七千。有以州望者，河南大名、荊南、永興、江寧、杭、揚、潭、并、代州三十千，應天、眞定、鳳翔、陝府、秦、青、洪州二十千，河中、鄆、許、襄、孟、滑、鄭、滄、邢、澶、貝、相、華、晉、潞、廬、壽、宿、泗、楚、蘇、越、潤、常州十五千廣州知州歲七百千，逐月均給。舊月給百千，大中祥符六年，令歲取五百千，餘充添給。益州給鐵錢三百千，梓州二百千，夔州百五十千，餘州約銅錢數而給之。有都總管、經略安撫等使者，河北四路眞定、瀛州、定州、大名，陝西逐路永興、秦州、渭州、慶州、延州，河東路太原，前任兩府並五十千，諫議、舍人、待制、太中大夫已上三十千並特添二十千。知大名府帶河北路安撫使同。知并州帶學士即五十千，而無特給。三路管勾機宜文字朝官十千，京官七千。知貴州充廣南西路都鈐轄經略安撫使，自諫議、舍人、待制及大卿監、大中大夫、中散大夫已上三十千朝臣充廣西路兵馬都鈐轄兼本路安撫管勾經略司公事，即二十千。河北沿邊安撫副使、都監，以橫行使充者三十千自橫行副使并諸司使副至崇班、武功大夫、敦武郎以上充者二十千，供事官、秉義郎、閤門祗候充都監十五千。同管勾河東緣邊安撫司公事，以橫行副使至內殿崇班、敦武郎以上二十千。通判大藩有二十千至十五千者，餘州軍朝官有十千至七千者，京官七千朝官通判益州給鐵錢八十千，京官六十千。朝官通判益、梓、利、夔路州軍府給鐵錢七十千，京官五十千。簽判朝官十千，京官七千朝官簽判益、梓州給鐵錢七十千，京官五十千。三路轉運使，淮南、江、浙、荊湖制置茶鹽等稅都大發運使，諫議、待制、大卿監以下，大中散以上，三十千，朝官充發運使副二十千武功大夫至武翼郎、諸司使副充發運使副、都監同。朝官充判官十千。三門白波發輝使，朝官二十千，朝官充判官十千，京官七千。諸路轉運使副，朝官、宣德郎以下二十千任四路者給鐵錢一百五十千。判官十千任福建、廣南東西路十五千，任益、梓、利、夔四路給鐵錢八十千。諸路提點刑獄勸農使副、開封府界提點諸縣鎭公事二十千忠翊郎、侍禁、閤門祗候以下任諸路提點刑獄勸農使副并府界同提點，敦武郎、內殿崇班以上者十五千。朝官并秉義郎、供奉官、閤門祗候已上任四路提點刑獄給鐵錢一百五十千，忠翊郎、侍禁、閤門祗候以下一百千。諸路副都總管、權總管、都鈐轄、路分鈐轄、州鈐轄、路分都監有五十千至八千凡六等任四路給鐵錢有二百千至一百千，凡三等。府界及諸路州府軍監縣鎭都監、巡檢、砦主、監押，自諸司使以下至三班借職、武功大夫至承信郎已上十五千至五千凡六等任四路給鐵錢有一百千至五十千，凡四等。陝西、河東沿邊諸族蕃官巡檢自十五千至四千凡六等。諸路走馬承受公事，自從義郎至保義郎、供奉官至殿直并兩省自供奉官至黃門，自十千至五千凡四等任四路給鐵錢自六十千至四十千，凡三等。府界并諸路州府軍監縣鎭監當，朝官七千，京官五千至四千凡二等，武功大夫以下至進義校尉、諸司使以下至三班使臣，自十千至三千凡七等朝官任川峽州府軍監給鐵錢五十千，京官三十千至二十五千，凡二等。三班使臣任四路者，自六十千至二十五千，凡五等。朝官充陝西及江、浙、荊湖、福建、廣南提舉提點鑄錢等公事，自二十千至十五千凡二等。朝官充都大提舉河渠司勾當及提舉宮觀并催遣輦運、催綱、諸州監物務等，自十五千至七千凡三等任四路給鐵錢七十千。京官充催促輦運、催裝斛斗綱船并諸州監物務等，自七千至五千凡二等任四路給鐵錢五十千。都大提舉脩護黃河堤埽岸、諸處巡檢并監北京大內軍器庫并蔡河撥發催綱等，並以兩省供奉官以下至內品充，自十千至三千凡七等舊志有諸路都部署、鈐轄，有五十千至十五千，凡四等。駐泊都監、兵馬都監有二十千至十五千，凡六等。諸州監場務，朝官、供奉以上七千，京官、殿直五千，奉職、內品三千。內課頭大者，京朝官與京官同，使臣與兵馬監押同。

大中祥符二年，詔外任官不得挈家屬赴任者，許分添給錢贍本家。

添給羊，凡外任給羊有二十口至二口凡六等，

給米有二十石至二石凡七等，

給麪有三十石至二石凡七等，

傔從有二十人至二人凡七等，

馬有十匹至一匹凡六等舊志數不同，今從四朝志。

建炎南渡以後，奉祿之制，參用嘉祐、元豐、政和之舊，少所增損。惟兵興之始，宰執請受，權支三分之一，或支三分之二，或支賜一半。隆興及開禧自陳損半支給，皆權宜也。其後內外官有添支料錢，職事官有職錢、廚食錢，職纂脩者有折食錢，在京釐務官有添支錢、添支米，選人、使臣職錢不及者有茶湯錢，其餘祿粟、傔人，悉還疇昔。今合新舊制而參記之。

元豐定制，以官寄祿，南渡重加脩定。開府儀同三司料錢一百貫，特進九十貫春冬衣絹各二十五匹，小綾一十匹，春羅一匹，冬綿五十兩。金紫光祿大夫、銀青光祿大夫料錢各六十貫，春冬絹各二十匹，小綾七匹，春羅一匹，冬綿五十兩。宣奉大夫、正奉大夫、正議大夫、通奉大夫料錢各五十貫，春冬絹各十七匹，小綾五匹，春羅一匹，冬綿五十兩。通議大夫、太中大夫、中大夫、中奉大夫、中散大夫料錢各四十五貫，春冬絹各二十五匹，小綾三匹，春羅一匹，冬綿五十兩。朝議大夫、奉直大夫、朝請大夫、朝散大夫、朝奉大夫以上料錢各三十五貫，春冬絹各一十五匹，春羅一匹，冬綿三十兩。朝請郎、朝散郎、朝奉郎以上料錢各三十貫，春冬絹各一十三匹，春羅一匹，綿三十兩。承議郎料錢二十貫，春冬絹各一十匹，春羅一匹，冬綿三十兩。奉議郎料錢二十貫，春冬絹各十匹，春羅一匹，冬綿三十兩。通直郎料錢十八貫，春冬絹各七匹，春羅一匹，冬綿三十兩。宣教郎料錢十五貫，春冬絹五匹，冬綿十五兩。宣議郎料錢十二貫，春冬絹各五匹，冬綿十五兩。承事郎料錢十貫，春冬絹各五匹，冬綿十五兩。承奉郎料錢八貫。承務郎料錢七貫。元豐以來，釐務止支驛料，大觀二年定支。以上料錢一分見錢，二分折支，每貫折錢在京六百文，在外四百文，到任添給驛料。承直郎料錢二十五貫，茶湯錢一十貫，廚料米六斗，麪一石五斗，藁四十束，柴二十束，馬一匹，春冬絹各六匹，綿一十二兩。儒林郎料錢二十貫，茶湯錢一十貫，廚料米六斗，麪一石五斗，藁三十束，柴一十五束，春冬絹各五匹，冬綿十兩。文林郎料錢一十五貫，茶湯錢十貫，廚料米六斗，麪一石五斗，藁三十束，柴十五束，春冬絹各五匹，綿十一兩。從事郎、從政郎、脩職郎已上料錢各一十五貫，茶湯錢一十貫，米麥各二石。迪功郎料錢一十二貫，茶湯錢一十貫，米麥各一石五斗。以上錢折支，中給一半見錢，一半折支，每貫折見錢七百文，釐務日給，滿替日住。武臣請奉：太尉料錢一百貫，春服羅一匹，小綾及絹各十匹，冬服小綾十匹，絹二十匹，綿五十兩。正任節度使在光祿大夫之下，初授及帶管軍同。料錢四百貫，祿粟一百五十石。承宣使在通

議大夫之下料錢三百貫祿粟一百石觀察使在中大夫之下料錢各二百貫祿粟一百石米麥各十五石防禦使在中散大夫之下料錢二百貫祿粟一百石米麥各十二石五斗團練使在中散大夫之下料錢一百五十貫祿粟七十石米麥各九石諸州刺史在中散大夫之下料錢一百貫祿粟五十石米麥各七石五斗自承宣使以下不帶階官者爲遙郡遙郡各在正任之下請奉與次任正任一同靖康指揮遙郡以上奉錢衣賜傔人奉馬權支三分之二殿前三衙四廂捧日天武左右廂都指揮使遙郡團練使料錢一百貫文春冬服絹各十匹殿前諸班直都虞候諸軍都指揮使遙郡刺史料錢五十貫衣同前龍衛神衛右廂都指揮使遙郡團練使同捧日天武龍神衛諸軍都指揮使遙郡刺史同殿前左右金吾衛上將軍左右衛上將軍在光祿大夫之下諸衛上將軍在通奉大夫之下以上料錢各六十貫春冬綾各五匹絹各一十匹春羅一匹冬綿五十兩左右金吾衛大將軍在中散大夫之下料錢三十五貫春冬綾各三匹絹七匹春羅一匹綿三十兩諸衛大將軍在中散大夫之下料錢二十五貫春冬綾三匹絹各七匹春羅一匹冬綿二十兩諸衛將軍在朝奉郎之下料錢二十五貫春冬綾各二匹絹各七匹春羅一匹冬綿十五兩率府率在奉議郎之下率府副率在通直郎之下料錢十三貫春冬絹各五匹春羅一匹冬綿一十五兩通侍大夫在中散大夫之下料錢五十貫祿粟二十五石春絹七匹冬絹十匹綿三十兩傔二十人馬三匹正侍大夫宣正大夫履正大夫協忠大夫中侍大夫以上在中散大夫之下料錢各三十七貫祿粟二十五石春絹七匹冬絹十匹綿三十兩傔二十人馬三匹中亮大夫在中散大夫之下料錢三十七貫祿粟二十五石春絹七匹冬絹十匹綿三十兩傔二十人馬三匹中衛大夫翊衛大夫親衛大夫拱衛大夫左武大夫右武大夫在中散大夫之下防禦使之上並在奉直大夫之下諸司正使之上以上料錢並二十七貫春絹七匹冬絹十匹綿三十兩武功大夫武德大夫武顯大夫武節大夫武略大夫武經大夫武義大夫武翼大夫並在朝奉大夫之下以上各料錢二十五貫厨料米一石麪二石春絹七匹冬絹十匹綿三十兩正侍郎宣正郎履正郎協忠郎中侍郎中亮郎中衛郎翊衛郎親衛郎拱衛郎左武郎右武郎以上並在朝奉郎之下錢各二十貫春絹五匹冬絹七匹綿三十兩武功郎武德郎武顯郎武節郎武略郎武翼郎武義郎並在承議郎之下以上各料錢二十貫厨料米麪各一石春絹五匹冬絹七匹綿二十兩訓武郎料錢一十七貫春絹三匹冬絹七匹綿三十兩脩武郎料錢一十七貫春絹五匹冬絹七匹綿二十兩從義郎秉義郎並料錢十貫帶職錢十二貫春絹四匹冬絹五匹綿一十兩忠訓郎忠翊郎並料錢七貫帶職錢十貫春冬絹各四匹冬綿一十五兩成忠郎保義郎並料錢五貫帶職錢七貫春冬絹各四匹綿一十五兩承節郎承信郎並料錢四貫春冬絹各三匹錢二貫文進武校尉料錢三貫春冬絹各三匹進義校尉料錢二貫春冬絹各三匹下班祗應各隨差使理年不等自三年至十二月料錢七百文糧二石五斗春冬絹各五匹進武副尉料錢三貫進義副尉料錢一貫守進義副尉料錢二貫

料錢職錢紹興仍政和之舊宰相樞密使料錢月三百貫政和左輔右弼爲宰相紹興左右僕射同中書門下平章事爲宰相舊制春冬服小綾各二十匹絹各三十匹春羅一匹冬綿一百兩初建炎元年指宰執請受並權支三分之二支賜支一半知樞密院事參知政事樞密副使同知樞密院事簽書樞密院事料錢二百貫春服小綾各十匹絹各二十匹春羅一匹冬綿五十兩太師太傅太保少師少傅少保料錢三百貫春服羅三匹權支一匹小綾三十匹支二十匹絹四十匹支三十匹冬服綾絹同綿二百兩支一百兩以下職事官並支職錢開封牧錢一百貫春服羅一匹小綾絹各十匹冬服小綾十匹絹二十匹綿五十兩太子太師太傅太保職錢二百貫春服羅一匹小綾十匹絹二十五匹冬服綾絹同綿五十兩少師少傅少保百五十貫春冬服小綾各七匹絹各二十匹春羅一匹冬綿五十兩御史大夫六部尚書行六十貫守五十五貫試五十貫春服羅一匹小綾五匹絹十七匹冬服綾絹同綿五十兩翰林學士承旨翰林學士五十貫春服同上左右散騎常侍行五十五貫守五十貫試四十五貫春服小綾三匹絹十五匹羅一匹冬綾絹同綿五十兩權六曹尚書御史中丞六曹侍郎並同常侍太子賓客行五十貫守四十七貫試四十五貫春服小綾七匹絹二十匹羅一匹冬綾絹同綿三十兩太子詹事錢衣同賓客小綾各上三匹給事中中書舍人行五十貫守四十五貫試四十貫服同詹事左右諫議大夫行四十五貫守四十貫試三十七貫餘同舍人權六曹侍郎職錢四十貫絹同上太常宗正卿行三十八貫守三十五貫試三十二貫春冬衣隨官序祕書監行四十二貫守三十八貫試三十五貫七寺卿國子祭酒行三十五貫守三十二貫試三十貫太常宗正少卿祕書少監行三十二貫守三十貫試二十八貫中書門下省檢正諸房公事左右司郎中行四十貫守三十七貫試二十五貫國子司業少府將作軍器監行三十二貫守三十貫試二十八貫太子少詹事行三十五貫守三十二貫試三十貫太子左右諭德行三十三貫守三十貫試

二十九貫起居郎起居舍人侍御史行三十七貫守三十五貫試三十二貫左右司員外郎六曹郎中同上殿中侍御史左右司諫行三十五貫守三十二貫試三十貫左右正言行三十二貫守三十貫試二十七貫諸司員外郎同司諫少府將作軍器少監行三十貫守二十八貫試二十五貫太子侍讀侍講行二十五貫守二十二貫試二十貫監察御史同正言太子中舍人太子舍人行二十貫守十九貫試十八貫太常丞太醫令宗正丞知太宗正丞祕書丞大理正著作行二十五貫守二十二貫試二十貫紹興元年指揮宣教郎任館職寺監丞簿評事臺法主簿寺簿正司直添給職錢一十六貫指揮每月特支米三石七寺丞行二十二貫守二十貫祕書郎行二十二貫守二十貫試一十八貫太常博士同七寺丞著作佐郎同祕書郎國子監丞同七寺丞大理司直評事同著作郎少府將作都水監丞行二十貫守十八貫祕書省校書郎行十八貫守十六貫試十四貫正字行十六貫守十五貫試十四貫御史臺檢法主簿九寺簿行二十貫守十八貫諸王宮大小學教授大學武學博士行二十貫守十八貫試十六貫令諸王府翊善贊讀直講記室料錢並支見錢律學博士行十八貫守十七貫試十六貫太常寺奉禮郎十六貫太常寺太祝郊社令行十八貫守十六貫太官令十六貫五監主簿行十八貫守十六貫太學正錄武學諭行十八貫守十七貫試十六貫律學正行十六貫守十五貫試十四貫樞密院官屬都承旨承旨料錢四十貫職錢三十貫承旨二十五貫春服羅一匹小綾三匹絹十五匹冬服小綾五匹絹十五匹綿五十兩副都承旨料錢三十貫職錢二十貫副承旨諸房副承旨十五貫若諸房副承旨同主管承旨司公事加五貫春衣羅一匹絹十五匹冬絹同綿三十兩檢詳諸房文字職錢三十五貫厨食錢每日五百計議編脩官添支錢十貫第三等折食錢二十五貫厨食錢每日五百凡諸職事官職錢不言行守試者準行給職事官衣如寄祿官例及無立定則例者隨寄祿官給職料錢米麥計實數給兩應給者從多給謂職錢米麥諸承直以下充職事官謂大理司直評事祕書省正字太學博士正錄武學博士論律學博士正聽支階官請受添給諸稱請受者謂衣糧料錢餘並爲添給舊制觀文殿大學士三十貫米三石麪五石觀文殿學士資政保和殿大學士三十貫米三石麪五石資政保和殿學士十五貫米三石麪五石同上春冬小綾各五匹絹各十七匹春羅一匹冬綿十五兩龍圖天章寶文顯謨徽猷敷文閣學士直學士十五貫

春冬小綾各三匹絹十五匹春羅一匹冬綿十五兩保和殿龍圖天章寶文顯謨徽猷敷文閣待制同先是大觀或言添支厚薄不均其後自學士而下改名貼職錢觀文殿大學士貼職錢一百貫文米麥各二十五石添支米三石麪五石萬字茶二斤觀文殿學士資政保和殿大學士貼職錢八十貫米麥同添支錢十貫添支米麪同資政保和殿學士貼職錢七十貫米麥同添支米麪同萬字茶二斤春冬綾五匹絹一十七匹綿五十兩羅一匹端明殿學士貼職錢五十貫米麥二十石添支米三石麪五石萬字字茶二斤春冬綾五匹絹一十七匹羅一匹綿五十兩龍圖天章寶文顯謨徽猷敷文閣學士樞密直學士正三品貼職錢四十貫米麥各一十石添支米二石麪五石萬字茶二斤春冬綾五匹絹一十七匹春羅一匹冬綿五十兩龍圖天章寶文徽猷敷文閣直學士保和殿待制貼職錢三十貫米麥各一十七石五斗春冬綾各三匹絹一十五匹春羅一匹冬綿五十兩龍圖天章寶文顯謨徽猷敷文閣待制貼職錢二十貫米麥各一十二石五斗春冬綾各三匹絹一十五匹春羅一匹冬綿五十兩集英殿修撰右文殿修撰祕閣修撰以上貼職錢各一十五貫直龍圖天章寶文閣直顯謨徽猷敷文閣直祕閣以上貼職錢各一十貫宣和罷支貼職錢仍舊制添支紹興因之令諸觀文殿大學士至保和殿大學士料錢春冬服隨本官資政殿學士至待制料錢隨本官春冬服從一多給又諸學士添支錢會任執政官以上者在京外任並支其餘在京支外任不支米麪茶炭奉馬傔人衣糧內外任並給酒添支馬草料外任勿給外依祖例添支如六部尚書而下職事官分等第支廚食錢自十五貫至九貫凡四等並依宣和指揮修書官折食錢監修國史四十千史館修撰直史館本省長貳三十七貫五百檢討著作三十五貫並依自來體例有特旨添支如紹興元年指揮館職寺監丞簿評事臺法主簿寺正司直博士添職錢一十貫六年指揮五寺三監秘書大宗正丞太常博士著作秘書校書郎著作佐郎正字大理寺正司直評事臺簿刪定官檢鼓奏告院特支米三石計議編修官一石

祿粟及隨身傔人

宰相一百石紹興三公侍中中書尚書令左右僕射同平章事並為宰相隨身七十人知樞密院事參知政事樞密副使同知樞密院事一百石隨身五十人太師太傅太保少師少傅少保一百石舊制百五十石隨身一百人太尉一百石隨身五十人節度使祿粟已具奉祿類元隨五十人承宣使元隨五十人觀察使防禦使元隨三十人團練使已上並具奉祿類元隨三十人諸州刺史同上元隨二十人通侍大夫正侍大夫宣正大夫履正協忠中侍中亮大夫祿粟傔人並具奉祿類捧日天武左右廂都指揮使遙郡團練使五十石傔十人龍神衛右廂都指揮使遙帶遙郡團練使同殿前諸班直都虞候諸軍都指揮使遙郡刺史二十五石傔五人龍神衛諸軍都指揮使帶遙郡刺史同諸學士添支米已附于前今載觀文殿大學士傔二十人觀文殿學士資政保和殿大學士傔十人資政保和殿學士龍圖天章寶文顯謨徽猷敷文閣學士傔七人樞密都承旨傔十人副都承旨諸房副承旨七人其餘京畿守令幕職曹官自十石七石五石至于二石各有等中書堂後官提點五房公事逐房副承旨自七人五人至于一人各有數因仍前制舊史已書凡任宰相執政有隨身太尉至刺史有元隨餘止傔人

紹興折色凡祿粟每石細色六斗米麥中支管軍給米六分麥四分隨身元隨傔人糧每斗折錢三十文衣紬絹每匹一貫布每匹三百五十文綿每兩四十文

公用錢

自節度使兼使相有給二萬貫者其次萬貫至七千貫凡四等節度使萬貫至三千貫凡四等節度觀察留後五千貫至二千貫凡四等觀察使三千貫至二千五百貫凡二等防禦使三千貫至千五百貫凡四等團練使二千貫至千貫凡三等刺史千五百貫至五百貫凡三等亦有不給者觀察使以下在禁軍校者皆不給京守在邊要或加錢給者如故皆隨月給受如祿奉焉咸平五年令河北河東陝西諸州皆逐季給京師月給者玉清昭應宮使百千景靈宮使崇文院七十千會靈觀使六十千祥源觀都大管勾五十千御史臺三百千大理寺二百五十三千刑部九十六千舍人院二十千太常寺二十五千祕閣二十千宗正寺十五千太常禮院起居院十千門下省登聞檢院鼓院官誥院三班院各五十千歲給者尚書都省銀臺司審刑院提舉諸司庫務司每給三十千用盡續給不限年月餘文武常參官內職知州者歲給五千至百千凡十三等皆長吏與通判署籍連署以給用少卿監以上有增十千至百千者淳化元年九月詔諸州軍監縣無公使處遇誕降節給茶宴錢節度州百千防團刺史州五十千監三泉縣三十千嶺南州軍以幕府州縣官權知州十千

給券

文武羣臣奉使於外藩郡入朝皆往來備饔餼又有賔幕軍將隨身牙官馬驢橐駝之差節察俱有賔幕以下中書樞密三司使有隨身而無牙官軍將隨諸司使以上有軍將橐駝餘皆有牙官馬驢惟節察有賔幕諸州及四夷貢奉使諸司職掌祇事者亦有給焉四夷有譯語通事書狀換衣十券頭首領部署子弟之名貢奉使有廳頭子將推船防授之名職掌有傔京朝官三班外任無添給者止續給之京府按事畿內幕職州縣出境比較錢穀覆按刑獄並給券其赴任川陝者給驛券赴福建廣南者所過給倉券入本路給驛券皆至任則止車駕巡幸羣臣扈從者中書樞密三司使給館券餘官給倉券

職田

周自卿以下有圭田不稅晉有芻稾田後魏宰人之官有公田北齊一品以下公田有差唐制內外官各給職田五代以來遂廢咸平中令館閣檢校故事申定其制以官莊及遠年逃亡田充悉免租稅佃戶以浮客充所得課租均分如鄉原例州縣長吏給十之五自餘差給其兩京大藩府四十頃次藩鎮三十五頃防禦團練州三十頃中上刺史州三十頃下州及軍監十五頃邊遠小州上縣十頃中縣八頃下縣七頃轉運使副十頃兵馬都監押砦主釐務官錄事參軍判司等比通判幕職之數而均給之景德二年七月詔諸州職田如有災傷準例蠲課大中祥符九年殿中侍御史王奇上言請天

下納職田以助振貸帝曰奇未曉給納之理然朕每覽法寺奏欵外官占田多踰往制不能自備牛種水旱之際又不蠲省致民無告遂罷奇奏因下詔戒飭之天聖中上患職田有無不均吏或多取以病民詔罷天下職田悉以歲入租課送官具數上二司計直而均給之朝廷方議措置未下仁宗閱具獄見吏以賄敗者多惻然傷之詔復給職田毋多占佃戶及無田而配出所租違者以枉法論又十餘年至慶曆中詔限職田有司始申定其數凡大藩長吏二十頃通判八頃判官五頃幕職官四頃凡節鎮長吏十五頃通判七頃判官四頃幕職官三頃五十畝凡防團以下州軍長吏十頃通判六頃判官三頃五十畝幕職官三頃其餘軍監長吏七頃判官幕官並同防團以下州軍凡縣令萬戶以上六頃五千戶以上五頃不滿五千戶並四頃凡簿尉萬戶以上三頃五千戶以上二頃五十畝不滿五千戶二頃錄事參軍比本判官曹官比倚郭簿尉發運制置轉運使副武臣總管比節鎮長吏發運制置判官比大藩府通判安撫都監路分都監比節鎮通判大藩府都監比本府判官黃汴河許汝石塘河都大催綱比節鎮判官節鎮以下至軍監諸路走馬承受并砦主都同巡檢提舉捉賊提點馬監都大巡河不得過節鎮判官在州監當及催綱撥發巡捉私茶鹽賊盜駐泊捉賊不得過簿尉自此人有定制士有定限吏以職田抵罪者視昔爲庶幾焉至熙寧間復詔詳定凡知大藩府（三京京兆成都太原荆南江寧府延秦揚杭潭廣州）二十頃節領十五頃餘州及軍（淮陽無爲臨江廣德興國南康南安建昌邵武興化）並十頃餘小軍監七頃通判藩府八頃節鎮七頃餘州六頃留守節度觀察判官藩府五頃節鎮四頃掌書記以下幕職官三頃五十畝防禦團練軍事推官軍監判官三頃令丞簿尉萬戶以上縣令六頃丞四頃不滿萬戶令五頃丞三頃不滿五千戶令四頃丞二頃五十畝簿尉減令之半藩府節鎮錄參視本州判官餘視幕職官藩府節鎮曹官視萬戶縣簿尉餘視不滿萬戶者發運轉運使副視節鎮知州開封府界提點視餘州發運轉運判官常平倉司提舉官視藩府通判同提舉視萬戶縣令發運司幹當公事視節鎮通判轉運司管幹文字提刑司檢法官提舉常平倉司幹當公事視不滿萬戶縣令蔡河許汝石塘河都大催綱管幹機宜文字府界提點司幹當公事視節鎮判官總管視節鎮知州路分鈐轄視餘州知州安撫路分都監州鈐轄視節鎮通判藩府都監視本州判官諸路正將視路分都監副將視藩府都監走馬承受諸州都監都同巡都大巡河並視節鎮判官巡檢堡砦都監砦主在州監當及催綱撥發巡捉私茶鹽賊盜駐泊捉賊並視幕職官巡轄馬遞鋪監堰并縣鎮砦監當並視本縣簿尉諸路州學教授京朝視本州判官選人視本州曹官又詔成都府路提點刑獄司以本路職田令逐州軍歲以子利稻麥等拘收變錢從本司以一路所收錢數又紐而爲斛斗價直然後等第均給自熙寧三年始知成都府一千石轉運使六百石鈐轄二員各五百石轉運判官視鈐轄通判二員各四百五十石簽判節推察推知錄幹當糧料院監軍資庫都監都巡檢巡檢以大使臣走馬承受京朝官知縣各二百石（內職官係兩使支掌以上資序者同知係初等及權入者各一百五十石）監商稅市買院交子務（係京朝官或大使臣充者）視職官城外巡檢排岸十縣巡檢（係三班使臣者）各一百五十石司理司戶司法府學教授（係敕差正授者）監甲仗庫各一百石知眉蜀彭雅印嘉簡陵州永嘉軍視成都通判其通判減三之一知威黎茂州視眉蜀通判其都監監押駐泊都巡檢（係大使臣者）簽判推判官（係兩使職官并支掌以上資序）知錄京朝官并職官知縣監棚口鎮（係京朝官）視成都職官監押巡檢同巡檢駐泊（係三班使臣）初等職官或權入職官錄事參軍縣令試銜知縣視成都城外巡檢司理司戶司法諸縣主簿尉應監當場務選人監稅監鹽巡轄馬鋪（係三班使臣）視成都曹官應諸縣令佐係職員權攝者不給歲有豐凶則數有少剩皆隨時等級爲之增減（初權御史中丞呂誨御史知雜劉述奏詔同均定成都梓利夔四路職田等以成都路歲收子利稻麥桑絲麻竹等物逐處不同遂計實直紐作稻穀一色每斗中價百有二十自知成都府以官品等第均定及再詔詳定而三路數少均分不足用定到成都路數目以聞中書再行詳定而有是詔）元豐中詔熙河涇原蘭州路州軍官屬職田每頃歲給錢鈔十千（以其元給田及新造之區募弓箭手及留其地以爲營田）元符三年朝散郎杜子民奏職田之法每患不均神宗首變兩川之法均給上下一路便之元祐中推廣此意以限月之法變而均給士大夫貪冒者或窮日之力以赴期會或交書請屬以倖權攝奔競之風長廉恥之節喪乞復元豐均給之法以養士廉節從之建中靖國元年知延安府范純粹奏昨帥河東日聞晉州守臣所得職田因李君卿爲州諭意屬邑增廣租入比舊數倍後襄陵縣令周汲力陳其弊郡守時彥歲減所入十七八佃戶始脫苛斂之苦而晉絳陝三州圭腴素號優厚多由違法所致或改易種色或遣子弟公皁監穫貪汚猥賤無所不有乞下河東陝西監司悉令改正從之大觀四年臣僚言圭田欲以養廉無法制以防之則貪者奮矣姦吏挾肥瘠之議以逞其私給田有限課入無算祖宗深慮其弊以提點刑獄官察之而未嘗給以圭租庶不同其利而公其心也近歲提點刑獄所受圭租同於他司故積年利病壅於上聞元豐舊制檢法官其屬也當視其長自元祐初併提舉常平司職事入提刑司兼領編敕遂將提舉官合給之數撥與提刑司參詳修立而檢法官亦預焉詔依舊法政和八年臣僚言尚書省以縣令之選輕措置自不滿五千戶至滿萬戶遞增給職田一頃夫天下圭租多寡不均久矣縣令所得亦復不齊多至九百斛如淄州高苑八百斛如常之江陰六百斛常之宜興亦六百斛自是而降或四五百或三二百凡在河北京東京西荆湖之間少則有至二三十斛者二廣福建有自來無圭租處川陝四路自守倅至簿尉又以一路歲入均給令固不得而獨有令欲一槩增給一頃豈可得哉詔應縣令職田頃畝未及條格者催促標撥宣和九年詔諸路職官各有職田所以養廉也縣召客戶稅戶租佃分收災傷檢覆減放所以防貪也諸縣多踰法抑都保正長及中上戶分佃認納不問所收厚薄使之必輸甚至不知田畝所在虛認租課聞之惻然應違法抑勒及詭名委保者以違詔論災傷檢放不盡者計贓以枉法論入已者以自盜論靖康元年詔諸路職田租存田亡者並與落租額紹興間懼其不均則詔諸路提刑司依法摽撥官多田少即於隣近州縣通融須管數足又詔將空閑之田爲他司官屬所占者撥以足之仍先自簿尉始其有無職田選人并親民小使臣每員月支茶湯錢一十貫文內雖有職田每月不及十貫者皆與補足所以厚其養廉之利懼其病民則委通判縣令覈實除其不可力耕之田損其已定過多之額凡職租不許輒令保正催納或抑令折納見錢或無田平白監租或以虛數勒民代納或額外過數多取皆申嚴禁止之令察以監司坐以贓罪所以防其不廉之害罷廢未幾而復舊拘借未久而給還移充糴本轉收馬料旋復免行皆所以示優恩厲清操也若其頃畝多寡具有成式知藩府（謂三京潁昌京兆成都太原建康江陵延安興仁隆德開德臨安府秦揚潭廣州）二十頃發運轉運使副總管副總管知節鎮一十五頃知餘州及廣濟淮陽無爲臨江廣德興國南康南安建昌邵武興化漢陽永康軍并路分鈐轄一十頃發運轉運判官提舉淮南兩浙江南荆湖東西河北路鹽事官通判藩府八頃知餘軍及監并通判節鎮州鈐轄安撫副使都監路分都監將官發運司幹辦公事七頃通判餘州及軍滿萬戶縣令六頃藩府判官錄事參軍州學教授（並謂承務郎以上者）都監發運轉運司主管文字滿五千戶縣令副將官節鎮判官錄事參軍州學教授（並謂承務郎以上者）轉運司主管帳司不滿五千戶縣令滿萬戶縣丞餘州都監走馬承受公事主管機宜文字同巡檢都大巡河提點馬監四頃節度掌書記觀察支使藩府及節鎮推官巡檢縣鎮砦都監砦主巡捉私茶鹽駐泊捉賊在城監當餘州判官學教授並謂承務郎以上者軍監都監三頃五十畝軍監判官餘州推官餘州及軍監錄事參軍巡檢縣鎮砦都監砦主巡捉私茶鹽駐泊捉賊在城監當藩府及節鎮曹官州學教授（謂承直郎以下）滿五千戶縣丞滿萬戶縣簿尉巡轄馬遞鋪縣鎮砦監當及監堰三頃餘州及軍監曹官州學教授（謂承直郎以下）不滿五千戶縣丞滿五千戶縣簿尉巡轄馬遞鋪縣鎮砦監當及監堰二頃五十畝不滿五千戶縣簿尉巡轄馬遞鋪縣鎮砦監當及監堰二頃

宋史卷一百七十三

元中書右丞相總裁脫脫等修

食貨志第一百二十六

食貨上一（農田）

昔武王克商訪箕子以治道箕子爲之陳洪範九疇五行五事之次即曰農用八政八政之目即以食貨爲先五行天道也五事人道也天人之道治而國家之政興焉是故食貨而下五卿之職備舉於是矣宗伯掌邦禮祀必有食貨而後儀物備賓必有食貨而後委積豐司空掌邦土民必有食貨而後可奠於厥居司徒掌邦教民必有食貨而後可興於禮義司寇掌邦禁民必有食貨而後可遠於刑罰司馬掌邦政兵必有食貨而後可用於征戍其曰農用八政農食貨之本也唐杜佑作通典首食貨而先田制其能推本洪範八政之意歟宋承唐五季之後太祖興削平諸國除藩鎮留州之法而粟帛錢幣咸聚王畿嚴守令勸農之條而稻粱桑枲務盡地力至於太宗國用殷實輕賦薄斂之制日與羣臣講求而行之傳至眞宗內則升中告成之事舉外則和戎安邊之事滋由是食貨之議日盛一日仁宗之世契丹增幣夏國增賜養兵兩陲費累百萬然帝性恭儉寡慾

故取民之制不至掊克神宗欲伸中國之威革前代之弊王安石之流進售其强兵富國之術而青苗保甲之令行民始罹其害矣哲宗元祐更化斯民稍望休息紹聖而後章惇倡紹述之謀秕政復作徽宗旣立蔡京爲豐亨豫大之言苛征暴斂以濟多欲自速禍敗高宗南渡雖失舊物之半猶席東南地產之饒足以裕國然百五十年之間公私粗給而已考其祖宗立國初意以忠厚仁恕爲基向使究其所爲勉而進於王道亦孰能禦之哉然終宋之世享國不爲不長其租稅征榷規撫節目煩簡疏密無以大異於前世何哉內則牽於繁文外則撓於强敵供億旣多調度不繼勢不但已徵求於民謀國者處乎其間又多伐異而黨同易動而輕變殊不知大國之制用如巨商之理財不求近效而貴遠利宋臣於一事之行初議不審行之未幾卽區區然較其失得尋議廢格後之所議未有以瘉於前其後數人者又復訾之如前使上之爲君者莫之適從下之爲民者無自信守因革紛紜非是貿亂而事弊日益以甚矣世謂儒者論議多於事功若宋人之言食貨大率然也又謂漢文景之殷富得諸黃老之淸靜爲黃老之學者大忌於紛更宋法果能然乎時有古今世有升降天地生財其數有限國家用財其端無窮歸於一是則生之者衆食之者寡爲之者疾用之者舒之外無他技也宋舊史志食貨之法或驟試而輒已或亟言而未行仍之則徒重篇帙約之則不見其始末姑去其泰甚而存其可爲鑒者焉篇次離爲上下其一曰農田二曰方田三曰賦稅四曰布帛五曰和糴六曰漕運七曰屯田八曰常平義倉九曰課役十曰振恤或出或入動關民生國以民爲本固列之於上篇焉其一曰會計二曰銅鐵錢三曰會子四曰鹽五曰茶六曰酒七曰阬冶八曰礬九曰商稅十曰市易十一曰均輸十二曰互市舶法或損或益有係國體國不以利爲利故列之下篇焉各疏其事二十有二目通爲十有四卷云農田之制自五代以兵戰爲務條章多闕周世宗始遣使均括諸州民田太祖卽位循用其法建隆以來命官分詣諸道均田苛暴失實者輒譴黜申明周顯德三年之令課民種樹定民籍爲五等第一等種雜樹百每等減二十爲差梨棗半之男女十歲以上種韭一畦闊一步長十步乏井者鄰伍爲鑿之令佐春秋巡視書其數秩滿第其課爲殿最又詔所在長吏諭民有能廣植桑棗墾闢荒田者止輸舊租縣令佐能招徠勸課致戶口增羨野無曠土者議賞諸州各隨風土所宜量地廣狹土壤瘠埆不宜種藝者不須責課遇豐歲則諭民謹蓋藏節費用以備不虞民伐桑棗爲薪者罪之剝桑三工以上爲首者死從者流三千里不滿三工者減死配役從者徒三年太宗太平興國中兩京諸路許民共推練土地之宜明樹藝之法者一人縣補爲農師令相視田畝肥瘠及五種所宜某家有種某戶有丁男某人有耕牛卽同鄉三老里胥召集餘夫分畫曠土勸令種蒔候歲熟共取其利爲農師者蠲稅免役民有飲博怠於農務者農師謹察之白州縣論罪以警游惰所墾田卽爲永業官不取其租其後以煩擾罷初農時太宗嘗令取畿內靑苗觀之聽政之次出示近臣是歲畿內菽粟苗皆長數尺帝顧謂左右曰朕每念耕稼之勤苟非兵食所資固當盡復其租稅端拱初親耕籍田以勸農事然畿甸民苦稅重兄弟旣壯乃析居其田畝聚稅於一家卽棄去縣歲按所棄地除其租已而匿他舍冒名佃作帝聞而思革其弊會知封丘縣竇玭言之乃詔賜緋魚絹百疋擢太子中允知開封府司錄事俾按察京畿諸縣田租玭專務苛刻以求課最民實逃亡者亦搜索於鄰里親戚之家益造新籍甚爲勞擾數月罷之時州縣之吏多非其人土地之利不盡出租稅減耗賦役不均上下相蒙積習成敝乃詔諸知州通判具如何均平賦稅招輯流亡惠恤孤貧窒塞姦幸凡民間未便事限一月附疾置以聞而比年多稼不登富者操奇贏之資貧者取倍稱之息一或小稔富家責償愈急稅調未畢資儲罄然遂令州縣戒里胥鄉老察視有取富民穀麥貲財出息不得踰倍未輸稅毋得先償私逋違者罪之言者謂江北之民雜植諸穀江南專種秔稻雖土風各有所宜至於參植以防水旱亦古之制於是詔江南兩浙荊湖嶺南福建諸州長吏勸民益種諸穀民乏粟麥黍豆種者於淮北州郡給之江北諸州亦令就水廣種秔稻並免其租淳化五年宋亳數州牛疫死者過半官借錢令就江淮市牛未至屬時雨霑足帝慮其耕稼失時太子中允武允成獻踏犂運以人力卽分命秘書丞直史館陳堯叟等卽其州依式製造給民凡州縣曠土許民請佃爲永業蠲三歲租三歲外輸三分之一官吏勸民墾田悉書于印紙以俟旌賞至道二年太常博士直史館陳靖上言先王之欲厚生民莫先於積穀而務農鹽鐵榷酤斯爲末矣按天下土田除江淮湖湘兩浙隴蜀河東諸路地里夐遠雖加勸督未遽獲利今京畿周環二十三州幅員數千里地之墾者十纔二三稅之入者又十無五六復有匿里舍而稱逃亡棄耕農而事游惰賦額歲減國用不充詔書累下許民復業蠲其租調寬以歲時然鄉縣擾之每一戶歸業則刺報所由朝耕尺寸之田暮入差徭之籍追胥責問繼踵而來雖蒙蠲其常租實無補於捐瘠況民之流徙始由貧困或避私債或逃公稅亦旣亡逝則鄉里檢其資財至於室廬什器桑棗材木咸計其直或鄉官用以輸稅或債主取以償逋生計蕩然還無所詣以茲浮蕩絕意歸耕如授以閑曠之田廣募游惰誘之耕墾未計賦租許令別置版圖便宜從事酌民力豐寡農畝肥磽均配督課令其不倦其逃民歸業丁口授田煩碎之事並取大司農裁決耕桑之外令益樹雜木蔬果孳畜羊犬雞豚給授桑土潛擬井田營造室居使立保伍養生送死之具慶弔問遺之資並立條制俟至三五年間生計成立卽計戶定征量田輸稅若民力不足官借糴錢或以市餘糧或以營耕具凡此給授委於司農比及秋成乃令償直依時價折納以其成數關白戶部帝覽之喜令靖條奏以聞靖又言逃民復業及浮客請佃者委農官勘驗以給授田土收附版籍州縣未得議其差役乏糧種耕牛者令司農以官錢給借其田制爲三品以膏沃而無水旱之患者爲上品雖沃壤而有水旱之患埆瘠而無水旱之慮者爲中品旣埆瘠復患於水旱者爲下品上田人授百畝中田百五十畝下田二百畝並五年後收其租亦只計百畝十收其三一家有三丁者請加受田如丁數五丁者從三丁之制七丁者給五丁十丁給七丁至二十三十丁者以十丁爲限若寬鄉田多卽委農官裁度以賦之其室廬蔬韭及梨棗榆柳種藝之地每戶十丁者給百五十畝七丁者百畝五丁者七十畝三丁者五十畝不及三丁者三十畝除桑功五年後計其租餘悉蠲其課宰相呂端謂靖所立田制多改舊法又大費資用以其狀付有司詔鹽鐵使陳恕等共議請如靖奏乃以靖爲京西勸農使按行陳許蔡潁襄鄧唐汝等州勸民墾田以大理寺丞皇甫選光祿寺丞何亮副之選亮上言功難成願罷其事帝志在勉農猶詔靖經度未幾三司以費官錢數多萬一水旱恐致散失事遂寢眞宗景德初詔諸州不堪牧馬閑田依職田例招主客戶多方種蒔以沃瘠分三等輸課河朔戎寇之後耕具頗闕牛多瘠死二年內出踏犂式詔河北轉運使詢於民間如可用則官造給之且令有司議市牛送河北又以兵罷民始務農掤什器遂權除生熟鐵度河之禁是歲命權三司使丁謂取戶稅條勑及臣民所陳田農利害與鹽鐵判官張若谷戶部判官王曾等參詳刪定成景德農田勑五卷三年正月上之謂等又取唐開元中宇文融請置勸農判官檢戶口田土僞濫且慮別置官煩擾而諸州長吏除當勸農乃請少卿監爲刺史閤門使以上知州者並兼管內勸農事及通判並兼勸農事諸路轉運使副兼本路勸農使詔可大中祥符四年詔曰火田之禁著在禮經山林之間合順時令其或昆蟲未蟄草木猶蕃輒縱燎原則傷生類諸州縣人畬田並如鄉土舊例自餘焚燒野草須十月後方得縱火其行路野宿人所在檢察毋使延燔帝以江淮兩浙稍旱卽水田不登遣使就福建取占城稻三萬斛分給三路爲種擇民田高仰者蒔之蓋旱稻也內出種法命轉運使揭榜示民後又種於玉宸殿帝與近臣同觀畢刈又遣內侍持於朝堂示百官稻比中國者穗長而無芒粒差小不擇地而生六年免諸路農器之稅明年諸州牛疫又詔民買賣耕牛勿算繼令羣牧司選醫牛古方頒之天下天禧初詔諸路自今候登熟方奏豐稔或以奏豐稔而非時災沴者卽須上聞違者重寘其罪先是民訴水旱者夏以四月秋以七月判湖淮南江浙川峽廣南水田不得過期過期者吏勿受令佐受訴卽分行檢視白州遣官覆檢三司定分數蠲稅亦有朝旨特增免數及應輸者許其倚格京畿則特遣官覆檢太祖時亦或遣官往外州檢視不爲常制傷甚有免覆檢者至是又以覆檢煩擾止遣官就田所閱視卽定蠲數時久罷畋遊令開封府諭民京城四面禁圍草城許其耕牧三年詔民有孝弟力田儲蓄歲計者長吏倍存恤之初朝議置勸農之名然無職局四年始詔諸路提點刑獄朝臣爲勸農使使臣爲副使所至取民籍視其差等不如式者懲革之勸恤農民以時耕墾招集逃散檢括陷稅凡農田事悉領焉置局案鑄印給之凡奏舉親民之官悉令條析勸農之績以爲殿最黜陟自景德以來四方無事百姓康樂戶口蕃庶田野日闢仁宗繼之益務約已愛人卽位之初下詔曰今宿麥旣登秋種向茂其令州縣諭民務謹蓋藏無或妄費上書者言賦役未均田制不立因詔限田公卿以下毋過三十頃牙前將吏應復役者毋過十五頃止一州之內過是者論如違制律以田賞告者旣而三司言限田一州而卜葬者牽於陰陽之說至不敢舉事又聽數外置墓田五頃而任事者終以限田不便未幾卽廢時又禁

近臣置別業京師及寺觀毋得市田初眞宗崩內遣中人持金賜玉泉山僧寺市田言爲先帝植福後毋以爲例繇是寺觀稍益市田明道二年殿中侍御史段少連言頃歲中人至漣水軍稱詔市民田給僧寺非舊制詔還民田收其直入官後承平寖久勢官富姓古田無限兼并冒僞習以成俗重禁莫能止焉帝敦本務農屢詔勸劭觀稼於郊歲一再出又躬耕籍田以先天下景祐初患百姓多去農爲兵詔大臣條上兵農得失議更其法遣尚書職方員外郎沈厚載出懷衞磁相邢洺鎭趙等州教民種水田京東轉運司亦言濟兗間多閑田而青州兵馬都監郝仁禹知田事請命規度水利募民耕墾從之是秋詔曰仍歲饑歉民多失職今秋稼甫登方事斂穫州縣毋或追擾以妨農時刑獄須證逮者速決之帝每以水旱爲憂寶元初詔諸州旬上雨雪著爲令慶曆三年詔民犯法可矜者別爲贖令鄉民以穀麥市人以錢帛謂民重穀帛免刑罰則農桑自勸然卒不果行參知政事范仲淹言古者三公兼六卿之職唐命相判尚書六曹或兼諸道鹽鐵轉運使請於職事中擇其要者以輔臣兼領於是以賈昌朝領農田未及施爲而仲淹罷事遂止皇祐中於苑中作寶岐殿每歲召輔臣觀刈穀麥自是罕復出郊矣帝閔天下廢田尚多民罕土著或棄田流徙爲閒民天聖初詔民流積十年者其田聽人耕三年而後收減舊額之半後又詔流民能自復者賦亦如之既而又與流民限百日復業蠲賦役五年減舊賦十之八期盡不至聽他人得耕至是每下赦令輒以招輯流亡募人耕墾爲言民被災而流者又復其蠲復緩其期招之詔諸州長吏令佐能勸民修陂池溝洫之久廢者及墾闢荒田增稅二十萬已上議賞監司能督責部吏經畫賞亦如之久之天下生齒益蕃闢田益廣獨京西唐鄧間尚多曠土入草莽者十八九或請徙戶實之或議置屯田或欲遂廢唐州爲縣嘉祐中唐守趙尚寬言土曠可闢民希可招而州不可廢得漢邵信臣故陂渠遺跡而修復之假牛犂種食以誘耕者勸課勞來歲餘流民自歸及淮南湖北之民至者二十餘戶引水溉田幾數萬頃變磽瘠爲膏腴監司上其狀三司使包拯亦以爲言遂留再任治平中歲滿當去英宗嘉其勤且倚以興輯特進一官賜錢二十萬復留再任時患守令數易詔察其有實課者增秩再任而尚寬應詔爲天下倡後太守高賦繼之亦以能勸課被奬留再任天下墾田景德中丁謂著會計錄云總得一百八十六萬餘頃以是歲七百二十二萬餘戶計之是四戶耕田一頃繇是而知天下隱田多矣又川峽廣南之田頃畝不備第以五賦約之至天聖中國史則云開寶末墾田二百九十五萬二千三百二十頃六十畝至道二年三百一十二萬五千二百五十一頃二十五畝天禧五年五百二十四萬七千五百八十四頃三十二畝而開寶之數乃倍於景德則謂之所錄固未得其實皇祐治平三司皆有會計錄而皇祐中墾田二百二十八萬餘頃治平中四百四十萬餘頃其間相去不及二十年而墾田之數增倍以治平數視天禧則猶不及而敘治平錄者以謂此特計其賦租以知頃畝之數而賦租所不加者十居其七率而計之則天下墾田無慮三千餘萬頃是時累朝相承重於擾民未嘗窮按故莫得其實而廢田見於籍者猶四十八萬頃治平四年詔曰歲比不登今春時雨農民桑蠶穀麥衆作勤勞一歲之功併在此時其委安撫轉運司敕戒州縣吏省事息民無奪其時諸路逃田三十年者除其稅十四四十年以上十五五十年以上六分百年以上七分佃及十年輸五分二十年輸七分著爲令神宗熙寧元年襄州宜城令朱紘復脩水渠溉田六千頃詔遷一官權京西轉運使謝景溫言在法請田戶五年內科役皆免貶汝州四縣客戶不一二年便爲舊戶科抉與之同役因此卽又逃竄田土荒萊欲乞置墾田務差官專領籍四縣荒田召人請射更不以其人隸屬諸縣版籍須五年乃撥附則五年內自無差科如招及千戶以上者優獎詔不置務餘從所請明年分遣諸路常平官使專領農田水利吏民能知土地種植之法陂塘圩埠堤堰溝洫利害者皆得自言行之有效隨功利大小酬賞民占荒逃田若歸業者責相保任逃稅者保任爲輸之已行新法縣分田土頃畝川港陂塘之類令佐受代具墾闢開脩之數授諸代者令照籍有實乃代中書議勸民栽桑帝曰農桑衣食之本民不敢自力者正以州縣約以爲貲升其戶等耳宜申條禁於是司農寺請立法先行之開封視可行頒於天下民種桑柘毋得增賦安肅廣信順安軍保州令民卽其地植桑榆或所宜木因可限閡戎馬官計其活茂多寡得差減在戶租數活不及數者罰責之補種興脩水利田起熙寧三年至九年府界及諸路凡一萬七百九十三處爲田三十六萬一千一百七十八頃有奇神宗元豐元年詔開廢田水利民力不能給役者貸以常平錢穀京西南路流民買耕牛者免征五年都水使者范三淵奏自大名抵乾寧跨十五州河徙地凡七千頃乞募人耕種從之哲宗卽位宣仁太后臨朝首起司馬光爲門下侍郞委之以政詔天下臣民皆得以封事言民間疾苦光抗疏曰四民之中惟農最苦寒耕熱耘霑體塗足戴日而作戴星而息蠶婦治繭績麻紡緯縷縷而積之寸寸而成之其勤極矣而又水旱霜雹蝗蜮間爲之災幸而收成公私之債交爭互奪穀未離場帛未下機已非己有所食者糠籺而不足所衣者綈褐而不完直以世服田畝不知舍此之外有何可生之路耳而況聚斂之臣於租稅之外巧取百端以邀功賞青苗則彊散重斂給陳納新免役則刻剝窮民收養浮食保甲則勞於非業之作保馬則困於無益之費可不念哉今者濬發德音使畎畝之民得上封事雖其言辭鄙雜皆身受實患直貢其誠不可忽也初熙寧六年立法勸民栽桑有不趨令則倣屋粟里布爲之罰然長民之吏不能究宣德意民以爲病至是楚丘民胡昌等言其不便詔罷之且蠲所負罰金與平縣抑民田爲牧地民亦自言詔悉還之元祐四年詔瀕河州縣積水冒田在任官能爲民經畫疏導溝畎退出良田自百頃至千頃第賞崇寧中廣東南路轉運判官王覺以開闢荒田幾及萬頃詔遷一官其後知州部使者以能課民種桑棗者率優其第秩焉政和六年立管幹圩岸圍岸官法在官三年無隳損堙塞者賞之京畿提點刑獄王本言前任提舉常平根括諸縣天荒瘠鹵地一萬二千餘頃入稻田務已佃者五千三百餘頃尚慮令佐不肯究心詔比開墾鹻地格推賞平江府興脩圍田二千餘頃令佐而下以差減磨勘年八年權淮南江浙荆湖制置發運使任諒奏高郵軍有逃田四百四十六頃楚州九百七十四頃泰州五百七十二頃平江府四百九十七頃以六路計之何可勝數欲諸縣專選官按籍根括詔無丞處委他官餘並從之宣和二年臣僚上言監司守令官帶勸農莫副上意欲立四證驗之按田萊荒治之迹較戶產登降之籍驗米穀貴賤之價考租賦盈虧之數四證具則其實著矣命中書審定取旨五年詔江東轉運司根括到逃田一百六十頃一十六畝兩浙根括到四百五十六頃召人出租專充今年增屯戍兵衣糧初政和中品官限田一品百頃以差降殺至九品爲十畝限外之數並同編戶差科七年又詔內外宮觀捨置田在京不得過五十頃在外不得過三十頃不免科差徭役支移雖奉御筆許執奏不行建炎元年五月高宗卽位命有司招誘農民歸業者振貸之蠲欠租免耕牛稅五年廣州州學教授林勳獻本政書十三篇大略謂國朝兵農之政大抵因唐末之故今農貧而多失職兵驕而不可用是以饑民竄卒類爲盜賊宜倣古井田之制使民一夫占田五十畝其羨田之家毋得市田其無田與游惰末作者皆使爲農以耕田之羨雜紐錢穀以爲什一之稅本朝二稅之數視唐增至七倍今本政之制每十六夫爲一井提封百里爲三千四百井率稅米五萬一千斛錢萬二千緡每井賦二兵一馬率爲兵六千八百人馬三千四百匹此方百里之縣所出賦稅之數歲取五之一以爲上番之額以給征役無事則又分爲四番以直官府以給守衞是民凡三十五年而役始一徧也悉上則歲食米萬九千餘斛錢三千六百餘緡無事則減四分之三皆以一同之租稅供之匹婦之貢絹三尺綿一兩百里之縣歲收絹四千餘匹綿二千四百斤非蠶鄉則布六尺麻二兩所收視絹綿倍之行之十年則民之口算官之酒酤與凡茶鹽香礬之榷皆可弛以予民其說甚備尋以勳爲桂州節度掌書記建炎以來內外用兵所在多逃絕之田紹興二年四月詔兩浙路收買牛具貸淮東人戶七月詔知興國軍王絢知永興縣陳升率先奉詔誘民墾田各增一秩三年九月戶部言百姓棄產已詔二年外許人請射十年內雖已請射及充職田者並聽歸業孤幼及親屬應得財產者守令驗實給還冒占者論如律州縣奉行不虔監司按劾從之先是臣僚言諸州縣拘籍被虜百姓稅賦而苛酷之吏不考其實其間有父母被虜兒女存者有中道脫者有全家被虜而親屬偶歸者一槩籍沒人情皇皇故有是命十月募佃江東西閑田三等定租上田畝輸米一斗五升中田一斗下田七升四年貸廬州民錢萬緡以買耕牛五年五月立守令墾田殿最格殘破州縣墾田增及一分郡守升三季名次增及九分遷一官虧及一分降三季名次虧及九分鐫一官縣令差減之增虧各及十分者取旨賞罰其後以兩淮荆湖等路民稍復業而曠土尚多戶部復立格上之每州增墾田千頃縣半之守宰各進一秩州虧五百頃縣虧五之一皆展磨勘年詔頒之諸路增謂荒田開墾者虧謂熟田不因災傷而致荒者又令縣具歸業民數及墾田多寡月上之州州季上轉運轉運歲上戶部戶部置籍以考之七月都督行府言潭鼎岳澧荆南歸業之民其田已佃者以附近閑田與之免三年租稅無產願受閑田者亦與之上諭輔臣曰淮北之民襁負而至亦可給田以廣招徠之意六年減江東諸路逃田稅額知平江府章誼言民所甚苦者催科無法稅役不均彊宗巨室阡陌相望而多無稅之田使下戶爲之破產乞委通判一員均平賦役九年宗正少卿方庭實言中原士民奔逃南州十有四

年出違十年之限及流徙避遠卒未能歸者望詔有司別立限年戶部議自復降赦日爲始再期五年如期滿無理認者見佃人依舊承佃中原士民流寓東南往往有墳墓或官拘籍或民冒占便行給還從之十一年復買牛貸淮南農戶十二年左司員外郎李椿年言經界不正十害且言平江歲入昔十七萬有奇今按籍雖三十萬斛然實入纔二十萬耳詢之土人皆欺隱也望考按覈實自平江始然後施之天下則經界正而仁政行矣上謂宰執曰椿年之論頗有條理秦檜亦言其說簡易可行程克俊曰比年百姓避役正緣經界不正行之乃公私之利以椿年爲兩浙路轉運副使措置經界椿年請先往平江諸縣俟就緒卽往諸州要在均平爲民除害不增稅額十三年以提舉洪州玉隆觀胡思直顯謨閣徐林議沮經界停官遠徙以民田不上稅簿者沒官稅簿不謹書者罪官吏時量田不實者罪至徒流江山尉汪大猷白椿年曰法峻民未喩固有田少而供多者願許陳首追正椿年爲之輕刑省費甚衆十四年以椿年權戶部侍郎措置經界尋以毋憂去以兩浙轉運副使王鈇權戶部侍郎措置十五年詔戶部及所遣官委曲措置務使賦稅均而無擾又因興國軍守臣宋時言詔諸州縣違期歸業者其田已佃及官賣者卽以官田之可耕者給還十六年王鈇以疾罷十七年復以李椿年權戶部侍郎措置經界先是眞州兵燼之餘瘡痍未復洪興祖爲守請復租二年明年又復請之自是流民寖歸十八年墾荒田至七萬餘畝十九年詔勑令所删定官鄭克行四川經界法克頗峻責州縣所謂省莊田者雖蔬果桑柘莫不有征而卭蜀民田至什稅其伍通判嘉州楊承曰仁政而虐行之非法意也上不違合下不擾民則仁政得矣召諸邑令謂曰平易近民美成在久其謹行之無愧於心何畏焉事迄成爲列郡最其後民有訴不均者殿中侍御史曹筠劾椿年罷之上謂秦檜曰若下田受重稅將無以輸檜曰臣已諭戶部侍郎宋貺有未均處亟與改正二十年詔兩淮沃壤宜穀置力田科募民就耕以廣官莊知資州楊師錫言有司奉行失當田畝不分腴瘠市居丈尺隙田亦充稅產於是降詔曰椿年乞行經界去民十害今聞寖失本意凡便民者依已行害民者與追正二十一年四月宋貺罷二十六年正月上謂輔臣曰經界事李椿年主之若推行就緒不爲不善今諸路往往中輟願得一通曉經界者款曲議之會潼川府轉運判官王之望上書言蜀中經界利害甚悉明年以之望提點刑獄畢經界事三月戶部言蜀地狹人夥而京西淮南膏腴官田尚多許人承佃官貸牛種八年仍償並邊免租十年次邊半之滿三年與其業願往者給據津發上曰善但貧民乍請荒田安能便得牛種若不從官貸未免爲虛文可令相度支給四月通判安豐軍王時升言淮南土皆膏腴然地未盡闢民不加多者緣豪强虛占良田而無徧耕之力流民襁負而至而無開耕之地望凡荒閑田許人刬佃戶部議期以二年未墾者卽如所請京西路如之詔以時升爲司農寺丞十月用御史中丞湯鵬舉言離軍添差之人授以江淮湖南荒田人一頃爲世業所在郡以一歲奉充牛種費仍免租稅十年丁役二十年二十八年王之望言去年分遣官詣經界不均縣截正今已迄事此後吏民尚敢扇搖以疑百姓者乞重寘于法從之二十九年知鼎州魏良臣言本州歸業之民以熟田爲荒不輸租今令給甲輸稅自明年始不實許人告以爲田賞之戶部議期踰百日依匿稅法詔可三十年初令純州平江縣民實田輸稅畝輸米二升四合孝宗隆興元年詔凡百姓逃棄田宅出三十年無人歸認者依戶絕法乾道元年正月都省言淮民復業宜先勸課農桑令丞植桑三萬株至六萬株守倅部內植二十萬株以上並論賞有差二月三省樞密院言歸正人貧乏者散居兩淮夫冬淮民種麥甚廣逃亡未歸無人收穫詔諸郡量戶均給其已歸業者毋例擾之四年知鄂州李椿奏州雖在江南荒田甚多請佃者開墾未幾便起毛稅度田追呼不任其擾旋卽逃去今欲召人請射免稅三年三年之後爲世業三分爲率輸苗一分更三年增一分又三年全輸歸業者別以荒田給之又詔楚州給歸正人田及牛具種糧錢五萬緡六年二月詔曰朕深惟治不加進思有以正其本者今欲均役法嚴限田抑游手務農桑凡是數者卿等二三大臣爲朕任之十有二月監進奏院李結獻治田三議一曰務本二曰協力三曰因時大畧謂浙西低田恃堤爲固若堤岸高厚則水不能入乞於蘇湖常秀諸州水田塘浦要處官以錢米貸田主乘此農隙作堰增令高闊則堤成而水不爲患方此饑饉俾食其力因其所利而利之秋冬旱涸涇浜斷流車畎脩築尤爲省力詔令胡堅常相度以聞其後戶部以三議切當但工力浩瀚欲曉有田之家各依鄉原畝步出錢米與租田之人更相脩築庶官無所費民不告勞從之七年二月知揚州晁公武奏朝廷以沿淮荒殘之久未行租稅民復業與創戶者雖阡陌相望然聞之官者十纔二三咸懼後來稅重昔曉唐民務稼穡則增其租故播種少吳越民墾荒田而不加稅故無曠土望詔兩淮更不增賦庶民知勸詔可十月司馬伋請勸民種麥爲來春之計於是詔江東西湖南北淮東西路帥漕官爲借種卽諭大姓假貸農民廣種依賑濟格推賞仍上已種頃畝議賞罰九年王之奇奏增定力田賞格募人開耕荒田給官告綾紙以備書塡及官會十萬緡充農具等用以種糧不足又詔淮東總領所借給稻三萬石淳熙五年詔湖北佃戶開墾荒田止輸舊稅若包占頃畝未悉開耕詔下之日期以二年不能徧耕者拘作營田其增稅刬佃之令勿行六年五月提舉浙西常平茶鹽顏師魯奏設勸課之法欲重農桑廣種植也今鄉民於已田連接閒曠磽确之地墾成田園用力甚勤或以未陳起稅爲人所訟卽以盜耕罪之何以勸力田哉止宜實田起稅非特可戢告訐之風亦見盛世重農之意詔可十有一月臣僚奏比令諸路帥漕督守令勸諭種麥歲上所增頃畝然土有宜否湖南一路唯衡永等數郡宜麥餘皆文具望止諭民以時播種免其歲上增種之數庶得勸課之實七年復詔兩浙江淮湖南京西路帥漕臣督守令勸民種麥務要增廣自是每歲如之八年五月詔曰迺者得天之時蠶麥既登及命近甸取而視之則糙短繭薄非種植風厲之功有所未至歟朕將稽勤惰而詔賞罰焉是歲連雨下田被浸詔兩浙諸州軍與常平司措置再借種糧與下戶播種毋致失時十有一月輔臣奏田世雄言民有麥田雖墾無種若貸與貧民猶可種春麥臣僚亦言江浙旱田雖已耕亦無麥種於是詔諸路帥漕常平司以常平麥貸之先是知揚州鄭良嗣言兩淮民田廣至包占多未起稅朝廷累限展首今限滿適旱乞更展一年詔如其請九年著作郎袁樞振兩淮還奏民占田不知其數二稅既免止輸穀帛之課力不能墾則廢爲荒地他人請佃則以疆界爲詞官無稽考是以野不加闢戶不加多而郡縣之計益窘望詔州縣畫疆立券占田多而輸課少者隨畝增之其餘閑田給與佃人庶幾流民有可耕之地而田萊不至多荒紹熙元年初朱熹爲泉之同安簿知二郡經界不行之害至是知漳州會臣僚請行閩中經界詔監司條具事下郡熹訪問講求纖悉備至乃奏言經界最爲民間莫大之利紹興已推行處公私兩利獨泉漳汀未行臣不敢先一身之勞逸而後一州之利病切獨任其必可行也然必推擇官吏委任責成度量步畝算計精確畫圖造帳費從官給隨產均稅特許過鄉通縣均紐庶幾百里之內輕重齊同今欲每畝隨九等高下定計產錢而合一州租稅錢米之數以產錢爲母每文輸米幾何錢幾何止於一倉一庫受納既輸之後却視原額分隸爲省計爲職田爲學糧爲常平各撥入諸倉庫版圖一定則民業有經矣但此法之行貧民下戶固所深喜然不能自達其情豪家猾吏實所不樂皆善爲說辭以惑羣聽賢士大夫之喜安靜厭紛擾者又或不深察而望風沮怯此則不能無慮輔臣請行于漳州明年春詔漕臣陳公亮同熹協力奉行會農事方興熹益加講究冀來歲行之細民知其不擾而利於已莫不鼓舞而貴家豪右占田隱稅侵漁貧弱者胥爲異論以搖之前詔遂格熹請祠去五年蠲廬州旱傷百姓貸稻種三萬二千一百石慶元元年二月上以歲凶百姓饑病詔曰朕德菲薄饑饉荐臻使民阽於死亡夙夜慘怛寧敢諉過於下耶顧使者守令所與朕分寄而共憂也乃涉春以來聞一二郡老稚乏食去南畝捐溝壑咎安在耶豈振給不盡及民歟得粟者未必饑饑者未必得歟偏聚於所近不能均濟歟官吏視成而自不省歟其各恪意措畫務使實惠不壅毋以虛文蒙上則朕汝嘉寧宗開禧元年夔路轉運判官范蓀言本路施黔等州荒遠綿亘山谷地曠人稀其占田多者須人耕墾富豪之家誘客戶舉室遷去乞將皇祐官莊客戶逃移之法校定凡爲客戶者許役其身毋及其家屬凡典賣田宅聽其離業毋就租以充客戶凡貸錢止憑文約交還毋抑勒以爲地客凡客戶身故其妻改嫁者聽其自便女聽其自嫁庶使深山窮谷之民得安生理刑部以皇祐逃移舊法輕重適中可以經久淳熙比附畧人之法太重今後凡理訴官莊客戶並用皇祐舊法從之嘉定八年左司諫黃序奏雨澤愆期地多荒白知餘杭縣趙師恕請勸民雜種麻粟豆麥之屬蓋種稻則費少利多雜種則勞多獲少慮收成之日田主欲分官課責輸則非徒無益若使之從便雜種多寡皆爲已有則不勸而勤民可無饑望如所陳下兩浙兩淮江東西等路凡有耕種失時者並令雜種主毋分其地利官無取其秋苗庶幾農民得以續食官免振救之費從之知婺州趙𢾭夫行經界於其州整有倫緒而𢾭夫報罷士民相率請于朝乃命趙師嵒繼之後二年魏豹文代師嵒爲守行之益力於是向之上戶析爲貧下之戶實田隱爲逃絕

之田者粲然可考凡結甲冊戶產簿丁口簿魚鱗圖類姓簿二十三萬九千有奇剏庫匱以藏之歷三年而後上其事于朝淳祐二年九月敕曰四川累經兵火百姓棄業避難官以其曠土權耕屯以給軍食及民歸業占據不還自今凡民有契券界至分明析在州縣屯官隨卽歸還其有違戾許民越訴重罪之六年殿中侍御史兼侍講謝方叔言豪強兼并之患至今日而極非限民名田有所不可是亦救世道之微權也國朝駐蹕錢塘百有二十餘年矣外之境土日荒內之生齒日繁權勢之家日盛兼并之習日滋百姓日貧經制日壞上下煎迫若有不可爲之勢所謂富貴操柄者若非人主之所得專識者懼焉夫百萬生靈資生養之具皆本於穀粟而穀粟之產皆出於田今百姓膏腴皆歸貴勢之家租米有及百萬石者小民百畝之田頻年差充保役官吏誅求百端不得已則獻其產於巨室以規免役小民田日減而保役不休大官田日增而保役不及以此弱之肉彊之食兼并浸盛民無以遂其生於斯時也可不嚴立經制以爲之防乎去年諫官嘗以限田爲說朝廷付之悠悠不知今日國用邊餉皆仰和糴然權勢多田之家和糴不容以加之保役不容以及之敵人睥睨於外盜賊窺伺於內居此之時與其多田厚貲不可長保曷若捐金助國共紓目前在轉移而開導之耳乞諭二三大臣摭臣僚論奏而行之使經制以定兼并以塞于以尊朝廷于以裕國計陛下勿牽貴近之言以搖初意大臣勿避仇怨之多而廢良策則天下幸甚從之十一年九月敕曰監司州縣不許非法估籍民產戒非不嚴而貪官暴吏往往不問所犯輕重不顧同居有分財產一例估籍殃及平民或戶絕之家不與命繼或經陳訴許以給還輒假他名支破竟成乾沒或有典業不聽收贖遂使產主無辜失業違戾官吏重寘典憲是歲信常饒州嘉興府舉行經界景定元年九月敕曰州縣檢校孤幼財產往往便行侵用洎至年及陳乞多稱前官用過不卽給還自今如尚違戾以吏業估償官論以違制不以去官赦降原減咸淳元年監察御史趙順孫言經界將以便民雖窮閻下戶之所深願而未必豪宗大姓之所盡樂自非有以深服其心則亦何以使其情意之悉孚哉且今之所謂推排非昔之所謂自實也推排者委之鄉都則徑捷而易行自實者責之於人戶則散漫而難集嘉定以來之經界時至近也官有正籍鄉都有副籍彪列昈分莫不具在爲鄉都者不過按成牘而更業主之姓名若夫紹興之經界其時則遠矣其籍之存者寡矣因其鱗差櫛比而求焉由一而至百由百而至千由千而至萬稽其畝步訂其主佃亦莫如鄉都之便也朱熹所以主經界而闢自實者正謂是也州縣能守朝廷鄉都任責之令又臨諸州之便宜而爲之區處當必人情之悉孚不令而行矣從之三年司農卿兼戶部侍郎李鏞言夫經界嘗議脩明矣而脩明卒不行嘗令自實矣而自實卒不竟豈非上之任事者每欲避理財之名下之不樂其成者又每倡爲擾民之說故寧坐視邑政之壞而不敢詰猾吏奸民之欺寧忍取下戶之苛而不敢受豪家大姓之怨蓋經界之法必多差官吏必悉集都保必徧走阡陌必盡量步畝必審定等色必紐折計等奸弊轉生久不迄事乃若推排之法不過以縣統都以都統保選任才富公平者訂田畝稅色載之圖冊使民有定產產有定稅稅有定籍而已臣守吳門已嘗見之施行今聞紹興亦漸就緒湖南漕臣亦以一路告成竊謂東南諸郡皆奉行惟謹其或田畝未實則令鄉局釐正之圖冊未備則令縣局程督之又必郡守察縣之稽違監司察郡之怠弛嚴其號令信其賞罰期之秋冬以竟其事責之年歲以課其成如周官日成月要歲會以綜核之於是詔諸路漕帥施行焉大抵南渡後水田之利富於中原故水利大興而諸籍沒田募民耕者皆仍私租舊額每失之重輸納之際公私事例迥殊私租額重而納輕承佃猶可公租額重而納重則佃不堪命州縣胥吏與倉庫百執事之人皆得爲侵漁之道於耕者也季世金人乍和乍戰戰則軍需浩繁和則歲幣重大國用常若不繼於是因民苦官租之重命有司括賣官田以給用其初弛其力役以誘之其終不免於抑配此官田之弊也嘉定以後又有所謂安邊所田收其租以助歲幣至其將亡又限民名田買其限外所有謂之公田初議欲省和糴以紓民力而其弊極多其租尤重宋亡遺患猶不息也凡水田官田之法公田見於史者彙其始末而悉載于篇有足鑒者焉紹興元年詔宣州太平州守臣脩圩二年以脩圩錢米及貸民種糧並於宣州常平義倉米撥借三年定州縣圩田租額充軍儲建康府永豐圩租米歲以三萬石爲額圩四至相去皆五六十里有田九百五十餘頃近歲墾田不及三之一至是始立額五年江東帥臣李光言明越之境皆有陂湖大抵湖高於田田又高於江海旱則放湖水溉田澇則決田水入海故無水旱之災本朝慶曆嘉祐間始有盜湖爲田者其禁甚嚴政和以來剏爲應奉始廢湖爲田自是兩州之民歲被水旱之患餘姚上虞每縣收租不過數千斛而所失民田常賦動以萬計莫若先罷兩邑湖田其會稽之鑑湖鄞之廣德湖蕭山之湘湖等處尚多望詔漕臣盡廢之其江東西圩田蘇秀圍田令監司守令條上於是詔諸路漕臣議之其後議者雖稱合廢竟仍其舊初五代馬氏於潭州東二十里因諸山之泉築堤瀦水號曰龜塘溉田萬頃其後堤壞歲旱民皆阻饑七年守臣呂頤浩始募民脩復以廣耕稼十六年知袁州張成己言江西良田多占山岡望委守令講陂塘灌溉之利其後比部員外郎李詠言淮西高原處舊有陂塘請給錢米以時脩濬知江陰軍蔣及祖亦請濬治本軍五卸溝以洩水脩復橫河支渠以溉旱乃並詔諸路常平司行之每季以施行聞二十三年諫議大夫史才言浙西民田最廣而平時無甚害者太湖之利也近年瀕湖之地多爲兵卒侵據累土增高長堤彌望名曰壩田旱則據之以溉而民田不沾其利澇則遠近泛濫不得入湖而民田盡沒望盡復太湖舊迹使軍民各安田疇均利從之二十四年大理寺丞周環言臨安平江湖秀四州下田多爲積水所浸緣溪山諸水幷歸太湖自太湖分二派東南一派由松江入于海東北一派由諸浦注之江其松江泄水惟白茅一浦最大今泥沙淤塞宜決浦故道俾水勢分派流暢實四州無窮之利詔兩浙漕臣視之二十八年兩浙轉運副使趙子潚知平江府蔣璨言太湖者數州之巨浸而獨洩以松江之一川宜其勢有所不逮是以昔人於常熟之北開二十四浦疏而導之江又於崑山之東開一十二浦分而納之海三十六浦後爲潮汐沙積而開江之卒亦廢於是民田有淹沒之患天聖間漕臣張綸嘗於常熟崑山各開衆浦景祐間郡守范仲淹亦親至海浦濬開五河政和間提舉官趙霖復嘗開濬今諸浦湮塞又非前比計用工三百三十餘萬錢三十三萬餘緡米十萬餘斛於是詔監察御史任古復視之既而古至平江言常熟五浦通江誠便若依所請以五千功月餘可畢詔以激賞庫錢平江府上供米如數給之二十九年子潚又言父老稱福山塘與丁涇地勢等若不濬福山塘則水必倒注于丁涇乃命併濬之隆興二年八月詔江浙水利久不講脩勢家圍田堙塞流水諸州守臣按視以聞於是知湖州鄭作肅知宣州許尹知秀州姚憲知常州劉唐稽並乞開圍田濬港瀆詔湖州委朱夏卿秀州委曾愭平江府委陳彌作常州江陰軍委葉謙亨宣州太平州委沈樞措置九月刑部侍郎吳芾言昨守紹興嘗請開鑑湖廢田二百七十頃復湖之舊水無泛濫民田九千餘頃悉獲倍收今尚有低田二萬餘畝本亦湖也百姓交佃畝值纔兩三緡欲官給其半盡廢其田去其租戶部請符浙東常平司同紹興府守臣審細標遷從之乾道二年四月詔漕臣王炎開浙西勢家新圍田草蕩荷蕩菱蕩及陂湖溪港岸際旋築塍畦圍裹耕種者所至守令同共措置炎旣開諸圍田凡租戶貸主家種糧債負並奏蠲之六月知秀州孫大雅代還言州有柘湖澱山湖當湖陳湖支港相貫西北可入於江東南可達於海旁海農家作壩以却鹹潮雖利及一方而水患實害鄰郡設疏導之則又害及旁海之田若於諸港浦置牐啓閉不惟可以洩水而旱亦獲利然工力稍大欲率大姓出錢下戶出力於農隙脩治之於是以兩浙轉運副使姜詵與守臣視之詵尋與秀州常州平江府江陰軍條上利便詔秀州華亭縣張涇牐并澱山東北通陂塘港淺處俟今年十一月興脩江陰軍常州蔡涇牐及申港明年春興脩利港俟休役一年興脩平江府姑緩之三年三月詵使還奏開濬畢功通洩積水久浸民田露出塍岸臣已諭民趁時耕種恐下戶闕本良田復荒望令浙西常平司貸給種糧又奏措置提督監脩等官知江陰軍徐藏等減磨勘年有差四年以彭州守臣梁介脩復三縣一十餘堰灌溉之利及於隣邦詔介直祕閣利路轉運判官七年王炎言興元府山河堰世傳漢蕭曹所作本朝嘉祐中提舉史炤上堰法獲降敕書刻石堰上紹興以來戶口凋疏堰事荒廢遂委知興元府吳拱脩復發卒萬人助役宣撫司及安撫都統司共用錢三萬一千餘緡盡脩六堰濬大小渠六十五里凡溉南鄭褒城田二十三萬三千畝有奇詔獎諭拱八年戶部侍郎兼樞密都承旨葉衡言奉詔覈實寧國府太平州圩岸內寧國府惠民化城舊圩四十餘里新築九里餘太平州黃池鎭福定圩周四十餘里庭福等五十四圩周一百五十餘里包圍諸圩在內蕪湖縣圩周二百九十餘里通當塗圩共四百八十餘里並高廣堅緻瀕水一岸種植榆柳足捍風濤詢之農民實爲永利於是詔獎諭判寧國府魏王愷畧曰大江之壖其地廣袤使水之蓄洩不病而皆爲膏腴者圩之爲利也然水土鬭齧從昔善壞卿聿脩稼政巨防屹然有懷勤止深用歎嘉九年八月臣僚言江西連年荒旱不能預興水利爲之

備於是乃降詔曰朕惟旱乾水溢之災堯湯盛時有不能免民未告病者備先具也豫章諸郡縣但阡陌近水者苗秀而實高仰之地雨不時至苗輒就槁意水利不脩失所以爲旱備乎唐韋丹爲江西觀察使治陂塘五百九十八所灌田萬二千頃此特施之一道其利如此矧天下至廣也農爲生之本也泉流灌溉所以毓五穀也令諸道名山川原甚衆民未知其利然則通溝瀆瀦陂澤監司守令顧非其職歟其爲朕相丘陵原隰之宜勉農桑盡地利平繇行水勿使失時雖有豐凶而力田者不至拱手受弊亦天人相因之理也朕將即勤惰而寓賞罰焉淳熙二年兩浙轉運判官陳峴言昨奉詔徧走平江府常州江陰軍諭民併力開濬利港諸處並已畢功始欲官給錢米歲不下數萬今皆百姓相率效力而成詔常熟知縣劉穎特增一秩餘論賞有差三年賜皇子判明州魏王愷詔曰陂湖川澤之利或通或塞存乎其人四明爲州實治鄞鄞之鄉東西凡十四而錢湖之水實溉其東之七吏惰不虔葑茭蕪翳利失其舊農人病焉卿臨是邦乃能講求利便而濬治之遂使並湖七鄉之田無異時旱乾之患其爲澤豈淺哉列奏徹聞不忘嘉歎十年大理寺丞張抑言陂澤湖塘水則資之瀦洩旱則資之灌溉近者浙西豪宗每遇旱歲占湖爲田築爲長堤中植榆柳外捍茭蘆於是舊爲田者始隔水之出入蘇湖常秀昔有水患今多旱災蓋出於此乞責縣令毋給據尉警捕監司覺察有圍裹者以違制論給據與失察者併坐之既而漕臣錢沖之請每圍立石以識之共一千四百八十九所令諸郡遵守焉紹熙二年詔守令到任半年後具水源湮塞合開脩處以聞任滿日以興脩水利圖進擇其勞效著明者賞之慶元二年戸部尚書袁說友等言浙西圍田相望皆千百畝陂塘漊瀆悉爲田疇有水則無地可瀦有旱則無水可戽不嚴禁之後將益甚無復稔歲矣嘉泰元年以大理司直留佑賢宗正寺主簿李澄措置自淳熙十一年立石之後凡官民圍裹者盡開之又令知縣並以點檢圍田事入銜每歲三四月同尉點檢有無姦民圍裹狀上于州州聞于朝三年遣官審視及委臺諫察之二年二月佑賢澄使還奏追毁臨安平江嘉興湖常開掘戸元給佃據三月右正言施康年言近屬貴戚不體九重愛民之心止爲一家營私之計公然投牒以沮成法乞戒飭自今有陳狀者指名奏劾必罰無赦開禧二年以淮農流移無田可耕詔兩浙州縣已開圍田許元主復圍專召淮農租種嘉定三年臣僚言竊聞豪民巨室並緣爲姦加倍圍裹又影射包占水蕩有妨農民灌溉於是復詔浙西提舉司倶農隙開掘七年復臨安府西湖舊界盡蠲歲增租錢十七年臣僚言越之鑑湖溉田幾半會稽興化之木蘭陂民田萬頃歲飲其澤今官豪侵占塡淤益狹宜戒有司每歲省視厚其瀦蓄去其壅底毋容侵占以防灌溉皆次第行之寶慶元年以右諫議大夫朱端常奏除嘉泰間已開浙西圍田租錢蓋稅額尚存州縣迫民自納故也寶祐元年史館校勘黄國面對圍田自淳熙十一年識石者當存之復圍者合權其利害輕重而爲之存毁其租或歸總所或隸安邊所或分隸諸郡上曰安邊所田近已撥歸本所國又奏自丁未已來創圍之田始因殿司獻草蕩任事者欲因以爲功凡旱乾處悉圍之利少害多宜開掘以通水道上然之咸淳十年以江東水傷除九年圩田租減四分紹興二十七年趙子潚奉詔措置鎭江府沙田欲輕立租課令見佃者就耕如勢家占吝追日前所收租利詔速拘其田措置蠲其冒佃之租二十八年正月詔戸部員外郎莫濛同浙西江東淮南漕臣趙子潚鄧根孫蓋視諸路沙田蘆場先是言者謂江淮間沙田蘆場爲人冒占歲失官課至多故以命濛等既而殿中侍御史葉義問言奉行者不恤百姓名爲經量實遍縣官按圖約紐惟務增數以希進用有力之家初無加損貧民下戸已受其害因小利擾之必致迯移坐失稅額因極論之二月詔沙田蘆場止爲勢家詭名冒占其三等以下戸勿例根括六月以孫蓋措置沙田滅裂罷之詔浙西江東沙田蘆場官戸十頃民戸二十頃以上並增租餘如舊置提領官田所掌之不隸戸部二十九年以莫濛經量沙田蘆場失實責監饒州景德鎭稅遂詔盡罷所增租三十二年九月趙子潚言浙西江東淮東沙田往年經量有不盡不實處爲人戸包占期以今冬自陳給爲已業與免租稅之半過期許人告以全戸所租田賞之其蘆場量力輕租詔以馮方措置十有一月方滋疏論沙田上問沙田或以爲可取或以爲可捐陳康伯等奏君子小人各從其類小人樂於生事不惜爲國歛怨君子務存大體唯恐有傷仁政所以不同上然之命止前詔勿行乾道元年臣僚言浙西淮東江東路沙田蘆場頃畝浩瀚宜立租稅補助軍食詔復令梁俊彦與張津等措置二年輔臣奏俊彦所上沙田蘆場之稅或十取其一或取其二或取其三皆不分主客朝廷疑之六年以俊彦所括沙田蘆場八百二十餘萬畝其間或已充己業起稅不一及包占未起租者乞並估賣立租詔蔡光梁俊彦行在置司措置八年七月詔提領官田所所催三路沙田蘆場租錢併歸戸部十月遣官實江淮沙田蘆場項畝悉追正之建炎元年籍蔡京王黼等莊以爲官田詔見佃者就耕歲減租二分三年凡天下官田令民依鄉例自陳輸租紹興元年以軍興用度不足詔盡鬻諸路官田五年詔諸官田比降田租召人請買佃人願買者聽佃及三十年以上者減價十之二六年詔諸路總領諭民投買戸絶没官及江漲沙田海退泥田七年以賊徒田舍及迯田充官莊其没官田依舊出賣二十年凡没官田城空田戸絶房廊及田並撥隸常平司轉運提刑茶鹽司没入田亦如之二十一年以大理寺主簿丁仲京言凡學田爲勢家侵佃者命提學官覺察又命撥僧寺常住絶産以贍學戸部議併撥無勑額庵院田詔可初閩以福建八郡之田分三等膏腴者給僧寺道院中下者給土著流寓自劉夔爲福州始貿易取貲迫張守帥閩紹興二年秋上倚以拊循凋瘵存上等四十餘剎以待高僧餘悉令民請買歲入七八萬緡以助軍衣餘寬百姓雜科民皆便之二十六年以諸路賣官田錢七分上供三分充常平司糴本初盡鬻官田議者恐佃人失業未賣者失租侍御史葉義問言今盡鬻其田立爲正稅田既歸民稅又歸官不獨絶欺隱之弊又可均力役之法浙東刑獄使者邵大受亦乞承買官田者免物力三年至十年一千貫以下免三年一千貫以上五年五千貫以上十年於是詔所在常平没官戸絶田已佃未佃已添租未添租並拘賣二十九年初兩浙轉運司官莊田四萬二千餘畝歲收稻麥等四萬八千餘斛營田九十二萬六千餘畝歲收稻麥雜豆等十六萬七千餘斛充行在馬料及糴錢四月詔令出賣七月詔諸路提舉常平官督察欺弊申嚴賞罰分水令張升佐宜興令陳迟以賣田稽違各貶秩罷任九月浙東提舉常平都絜以賣田最多增一秩三十年詔承買荒田者免三年租乾道二年戸部侍郎曾懷言江西路營田四千餘頃已佃一千九百餘頃租錢五萬五百餘貫若出賣可得六萬七千餘貫及兩浙轉運司所括已佃九十餘萬畝合而言之爲數浩瀚今欲遵元詔見佃願買者減價二分詔曾懷等提領出賣其錢輸左藏南庫別貯之四年四月江東路營田亦令見佃者減價承買期以三月賣絶八月住賣諸路未賣營田轉運司收租七年提舉浙西常平李結乞以見管營田撥歸本司同常平田立管莊梁克家亦奏戸部賣營田率爲有力者下價取之稅入甚微不如置官莊歲可得五十萬斛八年以大理寺主簿薛季宣於黄岡麻城立官莊二十二所九年以司農寺丞葉翥等出賣浙東西路諸官田以登聞檢院張孝資等出賣江東西路諸官田以郎官薛元鼎拘催江浙閩廣賣官田錢四百餘萬緡淳熙元年臣僚言出賣官田二年之間三省戸部困於文移監司州郡疲於出賣上下督責不爲不至始限一季繼限一年已賣者纔十三已輸者纔十二蓋賣産之家無非大姓估價之初以上色之産輕立價貫揭榜之後率先投狀若中下之産無人屬意所立之價輕重不均莫若且令元佃之家著業輸租數猶可得數十萬斛從之六年詔諸路轉運常平司凡没官田營田沙田沙蕩之類復括數賣之紹熙四年以臣僚言住賣慶元元年八月江東轉運提舉司以紹熙四年住賣以後續没官田依鄉價復召人承買以其錢充常平糴本十有一月余端禮鄭僑言福建地狹人稠無以贍養生子多不舉福建提舉宋之瑞乞免鬻建劒汀邵没官田收其租助民舉子之費詔從之四年詔諸路召賣不行田復實減價其沙礫不可耕處除之開禧三年韓侂冑既誅金人講解明年用廷臣言置安邊所凡侂冑與其他權倖没入之田及圍田湖田之在官者皆隸焉輸米七十二萬二千七百斛有奇錢一百三十一萬五千緡有奇籍以給行人金繒之費迨與北方絶好軍需邊用每於此取之景定四年殿中侍御史陳堯道右正言曹孝慶監察御史虞虙張晞顔等言廩兵和糴造楮之弊乞依祖宗限田議自兩浙江東西官民戸踰限之田抽三分之一買充公田得一千萬畝之田則歲有六七百萬斛之入可以餉軍可以免糴可以重楮可以平物而安富一舉而五利具矣有旨從其言朝士有異議者丞相賈似道奏抹楮之策莫切於住造楮住造楮莫切於免和糴免和糴莫切於買踰限田因歷詆異議者之非帝曰當一意行之浙西安撫魏克愚言取四路民田立限回買所以免和糴而益邦儲議者非不自以爲公且忠也然未見其利而適見其害近給事中徐經孫奏記丞相言江西買田之弊甚詳若浙西之弊則尤有甚於經孫所言者因歷述其爲害者八事疏奏不省六郡回買公田畝起租滿石者償二百貫九斗者償一百八十貫八斗者償一百六十貫七斗者償一百四十貫六斗者償一百二十貫五千畝

以上以銀半分官告五分度牒二分會子二分半五千畝以下以銀半分官告三分度牒二分會子三分半千畝以下度牒會子各半五百畝至三百畝全以會子是歲田事成每石官給止四十貫而半是告牒民持之而不得售六郡騷然所遣劉良貴陳訔趙與訔廖邦傑成公策等推賞有差邦傑之在常州害民特甚民至有本無田而以歸併抑買自經者分置莊官催租州縣督莊官及時交收運發五年選官充官田所分司平江嘉興安吉各一員常州江陰鎮江共一員凡公田事悉以委之是歲七月彗見于東方下詔求言京學生蕭規葉李等三學六館皆上封章前祕書監高斯得亦應詔馳驛上封事力陳買田之失人心致天變謝枋得校文江東運司方山京校文天府皆指陳得失未幾蕭規等眞決黥隸枋得山京相繼被劾斯得雖予郡尋罷之咸淳三年京師糴貴勒平江嘉興上戶運米入京鞭笞四繫死於非命者十七八太常寺簿陸逵謂買田本以免和糴今勒其運米害甚於前似道怒出逵知台州未至怖死四年以差置莊官弊甚盡罷之令諸郡公租以三千石爲一莊聽民於分司承佃盜易者以盜賣官田論其租於先減二分上更減一分德祐元年三月詔公田最爲民害稔怨召禍十有餘年自今並給田主令率其租戶爲兵而宋祚訖矣

宋史卷一百七十四

元 中 書 右 丞 相 總 裁 脫 脫 等 修

食貨志第一百二十七

食貨上二 方田 賦稅

方田神宗患田賦不均熙寧五年重脩定方田法詔司農以均稅條約并式頒之天下以東西南北各千步當四十一頃六十六畝一百六十步爲一方歲以九月縣委令佐分地計量隨陂原平澤而定其地因赤淤黑壚而辨其色方量畢以地及色參定肥瘠而分五等以定稅則至明年三月畢揭以示民一季無訟即書戶帖連莊帳付之以爲地符均稅之法縣各以其租額稅數爲限舊嘗收蹙奇零如米不及十合而收爲升絹不滿十分而收爲寸之類今不得用其數均攤增展致溢舊額凡越額增數皆禁若瘠鹵不毛及衆所食利山林陂塘溝路墳墓皆不立稅凡田方之角立土爲峰植其野之所宜木以封表之有方帳有莊帳有甲帖有戶帖其分煙析產典賣割移官給契縣置簿皆以今所方之田爲正令既具乃以濟州鉅野尉王曼爲指教官先自京東路行之諸路倣焉六年詔土色分五等疑未盡下郡縣物其土宜多爲等以其均當勿拘以五七年京東十七州選官四員各主其方分行郡縣以三年爲任每方差大甲頭二人小甲頭三人同集方戶令各認步畝方田官驗地色更勒甲頭方戶同定諸路及開封府界秋田災傷三分以上縣權罷餘候農隙河北西路提舉司乞通一縣災傷不及一分勿罷元豐五年開封府言方田法取稅之最不均縣先行即一州而定五縣歲不過兩縣今府界十九縣准此行之十年乃定請歲方五縣從之其後歲稔農隙乃行而縣多山林者或行或否八年帝知官吏擾民詔罷之天下之田已方而見於籍者至是二百四十八萬四千三百四十有九頃云崇寧三年宰臣蔡京等言自開阡陌使民得以田私相貿易富者恃其有餘厚立價以規利貧者迫於不足薄移稅以速售而天下之賦調不平久矣神宗講究方田利害作法而推行之方爲之帳而步畝高下丈尺不可隱戶給之帖而升合尺寸無所遺以賣買則民不能容其巧以推收則吏不能措其姦今文籍具在可舉而行詔諸路提舉常平官選官習熟其法諭州縣官吏各以豐稔日推行自京西北兩路始四年指教官每三縣加一員點檢官每路二員未幾詔諸路添置指教官不得過三員又不專差點檢官從提舉司於本路見任人內選差五年詔罷方田大觀二年復詔行之四年罷其稅賦依未方舊則輸納十一月詔方田官吏非特妄增田稅又兼不食之山方之俾出芻草之直民戶因時廢業失所監司其悉改正毋失其舊政和三年河北西路提舉常平司奏所在地色極多不下百數及至均稅不過十等雖出十分之稅地土肥沃尚以爲輕第十等只均一分多是瘠鹵出稅雖少猶以爲重若不入等則積多而至一頃止以柴蒿之直爲錢自一百而至五百比次十等全不受稅既收入等但可耕之地便有一分之稅其間下色之地與柴蒿之地不相遠乃一例每畝均稅一分上輕下重欲乞土色十等如故外即十等之地再分上中下三等折畝均數謂如第十等地每十畝合折第一等一畝折十等之上受稅十一不改元則十等之中數及十五畝一等之下數及二十畝方比上等受一畝之稅庶幾上下輕重皆均詔諸路槩行其法五年福建利路茶戶山園如鹽田例免方量均稅宣化元年臣僚言方量官憚於跋履並不躬親行繵拍峰驗定土色一付之胥吏致御史臺受訴有二百餘畝方爲二十畝者有二頃九十六畝方爲一十七畝者虔之瑞金縣是也有租稅十有三錢而增至二貫二百者有租稅二十七錢而增至一貫四百五十者虔之會昌縣者是也詔望常平使者檢察二年遂詔罷之民因方量流徙者守令招誘歸業荒閑田土召人請佃自今諸司毋得起請方田諸路已方量者賦稅不以有無訴論悉如舊額輸納民逃移歸業已前逋欠稅租並與除放

賦稅自唐建中初變租庸調法作年支兩稅夏輸毋過六月秋輸毋過十一月遣使分道按率其弊也先期而苛歛增額而繁征至于五代極矣宋制歲賦其類有五曰公田之賦凡田之在官賦民耕而收其租者是也曰民田之賦百姓各得專之者是也曰城郭之賦宅稅地稅之類是也曰丁口之賦百姓歲輸身丁錢米是也曰雜變之賦牛革蠶鹽之類隨其所出變而輸之是也歲賦之物其類有四曰穀曰帛曰金鐵曰物產是也穀之品七一曰粟二曰稻三曰麥四曰黍五曰穄六曰菽七曰雜子帛之品十一曰羅二曰綾三曰絹四曰紗五曰絁六曰紬七曰雜折八曰絲線九曰綿十曰布葛金鐵之品四一曰金二曰銀三曰鐵鑞四曰銅鐵錢物產之品六一曰六畜二曰齒革翎毛三曰茶鹽四曰竹木麻草芻菜五曰果藥油紙薪炭漆蠟六曰雜物其輸有常處而以有餘補不足則移此輸彼移近輸遠謂之支移其入有常物而一時所輸則變而取之使其直輕重相當謂之折變其輸之遲速視收成早暮而寬爲之期所以紓民力諸州歲奏戶帳具載其丁口男夫二十爲丁六十爲老兩物折科物非土地所宜而抑配者禁之五代以來常檢視見墾田以定歲租吏緣爲姦稅不均適繇是百姓失業田多荒蕪太祖即位詔許民闢土州縣毋得檢括止以見佃爲額選官分涖京畿倉庾及諸道受民租調有增羨者輒得罪多入民租者或至棄市舊諸州收稅畢符屬縣追吏會鈔縣吏厚歛里胥以賂州之吏里胥復率於民民甚苦之建炎四年乃下詔禁止令諸州受租籍不得稱分毫合龠銖氂絲忽錢必成文絹帛成尺粟成升絲綿成兩薪蒿成束金銀成錢紬不滿半疋絹不滿一疋者許計丈尺輸直無得三戶五戶聚合成疋送納煩擾民輸夏稅所在遣縣尉部弓手於要路巡護後聞擾民罷之止令鄉耆壯丁防援諸州稅籍錄事參軍按視判官振舉形勢戶立別籍通判專掌督之二稅須於三限前半月畢輸歲起納二稅前期令縣各造稅籍具一縣戶數夏稅秋苗畝桑功及緣科物爲帳一送州覆校定用州印藏長吏廳縣籍亦用州印給付令佐造夏稅籍以正月一日秋稅籍以四月一日並限四十五日畢開封府等七十州夏稅舊以五月十五日起納七月三十日畢河北河東諸州氣候差晚五月十五日起納八月五日畢潁州等一十三州及淮南江南兩浙福建廣南荊湖川陝五月一日起納七月十五日畢秋稅自九月一日起納十二月十五日畢後又並加一月或値閏月其田蠶亦有早晚不同有司臨時奏裁繼而以河北河東諸州秋稅多輸邊郡常限外更加一月江南兩浙荊湖廣南福建土多秔稻須霜降成實自十月一日始收租掌納官吏以限外欠數差定其罰限前畢減選升資民逋租踰限取保歸辦毋得禁繫中國租二十石輸牛革一準錢千川蜀尚循舊制牛驢死革盡入官乃詔蠲之定民租二百石輸牛革一準錢千五百太平興國二年江西轉運使言本路蠶桑數少而金價頗低今折徵絹估少而傷民金估多而傷官金上等舊估兩十千今請估八千絹上等舊估匹一千今請估一千三百餘以次增損從之咸平三年以刑部員外直史館陳靖爲京畿均田使聽自擇京朝官分縣據元額定稅不得增收剩數逃戶別立籍令本府招誘歸業桑功更不均檢民戶廣令種植尋聞居民弗諭朝旨翦伐桑柘即詔罷之六年罷廣南西路轉運使馮璉上言廉橫賓白州民雖墾田未嘗輸送已命官檢括令盡出常租帝曰遠方之民宜省徭賦亟命停罷知袁州何蒙請以金折本州二稅眞宗曰若是將盡廢耕農矣不許大中祥符初連歲豐稔邊儲有備河北諸路稅賦並聽於本州軍輸納二年須募職州縣官招徠戶口旌賞條制舊制縣吏能招增戶口者縣即升等乃加其奉至有析客戶爲主戶者雖登于籍而賦稅無所增四年詔禁之雍熙初嘗詔荊湖等路民輸丁錢未成丁已入老幷身有廢疾者免之至是又除兩浙福建荊湖廣南舊輸身丁錢歲凡四十五萬四百貫九年詔諸路支移

稅賦勿至兩次仍許以粟麥蕎菽互相折輸凡歲賦穀以石計錢以緡計帛以匹計金銀絲綿以兩計藁秸薪蒸以圍計他物各以其數計至道末總七千八十九萬三千天禧五年視至道之數有增有減總六千四百五十三萬其折變及移輸比壤者則視當時所須焉宋克平諸國每以恤民爲先務累朝相承凡無名苛細之歛常加刬革尺縑斗粟未聞有所增益一遇水旱徭役則蠲除倚格殆無虛歲倚格者後或凶歉亦輒蠲之而又田制不立甽畝轉易丁口隱漏兼并冒僞未嘗考按故賦入之利視前代爲薄丁謂嘗言二十而稅一者有之三十而稅一者有之仁宗嗣位首寬畿縣用賦詔三等以下戶毋遠輸河中府同華州請免支移帝以問輔臣對曰西鄙宿兵非移用民賦則軍食不足特詔量減支移福州王氏時有田千餘頃謂之官莊自太平興國中授券予民耕歲使輸賦至是發運使方仲荀言此公田也鬻之可得厚利遣尚書屯田員外郎辛惟慶領其事凡售錢三十五萬餘緡詔減緡錢三之一期三年畢償監察御史朱諫以爲傷民不可旣而期盡未償者猶十二萬八千餘緡詔悉蠲之役又詔公田重復取賦者皆罷天聖時貝州言民析居者例加稅謂之罰稅他州無此比詔除之自是州縣有言稅之苛細無名者蠲損甚衆自唐以來民計田輸賦外增取他物復折爲賦謂之雜變亦謂之沿納而名品煩細其類不一官司歲附帳籍並緣侵優民以爲患明道中帝躬耕籍田因詔三司以類併合於是悉除諸名品併爲一物夏秋歲入第分粗細二色百姓便之州縣賦入有籍歲一置謂之空行簿以待歲中催科閏年別置謂之實行簿以藏有司天聖初或言實行簿無用而率民錢爲擾罷之景祐元年侍御史韓瀆言天下賦入之繁但存催科一簿一有散亡則耗登之數無從鉤考請復置實行簿詔再閏一造至慶曆中復故時患州縣賦役之煩詔諸路上其數俾二府大臣合議蠲減又詔曰稅籍有僞書逃徙或因推割用倖走移若請占公田而不輸稅如此之類縣令佐能究見其弊以增賦入量數議賞旣而諫官王素言天下田賦輕重不等請均定而歐陽脩亦言秘書丞孫琳嘗往洺州肥鄉縣與大理寺丞郭諮以千步方田法括定民田願詔二人者任之三司亦以爲然且請於亳壽蔡汝四州擇尤不均者均之於是遣諮蔡州諮首括一縣得田二萬六千九百三十餘頃均其賦於民旣而諮言州縣多逃田未可盡括朝廷亦重勞人遂罷陝西河東用兵民賦率多支移因增取地里腳錢民不能堪五年詔陝西特蠲之且令後勿復取旣而詔河東亦然又令諸路轉運司支移折變前期半歲書于榜以諭民有未便者聽自言主者裁之皇祐中詔廣西賦布匹爲錢二百如聞有司擅損其價重困遠人宜令復故州郡歲常先奏雨足歲豐後雖災害不敢上聞故民賦罕得蠲者乃下詔申飭之又損開封諸縣田賦視舊額十之三命著于法支移折變貧弱者尤以爲患景祐初嘗詔戶在第九等免之後孤獨戶亦皆免至是因下赦書責轉運司裁損歲終條上其後赦書數以爲言又令折科爲平估毋得害農久之復詔曰如聞諸路比言折科民賦多以所折復變他物或增取其直重困良農雖屢戒勅莫能奉宣詔令自今有此州長吏卽時上聞然有司規聚歛罕能承帝意焉初湖廣閩浙因舊制歲歛丁身錢米大中祥符間詔除丁錢而米輸如故至天聖中始并除婺秀二州丁錢後龐籍請罷漳泉興化軍丁米有司持不可皇祐三年帝命三司首減郴永州桂陽監丁米以最下數一歲爲準歲減十餘萬石旣而漳泉興化亦第損之嘉祐四年復命轉運司裁定郴永桂陽衡道州所輸丁米及錢絹雜物無業者弛之有業者減半後雖進丁勿復增取時廣南猶或輸丁錢亦命轉運司條上自是所輸無幾矣自郭諮均稅之法罷論者謂朝廷徒恤一時之勞而失經遠之慮至皇祐中天下墾田視景德增四十一萬七千餘頃而歲入九穀迺減七十一萬八千餘石蓋田賦不均其弊如此後田京知滄州均無棣田蔡挺知博州均聊城高唐田歲增賦穀帛之類無棣總一千一百五十二聊城高唐總萬四千八百四十七而滄州之民不以爲便詔輸如舊嘉祐五年復詔均定遣官分行諸路而秘書丞高本在遣中獨以爲不可均纔均數郡田而止景德中賦入之數總四千九百一十六萬九千九百至皇祐中增四百四十一萬八千六百六十五治平中又增一千四百一十七萬九千三百六十四其以赦令蠲除以便於民若逃移戶絕不追者景德中總六百八十二萬九千七百皇祐中三十三萬八千四百五十七治平中一千二百二十九萬八千七百每歲以災害蠲除者又不在是焉神宗留意農賦湖廣之民舊歲輸丁米大中祥符以後屢裁損猶不均熙寧四年乃遣屯田員外郎周之純往廣東相度均之元豐三年詔諸路支移折稅並具所行月日上之中書初熙寧八年詔支移二稅於起納錢半歲諭民使民宿辦無倉卒勞費時有司往往緩期故申約之州縣又或令民輸錢謂之折斛錢而糴賤頗用傷農海南四州軍稅籍殘缺吏多增損輒移稅入他戶代輸者類不能自明瓊州昌化軍丁稅米歲移輸朱崖軍道遠民以爲苦至是用體量安撫朱初平等議根括四州軍稅賦舊額存其正數二州丁稅米止令輸錢於朱崖自糴以便民權發三司戶部判官李琮根究逃絕稅役江浙所得逃戶凡四十萬一千三百有奇爲書上之明年除琮淮南轉運副使兩路凡得逃絕詭名挾佃簿籍不載并闕丁凡四十七萬五千九百有奇正稅并積負凡九十二萬二千二百貫石匹兩有奇琮蓋用貫石萬數立賞以誘所委之吏增加浩大三路之民大被其害而唐州亦增民賦人情騷然六年御史翟思言始趙尚寬爲唐守勸民墾田高賦繼之流民自占者衆凡百畝起稅四畝而已稅輕而民樂輸境內殆無曠土近聞轉運司闢土百畝增至二十畝恐其勢再致轉徙望戒飭使者量加以寬民帝每遇水旱輒輕弛賦租或因赦宥又蠲放倚閣未嘗絕賦輸遠方不均皆遣使按之率以爲常哲宗嗣位宣仁太后同聽政務行裕民之政凡民有負多所寬減患天下積欠名目煩多法令不一王巖叟爲開封請隨等第立貫百爲催法兗州鄒令張文仲議其不便遂令十分爲率歲隨夏秋料帶納一分是爲五年十料之法陝西轉運使呂大忠令農戶支移斗輸腳錢十八御史劾之下提刑司體量均其輕重之等以稅賦戶籍在第一等第二等者支移三百里三等四等者二百里五等一百里不願支移而願輸道里腳價者亦酌度分爲三等以從其便河東助軍糧草支移毋得踰三百里災傷五分以上者免折變折變皆循舊法紹聖中嘗詔郡縣貨物用足錢省陌不等折變宜用中等價以所在時估實值多寡不齊難槩立法命仍舊焉言者謂欲民不流不若多積穀欲多積穀不若推行折納糴糴之法今常平雖有折納之法止用中價故民不樂輸若依和糴以實價折之則無損於民崇寧二年諸路歲稔遂行增價折納之法支移折變科率配買皆以熙寧法從事民以穀菽物帛輸積負零稅者聽之大觀二年詔天下租賦科撥支折當先富後貧自近及遠迺者漕臣失職有不均之患民或受害其定爲令支移本以便邊餉內郡罕用焉間有移用則賃民以所費多寡自擇故或輸本色於支移之地或輸腳費於所居之邑而折變之法以納月初旬估中價準折仍視歲之豐歉以定物之低昂俾官吏毋得私其輕重七月詔曰比聞慢吏廢期凡輸官之物違期促限蠶者未絲農者未獲追胥旁午民無所措自今前期督輸者加一等坐之致民逃徙者論更加等舊凡以赦令蠲賦雖多不過三分四年乃詔天下逋賦五年外戶口不存者悉蠲之京西舊不支移崇寧中將漕者忽令民曰支移所宜同今特免若地里腳費則宜輸自是歲以爲常腳費斗爲錢五十六比元豐旣當正稅之數而反覆紐折數倍於昔民至鬻牛易產猶不能繼轉運司乃用是以取辦理之害言者極論其害政和元年遂詔應支移而所輸地里腳錢不及斗者免之尋詔五等戶稅不及斗者支移皆免時天下戶口類多不實雖嘗立法比較鉤考歲終會其數按籍轢括脫漏定賞罰之格然蔡攸等計德霸二州戶口之數率三戶四口則戶版訛隱不待校而知乃詔諸路凡奏戶口令提刑司及提舉常平司參攷保奏而終莫能拯其弊故租稅亦不得而均焉是時內外之費浸以不給中官楊戩主後苑作有言汝州地可爲稻田者因用其言置務掌之號稻田務復行於府畿易名公田南暨襄唐西及澠池北踰大河民田有溢於初券步畝者輒使輸公田錢政和末又置營繕所亦爲公田久之後苑營繕所公田皆併於西城所盡山東河朔天荒逃田與河堤退灘租稅舉入焉皆內侍主其事所括爲田三萬四千三百餘頃民輸公田錢外正稅不復能輸重和元年獻言者曰物有豐匱價有低昂估豐賤之物俾民輸送折價旣賤輸官必多則公私之利也而州縣之吏但計一方所乏不計物之有無責民所無其費無量至於支移徙豐就歉理則宜然豪民賕吏故徙歉以就豐齎挾輕貨以賤價輸官其利自倍而貧下戶各免支移估值旣高更益腳費視富戶反重因之逋負困於追胥詔申戒焉宣和初州縣主吏催科失職逋租數廣令轉運司察守貳勤惰聽專達於內侍省浙西逃田天荒草田葑茭蕩湖濼退灘等地皆計籍召佃立租以供應奉置局命官有措置水利農田之名部使者且自督御前租課三年言者論西蜀折科之弊其畧謂西蜀初稅錢三百折絹一疋草十圍計錢二十今本路絹不用本色疋折草百五十圍圍估錢百五十稅錢三百輸至二十三千東蜀如之仍支移新邊謂之遠倉民破產者衆七年言者又論非法折變旣以絹折錢又以錢折麥以絹較錢錢倍於絹以錢較麥麥倍於錢展轉增加民無所訴唐鄧襄汝等州自治平後開墾歲增然未定稅額元豐中以所墾

新田差爲五等輸稅。元祐元年罷之。大觀三年用轉運副使張徽言之請復元豐舊制，俄又以訴者而罷。政和三年，轉運使王瓌復言官失租賦，詔依元豐法第折以見錢，凡得三十萬緡。欽宗立，詔蠲焉。舊稅租加耗，轉運司有抛樁明耗，州縣有暗樁暗耗之名，諸倉場受納又令民輸頭子錢，熙寧以後給納並收，其數益增焉，至是悉罷。高宗建炎元年五月庚寅，詔二稅並依舊法，凡百姓欠租閣賦及應天府夏稅悉蠲之。庚子，詔被虜之家蠲夏秋租稅及科配。紹興元年五月，詔民力久困，州縣因緣爲姦，今頒式諸路，凡因軍期不得已而貸於民者，並許計所用之多寡，度物力之輕重，依式開具，使民通知，毋得過數科率。八月，減大觀稅額三分之一。十有一月，言者論浙西科歛之害，農末始不聊生，鬻田而償則無受者，棄之而逋則質其妻孥，上下相蒙，民無所措手足，利歸貪吏而怨歸陛下，願重科歛之罪，嚴貪墨之刑。詔漕司究實以聞。二年正月，知紹興府陳汝錫違詔科率，論漳州。四月，建盜范汝爲平，詔蠲本路今年二稅及夏科役錢。既而手詔訪聞州縣以爲著令不過三分，甚非所以稱朕惠恤之意，可以赦並免。十有一月，焚州縣已蠲稅簿，示民以不疑也。五年二月，詔諸路轉運司以增收租數上戶部課賞罰。六年八月，預借江浙來年夏稅紬絹之半，盡令折米，兩浙紬絹各折七千，江南六千有半，每疋折米二石。九月，右司諫王搢言：「諸寺院之多產者，類請求貴臣改爲墳院，冀免科歛，則所科歸之下戶。」詔戶部申嚴禁之。十有二月，詔淮西殘破州縣更免租稅二年。是月戊申，詔曰：「朕惟養兵之費皆取於民，吾民甚苦，而吏莫之恤，夤緣軍須，掊歛無藝，朕甚悼之。監司郡守，朕所委寄以惠養元元者也，今漫不加省，復何賴焉。其各勤乃職，察民之侵漁納賄者按劾以聞，苟庇覆弗治，朕不汝貸。」是歲，兩浙轉運李迨取婺、秀、湖州、平江府歲計寬剩錢二十二萬八千緡有奇，依折帛錢限起發，自是以爲例。七年二月，詔駐蹕及所過州縣欠紹興五年以前稅賦並蠲之。七月，詔新復州軍請佃官田輸租外免輸正稅。（己田謂之稅，佃田謂之租，舊不併納，劉豫嘗並取之，至是乃從舊法。）九年，蠲新復州軍稅租及土貢、大禮銀絹三年，差徭五年。初，劉豫之僭，凡民間蔬圃皆令三季輸稅，宜諭官方庭實言其不便，起居舍人程克俊言河南父老苦豫煩苛久矣，賦歛及於絮縷，割剝至於果蔬，於是詔新復州縣取劉豫重歛之法焚之通衢。十三年，淮東宣撫使韓世忠請以賜田及私產自昔未輸之稅併歸之官，詔獎諭而可之。初，神武右軍統制張俊乞蠲所置產凡和買科敷，詔特從之。後三省言：「國家兵革未息，用度至廣，陛下哀憫元元，俾士大夫及勳戚之家與編戶等敷，蓋欲寬民力、均有無。今俊獨得免，則當均在餘戶，是使民爲俊代輸也。方今大將不止俊一人，使各援例求免，何以拒之？望收還前詔。」詔從之。越數年間，俊復乞免歲輸和買絹，三省擬歲賜俊絹五千疋，庶免起例。上以示俊，因諭之曰：「朕固不惜，但恐公議不可。」俊惶悚力辭賜絹。十五年，戶部議：「准法，輸官物用四鈔，（曰戶鈔，付民執憑；曰縣鈔，關縣司銷簿；曰監鈔，納官掌之；曰住鈔，倉庫藏之，所以防僞冒、備毀失也。）毀失縣鈔者以監住鈔銷鑿，若輒取戶鈔或追驗於人戶者，科杖。」二十三年，知池州黃子游言：「青陽縣苗七八倍於諸縣，因南唐嘗以縣爲宋齊丘食邑，畝輸三斗，後遂爲額。」詔減苗稅二分有半，租米二分。是時，兩浙州縣合輸綿紬稅絹茶絹雜錢米六色，皆以市價折錢，却別科米麥，有畝輸四五斗者。京西括田租加於舊。湖南有土戶錢、折絁錢、醋息錢、麴引錢，名色不一。荆南戶口十萬，寇亂以來幾無人跡，議者希朝廷意，謂流民已復，可使歲輸十二頃，歲復增積逋至二十餘萬緡。曹泳爲戶部侍郎，責償甚急。蓋自檜再相，密諭諸路暗增民稅七八，故民力重困，餓死者衆，皆檜之爲也。二十六年，先是承議郎魯沖上書論郡邑之弊，以臣前任宜興一縣言之，漕計合收窠名，有丁鹽、坊場課利錢、租地錢、租絲租紵錢，歲入不過一萬五千餘緡。其發納之數，有大軍錢、上供錢、糴本錢、造船錢、軍器物料錢、天申節銀絹錢之類，歲支不啻三萬四千餘緡。又有見任寄居官請奉、過往官兵批劵與非泛州郡督索拖欠，畧無虛日。今之爲令者，苟以寬恤爲意而拙於催科，旋踵以不職罷；能迎合上司，慘刻聚歛，則以稱職聞。是使爲令者惴惴惟財賦是念，朝不謀夕，亦何暇爲陛下奉行寬恤詔書、承流宣化者哉？吏部侍郎許興古議：「今銓曹有知縣令二百餘闕，無願就者，正緣財賦督迫被罪，所以畏避如此。若罷獻羨餘，蠲民積欠，謹擇守臣，戒飭監司，則吏稱民安矣。」乃詔行之。二十九年，上聞江西盜賊，謂輔臣曰：「輕徭薄賦，所以息盜。歲之水旱，所不能免，儻不寬恤而惟務科督，豈使民不爲盜之意哉？」於是詔諸路州縣紹興二十七年以前積欠官錢三百九十七萬餘緡及四等以下官欠悉除之。九月，詔兩浙、江東西水，浙東、江東西螟，其租稅盡蠲之。自是水旱經兵，時有蠲減，不盡書也。三十二年六月戊寅，孝宗受禪，赦凡官司債負、房賃、租賦、和買、役錢及坊場河渡等錢，自紹興三十年以前並除之。諸路或假貢奉爲名，漁奪民利，使所在居民以土物爲苦，太上皇帝已嘗降詔禁約，自今州軍條上土貢之物，當議參酌，天地、祖宗陵寢薦獻及德壽宮甘旨之奉，止許長吏修貢，其餘並罷，州縣因緣多取，以違制坐之。七月，詔：「諸縣受民已輸稅租等鈔不即銷簿者，當職官吏並科罪；民齎戶鈔不爲使而抑令重輸者，以違制論，不以赦免，著爲令。」八月，詔：「州縣受納秋苗，官吏多收加耗，肆爲姦欺。方時艱虞，用度未足，欲減常賦而未能，豈忍使貪贓之徒重爲民蠹。自今違犯官吏並置重典，仍沒其家。」（此孝宗初詔也。）先是，常州宜興縣無稅產百姓丁輸鹽錢二百文，下戶有墓地者謂之墓戶。經界之時，均紐正稅，又令帶輸丁鹽絹，作折帛錢。至隆興元年，始用知縣姜詔言，令與晉陵、武進、無錫三縣一例隨產均輸。二年四月，知贛州趙公稱以寬剩錢十萬緡爲民代輸夏稅，是後守臣時有代輸者。五月，詔溫、台、處、徽不通水路，其二稅物帛許依折法以銀折輸，數外妄有科折，計贓定罪。乾道元年，蠲興化軍猶剩米之半。（以知軍張允蹈言：自建炎三年，本軍秋稅歲餘軍儲外，猶剩米二萬四千四百餘石，供給福州，謂之猶剩米，四十年間水旱相仍，不復減損，故有是命。至八年，乃并其半蠲之。）三年六月，減臨安府新城縣進際稅賦之半，以知縣耿秉言曩錢氏以進際爲名，虛額太重故也。十有一月，蠲臨安府屬縣欠乾道元年三稅、坊場課利、折帛、免丁等錢。七年，勑令所脩輸苗乞取法（受納官比犯人減一等，州縣長官不覺察與同罪）暨上三等及形勢戶逋賦雖遇赦不除。八年，蠲紹興府增起苗米四萬九千餘石。淳熙三年，臣僚言：「湖北百姓廣占官田，量輸常賦，似爲過優。比議者欲從實起稅，而開陳首之門，殊不思朝廷往年經界，獨兩淮、京西、湖北依舊，蓋以四路被邊，土廣人稀，誘之使耕，猶懼不至，若履畝而稅，孰肯遠徙力耕，以供公上之賦哉？今湖北惟鼎、澧地接湖南，墾田稍多，自荆南、安、復、岳、鄂、漢、沔汙萊彌望，戶口稀少，且皆江南狹鄉百姓扶老攜幼遠來請佃，以田畝寬而稅賦輕也。若從議者之言，恐於公家無一毫之益，而良民有無窮之擾矣。如臣所見，且當誘以開耕，不宜恐以增稅，使田疇盡闢，歲收滋廣，一遇豐稔，平糴以實邊，則所省漕運亦博。望其依紹興十六年詔旨，以十分爲率，年增輸一分，不願開墾者即許退田別佃，期限稍寬，取之有漸，遠民安業，一路幸甚。」詔戶部議之。四年，臣僚言：「屢赦蠲積欠以蘇疲民，州縣不能仰承德意，至變易名色以取之。宜下漕司，如合除者，毋更取之於州，州毋取之於縣，縣銷民欠籍，書其名數，諭民通知。」詔可。五年八月，詔曰：「比年以來，五穀屢登，蠶絲盈箱，嘉與海內共享阜康之樂，尚念耕夫蠶婦終歲勤動，價賤不足以償其勞。郡邑兩稅，除折帛、折變自有常制，當輸正色者，毋以重價強之折錢，若有故違，重置于法。」臨安府刻石徧賜諸路。六年，以諫議大夫謝廓然言州縣違法科歛，侵漁日甚，其咎雖在縣令，而督迫實由郡守，縣令按劾而郡守自如，詔自今凡有過需橫取，監司悉行按劾，無詳於小而畧於大。七年，夏大旱，知南康軍朱熹應詔上封事，言：「今民間二稅之入，朝廷盡取以供軍，州縣無復贏餘，於是別立名色巧取。今民貧賦重，惟有覈兵籍，廣屯田，練民兵，可以漸省列屯坐食之兵，稍損州郡供軍之數，使州縣之力寖紓，然後禁其苛歛，責其寬恤，庶幾窮困之民得保生業，無流移漂蕩之患。」八年，詔監司太守察所部催科不擾者薦之，煩擾害民者劾之。十一年，戶部奏諸路州軍檢放旱傷米數近六十萬石，上諭王淮曰：「若盡令覈實，恐他年郡縣懷疑，不復檢放。惟寧國數最多，可令漕司覈實而蠲之。」紹熙元年，臣僚言：「古者賦租出於民之所有，不強其所無。今之爲術者，一倍折而爲錢，再倍折而爲銀。銀愈貴，錢愈艱得，穀愈不可售，使民賤糴而貴折，則大熟之歲反爲民害。願詔州郡凡多取而多折者，重置于罰。民有糴不售者，令常平就糴，異時歲歉，平價以糶，庶於民無傷，於國有補。」詔從之。祕書監楊萬里奏：「民輸粟於官謂之苗，舊以一斛輸一斛，今以二斛輸一斛矣。輸帛於官謂之稅，舊以正絹爲稅絹，今正絹外有和買矣。舊和買官給其直，或以錢，或以鹽，今皆無之，又以絹估直而倍折其錢矣。舊稅畝一錢輸免役一錢，今歲增其額，不知所止矣。既一倍其粟，數倍其帛，又數倍其錢，而又有月樁錢、版帳錢，不知幾倍於祖宗之舊，又幾倍於漢唐之制乎。此猶東南之賦可知也，至於蜀賦之額外無名者，不可得而知也。陛下欲薄賦歛，當節用度，用節而後財可積，財積而後國可足，國足而後賦可減，賦減而後民可富，民富而後邦可寧。不然，日復日，歲復歲，臣未知其所終也。」（時金主璟新立，萬里迓使客于淮，聞其蠲民間房園地基錢，罷鄉村官酒坊，減鹽價，除田租，使虜譽達於吾境，故因轉對而有是言也。）二年，詔曰：「朕惟爲政之道，莫先於養民，故自即位以來，蠲除甚賦，須宣寬條，嘉與四方臻於安富。郡守縣令，最近民者也，誠能拊循惠愛，以承休德，庶幾政平訟理之效。今采之人言，乃聞科歛先期，競務辦集，而民之虛實不問；追呼相繼，敢爲椎剝，而民之安否不恤。財計之外，治理蔑聞，甚不稱朕委屬之意。國用有常，固在經理，而非掊克督趣以爲能也知本末先後之誼此朕所貴於守令者繼自今以軫恤爲心以牧養爲務俾民安業時予汝嘉慶元二年詔浙江東西夏稅和買紬絹並依紹興十六年詔旨折納（紹興十六年詔旨絹三分折錢七分本色紬八分折錢二分本色）嘉熙二年臣僚言陛下自登大寶以來蠲賦之詔無歲無之而百姓未霑實惠蓋民輸率先期歸於吏胥攬戶及遇詔下則所放者吏胥之物所倚閣者攬戶之錢是以寬恤之詔雖頒愁歎之聲如故嘗觀漢史恤民之詔多減明年田租今宜倣漢故事如遇朝廷行大惠則以今年下詔明年減租示民先知減數則吏難爲欺民拜實賜矣從之淳祐八年監察御史兼崇政殿說書陳求魯奏本朝仁政有餘而王制未備今之兩稅本大曆之弊法也常賦之入尚爲病況預借乎預借一歲未已也至于再至于三預借三歲未已也至于四至于五竊聞今之州縣有借淳祐十四年者矣以百畝之家計之罄其永業豈足支數年之借乎操縱出於權宜官吏得以簸弄上下爲姦公私俱困臣愚謂今日救弊之策其大端有四焉宜採夏侯太初併省州郡之議俾縣令得以直達於朝廷用宋元嘉六年爲斷之法俾縣令得以究心於撫字法藝祖出朝紳爲令之典以重其權遵光武擢卓茂爲三公之意以激其氣然後爲之正其經界明其版籍約其妄費裁其橫斂則預借可革民瘼有瘳矣咸淳十年侍御史陳堅殿中侍御史陳過等奏今東南之民力竭矣西北之邊患棘矣諸葛亮所謂危急存亡之時也而邸第戚畹御前寺觀田連阡陌亡慮數千萬計皆巧立名色盡蠲二稅州縣乏興鞭撻黎庶鬻妻買子而鐘鳴鼎食之家蒼頭廬兒漿酒藿肉琳宮梵宇之流安居暇食優游死生安平無事之時尤且不可而況艱難多事之際乎今欲寬邊患當紓民力欲紓民力當紓州縣則邸第寺觀之常賦不可姑息而不加釐正也望與二三大臣亟議行之詔可建炎二年初復鈔旁定帖錢命諸路提刑司掌之紹興二年詔僞造券旁者並依軍法五年三月詔諸州勘合錢貫收十文足勘合錢即所謂鈔旁定帖錢也初令諸州通判印賣田宅契紙自今民間爭田執白契者勿用十有一月以調度不足詔諸路州縣出賣戶帖令民具田宅之數而輸其直既而以苛擾稽緩乃立價凡坊郭鄉村出等戶皆三十千鄉村五等坊郭九等戶皆一千凡六等惟閩廣下戶差減期三月足輸送行在旱傷及四分以上者聽旨三十一年先是諸州人戶典賣田宅契稅錢所收窠名七分隸經總制三分屬係省至是總領四川財賦王之望言請從本所措置拘收以供軍用詔從之凡嫁資遺囑及民間葬地皆令投契納稅一歲中得錢四百六十七萬餘引而極邊所捐八郡及盧夔等未輸者十九郡不與焉乾道五年戶部尚書曾懷言四川立限拘錢數百萬緡婺州亦得錢三十餘萬緡他路恬不加意詔百姓白契期三月自陳再期百日輸稅通判拘入總制帳輸送及十一萬緡者知通推賞違期不首及輸錢違期者許人告論如律淳熙六年勑令所進重脩淳熙法有收舟驢馳馬契書之稅帝命刪之曰恐後世有算及舟車之言建炎三年張浚節制川陝承制以同主管川秦茶馬趙開爲隨軍轉運使總領四川財賦自蜀有西師益利諸司已用便宜截三路上供錢（川陝布絹之給陝西河東京西者）四年秋遂盡起元豐以來諸路常平司坊場錢（元豐以來封樁者）次科激賞絹（是年初科三十三萬疋僞邊事寧即罷紹興十六年減利變三萬疋惟東西川三十萬疋至今不減）次奇零絹估錢（即上三路綱也歲三十萬疋西川疋理十一引東川十引自紹興二十五年至慶元初兩川並減至六引）次布估錢（成都崇慶府彭漢邛州永康六郡自天聖間官以三百錢市布一疋民甚便之後不復予錢至是宣撫司又令民疋輸估錢三引歲七十餘萬疋爲錢二百餘萬引慶元初累減至一百三十餘萬引）次常平司積年本息（此熙豐以來所謂青苗錢者建炎元年遣駕部員外郎喻汝礪括得八百餘萬緡至是取以贍軍矣）次對糴米（謂如戶當輸稅百石則又科糴百石故謂之對糴）及他名色錢（如酒鹽等）大抵於先朝常賦外歲增錢二千六十八萬緡而茶不預焉自是軍儲稍充而蜀民始困矣紹興五年浚召拜尚書右僕射以席益爲四川安撫制置大使趙開爲四川都轉運使益頗侵用軍期錢開愬于朝又數增錢引而軍計猶不給六年以龍圖閣直學士李迨代開爲都轉運使都官員外郎馮康國言四川地狹民貧祖宗時正稅重者折科稍輕正稅輕者折科稍重二者平準所以無偏重偏輕之患百有餘年民甚安之近年漕總二司輒更舊法及覆紐折取數務多致民棄業逃移望並罷之一遵舊制詔如所請令憲臣察其不如法者七年三月迨以贍軍錢糧令四路漕臣分認而榷茶錢不用蜀人不以爲是九月浚罷趙鼎爲尚書左僕射十有一月以直祕閣張深主管四川茶馬迨請祠八年二月命深及宣撫司參議官陳遠猷並兼四川轉運副使席益以憂去樞密直學士胡世將代之十月鼎罷秦檜獨相九年和議成簽書樞密院事樓炤宣諭陝西還以金四千兩銀二十萬兩輸激賞庫皆取諸蜀者會吳玠卒以世將爲宣撫副使以吏部尚書張燾知成都府兼本路安撫使上諭輔臣曰燾可付以便宜如四川前日橫斂宜令減以紓民成都帥行民事自燾始世將奏以宣撫司參議官井度兼四川轉運副使十一年正月趙開卒自金人犯陝蜀開職饋餉者十年軍用無乏一時賴之其後計臣屢易於開經畫無敢變更然茶鹽榷酤奇零絹布之征自是爲蜀之常賦雖屢經蠲減而害不去議者不能無咎開之作俑焉十月以鄭剛中爲川陝宣諭使十二年世將卒改宣撫使十三年剛中獻黃金萬兩十五年正月剛中奏減成都路對糴米三之一四月省四川都轉運使以其事歸宣撫司剛中尋以事忤秦檜於是置四川總領所錢糧官以太府少卿趙不棄爲之又改命不棄總領四川宣撫司錢糧十六年剛中奏減兩川米腳錢三十二萬緡激賞絹二萬疋免栁增酒錢三萬四千緡以四川總制錢五十萬緡充邊費十七年以戶部員外郎符行中總領四川宣撫司錢糧召剛中赴行在不棄權工部侍郎知成都府李璆權四川宣撫司事先是剛中奏本司售貯備邊歲入錢引五百八十一萬五千道如撥供歲計即可對減增添寬省民力詔李璆符行中參酌減放於是減四川科敷虛額錢歲二百八十五萬緡兩川布估錢三十六萬五千緡夔路鹽錢七萬六千緡坊場河渡淨利抽貫稅錢四萬六千餘緡又減兩川米腳錢四十二萬緡時宣撫司降賜庫貯米一百萬石乃命行中酌度對糴分數均減十八年罷四川宣撫司以璆爲四川安撫制置使兼知成都府太府少卿汪召嗣總領四川財賦軍馬錢糧宣撫司降賜庫錢除制置司取撥二十萬緡餘令總領所貯之二十二年總領所奏蠲諸路欠紹興十七年以前折估糴本等錢一百二十九萬餘緡米九萬八千七百餘石綾絹一萬四千餘疋先是自講和後歲減錢四百六十二萬緡有奇朝廷猶以爲重二十四年遣戶部員外郎鍾世明同四川制總兩司措置裕民二十五年以符行中等言減兩州絹估錢二十八萬緡潼川府秋稅腳錢四萬緡利路科斛腳錢十二萬緡兩川米腳錢四十萬緡鹽酒重額錢七十四萬緡激賞絹九千餘疋合一百六十餘萬緡蠲州縣紹興十九年至二十三年折估糴本等逋欠二百九十二萬緡是時朝廷雖蠲民舊逋而符行中督責猶峻蜀人怨之於是以蕭振爲四川安撫制置使兼知成都府行中提舉江州太平興國宮二十六年上以蜀民久困供億詔制置蕭振總領湯允恭主管茶馬李潤成都轉運判官許尹潼川轉運判官王之望措置寬恤於是之望奏減四川上供之半二十七年用蕭振等言減三川對糴米十六萬九千餘石夔路激賞絹五萬疋兩川絹估錢二十八萬緡有奇潼川成都奇零折帛疋一千又減韓球所增茶額四百六十二萬餘斤茶司引息虛額錢歲九十五萬餘緡初利州舊宣撫司有積緡二百萬守者密獻之朝下制置司取撥振曰此所以備水旱軍旅也一旦有急又將取諸民乎請留其半是歲振卒李文會代之二十八年文會卒中書舍人王剛中代之二十九年蠲四川折估糴本積欠錢三百四十萬緡乾道二年蠲奇欠白稅契錢三十七萬餘緡三年蠲川秦茶馬兩司紹興十九年至三十二年州縣侵用及民積欠六十六萬四千九百餘緡四年又詔四川諸州欠紹興三十一年至隆興二年贍軍諸窠名錢物暨退剝虧分之數及漏底折欠等錢並蠲之蠲成都人戶理運對糴米腳錢三十五萬緡淳熙十六年詔四川歲發湖廣總領所綱運百三十五萬六千餘貫自明年始與免三年當議對減鹽酒之額制置總領同諸路轉運提刑司條上其湖廣歲計朝廷當自給之紹熙三年蠲潼川府去年被水州縣租稅資普榮叙州富順監凡夏輸亦如之尋又詔本路旱傷州縣租稅官爲代輸及民已輸者悉理今年之數四年蠲紹興三年成都潼川兩路奇零絹估錢引四十七萬一千四百五十餘道潼川府激賞絹一十六萬六千九百七十五疋又詔四川州縣鹽酒課額自明年更放三年嘉定七年再蠲四川州縣鹽酒課額三年其合輸湖廣總領所綱運亦免三年十一年蠲天水軍今年租役差科西和州蠲十之七成州蠲十之六將利河池兩縣各蠲十之五以經兵也

宋史卷一百七十四考證

食貨志上二詔望常平使者檢發○臣開鼎按此河北西路提舉常平司奏請也詔望應照通考作望詔

倚格殆無虛歲○格通考作閣

而又有月樁錢○樁通考作茶

宋史卷一百七十五

元　中　書　右　丞　相　總　裁　脫　脫　等　修

食貨志第一百二十八

食貨上三 布帛 和糴 漕運

布帛宋承前代之制調絹紬布絲綿以供軍須又就所產折科和市其纖麗之物則在京有綾錦院西京真定青益梓州場院主織錦綺鹿胎透背江寧府潤州有織羅務梓州有綾綺場亳州市縐紗大名府織縐縠青齊鄆濮淄濰沂密登萊衡永全州市平絁東京榷貨務歲入中平羅小綾各萬疋以供服用及歲時賜與諸州折科和市皆無常數唯內庫所須則有司下其數供足自周顯德中受公私織造並須幅廣二尺五分民所輸絹疋重十二兩踈薄短狹塗粉入藥者禁之河北諸州軍重十兩各長四十二尺宋因其舊開寶三年令天下諸州凡絲綿紬絹麻布等物所在約支二年之用不得廣科市以煩民初蓬州請以租絲配民織綾給其工直太祖不許太宗太平興國中停湖州織綾務女工五十八人悉縱之詔川峽市買場織造院自今非供軍布帛其錦綺鹿胎透背六銖欵正龜殼等段疋不須買織民間有織賣者勿禁馬元方爲三司判官建言方春之絕時預給庫錢貸民至夏秋冬輸絹於官大中祥符三年河北轉運使李士衡又言本路歲給諸軍帛七十萬民間罕有緡錢常預假於豪民出倍稱之息至期則輸賦之外先償逋欠以是工機之利愈薄請預給帛錢俾及時輸送則民獲利而官亦足用詔優予其直自是諸路亦如之或蠶事不登許以大小麥折納仍免倉耗及頭子錢天聖中詔減兩蜀歲輸錦綺鹿胎透背欵正之半罷作綾花紗明道中又減兩蜀歲輸錦綺綾羅透背花紗三之二命改織紬絹以助軍景祐初遂詔罷輸錦背繡背遍地密花透背段自掖庭以及閭巷皆禁用其後歲輒增益梓路紅錦鹿胎慶曆四年復減半旣而又減梓路歲輸絹三之一紅錦鹿胎半之先是咸平初廣南西路轉運使陳堯叟言准詔課植桑棗嶺外唯產苧麻許令折數仍聽織布赴官場博市疋爲錢百五十至二百至是三司請以布償芻直登萊端布爲錢千三百六十沂布千一百仁宗以取直過厚命差減其數自西邊用兵軍須紬絹多出益梓利三路歲增所輸之數兵罷其費乃減嘉祐三年始詔寬三路所輸數治平中歲織十五萬五千五百餘疋神宗卽位京師米有餘蓄命發運司損和糴數五十萬石市金帛上京儲之榷貨務備三路軍須京東轉運司請以錢三十萬二千二百貫給貸於民令次年輸絹疋爲錢千隨夏稅初限督之詔運其錢于河北聽商人入中熙寧三年御史程顥言京東轉運司和買紬絹增數抑配率千錢課絹一疋其後和買并稅絹疋皆輸錢千五百時王廣淵爲轉運使謂和買如舊無抑配顥言其迎合朝廷意王安石謂廣淵在京東盡力以赴事功不宜罪以迎合乃詔所給內帑別額紬絹錢五十萬緡收其本儲之北京息歸之內帑右正言李常亦言廣淵以陳汝義所進羨餘錢五十萬緡隨和買絹錢分配於常稅折科放買外更取二十五萬緡請以顥言付有司定州安撫司又言轉運司配紬絹綿布於州鎮軍砦等坊郭戶易錢數多乞憫其災傷又居極邊特蠲損之詔提刑司別估民不願市令官自賣已給而抑配者正之自王安石秉政專以取息爲富國之務故當時言利小人如王廣淵輩假和買紬絹之名配以錢而取其五分之息其刻又甚於青苗然安石右廣淵顥常言卒不行二月詔移巴蜀羨財市布帛儲於陝西以備邊省蜀人輸送及中都漕輓之費七年兩浙察訪沈括言本路歲上供帛九十八萬民苦備償而發運司復以移用財貨爲名增預買紬絹十二萬詔罷其所增之數八年韓琦奏倚閣預買紬絹等雖稍豐稔猶當五七歲帶輸安石以爲不然言於神宗曰預買紬絹祖宗以來未嘗倚閣往歲李稷有請因從之近方鎮監司爭以寬恤爲事不計有無異日國用闕當復刻剝於民爾元豐以來諸路預買紬絹許假封樁錢或坊場錢少者數萬緡多者至數十萬緡其假提舉司寬剩錢者又或令以絹帛入常平庫俟轉運司以價錢易取三年京東轉運司請增預買數三十萬卽本路移易從之四年遣李元輔變運川峽四路司農物帛中書言物帛至陜西擇省樣不合者貿易糴糧儲於邊期以一年畢五年戶部上其數凡八百十六萬一千七百八十疋兩三百四十六萬二千緡有奇紹聖元年兩浙絲蠶薄收和買并稅紬絹令四等下戶輸錢易左帑紬絹又令轉運司以所輸錢市金銀遇蠶絲多兼市紗羅紬絹上供元符元年雄州榷場輸布不如樣監司通判貶秩展磨勘年有差令損其直後似此者勿受尙書省言民多願請預買錢宜視歲例增給來歲市紬絹計綱赴京左司員外郎陳瓘言預買之息重於常平數倍人皆以爲苦何謂願請今復榷增雖名濟之實聚歛之術提點京東刑獄程堂亦言京東河北災民流未復今轉運司東西路歲額無慮二百萬疋兩又於例外增買請罷之乃詔諸路提舉司勿更給錢俟蠶麥多選官置場崇寧中諸路預買令所產州縣鄉民及城郭戶並準貲力高下差等均給川峽路取元豐數最多一年爲額舊不給者如故江西和買紬絹歲五十萬疋舊以錢鹽三七分預給自鹽鈔法行不復給鹽令轉運司盡給以錢而卒無有遠今五年循以爲常民重傷困大觀初詔假本路諸司封樁錢及鄰路所掌封樁鹽各十萬緡給之其後提舉常平張根復言本路和買未嘗給錢請盡給一歲蠶鹽許轉運司移運或民戶至場自請而江西十郡和買數多法一疋給鹽二十觔比錢九百歲預於十二月前給之轉運司得鹽不足更下發運司會積歲所負給償尙書省言大觀庫物帛不足令兩浙京東淮南江東西成都梓州福建路市羅綾紗一千至三萬疋各有差二年又令京東淮南兩浙市絹帛五萬及三萬疋並輸大觀庫又四川各二萬輸元豐庫江東西如四川之數輸崇寧庫而州縣和買有以鹽一席折錢六千令民至期輸紬絹六疋又前期督促致多逃徙詔遞加其罪坊郭戶預買有加至四五百疋興仁府萬延嗣戶業錢十四萬二千緡歲均千餘疋乃令減半均之兩浙和買并稅紬絹布帛頭子錢外又收市利錢四十例外約增數萬緡以分給人吏政和初詔罷市例錢諸路紬絹布帛比價高數倍而給直猶用舊法言者請稍增之度支以元豐例定沮抑不行令如期給散而已江東和買弊如江西比而纔給二百轉運司又以重十三兩爲則不及則準絲價補納以錢兩淮二百有餘宣和三年詔提刑司釐正以聞先是成都河北預買官戶許減半四年令舊嘗全科者如舊既又以兩浙多官戶令預買通數七年冬郊祀河北京東和買科取物帛絲綿等數並免以供奉物給降其所蠲貸幾數百萬初預買紬絹務優直以利民然猶未免煩民後或令民折輸錢或物重而價輕民力寖困其終也官不給直而賦取益甚矣十二月詔令轉運司各會一路之數分下州縣經畫不以錢以他物不以正月以他月給者並論以違制然有司鮮能承順焉靖康元年命轉運司以常平錢前一季預備如正月之期給之毋貸以他物而損其數京東州縣勿以逃移戶舊數科著業人仍先除其數俟流民歸業均數餘路亦如之建炎三年春高宗初至杭州朱勝非爲相兩浙轉運副使王琮言本路上供和買夏稅紬絹歲爲疋一百一十七萬七千八百每疋折輸錢二千以助用詔許之東南折帛錢自此始五月詔每歲預買綿絹令登時給其直又詔江浙和預買絹減四分之一仍給見錢違者寘之法紹興元年初賦鼎州和買折帛錢六萬緡以贍蔡兵以兩浙夏稅及和買紬絹一百六十餘萬疋半令輸錢疋二千二年以諸路上供絲帛並半折錢如兩浙例江淮閩廣荊湖折帛錢自此始時江浙湖北夔路歲額紬三十九萬疋江南川廣湖南兩浙絹二百七十三萬疋東川湖南綾羅絁七萬疋西川廣西布七十七萬疋成都錦綺千八百餘疋皆有奇三年三月以兩浙和買物帛下戶艱於得錢聽以七分輸正色三分折見緡初洪州和買八分輸正色二分折省錢疋三千四年帥臣胡世將請以三分疋折六千省又言絹直踴貴請疋增爲五千疋戶部定爲六千疋殿中侍御史張致遠言江西殘破之餘和預買絹請折輸錢朝廷從之是欲少寬民力疋輸錢五千省比舊直已增其半較之兩浙時直疋多一千五百戶部又令折六貫文足是欲乘民之急而倍其歛也物不常貴則絹有時而易辦錢額旣定則價無時而可減於是詔江西和買絹疋折輸錢六十省願輸正色者聽是冬初令江浙民戶悉輸折帛錢當是時行都月費錢百餘萬緡重以增戍之費令民輸紬者全折輸絹者半折疋五千二百省折帛錢由此愈重九年正月復河南減折帛錢疋一千未幾又增之十七年減折帛錢江南疋爲六千兩浙七千和買六千五百綿江南兩爲三百兩浙四百二十年詔廣西折布錢因張浚增至兩倍以上令減作一貫文折輸二十九年中書省奏江浙四路所起折帛錢地里遙遠宜就近儲之詔除徽處廣德舊折輕貨餘州當折銀者輸錢願輸銀者聽浙西提刑司三總領所主之先是江浙路折帛錢歲爲錢五百七十三萬餘緡並輸行都至是始外儲之以備軍用乾道四年減兩浙乾道五年夏稅和買折帛錢之半六年知徽州鄭升卿代還奏州自五代時陶雅守郡妄增民賦至今二百餘年比鄰境諸縣之稅獨重數倍而雜錢之稅科折尤重請賜蠲免九年詔徽州額外拗科雜錢一萬二千一百八十餘緡及元認江東兩浙運司諸處絹一萬六千六百餘疋並蠲之紹熙五年詔兩浙江東西和買紬絹折帛錢太重可自來年疋減錢一貫五百文三年後別聽旨所減之錢令內藏封樁兩庫撥還慶元元年戶部侍郎袁說友言臨安餘杭二縣和買科取之弊乞將餘杭縣經界元科之額紐以絹數不分等則以二十四貫定敷一疋袞科而下足額而止

捐其餘以惠末產之民如此則吏不得而制民民無貲於詭戶救弊之良策也說友又奏貫頭均科之法行則縣邑無由多取鄉司無所走弄而詭挾者不能以幸免是以姦民頑吏立爲異論以搖之詔令集議二年吏部尚書葉翥等議請如帥漕所奏推行之詔可建炎元年知越州翟汝文奏浙東和預買絹歲九十七萬六千疋而越乃六十萬五百疋以一路計之當十之三望將三等以上戶減半四等以下戶權罷尋以杭之和買絹編重均十二萬疋於兩浙乾道九年祕書郎趙粹中言兩浙和買莫重於紹興而會稽爲最重緣田薄稅重詭名隱寄多分子戶自經界後至乾道五年累經推排減落物力走失愈重民力困竭若據畝均輸可絕詭戶之弊淳熙八年詔兩淮漕臣吳琚與帥臣張子顏措置子顏等言勢家豪民分折版籍以自托於下戶是不可不抑然弊必有原謂如浙東七州和買凡二十八萬一千七百三十有八溫州本無科額合台明衢處婺之數不滿一十二萬而紹興一郡獨當一十四萬六千九百三十有八則是以一郡視五郡之輸而又贏一萬有奇此重額之弊也又如貨牛物力以其有資民用不忍科配酒坊鹽亭戶以其嘗趁官課難令再敷至於坍江落海之田壞地漂沒僧道寺觀之產或奉詔蠲免而省額未除不免陰配民戶此暗科之弊也二弊相乘民不堪命於是規避之心生而詭戶之患起舊例物力三十八貫五百爲第四等降一文以下卽爲第五等爲詭戶者志於規避往往止就二三十貫之間立爲砧基今若自有產有丁係眞五等依舊不科其有產無丁之戶將實管田產錢一十五貫以上並科和買其一十五貫以下則存而不敷庶幾僞五等不可逃眞五等不受困於是詔紹興府攢宮田園諸寺觀延祥莊井租牛耕牛合蠲和買並於省額除之坊場鹽亭戶見敷和買物力及坍江田放生池合減租稅物力並覈實取旨十一年臣僚言兩浙江東西四路和買不均之弊送戶部給舍等官詳議鄭丙丘崈議畝頭均科之說至公至平詔施行之十六年知紹興府王希呂言均敷和買曩者亟於集事不暇覈實一切以爲詭戶而科之於是物力自百文以上皆不免於和買貧民始不勝其困乞將挪科和買二萬五十七疋有奇盡放則民被實惠矣於是詔下戶和買二萬五十餘疋住催一年又減元額四萬四千疋有奇均敷一節令知紹興府洪邁從長施行紹熙元年邁定其法上之詔依所措置推行於是紹興貧民下戶稍寬矣

和糴宋歲漕以廣軍儲實京邑河北河東陝西三路及內郡又自糴買以息邊民飛輓之勞其名不一建隆初河北連歲大稔命使置場增價市糴自是率以爲常咸平中嘗出內府綾羅錦綺計直緡錢百八十萬銀三十萬兩付河北轉運使糴粟實邊繼而詔凡邊州積穀可給三歲則止大中祥符初三路歲豐仍令增糴廣蓄糜限常數後又時出內庫緡錢或數十萬或百萬別遣官經畫市糴中等戶以下免之初河東旣下減其租賦有司言其地沃民勤頗多積穀請每歲和市隨常賦輸送其直多折色給之京東西陝西河北闕兵食州縣括民家所積糧市之謂之推置取上戶版籍酌所輸租而均糴之謂之對糴皆非常制麟府州以轉餉道遠遣常參官就置場和糴河北又募商人輸芻粟於邊以要券取鹽及緡錢香藥寶貨於京師或東南州軍陝西則受鹽於兩池謂之入中陝西糴穀又歲預給靑苗錢天聖以來罷不復給然發內藏金帛以助糴者前後不可勝數寶元中出內庫珠直緡錢三十萬付三司售之取其直以助邊費歐陽脩奉使河東還言河東禁並邊地不許人耕而私糴北界粟麥爲兵儲最爲大患遂詔岢嵐火山軍閑田並邊壕十里外者聽人耕然竟無益邊備歲糴如故大抵入中利厚而商賈趨之罷三路入中悉以見錢和糴縣官之費省矣熙寧五年詔以銀絹各二十萬賜河東經畧安撫司聽人賒買收本息封樁備邊自是三路封樁所給甚廣或取之三司或取之市易務或取之他路轉運司或賜常平錢或鬻爵給度牒而出內藏錢帛不與焉七年以岷州入中者寡令三司具東南及西鹽鈔法經久通行利病以聞知熙州王韶建議依沿邊和糴例以一分見緡九分西鈔別約價募入中者凡邊部入中有闕則多出京鈔或饒益誘之以紓用度是歲河東並邊大稔詔都轉運使李師中與劉庠廣糴積五年之蓄復命輔臣議吏與陝西並塞芻糧之法令轉運司增舊糴三分以所糴數美爲賞罰仍遣吏按視而陝西和糴或以錢茶銀紬絹糴於弓箭手八年河東察訪使李承之言太原路二稅外有和糴糧草官雖量予錢布而所得細微民無所濟遇歲凶不蠲最爲弊法繼而知太原韓絳復請和糴於元數省三分罷支錢布乞精選才臣講求利害詔委陳安石元豐元年安石奏河東十三州一稅以石計凡三十九萬二千有餘而和糴數八十三萬四千有餘所以歲凶仍輸者以稅輕軍儲不可闕故也舊支錢布相半數旣奇零以鈔貿易畧不收半公家實費百姓乃得虛名欲自今罷支糴錢歲以其錢合並邊州郡和市封樁卽歲災以塡所蠲數年豐則三歲一免其輸朝廷以爲然始詔河東歲給和糴錢八萬餘緡並罷以其錢付漕司如安石議因用安石爲河東轉運使其後經畧使呂惠卿復請別議立法除河外三州理爲邊郡宜免餘十一州可槩均糴下有司議以歲和糴見數十分之裁其二用八分爲額隨戶色高下裁定毋更給錢歲災同秋稅蠲放以轉運司應給錢補之災不及五分聽以久例支移遂易和糴之名爲助軍糧草元豐四年以度支副使蹇周輔兼措置河北糴便司明年詔以開封府界諸路闕額禁軍及淮浙福建等路剩鹽息錢並輸糴便司爲本令瀛定澶等州各置倉凡封樁三司毋關預委周輔專其任司農寺市易淤田水利等司所計置封樁糧草並歸之六年詔提點河北西路王子淵兼同措置未幾手詔周輔令河朔豐成宜廣收糴是歲大名東西濟勝二倉定州行積寶盈二倉與瀛之州倉皆成周輔召拜戶部侍郎以左司郎中吳雍代之明年雍言河北倉廩皆克實見儲糧料總千一百七十六萬石詔賜同措置王子淵三品服宣和中罷畿內和糴自熙寧以來和糴入中之外又有坐倉博糴結糴俵糴兌糴寄糴括糴勸糴均糴等名其曰坐倉熙寧二年令諸軍餘糧願糴入官者計價支錢復儲其米於倉王珪奏曰外郡用錢四十可致斗米於京師今京師乏錢反用錢百坐倉糴斗米此極非計司馬光曰坐倉之法蓋因小郡乏米而庫有餘錢故反就軍人糴米以給次月之糧出於一時急計耳今京師有七年之儲而府庫無錢更糴軍人之米使積久陳腐其爲利害非臣所知呂惠卿曰今坐倉得米百萬石則減東南歲漕百萬石轉易爲錢以供京師何患無錢光曰臣聞江淮之南民間乏錢謂之錢荒而土宜秔稻彼人食之不盡若官不糴取以供京師則無所發泄必甚賤傷農矣且民有米而官不用米民無錢而官必使之出錢豈通財利民之道乎不從明年又慮元價賤神龍衞及諸司每石等第增錢收糴仍聽行於河北河東陝西諸路元符以後有低價抑糴之弊詔禁止之其曰博糴熙寧七年詔河北轉運提舉司置場以常平及省倉歲用餘糧減直聽民以絲綿綾絹增價博買俟秋成博糴崇寧五年又詔陝西錢重物輕委轉運司措置以銀絹絲紬之類博糴斛斗以平物價其曰結糴熙寧八年劉佐體量川茶因便結糴熙河路軍儲得七萬餘石詔運給焉未幾商人王震言結糴多散官或浮浪之人有經年方輸者詔措置熙河財用孫迥究治以聞迥奏總管王君萬負熙河兩川結糴錢十四萬六百三十餘緡銀三百餘兩乃遣蔡確馳往本路劾之君萬及高遵裕皆坐借結糴違法市易降黜有差崇寧初蔡京行於陝西盡括民財以充數五年以星變講脩闕政罷陝西河東結糴對糴其曰俵糴熙寧八年令中書計運米百萬石費約三十七萬緡帝怪其多王安石因言俵糴非特省六七十萬緡歲漕之費且河北入中之價權之在我遇斗斛貴住糴卽百姓米無所糶自然價損非惟實邊亦免傷農力乃詔歲以末鹽錢鈔在京粳米六十萬貫石付都提舉市易司貿易度民田入多寡豫給錢物秋成於澶州北京及緣邊入米麥粟封樁卽物價踴權止入中聽糴便司兌用須歲豐補償紹聖三年呂大忠之言召農民相保豫貸官錢之半循稅限催科餘錢至夏秋用時價隨所輸貼納崇寧中蔡京令坊郭鄉村以等第給錢俟收以時價入粟邊郡弓箭手靑唐蕃部皆然用俵多寡爲官吏賞罰其曰兌糴熙寧九年詔淮南常平司於麥熟州郡及時兌糴元祐二年嘗以麥熟下諸路廣糴詔後價若與本相當卽許變轉兌糴其曰寄糴元豐二年糴便糧草王子淵論綱舟利害因言商人入中歲小不登必邀厚價故設內郡寄糴之法以權輕重七年詔河北瀛定二州所糴數以鉅萬而散於諸郡寄糴恐緩急不相及不若致商人自運李南公王子淵俱言寄糴法行已久且近都倉緩急運致非難於是寄糴卒不罷其曰括糴元符元年涇原經畧使章楶請並邊糴買豫榜諭民毋得與公家爭糴卽官儲有之括索贏糧之家量存其所用盡糴入官其曰勸糴均糴政和元年童貫宣撫陝西議行之鄜延經畧使錢卽言勸糴非可以久行均糴先入其斛斗乃給其直於有斛斗之家未有害也坊郭之人素無斛斗必須外糴轉有煩費疏奏坐貶時又詔河北河東倣陝西均糴知定州王漢之坐沮格奪職罷未幾遂立均糴法三年以歲稔諸路推行均糴五年言者謂均糴法嚴然已糴而不償其直或不度州縣之力敷數過多有一戶而糴數百石者乃詔諸路毋輒均糴旣而州縣以和糴爲名低裁其價轉運司程督愈峻科率倍於均糴詔約止之宣和三年方臘平兩浙亦量官戶輕重均糴明年荊湖南北均糴以家業爲差勸糴之法其後寖及於新邊鄜州積石軍蕃部患之

自熙寧以來王韶開熙河章惇營溪洞沈起劉彝啓交

阯之隙韓存寶林廣窮乞第之役費用科調益繁陝西宿兵既多元豐四年六路大舉西討軍費最甚於他路帝先慮科役擾民令趙禼廉問頗得其事又以糧餉蠹惡欲械斬河東涇原漕臣以勵其餘卒以師與役衆鮮克辦給又李稷爲鄜延漕臣督運詔許斬知州以下乏軍興者民苦摺運多散走所殺至數千人道斃者不在焉於是文彥博奏言關陝人戶昨經調發不遺餘力死亡之餘疲瘵已甚爲今之計正當勞來將士安撫百姓全其瘡痍使得蘇息明年優詔嘉答初西師無功議者慮朝廷再舉自是帝大感悟申飭邊臣固境息兵關中以蘇哲宗卽位諸老大臣維持初政益務綏靜邊郡類無調發第令諸路廣糴以備蓄積及詔陝西鱗府州計五歲之糧而已紹聖初乃詔河北鎭定瀛州糴十年之儲餘州七年其後陝西諸路又連歲興師及進築鄯湟等州費資糧不可勝計元符二年涇原經畧使章楶諫曰伏見興師以來陝西府庫倉廩儲蓄內外一空前後資貸內藏金帛不知其幾千萬數卽今所在糧草盡乏漕臣計無所出文移指空而已今者正休兵息民淸心省事之時唯深察臣言裁決斯事若更詢主議大臣竊恐專務興師上誤聖聽主議大臣指章惇也時內藏空乏陝西諸路以軍賞銀絹數寡請給於內藏庫詔以絹五十萬疋予之帝謂近臣曰內庫絹才百萬已輟其半矣蔡京用事復務拓土勸徽宗招納靑唐用王厚經置費錢億萬用大兵凡再始克之而湟州戍兵歲費錢一千二十四萬九千餘緡五年熙河蘭湟運使洪中孚言本道靑稞畝收五石粒當大麥之三異時人糧給精米馬料給靑稞率皆八折不惟人馬之食自足而價亦相當今邊臣不獨事情精米靑稞與糙米大麥一例抵斗給散卽公有一分之耗私有一分之贏會計一路歲費斛斗一百八十萬雜色五十萬外靑稞一百三十萬抵斗歲費二十六萬石石三十緡計七百八十萬帝慮其米仍蠹將士或有饑色乃命九折明年復令計斗給散竟罷九折又於陝西建四都倉平夏城曰裕財鎭戎軍曰裕軍通峽砦曰裕民西安州曰裕邊自夏人叛命諸路皆謀進築陝以西保甲皆運糧後童貫又自將兵築靖夏制戎伏羌等城窮討深入凡六七年至宣和末饋餉空乏鄜延至不能支旬月時邊臣爭務開邊夔峽嶺南不毛之地草刱郡邑調取於民費出於縣官不可勝計最後有燕山之役雄霸等州倉廩皆竭兵士饑忿有擲瓦石擊守貳刃將官者燕山郭藥師所將常勝一軍計口給錢廩月費米三十萬石錢一百萬緡河北之民力不能給於是免夫之議興初黃河歲調夫脩築埽岸其不卽役者輸免夫錢熙豐間淮南科黃河夫夫錢十千富戶有及六十夫者劉誼蓋嘗論之及元祐中呂大防等主回河之議力役旣大因配夫出錢大觀中脩滑州魚池埽始盡令輸錢帝謂事易集而民不煩乃詔凡河堤合調春夫盡輸免夫之直定爲永法及是王黼建議乃下詔曰大兵之後非假諸路民力其克有濟論民國事所當竭力天下並輸免夫錢夫二十千淮浙江湖嶺蜀夫三十千凡得一千七百餘萬緡河北羣盜因是大起南渡三邊饋餉糴事所不容已紹興間於江浙湖南博糴多者給官告少者給度牒或以鈔引類多不售而吏緣爲姦人情大擾於是減其價以誘積粟之家初不拘於官編之戶凡降金銀錢帛而州縣阻節不卽還者官吏並徒二年廣東轉運判官周綱糴米十五萬石糶流離皆轉一官七年以饒州之糴石取耗四斗罪其郡守自是和糴者計剩科罪十三年荊湖歲稔米斗六七錢乃就糴以寬江浙之民十八年免和糴命三總領所置場糴之舊制兩浙江湖歲當發米四百六十九萬斛兩浙一百五十萬江東九十三萬江西百二十六萬湖南六十五萬湖北三十五萬至是欠百萬斛有奇乃詔臨安平江府及淮東西湖廣三計司歲糴米百二十萬斛淮西十六萬五千湖廣淮東皆十五萬二十八年除二浙以三十五萬斛折錢諸路綱米及糴場歲收四百五十二萬斛二十九年糴二百三十萬石以備振貸石降錢二千以關子茶引及銀充其數孝宗乾道三年秋江浙淮閩淫雨詔州縣以本錢坐倉收糴毋强配於民四年糴本給會子及錢銀石錢二貫五百文淳熙三年詔廣西運司糴錢以歲豐歉市直高下增減給之寶慶三年監察御史汪剛中言和糴之弊其來非一日矣欲得其要而革之非禁科抑不可夫禁科抑莫如增米價此已試而有驗者望飭所司奉行有旨從之紹定元年錫銀會度牒於湖廣總所令和糴米七十萬石餉軍五年臣僚言若將民間合輸緡錢使輸斛斗免令賤糴輸錢在農人亦甚有利此廣糴之良法也從之開慶元年沿江制置司招糴米五十萬石湖南安撫司糴米五十萬石兩浙轉運司五十萬石淮浙發運司二百萬石江東提舉司三十萬石江西轉運司五十萬石湖南轉運司二十萬石太平州一十萬石淮安州三十萬石高郵軍五十萬石漣水軍一十萬石廬州一十萬石並視時以一色會子發下收糴以供軍餉咸淳六年都省言咸淳五年和糴米除浙西永遠住糴及四川制司就糴二十萬石椿充軍餉外京湖制司湖南江西廣西共糴一百四十八萬石凡遇和糴年分皆然

漕運宋都大梁有四河以通漕運曰汴河曰黃河曰惠民河曰廣濟河而汴河所漕爲多太祖起兵間有天下懲唐季五代藩鎭之禍蓄兵京師以成彊幹弱支之勢故於兵食爲重建隆以來首浚三河令自今諸州歲受稅租及筦榷貨利上供物帛悉官給舟車輸送京師毋役民妨農開寶五年率汴蔡兩河公私船運江淮米數十萬石以給兵食是時京師歲費有限漕事尚簡至太平興國初兩浙旣獻地歲運米四百萬石所在雇民挽舟吏並緣爲姦運舟或附載錢帛雜物輸京師又回綱轉輸外州主藏吏給納邀滯於是擅貿易官物者有之八年乃擇幹彊之臣在京分掌水陸路發運事凡一綱計其舟車役人之直給付主綱吏雇募舟車到發財貨出納並關報而催督之自是調發邀滯之弊遂革初荊湖江浙淮南諸州擇部民高貲者部送上供物民多質魯不能檢御舟人舟人侵盜官物民破產不能償乃詔牙吏部送勿復擾民大通監輸鐵尚方鑄兵器鍛鍊用之十裁得四五廣南貢藤去其麤者斤僅得三兩遂令鐵就治郞淬治之藤取堪用者無使負重致遠以勞民力汴河挽舟卒多饑凍太宗令中黃門求得百許人藍縷枯瘠詢其故乃主糧吏率取其口食帝怒捕鞫得實斷腕殉河上三日而後斬之押運者杖配商州雍熙四年併水陸路發運爲一司主綱吏卒盜用官物及用水土雜糅官米故毀敗舟船致沉溺者棄市募告者厚賞之山河平河實因灘磧風水所敗以收救分數差定其罪端拱元年罷京城水陸發運以其事分隸排岸司及下卸司先是四河所運未有定制太平興國六年汴河歲運江淮米三百萬石菽一百萬石黃河粟五十萬石菽三十萬石惠民河粟四十萬石菽二十萬石廣濟河粟十二萬石凡五百五十萬石非水旱蠲放民租未嘗不及其數至道初汴河運米五百八十萬石大中祥符初至七百萬石江南淮南兩浙荊湖路租糴於眞揚楚泗州置倉受納分調舟船泝流入汴以達京師置發運使領之諸州錢帛雜物軍器上供亦如之陝西諸州菽粟自黃河三門沿流入汴以達京師亦置發運司領之粟帛自廣濟河而至京師者京東之十七州由石塘惠民河而至京師者陳潁許蔡光壽六州皆有京朝官廷臣督之河北衞州東北有御河達乾寧軍其運物亦廷臣主之廣南金銀香藥犀象百貨陸運至虔州而後水運川益諸州金帛及租市之布自劍門列傳置分輦負擔至嘉州水運達荊南自荊南遣綱吏運送京師咸平中定歲運六十六萬疋分爲十綱天禧末水陸運上供金帛緡錢二十三萬一千餘貫兩端疋珠寶香藥二十七萬五千餘斤諸州歲造運船至道末三千二百三十七艘天禧末減四百二十一先是諸河漕數歲久益增景德四年定汴河歲額六百萬石天聖四年荊湖江淮州縣和糴上供小民闕食自五年後權減五十萬石慶曆中又減廣濟河二十萬石後黃河歲漕益減耗纔運菽三十萬石歲刱漕船市材木役牙前勞費甚廣嘉祐四年罷所運菽減漕船三百艘自是歲漕三河而已江湖上供米舊轉運使以本路綱輸眞楚泗州轉般倉載鹽以歸舟還其郡卒還其家汴州諸轉般倉運米輸京師歲摺運者四河冬涸舟卒亦還營至春復集名曰放凍卒得番休逃亡者少汴船不涉江路無風波沉溺之患後發運使權益重六路上供米團綱發船不復委本路獨專其任文移坌併事目繁夥不能檢察操舟者賕諸吏得詣富饒郡市賤貿貴以趨京師自是江汴之舟混轉無辨挽舟卒有終身不還其家老死河路者籍多空名漕事大弊皇祐中發運使許元奏近歲諸路因循糧綱法壞遂令汴綱至冬出江爲他路轉漕兵不得息宜勑諸路增船載米輸轉般倉充歲計如故事於是牟利者多以元說爲然詔如元奏久之諸路綱不集嘉祐三年下詔切責有司以格詔不行及發運使不能總綱條轉運使不能斡歲入預勑江淮兩浙轉運司期以朞年各造船補卒團本路綱自嘉祐五年汴船不得復出江至期諸路船猶不足汴船旣不至江外江外船不得至京師失商販之利而汴船工卒訖各坐食恒苦不足皆盜毀船材易錢自給船愈壞而漕額愈不及矣論者初欲漕卒得歸息而近歲汴船多傭丁夫每船卒不過一二人至冬當留守船實無得歸息者時元罷已久後至者數奏請出汴船執政不許治平三年始詔出汴船七十綱未幾皆出江復故治平二年漕粟至京師汴河五百七十五萬五千石惠民河二十六萬七千石廣濟河七十四萬石又漕金帛緡錢入左藏內藏庫者總其數一千一百七十三萬而諸路轉移相給者不預焉繇京西陝西河東運薪炭至京師薪以斤計一千七百一十三萬炭以秤計一百萬是歲諸路漕船二千五百

四十艘治平四年京師秔米支五歲餘是時漕運吏卒上下共爲侵盜貿易甚則託風水沉沒以滅迹官物陷折歲不減二十萬斛熙寧二年薛向爲江淮等路發運使始募客舟與官舟分運互相檢察舊弊乃去歲漕常數既足募商舟運至京師者又二十六萬餘石而未已請充明年歲計之數三司使吳充言宜自明年減江淮漕米二百萬石令發運司易輕貨二百萬緡計五年所得無慮緡錢千萬轉儲三路平糴備邊王安石謂驟變米二百萬石米必陡賤驟致輕貨二百萬貫貨必陡貴當令發運司度米貴州郡折錢變爲輕貨儲之河東陝西要便州軍用常平法糴糴爲便詔如安石議七年京東路察訪鄧潤甫等言山東沿海州郡地廣豐歲則穀賤募人爲海運山東之粟可轉之河朔以助軍食詔京東河北路轉運司相度卒不果行是歲江淮上供穀至京師者三分不及一令督發運使張頡亟辦來歲漕計宣徽南院使張方平言今之京師古所謂陳留天下四衝八達之地利漕運而贍師旅國初浚河渠三道以通漕運立上供年額汴河六百萬石廣濟河六十二萬石惠民河六十萬石廣濟河所運止給太康咸平尉氏等縣軍糧唯汴河運米麥乃太倉蓄積之實近罷廣濟河而惠民河斛斗不入大倉大衆所賴者汴河議者屢作改更必致汴河日失其舊十二月詔濬廣濟河增置漕舟其後河成歲漕京東穀六十萬石東南諸路上供雜物舊陸運者增舟水運押汴河江南荊湖綱運七分差三班使臣三分軍大將殿侍又令眞楚泗州各造淺底舟百艘分爲十綱入汴元豐五年罷廣濟河輦運司及京北排岸司移上供物於淮陽計置入汴以淸河輦運司爲名御史言廣濟安流而上與淸河泝流入汴遠近險易不同詔轉運提點刑獄比較利害以聞江淮等路發運副使蔣之奇都水監丞陳祐甫開龜山運河漕運往來免風濤百年沉溺之患詔各遷兩官餘官減年循資有差八年罷歲運百萬石赴西京先是道洛入汴運東南粟實洛下至是戶部奏罷之是年立汴河糧綱賞罰歲終檢察紹聖二年置汴綱通作二百綱在部遣納官銓試不中者注押上供糧斛不用衙前土人軍將未幾復募土人押諸路綱如故政和七年立東南六路州軍知州通判裝發上供糧斛任滿賞格自一萬石至四十萬石升名次減年有差張根爲江南西路轉運副使歲漕米百二十萬石給中都江南州郡僻遠官吏艱於督趣根常存三十萬石爲轉運之本以寬諸郡時甚稱

之宣和二年詔六路米麥綱運依法募官先募未到部小使臣及非泛補授校尉以上未許參部人井進納人管押淮南以五運兩浙及江東二千里內以四運江東二千里外及江西三運湖南北二運各欠不及五釐依格推賞外仍許在外指射合入差遣一次召募土人並罷七年詔結絕應奉司江淮諸局所及罷花石綱令逐路漕臣速拘舟船裝發綱運備邊靖康初汴河決口有至百步者塞之工夫未訖乾涸月餘綱運不通南京及京師皆乏糧責都水使者陳求道等命提舉京師所陳艮嶽同措置越兩旬水復舊綱運沓至兩京糧乃足河北河東陝西三路租稅薄不足以供兵費屯田營田歲入無幾糴買入中之外歲出內藏庫金帛及上京榷貨務緡錢皆不翅數百萬選使臣軍大將河北船運至乾寧軍河東陝西船運至河陽措置陸運或用鋪兵廂軍或發義勇保甲或差雇夫力車載馱行隨道路所宜河北地里差近西路回遠又涉磧險運致甚艱熙寧六年詔鄜延路經略司支封樁錢於河東買槖駝三百運沿邊糧草元豐四年河東轉運司調夫萬一千人隨軍坊郭上戶有差夫四百人者其次一二百人願出驢者三驢當五夫五驢別差一夫驅喝一夫雇直約三十千以上一驢約八千加之期會迫趣民力不能勝軍須調發煩擾又多不急之務如絳州運棗千石往麟府每石止直四百而雇直乃約費三十緡涇原路轉運判官張大寧言餽運之策莫若車便自熙寧至磨哆口皆大川通車無礙自磨哆至兜嶺下道路亦然嶺以北即山險少水車乘難行可就嶺南相地利建一城砦使大車自鎭戎軍載糧草至彼隨軍馬所在以軍前夫畜往來短運更於中路量度遠近以遣回空夫築立小堡應接如此則省民力之半神宗嘉之京西轉運司調均鄧州夫三萬每五百人差一官部押赴鄜延饋運其本路程塗日支錢米外轉運司計自入陝西界至延州程數日支米錢三十柴菜錢十文並先併給陝西都轉運司於諸州差雇車乘人夫所過州交替人日支米二升錢五十至沿邊止運糧出界止差廂軍六年詔熙河蘭會經畧制置司計置蘭州人萬馬二千般運糧草於次路州軍劃刮官私槖駝二千與經制司自熙河摺運事力不足發義勇保甲給河東陝西邊用非機速者並作小綱數排日遞送大觀二年京畿都轉運使吳擇仁言西輔軍糧發運司歲撥八萬石貼助於滎澤下卸至州尚四五十里攏置車三鋪每鋪七十人月可運八千四百石所運

漸多據數增添鋪兵靖康元年十月詔曰一方用師數路調發軍功未成民力先困京西運糧每石六斗用錢四十貫陝西運糧民間倍費百餘萬緡聞之駭異今歲四方豐稔粒米狼戾但可逐處增價收糴不得輕般運以稱恤民之意若般綱水運及諸州支移之類仍舊三路陸運以給兵費大畧如此其他州縣運送或軍興調發以給一時之用此皆不著轉般自熙寧以來其法始變歲運六百萬石給京師外諸倉常有餘蓄州郡告歉則折收上價謂之額斛計本州歲額以倉儲代輸京師謂之代發復於豐熟以中價收糴穀賤則官糴不至傷農饑歉則納錢民以爲便本錢歲增兵食有餘崇寧初蔡京爲相始求羨財以供侈用費所親胡師文爲發運使以糴本數百萬緡充貢入爲戶部侍郎來者效尤時有進獻而本錢竭矣本錢既竭不能增糴而儲積空矣儲積既空無可代發而轉般之法壞矣崇寧三年戶部尚書曾孝廣言往年南自鎭州江岸北至楚州淮堤以堰瀦水不通重船般剝勞費遂於堰旁置轉般倉受逐州所輸更用運河船載之入汴以達京師雖免推舟過堰之勞然侵盜之弊由此而起天聖中發運使方仲荀奏請度眞楚州堰爲水牐自是東南金帛茶布之類直至京師惟六路上供斛斗猶循用轉般法吏卒糜費與在路折閱動以萬數欲將六路上供斛斗並依東南雜運直至京師或南京府界卸納庶免侵盜乞貸之弊自是六路郡縣各認歲額雖湖南北至遠處亦直抵京師號直達綱豐不加糴歉不代發方綱米之來立法峻甚船有損壞所至脩整不得踰時州縣欲其速過但令供狀以錢給之沿流鄉保悉致騷擾公私橫費百出又鹽法已壞迴舟無所得舟人逃散船亦隨壞本法盡廢大觀三年詔直達綱自來年並依舊法復令轉般令發運司督脩倉廒荊湖北路提舉常平王璹措置諸路運糧舟船政和二年復行直達綱毀拆轉般諸倉譚稹上言祖宗建立眞楚泗州轉般倉一以備中都緩急二以防漕渠阻節三則綱船裝發資次運行更無虛日自其法廢河道日益淺澁遂致中都糧儲不繼淮南三轉般倉不可不復乞自泗州爲始次及眞楚既有羨木順流而下不甚勞費俟歲豐計置儲蓄立法轉般淮南路轉運判官向子諲奏轉般之法寓平糴之意江湖有米可糴於眞兩浙有米可糴於揚宿亳有麥可糴於泗坐視六路豐歉有不登處則以錢折斛發運司得以幹旋之不獨無歲額不足之憂因可以寬民力運渠旱乾則有汴

口倉今所患者向來糴本歲五百萬緡支移殆盡宣和五年乃降度牒及香鹽鈔各一百萬貫令呂宗盧宗原均糴斛斗專備轉般江西轉運判官蕭序辰言轉般道里不加遠而人力不勞卸納年豐可以廣糴厚積以待中都之用自行直達道里既遠情弊尤多如大江東西荊湖南北有終歲不能行一運者有押米萬石欠七八千石有拋失舟船兵稍逃散十不存一二者折欠之弊生於稽留而沿路官司多端阻節至有一路漕司不自置舟船截留他路回綱尤爲不便詔發運司措置六年以無額上供錢物并六路舊欠發斛斗錢貯爲糴本別降三百萬貫付盧宗原將湖南所起年額並隨正額預起拋欠斛斗於轉般倉下卸却將已卸均糴斛斗轉運上京所有直達候轉般斛斗有次第日罷之靖康元年令東南六路上供額斛除淮南兩浙依舊直達外江湖四路並措置轉般高宗建炎元年詔諸路綱米以三分之一輸送行在餘輸京師二年詔二廣湖南北江東西綱運輸送平江府京畿淮南京東西河北陝西及三綱輸送行在又詔二廣湖南北綱運如過兩浙許輸送平江府福建綱運過江東西亦許輸送江寧府三年又詔諸路綱運見錢并糧輸送建康府戶部其金銀絹帛並輸送行在紹興初因地之宜以兩浙之粟供行在以江東之粟餉淮東以江西之粟餉淮西荊湖之粟餉鄂岳荊南量所用之數責漕臣將輸而歸其餘於行在錢帛亦然雇舟差夫不勝其弊民間有自毀其舟自廢其田者紹興四年川陝宣撫吳玠調兩川夫運米一十五萬斛至利州率四十餘千致一斛饑病相仍道死者衆蜀人病之漕臣趙開聽民以粟輸內郡募舟輓之人以爲便總領所遣官就糴於沿流諸郡復就興利閬州置場聽商人入中然猶慮民之勞且懲也又減成都水運對糴米紹興十六年三十年科撥諸路上供米鄂兵歲用米四十五萬餘石於全永郴邵道衡潭鄂鼎科撥荊南兵歲用米九萬六千石於德安荊南澧純潭復荊門漢陽科撥池州兵歲用米十四萬四千石於吉信南安科撥建康兵歲用米五十五萬石於洪江池宣太平臨江興國南康廣德科撥行在合用米一百十二萬石就用兩浙米外於建康太平宣科撥其宣州見屯殿前司牧馬歲用米并折輸馬料三萬石於本州科撥並諸路轉運司樁發時內外諸軍歲費米三百萬斛而四川不預焉嘉定兵興揚楚間轉輸不絕濠盧安豐舟楫之通亦便矣而浮光之屯仰饋於齊安舒蘄之民遠者千里近

者亦數百里至於京西之儲襄郢猶可徑達獨襄陽陸運夫皆調於湖北鼎澧等處道路遼邈夫運不過八斗而資糧扉屨與夫所在邀求費常十倍中產之家雇替一夫爲錢四五十千單弱之人一夫受役則一家離散至有斃於道路者至於部送綱運並差見任官闕則選募得替待闕及寄居官有材幹者其責繁難人以爲憚故自紹興以來優立賞格其有欠者亦多方而憫之乾道初蠲欠五十石以下者三年蠲欠百石以下者九年初綱運欠及一分者送有司究弊至是臣僚申明綱運欠及一分者亦許其補足淳熙元年詔不以所欠多寡並無除放其有因綱欠追降官資者如本非侵盜且補輸已足許叙復自是綱運欠失雖責償於官吏然以其山川逾遠非一人所能究亦時寓於蠲放焉

宋史卷一百七十五考證

食貨志上三治平三年始詔出汴船七十綱未幾皆出江復故治平二年漕粟至京師汴河五百七十五萬五千石○臣開鼎按本文下接書治平四年則三年二年疑倒置

宋史卷一百七十六

元　中書右丞相總裁脫脫等修

食貨志第一百二十九

食貨上四 屯田 常平 義倉

前代軍師所在有地利則開屯田營田以省餽饟宋太宗伐契丹規取燕薊邊陲一開河朔連歲繹騷耕織失業州縣多閑田而緣邊益增戍兵自雄州東際于海多積水契丹患之不得肆其侵突順安軍西至北平二百里其地平曠歲常自此而入議者謂宜度地形高下因水陸之便建阡陌濬溝洫益樹五稼可以實邊廩而限戎馬端拱二年分命左諫議大夫陳恕右諫議大夫樊知古爲河北東西路招置營田使恕對極言非便行數日有詔令修完城堡通導溝瀆而營田之議遂寢時又命知代州張齊賢制置河東諸州營田尋亦罷六宅使何承矩請於順安砦西引易河築堤爲屯田既而河朔連年大水及承矩知雄州又言宜因積潦蓄爲陂塘大作稻田以足食會滄州臨津令閩人黃懋上書言閩地惟種水田緣山導泉倍費功力今河北州軍多陂塘引水溉田省功易就五三年間公私必大獲其利詔承矩按視還奏如懋言遂以承矩爲制置河北沿邊屯田使懋爲大理寺丞克判官發諸州鎮兵一萬八千人給其役凡雄莫霸州平戎順安等軍興堰六百里置斗門引淀水灌溉初年種稻值霜不成懋以晚稻九月熟河北霜早而地氣遲江東早稻七月即熟取其種課令種之是歲八月稻熟初承矩建議沮之者頗衆武臣習攻戰亦恥於營葺既種稻不成羣議愈甚事幾爲罷至是承矩載稻穗數車遣吏送闕下議者乃息而莞蒲蜃蛤之饒民頗其利度支判官陳堯叟等亦言漢魏晉唐於陳許鄧潁暨蔡宿亳至于壽春用水利墾田陳迹具在議選官大開屯田以通水利發江淮下軍散卒及募民充役給官錢市牛置耕具導溝瀆築防堰每屯十人人給一牛治田五十畝雖古制一夫百畝今且墾其半俟久而古制可復也畝約收三斛歲可收十五萬斛七州之間置二十屯可得三百萬斛因而益之數年可使倉廩克實省江淮漕運民田未闢官爲種植公田未墾募民墾之歲登所取並如民間主客之例傅子曰陸田命懸於天人力雖修苟水旱不時則一年之功棄矣水田之制由人力人力苟脩則地利可盡且虫灾之害亦少於陸田水田既修其利兼倍帝覽奏嘉之遣大理寺丞皇甫選光祿寺丞何亮乘傳按視經度然不果行至咸平中大理寺丞王宗旦請募民耕潁州陂塘荒地凡千五百頃部民應募者三百餘戶詔令未出租稅免其徭役然無助於功利而汝州舊有洛南務內園兵人種稻雍熙二年罷賦予民至是復置命京朝官專掌募民戶二百餘自備耕牛立團長墾地六百頃導汝水溉灌歲收二萬三千石襄陽縣淳河舊作堤截水入官渠溉民田三千頃宜城縣蠻河溉田七百頃又有屯田三百餘頃知襄州耿望請於舊地兼括荒田置營田上中下三務調夫五百築堤堰仍集鄰州兵每務二百人荊湖市牛七百分給之是歲種稻三百餘頃四年陝西轉運使劉綜亦言宜於古原州建鎮戎軍置屯田今本軍一歲給芻糧四十餘萬石束約費茶鹽五十餘萬傜更令遠民輸送其費益多請於軍城四面立屯田務開田五百頃置下軍二千人牛八百頭耕種之又於軍城前後及北至水峽口各置堡砦分居其人無寇則耕寇來則戰就命知軍爲屯田制置使自擇使臣充四砦監押每砦五百人充屯戍從之既而原渭州亦開方田戎人內屬者皆依之得安其居是時兵費浸廣言屯營田者輒詔邊臣經度行之順安軍兵馬都監馬濟請於靖戎軍東壅鮑河開渠入順安威虜二軍置水陸營田於其側命莫州部署石普護其役踰年而畢知保州趙彬復奏決雞距泉自州西至蒲城縣分徐河水南流注運渠廣置水陸屯田詔駐泊都監王昭遜共成之自是定州亦置屯田五年罷襄州營田下務六年耿望又請於唐州赭陽陂置務如襄州歲種七十餘頃方城縣令佐掌之調夫耘耨景德初從京西轉運使張巽之請詔止役務兵二年令緣邊有屯營田州軍長吏並兼制置諸營田屯田事舊兼使者如故大中祥符九年改定保州順安軍營田務爲屯田務凡九州軍皆遣官監務置吏屬淮南兩浙舊皆有屯田後多賦民而收其租第存其名在河北者雖有其實而歲入無幾利在蓄水以限戎馬而已天禧末諸州屯田總四千二百餘頃河北歲收二萬九千四百餘石而保州最多逾其半焉襄唐二州營田既廢景德中轉運使許逖復之初耿望借種田人牛及調夫耨穫歲入甚廣後張巽改其法募水戶分耕至逖又參以兵夫久之無大利天聖四年遣尚書屯田員外郎劉漢傑往視漢傑言二州營田自復至今襄州得穀三十三萬餘石爲緡錢九萬餘唐州得穀六萬餘石爲緡錢二萬餘所給吏兵俸廩官牛雜費襄州十三萬餘緡唐州四萬餘緡得不補失詔廢以給貧民頃收半稅其後陝西用兵詔轉運司度隙地置營田以助邊計又假同州沙苑監牧地爲營田而知永興軍范雍括諸郡牛頗煩擾未幾遂罷右正言田況言鎮戎原渭地方數百里舊皆民田今無復農事可即其地大興營田以保捷兵不習戰者分耕五百人爲一堡三兩堡置營田官一領之播種以時農隙則習武事疏奏不用後乃命三司戶部副使夏安期等議並邊置屯田迄不能成治平三年河北屯田三百六十七頃得穀三萬五千四百六十八石熙寧初以內侍押班李若愚同提點制置河北屯田事三年王韶言渭原城而下至秦州成紀旁河五六百里良田不耕者無慮萬頃治千頃歲可得三十萬斛知秦州李師中論韶指極邊見招弓箭手地恐秦州益多事詔遣王克臣等按視復奏與師中同再下沈起起奏不見韶所指何地雖實有之恐召人耕種西蕃驚疑侍御史謝景溫言聞沈起妄指甘谷城弓箭手地以塞韶妄而竇舜卿奏實止有閒田一頃四十三畝中書言起未嘗指甘谷城地以實韶奏而師中前在秦州與韶更相論奏互有曲直韶遂以妄指閒田自著作佐郎責保平軍節度推官師中亦落待制其後韓縝知秦州乃言實有古渭砦弓箭手未請空地四千餘頃遂復韶故官從其所請行之明年河北屯田司奏豐歲屯田入不償費於是詔罷緣邊水陸屯田務募民租佃收其兵爲州廂軍時陝西曠土多未耕屯戍不可撤遠方有輸送之勤知延州趙卨請募民耕以紓朝廷憂詔下其事經略安撫使郭逵言懷寧砦所得地百里以募弓箭手無閒田卨又言之遂括地得萬五千餘頃募漢蕃兵幾五千人爲八指揮詔遷卨官賜金帛而熙州王韶又請以河州蕃部近城川地招弓箭手以山坡地招蕃兵弓箭手每砦五指揮以二百五十人爲額人給地一頃蕃官二頃大蕃官三頃熙河多良田七年詔委提點秦鳳路刑獄鄭民憲興營田許奏辟官屬以集事樞密使吳充上疏曰今之屯田誠未易行古者一夫百畝又受田十畝爲公田莫若因弓箭手做古助田法行之熙河四州田無慮萬五千頃十分取一以爲公田大約中歲畝一石則公田所得十五萬石官無屯營牛具廩給之費借用衆力而民不勞大荒不收而官無所損省轉輸平糴價如是者其便有六而提點刑獄鄭民憲言祖宗時屯營田皆置務屯田以兵營田以民固有異制然襄州營田既調夫矣又取鄰州之兵是營田不獨以民也邊州營屯不限兵民皆取給用是屯田不獨以兵也至於招弓箭手不盡之地復以募民則兵民參錯固無異也而前後施行或侵占民田或差借耨夫或諸郡括牛或兵民雜耕或諸州廂軍不習耕種不能水土頗致煩擾至於歲之所入不償其費遂又報罷惟因弓箭手爲助田法一夫受田百畝別以十畝爲公田俾之自備種糧功力歲畝收一石水旱三分除一官無廩給之費民有耕鑿之利若可以爲便然弓箭手之招至未安其業而種糧無所仰給又責其借力於公田慮人心易搖乞候稍稔推行九年詔熙河弓箭手耕種不及之田經略安撫司點廂軍田之官置牛具農器人一頃歲終參較弓箭手廂軍所種優劣爲賞罰弓箭手迯地并營田召佃租課許就近於本城砦輸納仍免折變支移元豐二年改定州屯田司爲水利司及章惇築沅州亦爲屯田務其後遂罷之募民租佃役兵各還所隸五年詔提舉熙河等路弓箭手營田蕃部共爲一司隸涇原路制置司提舉熙河營田康識言新復土地乞命官分畫經界選知田廂軍人給一頃耕之餘悉給弓箭手人加一頃有馬者又加五十畝每五十頃爲一營四砦堡見鈌農作廂軍許於秦鳳涇原熙河三路選募廂軍及馬遞鋪卒願行者人給裝錢二千詔皆從之知太原府呂惠卿嘗上營

田疏曰今葭蘆米脂裏外良田不啻一二萬頃夏人名爲眞珠山七寶山言其多出禾粟也若耕其半則兩路新砦兵費已不盡資內地況能盡闢之乎前此所不敢進耕者外無捍衞也今於葭蘆米脂相去一百二十里間各建一砦又其間置小堡鋪相望則延州之義合白草與石州之吳堡尅明以南諸城砦千里邊面皆爲內地而河外三州荒閑之地皆可墾闢以贍軍用凡昔爲夏人所侵及蘇安靖棄之以爲兩不耕者皆可爲法耕之於是就糴河外而使河內之民被支移者量出腳乘之直革百年遠輸貴糴以免困公之弊財力稍豐又通葭蘆之道於麟州之神木其通堡砦亦如葭蘆米脂之法而橫山膏腴之地皆爲我有矣七年惠卿雇五縣耕牛發將兵外護而耕新疆葭蘆吳堡間膏腴地號木瓜原者凡得地五百餘頃麟府豐州地七百三十頃弓箭手與民之無力及異時兩不耕者又九百六十頃惠卿自謂所得極厚可助邊計乞推之陝西八年樞密院奏去年耕種木瓜原凡用將兵萬八千餘人馬二千餘匹費錢七千餘緡穀近九千石糗糒近五萬斤草萬四千餘束又保甲守禦費緡錢千三百米石三千二百役耕民千五百雇牛千具皆彊民爲之所收禾粟蕎麥萬八千石草十萬二千不償所費又借轉運司錢穀以爲子種至今未償增入人馬防拓之費仍在年計之外慮經畧司來年再欲耕種乞早約束詔諭惠卿毋蹈前失河東進築堡砦自麟石鄜延南北近三百里及涇原環慶熙河蘭會新復城砦地土悉募廂軍配卒耕種免役巳而營田司言諸路募發廂軍皆不閑田作遂各遣還其州紹興元年知荊南府解潛奏辟宗綱樊賓措置屯田詔除宗綱充荊南府歸峽州荊門公安軍鎭撫使司措置五州營田官樊賓副之渡江後營田蓋始於此其後荊州軍食仰給省縣官之半焉三年德安府復州漢陽軍鎭撫使陳規放古屯田凡軍士相險隘立堡砦且守且耕耕必給費斂復給糧依鋤田法餘並入官凡民水田畝賦秔米一斗陸田豆麥夏秋各五升滿二年無欠給爲永業兵民各處一方流民歸業寖衆亦置堡砦屯聚之凡屯田事營田司兼之營田事府縣兼之廷臣因規奏推廣謂一夫授田百畝古制也今荒田甚多當聽百姓請射其有關耕牛者宜用人耕之法以二人曳一犁凡授田五人爲甲別給蔬地五畝爲廬舍場圃兵屯以大使臣主之民屯以縣令主之以歲課多少爲殿最下諸鎭推行之詔江東西宣撫使韓世忠措置建康營田如陝西弓箭手法世忠言沿江荒田雖多大半有主難如陝西例乞募民承佃都督府奏如世忠議仍蠲三年租滿五年田主無自陳者給佃者爲永業詔湖北浙西江西皆如之其徭役科配並免五年詔淮南川陝荊襄屯田六年都督張浚奏改江淮屯田爲營田凡官田逃田並拘籍以五頃爲一莊募民承佃其法五家爲保共佃一莊以一人爲長每莊給牛五具耒耜及種副之別給十畝爲蔬圃貸錢七十千分五年償命樊賓王弗行之尋命五大將劉光世韓世忠張浚岳飛吳玠及江淮荊襄利路帥悉領營田使遷賓司農少卿提舉江淮營田置司建康弗屯田員外郎副之官給牛種撫存流移一歲中收穀三十萬石有奇殿中侍御史石公揆監中嶽李寀及王弗皆言營田之害張浚亦覺其擾請罷司以監司領之於是詔帥臣兼領營田九月以川陝宣撫吳玠治廢堰營田六十莊計田八百五十四頃歲收二十五萬石以助軍儲賜詔獎諭焉三十二年督視湖北京西軍馬汪澈言荊湖兩軍屯守襄漢糧餉浩瀚襄陽古有二渠長渠溉田七千頃木渠溉田三千頃兵後堙廢今先築堰開渠募邊民或兵之老弱耕之其耕牛耒耜種糧令河北京西轉運司措置既省餽運又可安集流亡從之隆興元年臣僚言州縣營田之實其說有十曰擇官必審募人必廣穿渠必深鄉亭必修器用必備田處必利食用必充耕具必足定稅必輕賞罰必行且欲立賞格以募人及住廣西馬綱三年以市牛會有訴襄陽屯田之擾者上欲罷之工部尚書張闡言今日荊襄屯田之害以其無耕田之民而課之游民游民不足而強之百姓於是百姓舍已熟田而耕官生田或遠數百里徵呼以來或名雙丁而役其強壯老稚無養一方騷然罷之誠是也然自去歲以來置耕牛農器修長木二渠費已十餘萬一旦舉而棄之則荊襄之地終不可耕也比見兩淮歸正之民動以萬計官不能續食則老弱饑死強者轉而之他若使之就耕荊襄之田非惟可免流離抑使中原之民聞之知朝廷有以處我率皆襁負而至矣異時墾闢既廣取其餘以輸官實爲兩便詔除見耕者依舊餘令虞允文同王珏措置二年江淮都督府參贊陳俊卿言欲以不披帶人擇官荒田標旗立砦多買牛犂縱耕其中官不收租人自樂從數年之後墾田必多穀必賤所在有屯則村落無盜賊之憂軍食既足則饋餉無轉運之勞此誠經久守淮之策詔從之乾道五年三月四川宣撫使鄭剛中撥軍耕種以歲收租米對減成都路對糴米一十二萬石贍軍然兵民雜處村疃爲擾百端又數百里外差民保甲教耕有二三年不代者民甚苦之知興元府晁公武欲以三年所收最高一年爲額等第均數召佃放兵及保甲以護邊從之八月詔鎭江都統司及武鋒軍三處屯田兵並拘收入隊教閱六年罷和揚州屯田八年復罷廬州兵屯田淳熙十年鄂州江陵府駐劄副都統制郭杲言襄陽屯田興置二十餘年未能大有益於邊計非田之不良蓋人力有所未至今邊隧無事正宜修舉爲實邊之計本司有荒熟田七百五十頃乞降錢三萬緡收買耕牛農具便可施功如將來更有餘力可括荒田接續開墾從之紹熙元年知和州劉煒以剩田募民克萬弩手分耕嘉定七年以京西屯田募人耕種十三年四川宣撫安丙總領任處厚言紹興十五年諸州共墾田二千六百五十餘頃夏秋輸租米一十四萬一千餘石餉所屯將兵罷民和糴爲利可謂博矣乾道四年以後屯兵歸軍教閱而營田付諸州募佃遂至租利陷失驕將豪民乘時占據其弊不可槩舉今豪強移徙田土荒閑正當拘種之秋合自總領所與宣撫司措置其逃絕之田關內外亦多有之爲數不貲其利不在營田之下乞併括之初玠守蜀以軍儲不繼治褒城堰爲屯田民不以爲便因漕臣郭大中言約中其數使民自耕民皆歸業而歲入多於屯田端平元年八月以臣僚言屯五萬人於淮之南北且田且守置屯田判官一員經紀其事暇則教以騎射初弛田租三年又三年則取其半十月知大寧監邵潛言昔鄭剛中嘗於蜀之關隘雜兵民屯田歲收粟二十餘萬石是後屯田之利既廢糧運之費益增宜詔帥臣縱兵民耕之所收之粟計直以償之則總所無轉輸之苦邊關有儲峙之豐戰有餘勇守有餘備矣從之嘉熙四年令流民於邊江七十里內分田以耕遇警則用以守江於邊城三五十里內亦分田以耕遇警則用以守城在砦者則耕四野之田而用以守砦田在官者免其租在民者以所收十之一二歸其主俟三年事定則各還元業咸淳三年詔曰淮蜀湖襄之民所種屯田既困重額又因苛取流離之餘口體不克及遇水旱收租不及而催輸急於星火民何以堪其日前舊欠並除之復催者以違制論

常平義倉漢隋利民之良法常平以平穀價義倉以備凶災周顯德中又置惠民倉以雜配錢分數折粟貯之歲歉減價出以惠民宋兼存其法焉太祖承五季之亂海內多事義倉寖廢乾德初詔諸州於各縣置義倉歲輸二稅石別收一斗民饑欲貸充種食者縣具籍申州州長吏即計口貸訖然後奏聞其後以輸送煩勞罷之淳化三年京畿大穰分遣使臣於四城門置場增價以糴虛近倉貯之命曰常平歲饑即下其直予民咸平中庫部員外郞成肅請福建增置惠民倉因詔諸路申淳化惠民之制景德三年言事者請於京東西河北河東陝西江南淮南兩浙皆立常平倉計戶口多寡量留上供錢自二三千貫至一二萬貫令轉運使每州擇清幹官主之領於司農寺三司無輒移用歲夏秋視市價量增以糴糶減價亦如之所減不得過本錢而沿邊州郡不置詔三司集議請如所奏於是增置司農官吏創廨舍藏籍帳度支別置常平案大率萬戶歲糴萬石戶雖多止五萬石三年以上不糶即回充糧廩易以新粟災傷州郡糴粟斗毋過百錢後又詔當職官於元約數外增糴及一倍已上者並與理爲勞績天禧四年荊湖川峽廣南皆增置常平倉五年諸路總糴數十八萬三千餘斛糶二十四萬三千餘斛景祐中淮南轉運副使吳遵路言本路丁口百五十萬而常平錢粟纔四十餘萬歲饑不足以救恤願自經畫增爲二百萬他毋得移用許之後又詔天下常平錢粟三司轉運司皆毋得移用不數年間常平積有餘而兵食不足乃命司農寺出常平錢百萬緡助三司給軍費久之移用數多而蓄藏無幾矣自景祐初畿內饑詔出常平粟貸中下戶戶一斛慶曆中發京西常平粟振貧民而聚斂者或增舊價糴粟欲以市恩皇祐三年詔誡之淮南兩浙體量安撫陳升之等言災傷州軍乞糴常平倉粟令於元價上量添十文十五文殊非恤民之意乃詔止於元糴價出糶五年詔曰比者湖北歲儉發常平以濟饑者如聞司農寺復督取豈朝廷振恤意哉其悉除之明道二年詔議復義倉不果景祐中集賢校理王琪請復置令五等已上戶隨夏秋二稅二斗別輸一升水旱減稅則免輸州縣擇便地置倉貯之領於轉運使計以一中郡正稅歲入十萬石則義倉可得五千石推而廣之則利博矣明道中饑歉國家欲盡貸饑民則軍食不足故民有流轉之患是時兼并之家出粟數千石則補吏是豈以官爵爲輕歟特愛民濟物不獲已爲之爾且兼并之家占田常廣則義倉所入常多中下之家占田常狹則義倉所入常少及水旱振濟則兼并之家未必待此而濟中下之民實先受其賜矣事下有司會議議者異同而止慶曆

初琪復上其議仁宗納之命天下立義倉詔上三等戶輸粟已而復罷其後賈黯又言今天下無事年穀豐熟民人安樂父子相保一遇水旱則流離死亡捐棄道路發倉廩振之則糧不給課粟富人則力不贍轉輸千里則不及事移民就粟則遠近交困朝廷之臣郡縣之吏倉卒不知所出則民饑而死者過半矣願放隋制立民社義倉詔天下州軍遇年穀豐登立法勸課蓄積以備凶災此所謂樂歲粒米狼戾多取之而不爲虐者也況取之以爲民耶下其說諸路以度可否以爲可行纔四路餘或謂賦稅之外兩重供輸或謂恐招盜賊或謂已有常平足以振給或謂置倉煩擾於是黯復上奏曰臣嘗判尚書刑部見天下歲斷死刑多至四千餘人其間盜賊率十六七蓋愚民迫於饑寒因之水旱枉陷重辟故臣請復民社義倉以備凶歲今諸路所陳類皆妄議若謂賦稅之外兩重供輸則義倉之意乃教民儲積以備水旱官爲立法非以自利行之旣久民必樂輸若謂恐招盜賊盜賊利在輕貨不在粟麥今鄉村富室有貯粟數萬石者不聞有劫掠之虞且盜賊之起本由貧困臣建此議欲使民有貯積雖遇水旱不憂乏食則人人自愛而重犯法此正消除盜賊之原也若謂有常平足以振給則常平之設蓋以準平穀價使無甚貴甚賤之傷或遇凶饑發以振捄旣以失其本意而費又出公帑今國用頗乏所蓄不厚近歲非無常平小有水旱輒流離餓莩起爲盜賊則是常平果不足仰以振給也若謂置倉廩斂材木恐有煩擾則今州縣脩治鄉傳驛舍皆斂於民豈於義倉獨畏煩擾人情可與樂成不可與謀始願自朝廷斷而行之然當時牽於衆論終不果行嘉祐二年詔天下置廣惠倉初天下沒入戶絕田官自鬻之樞密使韓琦請留勿鬻募人耕收其租別爲倉貯之以給州縣郭內之老幼貧疾不能自存者領以提點刑獄歲終具出內之數上之三司戶不滿萬留田租千石萬戶倍之戶二萬留三千石三萬留四千石四萬留五千石五萬留六千石七萬留八千石十萬留萬石田有餘則鬻如舊四年詔改隸司農寺州選官二人主出納歲十月遣官驗視應受米者書名于籍自十一月始三日一給人米一升幼者半之次年二月止有餘乃及諸縣量大小均給之其大略如此治平三年常平入五十萬一千四十八石出四十七萬一千一百五十七石熙寧二年制置三司條例司言諸路常平廣惠倉錢穀畧計貫石可及千五百萬以上斂散未得其宜故爲利未博今欲以見在斛斗遇貴量減市價糶遇賤量增市價糴可通融轉運司苗稅及錢斛就便轉易者亦許兌換仍以見錢依陝西青苗錢例願預借者給之隨稅輸納斛斗半爲夏料半爲秋料內有請本色或納時價貴願納錢者皆從其便如遇災傷許展至次料豐熟日納非惟足以待凶荒之患民旣受貸則兼并之家不得乘新陳不接以邀倍息又常平廣惠之物收藏積滯必待年儉物貴然後出糶所及者不過城市游手之人今通一路有無貴發賤斂以廣蓄積平物價使農人有以赴時趨事而兼并不得乘其急凡此皆以爲民而公家無所利其入是亦先王散惠興利以爲耕斂補助之意也欲量諸路錢穀多寡分遣官提舉每州選通判幕職官一員典幹轉移出納仍先自河北京東淮南三路施行俟有緒推之諸路其廣惠倉除量留給老疾貧窮人外餘並用常平倉轉移法詔可旣而條例司又言常平廣惠倉條約先行於河北京東淮南三路訪問民間多願支貸乞遍下諸路轉運司施行當議置提舉官時天下常平錢穀見在一千四百萬貫石詔諸路各置提舉官二員以朝官爲之管當一員京官爲之或共置二員開封府界一員凡四十一人初神宗旣用王安石爲參知政事安石爲帝言天下財利所當開闔斂散者帝然其說遂刱立制置三司條例司安石因請以著作佐郎編校集賢書籍呂惠卿爲制置司檢詳文字自是專一講求立爲新制欲行青苗之法蘇轍自大名推官上書召對亦除條例司檢詳文字安石出青苗法示之轍曰以錢貸民使出息二分本非爲利然出納之際吏緣爲奸雖有法不能禁錢入民手雖良民不免非理費用及其納錢雖富民不免違限如此則鞭箠必用州縣多事矣唐劉晏掌國計未嘗有所假貸有尤之者晏曰使民僥倖得錢非國之福使吏倚法督責非民之便吾雖未嘗假貸而四方豐凶貴賤知之未嘗逾時有賤必糴有貴必糶以此四方無甚貴甚賤之病安用貸爲晏之言漢常平法耳公誠能行之晏之功可立竢也安石自此逾月不言青苗會河北轉運司幹當公事王廣廉召議事廣廉嘗奏乞度僧牒數千道爲本錢於陝西轉運司私行青苗法春散秋斂與安石意合至是請施行之河北於是安石決意行之而常平廣惠倉之法遂變而爲青苗矣蘇轍以議不合罷而諸路提舉官往往迎合安石之意務以多散爲功富民不願取貧者乃欲得之卽令隨戶等高下品配又令貧富相兼十人爲保首王廣廉在河北一等戶給十五千等而下之至五等猶給一千民間喧然不以爲便廣廉入奏謂民皆歡呼感德然言不便者甚衆右正言李常孫覺乞詔有司毋以彊民時提舉府界常平事侯叔獻屢督提點府界縣鎮呂景散錢景以畿縣各有屯兵歲入課利僅能贍給又民戶嘗貸糧五十餘萬石尚悉以聞今條例司又以買陝西鹽鈔錢五十萬緡爲青苗錢給散恐民力不堪詔送條例司召提舉司官至中書戒諭之王安石言若此諸路必顧望不敢推行新法第令條例司指揮從之三年判大名府韓琦言臣準散青苗詔書務在惠小民不使兼并乘急以要倍息而公家無所利其入今所立條約乃自鄉戶一等而下皆立借錢貫陌三等以上更許增借坊郭戶有物業勝質當者亦依鄉戶例支借且鄉村上等戶并坊郭有物業者乃從來兼并之家今令多借之錢一千令納一千三百則是官自放錢取息與初詔絕相違戾又條約雖禁抑勒然須得上戶爲甲頭以任之民愚不慮久遠請時甚易納時甚難故自制下以來上下惶惑皆謂若不抑散則上戶必不願請近下等第與無業客戶雖或願請必難催納將來必有行刑督索及勒干係書手典押耆戶長同保均陪之患去歲河朔豐稔米斗不過七八十錢若乘時多斂俟貴而糶不唯合古制無失陷兼民被實惠亦足收其羨贏今諸倉方糴而提舉司已亟止之意在移此糴本盡爲青苗錢則三分之息可爲已功豈暇更恤斯民久遠之患若謂陝西嘗行其法官有所得而民以爲便此乃轉運司因軍儲有闕適自冬及春雨雪及時麥苗滋盛定見成熟行於一時可也今乃建官置司以爲每歲常行之法而取利三分豈陝西權宜之比哉兼初詔且於京東淮南河北三路試行竢有緒方推之他路今三路未集而遽盡於諸路置使非陛下憂民祖宗惠下之意乞盡罷提舉官第委提點刑獄官依常平舊法施行帝袖出琦奏示執政曰琦眞忠臣朕始謂可以利民不意乃害民如此且坊郭安得青苗而使者亦彊與之安石勃然進曰苟從其所欲雖坊郭何害因難琦奏曰陛下脩常平法以助民至於收息亦周公遺法也如桑弘羊籠天下貨財以奉人主私用乃可謂興利之臣今抑兼并振貧弱置官理財非所以佐私欲安可謂興利之臣乎曾公亮陳升之皆言坊郭不當俵錢與安石論難久之而罷帝終以琦說爲疑安石遂稱疾不出帝諭執政罷青苗法公亮升之欲卽奉詔趙抃獨欲俟安石出自罷之連日不決帝更以爲疑因令呂惠卿諭旨起安石安石入謝旣視事志氣愈悍面責公亮等由是持新法益堅詔以琦奏付制置條例司條例司疏列琦奏而辨析其不然琦復上疏曰制置司多刪去臣元奏要語惟舉大槩用偏辭曲難及引周禮國服爲息之說文其謬妄上以欺罔聖聽下以愚弄天下臣竊以爲周公立太平之法必無剝民取利之理但漢儒解釋或有異同周禮園廛二十而稅一唯漆林之征二十而五鄭康成乃約此法謂從官貸錢若受園廛之地貸萬錢者出息五百賈公彥廣其說謂如此則近郊十一者萬錢期出息一千遠郊二十而三者萬錢期出息一千五百甸稍縣都之民萬錢期出息二千如此則須漆林之戶取貸方出息二千五百當時未必如此今放青苗錢凡春貸十千半年之內便令納利二千秋再放十千至歲終又令納利二千則是貸萬錢者不問遠近歲令出息四千周禮至遠之地止出息二千今青苗取息過周禮一倍制置司言比周禮取息已不爲多是欺罔聖聽且謂天下之人不能辨也且古今異宜周禮所載有不可施于今者其事非一若謂泉府一職今可施行則制置司何獨舉注疏貸錢取息一事以誑天下之公言哉康成又注云王莽時貸以治產業者但計所贏受息無過歲什一公彥疏云莽時雖計本多少爲定及其催科唯所贏多少假令萬錢歲贏萬錢催一千贏五千催五百餘皆據利催什一若贏錢更少則納息更薄比今青苗取利尤爲寬少而王莽之外上自兩漢下及有唐更不聞有貸錢取利之法今制置司遇堯舜之主不以二帝三王之道上裨聖政而貸錢取利更過莽時此天下不得不指以爲非而老臣不可以不辨也況今天下田稅已重固非周禮什一之法更有農具牛皮鹽麴鞵錢之類凡十餘目謂之雜錢每夏秋起納官中更以紬絹斛斗低估令民以此雜錢折納又歲散官鹽與民謂之蠶鹽折納絹帛更有預買和買紬絹如此之類不可悉舉皆周禮田稅什一之外加斂之物取利已厚傷農已深奈何又引周禮國服爲息之說謂放青苗錢取利乃周公太平已試之法此則誣汙聖典蔽惑睿明老臣得不太息而慟哭也制置司又謂常平舊法亦糶與坊郭之人坊郭有物力戶未嘗零糴常平倉斛斗此蓋欲多借錢與坊郭有業之人以望收利之多妄稱周禮以爲無都邑鄙野之限以文其曲說唯陛下詳之樞密使文彥博亦數言不便帝曰吾遣二中使親問民間皆云甚便彥博曰韓琦三朝宰相不信

而信二官者乎先是王安石陰結入內副都知張若水押班藍元震帝因使二人潛察府界俵錢事還言民皆情願無抑配者故帝益信之初羣臣進讀邇英畢帝問朝廷每更一事舉朝洶洶何也司馬光曰青苗出息平民爲之尚能以吞食下戶至饑寒流離況縣官法度之威乎呂惠卿曰青苗法願則取之不願不彊也光曰愚民知取債之利不知還債之害非獨縣官不彊富民亦不彊也帝曰陝西行之久民不以爲病光曰臣陝西人也見其病不見其利朝廷初不許有司尚能以病民況法許之乎及拜官樞密副使光上章力辭至六七曰帝誠能罷制置條例司追還提舉官不行青苗助役等法雖不用臣臣受賜多矣不然終不敢受命竟出知永興軍當是時爭青苗錢者甚衆翰林學士范鎭言陛下初詔云公家無所利其入令提舉司以戶等給錢皆令出三分之息物議紛紜皆云自古未有天子開課塲者民雖至愚不可不畏後以言不行致仕臺諫官呂公著孫覺李常張戩程顥等皆以論青苗罷黜知亳州富弼知青州歐陽脩繼韓琦論青苗之害且持之不行亦坐移鎭知陳留縣姜潛之官才數月青苗令下潛卽榜於縣門又移之鄉村各三日無人至遂撤榜付吏曰民不願矣府寺疑潛壅令使其屬按驗無違令者潛知不免卽移疾去知山陰縣陳舜俞不肯奉行移狀自劾曰方今小民匱乏願貸之人往往有之譬如孺子見飴蜜孰不染指爭食然父母疾止之恐其積甘足以生病故耆老戒其鄉黨父兄誨其子弟未嘗不以貸貰爲不善治生今乃官自出舉誘以便利督以威刑非王道之舉也況正月放夏料五月放秋料而所斂亦在當月百姓得錢便出息輸納實無所利是使民一取青苗錢終身以及世世一歲常兩輸息錢乃別爲一賦以弊生民也坐謫南康軍鹽酒稅陝西轉運副使陳繹止環慶等六州毋散青苗錢且留常平倉物以備用條例司劾其罪詔釋之五月制置三司條例司罷歸中書以常平新法付司農寺命集賢校理呂惠卿同判寺兼領田役水利七年帝患俵常平官吏多違法王安石請縣專置一主簿主給納役錢及常平不過五百員費錢三十萬貫耳從之帝以久旱爲憂翰林學士承旨韓維言畿縣近督青苗甚急往往鞭撻取足民至伐桑爲薪以易錢旱灾之際重罹此苦帝頗感悟太皇太后亦嘗爲帝言閭民間甚苦青苗助役錢盍罷之會百姓流離帝憂見顏色益疑新法不便欲罷之安石不悅屢求去四月出知江寧府

然安石薦韓絳代相仍以呂惠卿佐之於安石所爲遵守不變既而詔諸路常平錢穀常留一半外方得給散兩經倚閣常平錢人力不得支借民間非時闕乏許以物產爲抵依常平限輸納當輸錢而願輸穀若金帛者官立中價示民物不盡其錢足以錢錢不盡其物者還其餘直又聽民以金帛易穀而有司少加金帛之直六年戶部言準詔諸路常平可酌三年斂散中數取一年爲格歲終較其增虧今以錢銀穀帛貫石匹兩定年額散一千一百三萬七千七百七十二斂一千三百九十六萬五千四百五十九比元豐三年散增二百一十四萬八千三百四十二斂增一百三萬四千九百六十三四年散增二百七十九萬九千九百六十四斂虧一百九十八萬六千五百一十五詔三年四年散多斂少及散斂俱少之處戶部下提舉司具析以聞十年詔開封府界先自豐稔畿縣立義倉法明年提點府界諸縣鎭公事蔡承禧言義倉之法以二石而輸一斗至爲輕矣乞今年夏稅之始悉令舉行詔可仍以義倉隸提舉司京東西淮南河東陝西路義倉以今年秋料爲始民輸稅不及斗免輸須其法於川峽西路元豐二年詔威茂黎三州罷行義倉法以夷夏雜居歲賦不多故也八年并罷諸路義倉元祐元年詔提舉官累年積蓄錢穀財物盡樁作常平錢物委提點刑獄交管依舊常平倉法行之罷各縣專置主簿四月再立常平錢穀給斂出息之法限二月或正月以散及一半爲額民間絲麥豐熟隨夏稅先納所輸之半願併納者止出息一分左司諫王巖叟監察御史上官均右正言王覿右司諫蘇轍御史中丞劉摯交章論復行青苗之非八月司馬光奏先朝散青苗本爲利民並取情願後提舉官速要見功務求多散或舉縣追呼或排門抄劄亦有無賴子弟謾昧尊長錢不入家亦有他人冒名詐請莫知爲誰及至追催皆歸本戶今朝廷深知其弊故悉罷提舉官不復立額考校訪聞人情安便欲下諸路提點刑獄申嚴州縣抑配之禁詔從之中書舍人蘇軾不書錄黃奏曰熙寧之法未嘗不禁抑配而其害至此民家量入爲出雖貧亦足若令分外得錢則費用自廣況子弟欺謾父兄人戶冒名詐請似此本非抑配臣謂以散及一半爲額與熙寧無異今許人願請未免設法罔民使快一時非理之用而不慮後日催納之患二者皆非良法相去無幾今已行常平糶糴之法惠民之外官亦稍利何用二分之息以賈無窮之怨於是王巖叟蘇轍朱光庭王覿等復言臣等屢有封事乞罷青苗皆不蒙付外願盡付三省公議得失初同知樞密院范純仁以國用不足建請復散青苗錢四月之詔蓋純仁意也時司馬光以疾在告已而臺諫皆言其非不報光尋奏乞約束州縣抑配蘇軾又繳奏乞盡罷之光始大悟遂力疾入對尋詔常平錢穀止令州縣依舊法趁時糴糶青苗錢更不支俵除舊欠二分之息元支本錢驗見欠多少分料次隨二稅輸納紹聖元年詔除廣南東西路外並復置義倉自來歲始放稅二分已上免輸所貯專充振濟輒移用者論如法二年戶部尚書蔡京首言承詔措置財利乞檢會熙豐青苗條約參酌增損立爲定制淮南轉運司副使莊公岳謂自元祐罷提舉官後錢穀爲他司侵借所存無幾欲乞追還給散隨夏秋稅償納勿立定額自無抑民失財之患奉議郎鄭僅朝奉郎郭時亮承議郎許幾董遵等皆言青苗最爲便民願戒抑配止收一分之息詔並送詳定重脩勑令所三年舊欠常平錢穀人戶仍許請給宣和五年令州縣歲散常平錢穀畢卽揭示請人名數逾月斂之庶革偽冒之弊先是諸路災傷截撥上供年額米斛數多致闕中都歲計令京東江南兩浙荆湖路義倉穀各留三分餘並起發赴京補還截撥之數六年詔罷之高宗紹興元年併提舉常平司於提刑司明年以臣僚言復常平官講補助之政以廣儲蓄九年用宗正丞鄭鬲言以常平錢於民輸賦未畢之時悉數和糴二十八年以趙令詪請糴州縣義倉米之陳腐者孝宗隆興二年遣司農少卿陳良弼點檢浙東常平等倉乾道六年知衢州胡堅奏廣糴常平福建轉運副使沈樞奏水旱州郡請留轉運司和糴米以續常平上卽爲之施行八年戶部侍郎楊倓奏義倉在法夏秋正稅斗輸五合不及斗者免輸凡豐熟縣九分以上卽輸一升令諸路州縣歲收苗米六百餘萬石其合收義倉米數不少間有災傷支給不多訪聞諸州軍皆擅用請稽之寧宗慶元元年詔戶部右曹專領義倉十一年臣僚言紹興初臺臣嘗請通一縣之數截留下戶苗米輸之於縣別儲以備振濟使窮民不至於艱食惟負郭義倉則就州輸送至於屬縣之義倉則令丞同主之毋歲終令丞合諸鄉所入之數上之守貳守貳合諸縣所入之數上之提舉常平提舉常平合一道之數上之朝廷考其盈虧以議殿最從之寶慶三年侍御史李知孝言郡縣素無蓄積緩急止仰朝廷非立法本意曩淮東總領岳珂任江東轉運判官以所積經常錢糴米五萬石樁留江東九郡以時濟糴諸郡皆蒙其利其後史彌忠知饒州趙彥悈知廣德軍皆自積錢糴米五千石以是推之監司州郡苟能節用愛民卽有贏羨若立之規繩加以黜陟所糴至萬石者旌擢其不收糴與擾民及不實者鐫罰庶幾郡縣趨事蓄積歲增實爲經久之利有旨從之景定元年九月赦曰諸路已糴義米價錢州郡以低價抑令上戶補糴正稅迯閣義米用虧常平司責縣道陪納縣道遂敷吏貼保正長攬戶等人均納自今視時收糴見繫吏貼等人陪納之錢並與除放五年監察御史程元岳奏隨秔帶義法也今秔糯帶義之外又有所謂外義焉者絹紬豆也豈有絹紬豆而可加之義乎縱使違法加義則絹加絹紬加紬豆加豆猶可言也州縣一意椎剝一切理苗而加一分之義甚者赦恩已蠲二稅義米依舊追索貧民下戶所欠不過升合星火追呼費用不知幾百倍破家蕩產鬻妻子怨嗟之聲有不忍聞望嚴督監司止許以秔帶義其餘盡罷其有循習病民者重其罰從之咸淳二年以諸路景定三年以前常平義倉米二百餘萬石減時直糶之

宋史卷一百七十六考證

食貨志上四管當一員京官爲之○臣[illegible]按通考作管勾一員查職官無管當當字疑勾字之譌

宋史卷一百七十七

元 中 書 右 丞 相 總 裁 脫 脫 等 修

食貨志第一百三十

食貨上五役法上

役法役出於民州縣皆有常數宋因前代之制以衙前主官物以里正戶長鄉書手課督賦稅以耆長弓手壯丁逐捕盜賊以承符人力手力散從官給使令縣曹司至押錄州曹司至孔目官下至雜職虞候揀掐等人各以鄉戶等第定差京百司補吏須不碍役乃聽建隆中詔文武官內諸司臺省寺監諸軍諸使不得占州縣課

役戶州縣不得役道路居民爲遞夫後又詔諸州職官不得私占役戶供課京西轉運使程能請定諸州戶爲九等著於籍上四等量輕重給役餘五等免之後有貧富隨時升降詔加裁定淳化五年始令諸縣以第一等戶爲里正第二等戶爲戶長勿冒名以給役自餘衆役多調廂軍大中祥符五年提點刑獄府界段惟幾發中牟縣夫二百修馬監倉羣牧制置使代以廂卒因下詔禁之惟詔令有大興作而後調丁夫然役有輕重勞佚之不齊人有貧富强弱之不一承平旣久姦僞滋生命官形勢占田無限皆得復役衙前將吏得免里正戶長而應役之戶困於繁數僞爲券售田於形勢之家假佃戶之名以避徭役乾興初始立限田法形勢敢挾他戶田者聽人告予所挾田三之一時州縣旣廣徭役益衆太常博士范諷知廣濟軍因言軍地方四十里戶口不及一縣而徭差與諸郡等願復爲縣轉運司執不可因詔裁損役人自是數下詔書督州縣長吏與轉運使議蠲冗役以寬民力又令州縣錄丁產及所產役使前期揭示不實者民得自言役之重者自里正鄉戶爲衙前主典府庫或輦運官物往往破產景祐中稍欲寬其法乃命募人克役初官八品以下死者子孫役同編戶至是詔特蠲之民避役者或竄名浮圖籍號爲出家趙州至千餘人詔出家者須落髮爲僧乃聽免役禁諸縣非捕盜毋擅役壯丁慶曆中令京東西河北陝西河東裁損役人卽給使不足益以廂兵旣而詔諸路轉運司條析州縣差徭賦歛之數委二府大臣裁減科役不均以鄉村坊郭戶均差時范仲淹執政謂天下縣多故役蕃而民瘠首廢河南諸縣欲以次及他州當時以爲非未幾悉復王逵爲荊湖轉運使率民輸錢免役得緡錢三十萬進爲羨餘蒙詔奬辭是他路競爲掊克以市恩皇祐中詔州縣里正押司錄事旣代而令輸錢免役者論如違制律又禁役鄉戶爲長名衙前初知幷州韓琦上疏曰州縣生民之苦無重於里正衙前有孀母改嫁親族分居或棄田與人以免上等或非命求死以就單丁規圖百端苟免溝壑之患每鄉被差疏密與貲力高下不均假有一縣甲乙二鄉甲鄉第一等戶十五戶計貲爲錢三百萬乙鄉第一等戶五戶計貲爲錢五十萬番休遞役卽甲鄉十五年一周乙鄉五年一周富者休息有餘貧者敗亡相繼豈朝廷爲民父母意乎請罷里正衙前命轉運司以州軍見役人數爲額令佐視五等簿通一縣計之籍皆在第一等選貲最高者一戶爲鄉戶衙前後差人放此卽甲縣戶少而役蕃聽差乙縣戶多石役簡者簿書未盡實聽換取他戶里正主督租賦請以戶長代之二年一易下其議京畿河北河東陝西京東西轉運司度利害皆以爲便而知制誥韓絳蔡襄極論江南福建里正衙前之弊絳請行鄉戶五則之法襄請以產錢多少定役重輕至和中命絳襄與三司置司參定繼遣尚書都官員外郎吳幾復趨江東殿中丞蔡稟趨江西與長吏轉運使議可否因請行五則法凡差鄉戶衙前視貲產多寡置籍分爲五則又第其役輕重放此假有第一等重役十當役十人列第一等戶百第二等重役五當役五人列第二等戶五十以備十番役使藏其籍通判治所遇差人長吏以下同按視之轉運使提點刑獄察其違慢遂更著淮南江南兩浙荊湖福建之法下三司頒焉自罷里正衙前民稍休息又詔諸路轉運司開封府界訪衙前之役有重爲害者條奏之能件悉便利大去勞弊者議賞置寬恤民力司遣使四出自是州縣力役多所裁損凡二萬三千六百二十二人治平四年詔曰農天下之大本也間因水旱頗致流離殆州郡差役之法甚煩其詔中外臣庶條陳利害以聞先是三司使韓絳言聞京東民有父子二丁將爲衙前役者其父告其子曰吾當求死使汝曹免于凍餒遂自縊而死又聞江南有嫁其祖母及其母析居以避役者又有鬻田減其戶等者田歸官戶不役之家而役幷於同等見存之戶望博訪利害集議裁定使力役無偏重之寄役法更議始此熙寧元年知諫院吳充言今鄉役之中衙前爲重民間規避重役土地不敢多耕而避戶等骨肉不敢義聚而憚人丁故近年上戶寖少中下戶寖多役使頻仍生資不給則轉爲工商不得已而爲盜賊宜早定鄉役利害以時施行後帝閱內藏庫奏有衙前越千里輸金七錢庫吏邀乞踰年不得還者帝重傷之乃詔制置條例司講立役法二年遣劉彝謝卿材侯叔獻程顥盧秉王汝翼曾伉王廣廉八人行諸路相度農田水利稅賦科率徭役利害條例司檢詳文字蘇轍言役人之不可不用鄉戶猶官吏之不可不用士人也今遂欲兩稅之外別立一科謂之庸錢以備官雇不問戶之高低例使出錢上戶則便下戶實難轍以議不合罷條例司言使民出錢雇役卽先王致民財以祿庶人在官者之意願以條目遣官分行天下博盡衆議於是條諭諸路曰衙前旣用重難分數凡買撲酒稅坊場舊以酬衙前者從官自賣以其錢同役錢隨分數給之其廂鎭場務之類舊酬奬衙前不可令民買占者卽用舊定分數爲投名衙前酬奬如部水陸運及領倉驛場務公使庫之類其舊煩擾且使陪備者今當省使毋費承符散從官等舊若重役償欠者今當改法除弊庶使無困凡有產業物力而舊無役者今當出錢以助役久之司農寺言今立役條所寬優者皆村鄉朴惷不能自達之窮甿所裁取者乃仕宦兼幷能致人言之豪右若經制一定則衙司縣吏無以施誅求巧舞之姦故新法之行尤所不便欲先自一兩州爲始候其成就卽令諸州軍倣視施行若實便百姓當特奬之詔可於是提點府界公事趙子幾奏上府界所在條目下之司農詔判寺鄧綰曾布更議之綰布言畿內鄉戶計產業若家資之貧富上下分爲五等歲以夏秋隨等輸錢鄉戶自四等坊郭自六等以下勿輸兩縣有產業者上等各隨縣中等幷一縣輸析居者隨所析而定降其等若官戶女戶寺觀未成丁減半輸皆用其錢募三等以上稅戶代役隨役重輕制祿開封縣戶二萬二千六百有奇歲輸錢萬二千九百緡以萬二百爲祿贏其二千七百以備凶荒欠閣他縣做此然輸錢計等高下而戶等著籍昔緣巧避失實乃詔責郡縣坊郭三年鄉村五年農隙集衆稽其物產考其貧富察其詐僞爲之升降若故爲高下者以違制論募法三人相任衙前仍供物產爲抵弓手試武藝典吏試書計以三年或二年乃更爲法旣具揭示一月民無異辭著爲令令下募者執役被差者得散去開封一府罷衙前八百三十人畿縣鄉役數千遂頒其法於天下天下土俗不同役輕重不一民貧富不等從所便爲法凡當役人戶以等第出錢名免役錢其坊郭等第戶及未成丁單丁女戶寺觀品官之家舊無色役而出錢者名助役錢凡敷錢先視州若縣應用雇直多少隨戶等均取雇直旣已用足又率其數增取二分以備水旱欠閣雖增毋得過二分謂之免役寬剩錢三年命集賢校理呂惠卿同判司農寺已而林旦曾布相繼典其事四年罷許州衙前幹公使庫以軍校主之月給食錢三千後行於諸路人皆便之兩浙提點刑獄王庭光提舉常平張靚率民助役錢至七十萬薛向爲帝言帝問王安石安石曰提舉官據數取之朝廷以恩惠科減於體爲順御史中丞楊繪亦言靚等科配民輸錢多者一戶至三百千乞少裁損以安民心五月東明縣民數百詣開封府訴超昇等第不受遂突入王安石私第安石諭以相府不知訴之御史臺臺不受訴諭令散去楊繪又言司農寺不用舊則自據戶數類立助役錢等第下縣令著之籍如酸棗縣升戶等皆失實帝乃命提點司究所從升降仍嚴升降之法畿民不願輸錢免役縣按所當供役歲月如期役之與免輸錢先是帝旣知東明事及聞繪言兩降手敕問王安石曰酸棗旣有自下戶升入上戶則四等有免輸役錢之名而無其實安石力言嘗取諸縣新舊籍對覆升降聞外間扇搖役法者謂輸多必有贏餘若羣訴必可免彼旣聚衆僥倖苟受其訴與免輸錢當仍役之帝乃盡用其言中書孫廸張景溫體量不願出錢之民欲困以重役楊繪復論之而監察御史劉摯謂昨者團結保甲民方驚擾又作法使人均出緡錢非時升降戶等期會急迫人情惶駭因陳新法十害其要曰上戶常少中下戶常多故舊法上戶之役類皆數而重下戶之役率常簡而輕今不問上下戶槩視物力以差出錢故上戶以爲幸而下戶苦之歲有豐凶而役人有定數助錢歲不可闕則是賦稅有時減閣而助錢更無蠲損也役人必用鄉戶爲其有常產則自重今旣招雇恐止得浮浪姦僞之人則帑庾場務綱運不惟不能典幹竊恐不勝其盜用而目法者衆至於弓手耆壯承符散從手力胥史之類恐遇寇則有縱逸因事輒爲騷擾也司農新法衙前不差鄉戶其舊嘗願爲長名者聽仍其舊却用官自召賣酒稅坊場幷州縣坊郭人戶助役錢數酬其重難惟此一法有若可行然坊郭十等戶緩急科率郡縣賴之難更使之均出助錢乞詔有司若坊場錢可足衙前顧直則詳究條目徐行而觀之帝因安石進呈役錢文字謂之曰民供稅歛已重坊郭及官戶等不須減稅戶升等事更與少裁之安石曰朝廷制法當斷以義豈須規規恤淺近之人議論耶於是提點趙子幾怒知東明縣賈蕃不能禁遏縣民來訟雜撫他事致蕃於理又使子幾自鞫之楊繪謂是希安石意指而致縣令於罪也卽疏辨之曰子幾若劾蕃五月十日前事臣固無言若所劾後乎此日是以威脅令佐使民不得赴愬得爲便乎又言助役之利一而難行有五請先言其利假如民田有一家而百頃者亦有戶纔三頃者其等乃俱在第一以百頃而較三頃則已三十倍矣而受役月日均齊無異況如官戶則除耆長外皆應無役今例使均出雇錢則百頃所輸必三十倍於三頃者而又永無決射之訟此其利也然難行之說亦有五民惟種田而責其輸錢錢非田之所出一也近邊州軍就募者非土著姦細難防二也

逐處田稅多少不同三也耆長雇人則盜賊難止四也衙前雇人則失陷官物五也乞先議防此五害然後著爲定制仍先戒農寺無欲速就以祈恩賞提舉司無得多取於民以自爲功如此則誰復妄議劉摯亦言趙子幾以他事捃摭賈蕃爲過且變更役法意欲便民民苟以爲有利害也安可禁其所欲言今因譏民有訴而刻薄之人反怒縣官不能禁遏臣恐四遠人情必疑朝廷欲鉗天下之口而職在主民者必皆視蕃爲戒則天下休戚陛下何由知之子幾挾情之罪伏請付吏部施行於是同判司農寺曾布摭繪摯所言而條奏辨詰之其畧曰畿內上等戶盡罷昔日衙前之役故今所輸錢比舊受役時其費十減四五中等人戶舊充弓手手力承符戶長之類今使上等及坊郭寺觀單丁官戶皆出錢以助之故其費十減六七下等人戶盡除前日冗役而專充壯丁且不輸一錢故其費十減八九大抵上戶所減之費少下戶所減之費多言者謂優上戶而虐下戶得聚斂之謗臣所未喩也提舉司以諸縣等第不實故首立品量升降之法開封府司農寺方奏議時蓋不知已嘗增減舊數然舊敕每三年一造簿書等第嘗有升降則今品量增減亦未爲非又況方曉諭民戶苟有未便皆與釐正則凡所增減實未嘗行言者則以謂品量立等者蓋欲多歛雇錢升補上等以足配錢之數至於祥符等縣以上等人戶數多減充下等乃獨掩而不言此臣所未諭也凡州縣之役無不可募人之理今投名衙前半天下未嘗不典主倉庫場務綱運而承符手力之類舊法皆許雇人行之久矣惟耆長壯丁以今所措置最爲輕役故但輪差鄉戶不復募人言者則以謂衙前雇人則失陷官物耆長雇人則盜賊難止又以謂近邊姦細之人應募則焚燒倉庫或守把城門則恐潛通外境此臣所未論也免役或輸見錢或納斛斗皆從民便爲法至此亦已周矣言者則謂直使輸錢則絲綿粟麥必賤若用他物準直爲錢則又退揀乞索且爲民害如此則當如何而可此臣所未諭也昔之徭役皆百姓所爲雖凶荒饑饉未嘗罷役今役錢必欲稍有餘羨乃所以爲凶年蠲減之備其餘又專以興田利增吏祿言者則以謂助錢非如稅賦有倚閣減放之期臣不知昔之衙前弓手承符手力之類亦嘗倚閣減放否此臣所未諭也兩浙一路戶一百四十餘萬所輸緡錢七十萬爾而畿內戶十六萬率緡錢亦十六萬是兩浙所輸纔半畿內然畿內用以募役所餘亦自無幾言者則以謂吏緣法意廣收大計如兩浙欲以羨錢徼幸司農欲以出剩爲功此臣所未諭也賈蕃爲令不受民訴使趨京師誼譁其意必有謂也誠令用心無他亦可謂不職矣蕃之不職不法其狀甚衆皆趙子幾所不得不問御史之言欲舍蕃而治子幾是不顧陛下之法陛下之民宜莫如蕃與御史也於是下其疏於繪摯使各言狀繪錄前後四奏以自辨摯言助役歛錢之法有大臣及御史主之於內有大臣親黨爲監司提舉官而行之於諸路其勢順易矣然曠日彌年終未有定論爲不順乎民心而已陛下以司農爲是耶則事盡前奏可以覆視以臣言爲非耶則貶黜而已雖復使臣言之亦不過所謂十害者而風憲之官豈當與有司較是非勝負耶詔繪知鄭州摯落館閣校勘監察御史裏行監衡州鹽倉遣察訪使徧行諸路促成役書改助役爲免役不願就募而强之者論如律初詔監司各定所部助役錢數利路轉運使李瑜欲定四十萬判官鮮于侁曰利路民貧二十萬足矣議不合遂各爲奏帝是侁議侍御史鄧綰言利路役歲須緡錢九萬餘而李瑜率取至三十三萬有奇提點刑獄周約亦占名無異辭詔責瑜約而擢侁爲副使諸路役書既上之司農乃頒募役法於天下用免役錢祿內外胥吏有祿而贓者用倉法重其坐初京師賦吏祿歲僅四千緡至八年計緡錢三十八萬有奇京師吏舊有祿及外路吏祿又不在是焉時知長葛縣樂京稱助役之法不可久行常平司詢其故不答遂罷京西使者召知湖陽縣劉蒙會議蒙不肯議退而條上利害即投劾去而權江西提刑提舉金君卿首募受代官部錢帛綱趨京不差鄉戶衙前而費減十五六賜詔獎諭仍落權爲眞免役剩錢詔州縣用常平法給散休息添給吏人餐錢仍立爲法京東免役錢以秋料起催若雇直多少役使重輕有未究者命監司詳具來上仍須熙寧七年乃行永興秦鳳比之他路民貧役重詔提舉司併省冗役次第蠲減當留二分寬剩以爲水旱閣放之備七年詔役錢千別納頭子五錢凡修官舍作什器夫力輦運之類皆許取以供費不給以情輕贖銅錢足之諸路公人如弓箭手法給田募人爲之凡逃絕監牧之田籍於轉運司者不許射買請佃提刑司以其田給應募者而覈其所直準一年雇役爲錢幾何而歸其直於轉運司衢州西安縣用緡錢十二萬買田始足募一縣之役司農寺言不獨兩浙如此他路宜亦如之費多難贍乃欲改法遂詔自今用寬剩錢買募役田須先參會餘錢可以枝梧災傷方許給買若田價翔貴之地則已之時免役出錢或未均參知政事呂惠卿及其弟曲陽縣尉和卿皆請行手實法其法官爲定立田產中價使民各以田畝多少高下隨價自占仍併屋宅分有無蕃息立等凡居錢五當蕃息之錢一非用買田穀而輒隱落者許告有實以三分之一充賞將造簿預具式示民令依式爲狀縣受而籍之以其價列定高下分爲五等既該見一縣之民物產錢數乃參會通縣役錢本額而定所當輸明書其數示衆兩月使悉知之詔從其請司農寺乞廢戶長坊正令州縣坊郭擇相鄰戶三二十家排比成甲迭爲甲頭督輸稅賦苗役一稅一替其後諸路皆言甲頭催稅未便遂詔耆戶長壯丁仍舊募充其保正甲頭承帖法並罷王安石言給田募役有害十餘八年罷給田募役法已就募人如舊闕者弗補官戶輸役錢免其半所免雖多各無過二十千兩縣以上有物產者通計之兩州兩縣以上有物產者隨所輸錢等第不及者從一多處併之初手實法行言者多論其長告訐增煩擾至是惠卿罷政御史中丞鄧綰言其法不便罷之委司農寺再詳定以聞九年以荆湖兩路數役錢太重較一歲入出寬剩錢數多詔權減二年㝷詔自今寬剩役錢及買撲坊場錢更不以給役人歲具羨數上之司農餘物凡籍之常平司者常留一半侍御史周尹言募役錢數外留寬剩一分聞州縣希提舉司風旨廣數民錢省役額損雇直而民間輸數一切如舊寬剩數多募直輕而倉法重役人多不願就募天下皆謂朝廷設法聚歛不無疑怨乞募耆長戶長及役人不可過減者悉復舊額約募錢足用其寬剩止留二分是歲諸路上司農寺歲收免役錢一千四十一萬四千五百五十三貫石匹兩金銀錢斛匹帛一千四十一萬四千三百五十二貫石匹兩絲綿二百一兩支金銀錢斛六百四十八萬七千六百八十八兩貫石匹應在銀錢斛匹帛二百六十九萬三千二十貫匹石兩見在八十七萬九千二百六十七貫石匹兩十年知彭州呂陶奏朝廷欲寬力役立法召募初無過歛民財之意有司奉行過當增添科出謂之寬剩自熙寧六年施行役法至今四年臣本州四縣已有寬剩錢四萬八千七百餘貫今歲又須科納一萬餘貫以成都一路計之無慮五六十萬推之天下見今約有六七百萬貫寬剩在官歲歲如此泉幣絕乏貨法不通商旅農夫最受其弊臣恐朝廷不知免役錢外有此寬剩數目乞契勘見今約支幾歲不至闕乏霈發德音特免數年或逐年限定不得過十分之一所貴民不重困不報王安石去位吳充爲相沈括獻議莫若稍變役法雖以差徭爲便御史知雜蔡確言括反覆貶括知宣州役錢立額浙東多以田稅錢數爲則浙西多用物力至是詔令通物力稅錢互紐爲數從便輸納淮東路估定物產如其實直以均敷取初許兩浙坊郭戶家產不及二百千鄉村戶不及五十千毋輸役錢已而鄉戶不及五十千亦不免輸元豐二年提舉司言坊郭戶免輸法太優乃詔如鄉戶法截定所敷錢數提舉廣西常平劉誼言廣西一路戶口二十萬而民出役錢至十九萬緡先用稅錢敷出稅數不足又敷之田米田米不足復筭於身丁夫廣西之民身之有丁既稅以錢又筭以米是一身而輸二稅殆前世弊法今既未能蠲除而又益以役錢甚可憫也至於廣東西監司提舉司吏一月之給上同令錄下倍攝官乞裁損其數則兩路身丁田米亦可少寬遂詔吏輩月給錢遞減二千歲遂減役錢一千二百餘緡三年司農寺丞吳雍言議定淮浙役書減冗占千三百餘人裁省緡錢近二十九萬會定歲用寬剩錢一百四萬餘緡諸路役書多若此類乞先自近京三兩路修定下之諸路從之七年天下免役緡錢歲計一千八百七十二萬九千三百場務錢五百五萬九千穀帛石匹九十七萬六千六百五十七役錢較熙寧所入多三之一帝之力主免役也知民間通苦差役而衙投之任重行遠者尤甚特擬免役雖均敷雇直不能不取之民然民得一意田畝實解前日困弊故羣議雖起意不爲變顧其間采王安石策不正用雇直爲額而展敷二分以備吏祿水旱之用羣臣每以爲言屢疑屢詰而安石持之益堅此其爲法既不究終防弊而聚歛小人又乘此增取帝雖數詔禁戒而不能盡止至是雇役不加多而歲入比前增廣則安石不能將順德意其流弊已見矣哲宗立宣仁后垂簾同聽政門下侍郎司馬光言按因差役破產者惟鄉戶衙前蓋山野愚戇之人不能幹事或因水火損敗官物或爲上下侵欺乞取是致欠折備償不足有破產者至於長名衙前在公精熟每經重難別得優輕場務酬獎往往致富何破產之有又曰鄉者役人皆上等戶爲之其下等單丁女戶及品官僧道本來無役今使之一槩輸錢則是賦歛愈重自行免役法以來富室差得自寬貧者困窮日甚監司守令之不仁者於雇役人之外多取羨餘或一縣至數萬貫以冀恩賞又青苗免役賦歛多責見

錢錢非私家所鑄要須貿易豐歲追限尚失半價若值凶年無穀可糶賣田不售遂致殺牛賣肉伐桑鬻薪來年生計不暇復顧此農民所以重困也臣愚以爲宜悉罷免役錢諸色役人並如舊制定差見雇役人皆罷遣之衙前先募人　投充長名召募不足然後差鄉村人戶每經歷重難差遣依舊以優輕場務充酬獎所有見在役錢撥充州縣常平本錢以戶口爲率存三年之蓄有餘則歸轉運司凡免役之法縱富彊應役之人征貧弱不役之戶利於富不利於貧及今耳目相接猶可復舊名若更年深富者安之民不可復差役矣於是始詔修定役書凡役錢惟元定額及額外寬剩二分已下許著爲準餘並除之若寬剩元不及二分者自如舊則尋詔耆戶長壯丁皆仍舊募人供役保正甲頭承帖人並罷元祐元年侍御史劉摯言率戶賦錢有從來不預差役而槩被斂取者有一戶而輸數百以至千緡者昔惟衙前一役有至破產者爾今天下坊場官收而官賣之歲討緡錢無慮數百萬自可足衙前雇募支酬之直則役之重者已無所事於農民矣外惟散從承符弓手手力耆戶長壯丁之類無大勞費宜並用祖宗差法自第一等而下通任之監察御史王巖叟請於衙前大役立本等相助法以盡變通之利借如一邑之中當應大役者百家而歲取十人則九十家出力爲助明年易十戶復如之則大役無偏重之弊其於百色無名之差占一切非理之資陪悉用熙寧新法禁之雖不助猶可爲也殿中侍御史劉次莊言近制許雇耆戶長須三等已上戶不知三等已上戶不願受雇既無願者則郡縣必陽循雇名陰用差法不若立法明差之爲便戶部言詔凡耆戶長壯丁並募人供役竊慮戶長雇錢數少無應募者兼四等以下戶舊不敷役錢惟輪差壯丁今悉雇募用錢額廣提舉司必從人戶增敷蓋舊法役不盡雇亦有輪差輪募之處欲且如本法中書舍人蘇軾言先帝初行役法取寬剩錢不得過二分以備災傷有司奉行過當行之幾十六七年積而不用至三千餘萬貫石熙寧中行給田募役法大略如邊郡弓箭手臣知密州先募弓手民甚便之會未半年此法復罷因列其五利王巖叟言蘇軾乞買田募役其五利難信而有十弊大指謂官市民田慮不當價民受田就募既非永業則鹵莽其耕又將轉而他之而其六弊特詳曰弓箭手雖名應募實與家居農民無異雖或番上及緩急不免點集實不廢田業非如州縣色役長在官寺則弓箭手之擾可知矣然猶聞闕額常難補招已就招者又時時竄去引此爲比不切事情其七弊曰戶及三等以上皆能自足必不肯佃田供役今立法須二等以上方得供弓手三等以上方得供散從官以下色役乃是用給田募役之名行揭簿定差之實既云百姓樂於應募何以戶降四等必須上二等戶保任任之而逃則勒保者就供田役此豈得云樂應也耶上官均亦陳五不可行軾議遂格司馬光復奏今免役之法其害有五上戶舊充役固有陪備而得番休今出錢比舊費特多年年無休息下戶元不充役今例使出錢舊日所差皆土著良民今皆浮浪之人應募無顧籍受賕侵陷官物又農民出錢難於出力若遇凶年則賣莊田牛具桑柘以錢納官提舉常平倉司惟務多斂役錢廣積寬剩此五害也今莫若直降敕命盡罷天下免役錢其諸色役人並依熙寧元年以前舊法人數委本縣令佐揭簿定差其人不願身自供役許擇可任者雇代有逋逃失陷雇者任之惟衙前一役最號重難固有因而破產者爲此始作助役法自後色色優假禁止陪備別募命官將校部押遠綱遂不聞更有破產之人若今衙前仍行差法陪備既少當不至破家若猶矜其力難獨任即乞如舊法於官戶寺觀單丁女戶有屋產月收僦直可及十五千莊田中熟所收及百石以上者並隨貧富以差出助役錢自餘物產約此爲準每州樁收候有重難役使即以支給尚慮役人利害四方不能齊同乞許監司守令審其可否可則亟行如未究盡縣許五日具措畫上之州州一月上轉運司轉運司季以聞朝廷委執政審定隨一路一州各爲之敕務要曲盡然免役行之近二十年富戶習於優利一旦變更不能不懷異同又差役復行州縣不能不有小擾提舉官專以多斂役錢爲功必競言免役錢不可罷當此之際願弗以人言輕壞良法知樞密院章惇取光所奏疎畧未盡者駮奏之尚書左丞呂公著言惇專欲求勝不顧命令大體望選差近臣詳定右正言王覿奏光議初上惇嘗同奏待既施行方列光短其實小人不當寘腹心地於是詔以資政殿大學士韓維給事中范純仁等專切詳定以聞王覿又言近制改募爲差用舊法人數爲則而熙寧元年以後募數屢經裁減則舊數不可復用請悉準見額定差先是差法既復知開封府蔡京如敕五日內盡用開封祥符兩縣舊役人數差一千餘人以足舊額右司諫蘇轍言開封府亟用舊額盡差如壇子之類近例率用剩員今悉改差民戶故爲煩擾以搖成法乞正其罪司馬光之始議差役中書舍人范百祿言於光曰熙寧免役法行百祿爲咸平縣開封罷遣衙前數百人民皆欣幸其後有司求羨餘務刻剝乃以法爲病今第減助免錢額以寬民力可也光雖不從及議州縣吏因差役受賕從重法加等配流百祿押刑房固執不可曰鄉民因徭爲吏今日執事而受賕明日罷役復以財遺人若盡以重法繩之將見黥面赭衣充塞道路矣光曰微公言幾爲民害遂已之蘇轍又言差役復行應議者有五其一曰舊差鄉戶爲衙前破敗人家甚如兵火自新法行天下不復知有衙前之患然而天下反以爲苦者農家歲出役錢爲難及許人添剗見買坊場遂有輸納京給者爾向使止用官賣坊場課入以雇衙前自可足辦而他色役人止如舊法則爲利較然矣初疑衙前多是浮浪投雇不如鄉差稅戶可託然行之十餘年投雇者亦無大敗闕不足以易鄉差衙前之害今畧計天下坊場錢一歲可得四百二十餘萬貫若立定中價不許添剗三分減一尚有二百八十餘萬貫而衙前支費及召募非泛綱運一歲共不過一百五十餘萬緡則是坊場之直自可了辦衙前百費何用更差鄉戶今制盡復差役知衙前苦無陪備故以鄉戶爲之至於坊場元無明降處分不知官自出賣耶抑仍用以酬獎衙前也若仍用以酬獎即召募綱以何錢應用若不與之錢即舊名重難鄉戶衙前仍前自備爲害不小其二坊郭人戶舊苦科配新法令與鄉戶並出役錢而免科配其法甚便但敷錢大重未爲經久之法乞取坊郭官戶寺觀單丁女戶酌今役錢減定中數與坊場錢用以支雇衙前及召募非泛綱運外卻令樁備募雇諸色役人之用其三乞用見今在役人數定差熙寧未減定前其數實冗不可遵用其四熙寧以前散從弓手手力諸役人常苦迎送自新法以來官吏皆請雇錢役人既便官亦不至闕事乞仍用雇法其五州縣胥吏並量支雇錢募充仍罷重法亦許以坊場坊郭錢爲用不足用方差鄉戶鄉戶所出雇錢不得過官雇本數詔送看詳役法所詳定擇其要者先奏以行於是役人悉用見數爲額惟衙前用坊場河渡錢雇募不足方許揭簿定差其餘役人惟該募者得募餘悉定差遂罷官戶寺觀單丁女戶出助役法其令夏役錢即免輸尋以衙前不皆有雇直遂改雇募爲招募凡熙豐嘗立法禁以衙前及役人非理役使及令陪備圓融之類悉申行之耆壯依保正長法坊場河渡錢量添酒錢之類名色不一惟於法許用者支用外並樁備招募衙前支酬重難及應緣役事之用如一州錢不供用許移別州錢用之一路不足許從戶部通他路移用其或有餘毋得妄用其或不足毋得減募增置衙前最爲重役若已招募足額上一等戶有虛閑不差者令供次等色役鄉差役人在職官如敢抑令別雇承符散從承代其役者轉運司劾奏重責時提舉常平司已罷置凡役事改隸提刑司殿中侍御史呂陶言天下版籍不齊或以稅錢貫百或以田地頃畝或以家之積財或以田之受種雖皆別爲五等然有稅賦錢一貫占田一頃積財千緡受種十石而入之一等一等之上無等可加遂至稅緡田頃積財受種十倍於此亦不過同在一等憑此差役必不均平雖無今日納錢之勞反有昔時偏頗陪費之害莫若裁量新舊著爲條約如稅錢一貫爲第一等合於本等中差一役稅錢兩倍於一役者併差二役又倍即差三役雖稅錢更多不過三役並聽雇人或本縣戶多役少則上戶之役不須併差但可次敘休役年月遠近而均其勞逸假令甲充役後可閑五年乙稅錢兩倍於甲可閑三年丙又倍於乙可閑一年以其田土頃畝之類爲等併其餘同等多少不侔者並倣此又成梓兩路差役舊專以戶稅爲差等熙寧初別定坊郭戶營運錢以助免役乃在稅產之外州縣抑認成額至今不減至有停閑居業移避鄉村猶不得免今方議法坊郭等第固不可偏廢然須叅究虛實別行排定以寬民力並送詳定所蘇轍又言顧募衙前改爲招募既非明以錢雇必無肯就招者勢須差撥不知歲收坊場河渡緡錢四百二十餘萬欲於何地用之熙寧以前諸路衙前多雇長名當役如西川全是長名淮南兩浙長名太半以上餘路亦不減半今坊場官既自賣必無願充長名則衙前並是鄉戶雖號招募而上戶利於免役方肯占名與差無異上戶既免衙前重役則凡役皆當均及以次入戶如此則下戶充役多如熙寧前矣

宋史卷一百七十八

元中書右丞相總裁脫脫等修

食貨志第一百三十一

食貨上六 役法下 振恤

役法中書舍人蘇軾在詳定役法所極言役法可雇不可差第不當於雇役實費之外多取民錢若量入爲出不至多取則自足以利民司馬光不然之光言差役已行續聞有命雇募不足方許定差屢有更張號令不一又轉運使欲合一路共爲一法不令州縣各從其宜或已受差卻釋役使去或已辭雇卻復拘之入役或仍舊用錢招雇或不用錢白招紛紜不定寖違本意遂條舉始奏之文嘗許州縣監司陳列宜否自今外官苟見利否縣許直上轉運司州許直奏使下情無壅詳定所第當稽閱監司州縣所陳詳定可否非其任職而務出奇論不切事情者勿用亦不可以一路一州一縣土風利害槩行天下從之未幾詔諸路坊郭五等以上及單丁女戶官戶寺觀第三等以上舊輸免役錢者並減五分餘戶等下此者悉免輸仍自元祐二年始凡支酬衙前重難及綱運公皂迓送飱錢用坊場河渡錢給賦不足方得於此六色錢助用而有餘封樁以備不時之須臣僚上言朝廷雖立差法而明許民戶雇代州縣多已施行近命弓手須正身恐公私未便詔不願身自任役許募嘗爲弓手而有勞效者雇直雖多毋踰元募之數御史中丞劉摯言弓手不可不用差法者蓋鄉人在役則不獨有家丁子弟之助至於族姻鄉黨莫不與爲耳目有捕輒獲又土著自重無逃亡之患自行雇募盜寇充斥蓋浮惰不能任責故也如五路弓手熙寧未變法前身自執役最號彊勁其材藝捕緝勝於他路近日復差不問有不樂而願出錢雇人惟是川蜀江浙等路昨升差上一等戶皆習於驕脆不肯任察捕之責欲乞五路必差正身餘路即用新敕釐爲三色舊有戶等已嘗受差者曾有戰鬭勞效應留者願雇人代己者立此三色所冀新舊相兼漸習禦捕侍御史王巖叟亦言雇代恐不能任事略與摯同監察御史上官均言役之最重莫如衙前其次弓手今東南長名衙前招募既足所差不及上戶上戶必差弓手則是以上戶就中戶之役實爲僥幸上戶產厚而役輕下戶產薄而無役然則所當補恤正在中戶今若增上戶役年使中戶番休稍久則補除相均矣又言近許當差弓手戶役得差人爲代此法最便議者謂身任其役則自愛而重犯法熙寧募法久行何嘗聞盜賊充斥彼自愛之民承符帖追逮則可俾之與賊角死豈其能哉兩浙諸路以法案差弓手必責正身至有涕泣辭免者此豈可恃以爲用哉今既立法許雇嘗爲弓手而有勞效之人比之泛募宜有間矣殿中侍御史呂陶謁告歸成都因令與轉運司議定役法後議立增減役年之法曰戶多之鄉以十二年戶少以九年而應差之戶通輪一周以一周月日而參之戶等戶稅多者占役之日多少者以率減下則均適無頗矣雖以等周差皆許募人爲代如此則四等往往少差而五等差所不及矣衙前悉令招募以坊場錢支酬重難此法爲允當是時議役法者皆下之詳定所久不能決於是文彥博言差役之法置局衆議命令雜下致久不決於是詔罷詳定局役法專隸戶部諫議大夫鮮于侁言開封府多官戶祥符縣至闔鄉止有一戶應差請裁其濫凡保甲之授班行者如進納人例須至升朝方免色役舊法戶賦免役錢及三百緡者令仍輸錢免役侍御史王巖叟謂此法不見其利借如兩戶其一輸錢及三百千其一及二百八九十千相去幾何而應差者三年五年即得休息其應輸助者畢世入錢無有已時非至破家終不得免此其勢必巧爲免計有弟兄則析居不則咸賣其業但少降三百千之數則遂可免不出二三年高彊戶皆成中戶其後又詔舊輸免役錢戶及百千以上令如六色戶輸錢助役蓋欲以其錢廣雇使番休優久凡戶少之鄉應差不及三番者許以六色錢募州役尚不及兩番則申戶部移用他州錢以紓差期鄉戶衙前受役當休無代即如募法給雇食之直若願就投募者仍免本戶身役不願者速募人代之元祐二年翰林學士兼侍讀蘇軾言差役之法天下皆云未便昔日雇役中戶歲出幾何今者差役中戶歲費幾何更以幾年一役較之約見其數則利害灼然而況農民在官官吏百端蠶食比之雇人苦樂十倍五路百姓朴拙聞遇差爲胥吏又轉雇慣習之人尤爲患苦㝷詔郡縣各具差役法利害條析以聞四年右正言劉安世言御史中丞李常請復雇募懷姦害政先是常言差法詔下民知更不輸錢當驩呼相慶行之既久始覺不輸錢爲害何也差法廢久版籍不明重輕無準鄉寬戶多者僅得更休鄉狹戶空者頻年在役上戶極等昔有歲輸百千至三百千者今止差爲弓手雇人代役歲不過用錢三四十千中下戶舊輸錢不過三二千而今所雇承符散從之類不下三十千然則今法徒能優便上戶而三等四等戶困苦日甚望詔一二練事臣僚使與賦臣取差雇二法便於百姓者行之無牽新書無執舊說民以爲善斯善矣而安世則以責民出錢爲非乞固守差役初議故以常爲罪知杭州蘇軾亦言改行差法則上戶之害皆去獨有三等人戶方雇役時戶歲出錢極不過三四千而令一役二年當費七十餘千休閑不過六年則是八年之中昔者徐出三十餘千而今者併出七十餘千苦樂可知朝廷既取六色錢許用雇役以代中戶頗除一害以全二利今惟狹鄉戶少役者替閑不及三番方得用六色錢募人以代州役此法未允何者百姓出錢本爲免役今乃限以番次不用盡用留錢在官其名不正又所雇者少未足以紓中戶之勞又投名衙前不足元額而鄉差衙前又當更代即又別差更不支錢若願就長名則支酬重難盡以給之仍計日月除其戶役及免助役錢二十千及州役惟吏人衙前得皆雇募此外悉用差法如休役未及三年即以助役錢支募此法尤爲未通自元豐前不聞天下有闕額衙前者豈嘗抑勒直以重難月給可以足用故也當時奉使如李承之之徒所至已輒減刻元祐改法又行減削既多不支月給如何肯就招募今不循其本乃欲重困鄉差全不支錢而應募之人盡數支給又放免役錢二千貫欲以誘脅盡令應募何如直添重難月給令招募得行乞促招闕額長名衙前刻期須足如合增錢雇募上之監司議定即行役率以二年爲一番向來尚許一戶歇役不及三番則令雇募是欲百姓空閑六年今忽減作二年幸六色錢足用有餘正可加添番數而乃減番添役農民皆紛然妄謂朝廷移此錢他之雖云量留一分備用若有餘剩數却量減下無丁戶及女戶所敷役錢此乃空言無實丁口產稅開收增減年年不同如何前知來年應役而預爲樁科若亟行減下臨期不足又須增取吏緣爲姦不可勝防矣大抵六色錢以免役取當於雇役乎盡之然後名正而人服惟有一事不得不慮州縣六色錢多少不同若各隨多少以爲之用則數錢多處役戶優閑太久六色人戶反覺敷錢數多欲乞今後六色錢常存一年備用之數而會計歲所當用以贏餘而通一路酌人戶貧富色役多少預行品配以一路六色錢通融分給令州縣盡用雇人以本處色役輕重爲先後如此則錢均而無弊雇人稍廣中戶漸蘇則差役良法可以久行而不變矣是時論役法未便者甚衆五年再詔中書舍人王巖叟樞密都承旨韓川諫議大夫點檢戶曹文字劉安世同看詳利害戶部請河北河東陝西鄉差衙前以投募人所得雇直爲則而減半給之投名衙前惟耆長他投皆免六年三省援三路投募衙前役例槩行他路詔凡投募人免其戶二等已下色役鄉差人戶悉用投名人代之願長投募者聽又詔諸州衙前已許量支雇直餐錢慮費廣難支轉運提刑司其隨土俗參酌立定優重分數及月給餐錢用支酬額錢給之不得過舊法元數州役之應鄉差者若一鄉人戶終役皆未及四年許以助役錢募人爲之總計一州雇直其助役錢不足用即於戶狹役煩鄉分先與雇代一役役竟按籍復差如初諸州歲計助役錢常留一分外以雇直對計或闕或剩提刑司通一路移用應差諸縣手力合一鄉休役皆不及三年者亦許用助役錢雇募既終一役別有闕及三年者復行差法諸州縣置差役都鼠尾簿取民戶稅產物力高下差取分五等排定而疏其色役年月及其更代人姓名於逐戶之下每遇差役即按籍自上而下吏毋得移竄先後坊場河渡錢以雇衙前而有寬剩亦令補助其餘役人三省言朝廷審定民役差募兼行斟酌補除極爲詳備而州縣不盡用助役錢募人以補頻役之地今括具綱目下之州縣使恪承之其一曰應差之戶三等以上許休役四年四等以下許休役六年若戶少無與更代卽役不及應閑年數即用助役錢募人代役以足之其二曰狹鄉之縣役人除衙前州胥許雇壯丁直差不雇外凡州縣役人皆許招募以就募月日補除應差而閑不及四年六年之人使及年數每縣通計應差應募役數若干立定二額差者訖役以應差人承之雇者有闕別募人充數二額悉已立定如戶力應升應降須俟三年造簿日按籍別定未應造簿止憑定額爲準若本等戶少不充州縣合役之數即用次等戶之物力及本等七分者爲之其三曰寬鄉之縣除已雇衙前州胥外餘役皆以序按差其四曰官雇弓手先雇嘗充弓手之人如不足以武勇有雇籍者充他役人願就雇其選受亦如之其五曰壯丁皆按戶版簿名次實輪充役半年而更其六曰一州一路有狹鄉役頻縣分募錢不足提刑司以一路助役寬剩錢通融移用又不足以坊場河渡寬剩錢給之仍通紐一歲應用支酬衙前之類費錢若干而十分率之每年於寬剩數內更留二分以備支酬衙前之類樁留至五年通迭一全年寬剩總額即止不樁又不足戶部以別路逐色寬剩錢移用以補足之其七曰助錢歲歲樁留

一分每及五分止或時支用卽隨撥補使常足五分之數其八曰軍人應差迓送者本以代有雇錢役人其沿迓送軍人有費提刑司計數歸之轉運司其九曰重役人應替而願仍就募者許給雇錢受役其十曰役人須有稅產乃得就募其有蔭應贖及曾犯徒刑雖願募不雇若工藝人須有貲產人二戶任之雇直雖多皆不得加於舊法已募之數其十一曰陝西鎭戍德順軍熙州衙前皆受田於官以當募直內地戶願如其法應田募者聽之仍以坊場河渡補還轉運司合輸租課凡縣歲具色役輕重鄉分寬狹凡役雇直有無餘欠各以其實枚別而上之州州上監司監司聚議連書上戶部仍別具一路移用及寬剩縣分錢數致之戶部先是收到官田嘗令田己籍於官及見佃人逃亡悉拘入之留充雇募衙前至是遂參行田募之法八年詔耆長壯丁役期已足不許連續爲之蓋知其利於睞請不願更罷故也民有執父母喪而應在役者三等以下戶除之三等以上戶令量納役錢在戶錢十分止責輸三分服除曰仍舊哲宗始親政三省言役法尚未就緒帝曰第行元豐舊法而減去寬剩錢百姓何有不便范純仁曰四方異宜須因民立法乃可久也遂令戶部議之右司諫朱紱言輸錢免役有過數多斂者用錢雇役有立直太重者役色之內又有優便而願自役募不必給雇者請詳爲裁省中書言自行差法十年民間苦於差擾前後議者紛紜更變不一未有底止於是詔復免役法凡條約悉用元豐八年見制鄉差役人有應募者可以更代卽罷遣之許借坊場河渡及封樁錢以爲雇直須有役錢日補足其數所輸免役錢自今年七月始耆戶長壯丁召雇不得已保正保長保丁充代其他役色應雇者放此所敷寬剩錢不得過一分昔常過數今應減下者先自下五等人戶始路置提舉官一員視提刑置司之州爲治如方俗利害不同事有未盡未便而應更改增損舊法者畫一條疏與轉運提刑司連奏又詔用舊法取量添酒錢贏數給惟法司吏餐錢不足則抵當息錢亦許貼用先嘗以七月起輸其後又自來年始土俗差雇不一姑仍其舊俟起輸至五月盡行雇法凡因差在役者悉罷遣之舊免役法行壯丁閒有差而不募者其毋敷役錢如故凡錢額所敷取三年雇直實支而酌一年中數立爲歲額以均敷取此外所取寬餘不得過通額十分之一免役錢方復未輸且以助役錢給雇直不足雖免役寬剩錢亦許給用七月戶部看詳役法所言募職監當官之官罷官依元豐制悉用雇役人迓送而差定其數凡元祐溢額所添廂軍皆罷減其有抑鄉差之人仍舊在役或改易名字就便應募悉計其在役月日應得更代者以次鐲遣之諸路舊立出等高疆戶力轉高敷取難勝應出免役錢百千以上每絫及百千悉與減免三分凡人戶匿寄財產假借戶貫冒名官戶苟可避免等第科配者各以違制論許人陳告以其半給之元豐令在籍宗子及太皇太后皇后緦麻親得免役皇太妃宜亦如之詔皆如請舊戶等簿如可畧憑卽用之若漫滅等第卽雖未及應造之年亦令改造戶部舉行元豐條制以保正長代耆長甲頭代戶長承帖人代壯丁二年申詔諸路役人額數雇直並依元豐舊制仍依已命寬剩錢不得過一分常平免役元豐止用提舉官專領轉運提刑司自今毋預其事舊置重脩編敕所看詳中外文字本以去年所差鄉役未盡善遂入議曰都副保正比耆長事責已輕又有承帖人受行文書卽大保長苦無公事元豐本制一都之內役者十人副正之外八保各差一大長今若常輪二大長分催十保稅租常平錢物一稅一替則自不必更輪保丁充甲頭矣凡都保所雇承帖人必選家於本保者而雇直皆從官給一年一替則自無浮浪稽留符移之弊承帖雇直固有舊數其今所雇保正之直眎耆長保長之直則眎戶長若應此三役不願替代者自從其願壯丁元不敷雇直處聽如其舊承帖雇錢許以舊寬剩錢通融支募如土俗有不願就保正長雇役者許募本土有產稅戶使爲耆長壯丁以代之其所雇耆戶長已立法不得抑勒矣若保正長不願就雇而輒差雇者徒二年坐罪詔皆從之三年左正言孫諤言役法之行在官之數元豐多元祐省雖省未嘗廢事則多不若省雇役之直元豐重元祐輕雖輕未嘗不應募則重不若輕今役法優下戶使弗輸而盡取諸上戶意則美矣而法未善也夫先帝建免役之法而熙寧元豐有異論元祐有更變正惟不能無弊爾願無以元豐元祐爲間期至於均平便民而止則善矣翰林學士蔡京言諤之論多省輕重明有抑揚謂元豐不若元祐明矣諤於陛下追紹之日敢爲此言臣竊駭之免役法復行將及一年天下吏習而民安之而諤指以爲弊則所詆者熙寧元豐也且元豐雇法也元祐差法也雇與差不可並行元祐固嘗兼催已紛然無紀矣而諤欲不間熙祐是欲伸元祐之姦惑天下之聽詔罷諤正言黜知廣德軍後又詔諸縣無得以催稅比磨追甲頭保長無得以雜事追保正副在任官以承帖爲名占破當直者坐贓論所管催督租賦州縣官輒令陪備輸物者以違制論是歲以常平免役農田水利保甲類著其法總爲一書名常平免役敕令頒之天下詔翰林學士承旨兼詳定役法蔡京依舊詳定重修敕令侍御史董敦逸言京在元祐初知開封府附司馬光行差法祥符一縣數日閒差至一千一百人乞以役法專委戶部詔令疏析京奏上復令敦逸自辨京無責焉元符二年以蕭世京張行爲郞二人在元祐中皆嘗言免役法爲是帝出其疏擢之旣而詔河北東西淮南運司府界提點司如人戶已嘗差充正夫其免夫錢皆罷催後又詔雖因邊事起差夫丁須以應差雇實數上之朝廷未得輒差其河防井溝河歲合用一十六萬八千餘夫聽人戶納錢以免建中靖國元年戶部奏京西北路鄉書手雜職斗子所由庫秤揀掐之類土人願就募不須給之雇直他路亦須詳度施行詔從之知延安府范純粹言比年衙前公盜官錢事發卽逃乞許輪差上等鄉戶使供衙役殿中侍御史彭汝霖劾純粹所言有害良法宜加黜責詔純粹所乞不行其後知襄州俞㮚以襄州總受他州布綱而轉致他州是衙前重役併在一州事理不均臣僚謂㮚輒毀紹聖成法請重黜㮚坐責授散官安置太平州崇寧元年尚書省言前令大保長催稅而不給雇直是爲差役非免役也詔提舉司以元輸雇錢如舊法均給永興軍路州縣官乞復行差役湖南江西提舉司以物賤乞減吏胥雇直罷給役人雇錢皆害法意應改從其舊詔戶部並遵奉紹聖常平免役敕令格式及先降紹聖簽貼役法行之天下二年臣僚言常平之息歲取二分則五年有一倍之數免役剩錢歲收一分則十年有一年之備故紹聖立法常平息及一倍免役寬剩及三料取旨蠲免以明朝廷取於民者非以爲利也而集賢殿脩撰知鄧州呂仲甫前爲戶部侍郞輒以狀申都省乞刪去上條詔黜仲甫落職知海州後又詔常平司條豐衍有餘日具此制奏蠲之大觀元年　詔諸州縣召募吏人如有非四等以上戶及在州縣五犯杖罪悉從罷遣不得再占諸處名役別募三等以上人充於是舊胥旣盡罷而弊根未革老姦巨猾匿身州縣舞法擾民蓋甚前日其後又不許上三等人戶投充弓手所募皆浮浪無所顧籍盜賊公行爲害四方至是復詔州縣募役依元豐舊法政和元年臣僚言元豐中肇州歲敷役錢止四百千今絫數至緡錢近三萬又元豐八年命存留寬剩錢毋得過二分紹聖再加裁定止許存留一分此時考詳法意非取寬剩遂改名準備錢而嚴立禁約若擅增敷歲額及樁留準備過數者並以違制論今乞飭提舉常平官檢察及覈究肇州取贏之因以聞從之宣和元年言者謂役錢一事神宗首防官戶免多特責半輸今比戶稱官州縣募役之類旣不可減雇令官戶所減之數均入下戶下戶於常賦之外又代官戶減半之輸豈不重困詔自今二等以上戶因直降指揮非泛補官者輸賦差科免役並不得眎官戶法減免已免者改之進納人自如本法保長月給雇錢督催稅賦比年諸縣或每稅戶一二十家又差一人充甲頭及催稅人十日一進赴官比磨求取決責有害良民詔禁之七年詔州縣昨因儆察私鑄令五家爲保城郭亦差坊正副領受文書由此追呼陪費或析居逃移以避差使其所置坊正副可罷自紹聖復雇役而建炎初罷之已而討論其法之不可廢也參政李固言於高宗曰常平法本於漢耿壽昌豈可以王安石而廢之且當時招射士無以供庸直詔官戶役錢勿減半民戶役錢槩增二分後復減之兼官舊給庸錢以募戶長及立保甲則儲庸錢以助經費未幾廢保甲復戶長而庸錢不復給遂爲總制窠名焉然役起於物力物力升降不殺則役法公是以紹興以來講究推割推排之制凡百姓典賣典業稅賦與物力一併推割至於推排則因其貲產之進退爲之升降三歲而下行之然當時之弊或以小民粗有米粟僅存室廬凡耕耨刀斧之器雞豚犬彘之畜纖微細瑣皆得而籍之吏視賂之多寡爲物力之低昂上之人憂之於是又爲之限制除質庫房廊停塌店鋪租牛賃船等外不得以猪羊雜色估計其後井耕牛租牛以免之若江之東西以畝頭計稅亦有不待推排者保正長之立也五家相比五五爲保十大保爲都保有保長有都副保正餘及三保亦置長五大保亦置都保正其不及三保五大保者或爲之附庸或爲之均并不一也戶則以物力之高下爲役次之久近若夫品官之田則有限制死亡子孫減半蔭盡差役同編戶（一品五十頃二品四十五頃三品四十頃四品三十五頃五品三十頃六品二十五頃七品二十頃八品十頃九品五頃）封贈官子孫差役亦同編戶（謂父母生前無官因伯叔或兄弟封贈者）凡非泛及七色補官不在限田免役之數其奏薦弟姪子孫原自非泛七色而來者仍同差役進納軍功捕盜宰執給使減年補授轉至升朝官卽爲官戶身亡子孫並同編戶太學生及得解經省試者雖無限田

許募人充役單丁女戶及孤幼戶並免差役凡無夫無子則爲女戶女適人以奩錢置產仍以夫爲戶其合差保正長以家業錢數多寡爲限以限外之數與官編戶輪差總首部將免保正長差役文州義士已免之田不許典賣老疾身亡許承襲凡募人充役並募士著之人其放停兵及嘗爲公人者並不許募旣有募人官不得復追正身募人憑藉官勢姦害善人斷罪外坐募之者高宗在河朔親見閭閻之苦嘗歎知縣不得人一充役大則便破家是以講究役法甚便乾道五年處州松陽縣倡爲義役衆出田穀助役戶輪充自是所在推行十一年御史謝諤言義役之行當從民便其不願者乃行差役上然之朱熹謂義役有未盡善者四事蓋始倡義役者惟恐議之未詳慮之未周而踵之者不能皆善人於是其弊日開其流日甚或以材知把握而專義役之利或以氣力凌駕而私差役之權是以虐貧擾富凌寡暴孤義役之名立而役戶不得以安其業雇役之法行而役戶不得以安其居信乎所謂未盡善之弊也淳熙五年臣僚奏令提舉官歲考屬邑差役當否以詞訟多寡爲殿最令役戶輪管以提其役置募人以奉官之行移則公私便而義役立矣慶元二年吏部尚書許及之因淳熙陳居仁所奏取祖宗免役舊法及紹興十七年以後續降旨符脩爲一書名曰役法撮要五年書成左丞相京鏜上之其法可以悠久其或未久而輒弊者人也

振恤水旱蝗螟饑疫之災治世所不能免然必有以待之周官以荒政十有二聚萬民是也宋之爲治一本於仁厚凡振貧恤患之意視前代尤爲切至諸州歲歉必發常平惠民諸倉粟或平價以糶或貸以種食或直以振給之無分於主客戶不足則遣使馳傳發省倉或轉漕粟於他路或募富民出錢粟酬以官爵勸諭官吏許書曆爲課若舉放以濟貧乏者秋成官爲理償又不足則出內藏或奉宸庫金帛鬻祠部度僧牒東南則留發運司歲漕米或數十萬石或百萬石濟之賦租之未入入未備者或縱不取或寡取之或倚閣以須豐年寬逋負休力役賦入之有支移折變者省之應給蠶鹽若和糴及科率追呼不急妨農者罷之薄關市之征鬻牛者免算運米舟車除沿路力勝錢利有可與民共者不禁水鄉則蠲蒲魚果蓏之稅選官分路巡撫緩囚繫省刑罰饑民劫囷窖者薄其罪民之流亡者關津毋責渡錢道京師者諸城門振以米所至舍以官第或寺觀爲淖糜食之或人日給糧可歸業者計日併給遣歸無可歸者或賦以閑田或聽隸軍籍或募少壯興修工役老疾幼弱不能存者聽官司收養水災州縣具船栰拯民置之水不到之地運薪糧給之因饑役若厭溺死者官爲埋祭厭溺死者加賜其家錢粟京師苦寒或物價翔踊置場出米及薪炭裁其價予民前後率以爲常蝗爲害又募民撲捕易以錢粟蝗子一升至易菽粟三升或五升詔州郡長吏優恤其民間遣內侍存問戒監司俾察官吏之老疾罷懦不任職者初建隆三年戶部郎中沈義倫使吳越還言揚泗饑民多死郡中軍儲尚餘萬斛宜以貸民有司沮之曰若歲未稔誰任其咎義倫曰國家以廩粟濟民自當召和氣致豐年寧憂水旱耶太祖悅而從之四年詔州縣興復義倉歲收二稅石別收一斗貯以備凶歉平廣南江南輒詔振其飢其勤恤遠人德意深厚太宗恭儉仁愛諄諄勸民務農重穀毋或妄費是時惠民所積不爲無備又置常平倉乘時增糴唯恐其不足眞宗繼之益務行養民之政於是推廣淳化之制而常平惠民倉殆遍天下矣仁宗英宗一遇災變則避朝變服損膳徹樂恐懼脩省見於顏色惻怛哀矜形於詔旨慶曆初詔天下復立義倉嘉祐二年又詔天下置廣惠倉使老幼疾貧者皆有所養累朝相承其慮於民也旣周其施於民也益厚而又一時牧守亦多得人如張詠之治蜀歲糴米六萬石著之皇祐甲令富弼之移青州擇公私廬舍十餘萬區散處流民以廩之凡活五十餘萬人募而爲兵者又萬餘人天下傳以爲法知鄆州劉夔發廩振飢民賴全活者甚衆盜賊衰止賜詔褒美知越州趙抃揭牓於通衢令民有米增價以糶於是米商輻輳越之米價頓減民無飢死若是之政不可悉書故於先王救荒之法爲略具焉神宗卽位以來河北諸路水旱荐臻兼發糴便司廣惠倉粟以振民熙寧二年賜判北京韓琦詔曰河北歲比不登水溢地震方春東作民携老幼棄田廬日流徙于道中夜以興慘怛不安其經制之方聽便宜從事有可以左右吾民者宜爲朕撫輯而振全之毋使後時以重民困而王安石秉政改貸糧法而爲借助移常平廣惠倉錢斛而爲青苗皆令民出息言不便者輒得罪而民遂不聊生又詔賣天下廣惠倉田自是先朝良法美意所存無幾哲宗雖詔復廣惠倉旣而章惇用事又罷之賣其田如熙寧法常平量留錢斛不足以供振給義倉不足又令通一路兌撥於是紹聖大觀之間直給空名告敕補牒賜諸路政日以隳民日以困而宋業遂衰先是仁宗在位哀病者乏良藥爲頒慶曆善救方知雲安軍王端請官爲給錢和藥予民遂行於天下嘗因京師大疫命太醫和藥內出犀角二本析而視之其一通天犀內侍李舜舉請留供帝服御帝曰吾豈貴異物而賤百姓竟碎之又蠲公私僦舍錢十日令太醫擇善察脉者卽縣官授藥審處其疾狀予之無使貧民爲庸醫所誤夭閼其生天禧中於京畿近郊佛寺買地以瘞死之無主者瘞尸一棺給錢六百幼者半之後不復給死者暴露於道嘉祐末復詔給焉京師舊置東西福田院以廩老疾孤窮丐者其後給錢粟者纔二十四人英宗命增置南北福田院幷東西各廣官舍日廩三百人歲出內藏錢五百萬給其費後易以泗州施利錢增爲八百萬又詔州縣長吏遇大雨雪蠲僦舍錢三日歲毋過九日著爲令熙寧二年京師雪寒詔老幼貧疾無依丐者聽於四福田院額外給錢收養至春稍暖則止九年知太原韓絳言在法諸老疾自十一月一日州給米豆至次年三月終河東地寒乞自十月一日起支至次年二月終止如有餘卽至三月終從之凡鰥寡孤獨癃老疾廢貧乏不能自存應居養者以戶絕屋居之無則居以官屋以戶絕財產充其費不限月依乞丐法給米豆不足則給以常平息錢崇寧初蔡京當國置居養院安濟坊給常平米厚至數倍差官卒充使令置火頭具飲饍給以納衣絮被州縣奉行過當或具帷帳雇乳母女使糜費無藝不免率斂貧者樂而富者擾矣三年又置漏澤園初神宗詔開封府界僧寺旅寄棺柩貧不能葬令畿縣各度官不毛地三五頃聽人安厝命僧主之葬及三千人以上度僧一人三年與紫衣有紫衣與師號更使領事三年願復領者聽之至是蔡京推廣爲園置籍瘞人並深三尺毋令暴露監司巡歷檢察安濟坊亦募僧主之三年醫愈千人賜紫衣祠部牒各一道醫者人給手曆以書所治痊人歲終考其數爲殿最諸城砦鎭市戶及千以上有知監者依各縣增置居養院安濟坊漏澤園道路遇寒僵仆之人及無衣丐者許送近便居養院給錢米救濟孤貧小兒可敎者令入小學聽讀其衣襴於常平頭子錢內給造仍免入齋之用遺棄小兒雇人乳養仍聽宮觀寺院養爲童行宣和二年詔居養安濟漏澤可叅考元豐舊法裁立中制應居養之日給稅米或粟米一升錢十文省十一月至正月加柴炭五文省小兒減半安濟坊錢米依居養法醫藥如舊制漏澤園除葬埋依見行條法外應賚給若齋醮等事悉罷高宗南渡民之從者如歸市旣爲之衣食以振其飢寒又爲之醫藥以救其疾病其有隕於戈甲斃於道路者則給度牒瘞埋之若丐者育之於居養院其病也療之於安濟坊其死也葬之於漏澤園歲以爲常紹興以來歲有水旱發常平義倉或濟或糶或貸如恐不及然當艱難之際兵食方急儲蓄有限而振給無窮復以爵賞誘富人相與補助亦權宜不得已之策也元年詔出粟濟糶者賞各有差糶及三千石以上與守闕進義校尉一萬五千石以上與進義校尉二萬石以上取旨優賞已有官廕不願補授者比類施行六年湖廣江西旱詔撥上供米振之發民有過糶致盜者詔閉糶者斷遣殿中侍御史周祕言發廩勸分古之道也許以斷遣恐貪吏懷私善良被害望戒守令多方勸諭務令樂從或有擾害提舉司劾奏從之是歲潼川守臣景興宗廣安軍守臣李膽果州守臣王隲漢州守臣王梅活飢民甚衆前吏部郎中馮檝亦出米以助振給與宗升一職膽隲梅檝各轉一官十年通判婺州陳正同振濟有方窮谷深山之民無不霑惠以其法下諸路二十八年夏浙東西田損於風水在法水旱及七分以上者振濟詔自今及五分處亦振之二十九年詔諸處守臣撥常平義倉米二分振糶臨安府撥樁積之米三十一年正月雪寒民多艱食詔臨安府幷屬縣以常平米減時之半振糶十日臨安府城內外貧乏之家人給錢二百米一斗及柴炭錢並於內藏給之凡遇寒遇暑遇雨遇火遇赦及祈禱卽位生辰上尊號生皇太子晏駕大赦之類臨安之民暨三衙諸軍時有振恤及放商稅公私房賃輔郡之民令諸州以常平錢依臨安府振之孝宗隆興二年秋霖雨害稼出內帑銀四十萬兩變糴以濟民乾道六年夏振浙西被水貧民七年八月湖南江西旱立賞格以勸積粟之家無官人一千五百石補進義校尉願補不理選將仕郎者聽二千石補進武校尉進士與免文解一次四千石補承信郎進士與補上州文學五千石補承節郎進士補迪功郎文臣一千石減二年磨勘選人轉一官二千石減三年磨勘選人循一資各與占射差遣一次二千石轉一官選人循兩資各與占射差遣一次武臣一千石減二年磨勘選人轉一資二千石減三年磨勘選人循一資各與占射差遣一次三千石轉一官選人循兩資各與占射差遣一次五千石以上文武臣並取旨優與推恩九月臣僚言諸路旱傷請以檢放展閣責之運司糴給借貸責之常平覺察妄濫責之提刑體量措置責之安撫上諭宰執曰轉運司止令檢放恐他日振濟不肯任責虞允文奏曰轉運司主一路財賦謂之省計凡州郡有餘不足通融相補正其責也淳熙八年詔去歲江浙湖北淮西旱傷處已行振糶其鰥寡孤獨貧不自存無錢收糴者濟以義米寧宗慶元元年以兩浙轉運副使沈詵言米價翔踊凡商販之家盡令出糶而告藏之令設矣嘉定十六年詔於楚州

所儲米撥二萬石濟山東西淳熙八年浙東提舉朱熹言乾道四年民艱食熹請於府得常平米六百石振貸夏受粟於倉冬則加息計米以償自後隨年斂散歉蠲其息之半大饑卽盡蠲之凡十有四年得息米造倉三間及以元數六百石還府見儲米三千一百石以爲社倉不復收息每石只收耗米三升以故一鄉四五十里間雖遇凶年人不闕食請以是行於倉司時陸九淵在敕令局見之歎曰社倉幾年矣有司不復舉行所以遠方無知者遂編入振恤凡借貸者十家爲甲甲推其人爲之首五十家則擇一通曉者爲社首每年正月告示社首下都結甲其有逃軍及無行之人與有稅錢衣食不闕者並不得入甲其應入甲者又問其願與不願願者開具一家大小口若干大口一石小口減半五歲以下不預請甲首加請一倍社首審訂虛實取人人手書持赴本倉再審無弊然後排定甲首附都簿載某人借若干石依正簿分兩時給初當下田時次當耘耨時秋成還穀不過八月三十日足濕惡不實者罰嘉定末眞德秀帥長沙行之凶年饑歲人多賴之然事久而弊或移用而無可給或拘催無異正賦良法美意胥此焉失寶慶三年監察御史汪綱中言豐穰之地穀賤傷農凶歉之地濟糴無策惟以其所有餘濟其所不足則饑者不至於貴糴而農民亦可以得利乞申嚴遏糴之禁凡兩浙江東西湖南北州縣有米處並聽販鬻流通違許被害者越訴官按劾吏決配庶幾令出惟行不致文具從之端平元年六月臣僚奏建陽邵武羣盜嘯聚變起於上戶閉糴若專倚兵威以圖殄滅固無不可然振救之政一切不講饑饉所迫恐人懷等死之心附之者日衆欲望朝廷厲兵選士盪定已竊發之寇發粟振饑懷來未從賊者之心庶人知避害賊勢自孤可一舉而滅矣此成周荒政散利除害之說也八月以河南州軍新復令江淮制置大使司科降米麥一百萬石振濟淳熙十一年福建諸郡旱錫米二十五萬石振糶一萬石振貧乏細民景定元年臨安府平糴倉舊貯米數十萬石糶補循環其後用而不補所存無幾有旨令臨安府收糴米四十萬石用平糴倉錢三百四萬七千八百五十九貫封樁庫十七界會子一千九十五萬二千一百餘貫共轙十七界一千四百萬貫充糴本錢二年以都城全仰浙西米斛誘人入京販糶賞格比乾道七年加優咸淳元年有旨豐儲倉撥公田米五十萬石付平糴倉遇米貴平價出糶二年監察御史趙順孫言今日急務莫過於平糴乾道間郡有米斗直五六百錢者孝宗聞之卽罷其守更用賢守此今日所當法者今粒食翔踴未知所由市井之間見楮而不見米推原其由實富家大姓所至閉廩所以糴價愈高而楮價愈減陛下念小民之艱食爲之發常平義倉然爲數有限安得人人而濟之願陛下課官吏使之任牛羊芻牧之責勸富民使之無秦越肥瘠之視糴價一平則楮價不因之而輕物價不因之而重矣七年以咸淳三年以前諸路義米一百一十二萬九千餘石減價發糶薄收郡縣聽民不拘關會見錢收糴

宋史卷一百七十九

元　中　書　右　丞　相　總　裁　脫　脫　等　修

食貨志第一百三十二

食貨下一

會計

宋貨財之制多因於唐自天寶以後天下多事戶口凋耗租稅日削法既變而用不給故興利者進而征斂名額繁矣方鎭握重兵皆留財賦自贍其上供殊鮮五代疆境偪蹙藩鎭益彊率令部曲主場院其屬三司者補大吏以臨之輸額之外亦私有焉太祖周知其弊及受命務恢遠略修建法程示之以漸建隆中牧守來朝猶不貢奉以助軍實乾德三年始詔諸州支度經費外凡金帛悉送闕下毋或占留時藩郡有闕稍命文臣權知所在場務或遣京朝官廷臣監臨於是外權始削而利歸公上條禁文簿漸爲精密諸州通判官到任皆須躬閱帳籍所列官物吏不得以售其姦主庫吏三年一易市征地課鹽麴之類通判官兵馬都監縣令等並親臨之見月籍供三司秩滿較其殿最欺隱者寘於法募告者賞錢三十萬而小民求財報怨訴訟煩擾未幾除募告之禁先是茶鹽榷酤課額少者募豪民主之民多增額求利歲更荒儉商旅不行至虧常課乃籍其貲產以償太宗始詔以開寶八年爲額既又慮其未均乃遣使分詣諸州同長吏裁定凡左藏及諸庫受納諸州上供均輸金銀絲帛暨他物令監臨官謹視之欺而多取主稱藏吏皆斬監臨官亦重寘其罪罷三司大將及軍將主諸州榷課命使臣分掌掌務官吏虧課當罰長吏以下分等連坐雍熙二年令三分勾院糾本部陷失官錢及百千賞以十之一至五千貫者遷其職淳化元年詔日周設司會之職以一歲爲準漢制上計之法以三年爲期所以詳知國用之盈虛大行羣吏之誅賞斯乃舊典其可廢乎三司自今每歲具見管金銀錢帛軍儲等簿以聞四年改三司爲總計司左右大計分掌十道財賦令京東西南北各以五十州爲率每州軍歲計金銀錢繒帛芻粟等費逐路關報總計司總計司置簿左右計使通計置裁給餘州亦如之未幾復爲三部宋聚兵京師外州無留財天下支用悉出三司故其費寖多太宗孜孜庶務或親爲裁決有司嘗言油衣帟幕損破者數萬段帝令煮之染以雜色制旗幟數千調退材給窰務爲薪俾擇其可用者造什物數千事其愛民惜費類此眞宗嗣位詔三司經度茶鹽酒稅以充歲用勿增賦斂以困黎元是時條禁愈密較課以租額前界遞年相參景德初榷務連歲增羨三司卽取多收者爲額帝慮或致掊克詔凡增額比奏上封者言諸路歲課增羨知州通判皆書曆爲課最有虧者則無罰乃令諸路茶鹽酒稅及諸場務自今總一歲之課合爲一以額較之有虧則計分數知州通判減監官一等科罰州司典吏減專典一等論大臣及武臣知州軍者止罰通判以下至道末天下總入緡錢二千二百二十四萬五千八百三歲一親祀郊丘計緡錢常五百餘萬大半以金銀綾綺絁紬平其直給之天禧末上供惟錢帛增多餘以移用頗減舊數而天下總入一萬五千八十五萬一百出一萬二千六百七十七萬五千二百而贏數不預焉景德郊祀七百餘萬東封八百餘萬祀汾上寶冊又增二十萬丁謂爲三司使著景德會計錄以獻林特領使亦繼爲之凡舉大禮有司皆籍當時所費以聞必優詔獎之初吳蜀江南荊湖南粵皆號富强相繼降附太祖太宗因其蓄藏守以恭儉簡易天下生齒尚寡而養兵未甚蓄任官未甚冗佛老之徒未甚熾外無金繒之遺百姓亦各安其生不爲巧僞放侈故上下給足府庫羨溢承平既久戶口歲增兵籍益廣吏員益衆佛老外國耗蠹中土縣官之費數倍於昔百姓亦稍縱侈而上下始困於財矣仁宗承之經費寖廣天聖初首命有司取景德一歲用度較天禧所出省其不急者自祥符天書一出齋醮糜費甚衆京城之內一夕數處至是始大裁損京師營造多內侍傳旨呼索費無藝極帝與太后知其弊詔自今營造所須先下三司度功費然後給又減內外宮觀濤衛卒及工匠分隸諸軍八作司舊殿直已上雖幼未任朝謁遇乾元長寧節皆賜服至是亦罷給故事上尊號諡號隨冊寶物並用黃命帝曰先帝太后用黃金若朕所御止用塗金時洞眞宮壽寧觀相繼災宰相張知白請罷不急營造以荅天戒及滑州塞決河御史知雜王曙復以爲言既而玉淸昭應宮災遂詔諭中外不復繕修自是道家之奉有節土木之費省矣帝天資恭儉尤務約己以先天下有司言利者多擯不取閭民之有疾苦雖厚利舍之無所愛貢獻珍異故事有者或罷之山林川澤陂池之利久與民共者屢敕有司毋輒禁止至於州縣征取苛細蠲減蓋不可勝數至寶元中陝西用兵調度百出縣官之費益廣天章閣侍讀賈昌朝言臣嘗治畿邑邑有禁兵三千而留萬戶賦輸僅能取足郊祀慶賞乃出自內府計江淮歲運糧六百餘萬石以一歲之入僅能充期月之用三分二在軍旅一在冗食先所蓄聚不盈數載天下久無事而財不藏於國又不在民儻有水旱軍戎之急計將安出於是議省冗費右司諫韓琦言省費當自掖庭始請詔三司取先朝及近歲賜予日費之數裁爲中制無名者一切罷之乃令入內內侍省御藥院內東門司裁定有司不預焉議者或欲損吏兵奉賜帝謂祿廩皆有定制毋遽變更以搖人心尹洙在陝西請爲鬻爵之法亦不果行其後西兵久不解財用益屈內出詔書減皇后至宗室婦郊祠半賜著爲式皇后嬪御進奉乾元節回賜物皆減半宗室外命婦回賜權罷於是皇后嬪御各上奉錢五月以助軍費宗室刺史已上亦納公使錢之半荊王元儼盡納公使錢詔給其半後以元儼叔父全給如故帝亦命罷左藏庫月進錢一千二百緡公卿近臣以次減郊祠所賜銀絹舊四千三千者損一千千損三百二百損百百損二十皆著爲式三司使王堯臣取陝西河北河東三路未用兵及用兵後歲出入財用之數會計以聞寶元元年未用兵三路出入錢帛糧草陝西入一千九百七十八萬出二千一百五十一萬河北入二千一十四萬出一千八百二十三萬河東入一千三十八萬出八百五十九萬用兵後陝西入三千三百九十萬出三千三百六十三萬蓋視河東北尤劇以兵屯陝西特多故也又計京師出入金帛寶元元年入一千九百五十萬出二千一百八十五萬是歲郊祠故出入之數視常歲爲多慶曆二年入二千九百二十九萬出二千六百一十七萬而奇數皆不預焉會元昊請臣朝廷亦已厭兵屈意撫納歲賜繒茶增至二十五萬而契丹邀割地復增歲遺至五十萬自是歲費彌有所加西兵既罷而調用無所減乃下詔切責邊臣及轉運司趣議裁節稍徙戍兵還內地命三司戶部副使包拯行河北與邊臣轉運司議罷省冗官汰軍士之不任役者詔翰林學士

承旨王堯臣等較近歲天下財賦出入之數相參耗登皇祐元年入一億二千六百二十五萬一千九百六十四而所出無餘堯臣等爲書七卷上之送三司取一歲中數以爲定式初眞宗時内外兵九十一萬二千宗室吏員受祿者九千七百八十五寶元以後募兵益廣宗室蕃衍吏員歲增至是兵一百二十五萬九千宗室吏員受祿者萬五千四百四十三祿廩奉賜從而增廣及景德中祀南郊内外賞賚金帛緡錢總六百一萬至是饗明堂增至一千二百餘萬故用度不得不屈至和中諫官范鎭上疏曰陛下每遇水旱之災必露立仰天痛自刻責而吏不稱職陛下憂勤于上人民愁嘆于下今歲無麥朝廷爲放稅免役乃發倉廩拯貸存恤之恩不爲不至然人民流離父母妻子不相保者平居無事時不少寬其力役輕其租賦歲大熟民不得終歲之飽及有小歉雖加重放已不及事此無他重斂之政在前也國家自陝西用兵以來賦役煩重及近年轉運使復於常賦外進羨錢以助南郊其餘無名歛率不可勝計又言古者冢宰制國用今中書主民樞密主兵三司主財各不相知故財已匱而樞密院益兵不已民已困而三司取財不已中書視民之困而不知使樞密減兵三司寬財者制國用之職不在中書也願使中書樞密通知兵民財利大計與三司量其出入制爲國用則天下民力庶幾少寬然自天聖以來帝以經費爲慮屢命官裁節而有司不能承上之意卒無所建明治平中兵數少損隸籍者猶百十六萬二千宗室吏員視皇祐無慮增十之三英宗以勤儉自飭然享國日淺於經紀法度所未暇焉治平二年内外入一億一千六百十三萬八千四百五出一億二千三十四萬三千一百七十四非常出者又一千一百五十二萬一千二百七十八是歲諸路積一億六千二十九萬二千九十三而京師不預焉神宗嗣位尤先理財熙寧初命翰林學士司馬光等置局看詳裁減國用制度仍取慶曆二年數比今支費不同者開析以聞後數日光登對言國用不足在用度大奢賞賜不節宗室繁多官職冗濫軍旅不精必須陛下與兩府大臣及三司官吏深思救弊之術磨以歲月庶幾有效非愚臣一朝一夕所能裁減帝遂罷裁減局但下三司共析王安石執政議置三司條例司講修錢穀之法帝因論措置之宜言今財賦非不多但用不節何由給足宮中一私身之奉有及八十千者嫁一公主至費七十萬緡沈貴妃料錢月八百緡聞太宗時宮人惟繫皂紬襜元德皇后嘗用金線緣襜太宗怒其奢仁宗初定公主奉料以聞獻穆再三始言初僅得五貫爾異時中宮月有止七百錢者時天下承平帝方經畧四夷故每以財用爲憂不給日與大臣講求其故命官考三司簿籍商量經久廢置之宜凡一歲用度及郊祀大費皆編著定式有司請造龍圖天章閣覆欄檻靑氊四百九十帝謂禁中諸殿欄檻率故弊不必覆也既而幷延福宮覆檻氊罷之後呂嘉問復建議省儀鸞司供禁中綵帛是歲詔内外勿給土木工作非兩宮倉廩武庫皆罷省三年儀鸞司闕氊三千三司請命河東製之帝曰牛羊司積毛數萬斤皆同糞壤三司不取於此而欲勤遠民乎金州歲貢班竹簾簡州歲貢綿紬安州市紅花萬斤梓州市碌二千斤帝皆以道遠擾民亟命停罷制置司言諸路科置上供羊民費錢幾倍而河北榷場博買契丹羊歲數萬路遠抵京皆瘦惡耗死公私費錢四十餘萬緡詔著作佐郞程博文訪利害博文募民有保任者以產爲抵官預給錢約期限口數斤重以輸民多樂從歲計充足凡供御膳及祀祭與泛用者皆別其牢棧以三千爲額所裁省冗費十之四其後又用呂嘉問劉永淵之言治竈藏冰以省工費帝嘗患增置官司費財王安石謂增置官司所以省費帝曰古者什一而稅今取財百端安石謂古非特什一而已帝又以倉吏給軍食多侵盜詔足其槩量嚴立諸倉丐取法中書因請增諸倉主典役人祿至一萬八千九百緡且盡增選人之祿均其多寡令祿增至十五千司理至簿尉防團軍監推判官增至十二千其後又增中書審官東西三班院樞密院三司吏部流内銓南曹開封府吏祿受財者以倉法論安石蓋欲盡祿天下之吏帝以役法未就緩其議三司上新增吏祿數京師歲增四十一萬三千四百餘緡監司諸州六十八萬九千八百餘緡時主新法者皆謂吏祿既厚則人知自重不敢冒法可以省刑然良吏實寡賕取如故往往陷重辟議者不以爲善初陝西用兵凡費緡錢七百餘萬帝以問王安石安石曰楚建中考沈起簿書計一道半歲費錢銀紬絹千二百萬貫匹兩帝因欲知陝西歲用錢穀金帛及增虧凡數乃詔薛向條上王安石以爲擾力請罷之止詔三司帳司會計熙寧六年天下財用出入之數以聞韓絳既相建言三司總天下財賦請選官置司以天下戶口人丁稅賦場務坑冶河渡房園之類租額年課及一路錢穀出入之數去其重複歲比較增虧廢置及羨餘橫費計贏闕之處使有無相通而以任職能否爲黜陟則國計大綱可以省察三司使章惇亦以爲言乃詔置三司會計司以絳提舉其後一州一路會計式成上之餘未就緒未幾遂罷元豐官制既行三司所掌職務散於六曹諸寺監元祐初司馬光言今戶部尚書舊三司使之任左曹隸尚書右曹不隸焉天下之財分而爲二視彼有餘視此不足不得移用宜令尚書兼領左右曹侍郞分職而治舊三司所掌錢穀財用事有散於五曹及諸寺監者並歸戶部遂詔尚書省立法有司請以府界諸路在京庫務及常平等文帳悉歸戶部初熙寧五年患天下文帳之繁命曾布刪定法式布因請選吏於三司額爲一司帳司之置始此至元豐三年首尾七八年所設官吏僅六百人費錢三十九萬緡而勾磨出失陷錢止萬緡朝廷知其無益遂罷帳司使州郡應上省帳皆歸轉運司惟錢帛糧草酒麴商稅等別爲計帳上戶部至是令戶部盡收諸路文帳蘇轍時爲諫官謂徒益紛紛請如舊爲便不行三年戶部尚書韓忠彥侍郞蘇轍韓宗道言文武百官宗室之蕃一倍皇祐四倍景德班行選人胥吏率皆增益而兩稅征推山澤之利與舊無以相過治平熙寧之間因時立政凡改官者自三歲而爲四歲任子者自一歲一人而爲三歲一人自三歲一人而爲六歲一人宗室自袒免以上漸殺恩禮此則今日之成法乞檢會寶元慶曆嘉祐故事置司選官共議詔戶部取應干財用除諸班諸軍料錢衣賜賞給特支如舊外餘費並裁省又詔方將裁損八流以淸取士之路命今後遇聖節大禮生辰太皇太后皇太后皇太妃所得恩澤並四分減一於是上自宗室貴近下至官曹胥吏旁及宮室械器皆命裁損久之事未就議者謂裁減浮費所細碎苛急甚損國體於是已議未行者一切寢之後乃詔元祐裁損除授正任以下奉祿失朝廷優禮見條悉除之循元豐舊制元豐鈎考隱漏宜錢督及一分者賞三釐自元祐改法賞薄而吏怠遂復其舊時議裁損吏祿隸省曹寺監者止以元豐三年錢數爲額而吏三省者凡兼領因事別給幷舊請並罷劉摯遂乞悉罷剏增吏祿詔韓維等究度然不果罷其後有司計中都吏祿歲費緡錢三十二萬詔以坊場稅錢給之於是吏祿之冗濫者率多革去矣然三省吏猶有人受三奉而不改者故孫升傅堯俞皆以爲言至紹聖元符務反元祐之政下至六曹吏亦詔皆給見緡如元豐之制先是既罷導洛堆垛等局又罷熙河蘭會經制財用司減放市易欠負及積欠租輸選官體量茶鹽之法使者之刻剝害民如吳居厚呂孝廉王子京李琮内臣之生事歛怨如李憲宋用臣等皆相繼正其罪旣而稍復講修財利李淸臣因白帝今中外錢穀艱窘戶部給百官奉常無數月之備章惇遂以財用匱乏專指爲司馬光呂公著呂大防蘇轍諸人之罪左思諫翟思亦奏疏詆元祐以理財爲諱利入名額類多廢罷督責之法不加於在職之臣財利既多散失且借貸百出而熙豐餘積用之幾盡方今内外財用月計歲會所入不足給所出願下諸路會元祐以前所儲金穀及異時財利名額歲入經數著爲成式建中靖國元年詔諸路轉運司以歲入財用置都籍定諸州租額且計一路凡數卽有贏縮書其籍崇寧元年又令歲以錢穀出入名數報提刑司保驗以上戶部戶部歲條諸路轉運使財賦虧贏以行賞罰諸路無額錢物立式下提刑司括三年外未發數期以一季聞奏二年官吏違負上供錢物以分數爲科罪之等不及九分者罪以徒多者更加之歲首則列次年之數聞於漕司考實申部又以督限未嚴更一季爲一月然國之經費往往不給五年詔省罷官局命戶部侍郞許幾專切提舉措置裁罷開封府重祿通引官客司幷街道司額外兵士及罷在京料次錢三十八處大觀三年罷諸路州軍見貢六上局供奉物名件四百四十餘存者才十一二減數十二停貢六戶部侍郞范坦言戶部歲入有限支用無窮一歲之入僅了三季餘仰朝廷應付今歲支遣較之去年又費百萬有詔鐫減財賦命御史中丞張克公與吳居厚許幾等置局議論克公抗言官冗者汰奉厚者減今官較之元祐已多十倍國用安得不乏乞將節度使下至遙郡刺史除軍功轉授者各減奉半然後閑慢局務工伎末作亦宜減省自貴及賤自近及遠行之公當人自無詞時論韙之時諸路轉運司類以乏告詔戶部編次一歲財用出納之數諸路州縣各爲都籍以待考較工部金銀銅鉛水銀朱砂等亦嚴帳籍之法令諸路各條三十年以還一歲出入及泛用之數初比部掌勾稽天下文帳吏習媮惰自崇寧至政和稽違積數凡二千六百七十有餘於是申敕六曹以拘督一歲多寡爲寺監賞罰政和七年命戶部叅稽熙豐及今財用有餘不足之數又立旁通格令諸路漕司各條元豐紹聖崇寧政和一歲財用出入多寡來上淮南漕臣張根言天下之費莫大於土木之功其次如人臣賜第一第無慮數十萬緡稍增雄麗非百萬不

可佐命如趙普定策如韓琦不聞峻宇雕墻僭擬宮省柰何剝民膏髓爲厮役之奉乎其次如田產房廊雖不若賜第之多然日削月朘所在無幾又如金帛以供一時之好賜有不可已者而亦不可不節至如賜帶其直雖不過數百緡然天下金寶糜費日久夫豈易得今乃賫及僕隸使混淆公卿間貴賤賢不肖莫之辨也如以爲左右趨走之人不欲其墨綬當別爲制度以示等威疏奏不省重和初罷講畫經費局有司議勾收白地禁榷鐵貨方田增稅榷酤增價量收醋息河北添折稅米等俄慮騷擾悉罷之併焚其條約未幾又置裕民局命蔡京提舉徐處仁詳定京大不悅尋亦罷宣和元年以左藏庫虧沒一百七十九萬有奇乃別造都籍催轄司太府寺左藏庫互相鉤考以絕姦弊帝初即位思節冗費中都吏重復增給及泛濫員額並詔裁損後苑嘗計增葺殿宇計用金箔五十六萬七千帝曰用金爲箔以飾土木一壞不可復收甚亡謂也令內侍省罰請者及蔡京爲相增修財利之政務以侈靡惑人主動以周官惟王不會爲說每及前朝惜財省費者必以爲陋至於土木營造率欲度前規而侈後觀元豐改官制在京官司供給之數皆併爲職錢視嘉祐治平時賦祿優矣京更增供給食料等錢於是宰執皆然京既罷相帝惡其變亂法度將盡更革命戶部侍郎許幾裁損浮費及百官濫祿悉循元豐之舊宰執亦聽辭所增奉京不便與其黨倡言減奉非治世事司馬光請聽宰臣辭南郊給賜神宗卒不允且增選人及庶人在官者之奉帝以繼述爲事當奉承神宗由是官吏奉給並仍舊而宰執亦增如故初宰執掌食亦皆有常數至是品目猥多有公使乏支之別臺省寺監又增廚錢侍御史毛注嘗奏論之不行蔡京復得政言者遂以裁損祿廩爲幾罪幾坐奪職于時天下久平吏員冗溢節度使至八十餘員留後觀察下及遙郡刺史多至數千員學士待制中外百五十員京又專用豐亨豫大之說諛悅帝意始廣茶利歲以一百萬緡進御以京城所主之其後又有應奉司御前生活所營繕所蘇杭造作局御前人船所其名雖出大率爭以奇侈爲功歲運花石綱一石之費民間至用三十萬緡姦吏旁緣牟取無藝民不勝弊用度日繁左藏庫異時月費緡錢三十六萬至是衍爲一百二十萬又三省密院吏員猥雜有官至中大夫一身而兼十餘俸故當時議者有俸入超越從班品秩幾於執政之言又增置兼局禮制明堂詳定國朝會要九域圖志一司敕令之類職秩繁委廩給無度侍御史黃葆光論其弊帝善之而未行俄而詔云當豐亨豫大之時爲衰亂減損之計自是罕敢言者然吏祿泛冒已極以史院言之供檢吏三省幾千人蔡京又動以筆帖於榷貨務支賞給有一紙至萬緡者京所侵私以千萬計朝論喧然乃詔三省樞密院吏額用元豐法其歲賜悉裁之時翕然以爲快臣僚上言諸州遇天寧節除公使外別給係省錢充錫宴之用獨諸路監司許支逐司錢物一筵之饌有及數百千者浮侈相誇無有藝極自是詔遇天寧節宴舊應給錢者發運監司每司不得過三百貫餘每司不得過二百貫以上舊給數少者止依舊自崇寧以來言利之臣始析秋毫沿汴州縣刱增鎮柵以牟稅利官賣石炭增二十餘場而天下市易務炭皆官自賣名品瑣碎則有四脚鋪牀榨磨水磨廟圖淘沙金等錢不得而盡記也宣和以後王黼專主應奉掊剝橫賦以羨爲功嶺南川蜀農民陂罰錢罷學制學事司贍學錢皆歸應奉司所入雖多國用日匱六年尚書左丞宇文粹中言近歲南伐蠻獠北贍幽燕關陝綿茂邊事日起山東河北寇盜竊發賦斂歲入有限支梧繁夥一切取足於民陝西上戶多棄產而居京師河東富人多棄產而入川蜀河北衣被天下而蠶織皆廢山東頻遭大水而耕種失時他路取辦目前不務存恤穀麥未登已先倸糴歲賦已納復理欠負託應奉而買珍異奇寶欠民積者一路至數十萬計價上供而織文繡錦綺役工女者一郡至百餘人陛下勤恤民隱詔令數下悉爲虛文民不聊生不惟寇盜繁滋竊恐災異數起祖宗之時國計所仰皆有實數有額上供四百萬無額上供二百萬京師商稅店宅務抵當所諸處雜收錢一百餘萬三司以七百萬之入供一年之費而儲其餘以待不測之用又有解池鹽鈔晉礬市舶遺利內贍京師外實邊鄙間遇水旱隨以振濟蓋量入爲出沛然有餘近年諸局務應奉等司截撥上供而繁富路分一歲所入亦不敷額然創置書局者比職事官之數爲多檢計修造者比實用之物增倍其他妄耗百出不可勝數若非痛行裁減慮智者無以善其後久之乃詔蔡攸等就尚書省置講議財利司除茶法已有定制餘並講究條上攸請內侍職掌事干宮禁應裁省者委童貫取旨時貫以廣陽郡王領右府故也於是不急之務無名之費悉議裁省帝亦自罷諸路應奉官吏省六尚歲貢七年詔諸路帥臣監司各條所部當裁省凡目以聞後苑書藝局等月省十九萬緡歲可省二百二十萬應奉司所管諸色窠名錢數內兩浙路錢旁定帖息錢湖常溫秀州無額上供錢淮南路添酒錢等並行截節更不充應奉支用十二月詔曰比年寬大之詔數下裁省之令屢行有司便文而實惠不至蓋緣任用非人興作事端蠹耗邦財假充上之名濟營私之欲漁奪百姓無所不至朕夙夜痛悼思有以撫循慰安之應茶鹽立額結絕應奉司兩浙諸路置局及花石綱等諸路非泛上供拋降物色延福宮西城所租課內外修造諸處採斫木植製造局所並罷諸局及西城所見管錢物並付有司其拘收到百姓地土並給還舊佃人減掖庭用度減侍從官以上月廩及罷諸兼局以上並令有司據所得數撥充諸路糴本及椿充募兵賞軍之用應齋醮道場除舊法合有外並罷道官及撥賜宮觀等房錢田土之類六尚並依祖宗法罷大晟府罷教學所罷教坊額外人罷行幸局罷採石所罷待詔額外人罷都茶場依舊歸朝廷河坊非危急泛科免夫錢並罷是時天下財用歲入有御前錢物朝廷錢物戶部錢物其措置裒斂取索支用各不相知天下財賦多爲禁中私財上溢下漏而民重困言者請令戶部周知大數而不失盈虛緩急之宜上至宮禁所須下逮吏卒廩餼一切付之有司格以法度示天下以至公詔可戶部尚書聶山亦請以熙豐後增置添給如額外醫官內中諸閤分位次主管文字等使臣福源靈應諸觀清衛卒后妃戚里及文武臣僚之家母妻封國太夫人郡太夫人等請給并添給食料茶湯等錢四十萬八千九百餘緡凡熙豐無法該載者罷之靖康元年詔曰朕託於兆庶之上永念民惟邦本思所以閔恤安定之乃者減乘輿服御放宮女罷苑囿焚玩好之物務以率先天下減冗官澄濫賞汰貪吏爲民除害方詔減上供收買之額蠲有司煩苛之令輕刑薄賦務安元元而田里之間愁痛未蘇儻不蠲革何以靖民今詢酌庶言疏剔衆弊舉其綱目以授四方詔到監司郡守其悉力奉行應民所疾苦不在此詔許推類聞奏於是凡當時苛刻煩細一切不便於民者皆罷高宗建炎元年詔諸路無額上供錢依舊法更不立額三年二月減婺州上供額羅二萬八千匹著爲定制八月減福建廣南路歲買上供銀三分之一紹興二年罷鎮江府御服羅省錢七萬緡助劉光世軍四年二月詔諸路州縣天申節禮物並置場和買毋得抑配於民十有一月免淮南州軍大禮絹五年以四川上供錢帛依舊留以贍軍十一年始命四川上供羅復輸內藏其後綾紗絹悉如之四路天申節大禮絹及上供紬綾錦綺共九萬五千八百匹淳熙五年湖北漕臣劉焞言鄂岳漢陽自紹興九年所收賦財十分爲率儲一分充上供始十三年年增二分鄂州元儲一分錢一萬九千五百七十緡今已增至一十二萬九千餘緡岳州五千八百餘緡今增至四萬二千一百餘緡漢陽三千七百緡今增至二萬二千三百餘緡民力凋弊無所從出於是以見增錢數立額已後權免遞增詔夔州路九州百姓科買上供金銀絹自淳熙六年爲始盡免十六年蠲兩淮州軍合發上供諸窠名錢物極邊全免次邊展免一年紹定元年江浙諸州軍折輸上供物帛錢數除合起輕貨並用錢會中半路不通水願以銀折輸者聽兩不過三貫三百文兩浙江東共四百一十三萬八千六百一十二貫有奇並輸送左藏西庫咸淳六年都省言南渡以來諸路上供數重自嘉定至嘉熙起截之數雖減而州縣猶以大數拘催害及百姓有旨自咸淳七年爲始銀錢關會用咸淳三年起截中數拘催紬絹絲綿綾羅用咸淳二年起截中數拘催錢關會子二千四百九十五萬八千七百四十八貫銀一十六萬九千六百四十三兩紬四萬一千四百三十八匹絹七十三萬七千八百六十匹絲九萬五千三百三十三兩綿一百五萬七千九百二十五兩綾五千一百七十九匹羅七千三百五十五匹戶部偏牒諸路視今所減定額起催所謂經總制錢者宣和末陳亨伯以發運兼經制使因以爲名建炎二年高宗在揚州四方貢賦不以期至戶部尚書呂頤浩翰林學士葉夢得等言亨伯以東南用兵嘗設經制司取量添酒錢及增一分稅錢頭子賣契等錢歛之於細而積之甚衆及爲河北轉運使又行於京東西一歲得錢近二百萬緡所補不細今若行於諸路州軍歲入無慮數百萬計邊事未寧苟不出此緩急必至暴歛與其歛於倉卒曷若積於細微於是以添酒錢添賣糟錢典賣田宅增牙稅錢官員等請給頭子錢樓店務增三分房錢令兩浙江東西荊湖南北福建二廣收充經制錢以憲臣領之通判歛之季終輸送紹興五年參政孟庾提領措置財用請以總制司爲名又因經制之額增析而爲總制錢而總制錢自此始矣財用司言諸路州縣出納係省錢所收頭子錢貫收錢二十三文省內一十文省作經制起發上供餘一十三文充本路郡縣并漕司用今欲令諸路州縣雜稅出納錢貫收頭子錢上量增作二十三文足除漕司及州舊合得一十

三文省餘盡入經制窠名帳內起發助軍江西提舉司言常平錢物舊法貫收頭子錢五文足今當依諸色錢例增作二十三文足除五文依舊法支用餘增到錢與經制司別作窠名輸送九年諫議大夫曾統上疏言經制使本戶部之職更置一司無益於事如期供給酒庫亦是陰奪省司之利若謂監司郡縣違法廢令別建此司按之則又不然夫朝廷置監司以轄州郡立省部以轄監司祖宗制也稅賦失實當問轉運司常平錢穀失陷當問提舉司若使經制司能事事檢察則雖戶部版曹亦可廢矣且自置司以來漕司之移用憲司之贓罰監司之妄支固未嘗少革其弊罷之便疏奏不省十六年以諸路歲取經總制錢本路提刑并檢法幹辦官拘催歲終通紐以課殿最二十一年以守倅同檢察二十九年詔專以通判主之乾道元年詔諸路州縣出納貫添收錢一十三文省充經總制錢以所增錢別輸左藏西庫補助經費自是經總制錢每千收五十六文矣然遇兵凶亦時有蠲免三年復以守倅共掌之淳熙十六年光宗卽位減江東西福建淮東浙西經總制錢一十七萬一千緡紹熙二年詔平江府合發經總制錢歲減二萬緡嘉定十七年詔蠲嘉定十五年終以前所虧錢數端平三年詔諸路州軍因災傷檢放苗米毋收經總制頭子勘合朱墨等錢自今已放苗米隨苗帶納錢並與除放所謂月樁錢者始於紹興之二年時韓世忠駐軍建康宰相呂頤浩朱勝非議今江東漕臣月樁發大軍錢十萬緡以朝廷上供經制及漕司移用等錢供億當時漕司不量州軍之力一例均科既有偏重之弊（上供經制無額添酒錢并爭利錢贍軍酒息錢常平錢及諸司封樁不封樁係省不係省錢皆是朝廷窠名也）於是郡縣橫斂銖積絲累江東西之害尤甚十七年詔州郡以寬剩錢充月樁以寬民力遂減江東西之錢二十七萬七千緡有奇又有所謂板帳錢者亦軍興後所刱也如輸米則增收耗剩交錢帛則多收糜費幸富人之犯法而重其罰恣胥吏之受賕而課其入索盜贓則不償失主檢財產則不及卑幼亡僧絕戶不俟覈實而入官逃產廢田不與消除而抑納他如此類不可偏舉州縣之吏固知其非法然以版帳錢額太重雖欲不橫取於民不可得已凡貨財不領於有司者則有內藏庫蓋天子之別藏也縣官有鉅費左藏之積不足給則發內藏佐之宋初諸州貢賦皆輸左藏庫及取荊湖定巴蜀平嶺南江南諸國珍寶金帛盡入內府初太祖以帑藏盈溢又於講武殿後別爲內庫嘗謂軍旅饑饉當預爲之備不可臨事厚斂於民太宗嗣位漳泉吳越相次獻地又下太原儲積益厚分左藏庫爲內藏庫令內藏庫使翟裔等於左藏庫擇上綾羅等物別造帳籍月申樞密院改講武殿後庫爲景福殿庫俾隸內藏其後迺令揀納諸州上供物具月帳於內東門進入外庭不得預其事帝因謂左右曰此蓋慮司計之臣不能節約異時用度有闕復賦率於民朕不以此自供嗜好也自乾德開寶以來用兵及水旱振給慶澤賜賚有司計度之所闕者必籍其數以貸於內藏候課賦有餘卽償之淳化後二十五年間歲貸百萬有至三百萬者累歲不能償則除其籍景德四年又以新衣庫爲內藏西庫初劉承珪嘗掌庫經制多其所置又推究置庫以來出納造都帳及須知屢加賞焉眞宗再臨幸作銘刻石大中祥符五年重修庫屋增廣其地旣而又以香藥庫儀鸞司屋益之分爲四庫金銀一庫珠玉香藥一庫錦帛一庫錢一庫金銀珠寶有十色錢有新舊二色錦帛十三色香藥七色天禧二年又出內藏緡錢二百萬給三司天聖以後兵師水旱費無常數三歲一賚軍士出錢百萬緡紬絹百萬匹銀三十萬兩錦綺鹿胎透背綾羅紗縠合五十萬匹以佐三司又歲入饒池江建新鑄緡錢一百七萬而斥舊蓄緡錢六十萬於左藏庫率以爲常異時三司用度不足必請貸於內藏輒得之其名爲貸實罕能償景祐中內藏庫主者言歲斥緡錢六十萬助三司自天禧三年始計明道二年距今纔四年而所貸錢帛九百一十七萬在太宗時三司所貸甚衆久不能償至慶曆中詔悉蠲之蓋內藏歲入金帛皇祐中二百六十五萬七千一十一治平一百九十三萬三千五百五十四其出以助經費前後不可勝數至於儲積贏縮則有司莫得詳焉神宗臨御之初詔立歲輸內藏錢帛之額視慶曆上供爲數嘗謂輔臣曰比閱內藏庫籍文具而已財貨出入初無關防舊以龍腦珍珠鬻於榷貨務數年不輸直亦不鉤考嘗聞太宗時內藏財庫每千計用一牙錢記之凡名物不同所用錢色亦異他人莫能曉匣而置之御閣以參驗帳籍中定數晚年出其錢示眞宗曰善保此足矣今守內藏臣皆不曉帳籍關防之法卽命幹當御藥李舜舉領其事繼詔諸路金銀輸內藏庫者歲以帳上三司拘催元豐以來又詔諸路金帛緡錢輸內庫者委提點刑獄司督趣若三司發運司擅留者坐之起發坊場錢勿寄市易務直赴內藏庫寄帳封樁當輸內庫金帛緡錢踰期或他用者如擅用封樁錢法初藝祖嘗欲積縑帛二百萬易敵人首又別儲於景福殿元豐初乃更景福殿庫名自製詩以揭之曰五季失圖玁狁孔熾藝祖造邦思有懲艾爰設內府基以募士曾孫保之敢忘厥志一字一庫以號之凡三十二庫後積羨贏爲二十庫又揭詩曰每虔夕惕心妄意遵遺業顧予不武姿何日成戎捷元祐元年監察御史上官均言自新官制蓋有意合理財之局總于一司故以金部右曹主行內藏受納而奉宸內藏庫受納又隸大府寺然按其所領不過關通所入名數爲之拘催而已支用多寡不得轉質總領之者止中官數十人彼惟知謹扃鑰塗窗牖以爲固密爾又安能鉤考其出入多少與夫所蓄之數哉宜因官制之意令戶部太府寺於內藏諸庫皆得檢察明年詔內藏庫物聽以多寡相除置庫百餘年至是始編閱云崇寧元年詔祖宗置內藏庫貯經費餘財所以募士威敵振乏固本皆有成法比歲官司懈弛侵蠹耗減務在協力遵守無令偏廢於是命倉部郎中丘括行諸路驅磨三年中書奏熙寧之制江南諸路金銀課利並輸內帑元祐中戶部尚書李常於中以三分助轉運司致內帑漸以虧減乃詔諸路新舊坑冶所收課利金銀並輸內帑如熙寧之舊後又入於大觀東庫等命仍舊以七分輸內帑餘給轉運司宣和六年申截留借兌內帑錢物之制時又有元豐庫則雜儲諸司羨餘錢諸道榷酤場舊以酧衙前之陪備官費者熙寧役法行乃聽民增直以售取其價給衙前久之坊場錢益多司農請歲發百萬緡輸中都元豐三年遂於司農寺南作元豐庫貯之以待非常之用元祐元年右司諫蘇轍論河北保甲之害因言元豐及內庫財物山委皆先帝多方蓄藏以備緩急若積而不用與東漢西園錢埒之變林大盈二庫何異願以三十萬緡募保甲爲軍尋用其議元祐三年改封樁錢物庫爲元祐庫未幾分元豐庫爲元豐南北庫數月以北庫爲司空呂公著廨封樁并附南庫仍舊元豐六年詔歲以內藏庫緡錢五十萬樁元豐庫補助軍費崇寧以後諸路封樁禁軍闕額給三路外與常平坊場免役紬絹貼輸東北鹽錢及鬻賣在官田屋錢應前收樁管封樁權添酒錢侵占房廊白地錢公使庫遺利等錢並輸元豐庫別又置大觀庫制同元豐但分東西之別最後建宣和庫有泉貨幣餘服御玉食器貢等名蓋蔡絛欲效王黼以應奉司貢獻要寵事不足紀靖康元年詔諸路公使庫及神霄宮金銀器皿所在盡輸元豐庫戶部尚書聶山輒取元豐庫北珠宰相吳敏白帝言朝廷有元豐大觀庫猶在陛下有內藏庫朝廷有闕用需於內藏必得旨然後敢取戶部豈可擅取朝廷庫務物哉若人人得擅取庫物則綱紀亂矣欽宗然之南渡內藏諸庫貨財之數雖不及前後兵興用乏亦時取以爲助其籍帳之詳莫得而考則以後宋史多闕云

宋史卷一百八十

元　中書右丞相總裁脫脫等修

食貨志第一百三十三

食貨下二　錢幣

錢幣錢有銅鐵二等而折二折三當五折十則隨時立制行之久者唯小平錢夾錫錢最後出宋之錢法至是而壞蓋自五代以來相承周唐舊錢其別鑄者殊鮮太祖初鑄錢文曰宋通元寶凡諸州輕小惡錢及鐵鑞錢悉禁之詔到限一月送官限滿不送官者罪有差其私鑄者皆棄市銅錢闌出江南塞外及南蕃諸國差定其法至二貫者徒一年三貫以上棄市募告者賞之江南錢不得至江北蜀平聽仍用鐵錢開寶中詔雅州百丈縣置監冶鑄禁銅錢入兩川太平興國四年始開其禁而鐵錢不出境令民輸租及榷利鐵錢十納銅錢一時銅錢已竭民甚苦之商賈爭以銅錢入川界與民互市銅錢一得鐵錢十四明年轉運副使張諤言川峽鐵錢十直銅錢一輸租卽十取二舊用鐵錢千易銅錢四百自平蜀沈倫等悉取銅錢上供及增鑄鐵錢易民銅錢益買金銀裝發頗失裁制物價滋長鐵錢彌賤請市夷人銅斤給鐵錢千可以大獲銅鑄錢民租當輸錢者許且輸銀絹候銅錢多卽漸令輸又詔令市夷人銅斤給鐵錢五百餘皆從之然銅卒難得而轉運副使聶詠轉運判官范祥皆言民樂輸銅錢請歲遞增一分後十歲則全取銅錢詔如所請祥等因以月俸所得銅錢市與民厚取其直於是增及三分民益以爲苦或發古塚毀佛像器用纔得銅錢四五坐罪者甚衆知益州辛仲甫具言其弊內使臣吳承勳馳傳審度仲甫集諸縣令佐問之多潛持兩端莫敢正言仲甫以大誼責之乃皆言其不便承勳運命二年遂令川峽輸租榷利勿復徵銅錢宋詠等皆坐罪免既而又從西川轉運使劉度之請

官以鐵錢四百易銅錢一百後竟罷之平廣南江南亦德雄州舊錢如川蜀法初南唐李因鑄錢一工爲錢千五百得三十萬貫太宗卽位詔昇州置監鑄錢令轉運使按行所部凡山之出銅者悉禁民采並以給官鑄焉太平興國二年樊若水言江南舊用鐵錢於民非便今諸州銅錢尚六七十萬緡虔吉等州未有銅錢各發六七萬緡俾市金帛輕貨上供及博糴穀麥於則免饒等州產銅之地大鑄銅錢銅錢既不渡江益出新錢則民間錢愈多鐵錢自當不用悉鎔鑄爲農器什物以給江北流民之歸附者除銅錢渡江之禁從之自唐天祐中兵亂窘乏以八十五錢爲百後唐天成中減五錢漢乾祐初復減三錢宋初凡輸官者亦用八十或八十五爲百然諸州私用則各隨其俗至有以四十八錢爲百者至是詔所在用七十七錢爲百西北邊內屬戎人多齎貨帛於秦階州易銅錢出塞銷鑄爲器乃詔吏民闌出銅錢百已上論罪至五貫以上送闕下舊饒州永平監歲鑄錢六萬貫平江南增爲七萬貫而銅鉛錫常不給轉運使張齊賢訪求得南唐承旨丁釗能知饒信等州山谷產銅鉛錫乃便宜調民采取且詢舊鑄法惟永平用唐開元錢料最善卽詣闕面陳八年詔增市鉛錫炭價於是得銅八十一萬斤鉛二十六萬斤錫十六萬斤歲鑄錢三十萬貫補釗殿前承旨領三州銅山然民間猶雜用舊大小錢是時以福建銅錢數少令建州鑄大鐵錢並行尋罷鑄而官私所有鐵錢十萬貫不出州境每千錢與銅錢七百七十等外邑鄰兩浙者亦不用雍熙初令江南諸州官庫所貯雜錢每貫及四斤半者送闕下不及者銷毀民間惡錢尚多復申乾德之禁稍峻其法京城居民蓄銅器者限兩月悉送官端拱元年內侍蕭延皓使嶺南還以民間私鑄三等錢來上且言多與蠻人貿易侵敗禁法因詔察民私鑄及銷鎔好錢作薄惡錢者並棄市輙以新惡錢與蠻人博易者抵罪江北諸州所用錢非甚薄惡者新舊大小兼用江南雖用舊大錢淳化四年乃詔每貫及前詔斤數有官監字號者皆許用不分新舊先是淳化二年宗正少卿趙安易言嘗使蜀見所用鐵錢至輕市羅一匹爲錢二萬堅請改鑄一當十大錢御書錢式遣詣川峽路諸州冶鑄所在並爲御書錢監諸州舊貯小鐵錢悉輦送官民間小錢許送監計數給以大錢若改鑄未集許民大小兼用既而一歲纔成三千餘貫衆皆以爲不便會安易入奏事因留不遣遂罷冶鑄五年安易復請不許第令川峽仍以銅錢一當鐵錢十荊湖嶺南民輸稅須大錢民以小錢二或三易大錢一官屬以奉錢易於民以規利詔自今吏受民輸但常所通行錢勿却官吏毋得以奉錢換易至道二年始禁道賀州錫官益其價市之以給諸路鑄錢咸平初又申新小錢之禁令官置場盡市之舊犯銅禁七斤以上處死奏裁多蒙減斷然待報常淹緩四年詔滿五十斤以上取裁餘從第減景德四年詔曰鼓鑄錢刀素有程限憫其勞苦特示矜寬自今五月一日至八月一日止收半功本司每歲量支率分錢以備醫藥十二月令鑄匠每旬停作一日天禧三年詔犯銅鍮石悉免極刑時銅錢有四監饒州曰永平池州曰永豐江州曰廣寧建州曰豐國京師昇鄂杭州南安軍舊皆有監後廢之凡鑄錢用銅三斤十兩鉛一斤八兩錫八兩得錢千重五斤唯建州增銅五兩減鉛如其數至道中歲鑄八十萬貫景德中增至一百八十三萬貫大中祥符後銅坑多不發天禧末鑄一百五萬貫鐵錢有三監邛州曰惠民嘉州曰豐遠興州曰濟衆益州雅州舊亦有監後並廢大錢貫十二斤十兩以準銅錢嘉邛二州所鑄錢貫二十五斤八兩銅錢一當小鐵錢十兼用後以鐵重多盜鎔爲器每二十五斤鬻之直二千大中祥符七年知益州淩策言錢輕則易齎鐵少則鎔者鮮利於是詔減景德之制其見使舊錢仍用如故歲鑄總二十一萬貫諸路錢歲輸京師四方由此錢重而貨輕景祐初詔三司以江東福建廣南歲輸緡錢合三十餘萬易爲金帛錢流民間許申爲三司度支判官建議以藥化鐵與銅雜鑄輕重如銅錢法銅居三分鐵六分皆有奇贏亦得錢千費省而利厚詔申用其法鑄於京師大率鑄錢雜鉛錫則其液流速而易成申雜以鐵流澁而多不就工人苦之初命申鑄萬緡逾月裁得萬錢申性詭譎少成事自度言無效乃求爲江東轉運使欲用其法於江州朝廷從之因詔申卽江州鑄百萬緡毋漏其法中外知其非是而宰相主之卒無成功初太宗改元太平興國更鑄太平通寶淳化更鑄又親書淳化元寶作眞行草三體後改元更鑄皆曰元寶而冠以年號至是改元寶元文當曰寶元元寶仁宗特命以皇宋通寶爲文慶曆以後復冠以年號如舊自天聖以來毀錢鑄鍾及爲銅器皆有禁慶曆初闌出銅錢視舊法第加其罪錢千爲首者抵死五年泉州青陽鐵冶大發轉運使高陽簡不俟詔置鐵錢務于泉欲移銅錢于內地梓州路轉運使崔輔判官張固亦請卽廣安軍魚子鐵山采礦炭置監於合州幷銷舊小錢以鑄減輕大錢未得報先移合州相地置監州以上聞朝廷以易簡輔固爲擅鑄錢皆坐貶軍興陝西移用不足始用知商州皮仲容議采洛南縣紅崖山虢州青水冶青銅置阜民朱陽二監鑄錢既而陝西都轉運使張奎知永興軍范雍請鑄大銅錢與小錢兼行大錢一當小錢十又請因晉州積鐵鑄小錢及奎徙河東又鑄大鐵錢於晉澤二州亦以一當十助關中軍費未幾三司奏罷河東鑄大鐵錢而陝西復采儀州竹尖嶺黃銅置博濟監鑄大錢因敕江南鑄大銅錢而江池饒儀虢又鑄小鐵錢悉輦致關中數州錢雜行大約小銅錢三可鑄當十大銅錢一以故民間盜鑄者衆錢文大亂物價翔踊公私患之於是奎復奏晉澤石三州及威勝軍日鑄小鐵錢獨留用河東河東鐵錢既行盜鑄獲利什六錢輕貨重患如陝西知并州鄭戩請河東鐵錢以二當銅錢一行之一年又以三當一或以五當一罷官爐日鑄且行舊錢而契丹亦鑄鐵錢易並邊銅錢慶曆末葉清臣爲三司使與學士張方平等上陝西錢議曰關中用大錢本以縣官取利太多致姦人盜鑄其用日輕比年以來皆虛高物估始增直於下終取償於上縣官雖有折當之虛名乃受虧損之實害捄弊不先自損則法未易行請以江南儀商等州大銅錢一當小錢三小鐵錢三當銅錢一河東小鐵錢如陝西亦以三當一且罷官所置爐自是姦人稍無利猶未能絕濫錢其後詔商州罷鑄青黃銅錢又令陝西大銅錢大鐵錢皆以一當二盜鑄乃止然令數變兵民耗于資用類多咨怨久之始定方大錢之行有劉羲叟者語人曰是於周景王所鑄無異上其感心腹之疾乎已而果然語在本傳時興元府西縣增置濟遠監而韶州天興銅大發歲采二十五萬斤詔卽其州置永通監後濟遠監廢儀州博濟監旣廢復置皇祐中饒池江建韶五州鑄錢百四十六萬緡嘉邛興三州鑄大鐵錢二十七萬緡至治平中饒池江建韶儀六州鑄錢百七十萬緡而嘉邛以率買鐵炭爲擾自嘉祐四年停鑄十年以休民力至是獨興州鑄錢三萬緡熙寧初同華二州積小鐵錢凡四十萬緡詔賜河東以鐵償之四年陝西轉運副使皮公弼奏自行當二錢銅費相當盜鑄衰息請以舊銅鉛盡鑄詔聽之自是折二錢遂行於天下京西轉運使吳幾復建議郢唐均房金五州多林木而銅鉛積於淮南若由襄郢轉致郢唐等州置監鑄錢可以紓錢重之弊神宗是之而王安石沮之其議遂寢後乃詔京西淮南兩浙江西荊湖五路各置鑄錢監江西湖南十五萬緡餘路十萬緡爲額仍申熟錢斤重之限又以興國軍睦衡舒鄂惠州既置監六通舊十六監水陸回遠增提點之官時諸路大率務於增額詔惠州永通阜民監舊額八十萬至七年增三十萬及折二凡五十萬後衞州黎陽監歲增折二凡五萬緡西京阜財監歲增市易本錢凡十萬緡興州濟衆監歲增七萬二千餘緡陝西三銅錢監各歲增五萬緡而睦州則置神泉徐州則置寶豐梧州以鉛錫易得萬州以多鐵礦皆置監又詔秦鳳等路卽鳳翔府斜谷置監已而所鑄錢青銅夾錫脆惡易毀罷之然私錢往往雜用不能禁至是法弊乃詔禁私錢在官惡錢不堪用者別爲模以鑄商虢洛南增三監耀鄜權置兩監通永興華河中陝舊監爲九以給改鑄永興鄜耀河中陝去鐵冶遠聽改鑄一年罷商洛南華虢最近鐵冶聽久置鄜州等五監候罷改鑄并其工作歸永興等四監專鑄大錢所鑄大鐵錢約補及所廢僞錢及可以待交子所用而止八年詔河東鑄錢七十萬緡外增鑄小錢三十萬緡於是知太原韓絳請放陝西令本重模精以息私鑄之弊初薛向鑄鐵錢於陝西後許彥先鑄於廣南既而民不便用神宗欲遂罷之王安石固爭乃詔京師畿內並罷其行於四方蓋如故元豐以後西師大舉邊用匱闕徐州置寶豐下監歲鑄折二錢二十萬緡轉移陝府于時同渭秦隴等州錢監廢置移徙不一銅錢官多建言鑄錢事不盡行而又自弛錢禁民之銷毀與夫闌出境外者爲多張方平嘗極諫曰禁銅造幣盜鑄者抵罪至死示不與天下共其利也故事諸監所鑄錢悉入于王府歲出其奇羨給之三司方流布于天下然自太祖平江南江池饒建置爐歲鼓鑄至百萬緡積百年所入宜乎貫朽於中藏充足於民間矣比年公私上下並苦乏錢百貨不通人情窘迫謂之錢荒不知歲所鑄錢今將安在夫鑄錢禁銅之法舊矣令敕具載而自熙寧七年頒行新敕刪去舊條削除錢禁以此邊關重車而出海船飽載而回聞沿邊州軍錢出外界但每貫收稅錢而已錢本中國寶貨今乃與四夷共用又自廢罷銅禁民間銷毀無復可辦銷鎔十錢得精銅一兩造作器用獲利五倍如此則逐州置鑪每鑪增數是猶畎澮之益而供尾閭之泄也元豐八年哲宗嗣位復申錢幣闌出之禁如嘉祐編敕罷徐州寶豐鼓鑄詔戶部條諸監之可減者凡增置鑄錢監十四皆罷之陝西行鐵錢至陝府以

東即銅錢地民以鐵錢換易有輕重不等之患元祐六年乃議限東行有稅物者以十分率之止許易二分人毋得過五千八年命公私給納貿易並專用鐵錢而官帑銅錢以時計置運致內郡商旅願於陜西內郡入便銅錢給據請於別路者聽仍定加饒之數每百緡河東京西加饒三千在京餘路四千先是太祖時取唐飛錢故事許民入錢京師於諸州便換其法商人入錢左藏庫先經三司投牒乃輸於庫開寶三年置便錢務令商人入錢詣務陳牒即輦致左藏庫給以劵仍敕諸州凡商人賫劵至當日給付違者科罰至道末商人入便錢一百七十餘萬貫天禧末增一百一十三萬貫至是乃復增定加饒之數行焉折二銅錢又定鈞致之法初欲復舊止行於本路議者謂關東諸路既已通行奪彼予此理亦非便且陜右所用折二鐵錢止當一小銅錢即折二銅錢盡歸陜西不直般運費廣猝難鈞致且與鐵錢一等慮鐵錢轉更加輕乃令折二銅錢寬所行地聽行於陜西一路及河東晉絳石慈隰州京西西京河陽許汝鄭金房均鄧等州餘路則禁仍限二年毋更用在民間者聽以輸買納在官帑者以輸上供即非沿流地或數無上供者所隸運司移發輸京師尋詔更鑄小銅錢河東安撫提刑司言頃絳州垣曲縣置監鼓鑄銅錢費且不給今已廢監又禁折二銅錢不通行非便乃聽行使如舊供備庫使鄭价使契丹還言其給輿箱者錢皆中國所鑄乃增嚴三路闌出之法熙豐間銅鐵錢嘗並行銅錢千易鐵錢千五百未聞輕重之弊及後銅錢日少鐵錢滋多紹聖初銅錢千遂易鐵錢二千五百鐵錢寖輕元符二年下陜西諸路安撫司博究利害於是詔陜西悉禁銅錢在民間者令盡送官而官銅悉取就京西置監永興帥臣陸師閔言既揀毀私錢禁銅罷冶則物價當減願下陜西州縣凡有市買並準度銅錢之直以平其價詔用其言而豪賈富家多不便徽宗嗣位通判鳳州馬景夷言陜西自去年罷使銅錢續追官措置錢法未聞有深究錢弊輕重灼見利害者銅錢流注天下雖千百年未嘗有輕重之患獨鐵錢局於一路所可通交易有無者限以十州之地欲無滯礙安可得乎又諸州錢監鼓鑄不已歲月增多以鼓鑄無窮之錢而供流轉有限之用更數十年積滯一隅暴如丘山公私爲害又倍於今日矣謂宜弛其禁界許鄰近陜西河東等路特不入京城外凡解鹽地州縣並許通行折二鐵錢如此則流注無窮久遠自無輕重之患繼而言者謂

鐵錢重滯難以齎遠民間皆願復用銅錢當公私匱乏之時諸路州縣官私銅錢積貯萬數反無所用乃詔銅鐵錢聽民間通行而銅錢止用糴買建中靖國元年陜西轉運副使孫傑以鐵錢多而銅錢少請復鑄銅錢俟銅鐵錢輕重稍均即聽兼鑄崇寧元年前陜西轉運判官都貺復請權罷陜西鑄鐵錢戶部尚書吳居厚言江池饒建錢額不敷議減銅增鉛錫歲可省銅三十餘萬斤計增鑄錢十五萬九千餘緡所鑄光明堅韌與見行錢不異詔可然課猶不登二年居厚乃請檢用前後上供鑄錢條約視其登耗之數別定勸沮之法會蔡京當政將以利惑人主託假紹述肆爲紛更有許天啓者京之黨也時爲陜西轉運副使迎合京意請鑄當十錢五月始令陜西及江池饒建州以歲所鑄小平錢增料改鑄當五大銅錢以聖宋通寶爲文繼而幷令舒睦衡鄂錢監用陜西式鑄折十錢限今歲鑄三十萬緡鐵錢二百萬緡募私鑄人一爲官匠幷其家設營以居之號鑄錢院謂得昔人招天下亡命即山鑄錢之意所鑄銅錢通行諸路而陜西河東四川係鐵錢地者禁之第鑄於陜西鐵錢地而已自熙寧以來折二錢雖行民間法不許運致京師故諸州所積甚多至是發運司因請以官帑所有折二錢改鑄折十錢三年遂罷鑄小平錢及折五錢置監於京城所復徐州寶豐衞州黎陽監並改鑄折二錢爲折十舊折二錢期一歲勿用大嚴私鑄之令民間所用鍮石器物並官造鬻之輒鑄者依私有法加二等命諸路轉運司於沿流順便地隨宜增置錢監俾民以所有折二錢換納於官運致所增監改鑄折十錢二廣產鐵令鼓鑄小鐵錢止行於兩路其公私銅錢兌換運輸元豐庫仍於滑州置鐵錢監依陜西料例鑄當二錢四年立錢綱驗樣法崇寧監以所鑄御書當十錢來上緡用銅九斤七兩有奇鉛半之錫居三之一詔頒其式於諸路令赤仄及烏背書畫分明時趙挺之爲門下侍郎繼拜右僕射與蔡京議多不合因極言當十錢不便私鑄寖廣乃令提刑司歲較巡捕官一路所獲多寡繼令福建廣南毋行用第鑄以上供及給他路凡爲人附帶若封識影庇私鑄錢者悉論以法毋得蔭贖其置鑄錢院蓋將以盡收所在亡命盜鑄之人然犯法者不爲止乃命荊湖南北江南東西兩浙並以折十錢爲折五舊折二錢仍舊慮冒法入東北也今以江爲界淮南重寶錢亦作當五用焉五年兩浙盜鑄尤甚小平錢益少市易濡滯遂命以折五折十上供小平錢留本路

江池饒建韶州錢監歲課以八分鑄小平錢二分鑄當十錢俄詔廣南江南福建兩浙荊湖淮南用折二錢改鑄折十錢皆罷其刱置鑄錢院及招置錢戶並停繼復罷鑄當十二分之令盡鑄小平錢荊湖江南兩浙淮南重寶錢作當三在京京畿京東西河東河北陜西熙河作當五通寶錢所鑄未多在官者悉封樁在民間者以小平錢納換旋復詔京畿京東西河北河東陜西熙河當十錢仍舊兩浙作當三江南淮南荊湖作當五時錢幣苦重條序不一私鑄日甚御史沈畸奏曰小錢便民久矣古者軍興錫賞不繼或以一當百或以一當千此權時之宜豈可行於太平無事之日哉當十鼓鑄有數倍之息雖日斬之其勢不可遏未幾詔當十錢止行於京師陜西河東河北俄幷畿內用之餘路悉禁期一季送官償以小錢換納到者輸於元豐崇寧庫而私錢亦限一季自致計銅直增二分償以小錢隱藏者論如法尋詔鄭州西京亦聽用折十錢禁貿易爲二價者東南諸監增鑄小平錢以待償錢而私錢亦改鑄爲折十錢爲幣既重一旦更令則民驟失厚利又諸路或用或否往往不盡輸於官冒法私販始令四輔畿內開封府許搜索舟車賞視舊法增倍水陸所由官司失察者皆停替而受納不揀選容私錢其間者以差定罪法又以私錢猥多不能悉禁乃令外路每一私錢計小平錢三以小錢易於官在京以四小平錢易之京師出納及民間貿易並大小錢參用而私鑄小平錢輒行用立搜索告捕罪賞越江淮入汴錢至京者一依當十錢法御史張茂直請嚴私販當十之令綱舟載卸皆選官監索保無藏匿舟車兜擔即疑慮私販者並聽搜索而福建民或私鑄轉入淮浙京東等路者所由州縣官司皆治漏逸之罪不以赦免法滋密矣大觀元年張茂直復言州縣督捕加峻私小黃錢投委江河不敢復出請令東南州縣置水匱封鍵於闤闠中聽民以私錢自投如自首法當三當五錢舟船附帶者亦多棄之江河請下諸路撈漉時蔡京復相再主用折十錢二月首鑄御書當十錢以京畿錢監所得私錢改鑄尋與復京畿兩監以轉運使宋喬年領之用提舉京畿鑄錢司爲名喬年鑄烏背漉銅錢來上詔以漉銅式頒行諸路京之初爲折十錢人不以爲便帝亦知之故崇寧四年以後稍更其法及京去位遂詔諭中外京再得政復行之知盜鑄者必衆將威以刑會有告蘇州章綖盜鑄數千萬緡遂興大獄初遣李孝壽又遣沈畸蕭服末以命知蘇州孫傑發運

副使吳擇仁綖坐刺流海島連坐者十餘人時皆寃之於是頒行大觀新修錢法於天下申命開封府尹少尹路監司各分州郡舉行按舉能否月檢會法令使民知禁用孫傑言盜鑄依淮東重法地囊橐强盜之家籍其財以待賞居停鄰保並均備告驗私錢依私茶法給隨行物州常樁盜鑄賞錢五千緡州縣稽於施行監司失察不以赦原是歲京畿既置錢監乃專鑄當十大錢而小平錢則鑄於諸路既而當十錢少復置眞州鑄錢監以本路所換錢不依式者及諸司當二見緡用舊式改鑄當十錢明年令江池饒建州錢監自來歲以鑄當十五分鑄小平錢申嚴私鑄之法即託權要事勢度越關津拒捍搜索者雖輕以違制論載御物者同之初崇寧五年始禁陜西鐵錢行於興元府等界至是又以鐵錢猥多禁陜西鐵錢入蜀有董奎者爲走馬承受遂令以鐵錢三折銅錢一事聞責奎以妄肆胸臆致幣輕物重奎遂即罪三年申當十錢行使之令益以京東京西而河北並邊州縣鎭砦四榷場及登萊密州緣海縣鎭等皆禁時蔡京復罷政矣四年詔鼓鑄當十錢多慮法隨以弊其止鑄舊額小平錢張商英爲相奏言當十錢爲害久矣舊小平錢有出門之禁故四方客旅之貨交易得錢必大半入中末鹽鈔收買告牒而餘錢又流布在市井此上下內外交相養自當十錢行以一夫而負八十千小車載四百千錢既爲輕齎之物則告牒爲滯貨鹽鈔非得虛擡之息則不行臣今欲借內庫幷密院諸司封樁紬絹金銀幷鹽鈔下令折十錢限民半年所在送官十千給銀絹各一匹兩限竟毋更用俟錢入官擇其惡者鑄小平錢存其好者折三行用如此則錢法鈔法不相低昂可以復舊利州路提刑司言舊銅鐵錢輕重相尋以大鐵錢一折小銅錢二今大鐵錢五止當一銅錢比舊輕十倍又流入川界錢輕物重頗類陜西欲將折二大鐵錢以一折一雖稍減錢數錢必稍重詔許陜西鐵錢入蜀仍舊盡釋其禁且命以今物價量宜裁之政和元年詔錢重則物輕錢輕則物重其勢然也今諸路所鑄小平錢行之久而無弊多而不壅爲利博矣往歲圖利之臣鼓鑄當十錢苟濟目前不究悠久公私爲害用之幾十年其法日弊而不勝姦猾之民規利冒法銷毀當二小平錢所在盜鑄濫錢益多百物增價若不早革積弊無已時其官私見在當十錢可並作當三以爲定制尚慮豪猾憚於折閱胥動浮言可內自京尹外逮監司郡縣悉心開諭自當十錢行抵冒者多大觀

四年星變赦天下凡以私錢得罪有司上名數亡慮十餘萬人蔡京罔上毒民可謂烈矣時御府之用日廣東南錢額不敷宣和以後尤甚乃令饒贛錢監鑄小平錢每緡用鐵三兩而倍損其銅稍損其鉛繼又令江池饒錢監盡以小平錢改鑄當二錢以紓用度然有司猶數告之靖康元年罷政和救陝西路用銅錢斷徒二年配千里法初蔡京主行夾錫錢詔鑄於陝西亦命轉運副使許天啓推行其法以夾錫錢一折銅錢二每緡用銅八斤黑錫半之白錫又半之既而河東轉運使洪中孚請通行於天下京欲用其言會罷政大觀元年京復相遂降錢式及錫母於鑄錢之路鑄錢院專用鼓鑄若產銅地始聽兼鑄小平錢復用轉運司及提刑司參領其事衡州熙寧鄂州寶泉舒州同安監暨廣南皆鑄焉二年江南東西福建兩浙許鑄使鐵錢三年京復罷政詔以兩浙鑄夾錫錢擾民凡東南所鑄皆罷明年并河北河東京東等路罷之所在監院皆廢惟河東三路聽存舊監以鑄銅鐵錢產銅郡縣聽存用改鑄小平錢政和元年錢輕物重細民艱食詔應陝西舊行使鐵錢地並依元豐年大鐵錢折二公私通行夾錫錢同之毋得分別見存鐵錢母改更鑄夾錫河東官私折二夾錫錢同之童貫宣撫陝西以詔亟平物價帥臣徐處仁切責其非坐貶錢即經畧鄜延抗疏言詳考詔旨謂鐵錢復行與夾錫並用慮姦民妄作輕重欲維持推行俾錢物相直非欲以威力脅制百姓頓減物價於一兩月之間今宣撫司裁損米穀布帛金銀之價殆非人情徐處仁言雖未盡所見爲長望速詢其實如臣言乖謬願同處仁貶詔即妄有建明毀辱使命謫置偏州尋亦罷行夾錫錢且禁裁物價民商貿易各從其便繼而童貫復請與舊法鐵錢並折二通行知閿鄉縣論九齡俄坐以銅錢一估夾錫錢七八并知州王寀轉運副使張深俱被劾時關中錢甚輕夾錫欲以重之其實與鐵錢等物價日增患甚於當十二年蔡京復得政條奏廣惠康賀衡鄂舒州昨鑄夾錫錢精善請復鑄如故廣西湖北淮東如之且令諸路以銅錢監復改鑄夾錫遂以政和錢頒式焉夾錫錢既復推行錢輕不與銅等而法必欲其重乃嚴擅易擡減之令凡以金銀絲帛等物貿易有弗受夾錫須要銅錢者聽人告論以法懲治市井細民朝夕鬻餅餌熟食以自給者或不免於告罰未幾以夾錫錢不以何路所鑄並聽通行陝西用政和通寶舊大鐵錢與夾錫錢雜慮流轉諸路四年詔毋更行用致令諸監改鑄夾錫錢在民間者赴官換細鄧居中劉正夫爲相以爲不便令淮南夾錫錢期三日官私俱禁不用仍罷鼓鑄夾錫錢悉輦楮關中尋詔河東陝西外餘路並罷俄詔并河東罷鑄夾錫錢止用舊法鼓鑄重和元年權罷京西鑄夾錫錢繼以關中糴買用之通流復命鼓鑄專給關中夾錫行小民往往以藥點染與銅錢相亂河北漕臣張翬等嘗坐貶焉先是江池饒州建寧府四監歲鑄錢百三十四萬緡充上供衡舒嚴鄂韶梧州六監歲鑄錢百五十六萬緡充逐路支用建炎經兵鼓鑄皆廢紹興初併廣寧監於虔州併永豐監於饒州歲鑄纔及八萬緡以銅鐵鉛錫之入不及於舊而官吏稍廩工作之費視前日自若也每鑄錢一千率用本錢二千四百文時范汝爲作亂權罷建州鼓鑄尋復舊泉司供給銅錫六十五萬餘斤六年歛民間銅器詔民私鑄銅器者徒二年贛饒二監新額錢四十萬緡提點官趙伯瑜以爲得不償費罷鼓鑄盡取木炭銅鉛本錢及官吏闕額衣糧水脚之屬湊爲年計十三年韓球爲使復鑄新錢興廢坑冶至於發冢墓壞廬舍籍冶戶姓名以贍水盛時浸銅之數爲額（浸銅之法以生鐵鍛成薄片排置膽水槽中浸漬數日鐵片爲膽水所薄上生赤煤取刮鐵煤入爐三煉成銅大率用鐵二斤四兩得銅一斤饒州興利場信州鉛山場各有歲額所謂膽銅也）無銅可輸者至鎔錢爲銅然所鑄亦纔及十萬緡二十四年罷鐵錢司歸之漕司二十七年出版漕錢八萬緡爲鑄本歲權以十五萬緡爲額復饒贛韶鑄錢監以漕臣往來措置通判主之殿中侍御史王珪言泉司不可廢復以戶部侍郎榮薿提領許置官屬二員二十八年出御府銅器千五百事付泉司大索民間銅器得銅二百餘萬斤寺觀鐘磬鐃鈸既籍定投稅外不得添鑄二十九年令命官之家留見錢二萬貫民庶半之餘限二年聽轉易金銀算請茶鹽香礬鈔引之類越數寄隱許人告以李植提點鑄錢公事植言歲額內藏庫二十三萬緡右藏庫七十餘萬緡皆至道以後數也紹興以來歲收銅二十四萬斤鉛二十萬斤錫五百斤僅可鑄錢一十萬緡諸道拘到銅器二百萬斤附以鉛錫可鑄六十萬緡然拘者不可以常唯當據坑冶所產下工部權以五十萬緡爲額又明年纔鑄及十萬緡今泉司歲額增至十五萬緡小平錢一萬八千緡折二錢六萬六千緡歲費鑄本及起綱縻費約二十六萬緡司屬之費又約二萬緡東南十一路一百一十八州之所供有坑冶課利錢木炭錢錫本錢約二十一萬緡比歲所收不過十五六萬緡耳歲額金一百二十八兩銀無額以七分入內庫三分歸本司銅三十九萬五千八百斤鉛三十七萬七千九百斤錫一萬九千八百七十五斤鐵二百三十二萬八千斤比歲所權十無二三每當二錢千重四斤五兩小平錢千重四斤十三兩視舊制銅少鉛多錢愈鍥薄矣孝宗隆興元年詔鑄當二小平錢如紹興之初（乾淳迄于嘉泰開禧皆如之）乾道六年併鑄錢司歸發運司尋復置八年饒州贛州復名置提點官以新鑄錢殽雜提點鑄錢及永平監官左藏西庫監官戶部工部長貳官責降有差九年大江之西及湖廣間多毀錢夾以沙泥重鑄號沙尾錢詔嚴禁之淳熙二年併贛司歸饒州慶元三年復禁銅器期兩月鬻于官每兩三十湖州舊鬻監至是官自鑄之（二年禁銷錢爲銅器者以違制論爐戶決配海外）以復神泉監以所括銅器鑄當三大錢隸工部舊額內帑歲收新錢一百五萬（江池饒建四監）而每年退卻六十萬三年一郊又以三百萬輸三司是內帑年纔得十一萬六千餘緡而左藏得九十三萬三千餘緡今歲額止十五萬而隸封樁者半內藏者半左藏咸無焉又自置市舶于浙于閩于廣舶商往來錢寶所由以泄是以自臨安出門下江海皆有禁淳熙九年詔廣泉明秀漏泄銅錢坐其守臣嘉定九年三省言自來有市舶處不許私發番船紹興末臣僚言泉廣二舶司及西南二泉司遣舟回易悉載金錢四司既自犯法郡縣巡尉其能誰何至於淮楚屯兵月費五千萬見緡居其半南北貿易緡錢之入敵境者不知其幾於是沿邊皆用鐵錢矣淮南舊鑄銅錢乾道初詔兩淮京西悉用鐵錢荆門隸湖北以地接襄峴亦用鐵錢六年先是以和州舊有錢監舒州山口鎮亦有古監詔司農丞許子中往淮西措置於是子中以舒蘄黃皆產鐵請各置監（舒州同安監蘄州新春監黃州齊安監）且鑄折二錢以發運司通領四監（江之廣寧監興國之大冶監臨江之豐餘監撫之裕國監）子中所領三監歲合認三十萬貫其大小鐵錢令兩淮通行七年舒蘄守臣皆以鑄錢增羨遷官然淮民爲之大擾八年以江州興國軍鐵冶額虧守貳及大冶知縣各降一官淳熙五年詔舒州歲增鑄十萬貫以三十萬貫爲額蘄州增鑄五萬貫以十五萬貫爲額如更增鑄優與推賞御史黃治言與天下之利者不窮天下之力舒蘄歲鑄四十五萬不易爲也又有增鑄之賞恐其難繼詔除之八年以舒州水遠薪炭不便減額五萬貫明年又減十萬貫與蘄州並以十五萬貫爲額十年併舒州之宿城監入同安監十二年詔舒蘄鑄鐵錢並增五萬貫以淳熙通寶爲文光宗紹熙二年減蘄春同安兩監歲鑄各十萬貫嘉泰三年罷舒蘄鼓鑄開禧三年復之嘉定五年臣僚言江北以銅錢一折鐵錢四禁之時銅錢之在江北者自乾道以來悉以鐵錢易之或以會子一貫易銅錢一貫其銅錢輸送行在及建康鎮江府凡沿江私度及邊徑嚴禁漏泄及於邊界三里內立堠如出界法其易京西銅錢如兩淮例京西湖北之鐵錢則取給於漢陽監乃興國富民監後併富民監於漢陽監以二十萬爲額前宋時川陝皆行鐵錢益利夔皆即山冶鑄紹興九年詔陝西諸路復行鐵錢十五年置利州紹興監鑄錢十萬緡以救錢引二十二年復嘉之豐遠邛之惠民二監鑄小平錢二十三年詔利州並鑄折二錢後又鑄折二錢淳熙十五年四川餉臣言諸州行使兩界錢引全藉鐵錢稱提止有利州紹興監歲鑄折三錢三萬四千五百貫有奇邛州惠民監歲鑄折三錢一萬二千五百貫今大安軍淳熙新興迎恩三爐出生鐵四十九萬三千斤利之昭化嘉川縣亦有爐新產鐵三十餘萬斤乞從鼓鑄嘉定元年即利州鑄當五大錢三年制司欲盡收舊引又於紹興惠民二監歲鑄三十萬貫其料並同當三錢若四川銅錢淳熙間易送湖廣總所儲之後又交卸於江陵寶慶元年新錢以大宋元寶爲文端平元年以膽銅所鑄之錢不耐久舊錢之精緻者泄於海舶申嚴下海之禁嘉熙元年新錢當二并小平錢並以嘉熙通寶爲文當三錢以嘉熙重寶爲文淳祐四年右諫議大夫劉晉之言巨家停積猶可以發洩銅器鉟銷猶可以上遏唯一入海舟往而不返於是復申嚴漏泄之禁八年監察御史陳求魯言議者謂楮便於運轉故錢廢於蟄藏自稱提之屢更圖法爲無用急於扶楮者至嗾盜賊以窺人之閫奥峻刑法以發人之窖藏然不思患在於錢之荒而不在於錢之積夫錢貴則物宜賤今物與錢俱重此一世之所共憂也蕃舶巨艘形若山嶽乘風駕浪深入遐陬販於中國者皆浮靡無用之異物而泄於外夷者乃國家富貴之操柄所得幾何所失者不可勝計矣京城之銷金衢信之鍮器醴泉之樂具皆出於錢臨川隆興桂林之銅工尤多於諸郡姑以長沙一郡言之烏山銅爐之所六十有四麻潭鵝羊山銅戶數百餘家錢之不壞於器物者無幾今京邑鍮銅器用之類鬻賣公行於都市畿甸之近一繩以法由內及外觀聽聿新則鉟銷之姦知畏矣香藥象犀之類異物之珍奇可悅者本無適用之實服御之間昭示儉德自上化下風俗丕變則漏泄之弊少息矣此

端本澄源之道也有旨從之十年以會價低減復申嚴下海之禁十二年申嚴銋銷之禁及僞造泄之法咸淳元年復申嚴銋銷漏禁寶祐元年新錢以皇宋元寶爲文

宋史卷一百八十考證

食貨志下二於是子中以舒蘄黃皆產鐵請各置監注蘄州新春監○通考作蘄春監按本文下有蘄春同安兩監新字應是蘄字之譌

宋史卷一百八十一

元中書右丞相總裁脫脫等修

食貨志第一百三十四

食貨下三 會子 鹽上

會子交子之法蓋有取於唐之飛錢眞宗時張詠鎭蜀患蜀人鐵錢重不便貿易設質劑之法一交一緡以三年爲一界而換之六十五年爲二十二界謂之交子富民十六戶主之後富民貲稍衰不能償所負爭訟不息轉運使薛田張若谷請置益州交子務以榷其出入私造者禁之仁宗從其議界以百二十五萬六千三百四十緡爲額神宗熙寧初立僞造罪賞如官印文書法河東運鐵錢勞費公私苦之二年乃詔置交子務于潞州轉運司以其法行則鹽礬不售有害入中糧草遂奏罷之四年復行於陝西而罷永興軍鹽鈔場文彥博言其不便會張景憲出使延州還亦謂可行於蜀不可行於陝西未幾竟罷五年交子二十二界將易而後界給用已多詔更造二十五界者百二十五萬以償二十三界之數交子有兩界自此始時交子給多而錢不足致價大賤旣而竟無實錢法不可行而措置熙河財利孫迥言商人買販牟利於官且損鈔價於是罷陝西交子法紹聖以後界率增造以給陝西沿邊糴買及募兵之用少者數十萬緡多者或至數百萬緡而成都之用又請印造故每歲書放亦無定數崇寧三年置京西北路專切管幹通行交子所倣川峽路立僞造法通情轉用并鄰人不告者皆罪之私造交子紙者罪以徒配四年令諸路更用錢引準新樣印製四川如舊法罷在京并永興軍交子務在京官吏併歸買鈔所時錢引通行諸路惟閩浙湖廣不行趙挺之以爲閩乃蔡京鄉里故得免焉明年尚書省言錢引本以代鹽鈔而諸路行之不通欲權罷印製在官者如舊法更印改解鹽鈔民間者許貿易漸赴買鈔所如鈔法分數計給從之大觀元年詔改四川交子務爲錢引務自用兵取湟廓西寧籍其法以助邊費較天聖一界逾二十倍而價愈損及更界年新交子一當舊者四故更張之以四十三界引準書放數仍用舊印行之使人不疑擾自後並更爲錢引二年而陝西河東皆以舊錢引入成都換易故四川有壅遏之弊河陝有道途之艱豪家因得以損直斂取乃詔永興軍更置務納換陝西河東引仍遣大臣二人監之八月知威州張持奏本路引一千者今僅直十之一若出入無弊可直八百流通用之官吏奉舊並用引請稍給錢便用擢持爲成都路轉運判官提舉川引後引價益賤不可用持復別用印押以給官吏他無印押者皆棄無用言者論其非法持坐遠謫三年詔錢引四十一界至四十二界毋收易自後止如天聖額書放銅錢地內勿用四年假四川提舉諸司封樁錢五十萬緡爲成都務本侵移者準常平法政和元年戶部言成都漕司奏昨令輸官之引以十分爲率三分用民戶所有而七分赴官場買納由是人以七分爲疑請自今無計以三七分之數並許通用願買納者聽民間舊以本錢未至引價大損故州官官錢亦減數收市今本錢已足請勿減數以祛民惑又請四十三界引俟界滿勿換給自四十四界爲改法之首而戶部詳度欲止行四十四界其四十五界勿印若通行及乏用聽於界內續增其新引給換之餘如舊鬻之或於給錢之所易錢儲以爲本移用者如擅支封樁錢法詔可靖康元年令川引並如舊印成都府務納換以置務成都便利歲久至諸州則有料次交雜之獘故有是詔大凡舊歲造一界備本錢三十六萬緡新舊相因大觀中不蓄本錢而增造無藝至引一緡當錢十數及張商英秉政奉詔復循舊法宣和中商英錄奏當時所行以爲自舊法之用至今引價復平

高宗紹興元年有司因婺州屯兵請樁辦合用錢而路不通舟錢重難致乃造關子付婺州召商人入中執關於榷貨務請錢願得茶鹽香貨鈔引者聽於是州縣以關子充糴本未免抑配而榷貨務又止以日輸三分之一償之人皆嗟怨六年詔置行在交子務臣僚言朝廷措置見錢關子有司寖失本意改爲交子官無本錢民何以信於是罷交子務令榷貨務儲見錢印造關子二十九年印公據關子付三路總領所淮西湖廣關子各八十萬緡淮東公據四十萬緡皆自十千至百千凡五等內關子作三年行使公據二年許錢銀中半入納三十年戶部侍郎錢端禮被旨造會子儲見錢於城內外流轉其合發官錢並許兌會子輸左藏庫明年詔會子務隸都茶場三十二年定僞造會子法犯人處斬賞錢十貫不願受者補進義校尉若徒中及庇匿者能告首免罪受賞願補官者聽當時會紙取於徽池續造於成都又造於臨安會子初行止於兩浙後通行於淮浙湖北京西除亭戶鹽本用錢其路不通舟處上供等錢許盡輸會子其沿流州軍錢會中半民間典賣田宅馬牛舟車等如之全用會子者聽孝宗隆興元年詔會子以隆興尚書戶部官印會子之印爲文更造五百文會又造二百三百文會置江州會子務乾道二年以會子之獘出內庫及南庫銀一百萬收之二年以民間會子破損別造五百萬換給又詔損會貫百錢數可驗者並作上供錢入輸巨室以低價收者坐之四年以取到舊會毀抹付會子局重造三年立爲一界界以一千萬貫爲額隨界造新換舊以戶部尚書曾懷同共措置鑄提領措置會子庫印每道收靡費錢二十足零百半之凡舊會破損貫百字存印文可驗者卽與兌換五年令行在榷貨務都茶場將請算茶鹽香礬鈔引權許收換第一界自後每界收換如之其州縣諸色綱錢以七分收錢三分收會九年定捕造僞會之賞淳熙元年詔左藏南上庫給會子二十五萬收買臨安平江紹興明秀州額外浮鹽其齎到鈔錢令榷貨務月終輸封樁庫以備循環換易會子三年詔第三界四界各展限三年令都茶場會子庫以第四界續印會子二百萬貯南庫當時戶部歲入一千二百萬其半爲會子而南庫以金銀換收者四百萬流行於界外者纔二百萬耳光宗紹熙元年詔第七第八界會子各展三年臣僚言會子界以三年爲限今展至再則爲九年何以示信於是詔造第十界立定年限慶元元年詔會子界以三千萬爲額嘉定二年以三界會子數多稱提無策會十一界除已收換尚有一千三百六十萬餘貫十二界十三界除燒毀尚有一萬二百餘萬貫十二界四千七百萬餘貫十三界五千七百萬餘貫詔封樁庫撥金一百五萬兩兩爲錢四十貫度牒七千道每道爲錢一千貫官告陵紙乳香乳香每套一貫六百文湊成三千餘添貼臨安府官局收易舊會品搭入輸十一界會子二分十二十三界會子各四分以舊會之二易新會之一泉州守臣宋均南劍州守臣趙崇亢陳宓皆以稱提失職責降有差紹定五年兩界會子已及三億二千九百餘萬端平二年臣僚言兩界會子遠者曾未數載近者甫及朞年非有破壞塗汚之獘今當以所收之會付封樁庫貯之脫有緩急或可濟事有旨從之

淳熙二年宗正丞韓祥奏壞楮獘者只緣變更救楮獘者無如收減自去年至今楮價粗定不至折閱者不變更之力也今已罷諸造紙局及諸州科買楮皮更多方收減則楮價有可增之理上曰善三年臣僚言今官印之數雖損而僞造之券愈增且以十五十六界會子言之其所入之數宜減於所出之數今收換之際元額既溢舉者未已若非僞造其何能致多如是大抵前之二界盡用川紙物料既精工製不苟民欲爲僞尚或難之迨十七界之更印以雜用川杜之紙至十八界則全用杜紙矣紙既可以自造價且五倍於前故昔之爲僞者難今之爲僞者易人心循利甚於畏法況利可立致而刑未卽加者乎臣愚以爲抄撩之際增添紙料寬假工程務極精緻使人不能爲僞者上也禁捕之法厚爲之勸厲爲之防使人不敢爲僞者次也七年以十八界與十七界會子更不立限永遠行使十一年以會價增減課其官吏景定四年以收買逾限之田復日增印會子一十五萬貫咸淳四年以近頒見錢關子貫作七百七十文足十八界每道作二百五十七文足三道準關子一貫同見錢轉使公私擅減者官以贓論吏則配籍五年復申嚴關子減落之禁七年以行在紙局所造關子紙不精命四川制使抄造輸送每歲以二千萬作四綱

川引自張浚開宣府趙開爲總餉以供糴本以給軍需增印日多莫能禁止七年川陝副帥吳玠請置銀會於河池不許蓋前宋時蜀交出放兩界每界一百二十餘萬今三界通行爲三千七百八十餘萬至紹興末積至四千一百四十七萬餘貫所貯鐵錢僅及七十萬貫以鹽酒等陰爲稱提是以餉臣王之望亦謂添印錢引以救目前不得不爲朝廷遠慮詔添印三百萬之望止添印一百萬孝宗隆興二年餉臣趙沂添印二百萬淳熙五年以蜀引增至四千五百餘萬立額不令再增光宗紹熙二年詔川引展界行使寧宗嘉泰末兩界出放凡五千三百餘萬緡通三界出放益多矣開禧末餉臣陳咸以歲用不足嘗爲小會卒不能行嘉定初每緡止直鐵錢四百以下咸乃出金銀度牒一千三百萬收回半界期以歲終不用然四川諸州去總所遠者千數百里期限已逼受給之際吏復爲姦於是商賈不行民皆嗟怨一引之直僅售百錢制司乃諭人除易一千三百萬引三界依舊通行又檄總所取金銀就成都置場收兌民心稍定自後引直鐵錢五百有奇若關外用銅錢引直五百七十錢而已嘉定三年春制總司收

換九十一界二千九百餘萬緡其千二百萬緡以茶馬司羨餘錢及制司空名官告總所椿金銀度牒對鑿餘以九十三界錢引收兌又造九十四界錢引五百萬緡以收前宣撫程松所增之數凡民間輸者每引百貼八千其金銀品搭率用新引七分金銀三分其金銀品色官稱不無少虧每舊引百貼納二十引蓋自元年三年兩收舊引而引直遂復如故昔高宗因論四川交子最善沈該稱提之說謂官中常有錢百萬緡如交子價減官用錢買之方得無弊九年四川安撫制置大使司言川引每界舊例三年一易自開禧軍興以後用度不給展年收兌遂至兩界三界通使然卒以三年界滿方出令展界以致民聽惶惑今欲以十年爲一界著爲定令則民旅不復懷疑從之寶祐四年臺臣奏川引銀會之弊皆因自印自用有出無收今當拘其印造之權歸之朝廷倣十八界會之造四川會子視淳祐之令作七百七十陌於四川州縣公私行使兩料川引並毀見在銀會姑存舊引既清新會有限則楮價不損物價自平公私俱便矣有旨從之咸淳五年復以會板發下成都運司掌之從制司抄紙發往運司印造畢功發回制司用總所印行使歲以五百萬爲額紹興末會子未有兩淮湖廣之分其後會子太多而本錢不足遂致有弊乾道二年詔別印二百三百五百一貫交子三百萬止行使於兩淮其舊會聽對易凡入輸買賣並以交子及錢中半如往來不使詔給交子會子各二十萬付鎮江建康府榷貨務使淮人之過江南人之渡淮者皆得對易循環以用然自紹興末年銅錢禁用於淮而易以鐵錢會子既用於淮而易以交子於是商賈不行淮民以困右司諫陳良祐言交子不便詔兩淮郡守漕臣調其利害皆謂所降交子數多而銅錢并會子不過江是致民旅未便於是詔銅錢并會子依舊過江行用民間交子許作見錢輸官凡官交盡數輸行在左藏庫三年詔造新交子一百三十萬付淮南漕司分給州軍對換行使不限以年其運司見儲交子先付南庫交收紹熙三年詔新造交子三百萬貫以二百萬付淮東一百萬付淮西每貫準鐵錢七百七十文足以三年爲界慶元四年詔兩淮第二界會子限滿明年六月更展一界嘉定十一年造兩淮交子二百萬增印三百萬十三年印二百萬增印一百五十萬十四年十五年皆及三百萬自是其數日增價亦日損稱提無術但屢與展界而已初襄郢等處大軍支請以錢銀品搭孝宗隆興元年始措置於大軍庫儲見錢印造五百并一貫直便會子發赴軍前並當見錢流轉印造之權既專印造之數日益且總所所給止行於本路而荆南水陸要衝商賈必由之地流通不便乾道三年收其會子印板四年以淮西總所關子二十萬都茶場鈔引八十萬付湖北漕司收換輸左藏庫又命降銀錢收之五年詔戶部給行在所會子五十萬付荆南府兌換淳熙七年詔會子庫先造會子一百萬降付湖廣總所收換破會十一年臣僚言湖北會子朔於隆興初迄今二十二年不曾兌易稱提不行詔湖廣總領同帥漕議經久利便帥漕總領言乞印給一貫五百例湖北會子二百萬貫收換舊會庶幾流轉通快經久可行從之十三年詔湖廣會子仍以三年爲界紹熙元年詔湖廣總所將見行及椿貯新舊會取數倣行在例立界收換餉臣梁總奏自來不曾立界但破損者即行換易除累易外尚有五百四十餘萬見在民間行用乞別樣制作兩界印造收換從之嘉定五年湖廣餉臣王釜請以度牒茶引兌第五界舊會每度牒一道價千五百緡又貼搭茶引一千五百緡方許收買期以一月然京湖二十一州止置三場不便制臣劉光祖乃會總所以第六界新會五萬緡令軍民以舊楮二而易其一繼又令軍民以一楮半而易其一又請于朝添給新楮十萬軍民賴之十四年造湖廣會子三十萬易破會十七年造湖廣第六界會子二百萬嘉熙二年撥第七界湖廣會九百萬付督視叅政行府寶祐二年撥第八界湖廣會三百萬貫付湖廣總所易兩界破會自後因仍行之

鹽之類有二引池而成者曰顆鹽周官所謂盬鹽也鬻海鬻井鬻鹻而成者曰末鹽周官所謂散鹽也宋自削平諸國天下鹽利皆歸縣官官鬻通商隨州郡所宜然亦變革不常而尤重私販之禁引池爲鹽曰解州解縣安邑兩池墾地爲畦引池水沃之謂之種鹽水耗則鹽成籍民戶爲畦夫官廩給之復其家募巡邏之兵百八目爲護寶都歲二月一日墾畦四月始種八月乃止安邑池每歲歲種鹽千席解池減二十席以給本州及三京京東之濟兗曹濮單鄆州廣濟軍京西之滑鄭陳潁汝許孟州陝西之河中府陝虢州慶成軍河東之晉絳慈隰州淮南之宿亳州河北之懷州及澶州諸縣之在河南者凡禁榷之地官立標識候望以曉民其通商之地京西則蔡襄鄧隨唐金房均郢州光化信陽軍陝西則京兆鳳翔府同華耀乾商涇源邠寧儀渭鄜坊丹延環慶秦隴鳳階成州保安鎭戎軍及澶州諸縣之在河北者顆末鹽皆以五斤爲斗顆鹽之直每斤自四十四至三十四錢有三等至道二年兩池得鹽三十七萬三千五百四十五席席一百一十六斤半三年鬻錢七十二萬八千餘貫咸平中度支使梁鼎言陝西沿邊解鹽請勿通商官自鬻之詔以鼎爲陝西制置使又以內殿崇班杜承睿同制置陝西青白鹽事承睿言鄜延環慶儀渭等州洎禁青鹽之後今商人入芻粟運解鹽於邊貨鬻其直與青鹽不至相懸是以民食賤鹽須至畏法而蕃部青鹽難售今聞運解鹽於邊欲與內地同價邊民必冒法圖利却入蕃界私販青鹽是助寇資而結民怨矣繼又有上疏言其不便者鼎請候至邊部幹運及乘傳至解池即禁止商販旋運鹽赴邊公私大有煩費而邊民頓無入市物論紛擾於是命判鹽鐵勾院林特知永興軍張永詳議以爲公私非便請復舊商販詔切責鼎罷度支使大中祥符九年陝西轉運使張象中言兩池所貯鹽計直二千一百七十六萬一千八十貫慮尚有遺利望行條約眞宗曰地利之阜此亦至矣過求增羨慮有時而闕不許先是五代時鹽法太峻建隆二年始定官鹽闌入法禁地貿易至十斤鬻鹻鹽至三斤者乃坐死民所受蠶鹽以入城市三十斤以上者上請三年增闌入至三十斤鬻鹽至十五斤坐死蠶鹽入城市百斤以上奏裁自乾德四年後每詔優寬太平興國二年乃詔闌入至二百斤以上鬻鹻及主吏盜販至百斤以上蠶鹽入城市五百斤以上並黥面送闕下至淳化五年改前所犯者正配本州牢城代州寶興軍之民私市契丹骨堆渡及桃山鹽雍熙四年詔犯者自一斤論罪有差五十斤加徒流百斤以上部送闕下天聖以來兩池畦戶總三百八十以本州及旁州之民爲之戶歲出夫二人人給米日二升歲給戶錢四萬爲鹽歲百五十二萬六千四百二十九石石五十斤以席計爲六十五萬五千一百二十席席百一十六斤禁榷之地皆官役鄉戶衙前及民夫謂之帖頭水陸漕運而通商州軍並邊秦延環慶渭原保安鎭戎德順又募人入中芻粟以鹽償之凡通商州軍在京西者爲南鹽在陝西者爲西鹽若禁鹽地則爲東鹽各有經界以防侵越天聖初計置司議茶鹽利害因言兩池舊募商人售南鹽者入錢京師榷貨務乾興元年歲入纔二十三萬緡視天禧三年數損十四萬請一切罷之專令入中並邊芻粟及爲之增約束申防禁以絕私販之弊久之復詔入錢京師從商人所便三京二十八州軍官自輦鹽百姓困於轉輸天聖八年上書者言縣官禁鹽得利微而爲害博兩池積鹽爲阜其上生木合抱數莫可較宜聽通商平估以售可以寬民力詔翰林學士盛度御史中丞王隨議更其制度因畫通商五利上之曰方禁商時伐木造船輦運兵民不勝疲勞今去其弊一利也陸運既差帖頭又役車戶貧人懼役連歲逋逃今悉罷之二利也船運有沉溺之患綱吏侵盜雜以泥沙硝石其味苦惡疾生重腿今皆得食眞鹽三利也錢幣國之貨泉欲使通流富家多藏鏹不出民用益蹙今歲得商人出緡錢六十餘萬助經費四利也歲減鹽官兵卒畦夫傭作之給五利也十月詔罷三京二十八州軍榷法聽商人入錢若金銀京師榷貨務受鹽兩池行之一年視天聖七年增緡錢十五萬其後歲課減耗命翰林學士宋庠等以天聖九年至寶元二年新法較之視乾興至天聖八年舊法歲課損二百三十六萬緡康定元年詔京師南京及京東州軍淮南宿亳州皆禁如舊未幾復弛京師榷法并詔三司議通淮南鹽給京東等八州於是兗鄆宿亳皆食淮南鹽矣自元昊反聚兵西鄙並邊入中芻粟者寡縣官急於兵食調發不足因聽入中芻粟予券趨京師榷貨務受錢若金銀入中他貨予券償以池鹽繇是羽毛筋角膠漆鐵炭瓦木之類一切以鹽易之猾商貪吏表裏爲姦至入椽木二估錢千給鹽一大席爲鹽二百二十斤虛費池鹽不可勝計鹽直益賤販者不行公私無費慶曆二年復京師榷法凡商人虛估受券及已受鹽未鬻者皆計直輸虧官錢內地州軍民間鹽悉收市入官官爲置場增價出之復禁永興同華耀河中陝虢解晉絳慶成十一州軍商鹽官自輦運以衙前主之又禁商鹽私入蜀置折博務於永興鳳翔聽人入錢若蜀貨易鹽趨蜀中以售久之東南鹽地悉復禁榷兵民輦運不勝其苦州郡騷然所得鹽利不足以佐縣官之急並邊務誘人入中芻粟皆爲虛估騰踊至數倍大耗京師錢幣帑藏益虛太常博士范祥關中人也熟其利害嘗謂兩池之利甚博而不能少助邊計者公私侵漁之害也儻一變法歲可省度支緡錢數十百萬乃畫策以獻是時韓琦爲樞密副使與知制誥田況皆請用祥策四年詔祥馳傳與陝西都轉運使程戡議之而戡議與祥不合祥尋亦遭喪去八年祥復申其說乃以爲陝西提點刑獄兼制置解鹽事使推行之其法舊禁鹽地一切通商聽鹽入蜀罷九州軍入中芻粟令入實

錢償以鹽視入錢州軍遠近及所指東西南鹽第優其直東南鹽又聽入錢永興鳳翔河中歲課入錢總爲鹽三十七萬五千大席授以要券即池驗券按數而出盡弛兵民輦運之役又以延慶環渭原保安鎮戎德順地近烏白池姦人私以青白鹽入塞侵利亂法乃募人入中池鹽予券優其估還以池鹽償之以所入鹽官自出鬻禁人私售峻青白鹽之禁並邊舊令入中鐵炭瓦木之類皆重爲法以絕之其先以虛估受券及已受鹽未鬻者悉計直使輸虧官錢又令三京及河中河陽陝虢解晉絳濮慶成廣濟官仍鬻鹽須商賈流通乃止以所入緡錢市並邊九州軍芻粟悉留榷貨務錢幣以實中都行之數年黠商貪賈無所僥倖關中之民得安其業公私便之皇祐元年侍御史知雜何郯復言改法非是明年遣三司戶部副使包拯馳視還言行之便第請商人入錢及延環等八州軍鬻鹽皆重損其直即入鹽八州軍者增直以售三京及河中等處禁官鬻鹽而三司謂京師商賈罕至則鹽貴請得公私並貿餘禁止皆聽之田況爲三司使請久任祥俾專其事擢祥爲陝西轉運使賜金紫服祥初言歲入緡錢可得二百三十萬皇祐初年入緡錢二百二十一萬四年二百一十五萬以四年數視慶曆六年增六十八萬視七年增二十萬又舊歲出榷貨務緡錢慶曆二年六百四十七萬六年四百八十萬至是榷貨務錢不復出其後歲入雖贏縮不常至五年猶及百七十八萬至和元年百六十九萬特祥已坐他罪貶命轉運使李參代之三年遂以元年入錢爲歲課定率量入計出可助邊費十分之八久之並邊復聽入芻粟以當實錢而虛估之弊滋長券直亦從而賤歲損官課無慮百萬嘉祐三年三司使張方平及包拯請復用祥於是復以祥總鹽事祥請重禁入芻粟者其券在嘉祐三年已前毋券別請輸錢一千然後予鹽又言商人持券若鹽鬻京師皆虧失本錢請置官京師蓄錢二十萬緡以待商人至者券若鹽估賤則官爲售之券紙六千鹽席十千毋輒增損所以平其市估使不得爲輕重詔以都鹽院監官兼領自是稍復舊未幾祥卒以轉運副使薛向繼之治平二年歲入百六十七萬初祥以法既通商恐失州縣征算乃計所歷所至合輸算錢併率以爲入中之數自後州縣猶算如舊嘉祐六年向悉罷之并奏減八州軍鬻鹽價兩池畦戶歲役解河中陝虢慶成之民官司旁緣侵剝民以爲苦乃詔三歲一代嘗積逋課鹽至三百三十七萬餘席遂蠲其半中間以積鹽多特罷種鹽一歲或二歲三歲以寬其力後又減畦戶之半稍以傭夫代之五州之民始安青白鹽出烏白兩池西羌擅其利自李繼遷叛禁毋入塞未幾罷已而復禁乾興初嘗詔河東邊人犯青白鹽禁者如陝西法慶曆中元昊納欵請歲入十萬石售縣官仁宗以其亂法不許自范祥議禁八州軍商鹽重青白鹽禁而官鹽估貴土人及蕃部販青白鹽者益衆往往犯法抵死而莫肯止至和中詔蕃部犯青白鹽抵死者止投海島羣黨爲民害者上請嘉祐赦書稍遷配從者於近地自是禁法稍寬熙寧初詔淮南轉運使張靖究陝西鹽馬得失靖指向欺隱狀王安石右向靖竟得罪擢向爲江淮等路發運使諫官范純仁言賞罰失當因數向五罪向任如初乃請即永興軍置賣鹽場又以邊費錢十萬緡儲永興軍爲鹽鈔本繼又增二十萬四年詔陝西行蜀交子法罷市鈔或論其不便復舊七年中書議陝西鹽鈔出多虛鈔而鹽益輕以鈔折兌糧草有虛擡邊糴之患請用交子法使其數與見錢相當可濟緩急詔以皮公弼熊本宋迪分領其事趙瞻制置又以內藏錢二百萬緡假三司遣市易吏行四路請買鹽引仍令秦鳳永興鹽鈔歲以百八十萬爲額八年中書奏陝西鹽鈔利害及立法八事大抵謂買鈔本錢有限而出鈔過多買不盡則鈔賤而糴貴故出鈔不可無限然商人欲變易見錢而官不爲買即爲兼并所抑則鈔價益賤而邊境有急鈔未免多出故當置場以市價平之今當定買兩路實賣鹽二百二十萬緡以當用鈔數立額永興路八十一萬五千秦鳳路一百三十八萬五千熙河路五十三萬七千永興軍遣官買鈔歲支轉運司錢十萬緡買西鹽鈔又用市易務賒請法募人賒鈔變易即民間鈔多而滯則送解池毀之詔從其請然有司給鈔溢額猶視其故九年乃詔御史劾陝西官吏止三司額外出鈔十年三司言鹽法之弊由熙河鈔溢額故價賤而芻糧貴又東西南三路通商郡邑榷賣官鹽故商旅不行今鹽法當改官賣當罷請先收舊鈔印識之舊鹽行加納之法官盡買舊鈔其已出鹽約期聽商人自言準新價增之印鹽席給符驗東南舊法鹽鈔席纔三千五百西鹽鈔席減一千官盡買先令解州場院驗商人鈔書之乃許賣已請鹽立限告賞聽商人自陳東南鹽席加錢二千五百西鹽席加三千爲易舊符立期令賣罷兩處禁榷官賣提舉司賣鹽並用新價錢承買舊鈔商人願對行算請者聽官爲印識如法應通商地各舉官一員其鹽席限十日自言乃令加納錢爲印識給新引聽以舊鈔當加納錢皆行之而別定官賣鹽地市易司以買鹽亦加納錢舊制河南北曹濮以西秦鳳以東皆食解鹽自仁宗時解鹽通商官不復榷熙寧中市易司始榷開封曹濮等州八年大理寺丞張景溫提舉出賣解鹽於是開封府界陽武酸棗封丘考城東明白馬中牟陳留長垣胙城韋城曹濮澶懷濟單解州河中府等州縣皆官自賣未幾復用商人議以唐鄧襄均房商蔡郢隨金晉絳虢陳許汝潁隰州西京信陽軍通商畿縣及澶曹濮懷衛濟單解同華陝河中府南京河陽令提舉解鹽司運鹽貨鬻仍詔三司講求利害鹽價既增民不肯買乃課民買官鹽隨貧富作業爲多少之差買賣私鹽聽人告重給賞以犯人家財給之買官鹽食不盡留經宿者同私鹽法於是民間騷怨鹽鈔舊法每席六緡至是二緡有餘商不入粟邊儲失備召陝西轉運使皮公弼入議公弼極言官賣不便沈括爲三司使不能奪王安石主景溫括希安石意言通商歲失官賣緡錢二十餘萬安石去位括在三司乃言官賣當罷於是河陽同華解州河中陝府陳留雍丘襄邑中牟管城尉氏鄢陵扶溝太康咸平新鄭聽通商其入不及官賣者官復自賣澶濮濟單曹懷州南京陽武酸棗封丘考城東明白馬長垣胙城韋城九縣官賣如故詔商鹽入京悉賣之市易務每席毋得減十民鹽皆買之市易務私與商人爲市許告沒其鹽皮公弼鹽法酌前後兩池所支鹽數歲以三百三十萬緡爲額又令京師置七場買東南鹽鈔市易務計爲錢五十九萬三千餘緡三司闕錢請頗還其鈔令賣之於西買者其三給錢其七準沿邊鹽價給新引庶得民間舊鈔而新引易於變易詔用其議公弼請復范祥舊法平市價詔假三司錢三十萬緡市鈔於京師先是解鹽分東西西鹽賣有分域又並邊州軍市芻糧給鈔過多故鈔及鹽甚賤官價自分爲二於是增西鹽價比東鹽以平鈔法歲約增十二萬緡毋復分東西悉廢西鹽約束解池鹽鈔舊以二百二十萬緡爲額轉運使皮公弼請增十萬以助邊糴至是又爲二百四十二萬商人已請西鹽令加納錢使與新法價平元豐三年三司舉張景溫賣解鹽息美進官賜帛明年權陝西轉運使李稷言自新法未行鈔之貴賤視有司出之多寡新法已後鈔有定數起熙寧十年冬盡元豐三年通印給一百七十七萬餘席而鹽池所出纔一百一十七萬五千餘席餘鈔五十九萬有餘流布官司其勢不得不賤遂下三司住給五年戶部猶以鈔多難售歲給陝西軍儲鈔二百萬裁其半然鈔多卒不能平價元祐元年戶部及制置解鹽司議延慶渭原環鎮戎保安德順等八州軍皆官自鬻以萬五千五百席爲額聽商旅入納於八州軍折博務算給交引如范祥舊法鹽價錢應償者以轉運司年額鹽鈔給之所鬻鹽錢以待轉運司糴買仍舉承務郎以上一員於在京置場以鹽鈔鬻見錢而輸之都鹽院庫遇給解鹽額鈔盡歸之本司毋更給轉運司他司皆毋得販易雖有專旨聽執奏其已買鈔自本司拘之若民間鈔少或給本路緡錢即上戶部議鬻其鈔詔皆從之既而又以商人入納解鹽減年額買鹽費錢二萬七千餘緡增在京買鈔之本入中解鹽並效熙河鈔而價隨事增損以折澶懷滑州陽武鹽價定爲錢八千二百時陝西民多以朴硝私煉成顆謂之倒硝頗與解鹽相亂紹聖三年制置使孫路以聞詔犯者減私鹽法一等坐之初神宗時官賣解鹽京西則通商有沈希顏者爲轉運使更爲榷法請假常平錢二十萬緡自買解鹽賣之本路民已買解鹽盡買入官掊克牟利商旅苦之哲宗即位殿中侍御史黃降劾希顏罪元祐元年京西始復舊制通商然猶官賣元符元年乃罷之永興軍渭州河北高陽櫟陽涇等縣如同華等六州軍官仍自賣鹽而禁官司於折博務買解鹽販易規利俄以水壞解池聽河中府解州小池鹽同華等州私土鹽階州石鹽通遠軍岷州官井鹽鬻於本路而京東河北鹽亦通行焉三年詔陝西轉運副使兼制置解鹽使馬城提舉措置催促陝西河東木栰薛嗣昌提舉開修解州鹽池崇寧元年解州賈瓦南北團池修治畦眼拍摩布種通得鹽百七十八萬二千七百餘斤初解梁東有大鹽澤綿亘百餘里歲得億萬計自元符初霖潦池壞至是乃議修復四年池成凡開二千四百餘畦百官皆賀內侍王仲千者董其役以課額敷溢爲功然議者謂解池灌水盈尺暴以烈日鼓以南風須臾成鹽其利固博苟欲溢額不俟風日之便厚灌以水積水而成味苦不適口崇寧初言事者以鈔法屢變民聽疑惑公家失輕重之權商旅困往來之費乞復范祥舊法謹守而力行之無庸輕改雖可其請未幾蔡京建言河北京東末鹽客運至京及京西袋輸官錢六千而鹽本不及一千施行未久收息及二百萬緡如通至陝西其利必倍議遣韓敦立等分路提舉及鹽池已復京仍欲舊解鹽地客算東北末鹽令榷貨務人納

見緡無窮以收已功乃令解鹽新鈔止行陝西五年詔鈔法用之民信已久飛錢裕國其利甚大比考前後法度頗究利害其別爲號驗給解鹽換請新鈔先以五百萬緡赴陝西河東止給糴買聽商旅赴榷貨務換請東南鹽鈔貼輸見緡四分者在舊三分之上五分者在四分之上且帶行舊鈔輸四分者帶五分輸五分者帶六分若不願貼輸錢者依舊鈔價減二分先是患豪商擅利源輕重之柄率減鈔直使並邊糴價增高乃裁限之崇寧四年以鈔價雖裁其入中州郡復增糴價客持鈔算請坐牟大利乃詔陝西舊鈔易東南末鹽每百緡用見錢三分舊鈔七分後又詔減落鈔價踰五十者論以法及大觀四年張商英爲相議復通行解鹽如舊法而東北鹽毋得與解鹽地相亂繼而有司議解池已復依舊法印鈔請商旅已買東北鹽隨處官司期三日盡籍輸官償其價隱匿者如私鹽法解鹽未到官鬻所得東北鹽解鹽到即止已請鈔已支者悉毀已支未請者聽別議在京仍通行其經由州縣鄭州中牟開封府祥符陽武縣境內亦許通放而王仲千所請通入京西北路陳潁蔡州信陽軍權止之商旅已算請東北鹽元指定東京未至者止今所至州軍批引其已入京未貨者都鹽院全袋拘買鬻之許坐賈請買碎賣政和元年詔陝西鈔依鈔面實價輒增減者以違制論未幾復以陝西通行鹽鈔舊雖約以銅錢六千爲鈔面然鈔貴則入粟增多鈔平則入穀減少若限以六千陝西唯行鈔錢是鹽鈔一席得六千鐵錢斛斗矣深損公家其隨時增減聽之二年蔡京復用事法仍變改鈔不可用者悉同敗楮六年兩池漫生鹽募人倍力採取且議加賞繼生紅鹽百官皆賀制置解鹽使李百祿等第賞有差七年議復行解鹽時童貫宣撫關河實主之詔解鹽地見行東北鹽復盡收入官官給其直在京於平貨在外於市易務榷管如解鹽法鬻之不自陳如私鹽法重和元年詔復行解鹽舊法踰年榷貨歲虧數百萬貫又鈔價減落糴買不行三省趣講畫以聞貫遂請罷領解鹽俄而三省條奏舊東北鹽地客販解鹽立限盡鬻限竟鬻未盡者運往解鹽地踰者論如私鹽法京畿京西復置官提舉初崇寧中以鹽各利一方故解鹽止行本路東南鬻海利博行於數路既復行解鹽商旅苦於折閱即改如舊慮商旅疑惑遂詔輸請路鈔法更不改易扇搖者論如法仍倍之靖康元年解鹽鈔入納算請並參照熙寧元豐以前舊法又增改解鹽及東北鹽地即商旅不願鹽則用鈔面請錢如舊法繼定每席鈔爲八貫者盡收入鈔面其入納糧草者許直赴池請鹽省復入京批鈔之擾

鬻海爲鹽曰京東河北兩浙淮南福建廣南凡六路其鬻鹽之地曰亭場民曰亭戶或謂之竈戶戶有鹽丁歲課入官受錢或折租賦皆無常數兩浙又役軍士定課鬻焉諸路鹽場廢置皆視其利之厚薄價之贏縮亦未嘗有一定之制末鹽之直斤至自四十七至八錢有二十一等至道三年鬻錢總一百六十三萬三千餘貫其在京東曰密州濤洛場一歲鬻三萬二千餘石以給本州及沂濰州惟登萊州則通商後增登州四場舊南京及曹濮濟兗單鄆廣濟七州軍食池鹽餘皆食二州鹽官自鬻之慶曆元年冬以淄濰青齊沂密徐淮陽八州軍仍歲凶菑乃詔弛禁聽人貿易官收其算而罷密登歲課第令戶輸租錢其後兗鄆皆以壤地相接罷食池鹽得通海鹽收算如淄濰等州自是諸州官不貯鹽而百姓蠶鹽歲皆罷給然使輸錢如故至和中始詔百姓輸錢以十分爲率聽減三分元豐三年京東轉運副使李察言南京濟濮曹單行解鹽餘十有二州行海鹽請用今稅法置買賣鹽場其法盡竈戶所鬻鹽而官自賣重禁私爲市者歲收錢二十七萬三千餘緡而息幾半之吳居厚爲轉運判官承察後治鹽法利入益多六年較本路及河北買賣鹽場自改法抵今一年有半得息錢三十六萬緡察居厚皆進官加賜居厚三品服詔運賣鹽錢儲之北京令河北都轉運使蹇周輔判官李南公受法于居厚行之河北其在河北曰濱州場一歲鬻二萬一千餘石以給本州及棣祈州雜支并京東之青淄齊州若大名真定府貝冀相衞邢洺深趙滄磁德博濱棣祈定保瀛莫雄霸州德河通利永靜乾寧定遠保定廣信永定安肅軍則通商後濱州分四務又增滄州三務歲課九千一百四十五石以給一路而京東之淄青齊既通商乃不復給自開寶以來河北鹽聽人貿易官收其算歲額爲錢十五萬緡上封者嘗請禁榷以收遺利余靖時爲諫官亟言前歲軍興河北點義勇強壯及諸科率數年之間未得休息臣嘗痛燕薊之地陷入契丹幾百年而民忘南顧心者大率契丹之法簡易鹽麴俱賤科役不煩故也昔太祖推恩河朔故許通商今若榷之價必騰踊民苟懷怨悔將何及河朔土多鹽鹵小民稅地不生五穀惟刮鹻煎鹽以納二稅禁之必至逃亡鹽價若高犯法亦衆邊民怨望非國之福乞且仍舊通商其議遂寢慶曆六年三司使王拱辰復建議悉榷二州鹽入官以專其利都轉運使魚周詢以爲不可且言商人取鹽與所過州縣吏交通爲奸所算十無二三請敕州縣以十分算之聽商人至所鬻州軍併輸算錢歲可得緡錢之十餘萬三司奏用其策仁宗曰使人頓食貴鹽豈朕意哉於是三司更立榷法而未下張方平見上問曰河北再榷鹽何也上曰始議立法非再榷方平曰周世宗榷河北鹽犯輒處死世宗北伐父老遮道泣訴願以鹽課均之兩稅而弛其禁許之今兩稅鹽錢是也豈非再榷乎且今未榷而契丹盜販不已若榷則鹽貴契丹之鹽益售是爲我斂怨而使契丹獲福也契丹鹽入益多非用兵莫能禁邊隙一開所得鹽利能補用兵之費乎上大悟曰卿語宰相立罷之方平曰法雖未下民已戶知之當直以手詔罷不可自下出也上喜命方平密撰手詔下之河朔父老相率拜迎於澶州爲佛老會七日以報上恩且刻詔北京後父老過其下必稽首流涕久之緡錢所入益耗皇祐中視舊額幾亡其半陝州錄事參軍王伯瑜監滄州鹽山務獻議商人受鹽滄濱二州以囊貯之囊毋過三石三斗斗爲鹽六斤除三斗爲耗勿算餘算其半予券爲驗州縣驗券縱之聽至所鬻州軍併輸算錢即所貯過數予及受者皆罰商人私挾他鹽并沒其貲時知滄州田京與伯瑜合議上聞詔試行之踰年歲課增三萬餘緡遂以爲定制熙寧八年三司使章惇又請榷河北鹽詔提舉河北京東鹽稅周革入議將施行焉文彥博論其不便乃詔仍舊

宋史卷一百八十一考證

食貨志下三京湖二十一州○京字疑是荆字之譌

每歲歲種鹽千席○下歲字衍

解州賈瓩南北圖池修沼畦眼拍摩布種○通考瓩作考摩作磨

是鹽鈔一席得六千鐵錢斛斗矣○斛斗二字疑衍

宋史卷一百八十二

元中書右丞相總裁脫脫等修

食貨志第一百三十五

食貨下四 鹽中

元豐七年知滄州趙瞻請自大名府澶恩信安雄霸瀛莫冀等州盡榷賣以增其利幾半歲獲息錢十有六萬七千緡哲宗即位監察御史王巖叟言河北二年以來新行鹽法所在價增一倍既奪商賈之利又增居民之價以爲息聞貧家至以鹽比藥伏惟河朔天下根本祖宗推此爲惠願陛下不以損民爲利而以益民爲利復鹽法如故以爲河北數百萬生靈無窮之賜會河北轉運使范子奇奏鹽稅欲收以十分遣范鍔商度巖叟復言臣在河北亦知商賈有自請於官乞罷榷買願輸倍稅主計者但知於商賈倍得稅緡以爲利不知商賈將於民間復增賣價以爲害也慶曆六年既不行三司榷買之法又不從轉運司增稅之請仁宗直謂朕慮河北軍民驟食貴鹽可令依舊是時計歲增幾六十萬緡仁宗豈不知爲公家之利意謂藏之官不若藏之民今陛下即位之始宜法仁宗之意不宜以小利失人心也明年遂罷河北榷法仍舊通商六年提舉河北鹽稅司請令商賈販鹽於場務輸稅以及等戶保任給小引量道里爲限即非官監鎮店聽以使鬻之鹽稅舊額五分者增爲七分則鹽稅蓋已行焉紹聖中河北官復賣鹽繼詔如京東法元符三年崇儀使林豫言河北榷鹽未必敷前日稅額且契丹鹽益售慮啓邊隙明年給事中上官均亦以爲言皆不果行宣和元年京畿四輔及滑州河陽所產鹻地悉墾爲田革盜刮煎鹽之弊知河陽王序以勸誘推賞三年大改鹽法舊稅鹽並易爲鈔鹽凡未賣稅鹽鈔引及已請算或到倉已投暨未投者並赴榷貨務改給新法鈔引許通販已請舊法稅鹽貨賣者自陳更買新鈔帶賣已請鈔引毋得帶支初茶鹽用換鈔對帶之法民旅皆病然河北猶未及也至是併河北京東行之其在兩浙曰杭州場歲鬻七萬七千餘石明州昌國東西兩監二十萬一千餘石秀州場二十萬八千餘石溫州天富南北監密鸚永嘉二場七萬四千餘石台州黃巖監一萬五千餘石以給本州及越處衢婺州天聖中杭秀溫台明各監一溫州又領場三而一路歲課視舊減六萬八千石以給本路及江東之歙州慶曆初制置司言比年河流淺涸漕運艱阻靡費益甚請量增江淮兩浙荆湖六路糴鹽錢下三司議三司奏荆

湖巳嘗增錢餘四路三十八州軍請斤增二錢或四錢詔侯河流通運復故既而江州置轉運般倉益置漕船及傭客舟以運制置司因請六路五十一州軍斤增五錢民苦官鹽估高無以爲食諸路皆言其不便久之韓絳安撫江南還亦極言之其後兩浙轉運使沈立李肅之奏本路鹽課緡錢歲七十九萬嘉祐三年纔及五十三萬而一歲之內私販坐罪者三千九十九人獘在於官鹽估高故私販不止而官課益虧請裁官估罷鹽綱令鋪戶衙前自趨山場取鹽如此則鹽善而估平人不肯冒禁私售官課必溢發運司難之立肅之固請試用其法二三年可見利害詔可立嘗論東鹽利害條亭戶倉場漕運之獘謂愛恤亭戶使不至困窮休息漕卒使有以爲生防制倉場使不爲掊克率斂絕私販減官估果能行此五者歲可增緡錢一二百萬集鹽筴二十卷以進其言亭戶困乏尤甚然自皇祐以來屢下詔書輒及之命給亭戶官本皆以實錢其售額外鹽者給粟帛衣糧亭戶逋歲課久不能輸者悉蠲之所以存恤之意甚厚而有司罕有承順焉熙寧以來杭秀溫台明五州共領監六場十有四然鹽價苦高私販者衆轉爲盜賊課額大失二年有萬奇者獻言欲撲兩浙鹽而與民乃遣奇從發運使薛向詢度利害神宗以問王安石對曰趙抃言衢州撲鹽所收課敵兩浙路抃但見衢湖可撲不知衢鹽侵饒信湖鹽侵廣德昇州故課可增如蘇常則難比衢湖今宜制置煎鹽亭戶及差鹽地分督捕私販般運以時嚴察抃和則鹽法自舉毋事改制五年以盧秉權發遣兩浙提點刑獄仍專提舉鹽事秉前與著作佐郎曾默行淮南兩浙詢究利害興時竈戶鬻鹽與官爲市鹽場不時償其直竈戶益困秉先請儲發運司錢及雜錢百萬緡以待償而諸場皆定分數錢塘縣楊村場上接睦歙等州與越州錢淸場等水勢稍淺以六分爲額楊村下接仁和之湯村爲七分鹽官場爲八分並海而東爲越州餘姚縣石堰場明州慈溪縣鳴鶴場皆九分至岱山昌國又東南爲溫州雙穗南天富北天富場爲十分蓋其分數約得鹽多寡而爲之節自岱山以及二天富煉以海水所得爲最多由鳴鶴西南及湯村則刮鹻淋鹵十得六七鹽官湯村用鐵盤故鹽色青白楊村及錢淸場織竹爲盤塗以石灰故色少黃石堰以東近海水醎故雖用竹盤而鹽色尤白秉因定伏火盤數以絕私鬻自三竈至十竈爲一甲而鬻鹽地什伍其民以相譏察及募酒坊戶顧占課額取鹽於官賣之月以錢輸官毋得越所酤地而又廢捕盜販者罪不至配雖杖者皆同妻子遷五百里仍益開封府界京東兵各五百人防捕時惟杭越湖三州格新法不行發運司劾奏虧課皆獄治王安石爲神宗言捕鹽法急可以止刑久之乃詔兩浙提舉鹽事司諸州爲課者未得遽劾以增虧及違法輕重分三等以聞七年以盧秉鹽課雖增刑獄寔繁慮無辜卽罪者衆徙其職淮南以江東漕臣張靚代之且體量其事靚言秉在事越州監催鹽償至有母殺子者詔劾其罪然竟免仍以增課擢太常博士升一資歲餘三司言兩浙漕司寬弛鹽息大虧命著作佐郞翁仲通更議措置元祐初言者論秉推行浙西鹽法務誅剝以增課所配流者至一萬二千餘人秉坐降職兩浙鹽亭戶計丁輸鹽逋負滋廣二年詔蠲之後更積負無以償元符初察訪使以狀聞有司乃以朝旨不行右正言鄒浩嘗極疏其害明州鳴鶴場鹽課弗登撥隸越州宣和元州樓异爲明州請仍舊且於接近台州給舊鹽五七萬囊詔曰明州鹽場三昨以施置不善以鳴鶴一場隸越客始輻湊猶有二場積鹽以百萬計未見功緖此而不圖東欲取於越西欲取於台改令害法動搖衆情令狀析以聞其在淮南曰楚州鹽城監歲鬻四十一萬七千餘石通州豐利監四十八萬九千餘石泰州海陵監如皐倉小海場六十五萬六千餘石各給本州及淮南之廬和舒蘄黃州無爲軍江南之江寧府宣洪袁吉筠江池太平饒信歙撫州廣德臨江軍兩浙之常潤湖睦州荆湖之江陵府安復潭鼎岳鄂衡永州漢陽軍海州板浦惠澤洛要三場歲鬻四十七萬七千餘石漣水軍海口場十一萬五千餘石各給本州軍及京東之徐州淮南之光泗濠壽州兩浙之杭蘇湖常潤州江陰軍天聖中通楚州場各七泰州場八海州場二漣水軍場一歲鬻視舊減六十九萬七千五百四十餘石以給本路及江南東西荆湖南北四路舊并給兩浙路天聖七年始罷凡鹽之入置倉以受之通楚州各一泰州三以受三州鹽又置轉般倉二一於眞州以受通泰楚五倉鹽一於漣水軍以受海州漣水鹽江南荆湖歲漕米至淮南受鹽以歸東南鹽利視天下爲最厚鹽之入官淮南福建兩浙之溫台明斤爲錢四杭秀爲錢六廣南爲錢五其出視去鹽道里遠近而上下其估利有至十倍者咸平四年祕書丞直史館孫冕請令江南荆湖通商賣鹽緣邊折中糧草在京入納金銀錢帛則公私皆便爲利實多設慮淮南因江南荆湖通商或至年額稍虧則國家折中糧草足贍邊兵中納金銀實之官庫且免和顧車乘差擾民戶冒寒涉遠借如荆湖運錢萬貫淮南運米千石以地里脚力送至窮邊則官費民勞何啻數倍詔吏部侍郞陳恕等議恕等謂江湖官賣鹽蓋近鬻海之地欲息犯禁之人今若通商住賣官鹽立乏一年課額冕議遂寢至天禧初始募人入緡錢粟帛京師及淮浙江南荆湖州軍易鹽乾興元年入錢貨京師總爲緡錢一百十四萬會通泰鬻鹽歲損所在貯積無幾因罷入粟帛第令入錢久之積鹽復多明道二年參知政事王隨建言淮南鹽初甚善自通泰楚運至眞州自眞州運至江浙荆湖綱吏舟卒侵盜販鬻從而雜以沙土涉道愈遠雜惡殆不可食吏卒坐鞭笞徒配相繼而莫能止比歲運河淺涸漕輓不行遠州村民頓乏鹽食而淮南所積一千五百萬石至無屋以貯則露積苫覆歲以損耗又亭戶輸鹽應得本錢或無以給故亭戶貧困往往起爲盜賊其害如此願權聽通商三五年使商人入錢京師又置折博務於揚州使輸錢及粟帛計直予鹽鹽一石約售錢二千則一千五百萬石可得緡錢三十萬以資國用一利也江湖遠近皆食白鹽二利也歲罷漕運靡費風水覆溺舟人不陷刑辟三利也昔時漕鹽舟可移以漕米四利也商人入錢可取以償亭戶五利也時范仲淹安撫江淮亦以疏通鹽利爲言卽詔知制誥丁度等與三司使江淮制置使同議皆謂聽通商恐私販肆行侵蠹縣官請敕制置司益漕船運至諸路使皆有二三年之蓄復天禧元年制聽商人入錢粟京師及淮浙江南荆湖州軍易鹽在通楚泰海眞揚漣水高郵貿易者毋得出城餘州聽詣縣鎭毋至鄉村其入錢京師者增鹽予之并敕轉運司經畫本錢以償亭戶詔皆施行景祐二年諸路博易無利遂罷而入錢京師如故康定元年詔商人入芻粟陝西並邊願受東南鹽者加數與之會河北穀賤三司因請內地諸州行三說法亦以鹽代京師所給緡錢糴二十萬石止慶曆二年又詔入中陝東河東者持券至京師償以錢及金帛各半之不願受金帛者予茶鹽香藥惟其所欲而東南鹽利厚商旅皆願得鹽八年河北行四說法鹽居其一而並邊芻粟皆有虛估騰踊至數倍券至京師反爲蓄賈所抑鹽百八斤舊售錢十萬至是六萬商人以賤估售券取鹽不復入錢京師帑藏益乏皇祐二年復入錢京師法視舊錢數稍增予鹽而並邊入中先得券受鹽者河東陝西入芻粟直錢十萬止給鹽直七萬河北又損爲六萬五千且令入錢十萬於京師迺聽兼給謂之對貼自是入錢京師稍復故初天聖九年三司請榷貨務入錢售東南鹽以百八十萬三千緡爲額後增至四百萬緡嘉祐中諸路漕運不足榷貨務課益不登於是卽發運司置官專領運鹽公事治平中京師入緡錢二百二十七萬而淮南兩浙福建江南荆湖廣南六路歲售緡錢皇祐中二百七十三萬治平中三百二十九萬江湖運鹽旣雜惡官估復高故百姓利食私鹽而並海民以魚鹽爲業用工省而得利厚繇是不逞無賴盜販者衆捕之急則起爲盜賊江淮間雖衣冠士人狃於厚利或以販鹽爲事江西則虔州地連廣南而福建之汀州亦與虔接虔鹽弗善汀故不產鹽二州民多盜販廣南鹽以射利每歲秋冬田事纔畢恒數十百爲羣持甲兵旗鼓往來虔汀漳潮循梅惠廣八州之地所至劫人穀帛掠人婦女與巡捕吏卒鬭格至殺傷吏卒則起爲盜依阻險要捕不能得或赦其罪招之歲月寖淫滋多而州官糶鹽歲纔及百萬斤慶曆中廣東轉運使李敷王繇請運廣州鹽於南雄州以給虔吉未報卽運四百餘萬斤於南雄而江西轉運司不以爲便不往取後三司戶部判官周湛等八人復請運廣鹽入虔州江西亦請自具本錢取之詔尚書屯田員外郞施元長等會議皆請如湛等議而發運使許元以爲不可遂止嘉祐以來或請商販廣南鹽入虔汀所過州縣收算或請放虔汀漳循梅潮惠七州鹽通商或謂第歲運淮南鹽七百萬斤至虔二百萬斤至汀民間足鹽寇盜自息或請官自置鋪役兵卒運廣南福建鹽至虔汀州論者不一先嘗遣職方員外郞黃炳乘傳會所屬監司及知州通判議謂虔州食淮南鹽已久不可改第損近歲所增官估斤爲錢四十以十縣五等戶夏秋稅率百錢令糴鹽二斤隨夏稅入錢償官繼命提點鑄錢沈扶覆視可否扶等請選江西漕船團爲十綱以三班使臣部之直取通泰楚都倉鹽詔用炳等策然歲增糶六十餘萬斤江西提點刑獄蔡挺制置鹽事乃令民首納私藏兵械給巡捕吏卒而販黃魚籠挾鹽不及二十斤徒不及五人不以甲兵自隨者止輸算勿捕淮南旣團新綱漕鹽挺增爲十二綱綱二十五艘鏁栿至州廼發輸官有餘以畀漕舟吏卒官復以半價取之繇是減侵盜之獘鹽遂差善又損糶價歲課視舊增至三百餘萬斤乃罷炳等議所率糴鹽錢異時汀州人欲販鹽輒先伐鼓山谷中召願從者與期日率常得數十百人已上與

俱行至是州縣督責耆保有伐鼓者輒捕送盜販者稍稍畏縮朝廷以挺爲能留之江西積數年乃徙久之江西鹽皆團綱運致如虔州焉初荆湖亦病鹽惡且歲漕常不足治平二年纔及二十五萬餘石三年撥淮西二十四綱及傭客舟載鹽以往是歲運及四十萬石四年至五十三萬餘石慶曆初判戶部勾院王琪言天禧初嘗以荆湖鹽估高詔斤減三錢或二錢自後利入寖損請復舊估可歲增緡錢四萬許之治平中淮南轉運使李復圭張芻蘇頌三司度支判官韓縝相繼請減淮南鹽價然卒不果行熙寧初江西鹽課不登三年提點刑獄張頡言虔州官鹽鹵濕雜惡輕不及斤而價至四十七錢嶺南盜販入虔以斤半當一斤純白不雜賣錢二十以故虔人盡食嶺南鹽乃議稍減虔鹽價更擇壯舟團爲十綱以使臣部押後蔡挺以贛江道險議令鹽船三歲一易仍以鹽純雜增虧爲綱官舟人殿最鹽課遂敷盜販衰止自挺去法十廢五六請復之便詔從之仍定歲運淮鹽十二綱至虔州及章惇察訪湖南符本路提點刑獄朱初平措置般運廣鹽添額出賣然未及行元豐三年惇既參政有郟亶者邪險銳進素爲惇所喜迎合惇意推倣湖南之法乞運廣鹽於江西即遣蹇周輔往江西相度周輔承望惇意奏言虔州運路險遠淮鹽至者不能多人苦淡食廣東鹽不得輒通盜販公行淮鹽官以九錢致一斤若運廣鹽盡會其費減淮鹽一錢而其鹽更善運路無阻請罷運淮鹽通般廣鹽一千萬斤於江西虔州南安軍復均淮鹽六百一十六萬斤於洪吉筠袁撫臨江建昌興國軍以補舊額詔周輔立法以聞周輔具鹽法并總目條上大率峻剝於民民被其害舊江西鹽場許民買撲周輔悉籍於官賣之遂以周輔遥領提舉江西廣東鹽事即司農寺置局四年周輔改漕河北明年提舉常平劉誼言道途洶洶以賣鹽爲患詔江東提點刑獄范峋體量未報誼坐言役法等事罷及峋奏至但以州縣違法塞詔竟無更張未幾周輔奏虔州南安軍推行鹽法方半年已收息十四萬緡自以爲功詔命發運副使李琮體訪利害琮知周輔方被獎用止謂鹽法宜變通而已不敢斥言其害六年周輔爲戶部侍郎復奏湖南郴道州鄰接韶連可以通運廣鹽數百萬卻均舊賣淮鹽於潭衡永全邵等州並準江西廣東見法仍舉郟亶初議郴全道三州亦賣廣鹽詔委提舉常平張士澄轉運判官陳偲措置明年士澄等具條約來上詔施行之額利增加一方騷然于時淮西亦推行周輔鹽法發運使蔣之奇奏立知州通判鹽事官賞罰下戶部著爲令紹聖三年發運司言淮南亭戶貧瘠官賦本錢六十四萬緡皆倚辦諸路以故不時至民無所得錢必舉倍稱之息欲以糴本錢十萬緡給之不足畀以憑由即欲質於官與憑之七而蠲其息鹽本集復給其三分憑由毀棄崇寧元年蔡京議更鹽法乃言東南鹽本或闕滯於客販請增給度牒及給封樁坊場錢通三十萬緡并列七條一許客用私船運致仍嚴立輒踰疆至夾帶私鹽之禁二鹽場官吏槩量不平或支鹽失倫次者論以徒三鹽商所繇官司場務堰牐津渡等輒加苛留者如上法四禁命吏廕家貢士胥史爲賈區請鹽五議貸亭戶六鹽價大低者議增之七令措置官博盡利害以聞明年詔鹽舟力勝錢勿輸用絕阻遏且許舟行越次取疾官綱等舟輒攔阻者坐之遂變鈔法置買鈔所於榷貨務凡以鈔至者並以末鹽乳香茶鈔并東北一分及官告度牒雜物等換給末鹽鈔換易五分餘以雜物而舊鈔止許易末鹽官告仍以十分率之止聽算三分其七分兼新鈔定民間買鈔之價以抑豪強以平邊糴在河北買者率百緡毋得下五千東南末鹽鈔毋得下十千陝西鹽鈔毋得下五千五百私減者坐徒徙之罪官吏留難文鈔展限等條皆備四年又以算請鹽價輕重不等載定六路鹽價舊價二十錢以上皆遞增以十錢四十五者如舊算請東南末鹽願折以金銀物帛者聽其便而亭戶貸錢舊輸息二分者蠲之五年詔算請不貼納見錢以十分率之毋過二分大觀元年乃令算請東南末鹽貼輸及帶舊鈔如見條外更許帶日前貼輸三分鹽鈔輸四分者帶二分五分者帶三分後又貼輸四分者帶三分五分者帶四分而東南鹽並收見緡換請新鈔者如四分五分法貼輸其換請新鈔及見錢算東南末鹽如不帶六等舊鈔者聽先給如止帶五等舊鈔其給鹽之敘在崇寧四年十月前所帶不貼輸舊鈔之上六等者謂貼三貼四貼五當十鈔并河北公據免貼納錢是也時鈔法紛易公私交弊四年侍御史毛注言崇寧以來鹽法頓易元豐舊制不許諸路以官船迴載爲轉運司之利許人任便用鈔請鹽般載於所指州縣販易而出賣州縣用爲課額提舉鹽事司苛責郡縣以賣鹽多寡爲官吏殿最一有循職養民不忍侵克則指爲沮法必重奏劾譴黜州縣孰不望風畏威競爲刻虐由是東南諸州每縣三等已上戶俱以物產高下勒認鹽數之多寡上戶歲限有至千緡第三等末戶不下三五十貫藉爲定數使依數販易以足歲額稍或愆期鞭撻隨之一縣歲額有三五萬緡今用爲常額實爲害之大者又言朝廷自昔謹三路之備糧儲豐溢其術非他惟鈔法流通上下交信東南末鹽錢爲河北之備東北鹽爲河東之備解池鹽爲陝西之備其錢並積於京師隨所積多寡給鈔於三路如河北糧草鈔至京並支見錢號飛鈔法河東三路至京半支見錢半支銀紬絹陝西解鹽鈔則支請解鹽或有泛給鈔亦以京師錢支給爲錢積於京師鈔行於三路至則給錢不復滯留當時商旅皆悅爭運糧草入於邊郡商賈既通物價亦平官司上下無有二價斗米止百餘錢束草不過三十邊境倉廩所在盈滿自崇寧來鈔法屢更人不敢信京師無見錢之積而給鈔數倍於昔年鈔至京師無錢可給遂至鈔直十不得一邊郡無人入中糴買不敷乃以銀絹見錢品搭文鈔爲糴買之直民間中糴不復會算鈔直惟計銀絹見錢須至高擡糧草之價以就虛數致使官價幾倍於民間斗米有至四百束草不下百三十餘錢軍儲不得不闕財用不得不匱如解鹽鈔每紙六千今可直三千商旅凡入東南末鹽鈔乃以見錢四方鹽引六分榷貨務惟得七十千之入而東南支鹽官直百千則鹽本已暗有所損矣臣謂鈔法不循復熙豐則物價無由可平邊儲無由可積方今大計無急於此薛向昔講究於嘉祐中行之未幾穀價遽損邊備有餘逮及熙豐其法始備比年榷貨務不顧鈔法屢變有誤邊計惟冀貼納見錢專買東南鹽鈔圖增錢數以僥冒榮賞前鈔方行而後鈔又復變易特令先次支鹽則前鈔遂爲廢紙罔人擁利商旅怨嗟臣願明詔執政大臣精擇能吏推明鈔法無以見行爲有妨無以既往爲不可復如薛向之法已效於昔者可舉而行之今之練政事通鈔法不患無人在京三庫之積皆四方郡縣所入不患無備如以三四百萬緡樁留京師隨數以給鈔引使鈔至給錢不復邀阻上下交信則人以鈔引爲輕賫轉相貿易或支請多惟轉廊就給東南末鹽鈔或度牒之類如東南末鹽鈔或度牒勑牒唯許以鈔引就給外餘並令在京以見錢入易樁留以爲鈔引之資亦計之得者若舊出文鈔亦當體究立法量爲分數支鹽償之自昔立法之難非特造始修復既廢亦爲非易欲與經久之利則目前微害宜亦可畧惟詳酌可否施行之未幾張商英爲相乃議變通損益復熙豐之舊令內府錢別樁一千五百萬緡餘悉移用以革錢鈔物三等偏重之弊陝西給鈔五百萬緡江淮發運司給見錢文據或截兌上供錢三百萬緡以左司員外郎張察措置東南鹽事提舉江西常平張根管幹運淮鹽於江西罷提舉鹽香諸路鹽事各歸提刑司議定五等舊鈔商旅已換請新鈔及見錢鈔不對帶聽先給東南末鹽諸路貨易仍下淮浙鹽場以鹽十分率之樁留五分以待支發官綱三路商旅轉廊算請餘五分以待算請新鈔及見錢鈔與不帶舊鈔當先給者於是推行舊法以商旅五色舊鈔若用換請新鈔對帶方許支鹽慮伺候歲月欲給無由乃立增納之法貼三鈔許於榷貨務更貼見緡七分貼四鈔更貼六分貼五當十鈔貼七分河北見錢文據貼五分算請有司議三路鈔法如熙豐舊法全仰東南末鹽爲本若許將舊鈔貼納算請正與推行三路熙豐鈔法相戾即不令貼納算還又鈔無所歸議將河北見錢文據減增納二分餘各減二分以告敕度牒香藥雜物東南鹽算請給償帝詔東南六路元豐年額賣鹽錢以緡計之諸路各不下數十萬自行鈔鹽漕計窘匱以江西言之和豫買欠民價不少何以副仁民愛物之意令東南諸路轉運司協力措置般運政和元年詔商旅願依熙豐法轉廊者許先次用三路新鈔算請往他所定價給賣優存兩浙亭戶額外中鹽斤增價三分已而張察均定鹽價視紹聖斤增二錢詔從其說仍斤增一錢議者謂異時鹽商於榷貨務入納轉廊惟視東南諸郡積鹽多寡鹽多則請鈔者衆所入亦倍其闕鹽地客不肯往在元豐時遠地須豫備二年或三年次遠一年至二年最近亦半年及一年謂之準備鹽而後鈔法乃通紹聖間遵用舊制廣有準備故均價之後課利增倍謂宜嚴責轉運司般運準備鹽外更及元豐準備之數則鈔法始通課利且美亭戶煎鹽官爲買納比舊既增矣止用元豐舊價自可況用新價而有本錢復加借貸何慮不增若斤更增一錢虛費亦大詔施行之六路通置提舉鹽事官置司於揚州未幾罷議者復謂客人在京榷貨務買東南末鹽者其法有二一曰見錢入納二曰鈔面轉廊今既許三路文鈔得以轉廊若更循舊制許以見錢入納則客旅之錢當入於榷貨而不入於兼并見錢留於京師客旅走於東南詔采用焉又有謂舊法聽以物貨及官錢鈔引抵當所以扶持鈔價不大減損昨禁之非是其舊轉廊鹽鈔販至東南轉運司乃專以見錢爲務致多壅闕於是復鈔引抵當一如其舊末鹽以十分率之限以八分給

末鈔二分許帶見緡後又增見緡爲三分二年江寧府廣德軍太平州斤更增錢二宣歙饒信州斤增錢三池江州南康軍斤增錢四各以去產鹽地遠近爲差是歲蔡京復用事大變鹽法五月罷官般賣令商旅赴場請販已般鹽並封樁商旅赴榷貨務算請先至者增支鹽以示勸前轉廊已算鈔未支者率百緡别輸見緡三分仍用新鈔帶給舊鈔三分已算支者所在抄數别輸帶賣如上法其算請悉用見緡而給鹽倫次以全用見緡不帶舊鹽者爲上帶舊鹽者次之帶舊鈔者又次之三路糴買文鈔算給七分東南末鹽者聽對見緡支算二分東北鹽亦如之自餘文鈔毋得一例對算復置諸路提舉官於是詔書褒美京功然商旅終以法令不信爲疑算請者少乃申扇搖之令增賞錢五百緡三年以商人承前先卽諸州投匄乃請鹽於場留滯罷之若請鹽大帶斤重者官爲秤驗乃輸錢給鈔時法既屢變蔡京更欲巧籠商賈之利乃議措置十六條裁定買官鹽價囊以三百斤價以十千其鬻者聽增損隨時舊加饒脚耗並罷客鹽舊止船販改依東北鹽用囊官袋鬻之書印及私造貼補並如茶籠篰法仍禁再用受鹽支鹽官司析而二之受於場者管秤盤囊封納於倉者管察視引據合同號簿囊二十則以一折驗合同遞牒給商人外東南末鹽諸場仍給鈔引號簿有欲改指别場者並批銷號簿及鈔引仍用合同遞牒報所指處給隨鹽引卽已支鹽關所指處籍記中路改指者倣此其引繳納限以一年有故展毋得踰半年限竟鹽未全售者毁引以見鹽籍于官止聽鬻其處毋得翻改大抵皆視茶法而多爲節目欺奪民利故以免冤盜販私煎大帶斤重爲名而專用對帶之法客負鈔請鹽往往阨不卽畀必對元數再買新鈔方聽帶給舊鈔之半慮令之不行也嚴避免之禁申沮壞之制重扇搖之法季輒比較務峻督責以取辦四年以遠地商販者稀鹽倉以地遠近爲敍先給遠者繼令搭帶正鹽期一月不買新鈔没官而剩鹽卽没納五年僞造引者並依川錢引定罪六年以產鹽州軍大商弗肯止留其用小袋住賣者聽輸錢二十給鈔毋得輒出州界宣和二年詔六路封樁舊鹽數輸億萬其聽商旅般販與淮浙鹽倉卽今鹽鈔對算四年榷貨務建議古有斗米斤鹽之說熙豐以前米石不過六七百時鹽價斤爲錢六七十今米價石兩千五百至三千而鹽仍舊六十崇寧會定鹽價買鹽折算酌以中價斤爲錢四十今一斤三十七錢虧公稍多欲囊增爲十三千入納而亭戶所輸並增價庶克自贍盜販衰止於是舊鹽盡禁住賣而籍記貼輸帶賣之令復用焉

初鹽鈔法之行積鹽于解池積錢于京師榷貨務積鈔于陝西沿邊諸郡商賈以物斛至邊入中請鈔以歸物斛至邊有數倍之息惟患無回貨故極利於得鈔徑請鹽於解池而解鹽通行地甚寬或請錢于京師每鈔六千二百登時給與但輸頭子等錢數十而已以此所由州縣貿易者甚衆崇寧間蔡京始變法俾商人先輸錢請鈔赴產鹽郡授鹽欲囊括四方之錢盡入中都以進美要寵鈔法遂廢商賈不通邊儲失備東南鹽禁加密犯法被罪者多民間食鹽雜以灰土解池天產美利乃與糞壤俱積矣大槩常使見行之法售給才通輒復變易名對帶法季年又變對帶爲循環循環者已賣鈔未授鹽復更鈔已更鈔鹽未給復貼輸錢凡三輸錢始獲一直之貨民無貲更鈔已輸錢悉乾没數十萬券一夕廢棄朝爲豪商夕儕流丐有赴水投繯而死者時有魏伯芻者本省大胥蔡京委信之專主榷貨務政和六年鹽課通及四千萬緡官吏皆進秩七年又以課羡第賞伯芻年除歲遷積官通議大夫徽猷閣待制旣而黨附王黼京惡而黜之伯芻非有心計但與交引戶關通凡商旅算請率尅留十分之四以充入納之數務入納數多以昧人主而張虛最初政和再更鹽法伯芻方爲蔡京所倚信建言朝廷所以開闔利柄馳走商賈不煩號令億萬之錢輻湊而至御府須索百司支費歲用之外沛然有餘則榷鹽之入可謂厚矣頃年鹽法未有一定之制隨時變革以便公私防閑未定姦弊百出自政和立法之後頓絕弊源公私兼利異時一日所收不過二萬緡則已詫其太多今日之納乃常及四五萬貫以歲計之有一郡而客鈔錢及五十餘萬貫者處州是也有一州倉而客人請鹽及四十萬袋者泰州是也新法於今纔二年而所收已及四千萬貫雖傳記所載貫朽錢流者實未足爲今日道也伏乞以通收四千萬貫之數宣付史館以示富國裕民之政小人得時騁志無所顧忌遂至于此于時御府用度日廣課入欲豐再申歲較季比之令在職而暫取告其月日皆毋得計折害法者不以官廕並處極坐微至於鹽袋鯗鹽莫不有禁州縣惟務歲增課以避罪法上下程督加厲七年乃詔昨改鹽法立賞至重抑配者多計口敷及嬰孩廣數下逮驅畜使良民受弊比屋愁嘆悉從初令以利百姓三省其申嚴近制改奉新鈔然有司不能承守故比較已罷而復用抄劄既免而復行鹽囊既增而復止一囊之價裁爲十一千既又復爲十三千民力因以擾匱而盜賊滋焉靖康元年詔未降新鈔前已給見錢公據文鈔並給還商賈以示大信時鹽盡給新鈔亦用帶賣舊鹽立限之法言者論王黼當國循用蔡京弊法改行新鈔舊鹽貼錢對帶方許出賣初限兩月再限一月是時黼方用事專務害民剗下益上改易鈔法甚於盜賊然今不改覆車之轍又促限止半月反不及王黼之時商賈豈得不怨詔申限焉南渡淮浙亭戶官給本錢諸州置倉令商人買鈔五十斤爲石六石爲袋輸鈔錢十八千紹興元年詔臨安府秀州亭戶二稅依皇祐法輸鹽丘監官不察亭戶私煎及巡捕漏泄之法二年九月詔淮浙鹽令商人袋貼輸通貨錢三千已算請而未售者亦如之十日不自陳如私鹽律時呂頤浩用提轄張純儀峻更鹽法十有一月詔淮浙鹽以十分爲率四分支今降旨符以後文鈔四分支建炎渡江以後文鈔先是呂頤浩以對帶法不可用令商人貼輸錢至是復以分數如對帶法於是始加嚴酷矣三年減民間蠶鹽錢四年正月詔淮浙鹽鈔錢每袋增貼輸錢三貫並計綱輸行在尋命廣鹽亦如之九月以入輸遲細減所添錢然自建炎三年改鈔法及今所改凡五變而建炎舊鈔支尚未絕乃命以先後併支焉孝宗乾道六年戶部侍郎葉衡奏今日財賦鬻海之利居其半年來課入不增商賈不行皆私販害之也且以淮東二浙鹽出入之數言之淮東鹽竈四百一十二所歲額鹽二百六十八萬三千餘石去年兩務場賣淮鹽六十七萬二千三百餘袋收錢二千一百九十六萬三千餘貫二浙課額一百九十七萬餘石去年兩務場賣浙鹽二十萬二千餘袋收錢五百一萬二千餘貫而鹽竈乃計二千四百餘所以鹽額論之淮東之數多於二浙五之一以去歲賣鹽錢數論之淮東多於二浙三之二及以竈之多寡論之兩浙反多淮東四之三蓋二浙無非私販故也欲望遣官分路措置淳熙八年詔住賣帶賣積鹽以朝廷徒有帶賣之名總所未免有借撥之弊故也十年先是湖北鹽商吳傳言國家鬻海之利以三分爲率淮東居其二通泰楚隸買鹽場十六催煎場十二竈四百十二紹興初竈煎鹽多止十一籌籌爲鹽一百斤淳熙初亭戶得嘗試鹵水之法竈煎至二十五籌至三十籌增舊額之半緣此鹽場買亭戶鹽籌增稱鹽二十斤至三十斤爲浮鹽日買鹽一萬餘籌其浮鹽止以二十斤爲則有二十萬斤爲二千籌籌爲錢一貫八百三十文內除船脚錢二百文有一貫六百三十文其鹽並再中入官爲鈔錢四百五十一萬七千五百餘緡又綱取鹽一袋并諸窠名等及賣又多稱斤兩亭戶饑寒不免私賣若朝廷嚴究還其本錢而後可以盡革私賣之弊至是詔還通泰等州諸鹽場欠亭戶鹽本錢一百一十萬貫寧宗慶元初詔罷循環鹽鈔改增剩鈔名爲正支文鈔給算與已投倉者通理先後支散以淮東提舉陳損之言循環鈔多弊故有是命於是富商巨賈有願爲貧民者矣開禧二年詔自今新鈔一袋搭支舊鈔一袋如新鈔多於舊鈔或願全以新鈔支鹽及無舊鈔而願全買新鈔者聽以新鈔理資次嘉定二年詔淮東貼輸鹽錢免二分交子止用錢會中半三年詔停鈔引之家增長舊鈔價直袋賣官會百貫以上自今令到日鹽鈔官錢袋增收會子二十貫三務場朱印於鈔面作某年某月新鈔俟通賣及一百萬袋卽免增收其日前已未支鹽鈔並爲舊鈔期以一年持赴倉場支鹽袋貼輸官會一十貫出限更不行用此淮浙鹽之大畧也唐乾元初第五琦爲鹽鐵使變鹽法劉宴代之當時舉天下鹽利歲纔四十萬緡至大曆增至六百餘萬緡天下之賦鹽利居半元祐間淮鹽與解池等歲四百萬緡比唐舉天下之賦已三分之二紹興末年以來泰州海寧一監支鹽三十餘萬席爲錢六七百萬緡則是一州之數過唐舉天下之數矣寶慶二年監察御史趙至道言夫產鹽固藉於鹽戶鬻鹽實賴於鹽商故鹽戶所當存恤鹽商所當優潤慶元之初歲爲錢九百九十萬八千有奇寶慶元年止七百四十九萬九千有奇乃知鹽課之虧實鹽商之無所贏利爲今之計莫若寬商旅減征稅庶幾慶元鹽課之盛復見於今日矣從之紹定元年以侍御史李知孝言罷上虞餘姚海塗地剏立鹽竈端平二年都省言淮浙歲額鹽九十七萬四千餘袋近二三年積虧一百餘萬袋民食貴鹽公私俱病有旨三路提舉茶鹽司各置主管文字一員專以興復鹽額收買散鹽爲務歲終尚書省課其殿最淳祐元年臣僚奏南渡立國專仰鹽鈔紹興淳熙率享其利嘉定以來二三十年之間鈔法或行或罷而浮鹽之說牢不可破其害有不可勝言者望付有司集議孰爲可行孰爲可罷天地之藏與官民共之豈不甚盛從之五年申嚴私販苛征之禁寶祐元年都省言行在榷貨務都茶場上本務場淳祐十二年收趁到茶鹽等錢一十一千八百一十五萬六千八百三十三貫有

奇比今新額四千萬貫增一倍以上合視淳祐九年十年十一年例倍償之以勵其後有旨依所上推賞四年五月以行在務場比新額增九千一百七十三萬五千九百一十二貫有奇本務場并三省戶部大府寺交引庫凡通管三務場職事之人視例推賞後以爲常十有二月殿中侍御史朱熠言鹽近者課額頓虧日甚一日姑以眞州分司言之見虧二千餘萬皆由臺閫及諸軍帥興販規利之由於是復申嚴私販之禁五年朱熠復言鹽之爲利博矣以蜀廣浙數路言之皆不及淮鹽額之半蓋以斥鹵彌望可以供煎烹蘆葦阜繁可以備燔燎故環海之湄有亭戶有鍋戶有正鹽有浮鹽正鹽出於亭戶歸之公上者也浮鹽出於鍋戶鬻之商販者也正鹽居其四浮鹽居其一端平之初朝廷不欲使浮鹽之利散而歸之於下於是分置十局以收買浮鹽以歲額計之二千七百九十三萬斤十數年來鈔法屢更公私俱困眞揚通泰四州六十五萬袋之正鹽視昔猶不及額尚何暇爲浮鹽計邪是以貪墨無恥之士大夫知朝廷住買浮鹽龍斷而籠其利纍纍竈戶列處沙洲日籍銖兩之鹽以延旦夕之命今商賈既不得私販朝廷又不與收買則是絕其衣食之源矣爲今之計莫若遵端平之舊式收鍋戶之浮鹽所給鹽本當過於正鹽之價則人皆與官爲市卻以此鹽售於上江所得鹽息徑輸朝廷一則可以絕戎閫爭利之風二則可以續鍋戶烹煎之利有旨從之

宋史卷一百八十三

元中書右丞相總裁脫脫等修

食貨志第一百三十六

食貨下五（鹽下　茶上）

其在福建曰福州長淸場歲鬻十萬三百石以給本路天聖以來福漳泉州興化軍皆鬻鹽歲視舊額增四萬八千九百八石熙寧十年有廖恩者起爲盜聚黨掠州郡恩既平御史中丞鄧閏甫言閩越山林險阻連亙數千里無賴姦民比他路爲多大抵盜販鹽耳恩平遂不爲備安知無躡恩之跡而起者乃詔福建路蹇周輔度利害周輔言建劒汀州邵武軍官賣鹽價苦高漳泉福州興化軍鬻鹽價賤故盜多販賣於鹽貴之地異時建州嘗計民產賦錢買鹽而民憚求有司徒出錢或不得鹽今請罷去頗減建劒汀邵武鹽價募上戶爲鋪戶官給劵定月所賣從官場買之如是則民易得鹽盜販不能規厚利又稍與復舊倉選吏增兵立法若盜販知情囊橐之者不以赦原三犯杖編管鄰州已編管復犯者杖配犯處本城皆行之歲增賣二十三萬餘斤而鹽官數外售者不預焉元豐二年提舉鹽事賈青請自諸州改法酌三年之中數立額又請捕盜官獲私鹽多者論賞不限常法三年青上所部賣鹽官吏歲課比舊額增美詔曰周輔承命創法青相繼奉行期年有成課增盜止東南賴之時周輔已擢三司副使監司已次被賞者凡二十八哲宗卽位御史中丞黃履奏福建多以鹽抑民詔去歲先帝已立分遣御史郎官察舉鹽司之法福建遣御史黃降江西遣御史陳次升按之繼又以命吏部郎中張汝賢併察舉周輔所立鹽法降言福州緣王氏之舊每產錢一當餘州之十其科納以此爲率餘隨均定鹽額亦當五倍而實減半焉昨王子京奏立產鹽法失於詳究遂槩以額增多寡之間遼遠絕殊遠民久無以伸詔付汝賢明年按察司盡以所察事狀聞於是福建轉運副使賈青王子京皆坐掊克謫監湖廣鹽酒稅刑部侍郎蹇周輔坐議江西鹽法掊克誕謾削職知和州郟亶坐倡議運廣鹽江西張士澄坐附會推行周輔之法肆志抑擾並黜官閩淸縣尹徐壽獨用鹽法初行能守官不撓民以故不多受課言於朝加賞焉汝賢請定福建產賣鹽額詔從其請凡抑民爲鹽戶及願退不爲行者以徒一年坐之提舉鹽事官知而不舉論如其罪已而殿中侍御史呂陶奏朝廷以福建江西湖南等路鹽法之弊流毒生靈遣使按視譴黜聚斂之吏以慰困窮之民天下皆知公議之不可廢也然湖南江西運賣廣鹽添額之害京東河北榷鹽皆章惇所倡願付有司根治其罪使賊民罔上之臣少知所畏監察御史孫升繼言江西湖南鹽法之害兩路之民殘虐塗炭甚於兵火獨提舉官劉誼乃能上言極其利害誼坐奪官勒停詔復誼官起守韶州崇寧以後蔡京用事鹽法屢變獨福建鹽於政和初斤增錢七用熙寧法聽商人轉廊算請依六路所算末鹽錢每百千留十之一輸請鹽處爲鹽本錢建炎間淮浙之商不通而閩廣之鈔法行未幾淮浙之商既通而閩廣之鈔法遂罷舊法閩之上四州建劒汀邵行官賣鹽法閩之下四州福泉漳化行產鹽法（隨稅輸鹽也）官賣之法既革產鹽之法亦弊鈔法一行弊若可革而民俗又有不便故當時轉運提舉司請上四州依上法下四州且令依舊及鈔法既罷歲令漕司認鈔錢二十萬緡輸行在所榷貨務自後或減或增卒爲二十二萬緡二十七年常平提舉張汝楫復申明鈔法上以問宰執陳誠之奏曰建劒山溪之險細民冒法私販雖官賣鹽猶不能革若使民自賣其能免私販乎私販既多鈔額必虧上曰中間曾用鈔法未幾復罷若可行祖宗已行之矣大抵法貴從容不然不可經久淳熙五年詔泰寧尤溪兩縣計產買鹽之令更不施行八年福建市舶陳峴言福建自元豐二年轉運使王子京建運鹽之法不免有侵盜科擾之弊且天下州縣皆行鈔法獨福建膺運鹽之害紹興初趙不已嘗措置鈔法而終不可行者蓋漕司則籍鹽綱爲增鹽錢州縣則籍鹽綱以爲歲計官員則有賣鹽食錢糜費錢胥吏則有發遣交納常例錢公私齟齬無怪乎不可行也鈔法未成倫序而綱運遽罷百姓率無食鹽故漕運乘此以爲不便請抱引錢而罷鈔法鈔法罷而綱運興官價高而私價賤民多食私鹽而官不售科抑之弊生矣於是詔峴措置峴請從榷貨務自立五十斤至百斤分爲五等造大小鈔給買仍預措置賣鈔先以本錢畀三倉買鹽以備商旅請買九年正月以福建鹽自來運賣近爲鈔法敷擾害民於是詔福建轉運司諸州鹽綱依舊官般官賣三月詔轉運傅自得楊由義廉察官賣鹽未便者措置以聞淳熙十三年四川安撫制置趙汝愚言汀州民貧而官鹽抑配視他州尤甚乞以汀州爲客鈔事下提舉應孟明及汀州守臣議孟明等言上四州軍有去產鹽之地甚邇者官不賣鹽則私禁不嚴民食私鹽則客鈔不售既無翻鈔之地則客賈銷折所以鈔法屢行而屢罷四川濶遠猶不可翻鈔汀州將何所往故鈔法雖良不可行於汀州惟裁減本州并諸縣合輸內錢而嚴科鹽之禁庶幾汀民有瘳矣復下轉運趙彥操等措置裁減以歲運二百萬四千斤會之總減三萬九千三十八緡有奇又免其分隸諸司則汀州六邑歲減於民者三萬九千緡有奇減於官者一萬緡有奇所補州用又在外蓋上四州財賦絕少所恃者官賣鹽耳又瀕海諸郡計產輸錢官給之鹽以供食其後遂爲常賦而民不復請鹽矣此又下四州產鹽之弊也寧宗嘉定六年臣僚嘗極言之於是下轉運司將福之下四州軍凡二十文產以下台輸鹽五斤之家盡免其折戶產錢僅及二十文者不輸鹽錢寶慶二年監察御史梁成大言福建州縣半係頻州產鹽之地利權專屬漕臣乃其職也鹽產於福州興化而運於建劒汀邵四郡二十二縣之民食焉福建提舉司主常平茶事而鹽不預漕司與認淨錢以助用近來越職營利多取綱運分委屬縣縣邑既爲漕司措辦課鹽今又增提舉司之額其勢必盡敷於民殆甚於青苗之害望將運鹽盡歸漕司提舉司不得越職庶幾事權歸一民瘼少蘇矣從之景定元年九月明堂赦曰福建上四州縣倚鹽爲課其間有招趁失時月解拖欠其欠在寶祐五年以前者並與除放尚敢違法計口科抑者監司按劾以聞三年臣僚言福建上四州山多田少稅賦不足州縣上供等錢銀官吏宗子官兵支遣悉取辦於賣鹽轉運司雖拘榷鹽綱實不自賣近年捌例自運鹽兩綱後或歲運十綱至二十綱與上四州縣所運歲額相妨而綱吏搭帶之數不預焉州縣被其攙奪發泄不行上供常賦無從趁辦不免敷及民戶其害有不可勝言者有旨福建轉運司視自來鹽法毋致違戾建寧府南劒州汀州邵武軍依此施行廣州東莞靖康等十三場歲鬻二萬四千餘石以給本路及西路之昭桂州江南之南安軍廉州白石石康二場歲鬻三萬石以給本州及容白欽化蒙龔藤象宜柳邕潯貴賓梧橫南儀鬱林州又高竇春雷融瓊崖儋萬安州各鬻以給本州無定額天聖以後東西海場十三皆領於廣州歲鬻五十一萬三千六百八十六石以給東西二路而瓊崖諸州其地荒阻賣鹽不售類抑配衙前前後官此者或擅增鹽數煎鹽戶力不給有破產者元豐三年朱初平奏蠲鹽之不售者又約所賣數定爲煎額以惠遠民久之廣西漕司奏民戶逋鹽稅其縣令監官雖已代並住奉勒催須足乃罷而廣東漕臣復奏嶺外依六路法以逐州管幹官提點刑獄兼提舉鹽事考較賞罰如之瓊崖等州復請賦鹽於民斤重視其戶等而民滋困矣南渡二廣之鹽皆屬於漕司量諸州歲用而給之鹽然廣東俗富猶可通商廣西地廣莫而彫瘁食鹽有限商賈難行自東廣而出乘大水無灘磧其勢甚易自西廣而出水小多灘磧其勢甚難建炎末鬻鈔未幾復止然官般客鈔亦屢有更革東西兩漕屢有分合紹興元年三月南恩州陽江縣土生鹹募民墾之置竈六十七產鹽七十萬八千四百斤收息錢三萬餘緡十有二月復置廣西茶鹽司八年詔廣西鹽歲以十

分爲率二分令欽廉雷化高五州官賣餘八分行鈔法尋又詔廣東鹽九分行鈔法一分產鹽州縣出賣廣南去中州絶遠土曠民貧賦入不給故漕司鬻鹽以其息什四爲州用可以粗給而民無加賦昭州歲收買鹽錢三萬六千緡以七千緡代潯貴州上供赴經略司買馬餘爲州用及罷官賣遂科七千緡於民戶謂之縻費錢爲九年罷廣東官賣行客鈔法以其錢助鄂兵之費孝宗乾道四年罷鹽鈔令廣西漕司自認漕錢二十萬且廣西之鹽乃漕司出賣自乾道元年因曾連請併歸廣東於是度支唐瑑言廣西鹽引錢欠幾八千萬緡緣向來二廣鹽事分東西兩司而西路鹽常爲東路所侵昔廣西自作一司故鹽不至於虧減今既罷西司併入東路則廣東之鹽無復禁止廣西坐失一路所入故有是命既而宰執進蔣芾之奏鹽利舊屬漕司給諸州歲自賣鈔鹽之後漕司遂以苗米高價折錢今朝廷更不降鹽鈔只令漕司認發歲額則漕司自獲鹽息析米招糴之弊皆去矣九年詔廣州復行官般官賣法淳熙三年詔廣西轉運司歲收官鹽息錢三分撥諸州七分充漕計從經略張栻請也栻去而漕臣趙公滸增鹽直斤百錢爲百六十欽州歲賣鹽千斛而五增之六年侍御史江溥以爲言上黜公滸詔閩廣賣鹽自有舊額定直自今毋得擅增九年詔遣浙西撫幹胡廷直訪求利害與帥漕提舉詳議以聞使還尋以廷直提舉廣東同措置廣西鹽事十五年詔曰廣南在數千里外疾痛難於上聞朕憫之尤切蓋鹽者民資以食向也官利其贏轉而自鬻久爲民疾朕爲之更令俾通販而杜官鬻民固以爲利矣然利於民者官不便焉必胥動以浮言且朕知恤民而已浮言奚恤矧置監司守令以爲民朕有美意弗廣其推顧撓而壞之可乎自今如或有此必寘之法於是命詹儀之知靜江府併廣東西鹽事爲一司其兩路賣鹽歲以十六萬五千籮爲額儀之等言兩路鹽且以十萬籮爲額俟三數年視其增虧乃增其額所有客鈔東西路通貨錢與免以便商販十六年經略應孟明言廣中自行鈔法五六年間州縣率以鈔抑售於民其害有甚於官般詔孟明朱晞顏與提舉廣南鹽事王光祖從長措置經久利便毋致再有科抑之弊寶慶元年以廣州安撫司水軍大爲輿販罷其統領尹椿統轄黃受各降一官鬻鹻爲鹽向并州永利監歲鬻十二萬五千餘石以給本州及忻代石嵐憲遼澤潞麟府州威勝岢嵐火山平定寧化保德軍許商人販鬻不得出境仁宗時分永利東西兩監東隸并州西隸汾州籍州民之有鹻土者爲鐺戶戶歲輸鹽於官謂之課鹽餘則官以錢售之謂之中賣鹽法亦與海鹽同歲鬻視舊額減三千四百三十七石河東唯晉絳慈隰食池鹽餘皆食永利鹽其入官斤爲八錢或六錢出爲錢三十六歲課緡錢十八萬九千有奇自咸平以來蕃商人輦鹽過河西麟府州濁輪砦貿易官爲下其價予之後積鹽益多康定初罷東監鬻鹽三年皇祐中又權罷西監鬻鹽俟鹽少復故時議者請募商人入芻粟麟府州火山軍予券償以鹽從之既而芻粟虛估高券直千錢爲鹽商所抑纔售錢四百有餘而出官鹽五十斤蠹耗縣官或請罷入芻粟第令入實錢轉運司議以爲非便而止大抵鹻土或厚或薄薄則利微鐺戶破產不能足其課至和初韓琦請戶滿三歲地利盡得自言擿他戶代之明年又詔鐺戶輸歲課以分數爲率蠲復有差遇水災又聽擿他戶代役百姓便之河北陝西亦有鬻鹻爲鹽者然其利薄明道初嘗詔廢河中府慶成軍鹻場禁民鬻鹽以侵池鹽之利熙寧八年三司使章惇言兩監舊額歲課二十五萬餘緡自許商人並邊中糧草增饒給鈔支鹽商人得鈔千錢售價半之縣官陰有所亡坐賈獲利不貲又私鹽不禁歲課日減今纔十萬四千餘緡若計糧草虛估官纔得實錢五萬餘緡視舊虧十之八請如解鹽例募商人入錢請買或官自運鬻於本路重私販之禁歲課且大增並邊市糧草一用見錢詔如所奏官自運鬻於本路元豐元年三司戶部副使陳安石言永利東西監鹽請如慶曆前商人輸錢於麟府豐代嵐憲忻岢嵐寧化保德火山等州軍本州軍給券於東西監請鹽以除加饒折糴之弊仍令商人言占戶所賣地卽鹽已運至場務者商人買之加運費如是則官鹽價平而商販通遂行其說用安石爲河東都轉運使安石請犯西北青白鹽者以皇祐敕論罪首從皆編配又青白入河東犯者罪至流所歷官司不察者罪之四年安石自言治鹽歲有美餘及增收忻州鹻地鐺戶馬城池鹽課詔安石遷官賞其屬元祐元年右司諫蘇轍言異時河東除食解鹽餘仰東西永利鹽未嘗闕元豐三年後前宰相蔡確兄礪等始議刱增河東忻州馬城池鹽夾硝味苦民不願買乞下轉運司苟無妨闕卽止勿收詔從之四年陳安石坐爲河東轉運使附會時論與置鹽井害及一路降知鄭州先是熙寧中議收熙河蕃部包順鹽井或以爲非宜王安石謂邊將苟自以情得之何害議者不能奪焉六年詔代州賣鹽年額酌以中數以八十五萬斤爲額部內多少均裁之紹聖元年河東復行官賣法崇寧三年以河東三路鈔無定估本路尤賤害於糴買罷給三路鈔止給見錢鈔他如河北新降鈔法四年詔河東永利兩監土鹽仍官收見緡鬻之聽商人入納算請定往河東州軍罷客販東北鹽入河東者鬻井爲鹽曰益梓夔利凡四路益州路一監九十八井歲鬻八萬四千五百二十二石梓州路二監三百八十五井十四萬一千七百八十石夔州路三監二十井八萬四千八百八十石利州路一百二十九井一萬二千二百石各以給本路大爲監小爲井監則官掌井則土民幹鬻如其數輸課聽往旁境販賣唯不得出川峽初川峽承舊制官自鬻鹽開寶七年詔斤減十錢令幹鬻者有美利但輸十之九太平興國三年右拾遺郭泌上言劍南諸州官糶鹽斤爲錢七十鹽井濬深鬻鹽極苦樵薪益貴輦之甚艱加之風水之虞或至漂喪豪民黠吏相與爲姦賤市於官貴糶於民至有斤獲錢數百官虧歲額民食貴鹽望稍增舊價爲百五十文則豪猾無以規利民有以給食從之有司言昌州歲收虛額鹽萬八千五百餘斤乃開寶中知州李佩掊斂以希課最廢諸井薪錢歲額外課部民鬻鹽民不習其事甚以爲苦至破產不能償其數多流入他部而積年之征不可免詔悉除之其舊額二萬七千六十斤如故端拱元年七月西川食鹽不足許商販階文州青白鹽峽路井鹽永康軍崖鹽勿收算川峽諸州自李順叛後增屯兵乃募人入粟以鹽償之景德二年權三司使丁謂言川峽糧儲充足請以鹽易絲帛詔諸州軍食及二年近溪洞州三年者從其請大中祥符元年詔瀘州南井竈戶遇正至寒食各給假三日所收日額仍與除放三年減瀘州淯井監課鹽三之一仁宗時成都梓夔三路六監與宋初同而成都增井三十九歲課減五萬六千五百九十七石梓州路增井二十八歲課減十一萬一十九石利州路井增十四歲課減四百九十二石三斗有奇夔州路井增十五歲課減三千一百八十四石各以給一路夔州則并給諸蠻計所入鹽直歲輸緡錢五分銀紬絹五分又募人入錢貨諸州卽產鹽厚處取鹽而施黔並邊諸州并募人入米康定元年淮南提點刑獄郭維言川峽素不產銀而募人以銀易鹽又鹽酒場主者亦以銀折歲課故販者趨京師及陝西市銀以歸而官得銀復輦至京師公私勞費請聽入銀京師榷貨務或陝西並邊州軍給券受鹽於川峽或以折鹽酒歲課願入錢二千當銀一兩詔行之既而入銀陝西者少議鹽百斤加二十斤予之并募入中鳳翔永興會西方用兵軍食不足又詔入芻粟並邊俟有備而止芻粟虛估高鹽直賤商賈利之西方既無事猶入中如故夔州轉運使蔣賁以爲入中十餘年虛費夔鹽計直二十餘萬緡令陝西用池鹽之利軍儲有備請如初詔許之先是益利鹽入最薄故并食大寧監解池鹽商賈轉販給之慶曆中令商人入錢貨益州以射大寧監鹽者萬斤增小錢千緡小錢十當大錢一販者滋少蜀中鹽踊貴斤爲小錢二千二百知益州文彥博以爲言詔皆復故四路鹽課縣官之所仰給然井源或發或微而積課如舊任事者多務增課爲功往往貽患後人時方切於除民疾苦尤以遠人爲意有司上言輒爲蠲減初鹽課聽以五分折銀紬絹鹽一斤計錢二十至三十銀一兩紬絹一匹折鹽六百至一千二百後詔以課利折金帛者從時估荆湖之歸峽二州州二井歲課二千八百二十石亦各以給本州熙寧中蜀鹽私販者衆禁不能止欲盡實私井運解鹽以足之議未決神宗以問修起居注沈括對曰私井既容其撲買則不得無私易一切實之而運解鹽使一出於官售此亦省刑罰籠遺利之一端然忠萬戎瀘間夷界小井尤多止之實難若列候加警恐所得不酬所費議遂寢九年劉佐入蜀經度茶事嘗歲運解鹽十萬席侍御史周尹奏成都府路素仰東川產鹽昨轉運司商度賣陵井場遂止東鹽及閉卓筒井失業者衆言利之臣復運解鹽道險續運甚艱成都鹽踊貴東川鹽賤驅民冒法乞東川鹽仍入成都勿閉卓筒井罷官運解鹽詔商販仍舊賣解鹽依客商例禁抑配於民未幾官運解鹽竟罷元祐元年詔委成都提點刑獄郭槩體量鹽事右司監蘇轍劾槩觀望阿附奏不以實且言四川數州賣邛州蒲江井官鹽斤爲錢百二十近歲鹹泉減耗多雜沙土而梓夔路客鹽及民間販小井白鹽價止七八十官司遂至抑配槩不念民朝夕食此貴鹽詔遂罷槩令黃廉體量以聞上封事者言有司於稅課外歲令井輸五十緡謂之官溪錢詔付廉悉蠲之詔自今溪有鹽井輸課利鹽稅外毋得更增以租崇寧二年川峽利洋興劍蓬閬巴綿漢興元府等州並通行東北鹽四年梓遂夔路綿漢州大寧監等鹽仍鬻於蜀惟禁侵解鹽地紹興二年四川總領趙開初變鹽法倣大觀法置合同場收引稅錢大抵與茶法相類而嚴密過之斤

輸引錢二十有五土產稅及增添約九錢四分所過稅錢七分住稅一錢有半引別輸提勘錢六十六其後又增貼輸等錢凡四川四千九百餘井歲產鹽約千餘萬斤引法初行百斤爲一擔又許增十斤勿算以優之其後遞增至四百餘萬緡二十九年減西和州賣鹽直之半孝宗淳熙六年四川制置胡元質總領程价言推排四路鹽井二千三百七十五場四百五除井一千一百七十四場一百五十依舊額煎輸其自陳或糾決增額者井一百二十五場二十四并今渲淘舊井亦願入籍者四百七十九其無鹽之井卽與刻除不敷而抱輸者卽與量減共減錢引四十萬九千八百八十八道而增收錢引十三萬七千三百四十九道庶井戶免困重額七年元質又言鹽井推排所以增有餘補不足有司務求羨餘盈者過取涸者略減盡出私心今後凡遇推排以增補虧不得踰已減之數十一年以京西轉運副使江溥言金州帥司置場拘買商鹽高價科賣致商旅坐困民食貴鹽詔金州依法聽商人從便買賣不得置場拘催初趙開之立榷法也令商人入錢請引井戶但如額鬻鹽輸土產稅而已然鹹脉有盈縮月額有登耗間以虛鈔付之而收其算引法由是大壞井戶既爲商人所要因增其斤重予之每擔有增至百六十斤者又逃絕之井許增額承認小民利於得井界增其額而不能售其引息土產之輸無所從出由是刎縊相尋公私病之光宗紹熙三年吏部尚書趙汝愚言紹興間趙開所議鹽法諸井皆不立額惟禁私賣而諸州縣鎮皆置合同場以招商販其鹽之斤重遠近皆平準之使彼此均一而無相傾奪貴賤以時而爲之翕張今其法盡廢宜下四川總所視舊法施行時楊輔爲總計去虛額閉廢井申嚴合同場法禁斤重之踰格者而重私販之罰鹽直於是頓昂輔又請罷利州東路安撫司所置鹽店六及津渡所收鹽錢與西路興州鹽店後總領陳曄又盡除官井所增之額爲五年戶部言潼川府鹽酒爲蜀重害鹽既收其土產錢給賣官引又從而征之剏州縣額外收稅如買酒錢到岸錢榻地錢之類皆是剏增於是申禁成都潼川利路諸司寧宗嘉定七年詔四川鹽井專隸總所既而宣撫使安丙言防秋藉此以助軍興乃復奪之

茶宋榷茶之制擇要會之地曰江陵府曰眞州曰海州曰漢陽軍曰無爲軍曰蘄州之蘄口爲榷貨務六初京城建安襄復州皆置務後建安襄復州務廢京城務雖存但會給交鈔往還而不積茶貨在淮南則蘄黃廬舒光壽六州官自爲場置吏總之謂之山場者十三六州采茶之民皆隸焉謂之園戶歲課作茶輸租餘則官悉市之其售於官者皆先受錢而後入茶謂之本錢又民歲輸稅願折茶者謂之折稅茶總爲歲課八百六十五萬餘斤其出鬻皆就本場在江南則宣歙江池饒信洪撫筠袁十州廣德興國臨江建昌南康五軍兩浙則杭蘇明越婺處溫台湖常衢睦十二州荊湖則江陵府潭澧鼎鄂岳歸峽七州荊門軍福建則建劍二州歲如山場輸租折稅總爲歲課江南千二十七萬餘斤兩浙百二十七萬九千餘斤荊湖二百四十七萬餘斤福建三十九萬三千餘斤悉送六榷貨務鬻之茶有二類曰片茶曰散茶片茶蒸造實棬模中串之唯建劍則既蒸而研編竹爲格置焙室中最爲精潔他處不能造有龍鳳石乳白乳之類十二等以充歲貢及邦國之用其出虔袁饒池光歙潭岳辰澧州江陵府興國臨江軍有仙芝玉津先春綠芽之類二十六等兩浙及宣江鼎州又以上中下或第一至第五爲號散茶出淮南歸州江南荊湖有龍溪雨前雨後之類十一等江浙又有以上中下或第一至第五爲號者買臘茶斤自二十錢至一百九十錢有十六等片茶大片自六十五錢至二百五錢有五十五等散茶斤自十六錢至三十八錢五分有五十九等鬻臘茶斤自四十七錢至四百二十錢有十二等片茶自十七錢至九百一十七錢有六十五等散茶自十五錢至一百二十一錢有一百九十等民之欲茶者售於官給其日用者謂之食茶出境則給券商賈貿易入錢若金帛京師榷貨務以射六務十三場茶給券隨所射與之願就東南入錢若金帛者聽計直予茶如京師至道末鬻錢二百八十五萬二千九百餘貫天禧末增四十五萬餘貫天下茶皆禁唯川峽廣南聽民自買賣禁其出境凡民茶折稅外匿不送官及私販鬻者沒入之計其直論罪園戶輒毀敗茶樹者計所出茶論如法舊茶園荒薄采造不充其數者蠲之當以茶代稅而無茶者許輸他物主吏私以官茶貿易及一貫五百者死自後定法務從輕減太平興國二年主吏盜官茶販鬻錢三貫以上黥面送闕下淳化三年論直十貫以上黥面配本州牢城巡防卒私販茶依本條加一等論凡結徒持杖販易私茶遇官司擒捕抵拒者皆死太平興國四年詔鬻僞茶一斤杖一百二十斤以上棄市雍熙二年民造溫桑僞茶比犯眞茶計直十分論二分之罪淳化五年有司以侵損官課言加犯私鹽一等非禁法州縣者如太平興國詔條論決茶之爲利甚博商賈轉致於西北利嘗至數倍雍熙後用兵切於餽餉多令商人入芻糧塞下酌地之遠近而爲其直取市價而厚增之授以要券謂之交引至京師給以緡錢又移文江淮荊湖給以茶及顆末鹽端拱二年置折中倉聽商人輸粟京師優其直給茶鹽于江淮淳化三年監察御史薛映祕書丞劉式等請罷諸榷務令商人就出茶州軍官場算買既大省輦運又商人皆得新茶詔以三司鹽鐵副使雷有終爲諸路茶鹽制置使左司諫張觀與映副之四年二月廢沿江八務大減茶價詔下商人頗以江路回遠非便有司又以損直虧課爲言七月復置八務罷制置使副至道初劉式猶固執前議西京作坊使楊允恭言商人市諸州茶新陳相糅兩河陝西諸州風土各有所宜非參以多品則少利罷榷務令就茶山買茶不可行太宗欲究其利害之說命宰相召鹽鐵使陳恕等與式允恭定議召問商人皆願如淳化所減之價不然卽望仍舊有司職出納難於減損皆同允恭之說式議遂寢卽以允恭爲江南淮南兩浙發運兼制置茶鹽使二年從允恭等請禁淮南十二州軍鹽官鬻之商人先入金帛京師及揚州折博務者悉償以茶自是鬻鹽得實錢茶無滯積歲課增五十萬八千餘貫允恭等皆被賞初商人以鹽爲急趨者甚衆及禁江淮鹽又增用茶如百千又有官耗增十年場耗隨所在饒益其輸邊粟者持交引詣京師有坐賈置鋪隸名榷貨務懷交引者湊之若行商則鋪賈爲保任詣京師榷務給錢南州給茶若非行商則鋪賈自售之轉鬻與茶賈及南北和好罷兵邊儲稍緩物價差減而交引虛錢未改旣以茶代鹽而買茶所入不補其給交引停積故商旅所得茶指期於數年之外京師交引愈賤至有裁得所入芻粟之實價官私俱無利是年定監買官虧額自一釐以上罰俸降差遣之制景德二年命鹽鐵副使林特崇儀副使李溥等就三司悉索舊制詳定而召茶商論議別爲新法其於京師入金銀綿帛實直錢五十千者給百貫實茶若須海州茶者入見緡五十五千河北緣邊入金帛芻粟如京師之制而茶增十千次邊增五千河東緣邊次邊亦然而所增有八千六千之差陝西緣邊亦如之而增十五千須海州茶者納物實直五十二千次邊所增如河北緣邊之制其三路近地所入所給皆如京師河北次邊河東緣邊次邊皆不得射海州茶茶商所過當輸算令記錄候至京師併輸之仍約束山場謹其出納議奏三司皆以爲便五月以溥爲淮南制置發運副使委成其事行之一年眞宗慮未盡其要三年命樞密直學士李濬等比較新舊法利害時新法方行商人頗眩惑特等請罷比較從之有司上歲課元年用舊法得五百六十九萬貫二年用新法得四百一十萬貫三年二百八萬貫特言所增蓋官本少而有利乃實課也所虧虛錢耳四年秋特等皆遷官仍詔三司行新法不得輒有改更大中祥符二年特溥等上編成茶法條貫并課利總數二十三策自新法之行舊有交引而未給者已給而未至京師者已至而未磨者悉差定分數折納入官大約商人有舊引千貫者令新法歲入二百千候五歲則新舊皆給足官府有茶充公費者慮其價賤亂法悉改以他物山場節其出耗所過商稅嚴其覺舉諸榷務所受茶皆均第配給場務以交引至先後爲次大商刺知精好之處日夜走僮使齎券詣官率多先焉初禁淮南鹽小商已困至是益不能行六年申監買官賞罰之式凡買到入算茶及租額遞年送榷務交足而有羨餘者卽理爲課績其不入算者雖多不在此限大中祥符五年歲課二百餘萬貫六年至三百萬貫七年又增九十萬貫八年纔百六十萬貫是時數年間有司以京師切須錢商人舊執交引至場務卽付物時或特給程限踰限未至者每十分復令別輸二分見緡謂之貼納豪商率能及限小商或不卽知或無貼納則賤鬻於豪商有司徒知移用之便至存一歲之內文移小改至十數者商人惑之顧望不進乃詔刑部尚書馮拯翰林學士王曾詳定拯等深以愼重敦信爲言而上封者猶競陳改法之弊九年乃命翰林學士李迪權御史中丞淩策侍御史知雜呂夷簡與三司同議條制時以茶多不精給商人罕有饒益行商利薄陝西交引愈賤鬻於市纔八千知秦州曹瑋請於永興鳳翔河中府官出錢市之詔可迪等以入中緡錢金帛舊從商人所有受之至是請令十分輸緡錢四五又定加饒貼納之差然凡有條奏多令李溥裁酌溥務執前制罕所變革天禧二年太常博士李垂請放行茶貨左諫議大夫孫奭言茶法屢改商人不便非示信之道望重定經久之制卽詔奭與三司詳定務從寬簡未幾奭出知河陽事遂止三司言陝西入中芻糧請依河北例斗束量增其直計實錢給鈔入京以見錢買之願受茶貨交引給依實錢數令榷貨務並依時價納緡錢支茶不得更用芻糧文鈔

貼納茶貨詔每入百千增五千茶與之餘從其請時陝西交引益賤京師裁直五千有司惜其費茶五年出內庫錢五十萬貫令閤門祇候李德明於京師市而毀之乾興以來西北兵費不足募商人入中芻粟如雍熙法給券以茶償之後又益以東南緡錢香藥犀齒謂之三說而塞下急於兵食欲廣儲偫不愛虛估入中者以虛錢得實利人競趨焉及其法既弊則虛估日益高茶日益賤入實錢金帛日益寡而入中者非盡行商多其土人既不知茶利厚薄且急於售錢得券則轉鬻於茶商或京師交引鋪獲利無幾茶商及交引鋪或以券取茶或收蓄貿易以射厚利由是虛估之利皆入豪商巨賈券之滯積雖二三年茶不足以償而入中者以利薄不趨邊備日蹙茶法大壞初景德中丁謂爲三司使嘗計其得失以謂邊糴纔及五十萬而東南三百六十餘萬茶利盡歸商賈當時以爲至論厥後雖屢變法以捄之然不能亡敝天聖元年命三司使李諮等較茶鹽礬稅歲入登耗更定其法遂置計置司以樞密副使張士遜參知政事呂夷簡魯宗道總之首考茶法利害奏言十三場茶歲課緡錢五十萬天禧五年纔及緡錢二十三萬每券直錢十萬鬻之售錢五萬五千總爲緡錢實十三萬除九萬餘緡爲本錢歲纔得息錢三萬餘緡而官吏廩給雜費不預是則虛數多而實利寡請罷三說行貼射法其法以十三場茶買賣本息并計其數罷官給本錢使商人與園戶自相交易一切定爲中估而官收其息如鬻舒州羅源場茶斤售錢五十有六其本錢二十有五官不復給但使商人輸息錢三十有一而已然必輦茶入官隨商人所指予之給券爲驗以防私害故有貼射之名若歲課貼射不盡或無人貼射則官市之如舊園戶過期而輸不足者計所負數如商人入息舊輸茶百斤益以二十斤至三十五斤謂之耗茶亦皆罷之其入錢以射六務茶者如舊制先是天禧中詔京師入錢八萬給海州荊南茶入錢七萬四千有奇給眞州無爲蘄口漢陽并十三場茶皆直十萬所以饒裕商人而海州荊南茶善而易售商人願得之故入錢之數厚於他州其入錢者聽輸金帛十之六至是既更爲十三場法又募入錢六務而海州荊南增爲八萬六千眞州無爲蘄口漢陽增爲八萬商人入芻粟塞下者隨所在實估度地里遠近量增其直以錢一萬爲率遠者增至七百近者三百給券至京一切以緡錢償之謂之見錢法願得金帛若他州錢或茶鹽香藥之類者聽大率使茶與邊糴各以實錢出納不得相爲輕重以絕虛估之敝朝廷皆用其說行之期年豪商大賈不能爲輕重而論者謂邊糴償以見錢恐京師府藏不足以繼爭言其不便會江淮計置司言茶有滯積壞敗者請一切焚棄朝廷疑變法之弊下書責計置司又遣官行視茶積諮等因條上利害且言嘗遣官視陝西河北以鎮戎軍定州爲率鎮戎軍入粟直二萬八千定州入粟直四萬五千給茶皆直十萬以蘄州市茶本錢視鎮戎軍粟直反亡本錢三之一得不償失敝在茶與邊糴相須爲用故更今法以新舊二法較之乾興元年用三說法每券十萬茶售錢五萬一千至六萬二千香藥象齒售錢四萬一千有奇東南緡錢售錢八萬三千而京師實入緡錢五十七萬有奇邊儲芻二百五萬餘圍粟二百九十八萬石天聖元年用新法至二年茶及香藥東南緡錢每給直十萬茶入實錢七萬四千有奇至八萬香藥象齒入錢七萬二千有奇東南緡錢入錢十萬五百而京師實入緡錢增一百四萬有奇邊儲芻增一千一百六十九萬餘圍粟增二百一十三萬餘石舊以虛估給券者至京師爲出錢售之或折爲實錢給茶貴賤從其市估其先賤售於茶商者券錢十萬使別輸實錢五萬共給天禧五年茶直十五萬小商百萬以下免輸錢每券十萬給茶直七萬至七萬五千天禧茶盡則給乾興以後茶仍增別輸錢五萬者爲七萬並給耗如舊俟舊券盡而止如此又省合給茶及香藥象齒東南緡錢總直緡錢一百七十一萬二府大臣亦言所省及增收計爲緡錢六百五十餘萬時邊儲有不足以給一歲者至是多者有四年少者有二年之蓄而東南茶亦無滯積之弊其計直司請校棄者特累年壞敗不可用者爾推行新法功緒已見蓋積年侵蠹之源一朝閉塞商賈利於復故欲有以動搖而論者不察其實助爲游說願力行之毋爲流言所易於是詔有司榜諭商賈以推行不變之意賜典吏銀絹有差然論者猶不已

宋史卷一百八十三考證

食貨志下五福建州縣半係瀕州產鹽之地○瀕州應作瀕海

江南之南安軍○按南安宋屬江西上南字應是西字之譌

買臘茶斛自二十錢至一百九十錢有十六等散茶自十五錢至一百二十一錢有一百九十等○臣開鼎按通考臘茶自三十五錢至一百九十錢散茶有一百九等與此不符

宋史卷一百八十四

元　中書右丞相總裁脫脫等修

食貨志第一百三十七

食貨下六　茶下

茶天聖三年八月詔翰林侍講學士孫奭等同究利害奭等言十三場茶積而未售者六百一十三萬餘斤蓋許商人貼射則善者皆入商人其入官者皆麤惡不時故人莫肯售又園戶輸歲課不足者使如商人入息而園戶皆細民貧弱力不能給煩擾益甚又姦人倚貼射爲名強市盜販侵奪官利其弊不可不革十月遂罷貼射法官復給本錢市茶商人入錢以售茶者奭等又欲優之請凡入錢京師售海州荊南茶者損爲七萬七千售眞州等四務十三場茶者又第損之給茶皆直十萬自是河北入中復用三說法舊給東南緡錢者以京師榷貨務錢償之奭等議既用益以李諮等變法爲非明年摭計置司所上天聖二年比視虧數差謬詔令嘗典議官張士遜等條析夷簡言天聖初環慶等路數奏芻糧不給京師府藏常闕緡錢吏兵月奉僅能取足自變法以來京師積錢多邊計不聞告乏中間蕃部作亂調發兵馬仰給有司無不足之患以此推之頗有成效三司比視數目差互不同非執政所能親自較計然士遜等猶被罰諮罷三司使初園戶負歲課者如商人入息後不能償至四年太湖等九場凡逋息錢十三萬緡詔悉蠲之然自奭等改制而茶法寖壞景祐中三司使孫居中等言自天聖三年變法而河北入中虛估之敝復類乾興以前蠹耗縣官請復行見錢法時諮已執政矣三年河北轉運使楊偕亦陳三說法十二害見錢法十二利以謂止用三說所支一分緡錢足以贍一歲邊計遂命諮與參知政事蔡齊等合議且令詔商人訪其利害是歲三月諮等請罷河北入中虛估以實錢償芻粟實錢售茶皆如天聖元年之制又以北商持券至京師舊必得交引鋪爲之保任并得三司符驗然後給錢以是京師坐賈率多邀求三司吏稽留爲姦乃悉罷之命商持券徑趣榷貨務驗實立償之錢初奭等雖增商人入錢之數而猶以爲利薄故競市虛估之券以射厚利而入錢者寡縣官日以侵削京師少蓄藏至是諮等請視天聖三年入錢數第損一千有奇入中增直亦視天聖元年數第加三百詔皆可之前已用虛估給券者給茶如舊仍給景祐二年已前茶既而諮等又言天聖四年嘗許陝西入中願得茶者每錢十萬所在給券徑趣東南受茶一十萬一千茶商獲利爭欲售陝西券故不復入錢京師請禁止之并言商人所不便者其事甚悉請爲更約束重私販之禁聽商人輸錢五分餘爲置籍召保期半年悉償失期者倍其數事皆施行諮等復言自奭等變法歲損財利不可勝計且以天聖九年至景祐二年較之五年之間河北入中虛費緡錢五百六十八萬今一旦復用舊法恐豪商不便依託權貴以動朝廷請先期申諭於是帝爲下詔戒敕而縣官濫費自此少矣久之上書者復言自變法以來歲輦京師金帛易芻粟於河北配擾居民內虛府庫外困商旅非便寶元元年命御史中丞張觀等與三司議之觀等復請入錢京師以售眞州等四務十三場茶直十萬者又視景祐三年數損之爲錢六萬七千入中河北願售茶者又損一千既而詔又第損二千於是入錢京師止爲錢六萬五千入中河北爲錢六萬四千而已康定元年葉清臣爲三司使是歲河北穀賤因請內地諸州行三說法募人入中且以東南鹽代京師實錢詔糴止二百萬石慶曆二年又請募人入芻粟如康定元年法數足而止自是三說稍復用矣八年三司鹽鐵判官董沔亦請復三說法三司以爲然因言自見錢法行京師錢入少出多慶曆七年榷貨務緡錢入百十九萬出二百七十六萬以此較之恐無以贍給請如沔議以茶鹽香藥緡錢四物如之於是有四說之法初詔止行於並邊諸州而內地諸州有司蓋未嘗請卽以康定元年詔書從事自是三說四說二法並行於河北不數年間茶法復壞芻粟之直大約虛估居十之八米斗七百甚者千錢券至京師爲南商所抑茶每直十萬止售錢三千富人乘時收蓄轉取厚利三司患之請行貼買之法每券直十萬比市估三千倍爲六千復入錢四萬四千貼爲五萬給茶直十萬詔又損錢一萬然亦不足以平其直久之券

比售錢三千者纔得二千往往不售北商無利入中者寡公私大弊皇祐二年知定州韓琦及河北轉運司皆以爲言下三司議三司奏自改法至今凡得穀二百二十八萬餘石芻五十六萬餘圍而費緡錢一百九十五萬有奇茶鹽香藥又爲緡錢一千二百九十五萬有奇茶鹽香藥民用有限榷貨務歲課不過五百萬緡今散於民間者既多所在積而不售故券直亦從而賤茶直十萬舊錢六萬五千今止二千以至香一斤舊售錢三千八百今止五六百公私兩失其利請復行見錢法一用景祐三年約束乃下詔曰比食貨法壞芻粟價益倍縣官之費日長商賈不行豪富之家乘時牟利吏緣爲姦自今有議者須究厥理審可施用若事已上而驗問無狀者寘之重罰是時雖改見錢法而京師積錢少不足以支入中之費帝又出內藏庫錢帛百萬以賜三司久之入中者寖多京師帑藏益乏商人持券以俟動彌歲月至損其直以售於蓄賈之家言利者請出內藏庫錢稍增價售之歲可得遺利五十萬緡既行而諫官范鎭謂內藏庫榷貨務皆領縣官豈有榷貨務故稽商人而令內藏乘時射利傷體壞法莫斯爲甚詔卽罷之然自此並邊虛估之弊復起至和三年河北提舉糴便糧草薛向建議並邊十七州軍歲計粟百八十萬石爲錢百六十萬緡豆六十五萬石芻三百七十萬圍並邊租賦歲可得粟豆芻五十萬其餘皆商人入中請罷並邊入粟自京輦錢帛至河北專以見錢和糴時揚察爲三司使請用其說因輦絹四十萬匹當緡錢七十萬又蓄見錢及擇上等茶場八總爲緡錢百五十萬儲之京師而募商人入錢並邊計其道里遠近優增其直以是償之且省輦運之費唯入中芻豆計直償以茶如舊行未數年論者謂輦運科折煩擾居民且商人入錢者少芻豆虛估益高茶益賤詔翰林學士韓絳等卽三司經度絳等言自改法以來邊儲有備商旅頗通未宜輕變唯輦運之費悉從官給而本路舊輸稅絹者毋得折爲見錢入中芻豆罷勿給茶所在平其市估至京償以銀紬絹自是茶法不復爲邊糴所須而通商之議起矣初官既榷茶民私蓄盜販皆有禁臘茶之禁又嚴於他茶犯者其罪尤重凡告捕私茶皆有賞然約束愈密而冒禁愈繁歲報刑辟不可勝數園戶困於征取官司並緣侵擾因陷罪戾至破產逃匿者歲比有之又茶法屢變歲課日削至和中歲市茶淮南纔四百二十二萬餘斤江南三百七十五萬餘斤兩浙二十三萬餘斤荊湖二百六萬餘斤唯福建天聖末增至五十萬斤詔特損五萬至是增至七十九萬餘斤歲售錢並本息計之纔百六十七萬二千餘緡官茶所在陳積縣官獲利無幾論者皆謂宜弛禁便先是天聖中有上書者言茶鹽課虧帝謂執政曰茶鹽民所食而強設法以禁之致犯者衆顧經費尚廣未能弛禁爾景祐中葉淸臣上疏曰山澤有產天資惠民兵食不充財臣兼利草芽木葉私不得專對園置吏隨處立筦一切官禁人犯則刑旣奪其資又加之罪黥流日報踰冒不悛誠有厚利重貨能濟國用聖仁恤隱矜赦非辜猶將弛禁緩刑爲民除害度支費用甚大榷易所收甚薄剗剝園戶資奉商人使朝廷有聚斂之名官曹滋虐濫之罰虛張名數刻蠹黎元建國以來法敝輒改載詳改法之由非有爲國之實皆商吏協計倒持利權幸在更張倍求其美富人豪族坐以賈贏薄販下估日皆朘削官私之際俱非遠策臣竊嘗校計茶利所入以景祐元年爲率除本錢外實收息錢五十九萬餘緡又天下所售食茶并本息歲課亦秖及三十四萬緡而茶商見通行六十五州軍所收稅錢已及五十七萬緡若令天下通商秖收稅錢自及數倍卽榷務山場及食茶之利盡可籠取又況不費度支之本不置榷易之官不興輦運之勞不濫徒黥之辟臣意生民之弊有時而窮盛德之事俟聖不惑議者謂榷賣有定率征稅無彝準通商之後必虧歲計臣按管氏鹽鐵法計口受賦茶爲人用與鹽鐵均必令天下通行以口定賦民獲善利又去嚴刑口數出錢人不厭取景祐元年天下戶千二十九萬六千五百六十五丁二千六百二十萬五千四百四十一三分其一爲產茶州軍內外郭鄉又居三分之一丁賦三十村鄉丁賦二十不產茶州軍郭村鄉如前計之又第損十錢歲計已及緡錢四十萬榷茶之利凡止九十餘萬緡通商收稅且以三倍舊稅爲率可得一百七十餘萬緡更加口賦之入乃有二百一十餘萬緡或更於收稅則例微加增益卽所增至寡所聚愈厚比於官自榷易驅民就刑利病相須炳然可察時下三司議皆以爲不可行至嘉祐中著作佐郎何鬲三班奉職王嘉麟又皆上書請罷給茶本錢縱園戶貿易而官收租錢與所在征算歸榷貨務以償邊糴之費可以疏利源而寬民力嘉麟爲登平致頌書十卷隆衍視成策二卷上之淮南轉運副使沈立亦集茶法利害爲十卷陳通商之利時富弼韓琦曾公亮執政決意嚮之力言於帝三年九月命韓絳陳升之呂景初卽三司置局議之十月三司言茶課緡錢歲當入二百二十四萬八千嘉祐二年纔及一百二十八萬又募人入錢皆有虛數實爲八十六萬而三十九萬有奇是爲本錢纔得子錢四十六萬九千而輦運糜耗喪失與官吏兵夫廩給雜費又不與焉至於園戶輸納侵擾日甚小民趨利犯法刑辟益繁獲利至少爲弊甚大宜約至和以後一歲之數以所得息錢均賦茶民恣其買賣所在收算請遣官詢察利害以聞詔遣官分行六路還言如三司使議便四年二月詔曰古者山澤之利與民共之故民足於下而君裕於上國家無事刑罰以淸自唐建中時始有茶禁上下規利垂二百年如聞比來爲患益甚民被誅求之困日惟咨嗟官受濫惡之入歲以陳積私藏盜販犯者實繁嚴刑重誅情所不忍是於江湖之間幅員數千里爲陷穽以害吾民也朕心惻然念此久矣間遣使者往就問之而皆驩然願弛其禁歲入之課以時上官一二近臣條析其狀朕猶若慊然又於歲輸裁減其數使得饒阜以相爲生俾通商利歷世之敝一旦以除著爲經常弗復更制損上益下以休吾民尚慮喜於立異之人緣而爲姦之黨妄陳奏議以惑官司必寘明刑無或有貸初所遣官既議弛禁因以三司歲課均賦茶戶凡爲緡錢六十八萬有奇使歲輸縣官比輸茶時其出幾倍朝廷難之爲損其半歲輸緡錢三十三萬八千有奇謂之租錢與諸路本錢悉儲以待邊糴自是唯臘茶禁如舊餘茶肆行天下矣論者猶謂朝廷志於恤人欲省刑罰其意良善然茶戶困於輸錢而商賈利薄販鬻者少州縣征稅日蹙經費不充學士劉敞歐陽修頗論其事敞疏大要以謂先時百姓之摘山者受錢於官而今也顧使之納錢於官受納之間利害百倍先時百姓冒法販茶者被罰耳今悉均賦於民賦不時入刑亦及之是良民代冒法者受罪先時大商富賈爲國懋遷而州郡收其稅今大商富賈不行則稅額不登且乏國用脩言新法之行一利而有五害大略與敞意同時朝廷方排衆論而行之敞等雖言不聽也治平中歲入臘茶四十八萬九千餘斤散茶二十五萬五千餘斤茶戶租錢三十二萬九千八百五十五緡又儲本錢四十七萬四千三百二十一緡而內外總入茶稅錢四十九萬八千六百緡推是可見茶法得失矣自天聖以來茶法屢易嘉祐始行通商雖議者或以爲不便而更法之意則主於優民熙寧四年神宗與大臣論昔茶法之弊文彥博吳充王安石各論其故然於茶法未有所變及王韶建開湟之策委以經略七年始遣三司幹當公事李杞入蜀經畫買茶於秦鳳熙河博馬而韶言西人頗以善馬至邊所嗜唯茶乏茶與市卽詔趙杞據見茶計水陸運致又以銀十萬兩帛二萬五千度僧牒五百付之假常平及坊場餘錢以著作佐郎蒲宗閔同領其事初蜀之茶園皆民兩稅地不殖五穀唯宜種茶賦稅一例折輸蓋爲錢三百折輸紬絹皆一匹若爲錢十則折輸綿一兩爲錢二則折輸草一圍役錢亦視其賦民賣茶資衣食與農夫業田無異而稅額總三十萬杞被命經度又詔得調舉官屬迺卽屬諸州剏設官場歲增息爲四十萬而重禁榷之令其輸受之際往往壓其斤重侵其價直法既加急矣八年杞以疾去先是杞等歲增十萬之息既而運茶積滯歲課不給卽建畫於彭漢二州歲買布各十萬匹以折脚費實以布息助茶利然茶亦未免積滯都官郎中劉佐復議歲易解鹽十萬席顧運回車船載入蜀而禁商販蓋恐布亦難敷也詔既以佐代杞未幾鹽法復難行遂罷佐而宗閔乃議川峽路民茶息收什之三盡賣於官場更嚴私交易之令稍重至徒刑仍沒緣身所有物以待賞給於是蜀茶盡榷民始病焉十年知彭州呂陶言川峽四路所出茶比東南十不及一諸路既許通商兩川却爲禁地虧損治體如解州有鹽池民間煎者乃是私鹽晉州有礬山民間煉者乃是私礬今川蜀茶園皆百姓己物與解鹽晉礬不同又市易司籠制百貨歲出息錢不過十之二然必以一年爲率今茶場司務重立法盡榷民茶隨買隨賣取息十之三或今日買十千之茶明日卽作十三千賣之變轉不休比至歲終豈止三分因奏劉佐李杞蒲宗閔等苟希進用必欲出息三分致茶戶被害詔息止收十之一佐坐措置乖方罷以國子博士李稷代之而陶亦得罪稷依李杞例兼三司判官仍委權不限員舉劾侍御史周尹論蜀中榷茶爲民害罷爲提點湖北刑獄利州路漕臣張宗諤張升卿議廢茶場司依舊通商詔付稷稷方以茶利要功言宗諤等所陳皆疏謬罪當無赦雖會赦猶皆坐貶秩二等於是稷建議賣茶官非材許對易如闕員於前資待闕官差茶場司事州郡毋得越職聽治又以茶價增減或不一裁立中價定歲入課額及設酬賞以待官吏而三路三十六場大小使臣並不限員重園戶採造黃花秋葉茶之禁犯者沒官蒲宗閔亦援稷比許舉劾官吏以重其權二人皆務浚利刻急茶場監官買茶精良及滿五千馱以及萬馱

第賞有差而所買麤惡僞濫者計虧坐贓論凡茶場州軍知州通判並兼提舉經畧使所在卽委通判又禁南入熙河秦鳳涇原路如私販臘茶法自熙寧十年冬推行茶法元豐元年秋凡一年通課利及舊界息稅七十六萬七千六十餘緡帝謂稷能推原法意日就事功宜速遷擢以勸在位遂落權發遣以爲都大提舉茶場而用永興軍等路提舉常平范純粹同提舉久之用稷言徙司秦州而錄李杞前勞以子珏試將作監主簿蒲宗閔更請巴州等處產茶並用榷法五年李稷死永樂城詔以陸師閔代之師閔言稷治茶五年百費外獲淨息四百二十八萬餘緡詔賜田十頃而師閔榷利尤刻於前建言文階州接連而茶法不同階爲禁地有博馬賣茶場文獨爲通商地乞文龍二州並禁榷仍許川路餘羨茶貨入陝西變賣於成都府置博賣都茶場事皆施行初羣牧判官郭茂恂言賣茶買馬事實相須詔茂恂同提舉茶場至是師閔以買馬司兼領茶場茶法不能自立詔罷買馬司兼領令茶場都大提舉視轉運使同管幹視轉運判官以重其任賈種民更立茶法師閔論奏茶場與他場務不同詔並用舊條初李杞增諸州茶場自熙寧七年至元豐八年蜀道茶場四十一京西路金州爲場六陝西賣茶爲場三百三十二稅息至稷加爲五十萬及師閔爲百萬元祐元年侍御史劉摯奏疏曰蜀茶之出不過數十州人賴以爲生茶司盡榷而市之園戶有茶一本而官市之額至數十斤官所給錢靡耗於公者名色不一給借保任輸入視驗皆牙儈主之故費於牙儈者又不知幾何是官於園戶名爲平市而實奪之園戶有逃而免者有投死以免者而其害猶及鄰伍欲伐茶則有禁欲增植則加市故其俗論謂地非生茶也實生禍也願遣使者考茶法之弊以蘇蜀民右司諫蘇轍繼言呂陶嘗奏改茶法止行長引令民自販每緡長引錢百詔從其請民方有息肩之望孫迥李稷入蜀商度盡力掊取息錢長引並行民間始不易矣且盜賊贓及二貫止徒一年出賞五千今民有以錢八百私買茶四十斤者輒徒一年賞三十千立法苟以自便不顧輕重之宜蓋造立茶法皆傾險小人不識事體且備陳五害呂陶亦條上利害詔付黃廉體量未至摯又言陸師閔恣爲不法不宜仍任事詔卽罷之先是師閔提舉榷茶所行職務他司皆不得預聞事權震灼爲患深密及黃廉就領茶事乃請凡緣茶事有侵損戾法或措置未當及有訴訟依元豐令聽他司關送十一月蒲宗孟亦以附會李稷貢茶罷明年熙河秦鳳涇原三路茶仍官爲計置永興鄜延環慶許通商凡以茶易穀者聽仍舊毋得踰轉運司和糴價其所博斛斗勿取息七年詔成都等路茶事司以三百萬緡爲額本紹聖元年復以陸師閔都大提舉成都等路茶事而陝西復行禁榷師閔乃奏龍州仍爲禁茶地凡茶法並用元豐舊條師閔自復用以訖哲宗之世其掊克之迹不若前日之著故建明亦罕見焉茶之在諸路者神宗哲宗朝無大更革熙寧八年嘗詔都提舉市易司歲貢商茶以三百萬斤爲額元祐五年立六路茶稅租錢諸州通判轉運司月暨歲終比較都數之法七年以茶隸提刑司稅務毋得更易爲雜稅收受紹聖四年戶部言商旅茶稅五分治平條立輸送之限旣寬復慮課入無準故定以限約毋得更展元祐中輒展以季課入漏失且茶稅歲計七十萬緡積十年未嘗檢察請內外委官期一年驅算以聞詔聽其議展限令出一時毋承用崇寧元年右僕射蔡京言祖宗立禁榷法歲收淨利凡三百二十餘萬貫而諸州商稅七十五萬貫有奇食茶之算不在焉其盛時幾五百餘萬緡慶曆之後法制寖壞私販公行遂罷禁榷行通商之法自後商旅所至與官爲市四十餘年利源寖失謂宜荆湖江淮兩浙福建七路所產茶仍舊禁榷官買勿復科民卽產茶州郡隨所置場申商人園戶私易之禁凡置場地園戶租折稅仍舊產茶州軍許其民赴場輸息量限斤數給短引於旁近郡縣便鬻餘悉聽商人於榷貨務入納金銀緡錢或並邊糧草卽本務給鈔取便算請於場別給長引從所指州軍鬻之商稅自場給長引沿道登時批發至所指地然後計稅盡輸則在道無苛留買茶本錢以度牒末鹽鈔諸色封樁坊場常平剩錢通三百萬緡爲率給諸路諸路措置各分命官詔悉聽焉俄定諸路措置茶事官置司湖南於潭州湖北於荆南淮南於揚州兩浙於蘇州江東於江寧府江西於洪州其置場所在蘄州卽其州及蘄水縣壽州以霍山開順光州以光山固始舒州卽其州及羅源大湖黃州以麻城廬州以舒城常州以宜興湖州卽其州及長興德清安吉武康睦州卽其州及青溪分水桐廬遂安婺州卽其州及東陽永康浦江處州卽其州及遂昌青田蘇杭越各卽其州而越之上虞餘姚諸暨新昌剡縣皆置焉衢台各卽其州而溫州以平陽大法旣定其制置節目不可毛舉四年京復議更革遂罷官置場商旅並卽所在州縣或京師給長短引自買於園戶茶貯以籠篰官爲抽盤循第敘輸息訖批引販賣茶事益加密矣大觀元年議提舉茶事司須保驗一路所產茶色高下價直低昂而請茶短引以地遠近程以三等之期復慮商旅影挾舊引冒詐規利官吏因得擾動以御筆申飭之又以諸路再定茶息多寡或不等令后各增錢十三年計七路一歲之息一百二十五萬一千九百餘緡榷貨務再歲一百十有八萬五千餘緡京專用是以舞智固權自是歲以百萬緡輸京師所供私奉掊息益厚盜販公行民滋病矣政和二年大增損茶法凡請長引再行者輸錢百緡卽往陝西加二十茶以百二十斤短引輸緡錢二十茶以二十五斤私造引者如川錢引法歲春茶出集民戶約三歲實直及今價上戶部茶籠篰並皆官製聽客買定大小式嚴封印之法長短引輒竄改增減及新舊對帶繳納申展住賣轉鬻科條悉具初客販茶用舊引者未嚴斤重之限影帶者衆於是又詔凡販長引斤重及三千斤者須更買新引對賣不及三千斤者卽用新引以一斤帶二斤鬻之而合同場之法出矣場置於產茶州軍而簿給於都茶場凡不限斤重茶委官司秤製毋得止憑批引爲定有贏數卽沒官別定新引限程及重商旅規避秤製之禁凡十八條若避匿抄劄及擅賣皆坐以徒復慮茶法猶輕課入不美定園戶私賣及有引而所賣踰數保內有犯不告並如煎鹽亭戶法短引及食茶關子輒出本路坐以二千里流賞錢百萬重和元年詔客販輸稅檢括抵保吏因擾民其蠲之未幾復輸稅如舊大抵茶鹽之法主於蔡京務巧掊利變改法度前後相踰民聽眩惑初令茶戶投狀籍於官非在籍者禁與商旅貿易未幾卽罷初限計斤重令買新引茶有贏者卽及一千五百斤須用新引貼販或止願販新茶帶賣者聽未幾以帶賣者多又罷其令陝西舊通蜀茶崇寧二年始通東南茶政和中陝西沒官茶令估賣繼以妨商旅下令焚棄俄令正茶沒官者聽與販引外剩茶及私茶數以給告者長引限以一年短引限以半歲繳納久之令已買引而未得於園戶者期七年許民間同見緡流轉長引聽卽本路住賣以二浙鹽香司有言而止其科條纖悉紛更不可勝記慮商旅疑豫茶貨不通迺重扇搖之令於時掊克之吏爭以贏羨爲功朝廷亦嚴立比較之法州郡樂賞畏刑惟恐負課優假商人陵轢州郡益莫有言者獨邠州通判張益謙奏陝西非產茶地奉行十年未經立額歲歲比較第務增益稍或虧少程督如星州縣懼殿多前路招誘豪商增價以幸其來故陝西茶價斤有至五六緡者或稍裁之則批改文引轉之他郡及配之鋪戶安能盡售均及稅農民實受害徒令豪商坐享大利言竟不行然自茶法更張至政和六年收息一千萬緡茶增一千二百八十一萬五十一百餘斤及方臘竊發乃詔權罷比較臘誅有司議招集園戶借貸優恤止於文具姦臣仍用事蠹國害民又慮人言扇搖之令復出矣靖康元年詔川茶侵客茶地者以多寡差定其罪初熙寧五年以福建茶陳積乃詔福建茶在京京東西淮南陝西河東仍禁榷餘路通商元豐七年王子京爲福建轉運副使言建州臘茶舊立榷法自熙寧權聽通商自此茶戶售客人茶甚良官中所得惟常茶稅錢極微南方遺利無過於此乞仍舊行榷法建州歲出茶不下三百萬斤南劍州亦不下二十餘萬斤欲盡買入官度逐州軍民戶多少及約鄰路民用之數計置卽官場賣嚴立告賞禁建州賣私末茶借豐國監錢十萬緡爲本並從之所請均入諸路榷賣委轉運司官提舉福建王子京兩浙許懋江東杜偉江西朱彥博廣東高鑄然子京蓋未免抑配於民時遠方若桂州修仁諸縣夔州路達州有司皆議榷茶言利者踵相躡然神宗聞鄂州失催茶稅輒蠲之建州園戶等以茶麤濫當剝納爲錢三萬六千餘緡慮其不能償令準輸茶初成都帥司蔡延慶言邛部川蠻主苴尅等願賣馬卽詔延慶以茶招來後聞邊計蠻情非便卽罷之哲宗嗣位御史安惇首劾王子京買臘茶抑民詔罷子京事任令福建禁榷州軍視其舊餘並通商桂州修仁等縣禁榷及陝西碎賣芽茶皆罷崇寧二年尚書有言建劍二州茶額七十餘萬斤近歲增盛而本錢多不繼詔更給度牒四百仍給以諸色封樁繼詔商旅販臘茶蠲其稅私販者治元售之家如元豐之制臘茶舊法免稅大觀三年措置茶事始收焉四年私販勿治元售之家如元符令政和初復增損爲新法三年詔免輸短引許依長引於諸路住賣後末骨茶每長引增五百斤短引倣此諸路監司州郡公使食茶禁私買聽依商旅買引六年詔福建茶園如鹽田量土地產茶多寡依等第均稅重和元年以改給免稅新引重定福建末茶斤重長引以六百斤爲率元豐中宋用臣都提舉汴河隄岸剏奏修置水磨凡在京茶戶擅磨末茶者有禁並許赴官請買而茶鋪入米豆雜物揉和者募人告一兩賞三千及一斤十千至五十千止商賈販茶應往府界及在京師須令產茶山場州

軍給引並赴京場中賣犯者依私販臘茶法諸路末茶入府界者復嚴爲之禁訖元豐末歲獲息不過二十萬商旅病焉元祐初寛茶法議者欲罷水磨戶部侍郎李定以失歲課持不可廢侍御史劉摯右諫司蘇轍等相繼論奏遂罷紹聖初章惇等用事首議修復水磨乃詔即京索大源等河爲之以孫迥提舉復命兼提舉汴河隄岸四年場官錢景逢獲息十六萬餘緡呂安中二十一萬餘緡以差議賞元符元年戶部上凡獲私末茶并雜和者即犯者未獲估價給賞並如私臘茶獲犯人法雜和茶宜棄者斤特給二十錢至十緡止初元豐中修置水磨止於在京及開封府界諸縣未始行於外路及紹聖復置其後遂於京西鄭滑潁昌府河北澶州皆行之又將即濟州山口營置崇寧二年提舉京城茶場所奏紹聖初興復水磨歲收二十六萬餘緡四年於長葛等處京索潩水河增修磨二百六十餘所自輔郡榷法罷遂失其利請復舉行從之尋詔商販臘茶入京城者本場盡買之其翻引出外者收堆垜錢裁元豐制更立新額歲買山場草茶以五百萬斤爲率客茶至京者許官場買十之三即索價故高驗元引買價量增三年詔罷之明年改令磨戶承歲課視酒戶納麴錢法五年復罷民戶磨茶官用水磨仍依元豐法應緣茶事併隸都提舉汴河堤岸司大觀元年改以提舉茶事司爲名尋命茶場茶事通爲一司三年復撥隸京城所一用舊法政和元年京城所請商旅販茶起引定入京住賣者即許借江入汴如元豐舊制其借江入汴却指他路住賣者禁巳請引者並令赴京二年以課入不登商賈留滯詔以其事歸尚書省於是尚書省言水磨茶自元豐剏立止行於近畿昨乃分配諸路以故至弊欲止行於京城仍行通客販餘路水磨並罷從之四年收息四百萬貫有奇比舊三倍遂剏月進高宗建炎初於眞州印鈔給賣東南茶鹽當是時茶之産於東南者浙東西江東西湖南北福建淮南廣東西路十州六十有六縣二百四十有二雪川顧渚生石上者謂之紫笋毗陵之陽羨紹興之日鑄婺源之謝源隆興之黃龍雙井皆絕品也建炎三年置行在都茶場罷合同場十有八惟洪江興國潭建各置場一監官一罷食茶小引捕私茶法視捕私鹽二十一年秦檜等始進茶鹽法先是臣僚或因事建明朝廷亦因時損益至是審訂成書上之孝宗隆興二年淮東宣諭錢端禮言商販長引茶水路不許過高郵陸路不許過天長如願往楚州及盱眙界引貼輸翻引錢十貫五百文如又過淮北貼輸亦如之當是時商販自榷場轉入虜中其利至博議禁雖嚴而民之犯法者自若也乾道二年戶部言商販至淮北榷場折博除輸翻引錢更輸通貨儈息錢十一緡五百文八年減輸翻引錢止七緡通貨儈息錢止八緡淳熙二年以長短茶引權以半依原引斤重錢數分作四緡小引印給而翻引貼輸錢隨小引輸送光宗紹熙初漳州守臣朱熹奏除屬邑科茶七千餘緡臣僚申明長短小引相兼從人之便戶部言給賣小引除金銀會子分數入輸餘願專以會子筭請者聽寧宗嘉泰四年知隆興府韓邈奏請隆興府惟分寧縣産茶他縣無茶而豪民武斷者乃請引窮索一鄉使認茶租非便於是禁非産茶縣不許民擅認茶租建寧臘茶北苑爲第一其最佳者曰社前次曰火前又曰雨前所以供玉食備賜予太平興國始置大觀以後製愈精數愈多胯式屢變而品不一歲貢片茶二十一萬六千斤建炎以來葉濃楊勍等相因爲亂園丁亡散遂罷之紹興二年蠲未起大龍鳳茶一千七百二十八斤五年復減大龍鳳及京鋌之半十二年興榷場遂取臘茶爲榷場本凡胯截片鋌不以高下多少官盡榷之申嚴私販入海之禁議者請鬻建茶於臨安移茶司事於建州買發明年以失陷引錢復令通商自是上供龍鳳京鋌茶料凡製作之費篚笥之式令漕司專之蜀茶之細者其品視南方已下惟廣漢之趙坡合州之水南峨眉之白牙雅安之蒙頂土人亦珍之但所産甚微非江建比也舊無榷禁熙寧間始置提舉司收歲課三十萬至元豐中累增至百萬建炎元年成都轉運判官趙開言榷茶買馬五害請用嘉祐故事盡罷榷茶而令漕司買馬或未能然亦當減額以蘇園戶輕價以惠行商如此則私販衰而盜賊息遂以開同主管川秦茶馬二年開至成都大更茶法倣蔡京都茶場法以引給茶商即園戶市茶百斤爲一大引除其十勿筭置合同場以譏其出入重私商之禁爲茶市以通交易每斤引錢春七十夏五十市利頭子錢不預焉所過征一錢所止一錢五分自後引息錢至一百五萬緡至十七年都大茶馬韓球盡取園戶加饒之茶爲額茶司歲收二百萬而買馬之數不加多乾道末年青羌作亂茶司增長細馬名色等錢歲三十萬淳熙六年以後累減園戶重額錢十六萬又減引息錢十六萬至紹熙初楊輔爲使遂定爲法成都府利州路二十三場歲産茶二千一百二萬斤通博馬物帛歲收錢二百四十九萬三千餘緡朝廷歲以一百一十三萬緡隸總領所贍軍然茶馬司率多難之乾道以後歲撥止一二十萬緡至淳熙十年遂以五十萬緡爲準自熙豐以來茶司官權出諸司之上初元豐開川秦茶場園戶既輸二稅又輸土産隆安縣園戶二稅土産兼輸外又催理茶課估錢建炎元年立爲額至寧宗慶元初始除之六年詔四川産茶處歲輸經總制頭子錢五千四十一道有奇又科租錢三千一百四十道有奇宋初經理蜀茶置互市于原渭德順三郡以市蕃夷之馬熙寧間又置場于熙河南渡以來文黎珍敘南平長寧階和凡八場其間盧甘蕃馬歲一至焉洮州蕃馬或一月或兩月一至焉疊州蕃馬或半年或三月一至焉皆良馬也其他諸蕃馬多駑大率皆以互市爲利宋朝曲示懷遠之恩亦以是羈縻之紹興二十四年復黎州及雅州碉門靈犀砦易馬場乾道初川秦八場馬額九千餘匹淳熙以來爲額萬二千九百九十四匹自後所市未嘗及焉

宋史卷一百八十四考證

食貨志下六因奏劉佐李杞蒲宗關等○關應作閔

蒲宗孟亦以附會李稷賣茶罷○孟應作閔

宋史卷一百八十五

元　中書右丞相總裁脫脫等修

食貨志第一百三十八

食貨下七　酒　阬冶　礬　香附

酒宋榷酤之法諸州城內皆置務釀酒縣鎮鄉閭或許民釀而定其歲課若有遺利所在多請官酤三京官造麴聽民納直以取陝滑蔡潁隨郢鄧金房州信陽軍舊皆不榷太平興國初京西轉運使程能請榷之所在置官吏局署取民租米麥給釀以官錢市薪槱及吏工奉料歲計獲無幾而主吏規其盈羨及醞齊不良酒多醨薄至課民婚葬量戶大小令酤民甚被其害歲儉物貴殆不償其費太宗知其弊淳化五年詔募民自釀輸官錢減常課三之二使其易辦民有應募者檢視其貲産長吏及大姓共保之後課不登則均償是歲取諸州歲課錢少者四百七十二處募民自酤或官賣麴收其直其後民應募者寡猶多官釀陝西雖榷酤而尚多遺利咸平五年度支員外郞李士衡請增課以助邊費乃歲增十一萬餘貫兩浙舊募民掌榷雍熙初以民多私釀歲蠲其禁其榷酤歲課如麴錢之制附兩稅均率二年詔曰有司請罷杭州榷酤乃使豪舉之家坐專其利貧弱之戶歲責所輸本欲惠民乃成侵擾宜仍舊榷酒罷納所均錢天禧四年轉運副使方仲荀言本道酒課舊額十四萬貫遺利尚多乃歲增課九萬八千貫川峽承舊制賣麴價重開寶二年詔減十之二既而頗興榷酤言事者多陳其非便太平興國七年罷仍舊賣麴自是惟夔建開施瀘黔涪黎威州梁山雲安軍及河東之麟府州荊湖之辰州福建之福泉汀漳州興化軍廣南東西路不禁自春至秋酤成卽鬻謂之小酒其價自五錢至三十錢有二十六等臘釀蒸鬻候夏而出謂之大酒自八錢至四十八錢有二十三等凡醞用秫糯粟黍麥等及麴法酒式皆從水土所宜諸州官釀所費穀麥準常糴以給不得用倉儲酒匠役人當受糧者給錢凡官麴麥一斗爲麴六斤四兩賣麴價東京南京斤直錢百五十五西京減五咸平末江淮制置增榷酤錢頗爲煩刻景德二年詔毋增榷自後制置使不得兼領酒榷四年又詔中外不得更議增課以圖恩奬天禧初著作郞張師德使淮南上言鄉村酒戶年額少者望並停廢從之至道二年兩京諸州收榷課銅錢一百二十一萬四千餘貫鐵錢一百五十六萬五千餘貫京城賣麴錢四十八萬餘貫天禧末榷課銅錢增七百七十九萬六千餘貫鐵錢增一百三十五萬四千餘貫麴錢增二十九萬一千餘貫五代漢初犯麴者並棄市周至五斤者死建隆二年以周法太峻犯私麴至十五斤以私酒入城至三斗者始處極刑餘論罪有差私市酒麴者減造人罪之半三年再下酒麴之禁戶私造差定其罪城郭二十斤鄉閭三十斤棄市民持私酒入京城五十里西京及諸州城二十里者至五斗處死所定里數外有官署酤酒而私酒入其地一石棄市乾德四年詔比建隆之禁第減之凡至城郭五十斤以上鄉閭百斤以上私酒入禁地二石三石以上至有官署處四石五石以上者乃死法益輕而犯者鮮矣端拱二年令民買麴釀酒酤者縣鎮十里如州城二十里之禁天聖以後北京售麴如三京法官售酒麴亦畫疆界戒相侵越犯皆有法其不禁之地大槩與宋初同唯增永興軍大通監川峽之茂州富順監時天下承平既久戶口寖蕃爲酒醪以靡穀者益衆乾興初言者謂諸路酒課月比歲增無有藝極非古者禁羣飲敎節用之義遂詔鄉村毋得增置酒場已募民主之者期三年他人雖欲增課以售勿聽主者自欲增課委官吏度異時不至虧額負課然後上聞既而御史中丞晏殊請酒場利薄者悉禁增課天聖七

年詔民間有吉凶事酤酒舊聽自便毋抑配而江淮荊湖兩浙酒戶往往豪制良民至出引目抑使多售其嚴禁止犯者聽人告募人代之慶曆初三司言陝西用兵軍費不給尤資榷酤之利請較監臨官歲課增者第賞之繼令蕭定基王琪等商度利害初酒場歲課不登州縣多責衙前或伍保輸錢以充其數嘉祐治平中數戒止之治平四年手詔蠲京師酒戶所負榷錢十六萬緡又江南比歲所增酒場强率人酤酒者禁止皇祐中酒麴歲課合緡錢一千四百九十八萬六千一百九十六至治平中減二百一十二萬三千七百三而皇祐中又入金帛絲纊芻粟材木之類總其數四百萬七百六十治平中乃增一百九十九萬一千九百七十五熙寧三年詔諸郡遇節序毋得以酒相饋初知渭州蔡挺言陝西有醞公使酒交遺至踰二十驛道路煩苦詔禁之至是都官郎中沈行復言知莫州柴貽範饋他州酒至九百餘瓶用兵夫踰一百人故并諸路禁焉四年三司承買酒麴坊場錢率千錢稅五十儲以祿吏六月令式所删定官周直孺言在京麴院酒戶鬻酒虧額原於麴數多則酒亦多多則價賤賤則人戶損其利爲今之法宜減數增價使酒有限而必售則人無耗折之患而官額不虧請以百八十萬斤爲定額閏年增十五萬斤舊直斤百六十八百以八十五爲數後增爲二百百用省數以便入出七年諸郡舊不釀酒者許釀以公使錢率百緡爲千石溢額者以違制論在京酒戶歲用糯三十萬石九年江浙災傷米直騰貴詔選官至所產地預給錢俟成稔折輸於官未幾詔勿行止以所糴在京新米與已糴米半用之元豐元年增在京酒戶麴錢較年額損麴三十萬斤閏年益造萬斤二年詔在京鬻麴歲以百二十萬斤爲額斤直錢二百五十俟鬻及舊額令復舊價酒戶負糟糯錢更期以二年帶輸并蠲未請麴數十萬斤先是京師麴法自熙寧四年更定後多不能償雖屢閣未請麴數及損歲額爲百五十萬斤斤增錢至二百四十未免逋負至是命畢仲衍與周直孺講求利病請損額增直均給七十店令日輸錢周歲而足月輸不及數計所負倍罰其炊醞非時擅益器量及用私麴皆立告賞法悉施行之而裁其價三年詔帶輸舊麴錢及倍罰錢仍寬以半歲未經免罰者蠲三之一五年外居宗室酒止許於舊宮院尊長及近屬寄醞增永興軍乾祐縣十酒場酒戶負糟糯錢更令三年之內增月限以輸並除限內罰息其倍罰麴錢已蠲三之一下戶更免一分元祐元年删監司鬻酒及三路饋遺條紹聖二年左司諫翟思言諸郡釀酒非沿邊並復熙寧之數詔熙寧五年以前諸郡不釀酒及有公使錢而無酒者所釀並依熙寧編敕數仍令諸郡所減勿逾百石舊不及數者如舊毋得於例外供饋後又以陝西沿邊官監酒務課入不足乃令邊郡非帥府並酌條制定釀酒數諸將并城砦止許於官務寄釀崇寧二年知漣水軍錢景允言建立學舍請以承買醋坊錢給用詔常平司計無害公費如所請仍令他路準行之初元祐臣僚請罷榷醋戶部謂本無禁文後翟思請以諸郡醋坊日息用餘悉歸常平至是景允有請故令常平計之十月諸路官鹽酒直上者升增錢二中下增一以充學費餘裨轉運司歲用大觀四年以兩浙轉運司之請官監鬻糟錢別立額比較又詔諸郡榷酒之池入出酒米並別遣倉官費醋毋得越郡城五里外凡縣鎮村並禁其息悉歸轉運司舊屬常平者如故政和二年淮南發運副使董正封言杭州都酒務甲於諸路治平前歲課三十萬緡今不過二十萬請令分務爲三更置比較務二毋增官吏兵匠仍請本路諸郡並增務比較從之四年兩浙轉運司亦請置務比較定課額釀酒收息以增虧爲賞罰詔酒務官二員者分兩務三員者復增其一員雖多毋得過四務內有官雖多而課息不廣者聽如舊是歲以湖南路諸務糟酵錢分入提舉司令斤增錢三爲直達糧綱水工之費立酒匠闕聽選試清務廂軍之法清務者本州選刺供踏麴釁蒸之役闕則募人以充宣和二年公使庫假用米麴及因耗官課者以坐贓罪之監官移替三年發運使陳遘奏江淮等路官監酒直上者升權增錢五文增三爲江浙新復州縣之用其後尚書省請令他路悉行之詔如其請所收率十之三以給漕計餘輸大觀庫五年罷夔路榷酤未幾復舊以轉運司言新邊城砦藉以供億故也六年在任官以奉酒抑賣坊戶轉鬻者論以違制律先是政和末嘗詔毋得令人置肆以鬻令併禁之諸路增酒錢如元豐法悉充上供爲戶部用毋入轉運司七年諸路鬻醋息率十五爲公使餘如鈔旁法令提刑司季具儲備之數毋得移用靖康元年兩浙路酒價屢增較熙豐幾倍而歲稔米麴直賤民規利輕冒法遂令罷所增價渡江後屈於養兵隨時增課名目雜出或主於提刑或領於漕司或分隸於經總制司惟恐軍資有所未裕建炎三年總領四川財賦趙開遂大變酒法自成都始先罷公帑實供給酒卽舊撲買坊場所置隔釀設官主之民以米入官自釀斛輸錢三十頭子錢二十二明年徧下其法於四路歲遞增至六百九十餘萬緡凡官槽四百所私店不預焉於是東南之酒額亦日增矣四年以米麴價高詔上等升增二十文下等升增十八文俟米麴價平依舊紹興元年兩浙酒坊於買撲上添淨利錢五分季輸送戶部又增諸酒錢上升二十文下十文其諸州軍賣酒虧折隨宜增價一分州用一分漕計一分隸經制司先是酒有定價每增須上請是後郡縣始自增而價不一矣五年令諸州酒不以上下升增五文隸制總司六年以紹興二年以後三年中一年中數立額其增羨給郡縣用罷四川州軍縣鎮酒官百七員其酒息微處並罷之七年以戶部尚書章誼等言行在置贍軍酒庫四川制置使胡世將卽成都潼川資普廣安立清酒務許民買撲歲爲錢四萬八千餘緡自趙開行隔槽法增至十四萬六千餘緡（紹興元年）及世將改官監所入又倍自後累增至五十四萬八千餘緡（紹興二十五年）而外邑及民戶坊場又爲三十九萬緡（淳熙二年）然隔槽之法始行聽就務分槽醞賣官計所入之米而收其課若未病也行之旣久醞賣虧欠則責入米之家認輸不復覈其米而第取其錢民始病矣十年罷措置贍軍酒庫所官吏悉歸戶部以左曹郎中兼領以點檢贍軍酒庫爲名與本路漕臣共其事十五年弛夔路酒禁以南北十一庫並充贍軍激賞酒庫隸左右司十七年省四川清酒務監官成都府二員與元遂寧府漢綿邛蜀彭簡果州富順監并漢州綿州縣各一員二十一年詔諸軍買撲酒坊監官賞格依舊（四萬三萬貫已上場務增及一倍減一年磨勘二倍減二年磨勘三倍減三年磨勘四倍減四年磨勘二萬一萬貫已上場務增及一倍減三季磨勘二倍減一年磨勘三倍減三年磨勘七千貫已上場務增及一倍升三季名次二倍減一年磨勘三倍減一年半磨勘四倍減二年磨勘七千貫已下場務增及一萬貫減一年磨勘二萬貫減二年磨勘三萬貫減三年磨勘四萬貫減四年磨勘）二十五年罷諸路漕司寄造酒二十七年以隔槽酒擾民許買撲以便民罷官監後復制之三十年以點撿措置贍軍酒庫改隸戶部旣而戶部侍郎邵大受等言歲計賴經總制窠名至多今諸路歲虧二百萬皆緣諸州公使庫廣造別置店酤賣以致酒務例皆敗壞詔罷諸州別置酒庫如軍糧酒庫防月庫月椿庫之類并省務寄造酒及帥司激買酒庫凡未分隸經總制錢處並立額分隸補趁虧額三十一年殿帥趙密以諸軍酒坊六十六歸之戶部（見九年）同安郡王楊存中罷殿帥復以私撲酒坊九上之歲通收息六十萬緡有奇以十分爲率七分輸送行在三分給漕計蓋自軍興以來諸帥擅榷酤之利由是縣官始得資之以佐經費焉孝宗乾道元年以浙東西犒賞庫六十四隸三衙輸課於左藏南庫餘錢充隨年贍軍及造軍器二年詔臨安府安撫司酒庫悉歸贍軍并贍軍諸庫及臨安府安撫司酒務令戶部取三年所收一年中數立額日售錢萬緡歲收本錢一百四十萬息錢一百六十萬麴錢二萬羨餘獻以內藏者又二十萬其後增爲五十萬四年立場務官賞格七年以淮西總領周閎言總所庫四安撫司庫五都統司庫十八馬軍司庫一增置行宮庫一共爲庫二十九以三年最高年爲額其行宮新庫息錢除分認諸處錢及縻費以淨息三分爲率一分輸御前酒庫以提領建康府戶部贍軍酒庫爲名遂鑄印及改庫名八年知常德府劉邦瀚言江北之民困於酒坊至貧乏之家不捐萬錢則不能舉一吉凶之禮乃檢乾道重修敕令申嚴抑買之禁淳熙三年詔四川酒課折估困弊可減額錢四十七萬三千五百餘緡令禮部給降度牒六百六十一道補還令歲減數明年於四川合給湖廣總所錢補之寧宗開禧元年知臨安府兼點撿贍軍激賞庫趙善防轉運判官提領戶部犒賞酒庫詹徽之言官吏冗費請諸司官屬兼管明年又以都省言課額失陷依舊辟置初趙開之立隔釀法也蓋以紓一時之急其後行之諸郡國家贍兵郡縣經費率取給於此故雖罷行增減不一而足而其法卒不可廢云

坑冶凡金銀銅鐵鉛錫監冶場務二百有一金產商饒歙撫四州南安軍銀產鳳建桂陽三州有三監饒信虔越衢處道福汀漳南劍韶廣英連恩春十七州建昌邵武南安三軍有五十一場秦隴興元三州有三務銅產饒處建英信汀漳南劍八州南安邵武二軍有三十五場梓州有一務鐵產徐兗相三州有四監河南鳳翔同虢儀蘄黃袁英九州興國軍有十二冶晉磁鳳澧道渠合梅陝耀坊虔汀吉十四州有二十務信鄂連建南劍五州邵武軍有二十五場鉛產越建連英春韶衢汀漳南劍十州南安邵武二軍有三十六場務錫產河南南康虔道賀潮循七州南安軍有九場水銀產秦階商鳳四州有四場朱砂產商宜二州富順監有三場開寶三年詔曰古者不貴難得之貨後代賦及山澤上加侵削下益彫弊每念玆事深疚于懷未能捐金於山豈忍奪人之利自今桂陽監歲輸課銀宜減三分之一民鑄銅爲佛像浮圖及人物之無用者禁之銅鐵不得闌出蕃界及化外至道二年有司言定州諸山多銀礦而鳳州

山銅礦復出採鍊大獲而皆良焉請置官署掌其事太宗曰地不愛寶當與衆庶共之不許東西川監酒商稅課半輸銀帛外有司請令二分入金景德三年詔以非土產罷之天聖中登萊採金歲益數千兩仁宗命奬勸官吏宰相王曾曰採金多則背本趨末者衆不宜誘之景祐中登萊饑詔弛金禁聽民採取俟歲豐復故然是時海內承平已久民間習俗日漸侈靡糜金以飾服器者不可勝數重禁莫能止焉景祐慶曆中屢下詔申敕之語在輿服志大率山澤之利有限或暴發輒竭或採取歲久所得不償其費而歲課不足有司必責主者取盈仁宗英宗每降赦書輒委所在視冶之不發者或廢之或蠲主者所負歲課率以爲常而有司有請亦輒從之無所吝故冶之興廢不常而歲課增損隨之皇祐中歲得金萬五千九十五兩銀二十一萬九千八百二十九兩銅五百一十萬八百三十四斤鐵七百二十四萬一千斤鉛九萬八千一百五十一斤錫三十三萬六百九十五斤水銀二千二百斤其後以赦書從事或有司所請廢冶百餘既而山澤興廢至治平中或增冶或復故者六十有八而諸州阬冶總二百七十一登萊商饒汀南恩六州金之冶十一登虢秦鳳商隴越衢饒信虔郴衡漳汀泉建福南劍英韶連春二十三州南安建昌邵武三軍桂陽監銀之冶八十四饒信虔建漳汀南劍泉韶英梓十一州邵武軍銅之冶四十六登萊徐兗鳳翔陝儀邢虢磁虔吉袁信澧汀泉建南劍英韶渠合資二十四州興國邵武二軍鐵之冶七十七越衢信汀南劍英韶春連九州邵武軍鉛之冶三十商虢虔道賀潮循七州錫之冶十六而水銀丹砂州冶與至道天禧之時則一皆置吏主之是歲視皇祐金減九千六百五十六銀增九萬五千三百八十四銅增一百八十七萬鐵錫增百餘萬鉛增二百萬又得丹砂二千八百餘斤獨水銀無增損焉熙寧元年詔天下寶貨阬冶不廢而負歲課者蠲之八年令近阬冶坊郭鄉村并淘採烹鍊人並相爲保保內及於阬冶有犯知而不糾或停盜不覺者論如保甲法元豐元年諸阬冶金總收萬七百一十兩銀二十一萬五千三百八十五兩銅千四百六十萬五千九百六十九斤鐵五百五十萬一千九十七斤鉛九百十九萬七千三百三十五斤錫二百三十二萬一千八百九十八斤水銀三千三百五十六斤朱砂三千六百四十六斤十四兩有奇先是熙寧七年廣西經畧司言邕州右江填乃洞產金請以鄧闢監金場後五年凡得金爲錢二十五萬緡闢遷官者再焉元豐四年始以所產薄罷貢而虔吉州界鉛悉禁之七年戶部尚書王存等請復開銅禁各展磨勘年有差是歲阬冶凡一百三十六所領於虞部紹聖元年戶部尚書蔡京奏岑水場銅額寖虧而商號間苗脉多陝民不習烹採久廢不發請募南方善工詣陝西經畫擇地興冶於是以許天啓同管幹陝西阬冶事元符三年天啓罷領阬冶以其事歸之提刑司初新舊阬冶合爲一司而漕司兼領天啓爲同管幹欲專其事慮有所牽制乃請川陝京西路阬冶自爲一司許檢束州縣剌舉官吏而漕司不復兼阬冶至是中書奏天啓所領首末六歲總新舊銅止收二百六萬餘斤而兵匠等費繁多故罷之崇寧元年提舉江淮等路銅事游經言信州膽銅古阬二一爲膽水浸銅工少利多其水有限一爲膽土煎銅無窮而爲利寡計置之初宜增本損息浸銅斤以錢五十爲本煎銅以八十詔用其言諸路阬冶自川陝京西之外並令常平司同管幹所收息薄而煩官監者如元符紹聖敕立額許民封狀承買四年湖北旺溪金場以歲收金千兩乃置監官廣東漕臣王覺自言嘗領常平講求山澤之利岑水一場去年收銅比租額增三萬九千一百斤較之常年亦增六十六萬一千斤遂增其秩是歲山澤阬冶名數令監司置籍非所當收者別籍之若弛興廢置移併亦令具注上於虞部大觀二年詔金銀阬發雖告言而方檢視私開淘取者以盜論阬冶舊不隸知縣縣丞者並令兼監賞罰減正官一等有冶地知縣月一行點閱言者論其職在宣導德澤平征賦獄訟不宜爲課利走山谷間遂已之八月提舉陝西阬冶司改併入轉運司政和元年張商英言湖北產金非止辰沅靖溪峒其峽州夷陵宜都縣荆南府枝江江陵縣赤湖城至鼎州皆商人淘採之地漕司既乏本錢提舉司買止千兩且無專司定額請置專切提舉買金司有金苗無官監者許遣部內州縣官及使臣掌幹詔提舉官措畫以聞仍於荆南置司廣東漕司復奏端州高明惠州信上立溪場皆宜停閉韶州曹峒場英州銀岡場皆併入英之清溪場惟黃坑場欲權存俟歲終會所入別奏惠州楊梅東阬康州雲列潮州豐政連州元魚銅阬黃田白寶廣州大利宜祿韶州伍注岑水銅岡循州大佐羅翊英州鍾銅凡十六場請並如舊循之夜明英之竹溪韶之思溪連之同安請更遣攝官從之三年尚書省言陝西路阬冶已遣官吏提轄措置川路金銀阬冶興廢應失利源詔令陝西措置官兼行川路事阬冶所收金銀銅鉛錫鐵水銀朱砂物數令工部置籍籤注歲半消補上之尚書省自是戶工部尚書省皆有籍鉤考然所憑推帳狀至有有額而無收有收而無額乃責之縣丞監官及曹部奉行者而更督遍年違負之數九月措置陝西阬冶蔣彝奏本路阬冶收金千六百兩他物有差詔輸大觀西庫彝增秩官屬各減磨勘年四年令監司遣官同諸縣丞遍視阬冶之利爲圖籍籤注監司覆實保奏議遣官再覆酌重輕加賞異同脫漏者罪之六年川陝路各置提轄措置阬冶官劉芑計置萬永州產金一歲收二千四百餘兩特與增秩十二月廣東漕司言本路鐵場阬冶九十二所歲額收鐵二百八十九萬餘斤浸銅之餘無他用詔令官悉市以廣浸仍以諸司及常平錢給本尚書省奏五路阬冶已有提轄措置專司及淮南湖北廣東西亦監司領其餘路請並令監司領之於是江東西福建兩浙漕臣皆領阬冶七年提舉東南九路阬冶徐禋奏太平瑞應史不絕書令部內山澤阬冶若或希世珍物及古寶器請赴書藝局上進蓋自政和初京西漕臣王璹奏太和山產水精知桂州王覺奏枕門等處產金及生花金田提轄京西阬冶王景文奏汝州青嶺鎮界產瑪瑙其後湟州界蕃官結彪地內金阬千餘收生麩金四等凡百三十四兩有奇蔡京請宣付史館帥百官表賀故禋復有是請焉是時河北京東西及徐禋所領九路興修阬冶類鑿空擾下抑州縣承額於是降黜河北提轄官遣廉訪使者鄭諶并諸路廉訪悉究陳利病眞僞八月中書奏阬冶寖已卽緒詔京東西河北路并提舉東南九路阬冶並罷十一月尚書省言徐禋以東南黑鉛留給鼓鑄之餘悉造丹粉鬻以濟用詔諸路常平司以三十萬輸大觀西庫餘從所請明年令諸路鐵倣茶鹽法榷鬻置鑪冶收鐵給引召人通市苗脉微者聽民出息承買以所收中賣於官私相貿易者禁之先是元豐六年京東漕臣吳居厚奏徐鄆青等州歲製軍器及上供簡鐵之類數多而利國萊蕪二監鐵少不能給請鐵從官興煽所獲可多數倍自是官榷鐵造器用以鬻於民至元祐罷之其後大觀初入內皇城使裴絢爲涇原幹當奏上渭州通判苗冲淑之言石河鐵冶既令民自採鍊中賣於官請禁民私相貿易農具器用之類悉官爲鑄造其冶坊已成之物皆以輸官而償其直乃禁毋得私相貿易農具器用勿禁官自賣鐵唯許鑄瀉戶市之政和初臣僚言鹽鐵利均今鹽筴推行已備而鐵貨尚未講畫請卽冶戶未償之錢收其已鍊之鐵爲器鬻之兼京東二監所出尤多河北固鎮等冶並官監其利不貲而河東鐵炭最盛若官榷爲器以贍一路旁及陝雍利入甚廣且以銷盜鑄之弊又夏人茶山鐵冶既入中國乏鐵爲器聞以鹽易鐵錢於邊若官自爲器則鐵與錢俱重可伐其謀請榷諸路鐵擇其最盛者可置監設官總之槩諸路不越數十處餘止爲鑄瀉之地屬之都監或監當官兼領凡農具器用皆官鑄造表以字號官本之餘取息二分以上仍置鐵引以通諸路儲其錢助三路鈔本詔戶部下諸路漕臣詳度會次年廣東路請以可監之地如舊法收其淨利苗脉微者召人承買官不榷取遂併諸路詳度之旨不行至是臣僚復以爲言故嚴貿易之禁而鐵利盡榷於官然農具器用從民鑄造卒如舊法四月廣東廉訪黃烈等言廣惠英康韶州興慶府政和中寶貨司立阬冶金銀等歲額或苗脉微或無人承買而浮冗之人虛託其名發毀民田騷動邀賂詔政和六年所立額並罷舊有苗脉可給歲課者如故十一月復諸路元罷提舉阬冶官其江南路仍令江西漕臣劉棠同措置宣和元年石泉軍江溪沙磧麩金許民隨金脉淘採立課額或以分數取之十月復置相州安陽縣銅冶村監官先是詔留邢州綦村磁州固鎮兩冶餘剏置冶並罷而常平司謂銅冶村近在河北得利多故有是命六年詔阬冶之利二廣爲最比歲所入稽之熙豐十不逮一令漕臣鄭良提舉經畫分任官屬典掌計置取元豐以來歲入多數立額定爲常賦阬冶司毋預焉時江淮荆浙等九路阬冶凡二百四十五鑄錢院監十八歲額三百餘萬緡五月詔阬冶舊隸轉運司者如熙豐紹聖崇寧以後隸常平司者如崇寧法其江淮等路阬冶官屬如熙豐員數餘路官屬並罷仍令中書選提點官靖康元年諸路阬冶苗礦既微或舊有今無悉令蠲損凡民承買金場並罷宋初舊有阬冶官置場監或民承買以分數中賣於官初隸諸路轉運司本錢亦資焉其物悉歸之內帑崇寧已後廣搜利穴榷賦益備凡屬之提舉司者謂之新阬冶用常平息錢與剩利錢爲本金銀等物往往皆積之大觀庫自蔡京始政和間數罷數復然告發之地多壞民田承買者立額重或舊有今無而額不爲損欽宗卽位詔悉罷之南渡阬冶廢興不常歲入多寡不同今以紹興三十二年金銀銅鐵鉛錫之冶廢興之數一千一百七十及乾道二年鑄錢司比較所入之數

附之湖南廣東江東西金冶二百六十七廢者一百四十二湖南廣東福建浙東廣西江東西銀冶一百七十四廢者八十四潼川湖南利州廣東浙東廣西江東西福建銅冶一百九廢者四十五舊額歲七百五萬七千二百六十斤有奇乾道歲入二十六萬三千一百六十斤有奇淮西夔州成都利州廣東福建浙東廣西江東西鐵冶六百三十八廢者二百五十一舊額歲二百一十六萬二千一百四十斤有奇乾道歲入八十八萬三百斤有奇淮西湖南廣東福建浙東江西鉛冶五十二廢者一十五舊額歲三百二十一萬三千六百二十斤有奇乾道歲入一十九萬一千二百四十斤有奇湖南廣東江西錫冶一百一十八廢者四十四舊額歲七十六萬一千二百斤有奇乾道歲入二萬四百五十斤有奇宋初諸冶外隸轉運司內隸金部崇寧二年始隸石曹建炎元年復隸金部轉運司隆興二年阬冶監官歲收買金及四千兩銀及十萬兩銅錫及四十萬斤鉛及一百二十萬斤者轉一官守倅部內歲比租額增金一萬兩銀十萬兩銅一百萬斤亦轉一官令丞歲收買及監官格內之數減半推賞慶元二年宰執言封樁銀數比淳熙末年虧額幾百五十萬今務場所入歲不滿三十萬而歲奉三宮及冊寶費約四十萬恐愈侵銀額欲權以三分爲率一分支銀二分支會子上曰善端平三年赦曰諸路州縣阬冶興廢在觀寺祠廟公宇居民墳地及近墳園林地者在法不許人告亦不得受理訪聞官司利於告發更不究實多致擾害自今許人戶越訴官吏并訟者重寘典憲及有阬冶停閉苗脉不發之所州縣勒令阬戶虛認歲額提點鑄錢司覈實追正

礬唐於晉州置平陽院以收其利開成三年度支奏罷之乃以礬山歸之州縣五代以來復刱務置官吏宋因之白礬出晉慈坊州無爲軍及汾州之靈石縣綠礬出慈隰州及池州之銅陵縣皆設官典領有鑊戶鬻造入官市晉汾慈州礬以一百四十斤爲一駄給錢六十隰州礬駄減三十斤給錢八百博賣白礬價晉州每駄二十一貫五百慈州又增一貫五百綠礬汾州每駄二十四貫五百慈州又增五百隰州每駄四貫六百散賣白礬坊州斤八十錢汾州百九十二錢無爲軍六十錢綠礬斤七十錢建隆中詔商人私販幽州礬官司嚴捕沒入之繼定私販河東幽州礬一兩以上私鬻礬三斤及盜官礬至十斤者棄市開寶三年增私販至十斤私鬻及盜滿五十斤者死餘罪論有差太平興國初以歲鬻不充遁詔私販化外礬一兩以上及私鬻至十斤並如律論決再犯者悉配流還復犯者死淳化元年有司言慈礬滯積小民多於山谷僻奧之地私鬻侵利而綠礬價賤不宜與晉礬均法詔同犯私茶罪賞先是建隆二年命左諫大夫劉熙古詣晉州制置礬許商人輸金銀布帛絲綿茶及緡錢官償以礬凡歲增課八十萬貫太平興國初歲博緡錢金銀計一十二萬餘貫茶計三萬餘貫端拱初銀絹帛二萬餘貫茶計十四萬貫至是言者謂礬直酬以見錢商人以陳茶入博有利豪商無資國用詔今後惟聽金銀見錢入博至道中白礬歲課九十七萬六千斤綠礬四十萬五千餘斤鬻錢一十七萬餘貫眞宗末白礬增二十萬一千餘斤綠礬增二萬三千餘斤鬻錢增六萬九千餘貫天聖以來晉慈二州礬募民鬻之季鬻礬一盆多者千五六百斤少者六七百斤四分輸一入官餘則官市之無爲軍亦置務鬻礬後聽民自鬻官置場售之私售礬禁如私售茶法六年詔弛兩蜀榷礬之禁時河東礬積益多復聽入金帛芻粟芻粟虛估高商人利於入中麟州粟斗實直錢百虛估增至三百六十礬之出官爲錢二萬一千五百緡易粟六石計粟實直錢纔六千而礬一駄已費本錢六十縣官徒有榷礬之名其實無利嘉祐六年罷入芻粟復令入緡錢礬以百四斤爲一駄入錢京師榷貨務者爲錢十萬七千入錢麟府州者又減三千自是商賈不得專其利矣皇祐中晉慈入礬二百二十七萬三千八百斤以易芻粟之類爲緡錢十三萬六千六百無爲軍礬售緡錢三萬三千一百治平中晉慈礬損一百九萬六千五百四斤無爲軍礬售錢歲有常課發運使領之視皇祐數無增損隰州礬至是入三十九萬六千斤亦以易緡錢助河東歲糴熙寧元年命河東轉運司經畫礬鹽遺利李師中言官積礬三百斤走鹵消耗恐後爲棄物詔令商人入中糧草即以償之三年罷潞州交子務以妨中納糧草筭請礬鹽故也知慶州王廣淵言河東礬爲利源之最請河東京東河北陝西別立礬法專置提舉官詔遣光祿丞楊蟠會議以聞蟠言坊州產礬官雖置場而商多私售請置鑊戶定其數許於陝西北界黃河東限潼關南及京西均房襄鄧金州光化軍令鑊戶遞相保察或私賣越界禁如私白礬法仍增官獲私礬輒以夾雜減斤重之法從之元豐元年定畿內及京東西五路許賣晉隰礬陝西自潼關以西黃河以南達于京西均房襄鄧金州則售坊州礬礬之出於西山保霸州者售於成都梓州路出無爲軍者餘路售之私鬻與越界者如私礬法自熙寧初礬法始變歲課所入元年爲錢三萬六千四百緡有奇併增者五年乃取熙寧六年中數定以十八萬三千一百緡有奇爲新額至元豐六年課增至三十三萬七千九百緡而無爲軍礬歲課一百五十萬斤用本錢萬八千緡自治平至元豐數無增損元祐元年戶部言商旅販礬舊聽其便迺者發運司請用河東例令染肆鋪戶連保豫買頗致抑擾詔如舊制元符三年崇儀使林像奏禁河北土礬非便若即河北產礬地置場官買增價出之罷運晉礬則官獲淨利無運載之勞民資地產省犯法之弊詔下戶部初熙豐間東南九路官自賣礬發運司總之元祐初通商紹聖復熙豐之制大觀元年定河北河東礬額各二十四萬緡淮南九萬緡罷官賣從商販而河東河北淮南各置提舉官政和初復官鬻罷商販如舊制淮南礬事司罷歸發運司上供礬錢責以三萬三千一百緡爲額三年有司奏減河北河東并淮南礬額計十六萬緡四年礬額復循大觀之制五年河北河東綠礬聽客販於東南九路民間見用者依通商地籍之聽買新引帶賣大率循倣鹽法宣和中舉比較增虧賞罰未幾以擾民罷建炎三年措置財用黃潛厚奏許商人販淮南礬入東南諸路聽輸錢行在而持引據赴場支礬紹興十一年以鑄錢司韓球言撫州青膽礬斤錢一百二十文土礬斤三十文省鉛山場所產品高於撫青膽礬斤作一百五十文黃礬斤作八十文二十九年以淮西提舉司言取紹興二十四年至二十八年所收礬錢一年中數四萬一千五百八十五緡爲定額其他產礬之所若潭州瀏陽之永興場韶州之岑水場皆置場給引歲有常輸惟漳州之東去海甚邇大山深阻雖有采礬之利而潮梅汀贛四州之姦民聚焉其魁傑者號大洞主小洞主土著與負販者皆盜賊也

香宋之經費茶鹽礬之外惟香之爲利博故以官爲市焉建炎四年泉州抽買乳香一十三等八萬六千七百八十斤有奇詔取赴榷貨務打套給賣陸路以三千斤水路以一萬斤爲一綱紹興元年詔廣南市舶司抽買到香依行在品苔成套召人筭請其所售之價每五萬貫易以輕貨輸行在六年知泉州連南夫奏請諸市舶綱首能招誘舶舟抽解物貨累價及五萬貫十萬貫者補官有差大食蕃客囉辛販乳香直三十萬緡綱首蔡景芳招誘舶貨收息錢九十八萬緡各補承信郎閩廣舶務監官抽買乳香每及一百萬兩轉一官又招商入蕃興販舟還在罷任後亦依此推賞然海商入蕃以興販爲招誘僥倖者甚衆淳熙二年郴桂寇起以科買乳香爲言詔湖南路見有乳香並輸行在榷貨務免科降十二年分撥榷貨務乳香於諸路給賣每及一萬貫輸送左藏南庫十五年以諸路分賣乳香擾民令止就榷貨務招客筭請紹熙三年以福建舶司乳香虧數詔依前博買開禧三年住博買嘉定十二年臣僚言以金銀博買洩之遠夷爲可惜乃命有司止以絹帛錦綺瓷漆之屬博易聽其來之多寡若不至則任之不必以爲重也

宋史卷一百八十五考證

食貨志下七舊直陌百六十八百以八十五爲數後增爲二百百用省數以便出入○臣開鼎按省百不足百也上八十五是也今云便出入當是足百說見日知錄

十月諸路官鹽酒直上者升增錢二○臣開鼎按下文陳遺奏江淮等路古監酒直上者升榷增錢五則此鹽字乃監字之譌

宋史卷一百八十六

元中書右丞相總裁脫脫等修

食貨志第一百三十九

食貨下八 商稅 市易 均輸 互市舶法

商稅凡州縣皆置務關鎮亦或有之大則專置官監臨小則令佐兼領諸州仍令都監監押同掌行者齎貨謂之過稅每千錢算二十居者市鬻謂之住稅每千錢算三十大約如此然無定制其名物各隨地宜而不一焉行旅齎裝非有貨幣當算者無得發篋搜索凡販夫販婦細碎交易嶺南商賈齎生藥及民間所織縑帛非鬻於市者皆勿算常稅名物令有司件析頒行天下揭于版置官署屋壁俾其遵守應算物貨而輒藏匿爲官司所捕獲沒其三分之一以半畀捕者販鬻而不由官路者罪之有官須者十取其一謂之抽稅自唐室藩鎮多便宜從事擅其征利以及五季諸國益務掊聚財貨以自贍故征算尤繁宋興所下之國必詔蠲省屢勅官吏毋事煩苛規羨餘以徼恩寵大中祥符六年始免諸路州軍農器之稅諸州津渡舊皆有算或水涸改置橋梁有司猶責主者備償建隆初詔除滄德棣淄齊鄆乾渡三十九處算錢水漲聽民置渡勿收其算自是有類此

者多因恩宥蠲除其餘橘園魚池水磑社酒蓮藕鵝鴨螺蚌柴薪地鋪枯牛骨溉田水利等名皆因諸國舊制前後屢詔廢省緣河州縣民船載粟亦輸算三年始罷陳州私置蔡河鎖民船勝百斛者取百錢有所載倍其征太平興國三年乃悉除之至道元年詔江南溪渡多公吏豪民典其事量輸官課而厚筭行旅州縣宜加嚴禁所輸年額錢五千以下者並免不係色役近便人戶掌船濟渡毋得擾人至道中歲入稅課錢四百萬貫天禧末增八百四萬貫天聖以來國用寖廣有請算緡錢以助經費者仁宗曰貨泉之利欲流天下通有無何可算也一日內出蜀羅一端爲印朱所漬者數重因詔天下稅務毋輒汚壞商人物帛康定元年西邊兵費不給州縣或增所算名物朝廷知之悉命蠲去旣而下詔勅勵且戒毋搜索行者家屬歲儉則免算耕牛水鄉又或弛蒲魚果蓏之稅民流而渡河者亦爲之免算應算而匿不自言者雖聽人捕告抵罪如舊法然須物皆見在乃聽以防誣罔至於歲課贏縮屢詔有司裁定前後以詔蠲放者不可勝數皇祐中歲課緡錢七百八十六萬三千九百嘉祐以後弛茶禁所歷州縣收算錢至治平中歲課增六十餘萬而茶稅錢居四十九萬八千六百熙寧以來河北河東陝西三路支移民以租賦齎貨至邊貿易以輸官者勿稅河北流民復業者所過免算後以歲稔處逸稅課復舊五年以在京商稅院隸提舉市易務七年減國門之稅數十種錢不滿三十者蠲之其先外城二十門皆責以課息近令隨閑要分等以檢捕獲失之數爲賞罰旣而以歲旱復有是命元豐元年濱棣滄州竹木魚果炭箔稅不及百錢者蠲之二年熙河路制置邊防財用李憲擅榷本路商貨令漕臣蔣之奇劾其罪導洛通汴司請置堆垛場於泗州賈物至者先入官場官以船運至京稍輸船算明年詔近京以通津水門外順成倉爲場非導洛司船而載商稅入汴者許糾告雖自請稅猶如私載法惟日用物非販易若發箔柴草竹木之類勿禁瓊管奏海南收稅較船之丈尺謂之格納其法分三等有所較無幾而輸錢多寡十倍賈物自泉福兩浙湖廣至者皆金銀物帛直或至萬餘緡自高化至者唯米包瓦器牛畜之類直纔百一而槩收以丈尺故高化商人不至海南遂乏牛米請自今用物貴賤多寡計稅官給文憑聽鬻於部內否則許糾告以船貨給賞詔如所奏六年京東漕臣吳居厚言商入負正稅七萬六千餘緡倍稅十五萬二千餘緡詔蠲其倍稅納正稅百千以下期以三年百千以上五年元祐元年戶部請令在京商稅院酌取元豐八年錢五十五萬二千二百六十一緡有奇以爲新額自明年始三年又以天聖歲課爲額蓋戶部用五年併增之法立額旣重歲課不登故言者論而更之七年罷諸路承買土產稅場初罷江南路承買而河東轉運司以爲較元祐六年官鹽額增三萬餘緡遂行之諸路八年權罷商人載米入京糶賣力勝之稅先是熙寧六年蘇湖歲稔穀價比淮南十五而商船以力勝稅不至嘗命權蠲惠止一方未爲定法及汴泗粜場法行穀船毋得增置而力勝之稅益三之一至是蘇軾言法不稅五穀請削去力勝錢之條而行天聖免稅之制旣而尚書省亦言在京穀貴欲平其直復權蠲之後徽宗宣和中以州縣災傷幷瞻給都下亦一再免旋復如舊惟兩浙幷東北鹽以鹽事司之請遂不復征自哲宗卽位罷導洛物貨場紹聖四年藍從熙提舉京城所欲復其事令泗州及京師洛口各置粜場幷請復麪市牛羊圈詔下尚書省久之遂寢至是提舉汴河隄岸王憲復言之且請假溫明州運船給用命太府少卿鄭僅同詳度明年竟詔勿行五年令戶部取天下稅務五年所收之數酌多寡爲中制頒諸路揭版示之率十年一易其增名額及多稅者並論以違制大觀元年凡典買牛畜舟車之類未印契者更期以百日免倍稅二年詔在京諸門凡民衣屨穀菽雞魚蔬果柴炭甆瓦器之類並蠲其稅歲終計所蠲數令大觀庫給償宣和二年宮觀寺院臣僚之家商販令關津搜閱如元豐法輸稅歲終以次數報轉運司取旨初元符令品官供家服用物免稅至建中靖國初馬牛驢騾已不入服用例而比年臣僚營私牟利者衆宮觀寺院多有專降免稅之旨皆以船艘賈販故有是詔漕臣劉旣濟起應奉物兩浙淮南等路稅例外增一分以供費三年詔罷之凡以蠶織農具耕牛至兩浙江東者給文憑蠲稅一年四年令諸路近歲所增稅錢悉歸應奉司七年以歲歉之後用物少而民艱食在京及畿內油炭麪布絮稅并力勝錢並權免提舉京東常平楊連奏本路牛價貴田多荒萊請令販牛至本路者仍給文憑蠲稅俟二年足如舊從之靖康元年詔都城物價未平凡稅物權更蠲稅一年臣僚上言祖宗舊制幷政和新令場務立額之法並以五年增虧數較之併增者取中數併虧者取最高數以爲新額故課息易給而商旅可通近諸路轉運司不循其法有溢無損致物價騰踊官課愈負請令諸路提刑下諸郡準舊法釐正立額詔依所奏高宗建炎元年詔販貨上京者免稅明年又詔販糧草入京抑稅者罪之凡殘破州縣免竹木磚瓦稅北來歸正人及兩淮復業者亦免路稅紹興三年臨安火免竹木稅然當時都邑未奠兵革未息四方之稅間有增置及於江灣浦口量收海船稅凡官司回易亦並收稅而寬弛之令亦錯見焉如諸路增置之稅場山間迂僻之縣鎭經理未定之州郡悉罷而免之又以稅網太密減併者一百三十四罷者九免過稅者五至於牛米薪麪民間日用者並罷孝宗繼志凡高宗省罷之未盡者悉推行之又以臨安府物價未平免淳熙七年稅一半光寧以降亦屢與放免商稅或一年或五月或三月凡遇火放免竹木之稅亦然光寧嗣服諸郡稅額皆累有放免然當是時雖寬大之旨屢頒關市之征迭放而貪吏並緣苛取百出私立稅場算及緡錢斗米束薪菜茹之屬擅用稽察措置添置專欄收檢虛市有稅空舟有稅以食米爲酒米以衣服爲布帛皆有稅遇士夫行李則搜囊發篋目以興販甚者貧民貿易瑣細于村落指爲漏稅輒加以罪空身行旅亦白取百金方紆路避之則欄截叫呼或有貨物則抽分給賞斷罪倍輸倒囊而歸矣聞者咨嗟指爲大小法場與斯民相刃相劘不啻讎敵而其弊有不可勝言矣

市易之設本漢平準將以制物之低昂而均通之其弊也以官府作賈區公取牙儈之利而民不勝其煩矣熙寧三年保平軍節度推官王韶倡爲緣邊市易之說丐假官錢爲本詔秦鳳路經略司以川交子易物貨給之因命韶爲本路帥司幹當兼領市易事時欲移司於古渭城李若愚等以爲多聚貨以啓戎心又妨秦州小馬大馬私貿易不可文彥博曾公亮馮京皆韙之韓絳亦以去秦州爲非唯王安石曰古渭置市易利害臣雖不敢斷然如若愚奏必無可慮七月詔轉運司詳度復問陳升之升之謂古渭極邊恐啓羣羌闚覦心安石乃言今蕃戶富者往往蓄緡錢二三十萬彼尚不畏劫奪豈朝廷威靈乃至衰弱如此今欲連生羌則形勢欲張應接欲近古渭邊砦便於應接商旅並集居者愈多因建爲軍增兵馬擇人守之則形勢張矣且蕃部得與官市邊民無復逋負足以懷來其心因收其羸以助軍費更闢荒土異日可以聚兵時王安石爲政汲汲焉以財利兵革爲先其市易之說已見於熙寧二年建議立均輸平準法之時故王韶首迎合其意而安石力主之雖以李若愚陳升之韓絳諸人之議而卒不可回五年遂詔出內帑錢帛置市易務于京師先是有魏繼宗者自稱草澤上言京師百貨無常價貴賤相傾富能奪貧能與乃可以爲天下令富人大姓乘民之亟牟利數倍財旣偏聚國用亦屈請假榷貨務錢置常平市易司擇通財之官任其責求良賈爲之轉易使審知市物之價賤則增價市之貴則損價鬻之因收餘息以給公上於是中書奏在京置市易務官凡貨之可市及滯於民而不售者平其價市之願以易官物者聽若欲市於官則度其抵而貸之錢責期使償半歲輸息十一及歲倍之凡諸司配率並仰給焉以呂嘉問爲提舉賜內庫錢百萬緡京東路錢八十七萬緡爲本三司請立市易條有兼幷之家較固取利有害新法本務覺察三司按治之文帝削去之七月以榷貨務爲市易西務下界市易務爲東務上界以在京商稅院雜買務雜賣場隸焉又賜錢帛五十萬于鎭洮軍置司市易極苛細道路怨謗者籍籍上以諭安石請宣示事實帝以鬻冰市梳樸等數事語之安石皆辯解後帝復言市易鬻果太煩碎罷之如何安石謂立法當論有害於人與否不當以煩碎廢也自是諸州上供薦席黃蘆之類六十色悉令計直從民願鬻者市之以給用六年詔在京市易幹當公事孫迪同兩浙淮東轉運司議置杭州市易務利病以聞其後以市易上界所償內帑錢二十萬緡假之爲本又賜夔州路轉運司度僧牒五百置市易于黔州選本路在任已替官監之仍以知州或通判提舉令在京市易務及開封府司錄同詳度諸行利病於是詳定所請約諸行利入薄厚輸免行錢以祿吏蠲其供官之物禁中所須並下雜賣場雜買務置市司估物價低昂凡內外官司欲占物價悉於是乎取決從之改提舉在京市易務爲都提舉市易司諸州市易務皆隸焉又詔三司幹當公事李杞等同詳度成都置市易務七年帝與輔臣論及成都市易事馬京曰曩因榷市物致王小波之亂今頗以市易爲言安石曰彼以饑民衆官不之恤相聚爲盜耳帝問李杞行邪安石曰未也然保市易必不能致亂帝猶慮蜀人駭擾安石謂已遣使乃遽罷豈不爲四方笑乃已然其後竟罷杞等詳度三月詔權三司使曾布翰林學士呂惠卿同究詰市易事先是帝出手詔付布謂市易司市物頗害小民之業衆言喧譁布乃引監市易務魏繼宗之言以爲呂嘉問多取息以干賞商旅所有者盡收市肆所無者必索率賤市貴鬻廣裒贏餘是挾

官府爲兼并也王安石具奏明其不然乃更令惠卿偕布究詰之帝尋復以手札賜布令求對布卽上行人所訴并疏惠卿姦欺狀且言臣自立朝以來每聞德音未嘗不欲以王道治天下今市易之爲虐凜凜乎間架除陌之事矣嘉問奏近遣官往湖南販茶陝西販鹽兩浙販紗皆未敢計息臣以謂如此政事書之簡牘不獨唐虞三代所無歷觀秦漢以來衰亂之世恐未之有也四月布復陳薛向罷茶儈不當帝惻然咨嗟及言三司決責商人多濫時帝猶必欲按治而安石主用惠卿不可去蓋謀變其事也帝疑焉故仍以屬布旣而中書奏事已帝論及市易且曰朝廷設此本欲爲平準之法以便民今正爾相反使中下之民失業若此宜脩補其法令元詳定呂嘉問吳安持同韓維孫永問行人輸錢免行利病參知政事馮京曰開封祥符縣給民錢有出息抵當銀絹米麥緩急喪葬之目七八種其初給錢往往願請積數旣多實艱輸送帝曰如此吾民安得泰然也時布與惠卿方究市易事率數日一對帝初是布言已而從惠卿之請拘魏繼宗於開封府旣而布與惠卿卽東府再詰行人所訴狀如前不變而安石懇求去位引惠卿執政提舉楚州市易蔣之奇奏監務王景彰榷市商人物非法及虛作中糴入務立詭名糴之白輸息錢謂之乾息又抑賈販毋得至他郡名爲留難帝謂輔臣曰景彰違法害人宜卽治其罪時呂惠卿已參朝政而究詰市易未竟詔促之惠卿請令中書悉取按牘異同以奏後二日布對延和殿條析先後所陳并較治平熙寧出入錢物數以聞帝方慮歲費寖廣令布送中書五月乃詔章惇曾孝寬卽軍器監鞫布所究市易事又令戶房會財賦數與布所陳異而呂嘉問亦以雜買務多入月息不覺皆從公坐有差未幾布褫職與嘉問俱出守郡魏繼宗仍奪秩勒停初市易之建布實預之後揣上意有疑遂急治嘉問而惠卿與布有夙怨故卒擠之而市易如故三司使章惇請假內藏錢五百萬緡令市易司有幹局者分四路入中計見鹽引及乘賤糴買詔假二百萬緡八年復呂嘉問提舉市易二月鳳翔大名眞定府永興安肅軍秦瀛定越眞州並置市易司以惠州阜民監錢十萬緡給廣州市易務司農寺坊場錢三十萬緡給鄆州市易九年又以在京市易司物貨十五萬緡給熙河市易司九月中書言市易息錢并市例錢總收百三十三萬二千緡有奇詔嘉問安持等推恩有差自後凡二年一較十年定上界本錢以七百萬緡爲額不足以歲所收息益之其貸內帑錢歲償以息二十萬緡元豐元年以都提舉王居卿請令貸市易錢貨者許用金帛等爲抵收息毋過一分二釐不及年者月計之願皆得錢或欲以物貨兼給者聽市易司請遣官以物貨至諸路貿易十萬緡以上期以二年二十萬緡以上三年歛及三分者比遞年推恩八分者理爲任期盡不及者勿賞官吏廩給並罷二年經制熙河路邊防財用李憲言蕃賈與牙儈私市其貨皆由他路避稅入秦州乃令秦熙河岷州通遠軍五市易務募牙儈引蕃貨赴市易務中賣私市者許糾告賞倍所告之數以田宅抵市易錢久不償者估實直如賣坊場河渡法若未輸錢者官收其租息在京市易務亦如之三年詔免行月納錢不及百者皆免凡除八千六百五十四人九月王居卿又言市易法有三結保貸請一也契要金銀爲抵二也貿遷物貨三也三者惟保貸法行之久負失益多往歲罷貸錢而物貨如故請自今所貨歲約毋過二百萬緡聽舊戶貸請以相濟績非舊戶惟用抵當貿遷之法詔中書立法以聞於是中書奏在京物貨許舊戶貸請歛而復散通所負毋過三百萬緡諸路毋過四之一詔如所奏是歲經制熙河邊防財用司會其置司以來所收息元豐初四十一萬四千六百二十六緡石次年六十八萬四千九十九緡石四年從都提舉賈青請於新舊城外內置四抵當遣官掌之罷市易上界等處抵當以便民五年詔外內市易務所負錢寬以三歲均月限以輸限內罰息並除之先是王安禮在開封日有負市易錢者累訴於庭安禮旣執政言於帝曰市易法行取息滋多而輸官不時者有罰息民至窮困願詔蠲之帝曰羣臣未有爲朕言者其令民以限輸免其罰息安禮退批詔加內外字蔡確曰方帝有旨無外內字公欲增詔邪安禮曰亦不止言內字卒加之八月置饒州景德鎭瓷窯博易務六年蘭州增置市易務以通蕃漢貿易七年改市易下界爲榷貨務令諸州旬估物價旣定報提舉司提舉司下所部州州下所屬募民出抵或錢以市收息毋過二分詔諸路常平司錢留其半以二分爲市易抵當蓋自五年賈青以平準物價與金銀之類行抵當於畿縣次年行之諸路以常平市易賒貸及寬剩錢爲本五路各十萬緡餘路五萬緡至是復有是詔若無抵當而物貨宜易者亦聽變鬻八年罷諸鎭砦市易抵當八月詔諸郡抵當有取息薄可濟民乏者存之其餘抵當并州縣市易並罷元祐元年內外監督市易及坊場淨利錢許以所入息并罰錢比計若及官本者並釋之紹聖四年三省言熙寧興置市易元祐一切罷去不原立法之意詔戶部太府寺詳度復置市易務惟以錢交市收息毋過二分勿令貸請元符三年改市易務爲平準務戶部太府寺市易案改爲平準案尚書省言平準務官吏等給費多并遣官市物搔動于外近官鬻石炭市直遽增皆不便民詔罷平準務及官鬻石炭其在官物貨令有司轉易錢鈔償元給之所崇寧元年戶部奏平準務錢物毋得他司移用二年以平準爲南北兩務如舊分置官吏歲終考察能否行勸沮法五年郡縣應置市易者凡歲收息官吏用度之餘及千緡以上置官監五百緡以上令場務兼領餘並罷先是嘗詔府界萬戶縣及路在衝要市易抵當已設官置局其不及萬戶非衝要并諸鎭有官監而商販所會並如元豐令監當官兼領至是戶部復詳度以聞遂行其議建炎二年言者以爲得不償費遂罷之而以其錢輸左藏庫惟抵當庫仍舊紹興元年罷諸州軍免行錢及行戶供應見任官買賣並依時違者以盜論四年兩浙轉運司檄婺州市御爐炭須胡桃紋鵓鴿色守臣王居正以爲言上曰隆冬附火取溫煖而已豈問炭之紋色乎命罷之諸類此者並禁止焉十三年蠲雷化高融宜廉邕欽賀貴免行錢十四年以開州兩縣在夔部尤爲僻遠減免行錢之半十五年以知漢陽軍韓昕言諸路收免行錢定數外多取一文以上以擅增稅賦法罪之十七年蠲百姓見輸免行錢三分之一十九年南郊赦盡蠲百姓免行錢欠是後凡赦皆然二十五年罷見輸免行錢禁下行買物以害及小商敷於鄉村故也淳熙元年罷市令司詔臨安府及屬縣交易儈保錢減十之五七年諸路州縣交易儈保錢亦以十分爲率與減五分嘉定二年以臣僚言輦轂之下買物於鋪戶無從得錢凡臨安府未支物價令卽日盡數給還是後買物須給見錢違許陳訴於臺嘉熙三年臣僚言今官司以官價買物行鋪以時直計之什不得二三重以遷延歲月而不償胥卒並緣之無藝積日旣久類成白著至有遷居以避其擾改業以逃其害者甚而蔬菜魚肉日用所需瑣瑣之物販夫販婦所資錐刀以營斗升者亦皆以官價強取之終日營營而錢本俱成乾沒商旅不行衣食路絕望特降睿旨凡諸路州縣官司買物並以時直不許輒用官價違者以贓定罪從之

均輸之法所以通天下之貨制爲輕重斂散之術使輸者旣便而有無得以懋遷焉熙寧二年制置三司條例司言天下財用無餘典領之官拘於弊法內外不相知盈虛不相補諸路上供歲有常數豐年便道可以多致而不能贏年儉物貴難於供億而不敢不足遠方有倍蓰之輸中都有半價之鬻徒使富商大賈乘公私之急以擅輕重斂散之權令發運使實總六路賦入其職以制置茶鹽礬酒稅爲事軍儲國用多所仰給宜假以錢貨資其用度周知六路財賦之有無而移用之凡糴買稅斂上供之物皆得徙貴就賤用近易遠令預知中都帑藏年支見在之定數所當供辦者得以從便變易蓄買以待上令稍收輕重斂散之權歸之公上而制其有無以便轉輸省勞費去重斂寬農民庶幾國用可足民財不匱詔本司具條例以聞而以發運使薛向領均輸平準事賜內藏錢五百萬緡上供米三百萬石時議慮其爲擾多以爲非向旣董其事乃請設置官屬神宗使自擇之向於是辟劉忱衞琪孫珪張穆之陳倩爲屬又請有司具六路歲當上供數中都歲用及見儲度可支歲月凡當計置幾何皆預降有司從之八月侍御史劉琦侍御史裏行錢顗等言向小人假以貨泉任其變易縱有所入不免奪商賈之利琦顗皆坐貶條例司檢詳文字蘇轍言昔漢武外事四夷內興宮室財用匱竭力不能支用賈人桑弘羊之說買賤賣貴謂之均輸雖曰民不加賦而國用饒足然法術不正吏緣爲姦掊克日深民受其病孝昭旣立學者爭排其說霍光順民所欲從而予之天下歸心遂以無事今此論復興衆口紛然皆謂其患必甚於漢何者方今聚斂之臣材智方略未見有桑弘羊比而朝廷破壞規矩解縱繩墨使得馳騁自有雖利是嗜其害必有不可勝言者矣轍亦坐去官於是知諫院范純仁言向儉巧刻薄不可爲發運使人主當務農桑節用不當言利自後罷純仁諫職而諫官李常復論均輸不便權開封府推官蘇軾亦言均輸徙貴就賤用近易遠然廣置官屬多出緡錢豪商大賈皆疑而不敢動以爲雖不明言販賣旣已許之變易變易旣行而不與商賈爭利未之聞也夫商賈之事曲折難行其買也先期而予錢其賣也後期而取直多方相濟委曲相通倍稱之息由此而得今先設官置吏簿書廩祿爲費已厚非良不售非賄不行是官買之價比民必貴及其賣也弊復如前商賈之利何緣而得朝廷不知慮此乃捐五百萬緡錢予之此錢一出恐不可復縱使其間薄有所獲而征商之額所損必多矣帝方惑於安

石之說言皆不行乃以向爲天章閣待制遣太常少卿羅拯爲使手詔賜向曰政事之先理財爲急朕託卿以東南賦入皆得消息盈虛翕張斂散之而卿忠誠內固能倡舉職業導揚朕意底于成績朕甚嘉之覽奏慮流言致惑朕心匪石豈易轉也卿其濟之以彊終之以不倦以稱朕意然均輸後迄不能成

互市舶法自漢初與南越通關市而互市之制行焉後漢通交易於烏桓北單于鮮卑北魏立互市於南陲隋唐通貿易于西北開元定令載其條目後唐亦然而高麗回鶻黑水諸國又各以風土所產與中國交易宋初循周制與江南通市乾德二年禁商旅毋得渡江於建安漢陽蘄口置三榷署通其交易內外羣臣輒遣人往江浙販易者沒入其貨緣江百姓及煎鹽亭戶恣其樵漁所造屨席之類榷署給券聽渡江販易開寶三年徙建安榷署於揚州江南平榷署雖存止掌茶貨四年置市舶司于廣州後又於杭明州置司凡大食古邏闍婆占城勃泥麻逸三佛齊諸蕃並通貨易以金銀緡錢鉛錫雜色帛瓷器市香藥犀象珊瑚琥珀珠琲鑌鐵鼊皮瑇瑁瑪瑙車渠水精蕃布烏樠蘇木等物太宗時置榷署于京師詔諸蕃香藥寶貨至廣州交阯兩浙泉州非出官庫者無得私相貿易其後乃詔自今惟珠貝玳瑁犀象鑌鐵鼊皮珊瑚瑪瑙乳香禁榷外他藥官市之餘聽市於民雍熙中遣內侍八人齎敕書金帛分四路招致海南諸蕃商人出海外蕃國販易者令並詣兩浙司市舶司請給官券違者沒入其寶貨淳熙二年詔廣州市舶除榷貨外他貨之良者止市其半大抵海船至十先征其一價直酌蕃貨輕重而差給之歲約獲五十餘萬斤條株顆太平興國初私與蕃國人貿易者計直滿百錢以上論罪十五貫以上黥面流海島過此送闕下淳化五年申其禁至四貫以上徒一年稍加至二十貫以上黥面配本州爲役兵天聖以來象犀珠玉香藥寶貨充牣府庫嘗斥其餘以易金帛芻粟縣官用度實有助焉而官市貨數視淳化則微有所損皇祐中總歲入象犀珠玉香藥之類其數五十三萬有餘至治平中又增十萬熙寧五年詔發運使薛向曰東南之利舶商居其一比言者請置司泉州其創法講求之七年令舶船遇風至諸州界亟報所隸送近地舶司榷賦分買泉福瀕海舟船未經賦買者仍赴司勘驗時廣州市舶虧歲課二十萬緡或以爲市易司擾之故海商不至令提舉司究詰以聞既而市易務呂邈入舶司闌取蕃商物詔提舉司劾之九年集賢殿脩撰程師孟請罷杭明州市舶諸舶皆隸廣州一司令師孟與三司詳議之是年杭明廣三司市舶收錢糧銀香藥等五十四萬一百七十三緡匹斤兩段條箇顆臍隻粒支二十三萬八千五十六緡匹斤兩段條箇顆臍隻粒元豐二年賈人入高麗貲及五千緡者明州籍其名歲責保給引發船無引者如盜販法先是禁人私販然不能絕至是復通中國故明立是法三年中書言廣州市舶已脩定條約宜選官推行詔廣東以轉運使孫迥廣西以陳倩兩浙以副使周直孺福建以判官王子京罷廣東帥臣兼領五年廣西漕臣吳潛言雷化州與瓊島對境而發船請引於廣州舶司約五千里乞令廣西瀕海郡縣土著商人載米穀牛酒黃魚及非舶司賦取之物免至廣州請引詔孫迥詳度行之知密州范鍔言板橋瀕海東則二廣福建淮浙西則京東河北河東三路商賈所聚海舶之利顓於富家大姓宜卽本州置市舶司板橋鎭置抽解務六年詔都轉運使吳居厚條析以聞元祐三年鍔等復言廣南福建淮浙賈人航海販物至京東河北河東等路運載錢帛絲綿貿易而象犀乳香珍異之物雖嘗禁榷未免欺隱若板橋市舶法行則海外諸物積於府庫者必倍於杭明二州使商舶通行無冒禁罹刑之患而上供之物免道路風水之虞乃置密州板橋市舶司而前一年亦增置市舶司於泉州賈人由海道往外蕃令以物貨名數并所詣之地報所在州召保毋得參帶兵器或可造兵器及違禁之物官給以券擅乘船由海入界河及往高麗新羅登萊州境者罪以徒往北界者加等崇寧元年復置杭明市舶司官吏如舊額三年令蕃商欲往他郡者從舶司給券毋雜禁物姦人初廣南舶司言海外蕃商至廣州貿易聽其往還居止而大食諸國商亦丐通入他州及京東販易故有是詔凡海舶欲至福建兩浙販易者廣南舶司給防船兵仗如詣諸國法廣南舶司鬻所市物貨取息毋過二分政和三年詔如至道之法凡知州通判官吏并舶司使臣等毋得市蕃商香藥禁物宣和元年秀州開脩青龍江浦舶船輻輳請復置監官先是政和中置務設官於華亭縣後江浦湮塞蕃舶鮮至止令縣官兼掌至是復設官專領焉四年蕃國進奉物如元豐法令舶司卽其地鬻之毋發至京師違者論罪契丹在太祖時雖聽緣邊市易而未有官署太平興國二年始令鎭易雄霸滄州各置榷務輦香藥犀象及茶與交易後有范陽之師罷不與通雍熙三年禁河北商民與之貿易時累年興師千里饋糧居民疲乏太宗亦頗有厭兵之意端拱元年詔曰朕受命上穹居尊中土惟思禁暴豈欲窮兵至於幽薊之民皆吾赤子宜許邊疆互相市易自今緣邊戍兵不得輒恣侵略未幾復禁違者抵死北界商旅輒入內地販易所在捕斬之淳化二年令雄霸州靜戎軍代州鴈門砦置榷署如舊制所鬻物增蘇木尋復罷咸平五年契丹求復置署朝議以其翻覆不許知雄州何承矩繼請乃聽置於雄州六年罷景德初復通好請商賈卽新城貿易詔北商齎物貨至境上則許之二年令雄霸州安肅軍置三榷場北商趨他路者勿與爲市遣都官員外郎孔揆等乘傳詣三榷場與轉運使劉綜并所在長吏平互市物價稍優其直予之又於廣信軍置場皆廷臣專掌通判兼領焉三年詔民以書籍赴沿邊榷場博易者非九經書疏悉禁之凡官鬻物如舊而增繒帛漆器秔糯所入者有銀錢布羊馬橐駝歲獲四十餘萬天聖中知雄州張昭遠請歲會入中金錢仁宗曰先朝置互市以通有無非以計利不許終仁宗英宗之世契丹固守盟好互市不絕熙寧八年市易司請假奉宸庫象犀珠直總二十萬緡於榷場貿易明年終償之詔許九年立與化外人私貿易罪賞法河北四榷場自治平四年其貨物專掌於三司之催轄司而度支賞給案判官置簿督計之至是以私販者衆故有是命未幾又禁私市硫黃焰硝及以盧甘石入他界者河東亦如之元豐元年復申賣書北界告捕之法西夏自景德四年於保安軍置榷場以繒帛羅綺易駝馬牛羊玉氈毯甘草以香藥瓷漆器薑桂等物易蜜蠟麝臍毛褐羱羚角硇砂柴胡蓯蓉紅花翎毛非官市者聽與民交易入貢至京者縱其爲市天聖中陝西榷場二并代路亦請置場和市許之及元昊反卽詔陝西河東絕其互市廢保安軍榷場後又禁陝西並邊主兵官與屬羌交易久之元昊請臣數遣使求復互市慶曆六年復爲置場于保安鎭戎二軍繼言驅馬羊至無放牧之地爲徙保安軍榷場于順寧砦既而蕃商卒無至者嘉祐初西人侵耕屈野河地知并州龐籍謂非絕其互市則內侵不已且聞出兀臧訛龐之謀若互市不通其國必歸罪訛龐年歲間然後可與計議從之初第禁陝西四路私與西人貿易未幾乃悉絕之治平四年河東經略司言西界乞通和市自夏人攻慶州大順城詔罷歲賜嚴禁邊民無得私相貿易至是上章謝罪乃復許之後二年令涇原熟戶及河東陝西邊民勿與通市又二年因回使議立和市而私販不能止遂申詔諸路禁絕既而河東轉運司請罷吳堡於寧星和市如舊而麟州復奏夏人之請乃令鬻銅錫以市馬而纖縞與急須之物皆禁西北歲入馬事具兵志楚蜀南粤之地與蠻獠溪峒相接者以及西州沿邊羌戎皆聽與民通市熙寧三年王韶置市易司於秦鳳路古渭砦六年增置市易於蘭州自後於熙河蘭湟慶渭延等州又各置折博務湖北路及沅錦黔江口蜀之黎雅州皆置博易場重和元年燕瑛言交人服順久毋令阻其貿易初廣西帥曾布請卽欽廉州各創驛令交人就驛博買至是卽用瑛兼廣西轉運副使同王蕃計畫焉建炎四年三月宣撫使張浚奏大食國遣人進珠玉寶貝上曰大觀宣和間川茶不以博馬惟市珠玉故武備不修遂致危弱如此今復捐數十萬緡易無用之物曷若惜財以養戰士乎諭張浚勿受量賜予以答之六月罷宜州歲市朱砂二萬兩紹興三年邕州守臣言大理請入貢上諭大臣止令賣馬不許其進貢四年詔川陝卽永興軍威茂州置博易場移廣西買馬司于邕管歲捐金帛倍酬其直然言語不通一聽譯者高下其手吏得因緣爲姦六年大理國獻象及馬五百匹詔償其馬直却象勿受而賜書勞遣之十二年盱眙軍置榷場官監與北商博易淮西京西陝西榷場亦如之十九年罷國信所博易二十六年罷廉州貢珠散蜑丁蓋珠池之在廉州凡十餘按交阯者水深百尺而大珠生焉蜑往採之多爲交人所取又爲大魚所害至是罷之二十九年存盱眙軍榷場餘並罷乾道元年襄陽鄧城鎭壽春花靨鎭光州光山縣中渡市皆置榷場以守臣措置通判提轄五年省提轄官淳熙二年臣僚言溪峒緣邊州縣置博易場官主之七年塞外諸戎販珠玉入黎州官常邀市之臣僚言其黷貨啓釁非便止令聽商賈百姓收買詔從之建炎元年詔市舶多以無用之物費國用自今有博買篤耨香環瑪瑙猫兒眼睛之類皆寘于法惟宜賜臣僚象笏犀帶選可者輸送胡人謂三百斤爲一婆蘭凡舶舟最大者曰獨檣載一千婆蘭次者曰牛頭比獨檣得三之一又次曰木船曰料河遞得三之一隆興二年臣僚言熙寧初立市舶以通物貨舊法抽解有定數而取之不苛輸稅寬其期而使之待價懷遠之意實寓焉邇來抽解既多又迫使之輸致貨滯而價減擇其良者如犀角象齒十分抽二又博買四分珠十分抽一又博買六分舶戶懼抽買數多止買麤色雜

貨若象齒珠犀比他貨至重乞十分抽一更不博買乾道二年罷兩浙路提舉以守倅及知縣監官共事轉運司提督之三年詔廣南兩浙市舶司所發舟還因風水不便船破檣壞者卽不得抽解七年詔見任官以錢附綱首商旅過蕃買物者有罰舶至除抽解和買違法抑買者許蕃商越訴計贓罪之舊法細色綱龍腦珠之類每一綱五千兩其餘犀象紫礦乳檀香之類爲麤色每綱一萬斤凡起一綱遣衙前一名部送支脚乘贍家錢一百餘緡大觀以後張大其數象犀紫礦皆作細色起發以舊日一綱分爲三十二綱多費脚乘贍家錢三千餘貫至于乾道七年詔廣南起發麤色香藥物貨每綱二萬斤加耗六百斤依舊支破水脚錢一千六百六十二貫有奇淳熙二年戶部言福建廣南市舶司麤細物貨並以五萬斤爲一全綱南渡三路舶司歲入固不少然金銀銅鐵海舶飛運所失良多而銅錢之泄尤甚法禁雖嚴姦巧愈密商人貪利而貿遷黠吏受賕而縱釋其弊卒不可禁

宋史卷一百八十六考證

食貨志下八古渭邊砦便於應接○渭監本訛謂今改正

宋史卷一百八十七

元　中書右丞相總裁脫脫等修

兵志第一百四十

兵一　禁軍上

宋之兵制大槩有三天子之衞兵以守京師備征戍曰禁軍諸州之鎭兵以分給役使曰廂軍選於戶籍或應募使之團結訓練以爲在所防守則曰鄕兵又有蕃兵其法始於國初具籍塞下團結以爲藩籬之兵其後分隊伍給旗幟繕營堡備器械一律以鄕兵之制今因舊史纂脩兵志特制于熙寧保甲之前而附之鄕兵焉其軍政則有召募揀選廩給訓練屯戍遷補器甲馬政八者之目條分而著之以見歷朝因革損益之不同而世道之盛衰亦具是矣嗟乎三代遠矣秦漢而下得寓兵於農之遺意者惟唐府衞爲近之府衞變而召募因循姑息至於藩鎭盛而唐以亡更歷五代亂亡相踵未有不由於兵者太祖起戎行有天下收四方勁兵列營京畿以備宿衞分番屯戍以捍邊圉于時將帥之臣入奉朝請獷暴之民收隸尺籍雖有桀驁恣肆而無所施於其間凡其制爲什長之法階級之辨使之內外相維上下相制截然而不可犯者是雖以矯累朝藩鎭之弊而其所懲者深矣咸平以後承平旣久武備漸寬仁宗之世西兵招刺太多將驕士惰徒耗國用憂世之士屢以爲言竟莫之改神宗奮然更制於是聯比其民以爲保甲部分諸路以隸將兵雖不能盡拯其弊而亦足以作一時之氣時其所任者王安石也元祐紹聖遵守成憲迨崇寧大觀間增額日廣而乏精銳故無益於靖康之變時其所任者童貫也建炎南渡收潰卒招羣盜以開元帥府其初兵不滿萬用張韓劉岳爲將而軍聲以振及秦檜主和議士氣遂沮孝宗有志興復而未能光寧以後募兵雖衆土宇日蹙況上無馭將之術而將有中制之嫌然沿邊諸壘尚能戮力効忠相與維持至百五十年而後亡雖其祖宗深仁厚澤有以固結人心而制兵之有道綜理之周密於此亦可見矣

禁兵者天子之衞兵也殿前侍衞二司總之其最親近扈從者號諸班直其次總於御前忠佐軍頭司皇城司騏驥院皆以守京師備征伐其在外者非屯駐屯泊則就糧軍也太祖鑒前代之失萃精銳於京師雖曰增損舊制而規橅宏遠矣建隆元年詔殿前侍衞二司各閱所掌兵揀其驍勇升爲上軍老弱怯懦置剩員以處之詔諸州長吏選所部兵送都下以補禁旅之闕又選強壯卒定爲兵樣分送諸道其後代以木梃爲高下之等散給諸州軍委長吏都監等召募敎習俟其精練卽送闕下二年改左右雄捷左右驍武軍並爲驍捷左右備征爲雲騎左右平遠爲廣捷左右懷德爲懷順四年賜河東樂平縣歸降卒元威以下二百六十六人衣服錢絹有差立爲効順指揮乾德二年詔遼州降軍宜以効順懷恩爲名三年四月詔改西川感化耀武等軍並爲虎捷九月上御講武殿閱諸道兵得萬餘人以騎兵爲驍雄步軍爲雄武並隸侍衞司且命王繼勳主之給緡錢俾娶妻繼勳縱之白日掠人妻女街使不能禁帝聞大怒捕斬者百人小黃門閻承翰見而不奏亦杖數十開寶七年泰寧軍節度使李從善部下及江南水軍凡千三十九人並黥面隸籍以歸化歸聖爲額太平興國二年詔改簇御馬直曰簇御龍直鐵騎曰日騎龍捷曰龍衞控鶴曰天武虎捷曰神衞骨朶子直曰御龍骨朶子直寬衣控鶴曰寬衣天武雄威曰雄勇龍騎曰雄猛八年改濮州平海指揮爲崇武雍熙四年改殿前司日騎鑷直指揮爲捧日鑷直日騎改爲捧日驍猛改爲拱辰雄勇改爲神勇上鐵林改爲殿前司虎翼腰弩改爲神射侍衞步軍司鐵林改爲侍衞司虎翼至道元年帝閱禁兵有挽彊弩至一石五斗連二十發而有餘力者爾謂左右曰今宇內阜安材武間出弧矢之妙亦近代罕有也又令騎步兵各數百東西列陣挽彊彀弩視其進退發矢如一容止中節因曰此殿庭間數百人爾猶兵威可觀況堂堂之陣數萬成列者乎咸平三年詔定州等處本城廳子無敵忠銳定塞指揮已並升充禁軍馬軍雲翼指揮依逐州軍就糧令侍衞馬軍司管轄定州揀中廳子第一充雲翼第一第二充雲翼第二相州廳子第一充雲翼第三第二充雲翼第四保州無敵第一充雲翼第五第二充雲翼第六忠銳充雲翼第七威勇軍無敵第一充雲翼第八第二充雲翼第九忠銳充雲翼第十靜戎軍無敵充雲翼第十一寧邊軍無敵充雲翼第十二北平塞無敵充雲翼第十三深州無敵充雲翼第十四北面諸處應管本城定塞指揮已下鎭定州高陽關路都總管並充禁軍馬軍雲翼指揮纔候升立訖分析遂指揮員兵士人數就糧州府本指揮見在去處以聞四年詔陝西沿邊州軍兵士先選中者並升爲禁軍名保捷五年正月置廣捷兵士五指揮五月命使臣分往邠寧環慶涇原儀渭隴鄜延等州於保安保毅軍內與逐處官吏選取有力者共二萬人各於本州置營升爲禁軍號曰振武指揮旣而帝曰邊防闕兵朝廷須爲制置蓋不得已也候邊鄙乂寧卽可銷弭六月以河東州兵爲神銳二十四指揮神虎十指揮又升石州廳子軍爲禁軍又以威虎十指揮隸虎翼景德四年詔河東廣銳神銳神虎軍以見存爲定額缺則補之大中祥符元年詔侍衞步軍司閱保寧軍士分爲四等其第一等徙營亳州永城縣餘聽歸農無家可還者隸諸州爲剩員四年宣示永安縣永安指揮兵八千餘人以奉諸陵其知軍領猶隸西京本城廂軍可賜名奉先指揮升爲禁軍在淸塞之下八年置禁軍左右淸衞二指揮在雄武弩手之上散卒月給鐵錢五百以奉宮觀仁宗卽位海內承平而留神武備始幸安肅教塲觀飛山雄武發砲命奉日天武神衞虎翼四軍爲戰陣法拔其擊刺騎射之精者稍遷補之由天聖至寶元間增募諸軍陝西蕃落廣銳河北雲翼京畿廣捷虎翼効忠陝西河東淸邊弩手京西江淮荊湖歸遠總百餘營康定初趙元昊反西邊用兵詔募神捷兵易名萬勝爲營二十所募多市井選懦不足以備戰守是時禁兵多戍陝西並邊土兵雖不及等然驍勇善戰京師所遣戍者雖稱魁頭大率不能辛苦而摧鋒陷陣非其所長又北戍及川峽荊湘嶺嶠間多不便習水土故議者欲益募土兵爲就糧於是增置陝西蕃落保捷定功河北雲翼有馬勁勇陝西河北振武河北京東武衞陝西京西壯勇延州青澗登州澄海弩手京畿近郡亦增募龍騎廣勇廣捷虎翼步鬭步武復升河北招收無敵廳子馬陝西制勝幷州克戎騎射麟州飛騎府州威遠秦州建威慶州有馬安塞保州威邊安肅軍忠銳嵐府州建安登州平海皆爲禁兵增內外馬步凡數百營又京東西河北河東江淮荊湖兩浙福建路各募宣毅大州二營小州一營凡二百八十人岢嵐軍別置床子弩砲手時吏以所募多寡爲賞罰格諸軍子弟悉聽隸籍禁軍闕額多選本城補塡故慶曆中外禁廂軍總一百二十五萬視國初爲最多西師旣罷上患兵冗帑庾不能給乃詔省兵數萬人皇祐二年川峽增置寧遠五年江淮荊湖置敎閱忠節州一營大州五百人小州三百人於是宣毅寖廢不復補而荊湖廣南益募雄略至和二年廣桂邕州置有馬雄略明年併萬勝爲十營其後議者謂東南雖無事不宜弛備嘉祐四年乃詔荊南江寧府揚廬洪潭福州募就糧軍號威果各營於本州又益遣禁軍駐泊長吏兼本路兵馬鈐轄選武臣爲都監專主訓練於是東南稍有備矣七年宰相韓琦言祖宗以兵定天下凡有征戍則募置事已則併故兵日精而用不廣今二邊雖號通好而西北屯邊之兵常若待敵之至故竭天下之力而不能給不於此時先慮而豫備之一旦邊陲用兵水旱相繼卒起而圖之不可及矣又三路就糧之兵雖勇勁服習然邊儲貴踊常苦難贍若其數過多復有尾大不掉之患京師之兵雖雜且少精然漕於東西廣而易供設其數多得彊幹弱枝之勢祖宗時就糧之兵不甚多邊陲有事則以京師兵益之其慮深而其費鮮願詔樞密院同三司量河北陝西河東及三司榷貨務歲

入金帛之數約可贍京師及三路兵馬幾何然後以可贍之數立爲定額額外罷募闕卽增補額外數已盡而營畸零則省併之旣見定額則可以定其路馬步軍一營以若干爲額仍請覈見開寶至道天禧慶曆中外兵馬之數蓋開寶至道之兵太祖太宗以之定天下服四方也天禧之兵眞宗所以守成備豫也慶曆之兵西師後增置之數也以祖宗之兵視今數之多少則精冗易判裁制無疑矣於是詔中書樞密院同議樞密院奏開寶之籍總三十七萬八千而禁軍馬步十九萬三千至道之籍總六十六萬六千而禁軍馬步三十五萬八千天禧之籍總九十一萬二千而禁軍馬步四十三萬二千慶曆之籍總一百二十五萬九千而禁軍馬步八十二萬六千視其所募兵寖多自是稍加裁制以爲定額英宗卽位詔諸道選軍士能引弓二石彍弩四石五斗送京師閱試第升軍額明年併萬勝爲神衞三年京師置雄武第三軍時宣毅僅有存者然數詔諸路選廂軍壯勇者補禁衞而退其老弱焉蓋治平之兵一百十六萬二千而禁軍馬步六十六萬三千云熙寧元年十二月詔京東武衞四十二指揮並分隸河北都總管司六指揮隸大名府路三十六指揮均隸定州高陽關兩路更戍其休番者選差兵官三人依河北教閱新法訓練仍差使臣押教又詔京東路募河北流民招置教閱廂軍二十指揮以忠果爲額青鄆淄齊州各三指揮濟兗曹濮州各兩指揮三年十二月樞密使文彥博等上在京開封府界及京東等路禁軍數帝亦參以治平中兵數而討論焉遂詔殿前虎翼除水軍一指揮外存六十指揮各以五百人爲率總三萬四百人在京廣勇五指揮共二千人開封府界定六萬二千人京東五萬一千二百人兩浙四千人江東五千二百人江西六千八百人湖廣八千三百人湖北萬二千人福建四千五百人廣南東西千二百人川陝三路四千四百人爲額在京其餘指揮幷河東陝西京西淮南路旣皆撥併唯河北人數尚多乃詔禁軍以七萬爲額初河北兵籍比諸路爲多其緣邊者且仰給三司至是而撥併畸零立爲定額焉是時京東增置武衞軍分隸河北四路後又以三千人戍揚杭州江寧府其後又團結軍士置將分領則謂之將兵云七年正月詔頒諸將班直禁軍名額殿前司諸班殿前指揮使內殿直散員散指揮散都頭散祗候金槍東西招箭散直鈞容直諸直御龍御龍骨朶御龍弓箭御龍弩直諸軍捧日鍋直捧日左射捧日寬衣天武鍋直天武左射天武歸明渤海拱聖神勇吐渾驍騎驍勝宣武虎翼水軍寧朔龍猛捧日第五軍捧日第七軍天武第五軍天武第七軍契丹直第一契丹直第二神騎廣勇步鬬龍騎驍猛雄勇太原府就糧吐渾潞州就糧吐渾左射淸朔擒戎廣捷廣德驍雄雄威侍衞馬軍司龍衞鍋直龍衞左射龍衞恩冀州員僚直忠猛定州散員驍捷雲騎武騎龍衞第十軍揀中龍衞新立驍捷飛捷驍武廣銳雲翼禁軍有馬勁勇驄子馬無敵克勝飛騎威遠克戎萬捷雲捷橫塞慶州有馬安塞蕃落有馬雄略員僚剩員直侍衞步軍司神衞虎翼水軍神衞第十軍步武武衞牀子弩雄武飛山雄武神衞振武來化雄武弩手上威猛招收雄勝澄海水軍弩手神虎保捷捉生淸邊弩手制勝定功靑澗平海雄武効忠宣毅建安威果川効忠揀中雄勇懷順懷恩勇捷威武靜戎弩手忠遠寧遠忠節教閱忠節川忠節神威歸遠雄略下威猛彊猛壯勇橋道淸塞武嚴宣效神衞剩員奉先園揀中六軍左龍武右龍武左羽林右羽林左神武右神武御營喝探新團立揀中剩員諸班直資次相壓殿前指揮使御龍直御龍骨朶子直內殿直散員散指揮使散都頭散祗候金槍東西班御龍弓箭直御龍弩直招箭班散鈞容直諸軍資次相壓捧日鍋直捧日左射捧日寬衣天武天武鍋直天武左射天武龍衞鍋直龍衞左射龍衞神衞歸明渤海拱聖神勇恩冀州員僚直忠猛定州散員吐渾驍騎驍捷雲騎驍勝宣武武騎殿前司虎翼殿前司虎翼水軍寧朔龍猛步軍司虎翼步軍司虎翼水軍捧日第五軍捧日第七軍天武第五軍天武第七軍龍衞第十軍揀中龍衞神衞第十軍契丹直第一契丹直第二神騎廣勇步鬬龍騎驍猛雄勇太原府就糧吐渾潞州就糧吐渾淸朔擒戎新立驍捷飛捷驍武廣銳雲翼禁軍有馬勁勇步武武衞牀子弩雄武飛山雄武神銳振武來化雄武弩手上威猛驄子馬無敵招收雄勝廣捷廣德克勝飛騎威遠澄海水軍弩手克戎驍雄雄威萬捷雲捷橫塞神虎保捷慶州有馬安塞蕃落捉生淸邊弩手制勝定功有馬雄略靑澗平海雄武効忠宣毅建安威果川効忠揀中雄勇懷順懷恩勇捷威武丁威武靜戎弩手忠勇寧遠忠節教閱忠順川忠節神威歸遠雄略下威猛強猛壯勇員僚剩員直橋道川橋道步軍司淸塞武嚴宣効神衞剩員奉先園揀中六軍御營喝探新團立揀中剩員諸禁軍名額係捧日天武龍衞神衞爲上軍五百文已上料錢見錢爲中軍不滿五百文料錢見錢幷捧日天武第五第七軍龍衞神衞第十軍驍猛雄勇驍雄雄威爲下軍元豐五年十月詔諸路教閱廂軍於下禁軍內增入指揮名額排連並同禁軍蓋熙寧之籍天下禁軍凡五十六萬八千六百八十八人元豐之籍六十一萬二千二百四十三人哲宗卽位四方用兵增戍益廣元祐元年三月寄招河北路保甲充塡在京禁軍闕額龍神衞以年二十以下中軍以下以年二十五以下者雖短小一指並招刺爲二年詔西關堡防拓禁軍和雇入役復置河北河東陝西府界馬步軍七年河東陝西路諸帥府敢勇以一百人爲額事隸經略司紹聖四年陝西路增置蕃落馬軍是年蘭州金城置步軍保捷馬軍蕃落元符元年利州路興元府閬州各增置就糧武寧又湖北江東各增置有馬雄略涇原路新築南牟會賜名西安州戍守共以七千人爲額仍招置馬軍蕃落步軍保捷天都臨羌砦戍守各以三千人爲額仍各置馬軍蕃落步軍保捷永興軍等路創置蕃落河北大名府等二十二州共創置馬軍廣威步軍保捷以河北大水招刺流民故也二年正月環慶增置敢勇二百人四月環慶路都總管司言本路新展定邊城北之橫山興平等處城砦尤深乞增置住營馬軍蕃落步軍保捷六月環慶路都總管司言展築慶州白豹城合增置住營馬步軍又鄜延路都總管司言本路新築米脂等八堡砦合增置土兵馬步軍皆從之三年樞密院奏河北增置馬軍廣威步軍保捷二萬餘人欲令揀選升換在京闕額軍分從之自紹聖以來陝西河東連用兵六年進築未已覆軍殺將供給不可勝紀徽宗崇寧元年九月荆湖北路增置禁軍以靖安名十月川陝置安遠軍三年三月隴右都護奏乞於鄯州置水軍守河浮橋又樞密院乞增置府界京東西等路步軍荆湖南路雄略皆從之十月京東西河東北開封府界創置馬步軍五萬人馬軍以崇捷崇銳名步軍以崇武崇威名合用緡錢二百八十萬有奇以常平封樁等錢支用蔡京之請也京又言今拓地廣戍兵少當議添置兵額以爲邊備從之四年十一月廣西路置刀牌手三千人於切要州軍更戍以寧海名十二月詔四輔屛翰京師兵力不可偏重可各以二萬人爲額五年環慶路進築徐丁臺城賜名安邊置馬軍蕃落步軍保捷大觀元年五月延安置錢監兵闔十月靖州置宣節十一月兩浙東西路各增置禁軍宣和三年內侍制置所譚稹奏以方臘旣平乞節鎭增添禁軍兩指揮餘州軍一指揮又乞除溫處衢婺外將禁軍更招置成十指揮又乞增置嚴州威果禁軍並從之五年二月尚書省言古者六軍爲王之爪牙羽林則禁衞之總名也今臣僚使令兵卒所居營分曰六軍而復有左右羽林之名稱謂失當若將揀中六軍幷六軍指揮並改爲廣効內揀中六軍作第一指揮左龍武第二左羽林第三左神武第四右龍武第五右羽林第六右神武第七從之靖康元年詔廣西宜融二州實爲極邊舊置馬軍難議減省且依元降指揮招置自元豐而後民兵日盛募兵日衰其募兵闕額則收其廩給以爲民兵教閱之費元祐以降民兵亦衰崇寧大觀以來蔡京用事兵弊日滋至於受逃亡收配隸猶恐不足政和之後久廢蒐補軍士死亡之餘老疾者徒費廩給少健者又多冗占階級旣壞紀律遂亡童貫握兵勢傾內外凡遇陣敗恥於人言第申逃竄河北將兵十無二三往往多住招闕額以其封樁爲上供之用陝右諸路兵亦無幾种師道將兵入援止得萬五千人故靖康之變雖盡一之詔哀痛激切而事已無及矣高宗南渡始建御營司未幾復併御營歸樞密院紹興四年改御前五軍爲神武軍御營爲神武軍副並隸樞密院五年上以祖宗故事兵皆隸三衙乃廢神武中軍隸殿前司於是殿司兵柄始一乾道元年詔殿前兵馬權以七萬三千人爲額諸屯駐大軍則皆諸將之部曲高宗開元帥府諸將兵悉隸焉建炎後諸大將兵寖盛因時制變屯無常所如劉光世軍或在鎭江池州太平韓世忠軍或屯江州江陰岳飛一軍或屯宜興蔣山王彥八字軍隨張浚入蜀吳玠兵多屯鳳州大散關和尚原是時合內外大軍十九萬四千餘川陝不與焉及楊沂中將中軍總宿衞江東劉光世淮東韓世忠湖北岳飛湖南王燮四軍共十九萬一千六百亦未嘗有屯紹興十一年范同以諸將握兵難制獻謀秦檜且以柘皐之捷言於上召張俊韓世忠岳飛入覲張俊首納所部兵分命三大帥副校各統所部自爲一軍更銜曰統制御前軍馬罷宣撫司遇出師取旨兵皆隸樞密院屯駐仍舊而四川大將兵曰興成階鳳文龍利門金洋綿房西和州大安軍興元隆慶潼川府九十四郡亦分屯就糧焉乾道之末各州有都統司領兵建康五萬池州一萬二千鎭江四萬七千楚州武鋒軍一萬一千鄂州四萬九千荆南二萬興元一萬七千金州一萬一千其後分屯列戍增損靡常所可考者統制統領正將副將準備將之目也至於水軍之制則有加於前

者南渡以後江淮皆爲邊境故也建炎初李綱請於沿江淮河帥府置水兵二軍要郡別置水兵一軍次要郡別置中軍招善舟楫者充立軍號曰凌波樓船軍其戰艦則有海鰍水哨馬雙車得勝十棹大飛旗捷防沙平底水飛馬之名隆興以後至于寶祐景定間江淮沿流堡隘相望守禦益繁民勞益甚迨咸淳末廣東籍蜑丁閩海拘船民船公私俱弊矣其禁軍將校則有殿前司都指揮使副都指揮使都虞候各一人諸班直都虞候指揮使都知副都知押班御龍諸直有四直都虞候本直各有都虞候指揮使副指揮使都頭副都頭十將將虞候馬步軍有捧日天武左右四廂都指揮使捧日天武左右各有都指揮使每軍有都指揮使都虞候每指揮有指揮使副指揮使每都有軍使步軍謂之都頭副兵馬使步軍謂之副都頭十將將虞候承局押官所領諸班直指揮騎兵步兵之額敘列如左以其前後之異同者分爲建隆以來之制熙寧以後之制而將兵水兵之制可考者因附著於後云

建隆以來之制

騎軍殿前指揮使左右班二宋初以舊府親從帶甲之士及諸班軍騎中選武藝絕倫者充

內殿直左右班四周制簡軍校暨武臣子弟有材勇者立又有川班直殿直乾德三年平蜀得奇兵簡閱材貌魁偉便習騎射者凡百二十人立開寶二年廢

散員左右班四周制招置諸州豪傑立散指揮散都頭散祇候凡十二班又於北面驍騎員僚直及諸軍內簡閱塡補咸平五年定州路都部署王超言緣邊有強梁輩常居四界擾動邊境請厚給金帛募充散員從之

散指揮左右班四

散都頭左右班二

金槍班左右班二舊名內直太平興國初改選諸軍中善用槍槊者補之

東西班弩手龍旗直招箭班共十二舊號東西班承旨淳化二年改爲殿前侍東西各第一第二弩手龍旗直班六並帶甲選諸班及不帶甲班增補其東第二茶酒及第三西第四班不帶甲並以諸軍員使臣及沒王事者子弟爲之又擇善弓箭者爲招箭班

散直左右班四雍熙四年以諸道募置蕃鎮廳頭軍將及詣登聞院求試武藝者立咸平元年選諸節度使從人騎御馬小底增補

鈞容直班二太平興國三年選諸軍諳曉音樂騎御馬小底立淳化二年改之

外殿直班一諸班衛士中年多者號看班外殿直後創看班之號或詣諸道屬軍校之職部分州兵謂之權管國初又有內員僚直開寶中廢太平興國四年征太原得上軍天禧四年併入此班

捧日并左射鑾直弩手左第五軍總指揮三十五京師三十三雍丘鄭各一舊號小底周改爲鐵騎太平興國二年改爲日騎雍熙四年改今名分左右廂各四軍雍熙三年選善槍槊者充鑾直淳化三年選善左射者爲左射咸平五年選天武拱聖驍騎善弩射者爲弩手

契丹直三咸平許壽各一後唐置旋廢開寶三年以遼人內附之衆復置太平興國中因事復置旋廢

歸明渤海指揮二京師太平興國四年征幽州以渤海降兵立

拱聖指揮二十一京師乾德中選諸州騎兵送闕下立爲驍雄後改驍猛雍熙四年又改拱辰未幾改今名

吐渾小底舊指揮五治平中併爲二京師太平興國四年平太原獲吐渾子弟又選監牧諸軍中所有者充

驍騎指揮二十三京師太平興國四年置後又選掉揭索兵及左右教駿兵增置雍熙四年改殿前司步鬪弩手爲驍騎弩手淳化四年選壯勇超絕者爲上驍騎在本軍之上咸平五年分左右廂舊又有殿前小底至道二年選驍騎馬直及善射者充後廢

驍勝左右指揮各五京師咸平三年選教駿驍騎諸軍備征子弟材勇者立

寧朔指揮十京師尉氏各三雍丘滑河陽河陰各一咸平三年選教駿諸軍備征及外州兵立

龍猛指揮八京師太平興國中揀閱龍騎及諸州部送招獲羣盜取其材勇者立淳化四年又擇精悍者爲教閱龍猛以備擒盜在本軍之上景德四年又選龍騎驍騎兵增之

飛猛指揮二咸平二年選龍猛驍騎兵子弟之材勇者立

驍猛指揮四尉氏三太康一舊號驍雄太平興國中改雍熙四年以拱聖年多者爲拱辰軍其次等者如故景德四年以拱聖年多者隸之

神騎指揮十八雍丘十三咸平五端拱二年選驍雄新配人及教駿借事等兵立淳化二年廢掉揭索軍隸之咸平二年又擇教駿備征及外州增之

驍雄指揮四咸平陳留各二太平興國八年遷驍猛中次等者立景德中以驍騎驍勝寧朔軍年多者隸之

吐渾直指揮三太原二潞一太平興國八年太原遷雲州及河界吐渾立屯并代州雍熙三年又得雲朔歸明吐渾增立屯潞州

安慶直四太原一潞三太平興國四年遷雲朔及河東歸明安慶民分屯并潞等州給以土田雍熙四年立

三部落指揮一太原太平興國四年親征幽州遷雲朔應等州部落於并州因立

清朔指揮四西京二許汝各一太平興國四年遷雲朔州民於內地得自置馬以爲騎兵謂之家戶馬雍熙四年立

擒戎指揮五西京許各二汝一太平興國四年遷雲朔州民於西京許汝等州給以土田充家戶馬端拱二年立

新安內員僚直五端拱二年成德軍節度使田重進言易州靜砦兵先屯鎮州賊陷勇陷谷盡俘其家請以其軍備宿衛因而立此直後廢天聖後無

散祇候左右班二天聖前無

步鬪指揮六尉氏太康各一蔡四慶曆中增置天聖前無

步軍御龍直左右二舊號簇御直太平興國二年改爲簇御龍直後改今名

御龍骨朵子直左右二舊號骨朵子直太平興國二年改爲御龍散手直後改今名

御龍弓箭直五選天武諸軍材貌魁傑者充

御龍弩直五

天武并寬衣鑾直左射總指揮三十四京師二十三咸平一

神勇上下共二十一指揮乾德中揀閱諸軍壯實而大體者立爲雄威太平興國二年改爲雄勇雍熙四年改今名淳化四年選武藝超絕者立爲上神勇以備擒盜

宣武上下共二十指揮京師太平興國二年併效節忠猛二軍立又選諸軍及鄉兵增之至道二年又選軍頭司步直善用槍槊掉刀者立殿前步直後廢

虎翼太平興國中揀雄武弩手立爲上鐵林又於雄武定遠寧勝床子弩手飛山雄武等軍選勁兵以增其數雍熙四年改分左右四軍淳化四年選本軍精銳者爲上虎翼以備禽盜咸平二年併廣勇軍隸之大中祥符六年詔在京諸軍選江淮士卒善水者習戰於金明池立爲虎翼水軍舊指揮六十二景德中增六京師

雄勇舊號雄威太平興國二年改今名雍熙四年改神勇復於本軍選退入次等者爲之舊指揮五至和五年增爲八咸平三鄆二許鄭滑各一

廣德開寶四年平廣南以其兵隸殿前司次等隸八作司闕則選廣南諸州兵補之雍熙三年選八作司之彊壯者爲揀中總指揮十咸平尉氏陽武河陽滄華白波各一西京三

廣勇淳化二年選神射鞭箭雄武效忠等軍彊壯善射者立爲廣武大中祥符二年改今名舊指揮二十三慶曆中增爲四十三每指揮十爲一軍京師五陳留二十二咸平東明太原一胙城南京各二襄邑陽武鄆各一滑三

廣捷舊名左右平遠建隆二年改咸平五年又選廣德神威等軍教以標槍旁牌補之舊指揮五景祐中增五明道中增十慶曆增三十六總五十六陳留八咸平六雍丘四襄邑尉氏許各三大康扶溝南京亳河陰潁寧陵各二陳六滑曹鄆蔡廣濟穀熟宋城襄城葉各一

雄威雍熙四年選神勇兵退入第二等立爲神威後改今名指揮十考成襄邑陳留各一南京四陳二

宣威雍熙四年選神勇宣武兵退入次等者立上下指揮二咸平襄邑各一

龍騎建隆間以諸道招致及捕獲羣寇立號有馬步人見陣即步鬪淳化三年選本軍年多者爲帶甲剩員咸平以後又以本軍及龍猛退兵增之舊指揮八康定中取配隸充軍者增置爲指揮二十分三軍京師四尉氏雍丘咸平鄭各二南京陳蔡河陽潁單各四波一

神射兩浙州兵舊號㢊弩雍熙四年改今名淳化元年部送闕下選其彊者爲廣武次等復爲本軍指揮五陳留三雍丘二

步鬪雍熙三年選諸州廂軍之壯勇者立後廢此下二軍天聖後無

鞭箭雍熙三年選兩浙兵爲鞭箭次等者爲忠節鞭箭端拱二年併爲一至道元年發此兵援靈州芻粟棄車重兵器於浦洛河詔免死後廢

侍衞司侍衞親軍馬步軍都指揮使副都指揮使都虞候各一人馬軍都指揮使副都指揮使都虞候各一人步軍亦如之自馬步軍都虞候已上其員全闕即馬步軍都指揮使等各領其務與殿前號爲三司馬步軍有龍衞神衞左右四廂都指揮使都虞候每指揮有都指揮使副指揮使餘如殿前司之制所領騎兵步兵之額敘列如左

騎軍員僚直顯德中周平三關召募强人及選高陽關馳捷兵爲北面兩直建隆初選諸州騎兵及蕃鎮廳頭召募人等爲左三直太平興國四年平太原選其騎兵爲右三直北面兩直營貝冀隸高陽關都部署大中祥符中改爲貝州左直冀州右直後改四直京師二恩冀各一

龍衞舊號護聖周廣順中改龍捷建隆二年揀去衰老以諸州所募精勁者補之太平興國二年改分左右廂四年平太原選其降兵爲揀中

龍衛雍熙二年又揀善槍槊者爲鍬直淳化三年選剩員堪披甲者爲帶甲剩員五年又揀善左射者爲左射指揮四十四京師三十八雍丘尉氏河陽各一澶三 **忠猛** 咸平一年置指揮一定州 **散員** 咸平五年置指揮一定州 **驍捷** 周顯德中平三關揀諸州士卒壯勇者爲河北驍捷宋初隸高陽關都部署建隆二年廢左右驍武以其兵來隸乾德中又選備征及嵐州歸附之兵爲河南驍捷其後止以驍捷爲名太平興國四年平太原揀閱降兵爲揀中驍捷淳化四年又置新立驍捷至道三年分驍捷爲左右廂咸平五年以其年多者爲帶甲剩員指揮二十六尉氏新立陳揀中各一恩十四冀十 **雲騎** 舊號左右備征建隆二年改開寶以後募子弟爲雲騎以其次爲武騎又選騎兵之次等爲武騎又選本軍年多者爲帶甲剩員指揮十五京師十一陳留西京各一鞏二 **歸明神武** 太平興國四年親征幽州以其降兵立此軍初指揮一後增爲四雍丘 **克勝** 本路州騎兵端拱初升指揮二路 **驍銳** 舊名散員指揮咸平四年改指揮四莫三冀一 **驍武** 本河北諸州忠烈威邊騎射等兵淳化四年揀閱其材與雲騎武騎等立得自置馬分左右廂指揮二十北京七眞定三定六相懷洛邢各一 **廣銳** 本河州忠烈宣勇能結社買馬者馬死則市補官助其直至道元年立咸平以後選振武兵增之老疾者以親屬代景德二年詔非親屬願代者聽大中祥符五年以其退兵爲帶甲剩員舊河東指揮三十一陝西七景祐康定中增爲四十二太原代幷各三汾五嵐石岢嵐各二晉熙慈絳澤隰憲寧化威勝平定火山各一涇原鄜各三秦渭環邠寧各一 **武淸** 晉州騎兵端拱二年以其久在北鄙有屯戍之勞選勇悍者就升指揮一晉 **有馬勁勇** 咸平四年選江東諸州兵立慶曆中分置第六第七總指揮七太原二代嵐各一磁三 **雲翼** 舊指揮三十三景祐以後增置二十三分左右廂總五十六眞定雄瀛深趙永寧各三定冀各六保五滄北平永靜順安保定各二莫邢霸各一廣信肅各四 **驄子** 本石州城立景德元年改從營相州慶曆初升禁軍指揮六定一相五 **萬捷** 開寶中募趙相滄冀州民立大中祥符中以驍武雲騎退兵隸之指揮七相冀遼各二滄一 **雲捷** 太平興國四年選諸軍中應募子弟及教駿借事備征等有武幹者立大中祥符五年以寧朔退兵隸之指揮十二尉氏咸平西京北京澶各二汝懷各一 **橫塞** 咸平三年選諸軍威邊騎射及在京借事立指揮七雍丘咸平考城襄邑寧陵各一衞二 **員僚剩員直** 禁軍員僚以罪責降者充此下至驍捷凡六軍天聖後無 **淸塞** 周立指揮二其一北蕃歸附之衆營壽州其一破淮南紫金山砦所得騎軍營延州宋初選本軍子弟補其缺太平興國三年又得泉州兩浙兵以益之 **飛捷** 本威虜軍保州易州靜塞兵定州驄子軍立淳化元年詔赴闕揀閱以靜塞爲三等驄子爲一等改今名指揮四 **驍駿** 本壽州咸聖軍咸平三年改指揮一 **揀中夏州驄子** 本夏州家戶淳化五年河西行營都部署李繼隆遣部送京師立指揮一 **驍捷** 本雍州強人指揮咸平三年改分營瀛莫指揮四 **武騎** 指揮一十一京師雍丘各一尉氏三陳留考城咸平鄭各一西京二此下至有馬雄略凡十二軍三朝志無 **驍騎** 指揮一太原 **無敵** 河北沿邊廂兵慶曆二年升禁軍總指揮六定北平各二安肅廣信各一 **忠銳** 廣信廂兵有馬者慶曆二年升禁軍指揮一 **威邊** 諸州廂兵惟保州教戰射隸巡檢司慶曆初升禁軍指揮二定保各一

飛騎 麟州廂兵慶曆初升禁軍指揮二 **威遠** 府州廂兵本胡騎之精銳慶曆初升禁軍指揮二 **克戎** 并州廂軍有馬者康定中升禁軍指揮一 **有馬安塞** 慶州廂軍慶曆中升禁軍指揮一 **蕃落** 陝西沿邊廂兵有馬者天禧後升禁軍極邊城砦悉置至慶曆中總指揮八十三環五延慶各四秦并外砦十七原渭并外砦各十二德順并外砦十二鳳翔涇并外砦儀保安各二隴外一 **并州騎射** 諸道廂軍惟并州路有馬備征役慶曆五年升禁軍指揮一 **有馬雄略** 至和二年置指揮三廣桂邕各一

步軍

神衞 晉日奉國軍周改虎捷建隆二年揀閱諸州所募禁軍增補乾德三年西川行營都部署王全斌僞署感化耀武等軍平寇者功請備禁旅詔並爲虎捷太平興國二年改舊水虎翼郎軍中習水戰者是歲改爲神衞水軍又於剩員中選可備征役者立爲揀中神衞大中祥符後剩員又有帶甲看倉草場看船之名凡四等皆選本軍年多者補宋初指揮四十六仁宗後止存指揮三十一京師 **步武** 本鄉軍選克神勇宣武雍熙三年揀其次等者立慶曆中增指揮六陳 **虎翼** 宋初號雄武弩手太平興國二年選壯勇者爲上鐵林其次爲下鐵林雍熙四年改爲左右廂各三軍咸平五年以威虎軍來隸景德三年選效順兵補其缺大中祥符五年擇本軍善水戰者爲上虎翼六年又選江淮習水卒於金明池按試戰棹立爲虎翼軍江浙淮南諸州亦准此選置七年改爲虎翼水軍舊指揮七十五慶曆中增置二十一總九十六京師九十并水軍一襄邑東明單各一長葛一 **奉節** 乾德三年平蜀得其兵立爲奉議後改今名景德三年又選立上奉節指揮五京師 **武衞** 太平興國中募河北諸州兵立舊指揮十六慶曆中河北增置爲指揮六十七南京眞定淄各四北京澶相邢懷趙棣洛德祁通利乾寧廣濟各一青五鄆徐兗曹濮沂濟單萊濰登淮揚瀛博各二齊密滄各三 **雄武** 并雄武弩手床子弩雄武揀中雄武飛山雄武揀中歸明雄武總指揮三十四京師十三太原尉氏南京鄭汝寧陵各二咸平東明雍丘襄邑許曹廣濟穀熟長葛各一 **川效忠** 太平興國三年選諸州廂兵歸京師者立淳化四年又選川峽威棹克寧兵部送京師者立爲川效忠景德六年以德淸廂軍及威遠兵增之舊指揮二十八後減爲七南京六寧陵一 **効順** 宋初征潞州以降卒立指揮一襄邑 **雄勝** 開寶中以剩員立太平興國中選入上鐵林餘如故又有雄勝剩員指揮三峽冀濟各一 **揀中雄勇** 開寶中立以常寧雄勇效順等軍剩員中選其強者立爲揀中大中祥符二年又選歸遠軍爲新立舊指揮四後損爲一襄邑 **懷勇** 開寶四年揀蜀兵之在京師者立指揮三雍丘二陳一 **威寧** 淳化中部送西川賊帥王小波脇從之兵歸京師立咸平元年又以散員直增補指揮一許 **飛虎** 本虎翼廣武兵屯西川無家屬者太平興國中歸京師指揮三陳留二咸平一 **懷順** 本淮南兵舊號懷德建隆二年改指揮一蜀 **歸聖** 開寶七年以李從善所領兵及水軍立八年平江南又以其降兵增補指揮一雍丘 **順聖** 太平興國中部送兩浙兵歸京師立指揮一鞏 **懷恩** 乾德三年平蜀得其軍立指揮三荊南二鄂一 **揀中懷愛** 本蜀兵與懷恩同立又拔精銳者爲揀中淳化四年又選川峽威棹克寧兵次等者立爲牽船以給河漕之役舊指揮三後損爲一寧陵 **勇捷** 太平興國四年征太原立分左右廂以諸州廂兵補左廂廣濟開山兵補右廂指揮二十六襄邑北京澶陳壽汝曹宿各二咸平西京南京亳寧洪河陰鞏長葛韋城各一

威武 太平興國四年征太原立分左右廂以江南歸化兵補左廂兩浙順化兵補右廂大中祥符五年又立下威武共指揮十三西京河陽鄭鄆澶滑濮通利鞏河陰永城各二曹一 **靜戎弩手** 選江南歸化兵及諸州廂兵壯實者立指揮四河陽澶衞通利各一 **平塞弩手** 本兩浙順化軍揀其強壯立爲弩手又以江浙逋負官物隸窯務徒役者爲揀中平塞指揮四咸平亳河陽白波各一 **新立弩手** 本勁勇兵太平興國中選其善弩者立指揮一廣濟 **忠勇** 咸平五年以易州兵能禽賊者立指揮一成都 **寧遠** 大中祥符六年選西川克寧威棹兵立舊指揮五皇祐及至和中增置爲八戎三遂梓嘉雅江安各一 **忠節** 太平興國三年選諸州廂軍之強壯者立淳化四年又選川峽威棹克寧兵立爲川忠節舊指揮二十四後增校閱忠節總爲六十雍丘襄邑寧陵各三陳留咸平東明亳河陰永城各二南京五太康陽武許江寧揚盧宿壽楚眞泗泰滁岳澧池歙信太平饒宣洪虔吉臨江興國廣濟南康廣德長葛各一合流四 **神威** 咸平三年選京師諸司庫務兵立上下指揮十三陳留三許鞏各二雍丘考城咸平河廣濟白波各一 **歸遠** 雍熙三年王師北征拔飛狐靈丘得其降卒立咸平二年選諸州雜犯兵增之舊指揮三天聖中增置爲十六陳許亳壽宿鄧襄鼎各一荊南澧潭洪各二 **雄略** 咸平六年選諸州廂兵及香藥遞鋪兵立舊指揮十五皇祐五年增置爲二十五荊南五潭四鼎澧各二廣辰桂各二許全邵容各一 **威猛** 咸平三年選諸州廂兵及召募者立上下指揮十襄邑四咸平許長葛各二 **神銳** 咸平六年料簡河東兵立大中祥符五年以本軍及神虎兵年多者爲帶甲剩員指揮二十六太原六潞晉各三澤汾隰平定各二代絳忻遼邢威勝各一 **神虎** 咸平五年選陝西州兵馬立六年又料簡河東州兵立以西路河東兵之指揮二十六永興六鳳翔河中忻晉威勝各二太原秦延鄜華各一潞州三 **保捷** 咸平四年詔陝西沿邊選鄉丁保毅升克舊指揮四十五慶曆中揀鄉弓手增置總一百三十五永興十二同九秦八河中汾涇各七渭寧耀各六鳳翔延儀華隴解乾各五陝原鄜各四成三慶鳳坊晉鎭戎各二環丹商虢階慶成德順各一 **振武** 舊指揮四十慶曆後河北增置爲指揮四十二陝西增置爲指揮三十九總八十一北京澶相懷衞霸莫祁棣趙濱洛保安永寧通利安肅儀各一眞定定瀛保恩邢深博永靜乾寧陵涇各二延六邠隴各七鄜寧各五磁四滄原各三 **橋道** 太平興國三年選諸州廂兵次等者立淳化四年又選川峽威棹克寧爲川橋道總指揮十八襄邑咸平陽武各二陳留東明尉氏太康西京河陽濮鄆鞏河陰白波寧陵各一 **淸塞** 太平興國初立左右廂舊指揮二十三嘉祐中併爲十三曹二鄭鄆滑通利鞏河陰白波汜水長葛各一 **招收** 端拱中獲通州大沙洲賊衆立缺則以江浙招致海賊補之又收端拱中逃軍來復者原其罪爲德壽軍後改今名隸保州巡檢司慶曆初升禁軍爲指揮十七保四霸信安各三定鄆城砦各二廣信安肅順安各一 **壯勇** 本招獲羣盜配近京徒役者揀拔立咸平三年選諸雜犯兵增之至道三年江浙發運使楊允恭禽海賊送闕下增補旋廢舊指揮三慶曆中增置爲七耀解滑各二許一 **宣効** 咸平三年選六軍窯務軍營務天駟監効役店宅務州兵立景德元年又揀本軍材勇者爲揀中宣効舊指揮五後損爲二京師 **來化** 雍熙中以飛狐靈丘歸附之衆立又以朔州內附牽攏兵立後廢舊指揮

三後損爲二寧陵歸恩雍熙中平塞陷邊之民黥面放還立分有家屬者隸左廂無者隸右廂指揮二亳順化太平興國三年以兩浙兵之次等者立指揮二河陽鄆各一左右清衛大中祥符八年立以奉諸宮觀洒掃之役指揮二此下至強壯軍員九八軍天聖後無川員僚直本西蜀賊全師雄所署將領乾德中立造船務乾德初平荊湖選其軍善治舟楫者立歸明羽林太平興國四年征幽州獲其兵立新立清河緣河舊置鋪兵以備河決役揀閱立指揮二保寧大中祥符元年馬步軍都虞候王超請以病軍經行陣者立新立歸化開寶七年以江南李從善所領步曲水軍立八年平江南又以降兵增之指揮一強壯軍員咸平六年置指揮一澄海弩手慶曆二年置隸海州都巡檢司指揮二登此下至武嚴凡十三軍捉生延州廂兵天聖五年升禁軍指揮二清邊弩手寶元初選陝西河東廂軍之伉健者置以弩手名指揮四十三太原九秦五涇四河中隴各三永興代潞晉各二慶環滑同坊鎮戎慈丹鳳汾憲各一制勝陝西廂兵慶曆中升禁軍指揮九永興華永各二鳳翔耀同解乾各一定功陝西廂軍慶曆四年升禁軍增置爲指揮十永興秦慶原渭涇儀鄜延鎮戎各一清澗慶曆初募土人精悍者克因其地名指揮二建威秦州廂兵慶曆八年升禁軍指揮一効勇景祐中募川峽流民增置爲指揮二十七陳留三太康尉氏襄邑河陽曹合流各二咸平鄭亳衛許單澶磁廣濟河陰寧陵白波一宣毅慶曆中京東京西河北河東淮南江南兩浙荊湖福建九路募健勇或選廂軍爲之指揮二百八十八至治平中管一百七十四京東路南京鄆徐曹齊各二青兗密濮沂單濟淄萊濰登淮揚廣濟各一京西路西京滑許河陽陳襄鄧潁蔡汝隨信陽各一鄧二河北路鎮定德棣博邢祁恩磁深定濱通利永靜乾寧各一河東路太原汾各六晉四澤絳石代各三路嵐忻遼威勝平定各二慈隰寧化各一淮南路揚亳各二廬宿壽楚眞泗蘄海舒泰濠和光黃通無爲高郵漣水各一江南路江寧洪虔吉撫袁筠建昌南安各一兩浙路杭二越蘇明湖婺潤溫衢常秀處各一荊湖路潭全鼎各三荊南邵衡永郴道安鄂岳澧復峽歸辰荊門漢陽桂陽各一福建路建二泉南劍漳汀邵武興化各一宣毅床子弩砲手慶曆中置指揮一岢嵐建安府州廂兵慶曆二年升禁軍指揮二府嵐各一威果嘉祐四年置指揮二十五荊南江寧杭揚廬澤各三洪越福各二虔一武嚴指揮一京師

御前忠佐軍頭司馬步軍都軍頭副都軍頭馬軍都軍頭副都軍頭步軍都軍頭副都軍頭其所轄散員有副指揮使軍使副兵馬使十將馬步直自指揮使而下皆如殿前司之制

御前忠佐散員本許州員僚剩員淳化中立爲軍頭司散員一班又五代以來軍校立功無可門署者第令與諸校同其飲膳名健飯都指揮使後雅被譴者居此大中祥符二年改爲散指揮使班一馬直雍熙四年置指揮一步直端拱元年置指揮一備軍一千九百六十八人

皇城司親從官太平興國四年分親事官之有材勇者爲之給諸殿洒掃及契勘巡察之事指揮三入內院子天聖元年揀親事官年高者爲之九年選輦官六十以上者充治平二年詔以五百人爲額騏驥院騎御馬直太平興國二年置分左右番入年分爲二直其後增置入直左右教駿舊名左右備征建隆二年改指揮四

宋史卷一百八十七考證

兵志一天武注指揮三十四京師二十三咸平一〇臣關鼎按京師二十三合咸平一不符三十四之數此志內舛譌甚多如雄威下注云指揮十虎翼下注云總九十六捧日下注云餘留二十九廣勇下注云四十三稽其分數皆不合

宋史卷一百八十八

元　中書右丞相總裁脫脫等修

兵志第一百四十一

兵二　禁軍下

熙寧以後之制

騎軍　殿前指揮使左右班二內班直左右班四散員左右班四散指揮左右班四散都頭左右班二散祗候左右班二金槍班左右二元祐二年六月密院言元豐七年承旨司傳宣密院殿前指揮使左右班槍手可各以五分爲額餘悉改充弓箭手切詳先爲在京馬軍全廢槍手其諸班槍手有闕無人揀塡遂有此宣旨近因殿前馬步軍司奏諸在京馬軍復置一分槍手諸班槍手並依舊教閱詔元豐七年宣旨更不施行東西班及弩手龍旗直招箭總十一中興後東九五班西九三班散直左右四熙寧九年併南散直隸北散直中興後名招箭班散直外殿直一熙寧五年廢銀槍班左右班二中興置茶酒舊班中興置茶酒新班中興置鈞容直國初一班中興因之後廢已上爲諸班直捧日并左射鋼直弩手左第五軍總三十五京師三十三雍丘鄭各一熙寧五年捧日三十三併爲二十二廢弩手隸左射餘留二十九元第一十月以左射隸天武二年廢左射鋼直八月廢第五軍雍丘第二南京第一並改爲新立驍捷九月詔勿改惟闕勿補俟其少廢併歸明渤海二京師元豐元年撥塡拱聖一餘撥隸驍騎右四拱聖二十二京師熙寧六年併爲十六廢左射中興後副指揮一員吐渾五治平中併爲二熙寧二年併爲一元豐元年廢中興後屬步軍驍騎二十二京師熙寧六年併爲十四廢弩手上驍騎元豐元年撥在京驍騎左第一隸神勇驍勝十熙寧三年廢寧朔十京師一尉氏各三雍丘滑河陽河陰各一熙寧二年併爲七元豐元年在京第二第三並撥隸第一龍猛八熙寧三年併爲六飛猛一熙寧二年廢契丹直三咸平棣昌壽各二熙寧九年廢神騎十八雍丘十三咸平五熙寧二年併爲十中興後副指揮一員步鬪六尉氏太康各一蔡四元豐元年尉氏太康各一蔡州二皆撥隸步軍司虎翼十一月蔡州二改爲新立驍捷其第二克擒戎第四等四尉氏三太康四第四克擒戎第五太康一元豐元年併尉氏第三隸第一太康第二改驍雄二年尉氏一勿塡闕吐渾直三太原二潞一熙寧六年廢潞州一七年廢太原二元豐二年太原潞州各一勿塡闕中興屬步軍安慶直四太原一潞三熙寧六年皆廢三部落一太原熙寧三年廢清朔四西京二潁昌汝各一擒戎五西京潁昌各二汝一元豐元年蔡州置二驍雄舊六治平四年併爲四咸平陳各二熙寧初以驍猛第四改克一元豐六年咸平尉氏各一闕勿補其馬軍行司新軍目選鋒中興置神策選鋒軍左翼軍右翼軍摧鋒軍遊奕軍前軍右軍中軍左軍後軍護聖馬步軍中興置

步軍　御龍直左右二御龍骨朶子直左右二御龍弓箭直五御龍弩直五中興左右班二天武并寬衣鋼直左射總三十四京師三十三咸平一熙寧二年併三十三爲二十三九年廢左射元豐元年併陳留第七軍第一隸咸平第五軍第一十月廢寬衣天武二年廢第五軍咸平第一改雄武弩手九月詔勿改惟闕弗塡四年廢鋼直紹聖元年十一月引進副使宋球言自立殿前司以來有寬衣天武一指揮克駕出禁衞圍子常守把在內諸門熙寧中廢併禁圍只差天武皇城諸門更不差人乞復置寬衣一指揮或不欲添置乞將天武本軍內以一指揮爲寬衣天武詔禁圍子合用天武人兵令殿前司今後並選定四十已上有行止無過犯不係新招揀到人充遇闕選塡神勇并上神勇二十一京師熙寧六年併爲十四廢上神勇孝宗初改爲護聖軍廣勇四十三每十爲一軍京師五陳留二十二咸平東門太康城南京各二襄邑陽武鄆各一滑三熙寧九年在京增置一元祐二年八月詔在京置左第三軍第一右第三軍第一神射五陳留三雍丘二熙寧三年廢龍騎二十分三軍京

師四尉氏雍丘咸平鄭各二南京陳蔡河陽棣單宿白波各一熙寧二年併爲十三熙寧二年在京第七隸第九雄勇八咸平三鄆二潁昌鄭滑各一元豐元年併咸平第二第三隸第一鄆州第五隸第四改曰雄威併管城第七曰馬第八潁昌一闕勿補二年咸平一闕勿補宣威上下二咸平襄邑各一熙寧三年以咸平一隸廣捷以襄邑一隸威猛四年廢廣捷五十六陳留八咸平六雍丘四襄邑尉氏潁昌各三太康扶溝南京亳河陽潁寧陵各二陳五鄭滑曹鄧蔡廣濟穀熟永城襄城柘各一熙寧三年亳州一併廣勇永城縣一併隸亳州元豐元年併管城第四十隸本縣雄勇第七併白馬縣第二十五隸本縣雄勇第八廣德并揀中廣德總十咸平尉氏陽武河陽滄鞏白波各一西京三治平四年併十四爲八熙寧六年廢揀中廣德尉氏揀中廣德第一陽武第二改爲廣德雄威十考城襄邑陳留各一南京四陳三治平四年併十三爲十元豐元年以南京第八分隸第三第四第七二年襄邑二闕勿補勝捷威勝威捷建炎初置隸殿前司全捷前軍右軍中軍左軍後軍自勝捷以下九軍並中興後置

侍衞司侍衞親軍馬步軍都指揮使副都指揮使都虞候各一人馬軍都指揮使副都指揮使都虞候各一人步軍亦如之自馬步軍都虞候以上其員全闕卽馬軍步軍都指揮使等各兼領其務馬步軍有龍衞神衞左右四廂都指揮使龍衞神衞左右廂各有都指揮使每軍有都指揮使都虞候每指揮有指揮使副指揮使餘如殿前司之制其所領騎步軍之額如左

騎軍

員僚直左右四京師二恩冀各一熙寧二年併左直爲一須人少廢隸如其軍省五年廢恩冀州左右直弗補六年撥隸龍衞元豐三年廢龍衞并鑷直左射帶甲剩員四十四京師三十八雍丘尉氏河陽并揀中各一澶二熙寧元年以澶州右第四軍第四隸第三共并爲一九年陳留并帶甲剩員二爲一熙寧元年澶州河陽尉氏就糧四併隸別指揮六年三十九併爲二十八年置帶甲剩員二十年廢亳州一元豐元年陳留帶甲剩員闕勿補二年五月廢鑷直左射八月廢第十軍十月南京第十軍第一改新立驍捷左三六年廢帶甲剩員中興二十忠猛一定熙寧五年廢散員一定熙寧五年廢驍捷二十六尉氏新立及揀中各一恩十四冀十熙寧元年廢帶甲剩員三年廢揀中五年瀛州三撥隸本州雲翼冀州十恩州十四各併爲五莫州二併爲一十年併冀恩驍捷各五各爲四元豐元年太康置新立驍捷一雲騎十五京師十一陳留南京各一鞏縣二熙寧二年併十五爲十三年第一至十二併爲七七月第八撥隸第一第二八年置帶甲剩員一元豐二年闕選雲捷第二軍補之十月雍丘帶甲剩員第一改爲橫塞第十中興七武騎二十一京師雍丘各六尉氏三陳留考城咸平鄭各一西京二熙寧元年廢咸平帶甲剩員爲剩員二年并二十作十五八年置帶甲剩員一九年以雍丘帶甲剩員一隸雲騎帶甲剩員共爲一十二月在京四併爲三尉氏二併爲一考城一分隸雍丘寧朔在京二併爲一十年廢帶甲剩員元豐元年併帶甲

剩員亳州第一中興三驍銳四莫州三冀一熙寧五年莫州三併爲二冀州第三虛其闕以存者補捷六年七月莫州第一第二冀州第三並改驍捷是月廢歸明神武馬一尉氏熙寧六年改新立驍捷七月廢飛捷四雍丘熙寧二年併爲二元豐元年廢驍武左右二十北京七眞定三定六相懷洺邢各一熙寧元年廢帶甲剩員二年北京七併爲五五年眞定府三併爲二定州六併爲四邢州雲翼各一須人少併爲一十北京五併爲四定州四須人少併爲三元豐七年以忠猛一分入驍武第七第八第九廣銳總四十四太原代并各三分五石嵐岢各二晉路慈絳澤隰憲寧化威勝平定火山各一涇原鄜各二秦渭環邠寧各一元豐二年忻嵐州各一闕勿補三年涇州二以下一補上一闕五年置蘭州二中興二十三雲翼分左右廂左三十四右二十二總五十六眞定雄瀛深趙永寧各三定冀各六保五滄北平永靜順安保定二莫邢磁各一廣信安肅各四熙寧五年併滄州二爲一冀州六爲三眞定府三爲一趙州三爲二定州六爲四順安軍二爲一永安軍三爲二北平軍二須其闕併爲一安肅軍第一分隸第三深州三爲二保州一分隸他軍十年莫州第十三分隸驍捷眞定府第八分隸驍武定州四須其闕併爲三安肅軍三須其闕併爲二廣信軍四併爲三元祐元年甚州二仍不廢中興三十三有馬勁勇七太原二代嵐各一磁三熙寧五年磁三併爲一中興五騎捷五瀛三莫二熙寧六年廢驍子七定二相五熙寧五年併相驍子五爲三定驍子馬二爲一六年相州驍子三并改驍子馬十年相州驍子馬第三分隸驍武驍子馬中興四驍駿一太原熙寧六年廢無敵六定北平各二安肅廣信各一熙寧五年北平二須人少併爲一撥隸雲翼三廣信熙軍一撥隸雲翼忠銳一廣信熙寧五年廢威邊二定保各一熙寧五年廢克勝二潞飛騎二麟威遠二府克戎二并清塞一延安熙寧五年廢武清一晉熙寧六年廢萬捷七相冀趙各二滄一熙寧五年冀二併爲一以隸雲翼相二須人少併爲一中興七雲捷十二尉氏咸平西京北京澶各二汝懷各一橫塞七雍丘咸平考城襄邑寧陵各一衞二有馬安塞一熙寧五年廢蕃落八十三環五延慶各四秦併外砦十七原渭併外砦各十二德順併外砦七鎭戎併外砦十二鳳翔涇併外砦儀保安各二龍一熙寧三年併外砦九爲七八月涇原路以新砦所減蕃落隸在州蕃落定額以三萬二千人五年隴州添置招馬軍蕃落一九年併陝西土蕃落渭州八爲六原州秦州各五爲四元豐四年環州下蕃落未排定指揮並爲禁軍五年六月葭蘆砦主乞置一紹聖四年詔陝路增置馬軍十各五百人爲額於永興河中鳳翔同華各置二元符元年詔涇原路新築西安州置馬軍一天都臨羌砦各置馬軍一六月詔永興軍等路創置十指揮二年定邊城增置馬軍二烏龍川北嶺新砦各置馬軍一崇寧五年新築安邊城置馬軍一并州騎射一熙寧六年太原騎射第一改克戎元豐七年成都府置馬軍騎射一中興後無有馬雄畧三廣桂邕各一熙寧三年廣桂邕有馬雄畧闕勿補十年以邕州住營兩指揮闕額移桂州依舊置紹聖元年沅州增置有馬一、元符元年正月詔荆湖南路江南東路各增置有馬一中興二崇捷崇寧三年詔於京東京西河北河東開封府界創置馬步軍五萬人計一百七指揮馬軍三十五步軍七十二合三萬六千人馬軍以崇捷崇銳爲名步軍以崇武崇威爲名崇銳

崇寧三年見上以上二軍中興後無清澗騎射二員僚剩員直以罪謫降者充立前軍右軍中軍左軍後軍以上七軍並中興後置

步軍

神衞并水軍總三十一京師熙寧二年併三十一爲三十三年廢水軍元豐二年廢第九第十南京第一改雄武弩手中興四十六虎翼九十六京師九十併水軍一襄邑東明軍各一長葛二熙寧二年除水軍一外併九十五爲六十六年廢上虎翼元豐四年詔改差殿前虎翼右一四指揮爲李憲親兵奉節并上奉節五京師熙寧二年殿上奉節九月上奉節兩指揮隸虎翼六年十月廢奉節步武六陳武衞七十一南京眞定定淄各四北京澶相邢懷趙棣洛德邢道利乾廣濟各一青五鄆徐兗曹濮沂濟單萊濰登淮陽瀛博各二齊密滄各三熙寧四年帝論文彥博等京東武衞軍素號精勇得力不減陝西兵彥博曰京東之人沈鷙精悍亦其性也五年併滄三爲二眞定府各四各爲三趙州振武各一共爲一六年詔岷州置一元豐三年河州武衞二爲一雄武并雄武弩手床子弩雄武揀中雄武飛山雄武揀中歸明雄武總三十四京十三太原尉氏南京鄭汝寧陵各二咸平東明雍丘襄邑潁昌曹廣濟穀熟長葛各一熙寧五年廢揀中雄武閏七月併床子弩雄武飛山各五爲二六年廢雄武中興後加平海字飛虎三陳留二咸平一熙寧三年廢神銳二十六太原六潞晉各三澤汾隰平定各二代絳忻遼邢威勝各一元豐二年潞州三闕勿補振武八十一北京澶相衞霸莫祁棣趙濱洺保安永寧通利安肅儀各一眞定瀛保恩邢深博永寧乾寧慶涇各二延六邠龍各七鄜寧各五磁四滄原各三熙寧五年瀛州二爲一滄州三爲二眞定府二爲一邢州二以一分隸武衞神銳鎭武磁州四爲二元豐三年鄜州四爲三邠州五以一補上四指揮闕隴州四爲三元祐七年詔復置滄州第六十七六十八來化一寧陵熙寧七年廢新立弩手二廣濟熙寧六年定陶縣第二軍改雄武隊弩手懷勇三雍丘二陳一熙寧三年廢威寧一潁昌熙寧二年廢威猛上下十襄邑四咸平潁昌長葛各二熙寧三年宣威併入雄勝三陝一冀濟各一熙寧四年分陝府雄勝隸他軍中興四歸恩左右二亳熙寧三年左第一併右第一六年第一改爲雄勝澄海弩手二登熙寧八年廣西經略司選澄海赴神桂州以新澄海爲名中興加水軍事虎二十六永興六鳳翔河中折隰晉勝各二太原秦延鄜華各一潞三熙寧九年秦州一闕勿補保捷一百三十五永興十二同九秦八河中邠涇各七滑寧耀各六鳳翔延儀華隴解乾各五陝原鄜各四成三慶鳳坊晉鎭戎各二環丹商虢階慶成德順各一熙寧五年鳳翔府添置三六年添置一元豐三年併同州七爲六永興軍九爲八五年蘭州置步軍二紹聖四年蘭州金城關置步軍四元符元年新築西安州置步軍一天都臨羌砦各置步軍一又詔於河北路大名府二十二州軍共創置馬步軍步軍二十九指揮以保捷爲名各二年定邊城置步軍一崇寧五年安邊城置步軍一中興後增置一捉生二延紹聖三年環慶州各置一清邊弩手四十三太原九秦五涇四河中隴各三永寧代潞晉各二慶渭環同坊鎭戎慈丹隰汾憲各一熙寧六年併鳳翔四爲三八年吉陽併宣毅一來隸九年併秦州四爲三元豐三年以河間中清邊弩手將兵一隸本府保捷清邊弩手制勝九永興華各二鳳翔耀同乾解各一撥華一隸本州保捷制勝奉天

一補其縣保捷闕中興後增一定功十永興秦慶原渭涇儀鄜延鎮戎各一清澗二中興後隸騎軍平海二登建威一秦熙寧三年廢効忠二十七陳留三太康尉氏襄邑河陽曹合流各二咸平鄭亳衛潁昌單澶磁廣濟河陰寧陵白波各一熙寧九年磁衛各一須人少與武衛併爲一川効忠七南京六寧陵一熙寧二年南京六併隸上三三年十二月南京三併爲二宣毅一百七十四隸京東西河北河東淮南江南兩浙荊湖福建九路京東路南京鄆徐曹齊各二青兗密濮沂單濟淄萊濰登淮陽廣濟各一京西路西京滑潁昌河陽陳襄鄭蔡汝隨信陽各一鄧二河北路眞定德棣博邢恩磁深定洺濱通利永靜乾寧永寧各一河東路太原汾各六晉四澤絳石代各三路嵐忻遼威勝平定各二慈隰憲寧化各一淮南路揚亳各二廬宿壽楚眞泗蘄海舒泰濠和光黃通無爲高郵漣水各一江南路江寧洪虔吉撫袁筠建昌南安各一兩浙路杭二越蘇明湖婺潤溫衢常處秀各一荊湖路潭全鼎各二荊南邵衡永郴道安鄂岳澧復峽歸辰荊門漢陽桂陽各一福建路二福泉南劍漳汀邵武興化各一熙寧三年宿揚廬壽楚眞泗泰一併隸教閱忠節各爲一蘄海舒濠和光黃通無爲高郵漣水各一闕典補十二月京東路三十三併爲十三荊湖南路道永衛各一潭二撥隸威果全二邵一撥隸雄略郴桂陽各一不克額荊南一撥隸威果鼎二澧岳安復鄂各一皆改教閱忠節荊門漢陽歸峽各一不克額江南東路江寧江南西路虔各一撥隸威果雄畧洪吉撫建昌各一皆改教閱忠節筠袁南安各一不克額福建路福一隸威果建二併爲一改威果兩浙路杭二越蘇潤各一皆改威果湖婺溫衢常處秀各一不克額熙寧五年恩一乾寧永靜眞定邢洺磁定祁深永寧各一闕弗補八年吉陽軍宣毅一隸清邊弩手路復置一九年定邢深祁磁永寧永靜乾寧各一皆効忠元豐元年博二撥隸他州軍宣毅床子弩砲手一岢嵐熙寧三年廢建安二府嵐各一威果二十五荊南江寧杭揚廬潭各三洪越福各二虔一宣和三年嚴州增置一効順一襄邑熙寧六年改雄武揀中雄勇一襄邑懷順一霸歸聖一雍丘熙寧六年改雄武順聖一鞏中興已後無懷恩三荊南二鄂一揀中懷愛一寧陵熙寧六年廢勇捷左右二十六襄邑北京澶陳壽汝曹宿各二咸平西京南京亳寧陵虹河陰鞏長葛章城各一熙寧三年併十隸九右十二併右二元豐二年唐汝州各置土兵一威武上下總十三西京河陽鄭鄆澶滑濮通利鞏河陰永城各一曹二熙寧三年廢下威武九年澶一隸効忠勇捷靜戎弩手四河陽澶衛通利各一熙寧七年廢平塞弩手并揀中平塞新立平塞總四咸平亳河陰白波各一熙寧六年廢弩手及新平揀中平塞亳平塞弩手及白波新立平塞咸平揀中平塞並改下威武忠勇三成都寧遠八戎三遂梓嘉雅江安各一熙寧六年瀘州增置一忠節并川忠節教閱忠節總六十雍丘襄邑寧陵各三陳留咸平東明亳河陰永城各二南京五太康陽武潁昌江寧揚廬宿壽楚眞泗泰滁岳澧池歙信太平饒宣洪虔吉臨江興國廣濟南康廣德長葛各一合流四熙寧三年亳州第十四併勇捷川忠節一併忠節十二月添置八五年蔡州置一神威上下十三陳留三潁昌鞏各二雍丘考城咸平河陽廣濟白波各一歸遠十六陳潁昌亳壽宿鄧襄鼎各一荊南澧潭洪各二元豐五年成州置一雄略二十五荊南五潭四鼎澧各三廣辰

桂各二許全邵各一熙寧三年衡增置一吉增置三百人及置部軍雄略一崇寧三年荊湖南路置四招收十七保四霸信安各三定軍城砦各二廣信安肅順安各一熙寧五年霸信安各二併爲一定二爲一安肅一保二分隸振武招收八年析以保甲砦罷揀克下禁軍壯勇七耀解滑各二潁昌一橋道并川橋道十八襄邑咸平陽武各二陳留東明尉氏太康西京河陽濮鄆鞏河陰白波寧陵各一熙寧三年鄆川橋道改橋道隸順化清塞十二曹二鄭鄆滑通利鞏河陰白波氾水各一長葛二崇武崇寧三年置步軍京東西河東北崇威崇寧三年置步軍京東西河東北敢勇元祐七年詔河東陝西路諸帥府募敢勇以百人爲額宣和四年詔越州招到敢勇三百人撥充兩浙提刑司捉殺差使靖安崇寧元年詔荊湖北路添置禁軍五指揮以靖安爲名隸侍衛步軍司廣固崇寧三年詔添置廣固兵四指揮以備京城工役政和五年詔於四指揮各增置五百人入額自今更勿差客軍通濟政和六年詔增置通濟兵士三千人牽挽御前綱運自崇武至此六軍中興後無清衛宣和七年減清衛等軍令步軍司撥塡一般軍分刀牌手崇寧中立廣西桂州勁勇壯武靜江自勁勇以下三軍舊隸廂軍中興後隸侍衛步軍振華五百人爲一軍安遠奉先園四武寧威勇忠果雄節必勝六前軍右軍中軍左軍後軍自振華以下十三軍並中興後立御前忠佐將校並與建隆以來制同散員班一馬直指揮一步直指揮一熙寧四年馬步二直並廢撥隸殿前步軍司虎翼其有馬者補雲騎備軍一千九百六十人熙寧二年罷九百六十人皇城司親從官指揮四政和五年創置第五指揮以七百人爲額親事官指揮三元豐五年增置一守奉景靈宮政和五年西京大內官一以五百五十人爲額又增置內園司一以五百一十人爲額入內院子五百人中興後二百人快行長行中興後置一百人司圊三人曹司中興置三十人

將兵者熙寧之更制也先是太祖懲藩鎮之弊分遣禁旅戍守邊城立更戍法使往來道路以習勤苦均勞逸故將不得專其兵兵不至於驕惰淳化至道以來持循益謹雖無復離制之患而更戍交錯旁午道路議者以爲徒使兵不知將將不知兵緩急恐不可恃神宗卽位乃部分諸路將兵總隸禁旅使兵知其將將練其士平居知有訓厲而無番戍之勞有事而後遣焉庶不爲無用矣熙寧七年始詔總開封府畿京東西河北路兵分置將副由河北始自第一將以下共十七將在河北四路自第十八將以下共七將在府畿自第二十五將以下共九將在京東自第三十四將以下共四將在京西凡三十有七而鄜延環慶涇原秦鳳熙河又自列將焉在鄜延者九在涇原者十一在環慶者八在秦鳳者五在熙河者九凡四十有二八年又詔增置馬軍十三指揮分爲京東西兩路又募教閱忠果十指揮在京西額各五百人其六在唐鄧其四在蔡汝元豐二年又增置土兵勇捷兩指揮於京西額各四百人唐州方城爲右第十一汝州襄城爲左第十二凡馬軍十二指揮忠果及土軍共十二指揮四年又詔團結東南路諸軍亦如京畿之法共十三將自淮南始東路爲第一西路爲第二兩浙西路爲第三東路爲第四江南東路爲第五西路爲第六荊湖北路爲第七南路潭州爲第八全邵永州應援廣西爲第九福建路爲第十廣南東路爲第十一西路桂州爲第十二邕州爲第十三總天下爲九十二將而鄜延五路又有漢蕃弓箭手亦各附諸將而分隸焉凡諸路將各置副一人東南兵三千人以下唯置單將凡將副皆選內殿崇班以上嘗歷戰陳親民者充且詔監司奏舉又各以所將兵多寡置部將隊將押隊使臣各有差又置訓練官次諸將佐春秋都試擇武力士凡千人選十人皆以名聞而待旨解發其願留鄉里者勿彊遣此將兵之法也六年熙河路經畧制置李憲言本路雖有九將之名其實數目多闕緩急不給驅使又蕃漢雜爲一軍嗜好言語不同部分居止悉皆不便今未出戰其害已多非李靖所謂蕃漢自爲一法之意若將本路九將併爲五軍各定立五軍將副及都同總領蕃兵將使正兵合漢弓箭手自爲一軍其蕃兵亦各自爲一軍臨敵之際首用蕃兵繼以漢兵必有成效兼可減併將副及部隊將員於事爲便詔從之元祐元年司馬光言近歲災傷盜賊頗多州郡全無武備長吏侍衞單寡禁旅盡屬將官多與州郡爭衡長吏勢力遠出

其下萬一有李順王倫王均王則之寇乘間竊發攻陷郡縣豈不爲朝廷憂祖宗以來諸軍少曾在營常分番出戍蓋欲使之勞筋骨知艱難輕去其家習知山川險阻也自置將以來惟是全將起發然後與將官偕行其餘常在本營飲食嬉遊養成驕惰歲月滋久不可復用又每將下各有部隊將訓練官等一二十人而諸州又自有總管鈐轄都監監押設官重復虛破廩祿知兵者皆知其非臣愚欲乞盡罷諸路將官其禁軍各委本州長吏與總管鈐轄都監等如未置將已前使州郡平居武備有餘然後緩急可責以守死諫議大夫孫覺亦以爲言於是詔陝西河東廣南將兵不出戍他路其餘河北差近裏一將更赴河東而諸路逐將與不隸將之兵並更互出戍稍省諸路鈐轄及都監員仍以將官兼州都監職事卒不能盡罷將副如光等言其年八月樞密院言近邊州軍及邊使經由道路而減本處兵官非是於是邊州及人使經由道路將官仍不兼都監至紹聖間樞密院言往時軍士犯法將官得專決遣故事無留滯自州縣官預軍事以來動多牽制不得自裁欲仍依舊法及諸軍除轉排補並隸將司州縣無得輒預其非屯駐所在當俟將副巡歷決之餘委訓練官行爲詔從之至是州縣一無關預兵愈驕無復可用矣元符元年章楶又請增置涇原第十二將宣和元年詔非救護水火收捕姦細妖人而輒差將兵者坐之後三年知婺州楊應誠言諸路屯戍當隸守臣兵民之任一然後號令不二不然將驕卒橫侵漁細民氣壓州郡有不勝其憂者於是詔自今令隸守臣無何復詔曰將兵遵將官條教除前隸守臣指揮其後江浙盜起攻陷州邑東南將兵望風逃潰無復能戰事平童貫奏言東南三將類皆孱弱全不知戰虛費糧廩驕惰自恣平時主領占差營私大半皆工藝遂致寇盜橫行毒流一方重費經畫今事平之後當添將增兵鎮遏綏馭然南人怯弱素失訓練終不堪戰今欲於內郡別置三將並隨京畿將分接續排置使陝西軍更互戍守庶幾東南可得實戰之士於計爲便詔從之其後南渡諸屯駐大軍卽舊將兵之類而其駐劄之所則異於前矣今摭建炎以後將兵列於屯駐大軍之次而建炎水軍亦附見焉

建炎後諸屯駐大軍　武鋒精銳敢勇鎮淮疆勇雄勝武定江都振武泰熙振武忠勇遊弈淮陰前軍副司左右軍移戍左軍淮東滁州雄勝安淮青平小雄邊淮東泰州鎮江左軍淮西廬州疆勇前軍疆勇右軍武定遊弈忠義雄邊全年淮西濠州武定選鋒軍武定後軍使効威勝遊擊義士諸軍定遠武定淮西安豐軍武定前軍武定右軍防城戍軍四色軍淮西無爲軍巢縣池司右軍淮西黃州雄關飛虎軍臨安府屯駐諸軍雄節威果全捷龍騎歸遠金州駐劄都統司兵成都路安撫副司駐劄兵四川大制司帳前飛捷軍利州節制司諸軍金州忠義軍閬州節制司諸軍潼川府制帳踏白軍隆慶屯駐遊弈軍潼川安撫司忠定軍夔州節制司軍興元節制軍事利州都統司兵四川制司帳前信義兩軍興元都統司屯駐合州軍沔州乾道三年三百人沿江水軍建炎置明州水軍紹興置乾道元年二千人分兩右兩將福州荻蘆延祥砦紹興置百五十人乾道七年添招凡五千人鎮江駐劄御前水軍乾道三年招三百人淳熙五年增招千五百人沿海水軍乾道六年置一千人潮州水軍乾道四年置二百人江陰水軍乾道四年置三百人廣東水軍乾道五年增至二千人平江許浦水軍乾道七年七千人淳熙五年增五百人江州水軍淳熙三年招一千人池州都統司水軍淳熙元年千人嘉定中增至三千人漳州水軍紹興元年漳泉共六百人泉州水軍見上殿前澉浦水軍開禧元年一千五百人鄂州都統司水軍開禧十五年太平州采石駐劄御前水軍嘉定十四年五千人建康都統司靖安水軍元隸都統司嘉定中隸御前馬軍行司唐灣水軍元隸馬軍行司嘉定中隸御前通州水軍乾道五年置池州清溪鴈汊控海水軍建炎四年置百五十人兩淮水軍紹興元年置二千人隆興元年詔諸州斷配海賊刺隸

宋史卷一百八十八考證

兵志二廣勇注東門太康城○臣開鼎按前卷廣勇注東門作東明太康城作太原胙城

虎翼注襄邑東明軍各一○臣開鼎按前卷虎翼注作襄邑東明單各一此軍字似誤

武衛注北京澶相邢懷趙棣洺德邪道利乾廣濟各一○前卷邪道利作祁通利

宋史卷一百八十九

元　中　書　右　丞　相　總　裁　脫　脫　等　修

兵志第一百四十二

兵三　廂兵

廂兵者諸州之鎮兵也內總于侍衛司一軍之額有分隸數州者或一州之管兼屯數州者在京諸司之額五隸宣徽院以分給畜牧繕修之役而諸州則各以其事屬焉建隆初選諸州募兵之壯勇者部送京師以備禁衛餘留本城雖無戍更然罕教閱類多給役而已景德四年七月如京使何士宗言詔條禁軍將士依等級並行伏事之理違者按軍令其廂軍將士等未立條制欲望約前詔減一等定令帝曰禁衞兵士無他役使且廩給優厚欲其整肅有所凜畏故設此條禁今以廂軍約此施行恐難經久況尊卑相犯自有條律不行可也十二月詔廂軍及諸州本城犯所部決杖訖並移隸他軍內情理重及緣邊隨軍奏裁大中祥符元年詔應諸道州府軍監廂軍及本城指揮自都指揮使已下至長行對本轄人員有犯階級者並於禁軍斬罪上減等從流三千里上定斷副兵馬使已上勘罪具案聞奏廂軍軍頭已下至長行準敕犯流免配役並徒三年上定斷只

委逐處決訖節級已上配別指揮長行上名長行決訖配別指揮下名收管如本處別無軍分指揮即配隣近州府軍監指揮收管內別犯重者自從重法其諸司庫務人員兵士有犯上件罪名者並依前項廂軍條例施行五年二月上諭王欽若等累議老病之兵漸多在京者令逐司將臣外處者散差諸司使副揀選可指揮所揀殿前侍衞馬步軍司令先逐指揮自指揮使已下據見管兵士除堪任披帶征役外其自來懦弱教閱不出之人及老病不堪者籍其名供申次第管轄處各就逐營看詳定奪然後繳申逐司與差去使臣同共揀選如有協情不當即具始末以聞其廂軍都指揮使已下並當嚴斷外處揀就糧兵士亦如之又宣示外處就糧諸軍有捧日天武第七第九第十軍軍額皆是自上軍經兩三度揀選以其久處禁衞不欲便揀落特設上件軍額處之朕深慮揀兵臣僚軍頭等同諸軍例更揀配下軍可徧諭之老病者便放歸農內契丹渤海日本外國人恐無依倚特與收克本軍剩員又所差臣僚軍頭赴外處揀人緣軍分指揮及出入次第名目體例甚多令樞密院具合行條約及施行事件並畫一處分令遵守施行又殿前侍衞馬步軍司自來揀下披帶禁軍量減衣賜月糧克剩員並無定額散在逐營拘繫不獲營生官中所給歲計不少可乘此時一例揀選除老病者放歸農外據諸軍見管人數額定克看營剩員餘並撥併一處收管以備令赴諸處祗應既有定額必不敢多揀克剩員又詔承前遣使取內外軍中疲老者咸給奉糧之半以隸剩員今可簡閱使歸農其合留者亦據逐營給役數外別爲營舍處之內契丹渤海日本外國人慮無所歸且依舊仍令所至州郡並與總管鈐轄閱驗連書其狀具當去留之數及引視軍校之不任職者附驛以聞其當從隸軍額即就配近便州郡緣邊者從于內地並與本州官吏移牒轉送當停者給與公驗止許居本州歲申上其籍並給次月奉糧裝錢日食遣之所管馬但筋齒弱老病不療者件析以聞在京殿前馬步軍司有所升退即時具名籍申樞密院未當者悉改正之當從者給裝錢在道只給糧當停者給一月奉糧勿復奏裁外州軍士當降以次軍分者所隸州郡聽自擇又詔廣南東西荆湖南北福建江南京西等七路諸州府軍監見管雜犯配隸軍人等各差使臣一人馳驛往逐處與轉運使副或提點臣僚知州通判鈐轄都監監押同共簡選就近體量人數分配側近州軍本城收管如年老病患委實久遠不任醫治克役者放令逐便其少壯者即差人管押赴闕引見當議選配近上軍分如不願量移及赴闕者亦聽其便仍於軍分量與遷改如地遠勾抽遲延即馳驛分路簡訖具析以聞七年詔今後軍回在京者且未編排依例引見內有老疾合配外處軍分及看倉庫草場神衞剩員并看營剩員等與限歇泊半月後編排引見訖限五日般移其外處軍迴經過兵士並依此例仍見訖與假十日令移隸所配處八年詔諸路轉運司殿前侍衞馬步軍軍頭司三司宣徽院開封府諸司庫務等處人員兵士等如內有殺賊得功及諸般使喚得力者或因官中取索之時具詣實結罪供申所轄去處保明申奏天禧元年詔選天下廂兵遷隸禁軍者凡五千餘人二年詔河北禁軍疲老不任力役者委本路提點刑獄臣僚簡閱不得庇匿以費廩糧慶曆中招收廣南巡海水軍忠敢澄海雖曰廂軍皆予旗鼓訓練備戰守之役皇祐中河北水災農民流入京東三十餘萬安撫使富弼募以爲兵拔其尤壯者得九指揮教以武技雖廩以廂兵而得禁兵之用且無驕橫難制之患詔以其騎兵爲教閱騎射威邊步兵爲教閱壯武威勇分置青萊淄徐沂密淮陽七州軍征役同禁軍嘉祐四年復詔西路於鄆濮齊兗濟單州置步兵指揮六如東路法於是東南州軍多置教閱廂軍皆以威勇忠果壯武爲號訓肄如禁軍免其他役治平初遣使分募河北河東西京東民爲本城遇就糧禁軍闕即遣補又陝西州軍悉置壯城如河北以備繕完城壘之役景祐中本城四十三萬八千逮治平三年乃五十萬熙寧三年五月詔以禁軍分五部法檢治廂軍其後禁軍或降剩員或升補皆以備廂軍諸路力役之事間詔募增而京西轉運司所募多至三萬人陝西減額五千人亦至三萬人河朔流民寓京東者如舊制招募教閱以爲忠果二十指揮分隸河北總管司以除盜恤饑而河北及熙河路修城壘河北所募兵五千人熙河亦三千人修京城以廢馬監兵置廣固保忠凡十指揮亦五千人湖南猺人平戎瀘軍興洮河轉漕又皆增置焉初樞密院言京師役兵不足歲取於諸路而江淮兵每饑凍道斃相屬畧計歲所用外軍七千人調發增給不貲請募東西八作司壯役指揮諸司雜犯罪人情輕者並配隸以次補雜役効役代諸路役兵從之又言諸路廂軍名額猥多自騎射至牢城其名凡二百二十三其間因事募人團立新額或因工作榷酤水陸運送通道山險橋梁郵傳馬牧隄防堰埭若此者事在而名未可廢及剩員直牢城皆待有罪配隸之人壯城專治城隍不給他役別爲一軍而教閱廂軍亦自爲額謂以諸路不教閱廂軍併爲一額餘從省廢其移併如禁軍法奏可遂下諸路轉運司以州大小高下爲序始自某州爲第一指揮差次至某州凡爲若于指揮每指揮毋過五百人河北曰崇勝河東曰雄猛陝西曰保寧京東曰奉化京西曰勁武淮南曰寧淮兩浙曰崇節江南曰効勇荆湖曰宣節福建曰保節廣南曰清化川四路曰克寧八年詔忻代州諸砦以禁軍代廂軍元豐四年詔升南京青

鄆鄧曹濟濮州有馬教閱廂軍及眞定府北砦勁勇下環州蕃落未排定指揮並爲禁軍五年三月以西邊用兵詔諸處役兵並罷令諸路轉運司刻剔京東西河東北淮南廂軍又令都水監剔河清及客軍共三萬餘人赴陝西團結十月詔諸路教閱廂軍於下禁軍內增入指揮名額排連並同禁軍於是馬步排定有馬廂軍二十二指揮無馬廂軍二百二十九指揮元豐之末總天下廂兵馬步指揮凡八百四十其爲兵凡二十二萬七千六百二十七人而府界及諸司或因事募兵之額不與焉哲宗元祐二年太師文彥博言廂軍舊隸樞密院新制改隸兵部且本兵之府豈可無籍樞密院亦以爲言乃詔本部自今進冊以其副上樞密院三年詔京西路廂軍以三萬五百人爲額又詔天下州郡以地理置壯城兵元符元年詔罪人應配五百里以上皆配陝西河東克廂軍諸路經畧司各二千人止三年詔撥陝西保寧指揮入諸路廂軍額崇寧四年詔諸路廂軍不以等樣選少壯人招刺又詔廂軍工匠除上京修造外其餘路所差並放還休息之政和五年廣固四指揮各增五百人以備京城之役六年三月增置通濟兵士二千人備御前牽挽綱運於是工役日與增募益廣矣建炎而後兵制靡定逮乾道中四川廂軍二萬九百七十二人禁軍二萬七千九百九十二人厥後廢置損益隨時不同摭其可考者以附見焉其將校則有馬步軍都指揮使有副都指揮使都虞候馬軍有都指揮使副都指揮使都虞候步軍亦如之馬步軍諸指揮使有指揮使副指揮使每都有軍使副兵馬使都頭副都頭十將將虞候承局押官凡諸州騎兵步兵禁廂兵之類敘列如左其不同者分爲建隆以來及熙寧以後之制云

建隆以來之制

馬軍騎射 京東路南京青兗鄆曹徐齊濰淮陽○京西路西京河陽陳許鄭潁滑○河北路北京眞定滄瀛相恩冀○陝西路永興鳳翔河中陝華秦涇鄜○荊湖路江陵潭鄂岳復安澧鼎永道郴邵桂陽內青淮陽係教閱 威邊 京東路南京青鄆密徐曹齊濮濟淄登萊沂單內登係教閱○京西路西京河陽鄭蔡襄鄧滑潁汝郢均商隨唐信陽光化○河北路瀛相邢祁濱霸磁衛趙莫洺乾寧廣信通利○河東路澤遼○陝西路永興鳳翔河中陝同華耀乾解虢○淮南路亳廬宿○荊湖路安 昭武 南京河中 肅戎 曹 單勇 單 安武 鄆齊 必敵 鄆陝邠 決勝 濟 飛勇 棣 靜山 兗宜 勇敢 沂密 定邊 蔡徐涇 馬闞 永興宿 安東 登萊 突陣 延定乾懷 廳直 濟滄莫保 雄霸定華 保勝 鄜光嵐 歸恩 鳳翔 定戎 涇 安塞 環慶 游弈 許 衙隊 曹陳 德永靜永隴儀峽 武勝 濠泗 保忠 滑 輕騎 邢 順節 眞定 敢勝 深 飛塞 環 保節 陝西路州軍 本城馬軍 廣 必勝 慶 定塞 河北路州軍 勁勇 眞定北砦係教閱 下蕃落 環外砦係教閱 武清 晉自此至招收凡十一軍兩朝志無 飛騎 麟 振邊 儀環 威遠 府 本城廳子 定 克戎 并 清邊 陝西 忠烈 河北鄉兵名神銳後改是軍舊制老病者聽召人承補歸農承補者逃亡復取歸農者克役大中祥符四年詔罷之 無敵 保安肅廣信軍北平砦 忠銳 廣濟 招收 河北河東舊又有定州揀中廳子易州靜塞并州咸聖後並廢 飛將 北京亳自此至揀中騎射凡三軍三朝志無 保靜 恩 揀中騎射 淮南路揚廬壽宿泗眞蘄黃濠光海和通舒滁漣水高郵無爲○江南路宣撫江吉筠袁歙太平池饒信廣德南康南安建昌臨江興國 步軍武和 開封 武肅 開封 忠靜 開封 威勇 定眞定冀滄雄博深乾寧內青鄆淄密濟沂淮陽係教閱 左衙 南京鄆晉耀陝通安 平難 亳濠 奉化 京西路鄭許陳蔡滑○河北路懷○陝西路鳳翔○淮南路揚亳廬壽宿濠和通泰楚舒眞泗滁無爲漣水高郵 衙隊 曹峽 開武 曹 保寧 濟衛 開遠 揚楚泗齊利劍 安平 齊 靜邊 棣 六奇 楚 開山 西京秦 武勇 濰泰 懷安 秦 建安 解府 靜海 徐淮陽通 隨身 宿隨唐商 崇順 青階 忠畧 淄 安海 登 水軍 京東路登○河東路保德○陝西路秦陝○淮南路揚廬壽光海和泰楚舒蘄黃泗漣水高郵無爲○江南路江寧洪袁虔宜歙饒信太平池江吉筠撫興國臨江南康廣德○兩浙路州軍○荊湖路江陵潭衡永郴邵鄂岳復安澧峽鼎歸漢陽桂陽○福建路福建漳泉邵武○利州路興○廣南路廣英賀封連康南雄春廉白邕 寧齊 萊 永安 西安 耀武 河陽鄧楚秦寧華 橋道 河陽澶壽興 開道 鄭 雄猛 絳 定安 河中 開河 河中 定遠 鳳復 定邊 涇 壯武 京東路青徐曹兗密濰濟濮登萊淮陽○京西路西京陳蔡鄧襄潁汝光化○陝西路鳳翔河中同耀華乾解陝西安○淮南路揚廬壽黃光海和通蘄楚泰舒滁高郵○荊湖路潭岳安復內兗徐濟萊係教閱 寧淮 潁壽澶 忠順 潁壽 崇寧 汝岳 澄海 韶循潮連梅南雄英賀封端南恩春惠桂容邕象昭龔蒙潯貴橫融化雷竇南儀白欽鬱林廉崖儋內廣廉高藤梧英賀新蒙冀儋係教閱 保定 均信陽 懷寧 定眞定祁房 宣節 荊湖南路諸州軍監北路岳澧鼎郢荊門諸監 步捷 金 崇化 光 廣平 虢 勇勝 永興 清邊 永興延渭鄜慶涇儀隴保安 開廣 原同 建武 密鄜環 永清 丹 昭勝 坊 永寧 潞 永霸 澤 弓箭 秦晉 順安 慈 順霸 隰 崇勇 成 肅清 乾 懷節 澶 崇武 懷 廣霸 北京 興安 北京 制戎 冀 雄銳 眞定 定虜 深 招收 汾遼澤石潞慈晉絳代忻威勝平定 定和 定 保順 滄 清遠 雄霸 克勝 瀛滄黃保定 寧邊 乾寧 開邊 平定 靜勝 揚 寧順 廬 旌勇 壽 備邊 泗 三捷 滁 寧化 舒 保勝 光 懷仁 蘄黃 武雄 江陵 步驛 襄江陵荊門循賀封梅康南雄潮韶 克寧 成都路成都蜀漢雅邛嘉綿陵彭眉梓州路戎榮普資梓合瀘遂渠昌果懷安廣安利州路興元洋利龍劍蓬璧文興安德三泉夔渝涪萬達開施忠雲雲安大雲 威棹 荊湖路江陵歸峽○成都路成都嘉眉簡梓州路諸州軍利州路劍安德夔州路渝涪萬雲安 懷遠 興元 保節 河北路定眞定滄瀛相邢洺冀祁德濱保雄磁博趙深懷衞順安通利信安保定肅永定靜邊○河東路太原晉絳汾遼澤石潞慈麟府憲代忻隰威勝岢嵐火山保德平定○陝西路永興秦邠寧鄜延環慶涇儀丹隴坊鎭戎德順○淮南路舒○江南路洪虔江池饒信太平吉筠袁撫興國○福建路汀南劍○荊湖路鄂○利州路龍利 懷信 利 廣塞 興元三泉 順化 興 効勇 江寧廣德 裏運 江寧 貢運 饒 水運 潭泰臨江 廣濟 京城上下鏁陳壽揚宿高郵漣水通利 崇節 兩浙路杭越蘇湖溫台衢婺處睦秀○福建路福漳泉興化○陝西路成 寧塞 太原汾遼石代忻 牢城 河北河東陝西淮南京東西江南荊湖廣南益梓利夔路諸軍州惟汝處昭保安不置 羅城 成都 水軍奉化 京畿諸縣泰泗 船坊 洺潭鼎 渡船都 潭 橋閣 龍劍文三泉 採斫 處衢溫 梢工都 洪楚眞 防河 成都 捍江都 杭 船務 杭婺 巡海水軍 廣 雜作都 壽 本城 曹秀常山南安梁山梅 勁勇 邢太原嵐汾遼澤潞晉憲代忻隰岢嵐平定寧化威勝內眞定北砦係教閱 裝發 眞泗楚通利 寧海 瓊 西懷化 許 新招靜江 邕 南懷化 許 防城 泗均 水軍 橋道 泗 剩員直 亳城 清化 桂容邕象昭梧藤龔蒙貴柳宜賓融化竇高南儀白欽鬱林康瓊儋 江橋院 明 肅寧城 寧 崇勝 眞定 碇手 明 揀中宣節 潭澶鼎 採造 西京秦明 堰軍 長安京口昌城杉青 裝卸 南京亳 中軍將 潭汀 宣武 大名眞定懷衞 順節 磁此下至新立本城凡三十八軍天聖後無 七擒 單 安化 濱 武順 懷 平海 登 英武 鄜 長劍 滑 長寧 衞 德勝 相 保安 博 興化 洺 定勇 深 安勝 通利 霜水 夔 興造 衞潭 水路都 江寧 山場斫軍 溫婺睦 本城廣軍 廣 河東 定眞 本城剩員 諸州並有 蕃落 慶 都寶 水軍 容 新水軍 全 武定 陝西晉絳慈隰 定塞 河北 舊水軍 荊湖江南兩浙淮南 剩員 澧復 下浮橋 西京 東南道巡海水軍教閱澄海 棹

手常慶成慶成軍梅山洞剩員丹捉生延河清河陰汴口宣勇河北河東本鄉兵舊名忠勇保毅秦鄉軍新立本城曹奉先會聖宮永熙陵此下至酒務雜役凡六十軍天聖以後置六軍京師御營喝探京師揀中窯務京師看船廣德京師揀中剩員雍丘陳留襄邑咸平右衙南京徐鄆曹廣濟晉陝靜海徐淮陽通歸定阿陽驍勇邠感順慶拓邊環宣猛威勝靜江京西路東蔡郢○江南路南安○荊湖路江陵潭岳鼎衡永郴全○廣南路廣韶循潮連梅南雄英賀封端新康春惠桂容邑象昭梧藤龔蒙潯貴柳融宜賓橫化竇高雷欽鬱林廉瓊○利州路利三砦陳鼎靜虜深克勝瀛滄黃保定武捷鳳翔秦鳳鄜延涇原儀滑邠寧階坊丹晉絳隰慈車軍眞楚常會通橋道西京司牧永興秦階原德順鹽車秦眞新招稍工眞泗拔頭水軍泗造船軍匠吉樓店務杭造船場廣駕綱水軍廣建安解省作院邠雄勇火山屯田保清務杭蘇婺溫潭靜淮蔡捍海通泰船坊鐵作潭揀中曹壯城京東路青密濰登沂濮萊淄○京西路西京蔡汝○河北路諸州軍○河東路太原遼澤晉絳潞汾石慈麟府憲代忻隰嵐寧化保德火山威勝岢嵐○陝西路永興河中涇原儀滑鄜慶陝耀坊華丹同隰解鎮戎德順○江南路洪彊勇瀛滄懷冀晉絳潞汾遼石慈代忻澤馬監北京大名相安陽洺廣平衞淇水鄆東平許單鎮西上京洛陽同沙苑鄭原武城面廣端惠循英春賀梅連康新封白潮戰棹欽廉遞角場留安遠桂作院丹儀色役環雜攢代作院工匠太原咸平橋道永興運錫循水磨鄭東西八作西京窯務西京鼓角將潤荊門錢監江鐵木匠營池酒務營池竹匠營池酒務雜役江寧諸司庫務清河馬遞鋪等役卒　東西八作司廣備雜役効役壯役牛馬司御輦院軍器庫後苑造作所後苑工匠文思院內弓箭庫南作坊北作坊弓弩院法酒庫西染院綾錦院裁造院修內司翰林司儀鸞司事材場四園苑玉津園養象廣德金明池雜役鞍轡庫醴泉觀萬壽觀集禧觀禮賓院駝坊內酒坊右宣徽院轉補分隸三司提舉司

河清街道司隸都水監

後苑御弓箭庫作坊物料庫後苑東門藥庫內茶紙庫御廚御膳廚供庖務內物庫外物料庫油庫醋庫都監院物料庫西水磨庫東水磨務大通門水磨磁器庫都茶庫內衣庫朝服法物庫祇候庫榷貨務內藏庫左藏庫布庫奉宸庫尚衣庫內香藥庫退材場東西窯務竹木務左右廟店宅務修造諸倉修造下卸司東西裝卸排岸司廣濟左右街司左右金吾仗司西太一宮鑄瀉務開封府步驛致遠務車營務諸門并府界馬遞鋪分隸三開提舉司開封府

熙寧以後之制

河北路騎軍之額自騎射而下十有二步軍之額自奉化而下二十有六並改號曰崇勝凡一百一十二指揮二萬九千二百七十人橋道澶壯城牢城諸州馬監北京相州安陽洺州廣平衞州淇水騎射北京眞定滄澶相恩冀棣威邊瀛相邢祁濱磁衞趙莫洺乾寧廣信通利飛將北京飛勇棣突陣懷廳直瀛滄雄霸莫保定衙隊德永靜保靜恩輕騎邢順節眞定敢勝深定塞眞定冀滄雄博深乾寧奉化懷熙寧七年京東河北置揀中廂軍懷衞濮各二德博棣齊各一靜邊棣耀武定懷節澶廣霸北京制戎冀雄銳眞定定虜深靜虜趙定和定保順滄清遠雄霸克勝瀛滄莫保定保節定眞定滄瀛相邢洺冀祁德濱保雄磁博趙深懷衞順安通利信安保定安肅永定永靜懷寧定眞定祁勁勇邢元豐四年升爲定府北砦勁勇爲禁軍宣武大名眞定懷衞元祐二年在京師置第十三至第十五三指揮威勇滄崇勝眞定熙寧七年京東河北置揀中廂軍懷濮各一德博棣齊各二肅寧肅城廣濟通利熙寧八年詔以六分爲額罷所差客軍屯田保寧邊乾寧彊壯邢宣勇瀛滄懷冀廣威元符元年詔河北路大名府二十二州軍創置馬步軍五十六指揮馬軍以廣爲名

河東路騎軍之額自威邊而下二步軍之額自左衙而下十有八並改號曰雄猛凡五十二指揮一萬二千四百一十八人本城火山牢城諸州壯城太原遼澤晉絳潞汾石慈麟府憲代忻隰嵐寧化保德火山威勝岢嵐雜攢代作院工匠太原威邊澤遼保勝嵐左衙右衙晉水軍潞保德雄猛絳永寧潞永霸澤弓箭晉順安慈順霸隰宣猛威勝招收汾遼澤石潞慈晉絳代忻威勝平定開邊平定保節太原晉絳汾遼澤石潞慈麟府憲代忻隰威勝岢嵐火山保德平定勁勇太原嵐汾遼澤潞晉憲代忻隰岢嵐平定寧化威勝武捷晉絳隰慈寧塞太原石代忻廣濟壽陽熙寧八年以六分爲額減諸路所差防河客兵宣勇晉絳潞汾遼石慈代忻澤威勝平定

陝西路騎軍之額自騎射而下有六步軍之額自左衙而下二十有九並改號曰保寧凡一百一十一指揮二萬五百六十三人開山秦關河河中司牧永興秦階原德順省作院邠壯城永興河中涇原儀渭鄜慶陝耀坊華丹同隴乾解鎮戎德順牢城諸州馬監同州沙苑作院丹儀色役環咸陽橋道永興騎射永興鳳翔河中陝華陳涇鄜安邊永興鳳翔河中同華耀乾解虢昭武河中必敵陝邠定邊涇馬鬭永興突陣延乾廳直同華保勝鄜歸恩鳳翔定戎涇安塞環慶衙隊隴儀飛砦環必勝慶保節永興秦邠寧鄜延環慶涇原儀渭丹隴坊鎮戎德順左衙耀陝右衙陝保寧渭熙寧七年詔係役廂禁軍自今權免役專肄習武藝置鳳翔府簡中保寧六指揮三千人專備熙河修城砦元豐五年蘭州置二紹興三年熙河增置四又於涇原創置十元符三年十月詔撥陝西路保寧指揮入廂軍額從知渭州章楶請也隨身商崇順階水軍秦陝熙寧五年鎮洮置一崇寧三年鄯州及龍支城各置二耀武寧華定安河中奉化鳳翔廣平虢勇勝永興清遠永興延渭鄜慶涇儀保安開廣原同建武鄜環昭勝坊弓箭秦崇勇成肅清乾寧遠鳳壯武鳳翔河中同耀華乾解陝保安驍勇邠感順慶拓邊環崇節成武捷鳳翔秦鳳鄜延涇原儀渭邠寧階坊丹威勇河中採造秦元豐四年通遠軍增置一建安解

京東路騎軍之額自騎射而下有三步軍之額自左衙而下有七並改號曰奉化凡五十四指揮一萬四千七百五十人壯城青密濰登沂濮萊淄馬監鄆州東平裝卸南京牢城諸州騎射南京青兗鄆曹徐齊濰威邊南京青鄆密徐曹齊濮濟淄萊沂單昭武南京肅戎曹單勇軍安武鄆齊必敵鄆決勝濟靜山兗勇敢密沂元符二年環慶增置二百人定邊徐安東登萊衙隊曹左衙南京鄆右衙南京徐鄆曹廣濟開武懷化曹保寧開遠濟安平齊武勇濰靜海徐濰揚崇順青忠略淄安海水軍登寧濟萊建武密壯武青徐曹兗密濰齊濮登萊淮揚崇武濮崇寧三年詔於京西東河東北開封府界創置馬步軍五萬人步軍以崇武爲名大觀四年詔四輔州闕額於崇武等軍內撥塡本武曹

京西路騎軍之額自騎射而下六步軍之額自奉化而下二十有五並改號曰勁武凡四十五指揮一萬五千一百五十人橋道河陽開道鄭步驛襄會通橋道西京採造西京牢城諸州壯城西京蔡汝馬監許州單鎮鄭州原武西京洛陽三水磨鄭東西八作西京騎射西京河陽陳許鄭潁滑威邊西京河陽鄭蔡襄鄧滑潁汝郢均商隨唐

信陽光化定邊蔡游弈許衙隊陳保忠滑奉化鄭許陳蔡滑潁懷化許潁開山西京隨身隨唐永安西京耀武河陽鄧歸定河陽壯武西京陳蔡鄧襄潁汝光化靜江陳蔡郢三略陳寧淮忠順潁崇寧汝澄海襄保定均信陽懷寧房宣節郢崇化光化長劍滑西懷化許防城均威勇西廣濟陳靜淮蔡

淮南路騎軍之額自威邊而下六步軍之額自左衙而下二十有七並改號曰寧淮凡一百二指揮四萬一千二百八十五人橋道壽水運泰梢工都楚雜作都壽裝發眞泗楚通和水軍橋道泗車軍眞楚鹽車泰眞新招梢工眞泗拔頭水軍泗牢城諸州裝卸亳剩員直亳永城威邊亳廬宿飛將亳馬闕宿保勝光武勝泗濠揀中騎射揚廬壽亳宿泗眞蘄黃濠光海和通舒滁漣水高郵無爲左衙通平難亳濠奉化揚亳廬壽宿濠和通泰楚舒眞泗滁無爲漣水高郵開遠揚楚泗六奇楚武勇泰懷安泰靜海通隨身宿水軍揚廬壽光海和泰楚舒眞蘄黃泗漣水高郵無爲耀武泰壯武揚廬壽黃光海和通蘄楚泰舒滁高郵寧淮忠順旋勇壽靜勝揚寧順廬備邊泗三捷滁寧化舒保勝光懷仁蘄黃保節舒廣濟宿海泰通泗高郵漣水熙寧八年以六分爲額水軍奉化泰泗捍海通泰

兩浙路步軍之額自捍江而下三並改號曰崇節凡五十一指揮一萬九千人水軍諸州軍船坊明船務杭婺車軍常採造明樓店務杭江橋院明堰軍張安京口呂城杉青清務杭蘇婺溫捍江杭三本城秀常鼓角將潤

江南路騎軍之額揀中騎射一步軍之額自効勇而下五並改號曰効勇凡五十三指揮一萬六千六百五十人水軍江寧洪虔宣歙饒信太平池吉筠撫興國臨江南康廣德江裏運江寧貢運饒水運臨江梢工部洪造船軍匠吉步驛江寧牢城諸州軍壯城洪下卸錢監江鐵本匠營酒務營竹匠營池酒務雜役江寧揀中騎射宣撫江吉筠袁歙太平池饒信廣德南康南安建昌臨江興國効勇江寧廣德本城南安靜江南安崇寧二年七月召募武威江寧保節洪虔江池饒信太平吉筠袁撫興國

荆湖路騎軍之額自騎射而下三步軍之額自左衙而下二十並改號曰宣節凡四十四指揮一萬一千三百人步驛荆門水軍潭船坊潭鼎渡船都潭清務船坊鐵作潭騎射江陵潭鄂岳安澧復鼎永道郴邵桂陽威邊安衙隊峽左衙安水軍江陵潭衡永柳邵鄂岳復安澧峽鼎歸漢陽桂陽寧遠復壯城潭岳安復靜江江陵潭岳鼎衡永郴全三略鼎寧淮澧崇寧岳澄江辰宣節南路諸州軍監北路岳澧鼎荆門諸監熙寧七年九月沅置一大觀元年靖置一步捷全威棹江陵歸峽保節鄂崇節潭威勇安牢城諸州軍中軍將潭江揀中澧揀中宣節潭澧鼎鼓角將荆門

福建路步軍之額自水軍而下三並改號曰保節凡三十三指揮一萬一千一百五十人水軍福建漳泉邵武保節建江南劍崇節福泉興化

廣南路騎軍之額自靜山而下二步軍之額自水軍而下十並改號曰清化凡八十二指揮一萬二千七百人步驛循賀封梅康南雄潮韶造船場廣駕綱水軍廣城面廣端專循英春賀梅連康新封白潮遞角場雷運錫循牢城諸州靜山宜本城馬軍廣水軍廣惠英賀封連康南雄春廉白邕靜江廣韶循潮連梅南雄英賀封端新康春惠桂容邕象昭梧藤龔蒙潯貴柳宜賓橫融化竇高雷欽鬱林廉瓊澄海韶循潮連梅南雄英賀封端南恩春惠桂容邕象昭龔蒙潯貴柳賓橫融化雷竇南儀白欽鬱林廉崖儋並於配隸申選少壯者巡海水軍廣本城梅寧海瓊崇寧四年廣南西路經略司請置刀牌手三千人於桂州置營教閱習熟分戍諸州新招靜江邕清化桂容邕象昭梧藤蒙龔潯貴柳宜賓橫融化竇高南儀雷白欽鬱林廉瓊儀戰棹欽廉安遠桂崇寧元年十月詔川陝招揀足額

四川路步軍之額自開遠而下十並改號曰克寧凡一百一十一指揮二萬三千四百人自河北路至此凡改號指揮人數並因元豐以前其後增改各隨軍額橋道興橋閣興龍劍三泉文防河羅城成都牢城益梓利夔開遠利劍水軍興靜江利懷遠興元廣塞興元三泉克寧成都蜀漢雅邛嘉綿陵彭眉簡戎榮普資梓合瀘遂渠昌果懷安廣安興元洋利龍劍蓬壁安興文德三泉夔渝涪萬達開施忠雲忠大寧威棹成都嘉眉簡梓州路諸州軍劍安德夔渝涪萬雲安懷信利順化興本城梁山武寧元豐七年詔成都府減廢武寧第八指揮置馬軍騎射一

侍衞步軍司宣効揀中宣効揀中六軍武嚴左右龍武軍左右羽林軍左右神武軍左右武肅武和忠靖神衞剩員軍頭司備軍諸司庫務河清馬遞鋪等役卒朝服法物庫籍田司隸太常寺

東西作坊作坊物料庫東西廣備皮角庫隸軍器監

車營致遠務養象所左右騏驥院左右天駟監牧養上下監鞍轡庫駝坊皮剝所御輦院隸太僕寺

文思院綾錦院西染裁造院隸少府監

軍器衣甲庫儀鸞司左右金吾仗司左右街司六軍儀仗司軍器什物庫隸衞尉寺

河清街道司隸都水監

修內司東西八作司竹木務東西退材場事材場東西窑務作坊物料庫隸將作院

御廚翰林司牛羊司法酒庫內酒坊外物料庫醋庫油庫隸光祿寺

左藏庫布庫香藥庫都茶庫左右廂店宅務修造榷貨務祗候庫隸太府寺

修倉司四園苑都水磨排岸司裝卸金明池雜役隸司農寺

醴泉觀萬壽觀集禧觀西太一宮禮賓院隸鴻臚寺

廣固隸修治京城所

孳生監隸樞密院

府界諸門馬遞鋪隸尚書駕部已上並元豐以前所隸後皆因之

建炎後禁廂兵　威果安吉嘉興杭平江常嚴鎮江紹興慶元溫台婺處隆興江寧國南康潭永衞道邵武建寧南劍全福興化漳汀全捷中興立杭婺安吉平江泉鎮江紹興慶元寧國寶慶福雄節杭安吉嘉興平江常嚴溫鎮江紹興江陰慶元台婺處武衞鎮江紹興溫婺潭威捷杭溫鎮江紹興婺潭雄捷中興立紹興威勝中興立寶慶慶元翼虎中興立隆興武雄略中興立吉潭永衞隆興全福廣容忠節中興立隆興撫臨江寧國江建昌興國南康雄撫隆興江建昌吉興國南安虔臨江寧國南康靖安中興立全寶慶靜江桂陽郴衡道全廣節中興立邵武福漳建寧南劍興化汀廣二廣三指揮中興立泉親効中興立廣澄海廣循潮南雄封英德南恩惠朝藤容賀德慶昭高欽雷

建炎後廂兵　武嚴　宣効　壯役中興立　備軍中興立　神衛剩員隸侍衛步軍中興隸廂軍　廣豐倉剩員中興立　廣効中興有揀中廣効在廣効立　御營喝探中興在京師　武和開封一指揮中興左右二指揮在京　武肅中興在京師　忠靖一指揮開封屬步軍　奉化屬步軍三指揮中興有揀中奉化在奉化上　勁武在京　崇勝一指揮中興有揀中崇勝在崇勝上　雄猛一指揮　保寧中興有揀中保寧在保寧上　寧淮中興在淮南　捍江杭　宣節中興在寶慶潭永武岡郴衡全桂陽靖道沅　効勇中興江東西　保節中興五指揮　克寧中興四川　寧江中興立一指揮　清化中興廣西　牢城諸州以待有罪配隸人　崇節中興杭安吉平江江陰常嚴鎮江溫慶元台婺江東西　開江中興平江　橫江中興平江杭　寧節中興台福寧國建寧清　清務中興婺　山場中興婺　効勇中興隆興撫贛建昌興國南安袁吉臨江寧國南康　靖安中興立潭永常德　靜江二指揮　威果見禁軍　雄略中興四指揮　澄海中興武岡全　豐國監中興立建寧　駕綱中興立　長運中興立　修江中興杭　都作院中興杭　小作中興立杭　清湖閘中興立杭　開湖司中興立杭　北城堰中興立杭　西河廣濟中興立杭　樓店務中興杭　長安堰閘中興立杭　壯城帥府望郡立之　鼓角匠船務中興杭

宋史卷一百八十九考證

兵志三克寧注成都路成都蜀漢雅邛嘉綿陵彭眉梓州路戎榮普資梓合盧遂渠昌果懷安廣安○廣興記稚作雅盧作瀘

騎射注永興鳳翔河中陝華陳涇鄜○臣開鼎按陳隸京西不隸陝西當依建隆騎射注作秦爲是

衙隊注陝○臣開鼎按荊湖路不得有陝應依建隆之制作峽

宋史卷一百九十

元中書右丞相總裁脫脫等修

兵志第一百四十三

兵四　鄉兵一

河北忠順　陝西保毅　河北陝西強人砦戶　河北河東強壯　河東陝西弓箭手　河北等路弓箭社

鄉兵者選自戶籍或土民應募在所團結訓練以爲防守之兵也周廣順中點秦州稅戶充保毅軍宋因之自建隆四年分命使臣往關西道令調發鄉兵赴慶州咸平四年令陝西係稅人戶家出一丁號曰保毅官給糧賜使之分番戍守五年陝西緣邊丁壯充保毅者至六萬八千七百七十五人七月以募兵離去鄉土有傷和氣詔諸州點充強壯戶者稅賦止令本州輸納有司不得支移之先是河北忠烈宣勇無人承替者雖老疾不得停籍至是詔自今委無家業代替者放令自便自是以至天禧間并代廣銳老病之兵雖非親屬而願代者聽河北彊壯恐奪其農時則以十月至正月旬休日召集而教閱之忠烈宣勇廣銳之歸農而闕員者並自京差補戍於河上而歲月久遠者則特爲遷補貧獨而無力召替者則令逐處保明放停當是時河北河東有神銳忠勇強壯河北有忠順強人陝西有保毅砦戶強人強人弓手河東陝西有弓箭手河北東陝西有勇義麟州有義兵川陝有土丁壯丁荊湖南北有弩手土丁廣南東西有槍手土丁邕州有溪洞壯丁土丁廣南東西有壯丁當仁宗時神銳忠勇彊壯久廢忠順保毅僅有存者康定初詔河北河東添籍彊壯河北凡二十九萬三千河東十四萬四千皆以時訓練自西師屢衂正兵不足乃籍陝西之民三丁選一以爲鄉弓手未幾刺充保捷爲指揮一百八十五分戍邊州西師罷多揀放焉慶曆二年籍河北彊壯得二十九萬五千揀十之七爲義勇且籍民丁以補其不足河東揀籍如河北法其後議者論義勇爲河北伏兵以時講習無待儲廩得古寓兵於農之意惜其束於列郡止以爲城守之備誠能令河北邢冀二州分東西兩路命二郡守分領以時閱習寇至即兩路義勇翔集赴援使其腹背受敵則河北三十餘所常伏銳兵矣朝廷下其議河北帥臣李昭亮等議曰昔唐澤潞留後李抱眞籍戶丁男三選其一農隙則分曹角射歲終都試以示賞罰三年皆善射舉部內得勁卒二萬既無廩費府庫益實乃繕甲兵爲戰具遂雄視山東是時天下稱昭義步兵冠於諸軍此近代之顯効而或謂民兵祇可城守難備戰陣非通論也但當無事時便分義勇爲兩路置官統領以張用兵之勢外使敵人疑而生謀內亦搖動衆心非計之得姑令在所點集訓練三二年間武藝稍精漸習行陣遇有警得將臣如抱眞者統馭制其陣隊示以賞罰何敵不可戰哉至於部分布列量敵應機繫於臨時便宜亦難預圖況河北河東皆邊州之地自置義勇州縣以時按閱耳目已熟行固無疑詔如所議治平元年宰相韓琦言古者籍民爲兵數雖多而贍至薄唐置府兵最爲近之後廢不能復今之義勇河北幾十五萬河東幾八萬勇悍純實出於天性而有物力資產父母妻子之所係若稍加練簡與唐府兵何異陝西嘗刺弓手爲保捷河北河東陝西皆控西北事當一體請於陝西諸州亦點義勇止涅手背一時不無小擾終成長利天子納其言乃遣籍陝西義勇得十三萬八千四百六十五人是時諫官司馬光累奏謂陝西頃嘗籍鄉弓手始諭以不去鄉里既而涅爲保捷正兵遣戍邊州其後不可用遂汰爲民徒使一路騷然而於國無補且祖宗平一海內曷嘗有義勇哉自趙元昊反諸將覆師相繼終不能出一旅之衆涉區脫之地當是時三路鄉兵數十萬何嘗得一人之力議者必曰河北河東不用衣廩得勝兵數十萬閱教精熟皆可以戰又兵出民間合於古制臣謂不然彼數十萬者虛數也閱教精熟者外貌也兵出民間者名與古同而實異蓋州縣承朝廷之意止求數多閱教之日觀者但見其旗號鮮明鉦鼓備具行列有序進退有節莫不以爲眞可以戰殊不知彼猶聚戲若遇敵則瓦解星散不知所之矣古者兵出民間耕桑所得皆以衣食其家故處則富足出則精銳今既賦斂農民粟帛以給正軍又籍其身以爲兵是一家而給二家之事也如此民之財力安得不屈臣愚以爲河北河東已刺之民猶當放還況陝西未刺之民乎帝弗聽於是三路鄉兵唯義勇爲最盛熙寧以來則尤重蕃兵保甲之法餘多承舊制前史沿革不復具述取其有損益者著于篇南渡而後土宇雖不及前而兵制多仍其故凡其鄉兵砦兵之可攷者皆附見焉

陝西保毅開寶八年發渭州平涼潘源二縣民治城隍因立爲保毅弓箭手分戍鎮砦能自置馬免役逃死以親屬代因周廣順舊制也咸平初秦州極邊止置千人分番守戍上番人月給米六斗仲冬賜指揮使至副都頭紫綾綿袍十將以下皂綾袍五年點陝西沿邊丁壯充保毅凡得六萬八千人給資糧與正兵同戍邊郡慶曆初詔悉刺爲保捷軍唯秦州增置及三千人環慶保安亦各籍置是時諸州總六千五百十八人爲指揮三十一皇祐五年涇原都總管程戡上言陝西保毅近歲止給役州縣無復責以武技自黥刺爲保捷而家猶不免於保毅之籍或折賣田產而得產者以分數助役今秦州僅三千人久廢農業請罷遣詔自今敢私役者計傭坐之治平初詔置保毅田承名額者悉揀刺以爲義勇熙寧四年詔廢其軍環慶砦戶強人弓手九年詔如禁軍法上其籍隸于馬軍司廩給視中禁軍

河北忠順自太宗朝以瀛莫雄霸州乾寧順安保定軍置忠順凡三千人分番巡徼隸沿邊戰櫂巡檢司自十月悉上人給糧二升至二月輪半營農慶曆七年夏竦建議與正兵參戍八年以水沴多逋亡者權益正兵代其闕額皇祐四年權放業農役不復補

河北陝西強人砦戶強人弓手名號不一咸平四年募河北民諳契丹道路勇銳可爲間伺者充強人置都頭指揮使無事散處田野寇至追集給器甲口糧食錢遣出塞偷斫賊壘能斬首級奪馬者如賞格虜獲財畜皆畀之慶曆二年環州亦募涅手背自備戎械并馬置押官甲頭隊長戶四等以下免役上番防守月給奉廩三年涇原路被邊城砦悉置環慶二州復有砦戶康定中以沿邊弓手涅手背充有警召集防戍與保毅弓手同大順城西谷砦有彊人弓手天禧慶曆間募置番戍爲巡徼斥候日給糧人賦田八十畝能自備馬者益賦四十畝遇防秋官給器甲下番隨軍訓練爲指揮六

河北河東強壯五代時瀛霸諸州已置咸平三年詔河北家二丁三丁籍一四丁五丁籍二六丁七丁籍三八丁以上籍四爲強人五百人爲指揮使百人爲都置正副都頭二人節級四人所在置籍擇善騎射者第補校長聽自置馬勝甲者蠲其戶役五年募其勇敢團結附大軍爲柵官給鎧甲景德元年遣使分詣河北河東集強壯借庫兵給糧訓練非緣邊即分番迭教寇至悉集守城寇退營農至康定初州縣不復閱習其籍多亡乃詔二路選補增其數爲伍保迭糾遊惰及作奸者二十五人爲團置正副都頭各一人五都爲指揮使各以階級伏事年二十係籍六十免取家人或他戶代之歲正月縣以籍上州州以籍奏兵部按舉不如法者慶曆二年悉揀以爲義勇不預者釋之而存其籍以備守葺城池而河東強壯自此寖廢矣其募於河北者舊給塘泊河淤之田力不足以耕重苦蕃斂應募者寡熙寧七年罷之以其田募民耕戶兩頃蠲其賦以爲保甲

河東陝西弓箭手周廣順初鎮州諸縣十戶取材勇者一人爲之餘九戶資以器甲芻糧建隆二年詔釋之凡一千四百人景德二年鎮戎軍曹瑋言有邊民應募爲弓箭手者請給以閒田蠲其徭賦有警可參正兵爲前鋒而官無資糧戎械之費詔人給田二頃出甲士一人及三頃者出戰馬一匹設堡戍列部伍補指揮使以下據兵有功勞者亦補軍都指揮使置巡檢以統之其後鄜延環慶涇原并河東州軍亦各募置慶曆中諸路總

三萬二千四百七十四人爲指揮一百九十二是時河東都轉運使歐陽脩言代州岢嵐寧化火山軍被邊地幾二三萬頃請募墾種充弓箭手詔宣撫使范仲淹議以爲便遂以岢嵐軍北草城川禁地募人拒敵界十里外占耕得二千餘戶歲輸租數萬斛自備弓馬涅手背爲弓箭手既以并州明鎬沮議而止至和二年韓琦奏訂鎬議非是曰昔潘美患契丹數入寇遂驅旁耕民內徙苟免一時失備之咎其後契丹講和因循不復許人復業遂名禁地歲久爲戎人侵耕漸失疆界今代州寧化軍有禁地萬頃請如草城川募弓箭手可得田千餘戶下并州富弼議弼請如琦奏詔其爲條視山坡川原均給人二頃其租秋一輸川地畝五升坂原地畝三升毋折變科徭仍指揮即山險爲屋以便居止備征防無得擅役先是麟府豐州亦以閒田募置人結屋貸口糧二石而德順軍靜邊砦壕外弓箭手尤爲勁勇夏人利其地數來爭占朝廷爲築堡戍守至治平末河東七州軍弓箭手總七千五百人陝西十州軍并砦戶總四萬六千三百人先是康定元年詔麟府州募歸業人增補義軍俾耕本戶故地而免其稅租其制與弓箭手畧同而不給田熙寧二年兵部上河東七郡舊籍七千五今籍七千陝西十郡并砦戶舊籍四萬六千三百今唯秦鳳有砦戶三年秦鳳路經畧使李師中言前年築熟羊等堡募蕃部獻地置弓箭手迄今三年所募非良民初未嘗團結訓練竭力田事今當置屯列堡爲戰守計置屯之法百人爲屯授田於旁塞堡將校領農事休卽教武技其牛具農器旗鼓之屬並官予置堡之法諸屯併力自近及遠築爲堡以備寇至寇退則悉出掩擊從之五年趙卨爲鄜延路以其地萬五千九百頃募漢蕃弓箭手四千九百人帝嘉其能省募兵之費褒賞之六年卨言新募弓箭手頗習武技請更番代正兵歸京師詔審度之十月詔熙河路以公田募弓箭手其旁塞民强勇願自占田出租賦聯保伍或義勇願應募或民戶願受蕃部地者聽七年正月帶御器械王中正詣熙河路以土田募弓箭手所募人毋拘路分遠近不依常格差官召募仍親提舉三月王韶言河州近城川地招漢弓箭手外其山坡地招蕃弓箭手人給地一頃蕃官兩頃大蕃官三頃仍募漢弓箭手等爲甲頭候招及人數補人員與蕃官同管自來出軍多爲漢兵盜殺蕃兵以爲首功今蕃兵各願於左耳前刺蕃兵字從之十月中書條例司乞五路弓箭手砦戶除防拓巡警及緩急事許差發外若修城諸役卽申經畧安撫鈐轄司其有擅差發及科配和雇者並科違制之罪從之其夔州路義軍廣南槍手土丁峒丁湖南弩手福建鄉丁槍手依此法八年詔涇原路七駐泊就糧上下番正兵弓箭手蕃兵約七萬餘人分爲五將別置熙河策應將副十年知延州呂惠卿言自熙寧五年招到弓箭手只是權行差補未曾團定指揮本司見將本路團結將分團成指揮都分置立將校統轄卽於臨時易爲勾集從之元豐二年計議措置邊防所言以涇原路正兵漢蕃弓箭手爲十一將分駐諸州從之三年詔凡弓箭手兵騎各以十人爲隊置引戰旗頭左右傔旗及以本屬酋首將校爲擁隊並如正軍法蕃捉生蕃敢勇山河戶亦如之凡募弓箭手蕃捉生强人山河戶不以等樣第募有保任年十七已上弓射七斗任負帶者鄜延路新舊蕃捉生環慶路强人諸路漢弓箭手鄜延路歸明界保毅蕃戶弓箭手皆涅於手背四年涇原路經畧司言本路弓箭手闕地九千七百頃渭州隴山一帶川原陂地四千餘頃可募弓箭手二千餘人或不願應募乞收其地入官熙河路都經制司言乞依熙河舊例許涇原秦鳳路環慶及熙河路弓箭手投換仍帶舊戶田土耕種二年卽入收官別招弓箭手皆從之五年正月鄜延路經畧司乞以新收復米脂吳堡義合細浮國塞門五砦地置漢蕃弓箭手及春耕種其約束補職並用舊條從之二月詔提舉熙河等路弓箭手營田蕃部共爲一司隸涇原路制置司四月詔蕃弓箭手陣亡依漢弓箭手給賻弓箭手出戰因傷及病羸不能自還者並依軍例賜其家七月提舉熙河路弓箭手營田蕃部司康識兼提舉營田張大寧言乞應新收復地差官分畫經界選知農事廂軍耕佃頃一人其部押人員節級及雇助人工歲入賞罰並用熙河官莊法餘並招弓箭手營田每五十頃爲一營差諳農事官一員幹當從之六年鄜延路經畧司言弓箭手於近裏縣置田兩處立戶及四丁已上乞取一丁爲保甲一丁爲弓箭手有二丁至三丁卽且令充弓箭手詔保甲願充弓箭手者聽其見充弓箭手與當丁役毋得退就保甲陝西河東亦如之八年詔罷秦鳳路置場集教弓箭手令經畧司購求土人習教所宜立法元祐元年詔罷提舉熙河等路弓箭營田蕃部司三年兵部言涇原路隴山一帶係官地例爲人侵冒畧無色役非自朝廷置局招置摽撥無以杜絕姦弊從之其後殿前司副都指揮使劉昌祚奏根括隴山地凡一萬九百九十頃招置弓箭手人馬凡五千二百六十一賜敕書獎諭四年詔將隴山一帶弓箭手人馬別置一將管幹仍以涇原路第十二將爲名五年詔戶部遣官往熙河蘭岷路代孫路措置弓箭手土田紹聖元年樞密院言熙河蘭岷路經畧司奏本路弓箭手自展置以來累經戰鬭內有戰功補三班差使已上之人欲並遣歸所屬差使仍以其地令親屬承刺如無卽別差人承之三年正月詔自今漢蕃人互投弓箭手者官司不得收刺違者杖一百五月詔在京府界諸路馬軍槍手並改充弓箭手兼習蕃槍四年詔張詢巴宜專根括安西金城膏腴地頃畝可以招置弓箭手若干人具團結以聞元符元年二月樞密院言鍾傳奏近往涇原與章楶講究進築天都山南牟等處今相度如展置青南訥心須置一將乞權於熙秦兩路輟那新城內土田并招弓箭手仍置提舉官二員熙秦兩路弓箭手每指揮以三百人爲額乞作二十指揮招置不一二年間須得數千民兵以充武備從之七月詔陝西河東路新城砦合招弓箭手投換其元祐八年四月不得招他路弓箭手指揮勿用三年提舉涇原路弓箭手安師文知涇州罷提舉弓箭手司崇寧元年九月樞密院勘會陝西五路并河東自紹聖開斥以來疆土至廣遠者數百里近者不減百里罷兵以來未曾措置田多膏腴雖累降詔置弓箭手類多貧乏或致逃走州縣鎭砦汚吏豪民冒占沃壤利不及於平民且並緣舊疆侵占新土今遣官分往逐路提舉措置應緣新疆土田分定腴瘠招置弓箭手推行新降條法舊弓箭手如願出佃新疆亦仰相度施行詔湯景仁河東路董采秦鳳路陶節夫環慶路安師文鄜延路並提舉弓箭手（元符三年罷提舉司今復置）崇寧二年十一月安師文奏據權通判德順軍事盧逢原申根括打量出四將地分管下五砦新占舊邊壕外地共四萬八千七百三十一頃有奇乞特賜優賞詔安師文特授左朝議大夫差遣如故盧逢原特授朝請郎二年九月熙河路都轉運使鄭僅奉詔相度措置熙河新疆邊防利害僅奏朝廷給田養漢蕃弓箭手本以藩扞邊面使顧戀家產人自爲力今拓境益遠熙秦漢蕃弓箭手乃在腹裏理合移出然人情重遷乞且家選一丁官給口糧團成耕夫使佃官莊遇成熟日除糧種外半入官半給耕夫候稍成次第聽其所便從之五年三月趙挺之言湟鄯之復歲費朝廷供億一千五百餘萬鄭僅初建官莊之議朝廷令會計其歲入凡五莊之入乃能支一莊之費蓋鄯湟乃西蕃之二小國湟州謂之邈川鄯州謂之青唐與河南本爲三國其地濱河多沃壤昔三國分據時民之供輸於其國厚而又每族各有酋長以統領之皆衣食贍足取於所屬之民自朝廷收復以來名爲使蕃民各占舊地以居其實屢更戰鬭殺戮竄逐所存無幾今兵將官帥臣知州多召閑民以居貪冒者或受金乃與之地又私取其羊馬駝畜然無一毫租賦供官若以昔輸於三國者百分之一入於縣官卽湟州資費有餘矣帝深然之翌日知樞密院張康國入見力言不可使新民出租恐致擾動衆情且言蕃民既刺手背爲兵安可更出租賦帝因宣諭新民不可搖動兼已令多招弓箭手矣挺之奏弓箭手官給以地而不出租此中國法也若蕃兵則其舊俗既輸納供億之物出戰又人皆爲兵非弓箭手之比今朝廷所費不貲經營數年得此西蕃之地若無一毫之入而官吏戍卒饋餉之費皆出於朝廷何計之拙也帝曰已令姚雄經畫時累詔令雄括空閑地召人耕墾出課故深以挺之所奏爲然挺之又云鄯湟之復羌人屢叛溪撦羅撒走降夏國夏國納之時時寇邊兵不解嚴而饋運極艱和糴入粟鄯州以每石價至七十貫湟州五十餘貫蓋倉場利於客人入中乞取而官吏利於請給斛斗中官獲利百倍人人皆富是以上下相蒙而爲朝廷之害熙寧三年熙河運司以歲計不足乞以官茶博糴每茶三斤易粟一斛其利甚博朝廷謂茶馬司本以博馬不可以博糴於茶馬司歲額外增買川茶兩倍茶朝廷別出錢二百萬給之令提刑司封樁又令茶馬官程之邵兼領轉運使由是數歲邊用粗足及挺之再相熙河漕司屢申以軍糧不足爲急乃令會去年拋降錢數共一千一百萬馱一馱價直三千至四十千二百馱所轉不可勝計今年已降撥銀錢絹等共九百萬乃令更支兩倍茶一百萬馱張康國同進呈得旨乃密檢元豐以來茶惟用博馬指揮以進然康國不知兩倍茶自非博馬之數而何執中鄧洵武雜然和之由是兩倍茶更不支給而鄯湟兵費不給矣七年詔邊地廣而耕墾未至膏腴荒閑芻粟翔踊歲糴本不貲昨累降指揮令涇原路經畧司與提舉弓箭手司措置召人開墾以助塞下積粟爲備邊無窮之利訪聞提舉弓箭手司與經畧司執見不同措置議論不務和協其提舉涇原路弓箭手錢歸善可罷大觀三年二月臣僚言自復西寧州饋給每多而儲積未廣買價數增市物踴地利不闢兵籍不敷蓋招置之術失講勸

利之法未興也乞委帥臣監司講求或募或招何爲而可足弓箭手之數以期于不闕或拘或誘何爲而使蕃部著業而責以耕耘田旣墾則穀自盈募旣充而兵益振是收班超之功盡充國之利也詔熙河洮岷前後收復歲月深久得其地而未得其利得其民而未得其用地利不闢兵籍不敷歲仰朝廷供億非持久之道可令詳究本末條畫來上政和三年秦鳳路經畧安撫使何常奏自古行師用兵或騎或步率因地形兵法曰蕃兵惟勁馬奔衝漢兵惟强弩犄角蓋蕃長於馬漢長於弩也今則不然西賊有山間部落謂之步跋子者上下山坡出入谿澗最能踰高超遠輕足善走有平夏騎兵謂之鐵鷂子者百里而走千里而期最能倏往忽來若電擊雲飛每於平原馳騁之處遇敵則多用鐵鷂子以爲衝冒奔突之兵山谷深險之處遇敵則多用步跋子以爲擊刺掩襲之用此西人步騎之長也我諸路並塞之民皆是弓箭手地分平居以田獵騎射爲能緩急以追逐馳騁相尚又沿邊土兵習於山川慣於馳驟關東戍卒多是硬弩手及摽牌手不惟扞賊勁矢亦可使賊馬驚潰此中國步騎之利也至道中王超丁罕等討繼遷是時馬上用弩遇賊則萬弩齊發賊不能措手足而遁又元豐間劉昌祚等趨靈州賊衆守隘官軍不能進於是用牌子爲先鋒賊下馬臨官軍其勢甚盛昌祚等乃以牌子踢跳閃爍振以響環賊馬驚潰若遇賊於山林險隘之處先以牌子扞賊次以勁弓强弩與神臂弓射賊先鋒則矢不虛發而皆穿心達臆矣或遇賊於平原廣野之間則馬上用弩攢射可以一發而盡殪兼牌子與馬上用弩皆已試之効不可不講前所謂勁馬奔衝强弩犄角其利兩得之而賊之步跋子與鐵鷂子皆不足破也又步兵之中必先擇其魁健材力之卒皆用斬馬刀别以一將統之如唐李嗣業用陌刀法遇鐵鷂子衝突或掠我陣脚或踐踏我步人則用斬馬刀以進是取勝之一奇也詔樞密院劄與諸路經畧司四年詔西羌久爲邊患乍叛乍服譎詐不常頃在先朝使者在廷猶或犯境今植養積歲屢饑久困雖誓表已進羌夷之性不保其往修備禦於無事之時戒不虞於萃聚之際正在今日可令陝西河東路帥臣訓練兵伍除治軍器繕修樓櫓收積芻糧常若寇至不可謂已進誓表輒或弛怠墮其姦謀所有弓箭手蕃兵常令優恤逃亡者可速招補貧乏者亦令貸借將佐偏裨如或輭懦失職具名以聞或寇至失事並行軍法五年二月詔陝西河東逐路自紹聖開拓邊疆以來及西寧湟廓洮州積石等處新邊各有包占良田並合招置弓箭手以爲邊防籬落至今累年曠土尚多應募人數未廣蓋緣自罷專置提舉官隸屬經畧司事權不專頗失措置根括打量催督開墾理斷交侵等職事盡在極邊帥臣無由親到即今夏人通貢邊鄙安靜若不乘此委官往來督責多方招刺弓箭手墾闢閑田補助邊計以寬飛輓之勞竊慮因循寖久曠土愈多銷耗民兵人額有害邊防大計兼提舉文臣玩習翰墨多務安養罕能衝冒寒暑可令陝西河東逐路並復置提舉弓箭手司仍各選差武臣一員充理任請給恩數等並依提舉保甲條例施行每路各置幹當公事使臣二員仍每歲令樞密院取索逐路招到弓箭手并開墾過地土比較優劣殿最取旨黜陟合措置事節所差官條畫以聞八月樞密院言欲將近裏弓箭手地但有爭訟侵冒之處並行打量庶幾杜絕侵冒之弊從之是月提舉河東路弓箭手司奏本司體訪得沿邊州軍逐處招置弓箭手多將人戶舊用工開耕之地指射刬奪其舊佃人遂至失業且所出租僅比佃戶五分之一於公私俱不便今欲將係官莊屯田已有人租佃及五年者並不在招置弓箭手請射之限其河東路察訪司初不以邊防民兵爲重姑息佃戶致有此弊欲乞應熙寧八年以前人戶租佃官田並先取問佃人如願投刺弓箭手每出一丁許依條給見佃田二頃五十畝充人馬地若不願充弓箭手及出丁外尚有請占不盡地土卽拘收入官從之十一月詔邊防司奏據提舉熙河蘭湟路弓箭手何灌申漢人買田常多比緣打量其人亦不自安首陳已及一千餘頃若招弓箭手卽可得五百人若納租稅每畝三斗五升草二束一歲間亦可得米三萬五石草二十萬束今相度欲將漢人置買到蕃部土田願爲弓箭手者兩頃已上刺一名四頃已上刺兩名如願者依條立定租稅輸納其巧爲影占者重爲禁止從之七年三月詔熙河鄯湟自開拓以來疆土雖廣而地利悉歸屬羌官兵吏祿仰給縣官不可爲後計仰本路帥臣相度以錢糧茶綵或以羌人所嗜之物與之貿易田土田土旣多卽招置弓箭手入耕出戰以固邊圉宣和六年七月詔已降處分陝西昨因地震摧塌屋宇因而死傷弓箭手內合承襲人速具保明聞奏靖康元年二月臣僚言陝西恃弓箭手爲國藩籬舊隸帥府比年始置提舉弓箭手官務取數多自以爲功自是選練不精遂使法制浸壞欲乞詳酌罷提舉官以弓箭手復隸帥司務求以振邊聲詔從之河東路依此四月樞密院奏陝西河東逐路漢弓箭手自來並給肥饒田近年以來多將舊人已給田分擘招刺新人蓋緣提舉官貪賞欺蔽務要數多妄行招刺無以激勸朝廷近已罷提舉官今復隸帥司所轄况當今邊事全藉民兵若不早計深慮誤事詔令陝西五路制置使錢蓋及陝西河東逐路帥臣相度措置將已分擘弓箭手田土依舊改正撥還所有新招到人別行給地務要均濟仍仰帥臣嚴切奉行是月徐處仁又奏詔並送詳議司熙寧五年涇原路經畧司蔡挺言涇原勇敢三百四十四人久不揀練徒有虛名臣委二將領季一點閱校其騎射能否升除補有功者以爲隊長募極塞博軍子嘗歷戰陣者補其闕益募熟戶蕃部以爲蕃勇敢凡一千三百八十人騎一千一百九十四匹挽弓一石馳逐擊刺如法其有功者受勇敢下等奉餘遇調法則人給奉三百益以芻糧詔諸路如挺言行之六年樞密院言勇敢効用皆以材武應募從軍廩食旣優戰馬戎械之具皆出公上平時又得以家居以勞効賞者凡四補而至借職校弓箭手減十資淹速相遠甚非朝廷第功均賞之意請自今河東鄜延秦鳳環慶熙河路各以三百涇原路以五百爲額第一等步射弓一石一斗馬射九斗奉錢千第二等以下遞減一斗奉七百至五百季首閱試於經畧司射親及野戰中者有賞全不中者削其奉次季又不中者罷之戰有功者以八等定賞一給公據二以爲隊長三守闕軍將四軍將五殿侍六三班借差七差使八借職其弓箭手有功亦以八等定賞一押官承局二將虞候十將三副兵馬使軍使四副指揮使五都虞候六都指揮使七三班差使八借職卽以闕排連者次遷元豐三年詔涇原路募勇敢如鄜延路以百人爲額自是以後蕃部益衆而弓箭手多蕃兵矣

弓箭社河北舊有之熙寧三年十二月知定州滕甫言河北州縣近山谷處民間各有弓箭社及獵射人習慣便利與夷人無異欲乞下本道逐州縣並令募諸色公人及城郭鄉村百姓有武勇願習弓箭者自爲之社每歲之春長吏就閱試之凡人勁悍緩急可用從之元祐八年十一月知定州蘇軾言北邊久和河朔無事沿邊諸郡軍政少弛將驕卒惰緩急恐不可用武藝軍裝皆不逮陝西河東遠甚雖據卽目邊防事勢三五年間必無警急然居安慮危有國之常備事不素講難以應變臣觀祖宗以來沿邊要害屯聚重兵止以壯國威而消敵謀蓋所謂先聲後實形格勢禁之道耳若進取深入交鋒兩陣猶當雜用禁旅至於平日保境備禦小寇卽須專用極邊土人此古今不易之論也晁錯與漢文帝畫備邊策不過二事其一曰從遠方以實空虛其二曰制邊縣以備敵國寶元慶曆中趙元昊反屯兵四十餘萬招刺宣毅保捷二十五萬人皆不得其用卒無成功范仲淹劉滬种世衡等專務整緝蕃漢熟戶弓箭手所以封殖其家砥礪其人者非一道藩籬旣成賊來無所得故元昊復臣今河朔西路被邊州軍自澶淵講和以來百姓自相團結爲弓箭社不論家業高下戶出一人又自相推擇家貲武藝衆所服者爲社頭社副錄事謂之頭目帶弓而鋤佩劍而樵出入山坂飯食長技與敵國同私立賞罰嚴於官府分番巡邏鋪屋相望若透漏北賊及本土强盜不獲其當番人皆有重罰遇其警急擊鼓頃刻可致千人器甲鞍馬常若寇至蓋親戚墳墓所在人自爲戰敵深畏之先朝名臣帥定州者韓琦龐籍皆加意拊循其人以爲爪牙耳目之用而籍又增損其約束賞罰熙寧六年行保甲法强壯弓箭社並行廢罷熙寧七年應兩地供輸人戶除元有弓箭社强壯并義勇之類並依舊存留外更不編排保甲看詳上件兩次聖旨除兩地供輸村分方許依舊置弓箭社其餘並合廢罷雖有上件指揮公私相承元不廢罷只是令弓箭社兩丁以上人戶兼充保甲以至逐捕本界及他盜賊並皆驅使弓箭社人戶用命捉殺見今州縣全藉此等寅夜防拓灼見弓箭社實爲邊防要用其勢決不可廢但以兼充保甲之故召集追呼勞費失業今雖名目俱存責其實用不逮往日臣竊謂陝西河東弓箭手官給良田以備甲馬今河朔沿邊弓箭社皆是人戶祖業田產官無絲毫之損而捐軀捍邊器甲鞍馬與陝西河東無異若樂相遠未盡其用近日霸州文安縣及眞定府北砦皆有北賊驚劫人戶捕盜官吏拱手相視無如之何以騐禁軍弓手皆不得力向使州縣逐處皆有弓箭社人戶致命盡力則北賊豈敢輕犯邊砦如入無人之境臣已戒飭本路將吏申嚴賞罰加意拊循其人輒復拾用龐籍舊奏約束稍加增損別立條目欲乞朝廷立法少賜優異明設賞罰以示懲勸今已密切取會到本路極邊定保兩州安肅廣信順安三軍邊面七縣一砦內管自來團結弓箭社五百八十八社六百五十一火共計三萬一千四百一十一人若朝廷以爲可行立法之後更勑將吏常加拊循使三萬餘人分番晝夜巡

邏盜邊小寇來卽擒獲不至埋伏以生戎心而事皆循舊無所改作敵不疑畏無由生事有利無害較然可見奏凡兩上皆不報政和六年詔河北路有弓箭社縣分已令解發異等其逐路縣令佐俟歲終教閱異等帥司具優劣之最各取旨賞罰以爲勸沮仍具爲令又高陽關路安撫司言大觀三年弓箭社人依保甲法政和保甲格較最優劣縣令各減展磨勘年有差詔依保甲格賞罰施行宣和七年二月臣僚言往年西路提刑梁揚祖奏請勸誘民戶充弓箭社繼下東路令倣西路例招誘原立法之意不過使鄉民自願入社者閱習武備爲禦賊之具爾奈何邀功生事之人唯以入社之民衆多爲功厚誣朝廷而斂怨于民督責州縣急於星火取五等之籍甲乙而次之家至戶到追胥迫脅悉驅之入社更無免者法始行於西路西路既已冒受厚賞於是東路憲司前後論列誕謾滋甚近者東路之奏數至二十四萬一千七百人武藝優長者一十一萬六千且云比之西路僅多一倍陛下灼知其不然雖命帥臣與廉訪使者覈實彼安肯以實聞乎今東路憲司官屬與登淄兩州當職官坐增秩者幾二十人而縣令佐不及焉不知出入阡陌間勸誘者誰歟此其誕謾可知矣審如所奏山東之寇何累月淹時未見殄滅哉則其所奏二十四萬與十一萬殆虛有名不足以捍賊明矣大抵因緣追擾民不堪其勞則老弱轉從道路强壯起爲盜賊此亦致寇之一端也近者仰煩陛下遣將出師授以方畧又命近臣持詔撫諭至於發內庫之藏轉淮甸之粟以振給之寬免其稅租蕩宥其罪戾丁寧纖悉罔不曲盡方將歸伏田畝以爲遷善遠罪之民詎可以其所甚病擾之邪且私有兵器在律之禁甚嚴三路保伍之法雖於農隙以講武事然猶事畢則兵器藏於官府今弓箭社一切兵器民皆自藏於家不幾於借寇哉望陛下斷自聖心罷京東弓箭社之名所藏兵器悉送之官使民得免非時追呼迫脅之擾以安其生應兩路緣弓箭社推恩者並追奪改正首議之人重賜黜責後來奏請誕謾亦乞特賜施行庶幾羣下悚懼不敢妄進曲說以肆其姦實今日之先務也詔並依奏梁揚祖落職兵器並拘入官弓箭社人依已降指揮放散

宋史卷一百九十一

元 中 書 右 丞 相 總 裁 脫 脫 等 修

兵志第一百四十四

兵五 鄉兵二

河北河東陝西義勇　陝西護塞
川陝土丁　荆湖義軍土丁弩手
夔施黔思等處義軍土丁　廣南東路槍手
廣南西路土丁　福建路槍仗手
邕欽溪洞壯丁　蕃兵
江南西路槍仗手

河北河東陝西義勇慶曆二年選河北河東强壯并抄民丁涅手背爲之戶三等以上置弩一當稅錢二十三等以下官給各營於其州歲分兩番訓練上番給奉廩犯罪斷比廂軍下番比强壯治平元年詔陝西除商虢二州餘悉籍義勇凡主戶三丁選一六丁選二九丁選三年二十至三十材勇者充止涅手背以五百人爲指揮置指揮使副二人正都頭三人十將虞候承局押官各五人歲以十月番上閱教一月而罷又詔秦州成紀等六縣有稅戶弓箭手砦戶及四路正充保毅者家六丁刺一九丁刺二有買保毅田承名額者三丁刺一六丁刺二九丁刺三悉以爲義勇是歲詔秦隴儀渭涇原邠寧環慶鄜延十二州義勇遇召集防守日給米二升月給醬菜錢三百蓋慶曆初河北路總十八萬九千三十一人河東路總七萬七千七十九人陝西路治平初總十五萬六千八百七十三人熙寧初樞密使呂公弼請以河北義勇每指揮揀少壯藝精者百人爲上等手背添刺上等字旌別教閱及數外藝優者亦籍之俟有闕則補從之十二月詔河北義勇縣以歲閱當閱于州者宜分番歲以一番災傷當罷者聽旨其以指揮分番者大名府五十三爲四番眞定瀛洺邢滄定冀恩趙深磁相博自三十九以及十二並爲三番德祁澶棣霸濱永靜永寧懷衞乾寧莫保通利自十一以及四並爲二番九指揮已上者再分本番爲三教始十月止十二月六指揮已上者再分本番爲二教始十月止十一月終滿一月罷遣帝嘗問陳升之曰侯叔獻言義勇上番何如王安石曰此事似可爲但少須年歲間議之升之曰今募兵未已且養上番義勇則調度尤不易安石曰言募兵之害雖多及用則患少以民與兵爲兩途故也十二月帝言義勇可使分爲四番出戍呂公弼曰須先省得募兵乃可議此安石曰計每歲募兵死亡之數乃以義勇補之可也陳升之欲令義勇以漸戍近州安石曰陛下若欲變數百年募兵之弊則宜果斷詳立法制不然無補也帝以爲然曰須豫立定條法不要宣布以漸推行可也兩府議上番或以爲一月或以爲一季且令近戍文彥博等又言難使遠戍安石辯之甚力是月兵部上陝西河北河東義勇數陝西路二十六郡舊籍十五萬三千四百益以環慶延州保毅弓箭手三千八百總十五萬六千八百爲指揮三百二十一河北三十三郡舊籍十八萬九千二百今籍十八萬六千四百爲指揮四百三十而河東二十郡自慶曆後總七萬七千爲指揮一百五十九凡三路義勇之兵總四十二萬三千五百人三年七月王安石進呈蔡挺乞以義勇爲五番敎閱事帝患密院不肯措置安石曰陛下誠欲行則孰能禦此在陛下也涇渭儀原四州義勇萬五千人舊止戍守經畧使蔡挺始令遇上番依諸軍結隊分隸諸將選藝精者遷補給官馬月廩時帛郊賞與正兵同遂與正兵相參戰守時土兵有闕召募三千人挺奏以義勇點刺累年雖訓肄以時而未施於征防意可以案府兵遺法俾之番戍以補土兵闕詔復問以措置遠近番之法挺卽條上以四州義勇分五番番三千人防秋以八月十五日止十月罷防春以正月十五日止三月罷周而復始詔從之行之諸路九月秦鳳經畧安撫司言保毅人數不曾揀充義勇而其子孫轉易田土分煙析姓少有正身乞令保毅軍已於丁數內揀刺充義勇者與免承認保毅從之十月韓絳乞差著作佐郎呂大忠等赴宣撫司以備提舉義勇從之是月韓絳言今將義勇分爲七路延丹坊爲一路邠寧環慶爲一路涇原儀渭爲一路秦隴爲一路陝解同河中府爲一路階成鳳州鳳翔府爲一路乾耀華永興軍爲一路逐年將一州之數分爲四番緣邊四路十四州每年秋冬合用一番屯戍近裏三路十二州軍卽令依此立定番次未得逐年差發遇本處闕少正兵卽得勾抽或那往次邊守戍從之十一月判延州郭逵言陝西起發義勇赴緣邊戰守今後並令自齎一月糗糧折本戶稅賦若不能自備則就所發州軍預請口食一月從之十二月司馬光上疏曰臣以不才兼領長安一路十州兵民大柄到官以來伏見朝廷及宣撫等司指揮分義勇作四番欲令以次於緣邊戍守選諸軍驍銳及募閭里惡少以爲奇兵造乾糧炒飲布囊力車以備餽運悉取歲賜趙秉常之物散給緣邊諸路又竭內地府庫甲兵財物以助之且以永興一路言之所發人馬甲八千副錢九萬貫銀二萬三千兩銀盌六千枚其餘細瑣之物不可勝數動皆迫以軍期上下相驅急於星火官吏狼狽下民驚疑皆云國家將以來春大舉六師長驅深入以討秉常之罪臣以疏賤不得預聞廟堂之議未知茲事爲虛爲實昨者親承德音以爲方今邊計惟宜謹嚴守備其入寇則堅壁清野使之來無所得兵疲食盡可以坐收其弊臣退而思念聖謀高遠深得王者懷柔遠人之道實天下之福及到關中乃見凡百處置皆爲出征調度臣不知有司在外不諭聖意以致有此張皇將陛下默運神算不令愚賤之臣得聞其實也臣不勝惶惑竊爲陛下危之況關中饑饉十室九空爲賊盜者紛紛已多縣官倉庫之積所餘無幾乃欲輕動大衆橫挑猛獸此臣之所大懼也伏望陛下深鑒安危之機消之於未萌杜之於未形速下明詔撫諭關中之民以朝廷不爲出征之計其義勇更不分番於緣邊戍守亦不選募奇兵凡諸調發爲餽運之具者悉令停罷愛惜內地倉庫之儲以備春深賙救饑窮之人如此豈惟生民之幸亦社稷之福也惟陛下裁察再言之甚力於是永興一路獨得免四年詔罷陝西義勇差役又詔罷陝西諸路提舉義勇官委本屬州縣依舊分番敎閱五年七月命崇文院校書王安禮專一編修三路義勇條貫是月帝問王安石義勇事如何安石曰宜先了河東一路河東舊制每年敎一月今令上番巡檢下半月或十日人情無不悅又以東兵萬人所費錢糧且收一半或三分之二依保甲養恤其人卽人情無不忻願者閏七月執政同進呈河東保甲事樞密院但欲爲義勇强壯不別名保甲王安石曰此非王安禮初議也帝曰今以三丁爲義勇兩丁爲强壯三丁遠戍兩丁本州縣巡檢上番此卽王安禮所奏但易保丁爲强壯人習强壯久恐別名或致不安也安石曰義勇非单丁不替强壯則皆第五等戶爲之又自置弓弩及箭寄官庫須上教乃給今以府界保甲法推之河東蓋寬利之非苦之也帝曰河東義勇强壯已成次第今欲遣官修義勇强壯法又別令人團集保甲如何安石曰義勇要見丁數卽須隱括因團集保甲卽一動而兩業就今既差官隱括義勇又別差官團集保甲卽一事分爲兩事恐民不能無擾帝卒從安石議彥博請令安石就中書一面施行此事安石曰本爲保甲故中書預議若止欲作義勇强壯卽合令樞密院取旨施行帝曰此大事須共議乃可是月秦鳳路經畧呂公弼乞從本司選差官自十月初擇諸州上番義勇材武者以爲上義勇免齎送芻糧之役募養馬者爲有馬上義勇并免其本戶支移從之六年九月詔義勇人員節

級名闕須因教閱排連遷補十月熙河路經畧司言乞許人投換義勇以地給之起立稅額以官地招弓箭手仍許近裏百姓壯勇者占射依內地起稅排保甲即義勇願投充及民戶願受蕃部地者聽之其頃畝令經畧司以肥瘠定數十一月詔永興軍河中府陝解同華鄜延丹坊邠寧環慶耀十五州軍各依元刺義勇外商虢州保安軍並止團成保甲七年詔義勇正身不許應募充刺已應募者召人對替八年四月詔韓琦等曰河朔義勇民兵置之歲久耳目已熟將校甚整教習亦具然團結保甲一道紛然義勇舊人十去其七或撥入保甲或放而歸農得增數之虛名破可用之成法此又徙起契丹之疑也七月詔應義勇家人投軍後本戶餘丁數少合免義勇並許投軍十月詔五路義勇每年赴州教保甲赴縣教並自十月至次年正月終義勇不及十指揮保甲不及十都者自十二月起教各據人數分定番次教閱一月不許拆破指揮都保其人數少處只作一番兩番不須滿所教月分其年已上番者止教半月十二月詔五路義勇並與保丁輪充及檢察盜賊有違犯依保丁法九年正月詔義勇保甲逐年遇閱日比試所習武藝五路每州以二十分爲率取一分爲五等第一第解發四月詔河北西路義勇保甲分三十六番隨便近村分於巡檢縣尉下上番半月一替歲於農閑月并下番人並令所轄巡檢縣尉擇寬廣處聚教五日是月兵部言舊條義勇保甲所習事藝以十分爲率弓不得過二分槍刀共不得過二分餘並習弓弩詔槍手依舊專習外刀牌手令兼習弓弩仍額樣下五路施行九月詔永興秦鳳等路義勇以主戶三丁以上充不拘戶等是年諸路所管義勇河北東路三萬六千二百一十八人河北西路四萬五千七百六十六人永興軍路八萬七千九百七十八人秦鳳路三萬九千九百八十人河東路三千五百九十五人總二十四萬七千五百三十七人元豐二年中書樞密院請河北陝西義勇保甲皆如諸軍諳教閱法從之三年詔五路轉運提舉官巡歷所至按閱見教義勇保甲不如法者牒提點刑獄司施行四年蒲宗孟言乞開封府五路義勇並改爲保甲自此以次行於諸路矣此後義勇改爲義勇保甲載保甲篇

陝西護塞慶曆元年募土人熟山川道路蕃情善騎射者涅背充二百人爲指揮自備戎械就鄉閭習武技季一集州教閱無事放營農月給鹽茗有警召集防守即廩給之無出本路

川陝土丁熙寧七年經制瀘州夷事熊本募土丁五千人入夷界捕戮水路大小四十六村蕩平其地二百四十里募民墾耕聯其夷屬以爲保甲元祐二年瀘南沿邊安撫使司言請應瀘人因邊事補授班行自備土丁子弟在本家地分防拓之人更無廩給酬賞若遇賊臨時取旨其敢邀功生事重寘于法從之政和六年瀘南安撫使孫羲叟奏邊民冒法買夷人田依法盡拘入官招置土丁子弟見招到二千四百餘人欲令番上從之宣和四年詔茂州石泉軍舊管土丁子弟番上守把不諳射藝其選施黔兵善射者各五十人分任教習候精熟日遣回

荊湖路義軍土丁弩手不見創置之始北路辰澧二州南路全邵道永四州皆置蓋溪洞諸蠻保據巖險叛服不常其控制須土人故置是軍皆選自戶籍蠲免徭賦番戍砦柵大率安其風土則罕嬰瘴毒知其區落則可制狡獪其校長則有都指揮使副都指揮使指揮使副指揮使都頭副都頭軍頭頭首採斫招安頭首十將節級皆敍功遷補使相綜領施之西南實代王師有禦侮之備而無饋餉之勞其後荊南歸峽鼎郴衡桂陽亦置慶曆二年北路總一萬九千四百人南路總五千一百五十人番戍諸砦或以歲或以季或以月上番人給口糧有功遷補自都副指揮使歲給綿袍月給食錢指揮使給食錢指揮給紫大綾綿袍都頭已上率有廩給熙寧元年籍荊湖南北路義軍凡一萬五千人軍政如舊制六年諸路行保甲司農寺請令全邵二州土丁弩手弩團與本村土人共爲保甲以正副指揮使兼充都副保正以都頭將虞候頭首都甲頭兼充保長以左右節級甲頭兼充小保長番上則本鋪上丁弩手弩團等同爲一保其隔山領不及五大保者亦各置都保正一人元祐七年選差邵州邵陽武岡新化等縣中等以下戶充土丁弩手與免科役七年一替排補將級不拘替故年分作兩番邊砦防拓不得募人凡上番依禁軍例敎閱武藝及專習木弩如有私役並論如私役禁軍敕紹聖二年樞密院言荊湖南路安撫轉運提刑常平司奏請邵州管下緣邊堡砦置弩手一千四百人乞依元豐六年詔於五等戶輪差並半年一替其上番人如有故許家人少壯有武藝者代充從之崇寧二年荊湖南路安撫鈐轄李閎言收復綏寧縣上堡里臨口砦合用防拓弩手十人乞於邵州邵陽武岡兩縣中等以下戶選差半年一替遇上番月支錢米排補階級自正副使而下至左右甲頭依舊爲七階分兩番部轄令邵州給帖從之政和七年以辰沅澧等州更戍土丁與營田土丁名稱重疊將兵馬都鈐轄司招塡土丁改爲鼎澧路營田刀弩手重和元年辰州招到刀弩手二千一百人其官吏各轉官減磨勘年有差宣和四年靖州通道縣有邊警詔添置刀弩手二千人

夔州路義軍土丁壯丁州縣籍稅戶充或自溪洞歸投分隸邊砦習山川道路遇蠻入寇遣使襲討官軍但據險策應之其校長之名隨州縣補置所在不一職級已上冬賜綿袍月給食鹽米麥鐵錢其次紫綾綿袍月給鹽米其次月給米鹽而已有功者以次遷施黔思三州義軍土丁總隸都巡檢司施州諸砦有義軍指揮使把截將砦將并土丁總一千二百八十一人壯丁六百六十九人又有西路巡防殿侍兼義軍都指揮使都頭十將押番砦將黔州諸砦有義軍正副指揮使兵馬使都頭砦將把截將并壯丁總千六百二十五人思州洪杜彭水縣有義軍指揮使巡檢將砦將科理旁頭把截部轄將并壯丁總千四百二十二人

渝州懷化軍溱州江津巴縣巡遏將皆州縣調補其戶下率有子弟各丁遇有寇警一切責辦主戶巡遏把截將歲支料鹽襖子領三年其地內無寇警乃給有勞者增之州縣籍土丁子弟并器械之數使分地戍守嘉祐中補涪州賓化縣夷人爲義軍正都頭副都頭把截將十將小節級月給鹽有功以次遷及三年無夷賊警擾即給正副都頭紫小綾綿旋襴一涪武陵龍二縣巡遏將砦一人以物力戶充免其役其義軍土丁歲以籍上樞密院

廣南西路土丁嘉祐七年籍稅戶應常役外五丁點一爲之凡得三萬九千八百人分隊伍行陣習槍鏢排冬初集州按閱後遞歲州縣迭教察視兵械以防收刈改用十一月教一月罷熙寧七年知桂州劉彝言舊制宜融桂邕欽五郡土丁成丁已上者皆籍之既接蠻徼自懼寇掠守禦應援不待驅策而近制主戶自第四等以上三取一以爲土丁而旁塞多非四等以上若三丁籍一則減舊丁十之七餘三分以爲保丁保丁多處內地又俟其益習武事則當蠲上丁之籍恐邊備有闕請如舊制便奏可元豐六年廣西經畧使熊本言宜州土丁七千餘人緩急可用欲令所屬編排分作都分除防盜外緣邊有警聽會合掩捕從之元符二年廣西察訪司言桂宜融等用土丁緣邊防拓差及單丁乞差兩丁以上之家從之

廣南東路槍手嘉祐六年廣惠梅潮循五州以戶籍置三等已上免身役四等以下免戶役歲以十月一日集縣閱教治平元年詔所在遣官按閱一月罷有闕即招補不足選本鄉有武技者充熙寧元年詔廣州槍手十之三教弓弩手是歲會六郡槍手爲指揮四十一總一萬四千七百有奇三年知廣州王靖言東路槍手自至和初立爲土丁之額農隙肄業一月乃古者寓兵於農之策也然訓練勸獎之制未備請比三路義勇軍政教法條上約束四年知封州鄧中立請以本路未置槍手州縣如廣惠等五郡例置奏可六年廣東駐泊楊從先言本路槍手萬四千今爲保甲兩丁取一得丁二十五萬三丁取一得丁十三萬以少計之猶十倍於槍手願委路分都監二員分提舉教閱詔司農寺立法以聞其後戶四等以上有三丁者以一爲之每百人爲一都一都之下爲一指揮自十一月至二月月輪一番閱習凡三日一試擇其技優者先遣之七年詔廣南東西路舊槍手土丁戶依河北陝西義勇法三丁選一餘州無槍手土丁者勿置九年兵部言廣惠循潮南恩五郡槍手請籍主戶第以上壯丁毋過舊額一萬四千餘以爲保甲奏可元豐二年詔廣惠潮封康端南恩七州皆並邊外接蠻徼宜依西路保甲教習武藝時又詔虔州槍仗手以千五百撫州建昌軍鄉丁關軍槍仗手各以千七百爲額監司以農隙按閱武藝如廣東制

邕欽溪洞壯丁治平二年廣南西路安撫司集左右兩江四十五溪洞知州洞將各占鄰迭爲救應仍籍壯丁補校長給以旗號峒以三十人爲一甲置節級五甲置都頭十甲置指揮使五十甲置都指揮使總四萬四千五百人以爲定額各置戎械遇有寇警召集之二年一閱察視戎械有老病並物故名闕選少壯者塡三歲一上熙寧中王安石言募兵未可全罷民兵則可漸復至於二廣尤不可緩今中國募禁軍往戍南方多死害於仁政陛下誠移軍職所得官十二三鼓舞百姓豪傑使趨爲兵則事甚易成於是蘇緘請訓練二廣洞丁舊制一歲敎兩月安石曰訓練之法當什伍其人拔其材武之士以爲什百之長自首領以下各以祿利勸獎使自勤於閱習卽事藝可成部分可立緩急可用六年廣南西路經畧沈起言邕州五十一郡峒丁凡四萬五千二百請行保甲給戎械敎陣隊藝出衆者依府界推恩補授奏可九年趙卨征交阯入辭帝諭以用峒丁之法當

先誘以實利然後可以使人甘言虛辭豈能責其效命比鄰延集致蕃兵賴卿有以制之使輕罪可決重罪可誅違西夏則其禍遠違帥臣則其禍速合於兵法畏我不畏敵之義故能責其效命王師之南卿宜選募勁兵數千擇梟將領之以脅諸峒諭以大兵將至從我者有賞其不從者按族誅之兵威既振先脅右江右江既附復脅左江兩江附則諸蠻無不附者然後以攻交人劉紀巢穴甚非難也郭逵性吝嗇卿宜諭以朝廷兵費無所惜逵復事崖岸不通下情將佐莫敢言者卿至彼以朕語詔之十年樞密院請邕欽峒丁委經略司提舉同巡檢總莅訓練之事一委分按歲終上藝優者與其酋首第受賞五人爲保五保爲隊第爲三等軍功武藝出衆爲上蠲其徭役人材矯捷爲中蠲其科配餘爲下邊盜發則酋長相報率族衆以捍寇十一月詔邕欽丁壯自備戎械貧者假以官錢金鼓旗幟官給閒歲大閱畢則斂藏之元豐元年經略司請集兩江峒丁爲指揮權補將校奏可二年廣西經略司言團結邕欽峒丁爲指揮一百七十五籍武藝上等一萬三千六百七人詔下諸臣獻議措置峒丁事付曾布參酌損益創爲規畫務令詳盡便於施行布乃請令鎮砦監押砦主同管轄兵甲使臣與巡檢等分定州峒總制立賞罰懲勸增置都巡檢使兩員分提舉及增首領丁壯歲閱之以武藝絕倫者閱量材補授詔增都巡檢使二員餘下熊本擇其可者施行之五年詔廣南保甲如戎瀘故事自置裹頭無刃槍竹標排木弓刀蒿矢等習武技遇捕盜則官給器械六年詔樞密承旨司講議廣西峒丁如開封府界保甲集教團教法是年提點廣西路刑獄彭次雲言邕苦瘴癘請量留兵更戍餘用峒丁以季月番上給禁軍錢糧詔許彥先度之彥先等言若盡以代正兵恐妨農請計戍兵三之一代以峒丁季輪二千赴邕州肄習武事從之大觀二年詔熙寧團集左右江峒丁十餘萬衆自廣以西賴以防守今又二十萬衆來歸已令張莊依左右江例相度聞奏尚慮有司不知先務措置滅裂令條畫行下其所修法入熙河蘭湟秦鳳路敕遵行之

福建路槍仗手元豐元年轉運使蹇周輔言廖恩爲盜以槍仗手捕殺乃有冒槍仗手之名乘賊勢驚擾村落患有甚於廖恩者詔犯者特加刺配周輔請頒定槍仗手人數歲集閱之下其章兵部兵部請依保甲法編排罷舊法以隸提刑司居相近者五人爲小保保有長五小保爲一大保長十大保爲一都副保正具教閱捕盜賊食直等令頒焉總一萬二百人有奇以歲之農隙部使者分閱依弓手法賞之二年立法聽自置兵械寄於官遇捕盜乃給數外置者從私有法元祐元年御史上官均言福建路往年因寇盜召募槍手多至數百人少不下一二百人每歲監司親至按試犒賞比至閱視其老弱不閑武技者十七八監司所至多先期呼集既至往往代名充數冐受支賞徒有呼集之勞而無校試之實欲乞重行考覈不必充滿舊數庶幾得實靖康元年臣僚言天下步兵之精無如福建路槍仗手出入輕捷馭得其術一可當十乞選官前去召募從之

江南西路槍仗手熙寧十年詔籍虔汀漳三州鄉丁槍手等以制置盜賊司言三州壤界嶺外民喜販鹽且爲盜非土人不能制故也元豐二年詔虔州槍仗手五百三十六人撫州建昌軍鄉丁闕軍各千七百七十八人爲定額每歲農隙輪監司提舉司官案閱武藝以備姦盜從前江西轉運副使蔣之奇請也宣和三年兵部言近因江西漕臣謂本路槍仗手元豐七年以八千三十五人爲額至元祐中減罷七千一百四十二人元符間雖嘗增立人數比之元額猶減其七乞詔諸路監司帥臣並遵熙寧舊制補足元額從之

蕃兵者具籍塞下內屬諸部落團結以爲藩籬之兵也西北邊羌戎種落不相統一保塞者謂之熟戶餘謂之生戶陝西則秦鳳涇原環慶鄜延河東則石隰麟府其大首領爲都軍主百帳以上爲軍主其次爲副軍主都虞候指揮使副兵馬使以功次補者爲刺史諸衛將軍諸司使副使承制崇班供奉官至殿侍其充本族巡檢者奉同正員月添支錢十五千米麪傔馬有差刺史諸衛將軍請給同蕃官例首領補軍職者月奉錢自三千至三百又歲給冬服綿袍凡七種紫綾三種十將而下皆給田土康定初趙元昊反先破金明砦殺李士彬父子蕃部既潰乃破塞門安遠砦圍延州二年陝西體量安撫使王堯臣言涇原路熟戶萬四百七十餘帳之首領各有職名曹瑋帥本路威令明著常用之以平西羌其後守將失於撫馭寖成驕黠自元昊反鎮戎軍及渭州山外皆被侵擾近界熟戶亦遭殺擄蕃族之情最重酬賽因其饑隙而激怒之可復得其用請遣人募首領願效用者籍姓名及士馬之數數及千人聽自推有謀勇者授班行及巡檢職名使將領出境破蕩生戶所獲財畜官勿檢覈得首級及傷者給賞仍依本族職名遷補增奉詔如所請慶曆二年知青澗城种世衡奏募蕃兵五千涅右手虎口爲忠勇字隸折馬山族言者因請募熟戶給以禁軍廩賜使戍邊悉罷正兵下四路安撫使議環慶路范仲淹言熟戶戀土田護老弱牛羊遇賊力戰可以藩蔽漢戶而不可倚爲正兵大率蕃情黠詐畏強凌弱常有以制之則服從可用如倚爲正兵必至驕蹇又今蕃部都虞候至副兵馬使奉錢止七百悉無衣廩若長行遽得禁兵奉給則蕃官必生觖望況歲罕見敵何用長與廩給且錢入熟戶蕃部資市羊馬青鹽轉入河西亦非策也若遇有警旋以金帛募勇猛爲便議遂格治平二年詔陝西路四駐泊鈐轄秦鳳梁寔涇原李若愚環慶王昭明鄜延韓則順各管勾本路蕃部團結强人壯馬預爲經畫寇至則老弱各有保存之所仍諭寔等往來蕃帳受其牒訴伸其屈抑察其反側者羈縻之勿令猜阻以萌釁隙寔等至蕃部首領稱詔犒勞齎以金帛籍城砦兵馬計族望大小分隊伍給旗幟使各繕保壘人置器甲以備調發仍約如令下不集押隊首領以軍法從事自治平四年以後蕃部族帳益多而撫御團結之制益密故別附于其後云

秦鳳路砦十三強人四萬一千一百九十四壯馬七千九百九十一三陽砦十八門三十四大部族四十三姓一百八十族總兵馬三千四百六十七○隴城砦五門五大部族三十四小族三十四姓總兵馬二千五十四○弓門砦三大門十七部族十七姓十七小族總兵馬一千七百四○治坊砦二大門二大部族九姓九小部族總兵馬三百六十○牀穰砦二大門二大部族十一姓十一小族總兵馬一千八百○靜戎砦門三計大部族十六姓十六小族總兵馬六百二十五○定西砦四門四大部族十六姓二十八族總兵馬六百○伏羌砦二門二大部族三十二姓三十三小部族總兵馬一千九百九十二○安遠砦二十三門二十三大部族一百二十六姓一百二十六小族總兵馬五千三百五十○來遠砦八門八大部族十九姓十九小族總兵馬一千五百七十四○寧遠砦四門四大部族三十六姓三十六小族總兵馬七千四百八十○古渭砦一百七十二門一百七十一姓十二大部族一萬六千九百七十小帳兵七千七百馬一千四百九十

鄜延路軍城堡砦十蕃兵一萬四千五百九十五官馬二千三百八十二強人六千五百四十八壯馬八百十永平砦東路都巡檢所領八族兵一千七百五十四馬四百九○青澗城二族兵四千五百十馬七百三十四○隴安砦鬼魁等九族兵五百九十九馬一百二十九○西路德靖砦同都巡檢所領揭家等八族兵一千一百一十四馬一百五十○定安堡東路都巡檢所領十六族兵一千九百八十九馬四百六十○保安軍兩族兵三百六十一馬五十○德靖砦西路同都巡檢所領二十族兵七千八百五馬八百七十七又小胡等十九族兵六千九百五十六馬七百二十五○保安軍北都巡檢所領厥七等九族兵一千四百四十一馬一百六十七○園林堡兩族兵八百二十二馬九十三○肅戎軍卞移等八族兵七百四十八馬一百二十三

涇原路鎮砦城堡二十一強人一萬二千四百六十六壯馬四千五百八十六爲一百十甲總五百五隊新城鎮四族總兵馬三百四十一爲十六隊○截原砦六族總兵馬五百九十六爲六甲二十隊○平安砦十一族總兵馬二千三百八十四爲十甲四十六隊○開邊砦十八族總兵馬一千二百五十四爲九甲四十四隊○新門砦十二族總兵馬一千七十三爲三甲二十八隊○西壕砦三族總兵馬四百五十四爲四甲二十隊○柳泉鎮十二族總兵馬九百八十六爲七甲三十一隊○綏寧海寧砦四族總兵馬七百八十八爲四十甲三十二隊○靖安砦四族總兵馬一千九百八十二爲四甲五十九隊○瓦亭砦四族總兵馬五百九十一爲四甲十九隊○安國鎮五族總兵馬六百三十四爲五甲二十二隊○羅武鎮一族總兵馬三十二爲一隊○新砦兩族總兵馬一百九○東山砦四族總兵馬二百二爲四甲九隊○彭陽城三族總兵馬一百八十四爲六甲十二隊○德順軍強人三千六百七十六壯馬二千四百八十五爲三十六甲一百三十五隊本軍二十一族總兵馬二千五百二爲三十六隊○德隆砦七族總兵馬二百五十六爲一十七甲十九隊○靜邊砦二十四族總兵馬一千八百七爲三十六隊○水洛城十九族總兵馬一千三百五十四爲十九甲三十八隊○通邊砦五族總兵馬一百七十六爲三隊

環慶路鎮砦二十八強人三萬一千七百二十三壯馬三千四百九十五總一千一百八十二隊安塞砦四族強人三百五十一壯馬三十六爲十六隊○洪德砦二族強人二百七十三壯馬五十三爲十隊○肅遠砦三族強人一千五百五十九壯馬二百六十三爲六十隊○烏崙砦一族強人六百八十四壯馬一百一十八爲二十六隊○永和砦旁家一族計六標強人一千二百五十五壯馬二百二爲四十四隊○平遠砦六族強人五百四十壯馬八十七爲二十七隊○定遠砦六族強人七百四十八壯馬一百一十六爲三十隊○合道鎮十四族強人一千五百六十五壯馬一百八十三爲十七隊○水波鎮十四族強人二千一百六十九壯馬一百九十五爲六十一隊○石昌鎮二族強人四百六十二壯馬三十四爲十七隊○馬領鎮四族強人一千一十六壯馬八十爲二十四隊○團堡隊砦二族強人一千二十二壯馬一百十一爲三十四隊○荔原堡十三族強人二千二百二十一壯馬三百九十四爲八十二隊○大順城二十三族強人三千四百九十一壯馬三百十四爲一百四十一隊○柔遠砦十二族強人三千三百八十一壯馬一千爲九十隊○東谷砦十六族強人四百五十九壯馬五十六爲十四隊○西谷砦十族強人一千七百九十四壯馬一百四十爲六十五隊○淮安鎮二十七族強人四千三百六十八壯馬三百二十一爲一百七十隊○平戎鎮八族強人一千八十五壯馬一百七十一爲四十一隊○五交鎮十族強人一千一百七壯馬七十三爲四十九隊○合水鎮四族強人六百三十一壯馬九十五爲二十四隊○鳳川鎮二十三族強人八百七十五壯馬一百四十三爲二十隊○華池鎮三族強人二百六十二壯馬三十八爲十二隊○業樂鎮十七族強人一千一百七十一壯馬六十四爲四十六隊○府城砦一族強人二百三十三壯馬五爲七隊

治平四年郭逵言秦州青雞川蕃部願獻地請於州南牟谷口置城堡募弓箭手以通秦州德順二州之援斷賊入寇之路閏三月收原州九砦蕃官三百八十一人總二百二十九族七千七百三十六帳蕃兵萬人馬千匹是歲罷四路內臣主蕃部者選逐路升朝使臣諳練蕃情者爲之熙寧元年議者謂熟羌乃居設三使所統之党項也自西夏不臣種落叛散分寓南北爲首領者以爲族首多或數百雖族首年幼第其本門中婦女之令亦皆信服故國家因其俗以爲法其大首領上自刺史下至殿侍並補本族巡檢次首領補軍主指揮使下至十將第受廩給歲久主客族帳混淆莫紀康定中嘗遣蔣偕籍之今踰三十年主家或以累降失其先職族首名品而客戶或以功爲使臣軍班超處主家之上軍

與調發有司惟視職名使號令其部曲而衆心以非主家莫肯爲用請自今蕃官身歿秩高者子孫如例降等以爲本族巡檢其旁邊能捍賊者給奉遠邊者如舊限以歲月其已降等或三班差使殿侍身歿無等可降者子孫不降充軍主指揮使者即以爲殿侍如此則本族蕃官名品常在或其部曲立功當任官者非正親毋得爲本族巡檢止增其奉其軍主至十將祖父有族帳兵騎者子孫即承其舊限年受廩給能自立功者不用此令如此則熟羌之心皆知異日子孫不失舊職世爲我用矣樞密院乃會河東路蕃部承襲不降資泰鳳路降兩資涇原路蕃官告老以門內人承代亦不降資鄜延環慶路蕃官使臣比類受職蕃官副兵馬使以上元無奏到之人詔鄜延環慶路蕃官本族首領子孫當繼襲者若都軍主以下之子孫勿降殿侍并差使殿侍之子孫充都軍主借職奉職之子孫充殿侍侍禁殿直之子孫充差使殿侍供奉官之子孫補借職承制以下子孫補奉職其諸司副使以上子孫合繼襲者視漢官遺表加恩二等奏可二月知青澗城劉怤言所隸歸明號箭手八指揮凡三千四百餘人馬九百匹連歲不登願以丹州儲糧振恤詔下其章轉運司行之二年郭逵奏蕃兵必得人以統領之若專迫以嚴刑彼必散走山谷正兵反受其弊當設六術以用之曰遠斥堠曰擇地利曰從其所長曰捨其所短曰利誘其心曰戰助其力此用蕃兵法也詔從之三年宣撫使韓絳言親奉德音以蕃部子孫承襲者多幼弱不能統衆宜選其族人爲衆信伏者代領其事聖算深遠真得禦邊之要請下諸路帥臣以詔從事四年詔蕃官殿侍三班差使補職或繇殿侍遷差使及十二年嘗充巡檢或管幹本族公事或爲蕃官指揮或嘗備守禦之任者總管司以聞特與遷改五年王韶招納沿邊蕃部自洮河武勝軍以西至蘭州馬銜山洮岷宕疊等州凡補蕃官首領九百三十二人首領給飧錢蕃官給奉者四百七十二人月計費錢四百八十餘緡得正兵三萬族長數千六年帝謂輔臣曰洮西香子城之戰官軍貪功有斬巴氈角部蕃兵以效級者人極嗟憤昔李靖分漢蕃兵各爲一隊無用衆於紛亂王安石進曰李靖非素拊循蕃部者也故其教兵當如此今熙河蕃部既爲我用則當稍以漢法治之使久而與漢兵如一武王用微盧彭濮人但爲一法今宜令蕃兵稍與漢同與蕃賊異必先錄用其豪傑漸以化之此用夏變夷之術也帝乃詔王韶議其法帝曰岷河蕃部族帳甚衆儻撫御咸得其用可以坐制西夏亦所謂以蠻夷攻蠻夷者也陝西極塞儻會合訓練爲用兵之勢以愾敵人彼必隨而聚兵以應我頻年如此自致困弊兵法所謂佚能勞之者也安石對曰朝廷當先爲不可勝聚糧積財選兵而已新附之羌厚以爵賞收其豪傑賜之堅甲利兵以激其氣使人人皆有趨赴之志待我體強力充鼓行而西將無不可者馮京王珪曰儻如聖策多方以誤之彼既疲於點集而我無攻取之實久之必不我應因爾舉兵若蹈無人之境矣帝曰此正晉人取吳之策也夫欲經營四夷宜無先於此矣帝嘗謂蕃部未嘗用兵恐以虛名內附臨事不可使安石對曰剛克柔克所用有宜王韶以爲先以恩信結納其人有強梗不服者乃以殺伐加之大抵蕃部之情視西夏與中國強弱爲向背若中國形勢強附中國爲利即不假殺伐自當堅附況蕃部之俗既宗貴種又附強國今用木征貴種等三人又稍以恩信收蕃部則中國形勢愈強恐不假殺伐而所附蕃部自可制使帝以爲然是時王韶拓熙河地千二百里招附三十餘萬口安石奏曰今以三十萬之衆漸推文法當即變其夷俗然韶所募勇敢士九百餘人耕田百頃坊三十餘所蕃部既得爲漢而其俗又賤土貴貨漢人得以貨與蕃部易田蕃人得貨兩得所欲而田疇墾貨殖通蕃漢爲一其勢易以調御請令韶如諸路以錢借助收息又捐百餘萬緡養馬於蕃部且什伍其人獎勸以武藝使其人民富足士馬強盛奮而使之則所嚮可以有功今蕃部初附如洪荒之人唯我所御而已七年韶言討平河州叛蕃歸土甚廣已置弓箭手又以其餘地募蕃兵弓箭手每砦三指揮或至五指揮每指揮二百五十人給田百畝以次蕃官二百畝大蕃官三百畝仍募漢弓箭手爲隊長稍衆則補將校暨蕃官同主部族之事其蕃弓箭手並刺蕃兵字於左耳以防漢兵之盜殺而效首者詔如其請十一月王中正團結熙河界洮河以西蕃部得正兵三千八十六人正副隊將六十人供贍一萬五千四百三十人八年五月詔李承之參定蕃兵法十一月詔選陝西蕃兵丁壯戶九丁以上取五六取四五取三三取二二取一並年二十以上涅手背毋過五丁每十人置十將一五十人置副兵馬使一百人置軍使一副兵馬使一二百人置軍使一副兵馬使三四百人加軍使一副兵馬使一五百人又加指揮使一副兵馬使一過五百人每百人加軍使一副兵馬使一即一族三十人已上亦置副兵馬使一不及二十人止置十將月受奉仍增給錢指揮使一千五百至十將有差十年樞密院言陝西河東議立團結蕃部法欲如所奏上手詔曰夏人所恃以強國者山界部落數萬之衆爾按其地誌朝廷已據有其半彼用之則并小羌大所向如欲在我則徙能舍撫豢養未嘗得其死力豈惟不能用之又恐其爲患也故小有悖戾有司惟能以利說解之上下相習畏憚任其縱散久失部勒其近降之法固未可信其必行然以理言之彼此均有其人而利害遼遠今苟循邊人衆知其說止於舊法聊改一二則收功疑亦不異往日徒爲紛紛無補於事可再下呂惠卿參詳以聞元豐六年詔蕃官雖至大使猶處從官小使臣之下朝廷賞功增秩以爲激勸乃爾卑抑則孰知遷官之榮宜定蕃漢官序位後河東經略司言蕃官部堡塞兵出戰嘗以漢官驅策恐不當與漢官序位而兵部請蕃漢非統轄者乃令序官奏可熙河蘭會路經略制置使李憲言治蕃兵置將領法貴簡而易行詳而難犯臣今酌蕃情立法凡熙河蘭會五郡各置都同總領蕃兵將二人本州諸部族出戰蕃兵及供贍人馬各置管押蕃兵使臣十人五郡蕃兵自爲一將出戰則以正兵繼之旗幟同色蕃兵以技藝功勞第爲四等蕃官首領推遷如之八月憲又言漢蕃兵騎雜爲一軍語言不通居處飲食悉不便利昔李靖以蕃落自爲一法臣近以蕃兵自爲一將蓋漢蕃爲兩軍相參號令軍事惟所使焉七年瀘南緣邊安撫司言羅始党生界八姓各願依七姓十九姓刺充義軍團結爲三十一指揮凡一萬五千六百六十人從之元祐元年臣僚言涇原路蕃兵人馬凡衆遇臨敵與正兵錯雜非便詔下其章四路都總管詳議環慶范純粹言漢蕃兵馬誠不可雜用宜於逐將各選廉勇曉蕃情者一員專充蕃將令於平日鈐束訓練遇有調發即令部領爲便又言頃兵部議乞蕃漢官非相統轄者並依官序相壓其城砦等管轄蕃官即依舊在本轄漢官之下詔從其請且諸路蕃官不問官職高卑例在漢官之下所以尊中國制遠人也行之既久忽然更制便與不相統轄之官依品序位即邊上使臣及京職官當在蕃官之下十有八九非人情所能堪蕃部兇驕豈可輒啟宜悉依舊制並序漢官之下從之元符二年三月涇原經略司言乞將東西路蕃兵將廢罷仍於順便城砦隸屬逐將統領與漢兵相兼差使秦鳳路如之四月環慶路經略安撫司言新築定邊城有西夏來投蕃部甚衆欲自今將歸順之人就新城收管給田仍乞選置總領蕃兵正副二員從之

宋史卷一百九十一考證

兵志五防秋以八月十五日止十月罷防春以正月十五日止三月罷○通考兩止字俱作上字

宋史卷一百九十二

元　中　書　右　丞　相　總　裁　脫　脫　等　修

兵志第一百四十五

兵六　鄉兵三

保甲　建炎後鄉兵　建炎後砦兵

保甲熙寧初王安石變募兵而行保甲帝從其議三年始聯比其民以相保任乃詔畿內之民十家爲一保選主戶有幹力者一人爲保長五十家爲一大保選一人爲大保長十大保爲一都保選爲衆所服者爲都保正又以一人爲之副應主客戶兩丁以上選一人爲保丁附保兩丁以上有餘丁而壯勇者亦附之內家貲最厚財勇過人者亦充保丁兵器非禁者聽習每一大保夜輪五人儆盜凡告捕所獲以賞格從事同保犯強盜殺人放火強姦略人傳習妖教造畜蠱毒知而不告依律伍保法餘事非干己又非敕律所聽糾皆毋得告雖知情亦不坐若於法類保合坐罪者乃坐之其居停強盜三人經三日保鄰雖不知情科失覺罪逃移死絕同保不及五家併他保有自外入保者收爲同保戶數足則附之俟及十家則別爲保置牌以書其戶數姓名既行之畿甸遂推之五路以達于天下時則以捕盜賊相保任而未肄以武事也四年始詔畿內保丁肄習武事歲農隙所隸官期日於要便鄉村都試騎步射並以射中親疏遠近爲等騎射校其用馬有餘藝而願試者聽第一等保明以聞天子親閱試之命以官使第二等免當年春夫一月馬藁四十役錢二千本戶無可免或所免不及聽移免他戶而受其直第三第四等視此有差藝未精願候閱試或附甲單丁願就閱試者並聽都副保正武藝雖不及等而能整齊保戶無擾勸誘丁壯習藝及等捕盜比他保最多弭盜比他保最少所隸官以聞其恩視第一等焉都副保正有闕選大保長充都副保

正雖勸誘丁壯習藝而輒彊率妨務者禁之吏因保甲事受賕斂掠加乞取監臨三等杖徒編管配隸告者次第賞之命官犯者除名時雖使之習武技而未番上也五年右正言知制誥判司農寺曾布言近日保戶數以狀詣縣願分番隸巡檢司習武技提點司以聞朝廷及司農寺未敢輒議願下提點司送中書詳審付司農其爲令於是詔主戶保丁願上番於巡檢司十日一更疾故者次番代之月給口糧薪菜錢分番巡警每五十人輪大保長二都副保正一統領之都副保正月各給錢七千大保長三千當番者毋得輒離本所捕逐劇盜雖下番人亦聽追集給其錢斛事訖遣還毋過上番人數仍折除其上番日巡檢司量留廂界給使餘兵悉罷應番保丁武技及第三等已上並記于籍遇歲凶五分已上者第振之自十五石至三石爲差十一月又詔尉司上番保丁如巡檢司法六年詔開封府畿以都保置木契左留司農寺右付其縣凡追胥閱試肄習則出契是月又詔行於永興秦鳳河北東西河東五路唯毋上番餘路止相保任毋習武藝內荊湖川廣並邊者可肄武事令監司度之後惟全部土丁邕欽洞丁廣東槍手改爲保甲者則肄焉十二月乃罷河北西路强壯緣邊弓箭社係籍番上巡守者初開封府畿五路保甲及五萬人二年一解發詣京師閱試命官開封府畿十人五路七人八年詔開封府畿及一萬人五路及一萬五千人各許解發一人九年樞密院請自今都副保正義勇軍校三年一比選縣考其訓習武藝及等最多捕察而盜賊最少者上于州州上所轄官司同比較以聞或中選人多則擇武藝最優者額外尚有可解發者則第其次爲之旌勸第一次州縣籍記姓名犯杖以下聽贖第三次以等第賜杖子紫衫銀帶犯徒罪情輕奏裁累及三次者降宣補之給馬及芻菽五路義勇軍校二千解發毋得過三人保甲都副保正之解發者亦以二年府解六人河北河東各四人永興秦鳳等路七人都保正指揮使與下班殿侍副保正副指揮使與三司軍將正副都頭與守闕軍將並賜衣及銀帶銀裹頭杖給馬有差初保甲隸司農熙寧八年改隸兵部增同判一主簿二幹當公事官十分按諸州其政令則聽于樞密院十年樞密院副都承旨張誠一上五路義勇保甲敕元豐元年翰林學士權判尚書兵部許將修開封府界保甲敕成書上之詔皆頒焉二年十一月始立府界集教大保長法以昭宣使入內內侍省副都知王中正東上閤門使狄諮兼提舉府界教保甲大保長總二十二縣爲教場十一所大保長凡二千八百二十五人每十人一色事藝置教頭一凡禁軍教頭二百七十都教頭三十使臣十弓以八斗九斗一石爲三等弩以二石四斗二石七斗三石爲三等馬射九斗八斗爲二等其材力超拔者爲出等當教時月給錢三千日給食官予戎械戰袍又具銀楪酒醪以爲賞犒三年大保長藝成乃立團教法以大保長爲教頭教保丁馬凡一都保相近者分爲五團卽本團都副保正所居空地聚教之以大保長藝成者十人衮教五日一周之五分其丁以其一爲騎二爲弓三爲弩府界法成乃推之三路各置文武官一人提舉河北則狄諮劉定陝西則張山甫河東則黃廉王崇拯以封椿養贍義勇保甲錢糧給其費是歲引府界保甲武藝成帝親閱錄用能者餘賜金帛四年改五路義勇爲保甲狄諮劉定部領澶州集教大保長四百八十二人見於崇政殿召執政賜坐閱試補三班借職差使借差凡三十六日餘賜金帛有差遷諮四方館使定集賢校理又詔曰三路見訓民兵非久什長藝成須便行府界團教之錢糧官吏並如畿縣未知及期能辦與不若更稽延日月必致有悞措置大法可令承旨取索會校之其年府界河北河東陝西路會校保甲都保凡三千二百六十六正長壯丁凡六十九萬一千九百四十五歲省舊費緡錢一百六十六萬一千四百八十三歲費緡錢三十一萬三千一百六十六而團教之賞爲錢一百萬有奇不與焉凡集教團教成歲遣使則謂之提舉按閱率以近臣挾內侍往給賞錢按格令從事諸路皆以番次藝成者爲序率五六歲一遍獨河東以金帛不足乃至十一歲上以晉人勇悍介遼夏間講勸宜不可後詔賜緡錢十五萬時繫籍義勇保甲及民兵凡七百一十八萬二千二十八人云（熙寧九年之數）初故老大臣皆以爲不便而安石主議甚力帝卒從之今悉著其論難使來者考焉帝嘗論租庸調法而善之安石對曰此法近井田後世立事粗得先王遺意則無不善今亦無不可爲顧難速成爾及帝再問則曰人主誠能知天下利害以其所謂害者制法而加於兼併之人則人自不敢保過限之田以其所謂利者制法而加於力耕之人則人自勸於力耕而授田不能過限然此須漸乃能成法使人主誠知利害之權因以好惡加之則所好何患人之不從所惡何患人之不避若人主無道以揆之則多爲兵議所奪雖有善法何由立哉帝謂府兵與租庸調法相須安石則曰今義勇土軍上番供役旣有廩給則無貧富皆可以入衞出戍雖無租庸調法亦自可爲第義勇皆良民當以禮義獎養今皆倒置者以涅其手背也教閱而糜費也使之運糧也三者皆人所不樂若更毆之就敵使被殺戮尤人所憚也馮京曰義勇亦有以挽彊得試推恩者安石曰挽彊而力有不足則絕於進取是朝廷有推恩之濫初非勸獎使人趨武用也今欲措置義勇皆當反此使害在於不爲義勇而利在於爲義勇則俗可變而衆技可成臣願擇鄉閭豪傑以爲將校稍加獎拔則人自悅服矧今募兵爲宿衞及有積官至刺史以上者移此與彼固無不可況不至如此費官祿已足使人樂爲哉陛下誠能審擇近臣皆有政事之材則異時可使分將此等軍矣今募兵出於無賴之人尚可爲軍廂主則近臣以上豈不及此輩此乃先王成法社稷之長計也帝以爲然時有欲以義勇代正兵者曾公亮以爲置義勇弓手漸可以省正兵安石曰誠然第今江淮置新弓手適足以傷農富弼亦論京西弓手非便安石曰揆文教奮武衞先王所以待遠邇者固不同今處置江淮與三邊事當有異帝又言節財用安石對以減兵最急帝曰比慶曆數已甚減矣因舉河北陝西兵數慮募兵太少又訓擇不精緩急或闕事安石則曰精訓練募兵而鼓舞三路之民習兵則兵可省臣屢言河北舊爲武人割據內抗朝廷外敵四鄰亦有禦奚契丹者兵儲不外求而足今河北戶口蕃息又舉天下財物奉之常若不足以當一面之敵其施設乃不如武人割據時則三路事有當講畫者在專用其民而已帝又言邊兵不足以守徒費衣廩然固邊圉又不可悉減安石曰今更減兵卽誠無以待急緩不減則費財困國無已時臣以爲儻不能理兵稍復古制則中國無富彊之理帝曰唐都長安府兵多在關中則爲彊本今都關東而府兵盛則京師反不足待四方安石曰府兵在處可爲又可令入衞則不患本不彊韓絳呂公弼皆以入衞爲難文彥博曰如曹濮人專爲盜賊豈宜使入衞安石曰曹濮人豈無應募皆暴猾無賴之人尚不以爲虞義勇皆良民又以物力戶爲將校豈當復以爲可虞也陳升之欲令義勇以漸戍近州安石曰陛下若欲去數百年募兵之敝則宜果斷詳立法制令本末備具不然無補也帝曰制而用之在法當預立條制以漸推行彥博等又以爲土兵難使千里出戍安石曰前代征流求討党項豈非土兵乎帝曰募兵專於戰守故可恃至民兵則兵農之業相半可恃以戰守乎安石曰唐以前未有黥兵然亦可以戰守臣以謂募兵與民兵無異顧所用將帥如何爾將帥非難求但人主能察見羣臣情僞善駕御之則人材出而爲用不患無將帥有將帥則不患民兵不爲用矣帝曰經遠之策必至什伍其民費省而兵衆且與募兵相爲用矣安石對曰欲公私財用不匱爲宗社長久計募兵之法誠當變革帝曰密院以爲必有建中之變安石對曰陛下躬行德義憂勤政事上下不蔽必無此理建中所以致變德宗用盧杞之徒而疎陸贄其不亡者幸也時開封鞫保戶有質衣而買弓箭者帝恐其貧乏難於出備安石曰民貧宜有之抑民使置弓箭則法所弗去也往者冬閱及巡檢番上唯就用在官弓矢不知百姓何故至於質衣也然自生民以來兵農爲一耒耜以養生弓矢以免死皆凡民所宜自具未有造耒耜弓矢以給百姓者也然則雖使百姓置弓矢亦不爲過第陛下優恤百姓甚至故今立法一聽民便爾且府界素多羣盜攻刼殺掠一歲之間至二百火遂火皆有賞錢備賞之人卽今保丁也方其備賞之時豈無賣易衣服以納官賞者然人皆以謂賞錢宜出於百姓夫出錢之多不足以止盜而保甲之能止盜其効已見則雖令民出少錢以置器械未有損也帝曰賞錢人所習慣則安之如自然不習慣則不能無怨如河決壞民産民不怨決河以壞民産則怨矣帝嘗批陳留縣所行保甲每十人一小保中三人或五人須要弓箭縣吏督責無者有刑百姓買一弓至千五百十箭至六七百當靑黃不接之際貧下客丁安能出辦又每一小保用民力築射垜又自備錢糧起鋪屋每保置鼓遇賊聲擊民居遠近不一甲家遭賊鼓在乙家則無緣聲擊如此須人置一鼓費錢不少可速指揮令止如元議團保覺察盜賊餘無得施行鄉民旣憂無錢買弓箭加以傳惑徙之戍邊是以父子聚首號泣者非虛也安石進呈不行帝謂安石保甲誠有斬指者此事宜緩而密安石曰日力可惜帝曰然亦不可遽恐却沮事安石曰此事自不敢不密權知開封府韓維等言諸縣團結保甲鄉民驚擾祥符等縣已畢其餘縣乞候農閑排定時府界諸縣鄉民或自殘傷以避團結安石辨說甚力時曾孝寬爲府界提點榜募告捕扇惑保甲者雖甚嚴有匿名書封邱郭門者於是詔重賞捕之安石曰乃者保甲人得其願上番狀然後使之宜於人情無所驚疑且今居藏盜賊及爲盜賊之人固不便新法

陛下觀長社一縣捕獲府界劇賊爲保甲迫逐出外者至三十人此曹既不容京畿又見捕於輔郡其計無聊專務扇惑比聞爲首扇惑者已就捕然至京師亦止有二十許人以十七縣十數萬家而被扇惑者才二十許人不可謂多自古作事未有不以勢率衆而能令上下如一者今聯十數萬人爲保甲又待其應募乃使之番上比乃以陛下矜恤之至令保甲番上捕盜若任其自去來卽孰肯聽命若以法驅之又非人所願且爲天下者如止欲任民情所願而已則何必立君而爲之張官置吏也今輔郡保甲宜先遣官諭上旨後以法推行之帝曰然一日帝謂安石曰曾孝寬言民有斬指訴保甲者安石曰此事得於蔡駰趙子幾使駰驗問乃民因斫木誤斬指參證者數人大抵保甲法上自執政大臣中則兩制下則盜賊及停藏之人皆所不欲然臣召鄉人問之皆以爲便則雖有斬指以避丁者不皆然也況保甲非特除盜固可漸習爲兵既人皆能射又爲旗鼓變其耳目且約以免稅上番代巡檢兵又自正長而上能捕賊者獎之以官則人競勸然後使與大兵相參則可以銷募兵驕志且省財費此宗社長久之計帝謂什伍百姓如保甲恐難成不如便團結成指揮以使臣管轄安石曰陛下誠能果斷不恤人言既便團結指揮亦無所放然指揮是虛名五百人爲一保緩急可喚集雖不名爲指揮與指揮使無異乃是實事幸不至大急卽免令人駭擾而事集爲上策帝遂變三路義勇如府畿保甲法馮京曰義勇已有指揮使指揮使卽其鄉里豪傑今復作保甲令何人爲大保長安石曰古者民居則爲鄉伍家爲比比有長及用兵卽五人爲伍伍有伍司馬二十五家爲閭閭有閭胥二十五人爲兩兩有兩司馬兩司馬卽閭胥伍司馬卽比長第隨事異名而已此乃三代六鄉六軍之遺法其法見於書自夏以來至周不改秦雖決裂阡陌然什伍之尚如古制此所以兵衆而强也征伐唯府兵爲近之今舍已然之成憲而乃守五代亂亡之餘法其不足以致安强無疑然人皆恬然不以因循爲可憂者所見淺近也安石又奏義勇須三丁以上請如府界兩丁以上盡籍之三丁卽出戍誘以厚利而兩丁卽止令於巡檢上番如府界法大畧不過如此當遣人與經畧轉運司及諸州長吏議之及訪本路民情所苦所欲因以寓法帝曰河東修義勇强壯法又令團集保甲如何安石對曰義勇須隱括丁數若因團集保甲卽一動而兩業就今既遣官隱括義勇又別遣官團練保甲卽分爲兩事恐民不能無擾或曰保甲不可代正軍上番否安石曰俟其習熟然後上番然東兵技藝亦弗能優於義勇保甲臣觀廣勇虎翼兵固然今爲募兵者大抵皆偷惰頑猾不能自振之人爲農者皆朴力一心聽令之人則緩急莫如民兵可用馮京曰太祖征伐天下豈用農兵安石曰太祖時接五代百姓困極豪傑多以從軍爲利今百姓安業樂生而軍中不復有如鄉時拔起爲公侯者卽豪傑不復在軍而應募者大抵皆偷惰不能自振之人爾帝曰兵之强弱在人五代兵弱至世宗而强安石曰世宗所收亦皆天下亡命强梁之人文彥博曰以道佐人主者不以兵强天下安石曰以兵强天下者非道也然有道者固能柔能剛能弱能强方其能剛强必不至柔弱張皇六師固先王之所尚也但不當專務兵强爾帝卒從安石議帝曰保甲義勇芻糧之費當預爲之計安石曰當減募兵之費以供之所供保甲之費纔養兵十之一二帝曰畿內募兵之數已減於舊强本之勢未可悉減安石曰既有保甲代其役卽不須募兵今京師募兵逃死停放一季乃數千但勿招塡卽爲可減然今廂軍既少禁兵亦不多臣願早訓練民兵民兵成則募兵當減矣又爲上言今河北義勇雖十八萬然所可奬慰者不過酋豪百數十人而已此府兵之遺意也帝以爲然令議其法樞密院傳上旨以府界保甲十日一番慮大促無以精武事其以一月爲一番安石奏曰今保甲十日一番計一年餘八月當番若須一月卽番愈疏又昨與百姓約十日一番今遽改命恐愈爲人扇惑宜俟其習熟徐議其更番且今保甲閱藝八等勸奬至優人競私習不必上番然後就學臣愚願以數年其藝非特勝義勇必當勝正兵正兵技藝取應官法而已非若保甲人人有勸心也元豐八年哲宗嗣位知陳州司馬光上疏乞罷保甲曰兵出民間雖云古法然古者八百家纔出甲士三人步卒七十二人閑民甚多三時務農一時講武不妨稼穡自兩司馬以上皆選賢士大夫爲之無侵漁之患故卒乘輯睦動則有功今籍鄉村之民二丁取一以爲保甲授以弓弩教之戰陣是農民半爲兵也三四年來又令河北河東陝西置都教場無問四時每五日一教特置使者比監司專切提舉州縣不得關預每一丁教閱一丁供送雖云五日而保正長以泥堋除草爲名聚之教場得賂則縱否則留之是三路耕耘收穫稼穡之業幾盡廢也自唐開元以來民兵法壞戍守戰攻盡募長征兵士民間何嘗習兵國家承平百有餘年戴白之老不識兵革一旦畎畝之人皆戎服執兵奔驅滿野耆舊歎息以爲不祥事既草創調發無法比戶騷擾不遺一家又巡檢指使按行鄉村往來如織保正保長依倚弄權坐索供給多責賂遺小不副意妄加鞭撻蠶食行伍不知紀極中下之民罄家所有侵肌削骨無以供億愁苦困弊靡所投訴流移四方襁屬盈路又朝廷時遣使者徧行按閱所至犒設賞賚糜費金帛以巨萬計此皆鞭撻平民銖兩丈尺而斂之一旦用之如糞土而鄉村之民但苦勞役不感恩澤農民之勞既如彼國家之費又如此終何所用哉若使之捕盜賊衞鄉里則何必如此之多使之戍邊境事征伐則彼遠方之民以騎射爲業以攻戰爲俗自幼及長更無他務中國之民大半服田力穡雖復授以兵械教之擊刺在教場之中坐作進退有似嚴整必若使之與敵人相遇塡然鼓之鳴鏑始交其奔北潰敗可以前料決無疑也豈不誤國事乎又悉罷三路巡檢下兵士及諸縣弓手皆易以保甲主簿兼縣尉但主草市以裏其鄉村盜賊悉委巡檢兼掌巡按保甲教閱朝夕奔走猶恐不辦何暇逐捕盜賊哉又保甲中往往有自爲盜者亦有乘保馬行刧者然則設保甲保馬本以除盜乃更資盜也自教閱保甲以來河東陝西京西盜賊已多至敢白晝公行入縣鎭殺官吏官軍追討經歷歲月終不能制況三路未至大饑而盜賊猖熾已如此萬一遇數千里之蝗旱而失業饑寒武藝成就之人所在蜂起以應之其爲國家之患可勝言哉此非小事不可以忽夫奪其衣食使無以爲生是驅民爲盜也使比屋習戰勸以官賞是教民爲盜也又撤去捕盜之人是縱民爲盜也謀國如此果爲利乎害乎且嚮者干進之士說先帝以征伐開拓之策故立保甲戶馬保馬等法近者登極赦書有云應緣邊州軍仰逐處長吏并巡檢使臣鈐轄兵士及邊上人戶不得侵擾外界務要靜守疆埸勿令騷擾此蓋聖意欲惠綏殊方休息生民中外之人孰不歸戴然則保甲戶馬復何所用或今雖罷戶馬寬保馬而保甲猶存者蓋未有以其利害之詳奏聞者也臣愚以爲悉罷保甲使歸農召提舉官還朝量逐縣戶口每五十戶置弓手一人畧依緣邊弓箭手法許蔭本戶田二頃悉免其稅役除出賊地分更不立三限科校但令捕賊給賞若獲賊數多及能獲强惡賊人者各隨功大小遷補職級或補班行務在優假弓手使人勸募然後募本縣鄉村戶有勇力武藝者投充計卽令保甲中有勇力武藝者必多願應募若一人缺額有二人以上爭投者卽委本縣令尉選武藝高强者充或武藝衰退者許他人指名與之比較若武藝勝於舊者卽令衝替其被替者中不得蔭田如此則不必教閱武藝自然精熟一縣之中其壯勇者既爲弓手其羸弱者雖使爲盜亦不能爲患仍委本州及提點刑獄常按察令佐有取舍不公者嚴行典憲若召募不足且卽於鄉村戶上依舊條權差候有投名者卽令充替其餘巡檢兵士縣尉弓手耆老壯丁逐捕盜賊並乞依祖宗舊法五月以光爲門下侍郎光欲復申前說以爲教閱保甲公私勞費而無所用是時資政殿學士韓維侍讀呂公著欲復上前奏先是進呈乞罷團教詔府界三路保甲自來年正月以後並罷團教仍依舊每歲農隙赴縣教閱一月其差官置場排備軍器教閱法式番次按賞費用令樞密院一省同立法後六日光再上奏極其懇切蔡確等執奏不行詔保甲依樞密院已得指揮保馬別議立法九月監察御史王巖叟言保甲之害三路之民如在湯火未必皆法之弊蓋由提舉一司上下官吏逼之使然而近日指揮雖令冬教然尚存官司則所以爲保甲之害者十分之六七猶在陛下所不知也此皆奸邪遂非飾過而巧辭强辯以欺惑聖聽將至深之病畧示更張以應副陛下聖意而已非至誠爲國家去大害復大利以便百姓爲太平長久之計者也此忠義之良心所以猶抑奸邪之素計所以尚存天下之識者皆言陛下不絕害源百姓無由樂生不屏羣邪太平終是難致臣願陛下奮然獨斷如聽政之初行數事則天下之大體無虧陛下高枕而臥矣十月詔提舉府界三路保甲官並罷令逐路提刑及府界提點司兼領所有保甲止冬教三月又詔逐縣監教官並罷委令佐監教十一月巖叟言保甲行之累年朝廷固已知人情之所共苦而前日下詔蠲疾病汰小弱釋第五等之田不及二十畝者省一月之六教而爲三月之併教甚大惠也然其司尚存其患終在今以臣之所見者爲陛下言不敢隱其實以欺朝廷亦不敢飾其事以罔成法夫朝廷知教民以爲兵而不知教之大苛而民不能堪知別爲一司以總之而不知擾之太煩而民以生怨教之欲以爲用也而使之至於怨則恐一日用之有不能如吾意者不可不思也民之言曰教法之難不足以爲苦而羈縻之虐有甚焉羈縻不足以爲苦而鞭笞之酷有甚焉鞭笞不足以爲苦而誅求之無已有甚焉方耕方耘而

罷方幹方營而去此羈縻之所以爲苦也其教也保長得笞保正又笞之巡檢之指使與巡檢者又交撻之提舉司之指使與提舉司之幹當公事者又互鞭之提舉之官長又鞭之一有逃避縣令又鞭之人無聊生恨不得死此鞭笞之所以爲苦也創袍市巾買弓絲箭添弦換包指治鞍轡涼棚畫象法造隊牌緝架僦椅卓圍典紙墨看定人雇直均菜緡納稭粒之類其名百出不可勝數故父老之諺曰兒曹空手不可以入教場非虛語也都副兩保正大小兩保長平居於家婚姻喪葬之問遺秋成夏熟絲麻穀麥之要求遇於城市飲食之責望此迫於勢而不敢不致者也一不如意即以藝不如法爲名而捶辱之無所不至又所謂巡檢指使者多由此徒以出貪而冒法不顧後禍有踰於保正保長者此誅求之所以爲甚苦也又有逐養子出贅婿再嫁其母兄弟析居以求免者有毒其目斷其指炙其肌膚以自殘廢而求免者有盡室以逃而不歸者有委老弱於家而保丁自逃者保丁者逃則法當督其家出賞錢十千以募之使其家有所出當未至於逃至於逃則其困窮可知而督取十千何可以得故每縣常有數十百家老弱嗟咨於道路哀訴於公庭如臣之愚且知不忍使陛下仁聖知之當如何也又保丁之外平民凡有一馬皆令借供逐場教騎終日馳騖往往饑羸以至於斃誰復敢言其或主家倘因他出一誤借供遂有追呼笞責之害或因官逋督迫不得已而易之則有抑令還取之苦故人人以有馬爲禍此皆提舉官吏倚法以生事重爲百姓之擾者也竊惟古者未嘗不教民以戰而不聞其有此者因人之情以爲法也夫緣情以推法則愈久而愈行倚威以行令則愈嚴而愈悖此自然之理也獸窮則搏人窮則詐自古及今未有窮其下而能無危者也臣觀保甲一司上下官吏無毫髮愛百姓意故百姓視其官司不啻虎狼積憤銜怨人人所同比者保丁執指使逐巡檢攻提舉司幹當官大獄相繼今猶未已雖民之愚顧豈忘父母妻子之愛而喜爲犯上之惡以取禍哉蓋激之至於此極爾激之至深安知其發有不甚於此者情狀如此不可不先事而慮以保大體而圖安靜夫三時務農一時講武先王之通制也一月之間併教三日不若一歲之中併教一月農事既畢無他用心人自安於講武而無憾遂可罷提舉司廢巡教官一以隷州縣而俾逐路安撫司總之每俟冬教於城下一邑分兩番當一月起教則與正長論階級罷教則與正長不相誰何庶使百姓得以優游治生無終年遁逃之苦無侵漁苛虐之患無爭陵犯上之惡矣且武事不廢威聲亦全豈不易而有功哉惟陛下深計遠慮斷在必行以省多事以爲生靈安樂之惠以爲國家安靜之福又乞罷三路提舉保甲錢糧司及罷提舉教閱及每歲分保甲爲兩番於十一十二兩月上教不必分爲四番且不必自京師遣官視教止令安撫司差那使臣爲便並從之元祐元年正月樞密院言府界三路保甲已罷團教其教閱器械悉上送官仍立禁約閏二月詔河北河東西路永興秦鳳等路提點刑獄兼提舉保甲並依提刑司例各爲一司三月王巖叟劾狄諮劉定姦贓狀御史孫升亦言劉定上挾章惇之姦黨下附狄諮之庸材大肆憑陵公行恐喝故眞定獲鹿之變起於後澶滑之盜作於前願早正其罪於是諮定皆罷與在外宮觀十一月詔府界三路保甲人戶五等已下地土不及二十畝者雖三丁以上並免教從殿中侍御史呂陶之請也紹聖二年七月帝問義勇保甲數宰臣章惇曰義勇自祖宗以來舊法治平中韓琦請遣使詣陝西再括丁數添刺熙寧中先帝始行保甲法府界三路得七十餘萬丁設官教閱始於府界衆議沸騰教藝既成更勝正兵元豐中始遣使徧教三路先帝留神按閱藝精者厚賞或擢以差使軍將名目而一時賞賚率取諸封椿或禁軍闕額未嘗費戶部一錢元祐弛廢深可惜也元符二年九月御史中丞安惇奏乞教習保甲月分差官按試曾布言保甲固當教習然陝西河東連年進築城砦調發未已河北連年水災流民未復以此未可督責訓練帝曰府界豈不可先行布曰熙寧中教保甲臣在司農是時諸縣引見保甲事藝精熟章惇即曰多得班行布曰止是得殿侍軍將然俱更差充巡檢司指揮以此仕宦及有力之家子弟皆欣然趨赴及引對所乘皆良馬鞍韉華楚馬上事藝往往勝諸軍知縣巡檢又皆得轉官或減年以此上下皆踴躍自効然是時司農官親任其事督責檢察極精密縣令有抑令保甲置衣裝非理騷擾者亦皆銜替故人莫敢不奉法其後乃令上番帝曰且與先是府界檢舉施行蔡卞曰於先朝法中稍加裁損無不可之理布以爲甚便容檢尋文字進呈十一月蔡卞勸上復行畿內保甲教閱法帝屢以督曾布是日布進皇畿內保丁二十六萬熙寧中教事藝者凡七萬因言此事固當講求然廢罷已十五年一旦復行與事初無異當以漸行則人不至於驚擾帝曰固當以漸行之布曰聖諭如此盡之矣若便以元豐成法一切舉行當時保丁存者無幾以未教習之人便令上番及集教則人情洶洶未易安也熙寧中施行亦有漸容臣講求施行次第退以語卞卞殊以爲不快乃云熙寧初人未知保甲之法今耳目已習熟自不同矣布不答徽宗崇寧四年樞密院言比者京畿保甲投八百七十一牒乞免教閱又二百三十餘牒遮樞密張康國馬首訴焉是月詔京畿三路保甲並於農隙時教閱其月教指揮勿行五年詔河北東西河東永興秦鳳路各武臣一員充提舉保甲並兼提刑其見專提舉保甲文臣並罷是月詔京畿差武臣一員充提舉保甲兼提刑仍差文臣提刑兼提舉保甲政和三年四月樞密院言神考制保甲之法京畿三路聚教每番雖號五十日其間有能勤習弓弩該賞者首先拍放一歲之中在場閱教遠者不過二十七日近者止於十八日而已若秋稼災傷則免當年聚教如武藝稍能精熟則有激賞之法斗力出等則免戶下春夫科配最高强者則解發引見試藝命官行之累年人皆樂從惟京東西雖有團成保甲之名未嘗訓以武事慮其間亦有人材甚衆能習武藝可以命官任使之人今欲依三路保甲編修點擇條約從之八月樞密院言諸路團成保甲者六十一萬餘人悉皆樂從無擾其京東西路提舉官任諒已轉一官直秘閣其朝議大夫已上與轉行武臣武功大夫特與轉遙郡刺史餘官減磨勘年有差宣和元年詔提舉保甲督察州縣都保不如令者限一月改正每歲以改正多寡爲殿最二年詔諸路保甲法並遵依元豐舊制京東京西路並罷三年詔先帝若稽成周制保伍之法自五家相比推而達之二十五家爲一大保二百五十家爲一都保保各有長都各有正正各有副使之相保相愛以察奸慝故有所行諸自外來者同保互告使各相知行止不明者聽送所屬保內盜賊晝時集捕知而不糾又論如律所以糾禁幾察纖悉具備奇邪寇盜何所容跡訪聞法行既久州縣玩習弛廢保丁開收既不以實保長役使又不以時如修鼓鋪飾粉壁守敗船治道路給夫役催稅賦之類科率騷擾不一遂使寇賊奇邪無復糾察良法美意浸成虛文可令尚書省於諸路提點刑獄或提舉常平官內每路選委一員令專一督責逐縣令佐將係籍人丁開收取實選擇保正長各更替如法使鈐束保丁遞相覺察毋得舍亡賴作過等人遇有盜賊晝時追捕若有過致藏匿者許諸人告首仍具條揭示欽宗靖康元年三月以尚書戶部侍郎錢蓋爲龍圖閣學士陝西五路制置使專一措置京兆府路保甲六月御史胡舜陟奏秦元學兵法三十年陛下拔之下僚爲京畿提刑訓練保甲聞者莫不慰悅乞罷武臣提刑以保甲屬元庶得專一從之十一月京畿提舉秦元集保甲三萬先請出屯自當一面不從金兵薄城又乞行訓練乘間出戰守禦使劉韐奏取保甲自益元謀遂塞云

建炎後鄉兵巡社建炎元年詔諸路州軍巡社並以忠義巡社爲名隸宣撫司後募鄉民爲之每十人爲一甲有甲長有隊長四隊爲一部有部長五部爲一社有社長五社爲一都有都正於鄉井便處駐劄紹興初罷之槍杖手建炎二年令福建招五千人土豪建炎四年詔諸州守臣募土豪民兵聽州縣守令節制後存留强壯餘並放散義兵紹興十年團集諸州名數不等後皆以縣令爲軍正義士紹興元年籍興元良家子弟兩丁取一四丁取二每二十人爲一隊號曰義士民兵建炎二年每五十人爲一隊有長副一戶取一丁五丁取二丁淳熙十四年三丁取一五丁取二十丁取三弓箭手建炎初應諸路漢蕃弓箭手限百日自陳承襲紹興間以京城外關地依陝西沿邊例招弓箭手蒔種土丁紹興中詔依嘉祐措置三時務農一時講武諸縣逐鄉置教場自十一月起教至次年正月罷教把截將紹興二十七年詔恭州鴈門控扼之地置上丁二百人峒丁建炎三年命江西福建諸處總領官籍定槍杖手峒丁人數以備調遣紹興中罷之保勝紹興六年詔金均房三州保甲分爲五軍以保勝爲名勇敢紹興二年詔池州就招土人充二千爲額保丁二廣保丁每戶一名土丁父子兄弟皆在其數乾道中以拘留擾民罷之山水砦詳見砦兵萬弩手初熙寧間以鼎澧辰沅靖五郡弓弩手萬三千人散居邊境訓練無事耕作有警調發紹興以後增損靡定壯丁民社乾道四年楚州置良家子紹興四年招兩淮關陝流寓及陣亡主兵將子弟驍武不能存立者充月給比强弓手五十人爲一隊義勇湖北諸郡皆有義勇惟澧州石門慈利不置籍其法取於主戶之雙丁每十戶爲一甲五甲爲一團甲皆有長擇邑豪爲總首農隙教武藝食從官司給湖北土丁刀弩手政和七年募土丁充授以閑山散居邊境教以武藝紹興因之淳熙中李燾力言其不便罷之湖南鄉社舊制以鄉豪領之大者統數百家小者亦二三百家後言者以其不便淳熙中擇其首領使大者不過五十家小者減半忠勇關外西和階成鳳四州所聚民兵謂之忠勇鎭淮初淮南募邊民號鎭淮軍數至十萬月給視効勇惟不黥涅久之廩不足肆劫掠嘉定初選汰歸農僅存八千餘人以充効用餘補鎭江大軍淮西選二萬六千餘充御前定武軍分爲六軍軍設統制忠義民兵福州諸縣舊有忠義社屯結邑民擇豪右爲長量授器甲盜由是息人甚賴之後有司煩擾失初意閱籍用兵淮襄民兵有籍於官者至用百六十緡以養一兵後又放令歸業而無所歸多散爲盜乃令每郡擇豪酋一人授以官民鎭之

建炎後砦兵兩浙西路臨安府十三砦外沙海內管界茶槽南蕩東梓上管赭山黃灣硤石奉口許村下塘安吉州七砦管界安吉秀塞呂小幽嶺下塘北豪皐塘平江府八砦吳江吳長許浦福山白茅江灣楊林角頭常山五砦管界小河馬跡香蘭分界江陰軍二砦申港石牌嚴州五砦威平港口鳳林茶山管界兩浙東路慶元府十砦浙東結埼三姑管界大嵩海內白峯岱山鳴鶴公塘溫州十三砦城下管界館頭靑奧梅奧鹿西浦門南監東北三尖北監小鹿大荊台州六砦管界亭場吳都白塔松門臨門處州二砦管界梓亭江南東路南康軍五砦大孤山木陸四望山河湖左望江南西路隆興府七砦都巡鄔子松門港口定江杉甫管界撫州七砦城南會田樂安鑑馬旗步招攜湖平江州六砦管界江內麥石馬當城子頭孤山興國二砦池口磁湖袁州四砦都巡四縣管界白斜臨江軍三砦本軍水陸管界吉州十

六砦富田走馬隘永和鎮觀山明德沙溪西平山楊宅栗傳禾山勝鄉造口秀洲新砦北鄉黃茅峽荊湖南路永州三砦都巡同巡衡永界寶慶三砦黃茅西縣盧溪郴州五砦管界安福清要赤石上猶武岡軍十砦三門石查眞良岳溪臨口關硤黃石新寧綏寧永和道州四砦營道寧遠江華永明金州四砦上軍角口吉寧平塘福建路邵武軍十砦同巡檢大寺水口禾安明溪仁壽西安永平軍口梅口建寧府七砦黃琦籌嶺盆亭麻沙水吉苦竹仁壽南劍州八砦滄峽洛陽浮流巖前同巡仁壽萬安黃土泉州五砦都巡同巡石井小兜三縣福州四砦辜嶺甘蔗五縣水口興化軍二砦同巡巡鹽漳州二砦同巡虎嶺廣西路賀州二砦臨賀富川昭州四砦昭平雲峒西嶺直山欽州二砦西縣管界

宋史卷一百九十三

元　中　書　右　丞　相　總　裁　脫　脫　等　修

兵志第一百四十六

兵七　召募之制

召募之制起於府衞之廢唐末士卒疲於征役多亡命者梁祖令諸軍悉黥面爲字以識軍號是爲長征之兵方其募時先度人材次閱走躍試瞻視然後黥面賜以緡錢衣屨而隸諸籍國初因之或募土人就所在團立或取營伍子弟聽從本軍或募饑民以補本城或以有罪配隸給役取之雖非一塗而伉健者遷禁衞短弱者爲廂部制以隊伍束以法令當其無事時雖不無爵賞衣廩之費一有征討則以之力戰鬭給漕輓而天下獷悍失職之徒皆爲良民之衞矣初太祖揀軍中彊勇者號兵樣分送諸道令如樣招募後更爲木梃差以尺寸高下謂之等長杖委長吏都監度人材取之當部送闕者軍頭司覆驗引對便坐分隸諸軍焉眞宗祥符中重定等杖自五尺八寸至五尺五寸爲五等諸州部送闕下及等者隸次軍仁宗天聖元年詔京東西河北河東淮南陝西路募兵當部送者刺指揮二字家屬給口糧兵官代還以所募多寡爲賞罰又詔益利梓夔路歲募民充軍士及數即部送分隸奉節川効忠川忠節於是遠方健勇失業之民悉有所歸慶曆七年諸路募廂軍及五尺七寸已上者部送闕下試補禁衞至和元年河北河東陝西募就糧兵騎以四百人步以五百人爲一營嘉祐二年復定等杖自上四軍至武肅忠靖皆五尺已上差以寸分而視其奉錢一千者以五尺八寸七寸三寸爲三等奉錢七百者以五尺七寸六寸五寸爲三等奉錢五百者以五尺六寸五寸五分爲三等奉錢四百者以五尺五寸四寸五分爲二等奉錢三百者以五尺五寸四寸五分四寸三寸二寸爲六等奉錢二百者以五尺四寸三寸五分三寸二寸爲四等不給奉錢者以五尺二寸或下五寸七指八指爲等唯武嚴御營喝探以藝精者充諸司筦庫執技者不設等杖七年御史唐介言比歲等募禁軍多小弱不勝鎧甲請以初創尺寸爲定敢議減縮者論以違制詔禁軍備戰者宜著此令其備役雄武宣敕六軍搭材之類如軍馬敕治平二年募陝西土民營伍子弟隸禁軍一營塡止八分又遣使畿縣南京曹濮單陳許蔡亳州募民補虎翼廣勇人加賜絹布各一治平四年詔延州募保捷五營以備更戍熙寧元年詔諸州募饑民補廂軍二年樞密院言國初邊州無警則罷兵今既講和而屯兵至多徒耗金帛若於近裏糧賤處增募營兵但令往戍極邊甚爲便計帝與文彥博及韓絳陳升之呂公弼等議之或以爲自古皆募營兵遇事息即罷或以爲緣邊之兵不可多減乃命彥博等詳議以聞三年七月詔東西路於有糧草州軍招廂軍共三萬人爲額十一月知定州滕甫乞下本路依舊制募弓箭社以爲邊備從之四年十二月樞密院言在京係役兵士舊額一萬八千二百五十九人見闕六千三百九十二人若招揀得足即不須外路勾抽以免不習水土凍餒道斃之患欲於在京及府界京東西河北招少壯兵止供在京功役不許臣僚占差不過朞年可使充足却對減在外招募之數椿管所減糧賜上供以給有司之用從之五年權發遣延州趙卨招到漢蕃弓箭手人騎四千九百八十四爲八指揮遂擢吏部員外郎加賜銀絹二百七年分遣使臣諸路選募熙河效用先以名聞河北河東所募兵悉罷八年詔軍士祖父母父母老疾無侍丁而應募在他處者聽從九年詔選補捧日天武以下諸軍闕馬軍三分補一步軍士分補五元豐二年二月經制熙河路邊防財用司言岷州牀川荔川閭川砦通遠軍熟軍砦乞置牧養十監募兵爲監牧指揮其營田乞依官莊例募永濟卒二百人其永濟卒通以千人爲額從之七月沿邊安撫司言北邊州軍主管刺事人乞給錢三千選募使臣職員或百姓爲之以鈎致敵情仍選通判及監官考其虛實以行賞罰從之是年以兗鄆齊濟濱棣德博民饑募爲兵以補開封府界京東西將兵之闕三年又詔府界諸路將下闕禁軍萬數有司其速募之又詔河北水災闕食民甚衆宜寄招補軍四年京東西路以調發兵將累請增戍朝廷以兵員有數多寢其章然州郡實有負山帶海蠭盜所窺亦當過爲之慮其令益廣應募者與免貼軍及他役一年六月詔在京奉錢七百以下選募馬步軍萬五千人開封府界及本路共選募義兵保甲萬人如涇原五千人不足於秦鳳路選募五年五月同提舉成都府等路茶場蒲宗閔乞自秦州至熙州量地里遠近險易置車鋪二十八招刺兵士從之八月詔開封府界京西招軍依式賜外仍增錢千十二月詔京城四面巡檢募士於四門取民年三十五以下者又詔河北立額步軍各於逐指揮額外招百人五年詔一歲內能募及百人者加秩一等四月河東路經畧司請以鱗州飛騎府州威遠子弟二十五以下刺爲兵七年廣西都鈐轄司言本路土兵闕額數多乞選使臣往福建江南廣東招簡投換兵四千人詔於江南福建路委官招換八年四月河東路安撫使呂惠卿言河東敢勇以三百人爲額請給微薄應募者少臣頃仕鄜延路日奏請增三等請給借支省馬給七分草料置營教習自後應募者衆願依陝西路已得指揮從之哲宗元祐元年三月詔河北保甲願投軍人及得上四軍等杖事藝者特許招塡合給例物外更增錢五千中軍以下三千比等杖短一指射保甲第一等弓弩並許招刺從右司諫蘇轍請也六月門下侍郎司馬光言諸州軍兵馬全欠不足守禦之處量與立額招添八年樞密院言今新招兵士多是饑民未諳教閱乞自今住營州軍差官訓練候十年發遣赴軍前紹聖元年樞密院乞立招禁軍官員賞格如不及數罰亦隨之四年熙河蘭岷路都總管提點熙河蘭岷等路漢蕃弓箭手司言蘭州金城關欲招置步軍保捷四指揮馬軍蕃落一指揮從之詔陝西路添置蕃落軍十指揮各以五百人爲額於永興軍河中鳳翔同華州各置兩指揮並隸住營州軍將下統制訓練委逐路所屬都總管同選官招人初三省密院欲以牧地募民牧養馬久而未集曾布以謂不若增騎兵爲簡便兼土兵乃勁兵又諸路出戍者已竭及建此議衆翕然皆以爲允帝亦樂從之蓋收租見存者七百萬歲額一百七十萬而十指揮之費二十五萬而已故可與募人養馬之法兼行也徽宗崇寧元年湖北都鈐轄舒亶奉旨相度召募施黔州土丁致討辰沅山猺每州無過七百人緣猺賊深在溪洞險阻不通正軍故也三年京東等路招軍五萬馬軍以崇捷崇銳名步軍以崇武崇威名四年七月熙河蘭湟路轉運使洪中孚自河東入覲帝問崇威崇銳新兵敎閱就緒否中孚曰教閱易事也臣不知藝祖取天下之兵與祖考所分將兵曾無減損若未嘗減損似不須增蓋兵貴簡練不貴多今遽增二軍所費至廣臣不知獻議者於經費之外別有措置或只仰給朝廷也帝愕然曰初議增兵未嘗議費可即罷去中孚曰惰游之卒不復安於南畝今一旦罷遣強者聚而爲盜弱者轉徙則重爲朝廷憂不若使塡諸營闕無闕聽於額外收管不一二年盡矣帝稱善九月詔近降指揮在京諸路招崇捷崇武等指揮十萬人又招效忠蕃落指揮及額內不足人數慮卒難數額可先招崇捷崇武十萬人候人數稍見次第即具申取旨五年詔抑勒諸色人投軍者並許自身及親屬越訴其已刺字仍並改正政和二年廣西都鈐司奏廣西兩將額一萬三百餘人事故逃亡於荊湖南北江南東西寄招緣諸路以非本職多不用心今兵闕六分欲乞本路鄰路有犯徒并杖以下情重之人除配沙門島廣南遠惡并犯強盜殺人放火事干化外並依法外餘並免決刺塡從之四年中衞大夫童師敏言東南州郡例闕廂軍凡有役使並是和雇若令諸郡守臣并提刑司措置招塡庶可省費從之宣和元年高陽關路安撫使吳玠奏手詔招塡諸路禁軍闕額以十分爲率招及四分以下遞展磨勘年七分以上遞減磨勘年高陽關路河間府滄州恩州信安軍招塡數足乞行推賞從之二年手詔比聞諸路州軍招置廂軍河清壯城等往往怯懦幼小不及等樣虛費廩食不堪驅使令後並仰遵著令招塡如違戾以違制論四年正月兩浙東路鈐轄司奏乞將溫處衢婺州元管不係將禁軍六指揮更招置增爲十指揮並以五百人爲額凡五千人庶成全將及更於台州招置不係將禁軍一指揮以四百人爲額從之三月臣僚言竊聞道路洶洶相怖云諸軍捉人刺涅以補闕額率數人驅一壯夫且曳且毆百姓叫呼或齧指求免日者金明池人大和會忽遮門大索但長身少年牽之而去云充軍致賣蔬茹者不敢入城行旅市人下逮奴隸皆避藏恐懼事駭見聞今國家閒暇必欲招塡禁旅當明示法令賚以金帛捐財百萬則十萬人應募矣捉人於塗實虧國體流聞四方傳播遠邇殊爲未便伏望亟行禁止以弭疑畏時寶籙宮道士張繼滋因往尉氏亦被刺涅事聞手詔提刑司根治四月臣僚因言招刺闕額禁軍樞密院立限太遽諸營弗戢人用大駭幸不旋踵德音禁止羣情悅服其已被刺涅而非願者頗亦改正尚有經官求免而未得者輦轂若此況其遠乎竊聞小人假借聲勢因緣奪攘所在多有若或哀鳴得脫其

家已空今往來猶懷畏避伏望聖明特賜戒敕應在外招軍去處毋得橫濫從之七年減掖庭用度減侍從官以上月廪罷諸兼局有司據所得數撥充諸路糴本及募兵賞軍之用欽宗卽位詔守令募州縣鄉村土豪爲隊長各自募其親識鄉里以行及五十人以上先與進義副尉三百人以上與承信郎募文武官習武勇者爲統領行日所發州軍授以器甲人給糧半月地里遠者所至州縣接續批支京畿輔郡兵馬制置使司言諸路召募敢勇効用每名先給錢三千赴本司試驗給據訖支散銀絹激賞若監司知通令佐并應有官人能召到敢勇効用事藝高強及二百人以上者乞與轉一官每加二百人依此或監司郡守州縣官以下應緣軍期事件稍有稽緩並依軍法從之靖康元年春正月臣僚言諸路見招募人兵緣逐處漕計闕乏乞於近州應奉司及延福宮西城錢帛並許請用庶得速辦從之又詔龍猛龍騎歸遠壯勇諸軍闕額可行下諸路揀選配塡又詔已降指揮逐處各以召募効用敢勇武藝人數多寡等第推賞又詔聞希賞之人抑勒強募自今並取情願敢有違戾當議重罰毋得將羸弱不堪出戰及已有係軍籍者一例充募及詔募武舉及第有材武方略或有戰功曾經戰陣及經邊任大小使臣不以罪犯已發未敘及武學有方略智謀及曾充弓馬所子弟及諸色有膽勇敢戰之人並許赴親征行營司又詔募陝西土人爲兵并使臣効用等赴姚平仲軍使喚其應募人修武郎已上二十貫進議副尉以上十五貫軍人百姓十貫並於開封府應管官錢內支四月詔已降指揮發還歸朝人往大金軍前如不願往所在量給口劵津遣元有官守人並不釐務支奉給之半其願効力軍前者許自陳五月河北河東路宣撫司奏河北諸州軍所管正兵絕少又陝西游手惰民願充軍者亦衆秖緣招刺闕乏例物是致軍額常闕今若給一色銀絹折充例物犒設起發召募人作義勇止於右臂上刺字依禁軍例物支衣糧料錢陝西五路共可得二萬人比之淮浙等路所得將兵實可使喚從之詔遣文武官各一員前去陝西路募兵二萬人赴闕遂命趙鼎特除開封府曹官种湘差宣撫司準備將領並充陝西路幹當公事專一募兵是月遣戶部員外郎陳師尹往福建路募槍杖手都水使者陳求道言朝廷差官往陝西招軍適當歲豐恐未易招塡若就委監司招募保甲啖以例物與免科差以作其氣可得勁兵五萬從之六月樞密都承旨折彥實奏四人結連女眞爲日甚久豈無覬覦關中之志卽今諸路人馬皆空萬一敵人長驅何以枝梧言之可爲寒心朝廷似未深慮也河東河朔之患已形人故憂之陝西之患未作人故忽之若每路先與十萬緡令帥臣招募土人爲保護之計責以控扼不得放令侵入仍須朝廷應副漕司乘時廣行儲蓄以爲急務又開封府尹聶山奏招兵者今日之急務近緣京畿諸邑例各招刺至於無人就募則強捕村民及往來行人爲之遂致里吡奔駭商旅不行殊失朝廷愛民之意檢準政和令諸盜再犯杖以上情理不可決放而堪充軍者給例物刺充廂軍今京城裏外間有盜賊皆是豪猾無所畏憚雖經斷罪頑惡弗悛若依上條刺充廂軍不惟得強壯之用又且收集姦黠不復爲盜如允所請則自內及外皆可見之施行從之七月陝西五路制置使錢蓋言都水使者陳求道請招刺保甲五萬充軍緣比來陝右正兵數少全藉保甲守禦及運糧諸役差使外所餘無幾若更招刺五萬充軍則是正丁占使殆徧不唯難以選擇兼慮民情驚疑別致生事欲乞令州縣曉諭保甲取其情願如未有情願之人卽乞令保甲司於正丁餘數內選擇通赴闕人共成七萬可以足用從之是月錢蓋奏陝西募主人充軍多是市井烏合不堪臨敵今折彥實支陝西六路銅錢各十萬緡每名添錢十千自可精擇少壯及等杖人可得正軍一萬六路共得六萬人從之十月樞密院奏召募有材武勇銳及膽勇人并射獵射生戶從之又奏福建路有忠義武勇立功自效取仕之人理宜召募除保甲正兵外弓手百姓曾行有罪軍人並聽應募如有武藝高強實有膽勇衆所推服願應募爲部領人者依逐項名目權攝部領各以所募人數借補官資從之十一月京城四壁共十萬人黃人黃旗滿市時應募者多庸丐殊無鬭志閏十一月何㮚用王健募奇兵雖操瓢行乞之人亦皆應募倉卒未就紀律奇兵亂毆王健殺使臣數十人內前大擾王宗濋斬渠魁數人乃定及出戰爲鐵騎所衝望風奔潰殲焉十一月詔諸軍詐效蕃裝焚劫財物限十日齎贓自首與免罪仍召募潰兵收管給口食焉逃亡之法國初以來各有增損熙寧五年詔禁軍奉錢至五百而亡滿七日者斬舊制三日者死初執政議更法請滿十日帝曰臨陣而亡過十日而首得不長姦乎安石曰臨陣而亡法不計日卽入斬刑今當立在軍典所亡滿三日論如對寇賊律樞密使蔡挺請沿邊而亡滿三日者斬安石曰沿邊有非軍典之所不可一槩坐以重刑本立重法以禁避寇賊及軍典而已帝曰然文彥博固言軍法臣等所當總領不宜輕改如前代銷兵乃生變安石曰前代如杜元頴等銷兵乃其措置失當非兵不可銷也且當蕭俛時天下兵至多民力不給安得不減方幽州以朱克融等送京師請毋遣克融還幽州煽衆爲亂而朝廷乃令克融等飄泊京師久之不調復遣歸北克融所以復亂亦何預銷兵事彥博曰國初禁軍逃亡滿一日者斬仁宗改滿三日當時議者已慮壞軍法安石曰仁宗改法以來活人命至多然於軍人逃亡比舊不聞加多仁宗改法不爲不善帝乃詔增爲七日元豐元年知鄂州王韶言乞自今逃亡配軍爲盜聽捕斬賞錢詔坐條劄韶照會如所犯情重罪不致死奏裁三年六月詔軍士民兵逃亡隨軍効用若首獲並械送所屬論如法雖立戰功不賞仍不許以功贖過令隨軍榜諭四年詔沈括奏以軍前士卒逃亡潰散在路本非得已須當急且招安卿可速具朝旨出榜云聞戰士止是不禁饑寒逃歸其家可各隨所在城砦權送納器甲請給糧食聽歸所屬節次具招撫數以聞崇寧四年九月樞密院言熙河都總管司舊無兵籍乞令諸將各置籍日具有無開收旬具元額見管及逃亡事故細目申總管司本司揭貼都簿委機宜一員逐時抽摘點檢從之十月尚書省言今所在逃軍聚至以千數小則驚動鄉邑大則公爲刼盜累降指揮許以首身或令投換終未革絕昔神宗以將不知兵兵不知將故分領將統兵官司凡兵之事無所不統則其逃亡走死豈得不任其責檢會將敕與見行敕令皆未有將官與人員任責之法致令來兵將不加存恤勞役其身至於逃避而任職之人悉不加罪近日熙河一路逃者幾四萬將副坐視而不禁人員將校故縱而不問至逃亡軍人所在皆有蓋自來立法未詳兼軍中長行節級人員將校什長相統同營相依上下相制豈得致其逃亡漫不省察況招軍既立賞格則逃走安可無禁今叅詳脩立賞罰十數條並從之五年樞密院備童貫所言陝西等處差官招諭逃亡軍人並許所在首身更不會問便支口劵令歸本營過上軍人憚於戍守之勞往往逃竄於內郡首身遂得口劵歸營恐相習成風有害軍政乞自今應軍人首身並須會問逃亡赦限依今來招諭指揮若係赦後逃亡卽乞依條施行從之大觀三年樞密院備臣僚言云自陝西路提點刑獄吳安憲始陳招誘逃亡廂禁軍之法乃著許令投換改刺之令自此諸弊寖生軍律不肅朝廷洞見其弊已嚴立法然尚有冒名一節其弊未除請如主兵官舊曾占使書札作匠雜技手業之徒或與統轄軍員素有嫌忌意欲舍此而就彼或所部逃亡數多欲避譴責輒將逃軍承逃亡之名便與請給旣避譴責又冒請受上下相蒙莫之能革致使軍士多懷擅去之心者良以易得擅住之地也若加重賞申以嚴刑庶革斯弊有裨成法從之四年樞密院言諸路及京畿逃亡軍數居多雖赦敕立限許首終懷畏避若諸路專委知州通判或職官一員京畿委知縣若招誘累及三百人以上與減一年磨勘五百人以上一年半千人以上取旨推恩於理爲便政和二年臣僚言祖宗軍政大備無可議者比多逃亡者緣所在推行未至及主兵司官遵奉未嚴故也其弊有六一曰上下率斂二曰舉放營債三曰聚集賭博四曰差使不均五曰防送過遠六曰單身無火聚似此雖具有條禁而犯者極多欲乞下有司推究除兵將官歲終立定賞罰條格外詔諸路提刑司每歲終將本路州軍不係將禁軍見管及逃亡人數叅互比較具最多最少處各一州知通職位姓名申樞密院從之三年十一月開封少尹陳彥脩言諸廂收到寒凍赤露共五千七百餘人其間逃軍數多今行措置今欲依押送逃軍格每二十人各差使臣一員付與係押送人各踏逐穩便官屋安泊依居養法關請錢米存養候晴和管押前去所有沿路支破口劵並依本府押送逃軍法請於合破口劵等外更量支盤纏詔每人支盤纏錢三百衲襖一領候二月晴暖卽行發遣四年尚書省着令諸禁軍差發出戍未到軍前或已到而代去半年以上逃亡首獲雖會恩配如捕獲法上軍首身或捕獲會恩配依七日內法下軍本名應配者配千里若本管輙停留與同罪雖該赦仍依配法從之五年立錢監兵匠逃走刺手背法宣和二年手詔逃卒頗多仰宣撫司措置以聞童貫言凡逃卒冬祀大赦已有百日首身免罪之文緣內有元犯雖首身於常法尚合移降移配者卽未敢赴官自陳欲乞在京并京畿京西陝西河東路逃軍自今指揮到日通未滿赦限共一百日許令首身免罪依舊軍分職次收管仍免本司本營問償及放免官逋如本犯經冬祀赦後猶有移降移配特與原免若限滿不首則依常法科罪凡逃軍係在京住營依限於在京首身者令所隸軍司當日押赴本營若見出戍者卽破口劵轉押赴本路駐泊州軍並依前項指揮免罪依舊收管

凡逃軍在外依限首身者並於所在日破米二升其縣鎮砦並限當日解本州軍每二十人作一番差職員管押仍沿路給破口食交付前路州軍轉送住營去處如見出戍即轉駐泊州軍收管凡首身軍人並不許投換他軍凡所在當職官如能於限內用心招收逃軍措置轉送住營或出戍處收管候滿在外委提刑司在京委開封府取索到營出戍處公文驗人數最優者申宣撫司取旨推恩並從之三年詔江浙軍前等處應逃竄軍兵並特放罪許於本將見出軍路分州縣首身依舊給請隨處權行收管若走往他處或於住營去處首獲即令所在官司逐旋發遣赴本將應副使喚仍委逐路安撫鈐轄提刑司覺察如所在輒敢隱芘或逐司不行覺察並論違制四年臣僚言中外士卒無故逃亡所在有之祖宗治軍紀律甚嚴若在戍者還家當役者避事必有韝門之戮今既宥其罪且許投換不制於什伍之長既立赦限又特展日以寬其自首之期臣恐逃亡得計其弊益滋乞除恩赦外不輕與限使知限之不可爲常庶有畏懼從之五年臣僚言今諸軍逃亡者不以實聞諸處冒名請給至於揀閱差役則巧爲占破甚不獲已則雇募逋逃以充名數旋即遁去無復實用平居難於供億緩急無以應用而姦人攘臂其間坐費財賦雖開收勘歛法制滋詳而共利之人一體傳會望賜處分先令當職官覈見實數保明申達轉運司期日委諸郡守貳點閱仍關掌兵官司照會行下不可勾押至州者差官就閱期以同日究見的實稍涉欺罔根治不赦監司使者分郡覆實具數申達于朝以待差官分按必行罪賞使官無虛費而軍有實用則紀律可明國用可省詔送樞密院條畫措置七年二月尚書省言開封府狀乞應在京犯盜配降出外之人復走入京投換者許人告捕科以逃亡捕獲之罪酌情增配其官司及本營典首人員曹級容庇收留各杖一百因致爲盜者依差使配軍入京作過法與犯人同罪罪止徒二年不以去官赦原減及在京犯罪編管出外逃亡入京之人雖有斷罪增加地里條法緣止是募告賞格大輕是致往往復走入京欲乞元犯杖罪賞錢十貫徒罪二十貫流罪三十貫並以犯事人家財充從之十二月詔應諸路逃竄軍人或已該赦恩出首避免却歸出戍去處再行逃竄之人令於所在去處首身並特與免罪於一般軍分安排支破請給發赴軍前使喚靖康元年三月詔隨從行宮禁衞軍兵等有逃亡者並依法施行五月臣僚言泗州項遣勤王之師管押者不善統制類多遁歸既而畏法不敢出本州遂開闔請受在外無以給養竊慮因聚爲盜恐他州亦多如此乞敕應勤王兵有遁歸已經赦宥者並令首身從之六月詔應河東潰散諸路將佐並仰逐路帥守發遣赴河東河北制置司以功贖過河北路制置司都統制王淵言被旨差充招集种師道等下潰散人馬應援太原限滿不首即寄禁家屬許人收捕赴軍前重行處置從之仍自指揮到日限以十日河北路制使劉韐奏近制置使种師中領軍到於榆次失利潰散師中不知存在奉旨師中下應統制將佐使臣等並與放罪臣按用兵失主將統制將佐並合行軍法軍法行則人以主將爲重緩急必須護救若不行軍法緩急之際爭先逃遁視主將如路人略不顧恤近年以來高永年陷歿一行將佐及中軍將提轄等未嘗罪以軍法繼而劉法陷歿今种師中又死王事若兩軍相遇勢力不加血戰而敗或失主將亦無可言榆次之戰頃刻而潰統制將佐使臣走者十已八九軍士中傷十無一二獨師中不出若謂師中撫御少恩紀律不嚴而其受命即行奮不顧身初聞右軍戰却即遣應援比時諸將已無在者至賊兵犯營師中猶未肯上馬使師中有偷生之心聞敗即行亦必得出一時將佐若能戮力相救或可破敵今一軍纔却諸將不有主帥相繼而遁其初猶有懼色既聞放罪遂皆釋然朝廷以太原之圍未解未欲窮治今師旅方興深恐無所懲艾遇敵必不用命欲乞指揮應种師中下統制將佐並依聖旨處分仍令軍前自効如能用命立功與免前罪今後非立戰功雖該恩赦不得敘復仍乞優詔褒贈師中以爲忠義之勸詔种師中下統制將佐並降五官仍開具職位姓名申尚書省餘依劉韐所奏八月河北河東路宣撫司奏近據都統制王淵捉獲潰敗使臣已管押赴宣撫副使劉韐軍前交割依軍法施行外訪聞尚有未曾出首將佐使臣詔限今指揮到日更與展限十日許令於所在州軍出首仍依元降指揮免罪特與支破遞馬驛券疾速發赴軍前自効候立功日優加推賞如再限滿日更不首身當取見職名重賞購捕定行軍法仍多出榜示諭二年四月詔訪聞諸處潰散軍人嘯聚作過將百姓強刺充軍驅虜隨行使喚遇敵使前害枉良民其令有司牓諭被虜強刺之人許以自陳給據各令歸業願充軍者隨等杖刺填禁廂軍依條支給例物又詔昨逃亡班直諸軍雖已降指揮撫諭並與免罪發歸元處其管押兵官未有指揮可候指揮到許於所在官司自陳亦與免罪建炎初招募多西北之人其後令諸路州軍砦或三衙招募或選刺三衙軍中子弟或從諸郡選刺中軍子弟解發復詔滄濱及江淮沿流州軍募善没水經時伏藏者以五十爲額神武右軍統制張俊言牙軍多招集烏合之衆擬上等改刺勝捷次等刺振華振武庶得部分歸一訓練爲便詔兩浙江東除江陰軍各募水軍二百人紹興元年廣東帥臣言本路將兵元五千二百見千三百十九今擬將官駐劄諸軍泊本路州軍以十分爲率各招其半二年累降令行在諸軍毋互相招收及將別軍人拘執邀者行軍法四年詔所招河北人充河北振武餘人刺陝西振華指揮沿江招置水軍備戰艦募東南諳水者充每指揮以五百爲額十年詔三京路招撫處置使司招効用軍兵萬人內招使臣二千員十五年福建安撫莫將言汀漳泉劒四州與廣東江西接壤比年寇盜剽刼居民土豪備私錢集社戶防捍有勞有司不爲上聞推恩破家無所依歸勢必從賊官軍不習山險且瘴癘侵加不能窮追管屬良民悉轉爲盜請委四州守臣募此游手無歸勇健之人各收千人仍以効用爲名足可備用實永久利詔令張淵同措置二十四年殿前都指揮使楊存中言舊制在京所管捧日天武拱聖驍騎驍勝寧朔神騎神勇宣武虎翼廣勇諸指揮禁軍內捧日天武依條升揀扈衞諸班直拱聖神勇以下升揀捧日天武除逃亡有故僅千九百人請於今年分定月內招千人三十七年楊存中奉旨三衙所招効用兵令住招今闕六千七百二十六人若不招填兵數日損詔本司來年正月爲始依舊招募隆興元年步軍司郭振言本司在京日軍額三萬九千五百今行在僅千二百一十九詔招填千七百八十一人以三千爲額刺充神衞虎翼飛山床子弩雄武等指揮乾道七年馬軍司王友直言見管戰馬二千七百餘止有傔馬六百餘人請招傔兵千五百並充雄威詔招千人刺步傔二字步軍司吳挺言步司五軍額二萬五千見闕三千六百詔令招填淳熙十六年殿前副都指揮郭鈞言淳熙五年住招兵今踰十載戰隊合用火分傔兵闕詔招千人紹熙二年詔步軍司招軍千人慶元元年詔楚州招到二百六十一人補弩手効用五年詔給降度牒付金州都統招填闕額并揀汰兵照紹熙初年令自五尺四寸至五尺六寸三等招收開禧元年興元都統秦世輔言本司軍多闕額紹興之末管二萬九千餘人乾道三年立額二萬七千今二萬五千四百差戍官占實萬一百四十三人點閱所部堪披帶人僅六百二十七請從本司酌紹興額招刺參知政事蔣芾言在內諸軍每月逃亡不下四百人若權住招一年半俟財用稍足招強壯不惟省費又得兵精且南渡以來兵籍之數紹興十二年二十一萬四千五百餘人二十三年二十五萬四千五百四十八人三十年三十一萬八千一百三十八人乾道三年三十二萬三千三百一人只此二十三年已增六萬九千六十一人如此何緣財用有餘寶慶二年知武岡軍吳愈言禁衞兵所以重根本威外夷太祖聚天下精兵在京者十餘萬州郡亦十餘萬嘉定十五年三衙馬步諸軍凡七萬餘闕舊額三萬若以川蜀荊襄兩淮屯戍較之奚啻數倍於禁衞宜遵舊制擇州郡禁兵補禁衞闕州郡闕額帥守招填紹定四年臣僚言州郡有禁卒有壯城有廂軍有土兵一州之財自足以給一州之兵比年尺籍多虛月招歲補悉成文具蓋州郡吝養兵之費所招無二三逃亡已六七宜申嚴帥臣應郡守到罷具兵額若干逃故若干招填若干致其數而黜陟之寶祐間州郡闕守承攝者遣令招刺不詢材武務盜帑儲咸淳季年邊報日聞召募尤急官降錢甚優厚強刺平民非無法禁所司莫能體上意執民爲兵或甘言誑誘或詐名賈舟候負販者羣至輒載之去或購航船人全船疾趨所隸或令軍婦冶容誘于路盡涅刺之由是野無耕人途無行旅往往聚丁壯數十而后敢入市民有被執而赴水火者有自斷指臂以求免者有與軍人抗而殺傷者無賴乘機假名爲擾九年賈似道疏云景定元年迄今節次招軍凡二十三萬三千有奇除填額創招者九萬五千近又招五萬謂之無兵不可十年汪立信書抵賈似道陳三策一謂內地何用多兵宜悉抽以過江可得六十萬矣蓋兵不貴多貴乎訓練之有素苟不堪受甲徒取充數將焉用之考之舊制凡軍有闕額即招填熙寧元豐講求民兵之政於是募兵寖減而三衙多虛籍至于靖康禁衞弱矣中興復用招募立等杖選勇壯覈人才驗虛實審刺之法雖在諸屯而已招者兵籍悉總于樞府云

宋史卷一百九十三考證

兵志七只此二十三年已增六萬九千六十一人〇臣開鼎按通鑑自紹興十二年至乾道三年共二十五年三字誤所增之數亦不符

宋史卷一百九十四

元中書右丞相總裁脫脫等修

兵志第一百四十七

兵八 揀選之制 廩給之制

揀選之制建隆初令諸州召募軍士部送闕下至則軍頭司覆驗等第引對便坐而分隸諸軍焉其自廂軍而升禁兵禁兵而升上軍上軍而升班直者皆臨軒親閱非材勇絕倫不以應募餘皆自下選補咸平五年於環慶等州廂軍馬步軍六千餘人內選材勇者四千五百人付逐砦屯防以代禁兵景德二年宣示殿前侍衞司諸禁軍中老疾者衆蓋久從征戍失於揀練每抽替至京雖量加閱視亦止能去其尤者今多已抽還宜乘此息兵精加選揀雖議者恐其動衆亦當斷在必行昔太祖亦嘗患此遂盡行揀閱當時人情深已爲懼其後果成精兵樞密使王繼英等曰今兵革休息不乘此時遴選實恐冗兵徒費廩食帝曰然近者契丹請盟夏人納欵恐軍旅之情謂國家便謀去兵惜費乃命先於下軍選擇勇力者次補上軍其老疾者俟秋冬愼擇將臣令揀去之三年正月詔遣樞密都承旨韓崇訓等與殿前司侍衞馬步軍司揀閱諸軍兵士供備庫使帶御器械綦政敏等分往京東西路揀閱八月詔效順第一軍赴京揀閱以補虎翼名闕是軍皆河東人帝念其累戍勞苦故升獎焉大中祥符二年四月詔曰江南廣東西路流配人等皆以自抵憲章久從配隸念其遠地每用軫懷屬喬嶽之增封洽溥天之大慶不拘常例特示寬恩江南路宜差內殿崇班段守倫就昇州洪州廣南東西路差殿直閤門祗候彭麟就桂州與本路轉運使同勾抽諸州雜犯配軍揀選移配淮南州軍牢城及本城有少壯堪披帶者卽部送赴闕當議近上軍分安排如不願量移及赴闕者亦聽若地理遠處卽與轉運使同乘傳就彼依此揀選五年正月帝論知樞密院王欽若等在京軍校差充外處人員軍數不足有妨訓練可詔示殿前侍衞馬步軍司簡補禁軍逐指揮兵士內捧日上三軍要及三百人龍衞上四軍各二百五十人拱聖驍騎驍勝寧朔神騎雲武騎各三百五十人並於下次軍營升塡須及得本額等樣及令軍頭司於諸處招揀到人內選塡營在京者引見分配在外處者準此仍委逐司擘畫開坐以聞在京差出者候替回揀選九年十一月詔河北河東陝西諸州軍揀料本城兵五百人以上升爲一指揮於本處置營教閱武藝升爲禁軍天禧元年二月遣使分往諸州軍揀廂軍驍壯及等者升隸上軍六月召選天下廂兵遷隸禁軍者凡五千餘人天聖間嘗詔樞密院次禁軍遷補法凡入上四軍者捧日天武弓以九斗龍衞神衞弓以七斗天武弩以二石七斗神衞弩以二石三斗爲中格恩冀員僚直驍捷軍士選中四軍則不復閱試自餘招揀中者並引對凡員僚直闕則以選中上軍及龍衞等樣弓射七斗合格者充仍許如龍衞例選補班直凡選禁軍自奉錢三百已上弓射一石五斗弩蹠三石五斗等樣及龍衞者並親閱以隸龍衞神衞凡騎御馬直闕小底則閱拱聖驍騎少壯善射者充凡弓手內殿直以下選補殿前指揮使射一石五斗御龍弓箭直選補御龍直御龍骨朶子東西班帶甲殿侍選補長入祇候御龍諸直將虞候選補十將射皆一石四斗東西班散直選補內殿直捧日員僚直天武龍衞神衞親從選補諸班直御龍骨朶子直弓箭直將虞候選補十將御龍直長行選補將虞候射皆一石三斗員僚龍御騎御馬直小底選補散直射皆一石二斗凡弩手東西班帶甲殿侍選補長騎祇候射四石御龍弩直將虞候選補十將射三石八斗長行選補將虞候射三石五斗其捧日天武龍衞親從選補弩手班御龍弩直者亦如之其次別爲一等減二斗自餘殿前指揮使諸班直以歲久若上名出補外職者所試弓弩斗力皆遞減弓自一石三斗至八斗弩自三石二斗至五斗各有差凡班直經上親閱隸籍者有司勿復按試其升軍額者或取少壯拳勇或旌邊有勞至於河淸遞補牢城配軍亦間下詔選補蓋使給役者有時而進負罪者不終廢也其退老疾則以歲首或出軍回轉員皆揀汰上軍以三歲河北遇大閱亦如之景祐元年詔選教駿塡拱聖諸軍退其老疾爲剩員不任役者免爲民三年詔選驍騎雲騎驍勝塡拱聖武騎寧朔神騎塡驍騎康定元年選御輦官爲禁軍輦官二千六人遮輔臣諠訴斬其首二人餘黥隸嶺南卒選如初慶曆三年詔韓琦田況選京師奉錢五百已上禁軍武技精捷者營取五人樞密院籍記姓名以備驅使況因言今天下兵踰百萬視先朝幾三倍自昔養兵之冗未有若是且諸路宣毅廣勇等軍孱弱衆甚大不堪戰小不堪役宜分遣官選不堪戰者降爲廂軍不堪役者釋之上然其言皇祐元年揀河北河東陝西京東西禁廂諸軍退其罷癃爲半分甚者給糧遣還鄉里係化外若以罪隸軍或嘗有戰功者悉以剩員處之三年韓琦奏河北就糧諸軍願就上軍者許因大閱自言若等試中格舊無罪惡卽部送闕量材升補乃詔四路都總管司自今春秋閱委主管選長五尺六寸已上弓一石五斗弩三石五斗者并家屬部送闕嘉祐二年詔神衞水軍等以五年諸司庫務役兵以三年一揀五年選京東西陝西河北河東本城牢城河淸裝御馬遞鋪卒長五尺三寸勝帶甲者補禁軍其嘗犯盜亡坐黥者配外州軍歸遠壯勇八年右正言王陶奏天下廂軍以歲首揀至於禁軍雖有駐劄還日揀法或不舉臣竊惟調發禁軍本籍精銳軍出之時尤當揀練請下有司凡調發禁軍委當職官汰年六十已上將校年六十五已上衰老者如此則兵精而用省矣下其章殿前馬步軍司奏曰舊制遣戍陝西河北河東廣南被邊諸軍悉揀汰餘路則無令請自今諸軍調發悉從揀法詔可又詔凡選本城牢城軍士以補龍猛等軍者並案籍取賞給奉錢五百及龍猛等者以配龍猛其不及等與嘗給奉錢四百以下若百姓黥隸及龍騎等者以配龍騎其龍騎軍士戍還卽選塡龍猛自今本城牢城悉三年一揀著爲令治平元年閱親從官武技得百二十人以補諸班直乃詔自今親從官限年三十五以下者充又詔如聞三路就糧兵多老疾不勝鎧甲者可勿拘時揀年五十以上有子弟或異姓親屬等應樣者代之如無聽召外人是歲詔京畿并各路揀龍騎壯勇歸遠本城牢城宜劾六軍河淸車營致遠窰務鑄錢監屯田務隸籍三十年勝鎧甲者部送京師塡龍猛等軍其自廣南揀中者就塡江西荊湖歸遠闕額仍詔每三年以龍猛等軍闕數聞又詔諸路有步射引弓兩石彍弩四石五斗已上者奏遣詣闕二年詔京東教閱補禁軍先是京東教閱本城自初置卽番隸本路巡檢久不選補上聞其軍多勇壯可用者欲示激勸故有是詔治平四年正月揀選拱聖神勇以下勇分以補捧日天武龍神衞闕數元豐三年六月權主管馬步軍司燕達言內外就糧退軍二十一指揮八千餘人以禁軍小疾故揀退及武藝淺弱人配塡既不訓練又免屯戍安居冗食耗蠹軍儲若自今更不增補庶漸銷減候有闕依禁軍選募教習武藝不數年間退軍可盡變銳士內奉錢七百者減爲五百依五百奉錢軍等杖招揀從之仍詔上四軍退軍改作五百奉錢軍額八月殿前步軍司虎翼十指揮出戍歸營閱其勞苦詔並升補爲神勇指揮廣西路經畧司言雄畧澄海指揮闕額請以諸路配送隸牢城卒所犯稍輕及少壯任披帶者選補從之四年四月提舉河北義勇保甲狄諮言舊制諸指揮兵給內有老疾年五十五已上有弟姪子孫及等杖者令承替名糧其間亦有不堪征役者乞年四十已上許令承替詔河北馬步諸軍依此十二月詔諸班直上四軍毋得簡常有罪改配人元祐二年七月詔諸路每歲於八月後解發試武藝人到闕殿前司限次年正月軍頭司限二月以前試驗推恩呈試武藝人同三年閏十二月樞密院言在京諸軍兵額多闕而京東西路就糧禁軍往往溢額詔差官往逐路同長使揀選發遣以補其數大觀元年四月詔曰東南諸郡軍旅之事久失訓齊民雖浮弱而阻山帶江輕而易擾安必慮危誠不可忽其諸軍事藝生踈精熟不同非獨見將官訓練優劣實亦繫敎頭能否樞密院請委逐路提舉訓練官妙選精熟敎頭二年一替若能訓練精熟然後推賞從之至若省併之法凡軍各有營營各有額皇祐間馬軍以四百步軍以五百人爲一營承平既久額存而兵闕馬一營或止數十騎兵一營或不滿一二百而將校猥多賜予廩給十倍士卒遞遷如額不少損帝患之熙寧二年始議併廢陝西馬步軍營三百二十七併爲二百七十馬軍額以三百人步軍以四百人其後凡撥併者馬步軍營五百四十五併爲三百五十五而京師府界諸路及廂軍皆會總畸零各足其常額凡併營先爲繕新其居室給遷徙費軍校員溢則以補他軍闕或隨所併兵入各指揮依職次高下同領帝嘗謂輔臣曰天下財用朝廷稍加意則所省不可勝計迺者銷併軍營計減軍校十將以下三千餘人除二節賜予及傔從廩給外計一歲所省爲錢四十五萬緡米四十萬石紬絹二十萬匹布三萬端馬藁二百萬庶事若此邦財其可勝用哉初議併營大臣皆以兵驕已久遽併之必召亂不可帝不聽獨王安石贊決之時蘇軾言曰近者併軍蒐卒之令猝然輕發甚於前日矣雖陛下不恤人言持之益堅而勢窮事礙終亦必變他日雖有良法美政陛下能復自信乎樞密使文彥博曰近多更張人情洶洶非一安石曰事合更張豈憚此輩紛紛邪帝用安石言卒併營之自熙寧以至元豐歲有併廢元符二年樞密院言已詔諸路併廢堡砦減罷兵將鄜延秦鳳路已減併餘路未見施行詔涇原熙河蘭會環慶河東路速議以聞三年罷都護府安撫使隸河蘭州以省餽運詔邊帥減額外戍兵建中靖國元年減放秦鳳路土兵大觀三年詔昨降處分措置東南利害深慮事力未辦應費

不貲其帥府望郡添置禁軍諸縣置弓手並罷其壯城兵士令帥府置一百人餘望郡置五十人舊多者自依舊沿邊州軍除舊有外罷增招壯城帥府望郡養馬并步人選充馬軍指揮及支常平錢收糴封椿斛斗指揮並罷已添置路分鈐轄路分都監許令任滿江南東西兩浙各共差走馬承受內臣一員帥府添置機宜文字去處並罷四年詔四輔州各減一將其軍兵仰京畿轉運司將未足額并未有人崇鋭崇威崇捷崇武內併廢四十四指揮已揀到人隨等杖撥填四輔見闕禁軍仍將逐輔係將不係將軍兵以住營遠近相度重別分隸排定及八將訓練駐劄去處疾速開具以聞河北河東崇鋭崇威河東十八指揮河北不隸將十三指揮併廢見管兵令總管司撥填本路禁軍闕額河北路撥不盡人發遣上京分填在京禁軍闕額河東撥不盡人並於本路禁軍額外收管宣和五年詔兩浙盜賊寧息其越州置捕盜指揮可均填江東淮東三路州軍闕額至神宗之世則又有簡汰退軍之令治平四年詔揀拱聖神勇以下軍補捧日天武龍衞神衞兵闕熙寧元年詔諸路監司察州兵招簡不如法者按之不任禁軍者降廂軍不任廂軍者免爲民二年從陳升之議量減衞兵年四十以上稍不中程者請受呂公弼及龍圖閣直學士陳薦皆言退軍不便三年二月司馬光亦曰竊聞朝廷欲揀在京禁軍四十五以上微有呈切者盡減請給兼其妻子徙置淮南以就糧食若實有此議竊謂非宜何則在京禁軍及其家屬率皆生長京師親姻聯布安居樂業衣食縣官爲日固久年四十五未爲衰老微有呈切尚任征役一旦別無罪負減其請給徙之淮南是橫遭降配也且國家竭天下之財養長征兵士本欲備禦邊陲今淮南非用武之地而多屯禁軍坐費衣食是養無用之兵寘諸無用之地又邊陲常無事則已異時或少有警急主兵之臣必爭求益兵京師之兵既少必須使使者四出大加召募廣爲揀選將數倍多於今日所退之兵是棄已教閱經戰之兵而收市井畎畝之人本欲減冗兵而冗更多本欲省大費而費更廣非計之得也臣愚欲願朝廷且依舊法每歲揀禁軍有不任征戰者減充小分小分復不任執役者放令自便在京居止但勿使老病者尚占名籍虛費衣糧人情既安於所習國家又得其力冗兵既去大費自省此國家安危所繫不敢不言右正言李常亦以爲言從之是年詔陝西就糧禁軍額十萬人方用兵之初其令陝西河東亟募士補其闕四年詔比選諸路配軍爲陝西彊猛其以爲禁軍給賜視壯勇爲優隸步軍司役於逐路都監總管司詔廣東福建江西選本路配軍壯勇者合所募兵萬人以備征戍三月詔廣東路選雜犯配軍丁壯每五百人爲一指揮屯廣州號新澄海如廣西之法七月手詔揀諸路小分年四十五以下勝甲者升以爲大分五十已上願爲民者聽舊制兵至六十一始免猶不卽許至是免爲民者甚衆冗兵猶是大省十年遣官偕畿內京東西陝西荆湖長吏簡募軍士以補禁軍之闕元豐元年詔以馬軍選上軍上軍選諸班者並馬射弓一石力諸班直槍弩手闕選親從親事官餘並選捧日龍衞弓箭手二年雲騎軍闕二千一百以雲捷等軍補之六年騎兵年五十以下教武技不成而才可以肄習者並以爲步軍元祐四年詔今後歲揀禁軍節級筋力未衰者年六十五始減充剩員八年涇原路經畧司奏揀選諸將下剩員年六十以下精力不衰仍充軍以補闕額從之陝西諸路如之紹聖四年樞密院言龍騎係雜犯軍額闕數尚多今欲將禁軍犯徒兵及經斷者歲揀以塡闕從之元符元年又言就糧禁軍闕額於廂軍內揀選年四十以下者塡從之宣和七年詔京東西淮南兩浙帥司精選諸軍驍銳發赴京畿輔郡兵馬制置使司靖康元年詔軍兵久失教習當汰冗濫精加揀擇然不能精也方兵盛時年五十已上皆汰爲民及銷併之久軍額廢闕則六十已上復收爲兵時政得失因可見矣中興以後兵不素練自軍校轉補之法行而揀選益精大抵有疾患則選有老弱則選藝能不精則選或由中軍揀補外軍或揀外邊精銳以升禁衞考軍防令諸軍招簡等杖天武第一軍五尺有八寸捧日天武第二軍神衞五尺七寸三分龍衞五尺有七寸拱聖神勇勝捷驍捷龍猛精朔五尺六寸五分驍騎雲騎驍勝宣武殿前司虎翼殿前司龍翼水軍五尺有六寸武騎寧朔步軍司虎翼水軍揀中龍衞神騎廣勇龍騎驍猛雄勇吐渾擒戎新立驍捷驍武廣銳雲翼有馬勁勇步武威捷武衞牀子弩雄武飛山雄武神銳振武新招振武新置振武振華軍雄武弩手上威猛廳子無敵上招收冀州雄勝澄海水軍弩手五尺五寸廣捷威勝廣德克勝陝府雄勝驍雄雄威神虎保捷淸邊弩手制勝淸澗平海雄武龍德宮淸衞寧遠安遠五尺四寸五分克戎萬捷雲捷橫塞捉生有馬雄畧效忠宣毅建安威果全捷川效忠揀中雄勇懷順忠勇教閱忠節神威雄畧下威猛五尺四寸亳州雄勝飛騎威遠蕃落懷恩勇捷上威武下威武忠節靖安川忠節歸遠壯勇宣効五尺三寸五分濟州雄勝騎射橋道淸塞奉先奉國武寧威勇忠果勁勇下招收壯武雄節靖江武雄廣節澄海懷遠寧海刀牌手必勝五尺三寸揀中廣効武和武肅忠靖三路廂軍五尺二寸建炎三年詔江南江東兩浙諸州軍正兵土兵除鎭江越州委守臣兵官廵檢六分中選一分部轄人年四十五以下長行年三十五以下合用器甲候旨選擇赴行在有愞弱不堪年甲不應或占庇不如數選發其當職官有刑四年詔神武義軍統制王𤫊下閱到第三等軍兵一千六百六十人塡廂禁軍其不任披帶者分塡嚴州新禁軍紹興二年上謂輔臣曰邵淸單德忠李捧三盜招安至臨安日久卿等其極揀汰呂頤浩秦檜得旨與張俊同閱視堪留者近七千人詔命張俊選精銳得兵五千人詣行在二十年樞密院言都統吳玠選中護衞西兵千人詔隸殿司又統制楊政選西兵三百二十五人塡步軍司二十四年詔御龍直見闕數可以殿步二司選拍試塡諸班乾道二年詔王琪選三百人充馬軍慶元三年殿司言正額効用萬一千五百九十二人闕二百五十九人於雄効內及効用帶甲拍試一石力弓三石力弩合格人塡闕額詔崇政殿祗候親從塡班直人數特與免其三衙舊司官兵及御馬直合揀班人照闕額補嘉定十一年臣僚言今軍政所先莫如汰卒謂如千兵中有百人老弱遇敵先奔卽千人皆廢矣乞嚴敕中外將帥務覈其實其省併法自咸平始建炎以後臣僚屢言軍額有闕則併隸一等軍分足其舊額以便教閱而指揮制領將佐之屬亦或罷或省悉從其請蓋當多事之秋患兵之不足望增補以壯軍容事既寧息患其有餘必併省以覈軍實意則在乎少蘇民力也嘉熙初臣僚言今日兵貧若此思變而通之於卒伍中取强勇者異其籍而厚其廩且如百人之中揀十人或二十或三十則是萬人中有三千兵矣時試之弓弩課之武藝暇則馳馬擊毬以爲樂秋冬使之校獵其有材力精彊則厚賞賚之又於其中拔其尤者數愈少而廩愈厚待之如子弟倚之如腹心緩急可用蘇軾有言天子必有所私之將將軍必有所私之士又必申命主帥制領鼓動而精擇之假之統御之權嚴其階級之法將樂與士親士樂爲將用則可以運動如意不必別移一軍別招新軍矣咸淳間招兵無虛日科降等下錢以萬計柰何任非其人白補平民爲兵召募無法揀選云乎哉

廩祿之制爲農者出租稅以養兵爲兵者事征守以衞民其勢然也唐以天下之兵分置藩鎭天子府衞中外校卒不過十餘萬而國用不見其有餘宋懲五代之弊收天下甲兵數十萬悉萃京師而國用不見其不足者經制之有道出納之有節也國初太倉所儲纔支三二歲承平既久歲漕江淮粟六百萬石而縑帛貨貝齒革百物之委不可勝用其後軍儲充溢常有餘羨內外人安非偶然也凡上軍都校自捧日天武置龍衞神衞左右廂都指揮使遙領團練使者月俸錢百千粟五十斛諸班直都虞候諸軍都指揮使遙領刺史者半之自餘諸班直將校自三十千至二千凡十二等諸軍將校自三十千至三百凡二十三等上者有傔廂軍將校自十五千至三百五十凡十七等有食鹽諸班直自五千至七百諸軍自一千至三百凡五等廂兵閱教者有月俸錢五百至三百凡三等下者給漿菜錢或食鹽而已自班直而下將士月給糧率稱是爲差春冬賜衣有絹綿或加紬布緡錢凡軍士邊外率分口券或折月糧或從別給其支軍食糧料院先進樣三司定倉敖界分而以年月次之國初諸倉分給諸營營在國城西給糧于城東南北亦然相距有四十里者蓋恐士卒習憚使知負擔之勤久之有司乃取受輸年月界分以軍次高下給之凡三歲大祀有賜賚有優賜每歲寒食端午冬至有特支特支有大小差亦有非時給者邊戍季加給銀鞵邠寧環慶緣邊難於爨汲者兩月一給薪水錢苦寒或賜絮襦袴役兵勞苦季給錢戍嶺南者增月奉自川廣戍還者別與裝錢川廣遞鋪卒或給時服錢屨屯兵州軍官賜錢宴犒將校謂之旬設舊止待屯泊禁軍其後及于本城天聖七年法寺裁定諸軍衣裝騎兵春冬衣各七事步兵春衣七事冬衣六事敢質賣者重寘之法景祐元年三司使程琳上疏論兵在精不在衆河北陝西軍儲數匱而召募不已且住營一兵之費可給屯住三兵昔養萬兵者今三萬兵矣河北歲費芻糧千二十萬其賦入支十之三陝西歲費千五百萬其賦入支十之五自餘悉仰給京師自咸平逮今凡二邊所增馬步軍指揮百六十計騎兵一指揮所給歲約費緡錢四萬三千步兵所給歲約費緡錢三萬二千他給賜不預合新舊兵所費不啻千萬緡天地生財有限而用無紀極此國用所以日屈也今同華沿河州軍積粟至於紅腐而不知用沿邊入中粟價常踊貴而未嘗足誠願河北

陝西募佳營兵勿復增置遇闕即還廂軍精銳者補之仍漸徙營內郡以便糧餉無事時番戍于邊緩急即調發便近嚴戒封疆之臣毋得侵軼生事以覬恩賞違令者重寘之法如此則疆埸無事而國用有餘矣帝嘉納之康定元年詔戰場士卒給奉終其身宰臣張士遜等言禁兵久戍邊其家在京師者或不能自給帝召內侍即殿隅條軍校而下爲數等特出內藏庫緡錢十萬賜之慶歷五年詔湖南路發卒征蠻以給裝錢者毋得更予帶甲錢七年帝因閱軍糧諭倉官日自今後當足數給之初有司以糧漕自江淮積年而後支惟上軍所給斗升僅足中下軍率十得八九而已嘉祐八年殿前諸班請糧比進樣異輒不受散去御史中丞王疇以爲言詔提點倉官自今往檢視有不如樣同坐之軍士不時請及有諠譁悉從軍法皇祐二年詔在外禁軍凡郊賚折色並給以實估之直五年詔廣南捕蠻諸軍歲滿歸營人賜錢二千月增奉錢二百度嶺陣亡及瘴癘物故者子孫或弟姪不以等樣收一人隸本營者支衣廩之半治平二年詔涇原勇敢軍揀爲三等差給奉錢一千至五百爲三等勿復置營以季集渭州按閱熙寧三年帝手詔倉使給軍糧例有虧減出軍之家侵牟益甚豈朕所以愛養將士意哉自今給糧毋損其數三司具爲令於是嚴河倉乞取減刻之事四年詔付趙卨聞鄜延路諸軍數出至鬻衣裝以自給可密體量振恤之先是王安石言今士卒極窘至有衣紙而擐甲者此最爲大憂而自來將帥不敢言振恤士卒恐成姑息以致兵驕臣愚以爲親士卒如愛子故可與之俱死愛而不能令譬如驕子不可用也前陛下言郭進事臣案進傳言進知人疾苦所至人爲立碑紀德士卒小有違令輒殺之惟其能犒賞存恤然後能殺違令者而人無怨今宜稍寬牽拘將帥之法使得用封樁錢物隨宜振恤然後可以責將帥得士卒死力也四年樞密院言不教閱廂軍撥併各帶舊請外今後招到者並乞依本指揮新定請受河北崇勝河東雄猛陝西保寧京東奉化京西壯武淮南寧淮各醬菜錢一百月糧二石春衣絹二匹布半匹錢一千冬衣絹二匹紬半匹錢一千綿十二兩兩浙崇節江東西効勇荊南北宣節福建保節廣東西清化除醬菜錢不支外餘如六路川四路克寧已上各小鐵錢一千糧二石春衣絹一匹小鐵錢十千冬衣絹一匹紬一匹綿八兩小鐵錢五千並從之七年增橋道清塞雄勝諸軍奉滿三百又詔今後募禁軍等賞給並減舊兵之半十年詔安南道死戰沒者所假衣奉咸蠲除之弓箭手民兵義勇等有貸於官者展償限一年又中外禁軍有定額而三司及諸路歲給諸軍亦有常數其闕額未補者會其歲給並封樁樞密承旨司簿其餘數輒移用論如法元豐二年詔荊南雄略軍十二營南戍瘴沒者衆其議優恤之軍校子孫降授職有疾及不願爲兵若無子孫者加賜緡錢軍士子孫弟姪收爲兵並給賻除籍後仍給糧兩月即父母年七十已上無子孫者給衣廩之半終其身哲宗即位悉依舊制徽宗崇寧四年詔諸軍料錢不多比聞支當十錢恐難分用自今可止給小平錢初蔡京謀逐王恩計不行欲陰結環衞及諸士卒乃奏皇城鋪兵月給食錢五百者日給一百五十自是每月頓增四貫三百欲因以市私恩也五年樞密院言自熙寧以來封樁隸樞密院比因創招廣勇崇捷崇武十萬人權撥封樁入尚書省緣禁軍見闕數多若專責戶部及轉運司應副恐致誤事詔尚書省候極足十萬人外理合撥還自今應禁軍闕額封樁錢仍隸樞密院宣和七年詔國家養兵衣食豐足近歲以來官不守法侵奪者多若軍司乞取及因事率斂刻剝分數反致不足又官吏冗占猥多修造役使違法差借雜役之兵食浮於禁旅假借之卒役重於廂軍近因整緝軍政深駭聽聞自今違戾如前者重寘之法靖康元年詔諸路州軍二稅課利先行樁辦軍兵合支每月糧料春衣冬賜數足方許別行支散官吏請給等禁軍月糧並免坐倉自國初以來內則三司外則漕臺率以軍儲爲急務故錢糧支賜歲有定數至於征戍調發之特支將士功勞之犒賞與夫諸軍闕額而收其奉廩以爲上供之封樁者雖無定數而未嘗無權衡於其間也封樁累朝皆有之而熙寧爲盛其後雖有今後再不封樁之詔然軍司告乏則暫從其請稍或優足則封樁如舊蓋宰執得人則闕額用於朝廷樞筦勢重則闕額歸之密院此政和軍政所以益不逮於崇寧大觀之間者由兩府之勢互有輕重而不能恪守祖宗之法也中興以後多遵舊制紹興四年御前軍器所言萬全雜役額五百戶部廩給有常法比申明裁減盡皆遁逃若依部所定月米五斗五升日不及二升麥四斗八升斗折錢二百日餐錢百實不足贍詔戶部裁定月米一石七斗增作一石九斗五年詔効用入資舊法內公據甲頭名稱未正其改公據爲守闕進勇副尉日餐錢二百五十米二升甲頭爲進勇副尉日餐錢二百米二升非帶甲入隊人自依舊法宣撫使韓世忠言本軍調發老幼隨行緣効用內有不調月糧不增給日請軍兵米二升半錢百効用米二升錢二百乞日增給贍米一升半庶幾戰士無家累後顧憂齊心用命詔分屯日即陳請十三年詔殿司諸統領將官無別供給職田日贍不足差兵營運浸壞軍政可與月支供給統制副統制月五百五十千統領官百千正將同正將五十千副將四十千準備將三十千皆按月給旣足其家可責後効若仍前差兵負販從私役禁軍法所販物計贓坐之必罰無赦州縣知而不舉同罪主管步軍司趙密言比定諸軍五等請給招塡闕額要以屛革姦弊第數內招收白身効用塡馬步軍使臣闕其五等請給例內馬軍効用依五人衙官例步軍効用依三人衙官例緣舊効用曾經帶甲出入日止餐錢二百米二升有少壯善射者旣見初收効用廩給稍優因逃他軍以希厚請今擬五等招收白身効用與舊効用不以馬步軍論槩增其給人日支錢二百米二升塡使臣闕隆興二年殿前司言諸軍法兵級年六十將校年六十五減充剩員給請內有戰功亦止半給比來年及不與減落乞每營置籍鄉貫年甲招刺日月悉書之一留本營一留戶部一留總領以備開落乾道八年樞密院言二月爲始諸軍七人例以上二分錢三分銀五分會子五人例三分錢四分銀三分會子軍兵折麥餐錢全支錢使臣折麥料錢統制軍佐供給分數仍舊淳熙三年樞密院言兵部定請受格効用一資守闕毅士二資毅士三資守闕効士月各錢三千折麥錢七百二十米一石五升春冬衣絹各二匹四資効士錢三千折麥錢九百七十二米一石一斗三升有奇衣絹各二匹五資守闕聽候使喚錢四千五百折麥錢一千八十米一石二斗絹三匹有半六資聽候使喚錢四千五百折麥錢一千二百六十米一石四斗七升絹五匹七資守闕聽候差使八資聽候差使錢四千五百折麥錢一千四百四十米一石六斗八升絹各五匹九資守闕準備使喚十資準備差使錢五千折麥錢一千四百四十米六石八升絹各五匹紹熙元年知常德府王銖言沿邊城砦之官以備彊埸不虞廩祿旣薄給不以時孤寒小吏何以養廉致使熟視姦猾泄漏禁物公私庇蓋恬不加問從而狥私受賕者有矣弓手士軍戍卒傭直糧食累月不支迫於饑寒侵漁蠻獠小則致訟爭大則啟邊釁乞嚴勑州軍按月廩給如其未支守倅即不得先請已奉庶俾城砦官兵有以存濟緩急之際得其宣力安邊弭盜莫此爲急厥後弊日以滋迨至咸淳軍將往往虛立員以冒稍食以建康言之有神策二軍有游擊五軍有親兵二軍有制効二軍有靖安唐灣水軍有游擊萊石水軍有精銳破敵軍有効用防江軍原其初起惟騎戎兩司額耳後乃各刱軍分額多而員少一統制月請以會子計之則成一萬五百千推之他軍槩可見矣九年四川制司有言戍兵生券人月給會子六千蜀郡物賈翔貴請增人月給九千當是時財賦之出有限廩稍之給無涯浚民膏血盡充邊費金帛悉歸于二三大將之私帑國用益竭而宋亡矣臣僚嘗言古者兵與農一官無供億之煩國有備禦之責後世兵與農二竭國力以養兵奉之若驕子用之若傭人今守邊急務非兵農合一不可其說者有二曰屯田曰民兵川蜀屯田爲先民兵次之淮襄民兵爲先屯田次之此足食足兵之良策也其言阨于權姦竟不行

宋史卷一百九十五

元中書右丞相總裁脫脫等修

兵志第一百四十八

兵九 訓練之制

訓練之制禁軍月奉五百以上皆日習武技三百以下或給役或習技其後別募廂兵亦閱習武技號教閱廂軍戍川廣者舊不訓練嘉祐以後稍習焉凡諸日習之法以鼓聲爲節騎兵五習步兵四習以其坐作進退非施於兩軍相當者然自宋初以來中外諸軍皆用之明道二年樞密使王曙言本廂下軍止給役而未嘗習武技宜取材勇者訓肄升補禁軍上可其奏康定元年帝御便殿閱諸軍陣法議者謂諸軍止教坐作進退雖整肅可觀然臨敵難用請自今遣官閱陣畢令解鐙以弓弩射營置弓三等自一石至八斗弩四等自二石八斗至二石五斗以次閱習詔行之陝西河東河北路是歲詔教士不衵帶金革緩急不足以應敵自今諸軍各予鎧甲十馬甲五令迭披帶又命諸軍班聽習雜武技勿輒禁止慶曆元年徙邊兵不教者于內郡俾習武技即遣戍邊二年諸軍以射親疎爲賞罰中的者免是月諸役仍籍其名闕校長則按籍取中多者補樞密直學士

楊偕請教騎兵止射九斗至七斗三等弓畫的爲五暈去的二十步引滿即發射中者視暈數給錢爲賞騎兵佩劈陣刀訓肄時以木梃代之奏可四年詔騎兵帶甲射不能發矢者奪所乘馬與本營藝優士卒韓琦言教射唯事體容及彊弓不習射親不可以臨陣臣至邊嘗定弓弩挽彊蹠硬射親格願行諸軍立賞肄習歲以春秋二時各一閱諸營先上射親吏卒之數命近臣與殿前馬步軍司閱之其射親入第四至第七等量先給賜入第三等已上及挽彊蹠硬中格悉引對親閱等數多者其正副指揮使亦第賜金帛詔以所定格班教諸軍四年遣官以陝西陣法分教河北軍士五年密詔益利梓夔路鈐轄司以弓弩習士卒俟民間觀聽寖熟即便以短兵日教三十人十日一易知并州明鎬言近臣籍諸營武藝之卒使帶甲試克奇兵外爲三等庶幾主將悉知軍中武技強弱臨敵可用詔頒其法三路范仲淹請以帶甲射一石克奇兵餘自九斗至七斗第爲三等射力及等即升之詔著爲令六年詔諸軍夏三月毋教弓弩止習短兵又詔以春秋大教弓射一石四斗弩彍三石八斗槍刀手勝二人者立爲武藝出衆格中者本營闕階級即以次補至和元年詔諸軍選將校武藝鈞以射親爲上韓琦又言奉詔軍士弩彍四石二斗并弓箭槍手應舊規選中者即給挺補守闕押官然則排連舊制爲虛文矣請三路兵遇春秋大教武技出衆者優給賞物免本營他役俟階級闕如舊制選補奏可治平二年詔河北戰卒三十萬一千陝西四十五萬九百并義勇等委總管司訓練毋得冗占熙寧元年詔曰國家置兵以備戰守而主兵之官冗占者衆肄習弗時或誤軍事帥臣安撫監司其察所部有占兵不如令者以聞十月樞密院請陝西河東選三班使臣及士人任殿侍者以爲河北諸路指使教習騎軍或言河朔兵有教閱之名而無其實請班教法於其軍久而弗能者罷爲廂軍奏可二年帝常語執政僉邊訓練士卒何以得其精熟安石對曰京東所教兵已精强願陛下推此法以責邊將間詔其兵視臨閱試訓練簡閱有不如詔者罰之而賞其能者賞不遺賤罰不避貴則法行而將吏加勸士卒無不奮勵矣九月選置指使巡教諸軍殿前司四人馬步軍司各三人三年帝親閱河東所教排手進退輕捷不畏矢石遂詔殿前司步軍指揮當出戍者內擇槍刀手伉健者百人教如河東法藝精者役使以優獎之五年四月詔在京殿前馬步諸軍巡教使臣僉以春秋分行校試射命中者第賜銀楪兵房置籍考校以多少定殿最五月詔以涇原路蔡挺衙教陣隊於崇政殿引見仍頒諸路其法五伍爲隊五隊爲陣陣橫列騎兵二隊亦五伍列之其出皆以鼓爲節束草象人而射焉中者有賞馬步皆前三行槍刀後二行弓弩附隊以虎蹲弩床子弩各一射與擊刺迭出皆聞金即退預籍人馬之彊者隱於隊中遇可用則別出爲奇帝以其黠閱周悉常有出野之備故令頒行六年詔河北四路承平日久重於改作苟遂因循益隳軍制其以京東武衛等六十二營隸屬諸路分番教習餘軍僉分遣主兵官訓練九月詔自今巡教使臣校殿最雖以十分爲率其事藝第一等及九分已上或射親及四分雖殿除其罰第二等事藝及八分或射親不及三分雖最削其賞十月選涇原土兵之善射者以教河朔騎軍馳驟野戰帝曰裁併軍營凡省軍員四千餘人此十萬軍之資也儻訓練精勇人得其用不惟勝敵亦以省財安石等曰陛下頻年選擇使臣專務訓練閒御便殿躬親試閱賞罰既明士卒皆奮觀其技藝之精一人爲數夫之敵此實國家安危所繫也是時帝初置內教法旬一御便殿閱武校程其能否而勸沮之士無不爭勸者七年詔教閱戰法主將度地之形隨宜施行二月詔自今歲一遣使按視五路安撫使以下及提舉教閱諸軍義勇保甲官課其優劣以聞而誅賞之八年詔在京諸軍營屯迫隘馬無所調習比撥四教場益寬大可以馳騁其令騎軍就教者日輪一營以馬走驟閱習五月臧景陳馬射六事一順鬃直射二背射三盤馬射四射親五野戰六輪弄各爲說以曉射者詔依此教習八月帝令曾孝寬視教營陣大閱八軍陣於荆家陂訖事大賞元豐元年十月詔立在京校試諸軍技藝格第爲上中下三等步射六發而三中爲一等二中爲二等一中爲三等馬射五發驟馬直射三矢背射二矢中數等如步射法弩射自六中至二中床子弩及砲自三中至一中爲及等僉賞銀有差槍刀并標排手角勝負計所勝第賞其弓弩墜落或縱矢不及堋或挽弓破體或局而不張或矢不滿或弩蹠不上牙或擭不發或身倒足落僉爲不合格即射已中賞餘箭不合格者降一等無可降者罷之是月賈逵燕達等言近者辯損東南排弩隊法與東南所用兵械不同請止依東南隊法以弩手代小排若去敵稍遠則施箭近則左手持弩如小排架隔右手執刀以備斬伐與長兵相參爲用詔可其槍手仍以標兼習十一月京西將劉元言馬軍教習不成請降步軍又不成降廂軍乃下令諸軍約一季不能學者如所請降之十二月詔開封府界京東西將兵十人以一人習馬射受教於中都所遣教頭在京步軍諸營弓箭手亦十人以一人習馬射受教於教習馬軍所藝成則展轉分教于其軍二年四月遣內侍石得一閱視京西第五將所教馬軍五月得一言其教習無狀詔本將陳宗等具析宗等引罪帝責曰朝廷比以四方驕悍爲可虞選置將臣分總禁旅俾時訓肄以待非常至於部勒規模悉經朕慮前後告戒已極周詳使宗等稍異木石亦宜畧知人意尸祿日久既頑且慵苟遂矜寬寔難勵衆可僉勒停是月詔殿前步軍司兵各置都教頭掌隸教習之事弩手五營弓箭手十營槍刀標排手五營各選一人武藝優者奏補逐司各舉散直一人爲指使罷巡教使臣是日詔河東陝西諸路舊制馬軍自十月一日馳射野戰至穀雨日止塞上地涼自今教起八月止五月一日七月詔諸路教閱禁軍毋過兩時九月內出教法格并圖象頒行之步射執弓發矢運手舉足移步及馬射馬使蕃槍馬上野戰格鬬步用標排皆有法象凡千餘言使軍士誦習焉四年五月詔東南諸路轉運提點刑獄司體量將兵自降教閱新法之後軍士有所倍費以聞蓋自團立將兵以來軍人日新教閱舊賫技藝以給私費者悉無暇爲故也六年從郭忠紹之請步軍弩手第一等者令兼習神臂弓七年八月詔開封府界京東西路專選監司提舉教閱神宗留心武備既命立武學校七書以訓武舉之士又頒兵法以肄軍旅微妙淵通取成于心羣臣莫望焉元祐元年四月右司諫蘇轍上言諸道禁軍自置將以來日夜按習武藝將兵皆蚤晚兩教新募之士或終日不得休息今平居無事朝夕虐之以教閱使無遺力以治生事衣食殫盡憔悴無聊緩急安得其死力請使禁軍除新募未習之人其餘月止一教是月朝請郎任公裕言軍中誦習新法愚惰者頗以爲苦夫射志於中而擊刺格鬬期於勝豈必盡能如法樞密院亦以爲元降教閱新法自合教者指授不當令兵衆例誦詔從之九月樞密院奏異時馬軍教御陣外更教馬射其法全隊馳馬皆重行爲之字透空發矢可迭出最便利近歲專用順鬃直射抹鞦背射法止可輕騎挑戰即用衆乃不能重列非便請自今營閱排日馬軍之字射與立背射隔日互教詔可三年五月罷提舉教習馬軍所六年六月三衙申樞密院乞近狀七十日依令式放諸軍教王巖叟白韓忠彥曰景德故事皆內侍省檢舉傳宣今但歲舉爲常則不復見朝廷恩意忠彥以爲然又開陳太皇太后曰如此則爲常事待處分內侍省遂詔今後入狀遣中侍傳宣諸軍住教紹聖元年三月樞密院言禁軍春秋大教賞法每千人增取二百一十入給賞有差從之二年二月樞密院言馬軍自九月至三月每十日一次出城淬澮教習回答野戰走驟向背施放遇風雪假故權住從之三年五月詔在京府界諸路禁軍格鬬法自今僉依元豐條法教習七月詔選弩手兼習神臂弓八月詔殿前馬步軍司見管教頭別選事藝精强通曉教像體法者展轉教習其弓箭手馬步射射親用點藥包指及第二指知鏃僉如元豐格法是月又詔復神臂弓射法爲百二十步元符元年十月曾布既上巡教使臣罰格因言祖宗以來御將士常使恩歸人主而威令在管軍凡申嚴軍政豈待朝廷立法而後施行耶是管軍失職矣帝深以爲然政和元年二月詔春秋大教諸軍弓弩斗力僉依元豐舊制四年五月臣僚上言神臂弓梁遠百二十步給箭十隻取五中爲合格軍中少得該賞恐惰於習射送殿前馬步軍司勘會將中貼箭數僉改爲上梁其一中貼此兩上梁從之五年三月詔自今敢占留將兵不赴教閱僉以違御筆論不按舉者如其罪十一月臣僚言春秋大教諸軍弓弩上取斗力高强其射親中多者激賞大薄無以爲勸詔依元豐法八年詔州郡禁軍出戍外常留五分在州教閱從毛友之請也重和元年正月而兵部侍郎宇文粹中進對論禁軍訓練不精多充雜役帝曰祖宗軍旅之法最爲密緻神考尤加意訓習近來兵官寖以弛慢古者春振旅夏茇舍秋治兵冬大閱皆於農隙以講事大司馬教戰之法大宗伯大田之禮細論周制大抵軍旅之政六卿無有不總之者今士人作守倅任勸農事不以勸耕稼爲職管軍府事不以督訓練爲意自今如役使班直及禁衞者當差人捉探懲戒更候日長即親御教閱激賞尋以粹中所奏參照條令行之宣和三年四月立騎射賞法其背射上梁中貼者依步射法推賞靖康元年二月詔軍兵久教習汰冗濫令三衙與諸將招軍惟務增數希賞但及等杖不問勇怯招收既不精當教習又不以時雜色占破十居三四今宜招兵之際精加揀擇既係軍籍專使教習不得以雜色拘占又神臂弓馬黃弩乃中國長技宜多行教習以捍邊騎仍令間用衣甲教閱庶使習熟四月詔復置教場春秋大閱

及復內教法以激賞之如陣法熙寧二年十一月趙卨乞請求諸葛亮八陣法以授邊將使之應變詔郭逵同卨講求相度地形定爲陣圖聞奏五年四月詔蔡挺先進教閱陣圖帝嘗謂今之邊臣無知奇正之體者況奇正之變乎且天地五行之數不過五五陣之變出於自然非强爲之宰相韓絳因請諸帥臣各具戰陣之法來上取其所長立以爲法從之帝患諸將軍行無行陣之法嘗曰李靖結三人爲隊必有意星書羽林皆以三人爲隊靖深曉此非無據也乃令賈逵郭固試之十二月知通遠軍王韶請降合行條約詔賜御製攻守圖行軍環珠武經總要神武祕畧風角集古四路戰守約束各一部餘令關秦鳳路經畧司抄錄六年詔諸路經畧司結隊並依李靖法三人爲一小隊九人爲一中隊賞罰俟成序日取裁其隊伍及器甲之數依注原路牙教法九月趙卨言欲自今大閱漢蕃陣隊且以萬二千五百人爲法旌旗麾幟各隨方色戰國時大將之旗以龜爲飾蓋取前列先知之義令中軍亦宜以龜爲號其八隊旗別繪天地風雲龍虎鳥蛇天地則象其方圓風雲則狀其飛揚龍虎則狀其翔盤之勢以備大閱樞密院以爲陣隊旗號若繪八物應士衆難辨且其間亦有無形可繪者遂詔止依方色仍異其形制令勿雜而已七年又命呂惠卿會孝寬比校三五結隊法十月以新定結隊法幷賞罰格及置陣形勢等遣近侍李憲付趙卨曰陣法之詳已令憲面諭今所圖止是一小陣卿其從容析問憲必一一有說然置陣法度久失其傳今朕一旦據意所得率爾爲法恐有未盡宜無避忌但具奏來繼又詔曰近令李憲齎新定結隊法幷賞罰格付卿同議可否因以團立將官更置陣法卿必深悉朝廷經畫之意如日近可了宜令李憲齎赴闕卨奏曰置陣之法以結隊爲先李靖以五十人爲一隊每三人自相得者結爲一小隊合三小隊爲一中隊合五中隊爲一大隊餘押官隊頭副隊頭左右傔旗五人卽克五十金相依附今聖制每一大隊合五中隊五十人爲之中隊合三小隊九人爲之小隊合三人爲之亦擇心意相得者又選壯勇善槍者一人爲旗頭令自擇如已藝心相得者二人爲左右傔自選勇悍者一人爲引戰又選軍校一人執刀在後爲擁隊凡隊內一人用命二人應援小隊用命中隊應援中隊用命大隊應援大隊用命小隊應援如通撓觀望不卽赴救致有陷失者本隊委擁軍校次隊委本轄隊將審觀不救所由斬之其有不可救或赴救不及或身自受敵體被重創但非可救者皆不坐其說雖與古同而用法尤爲精密此蓋陛下天錫勇智不學而能也然議者謂四十五人而一長不若五人而一長之密且以五人而一長卽五十人而十長也推之於百千萬則爲長者多而統制不一也至如周制五人爲伍屬之比長五伍爲兩屬之閭胥四兩爲卒屬之族師五卒爲旅屬之黨正五旅爲師屬之州長五師爲軍屬之命卿此猶今之軍制百人爲都五都爲營五營爲軍十軍爲廂自廂都指揮使而下各有節級有員品亦昔之比長閭胥族師黨正之任也議曰謂什伍之制於都法爲便然都法恐非臨陣對敵決勝之術也況八陣之法久失其傳聖制一新稽之前聞若合符節夫法一定易以致人敵好擊虛吾以虛形之敵好背實吾以實形之然而所擊者非其虛所背者非其實故逸能勞之飽能饑之此所謂致人而不致於人也七年七月詔諸路安撫使各具可用陣隊法及訪求知陣隊法者以聞九月崇儀使郭固以同詳定古今陣法賜對於是內出攻守圖二十五部付河北八年二月帝批見校試七軍營陣以分數不齊前後牴牾難爲施用可令見校試官摭其可取者草定八軍法以聞初詔樞密院曰唐李靖兵法世無全書雜見通典離拆譌舛又官號物名與今稱謂不同武人將佐多不能通其意令樞密院檢詳官與王振會收王白郭逵原等校正分類解釋令今可行又命樞密院副都承旨張誠一入內押班李憲與振逵原行視寬廣用馬步軍二千八百人教李靖營陣法以步軍副都指揮使楊遂爲都大提舉誠一憲爲同提舉振逵原參議公事夏元象臧景等爲將副部隊將幹當公事凡三十九人誠一等初用李靖六花陣法約受兵二萬人爲率爲七軍內虞候軍各二千八百人取戰兵千九百人爲七十六隊戰兵內每軍弩手二百弓手三百爲軍五百跳盪四百奇兵四百輜重每軍九百是爲二千八百人帝諭近臣曰黃帝始置八陣法敗蚩尤於涿鹿諸葛亮造八陣圖於魚復平沙之上壘石爲八行晉桓溫見之曰常山蛇勢此卽九軍陣法也至隋韓擒虎深明其法以授其甥李靖靖以時遇久亂將臣通曉者頗多故造六花陣以變九軍之法使世人不能曉之大抵八陣卽九軍九軍者方陣也六花陣卽七軍七軍者圓陣也蓋陣以圓爲體方陣者內圓而外方圓陣卽內外俱圓矣故以方圓物驗之則方以八包一圓以六包一此九軍六花陣之大體也六軍者左右虞候軍各一爲二虞候軍左右廂各二爲四廂軍與中軍共爲七軍八陣者加前後二軍共爲九軍開國以來置殿前馬步軍三帥卽中軍前後軍帥之別名而馬步軍都虞候是爲二虞候軍天武捧日龍神衛四廂是爲四廂軍也中軍帥總制九軍卽殿前都虞候專總中軍一軍之事務是其名實與古九軍及六花陣相符而不少差也今論兵者俱以唐李筌太白陰經中陣圖爲法失之遠矣朕嘗覽近日臣僚所獻陣圖皆妄相眩惑無一可取果如其說則兩敵相遇必須遣使豫約戰日擇寬平之地夷草塞塹誅草伐木如射圃教埸方可盡其法爾以理推之其不可用決矣今可約李靖法爲九軍營陣之制然李筌圖乃營法非陣法也朕採古之法酌今之宜曰營曰陣本出于一法特止曰營行曰陣在奇正言之則營爲正陣爲奇也於是以八月大閱八軍陣於城南荊家陂已事賜遂而下至指使馬步軍銀絹有差八年詔諸路權住教五軍陣止教四御陣九年四月帝與輔臣論營陣法謂爲將者少知將兵之理且八軍六軍皆大將居中大將譬則心也諸軍四體也運其心智以身使臂以臂使指攻左則右救攻右則左救前後亦然則軍何由敗也元豐四年以九軍法一軍營陣按閱於城南好草陂已事獎諭熙寧七年詔已降五陣法令諸將教習其舊教陣法並罷蓋九軍營陣爲方圓曲直銳凡五變是爲五陣元祐元年高翔言乞以御陣與新陣法相兼教閱從之蓋元豐七年詔專用五陣法而舊教御陣遂廢至是復令互教紹聖三年復罷教御陣大觀二年詔以五陣法頒行諸路靖康元年監察御史胡舜陟奏通直郎泰元所著兵書陣圖師律三策大八陣圖一小圖二皆酌古之法參今之宜博而知要實爲可用詔令賜對當時君臣雖無雄謀遠畧然猶切切焉以經武爲心高宗建炎元年始頒樞密院教閱法專習制禦推鋒破敵之藝全副執帶出入短樁神臂弓長柄刀馬射穿甲木挺每歲儗春秋教閱法立新格神臂弓日給箭二十射親去垛百二十步刀長丈二尺以上氈皮裹之引鬭五十二次不令刀頭至地每營選二十人閱習經兩閱者五十人爲一隊教習分合隨隊多少分隸五軍每軍各置旗號前軍緋旗飛鳥爲號後軍皂旗龜爲號左軍青旗蛟爲號右軍白旗虎爲號中軍黃旗神人爲號又別以五色物號制招旗分旗舉招旗則五軍以旗相應合而成陣舉分旗則五軍以旗相應分而成隊左右前郤或分藏爲伏或分出爲奇皆舉旗爲號更鳴小金應鼓備瞻望不及者豫約伏藏之所緩鳴小金卽止急鳴應鼓卽奇兵出陣趨戰急鳴小金卽伏兵出其春秋大教推賞依海行格法李綱言水戰之利南方所宜沿河淮海江帥府要郡宜倣古制造戰船以運轉輕捷安穩爲良又習火攻以焚敵舟詔命楊觀復往江浙措置河淮別委官三年親閱水軍于鎭江登雲門外紹興四年詔內殿按閱神武中軍官兵推賞二十四年臣僚言州郡禁卒遠方縱弛多不訓練春秋教閱臨時備數乞申嚴舊制三十一年詔比聞諸路州廂禁軍土軍有司擅私役妨教閱帥府其嚴責守兵勤兵歸營訓練精熟以備點視孝宗乾道二年幸候潮門外次幸白石閱兵三衙率將佐道駕射至官兵就御輦下獻所獲是日有數將獨手運大刀上曰刀重幾何李舜舉奏刀皆重數斤有旨卿等教閱精明又諭陳敏曰軍馬衣裝整肅如此特錫賚鞭馬金帶士卒推賞有差四年幸茅灘教閱舉黃旗連三鼓變方陣五鼓舉白旗變圓陣次二鼓舉赤旗變銳陣青旗變直陣畢事上大悅賞賚加倍兵分東西呈大刀火砲上問李舜舉按閱比曩時如何舜舉奏今日之兵陛下親訓練撫以深恩錫以重賞忠勇倍常乾道中詔弓箭手元射一石四斗力升加三斗元射一石力升加五斗弩手元射四石力升加五斗元射兩石七斗力升加八斗進秩推賞有差宰執進射親賞格虞允文曰拍試以斗力升請給今用射親定賞恐不加意斗力上曰然他日雖强弓弩可以取勝若止習射親則斗力不進此賞格不須行淳熙間立槍手及射鐵簾格上謂輔臣曰聞射鐵簾諸軍皷躍奮厲周必大曰兵久不用此輩無進取自然氣惰今陛下激勸告戒人人皆勝兵於是殿前步軍司諸軍及馬軍舊司弓弩手射鐵簾合格兵共一千八百四十餘詔中垛簾弓箭手一石二斗力十箭弩手四石力八箭依格進兩秩各賜錢百緡弓箭手一石力十箭以上弩手三石力八箭各進兩秩詔中外諸軍賞格亦如之紹熙元年詔殿司許浦水軍幷江上水軍歲春秋兩教外每月輪閱習沿海水軍準是知徽州徐誼言諸路禁軍近法以十分爲率二分習弓六分習弩餘二分習槍牌習弓者聽兼習弩斗力可以觀其進退射親可以察其能否勤惰之實人有稽考詔下諸路遵守之執政胡晉臣言比年用射鐵簾推賞往往獲遷秩是亦足以作成人才上曰射鐵簾不難此賞格太濫其專以武藝精熟爲尚二年樞密院言殿步司諸軍弓箭手帶甲六十步射一石二斗力箭十二

六箭中梁爲本等弩手帶甲百步射四石力箭十二五箭中梁爲本等槍手駐足舉手攛刺以四十攛爲本等主帥委統制統領較其藝本等外取升加多者每軍五千五百人以上弓弩槍手各十五人詣主帥審實上樞密院覆試各擇優等二人升轉兩秩餘人給錢五緡俟將來再試慶元二年幸候潮門外大閱嘉泰二年詔將按閱諸軍賞賚依慶元二年增給寶慶二年莫澤言州郡禁軍平時則以防寇盜有事則以備戎行實錄於朝廷非州郡可得私役比年州郡軍政隳廢各於廪給闕額恒多郡官主兵官有窠占寓公有借事存留者不什一當教閱時鈐總路分雖號主兵僅守虛籍莫敢號召入教之次坐作進退殆同兒戲守臣利虛券不招塡主兵受厚賂改年甲且一兵請給歲不下百緡以小計之一郡占三百人是虛費三萬緡也私役禁軍素有常憲守帥闕閫池建第宅不給餐錢寓公去城遼絕類得借兵擾害鄉閭近而輔郡至有寓公占四五百兵者良由兵官之權輕而私占之禁弛也乞嚴戒監司守倅等止許借廂軍仍不得妨教閱餘官雖廂軍亦勿借淳祐十一年臺臣條陳軍匠不閑閱習之弊按舊制禁兵毋私役比歲凡州軍屯營駐劄之處多循舊習每一州軍匠無慮數百官無小大各戰破而雕鏤組繡攻金設色之事靡所不有工藝雖精擊刺不習設有小警何能授甲乞申嚴帥守及統兵官應軍匠聽歸營伍閑習訓練勿競作無益虛糜廩稍以防軍實咸淳初臣僚言諸軍統領統制正將副將正欲在軍訓練閑於武事一有調用令下卽行士悉將智將悉士勇所向無敵今江南州郡沿江制閫置帳前官專任營運不爲軍計實爲家謀絕無戰陣新功率從帳前升差大畧一軍僅二三千而使臣至五六百以供雜役九年臣僚言比者招募軍兵一時徒取充數以覬賞格涅刺之後更不教閱主兵官苦以勞役日夜罔休一或少違卽羅囹圄榜掠之酷兵不堪命而死者逃者接踵也今請以新招軍分隸諸隊使之熟紀律習事藝或旬或月上各郡閱試蓋弊至於此而訓練之制大壞矣

宋史卷一百九十六

元　中　書　右　丞　相　總　裁　脫　脫　等　修

兵志第一百四十九

兵十　遷補之制　屯戍之制

遷補之制自殿前侍衞馬步軍校每遇大禮後各以次遷謂之轉員轉員至軍都指揮使又遷則遙領刺史又遷爲廂都指揮使遙領團練使員溢卽從上罷軍職爲正團練使刺史之本任或有他州總管鈐轄其老疾若過失者爲御前忠佐馬軍都軍頭副軍頭隸軍頭司其黜則爲外州馬步軍都指揮使凡軍主闕以軍都指揮使遞遷餘闕以諸軍都虞候指揮使副指揮使行首軍使副行首副兵馬使十將遞遷凡將校一軍營止補十人其廂都指揮使軍都指揮使都虞候指揮使營主其一卽闕其三殿前左右班都虞候遙領刺史卽與捧日軍都指揮使通以次遷捧日龍衞廂都指揮使仍遙領團練使若員溢卽爲正刺史補外他如諸軍例遞遷凡列校轉補有司先閱是躍上下馬次出指二十步掩一目試之左右各五占數爲見物武藝弓射五斗弩彍一石五斗槍刀手稍練負罪不至徒年未高或雖年高而無疾精力不耗者並取之凡諸軍轉員後取殿前指揮使長入祗候塡行門取東西班長入祗候殿侍諸班直充諸班押班諸軍將校者皆親閱前一日命入內都知或押班一人勾當御藥院內侍一人同軍頭引見司較定弓弩斗力標誌之凡弓弩藝等者人占其一至日引見弓弩列置殿前命取一以射軍頭引見司專視喝箭以奏如喝失當卽奏改正入內都知或押班同勾當御藥院內侍殿上察視如引見司不覺舉亦奏改正槍刀手竭勝負若喝不以實并引見司失覺舉並劾其罪太平興國九年上詣崇政殿轉改諸軍將校自軍都指揮使以下員僚以上皆按名籍驗勞績而升陟之凡數日而畢內外感悅乃謂宰臣等曰朕選轉軍員先取其循謹能御下者武勇次之若不自謹飭則其下不畏憚雖有一夫之勇亦何所用咸平三年五月上御便殿遷補軍職凡十一日而畢自神衞右第二軍都指揮使恩州刺史周訓而下遞遷者千三十一人四年十二月帝謂呂蒙正曰選衆求才誠非易事朕常孜孜詢訪冀有所得向求於軍校中超擢八九人委以方任其間王能魏能頗甚宣力陳興張禹珪亦有能名蒙正等曰才難求備今拔十得五有以見陛下知臣之明也五年帝謂知樞密院周瑩曰國朝之制軍員有闕但權領之三歲一遷補未及期以功而授止奉朝請而已今闕員處則乏人部轄須當例與轉補於是召瑩等至便殿按軍籍次補其屯戍於外及軍額在下素不該恩例亦溥及之凡再旬方畢景德二年四月帝曰殿前諸班侍衞馬步諸軍及軍頭司諸軍員因衰病或以他事出補外職率皆臨事奏裁殊無定制可條其所入職名類例以聞又曰近累有諸處立功指揮使未可別加遷擢皆特補本軍都虞候舊無此職名蓋權宜加置若後有闕不須復補又曰內外諸軍所闕小校儻以名次遷補或慮不能盡得武幹之士自今並令閱試武藝遷擢爲之大中祥符四年七月詔曰自來轉補軍員皆是議定降宣命訖方引見轉補其間有老病不任職者臨時易之無由整齊經汾陰大禮應殿前馬步軍諸班諸軍員並分作甲次於崇政殿逐人唱名引見朕自視之有不任職者當於不係禁軍處優與安排免轉員之際旋議改易八月詔殿前侍衞馬軍步軍司所管內外禁軍軍員自來補轉體例不一未得均平朕夙夜思之今來該汾陰轉員可立定久遠規制其馬軍步軍自指揮使以下各別轉補皆令自下而升仍將殿前侍衞馬軍步軍司所轄軍分各袞同轉補如馬軍軍員自近下補至拱聖卽雙取之以分補捧日龍衞其近下軍分有闕卽却自捧日龍衞雙取升一員資補其步軍有闕塡補並準此又詔所議改更轉補軍員職名恐諸軍未喻可降宣命云殿前侍衞馬步軍司自來多是龍衞更轉入捧日幷神衞更入天武之類是致難得出職久成沉滯今來轉員出自朕意並各與分兩頭遷改其龍衞更不入捧日幷神衞更不入天武其捧日龍衞闕於拱聖內隔間取人分頭充塡其拱聖闕卽將驍騎雲騎分頭轉入其天武神衞闕於神勇內隔間取人分頭充塡其神勇闕卽將宣武充塡其宣武闕取殿前步軍司虎翼充塡已上如取盡指定軍員卽轉已次軍員充塡所有寧朔軍分次第請受幷轉員出入今後並特與依驍勝體例施行六年十月詔諸班直幷馬步軍事軍員其諸班捧日龍衞天武神衞五頭下出入外其御龍諸直作一處轉員僚直拱聖驍騎雲騎驍勝武騎寧朔神騎已上軍額軍員作一處挨排遞遷水軍神勇宣武殿前司虎翼衞聖步軍司虎翼奉節廣勇神射已上軍額軍員作一處挨排轉補事內殿前指揮使押班至都知只本班轉其神衞廣勇神射已下至軍使都頭卽逐指揮內遞遷內有年及六十已下者並勾押赴闕令殿前司看驗聞奏當議相度安排所有副兵馬使副都頭員闕仍取捧日龍衞神勇十將充塡餘並從之內神衞水軍第一指揮令立充神衞水軍指揮殿前司上虎翼第二步軍司上虎翼第一並立充虎翼水軍指揮依舊係逐司管押其神衞水軍見管軍員先自奉節補入多不會舟楫並一齊轉上外却將虎翼水軍兩指揮會水軍員與神衞水軍共三指揮一處袞轉如轉至神衞水軍指揮使除年老病患依例出職安排外更不轉上天禧元年十月以御前忠佐郭豐等六人並受將軍初軍頭司定年老負犯者將黜之帝以其久居武列命寘環衞其帶遙郡者與大將軍不帶遙郡者與將軍天聖六年將轉員樞密院奏諸軍將校有因循不敢戢士者請諭殿前馬步軍司密以名聞八年詔殿前侍衞司同定內外諸軍排立資次景祐二年詔緣邊就糧兵有員闕奏以舊人次遷康定元年詔三路就糧將校半以次遷半遣自京師又詔陝西土兵校長遣自京師情不諳達自今悉就本路通補慶曆四年詔捧日天武選退將校超三資餘超二資悉補外職五年眞定府定州路都總管司奏奉詔閱教軍士選補階級弓射九斗至一石距堋七十步至百步射最親者爲第一等其閱教時弓不必引滿力競卽發務在必中伏緣舊例軍中揀節級以挽彊引滿爲勝今一旦取射親者爲第一等其弓力止九斗一石箭留三兩指而退素習挽强引滿之士於理未便詔諸軍選節級用舊例遇閱教卽如近制皇祐元年詔諸路就糧兵闕將校須轉補滿三年聽遷又詔將帥麾下兵非有戰功毋得請遷隸上軍嘉祐二年詔京東教閱本城騎射威邊威勇壯武自初募置卽給皷旗閱教以代禁軍如有員闕聽遞遷至副指揮使止轉補後滿三歲闕三分已上卽舉行其指揮使闕卽步軍司補之至和三年詔親從官入殿滿八年者補節級從樞密院之請也治平元年選諸班直長行洎禁軍副兵馬使已上有材武者得七十人帝臨軒親閱喻天武右第三軍都指揮使王秀曰爾武藝雖不中格而有戰功且能恪守法度其以爾爲正刺史務勤乃職無負朕之委寄也又喻散直都虞侯胡從內殿直副都知張思曰爾能勤以持身忠以事上治軍又皆整肅其以從爲內園使思爲崇儀副使自餘擢遷有差二年詔廣南教閱忠敢澄海一營者卽本營遞遷兩營已上者營三百人補五人二百人至三百人補三人二百人以下補二人百人以下補一人止於副指揮使凡遞遷滿三歲五階闕二三階闕一卽補四年詔

自今一營及二百五十人已上置校十人闕三人卽補二百五十人已下置校七人闕二人卽補京師非轉員幷諸道就糧竝準此令凡軍頭十將節級轉補謂之排連有司按籍閱試如列校轉員法弓射六斗弩彍一石七斗槍刀手稍練竝取之如舊不試武技者卽遞遷其不教閱廂軍節級則其半遞遷其半取伉健未嘗犯徒刑角力勝者充治平四年有司言軍士闕額多而將校衆請以實領兵數制將校額第其遷補竝通領五都之事乃詔二百五十人以上補指揮使十人以下七人闕二人者以次補補十將者馬軍四十人步軍如馬軍之數而加其一焉百五十人以上者三十人闕五人者以次補不及百五十人者如舊格補單將二十人熙寧二年樞密院請自今捧日龍衛天武神衛廂都指揮使闕無當次遷者竝虛之其諸軍都指揮使都虞候當遷者闕多則間一名補轉兼以次職事吐渾等軍都指揮使都虞候闕者虛其闕六月詔河東陝西就糧軍士將校其間材効之人孤遠無由自達有司審度其有軍功驍勇者以名聞當擢寘班行以備本路任使四年詔諸班直嘗備宿衛病告滿尚可療者殿前指揮使補外牢城指揮使餘以爲捧日天武第五軍押營奉錢三千者予五百二千以下者予三百六年詔軍校老而諳部轄者優假之雖疾不至罷癃或未七十猶堪任事者勿罷卽法雖當留而不能部轄者以聞當議處之廂軍十月詔軍士選爲節級取兩嘗有功者功等以先後又等以重輕又等以傷多者爲上七年詔十將以下當轉資而不欲者凡一資以功者賜帛五十匹技優者十四六月詔在京轉員諸軍都虞候已上至軍都指揮使以軍功當遷而願以授子孫者聽視其秩有差八年轉員帝親閱凡三日舊制捧日都虞候四人至是補者五人而馬軍都指揮使闕驍騎二人以捧日一人補驍騎軍主餘四人如故則次軍皆不得遷乃補四人者皆爲馬步軍副都軍頭舊龍衛拱聖驍騎武騎寧朔神騎爲一百三十一營今省爲五十營而馬軍指揮以下已補八十一營補外尚有溢員乃詔所省營未移倂者凡四十三每營權置下名指揮使副指揮使各一軍使三以便遞遷九年將轉員樞密院奏換官稍優軍校由行伍有功不久乃至團練使帝曰祖宗以來軍制固有意凡隸在京殿前馬步軍司所統諸營置軍都指揮使都虞候分領之凡軍事止責分領節制之人責之旣嚴則遇之不得不優至若諸路則軍校不過各領一營不可比也吳充等以本大末小對帝然之因言周室雖盛成康之後寖以衰微本朝太平百有餘年由祖宗法度具在豈可輕改也元豐元年詔禁軍排連者三分其人以其一取立功額外人二分如令簡試十二月詔諸軍軍使都頭以下竝充兵額正副指揮使以上置於額外軍行則分押諸隊又詔內殿直以下諸班直闕按籍闕二分者虛其闕四之一二分以上亦如之不及二分補其半餘竝闕之四年詔五路衮轉土軍與諸路不衮轉禁軍法十將副都頭副兵馬使都軍頭使竝如令自副都指揮使至都虞候嘗轉資者問以賜帛已賜帛乃遷五年詔以諸路教閱廂軍爲下禁軍排連如禁軍法七年樞密院言騎軍諸營諸班直以年勞升至軍使者甚衆無闕可補詔捧日龍衛拱聖驍騎雲騎驍勝權置下名軍使凡二百四十員拱聖驍騎雲騎權置副兵馬使凡九十員以處之元祐元年樞密院奏諸軍將年七十若有疾假滿百日不堪療者諸廂軍指揮使除諸衛大將軍致仕諸軍都指揮使諸班直都虞候帶遙郡除諸衛將軍致仕諸班直上四軍除屯衞拱聖以下除領軍衛仍竝以有功勞者爲左無功勞者爲右從之二年樞密院言舊例行門對御呈試武藝竝臨時特旨推恩前期未嘗按試至日旋乞增加斗力或涉唐突因以抵罪請於轉員前一日按定斗力從之四月樞密院言舊例諸班直長行補諸軍員僚竝取入班及轉班二十年年四十以上人迨元豐四年以闕額數多乃特詔減五年弊一時之命今諸軍員僚溢額儻不定制卽異時遷補不行若便依限年舊法又慮未有合該出職之人請於三次漸次增及舊例年限從之五年樞密院言轉員馬軍指揮使以下至副兵馬使人數溢額轉遷不行詔權置下名軍使一百七十人副兵馬使一百七十五人又言禁軍大閱請以匹帛銀楪支賜罷轉資從之六年又言應排連長行充承局押官者先取年五十五以下有戰功公據者仍以戰功多少得功先後傷中輕重爲次事等而俱無傷中則以事藝營名爲次從之紹聖二年詔將來轉員換前班人竝從元豐轉員令仍不得過一百二十人元祐所限人數比試家狀指揮勿用三年樞密院進呈轉員及行門試武藝換前班留住等條例曾布言國初以來皆面問其所欲察相人才或換官或遷將校或再任此則威福在人主以至唐突或放罪或行法亦視其情狀而操縱之元祐改法乃令大閣與三司軍頭司先指試定但對御引呈依拍定等第推恩殊失祖宗馭衆之法不許唐突例坐徒罪兼決責人員皆非舊法唐突人雖有理亦不施行緣情輕者放罪重者取旨自有舊額先朝燕達林廣嘗唐突當降配先帝釋之後皆爲名將至情重則杖脊配嶺表者有王明者住留叫呼云若不得換前班乞納命管軍賈逵乞重配先帝亦貸之但降一等與換外官如此故人知恩威皆自人主出豈可一切付之有司帝悅詔令竝依元豐以前條例施行五年馬步軍司言三路衮轉軍員請依元豐七年詔應三月一日後續有得功嵌補升名幷改轉名職自充下名者竝依先補名次各理降宣月日以爲高下審會給據侯再經衮轉卽依嵌補升轉名次高下轉那自今三路軍員衮轉亦如之詔侍衞馬步軍司自今開具合轉補職名申樞密院降宣餘竝從之七月軍頭司引見殿前馬步軍司揀到御龍諸直人材事藝應格竝補逐直將虞候賜杖子一名開弓偃身不應法黜之八月樞密院言轉員旁通格捧日天武不帶遙刺軍都指揮使換左藏庫使仍除遙刺殿前班不帶遙刺都虞候換左藏庫使看詳殿前班帶遙郡都虞候係與捧日帶遙郡軍都指揮使理先後相壓轉遷其不帶遙郡殿前班都虞候捧日軍都指揮使換官班合一等推恩欲殿前班不帶遙郡都虞候依捧日不帶遙郡軍都指揮使換官又拱聖神勇與驍騎已下軍分有異其遂軍都虞候指揮使理難一等換官欲拱聖神勇都虞候依舊換拱備庫使外驍騎雲騎宣武都虞候換左藏庫副使拱聖神勇指揮使換內殿承制捧日天武神龍衛指揮使皆係上四軍其捧日天武換西京左藏庫副使龍神衛換內殿承制比捧日天武隔兩官理有未均欲神龍衛指揮使換供備庫副使又殿前班上名副都知換供備庫副使下名副都知換內殿承制自來以左右第一第二班爲資次欲第一班換供備庫副使第二班換內殿承制又換前班差遣州總管以下竝以五路緣邊爲優諸路爲次正團練使州總管正刺史州鈐轄諸司使副都巡檢使駐泊都監內殿承制崇班巡檢州都監供奉官至借職教押軍隊指使看詳諸司使副已上差遣見依格施行外承制以下欲依今來轉員所差遣例又拱聖神勇驍騎雲騎宣武軍都指揮使換文思仍除遙刺已帶者依舊御龍直都虞候文思使帶遙刺者依舊內殿直兩次都虞候換左藏庫使一次文思使帶遙刺者依舊看詳拱聖神勇與驍騎以下軍分有異兼御龍直都虞候遇轉員合次神勇軍都指揮使轉行及係環衛諸直人員最上名人兼內殿直都虞候以次殿前班及轉員無闕合隨龍衛軍都指揮使轉行理難於驍騎雲騎宣武軍都指揮使之下換官欲御龍直內殿直都虞候依格合換官外竝除遙刺驍騎雲騎宣武軍都指揮使止與換文思使更不除遙郡刺史內已帶遙刺者竝依舊內殿前班副都知竝與換供備庫副使今馬步軍諸指揮事藝高彊十將引見取揀充員僚內弓箭手短一指箭人合降一軍安排弩手括不發事體頗同幷弩手壅箭與括不發亦同欲竝降一軍安排從之十一月樞密院言轉員旁通册內御龍直都虞候至副都頭換官惟指揮使上兩直與文思副使係兩資餘止降一資散員至金槍都知副都知皆換內殿承制不惟職名有差自副都知約六遷方轉都知兼東西班散直鈞容直係近下班分副都知亦降都知一等換內殿崇班其東西班散直押班與副都知職名不等兩經轉遷方入近下班分副都知理難與都知一等換內殿崇班又散指揮至鈞容直指揮使竝換供備庫副使緣東西班散直鈞容直遇轉員止是遷入上班亦難一等換官詔御龍下兩直指揮使換左藏庫副使散員散指揮散都頭散祗候金槍都知換供備庫副使東西班散直押班換東頭供奉官東西班指揮使換官依舊外散直鈞容直指揮使換左藏庫副使緣轉員旁通册內未載雲武騎軍都指揮使轉遷換官幷恩例等詔竝依驍騎軍都指揮使格四年二月軍頭司引見捧日等兵試藝帝於行間召邢斌韓晟問曰開弓猶有餘力乎各對願增二石二斗弓遣內侍監定斗力授之射皆應法竝特充殿前指揮使賜緡錢元符元年七月樞密院言將校軍頭十將各轉補者委本將體量不掩眼試五次二十步見若一次不同減五步掩一眼再試但兩眼共見二十步或一眼全不見二十步仍試上下馬如無病切弓射五斗弩跖一石五斗槍刀標牌手各不至生疎竝與轉補卽有病切或精神尪悴或將校年六十九或經轉補後犯姦盜贓罪情罪重以上雖該降竝隔下奏聽旨如差出者勾赴本將體量在別州者報所在州體量排連長行充承局押官者先取年五十五以下有兩次以上戰功人塡闕六人更取一名餘取年四十以下武藝高彊無病切人試兩眼各五次二十步見者選拍內步軍以闕六分爲率先取弓手一分次取弩手三分次取槍牌刀手二分更有零分者依六分爲率資次取揀周而復始長行犯徒經決及二年或軍人因犯移配杖罪經三年徒罪經四年或

巳升揀軍分又經一年各無過犯並聽排連不應充軍人已投狀後審會取放逐便雖未給公憑其請給差使並罷有違犯加凡人二等不應充軍人於法許逐便者並追納元請投軍例物訖報合屬去處給公憑放逐便如非品官之家無例物回納願依舊充軍者聽從之三月禮部言檢會故事臣僚申請諸州軍府管押進奉衙校等祖宗以來並加散官自更官制階散並罷既罷階散若與轉資似屬太優欲每轉一資支賜絹一十疋如一名管押兩處只許就一處支給或一州一軍差二人同押亦共與上件支賜若一員官兩處進奉只隨本官合推恩處從一支給今押進奉皇帝登寶位禮物衙校等欲依故例施行並從之宣和七年十一月南郊制應軍員送軍頭司未得與差遣者如後來別無過犯𨚫與差遣應廂軍人員補職及十五年未經遷補者令所屬保明聞奏應禁軍廂軍因一犯濫情重不得補充人員及遞遷資給者若經斷及五年不曾再犯及不曾犯贓委所在侯排連日審實特與不礙遷補建炎紹興之間排連轉員屢嘗損益而大率因於舊制乾道六年主管侍衛馬軍司公事李顯忠言本司諸兵將官有闕自來擇衆所推者不以次序上聞升遷比年須自訓練官充準備將準備將及二年升副將副將及二年升正將正將及三年升統領官再及三年升統制官竊恐無以激揚士氣請今後兵將官有闕不以年爲限許本司銓量人材膽勇服衆上聞補用詔從其請此誠砥礪兵將之良法也嘉定中樞密院言諸軍轉員遷補務在均一如內諸班直循舊格排連積習既久往往超躐升轉後名反居前列高下不倫甚失公平之意今參酌前後例格均次資序其一曰內殿直左第一班副都知轉東西班西第二都知內殿直左第二班副都知轉散直左班都知其二曰散員左第二班副都知升內殿直左第一班副都知散員右第一班副都知升內殿直左第一班副都知其三曰散員右第一班副都知升內殿直右第一班副都知散員左第二班副都知升內殿直右第二班副都知其四曰散指揮左第一班副都知升散員左第一班副都知散指揮右第一班副都知升散員右第一班副都知其五曰散指揮左第二班副都知升散員左第二班副都知散指揮右第三班副都知升右第二班副都知其六曰散都頭左班副都知升散指揮左第一班副都知散都頭右班副都知升散指揮右第一班都知其七曰散祇候左班副都知升散指揮左第一班副都知散祇候右班副都知升散指揮右第二班副都知其八曰內殿直左第一班押班遷轉東西班西第一班副都知內殿直右第一班押班轉東西班西第三班副都知以上各係升四名外御龍直御龍左第一直十將轉御龍弓箭直副都頭御龍直右第一直十將轉御龍弩直副都頭御龍骨朶子直左第一直十將升御龍左第一直十將御龍弩直左第一直十將升御龍弓箭左第三直十將係各升六名於是超躐積習之弊盡革而爲定制焉淳祐十一年御史臺條奏軍功賞格違法之弊在法邊戍獲捷奇功暴露撤戍者制閫軍師舉奏授官必其人身親行陣有戰禦功今自守闕進勇副尉至承信郎承節郎者其弊尤多迺以奉權要酬私恩或轉售於人方等第功賞之初即竄名其中朝廷審核動涉歲年已無稽考甚至承受廳吏厮卒之流足跡未嘗出都門而沾親冒矢石往來軍旅之恩授以名器請申嚴師閫令立功人親投告身庶革冒濫寶祐五年樞密院言應從軍職事必立戰功并隊伍中人曾經拍試武藝若訓練官以遷而升者或年限未及仍帶權字俟年及方升正統制此定法也近年任子雜流冒授者纔無差遣便請從軍繇統領至總管曾幾何時超躐而進甫得總管𨚫恥軍職輒稱私計不便或托父母老疾巧計離軍又以筋力未衰求差正任甚非法意至咸淳中大將若呂文德夏貴孫虎臣范文虎輩矜功怙寵慢上殘下行伍功賞視爲己物私其族姻故舊俾戰士身膏於草莽而姦人坐竊其勳爵矣

屯戍之制凡遣上軍軍頭司引對賜以裝錢代還亦入見犒以飲食簡拔精銳退其癃老至於諸州禁廂軍亦皆戍更隸州者曰駐泊戍蜀將校不遣都虞候當行者易管他營凡屯駐將校帶遙郡者以客禮見長吏餘如屯駐將校凡駐泊軍若捍禦邊寇即總管鈐轄共議州長吏等毋預事涉本城并屯駐在城兵馬即知州都監監押同領若州與駐泊事相關者公牒交報凡戍更有程京東西河北河東陝西江淮兩浙荊湖川峽廣南東路三年廣南西路二年陝西城砦巡檢并將領下兵半年景祐元年詔若聞陝西戍卒多爲大將選置麾下及偏裨臨陣鮮得精銳自隨自今以全軍隸逐將毋得選占三年詔廣桂荊潭鼎澧六州各置雄畧一營與歸遠軍更戍嶺外康定元年頒銅符木契傳信牌銅符上篆刻曰某處發兵符下鑄虎豹爲飾而中分之右符伍左旁作虎豹頭四左符五右旁爲四竅令可勘合又以篆文相向側刻十干字爲號一甲巳二乙庚三丙辛四丁壬五戊癸左符刻十干半字右符止刻甲巳等兩半字右五符留京師左符降總管鈐轄知州軍官高者掌之凡發兵樞密院下符一至五周而復始指揮三百人至五千人用一虎一豹符五千人已上用雙虎豹符樞密院下符以右符第一爲始內匣中緘印之命使者齎宣同下云下第一符發兵與使者復緘右符以還仍疾置聞所在籍下符資次日月及兵數毋得付所司其木契上下題某處契中剖之上三枚中爲魚形題一二三下一枚中刻空魚令可勘合左旁題云左魚合右旁題云右魚合上三枚留總管鈐轄官高者掌之下一枚付諸州軍城砦主掌之總管鈐轄發兵馬百人已上先發上契第一枚貯以韋囊緘印之遣指揮廳牒同往所在驗下契與上契合即發兵復緘上契以還仍報總管鈐轄其發第二第三契亦如之掌契官籍發契資次日月及兵數以爲驗傳信牌中爲池槽藏筆墨紙令主將掌之每臨陣傳命書紙內牌中持報兵官復書事宜內牌中而還主將密以字爲號驗毋得漏泄軍中事呂夷簡言自元昊反被邊城砦各爲自守計萬一賊有奔衝即關輔驚擾雖夏竦等屯永興其實兵少自永興距鄜延環慶諸路皆數百里設有急緩內外不能相救請募勇敢士三萬訓以武技分置十隊以有謀勇者三人將之分營永興西寇至則舉烽相應或乘勢討擊進退不以地分並受夏竦等節制詔從之初趙元昊反以夏竦陳執中知永興軍節度陝西諸軍久之無功乃析秦鳳涇原環慶鄜延爲四路以秦渭慶延知州分領本路馬步軍是歲罷銅符木契詔曰陝西屯重兵整本路租稅益以內庫錢帛并西川歲輸而軍儲猶不足宜度隙地爲營田務四路總管轉運悉兼領使慶曆二年詔已發士三萬戍永興委總管司部分閱教歲以八月遣萬五千人戍涇原儀渭州鎮戎軍十二月以萬五千人代至二月無警即還歲以爲常葛懷敏等喪師命范仲淹韓琦龐籍復統四路軍期中覆不及者以便宜從事四年夏人已納款乃罷四月帝謂輔臣曰湖廣擊蠻吏士方夏瘴熱而罹疾者衆宜遣醫往爲胗視六年詔騎軍以盛夏出戍馬多道死自今以八月至二月遣發又詔廣南方春瘴癘戍兵在邊者權休善地其自嶺外戍回軍士予休兩月李昭亮上言舊制調發諸軍先引見試以戰陣遷補校長今或不暇試戰陣請選彊壯有武技者每十人引見轉資後遣詔可時契丹使來議關南地朝廷經制河北武備議者欲增兵屯程琳自大名府徙安撫陝西上言曰河朔地方數千里連城三十六民物繁庶川原坦平自景德以前邊數有警官軍雖衆罕有成功蓋定州眞定府高陽關三路之兵形勢不接召發之際交錯非便況建全魏以制北方而兵隸定州眞定府路其勢倒置請以河朔兵爲四路以鎮定十州軍爲一路合兵十萬人高陽關十一州軍爲一路合兵八萬人滄霸七州軍爲一路合兵四萬人北京九州軍爲一路合兵八萬人其駐泊鈐轄都監各掌訓練使士卒習聞主將號令急緩即成部分天子下其章判大名府夏竦奏鎮定二路當內外之衝萬一有警各藉重兵控守要害迭爲應援若合爲一則兵柄大重減之則不足以備敵又滄州久隸高陽關道里頗近瀕海斥鹵地形沮洳東北三百里野無民居非賊蹊徑萬一有警可決漳御河東灌塘淀隔越賊兵未易奔衝不必別建一路惟北京爲河朔根本宜宿重兵控扼大河南北內則屏蔽王畿外則聲援諸路請以大名府澶懷衛濱棣德博州通利軍建爲北京路四路各置都總管副都總管一人鈐轄二人都監四人平時祇以河北安撫使總制諸路有警即北京置四路行營都總管擇嘗任兩府重臣爲之議未決竦入爲樞密使賈昌朝判大名府復命規度昌朝請如竦議惟保州沿邊巡檢并雄霸滄州界河二司兵馬國初以來拓邊最號彊勁今未有所隸請立沿邊巡檢司隸定州路界河司隸高陽關路於是下詔分河北兵爲四路北京澶懷衛德博濱棣州通利保順軍合爲大名府路瀛莫雄霸貝冀滄州永靜乾寧保定信安軍合爲高陽關路鎮邢洺相趙磁州合爲眞定府路保深祁州北平廣信安肅順安永寧軍合爲定州路凡兵屯將領悉如其議韓琦調兵勢大分請合定州眞定府爲一高陽關大名府爲一朝廷以更寘甫新不報詔四路兵依陝西遣部將往來按閱又詔自今兵戍回揀捧日龍衛天武神衛等軍皇祐元年發禁兵十指揮戍京東以歲饑備盜詔陝西邊警既息土兵可備守禦東軍屯戍者徙內郡以省餉饋二年詔如聞河北諸屯將校有老疾廢事而不知退有善部勒著勞效而不得進帥臣監司審察以名聞四年詔戍兵歲滿有司按籍遣者前二月近者前一月遣代戍遷本營聽休五月又詔廣西戍兵及二年而未得代者罷歸鈐轄司以土兵歲一代之自儂智高之亂戍兵踰二萬四千至是聽還而令土兵代戍至和元年詔陳許鄭滑曹州各屯禁兵三千嘉

祐五年用賈昌朝奏京北路置都監三人駐劄許蔡鄭州分督近畿屯兵七年詔陝西土兵番戍者毋出本路治平二年發兵指揮二十分戍永興軍邠州河中府仍遣官專掌訓練三年詔員僚直龍衛毋出戍神衛嘗留十指揮在營又詔頃以東兵戍嶺南冒犯瘴癘得還者十無五六自今歲滿以江淮教閱忠節威果代之神宗嗣位軍政多所更革熙寧初嘗與輔臣論河北守備韓絳等曰漢唐重兵皆在京師其邊戍裁足守備而已故邊無橫費彊本弱末其勢亦順開元後有事四夷權臣皆節制一方重兵在西北天寶之亂由京師空虛賊臣得以肆志也帝曰邊上老人亦謂今之邊兵過於昔時其勢如倒植浮圖肰亦每以此爲念也三年詔諸路戍兵畸零不成部伍致乖紀律或互遣郡兵更相往來道路艱梗宜悉罷之易以上番全軍或就糧兵爲戍當遣者竝隸總管司以詔令從事舊制河北軍馬不出戍帝慮其驕惰五年始命河北河東兵更戍減其一歲以優之其年詔徙河州軍馬駐熙州熙州軍馬駐通遠軍追召易集可省極邊軍儲帝嘗曰窮吾國用者冗兵也其議從軍於內郡以弓箭手代之冀省邊費九年詔京師兵比留十萬餘以備四方屯戍數甚減少自今戍兵非應發京師者勿遣其後言者屢請損河北冗兵詔立額止留禁兵七萬而京東增置武衛軍四十二營訓練精銳皆以分隸河北而以三千人散戍東南杭揚江寧諸州以備盜賊嶺外惟廣韶南雄州常有戍兵千人桂林以瘴癘間徙軍於全永元豐中或請遣陝西路騎軍五七百戍桂林者詔遣在京軍馬以戍之元祐元年六月右諫議大夫孫覺言將兵之禁宜可少解而責所在守臣與州郡兵官可令乘時廣行召募稍補前日之額循祖宗之法使屯駐三邊及川廣福建諸道州軍往潤道路足以服習勞苦南北番戍足以均其勞佚詔陝西河東廣南將兵不輪戍他路河北輪近裏一將赴河東府界諸路逐將與不隸將兵竝更互差撥出戍別路赴三路者差全將或半將餘路聽全指揮分差仍不過半將十月樞密院言東南一十三將自團將以來未曾均定出戍路分及不隸將兵內有出戍窠名數少所管指揮數多去處未得均當欲除廣南東西兩路駐劄三將只充本路守禦差使虔州第六將全永州第九將準備廣南東西路緩急勾抽策應竝不差戍他路外餘八將及不隸將兵依均定路分都鈐轄司駐泊分擘差使內將兵不隸將兵路分却於自京差撥步軍前去補戍候將兵回日却行勾抽從之十二月廣西經畧安撫使都鈐轄司言乞闕　宜融欽廉州係將不係將馬步軍輪差赴邕州極邊水土惡弱砦鎮監柵及巡防并都同巡檢等處竝乞依邕州條例一年一替其餘諸州差往邕州永平古萬太平橫山遷隆砦鎮及左右江溪洞巡檢并欽州如昔峒駐劄抵棹砦竝二年一替其諸州巡檢下一年一替從之二年河東經畧安撫使曾布言河外上番四將每將內抽減步軍赴嵐石州分擘沿河等處差使代開封府界等五將兵馬歸營及赴岢嵐火山軍駐劄代東兵兩指揮赴太原府就食從之是月樞密院言昨爲熙河蘭會路戍兵數多尋以年滿二千餘人節次抽減歸營兼本路即目見管戍兵比額尚多一千三百餘人今朝旨令熙河蘭會路都總管司遇本路緩急闕人許於秦鳳路勾抽一將應副緣本路即目事宜慮向秋闕人防守欲熙河蘭會路都總管司遇本路緩急闕人聽全勾抽秦鳳路九將應副差使從京東差步軍五指揮赴永興軍商虢州權駐劄以備秦鳳路勾抽從之紹聖四年樞密院備呂惠卿所言比緣邊諜報西界點集本路叛卒見闕守禦人兵兼土兵未塡闕額幷蕃兵弓箭手比元豐元年少二千二百有餘東兵馬步軍比元豐四年七年少十六指揮乞於東兵步人內差撥一十六指揮添助防守兼本路自去歲泛差過軍馬三十六指揮比之他路已是倍多即今戍兵二萬六千餘人比之元豐四年人數亦不至闕少自可那融使與詔鄜延路都總管司詳此照會如遇賊兵犯塞或本路舉兵委是闕人其年滿人指揮兵級令相度事宜權留三兩月候事宜稍息遣還是月詔河東路總管司那融替換土番兵馬無令戍邊日久致有勞弊如無人替換候春月事宜稍息即先後上番四將抽減一番兵馬歸營元符二年閏九月遣秦鳳戍兵十指揮應副熙河新邊戍守十一月以呂惠卿奏減鄜延戍兵五十指揮三年八月詔遣虎翼軍六千戍熙河路令代蕃兵及弓箭手還家休息十二月詔邊帥減額外戍兵崇寧四年詔廣南瘴癘之鄉東西雖殊氣候無異西路戍兵二年一代而東路獨限三年代不如期有隕於瘴癘者朕甚惻然其東路亦令二年一替前期半年差人如違以違制論大觀二年六月詔陝西諸路自罷兵以來數年于此兵未曾徹蓋緣邊將怯懦坐費邊儲戍卒勞苦可除新邊的確人外餘竝依元豐罷邊事日戍額人數外餘竝直抽歸營有司不得占吝如違以違制論又詔東南除見兵額外帥府別屯二千人望郡一千人帥府置奉錢五百一指揮以威捷爲名望郡奉錢四百一指揮以威勝爲名帥府三指揮望郡一指揮各奉錢三百以全捷爲名竝以步軍五百人爲額三年六月詔國家承平百五十年東南一方地大人衆已見兵寡勢弱非持久之道可除見今兵額外帥府別屯兵士二千人望郡一千人宣和二年詔河北軍馬與陝西河東更戍三年正月詔河北軍馬與陝西河東更戍非元豐法遂罷其令應拖後人竝與免罪依舊收管閏五月江浙淮南等路宣撫使童貫奏勘會江南東路兩浙東西路各有東南一將平日未嘗訓練武藝臨敵必誤驅策昨睦寇初發天兵未到已前遣令上項將兵捕賊遂致敗衄亡失軍兵甚多今睦賊討平之後務從叛亡者方始還業非增戍兵鎮遏無以潛消兇暴臣今擬留戍兵二萬五千五百七十八人分置江南東路兩浙東西路州軍防把一年滿替出軍一次依平蠻故事每月別給錢三百歲給鞋錢一千其兵竝隸本路安撫司統轄訓練詔從之是年權知婺州楊應誠奏凡屯戍將兵須隸守臣使兵民之任歸一則號令不二然後可以立事詔從之續有旨改從舊制四年臣僚言東軍遠戍四川皆京師及府界有武藝無過之人既至川路分屯散處多不成隊而差使無時委致勞弊蓋四川土兵既有詔不得差使則其役併著東軍實爲偏重若令四川應有土兵禁軍與東軍一同差使不惟勞逸得均抑亦不失熙豐置東軍彈壓蜀人兼備蠻寇之意詔本路鈐轄轉運兩司公同相度利害以聞五年制置所奏江浙增屯戍兵相度節鎮增添兩指揮處餘州各一指揮各不隸將內兩指揮處將一指揮以威果爲名一指揮以全捷爲名餘州竝以威果爲名從之七年三月詔廣南東西路地遠山險盜賊間有竊發內郡戍兵往彼屯守多緣瘴癘疾病不任捕盜又不諳知山川道里林壑曲折故盜不能禁可令每巡檢下招置土人健勇輕捷者參戍兵之半互相關防易於擒捕令樞密院行之靖康元年四月以种師道爲太尉依前鎮洮軍節度使河北河東宣撫使後加同知樞密院事時師道駐軍滑州實無兵從行請合山東陝西京畿兵屯於靑滄滑衞河陽預爲防秋之計徐處仁等謂金人重載甫還豈能復來不宜先自擾費示之以弱議格不行七月河北東路宣撫使李綱奏臣兩具論以七月七日指揮止諸路防秋之兵爲不可必蒙聖察今宣撫司旣無兵可差不知朝廷旣止諸路防秋之兵將何應副兼遠方人兵各已在路又已借請數月本路漕司州縣又已預備半年百日之糧今一放散皆成虛費而實要兵用處無可摘那深恐誤國大計詔依所奏紹興之初群盜四起有若岳飛劉光世諸大將領兵尤重隨宜調發屯泊要害控制捍蔽是亦權宜之利矣厥後樞府帥臣屢言久戍之弊甚者或十年或二十年而不更尤可閔念蓋出戍者皆已老瘁而諸州所留類皆少壯及工匠三司多以坐甲爲名占留違制有終身未嘗一日戍者於是命帥臣鈐轄司置諸州尺籍定其姓名依期更戍帥臣又言有如貴溪戍兵三月一更緣貴溪至池州往反一千五百里即是一月在途徒有勞費願以一年終更今攷紹興間邊境弗靖故以大軍屯戍而踐更之期近者三月遠者三年逮和議旣成諸軍移屯者漸歸營矣惟防秋仍用移屯更戍之法沿河備禦亦倚重焉乾道淳熙紹熙之際一遵其制開禧初復議用兵駐劄諸兵始復移屯和議再成邊地一二要郡雖循舊貫其諸駐劄更戍之法不講而常屯之兵益多逮夫端平破川蜀咸淳失襄樊裂淮甸疆宇蹙而兵法壞叛將賣降庸夫乘鉞間有圖國忘死之士則遂制于權姦移屯更戍靡有定方於是戍卒疲於奔命不戰而斃者衆矣至若將校之部曲諸軍之名號士卒之衆寡詳列于屯駐者茲不重錄云

宋史卷一百九十七

元中書右丞相總裁脫脫等修

兵志第一百五十

兵十一 器甲之制

器甲之制其工署則有南北作坊院有弓弩院諸州皆有作坊皆役工徒而限其常課南北作院歲造塗金脊鐵甲等凡叄萬二千弓弩院歲造角弝弓等凡千六百五十餘萬諸州歲造黃樺黑漆弓弩等凡六百二十餘萬又南北作坊及諸州別造兵幕甲袋梭衫等什物以備軍行之用京師所造十日一進謂之旬課上親閱視

置五庫以貯之嘗令試牀子弩於郊外矢及七百步又令別造步弩以試戎具精緻犀利近代未有開寶三年五月詔京都士庶之家不得私蓄兵器軍士素能自備技擊之器者寄掌本軍之司俟出征則陳牒以請品官準法聽得署隨身器械時兵部令史馮繼昇等進火箭法命試驗且賜衣物束帛淳化二年申明不得私蓄兵器之禁至道二年二月詔先造光明細鋼甲以給士卒者初無襯裏宜以紬裏之俾擐者不磨傷肌體咸平元年六月御前忠佐石歸宋獻木羽弩箭裁尺餘而所激甚遠中鎧甲則簳去而鏃存牢不可拔詔增歸宋月奉且補其子爲東西班侍三年四月神騎副兵馬使焦偓獻盤鐵槊重十五斤令偓試之馬上往復如飛命遷本軍使八月神衞水軍隊長唐福獻所製火箭火毬火蒺藜造船務匠項綰等獻海戰船式各賜緡錢先是相國寺僧法山本洛州人彊姓其族百口悉爲戎人所掠至是願還俗隸軍伍以効死力且獻鐵輪撥渾重三十三斤首尾有刃爲馬上格戰具詔補外殿直五年知寧化軍劉永錫製手砲以獻詔沿邊造之以充用六年十月給軍中傳信牌其制漆木爲牌長六寸闊三寸腹背刻字而中分之置鑿柄令可合又穿二竅容筆墨上施紙札每臨陣則分而持之或傳令則署其言而繫軍吏之頸至彼合契乃書復命因冀州團練使石普之請也仁宗時天下久不用兵天聖四年詔減諸路歲造兵器之半是歲詔作坊造鐵槍一萬五千給秦渭環慶延州鎮戎軍六年詔外器甲久不繕先遣使分詣諸路閱視修治之景祐二年罷秦州造輸京師弓弩三年詔廣南民家毋得置博刀犯者并鍛人竝以私有禁兵律論先是嶺南爲盜者多持博刀杖罪輕不能禁轉運使以爲言故著是令四年詔作坊製栓子槍柧槍各五萬康定元年四月詔江南淮南州軍造紙甲三萬給陝西防城弓手又詔河東彊壯習弩者聽自置戶四等以下官給之八月詔陝西製柳木旁牌慶曆元年知州楊偕遣曲陽縣主簿楊拯獻龍虎八陣圖及所製神盾劈陣刀手刀鐵連槌鐵簡且言龍虎八陣圖有奇有正有進有止遠則射近則擊以刀盾彼蕃騎雖衆見神盾之異必遽奔潰然後以驍騎夾擊無不勝者歷代用兵未有經慮及此帝閱于崇政殿降詔獎諭其後言者以爲其器重大緩急難用云二年詔鄜延環慶涇原秦鳳路各置都作院賜河北義勇兵弓弩箭材各一百萬四年賜鄜延路總管風羽子弩箭三十萬五年詔諸路所儲兵械悉報三司三司歲具須知以聞仍約爲程式預頒之八年詔士庶之家所藏兵器非法所許者限一月送官敢匿聽人告捕皇祐元年御崇政殿閱知澧州供備庫副使宋守信所獻衝陣無敵流星弩拒馬皮竹牌火鐮石火綱三刃黑漆順水山字鐵甲野戰拒馬刀弩砦脚車衝陣劍輪無敵車大風鋼弩箭八種四年河北河東陝西都總管司言郭諮所造獨轅衝陣無敵流星弩可以備軍陣之用詔弓弩院如樣製之除諮爲鄜延路鈐轄許置弩五百募土民教之既成經略夏安期言其便詔立獨轅弩軍五年荆南兵馬鈐轄王遂上臨陣楊槍至和元年詔河北河東陝西路每歲夏曝器甲有損斷者悉令完備如復閱視有不堪用者知州通判并主兵官竝貶秩嘉祐四年詔京師所製軍器多不鋒利其選朝臣各一員揀試之七年詔江西制置賊盜司在所有私造兵甲匠竝籍姓名若再犯者并妻子徙淮南熙寧元年始命入內副都知張若水西上閤門使李評料簡弓弩而增修之若水進所造神臂弓實李宏所獻蓋弩類也以檿爲身檀爲弰鐵爲蹬子槍頭銅爲馬面牙登麻繩扎絲爲弦弓之身三尺有二寸弦長二尺有五寸箭木羽長數寸射三百四十餘步入榆木半笴帝閱而善之於是神臂始用而他器弗及焉二年命河北州軍凡戎器分三等以聞又詔內庫凡器甲擇其良若干條上四年詔諸路遣官詣州分庫藏甲兵器爲三等如沿邊三路而川峽不與五年帝匣斬馬刀以示蔡挺挺謂製作精而操擊便乃命中人領工造數萬口賜邊臣鐔長尺餘刃三尺餘首爲大環是歲詔權三司度支副使沈起詳定軍器制度起以爲一已之見有限宜令在京及三路主兵官監官工匠審度法度所宜庶可傳久詔從之時帝欲利戎器而患有司苟簡王雱上疏曰漢宣帝號中興賢主而史稱技巧工匠獨精於元成之時是雖有司之事而上繫朝廷之政方今外禦邊患內虞盜賊而天下歲課弓弩甲冑入充武庫者以千萬數乃無一堅好精利實可爲備者臣嘗觀諸州作院兵匠乏少至拘市人以備役所作之器但形質而已武庫之吏計其多寡之數而藏之未嘗責其實用故所積雖多大抵敝惡夫爲政如此而欲抗威決勝外攘內修未見其可也儻欲弛武備示天下以無事則金木絲枲筋膠角羽之材皆民力也無故聚工以毀之甚可惜也莫若更制法度歛數州之作聚爲一處若今錢監之比擇知工事之臣使專其職且募天下良工散爲匠師而朝廷內置工官以總制其事察其精窳而賞罰之則人人務勝不加責而皆精矣聞今武庫太祖時弓尚有如新者而近世所造往往不可用此可見法禁之張弛矣大抵雱爲此言以迎逢上意欲妄更舊制也六年始置軍器監總內外軍器之政置判一人同判一人屬有丞有主簿有管當公事先是軍器領於三司至是罷之一總於監凡產材州置都作院凡知軍器利害者聽詣監陳述於是吏民獻器械法式者甚衆是歲又置內弓箭南庫軍器監奏以利害頒諸路作院爲式是年冬以騎兵據大鞍不便野戰始製小鞍皮韂木蹬長於回旋馬射得以馳驟且選邊人習騎者分隸諸軍時周士隆上書論廣西交阯事請爲車以禦象陣文彥博非之安石以爲自前代至本朝南方數以象勝中國士隆策宜可用因論自古車戰法甚辯請以車騎相當試以觀其孰利帝亦謂北邊地平可用車爲營乃詔試車法令沿河採車材三千兩軍器監定法式造戰車以進七年判監呂惠卿言其所上弓式及其他兵器制度下殿前馬步三司令定奪去取而逐司不過取責軍校文狀以聞非獨持其舊說不肯更張又其智慮未必能知作器之意臣於朝廷已行之令非敢言改乞就一司同議帝乃遣管軍郝質赴監定奪皆曰便時軍器監製器不一材用滋耗於是詔不以嘗制選官馳往州縣根括牛皮角筋能令數羨次第加獎是歲始造箭曰狼牙曰鴨觜曰出尖四楞曰一插刃鑿子凡四種推行之八年詔河北拒馬或多以竹爲之不足當敵令軍器監造三萬具赴北京澶定州又令計河北所少兵器製造其不急者毋得妄費材力又詔民戶馬死舊不以報官者竝報輸皮筋以充用帝慮置監未有實効而虛用材役詔中書樞密院覈實其事令條畫以聞軍器監奏置監以來增造兵器若干爲工若干視前器增而工省帝復詰之且令與御前工作所較工孰省驗器孰良王韶謂如此恐內外相傾成俗且往年軍器監撿察內臣折剝弓弩隙由此生今令內臣較按軍器監又如曩日相傾無已帝曰比累累說軍器監事若不較見事實卽中外便以爲聽小臣譖愬今令得實行法所以明曲直也安石曰誠當如此若每事分別曲直明其信誕使功罪不蔽則天下之治久矣王韶曰軍器監事不須比較帝曰事不比較無由見枉直安石曰朝廷治事唯欲直而已其後安石卒以辯口解帝之疑而軍器監獲免欺罔之罪冬十月軍器監欲下河東等路采市曲木爲鞍橋帝以勞民費財不許是時河東陝西廣南帥臣邀功不已請增給兵器帝各令給與之至是有乞以耕牛博買器甲者元豐元年冬鄜延路經略使呂惠卿乞給新樣刀軍器監欲下江浙福建路製造帝不許給以內南庫短刃刀五萬五千口二年御批有曰河東路見運物材於緣邊造軍器顯爲迂費張皇可令軍器監速罷之三年吉州奏奉詔市箭笴三十萬非土地所產且民間不素蓄乞豫給緡錢期以一年和市從之時西邊用兵久不解四年春陝西轉運使李稷奏本道九軍什物之外一皆無之乞於永興軍庫以餘財立法營辦七月涇原路奏修渭州城畢而防城戰具寡少乞給三弓八牛床子弩一槍三劒箭各欲依法式製造詔圖樣給之五年七月鄜延路計議邊事所奏乞緡錢百萬工匠千人鐵生熟五萬斤牛馬皮萬張造軍器竝給之八月詔令沈括以劈陣大斧五千選給西邊諸將十一月陝西轉運使李察言本路都作院五宜各委監司提舉從之六年二月詔熙河路守具有闕給氈三千領牛皮萬張運送之八月從環慶路趙卨之請以神臂弓一千箭十萬給之未幾賜蘭會路藥箭二十五萬七年陝西轉運副使葉康直言秦鳳路軍器見闕名物計四百三十餘萬使一一爲之非十餘年可就乞自京給賜詔量給之帝性儉約有司造將官皮甲欲以生絲染紅代氂牛尾爲瀝水帝惜之代以他毛於一弓一矢一甲一牌之用無不盡心焉弓曰闢閃促張弓罷長弰舊法矢曰減指箭牌以欒竹穿皮爲之以易桐木牌改素鐵甲爲編挨甲其法精密乃劉昌祚尹抃閻守懃等所定制度云八年十月詔內外所造軍器以見餘物材工匠造之兵匠民工卽罷遣之元祐元年詔三路既罷保甲團教其器甲各送官收貯勿得以破損拘民整治八月詔太僕少卿高遵惠會工部及軍器監內外作坊及諸州都作院工器之數以要切軍器立爲歲課務得中道他非要切竝權住勿造於是數年之間督責少弛紹聖三年有司言州郡兵備全爲虛文恐緩急不足備禦請稍推行熙寧之詔常令封樁排垛依雜隊法從之元符元年詔江湖淮浙六路合造神臂弓三千箭三十萬二年臣僚奏乞增造神臂弓於是軍器監所造歲益千餘弓是歲詔河北沿邊州城壁樓櫓器械各務修治有不治者罪之先是二廣路土丁令依熙寧指揮修置器械三年知端州蕭刓上疏極言傷財害民其弊非一乞住買槍手器械疏奏不報崇寧初臣僚爭言元祐以來因循弛廢兵不犀利詔復令諸路都作院創造

修治官吏攷察一如熙寧時矣時有詔造五十將器械從工部請令內外共造由是都大提舉內外製造軍器所之名立焉初從邢恕之議下令創造兵車數千乘買牛以駕已而蔡碩又請河北置五十將兵器且爲兵車萬乘蔡京主其說姦吏旁緣而因爲民害者深矣崇寧三年河北陝西都轉運司言兵車之式若用許彥圭所定則車大而費倍若依往年二十將舊式則輕小易用且可省費詔卒以許彥圭式行之時熙河轉運副使李復先奏曰今之用兵與古不同古者征戰有禮不爲詭遇多由正塗故車可行而敵不敢輕犯今之用兵盡在極邊下砦駐軍各以保險爲利車不能上又戰陣之交一進一退車不能及一被追襲遂非已有臣屢觀戎馬之間雖糧糗衣服器械不能爲用況於車乎臣聞此車之造許彥圭因姚麟以進其說朝廷以麟熟於邊事而不知彥圭輕妄麟立私恩以誤國計其車比於常法闊六七寸運不合轍東來兵夫牽輓不行以致典賣衣物自賃牛具終日而進六七里棄車而逃者往往而是夫未造則有配買物材顧差夫匠之擾既成又難運致則爲諸路之患有不可勝言者矣彥圭但圖一官之得不知有誤於國此而不誅何以懲後今乞便行罷造已造者不復運來以寬民力其後彥圭卒得罪元豐之時河北河東路軍器每季終委逐路職司更互攷察元祐罷之四年因工部之請復行之大觀二年手詔曰前東南備禦指揮深慮監郡縣吏急切者依法害民廢職者慢令失事如築城壁造軍器收戰馬習水戰之類竝可量度工力計以歲月漸次興作每得急遽科歛及差顧百姓使急不擾民緩不廢事然後爲稱尋詔限十年一切畢工四月罷黎雅等州市氂牛尾慮爲民害八月提舉御前軍器所奏乞如崇寧五年指揮下諸路買牛角西十萬隻筋十萬斤從之政和二年二月詔諸路州郡造軍器有不用熙寧法式者有司議罰具爲令六月又詔竝用御前軍器所降法式前二月指揮勿行三年詔馬甲曩用黑髹漆今易以朱是歲姚古奏更定軍器曩時甲二副今拆造三副曩時手刀太重今皆令輕便易用曩時神臂弓碩二石三斗今碩一石四斗從之悉下諸路攺造六年軍器少監鄧之綱奏國家諸路爲將一百三十有一訓練士卒各給軍器以備不虞惟河北諸將軍器乃熙豐時造精利牢密冠於諸路臣恐歲久因循多致損弊乞自河北陝西路爲首令諸路一新戎器仰稱陛下追述先志儲戎器壯國威之意從之七年之綱三上奏一言修武庫二言整軍器大省國用詔升之綱爲大監又遷一官時宇文粹中賜對崇政殿奏武庫事因奏武庫有祖宗所御軍器十餘色乞編入鹵簿圖志遇郊兵重禮陳於儀物之首以識武功且示不忘創業艱難意是年御筆以武庫當修軍器近一億萬其中箭鏃五千餘萬用平時工料須七十年餘然後可畢於是令鄧之綱分給沿流作院限三年修之而權住三年上供軍器八年以之綱奏諸路歲起上供料買分數待免三年綱發然自時厥後申明郡縣牛皮角筋之禁紛然爲害者之綱之請也宣和元年權判湖南路提點刑獄公事鄭濟奏本路惟潭邵二州各有年額製造軍器今年製造已足躬親試驗竝依法式不誤施用詔加旌賞以爲諸路之勸然自是歲督軍器率用御筆處分工造不已而較數嘗闕繕修無虛歲而每稱弊壞大抵中外相應一以虛文上下相蒙而馴致靖康之禍矣靖康初兵仗皆闕詔書屢下嚴立賞刑而卒亦無補時通判河陽權州事張旂奏曰河陽自今春以來累有軍馬經過軍士舉隨身軍器若馬甲神臂弓箭槍牌之類於市肆博易熟食名爲寄頓其實棄遺避逃征役拘收三日間得器械四千二百餘物此乃太原援師尚且棄捐器甲則他路軍馬事勢可知宜諭民首納免貽他患帝善旂奏賞以一官初御前軍器監軍器所萬全軍匠以三千七百爲額東西作坊工匠以五千爲額紹興初役兵纔千人久之增至五千六百餘又於諸道增二千九百餘本券外復增給日錢百七十月米七斗半於是內庫累歲兵械山積而諸軍悉除戎器三十六年詔工匠宜減免江浙福建諸州物料悉蠲之有司奏物料減三之一工匠二千雜役兵五百爲額舊軍器所得專達建炎中嘗以閣官董懿提舉尋罷之紹興五年隸工部復以中人典領三十年工部言非祖宗建官意詔依條檢察孝宗受禪增提點官一員御史力論其不可復隸工部焉

時造車之制渡江後東南地多沮洳險隘不以車爲主宗澤李綱有戰車法王大智獻車式皆不復用而屬意甲胄弧矢之利矣建炎初上諭宰執曰方今戰士無慮三十萬若皆被堅執銳加以弧矢之利雖彊敵無足畏也造弓必用良工善價紹興三年提舉製造軍器所言以七十工造全裝甲一又長齊頭甲每一甲用工百四十一短齊頭甲用工七十四乞以本所全裝甲爲定式席益言諸州造馬蝗弩不若令造弓詔竝改造弓弩內馬蝗弩改手射弓紹興四年軍器所言得旨依御降式造甲緣甲之式有四等甲葉千八百二十五表裏磨鋥內披膊葉五百四每葉重二錢六分又甲身葉三百三十二每葉重四錢七分又腿裙鶻尾葉六百七十九每葉重四錢五分又兜鍪廉葉三百一十每葉重二錢五分并兜鍪一盔子眉子共一斤一兩皮線結頭等重五斤十二兩五錢有奇每一甲重四十有九斤十二兩若甲葉一一依元領分兩如重輕差殊卽棄不用虛費工材乞以新式甲葉分兩輕重通融全裝共四十五斤至五十斤止詔勿過五十斤三十二年詔江東安撫司造木弩五千箭五十萬隆興元年御降木羽弩箭式每路依式製箭百萬淳熙九年衢州守臣製到木鶴背弩二千箭十萬又湖北京西造納無羽箭上曰箭不用羽可謂精巧其屋藏之淮東總領朱佺言鎭江一軍乃韓世忠部曲世忠造克敵弓以當敵騎衝突其發可至百步其勁可穿重甲最爲利器往歲調發弓不免損失存者歲久亦漸弛壞今考諸軍見弩手八千八百四十二人人合用兩弓一弓一日上敎一弓備出戰合用弓萬七千六百八十有四僅存六千五百七十有四餘皆不堪施敎乞下鎭江都統司足其額十五年工部侍郎李昌圖言弓矢之利貴於便疾神臂弓斗力及遠屢獲其用後又造神勁弓及遠雖在神臂弓上軍中多言其發遲每神臂三矢而神勁方能一發若臨敵之際便疾反出神臂下上曰平原曠野宜用神勁弓西蜀崇山峻嶺未知孰利詔金州都統司詳議以聞既而都統制吳挺奏神勁弓并彈子頭箭諸軍用之誠便疾神臂不及也詔從其便楚州兵馬鈐轄言弩之力勁者三十石次者十五石矢之鏃狀若鍬所發何啻數百步洞穿數人江上諸軍有弩式皆廢不修詔兩淮荆襄沿邊城守各製二十枝御前軍器所亦如之紹熙而後日造器械數目山積開慶元年壽春府造匾筒木弩與常弩明牙發不同箭置筒內甚穩尤便夜中施發又造突火槍以鉅竹爲筒內安子窠如燒放焰絕然後子窠發出如砲聲遠聞百五十餘步咸淳九年沿邊州郡因降式製回回砲有觸類巧思別置砲遠出其上且爲破砲之策尤奇其法用稻穰草成堅索條圍四寸長三十四尺每二十條爲束別以麻索繫一頭於樓後柱搭過樓下垂至地梯梁垂四層或五層周庇樓屋沃以泥漿火箭火砲不能侵砲石雖百鈞無所施矣且輕便不費財立名曰護陴籬索是時兵紀不振獨器甲視舊制益詳

宋史卷一百九十八

元　中　書　右　丞　相　總　裁　脫　脫　等　修

兵志第一百五十一

兵十二　馬政

國馬之政歷五代寖廢至宋而規制備具自建隆而後其官司之規廄牧之政與夫牧市之利牧地之數支配之等曰券馬曰省馬曰馬社曰括買沿革盛衰皆可得而考焉凡御馬之等三（入殿祗候六五匹別駕下四匹從駕一十四匹）給用之等十有五（曰擷中曰不得支使曰添價曰明信曰臣僚曰諸班曰御龍直曰捧日曰龍衛曰拱聖曰驍騎曰雲武騎曰天武龍猛曰配軍曰雜吏曰馬鋪）羣號之字十有七（曰左曰右曰千曰立曰水曰官曰吉曰天曰主曰三曰與曰來曰萬曰小曰官曰退）毛物之種九十有二（此撥之別八青之別二白之別一烏之別五赤之別五紫之別六駿之別十一赭白之別六騮之別八騧之別六駱之別五騅之別五騂之別八騣騁之別六駁之別三驃之別七）其官司之規則太祖承前代之制初置左右飛龍二院以左右飛龍二使領之太平興國五年改飛龍爲天廄坊雍熙四年改天廄爲左右騏驥院左右天駟監四左右天廄坊二皆隸焉眞宗咸平元年揔置估馬司凡市馬掌辨其良駑平其直以分給諸監三年置群牧使以內臣勾當制置群牧司京朝官爲判官景德二年改諸州牧龍坊悉爲監賜名鑄印以給之在外之監十有四大名曰大名洛州曰廣平衛州曰淇水竝分第一第二河南曰洛陽鄭州曰原武同州曰沙苑相州曰安陽澶州曰鎭寧邢州曰安國中牟曰淳澤許州曰單鎭四年以知樞密院陳堯叟爲群牧制置使又別置群牧使副都監增判官爲二員凡廄牧之政皆出於群牧司自騏驥院而下皆聽命焉諸州有牧監知州通判兼領之諸監各置勾當官二員又置左右廂提點又置牧養上下監以養療京城諸坊監病馬又詔左右騏驥院諸坊監官竝以三年爲滿如習知馬事願留者群牧司以聞而徙涖他監焉其廄牧之政則自太祖置養馬務一葺舊務四以爲牧放之地始太平興國四年太宗觀兵于幽得汾晉燕薊之馬四萬二千餘疋內皁充牣始分置諸坊牧養之時殿直李諤坐贓監牧許州盜官菽馬多死并主吏斬於市又詔擇豐曠地置牧龍坊八以便牧養淳化二年十二月詔闌人取善馬數十疋於便殿設皁棧敎以秣飼且以其法諭宰執仍頒于諸軍復以醫馬良方賜近臣嘗從趙守倫之請於諸州牧龍坊畜牝馬萬五千疋逐水草牧放不費芻秣生駒蕃息足資軍用至是守倫復言諸坊牧馬萬疋歲當生駒四千今歲止二千五百典司失職當嚴責罰若馬百疋歲得駒七十則加遷擢諸坊產駒

卽籍以閱牧放軍人當募少壯充役竝從之眞宗大中祥符元年立牧監賞罰之令外監息馬一歲終以十分爲率死一分以上勾當官罰一月奉餘等第決杖牧倍多而死少者給賞緡有差凡生駒一疋兵校而下賞絹一疋當是時凡內外坊監及諸軍馬凡二十餘萬疋飼馬兵校一萬六千三十八人每歲京坊草六十六萬六千圍麩料六萬二千二百四石鹽油藥糖九萬五千餘斤石諸州軍不預焉左右騏驥六坊監止留馬二千餘疋皆春季出就牧孟冬則別其羸病就棧皁養飼其尚乘之馬唯備用者在焉凡牧監之在河南北天禧後靈昌監爲河決所衝至乾興天聖間兵久不試言者多以爲牧馬費廣而亡補乃廢東平監以其地賦民五年廢單鎭監六年廢洛陽監於是河南諸監皆廢悉以馬送河北旣而詔取原武監馬赴京師移河北孳生馬牧於原武八年群牧司上言原武地廣而馬少請增牧數詔以淇水第二監四歲馬屬原武歲取河北孳生四歲馬分屬淇水第二幷原武監移原武下等馬牧于靈昌鎭廢監仍隸原武九年詔諸監孳生駁馬四時遊牧勿復登廄明道元年議者謂自河南六監廢京師須馬取之河北道遠非便詔遣左廂提點王舜臣往度利害舜臣言鎭寧靈昌東平淳澤四監雖廢然其地猶牧本監幷騏驥院馬洛陽單鎭去京師近罷之非便乃詔復二監以牧河北孳生馬景祐二年揀河北諸監馬一千九百牧於趙州界隸安陽監旣而詔廣平廢監留其一以趙州界牧馬復隸焉所餘一監毋毀廄舍四年復以原武第二監爲單鎭移于長葛縣以縣令都監兼領之三年詔院坊監馬歲留備用外餘爲兩群牧于咸豐門外牟駞岡凡收養病馬估馬司騏驥院取病淺者送上監深者送下監分十槽醫療之天聖六年詔月以都監判官一人提舉八年言者謂上監去京城遠送病馬非便詔廢之以病淺馬分屬左右騏驥院六坊監季較抛死數歲終第賞罰更以騏驥院官迭往提舉明道二年復置上監易名天坰養無病馬病馬幷屬下監景祐二年詔以收養監馬團群牧于陳許州界鳳凰陂免耗芻菽歲以爲常治平二年詔院坊監馬之病不堪估賣者送淇水第一監別爲一群以牧養之凡馬之孳生則大名監洺衞相州七監多擇善種合牝牡爲群判官歲以十二月巡行坊監閱二歲駒點印第賞收兵諸軍收駒及二歲卽送官天聖七年群牧司言舊制知州軍通判領同群牧事歲終較馬死數及分已上幷生駒不及四分竝罰奉死數少生駒多卽奏第賞三歲都比以該賞者聞今請申明舊制通判始到官書所轄馬數歲一考之官滿較總數爲賞罰詔從之嘉祐八年群牧司言孳生七監每監歲定牝馬二千牡馬四百歲約生駒四百以爲定數治平二年詔諸監生駒滿三十月已上每歲點印選牡之良者送淇水第二監餘雜大馬悉送河南三監其淇水第二監馬候滿六十月給配諸監諸監牝馬滿三十月本監別立群牧放候滿五十月乃撥配他監凡收市馬戎人驅馬至邊總數十百爲一券一馬預給錢千官給芻粟續食至京師有司售之分隸諸監曰券馬邊州置場市蕃漢馬團綱遣殿侍部送赴闕或就配諸軍曰省馬陝西廣銳勁勇等軍相與爲社每市馬官給直外社衆復哀金益之曰馬社軍興籍民馬而市之以給軍曰括買宋初市馬唯河東陝西川峽三路招馬唯吐蕃回紇党項藏牙族白馬鼻家保家名市族諸蕃至雍熙端拱間河東則麟府豐嵐州岢嵐火山軍唐龍鎭濁輪砦陝西則秦渭涇原儀延環慶階州鎭戎保安軍制勝關浩亹府河西則靈綏銀夏州川峽則益文黎雅成茂夔州永康軍京東則登州自趙德明據有河南其收市唯麟府涇原儀渭秦階環州岢嵐火山保安保德軍其後置場則又止環慶延渭原秦階文州鎭戎軍而已太祖時歲遣中使詣邊州市馬先是兩河之民入蕃界盜馬入中國官給其直時方留意撫綏詔禁之太平興國四年詔市吏民馬十七萬疋六年詔內屬戎人驅馬詣闕下者首領縣次續食且禁富民無得私市十二月詔蕃部鬻馬官取良而棄駑又禁其私市歲入數旣不充且無以懷遠人自今委長吏謹視馬之良駑卽印識之許民私市焉先是以銅錢給諸蕃馬直八年有司言戎人得錢銷鑄爲器乃以布帛茶及他物易之天禧中宰相向敏中言國馬倍於先朝廣費芻粟乃詔以三歲已上配軍馬估直出賣先是市馬以三歲已上十三歲已下爲率天聖中詔市四歲已上十歲已下旣而所市不足群牧司以爲言乃詔入券幷省馬市三歲已上十二歲已下明年詔府州岢嵐軍自今省馬三歲四歲者不以等第五歲已上十二歲已下骨格良善行者悉許綱送估馬司餘非上京省馬竝送幷州揀馬司景祐元年御史中丞韓億言蕃部以馬抵永康軍中賣所得至少徒使羌人知蜀山川道路非計之得乃詔罷之四年群牧司奏河北諸軍闕馬請製等杖六付天雄軍眞定府定瀛貝滄州市上生馬十二歲以下視等第給直馬自四尺七寸至四尺二寸凡六等其直自二萬五千四百五十至萬六千五百五十課自萬三千四百五十至八千九百五十九六等取備邊兵戶絕錢充直以第一等送京師餘就配諸軍康定初陝西用兵馬不足詔京畿京西淮南陝西路括市戰馬馬四尺六寸至四尺二寸其直自五十千至二十千凡五等宰臣樞密使聽畜馬七參知政事樞密副使五尚書學士至知雜閤門使已上三升朝官閤門祗候已上一餘命官至諸司職員寺觀主首皆一節度使至刺史殿前馬步軍都指揮至軍頭司散員副兵馬使皆勿括竝邊七州軍免出內庫珠償民馬直又禁邊臣私市闕者官給二年詔河北州軍置場市馬雖除等樣如聞所得不廣宜加增直第一等二萬八千第二等二萬六千第三等二萬四千第四等以下及牝馬卽依舊直仍自第二等以下遞減一寸慶曆四年詔河北點印民間馬凡收市外見餘二萬七百除坊郭戶三等鄉村三等已上養飼如舊餘點印者悉集揀市五年出內藏庫絹二十萬市馬于府州岢嵐軍六年詔陝西河東社馬死者本營鬻錢以助馬直至和元年詔蜀馬送京師道遠多病瘠自今以春秋冬部送陝西四路總管司二年脩陝西蕃馬驛群牧司每季檢沿路郡縣察視之邊州巡檢兵校聽自市馬官償其直又詔陝西轉運使司以銀十萬兩市馬于秦州歲以爲常嘉祐元年詔三司出絹三萬市馬于秦州以給河東軍五年薛向言秦州券馬至京師給直幷路費一馬計錢數萬請於原渭州德順軍置場收市給以解鹽交引卽不耗度支緡錢其券馬姑存以來遠人歲可別得良馬八千以三千給沿邊軍騎五千入群牧司七年陝西提舉買馬監牧司奏舊制秦州蕃漢人月募得良馬二百至京師給絲絹銀椀腰帶錦襖子蕃官回紇隱藏不引至者竝以漢法論罪歲募及二千給賞物外蕃部補蕃官蕃官轉資回紇百姓加等給賞今原渭德順軍置場市馬請如秦州例施行詔從之先是詔議買馬利害吳奎等議於秦州古渭永寧砦及原州德順軍各令置場京師歲支銀四萬兩紬絹七萬五千疋充馬直不足以解鹽鈔幷雜支錢給之詔行之八年宰臣韓琦言秦州永寧砦舊以鈔市馬自脩古渭砦在永寧之西而蕃漢多互市其間因置買馬場凡歲用緡錢十餘萬蕩然流入虜中實耗國用詔復置場永寧罷古渭砦中場蕃部馬至徑鬻于秦州治平元年薛向請原渭州德順軍買馬官永興軍養馬務如原州德順軍幷渭州同判三年爲任悉以所市馬多少爲殿最又言秦州山外蕃部至原渭州德順軍鎭戎軍鬻馬充豪商錢至秦州所償止得六百今請於原渭州德順軍官以鹽鈔博易使得輕齎至秦州易蜀貨以歸蜀商以所博鹽引至岐雍換監銀入蜀兩獲其便群牧司請如向言施行是歲詔河東陝西廣銳蕃落闕馬復置社買一馬官給錢三十千久之馬不至乃增置如慶曆詔書第三等三十五千第四等二十八千四年以成都府路歲輸紬絹三萬給陝西監牧司自是蕃部馬至者衆官軍仰給焉先是以陝西轉運使兼本路監牧買馬事後又以制置陝西解鹽官同主之大抵國初市馬歲僅得五千餘疋天聖中蕃部省馬至三萬四千九百餘疋嘉祐以前原渭德順凡三歲市馬至萬七千一百疋秦州券馬歲至萬五千疋凡牧地自畿甸及近郡使擇水草善地而標占之淳化景德間內外坊監總六萬八千頃諸軍班又三萬九百頃不預焉歲久官失其籍界堠不明廢置不常而淪於侵冒者多矣淳化二年十二月通利軍上十牧草地圖上慮侵民田遣中使檢視疆理嘉祐中韓琦請括諸監牧地留牧外聽下戶耕佃遣都官員外郎高訪等括河北得閒田三千三百五十頃募佃歲約得穀十一萬七千八百石絹三千二百五十疋草十六萬一千二百束群牧司言諸監牧地間有水旱每監牧放外歲刈白草數萬束以備冬飼今悉賦民異時監馬增多及有水旱無以轉徙牧放詔遣左右廂提點官相度除先被侵冒已根括出地權給租佃餘委群牧司審度存留有閒土卽募耕佃五年群牧司言凡牧一馬往來踐食占地五十畝諸監旣無餘地難以募耕請存留如故廣平廢監先賦民者亦乞取還乃詔河北京東牧監帳管草地自今毋得人請射犯者論以違制群牧使歐陽脩言唐之牧地西起隴右金城平涼天水暨河曲之野內則岐豳涇寧東接銀夏又東至于樓煩今則沒入蕃界淪於侵佃不可復得惟河東嵐石之間山荒甚多汾河之側草地亦廣其間水草最宜牧養此唐樓煩監地迹此臣之則樓煩元池天池三監舊地尚冀可得推往年出使嘗行威勝以東及遼州平定軍其地率多閑曠河東一路水草甚佳地勢高寒必宜馬性又京西唐汝之間荒地亦廣請下河東京西轉運司遣官審度若可興置監牧則河北諸監尋可廢罷治平末牧地總五萬五千河南六監三萬二千而河北六監則二萬三千凡支配騏驥院估馬司以當配軍及新收馬闕于便殿數毋

過一百凡配軍視其奉錢之數馬自四尺六寸至四尺三寸奉錢自一千至三百爲四等差次給之至五月權止外州軍士闕馬先奏禀乃給荆湖路歸遠雄武軍士配以在所土產馬凡闕馬軍士以分數配塡慶曆四年詔陝西河北河東塡五分餘路塡四分他州軍府界巡檢兵校聽自市官償其直毋過三十千是歲詔諸路以馬給軍士比試武技優者先給比試兩給闕馬十疋以下全給十疋以上如舊數支至和元年詔軍士戍陝西河東河北塡七分餘路塡六分凡主兵官當借馬者至罷兵權殿前馬步軍都指揮使賜所借馬三都虞候捧日天武龍神衞四廂都指揮使二軍都指揮使一外州在官當借馬者經畧使三總管鈐轄二路分都監承受極邊砦至監押都巡檢把截保丁指揮一毋得乘之他州并以假人犯者論以違制寶元元年詔群臣例賜馬者宰相至樞密直學士使相至正任刺史并皇族緣姻事當賜者如舊制餘給以馬直少卿監已上三十五千內殿承制已下二十三千凡群臣假官馬進奉者置籍報左藏庫償直四十千其後多負不償乃詔借馬者先輸直久逋不償者剋其奉料熙寧以來有保馬戶馬其後又變爲給地牧馬神宗嘗患馬政不善謂樞密使文彥博曰群牧官非人無以責成效其令中書擇使卿舉判官冀國馬蕃息以給戰騎於是以北部員外郎崔台符權群牧判官又命群牧判官劉航及台符删定群牧敕令以唐制參本朝故事而奏決焉熙寧元年又手詔彥博等曰今諸州守貳雖同領群牧而未嘗親涖職事其議更制應監牧郡守貳僉朝廷選授與坊監使臣皆第其能否制賞罰而升黜之宜立法以聞又手詔曰方今馬政不脩官吏無著効豈任不久而才不盡歟是何監牧之多官吏之衆而乏才之甚也昔唐用張萬歲三世典群牧恩信行乎下故馬政脩舉後世稱爲能吏今上自提總官屬下至坊監使臣既非銓擇而遷徙迅速謂之假道欲使官宿其業而盡其能不可得也爲今之計者當簡其勞能進之以序自坊監而上至於群牧都監皆課其功而第進之以爲任事者勸焉於是樞密副使邵元請以牧馬餘田脩稼政以資牧養之利而群牧司言馬監草地四萬八千餘頃今以五萬馬爲率一馬占地五十畝大名廣平四監餘田無幾宜且仍舊而原武單鎭洛陽沙苑淇水安陽東平等監餘良田萬七千頃可賦民以收芻粟從之已而樞密院又言舊制以左右騏驥院總司國馬景德中始增置群牧使副都監判官以領廐牧之政使領雖重未嘗躬自巡察不能周知牧畜利病以故馬不蕃息今宜分置官局專任責成乃詔河南北分置監牧使以劉航崔台符爲之又置都監各一員其在河陽者爲孳生監凡外諸監竝分屬兩使各條上所當行者諸官吏若牧田縣令佐竝委監牧使舉劾專隸樞密院不領於群牧制置先是群牧司請於河北河東陝西都總管治所各置一監以使給軍乃遣官下諸路詳度既又以知太原唐介之請發沙苑馬五百置監於交城又分置河南河北兩使時上方留意牧監地然諸監牧田皆寬衍爲人所冒占故議者爭請收其餘資以佐芻粟言利者乘之始以增賦入爲務二年詔括河南北監牧司總牧地舊籍六萬八千頃而今籍五萬五千餘數皆隱於民自是請以牧地賦民者紛然而諸監尋廢是歲天下應在馬凡十五萬三千六百有奇初內外班直騎軍馬以四月下槽出牧迄八月上槽風雨勞逸之不齊故多病斃圉人歲被榜罰吏緣牧事害民棚井科率無寧歲四年十月乃命同修起居注曾孝寬較度其利害孝寬請罷諸班直諸軍馬出牧以田募民出租詔自來年如所請仍令三司備當牧五月芻粟五年廢太原監七年廢東平原武監而合淇水兩監爲一八年遂廢河南北八監惟存沙苑一監而兩監司牧亦罷矣沙苑先以隸陝西提舉監牧至是復屬之群牧司始議廢監時群牧制置使文彥博言議者欲賦牧地與民而收租課散國馬於編戶而責孳息非便詔元絳蔡確較其利害上之於是中書樞密院言河南北十二監起熙寧二年至五年歲出馬一千六百四十疋可給騎兵者二百六十四餘僅足配郵傳而兩監牧吏卒雜費及所占地租爲緡錢五十三萬九千有奇計所出馬爲錢三萬六千四百餘緡而已今九監見馬三萬若不更制則日就損耗於是卒廢之以其善馬分隸諸監餘馬皆斥賣收其地租給市易本錢分寄籍常平出子錢以爲市馬之直監兵五千以爲廣固指揮脩治京城焉後遂廢高陽眞定太原大名定州五監凡廢監錢歸市易之外又以給熙河歲計諸監既廢淤田司請廣行淤溉增課以募耕者而河北制置牧田所繼言牧田沒於民者五千七百餘頃乃嚴侵冒之法而加告獲之賞自是利入增多元豐三年廢監租錢遂至百一十六萬自群牧使而下賜賚有差乃命太常博士路昌衡秘書丞王得臣與逐路轉運司開封府界提點司按租地約三年中價以定歲額若催督遲滯以擅支封樁法論初經制熙河邊防財用司奏於岷州床川荔川閭川砦通遠軍熟羊砦置牧養十監議者繼言蕃馬法帝欲試之近甸六年手詔樞密院牧馬重事經始之際宜得左右近臣以總其政今自霧澤陂牧馬所造法始於畿內置十監以次推之諸路宜令樞密院都承旨張承一副都承旨張山甫經度制置權不隸尚書駕部及太僕寺有當自朝廷處分者樞密院主之已而其說皆不効八年同提舉經度制置曹誦言自崇儀副使溫從吉建議叛孳生監迨今二年駒不蕃而死者益衆乃命御史臺按驗自置監以來得駒不及一分四釐馬死已十分之六於是責議者及提舉官而罷畿內十監元祐初議興廢監以復舊制於是詔庫部郎中郭茂恂往陝西河東所當置監尋又下河北陝西轉運提點刑獄司按行河渭井晉之間牧田以聞時已罷保甲教騎兵而還戶馬於民於是右司諫王巖叟言兵之所恃在馬而能蕃息之者牧監也昔廢監之初識者皆知十年之後天下當乏馬已而不待十年其弊已見此甚非國之利也乞收還戶馬三萬復置監如故監牧事委之轉運官而不專置使令鄆州之東平北京之大名元城衞州之淇水相州之安陽洛州之廣平監以及瀛定之間棚塞草地疆畫具存使臣牧卒大半猶在稍加招集則指顧之間措置可定而人免納錢之害國收牧馬之利豈非計之得哉又況廢監以來牧地之賦民者爲害多端若復置監牧而收地入官則百姓戴恩如釋重負矣自是洛陽單鎭原武淇水東平安陽等監皆復初熙寧中併天駟四監爲二而左右天廐坊亦罷至是復左右天廐坊時又有旨內外馬事竝隸太僕寺不由駕部而達尚書省兵部尚書王存右司諫王覿言先帝講求歷代之法正省臺寺監之職上下相繼各有統制其間或濡滯不通宜量加裁正不可因而麋紊言不果行又詔舊屬群牧司者專隸太僕寺直達樞密院不由尚書省及駕部至崇寧中始詔如元豐舊制紹聖初用事者更以其意爲廢置而時議復變太僕寺言府界牧田占佃之外尚存三千餘頃議復畿內孳生十監詔以莊宅副使麥文昞內殿崇班王景儉充提舉後二年而給地牧馬之政行矣先是知任縣韓筠等建議凡授民牧田一頃爲官牧一馬而蠲其租縣籍其高下老壯毛色歲一閱亡失者責償已佃牧田者依上養馬知邢州張赴上其說且謂授田一頃爲官牧一馬較陝西沿邊弓箭手既養馬又戍邊者爲優試之一監一縣當有利而無害樞密院是其請且言熙寧中罷諸監以賦民歲收緡錢至百餘萬元祐初未嘗講明利害惟務罷元豐熙寧之政奪已佃之田而復舊監桑棗井廬多所毁伐監牧官吏爲費不貲牧卒擾民棚井抑配爲害非一蓋自復監以來臣僚屢陳公私之害若循元祐倉卒更張之法久當益弊且左右廂今歲籍馬萬三千有奇堪配軍者無幾惟沙苑六千疋愈於他監今赴等所陳授田養馬既蠲其租不責以孳息而不願者無所抑勒又限以尺寸則緩急皆可用之馬矣乃具爲條畫下太僕寺應監牧州縣悉行之時殿中侍御史陳次升言給地牧馬其初始於邢州守令之請未嘗下監司詳度諸路各有利害既不可知民居與田相遠者難就耕牧一頃之地所直不多而亡失責償爲錢四五十千必非人情所願言竟不行時同知樞密院者曾布也四年遂廢淇水單鎭安陽洛陽原武監罷提點所及左右廂惟存東平沙苑二監曾布自敍其事曰元祐中復置牧監兩廂所養馬止萬三千疋而不堪者過半今既以租錢置蕃落十指揮於陝西養馬三千五百又人戶願養者亦數千而所存兩監各可牧萬馬馬數多於舊監而所省官吏之費非一近世良法未之能及時三省皆稱善其後沙苑復隸陝西買馬監牧司而東平監仍廢崇寧元年有司較諸路田養馬之數凡一千八百疋有奇而河北西路占一千四百他路自二百疋以下至河東路僅九疋而開封府界京西南路京東東路皆無應募者蓋法雖已具而猶未及行也大觀元年尚書省言元祐置監馬不蕃息而費用不貲今沙苑最號多馬然占牧田九千餘頃芻粟官曹歲費緡錢四十餘萬而牧馬止及六千自元符元年至二年亡失者三千九百且素不調習不中於用以九千頃之田四十萬緡之費養馬而不適於用又亡失如此利害灼然可見今以九千頃之田計其磽瘠三分去一猶得良田六千頃以直計之頃爲錢五百餘緡以一頃募一馬則人得地利馬得所養可以紹述先帝隱兵於農之意請下永興軍路提點刑獄司及同州詳度以聞俟見實利則六路新邊閑田當以次推行時熙河路蘭湟牧馬司又請兼募願養牝馬者每收三駒以其二歸官一充賞詔行之是歲臣僚言岷州應募養馬者至萬餘疋於是自守貳而下遞賞有差明年詔熙河路應縣鎭城砦關堡官竝兼管幹給地牧事四年復罷京東西路給地牧馬復東平監政和二年詔諸路復行給地牧馬復罷東平監五年提舉河東給地牧馬尚中行以奏報稽違

且欲擅更法詔授遠小監當官於是人皆趣令牧守提舉以率先就緒遷官第賞者甚衆七年有司言給地增牧法成令具諸路告功乃下諸路春秋集教以備選用令下奉行之者益力蔡京既罷政新用事者更言其不便宣和二年詔罷政和二年以來給地牧馬條令收見馬以給軍應牧田及置監處竝如舊制又復東平監凡諸監興罷不一而沙苑監獨不廢自給地牧馬之法罷三年而復行時牧田已多所給占乃詔見管及已拘收如官司輙復請占者以違制論六年又詔立賞格應牧馬通一路及三千疋州通縣及一千縣及三百其提點刑獄守令各遷一官倍者更減磨勘年於是諸路應募牧馬者爲戶八萬七千六百有奇爲馬二萬三千五百既推賞如上詔而兵部長貳亦以兼總八路馬政遷官然北方有事而馬政亦急矣靖康元年左丞李綱言祖宗以來擇陝西河東河北美水草高涼之地置監凡三十六所比年廢罷殆盡民間雜養以充役官吏便文以塞責而馬無復善者今諸軍闕馬者太半宜復舊制權時之宜括天下馬量給其直不旬日間則數萬之馬猶可具也然時已不能盡行其說矣　保甲養馬者自熙寧五年始先是中書省樞密院議其事於上前文彥博吳充言國馬宜不可闕今法馬死者責償恐非民願安石以爲令下而京畿投牒者已千五百戶決非出於驅迫持論益堅五月詔開封府界諸縣保甲願牧馬者聽仍以陝西所市馬選給之六年曾布等承詔上其條約凡五路義勇保甲願養馬者戶一疋物力高願養二疋者聽皆以監牧見馬給之或官與其直令自市毋或彊與府界毋過三千疋五路毋過五千疋襲逐盜賊外乘越三百里者有禁在府界者免體量草二百五十束加給以錢布在五路者歲免折變緣納錢三等以上十戶爲一保四等以下十戶爲一社以待病斃逋償者保戶馬斃保戶獨償之社戶馬斃社戶半償之歲一閱其肥瘠禁苛留者凡十四條先從府界頒焉五路委監司經畧司州縣更度之於是保甲養馬行於諸路矣時河東騎軍馬萬一千餘疋番戍率十年一周議欲省費乃行五路義勇保甲養馬法兵部言河東正軍馬九千五百疋請權罷官給以義勇保甲馬五千補之以合額俟正軍馬不及五千始行給配下中書樞密院樞密院以爲官養一馬歲爲錢二十七千民養一馬纔免折變緣納錢六千五百折米而輸其直爲錢十四千四百餘皆出於民決非所願況減軍馬五千疋邊防事宜何所取備若存官軍馬如故漸令民間從便牧馬不以五千爲限於理爲可中書謂官養一馬以中價率之爲錢二十七千募民牧養可省雜費八萬餘緡計前二年官馬死倍於保甲馬而保甲有馬可以習戰禦盜公私兩便帝卒從樞密院議九年京畿保甲養馬者罷給錢布止免輸草而增馬數元豐六年取河東路保甲十分之二以教騎戰且以本路鹽息錢給之每二十五千令市一馬仍以五年爲限七年詔京東西路免教閱每都保養馬五十疋疋給錢十千限京東以十年京西十五年而數足置提舉保甲馬官京西以呂公雅京東以霍翔領之罷鄉村物力養馬之令養戶馬者免保甲馬皆翔所陳也翔及公雅既領提舉事多所建白請借常平錢每路五萬緡付州縣出息以賞馬之充肥及孳息者願以私馬印爲保甲者聽養馬至三匹蠲役外每疋許次丁一人贖杖罪之非侵損於人者詔悉從之公雅又令每都歲市二十疋限十五年者促爲二年半京西不產馬民貧乏益不堪上慮有司責數過多百姓未喻上意詔如元令稍增其數公雅乃請每都歲市八疋限以八年山縣限以十年翔又奏本路馬已及萬疋請令諸縣弓手各養一疋以蠲失捕之罪哲宗嗣位言新法之不便者以保馬爲急乃詔曰京東西保馬期限極寬有司不務循守遂致煩擾先帝已嘗手詔詰責今猶未能遵守其兩路市馬年限竝如元詔尋又詔以兩路保馬分配諸軍餘數付太僕寺不堪支配者斥還民戶而責官直翔公雅皆以罪去而保馬遂罷　戶馬者慶曆中嘗詔河北民戶以物力養馬以備官買熙寧二年河北察訪使曾孝寬以爲言始參考行之是時諸監既廢仰給市馬而義勇保甲馬復從官給朝廷以乏馬爲憂元豐三年春以王拱辰之請詔開封府界京東西河北陝西河東路州縣戶各計貲產市馬坊郭家產及三千緡鄉村五千緡若坊郭鄉村通及三千緡以上者各養一馬增倍者馬亦如之至三疋止馬以四尺三寸以上齒限八歲以下及十五歲則更市如初籍於提舉司於是諸道各上其數開封府界四千六百九十四河北東路六百一十五西路八百五十四秦鳳等路六百四十二永興路一千五百四十六河東路三百六十六京東東路七百一十七西路九百二十二西南路五百九十北路七百一十六時初立法上慮商賈乘時高直以病民命以群牧司驥騎以上千疋出市以平其直熙寧中嘗令德順軍蕃部養馬帝問其利害王安石謂今坊監以五百緡得一馬若委之熙河蕃部當不至重費蕃部地宜馬且以畜牧爲生誠爲便利已而得駒瘠劣亡失者責償蕃部苦之其法尋廢至是環慶路經畧司復言已檄諸蕃部養馬詔閱實及格者一疋支五縑鄜延秦鳳涇原路準此時西方用兵頗調戶馬以給戰騎借者給還死則償直七年遂詔河東鄜延環慶路各發戶馬二千以給正兵河東就給本路鄜延益以永興軍等路及京西坊郭馬環慶益以秦鳳等路及開封府界戶馬既配兵後遂不復補京東西既更爲保馬諸路養馬指揮至八年亦罷其後給地牧馬則亦本於戶馬之意云至於牧市則仍嘉祐之制置買馬司於原渭州德順軍而增爲招市之令後開熙河則更於熙河置買馬司而以秦州買馬司隸焉八年遂置熙河路買馬坊六而原渭德順諸場皆廢繼又置熙河岷州通遠軍永寧砦等場而德順軍置馬場亦復先是麟府路上所市馬三百以其直增於熙河而又多羸態乃罷本路博易令軍馬司自市時又以邊臣之議市岢嵐火山軍土產馬以增戰騎既又以邊人盜馬越疆以趣利尋皆罷之自是國馬專仰市於熙河秦鳳矣熙寧七年熙河用兵馬道梗絕乃詔知成都府蔡延慶兼提舉戎黎州買馬以經度其事明年延慶言威雅嘉瀘文龍州地接烏蠻西羌皆產善馬請委知州砦主以錦綵茶絹招市未及施行會威茂州夷人盜邊及西邊馬已至八月遂詔罷提舉戎黎買馬元豐中軍興乏馬六年復命知成都呂大防同成都府利州路轉運司經制邊郡之可市馬者遂制嘉州中鎭砦雅州靈關等買馬場而馬皆不至元祐初乃罷之元祐中嘗詔以蜀馬給陝西軍以陝西馬赴京師崇寧五年增黎州市馬至四千疋然凡云蜀馬者惟沈黎所市爲多其他如戎瀘等州歲與蠻人爲市第存優恤數馬以給其直大觀初又詔播州夷界巡撿楊榮許歲市馬五十疋於南平軍其給賜視戎州之數熙寧中罷券馬而專於招市歲省三司錢二十萬緡自馬不下槽出牧三司復給芻秣之費更相補除而三司歲償群牧者爲緡錢十萬以增市馬券馬之罷已久紹聖初提舉買馬陸師閔奏復行之令蕃漢商人願以馬結券進賣者先從諸場驗印各具其直給券送太僕寺償之其說以爲券馬既盛行則綱馬可罷行之三年樞密院言券馬死不及耋而綱馬之死十倍乃賜師閔金帛加集賢脩撰以賞其功時議既不以券馬爲是主管買馬閤令亦言其枉費然曾布力行之崇寧中乃詔買馬一遵元豐法市馬之官自嘉祐中始以陝西轉運使兼本路監牧買馬事後又以制置陝西解鹽官同主之熙寧中始置提舉熙河路買馬命知熙州王韶爲之而以提點刑獄爲同提舉八年提舉茶場李杞言賣茶買馬固爲一事乞同提舉買馬詔如其請十年又置群牧行司以往來督市馬者元豐三年復罷爲提舉買馬監牧司四年群牧判官郭茂恂言承詔議專以茶市馬以物帛市穀而併茶馬爲一司臣聞頃時以茶易馬兼用金帛亦聽其便近歲事局既分專用銀絹錢鈔非蕃部所欲且茶馬二者事實相須請如詔便奏可仍詔專以雅州名山茶爲易馬用自是蕃馬至者稍衆六年買馬司復罷兼茶事七年更詔以買馬隸經制熙河財用司經制司罷乃復故自李杞建議始於提舉茶事兼買馬其後二職分合不一崇寧四年詔曰神宗皇帝厲精庶政經營熙河路茶馬司以致國馬法制大備其後監司欲侵奪其利以助糴買故茶利不專而馬不敷額近雖更立條約令茶馬司總運茶博馬之職猶慮有司苟於目前近利不顧悠久深害三省其謹守已行毋輙變亂元豐成法自是職任始一市馬之數以時增損初原渭德順凡三歲共市馬萬七千一百疋而群牧判官王誨言嘉祐六年以前秦州券馬歲至者萬五千疋今券馬法壞請令增市而優使臣之賞熙寧三年乃詔涇原渭德順歲買萬疋三年而會之以十分爲率及六分七釐者進一官餘分又析爲三等每增一等者更減磨勘年自是市馬之賞始優矣時誨上馬政條約詔頒行之其後熙河市馬歲增至萬五千紹聖中又增至二萬疋歲費五十萬緡後遂以爲定額特詔增市者不在此數崇寧四年提舉程之邵孫鰲抃以額外市戰馬及二萬疋各遷一官鰲抃仍賜三品服大觀元年龐寅孫等又以買御前良馬及三萬疋推恩如之邵例宣和中宇文常何漸等更以道用元豐成法省費不貲各加職遷官時如此類頗衆賞典優濫官屬利於多市馬取充數而已支配舊制自御馬而下次給賜臣僚次諸軍而驛馬爲下熙寧初樞密院言祖宗時臣僚任邊職者或賜帶甲馬示不忘疆場之事承平日久僥倖滋長請應使臣閤門祗候以上充三路路分州軍總管鈐轄之類賜馬價如故餘皆罷給奏可十年群牧司又言去歲給安南行營及兩省宗室諸班直及諸軍諸司馬總三千餘疋未支者猶二千請裁宗室以下所給馬諸司停給從之自罷監至此始闕馬矣熙寧初詔河北騎軍如陝西河東社馬例立社更相

助錢以市馬而遞增官直尋出奉宸庫珠十餘萬以充其費其後陜西馬祉苦於歛率元豐中乃詔本路罷其法更從買馬司給之時又諸路置將馬不能盡給則給其直而委諸將自市其在熙河蘭會路者即以爲買馬之數初內外諸軍給馬例不及其元額視其闕之多寡以分數塡配元豐更立爲定制凡諸軍闕馬應給者在京府界京東西河東陜西路無過十之七河北路十之六然其後諸軍闕馬者多紹聖三年乃詔提擧陸師閔於歲額外市馬三萬疋給鄜延環慶路正兵餘支弓箭手仍權不限分數宣和初眞定中山高陽等路乏馬復給度僧牒令帥臣就市以補諸軍之闕高宗紹興二年置馬監於饒州守倅領之擇官田爲牧地復置提擧俄廢四年置監臨安之餘杭及南蕩十九年詔馬五百疋爲一監牡一而牝四監爲四群歲產駒三分及斃二分以上有賞罰帝謂輔臣曰議者言南地不宜牧馬昨自牧養今二三年已得馬數百先是川路所置馬歲牧於鎭江是年春上以未見蕃息遂分江上諸軍後又置監郢鄂間牝牡千十餘年僅生二十駒且不可用乃已故凡戰馬悉仰秦川廣三邊焉秦馬舊二萬乾道間秦川買馬額歲萬一千九百有奇川司六千秦司五千九百益梓利三路漕司歲出易馬紬絹十萬四千疋成都路十一州產茶二千一百二萬斤茶馬司所收大較若此慶元初合川秦兩司爲萬一千十有六嘉泰末合兩司爲萬二千九十四然累歲市易多不及額蓋南渡前市馬分而爲二其一曰戰馬生於西邊良健可備行陣今宕昌峰貼峽文州所產是也其二曰羈縻馬產西南諸蠻短小不及格今黎敘等五州所產是也羈縻馬每綱五十其間良者不過三五中等十數餘皆下等不可服乘守貳貪賞格以多爲貴經涉險遠且綱卒盜其芻粟道斃者相望成都府馬務歲發江上諸軍馬凡五十八綱月券錢米二百緡歲計萬一千六百緡歲發三衙馬百二十綱其費稱是率未嘗如數蓋茶馬司靳錢帛馬至價不卽償致然也舊蕃蠻中馬良駑有定價紹興中張松爲黎倅欲馬溢額覬賞乃高直市之夷人無厭邀求滋甚後邛部川蠻恃功趙彥博始以細茶錦與之而夷人每貿馬以茶錦不堪藉口慶元中金人旣失冀北地馬至秦司亦罕舊川秦市馬赴密院多道斃者紹興二十七年詔川馬不赴行在分隸江上軍鎭江建康荆鄂軍各七百五十江池軍各五百殿前司二千五百馬司步司各千川馬良者二百進御此十九年所定格也

廣馬者建炎末廣西提擧峒下李棫請市馬赴行在紹興初隸經略司三年卽邕州置司提擧市於羅殿自杞大理諸蠻未幾廢買馬司帥臣領之七年胡舜陟爲帥歲中市馬二千四百詔賞之其後馬益精歲費黃金五鎰中金二百五十鎰錦四百疋絁四千疋廉州鹽二百萬斤得馬千五百須四尺二寸已上乃市之其直爲銀四十兩每高一寸增銀十兩有至六七十兩者土人云尤駔駿者在其產處或博黃金二十兩日行四百里第官價已定不能致此自北諸蕃本自無馬蓋轉市之南詔南詔大理國也乾道九年大理人李觀音得等二十二人至橫山砦求市馬知邕州姚恪盛陳金帛誇示之其人大喜出一文書稱利貞二年十二月約來年以馬來所求文選五經國語三史初學記及醫釋等書恪厚遺遣之而不敢上聞也嶺南自產小駟疋直十餘千與淮湖所出無異大理連西戎故多馬雖互市于廣南其實猶西馬也每擇其良赴三衙餘以付江上諸軍寶慶四年兩淮制府貿易北馬五千餘而他郡亦往往市馬不輟咸淳末有紀智立者獻謀以爲兩淮軍將武官巨室皆畜馬率三借二二借一一全起團結隊伍借助防江各令飼馬役夫自乘之官優給月錢一年以半年爲約江面寧卽放歸又云陳巖守招信團馬至七千出沒張耀此其驗也臣僚言宜倣祖宗遺意亟謀和市馬如出一馬則免其某色力役惟是川秦之馬遵陸則崇岡複嶺盤回斗絕舟行則峽江湍急灘磧險惡每綱運公私經費十倍而人馬俱疲上則耗國用下則困州縣綱兵所經甚於寇賊雖臣僚條奏更迭終莫得其要領豈馬政各因風土之宜而非東南之利歟

宋史卷一百九十九

元　中　書　右　丞　相　總　裁　脫　脫　等　修

刑法志第一百五十二

刑法一

夫天有五氣以育萬物木德以生金德以殺亦甚盭矣而始終之序相成之道也先王有刑罰以糾其民則必溫慈惠和以行之蓋裁之以義推之以仁則震讋殺戮之威非求民之死所以求其生也書曰士制百姓于刑之中以教祗德言刑以弼教使之畏威遠罪導以之善爾唐虞之治固不能廢刑也惟禮以防之有弗及則刑以輔之而已王道陵遲禮制隳廢始專任法以罔其民於是作爲刑書欲民無犯而亂獄滋豐由其本末無序不足相成故也宋興承五季之亂太祖太宗頗用重典以繩姦慝歲時躬自折獄慮囚務底明愼而以忠厚爲本海內悉平文教寖盛士初試官皆習律令其君一以寬仁爲治故立法之制嚴而用法之情恕獄有小疑覆奏輒得減宥觀夫重熙累洽之際天下之民咸樂其生重於犯法而致治之盛幾于三代之懿元豐以來刑書益繁已而憸邪竝進刑政紊矣國旣南遷威柄下逮州郡之吏亦頗專行而刑之寬猛繫乎其人然累世猶知以愛民爲心雖其失慈弱而祖宗之遺意蓋未泯焉今摭其實作刑法志

宋法制因唐律令格式而隨時損益則有編敕一司一路一州一縣又別有敕建隆初詔判大理寺竇儀等上編敕四卷凡一百有六條詔與新定刑統三十卷竝頒天下參酌輕重爲詳世稱平允太平興國中增敕至十五卷淳化中倍之咸平中增至萬八千五百五十有五條詔給事中柴成務等芟其繁亂定可爲敕者二百八十有六條準律分十二門總十一卷又爲儀制令一卷當時便其簡易大中祥符間又增三十卷千三百七十四條又有農田敕五卷與敕兼行仁宗嘗問輔臣曰或謂先朝詔令不可輕改信然乎王曾曰此憸人惑上之言也咸平之所删太宗詔令十存一二去其繁密以便於民何爲不可於是詔中外言敕得失命官修定取咸平儀制令及制度約束之在敕者五百餘條悉附令後號曰附令敕天聖七年編敕成合農田敕爲一書視祥符敕損百有餘條其麗于法者大辟之屬十有七流之屬三十有四徒之屬百有六杖之屬二百五十有八笞之屬七十有六又配隸之屬六十有三大辟而下奏聽旨者七十有一凡此皆在律令外者也旣頒行因下詔曰敕令者治世之經而數動搖則衆聽滋惑何以訓迪天下哉自今有司毋得輒請删改有未便者中書樞密院以聞然至慶曆又復删定增五百條別爲總例一卷後又修一司敕二千三百十有七條一路敕千八百二十有七條一州一縣敕千四百五十有一條其麗于法者大辟之屬總三十有一流之屬總二十有一徒之屬總百有五杖之屬總百六十有八笞之屬總十有二又配隸之屬總八十有一大辟而下奏聽旨者總六十有四凡此又在編敕之外者也嘉祐初因樞密使韓琦言內外吏兵奉祿無著令乃命類次爲祿令三司以驛料名數著爲驛令琦又言自慶曆四年距嘉祐二年敕增至四千餘條前後牴牾請詔中外使言敕得失如天聖故事七年書成總千八百三十四條視慶曆敕大辟增六十流增五十徒增六十有一杖增七十有三笞增三十有八又配隸增三十大辟而下奏聽旨者增四十有六又別爲續附令敕三卷神宗以律不足以周事情凡律所不載者一斷以敕乃更其目曰敕令格式而律恒存乎敕之外熙寧初置局脩敕詔中外言法不便者集議更定擇其可采者賞之元豐中始成書二千有六卷復下二府參訂然後頒行帝留意法令每有司進擬多所是正嘗謂法出於道人能體道則立法足以盡事又曰禁於未然之謂敕禁於已然之謂令設於此以待彼之謂格使彼效之之謂式脩書者要當識此於是凡入笞杖徒流死自名例以下至斷獄十有二門麗刑名輕重者皆爲敕自品官以下至斷獄三十五門約束禁止者皆爲令命官之等十有七吏庶人之賞等七十有七又有倍全分釐之級凡五等有等級高下者皆爲格表奏帳籍關牒符檄之類凡五卷有體制模楷者皆爲式元祐初中丞劉摯言元豐編脩敕令舊載敕者多移之令蓋違敕法重違令罪輕此足以見神宗仁厚之德而有司不能推廣增多條目離析舊制因一言一事輒立一法意苛文晦不足以該事物之情行之幾時蓋已屢變宜取慶曆嘉祐以來新舊敕參照去取删正以成一代之典右諫議孫覺亦言煩細難以檢用乃詔摯等刊定哲宗親政不專用元祐近例稍復熙寧元豐之制自是用法以後衝前改更紛然而刑制紊矣崇寧元年臣僚言有司所守者法法所不載然後用例今引例破法非理也乃令各曹取前後所用例以類編脩與法妨者去之尋下詔追復元豐法制凡元祐條例悉毀之徽宗每降御筆手詔變亂舊章靖康初群臣言祖宗有一定之法因事改者則隨條貼說有司易於奉行蔡京當國欲快己私請降御筆出於法令之外前後牴牾宜令具錄付編脩敕令參用國初以來條法删脩成書詔從其請書不果成高宗播遷斷例散逸建炎以前凡所施行類出人吏省記三年四月始命取嘉祐條法與政和敕令對脩而用之嘉祐法與見行不同者自官制役法外賞格從重條約從輕紹興元年書成號紹興敕令格式而吏胥省記者亦復引用監察御史劉一正言法令具在吏猶得以爲姦今一切用其所省記欺蔽何所不至十一月乃詔左右司敕令所刊定省記之文須之時在

京通用敕內有已嘗衝改不該引用之文因大理正張柄言亦詔刪削十年右僕射秦檜上之然自檜專政率用都堂批狀指揮行事雜入吏部續降條冊之中脩書者有所畏忌不敢刪削至與成法竝立吏部尚書周麟之言非天子不議禮不制度不考文乃詔削去之至乾道時臣僚言紹興以來續降指揮無慮數千牴牾難以考據詔大理寺官詳難定其可否類申刑部以所隸事目分送六部長貳參詳六年刑部侍郎汪大猷等上其書號乾道敕令格式八年頒之當是時法令雖具然吏一切以例從事法當然而無例則事皆泥而不行甚至隱例以壞法賄賂既行乃爲具例淳熙初詔除刑部許用乾道刑名斷例司勳許用獲盜推賞例幷乾道經置條例事指揮其餘竝不得引例既而臣僚言乾道新書尚多牴牾詔戶部尚書蔡洸詳定之凡刪改九百餘條號淳熙敕令格式帝復以其書散漫用法之際官不暇偏閱吏因得以容姦令敕令所分門編類爲一書名曰淳熙條法事類前此法令之所未有也四年七月頒之淳熙末議者猶以新書尚多遺闕有司引用間有便於人情者復令刑部詳定迄光宗之世未成慶元四年右丞相京鏜始上其書爲百二十卷號慶元敕令格式理宗寶慶初敕令所言自慶元新書之行今二十九年前指揮始非一事或舊法該括未盡文意未明須用續降參酌者或舊法元無而後因事立爲成法者或已有舊法而續降不必引用者或一時權宜而不可爲常法者條日滋繁無所遵守乞攷定之淳祐二年四月敕令所上其書名淳祐敕令格式十一年又取慶元法與淳祐新書刪潤其間脩改者百四十條刪入者四百條增入者五十條刪去者十七條爲四百三十卷度宗以後遵而行之無所更定矣其餘一司一路一州一縣敕前後時有增損不可勝紀云五季衰亂禁罔煩密宋興削除苛峻累朝有所更定法吏寖用儒臣務存仁恕凡用法不悖而宜于時者著之太祖受禪始定折杖之制凡流刑四加役流脊杖二十配役三年流三千里脊杖二十二千五百里脊杖十八二千里脊杖十七竝配役一年凡徒刑五徒三年脊杖二十徒二年半脊杖十八二年脊杖十七一年半脊杖十五一年脊杖十三凡杖刑五杖一百臀杖二十九十臀杖十八八十臀杖十七七十臀杖十五六十臀杖十三凡笞刑五笞五十臀杖十下四十三十臀杖八下二十臀杖七下常行官杖如周顯德五年制長三尺五寸大頭闊不過二寸厚及小頭徑不得過九分徒流笞通用常行杖徒罪決而不役先是藩鎭跋扈專殺爲威朝廷姑息率置不問刑部按覆之職廢矣建隆三年令諸州奏大辟案須刑部詳覆尋如舊制大理寺詳斷而後覆于刑部凡諸州獄則錄事參軍與司法掾參斷之自是內外折獄蔽罪皆有官以相覆察又懼刑部大理寺用法之失別置審刑院讞之吏一坐深或終身不進由是皆務持平唐建中令竊盜贓滿三疋者死武宗時竊盜贓滿千錢者死宣宗立乃罷之漢乾祐以來用法益峻民盜一錢抵極法周初深懲其失復遵建中之制帝獨以其大重嘗增爲錢三千陌以八十爲限既而詔曰禁民爲非乃設法令臨下以簡必務哀矜竊盜之生本非巨蠹近朝立制重於律文非愛人之旨也自今竊盜贓滿五貫足陌者死舊法強盜持杖雖不傷人皆棄市又詔但不傷人者止計贓論令諸州獲盜非狀驗明白未得掠治其當訊者先具白長吏得判乃訊之凡有司擅掠囚者論爲私罪時天下甫定刑典弛廢吏不明習律令牧守又多武人率意用法金州防禦使仇超等坐故入死罪除名流海島自是人知奉法矣開寶二年五月帝以暑氣方盛深念縲繫之若乃下手詔兩京諸州令長吏督獄掾五日一檢視灑掃獄戶洗滌杻械貧不能自存者給飲食病者給醫藥輕繫即時決遣毋淹滯自是每仲夏申勅官吏歲以爲常帝每親錄囚徒專事欽恤凡御史大理官屬尤嚴選擇嘗謂侍御史知雜馮炳曰朕每讀漢書見張釋之于定國治獄天下無冤民此所望於卿也賜金紫以勉之八年廣州言前詔竊盜贓至死者奏裁嶺南遐遠覆奏稽滯請不俟報帝覽奏憫然曰海隅習俗貪獷穿窬固其常也因詔嶺南民犯竊盜贓滿五貫至十貫者決杖黥面配役十貫以上乃死太宗在御常躬聽斷在京獄有疑者多臨決之每能燭見隱微太平興國六年下詔曰諸州大獄長吏不親決胥吏旁緣爲姦逮捕證佐滋蔓踰年而獄未具自今長吏每五日一慮囚情得者即決之復制聽獄之限大事四十日中事二十日小事十日不他逮捕而易決者毋過三日後又定令決獄違限準官書稽程律論踰四十日則奏裁事須證逮致稽緩者所在以其事聞然州縣禁繫往往猶以根窮爲名追擾輒至破家因江西轉運副使張齊賢言令外縣罪人五日一具禁放數白州州獄別置曆長吏檢察三五日一引問疏理月具奏上刑部閱其禁多者命官即往決遣冤滯則降黜州之官吏會兩浙運司亦言部內州繫囚滿獄長吏輒隱落妄言獄空蓋懼朝廷詰其淹滯乃詔妄奏獄空及隱落囚數必加深譴募告者賞之先是諸州流罪人皆錮送闕下所在或夤緣細微道路非理死者十恒六七張齊賢又請凡罪人至京擇淸強官慮問若顯負沈屈致罷官吏且令只遣正身家屬俟旨其干繫者免錮送適詔諸犯徒流罪竝配所在牢城勿復轉送闕下雍熙元年令諸州十日一具囚帳及所犯罪名繫禁日數以聞俾刑部專意糾舉帝閱諸州所奏獄狀有繫三百人者適令門留寄禁取保在外幷邸店養疾者咸準禁數件析以聞其鞫獄違限及可斷不斷事小而禁繫者有司駁奏之開封女子李嘗擊登聞鼓自言無兒息身且病一旦死家業無所付詔本府隨所欲裁置之李無它親獨有父有司因繫之李又詣登聞訴父被繫帝駭曰此事豈當禁繫輦轂之下尚或如此天下至廣安得無枉濫乎朕恨不能親決四方之獄固不辭勞爾即日遣殿中侍御史李範等十四人分往江南兩浙四川荊湖嶺南審決刑獄吏之弛怠者劾其罪以聞其臨事明敏刑獄無滯者亦以名上始令諸州十日一慮囚帝嘗謂宰相曰御史臺閤門之前四方綱準之地頗聞臺中鞫獄御史多不躬親垂簾雍容以自尊大鞫按之任委在胥吏求無冤濫豈可得也乃詔御史決獄必躬親毋得專任胥吏又嘗論宰臣曰每閱大理奏案節目小未備移文按覆動涉數千里外禁繫淹久甚可憐也卿等詳酌非人命所係即量罪區分勿須再鞫始令諸州笞杖罪不須證逮者長吏即決之勿復付所司群臣受詔鞫獄獄既具騎置來上有司斷已復騎置下之州凡上疑獄詳覆之而無疑狀官吏竝同違制之坐其應奏疑案亦騎置以聞二年令竊盜滿十貫者奏裁七貫決杖黥面隸牢城五貫配役三年三貫二年一貫一年它如舊制八月復分遣使臣按巡諸道帝曰朕於獄犴之寄夙夜焦勞慮有冤滯耳十月親錄京城繫囚遂至日旰近臣或諫勞苦過甚帝曰儻惠及無告使獄訟平允不致枉橈朕意深以爲適何勞之有因謂宰相曰中外臣僚若皆留心政務天下安有不治者古人宰一邑守一郡使飛蝗避境猛虎渡河況能惠養黎庶申理冤滯豈不感召和氣乎朕每自勤不怠此志必無改易或云有司細故帝王不當親決朕意則異乎是若以尊極自居則下情不能上達矣自是祁寒盛暑或雨雪稍愆輒親錄繫囚多所原減諸道則遣官按決率以爲常後世遵行不廢見各帝紀先是太祝刁衎上疏言古者投姦人於四裔今乃遠方囚人盡歸象闕配務役神京天子所居豈可使流囚於此聚役禮曰刑人于市與衆棄之則知黃屋紫宸之中非行法用刑之所望自今外處罪人勿許解送上京亦不留於諸務充役御前不行決罰之刑殿前引見司鉗黥法具敕杖皆以付御史廷尉京府或出中使或命法官具禮監科以重明刑謹法之意帝覽疏甚悅降詔襃答然不能從也三年始用儒士爲司理判官令諸州訊囚不須衆官共視申長吏得判乃訊囚刑部張佖言官吏枉斷死罪者請稍峻條章以責其明愼始定制應斷獄失入死刑者不得以官減贖檢法官判官皆削一任而檢法仍贖銅十斤長吏則停任尋置刑部詳覆官六員專閱天下所上案牘勿復遣鞫獄吏置御史臺推勘官二十人皆以京朝官爲之凡諸州有大獄則乘傳就鞫陛辭日帝必臨遣諭之曰無滋蔓無留滯咸賜以裝錢還必召問所推事狀著爲定令自是大理寺杖罪以下須刑部詳覆又所駁天下案牘未具者亦令詳覆乃奏刑部李昌齡言舊制大理定刑送部詳覆官入法狀主判官下斷語乃具奏至開寶六年闕法直官致兩司共斷定覆詞今宜令大理所斷案牘寺官印署送詳覆得當則送寺共奏否則疏駁以聞淳化初始置諸路提點刑獄司凡管內州府十日一報囚帳有疑獄未決即馳傳往視之州縣稽留不決按讞不實長吏則劾奏佐史小吏許便宜按劾從事帝又慮大理刑部吏舞文巧詆置審刑院於禁中以樞密直學士李昌齡知院事兼置詳議官六員凡獄上奏先達審刑院印訖付大理寺刑部斷覆以聞乃下審刑院詳議申覆裁決訖以付中書省當即下之其未允者宰相覆以聞始命論決蓋重愼之至也凡大理寺決天下案牘大事限二十五日中事二十日小事十日審刑院詳覆大事十五日中事十日小事五日三年詔御史臺鞫徒以上罪獄具令尚書丞郎兩省給舍以上一人親往慮問尋又詔獄無大小自中丞以下皆臨鞫問不得專責所司自端拱以來諸州司理參軍皆帝自選擇民有詣闕稱冤者亦遣臺使乘傳按鞫數年之間刑罰淸省矣既而諸路提點刑獄司未嘗有所平反詔悉罷之歸其事轉運司至道二年帝聞諸州所斷大辟情可疑者懼爲有司所駁不敢上其獄迺詔死事有可疑者具獄申轉運司擇部內詳練格律者令決之須奏者乃奏眞宗性寬慈猶愼刑辟嘗謂宰相曰執法之吏不可輕授有不稱職者當責舉主以懲其濫審刑院舉

詳議官就刑部試斷案三十二道取引用詳明者審刑院每奏案令先具事狀親覽之翌日乃侯進止裁處輕重必當其罪咸平元年從黃州守王禹偁之請諸路置病囚院徒流以上有疾者處之餘責保于外景德三年詔諸道州軍斷獄內有宣敕不定刑名止言當行極斷者所在即寘大辟頗乖平允自今尸言處斷重斷極斷決配朝典之類未得論決具獄以聞四年復置諸路提點刑獄官先是帝出筆記六事其一曰勤恤民隱遴柬庶官朕無日不念也所慮四方刑獄官吏未盡得人一夫受冤即召災沴今軍民事務雖有轉運使且地遠無由周知先帝嘗選朝臣爲諸路提點刑獄今可復置仍以使臣副之命中書樞密院擇官又曰河北陝西地控邊要猶必得人須性度平和有執守者親選太常博士陳綸李及自餘擬名以聞咸引對於長春殿遣之內出御前印紙爲曆書其績效代還議功行賞如刑獄枉濫不能擿舉官吏曠弛不能彈奏務從畏避者寘以深罪知審刑院朱選上言官吏因公事受財證左明白望論以枉法其罪至死者加役流從之御史臺嘗鞫殺人賊獄具知雜王隨請臠剮之帝曰五刑自有常制何爲慘毒也入內供奉官楊守珍使陝西督捕盜賊因請擒獲强盜至死者望以付臣凌遲用戒凶惡詔捕賊送所屬依法論決毋用凌遲凌遲者先斷其支體乃抉其吭當時之極法也蓋眞宗仁恕而慘酷之刑祖宗亦未嘗用初殿中侍御史趙湘嘗建言聖王行法必順天道漢制大辟之科盡冬月乃斷此古之善政當舉行之且十二月爲承天節萬方祝頌之時而大辟決斷如故況十一月一陽始出其氣尚微議獄緩刑所以助陽抑陰也望以十一月十二月內天下大辟未結正者更令詳覆已結正者未令決斷所在厚加矜恤掃除獄房供給飲食薪炭之屬防護無致他故情可憫者奏聽勅裁合依法者盡冬月乃斷在京大辟人旣當春孟之月亦行慶施惠之時伏望萬幾之暇臨軒躬覽情可憫者特從末減亦所以布聖澤於無窮況愚民之抵罪未斷兩月亦非淹延若用刑順於陰陽則四時之氣和氣和則百穀豐實水旱不作矣帝覽奏曰此誠嘉事然古今異制沿革不同行之慮有淹滯或因緣爲姦矣天禧四年乃詔天下犯十惡劫殺謀殺故殺鬬殺放火强劫正枉法贓僞造符印厭魅呪詛造妖書妖言傳授妖術合造毒藥禁軍諸軍逃亡爲盜罪至死者每遇十一月權住區斷過天慶節即決之餘犯至死者十二月及春夏未得區遣禁錮奏裁在仁宗時四方無事戶口蕃息而克自抑畏其於用刑尤愼即位之初詔內外官司聽獄決罪須躬自閱實毋枉濫淹滯刑部嘗薦詳覆官帝記其姓名曰是嘗失入人罪不得遷官者烏可任法吏舉者皆罰金獄疑者讞所從來久矣漢嘗詔讞而後不當讞者不爲失所以廣聽察防繆濫也時奏讞之法廢初眞宗嘗覽四簿見天下斷死罪八百人憮然動容語宰執曰雜犯死罪條目至多官吏儻不盡心豈無枉濫故事死罪獄具三覆奏蓋甚重愼何代罷之遂命檢討沿革而有司終慮淹繫不果行至是刑部侍郎燕肅奏曰唐大辟罪令尚書九卿讞之凡決死刑京師五覆奏諸州三覆奏貞觀四年斷死罪三十九開元二十五年財五十八今天下生齒未加於唐而天聖三年斷大辟二千四百三十六視唐幾至百倍京師大辟雖一覆奏而州郡獄疑上請法寺多所舉駁率得不應奏之罪往往增飾事狀移情就法失朝廷欽恤之意望準唐故事天下死罪皆得覆奏議者必曰待報淹延漢律皆以季秋論囚唐自立春至秋分不決死刑未聞淹留以害漢唐之治也下其章中書王曾謂天下皆一覆奏則必死之人徒充滿狴犴而久不得決諸獄疑若情可矜者聽上請天聖四年遂下詔曰朕念生齒之蕃抵冒者衆法有高下情有輕重而有司巧避微文一切致之重辟豈稱朕好生之志哉其令天下死罪情理可矜及刑名疑慮者具案以聞有司毋得舉駁其後雖法不應奏吏當坐罪者審刑院貼奏率以恩釋爲例名曰貼放吏始無所牽制請讞者多得減死矣先是天下旬奏獄狀雖杖笞皆申覆而徒流罪非繫獄乃不以聞六年集賢校理聶冠卿請罷覆杖笞而徒以上雖不繫獄皆附奏詔從其說自定折杖之制杖之長短廣狹皆有尺度而輕重無準官吏得以任情至是有司以爲言詔毋過十五兩初眞宗時以京師刑獄多滯寃置糾察司而御史臺獄亦移報之八年御史論以爲非體遂詔勿報祖宗時重盜剝桑柘之禁枯者以尺計積四十二尺爲一功三功以上抵死殿中丞于大成請得以減死論下法官議謂當如舊帝意欲寬之詔死者上請刑部分四按大辟居其一月覆大辟不下二百數而詳覆官纔一人明道二年令四按分詳覆官分詳天下旬奏獄有重辟獄官毋預燕遊迎送凡上具獄大理寺詳斷大事期三十日小事第減十日審刑院詳議又各減半其不待期滿而斷者謂之急按凡集斷急按法官與議者竝書姓名議刑有失則皆坐之至景祐二年判大理寺司徒昌運言斷獄有期日而炎暍之時繫囚淹久請自四月至六月減期日之半兩川廣南福建湖南如急按奏其後猶以斷獄淹滯又詔月上斷獄數列大中小事期日以相參考是歲改强盜法不持杖不得財徒二年得財爲錢萬及傷人者死持杖而不得財流三千里得財爲錢五千者死傷人者殊死不持杖得財爲錢六千若持杖罪不至死者仍刺隸二千里外牢城能告群盜劫殺人者第賞之及十人者予錢十萬旣而有司言竊盜不用威力得財爲錢五千即刺爲兵反重於强盜請減之遂詔至十千始刺爲兵而京城持杖竊盜得財爲錢四千亦刺爲兵自是盜法惟京城加重餘視舊益寬矣慶曆五年詔罪殊死者若祖父母父母年八十及篤疾無期親者列所犯以聞承平日久天下生齒益蕃犯法者多歲斷大辟甚衆而有司未嘗上其數嘉祐五年判刑部李綖言一歲之中死刑無慮二千餘夫風俗之薄無甚於骨肉相殘衣食之窮莫急於盜賊今犯法者衆豈刑罰不足以止姦而教化未能導其爲善歟願詔刑部類天下所斷大辟歲上朝廷以助觀省從之凡在京班直諸軍請量斗斛不足出戍之家猶甚倉吏自以在官無祿恣爲侵漁神宗謂非所以愛養將士之意於是詔三司始立諸倉丐取法而中書請主典役人歲增祿至一萬八千九百餘緡凡丐取不滿百錢徒一年每百錢則加一等千錢流二千里每千錢則加一等罪止流三千里其行貨及過致者減首罪二等徒者皆配五百里其賞百千流者皆配千里賞二百千滿十千爲首者配沙門島賞三百千自首則除其罪凡更定約束十條行之其後內則政府外則監司多倣此法內外歲增吏祿至百餘萬緡皆取諸坊場河渡市利免行役剩息錢久之議臣欲稍緩倉法編敕所脩立告捕獲倉法給賞條目一百千分等至三百千而按問者減半給之中書請依所定詔仍舊給全賞雖按問亦全給呂嘉問嘗請行貨者宜止以不應爲坐之刑部始減其罪及哲宗初嘗罷重祿法而紹聖復仍舊熙寧四年立盜賊重法凡劫盜罪當死者籍其家貲以賞告人妻子編置千里遇赦若災傷減等者配遠惡地罪當徒流者配嶺表流罪會降者配三千里籍其家貲之半爲賞妻子遞降等有差應編配者雖會赦不移不釋凡囊橐之家劫盜死罪情重者斬餘皆配遠惡地籍其家貲之半爲賞盜罪當徒流者配五百里籍其家貲三之一爲賞竊盜三犯杖配五百里或隣州雖非重法之地而囊橐重法之人以重法論其知縣捕盜官皆用舉者或武臣爲尉盜發十人以上限內捕半不獲劾罪取旨若復殺官吏及累殺三人焚舍屋百間或群行州縣之內劫掠江海船栰之中非重地亦以重論凡重法地嘉祐中始於開封府諸縣後稍及諸州以開封府東明考城長垣縣京西滑州淮南宿州河北澶州京東應天府濮齊徐濟單兗鄆沂州淮陽軍亦立重法著爲令至元豐時河北京東淮南福建等路皆用重法郡縣寖益廣矣元豐敕重法地分劫盜五人以上凶惡者方論以重法紹聖後有犯卽坐不計人數復立妻孥編管法至元符三年因刑部有請詔改依舊敕先是曾布建言盜情有重輕贓有多少今以贓論罪則劫貧家情雖重而以贓少減免劫富室情雖輕而以贓重論死是盜之生死係於主之貧富也至於傷人情狀亦殊以手足毆傷肌體與夫兵刃湯火固有間矣而均謂之傷朝廷雖許奏裁而州郡或奏或否死生之分特幸與不幸爾不若一變舊法凡以贓定罪及傷人情狀不至切害者皆從罪止之法其用兵刃湯火情狀酷毒及汙辱良家或入州縣鎭砦行劫若驅虜官吏巡防人等不以傷與不傷凡情不可貸者皆處以死刑則輕重不失其當矣及布爲相始從其議詔有司改法未幾侍御史陳次升言祖宗仁政加於天下者甚廣刑法之重改而從輕者至多惟是强盜之法特加重者蓋以禁姦宄而惠良民也近朝廷改法詔以强盜計贓應絞者竝減一倍贓滿不傷人及雖傷人而情輕者奏裁法行之後民受其弊被害之家以盜無必死之理不敢告官而鄰里亦不爲之擒捕恐怨讐報復故賊益逞重法地分尤甚恐養成大寇以貽國家之患請復行舊法布罷相翰林學士徐勣復言其不便乃詔如舊法前詔勿行先是諸路經畧鈐轄不得便宜斬配百姓趙抃嘗知成都乃言當獨許成都四路王安石執不可而中書樞密院同立法許之其後謝景初奏成都妄以便宜誅釋多不當於是中書復刪定敕文惟軍士犯罪及邊防機速許特斷及抃移成都又請立法御史劉季孫亦爲之請依舊便宜從事安石寢其奏武臣犯贓經赦敘復後更立年考升遷帝曰若此何以戒貪吏故命改法熙寧六年樞密都承旨曾孝寬等定議上之大槩倣文臣敘法而少增損爾七年詔品官犯罪按察之官竝奏劾聽旨毋得擅捕繫罷其職奉元豐二年成都府利路鈐轄言往時川陝絹

匹爲錢二千六百以此估贓兩鐵錢得比銅錢之一近絹匹不過千三百估贓二匹乃得一匹之罪多至重法令法寺定以一錢半當銅錢之一元祐二年刑部大理寺定制凡斷讞奏獄每二十緡以上爲大事十緡以上爲中事不滿十緡爲小事大事以十二日中事九日小事四日爲限若在京八路大事十日中事五日小事三日臺察及刑部舉劾約法狀竝十日三省樞密院再送各減半有故量展不得過五日凡公案日限大事以三十五日中事二十五日小事十日爲限在京八路大事以三十日中事半之小事參之一臺察及刑部竝三十日每十日斷用七日議用三日五年詔命官犯罪事干邊防軍政文臣申尚書省武臣申樞密院中丞蘇轍言舊制文臣吏民斷罪公案歸中書武臣軍士歸樞密而斷例輕重悉不相知元豐更定官制斷獄公案竝由大理刑部申尚書省然後上中書省取旨自是斷獄輕重比例始得歸一天下稱明焉今復分隸樞密必有罪同斷異失元豐本意請竝歸三省其事干邊防軍政者令樞密院同進取旨則事體歸一而兵政大臣各得其職六年乃詔文武官有犯同按干邊防軍政者刑部定斷仍三省樞密院同取旨刑部論佃客犯主加凡人一等主犯之杖以下勿論徒以上減凡人一等謀殺盜詐有所規求避免而犯者不減因毆致死者不刺面配鄰州情重者奏裁凡命士死於官或去位其送徒道亡則部轄將校節級與首率衆者徒一年情輕則杖百雖自首不免政和間詔品官犯罪三問不承卽奏請追攝若情理重害而拒隱方許加訊邇來有司廢法不原輕重加訊與常人無異將使人有輕吾爵祿之心可申明條令以稱欽恤之意又詔宗子犯罪庭訓示辱比有去衣受杖傷膚敗體有惻朕懷其令大宗正司恪守條制違者以違御筆論又曰其情理重害別被處分若罪至徒流方許制勘餘止以衆證爲定仍取伏辨無得輒加捶考其合庭訓者竝送大宗正司以副朕敦睦九族之意中書省言律在官犯罪去官勿論蓋爲命官立文其後相因掌典去官亦用去官免罪有犯則解役歸農幸免重罪詔改政和敕掌典解役從去官法左道亂法妖言惑衆先王之所不赦至宋猶重其禁凡傳習妖教夜聚曉散與夫殺人祭祀之類皆著于法訶察甚嚴故姦軌不逞之民無以動搖愚俗間有爲之隨輒報敗其事不足紀也

宋史卷二百

元　中書右丞相總裁脫脫等修

刑法志第一百五十三

刑法二

律令者有司之所守也太祖以來其所自斷則輕重取舍有法外之意焉然其末流之弊專用己私以亂祖宗之成憲者多矣乾德伐蜀之役有軍大校割民妻乳而殺之太祖召至闕數其罪近臣營救頗切帝曰朕興師伐罪婦人何辜而殘忍至此遂斬之時郡縣吏承五季之習黷貨厲民故尤嚴貪墨之罪開寶三年董元吉守英州月餘受贓七十餘萬帝以嶺表初平欲懲掊克之吏特詔棄市峽州民范義超周顯德中以私怨殺同里常古眞家十二口古眞小子留留幸脫走至是擒義超訴有司峽州奏引赦當原帝曰豈有殺一家十二人可以赦論邪命正其罪八年有司言自三年至今詔所貸死罪凡四千一百八人帝注意刑辟哀矜無辜嘗嘆曰堯舜之時四凶之罪止於投竄先王用刑蓋不獲己何近代憲網之密耶故自開寶以來犯大辟非情理深害者多得貸死太平興國六年自春涉夏不雨太宗意獄訟冤濫會歸德節度推官李承信因市葱笞園戶病創死帝聞之坐承信棄市初太祖嘗決繫囚多得寬貸而開封婦人殺其夫前室子當徒二年帝以其凶虐殘忍特處死至是有涇州安定婦人怒夫前妻之子婦絕其吭而殺之乃下詔曰自今繼母殺傷夫前妻子及姑殺婦者同凡人論雍熙元年開封寡婦劉使婢詣府訴其夫前室子王元吉毒己將死右軍巡推不得實移左軍巡掠治元吉自誣伏俄劉死及府中慮囚移司錄司案問頗得其侵誣之狀累月未決府白于上以其毒無顯狀令免其決徒元吉妻張擊登聞鼓稱冤帝召問張盡得其狀立遣中使捕元推官吏御史鞫問乃劉有姦狀慙悸成疾懼其子發覺而誣之推官及左右軍巡使等削任降秩醫工詐稱被毒劉母弟欺隱王氏財物及推吏受贓者竝流海島餘決罰有差司錄主吏賞緡錢賜束帛初元吉之繫左軍巡卒繫縛搒治謂之鼠彈箏極其慘毒帝令以其法縛獄卒宛轉號呼求速死及解縛兩手良久不能動帝謂宰相曰京邑之內乃復冤酷如此況四方乎端拱間虜犯邊郡北面部署言文安大城二縣監軍段重誨等棄城遁請論以軍法帝遣中使就斬之旣行謂曰此得非所管州軍召之耶往訊之乃決使至果訊得乾寧牒令部送民入居城非擅離所部遽釋之咸平間有三司軍將趙永昌者素凶暴督運江南多爲姦贓知饒州韓昌齡廉得其狀乃移轉運使馮亮坐決停職遂撾登聞鼓訟昌齡與亮訕謗朝政仍僞刻印作亮等求解之狀眞宗察其詐於便殿自臨訊永昌屈伏遂斬之釋亮不問而昌齡以他事貶郢州團練副使曹州民蘇莊蓄兵器匿亡命豪奪民產積贓計四十萬御史臺請籍其家帝曰暴橫之民國有常法籍之斯過也論如律其縱捨輕重必當於義多類此凡歲饑強民相率持杖劫人倉廩法應棄市每具獄上聞輒貸其死眞宗時蔡州民三百一十八人有罪皆當死知州張榮推官江嗣宗議取爲首者杖脊餘悉論杖罪帝下詔褒之遣使巡撫諸道因諭之曰平民艱食強取餱糧以圖活命爾不可從盜法科之天聖初有司嘗奏盜劫米傷主仁宗曰饑劫米可哀盜傷主可疾雖然無知迫於食不足耳命貸之五年陝西旱因詔民劫倉廩非傷主者減死刺隸他州非首謀又減一等自是諸路災傷卽降勅饑民爲盜多蒙矜減賴以全活者甚衆司馬光時知諫院言曰臣聞勅下京東西災傷州軍如貧戶以饑偷盜斛斗因而盜財者與減等斷放臣竊以爲非便周禮荒政十有二散利薄征緩刑弛力舍禁去幾率皆推寬大之恩以利於民獨於盜賊愈更嚴急蓋以饑饉之歲盜賊必多殘害良民不可不除頃年嘗見州縣官吏有不知治體務爲小仁遇凶年劫盜斛斗輒寬縱之則盜賊公行更相劫奪鄉村大擾不免廣有收捕重加刑辟或死或流然後稍定今若朝廷明降勅文豫言與減等斷放是勸民爲盜也百姓乏食當輕徭薄賦開倉賑貸以救其死不當使之自相劫奪今歲府界京東京西水災極多嚴刑峻法以除盜賊猶恐春冬之交饑民嘯聚不可禁禦又況降勅以勸之臣恐國家始於寬仁而終於酷暴意在活人而殺人更多也事報聞帝嘗御邇英閣經筵講周禮大荒大札薄征緩刑楊安國曰緩刑者乃過誤之民耳當歲歉則赦之憫其窮也今衆持兵杖劫糧廩一切寬之恐不足以禁姦帝曰不然天下皆吾赤子也一遇饑饉州縣不能賑恤饑莩所迫遂至爲盜又捕而殺之不亦甚乎仁宗聽斷尤以忠厚爲主隴安縣民誣平民五人爲劫盜尉悉執之一人掠死四人遂引服其家辨于州州不爲理悉論死未幾秦州捕得眞盜隴州吏當坐法而會赦帝怒特貶知州孫濟爲雷州參軍餘皆除名流嶺南賜錢粟五家復其役三年因下詔戒勅州縣廣州司理參軍陳仲約誤入人死有司言仲約公罪應贖帝謂審刑院張揆曰死者不可復生而獄吏雖廢復得敍官命特治之會赦勿敍用尙書比部員外郞師仲說請老自言恩得任子帝以仲說嘗失入人死罪不與其重人命如此時近臣有罪多不下吏劾實不付有司議法諫官王贄言情有輕重理分故失而一切出於聖斷前後差異有傷政體刑法之官安所用哉請自今悉付有司正以法詔可近臣間有干請輙爲言官所斥諫官陳升之嘗言有司斷獄或事連權倖多以中旨釋之請有緣中旨得釋者劾其干請之罪以違制論許之仁宗於賞罰無所私尤不以貴近廢法嘗戒有司被內降者執奏毋輙行未嘗屈法以自徇也知虢州周日宣詭奏水災有司論請如上書不實法帝曰州郡多言符瑞至水旱之災或抑而不聞今守臣自陳墊溺官私廬舍意實在民何可加罪英宗在位日淺於政令未及有所更制然以吏習平安慢於奉法稍欲振起其怠惰三班奉職和欽貸所部綱錢至絞帝命貸死免杖刺隸福建路牢城知審刑院盧士宗請稍寬其罪帝曰刑故而得寬則死者滋衆非刑期無刑之道俟有過誤貸無傷也富國倉監官受米濕惡壞十八萬石會恩當減帝特命奪官停之熙寧二年內殿崇班鄭從易母兄俱亡於嶺外歲餘方知請行服神宗曰父母在遠當朝夕爲念經時無安否之問以至踰年不知存亡邪特除名勒停四年王存立言嘉祐中同學究出身爲碭山縣尉嘗納官贖父配隸罪請同舉人法得免丁徭帝憫之復賜出身仍與注官九年知桂州沈起欲經畧交阯取其慈恩州交人遂破欽犯邕管詔邊人横遭屠戮職其致寇罪悉在起特削官爵編置遠惡州復讎後世無法仁宗時單州民劉玉父爲王德毆死德更赦玉私殺德以復父讎帝義之決杖編管元豐元年青州民王贇父爲人毆死贇幼未能復讎幾冠刺讎斷支首祭父墓自首論當斬帝以殺讎祭父又自歸罪其情可矜詔貸死刺配鄰州宣州民葉元有同居兄亂其妻縊殺之又殺兄子強其父與嫂爲約契不訟鄰里發其事州爲上請帝曰罪人已死姦亂之事特出葉元之口不足以定罪且下民雖無知固宜哀矜然以妻子之愛旣罔其父又殺其兄姪逆理敗倫宜以毆兄至死律論紹聖以來連起黨獄忠良屏斥國以空虛徽宗嗣位外事耳目之玩內窮聲色之欲徵發亡度號令靡常於是蔡京王黼之屬得以誣上行私變亂法制崇寧五年詔曰出令制法重輕予奪在上比降特旨處分而三省引用

勅令以爲妨礙沮抑不行是以有司之常守格人主之威福夫擅殺生之謂王能利害之謂王何格令之有臣強之漸不可不戒自今應有特旨處分間有利害明具論奏虛心以聽如或以常法沮格不行以大不恭論明年詔凡御筆斷罪不許詣尚書省陳訴如違竝以違御筆論又定令凡應承受御筆官府稽滯一時杖一百一日徒二年二日加一等罪止流三千里三日以大不恭論由是吏因緣爲姦用法巧文寖深無復祖宗忠厚之志窮極奢侈以竭民力自速禍機靖康雖知悔悟稍誅姦惡而謀國匪人終亦末如之何矣高宗性仁柔其於用法每從寬厚罪有過貸而未嘗過殺知常州周杞擅殺人帝曰朕日親聽斷豈不能任情誅僇顧非理耳卽命削杞籍大理率以儒臣用法平允者爲之獄官入對卽以慘酷爲戒臺臣士曹有所平反輒與之轉官每臨軒慮囚未嘗有送下者曰吾恐有司觀望鍛鍊以爲重輕也吏部員外郎劉大中奉使江南回遷左司諫帝尋以爲秘書少監謂宰臣朱勝非曰大中奉使頗多興獄今使爲諫官恐四方觀望耳其用心忠厚如此後詔用刑慘酷責降之人勿堂除及親民止與遠小監當差遣當建紹間天下盜起往往攻城屠邑至興師以討之然得貸亦衆同知樞密院事李回嘗奏強盜之數帝曰皆吾赤子也豈可一一誅之誅其渠魁三兩人足矣至待貪吏則極嚴應受贓者不許堂除及親民犯枉法自盜者籍其名中書罪至徒卽不敍至死者籍其貲諸文臣寄祿官竝帶左右字贓罪人則去之是年申嚴眞決贓吏法令三省取具祖宗故事有以舊法棄市事上者帝曰何至爾耶但斷遣之足矣貪吏害民雜用刑威有不得已然豈忍寘縉紳於死地邪在徽宗時刑法已峻雖嘗裁定笞杖之制而有司猶從重比中興之初詔用政和遞減法自是迄嘉定不易自蔡京當國凡所請御筆以壞正法者悉釐正之諸獄具令當職官依式檢校枷以乾木爲之輕重長短刻識其上笞杖不得留節目亦不得釘飾及加筋膠之類仍用官給火印暑月每五日一洗濯枷杻刑寺輪官一員躬親監視諸獄司竝旬申禁狀品官命婦在禁別具單狀合奏案者具情款招伏奏聞法司朱書檢坐條例推司錄問檢法官吏姓名于後各州每年開收編配羈管奴婢人及斷過編配之數各置籍各路提點刑獄司歲具本路州軍斷過大辟申刑部諸州申提刑司其應書禁曆而不書應申所屬而不申奏案不依式檢坐開具違令回報不圓致妨詳覆與提刑司詳覆大辟而稽留失覆大辟致罪有司入者各抵罪知州兼統兵者非出師臨陳毋用重刑州縣月具繫囚存亡之數申提刑司歲終比較死囚最多者當職官黜責其最少者褒賞之舊以絹計贓者千三百爲一匹竊盜至二十貫者徒至是又加優減以二千爲一匹盜至三貫者徒一年三年復詔以三千爲一匹竊盜及凡以錢定罪遞增五分四年又詔特旨處死情法不當者許大理寺奏審五年歲終比較宣州衢州福州無病死囚當職官各轉一官舒州病死及一分惠州二分六釐當職官各降一官六年令刑部體量公事邵州廣州高州勘命官淹係至久不報詔知州降一官當職官展二年磨勘當行吏永不收敍德慶府勘封川縣令事七月不報詔知州勘官各抵罪九年大理寺朱伯文廣西催斷刑獄還言雷州海賊兩獄竝係平人七人內五人已死帝惻然詔本路提刑以下重致罰十二年御史臺點檢錢塘仁和縣獄具錢塘大杖一多五錢半仁和枷一多一斤一輕半斤詔縣官各降一官十三年詔禁囚無供飯者臨安日支錢二十文外路十五文十六年詔諸鞫獄追到干證人無罪遣還者每程給米一升半錢十五文二十一年詔官支病囚藥物錢舊法刑部郞官四人分左右廳或以詳覆或以敍審同僚而異事有防閑考覆之意南渡以來務從簡省大理少卿止一員刑部郞中初無分異獄有不得其情法有不當於理者無所平反追改二十六年右司郞中汪應辰言之詔刑部郞官依元豐法分左右廳治事二十七年詔四川以錢引科罪者準銅錢孝宗究心庶獄每歲臨軒慮囚率先數日令有司進款案披閱然後決遣法司更定律令必親爲訂正之丞相趙雄上淳熙條法事類帝讀至收驟馬舟船契書稅曰恐後世有算及舟車之譏戶令戶絕之家許給其家三千貫及二萬貫者取旨帝曰其家不幸而絕及二萬貫迺取之是有心利其財也又捕亡律公人不獲盜者罰金帝曰罰金而不加罪是使之受財縱盜也又監司知州無額上供者賞帝曰上供旣無額是白取於民也可賞以誘之乎竝令削去之其明審如此且於用刑未嘗以私廢法鎭江都統戚方以刻剝被罪宰臣陳俊卿言內臣有主之者帝曰朕亦聞之乃以內侍陳瑜李宗回等付大理獄究其賂狀獄成決配之乾道二年下詔曰獄重事也用法一傾則民無所措手足比年以來治獄之吏巧持多端隨意輕重之朕甚患焉其自今革玩習之弊明審克之公使姦不容情罰必當罪用迪於刑之中勉之哉毋忽三年詔曰獄重事也稽者有律當者有比疑者有讞比年顧以獄情白於執政探取旨意以輕爲重甚亡謂也自今其祗乃心敬於刑惟當爲貴毋習前非不如吾詔吾將大寘於罰罔攸赦六年詔以絹計贓者更增一貫以四千爲一匹議者又言犯盜以敕計錢定罪以律計絹今律以絹定罪者遞增一千敕內以錢定罪亦合例增一千從之臨安府左右司理府院三獄杖直獄子以無所給至爲無籍七年詔人月給錢十貫米六斗每院止許置一十二人時州縣獄禁淹延八年詔徒以上罪入禁三月者提刑司類申刑部置籍立限以督之其後又詔中書置禁奏取會籍大臣按閱以察刑寺稽違與夫不應問難而問難不應會而會者淳熙初浙西提刑鄭興裔上檢驗格目詔頒之諸路提刑司凡檢覆必給三本一申所屬一申本司一給被害之家紹興法鞫獄官推勘不得實故有不當者一案坐之乾道法又恐有移替事故者卽致淹延乃令先決罪人不當官吏案後收坐至是所司請更定死罪依紹興法餘依乾道施行從之其後有司以覆勘不同則前官有失入之罪往往雷同前勘帝知其弊十四年詔特免一案推結一次於是小大之獄多得其情二廣州軍獄吏畏憲司點檢送勘之害凡有重囚多斃於獄臣僚以爲請乃詔二廣提刑司詳覆公事若小節不完不須追逮獄吏委本州究實保明遇有死者必根究其所以致死三衙及江上諸軍各有推獄謂之後司獄成決於主帥不經屬官故軍吏多受財爲奸光宗時乃詔通曉條制屬官兼管之廣東路瘴癘惟英德府爲最甚謂之人間生地獄諸司公事欲速成者多送之自非死罪至卽誣伏亟就刑責以出五年臣僚言之詔本路諸司公事應送別州者無送英德府至寧宗時刑獄滋濫嘉泰初天下上死案一全年千八百一十一人而斷死者纔一百八十一人餘皆貸之乃詔諸憲臺歲終檢舉州軍有獄空并禁人少者申省取旨嘉定四年詔以絹計贓定罪者江北鐵錢依四川法二當銅錢一江西提刑徐似道言檢驗官指輕作重以有爲無差訛交互以故吏姦出入人罪乞以湖南正背人形隨格目給下令於傷損去處依樣朱紅書畫唱喝傷痕衆無異詞然後署押詔從之頒之天下五年詔三衙及江上四川諸軍以武舉人主管後司公事理宗起自民間具知刑獄之弊初卽位卽詔天下恤刑又親制審刑銘以警有位每歲大暑必臨軒慮囚自謀殺故殺鬪殺已殺人者僞造符印會子放火官員犯入己贓將校軍人犯枉法外自餘死罪情輕者降從流流降從徒徒從杖杖已下釋之大寒慮囚及祈晴祈雪及災祥亦如之有一歲凡數疏決者後以建康亦先朝駐蹕之地罪人亦得覩臨安減降之法帝之用刑可謂極厚矣而天下之獄不勝其酷每歲冬夏詔提刑行郡決囚提刑憚行悉委倅貳倅貳不行復委幕屬所委之人類皆肆行威福以要餽遺監司郡守擅作威福意所欲黥則令入其當黥之由意所欲殺則令證其當死之罪呼喝吏卒嚴限日時監勒招承催促結欵而又擅置獄具非法殘民或斷薪爲杖掊擊手足名曰掉柴或木索并施夾兩脰名曰夾幫或纏繩於首加以木楔名曰腦箍或反縛跪地短豎堅木交辮兩股令獄卒跳躍於上謂之超棍痛深骨髓幾於殞命富貴之家稍有罥罣動籍其貲又以趁辦月樁及添助版帳爲名不問罪之輕重竝從科罰大率官取其十吏漁其百諸重刑皆申提刑司詳覆或具案奏裁卽無州縣專殺之理往往殺之而待罪法無拘鎖之條時州縣一時彈壓盜賊姦暴罪不至配者故拘鎖之俾之省愆或一月兩月或一季半年雖永鎖者亦有期限有口食是時州縣殘忍拘鎖者竟無限日不支口食淹滯囚係死而後已又以己私摧折手足拘鎖尉砦亦有豪強賂吏羅織平民而囚殺之甚至戶婚詞訟亦皆收禁有飲食不充饑餓而死者有無力請求吏卒凌虐而死者有爲兩詞賂遺苦楚而死者懼其發覺先以病申名曰監醫實則已死名曰病死實則殺之至度宗時雖累詔切責而禁止之終莫能勝而國亡矣

詔獄本以糾大姦慝故其事不常見初羣臣犯法體大者多下御史臺獄小則開封府大理寺鞫治焉神宗以來凡一時承詔置推者謂之制勘院事出中書則曰推勘院獄已迺罷熙寧二年命尚書都官郞中沈衡鞫前知杭州祖無擇于秀州內侍乘驛追逮御史張戩等言無擇三朝近侍而驟繫囹圄非朝廷以廉恥風厲臣下之意請免其就獄止就審問不從又命崇文院校書張載鞫前知明州光祿卿苗振于越州獄成無擇坐貸官錢及借公使酒謫忠正軍節度副使振坐故人裴士堯罪及所爲不法謫復州團練副使獄半年乃決辭所連逮官吏坐勒停衝替編管又十餘人皆御史王子韶啓其事自是詔獄屢興其悖于法及國體所繫者著之其餘不足紀也八年沂州民朱唐告前餘姚主簿李逢謀反提點刑獄王庭筠言其無迹但謗讟語涉指斥及妄

說休，咎請編配帝疑之遺御史臺推直官蹇周輔劾治中書以庭筠所奏不當并劾之庭筠懼自縊死逢辭連宗室秀州團練使世居醫官劉育等河中府觀察推官徐革詔捕繫臺獄命中丞鄧綰同知諫院范百祿與御史徐禧雜治獄具賜世居死李逢劉育及徐革並凌遲處死將作監主簿張靖武進士郝士宣皆腰斬司天監學生秦彪百姓李士寧杖脊並湖南編管餘連逮者追官落職世居子孫貸死除名削屬籍舊勘鞫官吏並劾罪李士寧者挾術出入貴人門常見世居母康以仁宗御製詩上之百祿謂士寧熒惑世居致不軌且疑知其逆謀推問不服禧乃奏士寧贈詩實仁宗御製今獄官以爲反因臣不敢同百祿以士寧嘗與王安石善欲鍛鍊附致妖言死罪卒論士寧徒罪而奏禧故出之以媚大臣詔詳劾理曲者以聞百祿坐報上不實落職若凌遲腰斬之法熙寧以前未嘗用於元凶巨蠹而自是以口語狂悖致罪者麗于極法矣蓋詔獄之興始由柄國之臣藉此以威縉紳逞其私憾朋黨之禍遂起流毒不已紹聖間章惇蔡卞用事既再追貶呂公著司馬光及謫呂大防等嶺外意猶未快仍用黃履疏高士京狀追貶王珪皆誣以圖危上躬其言寖及宣仁上頗惑之最後起同文館獄將悉誅元祐舊臣時太府寺主簿蔡渭奏臣叔父碩嘗於邢恕處見文及甫元祐中所寄恕書具述姦臣大逆不道之謀及甫彥博子也必知姦狀詔翰林承旨蔡京吏部侍郎安惇同究問初及甫與恕書自謂畢禪當求外入廟之計未可必聞已逆爲機穽以榛塞其塗又謂司馬昭之心路人所知又云濟之以粉昆朋類錯立欲以眇躬爲甘心快意之地及甫嘗語蔡碩謂司馬昭指劉摯粉昆指韓忠彥眇躬及甫自謂蓋俗稱駙馬都尉爲粉侯人以王師約故呼其父堯臣爲粉父忠彥乃嘉彥之兄也及甫除都司爲劉摯論列又摯嘗論彥博不可除三省長官故止爲平章重事及彥博致仕及甫自權侍郎以脩撰守郡母喪除與恕書請補外因爲躁忿詆毀之辭及置對則以昭比摯如舊眇躬乃以指上而粉昆乃謂指王巖叟面如傅粉故曰粉梁燾字況之以況爲兄故曰昆斥摯將謀廢立不利於上躬京惇言事涉不順及甫止聞其父言無他證佐望別差官審問乃詔中書舍人蹇序辰審問仍差內侍一員同往蔡京安惇等共治之將大有所誅戮然卒不得其要領會星變上怒稍息然京惇極力鍛鍊不少置既而梁燾卒於化州劉摯卒於新州衆皆疑二人不得其死明年五月詔摯燾據文及甫等所供言語偶逐人皆亡不及考驗明正典刑摯燾諸子並勒停永不收敍先時三省進呈帝曰摯等已謫遐方朕遵祖宗遺志未嘗殺戮大臣其釋勿治初元祐更政嘗置訴理所申理冤濫元符元年中丞安惇言神宗厲精圖治明審庶獄而陛下未親政時姦臣置訴理所凡得罪熙寧元豐之間者咸爲除雪歸怨先朝收恩私室乞取公案看詳從初加罪之意復依元斷施行時章惇猶豫未應蔡卞卽以相公二心之言迫之惇懼卽日置局命蹇序辰同安惇看詳案內文狀陳述及訴理所看詳於先朝言語不順者具名以聞自是以伸雪復改正重得罪者八百三十家及徽宗卽位改正元祐訴理之人右正言陳瓘言訴理得罪自語言不順之外改正者七百餘人無罪者旣蒙昭雪則看詳之官如蹇序辰安惇者安可以不加罪乎序辰與惇受大臣諷諭迎合紹述之意因謂訴理之事形迹先朝遂使紛紛不已考之公議宜正典刑會中書省亦請治惇序辰罪詔蹇序辰安惇並除名放歸田里靖康初元旣戮梁方平太傅王黼責授崇信軍節度副使永州安置言者論黼欺君罔上專權怙寵蠹財害民壞法敗國朔方之釁黼主其謀遣吏追至雍丘殺之取其首以獻仍籍其家又詔賜拱衛大夫安德軍承宣使李彥死彥根括民田奪民常產重斂租課百姓失業愁怨溢路官吏稍忤意捃摭送獄多至憤死故特誅之暴少保梁師成朋比王黼之罪責彰化軍節度副使行一日追殺之臺諫極論朱勔肆行姦惡起花石綱竭百姓膏血罄州縣帑藏子姪承宣觀察者數人廝役爲橫行媵妾有封號園第器用悉擬宮禁三月竄勔廣南尋賜死趙良嗣者本燕人馬植政和初童貫使遼國植邀於路說以覆宗國之策貫挾之以歸卒用其計以基南北之禍至是伏誅七月暴童貫十罪遣人卽所至斬之九月言者論蔡攸興燕山之役禍及天下驕奢淫佚載籍所無詔誅攸并弟翛高宗承大亂之後治王時雍等賣國之罪洪芻余大均陳冲張卿才李彝王及之周懿文胡思文並下御史臺獄獄具刑寺論芻納景王寵姬大均納喬貴妃侍兒及之苦辱寧德皇后女弟當流冲括金銀自盜與宮人飲當絞懿文卿才彝與宮人飲卿才彝當徒懿文當杖思文於推擇張邦昌狀內添諂奉之詞罰銅十斤並該赦上閱狀大怒李綱等共解之上亦新政重於殺士大夫乃詔芻大均冲各特貸命流沙門島永不放還卿才彝及之懿文思文並以別駕安置邊郡宋齊愈下臺獄法寺以犯在五月一日赦前奏裁詔齊愈謀立異姓以危宗社非受僞命臣僚之比特不赦腰斬都市詔東京及行在官擅離任者並就本處根勘之進寧守趙子崧靖康末傳檄四方語頗不遜三年詔御史置獄京口鞫之情得帝不欲暴其罪以棄鎭江罪貶南雄州建炎三年四月苗傅等疾閹宦恣橫及聞王淵爲樞密愈不平乃與王世脩謀逆詔御史捕世脩鞫之斬於市七月韓世忠執苗傅等磔之建康統制王德擅殺軍將陳彥章臺鞫當死帝以其有戰功特貸之慶遠軍節度使范瓊領兵入見面對不遜知樞密院張浚奏瓊大逆不道付大理寺鞫之獄具賜死越州守郭仲荀寇至棄城遁過行在不朝付御史臺大理寺雜治貶廣州神武軍統制魯珏坐贓殺不辜掠良家子女帝以其有戰功貸之貶瑞州紹興元年監察御史婁寅亮陳宗社大計秦檜惡之十一月使言者論其父死匿不舉哀下大理寺劾治迄無所得詔免所居官十一年樞密使張俊使人誣張憲謀收岳飛文字謀爲變秦檜欲乘此誅飛命万俟卨鍛鍊成之飛賜死誅其子雲及憲于市汾州進士智浹上書訟飛寃決杖編管袁州廣西帥胡舜陟與轉運使呂源有隙源奏舜陟贓汚僭擬又以書抵檜言舜陟訕笑朝政檜素惡舜陟遣大理官往治之十三年六月舜陟不服死於獄飛與舜陟死檜權愈熾屢興大獄以中異己者名曰詔獄實非詔旨也其後所謂詔獄紛紛類此故不備錄云

宋史卷二百一

元中書右丞相總裁脫脫等修

刑法志第一百五十四

刑法三

天下疑獄讞有不能決則下兩制與大臣若臺諫雜議視其事之大小無常法而有司建請論駮者亦時有焉端拱初廣定軍民安崇緒隸禁兵訴繼母馮與父知逸離全奪資產與己子大理當崇緒訟母罪死太宗疑之判大理張佖固執前斷遂下臺省雜議徐鉉議曰今第明其母馮嘗離卽須歸宗否卽崇緒準法處死今詳案內不曾離異其證有四況不孝之刑教之大者宜依刑部大理寺斷右僕射李昉等四十三人議曰法寺定斷爲不當若以五母皆同卽阿蒲雖賤乃崇緒親母崇緒特以田業爲馮强占親母衣食不給所以論訴若從法寺斷死則知逸何辜絕嗣阿蒲何地托身臣等議田產並歸崇緒馮合與蒲同居供侍終身如是則子有父業可守馮終身不至乏養所犯並準赦原詔從昉等議鉉佖各奪奉一月熙寧元年八月詔謀殺已傷按問欲舉自首從謀殺減二等論初登州奏有婦阿云母服中聘於韋惡韋醜陋謀殺不死按問欲舉自首審刑院大理寺論死用違律爲婚奏裁敕貸其死知登州許遵奏引律因犯殺傷而自首得免所因之罪仍從故殺傷法以謀爲所因當用按問欲舉條減二等刑部定如審刑大理時遵方召判大理御史臺劾遵而遵不伏請下兩制議乃令翰林學士司馬光王安石同議二人議不同遂各爲奏光議是刑部安石議是遵詔從安石所議而御史中丞滕甫猶請再選官定議御史錢顗請罷遵大理詔送翰林學士呂公著韓維知制誥錢公輔重定公著等議如安石制曰可於是法官齊恢王師元蔡冠卿等皆論奏公著等所議爲不當又詔安石與法官集議反覆論難明年二月庚子詔今後謀殺人自首並奏聽敕裁是月除安石參知政事於是奏以爲律意因犯殺傷而自首得免所因之罪仍從故殺傷法若已殺從故殺法則爲首者必死不須奏裁爲從者自有編敕奏裁之文不須復立新制與唐介等數爭議帝前卒從安石議復詔自今並以去年七月詔書從事判刑部劉述等又請中書樞密院合議中丞呂誨御史劉琦錢顗皆請如述奏下之二府帝以爲律文甚明不須合議而曾公亮等皆以博盡同異厭塞言者爲無傷乃以衆議付樞密院文彥博以爲殺傷者欲殺而傷也卽已殺者不可首呂公弼以爲殺傷於律不可首請自今已殺傷依律其從而加功自首卽奏裁陳升之韓絳議與安石畧同會富弼入相帝令弼議而以疾病久之弗議至是乃決而弼在告不預也蘇州民張朝之從兄以槍戳死朝父逃去朝執而殺之審刑大理當朝十惡不睦罪死案既去參知政事王安石言朝父爲從兄所殺而朝報殺之罪止加流役會赦應原帝從安石議特釋朝不問更命呂公著等定議刑名議不稱安石意乃自具奏初曾公亮以中書論正刑名爲非安石曰有司用刑不當則審刑大理當論正審刑大理用刑不當卽差官定議議既不

當即中書自宜論奏取決人主此所謂國體豈有中書不可論正刑名之理三年中書上刑名未安者五其一歲斷死刑幾二千人比前代殊多如强劫盜並有死法其間情狀輕重有絕相遠者使皆抵死良亦可哀若爲從情輕之人別立刑如前代斬右趾之比足以止惡而除害禁軍非在邊防屯戍而逃者亦可更寬首限以收其勇力之効其二徒流折杖之法禁網加密良民偶有抵冒致傷肌體爲終身之辱愚頑之徒雖一時創痛而終無愧恥若使情理輕者復古居作之法遇赦第減月日使良善者知改過自新凶頑者有所拘繫其三刺配之法二百餘條其間情理輕者亦可復古徒流移鄉之法俟其再犯然後決刺充軍其配隸並減就本處或與近地凶頑之徒自從舊法編管之人亦迭送他所量立役作時限無得髠鉗其四令州縣考察士民有能孝悌力田爲衆所知者給帖付身偶有犯令情輕可恕者特議贖罰其不悛者科決其五奏裁條目繁多致淹刑禁亦宜删定詔付編敕所詳議立法初韓絳嘗請用肉刑曾布復上議曰先王之制刑罰未嘗不本於仁然而有斷肢體刻肌膚以至於殺戮非得已也蓋人之有罪贖刑不足以懲之故不得已而加之以墨劓剕宮大辟然審適輕重則又有流宥之法至漢文帝除肉刑而定笞箠之令後世因之以爲律大辟之次處以流刑代墨劓剕宮不惟非先王流宥之意而又失輕重之差古者鄉田同井人皆安土重遷流之遠方無所資給徒隸困辱以至終身近世之民輕去鄉井轉徙四方固不爲患而居作一年即聽附籍比於古亦輕矣況折杖之法於古爲鞭扑之刑刑輕不能止惡故犯法日益衆其終必至於殺戮是欲輕而反重也今大辟之目至多取其情可貸者處之以肉刑則人之獲生者必衆若軍士亡去應斬賊盜贓滿應絞則刖其足犯良人於法應死而情輕者處以宮刑至於劓墨則用刺配之法降此而後爲流徒杖笞之罪則制刑有差等矣議既上帝問可否於執政王安石馮京互有論辨迄不果行樞密使文彥博亦上言唐末五代用重典以救時弊故法律之外徒流或加至於死國家承平百年當用中典然猶因循有重於舊律者若僞造官文書律止流二千里今斷從絞近凡僞造印記再犯不至死者亦從絞坐夫持杖强盜本法重於造印今造印再犯者死而强盜再犯贓不滿五匹者不死則用刑甚異於律文矣請檢詳刑名重於舊律者以敕律參考裁定其當詔送編敕所又詔審刑院大理寺議重贓併滿輕贓法審刑院言所犯各異之贓不待罪等而累併則於律義難通宜如故事而大理寺言律稱以贓致罪頻犯者並累科若罪犯不等者即以重贓併滿輕贓各倍論累併不加重者止從重蓋律意以頻犯贓者不可用二罪以上之法故令累科爲非一犯故令倍論此從寬之一也然六贓輕重不等若犯二贓以上者不可累輕以從重故令併重以滿輕此從寬之二也若以重併輕後加重則止從一重蓋爲進則改從於輕法退亦不至於容姦而疏議假設之法適皆罪等者蓋一時命文耳若罪等者盡數累併不等者止科一贓則恐知法者足以爲姦不知者但繫臨時幸與不幸非律之本意也帝是大理議行之八年洪州民有犯徒而斷杖者其餘罪會恩免官吏失出當劾中書堂後官劉袞駁議以謂律因罪人以致罪罪人遇恩者準罪人原法洪州官吏當原又請自今官司出入人罪皆用此令而審刑院大理寺以謂失入人罪乃官司誤致罪於人難用此令其失出者宜如袞議元豐三年周清言審刑院刑部奏斷妻謀殺案問自首變從故殺法舉輕明重斷入惡逆斬刑竊詳律意妻謀殺夫已殺合入惡逆以按問自首變從故殺法宜用妻毆夫死法定罪且十惡條謀與故鬬殺夫方入惡逆若謀而未殺止當不睦既用舉輕明重宜從謀而未殺法依敕當決重杖處死恐不可入惡逆斬刑下審刑院刑部參詳如清議邵武軍奏獄婦與人姦謀殺其夫已而夫醉歸姦者自殺之法寺當婦謀殺爲從而刑部郎中杜紘議婦罪應死又興元府奏獄梁懷吉往視出妻之病因寄粟其子輒取食之懷吉毆其子死法寺以盜粟論而當懷吉雜犯死罪引赦原而紘議出妻受寄粟而其子輒費用不入捕法議既上御史臺論紘議不當詔罰金仍展年磨勘而侍郎崔台符以下三人無所可否亦罰金八年尚書省言諸獲盜有已經殺人及元犯强姦强盜貸命斷配之人再犯捕獲有司例用知人欲告或按問自首減免法且律文自首減等斷遣者爲其情非巨蠹有改過自新之心至於姦盜與餘犯不同難以例減請强盜已殺人并强姦或元犯强盜貸命若持杖三人以上知人欲告按問欲舉而自首及因人首告應減者並不在減等例初王安石與司馬光爭議按問自首法卒從安石議至是光爲相復申前議改焉乃詔强盜按問欲舉自首者不用減等既而給事中范純仁言熙寧按問欲舉條並得原減以容姦太多元豐八年別立條制竊詳已殺人强姦於法自不當首不應更用按問減等至於貸命及持杖强盜亦不減等深爲太重按嘉祐編敕應犯罪之人因疑被執贓證未明或徒黨就擒未被指說但詰問便承皆從律按問欲舉首減之科若已經詰問隱拒本罪不在首減之例此敕當理當時用之天下號爲刑平請於法不首者自不得原減其餘取嘉祐編敕定斷則用法當情上以廣好生之德下則無一夫不獲之冤從之又詔諸州鞫訊强盜情理無可憫刑名無疑慮而輒奏請許刑部舉駁重行朝典無得用例破條從司馬光之請也光又上言殺人不死傷人不刑堯舜不能以致治刑部奏鈔兗懷耀三州之民有鬬殺者皆當論死乃妄作情理可憫奏裁刑部即引舊例貸之凡律令敕式或不盡載則有司引例以決今鬬殺當死自有正條而刑部承例免死決配是鬬殺條律無所用也請自今諸州所奏大辟情理無可憫刑名無可疑令刑部還之使依法處斷若實有可憫疑慮即令刑部具其實於奏鈔先擬處斷門下省審覆如或不當及用例破條即駁奏取旨勘之元祐元年純仁又言前歲四方奏讞大辟凡二百六十四死者止二十五人所活垂及九分自去年改法至今未及百日所奏按凡一百五十四死者乃五十七人所活纔及六分已上臣固知未改法前全活數多其間必有曲貸然猶不失罪疑惟輕之仁自改法後所活數少其間必有濫刑則深虧寧失不經之義請自今四方奏大辟按並令刑部大理寺再行審覆畧具所犯及元奏因依令執政取旨裁斷或所奏不當亦原其罪如此則無冤濫之獄又因尚書省言遠方奏讞待報淹繫始令川廣福建荆南路罪人情輕法重當奏斷者申安撫或鈐轄司酌情決斷乃奏門下侍郎韓維言天下奏按必斷於大理詳議於刑部然後上之中書決之人主近歲有司但因州郡所請依違其言即上中書貼例取旨故四方奏讞日多於前欲望刑清事省難矣自今大理寺受天下奏按其有刑名疑慮情理可憫須具情法輕重條律或指所斷之法刑部詳審次第上之詔刑部立法以聞崇寧五年詔民以罪麗法情有重輕則法有增損故情重法輕情輕法重舊有取旨之令今有司惟情重法輕則請加罪而法重情輕則不奏減是樂於罪人而難於用恕非所以爲欽恤也自今宜遵舊法取旨使情法輕重各適其中否則以違制論宣和六年臣僚言元豐舊法有情輕法重情重法輕若入大辟刑名疑慮並許奏裁比來諸路以大辟疑獄決于朝廷者大理寺類以不當劾之夫情理巨蠹罪狀明白奏裁以幸寬貸固在所戒然有疑而難決者一切劾之則官吏莫不便文自營臣恐天下無復以疑獄奏矣願詔大理寺並依元豐法從之紹興初州縣盜起道不通詔應奏裁者權減降斷遣以聞既而奏讞者多得輕貸官無失入之虞而吏有鬻獄之利往往不應奏者牽奏之三年乃詔大辟應奏者提刑司具因依繳奏宣州民葉全二盜檀偕窖錢偕令佃人阮授阮捷殺全二等五人棄屍水中有司以屍不經驗奏侍御史辛炳言偕係故殺衆證分明以近降法不應奏諸獄不當奏而奏者雖不論罪今宣州觀望欲併罪之帝曰若宣州加罪則實有疑者亦不復奏矣於是法寺刑部止罰金五年給事中陳由義奏有司多妄奏出入人罪帝爲申嚴立法終不悛二十六年右正言凌哲復上疏曰漢高入關悉除秦法與民約法三章耳所謂殺人者死實居其首司馬光有言殺人者不死雖堯舜不能以致治斯言可謂至當矣臣竊見諸路州軍大辟雖刑法相當者類以可憫奏裁自去歲郊後距今大辟奏裁者五十餘人中有實犯故殺鬬殺常赦所不原者法既無疑情無可憫刑寺並皆奏裁貸減彼殺人者可謂幸矣被殺者銜恨九原何時已邪臣恐强暴之風滋長良善之人莫能自保其於刑政爲害非細應今後大辟情法相當無可憫者所司輒奏裁減貸者乞令臺臣彈劾帝覽奏曰但恐諸路滅裂實有情理可憫之人一例不奏有失欽恤之意令刑部坐條行下馴至乾道讞獄之弊日益滋甚孝宗乃詔有司緣情引條定斷更不奏裁其後刑部侍郎方滋言有司斷罪其間有情重法輕情輕法重情理可憫刑名疑慮命官犯罪議親議故之類難以一切定斷今後宜於敕律條令明言合奏裁事件乞並依建隆三年敕文從之六年臣僚請今後大辟只以爲首應坐死罪者奏爲從不應坐死者先次決遣及流徒罪不許作情重取旨不然則坐以不應奏而奏之罪從之至理宗時往往讞不時報因多瘐死監察御史程元鳳奏曰今罪無輕重悉皆送獄獄無大小悉皆稽留或以追索未齊而不問或以供欵未圓而不呈或以書擬未當而不判獄官視以爲常而不顧其遲獄吏留以爲利而惟恐其速奏案申牘既下刑部遲延日月方送理寺理寺看詳亦復如之寺回申部部回申省動涉歲月省房又未遽爲呈擬亦有呈擬而疏駁者疏駁歲月又復如前展轉遲回有一二年未報下者可疑可矜法當奏讞矜而全之乃

反逆回有矜貸之報下而其人已斃於獄者有犯者獲貸而干連病死不一者豈不重可念哉請自今諸路奏讞即以所發月日申御史臺從臺臣究省部法寺之慢從之而所司延滯尋復如舊景定元年乃下詔曰比詔諸提刑司取翻異駁勘之獄從輕斷決而長吏監司多不任責又引奏裁甚者有十餘年不決之獄仰提刑司守臣審勘或前勘未盡委有可疑除命官命婦宗婦宗女及合用蔭人奏裁外其餘斷訖以聞官吏特免收坐一次

凡應配役者傅軍籍用重典者黥其面會赦則有司上其罪狀情輕者縱之重者終身不釋初徒罪非有官當贖銅者在京師則隸將作監役兼役之宮中或輸作左校右校役開寶五年御史臺言若此者雖有其名無復役使遇祠祭供水火則有本司供官望令大理依格斷遣於是並送作坊役之太宗以國初諸方割據沿五代之制罪人率配隸西北邊多亡投塞外誘羌爲寇乃詔當徒者勿復隸秦州靈武通遠軍及緣邊諸郡時江廣已平乃皆流南方先是犯死罪獲貸者多配隸登州沙門島及通州海島皆有屯兵使者領護而通州島中凡兩處官鬻鹽豪强難制者隸崇明鎭懦弱者隸東州市太平興國五年始令分隸鹽亭役之而沙門如故端拱二年詔免嶺南流配荷校執役初婦人有罪至流亦執鍼配役至是詔罷免之始令雜犯至死貸命者勿流沙門島止隸諸州牢城舊制僮僕有犯得私黥其面帝謂僮使受傭本良民也詔盜主財者杖脊黥面配牢城勿私黥之十貫以上配五百里外二十貫以上奏裁帝欲寬配隸之刑祥符六年詔審刑院大理寺三司詳定以聞既而取犯茶鹽礬麴私鑄造軍器市外蕃香藥挾銅錢誘漢口出界主吏盜貨官物夜聚爲妖比舊法咸從輕減乾興以前州軍長吏往往擅配罪人仁宗即位首下詔禁止且令情非巨蠹者須奏待報又詔諸路按察官取乾興赦前配隸兵籍者列所坐罪狀以聞自是赦書下輒及之初京師裁造院募女工而軍士妻有罪皆配隸南北作坊天聖初特詔釋之聽自便婦人應配則以妻窰務或軍營致遠務卒之無家者著爲法時又詔曰聞配徒者其妻子流離道路罕能生還朕甚憐之自今應配者錄具獄刑名及所配地里上尚書刑部詳覆未幾又詔應配者須長吏以下集聽事慮問後以奏牘煩冗罷錄具獄第以單狀上承進司既又罷慮問焉知益州薛田言蜀人配徒他路者請雖老疾毋得釋帝曰遠民無知犯法終身不得還鄉里豈朕意哉察其情可矜者許還後復詔罪狀獷惡者勿許初令配隸罪人皆奏待報既而繫獄淹久奏請煩數明道二年乃詔有司參酌輕重著爲令凡命官犯重罪當配隸則於外州編管或隸牙校其坐死特貸者多杖黥配遠州牢城經恩量移始免軍籍天聖初吏同時以贓敗者數人悉竄之嶺南下詔申儆在位有平羌縣尉鄭宗誘者受賕枉法抵死會赦當奪官帝問輔臣曰奉月幾何豈祿薄不足自養邪王欽若對曰奉雖薄廉士固亦自守特杖宗誘配隸安州其後數懲貪吏至其末年吏知以廉自飭犯法者稍損於舊矣罪人貸死者舊多配沙門島至者多死景祐中詔當配沙門島者第配廣南地牢城廣南罪人乃配嶺北然其後又有配沙門島者慶曆三年既疏理天下繫囚因詔諸路配役人皆釋之六年又詔曰如聞百姓抵輕罪而長吏擅刺隸他州朕甚憫焉自今非得於法外從事者毋得輒刺罪人皇祐中既赦命知制誥曾公亮李絢閱所配人罪狀以聞於是多所寬縱公亮請著爲故事且請益梓利夔四路就委轉運鈐轄司閱之自後每赦命官率以爲常配隸重者沙門島砦其次嶺表其次三千里至鄰州其次羈管其次遷鄉斷訖不以寒暑即時上道吳充建請流人冬寒被創上道多凍死請自今非情理巨蠹遇冬月聽流役本處至春月遣之詔可熙寧二年比部郎中知房州張仲宣嘗檄巡檢體究金州金阬無甚利土人憚興作以金八兩求仲宣不差官及事覺法官坐仲宣枉法贓應絞援前比貸死杖脊黥配海島知審刑院蘇頌言仲宣所犯可比恐喝條且古者刑不上大夫仲宣官五品有罪得乘車今刑爲徒隸其人雖無足矜恐汙辱衣冠爾遂免杖黥流賀州自是命官無杖黥法六年審刑院言登州沙門砦配隸以二百人爲額餘則移置海外非禁姦之意詔以三百人爲額廣南轉運司言春州瘴癘之地配隸至者十死八九願停配罪人詔應配沙門島者許配春州餘勿配既而諸配隸除凶盜外少壯者並寘河州止五百人初神宗以流人去鄉邑疾死於道而護送禁卒往來勞費用張誠一之議隨所在配諸軍重役後中丞黃履等言罷之凡犯盜刺環於耳後徒流方杖圓三犯杖移於面徑不過五分元祐六年刑部言諸配隸沙門島强盜殺人縱火贓滿五萬錢强姦毆傷兩犯至死累贓至二十萬錢謀殺致死及十惡死罪造蠱已殺人者不移配强盜徒黨殺人不同謀贓滿二十五萬遇赦移配廣南溢額者配隸遠惡餘犯遇赦移配荆湖南北福建路諸州溢額者配隸廣南在沙門島滿五年遇赦不該移配與不許縱還而年及六十以上者移配廣南在島十年者依餘犯格移配篤疾或年及七十在島三年以上移配近鄉州軍犯狀應移而老疾者同其永不放還者各加二年移配後又定令沙門島以溢額移配瓊州萬安軍昌化朱崖軍紹聖三年刑部侍郎邢恕等言藝祖初定天下主典自盜贓滿者往往抵死仁祖之初尚不廢也其後用法稍寬官吏犯自盜罪至極法率多貸死然甚者猶決刺配島錢仙芝帶館職李希甫歷轉運使不免也比朝廷用法益寬主典人吏軍司有犯例各貸死略無差別欲望講述祖宗故事凡自盜計贓多者間出睿斷以肅中外詔今後應枉法自盜罪至死贓數多者並取旨或患加役流法大重官有監驅之勞而道路有奔亡之慮蘇頌元豐中嘗建議請依古圜土取當流者治罪訖髡首鉗足晝則居作夜則置之圜土滿三歲而後釋未滿歲而遇赦者不原既釋仍送本鄉譏察出入又三歲不犯乃聽自如時未果行崇寧中始從蔡京之請令諸州築圜土以居强盜貸死者晝則役作夜則拘之視罪之輕重以爲久近之限許出圜土充軍無過者縱釋行之二年其法不便迺罷大觀元年復行四年復罷南渡後諸配隸祥符編敕止四十六條慶曆中增至百七十餘條至於淳熙又增至五百七十條則四倍於慶曆矣配法既多犯者日衆黥配之人所至充斥淳熙十一年校書郎羅點言其太重乃詔刑寺集議奏聞至十四年未有定論其後臣僚議以爲若止居役不離鄉井則幾惠姦不足以懲惡若盡用配法不恤黥刺則面目一壞誰復顧藉强民適長威力有過無由自新檢照元豐刑部格諸編配人自有不移不放及移放條限政和編配格又有情重稍重情輕稍輕四等若依倣舊格稍加參訂如入情重則倣舊刺面用不移不放之格其次稍重則止刺額角用配及十年之格其次稍輕則與免黥刺用不刺面役滿放還之格其次最輕則降爲居役別立年限縱免之格儻有從坐編管則置之本城減其放限如此則於見行條法並無牴牾且使刺面之法專處情犯凶蠹而其他偶麗於罪皆得全其面目知所顧藉可以自新省黥徒銷姦黨誠天下之切務即詔有司裁定其後迄如舊制嘉泰四年臣僚言配隸之人蓋有兩等其鄉民一時鬬毆殺傷及胥徒犯贓貸命流配等人設使逃逸未必能爲大過止欲從徒配本州牢城重役限滿給據復爲良民至於累犯强盜及聚衆販賣私商曾經殺傷捕獲之人非村民胥吏之比欲並配屯駐軍立爲年限限滿改刺從正軍從之其所配之地自高宗來或配廣南海外四州或配淮漢四川迄度宗之世無定法皆不足紀也

凡內外所上刑獄刑部審刑院大理寺參主之又有糾察在京刑獄司以相審覆官制既行罷審刑糾察歸其職於刑部四方之獄則提點刑獄統治之官司之獄在開封有府司左右軍巡院在諸司有殿前馬步軍司及四排岸外則二京府司左右軍巡院諸州軍院司理院下至諸縣皆有獄諸獄皆置樓牖設漿鋪席時具沐浴食令溫暖寒則給薪炭衣物暑則五日一滌枷杻郡縣則所職之官躬行檢視獄弊則修之使固神宗即位初詔曰獄者民命之所繫也比聞有司歲考天下之奏而多瘐死深惟獄吏並緣爲姦檢視不明使吾元元橫罹其害書不云乎與其殺不辜寧失不經其具爲令應諸州軍巡司院所禁罪人一歲在獄病死及二人五縣以上州歲死三人開封府司軍巡歲死七人推吏獄卒皆杖六十增一人則加一等罪止杖一百典獄官如推獄經兩犯即坐從違制提點刑獄歲終會死者之數上之中書檢察死者過多官吏雖已行罰當更黜責未幾復詔失入死罪已決三人正官除名編管貳者除名次貳者免官勒停吏配隸千里二人以下視此有差不以赦降去官原免未決則比類遞降一等赦降去官又減一等令審刑院刑部斷議官歲終具嘗失入徒罪五人以上京朝官展磨勘年幕職州縣官展考或不與任滿指射差遣或罷仍即斷絕支賜以前法未備故有是詔又嘗詔官司失入人罪而罪人應原免官司猶論如法即失出人罪若應徒而杖罪人應原免者官司乃得用因罪人以致罪之律帝以國初廢大理獄非是元豐元年詔曰大理有獄尚矣今中都官有所劾治皆寓繫開封諸獄囚既猥多難於隔訊盛夏疾疫傳致瘐死或主者異見歲時不決朕甚愍焉其復大理獄置卿一人少卿二人丞四人專主鞫訊檢法官二人主簿一人應三司諸寺監吏犯杖笞不俟追究者聽即決餘悉送大理獄其應奏者並令刑部審刑院詳斷應天下奏按亦上之五年分命少卿左斷刑左治獄斷刑則評事檢法丞議正審治獄則丞專推劾主簿掌按籍少卿分領其事而卿總爲六年刑部言舊詳斷官分公按訖主判官論議改正發詳議官覆議有差失問難則書於檢尾送斷官

改正主判官審定然後判成自詳斷官歸大理爲評事司直議官爲丞所斷按草不由長貳類多差忒迺定制分評事司直與正爲斷司丞與長貳爲議司凡斷公按正先詳其當否論定則簽印注日移議司覆議有辨難乃具議改正長貳更加審定然後判成錄奏元祐初三省言舊置糾察司蓋欲察其違慢所以謹重獄事罷歸刑部無復糾察之制請以糾察職事委御史臺刑察兼之臺獄則尚書省右司糾察之三年罷大理寺獄初大理置獄本以囚繫淹滯俾獄事有所統而大理卿崔台符等不能奉承德意雖士大夫若命婦獄辭小有連逮輒捕繫凡邏者所探報卽下之獄傅會鍛鍊無不誣服至是台符等皆得罪獄迺罷八年中書省言昨詔內外歲終具諸獄囚死之數而諸路所上遂以禁繫二十而死一者不具卽是歲繫二百人許以十人獄死恐州縣弛意獄事甚非欽恤之意詔刑部自今不許輙分禁繫之數紹聖二年戶部如三司故事置推勘檢法官應在京諸司事于錢穀當追究者從杖已下卽定斷三年復置大理寺右治獄官屬視元豐員仍增置司直一員大理卿路昌衡請分大理寺丞爲左右推若有飜異自左移右再變卽命官審問或御史臺推究不許開封府互勘及地分探報庶革互送挾讐之弊徒已上罪移御史臺命官追攝者悉依條若探報涉虛用情託者並收坐以聞初法寺斷獄大辟失入有罰失出不坐至是以失出死罪五人比失入一人失出徒流罪三名亦如之著爲令元符三年刑部言祖宗重失入之罪所以恤刑夫失出臣下之小過好生聖人之大德請罷失出之責使有司讞議之間務盡忠恕詔可政和三年臣僚言遠方官吏文法既疎刑罰失中不能無寃願委耳目之官季一分錄所部囚禁遇有寃抑先釋而後以聞歲終較所釋多寡爲之殿最其徼功故出有罪者論如法詔令刑部立法諸入人徒流之罪已結案而錄問官吏能駁正或因事而能推正者累及七人比大辟一名推賞紹興六年令諸鞫勘有情款異同而病死者提刑司研究之如寃申朝廷取旨十二年令諸推究翻異獄毋差初官蔭子及新進士擇曾經歷任人二十七年令監察御史每冬夏點獄有鞫勘失實者照刑部郞官直行移送二十九年令殺人無證屍不經驗之獄具案奏裁委提刑審問如有可疑及翻異從本司差官重勘案成上本路移他監司審定具案聞奏否則監司再遣官勘之又不伏復奏取旨先是有司建議外路獄三經翻異在千里內者移大理寺三十一年刑部以爲非祖宗法遂釐正之乾道中諸州翻異之囚旣經本州次檄隣路或再翻異乃移隔路至有越兩路者官吏旁午於道逮繫者困於追對四年乃令鞫勘本路累嘗差官猶稱寃者惟檄隣路如尚翻異則奏裁淳熙三年令縣尉權縣事毋自鞫獄卽令丞簿參之全闕則於州官或隣縣選官權攝之金作贖刑蓋以鞭朴之罪情法有可議者則寬之也穆王贖及五刑非法矣宋損益舊制凡用官蔭得減贖所以尊爵祿養廉恥也乾德四年大理正高繼申上言刑統名例律三品五品七品以上官親屬犯罪各有等第減贖恐年代已深不肖自恃先蔭不畏刑章今犯罪身無官須祖父曾任本朝官據品秩得減贖如仕于前代須有功惠及民爲時所推歷官三品以上乃得請從之後又定流內品官任流外職準律交徒罪以上依當贖法諸司授勒留官及歸司人犯徒流等罪公罪許贖私罪以決罰論淳化四年詔諸州民犯罪或入金贖長吏得以任情而輕重之自今不得以贖論婦人犯杖以下非故爲量輕重笞罰或贖銅釋之仁宗深憫夫民之無知也欲立贖法以待薄刑迺詔有司曰先王用法簡約使人知禁而易從後代設茶酒鹽稅之禁奪民厚利刑用滋章今之編敕皆出律外又數改更官吏且不能曉百姓安得聞之一陷于理情雖可哀法不得贖豈禮樂之化未行而專用刑罰之弊與漢文帝使天下人入粟於邊以受爵免罪幾于刑措其議科條非著于律者或冒利犯禁奢侈違令或過悞可憫別爲贖法鄉民以穀麥市人以錢帛使人重穀麥免刑罰則農桑自勸富壽可期矣詔下論者以爲富人得贖而貧者不能免非朝廷用法之意時命輔臣分總職事以參知政事范仲淹領刑法未及有所建明而仲淹罷事遂寢至和初又詔前代帝王後嘗仕本朝官不及七品者祖父母父母妻子罪流以下聽贖雖不仕而嘗被賜予者有罪非巨蠹亦如之隨州司理參軍李抃父毆人死抃上所授官以贖父罪帝哀而許之君子謂之失刑然自是未嘗爲比而終宋之世贖法惟及輕刑而已恩宥之制凡大赦及天下釋雜犯死罪以下甚則常赦所不原罪皆除之凡曲赦惟一路或一州或別京或畿內凡德音則死及流罪降等餘罪釋之間亦釋流罪所被廣狹無常又天子歲自錄京師繫囚畿內則遣使往往雜犯死罪以下第降等杖笞釋之或徒罪亦得釋若并及諸路則命監司錄焉初太宗嘗因郊禮議赦有秦再恩者上書願勿赦引諸葛亮佐劉備數十年不赦事帝頗疑之時趙普對曰凡郊祀肆眚聖朝彝典其仁如天若劉備區區一方臣所不取上善之遂定赦初太祖將祀南郊詔兩京諸道自十月後犯強竊盜不得預郊祀之赦所在長吏告諭民無冒法是後將祀必先申明此詔天聖五年馬亮言朝廷雖有是詔而法官斷獄乃言終是會赦多所寬貸惠姦失詔旨遂詔已下約束而犯劫盜及官典受贓勿復奏悉論如律七年春京師雨彌月不止仁宗謂輔臣曰豈政事未當天心耶因言向者大辟覆奏州縣至於三京師至於五蓋重人命如此其戒有司決獄議罪毋或枉濫又曰赦不欲數然捨是無以召和氣遂命赦天下帝在位久明於人之情僞尤惡訐人陰事故一時士大夫習爲惇厚久之小人乘間密上書疏人過失好事稍相與唱和又按人赦前事翰林學士張方平御史呂誨以爲言因下詔曰蓋聞治古君臣同心上下協穆而無激訐之俗何其德之盛也朕竊慕焉嘉與公卿大夫同底斯道而敎化未至澆薄日滋比者中外羣臣多上章言人過失暴揚難驗之罪或外託公言內緣私忿詆欺曖昧苟陷善良又赦令者所以與天下更始而有司多擧按赦前之事殆非信命重刑罰使人洒心自新之意也今有上言告人罪言赦前事者訊之至於言官宜務大體非事關朝政自餘小過細故勿須察擧神宗卽位又詔曰夫赦令國之大恩所以蕩滌瑕穢納於自新之地是以聖王重焉中外臣僚多以赦前事捃摭吏民興起獄訟苟有詿誤咸不自安甚非持心近厚之義使吾號令不信於天下其內外言事按察官毋得依前擧劾具按取旨否則科違制之罪御史臺覺察彈奏法寺有此奏按許擧駁以聞知諫院司馬光言曰按察之官以赦前事與起獄訟禁之誠爲大善至於言事之官事體稍異何則御史之職本以繩案百僚糾擿隱伏姦邪之狀固非一日所爲國家素尚寬仁數下赦令或一歲之間至於再三若赦前之事皆不得言則其可言者無幾矣萬一有姦邪之臣朝廷不知誤加進用御史欲言則違今日之詔若其不言則陛下何從知之臣恐因此言者得以藉口偷安姦邪得以放心不懼此乃人臣之至幸非國家之長利也請追改前詔刊去言事兩字光論至再帝諭以言者好以赦前事誣人光對曰若言之得實誠所欲聞若其不實當罪言者帝命光送詔于中書熙寧七年二月帝以旱欲降赦時已兩赦王安石曰湯旱以六事自責曰政事不節與若一歲三赦是政不節矣非所以弭災也乃止八年編定廢免人敍格常赦則郡縣以格敍用凡三朞一敍卽朞未滿而遇非次赦者亦如之元祐元年門下省言當官以職事墮隳雖去官不免猶可言至於赦降大恩與物更始雖劫盜殺人亦蒙寬宥豈可以一事差失負罪終身今刑部所修不以官赦降原減條請更刪改徽宗在位二十五年而大赦二十六曲赦十四德音三十七而南渡之後紹熙歲至四赦蓋刑政紊而恩益濫矣宋自祖宗以來三歲遇郊則赦此常制也世謂三歲一赦於古無有景祐中言者以爲三王歲祀圜丘未嘗輒赦自唐興兵以後事天之禮不常行因有大赦以蕩亂獄且有罪者寬之未必自新被害者抑之未必無怨不能自新將復爲惡不能無怨將悔爲善一赦而使民悔善長惡政教之大患也願罷三歲一赦使良民懷惠凶人知禁或謂未可盡廢卽請命有司前郊三日理罪人有過誤者引而赦之州縣須詔到倣此疏奏朝廷重其事第詔罪人情重者毋得以一赦免然亦未嘗行

宋史卷二百二

元　中書右丞相總裁脫脫等修

藝文志第一百五十五

藝文一

易曰觀乎天文以察時變觀乎人文以化成天下文之有關於世運尚矣然書契以來文字多而世代日降秦火而後文字多而世教日典其故何哉蓋世道升降人心習俗之致然非徒文字之所爲也然去古既遠苟無斯文以範防之則愈趨而愈下矣故由秦而降每以斯文之盛衰占斯世之治忽焉宋有天下先後三百餘年考其治化之汚隆風氣之離合雖不足以儗倫三代然其時君汲汲於道藝輔治之臣莫不以經術爲先務學士搢紳先生談道德性命之學不絕于口豈不彬彬乎進於周之文哉宋之不競或以爲文勝之弊遂歸咎焉此以功利爲言未必知道者之論也歷代之書籍莫厄於秦莫富於隋唐隋嘉則殿書三十七萬卷而唐之藏書開元最盛爲卷八萬有奇其間唐人所自爲書幾三萬卷則舊書之傳者至是蓋亦鮮矣陵遲逮于五季干戈相尋海寓鼎沸斯民不復見詩書禮樂之化周顯德中始有經籍刻板學者無筆札之勞獲覩古人全書然

亂離以來編帙散佚幸而存者百無二三宋初有書萬餘卷其後削平諸國收其圖籍及下詔遣使購求散亡三館之書稍復增益太宗始於左昇龍門北建崇文院而徙三館之書以實之又分三館書萬餘卷別爲書庫目曰秘閣閣成親臨幸觀書賜從臣及直館宴又命近習侍衞之臣縱觀羣書眞宗時命三館寫四部書二本置禁中之龍圖閣及後苑之太清樓而玉宸殿四門殿亦各有書萬餘卷又以秘閣地隘分內藏西庫以廣之其右文之意亦云至矣已而王宮火延及崇文秘閣書多煨燼其僅存者遷于右掖門外謂之崇文外院命重寫書籍選官詳覆校勘常以參知政事一人領之書成歸于太清樓仁宗既新作崇文院命翰林學士張觀等編四庫書倣開元四部錄爲崇文總目書凡三萬六百六十九卷神宗改官制遂廢館職以崇文院爲秘書省秘閣經籍圖書以秘書郎主之編緝校定正其脫誤則主于校書郎徽宗時更崇文總目之號爲秘書總目詔購求士民藏書其有所秘未見之書足備觀采者仍命以官且以三館書多逸遺命建局以補全校正爲名設官總理募工繕寫一置宣和殿一置太清樓一置秘閣自熙寧以來搜訪補輯至是爲盛矣嘗歷考之始太祖太宗眞宗三朝三千三百二十七部三萬九千一百四十二卷次仁英兩朝一千四百七十二部八千四百四十六卷次神哲徽欽四朝一千九百六部二萬六千二百八十九卷三朝所錄則兩朝不復登載而錄其所未有者四朝於兩朝亦然最其當時之目爲部六千七百有五爲卷七萬三千八百七十有七焉迨夫靖康之難而宣和館閣之儲蕩然靡遺高宗移蹕臨安乃建秘書省於國史院之右搜訪遺闕屢優獻書之賞於是四方之藏稍稍復出而館閣編輯日益以富矣當時類次書目得四萬四千四百八十六卷至寧宗時續書目又得一萬四千九百四十三卷視崇文總目又有加焉自是而後迄於終祚國步艱難軍旅之事日不暇給而君臣上下未嘗頃刻不以文學爲務大而朝廷微而草野其所製作講說紀述賦詠動成卷帙纍而數之有非前代之所及也雖其間鈲裂大道疵贊聖謨幽怪恍惚瑣碎支離有所不免然而瑕瑜相形雅鄭各趣譬之萬派歸海四瀆可分繁星麗天五緯可識求約於博則有要存焉宋舊史自太祖至寧宗爲書凡四志藝文者前後部帙有亡增損互有異同今刪其重復合爲一志蓋以寧宗以後史之所未錄者倣前史分經史子集四類而條列之大凡爲書九千八百十九部十一萬九千九百七十二卷云經類十一曰易類二曰書類三曰詩類四曰禮類五曰樂類六曰春秋類七曰孝經類八曰論語類九曰經解類十曰小學類

周易古經一卷薛貞注歸藏三卷易傳十卷題卜子夏傳周易上下經六卷繫辭說卦序卦雜卦三卷韓康伯注鄭玄周易文言注義一卷王弼畧例一卷易辨一卷阮嗣宗通易論一卷干寶易傳十卷易髓八卷晉人撰不知姓名孔穎達正義十四卷玄談六卷易正義補闕七卷任正一甘棠正義三十卷關朗易傳一卷王虈傳十一卷陸德明釋文一卷衞元嵩周易元包十卷蘇元明傳李江注李鼎祚集解十卷史文徽易口訣義六卷成玄英流演窮寂圖五卷蔡廣成啓源十卷又周易外義三卷沙門一行傳十二卷王隱要削三卷陸希聲傳十三卷郭京舉正三卷東鄉助物象釋疑一卷邢璹補闕周易正義畧例疏三卷李翺易詮七卷張弧周易上經王道小疏五卷張韓啓玄一卷青城山人揲蓍法一卷王昭素易論三十三卷縱康乂周易會通正義三十三卷陰洪道周易新論傳疏十卷陳摶易龍圖一卷范諤昌大易源流圖一卷又證墜簡一卷胡旦易演聖通論十六卷石介口義十卷冀震周易義畧十卷代淵周易旨要二十卷何氏易講疏十三卷不著名陸秉意學十卷古易十三卷出王洙家王洙言象外傳十卷劉牧新注周易十一卷又卦德通論一卷易數鈎隱圖一卷吳祕周易通神一卷黃黎獻畧例一卷又室中記師隱訣一卷龔鼎臣補注易六卷彭汝礪易義十卷趙令湑易發微十卷喬執中易說十卷趙仲銳易義五卷謝湜易義十二卷譚世勣易傳十卷陸太易周易口訣七卷龔珍周易闡微詩六卷李贊周易說九卷張杲周易罔象成名圖一卷裴通周易玄解三卷邵雍皇極經世十二卷又敍篇系述二卷觀物外篇六卷門人張㟭記雍之言觀物內篇解二卷雍之子伯溫篇邵伯溫周易辨惑一卷常豫易源一卷徐庸周易意蘊凡例總論一卷又卦變解二卷宋咸易訓三卷又易補注十卷又劉牧王弼易辨二卷皇甫泌易解十九卷鄭揚庭時用書十二卷又明用書九卷易傳辭三卷易傳辭後語一卷陳良獻周易發隱二十卷石汝礪乾生歸一圖十卷鮑極周易重注十卷葉昌齡圖義二卷胡瑗易解一十二卷口義十卷繫辭說卦三卷歐陽修易童子問三卷阮逸易筌六卷王安石易解十四卷尹天民易論要纂一卷又易說拾遺二卷司馬光易說一卷又三卷繫辭說二卷鮮于侁周易聖斷七卷蘇軾易傳九卷程頤易傳九卷又易繫辭解一卷張載易說十卷呂大臨易章句一卷龔原續解易義十七卷又易傳十卷李平西河圖傳一卷李遇刪定易圖序論六卷張弼易解義十卷顧叔思周易義類三卷劉槩易繫辭十卷晁說之錄古周易八卷晁補之太極傳五卷因說一卷太極外傳一卷游酢易說一卷耿南仲易解義十卷安泳周易解義一部卷亡陳瓘了齋易說一卷鄒浩繫辭纂義二卷張根易解九卷周易六十四卦賦一卷題潁川陳君作名亡林德祖易說九卷陳禾易傳十二卷李授之易解通義三十卷朱震易傳十一卷卦圖三卷易傳叢說一卷張汝明易索十三卷郭忠孝兼山易解二卷又四學淵源論三卷任奉古周易發題一卷陳高八卦數圖二卷林儦易說十二卷變卦八卷變卦纂集一卷凌唐佐集解六卷袁樞學易索隱一卷夏休講義九卷郭雍傳家易解十一卷沈該易小傳六卷都絜易變體十六卷鄭克揲蓍古法一卷吳沆易璇璣三卷李椿年易解八卷疑問一卷李光易說十卷李衡易義海撮要十二卷洪興祖易古經考異釋疑一卷張行成元包數總義二卷述衍十八卷通變四十八卷晁公武易詁訓傳十八卷胡銓易傳拾遺十卷程大昌易原十卷又易老通言十卷楊萬里易傳二十卷林栗易經傳集解三十六卷李舜臣易本傳三十三卷曾穜大易粹言十卷呂祖謙定古易十二篇爲一卷又音訓二卷周易繫辭精義二卷朱熹易傳十二卷又本義十二卷易學啓蒙三卷古易音訓二卷張浚易傳十卷倪思易訓三十卷趙善譽易說二卷劉文郁易宏綱八卷吳仁傑古易十二卷又周易圖說二卷集古易一卷王日休龍舒易解一卷劉翔易解六卷胡有開易解義四十卷鄒巽易解六卷鄭剛中周易窺餘十五卷楊簡己易一卷潘夢旂大易約解九卷麻衣道者正易心法一卷鄭東卿易說三卷項安世周易玩辭十六卷程迥易章句十卷又外編一卷占法古易考一卷林至易裨傳一卷葉適習學記言周易述釋一卷李椿觀畫二卷王炎筆記八卷鄭汝諧易翼傳二卷湯義周易講義三卷樂只道人義文易論微六卷姓名亡宋氏三宮易一卷名亡劉烈虛谷子解卦周易三卷劉牧鄭夫註周易七卷楊文煥五十家易解四十三卷孫份周易先天流衍圖十二卷程敦厚序劉半千義易正元一卷馮椅易學五十卷商飛卿講義一卷周易卦類三卷易辭微三卷易正經明疑錄一卷易傳四卷口義六卷易樞十卷繫辭要旨一卷並不知作者易乾鑿度三卷易緯七卷易緯稽覽圖一卷易通卦驗二卷並鄭玄注流演通卦驗一卷不知作者王柘讀易記十卷又涵古易說一卷大象衍義一卷曾幾易釋象五卷劉禹偁易解十卷程達易解十卷戴溪易總說二卷趙汝談易說三卷眞德秀復卦說一卷吳如愚易說一卷李光易傳十卷李燾易學五卷又大傳雜說一卷朱承祖易撫卦總論一十卷林起鼇易述古言二卷方實孫讀易記八卷魏了翁易集義六十四卷又易要義一十卷鄭子厚大易觀象三十二卷張埜補注

右易類二百十三部一千七百四十卷王柘讀易記以下不著錄十九部一百八十六卷

尚書十二卷漢孔安國傳古文尚書二卷孔安國隸伏勝大傳三卷鄭玄注汲冢周書十卷晉太康中於汲郡得之孔晁注陸德明釋文音義一卷孔穎達正義二十卷馮繼先尚書廣疏十八卷又尚書小疏十三卷尹恭初尚書新修義疏二十六卷胡旦尚書演聖通論七卷胡瑗洪範口義一卷蘇洵洪範圖論一卷程頤堯典舜典解一卷王安石新經書義十三卷又洪範傳一卷蘇軾書傳十三卷書說一卷程頤門人記孔武仲書說十三卷曾肇書講義八卷陳諤開寶新定尚書釋文三卷孟先禹貢治水圖一卷尚書洪範五行記一卷王晦叔周書音訓十二卷司馬光等無逸講議一卷吳安詩等無逸說命解二卷劉彝洪範解六卷曾旼等講義三十卷葉夢得書傳十卷張綱解義三十卷吳孜大義三卷吳棫裨傳十二卷張九成尚書詳說五十卷洪興祖口義發題一卷陳鵬飛書解三十卷程大昌書譜二十卷又禹貢論五卷禹貢論圖五卷禹貢後論一卷晁公武尚書詁訓傳四十六卷史浩講義二十二卷呂祖謙書說三十五卷黃度書說七卷李舜臣尚書小傳四卷吳仁傑尚書洪範辨圖一卷陳伯達翼範一卷朱熹書說七卷黃士毅集林之奇集解五十八卷陳經詳解五十卷康伯成書傳一卷夏僎書解十六卷王炎小傳十八卷孫泌尚書解五十二卷蔡沈書傳六卷胡瑗尚書全解二十八卷成申之四百家集解五十八卷楊王集尚書義宗三卷三墳書三卷元豐中毛漸所得尚書治要圖五卷尚書解題一卷渾灝發旨一卷並不知作者王柘讀書記十卷又書疑九卷書附傳四十卷袁變書鈔十卷袁覺讀書記二十三卷黃倫尚書精義六十卷趙汝談書說二卷卞大亨尚書類數二十卷胡銓書解四卷李燾尚書百篇圖一卷劉甄書青霞集解二十卷應鏞書約義二十五卷魏了翁書要義二十卷

右書類六十部八百二卷王柏讀書記以下不著錄十三部二百四十四卷

韓詩外傳十卷漢韓嬰傳毛詩二十卷漢毛萇爲詁訓傳鄭玄箋鄭玄詩譜三卷陸璣草木鳥獸蟲魚疏二卷孔穎達正義四十卷陸德明詩釋文三卷成伯璵毛詩指說統論一卷又毛詩斷章二卷張訢別錄一卷毛詩正數二十卷毛詩釋題二十卷毛詩小疏二十卷鮮于侁詩傳六十卷李常詩傳十卷魯有開詩集十卷胡旦毛詩演聖通論二十卷宋咸毛詩正紀三卷又外義二卷劉宇詩折衷二十卷蘇子才毛詩大義三卷周軾箋傳辨誤八卷丘鑄周詩集解二十卷歐陽修詩本義十六卷又補注毛詩譜一卷蘇轍詩解集傳二十卷彭汝礪詩義二十卷趙令滑講義二十卷喬執中講義十卷毛漸詩集十卷沈銖詩傳二十卷孔武仲詩說二十卷王商範毛詩序義索隱二卷王安石新經毛詩義二十卷舒王詩義外傳十二卷新解一卷程頤門人記其師之說張載詩說一卷趙仲銳詩義三卷游酢詩二南義一卷范祖禹詩解一卷楊璿詩辨疑一卷茅知至周詩義二十卷蔡卞毛詩名物解二十卷董逌廣川詩故四十卷吳良輔詩重文說七卷劉孝孫正論十卷吳景山十五國風各解一卷劉泉毛詩判篇一卷吳棫毛詩叶韻補音十卷李樗毛詩詳解四十六卷晁公武毛詩詁訓傳二十卷呂祖謙家塾讀詩記三十二卷鄭樵詩傳二十卷又辨妄六卷范處義詩學一卷又解頤新語十四卷詩補傳三十卷朱熹詩集傳二十卷詩序辨一卷張貴謨詩說三十卷鄭諤毛詩解義三十卷黃度詩說三十卷吳氏詩本義補遺二卷名亡戴溪續讀詩記三卷錢文子白石詩傳一十卷又詩訓詁三卷黃邦彥講義三卷鮮于戭詩頌解三卷黃櫄詩解二十卷總論一卷林岊講義五卷三十家毛詩會解一百卷吳純編王安石解義毛詩釋篇目疏十卷詩疏要義一卷毛詩玄談一卷毛詩章疏三卷毛詩提綱一卷毛詩名物性門類八卷義方二十卷釋文二十卷通義二十卷毛鄭詩學十卷詩關雎義解一部比興窮源一卷並不知作者陳寅詩傳十卷許奕毛詩說三卷李燾詩譜三卷王應麟詩考五卷又詩地理考五卷詩草木鳥獸蟲魚廣疏六卷輔廣詩說一部嚴粲詩集一部王質詩總聞二十卷魏了翁詩要義二十卷王柏詩辨說二卷又詩可言二十卷高端叔詩說一卷曹粹中詩說三十卷項安世毛詩前說一卷又詩解二十卷鄭庠詩古音辨一卷

右詩類八十二部一千一百二十卷陳寅詩傳以下不著錄十四部二百四十五卷

儀禮十七篇高堂生傳大戴禮記十三卷戴德纂禮記二十卷戴聖纂鄭玄古禮注十七卷又周禮注十二卷禮記注二十卷禮記月令注一卷崔靈恩三禮義宗三十卷成伯璵禮記外傳十卷張幼倫注韋彤五禮精義十卷又五禮緯書二十卷丘光庭兼明書四卷杜肅禮略十卷陸德明音義一卷又古禮釋文一卷賈公彥儀禮疏五十卷又禮記疏五十卷周禮疏五十卷孔穎達禮記正義七十卷聶崇義三禮圖集註二十卷楊逢殷禮記音訓指說二十卷上官均曲禮講義二卷歐陽丙三禮名義五卷魯有開三禮通義五卷殷介集五禮極義一卷孫玉汝五禮名義十卷余希文井田王制圖一卷胡先生中庸義一卷盛喬纂集李洪澤直禮一卷張詵喪禮十卷禮粹二十卷不知作者王愨中禮八卷程頤中庸義一卷呂大臨大學一卷又中庸一卷禮記傳十六卷喬執中中庸義一卷游酢中庸解義五卷王安石新經周禮義二十二卷王昭禹周禮詳解四十卷陸佃禮記解四十卷又禮象十五卷述禮新說四卷儀禮義十七卷何洵直禮論一卷陸佃大裘議一卷郭忠孝中庸說一卷龔原周禮圖十卷郭雍中庸說一卷陳祥道註解儀禮三十二卷又禮例詳解十卷禮書一百五十卷陳暘禮記解義十卷李格非禮記精義十六卷楊時周禮義辨疑一卷又中庸解一卷喻樗大學解一卷司馬光等六家中庸大學解義一卷江與山周禮秋官講義一卷馬希孟禮記解義一卷程頤呂大臨游酢楊時撰方愨禮記解義二十卷王普深衣制度一卷夏休周禮井田譜二十卷破禮記二十卷周婚儀禮詳解十七卷李如圭儀禮集釋十七卷史浩周官講義十四卷鄭諤周禮解義二十二卷黃度周禮說五卷徐煥周官辨略十八卷陳傅良周禮說一卷徐行周禮微言十卷易祓周禮總義三十六卷朱熹儀禮經傳通解二十三卷又大學章句一卷或問二卷中庸章句一卷或問二卷中庸輯略二卷十先生中庸集解二卷朱熹序三家冠婚喪祭禮五卷司馬光程頤張載定吳仁傑禘祫綿蕞書三卷劉彝周禮中義十卷張九成中庸說一卷大學說一卷戴溪曲禮口義二卷學記口義三卷司馬光中庸大學廣義一卷錢文子中庸集傳一卷胡銓禮記傳十八卷又周禮傳十二卷二禮講義一卷倪思中庸集義一卷汪應辰二經雅言二卷張淳儀禮識誤一卷俞庭椿周禮復古編三卷黃幹續儀禮經傳通解二十九卷又儀禮集傳集註十四卷林椅周禮綱目八卷摭說一卷鄭景炎周禮開方圖說一卷李心傳丁丑三禮辨二十三卷鄭伯謙太平經國書統集七卷鄭氏三禮名義疏五卷不著名又三禮圖十二卷江都集禮圖五十卷三禮圖駁議二十卷儀禮類例十卷周禮類例義斷二卷二禮分門統要三十六卷禮記小疏二十卷並不知作者石𡏖中庸集解二卷項安世中庸說一卷又周禮丘乘圖說一卷衞湜禮記集說一百六十卷楊簡孔子閒居講義一卷鄭樵鄉飲禮七卷張處月令解十二卷晁公武中庸大傳一卷楊復儀禮圖解十七卷魏了翁儀禮要義五十卷又禮記要義三十三卷周禮折衷二卷周禮要義三十卷趙順孫中庸纂疏三卷袁甫中庸詳說二卷陳堯道中庸說十三卷又大學說十一卷眞德秀大學衍義四十三卷謝興甫中庸大學講義三卷王與之周禮訂義八十卷王應麟集解踐祚篇一冊

右禮類一百十三部一千三百九十九卷石𡏖中庸集解以下不著錄二十六部四百二十九卷

蔡琰胡笳十八拍四卷孔衍琴操引三卷謝莊琴論一卷梁武帝鐘律緯一卷陳僧智匠古今樂錄十三卷趙邦利彈琴手勢譜一卷又彈琴右手法一卷唐玄宗金風樂弄一卷大宗九絃琴譜二十卷琴譜六卷唐宗廟用樂儀一卷唐肅明皇后廟用樂儀一卷崔令欽教坊記一卷吳兢樂府古題要解二卷王昌齡續樂府古解題一卷劉昫大樂令壁記三卷大樂圖義一卷不知作者田琦聲律要訣十卷薛易簡琴譜一卷段安節琵琶錄一卷又樂府雜錄二卷樂府古題一卷陸鴻漸教坊錄一卷李勉琴說一卷陳拙琴籍九卷徐景安新纂樂書三十卷趙惟簡琴書三卷宋仁宗明堂新曲譜一卷又景祐樂髓新經一卷審樂要記二卷徵宗黃鐘徵角調二卷沈括樂論一卷又樂器圖一卷三樂譜一卷樂律一卷馮元宋郊景祐廣樂記八十一卷宋祁大樂圖一卷聶崇義景祐大樂圖二十卷劉次莊樂府集十卷樂府集序解一卷大周正樂八十八卷三代周竇儼訂論蜀雅樂儀三十卷房庶補亡樂書總要三卷眞館飲福等一卷蔡攸燕樂三十四冊范鎭新定樂法一卷崔遵度琴箋一卷李宗諤樂纂一卷陳康士琴調三卷又琴調十七卷琴書正聲十卷琴調十七卷琴譜記一卷琴調譜一卷楚調五章一卷離騷譜一卷李約琴曲東杓譜序一卷琴調廣陵散譜一卷獨孤寔九調譜一卷齊嵩琴雅略一卷僧辨正琴正聲九弄九卷朱文濟琴雜調譜十二卷蕭祐一作祜無射商九調譜一卷呂謂一作渭廣陵止息譜一卷張淡正琴譜一卷蔡翼琴調一卷僧道英琴德譜一卷王邈琴譜一卷沈氏琴書一卷失名琴譜調八卷李翱用指法琴略一卷琴式圖一卷琴譜纂要五卷胡瑗景祐樂府奏議一卷又皇祐樂府奏議一卷阮逸皇祐新樂圖記三卷陳暘樂書二百卷僧靈操樂府詩一卷吳良輔琴譜一卷又樂書五卷樂記三十六卷楊傑元豐新修大樂記五卷劉昺大晟樂書二十卷又樂論八卷政和運譜四議二十卷政和頒降樂曲樂章節次一卷政和大晟樂府雅樂圖一卷鄭樵系聲樂譜二十四卷李南玉古今大樂指掌三卷郭茂倩樂府詩集一百卷李昌文阮咸弄譜一卷滕康叔韶武遺音一卷麴瞻琴聲律圖二卷又琴圖一卷令狐揆樂要三卷王大方琴聲韻圖一卷昭微古今琴樣一卷劉籍琴義一卷沈建樂府廣題二卷馬以良琴譜三均三卷喻修樞阮咸譜一卷吳仁傑樂舞新書二卷蔡元定律呂新書二卷李如箎樂書一卷琴說一卷古樂府十卷趙德先樂說三卷又樂書三十卷歷代樂儀三十卷樂苑五卷琴箋知音操一卷樂府題解一卷大樂署三卷歷代歌詞六卷律呂圖一卷做蔡琰胡笳十八拍並不知作者

右樂類一百十一部一千七卷

春秋七卷正經杜預春秋左氏傳經傳集解三十卷又春秋釋例十五卷何休公羊傳十二卷又左氏膏肓十卷范甯穀梁傳十二卷董仲舒春秋繁露十七卷汲冢師春一卷師春紀集疏左傳卜筮事荀卿公子姓譜二卷一名帝王歷紀譜劉炫春秋述議略一卷又春秋義囊二卷孔穎達春秋左氏傳正義三十六卷公羊疏三十卷楊士勛春秋穀梁疏十二卷黃恭密春秋指要圖一卷李瑾春秋指掌圖十五卷陳岳春秋折衷論三十卷春秋災異錄六卷春秋謚族圖五卷陸德明三傳釋文八卷陸希聲春秋通例三卷趙匡春秋闡微纂類義統十卷陸淳集傳春秋纂例十卷又春秋辨疑七卷集註春秋微旨三卷盧仝春秋摘微四卷楊蘊春秋公子譜一卷左丘明春秋外傳國語二十一卷韋昭注柳宗元非國語二卷葉眞是國語七卷馮繼先春秋名號歸一圖又春秋名字同異錄五卷杜預春秋世譜七卷張暄春秋龜鑑圖一卷馬擇言春秋要類五卷徐彥公羊疏三十卷葉清臣春秋纂類十卷孫復春秋尊王發微十二卷春秋總論一卷李堯俞春秋集議略論二卷王沿春秋集傳十五卷章拱之春秋統微二十五卷王哲春秋通義十二卷又皇綱

論五卷丁副春秋演聖統例二十卷春秋三傳異同字一卷朱定序春秋索隱五卷杜諤春秋會義二十六卷朱瑗春秋口義五卷劉敞春秋傳十五卷又春秋權衡十七卷春秋說例十一卷春秋意林二卷蘇轍春秋集傳十二卷王安石左氏解一卷楊彥齡左氏春秋集表二卷又左氏蒙求二卷沈括春秋機括二卷趙瞻春秋論三十卷又春秋經解義例二十卷唐旣濟春秋邦典二卷孫覺春秋經社要義六卷春秋經解十五卷春秋學纂十二卷晁補之左氏春秋傳雜論一卷劉攽內傳國語十卷春秋人譜一卷孫子平續明道同撰朱長文春秋通志二十卷家安國春秋通義二十四卷張大亨春秋通訓十六卷又五禮例宗十卷陸佃春秋傳二十卷又補遺一卷程頤春秋傳一卷黎錞春秋經解十二卷王裴春秋義解十二卷張旨德春秋傳類音十卷韓台春秋左氏傳口音三卷陳德寧公羊新例十四卷又穀梁新例六卷陰洪道注春秋叙一卷張翰一作幹春秋排門顯義十卷李撰春秋總要十卷袁希一作孝政春秋要類五卷張德昌春秋傳類十卷沈緯春秋諫類二卷郭翔春秋義鑑三十卷王仲孚春秋類聚五卷黃彬春秋敘鑑二卷春秋精義三十卷洪勳春秋圖鑑五卷春秋加減一卷王叡春秋守鑑一卷春秋龜鑑一卷張傑春秋指玄十卷塗昭良春秋科義雄覽十卷春秋應判三十卷丁裔昌春秋解問一卷邵川春秋括義三卷劉英春秋列國圖一卷春秋十二國年曆一卷謝璧春秋綴英二卷李塗春秋事對五卷蔡延龜注春秋扶懸三卷春秋比事三卷春秋要義十卷春秋策問三十卷春秋夾氏三十卷李融春秋樞宗十卷姜虔嗣春秋三傳纂要二十卷惠簡春秋通略全義十五卷元保宗春秋事要十卷韋廠一作潛春秋琢瑕一卷張傳靖左傳編紀十卷崔昇春秋分門屬類賦三卷楊均注裴光輔春秋機要賦一卷尹玉羽卿春秋音義賦十卷冉遂良注又春秋字源賦二卷楊文舉注李象續春秋機要賦一卷玉霄春秋括囊賦集注一卷王鄒彥春秋蒙求五卷張傑春秋圖五卷春秋指掌圖二卷蹇遵品左傳引帖斷義十卷春秋纂類義統十卷本十二卷第二十第四闕春秋通義十二卷春秋新義十卷春秋十二國年曆一卷一名春秋齊年春秋文權五卷曾有開春秋指徵十卷國語音義一卷宋庠國語補音三卷林槩辨國語三卷崔表世本圖一卷楊蘊春秋年表一卷謝湜春秋義二十四卷又總義三卷崔子方春秋經解十二卷春秋本例例要二十卷呂奎春秋要旨十二卷吳元緒

左氏鼓吹一卷劉易春秋經解二卷吳孜春秋折衷十二卷范柔中春秋見微五卷鄒氏春秋總例一卷謝子房春秋備對十三卷朱振春秋指要一卷又春秋正名頤隱要旨十二卷春秋正名頤隱旨要敘論一卷春秋講義三卷沈滋仁春秋興亡圖鑑一卷陳禾春秋傳十二卷又春秋統論一卷任伯雨春秋繹聖新傳十二卷鄭昻春秋臣傳三十卷鄧驥春秋指蹤二十一卷石公孺春秋類例十二卷王當春秋列國諸臣傳五十一卷張根春秋指南十卷李棠春秋時論一卷葉夢得春秋讞三十卷又春秋考三十卷春秋傳二十卷石林春秋八卷春秋指要總例二卷胡安國春秋傳三十卷又通例一卷通旨一卷余安行春秋新傳十二卷韓璜春秋人表一卷范仲春秋左氏講義四卷黃叔敖春秋講義五卷洪皓春秋紀詠三十卷胡銓春秋集善十三卷鄧名世春秋四譜六卷辨論譜說一卷劉本春秋中論三十卷畢良史春秋正辭二十卷環中左氏春秋二十國年表一卷春秋列國臣子表十卷鄭樵春秋地名譜十卷又春秋傳十二卷春秋考十二卷周彥熠春秋名義二卷毛邦彥春秋正義十二卷王日休春秋孫復解辨失一卷又春秋公羊辨失一卷春秋左氏辨失一卷春秋穀梁辨失一卷春秋名義一卷董自任春秋總鑑十二卷夏沐春秋素志三百一十五卷又春秋麟臺獨講十一卷延陵先生講義二卷呂本中春秋解二卷晁公武春秋故訓傳三十卷王炫春秋門例通解十卷林栗經傳集解三十三卷時瀾左氏春秋講義十卷徐得之左氏國紀二十卷蕭楚春秋經辨十卷胡定春秋解十二卷林拱辰春秋傳三十卷陳傅良春秋後傳十二卷又左氏章指三十卷王汝猷春秋外傳十五卷程迥春秋顯微例目一卷又春秋傳二十卷朱臨春秋私記一卷春秋外傳十卷王葆東宮春秋講義三卷春秋集傳十五卷呂祖謙春秋集解三十卷又左傳類編六卷左氏博議二十卷左氏說一卷左氏博議綱目一卷祖謙門人張成招標注左氏國語類編二卷祖謙門人所編沈棐春秋比事二十卷李明復春秋集義五十卷又集義綱領二卷任公輔春秋明辨十一卷楊簡春秋解十卷戴溪春秋講義四卷程公說春秋分記九十卷春秋釋疑二十卷春秋考異四卷春秋加減四卷春秋直指三卷左氏紀傳五十卷春秋四傳二十卷春秋類六卷春秋例六卷春秋表記一卷王侯世系一卷春秋釋例地名譜一卷春秋本旨五卷左氏摘奇十二卷並不知作者李淶左氏廣誨蒙

一卷章沖左氏類事始末五卷王柏左氏正傳一十卷高端叔春秋義宗一百五十卷黎良能左氏釋疑譜學各一卷沈棐春秋比事二十卷吳曾春秋考異四卷又左氏發揮六卷方淑春秋直音三卷石朝英左傳約說一卷又百論一卷黃仲炎春秋通說一十三卷辛次膺屬辭比事五卷李孟傳左氏說十卷程大昌演繁露六卷李燾春秋學十卷王應麟春秋三傳會考三十六卷楊士勛春秋公穀考異五卷陸宰春秋後傳補遺一卷趙震揆春秋類論四十卷宇文虛中春秋紀詠三十卷王夢應春秋集義五十卷李心傳春秋考義十三卷魏了翁春秋要義六十卷陳藻林希逸春秋三傳正附論十三卷

右春秋類二百四十部二千七百九十九卷王柏左氏正傳以下不著錄二十三部四百八十八卷

古文孝經一卷凡二十二章鄭氏註孝經一卷唐明皇註孝經一卷元行沖孝經疏三卷蘇彬孝經疏一卷邢昺孝經正義三卷司馬光古文孝經指解一卷又古文孝經指解一卷趙克孝孝經傳一卷任奉古孝經講疏一卷張元老講義一卷范祖禹古文孝經說一卷呂惠卿孝經傳一卷吉觀國孝經新義一部卷亡家滋解義二卷王文獻詳解一卷林椿齡全解一卷沈處厚解一卷趙湘孝經義一卷張師尹通義三卷張九成解四卷朱熹刊誤一卷黃榦本旨一卷項安世孝經說一卷馮椅古孝經輯註一卷古文孝經解一卷袁甫孝經說三卷王行孝經同異三卷

右孝經類二十六部三十五卷袁輔孝經說以下不著錄二部六卷

論語十卷何晏等集解皇侃論語疏十卷韓愈筆解二卷陸德明釋文一卷馬總論語樞要十卷陳銳論語品類七卷論語井田圖一卷邢昺正義十卷周武集解辨誤十卷宋成增註十卷王令註十卷紀亶論語摘科辨解十卷王安石通類一卷王雱解十卷孔武仲論語說十卷呂惠卿論語義十卷蔡申論語纂十卷蘇軾解四卷蘇轍論語拾遺一卷程頤論語說一卷劉正容重註論語十卷陳禾論語傳十卷晁說之講義五卷楊時解二卷謝良佐解十卷范祖禹論語說二十卷游酢雜解一卷龔原論語解一部卷亡呂大臨解十卷尹焞論語解十卷又說一卷侯仲良說一卷鄒浩解十卷汪革直解十卷葉夢得釋言十卷黃祖舜解義十卷張九成解十卷吳棫續解十卷又考異一卷說例一卷喻樗玉泉論語學四卷張栻解十卷湯烈集程氏說二卷倪思論語義證

二十卷葉隆古解義十卷洪興祖論語說十卷史浩口義二十卷薛季宣論語小學二卷林栗論語知新十卷朱熹論語精義十卷又集註十卷集義十卷或問二十卷論語註義問荅通釋十卷鄭汝解義十卷張演曾論明微十卷意原十卷錢文子論語傳贊二十卷王汝猷論語歸趣二十卷徐煥論語贊言二卷曾幾論語義二卷陳儀之講義二卷姜得平本旨一卷論語指南一卷黃祖舜沈大廉明宏辨論戴溪石鼓荅問三卷東谷論語一卷不知作者陳耆卿論語記蒙六卷孔子家語十卷魏王肅注論語玄義十卷論語要義十卷論語口義十卷論語展掌疏十卷論語閱義疏十卷論語世譜三卷並不知作者王居正論語感發十卷章良史論語探古二十卷黃榦論語通釋十卷又論語意原一卷卞圜論語大意二十卷高端叔論語傳一卷眞德秀論語集編一十卷魏了翁論語要義一十卷

右論語類七十三部五百七十九卷王居正論語感發以下不著錄八部八十二卷

周公諡法一卷即汲冢周書諡法篇班固白虎通十卷沈約諡法十卷賀琛諡法三卷晉陽方五經鉤沈五卷王彥威續古今諡法十四卷劉迅六經五卷春秋諡法一卷即杜預春秋釋例諡法篇陸德明經典釋文三十卷馬光極九經釋難五卷章崇業五經釋題雜問一卷僧十朋五經指歸五卷蘇鄂演義十卷劉餗六說五卷兼講書五卷授經圖三卷胡旦演聖通論六十卷劉敞七經小傳五卷黃敏求九經餘義一百卷丘光庭兼明書三卷李肇經史釋題二卷顏師古刊謬正俗八卷李涪刊誤二卷九經要略一卷敘元要略一卷諡法三卷六家諡法二十卷范正周沆編程頤河南經說七卷又五言集解三卷蘇洵嘉祐諡法三卷皇祐諡錄二十卷楊會經解三十三卷劉彝七經中義一百七十卷蔡攸政和修定諡法八十卷楊時三經義辨十卷王居正辨學七卷鄭樵諡法三卷李舜臣諸經講義七卷張九成鄉黨少儀咸有一德論孟子拾遺共一卷張載經學理窟三卷項安世家說十卷附錄四卷黃榦六經講義一卷六經疑難十四卷不知作者許奕九經直音九卷又正訛一卷諸經正典十卷論語尚書周禮講義十卷楊甲六經圖六卷林觀過經說一卷戴勛西齋清選二卷葉仲堪六經圖七卷俞言六經圖說十二卷張貴謨泮林講義三卷周士貴經括一卷游桂經學十二卷九經旨策義九卷不知作者姜得平詩書遺意一卷沈貴瑤四書要義七篇張九成中庸大學孝

經說各一卷又四書解六十五卷張綱六經辨疑五卷又確論十卷李燾五經傳授一卷王應麟六經天文編六卷陳應隆四書輯語四十卷劉元剛三經演義一十一卷（孝經論孟）

右經解類五十八部七百五十三卷（沈貴瑤四書要義以下不著錄九部一百四十六卷）

爾雅三卷（郭璞注）孔鮒小爾雅一卷揚雄方言十四卷史游急就章一卷劉熙釋名八卷許慎說文解字十五卷孫炎爾雅疏十卷高璉爾雅疏七卷徐鍇說文解字係傳四十卷又說文解字韻譜十卷說文解字通釋四十卷僧雲域補說文解字三十卷錢承志說文正隸三十卷張揖廣雅音三卷呂忱字林五卷曹憲博雅十卷顧野王玉篇三十卷韋昭辨釋名一卷王僧虔評書一卷梁武帝評書一卷千字文一卷（梁周興嗣次韻）顏之推證俗音字四卷又字始三卷虞荔鼎錄一卷蕭該漢書音義三卷陸法言廣韻五卷唐玄宗開元文字音義二十五卷庾肩吾書品論一卷陸德明經典釋文三十卷又爾雅音義二卷顏元孫干祿字書一卷李嗣真書後品一卷續古今書人優劣一卷王之明述書後品一卷張懷瓘書詁一卷又評書藥石論一卷六體論一卷古文大篆書祖一卷書斷三卷顏真卿筆法一卷又韻海鑑源十六卷朱禹善書評一卷又有唐名書贊一卷林罕字源偏傍小說三卷金華苑二十卷張參五經文字五卷李商隱蜀爾雅三卷顏師古急就篇注一卷虞世南筆髓法一卷唐玄度九經字樣一卷又十體書一卷張彥遠法書要錄十卷杜林岳集備要字錄二卷王僧虔圖書會粹六卷呂總續古今書人優劣一卷蔡希宗法書論一卷劉伯莊史記音義二十卷裴瑜爾雅注五卷僧守溫清濁韻鈐一卷黃伯思東觀餘論二卷竇儼義訓十卷崔逢玉璽譜一卷（嚴士元重修宋魏損潤色）郭忠恕佩觿三卷又汗簡集七卷辨字圖四卷歸字圖一卷正字賦一卷孫季昭決疑賦二卷徐玄三家老子音義一卷鄭文寶玉璽記一卷景德韻略一卷（戚綸等詳定）宋高宗評書一卷（亦名翰墨志）邢昺爾雅疏十卷歐陽融經典分毫正字一卷沈立稽正辨訛一卷唐耜字說集解三十冊（卷亡）錢惟演飛白書敘錄一卷周越古今法書苑十卷祝充韓文音義五十卷李舟切韻五卷丘世隆切韻搜隱五卷劉希古切韻十玉五五卷胡元質西漢字類五卷陳天麟前漢通用古字韻編五卷陳彭年等重修廣韻五卷韻詮十四卷僧師悅韻關一卷丘雍校定韻略五卷韻選五卷韻源一卷孫愐唐韻五卷天寶元年集切韻五卷釋智猷辨體補修加字切韻五卷丁度切韻十卷又景祐禮部韻略五卷墨藪一卷（不知作者）賈昌朝羣經音辨三卷夏竦重校古文四聲韻五卷又聲韻圖一卷司馬光切韻指掌圖一卷又類編四十四卷劉溫潤羌爾雅一卷宋祁摘粹一卷歐陽修集古錄跋尾六卷又二卷句中正雍熙廣韻一百卷序例一卷又三體孝經一卷楊南仲石經七十五卷又三體孝經一卷燕漪字傍辨誤一卷道士謝利貞玉篇解疑三十卷象文玉篇二十卷石懷德隸書賦一卷褚長文書指論一卷李訓範金錄一卷翰林隱術一卷荊浩筆法一卷韋氏筆寶兩字五卷徐浩書譜一卷又古跡記一卷宋敏求寶刻叢章三十卷劉敞先秦古器圖一卷李行中引經字源二卷朱長文續書斷二卷王安石字說二十四卷米芾書評一卷又寶章待訪集一卷呂大臨考古圖十卷李公麟古器圖一卷陸佃爾雅新義二十卷埤雅二十卷蔡京崇寧鼎書一卷張有復古編二卷政和甲午祭禮器款識一卷王楚鍾鼎篆韻二卷吳棫韻補五卷董衡唐書釋音二十卷竇苹唐書音訓四卷宣和重修博古圖錄三十卷趙明誠金石錄三十卷又別本三十卷薛尚功重廣鍾鼎篆韻七卷歷代鍾鼎彝器款識法帖二十卷張孟押韻十卷許冠韻海五十卷吳幵童訓統類一卷鄭樵石鼓文考一卷又字始連環二卷象類書十一卷論梵書三卷爾雅注三卷書考六卷通志六書略五卷郟升卿四聲類韻二卷又聲韻類例一卷淳熙監本禮部韻略五卷劉球隸韻略七卷潘緯柳文音義三卷僧應之臨書關要一卷呂本中童蒙訓三卷周燔六經音義十三卷李盛六經釋文二卷黃瓌班書韻編五卷張貞石經注文考異四十卷洪适隸釋二十七卷隸續二十一卷史浩童丱須知三卷朱熹小學之書四卷又四子四卷程端蒙小學字訓一卷呂祖謙少儀外傳二卷陳淳北溪字義二卷婁機班馬字韻二卷漢隸字源六卷廣干祿字書五卷古鼎法帖五卷楊師復漢隸釋文二卷馬居易漢隸分韻七卷翟伯壽籀文二卷胡寅注敘古千文一卷呂氏敘古千文一卷慶元嘉定古器圖六卷僧妙華互注集韻二十五卷羅點清勤堂法帖六卷李從周字通一卷遼僧行均龍龕手鑑四卷黃伯思法帖刊誤一卷釋元冲五音韻鏡一卷施宿大觀法帖總釋二卷又石鼓音一卷蔡氏口訣一卷（名亡）書錄一卷書隱法一卷筆陣圖一卷西漢字類一卷纂注禮部韻略五卷翰林禁經三卷臨汝帖三卷筆苑文詞一卷法帖字證十卷正俗字十卷書斷例傳五卷洪韻海源二卷互注爾雅貫類一卷諸家小學總錄二卷集古系時十卷蕃漢語一卷（並不知作者）劉紹祐字學摭要二卷洪邁次李翰蒙求二卷集齋彭氏小學進業廣記一部王應麟蒙訓四十四卷又小學紺珠十卷小學諷詠四卷補注急就篇六卷

右小學類二百六部一千五百七十二卷（劉紹祐字學摭要以下不著錄六部六十九卷）

凡經類一千三百四部一萬三千六百八卷

宋史卷二百二考證

藝文志一　沈棐春秋比事二十卷○此條複出

張貞石經注文考異四十卷○貞當作貞

宋史卷二百三

元　中書右丞相總裁脫脫等修

藝文志第一百五十六

藝文二

史類十三一曰正史類二曰編年類三曰別史類四曰史鈔類五曰故事類六曰職官類七曰傳記類八曰儀注類九曰刑法類十曰目錄類十一曰譜牒類十二曰地理類十三曰霸史類

司馬遷史記一百三十卷（裴駰等集注）又史記一百三十卷（陳伯宣注）班固漢書一百卷（顏師古注）范曄後漢書九十卷（章懷太子李賢注）趙抃新校前漢書一百卷余靖漢書刊誤三十卷劉昭補注後漢志三十卷陳壽三國志六十五卷（裴松之注）房玄齡晉書一百三十卷楊齊宣晉書音義三卷沈約宋書一百卷蕭子顯南齊書五十九卷姚思廉梁書五十六卷又陳書三十六卷魏收後魏書一百三十卷魏澹後魏書紀一卷（本七卷）張太素後魏書天文志二卷（本百卷惟有此）李伯藥北齊書五十卷令狐德棻後周書五十卷顏師古隋書八十五卷柳芳唐書一百三十卷唐書敘例目一卷劉昫唐書二百卷歐陽修宋祁新唐書二百五十五卷目錄一卷李繪補注唐書二百二十五卷薛居正五代史一百五十卷歐陽修新五代史七十四卷（徐無黨注）張守節史記正義三十卷司馬貞史記索隱三十卷張泌漢書刊誤一卷三劉漢書標注六卷（劉敞劉攽劉奉世）劉攽漢書刊誤四卷呂夏卿唐書直筆新例一卷吳縝新唐書糾繆二十卷又五代史纂誤三卷朱梁列傳十五卷張昭遠後唐列傳三十卷任諒史論三卷韓子中新唐史辨惑六十卷吳仁傑兩漢刊誤補遺十卷富弼前漢書綱目一卷劉巨容漢書纂誤二卷汪應辰唐書列傳辨證二十卷西漢刊誤一卷（不知作者）王旦國史一百二十卷呂夷簡宋三朝國史一百五十五卷鄧洵武神宗正史一百二十卷王珪宋兩朝國史一百二十卷王孝迪哲宗正史二百一十卷李燾洪邁宋四朝國史三百五十卷宋名臣錄八卷宋勳德傳一卷宋兩朝名臣傳三十卷咸平諸臣錄一卷熙寧諸臣傳四卷兩朝諸臣傳三十卷（並不知作者）張唐英宋名臣傳五卷葛炳奎國朝名臣敘傳二十卷

右正史類五十七部四千四百七十三卷（葛炳奎國朝名臣敘傳不著錄一部二十卷）

荀悅漢紀三十卷袁宏後漢紀三十卷胡旦漢春秋一百卷問答一卷皇甫謐帝王世紀九卷竹書三卷（荀勗和嶠編）蕭方三十國春秋三十卷孫盛晉陽春秋三十卷杜延業晉春秋略二十卷裴子野宋略二十卷王通元經薛氏傳十五卷馬總通曆十卷柳芳唐曆四十卷崔龜從續唐曆二十二卷裴煜之唐太宗建元實跡一卷路惟衡帝王曆數圖十卷陳嶽唐統紀一百卷丘悅三國典略二十卷封演古今年號錄一卷薛璫大唐聖運圖略三卷帝王照錄一卷王起五位圖三卷苗台符古今通要四卷馬永易元和錄三卷大唐中興新書紀年三卷（不知作者）韋昭度續皇王寶運錄十卷程正柔大唐補紀三卷凌璠唐錄政要十三卷唐天祐二年日曆一卷杜光庭古今類聚年號圖一卷唐創業起居注三卷（溫大雅撰）唐高祖實錄二十卷（許敬宗房玄齡等撰）唐太宗實錄四十卷（許敬宗撰）唐高宗復修實錄三十卷唐武后實錄二十卷唐中宗實錄二十卷唐睿宗實錄十卷又五卷（並劉知幾吳兢撰）唐玄宗實錄一百卷（元載令狐峘撰）唐肅宗實錄三十卷（元載撰）唐代宗實錄四十卷（令狐峘撰）唐德宗實錄五十卷（裴洎等撰）唐建中實錄十五卷（沈既濟撰）唐順宗實錄五卷（韓愈撰）唐憲宗實錄四十卷唐穆宗實錄二十卷（並路隋等撰）唐敬宗實錄十卷（李讓夷等撰）唐文宗實錄四十卷（魏謩修撰）唐武宗實錄二十卷唐宣宗實錄三十卷唐懿宗實錄二十五卷唐僖宗

實錄三十卷唐昭宗實錄三十卷唐哀宗實錄八卷並宋敏求撰五代梁太祖實錄二十卷張袞郗象等撰五代唐懿宗紀年錄一卷五代唐獻祖紀年錄一卷五代唐莊宗實錄三十卷並趙鳳張昭遠等撰五代唐明宗實錄三十卷姚顗等撰五代唐愍帝實錄三卷張昭遠等撰五代唐廢帝實錄十七卷張昭同等撰五代晉高祖實錄三十卷五代晉少帝實錄二十卷並竇貞固等撰五代漢高祖實錄十卷蘇逢吉等撰五代漢隱帝實錄十五卷五代周太祖實錄三十卷並張昭劉溫叟等撰五代周世宗實錄四十卷宋王溥等撰南唐烈祖實錄二十卷高遠撰後蜀高祖實錄三十卷後蜀主實錄四十卷並李昊撰宋太祖實錄五十卷李沆修太宗實錄八十卷錢若水修眞宗實錄一百五十卷晏殊等同修仁宗實錄二百卷韓琦等修英宗實錄三十卷曾公亮等修神宗實錄朱墨本三百卷舊錄本用墨書添入者用朱書刪去者用黃抹宋高宗日曆一千卷孝宗日曆二千卷光宗日曆三百卷寧宗日曆五百一十卷重修五百卷神宗日曆二百卷趙鼎范沖重修神宗實錄考異五卷范沖撰哲宗實錄一百五十卷徽宗實錄二百卷並湯思退進徽宗實錄二百卷李燾重修欽宗實錄四十卷洪邁修高宗實錄五百卷傅伯壽撰孝宗實錄五百卷光宗實錄一百卷並傅伯壽陸游等修寧宗實錄四百九十九冊理宗實錄初藁一百九十冊理宗日曆二百九十二冊又日曆一百八十冊度宗時政記七十八冊德祐事蹟日記四十五冊孫光憲續通曆十卷范質五代通錄六十五卷劉蒙叟甲子編年二卷顯德日曆一卷周扆家董淳賈黃中撰龔穎運曆圖三卷陳彭年唐紀四十卷宋庠紀年通譜十二卷鄭向五代開皇記三十卷兩朝實錄大事二卷王玉文武賢臣治蜀編年志一卷武密帝王興衰年代錄二卷五代春秋一卷十代編年紀一卷並不知作者章寔歷代統紀一卷司馬光資治通鑑三百五十四卷又資治通鑑舉要曆八十卷通鑑前例一卷稽古錄二十卷歷年圖六卷通鑑節要六十卷帝統編年紀事珠璣十二卷歷代累年二卷劉恕資治通鑑外紀十卷又疑年譜一卷通鑑問疑一卷章衡編年通載十卷王巖叟繫年錄一卷元祐時政記一卷諸葛深紹運圖一卷楊備歷代紀元賦一卷胡仔孔子編年五卷朱繪歷代帝王年運銓要十卷司馬康通鑑釋文六卷李燾續資治通鑑長編一百六十八卷又四朝史藁五十卷江左方鎮年表十六卷混天帝王五運圖古今須知一卷宋政錄十二卷宋異錄一卷宋年表一卷又年表一卷史炤資治通鑑釋文三十卷晁公邁歷代記年十卷熊克九朝通畧一百六十八卷

中興小曆四十一卷呂祖謙大事記二十七卷又宋通鑑節五卷呂氏家塾通鑑節要二十四卷朱熹通鑑綱目五十九卷又提要五十九卷宋聖政編年十二卷不知作者汪伯彥建炎中興日曆一卷袁樞通鑑紀事本末四十二卷喻漢卿通鑑總政一百十二卷吳曾南北征伐編年二十三卷徐度國紀六十五卷胡宏皇王大紀八十卷李丙丁未錄二百卷李心傳建炎以來繫年要錄二百卷國史英華一卷不知作者何許甲子紀年圖一卷曾慥通鑑補遺一百篇李孟傳讀史十卷崔敦詩通鑑要覽六十卷王應麟通鑑荅問四卷胡安國通鑑舉要補遺一百二十卷沈樞通鑑總類二十卷張根歷代指掌編九十卷李心傳孝宗要畧初草二十三卷張公明大宋綱目一百六十七卷洪邁節資治通鑑一百五十卷又太祖太宗本紀三十五卷又四朝史紀三十卷又列傳一百三十五卷黃維之太祖政要一十卷呂中國朝治迹要畧十四卷

右編年類一百五十一部一萬五百七十五卷寧宗實錄以下不著錄六部無卷曾慥通鑑補遺以下不著錄十五部九百六十八卷

王瓘廣軒轅本紀三卷汲冢周書十卷郭璞注穆天子傳六卷趙曄吳越春秋十卷皇甫遵注吳越春秋十卷司馬彪九州春秋十卷趙瞻史記牴牾論五卷漢書問荅五卷劉珍等東觀漢紀八卷孔衍春秋後語十卷李延壽南史八十卷又北史一百卷元行冲後魏國典三十卷金陵六朝記一卷王豹金陵樞要一卷李匡文漢後隋前瞬貫圖一卷李康唐明皇政錄十卷袁皓興元聖功錄功臣錄三十卷唐僖宗日曆一卷劉肅唐新語十三卷唐總記三卷渤海塡唐廣德神異錄四十五卷歐陽迥一作炯唐錄備闕十五卷裴潾大和新修辨謗畧三卷程光榮一作宋唐補注記一作注記紀三卷曹玄圭唐列聖統載圖十卷郭修唐年紀錄一卷南卓唐朝綱領圖五卷唐紀年記二卷吳兢開元名臣錄三卷又唐太宗勳史一卷唐書備闕記十卷高峻小史一百十卷許嵩建康實錄二十卷張詢古五代新說二卷劉軻帝王曆數歌一卷又唐年歷代一卷裴庭裕東觀奏記三卷新野史十卷題顯德元年終南山不名子撰張傳靖唐編記一作紀十卷胡旦唐乘一作策七十卷王沿唐志二十一卷孫甫唐史記七十五卷王皡唐餘錄六十卷李匡文兩漢至唐年紀一卷王禹偁五代又闕文二卷陶岳五代史補五卷詹玠唐宋遺史四卷劉直方大唐機要三十卷蘇轍古史六十卷孫冲五代紀七十七卷王彭五朝春秋二十五卷劉攽五代春秋一部亡卷劉恕十國紀年四十二卷常璩華陽國志十卷江南志二十卷李清臣平南事覽二十卷吳書實錄三卷記楊行密事眞宗聖政紀一百五十卷又政要十卷仁宗觀文覽古圖記十卷丁謂大中祥符奉祀記五十卷目二卷又大中祥符迎奉聖像記二十卷目二卷李維大中祥符降聖記五十卷目三卷王欽若天禧大禮記五十卷目二卷呂夷簡三朝寶訓三十卷李淑三朝訓覽圖十卷錢惟演咸平聖政錄三卷李昭遘永熙政範二卷張商英神宗正典六卷林希兩朝寶訓二十一卷舒亶元豐聖訓三卷六朝寶訓一部亡卷鄭居中崇寧聖政二百五十五冊又聖政錄三百二十三冊賈緯備史六卷史系二十卷楊九齡正史雜論十卷河洛春秋二卷歷代善惡春秋二十卷李筌閫外春秋十卷薛韜玉帝照一卷沈汾元類一卷楊岑皇王寶運錄三十卷瞿一作翟驤帝王受命編年錄三十卷徐廙三朝革命錄三卷錢信皇猷錄一卷歷代鴻名錄八卷韋光美嘉號錄一卷崔偶帝王授受圖一卷牛檢帝王事迹相承圖三卷歷代君臣圖二卷龔穎年一作運曆圖八卷賈欽文古今代曆一卷張敦素通記一作紀建元曆二卷柳璨補注正閏位曆三卷杜光庭帝王年代州郡長曆二卷王起五運圖一卷曹玄圭五運圖一作錄十二卷張洽五運元紀一卷古今帝王記十卷衞牧帝王眞僞記七卷紀年志一卷武密帝王年代錄三十卷鄭伯邕帝王年代圖一卷又帝王年代記三卷焦璐聖朝年代記一作紀十卷韋光美帝王年號圖一卷汪奇古今帝王年號錄一卷李昉歷代年號一卷蓋君平重編史雋三十卷孫昱十二國史十二卷西京史畧二卷史記掇英五卷並不知作者鄭樵通志二百卷蕭常續後漢書四十二卷李杞改修三國志六十七卷陳傅良建隆編一卷一名開基事要蔡幼學宋編年政要四十卷又宋實錄列傳舉要十二卷洪偃五朝史述論八卷洪邁孫趙甡中興遺史二十卷樓昉中興小傳一百篇

右別史類一百二十三部二千二百八十卷趙甡中興遺史以下不著錄二部一百二十卷篇

馬史精畧五十六卷趙世逢兩漢類要二十卷周護三史菁英三十卷十七史贊三十卷三代說辭十卷不知作者孫玉汝南北史練選十八卷史畧三卷楊侃兩漢博聞十二卷林鉞漢雋十卷宗諫三國採要六卷薛儆晉書金穴鈔十卷荀綽晉略九卷張陟晉略二十卷杜延業晉春秋略二十卷晉史獵精一百三十卷胡寅讀史管見三十卷又三國六朝攻守要論十卷趙氏六朝採要十卷杭暕金陵六朝帝王統紀一卷薛韜玉唐要錄二卷張栻通鑑論篤四卷孫甫唐史論斷二卷石介唐鑑五卷范祖禹唐鑑十二卷又帝學八卷陳季雅兩漢博議十四卷李舜臣江東十鑑一卷陳傅良西漢史鈔十七卷東萊先生西漢財論十卷呂祖謙門人編劉希古歷代紀要五十卷喬舜古今語要十二卷賈昌朝通紀八十卷趙善譽讀史輿地攷六十三卷一名輿地通鑑裴松之國史要覽二十卷鄭暐史雋十卷曹化史書集類三卷朱黼紀年備遺正統論一卷唯室先生兩漢論一卷陳長方張唐英唐史發潛六卷倪遇漢論十三卷陳惇修唐史斷二十卷王謙唐史名賢論斷二十卷程鵬唐史屬辭四卷唐帝王號宰臣錄十卷名賢十七史確論一百四卷不知作者胡旦五代史略四十二卷韓保升文行錄五十卷李墉續帝學一卷姚虞寶諸史臣謨八卷鄭少微唐史發揮十二卷陳天麟前漢六帖十二卷陳應行讀史明辨二十四卷又讀史明辨續集五卷師古三國志質疑十四卷又西漢質疑十九卷東漢質疑九卷何博士備論四卷何去非陳亮通鑑綱目二十三卷葉學士唐史鈔十卷不知名唐仲友唐史義十五卷又續唐史精義十卷楊天惠三國人物論三卷李石世系手記一卷兩漢著明論二十卷十二國史略三卷章華集三卷縱橫集二十卷十三代史選五十卷南史摭實韻句三卷議古八卷史譜七卷五代纂要賦一卷國朝撮要一卷約論十卷並不知作者李燾歷代宰相年表三十三卷又唐宰相譜一卷王謝世表一卷五代三衙將帥年表一卷寶濟皇朝名臣言行事對十二卷李心傳舊聞證誤十五卷龔敦頤符祐本末一十卷洪邁記紹興以來所見二卷

右史鈔類七十四部一千三百二十四卷李燾歷代宰相年表以下不著錄八部七十五卷

班固漢武故事五卷蔡邕獨斷二卷裴烜之承祚實跡一卷王琳魏鄭公諫錄五卷武平一景龍文館記十卷吳兢貞觀政要十卷又開元昇平源一卷蘇瓌中樞龜鑑一卷韓琬御史臺記十二卷韋述集賢注記二卷崔庭光德宗幸奉天錄一卷沈既濟選舉志三卷馬宇鳳池錄五卷韋執誼翰林故事一卷李吉甫元和國計畧一卷劉公鉉鄴城舊事六卷韋處厚翰林學士記一卷元稹承旨學士院記一卷李德裕西南備邊錄一卷又兩朝獻替記二卷柳氏舊聞一卷令狐澄貞陵遺事一卷令狐綯制表疏一卷李司空論事七卷唐蔣偕編李絳所論南

卓綱領圖一卷鄭處誨明皇雜錄二卷又天寶西幸略一卷吳湘事迹一卷不知作者王仁裕開元天寶遺事一卷盧駢御史臺三院因話錄一卷柳玭續貞陵遺事一卷鄭向起居注故事三卷蘇頌邇英要覽一部亡卷樂史貢舉故事二十卷目一卷鄭略救語堂刊五卷李巨川勤王錄二卷楊鉅翰林舊規一卷張著翰林盛事一卷李構御史臺故事三卷李肇翰林內誌一卷又翰林志一卷蘇易簡續翰林志二卷杜宗事迹一卷梁宣底三卷汾陰后土故事三卷自漢至唐武成王配饗事迹二十卷並不知作者林勤國朝典要雜編一卷李大性典故辨疑二十卷呂夷簡林希進五朝寶訓六十卷三朝太平寶訓二十卷三朝訓覽圖十卷仁宗製序沈該進神宗寶訓一百卷神宗寶訓五十卷不知集者姓名洪邁集哲宗寶訓六十卷欽宗寶訓四十卷高宗聖政六十卷高宗寶訓七十卷孝宗寶訓六十卷並國史實錄院進史彌遠孝宗寶訓六十卷紹興求賢手訓一卷高宗聖政編要二十卷乾道淳熙中修高宗聖政典章十卷不知作者宋朝大詔令二百四十卷紹興中出於宋綬家永熙寶訓二卷李昉子宗諤纂仁宗觀文鑒古圖十卷王洙祖宗故事二十卷李淑耕籍類事五卷林特東封西祀朝謁太清宮慶賜總例二十六卷韓絳治平會計錄六卷李常元祐會計錄三卷崔立故事稽疑十卷孝宗聖政五十卷彭龜年內治聖鑒二十卷光宗聖政三十卷富弼契丹議盟別錄五卷朱勝非秀水閑居錄二卷呂本中紫微雜記一卷蔡絛北征紀實二卷万俟卨大后回鑾事實十卷湯思退等永祐陵迎奉錄十卷大惟簡塞北紀實三卷宋敏求朝貢錄二十卷張養正六朝事迹十四卷吳彥夔六朝事迹別集十四卷韓元吉金國生辰語錄一卷劉珙江東救荒錄五卷宋介執禮集二卷陳曄通州鬻海錄一卷龔頤正續稽古錄一卷洪邁漢苑羣書三卷又會稽和買事宜錄七卷程大昌北邊備對六卷慶曆邊議三卷開禧通和錄一卷開禧持書錄二卷開禧通問本末一卷金陵叛盟記十卷並不知作者宋祥尊號錄一卷又掖垣叢志三卷董煟活民書三卷又活民書拾遺一卷史館故事錄三卷五國故事二卷並不知作者尉遲偓中朝故事二卷孔武仲金華講義十三卷王禹偁建隆遺事一卷田錫三朝奏議五卷曾致堯清邊前要五十卷李至皇親故事一卷杜鎬鑄錢故事一卷丁謂景德會計錄六卷王曙羣牧故事三卷兩朝誓書一卷景德中與契丹往復書辛怡顯雲南錄三卷沈該翰林學士年表一卷蘇耆次續翰林志一卷錢惟演金陵遺事三卷晁迥別書金坡遺事一卷李宗諤翰林雜記一卷王皞言行錄一卷王旦名賢遺範錄十四卷余靖國信語錄一卷李淑三朝訓鑒圖十卷陳湜三朝遼史一卷沈立河防通議一卷富弼救濟流民經畫事件一卷田況皇祐會計錄六卷陳次公安南議十篇宋咸平朝制要覽十五卷李上交近事會元五卷范鎮國朝事始一卷又東齋記事十二卷太平盛典三十六卷國朝寶訓二十卷慶曆會計錄二卷經費節要八卷並不知作者張唐英君臣政要四十卷陳襄國信語錄一卷趙槩日記一卷司馬光日錄三卷郟亶吳門水利四卷王安石熙寧奏對七十八卷程師孟奏錄一卷羅從彥宋遵堯錄八卷何澹歷代備覽二卷王禹王家三世書誥一卷司馬光涑水記聞三十二卷周必大鑾坡錄一卷又淳熙玉堂雜記一卷陳模東宮備覽一卷三朝政錄十二卷廣東西城錄一卷交廣圖一卷並不知作者曾鞏宋朝政要策一卷畢仲衍中書備對十卷李淸臣張誠一元豐土貢錄二卷龐元英文昌雜錄七卷韓絳吳充樞密院時政記十五卷蘇安靜邊說一卷薛向邊陲利害三卷仁宗君臣政要二十卷不知何人編范祖禹仁皇訓典六卷曾鞏德音寶訓三卷汪浹榮觀集五卷張舜民使邊錄一卷朱匪躬館閣錄十一卷劉永壽章獻事迹一卷曾布三朝正論二卷林虙元豐聖訓二十卷家安國平蠻錄三卷羅畸蓬山記五卷明堂詔書一卷不知集者高聿鹽池錄一卷吳若虛崇聖懨儒集三卷洪楡創業故事十二卷耿延禧建炎中興記一卷程俱麟臺故事五卷洪興祖續史館故事錄一卷張戒政要一卷李源三朝政要增釋二十卷歐陽安永祖宗英睿龜鑑十卷陳騤中興館閣錄十卷趙總廣南市舶錄三卷嚴守則通商集三卷契丹禮物錄一卷金華故事一卷兩朝交聘往來國書一卷並不知作者臧梓呂丞相勤王記一卷李攸通今集二十卷又宋朝事實三十五卷袁夢麟漢制叢錄二十卷倪思合宮嚴父書一卷詹儀之淳熙經筵日進故事一卷又淳熙東宮日納故事一卷李心傳建炎以來朝野雜記十一卷又朝野雜記甲集二十卷乙集二十卷陸游聖政草一卷彭百川治迹統類四十卷又中興治迹統類三十卷江少虞皇朝事實類苑二十六卷張綱列聖孝治類編一百卷黃度藝祖憲監三卷又仁皇從諫錄三卷趙善譽宋朝開基要覽十四卷

右故事類一百九十八部二千九十四卷彭百川治迹統類以下不著錄七部二百二十一卷

東漢百官表一卷不知作者陶彥藻職官要錄七卷又職官要錄補遺十八卷李吉甫百司舉要一卷唐玄宗六典三十卷杜英師唐職該一卷梁載言具員故事十七卷大唐宰相歷任記二卷任職官品纂要十卷宰輔年表一卷官品式律一卷歷代官號十卷並不知作者楊侃職林三十卷孔至道百官要望一卷閻承琬君臣政要三十卷蒲宗孟省曹寺監事目格子四十七卷郄殷象梁循資格一卷王涯唐循資格一卷杜儒童中書則例一卷譚世勣本朝宰執表八卷張文褚唐文昌損益三卷萬當世文武百官圖二卷陳繹宰相拜罷圖一卷又樞府拜罷錄一卷三省樞密院除目四卷司馬光百官公卿表十五卷孫逢吉職官分紀五十卷梁勗職官品服三十三卷趙氏唐典備對六卷不知名三省儀式一卷職事官遷除體格一卷循資格一卷循資曆一卷唐宰相後記一卷國朝撮要一卷宋朝宰輔拜罷圖四卷宋朝官制十一卷三省總括五卷並不知作者王益之漢官總錄十卷又職源五十卷宋朝相輔年表一卷中興館閣書目云臣繹上續表日臣易記蔡元道祖宗官制舊典三卷趙隣幾史氏懋官志五卷趙曄宋官制正誤沿革職官記三卷何異中興百官題名五十卷龔頤正宋特命錄一卷司馬光官制遺藁一卷徐自明宰輔編年錄二十卷蔡幼學續百官公卿表二十卷又續百官表質疑十卷曾三異宋新舊官制通攷十卷又宋新舊官制通釋二卷范仲宰輔拜罷錄二十四卷徐均漢官考四卷董正工職官源流五卷金國明昌官制新格一卷不知何人撰楊王休諸史闕疑三卷趙粹中史評五卷王應麟通鑑地理攷一百卷又通鑑地理通釋十四卷又漢藝文志攷證十卷又漢制攷四卷

右職官類五十六部五百七十八卷楊王休諸史闕疑以下不著錄六部一百三十六卷

劉向古烈女傳九卷漢武內傳二卷不知作者郭憲洞冥記四卷班昭女戒一卷伶玄趙飛燕外傳一卷皇甫謐高士傳十卷袁宏正始名士傳二卷葛洪西京雜記六卷習鑿齒襄陽耆舊記五卷蕭韶太清紀十卷杜寶大業雜記十卷劉餗國史異纂三卷梁載言梁四公記一卷趙毅大業略記三卷顏師古大業拾遺一卷賈潤甫李密傳三卷李筌中台志十卷杜儒童隋季革命記五卷隋平陳記一卷魏徵隋靖列傳一卷徐浩廬陵王傳一卷劉仁軌河洛行年記十卷李恕己誡子拾遺四卷越國公行狀一卷唐鍾紹京事迹陳翃郭令公家傳十卷又忠武公將佐略一卷殷亮顏杲卿家傳一卷又顏眞卿行狀一卷李邕狄梁公家傳一卷包諝河洛春秋二卷陳鴻東城父老傳一卷張鷟朝野僉載二十卷又僉載補遺三卷李匡文明皇幸蜀廣記圖二卷郭湜高力士外傳一卷姚汝能安祿山事迹三卷三朝遺事一卷張說載姚崇宋璟事不知作者甘伯宗名醫傳七卷臨川名一作賢士賢一作名迹傳三卷李淑一作渤六賢傳一卷孫仲遺士傳一卷賢牧傳十五卷張茂樞張氏家傳三卷吳操蔣子文傳一卷王方慶魏玄成傳一卷郭元振傳一卷范質桑維翰傳三卷李翰張中丞外傳一卷溫佘一作畬天寶亂離記一卷劉諫一作練國朝傳記三卷賀楚奉天記一卷太和摧兇記一卷楊棲白南行記一卷王坤僖宗幸蜀記一卷牛朴登庸記一卷江文秉都洛私記十卷胡嶠陷遼記三卷元澄秦京內外雜記一卷蜀記一卷西戎記二卷顏師古獮豕記一卷靜亂安邦記一卷睢陽得死集一卷載張巡許遠事不知作者沈既濟江淮記亂一卷李公佐建中河朔記六卷陳岠朝廷卓絕事記一卷谷況燕南記三卷鄭澥涼國公平蔡錄一卷李涪刊誤一卷陸贄玄宗編遺錄二卷韓昱壺關錄三卷林恩補國史五卷馬總唐年小錄六卷杜佑實佐記一卷陳諫等彭城公事迹三卷王昌齡瑞應圖一卷路隋平淮西記一卷又邠志三卷李肇國史補三卷李潛用乙卯記一卷房千里投荒雜錄一卷李繁鄴侯家傳十卷李石開成承詔錄二卷李德裕異域歸忠傳二卷又大和辨謗略三卷會昌伐叛記一卷高少逸四夷朝貢錄十卷李商隱李長吉小傳五卷蔡京王貴妃傳一卷李璋太原事蹟雜記十三卷張雲咸通庚寅解圍錄一卷鄭樵彭門紀亂三卷韓偓金鑾密記一卷朱朴日曆一卷李氏大聖列聖園陵記一卷不知名丘旭賓朋宴語一卷盧言雜說一卷于政立類林十卷李奕唐登科記一卷唐顯慶登科記五卷徐鍇登科記十五卷樂史登科記三十卷登科記一卷登科記二卷起建隆至宣和四年張觀二十二國祥異記三卷徐岱奉天記一卷徽宗宣和殿記一卷又嵩山崇福記一卷太清樓特宴記一卷筠莊縱鶴宣和閣記一卷宴延福宮承平殿記一卷明堂記一卷艮嶽記一卷陳繹東西府記一卷沈立都水記二百卷又名山記一百卷章惇導洛通汴記一卷李清臣重修都城記一卷王革天泉河記一卷上黨記叛一卷宋巨一作宗柜明皇幸蜀錄一卷趙源一奉天錄四卷陸贄遺使錄一卷李繁北荒君長錄三卷陸希聲北戶雜錄三卷蘇特一作時唐代衣冠

盛事錄一卷鄭言平剡錄一卷復交阯錄二卷哥舒翰幕府故吏錄一卷李巨川許國公勤王錄三卷乾明（一作寧）會稽錄一卷三楚新錄一卷英雄佐命錄一卷世宗征淮錄一卷濠州干戈錄一卷樂史孝悌錄二十卷讀五卷曹希達（一作逢）孝感義聞錄三卷張續建中西狩錄一卷元宏錢塘平越州錄一卷潘氏家錄一卷（潘美行狀告辭）胡訥孝行錄二卷又賢惠錄二卷民表錄三卷李匡登封誥成錄一百卷麦准邠志二卷郭廷晦妖亂志三卷韋琯國相事狀七卷雲南事狀一卷劉中州事迹一卷魏玄成故事三卷趙寅趙君錫遺事一卷楊時開成紀事二卷楊九齡桂堂編事二十卷范鎮東齋記事十二卷李隱（一作隨）唐記奇事十卷史演咸寧王定難實序一卷登科記解題二十卷樂史廣孝悌（一作新）書五十卷危高孝子拾遺十卷紹興名臣正論一卷（題瀟湘樵夫序）呂頤浩遺事一卷（頤浩出處大槩）呂頤浩逢辰記一卷（頤浩歷官次序）朱勝非年表一卷（勝非孫昱上）朱勝非行狀一卷（劉岑撰）奉神述一卷（真宗製）史浩會稽先賢祠傳贊二卷張栻諸葛武侯傳一卷趙彥博昭明事實二卷呂文靖公事狀一卷（不知作者）王巖叟韓忠獻公別錄一卷韓忠獻公家傳一卷（韓琦五世孫庚卿作）呂祖謙歐公本末四卷韓莊敏公遺事一卷（韓宗武記）邵伯溫邵氏辨誣三卷薛齊誼六一居士年譜一卷胡剛中家傳一卷（男胡興宗撰）黃璞閩中名士傳一卷岳珂籲天辨誣五卷李剛等張忠文節誼錄一卷陳曄种師道事迹一卷張琰种師道祠堂碑一卷談氏家傳一卷（談鑰撰）王淹槐庭濟美錄十卷英顯張侯平寇錄一卷（不知作者）洪适五代登科記一卷周鑄史越王言行錄十二卷劉氏傳忠錄三卷（劉學裘撰）陳瓘墓誌一卷（自撰）了齋陳先生言行錄一卷（陳瓘男正同編）趙文定公遺事一卷（不知何人編）常諫議長洲政事錄一卷（常安民撰）朱文公行狀一卷（黃榦撰）李埴趙鼎行狀三卷岳珂鄂國金佗粹編二十八卷吳柔勝宗澤行實十卷李朴豐清敏遺事一卷劉岳李魏傳二卷（張穎撰）劉球劉鄜王事實一十卷尹機宿州事實一卷石茂良避羌夜話一卷又靖康錄一卷中興禦侮錄一卷皇華錄一卷南北歡盟錄一卷裔夷謀夏錄二卷（並不知作者）張師顏金虜南遷錄一卷張棣金亮講和事迹一卷洪遵泉志十五卷張甲浸銅要錄一卷姚康唐登科記十五卷馬宇段公別集二卷張陟唐年經略志十卷柳玭柳氏序訓一卷柳程柳氏家學一卷李躍嵐齋集一卷段公路北戶雜錄一卷鄭暐蜀記三卷野史甘露新記二卷諱行錄一卷大和野史三卷逸史一卷拓跋記一卷文場盛事一卷楊妃外傳一卷（並不知作者）蕭時和天祚永歸記一卷薛國存河南記二卷李綽張尚書故實一卷劉昶嶺外錄異三卷王振汴水滔天錄一卷王權汴洲記一卷高若拙後史補三卷黃彬莊宗召禍記一卷晉朝陷蕃記一卷（不知作者）余知古渚宮舊事十卷張昭太康平吳錄二卷王仁裕入洛記一卷又南行記一卷崔氏登科記一卷（不知作者）范質魏公家傳三卷趙普飛龍記一卷勾延慶成都理亂記八卷錢儼戊申英政錄一卷高自若唐宋汎聞錄一卷曹彬別傳一卷（曹彬之孫偃撰）陳承韞南越記一卷蔣之奇廣州十賢贊一卷安德裕滕天廣傳一卷王延德西州使程記一卷張緒續錦里耆舊傳十卷沈立奉使二浙雜記一卷路政乘軺錄一卷李畋孔子弟子贊傳六十卷又乖崖語錄一卷（載張詠政績）張齊賢洛陽縉紳舊聞記五卷張逵蜀寇亂小錄一卷曾致堯廣中台記八十卷又綠珠傳一卷許載吳唐拾遺錄十卷樂史唐滕王外傳一卷又李白外傳一卷洞僊集一卷許邁傳一卷楊貴妃遺事二卷（題岷山叟上）李昉談錄一卷（李宗諤撰）潘美事迹一卷平蜀錄一卷國朝名將行狀四卷議盟記一卷寇準遺事一卷丁謂談錄一卷郭贄傳略一卷（並不知作者）任升梁益記十卷錢惟演錢俶貢奉錄一卷王旦遺事一卷（王素撰）寇瑊奉使錄一卷王皥唐餘錄六十卷蔡元翰唐制舉科目圖一卷劉渙西行記一卷王曾筆錄一卷富弼奉使語錄二卷又奉使別錄一卷王曙戴斗奉使錄一卷燕北會要錄一卷虜庭雜記十四卷契丹須知一卷陰山雜錄十五卷契丹實錄一卷學士年表一卷韓琦遺事一卷孫沔遺事一卷（並不知作者）歐陽修歸田錄八卷王起甘陵誅叛錄一卷趙勰廣州牧守記十卷又交阯事迹八卷曹叔卿儂智高一卷滕甫征南錄一卷馮炳皇祐平蠻記二卷劉敞使北語錄一卷宋景文公筆記五卷（契丹官儀及碧雲霞附）宋敏求三川官下記二卷又諱行後錄五卷入番錄二卷春明退朝錄三卷韓正彥韓琦家傳十卷韓漳愛棠集二卷趙寅韓琦事實一卷杜滋談錄一卷（杜師泰等撰）李復圭李氏家傳三卷朱定國歸田後錄十卷陳昉北庭須知二卷王通元經薛氏傳十五卷宋如愚劍南須知十卷黃靖國再生傳一卷（廖子孟撰）曾鞏行述一卷（曾肇撰）曾肇行述一卷（楊時撰）韓琦別錄三卷（王岩叟撰）章邦傑章氏家傳德慶編一卷胡氏家傳錄一卷（不知作者）河南劉氏家傳二卷（劉唐老上）李遠青唐錄一卷李格非永洛城記一卷又洛陽名園記一卷趙君錫遺事一卷（趙演撰）蘇轍儋耳手澤一卷潁濱遺老傳二卷蔡京黨人記一卷吳栻雞林記二十卷王雲雞林志三十卷韓文公歷官記一卷（程俱撰）羅誘（一作綺）宜春傳信錄三卷呂希哲呂氏家塾廣記一卷安燾行狀一卷（榮輯撰）馬永易壽春雜志一卷李季興東北諸蕃樞要二卷何述溫陵張賢母傳一卷洪興祖韓子年譜一卷孔傳闕里祖庭記三卷又東家雜記二卷趙令畤侯鯖錄一卷王襄南陽先生傳二十卷鄭熊番禺雜記三卷范太史遺事一卷范祖禹家傳八卷（並范沖編）韓琦定策事一卷（韓肖胄撰）喻子材豐公逸事一卷劉安世譚錄一卷（韓瓘撰）种諤傳一卷（趙起撰）劉棐孝行錄二卷汪若海中山麟書一卷胡瑗言行錄一卷（關注撰）胡珵道護錄一卷劉安世言行錄二卷范純仁言行錄三卷使高麗事纂二卷平燕錄一卷三蘇言行五卷（並不知作者）趙世卿安南邊說五卷洪适宋登科記二十一卷董正工續家訓八卷洪邁皇族登科題名一卷俞觀能孝悌類鑒七卷馬忠嘉海道記一卷淮西記一卷朱熹五朝名臣言行錄十卷又三朝名臣言行錄十四卷四朝名臣言行錄十六卷四朝名臣言行續錄十卷（並不知何人編）呂祖謙閫範三卷費樞廉吏傳十卷徐度卻掃編三卷張景儉嵩嶽記三卷史愿北遼遺事二卷張隱文士傳五卷柳州記一卷洪厓先生傳一卷開運陷虜事迹一卷殊俗異聞集一卷契丹機宜通要四卷契丹事迹一卷古今家誡二卷南嶽要錄一卷豪異祕錄一卷燕北雜錄一卷遼登科記一卷三國史記五十卷（並不知作者）高得相海東三國通曆十二卷金富軾奉使語錄一卷董弅誕聖錄三卷王安石舒王日錄十二卷倪思北征錄七卷張舜民郴行錄一卷闕耆孫建隆垂統略一卷張浚建炎復辟平江實錄一卷龔頤正清江三孔先生列傳譜述一卷邵伯溫邵氏聞見錄一卷陸游老學菴筆記一卷陳師道後山居士叢談一卷僧祖秀游洛陽宮記一卷李綱近世厚德錄一卷安丙靖蜀編四卷張九成無垢心傳錄十二卷黎良能讀書日錄五卷賀成大濂湘師友錄三十三卷汪藻裔夷謀夏錄三卷又青唐錄三卷晁公武稽古後錄三十五卷又昭德堂藁六十卷讀書志二十卷嵩高樵唱二卷范成大吳門志五十卷又攬轡錄一卷驂鸞錄一卷虞衡志一卷吳船志一卷洪邁贅藁二十八卷又詞科進卷六卷蘇黃押韻三十二卷張綱元聞錄五卷吳芾湖山遺老傳一卷李燾陶潛新傳三卷又趙普別傳一卷

右傳記類四百一部一千九百六十四卷（張九成無垢心傳錄以下不著錄二十一部三百二十卷）

宋史卷二百三考證

藝文志二吳縝新唐書糾繆二十卷○臣人龍按揮麈錄嘉祐中詔宋景文歐陽文忠諸公重修唐書時吳縝初登第因范景仁而請於文忠願預官屬之末文忠以其年少輕佻拒之縝恚甚而去迨新書成迺從其間指摘瑕疵爲糾繆一書元祐中與五代史纂誤俱刊行之

宋高宗日歷一千卷○臣人龍按揮麈後錄自建炎航海之後如日歷起居時政記之類初甚完備秦檜之再相任意自專取其紹興壬子歲初罷右相凡一時施行如訓誥詔旨與夫斥逐其門人臣僚章疏奏對之語稍及於已者悉皆更易屏異由是亡失極多不復可以稽考逮其擅政以來十五年間凡所紀錄莫非其黨姦諛諂佞之詞不足以傳信於天下後世取觀者太息而已

杜延業晉春秋畧二十卷○此條複出

契丹官儀及碧雲霞附○按梅堯臣著碧雲騢此霞字誤

王通元經薛氏傳十五卷○此條重出

宋史卷二百四

元中書右丞相總裁脫脫等修

藝文志第一百五十七

藝文三

衛宏漢舊儀三卷應劭漢官儀一卷蔡質漢官典儀二卷漢制拾遺一卷（不知何人編）蕭嵩唐開元禮一百五十卷（一云王立等作）又開元禮儀鏡五卷韋彤開元禮儀釋二十卷開元禮儀鏡略十卷開元禮百問二卷開元禮敎林一卷開元禮類釋十二卷（並不知作者）顏眞卿歷古創置儀五卷柳珵唐禮纂要六卷韋公肅禮閣新儀三十卷王彥

咸（一本作崔靈恩）續曲臺禮三十卷王經大唐郊祀錄十卷李隨吉凶五服儀一卷紅亭紀吉儀一卷（獨孤儀陸贄撰）及孟詵家祭禮一卷徐閏家祭儀一卷鄭正則祠享儀一卷又家祭儀一卷賈頊家薦儀一卷范傳式寢堂時饗儀一卷孫日用仲享儀一卷袁郊服飾變右元錄三卷裴茝書儀三卷劉岳吉凶書儀二卷陳致雍曲臺奏議集又州縣祭祀儀五禮儀鏡六卷寢祀儀一卷朱熹二十家古今祭禮二卷政和五禮新儀二百四十卷（鄭居中白時中慕容明等撰）杜衍四時祭享儀一卷劉溫叟開寶通禮二百卷盧多遜開寶通禮儀纂一百卷賈昌朝太常新禮四十卷淤情子新禮一卷（不知名）大中祥符封禪記五十卷（丁謂李宗諤等撰）大中祥符祀汾陰記五十卷（丁謂等撰）張知白御史臺儀制六卷宋綬天聖鹵簿記十卷文彥博高若訥大饗明堂記二十卷文彥博大饗明堂記要二卷歐陽修太常因革禮一百卷韓琦參用古今家祭式（無卷）許洞訓俗書一卷王安石南郊式一百十卷李德芻聖朝徽名錄十卷國朝祀典一卷（不知作者）陳襄郊廟奉祀禮文三十卷諸州釋奠文宣王儀注一卷（元豐間重修）司馬光書儀八卷又涑水祭儀一卷居家雜儀一卷范祖禹祭儀一卷幸太學儀一卷（元祐六年儀）納后儀一卷（元祐七年儀）呂大防大臨家祭儀一卷橫渠張氏祭儀一卷（張載撰）釋奠祭器圖及諸州軍釋奠儀注一卷（崇寧中頒行）藍田呂氏祭說一卷（呂大均撰）伊川程氏祭儀一卷（程頤撰）宣和重修鹵簿圖記三十五卷（蔡攸等撰）李沆皇宋大典三卷夏休辨太常禮官儀定章九晃服一卷紹興太常初定儀注三卷范寅賓五祀新儀撮要十五卷鄭樵鄉飲禮三卷又鄉飲禮圖三卷史定之鄉飲酒儀一卷中興禮書二卷（淳熙中禮部太常寺編）歷代明堂事迹一卷儀物志三卷祀祭儀式一卷太常圖一卷（並不知作者）葉克刊南劒鄉飲酒儀一卷汪楲鄉飲規約一卷淳熙編類祭祀儀式一卷（齊慶胄所撰）張維釋奠通祀圖一卷李埴公侯守宰士庶通禮三十卷趙師羿熙朝盛典詩二卷趙希蒼趙氏祭錄二卷朱熹釋奠儀式一卷又四家禮範五卷家禮一卷李宗思禮範一卷韓挺服制一卷張叔椿五禮新儀十五卷高閌送終禮一卷陳孔碩釋奠儀禮考正一卷周端朝冠婚喪祭禮二卷（集司馬氏程氏呂氏禮）管銳嘗聞錄一卷吳仁傑廟制罪言二卷又郊祀贊說二卷潘徽江都集禮一百四卷本百二十部今殘闕和峴祕閣集二十卷王皡禮閣新編六十三卷黃廉大禮式二十卷何洵直蔡確禮文三十卷唐吉凶禮儀禮圖三卷龐元英五禮新編五十卷大觀禮書賓軍等四禮五百五卷看詳十二卷大觀新編禮書吉禮二百三十二卷看詳十七卷歐陽修大常禮院祀儀三十四卷和峴禮神志十卷孫奭大宋崇祀錄二十卷賈昌朝慶曆祀儀六十三卷朱梁南郊儀注一卷吳南郊圖記一卷王涇（一作淨）祠儀一卷陳繹南郊附式條貫一卷向宗儒南郊式十卷陳暘北郊祀典三十卷蔣猷夏祭敕令格式一部（卷亡）宋郊明堂通儀二卷明堂祫饗大禮令式三百九十三卷（元豐間）明堂大饗視朔頒朔布政儀範敕令格式一部（宣和初卷亡）王欽若天書儀制五卷又鹵簿記三卷馮宗道景靈宮供奉敕令格式六十卷景靈宮四孟朝獻二卷諸陵薦獻禮文儀令格式并例一百五十一册（紹聖間卷亡）張諤熙寧新定祈賽式二卷張傑春秋車服圖五卷劉孝孫一儀實錄衣服名義二卷祭服制度十六卷祭服圖三册（卷亡）五服志三卷裴茝五服儀二卷劉筠五服年月（年月一作用）敕一卷喪服加減一卷李至王辭錄三卷朝會儀注一卷（元豐間）大禮前天興殿儀二卷（元豐間）葉均徽號册寶儀注一卷宋綬內東門儀制五卷李淑閤門儀制十二卷又王后儀範三卷梁顥閤門儀制十二卷又并目錄十四卷閤門集例并目錄大臣特恩三十卷閤門儀制四卷閤門令四卷蜀坤儀令一卷皇后册禮儀範八册（大觀間卷亡）帝系后妃吉禮并目錄一百一十卷（重和元年）王巖叟中宮儀範一部（卷亡）王與之祭鼎儀範六卷高中六尚供奉式二百册（卷亡）王敞雜錄五卷營造法式二百五十册（元祐間卷亡）張直方打毬儀一卷李詠打毬儀注一卷高麗入貢儀式條令三十卷（元豐間）高麗女真排辦式一卷（元豐間）諸蕃進貢令式十六卷（董氊鬼章一閣婆一占成一層檀一大食一勿巡一注輦一羅龍方張石蕃一于闐拂菻一交州一龜茲回鶻一伊州西州沙州一三佛齊一丹流眉一大食陀婆離一大食俞盧和地一陀婆離一俞盧和地一）王晉使範一卷李商隱使範一卷家範十卷盧僎家範一卷司馬光家範一卷說家祭儀一卷周元陽祭錄一卷賈氏葬王播儀一卷鄭洵瑜書儀一卷杜有晉書儀二卷鄭餘慶書儀三卷

右儀注類一百七十一部三千四百三十八卷

律十二卷律疏三十卷（唐長孫無忌等作）唐式二十卷李林甫開元新格十卷又令三十卷唐律令事類四十卷度支長行旨五卷大和格後敕四十卷元泳式苑四卷宋景旁通開元格一卷蕭旻開元禮律格令要訣一卷裴光庭開元格令科要一卷狄兼謩開成刑法格十卷開成詳定格十卷張戣大中統類十二卷大中刑法總要六十卷大中已後雜敕三卷大中後雜敕十二卷梁令三十卷梁式二十卷梁格十卷天成長定格一卷天成雜敕三卷天福編敕三十一卷張昭顯德刑統二十卷姜虔嗣江南刑律統類十卷江南格令條八十卷蜀雜制敕三卷盧紓刑法要錄十卷黃克升五刑纂要錄三卷刑法纂要十二卷斷獄立成三卷黃懋刑法要例八卷張員法鑑八卷田晉章程體要二卷王行先（一作仙）令律守鑑二卷張履氷法例六贓圖二卷張伾判格三卷盛度沿革制置敕三卷王皡續疑獄集四卷趙綽律鑑一卷法要一卷外臺祕要一卷百司考選格敕五卷憲問十卷建隆編敕四卷開寶長定格三卷太平興國編敕十五卷蘇易簡淳化編敕三十卷柴成務咸平編敕十二卷丁謂田農敕五卷陳彭年大中祥符行編敕四十卷又轉運司編敕三十卷韓琦端拱以來宣敕劄子六十卷又嘉祐編敕十八卷總例一卷晁迥禮部考試進士敕一卷呂夷簡一司一務敕三十卷賈昌朝慶曆編敕十二卷總例一卷貢舉條制十二卷（至和二年）吳奎嘉祐錄令十卷又驛令三卷審官院編敕十五卷王珪在京諸司庫務條式一百三十卷銓曹格敕十四卷孫奭律音義一卷王誨羣牧司編十二卷張稚圭大宗正司條六卷王安禮重修開封府熙寧編十卷沈立新修審官西院條貫十卷又總例一卷支賜式十二卷支賜式二卷官馬俸馬草料等式九卷熙寧新編大宗正司敕八卷陳繹熙編三司式四百卷又隨酒式一卷馬遞鋪特支式二卷熙寧新定諸軍直祿令二卷曾肇將作監式五卷蒲宗孟八路敕一卷李承之禮房條例并目錄十九册（卷亡）章惇熙寧新定孝贈式十五卷又熙寧新定節式二卷熙寧新定時服式六卷熙寧新定皇親祿令十卷司農寺敕一卷式一卷熙寧將官敕一卷吳克熙寧詳定軍馬敕五卷沈括熙寧詳定諸色人廚料式一卷熙寧新修凡女道士給賜式一卷諸敕式二十四卷諸敕令格式十二卷又諸敕格式三十卷張敘熙寧葬式五十五卷范鏜熙寧詳定尚書刑部敕一卷張誠一熙寧五路義勇保甲敕五卷總例一卷又學士院等處敕式交并看詳十二卷御書院敕式令二卷許將熙寧開封府界保甲敕二卷申明一卷沈希顏元豐新定在京人從敕式三等（卷亡）李定元豐新修國子監大學小學元新格十卷又令十三卷賈昌朝慶曆編敕律學武學敕式共二卷武學敕令格式一卷（元豐間）明堂赦條一卷（元豐間）曾伉新修尚書吏部式三卷蔡碩元豐將官敕十二卷貢舉醫局龍圖天章寶文閣等敕令儀式及看詳四百一十卷（元豐間）宗室及外臣葬敕令式九十二卷（元豐間）皇親祿令并釐條敕式三百四十卷吳雍都提舉市易司敕令并釐正看詳二十一卷公式二卷（元豐年間）部條十九卷（元豐間）朱服國子監支費令式一卷元絳讞獄集十三卷崔台符元豐編敕令格式并赦書德音申明八十一卷吏部四選敕令格式一部（元祐初卷亡）元豐戶部敕令格式一部（元祐初卷亡）六曹條貫及看詳三千六百九十四册（元祐間卷亡）元祐諸司市務敕令格式二百六册（卷亡）六曹敕令格式一千卷（元祐初）紹聖續修武學敕令格式看詳并淨條十八册（建中靖國初卷亡）樞密院條二十册看詳三十册（元祐間卷亡）紹聖續修律學敕令格式看詳并淨條十二册（建中靖國初卷亡）諸路州縣敕令格式并一時指揮十三册（卷亡）六曹格子十册（卷亡）中書省官制事目格一百二十卷尚書省官制事目格參照卷六十七册（卷亡）門下省官制事目格并參照卷舊文淨條釐析總目目錄七十二册（卷亡）徽宗崇寧國子監算學敕令格式并對修看詳一部（卷亡）崇寧國子監畫學敕令格式一部（卷亡）沈錫崇寧改修法度十卷諸路州縣學法一部（大觀初卷亡）大觀新修內東門司應奉禁中請給敕令格式一部（卷亡）國子大學辟廱并小學敕令格式申明一時指揮目錄看詳一百六十八册（卷亡）鄭居中政和新修學法一百三十卷李圖南宗子大小學敕令格式十五册（卷亡）何執中政和重修敕令格式五百四十八册（卷亡）政和祿令格等三百二十一册（卷亡）宗祀大禮敕令格式一部（政和間卷亡）張動直達綱運法并看詳一百三十一册（卷亡）王韶政和敕令式九百三卷白時中政和新修御試貢士敕令格式一百五十九卷孟昌齡政和重修國子監律學敕令格式一百卷接送高麗敕令格式一部（宣和初卷亡）奉使高麗敕令格式一部（宣和初卷亡）明堂敕令格式一千二百六册（宣和初卷亡）兩浙福建路敕令格式一部（宣和初卷亡）薛昂神霄宮使司法令一部（卷亡）劉次莊青囊本旨論一卷王晉使範一卷和凝疑獄集三卷寶儀重詳定刑統三十卷盧多遜長定格三卷呂夷簡天聖編敕十二卷天聖令文三十卷（呂夷簡夏竦等撰）八行八刑條一卷（大觀元年御製）崇寧學制一卷（徽宗學校新法）附令敕十八卷（慶曆中不知作編者）五服敕一卷（劉筠宋綬等撰）張方平嘉祐驛令三卷又嘉祐祿令十卷王安石熙寧詳定編敕等二十五卷新編續降并敘法條貫一卷（編治平熙寧詔旨并官吏犯罪敘法條貫等事）曾布熙寧新編常平敕二卷審官東院編敕二卷（熙寧七年編）張大中編修入國條貫二卷又秦朝要錄二卷范鏜熙寧貢舉敕二卷八路差官敕一卷（熙寧編總修審）

官東院條流內銓條熙寧法寺斷例十二卷熙寧歷任儀式一卷不知作者蔡確元豐司農敕令式十七卷李承之江湖淮浙鹽敕令賞格六卷曾伉元豐新修吏部敕令式十五卷崔台符元豐敕令式七十二卷呂惠卿新史吏部式二卷又縣法十卷程龜年五服相犯法纂三卷孫奭律令釋文一卷續附敕令一卷慶曆中編不知作者三司條約一卷慶曆中纂集陸佃國子監敕令格式十九卷曾旼刑名斷例三卷章惇元符敕令格式一百三十四卷鄭居中學制書一百三十卷蔡京政和續編諸路州縣學敕令格式十八卷白時中政和新修貢士敕令格式五十一卷李元弼作邑自箴一卷張守紹興重修敕令格式一百二十五卷紹興重修六曹寺監庫務通用敕令闕格式五十四卷秦檜等撰紹興重修吏部敕令格式并通用格式一百二卷朱勝非等撰紹興重修常平免役敕令格式五十四卷秦檜等撰紹興重修貢舉敕令格式申明二十四卷紹興中進紹興參附尚書吏部敕令格式七十卷陳康伯等撰紹興重修在京通用敕令格式申明五十六卷紹興中進大觀告格一卷鄭克折獄龜鑑三卷乾道重修敕令格式一百二十卷虞允文等撰淳熙重修吏部左選敕令格式申明三百卷龔茂良等撰諸軍班直祿令一卷鄭至道諭俗編一卷趙緒金科易覽一卷劉高夫金科玉律總括詩三卷金科玉律一卷金科類要一卷刑統賦四卷並不知作者韓琦嘉祐詳定編敕三十卷王日休養賢錄三十二卷淳熙重修敕令格式及隨敕申明二百四十八卷淳熙吏部條法總類四十卷淳熙二年敕令所編慶元重修敕令格式及隨敕申明二百五十六卷慶元三年詔重修慶元條法事類八十卷嘉泰元年敕令所編開禧重修吏部七司敕令格式申明三百二十三卷開禧元年上嘉定編修百司吏職補授法一百三十三卷嘉定六年上嘉定編修吏部條法總類五十卷嘉定中詔修趙仝疑獄集三卷九族五服圖制一卷不知何人編大宗正司敕令格式申明及目錄八十一卷紹興重修編類諸路茶鹽敕令格式目錄一卷

右刑法類二百二十一部七千九百五十五卷

吳兢西齊書目錄一卷毋煚古今書錄四十卷李肇經史釋文題三卷朱遵度羣書麗藻目錄五十卷隆安西庫書目二卷不知作者唐祕閣四部書目四卷唐四庫搜訪圖書目一卷梁天下郡縣目一卷後唐統類目一卷杜鎬龍圖閣書目七卷又十九代史目二卷太清樓書目四卷玉宸殿書目四卷章述集賢書目一卷學士院雜撰目一卷歐陽伸一作坤經書目錄十一卷楊九齡經史書目七卷楊松珍歷代史目十五卷宗諫注十三代史目十卷商仲茂十三代史目一卷河南東齋一作齊史書目三卷曾氏史鑑三卷孫玉汝唐列聖實錄目二十五卷唐書敘例目錄一卷沈建樂府詩目錄一卷蔣彧書目一卷劉德崇家藏龜鑑目十卷田鎬尹植文樞密要目七卷劉沆書目二卷禁書目錄一卷學士院司天監同定王堯臣歐陽修崇文總目六十六卷沈氏萬卷堂目錄二卷歐陽修集古錄五卷李淑邯鄲書目十卷吳祕家藏書目二卷祕閣書目一卷史館新定書目錄四卷不知作者李德芻邯鄲再集書目三十卷崔君授京兆尹金石錄十卷國子監書目一卷荆州田氏書總目三卷田鎬編劉涇成都府古石刻總目一卷趙明誠金石錄三十卷又諸道石刻目錄十卷徐士龍求書補闕一卷董逌廣川藏書志二十六卷鄭樵求書闕記七卷又求書外記十卷集古系時錄一卷圖譜有無記二卷羣玉會記三十六卷陳貽範潁川慶善樓家藏書目二卷遂安堂書目二卷尤袤集徐州江氏書目二卷呂氏書目二卷三川古刻總目一卷鄱陽吳氏籝金堂書目三卷孫氏羣書目錄二卷紫雲樓書目一卷川中書籍目錄二卷祕書省書目二卷陳騤中興館閣書目七十卷序例一卷石延慶馮至游校勘羣書備檢三卷晁公武讀書志四卷張攀中興館閣續書目二十卷諸州書目一卷勝強恕東湖書自志一卷

右目錄類六十八部六百七卷

何承天姓苑十卷林寶姓苑三卷又姓史四卷元和姓纂十卷五姓證事二十卷竇從則系纂七卷陳湘姓林五卷李利涉姓氏秘畧三卷又編古命氏三卷五聲類氏族五卷孔平姓系氏族一卷姓畧六卷崔日用姓苑略一卷魏子野名字族十卷同姓名譜六卷尚書血脈一卷春秋氏族譜一卷春秋宗族諡譜一卷帝王歷記譜二卷帝系圖一卷李匡文天潢源派譜一作統一卷又唐皇室維城錄一卷又李氏房從譜一卷李茂嵩一作高唐宗系譜一卷唐書總記帝系三卷宋玉牒三十三卷仁宗玉牒四卷英宗玉牒四卷李衢皇室維城錄一卷宋敏求韻類次宗室譜五十卷司馬光宗室世表三卷臣寮家譜一卷黃恭之孔子系葉傳三卷文宣王四十二一作三代家狀一卷闕里譜系一卷趙異世趙氏大宗血脈譜一卷趙氏龜鑑血脈圖錄記一卷令狐峘陸氏宗系碣一卷陸師儒陸氏英賢記三卷蔣王惲家譜一卷王方慶王氏譜一卷唐汭家譜一卷劉復禮劉氏大宗血脈譜一卷劉與家卷王僧孺徐義倫家譜一卷李用休家譜二卷徐商徐詵家譜四卷周長球家譜一卷費氏家譜一卷錢氏集錄三卷陸景獻吳郡陸氏宗系譜一卷毛漸毛氏世譜一部卷亡曾肇曾氏譜圖一卷洪興祖韓愈年譜一部卷亡周文汝南周氏家譜一卷崔班歐陽家譜一卷梁元帝古今同姓名錄二卷竇澄之扶風竇氏血脈家譜一卷李林甫唐室新譜一卷又天下郡望姓氏族譜一卷唐相譜一卷不知作者孔至姓名古今雜錄一卷陶茇麟陶氏家譜一卷李匡文元和縣主昭穆譜一卷又皇孫郡王譜一卷玉牒行樓一卷偕日譜一卷邢曉帝王血脈小史記五卷又帝王血脈圖小史後記五卷韋述百家類例三卷韋述蕭穎士宰相甲族一卷裴揚休百氏譜五卷曹大宗姓源韻譜一卷杜信京兆杜氏家譜一卷劉沆劉氏家譜一卷唐顏氏家譜一卷韓吏部譜錄二卷李氏郇三家譜一卷並不知作者唐邴唐氏譜略一卷楊侃家譜一卷宋仙源積慶圖一卷起僖宗迄哲宗宗室齒序圖一卷天源類譜一卷祖宗屬籍譜一卷向敏中家譜一卷向綡撰邵思姓解三卷錢惟演錢氏慶系譜二卷王回清河崔氏譜一卷孫祕尊祖論世錄一卷蘇洵蘇氏族譜一卷錢明逸熙寧姓纂六卷魏予野古今通系圖一卷李復南陽李英公家譜一卷成鐸文宣王家譜一卷吳遠帝王系家譜一卷黃邦俊羣史姓纂韻六卷顏嶼兗國公正枝譜一卷採眞子千姓編一卷符彥卿家譜一卷符承宗撰建陽陳氏家譜一卷萬氏譜一卷趙羣東祖李氏家譜二卷鮮于氏血脈圖一卷長樂林氏家譜一卷並不知作者丁維皐百族譜三卷鄧名世古今姓氏書辨證四十卷李燾晉司馬氏本支一卷又齊梁本支一卷徐筠姓氏源流考七十八卷李氏歷代諸史總括姓氏錄一卷

右譜牒類一百十部四百三十七卷

桑欽水經四十卷鄭道元注城塚記一卷按序魏文帝三年劉郃得此記葛洪關中記一卷雷次宗豫章古今記三卷沈懷遠南越志五卷梁元帝貢職圖一卷楊衒之洛陽伽藍記二卷煬帝開河記一卷不知作者魏王泰坤元錄十卷沙門辨機大唐西域記十二卷梁載言十道四蕃志十五卷韋述兩京新記五卷達奚弘通西南海蕃行記一卷馬溫之鄴都故事二卷李吉甫元和郡國圖志四十卷元結九疑山圖記一卷賈耽皇華四達十卷又貞元十道錄四卷國要圖一卷方志圖二卷三代地理志六卷地理論六卷劉之推文括九土一作州要略三卷樂史坐知天下記四十卷王曾九域圖三卷王洙皇祐方域圖記三十卷要覽一卷韓郁十道四蕃引一卷趙珣開元分野圖一卷又十道記一卷十八路圖一卷圖副二十卷熙寧問天下州府軍監縣鎮圖李德芻元豐郡縣志三十卷圖三卷沈括天下郡縣圖一部卷亡陳坤臣郡國人物志一百五十卷歐陽忞巨鼇記五卷孫結唐國鑑圖一卷曹璠國照十卷又元和國記圖十卷韋澳諸道山河地名要略九卷一名處分語一名新集地理書陳延禧隋朝洛都記一卷又蜀北路秦程記一卷北征雜記一卷姜嶼明越風物志七卷元廣之金陵地記六卷劉公銜鄴城新記三卷李璋太原事迹十四卷盧求襄陽故事十卷湘中記一卷余知古渚宮故事十卷張周封華陽風俗錄一卷韓昱江州事迹三卷張密注韋宙一作寅零陵錄一卷楊備恩蜀都故事二卷許嵩六朝宮苑記二卷邢昺景德朝陵地理記三十卷章齊一作濟沐雲南行記二卷馬敬寔諸道行程血脈圖一卷陳隱之續南荒錄一卷章阜一作皐西南夷事狀二十卷西戎記二卷張建章渤海國記三卷顧愔新羅國記一卷達奚洪一作通海外三十六國記一卷雲南風俗錄十卷辛怡顯至道雲南錄三卷李德裕黠戛斯朝貢圖一卷崔峽列國人貢圖二十卷郭璞山海經讚二卷元結諸山記一卷岳瀆福地圖一卷盧鴻嵩嶽記一卷華山記一卷衡山記一卷峨眉山記二卷僧法琳廬山記一卷陸鴻漸顧渚山記一卷令狐見堯玉笥山記一卷沈立蜀江志十卷宣和編類河防書一百九十二卷東方朔十洲記一卷張華異物評二卷劉恂嶺表錄一卷卷嶺表異物志一卷孟琯嶺南異物志一卷南海異事五卷鄭虔天寶軍防錄一卷林特會稽錄三十卷盛度庸調租賦三卷陳傅歐冶拾遺一卷毛漸地理五龍祕法一部卷亡林諝閩中記十卷盧肇海潮賦一卷僧應物九華山記二卷又九華山舊錄一卷盧求成都記五卷樊綽雲南志十卷又南蠻記十卷李居一王屋山記一卷徐雲虔南詔錄三卷章莊蜀程記一卷又峽程記一卷莫休符桂林風土記一卷章僚海使程廣記三卷張建章戴斗諸蕃記一卷曹璠須知國鏡二卷王權大梁夷門記一卷吳從政襄沔雜記三卷竇滂雲南別錄一卷陸廣微吳地記一卷曹大宗郡國志二卷韋蟾域中郡國山川圖經一卷唐夷狄貢一卷兩京道里記三卷不知作者張修九江新舊錄三卷張氏燕吳行役記二卷不知作者羅含湘中山水記三卷平居誨于闐國行程錄一卷胡嶠陷虜記一卷王德璉鄱陽縣記一卷徐鍇方

輿記一百三十卷范子長皇州郡縣志一百卷司馬儀峽山履平集一卷潘子韶峽江利涉集一卷杜光庭續成都記一卷范旻邕管雜記三卷李昉歷代宮殿名一卷樂史太平寰宇記二百卷魏羽吳會雜錄一卷張參江左記三卷陶岳零陵總記十五卷李宗諤圖經九十八卷又圖經七十七卷越州圖經九卷陽明洞天圖經十五卷李垂導河形勝書一卷王曾契丹志一卷楊備恩平郡譜一卷劉夔武夷山記一卷程世程重修閩中記十卷郭之美羅浮山記一卷周衡湘中新記七卷陳倩茅山記一卷僧文政南嶽尋勝錄一卷李上交豫章西山記二卷廣西郡邑圖志一卷（張維序）王靖廣東會要四卷張田廣西會要二卷劉昌詩六峯志十卷薛常州地理叢考一卷李和篪輿地要覽二十三卷重修徐州圖經三卷（嘉定中撰）離準志十卷鴈山行記一卷（不知何人編）王日休九丘總要三百四十卷余嘉聖域記二十五卷程大昌雍錄十卷錢景衎南嶽勝槩一卷曾洵句曲山記七卷周淙臨安志十五卷談鑰吳興志二十卷潘廷立富川圖志六卷韓挺儀眞志七卷劉浩然合肥志十卷李說黃州圖經五卷童宗說盱江志十卷姜得平又續志十卷袁震臨江軍圖經七卷李仲重修臨江志七卷雷孝友瑞州郡縣志十九卷田渭辰州風土記六卷袁觀潼川府圖經十一卷張津四明圖經十二卷史正志建康志十卷江文叔桂林志一卷蔡戡靜江府圖志十二卷熊克鎭江志十卷葛元隲武陽志十卷宋宜之無爲志三卷胡兆秋浦志八卷羅願新安志十卷汪師孟黃山圖經一卷范成大桂海虞衡志三卷韋楫昭潭志二卷晁百揆潯陽志十二卷吳芸沅州圖經四卷安南土貢風俗一卷（乾道中安南入貢客省承詔具其風俗及貢物名數）程九萬歷陽志十卷蘇思恭曲江志十二卷毛憲信安志十六卷臨賀郡志一卷（不知作者）蕭玠晉康志七卷周端朝桂陽志五卷劉子登武陵圖經十四卷鄭昉都梁志二卷赤城志四十卷（陳耆卿序）陸游會稽志二十卷王中行潮州記一卷莆陽人物志三卷（鄭僑序）王震閬苑記三十卷冉木潛藩武泰志十四卷趙朴成都古今集記三十卷張胐齊記一卷南北對鏡圖一卷混一圖一卷西南蠻夷朝貢圖一卷巨鼇記六卷交廣圖一卷平江府五縣正圖經二卷（並不知作者）李華湟州開峽志五卷宋敏求長安志一十卷又東京記二卷河南志二十卷陳舜俞廬山記二卷謝頤素海潮圖論一卷王瓘北道刊誤志十五卷林須霍山記一卷檀林甌治拾遺一卷又大理國行程一卷陳冠熙河六州圖記一卷王向嵇龍門記三卷王存九域志十卷孟猷上饒志十卷滕宗諒九華山新錄一卷朱長文吳郡圖經續記三卷王正論古今洛城事類二卷王得臣江夏辨疑一卷談挨邕管溪洞雜記一卷李洪鎭洮補遺一卷李獻父隆慮洞天錄一卷林嶸永陽志三十五卷曾旼永陽郡縣圖志四卷劉拯濠上摭遺一卷蘇氏夏國樞要二卷左文質吳興統記十卷孫穆雞林類事三卷馬子嚴岳陽志二卷程縯職方機要四十卷范致明岳陽風土記一卷又池陽記一卷歐陽忞輿地廣記三十八卷虞剛簡永康軍圖志二十卷錢紳同安志十卷徐兢宣和奉使高麗圖四十卷吳致堯九疑考古三卷洪芻豫章職方乘三卷董棻嚴州圖經八卷厲居正齊安志二十卷洪遵東陽志十卷許靖夫齊安拾遺一卷環中汴都名實志三卷陳哲夫李渠志一卷續修宜春志十卷唐稷清源人物志十三卷李盛章貢志十二卷曾賁括蒼志十卷陳柏朋括蒼續志一卷趙彥勵莆陽志十五卷陸琰莆陽志七卷李獻父相臺志十二卷江行圖志一卷（沈該訂正不知作者）同安後志十卷大禹治水玄奧錄一卷三輔黃圖一卷高麗日本傳一卷南劍州圖經一卷地理圖一卷指掌圖二卷南海錄一卷福建地理圖一卷泉南錄二卷吳興雜錄七卷南朝宮苑記一卷盧山事迹三卷（並不知作者）李常續盧山記一卷東京至益州地理圖（卷亡）四明山記一卷地理圖一卷南岳衡山記一卷考城圖經一卷常州風土記一卷清溪山記一卷水山記一卷茅山新記一卷青城山記一卷契丹國王記契丹疆宇圖二卷契丹地理圖一卷（並不知作者）李幼傑莆陽比事七卷何友諒武陽志二十七卷陳謙永寧編十五卷黃以寧惠陽志十卷劉牧建安志二十四卷又建安續志類編二卷鄒孟卿寧武志十五卷李皐汀州志八卷林英發景陵志十四卷楊彥爲保昌志八卷傅巖郎城志十二卷楊泰之普州志三十卷孫祖義高郵志三卷宇文紹奕臨邛志二十卷又補遺十卷林曠姑孰志五卷王招撫湖圖志九卷楊櫄臨漳志十卷方杰清漳新志十卷章頴文州古今記十二卷杜孝嚴文州續記四卷孫楙春陵圖志十卷張貴謨臨汝圖志十五卷徐自明零陵志十卷又浮光圖志三卷梁克家長樂志四十卷張埏零陵志十卷陸峻丁光遠蘄春志十卷段子游均州圖經五卷李韋之邵陽圖志三卷黃汰邵陽紀舊一卷鞏嶸邵陵類考二卷孫顯祖靖州圖經四卷黃曄龜山志三卷李震彭門古今集志二十卷蔡峙續同安志一卷程叔達隆興續職方乘十卷項預吳陵志十四卷朱端章南康記八卷又廬山拾遺二十卷練文廬州志十卷吳機吉州記三十四卷錢之望吳莘楚州圖經二卷劉宗襄陽志四十卷劉清之衡州圖經三卷趙甲隆山志三十六卷鄭補之毗陵志十二卷王銖荊門志十卷張孝曾富水志十卷王棨重修荊門志十卷徐得之郴江記八卷史本古汚志一卷周夢祥贑州圖經（卷亡）閻蒼舒興元志二十卷許開南安志二十卷孫昭先淮南通川志十卷余元一清湘志六卷鄭少魏廣陵志十二卷褚孝錫長沙志十一卷鄭紳桂陽圖志六卷黃疇若龍城圖志十卷胡至重修龍城圖志十卷陳宇房州圖經三卷虞太中臨封志三卷曹叔達永嘉志二十四卷周澂永嘉志七卷鄭應申江陰志十卷梁希夷新昌志一卷馬景修通川志十五卷黃環夷陵志六卷馬導夔州志十三卷四明風俗賦一卷（不知何人撰）丁介武陵郡離合記六卷史定之番陽志三十卷楊潛雲間志三卷徐筠修水志十卷張元成嘉禾志四卷鄧樞鶴山叢志十卷王寬夫古涪志十七卷李棣浮光圖志二十卷林仁伯古歸志十卷趙與清歷陽志補遺十卷王知新合淝志十卷霍箎澧陽圖志八卷劉伋陵水圖志三卷胡槻普寧志三卷王寅孫沈黎志二十三卷趙汝廈程江志五卷又瓊管圖經十六卷劉灝清源志七卷沈作賓趙不迹會稽志二十卷邵筍括蒼慶元志一卷趙善頴通義志三十五卷張士佺西和州志十九卷李修己同谷志十七卷李錡續同谷志十卷義太初高涼圖志七卷趙師叟潮州圖經二卷鄭耶洋州古今志十六卷張樘甘泉志十五卷陳峴南海志十三卷趙伯謙韶州新圖經十二卷俞聞中敘州圖經三十卷黎伯巽靜南志十二卷任逄墊江志三十卷劉得禮遵州圖經四卷馬紆續廬山記四卷江州圖經一卷岩渠志二卷吉陽軍圖經一卷忠州圖經一卷珍州圖經三卷衢州圖經一卷沅州圖經四卷復州圖經三卷果州圖經五卷思州圖經一卷南平軍圖經一卷大寧監圖經六卷（並不知作者）

右地理類四百七部五千一百九十六卷

越絕書十五卷（或云子貢所作）趙曄吳越春秋十卷司馬彪九州春秋九卷常璩華陽國志十二卷和苞漢趙記一卷范亨燕書二十卷蕭方三十國春秋三十卷三十國春秋鈔一卷（不知作者）吳信都鎬泥上英雄小錄三卷吳錄二十卷（徐鉉高遠喬舜潘祐等撰）帝唐書十五卷（不知作者）王顏南唐烈祖開基志十卷李昊蜀書二十卷蔣文懌閩中實錄十卷林仁志王氏解運圖三卷毛文錫前蜀王氏記事二卷吳越備史十五卷（吳越錢儼托名范坰林禹撰）錢儼備史遺事五卷王保衡晉陽見聞要錄一卷董淳後蜀孟氏記事三卷徐鉉湯悅江南錄十卷路振九國志五十一卷又楚清五卷鄭文寶南唐近事集一卷又江表志二卷陳彭年江南別錄四卷龍袞江南野史二十卷曾顏渤海行年記十卷胡賓王劉氏興亡錄一卷陶岳荊湘近事十卷周羽沖三楚新錄三卷曹衍湖湘馬氏故事二十卷王舉天下大定錄十卷盧臧楚錄五卷張唐英蜀檮杌十卷劉恕十國紀年四十卷閩王事迹一卷高氏世家十卷湖南故事十三卷十國載記三卷江南餘載二卷高宗皇帝過江事實一卷廣王事迹一卷（並不知作者）錢惟演家王故事一卷

右霸史類四十四部四百九十八卷

凡史類二千一百四十七部四萬三千一百九卷

宋史卷二百四考證

藝文志三賈頊家薦儀一卷○頊疑作瑱

王晉使範一卷○此條複出

令狐峘陸氏宗係碣一卷○峘疑作峘

談鑰吳興志二十卷○與應作典

蕭方三十國春秋三十卷○此條複出

宋史卷二百五

元中書右丞相總裁脫脫等修

藝文志第一百五十八

藝文四

子類十七：一曰儒家類，二曰道家類（釋氏及神仙附），三曰法家類，四曰名家類，五曰墨家類，六曰縱橫家類，七曰農家類，八曰雜家類，九曰小說家類，十曰天文類，十一曰五行類，十二曰蓍龜類，十三曰曆算類，十四曰兵書類，十五曰雜藝術類，十六曰類事類，十七曰醫書類

晏子春秋十二卷曾子二卷子思子七卷孟子十四卷

陸善經孟子註七卷王雱註孟子十四卷蔣之奇孟子解六卷荀卿子二十卷戰國趙人荀況書楊倞注荀子二十卷黎錞校勘荀子二十卷魯仲連子五卷戰國齊人董子一卷董無心撰尸子一卷尸佼撰子華子十卷自言程氏名本字子華晉國人中興書目曰近世依託朱熹曰僞書也孔叢子七卷漢孔鮒撰朱熹曰僞書也桓寬鹽鐵論十卷揚雄太玄經十卷又揚子法言十三卷張齊太玄正義統論一卷又太玄釋文玄說二卷宋惟幹太玄經注十卷王涯注太玄經六卷柳宗元注揚子法言十三卷宋咸補注馬融忠經一卷玄測一卷漢宋衷解吳陸績釋之王符潛夫論十卷關朗洞極元經傳五卷四注孟子十四卷揚雄韓愈李翱熙時子四家注王通文中子十卷宋阮逸注太宗帝範二卷顏師古糾繆正俗八卷王涯說玄一卷林慎思續孟子二卷韓熙載格言五卷眞宗正統十卷徐鉉質論一卷許洞演玄十卷刁衎本說十卷王敏太平書十卷賈岡山東野錄七卷宋咸過文中子十卷又太玄音一卷章詧太玄圖一卷又太玄經發隱一卷聱隅子歔欷鏁微論一卷黃晞撰邵亢體論十卷周惇頤太極通書一卷司馬光潛虛一卷又文中子傳一卷集注四家揚子十三卷集注太玄經六卷司馬光集家範十卷師望元鑑十卷范鎭正書一卷張載正蒙書十卷又雜述一卷程頤遺書二十五卷語錄二卷程頤與弟子問答孟子解四卷程頤門人記徐積節孝語一卷江端禮錄呂大臨孟子講義十四卷蘇轍孟子解一卷王令孟子講義五卷龔原孟子解十卷陳暘孟子解義十四卷張謚孟子音義三卷丁公著孟子手音一卷孫奭孟子音義二卷劉安世語錄二卷王開祖儒志一卷游酢孟子解義十四卷又雜解一卷謝良佐語錄一卷陳禾孟子傳十四卷晁說之易玄星紀譜二卷陳漸演玄七卷許允成孟子新義十四卷范沖要語一卷張九成孟子拾遺一卷語錄十四卷張憲武勸學錄六卷劉子翬十論一卷張行成潛虛衍義十六卷又皇極經世索隱一卷觀物外篇衍義九卷翼玄十二卷鄭樵刊繆正俗跋正八卷文軫信書三卷宋衷解太玄義經訣十卷李沂集馬休刪孟子一卷陳之方致君堯舜論一卷又削荀子疵一卷徐庸注太玄經十二卷又玄頤一卷僧全瑩太玄畧例一卷王紹珪古今孝悌錄二十四卷尹惇孟子解十四卷語錄四卷尹惇門人馮忠恕祁寬呂堅中記鄒浩孟子解十四卷朱熹孟子集注十四卷又孟子集義十四卷或問十四卷延平師弟子問答一卷語錄四十三卷朱熹門人所記張栻孟子詳說十七卷又孟子解七卷蔡沉至書一卷張氏孟子傳三十六卷錢文子孟子傳贊十四卷王汝猷孟子辨疑十四卷諸儒鳴道集七十二卷濂溪涑水橫渠等書程迥諸論辨一卷近思錄十四卷朱熹呂祖謙編類周敦頤程顥張載等書外書十二卷程頤程顥講學邵雍漁樵問對一卷祝禹圭東西銘解一卷蘇籀遺言一卷曾發泮林討古二卷張九成語錄十四卷胡宏知言一卷麗華論說集十卷呂祖謙門人記周揆聖傳錄一卷吳仁傑鹽石論丙丁二卷陳舜申審是集一卷塗近正明倫二卷彭龜年止堂訓蒙二卷呂氏鄉約儀一卷呂大鈞撰李公省心雜言一卷不知名董與幾學政發縱一卷高登修學門庭一卷劉敞弟子記一卷石月至言一卷余應求刑其父之言戴溪石鼓孟子荅問三卷陳師道後山理究一卷北山家訓一卷伊洛淵源十三卷聞見善善錄一卷質疑請益一卷不知作者楊浚韋子內篇三卷又聖典三卷王向忠經三卷劉餗續說苑十卷法聖要言十卷李珙皇王大政論十卷高舉帝道書十卷魯大公公侯正術十卷蕭佚牧宰正術二卷趙瑩君臣政論二十五卷興政論三卷丘光庭康教論一卷張弧素履子一卷張陟里訓十卷趙湶中庸論一卷趙隣幾鯫子一卷朱昂資理論三卷何涉治道中說三十篇亾卷龔鼎臣中說解十卷范祖禹帝學八卷章懷太子修身要覽十卷太宗文明政化十卷眞宗承華要畧二十卷名墨縱橫家無所增益荅邇英聖問一卷仁宗書三十五事丁度等荅顏之推家訓七卷狄仁傑家範一卷先賢誡子書二卷開元御集誡子書一卷古今家戒四卷黃訥家戒一卷柳玢誡子拾遺十卷孫奕示兒編一部

右儒家類一百六十九部一千二百三十四卷篇

河上公老子道德經注一卷嚴遵老子指歸十三卷王弼老子注二卷又道德畧歸一卷陸修靜老子道德經雜說一卷傅奕道德經音義二卷唐玄宗注老子道德經二卷有序唐玄宗道德經音疏六卷成玄英道德經開題序訣義疏七卷杜光庭道德經廣聖義疏三十卷僧文儻道德經疏義十卷趙至堅道德經疏三卷張惠超道德經志玄疏三卷陸氏道德經傳四卷扶少明道德經譜二卷谷神子註經諸家道德經疏二卷河上公葛仙公鄭思遠睿宗玄宗疏李若愚道德經注一卷喬諷道德經疏義節解二卷道德經小解一卷陳景元道德經注二卷蔣之奇老子解二卷又老子繫辭解二卷張湛列子音義一卷張昭補注莊子十卷張烜莊子通眞論三卷南華眞經篇目義三卷子暹訓文子注十二卷朱弁文子注十二卷墨布希一作子文子注十二卷王源亢倉子注三卷亢倉子音義一卷范乾元一作九四子樞要二卷衞偕一作稽白朮子三卷太公等陰符經注一卷張果陰符經注一卷又陰符經辨命論一卷袁淑眞陰符經注一卷又陰符經疏三卷陰符集解五卷韋洪陰符經疏訣一卷蔡珪陰符經注一卷又陰符經要義一卷陰符經小解一卷張魯陰符經元義一卷李靖陰符機一卷房山長注大冊黃帝陰符經一卷梁丘子注黃庭內景玉經一卷黃庭外景經一卷黃庭外景玉經注訣一卷黃庭五藏論圖一卷老子黃庭內視圖一卷胡愔黃庭內景圖一卷黃庭外景圖一卷魏伯陽周易參同契三卷參同大易誌三卷徐從事注周易參同契三卷參同契合金丹行狀十六變通眞訣一卷鄭遠之參同契心鑑一卷張處參同契大易圖一卷晁公武老子通述二卷老子道德經三十家注六卷唐道士張君相集解葛玄老子道德經節解二卷道德經內解二卷不知作者老子道德經內節解二卷題尹先生注王顧老子道德經疏四卷李榮老子道德經注二卷李約老子道德經注四卷碧雲子老子道德經藏室纂微二卷不知名老子道德經義二卷老子指例畧一卷不知作者張湛列子注八卷郭象注莊子十卷成玄英莊子疏十卷文如海莊子正義十卷又莊子邈一卷黃帝陰符經一卷舊目云驪山老母注李筌撰集注老子二卷明皇河上公王弼王雱等注呂知常老子講義十二卷李筌陰符經疏一卷陰符玄譚一卷不知作者文子十二卷舊書目云周文子撰鶡冠子三卷不知姓名漢志云楚人居深山以鶡羽爲冠因號云亢倉子三卷一名庚桑子戰國時人老子弟子抱朴子別旨二卷不知作者司馬子微坐亾論一卷天機經一卷道體論一卷無能子一卷不知作者吳筠玄綱一卷劉向關尹子九卷劉驥老子通論語二卷崔宗老子解一卷列子解八卷呂惠卿莊子解十卷司馬光老子道德經注二卷蘇轍老子道德經義二卷趙令穆老子道德經解二卷李士表莊子十論一卷沈該陰符經注一卷朱熹周易參同契一卷朱安國陰符元機一卷程大昌易老通言十卷

右道家類一百二部三百五十九卷

鳩摩羅什譯金剛般若波羅密經一卷沙門曇景譯佛說未曾有因緣經二卷玄奘譯波般若波羅密多心經一卷般刺密帝彌伽釋迦譯首楞嚴經十卷佛說一乘究竟佛心戒經一卷佛說三亭廚法經二卷佛說法句經一卷佛垂涅槃畧說敎戒經一卷四經失譯馬鳴大師摩訶衍論五卷起信論二卷僧肇寶藏論三卷彥宗福田論一卷道信大乘入道坐禪次第要論一卷法林辨正論八卷陳子良注慧海大師入道要門論一卷淨本和尚論語一卷惠能仰山辨宗論一卷勸修破迷論一卷金沙論一卷明道宗一卷僞宗祕論一卷四論不知撰人法藏心經一卷惟慤首楞嚴經疏六卷宗密圓覺經疏六卷圓覺道場修證儀十八卷起信論鈔三卷傅大士寶誌金剛經贊一卷惠能金剛經口訣義一卷金剛大義訣二卷大白和尚金剛經訣一卷法深起信論疏二卷忠師百法明門論疏二卷蕭子良統畧淨住行法門一卷元康中觀論三十六門勢疏一卷華嚴法界觀門一卷宗密注傳大士心王傳語一卷行道難歌一卷竺道生十四科元贊義記一卷灌頂國清道場百錄一卷楞加山主小參錄一卷道宣通感決疑錄一卷大唐國師小錄法要集一卷紹修漳洲羅漢和尚法要三卷持珠白居易八漸眞議一卷張雲元中語寶三卷大闔和尚顯宗集一卷大雲和尚要法一卷惠海元覺一宿覺傳一卷魏靜永嘉一宿覺禪宗集一卷達摩血脈一卷本先竹林集一卷寶覺禪師見道頌一卷寓言居士注道瑾禪師宗理偈一卷石頭和尚參同契一卷宗美注惠忠國師語一卷冉氏東平大師默論一卷義榮天台國師百會語要一卷齊寶神要三卷懷和百丈廣語一卷統休無性和尚說法記一卷惠明棲賢法雋一卷龍濟和尚語要一卷何澤禪師微訣一卷楊士達禪關八問一卷宗美句令禪門法印傳五卷淨惠禪師偈誦一卷義淨求法高僧傳二卷飛錫往生淨土傳五卷法海六祖法寶記一卷壇經一卷卒崇僧伽行狀一卷靈湍攝山棲霞寺記一卷師質前代王修行記一卷盧求金剛經報應記三卷賢首華嚴經纂靈記元偉眞門聖胄集五卷雲居和尚示化實錄一卷覺旻高僧纂要五卷智月僧美三卷裴休拾遺問一卷神澈七科義狀一卷夢微內典編要十卷紫陵語一卷大藏經音四卷眞覺傳一卷渾混子三卷解寶藏論遺聖集一卷菩提心記一卷積元集一卷相傳雜語要一卷德山集一卷仰山鴻山語會昌破胡集一卷妙香丸子法一卷潤文官錄一卷唐人迦葉祖裔記一卷釋門要錄五卷棠陵以下不知撰人十朋請禱集一卷瑞象歷年記一卷惟勁禪師贊誦一卷釋華嚴漩洑偈一卷馬裔孫看經贊一卷法喜集二卷文益法眼禪師集一卷法眼禪師集眞贊一卷高越舍利塔記一卷可洪藏經音義隨函三十卷建隆雍熙禪頌三卷魏德謩無上祕密小錄五卷程讜釋氏蒙求五卷廷壽感通賦一卷李遵天聖廣燈錄三十卷呂夷簡景祐寶錄二十一卷僧肇寶藏論一卷又般若無知論一卷涅槃無名論一卷僧慧皓高僧傳十

四卷僧佑弘明集十四卷僧佑釋迦譜五卷甄鸞笑道論三卷僧慧可達摩血脈論一卷費長房開皇歷代三寶記十四卷又開皇三寶錄總目一卷國淸道場百錄五卷（僧灌頂纂僧智顗修）僧法琳破邪論三卷又辨正論八卷僧彥琮釋法琳別傳三卷僧慧能注金壇經一卷又撰金剛經口訣一卷僧慧昕注壇經二卷僧辯機唐西域志十二卷僧道宣續高僧傳三卷又佛道論衡三卷三寶感應錄三卷釋迦氏譜一卷弘明集三十卷僧政覺金沙論一卷僧會神荷澤顯宗記一卷華嚴法界觀門一卷（僧法順集僧宗密注）僧宗密禪源諸詮二卷又原人論一卷大乘起信論一卷魏靜永嘉一宿覺禪師集一卷僧道世法苑珠林一卷僧慧忠十答問語錄一卷無住和尚說法二卷（僧純林集）僧普願語要一卷龐蘊語錄一卷（唐于頔編）僧神淸北山參元語錄十卷僧慧海頓悟入道要門論一卷僧義淨求法高僧傳三卷僧元應唐一切經音義一十五卷僧澄觀華嚴經疏十卷僧紹修語要一卷裴休傳心法要一卷唐六譯金剛經贊一卷（鄭覃等撰）僧慧祥古淸涼傳二卷釋迦方志一卷（唐終南大一山僧撰）僧應之四注金剛經一卷僧延壽宗鏡錄一百卷僧贊寧僧史略三卷僧道原景德傳燈錄三十卷晁迥法藏碎金十卷道院集要三卷（不知者）僧延昭衆吼集一卷僧重顯瀑布集一卷又語錄八卷僧世冲釋氏詠史詩三卷僧居本廣法門名義一卷僧慧皎僧史二卷僧契嵩輔教編三卷僧省常錢塘西湖淨社錄三卷僧道誠釋氏須知三卷僧道誠釋氏要覽三卷王安石注維摩詰經三卷朱士挺伏虎行狀一卷僧自嚴行狀一卷（陳嘉謨撰）李之純成都大悲寺集二卷又成都大慈寺記二卷僧惟白續燈錄三十卷僧宗顥勸孝文二卷又禪苑淸規十卷蹇序辰諸經譯梵三卷王敏中勸善錄六卷楊諤水陸儀二卷僧智達祖門悟宗集二卷樓穎傳翕小錄要集一卷僧宗永宗門統要十卷僧智圓閑居編五十一卷僧懷深注般若波羅密多心經一卷僧原白注證道歌一卷僧宗杲語錄五卷（黃文昌撰）僧慧達夾科肇論二卷僧應乾楞嚴經標指要義二卷僧靈操釋氏蒙求一卷僧馬鳴釋摩訶衍論十卷僧闍那多迦譯羅漢頌一卷僧菩提達磨存想法一卷又菩提達磨胎息訣一卷頌證道歌一卷（篇首題正覺禪師撰）淨慧禪師語錄一卷蓮社十八賢行狀一卷法顯傳一卷諸經提要二卷五公符一卷寶林傳錄一卷（並不知作者）李通玄華嚴合論一卷張戒注楞伽集注八卷佛陁多羅譯圓覺經二卷般刺密諦譯楞嚴經十卷法寶標目十卷（王古編）僧肇譯維摩經十卷晁迥耄智餘書三卷八方珠玉集四卷（大圓塗毒二僧集諸家禪語）王日休金剛經解四十二卷淨土文十一卷（王日休撰）語錄二卷（松源和尚講解答問）普燈錄三十卷（僧正受集）諸天傳二卷（僧行遷述）奏對錄一卷（佛照禪師淳熙奏對之語）崇正辨三卷（胡演撰右釋氏類二百二十二部凡百四十九卷）

劉向列仙傳三卷王褒桐柏眞人王君外傳一卷周李通玄洲上卿蘇君記一卷葛洪神仙傳十卷馬陰二君內傳一卷上眞衆仙記一卷隱論雜訣一卷金木萬靈訣一卷抱朴子養生論一卷太淸玉碑子一卷（葛洪與鄭隱遺問答）二女眞詩一卷（紫微夫人及東華中候王夫人作）施眞人銘眞論一卷旌陽令許遜靈劍子一卷黃帝內傳一卷（籛鏗得於石室）東方朔十洲三島記一卷淮南王劉安太陽眞粹論一卷黃玄鍾蓬萊山西鼇還丹歌一卷婁敬草衣子還丹訣一卷魏伯陽還丹訣一卷周易門戶參同契一卷大丹九轉歌一卷華佗老子五禽六氣訣一卷陸修靜老子道德經雜說一卷五牙導引元精經一卷黃庭經一卷（其文初爲五言四章後皆七言論人身扶養修治之理）李千乘黃庭中景經注一卷尹喜黃庭外景經注一卷襄楷太平經一百七十卷李堅東極謝眞人傳一卷王禹錫海陵三仙傳一卷施肩吾眞仙傳道集二卷三住銘一卷西都羣仙會眞記一卷長孫滋崔氏守一詩傳一卷吳筠神仙可學論一卷又形神可固論一卷著生論一卷明眞辨僞論一卷心目論一卷玄門論一卷元綱論一卷諸家論優劣事一卷辨方士惑論一卷杜光庭二十四化詩一卷又二十四化圖一卷神仙感遇傳十卷墉城集仙錄十卷應現圖三卷仙傳拾遺四十卷歷代帝王崇道記一卷道教靈驗記二十卷道經降傳世授年載圖一卷謝良弼中嶽吳天師內傳一卷李渤李天師傳一卷眞系傳一卷張隱居演龍虎上經二卷盧潘侯眞人傳一卷沈汾續仙傳三卷尹文操樓觀先師本行內傳一卷玄元聖記經十卷刁琰廣仙錄一卷見素子洞仙傳十卷傳元鎭應緣道傳十一卷晞陽子賓仙傳三卷南嶽夫人淸虛玉君內傳一卷范邈南嶽魏夫人內傳一卷李遵三茅君內傳一卷梁日廣釋仙論一卷赤松子中誡篇一卷金石論一卷門天老曆一卷冷然子學神仙法一卷賈嵩陶先生傳序三卷吳先主孫氏太極左仙公神仙本起內傳一卷華僑眞人周君內傳一卷劉海蟾詩一卷太乙眞君固命歌一卷（晉葛洪譯）張融三破論一卷陶弘景養性延命錄二卷導引養生圖一卷神仙玉芝瑞草圖二卷上淸握中訣三卷登眞隱訣三十五卷眞誥十卷華陽道士韋處玄注老子西昇經二卷魏曇巒法師服氣要訣一卷陳處士同洪讓書老子道經一卷李淳風正一五眞圖一卷孫思邈退居志一卷眞氣銘一卷九幽福壽論一卷龍虎亂日篇一卷李用德晉州羊角山慶曆觀記一卷王元正淸虛子龍虎丹一卷驪山母黃帝陰符大丹經解一卷（房山長集）吳兢保聖長生纂要坐隅障二卷僧一行天眞皇人九仙經一卷尹愔老子五廚經注一卷周泚頴陽書一卷晉商導養方三卷李廣中指眞訣一卷僧遵化養生胎息秘訣一卷高駢性箴金液頌一卷黃仲山玄珠龜鏡三卷裴鉉延壽赤書一卷張果紫靈丹砂表一卷內眞妙用訣一卷休糧服氣法一卷大易誌圖參同經一卷（玄宗與葉靜能一行答問語）王紳太淸宮簡要記一卷康眞人氣練聖法一卷老子元道經一卷（南統孟講仙傳授）李廷章中元訣一卷盧遵元太上肘後玉經方一卷楊知玄淮南王論一卷胡微王景內篇二卷黃庭內景五藏六腑圖一卷（大白山見素女子胡愔撰）王懸河三洞珠囊三十卷王貞範洞天集二卷捷神子唐元指玄篇一卷中央黃老君洞房內經一卷黃老中道君洞房內經一卷黃老神臨藥經一卷太淸眞人絡命訣一卷太上老君血脈論一卷靈寶服食五芝精一卷黃帝內經靈樞略一卷黃帝九鼎神丹經訣十卷黃帝內丹訣一卷太極眞人風鳴爐火經一卷紫微帝君王經寶訣一卷太上老君服氣胎息訣一卷老子中經二卷老子神仙歷藏經一卷王母太上還童採華法一卷紫微帝君紫庭秘訣一卷茅眞君靜中吟一卷王茅君雜記一卷陰眞君還丹歌一卷金液還丹歌一卷元君付道傳心法門一卷徐眞君丹訣一卷張眞君靈芝集一卷彭君訣黃白五元神丹經一卷太乙眞君元丹訣一卷陳大素九天飛步內訣眞經一卷河間眞人劉演金碧潛通秘訣一卷大白山李眞人調元妙經一卷陳少微大洞煉眞寶經一卷申天師服氣要訣一卷張天師石金記一卷玄元先生日月混元經一卷鄭先生不傳氣經一卷建平然先生少來苦樂傳一卷赤城隱士服藥經三卷臥龍隱者少玄胎息歌一卷蜀郡處士胎息訣一卷成都李道士太上洞玄靈寶修眞論一卷務元子混成經一卷務成子注太上黃庭內景經一卷含光子契眞刊謬玉鑰匙一卷鄧雲子淸虛眞人裴君內傳一卷廣成子靈仙秘錄陰丹經一卷紫陽金碧經一卷昇玄養生論靑霞子旨道篇一卷又龍虎金液還丹通玄論一卷寶藏論一卷易元子勸道詩一卷道遙子內指通玄訣三卷攝生秘旨一卷升玄子造化伏汞圖一卷頴陽子神仙修眞秘訣十二卷元陽子金石還丹訣一卷眞一子金鑰匙一卷九眞中經一卷（赤松子傳）暢元子雜錄經訣尊用要事一卷孤剛子粉圖五卷左掌子證道歌一卷中皇子服氣要訣一卷桑榆子新舊氣經一卷玄明子柳沖用巨勝歌一卷葉眞卿玄中經一卷丁少微眞一服元氣法一卷洞元子通元子通玄指眞訣一卷眞常子服食還丹證驗法一卷煙蘿子內眞通玄歌一卷獨孤滔丹方鏡源文三卷天台白雲服氣精義論一卷徐㥄遇學道登眞論一卷曹聖圖鉛汞五行圖一卷張素居金石靈臺記一卷高先大道金丹歌一卷陳君舉朝元子玉芝書三卷呂洞賓九眞玉書一卷陶植蓬壺集三卷修仙要訣一卷（華子期授角里先生於）上相靑童太上八術知慧滅魔神虎隱文一卷碧巖張道者中山玉櫃服神氣經一卷司世抱陽劍術一卷金明七眞人三洞奉道科誡三卷楊歸年修眞延秘集三卷陰長生三皇經一卷馬明生赤龍金虎中鉛鍊七返還丹訣（卷亾）上司翼養生經一卷王弁新舊服氣法一卷傅士安還丹訣一卷徐道邈注老子西昇經二卷劉仁會注西昇經一卷張隨解參同契一卷李審願神論二卷處士劉詞混俗頤生錄一卷閭丘方遠太上經秘旨一卷道士張乾森自然券立成儀一卷張承先度靈寶經表具事一卷玉晨奔日月圖一卷眞秘訣一卷（寶冠授達磨）僧玄玄疑甄正論三卷王長生紫微內庭秘訣三卷傳授五法立成儀一卷寒山子大還心鑑一卷守文居鎡長生纂要一卷莊周氣訣一卷朗然子詩一卷山居道士佩服經符儀一卷（不知名）蘇登天老神光經一卷內外丹訣二卷（集王元正李黃中等撰）崔公入藥鏡三卷混元內外觀十卷張君房雲笈七籤百二十卷樂史總仙秘錄一百三十卷余卞十二眞君傳二卷李信之雲臺異境集一卷賈善翊高道傳十卷猶龍傳三卷張隱龍三茅山記一卷王松年仙苑編珠一卷李昌齡感應篇一卷朱宋卿徐神翁語錄一卷太宗眞宗三朝傳授讚詠儀二卷眞宗汴水發願文一卷徽宗天眞示現記三卷陳摶九室指玄篇一卷王欽若七元圖一卷先天紀三十六卷翊聖保德傳三卷丁謂降聖記三十卷耿肱養生眞訣一卷靑霞子丹臺新錄九卷李思聰道門三界詠三卷張端金液還丹悟眞篇一卷彭曉周易參同契分章通眞義三卷參同契明鑒訣一卷姚稱攝生月令圖一卷錢景衎南嶽勝槩編一卷謝修通玉笥山祖

記實錄一卷張無夢還元篇一卷純陽集一卷上清五牙眞秘訣一卷二仙傳一卷成仙君傳一卷劉眞人傳一卷平都山仙都觀記二卷師譜一卷十眞記一卷仙班朝會圖五卷賴鄉記一卷大還丹照鑑登仙集一卷斷穀要法一卷裴君傳行事訣一卷太上墨子枕中記二卷太上太素玉錄一卷太上倉元上錄一卷學仙辨眞訣一卷洞眞金元八景玉錄一卷五嶽眞形圖一卷祭六丁神法一卷神仙雜歌詩一卷玄門大論一卷九轉丹歌一卷太和樓觀內紀本草記一卷老君出塞記一卷五嶽眞形論一卷黃帝三陽經五明乾嬴坤巴訣一卷正一肘後修用訣一卷正一法文目一卷正一論一卷正一上元九星圖一卷正一修行指要三卷正一法十籙召儀一卷正一奏章儀一卷正一醮江海龍王神儀都功版儀一卷太上符鏡一卷谷神賦一卷黃書過度儀一卷太上八道命籍二卷靈寶聖眞品位一卷靈寶飛雲天篆一卷上清佩文訣五卷上清佩文黑券訣一卷福地記一卷曲素憂樂慧辭一卷皇人三一圖一卷西昇記一卷胎精記解結行事訣一卷高上金眞元籙一卷長睡法一卷大洞玄保眞養生論一卷曲素訣辭一卷太上丹字紫書一卷絕玄金章一卷紫鳳赤書一卷靈寶步虛詞一卷金紐太清陰陽戒文一卷太上紫書錄傳一卷度太一玉傳儀一卷奔日月二景隱文一卷司命楊君傳記一卷回耀太眞隱書一卷思道誡一卷潘尊師傳一卷三尸經一卷金簡集三卷無名道者歌一卷大丹會明論一卷太清眞人九丹神秘經一卷金鏡九眞玉書一卷八公紫府河車歌一卷大還秘經一卷神仙肘後三宮訣二卷太極紫微元君補命秘錄一卷老君八純玄鼎經一卷海蟾子還金篇一卷太清篇火式一卷太一眞人五行重玄論一卷龍虎大還丹秘訣一卷煉五神丹法一卷太清丹經一卷神仙庚辛經一卷紫白金丹訣一卷仙公藥要訣一卷三十六水法一卷金虎赤龍經一卷玉清內書一卷太上老子服氣口訣一卷燒煉雜訣法一卷太清金液神丹經三卷休糧諸方一卷胎息根旨要訣一卷修眞內煉秘訣一卷上清修行訣一卷大道感應論一卷太上習仙經契錄一卷回耀飛光日月精氣上經一卷攝生增益錄一卷神氣養形論一卷服餌仙方一卷鉛汞指眞訣一卷服氣日月皇華訣一卷神仙藥名隱訣一卷鍊花露仙醞訣一卷繕生集一卷道術旨歸一卷按摩要法一卷醮人神法一卷上清大洞眞經玉訣一卷草金丹法一卷十二月五藏導引一卷大易二十四篇一卷服氣鍊神秘訣一卷老君金書內序一卷尹眞人本行記一卷陶陸問荅一卷諸家修行纂要一卷谷神秘訣三卷太清導引調氣經一卷大玄部道典論二十七卷富貴日用篇一卷入室思赤子經一卷餌芝草黃精經一卷治身服氣訣一卷玉皇聖台神用訣一卷燒金石藥法一卷神仙服食經一卷三天君烈紀一卷養生要錄三卷神仙九化經一卷調元氣法一卷太上保眞養生論一卷神仙秘訣三論三卷元君肘後術三卷山水穴寶圖一卷養生諸神仙方一卷五經題迷一卷

右神仙類三百九十四部，一千二百十六卷。

右道家附釋氏神仙類凡七百十七部，二千五百二十四卷。

管子二十四卷齊管夷吾撰商子五卷衞公孫鞅撰愼子一卷愼到撰韓子二十卷韓非撰尹知章注管子十九卷杜佑管氏指略二卷丁度管子要略五篇卷亡董仲舒春秋決事作獄十卷丁氏平黃氏正李文博治道集十卷張去華大政要錄三卷

右法家類十部九十九卷

公孫龍子一卷趙人尹文子一卷齊人鄧析子二卷鄭人卽郡人物志二卷杜周士廣人物志二卷

右名家類五部八卷

墨子十五卷宋墨翟撰

右墨家類一部十五卷

鬼谷子三卷高誘注戰國策三十三卷鮑彪注國策十卷

右縱橫家類三部四十六卷

夏小正戴氏傳四卷傅崧卿注蔡邕月令章句一卷杜臺卿玉燭寶典十二卷唐玄宗刪定禮記月令一卷李林甫注解月令一卷韓鄂歲華紀麗四卷章行規月錄一卷李綽秦中歲時記一卷一名咸鎬記李邕金谷園記一卷徐鍇歲時廣記一百二十卷內八卷闕賈昌朝國朝時令集解十二卷宋綬歲時雜詠二十卷劉安靖時鏡新書五卷孫邑備閱注時令一卷歲中記一卷十二月纂要一卷保生月錄二卷四時錄四卷並不知作者張方夏時志別錄一卷又夏時考異一卷許狀元節序故事十二卷許尙編眞宗授時要錄十二卷孫思邈齊人月令三卷宗懍荆楚歲時記一卷李綽輦下歲時記一卷劉靖時鑑雜一作新書四卷岑賁月壁一卷孫翰月鑑二卷嵇含南方草木狀三卷賈思勰齊民要術十卷則天皇后兆人本業三卷陸羽茶經三卷又茶記一卷溫庭筠採茶錄一卷茶苑雜錄一卷不知作者張又新煎茶水記一卷韓鄂四時纂要十卷賈躭醫牛經卷亡淮南王養蠶經一卷孫光憲蠶書三卷秦處度蠶書一卷毛文錫茶譜一卷史正志菊譜一卷任璹彭門花譜一卷周序洛陽花木記一卷陶朱公養魚經一卷熊寅亮農子一卷賈朴牛書一卷王旻山居要術三卷又山居雜要三卷山居種蒔要術一卷戴凱之竹譜三卷無求子酒經一卷不知姓名大隱翁酒經一卷是齋售用一卷李淳風四民福祿論二卷牛皇經一卷辨五音牛欄法一卷農家切要一卷荔枝故事一卷並不知作者封演錢譜一卷張台錢錄一卷于公甫古今泉貨圖一卷侯氏萱堂香譜一卷范如圭田夫書一卷賈元道大農孝經一卷陳靖勸農奏議三十篇林勳本政書十卷又本政書比校二卷治地旁通一卷王章水利編三卷僧贊寧荀譜一卷僧仲林花品記一卷丁謂北苑茶錄三卷又天香傳一卷歐陽修牡丹譜一卷蔡襄茶錄一卷沈立香譜一卷又錦譜一卷茶法易覽十卷丁度土牛經一卷孔武仲芍藥譜一卷張峋花譜一卷沈括志懷錄三卷竇苹酒譜一卷馮安世林泉備五卷呂惠卿建安茶用記二卷劉攽芍藥譜一卷王觀芍藥譜一卷洪芻香譜五卷章炳文壑源茶錄一卷吳輔竹譜二卷葛澧酒譜一卷高伸食禁經三卷劉异北苑拾遺一卷宋子安東溪茶錄一卷陳翥桐譜一卷張宗誨花木錄七卷周絳補山經一卷葉庭珪南蕃香錄一卷樓璹耕織圖一卷曾安止禾譜五卷曾之謹農器譜三卷陳旉農書三卷熊蕃宣和北苑貢茶錄一卷韓彥直永嘉橘錄三卷王居安經界弓量法一卷

右農家類一百七部四百二十三卷篇

當熊子一卷呂不韋呂氏春秋二十六卷高誘注陸賈新語二卷賈誼新書十卷淮南子鴻烈解二十一卷淮南王安撰許愼注淮南子二十一卷高誘注淮南子十三卷劉向新序十卷又說苑二十卷仲長統昌言二卷王充論衡三十卷邊諠續論衡二十卷應劭風俗通義十卷徐幹中論十卷蔣子萬機論十卷魏蔣濟撰諸葛亮武侯十六條一卷沈顏聱書十卷傳子五卷晉傅玄撰陸機正訓十卷崔豹古今注三卷周蒙續古今注三卷張華博物志十卷葛洪抱朴子內篇二十卷又抱朴子外篇五十卷劉子三卷題劉書撰奚克讓劉子音釋三卷又音義三卷湘東王繹金樓子十卷庾仲容子鈔三十卷顧野王符瑞圖二卷孫綽子十卷范泰古今善言三十卷沈約袖中記三卷尹子五機論三卷商孝逸商子新書三卷鄭瑋道言錄三卷杜正論百行章一卷李文博治道集十卷虞世南帝王畧論五卷劉嚴芻堯論三卷李賢修書要覽十卷羅隱兩同書二卷李直方正性論一卷韓熙載格言五卷又格言後述三卷黃希聲隅書十卷李淳風感應經三卷魏徵時物策一卷又祥瑞錄十卷朱敬則十代興亡論十卷張說才命論一卷楊相如君臣政要論三卷趙自勔造化權輿六卷元子十卷元結撰杜祐理道要訣十卷皇甫選注何亮本書三卷劭元體論十卷馬總意林三卷又意樞二十卷林愼思伸蒙子三卷丘光庭規書一卷又兼明書十二卷牛希濟理源二卷又治書十卷朱朴致理書十卷盧藏用子書要略三卷臧嘉猷史玄機論十卷歐陽溭周紀聖賢故實十卷徐融帝王指要三卷張輔宰輔明鑒十卷趙湘補政忠言十卷卷亡徐氏忠烈圖一卷孝義圖一卷趙彥衞雲麓漫鈔二十卷又雲麓續鈔二卷南唐後主李煜雜說二卷劉子法語二十卷劉鶚撰又通論五卷宋齊丘化書六卷又理訓十卷葛澧經史摭微四卷劉賡稽瑞一卷趙蕤長短要術九卷吳筠兩同書二卷馬縞中華古今注三卷蘇鶚演義十卷樂朋龜五書一卷徵微子服飾變古一卷狐剛子感應類從譜一卷通幽子靈臺隱秘寶符一卷扶風隱者李恂前言往行錄三卷尹子五卷鄭至道諭俗編一卷彭仲剛諭俗續編一卷黃巖處犧範圍圖傳二卷張時舉弟子職女誡鄉約家儀鄉儀一卷李宗思尊幼儀訓一卷呂本中官箴一卷何薳春渚記聞十三卷王普荅問難疑一卷徐度卻掃編十三卷吳曾漫錄十三卷魏泰書可記一卷又續東軒雜錄一卷馮忠恕涪陵記一卷洪興祖聖賢眼目一卷又語林五卷姚寬叢語上下二卷唐稷硯岡筆志一卷吳箕常譚一卷袁采世範三卷又欷歔子一卷葉適習學記言四十五卷項安世項氏家記十卷徐彭年涉世錄二十五卷又涉世後錄二十五卷坐忘論一卷呂祖謙紫微語錄一卷葉模石杯過庭錄三十七卷李石樂善錄十卷劉鵬縣務剛目二十卷周朴三教辨道論一卷僧贊寧物類相感志十卷又要言二卷柳宗藪記十卷王鍔動書一卷宋祁筆錄一卷龍昌期天保正名論八卷胥餘慶瑞應雜錄十卷刁衎治道中術三卷朱景先默書三卷鄧綰馭臣鑒古論二十卷王韶敷陽子七卷天隱子一卷不知姓名吳宏羣公典刑二十卷高承事物紀原十卷陳瓘中說一卷孔平仲良史事證一卷李新塾訓十三卷又欲書五卷李格非史傳辨志五卷晁說之客語一卷方行

可治本書一卷王楊英鞴扆誡一卷何伯熊機密利害一卷李皜審理書一卷張大檝翠微洞隱百八十卷李易要論一卷何亮本書三卷劉長源治本論一卷鄭樵十說二卷潘祖志筌書二卷洪氏雜家五卷（不知名）瑞錄十卷冗錄一卷治獄須知一卷之官申戒一卷瑞應圖十卷玉泉子一卷中興書一卷汲世論一卷（並不知作者）東莞子十卷李子正辨十卷劉潛羣書集三卷成嵩韻史一卷陳鄂十經韻對二十卷又四庫韻對九十九卷魏玄成祥應（一作瑞）圖十卷劉振通籍錄異二十卷趙志忠大遼事跡十卷

右雜家類一百六十八部一千五百二十三卷篇

宋史卷二百五考證

藝文志四張諡孟子音義三卷○諡通志作鎰

胡微王景內篇二卷○通志黃庭玉景內篇王應作玉

劉子三卷注劉書撰○通志劉子三卷梁劉勰撰此書字誤

韓熙載格言五卷○此條複出

宋史卷二百六

元　中書右丞相總裁脫脫等修

藝文志第一百五十九

藝文五

燕丹子三卷東方朔神異經二卷（晉張華傳）師曠禽經一卷（張華注）王子年拾遺記十卷（晉王嘉撰）干寶搜神總記十卷寶櫝記十卷（並不知作者）殷芸小說十卷劉義慶世說新語三卷任昉述異記二卷吳均續齊諧記一卷沈約俗說一卷陶弘景古今刀劍錄一卷江淹銅劍贊一卷顧協錢譜一卷顏之推還冤志三卷陽松玠八代談藪二卷張說五代新說二卷又鑑龍圖記一卷陸藏用神告錄一卷劉餗傳記三卷又隋唐佳話一卷小說三卷段成式酉陽雜俎二十卷又續酉陽雜俎十卷盧陵官下記二卷封演聞見記五卷張讀宣室志十卷唐臨冥報記二卷陸長源辨疑志三卷柳宗源龍城錄一卷柳氏小說舊聞六卷（柳公權撰）柳珵常侍言旨一卷盧弘正昭義軍別錄一卷溫造瞿童述一卷韋絢戎幕閒談一卷又劉公嘉話一卷賓客佳話一卷房千里南方異物志一卷鍾輅前定錄一卷劉軻牛羊日曆一卷李翱卓異記一卷李德裕志支機寶一卷又幽怪錄十四卷李商隱雜纂一卷范攄雲溪友議十一卷陸勳集異志二卷李復言續玄怪錄五卷李亢獨異志十卷袁郊甘澤謠一卷裴紫芝續卓異記一卷鄭遂洽聞記一卷康駢劇談錄二卷馬贊雲仙散錄一卷尉遲樞南楚新聞三卷皇甫枚三水小牘二卷王叡炙轂子雜錄五卷胡璩談賓錄五卷劉崇遠金華子雜編三卷趙璘因話錄六卷郭良輔武孝經一卷女孝經一卷（侯莫陳邈妻鄭氏撰）皇甫松酒孝經一卷羅邵會稽新錄一卷李隱大唐奇事十卷又瀟湘錄十卷陳輸異聞集十卷焦潞稽神異苑十卷李匡文資暇錄三卷顏師古隋遺錄一卷鄭棨開天傳信記一卷論子螢雪叢說一卷李義山雜藁一卷劉存事始三卷劉睿續事始三卷馮鑒續事始五卷李濬松窗小錄一卷劉愿知命錄一卷張固幽閒鼓吹一卷會昌解頤錄五卷樹萱錄三卷桂苑叢談一卷聞奇錄三卷滇洪錄二卷靈怪集一卷燈下閒談二卷續野人閒話二卷吳越會粹一卷（並不知作者）闕史一卷（參寥子述）佛孝經一卷（舊題不知姓名）陳善捫虱新話八卷吳曾能改齋漫錄十三卷盧氏逸史一卷劉氏耳目記二卷調露子角力記一卷沈氏鶩聽錄一卷（並不知名）漢武帝洞冥記四卷（東漢郭憲編）史虛白釣磯立談記一卷陳致雍晉安海物異名記三卷綦師系元道孝經一卷文谷備忘小鈔二卷杜光庭虬鬚客傳一卷僧庭藻續北齊還冤志一卷高擇羣居解頤三卷王仁裕王堂閒話三卷石文德唐新纂三卷劉曦度鑑誡錄三卷潘遺紀聞談一卷皮光業妖怪錄五卷逢行珪鬻子注一卷李諷譔林五卷鄭餘慶談綺一卷續同歸說三卷王定保摭言十五卷李綽（一作緯）尚書故實（一作事）一卷柳祥瀟湘錄十卷陸希聲頤山錄一卷柳理家學要錄二卷路子解（一作錄）一卷何光遠鑑誡錄三卷又廣政雜錄三卷蒲仁裕蜀廣政雜記（一作紀）十五卷楊士達儆戒錄五卷王仁裕見聞錄三卷又唐末見聞錄八卷韋絢佐談十卷周文玘開顏集二卷皮光業皮氏見聞錄十三卷啟顏錄六卷三餘外志三卷楊九齡三感志三卷段成式錦里新聞三卷牛肅紀聞十卷（崔造注）周隨南溪子三卷盧光啟初舉子三卷玉泉筆論五卷李遇之淺疑論三卷金利用玉溪編事三卷玉川子嘯旨一卷章程四卷孫棨北里志一卷同歸小說三卷胡節還醉鄉小略一卷楊魯龜令圃芝蘭集一卷唐說纂四卷司馬光遊山行記十二卷趙瞻西山別錄一卷唐恪古今廣說一百二十卷張舜民南遷錄一卷高彥休闕史三卷林思（一作黃仁望）史遺一卷黃仁望續遺五卷興國拾遺二十卷姚崇六誡一卷李大夫誡女書一卷海鵬忠經一卷正順孝經一卷曹希達孝感義聞錄三卷東方朔感應經三卷王轂（亦作穀）報應錄三卷夏大珏（一作侯）奇應錄五卷狐剛子靈圖感應歌一卷周子良冥通記四卷牛僧孺玄怪錄十卷李復言搜古異錄十卷焦璐搜神錄三卷麻安石祥異集驗三卷陳邵（一作召）通幽記三卷吳淑異僧記一卷杜光庭錄異記十卷李攻（一作政）纂異記一卷元眞子神異書三卷裴鉶傳奇三卷傳載一卷曹大雅靈異圖一卷裴約言靈異志五卷曹寓鬼神傳二卷曹衍湖湘神仙顯異三卷靈怪實錄三卷秦再思洛中紀異十卷秉（一作乘）異三卷貫怪圖二卷鍾輅感定錄一卷馮鑑廣前定錄七卷趙自勤定命錄二卷溫奢續定命錄一卷陳翰（一作翶）卓異記一卷樂史續廣卓異記三卷小名錄三卷陸龜蒙古今小名錄五卷名賢姓字相同錄一卷三教論一卷周明辨五經評判六卷虞荔古今鼎錄一卷歙器圖一卷史道碩畫八駿圖一卷異魚圖五卷沈如筠異物志二卷通微子十物志一卷釋贊寧物類相感志五卷丘光庭海潮論一卷海潮記一卷張宗誨花木錄七卷僧仲林花品一卷蔡襄荔枝譜一卷同塵先生庭萱譜一卷竇常正元飲畧三卷皇甫松醉鄉日月三卷尹建峯令海珠璣三卷何自然笑林三卷路氏笑林三卷南陽德長戲語集說一卷集補江總白猿傳一卷蘇鶚杜陽雜編二卷薛用弱集異記一卷國老閒談二卷（題君玉撰不知姓）大隱居士詩話一卷（不知姓名）釋常談三卷王洙談錄一卷（並不知作者）曾季貍艇齋詩話一卷譚世卿廣說二卷嘯旨集異記博異志一卷（谷神子纂不知姓）費袞梁谿漫志一卷何谿汶竹莊書話二十七卷晁氏談助一卷（不知名）幽明雜警三卷（題天興仲之所退纂不著姓）張氏儆誡會最一卷唯室先生步里客談一卷沈括筆談二十五卷又清夜錄一卷王銍續清夜錄一卷郭象睽車志一卷洪邁隨筆五集七十四卷又夷堅志六十卷（甲乙丙志）夷堅志八十卷（丁戊己庚志）胡仔漁隱叢話前後集四十卷姚迴隨因紀述一卷王煥北山紀事十二卷何晦摭言十五卷又廣摭言十五卷僧贊寧傳載八卷徐鉉稽神錄十卷蘇轍龍川志六卷蘇軾東坡詩話一卷楊囦道四六餘話二卷謝伋四六談塵二卷葉凱南宮詩話一卷葉夢得石林避暑錄二卷馬永卿懶眞子五卷趙槩見聞錄二卷王司敘事一卷劉斧翰府名談二十五卷又摭遺二十卷青瑣高議十八卷僧文瑩湘山野錄三卷又玉壺清話十卷李端彥賢已集三十二卷王陶談淵一卷錢明逸衣冠盛事一卷句穎坐右書一卷曾鞏雜職一卷張師正怪集五卷又倦遊雜錄十二卷括異志十卷畢仲詢幕府燕閒錄十卷劉攽岑象三異記一卷求吉凶影響錄八卷麗元英南齋雜錄一卷孔平仲釋稗一卷又續世說十二卷孔氏雜說一卷魏泰訂誤集二卷又東軒筆錄十五卷陳正敏劒溪野話三卷又遯齋閒覽十四卷李薦師友談記十卷王山筆奩錄七卷董逌錢譜十卷王闢之澠水燕談十卷宋肇筆錄三卷（次其祖庠遺語）李孝友歷代錢錄十卷劉延世談圖三卷成材朝野雜編一卷張舜民畫墁錄一卷陳師道談叢究理一卷後山詩話一卷李獻民雲齋新說十卷和平談選士一卷章炳文搜神祕覽三卷王得臣麈史三卷令狐皥如歷代神異感應錄二卷王讜唐語林十一卷黃朝英青箱雜記十卷李注李冰治水記一卷王鞏甲申雜記一卷又聞見近錄一卷朱無惑萍州可談三卷僧惠洪冷齋夜話十三卷汪藻世說敘錄三卷洪皓松漠紀聞二卷方勻泊宅編十卷婁伯高好還集十卷何侑歎息一卷周煇清波別志二卷孫宗鑑東皐雜記十卷洪炎侍兒小名錄一卷陸游山陰詩話一卷秦再思洛中記異十卷姚寬西溪叢話二卷耿煥牧豎閒談三卷又野人閒話五卷陳纂葆光錄三卷孫光憲北夢瑣言十二卷潘若沖郡閣雅言二卷王舉雅言系述十卷吳淑祕閣閒觀五卷又江淮異人錄三卷李昉太平廣記五百卷陶岳貨泉錄一卷張齊賢太平雜編二卷賈黃中談錄一卷（張洎撰）錢易洞微志三卷又滑稽集一卷南部新書十卷陳彭年志異十卷祖士衡西齋話記一卷樂史廣卓異記二十卷張君房潮說三卷又乘異記三卷科名分定錄七卷搢紳脞說二十卷王績補妬記八卷李畋該聞錄十卷蘇耆閒談錄二卷黃林復茅亭客話十卷歐靖宴閒談柄一卷上官融友會談叢三卷王子融百一紀一卷梁嗣眞荊山雜編四卷邵思野說三卷勾台符岷山異事三卷聶田俱異志十卷盧臧范陽家志一卷丘濬洛陽貴尚錄十卷宋庠楊億談苑十五卷楊巖起詩海遺珠一卷趙辟公雜說一卷江休復嘉祐雜志三卷窮神記十卷延賓佳話四卷林下笑談一卷世說新語一卷翰苑名談三十卷說異集二卷墨客揮犀二十卷北窗記異一卷道山新聞一卷紺珠集十三卷儆告一卷垂虹詩話一卷（並不知作者）

右小說類三百五十九部一千八百六十六卷

甘石巫咸氏星經一卷石氏星簿讚曆一卷張衡大象

賦一卷苗爲注張華小象賦一卷乾象錄一卷抱眞子上象握鑑歌三卷呂晚成上象鑑三卷大象玄文二卷垂象志二卷閻丘業大象玄機歌一卷（本三卷殘闕）天象圖一卷大象曆一卷八象度一卷乾象秘訣一卷祖暅天文錄三十卷天文總論十二卷天文廣要三十五卷立成天文三卷符天經一卷曹士蔿符天經疏一卷符天通眞立成法二卷天文秘訣二卷天文經三卷天文錄經要訣一卷（祖暅書鈔）後魏天文志四卷王安禮天文書十六卷二儀賦一卷李淳風乾坤秘奧七卷太陽太陰賦二卷日月氣象圖五卷上象二十八宿纂要訣一卷太白會運逆兆通代記圖一卷日行黃道圖一卷月行九道圖一卷雲氣圖一卷渾天方志圖一卷九州格子圖一卷張商英三才定位圖一卷大象列星圖三卷大象星經一卷乾文星經二卷劉表星經一卷又星經三卷上象占要略一卷天文占三卷天象占一卷乾象秘占一卷占北斗一卷張華三家星歌一卷又玉函寶鑑星辰圖一卷渾天列宿應見經十二卷衆星配位天隔圖一卷文殊星曆二卷上象星文幽棲賦一卷唐昧枰星經三卷星說繫記（一作紀）一卷混天星圖一卷陶隱居天文星經五卷徐承嗣星書要略六卷星經手集二卷天文星經五卷皇祐星經一卷五星交會圖一卷徐昇長慶算五星所在宿度圖一卷七曜雌雄圖一卷文殊七曜經一卷七曜會聚（一作曆）一卷符天九星算法一卷李世勣二十八宿纂要訣一卷又日月運行要訣一卷僧一行二十八宿秘經要訣一卷宋均妖瑞星圖一卷妖瑞星雜氣象一卷桑道茂大方廣（一作大廣方）經神圖曆一卷仰覆玄黃圖十二分野躔次一卷仰觀十二次圖一卷宿曜度分城名錄一卷華夏諸國城名曆一卷渾儀一卷渾儀法要十一卷渾天中影表圖一卷歐陽發渾儀十二卷又刻漏五卷晷影法要一卷豐稷渾儀浮漏景表銘詞四卷蘇頌渾天儀象銘一卷韓顯符天文明鑑占十卷瞿曇悉達開元占經四卷二十八宿分野五星巡應占一卷推占龍母探珠詩一卷占今通占三十卷握掌占十卷荊州占三卷蓍占新書要略五卷占風九天玄女經一卷雲氣測賦候一卷占候雲雨賦一卷驗天大明曆一卷符天五德定分曆三卷王洪暉日月五星彗孛凌犯應驗圖三十卷上象應驗錄一十卷郭穎夫（一作士）符天大術休咎訣一卷五星休咎賦一卷張渭符天災福新術五卷天文日月星辰變現災祥圖一卷仁宗寶元天人祥異書十卷徐彥卿徵應集三卷玄象應驗錄二十卷祥瑞圖一卷都利聿斯經一卷聿斯四門經一卷聿斯歌一卷樞要經一卷青霄玉鑑二卷碧霄金鑑三卷碧落經十卷蔣權卿應輪心鑑五卷崔寓神象氣運圖十卷紫庭秘訣一卷玄緯經二卷辨負（一作眞）經二卷大霄論璧第五一卷氣象圖一卷乙巳略例十五卷唐書距子經一卷陶洪景象曆一卷括星詩一卷玄象隔子圖一卷鏡圖三卷天文圖一卷三元經傳一卷大衍明疑論十五卷交食論一卷（並不知作者）王希明丹元子步天歌一卷楊惟德乾象新書三十卷新儀象法要一卷張宋臣列宿圖一卷張宏圖天文志爲辨一卷阮泰發水運渾天機要一卷鄒淮考異天文書一卷

右天文類一百三十九部五百三十一卷

郭璞三命通照神白經三卷陶弘景五行運氣一卷青一錄班氏經一卷（不知名）李淳風五行元統一卷王希明太一金鏡式經十卷僧一行遁甲通明無惑十八鈐局一卷元兢祿命厄會經一卷楊龍光祿命厄運歌一卷李吉甫三命行年韜鈐秘密二卷李虛中命書格局二卷珞琭子賦一卷（不知姓名，宋李企注）許季山易訣一卷周易八帖四卷周易髓要雜訣一卷周易天門子訣二卷周易三略經三卷易林三卷諸家易林一卷易新林一卷易傍通手鑑八卷易玄圖一卷周易菥蓂訣一卷易頌卦一卷大清易經訣一卷周易通貞三卷周易子夏占一卷周易口訣開題一卷周易飛燕轉關林一卷周易括世應頌一卷周易鬼靈經一卷周易三空訣一卷周易三十六占六卷周易爻詠八卷周易鬼鎮林一卷周易金鑑歌一卷周易聯珠論一卷周卦轆轤關一卷易轆轤圖頌一卷易大象歌一卷周易卜卦一卷又玄理歌一卷地理觀風水歌一卷陰陽相山要略二卷郭璞周易玄義經一卷周易察微經一卷周易鬼御算一卷周易逆刺一卷易鑑三卷黃子（一作景）玄易頌一卷王守一周易探玄九卷（本十卷）易訣雜頌一卷易杜秘林（一作林秘）一卷易大象林一卷李鼎祚易髓三卷目一卷瓶子記三卷成玄英易流演五卷虞翻注京房周易律曆一卷陶隱居易髓三卷王鄯周易通神歌一卷張胥周易繚繞詞一卷靈隱子周易河圖術一卷焦氏周易玉鑑頌一卷周易三備雜機要一卷周易經類一卷法易（一作易法）一卷周易竅書一卷周易靈眞述一卷周易靈眞訣一卷易卦林一卷周易飛伏例一卷周易火竅一卷周易備要一卷周易六神頌一卷天門子易髓一卷管公明隔山照一卷文王版詞一卷王嚴金箱要錄一卷朱异稽疑二卷罔象玄珠五卷六證括天地經一卷黃帝天輔經一卷孫臏卜法一卷劉表荊州占二卷海中占十卷武密古今通占鑑三十卷李淳風乙巳占十卷又雜占一卷帝王氣象占一卷氣象占一卷西天占書一卷白澤圖一卷周遁三元纂例一卷陰陽遁八（一作入）局立成法一卷陰陽二遁萬一訣四卷遁甲要用歌式二卷陽遁天元局法一卷陰陽遁甲經三卷陰陽遁甲立成一卷天一遁甲兵機要訣二卷三元遁甲經一卷遁甲符應經三卷太一玄鑑十卷太一新鑑三卷樞會賦一卷九宮口訣三卷玉帳經一卷乾坤秘（一作要）七卷蓬瀛經三卷濟家備急廣要錄一卷三元經一卷二宅賦一卷行年起造九星圖一卷宅心鑑式一卷相宅經一卷宅體（一作髓）經一卷九星修造吉凶歌一卷陰陽二宅歌一卷二宅相占一卷太白會運織記一卷九天秘記（一作訣）一卷詳思記一卷玄女金石玄悟術三卷西王母玉訣一卷通玄玉鑑頌（一作領）二卷封演元正（一作正元）占書一卷周輔占經要訣二卷蓍占要略五卷天機立馬占一卷統占二卷六甲五行雜占機要二卷乙巳指占圖經三卷八倫寶鑑卜法一卷杜靈賁卜法一卷占候應驗二卷晷菥算經法三卷易晷限算一卷晷限立成一卷費直焦貢晷限曆一卷韋偉人元晷限經三卷銘五卷軌革秘寶一卷軌革指迷照膽訣一卷軌革照膽訣一卷史蘇五兆龜經一卷又龜眼玉鈐論三卷五兆金車口訣一卷五兆秘訣三卷五行日見五兆法三卷五兆穴門術三卷靈棊經一卷龜繚繞訣一卷聶承休龜經雜例要訣一卷玄女玉函龜經三卷古龜經二卷神龜卜經二卷劉玄龜髓經論一卷毛寶定龜竅一卷龜甲曆一卷龜兆口訣五卷龜經要略二卷龜髓訣二卷奉秋龜策經一卷黃石公備氣三元經二卷玄女五兆筮經五卷李進注靈棊經一卷金石經三卷靈骨經一卷螺卜法一卷大道通靈肉瞤論一卷皷角證應傳一卷鄭子占鳥經二卷占鳥法圖一卷袁天綱（一作孫思邈）九天玄女墜金法一卷怪書一卷響應經一卷玄女三廉射覆經一卷通明玉帳法一卷遁甲步小遊太一諸將立成圖二卷相書七卷相氣色詩一卷要訣三卷玄明經一卷閻丘純射覆經一卷東方朔射覆經三卷又占神光耳目法一卷相枕經一卷馬經三卷相馬經三卷盧重玄夢書四卷柳璨夢雋一卷周公解夢書三卷王升縮（或無縮字）占夢書十卷陳襄校定夢書四卷又校定相笏經一卷校定京房婚書三卷李靖候氣秘法三卷又六十甲子占風雨一卷五音法一卷陰陽律體（一作髓）一卷靈關訣益智二卷袖中金五卷玄女常手經二卷神訣一卷遊都璧玉經一卷麻安石災祥圖一卷風角鳥情三卷日月風雲氣候一卷日月暈貫氣一卷日月暈蝕一卷氣色經一卷諸葛亮十二時風雲氣候一卷五行雲霧歌一卷占風雨雷電一卷年代風雲（一作雨）占一卷竇維鋈廣古今五行記三十卷周麟竹倫經三卷馮思古遁甲六經（亡卷）丘延翰金鏡圖一卷通眞子玉霄寶鑑經一卷三命指掌訣一卷文靖通玄五命新括三卷董子平太陰三命秘訣一卷楊繪元運元氣本論一卷何朝命術一卷李蒸三命九中歌一卷徐鑒三命機要說一卷林開五命秘訣五卷僧善嵩訣金書一十四字要訣一卷凝神子一卷（不知姓名）凝神子八殺經一卷凝神子解悟經一卷西域野人三五志二卷八九變通一卷白雲愚叟五行圖一卷知玄子秦滉太一占玄歌一卷劉烜元中祛惑經一卷占雨晴法一卷金鑑占風訣一卷三元飛化九宮法一卷行年五鬼運轉九宮法一卷山岡機要賦一卷山岡氣象雜占賦一卷五音地理詩三卷五音地理經訣十卷陰陽葬經三卷掘機口訣一卷掘鑑經（一作掘鑑經）五卷洞幽識秘要圖三卷靈寶六丁通神訣三卷通天靈應寶勝法二卷黃石記五卷劉啟明雲氣測候賦一卷定風占詩三卷風角五音占一卷日月暈圖經二卷占候雲雨賦一卷風雲關鑰秘訣一卷雲氣形象玄占三卷天地照耀占一卷李經表虹蜺災祥一卷宿曜錄鬼鑑一卷日月城砦氣象災祥圖一卷中樞秘頌太一明鑑五卷太一五元新曆一卷太一七術一卷太一陰陽定計主客決勝法一卷太一循環曆一卷太一會運逆順通代記陣圖一卷六壬軍帳賦一卷六壬詩一卷六壬六十四卦名一卷六壬戰勝歌一卷六壬出軍立就曆三卷六壬玉帳經一卷王承昭（一作紹）占風雲歌一卷占風雲氣候日月星辰圖七卷望江南風角集二卷張艮陰陽二遁一卷胡萬頃太一遁甲萬勝時定主客立成訣一卷一行遁甲十八局一卷司馬驤遁甲符寶萬歲經圖曆一卷馮繼明遁甲元樞二卷玄女遁甲秘訣一卷天一遁甲圖一卷天一遁甲鈐曆一卷天一遁甲陰局鈐圖一卷遁甲搜元經一卷遁甲陽局鈐一卷遁甲陰局鈐一卷杜惟翰（一作幹）太一集八卷太一年表一卷十三神太一一卷御序景祐三式太一福應集要十卷王處訥太一青龍甲寅經一卷康洙序時遊太一立成一卷廣夷太一祕歌一卷太一細行草一卷太一雜集筆草一卷太一時計鈐一卷太一陽九百六經一卷太一神樞長曆一卷太一陽局鈐一卷太一陰局鈐一卷九宮太一一卷樂產王佐祕珠五卷神樞靈轄經十卷馬先天寶靈應式經一作紀一作記五卷日遊太一五子元出軍勝負七十二局一卷黃帝龍首經一卷九宮經三卷九宮圖一卷九宮占事經一卷桑道茂九宮一卷又三命吉凶二卷撮要日鑑一卷六十四卦歌一卷郗艮玉三元九宮一卷九宮應瑞太一圖一卷楊龍光九宮要訣一卷又九宮詩一卷九宮推事式經一卷祿命歌一卷祿命經一卷風后三命三卷朱琬六壬寸珠集一卷六壬錄六卷五眞降符六壬神武經一卷六壬關例集三卷六壬維干照幽曆六卷張氏六壬用三十六禽祕訣三卷大六壬式局雜占一卷六壬玄機歌三卷六壬七曜氣神星禽經一作紀一卷馬雄絳囊經一卷金匱經三卷髓經心經鑑三卷徐琬啟蒙纂要一卷李筌玉帳歌十卷祕寶翠羽歌三卷明鑑連珠歌一卷清華經三卷推人鈞元法一卷出吾裕式心經畧三卷式合書成一卷用式法一卷式經纂要三卷玄女式鑑一卷三式訣三卷天關五符式一卷三式參合立就歷三卷金照式經十卷雷公式局一卷靈應式五卷小遊宿歷一卷三元六紀歷一卷玉鈐歷一卷明鑑起例歷三卷枝元長歷一卷日輪曆一卷五音百忌歷二卷葬疏三卷孫洪禮萬歲循環歷一卷僧德濟勝金歷一卷畢天水歷一卷畢天六甲歷六卷選日樞要曆四卷姸神歷一卷擇十二月鉗歷二卷七門行曆一卷大要曆三卷三皇祕要曆一卷選課歲曆一卷大明歷二卷杜崇龜明時總要歷一卷陳恭釗天寶歷注例二卷唐七聖歷一卷横推歷一卷兵鈐月鏡纂要立成曆一卷李淳風十二宮入式歌一卷僧居白五行指掌訣二卷逍遥子鮮鶚經三卷不知姓名三命總要三卷太一中天密旨三卷西天都例經一卷三元經三卷淘命歌一卷三元龜鑑一卷五命一卷五音鳳髓經一卷大衍五行數法一卷三局天關論一卷六十甲子釋名一卷金掌圖簌一卷三局九格六陽三命大數法奇門萬一訣遁甲萬一訣太一遁甲萬一訣已上四部無卷陰陽萬一訣一卷金樞八象統元經三卷太一陰陽二遁一卷陰陽二遁局圖一卷陰陽二遁立成曆一卷遁甲玉女返閉局一卷太一金鏡備式錄十卷太一立成圖一卷太一飛鳥十精曆一卷僧重輝一作耀正德通神曆三卷大會殺曆卷史序乾坤寶典四百五十五卷乾坤總錄五卷黃淳通乾論五卷黃帝朔書一卷託太公東方朔撰師曠年鑑一卷劉玄一作先之月令圖一卷陰陽寶錄一卷西天陰符紫微七政經綸一卷五符圖一卷選日陰陽月鑑一卷李遂通玄三命論三卷李燕三命一卷又陰陽詩一卷三命九中歌一卷珞琭子三命消息賦一卷凝神子五行三命手鑑一卷三命大行年八局鞱鈐三命大行年推祿命法一卷三命殺曆一卷孟遇三命訣三卷祿命人元經三卷祿訣經三卷五行貴盛生月法一卷五行消息訣一卷蕭古一作吉五行大義五卷金書四字五行一卷四季觀五行論一卷珞琭子五行家國通用圖錄一卷訓字五行歌二卷珞琭子五行疏十卷樵子五行志五卷羅賓老五行定分經三卷濮陽復蕉子五行志五卷竇塗廣古今陽復五行記三十卷五行通用曆一卷金河流水訣一卷王叔政推太歲行年吉凶厄一卷李燕穆護詞一卷一作馬融消息機口訣洪範碎金訓字一卷七曜氣神星禽經三卷納禽宿經一卷廖惟馨星禽曆一卷杜百一作相伯子禽法一卷司馬先生三十六禽歌一卷占課禽宿情性訣一卷蘇登神光經一卷許負形神心鑑圖一卷始一作姑布子卿相法一作書一卷朱述相氣色面圖一卷玄靈子祕術骨法圖一卷相祿歌二卷察色相書一卷人鑑書七卷龜照口訣五卷人倫眞訣十卷女仙相書三卷相氣色圖五卷雲蘿通眞神相一作明訣十卷柳清風相歌二卷郭峴述顯光師相法一卷十七家集衆相書一卷占氣色要訣圖一卷柳陰一作隨風占氣色歌一卷形神論氣色經一卷元解訣一卷相書二卷月波洞中龜鑑一卷應玄玉鑑一卷六神相字法一卷相笏經三卷陳混掌相笏經一卷管輅李淳風法蕭繹相馬經一卷常知非馬經三卷谷神一作鬼谷子辨養馬一作養良馬論一卷相馬病經三卷相犬經一卷王立豹鷹鶻候訣一卷鷹鶻五藏病源方論一卷堪輿經一卷太史堪輿一卷商紹太史堪輿曆一卷黃帝四序堪輿經一卷占婚書一卷周公壇經三卷王佐明集壇經一卷李遠龍紀聖異曆一卷五音三元宅經三卷陰陽宅經一卷陰陽宅經圖一卷王澄二宅心鑑三卷又二宅歌一卷陰陽二宅圖經一卷黃帝八宅經一卷淮南王見機八宅經一卷一行庫樓經一卷上象陰陽星圖一卷金圖地鑑一卷地鑑書三卷孫李邕葬範五卷地理六壬六甲八山經八卷地理三寶經九卷五音山岡訣一卷地論經五卷地理正經十卷朱仙桃地理贊一卷又玄堂範一卷地理口訣一卷僧一行地理經十二卷又靈轄歌三卷玉關歌一卷含意歌七卷通玄靈應頌三卷天一通玄機微翼圖一卷天一玄成局一卷玄樞經一卷玄樞纂要一卷知人祕訣二卷玄中祛惑經三卷遁甲鈐一卷八門遁甲入式歌一卷三元陰局一卷雞逃論一卷靈臺篇一卷藻鑑了義經一卷葫首經三卷玄象祕錄一卷眞象論一卷清霄玉鏡要訣一卷二十八宿行度口訣一卷星禽課一卷羣書古鑑錄無卷並不知作者仁宗洪範政鑑十二卷楊惟德王立翰太一福應集要一卷楊惟德景祐遁甲符應經三卷七曜神氣經二卷楊惟德王立翰李自立河井等撰丘濬霸國環周立成曆一卷張中太一金照辨誤歸正論一卷魏申太一總鑑一百卷上官經邦大始元靈洞微數一卷張宏國五行志訛辨一卷黃石公地鏡訣一卷一名照寶曆題東方朔進庾肩吾金英玉髓經一卷陶弘景握鏡圖一卷陳樂產神樞靈轄經十卷李靖九天玄機八神課一卷六壬透天關法一卷李鼎祚明鏡連珠十卷呂才廣濟百忌曆二卷李淳風乾坤祕奧一卷九天觀燈法一卷六壬精髓經一卷一法經遯甲質龜論一卷李淳風得於石室僧一行肘後術一卷選日聽龍經一卷僧令岑六壬翠羽歌三卷漢道士姚可久山陰道士經三卷碧眼先生王髓經三卷茅山野叟湯渭注發蒙陵西集一卷發蒙入式眞草一卷陰陽集正曆三卷選日纂聖精要一卷玄女關格經一卷皆六壬占驗之訣式法一卷起甲子終癸亥皆六壬推驗生旺之法雜占覆射一卷六壬金經玉鑑一卷載六壬生旺剋殺之數萬年祕訣一卷載撿擇日辰吉凶之法玉女肘後述一卷以六壬三傳之法爲歌玉關歌一卷載六壬三傳之驗黃河餅子記一卷神樞萬一祕要經一卷越覆經一卷事神歌一卷會靈經一卷載六壬雜占之法纈翠經一卷灰火經一卷蚍髓經一卷以日辰衰旺爲占九門經一卷小廣濟立成雜曆一卷文武百官赴任上官壇經一卷玄通玉鏡占一卷六壬課祕訣一卷六壬課鈐一卷玉樞眞人玄女截壬課訣一卷占燈法一卷三鏡篇一卷周易神煞旁通曆一卷雜占祕要一卷乾坤變異錄一卷玄女簡要清華經三卷太一占烏法一卷參玄通正曆一卷擇日要法一卷選時圖二卷黃帝龍首經一卷易鑑一卷月纂一卷萬勝候天集一卷並不知作者雲雨賦一卷崇文總目有劉啟明占候雲雨書即此也鄭德源飛電歌一卷僧紹端神釋應夢書三卷詹省遠夢應錄一卷楊惟德六壬神定經十卷王升六壬補闕新書五卷上官撮要一卷陳從吉類編圖注萬曆會同三十卷劉氏三曆會同一卷周渭彈冠必用一卷胡舜申陰陽備用十三卷趙希道涓吉撮要一卷顧眺壇經箒飾一卷蔣文舉陰陽備要一卷趙景先拜命曆一卷徐道符六壬歌三卷陸漸六壬了了歌一卷余琇六壬玄鑑一卷王齊醫門玉髓課一卷張玄達相押字法一卷苗公達六壬密旨二卷楊稠六壬旁通曆一卷劉玄之月令節候圖一卷姜岳六壬賦三卷楊可五行用式事神一卷郭璞山海經十八卷趙浮丘公相鶴經一卷左慈助相規誡一卷郭璞葬書一卷山海圖經十卷郭璞序不著姓名袁天剛玄成子一卷孫思邈坐照論并五行法一卷柳清風周世明等玉冊寶文八卷李淳風立觀經一卷僧一行地理經十五卷呼龍經一卷金歌四季氣色訣一行撰論孫知古人倫龜鑑三卷王澄陰陽二宅集要二卷僧正固骨法明鏡三卷丘延翰銅函記一卷天定盤古局一卷漢赤松子海角經一卷明鏡碎金七卷唐舉肉眼通神論三卷金鏁歌一卷鬼谷子觀氣色出圖相一卷黃石公八宅二卷許負相訣三卷李淳風一行禪師葬律祕密經十卷呂才楊烏子改墳枯骨經一卷曾楊一青囊經歌二卷楊救貧正龍子經一卷曾文展八分歌一卷李筌金華經三卷宋齊丘玉管照神局二卷天花經三卷序云黃巢得於長安晏氏辨氣色上面詩一卷不知名劉虛白三輔學堂正訣一卷危延眞相法一卷五星六曜面部訣一卷裴仲卿玄珠囊骨法一卷劉度具氣色眞相法一卷王希逸地理祕妙歌訣一卷地理名山異形歌一卷孫臏葬白骨曆卷亾隱逸人玉環經一卷不知姓名天涯海角經一卷不知作者九江李鱗注解嶶宗太平睿覽圖一卷陳摶人倫風鑑一卷司空班范越鳳尋龍入式歌一卷王洙地理新書三十卷蘇粹明地理指南三卷蘇望五家通天局一卷報應九星妙術文局一卷劉次莊青囊本旨論二十八篇一卷胡翊地理詠要三卷魏文卿撥沙經一卷李戒營造法式三十四卷月波洞中記一卷月師歌一首言葬地二十四位星辰休咎麻子經一卷玄靈子三卷通心經三卷藻鑑淵微一卷雜相骨聽聲卷亾氣色微應三卷通微妙訣卷亾中定聲氣骨法卷亾金歌氣色祕錄一卷學堂氣骨心鏡訣卷亾玉葉歌一卷洞靈經要訣一卷雜相法一卷天寶星經一卷青囊經卷亾陰陽七元升降論卷亾玄女墓龍冢山年月一卷玄女星羅寶圖訣一卷紫微經歌卷亾白鶴望山經一卷八仙二十四龍經一卷天仙八卦眞妙訣一卷黃泉敗水吉凶法三卷踏地賦一卷分龍眞殺五音吉凶進退法一卷地理澄心祕訣一卷八山穿珠歌一卷山頭步水經一卷山頭

放水經一卷大卦煞人男女法一卷地理搜破穴訣一卷臨山寶鏡斷風訣一卷叢金訣一卷錦囊經一卷玉囊經一卷黃囊大卦訣一卷地理祕要集一卷通玄論一卷地理八卦圖一卷駐馬經一卷活曜修造吉凶法一卷天中寶經知吉凶星位法一卷修造九星法歷代史相一卷相具經一卷（並不知作者）李仙師五音地理訣一卷赤松子碎金地理經二卷地理珠玉經一卷地理妙訣三卷石函經十卷銅函經三卷周易八龍山水論地理一卷老子地鑑訣祕術一卷五姓合諸家風水地理一卷昭幽記一卷鬼靈經并枯骨經二卷唐剛定陰陽葬經二卷唐書地理經十卷青烏子歌訣二卷金雞曆一卷五音二十八將圖一卷赤松子三卷易括地林一卷丘延翰五家通天局一卷夫子掘斗記一卷孔子金鏁記一卷推背圖一卷鬼谷子白虎經一卷又白虎五通經訣一卷洞幽祕要圖一卷孝經雌雄圖四卷河上公金藏祕訣要略一卷玄珠握鑑三卷玉函寶鑑三卷眞人水鑑十三卷張華三鑑靈書三卷陶弘景握鑑方三卷證應集三卷金婁先生祕訣三卷眞閫祕訣一卷銘軌五卷胡濟川小遊七十二局立成一卷大小遊三奇五福立成一卷十一神旁通太歲甲子圖一卷曹植黃帝寶藏經三卷括明經一卷悟迷經一卷佘考（一作秀）旦暮經一卷神樞萬一祕經一卷紀重政祕要一卷雷公印法三卷雷公撮殺律一卷徐遂發蒙一卷玄女十課一卷呂佐周地論七曜一卷陰術氣神一卷七曜氣神歷代帝紀五卷玉堂祕訣一卷大運祕要心髓訣一卷呂才陰陽書一卷五姓鳳髓寶鑑論一卷陰陽雜要一卷玄珠錄要三卷張良玄悟歌一卷斗書一卷陰陽二卷論一卷黃帝四序經一卷寶臺七賢論一卷五姓玉訣旁通一卷選日時向背五卷陰陽立成選日圖一卷七曜選日一卷周公要訣圖一卷師曠擇日法一卷假黃帝問答淮南子術一卷推貴甲子太極尊神經一卷祕訣歌一卷福應集十卷連珠經十卷玄女斷卦訣一卷明體經一卷心注餅子記一卷錦繡囊一玄心鏡歌三卷指要三卷萬一訣一卷符應三卷隨軍樞要三卷禳厭祕術詩三卷廣知集二卷圓象玄珠經五卷脉六十四卦歌訣一卷人元祕樞經三卷陶隱居一卷風后一卷李寬一卷通元論三卷凝神子三卷黃帝四序經一卷聿斯四門經一卷氣神經三卷氣神帝紀五卷符天人元經一卷聿斯經訣一卷大定露膽訣一卷聿斯都利經一卷應輪心鏡三卷秤經三卷聿斯隱經三卷碧落經十卷新書三十卷三鏡三卷九天玄女訣一卷龍母探珠頌一卷通玄玉鑑頌一卷徽應集三卷王與之鼎書十七卷

右五行類八百五十三部二千四百二十卷

三墳易典三卷（題箕子注）周易三備三卷（題孔子師徒所述，蓋依託也）嚴遵卦法一卷焦贛易林傳十六卷京房易傳算法一卷易傳三卷管輅遇仙訣五音歌六卷周易八仙歌三卷易傳一卷郭璞周易洞林一卷呂才帆限周易通神寶照十五卷李淳風周易玄悟三卷易通子周易蘄蓂璇璣軌革口訣三卷蒲乾貫周易指迷照膽訣三卷黃法五兆曉明龜經一卷祿隱居士易英揲蓍圖一卷（不知名）中條山道士王鄯易鏡三卷無惑先生易鏡正經二卷耿格大演天心照一卷牛思純太極寶局一卷任奉古明用蓍求卦一卷林億天道大備五卷軌格金庭玉鑑七卷周易神鏡鬼谷林一卷通玄海底眼一卷六十四卦頌論一卷爻象雜占一卷六十四卦火珠林一卷周易靈祕諸關歌一卷龜骨林一卷龜靈經一卷軌革傳道錄一卷證六十甲子納音五行一卷龜圖一卷周易讚頌六卷（並不知作者）

右蓍龜類三十五部一百卷

宋史卷二百六考證

藝文志五張宗誨花木錄七卷○通志作花目錄

僧仲林花品一卷○通志林作休

宋史卷二百七

元　中　書　右　丞　相　總　裁　脫　脫　等　修

藝文志第一百六十

藝文六

苗鈗新删定廣聖曆二卷僧一行開元大衍曆議十三卷敵玄子天元玉冊十卷甄鸞五曹算術二卷海島算術一卷趙君卿周髀算經二卷張立建算經三卷夏侯陽算經三卷王孝通緝古算經一卷謝察微算經三卷李籍九章算經音義一卷又周髀算經音義一卷李紹穀求一指蒙算術玄要一卷郭獻之唐寶應五紀曆三卷徐承嗣唐建中貞元曆三卷邊剛唐景福崇玄曆十三卷大唐長曆一卷馬重績晉天福調元曆二十三卷王處訥周廣順明元曆一卷又建隆應天曆六卷王朴周顯德欽天曆十五卷蜀武成永昌曆三卷唐寶大齊政曆三卷苗訓太平乾元曆九卷太平興國七年新修曆經三卷史序儀天曆十六卷曹士蔿七曜符天曆二卷七曜符天人元曆三卷楊緯（一作緯）符天曆一卷王公佐中正曆三卷正象曆一卷李思議重注曹士蔿小曆一卷七曜符天曆一卷大衍通玄鑑新曆三卷沈括熙寧奉元曆一部（卷亡）熙寧奉元曆經三卷立成十四卷備草六卷比較交蝕六卷衞朴七曜細行一卷新曆正經三卷義略二卷立成十五卷隨經備草五卷七曜細行一卷長曆三十卷（並孫思恭注）大衍曆經二卷大衍曆立成十一卷大衍曆議略一卷大衍議十卷宣明曆經二卷宣明曆立成八卷宣明曆要略一卷大衍曆經二卷正元曆立成八卷崇元曆經三卷崇元曆立成七卷調元曆經二卷調元曆立成十二卷調元曆草八卷欽天曆經二卷欽天曆立成六卷欽天曆草三卷應天曆經二卷應天曆立成一卷乾元曆經二卷乾元曆立成二卷儀天曆經二卷儀天曆立成十三卷崇天曆經二卷崇天曆立成四卷明天曆經三卷明天曆立成十五卷明天曆略二卷符天曆三卷姚舜輔蝕神隱耀曆三卷丘濬霸國環周立成曆一卷陰陽集正曆三卷曆日纂聖精要一卷曆樞二卷難逃論一卷符天行宮一卷轉天圖一卷萬歲日出入晝夜立成曆一卷五星長曆一卷正象曆一卷胡秀林正象曆經一卷章浦符天九曜通元立成法二卷氣神經三卷氣神鈐曆一卷氣神隨日用局圖一卷莊守德七曜神氣歌訣一卷呂才刻漏經一卷錢明逸西國七曜曆一卷闊子明注安修睦都利斯訣一卷聿斯隱經一卷聿斯妙利要旨一卷李淳風注釋九章經要略一卷又注釋孫子算經三卷注王孝通五經算法一卷注甄鸞五曹算法二卷劉徽（一作微）九章算田草九卷王孝適緝古算經一卷程柔五曹算經求一法三卷魯靖五曹時要算術三卷五曹乘除見一提例算法一卷夏翰（一作翔）新重演議海島算經一卷甄鸞注徐岳大衍算術法一卷謝察微發蒙算經三卷僧一行心機算術括（一作格）一卷（僧棲巖注）徐仁美增成玄一算經三卷陳從運得一算經七卷三問田算術一卷龍受益算法二卷又求一算術化零歌一卷新易一法算範九例要訣一卷徐岳術數記遺一卷合元萬分曆三卷（作者名術不知姓）注九章算經九卷（魏劉徽、唐李淳風注）孫子算經三卷（不知名）五曹算經五卷（李淳風等注）長慶宣明大曆二卷萬年曆十二卷青蘿妙度眞經大曆一卷行漏法一卷太始天元玉冊截法六卷求一算法一卷細曆書一卷玉曆通政經三卷（並不知作者）燕肅蓮花漏法一卷錢明逸刻漏規矩一卷王普小漏歛識一卷官曆刻漏圖一卷衞朴奉元曆經一卷觀天曆經一卷（紹聖元符頒行）姚舜輔統元曆經一卷裴伯壽陳得一紀天曆統七卷又統元曆五星立成二卷統元曆盈縮朓朒立成一卷統元曆日出入氣刻立成一卷統元曆義二卷統元七曜細行曆二卷統元曆氣朔八行草一卷統元曆考古日食一卷三曆會同集十卷（紹興初撰，不知名）張祚注法算三平化零歌一卷龍受益法王守忠求一術歌一卷算範要訣二卷明算指掌三卷江本一位算法二卷任弘濟一位算法問答一卷楊鍇明微算經一卷法算機要賦一卷法算口訣一卷算法祕訣一卷算術玄要一卷劉孝榮新曆考古春秋日食一卷新曆考漢魏周隋日月交食一卷新曆考唐交食一卷新曆氣朔八行一卷彊弱月格法數一卷賈憲黃帝九章算經細草九卷張宋圖史記律曆志詭辨一卷儀象法要一卷（紹聖中編）細行曆書二十卷（起慶元庚申至嘉定己卯，太史局進）

右曆算類一百六十五部五百九十八卷

風后握機一卷（晉馬隆畧序）六韜六卷（不知作者）司馬兵法三卷（齊司馬穰苴撰）孫武孫子三卷吳起吳子三卷黃帝祕珠三略三卷陰符二十四機一卷握機圖一卷決勝孤虛集一卷太公兵書要訣四卷朱服校定六韜六卷又校定孫子三卷校定司馬法三卷校定吳子二卷校定三略三卷魏武帝注孫子三卷蕭吉注（或題曹蕭注）孫子一卷賈林注孫子一卷陳皥注孫子一卷宋奇孫子解幷武經簡要二卷吳章注司馬穰苴兵法三卷吳起玉帳陰符三卷白起陣書（一作圖）一卷又神妙行軍法三卷戰國策三十三卷黃石公神光輔星祕訣一卷又兵法一卷三鑑圖一卷兵書統要三卷三略祕要三卷成氏注三略三卷諸葛亮行兵法五卷又用兵法一卷行軍指掌二卷占風雲氣圖一卷兵書七卷陶侃六軍鑑要一卷李靖韜鈐祕術一卷又總要三卷六十甲子厭勝法一卷兵書三卷占風雲（一作雲）氣三卷風雲論三卷三軍水鑑三卷用兵手訣七卷出軍占風氣候十卷魏國公手記一卷李世勣六十甲子內外行兵法一卷李淳風諸家祕要三卷又行軍明時祕訣一卷太白華蓋法二卷雲氣

建隆四年翰林學士承旨陶穀爲禮儀使創意造爲大輦赤質正方油畫金塗銀葉龍鳳裝其上四面行龍雲氣火珠方鑑銀絲囊網珠翠結條雲龍鈿窠霞子四角龍頭銜香囊頂輪施耀葉中有銀蓮花坐龍紅綾裏碧牙壓帖內設圓鑑銀絲香囊銀飾勾闌臺坐紅絲絛網帉錔中施黃褥上置御坐扶几香爐錦結綬几衣輪衣絡帶並緋繡壓金銀綫長竿四銀裹鐵鍋龍頭魚鈎錦膊褥銀裝畫梯拓叉黃羅絛席褥帊梯杖褥朱索緋繒油帊主輦六十四人親祀南郊謁太廟還及具鸞駕黃麾仗省方還都則乘之眞宗東封以舊輦太重遂命別造凡減七百餘斤後常用焉神宗已後其制赤質正方油畫金塗銀龍鳳裝朱漆天輪一金塗銀頂龍一四面施行龍一十六火珠四四角龍頭四穗毬一十二頂輪施耀葉紅羅輪衣一綴銀鈴紅羅絡帶二中設御坐曲几錦褥等施屏風香爐結綬長竿四飾以金塗銀龍頭祀畢車駕還內若不進輅則乘大輦政和之制黃質冐以黃衣紘以黃帶車箱四圍於桯之外高二尺二寸設軾於前檻軾高三尺二寸建大旂於後檻旂十二斿其長曳地其色黃繪以交龍素帛爲緣繪以日月以弧張幅以蠲韜弧杠以靑錦綢之注旄於竿首繫以鈴國朝之輦有七中興後唯存大輦平輦逍遙三輦而已大輦又曰大安輦其制赤質正方高十五尺三寸方十一尺六寸四柱平槃上覆靑綠錦上有天輪三層外施金塗銀博山八十一內有圓鏡金塗銀頂龍一四面行龍十六火珠四輪衣以靑墜以金鈴頂有靑羅十字分垂四角曰絡帶四角出龍首銜犛牛五色尾曰旒綬四面拱斗外施方鏡九柱圍以朱闌中設御坐曲几屏風錦褥下舉以長竿四攢竹筋膠丹漆之竿爲龍首平槃下四圍結紅絲網輦官服色武弁黃纈對鳳袍黃絹勒帛紫生色袒帶紫絹行縢

芳亭輦黑質頂如幕屋緋羅衣裙襴絡帶皆繡雲鳳兩面朱絲窗花版外施紅絲網綢金銅帉錔前後垂簾下設牙牀勾闌長竿四銀龍頭銀飾梯行馬主輦一百二十人政和之制簾以紅羅繡鵝爲額內設御坐長竿飾以金塗銅螭首橫竿二

鳳輦赤質頂輪下有二柱緋羅輪衣絡帶門簾皆繡雲鳳頂有金鳳一兩壁刻畫龜文金鳳翅前有軾匱香爐香寶結帶下有勾闌二重內設紅錦褥長竿三銀飾梯行馬主輦八十人法駕鹵簿不設鳳輦

逍遙輦以椶櫚爲屋赤質金塗銀裝朱漆扶版二雲版一長竿二飾以金塗銀龍頭常行幸所御又魚鉤帉錔梅紅條輦官十二人春夏服緋羅衫秋冬服白獅子錦襖東封別造辟塵逍遙輦如窻隔黃繒爲裏賜名省方逍遙輦中興之制赤質金塗四柱樓屋上有走脊金龍四中起火珠凸頂四面不設窻障中有御踏子制甚簡素祇應人員服帽子宜男方勝纈衫平輦又名平頭輦亦曰太平輦飾如逍遙而無屋輦官十二人服同逍遙輦常行幸所御東封別造升山天平輦施機關賜名日登封輦中興之制赤質正方形如一朱龍倚而加長竿二飾如逍遙輦而不施樓屋制尤簡素止施畫雲版而已又有七寶輦隆興二年爲德壽宮所製也高五十一寸闊二十七寸深三十六寸比附大輦平輦制度爲之上施頂輪耀葉角龍頂龍滴子鐸子結穗毬下施梅紅絲裙網加綴七寶中設香木御座引手爲轉身龍靠背爲龍首靠枰子織以紅黃藤舁以長竿二竿爲螭首金塗銀飾焉初有司言東都舊制輦飾以玉裙網用七寶而滴子用珍珠帝曰上皇意不然止欲簡素遂以塗金易玉梅紅絲結裙網間綴七寶而象牙易眞珠既而上皇却不受每至大內多乘馬而間有行幸則用肩輿自是重華壽康兩宮並不別造

小輿赤質頂輪下施曲柄如蓋緋繡輪衣絡帶制如鳳輦而小下有勾闌牙牀繡瀝水中設方牀緋繡羅衣錦褥上有小案坐牀皆繡衣踏牀緋衣前後長竿二銀飾梯行馬奉輿二十四人中興後去其輪蓋方四十九寸高三十一寸輿上周以勾闌施翟羽玉照子中爲方牀三級上設御坐曲几踏子曲柄緋羅繡蓋輿下紅絲結五色花裙網舁以長竿二竿爲螭首宮殿從容所乘設鹵簿則陳之

腰輿前後長竿各二金銅螭頭緋繡鳳裙襴上施錦褥別設小牀緋繡花龍衣奉輿十六人中興制赤質方形四面曲闌下結繡裙網制如小輿惟無翟尾玉照子三級牀曲柄蓋而上設方御牀曲几舁竿無螭首用亦同小輿

耕根車制靑質蓋三層餘如五輅之副駕六靑馬駕士四十人親祠具大駕法駕鹵簿並列於仗內若耕籍則乘之國朝之車自耕根而下凡十有五南渡所存惟耕根車一而已其制度並同惟駕士七十五人

進賢車古安車也太祖乾德元年改赤質兩壁紗窻擎耳虛匱一轅緋幰衣絡帶門簾皆繡鳳紅絲網中設朱漆牀香案紫綾案衣緋繒裏輓索朱漆行馬（凡車皆有輓索行馬）駕四馬駕士二十四人

明遠車古四望車也駕以牛太祖乾德元年改仍舊四馬赤質制如屋重櫚勾闌上有金龍四角垂銅鐸上層四面垂簾下層周以花版三轅駕士四十人服繡對鳳

羊車古輦車也亦爲畫輪車駕以牛隋駕以果下馬今亦駕以二小馬赤質兩壁畫龜文金鳳翅緋幰衣絡帶門簾皆繡瑞羊童子十八人

指南車一曰司南車赤質兩箱畫靑龍白虎四面畫花鳥重臺勾闌鏤拱四角垂香囊上有仙人車雖轉而手常南指一轅鳳首駕四馬駕士舊十八人太宗雍熙四年增爲三十人仁宗天聖五年工部郎中燕肅始造指南車肅上奏曰黃帝與蚩尤戰於涿鹿之野蚩尤起大霧軍士不知所向帝遂作指南車周成王時越裳氏重譯來獻使者惑失道周公賜軿車以指南其後法俱亡漢張衡魏馬鈞繼作之屬世亂離其器不存宋武帝平長安嘗爲此車而制不精祖沖之亦復造之後魏太武帝使郭善明造彌年不就命扶風馬岳造垂成而爲善明鴆死其法遂絕唐元和中典作官金公立以其車及記里皷上之憲宗閱於麟德殿以備法駕歷五代至國朝不聞得其制者今創意成之其法用獨轅車車箱外籠上有重構立木仙人於上引臂南指用大小輪九合齒一百二十足輪二高六尺圍一丈八尺附足立子輪二徑二尺四寸圍七尺二寸出齒各二十四齒間相去三寸轅端橫木下立小輪二其徑三寸鐵軸貫之左小平輪一其徑一尺二寸出齒十二右小平輪一其徑一尺二寸出齒十二中心大平輪一其徑四尺八寸圍一丈四尺四寸出齒四十八齒間相去三寸中立貫心軸一高八尺徑三寸上刻木爲仙人其車行木人指南若折而東推轅右旋附右足子輪順轉十二齒繫右小平輪一匝觸中心太平輪左旋四分之一轉十二齒車東行木人交而南指若折而西推轅左旋附左足子輪隨輪順轉十二齒繫左小平輪一匝觸中心太平輪右轉四分之一轉十二齒車正西行木人交而南指若欲北行或東或西轉亦如之詔以其法下有司製之大觀元年內侍省吳德仁又獻指南車記里皷車之制二車成其年宗祀大禮始用之其指南車身一丈一尺一寸五分闊九尺五寸深一丈九寸車輪直徑五尺七寸車轅一丈五寸車箱上下爲兩層中設屏風上安仙人一執杖左右龜鶴各一童子四各執纓立四角上設闌楯卧輪一十三各徑一尺八寸五分圍五尺五寸五分出齒三十二齒間相去一寸八分中心輪軸隨屏風貫下下有輪一十三中至大平輪其輪徑三尺八寸圍一丈一尺四寸出齒一百齒間相去一寸二分五釐通上左右起落二小平輪各有鐵墜子一皆徑一尺一寸圍三尺三寸出齒一十七齒間相去一寸九分又左右附輪各一徑一尺五寸五分圍四尺六寸五分出齒二十四齒間相去二寸一分左右疊輪各二下輪各徑二尺一寸圍六尺三寸出齒三十二齒間相去二寸一分上輪各徑一尺二寸圍三尺六寸出齒三十二齒間相去一寸一分左右車腳上各立輪一徑二尺二寸圍六尺六寸出齒三十二齒間相去二寸二分五釐左右後轅各小輪一無齒繫竹籚并索在左右軸上遇右轉使右轅小輪觸落右輪若左轉使左轅小輪觸落左輪行則仙童交而指南車駕赤馬二銅面插羽攀纓攀胸鈴拂緋絹屜錦包尾

記里皷車一名大章車赤質四面畫花鳥重臺勾闌鏤拱行一里則上層木人擊皷十里則次層木人擊鐲一轅鳳首駕四馬駕士舊十八人太宗雍熙四年增爲三十人仁宗天聖五年內侍盧道隆上記里皷車之制獨轅雙輪箱上爲兩重各刻木爲人執木槌足輪各徑六尺圍一丈八尺足輪一周而行地三步以古法六尺爲步三百步爲里用較今法五尺爲步三百六十步爲里立輪一附於左足徑一尺三寸八分圍四尺一寸四分出齒十八齒間相去二寸三分下平輪一其徑四尺一寸四分圍一丈二尺四寸二分出齒五十四齒間相去與附立輪同立貫心軸一其上設銅旋風輪一出齒三齒間相去一寸二分中立平輪一其徑四尺圍一丈二尺出齒百齒間相去與旋風等次安小平輪一其徑三寸少半寸圍一尺出齒十齒間相去一寸半上平輪一其徑三尺少半尺圍一丈出齒百齒間相去與小平輪同其中平輪轉一周車行一里下一層木人擊皷上平輪轉一周車行十里上一層木人擊鐲凡用大小輪八合二百八十五齒遞相鉤鏁犬牙相制周而復始詔以其法下有司製之大觀之制車箱上下爲兩層上安木人二身各手執木槌輪軸共四內左壁車腳上立輪一安在車箱內徑二尺二寸五分圍六尺七寸五分二十齒齒間相去三寸三分五釐又平輪一徑四尺六寸五分圍一丈三尺九寸五分出齒六十齒間相去二寸四分上太平輪一通軸貫上徑三尺八寸圍一丈一尺出齒一百齒間相去一寸二分立軸一徑二寸二分圍六

帖三十卷前白居易撰後宋孔傳撰李翰蒙求三卷丘延翰唐蒙求
三卷劉綺莊集類一百卷李商隱金鑰二卷崔鉉弘文
館續會要四十卷李途記室新書三卷顏休文飛應韶
十五卷高測韶對十卷劉揚名戚苑纂要十卷又戚苑
英華十卷孟詵錦帶書八卷喬舜封古今語要十二卷
蘇冕古今國典一百卷又會要四十卷章得象國朝會
要一百五十卷宋初至慶曆四年大孝一作存倏御覽要畧十二
卷冊府元龜音義一卷王欽若彤管懿範七十卷目十
卷彤管懿範音義一卷歐陽詢麟角一百二十卷白氏
家傳記二十卷薛高立集類三十卷邊崖類聚三十二
卷類事十卷徐叔陽羊頭山記十卷于政立類林十卷
杜光庭歷代忠諫書五卷諫書八十卷唐諫諍論十卷
三昭遠禁垣備對十卷魏玄成勵忠節四卷王伯璵勵
忠節抄十卷書判幽燭四十卷軺車事類三卷周佑之
五經資政二十卷經典政要三卷尹弘遠經史要覽三
十卷章句纂類十四卷李知實一作寶檢志三卷李愼徽
一作微理樞七卷鄒順廣蒙書十卷劉漸羣書系蒙三卷
九經對語十卷錢承志九經簡要十卷經史事對三十
卷子史語類拾遺十卷章稔筆語類對十卷又應用類
對十卷一名筆語類對黃彬經語協韻二十卷朱澹語類五卷
楊名廣一作唐畧新書三卷十議典錄三卷李德孫學堂
要記一作紀十卷裴說修文異名錄十一卷搢紳要錄二
卷段景文場纂要二卷文場秀句一卷王雲文房纂要
十卷彫玉集類二十卷彫金集三卷劉國潤廣彫金類
集十卷庾肩吾彩璧五卷金鑾秀蘂二十卷陸贄青囊
書十卷蔣氏寶車一作庫十卷瓊林採實三卷溫庭筠學
海兩字三十卷鄭嵎一作嵎雙金五卷孫翰錦繡谷五卷
齊逸人府新書三卷叢髓三卷盧重華文髓一卷勁弩
子三卷玉苑麗文五卷段景疊辭二卷王英二卷玉屑
二卷金匱二卷常修半臂十卷紫香囊二十卷陸羽警
年十卷窮神記十卷李齊莊事解七卷王氏千門四十
卷郭道規事鑑五十卷沈寥子文鑑四十卷李大華康
國集四卷姚勗起予集四十卷李貴臣家藏龜鑑錄四
卷徐德言分史衡鑑十卷薛洪古今精義十五卷筆藏
論三卷蘇源治亂集三卷治道要言十卷馬幼昌穿楊
集四卷李欽玄累玉集十卷文選喬一作奇京國記二卷
郭微屬文寶海一百卷樂黃目學海搜奇錄六十卷皇
覽總論十卷張隲唐年經畧志十卷楊九齡名苑五十
卷晁光乂十九書類語十卷雍公叡注張楚金翰苑十
一卷劉濟九經類議一作義二十卷黎翹廣畧六卷王博

古修文海十七卷郭翔春秋義鑒三十卷曹化兩漢史
海十卷楊知惲名字族十卷馮洪敏寶鑑絲綸二十卷
胡旦將帥要畧二十卷劉顏輔弼名對四十卷景泰邊
臣要畧二十卷石待問諫史一百卷王純臣青宮懿典
十五卷李虛一溉澧新書四十卷童子洽聞一卷麟角
抄十二卷雷壽之古文類纂十卷漢臣蒙求二十卷李
伉系蒙求十卷丘光庭同姓名錄一卷王殷範續蒙求
三卷王先生十七史蒙求十六卷黃簡文選韻粹三十
五卷白氏玉連環七卷白氏隨求一卷不知名重廣會史
一百卷資談六十卷聖賢事迹三十卷引證事類備用
三十卷門類解題十卷瓊林會要三十卷青雲梯籍二
十卷南史類要二十卷粹籍十五卷六朝採要十卷十
史事語十卷十史事類十二卷三傳分門事類十二卷
嘉祐新編二經集粹十卷鹿革事類二十卷職官事對
九卷撥天集六卷文章叢說十卷新編經史子集名卷
六卷碎玉四淵海集百九十五卷書林四卷寶龜三卷
離辭筆苑二卷詩句類二卷南北事偶三卷五色線一
卷珠浦一卷重廣策府沿革一卷鴻都編一卷文章廳
一卷十三代史選三十卷左傳類要五卷唐朝事類十
卷羣玉雜俎三卷增廣羣玉雜俎四卷分聲類說三十
二卷文選雙字類要四十卷書林事類一百卷並不知作者
鄭氏歷代蒙求一卷孫應符初學須知五卷王敦詩書
林韻會二十八卷曾恬孝類書二卷邵笥賡韻孝悌蒙
求二卷譙令憲古今異偶一百卷宋六朝會要三百卷
章得象編王珪續續會要三百卷虞允文等撰中興會要二百卷梁克
家等撰孝宗會要二百卷楊濟鍾必萬總修光宗會要一百卷寧
宗會要一百五十卷秘書省進國朝會要五百八十八卷張從
祖纂輯王溥續唐會要一百卷五代會要三十卷李安上
十史類要十卷李昉太平御覽一千卷王偉班史名物
編十卷蘇易簡文選菁英二十四卷宋白李宗諤續通
典二百卷皮文粲鹿門家鈔籍詠五十卷曾致堯仙鳧
羽翼三十卷曾守能典籍一百卷王欽若冊府元龜一
千卷葉適名臣事纂九卷方龜年羣書新語十一卷晏
殊天和殿御覽四十卷類要七十七卷宋庠鷄跖集二
十卷過勗至孝通神集三十卷鄧至羣書故事十五卷
故事類要三十卷宋并登瀛秘錄八卷范鎮本朝蒙求
二卷馬共元祐學海三十卷任廣書籍指南二十卷朱
繪事原三十卷陳彥禧資堂要覽十卷陳紹重廣六帖
學林三十卷吳淑事類賦三十卷王資深撫史四卷馬
永易實賓錄三十卷異號錄三十卷陳貽範千題適變

錄十六卷楊諮古今名賢歌詩押韻二十四卷江少
虞皇朝事實類苑二十六卷葉庭珪海錄碎事二十三
卷陳天麟前漢六帖十二卷蕭之美十子奇對三卷莊
子寓言類要一卷三傳合璧要覽二卷三子合璧要覽
二卷四子合璧要覽二卷劉珏兩漢蒙求十卷吳逢道
六言蒙求六卷徐子光補注蒙求四卷又補注蒙求八
卷羣書治要十卷秘閣所錄蔡攸政和會要一百一十卷晏
袤數會要一百卷謝諤孝史五十卷度濟諫錄二十卷
葉才老和李翰蒙求三卷林越漢雋十卷倪遇漢書家
範十卷李宗序隆平政斷二十卷鄭大中漢規四卷張
磁仕學規範四十卷歐陽邦基勸戒別錄三卷閻一德
古今政事錄二十一卷僧道蒙仕途經史類對十二卷
呂祖謙觀史類編六卷讀書記四卷洪邁經子法語二
十四卷春秋左氏傳法語六卷史記法語八卷前漢法
語二十卷後漢精語十六卷三國志精語六卷晉書精
語五卷南史精語六卷唐書精語一卷程大昌演蕃露
十四卷又續演蕃露六卷攷古編十卷續攷古編十卷
程俱班左誨蒙三卷唐仲友帝王經世圖譜十卷錢端
禮諸史提要十五卷陳傅良漢兵制一卷備邊十策九
卷徐天麟西漢會要七十卷漢兵本末一卷曾慥類說
五十卷錢文字補漢兵志一卷錢諷史韻四十二卷鄒
應龍務學須知二卷高似孫緯略十二卷子略四卷吳
曾南北分門事類十二卷魏彥惇名臣四科事實十四
卷王掄羣玉義府五十四卷范師道垂拱元龜會要詳
節四十卷國朝類要十二卷俞鼎俞經儒學警悟四十
卷鄭厚通鑑分門類要四十卷柳正夫西漢蒙求一卷
李孝美文房監古三卷竇苹載籍討源一卷王仲閎語
本二十五卷毛友左傳類對賦六卷俞觀能孝經類鑑
七卷胡宏敘古蒙求一卷玉山題府二十卷熙寧題髓
十五卷帝王事實十卷聖賢事實十卷漢唐事實十五
卷國朝韻對八卷引證事類三十卷魯史分門屬類賦
一卷古今通編八卷諸子談論三卷並不知作者
右類事類三百七部一萬一千三百九十三卷
黃帝內經素問二十四卷唐王冰注素問八卷隋全元起注黃帝
靈樞經九卷黃帝鍼經九卷黃帝灸經明堂三卷黃帝
九虛內經五卷揚玄操素問釋音一作言一卷素問醫療
訣一卷秦越人難經疏十三卷黃帝脈經一卷又脈訣
一卷張仲景脈經一卷又五藏榮衞論一卷耆婆脈經
三卷徐氏脈經三卷王叔和脈訣一作經一卷孩子脈論
一卷李勣脈經一卷張及脈經手訣一卷王善注徐裔脈

訣二卷韓氏脈訣一卷脈經一卷百會要訣脈經一卷
碎金脈訣一卷元門脈訣一卷身經要集一卷大醫祕
訣診候生死部一卷倉公決死生祕要一卷神農五藏
論一卷黃帝五藏論一卷黃庭五藏經一卷黃庭五藏
六府圖一卷趙業黃庭五藏論七卷張向容大五藏論
一卷又小五藏論一卷五藏金鑑論一卷段元一作九亮
五藏鑑元一作原四卷孫思邈五藏旁通明鑑圖一卷又
針經一卷張文懿藏府通玄賦一卷五藏攝養明鑑圖
一卷吳兢五藏論應家象一卷裴王庭五色旁通五藏
圖一卷五藏要訣一卷太元心論一卷岐伯針經一卷
扁鵲鍼傳一卷玄悟四神針經一卷甄權針經抄三卷
王處明玄祕會要針經五卷呂博金滕玉匱鍼經三卷
黃帝問岐伯灸經一卷顏齊灸經十卷明堂灸法三
卷皇甫謐黃帝三部鍼灸經十二卷即甲乙經岐伯論針灸
要訣一卷山眺一作兆鍼灸經一卷公孫克針灸經一卷
吳復珪小兒明堂針灸經一卷王惟一明堂經三卷明
堂玄眞經訣一卷朱遂明堂論一卷金鑑集歌一卷黃
帝大素經三卷楊上善注刺法一卷太上天寶金鏡靈樞神
景內編九卷扁鵲注黃帝八十一難經二卷秦越人撰扁鵲
脈經一卷張仲景傷寒論十卷五藏論一卷王叔和脈
經十卷脈訣機要三卷巢元方巢氏諸病元候論五十
卷崔知悌灸勞法一卷王冰素問六脈玄珠密語一卷
褚澄褚氏遺書一卷華佗藥方一卷金匱要畧方三卷
張仲景撰王叔和集葛洪肘後備急百一方三卷劉涓子神仙遺
論十卷東蜀李頓錄宇文士及粧臺記六卷師巫顱顖經三
卷孫思邈千金方三十卷千金髓方二十卷千金翼方
三十卷玉函方三卷王起仙人水鏡一卷王燾外臺祕
方四十卷陳藏器本草拾遺十卷孔志約唐本草二十
卷李昉開寶本草二十卷目一卷盧多遜詳定本草二
十卷目錄一卷補注本草二十卷目錄一卷李含光本
草音義五卷蕭炳四聲本草四卷本草韻畧五卷楊損
之刪繁本草五卷杜善方本草性類一卷陳士良食性
本草十卷龐安時難經解義一卷宋庭臣黃帝八十一
難經注釋一卷張仲景療黃經一卷又口齒論一卷金
匱玉函八卷王叔和集扁鵲療黃經三卷又枕中祕訣三卷
青烏子風經一卷吳希言風論山兆一作眺經一卷文義
方通玄經十卷呂廣金韜玉鑑經二卷雷一作靈公仙人
養性治一作理身經三卷醫源兆經一卷林億黃帝三部
鍼灸經十二卷楊曄膳夫經手錄四卷延年祕錄十一
卷混俗頤生錄二卷千金纂錄二卷金匱錄五卷司空

興發焰錄一卷梅崇獻醫門祕錄五卷治風經心錄五卷郭仁普拾遺候用深靈玄錄五卷養性要錄一卷党求平撫醫新說三卷代榮醫鑑一卷衞嵩金寶鑑三卷段元亮病源手鑑二卷田誼卿傷寒手鑑三卷千金手鑑二十卷王勃醫語纂要一卷華顥醫門簡要十卷蘇越蘷方祕要一作會三卷古詵三教保光纂要三卷醫明要畧一卷張叔和新集病總要畧一卷外臺要畧十卷司馬光醫問七卷耆婆六十四問一卷伏氏醫苑一卷神農食忌一卷吳羣意醫紀曆一卷孔周南靈方志一卷穆脩靖靈芝記五卷羅公遠注張隱居金石靈臺記一卷菖蒲傳一卷李翺何首烏傳一卷張尚容延齡至寶抄一卷醫家要抄五卷黃帝問答疾狀一卷陶隱居靈奇祕奧一卷南海藥譜一卷家寶義囊一卷小兒藥證一卷神仙玉芝圖二卷經食草木法一卷孫思邈芝草圖三十卷又太常分藥格一卷神枕方一卷崔氏產鑑圖一卷攝生月令圖一卷六氣導引圖一卷侍膳圖一卷徐玉藥對二卷宗令祺廣藥對三卷方書藥類三卷王承宗刪繁藥脈三卷蔣淮療黃歌一卷郭晏封草食論六卷藥性論四卷張果傷寒論一卷陳昌祚明時政要傷寒論三卷李涉傷寒方論二十卷青烏子論一卷石昌璉明醫顯微論一卷清溪子消渴論一卷龍樹眼論一卷邢一作郝元朴癰疽論一卷癰疽論三卷李言少嬰孺病論一卷楊全迪崔氏小兒論一卷療小兒疳病論一卷劉豹子眼論一卷蘇巉一作游玄感論一卷李暄嶺南脚氣論二卷發背論二卷邵英俊口齒論一卷蕭一作藺宗簡水氣論三卷骨蒸論一卷唐一作廣陵正師口齒論一卷風疾論一卷楊太業三十六種風論一卷喻義瘡腫論一卷又廣癰疽要訣一卷蘇游鐵粉論一卷又玄感傳尸方一卷褚知義鍾乳論一卷李昭明嵩臺論三卷玉鑑論五卷王守愚產前產後論一卷小兒眼論一卷普濟方五卷應驗方三卷應病神通方三卷張文仲法象論一卷小兒五疳二十四候論一卷劉涓子鬼論一卷僧智宣發背論一卷沈泰之癰疽論二卷蘇敬徐玉唐侍中三家脚氣論一卷吳昇宋處新脩鍾乳論一卷白岑發背論一卷西京巢氏水氣論一卷李越一作鉞新脩榮衞養生用藥補瀉論十卷楊大鄴嬰兒論二卷採藥論一卷制藥論法一卷連方五藏論一卷五勞論一卷大壽性術論一卷咽喉口齒方論五卷產後十九論一卷小兒方術論一卷李溫萬病拾遺三卷張機金石制藥法一卷王氏食法五卷嚴龜食法十卷養身食法三卷太清服食藥法七卷按摩法一卷攝養禁忌法一卷王道中石藥異名要訣一卷譚延鎬色脈要訣一卷吳復圭金匱指微訣一卷葉傳右醫門指要訣一卷華子顒相色經妙訣一卷制藥總訣一卷脩玉粉丹口訣一卷服雲母粉訣一卷伏火丹砂訣序一卷陳玄北京要術一卷蕭家法饌三卷饌林四卷藥林一卷王氏醫門集二十卷李崇慶燕臺集五卷穿玉集一卷劉輸全體治世集三十卷雷繼暉神聖集三卷華氏集十卷楊氏粧臺寶鑑集三卷南陽公主傷寒證辨集一卷賈黃中神醫普救方一千卷目十卷楊歸一作師厚產孔集驗方三卷安文恢萬全一作金方三卷孫廉金鑑方三卷金匱方三卷韋宙獨行方十二卷又玉壺備急方一卷鄭氏惠民方三卷鄭氏圖田通玄方三卷又惠心方三卷纂要祕要方三卷溥濟安衆方三卷支觀通玄方十卷劉氏五藏旁通遵一作導養方一卷白仁叙集驗方五卷服食導養方三卷孟氏補養方三卷崔元亮海上集驗方十卷崔氏骨蒸方三卷元希聲行要備急方一卷劉禹錫傳信方二卷王顏續傳信方十卷嬰孩方十卷黃漢忠祕要合煉方五卷針眼一作眼針鉤方一卷穆昌緒一作叔療眼諸方一卷孩孺一作嬰孩雜病方五卷朱傳孩孺明珠變蒸七疳方一卷小兒祕錄集要方一卷延齡祕寶方集五卷錄古今服食導養方三卷服食神祕方一卷姚和衆童延齡至寶方十卷又保童方一卷許詠一作泳六十四問祕要方一卷塞上方三卷晨昏寧待方二卷王道外臺祕要乳石方二卷耆婆要用方一卷崔行功纂要方十卷千金祕要備急方一卷華宗壽昇天一作元廣濟方三卷段詠一作永走馬備急方一卷天寶神驗藥方一卷貞元集要廣利方五卷大和濟安方一卷羅普宣靈寶方一百卷悟玄子安神養性方一卷僕中方一卷蕭存禮百一問答方三卷包會應驗方三卷雜用藥方五十五卷神仙雲母粉方一卷服朮方一卷隆曆善救方一卷胡道洽方一卷賈沈備急單方一卷李八百方一卷波馳波利譯吞字貼腫方一卷李繼皐南行方三卷杜氏集驗方一卷韓待詔肘後方一卷王氏祕方五卷徒都子膜外氣方一卷潛眞子神仙金匱服食方二卷楊太僕醫方一卷沈承澤集妙方三卷章秀言草木諸藥單方一卷吳希言醫門括源方一卷王朝昌新集方一卷老子服食方一卷葛仙公杏仁煎方一卷刪繁要畧方一卷集諸要妙方一卷備急簡要方一卷纂驗方一卷養性益壽備急方一卷奏聞單方一卷反魂丹方一卷玄明粉方一卷瘰癧方一卷婆羅門僧服仙茅方一卷高福攝生要錄三卷李絳兵部手集方三卷孟詵食療本草六卷沈知言通玄祕術三卷昝殷產寶三卷食醫心鑑二卷甘伯宗歷代名醫錄七卷鄭景岫廣南四時攝生論一卷葉長文啟玄子元和紀用經一卷張文懿本草括要詩三卷雷斅炮炙方三卷宋徽宗聖濟經十卷通眞子續注脈賦一卷脈要新括二卷李大猷家傷寒指南論一卷嚴器之傷寒明理論四卷王維一新鑄銅人腧穴鍼灸圖經三卷高若訥素問誤文闕義一卷傷寒類要四卷徐夢符外科灸法論粹新書一卷趙從古六甲天元運氣鈐二卷丁德用醫傷寒慈濟集三卷馬昌運黃帝素問入試祕寶七卷王宗正難經疏義二卷楊介存四時傷寒總病論六卷僧文宥必効方三卷陳師文校正太平惠民和劑局方五卷陳氏經驗方五卷不知名唐愼微大觀經史證類備急本草三十二卷王寔傷寒證治三卷又局方續添傷寒證治一卷郭稽中婦人產育保慶集一卷裴宗元藥詮總辨三卷孫用和傳家祕寶方五卷錢乙小兒藥證直訣八卷洪氏集驗方五卷不知名李石司牧安驥集三卷又司牧安驥方一卷張渙小兒醫方妙選三卷王俁編類本草單方三十五卷趙鑄癰瘡備急方一卷李璆張致遠瘴論二卷鄭樵鶴頂方二十四卷本草外類五卷食鑑四卷張傑子母祕錄十卷王蘧經効癰疽方一卷張鋭雞峯備急方一卷王世臣傷寒救俗方一卷胡權治癰疽膿毒方一卷錢竿海上名方一卷何偁經驗藥方二卷劉元賓神巧萬全方十二卷黨永年撫醫新說三卷史源治背瘡方一卷王貺濟世全生指迷方三卷王衮王氏博濟方三卷王伯順小兒方三卷漢東王先生小兒形證方三卷胡愔補瀉內景方三卷栖眞子嬰孩寶鑑方十卷蔣淮藥證病源歌五卷成無己傷寒論一卷東旦傷寒論方一卷沈虞卿衞生產科方一卷沈柄產乳十八論卷亡溫舍人方一卷不知名党禹錫嘉祐本草二十卷劉方明幼幼新書四十卷吳得夫集驗方七卷馬延之馬氏錄驗方一卷李朝正備急總効方四十卷陳言三因病源方六卷陳抃手集備急經効方一卷張允蹈外科保安要用方五卷史載之方二卷夏德懋衞生十全方十三卷陸游陸氏續集驗方二卷卓伯融妙濟方一卷胡元質總効方十卷王璆百一選方二十八卷朱端章衞生家寶方六卷又衞生家寶產科方八卷衞生家寶小兒方二卷衞生家寶湯方三卷楊倓楊氏家藏方二十卷許叔微普濟本事方十二卷胡氏經驗方五卷不著名備用方二卷岳州守臣編不著名氏丘哲備急効驗方三卷宋霖丹毒備急方三卷黃環備問方二卷王磧易簡方一卷方導方氏集要方二卷王世明濟世萬全方一卷張松究源方五卷董大英活幼悟神集二十卷安慶集十卷曾孚先保生護命集一卷戴衍尊生要訣一卷定齋居士五痔方一卷李氏癰疽方一卷不知名集効方一卷中興備急方二卷灸經背面相二卷神應鍼經要訣一卷伯樂鍼經一卷傷寒要法一卷蘭室寶鑑二十卷小兒祕要論一卷紹聖重集醫馬方一卷傳信適用方一卷治未病方一卷用藥須知一卷治發背惡瘡內補方一卷博濟嬰孩寶書二十卷川玉集一卷產後論一卷冲和先生口齒論一卷腳氣論一卷靈苑方二十卷祕寶方二卷古今祕傳必驗方一卷大醫西局濟世方八卷產科經眞環中圖一卷陳升醫鑑後傳一卷陳蓬天元秘演十卷麗時安難經解一卷朱肱內外二景圖三卷南陽活人書二十卷席延賞黃帝鍼經音義一卷莊綽膏肓腧穴灸法一卷黃氏中藏經一卷靈寶洞主探微眞人撰劉溫舒內經素問論奧四卷劉清海五藏須合賦一卷耆婆五藏論一卷劉皓眼論審的歌一卷徐氏黃帝脉經指下秘訣一卷平堯卿傷寒玉鑑新書一卷傷寒證類要略二卷董常南來保生回車論一卷黃維聖濟經解義十卷東軒居士衞濟書寶一卷李檉傷寒要旨一卷醫家妙語一卷小兒保生要方三卷湯民望嬰孩妙訣論三卷伍起予外科新書一卷癰疽方一卷董彶腳氣治法總要一卷程迥醫經正本書一卷婁居中食治通說一卷蘇頌校本草圖經二十卷王懷德太平聖惠方一百卷姚和衆童子秘要論三卷錢聞禮錢氏傷寒百問方一卷閻孝忠重廣保生信効方一卷劉甫十全博救方一卷周應簡要濟衆方五卷王素經驗方三卷張田幼幼方一卷劉彝贛州正俗方二卷李端愿簡驗方一卷崔源本草辨誤一卷晏傅正明効方五卷葛懷敏神効備急單方一卷沈括良方十卷蘇沈良方十五卷沈括蘇軾所著陳直奉親養老書一卷文彥博藥準一卷董汲旅舍備要方一卷初虞世古今錄驗生養必用方三卷龐安驗方書一卷勝金方一卷王趙選秘方二卷

右醫書類五百九部三千三百二十七卷

凡子類三千九百九十九部二萬八千二百九十卷

宋史卷二百七考證

藝文志六皇甫松醉鄉日月三卷○此條複出

李嗣眞畫後品一卷○此條複出

王殷範續蒙求三卷○此條複出

宋史卷二百八

元中書右丞相總裁脫脫等修

藝文志第一百六十一

藝文七

集類四：一曰楚辭類，二曰別集類，三曰總集類，四曰文史類。

楚辭十六卷（楚屈原等撰）楚辭七十卷（後漢王逸章句）晁補之續楚辭二十卷又變離騷二十卷黃伯思翼騷一卷洪興祖補注楚辭十七卷考異一卷周紫芝竹坡楚辭贊說一卷朱熹楚辭集注八卷辨證一卷黃銖楚辭協韻一卷離騷一卷（錢杲之集傳）

右楚辭十二部，一百四卷。

董仲舒集一卷枚乘集一卷劉向集五卷王褒集五卷楊雄集六卷又二十四箴一卷李尤集二卷張衡集六卷張超集三卷蔡邕集十卷諸葛亮集十四卷曹植集十卷魏文帝集一卷王粲集八卷陳琳集十卷嵇康集十卷阮林集十卷張華集二卷又詩一卷江統集一卷傅玄集一卷束皙集一卷張敏集二卷潘岳集七卷索靖集一卷劉琨集十卷陸機集十卷陸雲集十卷郭璞集六卷蘭亭詩一卷陶淵明集十卷謝莊集一卷顏延之集五卷謝靈運集九卷謝惠連集五卷王僧達集十卷鮑昭集十卷江淹集十卷王融集七卷孔稚圭集十卷謝朓集十卷又詩一卷顏之推稽聖賦一卷梁簡文帝集一卷昭明太子集五卷沈約集九卷又詩一卷劉子緯集一卷劉孝威集一卷吳均詩集三卷何遜詩集五卷庾肩吾集二卷任昉集六卷庾信集二十卷又哀江南賦一卷陳后主集一卷江總集七卷沈炯集七卷徐陵詩一卷張正見集一卷唐太宗詩一卷玄宗詩一卷王績集五卷許敬宗集十卷任敬臣集十卷宋之問集十卷沈佺期集十卷崔融集十卷李嶠詩十卷蘇味道詩一卷杜審言詩一卷徐鴻詩一卷王勃詩八卷又文集三十卷雜序一卷楊炯集二十卷又拾遺四卷盧照鄰集十卷駱賓王集十卷陳子昂集十卷劉希夷詩四卷趙彥昭詩一卷崔湜詩一卷武平一詩一卷李乂詩一卷孫逖集二十卷張說集三十卷又外集二卷蘇頲集三十卷張九齡集二十卷李白集三十卷嚴從中黃子三卷毛欽一集三十卷（李白撰）梁肅集二十卷李翰集一卷孟浩然詩三卷王昌齡集十卷崔顥詩一卷盧象詩一卷李適詩一卷陶翰詩一卷皇甫曾詩一卷皇甫冉集二卷嚴維詩一卷祖詠詩一卷丘爲詩一卷常建詩一卷岑參集十卷崔國輔詩一卷則天中興集十卷又別集一卷太宗御集一百二十卷眞宗御集三百卷目十卷又御集一百五十卷仁宗御集一百卷目錄三卷英宗御製一卷神宗御筆手詔二十一卷又御集一百六十卷哲宗御製前後集共二十七卷徽宗御製崇觀宸奎集一卷又宮詞一卷阮籍集十卷阮咸集一卷王道珪注哀江南賦一卷張庭芳注哀江南賦一卷陸淳東皐子集略二卷魏文正公時務策五卷郭元振九諫書一卷又安邦策三卷李靖霸國箴一卷王起注崔融寶國贊一卷許恭集十卷任希古集十卷王勃舟中纂序五卷盧照鄰幽憂子三卷駱賓王百道判二卷李嶠新詠一卷吳筠（一作均）集十一卷杜甫小集六卷薛蒼舒杜詩刊誤一卷元結元子十卷又琦玕子一卷常袞詔集二十卷賀知章入道表一卷鮑防集五卷又雜感詩一卷令狐楚梁苑文類三卷李司空論事十七卷馮宿集十卷邵說集十卷杜元穎五題一卷李紳批答一卷劉軻翼孟三卷李德裕窮愁志三卷又雜賦二卷平泉草木記一卷段全緯集五卷薛逢別集九卷李虞仲制集四卷柳冕集四卷李程表狀一卷李羣玉後集五卷又詩集二卷令狐綯表疏一卷夏侯韞與涼州書一卷商璠丹陽集一卷舒元輿文一卷譚正夫文一卷張璪（一作琛）文一卷來擇林陵子集一卷又集三卷齊夔文一卷暢當詩一卷皇甫松大隱賦一卷于武陵詩一卷陸希聲頤山錄詩一卷陸鸞集一卷沈棲遠景臺編十卷袁皓集一卷黃滔編略十卷賈島小集八卷費冠卿詩一卷孟遲詩一卷王德輿詩一卷鄭谷宜陽集一卷郁渾百篇一卷周濆詩一卷薛瑩洞庭詩一卷李洞詩集三卷丁稜詩一卷朱鄴賦三卷又詩三卷盧延讓詩集一卷楊弁詩一卷賀蘭明吉集一卷徐融集一卷韋說詩一卷劉綺莊集十卷張琳集十卷徐杲集八卷宗嚴集一卷薛逢賦四卷又別紙十三卷宋言賦一卷郭貴體物集一卷楊復恭行朝詩一卷韓偓詩一卷又入翰林後詩一卷馮涓懷秦賦一卷又集十三卷龍吟集三卷長樂集一卷朱朴荊山子詩集四卷又雜表一卷孫郃小集三卷楊士達擬諷諫集五卷陳光詩一卷吳仁璧詩一卷戚同文孟諸集二十卷王振詩一卷嚴虔崧寶囊五卷又表狀五卷倪明基詩一卷李洪皐集二卷又表狀一卷韋文靖牋表一卷崔昇魯史分門屬類賦一卷韋鼎詩一卷孫該詩一卷衞單詩一卷蔡融詩一卷來鵬詩一卷謝璧賦一卷又詩集四卷策林十卷詠高士詩一卷沃山焦山賦一卷扈蒙鼇山集二十卷毛欽一文二卷張友正文一卷南卓集一卷陳陶文錄十卷封鼇翰藁八卷胡曾集十卷李商隱賦一卷又雜文一卷劉鄴集四卷又從事三卷陳（一作劉）黷集一卷陳汀五源文集三卷又賦一卷張次宗集六卷劉三復景臺雜編十卷又問遺集三卷別集一卷王椒集十卷倪曙獲藁集三卷又賦一卷皮日休別集七卷陸龜蒙詩編十卷又賦六卷錢珝制集十卷又舟中錄二十卷楊夔集五卷又賦一卷冗書十卷冗餘集十卷鄭昌士白巖集五卷又詩集十卷程遜集十卷溫庭筠漢南眞藁十卷又集十四卷握蘭（一作簡）集三卷記室備要三卷詩集五卷崔嘏管記集十卷蔣文彧記室定名集三卷盧肇愈風集十卷又大統賦注六卷海潮賦一卷通屆賦一卷鄭賨（一作寶）行宮集十卷張澤飲河集十五卷劉宗（一作榮）望制集八卷陸扆禁林集七卷張玄晏集二卷高騈集三卷李稹鼎國集三卷顧雲集遺十卷又賦二卷啓事一卷茗（一作昭）亭雜筆五卷纂新十卷茗（一作昭）川總載十卷康軿九筆雜編十五卷樂朋龜集七卷又綸閣集十卷徐寅別集五卷吳融賦集五卷崔致遠筆耕集二十卷又別集一卷崔遘集二卷羅袞集二卷李山甫雜賦二卷李磎集四卷羊昭業集十五卷章震肥川集十卷又磨盾集十卷李景略南燕染翰二十卷孫郃孫文子纂四十卷汪文蔚集三卷劉韜美從軍集四十卷郭子儀表奏五卷顏眞卿集十五卷元結集十卷李峴詩一卷常袞集三十三卷又集十卷韋應物集十卷高適詩集十二卷李嘉祐詩一卷張謂詩一卷盧綸詩一卷李端詩三卷耿緯詩三卷司空文明集一卷韓翃詩五卷錢起詩十二卷郎士元詩二卷張繼詩一卷陸贄集二十卷王仲舒制集二卷羊士諤詩一卷雍裕之詩一卷裴度集二卷武元衡詩三卷權德輿集五十卷韓愈集五十卷又遺文一卷昌黎文集序傳碑記一卷西掖雅言五卷祝光韓文音義五十卷朱熹韓文考異十卷樊汝霖譜注韓文四十卷洪興祖韓文年譜一卷韓文辨證一卷方崧卿韓集舉正一卷柳宗元集三十卷張敦頤柳文音辨一卷劉禹錫集三十卷又外集十卷呂溫集十卷李觀集五卷李賀集一卷又外集一卷歐陽詹集一卷歐陽袞集一卷張籍集十二卷孟東野詩集十卷李翺集十二卷皇甫湜集八卷賈島詩一卷盧仝詩一卷劉乂詩一卷沈亞之詩十二卷樊宗師集一卷吳武陵詩一卷張碧詩一卷又歌行一卷包幼正詩一卷朱放詩二卷符載集二卷鮑溶歌詩五卷李益詩一卷李約詩一卷熊孺登詩一卷蔣防集一卷崔元翰集十卷張登集六卷竇叔向詩一卷竇鞏詩一卷穆員集九卷殷堯藩詩一卷獨孤及集二十卷張仲素詩一卷劉言史詩十卷章孝標集七卷莊南傑雜歌行一卷朱灣詩一卷張祜詩十卷李絳文集六卷元稹集四十八卷又元相逸詩二卷趙暘詩一卷白居易長慶集七十一卷袁不約詩一卷施肩吾集十卷李甘集一卷朱慶餘詩一卷李程集一卷王涯翰林歌詞一卷令狐楚表奏十卷又歌詩一卷李涉詩一卷楊巨源詩一卷喻鳧詩一卷薛瑩詩一卷牛僧孺集五卷李紳詩三卷李德裕集二十卷又別集十卷記集二卷姑臧集五卷（德裕翰苑所作）杜牧集二十卷溫庭筠集七卷薛段成式集七卷薛能詩集十卷崔嘏制誥十卷薛逢詩一卷馬戴詩一卷姚鵠詩一卷顧況集十五卷顧非熊詩一卷裴夷直詩二卷項斯詩一卷劉駕古風詩一卷李廓詩一卷韓宗詩一卷李遠詩一卷曹鄴古風詩二卷許渾詩集十二卷姚合詩集十卷李頻詩一卷李郢詩一卷雍陶詩集三卷于鄴詩十卷陸暢集一卷劉得仁詩集一卷趙嘏編年詩二卷孫樵集三卷儲嗣宗詩一卷李鍇詩一卷鄭巢詩一卷鄭嵎津陽門詩一卷李般古風詩一卷盧肇文標集三卷李商隱文集八卷又四六甲乙集四十卷別集二十卷詩集三卷劉滄詩一卷于鵠詩一卷鄭畋集五卷又詩集一卷論事五卷皮日休文藪十卷滑臺集一卷弔江都賦一卷劉蛻集十卷李昌符詩一卷侯圭江都賦一卷沈光詩集一卷陸龜蒙集四卷喻坦之集一卷周賀詩一卷曹唐詩三卷許棠詩集一卷獨孤霖玉堂集二十卷李山甫詩一卷胡曾詠史詩三卷又詩一卷張喬詩一卷王棨詩一卷于濆古風詩一卷聶夷中詩一卷林寬詩一卷薛廷珪鳳閣書詞十

卷羅虬北紅兒詩十卷羅鄴詩一卷羅隱湘南應用集三卷又淮海寓言七卷甲乙集三卷外集詩一卷啓事一卷讒本三卷讒書五卷崔道融集九卷高駢詩一卷顧雲編藁十卷又鳳策聯華三卷司空圖一鳴集三十卷崔塗詩一卷崔魯詩一卷林嵩詩一卷王駕詩六卷唐彥謙詩集二卷方干詩二卷徐凝詩一卷周朴詩一卷陳陶詩十卷王貞白集七卷陸希聲君陽遁叟山集記一卷鄭遲詩一卷鄭雲叟擬峯集二卷杜甫詩二十卷又外集一卷杜詩標題三卷（題鮑氏不知名）王維集十卷賈至集十卷又詩一卷儲光羲集二卷綦毋潛詩一卷劉長卿集二十卷蕭穎士集十卷李華集二十卷秦系秦隱君詩一卷張鼎詩一卷程晏集十卷李華集二十卷張南史詩一卷陳黯集一卷杜荀鶴唐風集二卷嚴郾詩一卷李溪奏議一卷吳融集五卷楮載詩一卷曹松詩一卷翁承贊詩一卷張蠙詩一卷孫郃集二卷秦韜玉集三卷鄭谷詩三卷又詩一卷外集一卷韓偓香奩小集一卷又別集三卷王轂詩三卷裴說詩一卷李雄詩三卷說李中集三卷李善夷集六卷黃璞集五卷孫晟晏六朝詠史詩一卷實永賦一卷閻防詩一卷王季玄詩一卷林藻集一卷劉憲詩一卷朱景玄詩一卷蘇拯詩一卷王建集十卷楊炎集十卷唐于公異奏記一卷趙信陵詩一卷劉商集十卷戎昱集五卷戴叔倫述稾十卷張韋詩一卷陳羽詩一卷李慎詩一卷劉威詩一卷邵謁詩一卷鄭昌士四六集一卷柳倓詩一卷任潘詩一卷楊衡詩一卷文丙詩一卷皮氏玉笥集一卷（不知作者）黃滔莆陽黃御史集二卷黃寺丞詩一卷（不著名題唐人）蘆中詩二卷（不知作者）李琪金門集十卷韋莊浣花集十卷諫草一卷殷文圭冥搜集二十卷又登龍集十五卷孫晟集五卷李崧眞珠集一卷高輦昆玉集一卷馬幼昌集四卷林鼎吳江應用二十卷王叡炙轂子三卷又聯珠集五卷周延禧百一集二十卷沈文昌集二十卷張沈一飛集三卷呂述東平小集三卷馮道集六卷又河間集五卷詩集十卷李松錦囊集三卷又別集一卷王仁裕乘軺集五卷又紫閣集五卷紫泥集十二卷紫泥後集四十卷詩集十卷公乘億珠林集四卷又華林集三卷集七卷賦十二卷王超洋源集十卷又鳳鳴集三卷孫開物集十六卷李琪應用集三卷崔拙集二卷李愚白沙集十卷又五書一卷丘光業詩一卷錢鏐吳越石壁記一卷孫光憲荊臺集四十卷又筆傭集十卷紀遇詩十卷鞏湖編翫三卷橘齋集二卷和凝演論集三

十卷又游藝集五十卷紅藥編五卷賈緯草堂集二十卷又續草堂集十五卷張正西掖集三十卷陳九疇集五卷韋莊諫疏牋表四卷楊懷玉志筌集三卷王傚後集十卷喬諷集十卷李洪茂集十卷毛文晏昌城後寓集十五卷又西閣集十卷東壁出言三卷杜光庭廣成集一百卷又壺中集三卷庾傳昌金行啓運集二十卷李堯夫梓潼集二十卷勾令言玄丹集十二卷童九齡潼江集二十卷王朴翰苑集十卷李瀚丁年集十卷涂昭艮集八卷李昊蜀祖經緯略一百卷又樞機集二十卷商文圭從軍藁二十卷又鏤冰錄二十卷筆耕詞二十卷游恭東里集三卷又廣東里集二十卷短兵集三卷朱潯昌吳啓霸集三十卷沈松錢金集八卷郭昭度芸閣集十卷李氏金臺鳳藻集五十卷李爲光裴然集五卷程簡之金鏤集十二卷沈顏陵陽集五卷又聲書十卷解諤十五卷程柔安居雜著十卷陳濬捐讓錄七卷李煜集十卷又集略十卷詩一卷宋齊丘祀玄集三卷孫晟續古闕文一卷陳致雍曲臺奏議集二十卷孟拱辰鳳苑集三卷湯筠戎機集五卷喬舜擬謠十卷張安石詩一卷趙搏歌詩二卷方納遠華集一卷韋藹詩一卷張傑詩一卷謝皤隱雜感詩二卷戴文（一作乂）迥文詩一卷守素先生遺榮詩集三卷譚用藏詩一卷羅紹威政餘詩集一卷章碣詩一卷商緒潛陽詩集三卷熊惟簡湘西詩集三卷李明詩集五卷郭鵬詩一卷孟賓子金鼇詩集二卷李叔文（一作乂）詩一卷王希羽詩一卷廖光圖詩集二卷廖凝詩集七卷廖邈詩集二卷廖融詩集四卷王梵志詩集一卷左紹冲集三卷熊皦居龍集五卷章（一作章）鄖詩一卷朱存金陵覽古詩二卷韓溉詩一卷高蟾詩二卷孫魴詩集三卷成文幹詩集五卷吳蛻一字至七字詩二卷羅浩源廬山雜詠詩一卷王道（一作遒）詠史一卷冀訪詠史十卷孫玄晏覽北史三卷崔道融申唐詩三卷杜輦詠唐史十卷趙容（一作谷）刺賢詩一卷閻承琬詠史三卷六朝詠史六卷童汝爲詠史一卷陸元皓詠劉子詩三卷高邁賦一卷謝觀賦集八卷蔣防賦集一卷俞嚴賦集一卷侯圭賦集五卷鄭濆賦二卷王雄賦集二卷賈嵩賦集三卷蔣凝賦集三卷桑維翰賦二卷林絢大統賦二卷大紀賦三卷李希運兩京賦一卷崔葆數賦十卷毛濤（一作鑄）渾天賦一卷劉惲悲甘陵賦一卷（張龍泉章孝標注）盧獻卿愍征賦一卷張瑩（一作東）弔梁（梁下或有郊字）賦一卷王朴樂賦一卷趙鄰幾禹別九州賦三卷魯褒錢神論一卷潘詢注才命論一卷錢

棲業大虛潮論一卷杜光庭三教論一卷大寶論一卷丁友亮唐興贊論一卷丘光庭海潮論一卷趙昌嗣海潮論一卷九證心戒一卷杜嗣先兔園策十卷鄭寬百道判一卷吳康仁判一卷崔銳判一卷趙璘表狀一卷李善夷表集一卷鄭嵎表狀略三卷彭霽啓狀一卷鄭氏貽孫集四卷張濬表狀一卷李巨川啓狀二卷鄭準渚宮集四卷李翥魚化集一卷樊景表狀集五卷羅貫啓狀二卷梁震表狀一卷趙仁拱潛龍筆職三卷黃台江西表狀二卷周愼辭表狀五卷郭洪記室袖中備要三卷金臺倚馬集九卷擬狀制集三卷章表分門一卷兩制珠璣集二卷搢紳集三卷蓬壺集一卷忘機子五卷（並不知作者）張昭嘉善集五十卷高錫簪履編七卷王祐集二十卷羅處約東觀集十卷郭贄文懿集三十卷陳摶釣潭集二卷王溥集二十卷趙上文集二十卷薛居正集三十卷竇儀端揆集四十五卷白積集十卷徐鉉質論一卷蘇易簡章表十卷李昉集五十卷朱昂集三十卷王旦集二十卷鞠常集二十卷李瑩集十卷梁周翰苑制草集二十卷王禹偁制誥集十二卷韓乂奏議三卷楊億號略集七卷劉宣集一卷楊嶷之集五卷趙師民儒林舊德集三十卷丘旭詩一卷又賦一卷曾致堯直言集一卷張翼詩一卷韋文化韶程詩一卷趙晟金山詩一卷李度策名詩一卷楊日嚴集十卷趙抃成都古今集三十卷宋敏求書闈前後集西垣制詞文集四十八卷呂惠卿文集一百卷又奏議一百七十卷龔鼎臣諫草三卷程師孟文集二十卷又奏議十五卷楊繪文集八十卷張方平玉堂集二十卷王洙昌元集十卷承幹文集十卷田況文集三十卷鄧綰治平文集三十卷又翰林制集十卷西垣制集三卷奏議二十卷雜文詩賦五十卷劉彝明善集三十卷又居易集二十卷趙世繁歌詩十卷張詵文集十卷又奏議三十卷韓繹文集五十卷又內外制集十三卷奏議三十卷龐元英文集三十卷李常文集六十卷又奏議二十卷孫覺文集四十卷又奏議十二卷外集十卷呂公孺詩集奏議二十卷熊本文集三十卷又奏議二十卷傅堯俞奏議十卷葉康直文集十卷李承之文集三十卷又奏議二十卷盧秉文集十卷又奏議三十卷晁補之雞肋集一百卷王庠文集五十卷劉敘集六十卷孫文仲文集五十卷孔武仲奏議三卷蒲宗孟文集奏議七十卷張利一奏議三卷喬執中古律詩賦十五卷又雜文碑誌十卷趙仲庠內外制十卷又雜文五十卷制誥表章十卷

趙仲銳文集十卷李之純文集二十卷又奏議五卷趙世逢英華集十卷李清臣文集一百卷又奏議三十卷李新集四十卷沈洙文集十卷杜紘文集二十卷又奏議十卷後山集三十卷曾肇元祐制集十二卷又曲阜外集三十卷張舜民畫墁集一百卷王存文集五十卷李昭集三十卷蔣之奇荊溪前後集八十九卷又別集九卷北扉集九卷西樞集四卷巵言集五卷芻言五十篇舒亶文集一百卷龔原文集七十卷又潁川唱和詩三卷安燾文集四十卷又奏議十卷張商英文集一百卷蔡肇文集三十卷劉跂集二十卷秦敏學集二卷曾孝廣文集二十卷張閣文集二十卷吳居厚文集一百卷又奏議一百二十卷呂益柔文集五十卷又奏議一卷姚祐文集六十卷又奏議二十卷上官均文集五十卷又奏議十卷葉煥繼明集一卷趙仲御東堂集一卷李長民汴都賦一卷鮑慎由文集五十卷游酢文集十卷劉安世文集二十卷許安國詩三卷唐恪文集八十卷譚世勣文集三十卷又奏議二十一卷外制五卷師陶集二卷孫希廣樵漁論三卷寶夢證東堂集三卷恭翔集十卷又表奏集十卷盧文度集二卷崔氏干旟錄六卷李愼儀集十二卷唐鴻集五卷青蕪編集一卷陳光圖集七卷李洪源集二卷鄺炎文四篇沈彬閑居集十卷羅隱後集二十卷又汝江集三卷歌詩十四卷吳越掌書記集三卷熊皎南金集二卷龔霖詩一卷倪曉賦一卷譚用之詩一卷扈載集五卷南唐李後主集十卷宋齊丘文傳十三卷徐鍇集十五卷馮延巳陽春錄一卷田霖四六一卷潘佑榮陽集二十卷左偃鍾山集一卷張爲詩一卷徐演探龍集五卷張麟答輿論三卷楊九齡桂堂編事二十卷蔡崑詩一卷廖正圖詩一卷劉昭禹詩一卷孫魴詩五卷李建勳集二十卷杜田注杜詩補遺正繆十二卷薛倉舒杜詩補遺五卷續注杜詩補遺八卷洪興祖杜詩辨證二卷范賢集三十卷趙普奏議一卷李瑩集一卷陶穀集十卷王佑襄陽風景古跡詩一卷柳開集十五卷徐鉉集三十二卷湯悅集三卷宋白集一百卷又柳枝詞一卷賈黃中集三十卷李至集三十卷張洎集五十卷李諮集二十卷楊朴詩一卷潘閬詩一卷羅處約詩一卷李光輔集一卷王操詩一卷盧稹曲肱編六卷趙湘集十二卷古成之集三卷章士廉集二卷張君房野語三卷李九齡詩集一卷廖氏家集一卷王禹偁小畜集三卷又外集二十卷承明集十卷別集十六卷田錫集五十卷又別集三卷奏

議二卷魏野草堂集二卷又鉅鹿東觀集十卷張詠集十卷寇準詩三卷又巴東集一卷丁謂集八卷又虎丘錄五十卷刀筆集二卷青衿集三卷知命集一卷胡旦集十六卷陳靖集十卷晁迥昭德新編三卷穆脩集三卷熊知至集一卷劉隨諫草二十卷林逋詩七卷又詩二卷柴慶集十卷劉夔應制一卷謝伯初詩一卷呂祐之集二十卷錢惟演擁旄集五卷陳堯佐愚丘集二卷又潮陽新編一卷石介集二十卷夏竦集一百卷又策論十三卷宋庠緹巾集十三卷又操縵集六卷連珠一卷王隨集二十卷石延年詩二卷宋郊文集四十四卷宋祁集一百五十卷又濡削一卷刀筆集二十卷西川猥藳三卷鄭文寶集三十卷楊億蓬山集五十四卷又武夷新編集二十卷穎陰集二十卷刀筆集二十卷別集十二卷汝陽雜編二十卷鑾坡遺札十二卷劉筠冊府應言集十卷又榮遇集二十卷山中刀筆集三卷表奏六卷肥川集四卷韓丕詩三卷种放集十卷李介种放江南小集二卷柴成務集二十卷孫何集四十卷孫僅詩一卷許申集一卷錢易集六十卷高弁集三卷錢昭度詩一卷唐異詩集一卷江爲詩一卷李畋集十卷張餗集三卷張景集二十卷郭震集四卷鄭脩集一卷許允豹詩一卷劉若沖永昌應制集三卷陳漸集十五卷陳充民士編二十卷錢彥遠諫垣集三十卷又諫垣遺藳五卷齊唐集三十卷又策論十卷鮑當集一卷又後集一卷何涉治道中術六卷仲訥集十二卷梅堯臣集六十卷又後集二卷畢田詩一卷楊備姑蘇百題詩三卷宋綬常山秘殿集三卷又託車集五卷常山遺札三卷許推官吟一卷袁陟廬山四游詩一卷又金陵訪古詩一卷曾交集三卷鄭伯玉詩一卷顏大初集十卷范仲淹集二十卷又別集四卷尺牘二卷奏議十五卷丹陽編八卷呂中公試卷一卷杜衍詩一卷丘濬觀時感事詩一卷困編一卷晏殊集二十八卷又臨川集三十卷詩二卷二州集十五卷二府別集十二卷北海新編六卷平臺集一卷胡宿集七十卷又制詞四卷包拯奏議十卷廖偁朱陵編一卷戴眞詩二卷錢藻賢良策五卷蘇舜欽集十六卷張伯玉蓬萊詩二卷孫復集十卷周曇詠史詩八卷尹洙集二十八卷崔公度咸山賦一卷燕肅詩二卷尹源集六卷又幕中集十六卷葉清臣集十六卷李淑書殿集二十卷又筆語十五卷龍昌期集八卷田况策論十卷蔣康叔小集一卷張俞集二十六卷寇隨詩一卷王琪詩二十卷狄遵度集十卷黃

亢集十二卷李問詩一卷李祺刀筆集十五卷又象臺四六集七卷陳亞藥名詩一卷黃通集三卷湛俞詩一卷江休復集四十卷王回集十卷蘇洵集十五卷又別集五卷李泰伯直講集三十三卷又後集六卷黃庶集六卷劉輝集八卷王同集十卷王令集二十卷又廣陵文集六卷余靖集二十卷又諫草三卷孫沔集十卷劉敞集七十五卷蔡襄集六十卷又奏議十卷歐陽脩集五十卷又別集二十卷六一集七卷奏議十八卷內外制集十一卷從諫集八卷韓琦集五十卷又諫垣存藳三卷富弼奏議十二卷又劄子十六卷呂誨集十五卷又章奏二十卷趙抃南臺諫垣集二卷又淸獻盡言集二卷元絳玉堂集二十卷又玉堂詩十卷鄭獬集五十卷王陶詩三十卷又集五卷宋敏求東觀絕筆二十卷晁端友詩十卷程師孟長樂集一卷陶弼集十五卷强至集四十卷邵雍集二十卷張載集十卷張先詩二十卷陳襄集二十五卷又奏議一卷曾鞏元豐類藳五十卷又別集六卷續藳四十卷揚蟠詩二十卷袁思正集六卷晁端忠詩一卷章望之集四十卷又集十一卷吳頎詩一卷劉渙詩十二卷吳孝宗集二十卷呂南公灌園集三十卷王韶奏議六卷李師中詩三卷楊繪諫疏七卷傅翼之集一卷任大中集三卷方子通詩一卷王震元豐懷遇集七卷張徽集三卷又北闕詩一卷王無咎集十五卷司馬光集八十卷又全集一百十六卷龔鼎臣集五十卷文彥博集三十卷又顯忠集二卷王安石集一百卷張方平集四十卷又進策九卷王珪集一百卷范鎭諫垣集十卷又奏議二卷程顥集四卷朱光庭奏議三卷范祖禹集五十五卷王巖叟集四十卷趙瞻集二十卷又奏議十卷楊傑集十五卷又別集十卷鮮于侁集二卷蘇頌集七十二卷又略集一卷劉攽集六十卷王剛中文集六卷顏復集十三卷孔平仲詩戲一卷劉摯集四十卷邢居實呻吟集一卷陳軒綸閣編六卷又榮名集二卷臨汀集六卷陳敦詩六卷陳先生揭陽集十卷不知名劉定詩一卷許彥國詩三卷張重集八卷王定民雙薄編二十四卷何宗元十議三卷張公庠詩一卷韋驤集十八卷又賦二十卷李清臣集八十卷又進策五卷程頤集二十卷蘇軾前後集七十卷奏議十五卷補遺三卷南征集一卷詞一卷南省說書一卷應詔集十卷內外制十三卷別集四十六卷黃州集二卷續集二卷和陶詩四卷北歸集六卷儋耳手澤一卷年譜一卷王宗稷編蘇轍欒城集八十四卷應詔集十卷

策論十卷均陽雜著一卷黃庭堅集三十卷樂府二卷外集十四卷書尺十五卷陳師道集十四卷又語業一卷秦觀集四十卷蔣之奇集一卷曾布集三十卷呂惠卿集五十卷曾肇集四十卷又奏議十二卷西垣集十二卷庚辰外制集三卷內制集五卷張來集七十卷又進卷十二卷李昭玘集三十卷晁補之集七十卷李廌集三十卷蔡肇集六卷又詩三卷呂陶集六十卷張舜民集一百卷張商英集十三卷鄭俠集二十卷錢惟演伊川集五卷陳簡能集一卷馮京潛山文集一卷陳舜俞集三十卷又治說十卷應制策論一卷金君卿集十卷劉煇東歸集十卷王安國集六十卷又序言八卷王安禮集二十卷范純仁忠宣集二十卷又彈事五卷國論五卷韓維南陽集三十卷又穎邸記室集一卷奏議一卷李復潏水集四十卷傅堯俞集十卷丁隲奏議二十卷又奏議一卷陳師錫奏議一卷彭汝礪鄱陽集四十卷龔夫奏議一卷范百祿榮國集五十卷又奏議六卷內制五卷外制五卷鄒浩文卿集四十卷郭祥正集三十卷陳瓘集四十卷又責沈一卷諫垣集三卷四明尊堯集五卷了齋親筆十卷尊堯餘言一卷李新集四十卷吳栻蜀道紀行詩三卷又菴峯集一卷徐積集三十卷任伯雨戇草二卷又乘桴集三卷葛次仲集句詩三卷鄭少微策六卷石柔橘林集十六卷謝逸集二十卷又溪堂詩五卷謝邁集十卷陸純集一卷張勵詩二十卷廖正一集八卷韓筠集一卷張勸詩二卷王寀南陔集一卷楊天惠集六十卷劉跂集二十卷王家撰唐庚集二十二卷馬存集十卷又經濟集十二卷朱服集十三卷毛滂集十五卷李樵詩二卷朱減集十二卷劉珏奏議一卷崔鶠集三十卷李若水集十卷梅執禮集十五卷晁說之二十卷楊時集二十卷又龜山集三十五卷李朴集二十卷王安中集二十卷徐俯集三卷呂本中詩二十卷翟汝文集三十卷汪藻集六十卷程俱集三十四卷李綱文集十八卷趙鼎得全居士集二卷又忠正德文集十卷朱勝非奏議十五卷綦崇禮北海集六十卷葉夢得石林集一百卷又奏議十五卷建康集八卷孫覿鴻慶集四十二卷汪伯彥後集二十五卷又續編一卷胡銓澹菴集七十卷李光前後集三十卷張激澹巖集四十卷李邴草堂後集二十六卷饒節倚松集十四卷吳則禮集十卷韓駒陵陽集十五卷又別集三卷傅察集三卷趙鼎臣竹隱畸士集四十卷趙育酒隱集三卷曾匪集十六卷陳東奏議一卷章誼奏議二

卷又文集二十卷劉安世元城盡言集十三卷許景衡橫塘集三十卷田晝集二卷劉弇龍雲集三十二卷慕容彥逢集三十卷李端叔姑溪集五十卷又後集二十卷米芾山林集拾遺八卷倪濤玉溪集二十二卷張彥實東廳集四十卷又詩十卷劉一止苕溪集五十五卷王賞玉臺集四十卷馮時行縉雲集四十三卷高登東溪集十二卷仲并浮山集十六卷王洋東牟集二十九卷關注集二十卷葛立方歸愚集二十卷曹勛松隱集四十卷辛次膺奏議二十卷又牋表十卷周麟之海陵集二十三卷王銍集二十三卷任古拙齋遺藳三卷任正言小醜集十二卷又續集五卷張積鶴鳴先生集四十一卷呂大臨玉溪先生集二十八卷胡恭政議進藳一卷葉訪所業二卷勾滋達齋文集七卷吳正肅制科文集十卷王發元祐進本制舉策論十卷呂頤浩忠穆文集十五卷張元幹蘆川詞二卷三顧隱客文集十一卷文選精理二十卷岳陽黃氏靈仙集十五卷以下不知名宋初梅花千詠二卷易安居士文集七卷宋李格非女撰又易安詞六卷辛棄疾長短句十二卷又稼軒奏議一卷吳楚紀行一卷宋峽州守吳氏撰不知名劉子翬屏山集二十卷劉珙集九十卷又附錄四卷鄧良能書潛集三十卷游桂畏齋集二十二卷王十朋南游集二卷又後集一卷史浩眞隱漫錄五十卷洪适盤洲集八十卷洪遵小隱集七十卷洪邁野處猥藳一百四卷又瓊野錄三卷劉儀鳳奇堂集三十卷又樂府一卷羅願小集五卷張嵲紫微集三十卷周紫芝大倉稊米集七十卷毛幵樵隱集十五卷張行成觀物集三十卷倪文舉綺川集十五卷張嗣良斂帚集十四卷又南澗甲乙藳七十卷韓元吉愚戇錄十卷宋汝爲忠嘉集一卷又後集一卷陳熙甫奏劄一卷陳康伯葛谿集三十卷陳括潤上卷三十卷汪中立符桂錄三卷王萊龜湖集十卷何遲蒙野集四十九卷曹彥章箕頴集一十卷孫應時燭湖集十卷沈與求龜溪集十二卷呂祖儉大愚集十一卷顏師魯文集四十四卷陳峴東齋表奏二卷聶冠卿蘄春集十卷沈夏文集二十卷陳正伯書舟雅詞十一卷劉給事文集一卷鄧忠臣文集十二卷賀鑄慶湖遺老集二十九卷林栗集三十卷又奏議五卷龔茂良靜泰堂集三十九卷周必大詞科舊藳三卷又掖垣類藳七卷玉堂類藳二十卷政府應制藳一卷歷官表奏十二卷省齋文藳四十卷別藳十卷平園續藳四十卷承明集十卷奏議十二卷雜著述二十三卷書藳十五卷附錄五卷朱松

韋齋集十二卷又小集一卷朱熹前集四十卷後集九十一卷續集十卷別集二十四卷張栻南軒文集四十八卷呂祖謙集十五卷又別集十六卷外集五卷附錄三卷汪應辰翰林詞章五卷鄭伯熊集三十卷鄭伯英集二十六卷陸九淵象山集二十八卷又外集四卷潘良貴集十五卷林待聘內外制十二卷吳鎰敬齋集三十二卷沈樞宜林集三十卷吳芾湖山集四十三卷又別集一卷和陶詩三卷附錄三卷當塗小集八卷吳天驥鳳山集十二卷雍焯過溪前集二十卷又後集三卷趙彥端介菴集十卷又外集三卷介菴詞四卷麗讓孺白蘋集藁四卷李迎遺藁一卷謝諤江行雜著三卷曾丰樽齋緣督集十四卷陳傅良止齋集五十二卷陳亮集四十卷又外集詞四卷蔡幼學育德堂集五十卷曾煥毅齋集十八卷又臺城丙藁四卷南城集十八卷曾習之詩文二卷蘇元老文集三十二卷彭克玉壺梅花三百詠一卷王景文集四十卷劉安上文集四卷劉安節文集五卷周博士文集十卷不知名黃季岑玉餘集十卷吳億溪園自怡集十卷周邦彥清眞居士集十一卷程大昌文集二十卷蘇籀雙溪集十一卷楊椿芸室文集七十五卷蔣邁桂齋拙藁二卷又施正憲遺藁二卷丘崇文集十卷羅適赤城先生文集十卷王灼頤室文集五十七卷余安行石月老人文集三十五卷陸游劍南續藁二十一卷又渭南集五十卷費氏芸山居士文集二十一卷不知名李正民大隱文集三十卷杜受言碱砆集十三卷鄧肅栟櫚集二十六卷胡安國武夷集二十二卷胡寅斐然集二十卷程敦儒寵堂集六十八卷又後集二十卷朱翌集四十五卷又詩三卷廖剛高峯集十七卷趙令畤安樂集三十卷陸九齡文集六卷周孚釣刀編二十二卷玉堂梅林文集二十卷又雲溪類集三十卷李璜燕菴文集十二卷江公望釣臺棄藁十四卷吳沈環溪集八卷月湖信筆三卷不知作者趙雄奏議二十卷許開志隱類藁二十卷項安世丙辰悔藁四十七卷趙逵棲雲集二十五卷黃策集四十卷連寶學奏議二卷不知名衞膚敏諫議遺藁一卷姜夔白石叢藁十卷陳伯魚澹齋草紙目錄四十二卷彭龜年止堂集四十七卷彭鳳梅坡集五卷李彌遠筠溪集二十四卷龔日華北征讜議十二卷蕭之敏直諒集三卷李士美北門集四卷劉清之文策二十三卷葉適文集二十八卷周南山房集五卷王秬復齋制表一卷倪思奏議二十六卷又歷官表奏十卷翰林奏草一卷翰林前藁二十卷翰林後藁二卷畢仲游文集五十卷王之道相山居士文集二十五卷又相山長短句二卷王從三近齋餘錄五卷謝伋藥寮叢藁二十卷羅點奏議二十三卷李繁奏議二卷詹儀之奏議二卷胡執萬石書一卷周行巳集十九卷鮑欽止集二十卷黃裳集六十卷林敏功集十卷方孝能文集一卷王庠集五十卷秦敏學集二卷姚述堯簫臺公餘一卷蒙泉居士韓文英華二卷蘇過斜川集十卷王彥輔鳳臺子和杜詩三卷杜甫詩詳說二十八卷不知作者郭微南湖詩八卷陸長翁文集四十卷詹叔義狂夫論十二卷朱敦儒陳淵集二十六卷又詞三卷王寔集三十卷蘇庠集三十卷李師稷皇華編一卷劉一止集五十卷苕溪集多五卷張攀書目以此本爲非齋類藁葛勝仲集八十卷傅崧卿集六十卷又奏議二卷制誥三卷勾龍如淵雜著一卷洪皓集十卷胡宏集一卷曾惇詩一卷黃邦俊集三卷又強記集八卷江袤集二十卷盛液策論一卷潘闢集杜詩句二卷林震集句二卷湓江集六卷不知作者周總集一卷張守集五十卷又奏議二十五卷又十八卷范成大石湖居士文集卷亡又石湖別集二十九卷石湖大全集一百三十六卷許翰襄陵文集二十二卷樓鑰文集一百二十卷張宰蓮社文集五卷胡世將集十五卷又忠獻胡公集六十卷洪龜父詩一卷柯夢得抱甕集十五卷姜如晦月溪集三十二卷錢聞詩文集二十八卷又廬山雜著三卷芮曄家藏集七卷王杏雪齋文集四十卷李燾文集一百二十卷薛齊誼六一先生事證一卷附告詞王大昌六一先生在滁詩一卷汪居正竹西文集十卷李觀顯親集六卷陳汝錫鶴溪集十二卷陳逢寅山谷詩注二十卷朱熹校昌黎集五十卷王洙注杜詩三十六卷方醇道類集杜甫詩史三十卷僧道翹寒山拾得詩一卷傅自得至樂齋集四十卷俞汝尚溪堂集四卷劉燾詩集二十卷方惟深集十卷又錄一卷王庭雲壑集三卷蔡柟浩歌集一卷王庭珪盧溪集十卷邵緝荆溪集八卷吳氏符川集一卷不知名陳克天台詩十卷又外集四卷劉綺清溪詩集三卷王質雪山集三卷蕭德藻千巖擇藁七卷又外編三卷楊萬里江湖集十四卷又荆溪集十卷西歸集八卷南海集八卷朝天集十一卷江西道院集三卷朝天續集八卷江東集十卷退休集十四卷危稹文集二十卷林憲雪巢小集二卷葉鎮會稽覽古詩一卷邵博文集五十七卷鄭剛中文集八卷李浩文集二卷許及之文集三十卷又涉齋課藁九卷黃幹文集十卷鄔屏先生文集十一卷不知名祝充韓文音義五十卷宋德之清城遺藁二卷沈濵文集五卷王述文集二十卷毛友文集四十卷王惟之雪溪集八卷范浚香溪文集二十二卷胡嶧如村冗藁二十卷唐文若遯菴文集三十卷黃公度莆陽知稼翁集十二卷方有聞文集一卷陳柟文集十六卷陳與義詩十卷又岳陽紀詠一卷張文伯江南凱歌二十卷曾幾集十五卷張孝祥文集四十卷又詞一卷古風律詩絕句三卷石行正玉壘題詠九卷何耕勸戒詩一卷孫稽仲谷橋愚藁十卷臨邛計用章集十二卷李鎮梅百詠詩一卷倪正甫兼山小集三十卷黃暜復齋漫藁二卷丁逢南征詩一卷京鏜詩七卷又詞二卷趙時逢山隱斐藁一卷王稱詩四卷徐璣泉山詩藁一卷黃麗詩藁一卷黃景說白石丁藁一卷吳賦之文集一卷曾布之丹丘使君詩詞一卷朱存金陵詩一卷石召集一卷潘咸詩一卷文史聯珠十三卷不知作者得全居士詞一卷不知名汪遵詠史詩一卷韓遂詩一卷張安石集一卷盧士衡詩一卷葉楚詩一卷陳三思詩一卷丁稜詩一卷江漢編七卷不知作者晉惠遠盧山集十卷僧棲白詩一卷僧子蘭詩一卷僧懷浦詩集一卷僧安綬鴈蕩山集一卷僧虛中詩一卷僧貫休集三十卷僧清塞集一卷僧齊巳集十卷又白蓮華或無華字編外集十卷僧義現集三卷僧應之集一卷僧承訥集一卷僧無願集一卷僧靈穆集一卷僧靈護筠源集十卷僧可朋玉壘集十卷僧自牧括囊集十卷僧寘付集一卷僧尚顏荆門集五卷僧曇域龍華集十卷僧文雅集一卷僧光白蓮社集二十卷又虎溪集十卷僧處默詩一卷僧希覺擬江東集五卷僧鴻漸詩一卷僧智暹詩一卷僧康白詩十卷僧惠崇詩三卷僧文暢碧雲集一卷僧楚巒詩一卷僧皎然詩十卷僧無可詩一卷僧靈澈詩一卷僧脩睦詩一卷僧槖征集三卷僧本先集一卷僧文彧詩一卷僧秘演集二卷僧保暹集二卷僧智圓閑居編五十一卷僧大容集一卷僧來鵬詩一卷僧可尚捷金集九卷僧惠澄詩一卷僧有鵬詩一卷僧警淳詩一卷僧靈一詩一卷止禪師青谷集二卷僧惠洪物外集二卷又石門文字禪三十卷僧祖可詩十三卷道士主父果詩一卷魯玄機詩集一卷李季蘭詩集一卷唐女道士李裕撰勾台符臥雲編三卷石仲元詩二卷謝希孟詩二卷又采蘋詩一卷曹希蘊歌詩後集二卷蒲氏玉清編一卷吳氏南宮詩二卷王尚恭詩一卷王亢女徐氏閨秀集一卷王氏詩一卷王綸瑤臺集二卷許氏詩一卷許彥國母楊吉登瀛集五卷劉京集四十卷

右別集類一千八百二十四部二萬三千六百四卷

宋史卷二百八考證

藝文志七薛昆成式集七卷○薛字衍

杜光庭三教論一卷○此條複出

邱光庭海潮論一卷○此條複出

邱崇文集十卷○崇綱鑑作宗

得全居士詞一卷不知名○臣開鼎按得全居士趙鼎謫後號也即本卷中亦有趙鼎得全居士集二卷不知名三字衍

僧來鵬詩一卷○臣開鼎按全唐詩來鵠一作鵬豫章人咸通中舉進士不第詩一卷又僧可朋丹陵人有玉壘集十卷僧來鵬疑誤

魯元機詩集一卷○臣開鼎按魚元機喜讀書有才思補闕李億妾後爲女冠魯字誤

宋史卷二百九

元中書右丞相總裁脫脫等修

藝文志第一百六十二

藝文八

孔逭文苑十九卷蕭統文選六十卷李善注庾自直類文三百六十二卷竇儼東漢文類三十卷五臣注文選三十卷周明辨文選彙聚十卷文選類聚十卷常寶鼎文選名氏類目十卷卜隣續文選二十三卷樂史唐登科文選五十卷宋白文苑英華一千卷目五十卷宋遵度羣書麗藻一千卷目五十卷王勉楚辭章句二卷楚辭釋文一卷離騷約二卷徐鍇賦苑二百卷目一卷廣類賦二十五卷靈仙賦集二卷甲賦五卷賦選五卷江文蔚唐吳英秀賦七十二卷桂香賦集三十卷楊翺典麗賦六十四卷類文賦集一卷謝壁七賦一卷杜鎬君臣賡載集三十卷李虛已明良集五百卷劉元濟正聲集五卷王正範續正聲集五卷又洞天集五卷韋莊採玄集一卷陳正圖備遺綴英集二十卷劉明素麗文集五卷劉松宜陽集十卷叢玉集七十卷李商隱桂管集二十卷樂聸文囿集十卷雜文集二十卷劉贊蜀國文英八卷分門文集十卷劉從義遺風集二十一卷游恭短

兵集三卷鮑溶集六卷皮日休藪文一卷徐陵玉臺新詠十卷廣玉臺集三十卷文選後名人詩九卷高仲武詩甲集五卷詩乙集五卷唐省試詩集三卷顏陶唐詩類選二十卷鍾安禮資吟五卷張爲前賢詠題詩三卷僧玄鑒續古今詩集三卷詩纘集三卷元稹白居易李諒杭越寄和詩集一卷唐集賢院詩集二卷蘇州名賢雜詠一卷新安名士詩三卷應制賞花詩十卷許恭宗文館詞林詩一卷裔舜桂香詩一卷雍子方沈括編集賢院詩二卷趙仲庠詩十卷朱壽昌樂府集十卷蔣文彧廣樂府集三卷許南容五子策林十卷周仁贍古今類聚策苑十四卷禮部策十卷楊協論苑十卷唐陵烟閣功臣贊一卷國子監武成王廟贊二卷大中祥符封禪祥瑞贊五卷丁謂大中祥符祀汾陰祥瑞贊五卷馬文敏王言會最抄五卷唐制誥集十卷元和制誥集十卷元和制策三卷滕宗諒大唐統制三十卷擬狀注制集十卷費乙舊制編錄六卷貞元制敕書奏一卷毛文晏咸通麻制一卷雜制詔集二十一卷朱粲宣底八卷制誥一作詔二卷後唐麻藁集三卷長典制集四卷江南制集七卷吳越石壁集二卷李慎儀集制二十卷五代國初內制雜編十卷建隆景德雜麻制十五卷神哲徽三朝制誥三卷李珙玉堂遺範三十卷蔡省風瑤池集二卷唐哀冊文四卷孫洙褒恤雜錄三卷晉宋齊梁彈文四卷馬總奏議集二十卷張元璥歷代忠諫事對十卷歷代名臣文疏三十卷唐名臣奏七卷張易唐直臣諫奏七卷御集諫書八十卷唐奏議駁論一卷趙元拱諫爭集十卷唐初表章一卷毛漸表奏十卷任諒建中治本書一卷沈常總戎集十卷顧臨梁燾總戎集十卷續羽書六卷王紹顏軍書十卷李緯縱橫集二十卷趙化基止戈書五十卷張鉶管記苑十卷李大華掌記略十五卷新掌記略九卷林逢續掌記略十五卷唐格羣經雜記十卷周明辨五經手判六卷徐德言分史衡鑑十卷劉攽經史新義一部卷亡南康筆代耕心鑑十卷干祿寶典二十七卷薛廷珪克家志九卷趙世繁忠孝錄五卷趙世逢幽居錄五卷藏家猷羽書集三卷呂廷祚注文選三十卷劉允濟金門待詔集五卷僧惠淨續古今詩苑英華十卷孫翌正聲集三卷崔融珠英學士集五卷寶常南薰集三卷搜王集一卷唐崔湜至融凡三十七人集者不知名太平內制三卷睿宗玄宗時制詔宗鑑歸鄉集一卷奇章集四卷李林甫至崔百餘家詔唐德音三十卷起武德元年五月訖天寶十三年正月張曲江雜編一卷集者並不知名李康玉臺後集十卷殷璠河

嶽英靈集二卷又丹陽集一卷蕭昕送邢桂州詩一卷曹恩起予集五卷李吉甫麗則集五卷又類表五十卷許孟容謝亭詩集一卷竇氏連珠集一卷孟總唐名臣奏議集二十卷送毛仙翁詩集一卷牛僧孺韓愈等贈高仲武中興間氣集二卷錢起張衆甫等詩集賢院諸廳壁記二卷李吉甫武元衡常袞題詠集大曆浙東酬唱集一卷臨淮尺題集二卷臨平詩集一卷送白監歸東都詩一卷洛中集一卷名公唱和集四卷垂風集一卷咸通初表奏集一卷唐十九家詩十卷雲門寺詩一卷章奏集類二十卷唐百家詩選二十卷陸海六卷集者並不知名令狐楚斷金集一卷又纂雜詩一卷劉禹錫彭陽唱和集二卷又彭陽唱和後集一卷汝洛唱和集三卷吳蜀集一卷劉白唱和集三卷段成式漢上題襟十卷檀溪子道民連璧詩集三十二卷孟啓本事詩一卷盧瓌抒情集二卷僧警光上人詩一卷姚合極玄集一卷韋莊又玄集三卷皮日休松陵集十卷柳宗直西漢文類四十卷芮挺章國秀集三卷宋太祖眞宗御製國子監兩廟贊二卷賜陳摶詩八卷送張無夢歸山詩一卷賜王韶手詔一卷漢魏文章二卷漢名臣奏二卷漢賢遺集一卷三國志文類六十卷晉代名臣集十五卷謝氏蘭玉集十卷古詩選集十卷宋二百家詩二十三卷長樂三王雜事十四卷集者並不知名陳彭年家章集二十五卷宋綬本朝大詔令二百四十卷又唐大詔令一百三十卷目錄三卷洪遵中興以來玉堂制草三十四卷周必大續中興玉堂制草三十卷韓忠彥追榮集一卷朱翌五制集一卷熊克京口詩集十卷李仁剛浯溪古今石刻集錄一卷侍其光祖浯溪石刻後集再集一卷李燾謝家詩集一卷曾慥宋百家詩選五十卷又續選二十卷吳說編古今絕句三卷廖敏得浯溪石刻續集一卷呂祖謙東萊集詩二卷孔文仲三孔清江集四十卷壯觀類編一卷劉燾楊萬里米芾等作邵浩坡門酬唱二十三卷倪恕安陸酬唱集六卷管鋭橫浦集二卷方松卿續橫浦集十二卷趙不敵清漳集三十卷廖遲樵川集十卷洪适荊門惠泉詩集二卷詹淵括蒼集三卷陳百朋續括蒼集五卷柳大雅括蒼別集四卷胡舜舉劍津集十卷許份漢南酬唱集一卷楊恕臨江集三十四卷汪泱元祐榮觀集五卷衞博定菴類藁十二卷于霆南紀集五卷湯邦傑南記別集一卷家求仁名賢雜詠五十卷又草木蟲魚詩六十八卷程九萬三老奏議七卷畢仲游元祐館職詔策詞記一卷謝逸溪堂師友尺牘六卷羅唐二茂才重校唐宋類詩二十卷三洪制

藁六十二卷洪适遵邁撰李壁中興諸臣奏議四百五十卷洪邁唐一千家詩一百卷三蘇文集一百卷郎曄進臨賀郡志二卷相江集十卷豫章類集十卷千家名賢翰墨大全五百一十八卷三蘇文類六十八卷續本事詩二卷集選一百卷唐賢長書一卷唐三十二僧詩一卷四僧詩八卷唐雜詩一卷五代制詞一卷重編類啓十卷潤州金山寺詩一卷集者並不知名蔡省風瑤池集一卷陳匡圖擬玄類集十卷韋縠唐名賢才調詩集十卷李昉扈蒙文苑英華一千卷劉吉江南續又玄集二卷田錫唐明皇制誥後集一百卷蘇易簡禁林宴會集一卷子起家宴集五卷不知姓楊徽論苑十卷馮翊嚴滁州琅琊山古今名賢文章一卷朱博叢玄集二十卷二李唱和詩一卷李昉李至作楊億西崑酬唱集二卷陳充九僧詩集一卷四釋聯唱詩集一卷丁謂序楊偉號郡文齋集五卷姚鉉唐文粹一百卷謫仙集十卷句龍震集古今人詞以李白爲首僧仁贊唐宋類詩二十卷許洞徐鉉雜古文賦一卷郭希朴養閑亭詩一卷幼韓金華瀛洲集三十卷王咸典麗賦九十三卷華林義門書堂詩集一卷王欽若錢惟演等作張逸楊諤潼川唱和集一卷李祺天聖賦苑一十八卷又珍題集三十卷滕宗諒岳陽樓詩二卷陶叔獻西漢文類四十卷徐徽滁陽慶曆集十卷韓琦閱古堂詩一卷送僧符遊南昌集一卷范鎭序石聲編一卷趙師旦家編集南犍唱和詩集一卷吳中復吳祕張谷等復鄭雍古今名賢詩二卷歐陽修禮部唱和詩集三卷送元絳詩集一卷送文同詩一卷鮮于侁序晏殊張士遜笑臺詩一卷慧明大師靈應天竺集一卷宋璋錦里玉堂編五卷孫洙褒題集三十卷又張氏詩傳一卷宋敏求寶刻叢章三十卷寶刻叢章拾遺三十卷孫氏吳興詩三卷不知名姚闢荊溪唱和一卷林少頴觀瀾文集六十三卷呂祖謙皇朝文鑑一百五十卷又國朝名臣奏議十卷呂本中江西宗派詩集一百十五卷曾紘江西續宗派詩集二卷石處道松江集一卷江文叔桂林文集二十卷劉褒續集十二卷黃岦續乙集八卷張修桂林集二十卷徐大觀又續集四卷丁逢郴江前集十卷又後集五卷郴江續集九卷楊倓南州集十卷王仁澧陽集四卷道士田居實司空山集二卷姜之茂臨川三隱詩集三卷熊克館學喜雪唱和詩二卷陳天麟遊山唱和一卷史正心清暉閣詩一卷葛郛載德集四卷王十朋楚東唱酬集一卷莫琮椿桂堂詩一卷何紱籍桂堂唱和集一卷莫若沖清湘泮水酬和一卷陳讜西江酬唱一卷廖伯憲岳陽唱和三卷黃

學行又乙集一卷劉璿政和縣齋酬唱一卷林安宅南海集三十卷曾肇滁陽慶曆前集十卷吳班滁陽慶曆後集十卷干越題詠三卷李并序郝箎都梁集十卷西湖寓隱回文類聚一卷郢州白雪樓詩一卷蕭德藻序三蘇翰墨一卷蘇軾等書桂香集六卷留題落星寺詩一卷翰苑名賢集一卷宋賢文集三卷宋賢文藪四十卷先容集一卷制誥章表二卷又制誥章表十五卷儒林精選時文十六卷玉堂詩三十六卷辭林類藁三卷海南集十八卷鄞江集九卷嘉禾詩文一卷潯陽琵琶亭紀詠三卷潯陽庾樓題詠一卷滕王閣詩一卷膾炙集一卷玉枝集三十二卷永康題紀詩詠十三卷聖宋文粹三十卷布袋集一卷元祐密疏一卷唐宋文章二卷聖宋文選十六卷唐宋詩後集十四卷君山寺留題詩集一卷制誥三卷春貼子詞一卷高麗表章一卷登瀛集五十二卷羅浮寓公集三卷羅浮一卷集者不知名陳材夫仕途必用集十卷翁忱岳陽別集二卷鍾與秭歸集八卷卜無咎廬山記拾遺一卷商侑盛山集一卷劉充唐詩續選十卷王安石建康酬唱詩一卷又唐百家詩選二十卷四家詩選十卷送朱壽昌詩三卷韓忠彥考德集三卷元積中江湖堂詩集一卷孔延之會稽掇英集二十卷程師孟續會稽掇英集二十卷曾公亮元日唱和詩一卷孫覺荔枝唱和詩一卷蒲宗孟曾公亮勳德集三卷馬希孟揚州集三卷曾收潤州類集十卷魏泰襄陽題詠二卷蘇夢齡擒華集三卷王得臣江夏古今紀詠集五卷楊傑高僧詩一卷孫頎抄齋唱和集一卷薛傳正錢塘詩前後集三十卷唐愈江陵集古題詠十卷章粢成都古今詩集六卷孫永康簡公崇終集一卷道士龔元正桃花源集六卷紹聖三公詩三卷司馬光歐陽修馮京所著陸經靜照堂詩一卷劉珵宣城集三卷唐庚三謝集一卷上官彝麻姑山集三卷翁公輔下邳小集九卷彈粹鷄城豐湖亭詩一卷蔡驛惠泉詩一卷林虙西漢詔令十二卷俞向長樂集十四卷四學士文集五卷黃庭堅晁補之張耒秦觀所著內制六卷晏殊以下所撰沈晦三沈集六十一卷輶軒唱和集三卷洪皓張邵朱弁所集程邁止弋堂詩一卷樊汝霖唐書文藝補六十三卷何琥蘇黃遺編一卷楊上行宋賢良分門論六十二卷戴覺李丁單題詩十二卷廖剛世綵集三卷送王周歸江陵詩二卷杜柘等所撰許端夫齋安集十二卷黃仁榮永嘉集三卷李知已永嘉集三卷晁新詞一卷晁端禮晁沖之所撰陸時雍宏詞總類前後集七十六卷梅江三孫集三十一卷孫立節及子勰孫何所著鮑喬豫章類集十

卷鄧植小有天後集一卷蕭一致濂溪大成集七卷館閣詞章一卷館閣詩八卷並中興館閣諸臣所撰

右總集類四百三十五部一萬六百五十七卷

劉勰文心雕龍十卷鍾嶸詩評一卷任昉文章緣起一卷李允一作元或作克翰林論三卷王昌齡詩格一卷又詩中密旨一卷杜嗣先兎園策府三十卷柳璨史通析微十卷劉餗史例三卷劉知幾史通二十卷白居易白氏金針詩格三卷又白氏制朴一卷僧皓然詩式五卷又詩評一卷辛處信注文心雕龍十卷王瑜卿文旨一卷王正範文章龜鑑五卷范攄詞林一卷孫郃文格二卷倪宥文章龜鑑一卷劉蘧應求類二卷實苹載籍討源一卷皐要二卷吳武陵十三代史駮議十二卷林槩史論二十卷王諫唐史名賢論斷二十卷程鵬唐史屬辭四卷王損之綵綸點化二卷方仲舒究判玄微一卷樂史登科記解題二十卷蔣之奇廣州十賢贊一卷白行簡賦要一卷范傳正賦訣一卷浩虛舟賦門一卷紇干俞賦格一卷和凝賦格一卷毛友左傳類對賦六卷王維詩格一卷王朼一作超詩格一卷賈島詩格密旨一卷元兢詩格一卷又古今詩人秀句二卷僧辭遠詩式十卷許文貴一作貢詩鑑一卷僧元鑒續古今詩人秀句二卷司馬光續詩話一卷姚合詩例一卷鄭谷國風正訣一卷王叡炙轂子詩格一卷張仲素賦樞一卷倪宥詩體一卷張爲唐詩主客圖二卷僧齊己玄機分明要覽一卷又詩格一卷李洞賈島詩句圖一卷僧神彧詩格一卷徐銳詩格一卷馮鑑修文要訣二卷林逋句圖三卷李淑詩苑類格三卷僧定雅寡和圖三卷劉攽詩話一卷邵必史例總論十卷司馬光詩話一卷馬偁賦門魚鑰十五卷蔡寬夫詩史二卷吳處厚賦評一卷蔡希蘧古今名賢警句圖一卷魏泰隱居話詩一卷楊九齡正史雜編十卷郭思瑤谿集十卷蔡條西淸詩話三卷李頎古今詩話錄七十卷李錞詩話一卷僧惠洪天厨禁臠三卷周紫芝竹坡詩話一卷强行父唐杜荀鶴警句圖一卷黃徹碧溪詩話十卷鄭樵通志敘論二卷會發選注摘遺三卷胡源聲律發微一卷費袞文章正派十卷李善五臣同異一卷嚴有翼藝苑雌黃二十卷方道醇集諸家老杜詩評五卷方銓續老杜詩評五卷彭郁韓文外抄八卷趙師懿柳文筆記一卷葛立方韻語陽秋二十卷呂祖謙古文關鍵二十卷新集詩話十五卷著者不知名元祐詩話一卷歷代吟譜二十卷唐宋名賢詩話二十卷金馬統例三卷詩談十五卷韓文會覽四十卷並不知作者

古文史類九十八部六百卷

凡集類二千三百六十九部三萬四千九百六十五卷

宋史卷二百十

元　中　書　右　丞　相　總　裁　脫　脫　等　修

宰輔表第一

宰輔一

宋宰輔年表前九朝始建隆庚申終靖康丙午凡一百六十七年居相位者七十二人位執政者二百三十八人後七朝始建炎丁未終德祐丙子凡一百四十九年居相位者六十一人位執政者二百四十四人敘古曰古之史法主於編年至司馬遷作史記始易以新意然國家世祚人事歲月散於紀傳世家先後始終遽難考見此表之不可無而編年不容於盡變也厥後班固漢史乃曰百官公卿表敘官名職秩印綬等然後書年以表其姓名歐陽修唐史又專以宰相名篇意必有所在矣宋自太祖至欽宗舊史雖以三朝兩朝四朝各自爲編而年表未有成書神宗時常命陳繹檢閱二府除罷官職事因爲拜罷錄元豐間司馬光嘗敘興以來百官公卿沿革除拜作年表上之史館自時而後曾鞏譚世勣蔡幼學李燾諸人皆嘗續爲之然表文簡嚴世罕知好故多淪落無傳今纂修宋史故一以實錄爲據旁搜博采紀傳以爲是表其間所書宰輔官職勳爵館殿職名間有不同者官制沿革有時而易也然中書位次既止於參知政事而樞府職序自同知副使而下雖簽書同簽書亦與焉者皆執政也故不得而略焉夫人臣之用舍關於世道之隆汚千載而下將使覽者卽表之年觀紀及傳之事此登載之不容於不謹也表之所書雖無褒貶是非於其間然歲月昭於上姓名著於下則不惟其人之賢佞邪正可指而議而當時任用之專否政治之得失皆可得而見矣後之覽者其必有所勸也夫其亦有所戒也夫

紀年	宰相進拜加官	罷免	執政進拜加官	罷免
建隆元年庚申 太祖 正月	二月乙亥周宰相范質自守司徒兼門下侍郎同中書門下平章事昭文館大學士參知樞密院事依前守司徒加兼侍中 王溥自尚書右僕射兼門下侍郎同中書門下平章事監修國史參知樞密院事加守司空兼門下侍郎同平章事 魏仁浦自樞密使行中書侍郎同中書門下平章事集賢殿大	二月乙亥范質王溥並罷參知樞密院事	二月己亥吳廷祚自樞密使加同中書門下平章事 五月己未親征李筠吳廷祚東京留守 八月戊子趙普自右諫議大夫樞密直學士兵部侍郎加樞密副使 十一月丁亥親征李重進吳廷祚東京留守	

甲辰即位	二年辛酉	三年壬戌	乾德元年癸亥	二年甲子	三年乙丑
學士加尚書右僕射兼中書侍郎同平章事 范質 王溥 魏仁浦	范質 王溥 魏仁浦	范質 王溥 魏仁浦	范質 王溥 魏仁浦	正月庚寅趙普自樞密使加門下侍郎同平章事集賢殿大學士壬寅加監修國史 范質 王溥 魏仁浦 趙普	趙普
				正月戊子司徒范質以太子太傅司空王溥以太子太保尚書右僕射魏仁浦依前守本官並免	
		十月辛丑趙普自樞密副使加檢校太保兼御史大夫樞密使李處耘自宣徽北院使加宣徽南院使檢校少保樞密副使		正月庚寅李崇矩自宣徽北院使判三司加檢校太保樞密使已亥王仁贍自內客省使樞密承旨加樞密副使 四月乙丑薛居正呂餘慶自樞密直學士兵部侍郎並參知政事	
		六月癸巳吳廷祚自樞密使出爲雄武軍節度使依前同中書門下平章事	九月丁卯李處耘自樞密副使責授淄州刺史		二月乙卯呂餘慶自參知政事權知成都府

四年丙寅	五年丁卯	開寶元年戊辰	二年己巳	三年庚午	四年辛未
趙普	二月丙午趙普自門下侍郎加尚書右僕射兼門下侍郎昭文館大學士十二月趙普丁母憂丙子起復 趙普	趙普	趙普	三月戊辰右僕射趙普落起復加特進 趙普	趙普
	二月乙丑沈義倫自西州轉運使加戶部侍郎遷樞密副使	正月庚寅呂餘慶召還	六月癸巳樞密副使沈義倫丁憂起復		
	正月甲寅王仁贍自樞密副使責提右衛大將軍罷歸本班				

五年壬申	六年癸酉	七年甲戌	八年乙亥	九年丙子太宗十月癸丑即位
趙普	九月己巳薛居正自吏部侍郎參知政事加門下侍郎同平章事仍兼都提點湖南等路轉運事監修國史沈義倫自戶部侍郎樞密副使加中書侍郎同平章事集賢殿大學士仍兼提點劍南等路轉運事 趙普 薛居正 沈義倫	薛居正 沈義倫	薛居正 沈義倫	十月庚申薛居正自門下侍郎同平章事加尚書左僕射兼門下侍郎昭文館大學士沈義倫自中書侍郎同平章事加尚書右僕射兼門下侍郎監修國史盧多遜自吏部
	八月甲辰趙普自右僕射以檢校太尉河陽三城節度使同中書門下平章事			
二月庚寅劉熙古自端明殿學士兵部侍郎除參知政事十一月庚辰薛居正以參知政事兼提點三司淮南湖南嶺南諸州水陸轉運使事呂餘慶兼提點三司荆南劍南諸州水陸轉運使事	四月戊申薛居正自參知政事加監修五代史九月己巳盧多遜自翰林學士兵部員外郎遷中書舍人參知政事楚昭輔自左驍衞大將軍判三司遷樞密副使十一月丙午參知政事盧多遜丁父憂起復			二月庚戌曹彬自宣徽南院事義成軍節度使遷樞密使加檢校太尉領忠武軍節度使戊午參知政事盧多遜遷秩落起復八月壬子楚昭輔以樞密副使領宣徽院事十
九月癸酉李崇矩以樞密使出爲鎭國軍節度使	五月庚申參知政事劉熙古足疾以戶部尚書致仕九月丁卯參知政事呂餘慶以疾遷尚書左丞免			

十二月改太平興國元年	侍郎參知政事遷中書侍郎同中書門下平章事集賢殿大學士 薛居正 沈義倫 盧多遜		月庚申由樞密副使進樞密使	
二年丁丑	薛居正 沈義倫 盧多遜			
三年戊寅	薛居正 沈義倫 盧多遜			
四年己卯	十月乙亥薛居正自尚書左僕射加司空 薛居正 沈義倫 盧多遜		正月癸巳石熙載自樞密直學士遷簽署樞密院事四月庚申進樞密副使十月乙亥曹彬自樞密使加侍中	
五年庚辰	薛居正 沈義倫 盧多遜			
六年辛巳	九月辛亥趙普自太子太保加司徒兼侍中昭文館大學士 薛居正 沈義倫 盧多遜 趙普	六月甲戌尚書左僕射薛居正薨	九月辛亥石熙載自刑部侍郎樞密副使遷戶部尚書樞密使	十一月己未樞密使楚昭輔以左驍衛上將軍免
七年壬午	沈義倫 盧多遜 趙普	四月戊辰盧多遜自中書侍郎同中書門下平章事責授兵部尚書免庚辰沈義倫自尚書右僕射責授工部尚書	四月甲子竇偁自右正諫大夫樞密直學士郭贄自中書舍人並守本官參知政事柴禹錫自如京使遷宣徽北院使兼樞密副使	十月己卯參知政事竇偁卒
八年癸未	十一月壬子宋琪自刑部尚書參知政事李昉自工部尚書參知政事並守本官加同中書門下平章事 趙普 宋琪 李昉	十月己酉趙普自司徒兼侍中以檢校太尉兼侍中武勝軍節度使出鎮鄧州	正月己卯王顯自東上閤門使遷宣徽南院使弭德超自酒坊使遷宣徽北院使並兼樞密副使三月癸亥宋琪自右諫議大夫同判三司遷左諫議大夫參知政事六月己亥王顯自樞密副使加檢校太保進樞密使七月庚辰李昉自文明殿學士工部尚書守本官參知政事十一月壬申李穆自翰林學士知開封府呂蒙正自翰林學士都官員外郎李至自翰林學士都官郎中知制誥並參知政事張齊賢王沔自樞密直學士並遷右諫議大夫同簽書樞密院事十二月李穆丁母憂起復	正月戊寅樞密使曹彬以天平軍節度使免四月壬午樞密副使弭德超坐訴同列語涉怨望削官幷親屬配瓊州七月辛未參知政事郭贄坐被酒奏事責授祕書少監八月庚戌樞密使石熙載有疾以尚書右僕射免
雍熙元年甲申	十二月庚辰宋琪自同中書門下平章事加昭文館大學士李昉加監修國史 宋琪 李昉			正月癸酉參知政事李穆卒
二年乙酉	宋琪 李昉	十二月丙辰宋琪自同中書門下平章事以本官免		十二月丙辰柴禹錫自樞密副使以左驍衛大將軍免
三年丙戌	李昉		六月甲辰辛仲甫自御史中丞還給事中參知政事八月丁酉朔王沔自左諫議大夫簽書樞密院事張宏自樞密直學士遷右諫議大夫並樞密副使	正月戊戌李至自參知政事以禮部侍郎免七月戊子張齊賢自簽書樞密院事遷秩知代州
四年丁亥	李昉		四月己亥趙昌言自御史中丞遷樞密副使	四月己亥張宏自樞密副使以御史中丞免
端拱元年戊子	二月庚子趙普自檢校太師兼侍中山南東道節度使加太保兼侍中昭文館大學士呂蒙正自給事中參知政事加中書侍郎兼戶部尚書監修國史並同中書門下平章事 趙普	二月庚子李昉自同中書門下平章事以尚書右僕射免	二月庚子王沔自樞密副使加戶部侍郎參知政事張宏自御史中丞加工部侍郎樞密副使乙巳楊守一自內客省使遷宣徽北院使簽書樞密院事	三月甲戌趙昌言自工部侍郎樞密副使責授崇信軍節度使行軍司馬九月乙酉朔楊守一卒
二年己丑	趙普 呂蒙正		七月甲申張齊賢自左諫議大夫簽書樞密院事遷刑部侍郎樞密副使張遜自鹽鐵使遷宣徽北院使簽書樞密院事	
淳化元年庚寅	趙普 呂蒙正	正月戊子趙普自太保同中書門下平章事守太保兼中書令西京留守河南尹		

二年辛卯	九月己亥，李昉自守尚書右僕射兼中書侍郎同平章事監修國史。張齊賢自刑部侍郎參知政事加吏部侍郎同平章事。呂蒙正 李昉 張齊賢	九月己亥，呂蒙正自同中書門下平章事以吏部尚書免。	四月辛巳，張齊賢自刑部侍郎、樞密副使陳恕自鹽鐵使給事中並參知政事。張遜自宣徽北院使簽書樞密院事遷樞密副使。溫仲舒、寇準自樞密直學士並左諫議大夫遷樞密副使。九月己亥，賈黃中、李沆自翰林學士並給事中參知政事。甲辰，張遜自樞密副使遷知樞密院事。溫仲舒、寇準進同知樞密院事，仍並兼副使。	三月乙丑，辛仲甫自給事中參知政事以工部尚書知陳州。四月辛巳，張宏自樞密副使以吏部侍郎免。九月丁酉，王沔自參知政事守戶部侍郎、陳恕守給事中並免。癸卯，王顯自檢校太傅樞密使責授隨州刺史崇信軍節度觀察處置等使。
三年壬辰	李昉 張齊賢	三月乙未，趙普守太師給宰相俸西京養疾。		
四年癸巳	十月辛未，呂蒙正自守吏部尚書加同中書門下平章事。李昉 張齊賢 呂蒙正	六月丙寅，張齊賢自吏部侍郎同平章事以尚書左丞免。十月辛未，李昉自中書侍郎同平章事以本官免。	六月壬申，柴禹錫自涪州觀察使遷宣徽北院使知樞密院事。劉昌言自樞密直學士加右諫議大夫遷同知樞密院事。呂端自右諫議大夫樞密直學士守本官參知政事。十月辛未，趙鎔自樞密都承旨遷宣徽北院使，向敏中自樞密直學士遷右諫議大夫，並同知樞密院事。蘇易簡自翰林學士遷給事中參知政事。丁丑，趙昌言自知大名府加給事中參知政事。	六月壬申，張遜自樞密副使同知院事責授右領軍衞將軍。寇準自右諫議大夫樞密副使同知院事罷守本官。十月辛未，賈黃中、李沆自給事中參知政事，溫仲舒自右諫議大夫同知樞密院事，並罷守本官。
五年甲午	呂蒙正		八月癸卯，趙昌言自參知政事出爲川陝都部署。九月乙亥，寇準自守同知樞密院事除參知政事。	
至道元年乙未	四月癸未，呂端自左諫議大夫參知政事加戶部侍郎同平章事。呂蒙正 呂端	四月癸未，呂蒙正自同中書門下平章事以中書右僕射出判河南府。	正月戊辰，錢若水自翰林學士遷同知樞密院事。四月癸未，張洎自翰林學士除參知政事。甲申，趙鎔自同知樞密院事進知樞密院事。	正月癸亥，趙昌言自參知政事以戶部侍郎知鳳翔府。戊辰，劉昌言自同知樞密院事以給事中免。四月癸未，柴禹錫自知樞密院事以鎮寧軍節度使知涇州。蘇易簡自給事中參知政事以禮部侍郎出知鄧州。
二年丙申	呂端		二月庚辰，李昌齡自御史中丞除參知政事。	七月丙寅，寇準自參知政事以給事中守本官免。
三年丁酉　眞宗三月癸巳即位	四月癸卯，呂端自戶部侍郎同平章事加監修國史。		正月丙子，溫仲舒自戶部侍郎、王化基自禮部侍郎並參知政事。李惟清自給事中遷同知樞密院事。四月甲辰，李至自尚書左丞兼太子賓客、李沆自禮部侍郎兼太子賓客並參知政事。八月己亥，曹彬自鎮海軍節度使加檢校太師兼侍中樞密使。向敏中自同知樞密院事進樞密副使。夏侯嶠自給事中遷樞密副使。	正月丙子，張洎自參知政事以刑部侍郎免。五月甲戌，李昌齡自參知政事責授忠武軍節度使軍司馬。六月乙巳，錢若水自同知樞密院事以集賢院學士免。八月己亥，趙鎔自知樞密院事以壽州觀察使免。李惟清自同知樞密院事以御史中丞免。
咸平元年戊戌	十月戊子，張齊賢自守戶部尚書知安州加兵部尚書同中書門下平章事。李沆自戶部尚書參知政事仍本官加同中書門下平章事監修國史。呂端 張齊賢 李沆	十月戊子，同中書門下平章事呂端有疾，以太子太保免。	十月己丑，向敏中自樞密副使加兵部侍郎除參知政事。楊礪自翰林學士給事中知制誥加工部侍郎，宋湜自翰林學士中書舍人加給事中，並遷樞密副使。	十月戊子，李至自工部尚書參知政事以檢校太傅武勝軍節度使免。己丑，溫仲舒自吏部侍郎參知政事以禮部尚書免。夏侯嶠自樞密副使以戶部侍郎翰林侍讀學士兼祕書監翰林學士免。
二年己亥	十一月南郊禮成，張齊賢加門下侍郎兼兵部尚書，李沆加中書侍郎。張齊賢 李沆		七月己丑，王顯自橫海軍節度使兼御史大夫依前檢校太傅除樞密使。	六月戊午，樞密使曹彬卒。八月癸酉，樞密副使楊礪卒。
三年庚子	張齊賢 李沆	十一月丙申，門下侍郎張齊賢以朝會失儀守本官免。	二月癸亥，周瑩自宣徽北院使遷宣徽南院使，王繼英自樞密都承旨客省使遷宣徽北院使，並知樞密院事。王旦自中書舍人翰林學士遷同知樞密院事。	正月壬辰，樞密副使宋湜卒于澶州。二月癸亥，王顯自樞密使以山南東道節度使同中書門下平章事免。
四年辛丑	三月庚寅，呂蒙正自行尚書左僕射加同中書門下平章事昭文館大學士。向敏中自行兵部侍郎參知政事加同中書門下平章事集賢殿大學士。李沆 呂蒙正 向敏中		三月辛卯，王旦自給事中同知樞密院事除參知政事。馮拯自樞密直學士祠部員外郎加右諫議大夫，陳堯叟自主客郎中加右諫議大夫，並同知樞密院事。四月乙未，王欽若自知制誥翰林學士左諫議大夫除參知政事。	三月辛卯，王化基自參知政事以工部尚書知揚州。

五年壬寅	十月庚申，呂蒙正自行尚書左僕射加守司空兼門下侍郎。李沆 呂蒙正 向敏中	十月丁亥，同中書門下平章事向敏中坐違詔貿薛安上第奏對不實，以戶部侍郎免。		六月己卯，周瑩自知樞密院事以永清軍節度使免。
六年癸卯	李沆 呂蒙正	九月甲申，守司空兼門下侍郎呂蒙正有疾，以太子太師萊國公免。		
景德元年甲辰	八月己未，畢士安自行尚書吏部侍郎參知政事加同中書門下平章事監修國史。寇準自三司使行尚書兵部侍郎加同中書門下平章事集賢殿大學士。李沆 畢士安 寇準	七月丙戌，右僕射平章事李沆薨。	七月庚寅，畢士安自翰林侍讀學士兵部侍郎遷吏部侍郎除參知政事。八月己未，王繼英自宣徽南院使檢校太保知樞密院事進樞密使。馮拯陳堯叟自同知樞密院事並遷工部侍郎簽書樞密院事。閏九月乙亥，王欽若自參知政事守本官出判天雄軍兼都部署。	
二年乙巳	畢士安 寇準	十月乙酉，吏部侍郎平章事畢士安薨。	四月癸卯，馮拯自工部侍郎簽書樞密院事除參知政事。	正月甲寅，王欽若自判天雄軍兼都部署還朝。四月癸卯，欽若遷秩以資政殿學士免。
三年	二月戊戌，王旦自尚書左丞參知政事加工部尚書同中書門下平章事。寇準 王旦	二月戊戌，寇準自兵部侍郎同平章事以刑部尚書免。	二月己亥，王欽若自資政殿大學士兵部侍郎遷尚書左丞，陳堯叟自刑部侍郎簽書樞密院事遷兵部侍郎，並知樞密院事，仍兼羣牧制置使。趙安仁自知制	二月丁亥，樞密使王繼英卒。
丙午			誥翰林學士知右諫議大夫除知政事。韓崇訓自樞密都承旨四方節使加檢校太傅，馬知節自樞密都承旨東上閤門使加檢校太保，並簽書樞密院事。五月丁未，知樞密院事陳堯叟丁父憂，戊午起。	
四年丁未	八月丁巳，王旦自工部尚書平章事加監修國史。王旦			八月庚子，簽書樞密院事韓崇訓有疾，以齊州防禦使免。
大中祥符元年戊申	王旦		八月甲午，知樞密院事陳堯叟落起復。	
二年己酉	王旦			
三年庚戌	王旦			
四年辛亥	王旦		七月甲午，馮拯自參知政事以刑部尚書知河南府兼西京留守。	
五年壬子	二月庚戌，王旦自工部尚書平章事加昭文館大學士。四月戊申，向敏中自資政殿大學士行刑部尚書兼祕書監加同平章事集賢殿大學士。王旦 向敏中		九月戊子，王欽若自行吏部尚書知樞密院事監脩國史，陳堯叟自行戶部尚書知樞密院事監修國史，並加檢校太傅同平章事樞密使。馬知節自檢校太傳宣徽北院使簽書樞密院事進樞密副使。丁謂自鹽鐵使右諫議大夫權三司使加戶部侍郎除參知政事。	九月戊子，刑部侍郎參知政事趙安仁以兵部侍郎仍領玉清昭應宮使免，依前監修國史。
六年癸丑	王旦 向敏中			
七年甲寅	十一月己丑，王旦自工部尚書平章事加司空。王旦 向敏中		六月乙亥，寇準自行兵部尚書加檢校太尉兼同平章事樞密使。七月甲辰，王嗣宗自同州觀察使，曹利用自嘉州防禦使，並加檢校太保樞密副使。	六月乙亥，王欽若自行吏部尚書檢校太尉同平章事樞密使以吏部尚書免。陳堯叟自行戶部尚書檢校太尉同平章事樞密使以戶部尚書免。馬知節自檢校太傅宣徽北院使樞密副使以潁州防禦使免。

八年乙卯	王旦 向敏中		四月壬戌王欽若自判尚書都省知通進銀臺司兼門下封駁事依前吏部尚書同平章事陳堯叟自依前戶部尚書檢校太尉同平章事並遷樞密使堯叟兼羣牧制置使	四月壬戌行兵部尚書檢校太尉同平章事樞密使寇準與林特忿爭以武勝軍節度使免 七月戊午王嗣宗自樞密副使以天平軍節度使檢校太保免
九年丙辰	正月戊子工部侍郎平章事王旦以兩朝國史成加司徒 王旦 向敏中		正月丙辰張旻自侍衛馬軍副都指揮使威塞軍節度使檢校太保加宣徽南院使兼樞密副使 王曾自翰林學士兵部侍郎知制誥加左諫議大夫張知白自諫議大夫權御史中丞加給事中並除參知政事 任中正自樞密直學士給事中權知開封府加工部侍郎遷樞密副使	八月丙戌樞密使陳堯叟辭疾以尚書右僕射免 九月甲辰丁謂自參知政事以平江軍節度使免
天禧元年丁巳	二月戊寅王旦自工部侍郎平章事加太保五月戊申加太尉兼侍中 八月庚午王欽若自樞密使同平章事加尚書左僕射兼中書侍郎同平章事依前會靈宮使 壬申向敏中自刑部尚書同平章事加監修國史 王旦 向敏中 王欽若	七月丁巳王旦自太尉兼侍中同中書門下平章事以玉淸昭應宮使免九月癸卯薨	九月癸卯李廸自翰林學士右諫議大夫知制誥加給事中除參知政事依前會靈宮使 馬知節自穎州防禦使知天雄軍加檢校太尉宣徽南院使知樞密院事 曹利用自檢校太傅樞密副使加檢校太尉宣徽北院使兼羣牧制置使 任中正自樞密副使兼刑部侍郎 周起自樞密直學士右諫議大夫加給事中並遷同知樞密院事	
二年戊午	向敏中 王欽若		六月乙未曹利用自檢校太尉宣徽北院使同知樞密院事進知樞密院事仍兼羣牧制置使	閏四月癸卯馬知節自檢校太尉宣徽南院使知樞密院事以彰德軍節度觀察留後免 十二月丙午張知白自參知政事以刑部侍郎翰林侍讀學士知天雄軍
三年己未	六月戊戌寇準自山南東道節度使檢校太尉同平章事加中書侍郎兼吏部尚書同平章事仍充景靈宮使 十二月辛丑向敏中加昭文館大學士寇準加集賢殿大學士 向敏中 王欽若 寇準	六月甲午王欽若自中書侍郎同平章事以太子太保免	六月戊戌丁謂自保信軍節度使檢校太尉還吏部尚書參知政事 十二月辛卯曹利用自檢校太尉宣徽北院使知樞密院事兼羣牧制置使丁謂自吏部尚書參知政事加檢校太尉並遷樞密使 任中正自刑部侍郎同知樞密院事周起自兵部侍郎給事中同知樞密院事加禮部侍郎並還樞密副使	
四年庚申	七月丙寅李廸自參知政事兼太子賓客加吏部侍郎兼太子少傅同平章事景靈宮使集賢殿大學士 七月庚午丁謂自樞密使吏部尚書檢校太尉加同平章事充玉淸昭應宮使昭文館大學士監修國史 月丙寅加門下侍郎兼太子太傅 庚午馮拯自行吏部尚書檢校太傅同平章事樞密使加右僕射兼中書侍郎太子少傅同平章事景靈宮使集賢殿大學士 寇準 李廸 丁謂 馮拯	三月己卯左僕射兼中書侍郎同平章事向敏中薨 六月丙申寇準自中書侍郎兼吏部尚書同平章事以太子太傅封萊國公免 十一月戊辰檢校太尉同平章事丁謂太子少傅同平章事李廸忿爭於上前 謂以戶部尚書知河南府 廸以戶部侍郎知鄆州	正月乙丑曹瑋自華州觀察使鄜延路副都總管環慶秦鳳等州沿邊巡檢安撫使宣徽北院使鎭國節度觀察留後除簽書樞密院事 七月丙寅馮拯自判尚書都省加吏部尚書檢校太傅同平章事兼樞密使 七月庚午曹利用自樞密使依前檢校太尉加同平章事 八月乙酉任中正自兵部侍郎樞密副使王曾自吏部侍郎並除參知政事 錢惟演自翰林學士刑部侍郎知制誥遷樞密副使	九月乙未周起自禮部侍郎樞密副使以戶部侍郎知青州 曹瑋自簽書樞密院事以宣徽南院使出爲環慶路馬步軍都部署
五年辛酉	三月壬寅丁謂自左僕射太子少師同平章事加司空 丁謂 馮拯		正月丁酉張士遜自樞密直學士遷樞密副使	
乾興元年壬戌 仁宗二月戊午即位	二月丙寅丁謂自左僕射太子少師同平章事加司徒馮拯自右僕射兼中書侍郎太子少傅同平章事加司空並兼侍中七月辛未拯加司徒昭文殿大學士 王曾自參知政事加中書侍郎兼禮部尚書同中書門下平章事集賢殿大學士 丁謂 馮拯 王曾	六月癸亥丁謂自左僕射太子少師同平章事以太子少保分司西京七月辛卯貶崖州司	二月丙寅曹利用自樞密使加兼侍中七月辛未加節度使 呂夷簡自龍圖閣直學士知開封府魯宗道自龍圖閣直學士兼侍講並除參知政事 錢惟演自樞密副使進樞密使 十一月壬午張知白自參知政事遷樞密副使	六月丙寅參知政事任中正坐救丁謂以太子賓客知鄆州 十一月丁卯朔錢惟演自樞密使以保大軍節度使知河陽
天聖元年癸亥	九月丙寅王欽若自太子太保加司空同中書門下平章事昭文館大學士監修國史 馮拯 王曾 王欽若	九月丙寅右僕射馮拯有疾以武勝軍節度兼侍中判河南府		
二年甲子	三月甲辰司空同中書門下平章事王欽若以實錄成加司徒 王曾 王欽若			

紀年	宰相進拜加官	罷免	執政進拜加官	罷免
三年乙丑	十二月癸丑王曾自中書侍郎兼禮部尚書同中書門下平章事加昭文館大學士監修國史張知白自樞密副使加同中書門下平章事集賢殿大學士 王曾 張知白	十一月戊申司空同中書門下平章事王欽若薨	十月辛酉晏殊自翰林學士禮部侍郎遷樞密副使 十二月癸丑曹利用自樞密使加司空 乙丑張旻自淮南節度使檢校太師同平章事依前官遷樞密使旻改名者	
四年丙寅	王曾 張知白			
五年丁卯	王曾 張知白		正月戊辰夏竦自翰林學士龍圖閣直學士除右諫議大夫樞密副使	正月庚申樞密副使晏殊以刑部侍郎免
六年戊辰	三月辛亥王曾自中書門下平章事加兼吏部尚書 壬子張士遜自樞密副使尚書左丞祥源觀使加禮部尚書同平章事集賢殿大學士 王曾 張知白 張士遜	二月壬子同中書門下平章事張知白薨	三月癸丑姜遵自右諫議大夫知永興軍遷樞密副使 已未范雍自龍圖閣直學士右諫議大夫權三司使公事遷樞密副使	
七年己巳	二月丙寅呂夷簡自龍圖閣直學士兼侍讀知開封府守本官加同平章事集賢殿大學士八月己丑加昭文館大學士監修國史 王曾 張士遜 呂夷簡	二月丙寅禮部尚書同平章事張士遜坐救曹利用出知江寧府 六月甲寅王曾自中書門下平章事以吏部尚書出知兗州以昭應宮災故	二月丁卯夏竦自右諫議大夫樞密副使薛奎自右諫議大夫權三司使事並除參知政事 陳堯佐自翰林學士兼龍圖閣直學士右諫議大夫權知開封府遷樞密副使 八月庚寅夏竦自參知政事加刑部侍郎樞密院使 陳堯佐自樞密副使加給事中 王曙自御史中丞加工部侍郎並除參知政事	正月癸卯樞密使曹利用罷 二月庚申朔參知政事魯宗道卒 癸酉曹利用以崇信軍節度副使安置房州
八年庚午	呂夷簡		九月己巳趙禎自樞密直學士刑部侍郎遷樞密副使	九月乙丑樞密副使姜遵卒
九年辛未	呂夷簡			
明道元年壬申	二月庚戌張士遜自知許州定國軍節度使加刑部尚書平章事集賢殿大學士 呂夷簡加右僕射中書侍郎 十一月癸未夷簡加門下侍郎兼吏部尚書士遜加中書侍郎兵部尚書 呂夷簡 張士遜		八月辛丑晏殊自守刑部侍郎遷樞密副使丙午除參知政事 甲寅楊崇勳自殿前副都指揮使鎮南節度使遷樞密副使 十一月癸未張耆自樞密使加兼侍中 十二月壬寅楊崇勳自樞密副使進樞密使	七月乙酉參知政事王曙辭疾以資政殿學士出知陝州

宋史卷二百十考證

宰輔表一開寶六年八月甲辰趙普自右僕射以檢校太尉河陽三城節度使同中書門下平章事○臣開鼎按此是進拜非罷免也通鑑八月趙普罷出爲河陽三城節度使則太尉下應增出爲二字且既罷矣不得復同平章事同中書以下八字不合

大中祥符九年王曾張知白並除參政事○臣開鼎按上脫九月二字通鑑九月以陳彭年王曾張知白參知政事表中止載王曾張知白二人陳彭年免拜俱脫

天禧元年○臣開鼎按南本載二月己亥參知政事陳彭年卒此處脫又按通鑑九月王曾罷是月樞密副使張旻亦罷表中俱不載則與天聖中王曾除參知政事一條前後不貫而張旻之掌樞府亦不必自淮南召還矣

宋史卷二百十一

元中書右丞相總裁脫脫等修

宰輔表第二

宰輔二

紀年	宰相進拜加官	罷免	執政進拜加官	罷免
二年癸	四月已未張士遜自刑部尚書平章事加門下侍郎昭文館大學士監修國史 李迪自資政殿大學士工部尚書判都省以本官加平章事集賢殿大學士 十月戊午呂夷簡自武勝軍節度使同平章事判陝州加兼吏部尚書同平章事昭文館大學士監修國史 張士遜 呂夷簡 李迪	四月已未呂夷簡自門下侍郎同平章事以使相判澶州 十月戊午中書侍郎平章事張士遜以過陽崇勳飲稽留慰班爲中丞范諷所劾以左僕射判河南府已未收授使相	四月已未王隨自翰林侍讀學士戶部侍郎除參知政事 李諮自樞密直學士禮部侍郎權三司使遷樞密副使 王德用自步軍副都指揮使福州觀察使加檢校太保簽書樞密院事 五月乙亥李諮丁父憂起復 十月戊午王曙自資政殿學士吏部侍郎知河南府加檢校太傳遷樞密使 宋綬自端明殿學士兼翰林侍讀學士刑部侍郎除參知政事 王德用自檢校太保簽書樞密院事蔡齊自龍圖閣學士權三司使事並遷樞密副使	四月已未張者自樞密使以左僕射檢校大師兼侍中護國軍節度使判許州 夏竦自樞密副使以禮部尚書知襄州 陳堯佐自參知政事以戶部尚書知永興軍 范雍自樞密副使以戶部侍郎知荊南府 趙禎自樞密副使以尚書左丞知河中府 晏殊自參知政事以禮部尚書知江寧府 十月戊午楊崇勳自樞密使以三城河陽節度使同平章事判許

酉	景祐元年甲戌	二年乙亥	三年丙子	四年
	李迪 呂夷簡	二月戊辰王曾自樞密使加右僕射兼門下侍郎同平章事集賢殿大學士呂夷簡自門下侍郎兼吏部尚書平章事加右僕射十一月乙巳夷簡加申國公曾加沂國公 李迪 呂夷簡 王曾	呂夷簡 王曾	四月甲子王隨自知樞密院事加門下侍郎同中書門下平章事昭文館大學士監修國史陳堯佐自戶部侍郎知鄭州加同中書門下平章事集賢殿大
		二月戊辰李迪自集賢殿大學士工部尚書平章事以刑部尚書知亳州		四月甲子呂夷簡自右僕射申國公以鎮安軍節度使同平章事判許州王曾自右僕射沂國公以左僕射資政殿大學士判
	七月庚子王曙自樞密使加平章事八月庚午王曾自天平軍節度使檢校太師同平章事除樞密使	二月戊辰王隨自參知政事加吏部侍郎李諮自樞密副使加戶部侍郎並知樞密院事王德用自簽書樞密事加奉德軍節度使留後韓億自御史中丞加工部侍郎並同知樞密院事蔡齊自樞密副使加禮部侍郎盛度自端明殿學士兼翰林侍讀學士加禮部侍郎並除參知政事	十二月丁卯王德用自同知樞密院事進知樞密院事章得象自翰林學士承旨兼侍讀學士龍圖閣直學士禮部侍郎遷同知樞密院事	四月甲子盛度自禮部侍郎參知政事除知樞密院事王鬷自樞密直學士左司郎中右諫議大夫除同知樞密院事韓億自工部侍郎同知樞密院
州十一月癸亥朔參知政事薛奎辭疾以資政殿學士判都省免	八月癸亥樞密使王曙卒		十二月丙寅樞密副使李諮卒	初呂夷簡王曾不協曾言夷簡拾權交論於上前參知政事宋綬善夷簡樞密副使蔡齊頗附曾四月甲子綬以尚書左丞齊以吏

丁丑	寶元元年戊寅	二年己卯	康
學士 呂夷簡 王曾 王隨 陳堯佐	三月戊戌張士遜自山南東道節度使同平章事判河南府加門下侍郎兼兵部尚書平章事昭文館大學士監修國史章得象自同知樞密院事守本官加平章事集賢殿大學士 王隨 陳堯佐 張士遜 章得象	張士遜 章得象	五月壬戌呂夷簡自鎮安軍節度使判許州加右僕射門下侍郎同平章事昭文館大學士監修國史
鄆州	先是右司諫韓琦屢言宰執非才三月戊戌王隨自門下侍郎同中書門下平章事以彰信軍節度使守本官判河陽陳堯佐自同中書門下平章事以淮康軍節度使守本官判鄭州十一月己卯王曾薨		五月壬戌張士遜自門下侍郎兼兵部尚書平章事罷守太傅進封鄧國公
事遷三司使程琳自吏部侍郎石中立自翰林學士承旨兼龍圖閣學士並除參知政事庚午王德用自樞密副使加定武軍節度使	三月戊戌盛度自知樞密院事加武寧軍節度使檢校太傅王鬷自知樞密院事加龍圖閣學士李若谷自工部侍郎權知開封府並除參知政事王博文自龍圖閣直學士給事中權三司使加龍圖閣直學士陳執中自工部郎中知永興軍加右諫議大夫並除同知樞密院事四月乙亥張觀自給事中權御史中丞除同知樞密院事	五月壬子夏守贇自鎮海軍節度使真定都部署除知樞密院事十月壬寅王鬷自參知政事加工部侍郎除知樞密院事宋庠自翰林學士知制誥加諫議大夫除參知政事	三月戊寅晏殊自三司使刑部尚書宋綬自禮部尚書知河南府並除知樞密院事王貽永自保安軍節度使檢校
部侍郎並免	三月戊戌韓億自參知政事罷守本官歸班尋知應天府石中立自參知政事以戶部侍郎資政殿學士免四月癸酉同知樞密院事王博文卒	五月壬子王德用自宣徽南院使定武軍節度使樞密副使以武寧軍節度使免十月丁酉盛度自武寧軍節度使知樞密院事坐馮士元事奪節貶秩以尚書右丞知揚州程琳自參知政事以光祿卿知潁州	二月丁亥夏守贇自知樞密院事除宣徽南院使陝西都部署兼經略安撫等使三月戊寅知

定元年庚辰	慶曆元年辛巳	二年
張士遜 章得象 呂夷簡	十月壬午呂夷簡自右僕射加司空同辭 章得象 呂夷簡	七月壬午呂夷簡自右僕射門下侍郎同平章事判樞密院事章得象自守同知樞密院事平章事兼樞密使晏殊自樞密使加同平章事九月丙子呂夷
太傅駙馬都尉除同知樞密院事七月丁亥夏守贇自宣徽南院使陝西都部署復除同知樞密院事八月戊申杜衍自龍圖閣學士刑部侍郎權知開封府除同知樞密院事九月戊午宋綬自守尚書左丞起復加翰林學士兼龍圖閣學士晁宗慇自左司郎中知制誥加右諫議大夫並除參知政事鄭戩自龍圖閣直學士起居舍人權三司使加右諫議大夫除同知樞密院事戊辰晏殊自知樞密院事加檢校太傅樞密使王貽永杜衍鄭戩並自同知樞密院事進樞密副使	五月辛未王舉正自翰林學士兵部侍郎知制誥加右諫議大夫除參知政事任中師自樞密直學士右諫議大夫知益州任布自給事中知河南府並除樞密副使	
樞密院事王鬷同知樞密院事陳執中張觀並以西兵不利又議鄉兵不決鬷知河南府執中知青州觀知相州九月戊午李若谷自參知政事以疾授資政殿大學士吏部侍郎提舉會靈觀十二月癸卯參知政事宋綬卒	五月辛未宋庠自參知政事守本官知揚州鄭戩自樞密副使以資政殿學士知杭州	三月辛酉晁宗慇自參知政事以疾遷資政殿學士給事中免七月丙午任布自樞密副使遷秩知河陽府

壬午	三年癸未	四年甲
簡改兼樞密使是年冬夷簡以疾授司空平章軍國重事固辭 章得象 呂夷簡 晏殊	三月戊子呂夷簡自司空平章軍國重事以疾授司徒監修國史與議軍國大事 章得象自平章事加工部尚書昭文館大學士 晏殊自檢校太尉刑部尚書同平章事加同中書門下平章事集賢殿大學士並兼樞密使 九月戊辰章得象加監修國史 章得象 呂夷簡 晏殊	九月甲申杜衍自檢校太傅依前行吏部侍郎加同平章事兼樞密使集賢殿大學士 晏殊 章得象 杜衍
	四月甲子司徒呂夷簡罷與議軍國大事 九月戊辰以太尉致任	九月庚午同中書門下平章事晏殊爲孫甫蔡襄所論以工部尚書知潁州
	三月戊子夏竦自宣徽南院使判蔡州遷戶部尚書除樞密使 賈昌朝自右諫議大夫權御史中丞除參知政事 富弼自右正言知制誥史館修撰除右諫議大夫樞密副使固辭 四月甲辰韓琦自陝西四路馬步軍都部署兼經略安撫招討等使樞密直學士右諫議大夫 范仲淹自安撫經畧招討使並樞密副使 乙巳杜衍自吏部侍郎樞密副使除樞密使 七月丁丑范仲淹自樞密副使除參知政事 富弼自史館修撰除樞密副使皆固辭 八月丁未復命之	六月壬子范仲淹自參知政事出爲陝西河東宣撫使 八月甲午富弼自樞密副使出爲河北宣撫使 九月甲寅賈昌朝自右諫議大夫參知政事加檢校太傅行工部侍郎樞密使 陳執中自資政殿學士工部侍郎知青州除參知政事蔡襄孫
	四月乙巳樞密使夏竦既至爲臺諫所論免 七月丙子王舉正自參知政事以資政殿學士知許州 九月乙亥任中師自樞密副使以禮部侍郎資政殿學士知永興軍	

申	五年乙酉	六年丙戌	七年丁亥
	正月丙戌賈昌朝自樞密使檢校太傅依前工部侍郎加同平章事兼樞密使集賢殿大學士 四月戊申陳執中自參知政事依前行工部侍郎加同平章事集賢殿大學士 昌朝尋加昭文館大學士監修國史兼譯經潤文使 杜衍 章得象 賈昌朝 陳執中	賈昌朝 陳執中	三月乙未陳執中自工部侍郎平章事加昭文館大學士監修國史兼譯經潤文使 賈昌朝 陳執中
	正月丙戌杜衍自行吏部侍郎同平章事以行尚書左丞知兗州 四月戊申章得象自檢校太尉工部尚書同平章事以檢校太傅同平章事鎮安軍節度使知陳州 十月庚辰詔宰臣罷兼樞密使		先是賈昌朝與吳育爭論上前三月乙未昌朝以武勝軍節度使判大名府兼北京留守
甫等言其闕復不可任上不聽	正月丙戌王貽永自宣徽南院使保寧軍節度使依前檢校太傅除樞密使 宋庠自資政殿學士給事中知鄆州除參知政事 吳育自翰林學士禮部郎中知制誥權知開封府加右諫議大夫龍圖閣學士 龐籍自右諫議大夫知延州並除樞密副使 四月庚戌吳育自諫議大夫樞密副使除參知政事 丁度自翰林學士承旨端明殿學士除工部尚書樞密副使	二月癸丑王貽永自檢校太傅樞密使加同平章事 八月癸酉參知政事吳育以與賈昌朝論事不合改樞密副使 丁度自工部侍郎樞密副使除	參知政事 初上欲以河陽三城節度使檢校太尉同平章事知大名府夏竦爲相臺諫言其與陳執中素不合三月乙未乃命竦爲樞密使 文彥博自樞密直學士戶部郎中知益州加右諫議大夫除樞密副使 丁酉除參知政事 高若訥自右諫議大夫御史中丞除樞密副使
	正月乙酉范仲淹自右諫議大夫以資政殿學士出知邠州兼陝西四路沿邊安撫使 富弼自右諫議大夫以資政殿學士京東西路安撫使兼知鄆州用錢明逸疏也 先是樞密副使韓琦上疏論富弼不當輕罷不報董士廉又訟水洛城事三月辛酉琦以資政殿學士出知揚州		三月乙未吳育自右諫議大夫樞密副使以給事中歸班

八年戊子	皇祐元年己丑	二年庚寅	三年
閏正月戊申文彥博自諫議大夫參知政事加行禮部侍郎同平章事集賢殿大學士 陳執中 文彥博	八月壬戌文彥博自行禮部侍郎同平章事加吏部侍郎昭文館大學士監修國史 宋庠自樞密使檢校太傅行工部侍郎加兵部侍郎同平章事集賢殿大學士 陳執中 文彥博 宋庠	文彥博 宋庠	十月庚子龐籍自樞密使檢校太傅依前戶部侍郎加同平章事昭文館大學士監修國史兼譯經使
	八月壬戌陳執中自工部侍郎平章事以兵部尚書出知陳州		先是包拯吳奎等言宋庠無所建明三月庚申庠以行刑部尚書觀文殿大學士出知河南
四月辛未明鎬自端明殿學士給事中權三省使除參知政事 五月辛酉宋庠自給事中參知政事除樞密使 龐籍自樞密副使左諫議大夫除參知政事	是歲賈昌朝自山南東道節度使同平章事安國公判鄭州依前尚書右僕射觀文殿大學士判尚書都省 八月壬戌王貽永自樞密使檢校太傅同平章事加兼侍中 龐籍自左諫議大夫參知政事加檢校太傅行工部侍郎樞密使 高若訥自樞密副使右諫議大夫加工部侍郎除參知政事 梁適自翰林學士吏部郎中加右諫議大夫除樞密副使		三月庚申劉沆自龍圖閣學士工部侍郎權知開封府除參知政事 十月庚子高若訥自戶部侍郎
四月辛未丁度自參知政事遷紫宸殿學士兼侍讀學士 五月辛酉夏竦自樞密使以檢校太師依前同平章事河陽三城節度使判河南府兼西京留守司以何郯論其姦邪故也 六月甲午參知政事明鎬卒			

辛卯	文彥博 宋庠 龐籍	府 十一月庚子文彥博自吏部侍郎同平章事以行吏部尙書觀文殿學士出知許州	參知政事除檢校太傅樞密使 辛丑梁適自樞密副使給事中除參知政事 王堯臣自給事中翰林學士承旨除樞密副使	
四年壬辰	龐籍		先是樞密使王貽永以疾求罷五月丁未聽解侍中為同平章事依前樞密使 六月丁亥狄青自彰化軍節度使知延州除檢校司空樞密副使王舉正賈黯皆論其不可不聽九月庚午青宣徽南院使荊湖北路宣撫使都大提舉廣南東西路經制盜賊事辛未詔宣撫同日依前樞密副使	
五年癸巳	七月壬申陳執中自集慶軍節度使判大名府加行吏部尙書同平章事昭文館大學士監修國史兼譯經潤文使 梁適自參知政事加禮部侍郎同平章事集賢殿大學士 龐籍 陳執中 梁適	龐籍甥與堂吏受賕諫官韓絳論之七月壬申籍依前戶部侍郎同平章事以京東西路安撫使出知鄆州	二月癸未狄青以宣徽南院使復為樞密副使 五月乙巳狄青自樞密副使護國軍節度使檢校太尉河中尹兼御史大夫仍守前官除樞密使 丁未孫沔自樞密直學士給事中知杭州除樞密副使	五月乙巳高若訥自戶部侍郎樞密使以尙書左丞觀文殿學士兼羣牧制置使免
至和元年甲午	八月丙午劉沆自參知政事依前工部侍郎加同平章事集賢殿大學士 陳執中 梁適 劉沆	七月丁卯中丞孫抃等劾梁適戊辰適罷守本官出知鄭州尋加觀文殿大學士知秦州	二月壬戌田況自三司使禮部侍郎除樞密副使 三月己巳王德用自檢校太師同平章事兼羣牧制置使判鄭州冀國公仍守前官除樞密使兼河陽三城節度使 七月丁卯程戡自端明殿學士給事中知益州除參知政事	二月壬戌孫沔自樞密副使以資政殿學士出知杭州 三月己巳王貽永自樞密使依前檢校太師以行尙書右僕射兼侍中鄧國公景靈宮使領彰德軍節度使
二年乙未	六月戊戌文彥博自忠武軍節度使檢校太尉兼知永興軍加禮部尙書同平章事昭文館大學士兼譯經潤文使 富弼自宣徽南院使檢校太保判并州加戶部侍郎同平章事集賢殿大學士 劉沆自工部侍郎同平章事加兵部侍郎監修國史 陳執中 劉沆 文彥博 富弼	六月戊戌行吏部尙書同平章事陳執中以檢校太尉同平章事鎭海軍節度判亳州		
嘉祐元年丙申	十二月壬戌文彥博自禮部尙書同平章事加監修國史 劉沆 文彥博 富弼	中丞張昪等論劉沆疏十七上十二月壬子沆以行工部尙書觀文殿大學士出知應天府	閏三月癸未王堯臣自樞密副使給事中除戶部侍郎參知政事 程戡自給事中參知政事除戶部侍郎樞密副使 八月癸亥韓琦自三司使加檢校少傅依前行工部尙書樞密使 十一月辛巳賈昌朝自京南東道節度使檢校太師兼侍中判大名府兼北京留守許國公仍守前官除樞密使襄州觀察使 十二月壬子曾公亮自翰林學士權知開封府除給事中參知政事	八月癸亥狄青自樞密使依前檢校太尉以同平章事護國軍節度使判陳州 十一月辛巳王德用自樞密使依前檢校太師以同平章事景靈宮使領忠武軍節度使 十二月壬戌樞密使賈昌朝辭兼侍中
二年丁酉	文彥博 富弼			
三年戊戌	六月丙午富弼自戶部侍郎同平章事加禮部侍郎昭文館大學士監修國史兼譯經潤文使 韓琦自樞密使工部尙書依前官加同平章事集賢殿大學士 文彥博 富弼 韓琦	六月丙午文彥博自檢校太師同平章事以河陽三城節度使判河南府兼西京留守	六月丙午宋庠自觀文殿大學士依前行兵部尙書同平章事兼羣牧制置使樞密使 田況自樞密副使禮部侍郎檢校太傅除樞密使 張昪自右諫議大夫權御史中丞除樞密副使	六月丙午賈昌朝自樞密使以行尙書左僕射檢校太師兼侍中景靈宮使領鎭安軍節度使 八月己未參知政事王堯臣卒
四年己亥	富弼 韓琦			五月丙辰田況自樞密使以尙書右丞觀文殿學士兼翰林侍讀學士提舉景靈宮事
五年庚子	富弼 韓琦		四月癸未孫抃自翰林學士承旨兼侍讀學士禮部侍郎除樞密副使 十一月辛丑曾公亮自參知政事檢校太傅依前禮部侍郎除樞密副使張昪自樞密副使右諫議大夫孫抃自禮部侍郎樞密副使並除參知政事 歐陽修自翰林學士兼侍讀學士禮部侍郎知制誥史館修撰 陳旭自樞密直學士右諫議大夫 趙槩自御史中丞加禮部侍郎並除樞密副使旭後改名升之	四月癸未程戡自樞密副使以禮部侍郎觀文殿學士兼翰林侍讀學士同羣牧制置使免 十一月辛丑宋庠自檢校大尉行兵部尙書同平章事兼羣牧制置使莒國公樞密使以河陽三城節度使同平章事判鄭州
六年	六月甲戌富弼起復以前官同平章事固辭 閏八月庚子韓琦自工部尙書同平章事加昭文館大學士監修國史 曾公亮自樞密	三月己亥禮部侍郎同平章事富弼丁母憂	四月庚辰包拯自三司使給事中除樞密副使 閏八月庚子張昪自右諫議大夫參知政事加檢校太傅行工部侍郎除樞密使	四月庚辰樞密副使陳旭以資政殿學士知定州

辛丑	七年壬寅	八年癸卯英宗四月壬申即位	治平元年甲辰	二年乙巳
副使檢校太傅兼羣牧制置使行吏部侍郎加同平章事集賢殿大學士 韓琦 曾公亮	韓琦 曾公亮	韓琦 曾公亮	閏五月戊辰韓琦自門下侍郎兼兵部尚書同平章昭文館大學士監修國史魏國公加尚書右僕射 韓琦 曾公亮	韓琦 曾公亮
歐陽修自禮部侍郎樞密副使除參知政事 胡宿自翰林學士兼端明殿學士翰林學士左司郎中知制誥史館修撰除左諫議大夫樞密副使	三月乙卯趙槩自樞密副使禮部侍郎除參知政事 吳奎自翰林學士權知開封府除樞密副使	五月戊午富弼既除喪授樞密使檢校太師行禮部尚書同平章事	十二月丙午王疇自翰林學士禮部侍郎除樞密副使	三月己未起復吳奎奎固辭 五月癸亥陳旭自資政殿學士禮部侍郎除樞密副使 七月庚辰文彥博自淮南節度使檢校太師兼侍中行揚州大都督長史潞國公除樞密使 辛巳呂公弼自工部侍郎權三司使樞密直學士除守本官樞密副使
	三月乙卯孫抃自參知政事以觀文殿侍讀學士同羣牧制置使免 五月庚午樞密副使包拯卒		十二月戊子樞密副使吳奎丁父憂	二月癸卯樞密副使王疇卒 七月癸亥富弼自行戶部尚書以檢校太師同平章事鎮海軍節度使判河陽 庚辰張昪自樞密使辭疾以檢校太尉同平章事彰信軍節度使判許州

三年丙午	四年丁未	神宗正月丁巳即位	熙寧元年戊申	二
韓琦 曾公亮	正月戊辰韓琦自尚書右僕射同平章事魏國公加守司空兼侍郎 九月壬寅曾公亮自集賢殿大學士同中書門	下平章事加尚書左僕射 韓琦 曾公亮		二月己亥富弼自觀文殿大學士行尚書左僕射鄭國公依前左僕射加兼門下侍郎同平章事昭文殿大學
	九月辛丑韓琦自守司空兼侍中同平章事魏國公以守司徒兼侍中檢校太師鎮安武勝軍節度使判	相州		十月丙申富弼自左僕射兼門下侍郎同平章事加檢校太師依前行左僕射同平章事以
四月庚戌郭逵自殿前都虞候容州觀察使加檢校太保除同簽書樞密院事	正月丙寅吳奎除喪復樞密副使三月癸酉以禮部侍郎參知政事 九月辛丑呂公弼自樞密副使刑部侍郎除檢	校太傅樞密使 張方平自翰林學士承旨兼龍圖閣學士端明殿學士戶部尚書趙抃自龍圖閣學士右司郎中知諫院並除參知政事抃遷右諫議大夫 韓絳自三司使吏部侍郎卲亢自樞密直學士兵部員外郎知開封府並除樞密副使亢遷右諫議大夫	正月丙申唐介自龍圖閣學士給事中權三司使除參知政事 七月己卯陳旭自觀文殿學士尚書左丞知越州除知樞密院事	二月庚子王安石自翰林學士工部侍郎兼侍講除右諫議大夫參知政事
四月庚戌胡宿自樞密副使以觀文殿學士吏部侍郎知杭州 十月丁亥郭逵自同簽書樞密院事除陝西四路沿邊宣撫使兼判渭州	二月壬申歐陽修自尚書右丞參知政事以觀文殿學士刑部尚書知亳州 九月辛丑吳奎自參知政	事以資政殿學士戶部侍郎知青州 陳旭自樞密副使戶部侍郎以觀文殿學士尚書右丞知越州 癸卯郭逵自同簽書樞密院事以宣徽南院使判鄆州 十月己酉參知政事張方平丁父憂	正月丙申趙槩自參知政事以吏部尚書觀文殿學士知徐州 十二月辛酉卲亢自樞密副使以資政殿學士給事中知越州	四月丁未參知政事唐介卒

年己酉	三年庚戌	四年辛亥
士監修國史 十月丙申曾公亮自行吏部侍郎同平章事集賢殿大學士加昭文館大學士監修國史兼譯經潤文使魯國公 陳旭自尚書右丞知樞密院事加行禮部尚書同平章事集賢殿大學士 富弼 曾公亮 陳旭	十二月丁卯韓絳自吏部尚書參知政事加同平章事昭文館大學士 王安石自右諫議大夫參知政事加禮部侍郎同平章事監修國史 曾公亮 陳旭 韓絳 王安石	正月壬子陳旭起復仍禮部尚書加同平章事辭不拜 韓絳 王安石
武寧軍節度使判亳州	九月庚子曾公亮自行吏部侍郎同平章事昭文館大學士以守司空檢校太師兼侍中領河陽三城節度使集禧觀使五日一奉朝請 十月戊寅陳旭自行禮部尚書同平章事丁母憂	三月丁未韓絳自同平章事守吏部侍郎知鄧州
	二月壬申司馬光自翰林學士兼侍讀學士右諫議大夫史館修撰除樞密副使辭不拜 四月己卯韓絳自樞密副使除兼參知政事 七月壬辰馮京自 部侍郎權御史中丞除右諫議大夫樞密副使 九月辛丑馮京自樞密副使除參知政事 吳充自翰林學士右司郎中權三司使除右諫議大夫樞密副使 十二月丁卯王珪自翰林學士承旨端明殿學士翰林侍讀學士禮部侍郎仍守本官除參知政事	
	四月己卯趙抃自參知政事右諫議大夫以資政殿學士知杭州 七月壬辰呂公弼自樞密副使以吏部侍郎觀文殿大學士知太原府 九月乙未韓絳自樞密副使除陝西路宣撫使	

年				
五年壬子	王安石		二月丙寅蔡挺自龍圖閣直學士右諫議大夫知渭州除樞密副使十二月壬午陳旭以檢校太傅行禮部尚書同平章事除樞密使	
六年癸丑	王安石		四月己亥文彥博自劍南西川節度使守司空兼侍中樞密使以守司徒兼侍中河東節度使判河陽	
七年甲寅	四月丙戌韓絳自觀文殿大學士行吏部侍郎知大名府守本官加同中書門下平章事監修國史王安石韓絳	四月丙戌王安石自禮部侍郎同平章事以吏部尚書觀文殿大學士知江寧府	四月丙戌呂惠卿自翰林學士右正言兼侍讀除右諫議大夫參知政事十二月丁卯王韶自觀文殿學士兼端明殿學士龍圖閣學士禮部侍郎知熙州除樞密副使	
八年乙卯	二月癸酉王安石自觀文殿大學士吏部尚書知江寧府依前官加同平章事昭文館大學士韓絳王安石	八月庚戌韓絳自觀文殿大學士行吏部侍郎同中書門下平章事以禮部尚書觀文殿大學士知許州	四月戊寅吳充自樞密副使右諫議大夫除檢校太傅行工部尚書樞密使十二月壬寅元絳自翰林學士兼侍讀學士同太常寺兼羣牧使工部侍郎除參知政事曾孝寬自龍圖閣直學士起居舍人兼樞密都承旨同羣牧使除樞密直學士簽書樞密院事	正月庚子蔡挺自右諫議大夫樞密副使以資政殿學士判南京留司御史臺馮京自右諫議大夫參知政事以守本官知亳州閏四月乙未陳旭自禮部尚書同平章事樞密使以檢校太尉鎮江軍節度使同平章事判揚州十月庚寅呂惠卿以參知政事守本官知陳州
九年	十月丙午吳充自樞密使檢校太傅行工部侍郎守前官加同平章事監修國史	十月丙午王安石自檢校太傅依前尚書左僕射領鎮南軍節度使判江寧府	十月丙午馮京自資政殿學士右諫議大夫知成都府除知樞密院事	
丙辰	王珪自禮部侍郎參知政事守前官加同平章事集賢殿大學士王安石吳充王珪			
十年丁巳	吳充王珪			二月己亥王韶自樞密副使以戶部侍郎觀文殿大學士知洪州
元豐元年戊午	吳充王珪		閏正月壬辰孫固自權知開封府樞密直學士右諫議大夫除同知樞密院事九月乙酉呂公著自端明殿學士兼翰林侍讀學士寶文閣學士戶部侍郎薛向自樞密直學士工部侍郎並除同知樞密院事	閏正月己亥簽書樞密院事曾孝寬丁父憂五月庚辰起復固辭
二年己未	吳充王珪		五月戊子蔡確自右諫議大夫權御史中丞直學士院判司農寺除參知政事	五月甲申元絳自參知政事以工部侍郎知亳州
三年庚	九月丙戌王珪自同中書門下平章事加監修國史吳充王珪	三月己丑吳充辭疾以吏部尚書觀文殿大學士西太一宮使免	二月丙午章惇自翰林學士右正言知審官東院除右諫議大夫參知政事九月癸未薛向自工部侍郎同知樞密院事加正議大夫孫固自右諫議大夫同知樞密院事加大中大夫並除樞密副使丙戌馮京自通議大夫知樞密	
申			院事除正議大夫樞密使丁亥呂公著自戶部侍郎同知樞密院除正議大夫樞密副使	
四年辛酉	王珪		正月辛亥孫固自樞密副使大中大夫除兼羣牧制置使知樞密院事呂公著自樞密副使正議大夫加龍圖閣直學士韓縝自大中大夫樞密都承旨兼羣牧使並除同知樞密院事二月甲辰張璪自翰林學士除大中大夫參知政事	正月辛亥馮京自正議大夫兼羣牧制置樞密使以光祿大夫觀文殿學士判河陽府二月癸卯章惇自參知政事坐父俞強占民田及為朱服所奏而報上不實以大中大夫知蔡州
五年壬戌	是年改官制以左右僕射為宰相四月癸酉王珪自銀青光祿大夫兼門下侍郎同中書門下平章事依前官加尚書左僕射兼門下侍郎蔡確自大中大夫參知政事依前官加右僕射兼中書侍郎王珪蔡確		四月甲戌章惇自大中大夫知定州加守門下侍郎張璪自大中大夫參知政事加守中書侍郎蒲宗孟自翰林學士加中大夫守尚書左丞王安禮自翰林學士加中大夫守尚書右丞	
六年癸亥	王珪蔡確		七月丙辰韓縝自大中大夫同知樞密院進知樞密院事安燾自大中大夫試戶部尚書除同知樞密院事八月辛卯王安禮自守尚書右丞除尚書左丞李清臣自吏部尚書除中大夫尚書右丞	七月丙辰孫固自知樞密院事以通議大夫觀文殿學士知河陽八月辛卯蒲宗孟自中大夫以守尚書左丞知汝州
七年	王珪蔡確			七月甲寅王安禮自尚書左丞以端明殿學士知江寧府

紀年	宰相進拜加官	罷免	執政進拜加官	罷免
甲子				
八年乙丑哲宗三月戊戌即位	五月戊午蔡確自通議大夫右僕射兼中書侍郎加兼門下侍郎左僕射韓縝自通議大夫知樞密院事加兼中書侍郎右僕射 王珪 蔡確 韓縝	五月庚戌左僕射兼門下侍郎王珪薨	五月戊午章惇自通議大夫門下侍郎除知樞密院事司馬光自資政殿學士通議大夫知陳州加守門下侍郎七月戊戌呂公著自資政殿大學士銀青光祿大夫兼侍讀加尚書左丞	

宋史卷二百十一考證

宰輔表二明道二年十月戊午呂夷簡判陝州○陝應作澶

康定元年二月丁亥夏守贇自知樞密院事除宣徽南院使陝西都部署兼經略安撫等使○臣開鼎按本表宣和三年童貫自領樞密院事除江浙江淮等路安撫使又除陝西等三路安撫靖康元年李綱自知樞密院事除河北河東宣撫使俱不作罷免載於執政加官格內則守贇之除安撫亦不得載於罷免格中且是時夏人寇延州特以重臣經略又非尋常使相比也至六月以怯懦召還赴闕猶以爲同知院事則前非黜退可知八月之罷乃眞罷也表中轉不載此處疑錯

元豐三年○臣開鼎按通鑑以馮京爲樞密使薛向孫固呂公著爲副使向尋免注云斥知潁州此表第四格脫九月薛向罷樞密副使知潁州

五年○臣開鼎按通鑑五年夏呂公著罷此表第四格脫

宋史卷二百十二

元中書右丞相總裁脫脫等修

表第三

宰輔三

紀年	宰相進拜加官	罷免	執政進拜加官	罷免
元祐元年丙寅	閏二月庚寅司馬光自正議大夫守門下侍郎依前官加左僕射兼門下侍郎壬辰呂公著自金紫光祿大夫尚書左丞加門下侍郎四月壬寅呂公著自金紫光祿大夫門下侍郎依前官加右僕射兼中書侍郎文彥博自河東節度使守太師開府儀同三司潞國公落致仕加太師平章軍國重事 韓縝 蔡確 司馬光 呂公著 文彥博	閏二月庚寅左僕射蔡確累爲劉摯孫覺蘇轍朱光庭王巖叟所論守前官以觀文殿大學士知陳州四月己丑韓縝自右僕射以光祿大夫觀文殿大學士知潁昌府京西北路安撫使九月丙辰朔左僕射兼門下侍郎司馬光薨	閏二月丙午李清臣自通議大夫守尚書右丞除尚書左丞呂大防自試吏部尚書除中大夫尚書右丞乙卯安燾自同知樞密院事進知樞密院事范純仁自試吏部尚書兼侍讀除中大夫同知樞密院事五月丁巳朔韓維自資政殿大學士正議大夫兼侍讀除守門下侍郎十一月戊子劉摯自試御史中丞除中大夫尚書左丞呂大防自中大夫尚書左丞除中書侍郎	閏二月辛亥正議大夫知樞密院事章惇爲劉摯王巖叟朱光庭等所論又於簾前爭論謫惇罷守本官知汝州九月己卯張璪自中書侍郎以資政殿學士光祿大夫知鄭州
二年丁卯	文彥博 呂公著		五月丁卯劉摯自中大夫守尚書右丞除尚書左丞王存自守兵部尚書除中大夫尚書右丞六月辛丑安燾自正議大夫同知樞密院事進知樞密院事	四月戊申李清臣自尚書左丞以資政殿學士知河陽七月辛未韓維自正議大夫門下侍郎以資政殿大學士知鄧州
三年戊辰	四月辛巳呂公著自金紫光祿大夫尚書右僕射兼中書侍郎加司空平章軍國重事呂大防自中書侍郎加大中大夫左僕射兼門下侍郎范純仁自同知樞密院加大中大夫右僕射兼門下侍郎 文彥博 呂公著 呂大防 范純仁		四月壬午孫固自觀文殿學士正議大夫兼侍讀除門下侍郎王存自中大夫尚書右丞除尚書左丞胡宗愈自試御史中丞除中大夫尚書右丞趙瞻自中散大夫試戶部侍郎除簽書樞密院事	
四年己巳	文彥博 呂公著 呂大防 范純仁	二月甲辰司空同平章軍國事呂公著薨六月甲辰范純仁自大中大夫右僕射守前官以觀文殿學士知潁昌府	六月丙午韓忠彥自樞密直學士戶部尚書除中大夫尚書左丞趙瞻自簽書樞密院事進同知樞密院事十一月癸未孫固自門下侍郎除光祿大夫知樞密院事劉摯自中大夫守中書侍郎除門下侍郎傅堯俞自試吏部尚書除中大夫守中書侍郎	三月己卯胡宗愈自尚書右丞以資政殿學士知陳州六月甲辰王存自中大夫尚書左丞以端明殿學士知蔡州七月乙亥安燾自知樞密院事丁母憂十月乙卯詔起復燾辭
五年庚午	文彥博 呂大防	二月庚戌文彥博自太師平章軍國重事以守太師儀同三司河中興元尹護國軍山南西道節度使致仕	三月壬申韓忠彥自中大夫尚書左丞遷同知樞密院事蘇頌自翰林學士承旨知制誥兼侍讀除右光祿大夫尚書左丞	三月丙寅朔中大夫同知樞密院事趙瞻卒四月甲辰右光祿大夫知樞密院事孫固卒十二月辛卯朔許將自尚書右丞以大中大夫資政殿學士知定州
六年辛未	二月辛卯劉摯自守門下侍郎大中大夫加右僕射兼中書侍郎 呂大防 劉摯	十一月乙酉朔劉摯自右僕射以觀文殿學士知鄆州	二月辛卯王巖叟自龍圖閣待制知開封府除簽書樞密院事癸巳蘇轍自龍圖閣學士御史中丞除中大夫尚書右丞	十一月辛丑中大夫守中書侍郎傅堯俞卒

七年壬申	八年癸酉	紹聖元年甲戌
六月辛酉蘇頌自守尚書左僕射加左光祿大夫守尚書左僕射兼中書侍郎呂大防蘇頌	七月丙子朔范純仁自觀文殿大學士知潁昌府加通議大夫尚書右僕射兼中書侍郎呂大防蘇頌范純仁	四月壬戌章惇自通議大夫提舉洞霄宮加左正議大夫守尚書左僕射兼門下侍郎呂大防范純仁章惇
	三月癸未蘇頌自右僕射依前左光祿大夫觀文殿大學士集禧觀使	三月乙亥呂大防自左僕射中書侍郎以觀文殿大學士右光祿大夫知潁昌府改知永興軍四月壬戌范純仁自尚書右僕射兼中書侍郎以右正議大夫觀文殿大學士知潁昌府京西北路安撫使
六月辛酉蘇轍自守尚書右丞除中大夫門下侍郎韓忠彥自同知樞密院事除中大夫知樞密院事范百祿自翰林學士大中大夫除中書侍郎梁燾自翰林學士除中大夫尚書左丞鄭雍自大中大夫御史中丞除尚書右丞劉奉世自左朝請大夫寶文閣侍制權戶部尚書除簽書樞密院事		二月丁未李清臣自資政殿學士守戶部尚書除正議大夫中書侍郎鄧溫伯自端明殿學士守兵部尚書除右光祿大夫尚書左丞閏四月甲申安燾自觀文殿學士右正議大夫除門下侍郎六月癸未曾布自翰林學士承旨知制誥兼侍讀除中大夫同知樞密院事
五月丙午王巖叟自簽書樞密院事以端明殿學士知鄭州	三月辛卯范百祿自中書侍郎以大中大夫資政殿學士知河中府六月戊午梁燾自尚書左丞以資政殿學士領醴泉觀使	三月丁酉蘇轍自太中大夫門下侍郎以本官知汝州五月辛亥劉奉世自簽書樞密院事以端明殿學士眞定府路安撫使兼知成德軍乙丑尚書左丞鄧潤甫卒潤甫舊名溫伯復令名

二年乙亥	三年丙子	四年丁丑	元符元年戊寅
章惇	章惇	章惇	章惇
		二月己未故司馬光自左僕射追貶清海軍節度副使故呂公著自司空平章軍國事追貶建武軍節度副使癸未前宰相呂大防責授舒州團練副使循州安置前宰相劉摯責授鼎州團練副使新州安置前宰相范純仁責授武安軍節度副使永州安置甲申前太師致仕文彥博降授太子少保致仕故左僕射王珪追貶萬安軍司戶	
十月甲戌許將自守吏部尚書兼侍讀除守尚書左丞蔡卞自翰林學士兼侍讀修國史兼守尚書右丞		閏二月壬寅曾布自同知樞密院事除太中大夫知樞密院事林希自翰林學士知制誥除太中大夫同知樞密院事許將自守尚書左丞除正議大夫中書侍郎蔡卞自太中大夫守尚書右丞除尚書左丞黃履自試吏部尚書除中大夫尚書右丞	
十月甲子鄭雍自大中大夫尚書右丞以資政殿學士知陳州十一月乙未安燾自右正議大夫門下侍郎以觀文殿學士知河南府	正月庚子韓忠彥自大中大夫知樞密院事以觀文殿學士知眞定府	正月庚戌李清臣自正議大夫中書侍郎以資政殿大學士知河南府二月己未故王巖叟自端明殿學士追貶雷州別駕癸未蘇轍自前門下侍郎責授化州別駕雷州安置梁燾自前資政殿學士責授雷州別駕化州安置劉奉世自前端明殿學士落職分司南京郴州居住韓維自前資政殿大學士致仕落職特授左朝議大夫致仕	四月壬辰林希自同知樞密院事出知亳州

二年己卯	三年庚辰	徽宗正月己卯即位	建中靖國元年辛巳
章惇	四月甲辰韓忠彥自門下侍郎加正議大夫右僕射兼中書侍郎十月丁酉遷左僕射兼門下侍郎進封儀國公壬寅曾布自知樞密院事加右	銀青光祿大夫守尚書右僕射兼中書侍郎章惇韓忠彥曾布	韓忠彥曾布
	先是豐稷陳次升龔夬陳瓘劾章惇爲山陵使而喪輿陷濘暴露九月辛未以守本官知越州		正月癸亥前宰相觀文殿學士中太乙宮使范純仁薨
	二月戊午韓忠彥自通議大夫守吏部尚書仍前官加門下侍郎黃履自資政殿學士提舉中太乙宮兼侍讀仍前官加尚書右丞	四月甲辰李清臣自左正議大夫禮部尚書加門下侍郎蔣之奇自翰林學士通議大夫知制誥除同知樞密院事十一月戊寅安燾自觀文殿學士提舉太乙宮兼集禧觀公事兼侍讀除知樞密院事辛卯范純禮自禮部尚書除中大夫守尚書右丞	七月丁亥蔣之奇自正議大夫同知樞密院事進知樞密院事陸佃自試吏部尚書除中大夫尚書右丞章楶自端明殿學士通議大夫提舉中太乙宮兼集禧觀事除同知樞密院事十一月庚申陸佃自守尚書右丞除尚書左丞溫益自試吏部尚書兼侍讀除中大夫尚書右丞
閏九月辛巳黃履自通議大夫尚書右丞以守本官知亳州	先是龔夬陳瓘累疏劾蔡卞五月乙酉卞以資政殿學士知江寧府十一月庚辰尚書右丞黃履以資政殿大學士仍前	正議大夫提舉中太乙宮兼集禧觀公事	六月戊午范純禮自中大夫尚書右丞以前官出知潁昌府七月丙戌安燾自左正議大夫知樞密院事以觀文殿學士出知河南府兼西京留守十月乙未李清臣自右光祿大夫門下侍郎以資政殿學士出知大名府兼北京留守

崇寧元年壬午	七月戊子蔡京自守尚書左丞加通議大夫守尚書右僕射兼中書侍郎 韓忠彥 曾布 蔡京	五月庚申韓忠彥自左僕射兼門下侍郎以觀文殿大學士出知大名府兼北京留守甲子落職 閏六月壬戌曾布自右僕射以觀文殿大學士右銀青光祿大夫出知潤州	六月丙申許將自右銀青光祿大夫守中書侍郎加門下侍郎 溫益自中大夫守尚書右丞加中書侍郎 蔡京自翰林學士承旨中大夫知制誥兼侍讀修國史實錄修撰除尚書左丞 趙挺之自試吏部尚書兼侍讀修國史編修國朝會要除中大夫尚書右丞八月己卯遷尚書左丞 張商英自翰林學士知制誥兼侍讀修國史實錄修撰除中大夫尚書右丞 十月戊寅蔡卞自資政殿學士左正議大夫中太乙宮使兼侍讀除知樞密院事	六月丙申陸佃自尚書左丞依前中大夫出知亳州 七月庚午章楶自同知樞密院事以資政殿學士領中太乙宮使 十月癸亥蔣之奇自知樞密院事依前右正議大夫以觀文殿學士出知揚州
二年癸未	正月丁未蔡京自右僕射加右光祿大夫尚書左僕射兼門下侍郎 蔡京		四月戊寅趙挺之自中大夫尚書左丞除中書侍郎 張商英自中大夫尚書右丞除尚書左丞 吳居厚自戶部尚書除中大夫尚書右丞 安惇自兵部尚書兼侍讀除中大夫同知樞密院事	正月壬辰中書侍郎溫益卒 八月戊申張商英自尚書左丞以通議大夫出知亳州尋改蘄州
三年甲申	五月己卯蔡京自尚書左僕射加司空 蔡京		九月乙亥趙挺之自右光祿大夫中書侍郎加門下侍郎 吳居厚自右光祿大夫尚書右丞加中書侍郎 張康國自翰林學士承旨知制誥除尚書左丞 鄧洵武自刑部尚書除尚書右丞	八月乙巳許將自門下侍郎仍前官以資政殿學士出知河南府 十二月戊午同知樞密院事安惇卒
四年乙酉	三月甲辰趙挺之自門下侍郎加右銀青光祿大夫尚書右僕射兼中書侍郎 蔡京 趙挺之	六月戊子趙挺之自右僕射授金紫光祿大夫觀文殿大學士領中太乙宮使	二月甲寅張康國自中大夫守尚書右丞仍前官知樞密院事 劉逵自兵部尚書兼侍讀修國史兼實錄修撰除中大夫同知樞密院事 何執中自大中大夫試吏部尚書左丞	正月丙申蔡卞自金紫光祿大夫知樞密院事仍前官以資政殿大學士出知河南府
五年丙戌	二月丙寅趙挺之自尚書右僕射兼中書侍郎加特進光祿大夫尚書右僕射兼中書侍郎 蔡京 趙挺之	二月丙寅蔡京自左僕射以守司空安遠軍節度使開府儀同三司領中太乙宮使	正月甲辰吳居厚自右光祿大夫中書侍郎加門下侍郎 劉逵自中大夫同知樞密院事加中書侍郎	十二月戊午劉逵自中大夫中書侍郎守本官出知亳州
大觀元年丁亥	正月甲午蔡京自安遠軍節度使依前司空左僕射兼門下侍郎魏國公 十二月庚寅蔡京自司空左僕射兼門下侍郎魏國公加太尉 趙挺之 蔡京	三月丁酉趙挺之自尚書右僕射兼中書侍郎以特進觀文殿大學士領佑神觀致仕	正月壬子何執中自太中大夫尚書左丞加中書侍郎 鄧洵武自中大夫守尚書右丞除尚書左丞 梁子美自中大夫試戶部尚書除尚書右丞 三月丁酉何執中自中書侍郎加門下侍郎 鄧洵武自尚書左丞加中書侍郎 梁子美自尚書右丞遷尚書左丞 朱諤自吏部尚書除中大夫尚書右丞 六月乙未梁子美加中書侍郎 八月庚申徐處仁自試戶部尚書院中大夫尚書右丞 林攄自太中大夫試吏部尚書兼侍讀實錄修撰仍前官同知樞密院事 閏十月丙戌林攄自中大夫同知樞密院事除尚書左丞 鄭居中自資政殿學士太中大夫中太乙宮使兼侍讀實錄修撰仍前官同知樞密院事 十二月壬寅起復徐處仁辭	正月壬寅吳居厚自右光祿大夫門下侍郎以資政殿學士仍前官領太乙宮使 五月庚寅鄧洵武自中書侍郎以本官知隨州 六月己亥尚書右丞朱諤卒 十月癸酉尚書右丞徐處仁丁母憂
二年戊子	正月己未蔡京自太尉左僕射兼門下侍郎魏國公加大 蔡京		九月辛亥林攄自右光祿大夫尚書左丞加中書侍郎 余深自試吏部尚書除尚書左丞	八月丙申梁子美自中書侍郎以資政殿學士正奉大夫出知鄆州
三年己丑	六月辛巳何執中自行中書門下侍郎加特進尚書左僕射兼門下侍郎 蔡京 何執中	六月辛巳蔡京自左僕射以依前太師領中太乙宮使	四月癸巳鄭居中自右光祿大夫同知樞密院事進知樞密院事 管師仁自中大夫試吏部尚書除同知樞密院事 癸卯余深自中大夫尚書左丞加中書侍郎 薛昂自試兵部尚書兼侍讀除中大夫尚書左丞 劉正夫自試工部尚書兼侍讀實錄院修撰除尚書右丞	三月戊申知樞密院事張康國暴卒 四月戊寅林攄自中書侍郎依前正奉大夫出知滁州 六月甲戌管師仁自同知樞密院事以資政殿學士依前中大夫領佑神觀使尋卒
四年庚寅	六月乙亥張商英自守中書侍郎加通議大夫守尚書右僕射兼中書侍郎 何執中 張商英		二月己丑余深自中大夫中書侍郎加門下侍郎 張商英自資政殿學士通議大夫中太乙宮使加中書侍郎 侯蒙自朝奉大夫試戶部尚書除中大夫同知樞密院事 八月乙亥劉正夫自中大夫尚書右丞加中書侍郎 侯蒙自中大夫同知樞密院事除尚書左丞 鄧洵仁自翰林	五月丙寅余深自門下侍郎以資政殿學士仍中大夫出知青州 六月丙申薛昂自尚書左丞以資政殿學士仍中大夫出知江寧府 十月丁酉鄭居中自正奉大夫知樞密院事仍前官以觀文殿學士領中太乙宮使

寅			學士承旨大中大夫知制誥兼侍讀除尚書右丞 庚辰吳居厚自資政殿學士宣奉大夫佑神觀使加門下侍郎 十月庚申除知樞密院事	
政和元年辛卯	何執中 張商英	八月丁巳張商英自右僕射以觀文殿大學士出知河南府兼西京留守	三月癸酉王襄自試吏部尚書除中大夫同知樞密院事	九月戊寅王襄自同知樞密院事以中大夫出知亳州
二年壬辰	四月庚戌何執中以哲宗帝紀成加司空 五月己巳蔡京落致仕依前太師三日一至都堂治事十一月辛巳進封魯國公 何執中自尚書左僕射加少傅爲太宰仍兼門下侍郎 蔡京 何執中		六月己丑知青州余深復門下侍郎	
三年癸巳	八月丙子何執中自尚書左僕射加少師 蔡京 何執中		正月乙亥鄭居中自特進觀文殿學士中太乙宮使兼侍讀復除知樞密院事 四月己酉薛昂自資政殿學士通議大夫除尚書右丞	正月乙亥吳居厚自知樞密院事宣奉大夫以武康軍節度使知洪州 四月癸巳鄧洵仁自尚書右丞以通議大夫資政殿學士出知亳州尋落職
四年甲午	蔡京 何執中			
五年乙未	蔡京 何執中			
六年丙申	五月庚子鄭居中自特進知樞密院事加少保太宰兼門下侍郎 劉正夫自銀青光祿大夫中書侍郎加特進少宰兼中書侍郎 蔡京 何執中 鄭居中 劉正夫	四月辛未何執中自尚書左僕射以太傅致仕 十二月乙酉劉正夫自少宰以安化軍節度使開府儀同三司致仕	五月壬寅鄧洵武自保大軍節度使佑神觀使兼侍讀除正奉大夫知樞密院事 八月乙巳薛昂自銀青光祿大夫尚書右丞除尚書左丞 侯蒙自中大夫尚書左丞除中書侍郎 十一月辛卯童貫自節度使開府儀同三司陝西河東河北宣撫使除簽書樞密院事 庚子白時中自禮部尚書兼侍讀除中大夫尚書右丞	
七年丁酉	十一月辛卯鄭居中自太宰丁母憂起復門下侍郎 余深特進少宰兼中書侍郎 蔡京 鄭居中 余深	八月庚午鄭居中自太宰丁母憂	二月以童貫爲陝西河東河北宣撫使仍帶同簽書樞密院事 二月乙未改權領樞密院事 十一月辛卯白時中自中大夫尚書右丞加中書侍郎 十二月丁巳薛昂自銀青光祿大夫尚書左丞加特進門下侍郎 庚午童貫領樞密院事	十月戊寅侯蒙自中書侍郎以資政殿學士出知亳州
重和元年戊戌	七月壬午鄭居中自太宰加少傅 余深自少宰加少保 九月辛丑鄭居中罷起復 蔡京 鄭居中 余深		正月庚戌王黼自翰林學士承旨以尚書左丞起復 七月壬午領樞密院事童貫加檢校太保八月甲寅加太保 九月庚寅白時中自中書侍郎遷門下侍郎 王黼自尚書左丞加中書侍郎 馮熙載自翰林學士承旨知制誥兼侍講除中大夫尚書左丞 范致虛自刑部尚書除中大夫尚書右丞	九月庚寅薛昂自門下侍郎除彰化軍節度使佑神觀使兼侍讀
宣和元年己亥	正月戊午余深自特進少宰兼中書侍郎加太宰兼門下侍郎 王黼自通議大夫中書侍郎加特進少宰兼中書侍郎神霄玉清萬壽宮使 蔡京 余深 王黼		二月戊戌鄧洵武自守中書侍郎知隨州加少保 三月己未馮熙載自尚書左丞遷中書侍郎 范致虛自尚書右丞遷尚書左丞 張邦昌自翰林學士除尚書右丞 七月甲寅童貫自知樞密院事加太傅 十一月戊辰張邦昌自通議大夫尚書右丞遷尚書左丞 王安中自翰林學士承旨知制誥除中大夫尚書右丞	八月丁酉尚書左丞范致虛丁母憂
二年庚子	九月癸亥太宰兼門下侍郎余深以哲宗寶訓成進少傅 十一月庚戌王黼自特進少宰兼中書侍郎加少保太宰兼門下侍郎 蔡京 余深 王黼	六月戊寅蔡京自太尉左僕射兼門下侍郎魏國公太師以太師魯國公致仕 十一月己亥余深自太宰以少傅鎮江軍節度使出知福州	十二月己丑少傅威武軍節度使鄭居中權領樞密院事	

三年辛丑	四年壬寅	五年癸卯
九月丙寅王黼自少保太宰兼門下侍郎加少傅 王黼	六月丙午王黼加少師 王黼	五月庚申王黼自太宰兼門下侍郎加太傅依蔡京昨任太師例 王黼
正月癸卯童貫自太保領樞密院事除江浙江淮等路宣撫使五月戊戌鄭居中落權字依童貫例領樞密院事八月乙巳童貫加太師鄭居中加少師十月庚申童貫仍舊領陝西河東河北宣撫使十一月丁丑張邦昌自尚書左丞加中書侍郎王安中自中大夫尚書右丞遷尚書左丞 李邦彥自翰林學士承旨太中大夫知制誥兼侍讀修國史除尚書右丞		二月乙酉朔李邦彥自大中大夫尚書右丞遷尚書左丞趙野自翰林學士知制誥除中大夫尚書右丞五月庚申鄭居中自少師領樞密院事加太保癸亥童貫落節鉞依前太師六月乙巳蔡攸以少師安遠軍節度使領樞密院事
正月壬寅少保知隨州鄧洵武卒十一月丁丑馮熙載自中書侍郎以資政殿學士出知亳州		正月辛酉王安中自中大夫尚書左丞以慶遠軍節度使河北河東燕山府路宣撫使知燕山府六月丁未鄭居中自領樞密院事太保致仕明日卒七月己未童貫自領陝西河東河北宣撫使致仕

六年甲辰	七年乙巳 欽宗十二月庚申即位	靖康元年
九月乙亥李邦彥自通奉大夫守尚書左丞加銀青光祿大夫少宰兼中書侍郎神霄玉清萬壽宮使白時中自金紫光祿大夫門下侍郎加特進太宰兼門下侍郎神霄玉清萬壽宮使十二月癸亥蔡京自太師魯國公落致仕依前太師領三省事神霄玉清萬壽宮使 王黼 蔡京 白時中 李邦彥	蔡京 白時中 李邦彥	正月辛未李邦彥自銀青光祿大夫少宰兼中書侍郎起復加特授太宰兼門下侍郎張邦昌自正奉大夫加特授依前官少宰兼中書侍郎神霄玉清萬壽宮使二月庚戌加光祿大夫太宰兼門下侍郎吳敏自知樞密院事遷大中大夫少宰兼中書侍郎三月己巳徐處仁自守中書侍郎加通奉大夫太宰兼門下侍郎八月己未唐恪自正奉大夫加少宰兼中書侍郎閏十一月壬辰何㮚自守門下侍郎加通奉大夫右僕射中書侍郎 蔡京 白時中 李邦彥 張邦昌 吳敏 徐處仁 唐恪 何㮚
十一月丙子太宰兼門下侍郎楚國公王黼以太傅致仕	四月庚申蔡京罷領三省事復以太師魯國公致仕	正月辛未白時中自太宰以觀文殿大學士領中太乙宮使依前特進慶國公二月庚戌李邦彥自太宰兼門下侍郎以觀文殿學士領中太乙宮使甲寅蔡京自太師魯國公致仕責授中奉大夫祕書監分司南京河南居住三月己巳張邦昌自太宰兼門下侍郎以觀文殿大學士領中太乙宮使八月己未徐處仁自太宰以觀文殿大學士領中太乙宮使吳敏自少宰以觀文殿大學士領醴泉觀使閏十一月壬辰朔唐恪自少宰以觀文殿大學士領中太乙宮使兼侍讀依前光祿大夫
四月丁巳李邦彥丁憂起復八月乙卯童貫自劍南東州節度使落致仕依前太師領樞密院事陝西河北河東燕山府路宣撫使進封徐豫國公九月乙亥趙野自中大夫尚書右丞遷尚書左丞宇文粹中自翰林學士承旨宣奉大夫除尚書右丞蔡懋自朝議大夫試開封府尹除中大夫同知樞密院事蔡攸自少師安遠軍節度使領樞密院事落節鉞依前少師	六月己未蔡攸自少師領樞密院事加太保十二月庚申吳敏中自試給事中直學士院加中大夫門下侍郎壬戌耿南仲自徽猷閣學士朝散大夫太子詹事除資政殿學士簽書樞密院事	正月己巳吳敏自中大夫守門下侍郎除知樞密院事親征行營副使李梲自正奉大夫守吏部尚書除同知樞密院事庚午李綱自試兵部侍郎中大夫除尚書右丞辛未趙野自通議大夫尚書左丞除門下侍郎王孝迪自通議大夫翰林學士承旨除中書侍郎蔡懋自中大夫同知樞密院事除尚書左丞甲戌唐恪自正議大夫守吏部尚書除同知樞密院事耿南仲自簽書樞密院事進同知樞密院事辛巳路允迪自試兵部尚書除資政殿學士簽書樞密院事丁亥种師道自檢校少保靜難軍節度使河北河東制置使除同知樞密院事三月戊戌尚書右丞李綱罷辛丑復職癸卯徐處仁自觀文殿大學士大名尹除中書侍郎宇文虛中自保和殿大學士除資政殿大學士簽書樞密院事庚戌李綱自中大夫尚書右丞除知樞密院事耿南仲自同知樞密院事除尚書左丞李梲自正奉大夫同知樞密院事除尚書右丞三月己巳唐恪自正議大夫同知樞密院事依前官加中書侍郎何㮚自翰林學士知制誥除中大夫尚書右丞許翰自御史中丞除中大夫同知樞密院事四月癸卯耿南仲自太中大夫尚書左丞依前官加門下侍郎是月种師道自檢校少傅中大乙宮使復除同知樞密院事六月戊戌李綱宣撫河北河東八月丙申种師
		二月癸卯蔡懋自尚書左丞以資政殿學士依前中大夫知大名府兼北京留守王孝迪自中書侍郎以資政殿學士提舉醴泉觀癸丑种師道自同知樞密院事以檢校少保領中太乙宮使甲寅童貫自太師廣陽郡王徐豫國公責授左衞上將軍致仕池州居住蔡攸自太保領樞密院事燕國公責授太中大夫提舉亳州明道宮任便居住三月戊辰李梲自尚書左丞以正奉大夫資政殿學士提舉南京鴻慶宮庚午宇文虛中自簽書樞密院事以資政殿學士仍中大夫出知青州四月庚戌趙野自門下侍郎以資政殿學士出知襄陽府六月癸卯路允迪自簽書樞密院事以資政殿學士提舉醴泉觀八月戊午許翰自同知樞密院事以延康殿學士出知亳州九月丁丑李綱自知樞密院事以觀文殿學士出知揚州十月戊午王寓自尚書左丞坐辭使軍前責授單州團練副使新州安置辛酉种師道卒十一月戊辰馮澥自知樞密院除資政殿學士太子賓客丁丑何㮚自中書侍郎依前官提舉醴泉觀使兼侍讀丁亥李回自簽書樞密院

丙午			道代李綱爲宣撫　己未何㮚自大中大夫尙書右丞除中書侍郎　陳過庭自大中大夫試禮部尙書兼侍讀除尙書右丞　聶昌自開封府尹除中大夫同知樞密院事　李回自朝請大夫御史中丞兼侍讀除延康殿學士簽書樞密院事　九月丁丑王㝢自禮部尙書除尙書左丞　十月丁未馮澥自禮部尙書太子詹事兼侍讀除中大夫知樞密院事　十一月丁丑陳過庭自太中大夫尙書右丞除中書侍郎　孫傅自試兵部尙書除中大夫尙書右丞甲申除同知樞密院事　曹輔自御史中丞除延康殿學士簽書樞密院事　庚寅何㮚自資政殿學士中大夫提舉萬壽觀兼侍讀領開封府事除門下侍郎　閏十一月丁酉馮澥自資政殿學士中大夫太子賓客除尙書左丞　庚子張叔夜自延康殿學士南道都總管除簽書樞密院事	事除提舉萬壽宮

宋史卷二百十二考證

宰輔表三元祐元年閏二月乙卯安燾自同知樞密院事進知樞密院事○臣開鼎按通鑑燾代章惇知樞密院事給事中王巖叟御史劉摯論燾附惇不當遷燾亦力辭詔仍同知樞密院審此閏二月燾未嘗進也不當載入進拜格且觀本表二年六月安燾自同知樞密院事進知樞密院事則此條多出

四年六月丙午韓忠彥自樞密直學士戶部尚書除中大夫尚書左丞○臣開鼎按通鑑六月以韓忠彥許將爲尚書左右丞表中載韓忠彥不載許將五年載許將自尚書右丞出知定州則本年自應增入

政和二年五月何執中自尚書左僕射加少傅爲太宰仍兼門下侍郎○臣開鼎按通鑑本年九月蔡京更定官名立三孤爲次相之任更尚書左僕射爲太宰仍兼門下侍郎據此則太宰乃執中本官非自僕射而遷爲太宰也十一月以執中爲少傅則自太宰而遷爲次相乃眞官非如王旦之加太師加太傅祗尊崇之而已此處執中當直以太宰係銜便無疑誤若仍云自僕射加少傅爲太宰則與已更制之官名不符矣

宋史卷二百一十三

元中書右丞相總裁脫脫等修

宰輔表第四

宰輔四

紀年	宰相進拜加官	罷免	執政進拜加官	罷免
建炎元年丁未高宗五月庚寅即位	五月甲午李綱自資政殿學士領開封府職事除正議大夫守尙書右僕射同中書侍郎七月壬寅自右僕射除銀青光祿大夫尙書左僕射同平章事御營使兼門下侍郎　同日黃潛善自守門下侍郎除正議大夫尙書右僕射同平章事兼中書侍郎御營使 張邦昌 李綱 黃潛善	五月壬辰張邦昌罷左權僕射爲太保奉國軍節度使同安郡王　八月丁丑李綱罷左相以觀文殿大學士提舉杭州洞霄宮	五月庚寅黃潛善自徽猷閣直學士大元帥府兵馬副元帥遷中大夫中書侍郎　汪伯彥自顯謨閣直學士中大夫大元帥府兵馬副元帥除同知樞密院事　己未呂好問自試兵部尙書遷中大夫尙書右丞　六月癸亥黃潛善自中大夫中書侍郎除門下侍郎未幾兼權中書侍郎　戊寅汪伯彥自中大夫同知樞密院事除知樞密院事　壬午張慤同知樞密院事　七月癸卯許翰自太中大夫提舉鴻慶宮召爲尙書右丞　十一月乙未張慤自通議大夫同知樞密院事除尙書右丞仍兼御營副使　顏岐自工部尙書遷中大夫除同知樞密院事　丙午再遷尙書左丞同知樞密院事　同日郭三益自試刑部尙書遷中大夫除同知樞密院事　十二月丙子許景衡自試御史中丞遷中大夫除尙書右丞	五月癸巳耿南仲自門下侍郎以觀文殿學士提舉杭州洞霄宮　己未馮澥自尙書左丞以資政殿學士知潼川府　七月癸卯呂好問罷尙書右丞授資政殿學士知宣州　八月丙戌許翰罷尙書右丞以資政殿學士提舉洞霄宮

年	宰相進拜加官	宰相罷免	執政進拜加官	執政罷免
二年戊申	十二月己巳黃潛善自右僕射兼中書侍郎除光祿大夫守左僕射兼門下侍郎 汪伯彥自知樞密院事除正議大夫守右僕射兼中書侍郎 黃潛善 汪伯彥		五月戊子朱勝非自翰林學士知制誥兼侍讀遷中大夫除尚書右丞 十二月己巳盧益自試兵部尚書遷太中大夫除簽書樞密院事 顏岐自中大夫尚書左丞除門下侍郎 朱勝非自太中大夫尚書右丞除中書侍郎	五月乙酉許景衡罷尚書右丞以資政殿學士提舉洞霄宮
三年己酉	三月庚辰朱勝非自守中書侍郎除通奉大夫守右僕射兼中書侍郎兼御營使故事命相進官三等勝非特進五官 四月癸丑呂頤浩自資政殿學士同簽書樞密院事授宣奉大夫守右僕射兼中書侍郎 閏八月丁亥杜充自同知樞密院事授太中大夫守右僕射同平章事兼御營使 朱勝非 呂頤浩 杜充	二月己巳黃潛善罷左相以觀文殿大學士知江寧府 汪伯彥罷右相以觀文殿大學士知洪州 四月癸丑朱勝非罷右相以觀文殿大學士知洪州	正月甲申路允迪自資政殿學士提舉洞霄宮除簽書樞密院事 二月丁巳呂頤浩自資政殿學士江浙制置使除簽書樞密院事三月除知樞密院事 己巳葉夢得自試戶部尚書遷中大夫除尚書左丞 張澂自試御史中丞遷中大夫除尚書右丞 三月辛巳盧益自中大夫同知樞密院事除尚書左丞 王淵自嚮德軍節度御營使司都統制除兼都統制簽書樞密院事 戊子王孝迪除中書侍郎 丙午李邴自翰林學士知制誥遷端明殿學士除同簽書樞密院事 鄭轂自試御史中丞遷端明殿學士除同簽書樞密院事 四月壬子張浚自尚書禮部侍郎遷通奉大夫除知樞密院事 癸丑李邴自同簽書樞密院事遷中大夫除尚書左丞 鄭轂自同簽書樞密院事除簽書樞密院事 庚申李邴改除參知政事 是日罷左右丞門下中書侍郎復爲參知政事 五月癸未滕康自翰林學士知制誥遷端明殿學士除簽書樞密院事 七月壬寅李邴自參知政事除權知三省樞密院事 杜充自端明殿學士中大夫東京留守召除同知樞密院事 滕康自簽書樞密院事除權同知三省樞密院事 周望自朝奉大夫試兵部尚書遷端明殿學士除同簽書樞密院事 王陶自資政殿學士兼權太子太傅遷中大夫除參知政事 九月張守自翰林學士知制誥遷端明殿學士除同簽書樞密院事 十一月范宗尹自試御史中丞遷中大夫除參知政事	四月癸丑路允迪罷簽書以資政殿學士提舉醴泉觀兼侍讀 顏岐罷門下侍郎以資政殿大學士提舉南京鴻慶宮 王孝迪罷中書侍郎以端明殿學士提舉西京嵩山崇福宮 張澂罷尚書左丞以資政殿學士知江州
四年庚戌	五月甲辰范宗尹自中大夫參知政事授通奉大夫守右僕射同平章事兼知樞密院事 十一月癸卯詔追封贈元祐故宰相呂大防呂公著范純仁 呂頤浩 杜充 范宗尹	二月乙未杜充罷右相以觀文殿大學士提舉江州太平觀 四月乙未呂頤浩罷右相以鎮南軍節度使開府儀同三司充醴泉觀使 六月丙戌前宰相呂頤浩朱勝非罷爲江東西兩浙安撫大使	五月壬子張守自端明殿學士同簽書樞密院事遷中大夫除參知政事 趙鼎自朝奉大夫御史中丞遷端明殿學士除簽書樞密院事 八月辛未朔謝克家自禮部尚書遷中大夫除參知政事 十月己丑李回自端明殿學士權同知三省樞密院事遷中大夫除同知樞密院事 十一月戊申富直柔自御史中丞除簽書樞密院事	五月乙卯王陶罷參知政事 甲子周望罷同知樞密院事及兩浙宣撫使授提舉江州太平觀 十一月甲辰趙鼎罷簽書樞密院事
紹興元年辛亥	八月丁亥秦檜自參知政事授通奉大夫守右僕射同平章事兼知樞密院事 九月癸丑呂頤浩自鎮南軍節度使開府儀同三司江東路安撫大使授少保左僕射同平章事兼知樞密院事 范宗尹 呂頤浩 秦檜	七月癸亥范宗尹罷右相授觀文殿大學士提舉洞霄宮 九月汪伯彥復正議大夫觀文殿學士江東安撫大使知池州	二月辛巳秦檜自試禮部尚書兼侍讀遷中大夫除參知政事 八月己卯富直柔自端明殿學士簽書樞密院事除同知樞密院事 李回自中大夫同知樞密院事除參知政事 十月庚午孟庾自試戶部尚書中大夫除參知政事	正月辛亥謝克家罷參知政事以資政殿學士提舉洞霄宮 八月己卯張守罷參知政事以資政殿大學士提舉洞霄宮 九月癸丑李回罷以資政殿學士江南西路安撫大使兼知洪州 十一月戊戌富直柔罷同知樞密院事以中大夫提舉臨安府洞霄宮
二年壬子	九月己丑朱勝非自觀文殿大學士提舉萬壽觀兼侍讀除左宣奉大夫右僕射同平章事兼知樞密院事 呂頤浩 秦檜 朱勝非	二月庚午詔李綱爲湖廣宣撫使兼知潭州 八月甲寅秦檜罷右相以觀文殿學士提舉江州太平觀	四月庚午翟汝文自翰林學士承旨左中大夫知制誥除參知政事 元年十二月詔文階繫衘復分左右 五月辛酉權邦彥自左朝議大夫試兵部尚書遷端明殿學士除簽書樞密院事	六月翟汝文由參知政事致仕

三年癸丑	七月癸酉朱勝非以右僕射起復仍知樞密院事 呂頤浩 朱勝非	四月庚寅朱勝非以母憂去位 九月戊午呂頤浩罷左相以鎮南軍節度使開府儀同三司提舉臨安府洞霄宮	二月辛亥席益自工部尚書還中大夫除參知政事 徐俯自翰林學士左中大夫知制誥遷端明殿學士除簽書樞密院事 五月丁卯韓肖冑自大中大夫吏部侍郎遷端明殿學士除同簽書樞密院事	
四年甲寅	九月癸酉趙鼎自知樞密院事除左通奉大夫右僕射同平章事兼知樞密院事 朱勝非 趙鼎	九月庚午朱勝非罷右相聽持餘服候服闋除觀文殿大學士提舉洞霄宮	三月戊午趙鼎自江南西路安撫大使遷中大夫除參知政事 七月戊申朔胡松年自左朝奉大夫試吏部尚書遷端明殿學士除簽書樞密院事 九月甲戌沈與求自試吏部尚書兼權翰林學士遷中大夫除參知政事 十一月乙未張浚自資政殿學士左通奉大夫提舉萬壽觀兼侍讀除知樞密院事	正月癸酉韓肖冑罷同簽書樞密院事 二月癸未席益罷參知政事以資政殿學士提舉江州太平觀 三月乙丑張浚罷知樞密院事以資政殿大學士提舉洞霄宮 四月丙午徐俯罷簽書樞密院事提舉臨安府洞霄宮
五年乙卯	二月丙戌趙鼎自右僕射授左宣奉大夫守左僕射同平章事兼知樞密院都督諸路軍馬 張浚自知樞密院事授左宣奉大夫守右僕射同平章事兼樞密院都督諸路軍馬 趙鼎 張浚		四月己丑孟庾自左通奉大夫參知政事除知樞密院事依舊兼總制司	閏二月胡松年罷簽書樞密院事 七月己卯孟庾罷知樞密院事以觀文殿學士知紹興府
六年丙辰	張浚 趙鼎	十二月乙巳趙鼎罷左相以觀文殿大學士知紹興府	三月折彥質自左朝議大夫試兵部尚書諸路軍馬事都督府參謀還端明殿學士除簽書樞密院事 十二月辛亥張守自資政殿學士提舉洞霄宮除參知政事	二月癸亥沈與求罷參知政事以資政殿學士知明州 十二月丙午折彥質罷簽書樞密院事
七年丁巳	九月丙子趙鼎自觀文殿大學士充萬壽觀使授左金紫光祿大夫守尚書左僕射兼樞密使 張浚 趙鼎	九月壬申張浚罷右相以觀文殿大學士提舉江州太平觀	正月癸未陳與義自翰林學士除參知政事 沈與求自資政殿學士提舉洞霄宮召爲提舉萬壽觀兼侍讀既至以爲同知樞密院事 乙酉秦檜自觀文殿學士醴泉觀使兼侍讀除樞密院使 三月戊寅沈與求除知樞密院事	
八年戊午	三月壬辰秦檜自樞密使左宣奉大夫守右僕射同平章事兼樞密使 秦檜 趙鼎	十月甲戌趙鼎罷左相授奉國軍節度使知紹興府	三月庚寅王庶自兵部尚書除樞密副使 劉大中自禮部尚書除參知政事 十一月甲申孫近自翰林學士承旨除參知政事 十二月甲戌韓肖冑自端明殿學士除簽書樞密院事 十二月己未李光自吏部尚書除參知政事	正月戊戌張守罷參知政事以資政殿學士知婺州 三月甲午陳與義罷參知政事以資政殿學士知湖州 十月丁巳劉大中罷參知政事以資政殿學士知處州 十一月甲辰王庶罷樞密副使以資政殿學士知潭州
九年己未	秦檜	二月張浚自提舉洞霄宮詔復資政殿學士知福州	正月丙戌王倫除同簽書樞密院事 三月辛丑樓炤自翰林學士承旨知制誥除簽書樞密院事	十二月辛酉李光罷參知政事
十年庚申			七月丙午王次翁自御史中丞除參知政事	二月韓肖冑罷簽書樞密院事以資政殿學士知紹興府 六月甲子樓炤以丁父憂去
十一年辛酉	六月己亥秦檜自右僕射加特進仍兼樞密使封慶國公左僕射 秦檜		四月壬辰韓世忠自揚武翊運功臣太保橫海武寧安化軍節度使淮東路宣撫使除樞密使 張俊自安民靖難功臣少師鎮洮崇信奉寧軍節度淮西路宣撫使除樞密使 岳飛自少保武勝定國軍節度使湖北京西路宣撫使除樞密副使 七月庚子范同自翰林學士除參知政事 十月癸巳韓世忠罷樞密使授太傅橫海武寧安化軍節度使充醴泉觀使 十一月乙卯何鑄自御史中丞遷端明殿學士除簽書樞密院事	四月己卯孫近罷參知政事以資政殿學士提舉洞霄宮 八月甲戌岳飛罷樞密副使依前少保武安安國軍節度使充萬壽觀使 十一月己亥范同罷參知政事
十二年壬戌	九月己巳秦檜自少保左僕射加太師以徽宗梓宮及太后還故有是命 秦檜		七月何鑄兼權參知政事 八月甲戌万俟卨自御史中丞除參知政事 九月乙未孟忠厚自少保護國軍節度使判紹興府信安郡王除樞密使 十月乙亥程克俟自翰林學士遷端明殿學士除簽書樞密院事尋兼權參知政事	八月何鑄罷簽書樞密院事以本職提舉太平觀 十一月癸巳張俊罷樞密使自太傅慶國公授鎮州崇信等節度醴泉觀使清河郡王 是月孟忠厚罷樞密使以少傅知建康府
十三年癸亥	秦檜			閏四月乙卯王次翁罷參知政事以資政殿學士提舉洞霄宮 六月程克俟罷簽書依前職提舉洞霄宮
十四	秦檜		二月樓炤自資政殿學士知建康府除簽書樞密院事尋兼權參知政事 五月乙丑李文	二月丙午万俟卨罷參知政事 五月甲子樓炤罷簽書 十二月李文

年甲子	秦檜		會自御史中丞遷端明殿學士除簽書樞密院事兼權參知政事。十二月辛丑，楊愿自御史中丞遷端明殿學士除簽書樞密院事。	會罷簽書樞密院事。
十五年乙丑	秦檜		十月，秦熺自翰林學士承旨除知樞密院事。癸未，李若谷自敷文閣直學士樞密都承旨兼侍讀遷端明殿學士除簽書樞密院事尋兼權參知政事。	十月丙子，楊愿罷簽書樞密院事。
十六年丙寅	秦檜			
十七年丁卯	秦檜		正月壬辰，李若谷自端明殿學士簽書樞密院事除參知政事。何若自御史中丞除簽書樞密院事。三月己卯，段拂自翰林學士除參知政事。四月己亥，汪勃自御史中丞遷端明殿學士除簽書樞密院事。	二月辛酉，李若谷罷參知政事。三月乙亥，何若罷簽書。
十八年戊辰	秦檜		二月，汪勃兼權參知政事。七月丁酉，詹大方簽書樞密院事兼權參知政事。十月丙辰，余堯弼簽書樞密院事兼權參知政事。	正月乙未，段拂罷參知政事。七月丙申，汪勃罷簽書。九月，詹大方卒。
十九年己巳	秦檜			
二十年庚午	秦檜		二月癸未，余堯弼自簽書樞密院事除參知政事。巫伋自給事中遷端明殿學士除簽書樞密院事。	
二十一年辛未	秦檜		十一月，巫伋自簽書樞密院事兼權參知政事。	十一月庚戌，余堯弼罷參政，以資政殿學士提舉洞霄宮。
二十二年壬申	秦檜		四月辛巳，章復自御史中丞遷端明殿學士除簽書樞密院事兼權參知政事。十月甲戌，宋樸自御史中丞遷端明殿學士除簽書樞密院事兼參知政事。	四月丙子，巫伋罷簽書。九月癸丑，章復罷簽書。
二十三年癸酉	秦檜		十月壬申，史才自諫議大夫遷端明殿學士除簽書樞密院事兼權參知政事。	十月戊辰，宋樸罷簽書，以端明殿學士提舉洞霄宮。
二十四年甲戌	秦檜		六月甲午，魏師遜自御史中丞遷端明殿學士除簽書樞密院事兼權參知政事。十一月丁卯，施鉅自吏部侍郎除參知政事。鄭仲熊自吏部侍郎遷端明殿學士除簽書樞密院事尋兼權參知政事。	六月癸巳，史才罷簽書，以端明殿大學士提舉洞霄宮。十一月乙丑，魏師遜罷簽書。
二十五年乙亥	秦檜	十月丙申，秦檜自太師左僕射進封建康郡王致仕。子熺亦加少師致仕。	六月辛巳，湯思退自禮部侍郎遷端明殿學士除簽書樞密院事。八月丙戌，董德元自吏部尚書除參知政事。十月，湯思退自簽書樞密院事兼參知政事。十一月癸丑，魏良臣自敷文閣直學士召除參知政事。十二月甲午，沈該自敷文閣待制知夔州召除參知政事。	四月乙酉，施鉅罷參政，以資政殿學士提舉太平興國宮。六月己卯，鄭仲熊罷簽書。十二月乙酉，董德元罷參政，以資政殿學士提舉太平興國宮。
二十六年丙子	五月壬寅，沈該自參知政事授左朝議大夫守左僕射同平章事。万俟卨自參知政事授左宣奉大夫守右僕射同平章事。 沈該 万俟卨	正月甲子，趙鼎追復觀文殿大學士。是年冬，万俟卨進授金紫光祿大夫致仕。	三月己未，万俟卨自資政殿學士提舉萬壽觀除參知政事。五月甲辰，湯思退自端明殿學士簽書樞密院事進知樞密院事。六月丁丑，程克俊自端明殿學士知明州除參知政事。八月甲午，張綱自吏部侍郎除參知政事。九月乙巳，陳誠之自敷文閣學士除同知樞密院事。	正月甲子，邵近復資政殿學士。三月辛卯，魏良臣罷參政，以資政殿學士知紹興府。
二十七年丁丑	六月戊申，湯思退自知樞密院事授右通奉大夫守右僕射同平章事。 沈該 湯思退		二月戊午，湯鵬舉自御史中丞除參知政事。八月乙未，湯鵬舉自參知政事除知樞密院事。九月戊寅，陳康伯自吏部尚書除參知政事。	九月癸酉，張綱罷參政，以資政殿學士知婺州。十一月癸未，湯鵬舉以資政殿學士提舉洞霄宮。
二十八年戊寅	沈該 湯思退		二月丙申，陳誠之自同知樞密院事除知樞密院事。乙巳，王綸自工部除同知樞密院事。	

二十九年己卯	三十年庚辰	三十一年辛巳	三十二年壬午六月丙子孝宗即位	隆興元
九月甲午陳康伯右僕射湯思退左僕射 沈該 陳康伯 湯思退	湯思退 陳康伯	三月庚寅陳康伯自右僕射授左光祿大夫遷左僕射同平章事 朱倬自參知政事授左通奉大夫遷右僕射同平章事 湯思退 陳康伯 朱倬	十二月丁卯宰相陳康伯仍兼樞密使 陳康伯 朱倬	正月庚午史浩自參知政事除左通奉大夫守右僕射同中書門下平章事兼樞密使 七月庚寅湯思退自觀文殿大學士左金紫光祿大夫充醴泉觀使兼侍讀除特進右僕射同平章事兼樞密使進封榮國公
六月乙酉沈該罷左相以觀文殿大學士提舉洞霄宮	十二月乙巳朔湯思退罷左相以觀文殿大學士提舉太平興國宮	十月張浚復觀文殿大學士判建康府	六月朱倬罷右僕射以觀文殿學士提舉太平興國宮	五月史浩罷右僕射以觀文殿大學士知紹興府 十二月丁巳朔陳康伯罷相除少保觀文殿大學士判信州進封福國公
七月丁亥賀允中自吏部侍郎除參知政事 十二月辛未王綸自同知樞密院事除知樞密院事	正月葉義問自殿中侍御史除同知樞密院事 七月戊戌朱倬自御史中丞除參知政事 葉義問自同知樞密院事除知樞密院事 周麟之自翰林學士兼侍讀除同知樞密院事	三月壬午楊椿自兵部尚書兼權翰林學士除參知政事 九月庚辰黃祖舜自給事中除同知樞密院事	四月戊寅汪澈自御史中丞除參知政事 七月己巳史浩自翰林學士知制誥遷左中大夫除參知政事 十月戊子張燾自左大中大夫提舉太平興國宮除同知樞密院事	正月庚午張浚自少傅觀文殿大學士充江淮東西路宣撫使節制沿江軍馬魏國公除樞密使 三月癸巳張燾自同知樞密院事遷大中大夫除參知政事 辛次膺自御史中丞遷左中大夫除同知樞密
六月丁酉陳誠之罷知樞密院事	六月庚午王綸罷知院以資政殿大學士知福州 八月癸丑賀允中罷參政以資政殿學士致仕	六月庚申周麟之罷同知樞密院事	十月乙巳葉義問罷樞密院事以資政殿學士提舉太平興國宮	二月癸未黃祖舜罷同知以資政殿學士知潭州 五月癸亥汪澈罷參政以資政殿大學士提舉洞霄宮 六月戊寅辛次膺罷參政以資政殿學士提舉臨安府洞霄宮

二年甲申	年癸未
十一月戊戌陳康伯自少保觀文殿大學士醴泉觀使福國公拜左僕射同平章事兼樞密使依前少保進封魯國公 張浚 陳康伯 湯思退	十二月丁丑湯思退自特進右僕射榮國公授左僕射兼樞密使進封慶國公 張浚自降授特進樞密使魏國公授右僕射同平章事兼樞密使依前都督江淮東西路建康鎮江府江陰軍江池州屯駐軍馬 張浚 湯思退 陳康伯 史浩
四月丁丑張浚罷右僕射授少師保信軍節度使判福州依前魏國公 十一月辛卯湯思退罷左僕射授觀文殿大學士提舉太平興國宮依前特進岐國公	
七月己巳周葵兼權知樞密院事 八月己酉賀允中自資政殿大學士左通議大夫提舉萬壽觀除知樞密院事兼參知政事 九月辛丑王之望自左諫議大夫淮西宣諭使遷左中大夫除參知政事 十一月辛丑錢端禮自兵部尚書賜同進士出身除端明殿學士簽書樞密院事尋兼權參知政事 十一月壬寅虞允文自顯謨閣學士知平江府召除端明殿學士同簽書樞密院事尋兼權參知政事 十二月辛卯錢端禮自簽書樞密院事除參知政事兼權知樞密院事 虞允文自朝請大夫簽書樞密院事除同知樞密院事兼權參知政事 王剛中自禮部尚書除端明殿	院事 五月丁未辛次膺自同知樞密院事除參知政事 洪遵自翰林學士承旨知制誥兼侍讀遷左中大夫除同知樞密院事 六月戊辰周葵自兵部侍郎兼侍講遷左大中大夫除參知政事
七月丁亥洪遵罷同知以端明殿學士提舉太平興國 閏十一月丙辰周葵罷參政以資政殿學士提舉臨安府洞霄宮 乙亥王之望罷參政以端明殿學士提舉太平興國宮	

二年	乾道元年乙酉	
十二月甲申葉顒自參知政事除左通奉大夫左僕射同平章事兼樞密使 魏杞自參知政事除左正議大夫右僕射同平章事兼樞密使 洪适 葉顒 魏杞	十二月戊寅洪适自參知政事除左通奉大夫守右僕射兼權樞密使 陳康伯 洪适	
二月辛未洪适罷右僕射授觀文殿學士提舉江州太平興國宮	二月戊申陳康伯罷左僕射授少師觀文殿大學士魯國公致仕	
三月癸酉魏杞自給事中權吏部尚書除同知樞密院事兼權參知政事 五月庚戌魏杞自樞密院事除參知政事八月戊子兼同知樞密院事 林安宅自右諫議大夫除同知樞密院事兼權參知政事 辛亥蔣芾自中書舍人除端明殿學士簽書樞密院事八月戊子兼權參知政事	三月庚申虞允文自同知樞密院事除參知政事兼同知樞密院事 王剛中自簽書樞密院事遷左中奉大夫除同知樞密院事 四月丙戌洪适自翰林學士左中奉大夫知制誥除端明殿學士簽書樞密院事 八月己丑洪适自簽書樞密院事除參知政事 葉顒自吏部侍郎權尚書除端明殿學士簽書樞密院事癸巳兼權參知政事 九月甲戌汪澈自端明殿學士除知樞密院事 十二月戊寅汪澈自左通議大夫知樞密院事除樞密使 庚寅葉顒自簽書樞密院事除參知政事兼同知樞密院事	學士簽書樞密院事
四月乙未汪澈罷樞密使以觀文殿學士提舉臨安府洞霄宮 五月庚戌葉顒罷參政以資政殿學士提舉洞霄宮 八月丙戌林安宅罷同知樞密院事	八月己丑虞允文罷參政以端明殿學士提舉江州太平興國宮 丙申錢端禮罷參政以資政殿大學士提舉萬壽觀	

丙戌	三年丁亥	四年戊子	五年己丑
	葉顒 魏杞	二月蔣芾自參知政事除左正議大夫守右僕射兼樞密使十月庚子陳俊卿自參知政事除左正議大夫右僕射同平章事兼樞密使 蔣芾 陳俊卿	八月己丑陳俊卿自右僕射同平章事兼樞密使虞允文自樞密使除右僕射同平章事兼樞密使 陳俊卿 虞允文
	十一月癸酉葉顒罷左僕射提舉太平興國宮魏杞罷右僕射提舉太平興國宮	七月蔣芾以母喪去位	
十二月戊寅葉顒自資政殿學士左中大夫提舉洞霄宮除知樞密院事甲申蔣芾自端明殿學士簽書樞密院事兼參知政事遷左中大夫除參知政事陳俊卿自左朝議大夫試吏部尚書除同知樞密院事兼權參知政事	二月辛巳虞允文自端明殿學士提舉太平興國宮遷左大中大夫除知樞密院事十一月癸酉陳俊卿自同知樞密院事兼權參知政事除參知政事劉珙自翰林學士知制誥除同知樞密院事	二月己巳王炎自右朝奉大夫試兵部侍郎賜同進士出身除端明殿學士簽書樞密院事七月壬戌劉珙自同知樞密院事兼參知政事	二月甲寅王炎自端明殿學士簽書樞密院事兼權參知政事兼同知國用事知樞密院事梁克家自給事中除端明殿學士簽書樞密院事四月壬辰兼參知政事六月己酉虞允文自資政殿大學士知樞密院事四川宣撫使召除樞密使
		八月辛亥劉珙以知興隆府罷	

六年庚寅	七年辛卯	八年壬辰	九年癸巳
陳俊卿 虞允文	虞允文 明年二月改僕射官名爲左右丞相	二月辛亥虞允文自右僕射除左丞相特進兼樞密使封華國公梁克家自參知政事除右丞相兼樞密使 梁克家 虞允文	十月甲戌曾懷自參知政事遷左宣奉大夫除右丞相 梁克家 曾懷
五月陳俊卿罷左僕射除觀文殿大學士知福州		九月戊寅虞允文罷左丞相授少師武安軍節度使充四川宣撫使封雍國公	十月辛未梁克家罷右丞相以觀文殿大學士知建寧府
閏五月癸未梁克家自端明殿學士簽書樞密院事除參知政事兼同知樞密院事兼同知國用事明年三月癸未兼權知樞密院事	三月己丑張說自明州觀察使知閤門事兼樞密副都承旨除簽書樞密院事	二月癸酉王之奇自吏部侍郎權尚書賜同進士出身除端明殿學士簽書樞密院事丙寅曾懷自戶部尚書賜同進士出身除參知政事	正月乙亥張說自安慶軍節度使簽書樞密院事除同知樞密院事沈復自戶部侍郎兼侍講除端明殿學士簽書樞密院事辛巳鄭聞自權刑部尚書兼侍讀除端明殿學士簽書樞密院事十月甲戌遷左中大夫除參知政事十月甲戌張說自同知樞密院事除知樞密院事沈復自端明殿學士簽書樞密院事遷左中大夫同知樞密院事十二月己丑姚憲自御史中丞兼侍讀除端明殿學士簽書樞密院事
			正月辛未王之奇罷簽書以資政殿學士知揚州淮南安撫使己丑王炎罷樞密使以觀文殿學士提舉臨安府洞霄宮十二月甲子沈復罷同知以資政殿學士知荊南府

淳熙元年甲午	二年乙未	三年丙申
七月壬辰曾懷自觀文殿大學士提舉太平興國宮遷光祿大夫除右丞相十一月丙午葉衡自兼樞密使參知政事遷通奉大夫除右丞相 曾懷 葉衡	葉衡	
六月戊寅曾懷罷右丞相除觀文殿大學士提舉太平興國宮十一月丙午曾懷罷右丞相以觀文殿大學士提舉洞霄宮	九月乙未葉衡罷右相依前中奉大夫知建寧府	
四月己卯姚憲自端明殿學士簽書樞密院事遷中大夫除參知政事葉衡自朝散大夫戶部尚書除端明殿學士簽書樞密院事六月癸未遷中大夫除參知政事十月詔兼權知樞密院事七月丁亥鄭聞自資政殿學士太中大夫四川宣撫使除參知政事乙未楊倓自昭慶軍節度使提舉佑神觀除簽書樞密院事十一月戊戌龔茂良自禮部侍郎兼權吏部尚書除參知政事十二月丁巳李彥穎自吏部尚書除端明殿學士簽書樞密院事	五月沈復自資政殿大學士中大夫四川宣撫使除同知樞密院事閏九月丁巳李彥穎自端明殿學士簽書樞密院事除參知政事王淮自翰林學士知制誥除端明殿學士簽書樞密院事	七月王淮自端明殿學士簽書樞密院事遷中大夫除同知樞密院事趙雄自朝散郎試禮部尚書兼侍讀兼給事中除端明殿學士簽書樞密院事
三月丙申鄭聞以資政殿大學士四川宣撫使罷六月癸未姚憲罷參政以端明殿學士領宮觀七月乙未張說罷知樞密院事以太尉提舉隆興府玉隆觀依前安慶軍節度使十一月楊倓罷簽書以昭慶軍節度使知荊南府	閏九月丁未沈復以知鎮江府罷	

四年丁酉			五月王淮自中大夫同知樞密院事除參知政事十一月庚子趙雄自簽書樞密院事除同知樞密院事	六月丁丑龔茂良罷參知以資政殿學士知鎮江府
五年戊戌	三月壬子史浩自觀文殿大學士充醴泉觀使兼侍讀永國公依前少保授右丞相封衛國公十一月丁丑趙雄自參知政事遷正議大夫除右丞相史浩趙雄	十一月甲戌史浩罷右相授太傅保寧軍節度使充醴泉觀使兼侍讀依前衛國公	四月丙寅范成大自禮部尚書兼直學士院遷中大夫除參知政事六月乙酉錢良臣自給事中除端明殿學士簽書樞密院事己未王淮自參知政事除知樞密院事趙雄自同知樞密院事除參知政事十一月丁丑王淮自知樞密院事遷太中大夫除樞密使乙亥錢良臣自簽書除參知政事	三月李彥穎罷參政以資政殿學士知紹興府六月甲戌范成大罷參政以資政殿學士知婺州
六年己亥	趙雄			
七年庚子	趙雄		五月戊辰周必大自吏部尚書除參知政事謝廓然自刑部尚書除端明殿學士簽書樞密院事	
八年辛丑	八月王淮自樞密使信國公除光祿大夫右丞相兼樞密使封福國公趙雄王淮	八月趙雄罷右丞相除觀文殿大學士四川安撫制置使兼知成都府	八月甲寅謝廓然自權參知政事除同知樞密院事九月兼權參知政事	九月庚寅錢良臣以資政殿學士與在外宮觀罷
九年壬寅	王淮		六月丁巳周必大自參知政事除知樞密院事十二月丁丑施師點自朝請大夫給事中除端明殿學士簽書樞密院事明年正月丙戌兼權參知政事	六月丁巳謝廓然自同知樞密院致仕
十年癸卯	王淮		八月戊申施師點自端明殿學士簽書樞密院事兼權參知政事遷中大夫除參知政事兼同知樞密院事黃洽自御史中丞兼侍講遷中大夫除參知政事	
十一年甲辰	王淮		六月庚申周必大自知樞密院事進樞密使	
十二年乙巳	王淮			
十三年丙午	王淮	十一月丙寅梁克家罷右丞相授觀文殿大學士充醴泉觀使兼侍讀依前特進鄭國公	閏七月戊申留正自敷文閣學士除端明殿學士簽書樞密院事	
十四年丁未	二月丁亥周必大自樞密使遷光祿大夫除右丞相王淮周必大		二月戊子施師點自參知政事除知樞密院事八月癸未留正自簽書樞密院事除參知政事兼同知樞密院事	
十五年戊申	王淮周必大	五月己亥王淮罷左丞相除觀文殿大學士判衢州依前特進魯國公		
十六年己酉二月壬戌光宗即位	正月己亥周必大自右丞相濟國公除特進左丞相封許國公留正自參知政事兼同知樞密院事遷通奉大夫除右丞相留正周必大	三月甲寅前宰相史浩自太傅保寧軍節度使致仕魏國公授太師依前官致仕五月丙申周必大罷左丞相以觀文殿大學士判潭州	正月己亥王藺自禮部尚書除參知政事葛邲自刑部尚書除同知樞密院事五月甲午王藺自參知政事除知樞密院事兼參知政事	正月丙申黃洽罷知樞密院事以資政殿大學士知隆興府乙巳蕭燧罷參知政事除資政殿學士提舉臨安府洞霄宮
紹熙元年庚戌	七月乙卯留正自宣奉大夫右丞相遷金紫光祿大夫除左丞相留正		七月甲寅葛邲自宣奉大夫同知樞密院事除參知政事王藺自知樞密院事除樞密使胡晉臣自大中大夫給事中兼侍講除端明殿學士簽書樞密院事十二月丁亥胡晉臣自端明殿學士簽書樞密院事除參知政事兼同知樞密院事葛邲自參知政事除知樞密院事	
二年辛亥	留正			
三年壬子	留正		六月辛丑陳騤自禮部尚書除同知樞密院事	

年	宰相進拜加官	宰相罷免	執政進拜加官	執政罷免
四年癸丑	三月辛巳葛邲自光祿大夫知樞密院事遷特進除右丞相　留正　葛邲		三月辛巳陳騤自同知樞密院事除參知政事　胡晉臣自參知政事除知樞密院事　趙汝愚自吏部尚書除同知樞密院事　十月壬午趙汝愚自中大夫同知樞密院事除知樞密院事仍進封開國公五年七月己巳兼參知政事　余端禮自通議大夫吏部尚書除同知樞密院事	
五年甲寅寧宗七月甲子即位	八月丙辰趙汝愚自樞密使除右丞相　留正　葛邲　趙汝愚	正月葛邲罷右相授觀文殿大學士依前特通判建康府　八月丙辰留正罷左相	七月丙午余端禮自同知樞密院事除參知政事兼同知樞密院事癸未免兼　陳騤自參知政事除知樞密院事八月丙申兼參知政事　七月癸未趙汝愚自知樞密院事除樞密使　甲申羅點自兵部尚書除端明殿學士簽書樞密院事　九月壬申京鏜自刑部尚書除端明殿學士簽書樞密院事　十二月庚午京鏜自簽書樞密院事除參知政事　鄭僑自吏部尚書除同知樞密院事　余端禮自參知政事除知樞密院事明年二月戊寅兼參知政事	十二月己巳陳騤罷知樞密院事
慶元元年	四月己未余端禮自知樞密院事兼參知政事還銀青光祿大夫除右丞相　趙汝愚　余端禮	二月戊寅趙汝愚罷右丞相除觀文殿大學士依前銀青光祿大夫知福州	四月己未鄭僑自宣奉大夫同知樞密院事除參知政事　京鏜自大中大夫參知政事除知樞密院事　謝深甫自中奉	
乙卯			大夫試御史中丞兼侍讀除端明殿學士簽書樞密院事	
二年丙辰	正月庚寅余端禮自右丞相遷特進除左丞相　京鏜自知樞密院事遷正議大夫除右丞相　余端禮　京鏜	四月甲子余端禮罷左丞相以觀文殿大學士判隆興府	正月庚寅鄭僑自參知政事除知樞密院事　謝深甫自簽書樞密院事除參知政事三年正月癸卯兼知樞密院事　何澹自御史中丞除同知樞密院事四月壬申除參知政事　四月葉翥自吏部尚書除端明殿學士簽書樞密院事	
三年丁巳	京鏜			正月壬寅鄭僑罷知樞密院事以資政殿大學士知福州
四年戊午	京鏜		正月丙寅葉翥同知樞密院事　八月丙子謝深甫自參知政事除知樞密院事兼參知政事　許及之自吏部尚書除同知樞密院事	
五年己未	京鏜			
六年庚申	閏二月庚寅京鏜自右丞相拜少傅左丞相封冀國公　謝深甫自知樞密院事遷金紫光祿大夫除右丞相　謝深甫　京鏜	八月丁酉少傅左丞相京鏜薨	閏二月庚寅何澹自參知政事除知樞密院事兼參知政事　七月丁卯陳自強自御史中丞除端明殿學士簽書樞密院事	
嘉泰元年辛酉	謝深甫		七月甲子陳自強自簽書樞密院事除參知政事兼同知樞密院事　張釜自禮部尚書除端明殿學士簽書樞密院事　八月甲申程松自諫議大夫除同知樞密院事　張巖自給事中除參知政事	七月乙卯何澹罷知樞密院事　八月甲申張釜罷簽書樞密院事
二年壬戌	謝深甫		八月丙子袁說友自吏部尚書除同知樞密院事　十一月庚戌許及之參知政事　陳自強自參知政事除知樞密院事明年正月丙申兼參知政事	七月己巳同知樞密院事程松以父喪去官
三年癸亥	五月戊寅陳自強自知樞密院事除右丞相　謝深甫　陳自強	正月己卯謝深甫罷右丞相授觀文殿學士判建康府	正月戊戌袁說友自同知樞密院事除參知政事　傅伯壽自翰林學士除端明殿學士簽書樞密院事　二月乙巳費士寅除端明殿學士簽書樞密院事　五月戊寅許及之自參知政事除樞密院兼參知政事　十月癸卯費士寅自簽書樞密院事除參知政事四年四月丙午兼知樞密院事　張孝伯自華文閣學士知鎮江府召除同知樞密院事	正月甲午張巖罷參知政事以資政殿學士知平江府　九月庚午袁說友罷參知政事
四	陳自強		四月丙午張孝伯自同知樞密院事兼參知政事八月罷　錢象祖自吏部	四月甲辰許及之罷知樞密院事

年				
年甲子			尚書除同知樞密院事 十月庚子張巖自資政殿學士知揚州詔除參知政事開禧二年三月乙巳兼知樞密院事	
開禧元年乙丑	七月辛酉韓侂胄自太師永興軍節度使充萬壽觀使平原郡王拜平章軍國事 陳自強 韓侂胄		四月戊子劉德秀自吏部尚書除端明殿學士簽書樞密院事 戊戌錢象祖自同知樞密院事除參知政事兼知樞密院事明年三月乙巳罷	三月癸未費士寅罷參政以資政殿學士知興元府 九月丁亥劉德秀罷簽書
二年丙寅	陳自強 韓侂胄	四月故太師秦檜特追王爵降充銀青光祿大夫衡國公	七月癸卯李壁自禮部尚書除參知政事 張巖自光祿大夫參知政事除知樞密院事明年九月丙申罷 十一月甲申丘崈自端明殿學士兼江淮宣撫使除簽書樞密院事仍督江淮軍馬明年正月辛卯罷	
三年丁卯	十二月辛酉錢象祖自參知政事授正奉大夫兼國用使除右丞相兼樞密使 陳自強 韓侂胄 錢象祖	十一月甲戌韓侂胄罷平章軍國事 陳自強罷右丞相	四月戊辰錢象祖自資政殿學士提舉萬壽觀兼侍讀除參知政事十一月甲戌兼知樞密院事 十一月丙戌衛涇自中奉大夫試御史中丞除端明殿學士簽書樞密院事丁亥兼權參知政事 十二月壬戌衛涇自簽書樞密院事雷孝友自御史中丞並除參知政事 史彌遠自禮部尚書除同知樞密院事 林大中自吏部尚書除端明殿學士簽書樞密院事	十一月甲戌李壁罷參知政事

年				
嘉定元年戊辰	十月丙子錢象祖自右丞相除特進左丞相兼樞密使兼太子賓客 史彌遠自知樞密院事除通奉大夫右丞相兼樞密使兼太子少傅 錢象祖 史彌遠	十一月戊子右丞相史彌遠丁母憂 十二月丙寅錢象祖罷相以觀文殿大學士判福州	正月壬辰史彌遠自同知樞密院事除知樞密院事六月辛卯兼參知政事 七月癸丑丘崈同知樞密院事 八月辛巳婁機自禮部尚書除同知樞密院事兼太子賓客十月丙子參知政事 樓鑰自吏部尚書除端明殿學士簽書樞密院事兼太子賓客十月丙子進同知樞密院事 十月丙子雷孝友自參知政事除知樞密院事兼參知政事	六月乙亥衛涇罷參政以資政殿學士知潭州
二年己巳	五月丙申史彌遠起復拜左丞相兼樞密使兼太子少師 史彌遠		正月丁巳樓鑰自同知樞密院事除參知政事 章良能自御史中丞還中大夫除同知樞密院事 宇文紹節自通議大夫試吏部尚書除端明殿學士簽書樞密院事仍兼太子賓客	
三年庚午	史彌遠			十二月戊午婁機罷參政以資政殿學士知福州
四年辛未	史彌遠			

年				
五年壬申	史彌遠			
六年癸酉	史彌遠		四月丙子章良能自同知樞密院事除參知政事	
七年甲戌	史彌遠		七月甲子鄭昭先自朝奉大夫試左諫議大夫遷端明殿學士除簽書樞密院事兼權參知政事兼太子賓客	
八年乙亥	史彌遠		七月辛酉鄭昭先自簽書樞密院事除參知政事 曾從龍自正議大夫守禮部尚書除端明殿學士簽書樞密院事兼太子賓客	
九年丙子	史彌遠			
十年丁丑	史彌遠			
十一年戊寅	史彌遠			

年	宰相進拜加官	罷免	執政進拜加官	罷免
十二年己卯	史彌遠		二月庚戌曾從龍自簽書樞密院事進同知樞密院事兼江淮宣撫使任希夷自權吏部尚書除簽書樞密院事三月己巳鄭昭先自參知政事除知樞密院事曾從龍自同知樞密院事除參知政事四月癸巳鄭昭先兼參知政事	
十三年庚辰			七月丙午任希夷自知樞密院事兼參知政事	
十四年辛巳	史彌遠	八月乙丑追封史浩爲越王	八月壬戌宣繒自兵部尚書除同知樞密院事俞應符自給事中除簽書樞密院事閏十二月辛巳朔宣繒兼參知政事俞應符兼權參知政事	八月乙卯任希夷罷知樞密院事及兼參知政事
十五年壬午	史彌遠		九月辛亥宣繒自同知樞密院事除參知政事程卓自給事中除同知樞密院事薛極自吏部尚書賜出身除簽書樞密院事	六月辛卯簽書樞密院事俞應符卒
十六年癸未	史彌遠			六月丁酉同知樞密院事程卓卒
十七年甲申閏八月丁酉理宗即位	史彌遠		十一月戊子葛洪除端明殿學士同簽書樞密院事	

宋史卷二百十三考證

宰輔表四建炎三年三月辛巳盧益除尚書左丞王淵除簽書樞密院事○臣開鼎按通鑑王淵一條應在盧益前蓋因王淵與政故苗傅不平而作亂而盧益得至尚書左丞也

紹興十五年十月秦熺自翰林學士承旨除知樞密院事○臣開鼎按通鑑本年六月帝幸秦檜第加檜子熺學士承旨至十八年三月始除樞密院事檜問胡寧曰兒子進拜外間以爲何如對曰必不襲蔡京之迹故四月即罷爲避父子共政也本條當移於十八年下而罷免事亦應增入

乾道七年三月己丑張說除簽書樞密院事○臣開鼎按通鑑七年嘗以張說簽書院事未拜而罷用張栻之諫也至八年張栻既罷乃復以說與政則說之拜在八年非七年也

宋史卷二百十四

元中書右丞相總裁脫脫等修

宰輔表第五

宰輔五

紀年	宰相進拜加官	罷免	執政進拜加官	罷免
寶慶元年乙酉	史彌遠		四月己未薛極端明殿學士正議大夫簽書樞密院事十一月癸亥宣繒自參知政事除同知樞密院事薛極自簽書樞密院事除參知政事葛洪自同簽書樞密院事進簽書樞密院事	
二年丙戌	史彌遠			
三年丁亥	三月丙寅史彌遠少師右丞相兼樞密使提舉編修玉牒提舉編修國朝會要提舉國史實錄院提舉編修敕令封魯國公	九月癸未故少保觀文殿大學士魏國公致仕贈太師留正定謚忠宣	正月乙亥宣繒特轉正奉大夫參知政事兼同知樞密院事權監修國史日曆同提舉編修敕令薛極特轉宣奉大夫參知政事同提舉編修敕令葛洪端明殿學士特轉中奉大夫簽書樞密院事	
紹定元年戊子	史彌遠		六月戊申薛極自參知政事除同知樞密院事十二月辛亥薛極進知樞密院事兼參知政事葛洪自簽書樞密院事除參知政事袁韶除同知樞密院事鄭清之端明殿學士除簽書樞密院事	

二年己丑	三年庚寅	四年辛卯	五年壬辰	六年癸巳	端平
史彌遠	九月己酉，史彌遠少師、右丞相兼樞密使、魯國公，加食邑實封。史彌遠			十月丙戌，史彌遠特授太師、左丞相，仍兼樞密使、魯國公，加封邑。鄭清之特授光祿大夫、右丞相兼樞密使，加封邑。史彌遠 鄭清之	鄭清之
			十月丙辰，宰執以火延太廟，五奏乞鐫罷。詔史彌遠特降奉化郡公。	十月丁亥，史彌遠自太師、左丞相兼樞密使、魯國公除保寧昭信軍節度使、充醴泉觀使，進封會稽郡王。壬辰，致仕。乙未，薨。	
	十二月甲子，袁韶自同知樞密院事除兩浙西路安撫制置使兼知臨安府；庚辰，免制置使，依舊同知樞密院事。乙丑，鄭清之除參知政事兼簽書樞密院事，喬行簡除端明殿學士、同簽書樞密院事。	四月丁丑，鄭清之除兼同知樞密院事，喬行簡依舊端明殿學士除簽書樞密院事。	五月己丑，薛極、鄭清之、喬行簡並復元官。七月丁酉，陳貴誼自禮部尚書除端明殿學士、同簽書樞密院事。	十月丁亥，薛極自金紫光祿大夫、知樞密院事進樞密使，喬行簡自簽書樞密院事除參知政事兼同知樞密院事，陳貴誼自同簽書樞密院事除參知政事兼簽書樞密院事。	六月戊寅，喬行簡自參知政事兼同知樞密院事除知樞密院事，曾從龍自資政殿大學士除參
			十月丙辰，以火延太廟故，薛極、鄭清之、喬行簡詔各降一官。	十二月庚辰，薛極以觀文殿大學士知紹興府。	四月辛卯，薛極少保依舊觀文殿大學士、和國公致仕。五月庚子，贈少師。乙巳，卒。

元年甲午	二年乙未	三年丙申
	六月戊寅，鄭清之自光祿大夫、右丞相兼樞密使除左丞相，喬行簡自宣奉大夫、知樞密院事兼參知政事除右丞相。鄭清之 喬行簡	九月乙亥，崔與之自參知政事特轉正議大夫除右丞相兼樞密使。十一月，喬行簡自觀文殿大學士、醴泉觀使兼侍讀授特進、左丞相兼樞密使，進封肅國公，加封邑。鄭清之 喬行簡 崔與之
		九月乙亥，鄭清之罷左丞相兼樞密使，除觀文殿大學士、醴泉觀使兼侍讀；喬行簡罷右丞相兼樞密使，除觀文殿大學士、醴泉觀使兼侍讀。十二月癸卯，特進鄭清之仍舊觀文殿大學士、提舉臨安府洞霄宮。
知政事，鄭性之自太中大夫兼侍讀除端明殿學士、簽書樞密院事，陳貴誼自兼簽書樞密院事進同知樞密院事。	三月乙巳，曾從龍自參知政事兼同知樞密院事，眞德秀自翰林學士除參知政事，陳卓自正議大夫守吏部尚書除端明殿學士、同簽書樞密院事。六月壬午，曾從龍除知樞密院事兼參知政事，崔與之自端明殿學士、太中大夫、廣南東路經略安撫使馬步軍都總管兼知廣州召除參知政事，鄭性之除同知樞密院事，陳卓依舊端明殿學士除簽書樞密院事。十一月乙丑，曾從龍除樞密使、督視江淮軍馬，魏了翁除端明殿學士、同簽書樞密院事、督視京湖軍馬。	七月丁卯，鄭性之自太中大夫、同知樞密院事兼權參知政事除參知政事，李鳴復自刑部尚書除端明殿學士、簽書樞密院事。九月乙亥，鄭性之兼同知樞密院事，李鳴復兼參知政事。
十月丙戌，陳貴誼自參知政事兼同知樞密院事乞守本官致仕。庚寅，特贈少保、資政殿大學士。癸巳，卒。	四月辛卯，眞德秀除資政殿學士、在京宮觀兼侍讀；五月己亥，特轉一官，守資政殿學士、提舉佑神觀兼侍讀致仕；甲辰，卒，特贈銀青光祿大夫。六月己卯，葛洪除資政殿大學士、通議大夫、提舉臨安府洞霄宮。十二月，魏了翁自同簽書樞密院事、督視京湖軍馬除簽書樞密院事，力辭，改資政殿學士、湖南安撫使。	九月癸亥，宣繒自資政殿大學士、光祿大夫、提舉臨安府洞霄宮除觀文殿大學士致仕。

嘉熙元年丁酉	二年戊戌	三
喬行簡 崔與之	喬行簡 崔與之	正月，喬行簡自特進、左丞相兼樞密使加少傅、平章軍國重事。李宗勉自參知政事除左丞相
		六月庚子，崔與之力辭相位，詔依前官特授觀文殿大學士致仕。
二月癸未，鄭性之自參知政事兼同知樞密院事除知樞密院事兼參知政事，鄒應龍除端明殿學士、簽書樞密院事兼參知政事，李宗勉除端明殿學士、同簽書樞密院事。八月癸巳，李鳴復自兼參知政事除參知政事，李宗勉自同簽書樞密院事除簽書樞密院事。	正月戊申，余天錫自少中大夫、試吏部尚書除端明殿學士、同簽書樞密院事。辛酉，史嵩之自通奉大夫、京西京湖南北路安撫制置使除端明殿學士，依舊京湖安撫制置使兼沿江制置副使兼知鄂州，恩例並同執政。五月癸未，李鳴復自參知政事除知樞密院事，李宗勉自簽書樞密院事除參知政事，余天錫自同簽書樞密院事依舊端明殿學士簽書樞密院事。七月庚辰，趙以夫自朝奉大夫、右文殿修撰、樞密都承旨除沿海制置副使兼知慶元府，宣奉大夫、同知樞密院事。	正月，余天錫自簽書樞密院事除參知政事，游侶除端明殿學士、簽書樞密院事。
		十月庚申，許應龍罷簽書樞密院事，林略罷同簽書樞密院事。

年己亥	史嵩之自京湖安撫制置使除右丞相 喬行簡 崔與之 李宗勉 史嵩之		二月壬寅余天錫兼同知樞密院事 八月戊戌游侶自簽書樞密院事除參知政事 許應龍自中大夫試禮部尚書除端明殿學士簽書樞密院事 林畧自試右諫議大夫除端明殿學士同簽書樞密院事 十一月丙子范鍾除端明殿學士簽書樞密院事	
四年庚子		九月癸亥喬行簡自少傅平章軍國重事特授少師保寧軍節度使醴泉觀使進封魯國公加封邑奉祠 閏十二月丙寅左丞相李宗勉薨	閏十二月丙寅游侶自中大夫參知政事除知樞密院事兼參知政事 范鍾自中大夫簽書樞密院事除參知政事 徐榮叟自朝奉大夫權禮部尚書除端明殿學士簽書樞密院事	
淳祐元年辛丑	史嵩之	二月壬午少師魯國公喬行簡薨		三月己酉趙以夫自宣奉大夫同知樞密院事乞祠不允依舊集英殿修撰差知　　府 十二月庚申資政殿大學士通議大夫知慶元府余天錫乞守本官致仕除觀文殿學士特轉兩官致仕丁卯卒
二年壬寅	史嵩之		二月甲戌范鍾自參知政事除知樞密院事兼參知政事 徐榮叟自簽書樞密院事除參知政事 趙葵賜出身同知樞密院事 別之傑除簽書樞密院事 五月己酉趙葵自同知樞密院事除資政殿大學士知潭州湖南安撫使 六月丙寅別之傑自簽書樞密院事除同知樞密院事兼權參知政事 高定子除端明殿學士簽書樞密院事 杜範除端明殿學士同簽書樞密院事	二月游侶出帥浙東尋奉祠 六月癸亥徐榮叟除資政殿大學士提舉臨安府洞霄宮 十二月丙寅別之傑自同知樞密院事兼權參知政事除資政殿學士湖南安撫大使兼知潭州 趙葵自同知樞密院事依舊資政殿大學士除福建安撫使知福州
三年癸卯	史嵩之		正月戊寅高定子自簽書樞密院事除兼參知政事	八月庚申林略自端明殿學士提舉臨安府洞霄宮除資政殿學士致仕
四年甲辰	九月癸卯以右丞相史嵩之在告詔知樞密院事范鍾簽書樞密院事劉伯正輪日當筆 丙午史嵩之依前官起復加永國公 十二月庚午范鍾自通議大夫知樞密院事兼參知政事授正奉大夫除左丞相兼樞密使 杜範自資政殿學士中大夫提舉萬壽觀兼侍讀授通奉大夫右丞相兼樞密使 史嵩之 范鍾 杜範	九月癸卯右丞相史嵩之以父彌忠病給告歸慶元府未幾彌忠卒去位	正月壬寅李鳴復自知樞密院事除參知政事 杜範自同簽書樞密院事進同知樞密院事 劉伯正自中大夫刑部尚書除端明殿學士簽書樞密院事己未兼權參知政事 三月己未金淵除端明殿學士簽書樞密院事 十二月庚午游侶自資政殿大學士通議大夫提舉萬壽觀除知樞密院事兼參知政事 劉伯正自知樞密院事兼參知政事除參知政事兼簽書樞密院事 甲戌趙葵自資政殿大學士通奉大夫除同知樞密院事	正月丁巳參知政事李鳴復依舊資政殿大學士知福州福建路安撫使 杜範自同知樞密院事除資政殿學士知婺州
五年乙巳	三月己卯范鍾左丞相兼樞密使加封邑 杜範右丞相兼樞密使加封邑 十二月己卯游侶自知樞密院事兼參知政事授宣奉大夫除右丞相兼樞密使加封邑 史嵩之 范鍾 游侶	四月丙戌右丞相杜範薨 十二月己卯鄭清之自少傅觀文殿大學士充醴泉觀使兼侍讀越國公特授少師奉國軍節度使依前醴泉觀使兼侍讀越國公仍加封邑	正月乙卯李性傳自太中大夫權禮部尚書除端明殿學士簽書樞密院事兼權參知政事 十一月乙卯陳韡除端明殿學士同簽書樞密院事 十二月己卯趙葵自通奉大夫同知樞密院事除知樞密院事兼參知政事 李性傳自端明殿學士簽書樞密院事除同知樞密院 陳韡自端明殿學士同簽書樞密院事除兼參知政事	正月己卯劉伯正罷參知政事 十二月癸未李性傳除職予郡
六年丙午	史嵩之 范鍾 游侶	二月戊辰左丞相范鍾再乞歸田里詔除觀文殿大學士醴泉觀使兼侍讀 十二月乙未右丞相史嵩之守本官致仕	六月壬子陳韡自同知樞密院事除參知政事兼同知樞密院事	閏四月乙未徐榮叟卒
七年丁未	四月辛丑鄭清之自少師奉國軍節度使充醴泉觀使兼侍讀越國公特授太傅右丞相兼樞密使依前越國公加封邑 鄭清之 游侶	四月辛丑游侶罷右相除觀文殿大學士醴泉觀使兼侍讀封邑如故五月戊寅再辭免官特許歸田	四月辛丑王伯大自通奉大夫守刑部尚書除端明殿學士簽書樞密院事 吳潛自翰林學士除端明殿學士同簽書樞密院事 辛丑趙葵自知樞密院事兼參知政事特授樞密使兼參知政事督視江淮京西湖北軍馬 陳韡自兼同知樞密院事除知樞密院事湖南安撫使兼知潭州	三月戊辰李部依舊端明殿學士提舉萬壽宮兼侍讀 七月乙丑吳潛罷同簽書樞密院事丁丑依舊端明殿學士知福州福建安撫使 八月甲申鄭宷罷同簽書樞密院事守舊職奉祠 甲辰參知政事高定子卒

未	八年戊申
	九月庚午太傅右丞相兼樞密使越國公鄭清之以明堂禮成加食邑一千戶食實封四百戶　鄭清之
五月丁巳王伯大自簽書樞密院事除兼參知政事　壬申吳潛自同簽書樞密院事除兼權參知政事　七月丁卯別之傑除參知政事　鄭寀除端明殿學士同簽書樞密院事	五月己巳趙葵自樞密使兼參知政事督視江淮京西湖北軍馬兼知建康軍府事特授宣奉大夫依前樞密使兼參知政事督視江淮京西湖北軍馬兼知建康府事兼管內勸農使兼行宮留守江南東路安撫使馬步軍都總管長沙郡開國公加封邑　七月辛亥王伯大自簽書樞密院事除參知政事　應繇自翰林學士中奉大夫除同知樞密院事　謝方叔自朝散大夫試給事中除端明殿學士簽書樞密院事　史宅之自正奉大夫守吏部尚書除端明殿學士同簽書樞密院事　九月庚午樞密使兼參知政事督視江淮京西湖北軍馬趙葵以明堂禮成加食邑一千戶食實邑四百戶　十月乙亥應繇謝方叔並兼參知政事
	七月癸酉王伯大以資政殿學士知建寧府　十月甲戌參知政事別之傑乞歸田里　乙亥除資政殿大學士知紹興府

九年己酉	十年庚戌	十一年
閏二月甲辰鄭清之自太傅右丞相兼樞密使越國公特授太師左丞相兼樞密使進封魏國公加封邑　趙葵自樞密使兼參知政事特授金紫光祿大夫右丞相兼樞密使加封邑　鄭清之　趙葵	鄭清之　趙葵	四月己酉鄭清之依前太傅左丞相兼樞密使兼修國史日曆魏國公加封邑　十月戊戌再加封邑　十一月甲辰進封齊國公　十一月甲寅謝方叔自知樞密院事授正奉大夫除左丞相兼樞密使依前永康郡開國公加封邑
正月己巳前左丞相范鍾薨	三月戊子右丞相兼樞密使趙葵辭相位特授觀文殿大學士充醴泉觀使兼侍讀仍奉朝請依前金紫光祿大夫封邑如故　十一月壬申加特進依舊觀文殿大學士判潭州湖南安撫大使　戊寅進封信國公加封邑	十一月庚戌太傅左丞相齊國公鄭清之薨
閏二月甲辰應繇謝方叔並參知政事　史宅之自同簽書樞密院事除同知樞密院事　十二月乙巳吳潛自同簽書樞密院事除同知樞密院事兼參知政事　徐清叟自朝請大夫試禮部尚書除同知樞密院事兼參知政事	三月庚寅賈似道除端明殿學士兩淮制置大使淮東安撫使知揚州　五月丙寅吳淵除資政殿學士依舊職任與執政　五月吳潛自同知樞密院事除資政殿學士帥沿江	三月戊寅謝方叔自中大夫參知政事除知樞密院事兼參知政事　吳潛自太中大夫同知樞密院事除參知政事　徐清叟自朝請大夫簽書樞密院事除中大夫同知樞密院事　四月己酉謝方叔特授通議大夫依前知樞密
正月丁卯前簽書樞密院事許應龍卒　閏二月甲辰陳韡以觀文殿學士福建安撫大使知福州　吳淵以端明殿學士沿江制置使江東安撫使兼知建康府兼行宮留守　五月甲午前同簽書樞密院事鄭寀卒　十一月庚辰參知政事應繇乞歸田里除資政殿學士知平江府　十二月壬子同知樞密院事史宅之卒		

辛亥	十二年壬子	寶祐元年癸丑	二年甲寅
吳潛自參知政事授宣奉大夫右丞相兼樞密使依前金陵郡開國公加封邑　鄭清之　謝方叔　吳潛	謝方叔　吳潛	謝方叔	九月戊辰左丞相謝方叔以明堂禮成加封邑　十月丙戌特授銀青光祿大夫加封邑尋授金紫光祿大夫進封惠國公再加封邑　謝方叔
	十一月庚寅右丞相吳潛罷　十二月乙卿除觀文殿大學士提舉江州太平興國宮		十一月甲寅趙葵依前特進觀文殿大學士充醴泉觀使免奉朝請信國公加封邑　吳潛依前觀文殿大學士宣奉大夫提舉臨安府洞霄宮金陵郡開國公加封邑
院事兼參知政事永康郡開國公　十月丁酉謝方叔除通議大夫知樞密院事兼參知政事永康郡開國公　十二月丙辰董槐召除簽書樞密院事	十月癸丑徐清叟自同知樞密院事除參知政事　董槐自簽書樞密院事除同知樞密院事	七月庚子董槐自同知樞密院事除兼權參知政事	五月乙丑徐清叟自參知政事除知樞密院事兼參知政事　董槐自同知樞密院事除參知政事　李曾伯除參知政事帥蜀郡　賈似道除銀青光祿大夫同知樞密院事兩淮制置大使兼淮南東西路安撫使知揚州軍州事兼管內勸農管田屯田等使臨海郡開國公加封邑　十月丙戌徐清叟特授正議大夫依前知樞密院事兼參知政事普寧郡開國公加封邑　董槐特授通奉大夫依前參知政事定遠郡開
		三月丙申前參知政事別之傑卒　四月戊申贈少師　七月壬午前參知政事王伯大卒　十二月前參知政事劉伯正卒	

寅	三年乙卯	四年丙辰
	八月乙丑董槐自通奉大夫參知政事特授宣奉大夫右丞相兼樞密使依前濠梁郡開國公加封邑謝方叔董槐	十月乙卯程元鳳自參知政事特授通奉大夫右丞相兼樞密使進封新安郡開國公加封邑董槐程元鳳
	四月甲戌趙葵依前特進觀文殿大學士信國公特授京湖南路安撫大使判潭州事七月丙辰左丞相謝方叔為朱應元所劾八月乙丑罷特授觀文殿大學士提舉臨安府洞霄宮依前金紫光祿大夫惠國公封邑如故景定二年七月戊寅以常挺言追奪合得恩數八月辛未趙葵依舊官除沿江制置使八月戊子仍前特進觀文殿大學士醴泉觀使信公免奉朝請	六月癸未右丞相董槐為丁大全所劾詔程元鳳蔡抗時暫輪日當筆七月癸巳董槐特授觀文殿大學士提舉臨安府洞霄宮景定二年正月己卯依前觀文殿大學士宣奉大夫福建路安撫大使豪梁郡開國公致仕
國公加封邑癸巳賈似道詔依前官職任再加封品	三月辛巳吳淵兼夔路策應大使六月丙子王埜自通奉大夫守禮部尚書除端明殿學士簽書樞密院事程元鳳自中大夫權工部尚書除端明殿學士同簽書樞密院事賈似道自銀青光祿大夫同知樞密院事特授金紫光祿大夫加封邑八月乙丑程元鳳依舊端明殿學士除簽書樞密院事蔡抗自太中大夫守尚書工部侍郎除端明殿學士同簽書樞密院事吳淵依舊官兼京湖屯田大使	四月癸未賈似道自同知樞密院事除參知政事依舊兩淮制置大使兼淮東西安撫使兼知揚州程元鳳自簽書樞密院事除參知政事蔡抗自同簽書樞密院事除同知樞密院事七月乙卯除參知政事張磻自權刑部尚書除端明殿學士簽書樞密院事十一月癸丑除同知樞密
	七月丙辰知樞密院事徐清叟為朱應元所劾八月乙丑除資政殿大學士提舉隆興府玉隆萬壽宮九月丙午依舊官提舉臨安府洞霄宮六月辛卯王埜罷簽書樞密院事八月丙子前知樞密院事鄭性之兼參知政事卒庚寅應繇為丁大全所劾落職罷祠勒令致仕辛卯卒	四月己丑徐清叟王埜並褫職罷祠十二月庚申

辰	五年丁巳	六年戊午
	程元鳳	四月丁未丁大全自參知政事特授正奉大夫右丞相兼樞密使依舊丹陽郡開國公加封邑程元鳳丁大全
	正月丁亥趙葵除少保寧遠軍節度使京湖宣撫大使判江陵府兼夔路策應大使丁酉進封衛國公加封邑二月辛酉兼湖廣總領	二月辛巳趙葵依舊少保寧遠軍節度使判福州兼福建路安撫大使馬步軍都總管四月甲辰依舊少保寧遠軍節度使衛國公除醴泉觀使兼侍讀四月甲辰右丞相程元鳳辭職詔丁大全林存暫時輪日當筆丁未元鳳特授觀文殿大學士判福州福
院事丁大全自侍御史兼侍讀除端明殿學士簽書樞密院事馬天驥自中奉大夫試尚書禮部侍郎除同簽書樞密院事	正月丁亥賈似道自金紫光祿大夫參知政事除知樞密院事依舊兩淮制置大使兼兩淮宣撫使兼知揚州吳淵自觀文殿學士正奉大夫除參知政事二月戊午賈似道除兼兩淮安撫制置大使八月庚子張磻自同知樞密院事除參知政事丁大全自簽書樞密院事進同知樞密院事兼參知政事十月丁酉林存自試尚書吏部侍郎除端明殿學士簽書樞密院事	正月辛亥丁大全自同知樞密院事除參知政事兼同知樞密院事林存自簽書樞密院事除兼權參知政事四月丁未林存除同知樞密院事兼權參知政事朱熠端明殿學士簽書樞密院事十一月壬戌進同知樞密院事兼權參知政事饒虎臣自尚書禮部侍郎除端
	正月甲辰吳淵特授光祿大夫守參知政事致仕辛亥卒十月己丑張磻特轉三官守參知政事致仕明日卒	十一月丁巳林存以資政殿學士知建寧府

午	開慶元年己未
	十月壬申吳潛自銀青光祿大夫醴泉觀使兼侍讀崇國公特進左丞相兼樞密使進封相國公加封邑丙子改封慶國公賈似道自金紫光祿大夫樞密使授特進右丞相兼樞密使依前京西湖南北四川宣撫大使都大提舉兩淮兵甲總領湖廣江西京西財賦湖北京西軍馬錢糧專一報發御前軍馬文字兼提領措置屯田判江陵府軍事兼管內勸農營田使進封茂國公加封邑十二月壬子吳潛改封許國公賈似道改封肅國公丁大全吳潛賈似道
建安撫大使依前金紫光祿大夫新安郡開國公封邑如故六月乙未程元鳳辭免觀文殿大學士判福州詔仍前觀文殿大學士提舉臨安府洞霄宮	九月辛酉趙葵依舊特進觀文殿大學士衛國公判慶元府沿海制置大使十月壬申丁大全罷右丞相授觀文殿大學士光祿大夫判鎮江府依前丹陽郡開國公加封邑景定三年七月戊寅以常挺言責授彰州團練副使貴州安置癸酉趙葵依前特進觀文殿大學士特授沿江江東宣撫大使置司建康府任責隆興府饒州江州徽州兩界防招調遺時督兼判建康府行宮留守衛國公八月戊子吳潛依舊觀文殿大學士判寧國府特進崇國公九月丙寅依前觀文殿大學士銀青光祿大夫特授醴泉觀使兼侍讀崇國公
明殿學士簽書樞密院事賈似道自知樞密院事進樞密使兩淮宣撫大使辛未朱熠仍舊職特授中大夫	正月丁卯賈似道依前金紫光祿大夫樞密使改除京西湖南北四川宣撫大使都大提舉兩淮兵甲總領湖廣京西財賦湖北京西軍馬錢糧專一報發御前軍馬文字兼提領措置屯田兼知江陵府軍事兼管內勸農營田使臨海郡開國公封邑如故六月辛巳朱熠自同知樞密院事除參知政事饒虎臣自簽書樞密院事除同知樞密院事九月庚申戴慶炣除端明殿學士簽書樞密院事十一月壬寅朱熠自參知政事除兼權知樞密院事饒虎臣戴慶炣並兼權參知政事
	正月乙丑林存以資政殿學士知建寧府二月丁亥依舊資政殿學士提舉臨安府洞霄宮七月庚戌蔡抗自參知政事致仕癸亥卒

景定元年庚申

四月癸丑，賈似道特授少師、依前右丞相兼樞密使，進封衞國公，加封邑。七月庚寅，兼太子少師。

吳潛

賈似道

四月己酉，吳潛罷右相，除觀文殿大學士、提舉臨安府洞霄宮。五月戊辰，趙葵依舊少保，除兩淮宣撫大使、判揚州，進封魯國公。

八月壬寅，程元鳳依舊觀文殿學士，除淮浙發運大使、判知平江府。明年十一月己未，授持進、醴泉觀使兼侍讀，依前觀文殿大學士、新安郡開國公，封邑如故。

四月癸丑，朱熠自兼權知樞密院事除知樞密院事兼參知政事。饒虎臣自兼權參知政事除參知政事。戴慶炣自兼權參知政事除同知樞密院事兼參知政事。皮龍榮除端明殿學士、簽書樞密院事。癸未，皮龍榮自簽書樞密院事除兼權參知政事。沈炎除端明殿學士、同簽書樞密院事。

五月戊辰，饒虎臣罷參知政事，戊子，以資政殿學士提舉臨安府洞霄宮。八月庚辰，前參知政事戴慶炣卒。六月戊申，前簽書王埜卒。九月甲午，厲文翁依舊端明殿學士、提舉臨安府洞霄宮。

二年辛酉

正月己卯，賈似道自太保、右丞相以進書加太傅。

賈似道

三月癸未，知樞密院事朱熠、簽書樞密院事皮龍榮、同簽書樞密院事沈炎以進書各轉兩官。四月乙未，皮龍榮自簽書樞密院事除參知政事。沈炎自同簽書樞密院事除同知樞密院事兼權參知政事。何夢然自試右諫議大夫除簽書樞密院事。八月乙丑，江萬里自通奉大夫守吏部尚書除端明殿學士、同簽書樞密院事。十月丙午，何夢然自簽書樞密院事，授中大夫、除同知樞密院事兼參知政事。十二月甲午，皮龍榮自參知政事除兼權知樞密院事。何夢然自同簽書樞密院事除參知政事。馬光祖自觀文殿學士除同知樞密院事，依舊兼提領戶部財用、華知臨安府、浙西安撫使、兼太子賓客。

三月戊子，朱熠罷知樞密院事，以觀文殿學士知建寧府。七月壬申，福建安撫大使陳韡卒。十月丙辰，沈炎除資政殿學士、提舉臨安府洞霄宮。十二月壬辰，江萬里爲光純父所劾，壬寅，依舊端明殿學士、提舉臨安府洞霄宮。

三年壬戌

賈似道

六月己亥，董槐依舊觀文殿大學士，除特進致仕。

三月乙丑，孫附鳳自右諫議大夫兼侍講除簽書樞密院事兼太子賓客。六月庚寅，除兼權參知政事。楊棟自通奉大夫試禮部尚書除端明殿學士、同簽書樞密院事兼太子賓客。十月甲子，楊棟依舊端明殿學士，除簽書樞密院事兼權參知政事兼太子賓客。葉夢鼎自試吏部尚書除端明殿學士、同簽書樞密院事兼太子賓客。

二月，皮龍榮自知樞密院事以資政殿學士爲湖南安撫使。九月戊辰，資政殿學士沈炎龔。十月辛未，徐清叟授宣奉大夫、守觀文殿學士致仕，十一月丙申卒。

四年癸亥

賈似道

三月庚子，何夢然自參知政事除兼權知樞密院事，九月甲午，除知樞密院事兼參知政事。三月庚子，楊棟自簽書樞密院事除同知樞密院事兼權參知政事。葉夢鼎自同簽書樞密院事除簽書樞密院事。

六月丁巳，馬光祖依舊觀文殿學士、提舉臨安府洞霄宮。

五年甲子　度宗十月丁卯即位

賈似道

五月辛卯，楊棟自同知樞密院事除參知政事。葉夢鼎自簽書樞密院事除同知樞密院事兼權參知政事。姚希得除簽書樞密院事，並兼太子賓客。八月乙丑，除參知政事。十一月乙未，葉夢鼎自同知樞密院事除參知政事。姚希得自簽書進同知樞密院事兼參知政事。

咸淳元年乙丑

四月甲寅，賈似道除太師，依舊右丞相兼樞密使、魏國公。

賈似道

三月壬午，大傅、右丞相兼樞密使、魏國公賈似道爲理宗攢宮總護使。五月丙戌，依前太師除鎮東軍節度使，充侍讀，衞國公，仍奉朝請。

正月癸巳，姚希得自正議大夫特授光祿大夫，依前同知樞密院事兼權參知政事。葉夢鼎自宣奉大夫特授銀青光祿大夫，依前參知政事。二月丁未，姚希得自同知樞密院事除參知政事。江萬里自簽書樞密院事進同知樞密院事。戊申，楊棟依舊職知慶元府兼沿海制置使。壬戌，王爚依舊端明殿學士除簽書樞密院事。閏五月癸丑，江萬里自同知樞密院事除參知政事。王爚自簽書樞密院事進同知樞密院事兼權參知政事。馬廷鸞自權禮部尚書除端明殿學士、簽書樞密院事。十月壬午，楊棟詔復元官。十一月辛丑，留夢炎自權禮部尚書除端明殿

正月丁丑，皮龍榮、楊棟依舊職提舉臨安府洞霄宮。

			學士簽書樞密院事	
二年丙寅	賈似道	十一月己亥趙葵自觀文殿大學士除少師武安軍節度使致仕	五月甲寅王爚自同知樞密院事除參知政事留夢炎自簽書樞密院事進同知樞密院事包恢自守刑部尚書除端明殿學士簽書樞密院事	正月癸丑江萬里乞祠除湖南安撫使兼知潭州四月壬午姚希得以資政殿學士提舉臨安府洞霄宮丁亥王爚以病免同知樞密院事
三年丁卯	正月戊戌太傅右丞相賈似道特轉兩官二月乙丑除太師特授平章軍國重事一月三赴經筵三日一朝就赴都堂治事三月壬辰程元鳳自少保觀文殿大學士除少傅右丞相兼樞密使進封吉國公加封邑八月辛未葉夢鼎自金紫光祿大夫參知政事除特進右丞相兼樞密使 賈似道 程元鳳 葉夢鼎	三月丁未程元鳳爲監察御史陳宜中所劾罷右丞相依舊少保觀文殿大學士醴泉觀使	正月壬辰王爚自同知樞密院事進知樞密院事兼參知政事留夢炎自同知樞密院事兼參知政事葉夢鼎自知慶元軍府事除參知政事常挺自吏部尚書除端明殿學士簽書樞密院事戊戌王爚自知樞密院事特授光祿大夫職任依前仍加封邑留夢炎自參知政事特授通議大夫職任依前進封信安郡開國公常挺自簽書樞密院事特授通奉大夫職任依前依加封邑六月壬戌馬光祖自沿江制置大使除參知政事八月辛未留夢炎自參知政事除樞密使壬申常挺自簽書樞密院事進同知樞密院事兼權參知政事十一月庚戌除參知政事馬廷鸞自簽書樞密院事進同知樞密院事	六月己巳姚希得依舊職資政殿學士特與宮觀致仕辛未楊棟仍舊資政殿學士特與宮觀宮致仕己卯王爚除資政殿學士知慶元府兼沿海制置使厲文翁以資政殿大學士朝請大夫贈七官致仕
四年戊辰	八月壬寅太師平章軍國重事賈似道右丞相兼樞密使葉夢鼎各進二秩 賈似道 葉夢鼎		四月庚寅馬廷鸞除兼權參知政事	正月乙巳留夢炎除觀文殿學士知潭州湖南安撫使起居郎兼侍講十一月壬戌常挺以資政殿學士致仕丁未贈少保十二月丙戌包恢以資政殿學士致仕
五年己巳	三月戊辰江萬里自參知政事進一秩除左丞相兼樞密使馬廷鸞自參知政事進一秩除右丞相兼樞密使 賈似道 葉夢鼎 江萬里 馬廷鸞	正月癸亥葉夢鼎罷右相依前少保特授觀文殿大學士判福州軍州事兼管內勸農使福建路安撫大使馬步軍都總管進封信國公三月庚戌程元鳳守少保觀文殿大學士致仕	正月甲子馬廷鸞自同知樞密院事除參知政事兼同知樞密院事甲戌江萬里自湖南安撫使除參知政事三月己巳馬光祖自參知政事除知樞密院事兼參知政事	五月己酉馬光祖依舊觀文殿學士提舉臨安府洞霄宮
六年庚午	賈似道 江萬里 馬廷鸞	正月丙寅江萬里爲鮑度所劾罷左相戊辰以觀文殿學士知福州福建安撫使	正月丙寅陳宗禮除端明殿學士簽書樞密院事趙順孫自吏部侍郎除端明殿學士同簽書樞密院事十月甲申陳宗禮趙順孫並兼權參知政事	十一月乙未陳宗禮進資政殿學士守兼參知政事致仕
七年辛未	賈似道 馬廷鸞	十二月己亥謝方叔特敘復元官以惠國公致仕		正月壬申楊棟升觀文殿學士致仕
八年壬申	十二月甲寅葉夢鼎自少保觀文殿學士除少傅右丞相兼樞密使屢辭不拜 賈似道 馬廷鸞	十一月乙卯馬廷鸞罷右相除觀文殿學士知饒州己未免知饒州以觀文殿學士鄱陽郡公提舉洞霄宮九年十二月甲子除浙東安撫使知紹興府	三月丙子趙順孫自同知樞密院事兼參知政事授中大夫六月丁酉章鑑自權吏部尚書除端明殿學士同簽書樞密院事十月丁未兼權參知政事	五月己巳王爚除觀文殿學士提舉萬壽觀兼侍讀十二月丁未留夢炎以臺臣言奪職罷祠
九年癸酉	賈似道		九月辛巳章鑑自同簽書除簽書樞密院事陳宜中自兼權吏部尚書除端明殿學士同簽書樞密院事	
十年甲戌七月癸未瀛國公即位	十一月丙戌王爚自知樞密院事進兩秩除左丞相兼樞密使章鑑自同知樞密院事進兩秩除右丞相兼樞密使十二月癸亥賈似道依舊起復太傅平章軍國重事魏國公都督諸路軍馬 賈似道 王爚 章鑑	正月戊子江萬里乞輿疾去任詔依舊觀文殿大學士提舉洞霄宮	十月乙丑章鑑自簽書進同知樞密院事兼權參知政事陳宜中自同簽書除簽書樞密院事兼權參知政事	二月己酉趙順孫自同簽書除福建安撫使正月己丑留夢炎除知潭州兼湖南安撫使四月辛亥依舊觀文殿學士知潭州兼湖南安撫使
德祐元年	三月乙亥王爚自觀文殿學士除左丞相兼樞密使丙子陳宜中自知樞密院事除特進右丞相兼樞密使己卯並都督諸路軍馬四月丙辰王爚詔如文彥博故事朝參起居外並免拜六月甲寅除平章軍國重事一月兩赴經筵五日一朝陳宜中左丞相兼樞密使都督諸路兵馬留夢炎除右丞	二月庚午陳宜中乞誅似道詔罷平章都督予祠三月丙子章鑑罷右相予祠戊戌罷祠六月庚戌放歸田里七月壬辰罷王爚爲醴泉觀使九月己巳陳宜中授觀文殿大學士醴泉觀使兼侍讀十一月乙未左丞相留夢炎遁丙午遣	正月乙酉陳宜中自簽書樞密院事進同知樞密院事兼參知政事二月己巳除知樞密院事兼參知政事曾淵子除同知樞密院事兩淮安撫制置大使兼知臨安府文及翁自試尚書禮部侍郎除簽書樞密院事倪普除同簽書樞密院事二月丁未姚希得除參知政事三月丙申陳合除同簽書樞密	三月庚寅曾淵子自同知樞密院事除兩浙轉運副使四月己未文及翁倪普削一官奪執政恩數

年	乙亥	二年丙子
宰相進拜	相兼樞密使都督諸路兵馬十月丁未除左丞相 陳宜中自觀文殿大學士除右丞相兼樞密使 賈似道 王爚 陳宜中 留夢炎	正月辛未吳堅自簽書除左丞相兼樞密使 乙酉文天祥自知臨安府除右丞相兼樞密使 陳宜中 吳堅 文天祥
宰相罷免	使召還 十二月戊申 王爚 夢	正月甲申右丞相陳宜中遁
執政進拜	院事 四月壬子高斯得除簽書樞密院事兼權參知政事 四月丁卯李庭芝除參知政事 七月乙未陳文龍除簽書樞密院事兼權參知政事 十一月庚午除同知樞密院事兼權參知政事 黃鏞除同簽書樞密院事 十二月庚子吳堅除簽書樞密院事 黃鏞除兼權參知政事 癸卯陳文龍除參知政事兼權知樞密院事 謝堂賜同進士出身除同知樞密院事	正月庚午黃鏞自同簽書除參知政事 辛未常楙除參知政事 丁丑夏士林除簽書樞密院事 已卯全允堅加太尉除參知政事 乙酉家鉉翁賜進士出身除簽書樞密院事 賈餘慶除簽書樞密院事知臨安府
執政罷免		正月庚午參知政事陳文龍遁 謝堂除兩浙鎮撫大使 已卯參知政事常楙遁 庚申簽書夏士林遁

宋史卷二百十四考證

宰輔表五紹定五年十月丙辰宰執以火延太廟五奏乞鐫罷詔史彌遠特降奉化郡公十月丙辰以火延太廟故薛極鄭清之喬行簡詔各降一官○臣開鼎按通鑑四年九月太廟火則十月丙辰兩條俱應在四年罷免格

淳祐九年吳淵○臣開鼎按前無吳淵應屬吳潛然潛已罷久不必載存疑

寶祐四年十二月庚申○下闕蔡抗罷事按通鑑應作十一月

景定元年八月庚辰前參知政事戴慶炣卒○臣開鼎按慶炣現以執政卒非前也前字誤

六月戊申前簽書王埜卒九月甲午厲文翁依舊端明殿學士提舉臨安府洞霄宮○本表俱未載入進拜格疑脫

五年姚希得八月乙丑除參知政事○臣開鼎按通鑑除參知在咸淳元年二月本表二月亦載此處八月以下九字添設

咸淳四年十一月壬戌常挺以資政殿學士致仕丁未贈少保○臣開鼎按通鑑常挺十一月現居參政本月以參政卒非以學士致仕也方致仕下卽云贈不合宜從通鑑作卒且十一月亦無丁未也此處疑錯

宋史卷二百十五

元中書右丞相總裁脫脫等修

世系表第六

宗室世系一

昔者帝王之有天下莫不衆建同姓以樹蕃屏其不得以有國者則亦授之土田使帥其宗氏輯其分族故繼別之宗百世不遷豈惟賴其崇奬維持以成不拔之基哉蓋親親之仁爲國大經理固然也周官宗伯掌三族之別以辨親疏於是敍昭穆而禮法之隆殺行焉此世系之所以不可不謹也後世封建廢而宗法壞帝王之裔至或雜於民伍淪爲皂隸甚可歎也宋太祖太宗魏王之子孫可謂蕃衍盛大矣支子而下各以一字別其昭穆而宗正所掌有牒有籍有錄有圖有譜以敍其系而第其服屬之遠近列其男女婚姻及官爵敍遷而著其功罪生死歲月雖封國之制不可以復古而宗法之嚴恩禮之厚亦可槩見然靖康之變往往淪徙死亡於兵難南渡所存十無二三而國之枝葉日以悴矣今因載籍之舊考其原委作宗室世系表

太祖四子長滕王德秀次燕王德昭次舒王德林次秦王德芳德秀德林無後

燕王房

永興軍節度使贈太師中書令兼尚書令燕王德昭	建寧軍節度使魏王惟正	馮翊侯從讜	榮國公世程	太子右內率府副率令艾	
				太子右內率府副率令究	
				太子右內率府副率令輓	
				太子右內率府副率令丑	
				贈感德軍節度使華原郡公令瑄	三班奉職子洵

贈修武郎子源　從義郎子叔

伯誂　伯誘　伯誠　伯詔　伯詡　伯訥　伯誥　伯詠　伯謨

師復　師循　師崴　師彷　師衞　師復　師禹　師杲　師晷　師晃　師价　師信　師徹　師侍　師傅　師价　師仁

希鄖　希垂　希曹　希回　希啟　希尚　希格　希高　希喬　希石　希佑　希嘉　希晧　希仁　希告　希凿　希嗑　希咊　希聲　希說　希謨　希瑨　希球　希仲　希道　希炤　希騄　希文　希鑒　希禹

與鑑　與義　與賢　與隆　與適　與達　與通　與邇　與還　與落　與潤　與淵　與适　與遜　與蒙　與迪　與霖　與英

申國公世智

太子右內率府副率令環　東陽郡王令瑨　武翊大夫令惠　右侍禁令瓊　秉義郎令庥　敦武郎令頎　太子右內率府副率令唐　房陵郡公令沂

忠訓郎子澥　忠翊郎子瀛　忠訓郎子杲　忠訓郎子淵　保義郎子灣　從義郎子昂　成忠郎子信　子石　子榮　子昜　子弼　三班奉職子澥　右班殿直子處　承節郎子立　承節郎子許　成忠郎子澤　成忠郎子榮　成信郎子營　贈武功大夫子堅

伯惠　伯通　伯遠　伯廷　伯适　伯俊

師仍　師質　師定　師孟　師琮　師社　師復　師膴

希雄　希愈　希虔

與德

馮翊侯世潭

石屯衞大將軍令備　右監門率府副率令瑀　太子右率府副率令題　贈少師建國公令牌　武德軍

成忠郎子惠　三班奉職子薦　武翊郎子畢　左奉議郎子緼　承節郎子傳　成忠郎子昌　承節郎子榮　東頭供奉官子厚　三班奉職子元　贈武義郎子瓔　西京左藏庫副使子理　武翼大夫子琳　從義郎子所　修武郎子暘　從義郎子暉　武經郎子晞

伯壽　伯通　伯惠　伯純　伯顒

師旦　師古　師心　師顏　師警　師訥　師循　師諗

希瀹　希偃　希作　希伋　希侶　希佼　希徐　希倮　希伯

與晟

節度使奉化郡公令緷　武康軍節度使洋國公令琭

從義郎子玉　武翼郎子珊　三班奉職子懿　武節郎子珮　訓武郎子玭　三班奉職子球　贈武翼郎子弼　修武郎子璪　右侍禁

伯祿　伯祐　伯禋　伯社　伯禪　伯禔　伯裕　伯鎭　伯鉞　伯鎰　伯銑　伯鋐　伯鏞　伯鐸　伯闢

師總　師約　師職　師春　師卿　師參　師伊　師何　師倩　師份　師佚　師伸　師侑　師儉　師僊　師換　師爾　師僚　師晉　師賽

希倆　希文　希儒　希僊　希道　希晏　希向　希補　希遹　希遲　希源　希玭　希玷　希璔　希璛　希玫　希玶　希琪　希助　希瑍　希瓴　希勵　希囦　希冉　希運　希浮　希邁　希浚

與昌

遂寧侯令剸　東平侯令賽

子强　修武郎子杲　訓武郎子薦　從義郎子鶯　武德郎子禹　忠翊郎子褫　修武郎子石　忠翊郎子維　右朝請大夫子琥　朝奉大夫子璪　秉義郎子玖　武翊大夫子涼　子惇

伯鑑　伯侑　伯鑽　伯鑄　伯銖　伯鏻　伯銓　伯鎭　伯覿　伯顒　伯昌　伯鯀　伯榮　伯爻　伯琭

師鄴　師凱　師吶　師嘈　師璵　師琥　師玵　師仁　師樂　師姬　師藏　師逮　師逖　師贊　師周　師舜

希騫　希暘　希冉　希商　希慕　希彭　希德　希扎　希路　希軻　希昉　希鎭　希頌　希逛　希淏　希憓　希駒

與進　與權　與約　與讞　與潫　與浲

孟熷　孟潦　孟汴

右監門率府率令楢　贈正議大夫令誠　開國伯令琬　左藏庫令

右奉議郎子孟　承事郎子耆　迪功郎子漸　子澤　子和　成忠郎子興　三班奉職子恩　保義郎

伯周　伯嵩　伯崇　伯劳　伯益　伯山　伯邵

師禹　師撫　師模　師楡　師意　師利　師繇　師从　師向　師回　師解

希煁　希聽　希挺　希撞　希析　希鋒　希鎧　希錡　希鎮　希矗　希焱　希邅　希遙　希弁　希罵　希獎　希畀　希瑂　希珞　希碧　希璞

與墟　與壕　與哳　與嶺　與仁　與伈　與誏　與譏　與煾　與深　與滓　與導　與淳　與泋　與湝　與溫　與梶　與珈　與采　與標　與桹　與檣　與欞　與椋　與栴

孟槻　孟鍜　孟藻　孟睐　孟晴　孟晫

信都郡公世繇
贈太保令玒　左班殿直令惲　贈朝散郎令牟　武翊郎令彬　左班殿直令覬　東平侯令閎
子邁　保義郎子黙　從義郎子文　武翼大夫子亮　承信郎子頫　左朝奉大夫子頌　承奉郎子顲　忠翊郎子頤　忠翊郎子昌　訓武郎子畯　武經郎子昴　承節郎子景　中大夫子昪
伯康　伯府　伯藻　伯穹　伯培　伯朋　伯功　伯兹　伯林　伯嚴　伯簡　伯从　伯牟　伯湊　伯璋　伯珂　伯壽
師雷　師拳　師保　師明　師僎　師惟　師萬　師辞　師表　師傷　師僖　師伊　師鄒　師衍　師袠
希弢　希杭　希擠　希傳　希潚　希詳　希炅　希肱　希膃　希鑼　希夢　希戈
與椅　與栝　與禰　與禮　與祇　與薸　與蘗
孟侁

榮國公世卓
太子右監門率府率令畎　敦武郎令琉　敦武郎令艟　右班殿直令城　修武郎令凱　右朝散大夫令秏　武節郎令際　右班殿直令溥　右班殿直令超　右班殿直令鉄　從義郎令琬
右班殿直子温　宣教郎子求　右迪功郎子褒　承節郎子振　成忠郎子才　子珣　成忠郎子瑋　子瓌　子琚　子衢　子瑚
伯淵　伯源　伯瀛　伯穎　伯龍　伯蕃　伯鈺　伯鋑　伯鋭
師耽　師應　師褒　師袞　師莘　師稷　師槊　師鐔　師湘　師柎　師榆　師椽
希衝　希嶽　希栃　希鍽　希槐　希漼　希湎　希溘　希瀝　希涕　希瀅　希迸　希遨　希傣　希衍

感德軍節度使冀王惟吉
丹陽郡王從飾
南康郡王世永
崇國公謚溫獻令圖
太子右內率府副率子上　子張　集慶軍承宣使子野
伯代　伯咎　伯參　伯槤　伯夔　伯莊　伯能　伯源　伯佾
師椎　師榛　師棠　師掌　師山　師說　師璦　師言　師充　師眞　師心　師召　師孟　師惠　師文　師尹　師向　師文　師哲　師德　師魯　師歐　師古　師橫
希仕　希所　希油　希齡　希辯　希歲　希魯　希顏　希鐸　希現　希煥　希賜　希悉　希矗　希灡　希洽
與輝　與遠　與年　與昌　與宏　與流　與思　與懋　與楫　與稠　與悉　與炎　與規　與鉌　與勉　與召
孟溫　孟忠　孟愿　孟恕　孟悉　孟懋　孟志　孟械　孟憶　孟漾　孟樺　孟涫　孟渭　孟沾　孟琰　孟淪　孟滿　孟謨　孟僑
由瑢　由珌　由關　由開

榮國公諡良懿令瑶

太子右內率府副率子洮　太子右內率府副率子印　封馮翼侯子眞　三班奉職子庠　內殿崇班子彥　武經郎子廱

伯岌　伯脩　伯崇　伯華

師顥　師律　師潘　師汚　師景　師餘　師得　師果

希鴻　希訙　希洎　希蒼　希爽　希亭　希盲　希賈　希居　希詁　希詷　希篨　希褒　希昌　希噲　希弁　希許

與慶　與詔　與誨　與孚　與梓　與佖　與浞　與迓　與傅　與隱　與穀　與陵　與存　與恕　與時　與俠　與恍　與悛　與愃　與趣　與迣　與戟　與選　與道　與遷　與遞　與的　與晤　與穗　與澍

孟慶　孟曆　孟錯　孟顯

東陽郡公令樞　房國公令澤　建國公令朔

華州觀察使子赤　內殿崇班子益　修武郎子奭　太子右內率府副率子抑　封饒國侯子照　右班殿直子齋　右班殿直子韶　東頭供奉官子建　修武郎

伯光　伯祿　伯仁　伯祐　伯琥　伯端　伯翊　伯堅　伯誠　伯達

師侶　師元　師道　師翎　師聃　師家　師勝

希彼　希功　希稷　希善　希璸　希珈　希琭　希瑚　希侑　希逸　希璀　希璑　希璪

與賜　與昉　與驪　與昕　與學　與基　與合　與老　與近　與問　與暐　與憖　與鑑　與忞　與荐　與高　與搁　與協

孟醇　孟通　孟傳　孟瑜　孟嘩　孟咪　孟儷

由塤　由概

宜高

彭城郡公世延

單州防禦使令羽　華原郡公令續

子健　修武郎子廷　秉義郎子挺　忠翊郎子迎　子廷　保義郎子適　承節郎子廻　承信郎子選　秉義郎子職　忠翊郎子腦　太子右內率府副率子違　武經大夫子經

伯禧　伯祈　伯祀　伯況

師儞　師憲

希懋　希忘　希憲　希瓌

與俊　與誼　與詩　與謩　與誇　與謐　與訃　與詠　與譽　與旹　與訴　與謦　與誼　與諫　與譯

孟賨　孟定　孟宬　孟連　孟述　孟遠　孟選　孟邁　孟藻　孟溥　孟瀾　孟泌　孟瀞　孟著　孟若　孟芳　孟津　孟瀛　孟湟　孟涸　孟瀚　孟滈

由倫　由桂　由究

宇晉　安晉

常山侯令擢
左領軍衞將軍子紳　三班奉職子紳　武經大夫子綱　修武節郎子綸
伯浦　伯汶　伯浩　伯洙　伯湛　伯洵　伯嘉　伯順　伯和　伯順　伯添
師恩　師宣　師寀　師俘　師右　師古
希明　希章　希懿　希惠　希宥　希聶　希侃
與設　與訦　與詡　與證　與謹　與譜　與諭　與法　與涓　與減　與滸　與滄　與浪　與瀅
孟澄　孟腥　孟遻　孟逈　孟逾　孟運　孟逕　孟鍾　孟銑　孟鑠　孟鋼　孟錤　孟鍔　孟朴　孟杞　孟棟　孟權　孟檜　孟模　孟枘　孟稱　孟櫨　孟楷　孟椿　孟樸　孟樒　孟株
由沬　由泗　由玥　由瓌　由琉　由瑁　由愕　由燦　由瑍

左侍禁子綾　右班殿直子綅
伯訔　伯威　伯訢　伯譁　伯訟　伯和
師蟲　師直　師志　師善　師周　師堯　師秀　師毫　師閔　師顏　師粗
希額　希琪　希璙　希鑒　希巨　希受　希雍　希醴　希妙　希莅　希珀　希左　希濮　希侊　希雋　希噲　希榮　希陘　希陵
與瀛　與黠　與梲　與桶　與栝　與稑　與慶　與淳　與棧　與檽　與倣　與憶　與瑢　與琦　與瓘　與旃　與休　與陵　與容　與岌　與薆　與霽　與琇
孟擳　孟遷　孟鏹　孟鍁　孟湣　孟謀　孟義　孟嵓　孟裎　孟裱　孟樞　孟鐸　孟鎵　孟鍠　孟坦　孟淳　孟成　孟軾　孟覛　孟帆　孟輪　孟輔　孟穄
由潟　由湝　由璹　由達　由道　由珞　由瑭　由迡

子純
伯通　伯道
師李　師曉　師軾　師文　師豪　師襄　師亹　師儀　師亦　師尹
希諾　希措　希聿　希琢　希璟　希玐　希迵　希鍾　希銘　希錢　希錦　希鉥　希勛　希奭　希燮　希光　希傑　希陶　希贇　希盛　希召
與官　與瑮　與球　與璁　與璽　與瑨　與輚　與轍　與軺　與輧　與輶　與軑　與轅　與輞　與杉　與鍇　與栿　與聣　與腓　與肝　與朊　與腥　與明　與琤　與澶　與滲　與洎　與潘　與慷　與懷　與然　與樵　與熏　與安
孟任　孟瀴　孟伉　孟鉼　孟鐩　孟藁　孟芜　孟珹　孟瑀　孟琳　孟瓖　孟瓔　孟鏻　孟鉱　孟瑋　孟榛　孟珊　孟慨　孟海　孟潤　孟渙　孟滮　孟滋
由徑　由侊　由伏　由潟

北海郡公世符
太子右內率府副率令季 彭城侯令躅 | 右武衛大將軍令邦 贈南陽侯令想
保義郎子繹 | 太子右內率府副率子獻 供備庫副使子敵 | 內殿崇班子黙 忠訓郎子眞 左殿崇直子文 | 子襃 修武郎子扆 訓武郎子襄
伯進 伯連 | 伯源 伯滌 伯洪 伯江 | 伯夷 伯通 | 伯兟 | 伯玆 伯澤 | 伯儀 伯道 伯達 伯强 | 伯伸
師臣 師靖 師勣 師望 師典 | 師棟 | 師澤 師湛 | 師繪
希稷 希麟 | 希葵 | 希榘 希藥 希榕 希樘 希樀 | 希翔 | 希聽
與坤 與璊 | 與瑢
孟澄 孟泳 | 孟善 孟供
由佟 由儒 由佳 由俅 由保

淮陽侯守約
右監門率府率世寵 北海郡公世靜
右班殿直令觶 | 太子右內率府副率令伯 昌國公諡孝良令遶
修武郎子眞 | 子錫 子祜 右班殿子襄 | 貴州團練使子沆 | 武節郎子元 左領軍衛大將軍子仲 | 贈武節大夫子翔
伯儼 伯伸 伯儀 | 伯瑛 伯訥 | 伯戫 伯侮 | 伯嘉 | 伯逸 伯運
師導 師召 師爊 | 師昺 | 師顓 師貢 師譁 | 師孟 師回 師錫 | 師銳 | 師雄 師勳
希鵬 希論 希訔 | 希訒 希讕 希猷 希甸 希善 希獻 希庀 | 希冉 希洇 | 希奇 希聿
與揩 | 與鼎 與漼 與徜 | 與撫 | 與瑎 與坩 | 與玨 與樌 與輷 與轁 與輅 與輭 與輕 與輻
孟攜 孟欒 孟倠

贈武翊大夫子楨
伯述 | 伯擇 | 伯黨 伯吝 伯迪 伯咎
師龍 | 師欉 師武 | 師文 師咨 | 師恭 師喬 | 師許 | 師試
希醇 | 希宿 | 希蓁 希忞 | 希穗 希 | 希棪 | 希丞 | 希溁 | 希潞 | 希灅 | 希頩 希潬 | 希镗 希鉛 希銻 希鍋 | 希闐 希闒 希瑞 希闚
與瓓 與瑑 與瑱 與瓖 | 與室 與家 與寓 與琮 與璮 與北 與玭 與坤 與珽 與瀧 與潔 | 與沿 | 與衛 | 與燧 | 與柜 | 與櫃 | 與秩 與檪 與柏 與櫟 與榴 與橋 | 與獻 與殷 | 與沆 與瀊
孟采 孟杓 孟禾 孟枲 孟文 孟檲 孟彰 | 孟侶 孟俐 | 孟伶 | 孟偈 孟撈 | 孟連 | 孟鏃 孟輅 孟侗 | 孟倓 孟㜑 孟晙 孟惋 | 孟嬉 孟㜕 孟㛸 孟奭 | 孟衆 | 孟櫲
由洪 | 由栩 由檜 由栐

贈泮國公世綿

廣平侯令器　太子右內率府副率令琲　太子右內率府副率令　博平侯令虛

修武郎子璵　武經郎子昇　從義郎子瞳　武節郎子闓　從義郎子曄　子璋　子球　文林郎子環　武節郎子嶲

伯伶　伯愔　伯鏷　伯筠　伯慼　伯侮　伯詵　伯玉

師讀　師胥　師珏　師瑋　師導　師正　師必

希漢　希隨　希僔　希假　希膺　希勉　希騂　希驂　希駪　希驛　希知　希昔

與濟　與澱　與洵　與汝　與地　與杓　與朴　與忠　與棄　與佴　與材　與宜　與鉊　與退　與交

孟檉　孟欄　孟璞　孟弼　孟高　孟倫　孟煇　孟愕　孟琍　孟友　孟暭　孟煥

由作　由頤　由與　由俊　由傳

宜遠

伯才　伯瑮　伯珪　伯圖

師元　師鍠　師庾　師武　師度　師慶　師烋　師炫　師煜　師煉　師爈　師笑

希諒　希得　希愿　希思　希敦　希咻　希準　希瀛　希熙　希犖　希黠　希黙　希枋　希昕　希堂　希時　希懃　希訟　希至　希縮　希褒　希兌　希邏　希殖　希液　希垾

與庌　與依　與俁　與倣　與佩　與放　與遵　與迢　與邈　與瑍　與榴　與攝　與墀　與櫝　與檄　與遊　與迁　與退　與遐　與彭　與偟

孟煬　孟鏞　孟質　孟贇　孟漾　孟垌　孟圳　孟墡　孟洲　孟鋾　孟潬　孟鈁　孟鏘　孟鐫　孟鐔　孟鍵　孟垠　孟壉　孟埕

由誨　由禮　由伸　由侶

德國公諡良僖令慍　贈高密侯令圖

右中奉大夫子鈞　子錞　子權　子濬　承義郎子煇　從義郎子坦　成忠郎子鑒　忠義郎子槃　子榮　三班奉職子濟　修武郎子雍

伯言　伯誠　伯詠　伯誨　伯說　伯訢　伯讜　伯成　伯勔　伯勤

師昊　師尌　師爻　師藝　師呂　師參　師垔　師吾　師惜　師仁　師義　師禮　師憲　師賓　師造

希鏌　希塙　希條　希傾　希升　希霖　希邢　希鴻　希營　希膺　希宿　希罔　希弱　希橘

與偍　與霈　與琡　與椡　與棟　與檀　與榕　與椵　與梁　與櫸　與椰　與芬　與薰　與萇　與蒨　與濤　與瀼

孟熚　孟燋　孟椁　孟椅

由墉

右班殿直子京　右班殿直子堅　承義郎子覲　贈朝請大夫子亮　承義郎子充　子燮　贈訓武郎子皐　保義郎坐事停勒子愍

伯勸　伯助　伯嶡　伯瓚　伯慥　伯忱

師礪　師文　師迒　師洵　師汴　師灦　師敆　師佩　師穗　師顒　師顧　師頡

希和　希琁　希晅　希城　希時　希昭　希胆　希腂　希滙　希憹　希瀋　希初　希建　希禋　希烝　希名　希涵　希潽　希灼　希滉

與劉　與渫　與漼　與隆　與銜　與律　與懲　與林　與藩　與澔　與榣　與榜　與俫　與伻　與洊　與傑　與讀　與杯

孟徽　孟仁　孟伺　孟侎　孟璒　孟珣　孟柠　孟桁　孟燗　孟栗　孟鋒

贈右衛大將軍令騂

成忠郎子堅　武翊郎子堂　忠訓郎

伯恪　伯憯　伯浚　伯紹　伯滌　伯溫　伯淵　伯澄　伯泚　伯洋　伯滂　伯褒　伯覽

師領　師辛　師佑　師倿　師逈　師劉　師旦　師望　師躬　師譁　師愍　師恚

希角　希阮　希階　希隮　希陔　希陪　希府　希紘　希綸　希瑹　希玏　希玢　希玧　希絢　希旻　希顥　希順　希鐕　希鍼　希錤　希顏　希亢　希顧　希菘　希蒡　希崢　希枅　希嶇

與輊　與賚　與𨎆　與轅　與褔　與柊　與熄　與偃　與壐　與悳　與慕　與縻　與灑　與沰　與琣　與壚　與瀰　與柊　與涝　與渻　與迴

孟鏞　孟鉻　孟瑞　孟柤　孟楗　孟灃　孟椛　孟椆　孟楯　孟浠

右千牛衛將軍令密　贈榮國公令蟺

子堅　太子右內率府副率子遴　右班殿直子溶　子珀　訓武郎子珣　忠訓郎子榦

伯𢧐　伯來　伯順　伯騏　伯頌　伯頓　伯頵　伯穎　伯顒　伯頻

師蓮　師蘇　師董　師薔　師藹

希韻　希源　希準　希溫　希泗　希瀟　希浦　希澣　希漣　希瀕　希溶　希江　希潮　希湧　希濱　希滄　希埘

與岊　與槹　與栻　與橦　與岱　與楠　與楊　與榣　與樿　與漑　與檣　與杙　與楝　與楅　與桁　與樽　與劉　與棋　與枅　與槿　與儀　與臨　與滌　與棱　與櫰　與櫺

孟燋　孟熠　孟熉　孟莚　孟渭　孟楠　孟義　孟炤　孟享

贈東平侯令鑑　贈昌國公令柯　贈汝南侯令赫

修武郎子拱　右班殿直子莫　忠翊郎子璋　秉義郎子淡　訓武郎子璆　訓武郎子璪　右班殿直子琇　子玓　武節郎子晉　武經郎子彭　左班殿直子周　右侍禁子瑜

伯顗　伯穎　伯驥　伯适　伯采　伯通　伯孝　伯益

師著　師恭　師磊　師晛　師智　師授　師坐　師悠　師鼓　師範　師模　師槩

希太　希熊　希祥　希玻　希望　希璆　希璥　希璞　希栟　希隆　希鑪　希釬　希鍾　希錚　希鋌　希祗

與進　與達　與近　與照　與運　與遷　與宕　與汙

孟謹　孟諒　孟誠　孟獻　孟畋　孟瞧　孟傾

由璲　由鑅　由綸　由巩　由璋　由濱

濟陰郡公世長　昌國公世滋

太子右內率府副率令犇　太子右內率府副率令犧　太子右內率府副率令昆　贈河內侯令珵

子綸　贈武節郎子祐　成忠郎子伋　秉義郎子偘

伯齊　伯德　伯青　伯象　伯詐

師肇　師彰　師彭　師彤　師勿　師彤　師紀　師流　師賓　師旻

希貴　希誧　希峻　希份　希郊　希清　希祺　希挚　希擇　希哲　希肇　希諥　希淀　希淛　希傈　希僆　希謁　希幹

與諄　與寬　與璞　與邇　與彭　與杓　與效　與敫　與敳　與敘　與鄭　與蓀　與蔡　與邇　與逮　與爍　與烽　與烱　與塘　與縱　與襄　與稟　與膏　與棨

孟訹　孟許　孟浸　孟浹　孟晫　孟昕　孟巃　孟暲　孟噢　孟琤　孟琀　孟温　孟壚　孟耀

贈東萊侯令稅

忠訓郎子繼　右侍禁子亮　右侍禁子純　秉義郎子維

伯仝　伯全　伯玘

師鉉　師焯　師霆　師鷊　師霍　師霈

希轄　希　希璵　希玉　希棠　希璘　希鏘　希陽　希夷　希陳　希際　希對　希則　希庸　希業　希綜　希玖

與荼　與柎　與櫾　與橙　與寓　與齊　與毅　與櫄　與祿　與遷　與瀆　與妻　與油　與逵　與得　與進　與察　與求　與宵　與宇　與宰　與丞

孟欒　孟焰　孟煠　孟熗　孟檔　孟輝　孟篔　孟簡　孟灃　孟洪　孟偵　孟佽　孟偕　孟停　孟拱　孟推　孟採　孟捡　孟侶　孟闕　孟壄　孟泉　孟瓟　孟璩　孟璇　孟璪　孟玏　孟瀛　孟瀧

由河

富水侯世旂

東頭供奉官令璠　太子右內率府副率令玶

右班殿直子繹

伯超　伯越

師儁　師麗　師琬　師瓊　師玭　師璟

希玲　希爿　希岁　希嶺　希歟　希敷　希徽　希致　希歡　希敦　希許　希洵　希濟　希褱　希潦　希沚　希沇

與案　與宝　與𣗥　與桑　與樨　與權　與樓　與植　與橈　與堅　與至　與型　與垄　與熊　與忻　與怚　與堡　與瑊　與琙　與珖　與培　與焊　與壞　與淡

孟瀟　孟宴　孟晛　孟晛　孟鎮　孟鋙　孟鎗　孟鏑　孟鏤　孟銑　孟公　孟僬　孟錫　孟鏌

由楹

宋史卷二百十五考證

宗室世系表一伯誘子師復○伯誘六子而有兩師復必有一誤 臣龍官按宋世宗室既多其名自不能無重複但一房之內不應有兄弟從兄弟而同名者後如令著子有兩子警士爝子有兩不暴叔蘭子有兩亥之叔敖子有兩仔之此兄弟同名之誤也又伯莊伯能子俱名師文不求不憂子俱名善壽不琢不漏子俱名善鈒士瑄士俾子俱名不倚善學善翔子俱名汝能士忻士僅子俱名不羣彥與彥輸子俱名薙夫此從兄弟同名之誤也傳訛已久南北監本皆同無從考正今附記於此

師表○南本作師襄 臣龍官按此表內人名南北本多有不同者如孟鎮南本作孟鎮與亜南本作與柔希滈南本作希滈師倖南本作師修之類不可勝舉未知孰是也

令赫下子綸○監本脫子綸二字今照南本增 臣龍官按此表內人名監本多有遺漏謹就南本所有者依次增入後不具載

宋史卷二百十六

元中書右丞相總裁脫脫等修

世系表第七

宗室世系二

楚國公守巽　太師魏王世清　太子內率府副率令璘　贈清遠軍節度使子褫

伯應　伯膺　伯廣　伯慶

師珵　師班　師瑊　師玠　師瑜　師堅

希楷

與夔

孟玠　孟球

贈武經大夫子閱

伯撓　伯珏　伯林　伯度　伯庠　伯廙

師球　師權　師濤　師燾　師嘉　師祿　師　師仰

希撰　希詠　希諺　希昇　希溢　希充　希艮　希祐　希彥　希廻

與器　與窋　與齡　與渙　與湣　與及　與宬　與春　與計　與澤　與常　與爍　與龍　與焰　與膜　與烯　與禍　與根　與制　與棒　與楹　與鐸　與鏞　與鉀　與鉍　與綳　與鏇　與鈽　與錫

孟瀛　孟瀾　孟寓　孟鎔　孟鐕　孟鍘　孟鋏　孟鏷　孟潛　孟持　孟指　孟潀　孟渭　孟澣　孟潗　孟惠　孟慈　孟態　孟　孟瑩　孟璐　孟曉　孟量　孟暉　孟驛　孟宮

由招　由明　由晨　由懽　由悰　由恰

忠訓郎子損　武翊大夫子極

伯康　伯庚　伯唐　伯度　伯膺　伯康　伯應　伯麾

師仔　師信　師盾　師頓　師垍　師綏　師廼　師宿　師虓　師闓　師焜　師駱　師左　師圓　師璵　師璆

希禹　希民　希湛　希樟　希議　希詠　希綎　希絢　希絹　希柲　希綜　希綱　希止　希植　希貫　希椆　希鑛　希鏦　希鉅　希德　希衍

與鋈　與涯　與埜　與窒　與濰　與爟　與熿　與爀　與圻　與樕　與漕　與濯　與渢　與熣　與熇　與燋　與瑯　與柗

孟暕　孟驛　孟意　孟懃　孟慮　孟悤　孟憩　孟戀　孟仩　孟位　孟儆　孟僮　孟倲　孟珋　孟珮　孟璦　孟玳　孟琮　孟瓚　孟璂　孟椽

由玫　由棐

贈榮國公令軏　封始安侯子扎　贈成州觀察使子掄

伯鹿　伯通　伯迎　伯迪　伯逢　伯適　伯遼

師顏　師閔　師唐　師賢　師成　師道　師蘧　師陸　師務　師原　師處

希浛　希可　希淙　希山　希霸　希俱　希俔　希健　希偈　希建　希藺　希頎　希野　希閱　希閏　希閎　希閭　希閶　希聃　希參

與達　與遇　與約　與伊　與佞　與鏜　與紹　與啟　與珌　與石　與白　與嘉　與宋　與栘　與蓮　與困

孟瑪　孟珣　孟璿　孟常　孟明　孟偶　孟栗　孟瑫　孟濤　孟汴　孟洽　孟渠　孟闓　孟潭　孟沂　孟施　孟泗　孟沖　孟湑　孟沭　孟儔　孟旣　孟嶺　孟岡　孟岦　孟瑾　孟琨

由淖　由潤　由玻　由恩　由思　由楣　由忠　由揮　由相　由棒　由杭　由樕　由蘧

贈東陽侯令揭　武經郎子場　右侍禁子華　三班奉職子捸　武經郎子璘　承節郎子瑾　承節郎子璥　再贈從義郎子

伯遷　伯通　伯輿　伯臾

師价　師福

希守　希絳　希行　希平　希望　希峴　希汕　希舒

與節　與剴　與宣　與開　與倪　與猷　與顴　與皋　與皓　與皡　與介　與埛　與果　與格　與抑　與善　與僩　與侊　與傕

孟班　孟功　孟圻　孟堪　孟垓　孟墊　孟鋌　孟錯　孟璮　孟巩　孟槃　孟極　孟楧　孟樱　孟芑　孟墳　孟埛　孟滋　孟湅　孟仰　孟侑　孟瀰　孟滌

由熽　由燒　由憲　由學　由激　由繼　由溥　由還　由鍋　由鋼　由熹　由鏍　由溹　由瀡

朝請大夫加贈右
玨
伯璘　伯東　伯夫
師望　師琴　師碧　師玩　師筌　師璗　師坪　師岐　師歡　師崧　師峋　師嶙　師岷　師礪　師峻　師峙　師欒
希木　希憍　希與　希偘　希倜　希付　希偉　希欽　希休　希綬　希維　希綺　希僥　希俉　希儁　希鐩　希謨　希謙　希箱　希洵　希諓　希讕　希儭　希翀　希慕　希憙　希怠　希思　希志　希思　希悉　希恳
與讚　與諷　與譏　與諛　與詵　與譲　與護　與誌　與諝　與諭　與譢　與藝　與適　與還　與楧　與格　與槲　與椽　與捻　與盱　與烟　與烓　與浯　與澶　與濬
孟棟　孟寶　孟寅　孟供　孟供　孟憲　孟霖

東防禦　太子右內率府副率　公世茂　贈奉化郡公令濟
夫命　贈奉議郎子勉　子勛　子勍　將事郎子防　贈左領軍衛將軍子騶　贈左領軍衛將軍子璐　子飃　西頭供奉官子驊
伯達　伯起　伯宣　伯鯤　伯鵬　伯輯　伯壽　伯閎　伯禮
師顏　師孟　師韓　師莊　師古　師言　師善　師回　師尚　師愈　師仁　師傑　師悠　師悉　師恩
希哲　希敵　希讜　希呂　希从　希皞　希暐　希燦　希暎　希昕　希昞　希晍　希蘄
與杏　與性　與傅　與份　與謀　與調　與顥　與戌　與秀　與稔　與詠
孟璵　孟璣　孟璕　孟珵　孟使　孟僁　孟儼　孟假　孟倏
由康　由洪　由泓　由灟　由涯　由泝　由濬

贈開國公令萓　武當侯世積　太子右內率府副率贈南康侯令贛
右侍禁子明　忠翊郎子昪　左朝請大夫子閥　武經郎子昱　忠訓郎子果　太子右內率府副率子奭　再贈武略郎子浩
伯惇　伯恪　伯達　伯适　伯遜　伯迪　伯遵　伯奇　伯退　伯遨　伯泳　伯浩　伯淘　伯林
師愁　師忠　師恩　師正　師厤　師沚　師選　師訶　師親　師讓　師語　師議　師護　師計　師請　師論　師達　師适　師遂
希蘱　希德　希侄　希保　希俊　希榛　希城　希墉　希俵　希斷　希挺　希個　希玖　希丙　希若
與賞　與息　與紳　與釧　與瑛　與晶　與鍊　與瀓　與榧　與迢　與驛　與徹
孟富

太子右內率府副率令瑂 贈安康郡公令委
秉義郎子瓊 保義郎子璨 子琢 右侍禁子珣 武節郎子鼎 忠翊郎子愛 成忠郎子璞 子琢
伯權 伯掄 伯桴 伯桂 伯暕 伯昞 伯曨 伯昉 伯敀 伯昕 伯晰
師遠 師迪 師選 師奎 師壹 師堃 師甯 師寧 師述 師運 師邏 師造 師邇 師逞 師遷 師遴 師途 師迕 師迮 師馬 師侄
希古 希斌 希侃 希卻 希劇 希衎 希像 希倚 希譙 希奉 希估 希升 希儃 希俄 希憊 希窨 希征 希鏢 希鑒 希供 希頡
與守 與昨 與聯 與忐 與宿 與楝 與勍
孟宣 孟宇 孟容
由楪

封郯國公世該
贈開國公令琮
太子右監門率府率子賁 內殿崇班子球 修飾郎子瑛 子脫 贈武經郎子道
伯曦 伯祐 伯禔 伯福 伯槐
師鉦 師曷 師昇 師暑 師仲 師傅 師信 師溢
希蠡 希奉 希美 希文 希盛 希賁 希晄 希廩 希琜 希文 希采 希愿 希禮
與瀛 與浚 與唐 與曆 與鏡 與禨 與褫 與祁 與偷 與儀 與偶 與彽 與儵 與禮 與褣 與襚 與晦 與瑄 與能 與傭 與挺 與縻 與煒 與証 與皋
孟伽 孟倣 孟价 孟樛 孟杍 孟榆 孟樅 孟櫾 孟渫 孟積 孟樣 孟伴 孟溪 孟槩 孟椽 孟壤 孟岩 孟崽 孟岂 孟嶢 孟嵩 孟玢 孟瑹
由鎮 由瓊 由瀝

沂州防禦使令欵
子通 封洴陽溪子燦
伯愚 伯志 伯賢 伯穎
師佳 師俔 師傳 師攸 師視 師伯 師諱 師古 師森
希珋 希巷 希世 希窨 希哀 希晃 希尼 希且 希洿 希餙 希演 希息 希藹 希悛 希昌 希慷 希侳 希侗 希宜 希仁
與峻 與嶼 與崿 與玘 與傷 與倖 與棨 與榘 與栞 與振 與藩 與俠 與憒 與恤 與珇 與逑 與迦 與檐 與鐐 與銕 與鏵 與儐 與償 與汧 與玥 與階 與鎬 與焯 與時 與信 與善 與穆 與點
孟增 孟蕙 孟壓 孟涯 孟玨 孟櫽 孟畔 孟悕 孟瑤 孟藥 孟玩 孟隱 孟隱 孟瑞 孟琣 孟瑁 孟瑀 孟璲
由鍊

師勇 師瓚

希俊 希僎 希倧 希仰 希傳 希侹 希僅 希倬 希佶 希伇 希聡 希及 希佃 希億 希伏 希俘 希佸 希家

與正 與光 與温 與蘭 與祥 與同 與曾 與壁 與貌 與翊 與語 與釆 與璹 與淀 與理 與助 與建 與生 與積 與元 與亮 與裾 與紹 與壽 與璒 與翠 與彪 與玞 與讓 與班 與熊

孟伽 孟敏 孟文 孟詵 孟洵 孟握 孟檄 孟惆 孟葆 孟華 孟逮 孟堅 孟介 孟顯 孟滐 孟議 孟謹 孟訪 孟潘 孟欒 孟榮 孟槩 孟璿 孟琰 孟琮 孟璔 孟琢 孟宿 孟寧 孟珸 孟珽 孟禑 孟滐 孟瑙

由渼 由中 由是 由瑾 由迫 由全 由侖 由儀 由稻 由仁 由僬 由儋

右侍禁子灼 右侍禁子者 右侍禁子壽

伯碩 伯顧 伯頤

師文 師壹 師範 師尹 師姚 師明 師旦

希佺 希房 希僊 希覬 希僾 希侯 希价 希佟 希璁 希諧 希儆 希萬 希秩 希玓 希顯 希宋

與球 與琤 與珞 與琉 與瑪 與滋 與灝 與諶 與像 與傆 與楧 與櫸 與槤 與巍 與俛 與徹 與衛 與侵 與徐 與本 與梓 與槮 與振 與過 與鈹

孟佐 孟祜 孟備 孟倣 孟儴 孟优 孟俐 孟瑚 孟瑎 孟櫓 孟櫶 孟楳 孟安 孟璽 孟璲 孟環 孟珖 孟諫 孟祊 孟楮 孟初 孟給 孟祈 孟稀 孟禰 孟祋

由憓 由恢 由璋 由鍑 由鐀 由鎔 由璛 由瑾 由僄 由儉

太子右監門率副率令最 贈朝請大夫令懇 宣德郎令翻

從事郎子鍇 從義郎子通 秉義郎子椿 子衡 從政郎子衍

伯顒 伯預 伯山 伯億 伯信 伯仁

師仲 師焦 師溱 師先 師生 師隨 師閔 師閔 師舊 師龍

希茍 希誼 希孔 希沶 希部 希戩 希沂 希澻 希渠 希問 希鏑

與鏈 與鎬 與傑 與玫 與林 與璣 與珷 與慈 與環 與琨 與瓊 與瓖 與璔 與瑚 與瑮 與魁 與嫪 與礡 與研 與璀 與玗 與瑠 與瑑 與璒 與瑀 與瓄 與琊 與琍

孟梓 孟梅 孟欐 孟橆 孟櫰 孟棋 孟捄 孟揆 孟潘 孟親 孟顯 孟渭 孟聾 孟睛 孟循 孟堂 孟基 孟坐 孟墟 孟型 孟臺

由鏶 由鈕 由寧 由棋

北海侯世歷
右班殿直令詠 武經郎令䜣 朝請大夫令術
從政郎子衙 從義郎子術 秉義郎子行 忠翊郎子津 從事郎子綬
伯靖 伯遵 伯靖 伯𡖒 伯翊 伯瑀 伯茉 伯菜 伯桑 伯伸 伯倩 伯祥 伯愈 伯達 伯秦
師相 師專 師文 師齊 師審 師君 師寀 師堪 師琇 師續 師雅 師綺 師誕
希言 希浮 希逢 希球 希補 希橋 希秸 希褲 希崇 希瑱 希鏶 希鉊 希鐏 希鈔 希瑀 希玻 希倜 希僦 希惕 希㮚 希槭 希橡 希發 希璨
與磅 與擇 與擷 與視 與闕 與檑 與葉 與寨 與謚 與廑 與愕 與涓
孟壇 孟鋼 孟錧 孟 孟鏠 孟漬 孟恭 孟思 孟沂 孟瀛 孟慓 孟岊

廬江侯守度
蘄春侯世宏 太子右司禦率府率世凝 高密郡公世珍
太子右內率府副率令問 太子右內率府副率令殊 贈奉化侯令夫 太子右內率府副率令孫 太子右內率府副率令訓 贈河內侯令譞 忠州團練使令許
三班奉職子直 三班奉職子愿 秉義郎子顏 子頫 成州團練使子機 忠訓郎子暐 忠訓郎子儀 武經郎子鏜
伯存 伯隨 伯履 伯愿 伯彥 伯裕 伯褒
師皓 師轍 師直 師爽 師是 師尹 師文 師訔 師傳 師饎 師懲 師懌 師禹 師文
希璌 希玗 希灘 希侵 希潛 希通 希迴 希家 希壩 希鉼
與槼 與璡 與琈 與襲 與漑 與汲 與濸

華陽侯世嵩
贈馮翊侯令媞
忠訓郎子輝 右侍禁子頎 武翊大夫子震
伯初 伯瑛 伯琰 伯瑞 伯瑜 伯肆
師笞 師革 師顏 師聖 師閔 師炎 師 師煥 師廞 師厚
希詠 希沇 希介 希愈 希企 希侖 希仚 希旦 希遵 希仲 希謐 希亨 希澄 希勇 希沂 希渾 希滌 希沐 希泌 希潢 希渭 希汚
與近 與遵 與過 與遲 與遜 與立 與中 與是 與邁 與弈 與伶 與墉 與閏 與僊 與伋 與俶 與緇 與柞 與敏 與佑 與碩 與臨 與逾 與迅 與迨 與侹 與僚
孟琥 孟瑽 孟彪 孟倈 孟嚧 孟道 孟遜 孟逾 孟逢 孟迪 孟舒 孟功 孟才 孟盟 孟治 孟淸
由聰 由衡 由楢 由橅 由橚 由鏞 由鐠 由渙 由僊 由倇
宜發

忠訓郎子㮚 訓武郎子遒 承節郎子寘 右班殿直子壽 保義郎子寔 保義郎子藹
伯瑊 伯鐸 伯聰 伯瑄 伯堅 伯格 伯議
師壓 師純 師紘 師綖 師原 師淵 師玨 師京 師汝 師滸 師富 師浚 師綸
希澮 希漢 希遲 希諶 希淨 希淛 希股 希語 希澉 希學 希榇 希損 希催 希儁 希柔 希炎 希闢 希源 希質 希沖 希態 希懋 希意 希怭
與高 與適 與由 與粹 與息 與楧 與修 與椐 與梧 與臬 與採 與煓 與爖 與燻 與熺 與熐 與喜 與燾 與擇 與抴 與掮 與諴
孟珚 孟潔 孟思 孟垒 孟琢 孟鑑 孟壞 孟壙 孟祥 孟璼

贈高密侯令勸 房國公諡孝恪令稼 嘉國公世括
保義郎子霧 忠訓郎子霖 修武郎子琦 武翊郎子璉 贈奉中大夫子瑄 贈奉中大夫子琇 朝請郎子亨
伯裔 伯料 伯紹 伯奭 伯軖 伯與 伯異 伯栤 伯弼 伯班 伯璘 伯敃 伯瞗 伯曬 伯瞓 伯瞰 伯暉
師洵 師政 師向 師閔 師傃 師伏 師俁 師偲 師僅 師椿 師儵 師倬 師潤 師僉 師衎 師致
希悳 希意 希慈 希設 希洫 希譁 希誐 希覡 希穗 希操 希誌 希云 希寰 希釋 希紘 希芬 希荃 希芸 希孝
與聰 與朖 與淙 與鉠 與芇 與藩 與峴 與舉 與枅 與杠 與櫸 與梘 與垕 與冠 與褎 與瑙
孟渠 孟鎢 孟祠 孟綸 孟腧 孟沚 孟滲
由儻

訓武郎子育 修武郎子元 成忠郎子嫉 修武郎子爽
伯晤 伯睽 伯眖 伯眶 伯曦 伯昕 伯仵
師繽 師更 師羔 師龍 師裴 師意 師雅
希聘 希誠 希疑 希蘊 希鄰 希法 希騃 希國 希諮 希諳 希褱 希尊 希過 希迎 希迪 希丞 希瓐 希邐 希逖
與巖 與槩 與富 與璣 與構 與溢 與廣 與康 與璔 與漼 與漨 與注 與釜 與華 與蓀 與薇 與芮 與茱 與遂 與袞 與京 與表 與奕 與更
孟坴 孟濱 孟澗 孟璀 孟瑧 孟璄 孟澺 孟瀸 孟槩 孟寮 孟端 孟槩 孟熛 孟穎 孟楩 孟楙 孟柷 孟澧 孟渼 孟均 孟普 孟濡 孟涯 孟鐳
由烈 由熹 由杞

贈博平侯令叟 贈博平侯令問

忠訓郎子亶 忠訓郎子齊 修武郎子亦 成忠郎子辛 子奭 子元 子褒 子章 右侍禁子恩 三班借職子明

伯畯 伯晦

師侗 師狗 師月 師與

希遒 希遅 希邍 希遹 希運 希瑄 希証 希倕 希紀

與璜 與瑄 與瑜 與墍 與球 與琮 與璲 與琤 與埊 與琺 與瑰 與瑤 與分 與倄 與埵 與絢 與綿

孟泰 孟澤 孟潽 孟澢 孟爽 孟渚 孟漁 孟溶 孟滸 孟滐 孟清 孟鑽 孟灟 孟洽 孟瀰 孟淇 孟滏 孟灑 孟法 孟洶 孟汶 孟曬 孟曙 孟曜 孟琮

由楝 由栢 由構 由棣 由檀 由柟 由檦 由植 由 由 由檥 由梓 由杞

宜爟 宜煇 宜燻 宜燁 宜熺 宜煥

贈博平侯令夬 贈華陰侯令蛻 贈右金紫光祿大夫令陞

右班殿直子欽 保義郎子導 秉義郎子國 贈朝議大夫子車 贈金紫光祿大夫子英

伯觀 伯謙 伯鼎 伯晉 伯准 伯況

師誼 師訒 師北 師嬉 師嵺 師淵 師鶱 師游 師夏 師與 師端 師羿

希嵎 希沭 希放 希係 希諛 希卹 希忬 希悛 希愿 希慔 希愧 希倡 希僑 希代 希儀 希悺 希惲 希夏 希尭 希育 希亮 希龍 希噂 希崟 希肩 希庚 希㡉

與奕 與滈 與注 與諥 與墩 與璊 與堅 與泖 與初 與佑 與㮕 與嵇 與嵒 與岳 與嵷 與科 與穗 與稷 與玧 與習 與誓 與謍 與謇 與讋 與譬 與書 與諭 與楊 與棹 與櫚 與礼

孟潪 孟玉

武顯郎令伋

贈武義大夫子正 子蒙

伯沭 伯潼 伯沂 伯澐 伯許 伯巽 伯趾 伯泰 伯禹 伯憝 伯惠

師雍 師原 師賴 師閈 師羽 師思 師郡 師熏 師折 師畊 師宮 師秉 師郢 師抗 師撜 師釙 師鏐 師檷 師涉 師愉 師震 師瑚 師班 師錫

希齊 希僎 希沖 希德 希愚 希鑾 希湎 希忿 希愳 希儼 希傒 希偦 希僑 希侊 希個 希儁 希微 希僊 希夭 希遵 希迴 希逌 希適 希邁 希炤 希焜 希㻬 希密 希潧 希洊 希濼 希漆 希亩 希奕 希玥 希鳶 希嶼 希悆

與焄 與絲 與罴 與圃 與炎 與熄 與慧 與訏 與謹 與譏 與譙 與傗 與隼 與泒 與涵 與埜 與掮 與扯

孟養

修武郎子韶　贈訓武郎子師

伯憼　伯崽　伯憑　伯恖　伯念　伯恴　伯醇

師珠　師珚　師玏　師理　師玧　師琉　師壇　師瓊　師璥　師珇　師瑾　師玭　師璇　師瑀　師璶　師渾　師憑　師翰　師勤　師劼　師勸　師飭　師砌　師勆

希謭　希訶　希詥　希謝　希邀　希遞　希造　希透　希遡　希延　希抹　希捂　希擠　希掾　希月　希棰　希槁　希瑨　希欒　希檽　希棒　希枹　希檈　希堰　希消　希湊　希懷　希許　希鑽　希靡　希席　希櫶　希檧　希桿　希檮　希欄　希鈦　希㯳

與桂　與䄙　與譎　與儷　與俶　與傍　與傳　與激　與瑋　與玩　與沘　與焞　與椽　與熻　與促　與灝　與焆　與璃　與璯　與玟　與玩　與熜

孟酒　孟憓　孟急　孟惁

潤國公世著

武翊郎令沖　嘉國公令出　贈左衞大將軍令忱　營州防禦使令敷　承節郎令惟

朝散郎子厚　子琳　左侍禁子修　右班殿直子標　文林郎子楞　成忠郎子昂　保義郎子聡　保義郎子發　忠訓郎子迪

伯祥　伯和　伯壎　伯韶　伯敔　伯壑　伯遲　伯壂　伯愿　伯寤　伯忞　伯哲　伯宣

師勵　師吉　師老　師文　師旦　師杰　師熅　師章　師向　師峴　師勉　師諛　師倩　師强

希枺　希檜　希腆　希轍　希軾　希杰　希潤　希瑟

與驤　與顯　與習　與諸　與滜　與駿　與杞　與檜　與榛　與說　與明　與遲　與稀　與玢

孟源　孟御　孟烀　孟燔　孟優　孟仫　孟墅　孟覾　孟垶　孟核

滏陽侯守廉

華陽郡公世奉

修武郎令懋　贈建安侯令訔　武節郎

忠訓郎子道　忠訓郎子漣　子邁　成忠郎子達　右班殿直子鋭　再贈武經郎子誾　保義郎子鐘　子銓　子鐐　子鎰　忠翊郎

伯宜　伯臺　伯旦　伯新　伯達　伯适　伯闕　伯遵　伯遂　伯述

師實　師畢　師畏　師韓　師菘　師寓　師壐　師郕　師瀞　師伾　師訙　師爽　師蕗

希羿　希倚　希儆　希僕　希穆　希稄　希悅　希惜　希憐　希怵　希殳　希騩　希剌　希淡　希剡　希霍　希令　希熄

與儀　與秀　與汝　與淤　與漠　與湎　與涞　與奕　與瓌　與迄　與弛　與涖　與孖　與久　與秉　與瑒　與玾　與璃　與倜　與倪　與仫　與催

孟瑨　孟潩　孟潐　孟珦　孟譊　孟棫　孟沌　孟澴　孟瀫　孟珷

令磅

子皴　子錡　成忠郎子銑　子鐏　從義郎子鑑

伯造　伯過　伯邁　伯逖　伯蓬

師壥　師元　師齊　師祀　師熒　師栝　師桂　師棫　師禱　師鑄　師僭　師誘　師誄　師岱　師仂

希宮　希萃　希落　希蕁　希材　希揆　希會　希瑁　希蕙　希劉　希頔　希確　希硃　希礪　希顴　希磓　希海　希淄　希貽　希洲　希涼　希璒

與捦　與持　與掬　與俐　與璃　與僴　與儉　與嘽　與溥　與滿　與芀　與窗　與庁　與烽　與湙　與㶸　與燋　與禣　與潤　與澠　與洭　與浪　與稍　與初　與倰　與宁　與征　與徖　與徤　與燦

孟侹　孟璁　孟璕　孟瑒　孟壇　孟滑　孟湊　孟添　孟珴　孟璽　孟環　孟瑁　孟筌　孟瑢　孟珎　孟琢　孟瑹

忠翊郎子鏞　贈中奉大夫子鏐

伯遈　伯近　伯逾　伯迭

師主　師倍　師戩　師亢　師瓆　師瓚　師瑱　師珍　師玒　師琿　師光　師分　師杏

希栥　希僙　希禾　希爛　希痤　希璹　希津　希清　希洞　希汀　希瀚　希潄　希纊　希廟　希漠　希滓　希涅　希淪　希湘　希滑　希湊　希泛　希溥　希晙　希稷　希龐　希溱　希滄　希綊　希僻　希遐　希鯤　希褭

與蕠　與寧　與賽　與寘　與案　與甯　與檲　與樅　與栓　與構　與檻　與桭　與杋　與朾　與杖　與檍　與櫚　與穤　與衲　與樌　與蕻　與膴　與邈　與㑦　與佈　與佲　與渺　與灘　與棙　與傑

孟穤　孟訒　孟誧　孟諤　孟鏷　孟埊　孟蓮

右千牛衛將軍惟固

西頭供奉官廣

左班殿直令擕　西頭供奉官令弄　右班殿直令趍　右班殿直令峁

子顬　子顒　子顯

伯迫　伯遏

師叟　師邑　師琦　師準　師竦　師沆　師放

希堤　希垀　希鈃　希欒　希縈　希絜　希　希系　希攸

與壆　與茇　與苹　與葵　與荃　與蘭　與茝　與蕃　與師

孟傆　孟傑　孟俊　孟偉

宋史卷二百十七

元中書右丞相總裁脫脫等修

世系表第八

宗室世系二

舒國公惟忠

東萊侯從恪

安陸侯世

太子右監門率府率令展　景城郡公令廸

再贈奉國軍節度使子翺

伯演　伯愿　伯雍

博平侯世融

贈華原郡公令

子翊 承節郎子 承節郎子淵 再贈朝請大夫

伯丕 伯偕 伯端 伯璆

師執 師蒙 師白 師懽 師悅

希深 希縞 希紩 希班 希鋹 希鑵

與諍 與謠 與詃

孟滌 孟賢

武義郎子翊 右班殿子翻 右侍禁子詡

伯僥 伯潛

師親

希婷 希睛 希聘 希嵓 希崖 希耑 希審

與珪 與闓 與明 與模 與錫 與籌 與燓

孟逑 孟淏 孟櫝

由樽 由樅 由果

武翊郎子寔

伯溫 伯艮 伯恭 伯欽 伯惠 伯義 伯魚 伯山

師尹 師錫 師道 師古 師仁 師胥 師雲

希湑

與功

孟迨 孟逕 孟遷

由祐 由付 由僔 由信 由㴋 由澤

贈華陰侯令葳

封汝陰侯子春 朝請大夫子條 武節郎子溥

伯允 伯觀 伯見 伯親 伯覗 伯強

師逾 師槃 師成 師古 師迅 師逌

希奭 希說 希瓊 希薰 希琛 希琗

與玫 與愬 與栘 與棚 與柃 與蘧

伯元 伯先 伯蕘

師夔 師孟 師老 師谹 師直 師久 師常 師錩

希瑭 希瑠 希久 希袿 希傑 希英 希莊 希寶

與迥 與逮 與隨 與遷 與迎 與迒 與璜 與機 與琍

孟璑 孟珥 孟玞 孟珀 孟楠 孟營 孟瀿 孟鐳

由瑻

晏

子漵

伯光 伯常 伯充 伯亢

師文 師一 師心 師稷 師契

希須 希圃 希華 希劭 希勳

與堅 與佐 與備 與偕 與僎 與僚

孟寬 孟惠 孟湜 孟漪 孟㳅 孟汝 孟淩

由櫬 由樠 由楠 由橡 由倶 由進 由德

洋州侯世昌

太子右內率府副率令班 贈濟陽郡公令褏

太子右內率府副率子房 子侑 太子右內率府副率子陽 從義郎子俊

伯忌 伯㬎 伯震 伯反 伯通

師鉞

希瑕

孟佾 孟儦

伯昰

師程 師傅

希漢 希位 希悳 希彤 希智 希崇 希固

與宾 與滄 與敫 與舜 與民 與偳 與儹 與僋 與

孟鋸 孟渟 孟㧖 孟扶 孟摭 孟摖 孟擱 孟擣 孟僊 孟倅 孟偶

封嘉國公子劇

伯僖 伯穎 伯昂 伯禺 伯晏

師道 師延 師通 師遇 師宣 師厚 師援

希鑑 希聒 希寄

與寶 與賜 與倌 與僼 與銳

孟鑄 孟銘 孟鏞 孟倧

由埥 由壇 由墠 由闢 由濡 由闕

太師魯國公世規
太子右內率府副率令婕 贈漢東郡公令瓔 贈洋國公令臧 贈襄陽侯令穎
賀州防禦使子綸 左班殿直子絢 三班奉職子紡 子濟 子膺 忠訓郎坐事免子虔 太子右內率府副率子褰 封蘄春侯子買 子貢 武節郎子贇 右班殿直子賀 承議郎子賢 左朝請郎子賁
伯達 伯允 伯虒 伯元 伯禼 伯臻 伯迪 伯遷 伯近 伯璵 伯璋 伯璣 伯益 伯珙 伯琛 伯壽 伯成 伯遷
師祥 師禎 師紘 師瑰 師壋 師禎 師祓 師雋
希滿 希滮 希鍃 希覂 希焟 希鉄 希鏞 希鍑 希銓 希鏄
與蓮 與藹 與遹 與袍

贈廣陵侯令彀 贈洋川郡公令白
子贄 子貨 從義郎子緩 武翊郎子絳 子維 朝奉郎子勳 保義郎子緯 太子右內率府副率子顓 武翊郎子僮 右侍禁子儀 忠訓郎
伯倫 伯山 伯僩
師濟 師沔 師源 師潼 師滋 師沂 師澄 師湜 師渥 師瀚 師淘 師洸 師淵 師沃
希銑 希珌 希瑜 希璞 希琇 希瑪 希瓘 希琪 希玠 希璨 希瑾 希璹 希瑒 希珣 希琦 希球 希珽 希瑞 希璲 希琉 希集
與翼 與銓 與鍔 與侶 與謙 與善 與諒 與詧 與藻 與箕 與鉇 與艮 與遽 與共 與夏 與媚 與僖 與傆 與志
孟灝 孟但 孟仢 孟瑶 孟燮 孟堪
由嶠

右屯衛大將軍令講 贈宣城侯令于
子健 武德郎子億 右班殿直子構 右朝請大夫子亮 訓武郎子侃 忠翊郎子佾 三班奉職子皓 三班奉職子暉 左侍禁子暄
伯虎 伯篪 伯榮 伯适 伯仝 伯余 伯棐 伯褒
師華 師卦 師昇 師遙 師逌 師延 師驥
希閶 希閏 希炬 希燎 希闞 希間 希關 希闔 希門 希家 希杜 希但 希纘 希緎 希袠 希祒 希向
與溱 與兗 與熀 與珖 與嶽 與岡 與綱 與緬 與絟 與鑰 與鏺 與侊 與僮 與偈 與仰 與仟 與檄 與玥 與瑋
孟櫟 孟劭 孟琮 孟標 孟詛 孟鐳 孟鏸 孟錫 孟鑽 孟鎮 孟鉞 孟鈞 孟荇 孟鏆 孟鎘
由瓊 由璿

韓國公從藹
右驍衛大將軍世豐 武當侯世宣 右監門率府率世猷 右武衛大將軍世衡
和國公諡孝榮令曙 太子右率府副率令合 太子右監門率府率令特 贈右屯衛大將軍令進 贈廣平侯令𬀩
贈青州觀察使子賤 脩武郎子丕 三班借職子有 左班殿
伯詵 伯說 伯颯 伯毛 伯達 伯誠 伯奭 伯虎 伯立
師騚 師馴 師駜 師古 師莊 師直
希峕 希谷 希奇 希言 希珂 希敞 希叶 希埔 希禼 希游 希澠 希潾 希浹
與昭 與是 與蠪 與昳 與義 與盈 與莊 與凱
孟本 孟仕 孟傳 孟儉 孟脩 孟僨
由邁 由選 由逡 由通 由逵 由迦 由迪 由遄 由運 由遵 由遲

贈東平侯令𢪓
右班殿直子琥 直子兖 訓武郎子平
伯達 伯恭
師旦 師玚 師亹
希伯 希合 希成 希罡 希亮 希袞 希總 希昌 希允 希迹 希同
與枚 與淑 與璓 與璨 與雍 與墠 與潔 與璠 與玗 與琛 與琋 與璋 與璉 與瑤 與琋 與珠 與琪 與璟 與玫 與瑞 與琥 與瑕 與璒
孟酌 孟櫃 孟堵 孟瑛 孟埭 孟堙 孟埤 孟埱 孟錄 孟鏽 孟釣 孟鎹 孟依 孟錡 孟霳 孟霑 孟埊 孟側 孟僅 孟佳 孟僊 孟侊 孟俾 孟侁 孟侃 孟俯 孟悚 孟攸 孟倕 孟璃 孟錆 孟鏔 孟鑣 孟鉦 孟偉 孟仇 孟佪 孟僝 孟伍
由得 由洤 由遭 由連 由遠 由淵 由近 由澍 由渠 由浡

秉義郎子常
伯恕 伯慮 伯庾
師信 師德 師仍 師謐
希肆 希截 希霽 希嶠 希倚 希附 希富 希濯 希佪 希廞 希哲 希秉 希讙 希球 希儆
與瑠 與珥 與琥 與琿 與琱 與琡 與坏 與瑛 與玦 與瑱 與涇 與宥 與寅 與宅 與寘 與造 與逖 與逘 與蓬 與謽 與譞 與諿 與諷 與譁 與玲 與玞 與域 與琓 與珈 與玅 與瑄 與璥 與儆
孟巴 孟岳 孟岱 孟巒 孟瀫 孟浮 孟潵 孟洮 孟致 孟程 孟璊 孟瑯 孟璘 孟琛 孟珽 孟璟 孟僨 孟併 孟備 孟珀 孟特 孟儵 孟復 孟僮 孟傑 孟琮 孟漑
由禧 由告 由滄

伯森　伯康
師公　師汪　師誨
希瑰　希瑄　希綱　希紳　希統　希琣　希絢　希紱　希林　希茆　希櫟　希初　希埴　希墠
與循　與徑　與烝　與恁　與焦　與黨　與從　與僑　與禝　與禰　與祖　與禯　與祉　與禮　與祆　與侶　與仍　與倈　與俑　與僊　與烈　與傔　與傪　與偫　與俾　與佩　與佫　與源　與迹
孟迭　孟迢　孟遒　孟還　孟愈　孟惁　孟慮　孟湞　孟惎　孟恖　孟萱　孟荐　孟莩　孟莘　孟憖　孟鈹　孟鏵　孟鎡　孟鐉　孟拊　孟鋈　孟伿　孟僬　孟鉻　孟釪　孟鋈　孟麃　孟鍪　孟游　孟涔
由淥　由坤　由坡　由垾　由埈　由揄　由埼　由槐　由栱　由楗

子幣　忠訓郎子搫　訓武郎子鄘　子戩　武德郎子威　右侍禁子隱　武翊郎子壂
伯賡　伯謙　伯訓　伯謹　伯戩　伯恭　伯遒
師調　師孟　師粲　師棨　師臬　師剡　師統　師坤
希增　希墿　希堝　希塽　希均　希壂　希元　希宏　希實　希宴　希斌　希珊　希栢　希曆　希洌　希墫　希積　希弼　希升　希庭　希淑　希烽　希熏
與速　與邁　與遵　與蘧　與賚　與塽　與㴭　與睍　與資　與闢　與闞　與績　與侃　與偲　與唫　與玗　與鸑　與賓　與瑛　與瑼
孟濕　孟汴　孟涓　孟洵　孟潛　孟清　孟珪　孟珉　孟墫　孟圢　孟官　孟桴　孟楫　孟僖
由欒　由㮚　由機　由福

保義郎子敦
伯還　伯适　伯俊　伯仁
師草　師勛　師釗　師撫　師鉅
希節　希錫　希炳　希有　希進　希卓　希績　希瓏　希起　希適　希鋭　希裕　希盡　希繼　希式　希渡　希活　希沅　希涀
與懷　與昂　與楷　與廩　與傳　與侍　與倅　與璃　與璩　與棐　與坐　與火　與賓　與瞓　與賻　與官　與審　與寄　與寶　與害　與芥　與觀　與覲　與睍　與靚　與琉　與瑜　與杜　與梓　與垟　與泉
孟埭　孟闢　孟壘　孟輔　孟輅　孟軾　孟軿　孟輻　孟闢　孟閎　孟闓　孟鑽　孟穡　孟稆　孟稿　孟滹　孟㥶　孟悁　孟性　孟惶　孟懍　孟倕　孟忖　孟慆　孟怵　孟恤　孟琜　孟瓊　孟換
由閭　由闟　由閼　由闞　由闕　由爁　由爓

贈訓武郎子皐

伯暭

師特 師操 師鉻 師寧 師字 師親

希濆 希消 希泂 希淀 希灞 希濤 希洙 希瀉 希汗 希渼 希泙 希淢 希岎 希洲 希瀷 希汾 希瀟 希昜 希真 希种 希稹 希焄

與寵 與震 與遻 與迴 與达 與仚 與仂 與僴 與僩 與侹 與撖 與拭 與拯 與棠 與栗 與東 與梗 與檽 與槌 與椆 與椽 與櫔 與治 與淮 與瀞 與涞 與浩 與湜 與潭 與潤 與椗 與汴 與濼 與洋 與漾 與涪 與濂

孟垔 孟璊 孟耎 孟炫 孟俠 孟俁 孟梘 孟栲 孟橅 孟榢 孟櫰 孟机 孟儀 孟檔 孟洸 孟柯 孟榊 孟梔 孟柎 孟楳 孟棣 孟桯 孟格 孟櫶

由煌

伯昊 伯泰 伯常

師窞 師寵 師爲 師道 師縈 師進 師遴 師寘

希麃 希㬎 希館 希鐇 希杰 希壘 希堋 希坌 希碞 希冠

與濂 與湞 與滭 與洁 與溥 與潚 與汝 與潞 與洸 與澣 與澧 與灈 與潡 與涇 與海 與淦 與泞 與沆 與汎 與濟 與溪 與沼 與滢 與潦 與惗 與沅

孟桙 孟橪 孟棱 孟榫 孟梧 孟枱 孟栻 孟植 孟栢 孟杲 孟渠 孟梁 孟栥 孟臬 孟果 孟樵 孟棻 孟椹 孟櫏 孟橿 孟欄 孟鏶 孟鐮 孟枋 孟杭 孟棆 孟棣 孟闕 孟檄 孟樸 孟檀 孟柜 孟梠 孟柘 孟枝 孟榴 孟桲 孟鉎 孟校 孟櫚 孟瀓

由壁 由燐

成王世準

贈永寧郡公令夔 太子右內率府副率令穫 太子右內率府副率令 贈右屯衛大將軍令肯

子譽 東頭供奉官子戩 保義郎子憂 從義郎子漸 右班殿

伯安 伯長 伯戍 伯強

師岳 師廣 師繹 師正 師閔

希上 希鞏 希聳 希聲 希儻 希浙 希壘 希怪 希櫄 希燿 希煌 希燠 希真 希仲 希沅

與鍇 與鑽 與鈉 與櫓 與沅 與諝 與訥 與諍 與沖 與濤 與涉 與核 與樟 與榑

孟澡 孟蘡 孟墉 孟炘 孟縫 孟鉌 孟燿 孟熩 孟焴 孟燡 孟烇 孟炔 孟煒 孟烽 孟熄 孟熽 孟炦

由瑽 由坦 由埔

世 贈太師淄王世雄

令 贈太傅謚恭憲令鍥

子 直子涓　再贈少師子湇　大廟齋

伯 伯撫　伯柄　伯璟　伯牛　伯材　伯玗

師 師諄　師嚴　師淹　師直　師望　師旦　師愿　師古

希 希實　希宏　希寶　希察　希易　希經　希綸　希範　希模　希傅　希回　希義　希盅　希韓

與 與言　與回　與譱　與商　與行　與求　與溫　與柘　與談　與誤　與謐　與悉　與儁　與應　與詳　與廙　與庠　與庚　與度　與疾　與亶　與厰　與庎　與奞　與進　與湘　與程　與儉　與洎　與瀾　與城　與沭　與徽

孟 孟鑰　孟鈀　孟鏻　孟鉾　孟鑒　孟鉤　孟鍱　孟璋　孟焄　孟朮　孟櫳　孟槿　孟杠　孟榉　孟榎　孟檳　孟熯　孟烗　孟玬　孟春　孟涓　孟潒　孟愰

由 由溁　由遏　由述　由瀗　由坊　由陛　由阤　由復

令 贈師房陵都公

子 郎子漸　承務郎子渙　儒林郎子深　累贈太師子漟　再贈太中大夫

伯 伯瑀　伯瓘　伯言　伯魚　伯倫　伯益　伯建

師 師德　師愈　師碩　師覞　師道　師白　師回　師琜　師藫　師明　師閔　師楷　師範

希 希叔　希虎　希陋　希寬　希臣　希涳　希燊　希雱　希蔆　希遠　希懋　希峪　希慘　希惆　希標　希丙　希遇　希造

與 與志　與禋　與窸　與傎　與義　與焵　與穋　與燔　與焢　與燁　與熄　與鬆　與湎　與晏　與墍　與爊　與御　與德　與得　與琁　與采　與梟　與壅　與堌　與隄　與浚　與蕢

孟 孟瑜　孟晁　孟琦　孟慎　孟漏　孟僡　孟儁　孟健　孟僎　孟仲　孟佚　孟侗　孟楄　孟焟　孟溶　孟涀　孟庠　孟濾　孟徯　孟潔　孟濱　孟溁　孟璣　孟壆　孟壁

由 由璊　由璙　由玻　由球

令 令䫨　贈武當侯令恂

子 子洙　中奉大夫子沂　三班奉職子淳　子評　訓武郎子矜

伯 伯杰　伯樫　伯槱　伯椿　伯純　伯總

師 師煒　師點　師黯　師默　師騶　師炳　師灼　師昭　師學　師供　師周　師鬷

希 希禮　希基　希境　希垻　希坏　希垚　希壚　希塤　希城　希愚　希柳　希覺　希篪　希梃　希譁　希杉　希皋　希英　希淳　希蓴　希巍

與 與仁　與文　與旹　與翊　與軾　與轔　與鍾　與鎔　與佚　與譯　與誦　與讜　與璽　與親　與沾　與偎　與侑　與鏞　與鐫　與鑷　與錠　與爆　與頔　與枓　與輔　與桑　與能　與堦　與坡　與玻　與慧

孟 孟脩　孟圻　孟阡　孟邇　孟玶　孟玖　孟瑨　孟瓛　孟銖　孟鎔　孟璪　孟瓎　孟欐　孟穎　孟律　孟珙　孟璡　孟玗　孟似　孟瑒　孟莊

由 由閎　由澄　由壚

秉義郎子祿 承信郎子裕 子杜 修職郎子嶢 朝散郎子岷 贈左朝請大夫子嶙 武經大夫子扔

贈正奉大夫令郗

伯平 伯紀 伯綸 伯經 伯紳 伯祐 伯林 伯履

師朝 師垓 師秉 師鎔 師瓚 師銓 師汾 師勃 師侊 師俞 師柞 師善 師德 師直 師愚

希縞 希傰 希滋 希櫝 希慉 希理 希午 希鮴 希千 希謅 希萍 希訥 希譆 希藹 希揜 希揭 希碩

與英 與謹 與屈 與芝 與其 與許 與歆 與淙 與濾 與貿 與佝 與近 與諄 與棐 與倏 與億 與驢 與鎵 與鑑 與登

孟陳 孟莒 孟葑 孟施 孟需 孟縑 孟絪 孟坤 孟軸 孟倚 孟佖

伯忌

師奭 師憕 師買 師翽 師賚 師羔 師偃 師伊 師仲 師傅

希謙 希皓 希樂 希壍 希懃 希彷 希火 希偵 希峴 希岡 希崍 希奭 希賢 希廣 希禨 希鴝 希家 希鴻 希鍜 希沙 希籲 希悲

與箴 與璃 與玶 與聲 與詠 與訾 與侅 與側 與同 與稸 與佊 與溧 與儷 與鎮 與炫 與熻 與頍 與熇 與燵 與濕 與瀤 與滏 與䴉 與莆 與仁 與蒨 與郜 與㯖 與棡 與翻 與琳 與紮 與埤 與琁 與鍚 與鍗 與鈑

孟俲 孟假 孟訾 孟兗 孟徠 孟倈 孟徽 孟巘 孟滆 孟瀋 孟激 孟澗 孟浩 孟潠

贈朝請大夫子啞 再贈光祿大夫子砥 子仍 贈銀青光祿大夫子悠

贈開府儀同三司令珦 贈金紫光祿大夫令翯

伯從 伯行 伯衛 伯術 伯衍 伯悚 伯聃 伯范 伯臬 伯慈 伯武

師粵 師皋 師鄧 師密 師宅 師庶 師祐 師拯 師暢 師屆 師賢 師學 師豚 師冉 師憲 師忞 師感

希珛 希鉧 希鑽 希梗 希繐 希鉄 希田 希冀 希回 希倲 希辰 希閿 希自 希顯 希端 希告 希暢 希艱 希豪 希臺 希穢 希強 希逸

與濮 與溢 與愪 與侂 與棡 與樟 與忻 與樸 與木 與湑 與薪 與陔 與椌 與梳 與拖 與侁 與董 與甫 與齡 與鯢 與忱 與閶 與悛 與忭

孟珢 孟珠 孟侘 孟琁 孟瑄 孟漫 孟濡

彭城郡公世本
左班殿直令惼 右侍禁令絢 武節郎令鐮 贈江夏郡公令苕
子鑄 贈通議大夫子巖 三班奉職子篧 子範 子簹 子策 子璘 太子右內率府副率子奎 三班奉職子隆 武經郎子通
伯起 伯陽 伯師 伯厖 伯厚 伯傺
師悫 師慤 師愢 師伋 師僅 師佸 師儥 師俑 師愢 師瞎
希境 希璞 希瑠 希璀 希瑴 希瑊 希琨 希琡 希權 希逘 希逗 希佺 希俁 希質 希機 希柯 希臬
與沼 與瀛 與澗 與禪 與鐇 與膺 與訾 與晥 與時 與眐 與晛 與倓 與蕙 與蒇 與礽
孟惜 孟稷 孟錁 孟鏰 孟銲 孟炤 孟瀹 孟爙 孟翻 孟翔 孟璵 孟遇 孟違
由侍 由仉 由璡 由琦 由珎 由烘 由浩 由濩

脩武郎子遶
伯俊 伯仲 伯玲
師般 師悉 師德 師占 師免 師石
希杞 希松 希榯 希槐 希榅 希奭 希效 希斅 希珂 希沅 希汎 希允 希侊 希櫃 希慶 希臒 希膺 希琛 希珖 希玶 希壐 希澂 希乙 希白
與境 與因 與鍼 與湙 與澧 與玵 與玲 與鋇 與鐩 與鉝 與鏑 與鉌 與鐠 與鉀 與鑀 與鐀 與鐕 與宥 與家 與宙 與宓 與成 與賚 與棒 與槪 與檀 與燊 與熾 與燭 與樒 與櫪 與蘅 與茇
孟選 孟瑆 孟聖 孟逵 孟迿 孟遵 孟遭 孟逹 孟淳 孟逸 孟遷 孟蓮 孟迸 孟蓮 孟迹 孟進 孟逑 孟适 孟邁 孟福 孟謙 孟詠 孟詰 孟誨 孟訣 孟鍍 孟諍 孟諤 孟熺 孟蓬 孟邇 孟逮 孟遣
由昇 由徧 由侁 由徠 由湙 由爌 由瑛 由鉞 由璨 由璿

武忠郎子迦 子適 忠訓郎子迭 左中大夫贈訓武郎令高子遹 從政郎子選 從政郎子遴
伯祥 伯謙 伯褒 伯雍 伯顯 伯寧 伯廣 伯康 伯勳 伯庠
師勇 師恩 師坤 師旰 師瞄 師官 師桓 師諡 師器 師俅 師倂 師倚 師僼
希奕 希獻 希奮 希刈 希笄 希琁 希僮 希欿 希郈 希說 希鄉 希圖 希摰 希譱 希橡 希禋 希曆 希渼 希濰 希總 希組 希紓 希鑚 希樅 希鍍
與瓏 與珊 與琄 與瑮 與禴 與涵 與澇 與滜 與敔 與瑾 與村 與惆 與圤 與墇 與堜 與塼 與集 與欒 與圻 與圳 與越
孟熿 孟壍 孟衢 孟鏕 孟鏼 孟鏶 孟鉏 孟優 孟儴 孟俳

武經郎令顒 武德郎令倈
忠訓郎子迪 子邇 承節郎子逵 忠翊郎子遂 承信郎子櫨 承信郎子迺 子潡 成忠郎子濬
伯宗 伯斛 伯襄 伯顏 伯慶 伯言 伯誠 伯譚 伯讜 伯達 伯亨
師偉 師琄 師珗 師琑 師璪 師珌 師德 師行 師術 師往 師衛 師傈 師稪 師遠 師璲 師玪 師璔 師裕 師補
希蹝 希鋁 希量 希鴄 希橚 希蓮 希徹 希渢 希蕙 希涎 希涑 希杠 希桎 希揚 希欅 希孟 希傳 希忱 希儞 希岷 希嶧
與迻 與壞 與垮 與墜 與傎 與俩 與滜 與容 與祏 與袱 與袗 與銅 與鍭 與鐁 與鐐 與鐻 與鍱 與鐃 與鈒
孟辔 孟栝 孟徨 孟瓆

西頭供奉官令廞
子選
伯回
師禮 師虎 師識 師滿 師業 師篋 師邵
希嵾 希暘 希崱 希崌 希僝 希立 希示 希紊 希兊 希交 希度 希退 希逑 希遺 希薖 希違 希對 希庞 希俀 希佚 希伾 希儆
與鏍 與琝 與晌 與璺 與畦 與鏦 與鏃 與軻 與範 與樠 與搜 與鍉 與害 與钃 與瑕 與琅 與鋌 與和 與鐍 與威 與誠 與代 與櫅 與桃 與枠 與桔 與槩 與鞬 與併 與變 與羣 與撫 與貢 與貫 與璫 與欞 與栯 與檻
孟錤 孟偲 孟佪 孟倩 孟湮 孟滓 孟涏 孟鏟 孟櫐 孟堅 孟玲 孟玻 孟錙 孟贅 孟溥 孟溳 孟漳 孟洑 孟灉

定國公世綱
贈嘉興防禦使令綢
秉義郎子伸 忠翊郎子侁
伯彖 伯迥 伯思 伯諲 伯詳 伯誠 伯評 伯詢 伯訓
師克 師樂 師諰 師珙 師瓚 師堤 師璭 師玨 師琛
希苫 希嘽 希喧 希陽 希腆 希陵 希陛 希阼 希汾 希灌 希驎 希駼 希寠 希騫 希宮 希宿
與塋 與俯 與蹤 與招 與堵 與鐮 與瑤 與瑧 與玠 與玻 與玿 與瑀 與玤 與瑞 與音 與儒 與育 與鉥 與鉢 與襆 與穰 與襦 與無 與亢 與辛 與但 與仉 與貯 與眩 與盱 與則
孟溥 孟琛 孟榴 孟縱 孟泗 孟濾 孟桂 孟檣 孟棬 孟櫾 孟禁 孟樽 孟桄 孟檍 孟隸 孟莫 孟淮 孟褱 孟潒 孟濂 孟廉 孟標 孟櫪 孟蓮
由鑄

贈房陵郡公令碁

忠翊郎子脩 承節郎子倏 子訦 脩武郎子謗 武經郎子訢 成忠郎

伯鍾 伯鉞 伯傑 伯佾 伯侃 伯迂 伯労 伯諭 伯調

師珪 師玐 師瓔 師珩 師瑤 師璱 師汖 師滑 師繩

希容 希寯 希弘 希隋 希防 希臍 希郛 希隆 希隱 希陛 希階 希陘 希隱 希施 希惣 希悳 希富 希祖 希秬

與集 與俘 與僅 與價 與鋼 與鍫 與鎔 與棟 與橡 與榴 與樑 與撲 與錕 與榝 與櫜 與榘 與鑄 與鍚 與鏸 與鋒 與鐂 與鋐 與鏘 與鋼 與㽞 與勣 與誼 與靇 與蕀 與代 與續 與邊 與鈅

孟灉 孟枏 孟滅 孟時 孟消 孟撩 孟鑄

由坑

子訓 承節郎子譽 承節郎子謂 贈秉義郎子瞀 保義郎子誼

伯滄 伯暹 伯逭 伯壽 伯長 伯莊 伯崧 伯檜 伯里 伯楕 伯伉 伯迥

師斗 師牧 師共 師塡 師異 師惠 師益 師甚 師讀 師雌 師車 師爽 師逢 師復 師丹 師灌 師沿 師珪 師域

希儔 希挪 希槺 希櫚 希鈀 希鏞 希鏮 希鏻 希鐘 希鍱 希錄 希鑼 希鏑 希鏸 希隍 希輿 希豐 希緹 希禪 希稪 希稌 希稜 希締 希綖 希複 希鏄 希鉊 希釤 希鍇 希鄉 希鋼 希鏤 希拾 希堪 希朽 希揭 希鑰 希楊 希构 希棟

與琫 與浮 與潞 與異 與瀝 與逢 與潚 與褑 與䄇 與䅭 與䅿 與恎 與懋 與嵘 與汧 與潡 與汜 與澌 與潹 與溎 與淼 與惂 與㯿 與璩 與注

孟莛 孟秘

彭城侯世岳

武翊郎令祕

三班奉職子長 忠翊郎子芴 承節郎子樵 子堯 承節郎子翼

伯遅 伯浚 伯泳 伯昌 伯峻

師玠 師班 師衢 師戡 師遏 師倫 師餶 師櫄 師鄗 師晁 師絅 師璵

希檻 希梲 希棁 希杋 希椢 希瑛 希晗 希曨 希舟 希脩 希侹 希慮 希杇 希枋 希輿 希暇 希柏 希鉀 希鑷 希烘 希鐕 希栓 希烐 希櫚 希顥 希班 希梓 希櫞

與滗 與洙 與輴 與鎔 與輕 與吸 與霄 與雩 與較 與輊 與倖 與偓 與御 與滑 與浥 與灐 與穗 與祕 與灑 與浧 與澈 與洩 與灤 與遂 與倩 與侳 與俄 與璹 與倗

孟煤 孟憓 孟焆 孟煠 孟涉 孟瀵

宋史卷二百十八

元中書右丞相總裁脫脫等修

世系表第九

宗室世系四

嘉國公世虒
右班殿直令裔　朝請郎令龜　朝散大夫令燫
右宣教郎子嶷
伯琁
師棿　師桀　師槃
希㦸　希熇　希需　希霆
與締　與紋　與絿　與堵　與境　與塩　與塖

伯域
師桐　師柯　師櫓
希露　希霈　希砏　希碤　希磃　希硧　希倏　希瀾　希沭　希焟
與蕢　與儒　與僇　與徵　與僬　與條　與僵　與圩　與壈
孟徹

通直郎子另　脩武郎子捉
伯珊　伯𤩽　伯玧　伯琢　伯珽
師楀　師榛　師棬　師杓　師櫻　師榴　師榔　師槿　師櫔　師樒
希煖　希涾　希泝　希塑　希涒　希漉　希澺
與渙　與柝　與榆

師制　師盤　師賓
希覩　希騶　希長　希菱　希擭　希拔　希遺　希撫　希芫　希提　希曉　希摹　希穎　希攻　希愨
與損　與坰　與垚　與瞰　與磨　與婣

伯齡　伯葵
師蕙　師赴　師嵩　師壽　師祿　師訶
希鑄　希慮　希夫　希澥　希粹　希篤　希據　希猗　希摡　希捍　希拇　希邕　希慨　希壇
與鉉　與鈵　與鍉

師郛　師芳　師邵　師　師璅
希墇　希鱠　希愔　希穋　希薛　希縚　希郯　希纂
與縕　與墠　與鋸　與壘　與堭　與錦

伯福
師宣　師古　師張
希楊　希熵　希炵　希燁　希焆　希煨　希煒　希炟　希煸　希燴　希灴
與墕　與均　與墉　與珏　與鄉　與諭　與增　與詠　與墅　與壆　與壉
孟衞　孟侗　孟傚　孟仞

伯碩
師渾　師洛　師霖　師弸
希燧　希煜　希焯　希璟　希玸　希藝　希珏　希悟　希懽　希慷　希命　希譯　希計
與杼　與楠　與屋　與塲　與壘　與墊　與琖

武翊郎令傾
子濟　承信郎子瀞
伯和　伯榮　伯義　伯成　伯本
師太　師珪　師琙　師璸　師惓
希訢　希瑞　希豁　希陲
與旂　與鳳　與挺　與掄　與推　與拱　與擇　與掖

諡忠懿令詨 承事郎令被 贈少師令袗

武節郎子欸 贈通議大夫子覺

伯璉 伯琱 伯珌 伯瑱 伯禽 伯鷟 伯麟 伯鳳 伯熊 伯鯉 伯駿

師榟 師楙 師棱 師賁 師朋 師渾 師渚 師沼 師戔 師琊 師濂 師洚 師涑 師溪 師浹 師雋 師洽 師涇 師君 師巖 師嵤 師禮 師澢 師福 師鍧 師璭 師暐 師曮

希灊 希溋 希嗥 希睢 希嵫 希崘 希崌 希峙 希㻩 希臺 希捆 希揲 希洱 希滴 希湕 希澴 希琱 希璥 希璵 希朾 希樣 希梅 希塋 希堅 希曝 希琇 希僙 希俶 希墣 希珦 希增 希淞 希臬 希御 希僴

與歷 與坦 與坩 與崠 與嵺 與崍 與僊 與芹 與嵩 與華 與塗 與誠 與禰

彭城侯世枚

右侍禁令騫 左承議郎令結 贈奉直大夫令[illegible]

從義郎子俩 子點

伯虬 伯犀 伯馭 伯鹿 伯騁 伯彷 伯翥 伯衢 伯術 伯授 伯揖

師瞮 師芬 師蓁 師芷 師柟 師樅 師墍 師權 師棻 師栛 師諢 師訪 師詡 師耆 師膺 師晳 師[illegible] 師訫 師潪 師遺 師簨 師篆 師漪 師濤 師淳 師邁 師瓌 師璵 師瑁 師瓘 師珎

希灝 希湖 希灣 希熀 希嶋 希鏶 希鑅 希睭 希嘯 希昕 希嶙 希甕 希霏 希霤 希霧 希霞 希霌 希靂 希佩 希偒 希依 希序 希還 希玦 希僙 希假 希價 希俯 希偟 希會 希傭

與炟 與烶 與烷 與烕 與熻 與逾 與右 與遂 與避 與遭

再贈朝議大夫子黠

伯擬 伯總

師珞 師玲 師瑆 師玫 師珊 師佩 師珸 師蒯 師蔡 師黃 師若

希徦 希佻 希俚 希偄 希倅 希化 希僭 希儋 希傪 希㑳 希容 希憮 希愁 希倡 希儺 希倪 希混 希濬 希河 希泯 希汲 希漣 希澣

與嘻 與吉 與吟 與稖 與鳴 與諵 與諮 與譴 與訴 與埤 與賑 與晾 與賆 與賜 與睟 與機 與杭 與棋 與樫 與柯 與楙 與棫 與榛 與標 與扔 與樸 與楨 與栩 與榕 與秘 與檻 與櫝 與柤

孟漁 孟熄 孟焯 孟焴 孟煝 孟焊 孟烇 孟燧 孟煓 孟熺 孟炘 孟炑 孟燭 孟烱 孟烯 孟灼

贈通議大夫子勖　贈通直郎子蠟

伯攄　伯檍　伯林　伯紀　伯振　伯梃　伯掄　伯揞　伯掎　伯抬

師珈　師芵　師琇　師球　師瑍　師芇　師芑　師皋　師宓　師井　師檍　師楝　師辰　師羣　師耕　師迸　師瑲　師柯　師校　師椅

希磸　希蕩　希沱　希湄　希浥　希滇　希浣　希灉　希涂　希澨　希霄　希溧　希襲　希洼　希淅　希誼　希譁　希設　希汯　希涊　希洗　希御　希代　希鄘　希枝　希作　希鄭

與樋　與椒　與集　與福　與楸　與樸　與祿　與樓　與㒓　與榜　與樑　與槽　與撩　與櫞　與擢　與摖　與禾　與穮　與秖　與槎　與榠　與橑　與俓　與欲　與莖　與堊　與壠　與櫻　與檝　與櫟

孟炷　孟贇　孟鄗　孟邦

齊陽侯從顔

右驍衛大將軍世謐　少師昌國公世廧

右班殿直令埈　太子右監門率府率令業　東頭供奉官令確　贈武經郎令討

子猷　成忠郎子潩　贈正奉大夫子琗

伯炎　伯戔　伯昌　伯傷

師淞　師楷　師鏃　師悉　師忿　師黷　師情　師恭　師憑　師懲　師志

希灑　希宿　希滴　希漕　希吉　希音　希枘　希攄　希堂　希播　希坑　希埴　希墀　希圪　希壘　希垠　希坏　希咈　希咦　希唐

與俾　與偙　與倜　與偵　與僶　與倨　與迥　與懸　與墍　與壼　與坌　與遲　與塗　與墨　與複　與絺　與綖　與綝　與鈹　與鑠　與僮　與徐　與腥

孟璥　孟晫　孟鏞　孟鍪　孟鏧

左侍禁令鄰　贈奉直大夫令玲

子澤　贈修武郎子源　成忠郎子洪　保義郎子沖　加贈少師子濤

伯喆　伯呂　伯所　伯儁　伯拜　伯正　伯橚

師悉　師懕　師愈　師忖　師態　師悆　師意　師寔　師戀　師御　師衳　師詠　師爟　師爆　師熵　師原

希諮　希謐　希謅　希听　希嗞　希哩　希軹　希珀　希答　希徠　希枳　希桅　希壑　希璧　希垂　希坒　希璽　希垩　希至

與係　與垩　與埖　與綺　與塹　與堤　與廾　與瀃　與沖　與莕　與芷　與黎　與鋈　與鑿　與璺　與鑾　與釗　與鎏　與鋃　與鈴　與鏟　與銑　與舒　與鍪　與鐳　與鐵　與鏄　與鋪

孟汲　孟準

朝請郎令昝　左朝奉大夫令渥　贈朝奉大夫令錡

承節郎子潄　子津　忠翊郎子澄　子瀷　右迪功郎子洱　子滌　修武郎子瀕

伯圭　伯搏　伯棣　伯祖　伯闓　伯衡　伯林　伯羽　伯矰　伯楷　伯栱

師烝　師炑　師煛　師熏　師尧　師燧　師樵　師燢　師熛　師燔　師焖　師鈇　師康　師鐺　師鏞　師鑯　師熩　師边　師毓　師義　師膚　師佾

希壕　希堞　希埒　希瓔　希㙕　希垄　希坎　希壇　希堦　希壠　希鎮　希衎　希璐　希琥　希孺　希慶　希贅　希生　希賚　希牟

與磧　與鐷　與鐍　與鑇　與鈈　與鑯　與鐥　與鉠　與鑰　與鋷　與鑨　與鑑　與鍵　與鐁　與釧　與鐮　與遼　與邁　與鄉　與球

孟湿　孟凋　孟泙　孟潔

贈奉立大夫令瀾　朝請郎令軸

文林郎子瀹　文林郎子洞　從事郎子宗　修職郎子溥　從義郎子瀰　成忠郎子逵　承信郎子慥　承信郎

伯开　伯斡　伯榆　伯櫰　伯桷　伯朴　伯枘　伯機　伯柯　伯榛　伯从　伯朴　伯櫹　伯叒　伯槿　伯桐

師爽　師熙　師湟　師淙　師滔　師襪　師僖　師戒　師尤　師錦　師焄　師煓　師爏　師璇　師㮚　師銖　師坑　師曠　師珽

希訥　希灑　希潒　希滭　希琛　希巳　希神　希遶　希迤　希逮　希迟　希邃　希垷　希珋　希椿

與疆　與玫　與瑪　與瑛　與烀　與熔　與埭　與圯　與鑮　與鋈　與釪　與鉺　與鈄　與鍪　與釗　與淪　與瀘　與霙

宣城侯從謹

廣平侯世祟

朝奉郎令嘽　贈宣奉大夫令誏　贈東平侯令鑛

子遡　左朝請郎子湝　朝奉大夫子淮　奉議郎子瀻　贈奉議郎子沆　東頭供奉官子沆　右班殿直子浣

伯彬　伯緋　伯臨　伯壞　伯達　伯适　伯探　伯振　伯摠　伯攄　伯擴

師默　師鷹　師涪　師黨　師魚　師熊　師炁　師負　師道　師逸　師遠　師邁　師效　師初　師祖　師褆　師古　師哲　師善

希逕　希逕　希歷　希堅　希坐　希墅　希堅　希潔　希抖　希全　希塗　希奎　希渻　希援　希閔　希璠　希坪　希瓊　希昶

與公　與儕　與　與統　與縞　與祒　與璩　與玏　與瓠　與晉　與踐　與諝　與幾　與鏞　與塡　與鉌　與錸　與鉅　與攄　與撚

孟紋

武當侯世祥　少師昌國公世亭
太子右內率府率令熾　贈高密郡公令鼎　太子右監明率府率令櫲　贈襄國公令裱
子淵　三班借職子橫　從義郎子持　子才　武經郎子椒　左朝奉郎子頁　忠訓郎子蘆　子由　子敏　子林　三班借職子璦　三班借職子琳　子玩　武顯郎子玓
伯澄　伯滔　伯厚　伯慥　伯溫　伯演　伯輝　伯棣　伯樳　伯瀆　伯津　伯釣　伯銓　伯瑶　伯琮　伯臻　伯致　伯康
師鉉　師茹　師泰　師恭　師屋　師鑑　師鎰
希郯　希昴　希義　希泰　希裙　希道　希澂　希域
與坌　與異　與教　與儔　與佺　與侹　與弁　與乘　與綱
孟蘄　孟奚　孟睬　孟寔　孟宣　孟詳　孟誑　孟誌　孟謀　孟讓

承義郎子圩　左朝奉郎子璪　文林郎子璵　累贈訓武郎子琮
伯通　伯達　伯煖　伯炳　伯顯　伯皡
師慶　師殖　師慜　師志　師懃　師憖　師詎
希坵　希埏　希堣　希地　希圻　希埕　希旦　希益　希艾　希暮　希昆　希牂　希㥣　希悌　希慓　希慵　希怡
與順　與準　與邃　與礪　與佺　與怈　與聚　與壽　與議　與新　與旃　與處　與漣　與譽　與深　與繹　與洋　與濠　與濆　與漢　與僔　與倚
孟逢　孟浤　孟滸　孟瀾　孟淘　孟湶　孟漯　孟武　孟珹　孟璛　孟瑢　孟櫸　孟櫶　孟杤　孟桁　孟遂　孟櫔　孟边　孟端
由鍒　由錫　由鈾　由鑄　由鑒　由滴　由通　由深　由彪　由琊

贈右奉直大夫令誑
左朝奉郎子玿　贈太中大夫子璦
伯果　伯銜　伯衙　伯衡
師諶　師謹　師誠　師善　師寮　師冠　師寀　師武
希暘　希性　希愊　希慊　希憓　希恩　希恮　希懼　希慶　希愖　希覞　希睹　希晣　希晸　希慨　希惟　希愉　希樽　希柗　希梘　希揊　希深　希睃　希壑　希垺　希梲　希昕　希蘴　希茨
與俟　與僢　與偏　與俔　與相　與儇　與仳　與儱　與壖　與塚　與墻　與塳　與埒　與僅　與僊　與佰　與洲　與濡　與邃　與涂　與鍚　與邇　與蓮　與近　與遡　與玞　與瑭　與環　與璣　與琬　與儁　與倈　與格　與訴　與壓　與留
孟壜　孟瑁　孟漨　孟轞　孟野

内殿承制令垣　右班殿直令譔　贈右朝散郎令譮　武經大夫令精

子琭　忠翊郎子照　承節郎子晏　子常　子宰　左朝奉大夫子璋　子郤　成忠郎子紳

伯儔　伯衛　伯衙　伯行　伯衎　伯衕　伯禔　伯福　伯祚　伯禕　伯佑

師言　師正　師暉　師泉　師洪　師激　師瑋　師寄　師檮　師兆　師音　師朧　師濂　師範　師篪　師甡　師規　師籥　師符　師筠　師簿　師篷　師超

希復　希世　希待　希佟　希杆　希倈　希琗　希歡　希汪　希滌　希瀸　希浩　希零　希沺　希檍　希樸　希洸　希潤　希能　希佇　希似　希墉　希樹

與銘　與釚　與鍼　與鏽　與鈕　與錁　與僷　與橾　與摹　與菂　與楷　與導　與嶬　與孱　與墱　與荘

孟玠　孟御

武經大夫令疑

子絹　子紀　子經　子悏　子馳　累贈武義大夫子駿

伯俊　伯儉　伯仁　伯傑　伯儐　伯貢　伯敭　伯斆　伯攸　伯政　伯敞

師瑨　師琰　師綦　師高　師璲　師班　師封

希湯　希玲　希潼　希潡　希淮　希淇　希灃　希湅　希泫　希瀊　希漴　希忩　希滌　希潄　希滈　希涓　希湜　希瀅　希汝　希濛

與鎗　與鑌　與鍒　與禎　與佋　與梯　與伾　與佇　與偭　與偈　與懋　與榆　與柩　與鑋　與鎵　與鐈　與詒　與謂　與面　與延　與遥

孟潚　孟滙　孟濛　孟櫻　孟樻　孟樟　孟暄　孟顓　孟願　孟顥　孟項　孟鋏　孟鋺　孟釭　孟金　孟礠　孟榉

伯徽

師璔　師瑎　師琦　師瑊　師玗

希沆　希汶　希泮　希溥　希涘　希濮　希泒　希沐　希湍　希融　希汰　希豐　希寃　希卜　希稼　希楖

與追　與迎　與詵　與講　與訪　與謜　與詸　與誇　與諂　與嗣　與躡　與咩　與鉤　與偡　與墉　與瑗　與瑶　與補　與神　與裕　與錁　與祝　與虒　與淦　與賓　與寫　與窺　與儀　與倭　與僯　與僟　與仩　與迲　與儡　與諫　與優　與俊　與衙

孟檣　孟慘　孟枆　孟揀　孟鎰　孟鏻　孟鏄　孟錧　孟鏽　孟鍘　孟鑌　孟俔　孟儋　孟伃　孟壁　孟萁　孟菀　孟遷　孟逘　孟忬　孟邇

脩武郎令潸　武翊大夫令朡

子驂　子騤　子驊　承信郎子騰　子駉　再贈朝請大夫子維

伯璡　伯珍　伯愌　伯諆　伯敿　伯敉　伯栩

師確　師鋒　師讚　師譜　師譯　師設　師誇　師敭　師暄　師銅　師錝　師鉤　師渭　師林　師森　師減

希㯳　希榐　希堇　希禕　希砭　希涇　希滔　希類　希唫　希芬　希讌　希遒　希滙　希湑　希濩　希溜　希輕　希塯　希壕　希梅　希圳　希樅　希梅　希林　希椇　希遡　希遽　希鐔　希鑽　希遺　希逘　希迄　希迆　希迭　希遷

與儞　與灃　與櫎　與機　與栳　與寀　與慵　與鏽　與浬　與遒　與邊　與㯿　與楧　與堙　與爻　與史　與叟　與勷

孟稷　孟彭

馮翊侯世陟

贈房陵郡公令球　脩武郎令掾　贈直龍圖閣令佳

承信郎子繆　子約　忠翊郎子綱　子紀　承節郎子普　承信郎子綒　迪功郎子彝　文林郎　子昇　忠訓郎子瑳　訓武郎子璿

伯桂　伯檮　伯櫟　伯檜　伯桎　伯夔　伯銅　伯煇　伯焯　伯梓　伯熏　伯爌　伯昇　伯昇　伯晟

師錽　師鐐　師渫　師灢　師潤　師漈　師瀾　師湎　師滏　師拭　師提　師掄　師抱　師揀　師揞　師瑷　師銜　師瑋　師瑆

希蓮　希遂　希鏨　希溠　希柷　希樋　希栶　希樺　希櫪　希榴　希儁　希傍　希嵩　希豐

與願　與頌　與頔　與頹

孟賽

從義郎令　左侍禁令冉　武翊郎

成忠郎子璭　子瑨　子瑱　子璏　贈武翊大夫子瑾　成忠郎子璡　承節郎子瑛　成忠郎子耳　子游　承節郎子志

伯昇　伯充　伯惹　伯感　伯悠　伯鏞　伯悉　伯懣　伯仁

師鍊　師設　師蒼　師石　師蕤　師東　師護　師遲　師漸　師賓　師亮　師賁　師艮

希珪　希琳　希構　希激　希沭　希泓　希嵒　希嵤　希慦　希衛　希葯　希巘　希朝　希洛　希恭　希慧　希恴　希賓　希宷　希檄　希豐

與岳　與淲　與還　與堞　與㮣　與塘　與垷　與樟　與樬　與櫰　與櫖　與檍　與杅　與櫰　與詀　與湊　與溱　與濫　與錯　與璯　與溶

孟佩　孟煜　孟　孟滐

華原郡公世憲

令嫫　武經郎令抪　武翊郎令儷　東陽侯令率

承直郎子立　子建　右班殿直子琇　右班殿直子珙　武德郎子峭

伯彬　伯材　伯松　伯樵

師藹　師敭　師詵　師暹　師應　師徽　師給　師檜　師式　師聞　師幹　師聰　師友　師覩　師瀅　師溶

希善　希訣　希雋　希懇　希恢　希歷　希畢　希復　希趾　希尤　希竦　希讞　希玔　希瓘　希靚　希軼　希軏　希諿　希謫　希諫　希恍　希儒　希俶　希傯　希銛

與坦　與埈　與讕　與誕　與祑　與岑　與付　與絿　與皓　與服　與揩　與矚　與曕　與璹　與鎮　與諻　與璪　與鋼　與鏑　與鉀　與舒　與濟

孟俗　孟佩　孟霆　孟檟　孟徫

贈右屯衛大將軍令瑀　安定郡王贈太師令畤

承節郎子瑞　子璠　宣教郎子筥　右朝奉大夫子銳　贈開府儀同三司子鈞　追功郎子籌

伯樺　伯機　伯梃　伯標　伯枅　伯權　伯梲　伯撫　伯樾

師準　師濫　師洁　師朔　師安　師昝　師周　師伊　師鼎　師豫　師遁　師粹

希佾　希矜　希荊　希悔　希涫　希浪　希傳　希潤　希控　希袟　希代　希俊　希伎　希儚　希僯　希晦　希鄙　希緜　希䅖　希蕢　希薌　希藩　希蒙　希瀆

與銀　與錸　與鑲　與鍥　與琅　與玓　與玗　與鈆　與柟　與枸　與桯　與棖　與汏　與樘　與檻　與櫞　與樫　與球　與瀆

孟涼　孟賦

少師榮國公世恬

太子右內率府副率令幼　贈博陵侯令萃

子棨　再贈少保子鋐

伯璃　伯琥　伯瘠　伯瑊　伯瑱

師協　師龍　師德　師忒　師皋　師禹　師禹　師益　師萊　師畧　師喆　師合　師磐　師豐

希祈　希迒　希邁　希達　希迂　希逢　希邇　希遊　希遂　希逅　希遁　希遠　希杓　希撰　希灼　希潤　希淋　希潽　希遜

與稷　與份　與儀　與攸　與侑　與俊　與仔　與佑　與任　與作　與伸　與倬　與僑　與仕　與佹　與傷　與諦　與譜　與誠　與提　與諗　與諫　與讀

孟續　孟璓　孟琊　孟繹　孟絟　孟約　孟純　孟綱　孟縯　孟綰　孟紀　孟緒　孟紳　孟縉　孟境　孟煌　孟爀　孟炵　孟溧　孟漫　孟湘　孟激　孟俱

由寔　由鑌

贈右屯衛大將軍令經 太子右內率府副率令㸌 贈嘉國公令駿
右班殿直子鑑 武節郎子紡 宣教郎子鎬 左班殿直子殳 再贈太中大夫子宎
伯璋 伯琓 伯珪 伯琳 伯瑨 伯佑 伯悊 伯驥 伯駒 伯驊 伯騏 伯驌
師夰 師㢱 師紋 師廸 師徽 師蘢 師舒 師罤
希汭 希潛 希眞 希溥 希謐 希悳 希懋 希慵 希忩 希蒼 希虞 希祐
與詥 與招 與擓 與扦 與貟 與聰 與佛 與倩 與徑 與賷 與賸 與贓 與賈 與道 與贛 與愍
孟俟 孟條 孟儗 孟偰 孟桂 孟楊 孟伶 孟僁 孟優 孟微 孟峻 孟嶟 孟竦 孟璒

贈相州觀察使令寵 贈英州防禦使令傭
成忠郎子友 左朝請郎子泰 訓武郎子春 贈吉州刺史子青 承信郎子愻 朝請郎子巽
伯驛 伯驄 伯蓮 伯葵 伯葦 伯强 伯楨 伯達 伯梁 伯建 伯縉 伯驛 伯寓 伯墉
師弇 師珸 師玥 師賢 師异 師弅 師羿 師𢍰 師异 師祓 師舁 師荃 師鏻 師仁
希睑 希澿 希鉌 希鏞 希錸 希璂 希珩 希樱 希檥 希檀 希炫 希㜷 希妊 希熷 希燃 希爊 希程 希腈
與迎 與僐 與銅 與鑺 與鏴 與槭 與梅 與格 與遊 與康 與僾 與佇 與伶
孟瓌 孟緯 孟綸 孟紹 孟紵 孟潆 孟澣 孟汻 孟淳 孟淛 孟濵 孟滬 孟瀼 孟里

左班殿直令緄 左侍禁令注 贈吉州團練使令戣
從義郎子戴 贈武翊大夫子巽 成忠郎子灦 忠訓郎子毅 子𡨥 成忠郎子務
伯仁 伯義 伯濟 伯涇 伯滋 伯溱 伯滄 伯苹
師用 師埨 師伋 師約 師況 師倞 師訢 師臬 師湊 師甡 師𠷝 師剬 師能 師德
希諶 希訦 希誣 希珬 希璜 希壘 希李 希圻 希熠 希桂 希燭 希瑞 希煇 希熾 希撤 希掏 希柘 希燔 希焕 希瓏 希執 希僻 希魁 希原
與槃 與燦 與桁 與枌 與枋 與檮 與㸤 與栫 與朵 與樺 與裙 與採 與迥 與御 與遷 與遖 與逷 與壁 與歸 與璀 與坎 與蠨
孟煒 孟卑 孟鑒 孟鐵 孟㷗 孟壕 孟奚 孟鏕
由鏆

宣德郎令湑　贈武義郎令禇　朝議大夫令慇　從義郎令各　從義郎令葝　贈吳興郡公令奩
濟陰侯世綄
保義郎子德　子興　忠訓郎子齋　武德郎子玦　子程　修武郎子鷹　通直郎子暭
伯覺　伯學　伯𦢺　伯潨　伯滓　伯椇　伯霳　伯霈
師朱　師嶽　師峽　師岫　師嵲　師詹　師弁　師爽　師儆　師鏑
希顧　希宣　希佯　希虎　希瑓　希瑁　希棟　希櫺　希榇　希梘　希檊　希檁　希檟　希榛　希櫞　希朵
與優　與儐　與俥　與俫　與俸　與儲　與儆　與偓　與悟　與忻　與悌　與悅　與仿　與賕　與賻　與賑
孟盎　孟汎　孟汧　孟瀆　孟漻

從義郎子昞　武經郎子嘽
伯雷　伯霖　伯霽　伯攄　伯擴　伯揆
師傜　師佩　師任　師伏　師倌　師仁　師侍　師依　師侗　師俠　師攸　師翰　師仲　師仰　師健
希峃　希嶜　希嶗　希玎　希鎬　希鉀　希鐩　希鏴　希鍈　希鋋　希錝　希籛　希篇　希管　希迵　希逌　希迥　希琅　希璀　希桁　希俳　希惟　希悁　希諫　希謨　希訖　希訥　希律　希諰　希許　希瑃　希安　希從
與迦　與淀　與池　與淮　與汗　與顥　與頤　與渫　與藻　與湳　與逸　與逮　與邁　與璜　與塘　與瑮　與玕　與負　與炎　與汚　與滈　與濠　與沖　與潨　與瀆　與沇　與浣　與洙　與泗　與沚
孟泙　孟瀍　孟穩　孟棨　孟構　孟珊　孟鈊　孟汭　孟稷　孟睞　孟琮　孟琦
由欄　由熄　由紛　由栓

贈昭化軍節度使令僚
成忠郎子曨　從義郎子溫　武翼郎子淵
伯濡　伯隨　伯璘　伯瓌　伯璁
師優　師僑　師璝　師瑞　師璁　師珣　師速　師進　師南　師龕　師荀　師雄　師瑪　師梠　師水　師穹
希循　希逘　希邅　希憲　希筵　希棠　希寓　希闕　希蔤　希藨　希萊　希淞　希湝　希沄　希慄　希賓　希濡　希滮　希灌　希應　希憨　希樾　希埜　希坤　希環　希彪　希先　希部　希圓　希陟　希楊　希張　希錫　希鉉　希鍉　希燁　希錠　希嘩　希述
與澈　與浣　與涀　與逑　與遂　與光　與佺　與墜　與榕　與燃　與柲　與叶　與烯　與彬　與原　與饒　與澄
孟桼　孟榦　孟栁　孟烈　孟芒　孟芊　孟沐　孟迺

贈武翊大夫子漸　伯㢟　伯序
伯禳　師鍵　希彝　與宼　希𠈃　與青　與宴　希傿　與寍　希衜　與机　希偲　與宔　希佮
伯祿　伯祉　師巖　伯禧　伯從
武翊郎子彤　伯鈞　伯鐸　師邁　希砦　與杍

與梌　希磐　與椹　孟鼎　希磬　與檥　與楮　與梭　孟熙
師適　希龗　與稑　希邦　與稌
伯鉅　師週　希鋆　師迂　希慮　師遼　希涉　師舜　希騊　與潫　孟熷　孟熺　孟炆
伯鑄　師琳　希漁　與澤　與儁
伯鎔

加贈武經郎子湘　伯瀏　師奧　希備　與煣　希倌　與𤇆　希佀　與炑
師奕　希佣
伯然　師共　希茓　與掇　師旦　與戩
師士　希著　希蔡
師里　希今　與𤈦　孟㕓　孟鎏
希蕃　與祓
希川　與檷　孟鏉

武翊郎令俁　子肓　希笑　孟㬇　孟僄　孟㷋

宋史卷二百十九

元中書右丞相總裁脫脫等修

世系表第十

宗室世系五

博陵侯從質　贈南康侯世哲　贈高密郡公令儀　贈威德軍節度使子旹　伯通　師洙　希曾　與睃　孟傑　由䶩
與名
師澮　希果　與詰　孟錠
與啍
師涀　希𠍱　與洄
與浄
希任　與潼
與敂
伯遠　師泗　希備　與濩
希倖　與滐
師淵
師鏸　希喻　與惤　孟漩　由檡　宜㷂
由梓
由檥
由楷
孟佟
孟佸
孟偊　由柄
孟倈　由櫪
與㥇　孟璿　由炤
孟瑾　由煇
孟瑄　由熛　宜福
孟瓙
與憗　孟瑛　由樟
孟珏

與憇　孟琡　由榛
希合　與憓　孟玡
與恩
希儴　與伴
師稷　希如
師禼　希珍
師鏶　希㻿　與湔
伯逸　師津　希璟　與玭
與道　孟俊　由錡
與周
希琮　與栝
與蔺
與榆
師洞　希璵　與琦
與棟　孟坏　由慧
孟賢
與棣

與柄
與柱
希珍　與標
與梅
希瑤　與枕
師漢
師旦
師訒　希璠　與堂　孟鈺　由濾
孟錦
希璡　與墊
與壎
師謏　希瑀　與友
與傃
希瑄　與賡　孟淵
孟熙
孟烝　由迦
孟熏

希琁
伯适
伯迥
伯迪　師滋　希玠
希瑊
伯述　師定　希騏　與玴　孟渡
孟潟
與晃
與旲
師申
贈通直郎子華　伯遵　師文　希亶　與羿
與勝
希靖　與遜
與貴
師交　希顒
希邵　與闓
希堤　與倍

（一）

高密郡公世京

高密郡公令教

右班殿直子荀　左班殿直子芊　累贈武義大夫子蓋　子伸　子茂　子蔚　封華陰侯子雲

伯迟　伯造　伯維　伯漢　伯珵　伯積　伯寧

師津　師節　師溽　師得　師淇　師泗　師緒　師尹　師仆　師姺

希肅　希康　希定　希似　希僧　希偘　希侄　希佊　希僩　希寪　希室　希迪　希伋　希傂　希傒　希評

與儂　與俉　與山　與珦　與憼　與淸　與浚　與寧　與廉　與章　與廩　與膺　與逢　與藹　與遷　與邊　與憓　與訒　與斌　與政　與譚　與榛

孟松　孟挺　孟洋　孟傃　孟汝　孟瀸　孟溪　孟汻　孟澗　孟槐　孟槦　孟橎　孟椽　孟俗　孟慊　孟僎

由燧　由渙　由熺　由鉉　由鋏

（二）

伯嵩

師賦　師緯　師壽　師魏

希藻　希爻　希本　希莘　希早　希辛　希幸　希鳳　希政　希霓

與禧　與喆　與得　與式　與工　與儈　與質　與贊　與贊　與賫　與享　與淳　與季　與游　與斅　與欽　與罰　與經　與彣　與衛　與雅　與榦　與榊　與枒　與訒　與猷　與暘　與椿　與頤　與事　與滭　與綮

孟儲　孟機　孟偡　孟湩　孟遼　孟逞　孟遴　孟迦　孟傑　孟丕　孟瀌　孟洋　孟栞　孟槊　孟棣　孟詒　孟潡　孟許　孟直　孟㦲　孟傑　孟代　孟憁　孟僃　孟僞　孟螃　孟適　孟珌　孟琬　孟璉　孟瑺　孟瓔　孟瑾　孟邁　孟遵　孟　孟逌　孟遷　孟迦

由顥　由淀　由璣　由珌　由滬　由仍

（三）

代翔郎子思　脩武郎子泰　忠訓郎子才　秉義郎子言　子信　訓武郎子元

伯椎　伯益　伯敏　伯鎮　伯震　伯誠　伯敏　伯仟　伯茲　伯羽　伯嘉　伯嘉　伯瞳　伯映　伯志

師聖　師弼　師列　師倫　師仁　師寧　師翼　師焌　師埥　師坏　師塏　師壇　師埉　師坡　師圻　師鳳

希怨　希皐　希項　希沼　希滄　希涓　希怙　希謂　希濼　希欽　希迴　希鐯　希謰　希謙　希滗　希轓　希輊

與冽　與柚　與榑　與梭　與怫　與煋　與樒　與鎓　與鑑　與鎂　與鑕　與錆　與錤　與鐌　與靓　與輇　與銘　與碧　與哲　與高　與晉　與詿

孟急　孟滶　孟淋　孟瀣　孟凝　孟堣　孟碆　孟果　孟鄭　孟瑳　孟璠

秉義郎子山　忠訓郎子嵒　從義郎子紳　訓武郎子由

伯俊　伯偃　伯傳　伯仁　伯偏　伯倚

師韶　師輿　師道　師文　師周　師謨　師貴　師日　師革　師威　師撝　師樽　師瑠　師邅

希儁　希鑣　希冬　希鍰　希淵　希播　希臬　希麟　希濟　希欅　希機　希穆　希稷　希子　希沇　希滐　希漏　希潏　希灑　希澣　希漈　希瀟　希湶　希銻　希鏓　希鍇　希鈿　希鉦　希鍠　希釭

與墠　與堰　與堁　與盛　與豆　與僡　與惆　與櫚　與留　與驢　與禳　與鈔　與猴　與慺　與桁　與楯　與僄　與康　與寰　與寘　與寵　與寓　與寀　與童　與宦　與蒩　與咏　與湸　與灝　與汰　與沂　與洅　與瀩　與洱

孟瞯　孟淀　孟鍾　孟橘　孟懷　孟悟

太子右內率府副率令樁　贈南陽侯令淄　贈華陰侯令坎

武經郎子罕　右侍禁子仁　秉義郎子常　贈武經郎子通　訓武郎子欺　左班殿直子與　承節郎子亮　承節郎子哲　奉議郎子佑　忠翊郎子伋

伯付　伯善　伯壽　伯求　伯慶　伯通　伯益　伯越　伯玉　伯洪　伯淨　伯勇　伯求

師玦　師堦　師華　師遒　師是　師恕　師蜜　師裙　師均　師玶　師玫　師頤　師珣　師璯

希鐮　希鉞　希鏈　希直　希珷　希翽　希玢　希掖　希瑍　希騍　希與　希紱　希諭　希節　希誼　希諱

與泙　與諜　與祓　與禑　與祊　與祲　與褕　與鎏

孟稭　孟楷　孟衎　孟衕　孟琦　孟熅

從義郎子偉　承節郎子仲　贈秉義郎子傑

伯溶　伯揆　伯抹　伯握　伯拱　伯老　伯益　伯建

師琜　師滂　師城　師潤　師褏　師煥　師煇　師烜　師煌　師熇　師熉　師省　師光　師固　師熯　師煒　師燰　師燐

希論　希檮　希傈　希薰　希莒　希蘭　希蔡　希芷　希坰　希垒　希增　希坡　希墍　希垍　希培　希檻　希憶　希坦　希僕　希烋　希迈

與弢　與銋　與鉑　與鏷　與鈺　與鉞　與錴　與全　與鏊　與鏧　與鏆　與鍬　與磤　與錆　與鑪　與錫　與縫　與鋑　與堝　與垌　與遹　與迁　與逭　與瀸　與輻

孟珩　孟琟　孟溓　孟滯　孟濂　孟枬　孟楧　孟梯　孟橦　孟秞　孟湶　孟沲　孟漕　孟永　孟杙　孟榛　孟楪　孟栢　孟遂

太子右內率府副率令晁 贈武功郎令璚
忠訓郎子僑 加贈中大夫子慶
伯損 伯晉 伯鉽
師格 師采 師懽 師渴 師縫 師粹 師滕 師暁 師洄
希孚 希斐 希全 希亜 希鑑 希坴 希璸 希璟 希犧 希嶸 希岊 希饎 希兼 希轄 希輧 希贍 希永 希庚 希廙 希庇 希丘 希徐 希炎 希梠 希栖
與鞔 與轥 與脩 與慂 與企 與偃 與伯 與偶 與栦 與瀍 與倍 與佑 與鐸 與琭 與窦 與儹 與摙 與檄 與拚 與擠 與扶 與控
孟滫 孟渫 孟洸 孟誒 孟訴 孟涗 孟渪 孟涺 孟叜 孟講 孟玗 孟琊 孟珬 孟璸
由瀵

右屯衛
敦武郎令鉅 左班殿直令倌贈房陵
承信郎子庠 武翊郎子序 秉義郎子廣 從義郎子度 承節郎子庚 保義郎子章 子崋 子皋 子阜 太子右
伯鈽 伯銖 伯錯 伯銓 伯昔 伯習 伯眘 伯凱 伯登 伯鈞 伯目 伯楝 伯材
師濂 師浣 師淨 師沍 師涂 師汝 師瀛 師潚 師諾 師弋 師昕 師淪 師褰 師潣 師志 師愬
希檬 希櫳 希櫼 希杍 希椖 希栤 希棋 希精 希檔 希榛 希璵 希棫 希櫺 希稞 希伴 希伴 希衢 希儓 希俊 希適 希猛 希璲 希琄 希琟 希琭 希玞 希瓗
與燸 與熜 與熣 與炤 與堦 與炷 與傝 與燓 與町 與煩 與璋 與曧 與郞 與員 與贇
孟埊 孟鏄

大將軍世侹
郡公令休
內率府副率子淇 贈金紫光祿大夫子益 左班殿直子霈 贈朝奉郎子隨
伯瑜 伯琮 伯璋 伯瑞 伯瓛 伯才 伯瑹 伯球
師仁 師份 師晉 師耳 師序 師仟 師保 師信 師鄉 師化
希坦 希衍 希照 希聲 希贇 希近 希达 希遯 希遴 希公 希梓 希莜 希祕 希遂
與劇 與厚 與平 與逨 與琦 與鍔 與方 與彭 與豐 與閏 與澪 與漪 與淨 與淅 與煐 與炡 與烇 與爛 與暖 與疃 與璇 與盼 與崴 與時 與帨 與峴 與昐 與仝 與鄰
孟儆 孟鐳 孟銕 孟鏃 孟鉦 孟鎖 孟梢 孟檉 孟棶 孟櫾 孟杬 孟杲 孟菁 孟苁 孟蕢 孟榮
由渫 由治 由淵 由洽

贈富國公令挨

忠訓郎子旅 子履 子常 子右 子侁 贈武畧郎子文

伯琳 伯瑛 伯瓘 伯璪 伯望 伯隱 伯迪 伯近

師記 師泌 師撰 師汾 師潁

希華 希銓 希聲 希俟 希賞 希戩 希枚 希諮 希記 希談 希賁 希晁 希尹 希犹

與臥 與感 與辯 與厷 與惹 與戀 與恖 與盛 與泳 與組 與絹 與緹 與纕 與紱 與蕭 與堂 與宜 與聖 與靡 與輪 與樁 與燤 與熒 與燁 與燧 與煌 與炌 與炘 與爕 與灼

孟窐 孟賣 孟圭 孟寘 孟淪 孟銘 孟輞 孟軹 孟樺 孟楩 孟瑧 孟璯 孟瀏 孟濱 孟深 孟奩 孟歷 孟瑠 孟珠 孟增 孟埭 孟壕 孟墳

由堪 由宥

太子右內率府副率令攄 贈右領

武經郎子撤 子遜 子諭

伯邐 伯選 伯邁

師澄 師濱 師淵 師汲 師泳 師洌 師雲 師淑 師湯 師源 師瑕 師佾 師昱 師杓 師鵬 師容 師景 師晏

希榛 希枰 希柟 希程 希栝 希榑 希梓 希棻 希櫑 希棨 希杕 希楠 希檣 希槃 希楫 希倫 希廣 希政 希宜 希信 希蔓 希躬 希諭 希淮

與必 與潔 與孚 與林 與林 與櫨 與梆 與桀 與朵 與櫃 與庄 與絲 與濇 與藻 與勝 與遷

孟圭 孟垚 孟堅 孟陛 孟最 孟瀵 孟潞 孟潔 孟筦 孟箬 孟僊 孟傑 孟個 孟墍

由禮 由祺

少師昌國公世表

軍衛將軍令中 太子右內率府副率令佗 太子右內率府副率令畠 贈漢軍郡公令甘 贈左屯衛大將軍令春 贈華陰侯令航

子平 子受 左侍禁子兆 子先 秉義郎子立 子永 三班奉職子平 成忠郎子受 子力 忠訓郎子忒 子伯 再贈右朝請大夫子淡

伯迫 伯近 伯俊 伯達 伯暘 伯與 伯康 伯倓 伯侃

師潩 師旦 師道 師忠 師惠 師道 師德 師揆

希鑶 希瑩 希俯 希伸 希淡 希瀯 希傑 希伐 希爲 希佳 希晉 希樾 希杜 希枏

與璪 與櫏 與櫊 與相 與櫺 與棱 與鐘 與榀 與櫝 與櫃 與鉗 與銘 與鋒

孟焞 孟燧 孟燊 孟烶 孟烋 孟玞 孟琂 孟珊 孟洤 孟璨

右武衛大將軍世鎮
贈北海侯令洴 贈北海侯令鐯
忠訓郎子勻 子仲 子願 子卿 子頡 武翊郎子蠡
伯倩 伯供 伯儀 伯侔 伯伊 伯維 伯嶠 伯榮 伯鞏
師義 師渼 師章 師育 師音 師備 師端 師求 師予 師謀 師閔 師路 師葡 師瑍 師俔 師葛 師頊 師傈 師孟 師逕
希楂 希櫨 希櫶 希役 希析 希梳 希鐥 希牧 希比 希昌 希璣 希弥 希叟 希訦 希崠 希㸌 希呼 希盃 希澍 希洧 希岨 希方 希矩 希敃
與塤 與涗 與璇 與揩 與常 與弥 與琭 與浹 與瀫 與沼 與藻 與遨 與鋐 與鏤 與鏶
孟保 孟倰 孟逑 孟追 孟迨 孟遷 孟脩 孟採
由澤 由衲

房國公世家 房國公世疆
贈東平侯令㬍 贈奉化侯令壹 贈右屯衛大將軍令茂 太子右內率府副率令鋪 贈景城侯令劭 贈安康郡公令礋
右侍禁子彪 從義郎子龢 子李 忠訓郎子週 忠翊郎子余 三班奉職子伯 修武郎子廣 訓武郎子憊 左侍禁子嗛 成忠郎子說 子交 秉義郎子禮
伯順 伯脩 伯元 伯歸 伯禘 伯禔 伯謹 伯至 伯旦 伯固
師遊 師週 師向 師白 師确 師敃
希訒 希藏 希採 希託 希譁 希棄 希坊 希瀆 希漕 希年 希濟 希忞 希瀙 希衕 希衢 希衛
與鈴 與爛 與烱 與煁 與谿 與遼 與遷 與逭 與桶 與懲 與悠 與悉 與忩 與惎 與意
孟垷 孟㻒 孟括 孟橚 孟梳 孟杳

武德郎子祊
伯直 伯亶
師暘 師鋐 師宬 師絳 師邶 師祉
希嶆 希挻 希魚 希珉 希寧 希鏊 希設 希縡 希緕 希譓 希護 希伊 希㑊 希保 希使
與䇂 與僠 與儞 與倚 與憲 與慂 與聽 與瀊 與汗 與亥 與愿 與愁 與懇 與愳 與慭 與懇 與忢 與憃 與忽 與迣 與邁 與遷 與迎 與逡 與玧 與琲 與瑍 與琛 與琲 與璀 與球 與璸 與瑼 與汃
孟儆 孟辰 孟厲 孟曆 孟嚴 孟原 孟機 孟棋 孟椃 孟櫟 孟昇 孟景 孟早 孟橣 孟格 孟櫃 孟梾 孟榭 孟樸 孟桐 孟樺 孟演 孟湅 孟讃 孟讀 孟詢 孟謐 孟暐 孟曷

東陽侯世歒
贈洋國公諡孝靖令與
脩武郎子賦　從義郎子𥌓
伯洧　伯溱　伯濤
師𩕳
希㦬　希相　希儠　希倣　希伉
與贊　與許　與綬　與緒　與緯
孟遲　孟蓮　孟𨖲　孟𣖂　孟禩　孟𥙻　孟𥙿

子言　從義郎子㬎
伯衣
師筥　師籌　師鎦　師簣　師宲
希瀜　希汶

贈武節大夫令洵
子覷　承信郎子靚　武節郎子川
伯初
師籛
希治
與洽　與遷　與迴　與迟　與迫　與適
孟室　孟賁

朝請郎令珪
三班奉職子祚　子祉　保義郎　子視　從事郎
伯豐　伯豆
師鄮
希健　希俠　希𡒃
與憓　與浥　與迴　與球　與調　與濾　與涷　與湄
孟𣈲　孟晗　孟暎　孟眺　孟滄

保義郎子睬　加贈武功大夫子貞
伯洔　伯淮　伯汋
師淲　師練　師横　師榕　師檪　師枚　師杠　師槐
希僮　希浧　希炯　希焌　希炷　希熛　希㷄　希㷗　希烊　希熢　希烟
與坏

伯漕
師通　師漴　師浵　師滮
希櫝　希楮　希棫　希仔　希傂　希懷　希傑
與堭　與壁

武翊郎子賜
伯滌
師鐄
希煹　希棼　希煠　希農
與述　與造　與適　與迬　與遲　與漸　與抑　與坫　與屋

師駒
希脩　希仕　希偶　希傣　希佈
與弼　與疆　與彌　與昭　與弸　與繪　與縹　與缜　與珉　與玫　與璺　與琗　與悰　與恪　與塌
孟瑰　孟玉　孟璧　孟琹　孟珋　孟𤩲　孟瑩　孟瓅

伯渙　伯津　伯淳
師藥　師稟　師臬　師竺　師鑠　師鑒　師仇　師儁　師賑　師俩
希茝　希蕙　希點　希任　希臺　希齋　希敷　希收　希秘　希稫　希科　希紃　希組　希燠
與揃　與椰　與墳　與逵　與鏝　與鑣　與邵　與道　與藩　與闔　與愈
孟𤆄

伯汚
師敝　師譬　師謇　師胄
希芰　希萓　希菁　希薇　希菻
與樅　與裹　與仗　與傍　與何　與僥

伯沺
師心　師聖
希克　希蠶　希凭
與叅　與眘　與競　與杵　與栟　與楗　與桄
孟遴　孟概

再贈少師子潚
伯淵　伯溥
師栩　師榾　師槔　師固　師回　師呂　師周
希烒　希燀　希炑　希烰　希炂　希燥　希烳　希廌　希處　希兢　希儷　希光
與埒　與羿　與墠　與奎　與熹　與褒　與褭　與申　與宕　與積

承節郎子朏　忠翊郎子洄
伯洪　伯湜　伯渭　伯泌
師譜　師岌　師譽　師穗　師椰　師鄭
希徒　希潓　希僑　希季　希祺　希忻　希葉　希彰　希彤
與僫　與愬　與櫨　與杞　與郢　與駝　與錢
孟囦

西染院使令僑　中翊郎子賢　保義郎子績　成忠郎子贊　子頫
伯沆　伯塾　伯登　伯全
師殊　師念　師点　師讜
希榦　希軺　希轒　希轍　希硯　希礮　希造　希秉
與藹　與蓴　與碤　與萋　與蘸　與惺

師覵　師丞　師諍　師止　師登
希逵　希迒　希遡　希迁　希剛　希規　希適　希蓬　希逜
與訏　與詉　與訊　與謐　與譿　與諠　與諒　與錯　與穹　與富
孟伯　孟仞　孟御　孟備　孟偲　孟琅
由璩　由琗

右班殿直令璪　內殿承制令侁　從義郎子寶　秉義郎子財
伯顓
師壯　師淀
希蘧　希迦　希邊　希迂　希導
與詵　與詿　與諄　與芀　與岩　與豐　與嵩　與庸　與峇

西頭供奉官令敷　從義郎令僑　保義郎子
伯昌　伯晃　伯
師敳　師棐　師謝　師受　師總　師尹
希願　希蓬　希續　希卯　希西　希勔　希劾　希許　希饋　希秦　希陵
與艮　與褸　與稱　與祐　與神　與寧　與樟　與權　與淺　與垣　與魯
孟佟　孟瑊　孟球　孟瓔　孟誠

希咸　希宏
與昔　與晃　與昏　與昇　與暈　與晳　與送　與迴　與逕　與逾　與道　與蓮
孟譣　孟諄　孟評　孟詔　孟沃　孟注　孟澳

左班殿直令鋼　武翊郎令洞　子[illegible]　子貽
師諸　師旼
希漚　希扔　希揞　希揁　希耆　希茀　希仂　希穮　希悾
與闔　與閒　與闐　與閭　與肖　與迁

華陰侯世灼　贈左領軍衛將軍令絜　奉議郎子通
伯觀　伯升　伯復
師堯　師輻　師棣　師沛　師湯　師豫
希佩　希作　希滂　希乙　希甲　希誨　希議
與默　與識　與諾　與亨　與諄　與訓　與訥　與緕　與鑿　與覺
孟琛　孟琚　孟琟　孟琉　孟玧　孟溫　孟瓔　孟復　孟佺

師方　師似
希堃　希𡪄　希倨　希倍　希佮　希倂　希儻
與路　與淩　與熠　與烊　與熜　與燎　與佰　與傳　與備　與俊
孟鉉　孟鈌　孟餙　孟欽　孟　孟　孟衡　孟潼

宋史卷二百二十

元中書右丞相總裁脫脫等修

世系表第十一

宗室世系六

楚國公從信
康國公世顯
贈東平侯令典　贈建國公令賈
左侍禁子明　贈中大夫子昉　武節郎子曉
伯綬　伯純　伯儔　伯山

河內侯世系
西頭供奉官令父　西頭供奉官令瑱　太子右內率府副率令惇　右班殿直令
承直郎子迪　忠翊郎子進　保義郎子
伯履　伯現　伯澄　伯靚　伯稍
師安　師教　師敢　師敵　師激　師孜
希瓊　希搏　希招　希騊　希卞　希瑎　希鋐　希持　希檭　希搽
與嶸　與儋　與鋑　與瓛　與供　與金　與埏　與憕　與塤
孟侚　孟諮　孟溧　孟灝

忠訓郎子昕　忠訓郎子時　從義郎子照
伯川　伯達　伯适　伯遇　伯衛
師古　師性　師弓　師形　師旦
希晷　希适　希繼　希渝　希鐦　希得　希垩　希誦　希誠　希豪
與楢　與枝　與榴

朝散郎令璹
子暌　再贈武翊郎子晴　加贈特進子取
伯術　伯潤　伯閭　伯瀾　伯源
師回　師公　師嵩　師謹　師田　師晳　師賢　師惠　師純　師忱　師法　師矩　師草
希鋹　希省　希鏳　希嶧　希欽　希闔　希畸　希追　希道　希折　希誓　希仟　希脩　希仵　希供　希倲
與梨　與得　與徯　與德　與鑑　與鐲　與錄　與椝　與楝　與愚　與憲　與態　與悉　與恣　與鉄　與鉤　與鈋
孟儂　孟倊　孟侲　孟儲　孟垤

內殿崇班令禹
保義郎子暤　成忠郎子暐　子曎　武節郎子昕　成忠郎子鵰
伯濠　伯順　伯頓
師晦　師鱸　師注
希洋　希密　希仢　希靈　希藝　希吭　希昕　希睞
與邁　與鏋　與鍊　與鋑　與玤　與瑄

河內侯世淵
右侍禁令枰　武經郎令森　太子右內率府副率令首　贈洋川郡公令犕
成忠郎子晦　右侍禁子珍　從義郎子玨
伯諏　伯達　伯遊
師沾　師潛　師淋　師孟　師顏　師閔　師言　師守　師單
希野　希濬　希厚　希履　希漢　希常　希漫　希朋　希仔　希森
與聰　與祚　與功　與居　與輔　與改　與模　與純　與化　與柘　與巽　與致　與松
孟鉅　孟銓　孟鑽　孟瑀　孟熜　孟炳　孟勳　孟熇　孟孜　孟燗　孟烪　孟埈
由棣　由塤　由埱　由墇

右侍禁子珵　成忠郎子瑾
伯邈　伯逸
師猛　師孚　師向　師芝　師重　師餘　師乂　師息
希異　希徫　希拯　希揄　希攄　希抑　希騰　希符　希考　希暮　希騤　希惓　希儲　希儁　希俟　希偁　希損　希倉　希扛　希信　希志　希念　希艮
與麾　與亦　與俱　與爲　與眞　與鏺　與顏　與契　與嶷　與崧　與㑥　與儻　與曉　與俟　與遑　與試　與顯　與邈　與俟　與仵　與健　與倡　與俄　與端
孟浩　孟竹　孟㮾　孟仁　孟儒　孟儀　孟偃　孟伸　孟義　孟能　孟存　孟正　孟揚　孟信　孟液　孟鉍　孟鈁　孟錁　孟鏏　孟埏　孟墿　孟揹　孟穗　孟垍　孟垺
由初　由祥　由禋　由椯

修武郎子瓚
伯通　伯适
師貍　師恬　師緡　師消　師招　師退　師悌　師偟
希坤　希巽　希從　希叙　希訪　希章　希諷　希許　希詣　希譜　希談　希庶　希竈　希革　希寯　希壹
與倂　與醻　與靜　與廸　與光　與爾　與福　與用　與複　與謁　與詣　與濱　與尌　與驤　與衆　與瑃　與爔　與籛　與鋆　與鑷　與鐫　與檟　與桐　與林　與棊　與鍼　與鎧　與鑣
孟燵　孟洺　孟墀　孟壇　孟墠　孟昭　孟作　孟遠　孟恭　孟諭　孟訢　孟禮　孟倈　孟遜　孟倂　孟倩　孟雅　孟酉　孟俁　孟倓　孟偦　孟侶　孟伻　孟滱　孟玨　孟孝　孟峻　孟崳　孟潪　孟潼　孟備　孟墍　孟埜　孟垔
由煤　由錝

北海侯世爽
贈河內侯令會　贈右屯衛大將軍令蹐　贈洋國公令洋
成忠郎子瑁　子璲　子璋　從政郎子理　子璪　再贈武畧大夫子玘　忠翊郎子琦　子琰　奉議郎子發　三班奉職子振
伯逵　伯邉　伯遇　伯衎　伯宣　伯民　伯嶶　伯瓊　伯章　伯宜　伯变　伯立　伯戩　伯慾　伯惠　伯達
師矞　師義　師仁　師禮　師積　師得　師美　師治　師孶　師茲　師義　師滿　師允　師中
希敔　希謙　希塤　希匽　希約　希圭　希右　希燾　希然　希叟　希鎡　希壽　希籌　希鑠
與革　與履　與曉　與衛　與耐　與童　與典　與駉　與坐　與在　與嚨　與膠
孟橚　孟林　孟㯹　孟桐　孟榶　孟材　孟假　孟儁　孟伋

朝議大夫子汲
伯祏　伯禒　伯祈　伯禔　伯祐
師乙　師戈　師呂　師夷　師契　師清
希領　希頤　希預　希魏　希梁　希程　希甫　希裴　希忠　希愈　希平　希倫　希堯　希勉　希讓　希靜　希忠　希唐　希錡　希杌　希櫛　希棖
與褀　與立　與森　與梓　與楞　與榕　與欓　與枳　與榴　與灝　與淏　與湧　與涓　與知　與王　與喻　與樞　與比　與瀟　與唯　與喻　與伷　與僨　與儇　與焜　與焯　與姚
孟攜　孟僧　孟信　孟仂　孟彌　孟傒　孟諾　孟該　孟任　孟傈　孟㑗　孟倘　孟傻　孟侍　孟偕　孟祿　孟鎡　孟鎧　孟祥　孟祏　孟祉　孟礰　孟侄　孟琤　孟翊　孟琥
由琰

朝請大夫子仁　子億　武德郎子儆　子伾　修武郎子傑　右班殿直子健　武經郎子伋
伯顒　伯灝　伯頎　伯碩　伯順　伯瑪　伯祥　伯理　伯問　伯泰
師鴻　師溉　師表　師衮　師珉　師進　師顏　師柔　師梟　師渡　師文
希楝　希檀　希寨　希熒　希巖　希岌　希夔　希賁　希集　希寅　希密　希韜　希迨　希運
與煬　與倫　與珖　與理　與璉　與壇　與琟　與璨　與享　與韋　與棄　與稟　與嶠　與治
孟鑒　孟鑿　孟審　孟銆　孟錯　孟錢　孟鑽　孟鐖　孟鏓　孟鎧　孟鐐　孟鏡　孟鑷　孟賚　孟脉　孟賀　孟賚　孟御
由矔　由熚　由煒

贈右屯衛大將軍令擄　贈河內侯令耽　贈感德軍承宣使令感　贈太保令志
子仰　武翊郎子攸　三班奉職子紳　三班奉職子宣　保義郎子澤　修武郎子漣　太中大夫子湜
伯碩　伯祖　伯熹　伯憲　伯恕　伯慮　伯愿　伯櫄　伯鱠
師珉　師植　師昫　師樾　師墉　師歷　師存　師定　師扈　師易　師阜　師賜　師秩
希董　希昇　希泞　希湉　希畋　希曉　希咏　希晦　希暵　希晅　希煜　希彬　希佽　希急　希優　希韓　希道　希僎　希濤　希侃　希蠡
與爵　與忝　與鏃　與鋹　與鄉　與鍶　與鉚　與逡　與琚　與瓔　與肖　與盱　與惺　與昺　與耆　與振　與穩　與垌　與壯　與揚　與潔　與映
孟褎　孟宏　孟寔　孟集　孟浚　孟棱　孟壁　孟璧　孟鉌
由佇　由仏　由仕　由仰

左朝請大夫子汲　直秘閣子渼　左承議郎子沃

伯晉　伯蟶　伯樟　伯杞　伯扔　伯樞　伯通　伯材　伯拘

師恬　師元　師檝　師燚　師俗　師佀　師悰　師俶　師佮　師倛　師熾　師堪　師炘　師煖　師偘　師儋　師休　師僷　師偋

希邇　希侯　希澆　希心　希偲　希倈　希仞　希祚　希巛　希價　希平　希壆　希工　希堊　希丕　希拭　希揮　希措　希蔣　希垓　希圻　希埈　希址　希圠　希坫　希墱　希垛　希壏　希墠　希垙　希遨　希逿　希邋

與津　與嶺　與嵴　與易　與謹　與楧　與奭　與會　與握　與燿　與庬　與焟　與讙　與諒　與誧　與瑂　與璵　與璽　與浧　與贑　與鉦　與鍴　與鐈　與鐸　與璃

孟岕　孟隆　孟環　孟側　孟杆　孟櫝　孟楷　孟錄　孟操

贈高密郡公令橅　贈太師惠王

朝散郎子浚　贈右承事郎子浩　朝散郎子瀞　秉義郎子汝　通直郎子湯　左從事郎子濮　朝奉郎子滮　承議郎子測　再贈正奉大夫

伯楧　伯禒　伯禖　伯彰　伯彩　伯禧　伯懿　伯穀　伯祥　伯漢　伯傑　伯塤　伯儼

師儃　師僢　師伶　師沘　師徰　師胼　師汎　師侁　師克　師虔　師田　師季　師暈　師隗　師贇

希遵　希遍　希邍　希进　希逌　希迣　希逮　希逾　希迆　希逐　希邁　希遺　希違　希迺　希速　希邅　希逖　希退

與瓎　與琜　與獻　與珂　與現　與珴　與諧　與珂　與和　與客　與該　與謁

令憲

子游

伯禾　伯采　伯棐　伯棠　伯杲

師勳　師烈　師焯　師點　師黯　師匯　師熹　師尹　師顏　師瑜　師建　師皇　師石　師勉　師峴

希瑭　希琮　希珧　希閔　希葵　希饒　希遲　希紋　希揀　希孟　希文　希核　希柠　希栘　希櫶　希熐　希燧　希烇　希炤

與賁　與宿　與棣　與㨍　與授　與揆　與提　與扳　與榛　與扔　與播　與遈　與遵　與蘧　與詹　與沓　與朞　與潩　與瀫　與候　與莅　與柯　與椗　與迺　與迮　與遣　與毅　與融　與臬　與沭　與堛　與歷　與垺　與堪　與坲　與態　與坤

孟琠　孟瑑　孟瑠　孟瑫　孟珹　孟珀　孟治　孟暕　孟盻　孟沅　孟瀹　孟沓　孟杳　孟僎　孟偭　孟鏠

伯杲 伯茱 伯案
師宜 師珇 師肆 師至 師璹 師琭 師琫 師璥 師瑳 師珂 師珥 師瑞 師同
希賓 希容 希郝 希遷 希客 希箙 希訾 希晛 希卣 希宕 希詒 希記 希窖 希荅 希郤 希笥 希訡 希誥 希諨 希器 希枋 希霱 希謹 希鋃
與栒 與傈 與㥦 與忪 與忯 與慢 與悁 與遂 與激 與任 與徠 與懌 與倫 與悚 與權 與巇 與莘 與忛 與愭 與倈 與賊 與瀩 與瀴 與璧 與墪 與侈 與奎 與濇 與激 與涼 與漯 與僁 與倓
孟傳 孟保 孟仔 孟何 孟休 孟符 孟宿 孟仍 孟僳 孟倞 孟倜 孟仃 孟值 孟樾 孟棕 孟宻 孟佡 孟甾 孟榛 孟椅 孟栫 孟班
由錦 由沓 由樌 由潛

三班奉職子濤 修職郎子淙 宣教郎子濤 子淳 祥符縣開國男子潒
伯乘 伯欒 伯栞 伯果 伯榘 伯槩
師雩 師周 師召 師秀 師仲 師樞 師吉 師材 師綰 師縉 師綸
希澳 希濟 希滂 希濵 希龍 希櫈 希愚 希宅 希亮 希鋐 希鋼 希鍔 希鍵 希鑷 希鈁 希錊 希鉡 希賁 希蕁 希賸 希歸 希過 希搖 希楢 希迿 希適 希火
與柩 與槳 與蘺 與棋 與柳 與杜 與逵 與遷 與迺 與迺 與建 與遨 與迦 與遏 與灩 與瑾 與璐 與湯 與適 與蓮 與溴 與葵 與蒚 與范 與愬 與憲 與悠 與忩 與應 與凝 與茨
孟璟 孟琦 孟傴 孟鏊 孟岳 孟堂 孟蟒 孟疇
由潔 由漫 由漎

太子右監門率府率世護 安康郡公世樊 少師華國公世鴻
武翼郎令仰 武翊郎令肇 太子右內率府副率令傳 太子右內率府副率令韡 贈宣教郎令溠 贈建安侯令擕
承信郎子濼 宣教郎子淙 子灝 子琪 從事郎子埶 子璪 子擽 訓武郎子揆 忠訓郎子琦 武經郎子祇
伯檁 伯樸 伯椿 伯莊 伯菜 伯粢 伯佺 伯瑍 伯瑞 伯瑤 伯演
師紹 師瞻 師聡 師岍 師澳 師玉 師益 師繕 師繐 師緻 師岩 師僭 師倂 師俯
希崟 希迷 希東 希顗 希甑 希廷 希浦 希迮 希燚 希潞 希瀸 希流 希滋
與燧 與煤 與怵 與墭 與骿 與倮 與幪 與㽞 與昳 與意 與憵 與珖
孟登 孟發 孟凱

武經郎子祿　從事郎子祝　子祖　子視　忠翊郎子祐

伯渙　伯活　伯詵　伯崇　伯輔　伯崧　伯瑞　伯勝　伯喜　伯從　伯沂　伯縉　伯純　伯繪

師仵　師芭　師萹　師栓　師慄　師倫　師壽　師祝　師祚　師禑　師廉　師柔　師浥　師翻　師決　師陶　師證　師業　師僮　師倢　師書　師愔　師懥　師瑩　師壅　師璘　師勤　師㴸　師濡

希玠　希滴　希洄　希潩　希沽　希激　希濾　希夸　希賁　希珥　希淜　希臧　希電　希秈　希謖　希詠　希敓　希琟　希衎　希僙　希熅　希鏈　希鏞

與蘿　與磷　與崧　與䌷　與鐇　與鏑　與棪　與璨　與桃　與魚　與烝　與澠　與諨　與還　與漳　與洸　與滸　與漢　與沐　與潰　與湟　與涖　與漸

孟侄　孟叢

西頭供奉官令澈　武德郎令恣

子祚　子禮　子禛　宣教郎子初　子祈　保義郎子褘

伯文　伯歌　伯合　伯守

師擇　師持　師拂　師翟　師振　師梂　師頤　師命　師耆

希賈　希湯　希槻　希輯　希稛　希甇　希禎　希諰　希性　希瀛　希启　希緒　希姬　希芊　希闈　希桴　希竑　希楑　希翕　希杅　希播　希漪　希樞

與莘　與堇　與琊　與琺　與暐　與墻　與昂　與蕙　與菖　與萊　與滂　與遂　與涫　與漨　與淑　與琭　與俠　與慭　與萱　與迒　與取　與瑀　與茂　與讀　與孅　與淡　與諡　與譎　與齊

孟透　孟遭　孟桃　孟櫸　孟棗　孟臺　孟瞄　孟綠　孟珓　孟宋　孟華　孟宓　孟仅　孟偻

贈通議大夫令晴

成忠郎子褕　子衿　再贈左朝散郎子祠

伯瑾　伯玖　伯瑚　伯璨　伯珣　伯琇　伯玗　伯淵　伯淸

師鏞　師隲　師鍾　師鉞　師聽　師鎙　師忈　師郇

希默　希宗　希佳　希桄　希槿　希庁　希縱　希伏　希岳　希姚　希楓　希通　希浩　希浚　希澍　希顥　希𩔖

與槳　與瀧　與江　與槻　與途　與逌　與吟　與珞　與功　與畤　與朊　與桔　與梘　與澳　與傈　與侑　與稀　與穗　與種　與昔　與普　與曆　與盼　與淇　與涵　與洊　與舉　與沐　與奇

孟儁　孟佳　孟俵　孟佃　孟軇　孟瑄　孟環　孟鋭　孟鐄　孟鑯　孟鑷　孟瓊　孟瑝　孟琁　孟珶　孟璙　孟裥　孟矜　孟近　孟泩　孟佑

由琟

馮翊侯世登

武翊郎令汪　贈洋川郡公令鑿

再贈通奉大夫子禴　子裕　子禧　子禮　子元　三班借職子立　三班借

伯俶　伯淙　伯蟾　伯汶　伯洋　伯溉　伯源　伯沖　伯晨　伯易　伯昴　伯浩　伯汶　伯澤　伯浚

師漣　師卲　師滈　師愿　師坦　師盈　師恩　師辱　師雩　師香　師需　師霧　師霆　師邊　師然　師膳

希顛　希洤　希閬　希闞　希岐　希念　希聰　希崧　希玲　希鈗　希皐　希蒠　希渂　希烴　希慍　希潧　希勵　希扐

與侁　與況　與稷　與涇　與渭　與濡　與牧　與敷　與榛　與琢　與璧　與瑰　與瑲　與往　與偏　與怡　與攡　與纏　與櫍　與棱

孟忏　孟慄　孟泊　孟鴻　孟澶　孟洄　孟釺　孟鏑　孟璪　孟鐁　孟敦　孟

由犨

惠國公世擢

贈東萊侯令雙　贈華原郡公令傀

職子建　三班借職子延　從義郎子佐　武翊郎子傳　子構　子潛　子珍　子瑞　修武郎子驥

伯瑜　伯珫　伯瑀　伯珎　伯玠

師慈　師後　師下　師和　師闓　師盈　師新　師功　師孝　師鎔　師孟　師酉　師慧　師詠

希詩　希諄　希栗　希意　希鉠　希闔　希羔　希臒　希典　希詳　希蔚　希求　希憿　希謗　希焞　希岦　希岧

與悫　與懲　與滋　與湉　與潮　與焆　與莒　與蓁　與龠　與咸　與嗷　與復　與玖　與琛　與蓉　與傁　與俵　與栁　與楦　與琾

孟慨　孟熏　孟儁　孟璁　孟培　孟斑　孟琄　孟瑕　孟玝　孟玥　孟玫　孟瑛　孟橪　孟快

由鍠

左班殿直令尤　右班殿直令現　贈武義郎令琈　右侍禁令瑏　右侍禁令怡

武節郎子驌　右班殿直子驂　子騎　再贈武義大夫子騆　子駝　忠訓郎子駉

伯震　伯燈　伯雯　伯霆　伯珉　伯霦　伯奎

師享　師褒　師亨　師惓　師怏　師悟　師慨　師惜　師浦　師洊　師瀼　師潭　師渶　師潾　師滁　師泮　師藥　師恁　師崽

希亘　希磊　希蘇　希荐　希芒　希燕　希璁　希黝　希鯨　希櫄　希球　希玆　希楔　希櫻　希漢　希柎　希鍓　希朴　希看　希焦　希僬　希鷟　希圈

與濱　與傳　與湞　與防　與屋　與獨　與側　與衕　與街　與瓔　與棕　與樒　與梛　與樐　與檾　與顏　與渾

太子右內率府副率世賴
南康侯世掌
少師儀王世福

左班殿直令什
右班殿直令諒
右班殿直令梗
忠訓郎令冊
左班殿直令番
贈洛交郡公令脊

子賁
子宥
右班殿直子隆
成忠郎子正
武經郎子直

伯騰　伯翱　伯翔　伯遲　伯參　伯向
伯珪　伯瑾

師逊
師法　師則

希囯　希闓　希烦
希騆　希助　希代
希褆　希習　希睦　希辯

與郵　與鄙
與堉　與增　與延　與歡
與洛　與鎮　與相　與禱　與禬　與祺　與禖　與顏　與祾　與邊　與祈

孟倢
孟倪　孟琭　孟琿　孟瑠　孟珵　孟球　孟琎　孟鏤　孟鏁　孟鐇

修武郎子富

伯瑜　伯珖
伯強
伯承　伯熊　伯烈

師沐　師愽　師欽
師恂　師忽　師仍
師汲　師作　師英　師涓

希聊　希瓩　希赤　希弓　希證　希瀍　希澳
希灑　希治　希濡　希蕤　希偕　希延　希孜　希旺　希任　希渻
希沍　希彰　希用　希登　希祁　希郃　希鏉　希剸

與儦　與毬　與譁　與玡　與玏　與訂　與謍　與詄　與諴
與樹　與橑　與湝　與凓　與鋼　與銃　與淈　與涑　與泝　與過　與闛　與闉
與撫　與槵　與樠　與亮　與搏　與靖　與竣　與溪　與埠　與塛

孟菁　孟蒉　孟菖　孟鑄　孟鍉　孟鏣　孟鈐　孟佯　孟伯
孟析　孟栖

由鑵

贈安定郡王令林

子陟　成忠郎子頤　通義郎子常
修武郎子麟
忠翊郎子說　修武郎子震　子需　子晉　成忠郎子節　子賁　從義郎子兌　秉義郎子莘　承節郎子巽

伯舉　伯亨　伯周
伯璩　伯璟　伯琇　伯琮　伯璗
伯珸　伯瑝　伯玲　伯瓚　伯㬌　伯璽

師渝　師象　師悅　師僕　師儚
師忻　師懷　師忭　師滄　師溢　師快　師濤　師汶　師泌　師澧
師僙　師憐　師燧

希綬　希麗　希堹　希垶　希珇　希𦾝　希梣　希栓　希櫛　希栢
希霶　希霖　希昷　希雺　希栒　希湒　希亶　希鈴　希真
希槧　希濱　希槐

與通　與沛　與灑　與瀦　與湉　與侎
與樿　與楈　與梘　與栝
與肩

孟珣

武翊郎令牲　右侍禁令郭　右侍禁令碧　武翊大夫令詭
子逵　子遇　子俊　秉義郎子赫　子亮　子善　贈武經郎子道　贈忠訓郎子達　成忠郎子過　秉義郎子適
師璧　伯壽　伯益　伯奮　伯高　伯陽　伯儔　伯儦　伯僅　伯傎　伯豪　伯山　伯琢　伯嵤
師恨　師鎡　師鑛　師錄　師鈁　師鈉　師鐶　師鏇　師隆　師鑾　師耸　師户　師瓜　師洲　師潭　師活
希櫛　希銘　希瓏　希渚　希滷　希澧　希謁　希玩　希琫　希玠　希毅　希湞　希漉　希溥　希漻　希瀘　希澔　希澣　希湝　希消　希端　希期
與廬　與漁　與涏　與謡　與謑　與謗　與詛　與請　與嶔　與密　與岧　與巒　與逄　與泗　與鉻
孟熹

修武郎
忠訓郎子適　子逝　子逢　子迅
伯嵒　伯憲　伯啓　伯棟　伯瑛　伯棨　伯宗　伯位　伯企　伯泮　伯諒　伯檀　伯嵒　伯椅　伯偲
師澮　師渫　師滌　師漚　師澥　師漯　師滈　師湶　師湉　師淑　師湲　師渼　師瀟　師洸　師浹　師涔　師瀾　師樋　師樱　師頫　師凝　師嬰　師嶺　師杯　師梘　師採　師握　師鐸　師璀　師珣
希鉦　希鎏　希鏽　希鉑　希鐲　希鏑　希鏸　希鉗　希鏙　希鏍　希鐪　希鑊　希釙　希鏳　希鏥　希鑯　希鉠　希鏑　希諄　希琠　希鑯　希錯　希鉅　希淘　希漿　希璘　希璿　希瓚　希璚　希瑮
與權　與端　與壢　與堋　與嵒

東陽侯世宥　高密侯世榮
令惟　忠翊郎令謙　右班殿直令俄　西頭供奉官令芑　右班殿直令墉　右班殿直令璪　右班殿直令滍　右班殿直令矗　右侍禁令廉　右侍禁令迅　左班殿直令帆　左班殿直令竦
保義郎子駿　子暐
伯潛　伯達

宋史卷二百二十一

元中書右丞相總裁脫脫等修

世系表第十二

宗室世系七

少師榮國公世闡
贈開府儀同三司令話
忠訓郎子璋
伯遹　伯達
師農　師岍　師鈢
希遵　希邁
與憓　與淞　與陶　與立　與耿　與檳
孟伊　孟濾　孟福　孟隱

左班殿直子偎 保義郎子禮 保義郎子傳
伯逵 伯琮 伯汶
師武 師斌 師㻾 師會 師訢 師琮 師定 師安
希浸 希麒 希鶚 希譚 希詔 希蕘 希岭 希岑 希嵴 希指 希芟 希錮 希銖 希鈐
與續 與大 與炳 與雄 與强 與昇 與緯 與統 與紘 與渙 與健 與億 與脩 與阮 與勳 與勔 與劢 與勑 與甥 與勁 與勒 與劭 與淲 與洪 與浙 與壓 與賢
孟輝 孟傜 孟錝 孟鈴 孟汨 孟法 孟淥 孟賢 孟鐵 孟霽 孟忱 孟怡 孟恢 孟懋 孟悛 孟愉 孟悚 孟懽 孟愡 孟漣 孟愷 孟憤 孟恂 孟愣 孟悠 孟愚 孟愍 孟烈 孟鉄 孟栨 孟桄 孟檸 孟梀 孟棪
由凌

東頭供奉官令琥 右班殿直令湲 贈武翊大夫令譗
承節郎子仔 秉義郎子儼 忠訓郎子儒 承信郎子僑 子備 子傑 子佩 子儀 秉義郎子僼 秉義郎子佐 武翊郎子儉 秉義郎
伯順 伯川 伯釧 伯叶 伯逡 伯濮 伯清 伯湍
師有 師毅 師鄆 師右 師琨 師勵 師僩 師璠 師瑄 師璗
希汪 希泓 希瑝 希諄 希諲 希栒 希梗 希椅 希瀧 希淯 希鵯 希皎 希劬 希瀌 希扔 希扶 希拂 希摠
與瑚 與瑋 與峊 與崑 與錡 與錧 與鎮 與鐱 與鎊 與鏻 與瓔 與琳 與玗 與壇 與壂 與科 與柏
孟鐇 孟集 孟棨 孟垟 孟璈 孟璩

左侍禁令偶 修武郎令璺 右侍禁令垂 左班殿直令覯 從義郎令漕 忠翊郎令由 從義郎令請 敦武郎令邶
子佾 忠訓郎子僖 承節郎子傳 承信郎子倚 子伸 子仁 保義郎子佑 保義郎子偶 承信郎子保 修武郎子作 子倪 子條 子佰 子仰 子仁 子個 子倪 子伻 子傑
伯澄 伯言 伯珈 伯逸 伯邁 伯邂 伯遜 伯迪 伯逵 伯瑢 伯璩 伯玩
師彿 師聰 師僨 師懷 師可 師謾 師諳 師誧 師詥 師誀 師譿
希答 希蒞 希樽 希柎 希撰 希拾 希扳 希指 希抑 希諗
與祗 與禪

房陵郡公世重

秉義郎令彭 忠訓郎令嵡 贈永國公令擡 康州團練使令瑊 贈武翊大夫令臣 左侍禁令蔬

子偓 子革 子偲 子彬 子春 忠訓郎子潭 贈修武郎子彪 贈太傅子彤 成忠郎子鐸

伯瑒 伯程 伯粹 伯諗 伯鑰 伯穎

師鏃 師壎 師增 師譽 師岁 師澶 師乂 師古 師潔 師消 師昴 師碏 師狗 師愠

希撫 希遣 希還 希逑 希建 希遹 希遝 希遡 希蓮 希霧 希霍 希靄 希灟 希豆 希福 希嶓 希儉 希堡 希鋻 希壅 希保 希伀

與暲 與敹 與敫 與蕠 與蘘 與鑱 與鉗 與釿 與鉦 與鑿 與聘 與鏅 與沓 與晐 與昇 與椸 與齊

孟瓏 孟蟻 孟逯 孟栞 孟稾 孟逵 孟孫 孟濆 孟乩 孟浧 孟假

由潪

東陽侯世職

贈武翼大夫令悅 從義郎令碕 修武郎令媛 右班殿直令涼 右班殿直令內 敦武郎令玕

子淳 子檝 左修職郎子瀾 承信郎子熤 忠訓郎子均 秉義郎子参 修武郎子彰 贈朝議大夫子詵

伯驤 伯頊 伯頛 伯顧 伯頍 伯頵 伯嫷 伯訔 伯贊 伯省 伯璐 伯璹 伯達 伯逵 伯邏

師梲 師習 師膚 師范 師璧 師閑 師挺 師彝 師阜 師訏 師箋 師蕚 師瀾 師結 師鐮 師錡

希係 希官 希㯳 希熒 希琊 希圖 希囿 希圜 希淨 希烑 希嶙 希耕 希耘 希洋 希津 希浯 希沕 希漏

與哲 與惺 與提 與愜 與㮚 與柊 與墬 與萬 與聳 與椓

右金吾衛大將軍世根 房陵郡公世引

太子右內率府副率令瑕 右班殿直令琮 敦武郎令瑄 武德郎令辭 武翼郎令潏 修武郎令蓁

贈從義郎子說 承信郎子諾 修武郎子佑 子裕 承節郎子璟 子竿 忠信郎子昉 承信郎子脩 子先 子俊

伯連 伯迴 伯遡 伯退 伯遏 伯遶 伯從 伯松 伯琛 伯集 伯樅

師銀 師鉉 師鍔 師劉 師檡 師遭 師厲 師謷 師悰 師誉 師礫 師棶 師鉠 師璐 師顏 師古 師龔 師潞

希惆 希憶 希阜 希旬 希千 希匊 希槓 希佮 希儋 希偄 希橉 希巙 希曒 希鞣 希鍱 希鉤 希應

與滲 與灡 與湍 與卿 與秖 與淌 與諜 與祄 與洼 與淆 與渤 與垄 與臺 與埥

建國公世朏
武節郎令煒　武翼郎令律
子眞　子思　子康　武經郎子佃　子佺　承節郎子倞　成忠郎子侑
伯賀　伯瑒　伯球　伯琜　伯焞　伯華　伯懿　伯璵　伯琴　伯傒
師顧　師頌　師鱗　師塝　師義　師晰　師鰉　師暲　師巃　師夬　師康　師觀　師廓　師楫　師韋　師擅　師拯　師挏　師括　師柄　師拭　師拱　師貴
希瑛　希瓚　希柜　希鑌　希邗　希境　希瑛　希嶬　希璞　希璔　希磬　希漾　希燏　希燧　希曄　希舟　希豹　希恩　希甗　希寒　希崽　希悠　希憼　希忠　希追　希迟　希遜
與復　與贄　與菘　與坌　與垒　與生　與逖　與惎　與瑫　與駉　與驦　與莊　與璧　與鎏　與堅　與薈　與蕑　與葦　與芟　與班　與珌

左侍禁令覛　秉義郎令坯　右班殿直令璸　右班殿直令桓　武功大夫令駿
贈封安定郡王子倚　保義郎子式
伯持　伯拙　伯場　伯揮　伯招　伯消　伯沃　伯澗　伯幵　伯兢
師賚　師珽　師璒　師堆　師杰　師迢　師複　師璧　師但　師僨　師征　師出　師儁　師僭　師璪　師環　師瑓　師玞　師鏋　師念　師忍　師愁　師職　師聒　師聆　師聘　師虞
希迎　希稷　希禛　希裯　希稰　希襟　希祇　希祺　希祴　希祋　希根　希襢　希乾　希軋　希穰　希鋏　希鑽　希鏵　希鈊　希鐙　希鎊　希馭　希騮
與硒　與碖　與碒　與硝　與磚

房國公世丸
右班殿直令鑾　修武郎令控　右侍禁令鏧　敦武郎令隄　右侍禁令扆　秉義郎令翻
從義郎子聯　承節郎子原　忠順郎子厚
伯甡　伯瑳　伯璵　伯琅　伯繂
師前　師贊　師已　師鑕　師鉛　師珌　師珊　師鐸　師鏗　師鍾　師誓　師古　師郯
希駪　希璲　希瑑　希璬　希瑚　希珠　希瑎　希瑄　希珇　希瑞　希瑑　希璃　希瓌　希磬　希脊　希瑓　希佛　希僊　希僨　希伺　希堙　希埻　希潔　希瞑　希暖　希暟
與埆　與基　與淠　與蘭　與瀝　與墪　與坒　與杢　與埊　與里　與堅　與埠　與鑷　與鏌　與錚

武經郎令勴 左侍禁令劼 忠訓郎令倏 從義郎令軿 修武郎令崯 武翼郎令潩

武經郎子摯 子慫 贈開府儀同三司子恭 成忠郎子寬 子敦 子善 子厚 承節郎子鈞 承節郎子欽

伯擕 伯御 伯準 伯侶 伯達 伯週 伯達 伯逋 伯堯 伯芃 伯免 伯稤 伯讃 伯穉 伯秋 伯稛

師遒 師逾 師潹 師侑 師灘 師濼 師遂 師註 師狤 師逕 師諷 師譪 師亶 師閏 師如 師蓋 師堅 師鏨 師堪 師埊

希睞 希瞱 希構 希櫶 希達 希檖 希檣 希稭 希桸 希杵 希郼 希伋 希御 希綸 希縚

與緗 與縺 與烋 與渠 與熙 與燕 與璬 與敵 與敂

贈朝散大夫令訆 忠訓郎令拓 贈開府儀同三司令德

保義郎子鐸 封安定郡王贈開府儀同三司子靚 從義郎子靚 承節郎子覡 朝義郎子觀 子覬 再贈修武郎子復 訓武郎子緯

伯穗 伯稔 伯意 伯産 伯旨 伯覬 伯夏 伯壅 伯亭 伯亦 伯燮 伯庇 伯辛 伯永 伯率 伯豪 伯稟 伯膏 伯杓 伯坼 伯意 伯慧

師壑 師墨 師基 師邃 師戴 師潯 師懝 師保 師伍 師範 師銷 師鏠 師釿 師琨 師聖 師玶 師璘 師橙 師瑊 師樘 師玿 師璬 師浮

希徉 希鎏 希徥 希涪 希鹿 希鹺 希釧 希塔 希塤 希壈 希鈇 希鐗 希鏩 希鋨 希鑑 希壙 希要 希瓮 希賁 希俵

與怟

武翼郎令齊 成忠郎令衎 武節郎令況 武翼大夫令嶮 成忠郎

子紞 秉義郎子曈 子瓏 子球 子安 保義郎子宿 子琥 從義郎子瑥 子鄢 子璋 子璡 保義郎子瓊 子玘 子珌 子珀 子瑊 子悛 左奉議郎子倬 秉義郎子仍 修武郎子休

伯睎 伯摑 伯睎 伯旺 伯昭 伯旹 伯禔 伯淇 伯注 伯汲 伯池 伯沼 伯泗 伯湏 伯湘 伯湝

師澧 師扎 師極 師杤 師溥 師潛 師械 師楪 師梃 師鑽 師釭 師鎛 師鑼 師銕 師鋼 師橞 師橚 師槱 師櫄 師梅

希復 希徭 希荷 希徝 希吏 希織 希糈 希濼 希栳 希禂 希燐 希薔

與新

平陽侯世資
令靠 右班殿直令錯 右班殿直令賚 武經郎令夸 從義郎令紓
子佚
伯壽
師祺 師極 師楷
希璮 希瓆 希氐 希珊 希琿 希玵
與典 與惎 與愿 與牗 與隸
孟証

馮翊侯世勑
武翼郎令玿 令鼐 右班殿直令攟 右班殿直令鏧 左侍禁令賁
伯錠
師恪 師樟 師偶
希珊 希璩 希玼 希瑋 希瑨 希秘 希洵
與臏 與膄 與朦 與膃

濟陰侯世造
敦武郎令澶 武翊郎令愼 右侍禁令芊 右班殿直令鑾 武翊郎令璿 武節郎令頲
子俊 從義郎子造 子儀 子聰 子俊 子蒙 子莊 承節郎子哲
伯文 伯柔 伯琰 伯可 伯履

高密郡公世蕃
武翊郎令㦲 右班殿直令涓 武翼大夫令珠
子垚 子磊 再贈武顯大夫子奕 從義郎子奭
伯瀘 伯霷 伯升 伯晉 伯寅 伯忍 伯仁 伯傑 伯俊
師鏵 師臻 師適 師俌 師侊 師晨 師晃 師旻 師昌 師早 師葑 師姜 師羨 師偎 師迫 師觸 師增 師泓 師宗
希瞌 希睹 希昨 希濂 希溉 希含 希金 希倉 希龠 希畲 希訢 希鏈 希鎰 希釜 希燁 希爚 希彥 希顏 希栥 希吾 希宸 希闓 希曔 希洛 希淖 希洪 希邂 希芭 希苑 希蕙 希荼 希菽
與鋅 與鵬 與玤 與錄 與瑠 與璗 與臻 與芇 與旨 與臺 與濤 與欐 與霳 與遴 與邂 與蓬 與逢 與玩 與瑯 與薹
孟㵪 孟荷 孟供 孟睿 孟室 孟親 孟儻 孟讀 孟講

修武郎令岦 武翊郎令夰
子變 秉義郎子秦 子爽 承節郎子方 忠訓郎子言 從義郎子立 承信郎子京 忠訓郎子琪
伯倫 伯洽 伯治 伯源 伯渦 伯濤 伯漣 伯友
師允 師禦 師丙 師喬 師貟 師夷 師鎗 師鎌 師侹 師倘 師儋 師侈 師佪 師綜 師給
希鰌 希衡 希璺 希蒸 希茵 希芳 希迨 希羲 希葶 希藥 希皐 希芃 希吳 希湝 希焴 希勞 希軸 希睥 希憲 希曔 希瞻 希䅀 希鏝 希鉆 希鉿 希鍗
與堳 與涌 與灌 與濺 與湢 與望 與鍝 與逃 與迭 與迟 與磁 與現 與側 與慄 與悻 與瑤 與璲

永清軍節度觀察留後清源郡公惟和
襄陽侯從誨
汧陽侯世逵　富永侯世儀
保義郎令減　保義郎令兌　太子右監門率府率令琛　贈馮翊侯令甲　太子右內率府副率令閏　贈右屯衛大將軍令晃
保義郎子乂　子齊　子卞　贈左宣奉大夫子櫪　武經大夫子棒
伯歡　伯逵　伯鼎　伯蒙　伯謙
師緯　師緎　師綷　師緝　師虓　師亥
希德　希瀞　希鍪　希激　希暘　希昇　希宋　希勱　希振
與柈　與椅　與瀘　與忠　與勵　與操　與痏　與玭　與珩　與恵　與蠢　與芁
孟辯　孟懿　孟裕　孟闍　孟塏　孟垌　孟址　孟櫂　孟塗　孟堉　孟堝　孟陷　孟塱　孟堤　孟塑
由鏸　由銓　由鎔　由錄　由玥　由鋭

信王世開
贈右屯衛大將軍令收　贈右太中大夫令組　贈少卿蘭國公令戈　嘉州防禦使令駅　宣義郎令債
從事郎子櫳　封天水縣開國男子厚　朝奉郎子木　贈朝散郎子熏　子柄　朝議大夫子椿　朝散大夫子棫　子櫪　左班殿直子檜　左班殿直子樱
伯申　伯召　伯方　伯尚　伯野　伯山　伯崧　伯獻　伯孚　伯益　伯夔
師瀛　師阮　師灑　師張　師杏　師服　師張　師敎　師顮　師煥
希札　希涊　希概　希楑　希桴　希雄　希造　希坯　希岩　希迺　希逵　希采　希鐄　希瞰　希鏦　希增　希墿
與詥　與記　與謙　與訜　與爐　與綸　與沵　與涔　與渝　與纐　與練　與　與　與巄　與泓　與邁　與蘧
孟垺　孟蕭　孟薫　孟清
由福

宣城郡公從審
太子右內率府副率世統　金州觀察使世英
太子右內率府副率令銓　太子右內率府副率令冐　贈安樂侯令驅　贈高密侯令矝
三班奉職子約　忠訓郎子純　武節郎子綱　秉義郎子經　宣教郎子紘　左朝奉郎子繩　三班奉職子脩　左侍禁子玉　左侍禁子語　左侍禁子嚴　左班殿直子瞻　武翼郎子善　成忠郎子諸　承節郎子正
伯祿　伯䄙　伯禧　伯禔　伯褚　伯祥　伯祐　伯福
師帥　師曇　師碁　師璹　師論　師詥
希德　希佃　希僉　希儁　希澶　希萻　希寓　希滌
與週　與參　與迟　與迸　與迴　與蘧
孟禒　孟鉦　孟析

左武衛大將軍世堅　右武衛大將軍世及　左領軍衛大將軍世卿
贈南陽侯令在　贈河內侯令
承節郎子文　子珪　左班殿直子高　忠翊郎子珍　三班奉職子琦　子沆　左侍禁子仁
伯壽　伯禧　伯豐　伯晉　伯賁　伯普　伯毅　伯穀
師昇　師鯉　師奇　師佚　師參　師馮　師騄　師騰
希疆　希霖　希曜　希箋　希由　希賓　希臨　希流　希砿　希玦
與鏞　與玐　與蕣　與摹　與椱　與建　與廻　與逗　與遂　與邏　與鎖　與鉽　與瓀　與鉛　與銛　與談　與針　與鑠　與鑁
孟諿　孟灩　孟潍　孟冲　孟縱　孟烕　孟倜　孟發　孟傪

贈武義大夫子孚　再贈中大夫子溫
伯鼓　伯設　伯耆
師駼　師騅　師華　師了　師孫　師商　師攸　師梓　師機　師銖　師鎬　師銘
希琤　希琗　希傪　希傶　希個　希懍　希僾　希惘　希悰　希㦤　希倫　希憧　希媞　希馳　希佪　希嶽　希崧　希嶝　希岕　希嵱
與鑽　與錁　與庱　與樒　與鏃　與職　與馭　與浪　與灘　與垛　與埥　與塔　與逷　與朴　與湟　與漫　與靈　與溥　與瀆　與梃　與檯　與槲　與橉　與檜　與瀹　與淤　與鏌　與佃　與轐　與軓　與轃
孟僊　孟櫪　孟玨　孟堅　孟準　孟墜　孟鐳　孟鐯　孟稜　孟忡　孟潥　孟涀

太子右內率府副率令綸　贈高密侯令彊　贈感德侯令駿　太子右內率府副率令宿
子澤　子偃　子兼　左班殿直子樝　忠訓郎子松　忠翊郎子樻　右班殿直子善　右侍禁子兼　子華　忠翊郎子夾　子萃
伯耇　伯欣　伯　伯叟　伯忞　伯愈　伯念
師揚　師墡　師熜　師焞　師炷　師炬　師垷　師垢　師瓉　師塎　師玐　師壐
希嵋　希峋　希峙　希岩　希遷　希逭　希㟢　希峴　希嶢　希峨　希嵫　希嵥　希岫　希帆　希汙　希墲　希壤　希墋　希塱　希圢　希鎗　希鎮　希鐔
與轐　與輶　與璾　與　與蹇　與鏖　與瀰　與泚

北海郡公世樸

贈少師令僉

子宰　修武郎子革　三班奉職子葦　朝散郎子廸　再贈銀青光祿大夫子晝　子卒　子閏　子莊　成忠郎子簡　保義郎子撰　贈武德郎子中

伯修　伯丁　伯同　伯懷　伯充　伯暘　伯昂　伯壘　伯暐　伯石　伯杲　伯琹

師寀　師鏷　師韓　師展　師瀲　師柳　師嘉　師莆　師魚　師斐　師覺

希釵　希玕　希芫　希櫸　希潭　希瀞　希漳　希溇　希洞　希袷　希稀　希褀　希迦　希髡　希余　希佺　希泊　希波　希漻

與滌　與濛　與䆉　與浤　與瀹　與潘　與稀　與楧　與稽　與祺　與穰　與楠　與巽　與膺

孟㚇　孟䕫　孟戭　孟敷　孟淯

贈右屯衞大將軍令每　內殿承制令詷

成忠郎子郁　秉義郎子鄰　保義郎子重　西頭供奉官子玧　秉義郎子苑　武經郎子尺　成忠郎子俊　保義郎子奉　子劣　子厚　從義郎子振　承信郎子持　子璋

伯曖　伯屋　伯驅　伯灝　伯頴　伯勇　伯芷　伯俊　伯佾　伯榮　伯明

師項　師鼇　師纓　師仲　師紳　師蓋　師靄　師霙　師霅　師遵　師迎　師迹

希韜　希眞　希億　希徽　希綜　希鉤　希鋙　希鏑　希柄　希堪　希楠　希械　希桐　希傻　希儐　希灅

與秕　與稌　與訢　與惰　與磏　與磁　與尧　與沓　與神　與榧　與槳　與桊　與淑　與抱　與㨉

馮翊侯世總

左侍禁令渝　馮翊侯令護　令擴　武德郎令㨼

子瑛　西頭供奉官子歷　承信郎子樞　承信郎子樞　秉義郎子柄　贈開府儀同三司子楨　子靚　子覸　忠訓郎子悆

伯敬　伯侊　伯克　伯元　伯坦　伯塘　伯奇　伯模　伯哥　伯公　伯達　伯迁

師遞　師逑　師逡　師迴　師遵　師遲　師但　師迈　師通　師潤　師星　師俘　師侅　師瀘　師漗　師渾　師瀑　師莅

希禝　希禧　希祓　希沛　希潸　希梅　希禥　希講　希苹　希重　希烁　希炌　希玶　希瓚　希壚　希錩　希璘　希鳿　希瑕　希瓈　希邠　希熚　希逌　希熺　希熣　希爍

與謕　與諦　與謗　與諧　與誼　與謔　與竘　與埏　與壏　與構　與惧　與堅　與瑀　與塴　與淟

孟鳿　孟軛　孟瑑　孟鑊　孟穧　孟鑺

右屯衛大將軍世仍
太子右內率府副率令梶　贈博平侯令諷　東頭供奉官令徽
右班殿直子佩
師藻　師整

宋史卷二百二十二

元　中書右丞相總裁脫脫等修

世系表第十三

宗室世系八

秦王房

贈太師中書令兼尚書令秦王德芳
保靜軍觀察使留後高平郡王惟叙
建州觀察使從溥
潤國公世堯
太子右內率府副率令湊　太子右監門率府率令瞻　贈高密侯令畋
忠訓郎子昌
伯符
師嬰　師旅　師巽
希僃　希倜　希忪　希俍　希俅　希友　希伯　希峻　希檜
與穎　與富　與貲　與禕　與塑　與墅　與保　與倆　與似
孟芳　孟嵊　孟嶢　孟崵　孟

再贈通議大夫子乙　子臬
伯爻　伯乂　伯文　伯存　伯靈　伯愚　伯笠　伯達
師塡　師憙　師丑　師慮　師店　師由　師芸　師甫　師程　師扎
希栩　希瓚　希李　希檜　希楠　希椐　希開　希亢　希瞿　希麗　希磯　希澮　希淑　希慷　希謹　希岱　希蕭　希輔　希贛　希淀　希瀟
與偘　與伲　與什　與伉　與倧　與儆　與傯　與佯　與側　與堪　與墿　與垠　與塌　與壥　與瑹　與玜　與珄　與瞻　與扶　與欒　與枋　與橘　與櫃　與楥　與佪　與垓　與塡　與垸　與埈　與樀　與坆　與鷞　與垎
孟玿　孟鈹　孟鐀　孟錁　孟璅　孟燁　孟煑　孟樇　孟鎣　孟瑽　孟儔　孟儷

齊國公從晛
惠國公世逸
修武郎令崘　敦武郎令璁　武功大夫令雩　左班殿直令幹　右班殿直令錯　太子右內率府副率令祉　太子右內率府副率令幰　贈廣平侯令攀　贈高密侯令息
子亘　保義郎子忠　承信郎子褎　從義郎子亨　承信郎子奕　修武郎子儔　左侍禁子宏　修武郎子宥　再贈武經大夫
伯繹　伯維　伯茀　伯薇　伯莘　伯陞　伯亮　伯綬　伯齊
師佗　師仟　師什　師偹　師儺　師倒　師仿　師僓　師瓛　師噲　師疆　師輞　師琢　師支
希玭　希琕　希璹　希瑆　希琑　希瑪　希璃　希玲　希迫　希遵　希鐮　希鉤　希僨　希宵　希佅　希琲　希昣　希邴　希仍　希儷　希待
與倀　與伎　與儞　與潩　與汭　與碏　與倈

子定
伯珪　伯璋　伯琦　伯琳　伯城
師葳　師藏　師溫　師率　師柄　師及　師提　師朋
希爟　希亦　希衣　希京　希市　希竹　希仟　希令　希殿　希佉　希汎　希沃　希僑　希粲　希秋　希瓊
與評　與炘　與誼　與詮　與充　與云　與蒸　與習　與儁　與發　與贊　與泱　與洽　與營　與仲　與卓　與罐　與撣　與援　與終　與起　與協　與騰　與腆　與應
孟達　孟逐　孟岩　孟迴　孟章　孟迎　孟邀　孟琚　孟槐　孟渡　孟鄙　孟祁　孟鄰　孟迟　孟造　孟遂　孟逝　孟遡　孟遲　孟迤　孟迁　孟迅　孟饔　孟鑒　孟鎣　孟紓　孟鍱　孟淌
由瀛　由許　由謹　由訥　由翊　由諮　由僦　由仲　由詮　由淞　由壽

伯琥　伯璉
師燕　師蘧　師務　師贊　師巍　師蘊　師沅　師艾
希槳　希褒　希表　希豫　希誴　希復　希譯　希採　希樑　希驊　希騆　希晉　希昱　希皆
與熛　與㷭　與烒　與煊　與辰　與詵　與詗　與謌　與瀾　與善　與倏　與佛　與傛　與墅　與樕　與栫　與逕　與廸　與凝　與洐　與清　與滋　與潛　與泠　與滌　與汾　與淪　與灌　與潔　與洮　與澍　與瑨　與藝　與弈　與戚　與競　與幵　與詳
孟檖　孟錚　孟時　孟惢　孟濃　孟似　孟渾　孟激　孟涇　孟泌　孟澗　孟霙　孟霰　孟構　孟栩　孟璟　孟琛　孟琠　孟璉　孟柏　孟栟　孟偃　孟悅　孟協　孟煉　孟晒　孟瑳

太子右內率府副率令伍　贈博平侯令珂　贈左領軍衛將軍令慈
從議郎子宣　秉義郎子宇　忠訓郎子宗　子宜　從義郎子元　承節郎子寬　子寔　子寶　子養　忠翊郎子宰　子家
伯玒　伯琇　伯逢　伯崧　伯巖　伯崇　伯顯　伯嵩　伯彥　伯濤　伯仍　伯伋　伯仁　伯禧　伯祺　伯袖　伯仁　伯儀　伯暉　伯頒　伯旦　伯智　伯會
師各　師蹇　師慮　師忱　師仲　師冉　師舜　師眞　師矼　師琇　師龐　師養　師諟　師譚　師札
希晟　希旻　希㻋　希玕　希鋸　希鋽　希通　希禹　希繕
與診　與琥　與珅　與玗　與才　與祉　與禔　與祓　與禳　與祤　與祠
孟冽　孟肆　孟佻　孟塘　孟得　孟行

昭信軍節度使兼侍中英國公惟憲
金州觀察使從
南康侯世奕
武節郎令豫　贈武節大夫令明　左班殿直令煥　右班殿直令辛　太子右內率府副率令俶　太子右內率府副率
秉義郎子正　子玥　承信郎子珂　保義郎子宜　子甬　子崇　忠翊郎子璂　子璨　子琮　武節郎子瑀　子璟
伯禮　伯珪　伯琪　伯琛　伯瑓　伯燾　伯淵　伯浩　伯彥　伯濤　伯仝
師浩　師訥　師詑　師獲
希彭　希良　希雍　希廉　希商　希璘　希琿
與治　與豪　與佳　與侗　與儻　與倣　與　與倜　與樞　與　與咨
孟濟　孟洂　孟滑　孟漨　孟涔　孟瀟　孟湛　孟瀨　孟沫　孟淮
由臬　由銓

令譮　贈黔中郡公令龠
贈慶遠軍節度使子西　西頭供奉官子晉　武經郎子璽　從義郎
伯立　伯才　伯正　伯直　伯國　伯輿　伯通　伯達　伯逵　伯适
師孟　師暘　師苟　師莊　師顏　師蠡　師成　師孝　師嶸　師栗　師翻　師董　師范　師濂　師融
希涑　希儀　希准　希瀲　希驥　希聖　希需　希瀼　希柬　希衝　希轅　希晨
與珒　與玕　與珎　與理　與讜　與誶　與誧　與謻　與訒　與譔　與詎　與讕　與謝　與認　與諱　與課　與謔　與譒　與誒　與話　與誧　與訒　與詬　與訨
孟鍾　孟鉟　孟櫑　孟斗　孟鏓　孟鈗　孟鐶　孟培　孟塹　孟墉
由价　由銑　由鎰

子亞　贈承事郎子粲　贈右領軍衛將軍令閎
伯蘊　伯華　伯慶　伯莊　伯茂　伯英
師樵　師格　師孟　師敦　師荀　師槽　師瞳
希瞻　希歐　希憑　希烝　希澤　希淵　希申　希宰　希牟　希丰　希聳　希向　希駒
與俌　與倘　與丞　與至　與圭　與壹　與全　與丙　與勤　與勛　與飭　與位　與脩　與僧　與泰　與灊　與溥　與瀚　與依　與份　與俐　與偉　與偲　與砎　與允
孟瑨　孟通　孟流　孟澎　孟洵　孟涑　孟洸　孟潡　孟沖　孟浦　孟球　孟璟　孟玟　孟璹　孟瓌　孟忏　孟阧　孟逾　孟軨　孟輠　孟灈　孟濰　孟遒　孟達　孟邇　孟逖　孟玘　孟佻　孟弼
由鑰　由　由　由沐　由亮　由渝　由旂

太子右司御率府率世褒　華陰侯世將
贈順國公謚良僖令𡓈
秉節郎子涌　承義郎子湆　累贈正奉大夫子佺
伯仔　伯伸　伯仁　伯伏　伯儒　伯伊　伯備
師艮　師葦　師楓　師旺　師房　師棋　師邦　師要　師陽　師珝
希訂　希旹　希春　希箸　希宓　希超　希晉　希械　希舜　希趙　希足　希越　希楚　希博　希茂　希韃　希晥　希鏵　希鐊　希迮　希价　希賨　希韠　希窸　希䶥　希悊　希　希寵　希鼎　希昂　希導　希擔
與諗　與滲　與逍　與邇　與驊　與膧　與秀　與祚　與詩　與則　與賞　與賀　與賓　與遨　與豐　與杍　與棒　與檐　與晙　與昭　與曉　與愨　與杰　與槃
孟麐　孟鋌　孟顉　孟漛　孟虆　孟埒　孟埇

武翊郎子浩　改贈奉直大夫子榮
伯佚　伯游　伯保　伯僼　伯佐　伯偶　伯信　伯伋　伯儀　伯傃　伯俯
師稹　師科　師榆　師楝　師航　師裴　師誼　師鼂　師旦　師古　師曜　師訓　師讞　師証　師譪　師詮　師詳　師諜
希瀹　希忕　希倮　希斌　希墱　希玓　希族　希俠　希惺　希[illegible]　希垟　希堙　希楧　希觀　希杭　希[illegible]　希谿　希裕　希靚　希兖　希鈞　希鋊　希錀　希[illegible]　希功
與核　與樹　與棋　與樸　與庙　與沛　與添　與鑫　與但　與爽　與夰　與袯　與祺　與禛　與磁　與禑　與祴　與潘　與湉　與渥　與機　與特　與裔　與梏　與礿　與裀
孟圢　孟煊　孟得　孟漉　孟溧　孟袷　孟褆　孟榦　孟樋　孟梓　孟權　孟櫃　孟璐　孟激　孟嶒

贈馮翊侯令聲　贈開府儀同三司令庇
秉義郎子桑　從義郎子楙　忠翊郎子堂　三班借職子昌　武經郎子辨　右班殿直子衍　右禁侍子衛　武節郎子衎　武節郎子術
伯阡　伯成　伯稹　伯份　伯翏　伯昌　伯展　伯備　伯仁　伯益　伯息　伯蘂
師諒　師鈞　師錯　師鍗　師顏　師孟　師文　師雄　師竑　師堈　師經　師皓
希瑭　希老　希晃　希玩　希讚　希羽　希廷　希徑　希鉞　希龍　希全　希曇　希翰　希斗　希櫑　希范　希芮　希融
與古　與衙　與邑　與械　與嶟　與沖　與棟　與鏌　與金　與鏓　與竦　與釘　與鑢　與璽　與孜　與敞
孟穗　孟顯　孟頡　孟順　孟顏　孟濮

贈清源侯令格

武翊郎子瀟　從義郎子蟰　三班借職子礁

伯昱　伯脩　伯价　伯倫　伯寶　伯營　伯賢　伯稷　伯賢　伯牙

師澤　師曠　師旦　師諞　師請　師評　師磻　師潭　師稷　師陳　師昉　師秘　師霓　師霑　師鉞　師千　師鋼　師崧　師玠

希㬎　希餘　希慈　希竦　希縺　希名　希巡　希愛　希簡　希雅　希廉　希德　希縉　希愣　希纓　希注　希懩　希郝　希冀　希囊　希球　希來　希蕭　希琨　希瑱　希瑙　希瑜

與集　與儶　與晷　與睛　與睢　與柏　與亥　與鏷　與托　與揄　與究　與誼　與爍　與墪　與衢　與迢　與柞　與杶　與杆　與棉　與枰　與瓀　與璒　與法

孟洪　孟江　孟袖

太子右內率府副率世秩　馮翊侯世覲　廣平侯世芬

贈太師成國公令譮　贈博平侯令珊　右班殿直令淮　開國公令稷

子繡　追封秀王謚安僖子偁　成忠郎子忞　訓武郎子渾

伯圭　伯倪　伯傑

師夔　師援　師垂　師禹　師皐　師嵒　師彌　師貢　師邈　師謎　師道　師遷　師近

希棨　希卬　希翱　希戩　希古　希閔　希訥　希譔　希謙　希諗　希憕　希低　希特　希德　希惠　希徽　希徽　希贊　希閱　希容　希客　希蹇

與慭　與恝　與忠　與旹　與文　與磵　與弼　與發　與裝　與柟　與榻　與賀　與貫　與賚　與謹　與通　與巖　與諭　與墈　與詠

孟頔　孟須　孟碩　孟頌　孟頮　孟顯　孟頽　孟籲　孟顃　孟願　孟伸　孟璞

榮國公從式

漢東侯世謨　蕪國公世采

贈馮翊侯令磋　贈屯衛大將軍令駒　太子右內率府副率令祝　贈襄陽侯令祁　太子右內率府副率令璠　贈少卿行都郡

子確　訓武郎子渾　三班奉職子傑　三班奉職子遊　左班殿直子祥　武翊郎子恂　三班借職子禮　左侍禁子珪　修武郎子琡　武德郎子琥　從義郎

伯伐　伯儀　伯像　伯榮　伯定　伯寧　伯祿　伯祺

師灘　師溪　師瀅　師淦　師滇　師胃　師警　師塤　師通　師讌　師椿　師潮　師淐　師僊　師佐

希謂　希淇　希謝　希晏　希翥　希忭　希感　希星　希曼　希郞　希惠　希雲　希選　希藍　希栖　希爽

與槵　與坐　與湑　與蠲　與師　與橋　與羕　與孄　與梅

孟聽　孟泄

世	名
子	令秬子先　右侍禁子思　從義郎子木　忠訓郎子生　從義郎子告
伯	伯伸　伯俊　伯俅　伯佺　伯傑　伯伋　伯儔　伯佾　伯侑　伯倫　伯褕
師	師闡　師言　師模　師輝　師哲　師窦　師韓　師石　師召　師啓　師唯　師嗚　師灝
希	希廣　希儋　希頊　希櫝　希柢　希栝　希逵　希通　希譓　希靜　希噩　希詠　希綨　希純　希綧　希績　希闞　希嚴　希郁　希愉　希慷　希撫　希提　希捧　希琳
與	與璥　與玥　與瑱　與洵　與固　與汝　與瀾　與恢　與鎜　與鎬　與遜　與迈　與遞　與邊　與暹　與道　與涓　與逹　與恬
孟	孟藹　孟蒬　孟蓪　孟瑰　孟陂　孟熾　孟楁　孟佺　孟袱　孟佇　孟濡　孟桼　孟宋　孟鋃　孟鏑　孟錄　孟道
由	由浩　由瑗　由珹　由原　由斌　由璜　由禐

世	名
子	從義郎子彬　子傅　贈東平侯子瑱　修武郎子行
伯	伯祉　伯僅　伯偁　伯桀
師	師賜　師烯　師均　師睦
希	希玻　希璵　希銅　希逵　希琊　希鄭　希塈　希德　希鐺　希淵　希有　希諒　希壔　希琥　希琬　希琚
與	與意　與瑄　與煾　與焬　與維　與纓　與紀　與綜　與思　與意　與忘　與意　與陳　與鍰　與道　與韡　與鋌　與鑞　與鉒　與河　與淌　與沆　與銑　與道　與鍑　與鐍　與鈁　與鉤　與譖　與瑞　與詰
孟	孟建　孟道　孟僑　孟儀　孟璋　孟璚　孟遷　孟迅　孟迴　孟逾　孟遲　孟迖　孟蓮　孟遺　孟邏　孟遵　孟錫　孟埊　孟璜　孟堤　孟瑕　孟琳　孟鉻　孟鏞　孟鐄　孟褋　孟攸　孟休
由	由脈　由莊　由珏　由玠

世	名
子	贈武翼郎子徊
伯	伯無　伯桼　伯桼
師	師古　師覺　師孟　師盛　師佯　師僴
希	希甘　希恭　希消　希珊　希榾　希碟　希緝　希繅　希綿　希暴　希昇　希鼎　希琅　希琊　希玗　希璜　希藏　希度　希迺
與	與彥　與從　與哲　與禮　與韶　與瑁　與玻　與璪　與瑛　與瑛　與鉑　與鐵　與鎊　與鎶　與鏑　與蕊　與瓛　與瑞　與珊　與調　與謫　與誐　與詒　與囍　與稀　與榍　與枳　與栟　與瀘
孟	孟滸　孟濙　孟滤　孟代　孟徠　孟復　孟徭　孟瑚　孟鐵　孟鑲　孟穠　孟穗　孟玅　孟灝　孟溋　孟惇　孟鍏
由	由衡　由仪

令	贈馮翊侯令任 贈東萊侯令璋
子	秉義郎子徽 修武郎子侈 右班殿直子愿 從義郎子恐 保義郎子嘉 從義郎子愬 三班奉職子元 忠訓郎子京
伯	伯澡 伯梟 伯棠 伯架 伯珍 伯玿 伯瓊 伯璊 伯开 伯拜
師	師郁 師邳 師斂 師澈 師致 師思 師滌 師道 師疇 師郯 師詵 師譝 師詁
希	希逄 希邊 希遞 希遹 希免 希詩 希稼 希連 希速 希能 希餱 希掀 希泊 希滂 希渤 希漸 希況 希宬 希宙
與	與瓓 與 與繕 與緻 與液 與總 與遂 與蓮 與塤 與儷 與澡 與激 與稠 與毗 與晙 與畋 與耕 與樠 與釲 與鋅
孟	孟柖 孟橲 孟鈚 孟瑋 孟俔 孟瑆 孟晥 孟野 孟瀜 孟過

令	右侍禁令琜 內殿承 內令憁
子	忠翊郎子卞 子整 保義郎子襄 左侍禁子衎 保義郎子正 從義郎子庚 忠翊郎子辛 子挺 子應
伯	伯朋 伯明 伯覞 伯瞋 伯熙 伯仰 伯僅 伯儀 伯諾 伯謀 伯舜
師	師崿 師詡 師託 師籍 師堯 師信 師仝 師咊 師松 師貫 師侶 師寓 師宥 師雋
希	希晤 希駿 希惔 希巘 希鐻 希鍩 希璚 希琰 希巩 希璽 希弘 希銛 希鍾 希泰 希泳 希透 希滋 希灤 希鄯 希部
與	與鑕 與桁 與勝 與瀨 與徠 與一 與杲 與果 與棨 與棗 與檞 與枇 與校 與榀 與巢 與梟 與浦 與乘 與柔 與柴 與宧 與寗 與宿 與宴
孟	孟鑽 孟鍾

令	左班殿直令城 左班殿直令騰
伯	伯先 伯律 伯穆 伯南
師	師顗 師室 師宋 師寰 師宬 師御 師儥 師儷 師倴 師偬 師儲 師俛
希	希邸 希鈽 希銶 希釪 希鏒 希鋼 希鍊 希鋌 希鍏 希鈑 希錕 希鏈 希綸 希綷 希輿 希鏕 希筅 希玡 希垟 希泮 希誕 希逢 希會 希遠 希遭 希逵
與	與夔 與瑕 與玔 與珜 與瑄 與珊 與瑆 與勒 與宖 與宴 與寗 與晦 與睞 與晭 與鏑 與鏻 與萃 與萘 與祛 與禑 與複 與宮 與害 與添 與汴 與籤 與淲 與微 與湊 與溏 與湔

楚國公世恩

武翊郎令穌　武翊郎令珣　敦武郎令劉　武翊郎令稍　贈恭惠國公令勔

承信郎子游　子渙　從義郎子烟　追封秦國公子禋　右侍禁子讓　贈博州防禦使子詳

伯安　伯迢　伯迥　伯瓌　伯琳　伯琬　伯源

師度　師萃　師升　師炟　師攄　師愷　師懈　師忎　師懸　師蕊　師毖　師忥　師建　師忞　師諟　師勝　師該

希瓏　希璆　希頊　希瑆　希憶　希伈　希腴　希但　希膴　希[illegible]　希证　希潛　希馴　希駘　希駉

與訓　與諫　與詅　與諭　與詘　與諄　與譁　與譚　與珽　與波　與潔　與　與憓　與敦　與　與訹　與讀　與鈁　與錡

孟寰　孟賓　孟寳　孟實　孟福　孟檳　孟僧

子祇　子祐　修武郎子禬　秉節郎子禧　從義郎子祺　子振　保義郎子禍

伯澄　伯牧　伯瑞　伯琛　伯英　伯裦

師怡　師悾　師韶　師嵒　師謹　師便　師甄　師邀　師旋　師役　師衍　師徐　師盡　師衙

希運　希攸　希輔　希輻　希瑫　希玳　希琇　希軌　希鞏　希喜　希視　希倚　希繹　希履　希譬　希矗　希警　希瑥　希鈺　希資　希顧　希保　希卟　希貯

與財　與時　與駐　與昄　與櫹　與植　與桐　與澫　與逌　與迂　與巡　與諾　與透　與遭　與傪　與壘　與詮　與琩　與儆　與伏　與僋　與遯　與見　與址　與洇　與鏋　與濊　與瀝

孟汯　孟許　孟杳　孟僧　孟恩　孟錫

遂寧侯從湜

太子右內率府副率世文　太子右內率府副率世覺　崇國公世環

東頭供奉官令璆　武經郎令勸　武翊郎令覬　右班殿直令宦　武翊郎　令瑨　右侍禁令剔　右侍禁令棠　右侍禁令杓

贈武翊郎子奎　從義郎子圭　從事郎子桂　承節郎子琰　秉節郎子璨　成忠郎子珏　忠翊郎子琬　子祿　子禨　秉義郎子撞

伯楧　伯一　伯諄　伯埏　伯盛　伯方　伯仲

師民　師榮　師諧　師詩　師諤　師櫝　師庚　師長

希嫺　希妍　希嫣　希嫤　希婠　希護　希漌　希洔　希滐　希溥　希活　希濈　希點　希見

與鍱　與鏈　與鈐　與鎬　與鋪　與詥　與譸　與鐎　與鏷　與憭　與佪　與像　與傃　與傸

孟至　孟墊

燕國公從賁
右中衛大將軍世契 太子右內率府副率世求 太子右內率府副率世耆 漢東侯世誋
忠翊郎令訲 右監門衛大將軍令振 武節郎令逸
秉義郎子璨 成忠郎子衜 保義郎子寓 忠翊郎子審 三班借職子晏 成忠郎子穀 保義郎子眞 忠翊郎子壽 成忠郎子鑄 子石
伯强 伯俊 伯倉 伯僩 伯祐 伯禮 伯璋 伯瓊 伯瑶
師永 師夰 師和 師穆 師顏 師剛 師太
希詮 希音 希鏗 希幾 希懍 希愰 希憿 希札 希憎 希悇 希旌 希旗 希杭
與侶 與伍 與歆 與築 與挂 與怡 與輅 與羲 與偡 與採 與騰 與掾
孟坐 孟壘 孟墪 孟鑿 孟有 孟在 孟博 孟 孟恬 孟惰

從義郎令湋
子蕆 修武郎子璃 子禱 子俊
伯琦 伯珪 伯瑓 伯岍 伯瓃 伯珣 伯䅘 伯福 伯初 伯祲 伯祺 伯抃 伯操
師圭 師琢 師琪 師琠 師玘 師瑽 師琩 師華 師宕 師岕 師嵇 師岊 師岑 師崟 師嵤 師崳
希極 希櫌 希榯 希椆 希櫅 希校 希椳 希棉 希楈 希榗 希栂 希楡 希樟 希柜 希橙 希呐 希呻 希噂 希淝 希汻 希漊 希枚 希杌 希柴 希檃 希栗 希棨 希樏
與玓 與瓆 與琥 與濼 與涓 與汧 與溤 與澮 與瀛 與漻 與汧 與麗 與邃 與炅 與瑚 與協 與圩
孟聘 孟銲

贈武略大夫令綵 右朝請大夫令葳
秉節郎子元 子文 贈武功郎子立 忠翊郎子保 累贈通議大夫子鼎
伯芾 伯艾 伯芊 伯荒 伯蔚 伯荀 伯悤 伯裓 伯崈
師褱 師需 師佰 師退 師謦 師才 師勉 師勑 師玒 師玢 師琙 師瑒 師瓆 師巂 師峀 師嶠 師嶅 師嵒 師峪
希琥 希 希 希擢 希鎌 希理 希憖 希嗳 希櫃 希栰 希欄 希槙 希根 希梢 希橘 希錆 希鉽 希枓 希樵 希唯 希唈 希弇 希弅 希臬 希廛 希顗 希喆 希昌 希彧 希嘿
與漁 與祠 與瀌 與焮 與烓 與爁 與潯 與涬 與瀆 與迦 與遂 與咊 與植 與鍗 與錋 與壃 與玲
孟榛 孟擠 孟溢 孟斲

子充　忠翊郎子彥
伯萸　伯華
師玑　師托　師璁
希晧　希鉅　希鎮　希錙

宋史卷二百二十三

元　中書右丞相總裁脫脫等修

表第十四

宗室世系九

集慶軍節度觀察留後南康郡公惟能
保靜軍節度使同中書門下平章事追寧郡王從古
右領軍衛將軍世邁　華陰侯世瑞　奉化侯世脩
太子右監門率府率令䄇　贈信都郡公令諼　贈右武衛大將軍令騶　武經郎令郿　贈武功大夫令檜
訓武郎子儀　右侍禁子僎　子修　修武郎子俅　修武郎子惇　保義郎子攸　成忠郎子忠　修武郎子遲
伯鄉　伯彥　伯和　伯祥　伯郁　伯度
師仲　師冉　師舜　師儼　師雄　師文
希朴　希沮　希櫶　希箴
與鑽　與藍　與稑
孟濤

加贈呂州防禦使子舒
伯廱　伯廣　伯廓
師衆　師猷　師愉　師巘　師再　師宰
希鉁　希棻　希旦　希栵　希棓　希遴　希燗
與稠　與佽　與鄭　與郤　與洌　與墫　與僕　與岷
孟忌　孟愚　孟熹　孟森

忠訓郎子翼
伯康　伯庸
師冏　師滸　師踊　師寬
希籀　希績　希枅　希楣　希杆　希輪　希轠　希輮　希軨
與穄　與佼　與儆　與傯　與僞　與佬　與住　與佪　與憮
孟

武經郎子察　秉義郎子宏
伯庚　伯庄　伯廉　伯麻
師正　師全　師進　師榮　師槺　師禮　師好　師憲　師璋
希得　希淳　希衍　希標　希作　希淵　希百　希萃　希溥
與意　與陛　與隋　與阡　與陞　與沭　與种　與燸　與衙　與祥　與儀
孟延　孟燪

武翊郎令庶　敦武郎令逅　武節大夫令輕
承信郎子愈　武翊郎子舒　承節郎子察　子惠　子俊　從義郎子修　承信郎子俅
伯㡛　伯嶧　伯袞
師球　師琊　師傳
希浮　希鋏
與洑　與灑

平陽侯世法
右班殿直令熏　中大夫令昷　武功大夫令遹
從義郎子宜　成忠郎子密　訓武郎子晏　迪功郎子綸　承信郎子綸　忠信郎子蔵　秉義郎子網　贈奉直大夫子忱
伯激　伯峰　伯容
師於

贈武義郎子恢
伯瑄　伯琮　伯璜　伯輝　伯戣
師辯　師實　師顯　師昂　師烑　師傚　師鐩　師挺
希雷　希𥼶　希輝　希塗　希相　希梠　希棋　希膺　希攻　希甾　希芝　希眩　希譔　希櫺
與漭　與嘉　與蕙　與禰　與禖　與灊

贈右朝散大夫令刊
秉義郎子愉　左朝奉子紡　武節郎子繹　武經郎子綜
伯琊　伯璲　伯璉　伯琫　伯琡　伯虎　伯彪　伯虓　伯虢　伯　伯惠　伯慮　伯虛　伯虛　伯彪　伯獻　伯獻　伯膚　伯虡　伯膚　伯彪　伯處
師神　師埴　師臻　師圓　師圃　師糗　師急　師开　師劉　師恚　師直　師中　師覿　師罕　師鄰　師豐　師瑃　師憨　師劣　師燕　師鏐　師譬　師陵　師倫　師褒
希鑽　希燕　希認　希證　希諦　希詠　希試　希溱　希挪　希榛　希櫚　希灟　希楷　希榈　希滏　希灤　希霾　希霰　希備　希琗　希玨　希伉
與僩　與倚　與圩　與槳　與栜　與沓　與杳　與供　與拂　與梅　與鑄　與蠹

右領軍衛將軍世潤　崇國公世設
右班殿直令玎　西頭供奉官令惈　左班殿直令泌　右侍禁　令護　西頭供奉官令熇　贈武翊大夫令鋭　武翊大夫令玓
子純　子櫝　訓武郎子紼　子溫　子孚　承節郎子闓　成忠郎子伾　子其　保義郎子奇　修武郎子靜　贈武經大夫子蘐　保義郎子靖　秉義郎子懌
伯虦　伯贊　伯簪　伯虔　伯賢　伯隆　伯㴾　伯通　伯陝　伯防　伯阡　伯陵　伯陪　伯洙　伯沂
師炳　師焆　師浣　師亦　師銘　師坐　師濬　師廉　師邦　師諆　師諫　師闇　師諄　師椭　師楠　師楊
希潕　希櫞　希葆　希覿　希楞　希璩　希瑢　希璹
與　與　與　與偵　與儁　與岱　與偕　與潤
孟柜　孟枌　孟櫰　孟棱　孟檷

瀛州防禦使河間侯從
太子左清道率府率世期
贈馮翊侯令譔　修武郎令矧　忠翊郎令炎
追封房陵郡公子崇　子崋　子仁　子高　忠訓郎子愷　子懷　子鼎　子駰
伯書　伯璜　伯琪　伯遠　伯逮　伯樊　伯述　伯　伯彥　伯澮　伯迥
師佋　師俀　師溫　師或　師嚾　師禹　師顏　師閔　師俊　師原　師遺　師履
希瓔　希景　希勳　希勤　希珏　希颯　希瑛　希闇　希頎　希闥　希傳　希俾
與德　與賢　與直　與智　與洵　與恭　與惪　與命　與輿　與珙　與樂　與珌　與琢　與瑝　與鎌　與嶙　與嵘　與皎
孟醴　孟酥　孟深　孟瑄　孟琪　孟瘠　孟轅　孟永　孟德　孟貴　孟份　孟淑　孟爲　孟珍　孟鑷　孟鍾
由傛　由欽　由鑑　由鍾　由詩　由誼　由言

追封建安侯子瑱　武節大夫子莊　子禮

伯遷　伯述　伯通　伯輝　伯修　伯仁　伯倫　伯賢

師文　師欣　師褀　師裀　師數　師闡　師釤　師道　師誠

希徠　希徇　希俗　希徭　希儆　希秤　希栓　希璣　希指　希悚　希褣　希祖　希琗　希閱　希灉

與嶼　與瞻　與暖　與揀　與折　與軳　與軌　與徽　與徽　與待　與偷　與僊　與稷　與微　與提　與型　與龍　與峀　與鏈　與麟　與甈　與壕　與滂　與祖　與曦　與驩

孟庴　孟汻　孟澮　孟灛　孟灠　孟澮　孟陋　孟僨　孟佼　孟倯　孟僮　孟任　孟俸　孟儹　孟暘　孟偕　孟俩　孟僔　孟僮　孟遂　孟琇　孟增　孟瑒　孟玐　孟燀　孟橦　孟憶

由仩

吳興侯世經

贈榮國公諡恭敏令穰　贈彭城侯令松

三班奉職子養　子褎　太子右監門率府率子竝　三班奉職子奇　三班奉職子章　右監門衛大將軍領貴州防禦使子蝙　秉義郎子㷋　再贈朝奉郎子靖　訓武郎子端　三班奉職子禹　修武郎子博　從義郎子㭊　成忠郎子隸　武德郎子竦　武經郎子㦀

伯堅　伯權　伯貢　伯鈳　伯漳　伯沈　伯珹　伯琇　伯玉　伯忎　伯惪　伯思

師皐　師助　師勔　師孟　師卬　師武　師雄　師旨

希岊　希瑧　希罕　希育　希壹

與葑　與蕢　與菱　與徠　與鏃　與碱　與迠

孟釗　孟鄉　孟壍　孟篁　孟墍

贈清源侯令箎　贈和州防禦使令勍

訓武郎子竑　承義郎子昫　武節郎子蟯　修武郎子卓　從義郎子意

伯忞　伯思　伯惠　伯愿　伯愈　伯忠　伯易　伯暢　伯睿　伯璣　伯琢　伯玠　伯瑰

師萇　師謨　師儒　師韡　師孚　師獻　師仍　師圖　師白　師軏

希懋　希杲　希端　希味　希概　希穆　希稔　希穉　希秭　希鏃　希瑑　希焰　希淒　希祚　希瀉　希鐐　希鎗　希鍘　希鈉　希武　希威　希戴

與逡　與邋　與遾　與津　與濼　與籥　與范　與簀　與篳　與簾　與瀆　與膺　與燀　與袖　與遮　與稜　與楉　與爐　與惃　與燧　與瑱　與爍

孟溎

太子右內率府副率世略　東陽郡公世復

直令萊　贈武德郎令語　太子右內率府副率令匹

贈果州團練使子彥　武德郎子峄　子焌　忠翊郎子坳　秉義郎子新

伯琮　伯攻　伯璑　伯據　伯璩　伯璉　伯琦　伯璘　伯琳　伯琄

師蓁　師淳　師灝　師淪　師潞　師軻　師輅　師轄　師軓　師轓　師軟　師軼　師輕　師訪　師訜　師詅　師諶　師庬　師稱

希燊　希楙　希郴　希迣　希达　希迨　希遷　希逭　希迕　希迥　希迢　希逵　希還　希遂　希迪　希邁　希延　希遴　希烋　希焦　希贊　希僨

與遒　與送　與迹　與還　與烋　與霙　與雯　與佟　與社

孟堅　孟鏴

贈彭城侯令迨　太子右內率府副率令琛　右侍禁令涔　武經郎令宁

子辛　子彥　從義郎子審　承信郎子安　子俱　朝散郎子神　秉義郎子純　秉義郎　子紀　朝散郎子伸　修武郎子俅　承信郎子倚

伯和　伯扣　伯楫　伯相　伯遜　伯迪　伯逌　伯戩

師運　師迨　師述　師逢　師遼　師遂　師遶　師川　師溥　師洽

希翊　希種　希武　希稔　希仏　希伸　希穦　希聲　希𪗉　希晦　希玷　希珣　希殘　希玿

與諺　與諓　與謁　與該　與嚳　與習　與訾　與栟　與曄　與曦　與暟　與暎　與睞　與曦　與瞸　與暲　與睥　與曀　與遂

孟疃　孟瞻　孟暘　孟珂　孟玠　孟瑄　孟騰　孟盥　孟鎗

秉義郎子純　成忠郎子仁　贈武略郎子傳　子晉　子倜　子攸　承信郎子傑

伯源　伯清　伯潤　伯山　伯岫　伯崧　伯巖　伯崑　伯眞　伯岌　伯堯　伯崗　伯先　伯琳　伯堤　伯任

師迎　師永　師炳　師澧　師澀　師洛　師淮　師顒　師肅　師歆　師行　師詰　師勃　師久　師炵　師嘗　師訏

希瑒　希駹　希歷　希藡　希㷹　希煙　希料　希爌　希𤣊　希僑　希倜　希儕　希仉　希佋　希伍　希儁　希儶　希傲　希佗　希倞　希仕　希儀

與遡　與適　與遽　與邇　與磐　與鈃　與懷　與閱　與飭　與飫　與浮　與有　與濬　與瀛　與璨　與玠　與瀘　與琪　與漳　與圻　與熒　與琍

孟鑲　孟犨　孟壓　孟詰

昌國公世豪　洋國公世樊

太子右內率府副率令柏　贈汝南侯令琤　贈右屯衛將軍令焯　右班殿直令逢　武德郎令路　教武郎令踴　從義郎令跋　贈武略郎令微

子顒　子康　成忠郎子庠　累贈中奉大夫子麾　子綱　子給　忠翊郎子拱

伯棕　伯頡　伯虎　伯養　伯端

師昶　師鎮　師鋈　師席　師戚　師薆　師曑　師農　師賁　師中　師本

希龐　希潽　希播　希橦　希藩　希選　希詁　希禨　希襦　希袗　希袵　希禡　希祴　希褐　希褾　希禪　希巳　希鄗　希卯　希燀

與漳　與諓　與認　與佸　與俸　與彿　與意　與悊　與慈　與志　與憝　與慊　與愉　與修

孟華　孟襟

子朴　加贈中大夫子校

伯璪　伯瓊　伯琪

師僥　師位　師偕　師俊　師傳　師慄　師慷　師惟　師宲　師懿　師叡

希篬　希遞　希逐　希灘　希鍽　希鑣　希鐰　希鄂　希迨　希譈　希謀　希詡　希諤　希誘　希訒　希諦　希詝　希譝　希諕　希垒　希繇　希該

與撞　與懔　與恮　與驃　與衡　與斗　與逌　與遒　與逞　與迥　與裪　與襛　與禖　與衿　與禛　與棠　與桴　與檬　與柏　與演　與淇　與溶　與偖　與遹　與遺　與逾　與衜　與佯　與忱　與性　與曦　與暖　與晣　與儁　與倯　與俾　與偏　與蓮　與侊

孟欒　孟楹　孟櫨　孟靚　孟譚　孟鉤　孟鏷　孟墒　孟錭

右朝請郎令芹

再贈奉直大夫子楹　子楠　子梅　右迪功郎子鑄　保義郎子垠　從義郎子良

伯玠　伯璘　伯珩　伯璠　伯琯　伯珒　伯琠　伯共　伯璩

師恕　師明　師塈　師禬　師裯　師祊　師巖　師備　師淑　師暮　師汜　師鑛

希調　希譙　希譚　希讜　希乂　希過　希前　希加　希鐲　希側　希遷　希　希疑　希詒　希詗　希郊　希鄞　希都　希鄜　希鄯　希鄽　希濊　希淧

與榲　與樛　與焦　與騏　與偎　與足　與櫛　與檜　與櫟　與欗　與棵　與杇　與椯　與扛　與垓　與漴　與汀　與儹　與僕　與俚

孟溱　孟泓　孟淮　孟泫　孟侍　孟俊　孟烊　孟煃

宋史卷二百二十四

元中書右丞相總裁脫脫等修

世系表第十五

宗室世系十

太宗九子：長漢王元佐，次昭成太子元僖，次眞宗，次商王元份，次越王元傑，次鎮王元偓，次楚王元偁，次周王元儼，次崇王元億，世絕。

漢王房

（續前）

太子右內率府副率世名

成忠郎子止

伯坩　伯瑞

師鎦　師侳　師鋇

漢王謚恭憲元佐

漢王謚謚恭允升

韓國公謚恭簡宗禮

贈眉州防禦使　通義使惠國公仲䰇　士蔨

贈右屯衛大將軍謚義仲鬆　崇國公士競

惠國公仲軏　太子右內率府

三班奉職不傾　三班奉職不　三班奉職不㢠　右班殿直不間　右侍禁不匱　三班奉職不述　保義郎不黨　保義郎不暗

善嘉

汝弼

高密侯宗道

高密郡公仲蒼　欽國公仲峇

副率士綺　東平侯士礦　武德郎士芚　右侍禁士暖　右班殿直士勵　右班殿直士䊷　武功郎士庭　修武郎士亞　成忠郎士如　成忠郎士賜　華陰侯士戢

右朝議大夫不猛　訓武郎不狷　不壽　不蹑　不戚　不忒　不勇　不杰　不汲　從義郎不昧

善琚　善瑛　善遵　善述　善迷　善利　善徵　善許　善信　善欉

汝檣　汝杆　汝霖　汝慄　汝鑾　汝鈴　汝均　汝濂　汝澋　汝仲　汝褱　汝褻

崇禧　崇襟　崇覩　崇德　崇樠　崇鶱　崇沐　崇翀　崇覩　崇禮　崇梢　崇届　崇町　崇昌　崇留　崇瀙　崇潒　崇訮

必僖　必攸　必渊　必寫　必宋　必憲　必察　必實　必玄　必寘　必鉀　必錆　必澠　必澶　必浸　必灟　必織　必緬　必經

滕王謚孝恭宗旦

右監門率府率仲蘇　榮國公謚安恪仲玘

榮州防禦使士詁　從義郎士啓　贈左屯衛大將軍士花　襄陽侯士歸

忠翊郎不失　三班奉職不竭　不瓌　贈左屯衛大將軍不䞭　武經郎不湎　右班殿直不悔　忠訓郎不慓

善貸　善一　善及　善持　善艮　善振　善琭　善耐　善斷

汝裝　汝裴　汝賢　汝方　汝作　汝爲　汝㬎　汝旨　汝磋　汝磬　汝勛　汝章

崇滇　崇演　崇傳　崇名　崇聖　崇踰　崇异　崇迷　崇逡　崇彬　崇篤　崇諒　崇棨　崇祇

必蓬　必迎　必丞　必望　必譜　必嗚　必誧　必訮　必源　必諴　必譓　必壽　必琥　必竢　必琁　必銘　必誼　必纘　必澣

良諮　良誠　良份　良僚　良佃　良值　良倅　良涂　良淶　良濅

邠州觀察使士簪　太子右監門率府
承節郎不懌　武翼郎不驕　不厭　從義郎不僭　成忠郎不覿　不武　不盧
善積　善建　善衢　|　善建　|　善明
汝選　汝熙　汝恪　汝興　汝顏　|　汝盈　|　汝盅　汝寵　汝退　汝簡　|　汝汲　汝愿　汝衞
崇裡　崇藻　崇供　崇儚　崇邦　崇偲　|　崇畬　|　崇穗　崇栻　崇枋　崇栢　崇橐　崇泒　崇杵　|　崇迨　崇榑　崇橧　崇㣉　|　崇鑣　崇迅　崇柝　崇迹　崇宕　崇邁　崇璘
必有　必伍　|　必泜　必澳　|　必夫　|　必瑚　必瘖　必瑑　必棗　必援　必珪　必瓏　|　必璋　必濾　必泳　必瑋　必鍑　必鎡　必琤　必鐏　必倜　必荃
良沂　良温　|　良轔　良柞　|　良軻

右屯衛大將軍仲寅　|　沂國公諡敏仲滲
率士瑂　武德郎士泞　右屯衛大將軍士瞘　|　內殿崇班士彭
武節郎不摻　成忠郎不危　|　承節郎不溢　保義郎不悍　|　宣教郎不憒　承信郎不悱
善确　|　善單　善罡　|　善仕　善儀　善熇　|　善偪　善僤　|　善僊
汝泐　|　汝洲　|　汝爲　汝夏　|　汝枳　汝蘭　|　汝察　|　汝舜　汝禹　|　汝有
崇葴　|　崇麓　崇傳　|　崇侍　|　崇晳　崇襄　崇壁　崇枸　崇覇　崇曨　崇定　崇復　|　崇佇　崇畯　崇陵　崇悉　|　崇怠　崇奇　崇憲　崇忠　崇蕭　|　崇寀　崇罳　崇愸
必濼　|　必沿　|　必㬎　必昜　必昝　必晨　|　必仝　必薰　必愨　|　必璐　必珏　必琙　必璁　必璉　必璔　|　必瓚　必璁　必璇　|　必瑭　必瘖　必琉　必瓃
良安　良定　良賽　良棫　良橪

建國公謚榮安仲浹
太子右監門率府率士放　東頭供奉官士澧　武經郎士專　|　太子右內率府副率士輅　西頭供奉官士璃　右班殿直士銂　左班殿直士涑　右班殿直士庠　從義郎士覢
不怯　|　不孬　不倚　不盈　不肆　|　不熘　不怠　|　不忕
善侍　|　善信　|　善頋　善嶺　善顒
汝萬　汝寶　|　汝达　|　汝彝　汝丞　汝遐　|　汝暹　汝辨　|　汝禮　汝嶒
崇蓮　崇滐　|　崇坃　崇鄒　崇日　崇由　崇啓　|　崇晡　崇曒　|　崇傮　|　崇熠　崇覲　崇杰　|　崇㟗　崇屏　崇切　崇墍　|　崇淑
必塝　必琉　|　必檜　|　必樰　必枳　|　必質　必潔　必和　|　必栻　必榛

右監門率府率仲遹 房國公諡良仲戡
武翼郎士庱 忠訓郎士穊 右班殿直士恬 武翼郎士僙
不貪 不藏 不淯 不濁 從義郎不訥
善晛 善曤 善明 善輝 善盼 善畢 善獲
汝岻 汝嚧 汝廬 汝薟 汝砥 汝樺 汝複 汝歸 汝連 汝溫 汝鍪 汝鋆 汝鏊 汝鑒 汝庚 汝璽 汝雍 汝璽
崇桃 崇磁 崇礦 崇硍 崇碻 崇磚 崇擴 崇鑄 崇璜 崇晴 崇基 崇愳 崇忽 崇悉 崇柮 崇楉 崇綸 崇愁 崇檞 崇湿 崇漩 崇宥 崇祭 崇康 崇害 崇宪 崇審 崇官
必玫 必玶 必琲 必徙 必誦 必諫 必 必榮 必莀 必蔄 必遇 必賁 必逍 必眛 必昄 必蒥
良憶 良爟

東頭供奉官士游 中大夫士瞰
不拙 不許 忠訓郎不訴 不迮 右通義郎不葵
善摹 善淵 善仲 善倉
汝膺 汝享 汝燮 汝搞 汝旋 汝忘 汝於 汝敵 汝催 汝桱 汝淅 汝征 汝栿 汝枅 汝櫹 汝櫪 汝椿 汝齊 汝積
崇寧 崇寰 崇家 崇衡 崇徍 崇徥 崇旗 崇瓔 崇現 崇鏵 崇鍘 崇鉾 崇鎗 崇磅 崇謝 崇諴 崇畹 崇華 崇彷 崇誧 崇悉 崇信 崇詮 崇孝 崇峴 崇輔 崇敬 崇駿 崇驥
必傢 必供 必僾 必衢 必宓 必夼 必追 必寔 必宵 必寄 必寓 必官 必㝛 必宅 必棨 必紼 必鎮
良傑 良瑎 良瘃 良畯 良瑱 良珋 良飯 良標 良穖 良穡

東陽郡公仲瓊
成忠郎士衎 秉義郎士㺷 武經郎士絢 忠訓郎士欽 武德郎士聽
從義郎不憮 右通直郎不惑 不茹 不苛 不違 不作 不惋 不萃 不伎 不恃 承仕郎不求 忠訓郎不越 不緈
善回 善象 善宿 善璟 善濤 善滂 善份 善掌 善對 善革 善劭 善諍 善警
汝序 汝宮 汝修 汝瓌 汝匱 汝弁 汝鄘 汝德 汝荷 汝徙 汝居 汝知 汝湜 汝沆 汝洟 汝漕 汝灸
崇驛 崇騰 崇燕 崇諱 崇祠 崇夼 崇弁 崇迦 崇迫 崇樵 崇渉 崇膺 崇權 崇櫟 崇㝩 崇来 崇柴 崇棊 崇呆
必瑜 必詭 必韶 必辭 必旂 必識 必俁 必係 必憮 必僱 必實 必柄 必塼

嗆少師太原郡王仲琮
武經大夫士綸　秉義郎士細　武翼郎士約　奉義郎士斗　武略郎士申　武翼郎
秉義郎不嶋　成忠郎不吝　保義郎不壑　武翼大夫不蹩　不眘
善羣　善荠　善峀　善楔　善萱　善畬　善璲　善啓　善渝　善崟　善訥　善諺　善庠　善飭　善縈
汝槻　汝根　汝侵　汝儒　汝樅　汝採　汝梧　汝榏　汝椸　汝椈　汝棓　汝僎　汝仳　汝贊　汝藻　汝複　汝鏈　汝鈸　汝峃　汝嵆　汝帑　汝距　汝譜　汝罼　汝剡　汝冪　汝鞊　汝倲　汝綊
崇調　崇淘　崇歷　崇采　崇棗　崇仍　崇穹　崇轤　崇軨　崇鞱　崇柞　崇欑　崇轢　崇軮　崇坫　崇埌　崇埭　崇堲　崇遹　崇進　崇枷　崇裳
必檪　必鍱　必埻　必纓　必綖　必敆　必瑯　必玜

漢東侯宗楷
嗆少師榮國公諡孝良仲皐　安康郡公仲佘
忠翊郎士甫　左班殿直士中　右奉議郎士禑　右班殿直士嵋　右班殿直士鑑　右班殿直士熾　秉義郎士謀　房陵郡公士富
保義郎不競　不動　三班奉職不睎　宣德郎不愆　承議郎不洽　武翼郎不懟　成忠郎不懣　保義郎不戢　忠訓郎
善弆　善剻　善涸　善潛　善悌　善儘　善損　善憐
汝澇　汝儃　汝紃　汝縪　汝總　汝壥　汝球　汝饋　汝餙　汝昨　汝瞑　汝矚　汝曜
崇埜　崇澴　崇浣　崇旉　崇鎮　崇鉥　崇鋁　崇塞　崇箏　崇襲　崇旌　崇激　崇汀　崇瀾　崇泏　崇瓚　崇湍
必偔　必數　必𥿂　必傃
良儆　良侶

高密侯仲偉　北海侯
嗆左領軍衛將軍士品　武節大夫士閣　武翼郎士傑　武翼郎士荏　東頭供奉官士埕　建國公士極　北海侯士鱣
不愍　右班殿直不憾　不葉　不厭　承節郎不漾　武義郎不剛　武翼郎不貪　修武郎不琦　訓武郎不求　從義郎不貳　右班殿直不擇　三班奉職不同　武訓郎不劇
善什　善脩　善遷　善建　善治　善積　善從
汝堅　汝憲　汝楫　汝礪　汝惠　汝廣　汝規
崇戒　崇賢　崇武　崇囷　崇濬　崇琳　崇昭　崇藩
必謹　必洌　必渲　必洨　必騰　必方　必贊　必佈　必洪　必潭　必全　必建　必瀹
良淡　良沒　良泫　良鎡　良錢　良璟　良琛　良琰　良倧　良倆　良備　良仕　良倲　良泗　良梓　良棗　良槊
友悬　友慈　友悌　友憲　友愿

武經大夫士晉　西頭供奉官士閘

秉義郎不奪　不遷　修武郎不慬　保義郎不懈　保義郎不瀎　不忮　不刜　保義郎不息　保義郎不敏　不回　不溢　不侮

善與　善縛　善逵　善迪　善逺

汝肖　汝奇　汝贇　汝賓

崇恭　崇麗　崇洺　崇磋　崇磧　崇焄　崇意　崇悉　崇羔　崇儂　崇征　崇佝　崇偏　崇儀

必鉉　必械　必法　必豪　必亮　必勵　必祥　必侃　必信　必載　必歷　必望　必　必墍　必闌　必閤　必閭　必閫　必閔　必闢　必闟

良珊　良榜　良機　良瓌　良瑞　良琨　良萬　良璨　良週　良适　良珽　良瀅　良溟　良汎　良淵　良玧　良夔　良茌

友偕　友曖

贈左屯衛大將軍仲參

洋川郡公士伷　右班殿直士渤　從義郎士朋

武節郎不器　承節郎不危　不沫

善祥　善閏　善闓

汝賸　汝堃　汝璀

崇仍　崇儈　崇滂　崇俿　崇併　崇僾　崇倚　崇皋　崇節　崇愿　崇遜　崇悊　崇巩　崇遵

必儆　必闓　必闞　必得　必慶　必豫　必茂　必奮　必行　必衛　必親　必伸　必濟　必召　必張　必恪　必潩　必共　必貫　必睞　必灝　必悅　必瞯

良鎮　良鋒　良簡　良篪　良室　良律　良濟　良池　良灘　良濯　良煊　良熔　良焚　良裒　良澍　良浛　良伺　良復　良倖　良仟　良保　良僅　良儼　良儀　良侔

友倔　友藡　友保　友芠　友萱　友讀　友恭　友洪　友滋　友識

武經大夫不習

善穀　善嘉　善時　善世　善謙　善頤　善順　善履　善益　善良　善脩

汝綽　汝動　汝達　汝鶚

崇彰　崇信　崇秀　崇仰　崇仕　崇任　崇善　崇璣　崇璋　崇玨　崇琳　崇鉦　崇運　崇造

必賑　必賝　必覞　必賦　必賜　必和　必嘻　必治　必忠　必知　必賢　必琦　必璲　必濡　必涓　必洽　必憓　必澑　必烊

良侁　良佺　良偕　良任　良僐　良儲　良佀　良玠　良現　良瑛　良璝　良福　良鑄　良淚　良鬱　良埭　良擡　良璵　良儁　良偁　良伉　良琣　良璕　良瑒

友詡

仲睦右監門率府率 景國公諡孝恭仲廖贈少師

士珵 士許贈中奉大夫 右班殿直士瑕 右侍禁士遴 華陰侯士贛 士楏贈武德大夫

不旻贈朝請大夫 不廆 儒林郎不鞭 不器 不置 不韋朝議大夫 不憖右班殿直 成忠郎不欺 保義郎不伏 不狀 不慮 不壓贈正議大夫

善淵 善應 善廣 善僊 善武 善懿 善淵 善惺 善招 善問 善信 善行

汝弼 汝莘 汝萌 汝暐 汝淋 汝爲 汝瀅 汝濳 汝村 汝忕 汝璐 汝澣 汝愕 汝夏 汝蔭

崇讜 崇穎 崇表 崇稜 崇堦 崇勲 崇德 崇像 崇祚 崇珂 崇寧 崇道 崇瀘 崇 崇僉 崇燋

必鑘 必銖 必仞 必鐸 必徑 必琛 必珹 必玙 必瑢 必轃

良壢

士中右班殿直 士偬修武郎

不僭保義郎 不武贈朝散郎

善仁 善義 善嫕 善趄 善暮 善濃 善卞 善蘉 善源

汝楄 汝承 汝及 汝闒 汝灖 汝肅 汝睦 汝愷 汝導 汝巘 汝誧 汝告 汝衷 汝的 汝頔 汝燓 汝勉 汝斐 汝故 汝敔 汝志

崇球 崇瑰 崇琰 崇塈 崇登 崇傔 崇迴 崇鉞 崇熛 崇嗑 崇璿 崇夔 崇瑶 崇熛 崇鉞 崇灃 崇游 崇澳 崇季 崇鏩 崇迠 崇貧 崇貿 崇搓 崇壔 崇邂 崇逛 崇坐 崇垓

必遏 必遊 必遨 必念 必愻 必謳 必讌 必遇 必遷 必拊 必懃 必意 必亶 必瀧 必河 必僊 必便 必釭 必鏌 必鉡 必鍋 必鉻 必鍪

良燮 良傪 良 良蕊 良錡 良霧 良霏 良霖

宗愁遂國公諡密

仲冉金城侯 仲處榮國公諡良靖 仲涵 仲爲高密郡公

士侍左班殿直 士儆右侍禁 士僚從義郎 士俐敦武郎 士僎從義郎 士儀武節郎 士傳右班殿直 士僅修武郎 士緒右班殿直 士悅東頭供奉官 士俺東頭供奉官 士䕶承義郎 士玐右班殿直 士忖朝請郎 士惇武翼郎 士播右侍禁 士詢敦武郎

不僨 不伎 不熛秉義郎 不競 不保承信郎 不佹 不率 不俳保義郎

善澈 善澮 善沭 善品 善退 善鍊 善湜

汝 汝勛 汝弁 汝能 汝漸

崇壇 崇麗 崇菑 崇褒

必鉊

良寰 良盡 良宰

漢東郡公宗回
嗣濮國公諡孝修仲革
太子右監門率府率士對　洋川郡公士縱　濟陽侯士憑
不求　保義郎不瀆　武經郎不濟　武節郎不愚　三班奉職不矜　武翼郎不息　成忠郎
善諱　善計　善持　善壁　善淵
汝勝　汝勔　汝恒　汝保　汝倦　汝澧　汝僭　汝鑒　汝渫　汝稠　汝秀　汝欲　汝　汝季　汝弦
崇託　崇誦　崇楯　崇鍺　崇鎗　崇　崇靖　崇擴　崇鍠　崇坏　崇墒　崇壚　崇墣　崇經　崇橙　崇亥　崇珷　崇溫　崇瀷　崇棋　崇樅
必恭　必新　必卿　必熆　必溥　必禮　必紘　必紳　必絅　必紱　必鈃　必鍴　必鋋　必珝　必瑕
良訪　良諻　良謹　良炤　良愉　良昃　良性　良械　良惀　良梆　良鐸　良枂　良欀　良榡　良曜　良榏
友楷

博平侯士證
不偈　忠訓郎不掩
善威　善長　善嘉　善藏　善滕　善從　善陳　善穀
汝訔　汝講　汝塀　汝弼　汝鳴　汝功　汝言　汝疇　汝尤　汝明
崇儆　崇侑　崇仔　崇侶　崇伾　崇坑　崇爀　崇孟　崇郁　崇竦　崇櫸　崇綵　崇寞　崇壹　崇盡　崇淦　崇霖　崇堅　崇新
必瑆　必珈　必裕　必溧　必瑯　必　必　必焴　必微　必偣　必倡　必偵　必遒　必遚　必遹　必曜　必晙　必浗　必錆　必泫　必濺　必珹　必瀏　必欒　必榮　必渠　必泉　必檕　必錯　必鑒
良墂　良堨　良潥　良偵　良付　良涇　良瑛　良磻　良暐　良曄　良舒　良鈸　良鋆　良德　良倈　良偎　良棨　良檝　良傿
友鋌　友鏇

內殿崇班士倁　贈武經大夫士猁
忠翊郎不貪　承務郎不約　德武郎不紊　贈從義郎不吝　贈通義郎不言　忠翊郎不亦　成忠郎不齊　贈朝散大夫不慥
善長　善達　善陣　善艾　善弈　善鉍　善贇　善僭　善蓉　善恭
汝湓　汝潒　汝泳　汝　汝藏　汝充　汝沂　汝昪　汝瑛　汝勇　汝櫞　汝桎　汝榭　汝扐　汝勉　汝蓮　汝延　汝篴　汝澧　汝蓮　汝旨　汝惟　汝玹
崇伊　崇飭　崇溧　崇　崇薇　崇麗　崇琿　崇亥　崇儧　崇倈　崇僕　崇供　崇催　崇悚　崇憕　崇惿　崇柊　崇檦　崇懌　崇憧　崇憪　崇枰　崇怙　崇慺　崇埸　崇量　崇鏐　崇釭
必鋋　必欒　必澫　必潔　必湝　必泟　必壽

右侍禁士稀
修職郎不忒　不矜
善認　善譯　善許　善諳　善謙　善豐　善逮　善道　善逑
汝抱　汝琜　汝琗　汝琯　汝玫　汝珻　汝瑋　汝珄　汝璸　汝璲　汝理　汝瓓　汝玦　汝瑓　汝玫　汝瑋　汝槵　汝桁　汝稽　汝佀　汝儀　汝行　汝倖
崇盤　崇鎮　崇鋒　崇鉥　崇鏄　崇楙　崇森　崇愳　崇蕙　崇慭　崇碑　崇寨　崇鏵　崇懸　崇燃　崇憔　崇愬　崇鏇　崇傺　崇旂　崇剸　崇劊　崇旃　崇樆　崇檜　崇斿　崇楠　崇栱　崇桂　崇榛　崇栩　崇集　崇朸
必沼　必逢　必瀝　必浦　必磁　必鎔　必浾　必汎　必稀　必槵　必扞　必棉　必臨　必涯　必釪　必鍘　必梘
良　良櫟　良圻

房國公諡僖孝仲洽
太子右內率府副率士綜　太子右內率府副率士躧　建陽侯士贍
武翼郎不謑　三班奉職不愚　三班奉職不懟　武經郎不憖　從義郎不誓　贈武德郎不慾　武翼郎不息
善適　善鄰　善約　善結　善蜎　善皓
汝佮　汝倨　汝侏　汝英　汝邁　汝恣　汝湁　汝渥　汝皐　汝亮　汝瓔　汝戭　汝戟　汝表　汝谷　汝禮　汝韓　汝參　汝宜　汝僑　汝頤
崇貌　崇淹　崇譊　崇禛　崇邦　崇郟　崇邸　崇弁　崇湯　崇齡　崇爟　崇瑙　崇盅　崇偟　崇玶　崇玐　崇琦　崇瑓　崇扚　崇操　崇搖　崇珶　崇駉　崇顥
必燻　必槿　必玥　必現　必棖　必鏇　必党　必掌　必溶　必汎　必廉
良柠　良棣

東陽郡王諡孝憲宗悌
榮國公諡修惠仲頍　潤國公諡恭惠仲徽
武翼大夫士縱　左班殿直士孫　左班殿直士瑀　武經郎士諸　右班殿直士什　成忠郎士珵　右班殿直士錦　秉義郎士仰　博平侯士執
左朝請郎不易　承節郎不瑑　不玷　不器　不闢　武翼郎不危　武節郎不溢
善示　善美　善水　善繼　善誠　善亨　善褒
汝啓　汝敷　汝莊　汝葆　汝瞻　汝靜　汝是　汝惠
崇珌　崇楙　崇鑄　崇汪　崇湁　崇璗　崇堅　崇鋈　崇弈　崇檡　崇扶　崇樟　崇棪　崇杼　崇精　崇渠　崇墜　崇鹿　崇眣　崇慰
必染　必珥　必珞　必瑪　必察　必梁　必湎　必洌　必氾　必浮　必淦　必墅　必靄
良棍

榮國公諡良士雷
三班奉職不攝　武德郎不攔　修武郎不濺
善褒　善亮　善易　善廣　善渭　善同　善章
汝菓　汝絅　汝綷　汝誨　汝訑　汝恭　汝棊　汝稟　汝漦　汝渠　汝騧　汝璞　汝蠡
崇庭　崇意　崇展　崇國　崇回　崇圃　崇團　崇裴　崇槮　崇櫆　崇楉　崇榼　崇橦　崇枹　崇櫨　崇爔　崇爌　崇燧　崇燁　崇焯　崇焟　崇俄　崇儕　崇仁　崇俾　崇僬　崇佾
必巘　必浚　必濮　必初　必炤　必爚　必熹　必炬　必灼　必爊　必燫　必煖　必熅　必熛　必遷　必燭　必烇　必蒦　必燠　必熇　必璕　必緣　必緬　必衝　必祂　必暁
良埣　良埥　良增　良埴　良漳　良演　良垓　良滸　良壚　良堙　良埜　良淬

通義郎士珥　高密郡公士調
武經郎不怍　忠訓郎不比　太中大夫不悕
善擧　善千　善士　善學　善修　善皐　善輔　善汶
汝修　汝仗　汝倈　汝侳　汝夆　汝能　汝邵　汝傑　汝弼
崇侜　崇袤　崇棄　崇裹　崇旒　崇旗　崇旟　崇胥　崇鑄　崇儔　崇溥　崇璹　崇峙　崇時　崇秩　崇鼎　崇圾　崇如　崇綬　崇弇　崇上
必胆　必縱　必堦　必墀　必勵　必振　必迥　必遹　必逞　必遳　必遂　必逯　必計　必詠　必諭　必請　必誘　必呂　必堣　必壢　必垌　必墬　必塉　必倖　必玎　必施　必諵
良泙　良淦　良情　良樽　良偭　良僴　良備　良佑　良駒　良駟　良駿　良銍　良鋁　良鏄　良樟　良楅　良櫃　良杋　良棨　良知　良騂　良牮
友容　友定　友瓊　友琳

武翼郎不慵　忠翊郎不懈　忠訓郎不愠　不儆　保義郎不恪　承直郎不欺
善洵　善鐵　善侑　善侑　善修　善寓　善最
汝忠　汝溱　汝寬　汝敏　汝霖　汝昈　汝晛　汝賢　汝弼　汝澂　汝慶
崇公　崇仁　崇賢　崇振　崇揮　崇阮　崇阼　崇隄　崇儒　崇俊　崇諫　崇瀟　崇杏　崇謐
必琈　必珩　必椳　必楠　必櫚　必何　必補　必祏　必礶　必學　必鏞　必鍱　必梱　必欄　必闍　必授　必伺　必偶　必瑞　必維　必綸　必約　必溶　必澍　必造　必遜　必洪　必淪　必遵　必傲　必憲　必憲
良柾　良機　良樅　良棋　良鍫　良鏃　良徬　良復　良陞

左侍禁士瞪
不愚
善才 善淵
汝厦
崇記 崇講 崇旹 崇請 崇磨 崇誼 崇詳 崇諤 崇遷
必惣 必急 必遂 必縒 必遡 必糙 必愉 必恍 必忻
良榮 良徐 良待

武經郎士卭 士檕
秉義郎不緻 不愲 修武郎不慳 承信郎不慚 不惴
善遵 善遷 善滿 善憲 善澈 善湧 善沂 善漓 善滔 善淡
汝霞 汝霆 汝訔 汝愨

晉寧郡王諡欽修仲碩
太子右內率府副率士鉤 左班殿直士籧 宣義郎士佌
不懈 不溫 不恰 不棋 秉義郎不靳 修武郎不梲 忠訓郎不間 不渝
善珎 善懭
汝勠 汝後 汝汩 汝薜
崇檀
必赫 必赧

朝散大夫士嵺
武翼郎不必 不汚 贈朝散郎不淪
善硂 善訢 善明 善暐
汝笱 汝玓 汝賔 汝畢 汝罙 汝廓 汝嶧 汝廡 汝廙
崇括 崇道 崇侖 崇葯 崇福 崇褿 崇禱 崇能 崇儡
必磁 必琄

善聤 善曬
汝麗 汝席 汝庥 汝靡 汝麝 汝垂 汝樽 汝摹 汝諫 汝覓
崇脩 崇歸 崇鏞 崇陜 崇禮 崇璔 崇遷 崇遁 崇搽
必淪 必碁 必忐 必衛 必璦 必壒 必鑿 必銳 必鏷

汝曠 汝霈 汝雲 汝霧 汝霄 汝雪
崇犢 崇羘 崇鐸 崇鏗 崇鎰 崇錫 崇緯 崇絳 崇細 崇擢 崇裝 崇惣 崇價 崇傀 崇倢
必鑲 必僵 必孩 必徥 必潯 必顆 必穎 必潙 必懷

不溺 不汨 承信郎不遷
善晐 善瞎
汝霂 汝庇 汝度 汝廕 汝庾 汝芳
崇詞 崇譫 崇訕 崇訣 崇璊 崇泝 崇讌 崇譜 崇顒 崇頵
必鋈 必鑾 必鋪 必鈕 必釙 必琛 必瑽
良蕭 良蘧

善皡 善乙 善
汝蔌 汝苜 汝苾 汝芷 汝薦 汝葳 汝蓀
崇頫 崇頖 崇頏 崇顓 崇頣 崇頻 崇顛 崇預 崇顓
必軾 必轍 必罡 必堅 必輇 必瓌 必璧
良遴

不逸 不迺
善郭 善耶 善鄜 善
汝鏗 汝琰 汝璵 汝汲 汝殿 汝濱 汝澈 汝淪 汝瀟 汝濃 汝瀘
崇槳 崇杖 崇柱 崇槪 崇格 崇梖 崇樅 崇杯 崇櫶 崇樑 崇稽 崇桴
必默 必燎 必爊

朝請大夫直華文閣不邊　中奉大夫直敷文閣不迂　朝請郎不逵　贈通奉

善郜　善鄰　善鄖　善郕　善鄧　善鄏　善鄄　善都　善邟　善邠　善鄟　善邲　善鄀　善鄰　善鄠　善郅　善廓

汝沅　汝況　汝滚　汝㴸　汝沇　汝流　汝涚　汝灖　汝淴　汝瀡　汝澵　汝泂　汝沱　汝澨　汝濤　汝瀬　汝憓　汝涞　汝通　汝聯　汝漶　汝潒　汝湍　汝澨　汝汯　汝沛　汝孌　汝滽　汝檑　汝淩　汝濡　汝滠

崇椸　崇榷　崇槽　崇林　崇松　崇核　崇栩　崇托　崇榛　崇梂　崇巢　崇櫶　崇櫅　崇柛　崇榭　崇掷

必爽　必𥓓　必爢

太子右內率府副率士愷　贈濟陰郡公諡安憲仲滂　太子右監門率府率士几　右班殿直士賑　朝散大夫士國　嘉國公從義郎仲玉　士𢾡

大夫不迹　朝請大夫不迫　儒林郎不遐　三班奉職不汎　修武郎不使　不悚　不佖　從政郎不潄　不厭　迪功郎

善鄧　善部　善郔　善鄜　善鄺　善鄴　善郢　善部　善鄜　善鄰　善郊　善鄣　善郞　善璟　善贄　善脩　善俸

汝玭　汝瀍　汝浪　汝汎　汝瀆　汝瀸　汝澂　汝稷　汝熏　汝徹　汝滫　汝浸　汝瀆　汝潕　汝潞　汝泯　汝浡　汝洞　汝洼　汝注　汝湅　汝決　汝玻　汝邇　汝競　汝回

崇稌　崇荄　崇柘　崇鼓　崇櫻　崇柟　崇㯮　崇茉　崇枚　崇遂　崇逍　崇瀞

必絜

西頭供奉官士𣙩　不徽　不薇　忠訓郎不竭

善作　善坊　善昌　善循　善奐　善蘊

汝侖　汝繡　汝楢　汝柊　汝緯　汝鄣　汝尊　汝超　汝椅　汝鄙　汝彤　汝昶

崇熷　崇勇　崇暥　崇渭　崇樞　崇暹　崇潾　崇瀹　崇湅　崇潤　崇傈　崇儌　崇鋌　崇鐐　崇鉓　崇鈏　崇鑛　崇鉥　崇錯　崇鏸　崇演　崇憑　崇浯　崇測　崇碩　崇邵　崇昔　崇郕　崇恕　崇硂

必釋　必咏　必安　必貢　必賁　必慈　必懋　必晡　必滂　必瀆　必濯　必澥　必淀　必渚　必渙　必梢　必杅　必柄　必渠　必槼　必槊　必賢　必贊　必坐　必堡　必賨　必霽　必琲

良壁　良瑩　良汻　良傒　良懼

贈金州觀察使安康侯宗默

左監門率府率仲圭　馮翊侯仲倕　馮翊侯仲點

東頭供奉官士訒　太子右內率府副率士肯　內殿崇班士𪊲　太子右監門率府率士阮　清遠節度使士暕

不械　贈宜教郎不校　修武郎不柔　秉義郎不容　奉議郎不傾　贈武翼大夫不謟

善能　善秩　善長　善僑　善補　善問　善交　善安

汝鉉　汝鋌　汝漢　汝霖　汝臺　汝錫　汝理　汝剔　汝舒　汝裒　汝狩　汝劾

崇砱　崇激　崇諸　崇㴽　崇賓　崇攸　崇備　崇宙　崇覎　崇寶　崇客　崇壽　崇祓　崇俱　崇退　崇祥　崇玖　崇怖　崇琳　崇擇

必璽　必韗　必鐈　必澧　必滐　必僮　必琫　必澮　必櫻　必倭　必祐　必蒠　必德　必得　必憻　必滋　必瀰

良瑽　良琢　良玩　良瑀

贈崇班副使宗直

武翼郎不偎　從事郎不謁　修職郎不恠　不回　不晦　忠翊郎不螯　左奉議郎不匱　保義郎不朋　忠訓郎不搴

武經郎士誦　敦武郎士讓

善澥　善洽　善沂　善玶　善威　善益　善澤　善漑　善清　善邑

汝暑　汝霸　汝傳　汝溥　汝球　汝琚　汝國　汝庚　汝剛　汝詮　汝俞　汝程　汝顔

崇可　崇稑　崇穗　崇簡　崇一　崇成　崇岠　崇平　崇鍪　崇依　崇祖　崇紃　崇紐　崇綺　崇綝　崇縞

必恮　必憇　必慊　必抹　必涼　必忞　必懟　必惎　必震　必熙　必阜　必諧　必歸　必義　必封　必岦　必芷

良𧒒